Roos · Bieresborn · Kaltenstein

MuSchG · BEEG

Mutterschutzgesetz, Bundeselterngeld- und Elternzeitgesetz

Kommentar

Roos · Bieresborn · Kaltenstein

MuSchG · BEEG

Mutterschutzgesetz, Bundeselterngeld- und Elternzeitgesetz

Kommentar

Herausgegeben von

Dr. Elke Roos
Vorsitzende Richterin am Bundessozialgericht

Prof. Dr. Dirk Bieresborn
Vorsitzender Richter am Bundessozialgericht

Prof. Dr. Kaltenstein
Vorsitzender Richter am Bundessozialgericht

3. Auflage

Luchterhand Verlag 2026

Bibliografische Information der Deutschen Nationalbibliothek

Die Deutsche Nationalbibliothek verzeichnet diese Publikation in der Deutschen Nationalbibliografie; detaillierte bibliografische Daten sind im Internet über http://dnb.d-nb.de abrufbar.

ISBN: 978-3-472-09745-7

www.wolterskluwer.com

Umschlagkonzeption: Martina Busch Grafikdesign, Homburg Kirrberg
Satz: Datagroup-Int SRL, Timisoara, Romania
Druck und Weiterverarbeitung: Wydawnictwo Diecezjalne i Drukarnia w Sandomierzu, Sandomierz, Polen

Gedruckt auf säurefreiem, alterungsbeständigem und chlorfreiem Papier

Vorwort zur 3. Auflage

Der 2014 erstmals als gebundenes Werk unter neuer Herausgeberschaft erschienene Kommentar zu Mutterschutz, Elterngeld und Elternzeit hat sich in Rechtsprechung und im Schrifttum bewährt. Verlag, Herausgeber und Autoren haben diese Entwicklung und die Aktivitäten des Gesetzgebers vor allem auf dem Gebiet des Elterngeld- und Elternzeitrechts zum Anlass für eine Aktualisierung in einer dritten Auflage genommen.

Berücksichtigung haben dabei neben den Neuregelungen aus Anlass der Covid 19-Pandemie insbesondere das Zweite Gesetz zur Änderung des Bundeselterngeld- und Elternzeitgesetzes sowie die Haushaltsfinanzierungsgesetze 2024 gefunden, ebenso das Vierte Bürokratieentlastungsgesetz mit seinen Änderungen bei Nachweispflichten, Antragstellung und elektronischer Unterstützung sowie das Mutterschutzanpassungsgesetz mit dem neu geregelten Anspruch auf Mutterschutzfristen nach einer Fehlgeburt.

Der Herausgeber- und Autorenkreis hat sich im Vergleich zur gebundenen Vorauflage verändert. Hinzugekommen sind Jens Kaltenstein, Jördis Kant, Jan Krauß, Viktoria Mittelbach-Grote und Judith Thorn. Ausgeschieden sind Susanne Jaritz und Katharina Grösslein-Weiß. Ihnen möchten die Herausgeber an dieser Stelle für ihre langjährige Mitarbeit sehr herzlich danken.

Die Herausgeber, Kassel 2025

Bearbeiterverzeichnis

Kerstin Altenbeck
Vizepräsidentin des Landesarbeitsgerichts Nürnberg

Dr. Holger Betz
Richter am Arbeitsgericht

Prof. Dr. Dirk Bieresborn
Vorsitzender Richter am Bundessozialgericht

Dr. Esther Graf
Stellvertretende Direktorin des Arbeitsgerichts Kassel

Prof. Dr. Jens Kaltenstein
Vorsitzender Richter am Bundessozialgericht

Jördis Kant
Richterin am Landessozialgericht

Jan Krauß
Richter am Landessozialgericht

Dr. Viktoria Mittelbach-Grote
Richterin am Sozialgericht, z.Z. wissenschaftliche Mitarbeiterin am BVerfG

Hartwig Othmer
Richter am Bundessozialgericht

Kerstin Plack
Rechtsanwältin, Bundesvereinigung der Deutschen Arbeitgeberverbände

Dr. Elke Roos
Vorsitzende Richterin am Bundessozialgericht

Judith Thorn
Richterin am Sozialgericht

Inhaltsverzeichnis

Abkürzungsverzeichnis

a. A.	anderer Ansicht
AA	Arbeitsrecht aktiv
AAG	Aufwendungsausgleichgesetz
a.a.O.	am angegebenen Ort
ABI. EG	Amtsblatt der Europäischen Gemeinschaft
abw.	abweichend
a. E.	am Ende
a. E	alte Fassung
AFG	Arbeitsförderungsgesetz
AiB	Arbeitsrecht im Betrieb
Alg (II)	Arbeitslosengeld (II)
Alt.	Alternative
Amtsbl.	Amtsblatt
ÄndG	Änderungsgesetz
AngKSchG	Gesetz über die Fristen für die Kündigung von Angestellten
Anm.	Anmerkung
AP	Arbeitsrechtliche Praxis
ArbGeb.	Der Arbeitgeber
ArbGG	Arbeitsgerichtsgesetz
AR-Blattei	Arbeitsrecht-Blattei
ArbPlSchG	Arbeitsplatzschutzgesetz
ArbStättV	Arbeitsstättenverordnung
ArbuR	Arbeit und Recht
ArbuSozR	Arbeits- und Sozialrecht
ArbZG	Arbeitszeitgesetz
ARSt.	Arbeitsrecht in Stichworten
ASiG	Arbeitssicherheitsgesetz
ASU	Arbeitsmedizin — Sozialmedizin — Umweltmedizin
AsylbLG	Asylbewerberleistungsgesetz
AufenthG	Aufenthaltsgesetz
AVAVG	Gesetz über Arbeitsvermittlung und Arbeitslosenversicherung
AVO	Ausführungsverordnung
AZO	Arbeitszeitordnung
BABl.	Bundesarbeitsblatt
BAföG	Bundesausbildungsförderungsgesetz
BAG	Bundesarbeitsgericht
BAGE	Amtliche Sammlung der Entscheidungen des BAG
BAnz	Bundesanzeiger
BAT	Bundesangestellten-Tarifvertrag
BB	Der Betriebs-Berater
BBiG	Berufsbildungsgesetz
BEEG	Bundeselterngeld- und Elternzeitgesetz
1. BEEGÄndG	Erstes Gesetz zur Änderung des Bundeselterngeld- und Elternzeitgesetzes

BErzGG	Gesetz über die Gewährung von Erziehungsgeld und Erziehungsurlaub
Besch.	Bescheid
BetrAVG	Betriebsrentengesetz
BetrSichV	Betriebssicherheitsverordnung
BetrVG 52	Betriebsverfassungsgesetz
BetrVG	Betriebsverfassungsgesetz
BFHE	Amtliche Sammlung der Entscheidungen des Bundesfinanzhofes für die Praxis der Steuerberatung
BGB	Bürgerliches Gesetzbuch
BGBl.	Bundesgesetzblatt
BGH	Bundesgerichtshof
BGHSt	Amtliche Sammlung der Entscheidungen des Bundesgerichtshofes für Strafsachen
BGHZ	Amtliche Sammlung der Entscheidungen des BGH in Zivilsachen
BildSchArbV	Bildschirmarbeitsverordnung
BioStoffV	Biostoffverordnung
BK	Berufskrankheit
BKK	Die Betriebskrankenkasse
BKKG	Bundeskindergeldgesetz
Bkm.	Bekanntmachung
BKV	Berufskrankheiten-Verordnung
BMA	Bundesminister für Arbeit und Sozialordnung
BMAS	Bundesministerium für Arbeit und Soziales
BPersVG	Bundespersonalvertretungsgesetz
BSeuchG	Bundes-Seuchengesetz
BSG	Bundessozialgericht
BSGE	Amtliche Sammlung der Entscheidungen des BSG
BT-Drucks.	Bundestags-Drucksache
BUr1G	Bundesurlaubsgesetz
BVA	Bundesversicherungsamt
BVerfG	Bundesverfassungsgericht
BVerfGE	Amtliche Sammlung der Entscheidungen des BVerfG
BVerwG	Bundesverwaltungsgericht
BVerwGE	Amtliche Sammlung der Entscheidungen des BVerwG
BVG	Bundesversorgungsgesetz
bzw.	beziehungsweise
ca.	circa
ChemG	Chemikaliengesetz i. d. F. der Bekanntmachung
DB	Der Betrieb
DOK	Die Ortskrankenkasse
Drucks.	Drucksache
DVO	Durchführungsverordnung
EEK	Entscheidungssammlung zur Entgeltfortsetzung an Arbeiter und Angestellte bei Krankheit, Kur und Mutterschaft

EFZG	Entgeltfortzahlungsgesetz
EG	Einführungsgesetz
EG	Europäische Gemeinschaft
EGMR	Europäischer Gerichtshof für Menschenrechte
EGStGB	Einführungsgesetz zum Strafgesetzbuch
ErfK	Erfurter Kommentar zum Arbeitsrecht
Erlg	Erläuterung
ErsK	Die Ersatzkasse
EStG	Einkommensteuergesetz
EuGH	Europäischer Gerichtshof
EuM	Entscheidungen und Mitteilungen des Reichsversicherungsamts
EWG	Europäische Wirtschaftsgemeinschaft
EzA	Entscheidungssammlung zum Arbeitsrecht
f.	folgende
ff.	folgenden
FamRZ	Zeitschrift für das gesamte Familienrecht
FG	Finanzgericht
FGO	Finanzgerichtsordnung
GefStoffV	Gefahrstoffverordnung
GewO	Gewerbeordnung
GdB	Grad der Behinderung
GG	Grundgesetz
ggf.	gegebenenfalls
GK-SGB IX	Gemeinschaftskommentar zum Sozialgesetzbuch IX
grds.	grundsätzlich
GRG	Gesundheits-Reformgesetz
GrSen.	Großer Senat
GVBl.	Gesetz- und Verordnungsblatt
GVG	Gerichtsverfassungsgesetz
HAG	Heimarbeitsgesetz
HAT	Hausarbeitstag
2. HStruktG	Zweites Gesetz zur Verbesserung der Haushaltsstruktur
i.d.F.	in der Fassung
i.V.m.	in Verbindung mit
JArbSchG	Jugendarbeitsschutzgesetz
juris-PK	juris-Praxiskommentar
juris-PR-ArbR	Juris Praxisreport Arbeitsrecht
juris-PR-SozR	Juris Praxisreport Sozialrecht
JZ	Juristen-Zeitung
KR-	Gemeinschaftskommentar zum Kündigungsrecht
KSchG	Kündigungsschutzgesetz
KVLG	Gesetz über die Krankenversicherung der Landwirte
KVRS	Die Krankenversicherung in Rechtsprechung und Schrifttum

LärmVibrationsArbSchV	Lärm- und Vibrations-Arbeitsschutzverordnung
LAG LAGE	Landesarbeitsgericht
LasthandhabV	Entscheidungen der Landesarbeitsgerichte
LohnFG	Lohfortzahlungsgesetz
LSchlG	Ladenschlussgesetz
LSG	Landessozialgericht
MDD	Mainz-Dortmunder-Dosismodell
MDR	Monatsschrift für deutsches Recht
MRK	Menschenrechtskonvention
MTB	Manteltarifvertrag für die Arbeiter des Bundes
MüKo	Münchner Kommentar
MuSchArbV	Verordnung zum Schutze der Mütter am Arbeitsplatz
MuSchG	Mutterschutzgesetz
MuSchRiV	Mutterschutzrichtlinienverordnung
MuSchSoldV	Verordnung über den Mutterschutz für Soldatinnen
MuSchV	Mutterschutzverordnung
m.W.	mit Wirkung
m.w.N.	mit weiteren Nachweisen
m.W.v.	mit Wirkung vom
N	Newton
n.F.	neue Fassung
NJW	Neue Juristische Wochenschrift
n.rkr.	nicht rechtskräftig
NRW	Nordrhein-Westfalen
n.v.	nicht veröffentlicht
NVwZ	Neue Zeitschrift für Verwaltungsrecht
NVwZ-RR	Neue Zeitschrift für Verwaltungsrecht — Rechtsprechungsreport
NZA	Neue Zeitschrift für Arbeits- und Sozialrecht
NZA-R-R	NZA-Rechtsprechungs-Report
NZS	Neue Zeitschrift für Sozialrecht
o.a.	oben angeführt
OLG	Oberlandesgericht
OVG	Oberverwaltungsgericht
OWiG	Gesetz über Ordnungswidrigkeiten
RABl.	Reichsarbeitsblatt
RdA	Recht der Arbeit
Rdn.	Randnummer
RechtsVO	Rechtsverordnung
RG	Reichsgericht
RGBI.	Reichsgesetzblatt
RL BEEG	Richtlinien zum BEEG
Rn	Randnummer
RöV	Röntgenverordnung
RVA	Reichsversicherungsamt

RVO	Reichsversicherungsordnung
Rz	Randzahl/-ziffer
S.	Seite
s.	siehe
SachbezV	Sachbezugsverordnung
SAE	Sammlung arbeitsrechtlicher Entscheidungen
SchwbG	Schwerbehindertengesetz
SGB	Sozialgesetzbuch
SGB I	Sozialgesetzbuch Erstes Buch
SGB II	Sozialgesetzbuch Zweites Buch
SGB III	Sozialgesetzbuch Drittes Buch
SGB IV	Sozialgesetzbuch Viertes Buch
SGB V	Sozialgesetzbuch Fünftes Buch
SGB VI	Sozialgesetzbuch Sechstes Buch
SGB IX	Sozialgesetzbuch Neuntes Buch
SGB X	Sozialgesetzbuch Zehntes Buch
SGB XII	Sozialgesetzbuch Zwölftes Buch
SGb	Die Sozialgerichtsbarkeit
SGG	Sozialgerichtsgesetz
SozFort	Sozialer Fortschrift
SozR	Sozialrecht
StGB	Strafgesetzbuch
StPO	Strafprozessordnung
StrlSchV	Strahlenschutzverordnung
SvEV	Sozialversicherungsentgeltverordung
TRGS	Technische Regeln für Gefahrstoffe
TVG	Tarifvertragsgesetz
USK	Urteilssammlung für die gesetzliche Krankenversicherung
u.U.	unter Umständen
Verbandskomm	Kommentar zum 4. und 5. Buch der RVO
VG	Verwaltungsgericht
VGH	Verwaltungsgerichtshof
vgl.	vergleiche
VO	Verordnung
Vorbem.	Vorbemerkung
VwGO	Verwaltungsgerichtsordnung
VwVfG	Verwaltungsverfahrensgesetz
WoGG	Wohngeldgesetz in der Fassung
WzS	Wege zur Sozialversicherung
ZfA	Zeitschrift für Arbeitsrecht
ZIP	Zeitschrift für Wirtschaftsrecht
ZPO	Zivilprozessordnung
ZTR	Zeitschrift für Tarifrecht
zust.	zustimmend

Einführung

Übersicht

1. Geschichtliche Entwicklung

Der Mutterschutz ist ein Teil des besonderen Arbeitsschutzes für Frauen, der in Deutschland verglichen mit anderen gesetzlich geregelten Materien noch nicht sehr alt ist. Der industrielle Fortschritt und der damit verbundene gestiegene Arbeitskräftebedarf führten in der ersten Hälfte des 19. Jahrhunderts in zunehmendem Maße zu einer vermehrten Beschäftigung von Frauen in industriellen Betrieben. Den mit der industriellen Revolution verbundenen Missständen begegnete der Gesetzgeber zunächst mit einer Eindämmung der Kinderarbeit 1839, als das Mindestalter für eine Beschäftigung auf neun Jahre und 1855 auf zwölf Jahre festgesetzt wurde. Erste wirkliche gesetzliche Mutterschutzvorschriften enthielt die Novelle zur Gewerbeordnung von 1878, die es Wöchnerinnen gestattete, drei Wochen nach der Entbindung der Arbeit fernzubleiben, was jedoch verglichen mit der Schweiz, wo bereits das Gesamtschweizerische Fabrikgesetz aus dem Jahr 1877 acht Wochen Arbeitsverbot vorsah, eher rückständig war. Die finanzielle Absicherung dieser tätigkeitsfreien Zeit, in der der Arbeitgeber nicht zur Lohnzahlung verpflichtet war, erfolgte in Deutschland durch das Krankenversicherungsgesetz von 1883, das erste der nach Verkündung der Kaiserlichen Botschaft von 1881 erlassenen Sozialversicherungsgesetze, welches den Wöchnerinnen ein Wochengeld in Höhe des Krankengeldes und damit 50 % des Tageslohnes zubilligte.

Im Laufe der Zeit wurde der Arbeitsschutz für erwerbstätige Frauen vor und nach der Entbindung weiter verbessert. So gewährte die Novelle zur Gewerbeordnung von 1908 eine Schutzfrist von insgesamt acht Wochen, von der bis zu zwei Wochen vor der Entbindung in Anspruch genommen werden konnten. Diese Entwicklung fand ihren vorläufigen Abschluss mit dem Gesetz über die Beschäftigung vor und nach der Niederkunft vom 16.7./29.10.1927 (RGBl. I S. 184, 325), dem damals schon so genannten Mutterschutzgesetz. Dieses Gesetz fasste auf der Grundlage des dritten Washingtoner Übereinkommens der Internationalen Arbeitsorganisation (International Labour Organisation-ILO) betr. die Beschäftigung der Frauen vor und nach der Niederkunft vom 29.11.1919 (RGBl. 1927 II S. 498), von Deutschland ratifiziert mit Wirkung vom 31.10.1927 (RGBl. II S. 1124), die bisherigen Einzelvorschriften unter Erweiterung des gesetzlichen Schutzes zusammen.

Hieran wurde auch nach 1933 zunächst festgehalten, bis der durch den 2. Weltkrieg notwendig gewordene verstärkte Einsatz von Frauen eine Neufassung der Mutterschutzbestimmungen erforderte. So erging das Gesetz zum Schutze der erwerbstätigen Mutter (Mutterschutzgesetz) vom 17.5.1942 (RGBl. I S. 321), das den Schutz des Gesetzes von 1927 weiter ausbaute und dadurch, ohne an irgendeiner wesentlichen Stelle die nationalsozialistische Auffassung durchzusetzen, vor allem den gewandelten Bedürfnissen des Arbeitslebens Rechnung trug. Zu dem Gesetz ist die Ausführungsverordnung (AVO) vom 17.5.1942 (RGBl. I S. 324) erlassen worden.

Die Entwicklung nach dem 2. Weltkrieg brachte gewisse Erschwerungen in der Anwendung des Mutterschutzgesetzes von 1942, insbesondere im Rahmen der den Müttern zu gewährenden Barleistungen. Dies war Anlass, dass sich schon der Wirtschaftsrat für das Vereinigte Wirtschaftsgebiet mit diesem Rechtsgebiet befasste, aber keine endgültige Regelung mehr herbeiführen konnte. Die Bundesrepublik hat, ausgehend von dem Grundsatz des Art. 6 Abs. 4 Grundgesetz ([GG], »Jede Mutter hat Anspruch auf den Schutz und die Fürsorge der Gemeinschaft«) aufgrund eines Initiativantrags der sozialdemokratischen Fraktion des Bundestags die Angelegenheit erneut in Angriff genommen und mit dem **Gesetz zum Schutze der erwerbstätigen Mutter (Mutterschutzgesetz, [MuSchG]**) vom 24.1.1952 (BGBl. I S. 69) zum Abschluss gebracht, welches am 6.2.1952 in Kraft trat. Das MuSchG von 1952 ist in der Folgezeit nur geringfügig geändert worden. Erst das Gesetz zur Änderung des MuSchG und der Reichsversicherungsordnung (RVO) vom 24.8.1965 (BGBl. I S. 912) sollte eine ins Gewicht fallende Änderung zugunsten der dem gesetzlichen Schutz unterstehenden Frauen bringen. Nachdem der Bundesminister für Arbeit und Sozialordnung entsprechend der ihm erteilten Ermächtigung das Gesetz in neuer Fassung vom 9.11.1965 (BGBl. I S. 1822) bekannt gemacht hatte, stellte sich heraus, dass der Bund die ihm durch die Novelle auferlegten erhöhten Lasten an Mutterschaftshilfe nicht auf sich nahm. Daraufhin wurden durch das Gesetz zur Sicherung des Haushaltsausgleichs (Haushaltssicherungsgesetz) vom 2.12.1965 (BGBl. I S. 2065) und erneut durch das Erste Gesetz zur Überleitung der Hauswirtschaft des Bundes in eine mehrjährige Finanzplanung (Finanzplanungsgesetz) vom 23.12.1966 (BGBl. I S. 697) alle diejenigen Bestimmungen der Novelle, die eine finanzielle Mehrbelastung des Bundes zur Folge gehabt hätten, in ihrem Inkrafttreten hinausgeschoben bis zum Inkrafttreten eines Gesetzes zur Neuregelung der gesetzlichen Krankenversicherung, längstens aber bis zum Ablauf des Kalenderjahres 1968. Alle übrigen Änderungen des Gesetzes vom 24.8.1965 sind dagegen aufrechterhalten worden und am 1.1.1966 in Kraft getreten.

Die hiernach trotz der Novelle von 1965 immer noch offen gebliebenen Fragen vor allem über die Verteilung der finanziellen Lasten des Mutterschutzes zwischen Staat und Krankenversicherung sind endgültig geklärt worden durch das Gesetz zur Verwirklichung der mehrjährigen Finanzplanung des Bundes, II. Teil-Finanzänderungsgesetz 1967 vom 21.12.1967 (BGBl. I S. 1259). Danach sind mit Wirkung vom 1.1.1968 (Art. 22) insbesondere die Vorschriften der RVO über die Mutterschaftshilfe (§§ 195 ff.) nicht unerheblich geändert (Art. 1 § 1 Nr. 6 und 7), der Übergang vom alten zum neuen Leistungsrecht geregelt (Art. 3 § 1) und das Änderungsgesetz zum MuSchG u.a. vom 24.8.1965 (s. oben) dem neuen Leistungsrecht angepasst und in den bisher suspendierten Bestimmungen (teilweise in geänderter Fassung) in Kraft gesetzt worden (Art. 3 §§ 8 bis 10). Damit waren die Gesetzgebungsarbeiten am

MuSchG einschließlich des zugehörigen Rechts der gesetzlichen Mutterschaftshilfe zunächst abgeschlossen.

An diesem seit 1.1.1968 bestehenden Gesetzeszustand hat sich in den folgenden mehr als zehn Jahren nichts Wesentliches geändert. Das Gesetz über die Krankenversicherung der Landwirte vom 10.8.1972 (BGBl. I S. 1433) hat durch Einbeziehung dieses Personenkreises in die gesetzliche Krankenversicherung mit Wirkung vom 1.10.1972 zu entsprechenden Änderungen der §§ 13, 14 und 15 MuSchG geführt. Im Zuge der Vereinheitlichung des Rechts der Ordnungswidrigkeiten sind durch Art. 127 des Einführungsgesetzes zum Gesetz über Ordnungswidrigkeiten (EGOWiG) vom 24.5.1968 (BGBl. I S. 503) mit Wirkung vom 1.10.1968 § 21 MuSchG geändert und §§ 22 und 23 MuSchG aufgehoben worden. Art. 246 des Einführungsgesetzes zum Strafgesetzbuch (EGStGB) vom 2.3.1974 (BGBl. I S. 469) hat mit Wirkung vom 1.1.1975 erneut den § 21 MuSchG geändert.

Zu einer grundlegenden Verbesserung des gesetzlichen Mutterschutzes kam es durch das **Gesetz zur Einführung eines Mutterschaftsurlaubs** vom 25.6.1979 (BGBl. I S. 797), das am 1.7.1979 in Kraft trat. Es gewährte der berufstätigen Mutter einen Anspruch auf Freistellung von der Arbeit für nunmehr insgesamt sechs Monate nach der Entbindung und auf Fortzahlung des bisher schon gewährten Mutterschaftsgeldes für die Zeit des Mutterschaftsurlaubs bis zum Höchstbetrag von 25 DM netto kalendertäglich oder etwa 750 DM netto monatlich. Dadurch sollte die Doppelbeanspruchung berufstätiger Frauen nach der Geburt eines Kindes gerade in den ersten Monaten nach der Entbindung gemildert werden. Näheres über das Gesetz, mit dem die CDU/CSU weitergehende familienpolitische Ziele – Gleichstellung aller Mütter bei der Betreuung ihrer Kinder – verwirklichen wollte, ist den BT-Drucks. 8/2613 vom 5.3.1979 (Regierungsentwurf mit Begründung, Stellungnahme des Bundesrats und Erwiderung der Bundesregierung) sowie 8/2797 vom 2.5.1979 (Bericht des BT-Ausschusses für Arbeit und Sozialordnung) zu entnehmen. Ebenfalls mit Wirkung vom 1.7.1979 ist durch das Gesetz zur Änderung des Einkommensteuergesetzes (EStG) und des MuSchG vom 27.6.1979 (BGBl. I S. 823) die Steuerfreiheit bestimmter aus Anlass der Mutterschaft gewährter Bezüge nicht mehr in der ursprünglichen Fassung des § 17 MuSchG, der aufgehoben ist, sondern in § 3 Nr. 1 Buchst. d EStG geregelt.

Erneute Änderungen des Gesetzes im Jahr 1981 sind die Folge von Kosteneinsparungen im Bundeshaushalt und bei den Sozialversicherungsträgern. Im Zuge dieser Maßnahmen hat mit Wirkung vom 1.1.1982 Art. 15 des Zweiten Gesetzes zur Verbesserung der Haushaltsstruktur (2. HStruktG) vom 22.12.1981 (BGBl. I S. 1523) in § 8a MuSchG zusätzliche Voraussetzungen für den Anspruch auf Mutterschaftsurlaub eingeführt (s. dazu die Gesetzentwürfe in BT-Drucks. 9/795 und 9/842 sowie den Ausschussbericht BT-Drucks. 9/971). Gleichzeitig ist aufgrund des Art. 4 des Gesetzes zur Ergänzung und Verbesserung der Wirksamkeit kostendämpfender Maßnahmen in der Krankenversicherung (KVEG) vom 22.12.1981 (BGBl. I S. 1578) durch Änderung der §§ 13 und 14 MuSchG der Anspruch auf das vom Bund zu zahlende Mutterschaftsgeld an nicht in der gesetzlichen Krankenversicherung versicherte Frauen begrenzt worden (zur Gesetzgebung vgl. BT-Drucks. 9/789 und 9/845). Schließlich hat der

Gesetzgeber die Regelung des Art. 7 des Gesetzes zur Einführung eines Mutterschaftsurlaubs vom 25.6.1979 (BGBl. I S. 797) über die Erstattung der während des Mutterschaftsurlaubs eintretenden Beitragsausfälle der Sozialversicherungsträger bzw. der von privatversicherten Frauen zu leistenden Versicherungsbeiträge durch den Bund über den 31.12.1981 hinaus nicht verlängert. Wegen weiterer für notwendig angesehener Kosteneinsparungen im Bundeshaushalt sind zahlreiche Neuregelungen im Haushaltsbegleitgesetz 1984 vom 22.12.1983 (BGBl. I S. 1532) erfolgt. Für den Bereich des Mutterschutzes ist das Mutterschaftsurlaubsgeld von 25 DM auf 17 DM herabgesetzt worden. Die im Zuge des Gesetzgebungsverfahrens auch erwogene Verkürzung der Anspruchsdauer ist jedoch nicht verwirklicht worden (vgl. den Bericht des Haushaltsausschusses, BT-Drucks. 10/691). Im Jahr 1992 ist das MuSchG durch das Erste Gesetz zur Änderung des MuSchG vom 3.7.1992 (BGBl. I S. 1191) in einigen Bestimmungen geändert worden (§§ 2, 4, 8, 9, 11). Weitere Änderungen erfolgten durch das **Zweite Gesetz zur Änderung des MuSchG** vom 16.6.2002 (BGBl. I S. 1812). Hiervon betroffen sind im Wesentlichen die §§ 6, 11, 13, 14 und 17 (vgl. die Erläuterungen zu diesen Vorschriften). Nicht unerwähnt bleiben soll im Rahmen dieses Überblicks das Gesetz über den Ausgleich der Arbeitgeberaufwendungen für Entgeltfortzahlung (AAG) vom 22.12.2005 (BGBl. I S. 3686), mit dem der Gesetzgeber als Konsequenz der Entscheidung des Bundesverfassungsgerichts (BVerfG) vom 18.11.2003 (1 BvR 302/96) zu § 14 MuSchG die vollumfängliche Erstattung des vom Arbeitgeber zu zahlenden Zuschusses zum Mutterschaftsgeld geregelt hat (§ 1 Abs. 2 Nr. 1 AAG). Zu Einzelheiten s Kommentierung zu § 20 MuSchG.

Eine weitreichende Umgestaltung hat das Mutterschutzrecht dadurch erfahren, dass an die Stelle des Mutterschaftsurlaubs ein Erziehungsurlaub verbunden mit einem Anspruch auf Erziehungsgeld getreten ist. Das am 1.1.1986 in Kraft getretene **Gesetz über die Gewährung von Erziehungsgeld und Erziehungsurlaub (Bundeserziehungsgeldgesetz, [BerzGG]**) vom 6.12.1985 (BGBl. I S. 2154) sah für Geburten nach dem 31.12.1985 den Wegfall des Mutterschaftsurlaubs vor. Dafür stand demjenigen Arbeitnehmer, der ein Kind während der ersten zehn (ab 1988: zwölf) Monate selbst betreute und erzog sowie keine oder keine volle Erwerbstätigkeit ausübte, grundsätzlich Erziehungsurlaub zu. Anspruchsberechtigt konnte auch der Ehemann der Mutter sein sowie ein Adoptivelternteil oder eine sonstige Person, die das Kind betreute. Damit stand die Betreuung und Erziehung des Kindes in seiner ersten Lebensphase im Vordergrund (vgl. BT-Drucks. 10/3792). Der bisher beim Mutterschaftsurlaub verfolgte Zweck, auch den Gesundheitsschutz der Mutter zu verstärken, fiel weg (§§ 1 ff. BErzGG). Materiell wurde der Erziehungsurlaub durch das Erziehungsgeld gestützt, das anfänglich 600 Deutsche Mark monatlich betrug und ab dem siebten Monat von Einkommensgrenzen abhängig war (§§ 15 ff. BErzGG). Durch das Gesetz zur Änderung des BErzGG vom 30.6.1989 (BGBl. I S. 1297) wurde für Kinder, die nach dem 30.6.1989 geboren wurden, die Dauer des Erziehungsurlaubs auf fünfzehn Monate ausgedehnt; für Kinder, die nach dem 30.6.1990 geboren wurden, waren achtzehn Monate möglich. Eine weitere wesentliche gesetzliche Änderung im Bereich des Erziehungsgeldes und des Erziehungsurlaubs erfolgte durch das Zweite Gesetz zur Änderung des BErzGG und anderer Vorschriften vom 6.12.1991 (BGBl. I S. 2142). Neben anderen Neuerungen ist vor allem hinzuweisen auf die Verlängerung des Erziehungsurlaubs für nach dem 31.12.1991 geborene Kinder auf drei Jahre. Ferner war für nach dem 31.12.1992 geborene Kinder eine Bezugsdauer von 24 Monaten für das Erziehungsgeld vorgesehen.

Mit dem Ersten Gesetz zur Umsetzung des Spar-, Konsolidierungs- und Wachstumsprogramms vom 21.12.1993 (BGBl. I S. 2353) wurde die Einkommensabhängigkeit des Erziehungsgeldes auch auf die ersten sechs Lebensmonate des Kindes erstreckt (BT-Drucks. 14/3808). Das Dritte Gesetz zur Änderung des BErzGG vom 12.10.2000 (BGBl. S. I 1426) brachte bei unverändertem Regelbetrag von 600 DM die Möglichkeit der Budgetierung des Erziehungsgeldes mit einem monatlichen Betrag von 900 DM bei Beschränkung der beantragten Zahlung auf 12 Monate (§ 5 BErzGG) und ab 1.1.2002 ein Budget von 460 Euro bzw. einen Regelbetrag von 307 Euro monatlich. Beide Beträge wurden später durch das Haushaltsbegleitgesetz 2004 vom 29.12.2003 (BGBl. I S. 3076) auf 450 bzw 300 Euro reduziert. Mit dem Gesetz zur Änderung des Begriffs »Erziehungsurlaub« vom 30.11.2000 (BGBl. I S. 1638) wurde die Elternzeit eingeführt, die als solche auch nach Ablösung des BErzGG durch das **Gesetz zum Elterngeld und zur Elternzeit (BEEG)** vom 1.12.2006 (BGBl. I S. 2748) beibehalten worden ist.

Das BEEG trat am 1.1.2007 in Kraft und löste das BErzGG im Sinne einer Neuausrichtung familienpolitischer Leistungen ab. Die Neuausrichtung war trotz vielfältiger Anpassungen des BErzGG während seiner über zwanzigjährigen Geltungsdauer erforderlich geworden, um angesichts der gestiegenen Erwerbstätigkeit von Frauen einerseits und des drastischen Geburtenrückgangs andererseits die Sicherung der Lebensgrundlage von Familien, bei denen sich die Eltern vorrangig um die Betreuung der Kinder kümmern, zu gewährleisten. Erklärtes Ziel des BEEG ist die familienbewusstere Gestaltung der Arbeitsumwelt durch Verbesserung der Betreuungsinfrastruktur, insbesondere die bessere finanzielle Absicherung, die Müttern und Vätern eine größere Wahlfreiheit zur Vereinbarkeit von Familie und Beruf eröffnet (s. BT-Drucks. 16/1889 S. 15). Im Vordergrund stehen deutlich erhöhte staatliche Förderleistungen im ersten Lebensjahr – in Anlehnung an Lohnersatzleistungen wie das Arbeitslosengeld (§ 129 Sozialgesetzbuch Drittes Buch [SGB III]; ab 1.4.2012 § 136 SGB III) – bis zu 67 % des in den 12 Monaten vor der Geburt durchschnittlich erzielten Einkommens (vgl. § 2 Abs. 1 BEEG), durch welches nicht zuletzt Väter veranlasst werden sollen, sich ebenfalls der Betreuung ihres Kindes zu widmen. Die Regelungen zur Elternzeit sind im Wesentlichen inhaltsgleich aus dem BErzGG übernommen worden (§§ 15 ff. BEEG). Durch das Erste Gesetz zur Änderung des BEEG vom 17.1.2009 (BGBl. I S. 61) ist jedoch als weiterer Schritt die Großelternzeit (§ 15 Abs. 1a BEEG) hinzugekommen (vgl. BT-Drucks. 16/9415). Das **Gesetz zur Vereinfachung des Elterngeldvollzugs** vom 10.9.2012 (BGBl. I. S. 1878) war vor allem darauf ausgerichtet, der Verwaltung durch die Berechnung des lohnabhängigen Elterngeld zu erleichtern (§§ 2, 2a–2f BEEG). Weitere Gestaltungsmöglichkeiten sind zum 1.1.2015 durch das **Gesetz zur Einführung des Elterngelds Plus mit Partnerschaftsbonus und einer flexibleren Elternzeit im Bundeselterngeld- und Elternzeitgesetz (Elterngeld Plus-Gesetz)** vom 18.12.2014 (BGBl. I S. 2325) geschaffen worden. Das Gesetz beinhaltet vornehmlich die zusätzliche Möglichkeit für teilzeitbeschäftigte Eltern, zukünftig anstelle eines Elterngeldmonats zwei Elterngeld-Plus-Monate in Anspruch nehmen zu können (höchstens die Hälfte des bisherigen Elterngelds und jetzt sogenannten Basiselterngelds), verbunden mit einem Partnerschaftsbonus von vier weiteren Elterngeld-Plus-Monaten je Elternteil bei gemeinsamer Betreuung, sowie flexibleren Möglichkeiten der Nutzung der Elternzeit (vgl § 4 BEEG). Mit dem **Zweiten Gesetz zur Änderung des Bundeselterngeld- und Elternzeitgesetzes (2. BEEG-Änderungsgesetz)** vom 15.2.2021 (BGBl. I S. 239) hat der Gesetzgeber insbesondere die zulässigen Teilzeitumfänge angehoben, den Partnerschaftsbonus flexibilisiert, den Leistungsanspruch für Eltern frühgeborener Kinder ausgeweitet, den durch die höchstrichterliche Rechtsprechung vorübergehend eingeräumten Verzicht auf Verschiebetatbestände gesetzlich normiert und Lohnersatzleistungen teilweise von der Anrechnung auf den Elterngeldanspruch freigestellt (Folgeregelung von § 27 Abs. 4 BEEG i.d.F. des Gesetzes für Maßnahmen im Elterngeld aus Anlass der Covid-19 Pandemie vom 20.5.2020, BGBl. I S. 1061). Mit dem 2. BEEG-Änderungsgesetz wird die Regelung in § 4 BEEG zu Art und Dauer des Elterngeldbezugs neu strukturiert und werden die §§ 4a–4d BEEG vornehmlich mit Vorschriften zur Berechnung des Basiselterngeld und Elterngeld Plus, Partnerschaftsbonus wiederbesetzt.

Die §§ 4a–d BEEG waren ursprünglich zum 1.8.2013 neu hinzugekommen mit dem Betreuungsgeld durch das **Gesetz zur Einführung eines Betreuungsgeldes** vom 15.2.2013 (BGBl. I S. 254), mit dem die Betreuung eines Kindes ohne Inanspruchnahme einer öffentlich geförderten Betreuungseinrichtung für die Dauer von max. 24 Monaten beginnend ab dem 15. Monat mit 150 Euro monatlich gefördert wird. Nach dem Entwurf eines Betreuungsgeldergänzungsgesetzes (BT-Drucks 17/11315) war zudem vorgesehen, dass sich das Betreuungsgeld um 15 Euro/Monat erhöht, wenn das Geld für Zwecke der Altersvorsorge oder zum Bildungssparen eingesetzt wird. Dieser Entwurf ist jedoch mit dem Ende der 17. Legislaturperiode der Diskontinuität zum Opfer gefallen (§ 125 GO-BT). Entsprechendes gilt auch für den Entwurf zur Aufhebung des Betreuungsgeldgesetzes auf Länderinitiative (vgl. BR-Drucks. 198/13 und BT-Drucks. 17/13112), mit dem die schon im Vorfeld ihrer Einführung politisch stark umstrittene Leistung wieder abgeschafft werden soll. Im Rahmen eines Bund-Länderstreitverfahrens war das Betreuungsgeldgesetz zudem Gegenstand einer Verfassungsklage vor dem BVerfG. Das BVerfG hat durch Urteil vom 21.7.2015 (1 BvF 2/13 – BVerfGE 140, 65) entschieden, dass die §§ 4a–d BEEG mit Art. 72 Abs. 2 des GG unvereinbar und nichtig sind, weil die Voraussetzungen für das Gesetzgebungsrecht des Bundes im Bereich der allein in Betracht kommenden konkurrierenden Gesetzgebung nicht gegeben sind, insbesondere ist das Betreuungsgeld nicht zur Herstellung gleichwertiger Lebensverhältnisse erforderlich. Dies wäre nur der Fall, wenn sich die Lebensverhältnisse in den Ländern in erheblicher, das bundesstaatliche Sozialgefüge beeinträchtigender Weise auseinanderentwickelt hätten oder sich eine derartige Entwicklung konkret abzeichnete. Die Anordnung einer Übergangsregelung hat das BVerfG nicht für notwendig erachtet. Etwaigen Erfordernissen des Vertrauensschutzes kann gemäß § 79 Abs. 2 S. 1 BVerfGG gegebenenfalls in Verbindung mit § 45 Abs. 2 SGB X Rechnung getragen werden. Dementsprechend hat das BSG eine anhängig verbliebene Revision zur Stichtagsregelung des Betreuungsgelds (1.8.2013) zurückgewiesen (vgl.

BSG Urteil vom 15.12.2015 – B 10 EG 2/15 R – SozR 4–7837 § 27 Nr. 2) und zur Begründung ausgeführt, der Kläger habe aufgrund der Nichtigkeit des Gesetzes zur Einführung des Betreuungsgeldes vom 15.2.2013 (BGBl. I, 254) keinen Anspruch mehr geltend machen können. Ein die Durchbrechung des Nichtigkeitsgrundsatzes rechtfertigendes Vertrauen liege mangels einer positiven bescheidmäßigen Betreuungsgeldgewährung aufseiten des Klägers nicht vor.

Weitere Änderungen finden sich in einer dem jeweiligen Gesetz (MuSchG, BErzGG, BEEG) vorangestellten vollständigen und aktuellen Übersicht über die Änderungen des betreffenden Gesetzes (**Änderungsregister**), in die auch **Hinweise zu den einschlägigen Gesetzesmaterialien** aufgenommen sind.

2. Das geltende Recht

a) Mutterschutz

Die Neufassung des **MuSchG** i.d. Bekanntmachung vom 20.6.2002 (BGBl. I S. 2318) sollte, wie seine Vorläufer, sicherstellen, dass die in abhängiger Berufsarbeit tätigen Frauen vor Schäden bewahrt werden, die ihnen im Rahmen des Arbeitsverhältnisses während und innerhalb gewisser Zeiten nach der Schwangerschaft zustoßen können. Außerdem sollen die erwerbstätigen Frauen vor materiellen und damit zugleich seelischen Sorgen und Belastungen anlässlich der Mutterschaft geschützt werden. Im Ganzen ist das Gesetz als wichtiger Fortschritt auf dem Gebiet des Arbeits- und Sozialrechts zugunsten der Arbeitnehmerinnen zu bezeichnen, während den Arbeitgebern durch das Gesetz zusätzliche, für den einzelnen Betrieb u.U. stark ins Gewicht fallende Belastungen auferlegt worden sind. Folgende Grundsätze, die das MuSchG von 2002 verwirklichen wollte, seien erwähnt:

a) Das MuSchG galt allgemein für Frauen, die in einem Arbeitsverhältnis stehen, darunter auch die im Haushalt beschäftigten weiblichen Arbeitskräfte. Unmittelbar in das Gesetz einbezogen sind außerdem die weiblichen Beschäftigten in der Heimarbeit und die ihnen Gleichgestellten, soweit sie am Stück mitarbeiten (§ 1).
b) Eine besondere Vorschrift befasste sich mit der »Gestaltung des Arbeitsplatzes« (§ 2).
c) Innerhalb der Schutzfrist von sechs Wochen vor der Entbindung durfte die werdende Mutter nur arbeiten, wenn sie sich ausdrücklich dazu bereit erklärt; sie kann diese Erklärung jederzeit widerrufen (vgl. § 3 Abs. 2). Während der Schutzfrist nach der Entbindung, die grundsätzlich acht Wochen, nach Früh- und Mehrlingsgeburten zwölf Wochen beträgt, war jegliche Arbeit verboten (§ 6 Abs. 1).
d) Es bestanden zahlreiche generelle Beschäftigungsverbote sowohl bezüglich der Art der Arbeit (§ 4) als auch bezüglich der Arbeitszeit (§ 8). Daneben konnten durch ärztliche Anordnung individuelle Beschäftigungsverbote verfügt werden (§ 3 Abs. 1, § 6 Abs. 2).
e) Im Anschluss an die Schutzfristen nach der Entbindung (§ 6 Abs. 1) stand der Arbeitnehmerin ein Anspruch auf Freistellung von der Arbeit, die so genannte Elternzeit zu.
f) Wesentlicher Teil des gesamten Mutterschutzes war von jeher das Kündigungsverbot vom Beginn der Schwangerschaft bis (im Höchstfalle) zum Ende der Elternzeit,

wobei der Kündigungsschutz für die Dauer der Elternzeit demjenigen zugutekam, der ihn in Anspruch nahm (§ 9 MuSchG, § 18 BEEG). Das Recht der eigenen Kündigung durch die Frau während der Schutzfristen und desjenigen, der Elternzeit in Anspruch genommen hat, war eigens geregelt (§ 10 MuSchG, § 19 BEEG).

g) Grundlegend umgestaltet worden sind seit 1965 die Bestimmungen über die Zahlung des Arbeitsentgelts bei Beschäftigungsverboten durch die Arbeitgeber. Die Vorschrift (früher § 10) ist zugunsten der geschützten Frauen erheblich erweitert und verbessert worden (§ 11).
h) Ebenfalls völlig neu gestaltet wurden die Vorschriften über Leistungen während der Schutzfristen, die Sonderunterstützung für Haushaltskräfte wurde abgeschafft (§§ 12 bis 17). Nicht nur die Art der Leistungen, sondern auch die Leistungsverpflichteten hatten sich geändert. Die sozialversicherungsrechtlichen Bestimmungen über die Leistungen bei Schwangerschaft und Mutterschaft sind durch das Gesundheits-Reformgesetz vom 20.12.1988 neugestaltet, aber im materiellen Gehalt nicht wesentlich geändert worden. Entgegen dem Gesetzentwurf (vgl. BR-Drucks. 200/88, §§ 57 bis 64) wurden die Bestimmungen nicht in das SGB aufgenommen, sondern verblieben in der RVO (vgl. dazu Bericht des Ausschusses für Arbeit und Sozialordnung, BT-Drucks. 11/3480, S. 35 ff.). Dabei ist es trotz der im Übrigen für den Schwangerschaftsabbruch und damit zusammenhängender Fragen beabsichtigten Neuregelung durch das Schwangeren- und Familienhilfegesetz vom 27.7.1992 (BGBl. I S. 1398) zunächst geblieben. Eine Eingliederung dieser Regelungen in das SGB V ist erst durch das Pflege-Neuausrichtungs-Gesetz vom 23.10.2012 (BGBl. I S. 2246) erfolgt.
i) Bei den Schlussbestimmungen über die Durchführung des Gesetzes (§§ 18 bis 20), über Straftaten und Ordnungswidrigkeiten (§ 21) und über andere Nebenfragen (§§ 24 bis 25) sind keine grundlegenden Änderungen eingetreten. Wohl aber sind die Bestimmungen teilweise neueren Rechtsauffassungen angepasst worden. Die Berlinklausel ist aufgehoben.

Inzwischen ist die seit Langem erwartete **Novellierung des Mutterschutzrechts** mit dem **Gesetz zur Neuregelung des Mutterschutzrechts** vom 23.5.2017 (BGBl. I S. 1228) m.W.v. 1.1.2018 umgesetzt.

Wesentliche Eckpunkte sind:

a) Modernisierung und Weiterentwicklung des Mutterschutzrechts unter Berücksichtigung unionsrechtlicher Vorgaben (insbes. zur Mutterschutzrichtlinie 92/85/EWG, zur CLP-Verordnung [EG] Nr. 1272/2008 und zum europäischen Arbeitsschutzrecht),
b) Ausweitung des erfassten Personenkreises, durch Erstreckung u.a. auf arbeitnehmerähnliche Personen, Schülerinnen und Studentinnen (§ 1 Abs. 2 MuSchG),
c) Verlängerung der Schutzfristen nach der Geburt eines Kindes mit Behinderung (§ 3 Abs. 2 Satz 2 Nr. 3 MuSchG),
d) die Integration der MuSchArbV in das MuSchG unter Einführung des Begriffs der unverantwortbaren Gefährdung (insbes. §§ 9 ff. MuschG),

e) die Neustrukturierung und -fassung der Pflichten der Arbeitgeber zur Beurteilung der Arbeitsbedingungen sowie der hieraus resultierenden Umgestaltung der Arbeitsbedingungen (§§ 9 ff. MuschG),
f) die branchenunabhängige Fassung der Regelungen zum Verbot der Nacht- und Sonntagsarbeit (§§ 5, 6 MuschG),
g) Erweiterung des Kündigungsverbots auf Vorbereitungsmaßnahmen (§ 17 Abs. 1 Satz 3 MuSchG),
h) die Einführung eines behördlichen Genehmigungsverfahrens für die Beschäftigung nach 20 Uhr (§ 28 MuSchG),
i) die Installation eines Ausschusses für Mutterschutz parallel zu den staatlichen Arbeitsschutzausschüssen (§ 30 MuSchG).

b) Elterngeld und Elternzeit

Das **BEEG** gliedert sich in vier Abschnitte, nämlich einen zum Elterngeld, einen zum Verfahren und zur Organisation, einen zur – dem bisherigen Erziehungsurlaub vergleichbaren – Elternzeit und einen weiteren Abschnitt zu Statistik und Schlussvorschriften.

Hinsichtlich Elterngeld und Elternzeit gilt:
a) Das Elterngeld beträgt grundsätzlich 67 % des in den zwölf Kalendermonaten vor der Geburt des Kindes durchschnittlich erzielten monatlichen Einkommens aus Erwerbstätigkeit bis zu einem Höchstbetrag von 1.800 Euro. Der Mindestbetrag beträgt 300 Euro (§ 2).
b) Der Bezugszeitraum beträgt insgesamt vierzehn Monate, sofern für zwei zusätzliche Monate eine Minderung des Erwerbseinkommens erfolgt, ansonsten grundsätzlich zwölf Monate. Ein Elternteil kann allerdings höchstens für zwölf Monate das Elterngeld beanspruchen, um den Höchstanspruch von vierzehn Monaten zu erhalten, müssen also beide eine Minderung des Erwerbseinkommens zwecks Kinderbetreuung herbeiführen (§ 4). Weitere Gestaltungsmöglichkeiten bietet ab 1.1.2015 das Elterngeld Plus-Gesetz und ab 1.9.2021 das 2. BEEG-Änderungsgesetz.
c) Das Elterngeld ist schriftlich zu beantragen und wird nur drei Monate rückwirkend geleistet (§ 7).
d) Der Anspruch auf Elternzeit besteht bis zum dritten Lebensjahr des Kindes und kann auch anteilig von jedem Elternteil allein oder gemeinsam oder von Großeltern bei Minderjährigkeit oder Ausbildung der Eltern genommen werden. Während der Elternzeit darf bis zu 32 Wochenstunden eine Erwerbstätigkeit ausgeübt werden (§ 15). Parallel zur Neuregelung des Elterngeld Plus und durch das 2. BEEG-Änderungsgesetz bestehen auch hier zusätzliche Gestaltungsmöglichkeiten. Ein Anteil kann von bis zu 24 Monaten zwischen dem dritten Geburtstag und dem vollendeten achten Lebensjahr des Kindes in Anspruch genommen werden (§ 15 Abs. 2 S. 2 BEEG).
e) Die Elternzeit muss spätestens sieben bzw 13 Wochen vor Beginn beim Arbeitgeber schriftlich beantragt werden (§ 16).
f) Das Sozialgesetzbuch Zehntes Buch ([SGB X] §§ 1–66) findet auf das Elterngeld entsprechende Anwendung. Ebenso ist die Anrechnungsvorschrift des § 328 Abs. 3

SGB III und die Vorschrift § 331 SGB III über die vorläufige Zahlungseinstellung ohne Erteilung eines Bescheids (§ 26 BEEG) anwendbar.

Die Corona-Pandemie hat weitere Aktivitäten des Gesetzgebers im Elterngeldrecht hervorgerufen. Mit dem **Gesetz für Maßnahmen im Elterngeld aus Anlass der Covid-19 Pandemie** vom 20.5.2020 (BGBl. I 1061) wird Eltern die Möglichkeit eingeräumt, ihre Elterngeldmonate aufzuschieben (Sonderregelung in § 27 BEEG, der bisherige § 27 BEEG wird § 28 BEEG). In § 2b BEEG wird ein neuer Verschiebetatbestand für pandemiebedingte Einkommensausfälle eingeführt, dessen zeitliche Geltung mit dem Beschäftigungssicherungsgesetz vom 3.12.2020 (BGBl. I S. 2691) bis zum 31.12.2021 und dem Gesetz zur Verlängerung des Sozialdienstleister-Einsatzgesetzes vom 18.3.2022 (BGBl. I S. 473) noch einmal bis zum 23.9.2022 verlängert wurde. In §§ 2c, 2d BEEG wird klargestellt, dass die zeitliche Zuordnung von Einnahmen aus nichtselbstständiger Arbeit nach den lohnsteuerlichen Vorgaben für das Lohnsteuerabzugsverfahren bzw. aus selbstständiger Arbeit nach den einkommensteuerrechtlichen Vorgaben erfolgt.

Die inhaltlichen Neustrukturierungen des MuSchG, aber auch des BEEG waren zwangsläufig mit einer vollständigen oder zumindest teilweisen **Umnummerierung der Einzelvorschriften** verbunden. Die Kommentierung ist bestrebt, der damit einhergehenden Intransparenz durch entsprechende Hinweise entgegenzuwirken.

Der Bereich von Mutterschutz und Elterngeld/zeit erfreut sich größter Beliebtheit bei politischen Reformbestrebungen. In dem Koalitionsvertrag der seit 2021 im Amt befindlichen Regierungsparteien war angekündigt, das Elterngeld vereinfachen, digitalisieren und die gemeinschaftliche elterliche Verantwortung stärken zu wollen. Es sollte eine zweiwöchige vergütete Freistellung für die Partnerin oder den Partner und auch für Alleinerziehende nach der Geburt eingeführt werden. Mutterschutz und Freistellung sollte es bei Fehl- bzw. Totgeburt künftig nach der 20. Schwangerschaftswoche geben. Die Partnermonate beim Basis-Elterngeld sollten um einen Monat erweitert werden. Ferner war angekündigt, einen Elterngeldanspruch für Pflegeeltern einzuführen und den Anspruch für Selbstständige zu modernisieren. Für die Eltern, deren Kinder vor der 37. Schwangerschaftswoche geboren werden, sollte der Anspruch auf Elterngeld erweitert werden. Basis- und Höchstbetrag beim Elterngeld sollten dynamisiert werden. Beabsichtigt war eine Verlängerung des elternzeitbedingten Kündigungsschutzes nach Rückkehr in den Beruf um drei Monate, um den Wiedereinstieg abzusichern. Kinderkrankentage sollten pro Kind und Elternteil auf 15 Tage und für Alleinerziehende auf 30 Tage erhöht werden (Koalitionsvertrag 2021–2025 zwischen SPD, Bündnis 90/Die Grünen und FDP, S. 79). Hiervon realisiert ist die Anhebung der Kinderkrankentage für 2024 und 2025 (vgl. 45 Abs. 2a SGB V). Regelungen zum gleichzeitigen Bezug von Basiselterngeld finden sich in den Haushaltsfinanzierungsgesetzen 2024 (s. Änderungsregister), Regelungen zur Einbindung von Krankentagegeld bei Selbstständigen in die Ausklammerungszeiten des § 2b BEEG im Vierten Bürokratieentlastungsgesetz. Dort sind auch Vereinfachungen geregelt, zB durch den Verzicht auf Schriftform in § 15 BEEG zugunsten von Textform (§ 126b BGB) (BT-Drucks. 20/11306 und 20/13015, s. Änderungsregister). Kurz vor Beendigung der Wahlperiode des 20. Bundestags sind auf Initiative der CDU/CSU-Fraktion nun noch mit dem Mutterschutzanpassungsgesetz der Begriff der Entbindung eigenständig geregelt und gestaffelte Mutterschutzfristen nach einer Fehlgeburt ab der 13. Schwangerschaftswoche eingeführt worden (s. Änderungsregister).

Das Schicksal der durch die amtierende »Ampelregierung« geplanten Kindergrundsicherung mit dem Ziel, verschiedene bestehende Leistungen zu bündeln und künftig einen einkommensunabhängigen Garantiebetrag, der dem Kindergeld entspricht, einen einkommensabhängigen Zusatzbetrag, der die individuellen Bedürfnisse der Kinder besser berücksichtigen soll, sowie schließlich Leistungen für Bildung und Teilhabe zu zahlen (BT-Drucks. 20/9092, 2), war in Anbetracht der angespannten Haushaltslage und nicht abreißender Kritik an dem damit verbundenen Bürokratieaufbau schon vor dem Ende der Ampelkoalition völlig ungewiss (vgl nur Vorholz, Sozialrecht aktuell 2024, 48–50). Im Koalitionsvertrag von CDU, CSU und SPD für die 21. Legislaturperiode wird angestrebt, insbesondere Anreize für mehr Väterbeteiligung in alleiniger Verantwortung zu setzen (zB erhöhte Lohnersatzraten und veränderte Anzahl und Aufteilung der Bezugsmonate). Die Einkommensgrenze sowie der Mindest- und Höchstbetrag sollen angehoben werden. Bei Selbstständigen soll die Berechnungsgrundlage flexibilisiert werden. Für Pflegeeltern soll ein Elterngeld eingeführt werden, für Selbstständige ein Mutterschutz analog zu den Mutterschutzfristen für Beschäftigte.

3. Zu diesem Kommentar

Mit der Kommentierung wird der von Dr. Karl Gröninger und Prof. Dr. Werner Thomas im Jahr 1952 begründete und von Prof. Dr. Werner Thomas seit 1984 allein weitergeführte Kommentar zum MuSchG seit nunmehr 2010 durch Dr. Elke Roos und Prof. Dr. Dirk Bieresborn fortgeführt, zu denen 2023 Prof. Dr. Jens Kaltenstein hinzugekommen ist. Das BEEG ist mit in den Kommentar integriert worden, um der wachsenden Bedeutung des Elterngelds Rechnung zu tragen (vgl. hierzu auch Bericht des BMFSFJ zum Elterngeld Plus, BT-Drucks. 19/400). Daraus ergibt sich das Bedürfnis nach einer Einbindung sowohl arbeitsrechtlichen als sozial(versicherungs)rechtlichen Sachverstands, dem das entsprechend zusammengesetzte Autorenteam Rechnung trägt und der zudem die Ausrichtung des Kommentars als Praktikerhandbuch gewährleistet:

MuSchG

Kerstin Altenbeck, Vizepräsidentin des Landesarbeitsgerichts Nürnberg: §§ 1–3, 6, 8–10, 30 MuSchG

Dr. Holger Betz, Richter am ArbG, Bamberg: §§ 15–17, 24, 25, 27, 32, 33 MuSchG

Prof. Dr. Dirk Bieresborn, Vorsitzender Richter am BSG: §§ 7, 11, 12, 23, 26 MuSchG

Dr. Esther Graf, stv Direktorin des ArbG, Kassel: §§ 18, 21 MuSchG

Jördis Kant, Richterin am LSG Baden-Württemberg: §§ 4, 5, 13, 31, 34 MuSchG

Kerstin Plack, Rechtsanwältin, BDA, Berlin, §§ 28, 29 MuSchG

Dr. Elke Roos, Vorsitzende Richterin am BSG: §§ 14, 19, 20, 22 MuSchG

BEEG

Prof. Dr. Dirk Bieresborn, s. oben: §§ 22–28 BEEG

Dr. Esther Graf, s. oben: §§ 15–21 BEEG

Prof. Dr. Jens Kaltenstein, Vorsitzender Richter am BSG: §§ 9–12 BEEG

Jan Krauß, Richter am HLSG: §§ 3–8 BEEG

Dr. Viktoria Mittelbach-Grote, Richterin am SG, zZt BVerfG: §§ 13–14 BEEG

Hartwig Othmer, Richter am BSG: § 1 BEEG

Judith Thorn, Richterin am SG, Gießen: Vorbemerkung §§ 2–2f, §§ 2–2f BEEG

Aus dem Autorenteam ausgeschieden sind Susanne Jaritz, Ministerialrätin, Bundeskanzleramt, und Katharina Grösslein-Weiß, Richterin am SG, Wiesbaden. Ihnen möchten die Herausgeber an dieser Stelle für ihre langjährige Mitarbeit sehr herzlich danken.

Als Zitierweise wird empfohlen: *Autor* in Roos/Bieresborn/Kaltenstein, MuSchG/BEEG, Stand … oder Angabe der Erg. Lfg., §… Rn.

Die Herausgeber, Kassel 2025

Änderungen und Bekanntmachungen des MuSchG

Lfd. Nr.	Datum Fundstelle BGBl. I	Name der Änderungsvorschrift
1	24.1.1952 1952, 69	Gesetz zum Schutz der erwerbsfähigen Mutter (Mutterschutzgesetz – MuSchG) – in Kraft 1.1.1968 – Materialien: BT-Drucksache I/1182 i.d.F. I/2876; Plenarprotokoll zur 80. Sitzung des Bundestages am 27.7.1950 Seite 2996D bis 3003A
1a	23.12.1956 1956, 1018 Art. X § 10 Abs. 2 Nr. 30	Gesetz zur Änderung und Ergänzung des Gesetzes über die Arbeitsvermittlung und Arbeitslosenversicherung – in Kraft 1.4.1957 –
2	9.8.1960 1960, 665 § 72 Abs. 1	Gesetz zum Schutze der arbeitenden Jugend (Jugendarbeitsschutzgesetz) – in Kraft 1.10.1960 – Materialien: BT-Drucksachen II/3286, III/317 i.d.F. III/1816, III/1912
3	24.8.1965 1965, 912 Art. 1	Gesetz zur Änderung des Mutterschutzgesetzes und der Reichsversicherungsordnung – in Kraft 1.1.1966 – Materialien: BT-Drucksachen IV/562, IV/3125 i.d.F. IV/3652, IV/3725; BR-Drucksache 408/65
3a	20.12.1965 1965, 2065 Art. 5 Nr. 3	Gesetz zur Sicherung des Haushaltsausgleichs (Haushaltssicherungsgesetz) – in Kraft 25.12.1965 – Verschiebung des Inkrafttretens Nr. 3 Materialien: BT-Drucksache V/58 i.d.F. V/84
3b	23.12.1966 1966, 697 Art. 6 Nr. 1	Erstes Gesetz zur Überleitung der Haushaltswirtschaft des Bundes in eine mehrjährige Finanzplanung (Finanzplanungsgesetz) – in Kraft 1.1.1967 – Verschiebung des Inkrafttretens Nr. 3 Materialien: BT-Drucksache V/1067 i.d.F. V/1203
3c	21.12.1967 1967, 1259 Art. 3 § 8	Gesetz zur Verwirklichung der mehrjährigen Finanzplanung des Bundes, II. Teil – Finanzänderungsgesetz 1967 – – in Kraft 1.1.1968 – Verschiebung des Inkrafttretens Nr. 3 Materialien: BT-Drucksache V/2149 i.d.F. V/2341

Lfd. Nr.	Datum Fundstelle BGBl. I	Name der Änderungsvorschrift
4	9.11.1965 1965, 1821	Bekanntmachung der Neufassung des Mutterschutzgesetzes – nicht in Kraft getreten –
5	20.12.1965 1965, 2065 Art. 5 Nr. 1u 4	Gesetz zur Sicherung des Haushaltsausgleichs (Haushaltssicherungsgesetz) – in Kraft 1.1.1966 – außer Kraft 1.1.1967 – Materialien: BT-Drucksache V/58 i.d.F. V/84 siehe unter Nr. 3a
5a	23.12.1966 1966, 697 Art. 6 Nr. 2	Erstes Gesetz zur Überleitung der Haushaltswirtschaft des Bundes in eine mehrjährige Finanzplanung (Finanzplanungsgesetz) – in Kraft 1.1.1967 – Verschiebung des Inkrafttretens Nr. 5 Materialien: BT-Drucksache V/1067 i.d.F. V/1203 siehe unter Nr. 3b
5b	31.12.1967 1967, 1259 Art. 3 § 10	Gesetz zur Verwirklichung der mehrjährigen Finanzplanung des Bundes, II. Teil – Finanzänderungsgesetz 1967 – – in Kraft 1.1.1968 – Verschiebung des Inkrafttretens Nr. 5 Materialien: BT-Drucksache V/2149 i.d.F. V/2341 siehe unter Nr. 3c
6	18.4.1968 1968, 315	Bekanntmachung der Neufassung des Mutterschutzgesetzes – in Kraft 1.1.1968 –
7	24.5.1968 1968, 503 Art. 127	Einführungsgesetz zum Gesetz über Ordnungswidrigkeiten – in Kraft 1.10.1968 – außer Kraft 30.11.2007 durch Nr. 7a – Materialien: BT-Drucksache V/1319 i.d.F. V/2601, V/2856, V/2889
7a	23.11.2007 2007, 2614 Art. 57	Zweites Gesetz über die Bereinigung von Bundesrecht im Zuständigkeitsbereich des Bundesministeriums der Justiz – in Kraft 30.11.2007 – Materialien: BT-Drucksache 16/5051 i.d.F. 16/6626
8	25.6.1969 1969, 645 Art. 4	Erstes Gesetz zur Reform des Strafrechts – in Kraft 1.9.1969 – außer Kraft 30.11.2007 durch Nr. 8a – Materialien: BT-Drucksache V/4094
8a	23.11.2007 2007, 2614 Art. 49	Zweites Gesetz über die Bereinigung von Bundesrecht im Zuständigkeitsbereich des Bundesministeriums der Justiz – in Kraft 30.11.2007 – Materialien: BT-Drucksache 16/5051 i.d.F. 16/6626

Lfd. Nr.	Datum Fundstelle BGBl. I	Name der Änderungsvorschrift
9	25.1.1972 1972, 500	Entscheidung des Bundesverfassungsgerichts – 1 BvL 3/70 § 9 Abs. 1 S. 1 des MuSchG i.d.F. vom 18.4.1968 ist jedenfalls insoweit mit dem GG vereinbar, als.... – in Kraft 1.1.1968 –
10	10.8.1972 1972, 1433 § 91	Gesetz zur Weiterentwicklung des Rechts der gesetzlichen Krankenversicherung – Gesetz über die Krankenversicherung der Landwirte – in Kraft 1.10.1972 – Materialien: BT-Drucksache VI/3012 i.d.F. VI/3508
11	2.3.1974 1974, 469 Art. 246	Einführungsgesetz zum Strafgesetzbuch – in Kraft 1.1.1975 – Materialien: BT-Drucksache 7/550 i.d.F. 7/1232
11a	23.4.1974 1974, 1356	Entscheidung des Bundesverfassungsgerichts – 1 BvL 19/73 § 14 Abs. 1 S. 1 MuSchG i.d.F. der Bekanntmachung vom 18.4.1968 ist mit GG vereinbar – in Kraft 1.1.1968 –
11b	13.11.1974 1975, 230	Entscheidung des Bundesverfassungsgerichts – 1 BvL 12/73 § 13 Abs. 2 S. 1 MuSchG i.d.F. der Bekanntmachung vom 18.4.1968 mit Art. 3 Abs. 1. GG unvereinbar – in Kraft 1.1.1968 –
12	25.6.1979 1979, 797 Art. 1	Gesetz zur Einführung eines Mutterschaftsurlaubs – in Kraft 1.7.1979 – Materialien: BT-Drucksache 8/2613 i.d.F. 8/2797
13	27.6.1979 1979, 823 Art. 2	Gesetz zur Änderung des Einkommensteuergesetzes und des Mutterschutzgesetzes – in Kraft 1.7.1979 – Materialien: BT-Drucksache 8/2667
14	13.11.1979 1980, 147	Entscheidung des Bundesverfassungsgerichts – 1 BvL 24/77, 1 BvL 19/78, 1 BvL 38/79 § 9 Abs. 1 S. 1 des MuSchG i.d.F. der Bekanntmachung vom 18.4.1968 ist insoweit mit Art. 6 Abs. 4 des GG unvereinbar, als... – in Kraft 1.1.1968 –

Lfd. Nr.	Datum Fundstelle BGBl. I	Name der Änderungsvorschrift
15	22.12.1981 1981, 1523 Art. 15	Zweites Gesetz zur Verbesserung der Haushaltsstruktur 2. Haushaltsstrukturgesetz – in Kraft 1.1.1982 – Materialien: BT-Drucksachen 09/795, 09/842, 09/888 i.d.F. 09/971
16	22.12.1981 1981, 1578 Art. 4	Gesetz zur Ergänzung und Verbesserung der Wirksamkeit kostendämpfender Maßnahmen in der Krankenversicherung Kostendämpfungs-Ergänzungsgesetz – in Kraft 1.1.1982 – außer Kraft 18.8.2006 durch Nr. 16a – Materialien: BT-Drucksache 9/795, 9/798, 9/845
16a	14.8.2006 2006, 1869 Art. 73	Gesetz über die Bereinigung von Bundesrecht im Zuständigkeitsbereich des Bundesministeriums für Arbeit und Soziales und des Bundesministeriums für Gesundheit – in Kraft 18.8.2006 – Auflösung Nr. 16 Materialien: BT-Drucksache 16/1293
17	4.10.1983 1984, 105	Entscheidung des Bundesverfassungsgerichts – 1 BvL 2/81 § 8a Abs. 1 S. 2 MuSchG i.d.F. vom 25.6.1979 ist insoweit mit dem GG vereinbar, als.... – in Kraft 1.7.1979 –
18	22.12.1983 1983, 1532 Art. 18	Gesetz über Maßnahmen zur Entlastung der öffentlichen Haushalte und zur Stabilisierung der Finanzentwicklung in der Rentenversicherung sowie über die Verlängerung der Investitionshilfeabgabe – Haushaltsbegleitgesetz 1984 – in Kraft 1.1.1984 – Materialien: BT-Drucksache 10/335, 10/347 i.d.F. 10/690, 10/691
19	6.12.1985 1985, 2154 § 38	Gesetz zum Erziehungsgeld und zur Elternzeit –Bundeserziehungsgeldgesetz – in Kraft 1.1.1986 – außer Kraft 1.1.2009 durch Nr. 19a – Materialien: BT-Drucksache 10/3792
19a	5.12.2006 2006, 2748 Art. 3 Abs. 2 S. 2	Gesetz zur Einführung des Elterngeldes – in Kraft 1.1.2009 – Materialien: BT-Drucksache 16/1889

Lfd. Nr.	Datum Fundstelle BGBl. I	Name der Änderungsvorschrift
20	7.10.1987 1987, 2265 Art. 1	Vierte Zuständigkeitsanpassungs-Verordnung – in Kraft 7.7.1987 –
21	20.12.1988 1988, 2477 Art. 52	Gesetz zur Strukturreform im Gesundheitswesen Gesundheits-Reformgesetz – in Kraft 1.1.1989 – Materialien: BT-Drucksache 11/2237, 11/2493 i.d.F. 11/3320, 11/3480
22	30.6.1989 1989, 1297 Art. 2	Gesetz zur Änderung des Bundeserziehungsgeldgesetzes und anderer Vorschriften – in Kraft 1.7.1989 – Materialien: BT-Drucksache 11/4509 i.d.F. 11/4767, 11/4776
23	23.9.1990 Anlage I EinigVtr – BGBl. II 1990, 1072 A III	Vertrag zwischen der Bundesrepublik Deutschland und der Deutschen Demokratischen Republik über die Herstellung der Einheit Deutschlands – Einigungsvertrag – Anlage I Kap. X Anlage I Kapitel X Geschäftsbereich des Bundesministers für Jugend, Familie, Frauen und Gesundheit – in Kraft 3.10.1990 – außer Kraft 31.12.1990 –
24	3.7.1992 1992, 1191 Art. 1	Erstes Gesetz zur Änderung des Mutterschutzgesetzes – in Kraft 10.7.1992 – Materialien: BT-Drucksache 12/1609 i.d.F. 12/2115
25	6.6.1994 1994, 1170 Art. 10	Gesetz zur Vereinheitlichung und Flexibilisierung des Arbeitszeitrechts Arbeitszeitrechtsgesetz – in Kraft 1.7.1994 – Materialien: BT-Drucksache 12/5888 i.d.F. 12/6990
26	5.10.1994 1994, 2911 Art. 92	Einführungsgesetz zur Insolvenzordnung – in Kraft 1.1.1999 – Materialien: BT-Drucksache 12/3803
27	12.12.1996 1996, 1859 Art. 5	Gesetz zur sozialrechtlichen Behandlung von einmalig gezahltem Arbeitsentgelt – in Kraft 1.1.1997 – Materialien: BT-Drucksache 13/5062

Lfd. Nr.	Datum Fundstelle BGBl. I	Name der Änderungsvorschrift
28	20.12.1996 1996, 2110 Art. 1	Gesetz zur Änderung des Mutterschutzrechts – in Kraft 1.1.1997 – Materialien: BT-Drucksache 13/2763 i.d.F. 13/6110
29	17.1.1997 1997, 22	Bekanntmachung der Neufassung des Mutterschutzgesetzes – in Kraft 1.1.1997 –
29a	31.1.1997 1997, 293	Berichtigung der Bekanntmachung der Neufassung des Mutterschutzgesetzes – in Kraft 25.2.1997 –
30	30.11.2000 2000, 1638 Art. 13	Gesetz zur Änderung des Begriffs »Erziehungsurlaub« – in Kraft 2.1.2001 – Materialien: BT-Drucksache 14/4133
31	23.10.2001 2001, 2702 Art. 11	Gesetz zur Umstellung von Gesetzen und anderen Vorschriften auf dem Gebiet des Gesundheitswesens auf Euro Achtes Euro-Einführungsgesetz – in Kraft 1.1.2002 – Materialien: BT-Drucksache 14/5930
32	16.6.2002 2002, 1812 Art. 1	Zweites Gesetz zur Änderung des Mutterschutzrechts – in Kraft 20.6.2002 – Materialien: BT-Drucksache 14/8525 i.d.F. 14/8880
33	20.6.2002 2002, 2318	Bekanntmachung der Neufassung des Mutterschutzgesetzes – in Kraft 20.6.2002 – außer Kraft 1.1.2018 –
34	14.11.2003 2003, 2190 Art. 32	Gesetz zur Modernisierung der gesetzlichen Krankenversicherung GKV-Modernisierungsgesetz – in Kraft 1.1.2004 – Materialien: BT-Drucksache 15/1525
35	18.11.2003 2004, 69	Entscheidung des Bundesverfassungsgerichts – 1 BvR 302/96 § 14 Abs. 1 S. 1 MuSchG ist nach Maßgabe der Gründe mit Art. 12 Abs. 1 des GG nicht vereinbar. Dem Gesetzgeber wird aufgegeben, bis zum 31.12.2005 eine verfassungsmäßige Regelung zu treffen.

Lfd. Nr.	Datum Fundstelle BGBl. I	Name der Änderungsvorschrift
36	5.12.2006 2006, 2748 Art. 2 Abs. 10	Gesetz zur Einführung des Elterngeldes – in Kraft 1.1.2007 – Materialien: BT-Drucksache 16/1889
37	17.3.2009 2009, 550 Art. 14	Drittes Gesetz zum Abbau bürokratischer Hemmnisse insbesondere in der mittelständischen Wirtschaft Drittes Mittelstandsentlastungsgesetz – in Kraft 1.1.2009 – Materialien: BT-Drucksache 16/10490
38	20.12.2011 2011, 2854 Art. 34	Gesetz zur Verbesserung der Eingliederungschancen am Arbeitsmarkt – in Kraft 1.4.2012 – Materialien: BT-Drucksache 17/6277
39	23.10.2012 2012, 2246 Art. 6	Gesetz zur Neuausrichtung der Pflegeversicherung (Pflege-Neuausrichtungs-Gesetz – PNG) – in Kraft 30.10.2012 – Materialien: BT-Drucksache 17/9369 i.d.F. 17/10157, 17/10170
40	23.5.2017 2017, 1228 Art. 8 Art. 10 Abs. 1 S 1 i.V.m. S 2 Art. 10 Abs. 1 S 2 Art. 10 Abs. 2	Gesetz zur Neuregelung des Mutterschutzrechts (MuSchRNRG) – in Kraft 30.5.2017 – – in Kraft 1.1.2018 – – in Kraft 1.1.2019 – – in Kraft 1.1.2018 – Materialien: BT-Drucksache 18/8963 i.d.F. 18/11782
41	12.12.2019 2019, 2652 Art. 57 Abs. 8	Gesetz zur Regelung des Sozialen Entschädigungsrechts (EntschRRegG) – in Kraft 1.1.2020 – Materialien: BT-Drucksache 19/14870
42	23.10.2024 Art. 54, Art. 74 Abs. 1 zum 1.1.2025	Viertes Gesetz zur Entlastung der Bürgerinnen und Bürger, der Wirtschaft sowie der Verwaltung von Bürokratie (Viertes Bürokratieentlastungsgesetz) Materialien: BT-Drucksache 20/11306 und 20/13015

Lfd. Nr.	Datum Fundstelle BGBl. I	Name der Änderungsvorschrift
43	24.2.2025 BGBl. Nr. 59	Gesetz zur Anpassung des Mutterschutzgesetzes und weiterer Gesetze – Anspruch auf Mutterschutzfristen nach einer Fehlgeburt (Mutterschutzanpassungsgesetz) Materialien: BT-Drucksache 20/14231 und 14783

MuSchG

Änderungen in der Reihenfolge der betroffenen Paragrafen

§§	betroffen durch Änderungsvorschrift lfd. Nr.
Inhaltsübersicht	
1	40
1a	3, 3a, 3b, 23
2	3, 3a, 3b, 20, 23, 24, 25, 28, 40, 43
3	3, 3a, 3b, 23, 40, 43
4	3, 3a, 3b, 20, 23, 24, 25, 28, 40
5	3, 3a, 3b, 23, 24, 40
6	3, 3a, 3b, 5, 5a, 5b, 23, 28, 32, 40
7	3, 3a, 3b, 23, 25, 32, 40
8	2, 3, 3a, 3b, 23, 24, 28, 40
8a	12, 15, 17, 18, 19, 19a, 23
8b	12, 19, 19a, 23
8c	12, 19, 19a, 23
8d	12, 19, 19a, 23
9	3, 3a, 3b, 9, 14, 20, 23, 24, 25, 28, 40, 43
9a	3, 3a, 3b, 12, 19, 19a, 23
10	3, 3a, 3b, 12, 19, 19a, 23, 40, 42
11	1a, 3, 3a, 3b, 3c, 20, 23, 24, 25, 28, 32, 40
12	3, 3a, 3b, 18, 21, 23, 27, 28, 40
13	3, 3a, 3b, 3c, 5, 5a, 5b, 10, 11b, 12, 16, 16a, 19, 19a, 21, 23, 31, 32, 39, 40
13a	3, 3a, 3b, 3c, 5, 5a, 5b, 23
13b	3, 3a, 3b, 3c, 23
13c	3c, 23
13d	3c, 23
14	3, 3a, 3b, 3c, 10, 11a, 12, 16, 16a, 18, 19, 19a, 21, 22, 23, 26, 27, 28, 30, 31, 32, 35, 36, 37, 38, 39, 40
15	3, 3a, 3b, 3c, 10, 21, 23, 34, 39, 40

§§	**betroffen durch Änderungsvorschrift lfd. Nr.**
16	3, 3a, 3b, 3c, 21, 23, 28, 32, 40
17	13, 23, 32, 40
17a	3, 3a, 3b, 3c, 23
18	3, 3a, 3b, 3c, 23, 40
19	3, 3a, 3b, 3c, 23, 40, 41
20	3, 3a, 3b, 3c, 23, 40
21	3, 3a, 3b, 3c, 7, 7a, 8, 8a, 11, 23, 28, 31, 32, 40
22	3, 3a, 3b, 3c, 7, 7a, 23, 40
23	3, 3a, 3b, 3c, 7, 7a, 23, 40
24	3, 3a, 3b, 3c, 12, 19, 19a, 21, 23, 40
25	28, 40
26	40
27	40
28	40
29	40
30	40
31	40
32	40, 43
33	40
34	40

Änderungen und Bekanntmachungen des BEEG

lfd Nr	Datum Fundstelle BGBl. I	Name des Änderungsgesetzes	A = Aufhebung Ä = Änderung E = Einfügung	
1	19.8.2007 2007, 1970 Art. 6 Abs. 8	Gesetz zur Umsetzung aufenthalts- und asylrechtlicher Richtlinien der Europäischen Union – in Kraft 28.8.2007 – Materialien: BT-Drucksachen 16/5065, 16/5527 i.d.F. 16/5621, 16/5654	Ä:	§ 1 Abs. 7 Nr. 2 Buchst. c
			E:	§ 1 Abs. 7 Nr. 2 Buchst. d
2	17.1.2009 2009, 61 Art. 1	Erstes Gesetz zur Änderung des Bundeselterngeld- und Elternzeitgesetzes – in Kraft 24.1.2009 – Materialien: BT-Drucksache 16/9415 i.d.F. 16/10689	A:	§ 5 Abs. 1 S. 2, S. 3
			Ä:	§ 2 Abs. 7 S. 6; § 4 Abs. 3 S. 1; § 7 Abs. 2; § 9 S. 1; § 16 Abs. 3 S. 2; § 22 Abs. 2 Nr. 8, Nr. 13 Buchst. d, Buchst. e, Abs. 3, Abs. 4 Nr. 1, Nr. 2; § 23 Abs. 2 wird Abs. 3
			E:	§ 2 Abs. 7 S. 7; § 7 Abs. 3; § 15 Abs. 1a; § 22 Abs. 4 Nr. 3; § 23 Abs. 2
3	5.2.2009 2009, 160 Art. 15 Abs. 94	Gesetz zur Neuordnung und Modernisierung des Bundesdienstrechts – in Kraft 12.2.2009 – Materialien: BT-Drucksache 16/7076 i.d.F. 16/10850	Ä:	§ 1 Abs. 2 Nr. 3
4	28.3.2009 2009, 634 Art. 10	Gesetz über das Verfahren des elektronischen Entgeltnachweises (ELENA-Verfahrensgesetz) – in Kraft 2.4.2009, 1.1.2012 – Materialien: BT-Drucksache 16/10492 i.d.F. 16/11666	Ä:	§ 2 Abs. 7 S. 4; § 9 S. 1
			E:	§ 9 S. 3, S. 4

lfd Nr	Datum Fundstelle BGBl. I	Name des Änderungsgesetzes	A = Aufhebung Ä = Änderung E = Einfügung	
4a	23.11.2011 2011, 2298 Art. 3	Gesetz zur Änderung des Beherbergungsstatistikgesetzes und des Handelsstatistikgesetzes sowie zur Aufhebung von Vorschriften zum Verfahren des elektronischen Entgeltnachweises – in Kraft 3.12.2011 – Materialien: siehe bei Nr. 7	A:	§ 9 S. 3, S. 4
5	9.12.2010 2010, 1885 Art. 14	Haushaltsbegleitgesetz – in Kraft 1.1.2011 – Materialien: BT-Drucksache 17/3030 i.d.F. 17/3406	Ä:	§ 2 Abs. 1 S. 2, Abs. 7 S. 1, S. 2
			E:	§ 1 Abs. 8; § 2 Abs. 2 S. 3; § 8 Abs. 2 S. 2, Abs. 3 S. 2; § 10 Abs. 5
6	1.11.2011 2011, 2131 Art. 16	Steuervereinfachungsgesetz 2011 – in Kraft 5.11.2011 – Materialien: BT-Drucksache 17/5125	E:	§ 27 Abs. 1a
7	23.11.2011 2011, 2298 Art. 10	Gesetz zur Änderung des Beherbergungsstatistikgesetzes und des Handelsstatistikgesetzes sowie zur Aufhebung von Vorschriften zum Verfahren des elektronischen Entgeltnachweises – in Kraft 3.12.2011 – Materialien: BT-Drucksache 17/6851 i.d.F. 17/7200	Ä:	§ 2 Abs. 7 S. 4
8	10.7.2012 2012, 1898	Entscheidung des Bundesverfassungsgerichts – 1 BvL 2/10, 1 BvL 3/10, 1 BvL 4/10, 1 BvL 3/11 –	Ä:	§ 1 Abs. 7 Nr. 3 Buchst. b
9	10.9.2012 2012, 1878 Art. 1	Gesetz zur Vereinfachung des Elterngeldvollzugs – in Kraft 18.9.2012 – Materialien BT-Drucksache 17/1221 i.d.F. 17/9841	A:	§ 2 Abs. 4, Abs. 5 S. 3, Abs. 6, Abs. 7, Abs. 8, Abs. 9; § 3 Abs. 3 S. 1; § 7 Abs. 2 S. 3; § 27 Abs. 2, Abs. 3

lfd Nr	Datum Fundstelle BGBl. I	Name des Änderungsgesetzes	A = Aufhebung Ä = Änderung E = Einfügung	
			Ä:	§ 1 Abs. 6; § 2 Abs. 1, Abs. 2, Abs. 3 S. 1, S. 2; Abs. 5 wird Abs. 4, Abs. 4 S. 2; § 3 Abs. 1, Abs. 2, Abs. 3; § 4 Abs. 3 S. 2; § 6 S. 3; § 7 Abs. 2 S. 2; § 8 Abs. 1, Abs. 2 S. 1, Abs. 3 S. 1; § 9 S. 1, S. 2; § 10 Abs. 1, Abs. 2, Abs. 3, Abs. 5 S. 2; § 15 Abs. 4 S. 1; § 16 Abs. 3; § 22 Abs. 2, Abs. 3; § 23 Abs. 2 S. 1, S. 2; § 24; § 26 Abs. 2; § 27 Abs. 1, Abs. 4 wird Abs. 2
			E:	§ 2a; § 2b; § 2c; § 2d; § 2e; § 2f; § 10 Abs. 6; § 24a
9a	9.1.2013 2013, 69	Berichtigung des Gesetzes zur Vereinfachung des Elterngeldbezugs	Ä:	§ 3 Abs. 1 S. 2, S. 3
10	23.10.2012 2012, 2246 Art. 10	Gesetz zur Neuausrichtung der Pflegeversicherung (Pflege-Neuausrichtungs-Gesetz – PNG) – in Kraft 30.10.2012 – Materialien: BT-Drucksache 17/9369 i.d.F. 17/10157, 17/10170	Ä:	§ 2b Abs. 1 S. 2 Nr. 2; § 3 Abs. 1 S. 1 Nr. 1; § 27 Abs. 1
			E:	§ 27 Abs. 1b

lfd Nr	Datum Fundstelle BGBl. I	Name des Änderungsgesetzes	A = Aufhebung Ä = Änderung E = Einfügung	
11	15.2.2013 2013, 254 Art. 1	Gesetz zur Einführung eines Betreuungsgeldes (Betreuungsgeldgesetz) – in Kraft 1.8.2013 – Materialien: BT-Drucksache 17/9917 i.d.F. 17/11404	Ä:	§ 1 Abs. 8 S. 1, S. 2; § 3 Abs. 1 S. 1 Nr. 3; § 5 Abs. 1, Abs. 2 S. 1, S. 2, Abs. 3; § 6 S. 1, S. 2; § 7 Abs. 1 S. 1, S. 2, Abs. 2 S. 1, Abs. 3 S. 2, S. 3; § 8 Abs. 1, Abs. 2 S. 2, Abs. 3 S. 1, S. 2; § 10 Abs. 1, Abs. 2; § 11 S. 1; § 12 Abs. 1 S. 3, Abs. 2; Abschn. 2 und 3 werden Abschn. 4 und 5; § 22 Abs. 1, Abs. 2 wird Abs. 2 S. 1, S. 1, Abs. 3; § 23 Abs. 2; § 25 S. 1; § 26 Abs. 1; § 27 Abs. 1 S. 1
			E:	§ 4a; § 4b; § 4c; § 4d; § 22 Abs. 2 S. 2; § 27 Abs. 1 S. 3, Abs. 3
12	18.12.2014 2014, 2325 Art. 1	Gesetz zur Einführung des Elterngeld Plus mit Partnerschaftsbonus und einer flexibleren Elternzeit im Bundeselterngeld- und Elternzeitgesetz – in Kraft 1.1.2015 – Materialien: BT-Drucksache 18/2583 i.d.F. 18/3086	A:	§ 6 S. 2, S. 3; § 7 Abs. 2 S. 1; § 15 Abs. 2 S. 4; § 16 Abs. 1 S. 1; § 27 Abs. 1a

lfd Nr	Datum Fundstelle BGBl. I	Name des Änderungsgesetzes	A = Aufhebung Ä = Änderung E = Einfügung	
			Ä:	§ 1 Abs. 2 S. 1, Abs. 3 S. 1, Abs. 8 S. 2;
				§ 2b Abs. 1 S. 2 Nr. 1;
				§ 2c Abs. 1 S. 2;
				§ 3 Abs. 1 S. 1 Nr. 1;
				§ 4 Abs. 1 S. 2 wird S. 3, S. 3, Abs. 2 S. 2, S. 3, Abs. 3, Abs. 4, Abs. 5 wird Abs. 7, Abs. 7 S. 1, S. 2;
				§ 4d Abs. 1 S. 2;
				§ 5 Abs. 2 S. 1, S. 2;
				§ 6;
				§ 7 Abs. 2 S. 2–4 werden S. 1–3, Abs. 3 S. 1, S. 2, S. 3;
				§ 8 Abs. 1, Abs. 3;
				§ 9 S. 1;
				§ 10 Abs. 3, Abs. 5 S. 3;
				§ 11 S. 2;
				§ 14 Abs. 1 Nrn. 1–4 werden Nrn. 2–5, Nr. 3, Nr. 4; Nr. 5;
				§ 15 Abs. 1a S. 1, S. 1 Nr. 2, Abs. 2 S. 2–5 werden S. 3–6, S. 3, S. 4, S. 5, Abs. 5 S. 1, Abs. 7 S. 1 Nr. 3, Nr. 5, S. 4, S. 5;
				§ 16 Abs. 1 S. 2–5 werden S. 3–6, S. 4, S. 5, S. 6, Abs. 2;
				§ 18 Abs. 1 S. 1, S. 3–5 werden S. 4–6, S. 6, Abs. 2 Nr. 2;
				§ 22 Abs. 2 S. 1, S. 1 Nr. 2., Nr. 3, Nr. 5, S. 2;
				§ 25 S. 2 wird S. 3, S. 3;
				§ 27 Abs. 1, Abs. 1b wird Abs. 1a

lfd Nr	Datum Fundstelle BGBl. I	Name des Änderungsgesetzes	A = Aufhebung Ä = Änderung E = Einfügung	
			E:	§ 1 Abs. 1 S. 2; § 2 Abs. 3 S. 3; § 2c Abs. 2 S. 2, Abs. 3 S. 3; § 4 Abs. 1 S. 2, Abs. 5, Abs. 6; § 7 Abs. 1 S. 3, Abs. 2 S. 4; § 8 Abs. 1a; § 14 Abs. 1 Nr. 1; § 15 Abs. 2 S. 2; § 15 Abs. 7 S. 6–7; § 16 Abs. 1 S. 1, S. 2, S. 7, S. 8; § 18 Abs. 1 S. 2–3; § 25 S. 2
13	27.1.2015 2015, 33	Bekanntmachung der Neufassung des Bundeselterngeld- und Elternzeitgesetzes – in Kraft 29.1.2015 –		
14	21.7.2015 2015, 1565	Entscheidung des Bundesverfassungsgerichts – 1 BvF 2/13 –	Nichtigkeit der §§ 4a bis 4d	
15	4.4.2017 2017, 778 Art. 1k	Gesetz zur Stärkung der Heil- und Hilfsmittelversorgung (Heil- und Hilfsmittelversorgungsgesetz – HHVG) – in Kraft 11.4.2017 – Materialien: BT-Drucksache 18/11205	E:	§ 4 Abs. 5 S. 3
16	23.5.2017 2017, 1228 Art. 6 Abs. 9	Gesetz zur Neuregelung des Mutterschutzrechts – in Kraft 1.1.2018 – Materialien: BT-Drucksache 18/11782	Ä:	§ 2b Abs. 1 S. 2 Nr. 2; § 3 Abs. 1 S. 1 Nr. 1 Buchst. a; § 3 Abs. 1 S. 1 Nr. 1 Buchst. b; § 4 Abs. 6 S. 1 Nr. 1; § 15 Abs. 2 S. 3; § 15 Abs. 7 S. 4; § 16 Abs. 1 S. 4; § 16 Abs. 1 S. 5; § 16 Abs. 2; § 16 Abs. 3 S. 3

lfd Nr	Datum Fundstelle BGBl. I	Name des Änderungsgesetzes	A = Aufhebung Ä = Änderung E = Einfügung	
17	20.11.2019 2019, 1626 Art. 118	Zweites Gesetz zur Anpassung des Datenschutzrechts an die Verordnung (EU) 2016/679 und zur Umsetzung der Richtlinie (EU) 2016/680 (DSAnpUG-EU 2) – in Kraft 26.11.2019 – Materialien: BT-Drucksache 19/11181	Ä:	§ 24a Abs. 2 S. 1;
			E:	§ 24b
18	12.12.2019 2019, 2451 Art. 35 Art. 36	Gesetz zur weiteren steuerlichen Förderung der Elektromobilität und zur Änderung weiterer steuerlicher Vorschriften (EmoFöuaÄndG) – in Kraft 1.1.2020 – – in Kraft 1.3.2020 – Materialien: BT-Drucksache 19/124909	Ä:	§ 1 Abs. 7 Nr. 2; § 1 Abs. 7 Nr. 3; § 1 Abs. 7 Nr. 4 angefügt; § 27 Abs. 3 S. 3; § 1 Abs. 7 S. 7; § 27 Abs. 3 S. 3
19	20.5.2020 2020, 1061 Art. 1 Nr. 1 Buchst. a u. b, Nr. 4 u. 5; Art. 1 Nr. 2 u. 3	Gesetz für Maßnahmen im Elterngeld aus Anlass der COVID-19-Pandemie – in Kraft 1.3.2020 – – in Kraft 29.5.2020 – Materialien: BT-Drucksache 19/19038	E:	§ 2b Abs. 1 S. 3 u. 4; § 2c Abs. 1 S. 3; § 2d Abs. 5; § 27
			Ä:	§ 2b Abs. 2 S. 2 und Abs. 3 S. 2; § 2c Abs. 1 S. 3 in Abs. 1 S. 4; § 27 in § 28
20	3.12.2020 2020, 2668 Art. 6 Nr. 1 Buchst. a, b, Art. 6 Nr. 2, 3, 4	Gesetz zur Digitalisierung von Verwaltungsverfahren bei der Gewährung von Familienleistungen (FamLeistDigitG) – in Kraft 10.12.2020 – Materialien: BT-Drs. 19/23774	E:	§ 9 Abs. 2, § 28 Abs. 4
			Ä:	§ 9 in § 9 Abs. 1, § 14 Abs. 1 Nr. 2, § 25
21	3.12.2020 2020, 2691 Art. 3 Nr. 1 Art. 3 Nr. 2	Gesetz zur Beschäftigungssicherung infolge der COVID-19-Pandemie (Beschäftigungssicherungsgesetz – BeschSiG) – in Kraft 1.1.2021 – Materialien: BT-Drs. 19/24481	Ä:	§ 2b Abs. 1 S. 3, § 27 Abs. 4

lfd Nr	**Datum Fundstelle BGBl. I**	**Name des Änderungsgesetzes**	**A = Aufhebung Ä = Änderung E = Einfügung**	
22	21.12.2020 2020, 3096 Art. 23 Nr. 1 Art. 23 Nr. 2	Jahressteuergesetz 2020 (JStG 2020) – in Kraft 1.1.2024 – Materialien: BT-Drs. 19/25160	Ä:	§ 2e Abs. 2 S. 2 Nr. 2 Buchst. a und b
23	15.2.2021 2021, 239 Art. 1 Art. 1 Nr. 15 Buchst. d, Art. 1 Nr. 24 Buchst. b	Zweites Gesetz zur Änderung des Bundeselterngeld- und Elternzeitgesetzes (BEEGÄndG 2) – in Kraft 1.9.2021 – – in Kraft 1.1.2023 – – in Kraft 28.5.2020 – Materialien: BT-Drs. 19/26242	A:	Absch. 2 Überschr. vor 4a, § 8 Abs. 3 S. 1 Nr. 4, Abs. 3 S. 2, § 22 Abs. 3, § 27 Abs. 4, § 27 Abs. 1 S. 2 und 3
			E:	§ 2b Abs. 1 S. 3, Abs. 4, § 3 Abs. 1 S. 4, § 12 Abs. 2, § 22 Abs. 2 S. 1 Nr. 8 Buchst. e
			Ä:	§ 1, § 2, § 2b, § 2c, § 3, § 4, § 4a, § 4b, § 4c, § 4d, § 5, § 6, § 7, § 8, § 10, § 11, § 12, § 14, § 15, § 18, § 20, § 22, § 26, § 27, § 28
24	18.3.2022 2022, 473 Art. 5 Nr. 1 Art. 5 Nr. 2	Gesetz zur Verlängerung des Sozialdienstleister-Einsatzgesetzes und weitere Regelungen (SodEGuaVerlG) – in Kraft 19.3.2022 – Materialien: BT-Drs. 20/959	Ä:	§ 2b Abs. 1 S. 4, § 27 Abs. 3
25	23.5.2022 2022, 760 Art. 12 Nr. 1, 2	Gesetz zur Regelung eines Sofortzuschlages und einer Einmalzahlung in den sozialen Mindestsicherungssystemen sowie zur Änderung des Finanzausgleichsgesetzes und weiterer Gesetze (EZuSZuschlReg/FinAusglG2005uaÄndG) – in Kraft 1.6.2022 – Materialien BT-Drs. 20/1768	Ä:	§ 1 Abs. 7 S. 1 Nr. 2 Buchst. c
			E:	§ 28 Abs. 3 S. 3

lfd Nr	Datum Fundstelle BGBl. I	Name des Änderungsgesetzes	A = Aufhebung Ä = Änderung E = Einfügung
26	16.12.2022 2022, 2328 Art. 12 Abs. 7	Zwölftes Gesetz zur Änderung des Zweiten Buches Sozialgesetzbuch und anderer Gesetze – Einführung eines Bürgergeldes (Bürgergeld-Gesetz) (SGB2uaÄndG12) – in Kraft 1.1.2023 – Materialien BT-Drs. 20/4600	E: § 10 Abs. 5 S. 4
27	19.12.2022 2022, 2510 Art. 1 Nr. 1, 2	Gesetz zur weiteren Umsetzung der Richtlinie (EU) 2019/1158 des Europäischen Parlaments und des Rates vom 20. Juni 2019 zur Vereinbarkeit von Beruf und Privatleben für Eltern und pflegende Angehörige und zur Aufhebung der Richtlinie 2010/18/EU des Rates (EURL2019/1158UmsG) – in Kraft 24.12.2022 – Materialien BT Drs. 20/4738	**Neuregelung:** § 15 Abs. 5, Abs. 7 S. 4
28	29.12.2023 2023, Nr. 412 Art. 1 Nr. 1, 2	Haushaltsfinanzierungsgesetz 2024 (HHFinG 2024) – in Kraft 1.4.2024 - Materialien BT-Drs. 20/9792	**Ä:** § 1 Abs. 8 S 1 und 2, § 28 **A:** § 4 Abs. 2 S 3 **E:** § 4 Abs. 6, § 28 Abs. 1a 1b, Abs. 5
29	27.3.2024 2024, Nr. 107	Zweites Haushaltsfinanzierungsgesetz 2024 (HFinG 2024 2) – in Kraft 1.4.2024 – Materialien BT-Drs. 20/9999	**Ä:** § 1 Abs. 8, § 4 Abs. 6, § 28 Abs. 5 S 2
30	23.10.2024 2024 I Nr. 323	Viertes Bürokratieentlastungsgesetz – Inkraftreten 1.11.2024 und 1.5.2025 Materialien BT-Drs. 20/11306	**Ä:** § 1 Abs. 6, Abs. 7, § 2b Abs. 1, Abs. 2, § 2f Abs. 2, § 3 Abs. 1, § 4c Abs. 1, § 8 Abs. 3, § 15, § 16, § 23, § 24a, § 25, § 26, § 28 **A:** § 24b **E:** § 1 Abs 6a, § 2c Abs. 4, § 2e Abs. 7, § 4c Abs. 2
31	2.12.2024 2024 I Nr. 387	Jahressteuergesetz 2024 (JStG 2024) Inkrafttreten der Änderung am 6.12.2024 Materialien BT-Drs. 20/12780	Ä: 1 Abs. 7 S 1 Nr. 2 Buchst. a, 1 Abs. 7 S. 1 Nr. 2 Buchst. b, E: 28 Abs. 3 S. 4

BEEG

Änderungen in der Reihenfolge der betroffenen Paragrafen

§§	betroffen durch Änderungsvorschrift lfd. Nr.
1	1, 3, 5, 8, 9, 11, 12, 13, 18, 23, 25, 28, 29, 30, 31
2	2, 4, 5, 7, 9, 12, 13, 23
2a	9, 13
2b	9, 10, 12, 13, 16, 19, 21, 23, 24, 30
2c	9, 12, 13, 19, 30
2d	9, 13, 19
2e	9, 13, 22, 30
2f	9, 13, 30
3	9, 9a, 10, 11, 12, 13, 16, 23, 30
4	2, 9, 12, 13, 15, 16, 23, 28, 29
4a	11, 13, 14, 23
4b	11, 13, 14, 23
4c	11, 13, 14, 23, 30
4d	11, 12, 13, 14, 23
5	2, 11, 12, 13, 23
6	9, 11, 12, 13, 23
7	2, 9, 11, 12, 13, 23
8	5, 9, 11, 12, 13, 23, 30
9	2, 4, 4a, 9, 12, 13, 20
10	5, 9, 11, 12, 13, 23, 26
11	11, 12, 13, 23
12	11, 13, 23
13	13
14	12, 13, 20, 23
15	2, 9, 12, 13, 16, 23, 27, 30
16	2, 9, 12, 13, 16, 30
17	13

§§	betroffen durch Änderungsvorschrift lfd. Nr.
18	12, 13, 23
19	13
20	13, 23
21	13
22	2, 9, 11, 12, 13, 23
23	2, 9, 11, 13, 30
24	9, 13
24a	9, 13, 17, 30
24b	17, 30
25	11, 12, 13, 20, 30
26	9, 11, 13, 23, 30
27	6, 9, 10, 11, 12, 13, 18, 19, 21, 23, 24
28	19, 20, 23, 25, 28, 29, 30, 31

Abschnitt 1 Allgemeine Vorschriften

§ 1 MuSchG Anwendungsbereich, Ziel des Mutterschutzes

(1) [1]Dieses Gesetz schützt die Gesundheit der Frau und ihres Kindes am Arbeits-, Ausbildungs- und Studienplatz während der Schwangerschaft, nach der Entbindung und in der Stillzeit. [2]Das Gesetz ermöglicht es der Frau, ihre Beschäftigung oder sonstige Tätigkeit in dieser Zeit ohne Gefährdung ihrer Gesundheit oder der ihres Kindes fortzusetzen und wirkt Benachteiligungen während der Schwangerschaft, nach der Entbindung und in der Stillzeit entgegen. [3]Regelungen in anderen Arbeitsschutzgesetzen bleiben unberührt.

(2) [1]Dieses Gesetz gilt für Frauen in einer Beschäftigung im Sinne von § 7 Absatz 1 des Vierten Buches Sozialgesetzbuch. [2]Unabhängig davon, ob ein solches Beschäftigungsverhältnis vorliegt, gilt dieses Gesetz auch für

1. Frauen in betrieblicher Berufsbildung und Praktikantinnen im Sinne von § 26 des Berufsbildungsgesetzes,
2. Frauen mit Behinderung, die in einer Werkstatt für behinderte Menschen beschäftigt sind,
3. Frauen, die als Entwicklungshelferinnen im Sinne des Entwicklungshelfer-Gesetzes tätig sind, jedoch mit der Maßgabe, dass die §§ 18 bis 22 auf sie nicht anzuwenden sind,
4. Frauen, die als Freiwillige im Sinne des Jugendfreiwilligendienstgesetzes oder des Bundesfreiwilligendienstgesetzes tätig sind,
5. Frauen, die als Mitglieder einer geistlichen Genossenschaft, Diakonissen oder Angehörige einer ähnlichen Gemeinschaft auf einer Planstelle oder aufgrund eines Gestellungsvertrages für diese tätig werden, auch während der Zeit ihrer dortigen außerschulischen Ausbildung,
6. Frauen, die in Heimarbeit beschäftigt sind, und ihnen Gleichgestellte im Sinne von § 1 Absatz 1 und 2 des Heimarbeitsgesetzes, soweit sie am Stück mitarbeiten, jedoch mit der Maßgabe, dass die §§ 10 und 14 auf sie nicht anzuwenden sind und § 9 Absatz 1 bis 5 auf sie entsprechend anzuwenden ist,
7. Frauen, die wegen ihrer wirtschaftlichen Unselbstständigkeit als arbeitnehmerähnliche Person anzusehen sind, jedoch mit der Maßgabe, dass die §§ 18, 19 Absatz 2 und § 20 auf sie nicht anzuwenden sind, und
8. Schülerinnen und Studentinnen, soweit die Ausbildungsstelle Ort, Zeit und Ablauf der Ausbildungsveranstaltung verpflichtend vorgibt oder die ein im Rahmen der schulischen oder hochschulischen Ausbildung verpflichtend vorgegebenes Praktikum ableisten, jedoch mit der Maßgabe, dass die §§ 17 bis 24 auf sie nicht anzuwenden sind.

(3) [1]Das Gesetz gilt nicht für Beamtinnen und Richterinnen. [2]Das Gesetz gilt ebenso nicht für Soldatinnen, auch soweit die Voraussetzungen des Absatzes 2 erfüllt sind, es sei denn, sie werden aufgrund dienstlicher Anordnung oder Gestattung außerhalb des Geschäftsbereiches des Bundesministeriums der Verteidigung tätig.

(4) [1]Dieses Gesetz gilt für jede Person, die schwanger ist, ein Kind geboren hat oder stillt. [2]Die Absätze 2 und 3 gelten entsprechend.

Übersicht Rdn.

I. Allgemeines

1 § 1 in seiner ab dem 1.1.2018 geltenden Fassung beruht auf einer umfassenden, mit dem **Gesetz zur Neuregelung des Mutterschutzrechts vom 23. Mai 2017** (BGBl. I S. 1228) erfolgten **Reform des Mutterschutzrechts**. Artikel 1 des Gesetzes zur Neuregelung des Mutterschutzrechts beinhaltet das neu gefasste Gesetz zum Schutz von Müttern bei der Arbeit, in der Ausbildung und im Studium (Mutterschutzgesetz – MuSchG). Das bisherige Gesetz zum Schutze der erwerbstätigen Mutter (Mutterschutzgesetz – MuSchG) in der Fassung der Bekanntmachung vom 20.6.2002 (BGBl. I

S. 2318) sowie die Verordnung zum Schutze der Mütter am Arbeitsplatz vom 15.4.1997 (BGBl. I S. 782) traten nach Artikel 10 Absatz 2 und 3 des Gesetzes zur Neuregelung des Mutterschutzrechts vom 23. Mai 2017 zugleich am 1.1.2018 außer Kraft.

Mit dem Gesetz zur Neuregelung des Mutterschutzrechts verfolgte der Gesetzgeber das **Ziel**, das 1952 in Kraft getretene und in der Zwischenzeit lediglich in einigen Regelungsbereichen geänderte MuSchG einer grundlegenden Reform zu unterziehen. Die Notwendigkeit der Reform ergab sich für den Gesetzgeber aus der Veränderung nicht nur rechtlicher, sondern auch gesellschaftlicher Rahmenbedingungen. Entsprechend begründet die Bundesregierung ihren Gesetzentwurf mit dem Wandel der Arbeitswelt und der Erwerbstätigkeit junger Frauen seit dem Inkrafttreten des MuSchG im Jahr 1952 und der daraus folgenden Anforderung an den Mutterschutz, sowohl den Schutz der Frauen und ihrer Kinder vor gesundheitlichen Gefährdungen zu gewährleisten als auch die gestiegene Bedeutung und Wertschätzung der eigenen Erwerbstätigkeit für Frauen zu berücksichtigen. Als weitere Gründe für die Notwendigkeit einer Reform werden der Wandel der Anforderungen im Beruf und der Vielfalt der belastenden Arbeitsbedingungen sowie die für eine gute Umsetzung erforderliche zeitgemäße Anpassung und bessere Verständlichkeit der bisher in verschiedenen Regelungswerken enthaltenen Vorgaben zum Mutterschutz angeführt (vgl. hierzu BR-Drucks. 230/16). Der Bundestag hat den Gesetzentwurf der Bundesregierung (BT-Drucks. 18/8963) in der Fassung der Beschlussempfehlung des Ausschusses für Familie, Senioren, Frauen und Jugend vom 29.3.2017 (BT-Drucks. 18/11782) am 30.3.2017 angenommen. Nach Zustimmung des Bundesrates am 12.5.2017 wurde das Gesetz zur Neuregelung des Mutterschutzrechts vom 23. Mai 2017 am 29.5.2017 im Bundesgesetzblatt veröffentlicht.

Mit der Reform wurde u.a. der Anwendungsbereich des Mutterschutzes erweitert, beispielsweise durch die Erfassung auch von Schülerinnen und Studentinnen, wurden Änderungen bei den Schutzfristen vorgenommen und die u.a. auf den §§ 2 Absatz 4 Nummer 2, 4 Absatz 4 MuSchG a.F. beruhende Verordnung zum Schutze der Mütter am Arbeitsplatz (MuSchArbV) in das MuSchG aufgenommen. Eine weitere wesentliche Änderung war die Einrichtung eines Ausschusses für Mutterschutz nach § 30. Branchenabhängige Besonderheiten oder Besonderheiten für eine Beschäftigung im Familienhaushalt, wie sie bisher im Zusammenhang mit Nacht- und Sonntagsarbeit in § 8 MuSchG a.F. enthalten waren, finden sich im neugefassten MuSchG nicht mehr.

Auch nach der umfassenden Reform im Jahr 2017 hat das MuSchG bereits Änderungen erfahren. Mit Art. 54 des 4. Bürokratieentlastungsgesetzes vom 23.10.2024 (4. BEntlG) wurde zum 1.1.2025 eine Erleichterung bei der Verpflichtung des Arbeitgebers zur allgemeinen mutterschutzrechtlichen Gefährdungsbeurteilung nach § 10 Absatz 1 geschaffen (siehe hierzu § 10 Rdn. 22 ff.). Zuletzt wurden Änderungen am MuSchG im Hinblick auf ein Beschäftigungsverbot auch nach einer Fehlgeburt zum 1.6.2025 durch das Gesetz zur Anpassung des Mutterschutzgesetzes und weiterer Gesetze – Anspruch auf Mutterschutzfristen nach einer Fehlgeburt (Mutterschutzanpassungsgesetz) vom 24.2.2025 vorgenommen (siehe hierzu § 2 Rdn. 31).

II. Ziel des Mutterschutzes

2 Nach § 1 Absatz 1 Satz 1 schützt das Gesetz die Gesundheit der Frau und ihres Kindes am Arbeits-, Ausbildungs- und Studienplatz während der Schwangerschaft, nach der Entbindung und in der Stillzeit. Regelungen zum **Gesundheitsschutz** finden sich mit Regelungen der Schutzfristen vor und nach der Entbindung (§ 3), zur Ruhezeit und Verboten der Mehr-, Nacht-, Sonn- und Feiertagsarbeit (§§ 4 bis 6), zu Freistellungen für Untersuchungen und zum Stillen (§ 7), zur Beschränkung von Heimarbeit (§ 8), zur Gestaltung und Beurteilung von Arbeitsbedingungen sowie zu Schutzmaßnahmen (§§ 9 und 10), zu unzulässigen Tätigkeiten und Arbeitsbedingungen für schwangere und stillende Frauen (§§ 11 und 12), zur Rangfolge von Schutzmaßnahmen (§ 13), Dokumentation und Information durch den Arbeitgeber (§ 14) und Mitteilungen und Nachweisen der schwangeren oder stillenden Frauen (§ 15) im zweiten Abschnitt des Gesetzes. Das Schutzgut umfasst den Schutz nicht nur vor physischen, sondern auch vor psychischen Beeinträchtigungen der Gesundheit. Dies stellt die Begründung des Gesetzentwurfs ebenso klar (BT-Drucks. 18/8963 S. 48) wie der Wortlaut des § 9 Absatz 1 Satz 1, der den Arbeitgeber zum Ergreifen aufgrund der Gefährdungsbeurteilung erforderlicher Maßnahmen für den Schutz der physischen und psychischen Gesundheit der schwangeren oder stillenden Frau sowie der ihres Kindes verpflichtet.

3 Nach § 1 Absatz 1 bezweckt das Gesetz den Schutz der Gesundheit der Frau und ihres Kindes im **Zeitraum während der Schwangerschaft, nach der Entbindung und in der Stillzeit**. Es trägt mit der Aufnahme des Zeitraums nach der Entbindung neben der Stillzeit auch der Vorgabe der Richtlinie 92/85/EWG vom 19.10.1992 über die Durchführung von Maßnahmen zur Verbesserung der Sicherheit und des Gesundheitsschutzes von schwangeren Arbeitnehmerinnen, Wöchnerinnen und stillenden Arbeitnehmerinnen am Arbeitsplatz (zehnte Einzelrichtlinie im Sinne des Artikels 16 Absatz 1 der Richtlinie 89/391/EWG) (ABl. L 348 vom 28.11.1992, S. 1) Rechnung, deren Umsetzung das Gesetz zur Neuregelung des Mutterschutzrechts dient. Nach Artikel 2 Buchstabe b) der Richtlinie gilt als »Wöchnerin« jede Arbeitnehmerin kurz nach einer Entbindung im Sinne der einzelstaatlichen Rechtsvorschriften und/oder Gepflogenheiten, die den Arbeitgeber gemäß diesen Rechtsvorschriften und/oder Gepflogenheiten von ihrer Entbindung unterrichtet. Das Gesetz gilt demnach grundsätzlich für Frauen, die vor Kurzem entbunden haben, unabhängig davon, ob sie stillen oder nicht. In diesem Zusammenhang ist jedoch auch der sich aus den jeweiligen Einzelregelungen ergebende Anwendungsbereich zu beachten. Beispielsweise im Bereich des Gesundheitsschutzes enthält der überwiegende Teil der Regelungen Vorgaben lediglich für die Beschäftigung schwangerer oder stillender Frauen. Der Gesetzgeber begründet dies mit dem nach seiner Auffassung für Frauen mit einem neugeborenen Kind, die nicht stillen, grundsätzlich ausreichenden Schutz durch die mindestens achtwöchige Schutzfrist nach § 3 Absatz 2 sowie die Möglichkeit eines ärztlichen Beschäftigungsverbots nach § 16 Absatz 2 im Einzelfall. Vom Stillen unabhängige gesundheitliche Beeinträchtigungen, die typischerweise nach dem Wochenbett auftreten und zu einer Herabsetzung der Belastbarkeit der Frau auch noch nach Ablauf der Schutzfrist des § 3 Absatz 2 führen, seien nach derzeitigem Stand der Wissenschaft nicht bekannt (vgl. hierzu BT-Drucks. 18/8963 S. 48).

Das Gesetz betrifft den Schutz der Gesundheit am **Arbeits-, Ausbildungs- und Studienplatz.** Entsprechend wurde mit der Reform der persönliche Anwendungsbereich in § 1 Absatz 2 bis 4 erweitert. 4

Das Mutterschutzgesetz soll es der Frau ermöglichen, während der Schwangerschaft, nach der Entbindung und in der Stillzeit ihre **Tätigkeit ohne Gefährdung** ihrer Gesundheit oder der ihres Kindes **fortzusetzen.** Diesem Ziel dienen insbesondere die Regelungen zum Gesundheitsschutz, wobei grundsätzlich die Ermöglichung der Fortsetzung der Tätigkeit im Vordergrund steht. In diesem Zusammenhang betont auch die Begründung des Gesetzentwurfs, dass grundsätzlich alle verfügbaren Präventionsmaßnahmen ausgeschöpft werden sollen, um der Frau diese Fortsetzung ihrer Tätigkeit zu ermöglichen. Bei Beschäftigungsverboten soll es sich um das letzte Mittel handeln, das nur dann eingreift, wenn eine unverantwortbare Gefährdung nicht in anderer Weise ausgeschlossen werden kann (vgl. hierzu BT-Drucks. 18/8963 S. 48). Diese Rangfolge der Schutzmaßnahmen findet sich auch in § 13 Absatz 1 wieder, der ein betriebliches Beschäftigungsverbot nur dann vorsieht, wenn der Arbeitgeber unverantwortbare Gefährdungen durch eine Umgestaltung der Arbeitsbedingungen oder einen Arbeitsplatzwechsel nicht ausschließen kann. Dem Ziel, die Vereinbarkeit von Mutterschaft und Beruf unter Vermeidung beruflicher Nachteile und damit die berufliche Kontinuität zu fördern, soll nach der Absicht des Gesetzgebers durch eine Erleichterung der Einschätzung der Gefährdungslage und einer angemessenen Reaktion auf diese unter Vermeidung aus Unkenntnis ausgesprochener pauschaler Beschäftigungsverbote auch die Neustrukturierung und -fassung der Pflichten des Arbeitgebers zur Gestaltung der Arbeitsbedingungen dienen (vgl. hierzu BT-Drucks. 18/8963 S. 34). 5

Dem Gesetzesziel, **Benachteiligungen** während der Schwangerschaft, nach der Entbindung und während der Stillzeit **entgegenzuwirken,** dienen neben den Regelungen zum Gesundheitsschutz auch die Vorgaben des § 17 zum Kündigungsschutz sowie die §§ 18 bis 25 mit Regelungen zu Leistungen während der Schutzfristen und eines etwaigen Beschäftigungsverbots, Freistellungen, Urlaub und der Beschäftigung nach dem Ende eines Beschäftigungsverbots nach § 2 Absatz 3. 6

III. Persönlicher Anwendungsbereich

Im Hinblick auf den persönlichen Anwendungsbereich in § 1 hat das Mutterschutzgesetz durch das Gesetz zur Neuregelung des Mutterschutzrechts vom 23. Mai 2017 erhebliche Änderungen erfahren. So wird nicht nur an Stelle des bisher vorausgesetzten Arbeitsverhältnisses nunmehr darauf abgestellt, ob sich die Frau in einer **Beschäftigung nach § 7 Absatz 1 SGB IV** befindet (hierzu Rdn. 8 bis 33), und die Anwendbarkeit des MuSchG auf weitere Personengruppen, beispielsweise Frauen in betrieblicher Berufsbildung (hierzu Rdn. 34 bis 37), Entwicklungshelferinnen (hierzu Rdn. 39) oder Freiwillige nach dem BFDG oder JFDG (hierzu Rdn. 40) klargestellt, für welche die mutterschutzrechtlichen Regelungen schon zuvor ganz oder teilweise aufgrund anderer gesetzlicher Regelungen zu berücksichtigen waren. Mit § 1 Absatz 2 Satz 2 findet das MuSchG jetzt auch auf **weitere Personengruppen,** beispielsweise auf Mitglieder einer geistlichen Gemeinschaft in bestimmten Einsatzkonstellationen 7 (hierzu Rdn. 41), auf arbeitnehmerähnliche Personen (hierzu Rdn. 47 bis 49) und unter bestimmten Voraussetzungen auf Schülerinnen und Studentinnen (hierzu Rdn. 50 bis 53) Anwendung, die dem Geltungsbereich zuvor nicht unterfielen.

1. Frauen in einer Beschäftigung im Sinne von § 7 Absatz 1 SGB IV

a) Begriff der Beschäftigung nach § 7 Absatz 1 SGB IV

8 Das MuSchG gilt nach § 1 Absatz 2 Satz 1 zunächst für Frauen in einer **Beschäftigung im Sinne von § 7 Absatz 1 des Vierten Buches Sozialgesetzbuch (SGB IV)**. Auf den zeitlichen Umfang der Beschäftigung, beispielsweise in Teil- oder Vollzeit, kommt es hierbei nicht an (vgl. zum MuSchG a.F. Schaub-Linck, 17. Auflage, § 166 Rn. 7; zu § 17 MuSchG: KR-Gallner/Vannucchi, 14. Auflage, § 17 KSchG Rn. 38). Ebenfalls ohne Belang ist die Frage, ob Versicherungsbeiträge zur Sozialversicherung zu leisten sind. Auch aufgrund gesetzlicher Regelungen versicherungsfreie Personen sind Beschäftige i.S.d. § 7 SGB IV, wenn die Voraussetzungen eines Beschäftigungsverhältnisses erfüllt sind (vgl. von Koppenfels-Spies/Wenner-Dankelmann/Dietrich, 3. Auflage, § 7 SGB IV Rn. 17).

Eine Beschäftigung nach § 7 Absatz 1 SGB IV ist die **nichtselbstständige Arbeit**, insbesondere in einem **Arbeitsverhältnis**. Unter Arbeit i.S.d. § 7 Absatz 1 SGB IV versteht das Bundessozialgericht den zweckgerichteten »Einsatz der eigenen – körperlichen oder geistigen – Kräfte und Fähigkeiten, der wirtschaftlich nach der Verkehrsanschauung als Arbeit gewertet werden kann und für den Betreffenden – zumindest teilweise – Lebensgrundlage ist« (vgl. BSG vom 18.01.2011, B 2 U 9/10 R, WKRS 2011, 13660). Zur Annahme einer wirtschaftlichen Tätigkeit genügt jede Tätigkeit, die der Befriedigung eines fremden Bedürfnisses und nicht nur einem gemeinnützigen Zweck dient (vgl. BSG vom 18.01.2011, B 2 U 9/10 R, WKRS 2011, 13660). Anhaltspunkte für eine Beschäftigung sind nach § 7 Absatz 1 Satz 2 SGB IV eine **Tätigkeit nach Weisungen** und eine **Eingliederung in die Arbeitsorganisation** des Weisungsgebers. Wesentliches Kriterium für die Annahme einer Beschäftigung im Sinne des § 7 Absatz 1 SGB IV ist demnach in Abgrenzung zu einer selbstständigen Tätigkeit die persönliche Abhängigkeit, die sich insbesondere in der Eingliederung des Beschäftigten in den Betrieb und in seiner Weisungsgebundenheit zeigt. Nach ständiger Rechtsprechung des Bundessozialgerichts setzt eine Beschäftigung nach § 7 Absatz 1 SGB IV voraus, dass der Arbeitnehmer vom Arbeitgeber **persönlich abhängig** ist. Dies ist bei einer Beschäftigung in einem fremden Betrieb der Fall, wenn der Beschäftigte in den Betrieb eingegliedert ist und dabei einem Zeit, Dauer, Ort und Art der Ausführung umfassenden Weisungsrecht des Arbeitgebers unterliegt. Vor allem bei sogenannten Diensten höherer Art kann diese Weisungsgebundenheit auch eingeschränkt sein. Eine **selbstständige Tätigkeit** ist **im Gegensatz** hierzu insbesondere durch das eigene Unternehmerrisiko, das Vorhandensein einer eigenen Betriebsstätte, die Verfügungsmöglichkeit über die eigene Arbeitskraft und die im Wesentlichen frei gestaltete Tätigkeit und Arbeitszeit gekennzeichnet. Die Beurteilung, ob eine Beschäftigung oder eine selbstständige Tätigkeit vorliegt, richtet sich danach, welche Umstände das Gesamtbild prägen und hängt davon ab, welche Merkmale überwiegen (vgl. BSG vom 12.12.2023,

B 12 R 10/21 R, WKRS 2023, 53942; BSG vom 13.12.2022, B 12 KR 16/20 R, WKRS 2022, 61908; BSG vom 23.2.2021, B 12 R 15/19 R, WKRS 2021, 25718; BSG vom 14.3.2018, B 12 KR 3/17 R, JurionRS 2018, 33851; BSG vom 31.3.2017, B 12 R 7/15 R, JurionRS 2017, 12784; BSG vom 11.11.2015, B 12 KR 10/14 R, JurionRS 2015, 38816; BSG vom 30.10.2013, B 12 KR 17/11 R, JurionRS 2013, 54521). Die Abgrenzung zwischen Beschäftigung und Selbstständigkeit ist nicht abstrakt für bestimmte Berufs- oder Tätigkeitsbilder, sondern nach dem Gesamtbild im Einzelfall vorzunehmen (vgl. BSG vom 23.04.2024, B 12 BA 9/22 R, WKRS 2024, 20267; BSG vom 12.12.2023, B 12 R 10/21 R, WKRS 2023, 53942).

b) Tätigkeit in einem Arbeitsverhältnis

Bei Ausübung einer Beschäftigung in einem wirksamen Arbeitsverhältnis kann, wie 9 auch der Wortlaut des § 7 Absatz 1 SGB IV zeigt, in der Regel von einem sozialversicherungsrechtlichen Beschäftigungsverhältnis ausgegangen werden (vgl. BSG vom 10.8.2000, B 12 KR 21/98 R, EzA § 7 SGB IV Nr. 2; BSG vom 23.4.2015, B 2 U 5/14 R, JurionRS 2015, 25362; Eichenhofer/Wenner-Dankelmann, 1. Auflage, § 7 SGB IV Rn. 19; von Koppenfels-Spies/Wenner-Dankelmann/Dietrich, 3. Auflage, § 7 SGB IV Rn. 38).

Auch das Vorliegen eines **Arbeitsverhältnisses** setzt die Verpflichtung zur Arbeitsleis- 10 tung in persönlicher Abhängigkeit voraus. Nach **§ 611a Absatz 1 BGB** wird der Arbeitnehmer durch den Arbeitsvertrag im Dienste eines anderen zur Leistung weisungsgebundener, fremdbestimmter Arbeit in persönlicher Abhängigkeit verpflichtet, wobei das Weisungsrecht Inhalt, Durchführung, Zeit und Ort der Tätigkeit betreffen kann. Das Weisungsrecht muss dabei nicht gleichermaßen Inhalt, Durchführung, Zeit und Ort der Tätigkeit betreffen, nur wenn jedwede Weisungsgebundenheit fehlt, liegt in der Regel kein Arbeitsverhältnis vor (vgl. BAG vom 1.12.2020, 9 AZR 102/20, WKRS 2020, 60554). Auch vor der Geltung des § 611a BGB betrachtete die arbeitsrechtliche Rechtsprechung denjenigen als Arbeitnehmer, der aufgrund eines privatrechtlichen Vertrages im Dienste eines anderen zur Leistung weisungsgebundener, fremdbestimmter Arbeit in persönlicher Abhängigkeit verpflichtet ist (vgl. BAG vom 13.11.1991, 7 AZR 31/91, EzA § 611 BGB Arbeitnehmerbegriff Nr. 45 – Volkshochschuldozenten; BAG vom 9.10.2002, 5 AZR 405/01, EzA § 611 BGB 2002 Arbeitnehmerbegriff Nr. 1 – Orchestermusiker; BAG vom 9.3.2005, 5 AZR 493/04, EzA § 611 BGB 2002 Arbeitnehmerbegriff Nr. 3 – Lehrkraft; BAG vom 25.5.2005, 5 AZR 347/04, EzA § 611 BGB 2002 Arbeitnehmerbegriff Nr. 6 – Leiterin einer Außenwohngruppe; BAG vom 15.2.2012, 10 AZR 301/10, EzA § 611 BGB 2002 Arbeitnehmerbegriff Nr. 21 – Lehrer in einer Justizvollzugsanstalt; BAG vom 11.8.2005, 9 AZR 98/14, EzA § 611 BGB 2002 Arbeitnehmerbegriff Nr. 28 – Artisten; BAG vom 15.2.2017, 7 AZR 143/15, JurionRS 2017, 14797 – Beamte; BAG vom 21.11.2017, 9 AZR 117/17, EzA § 611 BGB 2002 Arbeitnehmerbegriff Nr. 31 – Musikschullehrer). Erbringt der Beschäftigte tatsächlich weisungsgebundene, fremdbestimmte Arbeit, so ist eine abweichende Bezeichnung im Vertrag nach § 611a Absatz 1 Satz 6 BGB unbeachtlich. Ein Widerspruch zwischen Vertragsbezeichnung und Vertragsdurchführung wird durch die gesetzliche Anordnung aufgelöst, maßgeblich ist für die Bestimmung des Vertragstyps die tatsächliche Durchführung (vgl. BAG vom 1.12.2020, 9 AZR 102/20, WKRS 2020, 60554).

11 Ohne Bedeutung ist, ob die Frau von **mehreren Arbeitgebern** beschäftigt wird (vgl. Brose/Weth/Volk-Latterner/Weth, 9. Auflage, § 1 MuSchG Rn. 31; Tillmanns/Mutschler-Tillmanns, 3. Auflage, § 1 MuSchG Rn. 39; zu § 14 MuSchG a.F. BAG vom 3.6.1987, 5 AZR 592/86, EzA § 14 MuSchG Nr. 6).

c) Einzelne Fallgestaltungen

12 In der überwiegenden Zahl der zu beurteilenden Tätigkeiten wird die Einordnung als Arbeit in einem Arbeitsverhältnis beziehungsweise Beschäftigung im Sinne des § 7 Absatz 1 SGB IV unproblematisch und damit der Anwendungsbereich des MuSchG als eröffnet zu betrachten sein. Auf einzelne mit besonderen Fragestellungen verbundene, aber nicht dem erweiterten Anwendungsbereich des § 1 Absatz 2 Satz 2 unterfallende Fallgestaltungen soll nachfolgend ausführlicher eingegangen werden.

aa) Faktisches Arbeitsverhältnis

13 Ein Arbeitsverhältnis wird regelmäßig durch den (privatrechtlichen) Arbeitsvertrag begründet. Ist der **Arbeitsvertrag nichtig, wirksam angefochten oder** mangels übereinstimmender Willenserklärungen **nicht zustande gekommen**, wurde die **Arbeit aber aufgenommen**, so geht man von einem sogenannten faktischen Arbeitsverhältnis aus (vgl. KR-Rachor, 14. Auflage, § 1 KSchG Rn. 56; BAG vom 14.12.2016, 7 AZR 142/15, JurionRS 2016, 34193; BAG vom 27.7.2010, 3 AZR 317/08, EzA § 4 BBiG 2005 Nr. 1). Dieses faktische Arbeitsverhältnis wird für den Zeitraum, in dem es trotz seiner Mängel in Vollzug gesetzt war, wie ein Arbeitsverhältnis behandelt (vgl. BAG vom 29.8.1984, 7 AZR 34/83, EzA § 123 BGB Nr. 25 zur Anfechtung; BAG vom 27.7.2010, 3 AZR 317/08, EzA § 4 BbiG 2005 Nr. 1).

Schon zu § 1 MuSchG a.F., der das Vorliegen eines Arbeitsverhältnisses voraussetzte, kam es für die Geltung der mutterschutzrechtlichen Regelungen auf die Wirksamkeit des Arbeitsvertrages nicht an. Mit Blick auf die weitgehend öffentlich-rechtlichen Arbeitsschutzvorschriften des MuSchG und den Umgang mit einem faktischen Arbeitsverhältnis für privatrechtliche Ansprüche (s.o.) genügte auch die Arbeitsleistung in einem faktischen Arbeitsverhältnis (vgl. zu § 1 MuSchG a.F.: AR-Vossen, 8. Auflage, § 1 MuSchG Rn. 3; Schaub-Linck, 17. Auflage, § 166 Rn. 7). Mit der Neufassung des MuSchG und der Bezugnahme auf die Beschäftigung nach § 7 Absatz 1 SGB IV ergibt sich diese Folge bereits daraus, dass von einer Beschäftigung nach § 7 Absatz 1 SGB IV unabhängig von der Wirksamkeit des Arbeitsvertrages auszugehen ist (vgl. von Koppenfels-Spies/Wenner-Dankelmann/Dietrich, 3. Auflage, § 7 SGB IV Rn. 38), auch die Arbeitsleistung in einem faktischen Arbeitsverhältnis ist eine Beschäftigung in diesem Sinne (vgl. BSG vom 12.10.2000, B 12 KR 2/00 R, JurionRS 2000, 14852; BSG vom 10.8.2000, B 12 KR 21/98 R, EzA § 7 SGB IV Nr. 2). Die Nichtigkeit des Arbeitsverhältnisses lässt das Bestehen des sozialversicherungsrechtlichen Beschäftigungsverhältnisses unberührt (vgl. Eichenhofer/Wenner-Dankelmann, 2. Auflage, § 7 SGB IV Rn. 48).

Besonderheiten sind in diesem Zusammenhang aber für den besonderen Kündigungsschutz nach § 17 zu beachten, da das faktische Arbeitsverhältnis jederzeit ohne Kündigungserklärung durch den einen oder anderen Partner beendet werden kann (vgl. KR-Gallner/Vannucchi, 14. Auflage, § 17 KSchG Rn. 38 sowie die Kommentierung zu § 17).

bb) Weiterbeschäftigung im Kündigungsschutzverfahren

Wird eine Arbeitnehmerin über den Ablauf der Kündigungsfrist hinaus während eines laufenden Kündigungsschutzverfahrens weiterbeschäftigt, so war **bisher** aufgrund des Abstellens auf ein Arbeitsverhältnis **nach der Gestaltung** dieser Weiterbeschäftigung zu **unterscheiden**. 14

Erfolgt die Weiterbeschäftigung auf Grundlage eines nach **§ 102 Abs. 5 BetrVG** fortbestehenden Arbeitsverhältnisses nach Widerspruch des Betriebsrats gegen die Kündigung oder auf Grundlage einer **Vereinbarung der Parteien** für die Dauer des Kündigungsschutzrechtsstreits, so ergaben sich aufgrund des in diesem Zeitraum vorliegenden Arbeitsverhältnisses keine Abweichungen im Zusammenhang mit den Regelungen des Mutterschutzes (vgl. zu § 1 MuSchG a.F.: Tillmanns/Mutschler, 1. Auflage, § 1 MuSchG Rn. 31; AR-Vossen, 8. Auflage, § 1 MuSchG Rn. 4). 15

Wird die Beschäftigung jedoch nicht einvernehmlich fortgesetzt, sondern **allein aufgrund** entsprechender **Verurteilung**, so kommt es bei später festgestellter Wirksamkeit der Kündigung zur bereicherungsrechtlichen Rückabwicklung, dem Arbeitnehmer steht hierbei grundsätzlich nur ein Anspruch auf Ersatz des Wertes der geleisteten Arbeit nach § 812 Abs. 1 Satz 1, § 818 Abs. 2 BGB zu (vgl. BAG vom 10.3.1987, 8 AZR 146/84, EzA § 611 BGB Beschäftigungspflicht Nr. 28; BAG vom 12.2.1992, 5 AZR 297/90, EzA § 611 BGB Beschäftigungspflicht Nr. 52; BAG vom 24.9.2003, 5 AZR 500/02, EzA § 615 BGB 2002 Nr. 4). Während der Arbeitgeber die mutterschutzrechtlichen Arbeitsschutzvorgaben auch bei einer solchen Weiterbeschäftigung zu beachten hat, wurden entsprechend der vorstehend dargestellten bereicherungsrechtlichen Rückabwicklung einer Weiterbeschäftigung Vergütungsansprüche nach §§ 11 und 14 MuSchG a.F. in dieser Konstellation verneint (vgl. zum MuSchG a.F.: Schaub-Linck, 17. Auflage, § 166 Rn. 7; Tillmanns/Mutschler, 1. Auflage, § 1 MuSchG Rn. 31; Buchner/Becker, 8. Auflage, MuSchG § 1 Rn. 24 ff.). 16

Für das **MuSchG** in seiner Fassung **ab dem 1.1.2018 kommt** es aufgrund der Bezugnahme nicht auf ein Arbeitsverhältnis, sondern auf eine Beschäftigung nach § 7 Absatz 1 SGB IV nach hier vertretener Auffassung auf diese **Unterscheidung nicht mehr an**. Das Bundessozialgericht begründet das Vorliegen einer sozialrechtlichen Beschäftigung auch bei einem nach arbeitsrechtlichen Grundsätzen lediglich faktischen Arbeitsverhältnis u.a. damit, dass Beschäftigungsverhältnisse im Sozialrecht in erster Linie von tatsächlichen Gegebenheiten, nicht von Vereinbarungen abhängen (vgl. BSG vom 10.8.2000, B 12 KR 21/98 R, EzA § 7 SGB IV Nr. 2). Dieser Ansatz spricht dafür, 17 auch während einer ohne vertragliche Grundlage erfolgenden vorläufigen Weiterbeschäftigung von einer **Beschäftigung nach § 7 Absatz 1 SGB IV** und damit von der (mit Ausnahme des Kündigungsverbots nach § 17) uneingeschränkten Anwendbarkeit des MuSchG auszugehen (für das Vorliegen einer sozialversicherungsrechtlichen Beschäftigung auch bei Weiterbeschäftigung nach richterrechtlichem Weiterbeschäftigungsanspruch: AR-Kolbe, 10. Auflage, § 6 GewO Rn. 10; gegen eine uneingeschränkte Anwendbarkeit des MuSchG bei nur richterrechtlichem Weiterbeschäftigungsanspruch: Tillmanns/Mutschler-Tillmanns, 3. Auflage, § 1 MuSchG Rn. 38 und Brose/Weth/Volk-Latterner/Weth, 9. Auflage, § 1 MuSchG Rn. 30).

cc) **Betriebsübergang**

18 Geht ein Betrieb oder Betriebsteil durch Rechtsgeschäft auf einen anderen Inhaber über, so tritt der neue Inhaber nach § 613a Absatz 1 Satz 1 BGB in die Rechte und Pflichten aus den im Zeitpunkt des Übergangs bestehenden Arbeitsverhältnissen ein. Nach der Rechtsprechung des Bundesarbeitsgerichts liegt ein **Betriebs- oder Betriebsteilübergang im Sinne des § 613a Abs. 1 Satz 1 BGB** vor, wenn ein neuer Rechtsträger eine bestehende wirtschaftliche Einheit unter Wahrung ihrer Identität fortführt (vgl. BAG vom 7.6.2018, 8 AZR 573/16, JurionRS 2018, 34000; BAG vom 21.5.2015, 8 AZR 409/13, EzA § 613a BGB 2002 Nr. 165; BAG vom 19.4.2015, 8 AZR 150/14, EzA § 613a BGB 2002 Nr. 163; BAG vom 21.8.2014, 8 AZR 648/13, EzA § 613a BGB 2002 Nr. 158). Um eine hierfür erforderliche auf Dauer angelegte und nicht auf die Ausführung eines bestimmten Vorhabens beschränkte Einheit handelt es sich »bei jeder hinreichend strukturierten und selbständigen Gesamtheit von Personen und/oder Sachen zur Ausübung einer wirtschaftlichen Tätigkeit mit eigenem Zweck« (BAG vom 21.5.2015, 8 AZR 409/13, EzA § 613a BGB 2002 Nr. 165; BAG vom 19.4.2015, 8 AZR 150/14, EzA § 613a BGB 2002 Nr. 163; BAG vom 21.8.2014, 8 AZR 648/13, EzA § 613a BGB 2002 Nr. 158, ausführlich zu den Voraussetzungen eines Betriebsübergangs nach § 613a BGB KR-Treber/Schlünder, 13. Auflage, § 613a BGB Rn. 13 ff.).

Für die Arbeitnehmer, die dem übergehenden Betrieb oder Betriebsteil zuzuordnen sind (vgl. hierzu BAG vom 17.10.2013, 8 AZR 763/12, EzA § 613a BGB 2002 Nr. 149) kommt es, sofern sie ihr Widerspruchsrecht nach § 613a Absatz 6 BGB nicht ausüben, kraft Gesetzes zu einem Arbeitgeberwechsel (vgl. BAG vom 19.11.2015, 8 AZR 773/14, EzA § 613a BGB 2002 Nr. 169). Auf hiervon gegebenenfalls abweichende Vereinbarungen, beispielsweise zwischen Veräußerer und Erwerber, kommt es aufgrund der zwingenden gesetzlichen Regelung nicht an (vgl. BAG vom 20.3.2014, 8 AZR 1/13, EzA § 613a BGB 2002 Nr. 152).

Mit dem Übergang des Arbeitsverhältnisses nach § 613a BGB auf den **neuen Inhaber** des Betriebes oder Betriebsteils hat dieser die **mutterschutzrechtlichen Bestimmungen zu beachten**, eine daneben bestehende Haftung des bisherigen Inhabers kann sich, beispielsweise für Ansprüche auf Mutterschutzlohn für Zeiträume vor dem Betriebsübergang, aus § 613a Absatz 2 BGB ergeben.

dd) Mittelbares Arbeitsverhältnis

Ein mittelbares Arbeitsverhältnis liegt vor, wenn ein Arbeitnehmer von einem Mittelsmann beschäftigt wird, der seinerseits selbst Arbeitnehmer eines Dritten ist und die Arbeit mit Wissen des Dritten unmittelbar für diesen geleistet wird (vgl. BAG vom 11.4.2000, 9 AZR 94/99, JurionRS 2000, 22105; LAG Nürnberg vom 9.3.2017, 5 Sa 452/16, JurionRS 2017, 19390; LAG Rheinland-Pfalz vom 12.1.2012, 8 Sa 491/11, JurionRS 2012, 16176; LAG Hamburg vom 27.2.2008, 5 Sa 65/07, JurionRS 2008, 13575; KR-Rachor, 14. Auflage, § 1 KSchG Rn. 71; AR-Kamanabrou, 10. Auflage, § 611a BGB Rn. 19 mit Beispielen). 19

Im mittelbaren Arbeitsverhältnis hat der Arbeitgeber auch gegenüber den mittelbaren Arbeitnehmern die allgemeinen Schutzpflichten, beispielsweise aus § 618 BGB, zu beachten und die sich aus öffentlichem Arbeitsschutzrecht ergebenden Pflichten zu erfüllen (vgl. Schaub-Koch, 17. Auflage, § 182 Rn. 1).

Für Ansprüche des mittelbar beschäftigten Arbeitnehmers aus dem Arbeitsverhältnis haftet der mittelbare Arbeitgeber nur subsidiär, wenn sich die Ansprüche gegen den Mittelsmann und unmittelbaren Arbeitgeber nicht durchsetzen lassen oder wenn sich die Begründung eines mittelbaren Arbeitsverhältnisses als Rechtsmissbrauch darstellt (vgl. BAG vom 21.2.1990, 5 AZR 162/89, EzA § 611 BGB Arbeitnehmerbegriff Nr. 32; AR-Kamanabrou, 10. Auflage, § 611a BGB Rn. 20).

ee) Arbeitnehmerüberlassung

In Abgrenzung zu einem Werk- oder Dienstvertrag liegt Arbeitnehmerüberlassung vor, wenn dem Entleiher Arbeitskräfte zur Verfügung gestellt werden, die in dessen Betrieb eingegliedert sind und ihre Arbeit allein nach Weisungen des Entleihers und in dessen Interesse durchführen. Die **Arbeitnehmerüberlassung** ist durch eine spezifische Ausgestaltung der Vertragsbeziehungen zwischen Verleiher und Entleiher sowie zwischen dem Verleiher und dem Arbeitnehmer und durch das Fehlen einer arbeitsvertraglichen Beziehung zwischen Arbeitnehmer und Entleiher gekennzeichnet (vgl. BAG vom 21.3.2017, 7 AZR 207/15, JurionRS 2017, 18354). 20

Im Rahmen der Arbeitnehmerüberlassung nach den Vorgaben des AÜG besteht das **Arbeitsvertragsverhältnis** zwischen dem Leiharbeitnehmer und dem Verleiher, nicht zwischen dem Leiharbeitnehmer und dem Entleiher. Auch sozialversicherungsrechtlich besteht kein anderes Verständnis. Der Verleiher ist Arbeitgeber im sozialversicherungsrechtlichen Sinn (vgl. von Koppenfels-Spies/Wenner-Dankelmann/Dietrich, 3. Auflage, § 7 SGB IV Rn. 31). Der Entleiher haftet im Fall wirksamer Verträge zwischen Verleihern und Leiharbeitnehmern lediglich für die den Gesamtsozialversicherungsbeitrag betreffende Zahlungspflicht wie ein selbstschuldnerischer Bürge, soweit ihm Arbeitnehmer gegen Vergütung zur Arbeitsleistung überlassen worden sind, § 28e Absatz 2 SGB IV.

Als Arbeitgeber ist damit **grundsätzlich der Verleiher** beispielsweise nach §§ 3 ff. ArbSchG oder § 618 BGB **verpflichtet**, die erforderlichen Arbeitsschutzmaßnahmen zu treffen (vgl. AR-Buder/Bertram, 10. Auflage, § 11 AÜG Rn. 27). Dennoch hat **auch** der **Entleiher** im Hinblick auf den bei ihm eingesetzten Leiharbeitnehmer die **öffent-**

lich-rechtlichen Arbeitsschutzvorschriften zu beachten. Nach § 11 Absatz 6 AÜG unterliegt die Tätigkeit des Leiharbeitnehmers bei dem Entleiher den für den Betrieb des Entleihers geltenden öffentlich-rechtlichen Vorschriften des Arbeitsschutzrechts, die sich hieraus ergebenden Pflichten für den Arbeitgeber, beispielsweise Unterrichtungspflichten nach § 11 Absatz 6 Satz 2 und 3 AÜG, obliegen dem Entleiher unbeschadet der Pflichten des Verleihers.

Die arbeitsschutzrechtliche Verpflichtung auch des Entleihers nach § 11 Absatz 6 AÜG führt dazu, dass dieser zur Vornahme konkreter Arbeitsschutzmaßnahmen in seinem Betrieb, der Verleiher, der die Betriebsorganisation des Entleihers nicht gestalten kann, zur Sicherstellung der Einhaltung der Arbeitsschutzvorgaben durch Überwachung verpflichtet ist (vgl. BAG vom 7.6.2016, 1 ABR 25/14, EzA § 87 BetrVG 2001 Gesundheitsschutz Nr. 15; AR-Buder/Bertram, 10. Auflage, § 11 AÜG Rn. 27).

Zu den öffentlich-rechtlichen Arbeitsschutzvorschriften, die nach § 11 Absatz 6 AÜG neben dem Verleiher als Arbeitgeber auch der Entleiher zu beachten hat, gehören auch die Schutzvorschriften des MuSchG (vgl. AR-Buder/Bertram, 10. Auflage, § 11 AÜG Rn. 27; Tillmanns/Mutschler-Tillmanns, 3. Auflage, § 1 MuSchG Rn. 39). Dem **Entleiher** obliegt demnach die Beachtung der sich aus dem MuSchG ergebenden **Arbeitsschutzvorschriften im Betrieb** und von Beschäftigungsverboten, während den **Verleiher als Arbeitgeber** über deren Überwachung (vgl. zum MuSchG a.F.: Tillmanns/Mutschler, 1. Auflage, § 2 MuSchG Rn. 21) hinaus beispielsweise Vergütungspflichten, Beschäftigungs- und Kündigungsverbote treffen (vgl. zum MuSchG a.F.: Buchner/Becker, 8. Aufl., § 1 MuSchG Rn. 49; Schaub-Linck, 17. Auflage, § 166 Rn. 7).

ff) Öffentlicher Dienst, Kirche, Vereinsmitglieder, ehrenamtliche Tätigkeit

21 Im Unterschied zu den Beamtinnen, Richterinnen und Soldatinnen (siehe hierzu Rdn. 54–55) stehen die **Angestellten des öffentlichen Dienstes** (bei Bund, Ländern, Gemeinden usw.) in einem privatrechtlichen Arbeitsverhältnis, das im Wesentlichen dem allgemeinen Arbeitsrecht untersteht (vgl. AR-Kolbe, 10. Auflage, § 6 GewO Rn. 31), sodass auch das MuSchG Anwendung findet.

22 Gleiches gilt für **Arbeitnehmerinnen im kirchlichen Dienst**. Religionsgesellschaften ist zwar nach Art. 140 GG i.V.m. Art. 137 Absatz 3 WRV innerhalb der Schranken des für alle geltenden Gesetzes die freie Ordnung und Verwaltung ihrer Angelegenheiten garantiert, wobei diese Selbstordnungs- und Selbstverwaltungsgarantie nicht nur den verfassten Kirchen selbst, sondern allen den Kirchen aufgrund ihrer bekenntnismäßigen und organisatorischen Verbundenheit zugeordneten Einrichtungen zugute kommt, wenn sie nach kirchlichem Selbstverständnis ihrem Zweck oder ihrer Aufgabe entsprechend berufen sind, ein Stück des Auftrags der Kirche wahrzunehmen und zu erfüllen (vgl. KR-Fischermeier, 12. Auflage, Kündigung kirchlicher Arbeitnehmer Rn. 1; BAG vom 05.10.2023, 6 AZR 210/22, WKRS 48070; BAG vom 17.3.2016, 8 AZR 501/14 [A], JurionRS 2016, 23712; BAG vom 28.6.2012, 6 AZR 217/11, EzA § 611 BGB 2002 Kirchliche Arbeitnehmer Nr. 23). Bedienen sich die Kirchen der Privatautonomie zur **Begründung von Arbeitsverhältnissen**, findet, unter Berücksichtigung von Besonderheiten, **für diese das staatliche Arbeitsrecht** Anwendung (vgl. dazu jeweils

mit näheren Erläuterungen auch zu den Besonderheiten Schaub-Linck, 17. Auflage, § 184 Rn. 2; AR-Kolbe, 10. Auflage, § 6 GewO Rn. 127; KR-Fischermeier, 12. Auflage, Kündigung kirchlicher Arbeitnehmer Rn. 2; BAG vom 05.10.2023, 6 AZR 210/22, WKRS 48070; BAG vom 28.7.2016, 2 AZR 746/14 (A), JurionRS 2016, 32370; BAG vom 17.3.2016, 8 AZR 501/14 (A), JurionRS 2016, 23712), damit auch das MuSchG. Nicht zu den Arbeitnehmern gehören jedoch beispielsweise auf kirchenrechtlicher Grundlage tätige **Ordensschwestern** (vgl. KR-Fischermeier, 12. Auflage, Kündigung kirchlicher Arbeitnehmer Rn. 2; Schaub-Vogelsang, 17. Auflage, § 8 Rn. 18 – hier kann aber ein zur Geltung des MuSchG führender Fall des § 1 Absatz 2 Satz 2 Nummer 5 vorliegen).

Erbringt ein **Vereinsmitglied** lediglich Arbeiten zur Erfüllung seiner auf allgemeiner Vereinsübung beruhenden Mitgliedspflichten, so liegt eine Beschäftigung im Sinne des § 7 Abs. 1 SGB IV nicht vor (vgl. BSG vom 23.4.2015, B 2 U 5/14 R, Jurion RS 2015, 25362; BSG vom 10.10.2002, B 2 U 14/02 R, JurionRS 2002, 14795). Anders ist die Tätigkeit zu beurteilen, wenn sie über diese Pflichten hinausgeht und die allgemeinen Voraussetzungen einer Beschäftigung nach § 7 Absatz 1 SGB IV erfüllt sind (vgl. BSG vom 23.4.2015, B 2 U 5/14 R, Jurion RS 2015, 25362). In diesem Fall kann eine auch zur Anwendbarkeit des MuSchG führende Beschäftigung nach § 7 Absatz 1 SGB IV vorliegen, unabhängig davon, dass bei einem Tätigwerden allein auf Grundlage der Vereinsmitgliedschaft und bei Vorliegen eines gleichwertigen arbeitsrechtlichen Schutzes ohne einen gesondert geschlossenen Arbeitsvertrag ein Arbeitsverhältnis von der Rechtsprechung bisher nicht angenommen wird (vgl. zum Nichtvorliegen eines Arbeitsverhältnisses bei einer Tätigkeit allein auf Grundlage der Vereinsmitgliedschaft: BAG vom 21.2.2017, 1 ABR 62/12, EzA § 1 AÜG Nr. 22; BAG vom 17.3.2015, 1 ABR 62/12 [A], EzA § 1 AÜG Nr. 19; BAG vom 7.7.1995, 5 AZB 9/93, EzA § 5 ArbGG 1979 Nr. 11, jeweils zu den Rot-Kreuz-Schwestern; kritisch hierzu Schaub-Vogelsang, 17. Auflage, § 8 Rn. 19). Der Mitgliedsbeitrag kann in einer solchen Gestaltung in der Leistung von Diensten bestehen (vgl. BAG vom 26.9.2002, 5 AZB 19/01, EzA § 2 ArbGG 1979 Nr. 57; BAG vom 17.3.2015, 1 ABR 62/12 [A], EzA § 1 AÜG Nr. 19; BAG vom 7.7.1995, 5 AZB 9/93, EzA § 5 ArbGG 1979 Nr. 11). Ist der materielle Vertragsinhalt jedoch abweichend von der formalen Vertragsbezeichnung als Mitgliedschaft gerade auf die Erbringung fremdbestimmter, weisungsgebundener Arbeit in persönlicher Abhängigkeit gerichtet und ist die beschäftigte Person nicht ähnlich einem Arbeitnehmer sozial geschützt, liegt ein Arbeitsverhältnis vor (vgl. zum Mindestlohnanspruch gegen einen Verein: BAG vom 25.04.2023, 9 AZR 253/22, WKRS 2023, 34550). 23

Ehrenamtlich Tätige sind in der Regel keine Arbeitnehmer (vgl. KR-Kreutzberg-Kowalczyk, 14. Auflage, ArbNähnl. Pers. Rn. 32; Dörner/Luczak/Wildschütz/Baeck/Hoß, Handbuch des Arbeitsrechts – Dörner, 14. Auflage, Rn. 90). Ehrenamtliche Tätigkeit ist unter sozialversicherungsrechtlichen Gesichtspunkten durch ihre unentgeltliche Ausübung und dadurch geprägt, dass sie immateriellen Werten, ideellen Zwecken oder dem Gemeinwohl dient (vgl. BSG vom 08.12.2022, B 2 U 19/20 R, WKRS 2022, 61907). Ob alternativ hierzu (vgl. BSG vom 08.12.2022, B 2 U 19/20 R, WKRS 2022, 61907) ein Beschäftigungsverhältnis im Sinne des § 7 Absatz 1 SGB IV vorliegt, 24 richtet sich nach den allgemeinen Grundsätzen (zu einer Fraktionsvorsitzenden im Stadtrat: BSG vom 18.2.2016, B 3 KS 1/15 R, JurionRS 2016, 13291; zum Vorliegen eines Beschäftigungsverhältnisses aufgrund persönlicher Abhängigkeit bei einer Rettungssanitäterin: BSG vom 27.6.1996, 11 Rar 111/95, JurionRS 1996, 11769; zum Vorliegen eines Beschäftigungsverhältnisses bei Trägern eines Ehrenamtes im kommunalen Bereich, die über Repräsentationsfunktionen hinaus dem allgemeinen Erwerbsleben zugängliche Verwaltungsaufgaben wahrnehmen und eine über den tatsächlichen Aufwand hinausgehende Aufwandsentschädigung erhalten: BSG vom 27.1.2010, B 12 KR 3/09 R, JurionRS 2010, 13928). Die Unentgeltlichkeit eines Ehrenamtes bringt regelmäßig zum Ausdruck, dass keine maßgebliche Erwerbsabsicht im Vordergrund steht, eine gewährte Aufwandsentschädigung darf sich hierbei aber nicht als verdeckte Entlohnung einer Erwerbsarbeit darstellen (vgl. BSG vom 23.2.2021, B 12 R 15/19, WKRS 2021, 25718). Für einen ehrenamtlichen Bürgermeister der Mitgliedsgemeinde einer Verwaltungsgemeinschaft, der eine monatliche, pauschale Aufwandsentschädigung in Höhe von 1.200 € erhält und auch Verwaltungsaufgaben ausübt, bejaht das Bundessozialgericht das Vorliegen einer Beschäftigung i.S.d. § 7 Absatz 1 SGB IV. Entscheidend für die Statusabgrenzung sei die Unterscheidung zwischen nur zur Ausübung des Wahlamtes erforderlichen und darüber hinausgehenden Verwaltungsaufgaben, die auch für Wahlamtsinhaber zu Weisungsgebundenheit und Eingliederung führen können (vgl. BSG vom 27.04.2021, B 12 R 8/20 R, WKRS 2021, 69408).

gg) Familienangehörige

25 Wird Arbeit allein aufgrund familiärer Verbundenheit oder gesetzlicher Unterhaltsverpflichtungen, beispielsweise §§ 1353, 1619 BGB, durch Ehegatten, Lebenspartner oder Kinder geleistet, so ist mangels Vorliegens eines privatrechtlichen Vertrages grundsätzlich nicht vom Vorliegen eines Arbeitsverhältnisses auszugehen (vgl. AR-Kolbe, 10. Auflage, § 6 GewO Rn. 34; Schaub-Vogelsang, 17. Auflage, § 8 Rn. 20). Auch sozialversicherungsrechtlich liegt bei lediglich familienhafter Mitarbeit keine Beschäftigung vor. Ein Verwandtschaftsverhältnis allein schließt das Vorliegen eines Arbeits- oder Beschäftigungsverhältnisses aber auch nicht aus (vgl. KR-Rachor, 14. Auflage, § 1 KSchG Rn. 57). Die Abgrenzung zwischen einer sozialversicherungsrechtlichen Beschäftigung und familienhafter Mithilfe erfolgt unter Berücksichtigung der konkreten Umstände des Einzelfalls, wobei von einem Beschäftigungsverhältnis ausgegangen werden kann, wenn der Verwandte in den Betrieb eingegliedert ist und einem, gegebenenfalls abgeschwächten, Weisungsverhältnis unterliegt. Weitere Kriterien sind beispielsweise der Erhalt eines Entgelts, das eine angemessene Gegenleistung für die geleistete Arbeit darstellt, oder der Ersatz einer fremden Arbeitskraft (vgl. BSG vom 27.6.2000, B 2 U 21/99 R, JurionRS 2000, 15022; LSG Bayern vom 18.1.2017, L 19 R 683/14, JurionRS 2017, 16333). Der Höhe des Entgelts kommt hierbei jedoch nur Indizwirkung zu (vgl. BSG vom 17.12.2002, B 7 AL 34/02 R, WKRS 2002, 22440).

Vereinbaren Familienangehörige miteinander ein Arbeitsverhältnis und wird die Arbeit auf dieser Grundlage erbracht, so ergeben sich keine Besonderheiten im Vergleich zu Arbeitsverhältnissen außerhalb des Familienkreises, die Arbeitsleistung innerhalb der

Familie auf Grundlage eines Arbeitsverhältnisses führt auch zum Vorliegen eines Beschäftigungsverhältnisses im Sinne des § 7 Absatz 1 SGB IV (vgl. AR-Kolbe, 10. Auflage, § 6 GewO Rn. 35).

hh) GmbH-Geschäftsführer und Vorstandsmitglieder

Organmitglieder einer juristischen Person werden arbeitsrechtlich regelmäßig **nicht** 26 **den Arbeitnehmern** zugeordnet, sondern repräsentieren die juristische Person als Arbeitgeber (vgl. Schaub-Vogelsang, 17. Auflage, § 14 Rn. 2 f.). Für das arbeitsgerichtliche Verfahren regelt § 5 Absatz 1 Satz 3 ArbGG, dass in Betrieben einer juristischen Person oder einer Personengesamtheit Personen, die kraft Gesetzes, Satzung oder Gesellschaftsvertrags allein oder als Mitglieder des Vertretungsorgans zur Vertretung der juristischen Person oder der Personengesamtheit berufen sind, nicht als Arbeitnehmer gelten. Eine vergleichbare Regelung findet sich in § 5 Absatz 2 Nr. 1 und 2 BetrVG, nach § 14 Absatz 1 KSchG findet auf diesen Personenkreis auch der allgemeine Kündigungsschutz keine Anwendung. Bei Vertretern juristischer Personen ist zu unterscheiden zwischen der Organstellung und dem ihr zugrunde liegenden Anstellungsverhältnis (vgl. Schaub-Vogelsang, 17. Auflage, § 14 Rn. 1, 21). Die Bestellung als Vertretungsorgan ist ein ausschließlich körperschaftlicher Rechtsakt. Die Anstellung zum Zwecke des Tätigwerdens als Vertretungsorgan ist dagegen regelmäßig ein schuldrechtlicher Vertrag, durch den in der Regel ein freies Dienstverhältnis begründet wird, nur im Einzelfall, beispielsweise bei starker interner Weisungsabhängigkeit, kann es sich auch um ein Arbeitsverhältnis handeln (vgl. zum GmbH-Geschäftsführer: BAG vom 11.6.2020, 2 AZR 374/19, WKRS 2020, 35119; BAG vom 3.12.2014, 10 AZB 98/14, EzA § 5 ArbGG 1979 Nr. 50; BAG vom 25.10.2007, 6 AZR 1045/06, EzA § 14 KSchG Nr. 8; BAG vom 24.11.2005, 2 AZR 614/04, EzA § 1 KSchG Nr. 59; BAG vom 26.5.1999, 5 AZR 664/98, EzA § 611 Arbeitnehmerbegriff Nr. 76; zu Vorstandsmitgliedern: BAG vom 9.2.2006, 6 AZR 47/05, EzA § 308 BGB 2002 Nr. 3; BSG vom 03.11.2021, B 11 AL 4/20 R, WKRS 2021, 61371). Dies setzt jedoch voraus, dass die Gesellschaft eine Weisungsbefugnis gegenüber dem Geschäftsführer hat, die über ihr gesellschaftsrechtliches Weisungsrecht hinausgeht, und auch die Umstände betrifft, unter denen der Geschäftsführer seine Leistung zu erbringen hat (vgl. BAG vom 27.4.2021, 2 AZR 540/20, WKRS 2021, 24146).

Im Gegensatz zum allgemeinen Kündigungsschutzrecht, das nicht unionsrechtlich 27 determiniert ist (vgl. BAG vom 27.4.2021, 2 AZR 540/20, WKRS 2021, 24146), ist für die Anwendbarkeit des MuSchG, für das unionsrechtliche Vorgaben bestehen, auch der unionsrechtliche Arbeitnehmerbegriff zu berücksichtigen. So wurde schon für das **MuSchG a.F.** in der Literatur darauf hingewiesen, dass der **europarechtliche Begriff der Arbeitnehmerin** auch für die Frage des Vorliegens eines Arbeitsverhältnisses im Sinne des § 1 MuSchG a.F. bei der GmbH-Geschäftsführerin Bedeutung haben kann (vgl. zu § 1 MuSchG a.F.: Tillmanns/Mutschler, 1. Auflage, § 1 MuSchG Rn. 14 ff.; KR-Gallner, 11. Auflage, § 9 MuSchG Rn. 25; Schaub-Linck, 17. Auflage, § 166 Rn. 8; Schaub-Vogelsang, 17. Auflage, § 14 Rn. 3). Besonders bedeutsam ist in diesem Zusammenhang die Entscheidung des EuGH vom 11.11.2010 (Danosa). Der EuGH beantwortet die Vorlage in einem die Abberufung einer Geschäftsführerin in einer lettischen Kapitalgesellschaft betreffenden Rechtsstreit damit, dass für die Zwecke der Richtlinie 92/85/EWG die Arbeitnehmereigenschaft eines Mitglieds der Unternehmensleitung einer Kapitalgesellschaft, das dieser gegenüber Leistungen erbringt und in sie eingegliedert ist, zu bejahen ist, wenn es seine Tätigkeit für eine bestimmte Zeit nach der Weisung oder unter der Aufsicht eines anderen Organs dieser Gesellschaft ausübt und als Gegenleistung für die Tätigkeit ein Entgelt erhält (vgl. EuGH vom 11.11.2010, C-232/09 [Danosa], EzA EG-Vertrag 1999 Richtlinie 92/85 Nr. 5). Ob ein solcher Fall im konkreten Rechtsstreit vorliegt, überlässt der EuGH der Prüfung des vorlegenden Gerichts. Er führt aber in seiner Entscheidung, auch unter Hinweis auf die Unerheblichkeit der Einordnung des Beschäftigungsverhältnisses nach nationalem Recht für die Arbeitnehmereigenschaft im Sinne des Unionsrechts, aus, dass ein Mitglied der Unternehmensleitung, das gegen Entgelt Leistungen gegenüber der Gesellschaft erbringt, die es bestellt hat und in die es eingegliedert ist, das seine Tätigkeit nach der Weisung oder unter der Aufsicht eines anderen Organs dieser Gesellschaft ausübt und das jederzeit ohne Einschränkung von seinem Amt abberufen werden kann, dem ersten Anschein nach die Voraussetzungen zur Annahme der Arbeitnehmereigenschaft erfüllt (vgl. EuGH vom 11.11.2010, C-232/09 [Danosa], EzA EG-Vertrag 1999 Richtlinie 92/85 Nr. 5). Unter Berücksichtigung dieser Entscheidung wurde in der Literatur für GmbH-Geschäftsführerinnen in verschiedenen Konstellationen die Anwendbarkeit des MuSchG a.F. bereits bejaht (vgl. zur Fremd-Geschäftsführerin ohne Beteiligung am Stammkapital: Prütting/Wegen/Weinreich, 12. Auflage, § 611 BGB Rn. 31; zur Fremd-Geschäftsführerin ohne Gesellschaftsanteile beziehungsweise ohne Anteilsmehrheit oder Sperrminorität: Tillmanns/Mutschler, 1. Auflage, § 1 MuSchG Rn. 18).

28 **Nach der Reform des Mutterschutzrechts** knüpft der Geltungsbereich des MuSchG nunmehr nicht mehr an das Vorliegen eines Arbeitsverhältnisses an, sondern setzt eine Beschäftigung nach § 7 Absatz 1 SGB IV voraus, die nicht auf eine Tätigkeit in einem Arbeitsverhältnis beschränkt ist. Ob eine solche **Beschäftigung** vorliegt, richtet sich **auch bei Organmitgliedern grundsätzlich nach den hierfür allgemein geltenden Grundsätzen** (vgl. zu Geschäftsführern einer GmbH: BSG vom 13.12.2022, B 12 KR 16/20 R, WKRS 2022, 61908; BSG vom 13.12.2022, B12 R 3/21, WKRS 2022, 64041) ohne dass es auf Beurteilung durch die Vertragsparteien selbst oder deren privatrechtliche Vereinbarungen hierzu ankommt (BSG vom 13.12.2022, B 12 KR 16/20 R, WKRS 2022, 61908). Die Regelung des § 5 Abs. 1 Satz 3 ArbGG hat für das Sozialversicherungsrecht keine Bedeutung. Auch der Umstand, dass Leitungsorgane im Verhältnis zu sonstigen Arbeitnehmern Arbeitgeberfunktionen wahrnehmen, steht einer Zugehörigkeit zu den Beschäftigten der juristischen Person nicht entgegen (vgl. BSG vom 23.2.2021, B 12 R 15/19 R, WKRS 2021, 25718), weder die Wahrnehmung von Arbeitgeberfunktionen noch die Stellung als Organ einer juristischen Person schließen das Vorliegen einer abhängigen Beschäftigung grundsätzlich aus (vgl. BSG vom 27.04.2021, B 12 R 8/20 R, WKRS 2021, 69408). Auch der Gesetzgeber weist in der Begründung des Gesetzentwurfs darauf hin, dass mit der Neuregelung nunmehr auch Fremd-Geschäftsführerinnen sowie Minderheitsgesellschafter-Geschäftsführerinnen einer GmbH erfasst seien, soweit diese aufgrund ihrer persönlichen Abhängigkeit als

Beschäftigte nach § 7 Absatz 1 SGB IV zu betrachten seien, und damit auch der Rechtsprechung des EuGH zum Fall Danosa Rechnung getragen werde (vgl. BT-Drucks. 18/8963 S. 49).

Für die Frage, ob bei **Geschäftsführerinnen einer GmbH** von einer Beschäftigung nach § 7 Absatz 1 SGB IV oder von selbstständiger Tätigkeit auszugehen ist, wird regelmäßig zunächst danach unterschieden, ob sie Fremd- oder Gesellschafter-Geschäftsführerinnen sind. Ist der Geschäftsführer zugleich als Gesellschafter am Kapital der Gesellschaft beteiligt, stellen der Umfang seiner Kapitalbeteiligung und das Ausmaß des sich hieraus für ihn ergebenden Einflusses ein wesentliches Abgrenzungsmerkmal zwischen abhängiger Beschäftigung und selbstständiger Tätigkeit dar, Gleiches gilt für die Stimmrechte in der Gesellschafterversammlung. Für die sozialversicherungsrechtliche Beurteilung ist **entscheidend**, ob die **rechtliche Möglichkeit besteht**, als beherrschender oder zumindest mit einer Sperrminorität ausgestatteter Gesellschafter-Geschäftsführer nicht genehme **Weisungen jederzeit abzuwenden** oder **Beschlüsse** zu **beeinflussen**, die sein Anstellungsverhältnis betreffen (vgl. BSG vom 13.12.2022, B12 R 3/21, WKRS 2022, 64041; BSG vom 8.7.2020, B 12 R 1/19 R, WKRS 2020, 53161; BSG vom 14.3.2018, B 12 KR 13/17 R, JurionRS 2018, 33834; BSG vom 11.11.2015, B 12 KR 10/14 R, JurionRS 2015, 38816; BSG vom 29.7.2015, B 12 R 1/15 R, JurionRS 2015, 29725; BSG vom 24.11.2005, B 12 RA 1/04 R, JurionRS 2005, 30071). Ein Minderheitsgesellschafter-Geschäftsführer ohne Sperrminorität ist damit regelmäßig ein Beschäftigter im Sinne des § 7 Absatz 1 SGB IV (vgl. BSG vom 14.3.2018, B 12 KR 13/17 R, JurionRS 2018, 33834; BSG vom 11.11.2015, B 12 KR 10/14 R, JurionRS 2015, 38816; BSG vom 4.7.2007, B 11a AL 5/06 R, JurionRS 2007, 39425), bei einem Mehrheitsgesellschafter-Geschäftsführer (vgl. BSG vom 20.02.2024, B 12 KR 3/22 R, WKRs 2024, 15508 – auch zur in der Regel vorliegenden Beschäftigung eines mitarbeitenden GmbH-Gesellschafters, der nicht zum Geschäftsführer bestellt ist; BSG vom 24.9.1992, 7 Rar 12/92, JurionRS 1992, 11444; zum Alleingesellschafter BSG vom 24.11.2005, B 12 RA 1/04 R, JurionRS 2005, 30071) oder einem Minderheitsgesellschafter-Geschäftsführer mit alle Beschlüsse der Gesellschafterversammlung betreffender Sperrminorität (vgl. zu den Anforderungen an die Sperrminorität: BSG vom 13.12.2022, B12 R 3/21, WKRS 2022, 64041; BSG vom 14.3.2018, B 12 KR 13/17 R, JurionRS 2018, 33834; BSG vom 24.9.1992, 7 Rar 12/92, JurionRS 1992, 11444) wird im Umkehrschluss hingegen regelmäßig eine Beschäftigung nach § 7 Absatz 1 SGB IV nicht anzunehmen sein. Ist der Geschäftsführer als sogenannter Fremd-Geschäftsführer nicht am Kapital der Gesellschaft beteiligt, so ist er in der Regel als Beschäftigter im Sinne des § 7 Absatz 1 SGB IV zu betrachten (vgl. BSG vom 14.3.2018, B 12 KR 13/17 R, JurionRS 2018, 33834). Er ist ohne eine im Gesellschaftsrecht wurzelnde Rechtsmacht in einem fremden Betrieb tätig, weder weitreichende Befugnisse, noch eine faktische Nichtwahrnehmung von Weisungs-, Aufsichts- oder Überwachungsrechten durch die Gesellschafter führen zur Annahme von Selbstständigkeit (vgl. BSG vom 29.7.2015, B 12 R 1/15 R, JurionRS 2015, 29725). Kann der nicht am Kapital der Gesellschaft beteiligte **Fremd-Geschäftsführer** aber kraft seiner Stellung als Gesellschafter einer anderen Gesellschaft **Einfluss auf die Gesellschafterbeschlüsse** der von ihm geführten Gesellschaft **nehmen**, so kann eine abhängige Beschäftigung 29 nach § 7 Absatz 1 SGB IV wiederum ausgeschlossen sein (vgl. BSG vom 8.7.2020, B 12 R 1/19 R, WKRS 2020, 53161), Für **Minderheitsgesellschafter-Geschäftsführerinnen ohne Sperrminorität** sowie für **Fremd-Geschäftsführerinnen** (mit vorstehender Ausnahme) gilt demnach das MuSchG n.F. aufgrund des Vorliegens einer Beschäftigung nach § 7 Absatz 1 SGB IV, **Mehrheitsgesellschafter-Geschäftsführerinnen** oder **Minderheitsgesellschafter-Geschäftsführerinnen mit Sperrminorität** hingegen unterfallen in der Regel dem Anwendungsbereich nicht.

30 Auch bei einem **Vorstandsmitglied einer AG** schließt die Organstellung die Anwendbarkeit des MuSchG nicht aus, wenn nach den hierfür geltenden allgemeinen Grundsätzen eine Beschäftigung nach § 7 Absatz 1 SGB IV anzunehmen ist. Das Bundessozialgericht geht in den Gründen verschiedener Entscheidungen davon aus, dass auch Vorstandsmitglieder einer AG grundsätzlich abhängig beschäftigt im Sinne des § 7 Absatz 1 SGB IV sind, auch wenn sie die Gesellschaft in eigener Verantwortung zu leiten haben, gegenüber der Belegschaft Arbeitgeberfunktionen wahrnehmen und aufgrund gesetzlicher Sonderregelungen nicht der Versicherungspflicht in der Renten- und Arbeitslosenversicherung unterliegen (vgl. BSG vom 29.8.2012, B 12 KR 25/10 R, JurionRS 2012, 26535; BSG vom 12.1.2011, B 12 KR 17/09 R, JurionRS 2011, 14755; BSG vom 6.10.2010, B 12 KR 20/09 R, JurionRS 2010, 30849; BSG vom 27.2.2008, B 12 KR 23/06 R, JurionRS 2008, 16845; BSG vom 24.11.2005, B 12 RA 1/04 R, JurionRS 2005, 30071; BSG vom 18.12.2001, B 12 KR 10/01 R, JurionRS 2001, 15202; BSG vom 31.5.1989, 4 RA 22/88, JurionRS 1989, 11494; zum Vorstandsmitglied einer Stiftung: BSG vom 23.2.2021, B 12 R 15/19 R, WKRS 2021, 25718; zum Vorstand eines Vereins: BSG 19.6.2001, B 12 KR 44/00 R, JurionRS 2001, 15208; zu Vorstandsmitgliedern einer Genossenschaft: BSG vom 21.2.1990, 12 RK 47/87, JurionRS 1990, 11283; für die gesetzliche Unfallversicherung und den Regelfall **a.A.** BSG vom 14.12.1999, B 2 U 38/98 R, JurionRS 1999, 13452). Für diese Betrachtung sprechen nicht zuletzt die Annahme einer Beschäftigung auch in Abgrenzung zu einer selbstständigen Tätigkeit sowie die ausdrückliche gesetzliche Herausnahme aus der Versicherungspflicht in der Arbeitslosenversicherung (§ 27 Absatz 1 Nummer 5 SGB III) und der Rentenversicherung (§ 1 Satz 3 SGB VI). Aus dem Ausnahmecharakter der Vorschriften wird ersichtlich, dass Vorstandsmitglieder jedenfalls nicht ohne Weiteres außerhalb der Versicherungspflicht als abhängig Beschäftigte stehen (vgl. BSG vom 23.2.2021, B 12 R 15/19 R, WKRS 2021, 25718). Darauf, dass es dieser Ausnahmevorschriften nicht bedürfte, wenn Organe juristischer Personen bereits aufgrund ihrer Stellung im Unternehmen nicht als Beschäftigte zu sehen wären, weist das Bundessozialgericht auch in seiner Entscheidung vom 18.12.2001 ausdrücklich hin (vgl. BSG vom 18.12.2001, B 12 KR 10/01 R, JurionRS 2001, 15202). In seiner Entscheidung vom 31.5.1989 verweist das Bundessozialgericht zur Begründung der abhängigen Beschäftigung von Vorstandsmitgliedern einer AG darauf, dass bei hoch qualifizierten Mitarbeitern nichtselbstständige Arbeit auch vorliegt, wenn sie sich zur funktionsgerecht dienenden Teilnahme am Arbeitsprozess verfeinert hat. Trotz Leitung der AG in eigener Verantwortung und Übernahme der Arbeitgeberfunktion gegenüber den Beschäftigten unterliege die Geschäftsführung der Überwachung durch den Aufsichtsrat, zudem bestehe eine Verantwortlichkeit gegenüber der Hauptver-

sammlung. Schließlich trage der Vorstand kein eigenes unternehmerisches Risiko (vgl. BSG vom 31.5.1989, 4 RA 22/88, JurionRS 1989, 11494). Ausgehend von einer Beschäftigung im Sinne des § 7 Absatz 1 SGB IV (vgl. Eicher/Schlegel, § 27 SGB III Rn. 69) und der Bezugnahme des § 1 Absatz 2 Satz 1 nur auf das Vorliegen einer Beschäftigung, nicht auf das Bestehen einer bestimmten Versicherungspflicht, findet demnach auch das MuSchG grundsätzlich Anwendung (so auch Tillmanns/Mutschler-Tillmanns, 3. Auflage, § 1 MuSchG Rn. 34; a.A. Brose/Weth/Volk-Latterner/Weth, 9. Auflage, § 1 MuSchG Rn. 28). Gleiches gilt für die Mitglieder des Verwaltungsrates einer Societas Europaea (SE), die das Bundessozialgericht sozialversicherungsrechtlich den Vorstandsmitgliedern einer AG vergleichbar behandelt (vgl. BSG vom 07.07.2020, B 12 R 19/18 R, WKRS 2020, 62972).

ii) Crowdworker

Die Beurteilung, ob ein Crowdworker im Rahmen eines Beschäftigungsverhältnisses tätig wird, richtet sich nach den allgemeinen für § 7 Absatz 1 SGB IV maßgeblichen Kriterien und ist nach den tatsächlichen Gegebenheiten im Einzelfall vorzunehmen. In Einzelfällen kann auch bei abweichender Vertragsbezeichnung bei der Tätigkeit eines Crowdworkers die nach § 611a Absatz 1 Satz 5 BGB vorzunehmende Gesamtbetrachtung zur Annahme einer Tätigkeit in einem Arbeitsverhältnis führen, wenn dieser im Rahmen der tatsächlichen Vertragsdurchführung in arbeitnehmertypischer Weise weisungsgebundene und fremdbestimmte Arbeit leistet (vgl. BAG vom 1.12.2020, 9 AZR 102/20, WKRS 2020, 60554; zur gebotenen Gesamtbetrachtung auch: Dörner/Luczak/Wildschütz/Baeck/Hoß, Handbuch des Arbeitsrechts – Dörner, 16. Auflage, Kapitel 1 Rn. 111). Ausgehend von den für das Vorliegen einer Beschäftigung nach § 7 Absatz 1 SGB IV maßgeblichen Kriterien (vgl. Rn. 8) ist in solchen, nach Einzelfallprüfung als Arbeitsverhältnis zu wertenden Fällen auch von einer Beschäftigung nach § 7 Absatz 1 SGB IV und damit der Anwendbarkeit des MuSchG auszugehen. Crowdworking kann aber ebenso auch im Rahmen eines Werk- oder Dienstvertrages erfolgen, der Status hängt von der Ausgestaltung im Einzelfall ab (vgl. KR-Kreutzberg-Kowalczyk, 14. Auflage, ArbNähnl. Pers. Rn. 5). 31

jj) Jobsharing – Arbeitsplatzteilung nach § 13 TzBfG

Kennzeichnend für eine Arbeitsplatzteilung nach § 13 TzBfG ist die nicht durch den Arbeitgeber, sondern durch die beteiligten Arbeitnehmer erfolgende Planung der Arbeitszeitverteilung. Der Arbeitgeber kann aber Vorgaben zur Gestaltung festlegen (vgl. AR-Kolbe, 10. Auflage, § 6 GewO Rn. 3). Teilen sich mehrere Beschäftigte die Arbeitszeit auf Grundlage einer entsprechenden Vereinbarung mit dem Arbeitgeber gemäß § 13 TzBfG, so wird jeder von ihnen im Rahmen eines Arbeitsverhältnisses und damit auch im Rahmen eines Beschäftigungsverhältnisses im Sinne des § 7 Absatz 1 SGB IV tätig. Die Regelungen des MuSchG finden uneingeschränkt Anwendung. 32

kk) Homeoffice

33 Sind Beschäftigte im Rahmen eines Arbeitsverhältnisses bzw. Beschäftigungsverhältnisses im Sinne des § 7 Absatz 1 SGB IV ganz oder teilweise im Homeoffice tätig, ergeben sich für die Anwendbarkeit des MuSchG grundsätzlich keine Besonderheiten. In diesem Fall findet die Arbeitstätigkeit lediglich außerhalb des Betriebes an mit diesem durch elektronische Medien verbundenen Arbeitsplätzen statt (vgl. zu neuen durch die Entwicklung der Kommunikations- und Informationstechnik entstandenen Arbeitsformen: KR-Kreutzberg-Kowalczyk, 14. Auflage, ArbNähnl. Pers. Rn. 5; zur Abgrenzung zwischen Arbeits- und Heimarbeitsverhältnis im Sinne des HAG: BAG vom 14.06.2016, 9 AZR 305/15, WKRS 2016, 27629). Sind die Voraussetzungen einer Beschäftigung nach § 7 Absatz 1 SGB IV erfüllt, kommt auch das MuSchG zur Anwendung.

2. Erweiterter persönlicher Anwendungsbereich, § 1 Absatz 2 Satz 2

a) Betriebliche Berufsbildung und Praktika i.S.d. § 26 BBiG (§ 1 Absatz 2 Satz 2 Nr. 1)

34 Nach § 1 Absatz 2 Satz 2 Nr. 1 gilt das MuSchG unabhängig vom Vorliegen eines Beschäftigungsverhältnisses für Frauen in betrieblicher Berufsbildung und für Praktikantinnen nach § 26 BBiG. Liegt zugleich eine Beschäftigung im Sinne des § 7 Absatz 1 SGB IV vor, ist der Anwendungsbereich bereits über § 1 Absatz 2 Satz 1 eröffnet, § 1 Absatz 2 Satz 2 Nr. 1 findet insoweit nur nachrangig Anwendung (vgl. BT-Drucks. 18/8963 S. 50). Zu Schülerinnen und Studentinnen einschließlich innerhalb der (hoch-)schulischen Ausbildung vorgegebener Praktika: § 1 Absatz 2 Satz 2 Nummer 8 (Rdn. 50 bis 53).

35 **Betriebliche** Berufsbildung wird nach § 2 Absatz 1 Nr. 1 BBiG in Betrieben der Wirtschaft, in vergleichbaren Einrichtungen außerhalb der Wirtschaft, insbesondere des öffentlichen Dienstes, der Angehörigen freier Berufe und in Haushalten durchgeführt. Durch die Regelung in § 1 Absatz 2 Satz 2 Nr. 1 kommt es im Hinblick auf Frauen in betrieblicher Berufsausbildung nur zu einer Klarstellung, nicht zu einer Erweiterung des mutterschutzrechtlichen Anwendungsbereiches im Vergleich zur bisherigen Rechtslage. Auch die Regelungen des MuSchG a.F. fanden aufgrund der Regelung des § 10 Absatz 2 BbiG auf Frauen in betrieblicher Berufsausbildung Anwendung (vgl. Tillmanns/Mutschler, 1. Auflage, § 1 MuSchG Rn. 27 f.).

36 Für Frauen in einer Ausbildung zur **Pflegefachfrau**, zur **Gesundheits- und Krankenpflegerin** bzw. zur **Gesundheits- und Kinderkrankenpflegerin** und zur **Altenpflegerin**, die ihre Ausbildung ab dem **1.1.2020** begonnen haben, kommen die Regelungen des MuSchG unabhängig von der Einordnung des Ausbildungsverhältnisses als betriebliche Berufsbildung nach § 1 Abs. 2 Satz 2 Nr. 1 schon aufgrund § 16 Abs. 4 des Gesetzes über die Pflegeberufe (Pflegeberufegesetz – **PflBG**) vom 17.7.2017 (BGBl. I S. 2581), zuletzt geändert durch Artikel 1 und 2 des Gesetzes vom 12.12.2023 (BGBl. 2023 Nr. 359) zur Anwendung, nach dem auf den Ausbildungsvertrag die für Arbeitsverträge geltenden Rechtsvorschriften und Rechtsgrundsätze anzuwenden sind, soweit sich aus

seinem Wesen und Zweck sowie aus dem PflBG nichts anderes ergibt. Das MuSchG gilt aber auch für Frauen in einer Ausbildung zur Gesundheits- und Krankenpflegerin oder zur Gesundheits- und Kinderkrankenpflegerin nach dem Gesetz über die Berufe in der Krankenpflege (Krankenpflegegesetz – **KrPflG**) vom 16.7.2003 (BGBl. I S. 1442), zuletzt geändert durch Artikel 12 des Gesetzes vom 15.8.2019 (BGBl. I S. 1307), außer Kraft am 31.12.2019 durch Artikel 15 Abs. 5 des Gesetzes vom 17.7.2017 (BGBl. I S. 2581), die ihre Ausbildung **vor Ablauf des 31.12.2019** begonnen haben und diese nach § 66 Abs. 1 PflBG noch auf der Grundlage des KrPflG in der am 31.12.2019 geltenden Fassung abschließen können. Die nach § 4 KrPflG nicht nur theoretischen, sondern auch praktischen Unterricht, darüber hinaus eine praktische Ausbildung, beispielsweise an einem Krankenhaus, beinhaltende Ausbildung ist als betriebliche Berufsbildung zu betrachten (vgl. zur Geltung auch schon des MuSchG a.F. für Krankenpflegeschülerinnen aufgrund seines öffentlich-rechtlichen Schutzcharakters: Tillmanns/Mutschler, 1. Auflage, § 1 MuSchG Rn. 30; zur Geltung aufgrund des besonderen Schutzwecks des MuSchG: Buchner/Becker, 8. Auflage, § 1 MuSchG Rn. 52). Für die Anwendbarkeit auch des MuSchG n.F. für Frauen in einer Ausbildung zur Gesundheits- und Krankenpflegerin spricht darüber hinaus, dass § 1 Absatz 2 Satz 2 Nummer 1 seinem Wortlaut nach die Geltung des MuSchG nicht auf die betriebliche Berufsbildung im Geltungsbereich des BBiG beschränkt. Die Geltung entspricht schließlich auch dem mit der ausdrücklichen Erweiterung des Geltungsbereichs zum Ausdruck gebrachten Ziel des Gesetzgebers (so i.E. auch Brose/Weth/Volk-Latterner/Weth, 9. Auflage, § 1 MuSchG Rn. 44). Gleiches muss für die vor Ablauf des 31.12.2019 begonnene Ausbildung zur Altenpflegerin nach dem Gesetz über die Berufe in der Altenpflege (Altenpflegegesetz – **AltPflG**) in der Fassung der Bekanntmachung vom 25.8.2003 (BGBl. I S. 1690), zuletzt geändert durch Artikel 14 des Gesetzes vom 15.8.2019 (BGBl. I S. 1307), außer Kraft am 31.12.2019 durch Artikel 15 Abs. 5 des Gesetzes vom 17.7.2017, gelten, die ebenfalls auch praktischen Unterricht sowie eine praktische Ausbildung beinhaltet und bezüglich derer § 4 Absatz 1 Satz 3 AltPflG regelt, dass die praktische Ausbildung überwiegt (vgl. zur Annahme eines arbeitsrechtlich-betrieblich ausgestalteten Ausbildungsverhältnisses bei Überwiegen des praktischen im Vergleich zum theoretischen Unterricht: BAG vom 7.3.1990, 5 AZR 217/89, EzA § 611 BGB Ausbildungsverhältnis Nr. 10). Auf den Ausbildungsvertrag nach dem AltPflG sind im Übrigen auch nach § 13 Absatz 3 die für Arbeitsverträge geltenden Rechtsvorschriften anzuwenden, wenn sich aus seinem Wesen und Ziel sowie aus dem AltPflG nichts anderes ergibt. Auch die vor dem 31.12.2019 begonnene Ausbildung zur Altenpflegerin kann nach § 66 Abs. 2 PflBG auf Grundlage des AltPflG in der am 31.12.2019 geltenden Fassung abgeschlossen werden.

Unabhängig vom Vorliegen eines Beschäftigungsverhältnisses gilt das MuSchG auch 37
für **Praktikantinnen im Sinne des § 26 BBiG**. § 26 BBiG erfasst Personen, die eingestellt werden, um berufliche Fertigkeiten, Kenntnisse, Fähigkeiten oder berufliche Erfahrungen zu erwerben, ohne dass es sich um eine Berufsausbildung im Sinne des BBiG handelt und soweit nicht ein Arbeitsverhältnis vereinbart ist. Die Regelung betrifft damit Rechtsverhältnisse, die auf die erstmalige Vermittlung solcher Kenntnisse, Fähigkeiten oder Erfahrungen gerichtet sind, beispielsweise bei Anlernlingen, Volon-

tären oder Praktikanten (vgl. BAG vom 19.11.2015, 6 AZR 844/14, EzA § 20 BBiG 2005 Nr. 2). In Abgrenzung zu einem geordneten Ausbildungsgang in der Ausbildung zu einem anerkannten Ausbildungsberuf ist ein Praktikant in der Regel vorübergehend in einem Betrieb tätig, um sich die zur Vorbereitung auf einen Beruf notwendigen praktischen Kenntnisse und Erfahrungen anzueignen, ohne dass eine systematische Berufsausbildung stattfindet oder der Praktikant zur Teilnahme am Berufsschulunterricht oder zur Ablegung von Prüfungen verpflichtet wäre (vgl. BAG vom 19.11.2015, 6 AZR 844/14, EzA § 20 BBiG 2005 Nr. 2; BAG vom 29.4.2015, 9 AZR 78/14, JurionRS 2015, 25111). § 1 Absatz 2 Satz 2 Nr. 1 mit der Bezugnahme auf § 26 BBiG erstreckt die Anwendbarkeit des MuSchG **nur auf freiwillige Praktika**, nicht auf Pflichtpraktika (vgl. AR-Vossen, 10. Auflage, § 1 MuSchG Rn. 7). Personen, die in ihrer Schul- oder Hochschulausbildung verpflichtend vorgegebene Praktika absolvieren, werden jedoch über § 1 Absatz 2 Satz 2 Nr. 8 MuSchG nunmehr ebenfalls vom persönlichen Geltungsbereich erfasst (vgl. BT-Drucks. 18/8963 S. 35, 50, AR-Vossen, 10. Auflage, § 1 MuSchG Rn. 7; Tillmanns/Mutschler-Tillmanns, 3. Auflage, § 1 MuSchG Rn. 44).

b) Beschäftigung in einer Werkstatt für behinderte Menschen (§ 1 Absatz 2 Satz 2 Nr. 2)

38 Bei einer **Werkstatt für behinderte Menschen** handelt es sich nach **§ 219 Absatz 1 Satz 1 SGB IX** um eine Einrichtung zur Teilhabe behinderter Menschen am Arbeitsleben und zur Eingliederung in das Arbeitsleben. Behinderte Menschen, die im Arbeitsbereich einer Werkstatt beschäftigt sind, erhalten ein Arbeitsentgelt, zusammengesetzt aus einem Grundbetrag und einem leistungsangemessenen Steigerungsbetrag, der sich nach der individuellen Arbeitsleitung der behinderten Menschen, insbesondere unter Berücksichtigung von Arbeitsmenge und Arbeitsgüte bemisst, § 221 Absatz 2 SGB IX.

Die Tätigkeit im Arbeitsbereich einer Werkstatt für behinderte Menschen kann, im Gegensatz zur Teilnahme am Eingangs- und Berufsbildungsbereich (vgl. BSG vom 10.5.2007, B 7a AL 30/06 R, JurionRS 2007, 38258) eine **Beschäftigung nach § 7 Absatz 1 SGB IV** darstellen, sodass sich die Anwendbarkeit des MuSchG bereits aus § 1 Absatz 2 Satz 1 ergibt. Dies folgt auch aus § 221 Absatz 1 SGB IX, der nur für diejenigen behinderten Menschen im Arbeitsbereich einer Werkstatt ein arbeitnehmerähnliches Rechtsverhältnis vorsieht, die nicht Arbeitnehmer sind. Das Vorliegen einer Beschäftigung setzt nach deren allgemeiner Definition voraus, dass der Mensch mit Behinderung Arbeitsleistungen erbringt. Ist er hingegen nicht im fremden Interesse tätig, beispielsweise weil seine Verrichtungen allein eigennützigen therapeutischen Zwecken dienen, liegt eine Beschäftigung nach § 7 Absatz 1 SGB IV nicht vor (vgl. BSG vom 18.1.2011, B 2 U 9/10 R, JurionRS 2011, 13660). Die Annahme eines Arbeits- und damit in der Folge auch eines Beschäftigungsverhältnisses setzt das Leisten von Arbeit im wirtschaftlichen Sinne voraus, ein Mindestmaß an wirtschaftlich verwertbarer Arbeitsleistung genügt nicht, sondern ist nach § 219 Absatz 2 Satz 1 SGB IX Teil der Aufnahmevoraussetzung in die Werkstatt an sich. Ein Arbeitsverhältnis liegt demnach in der Regel erst dann vor, wenn das Erbringen der wirtschaftlich verwertbaren

Leistung im Vordergrund steht (vgl. LAG Schleswig-Holstein vom 11.1.2016, 1 Sa 224/15, JurionRS 2016, 16595).

Für Frauen mit Behinderung, die in einer Werkstatt für behinderte Menschen beschäftigt sind, **ohne** dass aus vorstehenden Gründen eine **Beschäftigung im Sinne des § 7 Absatz 1 SGB IV** vorliegt, gilt das MuSchG aufgrund der Erstreckung des Anwendungsbereichs nach § 1 Absatz 2 Satz 2 Nr. 1 (vgl. AR-Vossen, 10. Auflage, § 1 MuSchG Rn. 7). Der Gesetzgeber lehnt sich mit der Aufführung der in Werkstätten für behinderte Menschen beschäftigten Frauen an § 2 Absatz 2 Nr. 7 ArbSchG an (vgl. BT-Drucks. 18/8963 S. 50).

c) **Entwicklungshilfe (§ 1 Absatz 2 Satz 2 Nr. 3)**

Entwicklungshelfer ist **nach § 1 Absatz 1 EhfG** (Entwicklungshelfer-Gesetz vom 39
18. Juni 1969 (BGBl. I S. 549), zuletzt geändert durch Artikel 6 Absatz 13 des Gesetzes vom 23. Mai 2017 (BGBl. I S. 1228)), wer in Entwicklungsländern ohne Erwerbsabsicht Dienst leistet, um in partnerschaftlicher Zusammenarbeit zum Fortschritt dieser Länder beizutragen (Entwicklungsdienst), sich zur Leistung des Entwicklungsdienstes gegenüber einem anerkannten Träger des Entwicklungsdienstes für eine ununterbrochene Zeit von mindestens einem Jahr vertraglich verpflichtet hat, für den Entwicklungsdienst nur nach dem EhfG vorgesehene Leistungen erhält, mindestens 18 Jahre alt und Deutscher oder Staatsangehöriger eines anderen Mitgliedstaates der Europäischen Gemeinschaften ist. Das Rechtsverhältnis zwischen dem Entwicklungshelfer und dem Träger des Entwicklungsdienstes ist **kein Arbeits- bzw. Beschäftigungsverhältnis** (vgl. BSG vom 25.6.1991, 1/3 RK 1/90, JurionRS 1991, 11363; KR-Rachor, 14. Auflage, § 1 KSchG Rn. 89; GK-Raab, 11. Auflage, § 5 BetrVG Rn. 110). Schon vor dem Inkrafttreten des aktuellen MuSchG war der Träger des Entwicklungsdienstes aber nach § 4 Absatz 1 Nr. 4 EhfG verpflichtet, die nach dem MuSchG dem Arbeitgeber obliegenden Pflichten vertraglich zu übernehmen, sodass im Ergebnis auch das MuSchG a.F. Anwendung fand (vgl. zum MuSchG a.F. Tillmanns/Mutschler, 1. Auflage, § 1 MuSchG Rn. 26; Buchner/Becker, 8. Auflage, § 1 MuSchG Rn. 114).

Nach **§ 1 Absatz 2 Satz 2 Nr. 3** gilt das MuSchG nunmehr unabhängig vom Vorliegen eines Beschäftigungsverhältnisses für Frauen, die als Entwicklungshelferinnen im Sinne des EhfG tätig sind. Nicht anzuwenden sind jedoch aufgrund der gesetzlichen Regelung die §§ 18 bis 22, d.h. die Regelungen zum Anspruch auf Mutterschutzlohn, Mutterschaftsgeld und Zuschuss zum Mutterschaftsgeld. Für Entwicklungshelferinnen gilt in diesem Zusammenhang jedoch § 8 Absatz 2 EhfG, nach dem der Träger für die Zeit der Beschäftigungsverbote nach den §§ 3 bis 6, 10 Absatz 3, 13 Absatz 1 Nummer 3 und § 16 MuSchG die vertraglichen Unterhaltsleistungen weitergewähren muss (vgl. BT-Drucks. 18/8963 S. 50).

d) **Jugend- und Bundesfreiwilligendienst (§ 1 Absatz 2 Satz 2 Nr. 4)**

Mit § 1 Absatz 2 Satz 2 Nr. 4 will der Gesetzgeber die Geltung des MuSchG für 40
Frauen klarstellen, die als Freiwillige im Sinne des JFDG (Jugendfreiwilligendienst-

egesetz vom 16. Mai 2008 (BGBl. I S. 842), zuletzt geändert durch Artikel 1 des Gesetzes vom 23.05.2024 (BGBl. 2024 Nr. 170)) oder des BFDG (Bundesfreiwilligendienstgesetz vom 28. April 2011 (BGBl. I S. 687), zuletzt geändert durch Artikel 3 des Gesetzes vom 23.05.2024 (BGBl. 2024 Nr. 170)) tätig sind (vgl. BT-Drucks. 18/8963 S. 50).

Jugendfreiwilligendienste im Sinne des JFDG sind nach § 1 Absatz 2 JFDG das freiwillige soziale Jahr (**FSJ**) und das freiwillige ökologische Jahr (**FÖJ**). Freiwillige in diesem Sinne sind nach § 2 Absatz 1 JFDG Personen, die einen freiwilligen Dienst ohne Erwerbsabsicht, außerhalb einer Berufsausbildung und vergleichbar einer Vollzeitbeschäftigung oder vergleichbar einer Teilzeitbeschäftigung von mehr als 20 Wochenstunden leisten, sich aufgrund einer Vereinbarung nach § 11 JFDG zur Leistung des Dienstes für eine Zeit von mindestens sechs und höchstens 24 Monaten verpflichtet haben, für den Dienst nur ein angemessenes Taschengeld, unentgeltliche Unterkunft, Verpflegung und Arbeitskleidung oder anstelle von Unterkunft, Verpflegung und Arbeitskleidung entsprechende Geldersatzleistungen sowie Mobilitätszuschläge oder entsprechende Sachleistungen erhalten, und die Vollzeitschulpflicht erfüllt, aber das 27. Lebensjahr noch nicht vollendet haben. Nach § 13 JFDG fanden auch bisher Bestimmungen des Arbeitsschutzes, damit auch die des MuSchG a.F., auf die Tätigkeit im Jugendfreiwilligendienst entsprechende Anwendung (vgl. zum MuSchG a.F. Tillmanns/Mutschler, 1. Auflage, § 1 MuSchG Rn. 26; Buchner/Becker, 8. Auflage, § 1 MuSchG Rn. 114).

Im **Bundesfreiwilligendienst** engagieren sich nach § 1 Satz 1 BFDG Personen für das Allgemeinwohl, insbesondere im sozialen, ökologischen und kulturellen Bereich sowie im Bereich des Sports, der Integration und des Zivil- und Katastrophenschutzes. Freiwillige im Sinne des § 2 BFDG sind Personen, die die Vollzeitschulpflicht erfüllt haben, einen freiwilligen Dienst ohne Erwerbsabsicht, außerhalb einer Berufsausbildung und vergleichbar einer Vollzeitbeschäftigung bzw. vergleichbar einer Teilzeitbeschäftigung von mehr als 20 Wochenstunden leisten, sich aufgrund einer Vereinbarung nach § 8 BFDG zur Leistung eines Bundesfreiwilligendienstes für eine Zeit von mindestens sechs und höchstens 24 Monaten verpflichtet haben, und für den Dienst nur ein angemessenes Taschengeld, unentgeltliche Unterkunft, Verpflegung und Arbeitskleidung oder anstelle von Unterkunft, Verpflegung und Arbeitskleidung entsprechende Geldersatzleistungen sowie Mobilitätszuschläge oder entsprechende Sachleistungen erhalten. Nach § 13 Absatz 1 BFDG fanden auch vor der Neufassung des MuSchG Bestimmungen des Arbeitsschutzes, damit auch die des MuSchG a.F., auf die Tätigkeit im Bundesfreiwilligendienst entsprechende Anwendung (vgl. zum MuSchG a.F. Tillmanns/Mutschler, 1. Auflage, § 1 MuSchG Rn. 26).

Weder bei der Tätigkeit im Bundesfreiwilligendienst, noch bei einer solchen im Jugendfreiwilligendienst handelt es sich um eine Tätigkeit im Rahmen eines Arbeitsverhältnisses (vgl. LAG Thüringen vom 1.3.2016, 1 Sa 314/14, JurionRS 2016, 33699; GK-Raab, 11. Auflage, § 5 BetrVG Rn. 110). Unabhängig von der Frage, ob gegebenenfalls dennoch eine Beschäftigung nach § 7 Absatz 1 SGB IV vorliegt (verneinend zum Bundesfreiwilligendienst BSG vom 22.09.2022, B 4 AS 60/21 R, WKRS 2022, 62894;

BSG vom 26.7.2016, B 4 AS 54/15 R, JurionRS 2016, 25242; lediglich gleichgestellt nach § 25 Absatz 1 Satz 1 SGB III: BSG vom 23.10.2018, B 11 AL 21/17 R, WKRS 2018, 72991; bejahend zum Bundesfreiwilligendienst LSG Sachsen vom 19.5.2016, L 3 AL 172/14, JurionRS 2016, 32097 und zum Jugendfreiwilligendienst LSG Sachsen-Anhalt vom 15.7.2015, L 2 AL 72/13, JurionRS 2015, 39206; für ein Beschäftigungsverhältnis sowohl beim Bundes-, als auch beim Jugendfreiwilligendienst Eicher/Schlegel, § 27 SGB III Rn. 101 ff.) gilt das MuSchG nunmehr jedenfalls aufgrund der Erstreckung nach § 1 Absatz 2 Satz 2 Nr. 4.

e) Mitglieder einer geistlichen Genossenschaft oder Angehörige einer ähnlichen Gemeinschaft (§ 1 Absatz 2 Satz 2 Nr. 5)

Mit § 1 Absatz 2 Satz 2 Nr. 5 bezieht der Gesetzgeber unabhängig von der Frage 41 des Vorliegens eines Beschäftigungsverhältnisses Frauen, die als Mitglieder einer geistlichen Genossenschaft, Diakonissen oder Angehörige einer ähnlichen Gemeinschaft tätig sind, und die entweder aufgrund eines Gestellungsvertrages in einer Einrichtung außerhalb des Ordens, beispielsweise in Krankenhäusern oder Schulen, arbeiten oder die auf Planstellen innerhalb des Ordens tätig sind, in den Anwendungsbereich des MuSchG ein. Durch die Voraussetzung des Tätigwerdens **aufgrund eines Gestellungsvertrages** oder **auf einer Planstelle** erfolgt eine Abgrenzung zu Frauen, die im Rahmen des familienähnlich ausgestalteten klösterlichen Zusammenlebens rein religiösen, meditativen oder sakralen Handlungen nachgehen (vgl. BT-Drucks. 18/8963 S. 50). Für diese gilt die Erstreckung des Anwendungsbereichs nach § 1 Absatz 2 Satz 2 Nr. 5 MuSchG nicht. Bei Personen, deren Beschäftigung nicht in erster Linie dem Erwerb dient, sondern vorwiegend durch Beweggründe karitativer oder religiöser Art bestimmt ist, beispielsweise bei Geistlichen, Diakonissen oder Ordensschwestern, handelt es sich auch nicht um Arbeitnehmer (vgl. KR-Rachor, 14. Auflage, § 1 KSchG Rn. 87).

Die Erstreckung des § 1 Absatz 2 Satz 2 Nr. 5 erfasst im Fall der Tätigkeit aufgrund eines Gestellungsvertrages oder auf einer Planstelle auch Frauen in ihrer dortigen außerschulischen Ausbildung, d.h. beispielsweise Frauen, die im Rahmen eines Postulats oder Noviziats eine Ausbildung zur Ordensfrau machen (vgl. BT-Drucks. 18/8963 S. 51).

f) Heimarbeiterinnen und Gleichgestellte (§ 1 Absatz 2 Satz 2 Nr. 6)

In Heimarbeit Beschäftigte nach **§ 1 Absatz 1 HAG** sind Heimarbeiter nach § 2 42 Absatz 1 HAG und Hausgewerbetreibende nach § 2 Absatz 2 HAG (zu Homeoffice als Arbeitsform im Rahmen eines Arbeitsverhältnisses siehe Rn. 33, zur Abgrenzung zwischen Arbeits- und Heimarbeitsverhältnis im Sinne des HAG: BAG vom 14.06.2016, 9 AZR 305/15, WKRS 2016, 27629). **Heimarbeiter** ist nach § 2 Absatz 1 HAG, wer in selbst gewählter Arbeitsstätte (eigener Wohnung oder selbst gewählter Betriebsstätte) allein oder mit seinen Familienangehörigen nach § 2 Absatz 5 HAG im Auftrag von Gewerbetreibenden oder Zwischenmeistern erwerbsmäßig arbeitet, die Verwertung der Arbeitsergebnisse jedoch dem unmittelbar oder mittelbar auftraggebenden Gewerbetreibenden überlässt. Der Heimarbeiter ist nicht selbst am

Absatzmarkt, aber erwerbsmäßig tätig. Eine gewerbliche Tätigkeit ist nicht erforderlich (vgl. KR-Kreutzberg-Kowalczyk, 14. Auflage, §§ 29, 29a HAG Rn. 6). Von einem erwerbsmäßigen Handeln des Heimarbeiters ist auszugehen, wenn die Heimarbeit auf gewisse Dauer angelegt ist und zum Lebensunterhalt beitragen soll, auf den zeitlichen Umfang der Tätigkeit, die Höhe des Verdienstes und die Frage, ob der Lebensunterhalt überwiegend mit Heimarbeit verdient wird, kommt es für die Einordnung als Heimarbeitsverhältnis hingegen ebenso wenig an wie auf die Frage, welche Qualifikation die Tätigkeit erfordert (vgl. BAG vom 14.6.2016, 9 AZR 305/15, EzA § 2 HAG Nr. 2). **Hausgewerbetreibender** ist nach § 2 Absatz 2 HAG, wer in eigener Arbeitsstätte (eigener Wohnung oder Betriebsstätte) mit nicht mehr als zwei fremden Hilfskräften nach § 2 Absatz 6 HAG oder Heimarbeitern im Auftrag von Gewerbetreibenden oder Zwischenmeistern Waren herstellt, bearbeitet oder verpackt, wobei er selbst wesentlich am Stück mitarbeitet, die Verwertung der Arbeitsergebnisse jedoch dem unmittelbar oder mittelbar auftraggebenden Gewerbetreibenden überlässt.

Nach **§ 1 Absatz 2 HAG** können verschiedene Personengruppen den in Heimarbeit Beschäftigten **gleichgestellt** werden, wenn dies wegen ihrer Schutzbedürftigkeit gerechtfertigt erscheint. In Betracht kommen hierzu nach § 1 Absatz 2 HAG Personen, die in der Regel allein oder mit ihren Familienangehörigen in eigener Wohnung oder in selbst gewählter Betriebsstätte eine sich in regelmäßigen Arbeitsvorgängen wiederholende Arbeit im Auftrag eines anderen gegen Entgelt ausüben, ohne dass ihre Tätigkeit als gewerblich anzusehen oder dass der Auftraggeber ein Gewerbetreibender oder Zwischenmeister ist, Hausgewerbetreibende mit mehr als zwei fremden Hilfskräften oder Heimarbeitern, andere im Lohnauftrag arbeitende Gewerbetreibende, die infolge ihrer wirtschaftlichen Abhängigkeit eine ähnliche Stellung wie Hausgewerbetreibende einnehmen, sowie Zwischenmeister nach § 2 Absatz 3 HAG (vgl. zu den Personengruppen des § 1 Absatz 2 HAG ausführlicher KR-Kreutzberg-Kowalczyk, 14. Auflage, §§ 29, 29a HAG Rn. 14 ff.). Die **Gleichstellung** erfolgt durch eine Entscheidung des zuständigen Heimarbeitsausschusses, § 1 Absatz 4 HAG oder bei Fehlen eines solchen für den Gewerbezweig oder die Beschäftigungsart durch die Entscheidung der zuständigen Arbeitsbehörde, § 1 Absatz 5 HAG. Diese Entscheidung über die Gleichstellung ist für die Geltung des MuSchG auf Grundlage des § 1 Absatz 2 Satz 2 Nr. 6 maßgeblich (vgl. Tillmanns/Mutschler-Tillmanns, 3. Auflage, § 1 MuSchG Rn. 52).

43 In Heimarbeit Beschäftigte im Sinne des § 1 HAG sind **keine Arbeitnehmer**. Das Heimarbeitsverhältnis unterscheidet sich vom Arbeitsverhältnis maßgeblich durch den Grad der persönlichen Abhängigkeit. Der Heimarbeitnehmer gestaltet seine Tätigkeit durch die Möglichkeit, seinen Arbeitsplatz, Zeitpunkt und Zeitdauer seiner Tätigkeit zu bestimmen, Hilfspersonen hinzuzuziehen, Geräte und Arbeitsmethode zu wählen, im Wesentlichen frei und schuldet im Vergleich zum Arbeitnehmer nicht eine bestimmte Dienstleistung, sondern ein bestimmtes Arbeitsergebnis (vgl. BAG vom 24.8.2016, 7 AZR 625/15, EzA § 14 TzBfG Nr. 125). Auch unter Berücksichtigung des unionsrechtlichen Arbeitnehmerbegriffs sind Heimarbeiter im Sinne des § 2 Absatz 1 HAG in der Regel keine Arbeitnehmer (vgl. BAG vom 20.08.2019, 9 AZR 41/19, WKRS 2019, 52339). In verschiedenen, an sich für Arbeitnehmer geltenden Gesetzen finden

sich jedoch auch Regelungen für die Heimarbeit, so beispielsweise zur Feiertagsbezahlung in § 11 EFZG oder zum Urlaub in § 12 BurlG. Sozialversicherungsrechtlich **gelten** Heimarbeiter im Sinne des § 12 Absatz 2 SGB IV aufgrund der dortigen Regelung **als Beschäftigte** (vgl. hierzu auch: von Koppenfels-Spies/Wenner-Dankelmann/Dietrich, 3. Auflage, § 7 SGB IV Rn. 33). Von § 12 Abs. 2 SGB IV erfasst werden sonstige Personen, die in eigener Arbeitsstätte im Auftrag und für Rechnung u.a. von Gewerbetreibenden erwerbsmäßig arbeiten. Im Gegensatz zu Beschäftigten nach § 7 Abs. 1 SGB IV sind diese Personen persönlich selbstständig, keinem umfassenden Weisungsrecht des Auftraggebers unterworfen, nicht in dessen Arbeitsorganisation eingegliedert und weitgehend frei im Hinblick auf die Modalitäten ihrer Arbeit (vgl. BSG vom 27.11.2018, B 2 U 28/17 R, WKRS 2018, 63986). Für **Hausgewerbetreibende** (§ 12 Absatz 1 SGB IV) und **Zwischenmeister** (§ 12 Absatz 4 SGB IV) als **selbstständig Tätige** besteht Versicherungspflicht in einzelnen Zweigen der Sozialversicherung (vgl. Schaub-Vogelsang, 17. Auflage, § 163 Rn. 63 ff.)

Für in **Heimarbeit beschäftigte Frauen** und **Gleichgestellte** nach § 1 Absatz 1 und 2 des Heimarbeitsgesetzes (HAG), soweit sie **am Stück mitarbeiten**, galten aufgrund der Regelung in § 1 Nr. 2 MuSchG a.F. die mutterschutzrechtlichen Regelungen bereits vor der Reform des Mutterschutzgesetzes. Nunmehr sind sie durch die Erstreckung des § 1 Absatz 2 Satz 2 Nr. 6 in den Anwendungsbereich (teilweise) einbezogen. 44

Das MuSchG gilt sowohl für die in Heimarbeit Beschäftigten als auch für die ihnen Gleichgestellten nach dem Wortlaut des Gesetzes nur, **soweit sie am Stück mitarbeiten** (so auch Brose/Weth/Volk-Latterner/Weth, 9. Auflage, § 1 MuSchG Rn. 59 mit Hinweis auf die sich aus dem Gesetzeswortlaut »soweit« ergebende Notwendigkeit der Differenzierung; a.A. Tillmanns/Mutschler-Tillmanns, 3. Auflage, § 1 MuSchG Rn. 53). Dies bedeutet, dass sie im Arbeitsvorgang selbst tätig sind und nicht lediglich die Heimarbeit verteilen, die bloße Wahrnehmung kaufmännischer oder unternehmerischer Aufgaben reicht nicht aus (vgl. zu Hausgewerbetreibenden nach § 2 Absatz 2 HAG: Schaub-Vogelsang, 17. Auflage, § 163 Rn. 5; zu § 1 MuSchG a.F. Tillmanns/Mutschler, 1. Auflage, § 1 MuSchG Rn. 37). Bei **Zwischenmeisterinnen** nach § 2 Absatz 3 HAG, die, ohne Arbeitnehmer zu sein, die ihnen von Gewerbetreibenden übertragene Arbeit an Heimarbeiter oder Hausgewerbetreibende weitergeben, wird diese Voraussetzung in der Regel nicht erfüllt sein, sodass das MuSchG auf sie auch im Fall einer nach § 1 Absatz 2 Satz 1 Buchstabe d) HAG möglichen Gleichstellung keine Anwendung findet, sofern sie nicht selbst auch Heimarbeiter oder Hausgewerbetreibende sind.

Die **fremden Hilfskräfte nach § 2 Absatz 6 HAG** unterfallen als Arbeitnehmerinnen 45
bereits nach § 1 Absatz 2 Satz 1 dem gesetzlichen Mutterschutz. Die **mithelfenden Familienangehörigen nach § 2 Absatz 5 HAG**, die allein im Rahmen familiärer Verbundenheit die Heimarbeiterin oder die Hausgewerbetreibende unterstützen, unterfallen nicht dem MuSchG. Etwas anderes gilt jedoch dann, wenn die Familienangehörige entweder ebenfalls als Heimarbeiterin oder Hausgewerbetreibende im Verhältnis zum Auftraggeber auftritt oder mit dem Heimarbeiter oder dem Hausgewerbetreibenden einen echten Arbeitsvertrag abschließt, der sie zur Arbeitsleistung wie

eine fremde Hilfskraft verpflichtet (vgl. allgemein zur Tätigkeit von Familienangehörigen Rdn. 25).

46 Nach § 1 Absatz 2 Satz 2 Nr. 6 **gilt das MuSchG** für die in Heimarbeit Beschäftigten und ihnen Gleichgestellten **nicht in vollem Umfang:** Ausgenommen sind die §§ 10 und 14, nur entsprechend anzuwenden ist § 9 Absatz 1 bis 5. **Nicht anzuwenden** sind damit die Vorgaben zur Beurteilung der Arbeitsbedingungen einschließlich der hiermit verbundenen Dokumentations- und Informationspflichten nach **§§ 10 und 14**. Der Gesetzgeber begründet diese Herausnahme mit den Besonderheiten der Heimarbeit und weist hierbei auf § 16 HAG hin (vgl. BT-Drucks. 18/8963 S. 51), wonach in der Heimarbeit Maßnahmen des Gefahrenschutzes, die sich auf Räume oder Betriebseinrichtungen beziehen, derjenige zu treffen hat, der diese unterhält. Die Herausnahme der §§ 10 und 14 aus dem Anwendungsbereich des MuSchG steht auch im Einklang mit den Vorgaben des ArbSchG, welches die in Heimarbeit Beschäftigten und ihnen Gleichgestellten in § 2 Absatz 2 Nr. 3 ArbSchG ausdrücklich ausklammert. **§ 9 Absatz 1 bis 5** mit seinen Vorgaben zur Gestaltung der Arbeitsbedingungen ist lediglich **entsprechend anzuwenden.** Ausweislich der Gesetzesbegründung will der Gesetzgeber mit dieser Formulierung zum Ausdruck bringen, dass die Auftraggeber und Zwischenmeister von den Pflichten bei der Gestaltung der Arbeitsbedingungen nur betroffen sind, soweit diese in ihrem Einflussbereich liegen (vgl. BT-Drucks. 18/8963 S. 51). Auch hiermit soll demnach wieder den Besonderheiten der Heimarbeit Rechnung getragen werden.

g) Arbeitnehmerähnliche Personen (§ 1 Absatz 2 Satz 2 Nr. 7)

47 § 1 Absatz 2 Satz 2 Nr. 7 erstreckt den persönlichen Geltungsbereich des MuSchG, mit Ausnahme der §§ 18, 19 Absatz 2 und 20, auf Frauen, die wegen ihrer wirtschaftlichen Unselbstständigkeit als arbeitnehmerähnliche Personen anzusehen sind. Diese waren bisher von der Geltung des MuSchG nicht erfasst (vgl. zum MuSchG a.F.: Buchner/Becker, 8. Auflage, § 1 MuSchG Rn. 90). Die Erstreckung führt zu einer dem Anwendungsbereich des Arbeitsschutzgesetzes nach § 2 Nr. 3 ArbSchG vergleichbaren Regelung. Die Begründung zum Gesetzentwurf weist darauf hin, dass diese Einbeziehung auch selbstständig erwerbstätiger Frauen, die wegen ihrer wirtschaftlichen Unselbstständigkeit als arbeitnehmerähnliche Personen anzusehen sind, auch mit Blick auf die Rechtsprechung des EuGH im Fall Danosa notwendig geworden sei, in welcher unter Berufung auf das Diskriminierungsverbot der Gleichbehandlungsrichtlinie der notwendige Schutz für Schwangere unabhängig von Arbeitnehmereigenschaft oder selbstständiger Erwerbstätigkeit betont werde (vgl. BT-Drucks. 18/8963 S. 51).

48 Der **Begriff der arbeitnehmerähnlichen Person** ist nicht allgemein gesetzlich definiert, findet sich jedoch auch in anderen arbeitsrechtlichen Regelungen, beispielsweise in § 5 Absatz 1 Satz 2 ArbGG, § 2 Satz 2 BUrlG und § 12a Absatz 1 TVG, der für das TVG den Begriff der arbeitnehmerähnlichen Person näher beschreibt (vgl. zu § 12a TVG als Anhaltspunkt für die Annahme einer arbeitnehmerähnlichen Person: Tillmanns/Mutschler-Tillmanns, 3. Auflage, § 1 MuSchG Rn. 56 ff.). Der Gesetzgeber definiert auch für das MuSchG den Begriff der arbeitnehmerähnlichen Person nicht näher, verweist

aber in der Begründung zum Gesetzentwurf auf § 5 Abs. 1 Satz 2 ArbGG und bezieht sich auf selbstständig erwerbstätige Frauen, die wegen ihrer wirtschaftlichen Unselbstständigkeit als arbeitnehmerähnliche Personen anzusehen sind (vgl. BT-Drucks. 18/8963 S. 51), sodass auf das Verständnis der arbeitsrechtlichen Rechtsprechung zu den vorgenannten Regelungen zurückgegriffen werden kann. Das Bundesarbeitsgericht betrachtet als arbeitnehmerähnliche Personen solche Personen, die zwar aufgrund ihres wesentlich geringeren Grades der persönlichen Abhängigkeit – wegen fehlender oder geringerer Weisungsgebundenheit oder auch fehlender Eingliederung in eine betriebliche Organisation – keine Arbeitnehmer, sondern Selbstständige sind, bei denen aber an die Stelle der persönlichen Abhängigkeit die **wirtschaftliche Abhängigkeit** tritt. Hierbei muss, auch wenn eine Tätigkeit für mehrere Auftraggeber möglich ist, die Tätigkeit für einen von ihnen überwiegen und die daraus fließende Vergütung die entscheidende Existenzgrundlage darstellen. Der demnach wirtschaftlich Abhängige muss darüber hinaus seiner gesamten sozialen Stellung nach einem Arbeitnehmer vergleichbar schutzbedürftig sein (vgl. BAG vom 30.8.2000, 5 AZB 12/00, EzA § 2 ArbGG 1979 Nr. 51; BAG vom 21.12.2010, 10 AZB 14/10, EzA § 5 ArbGG 1979 Nr. 45; BAG vom 11.6.2020, 2 AZR 374/19, WKRS 2020, 35119; BAG vom 11.07.2024, 9 AZB 9/24, WKRS 2024, 20661; KR-Kreutzberg-Kowalczyk, 14. Auflage, ArbNähnl. Pers. Rn. 9f; zu Fallgestaltungen, in denen die Rechtsprechung von einer arbeitnehmerähnlichen Person ausging: KR-Kreutzberg-Kowalczyk, 14. Auflage, ArbNähnl. Pers. Rn. 41 und Schaub-Vogelsang, 17. Auflage, § 10 Rn. 4; mit weiteren Beispielen: Dörner/Luczak/Wildschütz/Baeck/Hoß, Handbuch des Arbeitsrechts – Dörner, 16. Auflage, Kapitel 1 Rn. 197). Eine typische Gruppe arbeitnehmerähnlicher Personen sind die selbstständigen Handelsvertreter nach § 84 Absatz 1 HGB. Diese sind zwar selbstständige Gewerbetreibende und mangels persönlicher Abhängigkeit keine Arbeitnehmer, können aber aufgrund ihrer wirtschaftlichen Abhängigkeit und einem Arbeitnehmer sozial vergleichbar schutzbedürftigen Stellung als arbeitnehmerähnliche Person anzusehen sein (vgl. KR-Kreutzberg-Kowalczyk, 14. Auflage, ArbNähnl. Pers. Rn. 95 ff.).

§ 1 Absatz 2 Satz 2 Nr. 7 erstreckt die **Anwendbarkeit des MuSchG nur teilweise** auf 49
arbeitnehmerähnliche Personen. **Nicht** anzuwenden sind **§§ 18, 19 Absatz 2 und 20**. Frauen, die als arbeitnehmerähnliche Personen anzusehen sind, können demnach aus dem MuSchG keine Ansprüche auf Mutterschutzlohn, Mutterschaftsgeld ohne Mitgliedschaft in einer gesetzlichen Krankenversicherung oder Zuschuss zum Mutterschaftsgeld ableiten. Mit Ausnahme des in § 19 Absatz 1 geregelten Mutterschaftsgeldes für Mitglieder einer gesetzlichen Krankenkasse bleiben die Regelungen zu Mutterschutzlohn, Mutterschaftsgeld und Zuschuss zum Mutterschaftsgeld für arbeitnehmerähnliche Personen unanwendbar (vgl. BFH vom 28.09.2022, VIII R 39/19, WKRS 2022, 51458). Die Begründung des Gesetzentwurfs verweist zu dieser Ausnahme darauf, dass Art und Umfang ihrer sozialen Absicherung in der Entscheidung der selbstständig erwerbstätigen Frau liegen (vgl. BT-Drucks. 18/8963 S. 51). Selbstständig Erwerbstätige sollen nach dem Willen des Gesetzgebers keinen Anspruch auf Mutterschutzlohn oder Zuschuss zum Mutterschaftsgeld haben, auch wenn sie aufgrund ihrer wirtschaftlichen Abhängigkeit arbeitnehmerähnliche Personen sind (vgl. BAG vom 23.5.2018, 5 AZR 263/17, JurionRS 2018, 39881). Ist die selbstständig

erwerbstätige Frau freiwilliges Mitglied einer gesetzlichen Krankenversicherung und hat bei Arbeitsunfähigkeit Anspruch auf Krankengeld, so hat sie jedoch Anspruch auf Mutterschaftsgeld nach § 19 Absatz 1 i.V.m. § 24i SGB V.

h) Schülerinnen und Studentinnen (§ 1 Absatz 2 Satz 2 Nr. 8)

50 Auch durch § 1 Absatz 2 Satz 2 Nr. 8 kommt es zu einer Erweiterung des mutterschutzrechtlichen Anwendungsbereichs. Das MuSchG gilt, mit Ausnahme der §§ 17 bis 24, nunmehr auch für Schülerinnen und Studentinnen, soweit die Ausbildungsstelle Ort, Zeit und Ablauf der Ausbildungsveranstaltung verpflichtend vorgibt sowie für Schülerinnen und Studentinnen, die ein im Rahmen ihrer schulischen oder hochschulischen Ausbildung verpflichtend vorgegebenes Praktikum ableisten.

51 Die Geltung der mutterschutzrechtlichen Vorschriften ist nach dem Wortlaut des Gesetzes auf den Bereich der Schulausbildung oder des Studiums begrenzt, der durch die Ausbildungsstelle in **Ort, Zeit und Ablauf verbindlich vorgegeben** ist. Das Mutterschutzgesetz gilt für Schülerinnen und Studentinnen nur, »**soweit**« dies der Fall ist. Die Voraussetzung der verpflichtenden Vorgabe von Ort, Zeit und Ablauf der Ausbildungsveranstaltung ist ausweislich der Begründung des Gesetzentwurfs nach Auffassung des Gesetzgebers erfüllt bei Veranstaltungen im Rahmen der Schulpflicht, bei verpflichtend vorgegebenen Lehrveranstaltungen im Rahmen der universitären Ausbildung oder in Prüfungssituationen. In diesen Fällen ist der Person oder Einrichtung, mit der das Ausbildungsverhältnis besteht, nach Auffassung des Gesetzgebers die gleiche Verantwortlichkeit zuzuweisen wie einem Arbeitgeber, weil sie durch die Gestaltung der Ausbildungsbedingungen das mögliche mutterschutzrechtliche Gefährdungspotenzial maßgeblich beeinflusst (vgl. BT-Drucks. 18/8963 S. 51). Ziel des Gesetzgebers ist es, der Studentin oder Schülerin, soweit verantwortbar, grundsätzlich die Fortsetzung der Ausbildung auch in der Schwangerschaft und Stillzeit zu ermöglichen (vgl. BT-Drucks. 18/8963 S. 52). **Soweit** hingegen Schülerinnen und Studentinnen im Wesentlichen **frei bestimmen** können, ob und in welcher Weise sie Tätigkeiten im Rahmen der Ausbildung vornehmen, sind sie nicht in verpflichtend vorgegebene Arbeits- und Verfahrensabläufe eingebunden, die mutterschutzrechtlichen Bestimmungen finden insoweit keine Anwendung. Die Begründung des Gesetzentwurfs benennt als Beispiele für diesen Bereich der Ausbildung Bibliotheksbesuche oder die Teilnahme an freien Vorlesungs- und Sportangeboten (vgl. BT-Drucks. 18/8963 S. 52).

52 Das Mutterschutzgesetz gilt nach § 1 Absatz 2 Satz 2 Nr. 8 auch für Schülerinnen oder Studentinnen, die ein im Rahmen ihrer Ausbildung **verpflichtend vorgegebenes Praktikum** ableisten. Die Vorschrift ergänzt damit für den Bereich der Praktika die Erstreckung nach § 1 Absatz 2 Satz 2 Nr. 1, die lediglich freiwillige, nicht in der jeweiligen Schul- oder Hochschulausbildung verpflichtend vorgegebene Praktika erfasst (vgl. Rdn. 37). § 1 Absatz 2 Satz 2 Nr. 8 erfasst hingegen nicht den Bereich der vorgeschalteten, für die Aufnahme eines bestimmten Studiums vorausgesetzten Praktika, da die Praktikantin zu diesem Zeitpunkt noch keine Studentin ist (vgl. BT-Drucks. 18/8963 S. 52). Diese Praktika dürften jedoch wiederum der Erstreckung nach § 1 Absatz 2 Satz 2 Nr. 1 unterfallen.

Für Schülerinnen und Studentinnen gilt, soweit die vorstehenden Voraussetzungen des § 1 Absatz 2 Satz 2 Nr. 8 erfüllt sind, das **MuSchG mit Ausnahme der §§ 17 bis 24**, d.h. mit Ausnahme des Kündigungsverbots und der Regelungen zu Mutterschutzlohn, Mutterschaftsgeld, Zuschuss zum Mutterschaftsgeld und Urlaub. Diese Ausnahme spiegelt die auch sonst bestehenden Unterschiede zwischen einer abhängigen Beschäftigung und der Schul- oder Hochschulausbildung wider. 53

3. Beamtinnen, Richterinnen und Soldatinnen, § 1 Absatz 3

Für Beamtinnen und Richterinnen gilt das MuSchG nach § 1 Absatz 3 Satz 1 nicht. 54

Für die **Beamtinnen des Bundes** sieht das Bundesbeamtengesetz (BBG) in seinem § 79 Absatz 1 Satz 1 die Regelung der der Eigenart des öffentlichen Dienstes entsprechenden Anwendung des Mutterschutzgesetzes auf Beamtinnen vor. Die Rechtsverordnung muss nach § 79 Absatz 1 Satz 2 BBG für Beamtinnen hinsichtlich Inhalt, Art und Umfang den Schutz sicherstellen, der Frauen nach dem Mutterschutzgesetz gewährleistet wird. Die Regelung erfolgt durch die Verordnung über den Mutterschutz für Beamtinnen des Bundes und die Elternzeit für Beamtinnen und Beamte des Bundes (Mutterschutz- und Elternzeitverordnung – MuSchEltZV). Mit § 79 Absatz 1 Satz 3 BBG wird für die Kontrolle und Überwachung der dem Gesundheitsschutz dienenden mutterschutzrechtlichen Vorschriften die entsprechende Anwendung des § 29 MuSchG und damit die Aufsicht durch die landesrechtlich zuständigen Aufsichtsbehörden vorgegeben (vgl. hierzu BR-Drucks. 230/16 S. 118). Für die **Richterinnen des Bundes** gelten die Vorschriften für Bundesbeamte entsprechend, § 46 DRiG. Besonderheiten regelt § 10 MuSchEltZV lediglich für die Teilzeitbeschäftigung in der Elternzeit. Schöffen sind von der Regelung nicht erfasst. Für sie gilt in der als öffentliches Ehrenamt ausgeübten Schöffentätigkeit das MuSchG auch nicht über § 1 Absatz 2 Satz 1, ihre Schöffentätigkeit ist keine Beschäftigung im Sinne des § 7 Absatz 1 SGB IV (vgl. BGH vom 30.09.2021, 5 StR 161/21, WKRS 2021, 51034).

Für die **Beamtinnen der Länder und Gemeinden** sind nach **§ 46** des Beamtenstatusgesetzes (**BeamtStG**) effektiver Mutterschutz und Elternzeit zu gewährleisten. Die einzelnen Bundesländer haben Rechtsverordnungen zum Mutterschutz bei Beamtinnen der Länder und Gemeinden erlassen. Für das Statusrecht der **Berufsrichter im Landesdienst** gelten nach § 71 DRiG die Regelungen des BeamtStG entsprechend. Zu beachten sind landesrechtliche Vorschriften, in Bayern beispielsweise gelten die für Beamte geltenden Vorschriften nach Art. 2 Abs. 1 des Bayerischen Richter- und Staatsanwaltsgesetzes (BayRiStAG) entsprechend.

Für **Soldatinnen** gilt das MuSchG nach § 1 Absatz 3 Satz 2 nicht. Für sie gilt § 30 Absatz 5 des Gesetzes über die Rechtsstellung der Soldaten (Soldatengesetz – **SG**). Danach haben Soldatinnen Anspruch auf Mutterschutz, dessen Einzelheiten durch Rechtsverordnung geregelt werden. Sicherzustellen ist hierbei die Gewährleistung eines Schutzes, der hinsichtlich Inhalt, Art und Umfang dem durch das MuSchG vorgesehenen Schutz entspricht, Abweichungen hiervon sind nur zulässig, soweit sie mit Rücksicht auf die Eigenart des militärischen Dienstes erforderlich sind. Der Mutterschutz der Soldatinnen wird zuletzt geregelt durch die Verordnung über den Mutterschutz für 55

Soldatinnen (Mutterschutzverordnung für Soldatinnen – MuSchSoldV) in der Fassung der Bekanntmachung vom 18.11.2004 (BGBl. I S. 2858), zuletzt geändert durch Artikel 4 des Gesetzes vom 24.2.2025 (BGBl. 2025 I Nr. 59).

Die ausdrückliche Herausnahme der Soldatinnen aus dem Geltungsbereich des MuSchG kommt nicht zum Tragen, wenn sie aufgrund dienstlicher Anordnung oder Gestattung **außerhalb des Geschäftsbereiches des Bundesministeriums der Verteidigung** tätig sind. Die Begründung des Gesetzentwurfs benennt als Beispiel für eine solche Konstellation eine Soldatin, die sich für ihr Medizinstudium an einer zivilen Hochschule beurlauben lässt. Studiert sie hingegen an einer Universität der Bundeswehr, gilt das MuSchG nicht (vgl. BT-Drucks. 18/8963 S. 52 f.).

4. Persönlicher Anwendungsbereich nach § 1 Absatz 4

56 Das MuSchG gilt nach § 1 Absatz 4 Satz 1 für jede Person, die schwanger ist, ein Kind geboren hat oder stillt. Nach § 1 Absatz 4 Satz 2 gelten die Absätze 2 und 3 entsprechend. Mit der Regelung soll nach den Ausführungen in der Begründung der Beschlussempfehlung des Ausschusses für Familie, Senioren, Frauen und Jugend vom 29.3.2017 (BT-Drucks. 18/11782, S. 31) die Intention des Gesetzgebers verdeutlicht werden, dass Personen vom MuSchG dann erfasst sind, wenn sie nachweislich schwanger sind, ein Kind geboren haben oder stillen. Auch dem Wortlaut »**jede Person**« im Vergleich zum in den vorstehenden Absätzen gewählten Begriff »Frau« kommt jedoch eine eigenständige Bedeutung zu. Der Regelungsgehalt der im Gesetzentwurf der Bundesregierung noch als § 2 Absatz 1 vorgesehenen Regelung wurde auf Grundlage der Beschlussempfehlung des Ausschusses für Familie, Senioren, Frauen und Jugend vom 29.3.2017 (BT-Drucks. 18/11782) in den nunmehr vorliegenden § 1 Absatz 4 überführt. § 2 Absatz 1 in der Fassung des Gesetzentwurfs der Bundesregierung lautete noch: »Eine Frau im Sinne dieses Gesetzes ist jede Person, die schwanger ist oder ein Kind geboren hat oder stillt, unabhängig von dem in ihrem Geburtseintrag angegebenen Geschlecht.« (BT-Drucks. 18/8963 S. 10). Zur Erläuterung des § 1 Absatz 4 kann, nachdem eine Änderung des Regelungsgehalts durch die Überführung in § 1 nicht ersichtlich ist, auf die Begründung des ursprünglichen Gesetzentwurfs zurückgegriffen werden. Nach der Regelung des § 1 Absatz 4 Satz 1 gilt das MuSchG demnach **unabhängig von dem im Geburtseintrag angegebenen Geschlecht** für jede Person, die schwanger ist, ein Kind geboren hat oder stillt. Die Geltung des MuSchG sollte damit – ausgehend von den zum damaligen Zeitpunkt möglichen Eintragungen – unter den benannten Voraussetzungen auch Personen ohne Geschlechtseintrag und Personen mit im Geburtseintrag angegebenem männlichen Geschlecht erfassen (vgl. BT-Drucks. 18/8963 S. 53).

57 Auch Personen **ohne Angabe zum Geschlecht** oder mit der **Angabe divers** im Geburtenregister fallen demnach unter den Voraussetzungen des § 1 Abs. 4 Satz 1 in den Anwendungsbereich des MuSchG. Nach § 21 Absatz 1 Nr. 3 des Personenstandsgesetzes (PStG) vom 19.2.2007 (BGBl. I S. 122), zuletzt geändert durch Artikel 4 des Gesetzes vom 24.06.2024 (BGBl. 2024 I Nr. 212) wird im Geburtenregister auch das Geschlecht des Kindes beurkundet. Nach § 22 Abs. 3 PStG in seiner bis zum 21.12.2018

geltenden Fassung, der mit Wirkung ab dem 1.11.2013 dem § 22 PStG angefügt wurde, war der Personenstandsfall nur ohne Angabe zum Geschlecht in das Geburtenregister einzutragen, wenn das Kind weder dem weiblichen noch dem männlichen Geschlecht zugeordnet werden konnte. § 22 Abs. 3 PStG wurde mit Art. 1 des Gesetzes zur Änderung der in das Geburtenregister einzutragenden Angaben vom 18.12.2018 (BGBl. I S. 2635) dahin gehend geändert, dass der Personenstandsfall ohne Angabe zum Geschlecht oder mit der Angabe divers in das Geburtenregister eingetragen werden kann (vgl. hierzu auch BVerfG vom 10.10.2017, 1 BvR 2019/16, JurionRS 2017, 25074). Nach § 46 ff. PStG sind auch Berichtigungen der Angaben zum Geschlecht möglich. Das am 1.11.2024 in Kraft getretene Gesetz über die Selbstbestimmung in Bezug auf den Geschlechtseintrag (SBGG) verfolgt nach § 1 Absatz 1 u.a. das Ziel, die personenstandsrechtliche Geschlechtszuordnung von der Einschätzung dritter Personen zu lösen und die Selbstbestimmung der betroffenen Personen zu stärken sowie das Recht jeder Person auf Achtung und respektvolle Behandlung in Bezug auf die Geschlechtsidentität zu verwirklichen. Änderungen des Geschlechtseintrages sind ab Inkrafttreten des SBGG nach dessen weiteren Maßgaben nunmehr durch Erklärung gegenüber dem Standesamt möglich.

Auch **Personen mit männlichem Geschlechtseintrag**, die ihren Personenstand nach 58
dem am 1.11.2024 außer Kraft getretenen Gesetz über die Änderung der Vornamen und die Feststellung der Geschlechtszugehörigkeit in besonderen Fällen (Transsexuellengesetz – TSG) geändert haben und ein Kind bekommen, fallen demnach unter den Anwendungsbereich des MuSchG (vgl. BT-Drucks. 18/8963 S. 53). Die nach dem TSG noch erforderliche gerichtliche Feststellung der Geschlechtszugehörigkeit setzte schon nach den am 1.11.2024 außer Kraft getretenen §§ 8 ff. TSG nicht mehr voraus, dass die von einem Personenstandswechsel betroffene Person dauernd fortpflanzungsunfähig ist und sich einem ihre äußeren Geschlechtsmerkmale verändernden operativen Eingriff unterzogen hat. Die diese Voraussetzungen beinhaltenden Regelungen des § 8 Absatz 1 Nr. 3 und 4 TSG waren aufgrund des Beschlusses des Bundesverfassungsgerichts vom 11.1.2011 bis zum Inkrafttreten einer gesetzlichen Neuregelung nicht anzuwenden, sie waren mit Art. 2 Absatz 1 und Absatz 2 i.V.m. Art. 1 Absatz 1 GG nicht vereinbar (BVerfG vom 11.1.2011, 1 BvR 3295/07, JurionRS 2011, 10092). Ab dem 1.11.2024 ist die Änderung des Geschlechtseintrags unter Beachtung der Vorgaben des Gesetzes über die Selbstbestimmung in Bezug auf den Geschlechtseintrag (SBGG) nunmehr durch Erklärung gegenüber dem Standesamt möglich.

Die Aufnahme der in § 1 Absatz 4 Satz 2 geregelten entsprechenden Anwendung der Absätze 2 und 3 dürfte sich aus der Übernahme aus dem zunächst vorgesehenen § 2 Absatz 1 erklären, für den zum Erreichen des Regelungsziels eine Bestimmung des Begriffs der Frau für das MuSchG gewählt war. Mit § 1 Absatz 4 Satz 2 wird im Hinblick auf die schließlich gewählte Formulierung in § 1 Absatz 4 Satz 1 klargestellt, dass für die Geltung des MuSchG die übrigen Voraussetzungen des persönlichen Anwendungsbereichs erfüllt sein müssen, d.h. eine Beschäftigung nach § 7 Absatz 1 SGB IV oder ein Fall des § 1 Absatz 2 Satz 2 vorliegen muss.

IV. Räumlicher Anwendungsbereich

59 Maßgeblich für die Anwendung des MuSchG ist zunächst unabhängig von der Staatsangehörigkeit der Beschäftigten oder des Arbeitgebers beziehungsweise dessen Sitz der **Arbeitsort**. Liegt der Arbeitsort in Deutschland, so findet das MuSchG als zwingendes Recht im Sinne des Art. 8 Absatz 1 Rom I-VO auch dann Anwendung, wenn die Vertragsparteien die Geltung ausländischen Rechts vereinbart haben (vgl. AR-Vossen, 10. Auflage, § 1 MuSchG Rn. 11; Tillmanns/Mutschler-Tillmanns, 3. Auflage, § 1 MuSchG Rn. 65; zum MuSchG a.F. Schaub-Linck, 17. Auflage, § 166 Rn. 5). Bei den Regelungen des MuSchG kann es sich auch um Eingriffsnormen im Sinne des Art. 9 Rom I-VO handeln (vgl. Tillmanns/Mutschler-Tillmanns, 3. Auflage, § 1 MuSchG Rn. 67; AR-Vossen, 10. Auflage, § 1 MuSchG Rn. 13; zum MuSchG a.F. Schaub-Linck, 17. Auflage, § 166 Rn. 5; das Vorliegen einer Eingriffsnorm für § 14 MuSchG a.F. bejahend BAG vom 12.12.2001, 5 AZR 255/00, EzA Art. 30 EGBGB Nr. 5 zum Zuschuss zum Mutterschaftsgeld bei einer Flugbegleiterin).

60 Liegt der Arbeitsort einer Arbeitnehmerin im Ausland, so findet das MuSchG Anwendung, wenn die Anwendung deutschen Rechts, wenigstens für den Mutterschutz, vertraglich vereinbart wurde oder sich diese Rechtswahl gemäß Art. 3 Absatz 1 Satz 2 Rom I-VO aus den Bestimmungen des Vertrages oder den Umständen des Einzelfalls ergibt (vgl. Tillmanns/Mutschler-Tillmanns, 3. Auflage, § 1 MuSchG Rn. 67; AR-Vossen, 10. Auflage, § 1 MuSchG Rn. 11; zum MuSchG a.F.: Schaub-Linck, 17. Auflage, § 166 Rn. 5). Bei einer vorübergehenden Entsendung ins Ausland ergibt sich die Anwendbarkeit des MuSchG auch ohne gesonderte Vereinbarung schon aus Art. 8 Absatz 2 Satz 2 Rom I-VO (vgl. AR-Vossen, 10. Auflage, § 1 MuSchG Rn. 12).

V. Konkurrenz zu anderen Arbeitsschutzgesetzen

61 Mit § 1 Absatz 1 Satz 4 stellt das Gesetz klar, dass Regelungen in anderen Arbeitsschutzgesetzen durch das Mutterschutzgesetz unberührt bleiben und ergänzend zu den Regelungen des MuSchG anzuwenden sind. Zu nennen sind hier beispielsweise das Gesetz über die Durchführung von Maßnahmen des Arbeitsschutzes zur Verbesserung der Sicherheit und des Gesundheitsschutzes der Beschäftigten bei der Arbeit (Arbeitsschutzgesetz – ArbSchG), das Arbeitszeitgesetz (ArbZG) oder das Gesetz zum Schutze der arbeitenden Jugend (Jugendarbeitsschutzgesetz – JArbSchG) (vgl. BT-Drucks. 18/8963 S. 49).

§ 2 MuSchG Begriffsbestimmungen

(1) [1]Arbeitgeber im Sinne dieses Gesetzes ist die natürliche oder juristische Person oder die rechtsfähige Personengesellschaft, die Personen nach § 1 Absatz 2 Satz 1 beschäftigt. [2]Dem Arbeitgeber stehen gleich:

1. **die natürliche oder juristische Person oder die rechtsfähige Personengesellschaft, die Frauen im Fall von § 1 Absatz 2 Satz 2 Nummer 1 ausbildet oder für die Praktikantinnen im Fall von § 1 Absatz 2 Satz 2 Nummer 1 tätig sind,**

2. der Träger der Werkstatt für behinderte Menschen im Fall von § 1 Absatz 2 Satz 2 Nummer 2,
3. der Träger des Entwicklungsdienstes im Fall von § 1 Absatz 2 Satz 2 Nummer 3,
4. die Einrichtung, in der der Freiwilligendienst nach dem Jugendfreiwilligendienstgesetz oder nach dem Bundesfreiwilligendienstgesetz im Fall von § 1 Absatz 2 Satz 2 Nummer 4 geleistet wird,
5. die geistliche Genossenschaft und ähnliche Gemeinschaft im Fall von § 1 Absatz 2 Satz 2 Nummer 5,
6. der Auftraggeber und der Zwischenmeister von Frauen im Fall von § 1 Absatz 2 Satz 2 Nummer 6,
7. die natürliche oder juristische Person oder die rechtsfähige Personengesellschaft, für die Frauen im Sinne von § 1 Absatz 2 Satz 2 Nummer 7 tätig sind, und
8. die natürliche oder juristische Person oder die rechtsfähige Personengesellschaft, mit der das Ausbildungs- oder Praktikumsverhältnis im Fall von § 1 Absatz 2 Satz 2 Nummer 8 besteht (Ausbildungsstelle).

(2) Eine Beschäftigung im Sinne der nachfolgenden Vorschriften erfasst jede Form der Betätigung, die eine Frau im Rahmen eines Beschäftigungsverhältnisses nach § 1 Absatz 2 Satz 1 oder die eine Frau im Sinne von § 1 Absatz 2 Satz 2 im Rahmen ihres Rechtsverhältnisses zu ihrem Arbeitgeber nach § 2 Absatz 1 Satz 2 ausübt.

(3) [1]Ein Beschäftigungsverbot im Sinne dieses Gesetzes ist nur ein Beschäftigungsverbot nach den §§ 3 bis 6, 10 Absatz 3, § 13 Absatz 1 Nummer 3 und § 16. [2]Für eine in Heimarbeit beschäftigte Frau und eine ihr Gleichgestellte tritt an die Stelle des Beschäftigungsverbots das Verbot der Ausgabe von Heimarbeit nach den §§ 3, 8, 13 Absatz 2 und § 16. [3]Für eine Frau, die wegen ihrer wirtschaftlichen Unselbstständigkeit als arbeitnehmerähnliche Person anzusehen ist, tritt an die Stelle des Beschäftigungsverbots nach Satz 1 die Befreiung von der vertraglich vereinbarten Leistungspflicht; die Frau kann sich jedoch gegenüber der dem Arbeitgeber gleichgestellten Person oder Gesellschaft im Sinne von Absatz 1 Satz 2 Nummer 7 dazu bereit erklären, die vertraglich vereinbarte Leistung zu erbringen.

(4) Alleinarbeit im Sinne dieses Gesetzes liegt vor, wenn der Arbeitgeber eine Frau an einem Arbeitsplatz in seinem räumlichen Verantwortungsbereich beschäftigt, ohne dass gewährleistet ist, dass sie jederzeit den Arbeitsplatz verlassen oder Hilfe erreichen kann.

(5) [1]Arbeitsentgelt im Sinne dieses Gesetzes ist das Arbeitsentgelt, das nach § 14 des Vierten Buches Sozialgesetzbuch in Verbindung mit einer aufgrund des § 17 des Vierten Buches Sozialgesetzbuch erlassenen Verordnung bestimmt wird. [2]Für Frauen im Sinne von § 1 Absatz 2 Satz 2 gilt als Arbeitsentgelt ihre jeweilige Vergütung.

(6) [1]Eine Entbindung ist eine Lebend- oder eine Totgeburt. [2]Die Regelungen zur Entbindung finden im Falle einer Fehlgeburt ab der 13. Schwangerschaftswoche entsprechende Anwendung, soweit nicht in diesem oder einem anderen Gesetz Abweichendes geregelt ist.

Übersicht

I. Begriff des Arbeitgebers

1 § 2 Absatz 1 bestimmt den Begriff des Arbeitgebers für die weiteren Regelungen des MuSchG. Satz 1 regelt hierbei den Arbeitgeberbegriff für den Fall des § 1 Absatz 2 Satz 1, d.h. für die Eröffnung des persönlichen Anwendungsbereichs aufgrund des Vorliegens einer Beschäftigung im Sinne des § 7 Absatz 1 SGB IV. Satz 2 betrifft die Eröffnung des persönlichen Anwendungsbereichs aufgrund der in § 1 Absatz 2 Satz 2 enthaltenen Regelungen, d.h. die vom Vorliegen einer Beschäftigung unabhängige Geltung für die dort benannten Personengruppen.

1. Arbeitgeber im Sinne des § 2 Absatz 1 Satz 1

2 § 2 Absatz 1 Satz 1 bestimmt zunächst den für das MuSchG zugrunde zu legenden Arbeitgeberbegriff für den Fall des **Vorliegens einer Beschäftigung im Sinne von § 7 Absatz 1 SGB IV.** Nach § 7 Absatz 1 Satz 1 SGB IV ist Beschäftigung die nichtselbstständige Arbeit, insbesondere in einem Arbeitsverhältnis. Anhaltspunkte für

eine Beschäftigung sind nach § 7 Absatz 1 Satz 2 SGB IV eine Tätigkeit nach Weisungen und eine Eingliederung in die Arbeitsorganisation des Weisungsgebers (zur Beschäftigung nach § 7 Absatz 1 SGB IV vgl. § 1 Rdn. 8 ff.).

Arbeitgeber ist nach § 2 Absatz 1 Satz 1 bei Vorliegen einer solchen Beschäftigung die natürliche oder juristische Person oder die rechtsfähige Personengesellschaft, die Personen nach § 1 Absatz 2 Satz 1 beschäftigt. **Juristische Personen** sind solche des öffentlichen Rechts, beispielsweise öffentlich-rechtliche Körperschaften, ebenso wie solche des Privatrechts, beispielsweise Kapitalgesellschaften wie die AG oder die GmbH oder eingetragene Vereine, ebenso können andere Kapitalgesellschaften wie beispielsweise die Societas Euopaea (SE) oder die UG Arbeitgeber sein. Unter den Begriff der **rechtsfähigen Personengesellschaften** fallen beispielsweise die OHG (§ 105 HGB) und die KG (§§ 161 Absatz 1, 105 HGB). Die Personengesellschaften sind auch die Arbeitsvertragspartei (vgl. KR-Klose, 14. Auflage, § 4 KSchG Rn. 122). Auch die GbR ist als Außengesellschaft rechtsfähig, soweit sie durch Teilnahme am Rechtsverkehr eigene Rechte und Pflichten begründet, § 705 Absatz 2 BGB. Beschäftigt die GbR Arbeitnehmer, so ist sie insoweit rechtsfähig und Arbeitgeberin (vgl. KR-Klose, 14. Auflage, § 4 KSchG Rn. 125; AR-Kamanabrou, 10. Auflage, § 611a BGB Rn. 23). 3

Arbeitgeber im Sinne des MuSchG ist jeweils die natürliche oder juristische Person beziehungsweise rechtsfähige Personengesellschaft, welche die Person im Sinne des § 1 Absatz 2 Satz 1 beschäftigt. Bei der Tätigkeit in einem Arbeitsverhältnis ist dies der Vertragspartner des Beschäftigten im Arbeitsvertrag (vgl. Schaub-Linck, 17. Auflage, § 16 Rn. 1; KR-Klose, 14. Auflage, § 4 KSchG Rn. 117). Auch im Fall der Arbeitnehmerüberlassung ist Arbeitgeber in diesem Sinne der Verleiher (vgl. KR-Klose, 14. Auflage, § 4 KSchG Rn. 121), auch den Entleiher treffen aber mit der Beachtung der öffentlich-rechtlichen Arbeitsschutzvorschriften Verpflichtungen in seinem betrieblichen Verantwortungsbereich (vgl. hierzu § 1 Rdn. 20). 4

2. Arbeitgeber im Sinne des § 2 Absatz 1 Satz 2

Spiegelbildlich zum erweiterten, vom Vorliegen einer Beschäftigung nach § 7 Absatz 1 SGB IV unabhängigen persönlichen Anwendungsbereich nach § 1 Absatz 2 Satz 2 stellt § 2 Absatz 1 Satz 2 für die Regelungen des MuSchG die entsprechenden Vertragspartner, Träger, Einrichtungen und Ausbildungsstellen, denen die Verantwortung für die für sie tätigen Frauen im Anwendungsbereich des MuSchG obliegt (vgl. AR-Vossen, 10. Auflage, § 2 MuSchG Rn. 1) dem Arbeitgeber einer Beschäftigten gleich. 5

a) Betriebliche Berufsbildung und Praktika (§ 2 Absatz 1 Satz 2 Nr. 1)

Dem Arbeitgeber stehen im Sinne des MuSchG diejenigen natürlichen oder juristischen Personen oder rechtsfähigen Personengesellschaften gleich, die Frauen im Fall von § 1 Absatz 2 Satz 2 Nummer 1 ausbilden oder für die Praktikantinnen in diesem Fall tätig sind. Die Regelung betrifft damit die betriebliche Berufsbildung (hierzu näher § 1 Rdn. 35, 36) und die Tätigkeit von Praktikantinnen im Sinne des § 26 BBiG (hierzu näher § 1 Rdn. 37). 6

b) Beschäftigung in einer Werkstatt für behinderte Menschen (§ 2 Absatz 1 Satz 2 Nr. 2)

7 Für den Fall der Eröffnung des persönlichen Anwendungsbereichs über § 1 Absatz 2 Satz 2 Nummer 2, d.h. im Fall einer Beschäftigung in einer Werkstatt für behinderte Menschen (hierzu näher § 1 Rdn. 38), stellt § 2 Absatz 1 Satz 2 Nummer 2 den **Träger der Werkstatt** für behinderte Menschen dem Arbeitgeber gleich. Werkstätten, die Vergünstigungen nach dem 12. Kapitel SGB IX in Anspruch nehmen wollen, bedürfen nach § 225 SGB IX der Anerkennung. Die Entscheidung hierüber trifft die Bundesagentur für Arbeit im Einvernehmen mit dem Träger der Eingliederungshilfe, die Bundesagentur für Arbeit führt nach dieser Regelung auch ein Verzeichnis der anerkannten Werkstätten für behinderte Menschen.

c) Entwicklungshilfe (§ 2 Absatz 1 Satz 2 Nr. 3)

8 Auch im Fall des § 1 Absatz 2 Satz 2 Nummer 3 steht der **Träger des Entwicklungsdienstes** im Rahmen des MuSchG dem Arbeitgeber gleich. § 1 Absatz 2 Satz 2 Nummer 3 erstreckt den persönlichen Anwendungsbereich des MuSchG unabhängig vom Vorliegen einer Beschäftigung im Sinne des § 7 Absatz 1 SGB IV auf Frauen, die als Entwicklungshelferinnen im Sinne des Entwicklungshelfer-Gesetzes tätig sind (hierzu näher § 1 Rdn. 39). § 1 Absatz 1 EhfG erfordert hierfür die vertragliche Verpflichtung der Frau gegenüber einem anerkannten Träger des Entwicklungsdienstes. Die Voraussetzungen einer solchen Anerkennung regelt § 2 Absatz 1 EhfG, über die Anerkennung eines Trägers eines Entwicklungsdienstes entscheidet nach § 2 Absatz 2 Satz 1 EhfG der Bundesminister für wirtschaftliche Zusammenarbeit. Der anerkannte Träger des Entwicklungsdienstes, gegenüber dem die vertraglich übernommene Verpflichtung besteht, ist sodann auch Arbeitgeber im Sinne des MuSchG.

d) Jugendfreiwilligendienst und Bundesfreiwilligendienst (§ 2 Absatz 1 Satz 2 Nr. 4)

9 Für den Bereich des Jugendfreiwilligendienstes und des Bundesfreiwilligendienstes (hierzu näher § 1 Rdn. 40) stellt § 2 Absatz 1 Satz 2 Nummer 4 die **Einrichtung, in welcher der Dienst geleistet wird**, dem Arbeitgeber gleich. Im Jugendfreiwilligendienst schließen die Freiwilligen mit einem nach § 10 JFDG zugelassenen Träger eine Vereinbarung nach § 11 Absatz 1 JFDG ab. Nach § 11 Absatz 2 JFDG kann in einer gemeinsamen Vereinbarung zwischen Träger, Einsatzstelle und Freiwilligem aber auch vereinbart werden, dass die Einsatzstelle Geld und Sachleistungen auf eigene Rechnung übernimmt, der Träger haftet in diesem Fall wie ein selbstschuldnerischer Bürge. Gegebenenfalls kann vergleichbar der Pflichtenverteilung bei der Arbeitnehmerüberlassung differenziert werden (vgl. hierzu § 1 Rdn. 20). Im Bundesfreiwilligendienst leisten die Freiwilligen ihren Dienst nach § 6 Absatz 1 BFDG in einer dafür nach § 6 Absatz 2 BFDG anerkannten Einsatzstelle, die gegenüber den Freiwilligen nach § 17 BFDG auch die Sach- oder Geldersatzleistungen sowie Mobilitätszuschläge oder entsprechende Sachleistungen auf ihre Kosten für den Bund und die Zahlung des Taschengeldes für den Bund übernimmt und die Sozialversicherungsbeiträge abführt.

e) Geistliche Genossenschaften und ähnliche Gemeinschaften (§ 2 Absatz 1 Satz 2 Nr. 5)

Für den Fall, dass Frauen nach § 1 Absatz 2 Satz 2 Nummer 5 als Mitglieder einer geistlichen Genossenschaft, Diakonissen oder Angehörige einer ähnlichen Gemeinschaft auf einer Planstelle oder aufgrund eines Gestellungsvertrages für diese tätig werden, auch während ihrer dortigen außerschulischen Ausbildung (hierzu näher § 1 Rdn. 41), stellt § 2 Absatz 1 Satz 2 Nummer 5 die geistliche Genossenschaft oder ähnliche Gemeinschaft dem Arbeitgeber gleich. 10

f) Heimarbeit (§ 2 Absatz 1 Satz 2 Nr. 6)

§ 2 Absatz 1 Satz 2 Nummer 6 regelt den Arbeitgeberbegriff für die Eröffnung des persönlichen Anwendungsbereichs über § 1 Absatz 2 Satz 2 Nummer 6 (hierzu näher § 1 Rdn. 42 bis 46). Dem Arbeitgeber stehen in diesem Fall der **Auftraggeber** und der **Zwischenmeister** gleich. Für das MuSchG a.F. fand sich zur Berücksichtigung der Besonderheiten der Heimarbeit in § 24 Nummer 2 MuSchG a.F. die Regelung, dass für in Heimarbeit Beschäftigte und ihnen Gleichgestellte die Regelungen in § 2 Absatz 4, § 5 Absatz 1 und 3, § 9 Absatz 1, § 11 Absatz 1, § 13 Absatz 2, §§ 14, 16, 19 Absatz 1 und § 21 Absatz 1 MuSchG a.F. mit der Maßgabe gelten, dass an die Stelle des Arbeitgebers der Auftraggeber oder Zwischenmeister tritt. Den Gehalt der bisherigen Regelung wollte der Gesetzgeber mit der nunmehr in § 2 Absatz 1 Satz 2 Nummer 6 vorgesehenen Regelung übernehmen (vgl. BT-Drucks. 18/8963 S. 54). 11

g) Arbeitnehmerähnliche Personen (§ 2 Absatz 1 Satz 2 Nr. 7)

Ist der persönliche Anwendungsbereich des MuSchG über § 1 Absatz 2 Satz 2 Nummer 7 eröffnet (hierzu näher § 1 Rdn. 47 bis 49), so bestimmt sich der Arbeitgeber im Sinne des MuSchG nach § 2 Absatz 1 Satz 2 Nummer 7. Dem Arbeitgeber steht in diesem Fall die natürliche oder juristische Person oder die rechtsfähige Personengesellschaft gleich, für welche die Frauen tätig sind, die wegen ihrer wirtschaftlichen Unselbstständigkeit als arbeitnehmerähnliche Personen anzusehen sind. 12

Die Regelung zur Arbeitgeberseite im Fall von arbeitnehmerähnlichen Personen nach § 1 Absatz 2 Satz 1 Nummer 7 lautete im Gesetzentwurf der Bundesregierung noch: »der Dienstberechtigte oder Besteller von Dienst- oder Werkleistungen im Fall von § 1 Absatz 2 Satz 2 Nummer 7« (BT-Drucks. 18/8963, S. 10). Der in der Folge geänderte Wortlaut beruht auf der Beschlussempfehlung des Ausschusses für Familie, Senioren, Frauen und Jugend vom 29.3.2017, der seinen Änderungsvorschlag mit dem Ziel der Klarstellung, dass der Anwendungsbereich in dieser Konstellation nicht über § 2 Absatz 2 Nummer 3 i.V.m. § 2 Absatz 3 ArbSchG hinausgeht, und der Sicherstellung, dass es nur bei Tätigwerden von Frauen im Sinne des § 1 Absatz 2 Satz 2 Nummer 7 für die Person oder Gesellschaft in ihrem Verantwortungsbereich zu einer Gleichstellung kommt, begründet (vgl. hierzu BT-Drucks. 18/11782 S. 31).

h) Ausbildungsstellen von Schülerinnen und Studentinnen (§ 2 Absatz 1 Satz 2 Nr. 8)

13 Mit § 2 Absatz 1 Satz 2 Nummer 8 stellt das Gesetz schließlich für den Fall des Schülerinnen und Studentinnen betreffenden § 1 Absatz 2 Satz 2 Nummer 8 (hierzu näher § 1 Rdn. 50 bis 53) die natürliche oder juristische Person oder die rechtsfähige Personengesellschaft dem Arbeitgeber gleich, mit der das Ausbildungs- oder Praktikumsverhältnis besteht und benennt diese als **Ausbildungsstelle**. Als Ausbildungsstelle steht demnach im Fall des § 1 Absatz 2 Satz 2 Nummer 8, 1. Variante, die Schule oder Hochschule bzw. die hinter dieser stehende (juristische) Person dem Arbeitgeber gleich. Im Fall des § 1 Absatz 2 Satz 2 Nummer 8, 2. Variante, d.h. im Fall des Ableistens eines im Rahmen der schulischen oder hochschulischen Ausbildung verpflichtend vorgegebenen Praktikums, steht die Stelle dem Arbeitgeber gleich, mit der das Praktikumsverhältnis besteht (vgl. BT-Drucks. 18/8963 S. 54).

II. Begriff der Beschäftigung

14 § 2 Absatz 2 regelt, dass **jede Form der Betätigung**, die eine Frau im Rahmen eines Beschäftigungsverhältnisses nach § 1 Absatz 2 Satz 1 oder die eine Frau im über § 1 Absatz 2 Satz 2 eröffneten Anwendungsbereich im Rahmen ihres Rechtsverhältnisses zu ihrem Arbeitgeber nach § 2 Absatz 1 Satz 2 ausübt, eine Beschäftigung im Sinne des der nachfolgenden Vorschriften des MuSchG ist. Die Regelung dient ausweislich der Begründung des Gesetzentwurfs der Klarstellung, dass der Begriff der Beschäftigung in den nachfolgenden Regelungen des MuSchG auch die Tätigkeiten erfasst, die eine Frau außerhalb eines Beschäftigungs- oder eines Arbeitsverhältnisses zum Arbeitgeber ausübt, beispielsweise in einem freiwilligen Praktikum, in der schulischen Ausbildung oder im Studium (vgl. BT-Drucks. 18/8963 S. 54). Zur Erläuterung können auch die Ausführungen in der Begründung des Gesetzentwurfs zum Beschäftigungsverbot herangezogen werden: Ein Beschäftigungsverbot im Sinne des MuSchG bezieht sich danach unabhängig vom Begriff der Beschäftigung nach § 7 SGB IV auf jede Betätigung einer Frau im Rahmen eines vom Anwendungsbereich erfassten Rechtsverhältnisses (vgl. BT-Drucks. 18/8963 S. 55). Gilt also das MuSchG aufgrund Eröffnung des persönlichen Anwendungsbereichs nach § 1 Absatz 2, so fallen unter den Begriff der Beschäftigung im Sinne des MuSchG unabhängig vom Begriff der Beschäftigung nach § 7 Absatz 1 SGB IV alle Tätigkeiten der Frau für ihren Arbeitgeber nach § 2 Absatz 1, d.h. beispielsweise auch die Betätigung als Schülerin oder Studentin.

III. Begriff des Beschäftigungsverbots

15 Das MuSchG knüpft an verschiedenen Stellen, beispielsweise in § 18 zum Mutterschutzlohn oder in § 24 zum Fortbestehen des Erholungsurlaubs, Rechtsfolgen an das Vorliegen eines Beschäftigungsverbots. Mit § 2 Absatz 3 Satz 1 wird zunächst klargestellt, dass ein **Beschäftigungsverbot im Sinne des MuSchG** nur ein solches nach den Vorgaben des MuSchG ist, nicht aber ein sonstiges, auf anderen Grundlagen, beispielsweise dem JArbSchG beruhendes Beschäftigungsverbot (vgl. BT-Drucks. 18/8963 S. 54 f.). Unter den Begriff des Beschäftigungsverbots im Sinne

des MuSchG fallen das Beschäftigungsverbot während der Schutzfristen vor und nach der Entbindung (§ 3), das Verbot der Mehr-, Nacht-, Sonn- und Feiertagsarbeit (§§ 4, 5, 6), das Beschäftigungsverbot für Tätigkeiten, für welche der Arbeitgeber die erforderlichen Schutzmaßnahmen unterlassen hat (§ 10 Absatz 3), das Beschäftigungsverbot im Fall unverantwortbarer Gefährdungen (§ 13 Absatz 1 Nummer 3) und das ärztliche Beschäftigungsverbot (§ 16).

Für in **Heimarbeit** beschäftigte Frauen und ihnen Gleichgestellte bedarf es aufgrund 16
der Besonderheiten der Heimarbeit gesonderter Regelungen. Für sie tritt nach § 2 Absatz 3 Satz 2 an die Stelle des Beschäftigungsverbots das **Verbot der Ausgabe von Heimarbeit**, das sich aus den Regelungen der § 3 (Schutzfristen vor und nach der Entbindung), § 8 (Beschränkung der Heimarbeit für schwangere und stillende Beschäftigte im zeitlichen Umfang), § 13 Absatz 2 (Verbot der Ausgabe von Heimarbeit im Fall unverantwortbarer Gefährdungen) und 16 (ärztliches Beschäftigungsverbot) ergibt. Der Gesetzgeber übernahm damit für die Neufassung des MuSchG den Regelungsgehalt des bisherigen § 24 Nummer 1 MuSchG (vgl. BT-Drucks. 18/8963 S. 55), angepasst an die Beschäftigungsverbote des MuSchG n.F.

Auch für die Tätigkeit von Frauen, die aufgrund ihrer wirtschaftlichen Unselbstständig- 17
keit als **arbeitnehmerähnliche Personen** gelten (§ 1 Absatz 2 Satz 2 Nr. 7), gelten Besonderheiten. An die Stelle eines Beschäftigungsverbots tritt hier nach § 2 Absatz 3 Satz 3 die **Befreiung von der vertraglich vereinbarten Leistungspflicht**. Im Gegensatz zu den übrigen Personengruppen im Anwendungsbereich des MuSchG, die sich nur in den gesetzlich ausdrücklich benannten Fällen während eines an sich bestehenden Beschäftigungsverbots zur Arbeitsleistung bereit erklären können (beispielsweise während der Schutzfrist vor der Entbindung nach § 3 Absatz 1), steht den arbeitnehmerähnlichen Personen nach § 2 Absatz 3 grundsätzlich die Möglichkeit offen, sich gegenüber der dem Arbeitgeber gleichgestellten Person zur Erbringung der vertraglich vereinbarten Leistung bereit zu erklären. Durch diese in § 2 Absatz 3 allgemein vorangestellte Regelung tritt für den Personenkreis der arbeitnehmerähnlichen Personen an die Stelle eines Beschäftigungsverbots immer die mit der Möglichkeit, sich dennoch zur Leistungserbringung bereit zu erklären, verbundene Befreiung von der vertraglichen Leistungspflicht, ohne dass dies in den nachfolgenden Regelungen jeweils ausdrücklich bestimmt werden muss (gegen die Möglichkeit der arbeitnehmerähnlichen Person zum Verzicht auf die Befreiung im Rahmen der Beschäftigungsverbote nach § 3 Abs. 2 und § 13 Abs. 1 Nr. 3: Brose/Weth/Volk-Latterner/Weth, 9. Auflage, § 2 MuSchG Rn. 26 ff.; ohne Hinweis auf eine solche Einschränkung: AR-Vossen, 10. Auflage, § 2 MuSchG Rn. 4; Tillmanns/Mutscher-Tillmanns, 3. Auflage, § 2 MuSchG Rn. 3). Hintergrund dieser Sonderregelung ist die Absicht des Gesetzgebers, bei den neu in den Anwendungsbereich des MuSchG aufgenommenen, aufgrund ihrer wirtschaftlichen Unselbstständigkeit als arbeitnehmerähnliche Personen anzusehenden Frauen auch ihre an sich selbstständige Erwerbstätigkeit zu berücksichtigen. Nachdem die Entscheidung über Art und Umfang ihrer sozialen Absicherung bei ihr liegt, soll der selbstständig erwerbstätigen Frau auch die Entscheidung über die Fortführung der Erwerbstätigkeit überlassen bleiben (vgl. BT-Drucks. 18/8963 S. 55). In diesem Zusammenhang ist auch zu beachten, dass die §§ 18, 19 Absatz 2 und 20 auf diese Personengruppe nicht anzuwenden sind. Selbstständig

erwerbstätige Frauen, die aufgrund § 1 Absatz 2 Satz 2 Nummer 7 in den Anwendungsbereich des MuSchG fallen, haben demnach während der Beschäftigungsverbote gegenüber ihrem Auftraggeber keinen Anspruch auf mit dem Mutterschutzlohn oder dem Zuschuss zum Mutterschaftsgeld vergleichbare Leistungen.

IV. Begriff der Alleinarbeit

18 Weiterer Bestandteil der in § 2 vorgenommenen Begriffsbestimmungen ist die Definition der Alleinarbeit in § 2 Absatz 4. In den nachfolgenden Regelungen des MuSchG wird sodann an verschiedenen Stellen im Zusammenhang mit Nacht-, Sonn- und Feiertagsarbeit u.a. auf die Frage abgestellt, ob eine unverantwortbare Gefährdung durch Alleinarbeit in diesem Sinne ausgeschlossen ist, so beispielsweise in § 5 Absatz 2 Satz 2 Nummer 3 oder § 6 Absatz 1 Satz 2 Nummer 4. Die vorangestellte Definition der Alleinarbeit wurde aufgrund der Beschlussempfehlung des Ausschusses für Familie, Senioren, Frauen und Jugend vom 29.3.2017 aufgenommen, der ursprüngliche Gesetzentwurf der Bundesregierung sah eine solche gesetzliche Definition nicht vor.

Alleinarbeit im Sinne des MuSchG setzt nach dem Wortlaut des § 2 Absatz 4 zunächst eine Beschäftigung **im räumlichen Verantwortungsbereich des Arbeitgebers** voraus. Unter dem räumlichen Verantwortungsbereich des Arbeitgebers versteht die Begründung der Beschlussempfehlung nicht nur das Betriebsgelände, sondern auch außerhalb desselben befindliche Arbeitsplätze im Verantwortungsbereich des Arbeitgebers. Durch die Begrenzung auf den räumlichen Verantwortungsbereich soll nach dem Willen des Gesetzgebers eine Abgrenzung zu Heim- und Telearbeitsplätzen erreicht werden, bei denen aufgrund der grundsätzlich ohne zu befürchtende Nachteile vonseiten des Arbeit- oder Auftraggebers jederzeit bestehenden Möglichkeit, den Arbeitsplatz zu verlassen, Alleinarbeit im Sinne des MuSchG nicht vorliegen soll (vgl. BT-Drucks. 18/11782 S. 32). Heimarbeit im Sinne des HAG ist demnach mangels Weisungsabhängigkeit keine Alleinarbeit im Sinne des MuSchG (vgl. Brose/Weth/Volk-Latterner/Weth, 9. Auflage, § 2 MuSchG Rn. 32). Für die Heimarbeit nach HAG besteht beispielsweise auch keine Verpflichtung des Arbeitgebers zur Durchführung einer generellen mutterschutzrechtlichen Gefährdungsbeurteilung, § 10 MuSchG findet nach § 1 Absatz 2 Satz 2 Nr. 6 MuSchG auf in Heimarbeit tätige Frauen keine Anwendung (siehe hierzu § 10 Rdn. 4). Diese Abgrenzung kann auch für die Frage herangezogen werden, ob außerhalb der Heimarbeit nach HAG an fest eingerichteten Telearbeitsplätzen im Privatbereich des Beschäftigten oder bei mobilem Arbeiten an einem nicht vom Arbeitgeber vorgegebenen Ort, d.h. im Rahmen von Homeofficeregelungen in einem Arbeitsverhältnis, Alleinarbeit im Sinne des § 2 Absatz 4 überhaupt vorliegen kann. Auch die Wertungen des mutterschutzunabhängigen Arbeitsschutzes können zur Bestimmung des räumlichen Verantwortungsbereichs des Arbeitgebers herangezogen werden. Arbeitsformen wie Telearbeit im Sinne des § 2 Absatz 7 ArbStättV, bei der Beschäftigte an einem vom Arbeitgeber eingerichteten Bildschirmarbeitsplatz in ihrem Privatbereich arbeiten, oder mobile Arbeit sind diesen arbeitsschutzrechtlichen Vorgaben nicht gänzlich entzogen, die eingeschränkten Möglichkeiten des Arbeitgebers zur Einflussnahme sind aber zu berücksichtigen (vgl. Kollmer/Klindt/Schucht-N.Kollmer, 4. Auflage, § 1 ArbSchG Rn. 79a f.). Für die Telearbeit sind die Vorgaben der ArbStättV teilweise zu beachten, mobile Arbeit, die nicht an einem festen Arbeitsplatz stattfindet, unterfällt den Vorgaben der ArbStättV hingegen nicht, wenngleich allgemeine Grundsätze des Arbeitsschutzes dennoch zu beachten sind (vgl. Kollmer/Klindt/Schucht-Kollmer/Wiebauer, 4. Auflage, § 2 ArbStättV Rn. 18; Kollmer/Klindt/Schucht-N.Kollmer, 4. Auflage, § 1 ArbSchG Rn. 79a). Für die Frage, ob es mutterschutzrechtlich zu Alleinarbeit im Sinne des § 2 Absatz 4 kommen kann, ist jeweils der Umfang des Weisungsrechts zur Besetzung des Arbeitsplatzes zu betrachten. In der Regel wird für die Frage der Alleinarbeit nach § 2 Absatz 4 MuSchG damit nicht vom räumlichen Verantwortungsbereich des Arbeitgebers auszugehen sein (vgl. Tillmanns/Mutschler-Tillmanns, 3. Auflage, § 2 MuSchG Rn. 4).

Alleinarbeit im Sinne des MuSchG liegt darüber hinaus nur dann vor, wenn **nicht** gewährleistet ist, dass die Frau **jederzeit** den **Arbeitsplatz verlassen oder Hilfe erreichen** kann. Ist jederzeit eine weitere Person verfügbar, die im Bedarfsfall helfen kann, handelt es sich nicht um Alleinarbeit im Sinne des MuSchG. Diese Person muss ohne Telekommunikationsmittel erreichbar sein und tatsächlich anwesend, nicht lediglich eingeteilt sein (vgl. Brose/Weth/Volk-Latterner/Weth, 9. Auflage, § 2 MuSchG Rn. 33). Alleinarbeit liegt auch dann nicht vor, wenn die Frau ihren Arbeitsplatz jederzeit verlassen kann, ohne Nachteile befürchten zu müssen (vgl. BT-Drucks. 18/11782 S. 32). Nicht unter den mutterschutzrechtlichen Begriff der Alleinarbeit fällt nach diesem Verständnis damit beispielsweise die Arbeit der Frau, die im Rahmen einer flexiblen Arbeitszeitregelung aus eigener Entscheidung morgens als erste Beschäftigte den Arbeitsplatz aufsucht oder abends als letzte Beschäftigte den Arbeitsplatz verlässt, wohl aber die Arbeit der Frau, die verpflichtet ist, in Randzeiten als einzig anwesende Beschäftigte zum Beispiel Erreichbarkeit sicherzustellen oder technische Einrichtungen zu überwachen.

V. Begriff des Arbeitsentgelts

§ 2 Absatz 5 regelt schließlich den Begriff des Arbeitsentgelts im Sinne des MuSchG, 19
der in den nachfolgenden Vorschriften des Gesetzes beispielsweise zur Berechnung des Mutterschutzlohns (§ 18) und des Zuschusses zum Mutterschaftsgeld (§ 20) von Bedeutung ist. Arbeitsentgelt im Sinne des MuSchG ist danach das Arbeitsentgelt, das nach § 14 SGB IV in Verbindung mit einer aufgrund § 17 SGB IV erlassenen Verordnung bestimmt wird. § 2 Absatz 5 Satz 2 stellt klar, dass für die in § 1 Absatz 2 Satz 2 genannten Fälle die jeweilige Vergütung der Frauen als Arbeitsentgelt im Sinne des MuSchG gilt (vgl. BT-Drucks. 18/8963 S. 55).

1. Arbeitsentgelt nach § 2 Absatz 5 Satz 1

a) Arbeitsentgelt nach § 14 SGB IV

Arbeitsentgelt nach § 14 Absatz 1 Satz 1 SGB IV sind zunächst **alle laufenden oder** 20
einmaligen Einnahmen aus einer Beschäftigung, unabhängig davon, ob auf diese ein Rechtsanspruch besteht, unter welcher Bezeichnung oder in welcher Form sie geleistet werden, oder ob sie unmittelbar aus der Beschäftigung oder in Zusammenhang mit ihr erzielt werden. Zum Arbeitsentgelt nach dieser weit gefassten Bestimmung gehören jegliche Einnahmen, die dem Beschäftigten in ursächlichem Zusammenhang mit der

Beschäftigung zufließen (vgl. KR-Lau, 14. Auflage, SozR – Allgemeine Grundsätze des Sozialrechts Rn. 27 f.; BSG vom 18.10.2022, B 12 R 7/20 R, WKRS 2022, 66218; BSG vom 9.12.2020, B 5 RS 1/20 R, WKRS 2020, 59781; BSG vom 26.4.2018, B 5 R 26/16 R, JurionRS 2018, 39574; BSG vom 14.12.2016, B 13 R 34/15 R, JurionRS 2016, 33464; BSG vom 2.11.2015, B 13 R 17/14 R, JurionRS 2015, 35994; BSG vom 31.10.2012, B 12 R 1/11 R, JurionRS 2012, 28937; BSG vom 7.3.2007, B 12 KR 4/06 R, JurionRS 2007, 34228). Nach § 14 Absatz 1 Satz 2 SGB IV sind auch Entgeltteile Arbeitsentgelt, die durch Entgeltumwandlung nach § 1 Absatz 2 Nummer 3 BetrAVG für betriebliche Altersversorgung in den Durchführungswegen Direktzusage oder Unterstützungskasse verwendet werden, soweit sie 4 vom Hundert der jährlichen Beitragsbemessungsgrenze der allgemeinen Rentenversicherung übersteigen.

Zum Arbeitsentgelt nach § 14 SGB IV gehören danach neben **der laufenden Vergütung**, beispielsweise in Gestalt eines festen Monatsgehalts oder in Gestalt einer nach Arbeitsstunden berechneten Vergütung, u.a. auch **Akkordlohn** (vgl. BSG vom 15.5.1984, 12 RK 28/83, JurionRS 1984, 10878), **Provisionen** (vgl. LSG Berlin-Brandenburg vom 12.2.2010, L 1 KR 97/08, JurionRS 2010, 13070), **Zuschläge** für Mehrarbeit oder Nachtarbeit (vgl. LSG Baden-Württemberg vom 20.9.2005, L 11 R 1766/05, JurionRS 2005, 24622), Schmutz- und Erschwerniszulagen (vgl. LSG Baden-Württemberg vom 20.9.2005, L 11 R 1766/05, JurionRS 2005, 24622), **Entgeltfortzahlung im Krankheitsfall** einschließlich Zuschüssen zum Krankengeld und **Urlaubsentgelt** (vgl. BSG vom 26.4.2018, B 5 R 26/16 R, JurionRS 2018, 39574; LSG Berlin-Brandenburg vom 9.3.2017, L 8 R 264/16 ZVW, JurionRS 2017, 14585; KR-Lau, 14. Auflage, SozR – Allgemeine Grundsätze des Sozialrechts Rn. 28) und **vermögenswirksame Leistungen** (vgl. LSG Nordrhein-Westfalen vom 4.11.2015, L 8 R 599/13, JurionRS 2015, 39007; LSG Baden-Württemberg vom 20.9.2005, L 11 R 1766/05, JurionRS 2005, 24622).

Auch **einmalige Einnahmen** wie **Urlaubs-** oder **Weihnachtsgeld** (vgl. BSG vom 26.4.2018, B 5 R 26/16 R, JurionRS 2018, 39574; BSG vom 27.10.1989, 12 RK 9/88, JurionRS 1989, 11471; LSG Nordrhein-Westfalen vom 4.11.2015, L 8 R 599/13, JurionRS 2015, 39007), **Gewinnbeteiligungen** (vgl. BSG vom 27.10.1989, 12 RK 9/88, JurionRS 1989, 11471, KR-Lau, 14. Auflage, SozR – Allgemeine Grundsätze des Sozialrechts Rn. 28), **Gratifikationen** oder **Jubiläumsgelder** (vgl. AR-Lauterbach, 10. Auflage, § 14 SGB IV Rn. 1) gehören grundsätzlich zum Arbeitsentgelt nach § 14 Absatz 1 SGB IV.

Zum Arbeitsentgelt nach § 14 Absatz 1 SGB IV gehören alle geldwerten Vorteile, die dem Beschäftigten in ursächlichem Zusammenhang zufließen. Hierzu gehören grundsätzlich nicht nur Geldleistungen, sondern auch **Sachbezüge**, also Sachgüter in Geldeswert (vgl. BSG vom 18.10.2022, B 12 R 7/20 R, WKRS 2022, 66218; vgl. zu Freifahrten und Fahrpreisermäßigungen: BSG vom 17.12.2014, B 12 KR 19/12 R, JurionRS 2014, 34653; zur Überlassung eines Firmenfahrzeugs zur privaten Nutzung: BSG vom 2.3.2010, B 12 R 5/09, JurionRS 2010, 22076, zur Zurverfügungstellung von Wohnheimplätzen: LSG Baden-Württemberg vom 14.12.2016, L 5 R 3187/15, JurionRS 2016, 30211, zu Personalrabatt, Tankgutscheinen, Essensmarken: LSG Baden-Württemberg vom 10.5.2016, L 11 R 4048/15, JurionRS 2016, 16550). Eine Ausnahme hiervon gilt nach § 14 Absatz 3 SGB IV für den Fall, dass ein Haushaltsscheck nach § 28a Absatz 7 SGB IV verwendet wird. In diesem Fall bleiben nicht in Geld gewährte Zuwendungen unberücksichtigt.

b) Nichtberücksichtigung von Einnahmen nach der aufgrund des § 17 SGB IV erlassenen SvEV

Für die Bestimmung des Arbeitsentgelts im Sinne des MuSchG ist aber auch die auf Grundlage des § 17 Absatz 1 SGB IV erlassene Verordnung über die sozialversicherungsrechtliche Beurteilung von Zuwendungen des Arbeitgebers als Arbeitsentgelt (Sozialversicherungsentgeltverordnung – SvEV) vom 21.12.2006 (BGBl. I S. 3385), zuletzt geändert durch die Verordnung vom 03.12.2024 (BGBl. 2024 I Nr. 394) zu berücksichtigen. Nach § 1 Absatz 1 Satz 1 und 2 SvEV sind dem Arbeitsentgelt **verschiedene** dort aufgezählte **Einnahmen**, Bezüge und Beiträge **nicht zuzurechnen**. Hierbei handelt es sich u.a. um **einmalige Einnahmen, laufende Zulagen, Zuschläge, Zuschüsse sowie ähnliche Einnahmen**, die zusätzlich zu Löhnen oder Gehältern gewährt werden, **soweit sie lohnsteuerfrei sind** (mit Ausnahme der Sonntags-, Feiertags- und Nachtzuschläge, soweit das Entgelt, auf dem sie berechnet werden, mehr als 25 € je Stunde beträgt), **Einnahmen nach § 40 Absatz 2 EStG** (z.B. unentgeltliche oder verbilligte Mahlzeiten im Betrieb, Vergütung für Verpflegungsmehraufwendungen in bestimmten Fällen, Zahlungen für Aufwendungen des Arbeitnehmers für Internetnutzung zusätzlich zum geschuldeten Arbeitslohn), steuerfreie Aufwandsentschädigungen und die in § 3 Nummer 26 und 26a EStG genannten **steuerfreien Einnahmen**, soweit sie vom Arbeitgeber mit der Entgeltabrechnung lohnsteuerfrei belassen oder pauschal besteuert werden. Auch der Zuschuss zum Mutterschaftsgeld nach § 20 MuSchG, der nach § 3 Nr. 1 Buchst. d) EStG steuerfrei ist, gehört nicht zum Arbeitsentgelt nach § 2 Absatz 5 Satz 1 MuSchG (vgl. BAG vom 19.05.2021, 5 AZR 378/20, WKRS 2021, 33890), § 1 Absatz 1 Satz 1 Nr. 6 SvEV. 21

c) Bestimmung des Arbeitsentgelts im Sinne des MuSchG

Aus der Bezugnahme auf § 14 SGB IV sowie die aufgrund § 17 SGB IV erlassene SvEV folgen für die Bestimmung des Arbeitsentgelts im Sinne des MuSchG kaum Abweichungen zur früheren Bestimmung der für die Berechnung des Durchschnittsverdienstes im Sinne des § 11 MuSchG a.F. maßgeblichen Vergütung. Für die häufig auftretenden Vergütungsbestandteile stellt sich die Berücksichtigung als Arbeitsentgelt zusammengefasst wie folgt dar: 22

Zum Arbeitsentgelt gehört unproblematisch zunächst die **laufende Grundvergütung**, beispielsweise in Gestalt des Bruttomonatsgehaltes. Auch **Provisionen, Akkordlohn, Entgeltfortzahlung** im Krankheitsfall und **Urlaubsentgelt** zählen wie bisher zum Arbeitsentgelt (vgl. zu § 11 MuSchG a.F. Tillmanns/Mutschler, 1. Auflage, § 11 MuSchG Rn. 40; Schaub-Linck, 17. Auflage, § 170 Rn. 23). 23

Zuschläge beispielsweise für Mehrarbeit, Nachtarbeit, Sonn- und Feiertagsarbeit (mit den Einschränkungen des § 1 Absatz 1 Satz 1 Nr. 1 SvEV) oder Erschwerniszuschläge gehören zwar grundsätzlich auch zum Arbeitsentgelt nach § 14 Absatz 1 SGB IV, ihre 24

Zurechnung kann aber aufgrund von § 1 Absatz 1 Satz 1 Nummer 1, Satz 2 SvEV ausgeschlossen sein, soweit sie lohnsteuerfrei sind und soweit sie bei der Lohnabrechnung lohnsteuerfrei belassen wurden. Diese **Ausnahme** betrifft insbesondere Zuschläge für tatsächlich geleistete **Sonntags-, Feiertags- oder Nachtarbeit**, die in einem bestimmten Umfang nach § 3b EStG steuerfrei sind.

25 Einmalige Zahlungen wie **Weihnachts- oder Urlaubsgeld, Gratifikationen oder Jubiläumsgelder** gehören nach § 14 SGB IV sowie der aufgrund § 17 SGB IV erlassenen SvEV grundsätzlich zum Arbeitsentgelt. Ob sie für die Berechnung des durchschnittlichen Arbeitsentgelts im Sinne des MuSchG zu berücksichtigen sind, richtet sich jedoch nach den Vorgaben des § 21 Absatz 2 Nummer 1. Einmalig gezahltes Arbeitsentgelt nach § 23a SGB IV bleibt danach unberücksichtigt.

26 **Tatsächliche Aufwendungsersatzleistungen** wie Fahrgeld oder Verpflegungsmehraufwand, die nicht unabhängig vom tatsächlichen Aufwand als Vergütungsbestandteil bezahlt werden, bleiben im Rahmen der steuerfreien Beträge aufgrund § 1 Absatz 1 SvEV unberücksichtigt. Ein als Teil der Arbeitsvergütung gewährter Sachbezug wie die Überlassung eines Firmenwagens auch zur privaten Nutzung ist jedoch als Arbeitsentgelt zu betrachten und beispielsweise während der Schutzfristen weiter zu gewähren (vgl. zu § 14 MuSchG a.F.: BAG vom 11.10.2000, 5 AZR 240/99, EzA § 14 MuSchG Nr. 15; zur Einordnung der privaten Nutzungsmöglichkeit als Sachbezug im Sinne des § 107 Absatz 2 Satz 1 GewO: BAG vom 31.05.2023, 5 AZR 273/22, WKRS 2023, 34822).

27 Bei der Beurteilung der Zugehörigkeit von Einnahmen zum Arbeitsentgelt im Sinne des MuSchG ist schließlich grundsätzlich auch das **unionsrechtliche Verständnis des fortzuzahlenden Arbeitsentgelts** im Blick zu behalten. Auch Artikel 11 der Richtlinie 92/85/EWG vom 19. Oktober 1992 über die Durchführung von Maßnahmen zur Verbesserung der Sicherheit und des Gesundheitsschutzes von schwangeren Arbeitnehmerinnen, Wöchnerinnen und stillenden Arbeitnehmerinnen am Arbeitsplatz (zehnte Einzelrichtlinie im Sinne des Artikels 16 Absatz 1 der Richtlinie 89/391/EWG) sieht vor, dass beispielsweise während eines Beschäftigungsverbots nach Artikel 5 Absatz 3 der Richtlinie die Fortzahlung eines Arbeitsentgelts und/oder der Anspruch auf eine angemessene Sozialleistung gewährleistet sein müssen. Nach der Rechtsprechung des EuGH müssen sich diese Leistungen jedenfalls aus dem monatlichen Grundgehalt der Arbeitnehmerin sowie den Bestandteilen ihres Entgelts oder den Zulagen zusammensetzen, die an ihre berufliche Stellung anknüpfen. Hierbei handelt es sich beispielsweise um Zulagen, die an ihre leitende Position, an die Dauer ihrer Betriebszugehörigkeit und an ihre beruflichen Qualifikationen anknüpfen (vgl. EuGH vom 1.7.2010, C-194/08 [Gassmayr], JurionRS 2010, 18725; Schaub-Linck, 17. Auflage, § 170 Rn. 22). Der EuGH weist in dieser Entscheidung jedoch zugleich auch darauf hin, dass die Richtlinie keine Verpflichtung beinhaltet, während einer Beschäftigung auf einem anderen Arbeitsplatz oder während einer Beurlaubung im Sinne des Artikel 5 Absatz 3 der Richtlinie die Entgeltbestandteile oder die Zulagen weiter zu zahlen, die davon abhängen, dass die betroffene Arbeitnehmerin bestimmte Tätigkeiten unter besonderen Umständen ausübt, und mit denen im Wesentlichen die mit der Ausübung dieser Tätigkeiten verbundenen Nachteile ausgeglichen werden sollen (vgl. EuGH vom

1.7.2010, C-194/08 [Gassmayr], JurionRS 2010, 18725; Schaub-Linck, 17. Auflage, § 170 Rn. 22). Die in der Regel unterbleibende Berücksichtigung von Zuschlägen für Mehrarbeit, Nachtarbeit, Sonn- und Feiertagsarbeit (siehe Rdn. 24) steht damit auch mit den Vorgaben des Unionsrechts im Einklang (so auch Tillmanns/Mutschler-Tillmanns, 3. Auflage, § 2 MuSchG Rn. 5).

2. Arbeitsentgelt in den Fällen des § 1 Absatz 2 Satz 2

§ 2 Absatz 5 Satz 2 stellt klar, dass für die in § 1 Absatz 2 Satz 2 genannten und vom Vorliegen einer Beschäftigung im Sinne des § 7 Absatz 1 SGB IV gerade unabhängigen Fälle die **jeweilige Vergütung der Frauen** als Arbeitsentgelt im Sinne des MuSchG gilt (vgl. BT-Drucks. 18/8963 S. 55). 28

Für die Bestimmung des Arbeitsentgelts ist somit die konkrete Fallgruppe mit ihrer jeweiligen Vergütungsgestaltung zu betrachten. Bei Frauen in **betrieblicher Berufsbildung und Praktikantinnen** im Sinne des § 1 Absatz 2 Satz 2 Nr. 1 stellen in der Regel die Ausbildungsvergütung oder die im jeweiligen Einzelfall vereinbarte Praktikumsvergütung das Arbeitsentgelt im Sinne des MuSchG dar. Frauen mit Behinderung, die im Arbeitsbereich einer **Werkstatt für behinderte Menschen** beschäftigt sind, erhalten ein Arbeitsentgelt nach § 221 Absatz 2 SGB IX (vgl. § 1 Rdn. 38). Freiwillige im **Jugend- und Bundesfreiwilligendienst** erhalten neben unentgeltlicher Unterkunft, Verpflegung und Arbeitskleidung beziehungsweise entsprechenden Geldersatzleistungen ein Taschengeld sowie Mobilitätszuschläge oder entsprechende Sachleistungen (vgl. § 1 Rdn. 40). Für die Bestimmung des Arbeitsentgelts von Frauen im Sinne von **§ 1 Absatz 2 Satz 2 Nummer 5** ist deren Vergütung in der konkreten Gestaltung, bei in **Heimarbeit** tätigen Frauen deren jeweiliges Entgelt, welches nach § 20 HAG in der Regel als Stückentgelt zu gestalten ist, zu betrachten.

Für **Entwicklungshelferinnen** gelten die Regelungen des MuSchG zu Mutterschutzlohn und Zuschuss zum Mutterschaftsgeld nicht, ihnen muss aber der Träger für die Zeit der Beschäftigungsverbote nach den §§ 3 bis 6, 10 Absatz 3, 13 Absatz 1 Nummer 3 und § 16 MuSchG nach § 8 Absatz 2 EhfG die vertraglichen Unterhaltsleistungen weitergewähren. Auch Frauen, die aufgrund ihrer wirtschaftlichen Unselbstständigkeit als **arbeitnehmerähnliche Personen** gelten (§ 1 Absatz 2 Satz 2 Nummer 7) sowie **Schülerinnen und Studentinnen** (§ 1 Absatz 2 Satz 2 Nummer 8) haben, auch wenn sie grundsätzlich von der Geltung des MuSchG erfasst sind, nach dessen Vorgaben keinen Anspruch auf Mutterschutzlohn oder Zuschuss zum Mutterschaftsgeld.

VI. Begriff der Entbindung

In § 2 Absatz 6 werden schließlich sowohl der Begriff der Entbindung für das MuSchG bestimmt als auch die in der Regel entsprechende Anwendung der für eine solche Entbindung geltenden Regelungen im Fall einer Fehlgeburt ab der 13. Schwangerschaftswoche geregelt. Mit der am 1.6.2025 aufgrund des Gesetzes zur Anpassung des Mutterschutzgesetzes und weiterer Gesetze – Anspruch auf Mutterschutzfristen nach einer Fehlgeburt (Mutterschutzanpassungsgesetz) vom 24.2.2025 in Kraft getretenen Regelung des § 2 Absatz 6 führt der Gesetzgeber den u.a. für nachgeburtliche 29

Schutzfristen maßgeblichen Begriff der Entbindung einer Klärung zu und gleicht für den Fall einer Fehlgeburt die nachgeburtlichen Mutterschutzfristen den schon zuvor geltenden Regelungen zum Kündigungsverbot nach § 17 an.

1. Bisherige Rechtslage

30 **Bis** zur Aufnahme des § 2 Absatz 6 **zum 1.6.2025** enthielt das MuSchG **keine Definition** des **Begriffs der Entbindung.** Verstanden wurden unter dem Begriff der Entbindung in der Rechtsprechung ebenso wie in der Gesetzesbegründung zur Reform des Mutterschutzes im Jahr 2017 auch **bisher die Lebend- und die Totgeburt** im Sinne des § 31 PStV, **nicht aber eine Fehlgeburt**. Mit Blick auf die Rechtsprechung des Bundesarbeitsgerichts und die Regelungen der PStV wurde mit der Neufassung des MuSchG im Rahmen des Gesetzes zur Neuregelung des Mutterschutzrechts vom 23. Mai 2017 (BGBl. I S. 1228) zwar der besondere Kündigungsschutz auch für den Fall einer Fehlgeburt nach der zwölften Schwangerschaftswoche eingeführt, § 17 Absatz 1 Nummer 2, dies begründet mit der auch nach einer Fehlgeburt unabhängig von der Gewichtsgrenze bestehenden besonderen Belastungssituation der Frau (vgl. BT-Drucks. 18/8963 S. 87). Für die Schutzfrist nach der Entbindung wurde eine vergleichbare Regelung aber nicht aufgenommen. Ein die Forderung einer vom Gewicht des Kindes unabhängigen Gleichstellung von Fehl- bzw. Totgeburten ab Vollendung der zwölften Schwangerschaftswoche auch für die Schutzfristen beinhaltender Änderungsantrag der Fraktion BÜNDNIS 90/DIE GRÜNEN im Ausschuss für Familie, Senioren, Frauen und Jugend (vgl. BT-Drucks. 18/11782 S. 25 f.) wurde damals im Ausschuss abgelehnt (vgl. BT-Drucks. 18/11782 S. 28). Vor dem Hintergrund dieser Auseinandersetzung des Gesetzgebers mit der Problematik des Verständnisses des Begriffs der Entbindung einschließlich der bisherigen höchstrichterlichen Rechtsprechung im Gesetzgebungsverfahren sowie der sich seit der Reform 2017 auch im Wortlaut des § 17 Absatz 1 zeigenden Unterscheidung zwischen den Begriffen der Entbindung und der Fehlgeburt sprachen einige Aspekt dafür, sich weiterhin an der Unterscheidung der PStV zu orientieren und unter dem Begriff der Entbindung weiterhin die Lebendgeburt und die Totgeburt im Sinne des § 31 Absatz 2 PStV, nicht aber die Fehlgeburt im Sinne des § 31 Absatz 2 PStV zu verstehen. Um eine Entbindung handelte es sich demnach, wenn man diesem Verständnis der Entbindung für das nachgeburtliche Beschäftigungsverbot nach § 3 folgte, zusammengefasst bei einer Lebendgeburt nach § 31 Absatz 1 PStV oder bei einer Totgeburt, wenn das Gewicht des Kindes mindestens 500 Gramm beträgt (§ 31 Absatz 2 Satz 1 Nr. 1 PStV) oder wenn bei einem geringeren Gewicht mindestens die 24. Schwangerschaftswoche erreicht wurde (§ 31 Absatz 2 Satz 1 Nr. 2 PStV) (vgl. unter Auseinandersetzung mit auch Fehlgeburten als Entbindung in diesem Sinne befürwortender Auffassung i.E. aber aus o.g. Gründen ebenfalls gegen eine Gleichstellung: Brose/Weth/Volk-Weth, 9. Auflage, § 3 MuSchG Rn. 41). In der Begründung seines die Nichtannahme einer Verfassungsbeschwerde aufgrund ihrer Unzulässigkeit betreffenden **Beschlusses vom 21.08.2024** wies das **Bundesverfassungsgericht** jedoch darauf hin, dass diese **Auslegung des Begriffs der Entbindung nicht zwingend** sei. Mit Blick auf die einheitliche Intention des MuSchG und unter Berücksichtigung

des Art. 6 Absatz 4 GG sei es vielmehr nicht ausgeschlossen, dass die Fachgerichte nunmehr eine Entbindung im Sinne des § 3 Absatz 2 bis Absatz 4 auch im Fall einer Fehlgeburt annehmen. Weder aus dem Wortlaut noch aus der Systematik des MuSchG werde ersichtlich, dass unter einer Entbindung im Sinne des § 3 nur eine Lebend- oder Totgeburt nach § 31 Absatz 1 und 2 PStV zu verstehen sei (vgl. BVerfG vom 21.8.2024, 1 BvR 2106/22, WKRS 2024, 23034).

2. Gesetzesänderung zum 1.6.2025

Mit der Aufnahme des neuen § 2 Absatz 6 **ab dem 1.6.2025** durch das Mutterschutzanpassungsgesetz wird diese Frage durch den Gesetzgeber geklärt. Unter einer **Entbindung** im Sinne des MuSchG sind weiterhin **nur die Lebend- und die Totgeburt** zu verstehen. Für den Fall einer **Fehlgeburt ab der 13. Schwangerschaftswoche** finden die für eine Entbindung geltenden Regelungen aber **entsprechende Anwendung**, soweit nicht eine abweichende gesetzliche Regelung besteht. Der Gesetzentwurf zum Mutterschutzanpassungsgesetz befasst sich mit der Entscheidung des Bundesverfassungsgerichts vom 21.8.2024 (vgl. Rdn. 30) und kommt zu dem Ergebnis, dass es aufgrund der besonderen Belastungssituation von Frauen nach einer Fehlgeburt weder nach der Intention des Mutterschutzgesetzes noch aus medizinischer Sicht sachgerecht sei, für den Begriff der Entbindung ausschließlich auf die personenstandsrechtlichen Regelungen abzustellen (vgl. BT-Drucks. 20/14231 S. 2). Im Zusammenhang mit der Erläuterung der Notwendigkeit der gesetzlichen Neuregelung legt der Gesetzentwurf jedoch ebenfalls die Annahme zugrunde, dass ein Anspruch auf die Mutterschutzfristen des § 3 für Frauen nach einer Fehlgeburt bisher ausgeschlossen gewesen sei (vgl. BT-Drucks. 20/14231 S. 8; siehe zur Regelung vor dem 1.6.2026 Rdn. 30). Mit der Neuregelung soll nun der besonderen Belastungssituation nach einer Fehlgeburt mit der Einführung von Mutterschutzfristen Rechnung getragen und durch die Möglichkeit der Frau, sich zur Arbeit bereit zu erklären, eine Angleichung an die bisherigen Regelungen nach einer Totgeburt erreicht werden (vgl. BT-Drucks. 20/14231 S. 9). 31

3. Lebendgeburt

Im Fall einer Lebendgeburt liegt mit der Trennung der Leibesfrucht vom Mutterleib eine Entbindung vor (vgl. BAG vom 12.12.2013, 8 AZR 838/12, EzA § 15 AGG Nr. 23). Um eine Lebendgeburt handelt es sich nach § 31 Absatz 1 der Verordnung zur Ausführung des Personenstandsgesetzes (Personenstandsverordnung – PStV), wenn bei einem Kind nach der Scheidung vom Mutterleib entweder das Herz geschlagen oder die Nabelschnur pulsiert oder die natürliche Lungenatmung eingesetzt hat. 32

4. Totgeburt

In anderen Fällen differenzierte die Rechtsprechung des Bundesarbeitsgerichts unter Bezugnahme auf die **bis zum 31.10.2018 geltenden Regelungen in § 31 PStV** wie folgt: Hat das Gewicht des Kindes mindestens 500 Gramm betragen, so lag nach § 31 Absatz 2 PStV eine **Totgeburt** vor, die als Entbindung im Sinne des MuSchG angesehen wird. Betrug das Gewicht des Kindes weniger als 500 Gramm, so lag nach 33

§ 31 Absatz 3 PStV in seiner bis zum 31.10.2018 geltenden Fassung grundsätzlich eine **Fehlgeburt** vor, die nicht als Entbindung im Sinne des MuSchG betrachtet wurde (vgl. BAG vom 12.12.2013, 8 AZR 838/12, EzA § 15 AGG Nr. 23; BAG vom 15.12.2005, 2 AZR 462/04, EzA § 9 n.F. MuSchG Nr. 41). Nach **§ 31 Absatz 2 Satz 1 Nr. 2 PStV** in seiner **ab dem 1.11.2018** geltenden Fassung liegt eine **Tot- und damit keine Fehlgeburt** aber auch vor, wenn das Gewicht des Kindes zwar weniger als 500 Gramm beträgt, aber die 24. Schwangerschaftswoche erreicht wurde. Für die Differenzierung zwischen Totgeburt (und damit einer Entbindung im Sinne des MuSchG) und Fehlgeburt war schon vor der Neuregelung zum 1.6.2025 jedenfalls die Neufassung des § 31 Absatz 2 PStV heranzuziehen, die gerade mit dem Ziel, auch in den von § 31 Absatz 2 Satz 1 Nr. 2 PStV erfassten Fällen den Mutterschutz zu gewährleisten, vorgenommen wurde (vgl. BR-Drucks. 417/18 S. 50 f.). Auch die Begründung des Gesetzentwurfs zum am 1.6.2025 in Kraft getretenen Mutterschutzanpassungsgesetz bezieht in der Darstellung der bisherigen Rechtsprechung die seit dem 1.11.2018 geltende, erweiterte Fassung des § 31 Absatz 2 PStV selbstverständlich mit ein (vgl. BT-Drucks. 20/14231 S. 11).

5. Fehlgeburt ab der 13. Schwangerschaftswoche

34 Auch nach der gesetzlichen Neuregelung zum 1.6.2025 handelt es sich bei einer Fehlgeburt begrifflich nicht um eine Entbindung im Sinne des MuSchG. Mit § 2 Absatz 6 Satz 2 wird aber für Fehlgeburten ab der 13. Schwangerschaftswoche die **entsprechende Anwendung der für eine Entbindung geltenden Regelungen** vorgegeben, soweit nicht gesetzlich Abweichendes geregelt ist. Die auf die besondere Belastungssituation gestützte entsprechende Anwendung gerade ab der **13. Schwangerschaftswoche** beruht auf der Überlegung des Gesetzgebers, dass ab diesem Zeitpunkt eine Schwangerschaft in der Regel psychologisch als sicher bewertet wird und sich die Bindung zum ungeborenen Kind verstärkt (vgl. BT-Drucks. 20/14231 S. 9).

Abschnitt 2 Gesundheitsschutz

Unterabschnitt 1 Arbeitszeitlicher Gesundheitsschutz

§ 3 MuSchG Schutzfristen vor und nach der Entbindung

(1) [1]Der Arbeitgeber darf eine schwangere Frau in den letzten sechs Wochen vor der Entbindung nicht beschäftigen (Schutzfrist vor der Entbindung), soweit sie sich nicht zur Arbeitsleistung ausdrücklich bereit erklärt. [2]Sie kann die Erklärung nach Satz 1 jederzeit mit Wirkung für die Zukunft widerrufen. [3]Für die Berechnung der Schutzfrist vor der Entbindung ist der voraussichtliche Tag der Entbindung maßgeblich, wie er sich aus dem ärztlichen Zeugnis oder dem Zeugnis einer Hebamme oder eines Entbindungspflegers ergibt. [4]Entbindet eine Frau nicht am voraussichtlichen Tag, verkürzt oder verlängert sich die Schutzfrist vor der Entbindung entsprechend.

(2) [1]Der Arbeitgeber darf eine Frau bis zum Ablauf von acht Wochen nach der Entbindung nicht beschäftigen (Schutzfrist nach der Entbindung). [2]Die Schutzfrist nach der Entbindung verlängert sich auf zwölf Wochen
1. bei Frühgeburten,
2. bei Mehrlingsgeburten und,
3. wenn vor Ablauf von acht Wochen nach der Entbindung bei dem Kind eine Behinderung im Sinne von § 2 Absatz 1 Satz 1 des Neunten Buches Sozialgesetzbuch ärztlich festgestellt wird.

[3]Bei vorzeitiger Entbindung verlängert sich die Schutzfrist nach der Entbindung nach Satz 1 oder nach Satz 2 um den Zeitraum der Verkürzung der Schutzfrist vor der Entbindung nach Absatz 1 Satz 4. [4]Nach Satz 2 Nummer 3 verlängert sich die Schutzfrist nach der Entbindung nur, wenn die Frau dies beantragt. [5]Satz 2 gilt nicht bei einer Totgeburt.

(3) [1]Die Ausbildungsstelle darf eine Frau im Sinne von § 1 Absatz 2 Satz 2 Nummer 8 bereits in der Schutzfrist nach der Entbindung im Rahmen der schulischen oder hochschulischen Ausbildung tätig werden lassen, wenn die Frau dies ausdrücklich gegenüber ihrer Ausbildungsstelle verlangt. [2]Die Frau kann ihre Erklärung jederzeit mit Wirkung für die Zukunft widerrufen.

(4) [1]Der Arbeitgeber darf eine Frau nach dem Tod ihres Kindes bereits nach Ablauf der ersten zwei Wochen nach der Entbindung beschäftigen, wenn
1. die Frau dies ausdrücklich verlangt und
2. nach ärztlichem Zeugnis nichts dagegen spricht.

[2]Sie kann ihre Erklärung nach Satz 1 Nummer 1 jederzeit mit Wirkung für die Zukunft widerrufen.

(5) [1]Bei einer Fehlgeburt darf der Arbeitgeber eine Frau nicht beschäftigen, soweit sie sich nicht zur Arbeitsleistung ausdrücklich bereit erklärt,
1. bis zum Ablauf von zwei Wochen bei einer Fehlgeburt ab der 13. Schwangerschaftswoche oder
2. bis zum Ablauf von sechs Wochen bei einer Fehlgeburt ab der 17. Schwangerschaftswoche oder
3. bis zum Ablauf von acht Wochen bei einer Fehlgeburt ab der 20. Schwangerschaftswoche.

[2]Sie kann ihre Erklärung nach Satz 1 jederzeit mit Wirkung für die Zukunft widerrufen. [3]Die Absätze 1 bis 3 gelten nicht.

Übersicht Rdn.

I. Allgemeine Vorbemerkungen zu den Beschäftigungsverboten

1. Die geschichtliche Entwicklung der mutterschutzrechtlichen Beschäftigungsverbote

a) Die Anfänge des gesetzlichen Mutterschutzes mit den Novellen der Gewerbeordnung von 1878 ff.

Mit einem Beschäftigungsverbot begann in Deutschland die Geschichte des gesetzlichen Mutterschutzes. Nach § 135 der novellierten Gewerbeordnung vom 17.7.1878 (RGBl. I, 1878, S. 199 ff.) durften Wöchnerinnen in den ersten drei Wochen nach der Niederkunft nicht beschäftigt werden – allerdings zunächst noch ohne jede Lohnfortzahlung und ohne Kündigungsschutz. Sehr schnell wurde erkannt, dass die Lage für viele Wöchnerinnen ohne finanzielle Absicherung prekär war, weil sie häufig so schnell wie möglich wieder an den Arbeitsplatz zurückkehren mussten, um sich und das Kind ernähren zu können und um zu verhindern, dass der Arbeitsplatz mit einer Konkurrentin besetzt wurde (Ute Edel, Die Entwicklung des Mutterschutzrechtes in Deutschland, S. 31/32). Mit dem Gesetz zur Krankenversicherung vom 15.6.1883 (RGBl. I, S. 73) erhielten zumindest versicherungspflichtig arbeitende Frauen ein Anrecht auf Wochengeld in Höhe des damals gültigen Krankengeldes, das war die Hälfte des normalen Lohnes (§ 20 Ziff. 2 des Gesetzes betr. die Krankenversicherung der Arbeiter). Eine Änderung der Gewerbeordnung vom 26.7.1900 (RGBl. I, S. 871) dehnte das Arbeitsverbot für Wöchnerinnen auf sechs Wochen aus. Die erste vorgeburtliche Schutzfrist gewährte die Novelle zur Gewerbeordnung v. 28.12.1908 (RGBl. S. 667), in Kraft getreten ab 1.1.1910, mit § 137 Abs. 6.: »Arbeiterinnen dürfen vor und nach ihrer Niederkunft im ganzen während 8 Wochen nicht beschäftigt werden. Ihr Wiedereintritt ist an den Ausweis geknüpft, daß seit ihrer Niederkunft wenigstens sechs Wochen verflossen sind«. De facto bedeutete diese Regelung eine zweiwöchige Schutzfrist vor der Entbindung. 1

b) Das Washingtoner Abkommen 1919 und das Ratifizierungsgesetz 1927

Während der Zeit der Weimarer Republik (1918–1933) wurde aufgrund des Versailler Vertrages im Jahr 1919 die Internationale Arbeitsorganisation (IAO – englisch ILO) gegründet. Ziel sollte die »Erhaltung des Weltfriedens und die Schaffung sozia- 2 ler Gerechtigkeit sein, da es für eine große Anzahl von Menschen mit Ungerechtigkeit, Elend und Entbehrungen verbundene Arbeitsbedingungen gibt« (Edel, a.a.O. S. 59). Auf ihrer Konferenz in Washington am 29.10.1919 wurde ein Übereinkommen betreffend die Beschäftigung der Frauen vor und nach der Niederkunft beschlossen. Artikel 3 und 4 enthielten eine sechswöchige Schutzfrist vor und nach der Geburt. Die Konvention wurde von Deutschland durch Gesetz vom 16.7.1927 (RGBl. II, S. 497 f.) ratifiziert.

c) Das Mutterschutzgesetz 1927

3 Deutschland war der erste bedeutende Industriestaat, der das Washingtoner Abkommen – gleichzeitig mit der Ratifizierung – dann auch unmittelbar in innerstaatliches Recht umsetzte (Hans Günter Hockerts, 1998, Drei Wege deutscher Sozialstaatlichkeit, S. 125). Bislang verstreute Einzelvorschriften wurden zusammengefasst und erweitert in dem Gesetz über die Beschäftigung vor und nach der Niederkunft vom 16.7.1927 (RGBl. II, S. 184, 325), das am 1.8.1927 in Kraft trat. Das sog. Mutterschutzgesetz 1927 verlängerte den Mutterschaftsurlaub auf bis zu 12 Wochen, normierte einen Kündigungsschutz nach der Entbindung und führte auch Stillzeiten ein. Es galt für die Beschäftigung weiblicher Arbeitnehmer, die der Krankenversicherungspflicht unterlagen, nicht jedoch in Betrieben der Land- und Forstwirtschaft, der Tierzucht und Fischerei. Das MuSchG 1927 enthielt bereits vorgeburtliche und nachgeburtliche Schutzfristen, die denen des aktuellen Mutterschutzgesetzes sehr ähnlich sind und deshalb als zukunftsweisend angesehen werden können. So waren z.B. nach § 2 Abs. 1 MuSchG 1927 Schwangere berechtigt, die ihnen aus dem Arbeitsvertrag obliegende Arbeitsleistung zu verweigern, wenn sie durch ärztliches Attest nachwiesen, dass sie voraussichtlich binnen 6 Wochen niederkommen werden. Nach § 2 Abs. 2 durften Wöchnerinnen binnen sechs Wochen nach ihrer Niederkunft nicht beschäftigt werden und für weitere sechs Wochen waren sie zur Leistungsverweigerung berechtigt, wenn sie durch ärztliches Zeugnis nachwiesen, dass sie wegen einer Krankheit, die eine Folge ihrer Schwangerschaft oder Niederkunft ist, oder die dadurch eine wesentliche Verschlimmerung erfahren hat, an der Arbeit verhindert sind. Allerdings setzten sich immer noch viele Frauen über diese Vorschriften hinweg, um möglichst wenige Einkommenseinbußen zu erleiden. Es gab weiterhin keinen vollen Lohnausgleich, immerhin war das Wochengeld inzwischen auf $^3/_4$ des Grundlohns angehoben worden (Hockerts, a.a.O.).

d) Das Mutterschutzgesetz 1942

4 Am Ende der Weimarer Republik stellten die Frauen ein Drittel der gesamten Erwerbstätigen des deutschen Reiches. Die Zeit Nationalsozialistischer Herrschaft war von 1933–1936, auch als Folge der Weltwirtschaftskrise, zunächst von hoher Arbeitslosigkeit geprägt, danach trat ein Arbeitskräftemangel ein, der zur Eingliederung bzw. Wiedereingliederung vieler Frauen in den Produktionsprozess führte. Von 1939 bis 1945 wurden die Frauen dann auch in die Kriegswirtschaft einbezogen (Edel, Die Entwicklung des Mutterschutzrechtes in Deutschland, S. 68). Drei Jahre vor Ende des zweiten Weltkrieges erfolgte ein weiterer Ausbau des gesetzlichen Mutter-

schutzes durch das Gesetz zum Schutze der erwerbstätigen Mutter (Mutterschutzgesetz) vom 17.5.1942 (RGBl. I, S. 321) sowie durch die dazu erlassene Ausführungsverordnung (AVO) vom 17.5.1942 (RGBl. I, S. 324). Das Gesetz galt nach § 1 für alle weiblichen »Gefolgschaftsmitglieder«, die in Betrieben und Verwaltungen jeder Art beschäftigt wurden. Durch ministerielle Erlasse konnte der Anwendungsbereich für bestimmte Bereiche erweitert (Hausgehilfinnen, Hausangestellte, Heimarbeiterinnen und ähnliche Abhängigkeitsverhältnisse) oder beschränkt werden (Ehefrauen und weibliche Familienangehörige in der Landwirtschaft). § 2 Abs. 1 MuSchG 1942 enthielt ein individuelles Beschäftigungsverbot für werdende Mütter, wenn nach ärztlichem Zeugnis Leben und Gesundheit von Mutter oder Kind gefährdet waren. Nach § 2 Abs. 3 waren werdende Mütter in den letzten sechs Wochen vor der Niederkunft auf ihr Verlangen von jeder Arbeit zu befreien. Wöchnerinnen durften nach § 3 Abs. 1. MuSchG 1942 bis zum Ablauf von 6 Wochen nach der Geburt nicht beschäftigt werden, für stillende Mütter verlängerte sich diese Frist auf acht Wochen, für stillende Mütter nach Frühgeburten auf zwölf Wochen. Nach § 3 Abs. 2 MuSchG 1942 konnte das Gewerbeaufsichtsamt Maßnahmen anordnen zum Schutze von stillenden Müttern, die nach ärztlichem Zeugnis in den ersten Monaten nach der Niederkunft nicht voll leistungsfähig waren. § 3 Abs. 2 MuSchG 1942 regelte katalogartig generelle Beschäftigungsverbote: Heben und Tragen schwerer Lasten; Arbeiten, bei denen werdende Mütter schädlichen Einwirkungen von gesundheitsgefährlichen Stoffen oder Strahlen, von Staub, Gasen oder Dämpfen, von Hitze, Kälte oder Nässe oder von Erschütterungen ausgesetzt sind; auch Akkord, Prämien- oder Bandarbeit waren bereits unzulässig, aber nur, wenn die durchschnittliche Arbeitsleistung »die Kräfte werdender Mütter überstieg«.

Der somit an sich sehr fortschrittliche Inhalt des MuSchG 1942 wurde durch rassistisches, national-sozialistisches Gedankengut getrübt. Obwohl während der NS-Zeit die Ideologie vorherrschte, die Frau gehöre ohnehin an Heim und Herd, war durch den Krieg der Einsatz von immer mehr Frauen in der Industrie, besonders in den Rüstungsbetrieben, notwendig geworden (Edel a.a.O. S. 76 ff.). Nach dem vom Reichsarbeitsministerium 1941 vorgelegten Entwurf zum MuSchG 1942 sollten dessen Bestimmungen die »Wehrkraft des Volkes erhalten und die Arbeitsbereitschaft von Frauen für die Rüstungsindustrie heben«. In der Präambel zu diesem Gesetz hieß es:

> *»Die deutsche Frau kann ihre größte Leistung für die Volksgemeinschaft, die Geburt gesunder Kinder, nur vollbringen, wenn sie vor allen Schäden und Nachteilen vor und nach der Niederkunft behütet wird. Die Sorge für einen ausreichenden Schutz gilt allen deutschen Frauen. Vordringlich ist jedoch ein besonderer Schutz für die im Erwerbsleben stehende Mutter, die trotz erschwerter Lebensbedingungen dem Vaterlande Kinder schenkt. Damit sie die Pflichten ihrer Mutterschaft ungefährdet erfüllen kann, hat die Reichsregierung das folgende Gesetz beschlossen.«*

In der Ausführungsordnung zum Mutterschutzgesetz 1942 hieß es:

> *»Die Vorschriften des Mutterschutzgesetzes, §§ 2–10, und die Abschnitte II–VIII dieser Verordnung finden nur auf Frauen Anwendung, die deutsche Staatsangehörige – aus-*

genommen Juden – oder deutsche Volkszugehörige sind oder folgenden Personenkreisen angehören ...«

1943 wurden Frauen aus bestimmten Ländern, wie Italien, Bulgarien, Spanien, Norwegen, den Niederlanden und einige andere in den gesetzlichen Mutterschutz einbezogen. Deutsch-jüdische Zwangsarbeiterinnen sowie Arbeiterinnen aus »rassisch-minderwertigen Völkern«, insbesondere die polnischen und sowjetischen Zwangsarbeiterinnen, waren ausdrücklich vom Anwendungsbereich ausgenommen. Bis Ende 1942 wurden schwangere Zwangsarbeiterinnen meist in ihre Herkunftsländer abgeschoben. Doch im Kriegsverlauf wurde zunehmend jede Arbeitskraft gebraucht. Die Zwangsarbeiterinnen wurden häufig mit massiven Drohungen zu Zwangsabtreibungen gedrängt. Wurde das Kind trotzdem ausgetragen, galt für sie offiziell ein eingeschränkter Mutterschutz von zwei Wochen vor und sechs Wochen nach der Geburt, auch in dieser Zeit konnten sie aber für zumutbare Tätigkeiten herangezogen werden. Faktisch mussten sie meist schon nach acht bis zehn Tagen an ihre Arbeitsstätte zurückgehen (Spoerer, Zwangsarbeit unter dem Hakenkreuz, 2001, S. 206 ff.). Viele Zwangsarbeiterinnen wurde nach der Geburt ihres Kindes in Durchgangslagern untergebracht (Hauch, Gabriella, Zwangsarbeiterinnen und ihre Kinder: Zum Geschlecht der Zwangsarbeit in Rathkolb, Der Standort Linz der Reichswerke Hermann Göring AG Berlin, 2001, S. 370–371).

e) Das Mutterschutzgesetz 1952

5 Mit dem Entstehen der Bundesrepublik erhielt der Mutterschutz in **Artikel 6 Abs. 4 GG** Verfassungsrang: **»Jede Mutter hat Anspruch auf den Schutz und die Fürsorge der Gemeinschaft«**. Am 6.2.1952 trat das **Gesetz zum Schutze der erwerbstätigen Mutter (Mutterschutzgesetz) – MuSchG** – vom 24.1.1952 (BGBl. I, S. 69) in Kraft. Nach § 1 galt es für Frauen, die in einem Arbeitsverhältnis standen, sowie für weibliche in Heimarbeit Beschäftigte und bestimmte ihnen Gleichgestellte. Das national-sozialistische Gedankengut des Vorläufers wurde beseitigt, ob es auch sonst eine erhebliche Reform darstellte, wird nicht einheitlich gesehen. Was die Beschäftigungsverbote angeht, so wurde bereits im MuSchG 1942 zwischen den individuellen Beschäftigungsverboten außerhalb der Schutzfristen bei Gefährdung von Leib oder Leben von Mutter und Kind sowie den generellen vor- bzw. nachgeburtlichen Beschäftigungsverboten unterschieden. Das MuSchG 1952 verstärkte allerdings das Beschäftigungsverbot in den letzten Wochen vor der Geburt, weil die werdende Mutter bisher nur »auf ihr Verlangen« von jeder Arbeit zu befreien war (§ 2 Abs. 3 MuSchG 1942), während nun der Arbeitgeber das Verbot der Beschäftigung von sich aus zu beachten hatte, sobald ihm die Schwangerschaft bekannt wurde. Andererseits gab § 3 MuSchG 1952 der Schwangeren aber die Möglichkeit, sich im Ausnahmefall – jederzeit widerruflich – zur Weiterarbeit innerhalb der vorgeburtlichen Schutzfrist bereit zu erklären. Die vorgeburtliche Schutzfrist betrug grundsätzlich sechs Wochen, für »Hausgehilfinnen und Tagesmädchen« allerdings nur vier Wochen.

f) Änderungsgesetze seit 1965 und Europäische Rechtsentwicklung

Durch das Gesetz zur Änderung des Mutterschutzgesetzes und der Reichsversicherungsordnung vom 24.8.1965 (BGBl. I S. 912), das durch Finanzierungsprobleme zunächst suspendiert wurde und erst nach einer Neufassung vom 18.4.1968 (BGBl. I S. 315) mit erheblicher Verspätung in Kraft trat, wurde die Schutzfrist vor dem Geburtstermin durch Änderung von § 3 Abs. 1 MuSchG allgemein auf sechs Wochen bestimmt, weiterhin als relatives Verbot, weil die Schwangere sich wie bisher bereit erklären konnte, auch innerhalb dieser Schutzfrist zu arbeiten. Bei der Beratung des Änderungsgesetzes 1965 gab es den Vorschlag, die vorgeburtliche Schutzfrist des § 3 Abs. 2 MuSchG auf acht Wochen zu verlängern und als absolutes Beschäftigungsverbot auszugestalten, dies ist im Gesetzgebungsverfahren aber abgelehnt worden (vgl. Ausschussbericht zu BT Drucksache IV/3652, S. 3 zu Nr. 3). 6

Am 19.10.1992 wurde vom Rat der Europäischen Gemeinschaft die Richtlinie über die Durchführung von Maßnahmen zur Verbesserung der Sicherheit und des Gesundheitsschutzes von schwangeren Arbeitnehmerinnen, Müttern und stillenden Arbeitnehmerinnen am Arbeitsplatz erlassen (sog. **Mutterschutzrichtlinie 92/85/EWG**). Nach Artikel 8 Abs. 1 dieser Richtlinie ist Arbeitnehmerinnen ein **Mutterschaftsurlaub von 14 Wochen** zu gewähren, wobei den Einzelstaaten überlassen bleiben soll, wie sich diese Frist auf die Zeit vor und nach der Geburt verteilt. 7

Um die vollen 14 Wochen dieser EG-Richtlinie in Deutschland in jedem Fall zu gewährleisten, wurde das Mutterschutzgesetz noch zweimal ergänzt. Mit Wirkung ab 1.1.1997 (BGBl. I S. 2110) erfolgte eine Änderung von § 6 Abs. 1 MuSchG dahin gehend, dass sich die Schutzfrist nach der Entbindung um den Zeitraum verlängert, der nach § 3 Abs. 2 wegen einer Frühgeburt nicht in Anspruch genommen werden konnte. Da eine Entbindung vor dem Geburtstermin, zumal dieser immer nur prognostisch vorausberechnet werden kann, nicht immer eine »Frühgeburt« sein muss, wurde § 6 Abs. 1 MuSchG mit Gesetz vom 16.6.2002 (BGBl. I S. 1812) noch dahin gehend erweitert, dass sich die nachgeburtliche Mutterschutzfrist auch bei »sonstigen vorzeitigen Entbindungen« um den Zeitraum, der vor der Geburt nicht in Anspruch genommen werden konnte, verlängert. 8

g) Die Entwicklung in der DDR von 1949–1990

Nach Gründung der DDR am 7.10.1949 waren dort nach und nach eigenständige mutterschutzrechtliche Regelungen geschaffen und fortentwickelt worden, bis im Zuge der Wiedervereinigung mit Wirkung ab dem 1.1.1991 das Mutterschutzrecht der Bundesrepublik Deutschland für ganz Deutschland in Kraft gesetzt wurde (Literatur: Ute Edel, Die Entwicklung des Mutterschutzrechtes in Deutschland, 1. Aufl. 1983, S. 116–124). Die Frauenarbeitsquote in der DDR war höher als in der Bundesrepublik, sie betrug 1950 schon 44 % und stieg bis 1986 bereits auf 91,3 % an (Ute Edel, Die Entwicklung des Mutterschutzrechtes in Deutschland, 1. Aufl. 1983 unter Hinweis auf Honeckers Bericht des ZK der SED auf dem XI. Parteitag der SED, veröffentlicht in Neues Deutschland vom 18.4.1986, S. 8). Rechtlich gesehen gab es durchaus Parallelen, so bestimmte – ganz ähnlich wie Artikel 6 Abs. 4 des Grundgesetzes der Bundesrepublik – der Artikel 38 Abs. 1 der Verfassung 9 der DDR vom 6.4.1968 (GBl. I S. 199) in der Fassung vom 7.10.1974 (GBl. I S. 432): »Mutter und Kind genießen den besonderen Schutz des Sozialistischen Staates«. Weitere Grundlagen für den gesetzlichen Mutterschutz in der DDR waren das Gesetz über den Mutter- und Kinderschutz und die Rechte der Frau vom 27.9.1950 (GBl. I S. 1037), in der Fassung des Änderungsgesetzes vom 28.5.1958 (GBl. I S. 416) und das Gesetzbuch der Arbeit der Deutschen Demokratischen Republik vom 12.4.1961 (GBl. I S. 27). Dieses Gesetz regelte in § 129 Abs. 1 als Generalklausel, dass Frauen allgemein nicht mit schweren oder gesundheitsgefährdenden Arbeiten beschäftigt werden durften. Im Folgenden regelte es die Beschäftigungsverbote für schwangere und stillende Mütter. Gem. § 130 Abs. 1 bestand ein absolutes Verbot der Überstunden- oder Nachtarbeit für schwangere und stillende Mütter. § 129 Abs. 2 verbot die Beschäftigung mit Arbeiten, die nach Gutachten des Betriebsarztes oder des Arztes der Schwangeren-Beratungsstelle das Leben oder die Gesundheit der Frau bzw. des Kindes gefährden könnten. Die Frauen waren dann gem. § 129 Abs. 3 Satz 1 mit einer leichteren oder geeigneteren Arbeit zu beschäftigen. Diese Schonarbeitsplätze waren von den Betrieben in ausreichender Zahl bereitzustellen. Auch wenn dort an sich ein geringerer Lohn erzielt wurde, blieb das ausgezahlte Entgelt gleich, denn gem. § 129 Abs. 3 Satz 2 Halbsatz 2 erhielt die Frau in diesen Fällen den Differenzbetrag bis zu ihrem bisherigen Durchschnittsverdienst als Ausgleichszahlung. Stellte der Betrieb keinen Schonarbeitsplatz zur Verfügung, sodass die Arbeitnehmerin nicht beschäftigt werden konnte, wurde trotzdem der bisherige Durchschnittsverdienst weitergezahlt (§ 129 Abs. 3 Satz 2). § 131 Abs. 1 bestimmte, dass Frauen im Zusammenhang mit der Geburt eines Kindes Schwangerschafts- und Wochenurlaub erhalten. Genaueres regelte § 44 Abs. 1 der Verordnung über die Sozialversicherung der Arbeiter und Angestellten (SVO). Diese Zeiten beliefen sich auf sechs Wochen Schwangerschaftsurlaub vor der Entbindung und 12 Wochen Wochenurlaub nach der Entbindung, letzterer verlängerte sich bei Mehrlingsgeburten oder komplizierten Entbindungen um weitere zwei Wochen auf insgesamt 14 Wochen. Erfolgte eine Frühgeburt, so verlängerte sich der Wochenurlaub um den nicht in Anspruch genommenen Schwangerschaftsurlaub, sodass die Arbeitnehmerinnen in der DDR insgesamt eine Schutzfrist von mindestens 18 Wochen erhielten (§ 43 Abs. 3 Satz 1 SVO). Bei Spätgeburten verlängerte sich der Schwangerschaftsurlaub; die zusätzlich gewährten Tage wurden nicht auf den Wochenurlaub angerechnet, sodass die Arbeitnehmerinnen insgesamt mehr als 18 Wochen von der Arbeit freigestellt waren. § 132 gewährte stillenden Müttern bei Vorlage einer Stillbescheinigung bis zu sechs Wochen nach der Geburt täglich zwei Stillpausen von je 45 Minuten, welche die Arbeitnehmerin zusammenhängend oder zu Beginn oder Ende der täglichen Arbeitszeit beanspruchen konnte – ohne finanzielle Nachteile. Gem. § 131 Abs. 4 konnten die Mütter im Anschluss an den Wochenurlaub unbezahlte Freizeit bis längstens zur Vollendung des ersten Lebensjahres des Kindes verlangen – ohne Lohnzahlung bei Ruhen des Arbeitsverhältnisses. Das Gesetz der Arbeit wurde abgelöst durch das Arbeitsgesetzbuch der Deutschen Demokratischen Republik vom 16.6.1977 (GBl. I S. 185), das letztmalig – kurz vor der Wiedervereinigung – noch einmal geändert wurde durch Gesetz vom 22.6.1990 (GBl. I S. 371). Das Arbeitsgesetzbuch erweiterte den Mutterschutz der DDR. Gem. § 242 Abs. 1

durften Schwangere, stillende Mütter und Mütter mit Kindern im Alter bis zu einem Jahr nicht mit Arbeiten beschäftigt werden, die in besonderen Rechtsvorschriften festgelegt waren. Aber auch bestimmte individuell auftretende Umstände oder Belastungen konnten nach § 242 Abs. 2 berücksichtigt werden. § 243 Abs. 2 ermöglichte es Frauen mit Kindern im Vorschulalter, Nacht- und Überstundenarbeiten abzulehnen. Nach § 244 betrug der Schwangerschaftsurlaub sechs Wochen vor der Entbindung und der Wochenurlaub 20 Wochen nach der Entbindung, bei Mehrlings- oder komplizierten Geburten 22 Wochen. Durch § 246 wurden die Möglichkeiten einer Freistellung bei mehreren Kindern erweitert, ab dem 3. Kind konnten werktätige Mütter Freistellung bis zur Vollendung des 18. Lebensmonats des zuletzt geborenen Kindes beanspruchen. Neben den gesetzlichen Vorschriften galten in der DDR auch verschiedene Verordnungen, insbesondere die Verordnung über die Sozialversicherung der Arbeiter und Angestellten vom 21.12.1961 (GBl. II S. 533); die Verordnung über die Erhöhung der staatlichen Geburtenbeihilfe und die Verlängerung des Wochenurlaubes vom 10.5.1972 (GBl. II S. 307, 314) in der Fassung der Verordnung über die Verlängerung des Wochenurlaubes und die Verbesserung von Leistungen bei Mutterschaft vom 27.5.1976 (GBl. I S. 269) und die Verordnung vom 17.11.1977 (GBl. I S. 373).

h) Einheitliches Recht für Deutschland seit 1991

Durch das Gesetz zu dem Vertrag zwischen der Bundesrepublik Deutschland und 10
der Deutschen Demokratischen Republik über die Herstellung der Einheit Deutschlands – **Einigungsvertragsgesetz** – und die Vereinbarung vom 18.9.1990 (Gesetz vom 23.9.1990, BGBl. II S. 885) wurde die Angleichung der unterschiedlichen Regelungen des Mutterschutzes geregelt. In Kapitel III (Rechtsangleichung), Artikel 8, wurde die Überleitung von Bundesrecht so geregelt, dass mit dem Wirksamwerden des Beitritts der Länder der Deutschen Demokratischen Republik dort Bundesrecht in Kraft tritt, soweit durch diesen Vertrag, insbesondere dessen Anlage I, nichts anderes bestimmt wird. In dieser Anlage I, Kapitel X, Geschäftsbereich des Bundesministers für Jugend, Familie, Frauen und Gesundheit, Sachgebiet A, Frauenpolitik, Abschnitt III, wurde geregelt, dass das Mutterschutzgesetz in der Fassung der Bekanntmachung vom 18.4.1968 **ab 1.1.1991** in **den neuen Bundesländern anzuwenden ist** (nicht für Geburten vor dem 1.1.1991, für die übergangsweise noch die alten DDR-Regelungen Anwendung fanden).

i) Reform des Mutterschutzrechts 2017

Mit dem **Gesetz zur Neuregelung des Mutterschutzrechts vom 23. Mai 2017** (BGBl. I 11
S. 1228) wurde das Mutterschutzrecht reformiert. Artikel 1 des Gesetzes beinhaltet das neu gefasste Gesetz zum Schutz von Müttern bei der Arbeit, in der Ausbildung und im Studium (Mutterschutzgesetz – MuSchG). Das bisherige Gesetz zum Schutz der erwerbstätigen Mutter (Mutterschutzgesetz – MuSchG) in der Fassung der Bekanntmachung vom 20.6.2002 (BGBl. I S. 2318) sowie die Verordnung zum Schutz der Mütter am Arbeitsplatz vom 15.4.1997 (BGBl. I S. 782) traten nach Artikel 10 Absatz 2 und 3 des Gesetzes zur Neuregelung des Mutterschutzrechts

vom 23. Mai 2017 zugleich am 1.1.2018 außer Kraft (vgl. zur Reform des Mutterschutzrechts 2017 § 1 Rdn. 1). Im Vergleich zum bisherigen MuSchG (nachfolgend: MuSchG a.F.) wurden hierbei u.a. die Regelungen zu den generellen Beschäftigungsverboten vor (bisher § 3 Abs. 2 MuSchG a.F.) und nach der Entbindung (bisher § 6 Abs. 1 MuSchG a.F.) als Regelungen zu den Schutzfristen vor und nach der Entbindung in § 3 MuSchG zusammengefasst und inhaltlich im Hinblick auf die Schutzfrist nach der Entbindung um eine Verlängerung für den Fall einer ärztlich festgestellten Behinderung des Kindes sowie um Regelungen für die neu in den Anwendungsbereich des MuSchG aufgenommenen Schülerinnen und Studentinnen erweitert. Abweichend vom Inkrafttreten des MuSchG n.F. insgesamt am 1.1.2018 gilt die Verlängerung der Schutzfrist nach der Entbindung aufgrund einer Änderung des § 6 Absatz 1 MuSchG a.F. durch Artikel 8 Nummer 1 des Gesetzes zur Neuregelung des Mutterschutzrechts vom 23. Mai 2017 bereits seit dem 30.5.2017. Regelungen zu den Verboten von Mehr-, Nacht-, Sonn- und Feiertagsarbeit (bisher § 8 MuSchG a.F.) finden sich nun in § 4 (Mehrarbeit), § 5 (Nachtarbeit) und § 6 (Sonn- und Feiertagsarbeit). § 10 Absatz 3 beinhaltet ein Beschäftigungsverbot für Tätigkeiten, für welche der Arbeitgeber die nach § 10 Absatz 2 Satz 1 erforderlichen Schutzmaßnahmen nicht getroffen hat. Ein Beschäftigungsverbot i.S.d. MuSchG kann sich auch aus § 13 Absatz 1 Nummer 3 ergeben, wenn unverantwortbare Gefährdungen vorliegen und der Arbeitgeber diese nicht durch Schutzmaßnahmen oder einen Arbeitsplatzwechsel ausschließen kann. Das bisher in § 3 Abs. 1 MuSchG a.F. enthaltene Verbot der Beschäftigung einer schwangeren Frau für den Fall, dass nach ärztlichem Zeugnis Leben oder Gesundheit von Mutter oder Kind bei Fortsetzung der Beschäftigung gefährdet sind, sowie die Beschränkung der Heranziehung zur Arbeit im Fall eingeschränkter Leistungsfähigkeit in den ersten Monaten nach der Entbindung (bisher § 6 Abs. 2 MuSchG a.F.) wurden schließlich in überarbeiteter Fassung unter der Überschrift »Ärztliches Beschäftigungsverbot« in § 16 zusammengefasst.

j) Gesetzesänderungen 2025

12 Mit **Art. 54 des Vierten Bürokratieentlastungsgesetzes** vom 23.10.2024 (4. BEntlG, BGBl. 2024 I Nr. 323) wurde **§ 10 MuSchG mit Wirkung zum 1.1.2025** dahin gehend geändert, dass die Verpflichtung zur generellen mutterschutzrechtlichen **Gefährdungsbeurteilung** nach § 10 Absatz 1 Satz 1 entfällt, wenn gemäß einer zu diesem Zweck nach § 30 Absatz 4 veröffentlichten Regel oder Erkenntnis des Ausschusses für Mutterschutz eine schwangere oder stillende Frau die Tätigkeit nicht ausüben oder einer Arbeitsbedingung nicht ausgesetzt sein darf (vgl. hierzu § 10 Rdn. 22 ff.). Im Hinblick auf die **Beschäftigungsverbote** nach § 3 erfuhr das MuSchG mit dem **Mutterschutzanpassungsgesetz** vom 24.2.2025 (MuSchAnpG, BGBl. 2025 I Nr. 59) **mit Wirkung** zum 1.6.2026 eine Änderung: Durch die Aufnahme des neuen Satz 5 in § 3 Absatz 2 wird klargestellt, dass die verlängerten nachgeburtlichen Schutzfristen nach § 3 Absatz 2 Satz 2 nur im Fall einer Lebend-, nicht aber bei einer Totgeburt gelten. Mit der Aufnahme des neuen § 3 Absatz 5 wird ein im Hinblick auf seine Dauer nach dem Fortschritt der Schwangerschaft gestaffeltes

Beschäftigungsverbot auch nach einer Fehlgeburt ab der 13. Schwangerschaftswoche geregelt (vgl. zum Hintergrund der Neuregelung auch § 2 Rdn. 30 f.).

2. Die Beschäftigungsverbote des MuSchG

a) Begriff des Beschäftigungsverbots im Sinne des MuSchG

Unter den Begriff des **Beschäftigungsverbots im Sinne des MuSchG** fallen nach § 2 Absatz 3 Satz 1 das Beschäftigungsverbot während der Schutzfristen vor und nach der Entbindung (**§ 3**), das Verbot der Mehr-, Nacht-, Sonn- und Feiertagsarbeit (**§§ 4, 5, 6**), das Beschäftigungsverbot für Tätigkeiten, für welche der Arbeitgeber die erforderlichen Schutzmaßnahmen unterlassen hat (**§ 10 Absatz 3**), das Beschäftigungsverbot im Fall unverantwortbarer Gefährdungen (**§ 13 Absatz 1 Nummer 3**) und das ärztliche Beschäftigungsverbot (**§ 16**). 13

Für in **Heimarbeit** beschäftigte Frauen und ihnen Gleichgestellte tritt nach § 2 Absatz 3 Satz 2 an die Stelle des Beschäftigungsverbots das Verbot der Ausgabe von Heimarbeit, das sich aus den Regelungen der § 3 (Schutzfristen vor und nach der Entbindung), § 8 (Beschränkung der Heimarbeit für schwangere und stillende Beschäftigte im zeitlichen Umfang), § 13 Absatz 2 (Verbot der Ausgabe von Heimarbeit im Fall unverantwortbarer Gefährdungen) und 16 (ärztliches Beschäftigungsverbot) ergibt.

b) Systematische Einordnung der Beschäftigungsverbote

Systematisch lassen sich die Beschäftigungsverbote nach ihrer zeitlichen Lage, ihrer zwingenden oder mit Ausnahmemöglichkeiten versehenen Geltung, ihrem Umfang und ihrer generellen oder einzelfallbezogenen Geltung einordnen. 14

Zeitlich kann zwischen Beschäftigungsverboten **vor und** Beschäftigungsverboten **nach** der **Geburt** unterschieden werden. In § 3 Absatz 1 regelt das MuSchG die Schutzfrist vor der Entbindung, in § 16 Absatz 1 das ärztliche Beschäftigungsverbot während der Schwangerschaft. § 3 Absätze 2 bis 4 regeln sodann die Schutzfrist nach der Entbindung, § 3 Absatz 5 regelt das Beschäftigungsverbot nach einer Fehlgeburt ab der 13. Schwangerschaftswoche, § 16 Absatz 2 den Fall der eingeschränkten Leistungsfähigkeit in den ersten Monaten nach der Entbindung. Die Regelungen der §§ 4 bis 6, 10 Absatz 3 und 13 Absatz 1 Nummer 3 betreffen hingegen schwangere ebenso wie stillende Frauen. 15

Während es sich bei einigen Beschäftigungsverboten um **absolute** handelt, die **zwingend** und **unabdingbar** sind, lässt das Gesetz bei anderen, **relativen** Beschäftigungsverboten **Ausnahmen** zu. So ist beispielsweise das generelle nachgeburtliche Beschäftigungsverbot von acht bzw. im gesetzlichen Verlängerungsfall zwölf Wochen nach der Entbindung – mit Ausnahme der Sonderregelung für Schülerinnen und Studentinnen nach § 3 Absatz 3, der Sonderregelung für den Fall des Todes des Kindes nach § 3 Absatz 4, der Regelung für Fehlgeburten nach § 3 Absatz 5 und seiner Geltung für arbeitnehmerähnliche Personen nach § 1 Absatz 2 Satz 2 Nummer 7 (gegen die Möglichkeit der arbeitnehmerähnlichen Person zum Verzicht auf die Befreiung im Rahmen der Beschäftigungsverbote nach § 3 Abs. 2 und § 13 Abs. 1 Nr. 3: Brose/Weth/Volk- 16

Latterner/Weth, 9. Auflage, § 2 MuSchG Rn. 26 ff.; ohne Hinweis auf eine solche Einschränkung: AR-Vossen, 10. Auflage, § 2 MuSchG Rn. 4; Tillmanns/Mutscher-Tillmanns, 3. Auflage, § 2 MuSchG Rn. 3) – ein absolutes Beschäftigungsverbot, unabhängig vom eventuell vorhandenen Arbeitswillen der Mutter. Die vorgeburtliche Schutzfrist von sechs Wochen beinhaltet dagegen nur ein relatives Verbot, die Schwangere kann sich nach § 3 Absatz 1 Satz 1 zur Arbeitsleistung auch innerhalb der letzten sechs Wochen vor dem voraussichtlichen Entbindungstermin bereit erklären.

17 Im Hinblick auf den **Umfang** des Beschäftigungsverbots kann man zwischen Beschäftigungsverboten, die als **totale** Verbote **jede Art von Beschäftigung**, gleich welcher Art und Dauer, verbieten, und solchen Verboten unterscheiden, die eine Arbeitsleistung nicht gänzlich, sondern nur **partiell** untersagen. Wenn z.B. in § 16 Abs. 1 formuliert ist: »(...), soweit nach einem ärztlichem Zeugnis (...)«, bringt das Gesetz damit zum Ausdruck, dass dieses individuelle und auch absolute – der Dispositionsbefugnis der Arbeitsvertragsparteien entzogene – Beschäftigungsverbot nicht unbedingt auch ein totales sein muss. Vielmehr kann der Arzt auf die Gefährdungseinschätzung auch differenziert reagieren, z.B. nur bestimmte Tätigkeiten untersagen (im Sinne einer Negativliste), nur bestimmte Tätigkeiten erlauben (im Sinne einer Positivliste) oder nur die Dauer der Arbeitszeit begrenzen (z.B. auf 4 Std. täglich). Der Arbeitgeber kann in diesem Fall die Beschäftigung an sich fortsetzen, wenn er der Frau entsprechend der Vorgaben des ärztlichen Zeugnisses beispielsweise eine nicht gefährdende Tätigkeit zuweist oder die Arbeitszeit anpasst (vgl. Brose/Weth/Volk, 9. Auflage, § 16 MuSchG Rn. 54). Bei dem Beschäftigungsverbot während der Schutzfrist nach der Entbindung handelt es sich hingegen beispielsweise um ein totales Beschäftigungsverbot.

18 Systematisch kann schließlich zwischen **generellen** Beschäftigungsverboten, die für alle Frauen gelten, und **individuellen** Beschäftigungsverboten, die auf die besondere körperliche Konstitution und gesundheitliche Situation einer bestimmten Frau in einer konkreten Situation Rücksicht nehmen und nur diese einzelne Frau betreffen, unterschieden werden. Letztere ermöglichen ein Beschäftigungsverbot auch dann, wenn die Beschäftigung nicht generell gesundheitsgefährdend ist. Die Unterscheidung zwischen generellen und individuellen Beschäftigungsverboten hat sich, obwohl diese Begriffsbezeichnungen im Gesetz selbst nicht vorkommen, allgemein durchgesetzt (vgl. z.B. BAG vom 9.8.2016, 9 AZR 575/15, EzA § 17 MuSchG Nr. 1; BAG vom 11.11.1998, 5 AZR 49/98, EzA § 3 MuSchG Nr. 5; LAG Berlin-Brandenburg vom 16.9.2015, 23 Sa 1045/15, JurionRS 2015, 36473; AR-Vossen, 10. Auflage, § 3 MuSchG Rn. 5; Tillmanns/Mutschler-Felder, 3. Auflage, § 3 MuSchG Rn. 2).

3. Verbot der Beschäftigung

a) Tatsächliches Beschäftigungsverbot

19 Ein Beschäftigungsverbot bewirkt, dass der Arbeitgeber die betreffende Frau, bei einem partiellen Beschäftigungsverbot gegebenenfalls nur teilweise, mit den erfassten Tätigkeiten oder zu den verbotenen Zeiten, **tatsächlich nicht beschäftigen darf**. Ein Vor- oder Nacharbeiten der ausfallenden Arbeitszeit kann der Arbeitgeber nicht verlangen (vgl. Brose/Weth/Volk, 9. Auflage, § 16 MuSchG Rn. 48). Die generellen Beschäfti-

gungsverbote gelten unmittelbar kraft Gesetzes (vgl. zu § 4 MuSchG a.F.: BAG vom 9.8.2016, 9 AZR 575/15, EzA § 17 MuSchG Nr. 1). Sie sind, soweit ihre Voraussetzungen vorliegen, mit der Kenntnis des Arbeitgebers von der Schwangerschaft sofort zu beachten. Die individuellen Beschäftigungsverbote sind zu beachten, sobald beispielsweise ein entsprechendes ärztliches Zeugnis, das für das Beschäftigungsverbot nach § 16 Absatz 1 konstitutiv ist (vgl. zu § 3 Abs. 1 MuSchG a.F.: BAG vom 21.3.2001, 5 AZR 352/99, EzA § 3 MuSchG Nr. 7; BAG vom 11.11.1998, 5 AZR 49/98, EzA § 3 MuSchG Nr. 5), zur Kenntnis des Arbeitgebers gelangt. Schon bisher wurde in diesem Zusammenhang häufig von einem »ärztlichen Beschäftigungsverbot« gesprochen, dieser Begriff findet sich nun auch in der Überschrift des § 16. Das Beschäftigungsverbot gilt lediglich im Anwendungsbereich des MuSchG nach § 1 MuSchG – der Einsatz als Schöffe beispielsweise kann von einem mutterschutzrechtlichen Beschäftigungsverbot nicht erfasst werden. Die im Ehrenamt ausgeübten Schöffentätigkeit ist weder eine Beschäftigung im Sinne des § 7 Absatz 1 SGB IV (vgl. BGH vom 30.09.2021, 5 StR 161/21, WKRS 2021, 51034), noch finden die für Berufsrichter geltenden mutterschutzrechtlichen Regelungen Anwendung.

Außerhalb der generellen Beschäftigungsverbote wie beispielsweise der Schutzfristen vor und nach der Entbindung oder Fehlgeburt sollen insbesondere **betriebliche Beschäftigungsverbote** nach dem Willen des Gesetzgebers jedoch **das letzte Mittel** sein, das nur eingreift, wenn eine unverantwortbare Gefährdung nicht in anderer Weise ausgeschlossen werden kann. Das Mutterschutzgesetz soll es der Frau ermöglichen, ihre Tätigkeit ohne Gefährdung ihrer Gesundheit oder der ihres Kindes fortzusetzen. Hierzu sollen grundsätzlich alle verfügbaren Präventionsmaßnahmen ausgeschöpft werden (vgl. hierzu BT-Drucks. 18/8963 S. 48). Diese Rangfolge der Schutzmaßnahmen findet sich auch in § 13 Absatz 1 wieder, der den Arbeitgeber bei festgestellten unverantwortbaren Gefährdungen nach §§ 9, 11 oder 12 zunächst zur Umgestaltung der Arbeitsbedingungen oder zum Einsatz der Frau auf einem anderen geeigneten Arbeitsplatz verpflichtet. 20

b) Leistungsverweigerungsrecht der Frau

Der Arbeitgeber ist unter dem Gesichtspunkt der Fürsorgepflicht, die durch die öffentlich-rechtlichen Arbeitsschutznormen inhaltlich bestimmt wird, arbeitsvertraglich verpflichtet, die Beschäftigungsverbote zu beachten. Solange und soweit ein Beschäftigungsverbot reicht, kann die Frau deshalb **die Arbeit verweigern**, sie gerät dadurch **nicht in Leistungsverzug** (vgl. Brose/Weth/Volk-Weth, 9. Auflage, § 3 MuSchG Rn. 88; schon zum ärztlichen Beschäftigungsverbot nach MuSchG a.F.: Schaub-Linck, 17. Auflage, § 168 Rn. 5), darf deswegen weder abgemahnt noch gekündigt werden und kann als Lohnersatz die jeweils einschlägige Mutterschutzleistung vom Arbeitgeber verlangen. Die Frau kann die Arbeitsleistung ablehnen, **soweit** die ihr obliegende Tätigkeit unter ein Beschäftigungsverbot fällt. Nimmt der Arbeitgeber auf das Beschäftigungsverbot Rücksicht und weist der Frau erlaubte und zumutbare Arbeit im Rahmen der vertraglichen Vereinbarungen zu (vgl. Rdn. 25 ff.), dann verliert die Arbeitnehmerin durch die Ablehnung der Arbeit regelmäßig den Lohnanspruch für die (neue) Arbeit. Auch ein Anspruch auf Mutterschutzlohn nach 21

§ 18 MuSchG kann nicht entstehen, weil das für die bisherige Arbeit geltende Beschäftigungsverbot durch die Zuweisung erlaubter Arbeit entfällt und daher für den Lohnausfall nicht ursächlich ist (vgl. Rdn. 30).

c) Durchsetzung durch die Aufsichtsbehörden/Bußgeld- und Strafvorschriften

22 Die Beschäftigungsverbote richten sich gegen den Arbeitgeber und sind in erster Linie öffentlich-rechtliche Vorschriften. Ihre Einhaltung ist von den zuständigen **Aufsichtsbehörden** nach § 29 zu überwachen und gegebenenfalls mit **verwaltungsrechtlichen Mitteln durchzusetzen** (vgl. zu § 4 Absatz 2 Nr. 6 2. Alt. MuSchG a.F.: BVerwG vom 26.4.2005, 5 C 11.04, JurionRS 2005, 18695 – Verbot der Beschäftigung einer Erzieherin, die nicht über Mumps-Antikörper verfügt, in einem Kindergarten). Der Aufgabenerfüllung durch die Aufsichtsbehörden dienen auch die **Mitteilungspflichten des Arbeitgebers nach § 27**, der Arbeitgeber muss hiernach beispielsweise die Aufsichtsbehörde unverzüglich benachrichtigen, wenn ihm eine Frau ihre Schwangerschaft mitteilt, § 27 Absatz 1 Nummer 1a).

23 Die vorsätzliche oder fahrlässige Beschäftigung von Frauen unter Verstoß gegen ein Beschäftigungsverbot kann nach **§ 32** als **Ordnungswidrigkeit** mit einem **Bußgeld** von bis zu 30 000 € geahndet werden. Wer die Handlung vorsätzlich begeht und dadurch die Gesundheit der Frau oder ihres Kindes gefährdet, wird nach **§ 33** mit **Freiheitsstrafe bis zu einem Jahr oder mit Geldstrafe bestraft.**

d) Schadensersatzansprüche bei Verstößen gegen Beschäftigungsverbote

24 Schuldhafte Verstöße des Arbeitgebers oder seines Erfüllungs- bzw. Verrichtungsgehilfen gegen ein Beschäftigungsverbot können auch zu Schadensersatzansprüchen der Frau führen. Als Anspruchsgrundlage hierzu kommt mit Blick auf die Pflichten im Schuldverhältnis **§ 280 Absatz 1 BGB** in Betracht. § 280 Absatz 1 BGB erfasst auch die Verletzung von Schutzpflichten, die sich nach § 241 Absatz 2 BGB aus dem Vertragsverhältnis ergeben können (vgl. Prütting/Wegen/Weinreich-Schmidt-Kessel/Kramme, 13. Auflage, § 280 BGB Rn. 1). Darüber hinaus können Schadensersatzansprüche, auch solche des Kindes, auf **§ 823 BGB** gestützt werden, bei den mutterschutzrechtlichen Beschäftigungsverboten handelt es sich auch um Schutzgesetze im Sinne des § 823 Absatz 2 BGB (vgl. Brose/Weth/Volk-Weth, 9. Auflage, § 3 MuSchG Rn. 85 f.). Sowohl auf vertraglicher, als auch auf deliktischer Grundlage sind grundsätzlich auch Schmerzensgeldansprüche möglich, § 253 Absatz 2 BGB. Im Fall von Arbeitsunfällen nach § 8 SGB VII ist die Beschränkung der Haftung der Unternehmer nach § 104 SGB VII zu berücksichtigen.

e) Möglichkeit des Arbeitgebers zur Weiterbeschäftigung der Frau mit nicht verbotenen Arbeiten

25 Liegt kein totales Beschäftigungsverbot vor, das, wie dies beispielsweise während der Schutzfristen vor und nach der Entbindung der Fall ist, jede Art der Tätigkeit verbietet, kann eine Beschäftigung der Frau mit nicht verbotenen Tätigkeiten in Betracht kommen.

Im **Arbeitsverhältnis** kann der Arbeitgeber grundsätzlich im Rahmen des **§ 106 GewO** Inhalt, Ort und Zeit der Arbeitsleistung bestimmen. Er kann grundsätzlich auch andere Tätigkeiten zuweisen oder die Lage der Arbeitszeit abweichend bestimmen. Das Weisungsrecht des Arbeitgebers besteht aber nur innerhalb der vertraglichen Vereinbarungen und soweit die Arbeitsbedingungen nicht durch Bestimmungen einer Betriebsvereinbarung, eines Tarifvertrages oder durch gesetzliche Vorschriften festgelegt sind. Darüber hinaus muss die nähere Bestimmung der Arbeitsbedingungen nach billigem Ermessen erfolgen. Das Weisungsrecht ermöglicht dem Arbeitgeber, die im Arbeitsvertrag nur rahmenmäßig umschriebene Leistungspflicht im Einzelnen näher zu bestimmen (vgl. BAG vom 30.11.2022, 5 AZR 336/21, WKRS 2022, 60145). 26

Die Zuweisung einer anderen Tätigkeit oder die Bestimmung einer anderen Arbeitszeit 27
im Arbeitsverhältnis muss sich demnach **zunächst im Rahmen der vertraglichen Vereinbarungen zwischen den Parteien bewegen**. Sind Arbeitsbedingungen wie beispielsweise die Art der Tätigkeit oder die Lage der Arbeitszeit arbeitsvertraglich ohne einen die Änderung durch Weisung des Arbeitgebers ermöglichenden Vorbehalt konkret bestimmt, so ist das Weisungsrecht des Arbeitgebers auf diesen vertraglich vorgegebenen Rahmen beschränkt (vgl. Schaub-Linck, 17. Auflage, § 45 Rn. 15; BAG vom 30.11.2016, 10 AZR 11/16, EzA § 106 GewO Nr. 22; BAG vom 22.9.2016, 2 AZR 509/15, EzA § 2 KSchG Nr. 98). Der Umfang des Weisungsrechts wird demnach durch die vertraglichen Vereinbarungen festgelegt (vgl. AR-Kolbe, 10. Auflage, § 106 GewO Rn. 12). Besteht keine Festlegung durch den Arbeitsvertrag, kommt es in der Regel auch bei längerer Nichtausübung des Direktionsrechts durch den Arbeitgeber nicht zu einer Konkretisierung (vgl. BAG vom 18.10.2017, 10 AZR 330/16, JurionRS 2017, 24705; AR-Kolbe, 10. Auflage, § 106 GewO Rn. 42 ff.). Auch für den Fall eines **Beschäftigungsverbotes während der Schwangerschaft** ist nach hier vertretener Auffassung dieser vertragliche Rahmen und der sich aus ihm ergebende Umfang des Direktionsrechts zu beachten. Mit dem mutterschutzrechtlichen Beschäftigungsverbot verbundene besondere Umstände können lediglich im zweiten Schritt, der einzelfallbezogenen Prüfung der Wahrung der Grenzen billigen Ermessens, berücksichtigt werden. Zwar geht das **Bundesarbeitsgericht** beispielsweise in seinen Entscheidungen vom 15.11.2000 (BAG vom 15.11.2000, 5 AZR 365/99, EzA § 11 n.F. MuSchG Nr. 20), 21.4.1999 (BAG vom 21.4.1999, 5 AZR 174/98, EzA § 11 n.F. MuSchG Nr. 18) und 22.4.1998 (BAG vom 22.4.1998, 5 AZR 478/97, EzA § 11 n.F. MuSchG Nr. 17) davon aus, dass die Frau für die absehbare Zeit bis zum Beginn der Mutterschutzfrist **auch** mutterschutzrechtlich erlaubte und zumutbare **Tätigkeiten** ausüben muss, **zu denen sie im Wege des Direktionsrechts nicht angewiesen werden könnte**. Das Bundesarbeitsgericht begründet dies damit, dass die Arbeitnehmerin durch zumutbare Veränderungen ihrer Tätigkeit daran mitwirken müsse, die finanziell nicht unerheblichen Folgen eines Beschäftigungsverbots für den Arbeitgeber möglichst gering zu halten (vgl. zu den verschiedenen Begründungsansätzen hierzu in der Literatur und im Ergebnis für die Möglichkeit des Arbeitgebers, bei einer mutterschutzrechtlichen Umsetzung über den arbeitsvertraglich gesteckten Rahmen hinauszugehen, auch: zum MuSchG a.F. Buchner/Becker, 8. Auflage, Vor §§ 3–8 MuSchG Rn. 35 ff.; so im Ergebnis, wenn auch mit Hinweis auf nach dem Inkrafttreten des AAG engere Grenzen,

auch: Schaub-Linck, 17. Auflage, § 168 Rn. 13; gestützt auf die Rücksichtnahmepflicht der Schwangeren und den Gedanken der Schadensabwendungs- und Minderungspflicht für eine Einzelfallprüfung unter Zumutbarkeitsgesichtspunkten: Brose/Weth/Volk-Volk, 9. Auflage, § 16 MuSchG Rn. 55 f.; für ein besonderes mutterschutzrechtliches Umsetzungsrecht auch: Tillmanns/Mutschler-Just, 3. Auflage, § 6 MuSchG Rn. 26; für ein erweitertes Direktionsrecht: Tillmanns/Mutschler-Felder, 3. Auflage, § 13 MuSchG Rn. 32; gegen eine über das verbleibende Direktionsrecht hinausgehende Möglichkeit, nach § 13 Absatz 1 Nummer 2 eine den arbeitsvertraglichen Vereinbarungen nicht entsprechende Tätigkeit zuzuweisen: Dörner/Luczak/Wildschütz/Baeck/Hoß, Handbuch des Arbeitsrechts-Dörner, 16. Auflage, Kapitel 2 Rn. 25). Nach hier vertretener Auffassung ist dieser Argumentation mit Blick auf den sich aus § 1 Abs. 2 Nr. 2 AAG (Gesetz über den Ausgleich der Arbeitgeberaufwendungen für Entgeltfortzahlung vom 22.12.2005 – Aufwendungsausgleichsgesetz – (BGBl. I S. 3686)) ergebenden vollständigen Erstattungsanspruch des Arbeitgebers für den Mutterschutzlohn während eines Beschäftigungsverbots (vgl. zum Hintergrund der Aufgabe der Differenzierung nach Beschäftigtenanzahl für diesen Erstattungsanspruch zur Beseitigung der Gefahr einer Diskriminierung von Frauen bei der Einstellung: AR-Vossen, 10. Auflage, § 1 AAG Rn. 4) sowie die Vorgaben des seit dem 18.8.2006 geltenden AGG nicht mehr zu folgen. Die unmittelbaren finanziellen Folgen für den Arbeitgeber werden durch die vollständige Erstattung des Mutterschutzlohns nach § 1 Abs. 2 Nr. 2 AAG unabhängig von der Betriebsgröße begrenzt. Eine Grundlage dafür, nur im Fall eines Beschäftigungsverbots ein gegebenenfalls sogar über den vertraglichen Rahmen hinausgehendes Direktionsrecht anzunehmen, besteht nicht, dem dürfte vielmehr § 3 Absatz 1 Satz 2 AGG entgegenstehen. Auch aus § 13 Absatz 1 Nummer 2 ergibt sich nicht, dass für die Prüfung des Einsatzes der Frau auf einem anderen Arbeitsplatz die arbeitsvertraglichen Regelungen unberücksichtigt bleiben. Die Begründung des Gesetzentwurfs bezieht in ihren Ausführungen zu einem Arbeitsplatzwechsel im Sinne des § 13 Absatz 1 Nummer 2 die arbeitsvertraglichen Vereinbarungen vielmehr mit ein, wenn sie darauf hinweist, dass – unter Berücksichtigung der arbeitsvertraglichen Vereinbarungen – ein Wechsel grundsätzlich auf jeden Arbeitsplatz des Arbeitgebers, auch in anderen Betriebsteilen oder Arbeitsstätten in Betracht kommt (vgl. BT-Drucks. 18/8963 S. 83).

28 Kann der Arbeitgeber sein Weisungsrecht im Rahmen der vertraglichen Vereinbarungen ausüben, so muss er hierbei die **Grenzen billigen Ermessens nach §§ 106 Satz 1 GewO, 315 BGB wahren**. Dies verlangt eine Abwägung der wechselseitigen Interessen nach verfassungsrechtlichen und gesetzlichen Wertentscheidungen, den allgemeinen Wertungsgrundsätzen der Verhältnismäßigkeit und Angemessenheit sowie der Verkehrssitte und Zumutbarkeit, wobei in die Abwägung alle Umstände des Einzelfalls einzubeziehen sind (vgl. BAG vom 18.10.2017, 10 AZR 330/16, JurionRS 2017, 24705; BAG vom 30.11.2016, 10 AZR 11/16, EzA § 106 GewO Nr. 22). Auch die Begründung des Gesetzentwurfs zum Gesetz zur Neuregelung des Mutterschutzrechts betont diese Prüfung der Verhältnisse des Einzelfalls und weist unter Bezugnahme auf eine Entscheidung des Bundesarbeitsgerichts vom 14.4.1972 (3 AZR 395/71) darauf hin, dass sich die Unzumutbarkeit eines Arbeitsplatzwechsels auch aus der Unvereinbarkeit hiermit verbundener Änderungen der Arbeitszeit mit privaten Verpflichtungen

der schwangeren oder stillenden Frau, etwa der Betreuung weiterer Kinder oder anderer Angehöriger, ergeben kann (vgl. BT-Drucks. 18/8963 S. 83). In seiner Entscheidung vom 22.4.1998 (BAG vom 22.4.1998, 5 AZR 478/97, EzA § 11 n.F. MuSchG Nr. 17) betrachtet das Bundesarbeitsgericht beispielsweise bei einer Flugbegleiterin eine Verlagerung des Arbeitsortes nun zu Bürotätigkeiten, verbunden mit einer 1,5 stündigen Bahnreise als Anreise und einer Unterbringung während der Woche im Hotel noch zu Beginn des sechsten Schwangerschaftsmonats als zumutbar und verweist hierzu auch darauf, dass mit der Tätigkeit als Flugbegleiterin regelmäßig Hotelaufenthalte verbunden seien. In seiner Entscheidung vom 21.4.1999 (BAG vom 21.4.1999, 5 AZR 174/98, EzA § 11 n.F. MuSchG Nr. 18) betrachtet das Bundesarbeitsgericht für einen Zeitraum nach dem fünften Schwangerschaftsmonat eine wöchentliche Reise von München nach Berlin und zurück als nicht mehr zumutbar.

Außerhalb eines Arbeitsverhältnisses findet § 106 GewO keine Anwendung. Mit wel- 29
chen Tätigkeiten die Frau beschäftigt werden kann, richtet sich nach den jeweiligen vertraglichen Vereinbarungen. Bieten diese die Möglichkeit einer einseitigen Leistungsbestimmung, so ist auch diese Bestimmung nach billigem Ermessen vorzunehmen, § 315 BGB.

Die Ausübung einer anderen zugewiesenen Tätigkeit oder das Tätigwerden zu einer 30
anderen Arbeitszeit kann die Frau **verweigern, wenn die Weisung** des Arbeitgebers **die Grenzen billigen Ermessens nicht wahrt**. Dies hat das Bundesarbeitsgericht mit seiner Entscheidung vom 18.10.2017 (BAG vom 18.10.2017, 10 AZR 330/16, JurionRS 2017, 24705), die jedoch keine mutterschutzrechtlichen Fragestellungen betraf, für das Arbeitsverhältnis allgemein ausdrücklich klargestellt. Der 5. Senat, der in seiner Entscheidung vom 22.2.2012 zuletzt eine vorläufige Bindung an eine unbillige Weisung (BAG vom 22.2.2012, 5 AZR 249/11, EzA § 615 BGB 2002 Nr. 36) angenommen hatte, hat auf den diesbezüglichen Anfragebeschluss vom 14.6.2017 (BAG vom 14.6.2017, 10 AZR 330/16 [A], JurionRS 2017, 20304) mit Beschluss vom 14.9.2017 (BAG vom 14.9.2017, 5 AS 7/17, JurionRS 2017, 24343) an der Rechtsauffassung zur vorläufigen Verbindlichkeit einer unbilligen Weisung nicht mehr festgehalten. **Lehnt die Frau aber** während eines Beschäftigungsverbots eine anderweitige **Tätigkeit ab, zu deren Ausübung sie verpflichtet gewesen wäre**, so **verliert sie ihren Anspruch auf Mutterschutzlohn**, da in diesem Fall nicht das Beschäftigungsverbot, sondern ihre Weigerung Ursache des Arbeits- und Verdienstausfalls ist (vgl. zu § 11 MuSchG a.F.: BAG vom 15.11.2000, 5 AZR 365/99, EzA § 11 n.F. MuSchG Nr. 20; BAG vom 22.4.1998, 5 AZR 478/97, EzA § 11 n.F. MuSchG Nr. 17).

f) Anspruch der Frau auf Weiterbeschäftigung mit nicht verbotenen Arbeiten

Der Arbeitgeber kann im Fall eines auf bestimmte Tätigkeiten beschränkten Beschäf- 31
tigungsverbots nicht nur das Recht (vgl. hierzu oben Rdn. 25 ff.), sondern auch die **Pflicht** haben, der von einem Beschäftigungsverbot betroffenen Frau eine **andere zumutbare Arbeit zu übertragen**. Rechtsgrundlage des Anspruchs auf vertragsgemäße Beschäftigung sind im Arbeitsverhältnis §§ 611a, 613 BGB i.V.m. der Generalklausel des § 242 BGB, die durch die Wertentscheidungen der Art. 1 und Art. 2

GG ausgefüllt wird. Der Arbeitnehmer soll als Ausdruck und in Achtung seiner Persönlichkeit und seines Entfaltungsrechts tatsächlich arbeiten können. Der Anspruch muss nur dann zurücktreten, wenn überwiegende schutzwerte Interessen des Arbeitgebers entgegenstehen (vgl. BAG vom 29.02.2024, 8 AZR 359/22, WKRS 2024, 13838; BAG vom 1.6.2022, 5 AZR 407/21, WKRS 2022, 32913; BAG vom 21.2.2017, 1 AZR 367/15, EzA § 99 BetrVG 2001 Nr. 31; BAG vom 24.6.2015, 5 AZR 462/14, EzA § 615 BGB 2002 Nr. 44; BAG vom 9.4.2014, 10 AZR 637/13, EzA § 106 GewO Nr. 18). In seiner Entscheidung vom 9.4.2014 hat das Bundesarbeitsgericht den Anspruch einer Krankenschwester, die aus gesundheitlichen Gründen keine Nachtschichten leisten kann, auf Beschäftigung ohne Einteilung zu Nachtschichten bejaht. Das Bundesarbeitsgericht stützt dies auf den grundsätzlichen Anspruch auf vertragsgemäße Beschäftigung, deren Konkretisierung wiederum gemäß § 106 GewO dem Arbeitgeber obliegt, und geht von einer Verpflichtung des Arbeitgebers aus, zur Erfüllung eines Beschäftigungsanspruchs eine solche hierfür gegebenenfalls erforderliche Konkretisierung nach billigem Ermessen, d.h. **unter Berücksichtigung der wesentlichen Umstände des Einzelfalls und angemessener Berücksichtigung der beiderseitigen Interessen**, vorzunehmen. Im Rahmen dieser Interessenabwägung prüft das Bundesarbeitsgericht in dieser Entscheidung, ob die im Interesse der Arbeitnehmerin liegende Herausnahme aus der Nachtschicht erforderlich, zumutbar und angemessen ist (vgl. BAG vom 9.4.2014, 10 AZR 637/13, EzA § 106 GewO Nr. 18). Diese Herangehensweise erscheint im Rahmen eines Arbeitsverhältnisses auf die Frage eines Anspruchs auf Zuweisung anderer Aufgaben im Fall eines tätigkeitsbezogenen Beschäftigungsverbots übertragbar. Der Arbeitgeber kann also, unter Berücksichtigung der Einzelfallumstände und der beiderseitigen Interessen, zur Erfüllung des Anspruchs auf vertragsgemäße Beschäftigung verpflichtet sein, der Frau im Rahmen seines Weisungsrechts nach § 106 GewO eine andere Tätigkeit zuzuweisen. Ebenso besteht ein Beschäftigungsanspruch der Schwangeren, die sich im Rahmen der durch das MuSchG geschaffenen Möglichkeiten während eines tätigkeitsunabhängigen Beschäftigungsverbots zur Arbeitsleistung bereit erklärt (vgl. zur Schutzfrist vor der Entbindung: Brose/Weth/Volk-Weth, 9. Auflage, § 3 MuSchG Rn. 20; Tillmanns/Mutschler-Felder, 3. Auflage, § 3 MuSchG Rn. 27; so auch AR-Vossen, 10. Auflage, § 3 MuSchG Rn. 6 und i.E. Dörner/Luczak/Wildschütz/Baeck/Hoß, Handbuch des Arbeitsrechts-Dörner, 16. Auflage, Kapitel 2 Rn. 26). Dies entspricht auch dem Ziel des Gesetzgebers, der Frau grundsätzlich unter Ausschöpfung aller verfügbaren Präventionsmaßnahmen die Fortsetzung ihrer Tätigkeit zu ermöglichen (vgl. hierzu BT-Drucks. 18/8963 S. 48). Sofern außerhalb eines Arbeitsverhältnisses vertraglich die Möglichkeit der einseitigen Zuweisung anderer Tätigkeiten besteht, werden vergleichbare Maßstäbe anzusetzen sein.

4. Bestand des Vertragsverhältnisses

a) Bestehendes Vertragsverhältnis

32 Der **Bestand des Vertragsverhältnisses** zwischen der Frau und ihrem Arbeitgeber wird durch den Eintritt eines Beschäftigungsverbotes im Sinne des MuSchG **nicht berührt**, die zugrunde liegenden vertraglichen Beziehungen bleiben unverändert.

Die Beschäftigungsverbote führen lediglich zu einer Modifizierung der Arbeits- bzw. Beschäftigungspflicht (vgl. Brose/Weth/Volk-Volk, 9. Auflage, § 16 MuSchG Rn. 49; zum MuSchG a.F.: Buchner/Becker, 8. Auflage, Vor §§ 3–8 MuSchG Rn. 20). Die gegenseitigen Hauptleistungslichten werden, soweit das Beschäftigungsverbot reicht, suspendiert (vgl. BAG vom 11.10.2000, 5 AZR 240/99, EzA § 14 MuSchG Nr. 15). § 25 stellt das Recht der Frau klar, nach dem Ende eines Beschäftigungsverbots entsprechend den vertraglich vereinbarten Bedingungen beschäftigt zu werden.

b) Nichtigkeit/Anfechtbarkeit des Vertrages

Die **früher in Literatur und Rechtsprechung vertretene Meinung**, wonach der Arbeitsvertrag mit einer Schwangeren **nach § 134 BGB nichtig** sein sollte, sofern bereits bei Abschluss des Arbeitsvertrages von Anfang an ein absolutes und totales Beschäftigungsverbot greift (vgl hierzu zum MuSchG a.F. Buchner/Becker, 8. Auflage, Vor §§ 3–8 MuSchG Rn. 23), konnte nicht aufrechterhalten bleiben. Bereits im Urteil vom **5.5.1994** (EuGH vom 5.5.1994, C-421/92 [Habermann-Beltermann], EzA § 8 MuSchG Nr. 3) entschied der **EuGH**, dass es die **Richtlinie 76/207/EWG** des Rates vom 9.2.1976 **ausschließe**, dass ein auf unbestimmte Zeit geschlossener Arbeitsvertrag **für nichtig** erklärt **oder** vom Arbeitgeber **aufgrund eines Irrtums** über die wesentlichen Eigenschaften der Arbeitnehmerin angefochten wird, weil Arbeitgeber und Arbeitnehmerin in beiderseitiger Unkenntnis der Schwangerschaft einen Arbeitsvertrag mit einer vorgesehenen Beschäftigung geschlossen haben, die gegen ein Beschäftigungsverbot verstoßen würde (Nachtarbeitsverbot). Im Verfahren Marianne Brandt-Nielsen/Tele Danmark (**EuGH vom 4.10.2001**, C-109/00 [Brandt-Nielsen], EzA § 611a BGB Nr. 16) machte der Arbeitgeber geltend, nur bei unbefristet geschlossenen Verträgen verletze die Weigerung, eine schwangere Frau einzustellen, oder ihre Entlassung das Gemeinschaftsrecht. Grund für die Kündigung sei aber, dass ein befristeter Arbeitsvertrag abgeschlossen worden sei und die Arbeitnehmerin einen wesentlichen Teil der Vertragsleistung nicht werde erbringen können. Der EuGH stellte hiergegen klar, dass es auf den **Abschluss des Arbeitsvertrages auf bestimmte oder unbestimmte Zeit nicht ankomme**, weil jede unmittelbare Diskriminierung der Frau wegen ihrer Schwangerschaft vermieden werden müsse. Gerade wegen der Belastung, die das Risiko einer Entlassung für die körperliche und seelische Gesundheit der schwangeren Arbeitnehmerinnen, Wöchnerinnen und stillenden Arbeitnehmerinnen bedeute, die als besonders schwerwiegende Folge sogar zu einem Schwangerschaftsabbruch führen könne, habe der Gemeinschaftsgesetzgeber in Art. 10 Richtlinie 92/85/EWG einen besonderen Schutz dieser Arbeitnehmerinnen vorgesehen, indem er die Kündigung während der Zeit vom Beginn der Schwangerschaft bis zum Ende des Mutterschaftsurlaubes verboten habe. Zur Vermeidung von Diskriminierungen aufgrund des Geschlechts könne es nicht darauf ankommen, dass dem Arbeitgeber finanzielle Nachteile entstehen, und zwar unabhängig von deren Art und Umfang. Deshalb könne **auch** eine nur **befristet** eingestellte Arbeitnehmerin, die wegen ihrer Schwangerschaft **einen wesentlichen Teil der vorgesehenen Beschäftigungszeit gar nicht arbeiten kann, nicht** vorzeitig **gekündigt** werden. 33

34 Auch von einer **Anfechtbarkeit** des Arbeitsvertrages kann **grundsätzlich nicht** ausgegangen werden, selbst wenn die Frau vom vertraglich vorgesehenen Beginn der Beschäftigung an einen wesentlichen Teil ihrer vorgesehenen Arbeitsleistung nicht wird erbringen können. In seiner Entscheidung vom **27.2.2003** (EuGH vom 27.2.2003, C-320/01 [Busch], EzA § 16 BErzGG Nr. 6) behandelte der **EuGH** eine Vorlage in einem die Anfechtung einer Zustimmung des Arbeitgebers zur vorzeitigen Rückkehr aus dem Erziehungsurlaub betreffenden Verfahren, in welchem der Arbeitgeber seine Anfechtung auf eine arglistige Täuschung durch die unterbliebene Mitteilung der Schwangerschaft und seinen Irrtum über eine verkehrswesentliche Eigenschaft stützte. Der EuGH entschied, dass **Artikel 2 Absatz 1 der Richtlinie 76/207/EWG** des Rates vom 9.2.1976 einer ihre Schwangerschaft betreffenden Mitteilungspflicht einer Arbeitnehmerin, die mit Zustimmung ihres Arbeitgebers vor dem Ende des Erziehungsurlaubs an ihren Arbeitsplatz zurückkehren möchte und ihre Tätigkeit wegen gesetzlicher Beschäftigungsverbote nicht in vollem Umfang ausüben kann, entgegensteht. Die Vorschrift sei auch so auszulegen, dass sie in dieser Gestaltung **einer Berechtigung des Arbeitgebers** nach nationalem Recht **zur Anfechtung entgegensteht**, weil er sich über das Bestehen einer Schwangerschaft geirrt hat. Der EuGH begründet seine Entscheidung u.a. damit, dass eine Berücksichtigung der Schwangerschaft durch den Arbeitgeber bei seiner Entscheidung über die Rückkehr an den Arbeitsplatz eine unmittelbare Diskriminierung aufgrund des Geschlechts darstelle. Da der Arbeitgeber die Schwangerschaft nicht berücksichtigen dürfe, bestehe keine Mitteilungspflicht der Arbeitnehmerin. Dürfe der Arbeitgeber die Schwangerschaft bei seiner Entscheidung nicht berücksichtigen, so liege auf der Hand, dass er sich auch nicht auf eine Anfechtbarkeit seiner Willenserklärung berufen könne, weil er sich über das Bestehen der Schwangerschaft geirrt habe. Auch das **Bundesarbeitsgericht** legte seiner die Unwirksamkeit einer durch den Arbeitgeber erklärten Anfechtung bestätigenden Entscheidung vom **6.2.2003** (BAG vom 6.2.2003, 2 AZR 621/01, EzA § 123 BGB 2002 Nr. 2) unter teilweiser Aufgabe seiner bisherigen Rechtsprechung und unter Hinweis auf die Rechtsprechung des EuGH die Auffassung zugrunde, dass die **Frage nach der Schwangerschaft bei (geplanten) unbefristeten Arbeitsverhältnissen** auch dann **unzulässig** ist, wenn die Frau die Stelle zunächst aufgrund des Eingreifens gesetzlicher Beschäftigungsverbote nicht antreten kann. Die wahrheitswidrige Beantwortung der unzulässigen Frage nach der Schwangerschaft sei in dieser Konstellation nicht rechtswidrig, sodass eine **Berechtigung zur Anfechtung nach § 123 Absatz 1 BGB nicht gegeben** sei (vgl. BAG vom 6.2.2003, 2 AZR 621/01, EzA § 123 BGB 2002 Nr. 2). Unter Berücksichtigung der vorstehend dargestellten Rechtsprechung des EuGH sowie nicht zuletzt der Vorgaben des AGG wird dies auch für den Fall einer befristeten Beschäftigung nicht mehr abweichend zu beurteilen sein, selbst wenn die Frau einen wesentlichen Teil ihrer vorgesehenen Arbeitsleistung oder sogar ihre gesamte Arbeitsleistung nicht wird erbringen können. § 3 Absatz 1 Satz 2 AGG stellt ausdrücklich klar, dass auch eine ungünstigere Behandlung einer Frau wegen Schwangerschaft oder Mutterschaft in Bezug auf § 2 Absatz 1 Nr. 1 bis 4 AGG eine unmittelbare Benachteiligung wegen des Geschlechts darstellt (vgl. KR-Gallner/Vannucchi, 14. Auflage, § 17 MuSchG Rn. 179; a.A. für Einzelfälle, beispielsweise die Einstellung zur Schwangerschaftsvertretung und ein durchgehendes Beschäftigungsverbot der als Vertreterin eingestellten Beschäftigten, mit dem Vorschlag

des Rückgriffs auf § 242 BGB: Brose/Weth/Volk, 9. Auflage, § 16 MuSchG Rn. 51). Eine **Anfechtbarkeit** wegen eines Irrtums über eine **verkehrswesentliche Eigenschaft nach § 119 Absatz 2 BGB scheitert** darüber hinaus daran, dass es sich bei einer Schwangerschaft aufgrund ihres vorübergehenden Charakters nicht um eine verkehrswesentliche Eigenschaft handelt (vgl. Schaub-Linck, 17. Auflage, § 34 Rn. 36; KR-Gallner/Vannucchi, 14. Auflage, § 17 MuSchG Rn. 181).

c) Kündigungsschutz

Die Frau kann sich darüber hinaus während der Beschäftigungsverbote im Rahmen 35
der Vorgaben des **§ 17 Absatz 1** auch auf den vom Vorliegen eines Beschäftigungsverbotes unabhängigen **besonderen Kündigungsschutz** (vgl. hierzu § 17) berufen. Danach ist die Kündigung gegenüber einer Frau während ihrer Schwangerschaft, bis zum Ende der Schutzfrist nach der Entbindung, mindestens jedoch bis zum Ablauf von vier Monaten nach der Entbindung, und bis zum Ablauf von vier Monaten nach einer Fehlgeburt nach der zwölften Schwangerschaftswoche unzulässig, wenn dem Arbeitgeber zum Zeitpunkt der Kündigung die Schwangerschaft, die Fehlgeburt nach der zwölften Schwangerschaftswoche oder die Entbindung bekannt ist oder sie ihm innerhalb von zwei Wochen nach Zugang der Kündigung mitgeteilt wird. Das Überschreiten dieser Frist ist nach § 17 Absatz 1 Satz 2 unschädlich, wenn die Frau den Grund für die Fristüberschreitung nicht zu vertreten hat und die Mitteilung unverzüglich nachholt (vgl. in diesem Zusammenhang zur als zu kurz betrachteten Zwei-Wochen-Frist des § 5 Absatz 3 Satz 1 KSchG für den Antrag auf nachträgliche Klagezulassung bei bereits erfolgter Kündigung und abgelaufener Drei-Wochen-Frist des § 4 Satz 1 KSchG: EuGH vom 27.06.2024, C-284/23, WKRS 2024, 28153). Das Kündigungsverbot des § 17 gilt auch für eine Kündigung nach Vertragsschluss, aber vor der vereinbarten Tätigkeitsaufnahme (vgl. BAG vom 27.02.2020, 2 AZR 498/19, WKRS 2020, 20317). Die für den Arbeitsschutz zuständige oberste Landesbehörde kann die Kündigung unter bestimmten Voraussetzungen ausnahmsweise für zulässig erklären, § 17 Absatz 2. Ein Verstoß gegen das Kündigungsverbot indiziert auch die Benachteiligung wegen der Schwangerschaft und damit wegen des Geschlechtes, § 3 Absatz 1 Satz 2 AGG, und kann zu **Entschädigungsansprüchen nach § 15 Absatz 2 AGG** führen (vgl. zu § 9 MuSchG a.F.: BAG vom 12.12.2013, 8 AZR 838/12, EzA § 15 AGG Nr. 23).

d) Betriebszugehörigkeit

Auf die Betriebszugehörigkeit im Arbeitsverhältnis wirken sich Beschäftigungsver- 36
bote im Sinne des MuSchG nicht aus. Auch Zeiten absoluter und totaler Beschäftigungsverbote sind **als Zeiten der Betriebszugehörigkeit anzuerkennen**, sie verlängern die Kündigungsfristen des § 622 BGB, auf welche sich tatsächliche Unterbrechungen der Beschäftigung grundsätzlich nicht auswirken (vgl. KR-Spilger, 14. Auflage, § 622 BGB Rn. 68), sind bei der allein auf den rechtlichen Bestand des Arbeitsverhältnisses abstellenden Wartezeit des § 1 Absatz 1 KSchG zu berücksichtigen (vgl. KR-Rachor, 14. Auflage, § 1 KSchG Rn. 106) und zählen auch zur nach den gleichen Maßstäben zu bestimmenden (vgl. KR-Rachor, 14. Auflage, § 1 KSchG

Rn. 731) Dauer der Betriebszugehörigkeit im Sinne des § 1 Absatz 3 KSchG im Rahmen einer Sozialauswahl bei betriebsbedingten Kündigungen.

5. Auswirkung der Beschäftigungsverbote auf Vergütungs- und Urlaubsansprüche

a) Ansprüche während der Beschäftigungsverbote

37 Kann eine Frau während eines Beschäftigungsverbots außerhalb der Schutzfristen vor und nach der Entbindung oder nach einer Fehlgeburt ganz oder teilweise nicht beschäftigt werden, so hat sie gegenüber ihrem Arbeitgeber Anspruch auf **Mutterschutzlohn nach § 18**. Während der Schutzfristen vor und nach der Entbindung oder nach einer Fehlgeburt sowie für den Tag der Entbindung erhält sie **Mutterschaftsgeld** nach Vorgabe des **§ 19** sowie vom Arbeitgeber **Zuschuss zum Mutterschaftsgeld** nach **§ 20**. Die Höhe der Leistungen richtet sich nach Vorgabe der §§ 18 ff. Die Arbeitgeber sind am allgemeinen **Umlageverfahren, dem sog. U2-Verfahren**, beteiligt, durch das seitens der Krankenkassen der Zuschuss zum Mutterschaftsgeld nach § 20 sowie das bei Beschäftigungsverboten nach § 18 gezahlte Arbeitsentgelt unabhängig von der Anzahl der Beschäftigten in vollem Umfang erstattet werden, § 1 Absatz 2 AAG (vgl. zum Hintergrund der Aufgabe der Differenzierung nach Beschäftigtenanzahl zur Beseitigung der Gefahr einer Diskriminierung von Frauen bei der Einstellung: AR-Vossen, 10. Auflage, § 1 AAG Rn. 4).

38 **Keinen Anspruch** auf die Leistungen **nach §§ 18, 19 und 20** haben **Entwicklungshelferinnen** (§ 1 Absatz 2 Satz 2 Nummer 3), für die in diesem Zusammenhang jedoch § 8 Absatz 2 EhfG gilt, nach dem der Träger für die Zeit der Beschäftigungsverbote nach den §§ 3 bis 6, 10 Absatz 3, 13 Absatz 1 Nummer 3 und § 16 MuSchG die vertraglichen Unterhaltsleistungen weitergewähren muss (vgl. BT-Drucks. 18/8963 S. 50). Auch Frauen, die aufgrund ihrer wirtschaftlichen Unselbstständigkeit als **arbeitnehmerähnliche Personen** anzusehen sind (§ 1 Absatz 2 Satz 2 Nummer 7), haben keinen Anspruch gegen den Arbeitgeber auf Zahlung von Mutterschutzlohn oder Zuschuss zum Mutterschaftsgeld. Ist die selbstständig erwerbstätige Frau freiwilliges Mitglied einer gesetzlichen Krankenversicherung und hat bei Arbeitsunfähigkeit Anspruch auf Krankengeld, so hat sie jedoch Anspruch auf Mutterschaftsgeld nach § 19 Absatz 1 i.V.m. § 24i SGB V. §§ 18, 19 und 20 finden schließlich auch auf **Schülerinnen und Studentinnen** (§ 1 Absatz 2 Satz 2 Nummer 8) keine Anwendung.

b) Auswirkung der mutterschutzrechtlichen Fehlzeiten auf Sonderzahlungen

39 Von der Vergütung während der Beschäftigungsverbote zu unterscheiden ist die Frage, ob sich die Zeiträume der Beschäftigungsverbote als Zeiträume ohne Arbeitsleistung auf die **Höhe von Jahressonderzahlungen auswirken**, mit welchen **geleistete Arbeit** vergütet werden soll. Einmalig gezahltes Arbeitsentgelt nach § 23a Absatz 1 Satz 1 SGB IV, das nicht für die Arbeit in einem einzelnen Entgeltabrechnungszeitraum, sondern zufällig im Berechnungszeitraum gezahlt wird, wird nach § 21 Absatz 2 Nr. 1 für die Ermittlung des für die §§ 18 ff. maßgeblichen durchschnittlichen Arbeitsentgelts nicht berücksichtigt und fließt damit nicht in die Berechnung des Mutterschutzlohnes oder des Zuschusses zum Mutterschaftsgeld ein. Eine an sich

anspruchsmindernde Berücksichtigung der Zeiten, in welchen die Frau ausschließlich aufgrund des mutterschutzrechtlichen Beschäftigungsverbots keine Arbeitsleistung erbringt, ist aber abzulehnen, der Anspruch auf die leistungsabhängige Sonderzahlung bleibt als solcher erhalten. Dies folgt aus dem Verbot der Diskriminierung der Frau wegen der Schwangerschaft, wenn die Zeiten ohne das mit der Schwangerschaft verbundene Beschäftigungsverbot angerechnet worden wären (vgl. Brose/Weth/Volk-Herrmann, § 21 MuSchG Rn. 22; zu § 3 MuSchG a.F.: BAG vom 4.12.2002, 10 AZR 138/02, EzA § 611 BGB 2002 Gratifikation, Prämie Nr. 3) sowie aus der gesetzlich geregelten Pflicht des Arbeitgebers, für diese Zeiträume Mutterschutzlohn bzw. Zuschuss zum Mutterschaftsgeld zu zahlen (vgl. zu § 3 MuSchG a.F.: BAG vom 25.11.1998, 10 AZR 595/97, EzA § 611 BGB Gratifikation, Prämie Nr. 152). Der EuGH unterscheidet in seiner Entscheidung vom 21.10.1999, auf welche das Bundesarbeitsgericht in der Begründung der vorgenannten Entscheidung vom 4.12.2002 verweist, zwischen Mutterschutzzeiten bzw. Beschäftigungsverboten und Elternurlaub. Für Mutterschutzzeiten (Beschäftigungsverbote) betont der EuGH, dass diese für Gratifikationen, mit der geleistete Arbeit vergütet werden sollen, Beschäftigungszeiten gleichzustellen sind, um eine Diskriminierung zu vermeiden (vgl. EuGH vom 21.10.1999, C-333/97 [Lewen], EzA Art. 119 EWG-Vertrag Nr. 57). Für Sonderzahlungen, mit denen der Arbeitgeber nicht geleistete Arbeit, sondern allein die **Betriebstreue** belohnen möchte, und die vom Bestand des Arbeitsverhältnisses zu einem bestimmten Zeitpunkt abhängen, ergibt sich dieses Ergebnis bereits aus dem durch das Beschäftigungsverbot unberührten Bestand des Arbeitsverhältnisses. Zeiten der mutterschutzrechtlichen Beschäftigungsverbote sind schließlich auch keine Ruhenstatbestände (vgl. zu § 3 MuSchG a.F.: BAG vom 4.12.2002, 10 AZR 138/02, EzA § 611 BGB 2002 Gratifikation, Prämie Nr. 3; differenzierend für die Belohnung der Betriebstreue, wenn das Bestehen eines aktiven Beschäftigungsverhältnisses Voraussetzung der Leistung ist: Brose/Weth/Volk-Weth, 9. Auflage, § 3 MuSchG Rn. 37 unter Bezugnahme auf die Entscheidung des EuGH vom 21.10.1999).

c) Auswirkung der mutterschutzrechtlichen Fehlzeiten auf Urlaubsansprüche

Für die **Berechnung** des Anspruchs auf bezahlten **Erholungsurlaub** gelten die Ausfallzeiten wegen mutterschutzrechtlicher Beschäftigungsverbote gemäß § 24 Satz 1 als Beschäftigungszeiten. Hat der Arbeitgeber eine Ersatztätigkeit zugewiesen, bedarf es des Rückgriffs auf § 24 Satz 1 nicht (vgl. AR-Vossen, 10. Auflage, § 24 MuSchG Rn. 2), es kommt schon nicht zu einer Ausfallzeit. 40

Besteht **während eines Beschäftigungsverbots** keine Arbeitspflicht der Frau, so kann der Arbeitgeber sie in diesem Zeitraum auch **nicht mit der Wirkung der Erfüllung des Urlaubsanspruchs** von der Arbeit **freistellen**. Dies gilt nicht nur in den Schutzfristen vor und nach der Entbindung oder nach einer Fehlgeburt, sondern auch bei tätigkeitsbezogenen Beschäftigungsverboten außerhalb der Schutzfristen, wenn der Arbeitgeber keine Ersatztätigkeit zugewiesen hat, zu deren Übernahme die Frau verpflichtet ist (vgl. zu § 4 MuSchG a.F.: BAG vom 9.8.2016, 9 AZR 575/15, EzA § 17 MuSchG Nr. 1). 41

42 Für die Übertragung von Urlaub, den eine Frau vor Beginn eines Beschäftigungsverbots nicht erhalten hat, gilt § 24 Satz 2: Sie kann diesen nach dem Ende des Beschäftigungsverbots im laufenden oder nächsten Urlaubsjahr beanspruchen. Die Regelung gilt für generelle ebenso wie für individuelle Beschäftigungsverbote. Schließt sich an das Beschäftigungsverbot unmittelbar Elternzeit an, gilt § 17 Absatz 2 BEEG auch für den schon nach § 24 Satz 1 übertragenen Urlaub (vgl. AR-Vossen, 10. Auflage, § 24 MuSchG Rn. 3; zu § 17 MuSchG a.F.: BAG vom 15.12.2015, 9 AZR 52/15, WKRS 2015, 37870).

6. Auswirkung der Beschäftigungsverbote im Ausbildungsverhältnis

43 In einem **Berufsausbildungsverhältnis** können sich Fehlzeiten, vor allem wenn sie länger andauern, nachteilig auf das Erreichen der Ausbildungsziele auswirken. Die Ausbildungsdauer wird durch die jeweilige Ausbildungsordnung vorgegeben, § 5 Absatz 1 Nummer 2 BBiG. Nach § 21 Absatz 1 BBiG endet das Berufsausbildungsverhältnis mit dem Ablauf der Ausbildungszeit, bei Bestehen der Abschlussprüfung vor deren Ablauf mit der Bekanntgabe des Ergebnisses durch den Prüfungsausschuss, § 21 Absatz 2 BBiG. Eine Verlängerung des Berufsausbildungsverhältnisses ist nach § 21 Absatz 3 BBiG nur für den Fall vorgesehen, dass der Auszubildende die Abschlussprüfung nicht besteht und die Verlängerung verlangt. Eine der Regelung zur Nichtanrechnung der Elternzeit auf die Berufsbildungszeit nach § 20 Absatz 1 BEEG vergleichbare Regelung für mutterschutzrechtliche Beschäftigungsverbote gibt es nicht. Auch eine lediglich auf dem Einvernehmen zwischen Auszubildendem und Ausbildendem beruhende Verlängerung der Ausbildungszeit ist nicht möglich (vgl. VGH Bayern vom 19.3.2012, 22 C 12.83, JurionRS 2012, 12720). Die zuständige Stelle kann jedoch nach **§ 8 Absatz 2 BBiG auf Antrag** der Auszubildenden und nach Anhörung der Ausbildenden die **Ausbildungszeit verlängern**, wenn dies zum Erreichen des Ausbildungsziels erforderlich ist (für einen auf entsprechende Anwendung des § 20 Absatz 1 BEEG gestützten Anspruch der Auszubildenden auf Verlängerung bei eingeschränktem Ermessen der zuständigen Stelle: Tillmanns/Mutschler-Tillmanns, 3. Auflage, § 1 MuSchG Rn. 41). Nach der auf Grundlage von § 8 Absatz 3 BBiG durch den Hauptausschuss des Bundesinstituts für Berufsbildung erlassenen Empfehlung (www.bibb.de) kommen als Ausnahmegrund für eine Verlängerung auch längere, vom Auszubildenden nicht zu vertretende Ausfallzeiten in Betracht. Die Empfehlung benennt hierzu lediglich beispielhaft eine Ausfallzeit infolge Krankheit. Ebenso als möglicher Verlängerungsgrund benannt ist die Betreuung des eigenen Kindes. Betriebliche Auszubildende müssen zwar nicht, können aber, sofern dort ein Verzicht auf das Beschäftigungsverbot möglich ist, am Unterricht der Berufsschule sowie an Prüfungen teilnehmen, auch wenn im Verhältnis zum Ausbildungsbetrieb ein Beschäftigungsverbot besteht (vgl. Brose/Weth/Volk-Weth, 9. Auflage, § 3 MuSchG Rn. 62 unter Hinweis auch auf § 3 Absatz 3 im Verhältnis zur Schule als Ausbildungsstelle einer Schülerin). Im für die Ausbildung zur **Gesundheits- und Krankenpflegerin** bzw. Gesundheits- und Kinderkrankenpflegerin anzuwendenden Gesetz über die Berufe in der Krankenpflege (Krankenpflegegesetz – **KrPflG**), nach dessen Regelungen eine vor Ablauf des 31.12.2019

begonnene Ausbildung zu Ende gebracht werden kann, findet sich für Unterbrechungen wegen Schwangerschaft eine ausdrückliche Regelung. Nach § 7 Satz 1 Nummer 3 KrPflG werden Unterbrechungen wegen Schwangerschaft auf die Dauer der Ausbildung angerechnet, die Fehlzeiten dürfen aber zusammen mit anderen Fehlzeiten wie beispielsweise Krankheit, eine Gesamtdauer von 14 Wochen nicht überschreiten. Weitergehende Anrechnungen sind nach § 7 Satz 2 KrPflG durch die zuständige Behörde möglich. Auch § 8 Absatz 1 Nummer 2 Satz 2 des Gesetzes über die Berufe in der Altenpflege (Altenpflegegesetz – **AltPflG**), nach dessen Regelungen eine vor Ablauf des 31.12.2019 begonnene Ausbildung zu Ende gebracht werden kann, sieht für **Altenpflegeschülerinnen** eine Anrechnung von Unterbrechungen wegen Schwangerschaft bis zur Gesamtdauer mit anderen Fehlzeiten von vierzehn Wochen vor, weitergehende Anrechnungen sind nach § 8 Absatz 2 Satz 1 AltPflG möglich. Ist das Erreichen des Ausbildungsziels nicht mehr zu erwarten, kann die Ausbildungsdauer auf Antrag entsprechend verlängert werden. Für **ab dem 1.1.2020 begonnene Ausbildungen in der Pflege** sieht § 13 Absatz 1 Nr. 3 des Gesetzes über die Pflegeberufe (Pflegeberufegesetz – **PflBG**) die Anrechnung von Fehlzeiten aufgrund mutterschutzrechtlicher Beschäftigungsverbote auf die Dauer der Ausbildung vor, die einschließlich der Fehlzeiten nach § 13 Absatz 1 Nr. 2 PflBG eine Gesamtdauer von 14 Wochen nicht überschreiten. Nach § 13 Absatz 2 PflBG kann die zuständige Behörde bei Vorliegen einer besonderen Härte weitergehende Fehlzeiten berücksichtigen, wenn das Ausbildungsziel nicht gefährdet ist. Ist dies nicht möglich, kann die Ausbildungsdauer entsprechend verlängert werden.

Es erscheint sinnvoll, auch für die Frage einer Verlängerung der Ausbildungszeit nach § 8 Absatz 2 BBiG auf vergleichbare Maßstäbe zurückzugreifen und geringere Zeiträume in der Regel als unerheblich zu betrachten (vgl. zur Unerheblichkeit von Zeiträumen unter 3 Monaten für das MuSchG a.F.: Buchner/Becker, 8. Auflage, Vor §§ 3–8 MuSchG Rn. 64).

7. Auswirkung der Beschäftigungsverbote im Betriebsverfassungsrecht

Die mutterschutzrechtlichen Beschäftigungsverbote wirken sich auf die **Wahlberechtigung nach § 7 BetrVG** und die **Wählbarkeit nach § 8 BetrVG**, sofern diese ohne Vorliegen eines Beschäftigungsverbots gegeben sind, nicht aus. Ist die Frau während eines Beschäftigungsverbots bei Fortdauer des Arbeitsverhältnisses aufgrund Gesetzes vorübergehend von der Verpflichtung zur Arbeitsleistung befreit, so bleibt die Betriebszugehörigkeit und damit ihre Wahlberechtigung unabhängig von der Dauer der Verhinderung an der Arbeitsleistung bestehen (vgl. GK-Raab, 12. Auflage, § 7 BetrVG Rn. 59). Ihr sind nach § 24 Absatz 2 Satz 1 Nr. 2 WO die Wahlunterlagen zur schriftlichen Stimmabgabe zu übermitteln (vgl. GK-Jacobs, 12. Auflage, § 24 WO Rn. 11). Die Ausfallzeit während eines Beschäftigungsverbots wird auch bei der für die Wählbarkeit nach § 8 Absatz 1 Satz 1 BetrVG geforderten Betriebszugehörigkeit von sechs Monaten mitgerechnet (vgl. für den Erhalt auch des passiven Wahlrechts: Brose/Weth/Volk-Weth, 9. Auflage, § 3 MuSchG Rn. 38; GK-Raab, 12. Auflage, § 8 BetrVG Rn. 33 unter Hinweis auf abweichende Auffas- 44 sungen; a.A.: AR-Maschmann, 10. Auflage, § 8 BetrVG Rn. 4 für eine Hemmung der Frist bei längerer, beispielsweise krankheitsbedingter Verhinderung).

45 Ist die Frau **Mitglied des Betriebsrats**, so kann das Beschäftigungsverbot zu ihrer nach **§ 25 Absatz 1 Satz 2 BetrVG** mit dem Nachrücken eines Ersatzmitglieds verbundenen **zeitweiligen Verhinderung** führen. Von der zeitweiligen Verhinderung eines Betriebsratsmitglieds ist auszugehen, wenn das Betriebsratsmitglied aus rechtlichen oder tatsächlichen Gründen nicht in der Lage ist, sein Amt auszuüben (vgl. BAG vom 8.9.2011, 2 AZR 388/10, EzA § 25 BetrVG 2001 Nr. 3; BAG vom 27.9.2012, 2 AZR 955/11, EzA § 626 BGB 2002 Nr. 42). Ein solcher Fall liegt grundsätzlich auch bei einem mutterschutzrechtlichen Beschäftigungsverbot vor (vgl. AR-Maschmann, 10. Auflage, § 25 BetrVG Rn. 3; GK-Oetker, 12. Auflage, § 25 BetrVG Rn. 13). Dies gilt jedenfalls für das **generelle und absolute Beschäftigungsverbot** in der **Schutzfrist nach der Entbindung.**

Zu einer anderen Beurteilung kann es kommen, wenn die Frau sich, beispielsweise im Rahmen der Schutzfrist vor der Entbindung nach § 3 Absatz 1, zur Arbeit bereit erklären kann oder es sich um ein mit bestimmten Tätigkeiten verbundenes individuelles Beschäftigungsverbot handelt, das die Betriebsratsarbeit nicht erfasst. Der Fall eines individuellen Beschäftigungsverbots kann für die Frage der Verhinderung mit der Arbeitsunfähigkeit eines Betriebsratsmitglieds verglichen werden. Die krankheitsbedingte Arbeitsunfähigkeit muss nicht zugleich die Unfähigkeit der Aufgabenwahrnehmung als Betriebsratsmitglied bedeuten, sodass die Aufgabenwahrnehmung nicht ausgeschlossen ist, wenn das Betriebsratsmitglied seine trotz Arbeitsunfähigkeit bestehende Amtsfähigkeit anzeigt und Betriebsratsaufgaben wahrnimmt (vgl. GK-Oetker, 12. Auflage, § 25 BetrVG Rn. 14 ff., zur Elternzeit: dort Rn. 18; zu Krankheit oder Elternzeit: AR-Maschmann, 10. Auflage, § 25 BetrVG Rn. 3). Im Zusammenhang mit einem **individuellen Beschäftigungsverbot** wird es damit darauf ankommen, ob eine der Betriebsratstätigkeit entsprechende Tätigkeit vom Beschäftigungsverbot erfasst ist (vgl. zum MuSchG a.F.: Buchner/Becker, 8. Auflage, Vor §§ 3–8 MuSchG a.F. Rn. 69). Im Fall eines **relativen Beschäftigungsverbots** wie beispielsweise dem der **Schutzfrist vor der Entbindung** liegt in der Regel ein Verhinderungsfall vor. Erklärt sich die Frau jedoch ausnahmsweise zur Arbeitsleistung bereit, so liegt auch kein Verhinderungsfall für ihre Betriebsratstätigkeit vor (vgl. Brose/Weth/Volk-Weth, 9. Auflagc, § 3 MuSchG Rn. 38 mit der Begründung, dass das Beschäftigungsverbot nur gegenüber dem Arbeitgeber gilt). Problematisch ist die Frage, ob sich die Frau in diesem Zeitraum zur Wahrnehmung ihrer Betriebsratsaufgaben bereit erklären kann, ohne sich zugleich zur Arbeitsleistung bereit zu erklären (vgl. dies ablehnend zum MuSchG a.F.: Buchner/Becker, 8. Auflage, Vor §§ 3–8 MuSchG a.F. Rn. 68; für eine vergleichbar der Arbeitsunfähigkeit differenzierende Betrachtung auch in Fällen der suspendierten arbeitsvertraglichen Hauptleistungspflicht wie Elternzeit: GK-Oetker, 12. Auflage, § 25 BetrVG Rn. 18; für die Möglichkeit der Wahrnehmung von Betriebsratstätigkeiten gestützt auf die Geltung des Beschäftigungsverbots nur gegenüber dem Arbeitgeber: Brose/Weth/Volk-Weth, 9. Auflage, § 3 MuSchG Rn. 38). Für eine auch hier mögliche Unterscheidung zwischen Arbeitsleistung und Betriebsratstätigkeit spricht das Ziel der Reform des Mutterschutzes, auch die selbstbestimmte Teilhabe der Frau am Erwerbsleben zu berücksichtigen (vgl. BT-Drucks. 18/8963 S. 34) und die ihr in § 3 Absatz 1 eingeräumte Entscheidungsfreiheit. Geht man grundsätzlich von der Möglichkeit der Frau aus, sich in der Schutzfrist vor der Entbindung zwar nicht zur Arbeitsleistung, dennoch aber zur Wahrnehmung von Betriebsratsaufgaben bereit zu erklären, so wird – vergleichbar der Konstellation bei einem Betriebsratsmitglied im gewährten Erholungsurlaub (vgl. BAG vom 8.9.2011, 2 AZR 388/10, EzA § 25 BetrVG 2001 Nr. 3) – dennoch jedenfalls so lange von einem Verhinderungsfall auszugehen sein, bis die Frau ihre Bereitschaft zur Wahrnehmung von Betriebsratsaufgaben positiv anzeigt (vgl. für die Elternzeit: GK-Oetker, 12. Auflage, § 25 BetrVG Rn. 18).

8. Beschäftigungsverbote und Elternzeit

Arbeitnehmerinnen und Arbeitnehmer haben nach §§ 15 ff. BEEG Anspruch auf 46 Elternzeit. Während der Elternzeit ruhen die Hauptleistungspflichten im Arbeitsverhältnis, d.h. die Arbeits- und Vergütungspflicht (vgl. AR-Klose, 10. Auflage, § 15 BEEG Rn. 12). Auf den an sich bis zu drei Jahre umfassenden Elternzeitanspruch wird bei der Mutter der (ggfs. verlängerte) Zeitraum der Mutterschutzfrist nach der Entbindung nach § 3 Absatz 2 angerechnet, § 15 Absatz 2 Satz 3 BEEG. Andere Beschäftigungsverbote wirken sich auf den Umfang des grundsätzlichen Elternzeitanspruchs nicht aus. Nimmt die Mutter die Elternzeit im Anschluss an die Schutzfrist nach der Entbindung oder im Anschluss an einen an die Schutzfrist anschließenden Urlaub, so werden diese Zeiten von Beschäftigungsverbot und ggfs. Urlaub auch auf den zweijährigen Bindungszeitraum, den die Mutter beim Verlangen der Elternzeit beachten muss, angerechnet, § 16 Absatz 1 Satz 4 und 5 BEEG.

Befindet sich die Frau bereits in Elternzeit und wird erneut schwanger, so gibt ihr § 16 47 Absatz 3 Satz 3 BEEG die Möglichkeit, die Elternzeit zur Inanspruchnahme der vor- und nachgeburtlichen Schutzfristen des § 3 vorzeitig zu beenden und so auch die mutterschutzrechtlichen Leistungen zu erhalten, die bei Fortgang der Elternzeit aufgrund ruhender Vergütungspflicht entfallen, § 22 (vgl. zum auch unionsrechtlichen Hintergrund der Einführung der vorzeitigen Beendigungsmöglichkeit nach § 16 Absatz 3 Satz 3 BEEG ab 18.09.2012: Brose/Weth/Volk-Schneider, 9. Auflage, § 16 BEEG Rn. 38 f.). Die Frau soll dem Arbeitgeber die vorzeitige Beendigung rechtzeitig mitteilen. Für die Bemessung des durchschnittlichen Arbeitsentgelts für die Mutterschutzleistungen finden sich hierauf abgestimmte Regelungen in § 21.

II. § 3 MuSchG

§ 3 in seiner aktuellen Fassung gilt seit dem 1.6.2025. Im Rahmen der mit dem 48 Gesetz zur Neuregelung des Mutterschutzrechts vom 23. Mai 2017 (BGBl. I S. 1228) erfolgten Reform des Mutterschutzrechts wurden mit der Regelung insbesondere die bisher in § 3 Absatz 2 und § 6 Absatz 1 MuSchG a.F. enthaltenen Schutzfristen vor und nach der Entbindung zusammengefasst, eine verlängerte Schutzfrist nach der Entbindung für den Fall der Feststellung einer Behinderung des Kindes eingeführt sowie den nunmehr erweiterten Anwendungsbereich des MuSchG berücksichtigende Sonderregelungen für Schülerinnen und Studentinnen (§ 3 Absatz 3) aufgenommen. Mit dem Mutterschutzanpassungsgesetz vom 24.2.2025 (MuSchAnpG, BGBl. 2025 I Nr. 59) erfuhr § 3 mit Wirkung zum 1.6.2026 eine weitere Änderung: Durch die Aufnahme des neuen Satz 5 in § 3 Absatz 2 wird klargestellt, dass die verlängerten nachgeburtlichen Schutzfristen nach § 3 Absatz 2 Satz 2 nur im Falle einer Lebend-, nicht aber bei einer Totgeburt gelten. Mit der Aufnahme des neuen § 3 Absatz 5 wird ein im Hinblick auf seine Dauer nach dem Fortschritt der Schwangerschaft gestaffeltes Beschäftigungsverbot auch nach einer Fehlgeburt ab der 13. Schwangerschaftswoche geregelt (vgl. zum Hintergrund der Neuregelung auch § 2 Rdn. 30f.).

1. Persönlicher Anwendungsbereich

49 Die Schutzfristen vor und nach der Entbindung sind nach dem in § 1 definierten Anwendungsbereich für alle Frauen in einer Beschäftigung nach § 7 Absatz 1 SGB IV (vgl. hierzu § 1 Rn. 8–33) sowie für Frauen, für die das MuSchG unabhängig vom Vorliegen einer Beschäftigung unter Berücksichtigung des erweiterten persönlichen Anwendungsbereichs des § 1 Absatz 2 Satz 2 (vgl. hierzu § 1 Rdn. 34–53) gilt, zu beachten. Sie gelten nach § 1 Absatz 4 auch unabhängig von dem im Geburtseintrag angegebenen Geschlecht für jede Person, die schwanger ist oder ein Kind geboren hat (vgl. hierzu § 1 Rdn. 56–58).

2. Schutzfrist vor der Entbindung, § 3 Absatz 1

a) Schwangerschaft

50 Das generelle Beschäftigungsverbot des § 3 Absatz 1 gilt für schwangere Frauen. Zu dem Zeitpunkt, der als Beginn der Schwangerschaft zu betrachten ist, werden unterschiedliche Auffassungen vertreten (z.B. für den Zeitpunkt der Befruchtung (Konzeption): KR-Gallner/Vannucchi, 14. Auflage, § 17 MuSchG Rn. 48; AR-Vossen, 10. Auflage, § 17 MuSchG Rn. 8; Tillmanns/Mutschler-Felder, 3. Auflage, § 3 MuSchG Rn. 6; Brose/Weth/Volk-Volk, 9. Auflage, § 17 MuSchG Rn. 17; für den Zeitpunkt der Einnistung (Nidation) noch zum MuSchG a.F.: Buchner/Becker, 8. Auflage, § 3 MuSchG Rn. 4; vgl. hierzu auch die Kommentierung zu § 17). Das Bundesarbeitsgericht bestimmt bei natürlicher Empfängnis den Beginn des Kündigungsverbots grundsätzlich im Wege der Rückrechnung um 280 Tage von dem ärztlich festgestellten mutmaßlichen Entbindungstermin (ohne diesen mitzuzählen) entsprechend einer mittleren Schwangerschaftsdauer gerechnet vom ersten Tag der letzten Regelblutung an und hält es vor dem Hintergrund nicht zu vermeidender Fehler und Ungenauigkeiten für gerechtfertigt, von der für die Arbeitnehmerin günstigsten Berechnungsmethode auszugehen und auf den frühestmöglichen Zeitpunkt des Vorliegens einer Schwangerschaft abzustellen (vgl. BAG vom 24.11.2022, 2 AZR 11/22, WKRS 2022, 54298; BAG vom 26.3.2015, 2 AZR 237/14, EzA § 9 n.F. MuSchG Nr. 42). Für den Fall einer In-Vitro-Fertilisation weicht das Bundesarbeitsgericht von dieser Berechnungsmethode begründet mit dem vor dem Embryonentransfer nicht möglichen Beginn der Schwangerschaft ab und geht unter Hinweis auf die Rechtsprechung des EuGH zu einer zu fordernden Berücksichtigung

des frühestmöglichen Beginns der Schwangerschaft sowie die hierdurch zu erzielende Rechtssicherheit vom Zeitpunkt des Embryonentransfers, nicht erst vom Zeitpunkt der Nidation als Beginn der Schwangerschaft aus (vgl. BAG vom 26.3.2015, 2 AZR 237/14, EzA § 9 n.F. MuSchG Nr. 42 mit Hinweis auf EuGH vom 26.2.2008, C-506/06 [Mayr], EzA EG-Vertrag 1999 Richtlinie 92/85 Nr. 3). Für die Schutzfrist vor der Entbindung haben die verschiedenen Ansätze zum Beginn der Schwangerschaft letztlich keine praktische Bedeutung. Die Schutzfrist betrifft lediglich die letzten sechs Wochen vor dem voraussichtlichen Entbindungstermin.

Die Schwangerschaft endet mit der Entbindung, einer Fehlgeburt oder einem Schwan- 51
gerschaftsabbruch, in allen Fällen jedoch erst mit der Trennung der Leibesfrucht vom Mutterleib (vgl. BAG vom 12.12.2013, 8 AZR 838/12, EzA § 15 AGG Nr. 23). Die Frau, die dem Arbeitgeber das Bestehen der Schwangerschaft mitgeteilt hat, ist verpflichtet, dem Arbeitgeber auch das vorzeitige Ende der Schwangerschaft mitzuteilen. Zwar regelt § 15 Absatz 1 Satz 1 lediglich, dass die Frau dem Arbeitgeber ihre Schwangerschaft mitteilen soll, sobald sie von dieser weiß. Die – auch nach der Begründung des Gesetzesentwurfes nicht abschließende (vgl. BT-Drucks. 18/8963 S. 86) – Regelung betrifft damit nur die Mitteilung des Beginns der Schwangerschaft und beinhaltet nur eine Sollvorschrift. Eine Verpflichtung der Frau zur Mitteilung der Schwangerschaft besteht nicht (vgl. BAG vom 9.4.2019, 1 ABR 51/17, WKRS 2019, 25344). Hat die Frau ihre Schwangerschaft bereits mitgeteilt, steht die Achtung ihres Persönlichkeitsrechts einer Mitteilungsverpflichtung jedoch nicht mehr entgegen, die während der Schwangerschaft zu beachtenden Vorgaben des Mutterschutzrechts bedingen vielmehr eine Verpflichtung zur unaufgeforderten und unverzüglichen Unterrichtung, wenn die mit der Mitteilung in Anspruch genommenen Schutzrechte nicht mehr bestehen (vgl. zum MuSchG a.F.: BAG vom 18.1.2000, 9 AZR 932/98, EzA § 615 BGB Nr. 98).

b) Zeitraum der Schutzfrist vor der Entbindung

Die Schutzfrist des § 3 Absatz 1 betrifft den Zeitraum der letzten sechs Wochen vor 52
der Entbindung. Für die Berechnung der Schutzfrist ist nach § 3 Absatz 1 Satz 3 der **voraussichtliche Tag der Entbindung** maßgeblich, wie er sich aus **dem ärztlichen Zeugnis** oder dem **Zeugnis einer Hebamme oder eines Entbindungspflegers** ergibt. § 3 Absatz 1 in seiner aktuellen Fassung übernimmt damit den Inhalt des § 5 Absatz 2 Satz 1 MuSchG a.F. (vgl. BT-Drucks. 18/8963 S. 55). Ein solches den voraussichtlichen Tag der Entbindung enthaltendes Zeugnis soll die schwangere Frau nach § 15 Absatz 2 ihrem Arbeitgeber auf dessen Verlangen vorlegen, die Kosten für das auf sein Verlangen vorgelegte Zeugnis trägt nach § 9 Absatz 6 Satz 2 der Arbeitgeber. § 15 Absatz 2 enthält nur eine Sollvorschrift und begründet lediglich eine Obliegenheit der Frau, keine mutterschutzrechtlich erzwingbare gesetzliche Pflicht (vgl. Brose/Weth/Volk-Kühn, 9. Auflage, § 15 MuSchG Rn. 9).

Zur **Ermittlung** des **Beginns der Schutzfrist** wird von dem mutmaßlichen Tag der 53
Entbindung sechs Wochen zurück gerechnet, der voraussichtliche Entbindungstag wird nicht mitgerechnet. Der erste Tag der Schutzfrist ist nach § 188 Absatz 2 BGB der Tag, welcher nach seiner Benennung dem voraussichtlichen Tag der Entbindung entspricht

(vgl. AR-Vossen, 10. Auflage, § 3 MuSchG Rn. 7; Brose/Weth/Volk-Weth, 9. Auflage, § 3 MuSchG Rn. 22; zum MuSchG a.F.: Schaub-Linck, 17. Auflage, § 168 Rn. 8; Buchner/Becker, 8. Auflage, § 3 MuSchG Rn. 43). Ist voraussichtlicher Tag der Entbindung also beispielsweise Freitag, der 28.09., beginnt die Schutzfrist mit dem Freitag, 17.08., bei einem voraussichtlichen Entbindungstermin am Montag, den 12.11., ist Montag, der 01.10., der erste Tag der Schutzfrist vor der Entbindung.

54 Die Vorlage eines **neuen Zeugnisses** während der Schwangerschaft, das einen abweichenden voraussichtlichen Entbindungstermin ausweist, ist – beispielsweise bei genaueren Erkenntnissen im Verlauf der Schwangerschaft – möglich (vgl. BAG vom 24.11.2022, 2 AZR 11/22, WKRS 2022, 54298) und führt zu dessen Maßgeblichkeit für die Ermittlung der Schutzfrist vor der Entbindung (vgl. AR-Vossen, 10. Auflage, § 3 MuSchG Rn. 7, zur Berücksichtigung für die Berechnung des Zeitraums des besonderen Kündigungsschutzes: BAG vom 12.12.1985, 2 AZR 82/85, EzA § 9 n.F. MuSchG Nr. 26). Dies wird jedoch nur die Fälle betreffen können, in denen es vor Beginn der Schutzfrist zu einem aufgrund ärztlicher Beurteilung abweichenden voraussichtlichen Entbindungstermin kommt. Der Arbeitgeber muss mit Kenntnis von diesem neuen Zeugnis die Schutzfrist entsprechend anpassen (vgl. Brose/Weth/Volk-Weth, 9. Auflage, § 3 MuSchG Rn. 26).

55 Hiervon zu unterscheiden ist der Fall der **Entbindung an einem anderen**, nicht dem sich aus dem Zeugnis ergebenden voraussichtlichen **Entbindungstermin**. Diese Konstellation regelt § 3 Absatz 1 Satz 4: Die **Schutzfrist vor der Entbindung verkürzt oder verlängert sich entsprechend**. Es verbleibt also bei dem auf Grundlage des ärztlichen Zeugnisses oder des Zeugnisses einer Hebamme oder eines Entbindungspflegers ermittelten Beginn der Schutzfrist vor der Entbindung. Eine hierdurch bei vorzeitiger Entbindung an sich mögliche Verkürzung der Schutzfristen vor und nach der Entbindung insgesamt verhindert die Regelung des § 3 Absatz 2 Satz 3, die **eine entsprechende Verlängerung der Schutzfrist nach der Entbindung** vorsieht. Auf diese Weise ist der nach Artikel 8 Absatz 1 der Richtlinie 92/85/EWG vom 19.10.1992 über die Durchführung von Maßnahmen zur Verbesserung der Sicherheit und des Gesundheitsschutzes von schwangeren Arbeitnehmerinnen, Wöchnerinnen und stillenden Arbeitnehmerinnen am Arbeitsplatz (zehnte Einzelrichtlinie im Sinne des Artikels 16 Absatz 1 der Richtlinie 89/391/EWG) (ABl. L 348 vom 28.11.1992, S. 1) sicherzustellende Mutterschaftsurlaub von insgesamt 14 Wochen gewährleistet.

c) Beschäftigungsverbot während der Schutzfrist vor der Entbindung

56 Während der Schutzfrist vor der Entbindung besteht grundsätzlich ein generelles und totales **Beschäftigungsverbot**, d.h. der Arbeitgeber darf die Frau **unabhängig von konkreten Gefährdungen** nicht beschäftigen. Das Beschäftigungsverbot umfasst nach § 2 Absatz 2 **jede Form der Betätigung**, die eine Frau im Rahmen ihres Beschäftigungsverhältnisses oder die eine Frau im Rahmen des erweiterten Anwendungsbereichs des § 1 Absatz 2 Satz 2 im Rahmen ihres Rechtsverhältnisses zu ihrem Arbeitgeber nach § 2 Absatz 1 Satz 2 ausübt. Für die Berechnung der **Urlaubsansprüche** gilt die Ausfallzeit wegen des Beschäftigungsverbotes in der Schutzfrist vor

der Entbindung als Beschäftigungszeit, § 24 Satz 1. Zu weiteren Fragen der Auswirkungen des Beschäftigungsverbotes siehe Rdn. 19 ff.

Für in **Heimarbeit** Beschäftigte und ihnen Gleichgestellte tritt an die Stelle des Beschäftigungsverbotes das Verbot der Ausgabe von Heimarbeit, § 2 Absatz 3 Satz 2. Für eine Frau, die aufgrund ihrer **wirtschaftlichen Unselbstständigkeit** als **arbeitnehmerähnliche Person** anzusehen ist und nach § 1 Absatz 2 Satz Nummer 7 von der Geltung des MuSchG erfasst ist, tritt nach § 2 Absatz 3 Satz 3 an die Stelle des Beschäftigungsverbotes die Befreiung von der vertraglich vereinbarten Leistungspflicht. 57

Frauen in einer Beschäftigung im Sinne des § 7 Absatz 1 SGB IV sowie Frauen, die unabhängig von einer Beschäftigung nach § 1 Absatz 2 Satz 2 Nummern 1 und 2 sowie 4 bis 6 vom Geltungsbereich des MuSchG erfasst sind, können während der Schutzfrist vor der Entbindung nach näherer Vorgabe der §§ 19 ff. **Mutterschaftsgeld** sowie einen **Zuschuss des Arbeitgebers zum Mutterschaftsgeld** beanspruchen. Frauen, die aufgrund ihrer wirtschaftlichen Unselbstständigkeit als arbeitnehmerähnliche Personen anzusehen und nach § 1 Absatz 2 Satz Nummer 7 von der Geltung des MuSchG erfasst sind, können, soweit sie (freiwillige) Mitglieder einer gesetzlichen Krankenkasse sind und bei Arbeitsunfähigkeit Anspruch auf Krankengeld haben, Mutterschaftsgeld nach § 19 Absatz 1 i.V.m. § 24i SGB V erhalten (vgl. BT-Drucks. 18/8963 S. 51). 58

d) Bereiterklärung zur Weiterarbeit

Bei der Schutzfrist vor der Entbindung handelt es sich um ein relatives Beschäftigungsverbot, die Frau kann sich nach § 3 Absatz 1 Satz 1 zur Arbeitsleistung bereit erklären. 59

Die **Bereiterklärung** muss nach der Vorgabe des § 3 Absatz 1 Satz 1 **ausdrücklich** erfolgen. Eine **Formvorschrift** für diese Bereiterklärung enthält das Gesetz **nicht**, sodass auch die mündliche Erklärung genügt. Die Bereiterklärung muss vor der Beschäftigung, nicht nachträglich und ohne Druck oder Zwang des Arbeitgebers erfolgen (vgl. Brose/Weth/Volk-Weth, 9. Auflage, § 3 MuSchG Rn. 14). Nicht zuletzt vor dem Hintergrund der Strafandrohung der §§ 32, 33 erscheint eine Dokumentation sinnvoll. Aus der stillschweigenden Weiterarbeit der Frau allein kann jedenfalls keine Bereiterklärung zur Weiterarbeit abgeleitet werden (vgl. Brose/Weth/Volk-Weth, 9. Auflage, § 3 MuSchG Rn. 13). An die Erklärung der Frau sind vor dem Hintergrund der gegebenenfalls nicht ungefährlichen Betriebsarbeit während der Schutzfrist strenge Anforderungen zu stellen (vgl. BVerfG vom 28.3.2006, 1 BvL 10/01, JurionRS 2006, 13632). 60

Die **Bereiterklärung einer Minderjährigen** zur Arbeitsleistung bedarf, auch in einem Dienst- oder Arbeitsverhältnis, der Einwilligung ihres gesetzlichen Vertreters. Zwar ist die Minderjährige, die der gesetzliche Vertreter ermächtigt hat, in Dienst oder in Arbeit zu treten, nach § 113 Absatz 1 BGB für solche Rechtsgeschäfte unbeschränkt geschäftsfähig, welche die Eingehung oder Aufhebung eines Dienst- oder Arbeitsverhältnisses der gestatteten Art oder die Erfüllung der sich aus einem solchen Verhältnis ergebenden Verpflichtungen betreffen. § 113 Absatz 1 Satz 1 BGB erfasst zwar nicht nur den Abschluss des Arbeitsvertrages, sondern erstreckt sich auch auf die Ausgestaltung der 61

Rechte und Pflichten im Arbeitsverhältnis. Von der Ermächtigung werden jedoch nicht alle Rechtsgeschäfte erfasst, die thematisch unter § 113 BGB fallen können, bei der Auslegung ist vielmehr auch der gesetzliche Minderjährigenschutz zu berücksichtigen. Das Bundesarbeitsgericht geht deshalb davon aus, dass von der Ermächtigung nur solche Rechtsgeschäfte erfasst sind, die mit der Eingehung, Abwicklung und Beendigung eines Arbeitsverhältnisses üblicherweise verbunden sind, nicht aber außergewöhnliche Geschäfte, die für den Minderjährigen nachteilig sein können (vgl. BAG vom 8.6.1999, 3 AZR 71/98, EzA § 113 BGB Nr. 2). Ausgehend davon, dass die Ermächtigung nur verkehrsübliche Vereinbarungen und Rechtsgeschäfte erfasst (vgl. AR-Löwisch, 10. Auflage, § 113 BGB Rn. 3; Dörner/Luczak/Wildschütz/Baek/Hoß, Handbuch des Arbeitsrechts-Dörner, 16. Auflage, Kapitel 2 Rn. 483; Schaub-Linck, 17. Auflage, § 32 Rn. 31), ist die Bereiterklärung zur Weiterarbeit in der Schutzfrist, die nicht als verkehrsüblich betrachtet werden kann, von der Ermächtigung des § 113 BGB nicht gedeckt (so im Ergebnis, unter Hinweis auf die nicht nur die Erfüllung arbeitsvertraglicher Pflichten betreffende, sondern öffentlich-rechtliche Wirkung zeigende Erklärung, zum MuSchG a.F. auch Buchner/Becker, 8. Auflage, § 3 MuSchG Rn. 49; gestützt auf § 111 BGB: Brose/Weth/Volk-Weth, 9. Auflage, § 3 MuSchG Rn. 16; Tillmanns/Mutschler-Felder, 3. Auflage, § 3 MuSchG Rn. 26).

62 Hat sich die schwangere Frau im Arbeitsverhältnis ausdrücklich zur Arbeitsleistung **bereit erklärt**, so hat sie nach den allgemeinen Grundsätzen auch **Anspruch auf vertragsgemäße Beschäftigung**, wenn nicht zugleich ein mit bestehenden Gefährdungen verbundenes Beschäftigungsverbot beispielsweise nach § 13 Absatz 1 Nummer 3 oder § 16 Absatz 1 besteht. Rechtsgrundlage dieses Anspruchs auf vertragsgemäße Beschäftigung im Arbeitsverhältnis sind §§ 611a, 613 BGB i.V.m. der Generalklausel des § 242 BGB, die durch die Wertentscheidungen der Art. 1 und Art. 2 GG ausgefüllt wird. Der Arbeitnehmer soll als Ausdruck und in Achtung seiner Persönlichkeit und seines Entfaltungsrechts tatsächlich arbeiten können (vgl. BAG vom 29.02.2024, 8 AZR 359/22, WKRS 2024, 13838; BAG vom 1.6.2022, 5 AZR 407/21, WKRS 2022, 32913; BAG vom 21.2.2017, 1 AZR 367/15, EzA § 99 BetrVG 2001 Nr. 31; BAG vom 24.6.2015, 5 AZR 462/14, EzA § 615 BGB 2002 Nr. 44). Die Schutzfrist des § 3 Absatz 1 führt bei Bereiterklärung zur Arbeitsleistung zu keiner hiervon abweichenden Situation. Sie dient dem Schutz der Frau. Die gesetzlich vorgesehene Möglichkeit der Bereiterklärung und zugleich auch des jederzeitigen Widerrufs zeigen, dass der Frau die Beurteilung der Zumutbarkeit der Weiterbeschäftigung überlassen bleiben soll (vgl. Brose/Weth/Volk-Weth, 9. Auflage, § 3 MuSchG Rn. 20; AR-Vossen, 10. Auflage, § 3 MuSchG Rn. 6; Tillmanns/Mutschler-Felder, 3. Auflage, § 3 MuSchG Rn. 27; zu § 3 Abs. 2 MuSchG a.F.: LAG Schleswig-Holstein vom 15.12.2005, 2 Ta 210/05, LAGE § 3 MuSchG Nr. 4; so im Ergebnis unter Hinweis auf diese Entscheidung auch Dörner/Luczak/Wildschütz/Baek/Hoß, Handbuch des Arbeitsrechts-Dörner, 16. Auflage, Kapitel 2 Rn. 26; Schaub-Linck, 17. Auflage, § 168 Rn. 8; a.A. wohl noch Buchner/Becker, 8. Auflage, § 3 MuSchG Rn. 53).

63 Die **Bereiterklärung** zur Arbeitsleistung kann **jederzeit** mit Wirkung für die Zukunft **widerrufen** werden. Auf das Widerrufsrecht kann die Frau, auch vertraglich, nicht verzichten (vgl. BVerfG vom 28.3.2006, 1 BvL 10/01, JurionRS 2006, 13632). Während

des Beschäftigungsverbots geleistete Arbeit bleibt vergütungspflichtig (vgl. AR-Vossen, 10. Auflage, § 3 MuSchG Rn. 6). Aus Gründen der Rechtssicherheit ist auch hier eine schriftliche Erklärung empfehlenswert, vom Gesetz jedoch nicht verlangt. Für den Widerruf enthält § 3 Absatz 1 ebenso wie für die Bereiterklärung **keine Formvorgabe**. Der Widerruf kann unter Umständen sogar konkludent erfolgen, wenn er für den Arbeitgeber zumindest erkennbar ist (vgl. Brose/Weth/Volk-Weth, 9. Auflage, § 3 MuSchG Rn. 92). Auch der Angabe von Gründen bedarf es für den Widerruf nicht (vgl. BVerfG vom 28.3.2006, 1 BvL 10/01, JurionRS 2006, 13632).

Der **Widerruf** der Bereiterklärung zur Arbeitsleistung kann lediglich **mit Wirkung für die Zukunft** erfolgen. Dies wird durch die Regelung zur Schutzfrist vor der Entbindung in § 3 Absatz 1 im Wortlaut des Gesetzes klargestellt (vgl. BT-Drucks. 18/8963 S. 55). Im Rahmen der Geltung der Schutzfrist aufgrund des erweiterten Anwendungsbereichs auch auf Schülerinnen und Studentinnen unter den Voraussetzungen des § 1 Absatz 2 Satz 2 Nummer 8 kann diese Wirkung nur für die Zukunft auch im Zusammenhang mit Prüfungssituationen Bedeutung haben, auch hier hat der Widerruf keine Rückwirkung (vgl. BT-Drucks. 18/8963 S. 57). 64

3. Schutzfrist nach der Entbindung, § 3 Absatz 2

§ 3 Absatz 2 Satz 1 regelt die Schutzfrist nach der Entbindung. Der Arbeitgeber darf danach eine Frau bis zum Ablauf von acht Wochen nach der Entbindung nicht beschäftigen. Die Schutzfrist nach der Entbindung verfolgt einen **doppelten Zweck**. Das Beschäftigungsverbot dient der **Erholung der Mutter** nach der Entbindung ebenso wie der Ermöglichung einer ungehinderten Pflege des Kindes in seiner ersten Lebensphase und dem **Schutz der besonderen Beziehung zwischen Mutter und Kind** (vgl. zu § 6 Abs. 1 MuSchG a.F.: BAG vom 16.6.2005, 6 AZR 108/01, EzA § 612 BGB 2002 Nr. 4; zum Mutterschaftsurlaub nach Art. 8 der Richtlinie 92/85/EWG vom 19.10.1992: EuGH vom 18.3.2004, C-342/01 [Merino Gómez], Jurion). 65

a) Entbindung

Die Schutzfrist des § 3 Absatz 2 betrifft den Zeitraum nach der Entbindung. Sie gilt damit nach dem Wortlaut des Gesetzes für **Frauen, die selbst** von einem Kind **entbunden** wurden, nicht aber für **Adoptivmütter und Bestellmütter** (vgl. Brose/Weth/Volk-Weth, 9. Auflage, § 3 MuSchG Rn. 44; Tillmanns/Mutschler-Felder, 3. Auflage, § 3 MuSchG Rn. 13; zu § 6 MuSchG a.F.: Buchner/Becker, § 6 MuSchG Rn. 1), auch wenn ein Teil des Schutzzwecks, die Ermöglichung der Herstellung und Vertiefung der Beziehung zu dem Kind, auch im Fall einer frühen Adoption erfüllt werden könnte. Eine Gleichstellung der Entbindung mit der Adoption hat der Gesetzgeber für das MuSchG nicht vorgenommen. Die Adoptivmutter hat jedoch die Möglichkeit der Inanspruchnahme von Elternzeit (vgl. zum Kündigungsschutz nach § 18 BEEG: KR-Kreutzberg-Kowalczyk, 14. Auflage, § 18 BEEG Rn. 31), dies auch bereits ab der Aufnahme des Kindes mit dem Ziel der Annahme als Kind, § 15 Absatz 1 Satz 1 Nummer 1b) BEEG i.V.m. § 1 Absatz 3 Satz 1 Nummer 1 BEEG. Für die Anwendung der Vorschriften des BEEG setzt § 1 Absatz 3 Satz 2 BEEG den 66

Zeitpunkt der Aufnahme des Kindes bei der berechtigten Person dem Zeitpunkt der Geburt gleich. Eine sog. **Leihmutter**, in § 13a des Gesetzes über die Vermittlung der Annahme als Kind und über das Verbot der Vermittlung von Ersatzmüttern (Adoptionsvermittlungsgesetz – AdVermiG) als Ersatzmutter bezeichnet, hat selbst ein Kind geboren, auch wenn sie das Kind nach der Geburt Dritten überlässt. Für sie gilt die Schutzfrist nach der Entbindung nach § 3 Absatz 2 (vgl. AR-Vossen, 10. Auflage, § 3 MuSchG Rn. 8).

67 Nach der Neufassung im Rahmen des Gesetzes zur Neuregelung des Mutterschutzrechts vom 23. Mai 2017 (BGBl. I S. 1228) enthielt das MuSchG **zunächst keine Definition des Begriffs der Entbindung**. Im Fall einer Lebendgeburt liegt mit der Trennung der Leibesfrucht vom Mutterleib unproblematisch eine Entbindung vor (vgl. BAG vom 12.12.2013, 8 AZR 838/12, EzA § 15 AGG Nr. 23). Um eine Lebendgeburt handelt es sich nach § 31 Absatz 1 der Verordnung zur Ausführung des Personenstandsgesetzes (Personenstandsverordnung – PStV), wenn bei einem Kind nach der Scheidung vom Mutterleib entweder das Herz geschlagen oder die Nabelschnur pulsiert oder die natürliche Lungenatmung eingesetzt hat. In anderen Fällen differenzierte die Rechtsprechung des Bundesarbeitsgerichts unter Bezugnahme auf die **bis zum 31.10.2018 geltenden Regelungen in § 31 PStV zunächst** wie folgt: Hat das Gewicht des Kindes mindestens 500 Gramm betragen, so lag nach § 31 Absatz 2 PStV eine Totgeburt vor, die als Entbindung im Sinne des MuSchG angesehen wurde. Betrug das Gewicht des Kindes weniger als 500 Gramm, so lag nach § 31 Absatz 3 PStV in seiner bis zum 31.10.2018 geltenden Fassung grundsätzlich eine **Fehlgeburt** vor, die nicht als Entbindung im Sinne des MuSchG betrachtet wurde (vgl. BAG vom 12.12.2013, 8 AZR 838/12, EzA § 15 AGG Nr. 23; BAG vom 15.12.2005, 2 AZR 462/04, EzA § 9 n.F. MuSchG Nr. 41). Nach **§ 31 Absatz 2 Satz 1 Nr. 2 PStV** in seiner **ab dem 1.11.2018** geltenden Fassung liegt eine Tot- und damit keine Fehlgeburt aber auch vor, wenn das Gewicht des Kindes zwar weniger als 500 Gramm beträgt, aber die 24. Schwangerschaftswoche erreicht wurde. Die vergleichbar § 31 PStV erfolgende Differenzierung wurde bisher auch im Fall eines gerade nicht zielgerichtet auf die Tötung der Leibesfrucht gerichteten Schwangerschaftsabbruchs herangezogen, wenn sich das Kind schon bis zu einem Stadium entwickelt hatte, in dem es – wenn auch nur kurz – zu einem selbstständigen Leben grundsätzlich fähig war, die Voraussetzungen des § 31 Absatz 2 PStV erfüllt waren (vgl. zu § 9 MuSchG a.F.: BAG vom 15.12.2005, 2 AZR 462/04, WKRS 2005, 33200). Auch die Begründung des Gesetzentwurfs zur Neuregelung des Mutterschutzrechts setzte sich im Zusammenhang mit den Regelungen zum Kündigungsverbot mit der – bisherigen – Differenzierung in § 31 PStV auseinander (vgl. BT-Drucks. 18/8963 S. 87). Mit Blick auf die Rechtsprechung des Bundesarbeitsgerichts und die Regelungen der PStV wurde mit der Neufassung des MuSchG im Rahmen des Gesetzes zur Neuregelung des Mutterschutzrechts vom 23. Mai 2017 (BGBl. I S. 1228) der besondere Kündigungsschutz auch für den Fall einer Fehlgeburt nach der zwölften Schwangerschaftswoche eingeführt, § 17 Absatz 1 Nummer 2, dies begründet mit der auch nach einer Fehlgeburt unabhängig von der Gewichtsgrenze bestehenden besonderen Belastungssituation der Frau (vgl. BT-Drucks. 18/8963 S. 87). Für die Schutzfrist nach der Entbindung wurde eine vergleich-

bare Regelung nicht aufgenommen. Ein die Forderung einer vom Gewicht des Kindes unabhängigen Gleichstellung von Fehl- bzw. Totgeburten ab Vollendung der zwölften Schwangerschaftswoche auch für die Schutzfristen beinhaltender Änderungsantrag der Fraktion BÜNDNIS 90/DIE GRÜNEN im Ausschuss für Familie, Senioren, Frauen und Jugend (vgl. BT-Drucks. 18/11782 S. 25 f.) wurde im Ausschuss abgelehnt (vgl. BT-Drucks. 18/11782 S. 28). Vor dem Hintergrund dieser Auseinandersetzung des Gesetzgebers mit der Problematik des Verständnisses des Begriffs der Entbindung einschließlich der bisherigen höchstrichterlichen Rechtsprechung im Gesetzgebungsverfahren sowie der sich sodann auch im Wortlaut des § 17 Absatz 1 zeigenden Unterscheidung zwischen den Begriffen der Entbindung und der Fehlgeburt sprachen einige Aspekte dafür, sich weiterhin an der Unterscheidung der PStV zu orientieren und unter dem Begriff der Entbindung im Sinne des § 3 Absatz 2 Satz 1 weiterhin die Lebendgeburt und die Totgeburt im Sinne des § 31 Absatz 2 PStV, nicht aber die Fehlgeburt im Sinne des § 31 Absatz 2 PStV zu verstehen. Für die Differenzierung zwischen Totgeburt (und damit einer Entbindung im Sinne des MuSchG) und Fehlgeburt war jedoch jedenfalls die Neufassung des § 31 Absatz 2 PStV heranzuziehen, die gerade mit dem Ziel, auch in den von § 31 Absatz 2 Satz 1 Nr. 2 PStV erfassten Fällen den Mutterschutz zu gewährleisten, vorgenommen wurde (vgl. BR-Drucks. 417/18 S. 50 f.). Um eine Entbindung im Sinne des § 3 MuSchG handelte es sich, wenn man diesem Verständnis der Entbindung im Sinne des § 3 folgte, zusammengefasst bei einer **Lebendgeburt** nach § 31 Absatz 1 PStV oder bei einer **Totgeburt**, wenn das Gewicht des Kindes mindestens 500 Gramm beträgt (§ 31 Absatz 2 Satz 1 Nr. 1 PStV) oder wenn bei einem geringeren Gewicht mindestens die 24. Schwangerschaftswoche erreicht wurde (§ 31 Absatz 2 Satz 1 Nr. 2 PStV) (vgl. unter Auseinandersetzung mit auch Fehlgeburten als Entbindung in diesem Sinne befürwortender Auffassung i.E. aber aus o.g. Gründen ebenfalls gegen eine Gleichstellung: Brose/Weth/Volk-Weth, 9. Auflage, § 3 MuSchG Rn. 41). In der Begründung seines die Nichtannahme einer Verfassungsbeschwerde aufgrund ihrer Unzulässigkeit betreffenden **Beschlusses vom 21.08.2024 wies das Bundesverfassungsgericht nun jedoch darauf hin**, dass diese **Auslegung des Begriffs der Entbindung nicht zwingend** sei. Mit Blick auf die einheitliche Intention des MuSchG und unter Berücksichtigung des Art. 6 Absatz 4 GG sei es vielmehr nicht ausgeschlossen, dass die Fachgerichte nunmehr eine Entbindung im Sinne des § 3 Absatz 2 bis Absatz 4 auch im Fall einer Fehlgeburt annehmen. Weder aus dem Wortlaut noch aus der Systematik des MuSchG werde ersichtlich, dass unter einer Entbindung im Sinne des § 3 nur eine Lebend- oder Totgeburt nach § 31 Absatz 1 und 2 PStV zu verstehen sei (vgl. BVerfG vom 21.8.2024, 1 BvR 2106/22, WKRS 2024, 23034). Mit der Aufnahme des neuen **§ 2 Absatz 6 ab dem 1.6.2025** durch das Mutterschutzanpassungsgesetz wird diese Frage durch den Gesetzgeber geklärt. Unter einer Entbindung im Sinne des MuSchG sind weiterhin nur die Lebend- und die Totgeburt zu verstehen. Für den Fall einer Fehlgeburt ab der 13. Schwangerschaftswoche finden die für eine Entbindung geltenden Regelungen aber entsprechende Anwendung, soweit nicht eine abweichende gesetzliche Regelung besteht (vgl. zur Gesetzesbegründung und zu den Definitionen § 2 Rdn. 31ff.). Für die Schutzfristen nach § 3 Absatz 2 sind damit nur Entbindungen nach § 2 Absatz 6 Satz 1 (für die verlängerten Schutzfristen des § 3

Absatz 2 Satz 2 nur Lebendgeburten) maßgeblich, für Fehlgeburten findet sich eine eigene Regelung in § 3 Absatz 5.

b) Regelmäßiger Zeitraum der Schutzfrist nach der Entbindung

68 Die Schutzfrist nach der Entbindung erfasst nach § 3 Absatz 2 Satz 1 regelmäßig den Zeitraum bis zum Ablauf von **acht Wochen** nach der Entbindung und entspricht damit inhaltlich der bisherigen Regelung in § 6 Absatz 1 MuSchG a.F. Die achtwöchige Schutzfrist **endet** unter Berücksichtigung der **§§ 187 Absatz 1, 188 Absatz 2 BGB** mit Ablauf des Tages der letzten Woche, welcher durch seine Benennung dem Tag der Entbindung entspricht (vgl. AR-Vossen, 10. Auflage, § 3 MuSchG Rn. 11). Bei einer Entbindung am Dienstag, den 27.03., läuft die Schutzfrist des § 3 Absatz 2 Satz 1 damit bis einschließlich Dienstag, den 22.05., bei einer Entbindung am Donnerstag, den 17.05., ist Donnerstag, der 12.07., der letzte Tag der Schutzfrist.

c) Verlängerte Schutzfrist nach der Entbindung nach § 3 Absatz 2 Satz 2

69 § 3 Absatz 2 Satz 2 regelt die Verlängerung der Schutzfrist nach der Entbindung bei Frühgeburten (Nummer 1), Mehrlingsgeburten (Nummer 2) und Feststellung einer Behinderung des Kindes vor Ablauf von acht Wochen nach der Entbindung (Nummer 3). Im Hinblick auf die Verlängerung bei Früh- und Mehrlingsgeburten wurde die bisher in § 6 Absatz 1 Satz 1 MuSchG a.F. enthaltene Regelung lediglich redaktionell überarbeitet (vgl. BT-Drucks. 18/8963 S. 55), die Regelung in § 3 Absatz 2 Satz 2 Nummer 3 wurde durch das Gesetz zur Neuregelung des Mutterschutzrechts vom 23. Mai 2017 (BGBl. I S. 1228) neu in das MuSchG aufgenommen und gilt abweichend vom neugefassten MuSchG insgesamt inhaltlich als Änderung des § 6 Absatz 1 Satz 1 MuSchG a.F. bereits seit dem 30.5.2017. Zur **Verlängerung** der Schutzfristen nach § 3 Absatz 2 Satz 2 kommt es **nur bei einer Lebendgeburt** (vgl. hierzu § 2 Rdn. 32). Dies wird durch den mit Wirkung vom 1.6.2025 durch Artikel 1 Nr. 2 a) MuSchAnpG angefügten § 3 Absatz 2 Satz 5 klargestellt, der eine Geltung des § 3 Absatz 2 Satz 2 für Totgeburten ausschließt. Mit dieser Regelung will der Gesetzgeber eine Unklarheit für Totgeburten nach der 24. Schwangerschaftswoche beseitigen und stellt in der Gesetzesbegründung klar, dass die verlängerten Schutzfristen typischerweise einem erhöhten Pflegebedarf Rechnung tragen sollen (vgl. BT-Drucks. 20/14231 S. 9).

aa) Frühgeburt

70 Um eine **Frühgeburt** im Sinne des § 3 Absatz 2 Satz 2 Nummer 1 handelt es sich unabhängig von der Dauer der Schwangerschaft bei einer Entbindung, bei der das Kind ein Geburtsgewicht unter 2 500 Gramm hat oder bei der es trotz eines höheren Geburtsgewichtes wegen noch nicht voll ausgebildeter Reifezeichen oder wegen verfrühter Beendigung der Schwangerschaft einer wesentlich erweiterten Pflege bedarf (vgl. AR-Vossen, 10. Auflage, § 3 MuSchG Rn. 12; zu § 6 MuSchG a.F.: BAG vom 12.3.1997, 5 AZR 329/96, EzA § 6 MuSchG Nr. 1; Schaub-Linck, 17. Auflage, § 168 Rn. 10) Das Bundesarbeitsgericht erachtet dies als eine sinnvolle, dem Gesetzeszweck

entsprechende Konkretisierung des Begriffs der Frühgeburt, die in der Praxis weitestgehend Anerkennung findet (vgl. BAG vom 12.3.1997, 5 AZR 329/96, EzA § 6 MuSchG Nr. 1). Auch eine Totgeburt im Sinne des § 31 Absatz 2 PStV, bei der das Gewicht des Kindes mindestens 500 Gramm beträgt oder bei der mindestens die 24. Schwangerschaftswoche erreicht wurde, ist eine Entbindung im Sinne des § 3 Absatz 2 (siehe Rdn. 67). Sie führt aber aufgrund des mit Wirkung zum 1.6.2025 in das MuSchG aufgenommenen § 3 Absatz 2 Satz 5 nicht zu einer Verlängerung der Schutzfrist (vgl. § 3 Rdn. 69; für eine Verlängerung auch bei Totgeburten vor der gesetzlichen Neuregelung: Brose/Weth/Volk-Weth, 9. Auflage, § 3 MuSchG Rn. 50).

Der **Nachweis** einer Frühgeburt kann beispielsweise durch das Zeugnis eines Arztes 71
oder einer Hebamme bzw. eines Entbindungspflegers geführt werden, in welchem entweder das Geburtsgewicht von weniger als 2 500 Gramm oder die wesentlich erweiterte Pflegebedürftigkeit des Kindes wegen nicht voll ausgebildeter Reifezeichen oder wegen verfrühter Beendigung der Schwangerschaft attestiert wird (vgl. zu § 6 MuSchG a.F.: Buchner/Becker, 8. Auflage, § 6 MuSchG Rn. 25).

Bei Vorliegen einer Frühgeburt verlängert sich die Schutzfrist nach der Entbindung 72
auf **zwölf Wochen**, zur Berechnung siehe Rdn. 68. Die Verlängerung der Schutzfrist aufgrund einer Frühgeburt **bedarf keines Antrages** der Frau. Dies ergibt sich aus dem Schutzzweck der Norm ebenso wie aus dem Umkehrschluss aus dem ausdrücklich in den Gesetzeswortlaut aufgenommenen Antragserfordernis für die Verlängerung der Schutzfrist bei ärztlich festgestellter Behinderung des Kindes in § 3 Absatz 2 Satz 4. Sie setzt aber die Kenntnis des Arbeitgebers vom Vorliegen einer Frühgeburt voraus (vgl. zur Kenntniserlangung in Zusammenhang mit dem Kündigungsverbot des § 17 MuSchG: KR-Gallner/Vannucchi, 14. Auflage, § 17 MuSchG Rn. 62 ff., siehe auch Rdn. 19 zur Geltung der Beschäftigungsverbote kraft Gesetzes ab entsprechender Kenntnis des Arbeitgebers).

bb) Mehrlingsgeburt

Eine **Mehrlingsgeburt** ist die Entbindung von mehr als einem Kind unabhängig 73
davon, ob es sich um Lebend- oder Totgeburten handelt, bei einem einheitlichen Geburtsvorgang, der sich auch über einige Zeit hinziehen kann (vgl. Schaub-Linck, 17. Auflage, § 168 Rn. 10; AR-Vossen, 10. Auflage, § 3 MuSchG Rn. 12; zu § 6 MuSchG a.F.: Buchner/Becker, § 6 MuSchG Rn. 32; Tillmanns/Mutschler-Felder, 3. Auflage, § 3 MuSchG Rn. 20). Zu einer Verlängerung der Schutzfrist kommt es nach § 3 Absatz 2 Satz 5 aber nur im Falle der Lebendgeburt (vgl. § 3 Rdn. 69). Der **Nachweis** der Mehrlingsgeburt kann in der Regel durch Vorlage mehrerer Geburtsurkunden einfach erfolgen.

Bei Vorliegen einer Mehrlingsgeburt verlängert sich die Schutzfrist nach der Entbin- 74
dung auf **zwölf Wochen**, zur Berechnung siehe Rdn. 68. Die Verlängerung der Schutzfrist aufgrund einer Mehrlingsgeburt bedarf ebenso wie einer Frühgeburt **keines Antrages** der Frau, setzt aber gleichermaßen die Kenntnis des Arbeitgebers voraus (siehe Rdn. 72).

cc) Ärztliche Feststellung der Behinderung des Kindes

75 Die durch das Gesetz zur Neuregelung des Mutterschutzrechts vom 23. Mai 2017 (BGBl. I S. 1228) neu in das MuSchG aufgenommene Regelung des § 3 Absatz 2 Satz 2 Nummer 3 verlängert die Schutzfrist nach der Entbindung für den Fall, dass bei dem Kind vor Ablauf von acht Wochen nach der Entbindung ärztlich eine Behinderung im Sinne von § 2 Absatz 1 Satz 1 SGB IX festgestellt wird, auf zwölf Wochen. Die Verlängerung der Schutzfrist soll den besonderen körperlichen und psychischen Belastungen Rechnung tragen, die in diesen Fällen typischerweise mit der Geburt verbunden sind, und einen finanziell auf dem Niveau des bisherigen Einkommens abgesicherten Schutzraum gewähren (vgl. BT-Drucks. 18/8963 S. 56).

76 Voraussetzung der Verlängerung der Schutzfrist ist die ärztliche Feststellung einer **Behinderung im Sinne von § 2 Absatz 1 Satz 1 SGB IX** bei dem Kind. Nach **§ 2 Absatz 1 Satz 1 SGB IX** in der **bis zum 31.12.2017** geltenden Fassung sind Menschen **behindert, wenn** ihre körperliche Funktion, geistige Fähigkeit oder seelische Gesundheit mit hoher Wahrscheinlichkeit länger als sechs Monate von dem für das Lebensalter typischen Zustand abweichen und daher ihre Teilhabe am Leben in der Gesellschaft beeinträchtigt ist. Sie sind nach § 2 Absatz 1 Satz 2 SGB IX in der bis zum 31.12.2017 geltenden Fassung von Behinderung bedroht, wenn die Beeinträchtigung zu erwarten ist. Bereits die **zu erwartende Behinderung** im Sinne des § 2 Absatz 1 Satz 2 SGB IX a.F. soll nach der Begründung des Gesetzentwurfs für die Verlängerung der Schutzfrist genügen (vgl. BT-Drucks. 18/8963 S. 56), auch wenn der Wortlaut des Gesetzes allein auf § 2 Absatz 1 Satz 1 SGB IX in der damals geltenden Fassung Bezug nahm. Dieses Verständnis ist demnach auf die aktuelle Fassung des § 2 Absatz 1 SGB IX zu übertragen. Nach **§ 2 Absatz 1 Satz 1 SGB IX** in **der ab dem 1.1.2018** geltenden Fassung sind Menschen mit Behinderung Menschen, die körperliche, seelische, geistige oder Sinnesbeeinträchtigungen haben, die sie in Wechselwirkung mit einstellungs- und umweltbedingten Barrieren an der gleichberechtigten Teilhabe an der Gesellschaft mit hoher Wahrscheinlichkeit länger als sechs Monate hindern können. Eine solche Beeinträchtigung liegt nach § 2 Absatz 1 Satz 2 SGB IX in der ab dem 1.1.2018 geltenden Fassung vor, wenn der Körper- und Gesundheitszustand von dem für das Lebensalter typischen Zustand abweicht. Ist eine solche Beeinträchtigung zu erwarten, sind Menschen nach § 2 Absatz 1 Satz 3 SGB IX in der ab dem 1.1.2018 geltenden Fassung von Behinderung bedroht. Unter Berücksichtigung des Schutzzwecks der gesetzlichen Regelung, der Feststellung in den ersten Lebenswochen des Kindes sowie des in der Gesetzesbegründung zum Ausdruck kommenden Willens des Gesetzgebers ist die ärztlich festgestellte Bedrohung des Kindes von Behinderung durch eine zu erwartende Beeinträchtigung als für die Verlängerung der Schutzfrist der Frau ausreichend zu betrachten, auch wenn dies in den Wortlaut des § 3 Absatz 2 Satz 2 Nummer 3 nicht ausdrücklich aufgenommen wurde (so im Ergebnis auch Brose/Weth/Volk-Weth, 9. Auflage, § 3 MuSchG Rn. 56).

77 Erforderlich, aber auch **ausreichend** für die Verlängerung der Schutzfrist **ist die ärztliche Feststellung**, ein behördliches Verfahren zur Feststellung der Behinderung nach § 152 SGB IX ist nicht nötig (vgl. AR-Vossen, 10. Auflage, § 3 MuSchG Rn. 9). Die

ärztliche Feststellung muss **innerhalb von acht Wochen nach der Entbindung** erfolgen, eine erst später erfolgte Feststellung führt nicht zu einer nachträglichen Verlängerung der Schutzfrist (vgl. BT-Drucks. 18/8963 S. 56).

Abweichend von den verlängerten Schutzfristen bei Früh- und Mehrlingsgeburten **verlängert sich** bei ärztlich festgestellter Behinderung des Kindes die Schutzfrist **nur auf Antrag** der Frau, § 3 Absatz 2 Satz 4. Ihr soll es überlassen bleiben, ob sie die drohende Behinderung ihres Kindes dem Arbeitgeber bekannt gibt und die verlängerte Schutzfrist in Anspruch nimmt (vgl. BT-Drucks. 18/8963 S. 56). Für diesen beim Arbeitgeber zu stellenden Antrag enthält das Gesetz **keine Formvorgabe**. Innerhalb von acht Wochen nach der Entbindung muss lediglich die ärztliche Feststellung erfolgt sein, für den beim Arbeitgeber zu stellenden Antrag auf Verlängerung enthält das Gesetz selbst keine entsprechende Frist. Nach den Ausführungen in der Begründung des Gesetzentwurfs der Bundesregierung soll ohne Frist für die Antragstellung beim Arbeitgeber die Vorlage der fristgerecht erstellten ärztlichen Feststellung genügen (vgl. BT-Drucks. 18/8963 S. 56). Praktisch gebietet aber die sonst möglicherweise nach 8 Wochen endende Schutzfrist nach der Entbindung eine in der Frist für die ärztliche Feststellung auch beim Arbeitgeber erfolgende Antragstellung (für eine Verpflichtung zur Antragstellung innerhalb der regulären Schutzfrist: Tillmanns/Mutschler-Felder, 3. Auflage, § 3 MuSchG Rn. 21), da sich dies auf Zahlungsansprüche, die Frage der anschließenden Aufnahme der Beschäftigung, Urlaub oder den Beginn einer Elternzeit auswirkt. 78

d) Verlängerung der Schutzfrist bei vorzeitiger Entbindung, § 3 Absatz 2 Satz 3

Nach § 3 Absatz 2 Satz 3 verlängert sich die Schutzfrist nach der Entbindung bei vorzeitiger Entbindung um den Zeitraum der Verkürzung der Schutzfrist vor der Entbindung nach Absatz 1 Satz 4. Zu einer Verkürzung der Schutzfrist vor der Entbindung nach Absatz 1 Satz 4 kommt es im Fall der Entbindung zu einem früheren als dem sich aus dem Zeugnis des Arztes oder der Hebamme bzw. des Entbindungspflegers ergebenden voraussichtlichen Entbindungstermin. Durch die in § 3 Absatz 2 Satz 3 vorgesehene Verlängerung wird in allen Fällen der nach Artikel 8 Absatz 1 der **Richtlinie 92/85/EWG** vom 19.10.1992 über die Durchführung von Maßnahmen zur Verbesserung der Sicherheit und des Gesundheitsschutzes von schwangeren Arbeitnehmerinnen, Wöchnerinnen und stillenden Arbeitnehmerinnen am Arbeitsplatz (zehnte Einzelrichtlinie im Sinne des Artikels 16 Absatz 1 der Richtlinie 89/391/EWG) (ABl. L 348 vom 28.11.1992, S. 1) **sicherzustellende Mutterschaftsurlaub von insgesamt 14 Wochen** gewährleistet. 79

Der Begriff der vorzeitigen Entbindung im Sinne des § 3 Absatz 2 Satz 3 erfasst demnach **nicht nur Frühgeburten** im Sinne des § 3 Absatz 2 Satz 2 Nummer 1 (vgl. Rdn. 69), **sondern auch sonstige vorzeitige Entbindungen** vor dem zunächst attestierten voraussichtlichen Entbindungstermin. Die Regelung übernimmt inhaltlich die bisher in § 6 Absatz 1 Satz 2 MuSchG a.F. enthaltene und sich ausdrücklich auf Frühgeburten und sonstige vorzeitige Entbindungen beziehende Regelung (vgl. BT-Drucks. 18/8963 S. 56). Im Gegensatz zur Verlängerung der Schutzfristen nach § 3 Absatz 2 Satz 2 (vgl. hierzu Rdn. 69) kommt es bei der Verlängerung nach § 3 Absatz 2 80

Satz 3 nicht darauf an, ob eine Lebend- oder Totgeburt vorliegt. § 3 Absatz 2 Satz 5 schließt die Verlängerung bei einer Totgeburt lediglich für § 3 Absatz 2 Satz 2 aus.

81 Die Schutzfrist nach der Entbindung **verlängert** sich **um den Zeitraum der Verkürzung vor der Entbindung.** Ergab sich beispielsweise aus dem vorgelegten ärztlichen Zeugnis ein voraussichtlicher Entbindungstermin am Freitag, dem 28.09., so begann die Schutzfrist mit Freitag, dem 17.08. Entbindet die Frau nunmehr am Freitag, den 21.09., so liefe die Schutzfrist nach § 3 Absatz 2 Satz 1 an sich mit Ablauf von Freitag, dem 16.11., ab. Aufgrund der vorzeitigen Entbindung verlängert sie sich jedoch um den Zeitraum der Verkürzung der Schutzfrist vor der Entbindung, somit um 7 Tage bis zum Freitag, dem 23.11. Die Dauer der Schutzfristen insgesamt bleibt damit im Vergleich zu einer Entbindung genau am voraussichtlichen Entbindungstermin unverändert. Um den Zeitraum der Verkürzung der Schutzfrist vor der Entbindung **verlängert wird** nach § 3 Absatz 2 Satz 3 nicht nur die regelmäßige Schutzfrist von acht Wochen nach der Entbindung, sondern **auch eine** im Fall der Früh- oder Mehrlingsgeburt oder ärztlich festgestellter Behinderung des Kindes **auf zwölf Wochen verlängerte Schutzfrist** nach der Entbindung. In diesen Fällen wird die Schutzfrist nach der Entbindung demnach sowohl auf grundsätzlich 12 Wochen als auch individuell um den Zeitraum der etwaigen Verkürzung vor der Entbindung verlängert.

82 Die Verlängerung der Schutzfrist nach der Entbindung **bedarf keines Antrags** der Frau. Der **Nachweis** kann durch ärztliches Attest oder das Zeugnis der Hebamme bzw. des Entbindungspflegers erfolgen, in der Regel wird bei einem sich aus dem bereits vorliegenden Zeugnis ergebenden voraussichtlichen Entbindungstermin schon die Vorlage der Geburtsurkunde ausreichen.

e) Beschäftigungsverbot während der Schutzfrist nach der Entbindung

83 Während der Schutzfrist nach der Entbindung besteht grundsätzlich ein generelles und totales **Beschäftigungsverbot**, d.h. der Arbeitgeber darf die Frau **unabhängig von konkreten Gefährdungen** nicht beschäftigen. Die Beschäftigung ist grundsätzlich unabhängig von einer Einwilligung der Frau in ihre Beschäftigung zwingend verboten (vgl. AR-Vossen, 10. Auflage, § 3 MuSchG Rn. 10), Das Beschäftigungsverbot umfasst nach § 2 Absatz 2 **jede Form der Betätigung**, die eine Frau im Rahmen ihres Beschäftigungsverhältnisses oder die eine Frau im Rahmen des erweiterten Anwendungsbereichs des § 1 Absatz 2 Satz 2 im Rahmen ihres Rechtsverhältnisses zu ihrem Arbeitgeber nach § 2 Absatz 1 Satz 2 ausübt.

84 Für in **Heimarbeit** Beschäftigte und ihnen Gleichgestellte tritt an die Stelle des Beschäftigungsverbotes das Verbot der Ausgabe von Heimarbeit, § 2 Absatz 3 Satz 2. Für eine Frau, die aufgrund ihrer **wirtschaftlichen Unselbstständigkeit** als **arbeitnehmerähnliche Person** anzusehen ist und nach § 1 Absatz 2 Satz Nummer 7 von der Geltung des MuSchG erfasst ist, tritt nach § 2 Absatz 3 Satz 3 an die Stelle des Beschäftigungsverbotes die Befreiung von der vertraglich vereinbarten Leistungspflicht.

85 Frauen in einer Beschäftigung im Sinne des § 7 Absatz 1 SGB IV sowie Frauen, die unabhängig von einer Beschäftigung nach § 1 Absatz 2 Satz 2 Nummern 1 und 2 sowie

4 bis 6 vom Geltungsbereich des MuSchG erfasst sind, können während der Schutzfrist vor der Entbindung nach näherer Vorgabe der §§ 19 ff. **Mutterschaftsgeld** sowie einen **Zuschuss des Arbeitgebers zum Mutterschaftsgeld** beanspruchen. Frauen, die aufgrund ihrer wirtschaftlichen Unselbstständigkeit als arbeitnehmerähnliche Personen anzusehen und nach § 1 Absatz 2 Satz Nummer 7 von der Geltung des MuSchG erfasst sind, können, soweit sie (freiwillige) Mitglieder einer gesetzlichen Krankenkasse sind und bei Arbeitsunfähigkeit Anspruch auf Krankengeld haben, Mutterschaftsgeld nach § 19 Absatz 1 i.V.m. § 24i SGB V erhalten (vgl. BT-Drucks. 18/8963 S. 51). Für die Berechnung der **Urlaubsansprüche** gilt die Ausfallzeit wegen des Beschäftigungsverbotes in der Schutzfrist nach der Entbindung als Beschäftigungszeit, § 24 Satz 1. Zu weiteren Fragen der Auswirkungen des Beschäftigungsverbotes siehe Rdn. 19 ff.

f) Ausnahmen vom Beschäftigungsverbot während der Schutzfrist nach der Entbindung

Bei der Schutzfrist nach der Entbindung handelt es sich mit Ausnahme der gesetzlich geregelten Sonderfälle um ein **absolutes Beschäftigungsverbot**, die Frau kann sich im Gegensatz zum Zeitraum der Schutzfrist vor der Entbindung nicht zur Arbeitsleistung bereit erklären. Ausnahmen gelten nur für Schülerinnen und Studentinnen (§ 3 Absatz 3), für Frauen nach dem Tod ihres Kindes (§ 3 Absatz 4) sowie für Frauen, die aufgrund ihrer wirtschaftlichen Unselbstständigkeit als arbeitnehmerähnliche Personen anzusehen und nach § 1 Absatz 2 Satz 2 Nummer 7 von der Geltung des MuSchG erfasst sind (§ 2 Absatz 3 Satz 3). 86

aa) Schülerinnen und Studentinnen, § 3 Absatz 3

Auf **Schülerinnen und Studentinnen** findet seit der Neufassung durch das Gesetz zur Neuregelung des Mutterschutzrechts vom 23. Mai 2017 (BGBl. I S. 1228) das MuSchG nach **§ 1 Absatz 2 Satz 2 Nr. 8** mit Ausnahme der §§ 17 bis 24 Anwendung, soweit die Ausbildungsstelle Ort, Zeit und Ablauf der Ausbildungsveranstaltung verpflichtend vorgibt oder sie ein im Rahmen ihrer schulischen oder hochschulischen Ausbildung verpflichtend vorgegebenes Praktikum ableisten (vgl. hierzu § 1 Rdn. 50–53). Im Rahmen dieses Anwendungsbereichs sind sie grundsätzlich auch vom Beschäftigungsverbot des § 3 Absatz 2 erfasst. Durch die grundsätzliche Geltung der Schutzfrist und das nur auf Verlangen ausnahmsweise mögliche Tätigwerden will der **Gesetzgeber** die **Zielsetzung** verdeutlichen, dass mutterschutzrechtlicher Gesundheitsschutz grundsätzlich zu gewähren ist und im Hinblick auf Schülerinnen und Studentinnen nur dann keine Anwendung findet, wenn sie sich bewusst dagegen entscheiden (vgl. BT-Drucks. 18/8963 S. 56). Entsprechend darf die Ausbildungsstelle (vgl. hierzu § 2 Rdn. 13) eine Schülerin oder Studentin nach § 3 Absatz 3 in der Schutzfrist nach der Entbindung im Rahmen der schulischen oder hochschulischen Ausbildung nur tätig werden lassen, wenn sie dies ausdrücklich verlangt. Mit dieser Regelung soll der Wunsch von Schülerinnen und Studentinnen nach einer zügigen Fortsetzung der schulischen oder hochschulischen Ausbildung berücksichtigt werden (vgl. BT-Drucks. 18/8963 S. 56). § 3 Absatz 3 eröffnet diese Möglichkeit allein für die nach § 1 Absatz 2 Satz 2 Nummer 8 von der Anwendung des MuSchG erfassten Schülerinnen und Studentin- 87 nen, nicht für Auszubildende in einer betrieblichen Ausbildung nach dem BBiG. Dies folgt aus der sich allein auf die nach § 1 Absatz 2 Satz 2 Nummer 8 von der Anwendung des MuSchG erfassten Schülerinnen und Studentinnen beziehenden Definition der Ausbildungsstelle in § 2 Absatz 1 Satz 2 Nr. 8 (siehe zu den Auswirkungen eines Beschäftigungsverbots auf das Ausbildungsverhältnis und zur etwaigen Möglichkeit des Berufsschulbesuchs Rdn. 43).

88 Die Ausbildungsstelle darf die Schülerin oder Studentin nur dann im Rahmen ihrer schulischen oder hochschulischen Ausbildung tätig werden lassen, wenn sie dies **ausdrücklich** gegenüber ihrer Ausbildungsstelle, d.h. gegenüber der Schule oder Hochschule oder der Stelle, mit der das Praktikumsverhältnis besteht, **verlangt**. Eine bestimmte Form für dieses Verlangen sieht das Gesetz nicht vor, sodass auch das mündliche Verlangen genügt. Die bloße Teilnahme an Ausbildungsveranstaltungen oder das Tätigwerden im Praktikum kann vor dem Hintergrund der Forderung des ausdrücklichen Verlangens hingegen nicht genügen (vgl. zu den an die Bereiterklärung nach § 3 Absatz 1 Satz 1 zu stellenden strengen Anforderungen Rdn. 60). Eine ärztliche Bescheinigung ist im Gegensatz zu § 3 Absatz 4 nicht erforderlich, Gleiches gilt für eine Mindestdauer der nachgeburtlichen Schutzfrist. Nachdem Schülerinnen und Studentinnen kein unionsrechtlich zwingender Mutterschaftsurlaub gewährt werden muss, bestehen gegen die Konformität dieser Regelung keine Bedenken (vgl. Brose/Weth/Volk-Weth, 9. Auflage, § 3 MuSchG Rn. 70).

89 Das **Verlangen einer Minderjährigen** bedarf der Einwilligung ihres gesetzlichen Vertreters. § 113 Absatz 1 BGB betrifft bereits nur Dienst- oder Arbeitsverhältnisse (vgl. zur auch in diesem Fall nicht bestehenden unbeschränkten Geschäftsfähigkeit für die Bereiterklärung zur Arbeitsleistung während der Schutzfrist vor der Entbindung Rdn. 61). Hiervon geht auch der Gesetzgeber aus. Einer Forderung des Bundesrates in dessen Stellungnahme zum Gesetzentwurf, für die in der Regel noch minderjährigen Schülerinnen die Anforderung der Vorlage einer ärztlichen Bescheinigung aufzunehmen, aus der sich keine Bedenken hinsichtlich eines Tätigwerdens ergeben (vgl. Stellungnahme des Bundesrates als Anlage 3 zum Gesetzentwurf der Bundesregierung vom 28.6.2016, BT-Drucks. 18/8963 S. 110 f.), hält die Bundesregierung in ihrer Gegenäußerung entgegen, dass der Gesundheitsschutz ausreichend gewährt sei, indem die gesetzlichen Vertreter der minderjährigen Schülerin oder minderjährigen Studentin der Fortführung der schulischen oder hochschulischen Ausbildung zustimmen müssen (vgl. Gegenäußerung der Bundesregierung als Anlage 4 zum Gesetzentwurf der Bundesregierung vom 28.6.2016, BT-Drucks. 18/8963 S. 116).

90 Die Schülerin oder Studentin kann ihre Erklärung **jederzeit widerrufen**, § 3 Absatz 3 Satz 2. Auch für den Widerruf des Verlangens sieht das Gesetz keine bestimmte Form vor, vergleichbar dem Widerruf der Bereiterklärung nach § 3 Absatz 1 Satz 2 ist auch die Angabe von Gründen nicht erforderlich (vgl. Rdn. 63).

91 Der Widerruf kann nach dem Wortlaut des Gesetzes **nur mit Wirkung für die Zukunft** erfolgen. Die Begründung des Gesetzentwurfs weist hierzu ausdrücklich darauf hin, dass dem Widerruf auch in Prüfungssituationen keine Rückwirkung zukommt, bei einem etwaigen Abbruch einer Prüfung aus gesundheitlichen (oder mutterschutzbezo-

genen) Gründen richte sich die Berücksichtigung der gesundheitlichen Belange nach den allgemeinen Regelungen (vgl. BT-Drucks. 18/8963 S. 57).

bb) Beschäftigung nach dem Tod des Kindes, § 3 Absatz 4

Abweichend von der sich aus § 3 Absatz 2 ergebenden Schutzfrist darf der Arbeitgeber eine Frau nach Ablauf von zwei Wochen nach der Entbindung nach dem Tod ihres Kindes wieder beschäftigen, wenn sie dies ausdrücklich verlangt und nach ärztlichem Zeugnis nichts dagegen spricht, § 3 Absatz 4 Satz 1. Der Gesetzgeber übernahm hier die bisher in § 6 Absatz 1 Satz 3 MuSchG a.F. enthaltene Regelung lediglich redaktionell überarbeitet in den neu gefassten § 3 (vgl. BT-Drucks. 18/8963 S. 57). 92

§ 3 Absatz 4 Satz 1 ermöglicht eine Beschäftigung **erst nach Ablauf der ersten zwei Wochen nach der Entbindung.** Hierdurch wird der sich aus Artikel 8 Absatz 2 der Richtlinie 92/85/EWG vom 19.10.1992 über die Durchführung von Maßnahmen zur Verbesserung der Sicherheit und des Gesundheitsschutzes von schwangeren Arbeitnehmerinnen, Wöchnerinnen und stillenden Arbeitnehmerinnen am Arbeitsplatz (zehnte Einzelrichtlinie im Sinne des Artikels 16 Absatz 1 der Richtlinie 89/391/EWG) (ABl. L 348 vom 28.11.1992, S. 1) ergebende zwingende Mutterschaftsurlaub von mindestens zwei Wochen sichergestellt. Bis zum Ablauf dieser ersten zwei Wochen nach der Entbindung besteht auch im Fall des Todes des Kindes ein absolutes Beschäftigungsverbot. Die Regelung gilt auch für eine Totgeburt (siehe Rdn. 67). 93

Der Arbeitgeber darf die Frau nur dann vor Ablauf der Schutzfrist wieder beschäftigen, wenn sie dies **ausdrücklich verlangt**. Eine **Formvorgabe** enthält das Gesetz hierzu **nicht**, sodass auch das mündliche Verlangen nach der Beschäftigung genügt. Die im Zusammenhang mit der Bereiterklärung nach § 3 Absatz 1 Satz 1 mögliche Frage der Bedeutung des tatsächlichen Tätigwerdens ohne gesonderte Erklärung (vgl. hierzu Rdn. 60) dürfte sich in dieser Konstellation schon aufgrund der zusätzlich zum ausdrücklichen Verlangen der Frau bestehenden Voraussetzung, dass nach ärztlichem Zeugnis nichts gegen die Beschäftigung spricht, nicht stellen. Dieses **ärztliche Zeugnis** nach § 3 Absatz 4 Satz 1 Nummer 2 muss vorliegen, um eine Beschäftigung der Frau vor Ablauf der sich aus § 3 Absatz 2 ergebenden Schutzfrist nach der Entbindung zu ermöglichen. Das Verlangen einer **Minderjährigen** nach Beschäftigung bedarf der Einwilligung ihres gesetzlichen Vertreters (vgl. Rdn. 61). Vergleichbar dem Fall der Bereiterklärung der Frau zur Arbeitsleistung in der Mutterschutzfrist vor der Entbindung ist auch in dieser Gestaltung von der Verpflichtung des Arbeitgebers auszugehen, dem Beschäftigungsverlangen nachzukommen (siehe Rdn. 62, so auch Brose/Weth/Volk-Weth, 9. Auflage, § 3 MuSchG Rn. 80 mit Hinweis auch auf abweichende Auffassungen). 94

Die Frau kann auch ihre Erklärung nach § 3 Absatz 4 Satz 1 Nummer 1 **jederzeit widerrufen**, § 3 Absatz 4 Satz 2. Auch für den Widerruf besteht weder eine Formvorgabe noch ist die Angabe von Gründen erforderlich (vgl. Rdn. 63). Der Widerruf kann nur **mit Wirkung für die Zukunft** erfolgen. 95

cc) Frauen, die aufgrund ihrer wirtschaftlichen Unselbstständigkeit als arbeitnehmerähnliche Personen anzusehen sind (§ 2 Absatz 3 Satz 3)

96 § 1 Absatz 2 Satz 2 Nr. 7 erstreckt den persönlichen Geltungsbereich des MuSchG, mit Ausnahme der §§ 18, 19 Absatz 2 und 20, auf Frauen, die wegen ihrer wirtschaftlichen Unselbstständigkeit als **arbeitnehmerähnliche Personen** anzusehen sind. Hierbei handelt es sich um Personen, die zwar aufgrund ihres wesentlich geringeren Grades der persönlichen Abhängigkeit – wegen fehlender oder geringerer Weisungsgebundenheit oder auch Eingliederung in eine betriebliche Organisation – keine Arbeitnehmer, sondern Selbstständige sind, bei denen aber an die Stelle der persönlichen Abhängigkeit die **wirtschaftliche Abhängigkeit** tritt (vgl. hierzu § 1 Rdn. 48).

97 Für diesen Personenkreis enthält zwar § 3 selbst keine Ausnahmeregelung, sie ergibt sich aber aus der allgemein vorangestellten Regelung des § 2 Absatz 3. **An Stelle eines Beschäftigungsverbots** tritt für die nach § 1 Absatz 2 Satz 2 Nummer 7 von der Geltung des MuSchG erfassten Frauen nach § 2 Absatz 3 Satz 3 grundsätzlich die **Befreiung von der vertraglich vereinbarten Leistungspflicht**. Ihnen steht grundsätzlich die **Möglichkeit** offen, **sich** gegenüber der dem Arbeitgeber gleichgestellten Person **zur Erbringung der vertraglich vereinbarten Leistung bereit zu erklären**. Der Gesetzgeber verfolgt hiermit das Ziel, bei den neu in den Anwendungsbereich des MuSchG aufgenommenen, aufgrund ihrer wirtschaftlichen Unselbstständigkeit als arbeitnehmerähnliche Personen anzusehenden Frauen auch ihre an sich selbstständige Erwerbstätigkeit zu berücksichtigen (vgl. hierzu § 2 Rdn. 17). Für die Schutzfrist nach der Entbindung wird auch die Auffassung vertreten, in diesem Fall bestehe aufgrund des Schutzzwecks die Möglichkeit des § 2 Absatz 3 nicht, die Verzichtsmöglichkeit sei einschränkend auszulegen (vgl. zum Streitstand: Brose/Weth/Volk-Latterner/Weth, 9. Auflage, § 2 MuSchG Rn. 26; ohne Hinweis auf eine solche einschränkende Auslegung: AR-Vossen, 10. Auflage, § 2 MuSchG Rn. 4; Tillmanns/Mutscher-Tillmanns, 3. Auflage, § 2 MuSchG Rn. 3). Nach hier vertretener Auffassung sprechen der Wortlaut des § 2 Absatz 3, der keine Ausnahme für die Schutzfrist nach der Entbindung enthält, und die Konzeption des Gesetzgebers, die Ausnahmeregelung für arbeitnehmerähnliche Personen unabhängig vom Anlass des Beschäftigungsverbots in § 2 Absatz 5 voranzustellen, gegen eine einschränkende Auslegung. Der Gesetzgeber hat dies unter anderem mit der Absicht begründet, bei den neu in den Anwendungsbereich des MuSchG aufgenommenen, aufgrund ihrer wirtschaftlichen Unselbstständigkeit als arbeitnehmerähnliche Personen anzusehenden Frauen auch ihre an sich selbstständige Erwerbstätigkeit zu berücksichtigen. Nachdem die Entscheidung über Art und Umfang ihrer sozialen Absicherung bei ihr liegt, soll der selbstständig erwerbstätigen Frau auch die Entscheidung über die Fortführung der Erwerbstätigkeit überlassen bleiben (vgl. BT-Drucks. 18/8963 S. 55).

4. Schutzfrist nach einer Fehlgeburt, § 3 Absatz 5

98 Mit der Aufnahme des neuen § 3 Absatz 5 ab dem 1.6.2025 wird ein im Hinblick auf seine Dauer nach dem Fortschritt der Schwangerschaft gestaffeltes Beschäftigungsverbot auch nach einer Fehlgeburt ab der 13. Schwangerschaftswoche geregelt

(vgl. zum Hintergrund der Neuregelung § 2 Rdn. 30 f.). Mit der Neuregelung soll der besonderen Belastungssituation nach einer Fehlgeburt Rechnung getragen und durch die Möglichkeit der Frau, sich dennoch zur Arbeit bereit zu erklären, eine Angleichung an die schon bisher vorhandenen Regelungen nach einer Totgeburt erreicht werden (vgl. BT-Drucks. 20/14231 S. 9).

a) Fehlgeburt

Um eine Fehlgeburt handelt es sich, wenn keine Entbindung im Sinne des MuSchG gemäß § 2 Absatz 6 Satz 1, d.h. keine Lebend- oder Totgeburt vorliegt. Eine Totgeburt (vgl. hierzu § 2 Rdn. 33), welche die Schutzfrist nach § 3 Absatz 2 Satz 1 auslöst, liegt vor, wenn das Gewicht des Kindes mindestens 500 Gramm beträgt (§ 31 Absatz 2 Satz 1 Nr. 1 PStV) oder wenn bei einem geringeren Gewicht mindestens die 24. Schwangerschaftswoche erreicht wurde (§ 31 Absatz 2 Satz 1 Nr. 2 PStV). Sind diese Voraussetzungen nicht erfüllt, ist aber die 13. Schwangerschaftswoche erreicht, so gilt seit der gesetzlichen Neuregelung zum 1.6.2025 nunmehr dennoch ein in seiner Dauer gestaffeltes Beschäftigungsverbot nach § 3 Absatz 5. 99

b) Zeitraum der Schutzfrist nach der Fehlgeburt

Die Dauer der Schutzfrist nach einer Fehlgeburt richtet sich nach dem Fortschritt der Schwangerschaft zum Zeitpunkt der Fehlgeburt. Vom Beginn der 13. bis zum Ablauf der 16. Schwangerschaftswoche umfasst die Schutzfrist **zwei Wochen** (§ 3 Absatz 5 Satz 1 Nr. 1) und vom Beginn der 17. Schwangerschaftswoche bis zum Ablauf der 19. Schwangerschaftswoche **sechs Wochen** (§ 3 Absatz 5 Satz 1 Nr. 2). Zur Erweiterung der Schutzfrist gerade ab der 17. Schwangerschaftswoche weist die Begründung des Gesetzentwurfs darauf hin, dass ab diesem Zeitpunkt in der Regel ein Geburtsvorgang unter Wehentätigkeit eingeleitet wird (vgl. BT-Drucks. 20/14231 S. 12). Vom Beginn der 20. Schwangerschaftswoche an entspricht die Schutzfrist in ihrem zeitlichen Umfang der allgemeinen Regelung des § 3 Absatz 2 Satz 1 nach einer Entbindung und beträgt **acht Wochen** (§ 3 Absatz 5 Satz 1 Nr. 3). Die Berechnung des Ablaufs der jeweiligen Schutzfrist ausgehend vom Tag der Fehlgeburt erfolgt unter Berücksichtigung der §§ 187 Absatz 1, 188 Absatz 2 BGB (vgl. zur Berechnung Rdn. 68). Ebenso wie eine **vorgeburtliche Schutzfrist bei der Fehlgeburt nicht eintritt** kommt es auch **nicht zu einer Verlängerung** der nachgeburtlichen Schutzfrist **gemäß § 3 Absatz 2 Satz 2**, dies stellt § 3 Absatz 5 Satz 3 nochmals gesondert klar (vgl. BT-Drucks. 20/14231 S. 12). 100

c) Beschäftigungsverbot während der Schutzfrist nach der Fehlgeburt

Zur Gestaltung der Schutzfrist nach einer Fehlgeburt greift der Gesetzgeber auf die für die Schutzfrist vor der Entbindung nach § 3 Absatz 1 Satz 1 und 2 gewählte Formulierung zurück. Auf die Ausführungen hierzu kann im Wesentlichen verwiesen werden (siehe Rdn. 56 ff.). Es besteht grundsätzlich ein generelles und totales **Beschäftigungsverbot**, d.h. der Arbeitgeber, der von der Fehlgeburt Kenntnis hat 101 (vgl. BT-Drucks. 20/14231 S. 12) darf die Frau **unabhängig von konkreten Gefährdungen** nicht beschäftigen.

d) Bereiterklärung zur Weiterarbeit

102 Bei der Schutzfrist nach der Fehlgeburt handelt es sich um ein relatives Beschäftigungsverbot, die Frau kann sich nach § 3 Absatz 5 Satz 1 zur Arbeitsleistung bereit erklären. Die **Bereiterklärung** muss nach der Vorgabe des § 3 Absatz 1 Satz 1 **ausdrücklich** erfolgen. Eine **Formvorschrift** für diese Bereiterklärung enthält das Gesetz **nicht**, sodass an sich auch die mündliche Erklärung genügt (siehe hierzu auch Rdn. 60). Die **Bereiterklärung einer Minderjährigen** zur Arbeitsleistung bedarf, auch in einem Dienst- oder Arbeitsverhältnis, der Einwilligung ihres gesetzlichen Vertreters (siehe hierzu auch Rdn. 61). Hat sich die Frau nach einer Fehlgeburt im Arbeitsverhältnis ausdrücklich zur Arbeitsleistung **bereit erklärt**, so hat sie nach den allgemeinen Grundsätzen auch **Anspruch auf vertragsgemäße Beschäftigung** (siehe hierzu auch Rdn. 62). Die **Bereiterklärung** zur Arbeitsleistung kann **jederzeit** mit Wirkung für die Zukunft **widerrufen** werden, § 3 Absatz 5 Satz 2 (siehe hierzu auch Rdn. 63 f.).

§ 4 MuSchG Verbot der Mehrarbeit; Ruhezeit

(1) [1]Der Arbeitgeber darf eine schwangere oder stillende Frau, die 18 Jahre oder älter ist, nicht mit einer Arbeit beschäftigen, die die Frau über achteinhalb Stunden täglich oder über 90 Stunden in der Doppelwoche hinaus zu leisten hat. [2]Eine schwangere oder stillende Frau unter 18 Jahren darf der Arbeitgeber nicht mit einer Arbeit beschäftigen, die die Frau über acht Stunden täglich oder über 80 Stunden in der Doppelwoche hinaus zu leisten hat. [3]In die Doppelwoche werden die Sonntage eingerechnet. [4]Der Arbeitgeber darf eine schwangere oder stillende Frau nicht in einem Umfang beschäftigen, der die vertraglich vereinbarte wöchentliche Arbeitszeit im Durchschnitt des Monats übersteigt. [5]Bei mehreren Arbeitgebern sind die Arbeitszeiten zusammenzurechnen.

(2) Der Arbeitgeber muss der schwangeren oder stillenden Frau nach Beendigung der täglichen Arbeitszeit eine ununterbrochene Ruhezeit von mindestens elf Stunden gewähren.

Übersicht

1. Allgemeines

Mit dem Gesetz zur Neuregelung des Mutterschutzrechts vom 23.05.2017 ist gemäß Art. 10 Abs. 1 Satz 1 am 01.01.2018 eine Neufassung des Mutterschutzgesetzes in Kraft getreten. Gleichzeitig trat gemäß Art. 10 Abs. 2 dieses Gesetzes das bisherige Mutterschutzgesetz zum 01.01.2018 außer Kraft (BGBl. I vom 29.05.2017 S. 12278 ff.; vgl hierzu § 1 Rn. 1 ff.). 1

Schwangeren und stillenden Frauen soll Mehrarbeit nur in Grenzen erlaubt sein. Die Regelung schützt die Gesundheit der Frau und des Kindes. Im Rahmen der Neuregelung ist das bisherige Verbot der Mehrarbeit (§ 8 Abs. 1 und 2 MuSchG a.F.) weitgehend unverändert in § 4 MuSchG übernommen worden. Hinzugekommen ist, dass Mehrarbeit auch dann unzulässig ist, wenn dadurch die vertraglich vereinbarte wöchentliche Arbeitszeit im Monatsdurchschnitt überschritten wird. Das gilt für voll- und teilzeitbeschäftigte Frauen gleichermaßen und verhindert, dass teilzeitbeschäftigte Frauen gemessen an der vertraglich vereinbarten Arbeitszeit im Vergleich zu vollzeitbeschäftigten Frauen unverhältnismäßig zu Mehrarbeit verpflichtet werden können, wie dies zuvor mit der uneingeschränkten 80- bzw. 90-Stunden-Doppelwoche möglich war. Ein gesetzlicher Ausnahmetatbestand ist – anders als bei § 5 (Nachtarbeit) – weiterhin nicht vorgesehen. Mehrarbeit wird generell als belastender eingestuft als eine Arbeit zu ungünstigen Zeiten. Neu aufgenommen in § 4 Abs. 2 ist die Verpflichtung des Arbeitgebers, schwangeren oder stillenden Frauen nach Beendigung der täglichen Arbeitszeit eine **ununterbrochene Ruhezeit** von mindestens elf Stunden zu gewähren. Die Neuregelung des MuSchG ist erst auf Fallgestaltungen anzuwenden, die ab dem 01.01.2018 in dessen Geltungsbereich fallen (LAG Düsseldorf vom 27.05.2020 – 12 Sa 716/19 – juris Rn. 68).

2. Persönlicher und betrieblicher Geltungsbereich

Der persönliche Geltungsbereich umfasst alle schwangeren Frauen bis zum Tag der Entbindung, von da an nur noch diejenigen Frauen, die ihr Kind stillen und solange sie dies tun. 2

Eine Schwangerschaft i.R.d. § 4 liegt ab dem Moment der Empfängnis bis zur Geburt vor. Der Zeitpunkt der Empfängnis ist der Zeitpunkt des zur Befruchtung führenden Verkehrs oder der Zeitpunkt des Embryonentransfers bei einer In-vitro-Fertilisation. Bei einer natürlichen Empfängnis wird der Beginn der Schwangerschaft errechnet, indem der voraussichtliche Tag der Entbindung um 280 Tage zurückgerechnet wird (st. Rspr. BAG vom 26.03.2015 – 2 AZR 237/14 – EzA § 9 n.F. MuSchG Nr. 42, Rn. 15, 16). Eine irrtümlich angenommene Schwangerschaft erfüllt nicht die Anforderungen. Anders als beim Kündigungsverbot des § 17 (vgl. hierzu § 17 Rn. 21 ff.) ist der genaue Beginn der Schwangerschaft im Rahmen des § 4 i.d.R. unproblematisch, da der Arbeitgeber das Mehrarbeitsverbot erst ab Kenntnis der Schwangerschaft einhalten muss.

Da während der Elternzeit (Schutzfrist nach der Entbindung, § 3 Abs. 2) keine Arbeitspflicht besteht, greift das Mehrarbeitsverbot auch erst bei den aus der Elternzeit zurückkehrenden, stillenden Frauen. Stillen setzt voraus, dass das Kind Muttermilch erhält.

Dabei ist für die Schutzwürdigkeit der stillenden Person irrelevant, ob die Milch abgepumpt wird oder ob zusätzlich Brei gegeben wird. Erst mit **tatsächlicher Beendigung** des Stillens entfällt auch das Mehrarbeitsverbot. Frauen sollen ihren Arbeitgeber so früh wie möglich über die Schwangerschaft oder das Stillen informieren (vgl. § 15).

3 Das Mehrarbeitsverbot in § 4 gilt für Arbeitgeber aller Wirtschaftszweige und Haushaltungen sowie für den öffentlichen Dienst. Das folgt aus dem Wortlaut von Abs. 1 S. 1 (»Arbeitgeber«) i.V.m. der Definition des Arbeitgebers MuSchG in § 2 Abs. 1. **Ausnahmeregelungen** für Arbeitgeber bestimmter Wirtschaftszweige und -branchen bestehen nicht mehr.

3. Generelles Beschäftigungsverbot

4 Bei dem Verbot der Mehrarbeit handelt sich um ein arbeitszeitliches generelles Beschäftigungsverbot im Sinne des § 2 Abs. 3 Satz 1, das ohne Rücksicht auf besondere betriebliche oder persönliche Verhältnisse der Frau gilt und das eine Überbeanspruchung der werdenden und stillenden Mütter durch die Berufsarbeit verhindern soll.

5 § 4 enthält **zwingendes Recht**. Das Verbot der Mehrarbeit tritt per Gesetz ein, ohne dass es eines »Verlangens« der Arbeitnehmerin oder eines ärztlichen Attests bedarf. Selbst ein ausdrücklicher Wunsch der Frau auf Beschäftigung während der unter das Verbot fallenden Zeiten ist unbeachtlich und schützt den Arbeitgeber nicht vor Strafe. **Entgegenstehende Vereinbarungen** sind, auch wenn diese in Tarifverträgen oder Betriebsvereinbarungen getroffen wurden, nach **§ 134 BGB** nichtig.

6 Der Arbeitgeber ist verpflichtet, das Mehrarbeitsverbot einzuhalten, sobald er **Kenntnis** von der Schwangerschaft oder dem Stillen hat. Dafür reicht schon die Mitteilung der Arbeitnehmerin (§ 15 Abs. 1), einer gesonderten Geltendmachung bedarf es nicht. Er kann nicht die Vorlage des Zeugnisses nach § 3 Abs. 1 Satz 3, § 15 Abs. 2 abwarten. Gerüchte über eine mögliche Schwangerschaft begründen hingegen keine Kenntnis des Arbeitgebers. Eine **Erkundigungspflicht** kommt erst bei konkreten Anhaltspunkten und einer ernsthaften Vermutung des Arbeitgebers in Betracht. Unterlässt die Frau eine Mitteilung, handelt der Arbeitgeber nicht schuldhaft i.S.d. § 32 Abs. 1 Nr. 1 u. Nr. 2, soweit er nicht anderweitig Kenntnis von weiteren Arbeitsverhältnissen hat. Nach § 32 Abs. 1 Nr. 1 ist auch ein fahrlässiger Verstoß gegen das Mehrarbeitsverbot bußgeldbewährt (Zur Gleichstellung der fahrlässigen Unkenntnis mit der positiven Kenntnis einer Schwangerschaft vgl. Hk-MuSchg/BEEG/Pepping, 6. Aufl. 2022, § 4 Rn. 6; a.A. ArbG Köln v. 08.04.1968, 2 Ca 247/68, DB 1968, S. 1140).

Soll die Arbeitnehmerin mit Mehrarbeit betraut werden, hat sich der Arbeitgeber (im Gegensatz zur Regelung in § 15) bei der aus der Elternzeit zurückkehrenden Arbeitnehmerin **nach dem Stillen zu erkundigen**, damit er sich pflichtgemäß verhalten kann. Die Arbeitnehmerin ist wiederum wie bei der Gewährung von Stillzeiten nach § 7 verpflichtet, das **Ende des Stillens mitzuteilen**, damit der Arbeitgeber die Kenntnis vom Ende des Beschäftigungsverbots erhält. Eine **zeitliche Begrenzung** des Verbots von Mehrarbeit bei stillenden Frauen ist – anders als beim Anspruch auf bezahlte Stillpausen (vgl. § 7 Abs. 2) – nicht vorgesehen (die Anwendung der Zwölfmonatsgrenze des § 7 Abs. 2 auf andere Schutzvorschriften ablehnend: LAG Baden-Württemberg vom 15.1.2019 – 19 Sa 52/18). Auch auf die Häufigkeit des Stillens kommt es nicht an.

4. Verbot der Mehrarbeit

§ 4 Abs. 1 beinhaltet eine für dieses Gesetz geltende klare Abgrenzung, ab wann verbotene Mehrarbeit vorliegt. Nur auf diese kommt es für das Verbot der Mehrarbeit an. Die Überschreitung einer kürzeren tariflichen oder einzelvertraglichen Arbeitszeit bis zu den Grenzen des Abs. 1 ist mutterschutzrechtlich ohne Bedeutung. Im **Verhältnis zu anderen Arbeitsschutzvorschriften** gilt jeweils die Vorschrift mit dem strengeren Schutzniveau. Ein individuelles Beschäftigungsverbot nach § 16 (ärztliches Attest) geht vor, soweit es die zulässige Arbeitszeit weitgehender einschränkt. 7

a) Begriff der Mehrarbeit

Ob im Einzelfall Mehrarbeit vorliegt, richtet sich grundsätzlich nach der **tatsächlich geleisteten Arbeitszeit.** Diese umfasst die Zeit vom Beginn bis zum Ende der Arbeit ohne die Ruhepausen (§ 2 Abs. 1 ArbZG). Von einer **Ruhepause** kann nur gesprochen werden, wenn die Arbeitnehmerin während dieser Zeit von jeder Arbeit völlig freigestellt ist (vgl. hierzu Herschel, Der Begriff der Ruhepause, DB 1965, 515). Keine Ruhepausen in diesem Sinn (sondern Arbeitszeit) sind die sog. **Kurzpausen,** die der Arbeitgeber gemäß § 9 Abs. 3 gewähren muss (zu § 8 MuSchG a.F.: Zmarzlik/Zipperer, 7. Aufl., § 8 Rn. 16). Muss die Arbeitnehmerin sich an der Arbeitsstätte aufhalten und nur im Bedarfsfall auf Weisung hin die vertraglich vereinbarte Tätigkeit aufnehmen, dann handelt es sich um **Arbeitsbereitschaft**, die zur Arbeitszeit gehört (allg. Ansicht: vgl. BAG vom 11.07.2006 – 9 AZR 519/05, NZA 2007, 155 [158]; BAG vom 09.03.2005 – 5 AZR 385/02, NJOZ 2005, 3554; BAG vom 14.04.1966 – 2 AZR 216/64, AP Nr. 3 zu § 13 AZO). 8

Neben den Zeiten, in denen die Arbeitnehmerin tatsächlich arbeitet oder dem Arbeitgeber zur Arbeitsleistung zur Verfügung steht, zählen auch solche Zeiten zur Arbeitszeit, in denen die Arbeitnehmerin zwar von der Arbeit (auch einer etwaigen Arbeitsbereitschaft) befreit ist, die aber kraft besonderer Regelung wie Arbeitszeit zu behandeln sind. Dazu gehört gemäß § 7 Abs. 2 die **Stillpause** (s. Kommentierung § 7). Für Jugendliche gehört dazu auch die infolge eines gesetzlichen Wochenfeiertags ausfallende Arbeitszeit (§ 4 Abs. 4 S. 2 JArbSchG) und die Unterrichtszeit in der Berufsschule einschließlich der **Pausen** sowie die Zeit für die Teilnahme an **Prüfungen und Ausbildungsmaßnahmen** (§ 9 Abs. 2 und § 10 Abs. 2 JArbSchG). Entsprechende Bestimmungen können tarif- oder einzelvertraglich im Rahmen der durch § 4 Abs. 1 gezogenen Grenzen getroffen werden (vgl. BAG vom 07.10.1966 – 3 AZR 118/66, AP FeiertagslohnzahlungsG § 1 Nr. 21). **Bereitschaftsdienst** gehört entsprechend der Rechtsprechung zum ArbZG (EuGH vom 03.10.2000 – Rs. C 303/98, NZA 2000, 1227; EuGH vom 09.09.2003 – Rs. C-151/02, NZA 2003, 1019; BAG vom 18.02.2003 – 1 ABR 2/02, NZA 2003, 742; BAG vom 21.11.2006 – 9 AZR 176/06) zur Arbeitszeit und ist daher bei der Bestimmung der Mehrarbeit im Sinne von Abs. 1 zu berücksichtigen. Eine Rufbereitschaft, bei der sich Beschäftigte an einem freien Ort 9 ihrer Wahl aufhalten können, gilt nicht als Arbeitszeit. Ist jedoch die Abrufzeit so knapp bemessen, dass die freie Wahl des Aufenthaltsorts beeinträchtigt ist, kann auch eine **Rufbereitschaft** Arbeitszeit i.S.d. RL 2003/88 sein (»Bereitschaftsdienst zu Hause«: EuGH vom 21.02.2018 – C-518/15, NJW 2018, 1073 zur Abrufzeit eines freiwilligen Feuerwehrmanns von acht Minuten). Auch die Arbeitszeit, die infolge Urlaub oder Krankheit ausfällt, ist bei der Berechnung von Mehrarbeit mit einzubeziehen, da es andernfalls dem Zweck der Genesung oder Erholung zuwiderlaufen würde. Für den Arbeitsausfall an einem Werktag infolge eines gesetzlichen Feiertags fehlt für Erwachsene im Gesetz eine dem § 4 Abs. 4 Satz 2 JArbSchG entsprechende Regelung, sodass diese Zeit nicht auf die wöchentl. Arbeitszeit angerechnet werden kann und bei der Ermittlung von Mehrarbeit mangels anderweitiger Vereinbarung nicht zu berücksichtigen ist (BAG vom 26.03.1966 – 3 AZR 453/65, AP FeiertagslohnzahlungsG § 1 Nr. 20; ErfK/Schlachter, 23. Aufl. 2023, MuSchG § 4, Rn. 6).

b) Höchstgrenze der Arbeitszeit

10 Die als Arbeitszeit zu wertenden Zeiten dürfen bei volljährigen schwangeren oder stillenden Frauen **achteinhalb** Stunden pro Tag oder **90 Stunden in einer Doppelwoche** nicht überschreiten.

Bei schwangeren oder stillenden Frauen unter 18 Jahren liegt die Höchstgrenze der Arbeitszeit bei acht Stunden täglich oder 80 Stunden in der Doppelwoche. Das entspricht der Regelung des § 8 Abs. 1 JArbSchG, wonach Jugendliche von 15 bis 18 Jahren nicht mehr als acht Stunden täglich und nicht mehr als 40 Stunden wöchentlich beschäftigt werden. Die Arbeitszeitbeschränkungen für Jugendliche enden an dem Tag, an dem die Arbeitnehmerin 18 Jahre alt wird. Am Tag des Geburtstags darf die Arbeitnehmerin schon nach den für Erwachsene geltenden Regeln beschäftigt werden. Im Übrigen sind für Jugendliche die für sie geltenden besonderen Arbeitszeitgrenzen (§§ 8 ff. JArbSchG) zu beachten. Die Festlegung der wöchentlichen Arbeitszeit auf 40 Stunden pro Woche lässt bei Frauen unter 18 Jahren keinen Ausgleich über eine Doppelwoche zu, während bei volljährigen Frauen das Überschreiten der wöchentlichen Arbeitszeit in einer Woche mit der Unterschreitung in einer anderen Woche innerhalb eines Monats ausgeglichen werden kann. Auch eine Verlegung der über 8 Stunden täglich hinausgehenden betriebsüblichen Arbeitszeit auf einen sechsten Werktag ist wegen der für Jugendliche geltenden Fünf-Tage-Woche nicht zulässig (§ 15 JArbSchG).

Schwangere oder stillende Mütter unter 15 Jahren dürfen nicht beschäftigt werden (§ 2 Abs. 1 i.V.m. §§ 5 ff. JArbSchG). Im Verhältnis von § 4 zu anderen Arbeitsschutzvorschriften, insbesondere zum JArbSchG gilt jeweils die strengere Schutzvorschrift (BT-Drs. 18/8963, S. 57).

11 In die Doppelwoche (Zeitraum von zwei aufeinanderfolgenden Wochen) werden die **Sonn- und Feiertage** eingerechnet. In beiden Fällen darf der Arbeitgeber eine schwangere oder stillende Frau nicht in einem Umfang beschäftigen, der die vertraglich vereinbarte wöchentliche Arbeitszeit im Durchschnitt des Monats übersteigt. Während eine Kalenderwoche grundsätzlich den Zeitraum von Montag bis einschließlich Sonntag umfasst, muss der Beginn der Doppelwoche nicht zwingend ein Montag sein. Dem

Sinn und Zweck der Regelung steht es nicht entgegen, wenn die Doppelwoche aus betrieblichen Gründen (z.B. Zeitpunkt der Kenntnis der Schwangerschaft oder der Rückkehr nach Elternzeit) an einem anderen Wochentag beginnt (so auch C.W. Hergenröder in: Henssler/Willemsen/Kalb, Arbeitsrecht Kommentar, 11. Auflage 2024, § 4 Rn. 2; HK-MuSchG/Pepping, 6. Aufl. 2022, MuSchG § 4 Rn. 23).

Bei **mehreren Arbeitgebern** sind die Arbeitszeiten zusammenzurechnen, um den Schutzzweck (Gesundheit von Mutter und Kind) entsprechend zu gewährleisten. Der Arbeitgeber kann das Mehrarbeitsverbot nur einhalten, wenn er Kenntnis von weiteren Arbeitsverhältnissen hat. Ist eine entsprechende **Mitteilungspflicht** nicht vertraglich vereinbart und unterlässt die Frau eine Mitteilung, handelt der Arbeitgeber nicht schuldhaft i.S.d. § 32 Abs. 1 Nr. 1 u. Nr. 2, soweit er nicht anderweitig Kenntnis von weiteren Arbeitsverhältnissen hat (vgl. Rn. 6).

Das Mehrarbeitsverbot ist bereits dann verletzt, wenn nur eine dieser Arbeitszeitrege- 12
lungen (zulässige tägliche oder zulässige Arbeitszeit in der Doppelwoche oder vereinbarte wöchentliche Arbeitszeit im Durchschnitt des Monats) überschritten wird (so schon für die weniger klare Fassung des § 8 Abs. 2 MuSchG a.F.: BAG vom 24.06.1960 – 1 AZR 96/58, AP MuSchG § 13 Nr. 5). Die in Abs. 1 aufgestellten **Höchstgrenzen** besagen nicht, dass die Arbeitnehmerin in diesem Umfang zur Arbeit verpflichtet ist, denn diese richtet sich nach den **einzel- oder kollektivvertraglichen Bestimmungen.**

Der in Absatz 1 neu eingefügte Satz 4 gilt für **voll- und teilzeitbeschäftigte Frauen** 13
gleichermaßen. Der Bezug auf die vereinbarte wöchentliche Arbeitszeit im Durchschnitt des Monats stellt sicher, dass teilzeitbeschäftigte Frauen gemessen an der vertraglich vereinbarten Arbeitszeit im Vergleich zu vollzeitbeschäftigten Frauen nicht unverhältnismäßig zu Mehrarbeit verpflichtet werden können (BT-Ausschuss 18 [13]114, S. 18). Bei einer Teilzeittätigkeit von 30 Stunden pro Woche darf die Frau nur 120 Stunden im Monat arbeiten. Ein Ausgleich von Überstunden in einer Woche durch Minusstunden in einer anderen Woche ist möglich. Nach der alten Rechtslage griff das Mehrarbeitsverbot auch für schwangere Teilzeitbeschäftigte erst bei den in Abs. 1 genannten Stundengrenzen für Tage oder Doppelwochen, sofern nicht im individuellen Arbeitsvertrag Überstunden begrenzt oder ausgeschlossen waren.

Gilt für die werdende oder stillende Mutter **einzel- oder kollektivvertraglich** eine län- 14
gere Arbeitszeit, als sie in Abs. 1 für den Tag oder für die Doppelwoche bestimmt ist, dann hat der Arbeitgeber die Arbeitszeit so festzusetzen, dass sie den Erfordernissen des Abs. 1 genügt. Dabei ist es im Rahmen des für die Arbeitnehmerin Zumutbaren erlaubt, die an einzelnen Tagen unzulässige Mehrarbeit auf andere Tage bis zur gesetzlichen Höchstgrenze zu verlegen; die Arbeitnehmerin ist entsprechend zur Arbeitsleistung verpflichtet. Die Verteilung der wöchentlichen Arbeitszeit auf bisher arbeitsfreie Wochentage unterliegt dem Mitbestimmungsrecht des Betriebsrats (BetrVG/Richardi, 17. Aufl. 2022, BetrVG, § 87 Rn. 284; Kania in Erfurter Kommentar, 24. Aufl. 2024, BetrVG § 87 Rn. 25a).

5. Ausnahmen durch die Aufsichtsbehörde

15 Ausnahmen vom Verbot der Mehrarbeit nach § 4 Abs. 1 Satz 1, 2 oder 4 kann in besonders begründeten Einzelfällen nur die Aufsichtsbehörde im Rahmen des § 29 Abs. 3 Nr. 1 bewilligen, wenn sich die Frau dazu ausdrücklich bereit erklärt und nach ärztlichem Zeugnis nichts gegen die Beschäftigung spricht (vgl. Kommentierung zu § 29). Es handelt sich um eine Ermessensentscheidung.

16 Damit ein besonders begründeter Einzelfall vorliegt (ggf. auch für einen Betrieb oder eine Betriebsabteilung) müssen Verhältnisse gegeben sein, die den zu beurteilenden Fall von den sonst üblichen merkbar unterscheiden und die Zurückstellung der Belange der Frau hinter die betrieblichen Erfordernisse rechtfertigen oder schutzwerten Interessen der Frau Rechnung tragen. Dabei ist wegen § 18 die Lohnfrage nicht zu berücksichtigen. Zu den zu berücksichtigenden Umständen gehören auf der Seite der Frau sowohl die persönlichen Verhältnisse (Stadium der Schwangerschaft, Möglichkeiten zum Ausruhen, Art der Arbeit) als auch die arbeitsmedizinischen Anforderungen, die in einer individuellen Abwägung gegen die Interessen des Betriebes, die Frau aus betrieblichen Gründen Mehrarbeit verrichten zu lassen, gegeneinander abzuwägen sind. Zwar gibt es die Möglichkeit, in großen Betrieben eine Ausnahme für werdende oder stillende Mütter für eine ganze Betriebsabteilung oder einen ganzen Betrieb durch Sammelgenehmigung zu erlassen, wenn mehrere Arbeitnehmerinnen schwanger sind oder stillen. Eine individuelle Prüfung ersetzt diese Genehmigung nicht. Daher sind alle Frauen, auf die sich die Genehmigung bezieht, in der Sammelgenehmigung einzeln zu bezeichnen.

6. Entgeltregelung

17 Erleidet die Arbeitnehmerin infolge des Mehrarbeitsverbots einen Entgeltausfall, muss ihr der Arbeitgeber gemäß § 18 mindestens den sog. Mutterschutzlohn zahlen. Dieser umfasst das durchschnittliche Arbeitsentgelt der letzten drei abgerechneten Kalendermonate vor dem Eintritt der Schwangerschaft. Ausgenommen sind u.a. Schülerinnen und Studentinnen, da diese nicht in den Anwendungsbereich des § 18 fallen, vgl. § 1 Abs. 2 Satz 2. Dieser Entgeltschutz greift auch dann ein, wenn die Mehrarbeit nach der vertraglichen Vereinbarung geleistet werden sollte, wegen inzwischen eingetretener Schwangerschaft aber tatsächlich nicht mehr verrichtet werden durfte (so zur Nachtarbeit: BAG vom 08.08.1990 – 5 AZR 584/89, AP MuSchG 1968 § 11 Nr. 13). Der Lohnanspruch für die tatsächlich, verbotswidrig geleistete Arbeitszeit wird nicht berührt (BSG vom 25.08.1960 – 3 RK 50/57, BSGE 13, 23), dieser Anspruch ist arbeitsvertraglicher Art im Unterschied zum gesetzlichen Anspruch auf Mutterschutzlohn. Die Beschäftigungsverbote des MuSchG enthalten keine Vergütungsverbote. Das ergibt sich bereits aus dem Begriff der Beschäftigung und dem Zweck der Verbote (Schutz der Gesundheit von Mutter und Kind), die einer Vergütung geleisteter Arbeit nicht entgegenstehen. Die gesundheitliche Gefährdung entsteht durch die Arbeit, nicht durch die nachträgliche Vergütung (vgl. LAG Baden-Württemberg vom 27.01.2012 – 12 Sa 46/11, PflR 2013, 85–88). Lehnt die Arbeitnehmerin eine zumutbare erlaubte Arbeit ab, so verliert sie den Anspruch auf Mut-

terschutzlohn (BAG vom 15.11.2000 – 5 AZR 365/99, NJW 2001, 1517 m.w.N. aus der Rspr. des BAG). Lehnt der Arbeitgeber eine Arbeitsleistung ab, die einem gesetzlichen Beschäftigungsverbot unterliegt, kommt er nicht in Annahmeverzug. Eine werdende Mutter, die verbotene Mehrarbeit vergeblich anbietet, hat aus § 615 BGB keinen Anspruch auf Zahlung des Arbeitsentgelts (BAG vom 24.06.1960 – 1 AZR 96/58, AP MuSchG § 13 Nr. 5).

7. Ruhezeit

Der Arbeitnehmerin ist im Anschluss an jegliche Arbeitsleistung zwingend eine 18
ununterbrochene Ruhezeit von elf Stunden zu gewähren (§ 5 Abs. 1 ArbZG, § 4 Abs. 2 MuSchG). Diese Regelung ergab sich bisher aus § 5 Abs. 1 ArbZG, da § 8 Abs. 4 a.F. nur einmal pro Woche eine ununterbrochene Ruhezeit von mindestens 24 Stunden im Anschluss an eine Nachtruhe vorsah, wenn die werdende oder stillende Mutter an Sonn- und Feiertagen beschäftigt wurde. Mit der Neuregelung des MuSchG ist die Ruhezeit in Abs. 2 als eigenständige Bestimmung ausgestaltet worden, sodass die in § 5 Abs. 2 und 3 ArbZG für bestimmte Berufsgruppen bzw. Branchen vorgesehenen Ausnahmemöglichkeiten keine Anwendung auf schwangere oder stillende Frauen finden.

Die Ruhezeit ist zwingendes Recht, sodass auch ein Verzicht der Frau auf die Ruhezeit unbeachtlich ist. Im Unterschied zur Mehrarbeit (§ 29 Abs. 3 Satz 2 Nr. 1a-b) sieht das Gesetz für die Ruhezeit nicht die Möglichkeit einer von der Aufsichtsbehörde bewilligten Ausnahme vor.

8. Folgen bei Zuwiderhandlung

Die zugehörigen Bußgeld- oder Strafbestimmungen sind in § 32 Abs. 1 Nr. 1 (Mehr- 19
arbeit) und Nr. 2 (Ruhepausen) ggf. in Verbindung mit § 33 geregelt. Auch der fahrlässige Verstoß gegen das Mehrarbeitsverbot ist nach § 32 Abs. 1 Nr. 1 u. 2 bußgeldbewährt. Die Arbeitnehmerin kann eine verbotswidrige Arbeit jederzeit, auch wenn sie sie eine Weile geleistet oder gar ausdrücklich gewünscht hat, ablehnen bzw. einstellen, ohne in Leistungsverzug zu kommen. Leistet sie trotz des Mehrarbeitsverbots Mehrarbeit, bleibt ihr Vergütungsanspruch bestehen.

§ 5 MuSchG Verbot der Nachtarbeit

(1) [1]Der Arbeitgeber darf eine schwangere oder stillende Frau nicht zwischen 20 Uhr und 6 Uhr beschäftigen. [2]Er darf sie bis 22 Uhr beschäftigen, wenn die Voraussetzungen des § 28 erfüllt sind.

(2) [1]Die Ausbildungsstelle darf eine schwangere oder stillende Frau im Sinne von § 1 Absatz 2 Satz 2 Nummer 8 nicht zwischen 20 Uhr und 6 Uhr im Rahmen der schulischen oder hochschulischen Ausbildung tätig werden lassen. [2]Die Ausbildungsstelle darf sie an Ausbildungsveranstaltungen bis 22 Uhr teilnehmen lassen, wenn

1. sich die Frau dazu ausdrücklich bereit erklärt,

2. die Teilnahme zu Ausbildungszwecken zu dieser Zeit erforderlich ist und
3. insbesondere eine unverantwortbare Gefährdung für die schwangere Frau oder ihr Kind durch Alleinarbeit ausgeschlossen ist.

[3]Die schwangere oder stillende Frau kann ihre Erklärung nach Satz 2 Nummer 1 jederzeit mit Wirkung für die Zukunft widerrufen.

Übersicht Rdn.

1. Allgemeines

1 Die in § 8 MuSchG a.F. zusammengefassten Verbote (Mehrarbeit, Nachtarbeit, Arbeit an Sonn- und Feiertagen) sind im Laufe des Gesetzgebungsverfahrens zur Neufassung des MuSchG aus Gründen der Übersichtlichkeit in drei verschiedenen Paragrafen (§§ 4, 5, und 6 MuSchG n.F.) geregelt worden. Die Neuregelung des Nachtarbeitsverbots in § 5 sieht im Gegensatz zu der bis 31.12.2017 geltenden Altregelung keine branchenabhängigen Ausnahmen mehr vor, sondern lässt Ausnahmen unabhängig von der Berufsgruppe von 20 Uhr bis 22 Uhr durch die Aufsichtsbehörde zu. Die bisherige Beschränkung von Ausnahmen auf bestimmte Berufsgruppen und Arbeitgeber erschien dem Gesetzgeber weder zeitgemäß noch zielführend (BR-Drucks. 230/16, S. 63). Neu in den Anwendungsbereich des MuSchG fallen jetzt auch **Schüler und Studentinnen** (§ 1 Abs. 2 Satz 2 Nr. 8). Die Neuregelung des MuSchG ist erst auf Fallgestaltungen anzuwenden, die ab dem 01.01.2018 in dessen Geltungsbereich fallen (LAG Düsseldorf vom 27.05.2020 – 12 Sa 716/19 – juris Rn. 68).

2 Das Nachtarbeitsverbot schützt schwangere und stillende Frauen vor Gefahren, die aus der zeitlich ungünstigen Lage der Arbeit entstehen. Nachtarbeit ist mit besonderen Anstrengungen verbunden. Die Regelung dient dem Gesundheitsschutz der schwangeren und stillenden Frau sowie ihres Kindes und stärkt ihre Rechte. Mit § 5 wird Art. 7 Abs. 1 der Mutterschutz-Richtlinie (RL 92/85/EWG vom 19.10.1992) umgesetzt, wonach eine schwangere oder stillende Frau nicht zur Nachtarbeit verpflichtet werden darf. Das Nachtarbeitsverbot ist wegen des mit ihm verfolgten Gesundheitsschutzes weder unionsrechtswidrig noch verfassungswidrig (EuGH vom 05.05.1994 –

Rs. C-421/92, NZA 1994, 609; zum früheren generellen Nachtarbeitsverbot für Arbeiterinnen vgl. BVerfG vom 28.01.1992 – 1 BvR 1025/82, BvL 16/83 u. 1 BvL 10/91, NZA 1992, 270).

2. Geltungsbereich

Einen betrieblichen Geltungsbereich gibt es nicht mehr. Das Verbot gilt ohne Unterschied für alle Gewerbe und Haushaltungen sowie den öffentlichen Dienst. 3

Der persönliche Geltungsbereich umfasst alle schwangeren Frauen bis zum Ende der Schwangerschaft. Frauen sollen ihren Arbeitgeber so früh wie möglich über die Schwangerschaft oder das Stillen informieren (vgl. § 15). Der Arbeitgeber ist verpflichtet, das Nachtarbeitsverbot des § 5 einzuhalten, sobald er **Kenntnis** von der Schwangerschaft hat. Dafür reicht schon die **Mitteilung der Arbeitnehmerin** nach § 15 Abs. 1 Satz 1 oder Satz 2, einer gesonderten Geltendmachung bedarf es nicht. Er kann nicht die Vorlage des Zeugnisses nach § 3 Abs. 1 Satz 3, § 15 Abs. 2 abwarten. **Gerüchte** über eine mögliche Schwangerschaft begründen hingegen keine Kenntnis des Arbeitgebers. Eine Erkundigungspflicht käme erst bei konkreten Anhaltspunkten und einer ernsthaften Vermutung des Arbeitgebers in Betracht. Unterlässt die Frau eine Mitteilung, handelt der Arbeitgeber nicht schuldhaft i.S.d. § 32 Abs. 1 Nr. 1 u. Nr. 3, soweit er nicht anderweitig Kenntnis von weiteren Arbeitsverhältnissen hat. Nach § 32 Abs. 1. ist auch ein fahrlässiger Verstoß gegen das Nachtarbeitsverbot bußgeldbewährt (zur Gleichstellung der fahrlässigen Unkenntnis mit der positiven Kenntnis einer Schwangerschaft vgl. Hk-MuSchg/BEEG/Pepping, 6. Aufl. 2022, § 5 Rn. 6; a.A. ArbG Köln vom 08.04.1968, 2 Ca 247/68, DB 1968 S. 1140). 4

Nach der Entbindung gilt das Nachtarbeitsverbot nur noch für Frauen, die ihr Kind stillen und solange sie dies tun (vgl. § 7). Da während der Elternzeit (Schutzfrist nach der Entbindung, § 3 Abs. 2) keine Arbeitspflicht besteht, greift das Verbot auch erst bei den aus der Elternzeit zurückkehrenden, stillenden Frauen ein. Der Arbeitgeber soll so früh wie möglich über das Stillen informiert werden (vgl. § 15). Mit **tatsächlicher Beendigung des Stillens** entfällt auch das Nachtarbeitsverbot. Wird die Arbeitnehmerin mit Nachtarbeit betraut, hat sich der Arbeitgeber (im Gegensatz zur Regelung in § 15) bei der aus der Elternzeit zurückkehrenden Arbeitnehmerin nach dem Stillen **zu erkundigen**, damit er sich pflichtgemäß verhalten kann. Die Arbeitnehmerin ist wiederum wie bei der Gewährung von Stillzeiten nach § 7 verpflichtet, das Ende des Stillens mitzuteilen, damit der Arbeitgeber die Kenntnis vom Ende des Beschäftigungsverbots erhält. Eine zeitliche Begrenzung des Nachtarbeitsverbots bei stillenden Frauen ist – anders als beim Anspruch auf bezahlte Stillpausen, vgl. § 7 – nicht vorgesehen (die Anwendung der Zwölfmonatsgrenze des § 7 Abs. 2 auf andere Schutzvorschriften ablehnend: LAG Baden-Württemberg vom 15.1.2019 – 19 Sa 52/18). Auch auf die Häufigkeit des Stillens kommt es nicht an. 5

Eine Ausnahme sieht das Gesetz nach § 2 Abs. 3 Satz 3 für Frauen vor, die wegen ihrer wirtschaftlichen Unselbstständigkeit als arbeitnehmerähnliche Personen anzusehen sind. Für sie tritt an die Stelle des Nachtarbeitsverbots die Befreiung von der vertraglich vereinbarten Leistungspflicht. 6

3. Generelles Beschäftigungsverbot

7 Das Nachtarbeitsverbot des § 5 ist ein generelles Beschäftigungsverbot im Sinne des § 2 Abs. 3 Satz 1, das ohne Rücksicht auf besondere **betriebliche oder persönliche Verhältnisse** der Frau gilt (für das ärztliche Beschäftigungsverbot s. § 16). Das Beschäftigungsverbot ist zwingendes Recht und tritt per Gesetz ein, ohne dass es eines »Verlangens« der Arbeitnehmerin oder eines ärztlichen Attests bedarf. Selbst ein ausdrücklicher Wunsch der Frau auf Beschäftigung während der unter das Verbot fallenden Zeiten ist unbeachtlich und schützt den Arbeitgeber nicht vor Strafe.

a) Auswirkung auf den Arbeitsvertrag

8 Die Schwangerschaft und das damit verbundene Verbot der Nachtarbeit berührt die **Wirksamkeit des Arbeitsvertrags** nicht, selbst wenn dieser ausschließlich eine Arbeitspflicht zur Nachtarbeit zum Gegenstand hat. Problematisiert wurden früher die Fälle, in denen die Schwangerschaft bereits bei Vertragsabschluss bestand. Damals ging das BAG davon aus, dass ein Arbeitsvertrag über Nachtarbeit, für den nicht mit einer Ausnahmegenehmigung gerechnet werden kann, nach § 134 BGB nichtig ist und dass er vom Arbeitgeber aufgrund eines Irrtums über die wesentlichen Eigenschaften der Arbeitnehmerin bei Vertragsabschluss angefochten werden kann, wenn die Schwangerschaft nicht offenbart wurde (BAG vom 08.09.1988 – 2 AZR 102/88, DB 1989, 585). An dieser Einschränkung ist heute unter Berücksichtigung der Rechtsprechung des **EuGHs** nicht mehr festzuhalten. Mit Urteil vom 05.05.1994 (Rs. C-421/92, NZA 1994, 609) hat der EuGH im Hinblick auf eine Tätigkeit als Nachtwache in einem Altersheim entschieden, dass ein auf unbestimmte Zeit geschlossener Arbeitsvertrag, der sich auf eine nachts zu verrichtende Tätigkeit bezieht und zwischen den Vertragsparteien in Unkenntnis der Schwangerschaft geschlossen wurde, im Hinblick auf die durch das Beschäftigungsverbot nur zeitweilig bedingte Verhinderung an der Tätigkeit weder als anfechtbar noch als nichtig bewertet werden darf. Das sei im Hinblick auf die Wertung in Art. 2 Abs. 1 i.V.m. Art. 3 Abs. 1 und Art. 5 Abs. 1 der Richtlinie 76/207/EWG des Rates vom 09.02.1976 ausgeschlossen (vgl. dazu auch Schulte-Westenberg, NJW 1995, 761). Der Rechtsprechung des EuGHs hat sich das **BAG** angeschlossen (vgl. BAG vom 06.02.2003 – 2 AZR 621/01, NZA 1993, 933).

b) Umsetzung

9 Mit Rücksicht auf die **Lohnfortzahlungspflicht** gemäß § 18 ist der Arbeitgeber verpflichtet, die Arbeitnehmerin im Rahmen des für sie **Zumutbaren** auf einen geeigneten Arbeitsplatz (Tagesarbeitsplatz) umzusetzen. Die Verpflichtung ergibt sich aus § 13 Abs. 1 Nr. 2 n.F. (vor der Neuregelung vgl. zum Recht des Arbeitgebers auf Umsetzung unter Berücksichtigung billigen Ermessens nach § 315 BGB: BAG vom 15.11.2000 – 5 AZR 365/99, NJW 2001, 1517, AP Nr. 7 zu § 4 MuSchG 1968). Dessen Wortlaut nimmt zwar nur auf »**unverantwortbare Gefährdungen** im Sinne von § 9, § 11 oder § 12« Bezug, aus der Gesetzesbegründung geht aber klar hervor, dass die Regelungen des § 13 Abs. 1 Nr. 1 und Nr. 2 auch für das Nachtarbeitsver-

bot gelten sollen (vgl. BT-Drs. 18/8963, Begründung Teil B zu Art. 1 § 4 Abs. 2, S. 58). Damit setzen § 13 Nr. 2 und 3 die unionsrechtlichen Vorgaben des Art. 7 der **Mutterschutzrichtlinie** (RL 92/85/EWG) um, wonach bei Nachtarbeit für die schwangere oder stillende Frau eine Umsetzung an einen Arbeitsplatz mit Tagarbeit zu ermöglichen oder falls die Umsetzung unzumutbar ist, ein Beschäftigungsverbot zu ermöglichen ist (vgl. auch BR-Drucks. 230/16, S. 62). § 13 MuSchG legt die Reihenfolge der zu ergreifenden **Schutzmaßnahmen** für schwangere oder stillende Frauen fest: Vorrangig ist die **Umgestaltung** der Arbeitsbedingungen, nachrangig dazu ein **Arbeitsplatzwechsel**, soweit ein geeigneter und zumutbarer Arbeitsplatz zur Verfügung steht. Erst wenn ein Arbeitsplatzwechsel nicht möglich ist, kann ein **Beschäftigungsverbot** ausgesprochen werden. Damit sollen pauschale Beschäftigungsverbote und daraus möglicherweise entstehende negative berufliche Auswirkungen vermieden werden.

Der Umsetzung muss die Arbeitnehmerin nachkommen, wenn die andere Arbeit für sie zumutbar ist (st. Rspr.; BAG vom 31.03.1969 – 3 AZR 300/68, AP MuSchG 1968 § 11 Nr. 2; BAG vom 14.04.1972 – 3 AZR 395/71, AP MuSchG 1968 § 11 Nr. 6 m.w.N.; BAG vom 15.11.2000 – 5 AZR 365/99, NJW 2001, 1517). Ist eine Umsetzung erforderlich, die als Versetzung im Sinne von § 95 Abs. 3 BetrVG zu werten ist, so ist das Mitbestimmungsrecht des Betriebsrats nach § 99 Abs. 1 BetrVG (BetrVG/Richardi, 17. Aufl. 2022, BetrVG § 95, Rn. 74a) und des Personalrats nach § 75 Abs. 1 Nr. 2–4 und § 77 Abs. 2 BPersVG zu beachten. Die Zuweisung muss die Ersatztätigkeit so konkretisieren, dass sowohl von der Arbeitnehmerin als auch den Mitbestimmungsgremien als auch evtl. vom Gericht beurteilt werden kann, ob billiges Ermessen gewahrt wurde. Lehnt die schwangere Arbeitnehmerin eine zumutbare Ersatztätigkeit ab, verliert sie ihren Anspruch auf Mutterschutzlohn (BAG vom 15.11.2000 – 5 AZR 365/99, NJW 2001, 1517; zum Mutterschutzlohn vgl. Rn. 20). Entspricht die zugewiesene Ersatztätigkeit nicht billigem Ermessen, kann die Arbeitnehmerin die Arbeit verweigern, ohne in Leistungsverzug zu geraten. Der Betriebsrat hat einen Informationsanspruch im Hinblick auf die namentliche Benennung von schwangeren Mitarbeitern aus § 80 Abs. 1 Nr. 1 i.V.m. Abs. 2 Satz 1 BetrVG, um die Einhaltung von Arbeitsschutzvorschriften – auch des MuSchG – gewährleisten zu können. 10

4. Zeitraum der Nachtarbeit

Der Zeitraum, der unter den Begriff der Nachtarbeit im Sinne des MuSchG fällt, ist für die Regelfälle als die Zeit zwischen **20 Uhr bis 6 Uhr** genau abgegrenzt. Die in anderen Gesetzen (etwa in § 2 Abs. 4 i.V.m. Abs. 3 ArbZG, § 14 JArbSchG) oder in Tarifverträgen bestimmten, für die Arbeitnehmerin ungünstigeren Zeiten des Nachtarbeitsverbots, haben für werdende und stillende Mütter keine Geltung. Im Verhältnis zu anderen Arbeitsschutzvorschriften, insbesondere zum Jugendarbeitsschutzgesetz, gilt jeweils die **Vorschrift mit dem strengeren Schutzniveau** (BR-Drucks. 230/16, S. 61). Nach Art. 2 Nr. 3 der Arbeitszeitrichtlinie (RL 2003/88/EG) ist Nachtzeit jede in den Mitgliedstaaten festgelegte Zeitspanne von mindestens sieben Stunden, die jedenfalls die Zeit von 24 Uhr bis 5 Uhr erfasst. 11

5. Ausnahmen vom Nachtarbeitsverbot nach Abs. 1, Satz 2

12 Eine Ausnahme vom Nachtarbeitsverbot ist branchenunabhängig nur noch in den Abendstunden von **20 Uhr bis 22 Uhr** möglich. Eine Unterscheidung nach Gewerbe (Hotel und Gaststättengewerbe, Landwirtschaft, Theater) oder zwischen werdenden Müttern vor und nach Ablauf des vierten Schwangerschaftsmonats findet – im Gegensatz zu der Regelung in § 8 Abs. 3 MuSchG a.F. – nicht mehr statt. Die Beschränkung der Ausnahmen auf die ersten vier Monate der Schwangerschaft hat der Gesetzgeber bei der Neuregelung bewusst nicht mehr aufgenommen. Nach arbeitsmedizinischen Erkenntnissen ist die Nachtarbeit in den ersten vier Monaten der Schwangerschaft nicht weniger gesundheitlich belastend als in den Folgemonaten (BT-Drucks. 18/8963, S. 58; BR-Drucks. 230/16, S. 63).

13 Arbeitgeber dürfen schwangere oder stillende Frauen **bis 22 Uhr** beschäftigen, wenn die Voraussetzungen des § 28 erfüllt sind, d.h. die **Genehmigung** der Aufsichtsbehörde vorliegen (vgl. § 28). Die Genehmigung der Aufsichtsbehörde setzt voraus, dass sich die Frau dazu ausdrücklich bereit erklärt (Nr. 1), nach ärztlichem Zeugnis nichts gegen die Beschäftigung der Frau bis 22 Uhr spricht (Nr. 2) und insbesondere eine unverantwortbare Gefährdung für die schwangere Frau oder ihr Kind durch Alleinarbeit ausgeschlossen ist (Nr. 3). Im Gegensatz zur bisherigen Regelung des § 8 Abs. 6 MuSchG a.F. muss nun die **ausdrückliche Einwilligung** der Schwangeren in die Spätarbeit zwingend vorliegen. Die Behörde trifft eine Ermessensentscheidung, die jedoch an keine sonstigen Voraussetzungen gebunden ist (§ 5 Abs. 1 Satz 2 i.V.m. § 28 Abs. 1 Satz 1).

Bereits **während des Genehmigungsverfahrens** kann die Frau bis 22 Uhr beschäftigt werden (vgl. § 28 Abs. 2), der Arbeitgeber ist nicht verpflichtet, die Genehmigung der Aufsichtsbehörde abzuwarten. Wird der Antrag nicht innerhalb von sechs Wochen nach Eingang des vollständigen Antrags seitens der zuständigen Aufsichtsbehörde abgelehnt, gilt er nach § 28 Abs. 3 Satz 1 als genehmigt. Nachtarbeit im Zeitraum zwischen **22 Uhr und 6 Uhr** darf die Behörde nur »in besonders begründeten Einzelfällen« genehmigen (§ 29 Abs. 3, Satz 3 Nr. 1). Hier ist die **behördliche Erlaubnis konstitutiv** und ein »vorläufiger« Einsatz der Arbeitnehmerin nicht möglich. Die ursprüngliche Regelung des Regierungsentwurfs hat kein Genehmigungsverfahren vorgesehen (vgl. BR-Drucks. 230/16, S. 6) und ist vom Bundestag geändert worden, nachdem der DGB kritisiert hatte, dass ohne ein behördliches Genehmigungsverfahren kein ausreichender Gesundheitsschutz für Frauen in prekären Beschäftigungsverhältnissen geboten werde (Wortprotokoll Nr. 18/71, S. 21; Ausschuss-Drucks. 18 [13] 87a, S. 86).

14 Die Einhaltung der **elfstündigen Ruhezeit** nach § 4 Abs. 2 MuSchG gilt auch bei einer ausnahmsweisen Beschäftigung zur Nachtzeit (ohne Mehrarbeit). Im Regierungsentwurf waren das Verbot der Mehrarbeit, das Nachtarbeitsverbot und die Ruhezeit ursprünglich in einem Paragrafen zusammengefasst, sodass die Ruhezeit auch bei Bewilligung einer Ausnahme vom Nachtarbeitsverbot zu beachten war (BT-Drs. 18/8963, 11 f.). Nach der Aufteilung des Mehrarbeits- und des Nachtarbeitsverbots in zwei Paragrafen findet sich in § 5 MuSchG zwar kein Verweis auf § 4 Abs. 2 MuSchG, dies würde aber dem Schutzzweck der Norm, Schutz der Frau und des Kindes vor gesundheitlichen Gefahren, widersprechen. Der Gesetzgeber wollte mit der Regelung in § 4

Abs. 2 die elfstündige ununterbrochene Ruhezeit ohne Ausnahmen (§ 5 Abs. 2 und 3 ArbZG) gewährleisten. Da Nachtarbeit eine besondere Belastung darstellt, muss die Ruhezeit – ebenso wie bei der Mehrarbeit – eingehalten werden (so auch HK-MuSchG/Pepping, 6. Aufl. 2022, § 5 Rn. 40 f.; Brose/Weth/Volk/Weth, 9. Aufl. 2020, § 5 Rn. 17).

6. Ausnahmen bei Auszubildenden (Abs. 2, Satz 2)

Der neugefasste § 5 Abs. 2 Satz 2 regelt die Ausnahme vom Nachtarbeitsverbot für Schülerinnen und Studentinnen im Sinne des § 1 Abs. 2 Satz 2 Nr. 8. Demnach darf die Ausbildungsstelle Auszubildende an Ausbildungsveranstaltungen **bis 22 Uhr** teilnehmen lassen, wenn sich die Frau dazu ausdrücklich bereit erklärt (Nr. 1), die Teilnahme zu Ausbildungszwecken zu dieser Zeit erforderlich ist (Nr. 2) und insbesondere eine unverantwortbare Gefährdung für die schwangere Frau oder ihr Kind durch Alleinarbeit ausgeschlossen ist (Nr. 3). Sind diese **gesetzlichen Voraussetzungen** erfüllt, bedarf es keiner ergänzenden behördlichen Erlaubnis oder Genehmigung. Die Aufsichtsbehörde kann bei Schülerinnen und Studentinnen in Einzelfällen die Nachtarbeit bis 22 Uhr verbieten (§ 29 Abs. 3, Satz 3 Nr. 2). Im Zeitraum zwischen **22 Uhr und 6 Uhr** darf die Behörde Nachtarbeit von Schülerinnen und Studentinnen nur »in besonders begründeten **Einzelfällen**« genehmigen (§ 29 Abs. 3, Satz 3 Nr. 1). Das Vorliegen der Erlaubnis ist abzuwarten (konstitutive Wirkung). 15

a) Ausbildungsveranstaltung

§ 5 gilt für schwangere oder stillende Schülerinnen und Studentinnen, soweit die Ausbildungsstelle Ort, Zeit und Ablauf der Ausbildungsveranstaltung verpflichtend vorgibt (vgl. § 1 Abs. 2 Satz 2 Nr. 8). Während Prüfungen unter § 5 fallen, sind Bibliotheksbesuche und andere »Selbststudientätigkeiten« wie das Anfertigen einer Seminar- oder Hausarbeit oder Ähnliches nicht von der Regelung erfasst (BR-Drucks. 230/16, S. 64). Darüber hinaus muss die **Teilnahme an der Veranstaltung** nach 20 Uhr **zu Ausbildungszwecken erforderlich** sein. Der Ausnahmetatbestand ist nicht erfüllt, wenn die Ausbildungsveranstaltung auch in der Zeit zwischen 6 Uhr und 20 Uhr durchgeführt werden kann. Dann bliebe nur die Möglichkeit einer behördlichen Erlaubnis in begründeten Einzelfällen nach § 29 Abs. 3 Satz 2 Nr. 1. 16

b) ausdrückliche Erklärung

Die Erklärung der Schülerin oder Studentin muss ausdrücklich erfolgen und kann jederzeit mit Wirkung für die Zukunft widerrufen werden. Abs. 2 Satz 3 führt die Möglichkeit eines Widerrufs der Bereitschaft zur Nachtarbeit für die schwangere oder stillende Frau ein, wie er auch bei der vorgeburtlichen Mutterschutzfrist nach dem bisherigen § 3 Abs. 2 schon immer bestand. Die Beschäftigungsverbote schützen Mutter und Kind vor Überforderung und Überbeanspruchung sowie vor Gefährdungen am Arbeitsplatz. Das **Widerrufsrecht** stellt sicher, dass dieser Schutz auch gewährleistet wird. Die Regelung stellt zudem klar, dass der Widerruf nur mit Wirkung für die Zukunft erfolgen kann (BR-Drucks. 230/16, S. 64). Eine **ärztliche** 17

Unbedenklichkeitsbescheinigung ist im Gegensatz zu Abs. 1 **nicht erforderlich.** Bei Minderjährigen bedarf die Einwilligung in Nachtarbeit zu ihrer Wirksamkeit der Zustimmung der gesetzlichen Vertreter (arg. § 113 BGB).

c) **unverantwortbare Gefährdung durch Alleinarbeit**

18 Das Verbot der Alleinarbeit soll die Frauen vor Überforderung schützen und sicherstellen, dass für die schwangere und stillende Frau nötigenfalls Unterstützung verfügbar ist. Dies soll beispielsweise verhindern, dass sie sich ohne die Unterstützung von Kollegen zu Maßnahmen veranlasst sehen könnte, die sie oder ihr Kind gefährden könnten (BR-Drucks. 230/16, S. 65). Sie soll den Arbeitsplatz jederzeit verlassen oder Hilfe erreichen können. **Tele- oder Heimarbeit** ist keine Alleinarbeit (s. Kommentierung zu § 2 Abs. 4). Die Regelung zur Alleinarbeit korrespondiert mit der Regelung des § 6 zur Arbeit an Sonn- und Feiertagen. Der Ausschuss für Mutterschutz kann nach § 30 Abs. 3 Satz 1 Nr. 2 konkretisierende Regeln zum Schutz der schwangeren Frau und ihres Kindes in Fällen der Alleinarbeit aufstellen.

Eine »**unverantwortbare Gefährdung**« liegt nach der Legaldefinition des § 9 Abs. 2 Satz 2 MuSchG vor, wenn die Eintrittswahrscheinlichkeit einer Gesundheitsbeeinträchtigung angesichts der zu erwartenden Schwere des möglichen Gesundheitsschadens nicht hinnehmbar ist (s. Kommentierung zu § 9 Abs. 2 MuSchG).

d) **Benachrichtigung der Aufsichtsbehörde**

19 Die Ausbildungsstelle hat die zuständige Aufsichtsbehörde nach § 27 Abs. 1 Satz 1 Nr. 2 lit. a) über die beabsichtigte Nachtarbeit einer schwangeren oder stillenden Schülerin oder Studentin unverzüglich zu benachrichtigen. Dadurch soll sichergestellt werden, dass die Aufsichtsbehörde die Einhaltung der arbeitszeitrechtlichen Vorgaben des MuSchG überprüfen kann. Die Meldung kann i.d.R. zusammen mit der Meldung der Schwangerschaft nach § 27 Abs. 1 Satz 1 Nr. 1 erfolgen (vgl. BR-Drucks. 230/16, S. 109).

7. **Entgeltregelung**

20 Erleidet die Arbeitnehmerin infolge des Nachtarbeitsverbots des § 5 einen Entgeltausfall, muss ihr der Arbeitgeber gemäß § 18 mindestens den sog. Mutterschutzlohn zahlen. Dieser umfasst das durchschnittliche Arbeitsentgelt der letzten drei abgerechneten Kalendermonate vor dem Eintritt der Schwangerschaft. Ausgenommen sind u.a. Schülerinnen und Studentinnen, da diese nicht in den Anwendungsbereich des § 18 fallen, vgl. § 1 Abs. 2 Satz 2. Dieser Entgeltschutz greift auch dann ein, wenn die Nachtarbeit nach der vertraglichen Vereinbarung geleistet werden sollte, wegen inzwischen eingetretener Schwangerschaft aber tatsächlich nicht mehr verrichtet werden durfte (vgl. BAG vom 08.08.1990 – 5 AZR 584/89, AP MuSchG 1968 § 11 Nr. 13). Lehnt der Arbeitgeber eine Arbeitsleistung ab, die einem gesetzlichen Beschäftigungsverbot unterliegt, dann kommt er nicht in Annahmeverzug. Eine werdende Mutter, die verbotene Nachtarbeit vergeblich anbietet, hat aus § 615 BGB keinen Anspruch auf Zahlung des Arbeitsentgelts (zur Mehrarbeit: BAG vom

24.06.1960 – 1 AZR 96/58, AP MuSchG § 13 Nr. 5). Der Lohnanspruch für die tatsächlich, verbotswidrig geleistete Arbeitszeit wird nicht berührt, dieser Anspruch ist arbeitsvertraglicher Art im Unterschied zum gesetzlichen Anspruch auf Mutterschutzlohn. Die Beschäftigungsverbote des MuSchG enthalten keine Vergütungsverbote. Das ergibt sich bereits aus dem Begriff der Beschäftigung und dem Zweck der Verbote (Schutz der Gesundheit von Mutter und Kind), die einer Vergütung geleisteter Arbeit nicht entgegenstehen. Die gesundheitliche Gefährdung entsteht durch die Arbeit, nicht durch die nachträgliche Vergütung (vgl. LAG Baden-Württemberg vom 27.01.2012 – 12 Sa 46/11, PflR 2013, 85–88). Lehnt die Arbeitnehmerin eine zumutbare erlaubte Arbeit ab, so verliert sie den Anspruch auf Mutterschutzlohn (BAG vom 15.11.2000 – 5 AZR 365/99, NJW 2001, 1517 m.w.N.).

8. Folgen bei Zuwiderhandlung

Die zugehörigen Bußgeld- oder Strafbestimmungen sind in § 32 Abs. 1 Nr. 1, Nr. 3 21
in Verbindung mit § 33 geregelt. Auch der fahrlässige Verstoß gegen das Nachtarbeitsverbot ist demnach bußgeldbewährt. Wegen der bürgerlich-rechtlichen Folgen bei verbotswidriger Beschäftigung s. oben Rn. 7 und Rn. 8. Die Arbeitnehmerin kann eine verbotswidrige Arbeit jederzeit, auch wenn sie sie eine Weile geleistet oder gar ausdrücklich gewünscht hat, ablehnen bzw. einstellen, ohne in Leistungsverzug zu kommen.

§ 6 MuSchG Verbot der Sonn- und Feiertagsarbeit

(1) [1]Der Arbeitgeber darf eine schwangere oder stillende Frau nicht an Sonn- und Feiertagen beschäftigen. [2]Er darf sie an Sonn- und Feiertagen nur dann beschäftigen, wenn
1. sich die Frau dazu ausdrücklich bereit erklärt,
2. eine Ausnahme vom allgemeinen Verbot der Arbeit an Sonn- und Feiertagen nach § 10 des Arbeitszeitgesetzes zugelassen ist,
3. der Frau in jeder Woche im Anschluss an eine ununterbrochene Nachtruhezeit von mindestens elf Stunden ein Ersatzruhetag gewährt wird und
4. insbesondere eine unverantwortbare Gefährdung für die schwangere Frau oder ihr Kind durch Alleinarbeit ausgeschlossen ist.

[3]Die schwangere oder stillende Frau kann ihre Erklärung nach Satz 2 Nummer 1 jederzeit mit Wirkung für die Zukunft widerrufen.

(2) [1]Die Ausbildungsstelle darf eine schwangere oder stillende Frau im Sinne von § 1 Absatz 2 Satz 2 Nummer 8 nicht an Sonn- und Feiertagen im Rahmen der schulischen oder hochschulischen Ausbildung tätig werden lassen. [2]Die Ausbildungsstelle darf sie an Ausbildungsveranstaltungen an Sonn- und Feiertagen teilnehmen lassen, wenn
1. sich die Frau dazu ausdrücklich bereit erklärt,
2. die Teilnahme zu Ausbildungszwecken zu dieser Zeit erforderlich ist,

3. der Frau in jeder Woche im Anschluss an eine ununterbrochene Nachtruhezeit von mindestens elf Stunden ein Ersatzruhetag gewährt wird und
4. insbesondere eine unverantwortbare Gefährdung für die schwangere Frau oder ihr Kind durch Alleinarbeit ausgeschlossen ist.

[3]Die schwangere oder stillende Frau kann ihre Erklärung nach Satz 2 Nummer 1 jederzeit mit Wirkung für die Zukunft widerrufen.

Übersicht

1. Allgemeines

1 Das Verbot der Beschäftigung schwangerer und stillender Frauen an Sonn- und Feiertagen war vor der der Reform des Mutterschutzrechts durch das Gesetz zur Neuregelung des Mutterschutzrechts vom 23. Mai 2017 (BGBl. I S. 1228) in **§ 8** Absatz 1 **MuSchG a.F.** geregelt. Ausnahmen für verschiedene Branchen fanden sich in § 8 Absatz 4 MuSchG a.F., der die Möglichkeit der Beschäftigung an Sonn- und Feiertagen im Verkehrswesen, in Gast- und Schankwirtschaften und im übrigen Beherbergungswesen, im Familienhaushalt, in Krankenpflege- und in Badeanstalten, bei Musikaufführungen, Theatervorstellungen, anderen Schaustellungen, Darbietungen oder Lustbarkeiten vorsah, wenn den Frauen in jeder Woche einmal eine ununterbrochene Ruhezeit von mindestens 24 Stunden im Anschluss an eine Nachtruhe gewährt wurde. Darüber hinaus konnte die Aufsichtsbehörde nach § 8 Absatz 6 MuSchG a.F. in begründeten Einzelfällen Ausnahmen zulassen.

2 Mit der **Neufassung des MuSchG** ist das Verbot der Sonn- und Feiertagsarbeit nunmehr getrennt von den Verboten der Mehr- und Nachtarbeit in der seit dem 1.1.2018 geltenden Norm des § 6 geregelt. Das bisherige Gesetz zum Schutze der erwerbstätigen Mutter (Mutterschutzgesetz – MuSchG) in der Fassung der Bekanntmachung vom

20.6.2002 (BGBl. I S. 2318) ist nach Artikel 10 Absatz 2 des Gesetzes zur Neuregelung des Mutterschutzrechts vom 23. Mai 2017 zugleich am 1.1.2018 außer Kraft getreten. Mit der Neufassung der Regelung hat der Gesetzgeber die **Beschränkung der** ohne eine Entscheidung der Aufsichtsbehörde möglichen **Ausnahmen** vom mutterschutzrechtlichen Verbot der Sonn- und Feiertagsarbeit **auf bestimmte Branchen aufgegeben**. Im Gesetzentwurf der Bundesregierung wird dies damit begründet, dass das bisherige Abstellen auf die Zugehörigkeit zu bestimmten Berufsgruppen weder zeitgemäß noch zielführend erscheine. Bei Einhaltung der Bestimmungen des ArbZG zur Zulässigkeit von Sonn- und Feiertagsarbeit und Gewährung des vorgesehenen Ersatzruhetags seien keine mutterschutzbezogenen Gefährdungen durch die Sonn- und Feiertagsarbeit ersichtlich, sodass die Voraussetzung der Bereitschaft der Betroffenen einen ausreichenden Schutz gewährleiste (vgl. BT-Drucks. 18/8963 S. 60). Es lasse sich wissenschaftlich nicht belegen, dass die Arbeit an Sonn- oder Feiertagen für Schwangere oder Stillende belastender sei als die Arbeit an Werktagen (vgl. BT-Drucks. 18/8963 S. 61).

§ 6 Absatz 1 beinhaltet in seinem Satz 1 zunächst ein **grundsätzliches Verbot** der Sonn- 3
und Feiertagsarbeit für schwangere und stillende Frauen, in Satz 2 sodann die **Ausnahmeregelung. § 6 Absatz 2** sieht entsprechende Regelungen für das Tätigwerden von **Schülerinnen und Studentinnen** im Rahmen der schulischen und hochschulischen Ausbildung vor, für welche das MuSchG in bestimmten Gestaltungen seit dem 1.1.2018 aufgrund der in § 1 Absatz 2 Satz 2 Nummer 8 enthaltenen Erstreckung gilt.

Bei dem Verbot der Sonn- und Feiertagsarbeit handelt es sich um ein **generelles**, d.h. 4
für alle vom Geltungsbereich erfassten Frauen unabhängig von deren individueller, beispielsweise gesundheitlicher Situation zu beachtendes Beschäftigungsverbot im Sinne des § 2 Absatz 3 Satz 1 (zu den Folgen von Beschäftigungsverboten im Arbeitsverhältnis vgl. § 3 Rdn. 19 ff.). Aufgrund der jeweils in Satz 2 vorgesehenen Ausnahmemöglichkeit bei Bereiterklärung der Frau zur Beschäftigung handelt es sich jedoch nicht um ein absolutes, sondern um ein **relatives Beschäftigungsverbot**. Regelungen anderer Arbeitsschutzschutzvorschriften, beispielsweise des **ArbZG** und des **JArbSchG bleiben** von der speziellen mutterschutzrechtlichen Regelung **unberührt**, § 1 Absatz 1 Satz 4, sodass die jeweils strengere Regelung zu beachten ist (vgl. BT-Drucks. 18/8963 S. 60). Hierbei sind insbesondere §§ 17, 18 JArbSchG mit strengeren Vorgaben zur Beschäftigung an Sonn- und Feiertagen zu beachten.

2. Persönlicher Anwendungsbereich

Das Verbot der Beschäftigung an Sonn- und Feiertagen ist nach dem in § 1 defi- 5
nierten Anwendungsbereich für **alle Frauen in einer Beschäftigung** nach § 7 Absatz 1 SGB IV (vgl. hierzu § 1 Rdn. 8–33) **sowie** grundsätzlich auch für Frauen, für die das MuSchG unabhängig vom Vorliegen einer Beschäftigung unter Berücksichtigung des **erweiterten persönlichen Anwendungsbereichs des § 1 Absatz 2 Satz 2** (vgl. hierzu § 1 Rdn. 34–53) gilt, zu beachten. Es gilt nach § 1 Absatz 4 auch unabhängig von dem im Geburtseintrag angegebenen Geschlecht für jede Person, die schwanger ist oder ein Kind geboren hat (vgl. hierzu § 1 Rdn. 56–58). **§ 6 Absatz 1** betrifft hierbei die **Beschäftigung sämtlicher vom Geltungsbereich des MuSchG erfasster**

Frauen mit Ausnahme der in **Heimarbeit** Beschäftigten und ihnen Gleichgestellten, **§ 6 Absatz 2** regelt gesondert lediglich das Tätigwerden von Frauen im Rahmen der **schulischen oder hochschulischen Ausbildung**.

6 Für in **Heimarbeit** Beschäftigte und ihnen Gleichgestellte (vgl. hierzu § 1 Rdn. 42 ff., zum vom Begriff der Heimarbeit nicht erfassten Homeoffice als Arbeitsform im Rahmen eines Arbeitsverhältnisses siehe § 1 Rdn. 33, zur Abgrenzung zwischen Arbeits- und Heimarbeitsverhältnis: BAG vom 14.06.2016, 9 AZR 305/15, WKRS 2016, 27629) findet sich eine unter Berücksichtigung der Besonderheiten der Heimarbeit auf eine vergleichbare Arbeitszeitregelung abzielende besondere Regelung in **§ 8**. Diese tritt nach § 2 Absatz 3 Satz 2 an die Stelle des Beschäftigungsverbots. Die in Heimarbeit Beschäftigte gestaltet ihre Tätigkeit durch die Möglichkeit, ihren Arbeitsplatz, **Zeitpunkt** und Zeitdauer **ihrer Tätigkeit** zu bestimmen, Hilfspersonen hinzuzuziehen, Geräte und Arbeitsmethode zu wählen, **im Wesentlichen frei** und schuldet im Vergleich zum Arbeitnehmer nicht eine bestimmte Dienstleistung, sondern ein bestimmtes Arbeitsergebnis (vgl. BAG vom 24.8.2016, 7 AZR 625/15, EzA § 14 TzBfG Nr. 125). § 8 trägt dieser Besonderheit der eingeschränkten Einflussnahmemöglichkeit des Arbeitgebers auf die Gestaltung der Arbeitsleistung dadurch Rechnung, dass die Arbeitszeit durch eine Beschränkung des Umfangs der auszugebenden Heimarbeit sowie der Vorgabe der durch die Frau einzuhaltenden Fertigungsfristen begrenzt werden soll. Während der Schwangerschaft muss die ausgegebene Heimarbeit hiernach werktags während einer achtstündigen Tagesarbeitszeit ausgeführt werden können, in der Stillzeit werktags während einer siebenstündigen Tagesarbeitszeit.

3. Zeiträume des Verbots der Sonn- und Feiertagsarbeit

a) Schwangerschaft

7 Das generelle Verbot der Sonn- und Feiertagsarbeit gilt zunächst für schwangere Frauen. Zu dem Zeitpunkt, der als **Beginn der Schwangerschaft** zu betrachten ist, werden unterschiedliche Auffassungen vertreten (z.B. für den Zeitpunkt der Befruchtung (Konzeption): KR-Gallner/Vannucchi, 14. Auflage, § 17 MuSchG Rn. 48; AR-Vossen, 10. Auflage, § 17 MuSchG Rn. 8; Tillmanns/Mutschler-Felder, 3. Auflage, § 3 MuSchG Rn. 6; Brose/Weth/Volk-Volk, 9. Auflage, § 17 MuSchG Rn. 17; für den Zeitpunkt der Einnistung (Nidation) noch zum MuSchG a.F.: Buchner/Becker, 8. Auflage, § 3 MuSchG Rn. 4; vgl. hierzu auch die Kommentierung zu § 17). Das Bundesarbeitsgericht bestimmt bei natürlicher Empfängnis beispielsweise den Beginn des Kündigungsverbots grundsätzlich im Wege der Rückrechnung um 280 Tage von dem ärztlich festgestellten mutmaßlichen Entbindungstermin (ohne diesen mitzuzählen) entsprechend einer mittleren Schwangerschaftsdauer gerechnet vom ersten Tag der letzten Regelblutung an und hält es vor dem Hintergrund nicht zu vermeidender Fehler und Ungenauigkeiten für gerechtfertigt, von der für die Arbeitnehmerin günstigsten Berechnungsmethode auszugehen und auf den frühestmöglichen Zeitpunkt des Vorliegens einer Schwangerschaft abzustellen (vgl. BAG vom 24.11.2022, 2 AZR 11/22, WKRS 2022, 54298; BAG vom 26.3.2015, 2 AZR 237/14, EzA § 9 n.F. MuSchG Nr. 42). Für den Fall einer In-Vitro-Fertilisation geht

das Bundesarbeitsgericht vom Zeitpunkt des Embryonentransfers als Beginn der Schwangerschaft aus (vgl. BAG vom 26.3.2015, 2 AZR 237/14, EzA § 9 n.F. MuSchG Nr. 42 mit Hinweis auf EuGH vom 26.2.2008, C-506/06 [Mayr], EzA EG-Vertrag 1999 Richtlinie 92/85 Nr. 3). Vor dem Hintergrund, dass der Arbeitgeber das Verbot der Sonn- und Feiertagsarbeit erst beachten kann, wenn er Kenntnis von der Schwangerschaft erlangt hat, wird sich der Meinungsstreit zum Beginn der Schwangerschaft im Hinblick auf die Sonn- und Feiertagsarbeit in der Praxis jedoch kaum auswirken.

Die **Schwangerschaft endet** mit der Entbindung, einer Fehlgeburt oder einem Schwangerschaftsabbruch, in allen Fällen jedoch erst mit der Trennung der Leibesfrucht vom Mutterleib (vgl. BAG vom 12.12.2013, 8 AZR 838/12, EzA § 15 AGG Nr. 23). Die Frau, die dem Arbeitgeber das Bestehen der Schwangerschaft mitgeteilt hat, ist **verpflichtet**, dem Arbeitgeber auch **das vorzeitige Ende der Schwangerschaft mitzuteilen**. Zwar regelt § 15 Absatz 1 Satz 1 lediglich, dass die Frau dem Arbeitgeber ihre Schwangerschaft mitteilen soll, sobald sie von dieser weiß. Die – auch nach der Begründung des Gesetzesentwurfes nicht abschließende (vgl. BT-Drucks. 18/8963 S. 86) – Regelung betrifft damit nur die Mitteilung des Beginns der Schwangerschaft und beinhaltet nur eine Sollvorschrift. Eine Verpflichtung der Frau zur Mitteilung der Schwangerschaft besteht nicht (vgl. BAG vom 9.4.2019, 1 ABR 51/17, WKRS 2019, 25344). Hat die Frau ihre Schwangerschaft bereits mitgeteilt, steht die Achtung ihres Persönlichkeitsrechts einer Mitteilungsverpflichtung jedoch nicht mehr entgegen, die während der Schwangerschaft zu beachtenden Vorgaben des Mutterschutzrechts bedingen vielmehr eine Verpflichtung zur unaufgeforderten und unverzüglichen Unterrichtung, wenn die mit der Mitteilung in Anspruch genommenen Schutzrechte nicht mehr bestehen (vgl. zum MuSchG a.F.: BAG vom 18.1.2000, 9 AZR 932/98, EzA § 615 BGB Nr. 98). 8

b) Stillzeit

Das generelle Verbot der Sonn- und Feiertagsarbeit gilt auch für stillende Frauen. Der Arbeitgeber muss es beachten, sobald er davon Kenntnis erhält, dass die Frau stillt. Die Frau soll ihrem Arbeitgeber nach § 15 Absatz 1 Satz 2 so früh wie möglich mitteilen, dass sie stillt. Vergleichbar dem Fall der vorzeitigen Beendigung der Schwangerschaft (vgl. Rdn. 8) ist auch von einer Verpflichtung der Frau, die ihren Arbeitgeber darüber unterrichtet hat, dass sie stillt, zur Mitteilung, dass sie nicht mehr stillt, auszugehen. 9

4. Sonn- und Feiertage

Die **Sonntage** sind kalendermäßig bestimmt. Das Beschäftigungsverbot des § 6 betrifft im Hinblick auf die Feiertage ebenso wie die Regelungen des ArbZG zur Feiertagsarbeit nur **gesetzliche**, nicht allein kirchliche **Feiertage** (vgl. Brose/Weth/Volk-Weth, 9. Auflage, § 6 MuSchG Rn. 3; Schliemann, ArbZG, 4. Auflage, § 6 MuSchG Rn. 5). Die gesetzlichen Feiertage sind in den einzelnen Ländern durch Gesetze festgelegt, zudem ist kraft Bundesgesetzes der 3. Oktober als gesetzlicher Feiertag bestimmt (G. vom 23.9.1990 i.V.m. Art. 2 Abs. 2 Einigungsvertrag 10

v. 31.8.1990, BGBl. II S. 885, 890). Gesetzliche Feiertage sind, soweit sie nicht stets auf einen Sonntag fallen, in allen Ländern Neujahr (1. Januar), Karfreitag, Ostermontag, Tag der Arbeit (1. Mai), Christi Himmelfahrt, Pfingstmontag, Tag der Deutschen Einheit (3. Oktober) und die beiden Weihnachtsfeiertage. In einzelnen Ländern sind Feiertage der 6. Januar (Heilige Drei Könige, Baden-Württemberg, Bayern und Sachsen-Anhalt), Fronleichnam (Baden-Württemberg, Bayern, Hessen, Nordrhein-Westfalen, Rheinland-Pfalz und Saarland), Mariä Himmelfahrt (15. August, Bayern [nur in Gemeinden mit überwiegend katholischer Bevölkerung] und Saarland), der Reformationstag (31. Oktober, Brandenburg, Mecklenburg-Vorpommern, Sachsen, Sachsen-Anhalt und Thüringen), Allerheiligen (1. November, Baden-Württemberg, Bayern, Nordrhein-Westfalen, Rheinland-Pfalz und Saarland) und schließlich der Buß- und Bettag (Sachsen) (vgl. hierzu ausführlich Schliemann, ArbZG, 4. Auflage, § 9 ArbZG Rn. 8).

5. Beschäftigungsverbot nach § 6 Absatz 1 Satz 1

11 An Sonn- und Feiertagen besteht für schwangere und stillende Frauen nach § 6 Absatz 1 Satz 1 ein generelles und totales **Beschäftigungsverbot**, d.h. der Arbeitgeber darf die Frau **unabhängig von konkreten Gefährdungen** nicht beschäftigen. Das Beschäftigungsverbot umfasst nach § 2 Absatz 2 **jede Form der Betätigung**, die eine Frau im Rahmen ihres Beschäftigungsverhältnisses oder die eine Frau im Rahmen des erweiterten Anwendungsbereichs des § 1 Absatz 2 Satz 2 im Rahmen ihres Rechtsverhältnisses zu ihrem Arbeitgeber nach § 2 Absatz 1 Satz 2 ausübt. Es gilt auch für Arbeitsbereitschaft, Bereitschaftsdienst und Rufbereitschaft. Dies ergibt sich schon daraus, dass es bei allen, auch den arbeitszeitrechtlich nicht als Arbeitszeit gewerteten (vgl. hierzu Rdn. 26), Gestaltungen auch zum tatsächlichen, gerade untersagten Arbeitseinsatz kommen kann (vgl. zur mutterschutzunabhängigen Regelung des § 9 ArbZG: AR-Krauss, 10. Auflage, § 9 ArbZG Rn. 1). Das Beschäftigungsverbot gilt an den betreffenden Tagen von 0 bis 24 Uhr. Sonderregelungen zur Vor- oder Rückverlegung der Sonn- oder Feiertagsruhe, wie sie mutterschutzunabhängig in § 9 Absatz 2 und Absatz 3 ArbZG in bestimmten Konstellationen gelten, bestehen für das mutterschutzrechtliche Verbot der Sonn- und Feiertagsarbeit nicht (vgl. zu § 8 MuSchG a.F.: Schliemann, ArbZG, 3. Auflage, § 10 ArbZG Rn. 21). Als generelles mutterschutzrechtliches Beschäftigungsverbot gilt es **unmittelbar kraft Gesetzes** (vgl. zu § 4 MuSchG a.F.: BAG vom 9.8.2016, 9 AZR 575/15, EzA § 17 MuSchG Nr. 1) und ist, soweit seine Voraussetzungen vorliegen, mit der Kenntnis des Arbeitgebers von der Schwangerschaft bzw. dem Stillen sofort zu beachten.

12 Für Frauen, die aufgrund ihrer wirtschaftlichen Unselbstständigkeit als **arbeitnehmerähnliche Personen** anzusehen und nach **§ 1 Absatz 2 Satz 2 Nummer** 7 vom Geltungsbereich des MuSchG erfasst sind (vgl. hierzu § 1 Rdn. 47 ff.), tritt nach § 2 Absatz 3 Satz 3 an die Stelle des Beschäftigungsverbots die Befreiung von der vertraglich vereinbarten Leistungspflicht. Sie **können** sich nach § 2 Absatz 3 Satz 3 **unabhängig von den besonderen Regelungen** der einzelnen mutterschutzrechtlichen Beschäftigungsverbote **grundsätzlich zur Erbringung** der vertraglich vereinbarten Leistung **bereit erklären.** Hintergrund dieser Sonderregelung ist die Absicht des Gesetzgebers, bei diesem Per-

sonenkreis auch die an sich selbstständige Erwerbstätigkeit zu berücksichtigen. Nachdem die Entscheidung über Art und Umfang ihrer sozialen Absicherung in ihrer Entscheidung liege, soll der selbstständig erwerbstätigen Frau auch die Entscheidung über die Fortführung der Erwerbstätigkeit überlassen bleiben (vgl. BT-Drucks. 18/8963 S. 55). Selbstständig erwerbstätige Frauen, die aufgrund § 1 Absatz 2 Satz 2 Nummer 7 in den Anwendungsbereich des MuSchG fallen, haben während der Beschäftigungsverbote gegenüber ihrem Auftraggeber auch keinen Anspruch auf Mutterschutzlohn. Für sie gilt auch die mutterschutzunabhängige, allgemeine Regelung zur Sonn- und Feiertagsruhe nach § 9 ArbZG nicht, sie sind keine Arbeitnehmer im Sinne des § 2 Absatz 2 ArbZG (vgl. Schliemann, ArbZG, 4. Auflage, § 2 ArbZG Rn. 130).

Frauen in einer Beschäftigung im Sinne des § 7 Absatz 1 SGB IV sowie Frauen, die unabhängig von einer Beschäftigung nach § 1 Absatz 2 Satz 2 Nummern 1 und 2 sowie 4 bis 6 vom Geltungsbereich des MuSchG erfasst sind, können von ihrem Arbeitgeber **Mutterschutzlohn nach § 18** beanspruchen, wenn sie wegen des Verbots der Sonn- und Feiertagsarbeit teilweise oder gar nicht beschäftigt werden können. Zu weiteren Fragen der **Auswirkungen von Beschäftigungsverboten** siehe § 3 Rdn. 19 ff. 13

6. Ausnahme nach § 6 Absatz 1 Satz 2

§ 6 Absatz 1 Satz 2 enthält eine Ausnahme vom grundsätzlichen Verbot der Beschäftigung an Sonn- und Feiertagen nach Satz 1. Die Beschäftigung an Sonn- und Feiertagen ist nur zulässig, wenn alle Voraussetzungen des § 6 Absatz 1 Satz 2 erfüllt sind, d.h. wenn die Frau sich ausdrücklich dazu bereit erklärt hat (§ 6 Absatz 1 Satz 2 Nr. 1, Rdn. 16 ff.), nach § 10 ArbZG eine Ausnahme vom allgemeinen Verbot der Sonn- und Feiertagsarbeit zugelassen ist (§ 6 Absatz 1 Satz 2 Nr. 2, Rdn. 20 ff.), der nach § 6 Absatz 1 Satz 2 Nr. 3 geforderte Ersatzruhetag gewährt wird (Rdn. 24 ff.) und eine unverantwortbare Gefährdung der schwangeren Frau oder ihres Kindes durch Alleinarbeit ausgeschlossen ist (§ 6 Absatz 1 Satz 2 Nr. 4, Rdn. 28 ff.). Lediglich bei der Beschäftigung von Frauen, die aufgrund ihrer wirtschaftlichen Unselbstständigkeit als arbeitnehmerähnliche Personen anzusehen und nach § 1 Absatz 2 Satz 2 Nummer 7 vom Geltungsbereich des MuSchG erfasst sind, genügt allein deren Bereiterklärung zur Erbringung der vertraglich vereinbarten Leistung, ohne dass die weiteren Voraussetzungen des § 6 Absatz 1 Satz 2 erfüllt sein müssen (vgl. Rdn. 12). 14

Liegen die in § 6 Absatz 2 Satz 1 benannten Voraussetzungen vor, bedarf es nach der Neuregelung des Mutterschutzrechts keiner behördlichen Ausnahmegenehmigung für die Beschäftigung einer schwangeren oder stillenden Frau an Sonn- und Feiertagen. Die Beschäftigung kann jedoch bei Fehlen einer oder mehrerer Voraussetzungen des § 6 Absatz 2 Satz 1 auch nicht durch Ausnahmegenehmigungen im Einzelfall ermöglicht werden. Beabsichtigt der Arbeitgeber, eine schwangere oder stillende Frau an Sonn- und Feiertagen nach Vorgabe des § 6 Absatz 1 Satz 2 oder des § 6 Absatz 2 Satz 2 zu beschäftigen, so ist er nach § 27 Absatz 1 Satz 1 Nr. 2b) verpflichtet, **unverzüglich** die **Aufsichtsbehörde** zu **benachrichtigen.** Die **Aufsichtsbehörde kann** die Beschäftigung einer schwangeren oder stillenden Frau an Sonn- und Feiertagen **verbieten**, § 29 Absatz 3 Satz 2 Nr. 2b). 15

a) **Bereiterklärung der Frau**

16 Durch die in das seit dem 1.1.2018 geltende Mutterschutzrecht aufgenommene Voraussetzung der Bereiterklärung der Frau zur Sonn- und Feiertagsarbeit soll ihr die Mitbestimmung der für sie im besonderen Maße erforderlichen Ruhephasen und die präventive Sicherstellung einer regelmäßigen Regenerationsphase am Wochenende ermöglicht werden (vgl. BT-Drucks. 18/8963 S. 61).

17 § 6 Absatz 1 Satz 2 Nr. 1 verlangt zur Ermöglichung der ausnahmsweisen Beschäftigung der schwangeren oder stillenden Frau an Sonn- und Feiertagen zunächst, dass sich diese **ausdrücklich** dazu bereit erklärt. Auf die Frau darf kein Druck ausgeübt werden, um sie zur Bereiterklärung zu bewegen (vgl. Brose/Weth/Volk-Weth, 9. Auflage, § 6 MuSchG Rn. 13). Nicht erforderlich, wenn auch aufgrund des durch das Widerrufsrecht gesicherten Schutzes denkbar (vgl. Tillmanns/Mutschler-Just, 3. Auflage, § 6 MuSchG Rn. 11) ist eine generelle Bereiterklärung (vgl. Schliemann, ArbZG, 4. Auflage, § 6 MuSchG Rn. 10). Die Frau kann sich auch nur bezüglich bestimmter Sonn- und Feiertage zur Arbeitsleistung bereit erklären, gegebenenfalls kann sie ihre Bereiterklärung auch nach Stunden begrenzen, wenngleich in solcher Gestaltung abhängig von den Einsatzmöglichkeiten die Frage der Beschäftigungspflicht des Arbeitgebers fraglich sein kann (vgl. zur Frage der Beschäftigungspflicht bei Bereiterklärung zur Arbeitsleistung in der Mutterschutzfrist vor der Entbindung § 3 Rdn. 62). Eine **Formvorschrift** für die Bereiterklärung enthält das Gesetz **nicht**, sodass auch die mündliche Erklärung genügt. Nicht zuletzt vor dem Hintergrund der Strafandrohung der §§ 32 ff. und der Beteiligung der Aufsichtsbehörden erscheint eine schriftliche Dokumentation jedoch sinnvoll. Aus der stillschweigenden Arbeit der Frau an Sonn- und Feiertagen wird, wie auch aus der stillschweigenden Weiterarbeit der Frau in der Schutzfrist vor der Entbindung, keine Bereiterklärung abgeleitet werden können (vgl. hierzu § 3 Rdn. 60).

18 Die **Bereiterklärung einer Minderjährigen** bedarf, auch in einem Dienst- oder Arbeitsverhältnis, der Einwilligung ihres gesetzlichen Vertreters. Zwar ist die Minderjährige, die der gesetzliche Vertreter ermächtigt hat, in Dienst oder in Arbeit zu treten, nach § 113 Absatz 1 Satz 1 BGB für solche Rechtsgeschäfte unbeschränkt geschäftsfähig, welche die Eingehung oder Aufhebung eines Dienst- oder Arbeitsverhältnisses der gestatteten Art oder die Erfüllung der sich aus einem solchen Verhältnis ergebenden Verpflichtungen betreffen. § 113 Absatz 1 Satz 1 BGB erfasst nicht nur den Abschluss des Arbeitsvertrages, sondern erstreckt sich auch auf die Ausgestaltung der Rechte und Pflichten im Arbeitsverhältnis. Von der Ermächtigung werden jedoch nicht alle Rechtsgeschäfte erfasst, die thematisch unter § 113 BGB fallen können, bei der Auslegung ist vielmehr auch der gesetzliche Minderjährigenschutz zu berücksichtigen. Das Bundesarbeitsgericht geht deshalb davon aus, dass von der Ermächtigung nur solche Rechtsgeschäfte erfasst sind, die mit der Eingehung, Abwicklung und Beendigung eines Arbeitsverhältnisses üblicherweise verbunden sind, nicht aber außergewöhnliche Geschäfte, die für den Minderjährigen nachteilig sein können (vgl. BAG vom 8.6.1999, 3 AZR 71/98, EzA § 113 BGB Nr. 2). Ausgehend davon, dass die Ermächtigung nur verkehrsübliche Vereinbarungen und Rechtsgeschäfte erfasst (vgl. AR-Löwisch, 10. Auflage, § 113 BGB Rn. 3; Dörner/Luczak/Wildschütz/Baek/Hoß, Handbuch des Arbeits-

rechts, 14. Auflage, Rn. 407; Schaub-Linck, 17. Auflage, § 32 Rn. 31), ist die Bereiterklärung zur Sonn- und Feiertagsarbeit abweichend vom grundsätzlich bestehenden Verbot, die nicht als verkehrsüblich betrachtet werden kann, von der Ermächtigung des § 113 BGB nicht gedeckt (so im Ergebnis zur Bereiterklärung während der Schutzfrist vor der Entbindung unter Hinweis auf die nicht nur die Erfüllung arbeitsvertraglicher Pflichten betreffende, sondern öffentlich-rechtliche Wirkung zeigende Erklärung, zum MuSchG a.F. auch Buchner/Becker, 8. Auflage, § 3 MuSchG Rn. 49; gestützt auf § 111 BGB: Brose/Weth/Volk-Weth, 9. Auflage, § 3 MuSchG Rn. 16).

Nach § 6 Absatz 1 Satz 3 kann die Frau ihre Bereiterklärung **jederzeit** mit Wirkung 19
für die Zukunft **widerrufen.** Durch das Widerrufsrecht, wie es beispielsweise auch im Zusammenhang mit der Beschäftigung während der Schutzfrist vor der Entbindung vorgesehen ist (vgl. hierzu § 3 Rdn. 63 f.), soll die Gewährleistung des Schutzes vor Überforderung und Überbeanspruchung sowie Gefährdungen am Arbeitsplatz, den die grundsätzlichen Beschäftigungsverbote bezwecken, sichergestellt werden (vgl. BT-Drucks. 18/8963 S. 59, 61). Auch für den Widerruf enthält § 6 Absatz 1 Satz 3 **keine Formvorgabe.** Auch der Angabe von Gründen bedarf es für den Widerruf der Bereiterklärung zur Sonn- und Feiertagsarbeit ebenso wie für den Widerruf der Bereiterklärung während der Schutzfrist vor der Entbindung nicht (vgl. zu § 3 MuSchG a.F.: BVerfG vom 28.3.2006, 1 BvL 10/01, JurionRS 2006, 13632). Der Widerruf der Bereiterklärung kann lediglich **mit Wirkung für die Zukunft** erfolgen. Dies wird im Wortlaut des Gesetzes klargestellt (vgl. BT-Drucks. 18/8963 S. 61).

b) **Ausnahme nach § 10 ArbZG**

Eine Beschäftigung an Sonn- und Feiertagen kommt nach § 6 Absatz 1 Satz 2 Nr. 2 20
nur in Betracht, wenn eine Ausnahme vom allgemeinen Verbot der Arbeit an Sonn- und Feiertagen nach § 10 des ArbZG zugelassen ist. Während § 8 Absatz 4 MuSchG a.F. für die ausnahmsweise mögliche Beschäftigung schwangerer und stillender Frauen noch auf bestimmte Branchen abstellte, verzichtet die neugefasste mutterschutzrechtliche Regelung damit nun auf eigene Brancheneinschränkungen und macht lediglich die allgemeine, vom Mutterschutz unabhängige Zulässigkeit von Sonn- und Feiertagsarbeit nach § 10 ArbZG zur Voraussetzung auch der Beschäftigung von schwangeren und stillenden Frauen.

§ 10 ArbZG enthält in seinem **Absatz 1** für den Fall, dass die Arbeiten nicht an Werk- 21
tagen vorgenommen werden können, eine Aufzählung von Ausnahmetatbeständen, in denen die Beschäftigung an Sonn- und Feiertagen zulässig ist. Um **Arbeiten, die nicht an Werktagen vorgenommen werden können**, handelt es sich in diesem Zusammenhang nicht nur bei unaufschiebbaren Tätigkeiten, wie sie beispielsweise bei Not- und Rettungsdiensten anfallen können, sondern auch bei aus technischen Gründen nicht an einem Werktag zu erledigenden Arbeiten oder bei Arbeiten, deren Verlegung auf einen Werktag unverhältnismäßige wirtschaftliche Folgen für den Betrieb hätte (vgl. Schaub-Vogelsang, 17. Auflage, § 159 Rn. 7; AR-Krauss, 10. Auflage, § 10 ArbZG Rn. 2; Schliemann, ArbZG, 4. Auflage, § 10 ArbZG Rn. 8; BVerwG vom 19.9.2000, 1 C 17/99, JurionRS 2000, 17728; OVG Nordrhein-Westfalen vom 11.12.2017, 4 B

634/17, JurionRS 2017, 27774; VG Düsseldorf vom 9.7.2015, 15 L 2312/15, JurionRS 2015, 21168). Maßgeblich sind die jeweiligen betrieblichen Verhältnisse, bei der Prüfung ist jedoch zu beachten, dass § 10 Absatz 1 ArbZG die Reduzierung der Sonn- und Feiertagsarbeit auf ein Mindestmaß bewirken soll (BVerwG vom 19.9.2000, 1 C 17/99, JurionRS 2000, 17728; OVG Nordrhein-Westfalen vom 11.12.2017, 4 B 634/17, JurionRS 2017, 27774). Im Hinblick auf die Beschäftigung von Frauen, die zwar nach § 1 Absatz 2 dem Geltungsbereich des MuSchG, nicht aber nach dessen § 2 Absatz 2 dem des ArbZG unterfallen, kann die Ausnahmeregelung des § 10 ArbZG aufgrund der Bezugnahme in § 6 Absatz 1 Satz 2 Nr. 2 entsprechend herangezogen werden (vgl. Schliemann, ArbZG, 4. Auflage, § 6 MuSchG Rn. 11).

22 Die **Ausnahmetatbestände des § 10 Absatz 1** beinhalten sodann beispielsweise die Beschäftigung in Not- und Rettungsdiensten sowie bei der Feuerwehr. Die Regelung des § 10 Absatz 1 Nr. 1 ArbZG, welche die Beschäftigung von Arbeitnehmern in Notdiensten ermöglicht, erfasst nach Auffassung des Bundesverwaltungsgerichts alle Tätigkeiten zur Hilfeleistung, beispielsweise Schlüsseldienste, Reparaturnotdienste und Sperrannahmedienste der Banken und Kreditkartenunternehmen, unabhängig von der Erreichbarkeit der Dienste in den Unternehmen selbst oder über ausgelagerte Callcenter (vgl. BVerwG vom 26.11.2014, 6 CN 1.13, JurionRS 2014, 30611). Ausnahmen vom Sonn- und Feiertagsverbot gelten darüber hinaus beispielsweise für die Beschäftigung zur Aufrechterhaltung der öffentlichen Sicherheit und Ordnung, die Beschäftigung in Krankenhäusern, in Gaststätten, in Beherbergungseinrichtungen, im Haushalt, bei Musikaufführungen oder Theatervorstellungen, beim Sport, im Fremdenverkehr, bei Rundfunk und Presse, in Verkehrs- sowie Energie- und Wasserversorgungsbetrieben, in der Landwirtschaft oder im Bewachungsgewerbe (vgl. zu den einzelnen Ausnahmetatbeständen: Schaub-Vogelsang, 17. Auflage, § 159 Rn. 10 ff.; AR-Krauss, 10. Auflage, § 10 ArbZG Rn. 5 ff.; Schliemann, ArbZG, 4. Auflage, § 10 ArbZG Rn. 12 ff.). Ist ein Ausnahmetatbestand des § 10 Absatz 1 ArbZG erfüllt, so sind auch erforderliche Hilfs- und Nebentätigkeiten im Betrieb erlaubt (vgl. Schaub-Linck, 17. Auflage, § 159 Rn. 7; AR-Krauss, 10. Auflage, § 10 ArbZG Rn. 3; Schliemann, ArbZG, 4. Auflage, § 10 ArbZG Rn. 9; BAG vom 12.12.1990, 5 AZR 16/90, EzA § 8 MuSchG Nr. 2).

23 Im Zusammenhang mit den in § 8 Absatz 4 MuSchG a.F. vorgesehenen Ausnahmen für bestimmte Branchen war umstritten, ob die Ausnahme nur bei einem Arbeitsverhältnis zu der dem Ausnahmetatbestand unterfallenden Einrichtung, beispielsweise dem Krankenhaus, greift oder auch für von einem **Drittunternehmen** zur dortigen Arbeitsleistung eingesetzte Arbeitnehmer (vgl. hierzu, im Ergebnis für die Geltung der Ausnahme auch für im Bereich durch Drittunternehmen eingesetzte Arbeitnehmer: Buchner/Becker, 8. Auflage, § 8 MuSchG Rn. 51; Tillmanns/Mutschler, 1. Auflage, § 8 MuSchG Rn. 16; gegen die Geltung der Ausnahme in diesem Fall: Schaub-Linck, 17. Auflage, § 168 Rn. 12). Das Bundesarbeitsgericht hat die Frage in seiner Entscheidung vom 12.12.1990, die den Einsatz einer bei einem Reinigungsunternehmen angestellten Arbeitnehmerin in einem Krankenhaus betraf (vgl. BAG vom 12.12.1990, 5 AZR 16/90, EzA § 8 MuSchG Nr. 2), offengelassen, in den Entscheidungsgründen jedoch erhebliche Bedenken gegen die Geltung der Ausnahme auch für die Arbeitneh-

merin der Drittfirma geäußert. Die Frage kann auch für die Zulässigkeit von Sonn- und Feiertagsarbeit nach dem neu gefassten § 6 Absatz 1 Satz 2 MuSchG von Bedeutung sein. Maßgeblich ist nunmehr die Zulässigkeit der Sonn- und Feiertagsarbeit nach § 10 ArbZG, für die bei Vorliegen aller sonstigen Voraussetzungen von einer **Geltung der Ausnahmetatbestände auch für sogenannte Hilfsbetriebe**, die wie der Reinigungsbetrieb mit dem Krankenhaus als dem Hauptbetrieb unmittelbar verbundene Tätigkeiten leisten, auszugehen sein wird (vgl. Schliemann, ArbZG, 4. Auflage, § 10 ArbZG Rn. 4). Vor dem Hintergrund der von Besonderheiten des Mutterschutzes unabhängigen Geltung des ArbZG und des bewussten Verzichts des Gesetzgebers auf mutterschutzspezifische Ausnahmen für bestimmte Branchen sprechen nun auch die Gründe des Bundesarbeitsgerichts in seiner Entscheidung vom 12.12.1990 nicht mehr gegen eine Geltung der Ausnahme auch für den Drittbetrieb als Hilfsbetrieb. Das Bundesarbeitsgericht hat der mutterschutzrechtlichen Ausnahme auch für den Drittbetrieb entgegengehalten, dass diese zur Aufrechterhaltung des Krankenhausbetriebs gerade nicht nötig sei, da das Krankenhaus einen vertraglichen Anspruch auf die Leistung des Drittbetriebes habe und dieser an Stelle der schwangeren Arbeitnehmerin einen anderen Arbeitnehmer einsetzen könne. Diese Argumentation greift jedoch bei einer nunmehr mutterschutzunabhängigen Betrachtung allein nach dem ArbZG nicht, die Drittfirma könnte vielmehr in diesem Fall keine Beschäftigten einsetzen und die für den Krankenhausbetrieb erforderliche Arbeit nicht erbringen. Ob die Voraussetzungen eines Ausnahmetatbestandes des § 10 Absatz 1 ArbZG vorliegen, muss jedoch der Arbeitgeber des Drittbetriebs für die von diesem zu leistende Arbeit prüfen (vgl. AR-Krauss, 10. Auflage, § 10 ArbZG Rn. 3).

c) **Ersatzruhetag**

Voraussetzung der Zulässigkeit der Sonn- und Feiertagsarbeit ist nach § 6 Absatz 1 Satz 2 Nr. 3 darüber hinaus, dass der Frau in jeder Woche im Anschluss an eine ununterbrochene Nachtruhezeit von mindestens elf Stunden ein Ersatzruhetag gewährt wird. Die mutterschutzrechtliche Sonderregelung geht über die für alle Beschäftigten, die nach § 10 ArbZG an Sonn- oder Feiertagen eingesetzt werden dürfen, geltende Regelung hinaus. Nach § 11 Absatz 3 Satz 1 ArbZG muss Arbeitnehmern, die an einem Sonntag beschäftigt werden, innerhalb eines den Beschäftigungstag einschließenden Zeitraums von zwei Wochen ein Ersatzruhetag gewährt werden. Arbeitnehmern, die an einem auf einen Werktag fallenden Feiertag beschäftigt werden, ist nach § 11 Absatz 3 Satz 2 ArbZG ein Ersatzruhetag innerhalb eines den Beschäftigungstag einschließenden Zeitraums von acht Wochen zu gewähren. Die Gewährung des Ersatzruhetages im Anschluss an die benannte Nachtruhezeit nach § 6 Absatz 1 Satz 2 Nr. 3 ist, wie auch schon im Rahmen der Regelung des § 8 Absatz 4 MuSchG a.F., **unabhängig vom** tatsächlichen **Umfang der Arbeitszeit** der schwangeren oder stillenden Frau **am Sonn- oder Feiertag** (vgl. zu § 8 MuSchG a.F.: Buchner/Becker, 8. Auflage, § 8 MuSchG Rn. 56; BAG vom 12.12.1990, 5 AZR 16/90, EzA § 8 MuSchG Nr. 2). 24

Der Ersatzruhetag muss **objektiv gewährt** werden, d.h. an dem Ersatzruhetag darf überhaupt keine Arbeitsleitung in einem Arbeitsverhältnis, auch nicht bei einem ande- 25 ren Arbeitgeber geleistet werden (vgl. zu § 11 Absatz 3 ArbZG: BAG vom 24.2.2005, 2 AZR 211/04, EzA § 1 KSchG Personenbedingte Kündigung Nr. 18). Die mutterschutzrechtliche Sonderregelung des § 6 schränkt den Zeitraum, innerhalb dessen der Ersatzruhetag gewährt muss, im Vergleich zur allgemeinen arbeitszeitrechtlichen Regelung auf eine Woche ein. Der Ersatzruhetag muss nach dem Gesetzeswortlaut in jeder Woche gewährt werden. Ausreichend ist ein **Ausgleich innerhalb einer Wochenfrist**, in welcher die Sonn- oder Feiertagsarbeit geleistet wird (vgl. Brose/Weth/Volk-Weth, 9. Auflage, § 6 MuSchG Rn. 20). Der Ersatzruhetag nach § 6 Absatz 1 Satz 2 Nummer 3 muss zeitlich **vor der Heranziehung** zur Sonn- und Feiertagsarbeit gewährt, d.h. **durch den Arbeitgeber festgelegt** werden (vgl. Brose/Weth/Volk-Volk, 9. Auflage, § 6 MuSchG Rn. 20; zu § 8 MuSchG a.F.: BAG vom 12.12.1990, 5 AZR 16/90, EzA § 8 MuSchG Nr. 2; zum MuSchG a.F.: Schliemann, ArbZG, 3. Auflage, § 8 MuSchG Rn. 23).

26 Der Ersatzruhetag ist, ebenso wie der mutterschutzunabhängig nach § 11 Absatz 3 Satz 2 ArbZG zu gewährende Ersatzruhetag, grundsätzlich in Gestalt eines freien Werktages zu gewähren, an welchem die Frau von 0 Uhr bis 24 Uhr keine Arbeitsleistung erbringt. Ein hiervon abweichender 24-Stunden-Zeitraum genügt nicht (vgl. zu § 11 ArbZG: BAG vom 08.12.2021, 10 AZR 641/19, WKRS 2021, 61925). Mutterschutzrechtlich zu beachten ist zudem, dass sich der Ersatzruhetag zwar nicht unmittelbar an die Sonn- oder Feiertagsarbeit, nach dem Wortlaut des Gesetzes aber **an eine ununterbrochene Nachtruhezeit von mindestens elf Stunden anschließen muss.** § 6 Absatz 1 fordert den Anschluss des Ersatzruhetages an eine ununterbrochene Nachtruhezeit von **mindestens elf Stunden**, eine branchenabhängige Möglichkeit der Verkürzung der Ruhezeit, wie sie § 5 Absatz 2 ArbZG beinhaltet, sieht die mutterschutzrechtliche Regelung nicht vor (vgl. BT-Drucks. 18/8963 S. 61). Die Ruhezeit muss auch **ununterbrochen** sein, die allgemeine arbeitszeitrechtliche Möglichkeit des § 5 Absatz 3 ArbZG, in bestimmten Einsatzbereichen begrenzte Kürzungen der Ruhezeit durch Inanspruchnahme während der Rufbereitschaft in anderen Zeiten auszugleichen, findet im Mutterschutz keine Anwendung (vgl. BT-Drucks. 18/8963 S. 61). An diese ununterbrochene Nachtruhezeit von mindestens elf Stunden muss sich sodann der Ersatzruhetag **anschließen**, Die Anforderungen an den Ersatzruhetag verbundenen mit dem mutterschutzrechtlich gebotenen Anschluss an die ununterbrochene Nachtruhezeit von 11 Stunden ist mit der Gewährung einer ununterbrochenen Ruhezeit von 35 Stunden gewährleistet, sofern jedenfalls ein ganzer Werktag von 0 Uhr bis 24 Uhr arbeitsfrei ist. Mit dieser Freistellung ist zugleich der Ersatzruhetag nach § 11 Absatz 3 ArbZG gewährt (vgl. Schliemann, ArbZG, 4. Auflage, § 6 MuSchG Rn. 13; ebenfalls eine Gesamtruhezeit von 35 Stunden fordernd: Brose/Weth/Volk, 9. Auflage, § 6 MuSchG Rn. 21; Tillmanns/Mutschler-Just, 3. Auflage, § 6 MuSchG Rn. 15). Auch der Entscheidung des Bundesarbeitsgerichts vom 08.12.2021 (BAG vom 08.12.2021, 10 AZR 641/19, WKRS 2021, 61925) zum Ersatzruhetag nach § 11 Absatz 3 ArbZG an einem Werktag von 0 Uhr bis 24 Uhr ist nicht die Forderung zu entnehmen, in Verbindung mit § 11 Absatz 4 ArbZG eine darüber hinausgehende Ruhezeit zu gewähren. Für den Begriff der **Ruhezeit** kann auf den arbeitszeitrechtlichen Begriff zurückgegriffen werden, nach welchem unter Ruhezeit der Zeitraum zwischen dem Ende der täglichen

Arbeitszeit und dem Beginn der nächsten täglichen Arbeitszeit, in der Regel – Besonderheiten können bei Arbeitnehmern ohne festen Arbeitsort zu berücksichtigen sein, wenn beispielsweise die Fahrt zum ersten Kunden bereits als Arbeitszeit zu werten ist (vgl. Schaub-Linck, 17. Auflage, § 156 Rn. 16) – auch einschließlich der Wegezeit des Arbeitnehmers für den Weg von der Wohnung zur Arbeitsstätte und zurück, verstanden wird, in welchem der Arbeitnehmer nicht zur Arbeitsleistung herangezogen wird (vgl. Schliemann, ArbZG, 4. Auflage, § 5 ArbZG Rn. 4 ff.; Schaub-Vogelsang, 17. Auflage, § 158 Rn. 3). Rufbereitschaft hindert die Annahme von Ruhezeit nicht, im Fall von Arbeitsbereitschaft oder Bereitschaftsdienst ist hingegen keine Ruhezeit gegeben (Schliemann, ArbZG, 4. Auflage, § 5 ArbZG Rn. 8 f.; Schaub-Vogelsang, 17. Auflage, § 158 Rn. 3). Sowohl im Fall der Arbeitsbereitschaft als auch im Fall des Bereitschaftsdienstes muss sich der Arbeitnehmer an einem durch den Arbeitgeber vorgegebenen Ort inner- oder außerhalb des Betriebes aufhalten, um im Bedarfsfall die Arbeit aufzunehmen, wobei er bei der Arbeitsbereitschaft die Arbeit von sich aus, beim Bereitschaftsdienst auf Anforderung aufnehmen muss. Rufbereitschaft unterscheidet sich hiervon dadurch, dass der Arbeitnehmer unter freier Wahl seines Aufenthaltsortes lediglich erreichbar sein muss, um die Arbeit auf Abruf des Arbeitgebers alsbald aufnehmen zu können (vgl. BAG vom 25.03.2021, 6 AZR 264/20, WKRS 2021, 26978; BAG vom 19.11.2014, 5 AZR 1101/12, EzA § 611 BGB 2002 Arbeitsbereitschaft Nr. 5; zur Wertung auch einer Rufbereitschaft als Arbeitszeit, wenn der Arbeitnehmer nach Vorgabe des Arbeitgebers innerhalb weniger Minuten am Einsatzort erscheinen muss: BAG vom 25.03.2021, 6 AZR 264/20, WKRS 2021, 26978; EuGH vom 21.2.2018, C-518/15, WKRS 2018, 26656; zur Unterscheidung von Bereitschaftsdienst und Arbeitsbereitschaft bei Wertung beider als arbeitszeitrechtliche Arbeitszeit: AR-Krauss, 10. Auflage, § 2 ArbZG Rn. 7 f.; zur nicht als Arbeitszeit gewerteten Rufbereitschaft: AR-Krauss, 10. Auflage, § 2 ArbZG Rn. 11). Einer mit möglicher Nachtarbeit verbundenen Rufbereitschaft der schwangeren oder stillenden Frau steht jedoch ohnehin bereits das Nachtarbeitsverbot des § 5, zwischen 22 Uhr und 6 Uhr auch unabhängig von einer behördlichen Genehmigung nach § 28, entgegen.

Ebenso wie der mutterschutzunabhängig nach § 11 Absatz 3 ArbZG zu gewährende 27
Ersatzruhetag führt auch der Ersatzruhetag unter Berücksichtigung der strengeren mutterschutzrechtlichen Vorgaben des § 6 Absatz 1 nicht grundsätzlich zu einer bezahlten Freistellung. Er kann vielmehr, sofern dies unter Beachtung der weiteren mutterschutzrechtlichen Arbeitszeitvorgaben möglich ist, auch an einem Werktag, der ohnehin arbeitsfrei wäre, gewährt werden, ein Anspruch auf eine bezahlte Freistellung an einem Beschäftigungstag besteht dann nicht (vgl. zu § 11 ArbZG: BAG vom 15.1.2013, 9 AZR 430/11, JurionRS 2013, 33736; LAG Berlin-Brandenburg vom 20.8.2020, 21 Sa 1792/19, WKRS 2020, 38085; Schaub-Vogelsang, 17. Auflage, § 159 Rn. 38; Schliemann, ArbZG, 4. Auflage, § 11 ArbZG Rn. 17). § 11 Absatz 3 ArbZG sieht als Ausgleich für Sonn- und Feiertagsarbeit lediglich Ersatzruhetage, aber keine über die allgemeine Vergütungspflicht für geleistete Arbeit hinausgehende Zahlungsverpflichtung vor (vgl. BAG vom 24.5.2017, 5 AZR 431/16, EzA § 1 MiLoG Nr. 5). Anlass zu einer abweichenden Beurteilung für den unter den strengeren mutterschutzrechtlichen Vorgaben zu gewährenden Ersatzruhetag besteht nicht.

d) Ausschluss von Alleinarbeit

28 § 6 Absatz 1 Satz 2 Nr. 4 verlangt für die Zulässigkeit der Beschäftigung an Sonn- und Feiertagen schließlich den Ausschluss einer unverantwortbaren Gefährdung für die schwangere Frau oder ihr Kind insbesondere durch Alleinarbeit. § 6 Absatz 1 Satz 2 Nr. 4 betrifft damit **lediglich den Zeitraum der Schwangerschaft**, nicht aber den der Stillzeit. Der Arbeitgeber muss nicht nur eine unverantwortbare Gefährdung durch Alleinarbeit als Regelbeispiel ausschließen, sondern jede unverantwortbare Gefährdung (vgl. Brose/Weth/Volk-Weth, 9. Auflage, § 6 MuSchG Rn. 23). Dies folgt schon aus § 9 Absatz 2. Für die Beschäftigung an Sonn- und Feiertagen wird die unverantwortbare Gefährdung durch Alleinarbeit nochmals gesondert betont.

29 Den **Begriff der Alleinarbeit** definiert das MuSchG in § 2 Absatz 4. Alleinarbeit im Sinne des MuSchG liegt danach vor, wenn der Arbeitgeber eine Frau an einem Arbeitsplatz in seinem räumlichen Verantwortungsbereich beschäftigt, ohne dass gewährleistet ist, dass sie jederzeit den Arbeitsplatz verlassen oder Hilfe erreichen kann (vgl. hierzu § 2 Rdn. 18).

30 Die Beschäftigung der schwangeren Frau an Sonn- und Feiertagen setzt im Ergebnis voraus, dass **Alleinarbeit ausgeschlossen** ist. Der Wortlaut des § 6 Absatz 1 Satz 2 Nr. 4 verlangt zwar lediglich den Ausschluss einer unverantwortbaren Gefährdung durch Alleinarbeit. Die Regelung ist jedoch nicht so zu verstehen, dass jeweils einzelfallbezogen zu prüfen ist, ob es durch Alleinarbeit zu einer auszuschließenden unverantwortbaren Gefährdung kommt, sondern dahin gehend, dass dies bei Alleinarbeit im Sinne des § 2 Absatz 4 grundsätzlich angenommen wird. Im Gesetzentwurf der Bundesregierung lautete die Regelung des – in der Nummerierung des Entwurfs noch – § 5 Absatz 1 Satz 2 Nr. 4: »Alleinarbeit für die schwangere Frau ausgeschlossen ist.« (BT-Drucks. 18/8963 S. 12). Die nunmehr hiervon abweichende Formulierung beruht auf der Beschlussempfehlung des Ausschusses für Familie, Senioren, Frauen und Jugend vom 29.3.2017, auf deren Grundlage auch die Definition der Alleinarbeit in § 2 Absatz 4 in das MuSchG aufgenommen wurde. Mit der diese Aufnahme der Begriffsbestimmung berücksichtigenden Folgeänderung für das Verbot der Sonn- und Feiertagsarbeit soll klargestellt werden, dass der Arbeitgeber die schwangere Frau an Sonn- und Feiertagen, an welchen häufig mit vermindertem Personalschlüssel gearbeitet wird, nur beschäftigen darf, wenn insbesondere eine unverantwortbare Gefährdung durch Alleinarbeit ausgeschlossen ist. Eine solche unverantwortbare Gefährdung nimmt der Ausschuss an, wenn Konfliktsituationen dadurch zu befürchten sind, dass der Arbeitsplatz ständig besetzt sein muss, ohne dass jederzeit eine Ersatzkraft zur Verfügung steht oder der Frau in schwangerschaftsbedingten Notsituationen jederzeit und in angemessener Weise Hilfe zur Verfügung steht (vgl. BT-Drucks. 18/11782 S. 33), also Alleinarbeit im Sinne der Begriffsbestimmung des § 2 Absatz 4 vorliegt. Unter Berücksichtigung der Umstände des Einzelfalls zu prüfen ist jedoch die Frage, ob mutterschutzrechtlich unzulässige Alleinarbeit im Sinne des § 2 Absatz 4 vorliegt (vgl. BT-Drucks. 18/11782 S. 33).

7. Verbot des Tätigwerdens in der (hoch-)schulischen Ausbildung, § 6 Absatz 2 Satz 1

Nach § 6 Absatz 2 Satz 1 darf die Ausbildungsstelle eine schwangere oder stillende Frau im Sinne von § 1 Absatz 2 Satz 2 Nr. 8 nicht an Sonn- und Feiertagen im Rahmen der schulischen oder hochschulischen Ausbildung tätig werden lassen. Die Regelung betrifft das Tätigwerden von Schülerinnen und Studentinnen, die seit der Reform des Mutterschutzrechts durch das Gesetz zur Neuregelung des Mutterschutzrechts vom 23. Mai 2017 (BGBl. I S. 1228) nach **§ 1 Absatz 2 Satz 2 Nr. 8** vom Geltungsbereich des MuSchG erfasst sind. Hiernach sind Schülerinnen und Studentinnen vom Anwendungsbereich des MuSchG nur erfasst, soweit die Ausbildungsstelle **Ort, Zeit und Ablauf der Ausbildungsveranstaltung verpflichtend vorgibt, oder** sie ein im Rahmen der schulischen oder hochschulischen Ausbildung **verpflichtend vorgegebenes Praktikum** ableisten (vgl. hierzu § 1 Rdn. 50 ff.). Einem Tätigwerden der Schülerin oder Studentin, das sie frei bestimmen kann, beispielsweise Bibliotheksbesuchen oder der Teilnahme an freien Vorlesungsangeboten, steht das Verbot des § 6 Absatz 1 Satz 1 damit nicht entgegen. 31

Ist der persönliche Anwendungsbereich nach § 1 Absatz 2 Satz 2 Nr. 8 eröffnet, so besteht ein generelles und totales **Beschäftigungsverbot**, d.h. die Ausbildungsstelle darf die schwangere oder stillende Schülerin oder Studentin im Rahmen der schulischen oder hochschulischen Ausbildung **unabhängig von konkreten Gefährdungen** nicht tätig werden lassen. Das Beschäftigungsverbot umfasst nach § 2 Absatz 2 **jede Form der Betätigung** der Schülerin oder Studentin im Rahmen des erweiterten Anwendungsbereichs des § 1 Absatz 2 Satz 2 Nr. 8 und gilt an den betreffenden Tagen von 0 bis 24 Uhr. Als generelles mutterschutzrechtliches Beschäftigungsverbot gilt es **unmittelbar kraft Gesetzes** (vgl. zu § 4 MuSchG a.F.: BAG vom 9.8.2016, 9 AZR 575/15, EzA § 17 MuSchG Nr. 1) und ist, soweit seine Voraussetzungen vorliegen, mit der Kenntnis der Ausbildungsstelle von der Schwangerschaft bzw. dem Stillen sofort zu beachten. 32

Für Schülerinnen und Studentinnen gilt das MuSchG nach § 1 Absatz 2 Satz 2 Nr. 8 mit der Maßgabe, dass die §§ 17 bis 24 nicht anzuwenden sind, sodass entsprechend der auch mutterschutzunabhängig nicht dem Verhältnis beispielsweise zwischen einer Arbeitnehmerin und ihrem Arbeitgeber vergleichbaren Gestaltung in der schulischen oder hochschulischen Ausbildung ein Anspruch auf Mutterschutzlohn nach § 18 gegen die Ausbildungsstelle nicht in Betracht kommt. 33

8. Ausnahme nach § 6 Absatz 2 Satz 2

§ 6 Absatz 2 Satz 2 enthält eine Ausnahme vom grundsätzlichen Verbot des Tätigwerdens an Sonn- und Feiertagen nach Satz 1. Die Ausbildungsstelle darf die schwangere oder stillende Schülerin oder Studentin im Rahmen der schulischen oder hochschulischen Ausbildung nur tätig werden lassen, wenn alle Voraussetzungen des § 6 Absatz 2 Satz 2 erfüllt sind, d.h. wenn die Frau sich ausdrücklich dazu bereit erklärt hat (§ 6 Absatz 2 Satz 2 Nr. 1, Rdn. 35), die Teilnahme zu Ausbildungszwecken in dieser Zeit erforderlich ist (§ 6 Absatz 2 Satz 2 Nr. 2, Rdn. 36), der nach § 6 Absatz 2 Satz 2 Nr. 3 geforderte Ersatzruhetag gewährt wird (Rdn. 37) und eine unverant- 34 wortbare Gefährdung der schwangeren Frau oder ihres Kindes durch Alleinarbeit ausgeschlossen ist (§ 6 Absatz 2 Satz 2 Nr. 4, Rdn. 38).

a) Bereiterklärung der Frau

35 § 6 Absatz 2 Satz 2 Nr. 1 verlangt zur ausnahmsweisen Ermöglichung des Tätigwerdens der schwangeren oder stillenden Schülerin oder Studentin zunächst, dass sich diese **ausdrücklich** dazu bereit erklärt (vgl. hierzu Rdn. 17). Die **Bereiterklärung einer Minderjährigen** bedarf der Einwilligung ihres gesetzlichen Vertreters. § 113 Absatz 1 BGB betrifft bereits nur Dienst- oder Arbeitsverhältnisse (vgl. zur auch im Fall eines Dienst- oder Arbeitsverhältnisses nicht bestehenden unbeschränkten Geschäftsfähigkeit für die Bereiterklärung zur Arbeitsleistung Rdn. 18, zum Verlangen des Tätigwerdens in der Schutzfrist nach der Entbindung § 3 Rdn. 89). Nach § 6 Absatz 2 Satz 3 kann die Frau ihre Bereiterklärung **jederzeit** mit Wirkung für die Zukunft **widerrufen** (vgl. Rdn. 19, zur Wirkung ausschließlich für die Zukunft auch in Prüfungssituationen vgl. § 3 Rdn. 91).

b) Erforderlichkeit der Teilnahme zu dieser Zeit

36 Mangels Anwendbarkeit des ArbZG auf Schülerinnen oder Studentinnen kann auf die Zulässigkeit der Tätigkeit nach § 10 ArbZG, wie es in § 6 Absatz 1 vorgesehen ist, nicht abgestellt werden (vgl. Schliemann, ArbZG, 4. Auflage, § 6 MuSchG Rn. 15). § 6 Absatz 2 Satz 2 Nr. 1 setzt deshalb für das Tätigwerden der schwangeren oder stillenden Schülerin oder Studentin an Sonn- oder Feiertagen voraus, dass die Teilnahme an der Ausbildungsveranstaltung zu dieser Zeit, d.h. an Sonn- oder Feiertagen, **zu Ausbildungszwecken erforderlich** ist (vgl. BT-Drucks. 18/8963 S. 62). Kann der Ausbildungszweck demnach auch durch eine Teilnahme zu anderen Zeiten erreicht werden, darf die Ausbildungsstelle die schwangere oder stillende Schülerin oder Studentin an einem Sonn- oder Feiertag nicht tätig werden lassen. Als Maßstab kann nachvollziehbar die Frage angelegt werden, ob die Schülerin oder Studentin eine verpflichtende Veranstaltung nachholen kann, ohne ein Schuljahr oder Semester zu verlieren (vgl. Brose/Weth/Volk-Weth, 9. Auflage, § 6 MuSchG Rn. 24; Tillmanns/Mutschler-Just, 3. Auflage, § 6 MuSchG Rn. 22).

c) Ersatzruhetag

37 Die Ausbildungsstelle darf die schwangere oder stillende Schülerin oder Studentin nach § 6 Absatz 2 Satz 2 Nr. 3 nur dann im Rahmen der schulischen oder hochschulischen Ausbildung an Sonn- oder Feiertagen tätig werden lassen, wenn ihr in jeder Woche **im Anschluss an eine ununterbrochene Nachtruhezeit von mindestens elf Stunden ein Ersatzruhetag** gewährt wird. Die Regelung entspricht der Vorgabe des § 6 Absatz 1 Satz 2 Nr. 3 für die Beschäftigung von Frauen an Sonn- und Feiertagen (vgl. Rdn. 24–26). Im Zusammenhang mit dem Tätigwerden von Schülerinnen und Studentinnen ist hierbei jedoch zu beachten, dass das MuSchG für diese nur gilt, soweit die Ausbildungsstelle Ort, Zeit und Ablauf der Ausbildungsveranstaltung verpflichtend vorgibt, oder sie ein im Rahmen der schulischen oder hoch-

schulischen Ausbildung verpflichtend vorgegebenes Praktikum ableisten. Nur Zeiten eines Tätigwerdens in diesem Anwendungsbereich werden demnach nicht als Ruhezeiten zu betrachten sein, Zeiten beispielsweise einer freiwilligen Teilnahme an einer Vorlesung oder das zeitlich frei bestimmbare Eigenstudium in der Bibliothek hingegen dem Vorliegen genügender durch die Ausbildungsstelle gewährter Ruhezeit in diesem Sinne nicht entgegenstehen.

d) Ausschluss von Alleinarbeit

§ 6 Absatz 2 Satz 2 Nr. 4 verlangt für die Zulässigkeit des Tätigwerdens an Sonn- 38
und Feiertagen schließlich den Ausschluss einer unverantwortbaren Gefährdung für die schwangere Frau oder ihr Kind durch Alleinarbeit. § 6 Absatz 2 Satz 2 Nr. 4 betrifft damit **lediglich den Zeitraum der Schwangerschaft**, nicht aber der Stillzeit. Den **Begriff der Alleinarbeit** definiert das MuSchG in § 2 Absatz 4. Alleinarbeit im Sinne des MuSchG liegt danach vor, wenn der Arbeitgeber eine Frau an einem Arbeitsplatz in seinem räumlichen Verantwortungsbereich beschäftigt, ohne dass gewährleistet ist, dass sie jederzeit den Arbeitsplatz verlassen oder Hilfe erreichen kann (vgl. hierzu § 2 Rdn. 18). Die Regelung entspricht der Vorgabe des § 6 Absatz 1 Satz 2 Nr. 4 für die Beschäftigung von Frauen an Sonn- und Feiertagen (vgl. Rdn. 28–30), Besonderheiten für das Tätigwerden schwangerer Schülerinnen oder Studentinnen im Anwendungsbereich des § 1 Absatz 2 Satz 2 Nr. 8 sind nicht ersichtlich.

§ 7 MuSchG Freistellung für Untersuchungen und zum Stillen

(1) [1]Der Arbeitgeber hat eine Frau für die Zeit freizustellen, die zur Durchführung der Untersuchungen im Rahmen der Leistungen der gesetzlichen Krankenversicherung bei Schwangerschaft und Mutterschaft erforderlich sind. [2]Entsprechendes gilt zugunsten einer Frau, die nicht in der gesetzlichen Krankenversicherung versichert ist.

(2) [1]Der Arbeitgeber hat eine stillende Frau auf ihr Verlangen während der ersten zwölf Monate nach der Entbindung für die zum Stillen erforderliche Zeit freizustellen, mindestens aber zweimal täglich für eine halbe Stunde oder einmal täglich für eine Stunde. [2]Bei einer zusammenhängenden Arbeitszeit von mehr als acht Stunden soll auf Verlangen der Frau zweimal eine Stillzeit von mindestens 45 Minuten oder, wenn in der Nähe der Arbeitsstätte keine Stillgelegenheit vorhanden ist, einmal eine Stillzeit von mindestens 90 Minuten gewährt werden. [3]Die Arbeitszeit gilt als zusammenhängend, wenn sie nicht durch eine Ruhepause von mehr als zwei Stunden unterbrochen wird.

Übersicht Rdn.

1. Gesetzgebungsgeschichte

1 Die Vorschrift erhielt ihre jetzige Fassung durch das Gesetz v. 23.5.2017 (BGBl. I 1228). Sie übernimmt im Wesentlichen § 16 MuSchG sowie § 7 jeweils i.d.F. vom 20.6.2002 (BGBl. I 2318). Letztere Bestimmungen wurden bereits mit Wirkung vom 1.1.1966 neu in das Gesetz durch das Haushaltssicherungsgesetz vom 20.12.1965 (BGBl. I S. 2065) aufgenommen. Den **Anspruch** auf Freizeitgewährung hatten bis 31.12.1996 nur die Frauen, die Anspruch auf die Leistungen des § 196 RVO haben. Das sind diejenigen, die der Krankenversicherung aufgrund einer Pflichtversicherung oder einer freiwilligen Versicherung angehören, wobei es auf die Zurücklegung von Wartezeiten nicht ankommt. Durch das Gesetz zur Änderung des Mutterschutzgesetzes vom 20.12.1996 (BGBl. I S. 2110) ist infolge von Art. 9 der Richtlinie 92/85 vom 19.10.1992 (Anhang 36), Satz 2 eingefügt worden.

2 Durch das Zweite Gesetz zur Änderung des Mutterschutzrechts vom 16. Juni 2002 (BGBl. I S. 1812) wurde der Begriff »Freizeit« in § 16 a.F. durch das Wort »Freistellung« ersetzt, weil das die sachgerechtere Bezeichnung sei (s. Begründung in BR-Drucks. 1071/01 S. 14).

3 Der Gesetzgeber hat ferner bereits mit dem Mutterschutzgesetz 1972 einen Anspruch auf Gewährung von Stillzeiten während der Arbeitszeit eingeführt, der auch für die **Heimarbeit** übernommen wurde. Die bisherige Fassung des § 7 beruhte auf dem ÄndG 65 und galt seit 1.1.1966. Die Vorschrift soll das Stillen während der Arbeitszeit ermöglichen und damit dazu beitragen, dass auch die erwerbstätige Mutter möglichst ihr Kind stillt. Damit entspricht die Regelung Art. 3 Buchst. d des Washingtoner Übereinkommens Nr. 3 der Internationalen Arbeitsorganisation v. 29.10.1919.

2. Abs. 1

a) Allgemeines

Die Regelung übernimmt den Regelungsgehalt des bisherigen § 16 Satz 1 und 2 MuSchG a.F. und ist redaktionell angepasst. Der Regelungsgehalt des § 16 Satz 3 MuSchG a.F. zum Entgelt während der Freistellung findet sich nunmehr in § 23. Die Zeit der Freistellung umfasst nicht nur die Zeit für die Untersuchungen, sondern z.B. auch Wegezeiten der Frau. In den Anwendungsbereich des Absatz 1 sind auch die Frauen nach der Entbindung einbezogen, die nach der Geburt nicht stillen. Die Freistellung umfasst alle Untersuchungen, ärztliche Betreuung und Hebammenhilfe, auf die die Frau nach § 24d SGB V während der Schwangerschaft, bei und nach der Entbindung Anspruch hat (Drucksache 230/16, S. 68). 4

b) Art des Anspruchs

Es handelt sich um eine **öffentlich-rechtliche Pflicht des Arbeitgebers**, die gemäß § 29 Nr. 4, § 30 strafbewehrt ist sowie der behördlichen Aufsicht gemäß § 26 unterliegt. Zugleich kommt der Norm auch privatrechtsgestaltende Wirkung zu, weil durch sie der Umfang der arbeitgeberseitigen Fürsorgepflicht gegenüber der schwangeren Arbeitnehmerin näher bestimmt wird. Der Arbeitgeber ist danach auch arbeitsvertraglich zur Freistellung werdender Mütter zwecks Durchführung entsprechender Untersuchungen verpflichtet (s. zur Unterscheidung von »**Sonderurlaub**« und »**bezahlter Arbeitsfreistellung**« Richter/Gamisch, Bezahlt oder unbezahlt – Die Arbeitsfreistellung aus persönlichen Gründen, DÖD 2012, 101–103). 5

c) Anspruchsberechtigter Personenkreis

Der Freistellungsanspruch gem. § 7 Abs. 1 Satz 1 besteht ausschließlich zugunsten von Arbeitnehmerinnen, die in der **gesetzlichen Krankenversicherung** versichert sind. Hierzu zählen die in der gesetzlichen Krankenversicherungen nach den §§ 5 ff. SGB V gesetzlich pflichtversicherten Personen sowie die gemäß § 9 SGB V freiwillig Versicherten sowie die im Rahmen der Familienversicherung gemäß § 10 SGB V Versicherten. Durch § 7 Abs. 1 S. 2 wird sichergestellt, dass allen schwangeren Arbeitnehmerinnen am Arbeitsplatz unabhängig vom Bestehen einer Versicherung in der gesetzlichen Krankenversicherung ein Freistellungsanspruch von der Arbeit für Vorsorgeuntersuchungen während der Schwangerschaft ohne Lohn oder Gehaltseinbußen zusteht. Die Einfügung von **S. 2** in § 16 a.F. durch das Gesetz zur Änderung des Mutterschutzrechts vom 20.12.1996 (BGBl. I S. 2110 ff.) erfolgte in Umsetzung der Richtlinie 92/85/EWG vom 19.10.1992, wo **generell** ein **Freistellungsanspruch** für Vorsorgeuntersuchungen **ohne Gehaltseinbuße** vorgesehen ist. Die in Satz 2 genannten nicht gesetzlich krankenversicherten Frauen haben Anspruch auch auf sonstige notwendige Untersuchungen, wie sie für Frauen in der gesetzlichen Krankenversicherung in Betracht kommen (»Entsprechendes gilt ...«). 6

d) Anspruchsvoraussetzungen

7 Voraussetzung für den Freistellungsanspruch ist die **Unterrichtung des Arbeitgebers** vom Bestehen einer Schwangerschaft durch die Arbeitnehmerin (s. § 15). Die Schwangerschaft muss noch nicht feststehen, sondern es reicht aus, dass die Arbeitnehmerin eine Freistellung zu Untersuchungen zwecks Feststellung einer vermuteten Schwangerschaft begehrt. Dies ergab sich nach früherem Recht aus dem Wortlaut des inzwischen gegenstandslosen § 196 Abs. 1 RVO (Buchner/Becker, 8. Aufl., § 16 a.F. Rn. 7).

8 Zur Freistellung berechtigt ist der Arbeitgeber, bei Heimarbeiterinnen der Auftraggeber oder aber der Zwischenmeister. Die Legaldefinition der Begriffe »Hausgewerbetreibende« und »Zwischenmeister« findet sich in § 12 Abs. 1 und Abs. 4 SGB IV. **Hausgewerbetreibende** sind selbstständig Tätige, die in einer Arbeitsstätte im Auftrag und für Rechnung von gewerbetreibenden, gemeinnützigen Unternehmen oder öffentlich-rechtlichen Körperschaften gewerblich arbeiten, auch wenn sie Roh- oder Hilfsstoffe selbst beschaffen oder vorübergehend für eigene Rechnung tätig sind. **Zwischenmeister** ist, wer – ohne Arbeitnehmer zu sein – die ihm übertragene Arbeit an Hausgewerbetreibende oder Heimarbeiter weitergibt.

9 Die Freistellung erfolgt durch eine **gestaltende Erklärung** des Arbeitgebers, mit welcher dieser zugleich den Zeitpunkt der Freistellung im Rahmen seines arbeitsvertraglichen Konkretisierungsrechts bestimmt. Die Freistellungspflicht gibt der betroffenen Frau kein Recht auf Selbstbestimmung des Freistellungszeitraums, vielmehr muss sie zuvor die Zustimmung des Arbeitgebers einholen (Buchner/Becker, 8. Aufl. Rn. 9 zu § 16 a.F.). Ein mit dem Arzt vereinbarter Termin ist daher frühzeitig dem Arbeitgeber mitzuteilen, damit dieser die für den Betriebsablauf erforderlichen organisatorischen Maßnahmen treffen kann (Zmarlzik/Zipperer 9. Aufl., § 16 Rn. 2 zu § 16 a.F.). Somit trifft zwar die Arbeitnehmerin aus dem Arbeitsverhältnis eine Pflicht, auf die betrieblichen Belange bei der Terminvereinbarung Rücksicht zu nehmen, jedoch kann umgekehrt nicht der Arbeitgeber von ihr verlangen, dass sie die Arztwahl im Hinblick auf die Länge der Arbeitsunterbrechung einschränkt (Weth in Brose/Weth/Volk, 10. Aufl. 2024, MuSchG § 7 Rn. 4). Des Weiteren ist dem Arbeitgeber grundsätzlich zuzumuten, einen vom Arzt festgesetzten Termin zu akzeptieren, soweit nicht **dringende betriebliche Belange** entgegenstehen, die einen Aufschub der ärztlichen Untersuchungen für die Arbeitnehmerin als zumutbar erscheinen lassen (s. Buchner/Becker, 8. Aufl., § 7 a.F. Rn. 12).

e) Inhalt des Anspruchs

10 Seinem Inhalt nach geht der Anspruch auf **Freistellung** von der Arbeitsleistung unter **Fortzahlung des Entgelts**, wobei Letzteres mittlerweile in § 23 geregelt ist (zuvor in § 16 S. 3 MuSchG a.F.). Über den zeitlichen Abstand und den Umfang der Untersuchungen gibt die Richtlinie des Gemeinsamen Bundesausschusses über die ärztliche Betreuung während der Schwangerschaft und nach der Geburt (Mutterschafts-Richtlinie/Mu-RL) idF vom 21.9.2023 (BAnz AT 14.12.2023 B6), zuletzt geändert am 28. September 2023 Auskunft (vgl. Anhang Nr. 7). Da die Gewährung der Freizeit nur insoweit in Betracht kommt, wie sie **erforderlich** ist, muss die Frau – auch

aus ihrer Pflicht zur Rücksichtnahme auf die Arbeitgeberbelange heraus – den Untersuchungstermin mit dem Arzt möglichst außerhalb der Arbeitszeit vereinbaren (Buchner/Becker, 8. Aufl., § 16 a.F. Rn. 13). **Gleitzeit** muss aber nicht in Anspruch genommen werden, weil dies die Betroffene von der Wahrnehmung erforderlicher Untersuchungen abhalten könnte (Pepping in Hk-MuSchG, § 16 MuSchG a.F. Rn. 5; s. zum Verhältnis zu Gleitzeitregelungen unten Rn. 28).

Des Weiteren besteht der Freistellungsanspruch nur für die **zeitliche Dauer der erforderlichen Untersuchung**, wozu zum einen die ärztlichen Untersuchungen selbst, sowie **Anfahrt und Rückweg** zählen (BT-Drs. 18/8963, S. 62; Zmarlzik/Zipperer 9. Aufl., zu § 16 a.F. Rn. 2). Hinzu kommt eine individuell u.U. erforderliche **Vorbereitungszeit**, damit die Arbeitnehmerin sich auf die körperlichen Untersuchungen einrichten kann wie die Zeiten für erforderliches Waschen bzw. Umkleiden im Rahmen von Tätigkeiten, die mit Schmutz bzw. Schmutzkleidung verbunden sind (Brose/Weth/Volk, 10. Aufl. 2024, MuSchG § 7 Rn. 3). Für die Erforderlichkeit trägt die Arbeitnehmerin die **Beweislast.** 11

Die **Anzahl der ärztlichen Untersuchungen** ist nicht normativ bestimmt; ausschlaggebend sind die Umstände des Einzelfalls. Es gehört gemäß § 24d SGB V hierzu die Untersuchung zur Feststellung der Schwangerschaft. Des Weiteren soll die Schwangere gemäß den Mutterschaftsrichtlinien des Bundesausschusses der Ärzte und Krankenkassen in ausreichendem Maß ärztlich untersucht und beraten werden (zuletzt geändert 28.09.2023 BAnz AT 18.12.2023 B2). Die **Erstuntersuchung** soll nach Feststellung der Schwangerschaft möglichst frühzeitig erfolgen und **weitere Untersuchungen** sollen im allgemeinen Abstand von vier Wochen stattfinden, in den letzten beiden Schwangerschaftsmonaten sind im Allgemeinen zwei Untersuchungen angezeigt (Abs. A Mutterschafts-Richtlinien 2. bzw. 4.). Häufigere Untersuchungen sind im Fall von Risikoschwangerschaften vorgesehen (Abs. B Mutterschafts-Richtlinien). Weitere Untersuchungen folgen innerhalb der ersten Wochen nach der Entbindung sowie nach sechs Wochen (Abs. F. Mutterschafts-Richtlinien). In diesem Zusammenhang wird der Rechtscharakter der Mutterschafts-Richtlinien bedeutsam, die nur im Sinne von Leistungsansprüchen gegen die Krankenkassen Verbindlichkeit entfalten und auch hier nur in Form von Richtlinien jedoch im Arbeitsverhältnis nicht unmittelbar verbindlich sind (Weth in Brose/Weth/Volk, 9. Aufl. 2020, MuSchG § 7 Rn. 3; Ärztliche Untersuchungen, die hinsichtlich ihrer Häufigkeit den jeweils maßgeblichen Richtlinien des Bundesausschusses der Ärzte und der Krankenkassen entsprechen, sind auch als erforderlich anzusehen. Dies spricht darüber hinaus nicht dagegen, im Einzelfall, sofern dies durch den Arzt als notwendig angesehen wird, im engeren zeitlichen Abstand Untersuchungen vorzunehmen [Buchner/Becker, 8. Aufl., § 16 a.F. Rn. 20]. Wird durch die Untersuchung zur Feststellung der Schwangerschaft festgestellt, das seine solche nicht besteht, entfällt der Freistellungsanspruch nicht rückwirkend (Weth in Brose/Weth/Volk, 9. Aufl. 2020, MuSchG § 7 Rn. 2;/Pepping in HK-MuSchG § 7 Rn. 7) 12

13 Vom Freistellungsanspruch sind **krankheitsbedingte Untersuchungen** nicht umfasst (Weth in Brose/Weth/Volk, 9. Aufl. 2020, MuSchG § 7 Rn. 2; Pepping in HK-MuSchG § 7 Rn. 6).

f) Keine Anrechnung auf Arbeitszeit

14 Sinn und Zweck von § 7 verbieten es, als Konsequenz der Freistellungen die hierfür benötigte Zeit auf die Arbeitszeit anzurechnen. Die Arbeitnehmerin ist demgemäß nicht zur **Nach- oder Vorarbeit** verpflichtet, obwohl der Wortlaut des Gesetzes hierzu schweigt. Eine solche Anrechnung würde die Gefahr in sich bergen, dass die Arbeitnehmerin von der Möglichkeit, sich regelmäßig ärztlich untersuchen zu lassen, nur eingeschränkt Gebrauch macht, was dem Schutzzweck des Mutterschutzrechts entgegenstünde (so bereits Buchner/Becker, 8. Aufl., § 16 a.F. Rn. 22 m.w.N.; Schlachter in ErfK, 24. Aufl. 2024, MuSchG § 7 Rn. 2). Ebenso wenig kann die Freistellungszeit auf den Anspruch auf Erholungsurlaub der Arbeitnehmerin angerechnet werden (Meisel/Sowka, § 16 a.F. Rn. 10).

g) Entgeltfortzahlung

15 § 16 Satz 3 MuSchG a.F. enthielt eine nicht disponible Regelung darüber, dass durch die Freistellung für mutterschaftsbedingte Untersuchungen die Arbeitnehmerin einen Anspruch auf Entgeltfortzahlung hat. Dieser ist nunmehr in § 23 geregelt.

3. Abs. 2

a) Allgemeines

16 Abs. 2 Satz 1 übernimmt den Regelungsgehalt von § 7 Abs. 1 Satz 1 MuSchG in der bis 31.12.2017 gültigen Fassung, schränkt die Freistellung zum Stillen jedoch auf die **ersten zwölf Monate** nach der Entbindung ein. Die Festlegung einer zeitlichen Obergrenze für die bezahlte Freistellung für Stillzeiten ist im Rahmen dieser Vorschrift klarstellend erforderlich, damit ein Interessenausgleich zwischen den Belangen des Arbeitgebers und den Belangen der Frau sichergestellt ist.

Die Vorschrift gibt stillenden Müttern, die nach der Entbindung in das Erwerbsleben zurückkehren, für die Zeit des Stillens einen bezahlten Anspruch auf Freistellung von der Arbeit gegenüber dem Arbeitgeber. Damit wird die Ernährung des Säuglings mit Muttermilch gefördert. Der Gesetzgeber hält das Stillen im gesundheitlichen Interesse des Kindes für förderungswürdig, da Muttermilch die beste Nahrung für einen Säugling ist. Gleichzeitig sieht er aber auch das Problem, das viele Frauen nach Ablauf der Mutterschutzfristen arbeiten wollen/müssen. Wenn die Mutter ihre berufliche Tätigkeit wieder aufnimmt, wird das regelmäßige Stillen des Kindes jedoch problematisch. Erhielte sie keine Möglichkeit, das Kind trotz Berufstätigkeit regelmäßig zu stillen, würde sie erfahrungsgemäß die Stilltätigkeit zumeist allein deshalb einstellen.

Spätestens wenn das Kind 12 Monate alt ist, ist das Stillen des Kindes weder aus ernährungsphysiologischer Sicht noch immunologischer Sicht notwendig. Damit wird jedoch nicht ausgeschlossen, dass ein längeres Stillen im Einzelfall möglicherweise empfehlenswert ist. Sinn und Zweck der Vorschrift ist ein Interessenausgleich zwischen dem Anspruch des Arbeitgebers an der Arbeitsleistung der bei ihm beschäftigten Mutter einerseits und dem allgemeinen Interesse der Bewahrung von Mutter und Kind vor Gefahren für Gesundheit und Kindesentwicklung, die mit dem Arbeitseinsatz der Mutter verbunden sind, andererseits. Dieser Interessenausgleich erfordert, den Arbeitgeber über das erste Lebensjahr des Kindes hinaus mit den Kosten und Schwierigkeiten betrieblicher und organisatorischer Art, die mit der Stillzeitgewährung verbunden sein können, nicht mehr zu belasten (BR-Drucks. 230/16 S. 68).

b) Voraussetzung des Anspruchs auf Stillzeit

Zunächst ist Voraussetzung, dass ein **Arbeitsverhältnis** besteht. Dabei ist es unerheblich, ob die stillende Mutter in Vollzeit oder in Teilzeit arbeitet. Maßgebend für die Anwendung des § 7 ist die Zeit nach der Schutzfrist des § 3 Abs. 2 (acht bzw. zwölf Wochen nach der Entbindung); während der **Schutzfrist** ist die Frau ohnehin völlig von der Arbeit freigestellt. Die Entscheidung, ob, in welchem Umfang und wie lange gestillt wird, obliegt allein der Mutter. Eine äußerste zeitliche Grenze für die Gewährung der Vergünstigungen nach § 7 ist nicht festgesetzt. Es kommt allein darauf an, dass die Arbeitnehmerin stillt (ebenso LAG Baden-Württemberg vom 3.11.1989, AiB 1990, 266 mit beachtlichen Gründen und nun Oberverwaltungsgericht Berlin-Brandenburg, Beschluss vom 23.3.2016 – OVG 4 S. 49.15, – Rdn. 10, juris zur Vorgängernorm § 7 Abs. 1 MuSchG a.F.). Danach statuiert § 7 Abs. 2 keine starre (äußerste) zeitliche Begrenzung des Anspruchs. Ein Rückgriff auf den Begriff des »Säuglings« sei nach dem Gesetzeswortlaut nicht geboten, da ihn der Gesetzgeber nicht verwende. (Oberverwaltungsgericht Berlin-Brandenburg, Beschluss vom 23.3.2016 – OVG 4 S 49.15 – Rdn. 10, juris zur Vorgängernorm § 7 Abs. 1 MuSchG a.F.). 17

Der Gesetzeswortlaut des § 7 Abs. 2 begrenzt den Freistellungsanspruch auf die ersten 12 Monate nach der Geburt des Kindes. Nach altem Recht wurde über die Rechtsfolgen bei **übermäßig langem Stillen** diskutiert, ob nicht nach den Umständen des Einzelfalles ein Rechtsmissbrauch vorliegt (Meisel/Sowka, § 7 a.F. Anm. 3). Vertreten wurde, dass der Anspruch für mindestens sechs und höchstens zwölf Monate bestehe (DB 1983, 1044; ferner Zmarzlik/Zipperer, 7. Aufl., § 7 a.F. Rz 8; Herleitung der Jahresgrenze aus dem Begriff des »Säuglings:« VG Berlin vom 20.12.2011 – 26 K 202.10 m.w.N.). Das LAG Niedersachsen (vom 29.10.1987, NZA 1988, 312) hat im Anschluss an ein früheres Urteil dieses Gerichts vom 2.5.1983 die Ansicht vertreten, ein Anspruch nach § 7 komme im Allgemeinen für das erste Lebensjahr des Kindes in Betracht. Dem Gesetz lässt sich eine solche Begrenzung nicht entnehmen. Wohl erscheinen die Erwägungen des Gerichts geeignet, um einen eventuellen **Rechtsmissbrauch** zu prüfen. Das Bundesverwaltungsgericht hat für einen der Beamtin zustehenden Freistellungsanspruch offengelassen, ob dieser noch besteht, wenn ein Kind von 15 Monaten gestillt wird (Urt. vom 30.6.1988, NJW 1988, 3030). Nach Ansicht des SG Frankfurt, das über die Erstattung von Mutterschutzlohnkosten nach dem Aufwendungsausgleichsgesetz (AAG) zu entscheiden hatte, ist es – da Kinder in der Regel nach den ersten 12 Lebensmonaten Beikost erhalten und meist nur noch abends 18 oder nachts gestillt werden – gerechtfertigt, zum Ausgleich der Interessen des Arbeitgebers und der stillenden Frau keine Entgeltfortzahlung mehr bei Stillpausen zu gewähren. Darin unterscheide sich § 7 Abs. 2 von den §§ 9, 12, 23 MuSchG, bei denen es um den Gesundheitsschutz gehe, der Gefahren betreffe, die für die stillende Frau entstehen bspw. durch Infektionen, die über die Muttermilch übertragen werden und somit den gesamten Zeitraum des Stillens betreffe (SG Frankfurt, Urteil vom 15.9.2023 – S 34 KR 28/21 – juris Rn. 30 [Berufung anhängig unter L 8 BA 61/23]; ebenso SG Nürnberg, Urteil vom 4.8.2020 – S 7 KR 303/20, juris).

19 Umstritten ist, ob § 7 Abs. 2 wie die Vorgängernorm § 7 a.F. nur das **Stillen des eigenen Kindes** umfasst (so (Pepping in HK-MuSchG, § 7 Rn. 17, auch ErfK/*Schlachter* MuSchG § 7 Rn. 2). Der Wortlaut der Norm spricht aber nun von »stillender Frau« und nicht mehr von stillenden Müttern (so noch in der Fassung von 2002), was als gesetzgeberische Entscheidung gesehen werden kann, auch in Fällen der Leihmutterschaft die nach der Entbindung stillenden Frauen zum anspruchsberechtigten Personenkreis zu zählen. Dies entspricht auch dem Zweck der Norm, die Beziehung zwischen Kind und stillender Mutter zu schützen (Weth in Brose/Weth/Volk, 9. Aufl. 2020, MuSchG § 7 Rn. 10; HWK/C. W. Hergenröder MuSchG § 7 Rn. 4).Die Formulierung »nach der Entbindung« steht dem nicht entgegen (Brose NZA 2016, 604 (606).

20 Die Tatsache des Stillens hat die Frau auf ihre Kosten dem Arbeitgeber auf dessen Verlangen durch ein **geeignetes Zeugnis** nachzuweisen, wofür er die Kosten gem § 9 Abs. 6. S 2 zu tragen hat (Weth in Brose/Weth/Volk, 9. Aufl. 2020, MuSchG § 7 Rn. 11)). Sobald die Frau das Stillen einstellt, hat sie dies aufgrund ihrer Treuepflicht dem Arbeitgeber mitzuteilen; das kann schon dadurch geschehen, dass sie keine Stillzeiten mehr in Anspruch nimmt. Anderenfalls kann der Arbeitgeber die aus der Vertragsverletzung entstehenden Folgerungen ziehen (Kündigung, Schadenersatz) (Weth in Brose/Weth/Volk, 9. Aufl. 2020, MuSchG § 7 Rn. 11; vgl. Meisel/Sowka, § 7 a.F. Anm. 5 zum Fall der bewusst falschen Stillbescheinigung]). Eine Kündigung setzt indes, solange es kein Fall des § 626 BGB ist, stets eine **Abmahnung** voraus (Pepping in HK-MuSchG, 6. Aufl. 2022, MuSchG § 7 Rn. 17).

21 Die Rechte aus § 7 Abs. 2 stehen der Arbeitnehmerin nur zu, wenn sie die Gewährung von Stillzeit **verlangt**. Der Arbeitgeber kann abwarten, bis die Arbeitnehmerin an ihn herantritt. Sobald die Frau ihm die entsprechende Mitteilung gemacht hat, muss er die erforderlichen Stillzeiten gewähren, auch wenn die Frau nicht sogleich den geforderten Nachweis des Stillens geführt hat. Von sich aus und ohne Abstimmung mit dem Arbeitgeber darf die Frau die Arbeit zu Stillzwecken nicht unterbrechen (Weth in Brose/Weth/Volk, 9. Aufl. 2020, MuSchG § 7 Rn. 17).

c) Anspruch auf Stillzeit

22 Die Arbeitnehmerin hat unter den in Rdnrn. 16 ff genannten Voraussetzungen gegen den Arbeitgeber einen Rechtsanspruch auf die erforderliche Freizeit, d.h. auf **Freistellung von der Arbeit**. Das gilt auch für Arbeitnehmerinnen im Familienhaushalt. Für Beschäftigte in der Heimarbeit ist im Gesetz (§ 23 Abs. 2) nur die Erstattung

des Entgeltausfalls geregelt, da sie sich die zum Stillen erforderliche Zeit nach ihrem Ermessen selbst nehmen können.

aa) Arbeitspausen zum Stillen

Die Gewährung von Stillzeit bedeutet Unterbrechung der Arbeit während der für 23 die Arbeitnehmerin geltenden Arbeitszeit, also eine **Arbeitspause** (ebenso BAG vom 3.7.1985, AP Nr. 1 zu § 7 MuSchG 1968), deren Mindestumfang nach Zahl und Dauer in Abs. 1 geregelt ist. Als Höchstgrenze gilt der Maßstab des nach objektiven Maßstäben Erforderlichen, womit den individuellen Verhältnissen Rechnung getragen werden kann (allg. Ansicht). Im Einzelnen werden damit nicht nur die Zeiten für das Stillen des Kindes, sondern auch für die Vorbereitungen und die nachfolgenden Verrichtungen erfasst, also z.B. der Weg zur Wohnung oder – falls im Betrieb vorhanden – zum Stillraum (s. dazu auch unten Rdnr. 23 ff), die Reinigung von der Arbeit, etwa nötiges Umkleiden, Fertigmachen des Säuglings und Rückkehr zum Arbeitsplatz. Bei der Feststellung der erforderlichen Zeit sind vorrangig die Belange des Mutterschutzes zu berücksichtigen. Das Mutterschutzgesetz dient nach seinem Sinn und Zweck dem Ausgleich der besonderen Belastungen der Mutter und ihrer Stellung im Berufsleben im Interesse der Gesunderhaltung von Mutter und Kind (so BAG v. 3.7.1985, AP Nr. 1 zu § 7 MuSchG 1968, EzA § 7 MuSchG Nr. 1). Die Frau muss zeitlich in der Lage sein, das Stillen in Ruhe und in gehöriger Weise durchzuführen, jedoch hat sie bei ihren Dispositionen auch den betrieblichen Belangen Rechnung zu tragen. Das bedeutet z.B., dass sie, wenn nicht besondere Umstände vorliegen, die Stillzeiten nicht willkürlich so legen darf, dass letztlich keine Arbeitsleistung mehr möglich ist (vgl. BAG vom 3.7.1985 – 5 AZR 79/84 – AP Nr. 1 zu § 7 MuSchG 1968; VGH Baden-Württemberg, Beschluss vom 19.12.2016 – 4 S 1957/16 – juris Rn. 11;. Anm. 15; Meisel/Sowka, § 7 a.F. Anm. 7; Zmarzlik/Zipperer, 5. Aufl., § 7 a.F. Anm. 2).

Bei **außergewöhnlichen Verhältnissen**, z.B. bei besonders langer Anreise von einem 24 auswärtigen Wohnort, ist es nicht ausgeschlossen, dass nur ein angemessener Teil der Arbeitszeit-Versäumnis insoweit als »erforderlich« angesehen wird, als es um die Lohnausfallerstattung nach Abs. 2 geht; dabei bilden die Zeitbestimmungen in Abs. 1 Satz 2 zwar nicht die Höchstgrenze, geben aber einen Anhaltspunkt, welche Stillzeiten mit Rücksicht auf berechtigte betriebliche Belange angemessen sind (vgl. dazu Meisel/Sowka, § 7 a.F. Anm. 7, sowie Bulla/Buchner, 5. Aufl., § 7 a.F. Anm. 19). Fordert die Arbeitnehmerin aus Gründen, die dem Arbeitgeber nicht ohnehin schon bekannt sind, verhältnismäßig lange oder häufigere Stillpausen, wobei der Mindestumfang gemäß Abs. 1 Satz 1 und 2 anzeigt, was der Arbeitgeber im Regelfall hinnehmen muss, dann muss die Arbeitnehmerin die Erforderlichkeit dem Arbeitgeber auf dessen Verlangen, aber auf ihre Kosten, z.B. durch das Zeugnis eines Arztes oder einer Hebamme, nachweisen (ähnlich Bulla/Buchner, 5. Aufl., § 7 a.F. Anm. 16; Zmarzlik/Zipperer, 5. Aufl., § 7 a.F. Anm. 1, die jedoch eine Kostenlast des Arbeitgebers annehmen). Je mehr die Arbeitszeitverluste durch die Stillzeit einen immer größeren Umfang annehmen, desto eher ist die Arbeitnehmerin verpflichtet, sich um weniger zeitintensive Ausweichmöglichkeiten zu bemühen (Buchner/Becker, 8. Aufl., § 7 a.F. Rz 21). Das BAG (BAG,

Urteil vom 3.7.1985 – 5 AZR 79/84 – AP Nr. 1 zu § 7 MuSchG 1968 = juris Rdn. 26) hat entschieden, dass bei einer Entfernung von 17 Kilometern zwischen Arbeitsstelle und Wohnung die Mutter nicht nur verpflichtet ist, sich – soweit dies möglich ist – ihr Kind zum Stillen ins Büro bringen zu lassen, sondern es ihr bei fehlender Stillmöglichkeit am Arbeitsplatz auch zumutbar ist, sich von der Arbeitsstelle abholen zu lassen bzw. private Transportmittel zu nutzen, wenn dadurch die Wegezeit gegenüber der Benutzung öffentlicher Verkehrsmittel erheblich herabgesetzt wird, wenn andernfalls praktisch wegen der Häufigkeit des Stillen keine Arbeit in mindestens hälftigem Umfang möglich ist. Aufgrund dieser Rechtsprechung ist davon auszugehen, dass die Grenze der Erforderlichkeit dort zu setzen ist, wo durch die von der Mutter in Anspruch genommenen Stillzeiten nicht einmal mehr die Hälfte der individuellen Arbeitszeit erbracht wird (so auch Buchner/Becker, 8. Aufl., § 7 a.F., Rz 22).

Die Stillzeit darf die Arbeitnehmerin nur zum Stillen des Kindes und zu den damit unmittelbar zusammenhängenden Vorgängen (s. oben) verwenden. Für andere Zwecke besteht kein Freizeitanspruch (Weth in Brose/Weth/Volk 9. Aufl. 2020, MuSchG § 7 Rn. 14). Ob unter die letztgenannte Regel der Fall zu bringen ist, in dem die Arbeitnehmerin so weit entfernt wohnt, dass sie zur Durchführung des Stillens praktisch den ganzen Arbeitstag versäumen müsste (so Meisel/Sowka, § 7 Anm. 9), erscheint zweifelhaft; hier kann nicht mit einer Verweigerung der Stillzeit, sondern nur mit einer Beschränkung des Anspruchs auf Lohnausfallerstattung gemäß Abs. 2 auf das angemessene Maß geholfen werden.

bb) Mindeststillzeiten

25 In Angleichung an internationale Übereinkommen (vgl. Art. 5 Nr. 1 des »Übereinkommens Nr. 103 betr. den Mutterschutz [Neufassung 1952]« vom 28.6.1952 [BABI. S. 391] sowie Abschn. III Abs. 1 der »Empfehlung der Internationalen Arbeitskonferenz betr. Mutterschutz« vom 28.6.1952 [BABI. S. 393]) hat die Arbeitnehmerin nach Abs. 1 Satz 1 Anspruch auf bestimmte **Mindestzeiten** als Stillzeiten (vgl. zum Anlass der Neuregelung die Angaben bei Welzel und Zmarzlik an den in § 2 Anm. 1 genannten Stellen). Diese Mindestgrenzen lassen die im Einzelfall erforderlichen längeren oder häufigeren Stillzeiten (s. oben zu a) unberührt.

Anspruch auf die Mindeststillzeiten des Abs. 1 Satz 1 (nach Wahl der Arbeitnehmerin täglich entweder zweimal eine halbe Stunde oder einmal eine ganze Stunde) hat im Grundsatz jede stillende Mutter ohne Rücksicht auf die Dauer der täglichen Arbeitszeit unter der Voraussetzung, dass sie in diesen Zeiten tatsächlich das Kind stillt, auch wenn hierfür nicht die volle gesetzliche Mindeststillzeit benötigt wird. Sie kann deshalb keine zwei Stillpausen verlangen, wenn sie nur einmal täglich das Kind stillt; wohl aber kann sie in diesem Fall eine einmalige Stillzeit von einer Stunde in Anspruch nehmen. Im Einzelfall kann die Inanspruchnahme der Mindeststillzeiten rechtsmissbräuchlich sein und deshalb zum Wegfall der Lohnausfallerstattung gemäß Abs. 2 führen, wenn beispielsweise die Arbeitszeit so gering ist, dass das Stillen ohne besondere Schwierigkeit außerhalb der Arbeitszeit besorgt werden kann. Soweit die von der Arbeitnehmerin tatsächlich durchgeführten Stillzeiten außerhalb der betrieblichen Arbeitszeit liegen, weil beispielsweise nur noch täglich einmal am frühen Morgen genügend lange vor Arbeitsbeginn gestillt wird, hat die Arbeitnehmerin schon deshalb keinen Anspruch auf Stillzeit, weil nur das Stillen während der Arbeitszeit durch § 7 ermöglicht werden soll (ähnlich Meisel/Sowka, § 7 a.F. Anm. 11–13; Welzel, DB 1965, 1442; Zmarzlik/Zipperer, 5. Aufl., § 7 a.F. Anm. 3). In diesem Sinne hat auch das Bundesverwaltungsgericht für einen Freistellungsanspruch entschieden, der für eine Beamtin auf § 7 Abs. 1 Satz 1 der MuSchVO Bad.Württbg. (vgl. Anhang 14) beruhte. Ein Anspruch auf Verminderung der Unterrichtsverpflichtung (Anrechnung auf Stunden-Deputat) bestehe für eine beamtete Lehrerin nicht, wenn die benötigte Stillzeit außerhalb der vorgesehenen Unterrichtsstunden liegt (BVerwG vom 30.6.1988, NJW 1988, 3030), z.B. weil sie auf eine Stunde fällt, in der nach dem konkreten Stundenplan kein Unterricht zu halten ist (VG Stuttgart vom 14.2.2007 – 17 K 2032/07).

cc) Längere Stillzeiten

Bei einer zusammenhängenden Arbeitszeit von täglich mehr als acht Stunden, wobei nur die tägliche Arbeitszeit ohne die Pausen gerechnet (§ 2 AZO) und eine zusammenhängende Arbeitszeit dann angenommen wird, wenn sie nicht durch eine wenigstens **zweistündige Ruhepause** unterbrochen ist (Abs. 1 Satz 3), kann die Arbeitnehmerin kraft einer Sollvorschrift (Abs. 1 Satz 2) längere Stillzeiten (täglich entweder zweimal 45 Minuten oder bei Fehlen einer Stillgelegenheit in der Nähe des Arbeitsplatzes einmal 90 Minuten) verlangen. Wegen der Fassung als Sollvorschrift besteht insoweit (anders als nach Abs. 1 Satz 1) kein zwingender gesetzlicher Mindestanspruch. Vielmehr handelt es sich um eine Richtlinie dafür, was unter den genannten Voraussetzungen (zusammenhängende Arbeitszeit, Fehlen einer nahen Stillgelegenheit) in der Regel als erforderliche Stillzeiten (im Sinne des Abs. 2 Satz 1; s. oben 15 ff) angesehen werden kann. Benötigt die Arbeitnehmerin im Einzelfall (z.B. wegen Vorhandenseins eines betrieblichen Stillraums) geringere Zeiten als die in Abs. 1 Satz 2 genannten, dann stehen ihr auch nur diese zu, wobei die Mindestzeiten des Abs. 1 Satz 1 die untere Grenze bilden (Weth in Brose/Weth/Volk, 9. Aufl. 2020, MuSchG § 7 Rn. 13). Bei dem Nachweis der Erforderlichkeit ist zu differenzieren: Nimmt die Frau die pauschalierten Zeiträume des § 7 Abs. 1 in Anspruch, so bedarf es lediglich des Nachweises, dass diese Zeiten tatsächlich zum Stillen und den damit zusammenhängenden Tätigkeiten verwendet werden. Die Dauer ist nicht gesondert als erforderlich nachzuweisen. 26

Beansprucht die Arbeitnehmerin jedoch darüber hinausgehende Zeiten, so kann der Arbeitgeber verlangen, dass die Mutter den **Nachweis** erbringt, dass diese längeren, über die gesetzlichen Zeiten hinausgehenden Zeiträume für das Stillen erforderlich sind (Weth in Brose/Weth/Volk, 9. Aufl. 2020, MuSchG § 7 Rn. 11)). Soweit die längere Zeit durch besondere verzögernde Umstände im Stillvorgang selbst bedingt wird, kann dieser Nachweis in der Regel nur durch ärztliches Attest erbracht werden. Dieser Nachweis hat nicht die Bedeutung, dass damit erst der Freistellungsanspruch der Arbeitnehmerin entsteht. Dieser entsteht vielmehr unabhängig vom Nachweis, soweit er objektiv für den Stillvorgang erforderlich ist. Die Kosten für den Nachweis hat der Arbeitgeber zu tragen (so auch Weth in Brose/Weth/Volk, 9. Aufl. 2020, MuSchG § 7 Rn. 11).

27 **»Arbeitszeit«** im Sinn von § 7 Abs. 2 Satz 2 MuSchG ist die Zeit vom Beginn bis zum Ende der Arbeit ohne die Ruhepausen. Denn gemäß § 7 Abs. 2 Satz 3 MuSchG gilt die Arbeitszeit als zusammenhängend, soweit sie nicht durch eine Ruhepause von mindestens zwei Stunden unterbrochen wird. Die den Beamten von Gesetzes wegen zu gewährende Pausenzeit von 30 Minuten hier nicht die Annahme einer zusammenhängenden Arbeitszeit (so Oberverwaltungsgericht des Landes Sachsen-Anhalt, Beschluss vom 22. Juli 2014 – 1 M 63/14 –, Rdn. 6, juris zur Vorgängernorm § 7 Abs. 1 MuSchG a.F.).

Da es verschiedene Möglichkeiten gibt, wie die Stillzeiten gewährt werden können, die von den **persönlichen Umständen der Arbeitnehmerin** abhängen (Entfernung der Arbeitsstätte vom Wohnort, Probleme beim Stillen selbst) muss sich diese bei der Anforderung der Stillzeit (siehe oben Rdnr. 20) darüber erklären, wie ihr diese (in zwei Pausen von je 45 Minuten oder in einer Pause von 90 Minuten) gewährt werden soll. Ohne diese zeitliche Konkretisierung der Stillzeit(en) liegt ein rechtlich relevantes »Verlangen« i.S.d. § 7 Abs. 2 nicht vor. Eine so einmal von der Arbeitnehmerin getroffene Festlegung der Stillzeit ist nicht unabänderlich (Müller, DB 1983, 1043 zur Vorgängernorm). Schließlich ist es für die Arbeitnehmerin auch eine neue Situation, bei der erst die Praxis zeigt, ob das Stillen so funktioniert, wie es ursprünglich geplant ist. Stellt sich im Nachhinein heraus, dass die Wahl von zwei Stillpausen zu je 45 Minuten unzweckmäßig war oder wenn sich die praktischen Gegebenheiten ändern (z.B. Änderung des Wohnsitzes, Säugling kann nicht mehr zur Arbeitsstätte gebracht werden), muss es der Arbeitnehmerin gestattet sein, nunmehr auf eine verlängerte Stillzeit von einmal 90 Minuten zu wechseln. Gleiches gilt für den Wechsel von einer Stillzeit von 90 Minuten zu zwei Stillzeiten von je 45 Minuten. Aber in beiden Fällen gilt, dass die Arbeitnehmerin die Stillzeiten nicht einfach einseitig ändern darf, sondern die Änderung kann nur aufgrund eines an den Arbeitgeber gerichteten neuen »Verlangens« stattfinden (vgl. Weth in Brose/Weth/Volk, 9. Aufl. 2020, MuSchG § 7 Rn. 17).

dd) Zeitliche Lage der Stillzeiten

28 Die zeitliche Lage der Stillpausen muss nach den Umständen des Einzelfalles, und zwar danach bestimmt werden, was in erster Linie im **Interesse des Kindes** unter Berücksichtigung der jeweiligen Verhältnisse und der betrieblichen Belange erforderlich ist (allg. Ans.; Bulla/Buchner, 5. Aufl., § 7 a.F. Anm. 29; Meisel/Sowka, § 7 Anm. 17; Theuerkauf, § 7 Anm. 1; Zmarzlik/Zipperer, 5. Aufl., § 7 a.F. Anm. 4). Art. 6 Abs. 4 GG verpflichtet den Gesetz- oder Verordnungsgeber nicht dazu, jede mit der Mutterschaft zusammenhängende Belastung auszugleichen. Die Vorschrift enthält nämlich keinen konkreten Maßstab, was im Einzelnen Gegenstand der Schutz- und Fürsorgepflicht der Gemeinschaft gegenüber der Mutter ist. Dem Gesetz- und Verordnungsgeber steht daher – wie in vergleichbarer Weise bei Art. 6 Abs. 1 GG – Gestaltungsfreiheit zu bei der Entscheidung darüber, in welcher Weise er den ihm obliegenden Schutzauftrag verwirklichen will (VGH Baden-Württemberg, Beschluss vom 19.12.2016 – 4 S 1957/16 – juris Rn. 21; s bereits VGH Baden-Württemberg vom 6.12.1999 – 4 S 253/98 – juris m.w.N.).

Zweckmäßig ist eine **Verständigung zwischen Arbeitgeber und Arbeitnehmerin.** Scheitert diese, dann kann zwar der Arbeitgeber kraft seines Direktionsrechts die Lage der Stillzeiten bestimmen; er muss aber in weitem Umfang den Belangen von Mutter und Kind Rechnung tragen. Notfalls bestimmt die Aufsichtsbehörde, die von jeder Arbeitsvertragspartei angerufen werden kann, gemäß Abs. 3 nicht nur die Lage, sondern auch die Zahl und die Dauer der Stillpausen für die Beteiligten verbindlich. Unter diesen Umständen wird einer auf gerichtliche Bestimmung der Stillzeiten gerichteten Klage zum Arbeitsgericht (so offenbar Bulla/Buchner, 5. Aufl., § 7 a.F. Anm. 30; Meisel/Sowka, § 7 a.F. Anm. 17) das Rechtsschutzbedürfnis fehlen.

28 Die Festlegung der Stillzeiten unterfällt nicht der zwingenden **Mitbestimmung des Betriebs- bzw. Personalrats**, weil darunter nur die Festlegung von unbezahlten Pausen gehören (§ 87 Abs. 1 Nr. 2 BetrVG bzw. § 75 Abs. 3 Nr. 1 BPersVG). Nach § 80 Abs. 1 S. 1 BetrVG bzw. § 68 Abs. 1 Nr. 2 BPersVG überwachen Betriebsrat bzw. Personalrat aber die Einhaltung der Freistellungspflicht (Weth in Brose/Weth/Volk, 9. Aufl. 2020, MuSchG § 7 Rn. 20).

ee) Verhältnis zur Gleitzeit

§ 7 regelt nur den Fall des unvermeidlichen zeitlichen Zusammentreffens des Stillens 29
mit der zeitlich festgelegten Dienstleistungspflicht einer Beamtin zugunsten des Stillens (so zu § 36 Verordnung der Landesregierung über die Arbeitszeit, den Urlaub, den Mutterschutz, die Elternzeit, die Pflegezeiten und den Arbeitsschutz der Beamtinnen, Beamten, Richterinnen und Richter von Baden-Württemberg [Arbeitszeit- und Urlaubsverordnung – AzUVO – vom 29.11.2005, GBl. S. 716] bei einer Beamtin VGH Baden-Württemberg, Beschluss vom 19.12.2016 – 4 S 1957/16 – juris, Rn. 7). Eine stillende Beamtin, für die ein entsprechender Gleitzeitrahmen besteht, muss im Ergebnis zwar ihre volle Dienstzeit ableisten, während Beamtinnen, die während ihrer ganzen, vom Dienstherrn festgesetzten Arbeitszeit am Arbeitsplatz anwesend sein müssen, regelmäßig durch freizugebende Stillzeiten auch in den Genuss einer gewissen zeitlichen Entlastung kommen werden. Dieser Unterschied ist jedoch durch das Fehlen eines zeitlichen Zusammentreffens von Anwesenheitspflicht und Stillen sachlich begründet, da das Ziel der Regelung nicht eine allgemeine Verringerung der Arbeitszeit für stillende Mütter ist, sondern lediglich der Vorrang des Stillens bei unvermeidlichem zeitlichem Zusammentreffen mit einer zeitlich festgelegten Dienstleistungspflicht (VGH Baden-Württemberg a.a.O. Rn. 13, der damit einen Anspruch auf die Verkürzung der Arbeitszeit um pauschal eine Stunde oder auf Freigabe der von der Klägerin für das Stillen benötigten Zeit von 13.45 bis 14.45 Uhr ablehnt).

Jedoch besteht eine **unbeabsichtigte Regelungslücke** hinsichtlich der arbeitszeitrechtlichen Besonderheiten des Gleitzeitmodells, wenn die Erbringung der wöchentlich geschuldeten Dienstleistung aufgrund von Stillzeiten auch unter Berücksichtigung des jeweiligen Gleitzeitrahmens nicht mehr vollständig oder nur noch in einer Weise möglich ist, die das vernünftigerweise Zumutbare überschreitet. Im konkreten Fall hätte die Klägerin (eine Polizeibeamtin) bei der vorgenommenen gleichmäßigen Verteilung ihrer Dienstzeit auf fünf Tage nach einer Stillpause ab 13.45 Uhr bis 14.45 Uhr, in der sie ihren Sohn von der Kindertagesstätte abholt und anschließend zu Hause stillt, die letzte Stunde ihrer täglichen Dienstzeit (von insgesamt 5,42 Stunden täglich) regelmäßig noch am gleichen Tag ggf. im Zeitrahmen zwischen 18.00 und 19.30 Uhr abzuleisten und hierfür eine Fahrzeit in Kauf zu nehmen, die insgesamt länger ist, als die noch zu erbringende Dienstzeit. Dies ist nicht zumutbar. Im Wege der analogen Anwendung von § 36 AzUVO i.V.m. § 7 Abs. 1 MuSchG könne die Antragstellerin dann beanspruchen, dass erforderliche Stillzeiten von zwei Stunden wöchentlich, die, wie dargelegt, während der Gleitzeit täglich zwischen 13.45 Uhr und 14.45 Uhr anfallen, ihrem Arbeitszeitkonto gutgeschrieben werden. Denn es liegt insoweit eine dem unmittelbaren Aufeinandertreffen von Stillzeit und konkreter Dienstpflicht vergleichbare Konfliktsituation vor, die die analoge Anwendung der Stillzeitregelung rechtfertige (VGH Baden-Württemberg, Beschluss vom 19.12.2016 – 4 S 1957/16 – juris RdNr. 15).

d) Entgeltschutz für Stillzeiten

30 Damit die stillende Mutter nicht aus wirtschaftlichen Gründen gezwungen ist, das Stillen ihres Kindes vorzeitig abzubrechen, ist durch § 23 sichergestellt, dass sie die ihr gemäß Abs. 1 zustehenden Stillzeiten ohne Rücksicht auf die finanziellen Folgen auch wirklich ausnutzen kann.

Das SG Nürnberg hat entschieden, dass eine **analoge Anwendung** von § 7 Abs. 2 MuSchG auf den **Mutterschutzlohn** nicht stattfindet und dieser nicht auf die ersten zwölf Monate nach der Geburt des Kindes begrenzt ist (SG Nürnberg, Urteil vom 4. August 2020 – S 7 KR 303/20 – juris RdNr. 50)

4. Konsequenzen von Verstößen

31 Ein Verstoß gegen die Freistellungspflicht ist nach § 32 Abs. 1 Nr. 4 eine **Ordnungswidrigkeit** und kann nach den Voraussetzungen des § 30 (Vorsatz, Gesundheitsschaden) eine **Straftat** sein. Dies gilt aber nur für die Verweigerung der Freistellung, nicht jedoch bei verweigertem Ausgleich des Entgeltausfalls.

Des Weiteren ist die Nichtgewährung von Freistellungen bei Vorliegen der oben genannten Voraussetzungen eine **Verletzung des Arbeitsvertrags**, die einen Schadensersatzanspruch auslöst. Sofern die betroffene Arbeitnehmerin oder ihr Kind aufgrund einer mangels Freistellung nicht durchgeführten Untersuchung einen Gesundheitsschaden erleidet, haftet der Arbeitgeber bei schuldhaftem Verhalten zusätzlich aus § 823 Abs. 1 BGB. Als weitere Anspruchsgrundlage kommt § 823 Abs. 2 BGB in Verbindung mit § 7 S. 1, 2 MuSchG in Betracht, weil letztere Vorschrift dem Schutz der Gesundheit von Mutter und Kind dient (vgl. Zmarlzik/Zipperer 9. Aufl. 16 a.F. Rn. 7).

32 Schließlich kann die Nichtgewährung von erforderlichen Freistellungen einen Grund für eine fristlose außerordentliche Kündigung gemäß § 626 BGB seitens der Arbeitnehmerin sein (Aligbe, BePr 2018, 29, 31).

5. Durchsetzung des Anspruchs

Obwohl die Arbeitnehmerin kein Selbstbeurlaubungsrecht hat, kann ihr bei Verweigerung der erforderlichen Freistellungen ein **Zurückbehaltungsrecht** gemäß § 273 BGB zustehen mit der Konsequenz, dass sich die Arbeitnehmerin die erforderliche Freistellung durch Zurückhaltung der Arbeitsleistung selbst nimmt (vgl. Staudinger/Temming BGB [Aufl. 2022], § 629 Rn. 21); streitig ist insoweit, ob zuvor ein ergebnisloses Einschalten des Betriebsrates beziehungsweise der Aufsichtsbehörde Voraussetzung ist. Hat die Frau sich entsprechend den vorstehenden Ausführungen verhalten, dann ist sie daher berechtigt, der Arbeit fernzubleiben, auch wenn der Arbeitgeber die Zustimmung zum Fernbleiben von der Arbeit verweigert. Die Frau gerät nicht in Leistungsverzug und sie behält ihren Entgeltanspruch. 33

Der **Freistellungsanspruch** kann schließlich auch im Klagewege vor dem Arbeitsgericht eingeklagt werden. Hierbei bietet es sich an, einen Antrag auf Erlass einer einstweiligen Verfügung gemäß § 62 Abs. 2 ArbGG zu stellen, um die rechtzeitige Durchführung der Untersuchung zu ermöglichen.

Für sämtliche Anspruchsvoraussetzungen auch hinsichtlich der Erforderlichkeit der Untersuchung trägt die Arbeitnehmerin die **Beweislast**.

§ 8 MuSchG Beschränkung von Heimarbeit

(1) Der Auftraggeber oder Zwischenmeister darf Heimarbeit an eine schwangere in Heimarbeit beschäftigte Frau oder an eine ihr Gleichgestellte nur in solchem Umfang und mit solchen Fertigungsfristen ausgeben, dass die Arbeit werktags während einer achtstündigen Tagesarbeitszeit ausgeführt werden kann.

(2) Der Auftraggeber oder Zwischenmeister darf Heimarbeit an eine stillende in Heimarbeit beschäftigte Frau oder an eine ihr Gleichgestellte nur in solchem Umfang und mit solchen Fertigungsfristen ausgeben, dass die Arbeit werktags während einer siebenstündigen Tagesarbeitszeit ausgeführt werden kann.

Übersicht **Rdn.**

1. Allgemeines

Die **arbeitszeitliche Beschränkung der Heimarbeit** fand sich vor der Reform des Mutterschutzrechts durch das Gesetz zur Neuregelung des Mutterschutzrechts vom 23. Mai 2017 (BGBl. I S. 1228) in § 8 Absatz 5 MuSchG a.F., § 8 MuSchG a.F. behandelte insgesamt die Mehr-, Nacht- und Sonntagsarbeit für werdende und stillende Mütter. Mit der Neufassung des MuSchG sind nunmehr die Verbote der 1

Mehrarbeit in § 4, der Nachtarbeit in § 5 und der Sonn- und Feiertagsarbeit in § 6 geregelt. § 7 betrifft die Freistellung der Frau für Untersuchungen und zum Stillen. § 8 in seiner ab dem 1.1.2018 geltenden Fassung enthält sodann die den Besonderheiten der Heimarbeit Rechnung tragende arbeitszeitliche Sonderregelung für die Heimarbeit. Das bisherige Gesetz zum Schutze der erwerbstätigen Mutter (Mutterschutzgesetz – MuSchG) in der Fassung der Bekanntmachung vom 20.6.2002 (BGBl. I S. 2318) trat nach Artikel 10 Absatz 2 des Gesetzes zur Neuregelung des Mutterschutzrechts vom 23. Mai 2017 zugleich am 1.1.2018 außer Kraft.

2. Persönlicher Anwendungsbereich

2 § 8 gilt für in Heimarbeit beschäftigte Frauen und ihnen Gleichgestellte, die nach **§ 1 Absatz 2 Satz 2 Nr. 6** in den Anwendungsbereich des MuSchG einbezogen sind (vgl. zum persönlichen Anwendungsbereich ausführlicher § 1 Rdn. 42 ff.). Die Vorschrift gilt nach § 1 Absatz 4 unabhängig von dem im Geburtseintrag angegebenen Geschlecht für jede in Heimarbeit beschäftigte Person oder Gleichgestellte, die schwanger ist (Absatz 1) oder stillt (Absatz 2) (vgl. hierzu § 1 Rdn. 56–58).

3 In Heimarbeit Beschäftigte sind nach § 1 Absatz 1 HAG **Heimarbeiter nach § 2 Absatz 1 HAG** und **Hausgewerbetreibende nach § 2 Absatz 2 HAG. Heimarbeiter** ist nach § 2 Absatz 1 HAG, wer in selbst gewählter Arbeitsstätte (eigener Wohnung oder selbst gewählter Betriebsstätte) allein oder mit seinen Familienangehörigen nach § 2 Absatz 5 HAG im Auftrag von Gewerbetreibenden oder Zwischenmeistern erwerbsmäßig arbeitet, die Verwertung der Arbeitsergebnisse jedoch dem unmittelbar oder mittelbar auftraggebenden Gewerbetreibenden überlässt. Keine Heimarbeit im Sinne des HAG ist die Tätigkeit im Homeoffice innerhalb eines Arbeitsverhältnisses. In diesem Fall findet die Arbeitstätigkeit lediglich außerhalb des Betriebes an mit diesem durch elektronische Medien verbundenen Arbeitsplätzen statt (vgl. zu neuen durch die Entwicklung der Kommunikations- und Informationstechnik entstandenen Arbeitsformen: KR-Kreutzberg-Kowalczyk, 14. Auflage, ArbNähnl. Pers. Rn. 5; zur Abgrenzung zwischen Arbeits- und Heimarbeitsverhältnis im Sinne des HAG: BAG vom 14.06.2016, 9 AZR 305/15, WKRS 2016, 27629). **Hausgewerbetreibender** ist nach § 2 Absatz 2 HAG, wer in eigener Arbeitsstätte (eigener Wohnung oder Betriebsstätte) mit nicht mehr als zwei fremden Hilfskräften nach § 2 Absatz 6 HAG oder Heimarbeitern im Auftrag von Gewerbetreibenden oder Zwischenmeistern Waren herstellt, bearbeitet oder verpackt, wobei er selbst wesentlich am Stück mitarbeitet, die Verwertung der Arbeitsergebnisse jedoch dem unmittelbar oder mittelbar auftraggebenden Gewerbetreibenden überlässt. In Heimarbeit Beschäftigte im Sinne des § 1 HAG sind **keine Arbeitnehmer**. Das Heimarbeitsverhältnis unterscheidet sich vom Arbeitsverhältnis maßgeblich durch den Grad der persönlichen Abhängigkeit (vgl. BAG vom 24.8.2016, 7 AZR 625/15, EzA § 14 TzBfG Nr. 125).

4 Nach § 1 Absatz 2 HAG können verschiedene Personengruppen den in Heimarbeit Beschäftigten gleichgestellt werden, wenn dies wegen ihrer Schutzbedürftigkeit gerechtfertigt erscheint. Die **Gleichstellung** erfolgt durch eine Entscheidung des zuständigen Heimarbeitsausschusses, § 1 Absatz 4 HAG oder bei Fehlen eines solchen für den

Gewerbezweig oder die Beschäftigungsart durch die Entscheidung der zuständigen Arbeitsbehörde, § 1 Absatz 5 HAG. Diese Entscheidung über die Gleichstellung ist auch für die Geltung des MuSchG auf Grundlage des § 1 Absatz 2 Satz 2 Nr. 6 maßgeblich (vgl. Tillmanns/Mutschler-Tillmanns, 3. Auflage, § 1 MuSchG Rn. 52)

Das MuSchG gilt nach dem Wortlaut des § 1 Absatz 2 Satz 2 Nummer 6 sowohl für die in Heimarbeit Beschäftigten als auch für die ihnen Gleichgestellten nur, **soweit sie am Stück mitarbeiten** (so auch Brose/Weth/Volk-Latterner/Weth, 9. Auflage, § 1 MuSchG Rn. 59 mit Hinweis auf die sich aus dem Gesetzeswortlaut »soweit« ergebende Notwendigkeit der Differenzierung; a.A. Tillmanns/Mutschler-Tillmanns, 3. Auflage, § 1 MuSchG Rn. 53; vgl. auch § 1 Rdn. 44). 5

Die **in Heimarbeit Beschäftigte gestaltet ihre Tätigkeit** durch die Möglichkeit, ihren Arbeitsplatz, Zeitpunkt und Zeitdauer ihrer Tätigkeit zu bestimmen, Hilfspersonen hinzuzuziehen, Geräte und Arbeitsmethode zu wählen, **im Wesentlichen frei** und schuldet im Vergleich zum Arbeitnehmer nicht eine bestimmte Dienstleistung, sondern ein bestimmtes Arbeitsergebnis (vgl. BAG vom 24.8.2016, 7 AZR 625/15, EzA § 14 TzBfG Nr. 125). 6

Auftraggeber und **Zwischenmeister** stehen für den Fall der Heimarbeit dem Arbeitgeber im Sinne des MuSchG gleich, § 2 Absatz 1 Satz 2 Nummer 6 (vgl. hierzu § 2 Rdn. 11). 7

3. Zeiträume der Beschränkung

a) Schwangerschaft

§ 8 Absatz 1 regelt den Umfang und die Gestaltung der Fertigungsfristen der an eine schwangere in Heimarbeit beschäftigte Frau oder eine ihr Gleichgestellte auszugebenden Heimarbeit, betrifft also den **Zeitraum der Schwangerschaft** (vgl. hierzu § 3 Rdn. 50 f.). Bereits vor dem nach § 2 Absatz 3 Satz 2 für in Heimarbeit beschäftigte Frauen an die Stelle des Beschäftigungsverbots tretenden Verbot der Ausgabe von Heimarbeit während der Schutzfrist vor der Entbindung (vgl. hierzu § 3 Rdn. 57) kann während der Schwangerschaft ein Verbot der Ausgabe von Heimarbeit nach § 13 Absatz 2 bei nicht durch Schutzmaßnahmen auszuschließenden unverantwortbaren Gefährdungen oder vergleichbar einem ärztlichen Beschäftigungsverbot nach § 16 Absatz 1 vorliegen. Liegt ein solches individuelles Beschäftigungsverbot nicht vor, kann außerhalb der **Schutzfrist vor der Entbindung** (bei Bereiterklärung zur Arbeitsleistung auch noch während dieser Schutzfrist, vgl. § 3 Rdn. 59 ff.) in den Grenzen des § 8 Absatz 1 Heimarbeit ausgegeben werden. 8

Während der Schwangerschaft muss die Ausgabe im Hinblick auf Umfang und Fertigungsfristen aber so begrenzt sein, dass die Arbeit **werktags** während einer **achtstündigen Tagesarbeitszeit** ausgeführt werden kann. 9

Die generellen mutterschutzrechtlichen Beschäftigungsverbote gelten **unmittelbar kraft Gesetzes** (vgl. zu § 4 MuSchG a.F.: BAG vom 9.8.2016, 9 AZR 575/15, EzA § 17 MuSchG Nr. 1) und sind, soweit ihre Voraussetzungen vorliegen, mit der Kenntnis 10 des Arbeitgebers von der Schwangerschaft sofort zu beachten. Die Frau soll ihrem Arbeitgeber nach § 15 Absatz 1 ihre Schwangerschaft mitteilen, sobald sie weiß, dass sie schwanger ist. Hat sie dem Arbeitgeber das Bestehen der Schwangerschaft mitgeteilt, so ist sie verpflichtet, dem Arbeitgeber auch das vorzeitige Ende der Schwangerschaft mitzuteilen (vgl. hierzu § 3 Rdn. 51).

b) Stillzeit

11 § 8 Absatz 2 regelt den Umfang und die Gestaltung der Fertigungsfristen der an eine **stillende** in Heimarbeit beschäftigte Frau oder eine ihr Gleichgestellte auszugebenden Heimarbeit. Im Anschluss an die Entbindung besteht zunächst für einen Zeitraum von mindestens acht Wochen ein Verbot der Ausgabe von Heimarbeit, welches nach § 2 Absatz 3 Satz 2 an die Stelle des Beschäftigungsverbots in der **Schutzfrist nach der Entbindung** nach § 3 Absatz 2 tritt, und sich nach den Vorgaben des § 3 verlängern kann (vgl. hierzu § 3 Rdn. 65 ff.). Bei diesem Verbot handelt es sich um ein absolutes, d.h. mit Ausnahme der in § 3 geregelten Ausnahmefälle darf auch auf entsprechenden Wunsch der Heimarbeiterin keine Ausgabe von Heimarbeit erfolgen. Einzelfallbezogen kann entsprechend dem ärztlichen Beschäftigungsverbot nach § 16 Absatz 2 auch nach Ablauf der Schutzfrist noch ein, gegebenenfalls partielles, Verbot der Ausgabe von Heimarbeit zu beachten sein.

12 Im Übrigen muss die Ausgabe der Heimarbeit an eine stillende Frau im Hinblick auf Umfang und Fertigungsfristen so begrenzt sein, dass die Arbeit **werktags** während einer **siebenstündigen Tagesarbeitszeit** ausgeführt werden kann. Durch die im Vergleich zum Zeitraum der Schwangerschaft um eine Stunde geringere werktägliche Arbeitszeit wird für die besondere Situation der Heimarbeit die sonst in § 7 Absatz 2 vorgesehene Freistellung zum Stillen berücksichtigt, die mindestens eine Stunde täglich umfasst (vgl. BT-Drucks. 18/8963 S. 63).

13 Auch die Beschränkung der Ausgabe von Heimarbeit an eine stillende Frau gilt **unmittelbar kraft Gesetzes.** Der Auftraggeber oder Zwischenmeister muss sie beachten, sobald er davon Kenntnis erhält, dass die Frau stillt. Die Frau soll ihrem Arbeitgeber nach § 15 Absatz 1 Satz 2 so früh wie möglich mitteilen, dass sie stillt. Vergleichbar dem Fall der vorzeitigen Beendigung der Schwangerschaft (vgl. § 3 Rdn. 51) ist auch von einer Verpflichtung der Frau, die ihren Arbeitgeber drüber unterrichtet hat, dass sie stillt, zur Mitteilung auszugehen, dass sie nicht mehr stillt.

4. Beschränkung der auszugebenden Heimarbeit

14 Im Gegensatz zu einem Arbeitsverhältnis besteht in der Heimarbeit **kein Weisungsrecht** des Arbeitgebers, beispielsweise im Hinblick auf die Lage der Arbeitszeit (vgl. AR-Vossen, 10. Auflage, § 8 MuSchG Rn. 1). § 8 trägt dieser Besonderheit der eingeschränkten Einflussnahmemöglichkeit des Arbeitgebers auf die Gestaltung der Arbeitsleistung dadurch Rechnung, dass die Arbeitszeit durch eine Beschränkung des Umfangs der auszugebenden Heimarbeit sowie die Vorgabe der durch die Frau einzuhaltenden Fertigungsfristen begrenzt werden soll.

Der **Auftraggeber** oder **Zwischenmeister** ist demnach verpflichtet, den **Auftrag** im Hinblick auf den **Umfang** der auszugebenden Heimarbeit sowie die **Fertigungsfristen so zu gestalten, dass die mutterschutzrechtlichen Vorgaben erreicht werden**, die Arbeit also in der werktäglich jeweils vorgesehenen Arbeitszeit erledigt werden kann. Im Gegensatz zum bisherigen Wortlaut in § 8 Absatz 5 MuSchG a.F. bezieht sich § 8 MuSchG zwar nicht mehr ausdrücklich auf den Umfang der Heimarbeit, der in der jeweils vorgesehenen Zeit »voraussichtlich« erledigt werden kann. Dennoch wird schon aufgrund der fehlenden tatsächlichen Einflussnahmemöglichkeit des Arbeitgebers weiterhin nur eine sorgfältige Prognose vor Ausgabe der Heimarbeit, ausgehend von der Normalleistung vor der Schwangerschaft, dies jedoch unter Berücksichtigung des Einzelfalls und damit auch der individuellen Leistungsfähigkeit der Heimarbeiterin (vgl. Brose/Weth/Volk-Weth, 9. Auflage, § 8 MuSchG Rn. 4; Tillmanns/Mutschler-Just, 3. Auflage, § 8 MuSchG Rn. 2; AR-Vossen, 10. Auflage, § 8 MuSchG Rn. 1) zu fordern sein. Auch die Begründung des Gesetzentwurfs bietet keine Anhaltspunkte dafür, dass der Gesetzgeber in diesem Zusammenhang von der bisherigen Rechtslage abweichen wollte, mit Ausnahme redaktioneller Überarbeitung sollte vielmehr der Regelungsgehalt des § 8 Absatz 5 MuSchG übernommen werden (vgl. BT-Drucks. 18/8963 S. 63). 15

Für die Prognose der in der jeweils vorgegebenen Zeit zu erledigenden Arbeit ist nur die Arbeitsleistung der in Heimarbeit beschäftigten Frau oder der ihr Gleichgestellten zu berücksichtigen. Die Arbeitsleistung mithelfender Familienangehöriger oder fremder Hilfskräfte (vgl. hierzu auch § 1 Rdn. 42 ff.) bleibt außen vor, diese sind von der mutterschutzrechtlichen Arbeitszeitbeschränkung nicht betroffen (vgl. zu § 8 Absatz 5 MuSchG a.F.: Buchner/Becker, 8. Auflage, § 8 MuSchG Rn. 62; zu § 8 MuSchG: Brose/Weth/Volk-Weth, 9. Auflage, § 8 MuSchG Rn. 3). 16

Die nach § 29 Absatz 1 zuständige **Aufsichtsbehörde** kann nach § 29 Absatz 3 Nummer 4 **Einzelheiten** zur nach § 8 zulässigen Arbeitsmenge **anordnen**. Unter Berücksichtigung des Ziels, die werktägliche Arbeitszeit im Rahmen der eingeschränkten Einflussnahmemöglichkeiten in der Heimarbeit zu beschränken, und des Zusammenspiels von Umfang der ausgegebenen Heimarbeit und Fertigungsfrist überzeugt die Auslegung des Gesetzeswortlauts dahin gehend, dass hierbei nicht nur Vorgaben zum Umfang der auszugebenden Heimarbeit, sondern auch zu den Fertigungsfristen möglich sind (so Brose/Weth/Volk-Weth, 9. Auflage, § 8 MuSchG Rn. 4; Tillmanns/Mutschler-Just, 3. Auflage, § 8 MuSchG Rn. 2). Die vorsätzliche oder fahrlässige Ausgabe von Heimarbeit unter **Verstoß gegen § 8** kann nach § 32 als Ordnungswidrigkeit geahndet werden. Wer die Handlung vorsätzlich begeht und dadurch die Gesundheit der Frau oder ihres Kindes gefährdet, wird nach § 33 mit Freiheitsstrafe bis zu einem Jahr oder mit Geldstrafe bestraft. 17

Kann die in Heimarbeit beschäftigte Frau oder die ihr Gleichgestellte unter Berücksichtigung der Vorgaben des § 8 teilweise nicht beschäftigt werden, so hat sie insoweit Anspruch auf **Mutterschutzlohn** nach näherer Vorgabe des § 18. 18

Unterabschnitt 2 Betrieblicher Gesundheitsschutz

§ 9 MuSchG Gestaltung der Arbeitsbedingungen; unverantwortbare Gefährdung

(1) [1]Der Arbeitgeber hat bei der Gestaltung der Arbeitsbedingungen einer schwangeren oder stillenden Frau alle aufgrund der Gefährdungsbeurteilung nach § 10 erforderlichen Maßnahmen für den Schutz ihrer physischen und psychischen Gesundheit sowie der ihres Kindes zu treffen. [2]Er hat die Maßnahmen auf ihre Wirksamkeit zu überprüfen und erforderlichenfalls den sich ändernden Gegebenheiten anzupassen. [3]Soweit es nach den Vorschriften dieses Gesetzes verantwortbar ist, ist der Frau auch während der Schwangerschaft, nach der Entbindung und in der Stillzeit die Fortführung ihrer Tätigkeiten zu ermöglichen. [4]Nachteile aufgrund der Schwangerschaft, der Entbindung oder der Stillzeit sollen vermieden oder ausgeglichen werden.

(2) [1]Der Arbeitgeber hat die Arbeitsbedingungen so zu gestalten, dass Gefährdungen einer schwangeren oder stillenden Frau oder ihres Kindes möglichst vermieden werden und eine unverantwortbare Gefährdung ausgeschlossen wird. [2]Eine Gefährdung ist unverantwortbar, wenn die Eintrittswahrscheinlichkeit einer Gesundheitsbeeinträchtigung angesichts der zu erwartenden Schwere des möglichen Gesundheitsschadens nicht hinnehmbar ist. [3]Eine unverantwortbare Gefährdung gilt als ausgeschlossen, wenn der Arbeitgeber alle Vorgaben einhält, die aller Wahrscheinlichkeit nach dazu führen, dass die Gesundheit einer schwangeren oder stillenden Frau oder ihres Kindes nicht beeinträchtigt wird.

(3) [1]Der Arbeitgeber hat sicherzustellen, dass die schwangere oder stillende Frau ihre Tätigkeit am Arbeitsplatz, soweit es für sie erforderlich ist, kurz unterbrechen kann. [2]Er hat darüber hinaus sicherzustellen, dass sich die schwangere oder stillende Frau während der Pausen und Arbeitsunterbrechungen unter geeigneten Bedingungen hinlegen, hinsetzen und ausruhen kann.

(4) [1]Alle Maßnahmen des Arbeitgebers nach diesem Unterabschnitt sowie die Beurteilung der Arbeitsbedingungen nach § 10 müssen dem Stand der Technik, der Arbeitsmedizin und der Hygiene sowie den sonstigen gesicherten wissenschaftlichen Erkenntnissen entsprechen. [2]Der Arbeitgeber hat bei seinen Maßnahmen die vom Ausschuss für Mutterschutz ermittelten und nach § 30 Absatz 4 im Gemeinsamen Ministerialblatt veröffentlichten Regeln und Erkenntnisse zu berücksichtigen; bei Einhaltung dieser Regeln und bei Beachtung dieser Erkenntnisse ist davon auszugehen, dass die in diesem Gesetz gestellten Anforderungen erfüllt sind.

(5) Der Arbeitgeber kann zuverlässige und fachkundige Personen schriftlich damit beauftragen, ihm obliegende Aufgaben nach diesem Unterabschnitt in eigener Verantwortung wahrzunehmen.

(6) [1]Kosten für Maßnahmen nach diesem Gesetz darf der Arbeitgeber nicht den Personen auferlegen, die bei ihm beschäftigt sind. [2]Die Kosten für Zeugnisse und

Bescheinigungen, die die schwangere Frau, die Frau nach der Entbindung oder die stillende Frau auf Verlangen des Arbeitgebers vorzulegen hat, trägt der Arbeitgeber.

Übersicht Rdn.

I. Allgemeines

§ 9 in seiner aktuellen Fassung gilt mit Ausnahme des zum 1.6.2025 neugefassten Absatz 6 Satz 2 seit dem **1.1.2018** und wurde im Rahmen der Reform des Mutterschutzrechts durch das **Gesetz zur Neuregelung des Mutterschutzrechts vom 23. Mai 2017** (BGBl. I S. 1228) in das MuSchG aufgenommen. Vorgaben zur Gestaltung der Arbeitsbedingungen für schwangere oder stillende Frauen fanden sich vor der Reform des Mutterschutzrechts u.a. in § 2 Absatz 1 **MuSchG a.F.**, der den Arbeitgeber verpflichtete, bei der Einrichtung und Unterhaltung des Arbeitsplatzes die erforderlichen Vorkehrungen und Maßnahmen zum Schutz von Leben und Gesundheit der werdenden oder stillenden Mutter zu treffen. § 2 Absatz 2 MuSchG a.F. sah die Bereitstellung einer Sitzgelegenheit für eine Frau vor, die mit Arbeiten beschäftigt wird, bei denen sie ständig stehen oder gehen muss. Nach § 2 Absatz 3 MuSchG a.F. musste der Arbeitgeber einer werdenden Mutter, die mit Arbeiten beschäftigt wird, bei denen sie ständig sitzen muss, Gelegenheit zu kurzen Unterbrechungen ihrer Arbeit geben. Vorgaben zur Umsetzung sich aus der Beurteilung der Arbeitsbedingungen ergebender Maßnahmen zum Ausschluss von Gefährdungen enthielt § 3 Absatz 1 der auf Grundlage des § 2 Absatz 4 Nr. 2 MuSchG a.F. erlassenen Verordnung zum Schutze der Mütter am Arbeitsplatz vom 15.4.1997 (BGBl. I S. 782, MuSchV), § 1 Absatz 3 MuSchV regelte die Möglichkeit der Beauftragung zuverlässiger und fachkundiger Personen mit der Wahrnehmung von Aufgaben nach der MuSchV. Eine Regelung zu Kosten fand sich mit der Kostentragung des Arbeitgebers für Zeugnisse nach § 5 Absatz 1 und Absatz 2 MuSchG a.F. in § 5 Absatz 3 MuSchG a.F. Die Aufnahme der bisher in der Verordnung zum Schutze der Mütter am Arbeitsplatz (MuSchV) enthaltenen Regelungen in das MuSchG bezweckt eine 1

Erhöhung der Transparenz sowohl für die Arbeitgeber als auch für die betroffenen Frauen (vgl. BT-Drucks. 18/8963 S. 34). Das bisherige Gesetz zum Schutze der erwerbstätigen Mutter (Mutterschutzgesetz – MuSchG) in der Fassung der Bekanntmachung vom 20.6.2002 (BGBl. I S. 2318) sowie die Verordnung zum Schutze der Mütter am Arbeitsplatz traten nach Artikel 10 Absatz 2 und 3 des Gesetzes zur Neuregelung des Mutterschutzrechts vom 23. Mai 2017 am 1.1.2018 außer Kraft. Durch Artikel 1 Nr. 3 des Mutterschutzanpassungsgesetzes (MuSchAnpG) vom 24.2.2025 wurde die Kostenregelung in § 9 Absatz 6 Satz 2 zum **1.6.2025** dahingehend ergänzt, dass der Arbeitgeber auch die Kosten von Zeugnissen und Bescheinigungen zu tragen hat, die Frauen nach der Entbindung (unabhängig davon, ob sie stillen) auf Verlangen des Arbeitgebers vorzulegen haben.

2 § 9 des neu gestalteten MuSchG beinhaltet grundlegende Regelungen für den betrieblichen mutterschutzrechtlichen Gesundheitsschutz. § 9 Absatz 1 enthält hierbei zunächst **grundsätzliche Anforderungen** an die Gestaltung der Arbeitsbedingungen (hierzu Rdn. 7 ff.), die mit den nachfolgenden Regelungen konkretisiert werden (vgl. BT-Drucks. 18/8963 S. 63). § 9 Absatz 2 (hierzu Rdn. 17 ff.) verpflichtet den Arbeitgeber zur Vermeidung von Gefährdungen bzw. zum Ausschluss unverantwortbarer Gefährdungen und definiert zugleich den Begriff der **unverantwortbaren Gefährdung**. § 9 Absatz 3 (hierzu Rdn. 27 ff.) regelt die Möglichkeit von kurzen **Arbeitsunterbrechungen** und die Gelegenheit für schwangere oder stillende Frauen, sich während dieser Arbeitsunterbrechungen und in Pausen hinlegen, hinsetzen und ausruhen zu können. § 9 Absatz 4 (hierzu Rdn. 31 f.) beinhaltet die **Anforderungen an Maßnahmen des Arbeitgebers** im betrieblichen mutterschutzrechtlichen Gesundheitsschutz, § 9 Absatz 5 (hierzu Rdn. 33 ff.) sieht die Möglichkeit des Arbeitgebers vor, zuverlässige und fachkundige Personen mit Aufgaben aus diesem Bereich zu **beauftragen**. § 9 Absatz 6 regelt schließlich die **Kostentragung** (hierzu Rdn. 36 f.).

II. Anwendungsbereich

3 Der Anwendungsbereich des § 9 entspricht weitestgehend dem des MuSchG insgesamt. Seine Vorgaben sind nach dem in § 1 definierten Anwendungsbereich des MuSchG für die Beschäftigung **aller Frauen in einer Beschäftigung** nach § 7 Absatz 1 SGB IV (vgl. hierzu § 1 Rdn. 8–33) **sowie** grundsätzlich auch für die Beschäftigung von Frauen, für die das MuSchG unabhängig vom Vorliegen einer Beschäftigung nach § 7 Absatz 1 SGB IV unter Berücksichtigung des **erweiterten persönlichen Anwendungsbereichs des § 1 Absatz 2 Satz 2** (vgl. hierzu § 1 Rdn. 34–53) gilt, zu beachten. Die **Arbeitgebereigenschaft** in diesem Sinne richtet sich **nach § 2 Absatz 1** des neu gefassten MuSchG, der den Begriff des Arbeitgebers für das MuSchG unter Berücksichtigung des erweiterten persönlichen Anwendungsbereichs des § 1 bestimmt (vgl. hierzu § 2 Rdn. 1 ff.).

4 Eine **Besonderheit** gilt lediglich für in **Heimarbeit** nach dem HAG beschäftigte Frauen und ihnen Gleichgestellte (vgl. zu den Begriffen § 1 Rdn. 42 ff.), für die **§ 9 Absatz 1 bis 5 nur entsprechend** Anwendung findet, § 1 Absatz 2 Satz 2 Nummer 6. Diese Ausnahme gilt lediglich für Heimarbeit nach dem HAG, nicht für Arbeitnehmerinnen,

die in einem Arbeitsverhältnis ihre Arbeitstätigkeit ganz oder teilweise im Homeoffice, d.h. lediglich außerhalb des Betriebes an mit diesem durch elektronische Medien verbundenen Arbeitsplätzen erbringen (vgl. zu neuen durch die Entwicklung der Kommunikations- und Informationstechnik entstandenen Arbeitsformen: KR-Kreutzberg-Kowalczyk, 14. Auflage, ArbNähnl. Pers. Rn. 5; zur Abgrenzung zwischen Arbeits- und Heimarbeitsverhältnis im Sinne des HAG: BAG vom 14.6.2016, 9 AZR 305/15, WKRS 2016, 27629; zur Erfassung auch der Tätigkeit im Homeoffice durch das Arbeitsschutzrecht: Kollmer/Klindt/Schucht-N. Kollmer, 4. Auflage, Vor § 1 Rn. 80 ff.). Durch die nur entsprechende Geltung von § 9 Absatz 1 bis 5 wird der Besonderheit Rechnung getragen, dass die in Heimarbeit nach dem HAG beschäftigten Frauen und die ihnen Gleichgestellten für die Arbeitsbedingungen, die dem Einflussbereich des Arbeitgebers entzogen sind, grundsätzlich selbst verantwortlich sind (vgl. BT-Drucks. 18/8963 S. 51). Die in Heimarbeit Beschäftigte gestaltet ihre Tätigkeit durch die Möglichkeit, ihren Arbeitsplatz, Zeitpunkt und Zeitdauer ihrer Tätigkeit zu bestimmen, Hilfspersonen hinzuzuziehen, Geräte und Arbeitsmethode zu wählen, im Wesentlichen frei und schuldet im Vergleich zum Arbeitnehmer nicht eine bestimmte Dienstleistung, sondern ein bestimmtes Arbeitsergebnis (vgl. BAG vom 24.8.2016, 7 AZR 625/15, EzA § 14 TzBfG Nr. 125). Dennoch muss der Arbeitgeber im Sinne des MuSchG auch im Bereich der Heimarbeit zumindest im Rahmen seiner eingeschränkten Gestaltungsmöglichkeiten die Vorgaben des § 9 Absatz 1 bis 5 beachten. Diese Abgrenzung bringt § 1 Absatz 2 Satz 2 Nr. 6 mit der Vorgabe der entsprechenden Anwendung zum Ausdruck. Die Pflichten des § 9 Absatz 1 bis 5 sollen hierdurch für die Auftraggeber und Zwischenmeister nach der Begründung des Gesetzentwurfs nur insoweit gelten, als sie ihrem Einflussbereich unterfallen (vgl. BT-Drucks. 18/8963 S. 51).

Die in § 9 Absatz 1 bis 3 geregelten Verpflichtungen des Arbeitgebers betreffen jeweils 5
die Gestaltung der Arbeitsbedingungen für **schwangere oder stillende** Frauen (vgl. hierzu § 6 Rdn. 7 ff.). Nicht erfasst ist die Beschäftigung von Frauen nach der Entbindung, auch mit einem neugeborenen Kind, wenn sie nicht stillen. Die Begründung zum Gesetzentwurf weist hierzu auf einen ausreichenden Schutz durch das nachgeburtliche Beschäftigungsverbot nach § 3 Absatz 2 und die Möglichkeit eines ärztlichen Beschäftigungsverbots nach § 16 Absatz 2 hin. Gesundheitliche Beeinträchtigungen, die unabhängig vom Stillen die Belastbarkeit der Frau auch noch nach Ablauf der Schutzfrist nach der Entbindung herabsetzten, seien nach derzeitigem Stand der Wissenschaft nicht bekannt (vgl. BT-Drucks. 18/8963 S. 64). Die Vorgaben des § 9 Absatz 1 bis 3 können zeitlich nur zum Tragen kommen, wenn der Arbeitgeber tatsächlich eine schwangere oder stillende Frau beschäftigt, wenn auch § 10 Absatz 1 dem Arbeitgeber als Grundlage zukünftiger Maßnahmen die Durchführung einer mutterschutzrechtlichen Gefährdungsbeurteilung hiervon unabhängig aufgibt (vgl. Brose/Weth/Volk-Kühn, 9. Auflage, § 9 MuSchG Rn. 5). § 9 Absatz 4 bis 6 beinhalten hingegen Vorgaben auch für andere, teilweise von der tatsächlichen Beschäftigung schwangerer oder stillender Frauen unabhängiger Handlungen des Arbeitgebers nach dem MuSchG.

III. Verhältnis zu anderen Arbeitsschutzvorschriften

6 § 9 enthält besondere, mutterschutzspezifische Regelungen des Arbeitsschutzes. Daneben gelten regelmäßig auch **andere** öffentlich-rechtliche **Arbeitsschutzvorschriften**, die durch das MuSchG **unberührt** bleiben. § 1 Absatz 1 Satz 4 stellt dies klar (vgl. BT-Drucks. 18/8963 S. 49). Bespielhaft zu nennen sind insbesondere das ArbSchG, auf welches im Zusammenhang mit der Gefährdungsbeurteilung nach § 10 auch das MuSchG selbst Bezug nimmt, aber auch das JArbSchG und Rechtsverordnungen wie beispielsweise die Verordnung über Arbeitsstätten (Arbeitsstättenverordnung – ArbStättV), die Verordnung über Sicherheit und Gesundheitsschutz bei der Verwendung von Arbeitsmitteln (Betriebssicherheitsverordnung – BetrSichV), die Verordnung zur arbeitsmedizinischen Vorsorge (ArbMedVV), die Verordnung über Sicherheit und Gesundheitsschutz bei der Benutzung persönlicher Schutzausrüstungen bei der Arbeit (PSA-Benutzungsverordnung – PSA-BV), die Verordnung über Sicherheit und Gesundheitsschutz bei Tätigkeiten mit Biologischen Arbeitsstoffen (Biostoffverordnung – BioStoffV) oder die Verordnung zum Schutz der Beschäftigten vor Gefährdungen durch Lärm und Vibrationen (Lärm- und Vibrations-Arbeitsschutzverordnung – LärmVibrationsArbSchV). **§ 9** regelt **zusätzlich** zu den allgemeinen Regelungen des Arbeitsschutzes die Anforderungen an die Gestaltung der Arbeitsbedingungen unter Berücksichtigung der **besonderen Belange schwangerer und stillender Frauen sowie ihres** (ungeborenen) **Kindes** (vgl. BT-Drucks. 18/8963 S. 63).

IV. Grundsätzliche Anforderungen, § 9 Absatz 1

1. Treffen erforderlicher Gesundheitsschutzmaßnahmen

7 Der Arbeitgeber hat gemäß § 9 Absatz 1 Satz 1 bei der Gestaltung der Arbeitsbedingungen einer schwangeren oder stillenden Frau alle aufgrund der Gefährdungsbeurteilung nach § 10 erforderlichen Maßnahmen für den Schutz ihrer physischen und psychischen Gesundheit sowie der ihres Kindes zu treffen. Die Regelung **übernimmt** unter redaktioneller Überarbeitung den **Regelungsgehalt des § 2 Abs. 1 MuSchG a.F.** (vgl. BT-Drucks. 18/8963 S. 63). Während § 2 Abs. 1 MuSchG a.F. die Verpflichtung noch konkreter auf die Einrichtung und Unterhaltung des Arbeitsplatzes einschließlich der Maschinen, Werkzeuge und Geräte und die Regelung der Beschäftigung bezog, verzichtet § 9 Absatz 1 Satz 1 auf eine solche Aufzählung und spricht lediglich von der Gestaltung der Arbeitsbedingungen. Der Begriff der Arbeitsbedingungen findet sich auch in Artikel 5 der Richtlinie 92/85/EWG vom 19.10.1992 über die Durchführung von Maßnahmen zur Verbesserung der Sicherheit und des Gesundheitsschutzes von schwangeren Arbeitnehmerinnen, Wöchnerinnen und stillenden Arbeitnehmerinnen am Arbeitsplatz (zehnte Einzelrichtlinie im Sinne des Artikels 16 Absatz 1 der Richtlinie 89/391/EWG) (ABl. L 348 vom 28.11.1992, S. 1), deren Umsetzung das Gesetz zur Neuregelung des Mutterschutzrechts dient. Nach **Artikel 5 Absatz 1 der Richtlinie 92/85/EWG** trifft der Arbeitgeber in dem Fall, dass die Beurteilung nach Artikel 4 Absatz 1 das Vorhandensein einer Gefährdung für Sicherheit oder Gesundheit sowie eine mögliche Auswirkung auf Schwangerschaft oder Stillzeit einer Arbeitnehmerin ergibt, die erforderlichen Maßnahmen,

um durch eine einstweilige Umgestaltung der Arbeitsbedingungen und/oder der Arbeitszeiten der betreffenden Arbeitnehmerin auszuschließen, dass die Arbeitnehmerin dieser Gefährdung ausgesetzt ist.

Unter **Arbeitsbedingungen** im Sinne des MuSchG versteht der Gesetzgeber ausweislich der Begründung des Gesetzentwurfs insbesondere **alle organisatorischen (einschließlich der arbeitszeitlichen), technischen und witterungsbedingten Einflüsse**, einschließlich ihrer physikalischen, chemischen und biologischen Faktoren, die auf die Frauen bei ihren Tätigkeiten einwirken (vgl. BT-Drucks. 18/8963 S. 64). Dieses **weite Verständnis** des Begriffs entspricht dem des allgemeinen Arbeitsschutzrechts, der sich in der in § 5 Absatz 3 ArbSchG enthaltenen Aufzählung der Aspekte zeigt, aus welchen sich eine Gefährdung im Sinne des Arbeitsschutzrechts insbesondere ergeben kann. § 5 Absatz 3 ArbSchG benennt hierzu die Gestaltung und die Einrichtung des Arbeitsplatzes, physikalische, chemische und biologische Einwirkungen, die Gestaltung, die Auswahl und den Einsatz von Arbeitsmitteln, insbesondere von Arbeitsstoffen, Maschinen, Geräten und Anlagen sowie den Umgang damit, die Gestaltung von Arbeits- und Fertigungsverfahren, Arbeitsabläufen und Arbeitszeit und deren Zusammenwirken, unzureichende Qualifikation und Unterweisung der Beschäftigten sowie psychische Belastungen bei der Arbeit. Auch die verschiedenen im MuSchG thematisierten Aspekte der Beschäftigung, für die von der Möglichkeit mutterschutzspezifischer Gefährdungen ausgegangen wird, entsprechen diesem umfassenden Verständnis des Begriffs der Arbeitsbedingungen. Hierzu gehören Aspekte der Arbeitsorganisation (z.B. Alleinarbeit, § 2 Absatz 4, Akkord-, Fließ- oder getaktete Arbeit, § 11 Absatz 6, § 12 Absatz 5), einschließlich der Arbeitszeit (Verbot der Mehr-, Nacht-, Sonn- und Feiertagsarbeit, §§ 4 ff.), des Umgangs mit Gefahrstoffen oder gefährlichen Biostoffen oder physikalischer Einwirkungen (§ 11 Absatz 1 bis 4, § 12 Absatz 1 bis 4) ebenso wie der körperlichen Belastung beispielsweise durch Lastenhandhabung oder Zwangshaltungen sowie mechanischer Einwirkungen (§ 11 Absatz 5). 8

Grundlage der Gestaltung der Arbeitsbedingungen durch den Arbeitgeber ist die **Gefährdungsbeurteilung nach § 10**. Diese beinhaltet sowohl die von der Beschäftigung einer schwangeren oder stillenden Frau noch unabhängige generelle mutterschutzspezifische Beurteilung von Arbeitsbedingungen im Rahmen der Gefährdungsbeurteilung nach § 5 ArbSchG (§ 10 Absatz 1, vgl. hierzu § 10 Rdn. 5 ff.) als auch deren Konkretisierung durch den Arbeitgeber durch die Festlegung von Schutzmaßnahmen, die zum Tragen kommt, wenn eine Frau ihrem Arbeitgeber mitgeteilt hat, dass sie schwanger ist oder stillt (§ 10 Absatz 2, vgl. hierzu § 10 Rdn. 42 ff.). Nachdem § 10 im Bereich der **Heimarbeit** nach HAG keine Anwendung findet, § 1 Absatz 2 Satz 2 Nummer 6, muss der Arbeitgeber im Rahmen der entsprechenden Anwendung des § 9 Absatz 1 bis 5 die erforderlichen und in seinem Einflussbereich liegenden Schutzmaßnahmen ohne die Gefährdungsbeurteilung als Grundlage ermitteln. 9

Der Schutzbereich umfasst die **physische und psychische Gesundheit der Frau sowie die ihres Kindes**. Die Einbeziehung auch der psychischen Gesundheit stellt die Begründung des Gesetzentwurfs bereits für das in § 1 Absatz 1 Satz 1 benannte Schutzziel des MuSchG insgesamt klar. Ziel des Mutterschutzes ist danach der Schutz vor jeder Form 10 der physischen oder psychischen Beeinträchtigung der Gesundheit, der die Frau bei der Arbeit oder am Ausbildungs- bzw. Studienplatz ausgesetzt sein kann (BT-Drucks. 18/8963 S. 48). Der Schutz nicht nur der Gesundheit der Frau, sondern auch der ihres Kindes ergibt sich ebenfalls bereits aus § 1 Absatz 1 Satz 1. Die Erweiterung des Schutzbereichs auf das ungeborene oder das zu stillende Kind in § 9 Absatz 1 Satz 1 dient lediglich der Klarstellung im Wortlaut (vgl. BT-Drucks. 18/8963 S. 64).

11 Der Arbeitgeber muss die **Maßnahmen** treffen, die zum Schutz der physischen und psychischen Gesundheit der Frau und der ihres ungeborenen oder zu stillenden Kindes **erforderlich** sind. Zu den nach der Gefährdungsbeurteilung nach § 10 erforderlichen Schutzmaßnahmen können, wenn auch nachrangig in der Rangfolge des § 13, neben der Umgestaltung der Arbeitsbedingungen (z.B. Veränderung von Lage oder Dauer der Arbeitszeit oder besondere Schutzmaßnahmen wie Schutzkleidung, vgl. Tillmanns/Mutschler-Felder, 3. Auflage, § 9 MuSchG Rn. 42) auch der Einsatz der Frau an einem anderen geeigneten Arbeitsplatz oder sogar ein betriebliches Beschäftigungsverbot gehören (vgl. zu den durch den Arbeitgeber festzulegenden Schutzmaßnahmen auch § 10 Rdn. 45). Zu berücksichtigen ist hierbei der Maßstab des § 9 Absatz 2 Satz 1, wonach Gefährdungen möglichst zu vermeiden und unverantwortbare Gefährdungen auszuschließen sind (vgl. Rdn. 19 ff.). § 9 Absatz 1 Satz 2 entspricht dem in § 1 Absatz 1 Satz 2 formulierten Ziel des neugefassten MuSchG, vorrangig die ungefährdete Fortsetzung der Tätigkeit der Frau zu ermöglichen. Hierzu sollen grundsätzlich alle verfügbaren Präventionsmaßnahmen ausgeschöpft werden. Abhängig von der Art der Maßnahme kann der Umfang des Weisungsrechts des Arbeitgebers zu beachten sein und gegebenenfalls einer einseitigen Anordnung auch entgegenstehen, beispielsweise bei Zuweisung einer anderen Tätigkeit (vgl. hierzu § 3 Rdn. 25 ff. mit Hinweisen auch zu abweichenden, ein erweitertes Weisungsrecht des Arbeitgebers annehmenden Meinungen). Gleiches gilt für Mitbestimmungsrechte des Betriebsrats nach § 99 BetrVG (vgl. Tillmanns/Mutschler-Felder, 3. Auflage, § 9 MuSchG Rn. 66, 70), beispielsweise wenn eine Versetzung im Sinne des § 95 Absatz 3 BetrVG vorliegt. Bei Beschäftigungsverboten soll es sich um das letzte Mittel handeln, das nur dann eingreift, wenn eine unverantwortbare Gefährdung nicht in anderer Weise ausgeschlossen werden kann (vgl. BT-Drucks. 18/8963 S. 48). Soweit es unter Berücksichtigung der Vorgaben des MuSchG verantwortbar ist, ist der Frau demnach gemäß § 9 Absatz 1 Satz 2 auch während der Schwangerschaft, nach der Entbindung und in der Stillzeit die **Fortführung ihrer Tätigkeiten zu ermöglichen** (vgl. Tillmanns/Mutschler-Felder, 3. Auflage, § 9 MuSchG Rn. 56). Die Regelung beinhaltet eine **Verpflichtung des Arbeitgebers** und wird durch die Regelung der Rangfolge der zu treffenden Schutzmaßnahmen in § 13 ergänzt. Der Arbeitgeber muss demnach zwar die Maßnahmen treffen, die zum Schutz der Gesundheit der schwangeren oder stillenden Frau oder der ihres Kindes **erforderlich** sind, er darf unter Berücksichtigung der Rangfolge nach § 13 aber auch nur diese und keine weitergehenden treffen. Er muss, wenn nicht die Voraussetzungen einer Ausnahme nach § 13 Absatz 1 Nr. 2 vorliegen, unverantwortbare Gefährdungen durch die gegebenenfalls auch aufwendigere Umgestaltung der Arbeitsbedingungen ausschließen und darf der Frau nicht zur Vermeidung dieses Aufwands ohne ihr Ein-

verständnis einen anderen Arbeitsplatz zuweisen oder ihr sogar ein betriebliches Beschäftigungsverbot aussprechen.

Der Arbeitgeber ist zum Treffen erforderlicher Schutzmaßnahmen **nicht nur** im Sinne 12
des **öffentlich-rechtlichen** Arbeitsschutzes, verbunden mit einer Bußgeldandrohung beispielsweise für den Fall des Unterlassens der nach § 10 Absatz 2 vorgegebenen Festlegung erforderlicher Schutzmaßnahmen bzw. mit Bußgeld- oder Strafandrohung für den Fall der Beschäftigung einer Frau mit Tätigkeiten, für welche erforderliche Schutzmaßnahmen nicht getroffen wurden (vgl. § 10 Rdn. 42 und 54), verpflichtet. Er ist **auch gegenüber der schwangeren oder stillenden Frau** im Rahmen der vertraglichen Schutz- und Rücksichtnahmepflicht nach **§ 241 Absatz 2 BGB bzw.** im Rahmen der Verpflichtung aus **§ 618 Absatz 1 BGB zur Vornahme der erforderlichen Schutzmaßnahmen verpflichtet.** Die öffentlich-rechtlichen Arbeitsschutznormen konkretisieren den Inhalt der Fürsorgepflichten, die dem Arbeitgeber nach § 618 BGB im Hinblick auf die Sicherheit und das Leben der Arbeitnehmer obliegen (vgl. Kollmer/Klindt/Schucht-N. Kollmer, 4. Auflage, Vor § 1 Rn. 98). Technischen Arbeitsschutzvorschriften kommt eine mit einer neben der öffentlich-rechtlichen Pflicht bestehenden unabdingbaren privatrechtlichen Pflicht verbundene Doppelwirkung zu, wenn Ziel der jeweiligen Arbeitsschutzvorschrift gerade auch der Schutz des einzelnen Arbeitnehmers ist (vgl. BAG vom 12.8.2008, 9 AZR 1117/06, EzA § 618 BGB 2002 Nr. 3). Dies ist bei der Vorschrift des § 9 Absatz 1 der Fall. Die Frau kann damit die **Erfüllung der Pflichten** durch den Arbeitgeber verlangen und gegebenenfalls gerichtlich **durchsetzen**, sofern ein Anspruch auf gerade eine bestimmte Schutzmaßnahme besteht (vgl. Schaub-Ahrendt, 17. Auflage, § 106 Rn. 13; AR-Kamanabrou, 10. Auflage, § 618 BGB Rn. 25; Kollmer/Klindt/Schucht-N. Kollmer, 4. Auflage, Vor § 1 ArbSchG Rn. 98). Besteht ein Beurteilungs- oder Ermessensspielraum des Arbeitgebers, kann die Frau lediglich die ordnungsgemäße Ausfüllung dieses Beurteilungsspielraums bzw. die fehlerfreie Ermessensausübung verlangen (vgl. BAG vom 12.8.2008, 9 AZR 1117/06, EzA § 618 BGB 2002 Nr. 3). Bei Nichterfüllung der sich aus der Arbeitsschutzvorschrift ergebenden Verpflichtung durch den Arbeitgeber kann die Frau gegebenenfalls selbst die **Leistung verweigern, § 273 BGB** (vgl. Schaub-Ahrendt, 17. Auflage, § 106 Rn. 14; AR-Kamanabrou, 10. Auflage, § 618 BGB Rn. 27 ff.; Kollmer/Klindt/Schucht-N. Kollmer, 4. Auflage, Vor § 1 ArbSchG Rn. 983). Auch ein vertraglicher **Schadensersatzanspruch** nach **§ 280 Absatz 1 BGB** kommt in Betracht (vgl. Schaub-Ahrendt, 17. Auflage, § 106 Rn. 15; AR-Kamanabrou, 10. Auflage, § 618 BGB Rn. 32 ff.). Schließlich kommen bei Verletzung arbeitsschutzrechtlicher Pflichten Schadensersatzansprüche nach **§ 823 Absatz 1 BGB** und **§ 823 Absatz 2 BGB** in Betracht, nachdem Arbeitsschutznormen, soweit sie auf den Schutz von Leben und Gesundheit der Arbeitnehmer abzielen, Schutzgesetze im Sinne des § 823 Absatz 2 BGB sind (vgl. AR-Kamanabrou, 10. Auflage, § 618 BGB Rn. 37). Gegebenenfalls ist der Haftungsausschluss nach § 104 SGB VII zu beachten (vgl. Schaub-Vogelsang, 17. Auflage, § 151 Rn. 6; AR-Kamanabrou, 10. Auflage, § 618 BGB Rn. 38.; zu § 2 MuSchG a.F.: Buchner/Becker, 8. Auflage, § 2 MuSchG Rn. 50). Auch das Kind, dessen Gesundheit ebenfalls in den Schutzbereich des MuSchG fällt, kann gegebenenfalls deliktische Schadensersatzansprüche auch bezüglich solcher Schädigungen geltend machen, die ihm vor

der Geburt bereits als Leibesfrucht im Mutterleib zugefügt worden sind (vgl. BGH vom 5.2.1985, VI ZR 198/83, JurionRS 1985, 12916).

2. Überprüfung und Anpassung der Maßnahmen

13 Nach § 9 Absatz 1 Satz 2 hat der Arbeitgeber die nach § 9 Absatz 1 Satz 1 getroffenen Maßnahmen auf ihre Wirksamkeit zu überprüfen und erforderlichenfalls den sich ändernden Gegebenheiten anzupassen. Diese im ursprünglichen Gesetzentwurf noch nicht enthaltene Vorgabe wurde durch den Bundesrat in seiner am 17.6.2016 beschlossenen Stellungnahme gefordert (vgl. Stellungnahme des Bundesrates in BT-Drucks. 18/8963 S. 111) und in die Beschlussempfehlung des Ausschusses für Familie, Senioren, Frauen und Jugend vom 29.3.2017 aufgenommen (vgl. BT-Drucks. 18/11782 S. 8). Der Bundesrat begründete seine Forderung mit der in § 3 Absatz 1 ArbSchG vorgesehenen Verpflichtung des Arbeitgebers zur Überprüfung und erforderlichenfalls Anpassung seiner Maßnahmen einschließlich einer Dokumentationspflicht nach § 6 Absatz 1 ArbSchG. Das Schutzniveau des MuSchG solle nicht hinter dem des ArbSchG zurückbleiben (vgl. Stellungnahme des Bundesrates in BT-Drucks. 18/8963 S. 111). Neben der Überprüfungspflicht wurde in diesem Rahmen auch die **entsprechende Dokumentationspflicht in § 14 Absatz 1 Satz 1 Nr. 2** in das MuSchG aufgenommen (vgl. BT-Drucks. 18/11782 S. 10, 35). Nachdem die Regelung des § 9 Absatz 1 Satz 2 nunmehr der Regelung des § 3 Absatz 1 Satz 2 ArbSchG entspricht und dieser Gleichklang mit dem allgemeinen Arbeitsschutz auch gerade das Ziel des Gesetzgebers war, kann für die nähere Bestimmung der sich aus § 9 Absatz 1 Satz 2 ergebenden Pflichten auch auf § 3 Absatz 1 Satz 2 ArbSchG zurückgegriffen werden.

14 Bei der Überprüfung nach § 9 Absatz 1 Satz 2 handelt es sich nicht lediglich um die Prüfung, ob die festgelegten Schutzmaßnahmen tatsächlich umgesetzt wurden. Dies hat der Arbeitgeber ohnehin sicherzustellen. Mit der Wirksamkeitsüberprüfung soll vielmehr geklärt werden, ob sich die getroffenen Maßnahmen **als** zur Realisierung des Schutzziels **geeignet gezeigt** haben (vgl. zu § 3 ArbSchG: Kollmer/Klindt/Schucht-Kohte, 4. Auflage, § 3 ArbSchG Rn. 28). Die Regel des Ausschusses für Mutterschutz zur Gefährdungsbeurteilung (vgl. Rdn. 32) weist ergänzend auf die Notwendigkeit der Feststellung hin, ob sich aus den Schutzmaßnahmen neue Gefährdungen ergeben (vgl. Bundesministerium für Familie, Senioren, Frauen und Jugend: Gefährdungsbeurteilung, Regel des Ausschusses für Mutterschutz, Nr. MuSchR 10.1.01, 2023, Ziffer 4.6). Zum **Zeitpunkt** der Wirksamkeitsüberprüfung enthält § 9 Absatz 1 Satz 2 ebenso wie § 3 Absatz 1 Satz 2 ArbSchG keine Angabe. Sie wird jedenfalls durchzuführen sein, wenn hierzu ein **konkreter Anlass** besteht, beispielsweise wenn es zu besonderen Vorkommnissen wie einer arbeitsbedingten Erkrankung oder einem Arbeitsunfall kommt, es neue Erkenntnisse zur Beurteilung der Gefährdung gibt oder auch die Einflüsse einer Pandemie zu berücksichtigen sind (vgl. zu § 3 ArbSchG: Kollmer/Klindt/Schucht-Kohte, 4. Auflage, § 3 ArbSchG Rn. 29, 31). Schon aus dem Wortlaut des § 9 Absatz 1 Satz 2 mit der Verpflichtung auch zur Anpassung an sich ändernde Gegebenheiten ergibt sich, dass auch solche, zu denen auch Veränderungen in der Konstitution der schwangeren oder stillenden Frau gehören können, eine Überprüfung der Wirksamkeit

von getroffenen Schutzmaßnahmen veranlassen. Die sich aus § 9 Absatz 1 Satz 2 ergebende Verpflichtung zur Wirksamkeitsüberprüfung ist aber nicht auf eine anlassbezogene Prüfung beschränkt, auch unabhängig von besonderen Vorkommnissen besteht eine Verpflichtung zur **regelmäßigen Wirksamkeitsüberprüfung**. Ob in jedem Einzelfall eine Wirksamkeitsprüfung durchgeführt werden muss, in welchem zeitlichen Abstand dies veranlasst und ob eine wiederholte Prüfung erforderlich ist, hängt davon ab, ob es sich beispielsweise um erprobte Standardmaßnahmen oder um individuelle Einzelmaßnahmen handelt, auch Art und Umfang der Gefährdung sind hierbei zu berücksichtigen (vgl. zur Abhängigkeit der Häufigkeit von regelmäßigen Wirksamkeitsüberprüfungen nach § 3 Absatz 1 Satz 2 ArbSchG von der Größe der Gefährdung nach Maßgabe des Verhältnismäßigkeitsgrundsatzes: Kollmer/Klindt/Schucht-Kohte, 4. Auflage, § 3 ArbSchG Rn. 30; zum möglichen Ablauf einer Wirksamkeitsprüfung: Kollmer/Klindt/Schucht-Kohte, 4. Auflage, § 3 ArbSchG Rn. 31a). Methoden und Fristen zur Wirksamkeitsüberprüfung sollten schon als Ergebnis der Gefährdungsbeurteilung nach § 5 ArbSchG (vgl. § 10 MuSchG) festgehalten werden (vgl. Brose/Weth/Volk-Wieske, 9. Auflage, § 9 MuSchG Rn. 14; so nun auch vorgegeben in der Regel zur Gefährdungsbeurteilung [vgl. Rdn. 32], Bundesministerium für Familie, Senioren, Frauen und Jugend: Gefährdungsbeurteilung, Regel des Ausschusses für Mutterschutz, Nr. MuSchR 10.1.01, 2023, Ziffer 4.6).

Der Arbeitgeber muss die getroffenen **Schutzmaßnahmen** schließlich nach § 9 Absatz 1 15
Satz 2 **erforderlichenfalls** den sich ändernden Gegebenheiten **anpassen**. Zu den sich ändernden Gegebenheiten können Veränderungen in den nach § 9 Absatz 4 zu berücksichtigen Erkenntnissen, die sich sowohl auf verbesserte Schutz- oder Gestaltungsmöglichkeiten als auch auf eine veränderte Bewertung von mit bestimmten Tätigkeiten einhergehenden Gefährdungen beziehen können, ebenso gehören wie beispielsweise Veränderungen im Gesundheitszustand der Frau oder auch beispielsweise eine Pandemie (vgl. zu § 3 ArbSchG: Kollmer/Klindt/Schucht-Kohte, 4. Auflage, § 3 ArbSchG Rn. 35, 37). Schon aus dem Wortlaut des § 9 Absatz 1 Satz 2 ergibt sich, dass nicht jede Veränderung in den Gegebenheiten zu einer Anpassungspflicht des Arbeitgebers führt, er muss nur erforderlichenfalls Anpassungen vornehmen. Für die Bewertung, ob eine Anpassung erforderlich ist, wird derselbe Maßstab wie für die Erforderlichkeit der zu treffenden Schutzmaßnahme an sich anzulegen sein (vgl. Rdn. 11).

3. Vermeidung und Ausgleich von Nachteilen

Nach § 9 Absatz 1 Satz 4 sollen Nachteile aufgrund der Schwangerschaft, der Ent- 16
bindung oder der Stillzeit vermieden oder ausgeglichen werden. Diese in die grundlegenden Anforderungen an die Gestaltung der Arbeitsbedingungen nach § 9 aufgenommene Anforderung spiegelt das **Ziel des MuSchG** nach § 1 Absatz 1 Satz 2 wider, wonach das MuSchG Benachteiligungen während der Schwangerschaft, nach der Entbindung und in der Stillzeit entgegenwirkt. Der **Vermeidung** von Nachteilen dienen zunächst die Regelungen zum Gesundheitsschutz, beginnend mit der Verpflichtung des Arbeitgebers, frühzeitig und personenunabhängig zusammen mit der nach § 5 ArbSchG ohnehin durchzuführenden Gefährdungsbeurteilung eine generelle mutterschutzrechtliche Gefährdungsbeurteilung vorzunehmen und die Beschäf-

tigten zu informieren (vgl. hierzu § 10 Rdn. 5 ff.), bis hin zur konkreten Umsetzung von erforderlichen Schutzmaßnahmen mit dem in § 9 Absatz 1 Satz 3 ausdrücklich vorgegebenen Ziel, der Frau die Fortführung ihrer Tätigkeiten zu ermöglichen. Auch der besondere Kündigungsschutz nach § 17 dient dem Ziel der Vermeidung von Benachteiligungen (vgl. BT-Drucks. 18/8963 S. 64). Dem **Ausgleich** nicht zu vermeidender Nachteile dienen beispielsweise die Regelungen der §§ 18 ff. zu Leistungen während der Schutzfristen und eines etwaigen Beschäftigungsverbots.

V. Vermeidung und Ausschluss von Gefährdungen, § 9 Absatz 2

1. Mutterschutzrechtlicher Gefährdungsbegriff

17 § 9 Absatz 2 führt den Begriff der Gefährdung als zentralen Begriff im betrieblichen Gesundheitsschutz des Mutterschutzrechts ein. Die Begründung des Gesetzentwurfs nimmt hierzu Bezug auf die Definition des Bundesarbeitsgerichts zum arbeitsschutzrechtlichen Begriff der Gefährdung, der auch im Mutterschutzrecht gilt (vgl. BT-Drucks. 18/8963 S. 64 f.). In **Abgrenzung zu einer Gefahr**, unter der im Arbeitsschutz eine Sachlage zu verstehen ist, die bei ungehindertem Ablauf des objektiv zu erwartenden Geschehens zu einem Schaden führt, tritt eine **Gefährdung** im Sinne des ArbSchG schon ein, **wenn die Möglichkeit eines Schadens oder einer gesundheitlichen Beeinträchtigung ohne bestimmte Anforderungen an ihr Ausmaß oder ihre Eintrittswahrscheinlichkeit besteht** (vgl. BAG vom 12.8.2008, 9 AZR 1117/08, EzA § 618 BGB 2002 Nr. 3; zum inhaltsgleichen Gefährdungsbegriff schon des MuSchG a.F. sowie des § 1 MuSchV und des ArbSchG: Kollmer/Klindt/Schucht-Kohte, 3. Auflage, § 1 MuSchArbV Rn. 1). Auch der nach § 30 eingerichtete Ausschuss für Mutterschutz definiert in seiner Regel zur Gefährdungsbeurteilung (vgl. Rdn. 32) den Gefährdungsbegriff für den Mutterschutz in gleicher Weise (vgl. Bundesministerium für Familie, Senioren, Frauen und Jugend: Gefährdungsbeurteilung, Regel des Ausschusses für Mutterschutz, Nr. MuSchR 10.1.01, 2023, Ziffer 2.1).

18 Dieser allgemeine arbeitsschutzrechtliche Gefährdungsbegriff muss jedoch für die Belange des MuSchG **durch** die **mutterschutzrechtliche Zielsetzung**, die Gesundheit der Frau und ihres Kindes am Arbeits-, Ausbildungs- und Studienplatz während der Schwangerschaft, nach der Entbindung und in der Stillzeit zu schützen, § 1 Absatz 1 Satz 1, **konkretisiert** werden. Die **Gefährdung** einer schwangeren oder stillenden Frau oder ihres Kindes **im Sinne des MuSchG** setzt nach der Begründung des Gesetzentwurfs (vgl. BT-Drucks. 18/8963 S. 65) deshalb zunächst voraus, dass (1) die **Möglichkeit** besteht, dass die festgestellten Schadfaktoren die schwangere oder stillende Frau bzw. das ungeborene oder zu stillende Kind **gesundheitlich beeinträchtigen**. Entsprechend dem allgemeinen arbeitsschutzrechtlichen Gefährdungsbegriff sind also auch schädliche Faktoren zu berücksichtigen, die nur möglicherweise zu gesundheitlichen Beeinträchtigungen führen oder die lediglich im Verdacht stehen, gesundheitliche Beeinträchtigungen hervorzurufen. Der gleiche Maßstab gilt für den Kontakt der Frau mit solchen Schadfaktoren: Für das Vorliegen einer Gefährdung genügt es, wenn die Frau ihnen nur ausgesetzt sein kann. Dies spiegelt sich auch in der Formulierung des § 11 Absatz 1 Satz 2 bzw. § 12 Absatz 1 Satz 2 wider. Ausreichend ist in diesem ersten

Schritt damit eine abstrakte Gefahrenlage (vgl. Tillmanns/Mutschler-Felder, 3. Auflage, § 9 MuSchG Rn. 62). Eine Gefährdung im Sinne des MuSchG setzt darüber hinaus voraus, dass (2) ein hinreichender **Bezug zur ausgeübten Tätigkeit** und den mit ihr verbundenen Arbeitsbedingungen vorliegt. Ziel des Mutterschutzes ist der Schutz am Arbeits-, Ausbildungs- oder Studienplatz, für die Vermeidung dem allgemeinen Lebensrisiko unterfallender Gefährdungen kann der Arbeitgeber nicht verantwortlich sein. Die Begründung des Gesetzentwurfs fordert für diesen Bezug eine signifikant erhöhte Wahrscheinlichkeit der gesundheitlichen Beeinträchtigung im Vergleich zu Frauen, die den betreffenden Arbeitsbedingungen, beispielsweise einer Lärmbelastung am Arbeitsplatz, nicht ausgesetzt sind. Als Beispiel zur Abgrenzung wird eine Grippeerkrankung angeführt, deren grundsätzliche Möglichkeit keine mutterschutzrechtlichen Schutzmaßnahmen auslöst, wenn die Erkrankungswahrscheinlichkeit am Arbeitsplatz nicht höher ist als außerhalb des Arbeitsumfelds. Eine mutterschutzrechtliche Gefährdung liegt für die Frau schließlich nur dann vor, wenn auch (3) ein **Bezug zu Schwangerschaft und Stillzeit** vorliegt. Ist ein solcher Bezug nicht gegeben, ist ein besonderer mutterschutzrechtlicher Schutz nicht erforderlich, da ohnehin die allgemeinen Vorschriften des ArbSchG gelten. Der für eine mutterschutzspezifische Gefährdung der Frau erforderliche Bezug kann sich sowohl aus einer signifikant erhöhten Wahrscheinlichkeit des Eintritts einer gesundheitlichen Beeinträchtigung bei schwangeren oder stillenden Frauen ergeben, wofür die Begründung des Gesetzentwurfs als Beispiel eine erhöhte Thrombosewahrscheinlichkeit bei langem Stehen in der Schwangerschaft benennt, als auch aus besonders schwerwiegenden Auswirkungen einer Erkrankung während der Schwangerschaft oder in der Stillzeit. Als Beispiel für diese Fallgestaltung dient ein besonders schwerer Verlauf einer Leberentzündung vom Typ Hepatitis E infolge des veränderten Immunstatus einer Frau in der Schwangerschaft.

2. Vermeidung von Gefährdungen

Nach § 9 Absatz 2 Satz 1 hat der Arbeitgeber die Arbeitsbedingungen so zu gestalten, dass Gefährdungen einer schwangeren oder stillenden Frau oder ihres Kindes möglichst vermieden werden und eine unverantwortbare Gefährdung ausgeschlossen wird. Durch diese Vorgabe soll zunächst klargestellt werden, dass der **Grundsatz der Risikominimierung** auch im mutterschutzrechtlichen Gesundheitsschutz gilt (vgl. BT-Drucks. 18/8963 S. 65 f.). Schon nach dem allgemeinen arbeitsschutzrechtlichen Grundsatz des **§ 4 Nr. 1 ArbSchG** ist die Arbeit so zu gestalten, dass eine Gefährdung für das Leben sowie die physische und psychische Gesundheit möglichst vermieden und die verbleibende Gefährdung möglichst geringgehalten wird. Vor dem Hintergrund des Ziels der Regelung und der vergleichbaren, auch zur Begründung herangezogenen Regelung des § 4 Nr. 1 ArbSchG ist auch § 9 Absatz 2 Satz 1 so zu verstehen, dass die Vorgabe der **Vermeidung von Gefährdungen** auch das **Geringhalten einer verbleibenden Gefährdung** beinhaltet. Aus der abweichenden Vorgabe für unverantwortbare Gefährdungen, die auszuschließen sind, ergibt sich, dass die Vermeidung und Geringhaltung von verbleibenden Gefährdungen bei **hinnehmbaren Gefährdungen** der schwangeren oder stillenden Frau oder ihres Kindes genügen kann, unverantwortbare Gefährdungen sind hingegen auszuschließen. 19

20 Diese **Unterscheidung zwischen hinnehmbaren und unverantwortbaren** (hierzu Rdn. 21 ff.), damit nicht hinnehmbaren Gefährdungen ist Ausdruck des Ziels des MuSchG, schwangere und stillende Frauen zwar vor unverantwortbaren Gefährdungen zu schützen, ihnen aber zugleich auch eine verantwortbare, ihren individuellen Bedürfnissen angepasste Teilhabe am Erwerbsleben zu ermöglichen. Sie soll darüber hinaus die Autonomie der Frau und die gesellschaftliche Akzeptanz der mutterschutzrechtlichen Regelungen sicherstellen. Die Begründung des Gesetzentwurfs weist hierzu darauf hin, dass die Forderung nach dem Ausschluss jeglicher Gefährdung die Beschäftigung schwangerer und stillender Frau weitestgehend ausschließen und auch zu einem im Arbeitsumfeld angestrebten Schutzniveau führen würde, das sich außerhalb des Arbeitsumfelds nicht aufrechterhalten ließe (vgl. BT-Drucks. 18/8963 S. 66).

3. Unverantwortbare Gefährdungen

21 Im Gegensatz zu lediglich zu vermeidenden hinnehmbaren Gefährdungen muss der Arbeitgeber nach § 9 Absatz 2 Satz 1 durch die Gestaltung der Arbeitsbedingungen eine unverantwortbare Gefährdung ausschließen. Eine Gefährdung ist nach § 9 Absatz 2 Satz 2 unverantwortbar, wenn die Eintrittswahrscheinlichkeit einer Gesundheitsbeeinträchtigung angesichts der zu erwartenden Schwere des möglichen Gesundheitsschadens nicht hinnehmbar ist. Dieser mutterschutzrechtliche Begriff der unverantwortbaren Gefährdung soll die **Gefährdungsschwelle** beschreiben, **ab welcher** der Arbeitgeber **Gefährdungen** zum Schutz der Frau oder ihres Kindes nicht mehr nur vermeiden oder geringhalten, sondern **ausschließen muss** (vgl. BT-Drucks. 18/8963 S. 66).

22 Für die **Beurteilung, ob** im Sinne des § 9 Absatz 2 Satz 2 die Eintrittswahrscheinlichkeit einer Gesundheitsbeeinträchtigung angesichts der zu erwartenden Schwere des möglichen Gesundheitsschadens **nicht hinnehmbar und die Gefährdung damit unverantwortbar ist**, verweist die Begründung des Gesetzentwurfs auf die Rechtsprechung des Bundesverwaltungsgerichts zum erforderlichen Grad der Wahrscheinlichkeit eines Schadenseintritts für mutterschutzrechtliche Beschäftigungsverbote nach § 4 MuSchG a.F. (vgl. BT-Drucks. 18/8963 S. 67). Hiernach **muss die Wahrscheinlichkeit des Schadenseintritts umso größer sein, je geringer der möglicherweise eintretende Schaden ist, und sie darf umso kleiner sein, je schwerer der etwaige Schaden wiegt** (vgl. BVerwG vom 27.5.1993, 5 C 42.89, EzA § 4 MuSchG Nr. 4; so auch OVG Rheinland-Pfalz vom 11.9.2003, 12 A 10856/03, JurionRS 2003, 15167). Dies bedeutet nach der Begründung des Bundesverwaltungsgerichts, dass bei der Gefahr besonders großer Schäden für besonders gewichtige Schutzgüter für die Bejahung einer hinreichenden Wahrscheinlichkeit bereits die entfernte Möglichkeit eines Schadenseintritts ausreicht (vgl. BVerwG vom 27.5.1993, 5 C 42.89, EzA § 4 MuSchG Nr. 4). Leben und Gesundheit von Mutter und Kind fallen hierbei als Rechtsgüter von sehr hohem Rang ins Gewicht (vgl. BVerwG vom 27.5.1993, 5 C 42.89, EzA § 4 MuSchG Nr. 4; OVG Rheinland-Pfalz vom 11.9.2003, 12 A 10856/03, JurionRS 2003, 15167).

23 Die Einführung des Begriffs der unverantwortbaren Gefährdung hat im Rahmen des Gesetzgebungsverfahrens Kritik erfahren. Der Bundesrat betrachtet in seiner am

17.6.2016 beschlossenen Stellungnahme die Einführung einer von der Systematik des Arbeitsschutzrechts abweichenden Risikobetrachtung, die er in der Einführung des Begriffs der unverantwortbaren Gefährdung sieht, als kritisch. Er weist darauf hin, dass der im ArbSchG verankerte Grundsatz, wonach Gefährdungen möglichst vermieden und verbleibende Gefährdungen möglichst geringgehalten werden sollen, nicht unterlaufen werden dürfe (vgl. Stellungnahme des Bundesrates in BT-Drucks. 18/8963 S. 114). Hierzu betont die Bundesregierung in ihrer Gegenäußerung, dass der im allgemeinen Arbeitsschutzrecht geltende Grundsatz der Risikominimierung unberührt bleibe. Im Mutterschutzrecht komme vielmehr hinzu, dass ab einer bestimmten Gefährdungsschwelle Gefährdungen auszuschließen seien. Der Begriff der unverantwortbaren Gefährdung beschreibe diese Gefährdungsschwelle (vgl. Gegenäußerung der Bundesregierung in BT-Drucks. 18/8963 S. 117).

Die §§ 11, 12 mit Vorgaben zu für schwangere oder stillende Frauen unzulässigen Tätigkeiten und Arbeitsbedingungen beinhalten als Regelbeispiele Gestaltungen, in denen eine solche unverantwortbare Gefährdung anzunehmen ist. Die dortigen Wertungen können auch sonst als Orientierungshilfe dienen. Die **Unterscheidung** zwischen hinnehmbaren und unverantwortbaren Gefährdungen muss der **Arbeitgeber im Rahmen der Gefährdungsbeurteilung nach § 10** vornehmen (vgl. BT-Drucks. 18/8963 S. 66). Er hat nach § 10 Absatz 1 Satz 1 Nr. 1 die **Gefährdungen nach Art, Ausmaß und Dauer zu beurteilen** und nach § 10 Absatz 1 Satz 1 Nr. 2 auch zu ermitteln, ob voraussichtlich keine Schutzmaßnahmen erforderlich, eine für den Fall einer unverantwortbaren Gefährdung vorgesehene Umgestaltung der Arbeitsbedingungen nach § 13 Absatz 1 Nr. 1 nötig oder die Fortführung der Tätigkeit der Frau am bisherigen Arbeitsplatz überhaupt nicht möglich sein wird. 24

Betreffend die Unterscheidung zwischen hinnehmbaren und unverantwortbaren Gefährdungen hat der **Bundestag** entsprechend der Empfehlung des Ausschusses für Familie, Senioren, Frauen und Jugend vom 29.3.2017, am 30.3.2017 eine **Entschließung** angenommen, mit welcher er seine Auffassung feststellt, dass es zur Umsetzung des Gesetzes, insbesondere mit Blick auf die Einführung eines dem Arbeitsschutz bislang unbekannten Gefährdungsbegriffs »unverantwortbare Gefährdung«, Hinweisen bedarf, die von der Bundesregierung im Einvernehmen mit den Bundesländern erarbeitet werden. Der **Bundestag forderte die Bundesregierung** mit der Entschließung demnach **auf**, darauf hinzuwirken, dass im Einvernehmen mit den Ländern den Vollzugsbehörden und Arbeitgebern in geeigneter Form **Hinweise zum Vollzug des Gesetzes** zur Verfügung gestellt werden (vgl. Beschlussempfehlung und Bericht des Ausschusses für Familie, Senioren, Frauen und Jugend vom 29.3.2017, BT-Drucks. 18/11782 S. 20 f.). Zur Abgrenzung dienen sollen hiervon unabhängig neben den in **§ 11 und § 12** nicht abschließend **aufgezählten Beispielen** unverantwortbarer Gefährdungen auch die nach § 30 Absatz 4 veröffentlichten **Ergebnisse des Ausschusses für Mutterschutz** (vgl. BT-Drucks. 18/8963 S. 66). Zu den Aufgaben des Ausschusses gehört es nach § 30 Absatz 3 Satz 1 Nr. 1, Art, Ausmaß und Dauer der möglichen unverantwortbaren Gefährdungen einer schwangeren oder stillenden Frau und ihres Kindes nach wissenschaftlichen Erkenntnissen zu ermitteln und zu begründen. Hierdurch sollen die gesetzlichen Vorgaben des MuSchG konkretisiert werden (vgl. BT-Drucks. 18/8963 S. 100). Für die 25

Gefährdungsbeurteilung wurde zwischenzeitlich eine Regel des Ausschusses für Mutterschutz im Sinne des § 30 Absatz 3 Satz 1 Nr. 2 veröffentlicht (GMBl Nr. 39/2023 S. 818), die auch den Begriff der unverantwortbaren Gefährdung aufgreift und eine solche ebenfalls dann annimmt, wenn die Eintrittswahrscheinlichkeit einer Gesundheitsbeeinträchtigung angesichts der zu erwartenden Schwere des möglichen Gesundheitsschadens nicht hinnehmbar ist (vgl. Bundesministerium für Familie, Senioren, Frauen und Jugend: Gefährdungsbeurteilung, Regel des Ausschusses für Mutterschutz, Nr. MuSchR 10.1.01, 2023, Ziffer 2.2).

26 Der Arbeitgeber muss die Arbeitsbedingungen so gestalten, dass unverantwortbare Gefährdungen **ausgeschlossen** werden. Eine unverantwortbare Gefährdung **gilt nach § 9 Absatz 2 Satz 3 als ausgeschlossen, wenn** der Arbeitgeber alle Vorgaben einhält, die aller Wahrscheinlichkeit nach dazu führen, dass die Gesundheit einer schwangeren oder stillenden Frau oder ihres Kindes nicht beeinträchtigt wird. Die Geltung als ausgeschlossen kraft der gesetzlichen Regelung beinhaltet mit der Voraussetzung, dass die Vorgaben **aller Wahrscheinlichkeit nach** zu einer Nichtbeeinträchtigung führen, eine **hohe Anforderung**. Auch die Begründung des Gesetzentwurfs betont unter Bezugnahme auf die Entscheidung des Bundesverwaltungsgerichts zum erforderlichen Grad der Wahrscheinlichkeit eines Schadenseintritts für mutterschutzrechtliche Beschäftigungsverbote nach § 4 MuSchG a.F. vom 27.5.1993, dass Gesundheitsgefährdungen, die nur gering wahrscheinlich, aber durchaus möglich sind, hiervon nicht erfasst sind (vgl. BT-Drucks. 18/8963 S. 67). Das Bundesverwaltungsgericht führt in den Gründen seiner Entscheidung vom 27.5.1993 aus, dass Gesundheitsgefährdungen, die nicht nach den Maßstäben praktischer Vernunft ausgeschlossen sind, sondern nach diesen Maßstäben durchaus möglich, wenn auch nur gering wahrscheinlich bleiben, nicht dem Bereich des zu vernachlässigenden Restrisikos unterfallen (vgl. BVerwG vom 27.5.1993, 5 C 42.89, EzA § 4 MuSchG Nr. 4).

VI. Arbeitsunterbrechungen, Sitz- und Liegegelegenheit, § 9 Absatz 3

1. Arbeitsunterbrechungen

27 Nach § 9 Absatz 3 Satz 1 hat der Arbeitgeber sicherzustellen, dass die schwangere oder stillende Frau ihre Tätigkeit am Arbeitsplatz, soweit es für sie erforderlich ist, kurz unterbrechen kann. Die Regelung beinhaltet die bisherige Vorgabe des **§ 2 Absatz 3 MuSchG a.F.**, geht aber über diese hinaus. Während § 2 Absatz 3 MuSchG a.F. den Arbeitgeber nur verpflichtete, einer schwangeren oder stillenden Frau Gelegenheit zu kurzen Unterbrechungen ihrer Arbeit zu geben, wenn er sie mit Arbeiten beschäftigt, bei denen sie ständig sitzen muss, gilt die sich nunmehr aus § 9 Absatz 3 Satz 1 ergebende Verpflichtung unabhängig von einer ständig sitzenden Tätigkeit. Auch nach der aktuellen Regelung ist die Gelegenheit zu kurzen Arbeitsunterbrechungen jedoch nur zu geben, **soweit** es für die schwangere oder stillende Frau **erforderlich** ist. Für die Frage der Erforderlichkeit sind die individuellen Bedürfnisse der Frau maßgeblich (vgl. BT-Drucks. 18/8963 S. 67). Die Gelegenheit zu kurzen Arbeitsunterbrechungen soll abhängig von der Art des Arbeitsplatzes **Entlastung von belastenden Arbeitssituationen** ermöglichen. Die Begründung des Gesetzent-

wurfs benennt hierzu beispielhaft die Änderung einer vorgeschriebenen Körperhaltung oder Toilettengänge (vgl. BT-Drucks. 18/8963 S. 67). Die **Häufigkeit** und einzelne **Dauer** der Arbeitsunterbrechungen richten sich aufgrund der Bezugnahme auf die Erforderlichkeit für die betroffene Frau ebenso nach den individuellen Umständen des Einzelfalls. Schon aus dem Wortlaut der Regelung ergibt sich aber, dass es sich lediglich um kurze Unterbrechungen der Arbeit handelt. Einen Anhaltspunkt können auch die in der Begründung des Gesetzentwurfs benannten Beispiele bieten.

Durch diese nach § 9 Absatz 3 Satz 1 zu ermöglichenden kurzen Arbeitsunterbrechungen darf wie schon im Zusammenhang mit der bisherigen Regelung **weder ein Entgeltausfall** entstehen, **noch** werden sie **auf** die **gesetzlich vorgeschriebenen Ruhepausen angerechnet** (vgl. BT-Drucks. 18/8963 S. 67). Bereits die Regelung des § 2 Absatz 3 MuSchG a.F. wurde so verstanden, dass sich der Freistellungsanspruch unmittelbar aus der Verpflichtung ergibt, der Frau Gelegenheit zu kurzen Unterbrechungen ihrer Arbeit zu gewähren, und ein Anspruch auf Entgeltfortzahlung besteht (vgl. zu § 2 MuSchG a.F.: Buchner/Becker, 8. Auflage, § 2 MuSchG Rn. 42, 46). Hierzu kann nun auch die Vorgabe des § 9 Absatz 1 Satz 4 herangezogen werden, wonach Nachteile aufgrund der Schwangerschaft oder der Stillzeit vermieden oder ausgeglichen werden sollen. Entsprechend sieht das MuSchG auch sonst einen mit Ausnahme einzelner Personengruppen durchgehenden Ausgleich von Entgeltausfall für Zeiten von Beschäftigungsverboten, mit § 23 auch für Zeiten erforderlicher Freistellungen für Untersuchungen und zum Stillen gemäß § 7 vor. Auch die Begründung des Gesetzentwurfs weist im Zusammenhang mit den Arbeitsunterbrechungen nach § 9 Absatz 3 Satz 1 auf die Regelung des § 23 hin, ohne dass die Arbeitsunterbrechungen nach § 9 Absatz 3 Satz 1 jedoch in den Wortlaut des § 23 aufgenommen worden wären (vgl. BT-Drucks. 18/8963 S. 67). Die in § 23 zum Ausdruck kommende mutterschutzrechtliche Nachteilsvermeidung spricht aufgrund der Vergleichbarkeit der Sachverhalte dennoch dafür, den Fall der Arbeitsunterbrechungen nach § 9 Absatz 3 Satz 1 nach § 9 Absatz 1 Satz 4 vergleichbar zu behandeln. Im Hinblick auf die **Vergütung** kann darüber hinaus auch auf die Regelung des, wenn auch abdingbaren (vgl. AR-Kamanabrou, 10. Auflage, § 616 BGB Rn. 27), § 616 Satz 1 BGB zurückgegriffen werden, nach welcher der zur Dienstleistung Verpflichtete den Anspruch auf die Vergütung nicht dadurch verliert, dass er für eine verhältnismäßig nicht erhebliche Zeit durch einen in seiner Person liegenden Grund ohne sein Verschulden an der Arbeitsleistung verhindert wird. Bei den Arbeitsunterbrechungen nach § 9 Absatz 3 Satz 1 handelt es sich um nur kurze und damit um im Verhältnis unerhebliche Zeiten. Sie sind auch durch einen Grund in der Person der Frau bedingt, die Arbeitsverhinderung ist durch die Frau unverschuldet. Auch eine **Anrechnung auf** die gesetzlich vorgeschriebenen **Ruhepausen erfolgt nicht**. Für Freistellungen nach § 7 ist auch dies in § 23 Absatz 1 Satz 2 ausdrücklich geregelt, schon mit Blick auf § 9 Absatz 1 Satz 4 muss Gleiches für die kurzen Arbeitsunterbrechungen nach § 9 Absatz 3 Satz 1 gelten, die gerade einer mutterschutzspezifischen Entlastung, nicht aber der Befriedigung des allgemeinen Erholungsbedürfnisses dienen. Hierfür sprechen auch die ausdrückliche Unterscheidung zwischen Arbeitsunterbrechungen und Pausen im Wortlaut des § 9 Absatz 3 Satz 2 sowie der Umstand, dass Ruhepausen nach § 4 Satz 2 ArbZG in Zeitabschnitten von jeweils 28 mindestens 15 Minuten gewährt werden müssen. Arbeitsunterbrechungen von weniger als 15 Minuten sind regelmäßig keine Ruhepause im Sinne des § 4 ArbZG (vgl. Schliemann, ArbZG, 4. Auflage, § 4 ArbZG Rn. 13, 25).

2. Sitz- und Liegegelegenheit

29 § 9 Absatz 3 Satz 2 verpflichtet den Arbeitgeber, sicherzustellen, dass sich die schwangere oder stillende Frau während der Pausen und Arbeitsunterbrechungen **unter geeigneten Bedingungen hinlegen, hinsetzen** und **ausruhen** kann. Auch **§ 2 Absatz 2 MuSchG a.F.** enthielt eine Verpflichtung des Arbeitgebers, der schwangeren oder stillenden Frau eine Sitzgelegenheit zum kurzen Ausruhen bereitzustellen, dies jedoch nur, wenn er sie mit Arbeiten beschäftigte, bei denen sie ständig stehen oder gehen muss. Eine Regelung zur Möglichkeit des Hinlegens und Ausruhens findet sich auch in der Pausen- und Bereitschaftsräume betreffenden Vorgabe der **Nr. 4.2 Absatz 1 des Anhangs zur ArbStättV**. Hiernach müssen sich schwangere und stillende Frauen während der Pausen und, soweit es erforderlich ist, auch während der Arbeitszeit, unter geeigneten Bedingungen hinlegen und ausruhen können.

30 Die Ausgestaltung der **Sitzgelegenheit** muss sich sowohl an den individuellen Bedürfnissen der Frau als auch an den betrieblichen Gegebenheiten orientieren (vgl. zu § 2 MuSchG a.F.: Buchner/Becker, 8. Auflage, § 2 MuSchG Rn. 27). Sie kann vor dem Hintergrund, dass sie nach dem Gesetzeswortlaut sowohl während der Pausen als auch während der kurzen Arbeitsunterbrechungen nach § 9 Absatz 3 Satz 1 zur Verfügung stehen soll, nicht nur beispielsweise in Pausenräumen, sondern auch in unmittelbarer Nähe zum Arbeitsplatz erforderlich sein. Anhaltspunkte zur Gestaltung der **Liegegelegenheit** können den Technischen Regeln für Arbeitsstätten (ASR) zur ArbStättV entnommen werden, die durch den nach § 7 ArbStättV gebildeten Ausschusses für Arbeitsstätten entwickelt wurden. **Abschnitt 6 der ASR A4.2** zu Pausen- und Bereitschaftsräumen gibt vor, dass im Fall der Beschäftigung schwangerer oder stillender Frauen Einrichtungen zum Hinlegen und Ausruhen am Arbeitsplatz oder in unmittelbarer Nähe in einer Anzahl vorhanden sein müssen, die eine jederzeitige Nutzung sicherstellt. Bei der Nutzung ist die Privatsphäre sicherzustellen. Die Einrichtungen müssen gepolstert und mit einem wasch- oder wegwerfbaren Bezug ausgestattet sein. Für die Räume, in denen die Liegegelegenheiten genutzt werden, gelten die für Pausenräume zu beachtenden Anforderungen aus Punkt 4.1 Absatz 5 bis 11 der ASR A4.2.

VII. Anforderungen an die Maßnahmen des Arbeitgebers, § 9 Absatz 4

31 Maßnahmen des Arbeitgebers im betrieblichen mutterschutzrechtlichen Gesundheitsschutz, d.h. Maßnahmen nach den §§ 9–15, sowie die Beurteilung der Arbeitsbedingungen nach § 10 müssen dem Stand der Technik, der Arbeitsmedizin und der Hygiene sowie den sonstigen gesicherten wissenschaftlichen Erkenntnissen entsprechen.

Diese Anforderung entspricht dem für den Arbeitsschutz allgemein in § 4 Nr. 3 ArbSchG vorgegebenen Grundsatz, dass bei Maßnahmen der Stand von Technik, Arbeitsmedizin und Hygiene sowie sonstige gesicherte arbeitswissenschaftliche Erkenntnisse zu berücksichtigen sind. Der **Stand der Technik** meint den Entwicklungsstand fortschrittlicher Verfahren, der die praktische Eignung einer Maßnahme zum Gesundheitsschutz gesichert erscheinen lässt (vgl. zu § 4 ArbSchG: Kollmer/Klindt/Schucht-Kohte, 4. Auflage, § 4 ArbSchG Rn. 14). Eine Definition findet sich beispielsweise auch in § 2 Absatz 12 Satz 1 ArbStättV. Stand der Technik ist danach der Entwicklungsstand fortschrittlicher Verfahren, Einrichtungen oder Betriebsweisen, der die praktische Eignung einer Maßnahme zur Gewährleistung der Sicherheit und zum Schutz der Gesundheit der Beschäftigten gesichert erscheinen lässt. Nach § 2 Absatz 12 Satz 2 ArbStättV sind bei der Bestimmung des Stands der Technik insbesondere vergleichbare Verfahren, Einrichtungen oder Betriebsweisen heranzuziehen, die mit Erfolg in der Praxis erprobt worden sind. Gleiches gilt nach § 2 Absatz 12 Satz 3 ArbStättV für die Anforderungen an die **Arbeitsmedizin** und die **Hygiene**, sie sind in gleicher Weise zu definieren (vgl. zu § 4 ArbSchG: Kollmer/Klindt/Schucht-Kohte, 4. Auflage, § 4 ArbSchG Rn. 16). Der Begriff der **gesicherten arbeitswissenschaftlichen Erkenntnisse** erfasst querschnittsartig Erkenntnisse u.a. aus den Bereichen der Arbeitsphysiologe, der Arbeitspsychologie, Ergonomie und Arbeitssoziologie (vgl. zu § 4 ArbSchG: Kollmer/Klindt/Schucht-Kohte, 4. Auflage, § 4 ArbSchG Rn. 18). Konkretisiert für den mutterschutzrechtlichen Arbeitsschutz versteht der Ausschuss für Mutterschutz (vgl. Rdn. 32) in seiner Regel zur Gefährdungsbeurteilung (vgl. § 10 Rdn. 2) unter dem Stand der Technik den Entwicklungsstand fortschrittlicher Verfahren, Einrichtungen und Betriebsweisen, der die praktische Eignung einer Maßnahme oder Vorgehensweise zum Schutz der Gesundheit schwangerer oder stillender Frauen gesichert erscheinen lässt (vgl. Bundesministerium für Familie, Senioren, Frauen und Jugend: Gefährdungsbeurteilung, Regel des Ausschusses für Mutterschutz, Nr. MuSchR 10.1.01, 2023, Ziffer 2.4).

Der Arbeitgeber hat bei seinen Maßnahmen die vom **Ausschuss für Mutterschutz** (zu 32
weiteren Ausschüssen des allgemeinen Arbeitsschutzrechts mit ähnlichen Aufgaben vgl. § 30 Rdn. 2) ermittelten und nach § 30 Absatz 4 im Gemeinsamen Ministerialblatt veröffentlichten **Regeln und Erkenntnisse** zu berücksichtigen. Der Ausschuss soll u.a. nach § 30 Absatz 3 Satz 1 Nr. 2 sicherheitstechnische, arbeitsmedizinische und arbeitshygienische Regeln zum Schutz der schwangeren oder stillenden Frau und ihres Kindes aufstellen. Das Bundesministerium für Familie, Senioren, Frauen und Jugend kann nach § 30 Absatz 4 die durch den Ausschuss für Mutterschutz aufgestellten Regeln und Erkenntnisse im Gemeinsamen Ministerialblatt veröffentlichen. In dieser Weise veröffentlichte mutterschutzspezifische Regeln und Erkenntnisse, so beispielsweise die bereits veröffentlichte Regel zur Gefährdungsbeurteilung, **muss der Arbeitgeber** bei seinen Maßnahmen nach dem MuSchG **berücksichtigen**. Es handelt sich bei diesen Regeln um verbindliche Umsetzungsvorgaben, wenn auch mit der Möglichkeit begründeter Abweichung (vgl. Bundesministerium für Familie, Senioren, Frauen und Jugend: Gefährdungsbeurteilung, Regel des Ausschusses für Mutterschutz, Nr. MuSchR 10.1.01, 2023, Vorwort). Hält der Arbeitgeber diese Regeln ein und beachtet diese Erkenntnisse, ist nach § 9 Absatz 4 Satz 2 davon auszugehen, dass die im MuSchG gestellten Anforderungen erfüllt sind. Der Regelung kommt damit eine **Vermutungswirkung** zu (vgl. Brose/Weth/Volk-Wieske, 9. Auflage, § 9 MuSchG Rn. 10). Die sich aus § 9

Absatz 4 Satz 1 ergebende Verpflichtung des Arbeitgebers, bei seinen Maßnahmen auch aktuelle Veränderungen zu berücksichtigen, bleibt hierdurch aber unberührt (vgl. BT-Drucks. 18/8963 S. 68).

VIII. Beauftragung, § 9 Absatz 5

33 Der Arbeitgeber kann nach § 9 Absatz 5 zuverlässige und fachkundige Personen schriftlich damit beauftragen, ihm obliegende Aufgaben des betrieblichen mutterschutzrechtlichen Gesundheitsschutzes in eigener Verantwortung wahrzunehmen. Das MuSchG trägt damit dem Umstand Rechnung, dass der Arbeitgeber nicht in jedem Fall selbst die erforderlichen Kenntnisse hat (vgl. BT-Drucks. 18/8963 S. 68). Für den allgemeinen Arbeitsschutz findet sich eine vergleichbare Möglichkeit wortgleich in **§ 13 Absatz 2 ArbSchG.** Nach Ziffer 3 Absatz 4 der Regel des Ausschusses für Mutterschutz zur Gefährdungsbeurteilung handelt es sich bei diesen zu beauftragenden Personen im Hinblick auf die Arbeitgeberaufgaben bei der Durchführung der mutterschutzrechtlichen Gefährdungsbeurteilung um Führungskräfte in einer Linienfunktion (vgl. Bundesministerium für Familie, Senioren, Frauen und Jugend: Gefährdungsbeurteilung, Regel des Ausschusses für Mutterschutz, Nr. MuSchR 10.1.01, 2023 Ziffer 3 Absatz 4; ebenfalls unter Hinweis auf die erforderliche Organisationsgewalt für eine Übertragung der Arbeitgeberpflichten nach § 9 Absatz 5 eine Vorgesetztenfunktion fordernd: Tillmanns/Mutschler-Felder, 3. Auflage, § 9 MuSchG Rn. 91).

34 Die Anforderung der **Zuverlässigkeit** der zu beauftragenden Person meint deren **persönliche Eignung** für die ordnungsgemäße Wahrnehmung der zu übertragenden Pflichten. Eigene Verstöße gegen Arbeitsschutz- oder Unfallverhütungsvorschriften in der Vergangenheit können demnach einer Beauftragung ebenso entgegenstehen wie beispielsweise sonstige wiederholte Verstöße gegen arbeitsvertragliche Pflichten oder Eigenschaften wie eine geringe persönliche Durchsetzungsfähigkeit (vgl. zu § 13 ArbSchG: Kollmer/Klindt/Schucht-Klindt, 4. Auflage, § 13 ArbSchG Rn. 53). Bei der zudem geforderten **Fachkunde** handelt es sich hingegen um die **fachliche Qualifikation**, d.h. um die theoretischen Kenntnisse und praktischen Fertigkeiten zur Einhaltung der anzuwendenden Vorgaben und Festlegung entsprechender Maßnahmen (vgl. zu § 13 ArbSchG: Kollmer/Klindt/Schucht-Klindt, 4. Auflage, § 13 ArbSchG Rn. 54). Die Anforderungen an die Fachkunde richten sich nach den übertragenen Aufgaben und der Art der Tätigkeiten, die den Aufgabenbereich des Beauftragten kennzeichnen (vgl. zu § 13 ArbSchG: BVerwG vom 23.6.2016, BVerwG 2 C 18.15, JurionRS 2016, 24525). Entsprechend können bereichsspezifisch besondere Anforderungen an die Fachkunde zu stellen sein (vgl. BT-Drucks. 18/8963 S. 68), beispielsweise im Hinblick auf Kenntnisse zu Bio- oder Gefahrstoffen. Nach Ziffer 2.5 der Regel des Ausschusses für Mutterschutz zur Gefährdungsbeurteilung gehören zu den Anforderungen eine geeignete Berufsausbildung, entsprechende Berufserfahrung oder zeitnah ausgeübte entsprechende Tätigkeit sowie Fachkenntnisse im Arbeitsschutz, insbesondere zu den mutterschutzrelevanten Vorschriften und Regeln (vgl. Bundesministerium für Familie, Senioren, Frauen und Jugend: Gefährdungsbeurteilung, Regel des Ausschusses für Mutterschutz, Nr. MuSchR 10.1.01, 2023 Ziffer 2.5). Fehlen dem Arbeitgeber oder

der beauftragten Person Kenntnisse zur Durchführung der Gefährdungsbeurteilung, können sie sich auch nach der Regel zur Gefährdungsbeurteilung durch fachkundige Personen beraten lassen, beispielsweise durch den Betriebsarzt oder die Fachkraft für Arbeitssicherheit (vgl. Bundesministerium für Familie, Senioren, Frauen und Jugend: Gefährdungsbeurteilung, Regel des Ausschusses für Mutterschutz, Nr. MuSchR 10.1.01, 2023, Ziffer 3 Absatz 5).

Die Beauftragung muss **schriftlich** erfolgen. Vorgaben zum Inhalt der Beauftragung 35
enthält § 9 Absatz 5 ebenso wie § 13 Absatz 2 ArbSchG nicht. Auch für eine Beauftragung nach § 9 Absatz 5 ist jedoch zu fordern, dass sie ausreichend **bestimmt** ist. Das Schriftformerfordernis dient der rechtlichen Absicherung des Arbeitgebers und der zu beauftragenden Person, sodass der Inhalt der übertragenen Pflichten hinreichend präzise niedergelegt werden muss (vgl. zu § 13 ArbSchG: BVerwG vom 23.6.2016, BVerwG 2 C 18.15, JurionRS 2016, 24525). Für § 13 Absatz 2 ArbSchG wird neben einer detaillierten Aufgabenbeschreibung die Festlegung des räumlichen Verantwortungsbereichs, der hierarchischen Stellung, der übertragenen Kompetenzen und einer Regelung für den Vertretungsfall empfohlen (vgl. zu § 13 ArbSchG: Kollmer/Klindt/Schucht-Klindt, 4. Auflage, § 13 ArbSchG Rn. 59). Die gleiche Empfehlung muss für eine Beauftragung nach der mutterschutzrechtlichen Regelung des § 9 Absatz 5 gelten. Die nach § 9 Absatz 5 beauftragte Person nimmt die übertragenen Aufgaben in eigener Verantwortung wahr. Der **Arbeitgeber bleibt** jedoch **verantwortlich für die Aufsicht und Kontrolle** ebenso wie für die Bereitstellung erforderlicher Ressourcen (vgl. BT-Drucks. 18/8963 S. 68; Brose/Weth/Volk-Kühn, 9. Auflage, § 9 MuSchG Rn. 20; Bundesministerium für Familie, Senioren, Frauen und Jugend: Gefährdungsbeurteilung, Regel des Ausschusses für Mutterschutz, Nr. MuSchR 10.1.01, 2023, Ziffer 3 Absatz 4).

IX. Kosten, § 9 Absatz 6

§ 9 Absatz 6 beinhaltet schließlich noch Regelungen zu Kosten für Maßnahmen 36
nach dem MuSchG sowie für Zeugnisse und Bescheinigungen. § 9 Absatz 6 Satz 1 untersagt es dem Arbeitgeber, Kosten für Maßnahmen nach dem MuSchG den Personen auferlegen, die bei ihm beschäftigt sind. Das Verbot betrifft nicht nur **Maßnahmen** des mutterschutzrechtlichen betrieblichen Gesundheitsschutzes, sondern alle Maßnahmen **nach dem MuSchG** und soll das im Arbeitsschutzrecht insgesamt geltende, in § 3 Absatz 3 niedergelegte Verbot für den Arbeitgeber, Kosten für Arbeitsschutzmaßnahmen den Beschäftigten aufzuerlegen (vgl. hierzu Kollmer/Klindt/Schucht-Kohte, 4. Auflage, § 3 ArbSchG Rn. 91 ff.), auch für das MuSchG klarstellen (vgl. BT-Drucks. 18/8963 S. 68).

Der Arbeitgeber trägt nach § 9 Absatz 6 Satz 2 auch die **Kosten für Zeugnisse und** 37
Bescheinigungen, welche schwangere Frau, die Frau nach der Entbindung oder die stillende Frau auf Verlangen des Arbeitgebers vorzulegen hat. Die Vorgabe wurde mit dem Mutterschutzanpassungsgesetz vom 24.2.2025 (MuSchAnpG) mit Wirkung zum 1.6.2025 um Kosten für Zeugnisse oder Bescheinigungen, die eine Fau nach der Entbindung (unabhängig davon, ob sie stillt) vorzulegen hat, ergänzt. Mit dem MuSchAnpG

wurden insbesondere Schutzfristen für Frauen nach einer Fehlgeburt ab der 13. Schwangerschaftswoche in das MuSchG aufgenommen, § 3 Absatz 5. Durch die Ergänzung auch des § 9 Absatz 6 Satz 2 soll der Umstand berücksichtigt werden, dass der Arbeitgeber einen Nachweis der Fehlgeburt verlangen kann (vgl. BT-Drucks. 20/14231 S. 12). Voraussetzung der Kostenerstattungspflicht des Arbeitgebers ist zunächst, dass der Frau, nicht ihrer Krankenkasse, **tatsächlich Kosten** entstanden sind (vgl. Brose/Weth/Volk-Kühn, 9. Auflage, § 9 MuSchG Rn. 22). Darüber hinaus muss das Zeugnis oder die Bescheinigung **auf Verlangen des Arbeitgebers vorgelegt** worden sein, eine Erstattungspflicht für ein freiwillig vorgelegtes Zeugnis besteht nicht (vgl. zu § 5 MuSchG a.F.: Schaub-Linck, 17. Auflage, § 167 Rn. 8; Buchner/Becker, 8. Auflage, § 5 MuSchG Rn. 111). Um ein Zeugnis, das die schwangere Frau auf Verlangen des Arbeitgebers vorzulegen hat, handelt es sich beispielsweise bei dem Zeugnis nach § 15 Absatz 2 Satz 1: Die schwangere Frau soll hiernach auf Verlangen des Arbeitgebers als Nachweis über ihre Schwangerschaft ein ärztliches Zeugnis oder das Zeugnis einer Hebamme oder eines Entbindungspflegers vorlegen. Das Zeugnis soll nach § 15 Absatz 2 Satz 2 den voraussichtlichen Tag der Entbindung enthalten und ist damit beispielsweise nach § 3 Absatz 1 Satz 3 Grundlage für die Ermittlung der Schutzfrist vor der Entbindung.

§ 10 MuSchG Beurteilung der Arbeitsbedingungen; Schutzmaßnahmen

(1) [1]Im Rahmen der Beurteilung der Arbeitsbedingungen nach § 5 des Arbeitsschutzgesetzes hat der Arbeitgeber für jede Tätigkeit

1. die Gefährdungen nach Art, Ausmaß und Dauer zu beurteilen, denen eine schwangere oder stillende Frau oder ihr Kind ausgesetzt ist oder sein kann, und

2. unter Berücksichtigung des Ergebnisses der Beurteilung der Gefährdung nach Nummer 1 zu ermitteln, ob für eine schwangere oder stillende Frau oder ihr Kind voraussichtlich

   a) keine Schutzmaßnahmen erforderlich sein werden,

   b) eine Umgestaltung der Arbeitsbedingungen nach § 13 Absatz 1 Nummer 1 erforderlich sein wird oder

   c) eine Fortführung der Tätigkeit der Frau an diesem Arbeitsplatz nicht möglich sein wird.

[2]Bei gleichartigen Arbeitsbedingungen ist die Beurteilung eines Arbeitsplatzes oder einer Tätigkeit ausreichend. [3]Die Verpflichtung des Arbeitgebers nach Satz 1 entfällt, wenn gemäß einer zu diesem Zweck nach § 30 Absatz 4 veröffentlichten Regel oder Erkenntnis des Ausschusses für Mutterschutz eine schwangere oder stillende Frau die Tätigkeit nicht ausüben oder einer Arbeitsbedingung nicht ausgesetzt sein darf.

(2) [1]Sobald eine Frau dem Arbeitgeber mitgeteilt hat, dass sie schwanger ist oder stillt, hat der Arbeitgeber unverzüglich die nach Maßgabe der Gefährdungsbeurteilung nach Absatz 1 oder nach Maßgabe des § 13 erforderlichen Schutzmaßnahmen festzulegen. [2]Zusätzlich hat der Arbeitgeber der Frau ein Gespräch über weitere Anpassungen ihrer Arbeitsbedingungen anzubieten.

(3) Der Arbeitgeber darf eine schwangere oder stillende Frau nur diejenigen Tätigkeiten ausüben lassen, für die er die erforderlichen Schutzmaßnahmen nach Absatz 2 Satz 1 getroffen hat.

Übersicht Rdn.

I. Allgemeines

1 § 10 in seiner aktuellen Fassung gilt mit Ausnahme des zum **1.1.2025** aufgenommenen Absatz 1 Satz 3 sowie der zum gleichen Zeitpunkt erfolgten Neufassung des Absatz 2 Satz 1 seit dem **1.1.2018** und wurde im Rahmen der Reform des Mutterschutzrechts durch das Gesetz zur Neuregelung des Mutterschutzrechts vom 23. Mai 2017 (BGBl. I S. 1228) in das MuSchG aufgenommen. Regelungen zur Gefährdungsbeurteilung fanden sich zuvor u.a. in § 1 der Verordnung zum Schutze der Mütter am Arbeitsplatz vom 15.4.1997 (MuSchV, BGBl. I S. 782). Die MuSchV trat zeitgleich mit dem Inkrafttreten des neuen MuSchG am 1.1.2018 außer Kraft, Artikel 10 Absatz 3 des Gesetzes zur Neuregelung des Mutterschutzrechts vom 23. Mai 2017. Die Aufnahme der bisher in der Verordnung zum Schutze der Mütter am Arbeitsplatz (MuSchV) enthaltenen Regelungen in das MuSchG bezweckt eine Erhöhung der Transparenz sowohl für die Arbeitgeber als auch für die betroffenen Frauen (vgl. BT-Drucks. 18/8963 S. 34). Mit Art. 54 des 4. Bürokratieentlastungsgesetzes vom 23.10.2024 (4. BEntlG) wurde Absatz 1 dahingehend ergänzt, dass die Verpflichtung zur generellen mutterschutzrechtlichen Gefährdungsbeurteilung entfällt, wenn gemäß einer zu diesem Zweck veröffentlichten Regel oder Erkenntnis des Ausschusses nach § 30 eine schwangere oder stillende Frau die Tätigkeit nicht ausüben oder einer Arbeitsbedingung nicht ausgesetzt werden darf. Zugleich wurde

Absatz 2 Satz 1 dahingehend ergänzt, dass der Arbeitgeber unverzüglich nach Kenntnis der Schwangerschaft oder des Stillens nicht nur sich aus der Gefährdungsbeurteilung ergebende, sondern auch nach Maßgabe des § 13 erforderliche Schutzmaßnahmen festlegen muss.

2 **Zu berücksichtigen ist** im Zusammenhang mit der mutterschutzrechtlichen Gefährdungsbeurteilung **auch** die durch den **Ausschuss für Mutterschutz (§ 30)** erarbeitete und nach § 30 Absatz 4 durch das Bundesministerium für Familie, Senioren, Frauen und Jugend im Gemeinsamen Ministerialblatt veröffentlichte **Regel zur Gefährdungsbeurteilung** (Bundesministerium für Familie, Senioren, Frauen und Jugend: Gefährdungsbeurteilung, Regel des Ausschusses für Mutterschutz, Nr. MuSchR 10.1.23, 2023, GMBl Nr. 39/2023 S. 818). Zu den Aufgaben des Ausschusses gehört nach § 30 Absatz 3 Satz 1 Nr. 2 das Aufstellen sicherheitstechnischer, arbeitsmedizinischer und arbeitshygienischer Regeln zum Schutz der schwangeren oder stillenden Frau und ihres Kindes. Diese Regeln finden Berücksichtigung bei der Prüfung, ob der Arbeitgeber bei seinen Maßnahmen die Anforderungen des MuSchG erfüllt. Es handelt sich um verbindliche Umsetzungsvorgaben, wenn auch mit der Möglichkeit begründeter Abweichung (vgl. Bundesministerium für Familie, Senioren, Frauen und Jugend: Gefährdungsbeurteilung, Regel des Ausschusses für Mutterschutz, Nr. MuSchR 10.1.01, 2023, Vorwort). Hält der Arbeitgeber diese Regeln ein, ist nach § 9 Absatz 4 Satz 2 davon auszugehen, dass die durch das MuSchG gestellten Anforderungen erfüllt sind. Der Regelung kommt damit eine **Vermutungswirkung** zu (vgl. Brose/Weth/Volk-Wieske, 9. Auflage, § 9 MuSchG Rn. 10).

3 § 10 enthält sowohl Regelungen zur **generellen Beurteilung von Arbeitsbedingungen** im Rahmen der Gefährdungsbeurteilung nach § 5 ArbSchG (§ 10 Absatz 1, hierzu Rdn. 5 ff.) als auch die Verpflichtung des Arbeitgebers zur Konkretisierung durch die **Festlegung von Schutzmaßnahmen**, die zum Tragen kommt, wenn eine Frau ihrem Arbeitgeber mitgeteilt hat, dass sie schwanger ist oder stillt (§ 10 Absatz 2, hierzu Rdn. 42 ff.). § 10 Absatz 3 (hierzu Rdn. 51 ff.) beinhaltet schließlich ein **betriebliches Beschäftigungsverbot** für den Fall, dass der Arbeitgeber die erforderlichen Schutzmaßnahmen nach § 10 Absatz 2 Satz 1 nicht getroffen hat.

4 **§ 10** findet **keine Anwendung im Bereich der Heimarbeit nach HAG**, § 1 Absatz 2 Satz 2 Nummer 6. Hierdurch wird der Besonderheit Rechnung getragen, dass die in Heimarbeit beschäftigten Frauen und die ihnen Gleichgestellten (vgl. zu den Begriffen § 1 Rdn. 42 ff.) für die Arbeitsbedingungen, die dem Einflussbereich des Arbeitgebers entzogen sind, grundsätzlich selbst verantwortlich sind (vgl. BT-Drucks. 18/8963 S. 51). Diese Ausnahme gilt lediglich für Heimarbeit nach dem HAG, nicht für Arbeitnehmerinnen, die in einem Arbeitsverhältnis ihre Arbeitstätigkeit ganz oder teilweise im Homeoffice, d.h. lediglich außerhalb des Betriebes an mit diesem durch elektronische Medien verbundenen Arbeitsplätzen erbringen (vgl. zu neuen durch die Entwicklung der Kommunikations- und Informationstechnik entstandenen Arbeitsformen: KR-Kreutzberg-Kowalczyk, 14. Auflage, ArbNähnl. Pers. Rn. 5; zur Abgrenzung zwischen Arbeits- und Heimarbeitsverhältnis im Sinne des HAG: BAG vom 14.6.2016, 9 AZR 305/15, WKRS 2016, 27629; zur Erfassung auch der Tätigkeit im Homeoffice durch

das Arbeitsschutzrecht: Kollmer/Klindt/Schucht-N. Kollmer, 4. Auflage, Vor § 1 Rn. 80 ff.).

II. Generelle Beurteilung der Arbeitsbedingungen, § 10 Absatz 1

1. Ziele der generellen Beurteilung

Die Verpflichtung zur generellen Gefährdungsbeurteilung dient insbesondere dem **präventiven Mutterschutz.** Die mutterschutzspezifischen Gefährdungspotenziale sind bereits bei der allgemein durchzuführenden Gefährdungsbeurteilung nach § 5 ArbSchG zu berücksichtigen. Durch die Verbindung der mutterschutzrechtlichen Gefährdungsbeurteilung mit der Gefährdungsbeurteilung nach § 5 ArbSchG soll sichergestellt werden, dass für jede Tätigkeit, die mit einer Gefährdung der schwangeren oder stillenden Frau oder ihres Kindes verbunden sein könnte, erforderliche Schutzmaßnahmen **rechtzeitig** getroffen werden können. Durch eine hieraus folgende Verringerung des Bearbeitungsaufwands zum Zeitpunkt der tatsächlichen Mitteilung einer Schwangerschaft soll die angestrebte **lückenlose Weiterbeschäftigung** der Frau während der Schwangerschaft und nach der Entbindung gefördert werden (vgl. BT-Drucks. 18/8963 S. 68 f.). 5

Die Begründung zum Gesetzentwurf der Bundesregierung verweist im Zusammenhang mit der Vorgabe einer präventiven, generellen Gefährdungsbeurteilung zudem auch auf den Aspekt des **Diskriminierungsschutzes.** Durch die **von der Beschäftigung einer Frau auf dem Arbeitsplatz unabhängige** Verpflichtung des Arbeitgebers zur generellen Beurteilung auch der mutterschutzspezifischen Gefährdungen im Rahmen der arbeitsschutzrechtlichen Gefährdungsbeurteilung soll das bei einer Verpflichtung hierzu erst bei Einstellung einer Frau oder bei Mitteilung einer Schwangerschaft bestehende Diskriminierungspotenzial verringert (vgl. BT-Drucks. 18/8963 S. 37) und berücksichtigt werden, dass Arbeitsplätze geschlechtsunabhängig zu vergeben sind und deshalb jeder Arbeitsplatz auch für eine Frau in Betracht kommt (vgl. BT-Drucks. 18/8963 S. 69). 6

Darüber hinaus soll die generelle Beurteilung die **Information der Belegschaft** über mutterschutzbezogene Gefährdungen einschließlich etwa erforderlicher Schutzmaßnahmen schon vor Mitteilung einer Schwangerschaft und eine effektive Beratungs- und Aufsichtstätigkeit der Aufsichtsbehörden ermöglichen (vgl. BT-Drucks. 18/8963 S. 69). 7

2. Verpflichtung des Arbeitgebers zur generellen Beurteilung

Nach § 10 Absatz 1 hat **jeder Arbeitgeber im Rahmen der Gefährdungsbeurteilung nach § 5 ArbSchG** auch die generelle mutterschutzrechtliche Gefährdungsbeurteilung vorzunehmen, wenn nicht die Ausnahme des § 10 Absatz 1 Satz 3 greift. Die **Arbeitgebereigenschaft** in diesem Sinne richtet sich zwar **nach § 2 Absatz 1** des neu gefassten MuSchG, der den Begriff des Arbeitgebers für das MuSchG unter Berücksichtigung des erweiterten persönlichen Anwendungsbereichs des § 1 bestimmt. Die **Verpflichtung zur arbeitsschutzrechtlichen Gefährdungsbeurteilung** nach § 5 ArbSchG besteht jedoch nur im Anwendungsbereich des ArbSchG für **Arbeitgeber** im Sinne des **§ 2 Absatz 3 ArbSchG**, sodass die Verpflichtung zur generellen mut- 8 terschutzrechtlichen Gefährdungsbeurteilung letztlich von der Arbeitgebereigenschaft nach § 2 Absatz 3 ArbSchG abhängt. Abweichungen ergeben sich jedoch im Ergebnis lediglich für Hausangestellte in privaten Haushalten (vgl. Rdn. 14), für die Entwicklungshilfe (vgl. Rdn. 17) und für Schülerinnen und Studentinnen im Rahmen ihrer schulischen oder hochschulischen Ausbildung (vgl. Rdn. 21).

9 Ist der Arbeitgeber zu einer Gefährdungsbeurteilung nach § 5 ArbSchG verpflichtet, so hat er **unabhängig davon, ob** er **derzeit eine Frau** auf dem zu beurteilenden Arbeitsplatz **beschäftigt** oder ob er überhaupt weibliche Beschäftigte hat, die generelle mutterschutzrechtliche Gefährdungsbeurteilung nach § 10 Absatz 1 für alle Arbeitsplätze vorzunehmen (vgl. BT-Drucks. 18/8963 S. 69; AR-Vossen, 10. Auflage, § 10 MuSchG Rn. 2; Kollmer/Klindt/Schucht-Kossens, 4. Auflage, § 10 MuSchG Rn. 1; Bundesministerium für Familie, Senioren, Frauen und Jugend: Gefährdungsbeurteilung, Regel des Ausschusses für Mutterschutz, Nr. MuSchR 10.1.01, 2023, Ziffer 2.3 und 3 Absatz 3). **Vorsätzliche oder fahrlässige Verstöße** gegen diese Verpflichtung unterfallen der **Bußgeldvorschrift** des § 32 Absatz 1 Nr. 6, die nach Artikel 10 Absatz 1 Satz 3 des Gesetzes zur Neuregelung des Mutterschutzrechts vom 23. Mai 2017 abweichend von den übrigen Regelungen des MuSchG erst am 1.1.2019 in Kraft getreten ist.

a) Beschäftigung im Sinne von § 7 Absatz 1 SGB IV

10 Im Rahmen einer **Beschäftigung im Sinne von § 7 Absatz 1 SGB IV** (zur Beschäftigung nach § 7 Absatz 1 SGB IV vgl. § 1 Rdn. 8) ist nach § 2 Absatz 1 Satz 1 Arbeitgeber im Sinne des MuSchG die natürliche oder juristische Person oder die rechtsfähige Personengesellschaft, die Personen nach § 1 Absatz 2 Satz 1 beschäftigt (zum Arbeitgeberbegriff nach § 2 Absatz 1 Satz 1 vgl. § 2 Rdn. 2 ff.).

11 Bei der Tätigkeit in einem **Arbeitsverhältnis** ist dies der Vertragspartner des Beschäftigten im Arbeitsvertrag (vgl. Schaub-Linck, 17. Auflage, § 16 Rn. 1, KR-Klose, 14. Auflage, § 4 KSchG Rn. 117). Die Verpflichtung zur Vornahme einer Gefährdungsbeurteilung nach § 5 ArbSchG ergibt sich im Fall der Beschäftigung von Arbeitnehmerinnen und Arbeitnehmern (vgl. hierzu § 1 Rdn. 9 ff.) aus §§ 2 Absatz 2 Nr. 1 und Absatz 3, 5 Absatz 1 ArbSchG. Bei der Vornahme der Gefährdungsbeurteilung nach § 5 ArbSchG ist der Arbeitgeber demnach auch **zur generellen mutterschutzrechtlichen Gefährdungsbeurteilung verpflichtet**.

12 Als Arbeitgeber im Sinne des § 2 Absatz 2 Nr. 1 und Absatz 3 ArbSchG zu betrachten und damit zur Vornahme der Gefährdungsbeurteilung nach § 5 ArbSchG verpflichtet ist jedoch nicht nur der Arbeitgeber, der Arbeitnehmerinnen und Arbeitnehmer nach dem nationalen Verständnis des Arbeitnehmerbegriffs beschäftigt. Auch bei der Gestaltung des Arbeitsschutzgesetzes wollte der Gesetzgeber der Vielfalt der Gestaltungsmöglichkeiten, in denen abhängige Arbeit geleistet werden kann, Rechnung tragen und mit dem **Begriff der Beschäftigten in § 2 Absatz 2 ArbSchG** einen **weiten Oberbegriff** wählen (vgl. BT-Drucks. 13/3540 S. 15). Darüber hinaus dient auch das Arbeitsschutzgesetz mit der Umsetzung der Richtlinie 89/391/EWG des Rates vom 12.6.1989 über die Durchführung von Maßnahmen zur Verbesserung der Sicherheit und des Gesundheitsschutzes der Arbeitnehmer bei der Arbeit (ABl. EG Nr. L 183 S. 1) sowie der

Richtlinie 91/383/EWG des Rates vom 25.6.1991 zur Ergänzung der Maßnahmen zur Verbesserung der Sicherheit und des Gesundheitsschutzes von Arbeitnehmern mit befristetem Arbeitsverhältnis oder Leiharbeitsverhältnis (ABl. EG Nr. L 206 S. 19) der Umsetzung europarechtlicher Vorgaben (vgl. Gesetzentwurf der Bundesregierung zum Gesetz zur Umsetzung der EG-Rahmenrichtlinie Arbeitsschutz und weiterer Arbeitsschutz-Richtlinien vom 22.1.1996, BT-Drucks. 13/3540 S. 11). Auch im Hinblick auf die Verpflichtung zur Gefährdungsbeurteilung nach § 5 ArbSchG ist demnach das **europarechtliche Verständnis der Arbeitnehmereigenschaft** zu berücksichtigen (vgl. hierzu § 1 Rdn. 27). Nach der Rechtsprechung des EuGH ist wesentliches Merkmal eines Arbeitsverhältnisses, dass eine Person während einer bestimmten Zeit für eine andere Person nach deren Weisung Leistungen erbringt, für die sie als Gegenleistung eine Vergütung erhält. Als nicht ausschlaggebend betrachtet der EuGH hingegen die rechtliche Einordnung dieses Verhältnisses nach nationalem Recht und seine Ausgestaltung ebenso wie die Art der zwischen beiden Personen bestehenden Rechtsbeziehung (vgl. EuGH vom 17.11.2016, C-216/15 (Ruhrlandklinik), EzA EG-Vertrag 1999 Richtlinie 2008/104 Nr. 2; EuGH vom 11.11.2010, C-232/09 (Danosa), EzA EG-Vertrag 1999 Richtlinie 92/85 Nr. 5). Eine **Verpflichtung** zur Gefährdungsbeurteilung nach § 5 ArbSchG und damit auch die Verpflichtung **zur generellen mutterschutzrechtlichen Gefährdungsbeurteilung** besteht damit nicht nur im Fall der Beschäftigung innerhalb eines wirksamen Arbeitsverhältnisses nach nationalem Verständnis, sondern beispielsweise **auch** bei einer Beschäftigung im Rahmen eines **faktischen Arbeitsverhältnisses** (vgl. hierzu § 1 Rdn. 13; zur Gleichstellung auch im Arbeitsschutzrecht: Kollmer/Klindt/Schucht-Kohte, ArbSchG, 4. Auflage, § 2 ArbSchG Rn. 51), bei einer vorläufigen Weiterbeschäftigung im Kündigungsschutzverfahren (vgl. hierzu § 1 Rdn. 14 ff.; zur Gleichstellung auch im Arbeitsschutzrecht: Kollmer/Klindt/Schucht-Kohte, ArbSchG, 3. Auflage, § 2 ArbSchG Rn. 51) oder im Hinblick auf die Beschäftigung einer **Minderheitsgesellschafter-Geschäftsführerin bzw. Fremd-Geschäftsführerin** (vgl. hierzu § 1 Rdn. 27 ff.; zu § 2 ArbSchG: Kollmer/Klindt/Schucht-Kohte, ArbSchG, 4. Auflage, § 2 ArbSchG Rn. 119).

Im Rahmen der **Arbeitnehmerüberlassung** (vgl. hierzu § 1 Rdn. 20) bestehen arbeits- 13
schutzrechtliche Verpflichtungen sowohl für den Verleiher als auch für den Entleiher. Nach § 11 Absatz 6 Satz 1 AÜG unterliegt die Tätigkeit des Leiharbeitnehmers bei dem Entleiher den für den Betrieb des Entleihers geltenden öffentlich-rechtlichen Vorschriften des Arbeitsschutzrechts. Die hieraus für den Arbeitgeber bestehenden Pflichten obliegen dem Entleiher unbeschadet der Pflichten des Verleihers. Der **Entleiher** ist also zur Vornahme konkreter Arbeitsschutzmaßnahmen in seinem Betrieb verpflichtet, der **Verleiher** muss neben den ihn unmittelbar als Arbeitgeber treffenden Pflichten die Einhaltung der Arbeitsschutzvorgaben überwachen (vgl. BAG vom 7.6.2016, 1 ABR 25/14, EzA § 87 BetrVG 2001 Gesundheitsschutz Nr. 15; AR-Buder/Bertram, 10. Auflage, § 11 AÜG Rn. 27; Schaub-Vogelsang, 17. Auflage, § 154 Rn. 6). Die ohnehin noch von der auf dem Arbeitsplatz beschäftigten Person unabhängige Verpflichtung zur Vornahme der Gefährdungsbeurteilung nach § 5 ArbSchG und damit auch die Verpflichtung zur generellen mutterschutzrechtlichen Gefährdungsbeurteilung trifft demnach auch für Arbeitsplätze, an denen Leiharbeitnehmer beschäftigt werden, auch

den Entleiher, der die Arbeitnehmer tatsächlich in seinem Betrieb beschäftigt (vgl. Kollmer/Klindt/Schucht-Kohte, ArbSchG, 4. Auflage, § 2 ArbSchG Rn. 134 ff.).

14 **Keine Verpflichtung zur generellen mutterschutzrechtlichen Gefährdungsbeurteilung** besteht hingegen für die Beschäftigung von **Hausangestellten in privaten Haushalten.** Zwar gilt das MuSchG an sich auch für Beschäftigungen im Privathaushalt. Für Hausangestellte in privaten Haushalten gilt jedoch nach § 1 Absatz 2 Satz 1 ArbSchG das Arbeitsschutzgesetz nicht, sodass keine Verpflichtung zur Vornahme einer Gefährdungsbeurteilung nach § 5 ArbSchG und in der Folge auch keine Verpflichtung zur generellen mutterschutzrechtlichen Gefährdungsbeurteilung in deren Rahmen besteht. Hausangestellte sind auch aus dem Geltungsbereich der Richtlinie über die Durchführung von Maßnahmen zur Verbesserung der Sicherheit und des Gesundheitsschutzes der Arbeitnehmer bei der Arbeit (Richtlinie 89/391/EWG des Rates vom 12.6.1989, ABl. EG Nr. L 183 S. 1) nach deren Art. 3 Buchst. a) ausdrücklich ausgenommen. Die Bestimmung des privaten Haushalts kann in Zweifelsfällen im Wege der Abgrenzung zu einem Betrieb erfolgen. Unter einem Betrieb wird eine organisatorische Einheit von Arbeitsmitteln verstanden, mit deren Hilfe der Arbeitgeber allein oder in Gemeinschaft mit seinen Arbeitnehmern mithilfe von technischen und immateriellen Mitteln einen bestimmten arbeitstechnischen Zweck fortgesetzt verfolgt, der nicht nur in der Befriedigung von Eigenbedarf liegt (vgl. BAG vom 2.3.2017, 2 AZR 427/16, EzA § 23 KSchG Nr. 42). Der Zweck des Privathaushalts hingegen liegt allein in der Deckung der privaten Bedürfnisse seiner Mitglieder (vgl. LAG Düsseldorf vom 10.5.2016, 14 Sa 82/16, LAGE § 23 KSchG Nr. 29).

b) Erweiterter Anwendungsbereich nach § 1 Absatz 2 Satz 2

15 Nach **§ 1 Absatz 2 Satz 2 Nr. 1** gilt das MuSchG unabhängig vom Vorliegen eines Beschäftigungsverhältnisses für **Frauen in betrieblicher Berufsbildung und für Praktikantinnen** nach § 26 BBiG. § 26 BBiG erfasst Personen, die eingestellt werden, um berufliche Fertigkeiten, Kenntnisse, Fähigkeiten oder berufliche Erfahrungen zu erwerben, ohne dass es sich um eine Berufsausbildung im Sinne des BBiG handelt und soweit nicht ein Arbeitsverhältnis vereinbart ist (vgl. zum persönlichen Anwendungsbereich § 1 Rdn. 34 ff.). **Arbeitgeber** im Sinne des MuSchG sind nach § 2 Absatz 1 Satz 2 Nr. 1 diejenigen natürlichen oder juristischen Personen oder rechtsfähigen Personengesellschaften, **die** Frauen im Fall von § 1 Absatz 2 Satz 2 Nummer 1 **ausbilden oder für die Praktikantinnen** in diesem Fall **tätig sind. Diese** den Arbeitgebern nach § 2 Absatz 1 Satz 2 Nr. 1 gleichstehenden Personen **sind** auch zur Gefährdungsbeurteilung nach § 5 ArbSchG und damit **zugleich zur generellen mutterschutzrechtlichen Gefährdungsbeurteilung** in deren Rahmen **verpflichtet**. Die zu ihrer Berufsbildung Beschäftigten sind nach § 2 Absatz 2 Nr. 2 ArbSchG Beschäftigte im Sinne des ArbSchG, die diese beschäftigenden Personen entsprechend Arbeitgeber im Sinne des ArbSchG. Auch § 2 Absatz 2 ArbSchG bezieht nicht nur zu ihrer Berufsausbildung Beschäftigte, sondern alle Bereiche der betrieblichen Berufsbildung einschließlich der betrieblichen Ausbildung im Gesundheitswesen ein (vgl. Kollmer/Klindt/Schucht-Kohte, ArbSchG, 4. Auflage, § 2 ArbSchG Rn. 66, 71; zur Anwendbarkeit des MuSchG in der Ausbildung zur **Pflegefachfrau**, zur

Gesundheits- und Krankenpflegerin bzw. zur **Gesundheits- und Kinderkrankenpflegerin** und zur **Altenpflegerin** vgl. § 1 Rdn. 36). Die Beschäftigung zur Berufsbildung nach § 2 Absatz 2 Nr. 2 ArbSchG erfasst auch Praktika nach § 26 BBiG (vgl. BT-Drucks. 13/3540 S. 15; Kollmer/Klindt/Schucht-Kohte, ArbSchG, 4. Auflage, § 2 ArbSchG Rn. 68).

Die Tätigkeit im Arbeitsbereich einer **Werkstatt für behinderte Menschen** kann, im Gegensatz zur Teilnahme am Eingangs- und Berufsbildungsbereich (vgl. BSG vom 10.5.2007, B 7a AL 30/06 R, JurionRS 2007, 38258) eine Beschäftigung nach § 7 Absatz 1 SGB IV darstellen, sodass sich die Anwendbarkeit des MuSchG bereits aus § 1 Absatz 2 Satz 1, die Arbeitgebereigenschaft des Trägers entsprechend aus § 2 Absatz 1 Satz 1 ergibt. Für Frauen mit Behinderung, die in einer Werkstatt für behinderte Menschen beschäftigt sind, ohne dass aus vorstehenden Gründen eine Beschäftigung im Sinne des § 7 Absatz 1 SGB IV vorliegt, gilt das MuSchG aufgrund der Erstreckung des Anwendungsbereichs nach § 1 Absatz 2 Satz 2 Nr. 2, der Träger der Werkstatt steht im Hinblick auf die sich aus dem MuSchG ergebenden Pflichten nach § 2 Absatz 1 Satz 2 Nr. 2 dem Arbeitgeber gleich (vgl. zum persönlichen Anwendungsbereich § 1 Rdn. 38). Der **Träger** der Werkstatt für behinderte Menschen ist auch unabhängig vom Vorliegen einer Beschäftigung im Sinne des § 7 Absatz 1 SGB IV **zur Gefährdungsbeurteilung nach § 5 ArbSchG** und damit **zugleich zur generellen mutterschutzrechtlichen Gefährdungsbeurteilung** in deren Rahmen **verpflichtet**. In Werkstätten für behinderte Menschen Beschäftigte sind Beschäftigte im Sinne des § 2 Absatz 2 Nr. 7 ArbSchG, der diese beschäftigende Träger nach § 2 Absatz 3 ArbSchG entsprechend Arbeitgeber im Sinne des ArbSchG. Das ArbSchG differenziert nicht nach den verschiedenen Tätigkeitsgereichen innerhalb der Werkstatt für behinderte Menschen (vgl. Kollmer/Klindt/Schucht-Kohte, ArbSchG, 4. Auflage, § 2 ArbSchG Rn. 76). 16

Nach **§ 1 Absatz 2 Satz 2 Nr. 3** gilt das MuSchG für Frauen, die als **Entwicklungshelferinnen** im Sinne des EhfG tätig sind (vgl. zum persönlichen Anwendungsbereich § 1 Rdn. 39), der **Träger des Entwicklungsdienstes** steht für die sich aus dem MuSchG ergebenden Pflichten dem Arbeitgeber gleich, § 2 Absatz 1 Satz 2 Nr. 3. Eine Verpflichtung des Trägers des Entwicklungsdienstes zur Gefährdungsbeurteilung nach § 5 ArbSchG besteht jedoch nicht. Das Rechtsverhältnis zwischen dem Entwicklungshelfer und dem Träger des Entwicklungsdienstes ist kein Arbeits- bzw. Beschäftigungsverhältnis (vgl. BSG vom 25.6.1991, 1/3 RK 1/90, JurionRS 1991, 11363; KR-Rachor, 14. Auflage, § 1 KSchG Rn. 89), die Entwicklungshelfer sind damit keine Beschäftigten im Sinne des § 2 Absatz 2 Nr. 1 ArbSchG. Die Entwicklungshelfer leisten ihren Dienst darüber hinaus nach § 1 Absatz 1 Nr. 1 EhfG in Entwicklungsländern, es liegt somit schon keine für die Geltung des ArbSchG regelmäßig – sofern nicht abweichende vertragliche Vereinbarungen getroffen wurden – erforderliche (vgl. Kollmer/Klindt/Schucht-N. Kollmer, ArbSchG, 4. Auflage, § 1 ArbSchG Rn. 14 f.) Beschäftigung im Inland vor. Das EhfG enthält auch keine den § 13 JFDG oder § 13 BFDG vergleichbare Sonderregelung zur Anwendbarkeit der Arbeitsschutzvorschriften. Nachdem der Träger des Entwicklungsdienstes nicht zur Vornahme der Gefährdungsbeurteilung nach § 5 ArbSchG verpflichtet ist, besteht auch **keine Verpflichtung zur generellen mutterschutzrechtlichen Gefährdungsbeurteilung** nach § 10 Absatz 1. 17

18 Für Frauen, die im **Jugendfreiwilligendienst** oder im **Bundesfreiwilligendienst** nach BFDG tätig sind, gilt das MuSchG jedenfalls aufgrund der Erstreckung nach § 1 Absatz 2 Satz 2 Nr. 4 (vgl. zum persönlichen Anwendungsbereich § 1 Rdn. 40). Jugendfreiwilligendienste im Sinne des JFDG sind nach § 1 Absatz 2 JFDG das freiwillige soziale Jahr (**FSJ**) und das freiwillige ökologische Jahr (**FÖJ**). Die **Einrichtung, in welcher der Dienst geleistet wird**, steht dem Arbeitgeber im Sinne des MuSchG gleich, § 2 Absatz 1 Satz 2 Nr. 4 (vgl. hierzu § 2 Rdn. 9). Die jeweilige Einrichtung ist auch **zur Gefährdungsbeurteilung nach § 5 ArbSchG** und damit **zur generellen mutterschutzrechtlichen Gefährdungsbeurteilung** in deren Rahmen **verpflichtet**. Für die Tätigkeiten im Jugendfreiwilligendienst sind die Arbeitsschutzbestimmungen nach § 13 JFDG, für die Tätigkeiten im Bundesfreiwilligendienst nach § 13 Absatz 1 BFDG entsprechend anzuwenden. Auch wenn das Vertragsverhältnis gegebenenfalls nicht mit der Einsatzstelle besteht, liegt dort der Schwerpunkt der Arbeitsschutzpflichten (vgl. Kollmer/Klindt/Schucht-Kohte, ArbSchG, 4. Auflage, § 2 ArbSchG Rn. 104 f.). Gegebenenfalls kann auch vergleichbar der Pflichtenverteilung bei der Arbeitnehmerüberlassung differenziert werden (vgl. hierzu § 1 Rdn. 20, oben Rdn. 14).

19 Nach § 1 Absatz 2 Satz 2 Nr. 5 gelten die Vorschriften des MuSchG n.F. auch für Frauen, die nicht im Rahmen eines Arbeitsverhältnisses, sondern als **Mitglieder einer geistlichen Genossenschaft, Diakonissen oder Angehörige einer ähnlichen Gemeinschaft** tätig sind, und die entweder aufgrund eines Gestellungsvertrages in einer Einrichtung außerhalb des Ordens, beispielsweise in Krankenhäusern oder Schulen, arbeiten oder die auf Planstellen innerhalb des Ordens tätig sind. Die Erstreckung des § 1 Absatz 2 Satz 2 Nr. 5 erfasst im Fall der Tätigkeit aufgrund eines Gestellungsvertrages oder auf einer Planstelle auch Frauen in ihrer dortigen außerschulischen Ausbildung (vgl. zum persönlichen Anwendungsbereich § 1 Rdn. 41). § 2 Absatz 1 Satz 2 Nummer 5 stellt für diesen Fall die **geistliche Genossenschaft oder ähnliche Gemeinschaft** dem Arbeitgeber gleich. In dieser Konstellation der Tätigkeit auf einer Planstelle oder aufgrund eines Gestellungsvertrages **besteht** auch unabhängig von der Arbeitnehmereigenschaft nach nationalem Verständnis die **Verpflichtung** zur Gefährdungsbeurteilung nach § 5 ArbSchG sowie in deren Rahmen **zur generellen mutterschutzrechtlichen Beurteilung** der Arbeitsbedingungen nach § 10 Absatz 1. Zwar sind, selbst wenn abhängig vom Einzelfall die sonstigen Voraussetzungen eines Arbeitsverhältnisses in solchen Gestaltungen gegebenenfalls vorliegen, Personen, die nicht aufgrund eines privatrechtlichen Vertrages, sondern beispielsweise aufgrund einer Mitgliedschaft tätig werden, bei Vorliegen eines gleichwertigen arbeitsrechtlichen Schutzes nach der Rechtsprechung des Bundesarbeitsgerichts weiterhin nicht als Arbeitnehmer nach nationalem Recht zu betrachten (vgl. BAG vom 21.2.2017, 1 ABR 62/12, EzA § 1 AÜG Nr. 22; näher hierzu auch § 1 Rn. 23). Für die Anwendbarkeit des auch der Umsetzung der Richtlinie über die Durchführung von Maßnahmen zur Verbesserung der Sicherheit und des Gesundheitsschutzes der Arbeitnehmer bei der Arbeit (Richtlinie 89/391/EWG des Rates vom 12.6.1989, ABl. EG Nr. L 183 S. 1) dienenden ArbSchG ist jedoch auch deren Definition des Arbeitnehmerbegriffs zu berücksichtigen. Als Arbeitnehmer für die Zwecke der Richtlinie gilt nach Art. 3 Buchst. a) der Richtlinie 89/391/EWG jede Person, die von einem Arbeitgeber beschäftigt wird, einschließlich Praktikanten

und Lehrlingen, jedoch mit Ausnahme von Hausangestellten. Auf die Frage, ob die Tätigkeit aufgrund eines geschlossenen Arbeitsvertrages erbracht wird, kommt es für das europarechtliche Verständnis des Arbeitnehmerbegriffs nicht an. Nach der Rechtsprechung des EuGH besteht das wesentliche Merkmal eines Arbeitsverhältnisses vielmehr darin, dass eine Person während einer bestimmten Zeit für eine andere Person nach deren Weisung Leistungen erbringt, für die sie als Gegenleistung eine Vergütung erhält (vgl. EuGH vom 17.11.2016, C-216/15 (Ruhrlandklinik), EzA EG-Vertrag 1999 Richtlinie 2008/104 Nr. 2; EuGH vom 11.11.2010, C-232/09 (Danosa), EzA EG-Vertrag 1999 Richtlinie 92/85 Nr. 5). Auf einer Planstelle oder im Rahmen eines Gestellungsvertrages tätige Mitglieder werden bei Vorliegen dieser Voraussetzungen damit auch arbeitsschutzrechtlich als Beschäftigte im Sinne des § 2 Absatz 2 ArbSchG zu betrachten sein (vgl. so im Ergebnis, aber mit abweichender Begründung auch Kollmer/Klindt/Schucht-Kohte, ArbSchG, 4. Auflage, § 2 ArbSchG Rn. 108). Im Rahmen einer solchen **Gestellung** kann es vergleichbar der Gestaltung bei der Arbeitnehmerüberlassung (vgl. Rdn. 13) zu **arbeitsschutzrechtlichen Pflichten** sowohl der geistlichen Genossenschaft als **auch des Betriebes** kommen, in welchem der Einsatz erfolgt.

Für Frauen, die aufgrund ihrer wirtschaftlichen Unselbstständigkeit als **arbeitnehmerähnliche Personen** anzusehen sind, gilt das MuSchG nach **§ 1 Absatz 2 Satz 2 Nr. 7** (vgl. zum Begriff der arbeitnehmerähnlichen Personen § 1 Rdn. 48). Dem Arbeitgeber steht in diesem Fall nach § 2 Absatz 1 Satz 2 Nr. 7 die **natürliche oder juristische Person oder die rechtsfähige Personengesellschaft** gleich, **für welche die Frauen tätig sind** (vgl. hierzu § 2 Rdn. 12). Dieser Arbeitgeber im Sinne des MuSchG ist nach § 2 Absatz 2 Nr. 3 und Absatz 3 ArbSchG **auch Arbeitgeber im Sinne des ArbSchG**, sodass er zur Gefährdungsbeurteilung nach § 5 ArbSchG und in deren Rahmen auch zur generellen mutterschutzrechtlichen Gefährdungsbeurteilung nach § 10 Absatz 1 **verpflichtet** ist. 20

Das MuSchG gilt, mit Ausnahme der §§ 17 bis 24, nach **§ 1 Absatz 2 Satz 2 Nr. 8** auch für **Schülerinnen und Studentinnen**, soweit die Ausbildungsstelle Ort, Zeit und Ablauf der Ausbildungsveranstaltung verpflichtend vorgibt oder die ein im Rahmen ihrer schulischen oder hochschulischen Ausbildung verpflichtend vorgegebenes Praktikum ableisten (vgl. zum persönlichen Anwendungsbereich § 1 Rdn. 50 ff.). Aufgrund der Abhängigkeit der Verpflichtung zur generellen mutterschutzrechtlichen Gefährdungsbeurteilung von der Verpflichtung zur Vornahme einer Gefährdungsbeurteilung nach § 5 ArbSchG ist zwischen der schulischen bzw. hochschulischen Ausbildung selbst und der Ableistung eines verpflichtend vorgegebenen Praktikums zu unterscheiden. Die **Stelle, bei der ein Praktikum geleistet wird**, ist nach § 2 Absatz 2 Nr. 2 und Absatz 3 ArbSchG zur Gefährdungsbeurteilung nach § 5 ArbSchG damit auch zur generellen mutterschutzrechtlichen Gefährdungsbeurteilung **verpflichtet**. Die **Schule oder Hochschule** selbst ist hingegen im Hinblick auf Schüler und Studierende **nicht** zu einer Gefährdungsbeurteilung nach § 5 ArbSchG **verpflichtet**, diese sind nicht Beschäftigte nach § 2 Absatz 2 ArbSchG, sodass auch eine Verpflichtung zur generellen Beurteilung der mutterschutzspezifischen Gefährdungen in deren Rahmen nicht bestehen kann (vgl zur Gleichstellung von Schülern und Studenten mit Beschäftigten 21 in einzelnen Arbeitsschutzverordnungen: Kollmer/Klindt/Schucht-Kohte, ArbSchG, 4. Auflage, § 2 ArbSchG Rn. 72).

c) Entfall der Verpflichtung zur Beurteilung der Arbeitsbedingungen, § 10 Absatz 1 Satz 3

22 Eine an sich bestehende Verpflichtung des Arbeitgebers zur Beurteilung der Arbeitsbedingungen nach § 10 Absatz 1 Satz 1 **entfällt, wenn gemäß** einer zu diesem Zweck nach § 30 Absatz 4 veröffentlichten Regel oder Erkenntnis des **Ausschusses für Mutterschutz** eine schwangere oder stillende Frau **die Tätigkeit nicht ausüben oder einer Arbeitsbedingung nicht ausgesetzt sein darf**. Diese Ausnahmeregelung wurde durch Art. 54 des 4. Bürokratieentlastungsgesetzes (4. BEntlG) vom 23.10.2024 in § 10 Absatz 1 aufgenommen.

23 Der **Ausschuss für Mutterschutz nach § 30** soll u.a. nach § 30 Absatz 3 Satz 1 Nr. 1 Art, Ausmaß und Dauer der möglichen unverantwortbaren Gefährdungen einer schwangeren oder stillenden Frau und ihres Kindes nach wissenschaftlichen Erkenntnissen ermitteln und begründen sowie nach § 30 Absatz 3 Satz 1 Nr. 2 sicherheitstechnische, arbeitsmedizinische und arbeitshygienische Regeln zum Schutz der schwangeren oder stillenden Frau und ihres Kindes aufstellen. Das Bundesministerium für Familie, Senioren, Frauen und Jugend kann nach § 30 Absatz 4 die durch den Ausschuss für Mutterschutz aufgestellten Regeln und Erkenntnisse im Gemeinsamen Ministerialblatt veröffentlichen. In dieser Weise veröffentlichte mutterschutzspezifische **Regeln und Erkenntnisse** muss der Arbeitgeber bei seinen Maßnahmen nach dem MuSchG **berücksichtigen** (vgl. auch § 9 Rdn. 32).

24 Steht für eine Tätigkeit auf Grundlage einer solchen Regel oder Erkenntnis fest, dass eine schwangere oder stillende Frau die Tätigkeit nicht ausüben oder einer Arbeitsbedingung nicht ausgesetzt sein darf, so bedarf es **insoweit** einer erneuten eigenen generellen mutterschutzrechtlichen Gefährdungsbeurteilung durch den Arbeitgeber für diese Tätigkeit nicht mehr. Weder die Beurteilung der Gefährdung nach Art, Ausmaß und Dauer gemäß § 10 Absatz 1 Satz 1 Nr. 1, noch die Ermittlung erforderlicher Schutzmaßnahmen gemäß § 10 Absatz 1 Satz 1 Nr. 2 könnten zu einem anderen Ergebnis führen. Durch den nun für diesen Fall in § 10 Absatz 1 Satz 3 gesetzlich geregelten Entfall der Verpflichtung des Arbeitgebers zur Beurteilung für diese Tätigkeit kann auf die bloß förmliche Durchführung und Dokumentation der generellen Beurteilung zur Vermeidung von Nachteilen verzichtet werden. Der **Entfall** gilt jedoch **ausschließlich für Tätigkeiten, für die eine solche Erkenntnis oder Regel** des Ausschusses für Mutterschutz **vorliegt** (z.B. zum Umgang von schwangeren Frauen mit Narkosegasen: Bundesministerium für Familie, Senioren, Frauen und Jugend: Tätigkeiten von schwangeren Frauen mit Isofluran, Desfluran und Sevofluran in der humanmedizinischen Versorgung, Regel des Ausschusses für Mutterschutz, Nr. MuSchR 11.1.01, 2025, Ziffer 3.4).

3. Durchführung der generellen Beurteilung nach § 10 Absatz 1

a) Beurteilung der Gefährdungen

Der Arbeitgeber ist nach § 10 Absatz 1 Satz 1 Nr. 1 zunächst verpflichtet, **im Rahmen der nach § 5 ArbSchG durchzuführenden Gefährdungsbeurteilung** für jede 25 Tätigkeit die Gefährdungen nach Art, Ausmaß und Dauer zu beurteilen, denen eine schwangere oder stillende Frau oder ihr Kind ausgesetzt ist oder sein kann. Mögliche Gefährdungen des Kindes sind einzubeziehen (vgl. Tillmanns/Mutschler-Felder, 3. Auflage, § 10 MuSchG Rn. 15; siehe auch § 1 Rdn. 2). Die Beurteilung ist **bezogen auf Tätigkeiten**, nicht auf einzelne Beschäftigte vorzunehmen. Dies entspricht auch der Vorgabe des § 5 Absatz 2 ArbSchG für die allgemeine arbeitsschutzrechtliche Gefährdungsbeurteilung, in deren Rahmen auch die generelle Beurteilung der mutterschutzspezifischen Gefährdungen vorgesehen ist. Auch Artikel 4 der Richtlinie 92/85/EWG vom 19.10.1992 über die Durchführung von Maßnahmen zur Verbesserung der Sicherheit und des Gesundheitsschutzes von schwangeren Arbeitnehmerinnen, Wöchnerinnen und stillenden Arbeitnehmerinnen am Arbeitsplatz (zehnte Einzelrichtlinie im Sinne des Artikels 16 Absatz 1 der Richtlinie 89/391/EWG) (ABl. L 348 vom 28.11.1992, S. 1), deren Umsetzung das Gesetz zur Neuregelung des Mutterschutzrechts dient, sieht die Beurteilung von Art, Ausmaß und Dauer der Exposition bezogen auf Tätigkeiten vor. Nach der Regel zur Gefährdungsbeurteilung (vgl. Rdn. 2) ist aufgrund der zunächst festzustellenden Strukturen und Arbeitsabläufe zu entscheiden, ob eine arbeitsplatzbezogene, personenbezogene, arbeitsbereichsbezogene oder tätigkeitsbezogene anlassunabhängige Gefährdungsbeurteilung vorgenommen werden soll (vgl. Bundesministerium für Familie, Senioren, Frauen und Jugend: Gefährdungsbeurteilung, Regel des Ausschusses für Mutterschutz, Nr. MuSchR 10.1.01, 2023, Ziffer 4.1 Absatz 1). Ein Personenbezug wird bei einer anlassunabhängigen, gerade generellen Gefährdungsbeurteilung jedoch – mit Ausnahme von Beschäftigten mit ständig wechselnden Arbeitsplätzen oder Tätigkeiten (vgl. Tillmanns/Mutschler-Felder, 3. Auflage, § 10 MuSchG Rn. 13) – selten veranlasst sein.

Die Beurteilung der Arbeitsbedingungen muss dem **Stand der Technik, der Arbeitsmedizin und der Hygiene sowie den sonstigen gesicherten arbeitswissenschaftlichen Erkenntnissen** entsprechen, § 9 Absatz 4 Satz 1. Zu berücksichtigen sind hierbei nach § 9 Absatz 4 Satz 2 (vgl. hierzu § 9 Rdn. 32) auch die **Ergebnisse des** nach § 30 einzurichtenden **Ausschusses für Mutterschutz**, zu dessen Aufgaben es nach § 30 Absatz 3 Satz 1 Nr. 1 auch gehört, Art, Ausmaß und Dauer der möglichen unverantwortbaren Gefährdungen einer schwangeren oder stillenden Frau und ihres Kindes nach wissenschaftlichen Erkenntnissen zu ermitteln und zu begründen.

Der **Begriff der Gefährdung** entspricht grundsätzlich dem arbeitsschutzrechtlichen 26 Gefährdungsbegriff (vgl. BT-Drucks. 18/8963 S. 64 f.), ist aber bezogen auf die mutterschutzrechtlichen Belange zu konkretisieren (vgl. zum mutterschutzrechtlichen Gefährdungsbegriff ausführlicher § 9 Rdn. 17 f.). In **Abgrenzung zu einer Gefahr**, unter der im Arbeitsschutz eine Sachlage zu verstehen ist, die bei ungehindertem Ablauf des objektiv zu erwartenden Geschehens zu einem Schaden führt, tritt eine **Gefähr-**

dung im Sinne des ArbSchG schon ein, wenn die **Möglichkeit** eines Schadens oder einer gesundheitlichen Beeinträchtigung ohne bestimmte Anforderungen an ihr Ausmaß oder ihre Eintrittswahrscheinlichkeit besteht (vgl. BAG vom 12.8.2008, 9 AZR 1117/08, EzA § 618 BGB 2002 Nr. 3; zum inhaltsgleichen Gefährdungsbegriff schon des MuSchG a.F. sowie des § 1 MuSchV und des ArbSchG: Kollmer/Klindt/Schucht-Kohte, 3. Auflage, § 1 MuSchArbV Rn. 1; Bundesministerium für Familie, Senioren, Frauen und Jugend: Gefährdungsbeurteilung, Regel des Ausschusses für Mutterschutz, Nr. MuSchR 10.1.01, 2023, Ziffer 2.1). Die Aufzählung des § 5 Absatz 3 ArbSchG kann auch im mutterschutzrechtlichen betrieblichen Gesundheitsschutz als Anhalt dafür dienen, woraus sich eine Gefährdung ergeben kann. Nach dieser Norm kann sich eine Gefährdung insbesondere ergeben durch die Gestaltung und die Einrichtung der Arbeitsstätte und des Arbeitsplatzes (§ 5 Absatz 3 Nr. 1 ArbSchG), physikalische, chemische und biologische Einwirkungen (§ 5 Absatz 3 Nr. 2 ArbSchG), die Gestaltung, die Auswahl und den Einsatz von Arbeitsmitteln, insbesondere von Arbeitsstoffen, Maschinen, Geräten und Anlagen sowie den Umgang damit (§ 5 Absatz 3 Nr. 3 ArbSchG), die Gestaltung von Arbeits- und Fertigungsverfahren, Arbeitsabläufen und Arbeitszeit und deren Zusammenwirken (§ 5 Absatz 3 Nr. 4 ArbSchG), unzureichende Qualifikation und Unterweisung der Beschäftigten (§ 5 Absatz 3 Nr. 5 ArbSchG) und psychische Belastungen bei der Arbeit (§ 5 Absatz 3 Nr. 6 ArbSchG).

27 Der Arbeitgeber muss im Rahmen der nach § 5 ArbSchG durchzuführenden allgemeinen arbeitsschutzrechtlichen Gefährdungsbeurteilung für die **ergänzende generelle mutterschutzrechtliche Gefährdungsbeurteilung** nach § 10 Absatz 1 **zunächst ermitteln, ob** die Tätigkeiten **mutterschutzbezogene Gefährdungen** (vgl. hierzu § 9 Rdn. 18) aufweisen, d.h. ob zusätzlich zu den allgemeinen Anforderungen nach dem ArbSchG besondere Gefährdungen für schwangere oder stillende Frauen und ihre Kinder bestehen (siehe hierzu auch Bundesministerium für Familie, Senioren, Frauen und Jugend: Gefährdungsbeurteilung, Regel des Ausschusses für Mutterschutz, Nr. MuSchR 10.1.01, 2023, Ziffer 4.2). Die generelle Ermittlung dieser mutterschutzbezogenen Gefährdungen dient der schnellen Umsetzung bei Mitteilung einer Schwangerschaft oder des Stillens gegebenenfalls erforderlicher Schutzmaßnahmen und ist demnach **orientiert an den Vorgaben des MuSchG zur Beschäftigung** schwangerer oder stillender Frauen vorzunehmen (vgl. BT-Drucks. 18/8963 S. 69), wobei die in §§ 11, 12 genannten Aspekte nicht abschließend sind (vgl. Bundesministerium für Familie, Senioren, Frauen und Jugend: Gefährdungsbeurteilung, Regel des Ausschusses für Mutterschutz, Nr. MuSchR 10.1.01, 2023, Ziffer 4.2 Absatz 3). **Mutterschutzspezifische Gefährdungen** können sich damit beispielsweise aus Arbeitsbedingungen wie dem Umfang und der Lage der **Arbeitszeit** ergeben. § 4 beinhaltet ein Verbot der Mehrarbeit und Vorgaben der Ruhezeit, § 5 ein Verbot der Nachtarbeit und § 6 ein Verbot der Sonn- und Feiertagsarbeit für schwangere und stillende Frauen. Mutterschutzspezifische Gefährdungen für schwangere und stillende Frauen können darüber hinaus vorliegen, wenn Beschäftigte bei der Tätigkeit **Gefahrstoffen** ausgesetzt sind, § 11 Absatz 1 und Absatz 2 sowie § 12 Absatz 1 und Absatz 2. Zu berücksichtigen sind auch **physikalische Einwirkungen**, § 11 Absatz 3 sowie § 12 Absatz 3, wie Strahlungen, Erschütterungen oder **Arbeitsbedingungen wie Hitze, Kälte und Nässe** sowie **besonders belastende Arbeitsumgebungen** wie beispielsweise Über-

druck, § 11 Absatz 4 und § 12 Absatz 4. Aus der Regelung des § 11 Absatz 5 ergibt sich, dass auch mit der Tätigkeit verbundene **körperliche Belastungen** wie der Umgang mit schweren Lasten oder Bewegungseinschränkungen und **mechanische Einwirkungen** wie Unfallgefahren zu einer mutterschutzspezifischen Gefährdung für schwangere Frauen führen können. Mutterschutzspezifische Gefährdungen können sich zudem für schwangere und stillende Frauen aus den **Arbeitsabläufen**, beispielsweise aus Fließarbeit oder einer getakteten Arbeit mit vorgegebenem Arbeitstempo ergeben, § 11 Absatz 6 sowie § 12 Absatz 5. Gleiches gilt für Akkordarbeit. Die Gefährdungsbeurteilung muss sich auch auf mögliche Gefährdungen des (ungeborenen) Kindes beziehen, sie darf sich nicht auf eine mögliche Gefährdung der Frau beschränken (vgl. BT-Drucks. 18/8963 S. 70).

Weisen die Tätigkeiten an einem Arbeitsplatz **keine mutterschutzbezogenen Gefährdungen** auf, so genügt der Arbeitgeber seiner Verpflichtung aus § 10 Absatz 1 Satz 1 Nr. 1 mit dem Vermerk einer **entsprechenden Feststellung** in der arbeitsschutzrechtlichen Dokumentation, die zum Ergebnis der Gefährdungsbeurteilung nach § 5 ArbSchG gemäß § 6 Absatz 1 ArbSchG vorliegen muss, § 14 Absatz 1 Satz 2. 28

Weist die Tätigkeit **mutterschutzbezogene Gefährdungen** auf, so hat der Arbeitgeber diese **nach Art, Ausmaß und Dauer zu beurteilen.** Diese Beurteilung dient insbesondere der Ermöglichung kurzfristiger Maßnahmen bei tatsächlicher Mitteilung einer Schwangerschaft. Der Arbeitgeber soll sich bereits im Vorfeld mit den möglichen Gefährdungen auseinandergesetzt haben. Diese Auseinandersetzung bildet die Grundlage für die sodann konkrete Entscheidung, ob und welche Schutzmaßnahmen erforderlich sind oder ob eine Weiterbeschäftigung der Frau während der Schwangerschaft oder des Stillens gegebenenfalls überhaupt nicht möglich ist. Hierzu ist die Kenntnis davon erforderlich, welcher Art die Gefährdung ist, welches Ausmaß und welche Dauer sie hat. Nur so kann der Arbeitgeber differenzieren, ob es genügt, die Gefährdung durch geeignete Schutzmaßnahmen zu vermeiden oder ob beispielsweise eine unverantwortbare Gefährdung im Sinne des § 9 Absatz 2 vorliegt, die er ausschließen muss. 29

b) Ermittlung der Schutzmaßnahmen

Auf Grundlage des Ergebnisses der Beurteilung nach § 10 Absatz 1 Satz 1 Nr. 1 hat der Arbeitgeber sodann zu **ermitteln, ob** voraussichtlich **keine Schutzmaßnahmen** erforderlich sein werden (§ 10 Absatz 1 Satz 1 Nr. 2a; vgl. hierzu auch Rdn. 28), ob eine **Umgestaltung des Arbeitsplatzes** nach § 13 Absatz 1 Nr. 1 erforderlich sein wird (§ 10 Absatz 1 Satz 1 Nr. 2b) **oder** ob eine **Fortführung der Tätigkeit der Frau an diesem Arbeitsplatz** voraussichtlich **nicht möglich** sein wird (§ 10 Absatz 1 Satz 1 Nr. 2c). Bei festgestellten unverantwortbaren Gefährdungen soll der Arbeitgeber später erforderliche Maßnahmen nach § 13 möglichst konkret ermitteln (vgl. Bundesministerium für Familie, Senioren, Frauen und Jugend: Gefährdungsbeurteilung, Regel des Ausschusses für Mutterschutz, Nr. MuSchR 10.1.01, 2023, Ziffer 4.4 Absatz 3). 30

Eine **Umgestaltung des Arbeitsplatzes** nach § 13 Absatz 1 Nr. 1 ist erforderlich, wenn unverantwortbare Gefährdungen nach den §§ 9, 11 und 12 vorliegen. Eine unverantwortbare Gefährdung liegt nach § 9 Absatz 2 Satz 2 vor, wenn die Eintrittswahrschein- 31 lichkeit einer Gesundheitsbeeinträchtigung angesichts der zu erwartenden Schwere des möglichen Gesundheitsschadens nicht hinnehmbar ist (vgl. hierzu § 9 Rdn. 21 ff.). § 11 enthält mit einer Aufzählung unzulässiger Tätigkeiten oder deren Rahmenbedingungen Regelbeispiele für das Vorliegen einer unverantwortbaren Gefährdung im Zeitraum der Schwangerschaft, § 12 solche für die Stillzeit. Nach der in § 13 vorgegebenen und dem Gesetzesziel der Ermöglichung der Weiterbeschäftigung entsprechenden Rangfolge der Schutzmaßnahmen hat eine solche Umgestaltung des Arbeitsplatzes grundsätzlich Vorrang vor einem Beschäftigungsverbot. Die anlassunabhängige Ermittlung erforderlicher Schutzmaßnahmen soll ein schnelles Handeln im Fall der Mitteilung einer Schwangerschaft oder des Stillens ermöglichen. Vor diesem Hintergrund ist zu verlangen, dass sich der Arbeitgeber zu diesem Zeitpunkt, soweit dies personenunabhängig möglich ist, auch damit auseinandersetzt, welche konkreten Umgestaltungen erforderlich sind.

32 Die Prüfung der Schutzmaßnahmen auf Grundlage des Ergebnisses der Beurteilung der mutterschutzspezifischen Gefährdung kann schließlich auch zu dem Ergebnis führen, dass die **Fortführung der Tätigkeit der Frau an ihrem bisherigen Arbeitsplatz nicht möglich** ist. Dies kann der Fall sein, wenn der Arbeitgeber auch durch eine Umgestaltung der Arbeitsbedingungen nach § 13 Absatz 1 Nr. 1 eine unverantwortbare Gefährdung nicht ausschließen kann oder eine solche Umgestaltung wegen des nachweislich unverhältnismäßigen Aufwands unzumutbar ist, § 13 Absatz 1 Nr. 2.

33 Die Ermittlung der erforderlichen Schutzmaßnahmen nach § 10 Absatz 1 Satz 1 Nr. 2 erfolgt ebenso wie die Ermittlung und Beurteilung der möglichen Gefährdungen **bezogen auf die Tätigkeiten** und noch **unabhängig von der** auf dem Arbeitsplatz eingesetzten **Person.** Der Arbeitgeber muss sich zu diesem Zeitpunkt personenunabhängig mit **voraussichtlich** erforderlichen Maßnahmen auseinandersetzen, eine personenbezogene Konkretisierung erfolgt erst nach Mitteilung der Schwangerschaft oder des Stillens im Vorgehen nach § 10 Absatz 2. Zu beurteilen ist auch die Erforderlichkeit arbeitsmedizinischer Vorsorge oder anderer arbeitsmedizinischer Maßnahmen (vgl. Bundesministerium für Familie, Senioren, Frauen und Jugend: Gefährdungsbeurteilung, Regel des Ausschusses für Mutterschutz, Nr. MuSchR 10.1.01, 2023, Ziffer 4.4 Absatz 2; siehe auch § 3 Absatz 1 ArbMedVV).

c) Vorgehen bei gleichartigen Arbeitsbedingungen

34 § 10 Absatz 1 Satz 2 stellt klar, dass bei gleichartigen Arbeitsbedingungen die Beurteilung eines Arbeitsplatzes oder einer Tätigkeit ausreichend ist. Die Formulierung entspricht der des **§ 5 Absatz 2 Satz 2 ArbSchG** für die allgemeine arbeitsschutzrechtliche Gefährdungsbeurteilung, auch die Begründung des Gesetzentwurfs verweist auf diese vergleichbare Regelung und begründet dies mit der berechtigten Vermutung eines vergleichbaren Ergebnisses der Gefährdungsbeurteilung bei gleichartigen Arbeitsbedingungen. Mit der Regelung soll auch ein Heranziehen von Standardbeurteilungen für typische Arbeitsbereiche ermöglicht werden (vgl. BT-Drucks. 18/8963 S. 70; zu den Voraussetzungen der Anwendung pauschaler Gefährdungsbeurteilungen für typische Tätigkeiten, Arbeitsbereiche und Arbeits-

abläufe: Bundesministerium für Familie, Senioren, Frauen und Jugend: Gefährdungsbeurteilung, Regel des Ausschusses für Mutterschutz, Nr. MuSchR 10.1.01, 2023, Ziffer 4.3). Vergleichbar der Vorgabe des § 5 Absatz 2 Satz 2 ArbSchG ist für die Gleichartigkeit der Arbeitsbedingungen keine vollständige Übereinstimmung in allen Einzelheiten zu fordern, sondern eine **Übereinstimmung im Wesentlichen**. Erhebliche Abweichungen können mit einer eigenen Beurteilung abgedeckt werden (vgl. BAG vom 13.8.2019, 1 ABR 6/18, EzA § 87 BetrVG 2001 Gesundheitsschutz Nr. 19; zu § 5 ArbSchG: Kollmer/Klindt/Schucht-Kreizberg, ArbSchG, 4. Auflage, § 5 ArbSchG Rn. 88).

d) Dokumentation, Aufsicht und Information

Die **Dokumentation der Gefährdungsbeurteilung nach § 5 ArbSchG** richtet sich 35 **nach § 6 Absatz 1 ArbSchG**. Der Arbeitgeber muss danach über die nach Art der Tätigkeiten und der Zahl der Beschäftigten erforderlichen Unterlagen verfügen, aus denen sich das Ergebnis der Gefährdungsbeurteilung, die von ihm festgelegten Maßnahmen des Arbeitsschutzes und das Ergebnis ihrer Überprüfung ergeben. Die Art und Weise der Dokumentation ist gesetzlich nicht vorgeschrieben, vor dem Hintergrund des Dokumentationszwecks wird jedoch gefordert, dass die Unterlagen jedenfalls für den Fachmann und ohne zusätzliche Unterlagen oder Erläuterungen nachvollziehbar und verständlich sind (vgl. Kollmer/Klindt/Schucht-Kreizberg, ArbSchG, 4. Auflage, § 6 ArbSchG Rn. 53).

Die **Dokumentation** der **generellen mutterschutzrechtlichen Gefährdungsbeurteilung** 36 **nach § 10 Absatz 1** ist in **§ 14 Absatz 1 Satz 1** vergleichbar geregelt. Der Arbeitgeber hat die Beurteilung der Arbeitsbedingungen nach § 10 Absatz 1 durch Unterlagen zu dokumentieren, aus denen das **Ergebnis der Gefährdungsbeurteilung** nach § 10 Absatz 1 Satz 1 Nr. 1 und der **Bedarf an Schutzmaßnahmen** nach § 10 Absatz 1 Satz 1 Nr. 2 ersichtlich ist. Auch das MuSchG enthält keine nähere Vorgabe zur Art und Weise dieser Dokumentation, von einer den Ausführungen zum ArbSchG entsprechenden Mindestanforderung ist aber auszugehen. **§ 14 Absatz 1 Satz 2** enthält eine vereinfachende **Ausnahmeregelung** für den Fall, dass die Frau oder ihr Kind nach dem Ergebnis der Beurteilung **keiner Gefährdung** nach § 9 Absatz 2 ausgesetzt ist oder ausgesetzt sein kann. In diesem Fall genügt zur Erfüllung der Dokumentationspflicht der Vermerk der entsprechenden Feststellung in einer für den Arbeitsplatz oder die Tätigkeit bereits erstellten Dokumentation der Gefährdungsbeurteilung nach § 5 ArbSchG.

Der Arbeitgeber muss die Dokumentation auf deren Verlangen der **Aufsichtsbehörde** 37 **vorlegen**, § 27 Absatz 3 Nr. 4, und sie nach § 27 Absatz 5 bis zum Ablauf von zwei Jahren nach der letzten Eintragung **aufbewahren**. Die Aufsichtsbehörde ist auch **in Einzelfällen** berechtigt, **Einzelheiten zu Art und Umfang** der Beurteilung der Arbeitsbedingungen und Einzelheiten zu Art und Umfang der Dokumentation nach § 14 **anzuordnen**, § 29 Absatz 3 Satz 2 Nr. 6 und 9.

Neben der Dokumentation besteht nach **§ 14 Absatz 2** schließlich auch eine Verpflich- 38 tung des Arbeitgebers zur **Information seiner Beschäftigten** über das Ergebnis der generellen mutterschutzrechtlichen Gefährdungsbeurteilung nach § 10 Absatz 1. Zu informieren sind **alle** beim Arbeitgeber **Beschäftigten.** Der Gesetzgeber geht damit über die Vorgabe des Artikel 4 Absatz 2 der Richtlinie 92/85/EWG vom 19.10.1992 über die Durchführung von Maßnahmen zur Verbesserung der Sicherheit und des Gesundheitsschutzes von schwangeren Arbeitnehmerinnen, Wöchnerinnen und stillenden Arbeitnehmerinnen am Arbeitsplatz (zehnte Einzelrichtlinie im Sinne des Artikels 16 Absatz 1 der Richtlinie 89/391/EWG) (ABl. L 348 vom 28.11.1992, S. 1) hinaus, die lediglich eine Unterrichtung der schwangeren Arbeitnehmerinnen, Wöchnerinnen und stillenden Arbeitnehmerinnen sowie der Frauen, die sich in einer dieser Situationen befinden könnten, und ihrer Vertreter verlangt. Die Information muss das **Ergebnis der Gefährdungsbeurteilung** nach § 10 Absatz 1 Satz 1 Nr. 1 sowie den **Bedarf an Schutzmaßnahmen** nach § 10 Absatz 1 Satz 2 Nr. 2 enthalten. Der Arbeitgeber muss seine Beschäftigten demnach zum einen darüber informieren, ob und falls ja welche mutterschutzbezogenen Gefährdungen welchen Ausmaßes und welcher Dauer bezogenen auf die jeweiligen Tätigkeiten vorliegen. Zum anderen muss er darüber informieren, ob im Fall einer Schwangerschaft oder des Stillens voraussichtlich keine Schutzmaßnahmen erforderlich oder ob und welche Umgestaltung der Arbeitsbedingungen nötig sein werden. Auch die voraussichtliche Unmöglichkeit der Fortsetzung der Tätigkeit der Frau am jeweiligen Arbeitsplatz gehört zum Inhalt der erforderlichen Information. Mit der frühzeitigen Information der Belegschaft will der Gesetzgeber Verständnis und Sensibilität für mutterschutzrechtliche Belange fördern (vgl. BT-Drucks. 18/8963 S. 36). Sie dient zudem der Prävention vor allem zu Beginn der Schwangerschaft, indem die Frau schon über etwaige Risiken informiert ist, bevor sie ihrem Arbeitgeber die Schwangerschaft mitgeteilt oder überhaupt selbst sichere Kenntnis von der Schwangerschaft hat (vgl. BT-Drucks. 18/8963 S. 69). Zeitlich muss die Information erfolgen, sobald die Gefährdungsbeurteilung durchgeführt wurde. Formvorgaben enthält das Gesetz nicht. Die Information kann demnach mündlich, schriftlich, per E-Mail, durch Aushang oder in einem Intranet vorgenommen werden (vgl. Bundesministerium für Familie, Senioren, Frauen und Jugend: Gefährdungsbeurteilung, Regel des Ausschusses für Mutterschutz, Nr. MuSchR 10.1.01, 2023, Ziffer 5.1 Absatz 2 mit Hinweis auf die Möglichkeit der Verbindung mit der Unterweisung nach § 12 ArbSchG, Ziffer 5.1 Absatz 3). Die Aufsichtsbehörde ist **in Einzelfällen** berechtigt, **Einzelheiten zu Art und Umfang** der Information nach § 14 **anzuordnen**, § 29 Absatz 3 Satz 2 Nr. 9.

e) Beauftragung und Kosten

39 Der Arbeitgeber muss die generelle mutterschutzrechtliche Gefährdungsbeurteilung nicht selbst durchführen, sondern kann nach **§ 9 Absatz 5 zuverlässige und fachkundige Personen** damit **beauftragen**, diese in eigener Verantwortung vorzunehmen (vgl. hierzu: § 9 Rdn. 33 ff.). Der Arbeitgeber bleibt aber auch in diesem Fall verantwortlich für die Aufsicht und Kontrolle ebenso wie für die Bereitstellung erforderlicher Ressourcen (vgl. BT-Drucks. 18/8963 S. 68; Brose/Weth/Volk-Kühn, 9. Auflage, § 9 MuSchG Rn. 20; Bundesministerium für Familie, Senioren, Frauen und Jugend: Gefährdungsbeurteilung, Regel des Ausschusses für Mutterschutz, Nr. MuSchR 10.1.01, 2023, Ziffer 3 Absatz 4). Der Bundesrat forderte in seiner am 17.6.2016

beschlossenen Stellungnahme zum Gesetzentwurf der Bundesregierung die Aufnahme eines Absatzes 1a in § 10 (in der damaligen Fassung noch § 9), der die Vorgabe enthalten sollte, dass die Gefährdungsbeurteilung nur von fachkundigen Personen durchgeführt werden darf. Verfügt der Arbeitgeber selbst nicht über die entsprechenden Kenntnisse, so sollte er sich fachkundig beraten lassen müssen, wobei fachkundig insbesondere die Fachkraft für Arbeitssicherheit oder die Betriebsärztin oder der Betriebsarzt sein könnten (vgl. Stellungnahme des Bundesrates vom 17.6.2016, BT-Drucks. 18/8963 S. 111 f.). Die Forderung fand keinen Eingang in das MuSchG n.F. Auch ohne die Aufnahme dieser Ergänzung erfordert aber schon die Anforderung des § 9 Absatz 4 Satz 1, dass die Beurteilung der Arbeitsbedingungen dem **Stand der Technik, der Arbeitsmedizin und der Hygiene sowie den sonstigen gesicherten arbeitswissenschaftlichen Erkenntnissen** entsprechen muss, die Fachkunde des Durchführenden oder eine entsprechende Beratung. Die **Kosten** für die generelle mutterschutzrechtliche Gefährdungsbeurteilung **trägt der Arbeitgeber**, er darf sie nach § 9 Absatz 6 (vgl. hierzu: § 9 Rdn. 36) nicht den bei ihm beschäftigten Personen auferlegen.

f) Mitbestimmungsrecht des Betriebsrats nach § 87 Absatz 1 Nr. 7 BetrVG

Im Zusammenhang mit **betrieblichen Regelungen zur generellen mutterschutzrechtlichen Gefährdungsbeurteilung** nach § 10 Absatz 1 ist das **Mitbestimmungsrecht** eines gegebenenfalls beim Arbeitgeber bestehenden Betriebsrats **nach § 87 Absatz 1 Nr. 7 BetrVG** zu beachten. Dieses besteht, soweit eine gesetzliche oder tarifliche Regelung nicht vorliegt, nach § 87 Absatz 1 Nr. 7 BetrVG für Regelungen über die Verhütung von Arbeitsunfällen und Berufskrankheiten sowie über den Gesundheitsschutz im Rahmen der gesetzlichen Vorschriften oder der Unfallverhütungsvorschriften. Nach der Rechtsprechung des Bundesarbeitsgerichts hat der Betriebsrat hiernach bei betrieblichen Regelungen über den Gesundheitsschutz mitzubestimmen, wenn der Arbeitgeber diese aufgrund einer **öffentlich-rechtlichen Rahmenvorschrift** zu treffen hat und ihm **bei der Gestaltung Handlungsspielräume** verbleiben. Das Mitbestimmungsrecht kommt zum Tragen, wenn eine gesetzliche Handlungspflicht objektiv besteht und wegen Fehlens einer zwingenden Vorgabe betriebliche Regelungen verlangt, um das gesetzlich vorgegebene Ziel des Arbeits- und Gesundheitsschutzes zu erreichen. Eine solche betriebliche Regelung muss sich auf einen **kollektiven Tatbestand** beziehen, für den eine **abstrakt-generelle Lösung** erforderlich ist (vgl. BAG vom 18.8.2009, 1 ABR 43/08, EzA § 87 BetrVG 2001 Gesundheitsschutz Nr. 4; BAG vom 8.6.2004, 1 ABR 13/03, EzA § 87 BetrVG 2001 Gesundheitsschutz Nr. 1). Bei der Vorschrift des § 5 ArbSchG zur Gefährdungsbeurteilung handelt es sich um eine solche Rahmenvorschrift, bei deren Ausfüllung durch betriebliche Regelungen der Betriebsrat mitzubestimmen hat (vgl. BAG vom 8.6.2004, 1 ABR 13/03, EzA § 87 BetrVG 2001 Gesundheitsschutz Nr. 1; BAG vom 11.2.2014, 1 ABR 72/12, EzA § 87 BetrVG 2001 Gesundheitsschutz Nr. 9). Handlungsspielräume des Arbeitgebers bestehen beispielsweise bei der Festlegung, welche Arbeitsplätze mit welchen Methoden auf welche Gefahrenursachen in welchem Zeitablauf untersucht werden sollen (vgl. BAG vom 30.9.2014, 1 ABR 40

106/12, EzA § 87 BetrVG 2001 Gesundheitsschutz Nr. 12). Auch die Klärung, inwieweit Arbeitsbedingungen gleichartig sind mit der Folge des Ausreichens der Beurteilung eines Arbeitsplatzes oder einer Tätigkeit unterfällt dem Mitbestimmungsrecht (vgl. BAG vom 7.12.2021, 1 ABR 25/20, WKRS 2021, 60427). Gegenstand der Mitbestimmung ist auch, wie der Arbeitgeber die Gefährdungsbeurteilung organisiert und durchführt, auch mit welchen Methoden und Verfahren (vgl. BAG vom 21.11.2017, 1 ABR 47/16, JurionRS 2017, 32898; BAG vom 7.12.2021, 1 ABR 25/20, WKRS 2021, 60427). Auch bei der Ausgestaltung der Dokumentation der Ergebnisse einer Gefährdungsbeurteilung nach § 6 ArbSchG steht dem Betriebsrat ein Mitbestimmungsrecht nach § 87 Absatz 1 Nr. 7 BetrVG zu (vgl. BAG vom 13.8.2019, 1 ABR 6/18, EzA § 87 BetrVG 2001 Gesundheitsschutz Nr. 19; BAG vom 7.12.2021, 1 ABR 25/20, WKRS 2021, 60427).

41 **Kein Mitbestimmungsrecht** nach § 87 Absatz 1 Nr. 7 BetrVG besteht hingegen bei der **Beauftragung externer Personen oder Stellen** mit der Durchführung von Gefährdungsbeurteilungen nach § 5 ArbSchG selbst, da es sich bei der Übertragung von Aufgaben nach § 13 Absatz 2 ArbSchG abweichend von beispielsweise der Mitbestimmung unterfallenden abstrakten Regelungen zu Qualifikation und Kenntnissen zu beauftragender Personen typischerweise um **eine personelle Einzelmaßnahme** handelt (vgl. BAG vom 18.8.2009, 1 ABR 43/08, EzA § 87 BetrVG 2001 Gesundheitsschutz Nr. 4; zur hiervon abweichenden Beurteilung bei Schaffung einer Aufbau- und Ablauforganisation: BAG vom 18.3.2014, 1 ABR 73/12, EzA § 87 BetrVG 2001 Gesundheitsschutz Nr. 10). Die grundsätzlichen Mitbestimmungsrechte bei der Gestaltung der Gefährdungsbeurteilung verkürzt die Beauftragung Externer jedoch nicht (vgl. BAG vom 30.9.2014, 1 ABR 106/12, EzA § 87 BetrVG 2001 Gesundheitsschutz Nr. 12). **Die Durchführung** der Gefährdungsbeurteilung **obliegt dem Arbeitgeber**, nicht den Betriebsparteien gemeinsam, auch wenn sie auf Grundlage der mitbestimmten Ausgestaltung ihrer Grundlagen erfolgen muss (vgl. BAG vom 7.12.2021, 1 ABR 25/20, WKRS 2021, 60427).

III. Konkretisierung nach § 10 Absatz 2

1. Verpflichtung des Arbeitgebers nach § 10 Absatz 2

42 Nach § 10 Absatz 2 hat der Arbeitgeber, sobald ihm eine Frau mitgeteilt hat, dass sie schwanger ist oder stillt, die nach Maßgabe der Beurteilung nach § 10 Absatz 1 oder nach Maßgabe des § 13 erforderlichen Schutzmaßnahmen festzulegen und der Frau ein Gespräch über weitere Anpassungen ihrer Arbeitsbedingungen anzubieten. **Diese Verpflichtung trifft** unabhängig von der Verpflichtung zur Gefährdungsbeurteilung nach § 5 ArbSchG **jeden Arbeitgeber im Sinne des MuSchG**. Die Arbeitgebereigenschaft richtet sich nach **§ 2 Absatz 1** des neu gefassten MuSchG, der den Begriff des Arbeitgebers für das MuSchG unter Berücksichtigung des erweiterten persönlichen Anwendungsbereichs des § 1 bestimmt. Ausgenommen ist allein die **Heimarbeit nach HAG**, für die § 10 nach § 1 Absatz 2 Satz 2 Nr. 6 insgesamt keine Anwendung findet (vgl. Rdn. 4). Auch im Bereich der Heimarbeit ist der Arbeitgeber aber aufgrund der in § 1 Absatz 2 Satz 2 Nr. 6 vorgesehenen entsprechenden

Anwendung des § 9 Absatz 1 bis 5 zumindest im Rahmen seiner Gestaltungsmöglichkeiten zu den in § 9 Absatz 1 bis 5 benannten Maßnahmen verpflichtet (vgl. hierzu § 9 Rdn. 4). **Vorsätzliche oder fahrlässige Verstöße** gegen die Verpflichtung nach § 10 Absatz 2 Satz 1 unterfallen der **Bußgeldvorschrift** des § 32 Absatz 1 Nr. 7, nicht aber der Verstoß gegen die Verpflichtung zum Gesprächsangebot nach § 10 Absatz 2 Satz 2.

Die in § 10 Absatz 2 benannten Verpflichtungen bestehen, **sobald** eine Frau dem Arbeitgeber **mitgeteilt** hat, dass sie schwanger ist oder stillt. Nach § 15 Absatz 1 Satz 1 soll die Frau dem Arbeitgeber ihre Schwangerschaft mitteilen, sobald sie weiß, dass sie schwanger ist. Eine stillende Frau soll ihrem Arbeitgeber nach § 15 Absatz 1 Satz 2 so früh wie möglich mitteilen, dass sie stillt. Es handelt sich hierbei nur um Sollvorschriften (vgl. zur Mitteilung der Schwangerschaft: BAG vom 9.4.2019, 1 ABR 51/17, WKRS 2019, 25344), die Verpflichtung des Arbeitgebers nach § 10 Absatz 2 setzt die Mitteilung aber zunächst voraus. Bei der Umsetzung der aus § 10 Absatz 2 folgenden Pflichten ist wiederum auch die **Regel des Ausschusses für Mutterschutz zur Gefährdungsbeurteilung** (vgl. Rdn. 2) **zu berücksichtigen** (Bundesministerium für Familie, Senioren, Frauen und Jugend: Gefährdungsbeurteilung, Regel des Ausschusses für Mutterschutz, Nr. MuSchR 10.1.01, 2023). 43

2. Festlegung der Schutzmaßnahmen, § 10 Absatz 2 Satz 1

Nach Mitteilung der Schwangerschaft oder des Stillens ist der Arbeitgeber nach § 10 Absatz 2 Satz 1 verpflichtet, die nach Maßgabe der Gefährdungsbeurteilung nach Absatz 1 oder nach Maßgabe des § 13 erforderlichen Schutzmaßnahmen unverzüglich festzulegen. Die **generelle mutterschutzrechtliche Beurteilung** der Arbeitsbedingungen nach § 10 Absatz 1 mit der tätigkeitsbezogenen Beurteilung der Gefährdungen nach Art, Ausmaß und Dauer sowie der Ermittlung etwa erforderlicher Umgestaltungen der Arbeitsbedingungen oder der Unmöglichkeit der Fortführung der Tätigkeit auf dem bisherigen Arbeitsplatz bildet damit die **Grundlage** der nun **unter Berücksichtigung der individuellen Bedürfnisse der** schwangeren oder stillenden **Frau** (vgl. BT-Drucks. 18/8963 S. 71) **vorzunehmenden Konkretisierung.** Liegt eine solche generelle Beurteilung nicht vor, beispielsweise, weil sie in Ausnahmefällen mangels Verpflichtung zur arbeitsschutzrechtrechtlichen Gefährdungsbeurteilung nach § 5 ArbSchG nicht vorzunehmen war (vgl. hierzu Rdn. 8 ff.), muss sie spätestens jetzt für die Tätigkeiten, welche die schwangere oder stillende Frau ausübt, vorgenommen werden, um konkrete Schutzmaßnahmen zu ermöglichen. Auch wenn die Verpflichtung des Arbeitgebers zur generellen mutterschutzrechtlichen Gefährdungsbeurteilung aufgrund Vorliegens einer ausreichenden Regel oder Erkenntnis des Ausschusses für Mutterschutz nach § 10 Absatz 1 Satz 3 entfiel (vgl. hierzu Rdn. 22ff.) müssen nun die nach § 13 erforderlichen Schutzmaßnahmen festgelegt werden. 44

Der Arbeitgeber muss seine **Feststellungen aus der generellen Beurteilung** nach § 10 Absatz 1 im Rahmen der Konkretisierung nach § 10 Absatz 2 Satz 1 **für den Einzelfall überprüfen** und sodann etwa erforderliche Schutzmaßnahmen festlegen (vgl. BT- 45

Drucks. 18/8963 S. 71). Hierbei sind nun, wie bereits im Rahmen der Vorgabe des § 2 Absatz 1 MuSchG a.F. zu erforderlichen Vorkehrungen und Maßnahmen, dessen Regelungsgehalt § 9 Absatz 1 übernommen hat (vgl. BT-Drucks. 18/8963 S. 63), die konkreten Umstände des Einzelfalls wie beispielsweise auch die physische und psychische Konstitution der Frau und das Stadium der Schwangerschaft zu berücksichtigen (vgl. zu § 2 MuSchG a.F.: Buchner/Becker, 8. Auflage, § 2 MuSchG Rn. 11). Zu den **Schutzmaßnahmen** kann eine nach § 13 Absatz 1 Nr. 1 **vorrangige Umgestaltung der Arbeitsbedingungen am bisherigen Arbeitsplatz** gehören, wie sie schon in § 3 Absatz 1 der außer Kraft getretenen MuSchV vorgesehen war. Hierzu können abhängig von der jeweiligen Gefährdung beispielsweise über die allgemeinen Anforderungen hinausgehende Anforderungen an Lüftung, Raumtemperatur und Beleuchtung oder Schutzmaßnahmen gegen Gase, Dämpfe, Lärm oder andere unzuträgliche Einwirkungen (vgl. zu § 2 MuSchG a.F.: Buchner/Becker, 8. Auflage, § 2 MuSchG Rn. 12), aber auch bauliche oder organisatorische Änderungen oder die Änderung der Arbeitszeiten (vgl. zu § 3 MuSchV: Tillmanns/Mutschler-Felder, 1. Auflage, § 3 MuSchArbV Rn. 1) zählen. Zu den Schutzmaßnahmen kann aber, wenn nach dem Ergebnis der Beurteilung auch mit Schutzmaßnahmen eine Fortführung der Tätigkeit am bisherigen Arbeitsplatz nicht möglich ist, auch der **Einsatz** der Frau **an einem anderen geeigneten Arbeitsplatz** nach § 13 Absatz 1 Nr. 2 gehören. Nur wenn der Arbeitgeber unverantwortbare Gefährdungen auch durch einen Arbeitsplatzwechsel nach § 13 Absatz 1 Nr. 2 nicht ausschließen kann, kommt ein **betriebliches Beschäftigungsverbot** nach § 13 Absatz 1 Satz 1 Nr. 3 in Betracht. Der Arbeitgeber muss die festgelegten Schutzmaßnahmen nach § 9 Absatz 1 Satz 2 auf ihre Wirksamkeit prüfen und erforderlichenfalls sich ändernden Gegebenheiten anpassen (vgl. hierzu § 9 Rdn. 13 ff.). Kommen verschiedene Schutzmaßnahmen in Betracht, kann, jedenfalls bei abstrakt-generellen Regelungen (vgl. Rdn. 40), wiederum ein Mitbestimmungsrecht des Betriebsrats nach § 87 Absatz 1 Nr. 7 BetrVG zu beachten sein (vgl. BAG vom 13.8.2019, 1 ABR 6/18, EzA § 87 BetrVG 2001 Gesundheitsschutz Nr. 19; BAG vom 7.12.2021, 1 ABR 25/20, WKRS 2021, 60427; Kollmer/Klindt/Schucht-Kossens, ArbSchG, 4. Auflage, § 10 MuSchG Rn. 12).

46 Die Festlegung der erforderlichen Schutzmaßnahmen muss nach § 10 Absatz 2 Satz 1 **unverzüglich** erfolgen. Die Begründung des Gesetzentwurfs versteht hierunter ein Handeln **ohne schuldhaftes Zögern** (vgl. BT-Drucks. 18/8963 S. 71). Dies entspricht der Legaldefinition in **§ 121 Absatz 1 Satz 1 BGB**, die regelmäßig auch in anderen Rechtsbereichen zur Anwendung kommt (vgl. Prütting/Wegen/Weinreich-Ahrens, BGB Kommentar, 16. Auflage, § 121 BGB Rn. 4; zur Anwendung der Definition aus § 121 BGB für § 79 Absatz 1 3. WO MitbestG: BAG vom 17.5.2017, 7 ABR 22/15, EzA § 22 MitbestG Nr. 3; zur Anwendung der Definition aus § 121 BGB auf § 91 Abs. 5 SGB IX a.F.: BAG vom 1.2.2007, 2 AZR 333/06, EzA § 626 BGB 2002 Verdacht strafbarer Handlung Nr. 3). Ein unverzügliches Handeln in diesem Sinne setzt zwar kein sofortiges, aber ein Handeln innerhalb einer den Umständen des Einzelfalls angepassten Prüfungs- und Überlegungsfrist voraus (vgl. zu § 121 BGB: BAG vom 18.8.2016, 8 AZB 16/16, EzA § 124 ZPO 2002 Nr. 1; zu § 174 BGB: BAG vom 8.12.2011, 6 AZR 354/10, EzA § 174 BGB 2002 Nr. 7). Schuldhaft ist ein Zögern,

wenn das Zuwarten durch die Umstände des Einzelfalls nicht geboten ist (vgl. zu § 91 Abs. 5 SGB IX a.F.: BAG vom 1.2.2007, 2 AZR 333/06, EzA § 626 BGB 2002 Verdacht strafbarer Handlung Nr. 3). Die Frage, innerhalb welches Zeitraums der Arbeitgeber nach § 10 Absatz 2 Satz 1 die erforderlichen Schutzmaßnahmen festzulegen hat, muss damit **unter Berücksichtigung des jeweiligen Einzelfalls** beantwortet werden. Eine größere Anzahl von Gefährdungen, aufwendigere, mit größeren organisatorischen Maßnahmen verbundene Umgestaltungen der Arbeitsbedingungen und die Prüfung deren Möglichkeit oder die Prüfung der Möglichkeit eines Einsatzes auf einem anderen Arbeitsplatz mögen beispielsweise zu einer längeren, noch als unverzüglich zu betrachtenden Prüfungsdauer führen. Andererseits bleibt aber zu berücksichtigen, dass der Gesetzgeber durch die generelle mutterschutzrechtliche Gefährdungsbeurteilung nach § 10 Absatz 1 gerade eine so gute Vorbereitung des Arbeitgebers verlangt, dass bei tatsächlicher Mitteilung der Schwangerschaft oder des Stillens kurzfristig gehandelt und nach Möglichkeit eine lückenlose Weiterbeschäftigung sichergestellt werden kann (vgl. BT-Drucks. 18/8963 S. 69). Der Arbeitgeber darf die Frau zudem nur mit Tätigkeiten beschäftigen, für die er die nach § 10 Absatz 2 Satz 1 erforderlichen Schutzmaßnahmen bereits getroffen hat, § 10 Absatz 3.

3. Gesprächsangebot, § 10 Absatz 2 Satz 2

Zusätzlich zur Festlegung der erforderlichen Schutzmaßnahmen muss der Arbeitgeber der Frau, die ihm mitgeteilt hat, dass sie schwanger ist oder stillt, nach § 10 Absatz 2 Satz 2 ein Gespräch über weitere Anpassungen ihrer Arbeitsbedingungen anbieten. Die Verpflichtung zu diesem Gesprächsangebot war zunächst im Gesetzentwurf nicht enthalten und fand aufgrund der Beschlussempfehlung des Ausschusses für Familie, Senioren, Frauen und Jugend vom 29.3.2017 Eingang in das Gesetzgebungsverfahren. Das Gespräch soll dem **Austausch** von Arbeitgeber und der schwangeren oder stillenden Frau **über weitere Möglichkeiten der Verbesserung der Arbeitsbedingungen** dienen, die über die Schutzmaßnahmen nach § 10 Absatz 2 Satz 1 hinausgehen (vgl. BT-Drucks. 18/11782 S. 34). Eine Verpflichtung der Frau zur Annahme des Gesprächsangebots besteht nicht (vgl. Kollmer/Klindt/Schucht-Kossens, ArbSchG, 4. Auflage, § 10 MuSchG Rn. 13). 47

4. Dokumentation, Aufsicht und Information

Der Arbeitgeber hat die Beurteilung der Arbeitsbedingungen nach § 10 durch Unterlagen zu **dokumentieren**, aus denen auch die **Festlegung der erforderlichen Schutzmaßnahmen** nach § 10 Absatz 2 Satz 1 sowie das **Ergebnis ihrer Überprüfung** nach § 9 Absatz 1 Satz 2 ersichtlich ist, **§ 14 Absatz 1 Satz 1 Nr. 2**. Auch das an die schwangere oder stillende Frau gerichtete **Gesprächsangebot** nach § 10 Absatz 2 Satz 2 **oder der Zeitpunkt dieses Gesprächs** ist zu dokumentieren, **§ 14 Absatz 1 Satz 1 Nr. 3**. 48

Der Arbeitgeber muss die Dokumentation auf deren Verlangen der **Aufsichtsbehörde vorlegen**, § 27 Absatz 3 Nr. 4, und sie nach § 27 Absatz 5 bis zum Ablauf von zwei Jahren nach der letzten Eintragung **aufbewahren**. Die Aufsichtsbehörde ist auch **in** 49

Einzelfällen berechtigt, **Einzelheiten zu Art und Umfang** der Beurteilung der Arbeitsbedingungen und Einzelheiten zu Art und Umfang der Dokumentation nach § 14 **anzuordnen**, § 29 Absatz 3 Satz 2 Nr. 6 und 9.

50 Neben der Dokumentation besteht nach **§ 14 Absatz 3** schließlich auch eine Verpflichtung des Arbeitgebers zur über die Information aller Beschäftigten nach § 14 Absatz 2 hinausgehenden **Information der schwangeren oder stillenden Frau.** Die nach Mitteilung der Schwangerschaft oder des Stillens vorzunehmende Information der schwangeren oder stillenden Frau umfasst zunächst auch das Ergebnis der generellen mutterschutzrechtlichen Gefährdungsbeurteilung nach § 10 Absatz 1 Satz 1 Nr. 1, d.h. der Beurteilung der Gefährdungen nach ihrer Art, ihrem Ausmaß und ihrer Dauer, denen sie oder ihr Kind ausgesetzt sein kann. Darüber hinaus muss der Arbeitgeber die Frau nun über die damit verbundenen und für sie erforderlichen Schutzmaßnahmen nach § 10 Absatz 2 Satz 1 in Verbindung mit § 13 informieren. Eine Information hat auch über die Voraussetzungen zu erfolgen, unter denen Anspruch auf arbeitsmedizinische Vorsorge besteht (vgl. Bundesministerium für Familie, Senioren, Frauen und Jugend: Gefährdungsbeurteilung, Regel des Ausschusses für Mutterschutz, Nr. MuSchR 10.1.01, 2023, Ziffer 5.2 Absatz 2). Die Aufsichtsbehörde ist **in Einzelfällen** berechtigt, **Einzelheiten zu Art und Umfang** der Information nach § 14 **anzuordnen**, § 29 Absatz 3 Satz 2 Nr. 9.

IV. Beschäftigungsverbot nach § 10 Absatz 3

51 Nach § 10 Absatz 3 darf der Arbeitgeber eine schwangere oder stillende Frau nur diejenigen Tätigkeiten ausüben lassen, für die er die erforderlichen Schutzmaßnahmen nach § 10 Absatz 2 Satz 1 getroffen hat. Während § 10 Absatz 3 in der Fassung des § 9 Absatz 3 aus dem Gesetzentwurf der Bundesregierung noch vorsah, dass der Arbeitgeber die schwangere oder stillende Frau nur diejenigen Tätigkeiten ausüben lassen darf, für welche er die er die in der damaligen Fassung noch vorgesehene sogenannte konkretisierte Gefährdungsbeurteilung nach Absatz 2 vorgenommen und die erforderlichen Schutzmaßnahmen getroffen hat (vgl. BT-Drucks. 18/8963 S. 14), beschränkt sich § 10 Absatz 3 nach Streichung dieses Begriffs der konkretisierten Gefährdungsbeurteilung auf Vorschlag des Ausschusses für Familie, Senioren, Frauen und Jugend (vgl. BT-Drucks. 18/11782 S. 34) konsequent auf ein **Beschäftigungsverbot für den Fall, dass** der Arbeitgeber die erforderlichen **Schutzmaßnahmen nach § 10 Absatz 2 Satz 1 nicht getroffen** hat.

52 Das Verbot **bezieht sich nur auf die Tätigkeiten**, für die der Arbeitgeber seine Verpflichtungen nicht erfüllt hat (vgl. BT-Drucks. 18/8963 S. 71). Einer Weiterbeschäftigung mit anderen Tätigkeiten, für die nach dem Ergebnis der Gefährdungsbeurteilung keine Schutzmaßnahmen erforderlich sind oder für die der Arbeitgeber die erforderlichen Schutzmaßnahmen bereits getroffen hat, steht § 10 Absatz 3 nicht entgegen (vgl. Kollmer/Klindt/Schucht-Kossens, ArbSchG, 4. Auflage, § 10 MuSchG Rn. 15).

53 Bei dem Verbot nach § 10 Absatz 3 handelt es sich nach § 2 Absatz 3 Satz 1 um ein **Beschäftigungsverbot im Sinne des MuSchG.** Für eine Frau, die aufgrund ihrer wirtschaftlichen Unselbstständigkeit als arbeitnehmerähnliche Person anzusehen ist und

nach § 1 Absatz 2 Satz Nummer 7 von der Geltung des MuSchG erfasst ist, tritt nach § 2 Absatz 3 Satz 3 an die Stelle des Beschäftigungsverbotes die Befreiung von der vertraglich vereinbarten Leistungspflicht (vgl. hierzu § 2 Rdn. 17). Frauen in einer Beschäftigung im Sinne des § 7 Absatz 1 SGB IV sowie Frauen, die unabhängig von einer Beschäftigung nach § 1 Absatz 2 Satz 2 Nummern 1 und 2 sowie 4 bis 6 vom Geltungsbereich des MuSchG erfasst sind, können von ihrem Arbeitgeber **Mutterschutzlohn nach § 18** beanspruchen, wenn sie wegen des Beschäftigungsverbots nach § 10 Absatz 3 teilweise oder gar nicht beschäftigt werden können. Zu weiteren Fragen der Auswirkungen von Beschäftigungsverboten siehe § 3 Rdn. 19 ff.

Wer vorsätzlich oder fahrlässig entgegen § 10 Absatz 3 eine Frau andere als die dort 54
bezeichneten Tätigkeiten ausüben lässt, handelt nach **§ 32 Absatz 1 Nr. 8 ordnungswidrig.** Wer die Handlung vorsätzlich begeht und dadurch die Gesundheit der Frau oder ihres Kindes gefährdet, wird nach **§ 33** mit Freiheitsstrafe bis zu einem Jahr oder mit Geldstrafe **bestraft.**

§ 11 MuSchG Unzulässige Tätigkeiten und Arbeitsbedingungen für schwangere Frauen

(1) [1]Der Arbeitgeber darf eine schwangere Frau keine Tätigkeiten ausüben lassen und sie keinen Arbeitsbedingungen aussetzen, bei denen sie in einem Maß Gefahrstoffen ausgesetzt ist oder sein kann, dass dies für sie oder für ihr Kind eine unverantwortbare Gefährdung darstellt. [2]Eine unverantwortbare Gefährdung im Sinne von Satz 1 liegt insbesondere vor, wenn die schwangere Frau Tätigkeiten ausübt oder Arbeitsbedingungen ausgesetzt ist, bei denen sie folgenden Gefahrstoffen ausgesetzt ist oder sein kann:

1. Gefahrstoffen, die nach den Kriterien des Anhangs I zur Verordnung (EG) Nr. 1272/2008 des Europäischen Parlaments und des Rates vom 16. Dezember 2008 über die Einstufung, Kennzeichnung und Verpackung von Stoffen und Gemischen, zur Änderung und Aufhebung der Richtlinien 67/548/EWG und 1999/45/EG und zur Änderung der Verordnung (EG) Nr. 1907/2006 (ABl. L 353 vom 31.12.2008, S. 1) zu bewerten sind
   a) als reproduktionstoxisch nach der Kategorie 1A, 1B oder 2 oder nach der Zusatzkategorie für Wirkungen auf oder über die Laktation,
   b) als keimzellmutagen nach der Kategorie 1A oder 1B,
   c) als karzinogen nach der Kategorie 1A oder 1B,
   d) als spezifisch zielorgantoxisch nach einmaliger Exposition nach der Kategorie 1 oder
   e) als akut toxisch nach der Kategorie 1, 2 oder 3,

2. Blei und Bleiderivaten, soweit die Gefahr besteht, dass diese Stoffe vom menschlichen Körper aufgenommen werden, oder

3. Gefahrstoffen, die als Stoffe ausgewiesen sind, die auch bei Einhaltung der arbeitsplatzbezogenen Vorgaben möglicherweise zu einer Fruchtschädigung führen können.

[3]Eine unverantwortbare Gefährdung im Sinne von Satz 1 oder 2 gilt insbesondere als ausgeschlossen,

1. wenn
   a) für den jeweiligen Gefahrstoff die arbeitsplatzbezogenen Vorgaben eingehalten werden und es sich um einen Gefahrstoff handelt, der als Stoff ausgewiesen ist, der bei Einhaltung der arbeitsplatzbezogenen Vorgaben hinsichtlich einer Fruchtschädigung als sicher bewertet wird, oder
   b) der Gefahrstoff nicht in der Lage ist, die Plazentaschranke zu überwinden, oder aus anderen Gründen ausgeschlossen ist, dass eine Fruchtschädigung eintritt, und
2. wenn der Gefahrstoff nach den Kriterien des Anhangs I zur Verordnung (EG) Nr. 1272/2008 nicht als reproduktionstoxisch nach der Zusatzkategorie für Wirkungen auf oder über die Laktation zu bewerten ist.

[4]Die vom Ausschuss für Mutterschutz ermittelten wissenschaftlichen Erkenntnisse sind zu beachten.

(2) [1]Der Arbeitgeber darf eine schwangere Frau keine Tätigkeiten ausüben lassen und sie keinen Arbeitsbedingungen aussetzen, bei denen sie in einem Maß mit Biostoffen der Risikogruppe 2, 3 oder 4 im Sinne von § 3 Absatz 1 der Biostoffverordnung in Kontakt kommt oder kommen kann, dass dies für sie oder für ihr Kind eine unverantwortbare Gefährdung darstellt. [2]Eine unverantwortbare Gefährdung im Sinne von Satz 1 liegt insbesondere vor, wenn die schwangere Frau Tätigkeiten ausübt oder Arbeitsbedingungen ausgesetzt ist, bei denen sie mit folgenden Biostoffen in Kontakt kommt oder kommen kann:

1. mit Biostoffen, die in die Risikogruppe 4 im Sinne von § 3 Absatz 1 der Biostoffverordnung einzustufen sind, oder
2. mit Rötelnvirus oder mit Toxoplasma.

[3]Die Sätze 1 und 2 gelten auch, wenn der Kontakt mit Biostoffen im Sinne von Satz 1 oder 2 therapeutische Maßnahmen erforderlich macht oder machen kann, die selbst eine unverantwortbare Gefährdung darstellen. [4]Eine unverantwortbare Gefährdung im Sinne von Satz 1 oder 2 gilt insbesondere als ausgeschlossen, wenn die schwangere Frau über einen ausreichenden Immunschutz verfügt.

(3) [1]Der Arbeitgeber darf eine schwangere Frau keine Tätigkeiten ausüben lassen und sie keinen Arbeitsbedingungen aussetzen, bei denen sie physikalischen Einwirkungen in einem Maß ausgesetzt ist oder sein kann, dass dies für sie oder für ihr Kind eine unverantwortbare Gefährdung darstellt. [2]Als physikalische Einwirkungen im Sinne von Satz 1 sind insbesondere zu berücksichtigen:

1. ionisierende und nicht ionisierende Strahlungen,
2. Erschütterungen, Vibrationen und Lärm sowie
3. Hitze, Kälte und Nässe.

(4) [1]Der Arbeitgeber darf eine schwangere Frau keine Tätigkeiten ausüben lassen und sie keinen Arbeitsbedingungen aussetzen, bei denen sie einer belastenden Arbeitsumgebung in einem Maß ausgesetzt ist oder sein kann, dass dies für sie oder für ihr

Kind eine unverantwortbare Gefährdung darstellt. [2]Der Arbeitgeber darf eine schwangere Frau insbesondere keine Tätigkeiten ausüben lassen

1. in Räumen mit einem Überdruck im Sinne von § 2 der Druckluftverordnung,
2. in Räumen mit sauerstoffreduzierter Atmosphäre oder
3. im Bergbau unter Tage.

(5) [1]Der Arbeitgeber darf eine schwangere Frau keine Tätigkeiten ausüben lassen und sie keinen Arbeitsbedingungen aussetzen, bei denen sie körperlichen Belastungen oder mechanischen Einwirkungen in einem Maß ausgesetzt ist oder sein kann, dass dies für sie oder für ihr Kind eine unverantwortbare Gefährdung darstellt. [2]Der Arbeitgeber darf eine schwangere Frau insbesondere keine Tätigkeiten ausüben lassen, bei denen

1. sie ohne mechanische Hilfsmittel regelmäßig Lasten von mehr als 5 Kilogramm Gewicht oder gelegentlich Lasten von mehr als 10 Kilogramm Gewicht von Hand heben, halten, bewegen oder befördern muss,
2. sie mit mechanischen Hilfsmitteln Lasten von Hand heben, halten, bewegen oder befördern muss und dabei ihre körperliche Beanspruchung der von Arbeiten nach Nummer 1 entspricht,
3. sie nach Ablauf des fünften Monats der Schwangerschaft überwiegend bewegungsarm ständig stehen muss und wenn diese Tätigkeit täglich vier Stunden überschreitet,
4. sie sich häufig erheblich strecken, beugen, dauernd hocken, sich gebückt halten oder sonstige Zwangshaltungen einnehmen muss,
5. sie auf Beförderungsmitteln eingesetzt wird, wenn dies für sie oder für ihr Kind eine unverantwortbare Gefährdung darstellt,
6. Unfälle, insbesondere durch Ausgleiten, Fallen oder Stürzen, oder Tätlichkeiten zu befürchten sind, die für sie oder für ihr Kind eine unverantwortbare Gefährdung darstellen,
7. sie eine Schutzausrüstung tragen muss und das Tragen eine Belastung darstellt oder
8. eine Erhöhung des Drucks im Bauchraum zu befürchten ist, insbesondere bei Tätigkeiten mit besonderer Fußbeanspruchung.

(6) Der Arbeitgeber darf eine schwangere Frau folgende Arbeiten nicht ausüben lassen:

1. Akkordarbeit oder sonstige Arbeiten, bei denen durch ein gesteigertes Arbeitstempo ein höheres Entgelt erzielt werden kann,
2. Fließarbeit oder
3. getaktete Arbeit mit vorgeschriebenem Arbeitstempo, wenn die Art der Arbeit oder das Arbeitstempo für die schwangere Frau oder für ihr Kind eine unverantwortbare Gefährdung darstellt.

Übersicht Rdn.

1. Allgemeines

Die Vorschrift wurde durch **Gesetz v. 23.5.2017** (BGBl. I 1228) mit Wirkung zum 1.1.2018 eingeführt. Sie stellt im Wesentlichen die Nachfolgenorm zu § 4 in der bis zum 31.12.2017 geltenden Fassung dar. Damit geht sie ursprünglich auf § 2 Abs. 2 MuSchG 1942 zurück, die durch § 4 MuSchG 1952 erheblich erweitert wurde. Die letzte Fassung des § 4 beruhte im Wesentlichen auf dem ÄndG 65 und galt seit 1.1.1966. Wegen der seit 1.1.1966 gegenüber der Fassung des § 4 MuSchG 52 eingetretenen Änderungen wird auf den Ausschussbericht zu BT-Drucks. IV/3652 S. 3 f. (zu Nr. 4) verwiesen. Durch Art. 1 der Vierten Zuständigkeitsanpassungs-Verordnung vom 7. Oktober 1987 (BGBl. I S. 2265) war die Amtsbezeichnung des zuständigen Ministers genannt worden, der Rechtsverordnungen nach § 4 Abs. 4 und 5 erlassen kann. Dies war der Minister für Jugend, Familie, Frauen und Gesundheit. Auf ihn war durch den Organisationserlass des Bundeskanzlers vom 7. Juli 1987 (BGBl. I S. 1591) die Zuständigkeit für den Mutterschutz übertragen worden. Im 1

Bereich des Gesundheitsschutzes ist die **EG-Richtlinie 92/85** vom 19. Oktober 1992 von erheblicher Bedeutung. Die Richtlinie ist deshalb in Anhang 36 abgedruckt. Am 15.4.1997 (BGBl. I S. 782) ist gemäß § 4 Abs. 4 Nr. 2 zur Umsetzung der EG-Richtlinie 92/85 die **Mutterschaftsrichtlinienverordnung** (MuSchRiV) ergangen. Diese enthält unter Art. 1 als Hauptbestandteil die **Verordnung zum Schutze der Mütter am Arbeitsplatz (MuSchArbV)**.

Mit dem Gesetz zur Änderung des Mutterschutzrechts vom 20.12.1996 (BGBl. I S. 2110) wurde § 4 Abs. 2 Nr. 6 zur Klarstellung des Beschäftigungsverbotes bei erhöhter Gefährdung durch Berufskrankheiten neu gefasst (vgl. dazu weiter Rdn. 16). Zuletzt wurde § 4 durch Bekanntm. vom 20.6.2002 (BGBl. 2002 I S. 2318) neu gefasst.

2 Nunmehr wurden durch G vom 23.5.2017 die bisherigen »**Beschäftigungsverbote**« als »**Unzulässige Tätigkeiten und Arbeitsbedingungen für schwangere Frauen**« in einer vollständig neuen Norm geregelt. Im Rahmen der Neustrukturierung des mutterschutzrechtlichen Regelwerkes wurden in den Regelungen der §§ 11 und 12 die Bestimmungen des bisherigen § 4 MuSchG und der bisherigen §§ 4 und 5 MuSchArbV nebst deren Anhang I und II redaktionell überarbeitet und zusammengefasst. Die vereinzelten inhaltlichen Änderungen erfolgen im Sinne einer zeitgemäßen Anpassung des Regelwerkes oder zur Vermeidung von Redundanzen im Verhältnis zu den allgemeinen arbeitsschutzrechtlichen Regelungen (s. BR-Drucks. 230/16 vom 06.05.16, S. 39). Damit wurde ein Ziel der Reform des Mutterschutzgesetzes im Vergleich zu den recht verschachtelten und kompliziert zu lesenden Vorschriften des § 4 MuSchG a.F. umgesetzt: Die Regelungen hinsichtlich unzulässiger Tätigkeiten und Arbeitsbedingungen schwangerer Frauen und daraus resultierende Konsequenzen wurden besser strukturiert und übersichtlicher gestaltet. Die Verordnung zum Schutze der Mütter am Arbeitsplatz (MuSchArbV), die bisher über Abs. 5 des § 4 zu prüfen war, gleichzeitig aber viele Inhalte in den übrigen Absätzen bereits erfasst wurden, wurde vollständig in § 11 integriert (s. BR-Drucks. 230/16 vom 06.05.16, S. 1).

3 Zugleich wurden auch die **Pflichten der Arbeitgeber** zur Beurteilung der Arbeitsbedingungen und die im Einzelfall für eine schwangere notwendige Umgestaltung der Arbeitsbedingungen neu strukturiert und klarer gefasst, womit auch die Möglichkeiten der Weiterbeschäftigung während der Schwangerschaft deutlicher geregelt werden (s. BR-Drucks. 230/16, S. 2). Mit der Integration der bisher in der MuSchArbV enthaltenen Regelungen in das MuSchG wurde die Transparenz der Mutterschutzregelungen sowohl für die Arbeitgeber als auch für die Frauen in der Schwangerschaft erhöht (BR-Drucks. 230/16, S. 33).

4 Schließlich wurden die **unionsrechtlichen Vorgaben** insbesondere durch – die Mutterschutzrichtlinie (92/85/EWG), d.i. die Richtlinie des Rates vom 19. Oktober 1992 über die Durchführung von Maßnahmen zur Verbesserung der Sicherheit und des Gesundheitsschutzes von schwangeren Arbeitnehmerinnen, Wöchnerinnen und stillenden Arbeitnehmerinnen am Arbeitsplatz (zehnte Einzelrichtlinie im Sinne des Artikels 16 Absatz 1 der Richtlinie 89/391/EWG, zuletzt geändert durch die Richtlinie 2014/27/EU zur Änderung der Richtlinien 92/58/EWG, 92/85/EWG, 94/33/EG und 98/24/EG sowie der Richtlinie 2004/37/EG zwecks ihrer Anpassung an die Verord-

nung (EG) Nr. 1272/2008 über die Einstufung, Kennzeichnung und Verpackung von Stoffen und Gemischen (ABl. L 65 vom 5.3.2014, S. 1) und die CLP-Verordnung (EG) Nr. 1272/2008, d.i. die Verordnung des Europäischen Parlaments und des Rates vom 16.12.2008 über die Einstufung, Kennzeichnung und Verpackung von Stoffen und Gemischen, zur Änderung und Aufhebung der Richtlinien 67/548/EWG und 1999/45/EG und zur Änderung der Verordnung (EG) Nr. 1907/2006 (ABl. L 353 vom 31.12.2008, S. 1) sowie die Regelungen des europäischen und nationalen allgemeinen Arbeitsschutzrechts integriert (s. BR-Drucks. 230/16 vom 06.05.16, S. 32). Das bisherige Schutzniveau des § 4 MuSchG wird weiterhin sichergestellt (s. BR-Drucks. 230/16 vom 06.05.16, S. 39).

2. Systematik

§ 11 bestimmt **unzulässige Tätigkeiten und Arbeitsbedingungen für schwangere** 5
Frauen im Hinblick auf **Gefahrstoffe** (Absatz 1), **Biostoffe** (Absatz 2), **physikalische Einwirkungen** (Absatz 3), eine **belastende Arbeitsumgebung** (Absatz 4), **körperliche Belastungen** oder **mechanische Einwirkungen** (Absatz 5) sowie **Akkord- und Fließarbeit** (Absatz 6). Die Absätze 1 und 2 beschreiben im Hinblick auf Gefahr- und Biostoffe jeweils in Satz 2 Voraussetzungen, bei deren Vorliegen eine unverantwortbare Gefährdung **gesetzlich vermutet** wird. Auch die Absätze 4 bis 6 enthalten jeweils in Satz 2 – mit Ausnahme der Nummern 5 und 6 in Absatz 5 – Kataloge von Tätigkeiten und Arbeitsbedingungen, die ohne eine gesonderte Prüfung und Einstufung durch den Arbeitgeber aufgrund der gesetzgeberischen Wertung als unverantwortbare Gefährdung und damit als unzulässig zu bewerten sind. Die Vorgaben des § 11 sind bei der Bestimmung der erforderlichen Schutzmaßnahmen nach § 10 Absatz 1 und 2 zu berücksichtigen und enthalten damit auch wesentliche Vorgaben für die Beurteilung der Arbeitsbedingungen nach § 10. Die sich aus § 11 ergebenden Verbote schließen eine **Weiterbeschäftigung** nicht generell aus. Nach § 13 Absatz 1 Nummer 1 und 2 ist zunächst zu prüfen, ob die von den jeweiligen Tätigkeiten oder den mit ihnen verbundenen Arbeitsbedingungen ausgehende unverantwortbare Gefährdung für die schwangere Frau durch Änderung der Gestaltung der Arbeitsbedingungen oder durch einen Arbeitsplatzwechsel ausgeschlossen werden kann. Das **betriebliche Beschäftigungsverbot** nach § 13 Absatz 1 Nummer 3 kommt nur als **letzte Möglichkeit** in Betracht (s. BR-Drucks. 230/16, S. 79).

Die Bestimmungen des § 11 MuSchG werden wie die Vorgängernorm § 4 MuSchG a.F. 6
nicht unerheblich ergänzt durch **mutterschutzrechtliche Regelungen in arbeitsschutzrechtlichen Regelwerken**. § 1 Abs. 1 Satz 3 stellt klar, dass allgemeine Regelungen in anderen Arbeitsschutzgesetzen ergänzend zu den Regelungen des MuSchG anzuwenden sind. Im Verhältnis der Vorschriften zueinander gilt die jeweils strengere Regelung mit dem höheren Schutzniveau. Vorrangig anzuwenden sind insoweit insbesondere bestimmte Regelungen des **Jugendarbeitsschutzgesetzes** (JArbSchG) für Personen unter 18 Jahren. Soweit allgemeine Regelungen des Gesundheitsschutzes mutterschutzbezogene Regelungen enthalten (z.B. Strahlenschutzverordnung, Röntgenverordnung), sind diese als Konkretisierung der Regelungen des MuSchG zu begreifen und an den Vorgaben des MuSchG zu messen.

7 Daneben sind viele weitere für alle Arbeitnehmer unabhängig vom Bestehen einer Schwangerschaft geltende Arbeitsschutzregelungen zu beachten, wie das **Arbeitsschutzgesetz** (ArbSchG) vom 7.8.1996 (BGBl. I S. 1246); zuletzt geändert durch Art. 32 G v. 15.7.2024 I Nr. 236, das **Arbeitssicherheitsgesetz** (ASiG) vom 12.12.1973 (BGBl. I S. 1885), zuletzt geändert durch Art. 3 Abs. 5 des Gesetzes vom 20.4.2013 (BGBl. I S. 868), die **Arbeitsstättenverordnung** (ArbStättV) vom 12.8.2004 (BGBl. I S. 2179),zuletzt geändert durch Art. 10 des Gesetzes v. 27.3.2024 (BGBl. I Nr. 109), das **Arbeitszeitgesetz** (ArbZG) vom 9.6.1994 (BGBl. I S. 1170), geändert durch Art. 3 Abs. 6 Nr. 1 G v. 20.4.2013 (BGBl. I 868) und zuletzt durch Art. 6 des Gesetzes v. 22.12.2020 (BGBl. I 3334), die **Berufskrankheiten-Verordnung** (BKV) i.d.F. der Bekanntmachung vom 31.10.1997 (BGBl. I S. 2623), zuletzt geändert durch Art. 1 der Verordnung v. 29.6.2021 (BGBl. I 2245), die **Betriebssicherheitsverordnung** (BetrSichV) vom 27.2.2002 (BGBl. I S. 3777), zuletzt geändert durch Art. 7 des Gesetzes v. 27.7.2021 (BGBl. I 3146), die **Biostoffverordnung** (BioStoffV) vom 29.3.2017 (BGBl. I S. 626), zuletzt geändert durch Art. 1 der Verordnung vom 21.7.2021 (BGBl. I 3115), das **Chemikaliengesetz** (ChemG) vom 28.8.2013 (BGBl. I S. 3498, 3991), zuletzt geändert durch Art. 1 des Gesetzes v. 16.11.2023 (BGBl. I Nr. 313, die **Gefahrstoffverordnung** (GefStoffV) vom 23.12.2004 (BGBl. I S. 3758), i.d.F. vom 15.11.2016 (BGBl. I 2549) zuletzt geändert durch Art. 2 der Verordnung vom 21.7.2021 (BGBl. I 3115), die **Verordnung zum Schutz der Beschäftigten vor Gefährdungen durch Lärm und Vibrationen** (LärmVibrationsArbSchV) i.d.F. vom 6.3.2007 (BGBl. I 2007 S. 261), zuletzt geändert durch Art. 3 Verordnung v. 21.7.2021 (BGBl. I 3115), die **Lastenhandhabungsverordnung** (LasthandhabV), zul. geändert durch Art. 294 Verordnung v. 19.6.2020 (BGBl. I 1328) Die Röntgenverordnung (RöV) vom 8.1.1987 (BGBl. I S. 114), i.d.F. vom 11.12.2014 (BGBl. I 2010) und die Strahlenschutzverordnung (StrlSchV) vom 20.7.2001 (BGBl. I 2001, S. 1714; BGBl. I 2002, S. 1459), zuletzt geändert durch Art. 5 V v. 11.12.2014 (BGBl. I 2010) enthielten besondere Vorschriften zum Schutz der schwangeren und stillenden Frauen; sie wurden ersetzt durch das neue **Strahlenschutzgesetz** (StrlSchG) vom 3.7.2017 (BGBl. I 1966), zuletzt geändert durch Art. 2 des Gesetzes v. 20.5.2021 (BGBl. I 1194) und die neue **Strahlenschutzverordnung (StrlSchV)** v 5.12.2018, zuletzt geändert durch Art. 2 V v. 17.4.2024 (BGBl. I Nr. 132). Diese Regelungen sind als Konkretisierungen des mutterschutzrechtlich abgesteckten Regelungsrahmens zu verstehen. Sie werden nicht nochmals im MuSchG geregelt, weil ihre Anwendbarkeit durch das MuSchG nicht berührt wird (s. BR-Drucks. 230/16 S. 79). Die Bildschirmarbeitsverordnung (BildSchArbV) vom 4.12.1996 (BGBl. I S. 1841), zuletzt geändert durch Art. 429 V v. 31.8.2015 (BGBl. I 1474) wurde in die **Arbeitsstättenverordnung** (ArbStättV) vom 18.10.2017 (BGBl. I 3584), zuletzt geändert durch Art. 10 G v. 27.3.2024 (BGBl. I Nr. 109), integriert.

8 Die **Beteiligungsrechte der Interessenvertretungen** bestimmen sich uneingeschränkt nach dem Betriebsverfassungs- und Personalvertretungsrecht (s. BR-Drucks. 230/16, S. 51).

9 Bei der **Auslegung** der in diesem Unterabschnitt verwendeten Begriffe sind gegebenenfalls die maßgeblichen **bereichsbezogenen Begriffsbestimmungen des Arbeitsschutzrechts** zu berücksichtigen, wie etwa die für Gefahrstoffe (§ 2 Absatz 1 GefStoffV) oder

Biostoffe (§ 2 Absatz 1 BioStoffV). Zudem ist zu berücksichtigen, dass für den Begriff der Tätigkeit im Arbeitsschutzrecht bereichsbezogene Besonderheiten bestehen (vgl. etwa § 2 Absatz 5 GefStoffV; § 2 Absatz 7 und 8 BioStoffV; s. BR-Drucks. 230/16 vom 06.05.16, S. 79).

Es bietet sich an, bei der Prüfung, ob im Einzelfall ein Beschäftigungsverbot besteht, 10
wie folgt vorzugehen:

1. Ergibt sich bereits ein Tätigkeitsverbot unabhängig von der Schwanger- bzw. Mutterschaft aus einem Spezialgesetz, z.B. ArbSchG, ASiG u.s.w.?
2. Ergibt sich ein Tätigkeitsverbot nach § 11 Abs. 1 S. 2, Abs. 2 S. 2, Abs. 3 S. 2, Abs. 4 S. 2, Abs. 5 S. 2 oder Abs. 6 MuSchG?
3. Ergibt sich ein Tätigkeitsverbot aus einer der Generalklauseln gem. § 11 Abs. 1 S. 1, Abs. 2 S. 1, Abs. 3 S. 1, Abs. 4 S. 1, Abs. 5 S. 1?

3. Wirkung der Verbote nach § 11

Die sich aus § 11 ergebenden Verbote schließen eine Weiterbeschäftigung nicht 11
generell aus. Vielmehr ist nach § 13 Absatz 1 Nummer 1 und 2 zunächst zu prüfen, ob die von den jeweiligen Tätigkeiten oder den mit ihnen verbundenen Arbeitsbedingungen ausgehende unverantwortbare Gefährdung für die schwangere Frau durch Änderung der Gestaltung der Arbeitsbedingungen oder durch einen Arbeitsplatzwechsel ausgeschlossen werden kann. Das betriebliche Beschäftigungsverbot nach § 13 Absatz 1 Nummer 3 kommt nur als letzte Möglichkeit in Betracht. Während § 4 MuSchG a.F. **absolute** und **relative Beschäftigungsverbote enthielt** (erstere in § 4 Abs. 1 und 2, letztere in § 4 Abs. 3), die unabhängig vom Gesundheitszustand der einzelnen Frau bestimmte Arbeiten wegen ihrer Gefährlichkeit für Mutter oder Kind verbaten (s. zur Geschichte der Beschäftigungsverbote oben § 3 Rdn. 12 ff.), steht nach § 11 der **Ausschluss der Gefährdung ohne zwingendes Verbot** im Vordergrund. Nach § 2 Abs. 4 S. 1 sind Beschäftigungsverbote im Sinne dieses Gesetzes die Beschäftigungsverbote während der Schutzfrist vor bzw. nach der Entbindung (§ 3), das Verbot der Mehr- und Nachtarbeit (§ 4), das Verbot der Sonn- und Feiertagsarbeit (§ 5), das vorläufige Beschäftigungsverbot (§ 10 Absatz 3) sowie das betriebliche Beschäftigungsverbot (§ 13 Absatz 1 Nummer 3) und das ärztliche Beschäftigungsverbot (§ 16) (BR-Drucks. 230/16, S. 58). Nur wenn durch die Umgestaltung der Arbeitsbedingungen unverantwortbare Gefährdungen nicht ausgeschlossen werden können bzw. die Umgestaltung der Arbeitsbedingungen für den Arbeitgeber unzumutbar ist, ist ein Arbeitsplatzwechsel vorzunehmen. Nur wenn der Arbeitgeber keinen geeigneten Arbeitsplatz anbieten kann und der Frau ein Wechsel nicht zumutbar ist, kommt ein betriebliches Beschäftigungsverbot nach § 13 Absatz 1 Nummer 3 in Betracht. Soweit eine Schutzmaßnahme für einen Teil der Tätigkeit möglich ist, muss sie für diesen Teil der Tätigkeit auch vorgenommen werden (BR-Drucks. 230/16, S. 39).

Die Neustrukturierung soll dazu beitragen, dass auch während der Schwangerschaft 12
und in der Zeit nach dem Beschäftigungsverbot bzw. in der Stillzeit zulässige Tätigkeiten unter zulässigen Arbeitsbedingungen ausgeübt werden können, um berufliche

Nachteile zu vermeiden und die Vereinbarkeit von Mutterschaft und Beruf zu fördern. Soweit das Gesetz damit **unangemessenen Beschäftigungsverboten** entgegenwirkt, fördert es die berufliche Kontinuität der (werdenden) Mutter (s. BR-Drucks. 230/16, S. 34). Anders als das allgemeine Arbeitsrecht sieht das Mutterschutzrecht als letztes Mittel auch die Möglichkeit von Beschäftigungsverboten vor, wenn auf anderem Wege eine unverantwortbare Gefährdung nicht auszuschließen ist. Durch das Ausschöpfen aller verfügbaren Präventionsmaßnahmen soll es der Frau grundsätzlich ermöglicht werden, ihre Beschäftigung oder sonstige Tätigkeit auch während der Schwangerschaft, nach der Entbindung und in der Stillzeit ohne Gefährdung ihrer Gesundheit oder der ihres Kindes **fortzusetzen** (s. BR-Drucks. 230/16, S. 50). Der Arbeitgeber ist verpflichtet, soweit wie im Hinblick auf einen wirkungsvollen Gesundheitsschutz verantwortbar, eine Fortführung der Tätigkeiten der Schwangeren (oder Stillenden, s. § 12) zu ermöglichen und Nachteile möglichst auszugleichen. Dabei hat er unverantwortbare Gefährdungen unter Berücksichtigung der Rangfolge der zu ergreifenden Schutzmaßnahmen (Umgestaltung der Arbeitsbedingungen vor Arbeitsplatzwechsel vor Ausspruch eines [teilweisen] Beschäftigungsverbots vgl. § 13 Absatz 1) auszuschließen (s. BR-Drucks. 230/16 vom 06.05.16, S. 38).

13 Im Regelfall sind die mutterschutzrechtlichen Bestimmungen **unabdingbar** und gelten unabhängig von der Einwilligung der Frauen. Eine Ausnahme findet sich bei der Erwerbstätigkeit in der Schutzfrist vor der Entbindung nach § 3 Absatz 1 und bei der Schutzfrist nach der Entbindung für Schülerinnen, Studentinnen und Pflichtpraktikantinnen. In diesen Fällen können die Frauen nach den gesetzlichen Vorgaben auf die Inanspruchnahme der grundsätzlich bestehenden Schutzfrist verzichten. Im Fall einer Totgeburt nach § 3 Absatz 3 ist die Verkürzung der Schutzfrist wie bisher möglich, wenn die Frau ausdrücklich zustimmt, da in diesem Fall die gefährdende Wirkung in besonderem Maße von der individuellen Konstitution der Frau abhängt.

14 Wie nach bisherigem Recht (s. § 4 Rdn. 5 Vorauflage) wird der **Arbeitsvertrag** durch das Eingreifen eines Beschäftigungsverbotes während des Arbeitsverhältnisses **nicht berührt**. Nach der Entscheidung des **EuGH** vom 5.5.1994 – C 421/92 – Habermann-Beltermann (NZA 1994, 609) schließt der **Grundsatz der Gleichbehandlung von Männern und Frauen** hinsichtlich des Zugangs zur Beschäftigung, zur Berufsbildung und zum beruflichen Aufstieg sowie in Bezug auf die Arbeitsbedingungen es aus, dass ein Arbeitsvertrag auf unbestimmte Zeit, der sich auf eine nachts zu verrichtende Arbeit bezieht und zwischen einem Arbeitgeber und einer schwangeren Arbeitnehmerin in beiderseitiger Unkenntnis der Schwangerschaft geschlossen wurde, wegen des nach dem nationalen Recht während der Schwangerschaft und des Stillens geltenden Nachtarbeitsverbots für nichtig erklärt wird und dass er vom Arbeitgeber aufgrund eines Irrtums über die wesentlichen Eigenschaften der Arbeitnehmerin bei Vertragsabschluss angefochten wird. Seine rigorose Auffassung hat der **EuGH** in der Entscheidung vom 3.2.2000 (EzA § 611a BGB Nr. 15) aufrechterhalten. Das **LAG Hamm** (Urteil vom 1.3.1999 – 19 Sa 2596/98) hat in diesem Sinne entschieden, dass der Arbeitgeber einen mit einer schwangeren Arbeitnehmerin unbefristet abgeschlossenen Arbeitsvertrag auch nicht im Fall eines in den ersten Monaten des Arbeitsverhältnisses bestehenden schwangerschaftsbedingten Beschäftigungsverbots wegen arglistiger Täuschung **anfechten**

könne, wenn diese nicht von sich aus auf die bestehende Schwangerschaft hingewiesen habe, weil eine so begründete Anfechtung die betroffene Arbeitnehmerin unmittelbar wegen ihres Geschlechts diskriminiere damit gegen § 611a Abs. 1 BGB verstoße. Dementsprechend liege auch keine Nichtigkeit gem. § 134 BGB vor, weil temporäre schwangerschaftsbedingte Beschäftigungsverbote nicht den Abschluss eines unbefristeten Arbeitsvertrages verbieten würden.

Die Bestimmungen des § 11 sind zwingend und **nicht disponibel** (vgl. LAG Baden-Württemberg, Urt. v. 27.1.2012 – 12 Sa 46/11 – juris zu § 4 MuSchG a.F.). Nur die nach Abs. 6 Nr. 1 verbotene **Akkordarbeit** kann erlaubt werden. Insoweit scheidet eine Nichtigkeit des Arbeitsvertrags aber auch schon deshalb aus, weil die Frau im **Zeitlohn** beschäftigt werden kann und muss (BAG vom 20.12.1972, AP Nr. 7 zu § 11 MuSchG 1968 = EzA § 11 MuSchG n.F. Nr. 8). 15

Das Beschäftigungsverbot enthält **kein Vergütungsverbot**. Das ergibt sich bereits aus dem Begriff der Beschäftigung, der allein die Zuweisung von Arbeit meint. Auch der Zweck eines Beschäftigungsverbots, der Schutz der Gesundheit von Mutter und Kind, steht einer Vergütung geleisteter Arbeit nicht entgegen. Eine gesundheitliche Gefährdung entsteht durch die Arbeit, nicht durch die nachträgliche Vergütung. Die im Rahmen eines Arbeitsverhältnisses während eines Beschäftigungsverbots geleistete Arbeit bleibt daher vergütungspflichtig (vgl. LAG Baden-Württemberg, Urt. v. 27.1.2012 – 12 Sa 46/11 – juris zu § 4 a.F.). 16

§ 3 EFZG wird nicht durch ein Beschäftigungsverbot verdrängt, wenn und soweit die Arbeitnehmerin gleichzeitig wegen Krankheit an der Arbeitsleistung verhindert ist (BAG 13.2.2002 – 5 AZR 588/00 – Rn. 23, NZA 2022, 758; Hessisches LAG, Urt. v. 18.8.2023 – 10 Sa 1361/22 – juris Rn. 39).

Die Verbote des § 11 beziehen sich nur auf die **am Arbeitsplatz zu leistende Arbeit**, nicht auf den Weg zwischen Wohnung und Betrieb (Zmarzlik/Zipperer, 9. Aufl., § 3 Rn. 6. zu § 4 MuSchG a.F.) Der Arbeitgeber ist aber nur dann zur **Zahlung von Mutterschutzlohn** verpflichtet, wenn die Schwangerschaft die alleinige Ursache für das Beschäftigungsverbot bildet (Kreuzer/Wolff, Beschäftigungsverbot in der Schwangerschaft, Arbeitsrecht aktiv [AA] 2009, 6–9 zum bisherigen Recht). Er kann im Rahmen des Direktionsrechts gem. § 315 BGB eine **zumutbare Ersatztätigkeit** zuweisen (vgl. LAG Düsseldorf, Urteil vom 22.1.1999 – 11 Sa 1740/98 zum alten Recht). Dies kommt aber erst für die Zeit nach dem Beginn eines gesetzlichen Beschäftigungsverbots in Betracht (BAG, Urteil vom 21.4.1999 – 5 AZR 174/98 – juris; s. Anmerkung Glatzel AR-Blattei ES 1220 Nr. 124). In der vorübergehenden Beschäftigung der schwangeren Flugbegleiterin am Boden zur Vermeidung von Strahlungsrisiken sieht auch der **EuGH** (Urteil vom 1.7.2010, C-471/08 (Parviainen)) eine Anpassungsmaßnahme, zu deren Effektivierung der Betroffenen nach Art. 11 Abs. 1 **RL 92/85/EWG** ein Arbeitsentgelt fortgezahlt und/oder eine angemessene Sozialleistung gewährt werden müsse. Zur **Frage der Entlohnung in diesen Fällen**, hat der **EuGH** zugleich entschieden, dass Art. 11 Nr. 1 RL 92/85/EWG eine 100 %ige Entgeltfortzahlung nicht verlange, wenn eine Arbeitnehmerin nach Art. 5 Abs. 2 RL 92/85/EWG auf einen anderen Arbeitsplatz umgesetzt werde. Die Höhe eines **angemessenen Entgeltes** für die vorübergehende 17

Ersatzbeschäftigung sei in das Ermessen der Mitgliedstaaten gestellt. Jedoch müssten solche Entgeltbestandteile und Zulagen weiterhin gewährt werden, die an die berufliche Stellung, an die leitende Position, die Dauer der Betriebszugehörigkeit oder die berufliche Qualifikation anknüpfen. Über diesen Mindestschutz hinaus können die Mitgliedstaaten weitergehende Entgeltansprüche gewähren (s. dazu Nebe, ZESAR 2011, 10–17).

18 § 11 hat praktische Bedeutung nur für die **Zeit der Schwangerschaft** bis zum Beginn der Schutzfrist des § 3., ausnahmsweise jedoch auch während dieser Schutzfrist, wenn die Frau weiterarbeitet, sowie für die Zeit nach Ende der Schutzfristen. Innerhalb der Schutzfristen ist ohnehin (mit der genannten Ausnahme) jede Arbeit verboten, ohne dass es auf die Art der Arbeit und ihre Gefährlichkeit ankommt.

19 Die Unzulässigkeit der Tätigkeiten und Arbeitsbedingungen beginnt zum **Schutz des ungeborenen Lebens** mit Eintritt der Schwangerschaft. Der Arbeitgeber muss ab Kenntniserlangung von der Schwangerschaft die Verbote nach § 11 beachten, wobei im Unterschied zu § 16 Abs. 1 kein ärztliches Attest vorgelegt werden muss. § 10 Abs. 1 verlangt, dass der Arbeitgeber bereits vor Mitteilung der Schwangerschaft eine Beurteilung der Arbeitsbedingungen auf etwaige Gefahren für Schwangere und stillende Frauen vornimmt um unmittelbar nach Mitteilung der Schwangerschaft nach § 10 Abs. 2 S. 1 die erforderlichen Schutzmaßnahmen zu ergreifen (s.o. § 10 Rdn. 39 ff.). Davon ausgenommen ist das Verbot nach § 11 Abs. 5 S. 2 Nr. 3 welches erst ab dem fünften Schwangerschaftsmonat eingreift (Pepping in HK-MuSchG, 6. Aufl. 2022, MuSchG § 11 Rn. 12).

Vor Eintritt der Schwangerschaft dürfen auch gebärfähige Frauen die in § 11 genannten Tätigkeiten verrichten. Im Unterschied zum bisherigen Recht, welches gemäß § 4 Abs. 4 MuSchG a.F. i.V.m. § 5 Abs. 1 Nr. 5 MuSchArbV a.F. noch ein Beschäftigungsverbot für alle gebärfähigen Arbeitnehmerin begründete. Für diese gelten vielmehr die einschlägigen allgemeinen Arbeitsschutz Regelungen (siehe oben; Pepping in HK-MuSchG, 6. Aufl. 2022, MuSchG § 11 Rn. 13).

20 Zu beachten bleibt auch die Richtlinie der EG vom 12.6.1989 über Maßnahmen zur Sicherheit und zum Gesundheitsschutz der Arbeitnehmer. Hierzu ist das Gesetz über Arbeitsschutz vom 7.8.1996 (BGBl. I S. 1246) ergangen. In diesem Zusammenhang hat der **EuGH** mit Urteil vom 7.2.2002 (vgl. NZA 2002, 321) Folgendes entschieden:

Die Bundesrepublik Deutschland hat dadurch gegen ihre Verpflichtungen aus den Art. 9 I lit. a und 10 III lit. a Richtlinie 89/391/EWG verstoßen, dass sie nicht sichergestellt hat, dass die von der Richtlinie vorgesehene Pflicht, über eine Evaluierung der am Arbeitsplatz bestehenden Gefahren für die Sicherheit und die Gesundheit zu verfügen, unter allen Umständen für Arbeitgeber mit zehn oder weniger Beschäftigten gilt.

21 Die Erwähnung von Ausfallzeiten wegen Mutterschutz kann grundsätzlich in **Arbeitszeugnissen** erwähnt werden, da sie dem Informationsinteresse der Leser dienen kann und dem Grundsatz der Zeugniswahrheit entsprechen. Jedoch sind Ausfallzeiten korrekt nach Beschäftigungsverboten gem. § 3 MuSchG a.F. einerseits sowie § 4 MuSchG a.F. andererseits zu differenzieren. Zumindest bei der fälschlichen Angabe

von Ausfallzeiten nach § 3 MuSchG a.F., wenn in Wirklichkeit § 4 Abs. 1 Nr. 6 a.F. die Rechtsgrundlage war, besteht nach Ansicht des ArbG Köln ein Korrekturanspruch, weil die Bezeichnung geeignet sei, beim Leser einen falschen und insoweit auch negativen Eindruck über die Klägerin zu vermitteln (ArbG Köln, Urteil vom 3.4.2014 – 6 Ca 8751/12 –, Rdn. 31, juris).

Mit den Auswirkungen des Beschäftigungsverbots nach § 4 MuSchG a.F. auf das Arbeitslosengeld beschäftigt sich Benjamin Schmidt, **Mutterschaft und Arbeitslosengeld**, SGB 2014, 242–249.

Ein durch Beschäftigungsverbote bedingter Arbeitsausfall darf sich nicht nachteilig auf den **gesetzlichen Urlaubsanspruch** der Arbeitnehmerin auswirken, was § 24 Satz 1 MuSchG klarstellt. Um eine unionswidrige Benachteiligung wegen der Schwangerschaft auszuschließen, müssen durch Beschäftigungsverbote verursachte Ausfallzeiten zum Zwecke der Berechnung des Urlaubsanspruchs als tatsächliche Beschäftigungszeiten gerechnet werden (Sächsisches LAG, Urteil vom 27.4.2023 – 9 Sa 157/21 – juris RdNr. 22).

4. Verbot von Arbeitsbedingungen, bei denen schwangere Frauen einem Maß Gefahrstoffen ausgesetzt sind oder sein können, dass dies für sie oder für ihr Kind eine unverantwortbare Gefährdung bedeutet (Abs. 1)

a) Allgemeines

Absatz 1 regelt die Unzulässigkeit von Tätigkeiten und Arbeitsbedingungen während der Schwangerschaft im Hinblick auf **Gefahrstoffe unabhängig von Aggregatzuständen und Erscheinungsformen** (Gas, Staub, Dämpfe, Rauch) und übernimmt damit im Wesentlichen den Regelungsgehalt der bisherigen §§ 4 und 5 Absatz 1 Satz 1 Nummer 1 und 3 MuSchArbV und des bisherigen § 4 Absatz 1 MuSchG (s. BR-Drucks. 230/16, S. 80). 22

Die sich aus § 11 ergebenden Verbote schließen eine **Weiterbeschäftigung** nicht generell aus. Vielmehr ist nach § 13 Absatz 1 Nummer 1 und 2 zunächst zu prüfen, ob die von den jeweiligen Tätigkeiten oder den mit ihnen verbundenen Arbeitsbedingungen ausgehende unverantwortbare Gefährdung für die schwangere Frau durch Änderung der Gestaltung der Arbeitsbedingungen oder durch einen Arbeitsplatzwechsel ausgeschlossen werden kann. Das betriebliche Beschäftigungsverbot nach § 13 Absatz 1 Nummer 3 kommt nur als letzte Möglichkeit in Betracht. 23

Bei der Beurteilung der Unzulässigkeit von bestimmten Tätigkeiten und Arbeitsbedingungen sind gegebenenfalls auch mutterschutzrechtliche Regelungen in arbeitsschutzrechtlichen Regelwerken zu berücksichtigen (s.o. Rdnr. 2 ff.). Die Regelungen zu den unzulässigen Tätigkeiten und Arbeitsbedingungen sind an die im Arbeitsschutz gebräuchlichen Begrifflichkeiten angepasst. Entsprechend der Terminologie in den jeweiligen arbeitsschutzrechtlichen Rechtsverordnungen wird für die Exposition grundsätzlich der Begriff des **Ausgesetzseins** benutzt. Bei Biostoffen wird hierfür der Begriff des Inkontaktkommens verwendet. Stets sind bei der Gefährdungsbeurteilung auch Arbeitsbedingungen und Schadfaktoren zu berücksichtigen, denen die Frau nur mög- 24 licherweise ausgesetzt ist, vor allem **Verdachtsstoffe**. Bei der Auslegung der in diesem Unterabschnitt verwendeten Begriffe sind gegebenenfalls die maßgeblichen bereichsbezogenen Begriffsbestimmungen des Arbeitsschutzrechts zu berücksichtigen, wie etwa die für Gefahrstoffe (§ 2 Absatz 1 GefStoffV) oder Biostoffe (§ 2 Absatz 1 BioStoffV). Zudem ist zu berücksichtigen, dass für den Begriff der Tätigkeit im Arbeitsschutzrecht bereichsbezogene Besonderheiten bestehen (vgl. etwa § 2 Absatz 5 GefStoffV; § 2 Absatz 7 und 8 BioStoffV). Die Aufsichtsbehörden können im Einzelfall nach § 26 Absatz 3 Nummer 6 bestimmte Tätigkeiten oder Arbeitsbedingungen nach § 10 oder nach § 11 verbieten.

25 Der Begriff ***Stoff*** ist im MuSchG nicht definiert. Hierzu zählen jedenfalls chemische **Gefahrstoffe** und **biologischen Arbeitsstoffe** (Pepping in Hk-MuSchG § 11 Rn. 14). Die bisher in § 5 Absatz 1 Nummer 1, 4 und 5 MuSchArbV enthaltene allgemeine Bezugnahme auf **Grenzwertüberschreitungen** wurde nicht beibehalten, weil bei der arbeitsschutzrechtlichen Grenzwertfestlegung die Schwangerschaft derzeit grundsätzlich nicht berücksichtigt wird. Stattdessen wird auf die Grenzwerte oder andere Vorgaben zur mutterschutzrechtlichen Bedenklichkeit verwiesen, die spezifisch im Hinblick auf das Risiko einer Fruchtschädigung bewertet werden.

b) Gefahrstoffe nach GHS

26 **Gefahrstoffe** wurden zunächst gemäß Anhang III der RL 67/548/EWG (»Bezeichnungen der besonderen Gefahren bei gefährlichen Stoffen und Zubereitungen«) mit Risiko- und Sicherheitssätzen gekennzeichnet (s. Vorauflage zu den R-Sätzen). Die Richtlinie 67/548/EWG wurde durch die am 31.12.2008 veröffentlichte EU-Verordnung über die Einführung des **global harmonisierten Systems zur Einstufung und Kennzeichnung von Chemikalien (GHS) Nr. 1272/2008** (Ambl EU L 351/1) abgelöst. Mit diesem System werden die Warnsymbole und die Warntexte für Gefahrstoffe neu definiert und weltweit vereinheitlicht, weshalb die Gültigkeit der R- und S-Sätze auf die im GHS festgelegten Übergangsfristen beschränkt war (1.12.2010 bzw. 1.7.2015: Art. 61 VO [**EG**] **Nr. 1272/2008**). Die letzten Änderungen erfolgten durch die Delegierte Verordnung (EU) 2023/1434 der Kommission vom 25. April 2023 zur Änderung der Verordnung (EG) Nr. 1272/2008 des Europäischen Parlaments und des Rates über die Einstufung, Kennzeichnung und Verpackung von Stoffen und Gemischen hinsichtlich der Anfügung von Anmerkungen in Anhang VI Teil 1 Abschnitt 1.1.3 zwecks Anpassung an den technischen und wissenschaftlichen Fortschritt (Text von Bedeutung für den EWR) (C/2023/2672) *ABl. L 176 vom 11.7.2023, p. 3–5* mit Wirkung ab 31.7.2023. Ab 1.2.2025 gilt die Delegierte Verordnung (EU) 2023/1435 der Kommission vom 2. Mai 2023 zur Änderung der Verordnung (EG) Nr. 1272/2008 des Europäischen Parlaments und des Rates über die Einstufung, Kennzeichnung und Verpackung von Stoffen und Gemischen hinsichtlich der Änderung von Anhang VI Teil 3 in Bezug auf die Einträge für 2-Ethylhexansäure und ihre Salze, Borsäure, Dibortrioxid, Tetrabordinatriumheptaoxid Hydrat, Dinatriumtetraborat wasserfrei, Orthoborsäure Natriumsalz, Dinatriumtetraborat-Decahydrat und Dinatriumtetraborat-Pentahydrat (Text von Bedeutung für den EWR) (C/2023/267) (*ABl. L 176 vom 11.7.2023, p. 6–9)* sowie ab 1.9.2025 die Delegierte

Verordnung (EU) 2024/197 der Kommission vom 19. Oktober 2023 zur Änderung der Verordnung (EG) Nr. 1272/2008 hinsichtlich der harmonisierten Einstufung und Kennzeichnung bestimmter Stoffe (C/2023/6928) (ABl. L, 2024/197, 5.1.2024, ELI: http://data.europa.eu/eli/reg_del/2024/197//oj).

. Die Kennzeichnungspflicht nach GHS ist seit dem 1.12.2012 bzw. für Gemische seit 1.6.2015 obligatorisch. Mit alten Bezeichnungen versehene Gemische durften bis zum 31.7.2017 verkauft werden. Im GHS treten an die Stelle der Gefahrensymbole mit ihren Gefahrenbezeichnungen die Gefahrenpiktogramme; gegebenenfalls mit einem gemeinsamen Signalwort (»Achtung« oder »Gefahr«), für die R-Sätze gelten künftig die H-Sätze (Hazard Statements) sowie zusätzliche EUH-Sätze (besondere Gefährdungen), sowie für S-Sätze die P-Sätze (Precautionary Statements). Die **H-Sätze** (Hazard Statements) sowie die ergänzenden EUH-Sätze beschreiben Gefährdungen, die von den chemischen Stoffen oder Zubereitungen ausgehen:

H200: Instabil, explosiv
- H201 Explosiv, Gefahr der Massenexplosion.
- H202 Explosiv; große Gefahr durch Splitter, Spreng- und Wurfstücke.
- H203 Explosiv; Gefahr durch Feuer, Luftdruck oder Splitter, Spreng- und Wurfstücke.
- H204 Gefahr durch Feuer oder Splitter, Spreng- und Wurfstücke.
- H205 Gefahr der Massenexplosion bei Feuer.
- H206 Gefahr durch Feuer, Druckstoß oder Sprengstücke; erhöhte Explosionsgefahr, wenn das Desensibilisierungsmittel reduziert wird
- H207 Gefahr durch Feuer oder Sprengstücke; erhöhte Explosionsgefahr, wenn das Desensibilisierungsmittel reduziert wird.
- H208 Gefahr durch Feuer; erhöhte Explosionsgefahr, wenn das Desensibilisierungsmittel reduziert wird.
- H209 Explosiv
- H210 Sehr empfindlich
- H211 Kann empfindlich sein
- H220 Extrem entzündbares Gas.
- H221 Entzündbares Gas.
- H222 Extrem entzündbares Aerosol.
- H223 Entzündbares Aerosol.
- H224 Flüssigkeit und Dampf extrem entzündbar.
- H225 Flüssigkeit und Dampf leicht entzündbar.
- H226 Flüssigkeit und Dampf entzündbar.
- H 227 Brennbare Flüssigkeit
- H228 Entzündbarer Feststoff.
- H229 Behälter steht unter Druck: Kann bei Erwärmung bersten.
- H230 Kann auch in Abwesenheit von Luft explosionsartig reagieren.
- H231 Kann auch in Abwesenheit von Luft bei erhöhtem Druck und/oder erhöhter Temperatur explosionsartig reagieren.
- H232 Kann sich bei Kontakt mit Luft spontan entzünden
- H240 Erwärmung kann Explosion verursachen.

- H241 Erwärmung kann Brand oder Explosion verursachen.
- H242 Erwärmung kann Brand verursachen.
- H250 Entzündet sich in Berührung mit Luft von selbst.
- H251 Selbsterhitzungsfähig; kann in Brand geraten.
- H252 In großen Mengen selbsterhitzungsfähig; kann in Brand geraten.
- H260 In Berührung mit Wasser entstehen entzündbare Gase, die sich spontan entzünden können.
- H261 In Berührung mit Wasser entstehen entzündbare Gase.
- H270 Kann Brand verursachen oder verstärken; Oxidationsmittel.
- H271 Kann Brand oder Explosion verursachen; starkes Oxidationsmittel.
- H272 Kann Brand verstärken; Oxidationsmittel.
- H280 Enthält Gas unter Druck; kann bei Erwärmung explodieren.
- H281 Enthält tiefgekühltes Gas; kann Kälteverbrennungen oder -verletzungen verursachen.
- H282 Extrem entzündbare Chemikalie unter Druck; kann bei Erwärmung explodieren.
- H283 Entzündbare Chemikalie unter Druck; kann bei Erwärmung explodieren.
- H284 Chemikalie unter Druck; kann bei Erwärmung explodieren.
- H290 Kann gegenüber Metallen korrosiv sein.

H300-Reihe: Gesundheitsgefahren

- H300 Lebensgefahr bei Verschlucken.
- H301 Giftig bei Verschlucken.
- H302 Gesundheitsschädlich bei Verschlucken.
- H304 Kann bei Verschlucken und Eindringen in die Atemwege tödlich sein.
- H310 Lebensgefahr bei Hautkontakt.
- H311 Giftig bei Hautkontakt.
- H312 Gesundheitsschädlich bei Hautkontakt.
- H314 Verursacht schwere Verätzungen der Haut und schwere Augenschäden.
- H315 Verursacht Hautreizungen.
- H317 Kann allergische Hautreaktionen verursachen.
- H318 Verursacht schwere Augenschäden.
- H319 Verursacht schwere Augenreizung.
- H330 Lebensgefahr bei Einatmen.
- H331 Giftig bei Einatmen.
- H332 Gesundheitsschädlich bei Einatmen.
- H334 Kann bei Einatmen Allergie, asthmaartige Symptome oder Atembeschwerden verursachen.
- H335 Kann die Atemwege reizen.
- H336 Kann Schläfrigkeit und Benommenheit verursachen.
- H340 Kann genetische Defekte verursachen (Expositionsweg angeben, sofern schlüssig belegt ist, dass diese Gefahr bei keinem anderen Expositionsweg besteht).
- H341 Kann vermutlich genetische Defekte verursachen (Expositionsweg angeben, sofern schlüssig belegt ist, dass diese Gefahr bei keinem anderen Expositionsweg besteht).

- H350 Kann Krebs erzeugen (Expositionsweg angeben, sofern schlüssig belegt ist, dass diese Gefahr bei keinem anderen Expositionsweg besteht).
- H350i Kann bei Einatmen Krebs erzeugen.
- H351 Kann vermutlich Krebs erzeugen (Expositionsweg angeben, sofern schlüssig belegt ist, dass diese Gefahr bei keinem anderen Expositionsweg besteht).
- H360 Kann die Fruchtbarkeit beeinträchtigen oder das Kind im Mutterleib schädigen (konkrete Wirkung angeben, sofern bekannt) (Expositionsweg angeben, sofern schlüssig belegt ist, dass die Gefahr bei keinem anderen Expositionsweg besteht).
- H360F Kann die Fruchtbarkeit beeinträchtigen.
- H360D Kann das Kind im Mutterleib schädigen.
- H360FD Kann die Fruchtbarkeit beeinträchtigen. Kann das Kind im Mutterleib schädigen.
- H360Fd Kann die Fruchtbarkeit beeinträchtigen. Kann vermutlich das Kind im Mutterleib schädigen.
- H360Df Kann das Kind im Mutterleib schädigen. Kann vermutlich die Fruchtbarkeit beeinträchtigen.
- H361 Kann vermutlich die Fruchtbarkeit beeinträchtigen oder das Kind im Mutterleib schädigen (konkrete Wirkung angeben, sofern bekannt) (Expositionsweg angeben, sofern schlüssig belegt ist, dass die Gefahr bei keinem anderen Expositionsweg besteht).
- H361f Kann vermutlich die Fruchtbarkeit beeinträchtigen.
- H361d Kann vermutlich das Kind im Mutterleib schädigen.
- H361fd Kann vermutlich die Fruchtbarkeit beeinträchtigen. Kann vermutlich das Kind im Mutterleib schädigen.
- H362 Kann Säuglinge über die Muttermilch schädigen.
- H370 Schädigt die Organe (oder alle betroffenen Organe nennen, sofern bekannt) (Expositionsweg angeben, sofern schlüssig belegt ist, dass diese Gefahr bei keinem anderen Expositionsweg besteht).
- H371 Kann die Organe schädigen (oder alle betroffenen Organe nennen, sofern bekannt) (Expositionsweg angeben, sofern schlüssig belegt ist, dass diese Gefahr bei keinem anderen Expositionsweg besteht).
- H372 Schädigt die Organe (alle betroffenen Organe nennen) bei längerer oder wiederholter Exposition (Expositionsweg angeben, wenn schlüssig belegt ist, dass diese Gefahr bei keinem anderen Expositionsweg besteht).
- H373 Kann die Organe schädigen (alle betroffenen Organe nennen, sofern bekannt) bei längerer oder wiederholter Exposition (Expositionsweg angeben, wenn schlüssig belegt ist, dass diese Gefahr bei keinem anderen Expositionsweg besteht).
- H300+H310 Lebensgefahr bei Verschlucken oder Hautkontakt.
- H300+H310+H330 Lebensgefahr bei Verschlucken, Hautkontakt oder Einatmen.
- H300+H330 Lebensgefahr bei Verschlucken oder Einatmen.
- H301+H311 Giftig bei Verschlucken oder Hautkontakt.
- H301+H311+H331 Giftig bei Verschlucken, Hautkontakt oder Einatmen.
- H301+H331 Giftig bei Verschlucken oder Einatmen.
- H302+H312 Gesundheitsschädlich bei Verschlucken oder Hautkontakt.

- H302+H312+H332 Gesundheitsschädlich bei Verschlucken, Hautkontakt oder Einatmen.
- H302+H332 Gesundheitsschädlich bei Verschlucken oder Einatmen.
- H310+H330 Lebensgefahr bei Hautkontakt oder Einatmen.
- H311+H331 Giftig bei Hautkontakt oder Einatmen.
- H312+H332 Gesundheitsschädlich bei Hautkontakt oder Einatmen.

H400-Reihe: Umweltgefahren
- H400 Sehr giftig für Wasserorganismen.
- H410 Sehr giftig für Wasserorganismen mit langfristiger Wirkung.
- H411 Giftig für Wasserorganismen, mit langfristiger Wirkung.
- H412 Schädlich für Wasserorganismen, mit langfristiger Wirkung.
- H413 Kann für Wasserorganismen schädlich sein, mit langfristiger Wirkung.
- H420 Schädigt die öffentliche Gesundheit und die Umwelt durch Ozonabbau in der äußeren Atmosphäre.

EUH-Sätze:

Die EUH-Sätze sind innerhalb der EU zusätzlich anzugeben und beschreiben die über das GHS hinausgehenden Gefahren. Es handelt sich dabei zum großen Teil um Kennzeichnungen, die im ehemaligen EU-Kennzeichnungssystem als R-Sätze definiert waren, die aber bei den Verhandlungen zum GHS keine Berücksichtigung mehr fanden:
- EUH001 aufgehoben, ersetzt durch H206-H208.
- EUH006 aufgehoben, ersetzt durch H230/P240
- EUH014 Reagiert heftig mit Wasser.
- EUH018 Kann bei Verwendung explosionsfähige/entzündbare Dampf/Luft-Gemische bilden.
- EUH019 Kann explosionsfähige Peroxide bilden.
- EUH029 Entwickelt bei Berührung mit Wasser giftige Gase.
- EUH031 Entwickelt bei Berührung mit Säure giftige Gase.
- EUH032 Entwickelt bei Berührung mit Säure sehr giftige Gase.
- EUH044 Explosionsgefahr bei Erhitzen unter Einschluss.
- EUH059 aufgehoben, durch H420 ersetzt
- EUH066 Wiederholter Kontakt kann zu spröder oder rissiger Haut führen.
- EUH070 Giftig bei Berührung mit den Augen.
- EUH071 Wirkt ätzend auf die Atemwege.
- EUH201 Enthält Blei. Nicht für den Anstrich von Gegenständen verwenden, die von Kindern gekaut oder gelutscht werden könnten.
- EUH201A Achtung! Enthält Blei.
- EUH202 Cyanacrylat. Gefahr. Klebt innerhalb von Sekunden Haut und Augenlider zusammen. Darf nicht in die Hände von Kindern gelangen.
- EUH203 Enthält Chrom(VI). Kann allergische Reaktionen hervorrufen.
- EUH204 Enthält Isocyanate. Kann allergische Reaktionen hervorrufen.
- EUH205 Enthält epoxidhaltige Verbindungen. Kann allergische Reaktionen hervorrufen.

- EUH206 Achtung! Nicht zusammen mit anderen Produkten verwenden, da gefährliche Gase (Chlor) freigesetzt werden können.
- EUH207 Achtung! Enthält Cadmium. Bei der Verwendung entstehen gefährliche Dämpfe. Hinweise des Herstellers beachten. Sicherheitsanweisungen einhalten.
- EUH208 Enthält (Name des sensibilisierenden Stoffes). Kann allergische Reaktionen hervorrufen.
- EUH209 Kann bei Verwendung leicht entzündbar werden.
- EUH209A Kann bei Verwendung entzündbar werden.
- EUH210 Sicherheitsdatenblatt auf Anfrage erhältlich.
- EUH211 Achtung! Beim Sprühen können gefährliche lungengängige Tröpfchen entstehen. Aerosol oder Nebel nicht einatmen.
- EUH212 Achtung! Bei der Verwendung kann gefährlicher lungengängiger Staub entstehen. Staub nicht einatmen.
- EUH380 Kann beim Menschen endokrine Störungen verursachen.–
- EUH381 Steht in dem Verdacht, beim Menschen endokrine Störungen zu verursachen.
- EUH401 Zur Vermeidung von Risiken für Mensch und Umwelt die Gebrauchsanleitung einhalten.
- EUH430 Kann endokrine Störungen in der Umwelt verursachen.–
- EUH431 Steht in dem Verdacht, endokrine Störungen in der Umwelt zu verursachen.–
- EUH440 Anreicherung in der Umwelt und in lebenden Organismen einschließlich Menschen.–
- EUH441 Starke Anreicherung in der Umwelt und in lebenden Organismen einschließlich Menschen.–
- EUH450 Kann lang anhaltende und diffuse Verschmutzung von Wasserressourcen verursachen.–
- EUH451 Kann sehr lang anhaltende und diffuse Verschmutzung von Wasserressourcen verursachen.
- Die P-Sätze (Precautionary Statements) sind Sicherheitshinweise, die zu beachten sind:

P101 – Ist ärztlicher Rat erforderlich, Verpackung oder Kennzeichnungsetikett bereithalten.
P102 – Darf nicht in die Hände von Kindern gelangen
P103 – Vor Gebrauch Kennzeichnungsetikett lesen.
P201 – Vor Gebrauch besondere Anweisungen einholen.
P202 – Vor Gebrauch alle Sicherheitshinweise lesen und verstehen.
P210 – Von Hitze/Funken/offener Flamme/heißen Oberflächen fernhalten. Nicht rauchen.
P211 – Nicht gegen offene Flamme oder andere Zündquelle sprühen.
P220 – Von Kleidung/…/brennbaren Materialien fernhalten/entfernt aufbewahren.
P221 – aufgehoben
P222 – Kontakt mit Luft nicht zulassen.

P223	–	Kontakt mit Wasser wegen heftiger Reaktion und möglichem Aufflammen unbedingt verhindern.
P230	–	Feucht halten mit…
P231	–	Unter inertem Gas/… handhaben und aufbewahren.
P232	–	Vor Feuchtigkeit schützen.
P233	–	Behälter dicht verschlossen halten.
P234	–	Nur im Originalbehälter aufbewahren.
P235	–	aufgehoben.
P240	–	Behälter und zu befüllende Anlage erden.
P241	–	Explosionsgeschützte elektrische Betriebsmittel/Lüftungsanlagen/Beleuchtung/… verwenden.
P242	–	Nur funkenfreies Werkzeug verwenden.
P243	–	Maßnahmen gegen elektrostatische Aufladungen treffen.
P244	–	Druckminderer frei von Fett und Öl halten.
P250	–	Nicht schleifen/stoßen/…/reiben.
P251	–	Behälter steht unter Druck: Nicht durchstechen oder verbrennen, auch nicht nach der Verwendung.
P260	–	Staub/Rauch/Gas/Nebel/Dampf/Aerosol nicht einatmen.
P261	–	Einatmen von Staub/Rauch/Gas/Nebel/Dampf/Aerosol vermeiden.
P262	–	Nicht in die Augen, auf die Haut oder auf die Kleidung gelangen lassen.
P263	–	Kontakt während der Schwangerschaft/und der Stillzeit vermeiden.
P264	–	Nach Gebrauch… gründlich waschen.
P270	–	Bei Gebrauch nicht essen, trinken oder rauchen.
P271	–	Nur im Freien oder in gut belüfteten Räumen verwenden.
P272	–	Kontaminierte Arbeitskleidung nicht außerhalb des Arbeitsplatzes tragen.
P273	–	Freisetzung in die Umwelt vermeiden.
P280	–	Schutzhandschuhe/Schutzkleidung/Augenschutz/Gesichtsschutz tragen.
P281	–	aufgehoben
P282	–	Schutzhandschuhe/Gesichtsschild/Augenschutz mit Kälteisolierung tragen.
P283	–	Schwer entflammbare/flammhemmende Kleidung tragen.
P284	–	(Bei unzureichender Lüftung) Atemschutz tragen.
P285	–	aufgehoben
P231	+	P232 – Unter inertem Gas handhaben. Vor Feuchtigkeit schützen.
P235	+	P410 – Kühl halten. Vor Sonnenbestrahlung schützen.
P301	–	BEI VERSCHLUCKEN:
P302	–	BEI BERÜHRUNG MIT DER HAUT:
P303	–	BEI BERÜHRUNG MIT DER HAUT (oder dem Haar):
P304	–	BEI EINATMEN:
P305	–	BEI KONTAKT MIT DEN AUGEN:
P306	–	BEI KONTAMINIERTER KLEIDUNG:
P307	–	aufgehoben
P308	–	BEI Exposition oder falls betroffen
P309	–	aufgehoben
P310	–	Sofort GIFTINFORMATIONSZENTRUM oder Arzt anrufen.

P311 – GIFTINFORMATIONSZENTRUM oder Arzt anrufen.
P312 – Bei Unwohlsein GIFTINFORMATIONSZENTRUM oder Arzt anrufen.
P313 – Ärztlichen Rat einholen/ärztliche Hilfe hinzuziehen.
P314 – Bei Unwohlsein ärztlichen Rat einholen/ärztliche Hilfe hinzuziehen.
P315 – Sofort ärztlichen Rat einholen/ärztliche Hilfe hinzuziehen.
P320 – Besondere Behandlung dringend erforderlich (siehe... auf diesem Kennzeichnungsetikett).
P321 – Besondere Behandlung (siehe... auf diesem Kennzeichnungsetikett).
P322 – aufgehoben.
P330 – Mund ausspülen.
P331 – KEIN Erbrechen herbeiführen.
P332 – Bei Hautreizung:
P333 – Bei Hautreizung oder -ausschlag:
P334 – In kaltes Wasser tauchen/nassen Verband anlegen.
P335 – Lose Partikel von der Haut abbürsten.
P336 – Vereiste Bereiche mit lauwarmem Wasser auftauen. Betroffenen Bereich nicht reiben.
P337 – Bei anhaltender Augenreizung:
P338 – Eventuell Vorhandene Kontaktlinsen nach Möglichkeit entfernen. Weiter ausspülen.
P340 – Die betroffene Person an die frische Luft bringen und in einer Position ruhigstellen, die das Atmen erleichtert.
P341 – aufgehoben
P342 – Bei Symptomen der Atemwege:
P350 – aufgehoben
P351 – Einige Minuten lang behutsam mit Wasser ausspülen.
P352 – Mit viel Wasser und Seife waschen.
P353 – Haut mit Wasser abwaschen/duschen.
P360 – Kontaminierte Kleidung und Haut sofort mit viel Wasser abwaschen und danach Kleidung ausziehen.
P361 – Alle kontaminierten Kleidungsstücke sofort ausziehen.
P362 – Kontaminierte Kleidung ausziehen und vor erneutem Tragen waschen.
P363 – Kontaminierte Kleidung vor erneutem Tragen waschen.
P370 – Bei Brand:
P371 – Bei Großbrand und großen Mengen:
P372 – Explosionsgefahr bei Brand.
P373 – KEINE Brandbekämpfung, wenn das Feuer explosive Stoffe/Gemische/Erzeugnisse erreicht.
P374 – aufgehoben
P375 – Wegen Explosionsgefahr Brand aus der Entfernung bekämpfen.
P376 – Undichtigkeit beseitigen, wenn gefahrlos möglich.
P377 – Brand von ausströmendem Gas: Nicht löschen, bis Undichtigkeit gefahrlos beseitigt werden kann.
P378 – ... zum Löschen verwenden.

P380	–	Umgebung räumen.
P381	–	Alle Zündquellen entfernen, wenn gefahrlos möglich.
P390	–	Verschüttete Mengen aufnehmen, um Materialschäden zu vermeiden.
P391	–	Verschüttete Mengen aufnehmen.
P301	+	P310 – BEI VERSCHLUCKEN: Sofort GIFTINFORMATIONSZENTRUM oder Arzt anrufen.
P301	+	P312 – BEI VERSCHLUCKEN: Bei Unwohlsein GIFTINFORMATIONS-ZENTRUM oder Arzt anrufen.
P301	+	P330 + P331 – BEI VERSCHLUCKEN: Mund ausspülen. KEIN Erbrechen herbeiführen.
P302	+	P334 – BEI KONTAKT MIT DER HAUT: In kaltes Wasser tauchen/nassen Verband anlegen.
P302	+	P350 – BEI KONTAKT MIT DER HAUT: Behutsam mit viel Wasser und Seife waschen.
P302	+	P352 – HA BÖRRE KERÜL: BEI KONTAKT MIT DER HAUT: Mit viel Wasser und Seife waschen.
P303	+	P361 + P353 – BEI KONTAKT MIT DER HAUT (oder dem Haar): Alle beschmutzten, getränkten Kleidungsstücke sofort ausziehen. Haut mit Wasser abwaschen/duschen.
P304	+	P340 – BEI EINATMEN: An die frische Luft bringen und in einer Position ruhigstellen, die das Atmen erleichtert.
P304	+	P341 – BEI EINATMEN: Bei Atembeschwerden an die frische Luft bringen und in einer Position ruhigstellen, die das Atmen erleichtert.
P305	+	P351 + P338 – BEI KONTAKT MIT DEN AUGEN: Einige Minuten lang behutsam mit Wasser spülen. Vorhandene Kontaktlinsen nach Möglichkeit entfernen. Weiter spülen.
P306	+	P360 – BEI KONTAKT MIT DER KLEIDUNG: Kontaminierte Kleidung und Haut sofort mit viel Wasser abwaschen und danach Kleidung ausziehen.
P307	+	P311 – BEI Exposition: GIFTINFORMATIONSZENTRUM oder Arzt anrufen.
P308	+	P313 – BEI Exposition oder falls betroffen: Ärztlichen Rat einholen/ärztliche Hilfe hinzuziehen.
P309	+	P311 – BEI Exposition oder Unwohlsein: GIFTINFORMATIONSZENTRUM oder Arzt anrufen.
P332	+	P313 – Bei Hautreizung: Ärztlichen Rat einholen/ärztliche Hilfe hinzuziehen.
P333	+	P313 – Bei Hautreizung oder -ausschlag: Ärztlichen Rat einholen/ärztliche Hilfe hinzuziehen.
P335	+	P334 – Lose Partikel von der Haut abbürsten. In kaltes Wasser tauchen/nassen Verband anlegen.
P337	+	P313 – Bei anhaltender Augenreizung: Ärztlichen Rat einholen/ärztliche Hilfe hinzuziehen.
P342	+	P311 – Bei Symptomen der Atemwege: GIFTINFORMATIONSZENTRUM oder Arzt anrufen.
P370	+	P376 – Bei Brand: Undichtigkeit beseitigen, wenn gefahrlos möglich.
P370	+	P378 – Bei Brand: … zum Löschen verwenden.
P370	+	P380 – Bei Brand: Umgebung räumen.

P370 + P380 + P375 – Bei Brand: Umgebung räumen. Wegen Explosionsgefahr Brand aus der Entfernung bekämpfen.
P371 + P380 + P375 – Bei Großbrand und großen Mengen: Umgebung räumen. Wegen Explosionsgefahr Brand aus der Entfernung bekämpfen.
P401 – aufbewahren gem...
P402 – An einem trockenen Ort aufbewahren.
P403 – An einem gut belüfteten Ort aufbewahren.
P404 – In einem geschlossenen Behälter aufbewahren.
P405 – Unter Verschluss aufbewahren.
P406 – In korrosionsbeständigem/... Behälter mit korrosionsbeständiger Auskleidung aufbewahren.
P407 – Luftspalt zwischen Stapeln/Paletten lassen.
P410 – Vor Sonnenbestrahlung schützen.
P411 – Bei Temperaturen von nicht mehr als... oC/... aufbewahren.
P412 – Nicht Temperaturen von mehr als 50 oC aussetzen.
P413 – Schüttgut in Mengen von mehr als... kg bei Temperaturen von nicht mehr als... oC aufbewahren
P420 – Von anderen Materialien entfernt aufbewahren.
P422 – Inhalt in/unter... aufbewahren
P402 + P404 – In einem geschlossenen Behälter an einem trockenen Ort aufbewahren.
P403 + P233 – Behälter dicht verschlossen an einem gut belüfteten Ort aufbewahren.
P403 + P235 – Kühl an einem gut belüfteten Ort aufgewahren.
P410 + P403 – Vor Sonnenbestrahlung geschützt an einem gut belüfteten Ort aufbewahren.
P410 + P412 – Vor Sonnenbestrahlung schützen und nicht Temperaturen von mehr als 50 oC aussetzen.
P411 + P235 – Kühl und bei Temperaturen von nicht mehr als... oC aufbewahren.
P501 – Inhalt/Behälter... zuführen.

c) Technischen Regeln für Gefahrstoffe (TRGS)

Die **Technischen Regeln für Gefahrstoffe** (TRGS) geben den Stand der sicherheitstechnischen, arbeitsmedizinischen, hygienischen sowie arbeitswissenschaftlichen Anforderungen an Gefahrstoffe hinsichtlich Inverkehrbringen und Umgang wieder. Sie werden vom Ausschuss für Gefahrstoffe (AGS) aufgestellt und von ihm der Entwicklung entsprechend angepasst sowie vom Bundesministerium für Arbeit und Soziales (BMAS) im Gemeinsamen Ministerialblatt (GMBl.) bekannt gegeben (s.a. Internetseite der Bundesanstalt für Arbeitsschutz und Arbeitsmedizin www.baua.de). Durch die TRGS werden die in der GefStoffV genannten Regelungen und Erkenntnisse näher bestimmt. Vor allem folgende TRGS sind im Zusammenhang mit Tätigkeitverboten nach dem MuSchG relevant: 27

TRGS 001: Allgemeines, Aufbau, Anwendung und Wirksamwerden der TRGS-Hinweise des BMA
TRGS 101: Begriffsbestimmungen

TRGS 201:	Einstufung und Kennzeichnung von Stoffen, Zubereitungen und Erzeugnissen
TRGS 505:	Blei und bleihaltige Gefahrstoffe
TRGS 900:	Arbeitsplatzgrenzwerte
TRGS 903:	Biologische Arbeitsplatztoleranzwerte – BAT-Werte
TRGS 905:	Verzeichnis krebserregender, erbgutverändernder oder fortpflanzungsgefährdender Stoffe
TRGS 906:	Verzeichnis krebserzeugender Tätigkeiten oder Verfahren nach § 3 Nr. 2 GefStoffV
TRGS 907:	Verzeichnis sensibilisierender Stoffe

28 Die **Grenzwerte** werden in der **TRGS 900** aufgeführt, zuletzt geändert und ergänzt in **GMBl 2024 S. 411–412 [Nr. 21] (vom 17.06.2024)**. Des Weiteren existiert für biologische Einwirkungen der Biologische Grenzwert (BGW) gem. § 2 Abs. 9 Gefahrstoffverordnung (GefStoffV) v. 15.11.2016 (BGBl. I 2549) (früher Biologischer Arbeitstoleranzwert), aufgeführt in **TRGS 903 (zuletzt geändert in GMBl 2024 S. 35 [Nr. 3–4] (vom 23.02.2024)**. Es handelt sich danach um den Grenzwert für die toxikologisch-arbeitsmedizinisch abgeleitete Konzentration eines Stoffes, seines Metaboliten oder eines Beanspruchungsindikators im entsprechenden biologischen Material, bei dem im Allgemeinen die Gesundheit eines Beschäftigten nicht beeinträchtigt wird. Da diese Grenzwerte jedoch nicht die **besonders anfällige körperliche Konstitution der Schwangeren** sowie die Empfindlichkeit des **Nasciturus** berücksichtigen, reichte es für die Annahme eines Beschäftigungsverbotes nach § 4 Abs. 1 S. 2 MuSchG a.F. auch bei Unterschreitung der Grenzwerte aus, wenn eine schädliche Einwirkung **nicht sicher ausgeschlossen** werden kann (OVG Berlin, 13.7.1992 – 6 S. 72/92 – NZA 1992, 1083, 1085 – Benzol; Pepping in Hk-MuschG, § 11 Rn. 44).

29 Mit einem »**Y**« werden nach der TRGS 900 die Stoffe gekennzeichnet, bei denen ein **Risiko der Fruchtschädigung** bei Einhaltung des AGW und des BGW nicht befürchtet werden muss. Die Bemerkung »**Z**« gilt hingegen für Stoffe, für die ein Risiko der Fruchtschädigung auch bei Einhaltung des AGW und des BGW nicht ausgeschlossen werden kann. Auch bei den mit »Z« gekennzeichneten Stoffen ist daher vorsichtshalber ein Beschäftigungsverbot trotz Einhaltung der Grenzwerte auszusprechen (Zmarzlik/Zipperer 9. Aufl. § 4 a.F. Rn. 15; Pepping in HK-MuSchG, 6. Aufl. 2022, § 11 Rn. 44). Dies gilt insbesondere beim Umgang mit Stoffen, bei denen nach dem aktuellen wissenschaftlichen Erkenntnisstand **keine ausreichenden Erkenntnisse darüber vorliegen, aufgrund welchen Umfang einer Einwirkung eine Erkrankung verursacht wird** (sog feste Dosis-Wirkungs-Beziehung), sondern Dosisangaben der Einwirkung **nur für die statistische Wahrscheinlichkeit des Auftretens der Krankheit** von Bedeutung sind (sog Dosis-Häufigkeitsbeziehungen), und daher ein Unterschreiten der Dosis nicht zwangsläufig die Verursachung insbesondere bei besonders anfälligen Versicherten ausschließt. Es handelt sich typischerweise um Erkrankungen, deren medizinisches Erscheinungsbild auch in der Allgemeinbevölkerung weit verbreitet ist und nicht über für eine berufliche Verursachung typische Marker abgegrenzt werden können (vgl. zu Berufskrankheiten Francks, Zbl Arbeitsmed 53 [2003], S. 40, 44). Dies gilt vor allem für die meisten Krebserkrankungen, z.B. Lungenkrebs oder Kehlkopfkrebs aufgrund von Asbest oder Schleimhautveränderungen oder andere Neubildungen der Harnwege durch aromatische Amine (s zur Problematik solcher »sicheren Grenzwerte« bei der Ablehnung

von Berufskrankheiten Bieresborn, NZS 2008, 354, 359 f.; ders SGB 2016, 310–320 sowie 379–385).

d) Satz 1: keine unverantwortbare Gefährdung durch Gefahrstoffe

Nach **Satz 1** darf eine schwangere Frau keine Tätigkeiten ausüben und keine Arbeitsbedingungen ausgesetzt sein, bei denen sie in einem Maß Gefahrstoffen ausgesetzt ist oder sein kann, dass dies für sie oder ihr ungeborenes Kind eine **unverantwortbare Gefährdung** darstellt. Wie die Regelungen in den Absätze 2 bis 5 unterscheidet die Regelung in Absatz 1 damit zwischen dem »Ausgesetztsein« (Exposition) und der unverantwortbaren Gefährdung. Die Regelung trägt damit den wissenschaftlichen Erkenntnissen zur Risikobetrachtung Rechnung. Im Hinblick auf Gefahrstoffe gehören Expositionen auf Hintergrundniveau zum Alltag und können nicht Auslöser für spezifische Schutzmaßnahmen für schwangere Frauen sein. Sind die gesundheitsschädigenden Wirkungen eines Stoffes oder Gemisches jedoch so gravierend, dass bei **gering erhöhten Expositionen eine unverantwortbare Gefährdung nicht ausgeschlossen** werden kann, ist die Schwelle erreicht, die einen Ausschluss der jeweiligen Gefährdung erforderlich macht (s. BR-Drucks. 230/16 vom 06.05.16, S. 80). 30

Eine **Gesundheitsgefährdung** liegt jedenfalls immer vor, wenn geltende **Grenzwerte** 31
überschritten werden (Pepping in Hk-MuSchG zu § 4 a.F. Rn. 60). Dies ist insbesondere der sog. **Arbeitsplatzgrenzwert** (AGW) gem. § 2 Abs. 8 Gefahrstoffverordnung (GefStoffV) v. 15.11.2016 (BGBl. I 2549) (früher MAK-Wert nach der bis 31.12.2004 geltenden GefStVO, s. dazu Zmarzik/Zipperer 9. Aufl. § 4 a.F. Rn. 15), der jeweils den Grenzwert für die zeitlich gewichtete durchschnittliche Konzentration eines Stoffes in der Luft am Arbeitsplatz in Bezug auf einen gegebenen Referenzzeitraum bezeichnet und angibt, bei welcher Konzentration eines Stoffes akute oder chronische schädliche Auswirkungen auf die Gesundheit im Allgemeinen nicht zu erwarten sind. Beachtet der Arbeitgeber **Vorschriften** des **technischen** Arbeitsschutzes (§§ 14–16 ArbStättV und ArbStättRL, GefStoffVO, StrahlenschutzVO etc.) sowie die **Unfallverhütungsvorschriften** (UVV) der Berufsgenossenschaften **nicht**, gilt zugunsten der Schwangeren die **Vermutung**, dass die betreffenden Tätigkeiten auch gesundheitsgefährdend i.S.d. Abs. 1 sind (Pepping in Hk-MuSchG, 6. Aufl. 2022, § 11 Rn. 23 ff.). Eine Gefährdung kann aber wegen der dort nicht berücksichtigten Besonderheiten während der Schwangerschaft auch bei Unterschreiten des AGW vorliegen.

Der Begriff der **unverantwortbaren Gefährdung** ist neu in das MuSchG eingeführt 32
worden. Im ArbSchG gilt der Grundsatz der Risikominimierung. Im MuSchG tritt die Anforderung hinzu, ab einer bestimmten Gefährdungsschwelle Gefährdungen zum Schutze der Mutter und ihres Kindes auszuschließen. Der Begriff der unverantwortbaren Gefährdung beschreibt – nunmehr ausdrücklich für das MuSchG – diese Gefährdungsschwelle, ab der der Arbeitgeber Gefährdungen zum Schutz der schwangeren oder stillenden Frau oder ihres (ungeborenen) Kindes auszuschließen hat.

Der mutterschutzrechtliche Begriff der **unverantwortbaren Gefährdung** lässt sich wie 33
folgt **umschreiben**: Eine Gefährdung liegt vor, wenn die Möglichkeit besteht, dass die

schwangere oder stillende Frau und das ungeborene oder gestillte Kind durch eine bestimmte Tätigkeit oder Arbeitsbedingung gesundheitlich beeinträchtigt werden, also im Sinne des MuSchG gefährdet werden. **Unverantwortbar ist eine solche Gefährdung, wenn die Eintrittswahrscheinlichkeit einer Gesundheitsbeeinträchtigung angesichts der zu erwartenden Schwere des möglichen Gesundheitsschadens nicht hinnehmbar ist.** Bei der dafür erforderlichen Bewertung ist wie folgt zu differenzieren: Die Wahrscheinlichkeit, dass ein Schaden eintritt, muss umso größer sein, je geringer der möglicherweise eintretende Schaden ist, und sie ist umso kleiner, je schwerer der etwaige Schaden wiegt. Wegen des hohen Ranges des vom Mutterschutz verfolgten Schutzziels der gesundheitlichen Unversehrtheit der Frau und ihres (ungeborenen) Kindes sind die **Anforderungen an die Wahrscheinlichkeit grundsätzlich gering** (s. BR-Drucks. 230/16 vom 06.05.16, S. 38).

34 Es bietet sich an, die **Grundsätze der Feststellung von Berufskrankheiten** anzuwenden: So wie dort Voraussetzung für die Anerkennung ist, dass die Verrichtung einer versicherten Tätigkeit (*Versicherungstatbestand*) zu Einwirkungen von Belastungen, Schadstoffen oder Ähnlichem auf den Körper geführt hat (*Einwirkungskausalität*) und diese Einwirkungen eine Krankheit verursacht haben (*haftungsbegründende Kausalität*), darf zumindest nicht ausgeschlossen sein, dass die bestimmte Tätigkeit oder die Arbeitsbedingungen zu Gesundheitsschäden führen können (BSG v. 2.4.2009 – B 2 U 9/08 R, BSGE 103, 59 = SozR 4–5671 Anl. 1 Nr. 2103 Nr. 1, Rn. 12). Entscheidend ist, ob ein Ereignis nach wissenschaftlichen Maßstäben überhaupt geeignet ist, eine bestimmte körperliche oder seelische Störung hervorzurufen (BSG vom 9.5.2006 – B 2 U 1/05 R – BSGE 96, 196–209 – SozR 4–2700 § 8 Nr. 17, Rn. 17). Anzuwenden ist der jeweils neueste anerkannten Stand des Fach- und Erfahrungswissens über Kausalbeziehungen, was existierende Erfahrungssätze über Ursache und Wirkung zwischen den beiden Kausalgliedern Einwirkung und Erkrankung voraussetzt (Grundlegend BSG v. 24.7.2012 – B 2 U 9/11 R, SozR 4–2700 § 8 Nr. 44 Rn. 55 ff.; BSG v. 13.11.2012 – B 2 U 19/11 R, BSGE 112, 177 = SozR 4–2700 § 8 Nr. 46 Rn. 31 ff.; BSG v. 26.6.2014 – B 2 U 4/13 R, SozR 4–2700 § 8 Nr. 52 Rn. 25 zum Arbeitsunfall; s auch. Spellbrink, SR 2015, 15, 17, ders. Spellbrink, SGB 2016, 1 ff.; BSG v. 18.6.2013 – B 2 U 6/12 R, SozR 4–2700 § 9 Nr. 22 Rn. 15, zuletzt BSG v. 23.4.2015 – B 2 U 6/13 R; vgl. Heinz in Roos/Wahrendorf, SGG, § 163 Rn. 9; Bieresborn in Francke/Gagel/Bieresborn, 2. Aufl. 2017 Rn. 18 ff.).

35 Während bei vielen durch physikalische Einwirkungen verursachten Krankheiten *deterministische* Erfahrungssätze (Erkenntnisse über *Dosis-Wirkungsbeziehungen*) existieren, können in anderen Bereichen – im Besonderen bei Krebserkrankungen – nur statistisch begründete Wahrscheinlichkeitssätze festgestellt werden, weshalb man dort von *stochastischen* (zufälligen) Erkrankungen spricht, bei denen nur Dosis-Häufigkeitsbeziehungen bekannt sind (vgl. LSG Baden-Württemberg, Urteil vom 24.10.2014 – L 8 U 4478/13; LSG Berlin-Brandenburg vom 23.1.2014 – L 2 U 240/09, juris Rn. 26; Hessisches LSG v. 23.8.2013 – L 9 U 30/12 ZVW, juris Rn. 44).

36 In den verschiedenen Wissenschaften bestehen unterschiedliche Begriffe von empirischer Wahrscheinlichkeit bis hin zu probabilistischen Erfahrungssätzen, die nach ent-

sprechenden Untersuchungen gelegentlich mathematisch formuliert, häufig aber allein durch tradierte Erfahrung im jeweiligen Fachkreis mit geringer Überprüfungsdichte gelehrt und/oder bloß unausgesprochen in der Praxis vorausgesetzt werden (*begründete Vermutungen*) (BSG v. 24.7.2012 – B 2 U 23/11 R, juris Rn. 62).

Abs. 1 S. 1 ist wie zuvor § 4 Abs. 1 a.F. als **Generalklausel** aufzufassen (vgl Vorauflage und Buchner/Becker, 8. Aufl., § 4 a.F. Rn. 8 ff.; Kost, § 4 Anm. 2; Meisel/Sowka, 5. Aufl., § 4 a.F. Rn. 3; Zmarzlik/Zipperer, 9. Aufl., § 4 a.F. Rn. 9), weshalb es sich anbietet, zunächst die spezielleren Regelungen in Satz 2 im Hinblick auf Gefahrstoffe, sowie bezüglich Biostoffen (Absatz 2), physikalischen Einwirkungen (Absatz 3), eine belastende Arbeitsumgebung (Absatz 4), körperliche Belastungen oder mechanischen Einwirkungen (Absatz 5) sowie Akkord- und Fließarbeit (Absatz 6) zu prüfen. Die **Absätze 1 und 2** beschreiben im Hinblick auf Gefahr- und Biostoffe jeweils in **Satz 2** Voraussetzungen, bei deren Vorliegen eine unverantwortbare Gefährdung **gesetzlich vermutet** wird. (BR-Drucks. 230/16 vom 06.05.16, S. 38). Es bietet sich daher an, zunächst diese spezielleren Vorschriften zu prüfen. 37

Bei der Prüfung nach **Satz 1** sind insbesondere die Gefahrstoffe zu berücksichtigen, die vom **Anhang I oder II der Mutterschutzrichtlinie 92/85/EWG** erfasst sind. Dazu gehören neben den in Satz 2 genannten Stoffen: – Gefahrstoffe, die im Anhang I der Mutterschutzrichtlinie 92/85/EWG unter Buchstabe A. (Agenzien), Nummer 3 (chemische Agenzien) aufgelistet sind (d.h. **Quecksilber und Quecksilberderivate, Mitosehemmstoffe, Kohlenmonoxid** oder **gefährliche chemische Agenzien, die nachweislich in die Haut dringen**), – Gefahrstoffe, die in den von Anhang I der Mutterschutzrichtlinie 92/85/EWG, Buchstabe B. (Verfahren) erfassten industriellen Verfahren (Verfahren im Sinne des Anhangs I der Richtlinie 2004/37/EG des Europäischen Parlaments und des Rates über den Schutz der Arbeitnehmer gegen Gefährdung durch Karzinogene oder Mutagene bei der Arbeit (Sechste Einzelrichtlinie im Sinne von Artikel 16 Absatz 1 der Richtlinie 98/391/EWG des Rates)) freigesetzt werden. Erfasst sind demnach im Einzelnen chemische Einwirkungen: – bei der **Herstellung von Auramin**; – bei Arbeiten, bei denen die schwangere Frau **polyzyklischen aromatischen Kohlenwasserstoffen** ausgesetzt ist, die in Steinkohlenruß, Steinkohlenteer oder Steinkohlenpech vorhanden sind; – bei Arbeiten, bei denen die schwangere Frau **Staub, Rauch oder Nebel beim Rösten oder bei der elektrolytischen Raffination von Nickelmatte** ausgesetzt ist; – im Rahmen von Starke-Säure-Verfahren bei der Herstellung von **Isopropylalkohol** sowie bei Arbeiten, bei denen die schwangere Frau **Hartholzstäuben** ausgesetzt ist (BR-Drucks. 230/16, S. 81). 38

Ob diese Stoffe oder Verfahren für schwangere Frauen oder ihr ungeborenes Kind **im Einzelfall** eine unverantwortbare Gefährdung darstellen, hat der Arbeitgeber im Rahmen der **Gefährdungsbeurteilung** nach § 10 zu prüfen und nach § 13 zu dokumentieren. Bei dieser Prüfung ist der Katalog von Vermutungsregelungen in Satz 2 zu beachten, der durch die beispielhafte Aufzählung Orientierung auch für die Bewertung dort nicht erfasster Gefahrstoffe bietet. Eine unverantwortbare Gefährdung kann nach den Sätzen 3 und 4 ausgeschlossen werden, die für Gefahrstoffe die Regelung des § 9 Absatz 2 Satz 3 konkretisieren. Die bisher in § 5 Absatz 1 Nummer 1, 4 und 5 39

MuSchArbV enthaltene allgemeine Bezugnahme auf Grenzwertüberschreitungen wurde nicht beibehalten, weil bei der arbeitsschutzrechtlichen Grenzwertfestlegung die Schwangerschaft derzeit grundsätzlich nicht berücksichtigt wird. Stattdessen wird auf die Grenzwerte oder andere Vorgaben zur mutterschutzrechtlichen Bedenklichkeit verwiesen, die spezifisch im Hinblick auf das Risiko einer Fruchtschädigung bewertet werden.

40 Zu den gesundheitsgefährdenden Stoffen gehört auch die **Existenz von Tabakrauch am Arbeitsplatz**, weil gerade das Passivrauchen als gesundheitsschädigend aufgrund der im Nebenstromrauch anteilmäßig stärker als im Hauptstromrauch vertretenen krebserregenden Prinzipien (Pepping in Hk-MuSchG zu § 4 a.F. Rn. 65, nun zu § 11 Rn. 36). Die Gefährdung durch Passivrauchen ist daher inzwischen allgemein und insbesondere arbeits- und gesundheitswissenschaftlich anerkannt, und z.B. in der Technischen Regel für Gefahrenstoffe (TRGS) 905 unter der Kategorie 1 »mit gesicherter krebserzeugender Wirkung beim Menschen« eingestuft. Völkerrechtlich bestimmt Art. 8 Abs. 1 der Tabakrahmenkonvention der Weltgesundheitsorganisation (FCTC): »Die Vertragsparteien erkennen an, dass wissenschaftliche Untersuchungen eindeutig bewiesen haben, dass Passivrauchen Tod, Krankheit und Invalidität verursacht«. Ferner ist anerkannt, dass für die im Tabakrauch enthaltenen krebserzeugenden Substanzen keine Grenzwerte angegeben werden können, sodass nicht mehr der Arbeitnehmer nachweisen muss, dass er durch Tabakrauch in seiner Gesundheit gefährdet ist, sondern der Arbeitgeber, dass er alle erforderlichen Schutzmaßnahmen getroffen hat. Ebenso darf es deshalb nicht mehr auf die individuelle persönliche körperliche Konstitution der einzelnen betroffenen nichtrauchenden Beschäftigten ankommen. Dies hatte das BAG noch in seinem Urteil vom 17.2.1998 (9 AZR 84/97 Rdn. 21 ff.) vorausgesetzt, lässt aber nun in seiner Entscheidung vom 19.5.2009 – Az 9 AZR 241/08 – juris unter Hinweis auf Art. 8 der FCTC erkennen, dass diese Voraussetzung aufgegeben werden muss (Kothe/Bernhardt in jurisPR-ArbR 12/2010 Anm. 4).

41 Durch § 5 Abs. 1 Satz 2 Arbeitsstättenverordnung – ArbStättV i.d.F. v. 20.7.2007 (BGBl. I S. 1595) die Möglichkeit geschaffen, dass der Arbeitgeber, soweit erforderlich, ein allgemeines oder auf einzelne Bereiche der Arbeitsstätte **beschränktes Rauchverbot** erlässt, und damit der allgemeine Nichtraucherschutz erheblich verschärft. In Arbeitsstätten mit Publikumsverkehr wie z.B. Gaststätten, Restaurants und Diskotheken gilt dies jedoch nach wie vor nur, soweit die Natur des Betriebes und die Art der Beschäftigung es zulassen. Die Norm enthält somit einen Regelungsspielraum, den der Arbeitgeber zusammen mit dem Betriebsrat (§ 87 Abs. 1 Nr. 1 und 7 BetrVG) ausschöpfen kann, ohne dass ihm hierzu in der Verordnung konkrete Vorgaben gemacht werden (BAG v. 19.1.1999 – 1 AZR 499/98 – NZA 1999, 546; Pieper in: ArbSchR, § 5 ArbStättV Rn. 5; Düwell, AiB 2002, 400, 403). Dem Arbeitgeber kommt damit grundsätzlich ein Handlungsspielraum zu, ob er eine räumliche Trennung von Rauchern und Nichtrauchern durchführt, lüftungstechnische Maßnahmen trifft, ein auf einzelne Bereiche begrenztes, wenn nötig generelles Rauchverbot ausspricht oder eine Kombination dieser Maßnahmen wählt (Fitting, BetrVG, 25. Aufl., § 87 Rn. 307; Kohte in: HaKo-BetrVG, 3. Aufl., § 87 Rn. 83).

Von Bedeutung sind in diesem Zusammenhang auch die **Nichtraucherschutzgesetze der Länder**, die im Grundsatz verfassungsgerichtlich bestätigt wurden (BVerfG vom 6.8.2008 – 1 BvR 3198/07 – NJW 2008, 2701; zur möglichen Unvereinbarkeit mit Art. 3 Abs. 1 GG: BVerfG v. 30.7.2008 – 1 BvR 3262/07 – NJW 2008, 2409). Der umfassendste Nichtraucherschutz gilt aufgrund eines Volksentscheids vom 4.7.2010 in Bayern: Das bayerische Gesetz zum Schutz der Gesundheit vom 23.7.2010 (GVBl. 2010, S. 314) sieht ein striktes Rauchverbot für alle Gaststätten vor; die bis dato geschaffenen Ausnahmeregelungen für Bier-, Wein- und Festzelte und für getränkegeprägte kleine Einraumgaststätten entfielen dadurch ebenso wie die zur gleichen Zeit geschaffene Möglichkeit, Rauchernebenräume einzurichten. Gem. § 2 des Gesetzes zum Schutz von Nichtraucherinnen und Nichtrauchern in Nordrhein-Westfalen (Nichtraucherschutzgesetz NRW – NiSchG NRW) ist seit 1.5.2013 auch das Rauchen auf Kinderspielplätzen untersagt. Streitig ist derzeit die Einordnung sog. E-Zigaretten. Laut VG Köln handelt es sich bei dem Konsum einer **E-Zigarette** nicht um »Rauchen« im Sinne des Gesetzes. Da das Nichtraucherschutzgesetz den Begriff des »Rauchens« nicht definiert und auch die Produkte, die beim Rauchen konsumiert werden, nicht benennt, sei nach allgemeinen Auslegungsgrundsätzen zunächst an den Wortlaut der Vorschrift anzuknüpfen. Im allgemeinen Sprachgebrauch wird unter »Rauchen« das Einatmen des Rauchs verstanden, der bei der Verbrennung von Tabakwaren, z.B. von Zigaretten, Zigarren oder mit Tabak gefüllten Pfeifen, entsteht. Demnach muss zum einen Rauch erzeugt werden und zum anderen eine Verbrennung von Tabakwaren stattfinden. Bei dem Betrieb von E-Zigaretten sei dies nicht der Fall (VG Köln, Urteil vom 25.2.2014 – 7 K 4612/13 –, juris m.w.N.; die Entscheidung wurde inzwischen durch das OVG NRW, Urteil vom 4.11.2014 – 4 A 775/14 – bestätigt). Nach einer Entscheidung des OVG NRW vom 1.8.2013 ist überwiegend wahrscheinlich, dass der ausschließlich tabakfreie Betrieb von Wasserpfeifen mit melassebehandelten Dampfsteinen (sog. Shiazo-Steinen) oder getrockneten Früchten nicht unter den Anwendungsbereich des Nichtraucherschutzgesetzes NRW fällt (OVG NRW, Beschluss vom 1.8.2013 – 4 B 608/13 –, juris). 42

Nachdem das BAG bereits im Urteil vom 12.8.2008 (9 AZR 1117/06 – NZA 2009, 102, dazu Kohte, jurisPR-ArbR 13/2009 Anm. 1) entschieden hatte, dass **öffentlich-rechtliche Arbeitsschutzvorschriften**, die unmittelbar oder mittelbar dem Schutz von Arbeitnehmern dienen (dazu Kollmer/Kohte, ArbSchG, § 3 Rn. 84), als Konkretisierung der Schutzpflichten des § 618 BGB in arbeitsvertragliche Erfüllungsansprüche übersetzt werden und somit deren Einhaltung von einem einzelnen Arbeitnehmer durchgesetzt werden können, hat es im Urteil vom 19.5.2009 – 9 AZR 241/08 – juris klargestellt, dass ein in einem Nichtraucherschutzgesetz festgelegtes Rauchverbot als **gesetzliche Berufsausübungsregel** den rechtlichen Rahmen für die von diesem Gesetz erfasste unternehmerische Tätigkeit vorgibt. Von diesem vollständigen gesetzlichen Rauchverbot kann der Unternehmer nicht mit einem Rückgriff auf die Zumutbarkeitsgrenzen des § 5 Abs. 2 ArbStättV abweichen. Im Ergebnis dieses Urteils kann daher ein Arbeitnehmer, der in einer Arbeitsstätte mit Publikumsverkehr beschäftigt wird, die in den Schutzbereich des Rauchverbots eines Nichtraucherschutzgesetzes fällt, gem. § 618 Abs. 1 BGB i.V.m. § 5 Abs. 1 ArbStättV verlangen, dass der Arbeitgeber 43 das gesetzliche Rauchverbot beachtet und gegenüber seinen rauchenden Kunden und allen anderen rauchenden Beschäftigten durchsetzt (vgl noch BAG v. 8.5.1996 – 5 AZR 971/94 Rdn. 32 ff. und dazu Kothe/Bernhardt in jurisPR-ArbR 12/2010 Anm. 4).

44 Schwangere Frauen als besonders empfindliche bzw. schutzwürdige Personengruppe haben jedenfalls auch nach der älteren Rechtsprechung des BAG aus § 618 BGB als Ausprägung der arbeitgeberseitigen Fürsorgepflicht einen Anspruch auf einen rauchfreien Arbeitsplatz, wenn die Atemluft am Arbeitsplatz »wahrnehmbar mit Tabakrauch« durchsetzt und damit ihre Gesundheit sowie die des neugeborenen Kindes gefährdet ist (BAG, Urt. v. 17.2.1998, 9 AZR 84/97, NZA 1998, 1231). In diesen Fällen muss der Arbeitgeber geeignete Maßnahmen treffen, z.B. in Form einer Trennung in Raucher- und Nichtraucherbereiche, der Schaffung entsprechender lüftungstechnischer Einrichtungen oder den Erlass eines Rauchverbots. Ansonsten muss er die Arbeitnehmerin auf einen rauchfreien Arbeitsplatz umzusetzen bzw von der Arbeit ganz freistellen (vgl. § 3 Abs. 2 und 3 MuSchArbV). Der Anspruch steht aber nur Frauen zu, die selber nicht am Arbeitsplatz rauchen (Pepping in Hk-MuSchG, 6. Aufl. 2022, § 11 Rn. 36).

45 Darüber hinaus ist davon auszugehen, dass über § 11 Abs. 1 Satz 1 auch das Verbot nach der bis 31.12.2017 geltenden § 5 Abs. 1 Nr. 2 MuSchArbV, wonach werdende Mütter nicht mit Stoffen, Zubereitungen oder Erzeugnissen beschäftigt werden dürfen, die ihrer Art nach erfahrungsgemäß Krankheitserreger übertragen können, wenn sie hierbei den Krankheitserregern ausgesetzt sind, gilt.

46 Nach **§ 5 Abs. 1 Nr. 3 MuSchArbV** a.F. durften werdende Mütter nicht mit **krebserzeugenden, fruchtschädigenden** oder **erbgutverändernden Gefahrstoffen** beschäftigt werden (vgl. OVG Berlin, 13.7.1992 6 S. 72/92 – NZA 1992, 1083, 1085). Auf die Überschreitung von Grenzwerten kam es hierbei nicht an.

e) Satz 2 Nr. 1: Gefahrstoffen nach den Kriterien des Anhangs I zur VO (EG) Nr. 1272/2008

47 **Satz 2 Nr. 1 Nummer 1** verweist in den Buchstaben a bis e hinsichtlich einer unverantwortbaren Gefährdung von Gefahrstoffen auf den Anhang I der CLP-Verordnung (EG) Nr. 1272/2008. Die Bezeichnung der Gefährdungskategorien wurde redaktionell an die darin enthaltene neue Nomenklatur und an die dort vorgesehene konzeptionelle Herangehensweise zur Identifikation von Gefahrstoffen angepasst. Ein **Gefahrstoff im Sinne der Nummer 1** liegt vor, wenn er die im Einzelnen jeweils bezeichneten Einstufungskriterien des Anhangs I der CLP-Verordnung (EG) Nr. 1272/2008 erfüllt. Es ist Aufgabe des Arbeitgebers, die entsprechenden Voraussetzungen für jeden Gefahrstoff zu prüfen. Mit dem Wortlaut wird klargestellt, dass sich der Arbeitgeber nicht auf die vorgefundene Kennzeichnung des Stoffes verlassen darf, sondern gegebenenfalls eine eigene Prüfung veranlassen muss (BR-Drucks. 230/16 vom 06.05.16, S. 81).

aa) Satz 2 Nr. 1 Buchst a): Reproduktionstoxische Gefahrstoffe nach der Kategorie 1A, 1B oder 2 oder nach der Zusatzkategorie für Wirkungen auf oder über die Laktation

Satz 2 Nr. 1 Buchst a) nennt als Regelbeispiele eine unverantwortbaren Gefährdung Gefahrstoffe, die nach den Kriterien des Anhangs I der Verordnung (EG) Nr. 1272/2008 als **reproduktionstoxisch** nach der Kategorie 1A, 1B oder 2 oder nach der Zusatzkategorie für Wirkungen auf oder über die Laktation zu bewerten sind. Zu diesen Stoffen gehören nicht nur fruchtschädigende, sondern auch ausschließlich fruchtbarkeitsverändernde (fertilitätsmindernde) Stoffe. Hintergrund ist, dass das derzeitige Einstufungssystem der CLP-Verordnung (EG) Nr. 1272/2008 die ursprüngliche Differenzierung fruchtschädigender und fruchtbarkeitsschädigender Eigenschaften aus der Richtlinie 67/548/EWG des Rates vom 27. Juni 1967 zur Angleichung der Rechts- und Verwaltungsvorschriften für die Einstufung, Verpackung und Kennzeichnung gefährlicher Stoffe (ABl. 196 vom 16.8.1967, S. 1) nicht übernommen hat. Eine korrekte Differenzierung ist damit anhand der Kategorisierung nach der CLP-Verordnung (EG) Nr. 1272/2008 im Augenblick nicht möglich. Eine unverantwortbare Gefährdung gilt bei diesen Gefahrstoffen dementsprechend als ausgeschlossen, wenn der jeweilige Stoff hinsichtlich einer Fruchtschädigung als sicher einzustufen ist (beispielsweise aufgrund der Zusatzbemerkung »Y« nach den Technischen Regeln für Gefahrstoffe (TRGS 900). Auch Stoffe, die die Einstufungskriterien der Zusatzkategorie für Wirkungen auf oder über die Laktation erfüllen, werden von Buchstabe a erfasst, da sie auch zur Reproduktionstoxizität gehören. Dies ist erforderlich, weil bestimmte Auswirkungen auf das Stillen bereits durch Gefahrstoffeinwirkungen während der Schwangerschaft ausgelöst werden können (BR-Drucks. 230/16 vom 06.05.16, S. 81). 48

Nach 3.7.1.1. Anhang I der CLP-Verordnung (EG) Nr. 1272/2008 wird unter **Reproduktionstoxizität** die Beeinträchtigungen von Sexualfunktion und Fruchtbarkeit bei Mann und Frau sowie Entwicklungstoxizität bei den Nachkommen verstanden. Einige reproduktionstoxische Wirkungen lassen sich nicht klar der Beeinträchtigung von Sexualfunktion und Fruchtbarkeit oder der Entwicklungstoxizität zuordnen. Stoffe mit diesen Wirkungen bzw. Gemische, die solche Stoffe enthalten, werden trotzdem als reproduktionstoxisch eingestuft. 49

Als Beeinträchtigung von **Sexualfunktion und Fruchtbarkeit** gilt nach 3.7.1.3 danach jede Wirkung eines Stoffes, die die Sexualfunktion und die Fruchtbarkeit stören kann. Dazu gehören unter anderem Veränderungen der weiblichen und männlichen Fortpflanzungsorgane, Störungen des Eintritts in die Pubertät, der Gametenbildung und des Gametentransports, der Regelmäßigkeit des Reproduktionszyklus, des Sexualverhaltens, der Fruchtbarkeit, der Geburt, der Schwangerschaft sowie vorzeitiges reproduktives Altern oder Änderungen anderer Funktionen, die von der Unversehrtheit der Fortpflanzungssysteme abhängen. 50

Die Beeinträchtigung der **Entwicklung von Nachkommen** umfasst nach 3.7.1.4 im weitesten Sinne jede Beeinträchtigung der normalen Entwicklung des Konzeptus vor und nach der Geburt aufgrund einer Exposition eines der Elternteile vor der Empfäng- 51 nis oder aufgrund der Exposition der Nachkommen im Laufe ihrer vorgeburtlichen Entwicklung oder nach der Geburt bis zur Erlangung der Geschlechtsreife. Man kann jedoch davon ausgehen, dass die Einstufung der Entwicklungstoxizität hauptsächlich dazu dient, dass man schwangere Frauen sowie fortpflanzungsfähige Frauen und Männer mit einem entsprechenden Hinweis warnen kann. Aus pragmatischen Einstufungsgründen bezeichnet die Entwicklungstoxizität daher im Wesentlichen die Beeinträchtigungen während der Schwangerschaft oder infolge einer Exposition eines Elternteils. Diese Wirkungen können jederzeit im Leben eines Organismus auftreten. Zu den wichtigsten Erscheinungsformen der Entwicklungstoxizität gehören 1) der Tod des in der Entwicklung befindlichen Organismus, 2) Missbildungen, 3) Wachstumsstörungen und 4) funktionelle Störungen.

52 Beeinträchtigungen der **Laktation** oder über die Laktation gehören nach 3.7.1.5 auch zur Reproduktionstoxizität, obgleich sie zu Einstufungszwecken gesondert behandelt werden, weil man in der Lage sein wollte, Stoffe aufgrund der Beeinträchtigung der Laktation separat einzustufen, sodass man stillende Mütter mit einem besonderen Hinweis vor dieser Wirkung warnen kann.

bb) Satz 2 Nr. 1 Buchst b) und c): Keimzellmutagene und karzinogene Gefahrstoffe

53 **Satz 2 Nr. 1 Buchst b) und c)** erfassen Gefahrstoffe, die nach den Kriterien des Anhangs I der CLP-Verordnung (EG) Nr. 1272/2008 als keimzellmutagen oder karzinogen nach der Kategorie 1A oder 1B einzustufen sind. Bei diesen Stoffen ist eine schädliche Wirkung auf den Menschen oder auf Säugetiere im Hinblick auf die **Keimzellveränderung** (vererbbare Veränderungen in den Keimzellen) bzw. die **Krebsentwicklung** (bösartige Gewebeneubildung) nachgewiesen.

54 Nach 3.5.1.1. des Anhangs I der CLP-Verordnung (EG) Nr. 1272/2008 wird unter **Mutation** eine dauerhafte Veränderung von Menge oder Struktur des genetischen Materials einer Zelle verstanden. Der Begriff Mutation gilt sowohl für vererbbare genetische Veränderungen, die sich im Phänotyp ausdrücken können, als auch für die zugrunde liegenden DNA-Veränderungen, sofern sie bekannt sind (einschließlich spezifischer Basenpaar-Veränderungen und chromosomaler Translokationen). Die Begriffe mutagen/keimzellmutagen und Mutagen werden bei Stoffen verwendet, die zu einer gesteigerten Mutationshäufigkeit in Populationen von Zellen und/oder Organismen führen. Die allgemeineren Begriffe genotoxisch und Genotoxizität werden bei Stoffen oder Prozessen verwendet, die die Struktur, den Informationsgehalt oder Segregation von DNA verändern, darunter auch solche, die durch die Störung normaler Replikationsabläufe DNA-Schäden verursachen oder die die DNA-Replikation auf nichtphysiologische Weise (vorübergehend) verändern. Die Ergebnisse von Genotoxizitätsprüfungen dienen in der Regel als Indikatoren für mutagene Wirkungen (3.5.1.2).

55 Diesen Stoffen kann aufgrund ihrer zellbeeinflussenden Wirkung grundsätzlich ein besonderes Gefährdungspotenzial für die schwangere Frau und ihr ungeborenes Kind beigemessen werden. Ist eine schwangere Frau diesen beispielhaft genannten Gefahrstoffen ausgesetzt, wird dies nach Satz 2 grundsätzlich als eine unverantwortbare Gefähr-

dung eingestuft. Bei Stoffen und Gemischen, die im Hinblick auf **Keimzellmutagenität** oder **Karzinogenität** nur möglicherweise schädlich für den Menschen oder Säugetiere sind (Verdachtsstoffe), erscheint die grundsätzliche Vermutung einer möglichen fruchtschädigenden Wirkung nicht gerechtfertigt. Sie werden nicht von der Regelung der Buchstaben b oder c erfasst. Soweit der jeweilige Stoff als möglicherweise fruchtschädigend einzuordnen ist (beispielsweise aufgrund der Zusatzbemerkung »Z« nach der TRGS 900), wird er jedoch durch die Regelung der Nummer 3 erfasst, wonach eine unverantwortbare Gefährdung insbesondere vorliegt, wenn die schwangere Frau Tätigkeiten ausübt oder Arbeitsbedingungen ausgesetzt ist, bei denen sie diesen Stoffen ausgesetzt ist oder sein kann. Zudem sind Verdachtsstoffe im Rahmen der Prüfung nach Absatz 1 Satz 1 zu berücksichtigen. Die unverantwortbare Gefährdung gilt wie bei Nummer 1 Buchstabe a als ausgeschlossen, wenn der jeweilige Stoff hinsichtlich einer Fruchtschädigung – beispielsweise aufgrund der Zusatzbemerkung »Y« nach der TRGS 900 – als sicher einzustufen ist (BR-Drucks. 230/16, S. 83).

cc) Satz 2 Nr. 1 Buchst d: Spezifisch zielorgantoxische Gefahrstoffe

Satz 2 Nr. 1 Buchst d) erfasst Gefahrstoffe, die nach den Kriterien des Anhangs I der CLP-Verordnung (EG) Nr. 1272/2008 als spezifisch **zielorgantoxisch nach einmaliger Exposition** nach der Kategorie 1 zu bewerten sind. Nach 3.8.1.1.–5 der Anlage versteht man unter Spezifischer Zielorgan-Toxizität (einmalige Exposition): die spezifische nichtletale Zielorgan-Toxizität nach einmaliger Exposition gegenüber einem Stoff oder Gemisch. Dazu gehören alle eindeutigen Auswirkungen auf die Gesundheit, die Körperfunktionen beeinträchtigen können, unabhängig davon, ob sie reversibel oder irreversibel sind, unmittelbar und/oder verzögert auftreten, sofern sie nicht ausdrücklich in den Abschnitten 3.1 bis 3.7 und 3.10 behandelt werden Eine Einstufung bedeutet, dass der Stoff oder das Gemisch eine spezifische Zielorgan-Toxizität besitzt und damit die Gesundheit von exponierten Personen beeinträchtigt werden kann. Zu diesen durch einmalige Exposition verursachten schädlichen Auswirkungen auf die Gesundheit gehören konsistente und erkennbare toxische Wirkungen beim Menschen oder – für die menschliche Gesundheit relevante – toxikologisch eindeutige Veränderungen bei Versuchstieren, die die Funktion oder Morphologie eines Gewebes/Organs beeinträchtigt oder ernst zu nehmende Veränderungen der Biochemie oder Hämatologie des Organismus hervorgerufen haben. Bei der Beurteilung sind nicht nur eindeutige Veränderungen in einem einzigen Organ oder biologischen System zu berücksichtigen, sondern auch allgemeine Veränderungen geringerer Schwere in mehreren Organen. Eine spezifische Zielorgan-Toxizität kann über sämtliche beim Menschen relevanten Expositionswege auftreten, d.h. hauptsächlich oral, dermal oder nach Inhalation. 56

Diesen Stoffen kann aufgrund ihrer **zielorgantoxischen Wirkung** bereits nach einmaliger Exposition grundsätzlich ein besonderes Gefährdungspotenzial für die schwangere oder stillende Frau und damit auch für ihr (ungeborenes) Kind beigemessen werden. Die Norm nimmt entsprechend den geänderten unionsrechtlichen Vorgaben (Anhang I der Mutterschutzrichtlinie 92/85/EWG unter Buchstabe A. (Agenzien), Nummer 3 (chemische Agenzien) Buchstabe a, vierter Spiegelstrich) beispielhaft die spezifisch ziel- 57 organtoxischen Gefahrstoffe (bei einmaliger Exposition) in den Katalog der im Rahmen des § 10 Absatz 1 Satz 2 Stoffe auf, bei deren Vorliegen eine unverantwortbare Gefährdung vermutet wird.

dd) Satz 2 Nr. 1 Buchst e): Akut toxische Gefahrstoffe

58 Gleiches gilt nach **Buchstabe e** für Stoffe, die nach den Kriterien des Anhangs I der CLP-Verordnung (EG) Nr. 1272/2008 als akut toxisch nach den Kategorien 1 bis 3 zu bewerten sind. Ist eine schwangere Frau diesen beispielhaft genannten Gefahrstoffen ausgesetzt, wird dies nach Satz 2 grundsätzlich als eine unverantwortbare Gefährdung eingestuft.

59 Wie die Buchstaben b und c erfassen die **Buchstaben d und e** ebenfalls keine Verdachtsstoffe (Gefahrstoffe, die als spezifisch zielorgantoxisch nach einmaliger Exposition nach der Kategorie 2 bzw. als akut toxisch nach der Kategorie 4 eingestuft werden). Die grundsätzliche Vermutung einer möglichen fruchtschädigenden Wirkung ist hier nicht gerechtfertigt. Soweit der jeweilige Stoff als möglicherweise fruchtschädigend einzuordnen ist (beispielsweise aufgrund der Zusatzbemerkung »Z« nach der TRGS 900), wird er jedoch durch die Vermutungsregelung der Nummer 3 erfasst. Zudem sind Verdachtsstoffe um Rahmen der Prüfung nach Absatz 1 Satz 1 zu berücksichtigen. Die unverantwortbare Gefährdung gilt wie bei Nummer 1 Buchstabe a als ausgeschlossen, wenn der jeweilige Stoff hinsichtlich einer Fruchtschädigung – beispielsweise aufgrund der Zusatzbemerkung »Y« nach der TRGS 900 – als sicher einzustufen ist (BR-Drucks. 230/16, S. 83).

60 Für viele **akut toxische Stoffe** ist bisher keine Zuordnung zu einer Schwangerschaftsgruppe Y oder Z nach TRGS 900 getroffen worden (z.B. Brom, Chlordioxid, Decalin, Fluor, Nikotin usw.), sodass auch bei Einhaltung des Arbeitsplatzgrenzwertes für diese Stoffe eine Gefährdung des ungeborenen Lebens nicht ausgeschlossen werden kann. Darüber hinaus ist der bisherige § 5 Absatz 1 Nummer 1 MuSchArbV, der ein gesondertes Verbot der Beschäftigung mit sehr giftigen, giftigen, gesundheitsschädlichen oder in sonstiger Weise den Menschen chronisch schädigenden Gefahrstoffen enthält, entbehrlich geworden, da die bisher erfassten Stoffe nun entweder von den Gefahrstoff-Kategorien der karzinogenen und keimzellmutagenen Stoffe erfasst werden oder im Einzelfall im Rahmen der Generalklausel des § 10 Absatz 1 Satz 1 zu prüfen sind. (BR-Drucksache 230/16 S. 39 f.).

f) Abs. 1 Satz 2 Nr. 2 Blei und Bleiderivate

61 **Abs. 1 Satz 2 Nr. 2** erfasst **Blei und Bleiderivate**, soweit die Gefahr besteht, dass diese Stoffe vom menschlichen Körper aufgenommen werden. Zwar sind **Blei und alle Bleiderivate** grundsätzlich als karzinogen nach der Kategorie 1A eingestuft, sodass sie insoweit auch von der Regelung des Satzes 2 Nummer 1 Buchstabe c erfasst werden. Da es sich bei Blei und Bleiderivaten jedoch um eine diffuse Stoffgruppe handelt, zu der auch nicht krebserzeugende Stoffe gehören können, sind sie zur Sicherstellung der unionsrechtlichen Standards (vgl. Anhang II Buchstabe A, Num-

mer 1 Buchstabe c der Mutterschutzrichtlinie 92/85/EWG) aus Gründen der Rechtssicherheit im Katalog des Satzes 2 enthalten.

g) Abs. 1 Satz 2 Nr. 3: Ausgewiesene Gefahrstoffen, die auch bei Einhaltung der arbeitsplatzbezogenen Vorgaben möglicherweise zu einer Fruchtschädigung führen können.

Abs. 1 S. 2 Nr. 3 erfasst alle Gefahrstoffe, die als Stoffe ausgewiesen sind, die auch bei Einhaltung der arbeitsplatzbezogenen Vorgaben möglicherweise zu einer Fruchtschädigung führen können. So darf eine schwangere Frau beispielsweise nicht mit Tätigkeiten beschäftigt werden, bei der sie einer unverantwortbaren Gefährdung gegenüber Gefahrstoffen ausgesetzt ist oder sein kann, die in der TRGS 900 »Arbeitsplatzgrenzwerte« mit der Bemerkung »Z« ausgewiesen oder von der MAK-Kommission der Schwangerschaftsgruppe B zugeordnet sind. »Z« bzw. Schwangerschaftsgruppe B bedeutet, dass ein Risiko der Fruchtschädigung auch bei Einhaltung des Arbeitsplatzgrenzwertes nicht auszuschließen ist. Eine Widerlegung der Vermutung einer unverantwortbare Gefährdung nach Satz 3 kommt im Hinblick auf die Fälle der Nummer 3 nicht in Betracht, da diese Stoffe gerade auch bei der Einhaltung der arbeitsplatzbezogenen Vorgaben nicht als sicher im Hinblick auf eine Fruchtschädigung bewertet werden (BR-Drucksache 230/16, S. 83). 62

h) Abs. 1 Satz 3: Ausschluss der unverantwortbaren Gefährdung

Abs. 1 Satz 3 nimmt für den Ausschluss einer unverantwortbaren Gefährdung für Gefahrstoffe eine **Konkretisierung der Regelung des § 9 Absatz 2 Satz 3** vor. Satz 3 wurde zuletzt auf Empfehlung des Bundesrates redaktionell klargestellt (BR-Drucks. 289/17 S. 6). Die Nummern 1 und 2 müssen kumulativ vorliegen, innerhalb Nummer 1 genügt das alternative Vorliegen von Buchstabe a) und b). Z.B. gilt die nach Satz 2 vermutete unverantwortbare Gefährdung bei einer **Oralchirurgin**, die oralchirurgische und zahnärztliche Tätigkeiten ausübt, als ausgeschlossen, wenn die schwangere Frau einen ausreichenden Immunschutz hat sowie wenn der Arbeitgeber alle Vorgaben einhält, die aller Wahrscheinlichkeit dazu führen, dass die Gesundheit einer stillenden Frau oder ihres Kindes nicht beeinträchtigt wird (LAG Baden-Württemberg, Urt. v. 10.8.2021 – 11 SaGa 1/21 – juris RdNr. 108). 63

aa) Abs. 1 Satz 3 Nr. 1 Buchst a): Einhaltung arbeitsplatzbezogener Vorgaben

Für Gefahrstoffe gilt nach Satz 3 Nr. 1 Buchst a) eine unverantwortbare Gefährdung im Sinne von Satz 2 insbesondere als ausgeschlossen, wenn – für den jeweiligen Gefahrstoff **die arbeitsplatzbezogenen Vorgaben** eingehalten sind. Als arbeitsplatzbezogene Vorgaben sind der jeweilige Arbeitsplatzgrenzwert (AGW) im Sinne des § 2 Absatz 8 der Gefahrstoffverordnung (GefStV) und der biologische Grenzwert (BGW) im Sinne des § 2 Absatz 9 GefStV zu berücksichtigen. Wenn ein Gefahrstoff als reproduktionstoxisch nach der Zusatzkategorie für Wirkungen auf oder über die Laktation zu bewerten ist, kann eine unverantwortbare Gefährdung des Kindes – selbst wenn der Gefahrstoff nicht fruchtschädigend ist – nicht ausgeschlossen wer- 64 den, weil dann spätere Schädigungen des Kindes über das Stillen nicht ausgeschlossen werden können (BR-Drucksache 230/16, S. 84).

bb) Abs. 1 Satz 3 Nr. 1 Buchst b): Ausschluss der Fruchtschädigung

65 Nach Buchst b) gilt eine unverantwortbare Gefährdung auch dann als ausgeschlossen, wenn der Gefahrstoff nicht in der Lage ist, die **Plazentaschranke zu überwinden**, oder aus anderen Gründen ausgeschlossen ist, dass eine Fruchtschädigung eintritt. Die Regelung betrifft insbesondere Gefahrstoffe, für die keine arbeitsplatzbezogenen Vorgaben (v.a. Arbeitsplatzgrenzwerte) bestehen. Hierzu gehören viele karzinogene oder toxische Stoffe, aber beispielsweise auch Stoffe, die dem Arzneimittelrecht unterliegen (wie etwa bestimmte Inhalationsanästhetika). Nach Satz 4 gilt beispielsweise eine unverantwortbare Gefährdung dann als ausgeschlossen, wenn für den jeweiligen Stoff eine Fruchtschädigung ausgeschlossen werden kann. Dies ist beispielsweise bei Holz- und Quarzstäuben der Fall, die zwar karzinogen sind, jedoch die Plazentaschranke nicht überwinden können. In Ermangelung von arbeitsplatzbezogenen Vorgaben sind in den Fällen des Satzes 4 insbesondere im Rahmen der Beurteilung der Arbeitsbedingungen die Vorgaben der TRGS 400 (v.a. unter 6.4 Absatz 4) zu beachten. (BR-Drucksache 230/16, S. 84).

cc) Abs. 1 Satz 3 Nr. 2: Keine reproduktionstoxische Wirkung

66 Nach **Nr. 2** gilt eine unverantwortbare Gefährdung als ausgeschlossen, wenn es sich um einen Gefahrstoff handelt, der als Stoff ausgewiesen ist, der – bei Einhaltung der arbeitsplatzbezogenen Vorgaben hinsichtlich einer Fruchtschädigung als sicher bewertet wird oder Ausschluss der Fruchtschädigung –, und der nach den Kriterien des Anhangs I der Verordnung (EG) Nr. 1272/2008 nicht als reproduktionstoxisch nach der Zusatzkategorie für Wirkungen auf oder über die Laktation zu bewerten ist.

i) Abs. 1 Satz 4: Werte des Ausschusses für Mutterschutz

67 **Abs. 1 Satz 4** dient der Klarstellung Gerade im Hinblick auf die Beurteilung der Arbeitsbedingungen bei Gefahrstoffen kann den vom Ausschuss für Mutterschutz ermittelten wissenschaftlichen Erkenntnissen eine besondere Bedeutung zukommen. Entscheidend ist der **aktuelle wissenschaftliche Erkenntnisstand.** Diesem **entsprechen solche Erfahrungssätze, die von der großen Mehrheit der auf dem betreffenden Gebiet tätigen** Fachwissenschaftler anerkannt werden, über die also, von vereinzelten, nicht ins Gewicht fallenden Gegenstimmen abgesehen, wissenschaftlich fundierter Konsens besteht. Es ist weder erforderlich, dass diese Erkenntnisse die einhellige Meinung aller Mediziner widerspiegeln (vgl. BSG 23.4.2015 – B 2 U 10/14 R – BSGE 118, 255, Rdn. 28), noch dass zu jedem Ursachenzusammenhang epidemiologische Forschungen existieren. Andererseits reichen vereinzelte Meinungen einiger Sachverständiger grundsätzlich nicht aus. In den verschiedenen Wissenschaften bestehen unterschiedliche Begriffe von empirischer Wahrscheinlichkeit bis hin zu probabilistischen Erfahrungssätzen, die nach entsprechenden Untersuchungen gelegentlich mathematisch formuliert, häufig aber allein durch tradierte Erfahrung

im jeweiligen Fachkreis mit geringer Überprüfungsdichte gelehrt und/oder bloß unausgesprochen in der Praxis vorausgesetzt werden (*begründete Vermutungen*) (BSG 24.7.2012 – B 2 U 23/11 R – juris Rdn. 62.). Ein existierender wissenschaftlicher Erkenntnisstand kann sich fortlaufend verändern (BSG 23.4.2015 – B 2 U 10/14 R – SozR 4–5671 Anl. 1 Nr. 2108 Nr. 6 Rdn. 28). Er kann nicht nur durch einen aktuelleren wissenschaftlichen Erkenntnisstand mit positiven Erfahrungssätzen abgelöst werden, sondern auch dadurch erschüttert werden, dass grundlegende und fundierte Zweifel seitens der großen Mehrheit der auf dem betreffenden Gebiet tätigen Fachwissenschaftler diesem den Boden entziehen, ohne dass sich diese in ihrer Mehrheit auf einen neuen Konsens geeinigt hätten. Einzelne Gegenstimmen, die sich im Wesentlichen aus einer Studie nähren, gegen die ihrerseits wiederum methodischen und wissenschaftlichen Bedenken geäußert werden, genügen hierfür nicht, wenn sich der bisherige Erkenntnisstand in veröffentlichten Konsensempfehlungen manifestiert, solange nicht die daran beteiligten Autoren in ihrer Mehrheit diesen Konsens in wesentlichen Punkten aufkündigen oder eine personell (zumindest teilweise) anders zusammengesetzte große Mehrheit von mit dieser Materie befassten Fachwissenschaftler diesem Konsens entgegentritt (BSG 23.4.2015 – B 2 U 6/13 R – SozR 4–5671 Anl. 1 Nr. 2108 Nr. 7 Rdn. 22).

5. Abs. 2 Unzulässigkeit von Tätigkeiten und Arbeitsbedingungen im Hinblick auf Biostoffe

a) Allgemeines

Absatz 2 regelt die Unzulässigkeit von Tätigkeiten und Arbeitsbedingungen im Hinblick auf **Biostoffe**. In diese Regelung sind die bisher in § 4 Absatz 2 Nummer 6 MuSchG und in § 1 Satz 1 MuSchArbV enthaltenen Regelungen zusammengefasst. Bei der Prüfung nach Absatz 2 sind die entsprechenden unionsrechtlichen Vorgaben der Mutterschutzrichtlinie 92/85/EWG (aus Anhang I, Buchstabe A. (Agenzien), Nummer 2 (biologische Agenzien) und aus Anhang II, Buchstabe A. (Schwangere Arbeitnehmerinnen), Nummer 1 (Agenzien), Buchstabe b (biologische Agenzien) zu berücksichtigen. Zu den damit grundsätzlich erfassten biologischen Agenzien gehören damit insbesondere das Toxoplasma und das Rötelnvirus. 68

Neben den in der nicht erschöpfenden Liste der Biostoffe in den Anhängen der Mutterschutzrichtlinie sind bei der Beurteilung der Arbeitsbedingungen nach Absatz 2 aber weitere Biostoffe zu berücksichtigen, wie etwa das Influenzavirus. Dazu zählen zukünftig insbesondere die Biostoffe, die als Stoffe ausgewiesen sind, die möglicherweise zu einer Fruchtschädigung führen können. Die entsprechende Einstufung von Biostoffen erfolgt durch den für Biostoffe zuständigen Ausschuss nach der BioStoffV. Derzeit liegt eine entsprechende Liste fruchtschädigender biologischer Arbeitsstoffen allerdings noch nicht vor. Es ist beabsichtigt, den Hinweis auf eine fruchtschädigende Wirkung in die bestehenden Technischen Regeln für Biologische Arbeitsstoffe (TRBA) zur Einstufung aufzunehmen. Damit soll dasselbe Vorgehen gewählt werden, wie es im Bereich der Gefahrstoffe bereits etabliert ist, wo in der Technischen Regel für Gefahrstoffe (TRGS) 900 zusätzlich zum Arbeitsplatzgrenzwerte (Arbeitsplatzgrenzwert) darauf hingewiesen 69 wird, ob bei Einhaltung des Grenzwertes eine fruchtschädigende Wirkung besteht oder nicht (BR-Drucks. 230/16, S. 84).

70 Auch hier gilt wie bei Abs. 1 S. 1, dass § 11 Abs. 2 Satz 1 auch das Verbot nach der bis 31.12.2017 geltenden **§ 5 Abs. 1 Nr. 2 MuSchArbV**, wonach werdende Mütter nicht mit Stoffen, Zubereitungen oder Erzeugnissen beschäftigt werden dürfen, die ihrer Art nach erfahrungsgemäß Krankheitserreger übertragen können, wenn sie hierbei den Krankheitserregern ausgesetzt sind, gilt. Von dem Verbot werden nicht nur chemische Gefahrstoffe, sondern auch biologische Arbeitsstoffe und sonstige Stoffe jeder Art umfasst. Zu den krankheitsübertragenden Stoffen gehören daher auch Körperausscheidungen und -flüssigkeiten wie infizierter Speichel, infiziertes Blut etc. sowie alle übrigen Stoffe, von denen anzunehmen ist, dass sie im konkreten Einzelfall Krankheitserreger enthalten. Für Erreger von Toxoplasmose und Röteln galt nach Anlage 2 A 1. b MuSchArbV für schwangere Frauen, sofern keine ausreichende Immunisierung nachgewiesen ist, ein absolutes Umgangsverbot, wenn die werdende oder stillende Mutter bei ihrer Tätigkeit diesen Stoffen ausgesetzt ist. Ein bestimmungsgemäßer Umgang mit diesen Stoffen reicht nicht zur Vermeidung eines Beschäftigungsverbots aus, sondern es muss durch geeignete betriebliche Vorkehrungen und eine entsprechende Schutzkleidung eine Infizierung sicher ausgeschlossen sein. Daher war nach der Rechtsprechung des BVerwG z.B. eine Zahnarzthelferin krankheitserregenden Stoffen ausgesetzt, obwohl sie bei ihrer Arbeit Schutzhandschuhe trägt und sich so vor einer Infizierung durch Aids und Hepatitis schützen konnte, weil bei ihrer Tätigkeit nicht ausgeschlossen werden könne, dass aufgrund des Umgangs mit scharfen Gegenständen es durch Handhabungsfehler zu einer Verletzung trotz Schutzhandschuh kommen könne (BVerwG, Urt. v. 27.5.1993 – Az 5 C 42.89 = NJW 1994, 401). Auch eine geringe Infektionsgefahr reichte für ein Beschäftigungsverbot nach § 5 Abs. 1 Nr. 2 MuSchArbV a.F. aus (BVerwG a.a.O.)

b) Abs. 2 Satz 1: Biostoffe der Risikogruppe 2, 3 oder 4

71 Nach Abs. 2 Satz 1 darf eine schwangere Frau keine Tätigkeiten ausüben und keinen Arbeitsbedingungen ausgesetzt sein, bei denen sie in einem Maß mit **Biostoffen der Risikogruppe 2, 3 oder 4 im Sinne von § 3 Absatz 1 BioStoffV** in Kontakt kommt oder kommen kann, dass dies für sie oder ihr (ungeborenes) Kind eine unverantwortbare Gefährdung darstellt. Zur Begriffsbestimmung für Biostoffe ist § 2 Absatz 1 BioStoffV zu berücksichtigen. Nach § 2 Absatz 13 BioStoffV werden Biostoffe entsprechend dem von ihnen ausgehenden Infektionsrisiko nach dem Stand der Wissenschaft in Risikogruppen eingestuft. Von der Regelung des Absatzes 2 nicht erfasst werden lediglich Biostoffe der Risikogruppe 1. Dabei handelt es sich nach § 3 Absatz 1 Nummer 1 BioStoffV um Biostoffe, bei denen es unwahrscheinlich ist, dass sie beim Menschen eine Krankheit verursachen. Sie sind daher grundsätzlich nicht als Stoffe zu bewerten, die die Unzulässigkeit von Tätigkeiten oder Arbeitsbedingungen auslösen.

c) Abs. 2 Satz 2: Vermutung der unverantwortbaren Gefährdung

Satz 2 regelt beispielhaft Fälle, in denen eine unverantwortbare Gefährdung im Sinne von Satz 1 vermutet wird. Eine unverantwortbare Gefährdung im Sinne von Satz 1 liegt danach insbesondere vor, wenn die schwangere Frau Tätigkeiten ausübt oder Arbeitsbedingungen ausgesetzt ist, bei denen sie mit folgenden Biostoffen in Kontakt kommt oder kommen kann: 1. mit Biostoffen, die in die Risikogruppe 4 im Sinne von § 3 Absatz 1 der Biostoffverordnung einzustufen sind, oder 2. mit dem Rötelnvirus oder mit Toxoplasma. 72

Nach **Nummer 1** liegt eine unverantwortbare Gefährdung im Sinne von Satz 1 vor, wenn die schwangere Frau Tätigkeiten ausübt oder Arbeitsbedingungen ausgesetzt ist, bei denen sie mit Biostoffen in Kontakt kommt oder kommen kann, die in die Risikogruppe 4 im Sinne von § 3 Absatz 1 der Biostoffverordnung einzustufen sind. Von Risikogruppe 4 sind Biostoffe erfasst, – die eine schwere Krankheit beim Menschen hervorrufen und eine ernste Gefahr für Beschäftigte darstellen; – die Gefahr einer Verbreitung in der Bevölkerung unter Umständen groß ist und – gegen die normalerweise eine wirksame Vorbeugung oder Behandlung nicht möglich ist (Drucks 230/16 S. 86) Nach Satz 4 gilt allerdings auch die nach Satz 2 vermutete unverantwortbare Gefährdung als ausgeschlossen, wenn die schwangere Frau über einen ausreichenden Immunschutz verfügt. 73

Nach **Nummer 2** ist zudem von einer unverantwortbaren Gefährdung auszugehen, wenn die schwangere Frau Tätigkeiten ausübt oder Arbeitsbedingungen ausgesetzt ist, bei denen sie mit dem Rötelnvirus oder mit Toxoplasma in Kontakt kommt oder kommen kann. Das Rötelnvirus und das Toxoplasma sind in die Risikogruppe 2 im Sinne von § 3 Absatz 1 der Biostoffverordnung eingestuft. Die Regelung übernimmt die unionsrechtlichen Vorgaben aus Anhang II der Mutterschutzrichtlinie 92/85/EWG (unter Buchstabe A., Nummer 1, Buchstabe b). 74

Für Erreger von Toxoplasmose und Röteln galt nach § 4 Abs. 1 MuSchG a.F. i.V.m. Anlage 2 A 1. b MuSchArbV für schwangere Frauen, sofern keine ausreichende Immunisierung nachgewiesen ist, ein absolutes Umgangsverbot, wenn die werdende oder stillende Mutter bei ihrer Tätigkeit diesen Stoffen ausgesetzt ist. Ein bestimmungsgemäßer Umgang mit diesen Stoffen reichte nicht zur Vermeidung eines Beschäftigungsverbots aus, sondern es muss durch geeignete betriebliche Vorkehrungen und eine entsprechende Schutzkleidung eine Infizierung sicher ausgeschlossen sein. Daher war nach Ansicht des BVerwG z.B. eine Zahnarzthelferin krankheitserregenden Stoffen ausgesetzt, obwohl sie bei ihrer Arbeit Schutzhandschuhe trägt und sich so vor einer Infizierung durch Aids und Hepatitis schützen kann, weil bei ihrer Tätigkeit nicht ausgeschlossen werden, dass aufgrund des Umgangs mit scharfen Gegenständen es durch Handhabungsfehler zu einer Verletzung trotz Schutzhandschuh führen kann (BVerwG, Urt. v. 27.5.1993 – Az 5 C 42.89 = NJW 1994, 401; Pepping in HK-MuSchG, 6. Aufl. 2022, MuSchG § 11 Rn. 62)). 75

Zwecks Vermeidung einer Infektion mit dem **SARS-CoV 2 Virus** sind neben den allg. COVID-Schutzmaßnahmen (dazu s. BMAS: SARS-CoV 2-Arbeitsschutzstandard,

Stand 22.2.2021 und der diesen konkretisierenden SARS-CoV 2-Arbeitsschutzregel, Stand 22.2.2021 sowie der bis zum 30.4.2021 geltenden Corona-Arbeitsschutzverordnung) die vom AfMU herausgegebenen Hinweise zur mutterschutzrechtlichen Bewertung von Gefährdungen durch SARS-CoV 2 zu beachten (Pepping in HK-MuSchG, 6. Aufl. 2022, MuSchG § 11 Rn. 73).

d) Satz 3: unverantwortliche Gefährdung durch therapeutische Maßnahmen

76 Satz 3 sieht vor, dass die Sätze 1 und 2 auch dann gelten, wenn der Kontakt mit Biostoffen im Sinne von Satz 1 **therapeutische Maßnahmen** erforderlich macht oder machen kann, die selbst eine unverantwortbare Gefährdung darstellen. Die damit geregelten Fälle werden nicht unmittelbar von den Sätzen 1 und 2 erfasst, weil sich die Gefährdung in diesen Fällen nicht unmittelbar aus dem Kontakt mit Biostoffen ergibt, sondern nur mittelbar aus dem Umstand, dass der Kontakt mit Biostoffen möglicherweise therapeutische Maßnahmen erforderlich macht (BR-Drucks. 230/16, S. 86).

e) Abs. 2 Satz 4: Ausschluss bei ausreichendem Immunschutz

77 Nach Satz 4 gilt eine unverantwortbare Gefährdung im Sinne von Satz 1 oder 2 insbesondere als ausgeschlossen, wenn die schwangere Frau über einen **ausreichenden Immunschutz** verfügt. Dabei ist zu beachten, dass es dem Arbeitgeber grundsätzlich nur gestattet ist, bestehende Immunisierungen zu berücksichtigen. Eine Verpflichtung einer Frau, sich impfen zu lassen, ergibt sich aus dieser Norm nicht. Im Übrigen kann ein Gefährdungsausschluss über § 8 Absatz 2 Satz 3 in Betracht kommen (BR-Drucks. 230/16, S. 86).

6. Abs. 3: Unzulässigkeit von Tätigkeiten und Arbeitsbedingungen im Hinblick physikalische Einwirkungen

78 Die Norm entspricht im Wesentlichen dem bisherigen § 4 Abs. 1 a.F. (BR-Drucks. 230/16, S. 86).

a) Satz 1

79 Nach Satz 1 darf eine schwangere Frau keine Tätigkeiten ausüben und keinen Arbeitsbedingungen ausgesetzt sein, bei denen sie **physikalischen Einwirkungen** in einem Maß ausgesetzt ist oder sein kann, dass dies für sie oder ihr (ungeborenes) Kind eine unverantwortbare Gefährdung darstellt. Soweit die Möglichkeit besteht, dass die Frau bestimmten Schadfaktoren ausgesetzt werden kann, muss der Arbeitgeber die Schadfaktoren im Rahmen einer Gefährdungsbeurteilung prüfen. Die betreffenden Tätigkeiten und Arbeitsbedingungen sind jedoch nur unzulässig, wenn sich die Gefährdung als unverantwortbar darstellt (BR-Drucks. 230/16, S. 86).

b) Satz 2

Satz 2 nennt – entsprechend den unionsrechtlichen Vorgaben im Anhang I der Mutterschutzrichtlinie 92/85/EWG (unter Buchstabe A., Nummer 1, Buchstabe a, c, d, e und f) **einzelne physikalische Einwirkungen**, die nach Satz 1 zu berücksichtigen sind. 80

aa) Nr. 1: Ionisierende Strahlung

Ausdrücklich genannt sind ionisierende Strahlungen (z.B. Röntgenstrahlung oder Ultraviolettstrahlung) und nicht ionisierende Strahlungen (z.B. Infrarotstrahlung). Bei der Prüfung nach Satz 1 sind insbesondere auch die bereichsbezogenen Regelungen im Arbeitsschutz, beispielsweise die ArbStättV oder GefStoffV, zu beachten. Hierzu gehören – im Hinblick auf Strahlen nach Nummer 1 die Röntgen- und Strahlenschutzverordnung, insbesondere auch unter Berücksichtigung von Artikel 10 Absatz 2 der Richtlinie 2013/59/Euratom des Rates vom 5. Dezember 2013 zur Festlegung grundlegender Sicherheitsnormen für den Schutz vor den Gefahren einer Exposition gegenüber ionisierender Strahlung und zur Aufhebung der Richtlinien 89/618/Euratom, 90/641/Euratom, 96/29/Euratom, 97/43/Euratom und 2003/122/Euratom, wonach der Arbeitgeber sicherzustellen hat, dass die Beschäftigungsbedingungen für die schwangere Arbeitskraft so gestaltet sind, dass die Organ-Äquivalentdosis für das ungeborene Kind so niedrig wie vernünftigerweise erreichbar ist und voraussichtlich zumindest während der verbleibenden Zeit der Schwangerschaft 1 i.S.v. nicht überschreitet (BR-Drucks. 230/16, S. 87). Die Richtlinie berücksichtigt den neuesten wissenschaftlichen Erkenntnisstand und bezweckt einen umfassenden Strahlenschutz. Damit verbunden sind ein verbesserter Strahlenschutz bei natürlich vorkommenden radioaktiven Stoffen, die sich in Böden und Gesteinen der Erdkruste finden und infolge industrieller Verarbeitung ein Gesundheitsrisiko darstellen können, Maßnahmen zum Schutz vor dem natürlich vorkommenden radioaktiven Edelgas Radon, das an Arbeitsplätzen und in Wohngebäuden auftreten und Lungenkrebs verursachen kann, Regelungen zur natürlichen Radioaktivität in Baustoffen. Die Richtlinie musste bis zum 6.2.2018 in nationales Recht umgesetzt werden. Dazu ist das Gesetz zum Schutz vor der schädlichen Wirkung ionisierender Strahlung (Strahlenschutzgesetz – StrlSchG) v. 27.6.2017 (BGBl. I S. 1966) erlassen worden. Die Röntgenverordnung (RöV) vom 8.1.1987 (BGBl. I S. 114), i.d.F. vom 11.12.2014 (BGBl. I 2010) und die Strahlenschutzverordnung (StrlSchV) vom 20.7.2001 (BGBl. I 2001, S. 1714; BGBl. I 2002, S. 1459), zuletzt geändert durch Art. 5 V v. 11.12.2014 (BGBl. I 2010) enthielten besondere Vorschriften zum Schutz der schwangeren und stillenden Frauen; sie wurden ersetzt durch das neue **Strahlenschutzgesetz** vom 3.7.2017 (BGBl. I 1966), das in der aktuellen Fassung am 31.12.2018 und zeitgleich die neue **Strahlenschutzverordnung (StrlSchV)** (BGBl. I 2034) in Kraft getreten ist. Dadurch sollen bisherige Doppelregelungen, die in der Strahlenschutzverordnung und der Röntgenverordnung enthalten waren, durch Zusammenführung in das Strahlenschutzgesetz entfallen (BR-Drucks. 86/17). 81

Die Richtlinie gibt die im neuen Strahlenschutzgesetz umgesetzte Unterscheidung zwischen geplanten, bestehenden und notfallbedingten Expositionssituationen vor. Gleichzeitig wurden zahlreiche bestehende Vorgaben infolge des wissenschaftlichen Fortschritts angepasst sowie der thematisch bereits breite Anwendungsbereich des deutschen Strahlenschutzrechts erheblich erweitert. Die damit verbundene umfassende Novellierung des Strahlenschutzrechts einschließlich des Strahlenschutzvorsorgerechts bezweckt, den Strahlenschutz zu verbessern, übersichtlich und vollzugsfreundlich zu gestalten sowie unnötige bürokratische Hemmnisse abzubauen (BR-Drucks. 86/17 S. 1 f).

82 Die **StrlSchV** wurde von der Bundesregierung, dem Bundesministerium für Umwelt, Naturschutz und nukleare Sicherheit, dem Bundesministerium für Wirtschaft und Energie, dem Bundesministerium für Gesundheit, dem Bundesministerium für Ernährung und Landwirtschaft und dem Bundesministerium für Verkehr und digitale Infrastruktur nach Anhörung der beteiligten Kreise im Einvernehmen mit dem Bundesministerium für Umwelt, Naturschutz und nukleare Sicherheit, mit dem Bundesministerium für Verkehr und digitale Infrastruktur, mit dem Bundesministerium für Wirtschaft und Energie, mit dem Bundesministerium des Innern, für Bau und Heimat und mit dem Bundesministerium für Gesundheit im Benehmen mit dem Bundesministerium für Bildung und Forschung mit Zustimmung des Bundesrates beschlossen. Sie ist gem. Art. 20 Abs. 1 Satz 1 StrlSchV am 31.12.2018 in Kraft getreten. Anlage 8 Teil F Nr. 3 tritt gem. Art. 20 Abs. 2 tritt erst am 1.1.2021 in Kraft.

83 Unter dem Begriff »**Radioaktive Stoffe**« (Kernbrennstoffe und sonstige radioaktive Stoffe) im Sinne des StralSchG sind gem. § 3 StrlSchG alle Stoffe, die ein Radionuklid oder mehrere Radionuklide enthalten und deren Aktivität oder spezifische Aktivität nach den Regelungen dieses Gesetzes oder einer aufgrund dieses Gesetzes von der Bundesregierung mit Zustimmung des Bundesrates erlassenen Rechtsverordnung nicht außer Acht gelassen werden kann. Kernbrennstoffe sind besondere spaltbare Stoffe in Form von

1. Plutonium 239 und Plutonium 241,
2. mit den Isotopen 235 oder 233 angereichertem Uran,
3. jedem Stoff, der einen oder mehrere der in den Nummern 1 und 2 genannten Stoffe enthält,
4. Stoffen, mit deren Hilfe in einer geeigneten Anlage eine sich selbst tragende Kettenreaktion aufrechterhalten werden kann und die in einer durch die Bundesregierung mit Zustimmung des Bundesrates erlassenen Rechtsverordnung bestimmt werden.

Gem. § 5 Abs. 2 StrlSchG ist eine **beruflich exponierte Person** eine solche, die eine berufliche Exposition aus Tätigkeiten erhalten kann, die

1. eine effektive Dosis von 1 Millisievert im Kalenderjahr überschreitet,
2. eine Organ-Äquivalentdosis für die Augenlinse von 15 Millisievert im Kalenderjahr überschreitet oder
3. eine Organ-Äquivalentdosis für die Haut, gemittelt über jede beliebige Hautfläche von 1 Quadratzentimeter unabhängig von der exponierten Fläche, von 50 Milli-

sievert im Kalenderjahr überschreitet. Berufliche Expositionen aus Notfallexpositionssituationen werden dabei nicht berücksichtigt.

Nach § 5 Abs. 8 StrlSchG sind **Anlagen zur Erzeugung ionisierender Strahlung** Vorrichtungen oder Geräte, die geeignet sind, Teilchen- oder Photonenstrahlung mit einer Teilchen- oder Photonengrenzenergie von mindestens 5 Kiloelektronenvolt gewollt oder ungewollt zu erzeugen, insbesondere Elektronenbeschleuniger, Ionenbeschleuniger, Plasmaanlagen. Eine Anlage zur Erzeugung ionisierender Strahlung umfasst im Zusammenhang mit der Anwendung am Menschen auch Anwendungsgeräte, Zusatzgeräte und Zubehör, die erforderliche Software und die Vorrichtungen zur Überprüfung und Beurteilung der unmittelbaren Ergebnisse der Anwendung. Keine Anlagen zur Erzeugung ionisierender Strahlung sind Röntgeneinrichtungen, Störstrahler, kerntechnische Anlagen und Anlagen im Sinne des § 9a Absatz 3 Satz 1 zweiter Satzteil des Atomgesetzes.

Nach § 5 Abs. 30 StrlSchG versteht man unter einer **Röntgeneinrichtung** eine Vorrichtung oder ein Gerät,

1. in der oder dem Röntgenstrahlung mit einer Grenzenergie von mindestens 5 Kiloelektronenvolt durch beschleunigte Elektronen erzeugt werden kann, wobei die Beschleunigung der Elektronen auf eine Energie von 1 Megaelektronenvolt begrenzt ist, und
2. die oder das zum Zweck der Erzeugung von Röntgenstrahlung betrieben wird. Eine Röntgeneinrichtung umfasst auch Anwendungsgeräte, Zusatzgeräte und Zubehör, die erforderliche Software sowie Vorrichtungen zur medizinischen Befundung.

Nach § 5 Abs. 31 ist ein **Röntgenstrahler** Bestandteil einer Röntgeneinrichtung, der aus einer Röntgenröhre und einem Röhrenschutzgehäuse besteht und bei einem Eintankgerät auch die Hochspannungserzeugung umfasst.

Wie die RÖV gilt auch die StrSchV gem. § 5 Abs. 37 für **Störstrahler**, in denen Röntgenstrahlung mit einer Grenzenergie von mindestens fünf Kiloelektronvolt durch beschleunigte Elektronen erzeugt werden kann und bei denen die Beschleunigung der Elektronen auf eine Energie von einem Megaelektronvolt begrenzt ist. Röntgenstrahlung wird überwiegend im Bereich der Heilkunde und der Zahnheilkunde eingesetzt. Darüber hinaus dient Röntgenstrahlung z.B. auch zur zerstörungsfreien Materialprüfung sowie als Störstrahler.

Gem. § 77 StrlSchG beträgt der Grenzwert für die Summe der in allen Kalenderjahren ermittelten effektiven Dosen beruflich exponierter Personen (**Berufslebensdosis**) 400 Millisievert. Die zuständige Behörde kann im Benehmen mit einem ermächtigten Arzt eine zusätzliche berufliche Exposition zulassen, wenn diese nicht mehr als 10 Millisievert effektive Dosis im Kalenderjahr beträgt und die beruflich exponierte Person einwilligt.

Gem. § 78 Abs. 1 StrlSchG beträgt der **Grenzwert der effektiven Dosis für beruflich exponierte Personen** 20 Millisievert im Kalenderjahr. Die zuständige Behörde kann im Einzelfall für ein einzelnes Jahr eine effektive Dosis von 50 Millisievert zulassen, wobei in fünf aufeinander folgenden Jahren insgesamt 100 Millisievert nicht überschritten werden dürfen.

Nach § 78 Abs. 2 StrlSchG beträgt der Grenzwert der **Organ-Äquivalentdosis** beträgt beruflich exponierte Personen
1. für die Augenlinse 20 Millisievert im Kalenderjahr,
2. für die Haut, gemittelt über jede beliebige Hautfläche von einem Quadratzentimeter, unabhängig von der exponierten Fläche, (lokale Hautdosis) 500 Millisievert im Kalenderjahr und
3. für die Hände, die Unterarme, die Füße und Knöchel jeweils 500 Millisievert im Kalenderjahr. Für die Organ-Äquivalentdosis der Augenlinse gilt Absatz 1 Satz 2 entsprechend.

Nach § 78 Abs. 3 StrlSchG beträgt für **beruflich exponierte Personen unter 18 Jahren** der Grenzwert der effektiven Dosis 1 Millisievert im Kalenderjahr. Der Grenzwert der Organ-Äquivalentdosis beträgt
1. für die Augenlinse 15 Millisievert im Kalenderjahr,
2. für die lokale Hautdosis 50 Millisievert im Kalenderjahr,
3. für die Hände, die Unterarme, die Füße und Knöchel jeweils 50 Millisievert im Kalenderjahr. Abweichend davon kann die zuständige Behörde für Auszubildende und Studierende im Alter zwischen 16 und 18 Jahren einen Grenzwert von 6 Millisievert im Kalenderjahr für die effektive Dosis und jeweils 150 Millisievert im Kalenderjahr für die Organ-Äquivalentdosis der Haut, der Hände, der Unterarme, der Füße und Knöchel zulassen, wenn dies zur Erreichung des Ausbildungszieles notwendig ist.

Nach § 78 Abs. 4 StrlSchG beträgt bei **gebärfähigen Frauen** der Grenzwert für die Organ-Äquivalentdosis der Gebärmutter 2 Millisievert im Monat. Für ein **ungeborenes Kind**, das aufgrund der Beschäftigung der Mutter einer Exposition ausgesetzt ist, beträgt der Grenzwert der effektiven Dosis vom Zeitpunkt der Mitteilung über die Schwangerschaft bis zu deren Ende 1 Millisievert.

§ 78 Abs. 5 StrSchG ermöglicht der zuständigen Behörde nach der Rechtsverordnung nach § 79 Absatz 1 Satz 2 Nummer 1, unter außergewöhnlichen, im Einzelfall zu beurteilenden Umständen zur Durchführung notwendiger spezifischer Arbeitsvorgänge Expositionen zuzulassen, die von den Grenzwerten der Absätze 1 und 2 und Absatz 4 Satz 1 abweichen.

Nach § 74 Abs. 1 StrSchV kann die zuständige Behörde zur Durchführung notwendiger spezifischer Arbeitsvorgänge berufliche Expositionen **abweichend** von § 78 Absatz 1, 2 und 4 Satz 1 StrlSchG zulassen. Für diese besonders zugelassene Exposition beträgt für eine Person im Berufsleben
1. der Grenzwert der effektiven Dosis 100 Millisievert,
2. der Grenzwert der Organ-Äquivalentdosis für die Augenlinse 100 Millisievert,
3. der Grenzwert der Organ-Äquivalentdosis für die Hände, die Unterarme, die Füße und Knöchel jeweils 1 Sievert,
4. der Grenzwert der lokalen Hautdosis 1 Sievert.

Nach § 74 Abs. 2 StrlSchV dürfen einer **besonders zugelassenen Exposition** nur Freiwillige ausgesetzt werden, die beruflich exponierte Personen der Kategorie A sind. Ausgenommen von solchen Expositionen sind Auszubildende und Studierende sowie **schwangere Personen** und, wenn die Möglichkeit einer Inkorporation radioaktiver Stoffe oder Kontamination nicht ausgeschlossen werden kann, **stillende Personen.**

Als Störstrahler gilt auch ein Elektronenmikroskop, bei dem die erzeugte Röntgenstrahlung durch Detektoren ausgewertet wird.

Für die **Tätigkeit an Bildschirmen** besteht kein Beschäftigungsverbot wegen gesundheitsgefährdender Strahlen. Bisherige Untersuchungen ließen einen Zusammenhang zwischen Gesundheitsstörungen und den elektrischen und magnetischen Feldern an modernen Bildschirmgeräten nicht erkennen, weshalb der Erlass einer speziellen Verordnung für die Beschäftigung werdender und stillender Mütter an Bildschirmarbeitsplätzen nach § 4 Abs. 1 Nr. 1 deshalb auch bisher nicht geboten erschien. (BAG vom 6.12.1983, 1 ABR 43/81, AP Nr. 7 zu § 87 BetrVG 1972 Überwachung = NZA 1984, 47 unter C. II 4a) der Gründe; BT-Drucks. 11/3122;). Mangels Mitbestimmungsrecht kann der Betriebsrat ein solches Beschäftigungsverbot nicht nach § 87 Abs. 1 Nr. 7 BetrVG erzwingen (BAG 6.12.1983, I ABR 43/81 a.a.O. unter C. III. der Gründe). Zu beachten sind jedoch die allgemeine für alle Arbeitnehmer(innen) nach der Arbeitsstättenverordnung vom 18.10.2017 (BGBl. I 3584), in der die **Bildschirmarbeitsverordnung – BildSchArbV aufgegangen ist**, entsprechen, insbesondere Anhang 6: **Anhang Anforderungen und Maßnahmen für Arbeitsstätten nach § 3 Absatz 1** 84

bb) Nr. 2.: Erschütterungen, Vibrationen und Lärm

Auch Erschütterungen zählen zu den **physikalischen Schadfaktoren** (vgl. § 1 Abs. 1, § 4 Abs. 1 Anlage I A 3a MuSchArbV a.F.). Es handelt sich um mechanische Schwingungen unterhalb des Hörbereichs (Zmarlzik/Zipperer, 9. Aufl., § 4 a.F. Rn. 38). Zu beachten ist diesbezüglich die RL 2002/44/EG vom 25.7.2002 über Mindestvorschriften zum Schutz von Sicherheit und Gesundheit der Arbeitnehmer vor der Gefährdung durch physikalische Einwirkungen (Vibrationen) (ABl. HG L 177, 13). **Zu den bereichsbezogenen Regelungen gehört auch im Hinblick auf Vibrationen nach Nummer 2 die Lärm- und Vibrations-Arbeitsschutzverordnung** (BR-Drucks. 230/16, S. 87). Mittlerweile wurde mit der neuen **Verordnung zum Schutz der Beschäftigten vor Gefährdungen durch Lärm und Vibrationen** (Lärm- und Vibrations-Arbeitsschutzverordnung (**LärmVibrationsArbSchV**) i.d.F. vom 6.3.2007 (BGBl. I 2007 S. 261), zuletzt geändert d. Gesetz v. 18.10.2017 (BGBl. I S. 3584), die EG-Arbeitsschutzrichtlinien über Lärm und Vibrationen und das Übereinkommen des Internationalen Arbeitsamtes zu Lärm und Vibrationen in deutsches Recht umgesetzt. Gem. § 9 LärmVibrationsArbSchV beträgt für **Hand-Arm-Vibrationen** der Expositionsgrenzwert A(8) = 5 m/s (hoch) 2 und der Auslösewert A(8) = 2,5 m/s (hoch). Die Exposition der Beschäftigten gegenüber Hand-Arm-Vibrationen wird nach Nummer 1 des Anhangs zur LärmVibrationsArbSchV ermittelt und bewertet. Für **Ganzkörper-Vibrationen** beträgt der Expositionsgrenzwert A(8) = 1,15 m/s (hoch) 2 in X- und Y-Richtung und A(8) = 0,8 m/s (hoch) 2 in Z-Richtung und der 85

Auslösewert A(8) = 0,5 m/s (hoch). Die Exposition der Beschäftigten gegenüber Ganzkörper-Vibrationen wird nach Nummer 2 des Anhangs bewertet. Zugrundezulegen ist demnach der Stand der Technik anhand der Berechnung des auf einen Bezugszeitraum von acht Stunden normierten Tagesexpositionswertes A(8).

86 Als besondere Regelung zur Vermeidung schädigender Einwirkungen durch Vibrationen ist § 4 Abs. 2 Nr. 7 (Verbot der Beschäftigung auf Beförderungsmittel ab dem dritten Schwangerschaftsmonat (s.u. Anm. 65 ff.) sowie § 4 Abs. 2 Nr. 6 mit der Bezugnahme auf die BKV zu beachten, die einzelne Berufskrankheiten aufgrund von Vibrationen (z.B. Bk 2110 – Bandscheibenbedingte Erkrankungen der Lendenwirbelsäule; Bk 2103 – Erkrankungen durch Erschütterungen bei Arbeit mit Druckluftwerkzeugen oder gleichartig wirkenden Werkzeugen oder Maschinen) benennt.

87 Eine **schädliche Einwirkung von Lärm** liegt vor, wenn die auf die Schwangere einwirkenden Geräusche geeignet sind, ihre Gesundheit oder Arbeitsfähigkeit zu beeinträchtigen. (Zmarzlik/Zipperer, 9. Aufl. § 4 a.F. Rn. 39). Eine konkrete Angabe der Lautstärke enthält die Vorschrift nicht.

88 Die bis zum 24.8.2004 geltende Fassung der ArbStättV sah in § 15 (i.d.F. v 20.3.1975) vor, dass der **Beurteilungspegel** am Arbeitsplatz in Arbeitsräumen bei überwiegend geistigen Tätigkeiten 55 dB (A), bei einfachen oder überwiegend mechanisierten Bürotätigkeiten und vergleichbaren Tätigkeiten 70 dB (A), bei allen sonstigen Tätigkeiten 85 dB (A) betragen darf; soweit dieser Beurteilungspegel nach der betrieblich möglichen Lärmminderung zumutbarerweise nicht einzuhalten ist, darf er bis zu 5 dB (A) überschritten werden. In Pausen-, Bereitschafts-, Liege- und Sanitätsräumen darf der Beurteilungspegel höchstens 55 dB (A) betragen. Pepping (in Hk-MuschG, 6. Aufl 2022, § 11 Rn. 97) tritt für die Anwendung dieser Grenzwerte auch weiterhin ein. Nach ArbG Berlin vom 9.3.1990, AiB 1991, 441 ist für eine schwangere Frau die Arbeit als **Maschinenführerin in einer Produktionsabteilung**, in der ein Lärm von über 83,6 dB herrscht, verboten. Die ansonsten bekannten Grenzwerte enthalten weniger Differenzierungen. So sieht die **LärmVibrationsArbSchV** i.d.F. vom 6.3.2007 (BGBl. I 2007 S. 261), zuletzt geändert durch Art. 5 Abs. 5 V v. 18.10.2017 (BGBl. I 3584) als Auslösewerte in Bezug auf den **Tages-Lärmexpositionspegel** und den **Spitzenschalldruckpegel** 85 dB(A) (oberen Auslösewert) bzw. 80 dB(A) (unterer Auslösewert) vor. Auch das **Recht der Berufskrankheiten** verlangt als arbeitstechnische Voraussetzung eine langjährige Exposition ggü. mindestens 85 dB(A) (s. **Merkblatt zu der Berufskrankheit Nr. 2301**, Bek. d. BMAS v. 1.7.2008 – IVa 4–45222–2301, veröffentlicht im GMBl. 2008/39, S. 798 ff.) Im Hinblick darauf, dass es nicht nur um die Schädigung des Gehörs, sondern auch Beeinträchtigungen des vegetativen Nervensystems geht, ist die geringere Grenzwertannahme nach Maßgabe von § 15 ArbStättG a.F. gerechtfertigt (so auch Pepping in HK-MuSchG, 6. Aufl. 2022, MuSchG § 11 Rn. 97). Zu vermeiden sind des Weiteren vor allem Geräusche mit **hohen Frequenzanteilen** sowie **Impulslärm**, die die Gesundheit von Mutter und Kind besonders schädigen können (Zmarzlik/Zipperer, 9. Aufl. § 4 Rn. 41 m.w.N.). Das ArbG Frankfurt geht davon aus, dass eine Verpflichtung zur Weiterbeschäftigung in der entsprechenden Tätigkeit dann besteht, wenn ein **Mittelungspegel** von 80 dB (A) nicht überschritten

wird (ArbG Frankfurt, Urt. v. 1.11.2006 – 22 Ca 11214/04 – juris, s.a. kritische Anmerkung Molkentin, faktor arbeitsschutz 2008, Nr. 2, 11 (K)).

Nicht geregelt ist, ob bei der Lärmmessung nur der **Betriebslärm**, oder auch andere, **von außen wirkende Geräuschquellen** wie z.B. Straßenlärm zu berücksichtigen sind. Für die Reduzierung auf alleine dem Arbeitgeber zuzurechnende Faktoren sprachen sich noch Zmarzlik/Zipperer, 9. Aufl. Rn. 39 unter Hinweis auf die Gesetzesbegründung (BT-Drucks. IV/3652) sowie Meisel/Sowka, § 4 Rn. 8 aus. Für eine Berücksichtigung auch externer Quellen plädierten bereits Heilmann, § 4 a.F. Rn. 21 und Buchner/Becker, § 4 a.F. Rn. 45. Im Hinblick auf das absolut geschützte Rechtsgut Gesundheit (Art. 2 Abs. 2 Satz 1 2. Alt GG) ist dies im letzteren Sinne zu beantworten. Eine **Arbeitsniederlegung** der werdenden Mutter auch bei externen Lärmeinwirkungen wird man nicht mit arbeitsrechtlichen Konsequenzen sanktionieren können.

Auch der Arbeitsplatz einer **Orchestermusikerin** ist grundsätzlich als Lärmarbeitsplatz 89
einzustufen. Ein Beschäftigungsverbot kommt immer dann in Betracht, wenn der Gesamtgeräuschpegel, dem die schwangere Arbeitnehmerin ausgesetzt ist, so hoch ist, dass er zur Gesundheitsgefährdung führt, und zwar unabhängig davon, auf welche Art und Weise er entsteht; dies gilt auch, wenn die Schallwellen als »Kulturgut Musik« anzusehen sind (ArbG Frankfurt Urt. v. 1.11.2006 – 22 Ca 11214/04 – juris, welches darauf hinweist, dass ohne Leben bzw. körperliche Unversehrtheit weder von der Berufsfreiheit im Sinne des Art. 12 Abs. 1 GG noch von der Freiheit der Kunst im Sinne des Art. 5 Abs. 3 GG Gebrauch gemacht werden könne; s.a. Anmerkung Molkentin, faktor arbeitsschutz 2008, Nr. 2, 11 (K)).

Zur Frage, welche **Lärmbelästigung** zu einem Beschäftigungsverbot führt, vgl. a. Aus- 90
führungsvorschr. des Landes Berlin vom 28.8.1989 [Anh. 33]; Erl. d. Arb-Min. Bad.-Württembg. vom 24.1.1966, ArbuSozR S. 37/18.2.1968, ArbuSozR S. 81.; vgl. auch Art. 4 Abs. 1 in Verbindung mit Anhang 1 A, 1c) der EG-Richtlinie 92/85 (Anhang 36).

cc) Nr. 3: Hitze, Kälte oder Nässe

Im Hinblick auf Hitze, Kälte oder Nässe nach Nummer 3 ist die die ArbStättV zu 91
berücksichtigen. Dies gilt z.B., wenn die für eine Beschäftigung von Arbeitnehmern nach § 3 Abs. 1 i.V.m. Anhang 1 Ziff. 3.5 Abs. 1 ArbStättV einzuhaltende »**gesundheitszuträgliche Raumtemperatur**« nicht eingehalten wird. Von Bedeutung ist die Norm vor allem für sog. **Hitzebetriebe** wie chemische Betriebe, keramische Fabriken oder Glashütten, wo Öfen betrieben werden bzw. in der Nahrungsmittelindustrie bei der Verarbeitung von Tiefkühlkost (Zmarzlik/Zipperer, 9. Aufl. Rn. 37). Bei der Temperaturhöhe kann aufgrund der in § 8 Abs. 2 ArbStättV enthaltenen Übergangsvorschrift bis zu einer Neuregelung durch den Ausschuss für Arbeitsstätten (§ 7 ArbStättV), längstens aber für sechs Jahre weiterhin auf die vor Neufassung der ArbStättV 31.10.2006 (BGBl. I S. 2407 m.W.v. 8.11.2006) geltenden und im Bundesarbeitsblatt bekannt gegebenen Technischen Regeln für Arbeitsstätten (Arbeitsstättenrichtlinien (ASR) abgestellt werden. Danach gelten folgende Temperaturen für Arbeitsräume: Bei überwiegend sitzender Arbeitshaltung muss die Raumtemperatur bei **körperlich leichter Tätigkeit** mindestens 20 °C, bei mittlerer Schwere

mindestens 19 °C betragen. Bei überwiegend stehender bzw gehender Tätigkeit ist die jeweilige Mindesttemperatur 19 °C bzw. 17 °C, bei körperlich schwerer Arbeit nur 12 °C. Die zulässige Höchstlufttemperatur beträgt 26 °C. **In Pausen-, Bereitschafts-, Liege-, Sanitär- und Sanitätsräumen** muss während der Nutzungsdauer hingegen eine Lufttemperatur von mindestens + 21 °C herrschen (4.1 ASR 6). Die betreffenden Temperaturen gelten nur für eine **normale Luftfeuchte** (Pepping in HK-MuSchG, 6. Aufl. 2022, MuSchG § 11 Rn. 101).

92 Gem. § 3 Abs. 1 i.V.m. Anhang I Ziff. 3.5 Abs. 1 ArbStättV muss der Arbeitgeber darüber hinaus auch Fenster, Oberlichter und Glaswände gegen **übermäßige Sonneneinstrahlung** schützen, um ein Aufheizen der Räume zu verhindern. Laut 4.3 ASR sind Fenster, Oberlichter und Glaswände mit geeigneten Sonnenschutzsystemen auszurüsten, wenn die Sonneneinstrahlung zu einer Erhöhung der Raumtemperatur über +26 °C führt. Des Weiteren muss der Arbeitgeber dafür Sorge tragen, dass schwangere und stillende Frauen nicht dauerhaft an Hitze abstrahlenden Geräten und Maschinen arbeiten. Wird eine **Lüftungsanlage** eingesetzt, muss diese gem. Anhang I Ziff. 3.6 so konzipiert werden, dass Beschäftigte **keinem störenden Luftzug** ausgesetzt sind.

93 Auch nach bisherigem Recht konnte aus diesen Bedingungen ein **Beschäftigungsverbot** resultieren. § 4 Abs. 1, 2. Alt. MuSchG a.F. normierte als absolutes Beschäftigungsverbot auch eine Tätigkeit von schwangeren Frauen bei Hitze, Kälte oder Nässe. Als physikalische Schadfaktoren waren in der Anlage 1 A. Nr. 3 f. MuSchArbV »extreme Hitze oder Kälte« enthalten und konnten bereits nach § 3 Abs. 3 MuSchArbV a.F. ein Beschäftigungsverbot begründen. Da sich jedoch bei schwangeren Frauen und ungeborenen Kindern auch ohne, dass das Attribut »extrem« gerechtfertigt wäre, aufgrund Hitze- oder Kälteeinwirkung wie aber auch bei Nässe Gefahren ergeben können, kann dies durchaus ein eigenständiges Beschäftigungsverbot begründen

7. Absatz 4: Unzulässigkeit von Tätigkeiten und Arbeitsbedingungen im Hinblick auf belastende Arbeitsumgebung

94 Die Norm regelt unzulässige Tätigkeiten und Arbeitsbedingungen für eine schwangere Frau im Hinblick auf eine belastende **Arbeitsumgebung.**

a) Satz 1

95 Nach **Satz 1** darf eine schwangere Frau keine Tätigkeiten ausüben und keinen Arbeitsbedingungen ausgesetzt sein, bei denen sie einer belastenden Arbeitsumgebung in einem Maß ausgesetzt ist oder sein kann, dass dies für sie oder ihr ungeborenes Kind eine unverantwortbare Gefährdung darstellt.

b) Satz 2

96 **Satz 2** sieht eine Konkretisierung von Merkmalen einer belastenden Arbeitsumgebung für die Prüfung nach Satz 1 vor. Die in Satz 2 genannten Tätigkeiten und Arbeitsbedingungen sind ohne eine gesonderte Prüfung und Einstufung durch den Arbeitgeber unzulässig, da sie aufgrund der gesetzgeberischen Wertung in jedem Fall

mit einer unverantwortbaren Gefährdung verbunden sind. Auch in diesen Fällen ist zunächst zu prüfen, ob die von den jeweiligen Tätigkeiten oder den mit ihnen verbundenen Arbeitsbedingungen ausgehende unverantwortbare Gefährdung für die schwangere Frau durch Änderung der Gestaltung der Arbeitsbedingungen oder durch einen **Arbeitsplatzwechsel** vermieden werden kann. Das betriebliche Beschäftigungsverbot nach § 12 Absatz 1 Nummer 3 kommt nur als letzte Möglichkeit in Betracht (BR-Drucks. 230/16, S. 88).

aa) Nr. 1: Überdruck im Sinne von § 2 der Druckluftverordnung

Nr. 1 regelt – entsprechend den unionsrechtlichen Vorgaben im Anhang II der Mutterschutzrichtlinie 92/85/EWG (unter Buchstabe A., Nummer 1, Buchstabe a) – das Verbot der Tätigkeit in Räumen mit **Überdruck** und übernimmt den Regelungsgehalt des bisherigen § 4 Absatz 1 Satz 1 und § 5 Absatz 1 Nummer 6 MuSchArbV. Der Begriff »Räume« erfasst dabei i.V.m. der Generalklausel des Satzes 1 auch Arbeitssituationen unter Wasser, wie sie sich etwa für Berufstaucherinnen beim Tauchen ergeben können (BR-Drucks. 230/16, S. 87). Zu beachten VO über Arbeiten in Druckluft vom 4.10.1972 (BGBl. I S. 1909). Zu beachten sind auch die Grundsätze der BK 2201 der Anlage zu BKV. 97

bb) Nr. 2: Tätigkeiten in Räumen mit sauerstoffreduzierter Atmosphäre

Nr. 2 regelt das Verbot der Tätigkeit in Räumen mit **sauerstoffreduzierter Atmosphäre**. Die Vorschrift wurde wegen der besonderen Praxisrelevanz das Verbot der Beschäftigung mit Tätigkeiten unter sauerstoffreduzierter Atmosphäre in den Beispielskatalog der verbotenen Arbeitsbedingungen neu aufgenommen (BR-Drucks. 230/16 S. 40). Das Erfordernis für diese Neuregelung ergibt sich aus dem Umstand, dass Arbeitsplätze mit sauerstoffreduzierter Atmosphäre, z.B. in der Informationstechnik und der Lagerwirtschaft, häufig vorkommen und für schwangere Frauen ein besonderes Risiko darstellen, das vermieden werden soll (BR-Drucks. 230/16, S. 88). 98

cc) Nr. 3: Tätigkeiten im Bergbau

Nr. 3 regelt das Verbot der Tätigkeit unter **Tage im Bergbau** und übernimmt damit – entsprechend den unionsrechtlichen Vorgaben im Anhang II der Mutterschutzrichtlinie 92/85/EWG (unter Buchstabe A., Nummer 2) – den bisherigen Regelungsgehalt der Anlage 2, Buchstabe A., Nummer 2 MuSchArbV. (BR-Drucks. 230/16, S. 88). 99

8. Absatz 5: Unzulässigkeit von Tätigkeiten und Arbeitsbedingungen im Hinblick körperliche Belastung oder mechanische Einwirkungen

a) Allgemeines

Die Norm regelt den Schutz vor Gefährdungen bei **körperlichen Belastungen** oder **mechanischen Einwirkungen**. Die Regelung entspricht – insbesondere im Hinblick 100 auf belastende Einwirkungen durch Stöße, Bewegungen, Körperhaltungen sowie geistige und körperliche Ermüdung – den unionsrechtlichen Vorgaben im Anhang I der Mutterschutzrichtlinie 92/85/EWG (unter Buchstabe A., Nummer 1, Buchstaben a, b, und g). Die Regelung entspricht in ihrem Aufbau der Regelung des Absatzes 1.

b) **Satz 1**

101 **Nach Satz 1** darf eine schwangere Frau keine Tätigkeiten ausüben oder Arbeitsbedingungen ausgesetzt sein, bei denen sie körperlichen Belastungen oder mechanischen Einwirkungen in einem Maß ausgesetzt ist oder sein kann, dass dies für sie oder ihr ungeborenes Kind eine unverantwortbare Gefährdung darstellt.

c) **Satz 2**

102 **Die in Satz 2** genannten Tätigkeiten und Arbeitsbedingungen sind – mit Ausnahme der Nummern 5 und 6 – ohne eine gesonderte Prüfung und Einstufung durch den Arbeitgeber unzulässig, da sie aufgrund der gesetzgeberischen Wertung in jedem Fall eine unverantwortbare Gefährdung sind. Wie für Absatz 4 Satz 2 ist zunächst zu prüfen, ob die von den jeweiligen Tätigkeiten oder den mit ihnen verbundenen Arbeitsbedingungen ausgehende unverantwortbare Gefährdung für die schwangere Frau durch Änderung der Gestaltung der Arbeitsbedingungen oder durch einen Arbeitsplatzwechsel vermieden werden kann. Das betriebliche Beschäftigungsverbot nach § 12 Absatz 1 Nummer 3 kommt nur als letzte Möglichkeit in Betracht (BR-Drucks. 230/16, S. 88).

103 Die Nummern 1 und 2 treffen eine Regelung im Hinblick auf das **Heben, Halten, Bewegen und Befördern** von Lasten während der Schwangerschaft. Die Regelungen übernehmen damit den Regelungsgehalt des bisherigen § 4 Absatz 2 Nummer 1 MuSchG und sind redaktionell angepasst. (BR-Drucks. 230/16, S. 88).

aa) **Nr. 1: ohne mechanische Hilfsmittel regelmäßig Lasten von mehr als fünf Kilogramm Gewicht oder gelegentlich Lasten von mehr als zehn Kilogramm Gewicht von Hand heben, halten, bewegen oder befördern**

104 Das **regelmäßige manuelle Heben und Tragen von Lasten** kann zu einer Gefährdung für die Sicherheit und Gesundheit und insbesondere zu Erkrankung der Lendenwirbelsäule führen (vgl. BK Nr. 2108 der Anlage zur BKV). Es handelt sich zudem um potenzielle physikalische Schadfaktoren nach Anlage 1 Nr. 3 Buchstabe b) MuSchArbV a.F., die zu einer Schädigung des Embryos bzw. des Fötus führen bzw. eine Lösung der Plazenta verursachen können.

Es wird zwischen einer regelmäßigen und einer gelegentlichen Beschäftigung dieser Art unterschieden. Die Arbeit ist regelmäßig, wenn die Frau »in der Regel« (im Gegensatz zu gelegentlich), d.h. »immer wieder« solche Lasten bewältigen muss (Meisel/Sowka, § 4 a.F. Anm. 11 mit Hinweisen). Demgegenüber besagt das Wort gelegentlich, dass die Arbeit »hin und wieder«, »ab und zu«, »in nicht zu häufiger Folge« zu verrichten ist (Meisel/Sowka, a.a.O.). Vertreten wird als Grenzwert, dass diese Tätigkeiten weniger als 5 % der Arbeitszeit pro Stunde ausmachen (Pepping in HK-MuSchG, 6. Aufl. 2022, MuSchG § 11 Rn. 117). Auch wenn die im Gesetzestext genannten Gewichte (5 oder 10 kg) nicht erreicht werden, kann das Heben, Bewegen oder Befördern solcher Lasten eine schwere körperliche Arbeit sein; sie ist dann nach Abs. 1 verboten (Zmarzlik/Zipperer, 9. Aufl., § 4 a.F. Anm. 42). Von Bedeutung ist in diesem Zusammenhang auch die Verordnung über Sicherheit und Gesundheitsschutz bei der manuellen Handhabung von Lasten bei der Arbeit – **LasthandhabV** – vom 20.12.1996 (BGBl. I S. 1842), zul. geändert durch Art. 5 Abs. 4 V v. 18.10.2017 (BGBl. I 3584), mit der die europäische RL 90/269/EWG in deutsches Recht umgesetzt wurde. Diese gibt zwar keine Gewichts-Grenzwerte vor, weil auch **andere Faktoren wie Eigengewicht, Alter und Geschlecht** des Arbeitnehmers bzw. der Arbeitnehmerin wie auch die Hubhöhe und Häufigkeit des Umgangs mit Lasten mitberücksichtigt werden. Weitere Richtwerte für Höchstgrenzen von Gewichten lassen sich einer Empfehlung des Bundesministeriums für Arbeit und Sozialordnung, veröffentlicht im Bundesarbeitsblatt 1981/11, S. 96, entnehmen, wonach Frauen bei einem Lebensalter von 19 bis 45 Jahren und älter gelegentlich 15 kg und häufiger nicht mehr als 10 kg heben und tragen, Männer in dieser Altersgrenze gelegentlich 55 kg und häufiger nicht mehr als 30 kg heben und tragen sollten (Pepping in HK-MuSchG, 6. Aufl. 2022, MuSchG § 11 Rn. 117). Für Schwangere gelten hierüber hinaus nach Nr. 1 besondere gesetzliche Maximallasten, denen zufolge Schwangere keine Arbeiten ausüben dürfen, bei denen **regelmäßig Lasten von mehr als 5 kg** Gewicht oder **gelegentlich Lasten von mehr als 10 kg** Gewicht ohne mechanische Hilfsmittel von Hand gehoben, bewegt oder befördert werden (so auch Pepping in HK-MuSchG, 6. Aufl. 2022, MuSchG § 11 Rn. 117; zu § 4 MuSchG a.F Becker/Buchner 8. Aufl. § 4 Rn. 50 ff.).

Nicht abzustellen ist dahingegen auf die **Grenzwerte des Mainz-Dortmunder-Dosismodells (MDD)**, das eine einheitliche Ermittlung der nach Häufigkeit und Umfang der Exposition unter Berücksichtigung der Art der Lastenmanipulation konkretisierten arbeitstechnischen Voraussetzungen für die Anerkennung einer Lendenwirbelsäulen-Berufskrankheit gem. Bk 2108 der Anl. zur BKV ermöglichen soll und hierfür Orientierungswerte enthält. Die Bewertungsvorgaben des MDD legen zwar nach ständiger Rechtsprechung die Größenordnung fest, ab der wirbelsäulenbelastende Tätigkeiten als potenziell gesundheitsschädigend anzusehen sind (BSG, Urt. v. 18.3.2003 – B 2 U 13/02 R; BSG, Urt. v. 19.8.2003 – B 2 U 1/02 R; s. im Einzelnen: Jäger u.a., Retrospektive Belastungsermittlung für risikobehaftete Tätigkeitsfelder, Arbeitsmedizin – Sozialmedizin – Umweltmedizin [ASU] 1999, 101 ff.). Aber selbst bei Absenkung der Mindestdruckkraft pro Arbeitsvorgang von 2 500 N auf 1 850 N bei Frauen dürfte dieser Grenzwert für die Frage der Gefährdung einer schwangeren Frau bzw. des ungeborenen Kindes zu hoch sein (vgl. zur Absenkung der Mindestdruckkraftwerte BSG 2. Senat, Urteil vom 30.10.2007 – B 2 U 4/06 R – juris; s. zur Problematik der Absenkung LSG Baden-Württemberg, Urteil vom 25.9.2008 – L 10 U 5965/06 –, juris). S. auch die aktuelle Rechtsprechung, BSG Urteile vom 23.4.2015: *Das Mainz-Dortmunder-Dosismodell (MDD) ist danach nach wie vor eine geeignete Grundlage zur Konkretisierung der im Text der BK 2108 mit den nur richtungweisend umschriebenen Einwirkun-* 105 *gen (BSG v. 23.4.2015 – B 2 U 20/14 R, SozR 4–5671 Anl. 1 Nr. 2108 Nr. 8,* Rdn. 26; *BSG v. 30.10.2007 – B 2 U 4/06 R, BSGE 99, 162 = SozR 4–5671 Anl. 1 Nr. 2108 Nr. 5,* Rdn. 22; *BSG v. 18.3.2003 – B 2 U 13/02 R, BSGE 91, 23–32; vgl. BSG v. 2.5.2001 – B 2 U 16/00 R, SozR 3–2200 § 551 Nr. 16, S. 83.). Hieran änderten nichts die Erkenntnisse der »Deutschen Wirbelsäulenstudie« (»DWS I«,* abgedruckt in *http://www.dGUV.de/ifa/Fachinfos/Ergonomie/Deutsche-Wirbels%c3 %a4ulenstudie-DWS/index.jsp.), obwohl diese bereits ergaben, dass das MDD aufgrund der Verwendung relativ hoher Schwellenwerte für die Rumpfvorneigung und die lumbale Druckkraft und der Nichtberücksichtigung von anderen Handhabungsformen der Lastenbewältigung zu den am schlechtesten angepassten Dosismodellen gehöre, noch diejenigen der DWS II (s. dazu BSG v. 23.4.2015 – B 2 U 20/14 R, SozR 4–5671 Anl. 1 Nr. 2108 Nr. 8,* Rdn. 27 *sowie die Urteile vom 6.9.2018 – B 2 U 10/17 R, sowie B 2 U 13/17 R beide für SozR 4–5671 Anl. 1 Nr. 2108 Nr. 9 der 10 vergebenen.).*

106 Sollen größere Lasten mit **mechanischen Hilfsmitteln** wie z.B. einer Seilwinde oder einem Kran bewegt werden, darf hiermit nach S. 2 keine größere körperliche Belastung verbunden sein, als sie bei einer Bewegung von Lasten ohne mechanische Hilfsmittel nach S. 1 zulässig wäre. Werden Lasten **mit Maschinen ohne körperliche Anstrengung** bewegt, scheidet ein Beschäftigungsverbot nach Nr. 1 aus.

bb) Nr. 2: Mit mechanischen Hilfsmitteln Lasten von Hand heben, halten, bewegen oder befördern, wenn dabei ihre körperliche Beanspruchung der von Arbeiten nach Nummer 1 entspricht,

107 Hier gelten die gleichen Grundsätze wie nach Nr. 1

cc) Nr. 3: nach Ablauf des fünften Monats der Schwangerschaft überwiegend bewegungsarm ständig stehen müssen, wenn diese Tätigkeit täglich vier Stunden überschreitet,

108 Die Regelung übernimmt damit den Regelungsgehalt des bisherigen § 4 Absatz 2 Nummer 2 MuSchG a.F. Das **bewegungsarme Stehen** bedeutet, dass weitgehend keine Entlastung durch Gehen oder Sitzen möglich ist, sodass z.B. die Gefahr einer Thrombose besteht. Die Regelung übernimmt damit den Regelungsgehalt des bisherigen § 4 Absatz 2 Nummer 2 MuSchG (BR-Drucks. 230/16, S. 89).

109 Das Verbot gilt für Tätigkeiten, bei denen die Frau **ständig** stehen muss, wie es insbesondere bei Arbeiterinnen in Wäschereien der Fall ist (vgl. zu § 4 MuSchG a.F. Buchner/Becker, 8. Aufl., § 4 a.F. Rn. 55 ff.; zum Begriff »ständig« vgl. Frey, Der Begriff der Regelmäßigkeit im Arbeitsrecht, RdA 1960, 246, 251 zu D II a.E. und 255 zu J IV 1), nicht dagegen, wenn die Frau nur teilweise stehen muss, teilweise aber im Zusammenhang mit ihrer Arbeit sitzen oder gehen kann, wie es bei Verkäuferinnen die Regel ist (Zmarzlik/Zipperer, 9. Aufl., § 4 a.F. Rn. 45). Dies gilt wiederum nicht, wenn nach dem Gesamtbild der Tätigkeit das Stehen für die Tätigkeit prägend ist (z.B. bei einer Verkäuferin am Verkaufsstand). Die Möglichkeit von Kurzpausen ist dann unbeachtlich (Pepping in HK-MuSchG, 6. Aufl. 2022, MuSchG § 11 Rn. 122). Aber auch bei einer Arbeit, die nur im Stehen ausgeübt werden kann, muss gemäß § 9 Abs. 3

vom Beginn der Schwangerschaft sichergestellt sein, dass sich die schwangere oder stillende Frau während der Pausen und Arbeitsunterbrechungen unter geeigneten Bedingungen hinlegen, hinsetzen und ausruhen kann.

Das Verbot ist beschränkt in Bezug auf **die tägliche Arbeitszeit** und das **Stadium der Schwangerschaft. Bis zu vier Stunden täglich** ist die Beschäftigung, bei der die Frau ständig stehen muss, jedoch gemäß § 9 Abs. 3 **Pausen** einlegen kann, erlaubt. Für die über vier Stunden hinausgehende Arbeitszeit darf der Arbeitgeber die Frau mit nicht verbotenen Arbeiten beschäftigen. 110

Der **Ablauf des fünften Monats der Schwangerschaft**, von dem an das Verbot uneingeschränkt, d.h. ohne Rücksicht auf den Gesundheitszustand der Frau und unabhängig von der Bereitstellung einer Sitzgelegenheit gilt, kann nicht rückschauend vom Tag der tatsächlichen Entbindung an **berechnet** werden. Vielmehr ist das in § 15 Abs. 2 vorgesehene Zeugnis eines Arztes oder einer Hebamme über den mutmaßlichen Tag der Entbindung maßgebend (BAG vom 27.1.1966, AP Nr. 27 zu § 9 MuSchG; vom 20.12.1971, AP Nr. 7 zu § 11 MuSchG 1968). Von diesem Tag an sind als durchschnittliche Dauer der Schwangerschaft 280 Tage zurückzurechnen, womit der Tag des Schwangerschaftsbeginns ermittelt ist. Der fünfte Monat der Schwangerschaft endet dann im fünften Monat danach an dem Tage, der durch seine Datumszahl dem Tag des Schwangerschaftsbeginns entspricht. Es gelten die Regeln der §§ 187, 188 BGB für die Fristberechnung (ebenso Besch. BMA vom 1.2.1961, DOK 1961, S. 177; Aye, § 9 Anm. II 1; Meisel/Sowka, § 4 Anm. 22; Schnorr von Carolsfeld, Anm. Ziff. I zu AP Nr. 27 zu § 9 MuSchG; Zmarzlik/Zipperer, 9. Aufl., § 4 Rn. 43 f.; Kost, § 9 Anm. 5). Beispiel: Mutmaßlicher Tag der Entbindung laut Zeugnis = 6.12.1978; mutmaßlicher Tag des Schwangerschaftsbeginns (280 Tage früher) = 1.3.1978. Dann ist der fünfte Monat der Schwangerschaft am 1.8.1978 abgelaufen; vom 2.8.1978 an gilt das Beschäftigungsverbot. 111

dd) Nr. 4: Sich häufig erheblich strecken, beugen, dauernd hocken, sich gebückt halten oder sonstige Zwangshaltungen

Die Regelung übernimmt den Regelungsgehalt des bisherigen § 4 Absatz 2 Nummer 3 MuSchG a.F. 112

Anders als bei dem Beschäftigungsverbot nach Nr. 3 besteht ein Beschäftigungsverbot bei Arbeiten unter Strecken, Beugen, Hocken oder Bücken **bereits ab Beginn der Schwangerschaft.** Der Gesetzgeber sieht Arbeiten in dieser Körperhaltung generell als gesundheitsgefährdend für schwangere Frauen und das ungeborene Kind an. Die Ausführung derartiger Verrichtungen muss allerdings von besonderer Intensität sein, um das Beschäftigungsverbot auszulösen. »Häufig« und »erheblich« bezieht sich sowohl auf Strecken wie auf Beugen. »Häufig« bedeutet vielfach oder öfters, also mehr als nur gelegentlich (vgl. Frey, Der Begriff der Regelmäßigkeit im Arbeitsrecht, RdA 1960, 246 [255 zu J IV 2]). Es muss hinzukommen, dass das häufige Strecken oder Beugen auch erheblich ist (z.B. Arbeit an besonders hohen Regalen oder Gestellen; an Maschinen, die Verrichtungen an besonders hoch oder tief gelegenen Stellen erfordern). Ist 113 nur eine der beiden Eigenschaften gegeben, gilt nicht dieses Beschäftigungsverbot (Meisel/Sowka, § 4 a.F. Anm. 15).

114 Ein **häufiges erhebliches Strecken** liegt vor, wenn die Schwangere sich **mehrfach am Tag** strecken muss, indem sie z.B. Ware in ausgestreckter Körperhaltung ein- oder aussortieren muss. Anders als beim Strecken sind **Arbeiten in der Hocke bzw. in gebückter Haltung** nur dann nach Nr. 3 verboten, wenn diese Haltung **dauernd** eingenommen werden muss. Das ist dann der Fall, wenn nach dem Gesamtbild der Tätigkeit ein Arbeiten in einer gehockten oder gebückten Haltung (z.B. bei Erntearbeiten) prägend ist. Muss sich die Frau nicht »dauernd«, sondern nur manchmal oder bisweilen bei der Arbeit gebückt halten oder hocken (gebückt sitzen), gilt das Beschäftigungsverbot nicht; doch kann auch hier die Arbeit nach Abs. 1 verboten sein. Welche Verrichtungen in der Textilindustrie unter das Verbot fallen, ist umstritten (vgl. einerseits Zmarzlik/Zipperer, 9. Aufl., § 4 a.F. Rn. 46, zu § 4 MuSchG a.F. Buchner/Becker, 8. Aufl. Rn. 48; andererseits Meisel/Sowka, § 4 Anm. 16). Die Frage kann nur aufgrund der Verhältnisse im einzelnen Betrieb entschieden werden.

ee) Nr. 5: Einsatz auf Beförderungsmitteln, wenn dies für Mutter oder Kind eine unverantwortbare Gefährdung darstellt,

115 Nr. 5 übernimmt den Regelungsgehalt des bisherigen § 4 Absatz 2 Nummer 7 MuSchG und stellt nun klar, dass die Beschäftigung auf **Beförderungsmitteln** nicht generell verboten ist, sondern nur, soweit damit eine unverantwortbare Gefährdung für die schwangere Frau verbunden ist. Anders als die bisherige Regelung in § 4 Absatz 2 Nummer 7 MuSchG gilt diese Vorgabe nunmehr jedoch grundsätzlich vom Beginn der Schwangerschaft an, da nach neueren medizinischen Erkenntnissen die Gefährdung in den ersten drei Monaten der Schwangerschaft nicht geringer, sondern eher höher ist (BR-Drucks. 230/16, S. 89).

116 Das Beschäftigungsverbot soll verhindern, dass durch **Stöße, Erschütterungen oder Bewegungen** wie erhebliche Schwingungen und Vibrationen des Fahrzeugs aber auch heftiges Beschleunigen oder Abbremsen und damit einhergehende physikalische Einwirkungen auf den Körper der Schwangeren eine Schädigung des Embryos/des Fötus oder eine vorzeitige Ablösung der Plazenta hervorgerufen wird (vgl. generell zu Vibrationsbelastungen, die bereits gem. § 1 Abs. 1 sowie § 4 Abs. 1 Anlage I A 3a MuSchArbV a.F. ein Beschäftigungsverbot erzeugten Rdn. 38 der Altauflage). Erfasst ist jede Art von Fahrzeugen, die zu Land (auch Fahrräder), auf dem Wasser oder in der Luft der Beförderung von Personen oder Sachen dienen (ebenso BAG vom 22.4.1998 zum Beschäftigungsverbot für eine Flugbegleiterin in EzA § 11 MuSchG n.F. Nr. 17 = AP Nr. 4 zu § 4 MuSchG 1968 sowie BAG, Urt. v. 21.4.1999 – 5 AZR 174/98 – juris; s. auch Anmerkung Glatzel AR-Blattei ES 1220 Nr. 124). Bei der Beschäftigung als Fahrerin auf größeren Fahrzeugen (mehr als acht Fahrgastplätze, mehr als 3,5 t zulässiges Gesamtgewicht) und auf Schienenfahrzeugen galt früher die VO über die Beschäftigung von Frauen auf Fahrzeugen vom 2.12.1971 (BGBl. I S. 1957), die durch Art. 21 Satz 2 Nr. 19 ArbZRG vom 6.6.1994 (BGBl. I S. 1170) aufgehoben wurde, weil **geschlechtsspezifische Schädigungen** von Frauen durch die Beschäftigung auf Last-

kraftwagen und Omnibusse nicht nachgewiesen wurden (vgl. Anzinger, BABl 6/1994, S. 9.)

Die gelegentliche Benutzung eines Beförderungsmittels bei der Arbeit fällt nicht unter das Verbot, diese muss vielmehr **schwerpunktmäßig Teil der Beschäftigung** sein. Sie kann aber nach Abs. 3 verboten sein, wenn sie sich als schädliche Einwirkung von Erschütterungen darstellt (vgl. weiter Buchner/Becker, 8. Aufl. § 4 a.F. Rn. 76 f.; Meisel/Sowka, § 4 a.F. Anm. 22 bis 24; Zmarzlik/Zipperer, 9. Aufl., § 4 a.F. Anm. 68 f.); zu der Frage, ob das Fahren mit dem Pkw zur eigenen Fortbewegung [Vertreterin, Arztbesucherin] unter § 4 Abs. 2 Nr. 7 fällt vgl. Mäder, BB 1972, 319 und Frey, BB 1972, 623; verneint für Verkaufsfahrerin durch OVG Münster vom 23.1.1979, BB 1979, 1719, ebenso. Zmarzlik/Zipperer, 9. Aufl., § 4 Rn. 69 mit dem Hinweis, dass es sich nicht um eine Beschäftigung »auf« einem Fahrzeug handele, sondern »mit« einem Fahrzeug). Nach Sinn und Zweck der Norm ist aber eine Auslegung dergestalt vorzunehmen, dass bei der Benutzung von Beförderungsmitteln, die **mehr als die Hälfte der Arbeitszeit** ausmacht – z.B. im Fall von Außendienstmitarbeiterinnen mit besonders großen zu betreuenden Bezirken durchaus ein Beschäftigungsverbot anzunehmen (Pepping in HK-MuSchG, 6. Aufl. 2022, MuSchG § 11 Rn. 130). 117

Nicht unter die Norm fällt die Benutzung von Beförderungsmitteln zur Zurücklegung des **Weges von der Wohnung zur Arbeit** und zurück. Bei diesem Weg übt die Arbeitnehmerin auf dem Beförderungsmittel keine Beschäftigung aus (ebenso Besch. BMA vom 23.2.1953, BB 1953 S. 532; zu § 4 MuSchG a.F.: Buchner/Becker, 8. Aufl., § 4 a.F. Rn. 79; Meisel/Sowka, § 4 a.F. Anm. 25; vgl. auch BAG vom 7.8.1970, BAGE 22, 418 = AP Nr. 4 zu § 11 MuSchG 1968). 118

ff) Nr. 6: Zu befürchtende Unfälle durch Ausgleiten, Fallen oder Stürzen, oder Tätlichkeiten, die für Mutter oder Kind eine unverantwortbare Gefährdung darstellen,

Der bisher in § 4 Absatz 2 Nummer 8 MuSchG geregelte Schutz vor Unfallgefahren ist in Nummer 6 auf jede Art von **Unfallgefahr** ausgedehnt. Die Regelung erfasst alle Situationen, die zu Unfällen führen können. Als nicht abschließende Beispiele sind das Ausgleiten, Fallen und Stürzen wie im bisherigen § 4 Absatz 2 Nummer 8 genannt. Die Vorschrift regelt nur den Schutz vor Unfallgefahren, die für die schwangere Frau oder ihr ungeborenes Kind eine unverantwortbare Gefährdung darstellen. Der Schutz vor allgemeinen Unfallgefahren wird durch die §§ 4 und 5 ArbSchG gewährleistet. Darüber hinaus werden nun auch ausdrücklich Tätlichkeiten von Nummer 6 erfasst, die bisher in der Vollzugspraxis als ein spezieller Unterfall des Unfalls behandelt wurden. Unter Tätlichkeiten sind Arbeitssituationen zu verstehen, bei denen es beispielsweise aufgrund von Personen- oder Patientenkontakt zu einer Gefahr von tätlichen Angriffen kommen kann wie z.B. in der Notfallaufnahme eines Krankenhauses (z.B. durch einen alkoholisierten Patienten) oder beim Wach- oder Polizeidienst (BR-Drucks. 230/16, S. 89). Die Gefahr kann nicht nur auf dem Zustand der Frau als werdender (oder stillender) Mutter beruhen; sie kann auch darin bestehen, dass ein etwaiger Unfall besonders nachteilige Folgen für Mutter oder Kind hätte. 119

Die Unfallgefahr muss für die geschützte Frau wegen ihres Zustandes oder wegen der Unfallfolgen höher sein, als dies gemeinhin der Fall ist. Unter das Verbot fällt die Arbeit auf Leitern, Gerüsten, nicht rutschsicheren Böden, als Fensterputzerin u.ä. (vgl. zu § 4 MuSchG a.F auch Buchner/Becker, Rn. 80; Meisel/Sowka, § 4 a.F. Anm. 26; Zmarzlik/Zipperer, 9. Aufl., § 4 a.F. Rn. 71).

gg) Nr. 7: Zwang zum Tragen einer Schutzausrüstung, das eine Belastung darstellt

120 Nr. 7 schließt eine Beschäftigung mit Tätigkeiten aus, bei denen eine Schutzausrüstung erforderlich ist, deren Tragen eine Belastung darstellt. In den TRGS 500 ist bereits geregelt, dass das **Tragen von belastender Schutzausrüstung** keine ständige Maßnahme sein darf. Für schwangere Frauen sind derartige Tätigkeiten ungeeignet, wenn dadurch eine Belastungssituation (z.B. aufgrund des Gewichts oder des Atemwiderstandes) entsteht (BR-Drucks. 230/16, S. 89).

hh) Nr. 8: Erhöhung des Drucks im Bauchraum, insbesondere bei Tätigkeiten mit besonderer Fußbeanspruchung

121 Nr. 8 beschreibt nunmehr die Vermeidung einer Erhöhung des Druckes im Bauchraum – z.B. bei der Bedienung von **Maschinen mit Fußdruck** (vgl. auch den bisherigen § 4 Absatz 2 Satz 1 Nummer 4 MuSchG) – als Ziel der schon bisher bestehenden Beschränkungen bei bestimmten körperlichen Belastungen und macht damit die Anwendung der Regelung verständlicher und einfacher (BR-Drucks. 230/16, S. 90).

Tätigkeiten mit einer **hohen Fußbeanspruchung** sind mit einer erheblichen Belastung des Unterleibs und der Bauchmuskulatur verbunden, die evtl. zu einem Abgang der Leibesfrucht führen können. Unter das Beschäftigungsverbot fallen vor allem solche Maschinen, bei denen die durch den Fuß ausgeübte Körperkraft allein den technischen Erfolg herbeiführt (z.B. Nähmaschinen mit Fußantrieb wie Pressen, Niet-, Stanz-, Heftmaschinen u.ä.), im Unterschied zu den Maschinen, bei denen mit dem Fuß lediglich ein Kontakt auszulösen ist (z.B. elektrische Nähmaschinen). Eine hohe Fußbeanspruchung kann bei Maschinen mit häufiger und anstrengender Fußschaltung gegeben sein (z.B. an Webstühlen und Spinnmaschinen: Geyer/Knorr/Krasney, T 134 Rn. 64; vgl. auch die Hinweise bei Buchner/Becker, § 4 a.F. Rn. 45). Aufgrund der fortgeschrittenen Elektrisierung des Antriebs von Geräten und Maschinen sowie die erfolgte Rationalisierung von Arbeitsgängen hat dieses Beschäftigungsverbot **in der Praxis kaum noch Bedeutung** (Pepping in HK-MuSchG, 6. Aufl. 2022, MuSchG § 11 Rn. 140).

9. Abs. 6.

a) Allgemeines

122 Abs. 6 regelt das Verbot der Akkord- und Fließarbeit. Er nahm seine jetzige Gestalt auf, auf Empfehlung des Bundesrates an (Ausschussdrucksache 18[13]114, S. 20). Die Vorschrift übernimmt den Regelungsgehalt des bisherigen § 4 Abs. 3 S. 1 Nr. 1 und Nr. 2 MuSchG und ergänzt ihn um die getaktete Arbeit. Ausnahmen von die-

sem Verbot kann die zuständige Aufsichtsbehörde nach § 26 Abs. 3 Nr. 7 bewilligen (BR-Drucks. 230/16, S. 90).

Er entspricht im Wesentlichen dem § 23 JArbSchG. Zweck dieses Verbots ist es, werdende Mütter aufgrund der betreffenden Entlohnungsart bzw. dem bei der **Fließbandarbeit** vorgeschriebenen Arbeitstempo vor einer Überbeanspruchung zu schützen (Klempt, in: Kasseler Handbuch zum Arbeitsrecht, Bd. I., 2. Aufl. Kapitel 5.4.). 123

aa) Satz 1 Nr. 1: Akkordlohnarbeit u.ä.

Das Verbot der Nr. 1 richtet sich nicht eigentlich dagegen, dass die Frau »im **Akkord**« usw. arbeitet, sondern dass die **Berechnung** des **Lohnes** so gestaltet ist, dass bei gleichbleibender Arbeitszeit durch erhöhte Arbeitsleistung ein höherer Lohn erzielt werden kann. (Zum Wesen des Akkordlohnes vgl. z.B. **BAG** vom 28.6.1961, BAG 11, 157 = AP Nr. 15 zu § 611 BGB Akkordlohn und die einschlägige Fachliteratur, ausführlich behandelt bei Bobrowski/Gaul. Das Arbeitsrecht im Betrieb, 7. Aufl., 1979, Bd. I, Abschn. E V–VII [S. 295 ff.], und Schaub, 13. Aufl. §§ 64, 65). Die Norm geht davon aus, dass Akkordarbeit grundsätzlich eine unzulässige Gefährdung für die schwangere Frau und ihr Kind darstellt (Ausschussdrucksache 18[13]114, S. 20). Nicht die Arbeit als solche ist verboten, sondern die Arbeit, die in einer Weise entlohnt wird, dass sie zu einer Überanstrengung der Frau führen kann. Da ein großer Teil gerade der industriellen Arbeitsverrichtungen sowohl in Akkord-, Prämien- oder ähnlichen Formen des Leistungslohnes als auch im Zeitlohn entlohnt werden kann, ohne dass sich dadurch die Arbeit als solche ändert, kann dem Verbot oft schon dadurch genügt werden, dass bei gleichbleibender Beschäftigung die Entlohnungsart gewechselt, nämlich auf Zeitlohn übergegangen wird (vgl. BAG vom 9.8.1963, BAG 14, 304 [306, 307] = AP Nr. 3 zu § 10 MuSchG; vom 20.12.1972, AP Nr. 7 zu § 11 MuSchG 1968). Das setzt allerdings voraus, dass die Frau selbst entsprechend ihrem Zustand die Arbeit einteilen kann und nicht von anderen abhängig ist, die ihrerseits auf das Arbeitsergebnis der geschützten Frau angewiesen sind. Sie muss jederzeit zur Unterbrechung ihrer Arbeit und zum Verlassen des Arbeitsplatzes in der Lage sein (so Erl. d. HessArbMin. v. 7.3.1968, BABl. ArbSch. 1968, 196). Bei einer solchen Arbeitsweise im Zeitlohn wie auch dann, wenn die Frau wegen des Beschäftigungsverbotes die Arbeit wechseln oder überhaupt aussetzen muss, weil andere als Akkordarbeit nicht vorhanden und die Verrichtung im Zeitlohn nicht möglich ist, ist an sich der bisherige Verdienst aufgrund des § 11 gesichert; doch können sich im Einzelfall Ungerechtigkeiten in der Höhe des Mutterschutzlohnes daraus ergeben, dass der Berechnung gemäß § 11 Abs. 1 Satz 1 ein zurückliegender Durchschnittsverdienst zugrunde gelegt wird (vgl. hierzu Koffka, Arb-Geb. 1967, 143 f.). 124

In diesem Sinne sind durch Nr. 1 sämtliche sog. **Akkordarbeiten** erfasst, bei denen sich die Lohnhöhe nicht oder nicht nur nach der Dauer (Stunden, Tage, Wochen, Monate), sondern ausschließlich oder wenigstens zum Teil nach dem Arbeitsergebnis bemisst. Als Akkordarbeit ist im Gegensatz zum Zeitlohn eine Arbeit anzusehen, bei der sich die **Entlohnung nach dem erzielten Arbeitsergebnis** richtet. Dieses Arbeitsergebnis 125 kann sich nach der in einer Zeiteinheit erledigten Stückzahl (sog. **Stückakkord**), der auch in den Ausformungen als Gewichtsakkord (Bemessung des Arbeitsergebnisses nach Gewicht), der **Flächenakkord** (Bemessung des Arbeitsergebnisses nach der Größe der Fläche) und der **Maßakkord** (Bemessung des Arbeitsergebnisses nach Länge bzw Höhe) bekannt ist. Es kann sich auch nach der für eine vorgegebene Stückzahl benötigten Zeit (sog. **Zeitakkord**) richten. Wird der erreichten Leistungseinheit, in der das Arbeitsergebnis gemessen wird, ein bestimmter Geldbetrag (Entlohnung im Geldakkord) oder eine festgelegte Zeit zugrunde liegen, die mit einem Verrechnungsfaktor vergütet wird (Entlohnung im Zeitakkord), spricht man vom Pauschalakkord (Pepping in HK-MuSchG, 6. Aufl. 2022, MuSchG § 11 Rn. 144)). Beim **Einzelakkord** wird der Akkordlohn getrennt für jede Arbeitnehmerin ermittelt, beim **Gruppenakkord** wird der Akkordlohn hingegen für eine gesamte Arbeitsgruppe ermittelt und anteilig nach Köpfen auf die Arbeitnehmerinnen aufgeteilt. Arbeitspsychologisch nachteilig kann sich beim Einzelakkord auswirken, dass die einzelne Arbeitnehmerin zum Schaden ihrer Gesundheit erforderliche Arbeitspausen nach § 4 ArbZG wie auch die nach § 2 Abs. 1 zu gewährenden Kurzpausen sowie Unterbrechungen nach § 2 Abs. 2 und 3 und bei stillenden Müttern zudem Stillpausen nach § 7 Abs. 1 zur Steigerung ihrer Arbeitsleistung nutzt (Schaub, 19. Aufl. § 63 Rn. 21.) Auf die verwendeten Bezeichnungen kommt es ebenso wenig an wie auf die Berechnungsgrundsätze oder -methoden (Geld-, Zeit-, Stück-, Einzel-, Gruppenakkord) (vgl. im Einzelnen zu § 4 MuSchG a.F Buchner/Becker, 8. Aufl., Rn. 90 ff.; Meisel/Sowka, § 4 Anm. 28 bis 31; Zmarzlik/Zipperer, 9. Aufl., § 4 a.F. Rn. 73 ff.; ferner die Kommentare zu § 23 Abs. 1 Nr. 1 JArbSchG). Dagegen verstößt es nicht gegen das Beschäftigungsverbot, wenn die Frau einen anderen Arbeitnehmer oder einer Gruppe von Arbeitnehmern zugeteilt ist, die Leistungslohn erhalten, während die Frau im Zeitlohn entlohnt und sie durch ihre Hilfsarbeit auch nicht zu erhöhtem Arbeitstempo gezwungen wird (vgl. den Fall BAG vom 26.4.1961, AP Nr. 14 zu § 611 BGB Akkordlohn; ferner Meisel/Sowka, § 4 Anm. 38, 39 mit Hinweisen).

126 Durch Nr. 1 sind ferner alle Arten der Arbeit mit einer Entlohnung erfasst, die vom Arbeitstempo abhängt, insbesondere Arbeiten in einem **Prämienlohnsystem**, bei dem in der Regel die Frau neben festem Zeitlohn einen Zuschlag (Prämie) für die Leistung einer bestimmten Menge in einer bestimmten Zeit erhält (vgl. zu den verschiedenen Arten der Prämienentlohnung BAG vom 18.3.1964, AP Nr. 4 zu § 56 BetrVG Entlohnung; zum Akkord- und Prämienlohn und einem damit vergleichbaren Entgelt vgl. BAG vom 13.3.1984, BAG 45, 208 = AP Nr. 4 zu § 87 BetrVG 1972 Provision; ferner Bobrowski/Gaul [wie oben], Abschn. E VII, und Schaub, 12. Aufl., § 65). Unter das Verbot fällt vor allem die sog. **Quantitätsprämie**, die von der Arbeitsmenge und damit von der Schnelligkeit der Arbeit abhängt und deshalb auch Mengenleistungsprämie genannt wird (BAG a.a.O.). Gleiches gilt für Prämien, bei denen der Anreiz zur Quantitätssteigerung, wenn auch nicht allein bestimmend ist, so doch im Vordergrund steht (Meisel/Sowka, § 4 Anm. 35). Die daneben vorkommenden Qualitäts- oder Güteprämien und die Ersparnis- oder Wirtschaftlichkeitsprämien (BAG a.a.O.) sollen nicht das Arbeitstempo steigern und sind deshalb in Nr. 1 nicht gemeint (zu § 4 MuSchG a.F. Becker/Buchner, 8. Aufl., § 4 a.F. Rn. 92; Meisel/Sowka, § 4 a.F.

Anm. 32–36; Zmarzlik/Zipperer, 9. Aufl., § 4 a.F. Rn. 74; alle mit Hinweisen; ferner die Kommentare zu § 23 Abs. 1 JArbSchG).

Unter Nr. 1 fallen auch nicht solche Arten der Entlohnung, die gelegentlich als **Prämien** bezeichnet werden, in Wahrheit aber keine »Belohnung« für die Leistung, sondern für anderes darstellen (Anwesenheit, Pünktlichkeit, gutes Geschäftsergebnis, Sparsamkeit, Vermeidung von Unfällen, Dauer der Betriebszugehörigkeit). Nicht verboten ist ferner die Beschäftigung von Frauen auf **Provisionsbasis**, da die Höhe der Provision allein vom Erfolg der Arbeit und allenfalls mittelbar vom Arbeitstempo abhängt (vgl. §§ 65, 87 HGB). Ebenso wird vom Beschäftigungsverbot nicht erfasst eine Verkaufstätigkeit im Einzelhandel, bei der eine an den Umsatz geknüpfte Provision gezahlt wird. In diesem Fall wird die Umsatzhöhe nicht entscheidend und unmittelbar von der Menge der verkauften Waren bestimmt (BAG vom 25.5.1983, AP Nr. 9 zu, § 11 MuSchG 1968). Reine Abschlussprovisionen sind auch kein vergleichbares leistungsbezogenes Entgelt im Sinne von § 87 Abs. 1 Nr. 11 BetrVG (BAG vom 13.3.1984, BAG 45, 208 = AP Nr. 4 zu § 87 BetrVG 1972 Provision = BB 1984, 2128 unter Aufgabe von BAG 29, 103 = AP Nr. 1 zu § 87 BetrVG 1972 Provision). Schließlich fällt auch die Beschäftigung in **Heimarbeit**, die nach Stückzahl entlohnt wird, nicht unter das Verbot (vgl. die Hinweise bei Zmarzlik/Zipperer, 5. Aufl., § 4 a.F. Anm. 22). 127

bb) Nr. 2: Fließarbeit

Der typische Fall der **Fließarbeit** im Sinne der Nr. 2 ist die Beschäftigung am »laufenden Band«. Die Norm geht davon aus, dass Fließarbeit grundsätzlich eine unzulässige Gefährdung für die schwangere Frau und ihr Kind darstellt (Ausschussdrucksache 18[13]114, S. 20). Aufgrund der durch das Fließband zwingend vorgegebenen Reihenfolge der Arbeitsverrichtungen sowie der vorgegebenen Zeittaktung des Fließbandes kann hier ebenfalls eine Überbeanspruchung von schwangeren und stillenden Arbeitnehmerinnen eintreten, weil die Arbeitnehmerin nicht mehr ihr **Arbeitstempo** – ihrem Zustand entsprechend – selbst bestimmen kann ((Pepping in HK-MuSchG, 6. Aufl. 2022, MuSchG § 11 Rn. 150; Klempt, in: Kasseler Handbuch zum Arbeitsrecht, Bd. I, Kap. 3.4 Rn. 41). Das Verbot greift dann ein, wenn die Frau zur Einhaltung eines bestimmten Arbeitstempos gezwungen ist, weil für eine bestimmte Verrichtung ein begrenzter Zeitraum vorgesehen ist und jeder am Fließband eingesetzte Arbeitnehmer seine Teilarbeit erst tun kann, wenn die vorhergehenden Teilarbeiten erledigt sind. Dagegen gilt das Verbot nicht, wenn das Arbeitsmaterial mithilfe eines Transportbandes oder ähnlicher technischer Einrichtung lediglich an den Arbeitsplatz gebracht wird oder wenn die Frau dem an sich vorgeschriebenen Arbeitstempo deshalb nicht unterworfen ist, weil sie das Band anhalten oder Stücke auslassen kann. Kann sie dagegen das Tempo nur abwandeln, dann gilt das Verbot (vgl. zu § 4 MuSchG a.F. Buchner/Becker, 8. Aufl., Rn. 96 ff.; Meisel/Sowka, § 4 Anm. 40, 41; Zmarzlik/Zipperer, 9. Aufl., § 4 a.F. Rn. 76; die Kommentare zu § 23 Abs. 1 Nr. 3 JArbSchG; ferner BAG vom 2.12.1960, AP Nr. 1 zu § 56 BetrVG Entlohnung und LAG Hamm vom 18.6.1958, BB 1959, 448). 128

cc) **Nr. 3: Getaktete Arbeit**

129 **Nr. 3** wurde auf Empfehlung des Bundesrates (Ausschussdrucksache 18[13]114, S. 20; BR-Drucks. 289/17 S. 6) eingeführt bzw ergänzt. Die Vorschrift regelt, dass eine schwangere Frau nicht mit getakteter Arbeit mit vorgeschriebenem Arbeitstempo beschäftigt werden darf, wenn die Art der Arbeit oder das **Arbeitstempo** für die schwangere Frau oder für ihr Kind eine unverantwortbare Gefährdung darstellt. Diese Regelung ist im Vergleich zu einem generellen Verbot der getakteten Arbeit flexibler und berücksichtigt stärker das Interesse der Frau an einer Weiterbeschäftigung. Im Unterschied zur Akkord- und Fließarbeit, die grundsätzlich eine unzulässige Gefährdung für die schwangere Frau und ihr Kind darstellen, bestehe bei der getakteten Arbeit mit vorgeschriebenem Arbeitstempo häufiger die Möglichkeit, die Arbeitsabläufe der schwangerschaftsbedingten Situation entsprechend anzupassen, sodass für die schwangere Frau oder für ihr Kind keine unverantwortbare Gefährdung bestehe. Die zuständige Aufsichtsbehörde könne die getaktete Arbeit mit vorgeschriebenem Arbeitstempo nach § 29 Absatz 3 Satz 2 Nummer 7 verbieten, wenn sie nach Prüfung zu dem Ergebnis gelangt, dass die konkrete Form der getakteten Arbeit eine unverantwortbare Gefährdung für die schwangere Frau oder für ihr Kind darstellt. Der Ausschuss für Mutterschutz kann nach § 30 Absatz 3 Satz 1 Nummer 2 konkretisierende Regeln zur Beurteilung von unverantwortbaren Gefährdungen bei getakteter Arbeit mit vorgeschriebenem Arbeitstempo aufstellen (s. zum vorstehenden: Ausschussdrucksache 18[13]114, S. 20).

130 Die Benachrichtigung nach § 27 Satz 1 Nummer 2 soll sinnvollerweise die Beschreibung der Tätigkeiten der Frau und die Darlegung enthalten, dass die gesetzlichen Vorgaben für die jeweilige Beschäftigung eingehalten sind. Dies ermöglicht der Aufsichtsbehörde eine umgehende Prüfung der angezeigten Beschäftigung auf Grundlage der übermittelten Angaben oder gegebenenfalls nachgeforderten Unterlagen.

- Die bisherige Regelung des § 4 Abs. 2 Nr. 6 MuSchG a.F. zu den Berufskrankheiten wurde aus systematischen Gründen nicht in die Kataloge der §§ 11 und 12 aufgenommen. Der Begriff der Berufskrankheiten ist auf haftungsrechtliche Fragen ausgerichtet und ist daher nicht passgerecht für den präventionsrechtlichen Bereich des Mutterschutzes (BR-Drucks. 230/16, S. 40; vgl. auch BVerwG Urteil vom 26.4.2005, 5 C 11.04, NVwZ-RR 2005, 724). Die bisherige Regelung zu den Berufskrankheiten wird daher durch Regelungen ersetzt, die der präventivmedizinischen Ausrichtung des Mutterschutzes besser Rechnung tragen und damit das mutterschutzrechtlich angestrebte Schutzniveau besser verwirklichen.

131 Der bisher in § 5 Abs. 1 Nr. 5 MuSchArbV geregelte Schutz gebärfähiger Arbeitnehmerinnen **vor Blei und Quecksilberalkylen** ist nicht in die §§ 10 und 11 übernommen worden, weil er systematisch nicht dem Mutterschutzrecht zuzuordnen ist. Der Schutz gebärfähiger Arbeitnehmerinnen – und zeugungsfähiger Arbeitnehmer – vor Gefahrstoffen ist im Rahmen des allgemeinen Arbeitsschutzes zu regeln (vgl. BR-Drucks. 630/16 S. 40).

- Die bisherige Regelung zum Schälen von Holz nach § 4 Abs. 2 S. 1 Nr. 5 MuSchG ist entfallen, da diese Tätigkeit heutzutage weitgehend maschinell erledigt wird und damit für den Mutterschutz nicht mehr eine Bedeutung hat, die eine beispielhafte Erwähnung im Gesetz rechtfertigt (BR-Drucks. 230/16, S. 40).

b) Ausnahmebewilligung durch die Aufsichtsbehörde

Die Beschäftigungsverbote nach Abs. 6 Nrn. 1. und 2 sind **keine absoluten Verbote.** 132
Die Aufsichtsbehörde (§ 29) kann nach §§ 29 Absatz 3 Nummer 8 sowohl für die einzelne Frau als auch für alle von dem Verbot erfassten Frauen (auch solche, die erst in der Zukunft mit der bestimmten Arbeit beschäftigt werden und Mutterschutz genießen) eines Betriebes oder einer Betriebsabteilung (wegen dieses Begriffs s. BAG vom 30.5.1958, AP Nr. 13 zu § 13 KSchG) **Ausnahmen in den Fällen des § 11 Absatz 6 Nummer 1 und 2 bewilligen**, wenn eine Beeinträchtigung der Gesundheit von Mutter oder Kind nicht zu befürchten ist. Es gelten auch insoweit keine weniger strengen Maßstäbe als für die Jugendlichen gemäß § 23 Abs. 1 Nr. 3 i.V.m. § 27 Abs. 3 JArbSchG. Dabei ist unerheblich, dass – anders als nach § 38 Abs. 2 i.V.m. § 63 JArbSchG vom 9.8.1960 – vom Verbot der Akkordarbeit keine Ausnahme mehr bewilligt werden kann. Vom Zweck der Norm her ist das gesundheitliche Wohlergehen von Mutter und Kind vorrangig (wie hier die Arbeitsminister der Länder; vgl. als Beispiel den Erl. d. HessArbMin. v. 7.3.1968 BABl.ArbSch. 1968, 196; Buchner/Becker, 7. Aufl., § 4 Rn. 83; Meisel/Sowka, 5. Aufl., § 4 Rn. 27, 44; Welzel, DB 1965, 1442 li. Sp. unten).

Der Arbeitgeber muss die **Ausnahmebewilligung** bei der Aufsichtsbehörde beantragen 133
(s. Meisel/Sowka, 5. Aufl., § 4 a.F. Rn. 46). Die Bewilligung erfolgt mittels **Verwaltungsakt.** Die Entscheidung erfolgt auf Antrag des Arbeitgebers; dieser ist aber an keine bestimmte Form gebunden (Pepping in Hk-MuSchG, § 29 Rn. 53,). Auch wenn die Voraussetzungen für die Erteilung einer Ausnahmebewilligung gemäß Abs. 3 Satz 2 oder 3 gegeben sind, steht die Erteilung im **pflichtgemäßen Ermessen der Aufsichtsbehörde**; ein Rechtsanspruch auf Bewilligung besteht nicht. Da das Gesetz die Beschäftigung von Frauen während der Schwangerschaft (und während der Stillzeit) mit den in Abs. 3 Satz 1 genannten Arbeiten grundsätzlich ablehnt, kann die Aufsichtsbehörde in ihre Prüfung auch aus dem Sinn des Mutterschutzes folgende Zweckmäßigkeitsgründe, insbesondere die Überlegung einbeziehen, ob ein hinreichender Anlass (für den Betrieb oder für die Frau) für die Erteilung der Ausnahmebewilligung gegeben ist (vgl. im Einzelnen BVerwG vom 8.7.1964, BVerwGE 19, 87 = AP Nr. 1 zu § 38 JArbSchG; ferner VerwG Kassel vom 10.1.1962, BB 1962, 259 und VerwG Düsseldorf vom 20.11.1962, BB 1963, 392; Zmarzlik/Zipperer, 8. Aufl., § 4 Rn. 60; die einschlägigen Ländererlasse, vgl. den Erl. d. HessArbMin. vom 7.3.1968, BABl. ArbSch. 1968, 196; zu § 4 MuSchG a.F. Buchner/Becker, 7. Aufl., § 4 Rn. 83; Meisel/Sowka, 5. Aufl., § 4 a.F. Rn. 47, 55; Volmer, Anm. zu BVerwG vom 8.7.1964, AP a.a.O.).

Es bestehen keine Bedenken, für die Ausnahmebewilligung die Grundsätze (entspre- 134
chend) heranziehen, die in § 54 JArbSchG (= früher § 63 JArbSchG 1960) aufgestellt sind (Befristung, Auflagen, Bedingungen, Widerrufsvorbehalt, ebenso Buchner/Becker, 8. Aufl., § 4 a.F. Rn. 108; Meisel/Sowka, 5. Aufl. § 4 a.F. Rn. 58). Liegt eine **generelle Ausnahmebewilligung** vor, dann kann die einzelne Frau, bei der sich die Arbeit gesund-

heitsgefährdend auswirkt, gemäß § 3 Abs. 1 ein individuelles Beschäftigungsverbot herbeiführen. Aus einem gewissen Leistungsabfall der Frau ist noch nicht allein auf die Gefahr der Überanstrengung zu schließen, wenn die Beschäftigung so eingerichtet ist, dass eine solche Gefahr im Allgemeinen für schwangere (oder stillende) Frauen nicht besteht (Buchner/Becker, 8. Aufl., § 4 Rn. 106 Meisel/Sowka, 5. Aufl., § 4 Rn. 51).

135 Wegen des Verfahrensganges bei Entscheidungen der Aufsichtsbehörde s. die Erläuterungen zu § 29. Die Bewilligung kann jederzeit **zurückgenommen** werden, wenn Umstände vorliegen, die dies rechtfertigen, insbesondere dann, wenn Belege dafür vorhanden sind, dass die Voraussetzungen für die Ausnahmebewilligung nicht mehr vorliegen (zu § 4 MuSchG a.F. Buchner/Becker, 8. Aufl. Rn. 107).

§ 12 MuSchG Unzulässige Tätigkeiten und Arbeitsbedingungen für stillende Frauen

(1) [1]Der Arbeitgeber darf eine stillende Frau keine Tätigkeiten ausüben lassen und sie keinen Arbeitsbedingungen aussetzen, bei denen sie in einem Maß Gefahrstoffen ausgesetzt ist oder sein kann, dass dies für sie oder für ihr Kind eine unverantwortbare Gefährdung darstellt. [2]Eine unverantwortbare Gefährdung im Sinne von Satz 1 liegt insbesondere vor, wenn die stillende Frau Tätigkeiten ausübt oder Arbeitsbedingungen ausgesetzt ist, bei denen sie folgenden Gefahrstoffen ausgesetzt ist oder sein kann:

1. **Gefahrstoffen, die nach den Kriterien des Anhangs I zur Verordnung (EG) Nr. 1272/2008 als reproduktionstoxisch nach der Zusatzkategorie für Wirkungen auf oder über die Laktation zu bewerten sind oder**
2. **Blei und Bleiderivaten, soweit die Gefahr besteht, dass diese Stoffe vom menschlichen Körper aufgenommen werden.**

(2) [1]Der Arbeitgeber darf eine stillende Frau keine Tätigkeiten ausüben lassen und sie keinen Arbeitsbedingungen aussetzen, bei denen sie in einem Maß mit Biostoffen der Risikogruppe 2, 3 oder 4 im Sinne von § 3 Absatz 1 der Biostoffverordnung in Kontakt kommt oder kommen kann, dass dies für sie oder für ihr Kind eine unverantwortbare Gefährdung darstellt. [2]Eine unverantwortbare Gefährdung im Sinne von Satz 1 liegt insbesondere vor, wenn die stillende Frau Tätigkeiten ausübt oder Arbeitsbedingungen ausgesetzt ist, bei denen sie mit Biostoffen in Kontakt kommt oder kommen kann, die in die Risikogruppe 4 im Sinne von § 3 Absatz 1 der Biostoffverordnung einzustufen sind. [3]Die Sätze 1 und 2 gelten auch, wenn der Kontakt mit Biostoffen im Sinne von Satz 1 oder 2 therapeutische Maßnahmen erforderlich macht oder machen kann, die selbst eine unverantwortbare Gefährdung darstellen. [4]Eine unverantwortbare Gefährdung im Sinne von Satz 1 oder 2 gilt als ausgeschlossen, wenn die stillende Frau über einen ausreichenden Immunschutz verfügt.

(3) [1]Der Arbeitgeber darf eine stillende Frau keine Tätigkeiten ausüben lassen und sie keinen Arbeitsbedingungen aussetzen, bei denen sie physikalischen Einwirkungen in einem Maß ausgesetzt ist oder sein kann, dass dies für sie oder für ihr Kind eine unverantwortbare Gefährdung darstellt. [2]Als physikalische Einwirkungen im Sinne

von Satz 1 sind insbesondere ionisierende und nicht ionisierende Strahlungen zu berücksichtigen.

(4) [1]Der Arbeitgeber darf eine stillende Frau keine Tätigkeiten ausüben lassen und sie keinen Arbeitsbedingungen aussetzen, bei denen sie einer belastenden Arbeitsumgebung in einem Maß ausgesetzt ist oder sein kann, dass dies für sie oder für ihr Kind eine unverantwortbare Gefährdung darstellt. [2]Der Arbeitgeber darf eine stillende Frau insbesondere keine Tätigkeiten ausüben lassen

1. in Räumen mit einem Überdruck im Sinne von § 2 der Druckluftverordnung oder

2. im Bergbau unter Tage.

(5) Der Arbeitgeber darf eine stillende Frau folgende Arbeiten nicht ausüben lassen:

1. Akkordarbeit oder sonstige Arbeiten, bei denen durch ein gesteigertes Arbeitstempo ein höheres Entgelt erzielt werden kann,

2. Fließarbeit oder

3. getaktete Arbeit mit vorgeschriebenem Arbeitstempo, wenn die Art der Arbeit oder das Arbeitstempo für die stillende Frau oder für ihr Kind eine unverantwortbare Gefährdung darstellt.

Übersicht Rdn.

1. Allgemeines

1 Die Norm ist gänzlich neu und wurde durch G v. 23.5.2017 (BGBl. I 1228) eingefügt. Sie basiert im Wesentlichen auf §§ 4 und 5 Absatz 1 Satz 1 Nummer 1 und 4 MuSchArbV und dem bisherigen § 4 Absatz 1 MuSchG und übernimmt deren Regelungen.

2 § 12 bestimmt unzulässige Tätigkeiten und Arbeitsbedingungen für stillende Frauen im Hinblick auf Gefahrstoffe (Absatz 1), Biostoffe (Absatz 2), physikalische Einwirkungen (Absatz 3) oder eine belastende Arbeitsumgebung (Absatz 4) sowie Akkord- und Fließarbeit (Absatz 5). Die Absätze 4 und 5 enthalten Kataloge von Tätigkeiten und Arbeitsbedingungen, die ohne eine gesonderte Prüfung und Einstufung durch den Arbeitgeber als unzulässig bewertet werden, da sie aufgrund der gesetzgeberischen Wertung in jedem Fall eine unverantwortbare Gefährdung sind. Die Regelung entspricht in ihrem Aufbau im Wesentlichen § 11. Auch insoweit sind die sonstigen **arbeitsschutzrechtlichen Vorschriften** zu beachten, insbesondere auch die besonderen Schutzvorschriften des JArbSchG (BT-Drucks. 230/16 S. 90).

2. Absatz 1

3 Absatz 1 trifft Regelungen, soweit die Beschäftigte und ihr Kind in der Stillzeit eines besonderen Gesundheitsschutzes vor Gefährdungen im Zusammenhang mit Gefahrstoffen bedürfen. Die Vorschrift regelt den Schutz der stillenden Frau und ihres Kindes vor unverantwortbaren Gefährdungen im Hinblick auf Gefahrstoffe und korrespondiert mit § 11 Absatz 1, der eine entsprechende Regelung für die Zeit der Schwangerschaft trifft (s.o. § 11 Rdn. 23 ff.). Im Übrigen wird die Gesundheit der Frau durch die arbeitsschutzrechtlichen Vorgaben geschützt. Für die Regelung des Ausschlusses in § 11 Absatz 1 Satz 3 gibt es für stillende Frauen keine korrespondierende Regelung, da es keine arbeitsplatzbezogenen Vorgaben gibt, bei deren Einhaltung Auswirkungen auf die Laktation als ausgeschlossen gelten (BT-Drucks. 230/16 S. 90).

Voraussetzung für die Anwendbarkeit der Norm ist, dass die Frau stillt. Maßgebend für die Anwendung des § 12 ist die Zeit nach der Schutzfrist des § 3 Abs. 2 (acht bzw. zwölf Wochen nach der Entbindung); während der Schutzfrist ist die Frau ohnehin völlig von der Arbeit freigestellt. Die Entscheidung, ob, in welchem Umfang und wie lange gestillt wird, obliegt allein der Mutter. Es kommt allein darauf an, dass die Arbeitnehmerin stillt (ebenso LAG Baden-Württemberg vom 3.11.1989, AiB 1990, 266). Ein Rückgriff auf den Begriff des »Säuglings« sei nach dem Gesetzeswortlaut nicht geboten, da ihn der Gesetzgeber nicht verwende. (Oberverwaltungsgericht Berlin-Brandenburg, Beschluss vom 23.3.2016 – OVG 4 S 49.15 –, Rn. 10, juris zu § 7 Abs. 1 MuSchG a.F.). Das SG Nürnberg, das über die Erstattung von Mutterschutzlohnkosten nach dem Aufwendungsausgleichsgesetz (AAG) zu entscheiden hatte, hat klargestellt, dass dieser Anspruch nicht auf die ersten 12 Monate nach der Geburt der Kinder begrenzt sei. Die Begrenzung der Stillzeit auf 12 Monate, wie in § 7 MuSchG formuliert, gehe von Freistellung von der Arbeit aus: Nach einem Jahr werde das Kind vielleicht nur noch morgens und abends gestillt, was sich mit einem normalen Arbeitsplatz gut vereinbaren lase, weshalb Stillpausen am Arbeitsplatz in der Regel nicht mehr notwendig seien. Es sei jedoch von der Natur aus nicht vorgesehen, dass mit Beginn des 13. Lebensmonats Kinder gar nicht mehr gestillt werden. Und das sehe auch der Gesetzgeber so: Er habe die höchste zulässige Stillzeit keineswegs generell auf die ersten 12 Monate nach der Entbindung begrenzt. Bei einem Beschäftigungsverbot lägen am Arbeitsplatz Gefährdungsrisiken vor, die eine Beschäftigung der werdenden oder stillenden Mutter verbieten. Stillt sie länger als ein Jahr, und sei es nur morgens oder abends, ändere sich daran nichts (SG Nürnberg, Urteil vom 4.8.2020 – S 7 KR 303/20 – juris Rn. 59). Ebenso hat das SG Frankfurt darauf hingewiesen, dass es bei § 12 wie bei den §§ 9 und 23 MuSchG um den Gesundheitsschutz gehe, der Gefahren betreffe, die für die stillende Frau entstehen bspw. durch Infektionen, die über die Muttermilch übertragen werden und somit den gesamten Zeitraum des Stillens betreffe (SG Frankfurt, Urteil vom 15.9.2023 – S 34 KR 28/21 – juris Rn. 30 (Berufung anhängig unter L 8 BA 61/23).

Gem. § 15 Abs. 1 S. 2 soll die stillende Frau dem Arbeitgeber so früh wie möglich mitteilen, dass sie stillt. Hierbei handelt es sich um eine Obliegenheit, die sie auch als actus cobtrarius hinsichtlich des Ende des Stillens trifft (Pepping in HK-MuSchG, 6. Aufl. 2022, § 12 Rn. 11). Hat der Arbeitgeber Zweifel, kann er auf seine Kosten die Vorlage einer ärztlichen Stillbescheinigung verlangen (s. zu den Einzelheiten oben § 9 Abs. 6 Rdn. 36 ff.).

a) Satz 1

Satz 1 regelt die Unzulässigkeit von Tätigkeiten und Arbeitsbedingungen während der Stillzeit im Hinblick auf **Gefahrstoffe** und übernimmt damit im Wesentlichen den Regelungsgehalt der bisherigen §§ 4 und 5 Absatz 1 Satz 1 Nummer 1 und 4 MuSchArbV und des bisherigen § 4 Absatz 1 MuSchG. Die Regelung entspricht § 11 Absatz 1 Satz 1, der eine entsprechende Generalklausel für die Zeit der Schwangerschaft trifft. (BT-Drucks. 230/16 S. 90). Die im ursprünglichen Referentenentwurf als § 11 vorgesehene Formulierung »mit Gefahrstoffen in Kontakt kommt oder kommen kann« wurde zuletzt auf Empfehlung des Bundesrates umformuliert in »Gefahrstoffen ausgesetzt ist oder sein kann« (BR-Drucks. 289/17 S. 7). 4

b) Satz 2

Satz 2 bezeichnet in einer **nicht abschließenden Auflistung** Gefahrstoffe, die bei der Prüfung nach Satz 1 zu berücksichtigen sind. Die Aufzählung ist auf die Gefahrstoffe beschränkt, die spezifisch zu einer unverantwortbaren Gefährdung der stillenden Frau oder ihres Kindes führen. Sie enthält insbesondere Stoffe, die in der Stillzeit das Kind über die Muttermilch gefährden können (BT-Drucks. 230/16 S. 90). 5

aa) Nummer 1

Nach **Nummer 1** sind bei der Prüfung nach Satz 1 alle Stoffe zu berücksichtigen, die nach der CLP-Verordnung (EG) Nr. 1272/2008 die Kriterien zur Einstufung als reproduktionstoxisch nach der Zusatzkategorie für Wirkungen auf oder über die Laktation erfüllen. (BT-Drucks. 230/16 S. 91). Ein **Gefahrstoff im Sinne der Nummer 1** liegt wie bei § 11 vor, wenn er die im Einzelnen jeweils bezeichneten Einstufungskriterien des Anhangs I der CLP-Verordnung (EG) Nr. 1272/2008 erfüllt. Es ist Aufgabe des Arbeitgebers, die entsprechenden Voraussetzungen für jeden Gefahrstoff zu prüfen. Mit dem Wortlaut wird klargestellt, dass sich der Arbeitgeber nicht auf die vorgefundene Kennzeichnung des Stoffes verlassen darf, sondern gege- 6 benenfalls eine eigene Prüfung veranlassen muss (BR-Drucks. 230/16 vom 6.5.2016, S. 81; vgl. o. § 11 Rdn. 46).

7 Zu den Stoffen nach **Nummer 1** gehören nicht nur **fruchtschädigende**, sondern auch ausschließlich **fruchtbarkeitsverändernde (fertilitätsmindernde) Stoffe**. Hintergrund ist, dass das derzeitige Einstufungssystem der CLP-Verordnung (EG) Nr. 1272/2008 die ursprüngliche Differenzierung fruchtschädigender und fruchtbarkeitsschädigender Eigenschaften aus der Richtlinie 67/548/EWG des Rates vom 27. Juni 1967 zur Angleichung der Rechts- und Verwaltungsvorschriften für die Einstufung, Verpackung und Kennzeichnung gefährlicher Stoffe (ABl. 196 vom 16.8.1967, S. 1) nicht übernommen hat. Eine korrekte Differenzierung ist damit anhand der Kategorisierung nach der CLP-Verordnung (EG) Nr. 1272/2008 im Augenblick nicht möglich. Eine unverantwortbare Gefährdung gilt bei diesen Gefahrstoffen dementsprechend als ausgeschlossen, wenn der jeweilige Stoff hinsichtlich einer Fruchtschädigung als sicher einzustufen ist (beispielsweise aufgrund der Zusatzbemerkung »Y« nach den Technischen Regeln für Gefahrstoffe (TRGS 900). Auch Stoffe, die die Einstufungskriterien der Zusatzkategorie für Wirkungen auf oder über die Laktation erfüllen, werden von Buchstabe a erfasst, da sie auch zur Reproduktionstoxizität gehören. Dies ist erforderlich, weil bestimmte Auswirkungen auf das Stillen bereits durch Gefahrstoffeinwirkungen während der Schwangerschaft ausgelöst werden können (BR-Drucks. 230/16 vom 6.5.2016, S. 81).

bb) Nummer 2

8 **Nummer 2** erfasst – wie § 11 Absatz 1 Satz 2 Nummer 2 für schwangere Frauen – zudem entsprechend den unionsrechtlichen Vorgaben im Anhang II Buchstabe B, Nummer 1 Buchstabe a der Mutterschutzrichtlinie 92/85/EWG **Blei und Bleiderivate**, soweit die Gefahr besteht, dass diese Agenzien vom menschlichen Organismus absorbiert werden (BT-Drucks. 230/16 S. 91).

3. Absatz 2

9 Absatz 2 regelt die Unzulässigkeit von Tätigkeiten und Arbeitsbedingungen während der Stillzeit im Hinblick auf Biostoffe und übernimmt damit im Wesentlichen den Regelungsgehalt des bisherigen § 1 Absatz 1 MuSchArbV a.F.

a) Satz 1

10 **Satz 1** korrespondiert mit § 11 Absatz 2, der eine entsprechende Regelung für die Zeit der Schwangerschaft trifft (s.o. § 11 Rdn. 70 ff.).

b) Satz 2

11 **Satz 2** bestimmt, dass eine unverantwortbare Gefährdung im Sinne von Satz 1 insbesondere dann vorliegt, wenn die schwangere Frau Tätigkeiten ausübt oder Arbeitsbedingungen ausgesetzt ist, bei denen sie mit Biostoffen in Kontakt kommt oder kommen kann, die in die Risikogruppe 4 im Sinne von § 3 Absatz 1 der Biostoff-

verordnung einzustufen sind. Anders als für Schwangere gibt es für Stillende darüber hinaus insoweit keine weiteren spezifischen Vorgaben (BT-Drucks. 230/16 S. 91).

Nach § 11 MuSchG gilt die nach Satz 2 vermutete unverantwortbare Gefährdung als ausgeschlossen, wenn die schwangere Frau einen **ausreichenden Immunschutz** hat. Diese gesetzliche Ausnahme hat der Wortlaut von § 11 MuSchG für die Stillende nach § 12 MuSchG übernommen. Dem Arbeitgeber ist dabei grundsätzlich gestattet, bestehende Immunisierungen zu berücksichtigen. Ein Gefährdungsausschluss kann dann nach § 9 Abs. 2 Satz 3 MuSchG in Betracht kommen; danach gilt eine unverantwortbare Gefährdung als ausgeschlossen, wenn der Arbeitgeber alle Vorgaben einhält, die aller Wahrscheinlichkeit dazu führen, dass die Gesundheit einer stillenden Frau oder ihres Kindes nicht beeinträchtigt wird (Tillmanns/Mutschler-Felder, MuSchG, 2. Aufl. 2018 § 12 Rn. 46f). Z.B. gilt die nach Satz 2 vermutete unverantwortbare Gefährdung bei einer Oralchirurgin, die oralchirurgische und zahnärztliche Tätigkeiten ausübt, als ausgeschlossen, wenn die schwangere Frau einen ausreichenden Immunschutz hat sowie wenn der Arbeitgeber alle Vorgaben einhält, die aller Wahrscheinlichkeit dazu führen, dass die Gesundheit einer stillenden Frau oder ihres Kindes nicht beeinträchtigt wird (LAG Baden-Württemberg, Urteil vom 10.8.2021 – 11 SaGa 1/21 – juris RdNr. 108).

4. Absatz 3

Absatz 3 regelt die Unzulässigkeit von Tätigkeiten und Arbeitsbedingungen während der Stillzeit im Hinblick auf physikalische Einwirkungen. Die Regelung entspricht § 11 Absatz 3 (s.o. Rdn. 77 ff.). 12

a) Satz 1

Satz 1 übernimmt, redaktionell überarbeitet, einen Teil des Regelungsgehalts des § 4 Absatz 1 i.V.m. § 6 Absatz 3 MuSchG a.F. 13

b) Satz 2

Nach Satz 2 sind aufgrund ihrer möglichen Auswirkungen auf die Laktation insbesondere **ionisierende und nicht ionisierende Strahlungen** als physikalische Einwirkung im Sinne von Satz 1 zu berücksichtigen. Die Regelung übernimmt damit den Regelungsgehalt der bisherigen Anlage 1, A., Nummer 3 Buchstabe d und e MuSchArbV. In diesem Zusammenhang ist auch Artikel 10 Absatz 2 Richtlinie 2013/59/Euratom des Rates vom 5. Dezember 2013 zur Festlegung grundlegender Sicherheitsnormen für den Schutz vor den Gefahren einer Exposition gegenüber ionisierender Strahlung und zur Aufhebung der Richtlinien 89/618/Euratom, 90/641/Euratom, 96/29/Euratom, 97/43/Euratom und 2003/122/Euratom zu berücksichtigen, wonach eine stillende Frau keine Arbeiten ausführen darf, bei denen ein beträchtliches Risiko der Inkorporation von Radionukliden oder einer Kontamination des Körpers besteht (BT-Drucks. 230/16 S. 91 f.). 14

5. Absatz 4

15 **Absatz 4** regelt unzulässige Tätigkeiten und Arbeitsbedingungen in der Stillzeit im Hinblick auf eine belastende Arbeitsumgebung. Die Regelung korrespondiert insoweit mit § 11 Absatz 4, der eine entsprechende Regelung für die Zeit der Schwangerschaft trifft (s.o. § 11 Rdn. 96 ff.).

a) Satz 1

16 Nach **Satz 1** darf eine stillende Frau keine Tätigkeiten ausüben und keinen Arbeitsbedingungen ausgesetzt sein, bei denen sie einer belastenden Arbeitsumgebung in einem Maß ausgesetzt ist oder sein kann, dass dies für sie oder ihr Kind eine unverantwortbare Gefährdung darstellt.

b) Satz 2

17 Die in **Satz 2** genannten Tätigkeiten und Arbeitsbedingungen sind ohne eine gesonderte Prüfung und Einstufung durch den Arbeitgeber unzulässig, da sie aufgrund der gesetzgeberischen Wertung in jedem Fall mit einer unverantwortbaren Gefährdung verbunden sind (BT-Drucks. 230/16 S. 92).

aa) Nummer 1

18 **Nummer 1** regelt für die Stillzeit das Verbot der Tätigkeit in Räumen mit Überdruck und übernimmt, redaktionell angepasst, den bisherigen Regelungsgehalt von § 5 Absatz 1 Nummer 6 MuSchArbV a.F. Die Regelung korrespondiert mit der Regelung des § 11 Absatz 4 Satz 2 Nummer 1, die eine entsprechende Regelung für die Zeit während der Schwangerschaft vorsieht (s.o. § 11 Rdn. 99).

bb) Nummer 2

19 **Nummer 2** regelt das Verbot der **Tätigkeit unter Tage im Bergbau** und übernimmt damit den bisherigen Regelungsgehalt der Anlage 2, Buchstabe B., Nummer 2 MuSchArbV a.F. (entsprechend Anhang II der Mutterschutzrichtlinie 92/85/EWG (unter Buchstabe B. Nummer 2)). Die Regelung korrespondiert mit der Regelung des § 11 Absatz 4 Satz 2 Nummer 3, die eine entsprechende Regelung für die Zeit während der Schwangerschaft vorsieht (s.o. Rdn. 101; BT-Drucks. 230/16 S. 92).

6. Absatz 5

20 Absatz 5 regelt das **Verbot der Akkord- und Fließarbeit** und übernimmt, redaktionell angepasst, den Regelungsgehalt des bisherigen § 6 Absatz 3 MuSchG a.F. und ergänzt ihn um die getaktete Arbeit. Die Regelung korrespondiert mit der Regelung des § 11 Absatz 6, die eine entsprechende Regelung für die Zeit während der Schwangerschaft vorsieht (s.o. Rdn. 124 ff.). Durch die Einfügung der Nummer 3 im Vergleich zum ursprünglichen Referentenentwurf von 2016 (BT-Drucks. 230/16) auf Empfehlung des Bundesrates wird nunmehr geregelt, dass eine stillende Frau nicht mit getakteter Arbeit mit vorgeschriebenem Arbeitstempo beschäftigt werden darf,

wenn die Art der Arbeit oder das Arbeitstempo für die stillende Frau oder für Kind eine unverantwortbare Gefährdung darstellt. (Ausschussdrucksache 18[13]114, S. 20 f.) Die Änderung korrespondiert mit der entsprechenden Regelung für schwangere Frauen in § 11 Absatz 6 Nummer 3.

Ausnahmen von diesem Verbot kann die zuständige Aufsichtsbehörde nach § 26 Absatz 3 Nummer 7 bewilligen (BT-Drucks. 230/16 S. 92).

§ 13 MuSchG Rangfolge der Schutzmaßnahmen: Umgestaltung der Arbeitsbedingungen, Arbeitsplatzwechsel und betriebliches Beschäftigungsverbot

(1) Werden unverantwortbare Gefährdungen im Sinne von § 9, § 11 oder § 12 festgestellt, hat der Arbeitgeber für jede Tätigkeit einer schwangeren oder stillenden Frau Schutzmaßnahmen in folgender Rangfolge zu treffen:
1. Der Arbeitgeber hat die Arbeitsbedingungen für die schwangere oder stillende Frau durch Schutzmaßnahmen nach Maßgabe des § 9 Absatz 2 umzugestalten.
2. Kann der Arbeitgeber unverantwortbare Gefährdungen für die schwangere oder stillende Frau nicht durch die Umgestaltung der Arbeitsbedingungen nach Nummer 1 ausschließen oder ist eine Umgestaltung wegen des nachweislich unverhältnismäßigen Aufwandes nicht zumutbar, hat der Arbeitgeber die Frau an einem anderen geeigneten Arbeitsplatz einzusetzen, wenn er einen solchen Arbeitsplatz zur Verfügung stellen kann und dieser Arbeitsplatz der schwangeren oder stillenden Frau zumutbar ist.
3. Kann der Arbeitgeber unverantwortbare Gefährdungen für die schwangere oder stillende Frau weder durch Schutzmaßnahmen nach Nummer 1 noch durch einen Arbeitsplatzwechsel nach Nummer 2 ausschließen, darf er die schwangere oder stillende Frau nicht weiter beschäftigen.

(2) Der Auftraggeber oder Zwischenmeister darf keine Heimarbeit an schwangere oder stillende Frauen ausgeben, wenn unverantwortbare Gefährdungen nicht durch Schutzmaßnahmen nach Absatz 1 Nummer 1 ausgeschlossen werden können.

Übersicht Rdn.

1. Allgemeines

1 Die bisher im MuSchG und in der MuSchArbV geregelten mutterschutzrechtlichen Verpflichtungen der Arbeitgeber wurden in der Neuregelung des MuSchG zusammengefasst sowie klarstellend neu strukturiert und formuliert. § 13 trifft nähere Bestimmungen zur Umsetzung der zu ergreifenden **Schutzmaßnahmen**, insbesondere zu ihrer **Rangfolge** und dem **Zeitpunkt**, zu dem sie vorzusehen und umzusetzen sind. Er übernimmt damit im Wesentlichen den Regelungsgehalt des bisherigen § 3 MuSchArbV (BR-Drucks. 230/16, S. 94).

2 Die **verbindlich** festgelegte Rangfolge der Schutzmaßnahmen soll **Benachteiligungen** von Frauen im beruflichen Fortkommen während der Schwangerschaft, nach der Entbindung und in der Stillzeit vermeiden (s. § 1 Abs. 1 Satz 1), die durch ein vorschnelles Beschäftigungsverbot entstehen können. Schwangere und stillende Frauen sind auf ihrem Arbeitsplatz weiter zu beschäftigen, solange dies durch Umgestaltung der Arbeitsbedingungen (Abs. 1 Nr. 1) oder gegebenenfalls durch einen Arbeitsplatzwechsel (Abs. 1 Nr. 2) ohne eine unverantwortbare Gefährdung möglich ist. Gleiches gilt für Studentinnen oder Schülerinnen, denen grundsätzlich – soweit im Hinblick auf den Gesundheitsschutz verantwortbar – ermöglicht werden soll, auch in der Schwangerschaft und in der Stillzeit ihre Ausbildung fortzusetzen. Ziel ist auch, die Autonomie der schwangeren und stillenden Frau in angemessener Weise zu gewährleisten und die gesellschaftliche Akzeptanz in die Gebotenheit der mutterschutzrechtlichen Regelungen sicherzustellen. Der Gesetzgeber hat deutlich gemacht, dass die Forderung, im Rahmen des Mutterschutzes jegliche Gefährdung zu vermeiden, die Beschäftigung schwangerer und stillender Frauen weitgehend ausschließt. Dies würde der Zielsetzung des Mutterschutzes zuwiderlaufen, schwangeren und stillenden Frauen eine verantwortbare Teilhabe am Erwerbsleben zu ermöglichen, die ihren individuellen Bedürfnissen angepasst ist. Zudem würde auf diese Weise versucht werden, im Arbeitsumfeld ein Schutzniveau zu erreichen, das sich außerhalb des Arbeitsumfelds nicht aufrechterhalten lässt (BR-Drucks. 230/16, S. 72).

2. Feststellung einer unverantwortbaren Gesundheitsgefährdung

3 Voraussetzung für die Anwendung der in § 13 geregelten Schutzmaßnahmen ist die Feststellung einer unverantwortbaren Gesundheitsgefährdung für die schwangere oder stillende Frau und ihr Kind. Ausgangspunkt ist die vom Arbeitgeber nach § 10 Abs. 1 für jede Tätigkeit durchzuführende generelle (»anlassunabhängige«) mutterschutzrechtliche **Gefährdungsbeurteilung**, die (anders als die allg. nach § 5 ArbSchG für alle Arbeitnehmer durchzuführenden Gefährdungsbeurteilung) personenbezogen ist. Darin ist die Gefährdung nach Art, Ausmaß und Dauer zu beurteilen und sind erforderliche Schutzmaßnahmen zu ermitteln. Das Ergebnis der nach § 10 Abs. 1 durchgeführten Gefährdungsbeurteilung einschließlich der vom Arbeitgeber nach § 10 Abs. 2 ergriffenen Schutzmaßnahmen ist nach § 14 Abs. 1 Satz 1 Nr. 1 und 2 zu dokumentieren.

Mit der **frühzeitigen Prüfung** der Arbeitsplätze im Rahmen einer ersten mutterschutzrechtlichen Beurteilung der Gefährdungen durch den Arbeitgeber (§ 10 Abs. 1) soll der grundsätzliche Bedarf an **mutterschutzrechtlichen Schutzmaßnahmen** ermittelt und mutterschutzrechtliche Belange in die weitere Planung und Organisation miteinbezogen werden können (vgl. BR-Drucks. 230/16, S. 35).

In § 9 Abs. 2 wird die **Gefährdung als zentraler Begriff** im betrieblichen Gesundheits- 4
schutz des Mutterschutzrechts eingeführt (s. Kommentierung zu § 9). Der Begriff der »Gefährdung« bezeichnet – im Unterschied zum Rechtsbegriff der »Gefahr« – die Möglichkeit eines Schadens oder einer gesundheitlichen Beeinträchtigung ohne bestimmte Anforderungen an ihr Ausmaß oder ihre Eintrittswahrscheinlichkeit (BT-Drucks. 13/3540, S. 16; BAG vom 12.08.2008 – Az. 9 AZR 1117/06, NZA 2009, 102, 105). Dieser Gefährdungsbegriff stammt aus dem Arbeitsschutz, der einen einheitlichen Gesundheitsschutz für alle Frauen und Männer vorsieht. Das Mutterschutzrecht sieht jedoch einen besonderen Gesundheitsschutz für schwangere und stillende Frauen sowie ihr (ungeborenes) Kind vor.

Unverantwortbar ist eine Gefährdung, wenn die **Eintrittswahrscheinlichkeit einer** 5
Gesundheitsbeeinträchtigung angesichts der zu erwartenden Schwere des möglichen Gesundheitsschadens **nicht hinnehmbar** ist (§ 9 Abs. 2 Satz 2). Die unverantwortbare Gefährdungslage (z.B. Ansteckungsgefahr in einem Krankenhaus) kann bei schwangeren oder stillende Frauen kausale Auswirkungen auf die Schwangerschaft oder das Stillen haben (z.B. Beendigung der Schwangerschaft oder Schädigung des Kindes) und stellt damit ein besonderes Risiko dar. Der Maßstab für den maßgeblichen Gefährdungsschutz ergibt sich vor allem aus den §§ 9, 11 oder 12 und den vom Ausschuss für Mutterschutz ermittelten und nach § 30 Abs. 4 im Gemeinsamen Ministerialblatt veröffentlichten Regeln (BR-Drucks. 230/16, S. 72 f.). Nach § 9 Abs. 1 sind auch Gefährdungen für die **psychische Gesundheit** zu beachten. Die Erweiterung des Schutzbereichs auf das ungeborene bzw. das zu stillende Kind ist ebenfalls lediglich eine Klarstellung im Wortlaut. Nach § 9 Abs. 2 Satz 3 gilt eine unverantwortbare Gefährdung als ausgeschlossen, wenn der Arbeitgeber alle Vorgaben einhält, die aller Wahrscheinlichkeit nach dazu führen, dass die Gesundheit einer schwangeren oder stillenden Frau oder ihres Kindes nicht beeinträchtigt werden (gesetzliche Fiktion).

3. Rangfolge der Schutzmaßnahmen

Stellt der Arbeitgeber eine unverantwortbare Gefährdung fest, ist er gesetzlich ver- 6
pflichtet, die in Abs. 1 Nr. 1–3 **abgestufte Rangfolge** der Schutzmaßnahmen einzuhalten. Nur wenn durch die Umgestaltung der Arbeitsbedingungen unverantwortbare Gefährdungen nicht ausgeschlossen werden können bzw. die **Umgestaltung** der Arbeitsbedingungen für den Arbeitgeber unzumutbar ist, ist ein **Arbeitsplatzwechsel** vorzunehmen. Nur wenn der Arbeitgeber keinen geeigneten Arbeitsplatz anbieten kann und der Frau ein Wechsel nicht zumutbar ist, kommt ein **betriebliches Beschäftigungsverbot** nach § 13 Abs. 1 Nr. 3 in Betracht. Die Reihenfolge der zu ergreifenden Schutzmaßnahmen ist zwingend und entspricht auch der in Art. 5 RL 92/85/EWG festgelegten **zwingenden Rangfolge**. Davon darf der Arbeitgeber auch dann nicht abweichen, wenn ihm das ausdrückliche Einverständnis der schwangeren Frau vorliegt.

7 Soweit eine Schutzmaßnahme für einen Teil der Tätigkeit möglich ist, muss sie für diesen Teil der Tätigkeit auch vorgenommen werden (BT-Drucks. 18/8963, S. 39). Grundsätzlich sollte die Umsetzung der Schutzmaßnahmen aus Gründen einer wirksamen Vorbeugung so früh wie möglich erfolgen. Bestimmte Schutzmaßnahmen, die nur bei Vorliegen einer Schwangerschaft getroffen werden (z.B. ein Arbeitsplatzwechsel nach Nr. 2) sind jedoch erst nach der Mitteilung der schwangeren Frau möglich.

8 Entsprechend der bisherigen Rechtslage gilt die in § 13 vorgegebene Rangfolge der Schutzmaßnahmen auch bei den Beschäftigungsverboten der §§ 4 (Mehrarbeit), 5 (Nachtarbeit), 6 (Sonn- und Feiertagsarbeit) und 16 (ärztliches Beschäftigungsverbot). In diesen Fällen handelt es sich ebenfalls um **unverantwortbare Gesundheitsgefährdungen**, für die der in § 13 zum Ausdruck kommende **Verhältnismäßigkeitsgrundsatz** gilt (so auch Hk-MuSchG/BEEG/Pepping, 6. Aufl. 2022, § 13 Rn. 4). Das ergibt sich zudem aus der unionsrechtlichen Vorgabe des Artikel 7 der Mutterschutzrichtlinie (92/85/EWG), wonach bei Nachtarbeit für die schwangere oder stillende Frau eine Umsetzung an einen Arbeitsplatz mit Tagarbeit oder, falls die Umsetzung unzumutbar ist, ein Beschäftigungsverbot zu ermöglichen ist.

9 Nach § 31 Nr. 2 (Erlass von Rechtsverordnungen) ist die Bundesregierung ermächtigt, durch Rechtsverordnung mit Zustimmung des Bundesrates nähere Bestimmungen zur Durchführung der erforderlichen Schutzmaßnahmen nach § 9 Abs. 1 und 2 und nach § 13 zu regeln.

a) Nr. 1: Umgestaltung der Arbeitsbedingungen

10 Nach Nr. 1 sind die Arbeitsbedingungen für schwangere oder stillende Frauen bei Feststellung einer unverantwortbaren Gefährdung durch geeignete und verhältnismäßige Schutzmaßnahmen nach Maßgabe des § 9 Abs. 2 umzugestalten. Die Umgestaltung stellt das mildeste Mittel dar, um eine Gefährdungslage zu beseitigen und die betroffenen Frauen auf ihrem arbeitsvertraglich vereinbarten Arbeitsplatz weiterzubeschäftigen. Bei der Prüfung der Umgestaltungsmöglichkeiten sind der **aktuelle Stand der Technik** sowie **arbeitsmedizinische Erkenntnisse** zu beachten. Maßnahmen sind **geeignet**, wenn sie die festgestellte Gesundheitsgefährdung ausschließen. **Verhältnismäßigkeit** liegt vor, wenn die Maßnahmen dem Arbeitgeber zumutbar sind (vgl. Abs. 1 Nr. 2). Bei der **Zumutbarkeit** sind die Umstände des Einzelfalls und die Ziele des MuSchG abzuwägen gegenüber den Kosten sowie dem zeitlichen und organisatorischen Aufwand des Arbeitgebers. Auf die wirtschaftliche Situation des einzelnen Arbeitgebers kommt es dabei nicht an. Die Unzumutbarkeit ist **objektiv** zu bestimmen, sodass auf einen durchschnittlichen Arbeitgeber der jeweiligen Branche abzustellen ist (so auch Hk-MuSchG/BEEG/Pepping, 6. Aufl. 2022, § 13 Rn. 15). Eine Arbeitsbefreiung ist nach § 13 Abs. 1 Nr. 1 nicht möglich, sondern nur unter den Voraussetzungen eines betrieblichen Beschäftigungsverbots (vgl. Rn. 15 ff.).

11 Der weit gefasste Begriff der »**Arbeitsbedingungen**« umfasst die Gesamtheit der Arbeitsumstände und schließt neben der Umgestaltung des räumlichen Arbeitsplatzes auch die Arbeitsorganisation wie die **Arbeitszeit** ein, die im bislang geltenden § 3 Abs. 1

MuSchArbV explizit genannt war. Zu den **Maßnahmen für eine Umgestaltung** des Arbeitsplatzes gehören bspw. ergonomische Tische und Stühle, Vermeidung extremer Temperaturen, Änderung der Beleuchtung oder Belüftung, oder die Einrichtung von Ruheräumen.

Die **Anpassung der Arbeitsbedingungen** umfasst u.a. die Reduzierung der Arbeitsmenge, Bereitstellung von Schutzkleidung (Atemschutzmasken), Bereitstellung von Hilfsmitteln für schwere Lasten oder Änderung der Arbeitszeit durch zeitliche Verschiebung (bspw. Arbeitsbeginn um 10 Uhr bei morgendlicher Übelkeit), durch Reduzierung der Arbeitszeit, Schichtplangestaltung oder Gewährung zusätzlicher Pausen. Dem Wunsch von DJB und DGB nach einer expliziten Nennung der Anpassung der Arbeitszeiten zur Klarstellung für die betriebliche Praxis ist der Gesetzgeber nicht nachgekommen (vgl. Protokoll 18/71, S. 21, 80).

Die **Umgestaltung der Arbeitsorganisation** betrifft die konkreten betrieblichen Arbeitsabläufe. So können u.a. Arbeitsschritte, Bearbeitungsvorgaben, Produktionsanweisungen oder das Arbeitstempo (z.B. am Fließband oder bei Leistungsvorgaben) entsprechend für die schwangere oder stillende Frau angepasst werden.

b) Nr. 2: Umsetzen auf einen anderen Arbeitsplatz

Nach Nr. 2 ist – wenn unverantwortbare Gefährdungen nicht durch die Umgestaltung der Arbeitsbedingungen nach Nr. 1 ausgeschlossen werden können oder dies wegen des nachweislich unverhältnismäßigen Aufwandes nicht zumutbar ist – ein Arbeitsplatzwechsel vorzunehmen, wenn der Arbeitgeber einen **geeigneten Arbeitsplatz** zur Verfügung stellen kann und dieser Arbeitsplatz der Frau zumutbar ist. Abs. 1 Nr. 2 übernimmt damit den Regelungsgehalt des bisherigen § 3 Abs. 2 MuSchArbV und stellt klar, dass der Arbeitsplatzwechsel als besondere organisatorische Schutzmaßnahme **nachrangig** gegenüber der Gestaltung der Arbeitsbedingungen nach Nr. 1 durchzuführen ist. Nur bei Unmöglichkeit einer entsprechenden Umgestaltung der Arbeitsbedingungen ist ein Arbeitsplatzwechsel innerhalb des Betriebs in Betracht zu ziehen. Dabei ist die Unmöglichkeit der Umgestaltung der Arbeitsbedingungen im Sinne von Nr. 1 nicht nur bei **objektiver Unmöglichkeit**, sondern auch bei **Unzumutbarkeit** wegen eines nachweislich unverhältnismäßigen Aufwandes anzunehmen (BT-Drucks. 18/8963, S. 83). Objektive Unmöglichkeit liegt vor, wenn die Arbeitsbedingungen nicht durch technische, organisatorische oder sonstige Maßnahmen dahin gehend angepasst werden können, dass die schwangere oder stillende Frau ihrer Tätigkeit auf dem bisherigen Arbeitsplatz weiter nachgehen kann. Ob Unzumutbarkeit wegen eines nachweislich unverhältnismäßigen Aufwandes vorliegt, ist für jeden Einzelfall gesondert abzuwägen (s. Rn. 9). Dem Wert des Beschäftigungsinteresses der Frau steht dabei das wirtschaftl. Interesse des Arbeitgebers, Investitionen zu vermeiden, gegenüber. In Anlehnung an den Wert des Streitgegenstandes bei Beschäftigungsklagen vor den Arbeitsgerichten ist das Beschäftigungsinteresse grundsätzlich mit einem Bruttomonatsgehalt der Arbeitnehmerin zu bewerten (so auch Henssler/Willemsen/Kalb/Arbeitsrecht Kommentar/Hergenröder, 11. Aufl. 2024, § 13 Rn. 4; Brose/Weth/Volk/Kühn, 9. Aufl. 2020, 12

MuSchG, § 13 Rn. 9; Hk-MuSchG/BEEG/Pepping, 6. Aufl. 2022, § 13 Rn. 15 – der in Ausnahmefällen die bei einem gänzlichen Beschäftigungsverbot zu zahlenden Lohnkosten als absolute Obergrenze befürwortet).

13 Für die Prüfung, ob Gefährdungen durch einen Arbeitsplatzwechsel vermieden werden können, ist sowohl der **Wechsel** auf einen freien Arbeitsplatz als auch ein (vorübergehender) **Tausch** mit einer oder einem anderen Beschäftigten in Betracht zu ziehen. Ein Wechsel kommt dabei grundsätzlich – unter Berücksichtigung der arbeitsvertraglichen Vereinbarungen – auf jeden Arbeitsplatz des betreffenden Arbeitgebers in Betracht, auch auf solche in **anderen Betriebsteilen** oder Arbeitsstätten (BR-Drucks. 230/16, S. 94).

14 Ein Arbeitsplatzwechsel ist bei Unzumutbarkeit für die schwangere oder stillende Frau ausgeschlossen. Die Zuweisung einer anderen Tätigkeit muss billiges Ermessen (§ 315 BGB) wahren und darf die Schwangere nicht über Gebühr belasten. Dabei sind die Verhältnisse des Einzelfalls umfassend zu prüfen (vgl. BAG vom 22.04.1998 – 5 AZR 478/97, AP MuSchG 1968 § 4 Nr. 4). Wegen ihrer **vertraglichen Treuepflicht** hat die Arbeitnehmerin daran mitzuwirken, die finanziell nicht unerheblichen Folgen eines Beschäftigungsverbots für den Arbeitgeber möglichst gering zu halten. Sie muss deshalb für die absehbare Zeit bis zum Beginn der Mutterschutzfrist unter Umständen auch solche – mutterschutzrechtlich erlaubten und zumutbaren – Tätigkeiten ausüben, zu denen sie im Wege des **Direktionsrechts** nicht angewiesen werden könnte (BAG vom 31.03.1969 – 3 AZR 300/68, BAGE 21, 370). Die neue Tätigkeit muss vergleichbar mit der arbeitsvertraglich geschuldeten Tätigkeit sein. Das erweiterte Direktionsrecht umfasst aufgrund der oben erwähnten Verpflichtung der Schwangeren grundsätzlich auch die an sich vom Vertrag nicht gedeckte Zuweisung einer Tätigkeit (vgl. BAG vom 15.11.2000 – 5 AZR 365/99, NJW 2001, 1517, 1518). Andererseits muss die angebotene Ersatzarbeit **objektiv und subjektiv** zumutbar sein. Dabei ist auf den **besonderen Zustand** der Schwangeren und deren berechtigte **persönliche Belange** auch außerhalb der unmittelbaren Arbeitsbeziehung Rücksicht nehmen. Dies kann im Einzelfall bedeuten, dass sogar eine aufgrund des Direktionsrechts des Arbeitgebers an sich zulässige Zuweisung veränderter Arbeitsaufgaben für die schwangere Arbeitnehmerin unzumutbar ist. Grund kann die örtliche (schlechte) Erreichbarkeit sein, eine für die Frau ungewohnte körperlich schwere Arbeit (BAG vom 08.02.1984 – 5 AZR 182/82, BeckRS 1984, 04517) oder eine Änderung der Arbeitszeit, die mit der Kinderbetreuung nicht in Einklang zu bringen ist (vgl. BAG vom 14.04.1972 – 3 AZR 395/71, AP MuSchG 1968 § 11 Nr. 6). Die Übertragung einer berufsfremden Tätigkeit ist möglich, wenn diese in ihrer sozialen Wertigkeit vergleichbar ist (BAG vom 22.04.1998 – 5 AZR 478/97, NZA 1998, 936). Auszubildenden dürfen nach § 14 Abs. 3 BBiG nur Aufgaben übertragen werden, die dem Ausbildungszweck dienen und ihren körperlichen Kräften angemessen sind. Eine Übertragung ausbildungsfremder Aufgaben ist damit ausgeschlossen.

c) Nr. 3: Betriebliches Beschäftigungsverbot

Nr. 3 regelt die **Voraussetzungen** für das in der Überschrift des § 13 als Begriff besonders erwähnte betriebliche Beschäftigungsverbot. Die Regelung entspricht dem bisherigen § 3 Abs. 3 MuSchArbV. Dieses Verbot bezieht sich – unabhängig vom Begriff der Beschäftigung nach § 7 SGB IV – auf jede Betätigung der Frau im Rahmen eines vom Anwendungsbereich des Gesetzes erfassten Rechtsverhältnisses (BR-Drucks. 230/16, S. 58). Erleidet die Arbeitnehmerin infolge des betrieblichen Beschäftigungsverbots einen Entgeltausfall, muss ihr der Arbeitgeber gemäß § 18 mindestens den sog. Mutterschutzlohn zahlen. Dieser umfasst das durchschnittliche Arbeitsentgelt der letzten drei abgerechneten Kalendermonate vor dem Eintritt der Schwangerschaft (s. die Kommentierung zu § 18). Ausgenommen sind u.a. Schülerinnen und Studentinnen, da diese nicht in den Anwendungsbereich des § 18 fallen, vgl. § 1 Abs. 2 Satz 2. 15

Der Arbeitgeber darf die schwangere oder stillende Frau nicht beschäftigen, wenn unverantwortbare Gefährdungen weder durch Schutzmaßnahmen (Nr. 1) noch durch einen Arbeitsplatzwechsel (Nr. 2) ausgeschlossen werden können. Die Nachrangigkeit des betrieblichen Beschäftigungsverbots in § 13 entspricht insoweit Art. 5 Abs. 3 RL 92/85/EWG. Das **Beschäftigungsverbot ist immer ultima ratio** und darf nur in dem **zeitlichen und inhaltlichen Umfang** erfolgen, in dem es zum Ausschluss der unverantwortbaren Gefährdung der schwangeren oder stillenden Frau oder ihres (ungeborenen) Kindes **erforderlich** ist. Entsprechend kommt nach § 13 Abs. 1 Nr. 3 nicht nur ein gänzliches Beschäftigungsverbot, sondern auch ein teilweises Beschäftigungsverbot in Betracht. Für den übrigen Teil der Arbeit sind Schutzmaßnahmen nach der Maßgabe der Nr. 1 und 2 zu ergreifen. Anteile der Arbeit, die wegen mangelnder Gefährdung keiner Schutzmaßnahmen bedürfen, können weiterhin von der schwangeren oder stillenden Frau ausgeführt werden. 16

Zuständig und verantwortlich für die **Erteilung** des Beschäftigungsverbots und seine unmittelbare **Durchsetzung** ist der Arbeitgeber. Das Beschäftigungsverbot ist vom Freistellungsanspruch und vom Urlaubsanspruch abzugrenzen. Im Unterschied zur Freistellung ist die Frau nicht nur von der Verpflichtung zur arbeitsvertraglich geregelten Arbeitsleistung zu befreien. Vielmehr hat der Arbeitgeber sicherzustellen, dass die Frau ihre Arbeit auch entsprechend dem Beschäftigungsverbot unterbricht (BR-Drucks. 230/16, S. 94). Der Urlaub dient hingegen der Erholung und hat nicht zum Ziel, die Arbeitsleistung zu verhindern, um einer Gefährdungslage zu begegnen. Wird die Arbeit verbotswidrig geleistet, steht der Frau ihr Lohnanspruch zu. 17

Während für das betriebliche Beschäftigungsverbot allein die betrieblichen Arbeitsbedingungen der schwangeren oder stillenden Frau relevant sind, kann der Anlass für ein **ärztliches Beschäftigungsverbot** nach § 16 lediglich der individuelle Gesundheitszustand in der Schwangerschaft oder nach der Entbindung der Frau sein. Ein von einem Betriebsarzt im Auftrag des Arbeitgebers erlassenes Beschäftigungsverbot ist als betriebliches Beschäftigungsverbot einzuordnen (BR-Drucks. 230/16, S. 94). 18

4. Heimarbeit (Abs. 2)

19 Für eine in Heimarbeit beschäftigte Frau und eine ihr **Gleichgestellte** im Sinne des § 2 Abs. 1 und 2 HAG (s. Kommentierung zu § 1 Abs. 2 Nr. 6) tritt an die Stelle des Beschäftigungsverbots das Verbot der Ausgabe von Heimarbeit nach Abs. 2. Da für in Heimarbeit beschäftigte Frauen und ihnen Gleichgestellte ein Arbeitsplatzwechsel als mögliche Schutzmaßnahme nach Abs. 1 Nr. 2 nicht in Betracht kommt, greift nach Abs. 2 das **Verbot der Ausgabe von Arbeit** schon dann, wenn eine unverantwortbare Gefährdung nicht durch die Umgestaltung des Heimarbeitsplatzes nach Nr. 1 ausgeschlossen werden kann (vgl. BR-Drucks. 230/16, S. 94).

Auch bei Homeoffice oder Telearbeitsplätzen ist die Gefährdung durch den Arbeitgeber einzuschätzen, obwohl die Tätigkeit außerhalb der konkreten Räumlichkeiten des Arbeitgebers ausgeübt wird. Beachtliche Faktoren wären z.B., ob gefährdende Arbeitsmaterialien, Stoffe oder Arbeitsschritte zum Einsatz kommen oder wie hoch der Zeitdruck ist.

5. Verantwortlichkeit des Arbeitgebers

20 Der Arbeitgeber ist verpflichtet, soweit im Hinblick auf einen wirkungsvollen Gesundheitsschutz verantwortbar, eine **Fortführung der Tätigkeiten der Schwangeren oder Stillenden zu ermöglichen** und Nachteile möglichst auszugleichen. Dabei hat er unverantwortbare Gefährdungen unter Berücksichtigung der Rangfolge der zu ergreifenden Schutzmaßnahmen – Umgestaltung der Arbeitsbedingungen vor Arbeitsplatzwechsel vor Ausspruch eines (teilweisen) Beschäftigungsverbots – auszuschließen. Der Arbeitgeber hat die schwangere oder stillende Frau unaufgefordert und in angemessener Weise über die Ergebnisse der konkretisierten Beurteilung der Arbeitsbedingungen sowie über die für sie nach § 10 Abs. 2 festgelegten und nach § 13 getroffenen Schutzmaßnahmen zu **informieren** (§ 14 Abs. 3). Das Ergebnis der Gefährdungsbeurteilung, die von ihm festgelegten Maßnahmen und das Ergebnis ihrer Überprüfung (Wirksamkeitsüberprüfung) sind vom Arbeitgeber zu **dokumentieren** (§ 6 Abs. 1 ArbSchG). Der Arbeitgeber trägt die **Kosten** für die Umgestaltung der Arbeitsbedingung und wird entsprechend von der Aufsichtsbehörde überprüft. Auf Verlangen hat der Arbeitgeber der zuständigen Aufsichtsbehörde die Unterlagen über die Gefährdungsbeurteilung nach § 10 und die eingeleiteten Schutzmaßnahmen vorzulegen, vgl. § 27 Abs. 3. Die Aufsichtsbehörde kann in Einzelfällen Schutzmaßnahmen zur Durchführung des § 9 Abs. 1 bis 3 und des § 13 anordnen, vgl. § 29 Abs. 3 Nr. 5. Verstößt der Arbeitgeber vorsätzlich oder fahrlässig gegen das betriebliche Beschäftigungsverbot (Abs. 1 Nr. 3) oder gegen das Verbot der Ausgabe von Heimarbeit (Abs. 2), handelt er ordnungswidrig i.S.d. § 30 Abs. 1 Nr. 1, Nr. 5.

6. Beteiligung des Betriebs- und Personalrats

21 Nach dem bisherigen § 2 Satz 1 MuSchArbV war der Arbeitgeber verpflichtet, einen gegebenenfalls vorhandenen Betriebs- oder Personalrat über die Ergebnisse der Gefährdungsbeurteilung und über die zu ergreifenden Maßnahmen für Sicherheit und

Gesundheitsschutz am Arbeitsplatz zu unterrichten, sobald das möglich ist. In der Neureglung des MuSchG ist eine entsprechende Regelung nicht übernommen worden, da das **Mitbestimmungsrecht** des Betriebsrats nach § 87 Abs. 1 Nr. 7 des BetrVG auch die nach der Durchführung der Gefährdungsbeurteilung zu ergreifenden Maßnahmen nach Nr. 1 umfasst (vgl. BR-Drucks. 230/16, S. 96). Gleiches gilt für das Mitbestimmungsrecht des Personalrats nach § 75 Abs. 3 Nr. 11 BPerVG in Bezug auf Maßnahmen zur Verhütung von Dienst- und Arbeitsunfällen und sonstigen Gesundheitsschädigungen.

Zu den allgemeinen Aufgaben des Betriebs- und Personalrats gehört gem. § 80 Abs. 1 Nr. 1 BetrVG bzw. § 68 Abs. 1 Nr. 2 BPersVG die **Einhaltung** der zugunsten der Arbeitnehmer und Beschäftigten geltenden Gesetze, Verordnungen sowie sonstiger Vorschriften und Vereinbarungen zu **überwachen**. Dafür können sich die Gremien die erforderlichen Unterlagen vom Arbeitgeber vorlegen lassen. Gleichzeitig haben der Betriebs- und Personalrat nach § 89 Abs. 1 BetrVG sowie § 81 Abs. 1 BPersVG bei der **Bekämpfung von Unfall- und Gesundheitsgefahren** die für den Arbeitsschutz zuständigen Behörden, die Träger der gesetzlichen Unfallversicherung und die übrigen in Betracht kommenden Stellen durch Anregung, Beratung und Auskunft zu unterstützen und sich für die Durchführung der Vorschriften über den Arbeitsschutz und die Unfallverhütung einzusetzen.

Bei der Planung (z.B. aufgrund einer Gefährdungsbeurteilung) von Neu- oder Erwei- 22
terungsbauten von betrieblichen Räumen, von technischen Anlagen, von Arbeitsverfahren und -abläufen sowie von Arbeitsplätzen, ist der Betriebsrat zudem nach § 90 f. BetrVG zu beteiligen. Die für den Personalrat entsprechenden Regelungen finden sich in §§ 75 Abs. 3 Nr. 16, 78 Abs. 4 und 5 BPersVG. Die Regelung des § 88 BetrVG eröffnet den Betriebsparteien die Möglichkeit, eine **freiwillige Betriebsvereinbarung** (außerhalb des erzwingbaren Mitbestimmungsrecht) über die zur Bekämpfung von Unfall- und Gesundheitsgefahren erforderlichen betrieblichen Maßnahmen abzuschließen (sog. **autonomer Arbeitsschutz**). Die Aufsichtsbehörde hat den Betriebs- bzw. Personalrat nach § 89 Abs. 2 Satz 1 BetrVG bzw. § 81 Abs. 2 Satz 1 BPersVG hinzuzuziehen, bevor sie gem. § 29 Abs. 3 Satz 2 Nr. 5 Schutzmaßnahmen nach § 9 Abs. 1 und 2 und nach § 13 anordnet.

Ist eine Umsetzung erforderlich, die als **Versetzung** im Sinne von § 95 Abs. 3 BetrVG 23
zu werten ist, so ist das **Mitbestimmungsrecht** des Betriebsrats nach § 99 Abs. 1 BetrVG und des Personalrats nach § 75 Abs. 1 Nr. 2 bis 4 und § 77 Abs. 2 BPersVG zu beachten. Die Zuweisung muss die Ersatztätigkeit so **konkretisieren**, dass sowohl von der Arbeitnehmerin als auch den Mitbestimmungsgremien als auch evtl. vom Gericht beurteilt werden kann, ob **billiges Ermessen** gewahrt wurde.

Liegen die Voraussetzungen für ein betriebliches Beschäftigungsverbot nach § 13 Abs. 1 24
Nr. 3 vor, hat der Arbeitgeber **keinen Ermessens- oder Beurteilungsspielraum**. Für die Festlegung des betrieblichen Beschäftigungsverbots ist eine Beteiligung des Betriebsrates daher nicht erforderlich, dürfte aber im Rahmen der vertrauensvollen Zusammenarbeit sinnvoll sein (ausführlich: Felder in Tillmanns/Mutschler, BEEG/MuSchG, § 13 Rn. 57–59).

§ 14 MuSchG Dokumentation und Information durch den Arbeitgeber

(1) [1]Der Arbeitgeber hat die Beurteilung der Arbeitsbedingungen nach § 10 durch Unterlagen zu dokumentieren, aus denen Folgendes ersichtlich ist:

1. **das Ergebnis der Gefährdungsbeurteilung nach § 10 Absatz 1 Satz 1 Nummer 1 und der Bedarf an Schutzmaßnahmen nach § 10 Absatz 1 Satz 1 Nummer 2,**
2. **die Festlegung der erforderlichen Schutzmaßnahmen nach § 10 Absatz 2 Satz 1 sowie das Ergebnis ihrer Überprüfung nach § 9 Absatz 1 Satz 2 und**
3. **das Angebot eines Gesprächs mit der Frau über weitere Anpassungen ihrer Arbeitsbedingungen nach § 10 Absatz 2 Satz 2 oder der Zeitpunkt eines solchen Gesprächs.**

[2]Wenn die Beurteilung nach § 10 Absatz 1 ergibt, dass die schwangere oder stillende Frau oder ihr Kind keiner Gefährdung im Sinne von § 9 Absatz 2 ausgesetzt ist oder sein kann, reicht es aus, diese Feststellung in einer für den Arbeitsplatz der Frau oder für die Tätigkeit der Frau bereits erstellten Dokumentation der Beurteilung der Arbeitsbedingungen nach § 5 des Arbeitsschutzgesetzes zu vermerken.

(2) Der Arbeitgeber hat alle Personen, die bei ihm beschäftigt sind, über das Ergebnis der Gefährdungsbeurteilung nach § 10 Absatz 1 Satz 1 Nummer 1 und über den Bedarf an Schutzmaßnahmen nach § 10 Absatz 1 Satz 1 Nummer 2 zu informieren.

(3) Der Arbeitgeber hat eine schwangere oder stillende Frau über die Gefährdungsbeurteilung nach § 10 Absatz 1 Satz 1 Nummer 1 und über die damit verbundenen für sie erforderlichen Schutzmaßnahmen nach § 10 Absatz 2 Satz 1 in Verbindung mit § 13 zu informieren.

Übersicht — Rdn.

1. Gesetzesentwicklung und Normzweck

1 § 14 ist durch das Gesetz zum Schutz von Müttern bei der Arbeit, in der Ausbildung und im Studium, beschlossen als Art. 1 des G v. 23.5.2017 I 1228 vom Bundestag mit Zustimmung des Bundesrates, gem. Art. 10 Abs. 1 Satz 1 dieses G am 1.1.2018 in Kraft getreten. Die Vorschrift besetzt die bisherige Nummer 14, die den Zuschuss zum Mutterschaftsgeld regelte und deren Inhalt nunmehr in § 20 überführt worden ist. Inhaltlich knüpft die Neuregelung an die bisher in § 19 MuSchG geregelte Auskunfts- und Dokumentationspflicht des Arbeitgebers an. § 19 MuSchG wurde gemäß

Art. 1 Nr. 18 ÄndG 65 mit Wirkung vom 1.1.1966 eingefügt, entsprach inhaltlich dem § 19 Abs. 4 MuSchG 1952 und wurde seinerzeit durch Abs. 2 ergänzt. § 19 MuSchG lautete zuletzt wie folgt:

§ 19 Auskunft

(1) Der Arbeitgeber ist verpflichtet, der Aufsichtsbehörde auf Verlangen
1. die zur Erfüllung der Aufgaben dieser Behörde erforderlichen Angaben wahrheitsgemäß und vollständig zu machen,
2. die Unterlagen, aus denen Namen, Beschäftigungsart und -zeiten der werdenden und stillenden Mutter sowie Lohn- und Gehaltszahlungen ersichtlich sind, und alle sonstigen Unterlagen, die sich auf die zu Nummer 1 zu machenden Angaben beziehen, zur Einsicht vorzulegen oder einzusenden.

(2) Die Unterlagen sind mindestens bis zum Ablauf von zwei Jahren nach der letzten Eintragung aufzubewahren.

Die Neuregelung knüpft thematisch im Vorfeld der Mitteilungs- und Ausbewahrungspflichten des Arbeitgebers gegenüber der Aufsichtsbehörde an, die bisher in § 19 MuSchG und jetzt in § 27 normiert sind. § 14 schafft in Absatz 1 die zur Erfüllung dieser Verpflichtungen für notwendig erachteten Voraussetzungen durch die Dokumentation der Arbeitsbedingungen (§ 14 Abs. 1). Zudem übernimmt die Vorschrift in Absatz 2 und 3 die allgemeine und spezielle Informationspflicht des Arbeitgebers aus der bisherigen MuSchArbV (§ 2 Satz 1 und 2), welche mit dem Gesetz zur Neuregelung des Mutterschutzrechts integriert worden ist. § 14 orientiert sich inhaltlich an allgemeinen Vorgaben des Arbeitsschutzrechts (§ 6 Abs. 1 Satz 1 ArbSchG). Es handelt sich um besondere **bereichsspezifische Regelung von Arbeitgeberpflichten**, die die sich aus allgemeinen Vorschriften ergebenden Verpflichtungen des Arbeitgebers unberührt lässt. Die im Regierungsentwurf noch zu § 13 vorgesehene Regelung (BT-Drucks. 18/8963 S. 84) musste infolge der im Gesetzgebungsverfahren notwendig gewordenen Neuaufnahme einer eigenständigen Regelung zur Nachtarbeit (§ 5) und der Überarbeitung der Regelung zu den erforderlichen Schutzmaßnahmen für schwangere und stillende Frauen (§ 10 Abs. 2) umnummeriert und auf die Folgenummer verschoben worden. Daraus ergab sich im weiteren Verlauf ein erheblicher Bedarf an redaktionellen Klarstellungen (BT-Drucks. 18/11782 S. 35).

2. Arbeitgeber

Arbeitgeber im Sinne dieses Gesetzes ist die natürliche oder juristische Person oder die rechtsfähige Personengesellschaft, die Personen beschäftigt, die in persönlichen Geltungsbereich des § 1 Absatz 2 Satz 1 fallen (§ 2 Abs. 1 Satz 1), ferner **gleichgestellte Personen** i.S.d. § 2 Abs. Satz 2, etwa – wie bisher gemäß § 24 MuSchG – die Auftraggeber und Zwischenmeister der Heimarbeit (§ 2 Abs. 1 Satz 2 Nr. 6). Den Arbeitgebern stehen – wie bisher – ihre gesetzlichen **Vertreter** und ihre **Beauftragten** gleich (zur Vorgängerregelung Buchner/Becker, 8. Aufl., § 19 Rz. 6; Meisel/Sowka, § 19 Rz. 5; Zmarzlik/Zipperer, 5. Aufl., § 19 Rz. 6). 2

3. Dokumentationspflicht (§ 14 Abs. 1)

3 Absatz 1 regelt in Anlehnung an § 6 ArbSchG die Art und den Umfang der mutterschutzrechtlichen Dokumentationspflicht im Hinblick auf die Beurteilung der Arbeitsbedingungen nach § 10. Der Arbeitgeber hat die Beurteilung der Arbeitsbedingungen (Ergebnis der **Gefährdungsbeurteilung**, Bedarf an **Schutzmaßnahmen**, Festlegung der Schutzmaßnahmen und **Überprüfungsergebnis, Gesprächsangebot** bzw. Zeitpunkt des Gesprächs) durch geeignete Unterlagen zu dokumentieren (Satz 1). Diese Dokumentation ist Grundvoraussetzung dafür, dass die Ergebnisse der Beurteilung der Arbeitsbedingungen von allen Personen, die bei ihm beschäftigt sind, von der schwangeren oder stillenden Frau, von den Aufsichtsbehörden und nicht zuletzt auch vom Arbeitgeber selbst nachvollzogen und überprüft werden können. Der Absatz hat insoweit auch klarstellende Bedeutung für die weitergehenden Verpflichtungen gegenüber der Aufsichtsbehörde nach § 27, da diesen Verpflichtungen nur nachgekommen werden kann, wenn der Arbeitgeber seine Beurteilung der Arbeitsbedingungen entsprechend dokumentiert. Aus diesem Grund erhöht sich auch der Verwaltungsaufwand für den Arbeitgeber nicht (BT-Drucks. 18/8963 S. 84; siehe näher Kommentierung zu § 27).

4 Die **Dokumentation** kann ihren Schutzweck nur erfüllen, wenn sie umfassend ist. Sie darf sich deshalb nicht allein auf **unverantwortbare Gefährdungen** beschränken, sondern muss auch die Gefährdungen enthalten, die nach der Gefährdungsprüfung nach § 10 als hinnehmbar einzustufen sind. Die Dokumentation auch von **verantwortbaren Gefährdungen** vermeidet, dass Gefährdungen, die möglicherweise nur irrtümlich als hinnehmbar eingestuft werden, vollständig aus der Dokumentation verschwinden. In Fällen, in denen beispielsweise an einem Büroarbeitsplatz keine mutterschutzspezifischen Gefährdungen festgestellt werden, weil sich die Gefährdungen für Nichtschwangere und Schwangere in gleicher Weise auswirken, ist keine ausführliche Dokumentation erforderlich, sondern lediglich ein entsprechender kurzer **Vermerk** zu den Unterlagen zu nehmen. Dem trägt die Regelung zur Entbehrlichkeit einer zusätzlichen Dokumentation Rechnung. In diesen Fällen reicht es, wenn der Arbeitgeber einen entsprechenden Vermerk in seinen Unterlagen aufnimmt und sich in dem Vermerk auf die bereits vorliegende Dokumentation der Beurteilung der Arbeitsbedingungen nach § 5 des ArbSchG bezieht (BT-Drucks. 18/8963 S. 85). Besondere Anforderungen an die Form der Dokumentation stellt das Gesetz nicht. Zweckentsprechend sollte auf jederzeitige Nachweisbarkeit geachtet werden, außer durch Schriftform beispielsweise durch computergestützte Dokumentation (vgl Kühn NZA 2021, 536, 537 m.w.N.).

4. Allgemeine Informationspflicht (§ 14 Abs. 2)

5 Nach Absatz 2 hat der Arbeitgeber **alle Beschäftigten** über das Ergebnis der Gefährdungsbeurteilung nach § 10 Abs. 1 Satz 1 Nr. 1 und über die erforderlichen Schutzmaßnahmen nach § 10 Absatz 1 Satz 1 Nummer 2 zu informieren. Die Regelung übernimmt den Regelungsgehalt des bisherigen § 2 Satz 1 MuSchArbV. Der Arbeitgeber ist verpflichtet, auch die **männlichen Beschäftigten** über die generelle Beurteilung der Arbeitsbedingungen nach § 10 Absatz 1 zu informieren. Damit soll sicher-

gestellt werden, dass z.B. auch männliche Vorgesetzte wissen, welche Vorschriften sie bei einer schwangeren oder stillenden Frau beachten müssen. Im Rahmen der Unterrichtung über die generelle Beurteilung der Arbeitsbedingungen kann es auch erforderlich sein, dass der Arbeitgeber **Einsicht in die Unterlagen** zur Gefährdungsbeurteilung zu gewähren hat. Die Unterrichtung umfasst auch die Vermittlung der Informationen in geeigneter Form. Die allgemeine Informationspflicht unterliegt im Übrigen inhaltlichen **Grenzen**: Die **konkretisierte Gefährdungsbeurteilung** nach § 10 Absatz 2 ist von der Informationspflicht nicht erfasst, da aus ihr Informationen ersichtlich sein könnten, mit deren Weitergabe die schwangere oder stillende Frau aus persönlichkeitsrechtlichen oder datenschutzrechtlichen Erwägungen nicht einverstanden ist. Die Regelung im bisherigen § 2 Satz 1 MuSchArbV, wonach gegebenenfalls ein vorhandener Betriebs- oder Personalrat über die Ergebnisse der Beurteilung informiert werden muss, kann entfallen. Das Mitbestimmungsrecht des Betriebsrats nach § 87 Absatz 1 Nr. 7 BetrVG umfasst auch die nach der Durchführung der Gefährdungsbeurteilung zu ergreifenden Maßnahmen (BT-Drucks. 18/8963 S. 85). Mindestens ergibt sich das Erfordernis einer Beteiligung des Betriebsrats aus § 90 BetrVG (vgl Brose/Weth/Volk, MuSchG, 9. Aufl., § 14 Rz. 2). Die Regelung des bisherigen § 2 Satz 2 MuSchArbV, der die Zulässigkeit einer formlosen Unterrichtung vorsieht, ist entbehrlich. Absatz 1 regelt kein Formerfordernis, für das eine Ausnahme geregelt werden müsste (BT-Drucks. 18/8963 S. 85).

5. Besondere Informationspflicht (§ 14 Abs. 3)

Nach Absatz 3 hat der Arbeitgeber die schwangere oder stillende Frau unaufgefordert 6
und in angemessener Weise über die Ergebnisse der konkretisierten Gefährdungsbeurteilung sowie über die für sie nach § 10 Absatz 2 festgelegten und nach § 13 getroffenen Schutzmaßnahmen (Umgestaltung der Arbeitsbedingungen, Arbeitsplatzwechsel, betriebliches Beschäftigungsverbot) zu informieren. Diese Regelung soll eine frühzeitige **Beteiligung der Frau** bei der Festlegung und Umsetzung der erforderlichen Schutzmaßnahmen gewährleisten und so zu einem gegenseitigen Austausch zwischen Arbeitgeber und schwangerer oder stillender Frau beitragen. Diese Unterrichtung kann es auch erforderlich machen, dass der Arbeitgeber der betreffenden Frau **Einsicht in die Unterlagen** zur Gefährdungsbeurteilung gewährt (BT-Drucks. 18/8963 S. 85).

6. Folgen bei Zuwiderhandlung (§ 32 Abs. 1 Nrn. 9 und 10)

Der Arbeitgeber und gleichgestellte Personen können bei Verstoß gegen die Doku- 7
mentations- und Informationspflichten wegen einer **Ordnungswidrigkeit** mit einer Geldbuße bis zu 5000,– Euro belegt werden. Erfasst werden Fälle, in denen entgegen § 14 Absatz 1 Satz 1 in Verbindung mit einer Rechtsverordnung nach § 31 Nummer 5 eine Dokumentation nicht, nicht richtig, nicht vollständig oder nicht rechtzeitig erstellt wird oder entgegen § 14 Absatz 2 oder 3, jeweils in Verbindung mit einer Rechtsverordnung nach § 31 Nummer 5, eine Information nicht, nicht richtig, nicht vollständig oder nicht rechtzeitig gegeben wird (§ 32 Abs. 1 Nr. 9 und 10, Abs. 2 i.V.m. Art. 10 Abs. 1 Satz 1 des Gesetzes zur Neuregelung des Mutterschutzrechts, a.a.O.). Eine Rechtsverordnung ist bisher nicht erlassen. Solange dies nicht

der Fall ist, sind Ordnungswidrigkeitentatbestände nicht hinreichend präzise umrissen und können deshalb auch nicht geahndet werden.

Die Ausgestaltung als Ordnungswidrigkeitentatbestand hat ihren Vorläufer teilweise in § 21 Abs. 1 Nr. 6 MuSchG und § 6 Abs. 1 MuSchArV (vgl BT-Drucks. 18/8963 S. 101), ist aber hinsichtlich der Rechtsfolgen durch die Verdoppelung des Geldbetrags deutlich verschärft worden. Nach Einleitung des Bußgeldverfahrens ist der Betroffene gemäß § 55 OWiG nicht verpflichtet, hinsichtlich der ihm zur Last gelegten Ordnungswidrigkeit Auskünfte zu erteilen. Diese Vorschrift entbindet den Arbeitgeber und die ihm gleichgestellten Personen aber nicht von der Dokumentation und Information außerhalb des Bußgeldverfahrens aufgrund des 14 (vgl. zur früheren Regelung Buchner/Becker, 8. Aufl., § 19 Rz. 25–27; ebenso jetzt Zmarzlik/Zipperer, 5. Aufl., § 19 Rz. 8).

Eine erschwerende Anwendung der **Strafvorschrift** des § 33 ist ausgeschlossen. Damit entspricht die Neuregelung dem bisherigen Recht (vgl. § 21 Abs. 1 Nr. 8, Abs. 2 und 3 MuSchG).

§ 15 MuSchG Mitteilungen und Nachweise der schwangeren und stillenden Frauen

(1) [1]Eine schwangere Frau soll ihrem Arbeitgeber ihre Schwangerschaft und den voraussichtlichen Tag der Entbindung mitteilen, sobald sie weiß, dass sie schwanger ist. [2]Eine stillende Frau soll ihrem Arbeitgeber so früh wie möglich mitteilen, dass sie stillt.

(2) [1]Auf Verlangen des Arbeitgebers soll eine schwangere Frau als Nachweis über ihre Schwangerschaft ein ärztliches Zeugnis oder das Zeugnis einer Hebamme oder eines Entbindungspflegers vorlegen. [2]Das Zeugnis über die Schwangerschaft soll den voraussichtlichen Tag der Entbindung enthalten.

Übersicht **Rdn.**

Erläuterung

1. Allgemeines

Die Mitteilungs- und Nachweisobliegenheiten der schwangeren und (nunmehr auch) der stillenden Frau sind in der seit 1.1.2018 geltenden Fassung in § 15 geregelt (vgl. Art. 1 und 10 Abs. 1 Satz 1 des am 29.5.2017 verkündeten Gesetzes zur Neuregelung des Mutterschutzrechts vom 23. Mai 2017, BGBl. I, 1228). § 15 Abs. 1 Satz 1 n.F. übernimmt dabei hinsichtlich der Mitteilungsobliegenheit der schwangeren Frau redaktionell überarbeitet den Regelungsgehalt des bisherigen § 5 Abs. 1 Satz 1 a.F. Hinsichtlich des vorzulegenden Zeugnisses werden der Regelungsgehalt des bisherigen § 5 Abs. 1 Satz 2 a.F. und der des bisherigen § 5 Abs. 2 Satz 1 Halbs. 2 a.F. redaktionell überarbeitet von § 15 Abs. 2 n.F. übernommen (vgl. die Begründung zum Gesetzesentwurf der Bundesregierung zur inhaltsgleichen Entwurfsfassung des § 14, BT-Drucks 18/8963, S. 86). Die bislang in § 5 Abs. 2 Satz 1 Halbs. 1 und Abs. 2 Satz 2 a.F. enthaltenen Regelungen zur Maßgeblichkeit des Zeugnisses für die Berechnung der Schutzfristen vor der Entbindung und zur Verkürzung und Verlängerung dieser Frist sind nunmehr in § 3 Abs. 1 Sätze 2 und 3 n.F. enthalten (vgl. die Begründung zum Gesetzesentwurf der Bundesregierung zu § 3, BT-Drucks 18/8963, S. 55). Neu geregelt ist in § 15 Abs. 1 Satz 2 n.F. die Obliegenheit der stillenden Frau, dem Arbeitgeber so früh wie möglich mitzuteilen, dass sie stillt. Die bislang in § 5 Abs. 1 Satz 3 a.F. geregelte Pflicht des Arbeitgebers zur Benachrichtigung der Aufsichtsbehörde von der Schwangerschaftsmitteilung der Frau findet sich nunmehr in § 27 Abs. 1 Satz 1 Nr. 1 Buchst. a n.F. wieder. Die Meldepflicht ist nach Maßgabe des § 27 Abs. 1 Satz 1 Nr. 1 Buchst. b n.F. außerdem auf stillende Mütter ausgeweitet (vgl. die Begründung zum Gesetzesentwurf der Bundesregierung zur inhaltsgleichen Entwurfsfassung des § 25 Abs. 1 Nr. 1, BT-Drucks 18/8963, S. 96). Die bislang in § 5 Abs. 1 Satz 4 a.F. enthaltene Klarstellung des Verbots der unbefugten Weitergabe der Mitteilungen an Dritte findet sich nunmehr in § 27 Abs. 1 Satz 2 n.F. Die bisher in § 5 Abs. 3 a.F. geregelte Kostentragungspflicht ist nunmehr in § 9 Abs. 6 Satz 2 n.F. geregelt (vgl. die Begründung zum Gesetzesentwurf der Bundesregierung zur inhaltsgleichen Entwurfsfassung des § 8 Abs. 6 Satz 2, BT-Drucks 18/8963, S. 68). 1

Die Mitteilungs- und Nachweisobliegenheiten der Frau sind – wie schon bei § 5 a.F. – als bloße **Sollvorschriften** ausgestaltet. Das Gesetz begründet daher **keine erzwingbaren oder gar sanktionsbewehrten Pflichten** (der Verstoß gegen § 15 wird von den Bußgeld- und Strafvorschriften der §§ 32 und 33 n.F. ebenso wenig erfasst, wie der Verstoß gegen § 5 a.F. von § 21 a.F. erfasst wurde) der schwangeren oder stillenden Frau zur Offenbarung und zum Nachweis ihres Zustands. Dies gebietet schon die **Achtung des Persönlichkeitsrechts** der Frau (BAG vom 18.1.2000 EzA § 615 BGB Nr. 98; AR/Vossen § 15 MuSchG Rn. 2; Brose/Weth/Volk/Kühn MuSchG § 15 Rn. 6). 2

Die Fassung als Sollvorschrift bedeutet vielmehr lediglich eine nachdrückliche Empfehlung an die Frau, im eigenen Interesse dem Arbeitgeber ihren Zustand zu offenbaren, sobald sie ihn selbst kennt (BAG vom 13.6.1996 EzA § 9 n.F. MuSchG Nr. 34; vom 18.1.2000 EzA § 615 BGB Nr. 98; Schmiegel in Tillmanns/Mutschler 2. Aufl. § 15 MuSchG Rn. 3; Pepping in HK-MuSchG 6. Aufl. § 15 Rn. 2). Es handelt sich somit dogmatisch um **Obliegenheiten** (vgl. zu § 5 a.F. NK-ArbR/Pepping 2. Aufl. § 15 MuSchG Rn. 3 m.w.N.), deren Erfüllung für einen wirkungsvollen Gesundheitsschutz für Mutter und Kind bedeutsam sind, den der Arbeitgeber grundsätzlich nur gewährleisten kann, wenn er den zu schützenden Zustand der Frau kennt (vgl. die Begründung zum Gesetzesentwurf der Bundesregierung zur inhaltsgleichen Entwurfsfassung des § 14, BT-Drucks 18/8963, S. 86). Die in § 15 MuSchG abgebildeten Mitteilungs- und Nachweisobliegenheiten sind **nicht abschließend**, da sie sich lediglich auf die Schwangerschaft und das Stillen beziehen. Daher bleiben andere Mitteilungs- oder Nachweisregelungen daneben anwendbar – z.B. die Mitteilung nach § 3 Abs. 2 bei der Geburt von Mehrlingen oder der Geburt eines Kindes mit Behinderung (BT-Drucks 18/8963, S. 86; Brose/Weth/Volk/Kühn MuSchG § 15 Rn. 2).

2. Gesetzliche Mitteilungsobliegenheit der schwangeren Frau (Abs. 1 Satz 1)

a) Zweck und Rechtsnatur

3 Nach § 15 Abs. 1 Satz 1 »soll« die schwangere Frau ihrem Arbeitgeber ihre Schwangerschaft und den voraussichtlichen Entbindungstag mitteilen, sobald sie von ihrer Schwangerschaft weiß. Obwohl die Rechtsverbindlichkeit der Mutterschutznormen grundsätzlich nicht von der Kenntnis der Schwangerschaft seitens des Arbeitgebers abhängt, ist die Kenntnis für die Beachtung der mutterschutzrechtlich auferlegten Pflichten und damit für die **praktische Wirksamkeit der Mutterschutzvorschriften** von erheblicher Bedeutung: Ohne Kenntnis von der Schwangerschaft kann der Arbeitgeber die an die Schwangerschaft anknüpfenden Mutterschutzpflichten (vgl. etwa §§ 3 Abs. 1, 4–6, 7 Abs. 1, 8 Abs. 1, 9–11, 16 Abs. 1) nicht erfüllen und die Nichterfüllung kann mangels Vorwerfbarkeit nicht sanktioniert werden (vgl. ErfK/Schlachter § 15 MuSchG Rn. 1; Brose/Weth/Volk/Kühn MuSchG § 15 Rn. 1). Die Mitteilung der Schwangerschaft ist auch deshalb im Interesse der Frau, weil sie den **Sonderkündigungsschutz nach § 17 Abs. 1** verliert, wenn der Arbeitgeber im Kündigungszeitpunkt keine Kenntnis von der Schwangerschaft hat und die Frau ihm diesen Umstand nicht binnen zwei Wochen nach Kündigungszugang mitteilt oder sie diese Frist zwar unverschuldet versäumt, aber die Mitteilung nicht unverzüglich nachholt (Pepping in HK-MuSchG 6. Aufl. § 15 Rn. 2; vgl. zum Verlust des Sonderkündigungsschutzes in diesen Fällen § 17 Rdn. 43 ff. und Rdn. 51 ff.).

4 Als **Sollvorschrift** ausgestaltet normiert § 15 Abs. 1 Satz 1 **keine gesetzliche Pflicht, sondern nur eine Obliegenheit** zur Offenbarung der Schwangerschaft und des voraussichtlichen Entbindungstermins (vgl. oben Rdn. 2). Anders als die Vorgängernorm des § 5 a.F. ist § 15 auch nicht mehr missverständlich mit »Mitteilungspflicht« überschrieben. Die Offenbarung der Schwangerschaft kann daher mutterschutzrechtlich **nicht**

erzwungen werden (vgl. ErfK/Schlachter § 15 MuSchG Rn. 1; ferner zu § 5 a.F.: BAG vom 13.6.1996 EzA § 9 n.F. MuSchG Nr. 34).

b) Inhalt, Formfreiheit, Adressat und Zeitpunkt der Mitteilung

Die Frau soll dem Arbeitgeber gem. § 15 Abs. 1 Satz 1 sowohl mitteilen, dass sie 5 **schwanger** ist als auch den **Tag der voraussichtlichen Entbindung**. Hinsichtlich des in der Zukunft liegenden »voraussichtlichen« Entbindungstages bezieht sich die Mitteilungsobliegenheit auf die Bekanntgabe des Tages, den die Frau nach den ihr bekannten näheren Umständen ermitteln kann. Ändert sich das voraussichtliche Entbindungsdatum im Laufe der Schwangerschaft, dann besteht die Obliegenheit insoweit fort, als sie den **korrigierten Entbindungstag** mitzuteilen hat (Pepping in HK-MuSchG 6 Aufl. § 15 Rn. 9). Die Mitteilung einer **bloßen Schwangerschaftsvermutung** erfüllt die Mitteilungsobliegenheit schon deshalb nicht vollumfänglich, weil es an der Bekanntgabe des voraussichtlichen Entbindungstages fehlt (a.A. ErfK/Schlachter. § 15 MuSchG Rn. 2). Es wird allerdings bei der Mitteilung einer bloßen Vermutung angenommen, dass der Arbeitgeber die Frau veranlassen oder gar »drängen« müsse, einen Nachweis eines Arztes oder einer Hebamme vorzulegen, andernfalls müsse er die vermutete Schwangerschaft gelten lassen (in diesem Sinne BeckOK/Dahm § 15 MuSchG, Rn. 5; Schmiegel in Tillmanns/Mutschler 2. Aufl. § 15 MuSchG Rn. 14).

Die Mitteilung ist an **keine Form** gebunden, d.h. sie kann schriftlich oder (fern-)mündlich erfolgen. Aus Beweisgründen wird eine schriftliche Mitteilung empfohlen (Pepping in HK-MuSchG 6. Aufl. § 15 Rn. 9; AR/Vossen § 15 MuSchG Rn. 4). Die Frau kann die Mitteilungsobliegenheiten nach § 15 Abs. 1 Satz 1 insbesondere auch dadurch erfüllen, dass sie dem Arbeitgeber ein **Zeugnis i.S.d. § 15 Abs. 2** zukommen lässt.

Die Mitteilung muss nicht durch die Frau persönlich erfolgen, sondern kann **auch durch Dritte** (z.B. durch gesetzliche oder rechtsgeschäftliche Vertreter, durch Familienangehörige oder Arbeitskollegen) erfolgen (ErfK/Schlachter § 15 MuSchG Rn. 2; Schmiegel in Tillmanns/Mutschler 2. Aufl. § 15 MuSchG Rn. 12).

Die Mitteilung ist gegenüber dem **Arbeitgeber i.S.d. § 2 Abs. 1** abzugeben (vgl. zum 6 Begriff des Arbeitgebers § 2 Rdn. 1 ff. sowie § 17 Rdn. 38). Ausreichend ist eine Mitteilung an Personen, die vom Arbeitgeber als **Vertreter oder Beauftragte** (»Repräsentanten«) zur Entgegennahme von Schwangerschaftsmitteilungen bevollmächtigt bzw. i.S.d. § 9 Abs. 2 OWiG mit der Wahrnehmung von Arbeitgeberpflichten nach dem MuSchG betraut wurden (Schmiegel in Tillmanns/Mutschler 2. Aufl. § 15 Rn. 9; Brose/Weth/Volk/Kühn MuSchG § 15 Rn. 3). Vgl. wegen der Einzelheiten § 17 Rdn. 39 f. entsprechend.

Die Mitteilung soll erfolgen, »sobald« die Frau »weiß«, dass sie schwanger ist. Die Mit- 7 teilungsobliegenheit setzt daher voraus, dass die Frau **positive Kenntnis** von der Schwangerschaft hat, die bloße Vermutung reicht nicht (Pepping in HK-MuSchG 6 Aufl. § 15 Rn. 11). Auch wenn die Benachrichtigung nach § 15 Abs. 1 Satz 1 erfolgen soll, »sobald« die Frau von ihrer Schwangerschaft weiß, gebietet schon die Achtung ihres Persönlichkeitsrechts (vgl. oben Rdn. 1), dass sie den **Zeitpunkt der Mitteilung** frei wählen kann (AR/Vossen § 15 MuSchG Rn. 3; Pepping in HK-MuSchG 6 Aufl. § 15 Rn. 11). Sie läuft aber ggf. Gefahr, den Sonderkündigungsschutz nach § 17 Abs. 1 zu verlieren, wenn sie dem Arbeitgeber die Schwangerschaft nicht rechtzeitig mitteilt (vgl. dazu bereits oben Rdn. 3).

8 Der Arbeitgeber ist gem. **§ 27 Abs. 1 Satz 1 Nr. 1 Buchst a** verpflichtet, die **Aufsichtsbehörden** von der Schwangerschaftsmitteilung der Frau **unverzüglich zu unterrichten.** Gem. § 27 Abs. 1 Satz 2 ist es ihm untersagt, die erhaltenen Informationen unbefugt an Dritte weiter zu geben. Die Pflichten des § 27 Abs. 1 Satz 1 Nr. 1 Buchst a und des § 27 Abs. 1 Satz 2 sind **bußgeldbewehrt** (vgl. § 32 Abs. 1 Nr. 11 und 12).

Wurde dem Arbeitgeber die Schwangerschaft einer Arbeitnehmerin nach § 15 Abs. 1 MuSchG mitgeteilt, kann der Arbeitgeber nach **§ 80 Abs. 2 BetrVG** – auch gegen den Willen der Schwangeren – verpflichtet sein, den **Betriebsrat** hierüber zu unterrichten. Voraussetzung für eine solche Auskunftspflicht ist aber, dass der Betriebsrat konkret darlegt, für welche Aufgabe er die Auskunft benötigt bzw. die Einhaltung welcher konkreten Schutzvorschrift er überwachen will. Dafür genügt der bloße Hinweis auf die Überwachung von nicht näher bezeichneten, zugunsten schwangerer Arbeitnehmerinnen geltenden mutterschutzrechtlichen Pflichten nicht. Der Betriebsrat hat ferner darzulegen, wie er den Schutz der Daten der Betroffenen gewährleistet (vgl. zum Ganzen BAG vom 9.4.2019 EzA § 80 BetrVG 2001 Nr. 27 sowie unten § 27 Rdn. 7).

3. Gesetzliche Mitteilungsobliegenheit der stillenden Frau (Abs. 1 Satz 2)

9 Neu geregelt ist in § 15 Abs. 1 Satz 2 die Obliegenheit der **stillenden Frau**, ihrem Arbeitgeber mitzuteilen, dass sie stillt. Auch insoweit handelt es sich um **keine erzwingbare und sanktionsbewehrte Pflicht** (vgl. Rdn. 2). Die Kenntnis des Arbeitgebers vom Stillen ist jedoch auch hier Voraussetzung für die Erfüllung der ihm im Hinblick auf stillende Frauen auferlegten Pflichten (vgl. etwa §§ 4–6, 7 Abs. 2, 8 Abs. 2, 9, 10 und 12). Eine stillende Frau soll ihrem Arbeitgeber daher »so früh wie möglich«, gegebenenfalls noch in der Schutzfrist nach der Entbindung (§ 3 Abs. 2) oder in der Elternzeit vor der Wiederaufnahme ihrer Tätigkeit mitteilen, dass sie stillt. Dadurch soll Arbeitgeber in die Lage versetzt werden, entsprechende Vorkehrungen für die Wiederaufnahme der Erwerbstätigkeit der betreffenden Frau zu treffen (vgl. die Begründung zum Gesetzesentwurf der Bundesregierung zur inhaltsgleichen Entwurfsfassung des § 14, BT-Drucks 18/8963, S. 86; ferner ErfK/Schlachter § 15 MuSchG Rn. 3).

Die Mitteilung ist – ebenso wie Mitteilung der Schwangerschaft nach § 15 Abs. 1 Satz 1 (vgl. Rdn. 5 f.) – **formlos** möglich, sie braucht **nicht persönlich** erfolgen und ist gegenüber dem Arbeitgeber bzw. gegenüber Personen abzugeben, die vom Arbeitgeber als **Vertreter oder Beauftragte** (»Repräsentanten«) zur Entgegennahme von Schwangerschaftsmitteilungen bevollmächtigt bzw. i.S.d. § 9 Abs. 2 OWiG mit der Wahrnehmung von Arbeitgeberpflichten nach dem MuSchG betraut wurden. Auch wenn die Mitteilung nach § 15 Abs. 1 Satz 2 »so früh wie möglich« erfolgen soll, gebietet auch hier die Achtung ihres Persönlichkeitsrechts (vgl. oben Rdn. 2), dass sie den **Zeitpunkt der Mitteilung** frei wählen kann.

Gem. § **27 Abs. 1 Satz 1 Nr. 2** muss der Arbeitgeber die **Aufsichtsbehörde unverzüglich benachrichtigen**, wenn ihm die Frau mitgeteilt hat, dass sie stillt. Die Benachrichtigungspflicht besteht allerdings nur, wenn der Arbeitgeber die Aufsichtsbehörde nicht bereits über die Schwangerschaft benachrichtigt hat. Die Benachrichtigungspflicht nach § 27 Abs. 1 Satz 1 Nr. 2 ist **bußgeldbewehrt** (vgl. § 32 Abs. 1 Nr. 11).

4. Gesetzliche Obliegenheit zur Vorlage eines Zeugnisses über die Schwangerschaft (Abs. 2)

a) Zweck und Rechtsnatur

Auf Verlangen des Arbeitgebers »soll« die schwangere Frau gem. § 15 Abs. 2 als Nachweis über ihre Schwangerschaft ein **ärztliches Zeugnis** oder das einer **Hebamme bzw. eines Entbindungspflegers** vorlegen, welches den voraussichtlichen Tag der Entbindung enthalten soll. § 15 Abs. 2 übernimmt redaktionell überarbeitet den Regelungsgehalt des bisherigen § 5 Abs. 1 Satz 2 a.F. und des bisherigen § 5 Abs. 2 Satz 1 Halbs. 2 a.F. (vgl. die Begründung zum Gesetzesentwurf der Bundesregierung zur inhaltsgleichen Entwurfsfassung des § 14, BT-Drucks 18/8963, S. 86). Die Befugnis, die Vorlage eines solches Zeugnis zu verlangen, wird dem Arbeitgeber eingeräumt, weil er selbst die Richtigkeit der Angaben über Schwangerschaft und Entbindungstermin nicht prüfen kann. Es dient dem Interesse an objektiver Feststellung der Schwangerschaft und des voraussichtlichen Entbindungstages (vgl. zu § 5 a.F.: Buchner/Becker 8. Aufl. § 5 MuSchG Rn. 84). Da es sich auch insoweit um eine **Sollvorschrift** handelt, begründet § 15 Abs. 2 Satz 1 lediglich eine **Obliegenheit** der Frau und damit **keine gesetzliche Pflicht** zur Vorlage eines Zeugnisses, deren Erfüllung mutterschutzrechtlich erzwungen werden könnte (vgl. oben Rdn. 2; ferner ErfK/Schlachter § 15 Rn. 5; BAG vom 6.6.1974 EzA § 9 MuSchG n.F. Nr. 15; Brose/Weth/Volk/Kühn MuSchG § 15 Rn. 9; Pepping in HK-MuSchG 6. Aufl. § 15 Rn. 12; Schmiegel in Tillmanns/Mutschler 2. Aufl. § 15 MuSchG Rn. 35; 9. Aufl. § 15 MuSchG Rn. 7; AR/Vossen § 15 MuSchG Rn. 7). Allerdings ist auch insoweit zu berücksichtigen, dass der Arbeitgeber ohne Kenntnis von der Schwangerschaft die an die Schwangerschaft anknüpfenden Mutterschutzpflichten nicht erfüllen kann und die Nichterfüllung mangels Vorwerfbarkeit nicht nach §§ 32, 33 sanktioniert werden kann (vgl. oben Rdn. 3). Unmittelbare Rechtsnachteile kann die Frau bei Nichtvorlage des Zeugnisses auch im Hinblick darauf erleiden, dass die **Mutterschaftsgeldzahlung** für die Zeit der Schutzfrist nach § 3 MuSchG sowie für den Entbindungstag an das Zeugnis anknüpft, vgl. § 24i Abs. 3 SGB V (Pepping in HK-MuSchG 6. Aufl. § 15 Rn. 12). 10

Die in § 15 Abs. 2 geregelte Obliegenheit zur Vorlage eines Nachweises bezieht sich seinem Wortlaut nach nur auf die Schwangerschaft und nicht auch auf das Stillen. Da es aber in der Gesetzesbegründung heißt, dass § 15 Abs. 2 MuSchG regele, welche Nachweise die schwangere »oder stillende« Frau gegenüber ihrem Arbeitgeber erbringen soll (BT-Drs. 18/8963, 86), wird – wie schon zur Vorgängernorm des § 5 Abs. 1

S. 2 a.F. – vertreten, dass der Arbeitgeber von der stillenden Frau einen Nachweis für das Stillen (»**Stillbescheinigung**«) verlangen kann (Pepping in HK-MuSchG 6. Aufl. § 15 Rn. 19; Schmiegel in Tillmanns/Mutschler 2. Aufl. § 15 MuSchG Rn. 41; vgl. auch Brose/Weth/Volk/Kühn MuSchG § 15 Rn. 13).

b) Voraussetzungen, Aussteller, Form, Inhalt und Kostentragung

11 Die Obliegenheit zur Vorlage eines Zeugnisses über die Schwangerschaft besteht nach § 15 Abs. 2 Satz 1 ausdrücklich nur **»auf Verlangen«** des Arbeitgebers (vgl. zum Begriff des Arbeitgebers und seiner Repräsentanten oben Rdn. 6). Der Frau obliegt es daher nicht, das Zeugnis ungefragt von selbst im Rahmen ihrer Mitteilung nach § 15 Abs. 1 Satz 1 vorzulegen. Es steht ihr allerdings frei, dies zu tun. Insbesondere kann sie die Mitteilungsobliegenheiten nach § 15 Abs. 1 Satz 1 auch dadurch erfüllen, dass sie dem Arbeitgeber ein Zeugnis i.S.d. § 15 Abs. 2 zukommen lässt (vgl. oben Rdn. 5). Das Verlangen des Arbeitgebers bedarf **keiner Form und keiner Begründung**. Es ist nicht erforderlich, dass an der Mitteilung der Frau nach § 15 Abs. 1 Satz 1 berechtigte Zweifel bestehen (Pepping in HK-MuSchG 6. Aufl. § 15 Rn. 12). Da der Arbeitgeber zur Erfüllung der mutterschutzrechtlichen Pflichten auch dann verpflichtet ist, wenn er die Kenntnis vom geschützten Zustand der Frau auf andere Weise als durch Mitteilung nach § 15 Abs. 1 Satz 1 erlangt hat, hängt die Befugnis des Arbeitgebers, die Vorlage eines Zeugnisses über ihre Schwangerschaft zu verlangen, nicht zwingend davon ab, dass ihm die Frau bereits die Mitteilung i.S.d. § 15 Abs. 1 Satz 1 erteilt hat. Vielmehr darf er die Vorlage des Zeugnisses schon dann verlangen, wenn er berechtigten Anlass für die Vermutung der Schwangerschaft hat (Pepping in HK-MuSchG 6. Aufl. § 15 Rn. 12; vgl. zu § 5 a.F.: Buchner/Becker 8. Aufl. § 5 MuSchG Rn. 90 m.w.N.). Allerdings besteht auch bei einem berechtigten Verlangen des Arbeitgebers **keine Pflicht** der Schwangeren zur Vorlage des Zeugnisses (vgl. oben Rdn. 10 sowie Brose/Weth/Volk/Kühn MuSchG § 15 Rn. 9; a.A. für den Fall, dass die Frau dem Arbeitgeber mitteilt, dass sie vermutlich schwanger ist Pepping in HK-MuSchG 6. Aufl. § 15 Rn. 12; Schmiegel in Tillmanns/Mutschler 2. Aufl. § 15 MuSchG Rn. 36 aE). Wenn die schwangere Frau die Vorlage des Zeugnisses trotz berechtigten Verlangens des Arbeitgebers unterlässt, scheiden jedoch wegen Mitverschuldens der Arbeitnehmerin (§ 254 BGB) möglicherweise Ansprüche der schwangeren Frau gegen den Arbeitgeber aus, wenn dieser aus Unkenntnis gegen die Bestimmungen des MuSchG oder nach § 31 erlassene Verordnungen verstößt (Pepping in HK-MuSchG 6. Aufl. § 15 Rn. 12). Ein berechtigtes Vorlageverlangen ist außerdem nicht als Benachteiligung wegen des Geschlechts i.S.d. § 3 Abs. 1 S. 2 AGG zu qualifizieren und kann daher keine Entschädigungsansprüche nach § 15 AGG auslösen.

Nicht verlangen kann der Arbeitgeber demgegenüber die Vorlage des **Mutterpasses**, da dieser persönliche Daten enthält, die dem Datenschutz und der ärztlichen Schweigepflicht unterliegen (Pepping in HK-MuSchG 6. Aufl. § 15 Rn. 13; Schmiegel in Tillmanns/Mutschler 2. Aufl. § 15 MuSchG Rn. 40). Es steht der Frau allerdings frei, den Mutterpass vorzulegen.

Das Zeugnis kann **jeder approbierte Arzt** (und nicht nur ein Frauen- oder Amtsarzt) oder **jede staatliche geprüfte Hebamme** bzw. (nunmehr auch gesetzlich ausdrücklich klargestellt) jeder **staatliche geprüfte Entbindungspfleger** mit der Erlaubnis i.S.d. § 1 Hebammengesetzes [HebG] ausstellen (Pepping in HK-MuSchG 6. Aufl. § 15 Rn. 16; Brose/Weth/Volk/Kühn MuSchG § 15 Rn. 10; Schmiegel in Tillmanns/Mutschler 2. Aufl. § 15 MuSchG Rn. 38). Der Arbeitgeber kann nicht die Vorlage eines bestimmten Arztes, einer bestimmten Hebamme oder eines bestimmten Entbindungspflegers verlangen (BeckOK/Dahm § 15 MuSchG, Rn. 13), Andere Personen als Ärzte, Hebammen oder Entbindungspfleger sind nicht zum Nachweis iSd § 15 Abs. 2 befugt. **Nachweise anderer Personen** können aber die Mitteilung der Schwangerschaft iSd. § 15 Abs. 1 (ggf. mit kündigungsrechtlichen Konsequenzen nach § 17 Abs. 1) bewirken (vgl. BeckOK/Dahm § 15 MuSchG, Rn. 13 i.V.m. Rn. 6 sowie oben Rdn. 3). 12

Das Zeugnis ist **schriftlich bzw. in Textform** zu erteilen, weil ein bloß mündliches Zeugnis nicht – wie es § 15 Abs. 2 Satz 1 verlangt – »vorgelegt« werden kann (Brose/Weth/Volk/Kühn MuSchG § 15 Rn. 10; Schmiegel in Tillmanns/Mutschler 2. Aufl. § 15 MuSchG Rn. 39; a.A. Pepping in HK-MuSchG 6. Aufl. § 15 Rn. 12 unter Hinweis auf die Rechtsnatur als Sollvorschrift). 13

Aus dem Zeugnis sollen sowohl das **Bestehen einer Schwangerschaft** als auch der **voraussichtliche Tag der Entbindung** (vgl. § 15 Abs. 2 Satz 2) hervorgehen. Bestimmte **Untersuchungsmethoden oder Testverfahren** sind **nicht vorgegeben** und stehen im pflichtgemäßen und fachkundigen Ermessen des Arztes, der Hebamme oder des Entbindungspflegers (Schmiegel in Tillmanns/Mutschler 2. Aufl. § 15 MuSchG Rn. 38). Kann die Schwangerschaft vom Arzt oder der Hebamme bzw. von dem Entbindungspfleger noch **nicht sicher festgestellt** werden, ist zu bescheinigen, ob Anhaltspunkte für eine Schwangerschaft vorliegen oder nicht. Kann der Arzt trotz eingehender Untersuchungen das Bestehen einer Schwangerschaft nicht verbindlich feststellen, kann der Arbeitgeber später eine weitere Bescheinigung verlangen, die dann das Bestehen einer Schwangerschaft verbindlich klärt (Pepping in HK-MuSchG 6. Aufl. § 15 Rn. 14; Buchner/Becker 8. Aufl. § 5 MuSchG Rn. 96 jeweils m.w.N.). Sofern im Zeugnis Anhaltspunkte für eine Schwangerschaft bescheinigt werden, hat der Arbeitgeber bis zur späteren Vorlage einer verbindlichen Bescheinigung zunächst vom Bestehen einer solchen auszugehen und die sich daraus ergebenden Folgen für die Einhaltung der mutterschutzrechtlichen Vorschriften zu tragen. Andernfalls riskiert er bei späterer Bestätigung der Schwangerschaft, sich zivil- und strafrechtlich verantworten zu müssen (Pepping in HK-MuSchG 6. Aufl. § 15 Rn. 14; Buchner/Becker 8. Aufl. § 5 MuSchG Rn. 19). Der von dem Arzt, der Hebamme oder dem Entbindungspfleger im Zeugnis angegebene voraussichtliche Tag der Entbindung ist gem. **§ 3 Abs. 1 Satz 2** maßgeblich für die **Berechnung der Schutzfrist vor der Entbindung** i.S.d. § 3 Abs. 1 Satz 1 (vgl. auch ErfK/Schlachter § 15 Rn. 3). Das Zeugnis ist gem. **§ 24i Abs. 3 SGB V** außerdem maßgebend für die **Mutterschaftsgeldzahlung**. 14

Die **Kosten** für das Zeugnis hat gem. **§ 9 Abs. 6 Satz 2** – wie bisher nach § 5 Abs. 3 a.F. – der Arbeitgeber zu tragen. Zu den Kosten gehören die Kosten für die Untersuchung 15 der Frau zur Feststellung der Schwangerschaft und für die Ausstellung des Zeugnisses (Schmiegel in Tillmanns/Mutschler 2. Aufl. § 15 MuSchG Rn. 45).

§ 9 Abs. 6 Satz 2 regelt nunmehr ausdrücklich, dass die Kostentragungspflicht nur für Zeugnisse gilt, die die schwangere oder stillende Frau **auf Verlangen des Arbeitgebers** vorzulegen hat. Der Gesetzgeber wollte damit klarstellen, dass die Regelung nur für vom Arbeitgeber veranlasste Zeugnisse und Nachweise gilt (vgl. die Begründung zum Gesetzesentwurf der Bundesregierung zur inhaltsgleichen Entwurfsfassung des § 8 Abs. 6 Satz 2, BT-Drucks 18/8963, S. 68). Im Rahmen des § 5 Abs. 3 a.F. war noch streitig, ob der Arbeitgeber auch die Kosten für Zeugnis zu erstatten hat, dessen Vorlage er nicht verlangt hat, sondern welches die Frau von sich aus – etwa im Rahmen ihrer Mitteilung nach § 5 Abs. 1 a.F. – vorgelegt hat (vgl. zum Streitstand etwa Pepping in HK-MuSchG 4. Aufl. § 5 Rn. 28 m.w.N.). Zu berücksichtigen ist in diesem Zusammenhang, dass **in der gesetzlichen Krankenversicherung versicherte Frauen** gem. § 24c Nr. 1 SGB IV i.V.m. **§ 24d Satz 1 SGB IV** Anspruch auf ärztliche Betreuung sowie auf Hebammenhilfe einschließlich der Untersuchungen zur Feststellung der Schwangerschaft haben. Übernimmt die Krankenkasse die Kosten der Untersuchung und Bescheinigung, entfällt auch die Kostentragungspflicht des Arbeitgebers. Durch § 5 Abs. 3 a.F. und nunmehr durch § 9 Abs. 6 Satz 2 soll **keine Freistellung der Krankenkasse von ihrer Kostentragungspflicht zulasten des Arbeitgebers** bewirkt werden. Die Erstattungspflicht des Arbeitgebers soll nur entstehen, soweit der Frau tatsächlich Kosten erwachsen (Pepping in HK-MuSchG 6. Aufl. § 9 Rn. 63; Brose/Weth/Volk/Kühn MuSchG § 9 Rn. 22).

5. Vorvertragliche und arbeitsvertragliche Offenbarungspflichten

a) Vorvertragliche Offenbarungspflichten bei Anbahnung eines Arbeitsverhältnisses

16 § 15 Abs. 1 regelt die Mitteilungsobliegenheiten im bestehenden Arbeitsverhältnis und sagt nichts darüber aus, ob und ggf. unter welchen Voraussetzungen die Frau im Rahmen der Anbahnung eines Arbeitsverhältnisses (also im Einstellungs- bzw. Bewerbungsverfahren) verpflichtet ist, dem (potenziellen) Arbeitgeber – von sich aus oder auf Nachfrage – zu offenbaren, dass sie schwanger ist bzw. beabsichtigt, schwanger zu werden. Der (potenzielle) Arbeitgeber wird zwar regelmäßig – schon im Hinblick auf die von ihm zu erfüllenden mutterschutzrechtlichen Pflichten und die durch die (mögliche) Schwangerschaft zu erwartenden Ausfallzeiten – ein durchaus nachvollziehbares Interesse an der Offenbarung der (geplanten) Schwangerschaft haben. Dem Interesse des Arbeitgebers nach unmittelbarer Aufnahme bzw. störungsfreier Durchführung des Arbeitsverhältnisses stehen aber nicht nur die berechtigten Interessen der schwangeren Frau nach Aufnahme einer Beschäftigung bzw. beruflichem Fortkommen gegenüber (Pepping in HK-MuSchG 6. Aufl. § 15 Rn. 31), sondern auch ihr Recht, nicht wegen ihres Geschlechts benachteiligt zu werden. Dabei sind insbesondere die unionsrechtlichen Vorgaben der **Gleichbehandlungs-RL 2006/54 EG** zu beachten, die die Richtlinie 76/207/EWG hinsichtlich des **Verbots der geschlechtsbezogenen Diskriminierung** abgelöst hat und die auf Grundlage des Art. 141 Abs. 3 EGV (nunmehr Art. 157 Abs. 3 AEUV) erlassen wurde (vgl.

auch das in **Art. 23 GRC** geregelte Unionsgrundrecht der Gleichheit von Frauen und Männern). Gem. **Art. 2 Abs. 2 Buchst. c der RL 2006/54** ist jegliche ungünstigere Behandlung einer Frau im Zusammenhang mit Schwangerschaft oder Mutterschaftsurlaub eine Diskriminierung. Eine solche geschlechtsbezogene Diskriminierung ist gem. **Art. 14 Abs. 1 Buchst. a der RL 2006/54 EG** unzulässig in Bezug auf die Bedingungen – einschließlich Auswahlkriterien und Einstellungsbedingungen – für den Zugang zur Beschäftigung oder zu abhängiger oder selbstständiger Erwerbstätigkeit. In **Umsetzung der unionsrechtlichen Vorgaben** regelte zunächst bis zum Inkrafttreten des AGG am 18.8.2006 § 611a BGB a.F. und regeln seither die §§ 1, 3, 7 AGG die grundsätzliche Unzulässigkeit der geschlechtsbezogenen Benachteiligung. Dabei stellt **§ 3 Abs. 1 Satz 2 AGG** ausdrücklich klar, dass eine unmittelbare Benachteiligung wegen des Geschlechts vorliegt, wenn eine Frau wegen Schwangerschaft oder Mutterschaft ungünstiger behandelt wird in Bezug auf § 2 Abs. 1 Nr. 1–4 AGG und damit in Bezug auf die Bedingungen, einschließlich Auswahlkriterien und Einstellungsbedingungen, für den Zugang zu unselbstständiger und selbstständiger Erwerbstätigkeit, unabhängig von Tätigkeitsfeld und beruflicher Position, sowie für den beruflichen Aufstieg i.S.d. § 2 Abs. 1 Nr. 1 AGG.

Der **EuGH** hat bereits am 8.11.1990 in der Sache Dekker (EzA § 611a BGB Nr. 7) zu der **Richtlinie 76/207/EWG** erkannt, dass eine Verweigerung einer Einstellung wegen Schwangerschaft nur Frauen gegenüber in Betracht kommt und daher eine **unmittelbare Diskriminierung aufgrund des Geschlechts** darstellt. Daher verstößt ein Arbeitgeber unmittelbar gegen den Gleichbehandlungsgrundsatz, wenn er es ablehnt, mit einer von ihm für geeignet befundenen schwangeren Bewerberin einen Arbeitsvertrag zu schließen, weil er wegen ihrer Einstellung finanzielle Nachteile aufgrund ihrer schwangerschaftsbedingten Ausfallzeiten befürchtet. Dabei hat es der EuGH für unerheblich gehalten, dass sich kein Mann um die freie Stelle beworben hat. Der EuGH hat sodann entschieden, dass es der geschlechtsbezogene Gleichbehandlungsgrundsatz verbietet, eine Schwangere deshalb nicht auf eine unbefristete Stelle einzustellen, weil sie für die Dauer der Schwangerschaft wegen eines aus ihrem Zustand folgenden gesetzlichen Beschäftigungsverbots auf dieser Stelle von Anfang an nicht beschäftigt werden darf (EuGH vom 3.2.2000 EzA § 611a BGB Nr. 15 [Mahlburg]; vom 16.2.2006 EzA Richtlinie 76/207 EG-Vertrag 1999 Nr. 6 [Sarkatzis Herrero]). Am 4.10.2001 hat der EuGH außerdem in der Sache Tele Danmark (EzA § 611a BGB Nr. 16) im Hinblick auf eine Kündigung eines auf sechs Monate befristeten Arbeitsverhältnisses, die damit begründet wurde, dass die Frau bei ihrer Einstellung ihre Schwangerschaft verschwiegen hat und die während eines wesentlichen Teils des Beschäftigungsverhältnisses nicht hätte arbeiten können, klargestellt, dass die Kündigung unzulässig ist und dass es für die Frage, ob eine unmittelbare geschlechtsbezogene Diskriminierung vorliegt, unerheblich ist, ob der Arbeitsvertrag befristet oder unbefristet geschlossen wurde.

Im Anschluss an die Dekker-Entscheidung des EuGH hat das **BAG** zunächst seine gegenteilige Rechtsprechung zur sog. gespaltenen Lösung (vgl. dazu BAG vom 20.2.1986 EzA § 123 BGB Nr. 27; Buchner/Becker 8. Aufl. § 5 MuSchG Rn. 41 m.w.N.) aufgegeben und zu § 611a BGB a.F. entschieden, dass die **Frage nach der Schwangerschaft vor Einstellung einer Arbeitnehmerin in der Regel eine unzulässige Benachteiligung**

wegen des Geschlechts enthält und unabhängig davon gegen das Diskriminierungsverbot verstößt, ob sich nur Frauen oder auch Männer um den Arbeitsplatz bewerben (BAG vom 15.10.1992 EzA § 123 BGB Nr. 37). Sodann hat es die Frage nach der Schwangerschaft auch dann als regelmäßig unzulässig i.S.d. § 611a BGB a.F. erachtet, wenn die Bewerberin wegen eines gesetzlichen Beschäftigungsverbotes **zu Beginn eines unbefristeten Arbeitsverhältnisses nicht beschäftigt** werden kann (BAG vom 6.2.2003 EzA § 123 BGB 2002 Nr. 2). Eine Entscheidung des BAG zur Frage, ob dies auch dann gilt, wenn es sich um **befristetes Arbeitsverhältnis** handelt, steht – soweit ersichtlich – noch aus.

17 Vor diesem Hintergrund darf es heute als gesichert gelten, dass der Arbeitgeber die Bewerberin jedenfalls im Rahmen der **Anbahnung eines unbefristeten Arbeitsverhältnisses** nicht nach der (geplanten) Schwangerschaft fragen darf (vgl. auch LAG Düsseldorf vom 27.5.2020 – 12 Sa 716/19, Rn. 69 juris; Schmiegel in Tillmanns/Mutschler 2. Aufl. § 15 MuSchG Rn. 24; Pepping in HK-MuSchG 6. Aufl. § 15 Rn. 33 ff.; Brose/Weth/Volk/Kühn MuSchG § 15 Rn. 8). Die Bewerberin ist daher berechtigt, eine solche Frage ggf. wahrheitswidrig zu verneinen (sog. **Recht auf Lüge**; vgl. etwa MüKoBGB/Armbrüster, § 123 Rn. 46 ff; Müller NZA-RR 2023, 225) und ist (erst recht) nicht verpflichtet, diesen Umstand ungefragt zu offenbaren. Keine Rolle spielt dabei, ob sich auch Männer oder nur Frauen beworben haben und dass die Bewerberin wegen eines Beschäftigungsverbots zu Beginn des Arbeitsverhältnisses nicht beschäftigt werden kann. Der Arbeitgeber ist dementsprechend **nicht berechtigt**, den Arbeitsvertrag wegen **arglistiger Täuschung gem. § 123 BGB** anzufechten, wenn die eingestellte Bewerberin die Frage nach der Schwangerschaft wahrheitswidrig verneint oder die Schwangerschaft verschwiegen hat. (vgl. auch § 17 Rdn. 78). Auch ist er nicht berechtigt, dass Arbeitsverhältnis mit der eingestellten schwangeren Frau wegen der verschwiegenen bzw. geleugneten Schwangerschaft zu kündigen: Eine solche **Kündigung** ist außerhalb des Anwendungsbereichs des KSchG als unmittelbare geschlechtsbezogene Diskriminierung i.S.d. §§ 1, 3 Abs. 1 Satz 2 nach § 7 Abs. 1 AGG i.V.m. § 134 BGB nichtig. Findet das KSchG Anwendung ist eine solche Kündigung wegen »Sozialwidrigkeit« i.S.d. § 1 Abs. 2 unwirksam (vgl. § 1 Abs. 1 KSchG), weil die Diskriminierungsverbote des AGG nach der Rechtsprechung des BAG – trotz der Regelung des § 2 Abs. 4 AGG – im Rahmen der Prüfung der sozialen Rechtfertigung zu beachten sind (vgl. grundlegend BAG vom 6.11.2008 EzA § 1 KSchG Soziale Auswahl Nr. 82, Rn. 27 ff.; ferner vom 15.12.2011 EzA § 1 KSchG Soziale Auswahl Nr. 84, Rn. 47 ff.; vgl. ferner § 17 Rdn. 109 f.). Fragt der Arbeitgeber die Bewerberin unzulässiger Weise nach einer (geplanten) Schwangerschaft stellt dies überdies ein **Indiz i.S.d. § 22 AGG** für eine geschlechtsbezogene Benachteiligung dar (vgl. NK-AGG/Bertzbach/Beck 5. Aufl. § 22 Rn. 78 m.w.N.). Diese kann zwar gem. § 15 Abs. 6 AGG keinen Einstellungsanspruch der abgelehnten Bewerberin zur Folge haben, wohl aber **Schadensersatz- und Entschädigungsansprüche nach § 15 Abs. 1 und 2 AGG** (vgl. Pepping in HK-MuSchG 6. Aufl. § 15 Rn. 50; Schmiegel in Tillmanns/Mutschler 2. Aufl. § 15 MuSchG Rn. 27). Dem Arbeitgeber ist daher abzuraten, Bewerberinnen – sei es in einem Vorstellungsgespräch, sei es in einem Einstellungsfragebogen – danach zu fragen, ob sie schwanger sind oder es werden wollen (Schmiegel in Tillmanns/Mutschler 2. Aufl. § 15 Rn. 25).

Die höchstrichterlich noch nicht entschiedene Frage der Offenbarungspflicht wird bei der **Anbahnung eines befristeten Arbeitsverhältnisses** wird nach wie vor kontrovers diskutiert (vgl. dazu auch LAG Hamm vom 26.01.2022 – 3 Sa 1087/21, Rn. 48 juris; Schmiegel in Tillmanns/Mutschler 2. Aufl. § 15 MuSchG Rn. 25; Pepping in HK-MuSchG 6. Aufl. § 15 Rn. 36 ff.). 18

Das LAG Köln hat in seiner Entscheidung vom 11.10.2012 (LAGE § 3 AGG Nr. 3 = NZA-RR 2013, 232 mit Anm. Pallasch) im Hinblick auf ein knapp 16 Monate befristetes Arbeitsverhältnis erkannt, dass die Frage nach einer Schwangerschaft bei der Einstellung wegen ihrer geschlechtsdiskriminierenden Wirkung selbst dann grundsätzlich unzulässig ist, wenn die **Einstellung befristet** und die Frau (sogar) als **Schwangerschaftsvertretung** eingestellt wurde. Es bestehe daher auch keine Offenbarungspflicht der Bewerberin. Dabei hat es ausdrücklich dahinstehen lassen, »*... ob eine Ausnahme von der grundsätzlichen Unzulässigkeit der Frage nach der Schwangerschaft in Fällen eines dauerhaften oder partiellen Beschäftigungsverbots auch mit der neueren Rechtsprechung des EuGH vereinbar ist*«. Jedenfalls dann, wenn eine Vertragsdurchführung zunächst ohne Weiteres möglich sei, gäbe es für eine solche Ausnahme unter dem Gesichtspunkt des Rechtsmissbrauchs keinen Anlass.

Das LAG Hamm geht in seinem Urteil vom 26.01.2022 (– 3 Sa 1087/21, Rn. 51 ff, juris; die dagegen eingelegte Revision wurde vom BAG als unzulässig verworfen, vgl. BAG vom 15.12.22 – 6 AZR 102/22) davon aus, dass eine Anfechtung unzulässig ist, wenn bei Abschluss des befristeten Arbeitsvertrags zwar feststeht, dass die Frau während eines wesentlichen Teils der Vertragszeit nicht beschäftigt werden darf; es zu diesem Zeitpunkt aber **nicht feststeht**, dass sie **während der gesamten Vertragsdauer** nicht beschäftigt werden darf/kann. Auf die Ungewissheit der weiteren Vertragsdurchführung (etwa die Unsicherheit darüber, ob die Frau im Anschluss an die Mutterschutzzeit Elternzeit beantragen wird), lasse sich keine Anfechtung wegen arglistiger Täuschung stützen.

Im Schrifttum wird die Auffassung vertreten, dass ein Fragerecht des Arbeitgebers besteht, wenn bereits bei Begründung des befristeten Arbeitsvertrags feststeht, dass eine **empfindliche Störung des Arbeitsverhältnisses** eintritt, weil das Arbeitsverhältnis aufgrund entgegenstehender mutterschutzrechtlicher Beschäftigungsverbote **während der gesamten Dauer der Befristung oder wenigstens für die überwiegende Zeit nicht durchgeführt** werden kann. Die unmittelbare geschlechtsbezogene Benachteiligung sei dann gem. § 8 Abs. 1 AGG gerechtfertigt (vgl. Pallasch, NZA-RR 2013, 232, 233 und Pepping in HK-MuSchG 6. Aufl. § 15 Rn. 38, die allerdings außerdem das Hinzutreten »qualitativer Aspekte« wie etwa die Dringlichkeit des Arbeitsbedarfs für erforderlich halten; vgl. auch Staudinger/Singer/Finckenstein [2017] § 123 BGB Rn. 42). Unterschiedlich beurteilt wird dabei die Länge der Mindestbeschäftigungsdauer mit der das Arbeitsverhältnis tatsächlich durchführbar sein muss, um eine empfindliche Störung zu verneinen: Während *Pallasch* (NZA-RR 2013, 232, 233) auf die der Länge der Kündigungsfristen des § 622 Abs. 1 bzw. Abs. 3 BGB (vier bzw. zwei Wochen) abstellt, geht *Pepping* (in HK-MuSchG 5. Aufl. § 15 Rn. 37) davon aus, dass eine empfindliche Störung (erst) abzulehnen ist, wenn das Arbeitsverhältnis entsprechend der Dauer des Mutterschaftsurlaubs nach § 3 Abs. 1 und 2 von insgesamt 14 Wochen durchgeführt werden kann.

Andere Stimmen in der Literatur gehen zwar von einem generellen Frageverbot auch bei befristeten Arbeitsverhältnissen aus, halten es aber für **rechtsmissbräuchlich i.S.d. § 242 BGB**, wenn die Arbeitnehmerin ihre Schwangerschaft nicht offenbart, obwohl sie bereits im Bewerbungsverfahren weiß, dass sie angesichts der kurzen Dauer der Befristung keine bzw. eine nur wirtschaftlich wertlose Arbeitsleistung (etwa weil sie nur während der Einarbeitungsphase tätig werden darf) wird erbringen können (Schmiegel in Tillmanns/Mutschler 2. Aufl. § 15 MuSchG Rn. 25; Kamanabrou Anm. zu BAG vom 6.2.2003 AP Nr. 21 zu § 611a BGB; vgl. auch Thüsing/Lambrich BB 2002, 1146, 1147 f., die in solchen Fällen aufgrund widersprüchlichen Verhaltens der Frau die Ernsthaftigkeit ihrer Bewerbung in Abrede stellen).

Angesichts der unionsrechtlichen Vorgaben und ihrer kategorischen Anwendung durch den EuGH (vgl. Rdn. 16) ist ein **Fragerecht des Arbeitgebers** und damit korrespondierend eine **Offenbarungspflicht der Bewerberin** auch im Fall der Begründung eines befristeten Arbeitsverhältnisses **unabhängig von der Dauer der Befristung** und unabhängig davon **zu verneinen**, ob die Frau während der Dauer des Arbeitsverhältnisses überhaupt eine (nennenswerte) Arbeitsleistung erbringen kann (Brose/Weth/Volk/Kühn MuSchG § 15 Rn. 8; ErfK/Preis § 611a BGB Rn. 274; AR/Vossen § 15 MuSchG Rn. 10; MüKoBGB/Armbrüster, 9. Aufl. § 123 Rn. 48; HWK/C.W. Hergenröder § 15 MuSchG Rn. 5; vgl. auch Thüsing/Lambrich BB 2002, 1146, 1147 f., die zwar davon ausgehen, »*...dass auf Grund einer Gesamtschau der EuGH-Rechtsprechung die Frage nach der Schwangerschaft damit endgültig und ohne Ausnahme verboten ist*«, die aber gleichwohl den Einwand des Rechtsmissbrauchs befürworten, wenn die Bewerberin weiß, dass sie ihre Arbeit während der Dauer des Arbeitsverhältnisses nicht wird verrichten können: Dann liege wegen des widersprüchlichen Verhaltens keine ernsthafte Bewerbung vor). Der EuGH hat in der Sache **Tele Danmark** (EzA § 611a BGB Nr. 16) ausdrücklich und nachdrücklich klargestellt, dass weder der Aspekt der finanziellen Belastung des Arbeitgebers (dieser spielt in Deutschland ohnehin kaum eine Rolle, weil nach dem AAG mittlerweile jeder Arbeitgeber vollen Ersatz seiner Aufwendungen erhält; vgl. Pepping in HK-MuSchG 6. Aufl. § 15 Rn. 37) noch der Umstand, dass die Frau während eines wesentlichen Teils des Beschäftigungsverhältnisses nicht arbeiten kann, das Vorliegen einer unzulässigen geschlechtsbezogenen Ungleichbehandlung ausschließen und dass es für die Frage, ob eine unmittelbare geschlechtsbezogene Diskriminierung vorliegt, unerheblich ist, ob der Arbeitsvertrag befristet oder unbefristet geschlossen wurde. In beiden Fällen würde die Unfähigkeit der Arbeitnehmerin, den Arbeitsvertrag zu erfüllen, auf der Schwangerschaft beruhen. Ferner hat er a.a.O. ausdrücklich klargestellt, dass eine Kündigung einer schwangeren Arbeitnehmerin auch nicht zulässig ist, »*... wenn sie den Arbeitgeber nicht über ihre Schwangerschaft unterrichtet hat, obwohl ihr diese ihr bei Abschluss des Arbeitsvertrags bekannt war.*«. Es gelten daher bei der Anbahnung eines befristeten Arbeitsverhältnisses keine anderen Rechtsfolgen als bei der eines unbefristeten Arbeitsverhältnis (siehe dazu Rdn. 17).

Aus der Unzulässigkeit der Frage nach der Schwangerschaft im Einstellungsverfahren folgt, dass der Arbeitgeber auch **keine ärztliche Bescheinigung über das Nichtbestehen der Schwangerschaft** verlangen darf (Schmiegel in Tillmanns/Mutschler 2. Aufl. § 15 MuSchG Rn. 26; Buchner/Becker 8. Aufl. § 5 MuSchG Rn. 94). Wird im Rahmen einer **ärztlichen Einstellungsuntersuchung** eine Schwangerschaft festgestellt, unterliegt diese Feststellung der ärztlichen Schweigepflicht. Eine Information des Arbeitgebers darf nur mit Zustimmung der Frau erfolgen (Schmiegel in Tillmanns/Mutschler 2. Aufl. § 15 MuSchG Rn. 26; Pepping in HK-MuSchG 6. Aufl. § 15 Rn. 44; vgl. dazu auch Aligbe, ArbRAktuell 2023, 259). 19

b) Arbeitsvertragliche Offenbarungspflichten im bestehenden Arbeitsverhältnis

aa) Arbeitsvertragliche Nebenpflicht zur Offenbarung der Schwangerschaft

Fraglich ist, ob die Frau im bestehenden Arbeitsverhältnis aufgrund ihrer **arbeitsvertraglichen Rücksichtnahmepflicht i.S.d. § 241 Abs. 2 BGB** (über die gesetzliche Mitteilungsobliegenheit i.S.d. § 15 Abs. 1 Satz 1 hinaus im Sinne einer echten Rechtspflicht) verpflichtet sein kann, dem Arbeitgeber mitzuteilen, dass sie schwanger ist. Die ganz herrschende Meinung im Schrifttum (etwa Schmiegel in Tillmanns/Mutschler 2. Aufl. § 15 MuSchG Rn. 4; MünchArbR/Heinkel 6. Aufl. § 189 Rn. 13; AR/Vossen § 15 MuSchG Rn. 3; HWK/C.W. Hergenröder § 15 MuSchG Rn. 3; Schaub ArbR-HdB/Linck § 166 Rn. 2; Küttner/Poche Mutterschutz Rn. 7; a.A. Brose/Weth/Volk/Kühn MuSchG § 15 Rn. 6; Heilmann MuSchG § 5 Rn. 8 ff.) befürwortet dies, wenn der Arbeitgeber **aus betrieblichen Gründen ein überwiegendes Interesse** an der Offenbarung der Schwangerschaft durch die Frau hat. Das wird bejaht, wenn ein bevorstehendes mutterschutzrechtliches Beschäftigungsverbots den Ausfall einer Frau zur Folge hat, deren Arbeitskraft für den Betriebsablauf von erheblicher Bedeutung ist (was insbesondere bei einer sog. Schlüsselkraft angenommen wird) und der Arbeitgeber erkennbar einen zeitlichen Vorlauf zur Ersatzbeschaffung bzw. Disposition benötigt. Die Annahme einer arbeitsvertraglichen Mitteilungspflicht der Frau i.S.d. § 241 Abs. 2 BGB in diesen Fällen hat zur Konsequenz, dass sich die Frau nach **§ 280 Abs. 1 BGB** schadenersatzpflichtig macht, wenn sie den Arbeitgeber über ihre Schwangerschaft schuldhaft i.S.d. § 276 BGB nicht oder nicht rechtzeitig informiert. Der Schadensersatzanspruch des Arbeitgebers ist auf den Ersatz derjenigen Vermögenseinbußen gerichtet, die bei rechtzeitiger Mitteilung der Schwangerschaft vom ihm hätten abgewendet werden können (vgl. Buchner/Becker 8. Aufl. § 5 MuSchG Rn. 32). Außerdem ist die Verletzung einer arbeitsvertraglichen Nebenpflicht grundsätzlich abmahnungs- und ggf. sogar **kündigungsrelevant** (vgl. Buchner/Becker 8. Aufl. § 5 MuSchG Rn. 33 f.). 20

Bei der Annahme einer arbeitsvertraglichen Nebenpflicht zur Offenbarung der Schwangerschaft ist jedoch **größtmögliche Zurückhaltung** geboten (ähnlich Pepping in HK-MuSchG 6. Aufl. § 15 MuSchG Rn. 6: nur in wenigen Ausnahmefällen; eine solche Pflicht ausnahmslos ablehnend Brose/Weth/Volk/Kühn MuSchG § 15 Rn. 6). Dabei ist zu berücksichtigen, dass eine Pflicht zur Offenbarung der Schwangerschaft einen erheblichen Eingriff in das Persönlichkeitsrecht der Betroffenen jedenfalls so lange bedeutet, solange die Schwangerschaft nicht erkennbar ist. Hinzukommt, dass diese Pflicht nur Frauen treffen kann, weshalb sie ein »Diskriminierungspotential« aufweist. Schließlich hat der Gesetzgeber sowohl in § 5 Abs. 1 Satz 1 a.F. als auch nunmehr in § 15 Abs. 1 Satz 1 bewusst nur eine Mitteilungsobliegenheit und keine Mitteilungspflicht der Schwangeren geregelt, mag es sich dabei auch um keine abschließende Regelung handeln (vgl. oben Rdn. 2). Man wird eine vertragliche Offenbarungspflicht der Frau i.S.d. § 241 Abs. 2 BGB daher nur ausnahmsweise annehmen dürfen, wenn der Arbeitgeber auf die Besetzung des Arbeitsplatzes der Betroffenen **dringend angewiesen** ist, weil es zu **erheblichen Betriebsablaufstörungen** bzw. zu **erheblichen finanziellen Nachteilen** kommt, wenn der Arbeitsplatz nicht lückenlos bzw. zeitnah wiederbesetzt wird und wenn die Besetzung des Arbeitsplatzes einer zeitlich nicht unerheblichen **Einarbeitung** der Ersatzkraft bedarf.

bb) Arbeitsvertragliche Nebenpflicht zur Offenbarung des vorzeitigen Endes bzw. des Nichtbestehens einer mitgeteilten Schwangerschaft

21 Nach der Rechtsprechung des BAG (vom 13.11.2001 EzA § 9 MuSchG n.F. Nr. 36 und vom 18.1.2000 EzA § 615 BGB Nr. 98) ist eine Frau, die dem Arbeitgeber das Bestehen der Schwangerschaft mitgeteilt hat, verpflichtet, dem Arbeitgeber **unverzüglich und unaufgefordert mitzuteilen**, wenn die Schwangerschaft – etwa durch eine Fehlgeburt – vorzeitig geendet hat. Die Rechtsprechung beruht auf der zutreffenden Erwägung, dass der Arbeitgeber die mutterschutzrechtlichen Pflichten, Verbote und Beschäftigungsbeschränkungen beachten muss., sobald die Betroffene ihn über ihre Schwangerschaft in Kenntnis gesetzt hat. Für die Dauer der Schwangerschaft bestimmen sich Art, Inhalt und Umfang der von der Frau geschuldeten Arbeitsleistung nicht mehr allein nach den arbeitsvertraglichen Vereinbarungen, sondern nach Maßgabe des Mutterschutzrechts. Das bedingt eine Verpflichtung der Arbeitnehmerin, den Arbeitgeber unverzüglich und unaufgefordert zu unterrichten, sobald die mit der Mitteilung beanspruchten Schutzrechte nicht mehr bestehen (zustimmend auch Schmiegel in Tillmanns/Mutschler 2. Aufl. § 15 MuSchG Rn. 20; Pepping in HK-MuSchG 6. Aufl. § 15 Rn. 21; Brose/Weth/Volk/Volk MuSchG § 16, Rn. 17; ErfK/Schlachter § 15 MuSchG Rn. 1; AR/Vossen § 5 MuSchG Rn. 2). Die Pflicht zur unverzüglichen Unterrichtung besteht auch dann, wenn die Frau dem Arbeitgeber **irrtümlich eine Schwangerschaft angezeigt** und diesen Irrtum bemerkt hat. Auch in diesem Fall hat der Arbeitgeber ein Anrecht darauf, zu erfahren, dass er die (vermeintlichen) mutterschutzrechtlichen Pflichten (doch) nicht beachten muss (Brose/Weth/Volk/Volk MuSchG § 16 Rn. 17).

Schließlich besteht eine arbeitsvertragliche Nebenpflicht der Frau, dem Arbeitgeber das Ende des Stillens mitzuteilen. Insoweit gelten die vorstehend zur Mitteilung eines vorzeitigen Endes der Schwangerschaft gemachten Ausführungen entsprechend (Pepping in HK-MuSchG 6. Aufl. § 15 Rn. 23).

Die Unterrichtungspflicht besteht auch dann, wenn der Arbeitgeber das Arbeitsverhältnis zuvor **fristlos gekündigt** hat und die Frau ihm innerhalb der Nachfrist § 17 Abs. 1 Satz 1 ihre Schwangerschaft bekannt gemacht hat, durch den Arbeitgeber jedoch nicht weiterbeschäftigt wurde, sodass dieser in Annahmeverzug geraten ist (vgl. BAG vom 13.11.2001 EzA § 9 MuSchG n.F. Nr. 36; Pepping in HK-MuSchG 6. Aufl. § 15 Rn. 22).

Die **schuldhafte Verletzung dieser Unterrichtungspflicht** begründet Ansprüche des Arbeitgebers auf **Schadenersatz gem. § 280 Abs. 1 BGB**. Der dem Arbeitgeber zu ersetzende Schaden umfasst allerdings nicht das Entgelt, dass der Arbeitgeber der Arbeitnehmerin aufgrund des eingetretenen Annahmeverzugs schuldet. Die Arbeitnehmerin handelt auch nicht rechtsmissbräuchlich, wenn sie im Fall der Verletzung ihrer Unterrichtungspflicht die ihr aufgrund des Annahmeverzugs zustehenden Entgeltansprüche verfolgt (BAG vom 13.11.2001 EzA § 9 MuSchG n.F. Nr. 36 und vom 18.1.2000 EzA § 615 BGB Nr. 98; Pepping in HK-MuSchG 6. Aufl. § 15 Rn. 22).

cc) Arbeitsvertragliche Vereinbarung von Mitteilungspflichten

Im Grundsatz können die Arbeitsvertragsparteien im Rahmen ihrer Vertragsfreiheit 22
Mitteilungspflichten der Frau durch entsprechende Vereinbarungen begründen. Es ist allerdings zu berücksichtigen, dass es sich bei derartigen Regelungen in aller Regel um **allgemeine Geschäftsbedingungen** i.S.d. §§ 305 Abs. 1, 310 Abs. 4 Satz 2 BGB bzw. um Regelungen in **Verbraucherverträgen i.S.d. § 310 Abs. 3 BGB** (vgl. zur Rechtsnatur des Arbeitsvertrags als Verbrauchervertrag etwa BAG vom 24.9.2015 BAGE 153, 1) handeln wird, die einer **Inhaltskontrolle nach den §§ 307 ff BGB** unterliegen. Die Mitteilungsverpflichtung darf daher nicht zu einer unangemessenen Benachteiligung der Frau i.S.d. § 307 BGB führen. Dies wird z.T. mit der Erwägung vereint, dass gegen Klauseln, die eine Mitteilungspflicht des Arbeitnehmers bzw. ein Auskunftsrecht des Arbeitgebers für Umstände vorsehen, die mit dem Arbeitsverhältnis und der zu erbringenden Arbeitsleistung in einem sachlichen Zusammenhang stehen, keine Bedenken bestünden (Pepping in HK-MuSchG 6. Aufl. § 15 Rn. 7 mit Formulierungsvorschlag; vgl. auch Preis in: Der Arbeitsvertrag, 5. Aufl., II A 40 Rn. 13). Allerdings verstößt eine vertragliche Mitteilungsverpflichtung gegen **§ 307 Abs. 2 Nr. 1 BGB**, weil sie **mit dem wesentlichen Grundgedanken der gesetzlichen Regelung des § 15 MuSchG unvereinbar** wäre, die eine bloße Obliegenheit und eben keine Pflicht der Frau statuiert (zutreffend Brose/Weth/Volk/Kühn MuSchG § 15 Rn. 7). Im Hinblick darauf, dass eine Mitteilungspflicht in das Persönlichkeitsrecht der Betroffenen eingreift, ist eine unbeschränkte, über das berechtigte Interesse des Arbeitgebers hinausgehende Mitteilungspflicht außerdem unangemessen benachteiligend i.S.d. § 307 Abs. 1 (zutreffend Schmiegel in Tillmanns/Mutschler 2. Aufl. § 15 MuSchG Rn. 6).

Unterabschnitt 3 Ärztlicher Gesundheitsschutz

§ 16 MuSchG Ärztliches Beschäftigungsverbot

(1) Der Arbeitgeber darf eine schwangere Frau nicht beschäftigen, soweit nach einem ärztlichen Zeugnis ihre Gesundheit oder die ihres Kindes bei Fortdauer der Beschäftigung gefährdet ist.

(2) Der Arbeitgeber darf eine Frau, die nach einem ärztlichen Zeugnis in den ersten Monaten nach der Entbindung nicht voll leistungsfähig ist, nicht mit Arbeiten beschäftigen, die ihre Leistungsfähigkeit übersteigen.

Übersicht

I. Allgemeines

1 § 16 regelt in der seit 1.1.2018 geltenden Fassung (vgl. Art. 1 und 10 Abs. 1 Satz 1 des am 29.5.2017 verkündeten Gesetzes zur Neuregelung des Mutterschutzrechts vom 23. Mai 2017, BGBl. I, 1228) das **ärztliche Beschäftigungsverbot** während der Schwangerschaft (§ 16 Abs. 1) und in den ersten Monaten nach der Entbindung (§ 16 Abs. 2). Dabei übernimmt § 16 Abs. 1 redaktionell angepasst den Regelungs-

gehalt des bisherigen § 3 Absatz 1 a.F. und § 16 Abs. 2 redaktionell angepasst den Regelungsgehalt des bisherigen § 6 Absatz 2 a.F. (vgl. die Begründung zum Gesetzesentwurf der Bundesregierung zur inhaltsgleichen Entwurfsfassung des § 15, BT-Drucks 18/8963, S. 87). Durch die Überschrift »Ärztliches Beschäftigungsverbot« soll das Beschäftigungsverbot deutlich von dem »Betrieblichen Beschäftigungsverbot« des § 13 Absatz 1 Nummer 3 n.F. unterschieden werden (vgl. die Begründung zum Gesetzesentwurf der Bundesregierung zur inhaltsgleichen Entwurfsfassung des § 15, BT-Drucks 18/8963, S. 86). Es handelt sich beim ärztlichen Beschäftigungsverbot um ein **individuelles Beschäftigungsverbot:** Nach dem Wortlaut der Vorschrift kann Anlass für ein Beschäftigungsverbot nach Absatz 1 oder Absatz 2 lediglich der **individuelle Gesundheitszustand** der Frau in der Schwangerschaft oder nach der Entbindung sein, ohne dass dieser notwendigerweise durch die betrieblichen Arbeitsbedingungen beeinflusst sein muss (vgl. die Begründung zum Gesetzesentwurf der Bundesregierung zur inhaltsgleichen Entwurfsfassung des § 15, BT-Drucks 18/8963, S. 86; Brose/Weth/Volk/Volk MuSchG § 16 Rn. 1; ErfK/Schlachter § 16 MuSchG Rn. 1; Felder in Tillmanns/Mutschler 2. Aufl. § 16 MuSchG Rn. 1).

II. Das ärztliche Beschäftigungsverbot während der Schwangerschaft nach § 16 Abs. 1

Nach § 16 Abs. 1 darf der Arbeitgeber eine schwangere Frau nicht beschäftigen, 2
soweit nach einem ärztlichen Zeugnis ihre Gesundheit oder die Gesundheit ihres Kindes bei Fortdauer der Beschäftigung gefährdet wäre. § 16 Abs. 1 übernimmt redaktionell überarbeitet den Regelungsgehalt des bisherigen § 3 Abs. 1 a.F. Er dient dem **Schutz der Gesundheit der werdenden Mutter und der des ungeborenen Kindes.** Die werdende Mutter und das ungeborene Kind sollen **vor jedem Gesundheitsrisiko** bewahrt werden, das mit einer Fortsetzung der vertraglich geschuldeten Tätigkeit verbunden ist (vgl. zu § 3 Abs. 1 a.F.: BAG vom 11.11.1998 EzA § 3 MuSchG Nr. 5). Das ärztliche Beschäftigungsverbot ist **unabhängig von Schutzfristen** und kann daher theoretisch ab dem ersten Tag der Schwangerschaft Wirkung entfalten (Brose/Weth/Volk/Volk MuSchG § 16 Rn. 9; Felder in Tillmanns/Mutschler 2. Aufl. § 16 Rn. 2). Anders als bei den generellen Beschäftigungsverboten sind nicht die Tätigkeit bzw. Arbeitsbedingungen an sich, sondern die individuelle Konstitution der Frau bzw. ihres ungeborenen Kindes Grund für das Beschäftigungsverbot. Soweit eine Frau bereits durch ein generelles Beschäftigungsverbot vor Gefahren geschützt ist, bedarf es keines individuellen Beschäftigungsverbots mehr (Pepping in HK-MuSchG 6. Aufl. § 16 Rn. 3 m.w.N.). Die **Vorschriften zu den generellen Beschäftigungsverboten** sind aber **nebeneinander anwendbar**, sodass sich aus einem individuellen Beschäftigungsverbot nach § 16 Abs. 1 i.V.m. dem Verbot bestimmter Tätigkeiten des Katalogs aus § 11, das für sich nur ein teilweises generelles Beschäftigungsverbot begründen würde, ein vollständiges Beschäftigungsverbot ergeben kann (Pepping in HK-MuSchG 6. Aufl. § 16 Rn. 3; vgl. zu §§ 3 Abs. 1 und 4 Abs. 1 MuSchG a.F.: BAG vom 11.11.1998 EzA § 3 MuSchG Nr. 5).

1. Voraussetzungen

a) Schwangerschaft

3 Das Beschäftigungsverbot nach § 16 Abs. 1 setzt das Bestehen einer Schwangerschaft voraus (vgl. zum Begriff der Schwangerschaft auch § 3 Rdn. 49 und § 17 Rdn. 20 ff.). Unter **Schwangerschaft** verstehen das BAG und ihm folgend Teile des Schrifttums den Zustand der Frau von der Konzeption (d.h. von dem zur Befruchtung führenden Verkehr) bis zur Geburt (vgl. BAG vom 26.3.2015 EzA § 9 n.F. MuSchG Nr. 42, Rn. 15; Brose/Weth/Volk/Volk MuSchG § 16 Rn. 11; ErfK/Schlachter § 16 MuSchG Rn. 7; demgegenüber auf den Zeitpunkt der Nidation, d.h. der Einnistung der befruchteten Eizelle in der Gebärmutter, abstellend LAG Niedersachsen vom 12.5.1997 LAGE § 9 MuSchG Nr. 23; Felder in Tillmanns/Mutschler 2. Aufl. § 16 MuSchG Rn. 5; Pepping in HK-MuSchG 6. Aufl. § 16 Rn. 5). Der **Beginn der Schwangerschaft** wird nach der ständigen Rechtsprechung des BAG bei **natürlicher Empfängnis** ermittelt, indem von dem ärztlich oder von einer Hebamme festgestellten voraussichtlichen Tag der Entbindung **um 280 Tage zurückgerechnet** wird, wobei der voraussichtlichen Entbindungstag nicht mitgezählt wird (vgl. BAG vom 24.11.2022 – 2 AZR 11/22, Rn. 15 ff; vom 26.3.2015 EzA § 9 n.F. MuSchG Nr. 42, Rn. 16; vom 12.5.2011 EzA § 18 BEEG Nr. 1, Rn. 33; vom 7.5.1998 EzA § 9 n.F. MuSchG Nr. 35; vom 12.12.1985 EzA § 9 n.F. MuSchG Nr. 26; vom 27.10.1983 EzA § 9 n.F. MuSchG Nr. 25; vgl. dazu auch § 3 Rdn. 49 sowie § 17 Rdn. 21 ff.). Bei einer **künstlichen Befruchtung** beginnt die Schwangerschaft mit dem **Zeitpunkt des Embryonentransfers** (Einsetzung der befruchteten Eizelle in die Gebärmutter) und nicht schon dann, wenn die Eizelle außerhalb des Körpers der Frau befruchtet wird. Die 280-Tage-Regel findet hier keine Anwendung (vgl. BAG vom 26.3.2015 EzA § 9 n.F. MuSchG Nr. 42, Rn. 20; vgl. dazu § 17 Rdn. 25). Auch eine **Bauchhöhlenschwangerschaft** (sog. Extrauteringravidität) kann das Beschäftigungsverbot auslösen (Brose/Weth/Volk/Volk MuSchG § 16, Rn. 14; ErfK/Schlachter § 16 MuSchG Rn. 7; Pepping in HK-MuSchG 6. Aufl. § 16 Rn. 7).

Das Beschäftigungsverbot verlangt keine ausdrückliche ärztliche Feststellung der Schwangerschaft; der Arzt muss eine solche aber bei Aussprache eines Beschäftigungsverbots implizit feststellen (Pepping in HK-MuSchG 6. Aufl. § 16 Rn. 10). Das Beschäftigungsverbot kann praktisch erst greifen, wenn die Schwangerschaft **feststellbar** ist. Erst dann kann der Arbeitgeber bei einer Zuwiderhandlung schuldhaft i.S.d. § 32 Abs. 1 Nr. 1 bzw. vorsätzlich i.S.d. § 33 gegen das Beschäftigungsverbot verstoßen. Die (hinreichend zuverlässige) Feststellung der Schwangerschaft ist in der Anfangszeit regelmäßig nur aufgrund einer ärztlichen Untersuchung möglich. Diese braucht aber noch keine unbezweifelbare Gewissheit zu bringen. Zum Schutze der Mutter und ihres ungeborenen Kindes reicht es aus, dass ein so **hoher Grad an Wahrscheinlichkeit** einer Schwangerschaft besteht, dass nach dem Stand der medizinischen Wissenschaft und den Erfahrungen des Lebens **keine vernünftigen Zweifel** bestehen (Brose/Weth/Volk/Volk MuSchG § 16 Rn. 15; Pepping in HK-MuSchG 6. Aufl. § 16 Rn. 10; vgl. zu § 3 Abs. 1 a.F.: BAG vom 11.11.1998 EzA § 3 MuSchG Nr. 5). Ggf. genügt ein **vorläufiges ärztliches Zeugnis** für den Zeitraum, bis zu dem aufgrund einer neuen Untersuchung dann die Schwangerschaft verbindlich festgestellt werden kann (Pepping in HK-MuSchG 6. Aufl. § 16 Rn. 10; Brose/Weth/Volk/Volk MuSchG § 16 Rn. 16). Erweist sich die dem Arbeitgeber mitgeteilte Annahme der Schwangerschaft als **irrtümlich**, ist die Frau nach § 241 Abs. 2 BGB verpflichtet, dem Arbeitgeber unverzüglich mitzuteilen, dass sie (doch) nicht schwanger ist (vgl. dazu § 15 Rdn. 21).

Die Schwangerschaft **endet** bei einer **Lebend-, Fehl- oder Totgeburt** (vgl. § 31 PStV) 4 sowie bei einem **Schwangerschaftsabbruch** jeweils mit der Trennung der Leibesfrucht vom Mutterleib (Brose/Weth/Volk/Volk MuSchG § 16 Rn. 19; Pepping in HK-MuSchG 6. Aufl. § 16 Rn. 9; vgl. auch § 3 Rdn. 49). Gleiches gilt auch bei einer abgestorbenen Leibesfrucht, wenn zur Vermeidung von gesundheitlichen Komplikationen die Trennung der Leibesfrucht vom Mutterleib durch einen künstlich herbeigeführten Abort erfolgen muss (sog. missed abortion). Erst in diesem Zeitpunkt ist die Schwangerschaft beendet (vgl. BAG vom 12.12.2013 EzA § 15 AGG Nr. 23; Brose/Weth/Volk/Volk MuSchG § 16 Rn. 19). Die Schwangerschaft endet außerdem, wenn nach der Konzeption die **Nidation (Einnistung) ausbleibt** (vgl. BAG vom 26.3.2015 EzA § 9 n.F. MuSchG Nr. 42, Rn. 26 mit dem Hinweis darauf, dass bei der natürlichen Schwangerschaft die nicht zur Nidation führende Konzeption oft unbemerkt bleiben wird). Endet die Schwangerschaft vorzeitig, ist die Frau nach § 241 Abs. 2 BGB verpflichtet, dies dem Arbeitgeber **unverzüglich mitzuteilen**, wenn sie ihn von der Schwangerschaft in Kenntnis gesetzt hatte (vgl. dazu § 15 Rdn. 21).

b) Gefährdung der Gesundheit von Mutter oder Kind bei Fortdauer der Beschäftigung

Das Beschäftigungsverbot setzt voraus, dass bei Fortdauer der Beschäftigung die 5 Gesundheit von Mutter oder Kind gefährdet ist. Anders als die Vorgängerregelung des § 3 Abs. 1 a.F. stellt § 16 Abs. 1 nicht mehr zusätzlich auf eine Gefährdung des Lebens ab. Das ist auch nicht nötig, weil eine Gefährdung der Gesundheit eine solche des Lebens miteinschließt (Brose/Weth/Volk/Volk MuSchG § 16 Rn. 20). Durch die Verwendung der Konjunktion »oder« (und nicht mehr »und« wie noch in § 2 Abs. 1 MuSchG 1942) wird klargestellt, dass nicht erforderlich ist, dass sowohl die Gesundheit als auch die des Kindes gefährdet ist. Es genügt die Feststellung einer Gefährdung entweder für die Gesundheit der Schwangeren oder für die Gesundheit ihres ungeborenen Kindes (Brose/Weth/Volk/Volk MuSchG § 16 Rn. 20).

aa) Gefährdung der Gesundheit

Die Gesundheit von Mutter oder Kind ist gefährdet, wenn die aufgrund ernst zu 6 nehmender Anhaltspunkte die **Möglichkeit** besteht, dass gesundheitliche Beeinträchtigungen eintreten (Brose/Weth/Volk/Volk MuSchG § 16 Rn. 21; Pepping in HK-MuSchG 6. Aufl. § 16 Rn. 11; vgl. zu § 3 Abs. 1 a.F.: BAG vom 11.11.1998 EzA § 3 MuSchG Nr. 5; Hessisches LAG vom 14.4.2004 – 2 Sa 803/03, juris). Teilweise wird für das Vorliegen einer Gefährdung über die bloße Möglichkeit hinaus die hinreichende Wahrscheinlichkeit einer gesundheitlichen Beeinträchtigung gefordert (vgl. etwa Felder in Tillmanns/Mutschler 2. Aufl. § 16 MuSchG Rn. 8). Nicht ausreichend ist eine allgemeine Gefahrenlage, sondern erforderlich ist eine spezifische (zumindest auch) die Gesundheit der Frau oder ihres ungeborenen Kindes bedrohende Gefahrenlage (Felder in Tillmanns/Mutschler 2. Aufl. § 16 MuSchG Rn. 8). Vor dem Hintergrund, das nach **Sinn und Zweck** der mutterschutzrechtlichen Beschäftigungsverbote die werdende Mutter und das ungeborene Kind vor jedem Gesundheitsrisiko bewahrt werden sollen, das mit einer Fortsetzung der vertraglich geschuldeten Tätigkeit verbunden ist (vgl. oben Rdn. 2), steht dem Arzt bei der Beurteilung, ob eine solche Gefährdung vorliegt, ein **weiter Beurteilungsspielraum** zu. Deshalb ist z.B. ein **vorläufiges Beschäftigungsverbot**, das sich darauf stützt, dass wegen Fehlens der gebotenen Überprüfung des Arbeitsplatzes eine Gesundheitsgefährdung nicht auszuschließen sei, wirksam (Brose/Weth/Volk/Volk MuSchG § 16 Rn. 21; vgl. zu § 3 Abs. 1 a.F.: BAG vom 11.11.1998 EzA § 3 MuSchG Nr. 5).

bb) Gesundheitsgefährdung aufgrund der Fortdauer der Beschäftigung

aaa) Ursachenzusammenhang zwischen Gesundheitsgefährdung und Fortdauer der Beschäftigung

7 Gesundheit von Mutter oder Kind müssen bei »Fortdauer der Beschäftigung« gefährdet sein. Erforderlich ist folglich ein **Ursachenzusammenhang** zwischen der Gefährdung der Gesundheit der schwangeren Frau bzw. des ungeborenen Kindes und der Fortsetzung der arbeitsvertraglich geschuldeten Tätigkeit (Pepping in HK-MuSchG 6. Aufl. § 16 Rn. 12). Für ein Beschäftigungsverbot nach § 16 Abs. 1 sind der **individuelle Gesundheitszustand** und die **konkrete Arbeitstätigkeit** der schwangeren Arbeitnehmerin maßgebend (Brose/Weth/Volk/Volk MuSchG § 16 Rn. 23; vgl. auch BGH vom 30.9.21 – 5 StR 161/21, NJW 2022, 1111, Rn. 26). Es genügt, dass die Fortsetzung der Arbeit mit einer Gefährdung der Gesundheit von Mutter oder Kind verbunden ist. Unerheblich ist die **Ursache** der Gefährdung (Brose/Weth/Volk/Volk MuSchG § 16 Rn. 22; vgl. auch BGH vom 30.9.21 – 5 StR 161/21, NJW 2022, 1111, Rn. 37). Unerheblich ist daher, ob die Gefährdung auf einer Krankheit beruht (zum Beschäftigungsverbot bei krankheitsbedingter Arbeitsunfähigkeit vgl. unten Rdn. 9). Auch die Arbeitstätigkeit der Schwangeren oder ihr räumlicher Arbeitsbereich müssen als solche nicht gesundheitsgefährdend sein, sodass aufgrund des individuellen Gesundheitszustands der Frau ihre Beschäftigung auch an einem an sich völlig **ungefährlichen Arbeitsplatz** verboten sein kann. Ein Beschäftigungsverbot ist auch dann auszusprechen, wenn die Beschäftigung für andere Frauen unabhängig von einer Schwangerschaft keinerlei Gefährdung ergibt, aber im Einzelfall aufgrund der individuellen Verhältnisse der schwangeren Frau die Gesundheit von Mutter oder Kind gefährden würde (Brose/Weth/Volk/Volk MuSchG § 16 Rn. 22; Pepping in HK-MuSchG 6. Aufl. § 16 Rn. 13; vgl. zu § 3 Abs. 1 a.F.: BAG vom 7.11.2007 EzA § 3 MuSchG Nr. 10; vom 9.10.2002 EzA § 11 MuSchG n.F. Nr. 23; vom 21.3.2001 EzA § 3 MuSchG Nr. 7). Unter dieser Voraussetzung können auch **psychische Belastungen** ein Beschäftigungsverbot begründen. Folgerichtig genügt auch ein nur psychisch bedingter Stress am Arbeitsplatz für eine solche Gefährdung, auch wenn eine von der Arbeitnehmerin wahrgenommene **Mobbing-Situation** objektiv nicht vorgelegen hat (vgl. BAG vom 21.3.2001 EzA § 3 MuSchG Nr. 7; LAG Köln

vom 13.12.2001 MDR 2002, 1197; Pepping in HK-MuSchG 6. Aufl. § 16 Rn. 13; Brose/Weth/Volk/Volk MuSchG § 16 Rn. 24). Da es auf die Ursache der Gefährdung nicht ankommt, ist ein **Zusammenhang zwischen der Gesundheitsgefährdung und der Schwangerschaft nicht erforderlich** (Brose/Weth/Volk/Volk MuSchG § 16 Rn. 22). Daher ist beispielsweise ein nicht schwangerschaftsbedingtes Augenleiden der Schwangeren, das bei Fortdauer der Beschäftigung zu Gesundheitsschäden führt bzw. führen kann, geeignet, ein Beschäftigungsverbot i.S.d. § 16 Abs. 1 auszulösen (vgl. zu § 3 Abs. 1 a.F. Buchner/Becker 8. Aufl. § 3 MuSchG Rn. 10, die das Beispiel von Meisel/Sowka, § 3, Rn. 11 übernommen haben). In den Zeiten der **COVID-19-Pandemie** konnte ein Beschäftigungsverbot nach § 16 attestiert werden, wenn die schwangere Frau z.B. aufgrund bestimmter Vorerkrankungen in Bezug auf das Coronavirus besonders gefährdet ist. In dem ärztlichen Zeugnis können dann z.B. bestimmte Tätigkeiten benannt werden, welche auszuschließen sind, z.B. Publikumsverkehr (vgl. Aligne ArbR 2020, 284, 287)

Nach der Rechtsprechung (vgl. BAG vom 7.8.1970 EzA § 11 MuSchG n.F. Nr. 3; 8
LAG Hessen vom 14.8.2008 – JurionRS 2008, 39311) und der mittlerweile ganz herrschenden Ansicht im Schrifttum (Pepping in HK-MuSchG 6. Aufl. § 16 Rn. 24; AR/Vossen § 16 MuSchG Rn. 2; HWK/C.W. Hergenröder § 16 MuSchG Rn. 3; Brose/Weth/Volk/Volk MuSchG § 16 Rn. 25; MüArbR/Heinkel 6. Aufl. § 190 Rn. 27; a.A. Heilmann § 3 MuSchG Rn. 6 sowie Zmarzlik/Zipperer/Viethen/Vieß 8. Aufl. § 3 MuSchG Rn. 6) steht eine Gefährdung aufgrund beschwerlicher **An- und Abfahrtswege** mit der Fortdauer der Beschäftigung in keinem maßgebenden Zusammenhang. Dies ist zutreffend: An- und Abfahrwege zählen zum allgemeinen **Wegerisiko**, welches die schwangere Arbeitnehmerin wie jede andere Arbeitnehmerin auch zu tragen hat. Außerdem hat der Arbeitgeber in der Regel keine Möglichkeit, die Wohnsitzwahl der Schwangeren zu beeinflussen. Ein ärztliches Fahrverbot, das sich nur auf die Zurücklegung des Arbeitsweges bezieht, ist daher kein Beschäftigungsverbot i.S.d. § 16 Abs. 1 (vgl. zu einem solchen Fall aus der Rechtsprechung zu § 3 Abs. 1 a.F.: LAG Hessen vom 14.8.2008 – JurionRS 2008, 39311).

An dem für ein Beschäftigungsverbot erforderlichen Zusammenhang zwischen der Gefährdung der schwangeren Frau und der Fortsetzung der Tätigkeit fehlt es, wenn sich die vom Arbeitgeber beschäftigte Frau in **unbezahltem Sonderurlaub** befindet und gar keine Arbeitspflicht besteht (Pepping in HK-MuSchG 6. Aufl. § 16 Rn. 24).

Kein Fall des § 16 Abs. 1 liegt auch vor, wenn die schwangere Frau **aus anderen Gründen** als einer ärztlich bescheinigten Gefährdung, etwa zur Vorbereitung auf die Geburt, mit der Arbeit aussetzen will. Ein Recht zur Arbeitsverweigerung der schwangeren Frau besteht mutterschutzrechtlich ebenso wenig wie umgekehrt ein Recht des Arbeitgebers zu einer schwangerschaftsbedingten Suspendierung der Frau. Außerhalb des ärztlichen Beschäftigungsverbots können Arbeitgeber und Schwangere lediglich in beiderseitigem Einvernehmen ein Aussetzen mit der Beschäftigung vereinbaren (Brose/Weth/Volk/Volk MuSchG § 16 Rn. 26).

bbb) Verhältnis zur krankheitsbedingten Arbeitsunfähigkeit: Grundsatz der Monokausalität?

9 Im Schrifttum (vgl. etwa Pepping in HK-MuSchG 6. Aufl. § 16 Rn. 20; BeckOK ArbR/Dahm, § 16 MuSchG Rn. 11) und in der instanzgerichtlichen Rechtsprechung (vgl. LAG Köln vom 29.3.2021 – 2 Sa 1230/20, Rn. 18, juris) wird unter Hinweis auf Rechtsprechung des BAG (z.B. BAG vom 12.3.1997 EzA § 3 MuSchG Nr. 3) zum Teil davon ausgegangen, dass wegen des Grundsatzes der sog. Monokausalität der für die Annahme eines ärztlichen Beschäftigungsverbots erforderliche Ursachenzusammenhang zwischen Gesundheitsgefährdung und Fortdauer der Beschäftigung zu verneinen sei, wenn nicht allein die Fortsetzung der Beschäftigung, sondern **auch eine krankheitsbedingte Arbeitsunfähigkeit** der Arbeitnehmerin Ursache für die Gefährdung ist.

Diese Auffassung trifft jedoch nicht (mehr) zu: Zwar ging das BAG ursprünglich von der Ausschließlichkeitsthese aus, wonach sich krankheitsbedingte Arbeitsunfähigkeit und mutterschutzrechtliches Beschäftigungsverbot gegenseitig ausschließen. Danach kam ein Beschäftigungsverbot nach § 3 Abs. 1 a.F. nur in Betracht, wenn die Schwangerschaftsbeschwerden keinen Krankheitswert hatten oder nicht zur Arbeitsunfähigkeit führten (in diesem Sinne noch BAG vom 1.10.1997 EzA § 3 MuSchG Nr. 4 zu I 2 der Gründe). Auf den **Grundsatz der Monokausalität** stellt das BAG aber mittlerweile **nur** noch beim **Anspruch auf Mutterschutzlohn** nach § 11 Abs. 1 a.F. (nunmehr § 18 n.F.) ab (vgl. auch Brose/Weth/Volk/Volk MuSchG § 16 Rn. 27): In Abgrenzung zum Entgeltfortzahlungsanspruch bei krankheitsbedingter Arbeitsunfähigkeit der Schwangeren nach § 3 Abs. 1 EFZG nimmt es an, dass der Anspruch auf Mutterschutzlohn nur gegeben ist, wenn allein das mutterschutzrechtliche Beschäftigungsverbot dazu führt, dass die Schwangere mit der Arbeit aussetzt. Für die Zeit, in der die Schwangere arbeitsunfähig krank ist, sei dieser alleinige Ursachenzusammenhang nicht gegeben und der Schwangeren bleibe dann der gem. § 3 Abs. 1 EFZG auf sechs Wochen begrenzte Anspruch auf Entgeltfortzahlung wegen krankheitsbedingter Arbeitsunfähigkeit (vgl. BAG vom 17.10.2013 EzA § 3 AGG Nr. 8; vom 9.10.2002 EzA § 11 MuSchG n.F. Nr. 23; vom 13.2.2002 EzA § 3 MuSchG Nr. 8). Dabei betont es nunmehr ausdrücklich und zu Recht, dass ein **gleichzeitig ausgesprochenes Beschäftigungsverbot** in diesen Fällen die (sanktionsbewehrten) Wirkungen der §§ 3 Abs. 1, 21, 24 MuSchG a.F. (nunmehr §§ 16 Abs. 1, 32 Abs. 1 Nr. 1, 33 MuSchG n.F.) entfaltet (vgl. BAG vom 17.10.2013 EzA § 3 AGG Nr. 8 Rn. 35; vom 9.10.2002 EzA § 11 MuSchG n.F. Nr. 23 zu I 4 der Gründe; vom 13.2.2002 EzA § 3 MuSchG Nr. 8 zu I 4 der Gründe). Richtigerweise kann somit ein Beschäftigungsverbot nach § 16 Abs. 1 auch dann wirksam (und damit sanktionsbewehrt) eintreten, wenn gleichzeitig krankheitsbedingte Arbeitsunfähigkeit i.S.d. § 3 Abs. 1 EFZG vorliegt, der Arzt aber lediglich oder zusätzlich zur krankheitsbedingten Arbeitsunfähigkeit eine Gefährdungslage i.S.d. § 16 Abs. 1 attestiert (wie hier Brose/Weth/Volk/Volk MuSchG § 16 Rn. 27; Schaub ArbR-HdB/Linck § 167 Rn. 7 und § 170 Rn. 4; MüArbR/Heinkel 6. Aufl. § 190 Rn. 27; Lembke NZA 1998, 349, 351; Gutzeit NZA 2003, 81, 82 u. 85). Es wäre schwer nachvollziehbar, wenn das mutterschutzrechtliche Beschäftigungsverbot, das öffentlich-rechtlich überwacht wird und sanktionsbewehrt ist (vgl. §§ 29, 32 Abs. 1

Nr. 1, 33), nur zugunsten der gesunden Schwangeren und nicht auch zugunsten der (arbeitsunfähig) erkrankten Schwangeren eingreifen würde (Lembke NZA 1998, 349, 351). Die Monokausalität hat daher **keine Bedeutung für die Tatbestandsvoraussetzungen des Beschäftigungsverbots** nach § 16 Abs. 1, sondern nur für die des § 18 n.F. Sie bezieht sich allein auf den Ursachenzusammenhang zwischen Beschäftigungsverbot und Arbeitsausfall und nicht auf den Ursachenzusammenhang zwischen Gefährdung der Gesundheit und Fortsetzung der Beschäftigung. In diesem Sinne betrifft sie **allein die Risikoverteilung bei der Vergütung**, wenn die schwangere Frau auch arbeitsunfähig krank ist (aA Pepping in HK-MuSchG 6. Aufl. § 16 Rn. 22: Abgrenzung muss auf Tatbestandsebene des § 16 erfolgen, sodass der Arzt zwischen Aussprache eines Beschäftigungsverbots oder Ausstellung einer Arbeitsunfähigkeitsbescheinigung entscheiden muss)

c) Ärztliches Zeugnis

Das Beschäftigungsverbot des § 16 Abs. 1 setzt voraus, dass die bei der Fortdauer 10
der Beschäftigung zu besorgende Gefährdung der Gesundheit von Mutter oder Kind in einem ärztlichen Zeugnis attestiert wird. Es greift erst ein, wenn der Arzt die Gefährdung attestiert. Das ärztliche Zeugnis ist für das Beschäftigungsverbot **konstitutiv** (Brose/Weth/Volk/Volk MuSchG § 16 Rn. 28; Pepping in HK-MuSchG 6. Aufl. § 16 Rn. 30; AR/Vossen § 16 MuSchG Rn. 2; vgl. zu § 3 Abs. 1 a.F.: BAG vom 7.11.2007 EzA § 3 MuSchG Nr. 10; vom 9.10.2002 EzA § 11 MuSchG n.F. Nr. 23; vom 21.3.2001 EzA § 3 MuSchG Nr. 7).

aa) Aussteller

Das entsprechende Attest kann **jeder approbierte Arzt** ausstellen, wobei die Frau 11
die **freie Arztwahl** hat (vgl. auch § 76 SGB V). Es muss sich dabei nicht um ein amts- oder fachärztliches Attest handeln. Auch das Zeugnis eines Arztes des medizinischen Dienstes ist nicht erforderlich (ErfK/Schlachter § 16 MuSchG Rn. 8). Das Zeugnis einer Hebamme oder eines Entbindungspflegers genügt aber – anders als bei der Bestimmung des voraussichtlichen Entbindungstermins nach § 15 Abs. 2 – nicht (ErfK/Schlachter § 16 MuSchG Rn. 8; Pepping in HK-MuSchG 6. Aufl. § 16 Rn. 31; Brose/Weth/Volk/Volk MuSchG § 16 Rn. 29).

bb) Form

Das Attest bedarf nach dem Gesetz **keiner Form**. Es wird i.d.R. schriftlich ausge- 12
stellt, was schon im Hinblick auf den hohen Beweiswert einer schriftlich ausgestellten ärztlichen Bescheinigung (vgl. dazu Rdn. 15) unbedingt **ratsam** ist. Es kann aber auch mündlich vom Arzt ausgestellt werden (Pepping in HK-MuSchG 6. Aufl. § 16 Rn. 32; vgl. zu § 3 Abs. 1 a.F.: BAG vom 1.10.1997 EzA § 3 MuSchG Nr. 4; vom 11.11.1998 EzA § 3 MuSchG Nr. 5; NK-ArbR/Daniel C. Jacobsen § 3 MuSchG Rn. 19 m.w.N.).

cc) Beurteilungsgrundlagen und Inhalt

13 Um das Bestehen einer Gefährdung durch Fortsetzung der Tätigkeit beurteilen zu können, muss sich der Arzt ein Bild darüber machen, ob eine Gefährdung aufgrund Fortsetzung der Tätigkeit zu besorgen ist. Neben dem **Gesundheitszustand** der schwangeren Frau kommt es hier auf die **Art der Tätigkeit** sowie die **Arbeitsbedingungen** an. Diese hat der Arzt durch **Befragen der Schwangeren** zu ermitteln. Er darf sich hier auch grds. auf die Angaben der Schwangeren verlassen. Dieses schließt aber nicht aus, dass er sich auch durch **Rückfragen beim Arbeitgeber** oder der Aufsichtsbehörde hierüber versichert (Brose/Weth/Volk/Volk MuSchG § 16 Rn. 31). Ist dem Arzt eine endgültige Feststellung, ob eine Gefährdung aufgrund Fortsetzung der Tätigkeit zu besorgen ist, trotz zumutbarer Nachforschungen (Untersuchung der Betroffenen, Befragung über die von ihr auszuübende Tätigkeit etc.) nicht möglich, kann er ausnahmsweise auch ein **vorläufiges Beschäftigungsverbot** aussprechen, bis eine endgültige Feststellung möglich ist (vgl. zu § 3 Abs. 1 a.F.: BAG vom 11.11.1998 EzA § 3 MuSchG Nr. 5).

Inhaltlich muss das ärztliche Zeugnis zunächst den ausstellenden Arzt, den Namen der Frau, den Zeitpunkt der Wirksamkeit des Verbots und bei einem befristeten Verbot auch dessen voraussichtliche Dauer erkennen lassen (Brose/Weth/Volk/Volk MuSchG § 16 Rn. 34; Pepping in HK-MuSchG 6. Aufl. § 16 Rn. 33; NK-ArbR/Pepping 2. Aufl. § 16 MuSchG Rn. 9). Sodann muss aus ihm hervorgehen, dass die Fortsetzung der Beschäftigung die Gesundheit der Mutter und/oder ihres ungeborenen Kindes gefährdet. Das ärztliche Attest soll seinem Zweck nach Ausschluss darüber geben, ob und ggf. in welchem **Umfang** und für welchen **Zeitraum** ein Beschäftigungsverbot besteht. Durch das ärztliche Zeugnis kann die Beschäftigung – in Abhängigkeit vom individuellen Gesundheitszustand der Schwangeren sowie den Anforderungen ihrer Tätigkeit – ganz oder teilweise untersagt werden (»soweit nach ärztlichem Zeugnis …«; vgl. auch Rdn. 21). Es sollte deshalb möglichst genaue und allgemein verständliche Angaben enthalten, insbesondere auch darüber, ob leichtere Arbeiten oder verkürzte Arbeitszeiten zulässig bleiben. Es sollte so formuliert werden, dass der Arbeitgeber die Art und Weise und den Umfang der Gefährdung für Mutter und Kind bei der Fortdauer der Beschäftigung erkennen kann und die Möglichkeit hat, gefährdende Umstände zu beseitigen. Es sollte im Hinblick auf die Auswirkungen auf die Vergütung (§ 18 oder § 3 EFZG, vgl. oben Rdn. 9) Aussagen darüber enthalten, ob schwangerschaftsbedingte Beschwerden mit oder ohne **Krankheitswert** vorliegen (Pepping in HK-MuSchG 6. Aufl. § 16 Rn. 33). Darüber sollten Angaben dazu enthalten sein, von welchen **tatsächlichen Arbeitsbedingungen** der Arzt beim Ausspruch des Beschäftigungsverbots ausgegangen ist (Felder in Tillmanns/Mutschler 2. Aufl. § 16 MuSchG Rn. 12; Brose/Weth/Volk/Volk MuSchG § 16 Rn. 36). Fehlen diese Angaben im Attest, so ist der Arzt verpflichtet, dem Arbeitgeber **Auskunft** zu geben, von welchen tatsächlichen Arbeitsbedingungen der Arbeitnehmerin er bei Erteilung seines Zeugnisses ausgegangen ist und ob krankheitsbedingte Arbeitsunfähigkeit vorgelegen hat (vgl. zu § 3 Abs. 1 a.F.: BAG vom 7.11.2007 EzA § 3 MuSchG Nr. 10). Ist der gegenständliche Umfang des Beschäftigungsverbots in dem ärztlichen Zeugnis nicht näher umschrieben, so bezieht es sich jedenfalls auf die zuletzt ausgeübte Tätigkeit (vgl. zu § 3

Abs. 1 a.F.: BAG vom 1.10.1997 EzA § 3 MuSchG Nr. 4; NK-ArbR/Daniel C. Jacobsen 1. Aufl. § 3 MuSchG Rn. 18). Will der Arbeitgeber die Schwangere anderweitig beschäftigen, so ist der Umfang des Beschäftigungsverbots zu präzisieren. Entsprechende **Fragen des Arbeitgebers** hat der Arzt zu beantworten, soweit der Schwangeren eine sachgerechte Antwort nicht selbst möglich ist (vgl. zu § 3 Abs. 1 a.F.: BAG vom 1.10.1997 EzA § 3 MuSchG Nr. 4).

Angaben zum **Gesundheitszustand**, dem **medizinischen Befund** und zum **Verlauf der Schwangerschaft** sowie die **medizinische Begründung** des Beschäftigungsverbots gehören mit Rücksicht auf die **ärztliche Schweigepflicht** und das Persönlichkeitsrecht der Frau nicht in die Bescheinigung (Pepping in HK-MuSchG 6. Aufl. § 16 Rn. 34; Brose/Weth/Volk/Volk MuSchG § 16 Rn. 32; vgl. zu § 3 Abs. 1 a.F.: BAG vom 12.3.1997 EzA § 3 MuSchG Nr. 3). Der Arbeitgeber darf insoweit auch keine Auskunft vom Arzt verlangen (vgl. zu § 3 Abs. 1 a.F.: BAG vom 12.3.1997 EzA § 3 MuSchG Nr. 3; vom 7.11.2007 EzA § 3 MuSchG Nr. 10). 14

dd) Beweiswert und Verbindlichkeit der ärztlichen Bescheinigung

Das BAG geht in ständiger Rechtsprechung zu § 3 Abs. 1 a.F. (vgl. etwa BAG vom 17.10.2013 EzA § 3 AGG Nr. 8 Rn. 36; vom 7.11.2007 EzA § 3 MuSchG Nr. 10 Rn. 17 jeweils m.w.N.) davon aus, dass der **schriftlichen** ärztlichen Bescheinigung ein **hoher Beweiswert** zukommt (und zwar sogar ein höherer als der Arbeitsunfähigkeitsbescheinigung nach § 5 Abs. 1 EFZG, vgl. BAG vom 12.3.1997 EzA § 3 MuSchG Nr. 3). Die Frau genügt sie ihrer **Darlegungslast** zunächst durch Vorlage dieser ärztlichen Bescheinigung über das Beschäftigungsverbot. Der Arbeitgeber, der das Beschäftigungsverbot anzweifelt, kann vom ausstellenden Arzt **Auskunft** über die **Gründe** verlangen, soweit diese nicht der Schweigepflicht unterliegen. Der Arzt hat dem Arbeitgeber sodann mitzuteilen, von welchen tatsächlichen Arbeitsbedingungen der Arbeitnehmerin er bei Erteilung seines Zeugnisses ausgegangen ist und ob krankheitsbedingte Arbeitsunfähigkeit vorgelegen hat. Legt die Arbeitnehmerin trotz Aufforderung des Arbeitgebers keine entsprechende ärztliche Bescheinigung vor, ist der **Beweiswert** eines zunächst nicht näher begründeten ärztlichen Beschäftigungsverbotes **erschüttert**. Nur wenn der Arbeitgeber die tatsächlichen Gründe des Beschäftigungsverbotes kennt, kann er prüfen, ob er der Arbeitnehmerin eine andere zumutbare Arbeit zuweisen kann, die dem Beschäftigungsverbot nicht entgegensteht. Der Arbeitgeber ist auch nicht gehindert, Umstände darzulegen, die ungeachtet der medizinischen Bewertung den Schluss zulassen, dass ein Beschäftigungsverbot auf **unzutreffenden tatsächlichen Voraussetzungen** beruht. Erhebliches Vorbringen des Arbeitgebers zur Erschütterung des Beweiswerts kann z.B. die Behauptung sein, die Arbeitnehmerin habe dem Arzt ihre Arbeitsbedingungen, die für den Ausspruch des Verbots ausschlaggebend gewesen seien, unzutreffend beschrieben (vgl. zu einem solchen Fall LAG Rheinland-Pfalz vom 17.6.2013 – 5 Sa 98/13 juris) oder sie habe gegenüber Dritten erklärt, sie habe ein Gefälligkeitszeugnis erhalten. Das Gleiche gilt, wenn der Arzt das Beschäftigungsverbot damit begründet hat, dass kein anderer belastungsgerechter Arbeitsplatz zur Verfügung stehe, ohne hierzu Rücksprache mit dem Arbeitgeber gehalten zu haben (Pepping in HK-MuSchG 6. Aufl. § 16 15

Rn. 38). Für die Richtigkeit seiner den Beweiswert erschütternden Behauptungen trägt der Arbeitgeber die Beweislast (vgl. BAG vom 21.3.2001 EzA § 3 MuSchG Nr. 7; Brose/Weth/Volk/Volk MuSchG § 16 Rn. 39). Will der Arbeitgeber das Beschäftigungsverbot wegen objektiv begründbarer Zweifel nicht gegen sich gelten lassen, kann er – allerdings auf eigene Kosten (vgl. BAG vom 5.3.1957 SAE 1957, 128; Pepping in HK-MuSchG 6. Aufl. § 16 Rn. 39) – eine **weitere ärztliche Untersuchung** der Arbeitnehmerin verlangen. Die Frau hat diesem Verlangen angesichts der den Arbeitgeber treffenden Belastungen regelmäßig nachzukommen, wenn der Arbeitgeber ihr die ihn dazu bewegenden Gründe mitteilt (BAG vom 9.10.2002 EzA § 11 MuSchG n.F. Nr. 23; ErfK/Schlachter 18. Aufl. § 16 MuSchG Rn. 10). Auch bei der vom Arbeitgeber geforderten Nachuntersuchung hat die Frau die freie Arztwahl (BeckOK ArbR/Schrader § 16 MuSchG Rn. 10).

Ist es dem Arbeitgeber gelungen, den Beweiswert der ärztlichen Bescheinigung zu erschüttern, ist es Sache der Frau Tatsachen darzulegen und gegebenenfalls zu beweisen, aufgrund derer ein Beschäftigungsverbot gleichwohl bestand (in diesem Sinne zur Beweislast im Rahmen des Anspruchs auf Mutterschutzlohn nach § 11 Abs. 1 a.F. BAG vom 7.11.2007 EzA § 3 MuSchG Nr. 10 Rn. 18; vom 9.10.2002 EzA § 11 MuSchG n.F. Nr. 23). Zur Beweisführung kann die Arbeitnehmerin ihren behandelnden **Arzt von seiner Schweigepflicht entbinden** und ihn als **sachverständigen Zeugen** für die Verbotsgründe benennen. Dann kommt erst der näheren ärztlichen Begründung gegenüber dem Gericht ein ausreichender Beweiswert zu, wobei das Gericht den Arzt mit den festgestellten Tatsachen konfrontieren muss. Wegen der Komplexität und Schwierigkeit der Materie ist nach Ansicht des BAG eine schriftliche Auskunft des Arztes (§ 377 ZPO) regelmäßig nicht ausreichend, sondern dessen persönliche Befragung durch das Gericht erforderlich. Das Gericht hat das nachvollziehbare fachliche Urteil des Arztes in aller Regel zu respektieren (vgl. BAG vom 7.11.2007 EzA § 3 MuSchG Nr. 10 Rn. 18). Befreit die Arbeitnehmerin den Arzt demgegenüber nicht von seiner Schweigepflicht, sind die tatsächlichen Behauptungen des Arbeitgebers der Entscheidungsfindung zugrunde zu legen (vgl. BAG vom 9.10.2002 EzA § 11 MuSchG n.F. Nr. 23; Brose/Weth/Volk/Volk MuSchG § 16 Rn. 40).

16 Einer nur **mündlichen Erklärung des Arztes** kommt ein solcher Beweiswert nicht zu. Der Frau kommen insoweit **keine Beweiserleichterungen** zu Gute, sodass sie den Beweis auf andere Weise führen muss, z.B. in dem sie den Arzt von der Schweigepflicht entbindet und ihn als Zeugen benennt (vgl. BAG vom 1.10.1997 EzA § 3 MuSchG Nr. 4; vom 21.3.2001 EzA § 3 MuSchG Nr. 7; NK-ArbR/Pepping 2. Aufl. § 16 MuSchG Rn. 10). Beruft sich die Arbeitnehmerin auf ein mündliches Verbot und legt sie **nachträglich** ein schriftliches Zeugnis des Arztes vor, in dem dieser das mündlich ausgesprochene Verbot rückwirkend bestätigt, ist fraglich, ob dieses hinsichtlich seines Beweiswerts wie ein ursprünglich ausgestelltes schriftliches Verbot zu behandeln ist (dafür Pepping in HK-MuSchG 6. Aufl. § 16 Rn. 36 m.w.N.). Dies erscheint umso zweifelhafter, je länger der Zeitraum ist, der zwischen mündlicher und schriftlicher Erklärung liegt (vgl. auch Brose/Weth/Volk/Volk MuSchG § 16 Rn. 41).

Von der Frage des Beweiswerts des ärztlichen Attests ist dessen **Verbindlichkeit** im Hinblick auf das Beschäftigungsverbot zu unterscheiden. Der Arbeitgeber hat das in einem ärztlichen Zeugnis ausgesprochene Verbot mit seinem jeweiligen Inhalt während seiner gesamten Dauer (dazu unten Rdn. 19 f.) **zwingend** zu beachten und zwar **unabhängig von seiner Richtigkeit**. Der Arbeitgeber darf die Arbeitnehmerin nicht mehr verbotswidrig einsetzen – auch nicht mit dem Einverständnis der Schwangeren (Brose/Weth/Volk/Volk MuSchG § 16 Rn. 61). Er kann nicht seine Beurteilung an die Stelle des Arztes setzen. Fordert er die Schwangere dennoch zur Arbeitsleistung auf, kann diese sich auf ein **Leistungsverweigerungsrecht** berufen (Brose/Weth/Volk/Volk MuSchG § 16 Rn. 42; vgl. zu § 3 Abs. 1 a.F. BAG vom 21.3.2001 EzA § 3 MuSchG Nr. 7; vgl. auch unten Rdn. 21 f.). Damit ist der Arbeitgeber auch in den Fällen an das ärztliche Beschäftigungsverbot gebunden, in denen er den Beweiswert des ärztlichen Attestes erschüttern kann (vgl. dazu oben Rdn. 15; der Beweiswert des ärztlichen Attestes wird daher vor allem beim Anspruch auf Mutterschutzlohn nach § 18 relevant, da es dem Arbeitgeber in den seltensten Fällen gelingen dürfte, noch vor Ablauf des Beschäftigungsverbots ein dieses verneinendes rechtskräftiges Urteil zu erstreiten; vgl. auch Pepping in HK-MuSchG 6. Aufl. Rn. 42). 17

ee) Kosten der ärztlichen Bescheinigung

Eine Regelung zur Kostentragung bei ärztlichen Zeugnissen findet sich nunmehr **in § 9 Abs. 6 Satz 2**, der bestimmt, dass der **Arbeitgeber** die Kosten für Zeugnisse und Bescheinigungen zu tragen hat, die die Frau **auf sein Verlangen** vorzulegen hat. Das erfasst insbesondere den Fall des § 15 Abs. 2. Demgegenüber wird das **ärztliche Zeugnis i.S.d. 16 nicht erfasst**, weil dieses nicht auf Verlangen des Arbeitgebers vorzulegen ist. Es verbleibt daher bei der bisherigen Rechtslage zu § 3 Abs. 1 a.F., der, anders als § 5 Abs. 3 a.F., keine Kostenregelung zulasten des Arbeitgebers vorsah, weshalb die überwiegende Ansicht davon ausging, dass die Kosten für das ärztliche Zeugnis zur Begründung eines Beschäftigungsverbots **von der werdenden Mutter zu tragen** sind (Brose/Weth/Volk/Volk MuSchG § 16 Rn. 44; Pepping in HK-MuSchG 6. Aufl. § 16 Rn. 44; vgl. zu § 3 Abs. 1 a.F.: BAG vom 5.3.1957 SAE 1957, 128). Eine analoge Anwendung des § 9 Abs. 6 Satz 2 ist – wie schon bisher eine analoge Anwendung des § 5 Abs. 3 a.F. – abzulehnen, weil eine (planwidrige) Regelungslücke nicht ersichtlich ist (ebenso Pepping in HK-MuSchG 6. Aufl. § 16 Rn. 44; Brose/Weth/Volk/Volk MuSchG § 16 Rn. 44). Verlangt der Arbeitgeber allerdings eine ärztliche Nachuntersuchung, hat er die Kosten zu tragen (vgl. BAG vom 5.3.1957 SAE 1957, 128; Pepping in HK-MuSchG 6. Aufl. § 16 Rn. 39; Brose/Weth/Volk/Volk MuSchG § 16 Rn. 45). 18

2. Dauer des Beschäftigungsverbots

Das Beschäftigungsverbot **beginnt** mit der Vorlage des schriftlichen ärztlichen Zeugnisses oder mit der mündlichen Mitteilung des ärztlichen Zeugnisses an den Arbeitgeber (i.S.d. § 2 Abs. 1, vgl. dazu § 2 Rdn. 1 ff.) bzw. einem zum Empfang dieser Erklärung berechtigten Beauftragten des Arbeitgebers (sog. Repräsentanten; vgl. dazu § 17 Rdn. 38 f.). Das ärztliche Zeugnis ist für das Beschäftigungsverbot **kon-** 19

stitutiv (vgl. oben Rdn. 10) und – unabhängig von seiner inhaltlichen Richtigkeit – **verbindlich** (vgl. oben Rdn. 17 und unten Rdn. 22).

20 Es **endet** mit Ablauf des Zeitraums, für den das Beschäftigungsverbot vom Arzt ausgesprochen wurde oder mit der rechtskräftigen gerichtlichen Feststellung, dass kein Beschäftigungsverbot vorliegt bzw. vorlag (Pepping in HK-MuSchG 6. Aufl. § 16 Rn. 42 u. 46; vgl. auch oben Rdn. 17 aE). Es **verliert** zudem **seine Gültigkeit**, wenn das ärztliche Zeugnis konkrete Angaben zu den zugrunde gelegten Tätigkeiten und Arbeitsbedingungen enthielt und der Arbeitgeber die Frau daraufhin nach § 13 Abs. 1 Nr. 2 auf einen anderen geeigneten **Ersatzarbeitsplatz** umsetzt, der keine der genannten Tätigkeiten und Arbeitsbedingungen wie auch keine diesen vergleichbaren Tätigkeiten und Arbeitsbedingungen aufweist (Pepping in HK-MuSchG 6. Aufl. § 16 Rn. 37 und 46; BT-Drs. 18/8963, 87).

3. Rechtsfolgen

a) Ganz oder teilweise Suspendierung der Arbeitspflicht der Frau

21 Soweit ein Beschäftigungsverbot eingreift, besteht zunächst **kraft Gesetzes ein Verbot der tatsächlichen Beschäftigung** (vgl. dazu § 3 Rdn. 18). Der Arbeitgeber muss die Arbeitnehmerin in dem im ärztlichen Attest beschriebenen Umfang von der Beschäftigung **freistellen** und darf ihr keine verbotene Arbeit zuweisen. Die Pflicht der Frau zur Arbeitsleistung wird in diesem Umfang **suspendiert** (Brose/Weth/Volk/Volk MuSchG § 16 Rn. 46; Pepping in HK-MuSchG 6. Aufl. § 16 Rn. 56; vgl. zu § 3 Abs. 1 a.F. BAG vom 11.11.1998 EzA § 3 MuSchG Nr. 5). Die Frau ist daher berechtigt, die Arbeitsleistung im Umfang des Beschäftigungsverbots zu verweigern (vgl. zum **Leistungsverweigerungsrecht** der Frau vgl. § 3 Rdn. 20).

Sofern nach dem ärztlichen Attest jede Beschäftigung vollumfänglich verboten ist (**totales Beschäftigungsverbot**), hat der Arbeitgeber sie vollständig von der Arbeit freizustellen, d.h. er darf ihr überhaupt keine Arbeit zuweisen (Pepping in HK-MuSchG 6. Aufl. § 16 Rn. 56; Brose/Weth/Volk/Volk MuSchG § 16 Rn. 47). Sofern nach dem Zeugnis nur bestimmte Arbeiten oder aber Arbeiten nur in einem bestimmten zeitlichen Umfang verboten sind (**teilweises Beschäftigungsverbot**), kann der Arbeitgeber der Arbeitnehmerin anstelle der ärztlich untersagten Tätigkeit bzw. des untersagten zeitlichen Umfangs (nur) eine andere, weniger belastende Ersatztätigkeit bzw. eine Tätigkeit im erlaubten zeitlichen Umfang zuweisen (Pepping in HK-MuSchG 5. Aufl. § 16 Rn. 56; Brose/Weth/Volk/Volk MuSchG § 16 Rn. 47). Der Frau kann in solchen Fällen ein **Anspruch auf Beschäftigung mit nicht verbotenen Tätigkeiten** zustehen (vgl. dazu § 3 Rdn. 30).

Ob jede Beschäftigung oder nur bestimmte Tätigkeiten ggf. nur in einem bestimmten Umfang verboten sind, richtet sich nach dem **Inhalt des ärztlichen Zeugnisses**, der ggf. durch Auslegung und Nachfragen beim Arzt zu bestimmen ist (vgl. dazu oben Rdn. 13 f.; vgl. auch Pepping in HK-MuSchG 6. Aufl. § 16 Rn. 57; BGH vom 30.9.21-5 StR 161/21, NJW 2022, 1111, Rn. 26).

Der **rechtliche Bestand** des Beschäftigungsverhältnisses bleibt vom Beschäftigungsverbot unberührt (Brose/Weth/Volk/Volk MuSchG § 16 Rn. 49).

Der Arbeitgeber hat das in einem ärztlichen Zeugnis ausgesprochene Verbot mit seinem jeweiligen Inhalt **zwingend** zu beachten und zwar **unabhängig von seiner Richtigkeit.** Der Arbeitgeber darf die schwangere Frau – auch nicht mit ihrem Einverständnis (Brose/Weth/Volk/Volk MuSchG § 16 Rn. 61) – mit der vom Arzt als gesundheitsgefährdend bezeichneten Tätigkeit weiterbeschäftigen. Er kann nicht seine Beurteilung an die Stelle des Arztes setzen (Brose/Weth/Volk/Volk MuSchG § 16 Rn. 63; vgl. zu § 3 Abs. 1 a.F. BAG vom 11.11.1998 EzA § 3 MuSchG Nr. 5; vgl. auch oben Rdn. 17). 22

Adressat des ärztlichen Beschäftigungsverbots ist (nur) der **Arbeitgeber** iSd. § 2 Abs. 1 Satz 1 bzw. dem Arbeitgeber nach § 2 Abs. 2 Satz 2 **gleichgestellte Personen.** Das Gericht ist nicht in diesem Sinne Arbeitgeber der ehrenamtlich (nicht auf Grundlage eines Beschäftigungsverhältnisses iSd. § 1 Abs. 2) tätigen **Schöffin**, sodass das gegenüber einer Schöffin ausgesprochene ärztliche Beschäftigungsverbot die Schöffentätigkeit nicht erfasst und damit auch nicht zu einer gesetzeswidrigen Gerichtsbesetzung führt (vgl. eingehend BGH vom 30.9.21 – 5 StR 161/21, NJW 2022, 1111, Rn. 25 ff).

b) Auswirkungen auf die Vergütung der Frau

Für die Zeit des Beschäftigungsverbots schuldet der Arbeitgeber der Arbeitnehmerin die Fortzahlung des durchschnittlichen Arbeitsverdienstes nach Maßgabe des § 18 als **Mutterschutzlohn** (vgl. dazu die Kommentierung zu § 18). Wird trotz des Eingreifens eines Beschäftigungsverbots Arbeit geleistet, behält die Frau ihren originären arbeitsvertraglichen Vergütungsanspruch, denn die Beschäftigungsverbote enthalten **kein Vergütungsverbot**, sondern untersagen lediglich die tatsächliche Beschäftigung, nicht aber die Vergütung verbotswidrig geleisteter Arbeit (LAG Baden-Württemberg vom 27.1.2012 12 Sa 46/11 Rn. 35 juris; NK-ArbR/Daniel C. Jacobsen 1. Aufl. § 3 MuSchG Rn. 5). 23

c) Sanktionsbewehrtheit

Der vorsätzliche oder fährlässige Verstoß des Arbeitgebers gegen das Beschäftigungsverbot des § 16 Abs. 1 ist gem. **§ 32 Abs. 1 Nr. 1 bußgeldbewehrt** und stellt im Fall des Vorsatzes gem. **§ 33** n.F. eine **Straftat** dar, wenn dadurch die Gesundheit der Frau oder des Kindes gefährdet wird. 24

III. Das ärztliche Beschäftigungsverbot nach der Entbindung nach § 16 Abs. 2

Gem. § 16 Abs. 2 darf eine Frau, die nach einem ärztlichen Zeugnis in den ersten Monaten nach der Entbindung nicht voll leistungsfähig ist, nicht mit Arbeiten beschäftigt werden, die ihre Leistungsfähigkeit übersteigen. § 16 Abs. 2 übernimmt redaktionell angepasst den Regelungsgehalt des bisherigen § 6 Abs. 2 MuSchG a.F. (vgl. die Begründung zum Gesetzesentwurf der Bundesregierung zur inhaltsgleichen Entwurfsfassung des § 15, BT-Drucks 18/8963, S. 87). Es handelt sich um **individuelles Beschäftigungsverbot**, welches der Frau aufgrund ihrer besonderen Situation in den ersten Monaten nach der Entbindung eine in ihrer **individuellen Leistungsfähigkeit** begründete **weitere Schonzeit nach Ablauf der Schutzfristen** i.S.d. § 3 25

Abs. 2 einräumt (vgl. Felder in Tillmanns/Mutschler 2. Aufl. § 16 MuSchG Rn. 22; ErfK/Schlachter 18. Aufl. § 16 MuSchG Rn. 11). Hiermit soll dem Umstand Rechnung getragen werden, dass geburtsbedingt die körperliche Verfassung und Leistungsfähigkeit der Frau nach Ablauf der Mutterschutzfristen noch eingeschränkt sein kann (Pepping in HK-MuSchG 6. Aufl. § 16 Rn. 48; Brose/Weth/Volk/Volk MuSchG § 16 Rn. 66). Zu beachten ist, dass § 16 Abs. 2 ab Inkrafttreten des Mutterschutzanpassungsgesetzes (BGBl. 2025 I Nr. 59) zum 01.06.2025 auch im Falle einer **Fehlgeburt ab der 13. Schwangerschaftswoche** Anwendung findet (vgl. § 2 Abs. 6 Satz 2 nF). Hier wird ein Beschäftigungsverbot der Frau nach Ablauf der in § 3 Abs. 5 S.1 Nrn.1–3 n.F. geregelten Schutzfristen va. auch bei einer psychisch bedingten verminderten Leistungsfähigkeit in Betracht kommen.

1. Voraussetzungen

26 Das individuelle Beschäftigungsverbot des § 16 Abs. 2 greift ein, wenn die Frau in den ersten Monaten nach der Entbindung nach ärztlichem Zeugnis nicht voll leistungsfähig ist. Die verminderte Leistungsfähigkeit muss im **ursächlichen Zusammenhang** mit der Entbindung iSd. § 2 Abs. 6 Satz 1 n.F. bzw. der Fehlgeburt ab der 13. Schwangerschaftswoche (vgl. § 2 Abs.6 Satz 2 nF) stehen, d.h. die Entbindung oder die Fehlgeburt muss ursächlich für die verminderte Leistungsfähigkeit der Frau sein (vgl. Brose/Weth/Volk/Volk MuSchG § 16 Rn. 69; Felder in Tillmanns/Mutschler 2. Aufl. § 16 MuSchG Rn. 23; ErfK/Schlachter § 16 MuSchG Rn. 11; Pepping in HK-MuSchG 6. Aufl. § 16 Rn. 48). Eine Mitursächlichkeit genügt (Pepping in HK-MuSchG 6. Aufl. § 16 Rn. 48; Brose/Weth/Volk/Volk MuSchG § 16 Rn. 69). Im Gegensatz zu § 16 Abs. 1 setzt das Beschäftigungsverbot nach § 16 Abs. 2 keine Gefährdung der Gesundheit voraus, sondern lediglich eine verminderte Leistungsfähigkeit. Folglich genügt auch eine Leistungsminderung, die sich aus einem **mit der Entbindung in Zusammenhang stehenden geschwächten körperlichen Allgemeinzustand** ergibt (z.B. verzögerte Erholung aufgrund einer besonders anstrengenden Geburt). Es reicht auch aus, dass die Schwächung durch das Stillen des Kindes oder die Mühe um ein kränkliches Kind verursacht ist (z.B. häufiges Aufstehenmüssen in der Nacht, psychische Belastung der Mutter etc.; vgl. Pepping in HK-MuSchG 6. Aufl. § 16 Rn. 48; Brose/Weth/Volk/Volk MuSchG § 16 Rn. 69). Steht die Leistungsminderung allerdings in keinerlei ursächlichem Zusammenhang mit der Entbindung, kommt ein Beschäftigungsverbot nach § 16 Abs. 2 nicht in Betracht, sondern es ist ggf. krankheitsbedingte Arbeitsunfähigkeit zu prüfen (Pepping in HK-MuSchG 6. Aufl. § 16 Rn. 48).

27 Das Beschäftigungsverbot nach Absatz 2 greift – wie bei Absatz 1 – nur bei Vorlage eines **ärztlichen Zeugnisses** ein, welches für das Beschäftigungsverbot **konstitutiv** ist (vgl. dazu oben Rdn. 10 ff. entsprechend). Das Zeugnis einer Hebamme reicht wie bei wie bei § 16 Abs. 1 (vgl. oben Rdn. 11) nicht aus. Das ärztliche Zeugnis soll den Grad der geminderten Leistungsfähigkeit und die Art der zulässigen Arbeiten ebenso wie die Dauer des Beschäftigungsverbotes möglichst genau und allgemein verständlich angeben (Pepping in HK-MuSchG 6. Aufl. § 16 Rn. 52). Zum **Beweiswert** (vgl. oben Rdn. 15 f.),

zur **Verbindlichkeit** (vgl. oben Rdn. 17) und zu den **Kosten** des ärztlichen Zeugnisses (vgl. oben Rdn. 18) kann auf die Ausführungen zu Absatz 1 verwiesen werden.

Das Beschäftigungsverbot nach § 16 Abs. 2 ist nach seinem Wortlaut nach auf die »**ersten Monate nach der Entbindung**« beschränkt. Erforderlich ist daher, dass die Einschränkung der Leistungsfähigkeit und das daraufhin ausgesprochene (teilweise) Beschäftigungsverbot im **zeitlichen Zusammenhang mit der Entbindung bzw. gem. § 2 Abs.6 Satz 2 n.F. der Fehlgeburt ab der 13. Schwangerschaftswoche** stehen (ErfK/Schlachter § 16 MuSchG Rn. 11). Fraglich ist, ob hieraus eine **Höchstfrist** folgt, nach deren Ablauf ein Beschäftigungsverbot nach § 16 Abs. 2 nicht mehr wirksam ausgesprochen werden kann. Zu § 6 Abs. 2 a.F. wurde z.T. vertreten, dass die Höchstfrist in Anlehnung an den Schutzzeitraum des Kündigungsverbots nach § 9 Abs. 1 a.F. **vier Monate** nach der Entbindung (nunmehr kann die Schutzfrist des Kündigungsverbots nach § 17 Abs. 1 Satz 1 Nr. 3 n.F. allerdings bis zu 18 Wochen betragen; vgl. § 17 Rdn. 32 f.) beträgt (Meisel in Meisel/Sowka 5. Aufl. § 6 MuSchG Rn. 19; Buchner/Becker 8. Aufl. § 6 MuSchG Rn. 49). Andere knüpfen für den Beginn der »ersten Monate« an den Ablauf der Mutterschutzfristen des generellen Beschäftigungsverbots nach § 3 Abs. 2 an und errechnen so eine Höchstgrenze von **sechs Monaten** (vgl. Pepping in HK-MuSchG 6. Aufl. § 16 Rn. 55 m.w.N.). Richtigerweise ist eine **starre Höchstgrenze abzulehnen**, weil das Gesetz mit der offenen Formulierung *»in den ersten Monaten …«* eine solche Höchstfrist gerade nicht vorsieht (vgl. Brose/Weth/Volk/Volk MuSchG § 16 Rn. 78; Felder in Tillmanns/Mutschler 2. Aufl. § 16 MuSchG Rn. 23; in diesem Sinne zu § 6 Abs. 2 a.F.: NK-ArbR/Daniel C. Jacobsen 1. Aufl. § 6 MuSchG Rn. 16; BeckOK/Schrader 46. Ed § 6 MuSchG Rn. 11 m.w.N.). Aus der gesetzlichen Formulierung ergibt sich lediglich, dass eine mehrmonatige Beurteilungsfrist zu Grunde zu legen ist (Felder in Tillmanns/Mutschler 2. Aufl. § 16 MuSchG Rn. 23). Entscheidend ist die individuelle gesundheitliche Situation der Frau und ihre Beurteilung im ärztlichen Zeugnis (vgl. Felder in Tillmanns/Mutschler 2. Aufl. § 16 MuSchG Rn. 23; ErfK/Schlachter § 16 MuSchG Rn. 11). Es spricht jedoch vor dem Hintergrund, dass ein zeitlicher Zusammenhang zwischen der eingeschränkten Leistungsfähigkeit und der Entbindung noch bestehen muss, nichts dagegen, die mutterschutzrechtlichen Schutzfristen als **Orientierungswerte**, heranzuziehen (in diesem Sinne Brose/Weth/Volk/Volk MuSchG § 16 Rn. 78; NK-ArbR/Daniel C. Jacobsen 1. Aufl. § 6 MuSchG Rn. 16). 28

2. Rechtsfolgen

Die Frau darf vom Arbeitgeber nicht zu Arbeiten herangezogen werden, die ihre Leistungsfähigkeit übersteigen. Nach § 16 Abs. 2 ist folglich nicht jede Beschäftigung der Frau verboten, sondern nur die Ausübung bestimmter Tätigkeiten bzw. eine bestimmte Dauer und Intensität der Tätigkeitsausübung. Entscheidend hierfür ist der **Inhalt des ärztlichen Zeugnisses**. Attestiert der Arzt der Frau eine verminderte Leistungsfähigkeit i.S.d. § 16 Abs. 2, hat der Arbeitgeber das damit ausgesprochene Verbot mit seinem jeweiligen Inhalt unabhängig von dessen Richtigkeit zwingend zu beachten (vgl. Brose/Weth/Volk/Volk MuSchG § 16 Rn. 80 sowie oben Rdn. 22). Aus § 16 Abs. 2 folgt in der Regel nur ein **teilweises Beschäftigungsverbot**, weil allenfalls in seltenen Ausnahmefällen jedwede Tätigkeit die individuelle 29

Leistungsfähigkeit der Frau übersteigen wird (Pepping in HK-MuSchG 6. Aufl. § 16 Rn. 51; Brose/Weth/Volk/Volk MuSchG § 16 Rn. 81).

30 Für die Zeit, in der die Frau wegen des Beschäftigungsverbots nach § 16 Abs. 2 (teilweise) nicht arbeiten darf, schuldet der Arbeitgeber die Fortzahlung des durchschnittlichen Arbeitsverdienstes nach Maßgabe des § 18 als **Mutterschutzlohn** (vgl. dazu die Kommentierung zu § 18).

31 Der vorsätzliche oder fährlässige Verstoß des Arbeitgebers gegen das Beschäftigungsverbot des § 16 Abs. 2 ist gem. **§ 32 Abs. 1 Nr. 1 bußgeldbewehrt** und stellt im Fall des Vorsatzes gem. **§ 33** eine **Straftat** dar, wenn dadurch die Gesundheit der Frau oder des Kindes gefährdet wird.

Abschnitt 3 Kündigungsschutz

§ 17 MuSchG Kündigungsverbot

(1) [1]Die Kündigung gegenüber einer Frau ist unzulässig
1. während ihrer Schwangerschaft,
2. bis zum Ablauf von vier Monaten nach einer Fehlgeburt nach der zwölften Schwangerschaftswoche und
3. bis zum Ende ihrer Schutzfrist nach der Entbindung, mindestens jedoch bis zum Ablauf von vier Monaten nach der Entbindung,

wenn dem Arbeitgeber zum Zeitpunkt der Kündigung die Schwangerschaft, die Fehlgeburt nach der zwölften Schwangerschaftswoche oder die Entbindung bekannt ist oder wenn sie ihm innerhalb von zwei Wochen nach Zugang der Kündigung mitgeteilt wird. [2]Das Überschreiten dieser Frist ist unschädlich, wenn die Überschreitung auf einem von der Frau nicht zu vertretenden Grund beruht und die Mitteilung unverzüglich nachgeholt wird. [3]Die Sätze 1 und 2 gelten entsprechend für Vorbereitungsmaßnahmen des Arbeitgebers, die er im Hinblick auf eine Kündigung der Frau trifft.

(2) [1]Die für den Arbeitsschutz zuständige oberste Landesbehörde oder die von ihr bestimmte Stelle kann in besonderen Fällen, die nicht mit dem Zustand der Frau in der Schwangerschaft, nach einer Fehlgeburt nach der zwölften Schwangerschaftswoche oder nach der Entbindung in Zusammenhang stehen, ausnahmsweise die Kündigung für zulässig erklären. [2]Die Kündigung bedarf der Schriftform und muss den Kündigungsgrund angeben.

(3) [1]Der Auftraggeber oder Zwischenmeister darf eine in Heimarbeit beschäftigte Frau in den Fristen nach Absatz 1 Satz 1 nicht gegen ihren Willen bei der Ausgabe von Heimarbeit ausschließen; die §§ 3, 8, 11, 12, 13 Absatz 2 und § 16 bleiben unberührt. [2]Absatz 1 gilt auch für eine Frau, die der in Heimarbeit beschäftigten Frau gleichgestellt ist und deren Gleichstellung sich auch auf § 29 des Heimarbeits-

gesetzes erstreckt. [3]Absatz 2 gilt für eine in Heimarbeit beschäftigte Frau und eine ihr Gleichgestellte entsprechend.

Übersicht Rdn.

1. Allgemeines

a) Entstehungsgeschichte

1 Der bislang in § 9 a.F. geregelte Sonderkündigungsschutz für Schwangere und Wöchnerinnen wird mit Wirkung **ab 1.1.2018 in § 17 geregelt** (vgl. Art. 1 und 10 Abs. 1 Satz 1 des am 29.5.2017 verkündeten Gesetzes zur Neuregelung des Mutterschutzrechts vom 23. Mai 2017, BGBl. I, 1228). § 17 übernimmt den wesentlichen Regelungsgehalt des § 9 a.F. Die dazu ergangene Rechtsprechung und das dazu veröffentlichte Schrifttum kann daher weiterhin Berücksichtigung finden. Neu geregelt ist in § 17 Abs. 1 Satz 1 Nr. 3, dass der **Kündigungsschutz bis zum Ende der Schutzfrist nach der Entbindung,** mindestens jedoch bis zum Ablauf von vier Monaten nach der Entbindung besteht. Die bisherige Regelung sah insoweit ausschließlich

einen Schutzzeitraum von vier Monaten nach der Entbindung vor (vgl. § 9 Abs. 1 Satz 1 a.F.). Erweitert wird der Kündigungsschutz – in bewusster Abkehr von der gegenteiligen höchstrichterlichen Rechtsprechung (vgl. Rdn. 27) – um den bislang nicht erfassten Tatbestand der **Fehlgeburt nach der zwölften Schwangerschaftswoche,** bei dem der Schutzzeitraum vier Monate nach der Fehlgeburt beträgt (vgl. § 17 Abs. 1 Satz 1 Nr. 2). Insoweit ist beachten, dass der neu eingeführte Kündigungsschutz bei einer Fehlgeburt **bereits seit dem 30.5.2017** gilt: Der bis 31.12.2017 geltende § 9 a.F. wurde durch Art. 8 Nr. 2 des am 29.5.2017 verkündeten Gesetzes zur Neuregelung des Mutterschutzrechts vom 23. Mai 2017 (BGBl. I, 1228) um diesen Tatbestand ergänzt und ist gem. Art. 10 Abs. 1 Satz 2 am Tag nach der Verkündung in Kraft getreten. Neu geregelt ist außerdem, dass der Sonderkündigungsschutz auch dann eingreift, wenn die Kündigung zwar erst nach Ablauf der Schutzfristen erklärt wird, der Arbeitgeber aber innerhalb der Schutzfristen **Vorbereitungsmaßnahmen** im Hinblick auf die Kündigung getroffen hat (vgl. § 17 Abs. 1, S. 3; diese Regelung setzt die Rechtsprechung des EuGH vom 11.10.2007 in der Sache »Paquay« [EG-Vertrag 1999 Richtlinie 92/85 Nr. 2] um; vgl. dazu Rdn. 59 ff.). Auswirkungen auf den Kündigungsschutz hat zudem, dass der persönliche Anwendungsbereich des Gesetzes und damit der **geschützte Personenkreis erweitert** wurde: Das Gesetz gilt gem. § 1 Abs. 2 n.F. nicht mehr nur für Arbeitnehmerinnen und in Heimarbeit Beschäftigte bzw. ihnen gleichgestellte Frauen (vgl. § 1 a.F.), sondern für alle i.S.d. § 7 Abs. 1 SGB IV beschäftigten Frauen (vgl. § 1 Abs. 2 Satz 1 n.F.) sowie für die weiteren in § 1 Abs. 2 Satz 2 Nrn. 1–7 n.F. genannten Frauen (Schülerinnen und Studentinnen i.S.d. § 1 Abs. 2 Satz 2 Nr. 8 sind ausdrücklich vom Kündigungsschutz des § 17 ausgenommen). Das mutterschutzrechtliche Kündigungsverbot umfasst danach erstmals auch Frauen, die in einer Werkstatt für behinderte Menschen beschäftigt werden, Mitglieder geistlicher Genossenschaften, Diakonissen oder einer ähnlichen Gemeinschaft und Frauen, die wegen ihrer wirtschaftlichen Unselbstständigkeit als arbeitnehmerähnliche Personen anzusehen sind (vgl. Rdn. 15 f.).

Ersatzlos entfallen ist die **Regelung des § 9 Abs. 2 a.F.**, wonach der Arbeitgeber entsprechend § 5 Abs. 1 Satz 3 a.F. verpflichtet war, die Aufsichtsbehörde bei einer Eigenkündigung der schwangeren Frau unverzüglich zu unterrichten. Ersatzlos gestrichen wurde außerdem die **Regelung des § 10 a.F.** Nach § 10 a.F. konnte eine Frau während der Schwangerschaft und während der Schutzfrist nach der Entbindung das Arbeitsverhältnis ohne Einhaltung einer Frist zum Ende der Schutzfrist nach der Entbindung kündigen. Bei ihrer Einführung erfüllte die Regelung nach Ansicht des Gesetzgebers eine wichtige Funktion, indem sie sicherstellte, dass Frauen auf ihre veränderte persönliche Situation nach der Entbindung reagieren konnten, etwa weil sie feststellten, dass sich die Pflege und Betreuung des Kindes nicht mehr in Einklang mit der bisherigen Berufstätigkeit bringen ließ. Aufgrund der Einführung der Elternzeit hat der Gesetzgeber der Vorschrift jedoch »keine nennenswerte praktische Bedeutung« mehr beigemessen, da die Ausgestaltung des Elternzeitanspruchs einen angemesseneren Ausgleich der Belange von jungen Eltern und ihren Arbeitgeber biete (vgl. die Begründung zum Gesetzesentwurf der Bundesregierung, BT-Drucks 18/8963, S. 40).

2 Im Gesetzesentwurf der Bundesregierung, der dem Bundesrat unter dem 6.5.2016 (vgl. BR-Drs. 230/16) und dem Bundestag unter dem 28.6.2016 (BT-Drs. 18/8963; im Folgenden: Regierungsentwurf) zugeleitet wurde, war das Kündigungsverbot noch in § 16 geregelt. Die Verschiebung der Nummerierung liegt darin begründet, dass die Regelung zum Verbot der Mehr- und Nachtarbeit in § 4 des Regierungsentwurfs aus Gründen der Übersichtlichkeit in zwei Paragrafen aufgeteilt wurde (vgl. die Begründung der Beschlussempfehlung des Ausschusses für Familien, Senioren, Frauen und Jugend vom 29.3.2017, BT-Drucks 18/11782, S. 32 und 35; im Folgenden Beschlussempfehlung). Inhaltlich stimmen § 16 in der Fassung des Regierungsentwurfs und § 17 in der verabschiedeten Fassung überein. Die Regelung des § 17 wurde lediglich zur Sicherstellung einer einheitlichen Reihenfolge der Aufzählungen im Hinblick auf die Regelung zur Fehlgeburt nach der zwölften Schwangerschaftswoche redaktionell dahin gehend überarbeitet, dass diese nunmehr in § 17 Abs. 1 Satz 1 Nr. 2 (statt in § 16 Abs. 1 Satz Nr. 3 in der Fassung des Regierungsentwurfs) geregelt wird, während die Schutzfrist nach der Entbindung nunmehr in § 17 Abs. 1 Satz 1 Nr. 3 (statt in § 16 Abs. 1 Satz Nr. 2 in der Fassung des Regierungsentwurfs) normiert ist. Auch § 17 Abs. 2 Satz 1 wurde hinsichtlich der Reihenfolge der Aufzählung entsprechend redaktionell angepasst (vgl. die Begründung der Beschlussempfehlung BT-Drucks 18/11782, S. 35). Die Begründung des Gesetzentwurfs der Bundesregierung zu § 16 der Entwurfsfassung (BT-Drs. 18/8963, insbes. S. 40 und 87 ff.) ist daher bei der Auslegung des § 17 in der verabschiedeten Fassung zu berücksichtigen.

3 Die **Vorgängernorm des § 9 a.F.** galt im Wesentlichen noch in der Fassung des MuSchG vom 24.1.1952 (BGBl. I, S. 69). Durch das **Gesetz zur Änderung des MuSchG und der RVO vom 24.8.1965** (BGBl. I, S. 912) ist mit Wirkung vom 1.1.1966 die in 9 Abs. 1 Satz 1 a.F. (nunmehr § 17 Abs. 1 Satz 1) bestimmte Frist für die Mitteilung der Schwangerschaft von bisher einer Woche auf zwei Wochen verlängert worden. Zum gleichen Zeitpunkt wurde in (dem ab 1.1.2018 wieder entfallenen) § 9 Abs. 2 a.F. die Verweisung auf § 5 Abs. 1 Satz 3 MuSchG eingefügt, wonach der Arbeitgeber die Aufsichtsbehörde unverzüglich von der Kündigung seitens der schwangeren Arbeitnehmerin zu unterrichten hat. Außerdem ist in Abs. 1 und 4 a.F. das Wort »Niederkunft« durch das Wort »Entbindung« ersetzt worden. Mit Wirkung vom 1.1.1968 sind der Kreis der in Abs. 1 Satz 2 a.F. genannten Haushaltskräfte erweitert und Abs. 3 a.F. wegen der Neuregelung des Mutterschaftsgeldes neu gefasst worden. Durch das »**Gesetz zur Einführung eines Mutterschaftsurlaubs« vom 25.6.1979 (BGBl. I S. 797)** wurde zusätzlich § 9a in das MuSchG eingefügt. Danach bestand für den Arbeitgeber während des Mutterschaftsurlaubs und bis zum Ablauf von zwei Monaten nach dessen Beendigung ein absolutes Kündigungsverbot. Durch § 38 Nr. 1 BErzGG wurde § 9a MuSchG zum 31.12.1985 aufgehoben. Neben dem mutterschutzrechtlichen gilt seit dem 1. Januar 1986 ein Kündigungsschutz während des Erziehungsurlaubs nach § 18 BErzGG, jetzt während der Elternzeit gem. § 18 BEEG.

Seit dem 1.1.1991 galt § 9 a.F. grundsätzlich auch im Bereich der **neuen Bundesländer** und im früheren Ostteil Berlins für Geburten nach dem vorgenannten Zeitpunkt (Anlage I Kap. X Sachgebiet A Abschnitt III zum Einigungsvertrag vom 30.8.1990, BGBl. II S. 885, 1072). Für Geburten vor diesem Zeitpunkt war zum Teil weiter DDR-

Recht anwendbar (Überblick etwa bei Pfeiffer/Birkenfeld-Pfeiffer DtZ 1990, 325). Allerdings mussten auch die besonderen Kündigungsregelungen des Einigungsvertrags dem Mutterschutz Rechnung tragen (BVerfG vom 24.4.1991 EzA Art. 13 Einigungsvertrag Nr. 1; KR/Gallner § 17 MuSchG Rn. 6).

Durch Einfügung von § 9 Abs. 1 Satz 1, 2. Halbsatz a.F. (nunmehr § 17 Abs. 1 Satz 2) durch das **Erste Gesetz zur Änderung des MuSchG vom 3.7.1992** (BGBl. I S. 1191) ist vom Gesetzgeber der Forderung des BVerfG in der Entscheidung vom 13.11.1979 (EzA Art. 3 GG Nr. 9) nach einer Entschuldigungsmöglichkeit der Arbeitnehmerin bei Versäumung der zweiwöchigen Mitteilungsfrist Rechnung getragen worden (vgl. dazu auch Rdn. 49; vgl. ferner KR/Gallner § 17 KSchG Rn. 7).

Durch das **Gesetz zur Änderung des Mutterschutzrechts vom 20.12.1996** (BGBl. I S. 2010) ist eine bedeutsame Änderung des § 9 a.F. dahin erfolgt, dass die im Haushalt beschäftigten Frauen vollen Kündigungsschutz erhalten. Die Regelung des § 9 Abs. 3 a.F. ist mit Wirkung zum 1.1.1997 um Satz 2 ergänzt worden (»*Die Kündigung bedarf der schriftlichen Form, und sie muss den zulässigen Kündigungsgrund angeben*«). Das diente der Umsetzung von Art. 10 Nr. 2 der Mutterschutz-Richtlinie 92/85 EWG (vgl. APS/Rolfs 5. Aufl. § 9 MuSchG 1968, Rn. 10). Das Form- und Begründungserfordernis ist nunmehr in § 17 Abs. 2 Satz 2 geregelt (vgl. dazu Rdn. 105 ff.).

Mit Wirkung vom 1.1.2004 brachte das **Gesetz zu Reformen am Arbeitsmarkt v. 24.12.2003** (BGBl. I S. 3002) eine Änderung, die § 9 a.F. bzw. jetzt § 17 mittelbar betrifft. § 5 Abs. 1 KSchG wurde ein S. 2 hinzugefügt: »*Gleiches gilt, wenn eine Frau von ihrer Schwangerschaft aus einem von ihr zu vertretenden Grund erst nach Ablauf der Frist des § 4 Satz 2 Kenntnis erlangt hat*« (vgl. dazu KR/Gallner § 17 MuSchG Rn. 8)

Durch das am 29.5.2017 verkündete, größtenteils zum 1.1.2018 in Kraft getretene **Gesetz zur Neuregelung des Mutterschutzrechts vom 23. Mai 2017** (BGBl. I, 1228) wurde das Mutterschutzgesetz mit den Zielen, »auch weiterhin eine verantwortungsvolle Abwägung zwischen dem Gesundheitsschutz für eine schwangere oder stillende Frau und ihr (ungeborenes) Kind auf der einen und der selbstbestimmten Entscheidung der Frau über ihre Erwerbstätigkeit auf der anderen Seite zu gewährleisten« sowie »berufsgruppenunabhängig ein für alle Frauen einheitliches Gesundheitsschutzniveau in der Schwangerschaft, nach der Entbindung und während der Stillzeit« sicherzustellen (vgl. die Beschlussempfehlung BT-Drucks. 18/11782, S. 1), grundlegend reformiert. Im Rahmen dieser Reform wurde der bislang in § 9 a.F. geregelte Sonderkündigungsschutz in der eingangs beschriebener Weise in § 17 normiert.

b) Ausgestaltung und Zweck des Sonderkündigungsschutzes

Der in § 17 geregelte Sonderkündigungsschutz wird – wie schon bei § 9 a.F. – durch 4
ein **absolutes Kündigungsverbot mit Erlaubnisvorbehalt** gewährleistet, welches keine Erfüllung einer Wartezeit voraussetzt und welches unabhängig von der Größe des Betriebs oder des Unternehmens des Arbeitgebers gilt (Schöllmann in HK-MuSchG 6. Aufl. § 17 Rn. 2). Danach ist die Kündigung, die während der Schutzzeiträume i.S.d. § 17 Abs. 1 Satz 1 Nrn. 1–3 ausgesprochen oder vorbereitet wird

(vgl. § 17 Abs. 1 Satz 3), unzulässig und damit nichtig i.S.d. § 134 BGB (vgl. dazu Rdn. 86), es denn die Kündigung wurde vorher durch die für den Arbeitsschutz zuständige oberste Landesbehörde oder durch die von ihr bestimmten Stelle ausnahmsweise für zulässig erklärt (§ 17 Abs. 2 Satz 1). Den **Ausnahmecharakter der behördlichen Zulässigkeitserklärung** der Kündigung bringt der Gesetzgeber dadurch zum Ausdruck, dass er der obersten für den Arbeitsschutz zuständigen Landesbehörde **nur in »besonderen Fällen«** und auch dann **nur »ausnahmsweise«** die Möglichkeit einräumt, das Kündigungsverbot zu durchbrechen. Dabei legt das Gesetz fest, dass die besonderen Fälle nicht mit dem Zustand der Frau in der Schwangerschaft, nach einer Fehlgeburt nach der zwölften Schwangerschaftswoche oder nach der Entbindung in Zusammenhang stehen dürfen (vgl. zur behördlichen Zulassung Rdn. 91 ff.).

5 Das Kündigungsverbot soll die (werdende) Mutter temporär vor dem Verlust des Arbeitsplatzes schützen (BAG vom 27.2.2020 – 2 AZR 498/19, Rn. 14). Dabei kommen dem Kündigungsverbot **mehrere Funktionen** zu: Durch das Kündigungsverbot soll der Bestand des Beschäftigungsverhältnisses während der Schwangerschaft, nach der Fehlgeburt und nach der Entbindung gewährleistet werden. Schwangere, Wöchnerinnen und (nunmehr auch) Frauen, die nach der zwölften Schwangerschaftswoche eine Fehlgeburt erleiden mussten, sollen ihren Arbeitsplatz und damit ihre **Existenzgrundlage** nicht aus Anlass der (ggf. gescheiterten) Mutterschaft verlieren (vgl. BAG vom 24.11.2022 – 2 AZR 11/22, Rn. 25; vom 27.2.2020 – 2 AZR 498/19, Rn. 14; KR/Gallner § 17 MuSchG Rn. 27; Schöllmann in HK-MuSchG 6. Aufl. § 17 Rn. 1a; vgl. zu § 9 a.F.: BAG [Großer Senat] vom 26.4.1956 EzA § 615 BGB Nr. 1). Es dient außerdem dem **Schutz der Gesundheit** der Betroffenen (und mittelbar des Kindes) und soll – in Übereinstimmung mit Art. 10 der Mutterschutzrichtlinie 92/85 EWG (vgl. dazu EuGH vom 26.2.2008 [Mayr] EzA Richtlinie 92/85 EG-Vertrag 1999 Nr. 3 sowie unten Rdn. 7) – die schwangere Beschäftigte vor der Gefahr schützen, die die Möglichkeit einer Entlassung für ihre psychische und physische Verfassung darstellt, wozu auch die psychischen Belastungen eines Kündigungsschutzprozesses gehören (BAG vom 24.11.2022 – 2 AZR 11/22, Rn. 25; vom 27.2.2020 – 2 AZR 498/19; vgl. zu § 9 a.F.: BAG vom 26.3.2015 EzA § 9 n.F. MuSchG Nr. 42, Rn. 23; vom 15.12.2005 EzA § 9 n.F. MuSchG Nr. 41). Durch den Kündigungsschutz soll zudem verhindert werden, dass die Rechte aus dem Mutterschutz aus Sorge um den Bestand des Arbeitsplatzes nicht in Anspruch genommen werden. Der Kündigungsschutz dient somit auch der **effektiven Absicherung der nach dem MuSchG gewährleisteten Rechte** (Schöllmann in HK-MuSchG 6. Aufl. § 17 Rn. 1a). Er soll schließlich dem **Schutz vor Diskriminierung** von schwangeren und stillenden Frauen dienen (BT Drs. 18/8963, 36; Schöllmann in HK-MuSchG 6. Aufl. § 17 Rn. 1a).

c) Verfassungsrechtliche und unionsrechtliche Grundlagen

6 Das Kündigungsverbot ist als solches mit dem Grundgesetz vereinbar (vgl. zu § 9 a.F. BVerfG vom 25.1.1972, BVerfGE 32, 273 = BGBl. 1972 I S. 500 = ArbuR 1952, 158 m. insoweit zust. Anm. v. Herschel; ferner BVerfG vom 24.4.1991, DB 1991, 1021 und vom 10.3.1992, BVerfG 85, 360, wo entschieden wurde, dass die Durch-

brechung des mutterschutzrechtlichen Kündigungsverbots durch Vorschriften des Einigungsvertrages zur Nichtigkeit der entsprechenden Bestimmungen führt; ebenso BAG vom 11.9.1979, AP Nr. 6 zu § 9 MuSchG 1968 m. zust. Anm. v. Zmarzlik = EzA § 9 MuSchG Nr. 18 = AR-Blattei »Gleichbehandlung im Arbeitsverhältnis« Entsch. 57 m. zust. Anm. v. Mayer/Maly). Das Kündigungsverbot entspricht der verfassungsrechtlichen Anforderung aus **Art. 6 Abs. 4 GG**, der keinen bloßen Programmsatz, sondern einen bindenden Auftrag an den Gesetzgeber enthält (BVerfG vom 25.1.1972 BVerfGE 32, 273; vom 24.4.1991 BVerfGE 84, 133; BAG vom 24.11.2022 – 2 AZR 11/22, Rn. 25; KR/Gallner § 17 MuSchG Rn. 28; APS/Rolfs 7. Aufl. § 17 MuSchG Rn. 17). Aus Art. 6 Abs. 4 GG folgt die Verpflichtung des Gesetzgebers für einen wirksamen Kündigungsschutz der werdenden Mutter und Wöchnerin zu sorgen, dem das mutterschutzrechtliche Kündigungsverbot gerecht wird (vgl. BVerfG vom 24.4.1991 BVerfGE 84, 133; BAG vom 24.11.2022 – 2 AZR 11/22, Rn. 25; APS/Rolfs 7. Aufl. § 17 MuSchG Rn. 17). Es enthält einen gerechtfertigten Eingriff in die grundrechtlichen Positionen des Arbeitgebers aus Art. 12 und 14 GG (vgl. BAG vom 24.11.2022 – 2 AZR 11/22, Rn. 25; KR-Gallner § 17 MuSchG Rn. 28; vgl. zu § 9 a.F.: BAG vom 11.9.1979 EzA § 9 MuSchG Nr. 18; vgl. ferner BVerfG vom 22.10.1980 – C 1, BVerfGE 55, 154; vom 13.11.1979 – C I, BVerfGE 52, 357). Als gesetzliche Konkretisierung des Art. 6 Abs. 4 GG ist die kündigungsrechtliche Besserstellung der erwerbstätigen Frau durch sachliche Gründe (ihre erhöhte soziale Schutzbedürftigkeit in der Schwangerschaft und nach der Geburt) gerechtfertigt und verstößt daher auch nicht gegen den Gleichheitssatz des Art. 3 Abs. 1 GG (KR-Gallner § 17 MuSchG Rn. 28). Aufgrund der Rechtfertigung durch Art. 6 Abs. 4 GG wird die Grenze des verfassungsrechtlich Zulässigen erst bei einem Verstoß gegen das Übermaßverbot erreicht (vgl. BVerfG vom 22.10.1980 – C 1, BVerfGE 55, 154; vom 13.11.1979 – C I, BVerfGE 52, 357). Dies ist schon deshalb nicht anzunehmen, weil die Kündigung nach § 17 Abs. 2 Satz 1 für zulässig erklärt werden kann (KR-Gallner § 17 MuSchG Rn. 28)

Unionsrechtlich ist die **Mutterschutz-Richtlinie 92/85 EWG** vom 19.10.1992 zu 7
beachten. Die Richtlinie wurde vom Rat, gestützt auf Art. 118a EG-Vertrag (jetzt Art. 153 AEUV), am 19.10.1992 verabschiedet (vgl. KR/Gallner § 17 MuSchG Rn. 22; APS/Rolfs 7. Aufl. § 17 MuSchG Rn. 11). Die Richtlinie sieht in **Art. 10 Nr. 1** vor, dass die Mitgliedsstaaten die erforderlichen Maßnahmen treffen, eine Kündigung vom Beginn der Schwangerschaft bis zum Ende des Mutterschaftsurlaubs zu verbieten und lässt Kündigungen – ggf. mit Zustimmung einer Behörde – nur in Ausnahmefällen zu, die mit dem Zustand der Arbeitnehmerin nicht im Zusammenhang stehen dürfen. Die Richtlinie sieht außerdem vor, dass der Arbeitgeber bei einer Kündigung während der Schutzzeit »schriftlich berechtigte Kündigungsgründe anführen« muss (vgl. **Art. 10 Nr. 2 RL 92/85/EWG**) und dass die Mitgliedsstaaten die erforderlichen Maßnahmen treffen, um Arbeitnehmerinnen vor den Folgen einer nach Art. 10 Nr. 1 widerrechtlichen Kündigung zu schützen (vgl. **Art. 10 Nr. 3 RL 92/85/EWG**). Die Dauer des Mutterschaftsurlaubs muss gem. **Art. 8 Abs. 1 RL 92/85/EWG** mindestens 14 Wochen ohne Unterbrechung betragen, die sich entsprechend den einzelstaatlichen Rechtsvorschriften und/oder Gepflogenheiten auf die Zeit vor und/oder nach der Entbindung

aufteilen. Die Kommission hatte 2008 vorgeschlagen, die Mutterschutzfrist von 14 auf 18 Wochen gegen grds. volle Entgeltfortzahlung (mit der Möglichkeit der Beschränkung auf das Krankengeld) auszudehnen. Das Parlament forderte 2010 eine Ausweitung auf 20 Wochen und einen Vaterschaftsurlaub von mindestens zwei Wochen. Der mutterschutzrechtliche Sonderkündigungsschutz sollte dahin erweitert werden, dass es während des Mutterschaftsurlaubs auch verboten sein sollte, eine Kündigung für die Zeit nach dem Mutterschutz vorzubereiten (was sich jetzt in § 17 Abs. 1 S. 3 MuSchG widerspiegelt, vgl. KR/Gallner § 17 MuSchG Rn. 22). Mütter, die binnen sechs Monaten nach dem Ende des Mutterschaftsurlaubs gekündigt werden sollten, sollten verlangen können, dass ihnen die Kündigungsgründe schriftlich dargelegt würden. Dagegen wandten sich im Rat die Bundesrepublik Deutschland, Dänemark, die Niederlande, das Vereinigte Königreich, Lettland, Schweden, die Slowakei, Slowenien, Ungarn und Zypern. Die Kommission hat am 1.7.2015 ihren Vorschlag vom 3.10.2008 für eine Richtlinie des Europäischen Parlaments und des Rates zur Änderung der Richtlinie 92/85/EWG des Rates vom 19.10.1992 über die Durchführung von Maßnahmen zur Verbesserung der Sicherheit und des Gesundheitsschutzes von schwangeren Arbeitnehmerinnen, Wöchnerinnen und stillenden Arbeitnehmerinnen am Arbeitsplatz (KOM [2008] 637) zurückgenommen (zu der zuvor geplanten Novelle Bünger/Klauk/Klempt EuZA 2010, 484). Rat und Parlament konnten sich nicht einigen (vgl. zum Ganzen KR/Gallner § 17 MuSchG Rn. 22).

Der EuGH betont in ständiger Rechtsprechung, dass der besondere Schutz für Frauen während der Zeit vom Beginn der Schwangerschaft bis zum Ende des Mutterschaftsurlaubs in Art. 10 der Mutterschutz-Richtlinie 92/85 EWG vom Gemeinschaftsgesetzgeber gerade in Anbetracht der **Gefahr** vorgesehen wurde, die eine mögliche Entlassung **für die physische und psychische Verfassung** von schwangeren Arbeitnehmerinnen, Wöchnerinnen oder stillenden Arbeitnehmerinnen darstellt, einschließlich des besonders schwerwiegenden Risikos, dass eine schwangere Arbeitnehmerin zum freiwilligen Abbruch ihrer Schwangerschaft veranlasst wird (vgl. etwa EuGH vom 11.11.2010 [Danosa] EzA Richtlinie 92/85 EG-Vertrag 1999 Nr. 5; vom 11.10.2007 [Paquay] EzA Richtlinie 92/85 EG-Vertrag 1999 Nr. 2 Rn. 30 m.w.N.). Vor diesem Hintergrund nimmt der EuGH an, dass **vom frühestmöglichen Zeitpunkt** des Vorliegens einer Schwangerschaft auszugehen ist, um die Sicherheit und den Schutz der schwangeren Arbeitnehmerinnen zu gewährleisten (EuGH vom 26.2.2008 [Mayr] EzA Richtlinie 92/85 EG-Vertrag 1999 Nr. 3 Rn. 40; vgl. auch. BAG vom 24.11.2022 – 2 AZR 11/22, Rn. 20; vom 26.3.2015 EzA § 9 MuSchG n.F. Nr. 42 Rn. 23) Der EuGH hat in seiner Entscheidung in der Sache **Paquay** vom 11.10.2007 (EzA Richtlinie 92/85 EG-Vertrag 1999 Nr. 2) den sich aus Art. 10 RL 92/85 EWG ergebenden Kündigungsschutz dahin ausgedehnt, dass er auch nach den Schutzfristen ausgesprochene Kündigungen erfasst, wenn die **Maßnahmen zur Vorbereitung** dieser Kündigung während der Schutzzeit getroffen wurden. Diese Rechtsprechung hat der Gesetzgeber mit der durch Art. 1 des Gesetzes zur Neuregelung des Mutterschutzrechts vom 23. Mai 2017, (BGBl. I, 1228) erlassenen Regelung des § 17 Abs. 1 Satz 3 umgesetzt, die gem. Art. 10 Abs. 1 Satz 1 zum 1.1.2018 in Kraft getreten ist (vgl. die Begründung zum Regierungsentwurf BT-Drucks. 18/8963, S. 88 sowie Rn. 59 ff.). In der Rechtssache **Danosa** hat der EuGH am 11.11.2010 (EzA Richtlinie 92/85 EG-Vertrag 1999 Nr. 5) erkannt, dass Arbeitnehmerinnen i.S.d. RL 92/85/EWG auch Frauen sind, die Mitglied der Unternehmensleitung einer Kapitalgesellschaft sind, wenn sie ihre Tätigkeit für eine bestimmte Zeit nach der Weisung oder unter der Aufsicht eines anderen Organs dieser Gesellschaft ausüben und als Gegenleistung für die Tätigkeit ein Entgelt erhalten. Dementsprechend stehe Art. 10 RL 92/85/EWG einer nationalen Regelung entgegen, nach der die Abberufung eines Mitglieds der Unternehmensleitung einer Kapitalgesellschaft ohne Einschränkung zulässig ist, wenn eine schwangere Arbeitnehmerin im Sinne dieser RL betroffen ist und die ihr gegenüber ergangene Abberufungsentscheidung im Wesentlichen auf ihrer Schwangerschaft beruht. Diese Rechtsprechung hat den Gesetzgeber veranlasst, im Rahmen der Regelung des persönlichen Anwendungsbereichs des MuSchG in § 1 Abs. 2 n.F. nicht mehr – wie bisher in § 1 Nr. 1 a.F. – auf den Arbeitnehmerbegriff abzustellen, sondern auf den Beschäftigtenbegriff i.S.d. § 7 Abs. 1 SGB IV. Damit sollen insbesondere auch **Fremdgeschäftsführerinnen** sowie **Minderheiten-Gesellschafter-Geschäftsführerinnen einer GmbH** erfasst werden, soweit diese aufgrund ihrer persönlichen Abhängigkeit unter den Beschäftigtenbegriff nach § 7 SGB IV fallen (vgl. die Begründung zum Regierungsentwurf BT-Drucks. 18/8963, S. 49; vgl. auch Rn. 11 ff.).

Im Hinblick auf **nationale Verfahrensvorschriften zur Geltendmachung des Kündigungsverbots** hat der EuGH in Rechtssache **Virginie Pontin/T-Comalux SA** am 29.10.2009 (C–63/08) entschieden, dass Rechtsvorschriften eines Mitgliedstaats, die im Hinblick auf das in Art. 10 RL 92/85/EWG aufgestellte Kündigungsverbot einen spezifischen Rechtsbehelf vorsehen, der gemäß ihm eigenen Verfahrensmodalitäten ausgeübt wird, dem Unionsrecht (nur dann) nicht entgegenstehen, wenn diese Verfahrensmodalitäten nicht weniger günstig sind als die für entsprechende innerstaatliche Klagen (**Grundsatz der Gleichwertigkeit**) und sie nicht so beschaffen sind, dass sie die Ausübung der von der Gemeinschaftsrechtsordnung anerkannten Rechte praktisch unmöglich machen oder übermäßig erschweren (**Grundsatz der Effektivität**). Eine **Ausschlussfrist von fünfzehn Tagen**, wie sie im luxemburgischen Arbeitsgesetzbuch vorgesehen ist, hat der EuGH a.a.O. für **offenbar nicht geeignet** befunden, diese Bedingung zu erfüllen. Vor diesem Hintergrund wurde bezweifelt, dass die Regelung des **§ 5 Abs. 3 Satz 1 KSchG** richtlinienkonform ist, weil sie für Arbeitnehmerinnen, die unverschuldet erst nach Ablauf der Klagefrist des § 4 Satz 1 KSchG Kenntnis von ihrer Schwangerschaft erlangt haben (vgl. **§ 5 Abs. 1 Satz 2 KSchG**), eine **Frist von nur zwei Wochen** für den erforderlichen Antrag auf nachträgliche Klagezulassung vorsieht (BeckOK ArbR/Dahm MuSchG § 17 Rn. 40; vgl. dazu auch unten Rdn. 118). Auf Vorlage des ArbG Mainz (vom 24.4.2024 – 4 Ca 1424/22) hat nunmehr der EuGH am 27.6.2024 in der **Rechtssache TC/Haus Jacobus** (C-284/23) entschieden, dass Art. 10 und 12 RL 92/85/EWG dahin auszulegen sind, dass sie einer nationalen Regelung entgegenstehen, nach der eine schwangere Arbeitnehmerin, die von ihrer Schwangerschaft erst nach Ablauf der für die Erhebung einer Klage gegen ihre Kündigung vorgesehenen Frist Kenntnis erlangt hat, eine solche Klage nur dann erheben kann, wenn sie binnen zweier Wochen einen Antrag auf Zulassung der verspäteten Klage stellt, sofern die Verfahrensmodalitäten im Zusammenhang mit diesem Zulassungsantrag insoweit nicht den **Anforderungen des Effektivitätsgrundsatzes** genügen, als sie Nachteile mit sich bringen, die geeignet sind, die Umsetzung der Rechte übermäßig zu erschweren, die Art. 10 dieser Richtlinie schwangeren Arbeitnehmerinnen vermittelt. Zwar betont der Gerichtshof, dass die Festsetzung angemessener Ausschlussfristen für die Rechtsverfolgung im Interesse der Rechtssicherheit grundsätzlich mit dem Unionsrecht vereinbar sei. Allerdings dürften solche Fristen es schwangeren Arbeitnehmerinnen **nicht übermäßig erschweren**, ihre Rechte aus dem Kündigungsverbot des Art. 10 der RL 92/85/EWG durchzusetzen. Ob die Zwei-Wochen-Frist des § 5 Abs. 3 Satz 1 KSchG, die zu beachten ist, wenn die Arbeitnehmerin erst nach Ablauf der Frist des § 4 Satz 1 KSchG von ihrer Schwangerschaft Kenntnis erlangt, diesen Vorgaben entspricht, wird vom EuGH bezweifelt. Dabei verweist er insbesondere darauf, dass es sich um eine »**besonders kurze Frist**« handele, die es der schwangeren Arbeitnehmerin erschwere, sich beraten zu lassen und ihre Rechte geltend zu machen. Sie sei zudem **kürzer als die normale dreiwöchige Klagefrist des § 4 Satz 1 KSchG**, die gilt, wenn die Schwangere schon im Zeitpunkt der Kündigung von ihrer Schwangerschaft weiß. Hinzu komme, dass der Beginn der Frist mit der »Behebung des Hindernisses« nicht eindeutig bestimmt sei und dass sie mit der in § 17 Abs. 1 Satz 2 MuSchG normierten Pflicht, den Arbeitgeber unverzüglich von der Schwangerschaft zu unterrichten, kumuliert sei. Vgl. zu den Auswirkungen der Entscheidungen des EuGH auf die Anwendung des § 5 Abs. 3 Satz 1 KSchG in den Fällen des § 5 Abs. 1 Satz 2 KSchG unten Rdn.118. Vor dem Hintergrund der EuGH-Rechtsprechung dürfte auch die zweiwöchige Mitteilungspflicht des § 17 Abs. 1 S. 1 MuSchG und die Rechtsprechung zur Unverzüglichkeit der Nachholung der Mitteilung i.S.v. § 17 Abs. 1 S. 2 MuSchG auf dem europarechtlichen Prüfstand stehen (vgl. dazu unten Rn. 48 u. 56).

8 Der EuGH hat in seiner Entscheidung vom 22.2.2018 (EzA EG-Vertrag 1999 Richtlinie 92/85 Nr. 6 [**Guisado**]) klargestellt, dass eine schwangere oder stillende Arbeitnehmerin bzw. eine Wöchnerin, die im Rahmen eines **Massenentlassungsverfahrens** gekündigt wird, gleichzeitig zu der von der Mutterschutz-RL 82/85/EWG und zu der von der Massenentlassungs-RL 98/59/EG geschützten Gruppe von Arbeitnehmern gehört. Hieraus folgert der Gerichtshof, dass nicht in der Person der Arbeitnehmer liegenden Gründe, aus denen Massenentlassungen im Sinne von Art. 1 Nr. 1 der Massenentlassungs-RL 98/59/EG vorgenommen werden, unter die nicht mit dem Zustand der Arbeitnehmerinnen in Zusammenhang stehenden **Ausnahmefälle im Sinne von Art. 10 Nr. 1 Mutterschutz-RL 82/85/EWG** fallen. Art. 10 Nr. 1 Mutterschutz-RL 82/85/EWG sei daher dahin auszulegen, dass er einer nationalen Regelung nicht entgegenstehe, nach der die Kündigung einer schwangeren Arbeitnehmerin aufgrund einer Massenentlassung im Sinne von Art. 1 Nr. 1 der Massenentlassungs-RL 98/59/EG zulässig ist. Der EuGH betont, dass Voraussetzung für die Zulässigkeit der Kündigung sei, dass der Arbeitgeber schriftlich berechtigte Kündigungsgründe anführe und die Kündigung der Betroffenen nach den betreffenden einzelstaatlichen Rechtsvorschriften und/oder Gepflogenheiten zulässig sei, wie es in Art. 10 Nr. 1 und Nr. 2 Mutterschutz-RL 82/85/EWG geregelt sei. Dabei sei mit Art. 10 Nr. 2 Mutterschutz-RL 82/85/EWG vereinbar, dass ein Arbeitgeber einer schwangeren Arbeitnehmerin im Rahmen einer Massenentlassung kündigen kann, ohne ihr weitere Gründe zu nennen als die-

jenigen, die die Massenentlassung rechtfertigen, solange die sachlichen Kriterien für die Auswahl der zu entlassenden Arbeitnehmer angegeben werden. Der EuGH hat zudem erkannt, dass Art. 10 Nr. 1 Mutterschutz-RL 82/85/EWG einer nationalen Regelung entgegensteht, nach der die Kündigung von schwangeren Arbeitnehmerinnen, Wöchnerinnen und stillenden Arbeitnehmerinnen nicht grundsätzlich präventiv verboten ist und im Fall einer widerrechtlichen Kündigung **nur deren Unwirksamkeit** als Wiedergutmachung vorgesehen ist. Dem wird das deutsche Recht gerecht (in diesem Sinne bereits Imping IWRZ 2018, 125, 126; Fuhlrott GWR 2018, 97): Neben dem in § 17 MuSchG geregelten Kündigungsverbot kommt ein Entschädigungsanspruch nach § 15 Abs. 2 AGG in Betracht, wenn die Kündigung wegen der Schwangerschaft oder der Mutterschaft der Frau erfolgt ist (vgl. § 3 Abs. 1 S. 2 AGG). Die grundsätzliche Möglichkeit eines Entschädigungsanspruchs wegen einer diskriminierenden Kündigung hat das BAG bereits anerkannt (vgl. BAG vom 19.12.2013 EzA § 1 AGG Nr. 2, Rn. 36 ff.).

Bereits vor dem Inkrafttreten der Mutterschutz-Richtlinie 92/85 EWG hatte der EuGH entschieden, dass einer Frau kraft des Grundsatzes der Nichtdiskriminierung und insbesondere der Bestimmungen der **Richtlinie 76/207/EWG** Kündigungsschutz nicht nur während des Mutterschaftsurlaubs, sondern auch während der gesamten Schwangerschaft gewährt werden muss. Der Gerichtshof hat ausgeführt, dass eine Entlassung während der entsprechenden Zeiten nur Frauen treffen kann und daher als unmittelbare Diskriminierung aufgrund des Geschlechts anzusehen ist (vgl. EuGH vom 8. November 1990, [Handels- o.g. Kontorfunktionæres Forbund], Slg. 1990, I-3979). Dass der Kündigungsschutz während der Schwangerschaft und während des Mutterschutzurlaubs dem **Schutz vor geschlechtsbezogener Diskriminierung** dient, hat er auch nach Inkrafttreten der Mutterschutz-Richtlinie fortwährend betont (vgl. etwa EuGH vom 11.11.2010 [Danosa] EzA Richtlinie 92/85 EG-Vertrag 1999 Nr. 5; vom 11.10.2007[Paquay]EzA Richtlinie 92/85 EG-Vertrag 1999 Nr. 2 Rn. 29 m.w.N.). Die RL 76/207 EWG wurde im Zusammenhang der Diskriminierung wegen des Geschlechts durch die **RL 2006/54/EG** vom 5.7.2006 zur Verwirklichung des Grundsatzes der Chancengleichheit und der Gleichbehandlung von Männern und Frauen in Arbeits- und Beschäftigungsfragen abgelöst (ABl. EU L 204 S. 23; vgl. KR/Gallner § 17 MuSchG Rn. 26). Die RL 2006/54/EG lässt die Mutterschutz-Richtlinie 92/85/EWG nach ihrem Erwägungsgrund 24 S. 2 ausdrücklich unberührt. 9

Art. 33 Abs. 2 der am 1.12.2009 mit dem Vertrag von Lissabon als Primärrecht (Art. 6 Abs. 1 Hs. 2 EUV) in Kraft getretenen **Charta der Grundrechte der Europäischen Union** (in der angepassten Fassung v. 12.12.2007 [ABl. EG C S. 1] zu der am 7.12.2000 proklamierten Ursprungsfassung [ABl. EG C 364 S. 1]) gewährleistet den Schutz der Familie und sieht für jede Person u.a. »das Recht auf **Schutz vor Entlassung aus einem mit der Mutterschaft zusammenhängenden Grund**« vor. Das lehnt sich einerseits an die Richtlinie 92/85/EWG an und stützt sich andererseits auf Art. 8 der Europäischen Sozialcharta (KR/Gallner § 17 MuSchG Rn. 25). 10

2. Geschützter Personenkreis

11 Der persönliche Anwendungsbereich des MuSchG ist durch das am 29.5.2017 verkündete **Gesetz zur Neuregelung des Mutterschutzrechts vom 23. Mai 2017** (BGBl. I, 1228) erweitert worden. Während § 1 Abs. 2 a.F. vorsah, dass dem persönlichen Anwendungsbereich des MuSchG (nur) Frauen in einem Arbeitsverhältnis (§ 1 Abs. 2 Nr. 1 a.F.) und weibliche in Heimarbeit Beschäftigte und ihnen Gleichgestellte i.S.d. § 1 Abs. 1 und 2 HAG (§ 1 Abs. 2 Nr. 2 a.F.) unterfallen, regelt § 1 Abs. 2 Satz 1 in der zum 1.1.2018 in Kraft getretenen Fassung (vgl. Art. 10 Abs. 1 Satz 1 des Gesetzes zur Neuregelung des Mutterschutzrechts vom 23. Mai 2017), dass das MuSchG für (alle) **Beschäftigte i.S.d. § 7 Abs. 1 SGB IV** gilt. Zusätzlich führt § 1 Abs. 2 Satz 2 n.F. in den Nummern 1 bis 8 **weitere Personengruppen** auf, auf die das MuSchG (teilweise mit Einschränkungen) unabhängig davon gelten soll, ob ein Beschäftigungsverhältnis i.S.d. § 7 Abs. 1 SGB IV vorliegt. Hinsichtlich der von § 1 Abs. 2 Satz 2 Nr. 8 n.F. erfassten Schülerinnen und Studentinnen wurde die Anwendbarkeit des § 17 jedoch ausdrücklich ausgeschlossen.

a) Beschäftigte i.S.d. § 7 Abs. 1 SGB IV

12 § 1 Abs. 2 Satz 1 n.F. stellt für den persönlichen Anwendungsbereich nicht mehr auf den (arbeitsrechtlichen) Arbeitnehmerbegriff ab, sondern auf den (sozialrechtlichen) **Beschäftigtenbegriff des § 7 Abs. 1 SGB IV**. Danach ist Beschäftigung **jede nichtselbstständige Arbeit**, insbesondere (aber nicht ausschließlich) in einem **Arbeitsverhältnis** (§ 7 Abs. 1 Satz 1 SGB IV). Anhaltspunkte für eine solche Beschäftigung sind nach § 7 Abs. 1 Satz 2 SGB IV »eine Tätigkeit nach Weisungen und eine Eingliederung in die Arbeitsorganisation des Weisungsgebers«.

13 Weil zu den Beschäftigungsverhältnissen i.S.d. § 7 Abs. 1 Satz 1 SGB IV »insbesondere« **Arbeitsverhältnisse** zählen, gilt das Kündigungsverbot weiterhin für alle Frauen, die in einem Arbeitsverhältnis stehen, also **Arbeitnehmerinnen** sind, deren Arbeitsort **im Gebiet der Bundesrepublik Deutschland** liegt (Territorialitätsprinzip, vgl. Schöllmann in HK-MuSchG 6. Aufl. § 17 Rn. 14). Dabei spielt es keine Rolle, ob es sich um ein **unbefristetes oder befristetes Arbeitsverhältnis** handelt, ob es sich um ein **Vollzeit- oder Teilzeitarbeitsverhältnis** handelt und ob es sich um eine **Probe – oder Aushilfsarbeitsverhältnis** handelt (Brose/Weth/Volk/Volk MuSchG § 17 Rn. 8). Auch **geringfügig Beschäftigte** unterfallen dem Geltungsbereich (Schöllmann in HK-MuSchG 6. Aufl. § 17 Rn. 14). Das Kündigungsverbot des § 17 gilt ferner ohne Einschränkungen für Arbeitnehmerinnen, die in einem Familienhaushalt beschäftigt sind. § 9 Abs. 1 Satz 2 MuSchG, der in der bis 31.12.1996 geltenden Fassung eine Begrenzung des mutterschutzrechtlichen Kündigungsschutzes bei im Familienhaushalt beschäftigte Frauen auf die Zeit der ersten fünf Monate der Schwangerschaft vorsah, wurde durch das Gesetz zur Änderung des Mutterschutzrechts vom 20.12.1996 (BGBl. I S. 2010) mit Wirkung zum 1.1.1997 gestrichen. Seitdem gilt der Kündigungsschutz des § 9 und nunmehr des § 17 daher auch für **Familien-Haushaltskräfte** uneingeschränkt und unabhängig von der im Haushalt ausgeübten Tätigkeit (KR/Gallner § 17 MuSchG Rn. 35; Schöllmann in HK-MuSchG 6. Aufl. § 17 Rn. 14).

Das Kündigungsverbot gilt auch für die **Beschäftigungsverhältnisse bei den alliierten Streitkräften.** Seit der Änderung des NATO-Truppenstatuts durch das Änderungsgesetz vom 28.9.1994 (BGBl. II, 2594) gelten für die Zivilbediensteten bei NATO-Truppen die arbeitsrechtlichen Vorschriften, die auch für Bundeswehrbedienstete gelten (Schöllmann in HK-MuSchG 6. Aufl. § 17 Rn. 18).

Der Kündigungsschutz beginnt unabhängig von dem Zeitpunkt der tatsächlichen Arbeitsaufnahme bereits mit Abschluss des Arbeitsvertrages. § 17 schützt daher auch vor **Kündigungen vor Dienstantritt** (BAG vom 27.2.2020 – 2 AZR 498/19; Schöllmann in HK-MuSchG 6. Aufl. § 17 Rn. 14; KR/Gallner § 17 MuSchG Rn. 100; vgl. zu § 9 a.F.: LAG Düsseldorf vom 30.9.1992 LAGE § 9 MuSchG Nr. 18; Buchner/Becker 8. Aufl. § 9 MuSchG Rn. 2 m.w.N.). Der mit dem Kündigungsverbot bezweckte Gesundheits- und Existenzsicherungsschutz (vgl. dazu oben Rdn. 5) ist nur dann gewährleistet, wenn die Kündigung eines Arbeitsvertrags unabhängig davon unzulässig ist, ob die Tätigkeit erst zu einem späteren Zeitpunkt aufgenommen werden soll. Offengelassen hat das BAG in seiner Entscheidung vom 27.2.2020 (2 AZR 498/19), ob das Kündigungsverbot nur dann gilt, wenn die beabsichtigte Tätigkeitsaufnahme innerhalb der Schutzzeiten liegt oder auch dann, wenn die Kündigung einen Arbeitsvertrag betrifft, nach welchem der Dienstantritt zu einem Zeitpunkt erfolgen soll, zu dem die Schutzzeiten schon wieder abgelaufen sein werden. Das BAG hat aber zu Recht darauf hingewiesen, dass eine psychische Belastung auch daraus erwachsen kann, dass keine wirtschaftliche Absicherung für die Zeit nach Ablauf der Schutzfristen besteht und der Arbeitgeber wiederum nach Ablauf der Schutzfristen ohnehin ohne die Beschränkung des § 17 MuSchG kündigen könnte. Daher ist es vorzugswürdig, die Geltung des Kündigungsverbots des § 17 bei Kündigungen vor Dienstantritt auch dann anzunehmen, wenn die **Tätigkeitsaufnahme erst nach Ablauf der Schutzfristen** erfolgen soll.

Ist der Arbeitsvertrag allerdings nichtig, dann besteht nur ein sog. **faktisches Arbeitsverhältnis** ohne rechtliche Bindung, zu dessen Beendigung es keiner Kündigung bedarf. § 17 gilt insoweit daher nicht (HK-MuSchG 6. Aufl. § 17 Rn. 14; vgl. dazu Rn. 76)

Der Kündigungsschutz kann in Ausnahmefällen sogar **Wirkung zugunsten Dritter** 14
entfalten. Dies kann z.B. bei **Gruppenarbeitsverhältnissen** (vgl. dazu AR/Kamanabrou § 611a BGB Rn. 16 ff.) oder **Job-Sharing-Arbeitsverhältnissen** (§ 13 TzBfG) der Fall sein. Voraussetzung ist, dass zwischen den Parteien vereinbart ist, dass der Arbeitgeber nur allen Arbeitnehmern des Gruppen- bzw. Job-Sharing-Arbeitsverhältnisses **einheitlich** kündigen kann. Ein einheitlicher Vertrag mit einem **Hausmeisterehepaar** kann im Fall der Schwangerschaft der Ehefrau auch im Verhältnis zum Ehemann unkündbar werden, wenn der Vertrag nur insgesamt kündbar ist (Schöllmann in HK-MuSchG 6. Aufl. § 17 Rn. 14; KR/Gallner § 17 MuSchG Rn. 39; vgl. zu § 9 a.F.: LAG Düsseldorf vom 15.12.1964 BB 1965, 495; Buchner/Becker 8. Aufl. § 9 MuSchG Rn. 5, die allerdings die Drittwirkung des Kündigungsverbots im Fall der Arbeitsplatzteilung nach § 13 TzBfG ablehnen; vgl. zum Erfordernis der gemeinsamen Kündigung eines »Heimleiterpaares« BAG vom 21.10.1971 EzA § 1 KSchG Nr. 23) Demgegenüber soll der Kündigungsschutz nach einer älteren Entscheidung des BAG zu § 9 a.F. nicht eingreifen, wenn das Arbeitsverhältnis mit der Frau **auflösend bedingt** von dem Bestand des

Arbeitsverhältnisses des Ehemanns abgeschlossen worden ist und das Arbeitsverhältnis mit dem Ehemann wirksam gekündigt wurde (vgl. BAG vom 17.5.1962 EzA § 9 a.F. MuSchG Nr. 2; Buchner/Becker 8. Aufl. § 9 MuSchG Rn. 5). Ob dies angesichts der mittlerweile geltenden Regelung des § 21 TzBfG und der mittlerweile restriktiven Rechtsprechung des BAG (vgl. dazu APS/Backhaus 6. Aufl. § 21 TzBfG, Rn. 3 f. m.w.N.) heute noch gilt, darf jedoch bezweifelt werden (vgl. HK-MuSchG 6. Aufl. § 17 Rn. 14; APS/Rolfs 7. Aufl. § 17 MuSchG Rn. 31).

15 Mit dem Verweis auf den Beschäftigtenbegriff des § 7 Abs. 1 SGB IV verfolgt der Gesetzgeber das Ziel, den **unionsrechtlichen Arbeitnehmerbegriff** abzubilden (vgl. die Begründung des Regierungsentwurfs zur unverändert gebliebenen Entwurfsfassung des § 1 Abs. 2 Satz 1, BT-Drucks. 18/8963, S. 49; vgl. auch KR/Gallner § 17 MuSchG Rn. 38). Hintergrund ist die Rechtsprechung des EuGH, der in der Sache Danosa erkannt hat, dass Arbeitnehmerin Sinne der Mutterschutz-RL 92/85 EWG (auch) ein Mitglied der Unternehmensleitung einer Kapitalgesellschaft ist, das gegen Entgelt Leistungen gegenüber der Gesellschaft erbringt, die es bestellt hat und in die es eingegliedert ist, das seine Tätigkeit nach der Weisung oder unter der Aufsicht eines anderen Organs der Gesellschaft ausübt und das jederzeit ohne Einschränkungen abberufen werden kann (EuGH vom 11.10.2010 EzA Richtlinie 92/85 EG-Vertrag 1999 Nr. 5; vgl. zum unionsrechtlichen Arbeitnehmerbegriff auch EuGH vom 9.7.2015 [Balkaya] EzA Richtlinie 98/59 EG-Vertrag 1999 Nr. 7 zur Massenentlassungs-RL 98/59 EG; APS/Rolfs 7. Aufl. § 17 MuSchG Rn. 14). In Anbetracht dieser Rechtsprechung wurde bereits zum MuSchG in seiner vorherigen Fassung vertreten, dass eine richtlinienkonforme Auslegung dahin zu erfolgen hat, dass Organmitglieder juristischer Personen, die – wie regelmäßig Fremdgeschäftsführerinnen einer GmbH – der Weisung oder unter der Aufsicht eines anderen Organs der Gesellschaft unterliegen und jederzeit ohne Einschränkungen abberufen werden können, vom persönlichen Anwendungsbereich erfasst werden (vgl. etwa Oberthür NZA 2011, 253, 255 ff.; Junker NZA 2011, 950, 951; Schöllmann in HK-MuSchG 4. Aufl. § 9 Rn. 17; KR/Gallner 11. Aufl. § 9 MuSchG Rn. 25 m.w.N.; a.A. Schubert, EuZA 2011, 362). Die Rechtsprechung des EuGH hat den Gesetzgeber nunmehr dazu veranlasst, im Rahmen der Regelung des persönlichen Anwendungsbereichs des MuSchG nicht mehr auf den Arbeitnehmerbegriff abzustellen, sondern auf den Beschäftigtenbegriff i.S.d. § 7 Abs. 1 SGB IV (APS/Rolfs 7. Aufl. § 17 MuSchG Rn. 25). Damit sollen insbesondere auch **Fremdgeschäftsführerinnen** und **Minderheiten-Gesellschafter-Geschäftsführerinnen einer GmbH** erfasst werden, soweit diese aufgrund ihrer persönlichen Abhängigkeit unter den Beschäftigtenbegriff nach § 7 SGB IV fallen (vgl. die Begründung des Regierungsentwurfs zur unverändert gebliebenen Entwurfsfassung des § 1 Abs. 2 Satz 1, BT-Drucks. 18/8963, S. 49; vgl. wegen der Einzelheiten § 1 Rn. 25 ff.)

b) Weitere geschützte Personen

16 Die weiteren vom Kündigungsverbot geschützten Personen ergeben sich aus § 1 Abs. 2 Satz 2 Nrn. 1–7 (vgl. dazu § 1 Rdn. 30 ff.). Im Hinblick auf das Kündigungsverbot des § 17 ist danach der folgende Personenkreis unabhängig davon geschützt, ob eine Beschäftigung i.S.d. § 7 Abs. 1 SGB IV vorliegt: Frauen in betrieblicher

Berufsbildung und Praktikantinnen i.S.v. § 26 BBiG (§ 1 Abs. 2 Satz 2 Nr. 1 n.F.), in einer Werkstatt für behinderte Menschen beschäftigte Frauen (§ 1 Abs. 2 Satz 2 Nr. 2 n.F.), Entwicklungshelferinnen (§ 1 Abs. 2 Satz 2 Nr. 3 n.F.), als Freiwillige beschäftigte Frauen während eines Jugendfreiwilligendienstes bzw. Bundesfreiwilligendienstes (§ 1 Abs. 1 Satz 2 Nr. 4 n.F.), Mitglieder geistlicher Genossenschaften, Diakonissen oder einer ähnlichen Gemeinschaft (§ 1 Abs. 2 Satz 2 Nr. 5 n.F.), in Heimarbeit Beschäftigte und ihnen Gleichgestellte i.S.d. § 1 Abs. 1 und 2 HAG (§ 1 Abs. 2 Satz 2 Nr. 6 n.F.) und arbeitnehmerähnliche Personen (§ 1 Abs. 2 Satz 2 Nr. 7 n.F.). Hinsichtlich **Schülerinnen und Studentinnen** wurde die Anwendbarkeit des § 17 ausdrücklich ausgeschlossen (vgl. § 1 Abs. 2 Satz 2 Nr. 8 n.F.).

17 Neu vom Kündigungsverbot erfasst werden damit Frauen mit Behinderung, die in einer **Werkstatt für behinderte Menschen** beschäftigt sind, **Mitglieder geistlicher Genossenschaften**, Diakonissen oder einer ähnlichen Gemeinschaft und **arbeitnehmerähnliche Personen**. Frauen in **Ausbildungsverhältnissen** sowie Frauen in anderen Berufsbildungsverhältnissen i.S.d. § 26 BBiG waren schon bislang vom persönlichen Anwendungsbereich erfasst (vgl. zu § 1 a.F.: Buchner/Becker § 1 MuSchG Rn. 49 ff.; Pepping in HK-MuSchG 4. Aufl. § 1 Rn. 18 ff.). Frauen, die in **Heimarbeit** beschäftigt sind, und ihnen Gleichgestellte i.S.v. § 1 Abs. 1, 2 HAG waren ebenfalls bereits erfasst, und zwar gem. § 1 Nr. 2 a.F. (vgl. zu ihnen Rdn. 119 ff.). Auch auf **weibliche Freiwillige** nach dem Bundesfreiwilligendienstgesetz (BFDG) oder nach dem Jugendfreiwilligendienstegesetz (JFDG) wurde bereits bisher das MuSchG angewendet (APS/Rolfs 7. Aufl. § 17 MuSchG Rn. 32; BT-Drucks. 18/8963, S. 50). Für **Entwicklungshelferinnen** galt das MuSchG bislang nicht unmittelbar, jedoch hatte der Träger der Entwicklungshilfe nach § 4 Abs. 1 Nr. 4 EhfG die Pflichten, die nach dem MuSchG dem Arbeitgeber obliegen, vertraglich zu übernehmen (APS/Rolfs 7. Aufl. § 17 MuSchG Rn. 32; BT-Drucks. 18/8963, S. 50).

c) **Beamtinnen, Richterinnen und Soldatinnen**

18 Weiterhin keine Anwendung findet das MuSchG (und damit auch das Kündigungsverbot) auf **Beamtinnen** und **Richterinnen** (vgl. § 1 Abs. 3 Satz 1 n.F.; vgl. dazu § 1 Rdn. 53). Für Bundesbeamtinnen gilt insoweit die **Mutterschutz- und Elternzeitverordnung** (MuSchEltZV, BGBl. I S. 320, zuletzt geändert durch Art. 3 des Gesetzes vom 18.12.2014, BGBl. I S. 2325), die aufgrund von § 79 Abs. 1 S. 1 BBG, § 46 DRiG und § 28 Abs. 7 S. 2 SG erlassen wurde (vgl. KR/Gallner § 17 MuSchG Rn. 45). Ferner findet das MuSchG weiterhin keine auf **Soldatinnen**, die nicht außerhalb des Geschäftsbereichs des Bundesministeriums der Verteidigung tätig werden (vgl. § 1 Abs. 3 Satz 2 n.F.). Das Mutterschutzgesetz gilt für Soldatinnen allerdings dann, wenn sie aufgrund einer dienstlichen Anordnung oder sonstigen Gestattung außerhalb des Geschäftsbereichs tätig sind. Dies ist z.B. dann gegeben, wenn sich eine Soldatin für ihr Medizinstudium an einer zivilen Hochschule beurlauben lässt. Studiert hingegen eine Soldatin an einer Universität der Bundeswehr fällt sie nicht unter das MuSchG (vgl. die Begründung des Regierungsentwurfs zur unverändert gebliebenen Entwurfsfassung des § 1 Abs. 3 Satz 2, BT-Drucks. 18/8963, S. 52 f.; vgl. dazu auch § 1 Rn. 51).

3. Voraussetzungen des Kündigungsverbotes (Abs. 1)

19 Der Kündigungsschutz des § 17 Abs. 1 setzt voraus, dass die Frau im Zeitpunkt des Zugangs der Kündigung entweder schwanger ist (§ 17 Abs. 1 Satz 1 Nr. 1) oder entbunden hat, wobei der Kündigungsschutz in diesem Fall bis zum Ende der Schutzfrist i.S.d. § 3 Abs. 2, mindestens jedoch bis zum Ablauf von vier Monaten nach der Entbindung besteht (§ 17 Abs. 1 Satz 1 Nr. 3). Im Fall einer Fehlgeburt steht der Frau der Kündigungsschutz bis zum Ablauf von vier Monaten nach der Fehlgeburt zu, wenn die Fehlgeburt nach der zwölften Schwangerschaftswoche erfolgt ist (§ 17 Abs. 1 Satz 1 Nr. 2). Voraussetzung des Kündigungsschutzes ist weiter, dass der Arbeitgeber im Zeitpunkt der Kündigung bereits Kenntnis von der Schwangerschaft, der Fehlgeburt nach der zwölften Schwangerschaftswoche oder der Entbindung hat oder ihm diese Umstände binnen zwei Wochen nach Zugang der Kündigung mitgeteilt werden (§ 17 Abs. 1 Satz 1, Halbsatz 2). Wird die Zwei-Wochen-Frist nicht eingehalten, bleibt der Kündigungsschutz gleichwohl bestehen, wenn die Frau die Überschreitung der Frist nicht zu vertreten hat und die Mitteilung unverzüglich nachholt (§ 17 Abs. 1 Satz 2). Die Regelungen des § 17 Abs. 1 Sätze 1 und 2 gelten gem. § 17 Abs. 1 Satz 3 entsprechend für Vorbereitungsmaßnahmen, die der Arbeitgeber im Hinblick auf die Kündigung der Frau trifft. Das hat zur Folge, dass eine Kündigung, die außerhalb des geschützten Zeitraums erklärt wird, dem Kündigungsverbot unterliegt, wenn die Maßnahmen zu ihrer Vorbereitung vom Arbeitgeber während des § 17 Abs. 1 geschützten Zeitraums getroffen wurden. Zur **Darlegungs- und Beweislast** hinsichtlich der Voraussetzungen des Kündigungsverbots vgl. Rdn. 119 ff.

a) Schwangerschaft

20 Das MuSchG enthält keine Definition des Begriffs »Schwangerschaft« (vgl. BAG vom 24.11.2022 – 2 AZR 11/22, Rn. 16). Nach der höchstrichterlichen Rspr. zu § 9 Abs. 1 Satz 1 a.F. ist unter **Schwangerschaft** der Zustand der Frau von der Konzeption (d.h. von dem zur Befruchtung führenden Verkehr) bis zur Geburt zu verstehen (vgl. zu § 9 a.F.: BAG vom 26.3.2015 EzA § 9 n.F. MuSchG Nr. 42, Rn. 15; siehe dazu Rdn. 20 f.). Auch eine **Bauchhöhlenschwangerschaft** oder eine sonstige Extrauteringravidität lösen den Kündigungsschutz aus (Schöllmann in HK-MuSchG 6. Aufl. § 17 Rn. 33; KR/Gallner § 17 MuSchG, Rn. 48; Just in Tillmanns/Mutschler 2. Aufl. § 17 MuSchG Rn. 12). Die Schwangerschaft muss im **maßgeblichen Zeitpunkt des Zugangs der Kündigung** (nicht notwendig bereits bei der Abgabe der Kündigungserklärung, vgl. Schöllmann in HK-MuSchG 6. Aufl. § 17 Rn. 32) **objektiv** (tatsächlich) vorliegen (Schöllmann in HK-MuSchG 6. Aufl. § 17 Rn. 32; KR/Gallner § 17 MuSchG, Rn. 47: vgl. zu § 9 a.F.: BVerfG vom 14.7.1981, BVerfGE 58, 153). Die bloße – wenn auch zielgerichtete – **Absicht** der Frau, schwanger zu werden, löst den Kündigungsschutz nicht aus. Auch eine analoge Anwendung des § 17 kommt in diesen Fällen mangels planwidriger Regelungslücke und mangels vergleichbarer Interessenlage nicht in Betracht (vgl. zu § 9 a.F.: LAG Schleswig-Holstein vom 17.11.1997 LAGE § 242 BGB Nr. 3; Humberg, NJW 2015, 3410, 3411). Daher löst die **irrtümliche Annahme** der Frau, schwanger zu sein (mag sie auch auf

einer unrichtigen ärztlichen Bescheinigung beruhen) bzw. löst eine Scheinschwangerschaft den Kündigungsschutz des § 17 ebenso wenig aus (vgl. Brose/Weth/Volk/Volk MuSchG § 17 Rn. 22; Schöllmann in HK-MuSchG 6. Aufl. § 17 Rn. 32; KR/Gallner § 17 MuSchG, Rn. 47), wie umgekehrt die Unkenntnis der Frau von ihrer Schwangerschaft den Kündigungsschutz entfallen lässt (Just in Tillmanns/Mutschler 2. Aufl. § 17 MuSchG Rn. 12; vgl. zu § 9 a.F.: BAG vom 13.6.1996 EzA § 9 n.F. MuSchG Nr. 34 mit Anm. Winterfeld). Tritt die **Schwangerschaft erst nach dem Zugang der Kündigung** ein, gilt das Kündigungsverbot selbst dann nicht, wenn die Schwangerschaft noch während des Laufs der Kündigungsfrist eingetreten ist (Schöllmann in HK-MuSchG 6. Aufl. § 17 Rn. 32; ErfK/Schlachter § 17 MuSchG Rn. 3; KR/Gallner § 17 MuSchG, Rn. 47). Kündigt der Arbeitgeber aber die nicht schwangere Frau wegen einer von ihm befürchteten Schwangerschaft und den möglicherweise daraus resultierenden Ausfallzeiten, ist die Kündigung außerhalb des Anwendungsbereichs des KSchG als unmittelbare **geschlechtsbezogene Diskriminierung** i.S.d. §§ 1, 3 Abs. 1 Satz 2 AGG nach § 7 Abs. 1 AGG i.V.m. § 134 BGB nichtig (vgl. BAG vom 26.3.2015 EzA § 9 n.F. MuSchG Nr. 42, Rn. 31 ff. zur Kündigung wegen einer beabsichtigten Durchführung einer In-vitro-Fertilisation; Humberg, NJW 2015, 3410, 3411). Findet das KSchG Anwendung, dann ist eine solche Kündigung in aller Regel wegen »Sozialwidrigkeit« i.S.d. § 1 Abs. 2 unwirksam (vgl. § 1 Abs. 1 KSchG), weil die Diskriminierungsverbote des AGG nach der Rechtsprechung des BAG – trotz der Regelung des § 2 Abs. 4 AGG – im Rahmen der Prüfung der sozialen Rechtfertigung zu beachten sind (vgl. grundlegend BAG vom 6.11.2008 EzA § 1 KSchG Soziale Auswahl Nr. 82, Rn. 27 ff.; ferner vom 15.12.2011 EzA § 1 KSchG Soziale Auswahl Nr. 84, Rn. 47 ff.). Hat der Arbeitgeber im Zeitpunkt der Kündigung allerdings keine Kenntnis von der (geplanten) Schwangerschaft der Betroffenen, verstößt die Kündigung nicht gegen das Benachteiligungsverbot des § 7 Abs. 1 AGG i.V.m. §§ 1, 3 Abs. 1 Satz 2 AGG, da sie dann nicht im Zusammenhang mit der (geplanten) Schwangerschaft stehen kann (vgl. BAG vom 17.10.2013 EzA § 3 AGG Nr. 8; AR/Vossen § 17 MuSchG Rn. 7).

aa) Dauer des Kündigungsverbots bei natürlicher Empfängnis

Der **Beginn der Schwangerschaft** (und damit der Beginn des Kündigungsverbots) 21
wird nach der ständigen Rechtsprechung des BAG **bei natürlicher Empfängnis** ermittelt, indem – in entsprechender Anwendung von § 15 Abs. 1 S. 1 und Abs. 2 MuSchG (früher § 5 Abs. 2 MuSchG a.F.) – von dem ärztlich oder von einer Hebamme festgestellten voraussichtlichen Tag der Entbindung **um 280 Tage zurückgerechnet** wird (BAG vom 24.11.2022 – 2 AZR 11/22, Rn. 17; vgl. zu § 9 a.F.: BAG vom 26.3.2015 EzA § 9 n.F. MuSchG Nr. 42, Rn. 16; vom 12.5.2011 EzA § 18 BEEG Nr. 1, Rn. 33; vom 7.5.1998 EzA § 9 n.F. MuSchG Nr. 35; vom 27.10.1983 EzA § 9 n.F. MuSchG Nr. 25). Dabei zählt das BAG den voraussichtlichen Entbindungstag nicht mit (vgl. BAG vom 24.11.2022 – 2 AZR 11/22, Rn. 30 und zu § 9 a.F. BAG vom 12.12.1985 EzA § 9 n.F. MuSchG Nr. 26.). Der **ärztlichen Bescheinigung** über den voraussichtlichen Entbindungstag kommt nach der Rechtsprechung des BAG ein **hoher Beweiswert** zu. Der Arbeitgeber kann den Beweiswert einer ärztlichen Bescheinigung über

den mutmaßlichen Entbindungstermin allerdings erschüttern, indem er Umstände darlegt und beweist, aufgrund derer es wissenschaftlich gesicherter Erkenntnis widerspräche, vom Beginn der Schwangerschaft vor Kündigungszugang auszugehen. Die Frau muss dann weiteren Beweis führen und ist gegebenenfalls gehalten, ihre Ärzte von der Schweigepflicht zu entbinden (vgl. zu § 9 a.F.: BAG vom 26.3.2015 EzA § 9 n.F. MuSchG Nr. 42, Rn. 17; vom 7.5.1998 EzA § 9 n.F. MuSchG Nr. 35). Werden im Verlauf der Schwangerschaft genauere Erkenntnisse über den Zeitpunkt ihres Beginns gewonnen, kann nach Ansicht des BAG zudem eine **korrigierte Bescheinigung** erstellt werden (vgl. zu § 9 a.F.: BAG vom 26.3.2015 EzA § 9 n.F. MuSchG Nr. 42, Rn. 17; vom 12.12.1985 EzA § 9 n.F. MuSchG Nr. 26 zu § 9 a.F.; vom 27.10.1983 EzA § 9 n.F. MuSchG Nr. 25).

Das BAG begründet seine Rechtsprechung damit, dass der Zeitraum von 280 Tagen die mittlere Schwangerschaftsdauer umfasse, die bei einem durchschnittlichen Menstruationszyklus zehn Lunarmonate zu je 28 Tagen – gerechnet vom ersten Tag der letzten Regelblutung (post menstruationem; vgl. Pschyrembel Klinisches Wörterbuch zum Stichwort »Schwangerschaftsdauer«) an – betrage. Er markiere die äußerste zeitliche Grenze, innerhalb derer bei normalem Zyklus eine Schwangerschaft vorliegen könne (vgl. BAG vom 24.11.2022 – 2 AZR 11/22, Rn. 17 und zu § 9 a.F. BAG vom 26.3.2015 EzA § 9 n.F. MuSchG Nr. 42, Rn. 16). Das BAG räumt zwar ein, dass die Schwangerschaft eine kürzere Zeit andauere, weil die Befruchtung erst nach dem Eisprung (Ovulation) möglich sei und dieser eine gewisse Zeit nach der Menstruation erfolge. Da sich aber der tatsächliche Schwangerschaftsbeginn auch auf der Grundlage der durchschnittlichen tatsächlichen Schwangerschaftsdauer von 266 Tagen und einer Rückrechnung vom tatsächlichen Entbindungstermin an nicht sicher bestimmen lasse, sei **aus Gründen der Rechtssicherheit und des Schutzes der werdenden Mutter** für die Anwendung des absoluten Kündigungsverbotes der Beginn der Schwangerschaft durch Rückrechnung um 280 Tage von dem vom Arzt angegebenen voraussichtlichen Entbindungstermin zu ermitteln (vgl. zu § 9 a.F.: BAG vom 12.12.1985 EzA § 9 n.F. MuSchG Nr. 26). Das BAG betont außerdem, dass es auf den **Tag der tatsächlichen Niederkunft** nicht ankommen könne, weil der gesetzliche Mutterschutz in vielen Fällen nicht zu verwirklichen wäre, wenn die erforderliche Fristenbestimmung bis zur tatsächlichen Niederkunft in der Schwebe bliebe. Grundsätzlich müsse sowohl im Interesse des Arbeitgebers als auch im Interesse der Arbeitnehmerin alsbald und nicht erst nach der Entbindung feststellbar sein, ob eine Kündigung ausgesprochen werden könne oder eine bereits ausgesprochene Kündigung Bestand habe. Von dem **voraussichtlichen Entbindungstermin** sei schon aus Gründen der Rechtsgleichheit auch dann auszugehen, wenn die Arbeitnehmerin noch im Verlaufe des Prozesses niederkomme und somit der tatsächliche Entbindungstag feststehe. Abgesehen davon, dass sich auch bei einer Rückrechnung vom tatsächlichen Entbindungstag der tatsächliche Schwangerschaftsbeginn nicht sicher bestimmen lasse, könne es, schon um Manipulationen auszuschließen, nicht von der Laufzeit des Prozesses abhängen, ob eine Arbeitnehmerin in den Genuss des Mutterschutzes komme oder nicht (vgl. BAG vom 12.12.1985 EzA § 9 n.F. MuSchG Nr. 26 zu § 9 a.F.).

Die Rechtsprechung ist im Schrifttum auf Kritik und Ablehnung gestoßen. Ihr wird vorgeworfen, dass sie materiell-rechtliche Voraussetzungen des Kündigungsschutzes (Bestehen der Schwangerschaft) mit prozessualen Gesichtspunkten (Nachweis der Schwangerschaft) vermenge und dass sie sich in nicht zu rechtfertigender Weise vom Inhalt des Kündigungsverbots entferne, welches an das tatsächliche Bestehen einer Schwangerschaft anknüpfe. Stehe der tatsächliche Schwangerschaftsbeginn bereits während der Schwangerschaft fest, so sei für eine Wahrscheinlichkeitsberechnung kein Raum (KR/Gallner § 17 MuSchG, Rn. 95). Zudem wird eingewandt, dass höchstens von einer **Schwangerschaftsdauer von 266 Tagen** auszugehen sei, weil die Schwangerschaft tatsächlich **frühestens mit der Befruchtung** (Konzeption) beginne und nach gesicherten medizinischen Erkenntnissen regelmäßig nur zwischen 263 bis 273 Tage, im Durchschnitt 266 Tage, andauere (Schöllmann in HK-MuSchG 6. Aufl. § 17 MuSchG Rn. 36; KR/Gallner § 17 MuSchG, Rn. 96; Just in Tillmanns/Mutschler 2. Aufl. § 17 MuSchG Rn. 1; APS/Rolfs 7. Aufl. § 17 MuSchG, Rn. 64; Töns BB 1987, 1801). Die Ansicht des BAG berücksichtige nicht, dass die statistisch begründete Darlegung und der Beweis des Schwangerschaftsbeginns durch die Arbeitnehmerin nur durch einen auf einem typischen Geschehensablauf beruhenden Anscheinsbeweis möglich seien. Daher sei nur der hinreichend wahrscheinliche Zeitraum von 266 Tagen und nicht der höchst unwahrscheinliche Zeitraum von 280 Tagen zu Grunde zu legen (KR/Gallner § 17 MuSchG, Rn. 96; APS/Rolfs 7. Aufl. § 17 MuSchG, Rn. 64). 22

Das BAG hat die Kritik an seiner Rechtsprechung in den Entscheidungen zu § 9 a.F. vom 26.3.2015 (EzA § 9 n.F. MuSchG Nr. 42, Rn. 16, 17) und zu § 17 n.F. vom 24.11.2022 (– 2 AZR 11/22, Rn. 15 ff.) zurückgewiesen. Es räumt zwar (abermals) ein, dass bei seiner Berechnungsmethode auch Tage einbezogen würden, in denen das Vorliegen einer Schwangerschaft »eher unwahrscheinlich« ist. Es hat jedoch betont, dass es nicht um die Bestimmung des tatsächlichen – naturwissenschaftlichen – Beginns der Schwangerschaft im konkreten Fall gehe, sondern um eine Berechnungsmethode für die Bestimmung des Kündigungsverbots wegen Schwangerschaft, der **prognostische Elemente** innewohnten und die am **verfassungsrechtlich gebotenen Schutzauftrag** orientiert sei. Diese Auslegung stehe **im Einklang mit Unionsrecht** und der dazu ergangenen Rechtsprechung des EuGH, wonach vom frühestmöglichen Zeitpunkt des Vorliegens einer Schwangerschaft auszugehen sei, um die Sicherheit und den Schutz von schwangeren Arbeitnehmerinnen zu gewährleisten (vgl. EuGH vom 26.2.2008 – C–506/06 [Mayr], Rn. 39 f., vgl. dazu oben Rn. 7). Das BAG verzichte bewusst auf eine Wahrscheinlichkeitsrechnung, um zu gewährleisten, dass jede tatsächlich Schwangere den Schutz des § 17 Abs. 1 Nr. 1 in Anspruch nehmen könne. Da sich – sofern nicht ausnahmsweise der Tag der Konzeption zweifelsfrei feststehe – Fehler und Ungenauigkeiten nicht vermeiden ließen, sei es gerechtfertigt, zunächst **von der der Arbeitnehmerin günstigsten Berechnungsmethode** auszugehen. Dabei würden zwar auch Tage einbezogen, in denen das Vorliegen einer Schwangerschaft eher unwahrscheinlich, aber eben nicht generell ausgeschlossen sei. Nur diese Betrachtungsweise erstrecke den Beginn des Kündigungsverbots auf den »frühestmöglichen Zeitpunkt des Vorliegens einer Schwangerschaft«, während die von der Gegenansicht vertretene Auffassung, wonach die »durchschnittliche« Dauer einer Schwangerschaft von 266 Tagen maßgeblich sein soll, in Kauf nehme, dass Arbeitsverhältnisse von schwangeren Arbeitnehmerinnen, bei denen die Konzeption bereits zu einem vor dem 266. Tag liegenden Zeitpunkt erfolgt sei, nicht vom Kündigungsverbot erfasst würden. Das wäre mit dem von der Mutterschutzrichtlinie gewollten und nach der Rechtsprechung des EuGH gebotenen **umfassenden Schutz von schwangeren Arbeitnehmerinnen** nicht zu vereinbaren. Das BAG hat in der Entscheidung vom 24.11.2022 (– 2 AZR 11/22, Rn. 25) außerdem den sich aus **Art. 6 Abs. 4 GG ergebenden bindenden Schutzauftrag an den Gesetzgeber** (vgl. dazu auch oben Rn. 6) betont. Der danach gebotene besondere Schutz werdender Mütter werde nur durch eine generalisierende Betrachtungsweise mit größtmöglichem Umfang des Kündigungsverbots erreicht. Nur so sei sichergestellt, dass **ausnahmslos jeder schwangeren Arbeitnehmerin** das Kündigungsverbot zugutekomme. Die Erstreckung des Kündigungsverbots auf einen Zeitraum von 280 Tagen vor dem mutmaßlichen Tag der Entbindung – statt der von der Gegenansicht angenommenen 266 Tage – werde im Übrigen nur eine geringe Zahl in diesem Zeitfenster gekündigter Arbeitnehmerinnen betreffen. Ein möglicher Eingriff in das Grundrecht des Arbeitgebers aus Art. 12 Abs. 1 GG wiege daher nicht so schwer, dass demgegenüber der verfassungsrechtlich gewährte Schutz der werdenden Mutter zurücktreten muss. Das BAG hat außerdem betont, dass, soweit der deutsche Kündigungsschutz nach § 17 Abs. 1 Nr. 1 über das Schutzniveau der Mutterschutzrichtlinie hinausgehen sollte, dies unionsrechtlich zulässig wäre, weil die Mutterschutzrichtlinie lediglich Mindestvorschriften enthalte, die es nicht ausschließen würden, dass die Mitgliedsstaaten schwangeren Arbeitnehmerinnen, Wöchnerinnen oder stillenden Arbeitnehmerinnen einen weitergehenden Schutz gewähren.

Das BAG hat schließlich klargestellt, dass es bei der Berechnung des Beginns des Kündigungsverbots keinen Anscheinsbeweis zugunsten der Arbeitnehmerin heranziehe. Die schwangere Arbeitnehmerin treffe vielmehr die **Darlegungs- und Beweislast** für das Bestehen einer Schwangerschaft und den voraussichtlichen Entbindungstermin, die regelmäßig mit einer ärztlichen Bescheinigung erfüllt werde und Ausgangspunkt für die dann durchzuführende Berechnung sei. Der Arbeitgeber habe die Möglichkeit den Beweiswert zu erschüttern, indem er Umstände darlege und beweise, aufgrund derer es wissenschaftlich gesicherter Erkenntnis widerspräche, vom Beginn der Schwangerschaft vor Kündigungszugang auszugehen. Dann müsse die Arbeitnehmerin weiteren Beweis führen und ggf. ihren Arzt von der Schweigepflicht entbinden. Die vom BAG angewendete Berechnungsmethode zur Bestimmung des Beginns des Kündigungsverbots wegen Schwangerschaft habe daher auch nichts mit einer »Vermutung« oder »Fiktion« zu tun. (vgl. BAG vom 24.11.2022 – 2 AZR 11/22, Rn. 27 f und zu § 9 a.F. BAG vom 26.3.2015 EzA § 9 n.F. MuSchG Nr. 42, Rn. 17).

23 Zwar ist die Rechtsprechung des BAG nicht überzeugend. Was den der Ermittlung des Schwangerschaftsbeginns zu Grunde zu legenden **Entbindungstermin** anbelangt, ist dem BAG noch darin beizupflichten, dass dem ärztlich festgestellten voraussichtlichen Entbindungstermin im Regelfall maßgebliche Bedeutung beizumessen ist, weil sich ein zuverlässiger und rechtssicherer Kündigungsschutz für Schwangere nur erreichen lässt, wenn der Kenntnisstand der Beteiligten während der Schwangerschaft zu Grunde gelegt wird und zur Bestimmung des Beginns des Kündigungsschutzes nicht erst die

tatsächliche Entbindung abgewartet werden muss (KR/Gallner § 17 MuSchG, Rn. 95). Der aufgrund des ärztlichen Zeugnisses durch Rückrechnung festzustellende und dem Kündigungsverbot zu Grunde zu legende Beginn der Schwangerschaft kann sich daher nicht nachträglich ändern, weil sich der tatsächliche Entbindungstermin nach hinten oder nach vorne verschoben hat (Buchner/Becker 8. Aufl. § 9 MuSchG, Rn. 11 zu § 9 a.F.). Steht der tatsächliche Schwangerschaftsbeginn aber bereits während der Schwangerschaft fest, so ist für eine Wahrscheinlichkeitsberechnung kein Raum und es ist auch aus Gründen der Rechtssicherheit nicht geboten, von einem bekanntermaßen falschen Schwangerschaftsbeginn auszugehen (Schöllmann in HK-MuSchG 6. Aufl. § 17 MuSchG Rn. 36; KR/Gallner § 17 MuSchG, Rn. 95; vgl. zu § 9 a.F. LAG Niedersachsen vom 12.5.1997 LAGE § 9 MuSchG Nr. 23). Was den **Rückrechnungszeitraum** anbelangt, führt die vom BAG vorgenommene Rückrechnung um 280 Tage dazu, dass der Schwangerschaftsbeginn auf den ersten Tag der letzten Regelblutung und damit auf einen Zeitpunkt vorverlegt wird, zu dem das Bestehen einer Schwangerschaft mit an Sicherheit grenzender Wahrscheinlichkeit ausgeschlossen ist (Schöllmann in HK-MuSchG 6. Aufl. § 17 MuSchG Rn. 36; KR/Gallner § 17 MuSchG, Rn. 96; APS/Rolfs 7. Aufl. § 17 MuSchG, Rn. 63). Es entspricht gesicherter medizinischer Erkenntnis, dass die **tatsächliche Schwangerschaftsdauer** nicht post menstruationem, sondern **post conceptionem**, d.h. beginnend mit der Konzeption zu bestimmen ist, wonach die Schwangerschaft 263 bis 273 Tage, durchschnittlich 266 Tage bzw. 38 Wochen, dauert (vgl. Pschyrembel Klinisches Wörterbuch zum Stichwort »Schwangerschaftsdauer«). Die Ausdehnung des Kündigungsschutzes, der das tatsächliche Bestehen einer Schwangerschaft voraussetzt, auf den Zeitpunkt des ersten Tages der letzten Menstruation, zu dem eine Schwangerschaft praktisch ausgeschlossen ist, ist nicht gerechtfertigt. Macht die Frau geltend, zu einem vom (ärztlich bescheinigten voraussichtlichen) Entbindungstermin länger als 266 Tage zurückliegenden Zeitpunkt, zu dem die Kündigung zugegangen ist, bereits schwanger gewesen zu sein, ist sie gehalten, den Beweis hierfür zu führen. Dabei kommen mehrere Möglichkeiten der Beweisführung in Betracht (z.B. Ultraschalluntersuchung durch einen Sachverständigen oder das sachverständige Zeugnis eines Arztes, eigene Aufzeichnungen, Zeugnis des Vaters; vgl. KR/Gallner § 17 MuSchG, Rn. 96). Insoweit ist auch zu berücksichtigen, dass der Frau hinsichtlich der beweiserheblichen Umstände naturgemäß eine größere Sachnähe zukommt und ihr die in Betracht kommenden Beweismittel eher zur Verfügung stehen, als dem Arbeitgeber. Dieser ist aber nach der Rechtsprechung des BAG gezwungen, Umstände darzulegen und ggf. zu beweisen, aufgrund derer es wissenschaftlich gesicherter Erkenntnis widerspräche, vom (eigentlich unwahrscheinlichen) Beginn der Schwangerschaft vor Kündigungszugang auszugehen, wenn diese mehr als 266 und sogar bis zu 280 Tage vor dem voraussichtlichen Entbindungstermin zugegangen ist. Die Rückrechnung um 280 Tage ist schließlich nicht deshalb geboten, weil nach den unionsrechtlichen Vorgaben von dem frühestmöglichen Zeitpunkt des Vorliegens einer Schwangerschaft auszugehen ist, um die Sicherheit und den Schutz jeder schwangeren Arbeitnehmerin zu gewährleisten (vgl. zu den unionsrechtlichen Vorgaben EuGH vom 26.2.2008 [Mayr] EG-Vertrag 1999 Richtlinie 92/85 Nr. 3 sowie BAG vom 26.3.2015 EzA § 9 n.F. MuSchG Nr. 42, Rn. 23). Bei der Rückrechnung um 280 Tage geht das

BAG nicht vom frühestmöglichen Zeitpunkt des Vorliegens einer Schwangerschaft aus, sondern von einem praktisch unmöglichen Zeitpunkt.

Allerdings ist zu berücksichtigen, dass der Gesetzgeber die **umfassende Reform des Mutterschutzrechts** im Rahmen des Gesetzes zur Neuregelung des Mutterschutzrechts vom 23. Mai 2017 (BGBl. I, 1228) **nicht zum Anlass genommen** hat, von der Rechtsprechung des BAG abzuweichen, so wie er es z.B. im Hinblick auf die höchstrichterliche Rechtsprechung zum Kündigungsschutz bei einer Fehlgeburt getan hat (vgl. § 17 Abs. 1 Satz 1 Nr. 2 sowie dazu die Begründung des Regierungsentwurfs zur inhaltsgleichen Entwurfsfassung des § 16 Abs. 1 Satz 1 Nr. 3, BT-Drucks. 18/8963, S. 87 f und hier Rdn. 27). Da man unterstellen kann, dass dem Gesetzgeber die ständige, seit Jahrzehnten gefestigte Rechtsprechung des BAG zur Ermittlung des Schwangerschaftsbeginns beim mutterschutzrechtlichen Kündigungsverbots bekannt war und er im Rahmen der umfassenden Reform des MuSchG von ihr nicht Abstand genommen hat, ist davon auszugehen, dass er die Rechtsprechung billigt und sie somit seinem Willen entspricht. Vor diesem Hintergrund dürfte für eine abweichende Auslegung kaum noch Raum sein (vgl. auch BAG vom 24.11.2022, – 2 AZR 11/22, Rn. 29).

24 Endet die **Schwangerschaft ohne Entbindung**, dann endet der Kündigungsschutz grundsätzlich mit Beendigung der Schwangerschaft (ErfK/Schlachter § 17 MuSchG Rn. 3). Das ist der Fall, wenn nach der Konzeption die **Nidation** (Einnistung) **ausbleibt** (vgl. zu § 9 a.F.: BAG vom 26.3.2015 EzA § 9 n.F. MuSchG Nr. 42, Rn. 26 mit dem Hinweis darauf, dass bei der natürlichen Schwangerschaft die nicht zur Nidation führende Konzeption oft unbemerkt bleiben wird). Im Fall einer **Fehlgeburt** bestand der Kündigungsschutz nach der bisherigen Rechtsprechung des BAG zu § 9 Abs. 1 Satz 1 BGB a.F. (nur) bis zur Trennung der abgestorbenen Leibesfrucht vom Mutterleib (vgl. BAG vom 12.12.2013 EzA § 15 AGG Nr. 24, Rn. 28; vom 16.2.1973, AP Nr. 2 zu § 9 MuSchG 1968 m. abl. Anm. v.E. Wolf, abl. auch Schwerdtner JZ 1974, 476, 480 f.; vgl. auch APS/Rolfs 5. Aufl. § 9 MuSchG 1968, Rn. 31 f.) Dies gilt allerdings nach der seit 30.5.2017 gültigen Fassung des § 9 Abs. 1 Satz 1 und der ab 1.1.2018 gültigen Fassung des § 17 Abs. 1 Satz 1 Nr. 2 nicht mehr bei einer **Fehlgeburt**, wenn diese **nach der zwölften Schwangerschaftswoche** erfolgt (vgl. Rn. 27 ff.).

Nach der Rechtsprechung des BAG (vom 13.11.2001 EzA § 9 MuSchG n.F. Nr. 36 und vom 18.1.2000 EzA § 615 BGB Nr. 98) ist eine Frau, die dem Arbeitgeber das Bestehen der Schwangerschaft mitgeteilt hat, verpflichtet, dem Arbeitgeber **unverzüglich mitzuteilen**, wenn die Schwangerschaft und damit das Kündigungsverbot – etwa durch eine Fehlgeburt – vorzeitig geendet hat. Diese Unterrichtungspflicht besteht auch dann, wenn der Arbeitgeber das Arbeitsverhältnis zuvor fristlos gekündigt hat und die Frau ihm innerhalb der Nachfrist des § 9 Abs. 1 Satz 1 a.F. (nunmehr § 17 Abs. 1 Satz 1) ihre Schwangerschaft bekannt gemacht hat, durch den Arbeitgeber jedoch nicht weiterbeschäftigt wurde, sodass dieser in Annahmeverzug geraten ist (vgl. BAG vom 13.11.2001 EzA § 9 MuSchG n.F. Nr. 36). Die schuldhafte Verletzung dieser Unterrichtungspflicht begründet nach Ansicht des BAG Ansprüche des Arbeitgebers auf **Schadenersatz**. Der dem Arbeitgeber zu ersetzende Schaden umfasst danach allerdings nicht das Entgelt, dass der Arbeitgeber der Arbeitnehmerin aufgrund des eingetretenen Annahmeverzugs schuldet. Die Arbeitnehmerin handelt auch nicht rechtsmissbräuchlich, wenn sie im Fall der Verletzung ihrer Unterrichtungspflicht die ihr aufgrund des Annahmeverzugs zustehenden Entgeltansprüche verfolgt (BAG vom 13.11.2001 EzA § 9 MuSchG n.F. Nr. 36 und vom 18.1.2000 EzA § 615 BGB Nr. 98). Auch insoweit ist nunmehr zu berücksichtigen, dass bei einer Fehlgeburt nach der zwölften Schwangerschaftswoche nach der seit 30.5.2017 gültigen Fassung des § 9 Abs. 1 Satz 1 und der ab 1.1.2018 gültigen Fassung des § 17 Abs. 1 Satz 1 Nr. 2 der Kündigungsschutz nicht mehr entfällt, sondern bis zum Ablauf von vier Monaten fortbesteht.

bb) Dauer des Kündigungsverbots bei künstlicher Befruchtung

Bei einer **künstlichen Befruchtung** liegt die den Kündigungsschutz auslösende Schwan- 25
gerschaft mit dem **Zeitpunkt des Embryonentransfers** (Einsetzung der befruchteten Eizelle in die Gebärmutter) vor und nicht schon dann, wenn die Eizelle außerhalb des Körpers der Frau befruchtet wird (KR/Gallner § 17 MuSchG, Rn. 48; APS/Rolfs 7. Aufl. § 17 MuSchG Rn. 39; vgl. zu § 9 a.F.: BAG vom 26.3.2015 EzA § 9 n.F. MuSchG Nr. 42, Rn. 20; vgl. auch EuGH vom 26.2.2008 [Mayr] EzA EG-Vertrag 1999 Richtlinie 92/85 Nr. 3). Diese Sichtweise ist schon aus Gründen der Rechtssicherheit gerechtfertigt: Da das »Einfrieren« befruchteter Eizellen (sog. Kryokonservierung) durch das Gesetz zum Schutz von Embryonen (Embryonenschutzgesetz vom 13. Dezember 1990, BGBl. I S. 2746, zuletzt geändert am 21. November 2011, BGBl. I S. 2228) zeitlich nicht begrenzt wird, könnte sich eine Arbeitnehmerin andernfalls unter Umständen mehrere Jahre auf den besonderen Kündigungsschutz berufen (BAG vom 26.3.2015 EzA § 9 n.F. MuSchG Nr. 42, Rn. 20 zu § 9 a.F.). Da eine Schwangerschaft aufgrund einer In-vitro-Fertilisation keinesfalls vor dem Embryonentransfer beginnen kann, **verbietet sich eine Rückrechnung um 280 Tage** vom mutmaßlichen Geburtstermin. Damit würden – weil der erste Tag der letzten Menstruation notwendig früher liegen muss – auch Zeiten vor dem Transfer einbezogen, ohne dass es nötig wäre, auf diese Weise der Gefahr vorzubeugen, eine tatsächlich schon schwangere Frau vom besonderen Kündigungsschutz auszuschließen (BAG vom 26.3.2015 EzA § 9 n.F. MuSchG Nr. 42, Rn. 21 zu § 9 a.F.). Nach der zutreffenden Rechtsprechung des BAG ist für den Beginn des Kündigungsschutzes bei künstlicher Befruchtung nicht erforderlich, dass es bereits zur Einnistung der Eizelle in der Gebärmutter (**Nidation**) gekommen ist (vgl. zu § 9 a.F.: BAG vom 26.3.2015 EzA § 9 n.F. MuSchG Nr. 42, Rn. 22 = AP MuSchG 1968 § 9 Nr. 39 mit zustimmender Anm. Wolmerath = NZA-RR 2015, 474 mit zustimmender Anm. Glatzl; zustimmend auch KR/Gallner § 17 MuSchG, Rn. 48; APS/Rolfs 7. Aufl. § 17 MuSchG Rn. 39; Brose NZA 2016, 604, 605 m.w.N.). Das BAG führt in seiner Entscheidung vom 26.3.2015 (EzA § 9 n.F. MuSchG Nr. 42, Rn. 23) – unter Hinweis auf die Entscheidung des EuGH vom 26.2.2008 in der Sache Mayr (EG-Vertrag 1999 Richtlinie 92/85 Nr. 3) – zutreffend aus, dass nach den unionsrechtlichen Vorgaben von dem frühestmöglichen Zeitpunkt des Vorliegens einer Schwangerschaft auszugehen ist, um die Sicherheit und den Schutz jeder schwangeren Arbeitnehmerin zu gewährleisten. Das ist der Zeitpunkt der Verbin-

dung einer befruchteten Eizelle mit dem Organismus der werdenden Mutter durch den Embryonentransfer. Spätestens damit ist ein Zustand erreicht, der demjenigen nach der natürlichen Befruchtung entspricht. Auch bei der natürlichen Empfängnis beginnt die Schwangerschaft mit der Konzeption, nicht erst mit der Nidation. Im Übrigen lässt sich der Zeitpunkt des Transfers – anders als der der Nidation – problemlos feststellen, weshalb auch der Gesichtspunkt der Rechtssicherheit dafürspricht, auf diesen Zeitpunkt abzustellen.

26 Ausdrücklich offengelassen hat das BAG in der Entscheidung vom 26.3.2015 (EzA § 9 n.F. MuSchG Nr. 42, Rn. 26), welche Folgen das **Ausbleiben der Nidation** bei einer künstlichen Befruchtung hat, d.h. ob durch den Embryonentransfer der Beginn des besonderen Kündigungsschutzes lediglich für den Fall bestimmt wird, dass es in der Folge zu einer Nidation kommt, oder ob der besondere Kündigungsschutz mit der Einsetzung einer befruchteten Eizelle in die Gebärmutter »unbedingt«, also in jedem Fall, einsetzt und – ohne Nachwirkung – wieder endet, wenn eine Einnistung ausbleibt. Es hat allerdings angedeutet, dass die letztgenannte Sichtweise unionsrechtlich nach Art. 10 Nr. 1 der Richtlinie 92/85/EWG geboten sein könnte, dass sie der Rechtslage bei natürlicher Schwangerschaft entspreche und dass sie den Grundsatz verwirkliche, dass die Wirksamkeit eines Rechtsgeschäfts zum Zeitpunkt seiner Vornahme feststehen soll (wobei es allerdings betont, dass dieser Grundsatz in § 9 Abs. 1 Satz 1 a.F. – künftig § 17 Abs. 1 Satz 1 und Satz 2 – durchbrochen werde, indem eine ohne Kenntnis von der Schwangerschaft erklärte Kündigung unwirksam werde, wenn die Arbeitnehmerin dem Arbeitgeber fristgerecht entsprechende Mitteilung mache). In der Tat ist es vorzugswürdig, von einem **unbedingten Kündigungsschutz** auszugehen, der endet, wenn die Einnistung ausbleibt (so auch Brose/Weth/Volk/Volk MuSchG § 17 Rn. 18; Schöllmann in HK-MuSchG 6. Aufl. § 17 MuSchG Rn. 33; Brose NZA 2016, 604, 605). Es ist kein Grund ersichtlich, warum man den Fall der künstlichen Befruchtung bei Ausbleiben der Nidation anders behandeln soll, als den der natürlichen Empfängnis (Brose NZA 2016, 604, 605; Wolmerath Anm. zu BAG AP MuSchG 1968 § 9 Nr. 39). Brose (NZA 2016, 604, 605) weist zu Recht darauf hin, dass nicht ersichtlich ist, warum der Zeitpunkt zwischen Embryonentransfer und (ausbleibender) Nidation im Nachhinein weniger schützenswert sein sollte und dass der besondere Kündigungsschutz dem Gesundheitsschutz dient, ohne dass eine »Erfolgsgarantie« gefordert werden könne (in diesem Sinne auch Brose/Weth/Volk/Volk MuSchG § 17 Rn. 18)

27 Das BAG hat in der Entscheidung vom 26.3.2015 (EzA § 9 n.F. MuSchG Nr. 42, Rn. 31 ff.) außerdem klargestellt, dass eine **Kündigung**, die **wegen einer beabsichtigten Durchführung einer In-vitro-Fertilisation** und der damit einhergehenden Möglichkeit der Schwangerschaft erklärt wird, außerhalb des Anwendungsbereichs des KSchG als unmittelbare **geschlechtsbezogene Diskriminierung** i.S.d. §§ 1, 3 Abs. 1 Satz 2 AGG nach § 7 Abs. 1 AGG i.V.m. § 134 BGB nichtig ist. Dies liegt auf der Linie der Rechtsprechung des EuGH, der in der Sache Mayr (EG-Vertrag 1999 Richtlinie 92/85 Nr. 3) erkannt hat, dass Art. 2 Abs. 1 und Art. 5 Abs. 1 der Gleichbehandlungs-Richtlinie 76/207/EWG vom 9.2.1976 (insoweit mittlerweile abgelöst durch die Richtlinie 2006/54/EG vom 5.7.2006) der Kündigung einer Arbeitnehmerin entgegen stehen, die in einem vorgerückten Behandlungsstadium einer In-vitro-Fertilisa-

tion befindet, nämlich zwischen der Follikelpunktion und der sofortigen Einsetzung der in vitro befruchteten Eizellen in ihre Gebärmutter, sofern nachgewiesen ist, dass die Tatsache, dass sich die Betreffende einer solchen Behandlung unterzogen hat, der hauptsächliche Grund für die Kündigung ist (vgl. auch KR/Gallner § 17 MuSchG, Rn. 48). Findet das KSchG Anwendung, dann ist eine solche Kündigung in aller Regel wegen »Sozialwidrigkeit« i.S.d. § 1 Abs. 2 unwirksam (vgl. § 1 Abs. 1 KSchG), weil die Diskriminierungsverbote des AGG nach der Rechtsprechung des BAG – trotz der Regelung des § 2 Abs. 4 AGG – im Rahmen der Prüfung der sozialen Rechtfertigung zu beachten sind (vgl. grundlegend BAG vom 6.11.2008 EzA § 1 KSchG Soziale Auswahl Nr. 82, Rn. 27 ff.; ferner vom 15.12.2011 EzA § 1 KSchG Soziale Auswahl Nr. 84, Rn. 47 ff.).

b) Fehlgeburt nach der 12. Schwangerschaftswoche

Durch das am 29.5.2017 verkündete Gesetz zur Neuregelung des Mutterschutzrechts 28
vom 23. Mai 2017 (BGBl. I, 1228) neu eingeführt wurde der Kündigungsschutz »bis zum Ablauf von vier Monaten nach einer Fehlgeburt nach der zwölften Schwangerschaftswoche«. Gem. Art. 1 wird dieser Tatbestand künftig in § 17 Abs. 1 Satz 1 Nr. 2 geregelt, der gem. Art. 10 Abs. 1 Satz 1 zum 1.1.2018 in Kraft getreten ist. Trotzdem gilt dieser Tatbestand **bereits seit dem 30.5.2017**: Der bis 31.12.2017 geltende § 9 Abs. 1 Satz 1 a.F. wurde durch Art. 8 Nr. 2a) des Gesetzes zur Neuregelung des Mutterschutzrechts vom 23. Mai 2017 (BGBl. I, 1228), der gem. Art. 10 Abs. 1 Satz 2 am Tag nach der Verkündung in Kraft trat, um die entsprechende Regelung ergänzt.

Mit der Regelung nimmt der Gesetzgeber unter ausdrücklichen Hinweis auf die Entscheidung des BAG vom 15.12.2005, 2 AZR 462/04, NZA 2006, 994 (= EzA § 9 n.F. MuSchG Nr. 41) eine **bewusste Abkehr von der höchstrichterlichen Rechtsprechung** vor, wonach zur Auslegung des Begriffs »Entbindung« auf die Abgrenzung von Fehl- und Totgeburten in der PStV verwiesen wird (vgl. die Begründung des Regierungsentwurfs zur inhaltsgleichen Entwurfsfassung des § 16 Abs. 1 Satz 1 Nr. 3, BT-Drucks. 18/8963, S. 87/88). Diese Rechtsprechung hatte zur Folge, dass bei einer **Fehlgeburt**, die vorliegt, wenn die tot geborene Leibesfrucht ein geringeres Körpergewicht als 500g aufweist, von keiner Entbindung i.S.d. § 9 Abs. 1 a.F. auszugehen war, sodass bei einer Fehlgeburt der Schutz vor Kündigungen nur bis zum Zeitpunkt der Trennung der Leibesfrucht vom Mutterleib bestand (vgl. zu § 9 a.F. auch BAG vom 12.12.2013 § 15 AGG Nr. 23, Rn. 28; KR/Gallner § 17 MuSchG, Rn. 50) Nach der Begründung des Regierungsentwurfs ist dies »*aus medizinischer Sicht und nach der Intention des MuSchG nicht sachgerecht, da auch Frauen nach einer Fehlgeburt unabhängig von der Gewichtsgrenze des Kindes von 500 Gramm einer besonderen Belastungssituation ausgesetzt sind*« (BT-Drucks. 18/8963, S. 87; die bisherige Rechtsprechung ablehnend auch E. Wolf Anm. zu BAG vom 16.2.1973, AP Nr. 2 zu § 9 MuSchG 1968; Schwerdtner JZ 1974, 476, 480 f.).

Von einer **Fehlgeburt i.S.d. § 17 Abs. 1 Satz 1 Nr. 2** ist nach der Begriffsbestimmung 29
in **§ 31 Abs. 1, Abs. 3, Satz 1 PStV** auszugehen, wenn das Gewicht der Leibesfrucht

bei der Geburt weniger als 500 Gramm beträgt und nach der Scheidung vom Mutterleib weder das Herz geschlagen noch die Nabelschnur pulsiert oder die natürliche Lungenatmung eingesetzt hat (vgl. auch KR/Gallner § 17 MuSchG, Rn. 50). Die Fehlgeburt nach Nr. 2 ist von einer **Totgeburt** i.S.d. § 31 Abs. 2 PStV abzugrenzen, die unter Nr. 3 zu subsumieren ist (BeckOK ArbR/Dahm MuSchG § 17 Rn. 18; vgl. dazu Rn. 30). Zur Frage, ob ein **Schwangerschaftsabbruch** zu einer Fehlgeburt i.S.d. § 17 Abs. 1 Satz Nr. 2 führen kann, vgl. unten Rdn. 32.

Die Fehlgeburt muss **nach der zwölften Schwangerschaftswoche** erfolgt sein. Mit der Stichtagsregelung nach der zwölften Schwangerschaftswoche will der Gesetzgeber dem Umstand Rechnung getragen, dass im Allgemeinen die Schwangerschaft der Frau aus **psychologischer Sicht** danach als »sicher« bewertet werde und sich die Bindung der Mutter zu ihrem ungeborenen Kind ab diesem Zeitraum besonders intensiviert (vgl. die Begründung des Regierungsentwurfs zur inhaltsgleichen Entwurfsfassung des § 16 Abs. 1 Satz 1 Nr. 3, BT-Drucks. 18/8963, S. 88). Die **Schutzfrist** beträgt in diesem Fall **vier Monate** nach der Fehlgeburt nach der zwölften Schwangerschaftswoche. Anders als bei der Schutzfrist i.S.d. Nr. 3 handelt es sich um feste Frist und nicht um eine Mindestfrist.

Es stellt sich in diesem Zusammenhang erneut die Frage, ob die **Berechnung der Schwangerschaftswochen** – entsprechend der BAG-Rechtsprechung zur Ermittlung des Beginns der Schwangerschaft (vgl. dazu Rdn. 20 ff.) – post menstruationem, d.h. ausgehend vom ersten Tag der letzten Regelblutung oder post conceptionem, d.h. ausgehend vom Tag der Konzeption zu ermitteln ist. Vor dem Hintergrund, dass der Gesetzgeber die Stichtagsregelung bewusst deshalb gewählt hat, weil die Schwangerschaft nach der zwölften Schwangerschaftswoche von der Frau aus psychologischer Sicht als »sicher« bewertet werde, ist richtigerweise von der Berechnung **post menstruationem** auszugehen, weil die Schwangerschaftswochen in der ärztlichen und klinischen Praxis üblicherweise nach dieser Methode berechnet werden, sodass sich die psychologische Verfassung der Frau daran ausrichten wird. Legt man demnach die Rechtsprechung des BAG zur Ermittlung des Schwangerschaftsbeginns zu Grunde, wonach der Schwangerschaftsbeginn ermittelt wird, in dem vom dem ärztlich oder von einer Hebamme festgestellten voraussichtlichen Tag der Entbindung 280 Tage zurückgerechnet werden, wobei der voraussichtliche Tag der Entbindung nicht mitgezählt wird (vgl. Rdn. 20 f.), dann endet die 12. Schwangerschaftswoche am 197. Tag vor dem Tag der voraussichtlichen Entbindung (ausgehend vom Vortag des nicht mitzuzählenden voraussichtlichen Entbindungstags sind 280 Tage zurückzurechnen und 12 Wochen bzw. 84 Tage hinzuzuaddieren, sodass vom Vortag der voraussichtlichen Entbindung 196 Tage zurückzurechnen sind bzw. vom voraussichtlichen Entbindungstag 197 Tage). Der Kündigungsschutz tritt bei einer Fehlgeburt (erst) »nach« der zwölften Schwangerschaftswoche ein, weshalb bei der **Berechnung der Schutzfrist** vom ersten Tag der 13. Woche bzw. vom 196. Tag vor dem errechneten Geburtstermin auszugehen ist. Da die Schutzfrist gem. **§§ 187 Abs. 1, 188 Abs. 2 und 3 BGB** berechnet wird (Schöllmann in HK-MuSchG 6. Aufl. § 17 MuSchG Rn. 41) **beginnt** sie somit gem. § 187 Abs. 1 BGB mit Beginn des Tages, der dem 196. Tag vor dem errechneten Geburtstermin folgt, d.h. der Kündigungsschutz beginnt im Fall einer Fehlgeburt am **195. Tag vor dem voraussichtlichen Entbindungstermin** und **endet** gem. § 188 Abs. 2 BGB mit dem Ablauf des Tages, der unter Hinzurechnung von vier Monaten durch seine Benennung dem Tag der Entbindung entspricht (vgl. auch Brose/Weth/Volk/Volk MuSchG § 17 Rn. 31; APS/Rolfs 7. Aufl. § 17 MuSchG Rn. 41). Unbeachtlich ist, ob der letzte Tag auf einen Sonn-, Feier- oder Samstag fällt, weil § 193 BGB nicht einschlägig ist (Schöllmann in HK-MuSchG 6. Aufl. § 17 MuSchG Rn. 41). Ist **beispielsweise** der voraussichtliche Entbindungstag der 31.12, dann beginnt die Schutzfrist am 19.6. Erleidet die Betroffene am 31.7 eine Fehlgeburt, so dauert der Kündigungsschutz bis 30.11 (vgl. § 188 Abs. 3 BGB).

Bei **Fehlgeburten bis zum Ablauf der 12. Schwangerschaftswoche** (196. Tag vor dem errechneten Geburtstermin) endet dagegen – wie bisher – der infolge der Schwangerschaft zunächst bestehende Kündigungsschutz mit der Fehlgeburt, d.h. mit der Trennung der Leibesfrucht vom Mutterleib (KR/Gallner § 17 MuSchG Rn. 50). Ein Abgrenzungsproblem zwischen Fehl- und Totgeburt stellt sich in diesem frühen Stadium der Schwangerschaft noch nicht. Der Fötus wiegt normalerweise nicht mehr als 20 Gramm und damit deutlich unter der sich aus § 31 Abs. 3 Satz 1 PStV für eine Totgeburt ergebenden Grenze von 500 Gramm (APS/Rolfs 7. Aufl. § 17 MuSchG Rn. 42; Schöllmann in HK-MuSchG 6. Aufl. § 17 MuSchG Rn. 39). 30

c) Entbindung

Der Begriff der »Entbindung« ist seit Inkrafttreten des Mutterschutzanpassungsgesetzes (BGBl. 2025 I Nr. 59) am 1.6.2025 in **§ 2 Abs. 6** definiert als »**Lebend- oder Totgeburt**«. Dies entspricht dem herkömmlichen Begriffsverständnis (vgl. etwa BAG vom 12.12.2013 EzA § 15 AGG Nr. 24, Rn.28; vgl auch die Gesetzesbegründung BT-Drucks. 20/14231 S. 8 f. u 11). Eine Entbindung liegt daher auch bei einer Frühgeburt vor (Schöllmann in HK-MuSchG 6. Aufl. § 17 MuSchG Rn. 38; KR-Gallner § 17 MuSchG, Rn. 50; vgl. auch BT-Drucks. 20/14231, S. 8 u. 11). Um eine **Frühgeburt** handelt es sich, wenn das Kind, bei Mehrlingsgeburten das Schwerste der Kinder, ein Geburtsgewicht von weniger als 2500 Gramm hat (vgl. BAG vom 12.3.1997 EzA § 6 MuSchG Nr. 1; ErfK/Schlachter § 3 MuSchG Rn. 9). Eine **Totgeburt** liegt vor, wenn das Gewicht der Leibesfrucht mindestens 500 Gramm betragen hat (vgl. § 31 Abs. 2 PStV; vgl. auch Schöllmann in HK-MuSchG 6. Aufl. § 17 MuSchG Rn. 38; KR-Gallner § 17 MuSchG, Rn. 50; vgl. zu § 9 a.F.: BAG vom 12.12.2013 EzA § 15 AGG Nr. 24, Rn.28) (Schöllmann in HK-MuSchG 6. Aufl. § 17 MuSchG Rn. 38; KR-Gallner § 17 MuSchG, Rn. 50; vgl. zu § 9 a.F.: BAG vom 12.12.2013 EzA § 15 AGG Nr. 24, Rn. 28). Von der Totgeburt zu unterscheiden ist die **Fehlgeburt**. Sie liegt nach § 31 Abs. 3 PStV vor, wenn das Gewicht der Leibesfrucht weniger als 500 Gramm beträgt. Die Fehlgeburt stellte nach der Rechtsprechung des BAG zu § 9 Abs. 1 a.F. keine Entbindung dar, sodass der Kündigungsschutz in diesen Fällen nur bis zur Trennung der Leibesfrucht vom Mutterleib bestand (vgl. BAG vom 12.12.2013 EzA § 15 AGG Nr. 24, Rn. 28; vom 16.2.1973, AP Nr. 2 zu § 9 MuSchG 1968 m. abl. Anm. v.E. Wolf; abl. auch Schwerdtner JZ 1974, 476, 480 f.; vgl. auch APS/Rolfs 5. Aufl. § 9 MuSchG 1968, Rn. 31 f). Als Reaktion auf diese Rechtsprechung hat der Gesetzgeber den Kündigungsschutz erweitert. § 9 31

Abs. 1 Satz 1 in der von 30.5.2017 bis 31.12.2017 geltenden Fassung und § 17 Abs. 1 Satz 1 Nr. 2 in der seit 1.1.2018 geltenden Fassung sehen nun ausdrücklich bei einer Fehlgeburt nach der zwölften Schwangerschaftswoche einen Kündigungsschutz bis zum Ablauf von vier Monaten vor (vgl. Rdn. 27 ff.). Damit steht aber auch fest, dass eine Fehlgeburt (unabhängig von ihrem Zeitpunkt) keine Entbindung i.S.d. § 17 Abs. 1 Satz 1 Nr. 3 ist (vgl. auch KR/Gallner § 17 MuSchG Rn. 50). **Stirbt das Kind** nach der Entbindung oder wird es zur **Adoption** freigegeben, bleibt der mutterschutzrechtliche Kündigungsschutz bestehen (KR/Gallner § 17 MuSchG Rn. 51; Schöllmann in HK-MuSchG 6. Aufl. § 17 MuSchG Rn. 38).

32 Im Fall eines **Schwangerschaftsabbruchs** hat das BAG das Vorliegen einer Entbindung bejaht, wenn sich das Kind schon bis zu einem Stadium entwickelt hatte, in dem es zu einem selbstständigen Leben – wenn auch nur kurz – grundsätzlich fähig war (vgl. zu § 9 a.F. BAG vom 12.12.2013 EzA § 15 AGG Nr. 24, Rn. 28; vgl. auch BAG vom 15.12.2005 EzA § 9 MuSchG n.F. Nr. 41, wo entscheidend darauf abgestellt wird, ob beim Schwangerschaftsabbruch die Voraussetzungen des § 29 Abs. 2 PStV a.F. – jetzt § 31 Abs. 2 PStV n.F. -vorliegen). Dem ist zu zustimmen, soweit der Schwangerschaftsabbruch die bloße Beendigung der Schwangerschaft zu einem früheren als dem voraussichtlichen Entbindungstermin zum Ziel hat, ohne das Leben der Leibesfrucht beeinträchtigen zu wollen (z.B. bei Lebensgefahr der Mutter) bzw. um sie sogar zu retten (vgl. BAG vom 15.12.2005 EzA § 9 MuSchG n.F. Nr. 41, Rn. 30). In diesem Fall liegt eine Entbindung vor, wenn die Voraussetzungen des § 31 Abs. 2 PStV gegeben sind (ebenso Schöllmann in HK-MuSchG 6. Aufl. § 17 MuSchG Rn. 40; KR-Gallner § 17 MuSchG, Rn. 51; HaKo-KSchR/Böhm 7. Aufl. § 17 MuSchG Rn. 8) Ist der Schwangerschaftsabbruch – wie bei einer **Abtreibung** – allerdings von vornherein gezielt auf die Tötung der Leibesfrucht ausgerichtet, liegt keine Entbindung vor, weil diese – auch wenn sie ggf. künstlich eingeleitet wird – stets darauf gerichtet ist, eine Geburt herbeizuführen (APS/Rolfs 7. Aufl. § 17 MuSchG Rn. 44; Brose/Weth/Volk/Volk MuSchG § 17 Rn. 36). Im Hinblick auf den nun in das Gesetz aufgenommenen Kündigungsschutz des § 17 Abs. 1 S. 1 Nr. 2 MuSchG bei **Fehlgeburten nach der zwölften Schwangerschaftswoche** stellt sich die Frage des mutterschutzrechtlichen Kündigungsschutzes bei Schwangerschaftsabbrüchen durch Abtreibung jedoch neu. Medizinisch sind Fehlgeburten sowohl Fehlgeburten aus natürlichen Ursachen (Spontanaborte) als auch Schwangerschaftsabbrüche (artifizielle Aborte). Der Wortlaut des § 17 Abs. 1 S. 1 Nr. 2 MuSchG unterscheidet nicht nach der Art der Fehlgeburt (vgl. Schöllmann in HK-MuSchG 6. Aufl. § 17 MuSchG Rn. 40; KR-Gallner § 17 MuSchG, Rn. 51). Der Zweck der Neuregelung ist jedoch, die Belastungssituation zumindest arbeitsrechtlich aufzufangen, die mit dem Abbruch einer nach der zwölften Schwangerschaftswoche als »sicher« bewerteten Schwangerschaft und dem Verlust der intensiveren seelischen Bindung der Frau an das ungeborene Kind verbunden ist (BT-Drucks. 18/8963 S. 87 f.; vgl. ferner oben Rdn. 28). Dies spricht dafür, die gezielt auf Tötung der Leibesfrucht ausgerichtete Abtreibung weder als Entbindung i.S.d. Satz 1 Nr. 3 noch als Fehlgeburt i.S.d. Satz 1 Nr. 2 anzusehen (ebenso KR-Gallner § 17 MuSchG, Rn. 51; Schöllmann in HK-MuSchG 6. Aufl. § 17 MuSchG Rn. 40; Brose/Weth/Volk/Volk MuSchG § 17 Rn. 36; a.A. BeckOK ArbR/Dahm MuSchG § 17

Rn. 20, 20.1, die darauf hinweist, dass die psychische und physische Belastung der Frau gerade auch nach einem Schwangerschaftsabbruch besonders hoch sein könne). Im Übrigen verliert die Frau den besonderen Kündigungsschutz auch im Fall eines artifiziellen Aborts nicht rückwirkend. Eine während der Schwangerschaft ohne behördliche Zustimmung erklärte Kündigung bleibt unwirksam (KR-Gallner § 17 MuSchG, Rn. 51).

Nach § 17 Abs. 1 Satz 1 Nr. 3 besteht der Kündigungsschutz »bis zum Ende ihrer Schutzfrist nach der Entbindung, mindestens jedoch bis zum Ablauf von vier Monaten nach der Entbindung«. Im Vergleich zur Vorgängernorm des § 9 Abs. 1 a.F., die nur einen Kündigungsschutz von (pauschal) vier Monaten nach der Entbindung vorsah, soll nach der Begründung des Regierungsentwurfs zur inhaltsgleichen Entwurfsfassung des § 16 Abs. 1 Satz 1 Nr. 2 in Übereinstimmung mit den unionsrechtlichen Vorgaben des Art. 10 der Mutterschutzrichtlinie 92/85 EWG klargestellt werden, dass eine Kündigung bis zum Ende der Schutzfrist nach § 3 Abs. 2 n.F. grundsätzlich unzulässig ist. Dies sei bei der bisherigen Regelung nicht der Fall gewesen. Es wird in der Begründung des Regierungsentwurfs insoweit ausgeführt: »*Die bisherige Regelung sah lediglich einen Kündigungsschutz bis zum Ablauf von vier Monaten, also weniger als 18 Wochen nach der Entbindung, vor. In den Fällen, in denen eine achtzehnwöchige Schutzfrist nach der Geburt bestand (z.B. das Kind wird vor der sechswöchigen vorgeburtlichen Schutzfrist geboren und die Schutzfrist nach der Geburt beträgt 12 Wochen wegen einer Frühgeburt), bestand eine Lücke im Kündigungsschutz*« (BT-Drucks 18/8963, S. 87). Ob die bisherige Regelung des § 9 Abs. 1 a.F. insoweit tatsächlich nicht den unionsrechtlichen Vorgaben entsprochen hat, darf allerdings bezweifelt werden: Nach Art. 10 Nr. 1 RL 92/85 EWG erstreckt sich der von Mitgliedsstaaten zu regelnde Kündigungsschutz auf die Zeit vom Beginn der Schwangerschaft bis zum Ende des Mutterschaftsurlaubs nach Art. 8 Absatz 1 RL 92/85 EWG, der wiederum einen Mutterschaftsurlaub von (nur) mindestens 14 Wochen (und damit weniger als vier Monate) vorsieht (vgl. auch Schöllmann in HK-MuSchG 6. Aufl. § 17 MuSchG Rn. 41) 33

Die maßgebliche **Schutzfrist nach der Entbindung** ist in § 3 Abs. 2 n.F. geregelt. Sie beträgt nach § 3 Abs. 2 Satz 1 n.F. acht Wochen nach der Entbindung und verlängert sich gem. § 3 Abs. 2 Satz 2 Nr. 1 n.F. bei **Frühgeburten** und gem. § 3 Abs. 2 Satz 2 Nr. 2 n.F. bei **Mehrlingsgeburten** auf zwölf Wochen. Insoweit entspricht die Regelung des § 3 Abs. 2 n.F. der bisherigen Regelung des § 6 Abs. 1 Satz 1 a.F. (vgl. auch die Begründung zum Regierungsentwurf, BT-Drucks 18/8963, S. 55). Der bisherigen Rechtslage des § 6 Abs. 1 Satz 2 a.F. entspricht auch die Regelung des § 3 Abs. 2 Satz 3 n.F. zur **Verlängerung der Schutzfrist** bei vorzeitiger Entbindung um die nicht genommene Dauer der vorgeburtlichen Mutterschutzfrist, wobei der Begriff der vorzeitigen Entbindung sowohl Frühgeburten als auch sonstige vorzeitige Entbindungen erfassen soll (vgl. die Begründung zum Regierungsentwurf, BT-Drucks 18/8963, S. 56). Neu geregelt wird in § 3 Abs. 2 Satz 2 Nr. 3 n.F. die Verlängerung der Schutzfrist auf zwölf Wochen, wenn vor Ablauf von acht Wochen nach der Entbindung eine **Behinderung des Kindes** im Sinne von § 2 Abs. 1 Satz 1 SGB IX ärztlich festgestellt wird. Die Verlängerung muss allerdings von der Frau beantragt werden (vgl. § 3 Abs. 2 Satz 4 n.F.). Dieser Antrag muss beim Arbeitgeber gestellt werden (vgl. die Begründung 34 zum Regierungsentwurf, BT-Drucks. 18/8963, S. 56). Das Gesetz schreibt insoweit keine bestimmte Form vor. Behinderungen, die erst nach Ablauf von acht Wochen nach der Entbindung festgestellt werden, können nicht nachträglich eine verlängerte Schutzfrist auslösen (vgl. die Begründung zum Regierungsentwurf, BT-Drucks 18/8963, S. 55). Um die Rechtsfolge der verlängerten Schutzfrist auszulösen, bedarf es nach der Begründung des Regierungsentwurfs keines Verfahrens zur Feststellung der Behinderung nach § 152 SGB IX. Der Anspruch auf die Verlängerung der Schutzfrist soll danach bereits bestehen, wenn eine Behinderung im Sinne des § 2 Absatz 1 Satz 2 zu erwarten ist (vgl. BT-Drucks 18/8963, S. 56). Zu beachten ist, dass die Neuregelung der Verlängerung der Schutzfrist bei der Feststellung der Behinderung des Kindes bereits seit 30.5.2017 gilt: Gem. Art. 8 Abs. 1 des am 29.5.2017 verkündeten Gesetzes zur Neuregelung des Mutterschutzrechtes vom 23.5.2017 (BGBl. I, 1228) wurde der bisherige § 6 Abs. 1 Satz 1 a.F. entsprechend ergänzt und ist gem. Art. 10 Abs. 1 Satz 2 am Tag nach der Verkündung in Kraft getreten. Das sich auf die Schutzfristen des § 3 Abs. 2 n.F. beziehende Kündigungsverbot des § 17 Abs. 1 Satz 1 Nr. 3 ist jedoch – wie die Regelung des § 3 Abs. 2 n.F. – gem. Art. 10 Abs. 1 Satz 1 i.V.m. Art. 1 erst zum 1.1.2018 in Kraft getreten.

35 Die Schutzfrist **beginnt** gem. § 187 Abs. 1 BGB mit Beginn des Tages, der dem Tag der Entbindung folgt und **endet** gem. § 188 Abs. 2 BGB mit dem Ablauf des Tages, der unter Hinzurechnung der jeweils maßgeblichen Schutzfrist durch seine Benennung dem Tag der Entbindung entspricht. Unbeachtlich ist, ob der letzte Tag auf einen Sonn-Feier- oder Samstag fällt, weil § 193 BGB nicht einschlägig ist (KR-Gallner § 17 MuSchG, Rn. 97; Schöllmann in HK-MuSchG 6. Aufl. § 17 MuSchG Rn. 41).

Die **Mindestdauer** des Kündigungsschutzes nach der Entbindung beträgt nach § 17 Abs. 1 Satz 1 Nr. 3 – wie die nach § 9 Abs. 1 Satz 1 a.F. allein maßgebliche Frist – vier Monate. Aufgrund der viermonatigen Mindestfrist hat der Verweis auf die Schutzfristen des § 3 Abs. 2 n.F. nur in den Fällen praktische Bedeutung, in denen die Schutzfrist des § 3 Abs. 2 n.F. ausnahmsweise länger als vier Monate ist. Das kann nur in den Fällen der Verlängerung der Schutzfrist bei vorzeitiger Entbindung um die nicht genommene Dauer der vorgeburtlichen Mutterschutzfrist § 3 Abs. 2 Satz 3 n.F. der Fall sein, etwa wenn das Kind vor der sechswöchigen vorgeburtlichen Schutzfrist geboren wird und die Schutzfrist nach der Geburt 12 Wochen wegen einer Frühgeburt beträgt (so das Beispiel in der Begründung zum Regierungsentwurf, BT-Drucks 18/8963, S. 87).

d) Kenntnis des Arbeitgebers von der Schwangerschaft, der Fehlgeburt oder der Entbindung

36 Der Kündigungsschutz setzt gem. § 17 Abs. 1 Satz 1 voraus, dass dem Arbeitgeber zum Zeitpunkt der Kündigung die Schwangerschaft, die Fehlgeburt nach der zwölften Schwangerschaftswoche oder die Entbindung bekannt ist. Die Regelung entspricht der des § 9 Abs. 1 Satz 1 a.F. Es erfolgte allerdings eine redaktionelle Anpassung hinsichtlich des Tatbestands der Fehlgeburt nach der zwölften Schwangerschaftswoche (vgl. die Begründung des Regierungsentwurfs zur insoweit gleichlautenden Entwurfsfassung des § 16 Abs. 1 Satz 1, BT-Drucks. 18/8963, S. 88).

aa) Positive Kenntnis

37 Das Kündigungsverbot greift ein, wenn der Arbeitgeber im Zeitpunkt der Kündigung **positive Kenntnis** von der Schwangerschaft, der Fehlgeburt nach der zwölften Schwangerschaftswoche oder der Entbindung hat. Erforderlich ist ein »überzeugtes Wissen« des Arbeitgebers (Schöllmann in HK-MuSchG 6. Aufl. § 17 Rn. 47; KR-Gallner § 17 MuSchG, Rn. 53). Im Fall der Fehlgeburt muss der Arbeitgeber auch positive Kenntnis davon haben, dass diese **nach der zwölften Schwangerschaftswoche** eingetreten ist (zustimmend NK-ArbR/Boecken, 2. Aufl. 2023, MuSchG § 17 Rn. 29). Die **Herkunft der Kenntnis** spielt keine Rolle (APS/Rolfs 7. Aufl. § 17 MuSchG 1968 Rn. 47; NK-ArbR/Boecken, 2. Aufl. 2023, MuSchG § 17 Rn. 30). Der Arbeitgeber muss davon nicht durch persönliche Mitteilung der Betroffenen erfahren haben. Er kann auch durch eigene Wahrnehmung von dem Zustand der Frau oder von sonstigen eindeutigen Umständen, die den sicheren Schluss auf die Schwangerschaft, die Fehlgeburt nach der zwölften Schwangerschaftswoche oder die Entbindung zulassen, Kenntnis erlangen (KR-Gallner § 17 MuSchG, Rn. 63; APS/Rolfs 7. Aufl. § 17 MuSchG 1968 Rn. 47). Das ist etwa der Fall, wenn ihm eine ärztliche Bescheinigung vorliegt, in der schwangerschaftstypische individuelle Beschäftigungsverbote ausgesprochen sind (Schöllmann in HK-MuSchG 6. Aufl. § 17 Rn. 47; APS/Rolfs 7. Aufl. § 17 MuSchG 1968 Rn. 47). Ferner genügt es, wenn dem Arbeitgeber die **Nachricht von Dritten**, also etwa Kollegen, Betriebsratsmitgliedern, dem Werksarzt oder Angehörigen der Frau (auch außerdienstlich) überbracht worden ist (KR-Gallner § 17 MuSchG, Rn. 64; APS/Rolfs 7. Aufl. § 17 MuSchG 1968 Rn. 47. Ob die Frau den Dritten entsprechend beauftragt hat, spielt keine Rolle (KR-Gallner § 17 MuSchG, Rn. 64; Göhle-Sander jurisPR-ArbR 19/2015 Anm. 1). **Vermutungen** oder die **Kenntnis von Gerüchten** genügen allerdings grundsätzlich ebenso wenig wie die (selbst grob) **fahrlässige Unkenntnis** (KR/Gallner § 17 MuSchG Rn. 54; Brose/Weth/Volk/Volk MuSchG § 17 Rn. 44; vgl. aus der Rechtsprechung: LAG Baden-Württemberg vom 30.11.1967, DB 1968, 624; LAG Düsseldorf vom 21.7.1964, BB 1964, 1215 = DB 1964, 1416). Allerdings ist umstritten, ob den Arbeitgeber bei Vorliegen entsprechender Anhaltspunkte oder einer begründeten Vermutung eine **Erkundigungspflicht** trifft (dafür etwa ErfK/Schlachter § 17 Rn. 7; Böhme in HK-KSchR 7. Aufl. § 17 Rn. 9 jeweils unter Hinweis auf *EuGH* 11.11.2010 [Danosa] EzA Richtlinie 92/85 EG-Vertrag 1999 Nr. 5; dagegen etwa KR/Gallner § 17 MuSchG Rn. 54; Schöllmann in HK-MuSchG 6. Aufl. § 17 Rn. 47; APS/Rolfs 7. Aufl. § 17 MuSchG Rn. 47; NK-ArbR/Boecken, 2. Aufl. 2023, MuSchG § 17 Rn. 29). Das BAG hat in einer Entscheidung vom 13.4.1956 (DB 1956, 600) angenommen, dass ein Arbeitgeber, der von einer Arbeitnehmerin eine ärztliche Bescheinigung erhalten hat, in der als Krankheitsursache Schwangerschaft durch Verwendung von ihm nicht verstandener lateinisch-medizinischer Fachbegriffe (»Hyperemesis gravid« für Schwangerschaftserbrechen) angegeben ist, so zu behandeln ist, als habe er von der Schwangerschaft Kenntnis erlangt. Richtigerweise ist eine Erkundigungspflicht indes **abzulehnen.** Die Annahme einer Erkundigungspflicht führt im Ergebnis dazu, dass entgegen dem ausdrücklichen Wortlaut des § 17 Abs. 1 Satz 1 das Kündigungsverbot nicht erst dann eingreift, wenn dem Arbeitge-

ber die Schwangerschaft, die Fehlgeburt nach der zwölften Schwangerschaftswoche oder die Entbindung »bekannt« ist, sondern schon dann, wenn sie ihm unbekannt ist, er aber Anlass gehabt hätte, sich zu erkundigen. Darüber hinaus entfällt der Kündigungsschutz nach der gesetzlichen Konzeption des Kündigungsverbots endgültig, wenn die Frau die zweiwöchige Mitteilungsfrist des § 17 Abs. 1 Satz 1 schuldhaft versäumt oder die Mitteilung nicht unverzüglich i.S.d. § 17 Abs. 1 Satz 2 nachholt. Damit ist die Annahme einer Erkundigungspflicht des Arbeitgebers, deren Verletzung dazu führt, dass der Kündigungsschutz trotz der schuldhaft unterbliebenen rechtzeitigen Mitteilung durch die Frau erhalten bleibt, nicht zu vereinbaren (KR/Gallner § 17 MuSchG Rn. 54). Schließlich ist es auch unter dem Gesichtspunkt des Persönlichkeitsschutzes und des geschlechtsbezogenen Diskriminierungsverbotes bedenklich, den Arbeitgeber anzuhalten, sich danach zu erkundigen, ob die betreffende Frau schwanger ist, eine Fehlgeburt nach der zwölften Schwangerschaftswoche hatte oder entbunden hat (APS/Rolfs 7. Aufl. § 17 MuSchG 1968 Rn. 46, der anschaulich vom Zwang zum »Nachschnüffeln« spricht). Aus der Entscheidung des EuGH in der Rechtssache Danosa (EzA Richtlinie 92/85 EG-Vertrag 1999 Nr. 5) folgt nichts anderes: Darin hat der EuGH lediglich erkannt, dass es richtlinienzweckwidrig ist, den Kündigungsschutz zu verweigern, wenn der Arbeitgeber zwar nicht von der Beschäftigten oder ihr Gleichgestellten über die Schwangerschaft informiert worden war, aber dennoch Kenntnis von der Schwangerschaft hatte. Die Entscheidung betrifft daher einen Fall, in dem der Arbeitgeber bereits positive Kenntnis von der Schwangerschaft hatte und verhält sich nicht zu einer Erkundigungspflicht des Arbeitgebers bei Fehlen einer solchen Kenntnis (in diesem Sinne bereits KR/Gallner § 17 MuSchG Rn. 54).

bb) Kenntnis des Arbeitgebers

38 Erforderlich ist die Kenntnis des **Arbeitgebers** i.S.d. § 2 Abs. 1 Satz 1 bzw. des ihm Gleichgestellten i.S.d. § 2 Abs. 1 Satz 2 (vgl. zur Begriffsbestimmung auch die Kommentierung zu § 2 Rdn. 1 ff.). Arbeitgeber i.S.d. § 2 Abs. 1 Satz 1 ist diejenige natürliche oder juristischen Person bzw. der gesamthänderisch verbundenen Personenmehrheit, die Vertragspartner des Arbeitsverhältnisses ist (KR/Gallner § 17 MuSchG Rn. 55). Ist Vertragspartner eine **juristische Person** ist die Kenntnis (nur) eines vertretungsberechtigten Organmitglieds erforderlich. Auch wenn die juristische Person im Wege der **Gesamtvertretung** vertreten wird, genügt bereits die Kenntnis eines Vertreters (KR/Gallner § 17 MuSchG Rn. 54). Ist Arbeitgeber eine **Personengesellschaft**, z.B. eine Gesellschaft bürgerlichen Rechts oder eine offene Handelsgesellschaft, genügt die Kenntnis eines Gesellschafters (KR/Gallner § 17 MuSchG Rn. 54). Bei mehreren Arbeitgebern in einem **einheitlichen Arbeitsverhältnis** reicht die Kenntnis eines Arbeitgebers (KR/Gallner § 17 MuSchG Rn. 54; Schöllmann in HK-MuSchG 6. Aufl. § 17 Rn. 49).

39 Der Arbeitgeber muss sich die Kenntnis derjenigen Personen zurechnen lassen, die als **Vertreter oder Beauftragte** (»Repräsentanten«) von ihm zur Entgegennahme von Schwangerschaftsmitteilungen bevollmächtigt bzw. mit der Wahrnehmung von Arbeitgeberpflichten nach dem MuSchG betraut wurden (KR/Gallner § 17 MuSchG Rn. 56;

vgl. zu § 9 a.F.: BAG vom 18.2.1965, DB 1965; Buchner/Becker 8. Aufl. § 9 MuSchG Rn. 106). Eine solche Bevollmächtigung kann sich auch aus einer entsprechenden **betrieblichen Übung** ergeben (vgl. LAG Köln vom 10.10.1990 LAGE § 9 MuSchG Nr. 12; KR/Gallner § 17 MuSchG Rn. 56). Erfasst werden auch die mutterschutzrechtlich verantwortlichen Personen nach den Ordnungswidrigkeiten- und Strafvorschriften der §§ 32 und 33 n.F. i.V.m. § 9 OwiG und § 14 StGB (Brose/Weth/Volk/Volk MuSchG § 17 Rn. 53). Dem Arbeitgeber zuzurechnen ist ferner die Kenntnis solcher Personen, die mit Arbeitgeberaufgaben im personellen Bereich betraut wurden und aufgrund ihrer Stellung **zum Ausspruch von Kündigungen berechtigt** sind. Insoweit gelten die gleichen Grundsätze wie bei der **Wissenszurechnung** im Rahmen des § 626 Abs. 2 Satz 1 BGB (KR/Gallner § 17 MuSchG Rn. 56; Schöllmann in HK-MuSchG 6. Aufl. § 17 Rn. 50; vgl. auch BAG vom 18.2.1965, DB 1965; zur Wissenszurechnung im Rahmen des § 626 Abs. 2 BGB vgl. etwa BAG vom 23.10.2008 EzA § 626 BGB 2002 Nr. 23). In Anlehnung an die Rechtsprechung des BAG zu § 626 Abs. 2 BGB (vgl. dazu etwa BAG vom 16.7.2015 EzA § 626 BGB 2002 Nr. 52; vom 21.2.2013, EzA § 626 BGB 2002 Ausschlussfrist Nr. 3) ist dem Arbeitgeber nach § 242 BGB außerdem die Kenntnis solcher Personen zurechnen, die eine **herausgehobene Position und Funktion im Betrieb** oder in der Verwaltung innehaben, welche ähnlich selbstständig ist wie die eines rechtsgeschäftlichen oder gesetzlichen Vertreters des Arbeitgebers, sofern die fehlende Weiterleitung der Information an den Arbeitgeber auf einer **unsachgemäßen Organisation des Betriebs** oder der Verwaltung beruht (ähnlich Schöllmann in HK-MuSchG 6. Aufl. § 17 Rn. 50; vgl. auch LAG München vom 23.8.1990 LAGE § 9 MuSchG Nr. 13).

Nach diesen Grundsätzen ist die Kenntnis des mutterschutzrechtlich verantwortlichen 40 **Betriebsleiters** (vgl. §§ 9 Abs. 2 OWiG, 14 Abs. 2 StGB), in aller Regel des **Personalleiters** (regelmäßig nicht jedoch die Kenntnis eines bloß untergeordneten Mitarbeiters der Personalabteilung, vgl. Schöllmann in HK-MuSchG 6. Aufl. § 17 Rn. 50) und des **kündigungsberechtigten Vorgesetzten** der Frau dem Arbeitgeber zuzurechnen, nicht aber Kenntnis des nicht kündigungsberechtigten Vorgesetzten, dessen Weisungsrechte sich allein auf arbeitstechnische Bereiche beschränken, etwa der nicht kündigungsberechtigte **Vorarbeiter** oder Einrichter (Schöllmann in HK-MuSchG 6. Aufl. § 17 Rn. 50; KR/Gallner § 17 MuSchG Rn. 56; vgl. zu § 9 a.F.: BAG vom 18.2.1965, DB 1965). Entscheidend ist, ob die Kündigungsberechtigung im Außenverhältnis besteht. Die Kenntnis des **Prokuristen** muss sich der Arbeitgeber daher wegen der im Außenverhältnis unbeschränkten Vertretungsmacht auch dann zurechnen lassen, wenn diese im Innenverhältnis beschränkt ist (KR/Gallner § 17 MuSchG Rn. 56). Ob sich der Arbeitgeber auch die Kenntnis eines **mitarbeitenden Familienangehörigen** zurechnen lassen muss, hängt vom Einzelfall ab. Eine Zurechnung ist regelmäßig dann zu bejahen, wenn der Angehörige spezifische Arbeitgeberfunktionen – jedenfalls im Verhältnis zu der Arbeitnehmerin – wahrnimmt (KR/Gallner § 17 MuSchG Rn. 57; Schöllmann in HK-MuSchG 6. Aufl. § 17 Rn. 50; vgl. auch LAG Düsseldorf vom 22.11.1968 EzA § 9 MuSchG n.F. Nr. 3). Nicht zurechnen lassen muss sich der Arbeitgeber die Kenntnis von **Kollegen** der Frau, vom **Betriebs- oder Werksarzt** sowie von **betriebsverfassungsrechtlichen Funktionsträgern**, z.B. von Mitgliedern des Betriebsrats (KR/Gallner

§ 17 MuSchG Rn. 58 f; Schöllmann in HK-MuSchG 6. Aufl. § 17 Rn. 50). Kann die Kenntnis dem Arbeitgeber nicht zugerechnet werden, sind die Wissensträger allenfalls als (Erklärungs-) **Boten** anzusehen, sodass eine Kenntnis des Arbeitgebers erst vorliegt, wenn diese den Arbeitgeber informiert haben (KR/Gallner § 17 MuSchG Rn. 60; vgl. zu § 9 a.F. LAG Berlin-Brandenburg vom 9.12.2014 RDG 2015, 174 mit zust. Anm. Göhle-Sander jurisPR-ArbR 19/2015 Anm. 1)

41 Im Fall eines **Betriebsübergangs** i.S.d. § 613a BGB muss sich der Erwerber die Kenntnis des Veräußerers von der Schwangerschaft, der Fehlgeburt nach der zwölften Schwangerschaftswoche oder der Entbindung der übergegangenen Arbeitnehmerin zurechnen lassen. Um den Kündigungsschutz nach § 17 zu behalten, muss die übergegangene Arbeitnehmerin dem Erwerber daher keine (erneute) Mitteilung machen, wenn der Veräußerer bereits von ihrer Schwangerschaft, ihrer Fehlgeburt nach der zwölften Schwangerschaftswoche oder ihrer Entbindung Kenntnis hatte (ebenso die mittlerweile einhellige Auffassung: vgl. KR/Gallner § 17 MuSchG Rn. 61; Schöllmann in HK-MuSchG 6. Aufl. § 17 Rn. 50; AR/Vossen § 17 MuSchG Rn. 13; Brose/Weth/Volk/Volk MuSchG § 17 Rn. 55; APS/Rolfs 7. Aufl. § 17 MuSchG Rn. 51). Das entspricht der Rechtsprechung des BAG zur Zurechnung der Kenntnis des Veräußerers von der Schwerbehinderung des übergegangenen Arbeitnehmers im Rahmen der Prüfung der Verwirkung des Sonderkündigungsschutzes nach § 168 SGB IX (BAG vom 11.12.2008 EzA § 90 SGB IX Nr. 5 zu § 85 SGB IX a.F.). **Widerspricht** die Arbeitnehmerin dem Betriebsübergang gem. § 613a Abs. 6 BGB, muss sie den bisherigen Betriebsinhaber (Veräußerer) unterrichten, wenn sie das nicht vor dem Betriebsübergang schon getan hat. Unterbleibt die **Unterrichtung i.S.d. § 613a Abs. 5 BGB** der Arbeitnehmerin über den Betriebsübergang und ist der Zeitpunkt des Übergangs deshalb ungewiss für sie, kann sie auswählen, ob sie die Schwangerschaft oder Entbindung dem bisherigen Arbeitgeber oder dem Erwerber mitteilt (vgl. KR/Gallner § 17 MuSchG Rn. 61).

42 Als **maßgeblichen Zeitpunkt** der Kenntnis nennt § 17 Abs. 1 Satz 1 – wie schon § 9 Abs. 1 Satz 1 a.F. – den »*Zeitpunkt der Kündigung*«. Insoweit ist **streitig**, ob damit der Zeitpunkt der Abgabe der Kündigungserklärung (dafür Brose/Weth/Volk/Volk MuSchG § 17 Rn. 47; ErfK/Schlachter § 17 MuSchG Rn. 7; LAG Düsseldorf vom 11.5.1979 EzA § 9 MuSchG n.F. Nr. 19 mit abl. Anm Buchner) oder der Zeitpunkt ihres Zugangs (dafür KR/Gallner § 17 MuSchG Rn. 66; Schöllmann in HK-MuSchG 6. Aufl. § 17 Rn. 48; Just in Tillmanns/Mutschler 2. Aufl. § 17 MuSchG Rn. 28; vgl. auch APS/Rolfs 7. Aufl. § 17 MuSchG Rn. 48) gemeint ist. Dass richtiger Weise der **Zeitpunkt des Zugangs** maßgeblich ist, ergibt sich aus § 17 Abs. 1 Satz 1 Halbs. 2 Alt. 2, der für den Beginn der zweiwöchigen Frist zur nachträglichen Mitteilung ausdrücklich auf den Zugang der Kündigung abstellt (KR/Gallner § 17 MuSchG Rn. 66). Das entspricht auch dem allgemeinen Grundsatz, dass maßgeblicher Zeitpunkt für die Wirksamkeit einer Kündigung der des Zugangs ist (APS/Rolfs 7. Aufl. § 17 MuSchG Rn. 48; Schöllmann in HK-MuSchG 6. Aufl. § 17 Rn. 48). Rolfs weist (in APS 7. Aufl. § 17 MuSchG Rn. 48; NK-ArbR/Boecken, 2. Aufl. 2023, MuSchG § 17 Rn. 31) allerdings zutreffend daraufhin, dass die Frage nur von geringer praktischer Relevanz ist, weil zwischen Abgabe und Zugang der Kündigungserklärung selten mehr als zwei Wochen

liegen dürften und eine innerhalb dieser Frist nachgeholte Mitteilung ohnehin ausreichend ist.

e) Nachträgliche Mitteilung binnen zwei Wochen

Hat der Arbeitgeber im Zeitpunkt (des Zugangs) der Kündigung keine Kenntnis von der Schwangerschaft, der Fehlgeburt nach der zwölften Schwangerschaftswoche oder der Entbindung, unterfällt die Kündigung gem. § 17 Abs. 1 Satz 1 Halbs. 2 Alt. 2 gleichwohl dem Kündigungsverbot, wenn ihm diese Umstände innerhalb von zwei Wochen nach Zugang der Kündigung mitgeteilt werden. Die Regelung entspricht der des § 9 Abs. 1 Satz 1 a.F. Es erfolgte allerdings eine redaktionelle Anpassung hinsichtlich des Tatbestands der Fehlgeburt nach der zwölften Schwangerschaftswoche (vgl. die Begründung des Regierungsentwurfs zur insoweit gleichlautenden Regelung des § 16 Abs. 1 Satz 1, BT-Drucks. 18/8963, S. 88). Aus dieser Regelung wird deutlich, dass das Kündigungsverbot nicht voraussetzt, dass der Arbeitgeber die Kündigung aufgrund der Schwangerschaft, der Fehlgeburt oder der Entbindung ausspricht. Es ist also **nicht erforderlich**, dass der **geschützte Zustand der Frau Beweggrund** des Arbeitgebers zur Kündigung ist, sodass die Kündigung nicht (auch) gegen das Verbot der geschlechtsbezogenen Diskriminierung verstoßen muss. 43

aa) Rechtsnatur, Inhalt und Form der Mitteilung

Die Mitteilung ist – weil ihre Rechtsfolgen (Eintritt des Kündigungsverbots) kraft Gesetzes unabhängig davon eintreten, ob sie von dem Erklärenden gewollt sind – eine **rechtsgeschäftsähnliche Handlung**, auf die die für empfangsbedürftige Willenserklärungen geltenden Grundsätze entsprechend anzuwenden sind (vgl. BAG vom 15.11.1990 EzA § 9 n.F. MuSchG Nr. 28 zu § 9 a.F.; KR/Gallner § 17 MuSchG Rn. 69). Aus der Mitteilung muss sich nicht nur **hinreichend deutlich** ergeben, dass die Frau schwanger ist, eine Fehlgeburt nach der zwölften Schwangerschaftswoche hatte oder entbunden hat, sondern auch, dass dies **bereits zum Zeitpunkt des Kündigungszugangs** der Fall war (vgl. BAG vom 3.4.2025 – 2 AZR 156/24, Rn. 50; BAG vom 15.11.1990 EzA § 9 n.F. MuSchG Nr. 28; AR/Vossen § 17 MuSchG Rn. 16; KR/Gallner § 17 MuSchG Rn. 70; APS/Rolfs 7. Aufl. § 17 MuSchG Rn. 54). Beschränkt sich die Mitteilung auf das Bestehen der Schwangerschaft, so hängt es von den **Umständen des Einzelfalls** ab, ob der Arbeitgeber die Mitteilung so verstehen musste, dass die Schwangerschaft bereits bei Zugang der Kündigung bestanden hat (vgl. zu § 9 a.F. BAG vom 15.11.1990 EzA § 9 n.F. MuSchG Nr. 28). Das kann sich insbesondere aus einem **engen zeitlichen Zusammenhang** der Mitteilung mit der Kündigung ergeben. Ein solcher liegt aber nach Ansicht des BAG regelmäßig nicht mehr vor, wenn zwischen der Mitteilung des Bestehens der Schwangerschaft und dem Kündigungszugang rund zwei Wochen liegen (vgl. BAG vom 3.4.2025 – 2 AZR 156/24, Rn. 50). Nicht in der Mitteilung zum Ausdruck gebracht werden muss die sich hieraus ergebende **Rechtsfolge**, dass sich die Frau damit den Kündigungsschutz sichern wolle (vgl. zu § 9 a.F. BAG vom 15.11.1990 EzA § 9 n.F. MuSchG Nr. 28; KR/Gallner § 17 MuSchG Rn. 70). Nicht erforderlich ist auch, 44 dass die Frau die Schwangerschaft innerhalb der Mitteilungsfrist den **Nachweis** i.S.d. § 15 Abs. 2 n.F. (§ 5 Abs. 2 a.F.) erbringt (vgl. BAG vom 6.6.1974 EzA § 9 n.F. MuSchG Nr. 15 zu § 9 a.F.; KR/Gallner § 17 MuSchG Rn. 88; Just in Tillmanns/Mutschler 2. Aufl. § 17 MuSchG Rn. 29). Das gilt auch dann, wenn man aus § 241 Abs. 2 BGB eine arbeitsvertragliche Nebenpflicht der Arbeitnehmerin zur Erbringung eines solchen Nachweises herleitet und sie den Nachweis trotz Aufforderung des Arbeitgebers nicht innerhalb einer angemessenen Frist erbringt (vgl. dazu KR/Gallner § 17 MuSchG Rn. 88 ff. m.w.N. auch zu früher vertretenen Gegenmeinung; ferner Brose/Weth/Volk/Volk MuSchG § 17 Rn. 61). Legt die Frau allerdings dem Arbeitgeber im engen zeitlichen Zusammenhang mit der Kündigung ein entsprechendes ärztliches Zeugnis bzw. das einer Hebamme vor, stellt das eine ausreichende Mitteilung dar (vgl. KR/Gallner § 17 MuSchG Rn. 73). Ist die Frau selbst über ihren Zustand in Zweifel, so genügt es, wenn sie **vorsorglich mitteilt**, eine Schwangerschaft sei wahrscheinlich oder werde vermutet (vgl. BAG vom 6.6.1974 EzA § 9 n.F. MuSchG Nr. 15; LAG Berlin-Brandenburg vom 15.3.2018 – 10 Sa 1509/17 JurionRS 2018, 31002; APS/Rolfs 7. Aufl. § 17 MuSchG Rn. 53; KR/Gallner § 17 MuSchG Rn. 70 f; Brose/Weth/Volk/Volk MuSchG § 17 Rn. 59).

45 Die Mitteilung unterliegt **keinem Formzwang** (allg. Ansicht; vgl. etwa KR/Gallner § 17 MuSchG Rn. 75; ErfK/Schlachter § 17 MuSchG Rn. 8; Schöllmann in HK-MuSchG 6. Aufl. § 17 Rn. 54). Es genügt jede mündliche, telefonische, telegrafische oder schriftliche Anzeige an den Arbeitgeber über eine (vermutlich) bestehende Schwangerschaft, eine erfolgte Fehlgeburt nach der zwölften Schwangerschaftswoche oder eine erfolgte Entbindung; auch eine E-Mail reicht aus (KR/Gallner § 17 MuSchG Rn. 75). Die Mitteilung kann auch in einer dem Arbeitgeber zugestellten Klageschrift – etwa einer Kündigungsschutzklage – erfolgen (vgl. LAG Mannheim vom 9.4.1952 RdA 1952, 239 zu § 6 MuSchG vom 17.5.1942; KR/Gallner § 17 MuSchG Rn. 75; Brose/Weth/Volk/Volk MuSchG § 17 Rn. 63; vgl. dazu auch Rn. 50).

bb) Person des Mitteilenden

46 Es ist **nicht erforderlich**, dass die Mitteilung durch die Betroffene **persönlich** erfolgt. Die Mitteilung kann auch durch **Dritte** (z.B. durch gesetzliche oder rechtsgeschäftliche Vertreter, durch Familienangehörige oder Arbeitskollegen) erfolgen (vgl. zu § 9 a.F. LAG Berlin-Brandenburg vom 9.12.2014 RDG 2015, 174 mit zust. Anm. Göhle-Sander jurisPR-ArbR 19/2015 Anm. 1; KR/Gallner § 17 MuSchG Rn. 76). Auch Personen, die von der Frau **nicht ausdrücklich** dazu **beauftragt** wurden, können die Schwangerschaft, die Fehlgeburt oder die Entbindung mitteilen (KR/Gallner § 17 MuSchG Rn. 76; Schöllmann in HK-MuSchG 6. Aufl. § 17 Rn. 55; Buchner/Becker 8. Aufl. § 9 MuSchG Rn. 116). Wie bei der Mitteilung durch die Betroffene persönlich ist auch bei einer Mitteilung durch Dritte erforderlich, aber ausreichend, dass sich aus der Mitteilung oder ihren Begleitumständen hinreichend deutlich ergibt, dass die betreffende Arbeitnehmerin bereits zum Zeitpunkt des Kündigungszugangs schwanger war, eine Fehlgeburt nach der zwölften Schwangerschaftswoche hatte oder entbunden hat. Ein **Zusammenhang mit dem Kündigungsschutz des § 17** muss dann **nicht hergestellt** werden (str., wie hier KR/Gallner § 17

MuSchG Rn. 76; Schöllmann in HK-MuSchG 6. Aufl. § 17 Rn. 55; a.A. LAG Hamm vom 11.2.1958, DB 1958, 988; Zmarzlik/Zipperer/Viethen, § 9 MuSchG Rn. 22; vgl. auch Brose/Weth/Volk/Volk MuSchG § 17 Rn. 65).

cc) Adressat der Mitteilung

Die Mitteilung muss **dem Arbeitgeber** (vgl. Rdn. 38 zum Begriff des Arbeitgebers) zugehen. Zum tauglichen Empfängerkreis gehören aber auch seine Repräsentanten, d.h. seine **kündigungsberechtigten Vertreter** und die **Beauftragten**, die vom Arbeitgeber zur Entgegennahme von Schwangerschaftsmitteilungen bevollmächtigt bzw. mit der Wahrnehmung von Arbeitgeberpflichten nach dem MuSchG betraut wurden. Insoweit gelten die gleichen Grundsätze wie im Rahmen der Wissenszurechnung bei der Kenntniserlangung des Arbeitgebers (Schöllmann in HK-MuSchG 6. Aufl. § 17 Rn. 56; Brose/Weth/Volk/Volk MuSchG § 17 Rn. 66), sodass auf die Ausführungen in Rn. 39 verwiesen werden kann. Die rechtzeitige nachträgliche Mitteilung an diese Personen bewirkt den Kündigungsschutz nach § 17 Abs. 1 Satz 1 Halbs. 2 Alt. 2 auch dann, wenn diese die Mitteilung nicht oder erst nach Fristablauf an den Arbeitgeber weiterleiten (KR/Gallner § 17 MuSchG Rn. 77; Brose/Weth/Volk/Volk MuSchG § 17 Rn. 67 jeweils m.w.N.) Eine Mitteilung gegenüber solchen Personen, die nicht zum Kreis der empfangsberechtigten Arbeitgeberrepräsentanten gehören, begründet dagegen nur dann den besonderen Kündigungsschutz, wenn die Mitteilung innerhalb der Zweiwochenfrist an den Arbeitgeber oder einen seiner empfangsberechtigten Repräsentanten weitergeleitet wird (KR/Gallner § 17 MuSchG Rn. 77; Brose/Weth/Volk/Volk MuSchG § 17 Rn. 68). 47

dd) Fristgemäßer Zugang der Mitteilung

Damit der Kündigungsschutz erhalten bleibt, muss die Mitteilung innerhalb von **zwei Wochen nach Zugang der Kündigung** erfolgen. Die bereits in § 9 Abs. 1 Satz 1 a.F. normierte Mitteilungsfrist ist im Interesse der **Rechtssicherheit und Rechtsklarheit** eingeführt worden (BAG vom 15.11.1990 EzA § 9 n.F. MuSchG Nr. 28). Sie verfolgt aber auch den Zweck, den kündigungsrechtlichen Status derjenigen Frauen zu verbessern, denen ihre Schwangerschaft bei Kündigungszugang noch unbekannt war (KR/Gallner § 17 MuSchG Rn. 78). Die Mitteilungsfrist soll der schwangeren Frau als **Überlegungsfrist** einen ausreichenden zeitlichen Handlungsspielraum zu verschaffen, innerhalb dessen eine nachträgliche Mitteilung in der Regel möglich sein soll (BAG vom 13.6.1996 EzA § 9 n.F. MuSchG Nr. 34 zu § 9 a.F.) Bei der Zweiwochenfrist des § 17 Abs. 1 Satz 1 handelt es sich um eine **materiellrechtliche Ausschlussfrist** (vgl. zu § 9 a.F.: BAG vom 6.6.1974 EzA § 9 n.F. MuSchG Nr. 15; vom 19.12.1968 EzA § 9 n.F. MuSchG Nr. 6; KR/Gallner § 17 MuSchG Rn. 79; Just in Tillmanns/Mutschler 2. Aufl. § 17 MuSchG Rn. 30). Die Versäumung der Zweiwochenfrist führt nur dann zum Verlust des mutterschutzrechtlichen Kündigungsschutzes – ohne die Möglichkeit der Wiedereinsetzung in den vorigen Stand – (vgl. zu § 9 a.F.: LAG Bremen vom 5.1.1968 DB 1968, 492; KR/Gallner 12. Aufl. § 17 MuSchG Rn. 79), wenn die Frau die Mitteilungsfrist schuldhaft versäumt oder bei einem unverschuldeten Fristversäumnis die Mitteilung nicht unver- 48 züglich nachholt (vgl. § 17 Abs. 1 Satz 2). Nach Ansicht des BVerfG ist es verfassungsrechtlich nicht zu beanstanden, dass die schwangere Arbeitnehmerin den Kündigungsschutz jedenfalls dann verliert, wenn sie trotz Kenntnis der Schwangerschaft die Mitteilungsfrist schuldhaft versäumt (BVerfG vom 25.1.1972 BVerfGE 32, 273).

Allerdings ist vor dem Hintergrund der oben in Rn. 7 und unten in Rn. 118 näher ausgeführten EuGH-Entscheidungen in den Rechtssachen **Virginie Pontin/T-Comalux SA** (C-284/23) und **TC/Haus Jacobus** (C-284/23), wonach Fristen es der schwangeren Arbeitnehmerinnen **nicht übermäßig erschweren** dürfen, ihre Rechte aus dem Kündigungsverbot des Art. 10 der RL 92/85/EWG durchzusetzen, zweifelhaft, ob die lediglich zweiwöchige Mitteilungspflicht richtlinienkonform ist (zweifelnd auch Euler NZA 2024, 1037, 1040). Ggf. wäre zu erwägen, die Versäumung der zweiwöchigen Mitteilungspflicht immer als unverschuldet anzusehen und so im Ergebnis über die Möglichkeit der unverzüglichen Nachholung gem. § 17 Abs. 1 S. 2 MuSchG zu einer richtlinienkonformen Mitteilungsfrist zu gelangen, die wohl über 15 Tage hinausgehen müsste (vgl. dazu unten Rn. 56).

49 Für den **Beginn** der zweiwöchigen Mitteilungsfrist stellt das Gesetz ausdrücklich auf den **Zugang der Kündigung** ab. Es gelten die allgemeinen Grundsätze über den Zugang von Kündigungserklärungen (KR/Gallner § 17 MuSchG Rn. 80). Der Fristbeginn ist **unabhängig davon**, ob die Frau bei Zugang der Kündigung von ihrer Schwangerschaft **Kenntnis** hat (vgl. zu § 9 a.F.: BAG vom 13.6.1996 EzA § 9 n.F. MuSchG Nr. 34; Buchner/Becker 8. Aufl. § 9 MuSchG Rn. 125). Erfährt die Frau **während des Laufs der Ausschlussfrist** von ihrer Schwangerschaft, so führt das nicht dazu, dass sich die Mitteilungsfrist um den bereits abgelaufenen Zeitraum verlängert (vgl. zu § 9 a.F.: BAG vom 26.9.2002 EzA § 9 n.F. MuSchG Nr. 38; Buchner/Becker 8. Aufl. § 9 MuSchG Rn. 125). Die Schwangere kann in diesen Fällen aber, sofern die Unkenntnis von ihrer Schwangerschaft von ihr nicht zu vertreten ist, von der **Möglichkeit des § 17 Abs. 1 S. 2 MuSchG** Gebrauch machen (vgl. zu § 9 Abs. 1 Satz 1 Halbs. 2 MuSchG a.F. BAG vom 26.9.2002 EzA § 9 n.F. MuSchG Nr. 38). Das Gesetz will in Umsetzung des Art. 6 Abs. 4 GG der schwangeren Frau mit der Einräumung der zweiwöchigen Mitteilungsfrist einen **ausreichenden zeitlichen Handlungsspielraum** verschaffen, innerhalb dessen eine nachträgliche Mitteilung regelmäßig möglich sein sollte. Die Einräumung einer – zumindest kurzen – **Überlegungsfrist** erscheint deshalb im Hinblick auf das Ziel des Gesetzes, die werdende Mutter so zu schützen, dass sie ihr Kind ungestört zur Welt bringen kann, angezeigt. Die Regelungen des Mutterschutzgesetzes wollen der werdenden Mutter nicht nur die wirtschaftlichen Sorgen durch Erhaltung des Arbeitsplatzes nehmen. Nach Möglichkeit sollen auch alle psychischen Belastungen für die Mutter, die mit der Kündigung eines Arbeitsplatzes verbunden sind (BVerwG 21. Oktober 1970 – V C 34/69 – BVerwGE 36, 160), vermieden werden. Berücksichtigt man dieses Ziel und die Ausgestaltung der gesetzlichen Mitteilungsfrist, so erscheint es zwingend, auch den Frauen, die noch während des Laufs der gesetzlichen Mitteilungspflicht von ihrer Schwangerschaft Kenntnis erlangen, einen gewissen Überlegungszeitraum, auch um einen qualifizierten juristischen Rat einzuholen, zuzubilligen. Andernfalls würde eine solche Überlegungsfrist praktisch auf »Null« reduziert und

leerlaufen, wenn die Schwangere beispielsweise erst am letzten Tag der gesetzlichen Mitteilungsfrist von ihrer Schwangerschaft erfährt und den Arbeitgeber nicht sofort hiervon in Kenntnis setzt. Vor diesem Hintergrund hat das BAG (vom 26.9.2002 EzA § 9 n.F. MuSchG Nr. 38) die Voraussetzungen des § 9 Abs. 1 Satz 1 Halbs. 2 MuSchG a.F. bejaht im Fall einer am 19. November gekündigten Arbeitnehmerin, die am 3. Dezember von ihrer Schwangerschaft erfahren und dies dem Arbeitgeber am 8. Dezember mitgeteilt hat. Dabei hat es darauf verwiesen, dass regelmäßig ein **Zeitraum von einer Woche** noch als ausreichend für ein unverzügliches Nachholen der Mitteilung angesehen werden kann (vgl. auch unten Rdn. 56). Allerdings dürfte vor dem Hintergrund der oben in Rn. 7 und unten in Rn. 118 näher ausgeführten EuGH-Entscheidungen in den Rechtssachen **Virginie Pontin/T-Comalux SA** (C-284/23) und **TC/Haus Jacobus** (C-284/23), wonach Fristen es der schwangeren Arbeitnehmerinnen **nicht übermäßig erschweren** dürfen, ihre Rechte aus dem Kündigungsverbot des Art. 10 der RL 92/85/EWG durchzusetzen, **unionsrechtlich geboten** sein, der Arbeitnehmerin eine **längere Frist** einzuräumen, die wohl länger als 15 Tage sein müsste. Vgl. aber Rn. 118 zur Sichtweise des BAG zu der vergleichbaren Problematik im Rahmen des § 5 Abs. 1 Satz 2, Abs. 3 KSchG.

Die **Fristberechnung** richtet sich nach den §§ 187 Abs. 1, 188 Abs. 2 Fall 1 BGB sowie § 193 BGB, wenn das Fristende auf einen Samstag, Sonn- oder Feiertag fällt (KR/Gallner § 17 MuSchG Rn. 80; Schöllmann in HK-MuSchG 6. Aufl. § 17 Rn. 58). Die Mitteilung muss dem Arbeitgeber innerhalb der Frist nach den für rechtsgeschäftsähnliche Handlungen entsprechend anwendbaren Regelungen für Willenserklärungen **zugehen**, die Absendung der Mitteilung reicht zur Fristwahrung nicht aus (KR/Gallner § 17 MuSchG Rn. 80; Buchner/Becker 8. Aufl. § 9 MuSchG Rn. 127). Bei einer z.B. im Lauf eines Dienstags zugegangenen Kündigung muss die Mitteilung dem Arbeitgeber oder einem seiner für den Empfang zuständigen Repräsentanten bis zum Ende des übernächsten Dienstags zugegangen sein (Beispiel übernommen von KR/Gallner § 17 MuSchG Rn. 80). Es gelten aber die allgemeinen Grundsätze zur Zugangsvereitelung, sodass sich der Arbeitgeber gem. § 242 BGB nicht auf die Fristversäumung berufen kann, wenn er den Zugang der rechtzeitig abgegebenen Mitteilung wider Treu und Glauben vereitelt hat (Brose/Weth/Volk/Volk MuSchG § 17 Rn. 73 m.w.N.). Die Möglichkeit der Abhilfe nach § 17 Abs. 1 S. 2 bleibt hiervon unberührt.

Die Mitteilung kann auch im Rahmen einer Kündigungsschutzklage erfolgen, wenn 50
sie innerhalb der Mitteilungsfrist zugestellt wird (Schöllmann in HK-MuSchG 6. Aufl. § 17 Rn. 59). Ob im Fall der **Zustellung der Kündigungsschutzklage nach Fristablauf** die rechtzeitige Klageeinreichung gem. **§ 167 ZPO** (analog) für die Fristwahrung ausreichend ist, war bislang **streitig** (vgl. zu § 9 MuSchG a.F. einerseits Nägele/Gertler NZA 2010, 1377, 1378 f und andererseits Gehlhaar NZA-RR 2011, 169, 173; vgl. dazu auch KR/Gallner § 17 MuSchG Rn. 75; sowie Rn. 50 der hiesigen Vorauflage). In seiner Entscheidung vom 24.11.2002 (– 2 AZR 11/22, Rn. 40) hat das BAG aber nunmehr klargestellt, dass **§ 167 ZPO keine Anwendung** findet, wenn die Frau ihre Schwangerschaft dem Arbeitgeber nicht unmittelbar, sondern im Rahmen eines Schriftsatzes in einem Kündigungsschutzprozess mitteilt, weil die Mitteilung gegenüber dem Arbeitgeber zu erfolgen hat. Es hat aber zu Recht betont, dass bei einer dem **Gesetz**

entsprechenden Sachbehandlung eingehender Schriftsätze durch das ArbG gewährleistet ist, dass der Arbeitgeber innerhalb angemessener Frist von der Schwangerschaft Kenntnis erlangt. Hat die Arbeitnehmerin ihre Schwangerschaft in der binnen zwei Wochen nach Kündigung bei Gericht eingereichten Kündigungsschutzklage mitgeteilt und wird diese dem Arbeitgeber erst nach Ablauf der Frist zugestellt, bleibt der Frau der Kündigungsschutz nach § 17 Abs. 1 Satz 2 erhalten, weil dann regelmäßig von einem nicht zu vertretenden Fristversäumnis und einer unverzüglichen Nachholung der Mitteilung auszugehen ist (vgl. zu § 9 a.F.: BAG vom 27.10.1983 EzA § 9 n.F. MuSchG Nr. 24).

f) Unverzügliche Nachholung der Mitteilung bei nicht zu vertretendem Fristversäumnis

51 Hatte der Arbeitgeber im Zeitpunkt des Zugangs der Kündigung keine Kenntnis von der Schwangerschaft, der Fehlgeburt nach der zwölften Schwangerschaftswoche oder der Entbindung der Frau und wurde ihm das auch nicht innerhalb von zwei Wochen nach Zugang der Kündigung mitgeteilt, so bleibt der Kündigungsschutz der Frau gem. § 17 Abs. 1 Satz 2 gleichwohl erhalten, wenn sie die Überschreitung der Frist nicht zu vertreten hat und die Mitteilung unverzüglich nachholt. Um die Nachholungsmöglichkeit der Mitteilung bei nicht zu vertretendem Fristversäumnis wurde die Vorgängernorm des § 9 Abs. 1 Satz 1 a.F. durch das Erste Gesetz zur Änderung des MuSchG vom 3. Juli 1992 (BGBl. I S. 1191) ergänzt. Diese Gesetzesänderung beruhte auf der Rechtsprechung des BVerfG (vom 13.11.1979 EzA § 9 n.F. MuSchG Nr. 17, vom 22.10.1980 AP Nr. 8 zu § 9 MuSchG 1968 und vom 14.7.1981 DB 1981, 1939), wonach es mit **Art. 6 Abs. 4 GG** unvereinbar sei, Arbeitnehmerinnen den besonderen Kündigungsschutz des § 9 Abs. 1 MuSchG zu entziehen, die im Zeitpunkt der Kündigung schwanger gewesen seien, ihren Arbeitgeber darüber unverschuldet nicht innerhalb der Zweiwochenfrist des § 9 Abs. 1 MuSchG unterrichtet hätten, das aber unverzüglich nachgeholt hätten (vgl. dazu auch BAG vom 24.11.2022 – 2 AZR 11/22, Rn. 41; KR/Gallner § 17 MuSchG Rn. 81). Hat die Frau jedoch die Nichteinhaltung der Mitteilungsfrist zu vertreten oder unterlässt sie die unverzügliche Nachholung der zunächst unverschuldet unterbliebenen fristgerechten Mitteilung, dann verliert sie den mutterschutzrechtlichen Kündigungsschutz nach § 17 endgültig. Das ist verfassungsrechtlich nicht zu beanstanden (vgl. zu § 9 a.F. BVerfG vom 25.1.1972 BVerfGE 32, 273; KR/Gallner § 17 MuSchG Rn. 79).

aa) Nicht zu vertretendes Fristversäumnis

52 Maßgeblich dafür, ob die Frau die Versäumung der Frist zu vertreten hat, ist nicht die Regelung des § 276 BGB und der dort im Rahmen der Feststellung der Fahrlässigkeit heranzuziehende normale Sorgfaltsmaßstab, weil eine Rechtspflicht der Frau zur Mitteilung dem Arbeitgeber gegenüber nicht besteht, sondern das Gesetz lediglich eine im Interesse der Frau selbst liegende **Obliegenheit** statuiert (APS/Rolfs 7. Aufl. § 17 MuSchG Rn. 57; vgl. zu § 9 a.F.: BAG vom 6.10.1983 EzA § 9 n.F. MuSchG Nr. 23; Buchner/Becker 8. Aufl. § 9 MuSchG Rn. 135; a.A. Eich DB

1981, 1233). Die Fristenüberschreitung ist daher von der Frau (nur dann) zu vertreten, wenn sie auf einem **gröblichen Verstoß** gegen das von einem verständigen Menschen im eigenen Interesse billigerweise zu erwartenden Verhalten zurückzuführen ist (**Verschulden gegen sich selbst**, vgl. zu § 17 Abs. 1 S. 2 n.F. BAG vom 24.11.2022, – 2 AZR 11/22, Rn. 37 und zu § 9 a.F.: BAG vom 16.5.2002 EzA § 9 n.F. MuSchG Nr. 37; vom 13.6.1996 EzA § 9 n.F. Nr. 34; vgl. ferner KR/Gallner § 17 MuSchG Rn. 84; AR/Vossen § 17 MuSchG Rn. 20; APS/Rolfs 7. Aufl. § 17 MuSchG Rn. 59). Dabei kommt es nicht darauf an, durch welchen Umstand die Frau an der Fristeinhaltung gehindert ist, sondern nur darauf, ob die Fristüberschreitung in diesem Sinne verschuldet oder unverschuldet ist (vgl. zu § 9 a.F. BAG vom 16.5.2002 EzA § 9 n.F. MuSchG Nr. 37; vgl. ferner KR/Gallner 12. Aufl. § 17 MuSchG Rn. 85; APS/Rolfs 7. Aufl. § 17 MuSchG Rn. 58).

Eine zu vertretende Fristüberschreitung ist grundsätzlich dann zu bejahen, wenn die 53
schwangere Frau zum Zeitpunkt der Kündigung **positive Kenntnis von der Schwangerschaft** hat und sie die Mitteilung innerhalb der Zwei-Wochen-Frist unterlässt (vgl. zu § 17 Abs. 1 S. 2 n.F. BAG vom 24.11.2022, – 2 AZR 11/22, Rn. 37 und zu § 9 a.F.: BAG vom 6.10.1983 EzA § 9 n.F. MuSchG Nr. 23; vgl. ferner KR/Gallner § 17 MuSchG Rn. 85; Schöllmann in HK-MuSchG 6. Aufl. § 17 Rn. 64). Etwas anderes gilt allerdings dann, wenn die Frau zwar Kenntnis von ihrer Schwangerschaft hat, aber durch **sonstige Umstände** (z.B. plötzlicher Krankenhausaufenthalt) unverschuldet an der rechtzeitigen Mitteilung verhindert ist (vgl. BAG vom 13.6.1996 EzA § 9 n.F. Nr. 34 zu § 9 a.F.; APS/Rolfs 7. Aufl. § 17 MuSchG Rn. 59; Schöllmann in HK-MuSchG 6. Aufl. § 17 Rn. 65). Einen solchen Umstand hat das BAG (vom 13.6.1996 EzA § 9 n.F. Nr. 34) in einem Fall angenommen, in dem sich die schwangere Arbeitnehmerin zum Zeitpunkt der Kündigung auf einer **Urlaubsreise** befand. In diesem Fall liegt nach seiner Rechtsprechung selbst dann kein Verschulden vor, wenn die Arbeitnehmerin dem Arbeitgeber die ihr bekannte Schwangerschaft entgegen der Sollvorschrift des § 15 Abs. 1 Satz 1 (früher § 5 Abs. 1) nicht vor dem Urlaubsantritt angezeigt hat, sofern sie den Arbeitgeber unverzüglich nach ihrer Rückkehr informiert. Die Frau trägt auch nicht schlechthin das Risiko des rechtzeitigen Zugangs der Schwangerschaftsmitteilung. **Hindernisse bei der Übermittlung**, an denen sie kein Verschulden trifft, können ihr nicht zugerechnet werden (vgl. zu § 17 Abs. 1 S. 2 n.F. BAG vom 24.11.2022, – 2 AZR 11/22, Rn. 41 und zu § 9 a.F.: BAG vom 27.10.1983 EzA § 9 n.F. MuSchG Nr. 24; vgl. ferner KR/Gallner § 17 MuSchG Rn. 85). Kein Verschulden der Frau liegt daher vor, wenn sie die Mitteilung über ihre Schwangerschaft auf dem **üblichen Postweg** an den Arbeitgeber **rechtzeitig versendet** und der Brief aus ungeklärter Ursache verloren geht (vgl. zu § 9 a.F.: BAG vom 16.5.2002 EzA § 9 n.F. MuSchG Nr. 37; vgl. ferner Schöllmann in HK-MuSchG 6. Aufl. § 17 Rn. 65; Just in Tillmanns/Mutschler 2. Aufl. § 17 MuSchG Rn. 37). § 17 Abs. 1 Satz 2 ist auch anwendbar, wenn die Frau erst **kurz vor Ablauf der Mitteilungsfrist** von ihrer Schwangerschaft erfährt (vgl. dazu oben Rdn. 49).

Bei **fehlender Kenntnis** der Frau von ihrer Schwangerschaft ist die Fristüberschreitung 54
regelmäßig unverschuldet (ErfK/Schlachter § 17 MuSchG Rn. 9). Etwas gilt aber dann, wenn die Frau zwar noch keine positive Kenntnis von ihrer Schwangerschaft hat, aber

gleichwohl zwingende Anhaltspunkte gegeben sind, die das Vorliegen einer Schwangerschaft praktisch unabweisbar erscheinen lassen. In einem solchen Fall einer **zwingenden und unabweisbaren Schwangerschaftsvermutung** ist die Frau schon im eigenen Interesse gehalten, dem Arbeitgeber hiervon Mitteilung zu machen und sich durch eine geeignete Untersuchung Gewissheit zu verschaffen (vgl. zu § 17 Abs. 1 S. 2 n.F. BAG vom 24.11.2022, – 2 AZR 11/22, Rn. 37 und zu § 9 a.F.: BAG vom 28.3.1990 EzA § 9 n.F. MuSchG Nr. 28; vom 6.10.1983 EzA § 9 n.F. MuSchG Nr. 23; vgl. ferner KR/Gallner § 17 MuSchG Rn. 85; APS/Rolfs 7. Aufl. § 17 MuSchG Rn. 59; Schöllmann in HK-MuSchG 6. Aufl. § 17 Rn. 64). Nicht ausreichend für den Verschuldensvorwurf ist jedoch das Untätigbleiben der Frau bei einer bloßen mehr oder weniger vagen Schwangerschaftsvermutung (vgl. zu § 17 Abs. 1 S. 2 n.F. BAG vom 24.11.2022, – 2 AZR 11/22, Rn. 37 und zu § 9 a.F.: BAG vom 6.10.1983 EzA § 9 n.F. MuSchG Nr. 23; vgl. ferner KR/Gallner § 17 MuSchG Rn. 85). Es kann der Frau grundsätzlich nicht als Verschulden angerechnet werden, wenn sie nach Ausbleiben ihrer Regelblutung erst eine gewisse Zeit abwartet, um gelegentlich auftretende Zyklusstörungen bzw. Regelverschiebungen auszuschließen (vgl. BAG vom 6.10.1983 EzA § 9 n.F. MuSchG Nr. 23 zu § 9 a.F.; KR/Gallner § 17 MuSchG Rn. 85). Das Ausbleiben zweier Regelblutungen hat das BAG (vom 15.8.1984 BeckRS 04606) demgegenüber als zwingenden Anhaltspunkt für eine Schwangerschaft gewertet (vgl. auch Just in Tillmanns/Mutschler 2. Aufl. § 17 MuSchG Rn. 35). Hat die Frau zwar von der Schwangerschaft Kenntnis, kann sie sich aber nicht sicher sein, ob diese **bereits bei Zugang der Kündigung** bestanden hat, dann hat sie die Verzögerung nicht zu vertreten, die daraus resultiert, dass sie zunächst das Vorliegen einer ärztlichen Schwangerschaftsbestätigung abwartet, aus der sich auch der Zeitpunkt des Schwangerschaftsbeginns ergibt (vgl. LAG Nürnberg vom 17.3.1992 LAGE § 9 MuSchG Nr. 7 zu § 9 a.F.; APS/Rolfs 7. Aufl. § 17 MuSchG Rn. 59). Das hat das BAG jüngst seiner Entscheidung vom 3.4.2025 (2 AZR 156/24) bestätigt: Aus dieser geht hervor, dass die Frau die Fristüberschreitung regelmäßig nicht zu vertreten hat, solange sie keine **Kenntnis vom Beginn der Schwangerschaft** hat. Sie kann daher nach einem positiven Schwangerschaftstest regelmäßig das Ergebnis der frauenärztlichen Untersuchung abwarten, ohne sich dem Verschuldensvorwurf aussetzten zu müssen (vgl. BAG a.a.O, Rn. 31 u. 51). Sie wird allerdings gehalten sein, sich bei einem positiven Schwangerschaftstest unverzüglich um einen Frauenarzttermin zu bemühen (vom BAG a.a.O Rn. 26 angedeutet, aber letztlich offen gelassen).

55 Fraglich ist, ob sich die Frau das **Verschulden Dritter** nach **§ 278 BGB** zurechnen lassen muss. Das kann Fälle betreffen, in denen zur Übermittlung der Mitteilung Dritte (z.B. die Post oder einen Boten) eingeschaltet werden. Dass kann aber auch Fälle betreffen, in denen die Frau aufgrund eines Fremdverschuldens (insbesondere einer Fehldiagnose des behandelnden Arztes; vgl. dazu den Fall des BAG vom 27.10.1983 EzA § 9 n.F. MuSchG Nr. 24) erst nach einiger Verzögerung Kenntnis von ihrer Schwangerschaft erlangt. Das BAG hatte bereits im Hinblick auf § 9 a.F. (vom 27.10.1983 EzA § 9 n.F. MuSchG Nr. 24) die Zurechnung nach § 278 BGB zu Recht mit der Begründung **abgelehnt**, dass § 278 BGB auf bloße Obliegenheiten (vgl. dazu Rdn. 50) weder unmittelbar noch – wenn dies nicht wie § 254 Abs. 2 Satz 2 BGB gesetzlich

ausdrücklich angeordnet wird – entsprechende Anwendung findet (zustimmend auch Schöllmann in HK-MuSchG 6. Aufl. § 17 Rn. 65; in Anlehnung an die vom BAG a.a.O. ausdrücklich abgelehnten Grundsätze der sog versicherungsrechtlichen Repräsentantenhaftung danach differenzierend, ob dem eingeschalteten Dritten eine eigene Einwirkungsmöglichkeit auf die Erfüllung der Obliegenheit eingeräumt ist KR/Gallner § 17 MuSchG Rn. 85 m.w.N.). Das BAG hat in der Entscheidung vom 27.10.1983 (a.a.O.) zu § 9 a.F. außerdem eine Zurechnung des **Verschuldens von Prozessbevollmächtigten** der Arbeitnehmerin im Rahmen eines Kündigungsschutzprozesses nach **§ 85 Abs. 2 ZPO** abgelehnt (auch insoweit zustimmend Schöllmann in HK-MuSchG 6. Aufl. § 17 Rn. 65) und daher keine der Arbeitnehmerin zurechenbare schuldhafte Versäumung der Mitteilungsfrist angenommen, die dadurch zustande kam, dass der Prozessbevollmächtigte der Arbeitnehmerin die dem Arbeitgeber bislang nicht bekannte Schwangerschaft lediglich in der Klageschrift im Kündigungsschutzverfahren mitgeteilt hat und diese nicht rechtzeitig zugestellt wurde, weil er zunächst eine falsche Adresse des beklagten Arbeitgebers angegeben hat (dazu kritisch Brose/Weth/Volk/Volk MuSchG § 17 Rn. 84).

Die Sichtweise zur **Nichtanwendbarkeit der Zurechnungsvorschriften des § 278 BGB und § 85 Abs. 2 ZPO** hat das BAG in seiner Entscheidung vom 24.11.2022 (– 2 AZR 11/22, Rn. 42 ff.) bestätigt. Der Anwendbarkeit dieser Zurechnungsvorschriften würden die aus Art. 6 Abs. 4 GG folgende verfassungsrechtlich gebotene Beschränkung der Verwirkung des mutterschutzrechtlichen Kündigungsschutzes durch Versäumung der Mitteilungsfrist und der unionsrechtliche Effektivitätsgrundsatz entgegenstehen, wonach es schwangeren Arbeitnehmerinnen nicht übermäßig erschwert werden dürfe, ihre Rechte aus der Mutterschutzrichtlinie durchzusetzen. Das BAG hat außerdem ausgeführt, dass es an der für die analoge Anwendung dieser Vorschriften erforderlichen planwidrigen Regelungslücke fehle, weil der Gesetzgeber, dem die langjährige Rechtsprechung des BAG bekannt gewesen sei, bei der Neufassung des Mutterschutzgesetzes im Jahr 2017 keinen Handlungsbedarf für die Schaffung einer Zurechnungsregelung betreffend Verschulden Dritter gesehen habe.

Dem BAG ist bzgl. der Nichtanwendbarkeit des § 278 BGB uneingeschränkt und bzgl. der Nichtanwendbarkeit des § 85 Abs. 2 ZPO im Ausgangspunkt zuzustimmen. *Gallner* (in KR § 17 MuSchG Rn. 85) hat insoweit jedoch zu Recht daraufhin hingewiesen, dass § 5 Abs. 1 S. 2 KSchG dafür spricht, der Arbeitnehmerin Versäumnisse ihres Prozessbevollmächtigten entsprechend § 85 Abs. 2 ZPO zuzurechnen, wenn sie von ihrer Schwangerschaft erst nach Ablauf der Klagefrist des § 4 S. 1 KSchG Kenntnis erlangt hat und den Prozessbevollmächtigten deswegen damit betraut, nachträglich Kündigungsschutzklage zu erheben. Kann sie (nur) auf dieser Grundlage die nachträgliche Zulassung der Klage erwirken, sind ihr daher auch Versäumnisse ihres Prozessbevollmächtigten bei der Mitteilung der Schwangerschaft zuzurechnen (vgl. auch Brose/Weth/Volk/Volk MuSchG § 17 Rn. 84). Im Übrigen ist § 85 Abs. 2 ZPO jedoch nicht anwendbar.

bb) Unverzügliche Nachholung der Mitteilung

56 Hat die Frau die Versäumung der zweiwöchigen Mitteilungsfrist nicht zu vertreten, dann bleibt ihr der Kündigungsschutz nach § 17 Abs. 1 Satz 2, der insoweit mit der Vorgängerregelung des § 9 Abs. 1 Satz 1 Halbs. 2 a.F. übereinstimmt, (nur) erhalten, wenn die Mitteilung unverzüglich nachgeholt wird. **Unverzüglich** ist die nachgeholte Mitteilung nur dann, wenn die Frau den Zugang der Mitteilung von einer bestehenden Schwangerschaft, einer erfolgten Fehlgeburt nach der zwölften Schwangerschaftswoche oder einer erfolgten Entbindung beim Arbeitgeber bzw. seinen empfangszuständigen Repräsentanten (vgl. dazu oben Rdn. 38 ff.) **ohne schuldhaftes Zögern** (§ 121 Abs. 1 Satz 1 BGB) bewirkt (vgl. BAG vom 24.11.2022, – 2 AZR 11/22, Rn. 46). Es wird insoweit weder auf eine Mindestfrist (in deren Grenzen die Verzögerung der Mitteilung als unverschuldet anzusehen ist) noch auf eine Höchstfrist (nach deren Ablauf stets von schuldhaftem Zögern auszugehen ist) abgestellt. Entscheidend sind stets die **besonderen Umstände des Einzelfalls** (BAG vom 20.5.1988 EzA § 9 n.F. MuSchG Nr. 27; KR/Gallner § 17 MuSchG Rn. 86; Schöllmann in HK-MuSchG 6. Aufl. § 17 Rn. 66; Just in Tillmanns/Mutschler 2. Aufl. § 17 MuSchG Rn. 38; AR/Vossen § 17 MuSchG Rn. 21; im Hinblick auf die Prinzipien der Rechtssicherheit und Rechtsklarheit kritisch zur Einzelfallbeurteilung APS/Rolfs 5. Aufl. § 9 MuSchG 1968 Rn. 49). Nach der bisherigen Rechtsprechung des BAG kann regelmäßig ein **Zeitraum von einer Woche** noch als ausreichend für ein unverzügliches Nachholen der Mitteilung angesehen werden (vgl. BAG vom 6.10.1983 EzA § 9 n.F. MuSchG Nr. 23; vom 26.9.2002 EzA § 9 n.F. MuSchG Nr. 38; zustimmend KR/Gallner § 17 MuSchG Rn. 86; Schöllmann in HK-MuSchG 6. Aufl. § 17 Rn. 66; Just in Tillmanns/Mutschler 2. Aufl. § 17 MuSchG Rn. 38; Brose/Weth/Volk/Volk MuSchG § 17 Rn. 83 sowie hier in der Vorauflage). In der Instanzenrechtsprechung werden teilweise längere Zeiträume für ausreichend erachtet (vgl. etwa LAG Hamm vom 17.10.2006 LAGE § 9 MuSchG Nr. 26 und LAG Berlin vom 26.4.1988 LAGE § 9 MuSchG Nr. 8, jeweils 13 Tage; ferner LAG Berlin vom 30.4.1984 DB 1984, 2046, 14 Tage; ArbG Kassel vom 22.2.1980, DB 1980, 790, 9 Tage). Vor dem Hintergrund der oben in Rn. 7 und unten in Rn. 118 näher ausgeführten EuGH-Entscheidungen in den Rechtssachen **Virginie Pontin/T-Comalux SA** (C-284/23) und **TC/Haus Jacobus** (C-284/23), wonach Fristen es der schwangeren Arbeitnehmerinnen **nicht übermäßig erschweren** dürfen, ihre Rechte aus dem Kündigungsverbot des Art. 10 der RL 92/85/EWG durchzusetzen, dürfte es **unionsrechtlich geboten** sein, der Arbeitnehmerin eine **längere Frist als eine Woche** einzuräumen, die wohl auch jedenfalls länger als 15 Tage sein müsste. Vgl. aber Rn.118 zur Sichtweise des BAG zu der vergleichbaren Problematik im Rahmen des § 5 Abs. 1 Satz 2, Abs. 3 KSchG.

Bedient sich die Frau zur nachträglichen Mitteilung eines **Boten oder Vertreters,** kommt es für eine unverzügliche Nachholung darauf an, ob sie hinsichtlich des Boten oder Vertreters ein **Auswahlverschulden** trifft (vgl. BAG vom 24.11.2022, – 2 AZR 11/22, Rn. 46). Das BAG ist a.a.O. von einer unverzüglichen Nachholung ausgegangen bei einer Arbeitnehmerin, der am 6.11 die Kündigung zugegangen ist, der die Schwangerschaft seit 26.11 bekannt war und die sich am 2.12. an ihren Rechtsanwalt gewandt hat, der wiederum am 3.12. beim Arbeitsgericht Kündigungsschutzklage eingereicht und in der Klageschrift die Schwangerschaft erwähnt hat. Das BAG hat betont, dass eine etwaige schuldhafte Verzögerung durch den Rechtsanwalt der Arbeitnehmerin nicht zuzurechnen und damit rechtlich bedeutungslos sei (vgl. dazu bereits oben Rn. 55) und ein Auswahlverschulden der Arbeitnehmerin nicht ersichtlich sei.

4. Gegenstand des Kündigungsverbots

Gegenstand des Kündigungsverbots ist gem. § 17 Abs. 1 Satz 1 die »Kündigung gegenüber einer Frau«. Vom Kündigungsverbot umfasst sind **nur Kündigungen durch den Arbeitgeber i.S.d. § 2 Abs. 1** und nicht auch andere Beendigungstatbestände. Dies gilt auch, soweit nach § 17 Abs. 1 Satz 3 bei Vorbereitungsmaßnahmen des Arbeitgebers im Hinblick auf die Kündigung die Sätze 1 und 2 des § 17 Abs. 1 entsprechend anwendbar sind. Aus dieser Regelung folgt, dass die Kündigung auch dann unzulässig ist, wenn die Kündigung zwar außerhalb der Schutzfristen erfolgt, der Arbeitgeber aber während des Schutzfristen Vorbereitungsmaßnahmen im Hinblick auf die Kündigung der Frau getroffen hat. Gegenstand des Kündigungsverbots ist mithin auch insoweit die Kündigung des Arbeitgebers, es wird lediglich der Schutzzeitraum auf Vorbereitungsmaßnahmen ausgedehnt (str.; siehe dazu Rdn. 61 ff.). Daraus folgt zugleich, dass die Vorbereitungsmaßnahmen selbst nicht behördlich zugelassen werden müssen: § 17 Abs. 2 Satz 1 gilt seinem Wortlaut nach (nur) für »Kündigungen«. § 17 Abs. 1 Satz 3 erklärt lediglich Abs. 1 Satz 1 und 2, nicht dagegen – im Gegensatz zu § 17 Abs. 3 Satz 3 – Absatz 2 Satz 1 für entsprechend anwendbar (str.; vgl. dazu unten Rdn. 66 f. und 72) 57

a) Kündigung des Arbeitgebers

Das Kündigungsverbot erfasst **jede Arbeitgeberkündigung.** Erfasst werden vom Kündigungsverbot sowohl die **ordentliche Kündigung** als auch die **außerordentliche Kündigung** des Arbeitgebers i.S.d. § 2 Abs. 1 Satz 1 bzw. des ihm Gleichgestellten i.S.d. § 2 Abs. 1 Satz 2 (KR/Gallner § 17 MuSchG Rn. 100). Unzulässig ist auch eine (ordentliche oder außerordentliche) **Änderungskündigung,** da auch sie die Beendigung des Arbeitsverhältnisses herbeiführen kann (allg. Ansicht, vgl. etwa BAG 7.4.1970 EzA § 615 BGB Nr. 13 zu § 9 a.F.; KR/Gallner § 17 MuSchG Rn. 106 m.w.N.). Keine Rolle spielt, ob es sich um eine Kündigung des Arbeitgebers während der vereinbarten **Probezeit** bzw. während der **Wartezeit i.S.d. § 1 Abs. 1 KSchG** handelt und ob die Kündigung im Rahmen einer **Massenentlassung,** wegen **Betriebsstillegung** oder im Rahmen eines **Insolvenzverfahrens** (§ 113 InsO lässt den Kündigungsschutz nach § 17 unberührt, es kann allenfalls nach § 113 Satz 2 InsO zur Verkürzung der Kündigungsfrist kommen) ausgesprochen wird (KR/Gallner § 17 MuSchG Rn. 107; Just in Tillmanns/Mutschler 2. Aufl. § 17 MuSchG Rn. 41; Schöllmann in HK-MuSchG 6. Aufl. § 17 Rn. 20) Auch die **Kündigung vor Dienstantritt** (BAG vom 27.2.2020 – 2 AZR 498/19; vgl. dazu oben Rdn. 13) und die sog. **Kampfkündigung** (KR/Gallner § 17 MuSchG Rn. 107; Schöllmann in HK-MuSchG 6. Aufl. § 17 Rn. 20) werden vom Kündigungsverbot erfasst. 58

59 Bei der **außerordentlichen Kündigung** gilt das Kündigungsverbot unabhängig davon, ob sie **fristlos** oder **mit sozialer Auslauffrist** ausgesprochen wird (vgl. zu § 9 a.F. BAG [GS] vom 26.4.1956 EzA § 615 BGB Nr. 1; vom 8.12.1955 AP Nr. 4 zu § 9 MuSchG; KR/Gallner § 17 MuSchG Rn. 108) und unabhängig davon, ob objektiv ein wichtiger Grund i.S.d. § 626 Abs. 1 BGB vorliegt oder nicht: Auch bei Vorliegen eines wichtigen Grundes stellt es grundsätzlich **keine unzulässige Rechtsausübung** der Frau dar, wenn sie sich auf das mutterschutzrechtliche Kündigungsverbot beruft, zumal der Arbeitgeber die Möglichkeit hat, die behördliche Zulassung der Kündigung zu erwirken (KR/Gallner § 17 MuSchG Rn. 110; vgl. zu § 9 a.F.: BAG [GS] vom 26.4.1956 EzA § 615 BGB Nr. 1). Hinsichtlich der in § 626 **Abs. 2 Satz 1 BGB** geregelten zweiwöchigen Ausschlussfrist ist im Hinblick auf das nach § 17 Abs. 2 Satz 1 erforderliche behördliche Zulassungsverfahren an die vom BAG **zu § 103 BetrVG entwickelten Grundsätze** anzuknüpfen (KR/Gallner § 17 MuSchG Rn. 112; Brose/Weth/Volk/Volk MuSchG § 17 Rn. 102; vgl. zu § 9 a.F.: BAG vom 11.9.1979 EzA § 9 n.F. MuSchG Nr. 16; vgl. zu § 103 BetrVG BAG vom 18.8.1977 EzA § 103 BetrVG 1972 Nr. 20). Der Arbeitgeber muss daher die **behördliche Zulässigkeitserklärung innerhalb der Frist des § 626 Abs. 2 Satz 1 BGB beantragen** und die außerordentliche **Kündigung unverzüglich nach der erteilten Zulässigkeitserklärung** erklären (LAG Mecklenburg-Vorpommern vom 15.3.2022 – 5 Sa 122/21; KR/Gallner § 17 MuSchG Rn. 112; Brose/Weth/Volk/Volk MuSchG § 17 Rn. 102; vgl. zu § 9 a.F.: LAG Köln vom 21.1.2000 AiB 2001, 233). Der behördlichen Zulässigkeitserklärung steht der **Wegfall des Zustimmungserfordernisses** gleich. Ab Kenntnis der zum Wegfall des Zustimmungserfordernisses führenden Ereignisse ist die Kündigung unverzüglich auszusprechen, d.h. in der Regel am ersten folgenden Arbeitstag (LAG Mecklenburg-Vorpommern vom 15.3.2022 – 5 Sa 122/21; ErfK/Niemann, § 626 BGB, Rn. 227). Insoweit ist jedoch zu beachten, dass das Ende des Mutterschutzfristen das Zustimmungserfordernis nicht entfallen lässt, wenn die behördliche Zustimmung zur Kündigung während dieser Fristen beantragt wurde, weil es dabei um eine **Vorbereitungshandlung i.S.d. § 17 Abs. 1 Satz 3 MuSchG** handelt (vgl. dazu unten Rn. 70). Da zu den maßgebenden Tatsachen i.S.d. § 626 Abs. 2 Satz 1 BGB auch die **Kenntnis von der Schwangerschaft** gehört, ist die Ausschlussfrist gewahrt, wenn der Arbeitgeber zunächst in Unkenntnis der Schwangerschaft innerhalb der Frist des § 626 Abs. 2 Satz 1 BGB unwirksam kündigt, den Antrag auf Zulässigkeitserklärung aber binnen zwei Wochen ab Kenntnis von der Schwangerschaft stellt (KR/Gallner § 17 MuSchG Rn. 112; Brose/Weth/Volk/Volk MuSchG § 17 Rn. 102; vgl. zu § 9 a.F.: LAG Sachsen-Anhalt vom 13.2.2007 – 11 Sa 409/06).

60 Das Kündigungsverbot greift ein, wenn der **Zugang der Kündigung in den geschützten Zeiträumen** erfolgt (d.h. während der Schwangerschaft gem. § 17 Abs. 1 Satz 1 Nr. 1, bei einer Fehlgeburt nach der zwölften Schwangerschaftswoche gem. § 17 Abs. 1 Satz 1 Nr. 2 bis zum Ablauf von vier Monaten nach der Fehlgeburt und nach der Entbindung gem. § 17 Abs. 1 Satz 1 Nr. 3 während der Schutzfristen des § 3 Abs. 2 n.F., mindestens aber bis zum Ablauf von vier Monaten nach der Entbindung). Auf den **Zeitpunkt des Wirksamwerdens** der Kündigung kommt es nicht an. Geht die Kündigung während eines geschützten Zeitraums zu, ist sie (ohne vorherige behördliche Zulassung) auch dann unwirksam, wenn der Beendigungstermin der Kündigung erst

nach Ablauf dieses Zeitraums liegt (KR/Gallner § 17 MuSchG Rn. 103). Anderseits wird eine **vor Eintritt der Schwangerschaft zugegangene Kündigung** nicht gem. § 17 Abs. 1 unwirksam, wenn der Ablauf der Kündigungsfrist in den Schutzzeitraum fällt (Brose/Weth/Volk/Volk MuSchG § 17 Rn. 21). Geht die Kündigung **erst nach Ablauf der Schutzfristen** zu, ist sie gem. § 17 Abs. 1 Satz 3 (nur dann) unwirksam, wenn die **Maßnahmen zur Vorbereitung der Kündigung** vom Arbeitgeber während der Schutzfristen getroffen wurden (siehe dazu sogleich).

b) Vorbereitungsmaßnahmen des Arbeitgebers

Nach § 17 Abs. 1 Satz 3 gelten die Sätze 1 und 2 »*entsprechend für Vorbereitungsmaßnahmen des Arbeitgebers, die er im Hinblick auf die Kündigung der Frau trifft*«. Durch den Verweis auf die Sätze 1 und 2 soll nach dem Willen des Gesetzgebers »deutlich gemacht« werden, dass eine **Kündigung nach Ablauf der Schutzfristen unwirksam** ist, wenn die **Vorbereitungen in den in Satz 1 bezeichneten Zeiträumen getroffen** worden sind (vgl. die Begründung des Regierungsentwurfs zur gleichlautenden Entwurfsfassung des § 16 Abs. 1 Satz 3, BT-Drucks. 18/8963, S. 88). 61

aa) Unionsrechtlicher Hintergrund der Regelung

Nach der Begründung des Regierungsentwurfs zur gleichlautenden Entwurfsfassung 62 des § 16 Abs. 1 Satz 3 dient diese neu eingeführte Regelung der **Klarstellung im Sinne der Rechtsprechung des EuGH** in der Sache »**Paquay**« vom 11.10.2007 (NZA 2007, 1271 = EzA EG-Vertrag 1999 Richtlinie 92/85 Nr. 2; vgl. BT-Drucks. 18/8963, S. 88). In dieser Entscheidung hat der EuGH zu Art. 10 der Mutterschutzrichtlinie 92/85/EWG erkannt, *»dass Art. 10 der Richtlinie 92/85 dahin auszulegen ist, dass er nicht nur die Mitteilung einer auf der Schwangerschaft und/oder der Geburt eines Kindes beruhenden Kündigungsentscheidung während der in Nr. 1 dieser Vorschrift vorgesehenen Schutzzeit verbietet, sondern auch untersagt, dass vor Ablauf dieser Zeit Maßnahmen in Vorbereitung einer solchen Entscheidung getroffen werden« (vgl. EuGH a.a.O.* Rn. 38). Demgegenüber war nach der **Vorgängerregelung des § 9 a.F.** allein maßgeblich, ob die Kündigung des Arbeitgebers in dem jeweiligen Schutzzeitraum zugegangen ist. Ist die Kündigung erst nach Ablauf der Schutzfristen zugegangen, unterfiel sie nach herrschender Ansicht nicht dem Kündigungsverbot. Das galt selbst dann, wenn die Kündigungserklärung noch während der Schutzfristen abgegeben wurde (vgl. zu § 9 a.F.: APS/Rolfs 5. Aufl. § 9 MuSchG 1968 Rn. 60; KR/Gallner § 17 MuSchG Rn. 101 m.w.N.; a.A. LAG Düsseldorf vom 11.5.1979 EzA § 9 n.F. MuSchG Nr. 19 mit kritischer Anm. Buchner). Infolge der Paquay-Entscheidung des EuGH wurde allerdings bereits zu § 9 a.F. vertreten, dass dieser richtlinienkonform dahin auszulegen ist, dass es auf den Zeitpunkt des Zugangs der Kündigung dann nicht ankommt, wenn die Kündigungsentscheidung oder die Maßnahmen zur Vorbereitung der Kündigung innerhalb der Schutzfristen erfolgt sind (vgl. KR/Gallner 11. Aufl. § 9 MuSchG Rn. 89; vgl. auch Buchner/Becker 8. Aufl. § 9 MuSchG Rn. 163, die allerdings noch einen »Handlungsspielraum« für die nationalen Gerichte sehen, soweit die nationalen Schutzfristen des § 9 a.F. über die unionsrechtlichen Schutzfristen des Art. 8 Abs. 1 der RL 92/85/EWG hinausgehen). Dass während der Schutzfristen getroffene Vorbereitungsmaßnahmen des Arbeitgebers das Kündigungsverbot auslösen, hat der Gesetzgeber nunmehr in § 17 Abs. 1 Satz 3 »klargestellt«.

63 Unter welchen Voraussetzungen von einer **Vorbereitungsmaßnahme i.S.d. § 17 Abs. 1 Satz 3** auszugehen ist, hat der Gesetzgeber allerdings nicht näher definiert, sondern er hat in der Begründung des Regierungsentwurfs nur die Paquay-Entscheidung des EuGH (vom 11.10.2007 NZA 2007, 1271 = EzA EG-Vertrag 1999 Richtlinie 92/85 Nr. 2 Rn. 33) auszugsweise zitiert (vgl. BT-Drucks 18/8963, S. 88). Die **Entscheidungsgründe des EuGH** sind daher bei der Auslegung des Begriffs der Vorbereitungsmaßnahme i.S.d. § 17 Abs. 1 Satz 3 zu berücksichtigen.

Der Entscheidung des EuGH lag ein Fall zu Grunde, in dem die nationalen (belgischen) Kündigungsschutzbestimmungen vorsahen, dass der Arbeitgeber bis einen Monat nach Ende des Mutterschaftsurlaubs keine Handlung vornehmen darf, die darauf gerichtet ist, das Arbeitsverhältnis einseitig zu beenden. Der Arbeitgeber hatte die Arbeitnehmerin erst nach Ablauf eines Monats nach dem Ende des Mutterschaftsurlaubs gekündigt. Er hatte aber während des Mutterschaftsurlaubs in Kenntnis der Schwangerschaft der Arbeitnehmerin zwei Stellenanzeigen veröffentlicht, in denen er die Stelle der Arbeitnehmerin ausschrieb und eine Ersatzkraft für sie suchte. Das vorlegende Gericht wollte vom EuGH u.a. wissen, ob Art. 10 der Richtlinie 92/85 dahin auszulegen ist, »*dass er nur die Mitteilung einer Kündigung während der in Nr. 1 dieser Vorschrift vorgesehenen Schutzzeit verbietet, oder verbietet er es auch, vor Ablauf der Schutzzeit die Entscheidung über eine Kündigung zu treffen und die endgültige Ersetzung einer Arbeitnehmerin vorzubereiten?*« (vgl. EuGH a.a.O. Rn. 25).

Der EuGH betont in seiner Entscheidung zunächst (a.a.O. Rn. 21, 22), dass unstreitig sei, dass der Arbeitgeber im Zeitpunkt der ersten Anzeige von der Schwangerschaft wusste und dass die zweite Anzeige »*bestätigt, dass die Gesellschaft die Absicht hatte, die Klägerin endgültig zu ersetzen, und dass die entsprechende Entscheidung während ihrer Schwangerschaft getroffen wurde*«. Der EuGH verweist im Rahmen seiner Begründung auf den **Schutzzweck der RL 92/85 EWG** (a.a.O. Rn. 27 und 30) sowie auf seine Rechtsprechung in der Sache McKenna (vom 8.9.2005 EzA Art. 141 EG-Vertrag 1999 Nr. 18), wonach mit den **gemeinschaftsrechtlichen Vorschriften über die Gleichheit von Männern und Frauen** im Bereich der Rechte von schwangeren Frauen oder Wöchnerinnen das Ziel verfolgt werde, Arbeitnehmerinnen vor und nach der Niederkunft zu schützen (EuGH vom 11.10.2007 [Paquay] EzA EG-Vertrag 1999 Richtlinie 92/85 Nr. 2 Rn. 28). Im Weiteren führt er (a.a.O. Rn. 33 f) aus, dass angesichts der mit der Richtlinie 92/85 EWG und insbesondere der mit ihrem Art. 10 verfolgten Ziele festzustellen sei, dass das Verbot der Kündigung von Schwangeren, Wöchnerinnen und stillenden Frauen während der Schutzzeit **nicht auf die Mitteilung der Kündigungsentscheidung beschränkt** sei. Der Schutz, der den genannten Arbeitnehmerinnen durch diese Bestimmung gewährt werde, schließe sowohl aus, dass eine Kündigungsentscheidung getroffen wird, als auch, dass Vorbereitungen für eine Kündigung getroffen werden, wie etwa die Suche und Planung eines endgültigen Ersatzes für die betroffene Angestellte aufgrund der Schwangerschaft und/oder der Geburt eines Kindes. Ein

Arbeitgeber, der beschließe, eine schwangere Arbeitnehmerin, Wöchnerin oder stillende Arbeitnehmerin aufgrund ihres Zustands zu ersetzen, und der von dem Moment an, in dem er von der Schwangerschaft Kenntnis erhalte, konkrete Schritte zur Ersetzung der Arbeitnehmerin unternehme, verfolge genau das Ziel, das durch die Richtlinie 92/85 verboten sei, nämlich die Kündigung einer Arbeitnehmerin aufgrund ihrer Schwangerschaft oder der Geburt eines Kindes.

Hervorzuheben ist zunächst, dass der EuGH das Kündigungsverbot (abermals) nicht 64 nur vor dem Hintergrund der von der RL 92/85 EWG bezweckten **Verbesserung der Sicherheit und des Gesundheitsschutzes** von schwangeren Arbeitnehmerinnen, Wöchnerinnen und stillenden Arbeitnehmerinnen am Arbeitsplatz auslegt, sondern auch den Zusammenhang mit dem **Verbot der geschlechtsbezogenen Diskriminierung** betont, was dadurch untermauert wird, dass er (a.a.O. Rn. 37) hinsichtlich der Beweislast ausdrücklich Bezug nimmt auf Art. 4 Abs. 1 der RL 97/80/EG des Rates vom 15. Dezember 1997 über die Beweislast bei Diskriminierung aufgrund des Geschlechts (insoweit mittlerweile abgelöst durch Art. 19 Abs. 1 der RL 2006/54/EG vom 5.7.2006 zur Verwirklichung des Grundsatzes der Chancengleichheit und Gleichbehandlung von Männern und Frauen in Arbeits- und Beschäftigungsfragen). Der EuGH stellt damit erneut heraus, dass das durch Art. 10 der RL 92/85 EWG geregelte Kündigungsverbot nicht nur den Gesundheitsschutz bezweckt, sondern auch den Schutz vor der Diskriminierung wegen des Geschlechts (vgl. auch EuGH vom 11.10.2010 [Danosa] EzA Richtlinie 92/85 EG-Vertrag 1999 Nr. 5; siehe dazu auch Rn. 8).

Inhaltlich spiegelt sich die Anknüpfung an das Diskriminierungsverbot darin wider, dass der EuGH in seinen Ausführungen nicht nur an **objektive Umstände** anknüpft – Maßnahmen zur Vorbereitung der Kündigung, die vom Arbeitgeber während der Schutzfristen getroffen wurden – sondern auch **subjektive Kriterien** hervorhebt: Er betont die Kenntnis des Arbeitgebers von der Schwangerschaft (vgl. EuGH vom 11.10.2007 [Paquay] EzA EG-Vertrag 1999 Richtlinie 92/85 Nr. 2 Rn. 34) und hebt darauf ab, dass dieser frauenspezifische Zustand der Grund dafür ist, dass er die Arbeitnehmerin endgültig ersetzen will (vgl. a.a.O. Rn. 33 und 34).

Im Schrifttum wird daraus z.T. abgeleitet, dass unzulässige Vorbereitungsmaßnahmen nur solche Handlungen sind, die eine **auf der Schwangerschaft und/oder der Geburt eines Kindes beruhende Kündigung** vorbereiten sollen. Demgegenüber seien Maßnahmen zur Vorbereitung einer »schwangerschaftsunabhängigen« Kündigung stets zulässig (in diesem Sinne KR/Gallner § 17 MuSchG Rn. 102; Schöllmann in HK-MuSchG 6. Aufl. § 17 Rn. 24; Evermann NZA 2018, 550, 554 ff.; wohl auch Brose/Weth/Volk/Volk MuSchG § 17 Rn. 172).

Dies ist jedoch **nicht überzeugend**. Zunächst lässt sich der Paquay-Entscheidung des EuGH nicht entnehmen, ob eine solche geschlechtsbezogene Benachteiligungsabsicht zwingend Voraussetzung dafür ist, dass Maßnahmen zur Vorbereitung einer Kündigung das Kündigungsverbot auslösen können. Dagegen spricht, dass auch mit einer Kündigung, die nicht aufgrund der Schwangerschaft der Betroffenen vorbereitet und ausgesprochen wurde, die Gesundheitsgefahren einhergehen können, vor denen das unionsrechtliche Kündigungsverbot nach ständiger EuGH-Rechtsprechung die werdende Mutter schützen soll.

Jedenfalls nach § 17 Abs. 1 Satz 3 ist eine **geschlechtsbezogene Benachteiligungsabsicht nicht erforderlich**. Es fallen darunter nicht nur Vorbereitungsmaßnahmen, die sich auf Kündigungen beziehen, **die auf der Schwangerschaft und/oder der Geburt eines Kindes beruhen**. Satz 3 ordnet die **entsprechende Anwendbarkeit der Sätze 1 und 2 des § 17 Abs. 1** uneingeschränkt an. Das Kündigungsverbot greift daher auch ein, wenn dem Arbeitgeber die Schwangerschaft (bzw. die Fehlgeburt nach der zwölften Schwangerschaftswoche oder die Entbindung) zum Kündigungszeitpunkt und damit auch zum Zeitpunkt der getroffenen Vorbereitungsmaßnahmen noch **unbekannt** war, sie ihm aber entsprechend § 17 Abs. 1 Satz 1 binnen zwei Wochen nach dem Zugang der Kündigung mitgeteilt wurde bzw. die Mitteilung bei unverschuldeter Fristversäumung unverzüglich entsprechend § 17 Abs. 1 Satz 2 nachgeholt wird. Es ist daher weder Voraussetzung, dass der Arbeitgeber die Vorbereitungsmaßnahmen in Kenntnis der Schwangerschaft trifft, noch dass er sie aufgrund der Schwangerschaft trifft. Ein diskriminierender Charakter der Kündigungsentscheidung bzw. der Vorbereitungsmaßnahmen ist nicht erforderlich (vgl. auch Rdn. 41). Sollte der Gesetzgeber damit über die unionsrechtlichen Vorgaben hinausgegangen sein, wird man § 17 Abs. 1 Satz 3 schon deshalb nicht entsprechend eingeschränkt auslegen können, weil die **ausdrücklich angeordnete entsprechende Anwendung des § 17 Abs. 1 Satz 2** dann praktisch leer liefe.

Dem berechtigten Anliegen, die grundrechtlich gem. Art. 12 GG und Art. 16 GRCh geschützte **unternehmerische Freiheit des Arbeitgebers** nicht weiter einzuschränken, als mutterschutzrechtlich geboten (vgl. Schöllmann in HK-MuSchG 6. Aufl. § 17 Rn. 23), lässt sich richtlinienkonform dadurch Rechnung tragen, dass als Verbotsgegenstand lediglich die Kündigung und nicht auch die Vorbereitungsmaßnahme selbst angesehen wird (vgl. dazu Rdn. 66 f.).

65 Der Paquay-Entscheidung des EuGH ist auch nicht eindeutig zu entnehmen, ob die **Kündigungsentscheidung während der Schutzfristen schon (endgültig) gefallen** sein muss, d.h. ob sich der Arbeitgeber in dieser Zeit schon entschlossen haben muss, die geschützte Frau zu kündigen (das »Ob« der Kündigung also feststeht) und die von Vorbereitungsmaßnahmen dann der Umsetzung dieser Entscheidung (dem »Wie«) dienen oder ob auch Maßnahmen im Schutzzeitraum den Kündigungsschutz auslösen, die zur **Vorbereitung der Kündigungsentscheidung selbst** dienen, also zur Entscheidung darüber, ob der geschützten Frau überhaupt gekündigt werden soll. Die Formulierung der Beantwortung der Vorlagefrage (vgl. EuGH vom 11.10.2007 [Paquay] EzA EG-Vertrag 1999 Richtlinie 92/85 Nr. 2 Rn. 38: Es ist untersagt, »... *dass vor Ablauf dieser Zeit Maßnahmen in Vorbereitung einer solchen Entscheidung getroffen werden*«) spricht dafür, dass auch Maßnahmen zur Vorbereitung der Kündigungsentscheidung im Schutzzeitraum den Kündigungsschutz auslösen können. Zu berücksichtigen ist allerdings, dass die Vorlagefrage (a.a.O. Rn. 26) ausdrücklich einen Fall betrifft, bei dem der Arbeitgeber im Schutzzeitraum bereits eine endgültige Kündigungsentscheidung getroffen hatte. Zu berücksichtigen ist ferner, dass der EuGH (a.a.O. Rn. 22)

betont, »*dass die Gesellschaft die Absicht hatte, die Klägerin endgültig zu ersetzen, und dass die entsprechende Entscheidung während ihrer Schwangerschaft getroffen wurde*« und dass er als relevante Vorbereitungshandlungen solche ansieht, die auf die »*Suche und Planung eines endgültigen Ersatzes*« gerichtet sind (a.a.O. Rn. 33) bzw. »*konkrete Schritte zur Ersetzung der Arbeitnehmerin*« darstellen (a.a.O. Rn. 34). Daraus wird man schließen können, dass sich der Arbeitgeber im Schutzzeitraum **zumindest dazu entschlossen** haben muss, sich von der Frau (ggf. einseitig durch Ausspruch einer Kündigung) **endgültig zu trennen** und er **zum Zwecke der Umsetzung der Trennungsabsicht vorbereitende Maßnahmen** trifft (zustimmend NK-ArbR/Boecken, 2. Aufl. § 17 MuSchG Rn. 53; insoweit ähnlich auch BeckOK ArbR/Dahm MuSchG § 17 Rn. 44; Evermann NZA 2018, 550, 551). Die »Mitteilung der Kündigungsentscheidung« außerhalb des Schutzzeitraums ist dann der Vollzug der bereits im Schutzzeitraum vom Arbeitgeber beschlossenen und vorbereiteten endgültigen Trennung. Für eine abschließende Klärung dieser Frage wird aber ggf. der EuGH im Rahmen des Vorabentscheidungsverfahrens gem. Art. 267 AEUV anzurufen sein.

Schließlich stellt sich die Frage nach dem **Verbotsgegenstand** in diesen Fällen. Klar ist, dass jedenfalls die **Kündigung selbst** unzulässig ist, wenn sie innerhalb der Schutzfristen vorbereitet wurde (das entspricht auch dem Verständnis des Gesetzgebers, vgl. die Begründung des Regierungsentwurfs zur gleichlautenden Entwurfsfassung des § 16 Abs. 1 Satz 3, BT-Drucks. 18/8963, S. 88). Fraglich ist, ob auch die **Vorbereitungsmaßnahme als solche** – im Fall des EuGH also die Suche nach einer Ersatzkraft – unzulässig ist. Der EuGH (a.a.O. Rn. 38) spricht in seiner Beantwortung der Vorlagefrage davon, dass »*... auch untersagt [ist], dass vor Ablauf dieser Zeit Maßnahmen in Vorbereitung einer solchen Entscheidung getroffen werden.*« Das könnte dafürsprechen, dass er die Vorbereitungsmaßnahme als solche für unzulässig hält. Dieses Verständnis dürfte aber – insbesondere im Hinblick auf die nach Art. 16 GRCh primärrechtlich geschützte **unternehmerische Freiheit des Arbeitgebers** – zu weit gehen. Es hätte zur Konsequenz, dass eine Maßnahme, die vom Arbeitgeber in der Absicht getroffen wird, die geschützte Frau zu kündigen, auch dann unzulässig wäre, wenn die Kündigung später unterbleibt. Außerdem wäre nicht klar, welche Rechtsfolgen die Unzulässigkeit der Maßnahme hätte. Um es an einem Beispiel zu verdeutlichen: Sucht der Arbeitgeber, der sich von der geschützten Frau endgültig trennen will, eine Ersatzkraft und kommt die Frau der Kündigung des Arbeitgebers zuvor, weil sie in Unkenntnis der Absicht des Arbeitgebers aus freien Stücken kündigt, soll dann wirklich die Suche des Arbeitgebers nach der Ersatzkraft »unzulässig« gewesen sein und welche Folgen hätte das? Wohl kaum die Unwirksamkeit der Einstellung der Ersatzkraft. Schließlich müsste dann konsequenterweise die Möglichkeit bestehen, die Vorbereitungsmaßnahmen (bei mehreren Vorbereitungsmaßnahmen jede einzelne?) in nicht mit dem geschützten Zustand der Frau zusammenhängenden Ausnahmefällen zuzulassen (der EuGH weist a.a.O. in Rn. 36 ausdrücklich auf die Möglichkeit der Zulassung der Kündigung in solchen Fällen hin). Die Rechtsprechung des EuGH dürfte daher anders zu verstehen sein. Der EuGH macht deutlich, dass es im Hinblick auf das Kündigungsverbot keinen Unterschied machen kann, ob die Kündigungsentscheidung vor oder nach Ablauf der Schutzfrist »mitgeteilt« wurde, wenn sie während der Schutzfristen getroffen und vor- 66 bereitet wurde. Er sieht die Kündigungsentscheidung, die Vorbereitung der Kündigung und die Mitteilung der Kündigungsentscheidung offenbar als einen zusammenhängenden unzulässigen Vorgang an. Daraus folgt, dass die Vorbereitungsmaßnahmen nur dann für das Kündigungsverbot relevant werden, wenn sie tatsächlich zu einer Kündigung der geschützten Frau führen. Dann aber ist dem Schutzzweck Genüge getan, wenn die Kündigung (und nicht auch die Maßnahmen zu ihrer Vorbereitung als solche) unzulässig und damit unwirksam ist. **Gegenstand des Kündigungsverbots** ist mithin auch insoweit allein die **Kündigung des Arbeitgebers**, es wird lediglich der **Schutzzeitraum auf Vorbereitungsmaßnahmen** ausgedehnt (wie hier wohl auch Brose/Weth/Volk/Volk MuSchG § 17 Rn. 91; Schöllmann in HK-MuSchG 6. Aufl. § 17 Rn. 23). Dadurch wird gewährleistet, dass die nach Art. 16 GRCh primärrechtlich geschützte **unternehmerische Freiheit des Arbeitgebers** nicht weiter eingeschränkt wird, als es mutterschutzrechtlich geboten ist.

bb) Inhalt der Regelung

67 Durch den Verweis auf die Sätze 1 und 2 soll nach dem Willen des Gesetzgebers »deutlich gemacht« werden, dass eine Kündigung nach Ablauf der Schutzfristen unwirksam ist, wenn die Vorbereitungen in den in Satz 1 bezeichneten Zeiträumen getroffen worden sind (vgl. die Begründung des Regierungsentwurfs zur gleichlautenden Entwurfsfassung des § 16 Abs. 1 Satz 3, BT-Drucks. 18/8963, S. 88). **Gegenstand des Kündigungsverbots** ist daher auch insoweit – trotz des missverständlichen Wortlauts der Regelung – (nur) die **Kündigung des Arbeitgebers und nicht Vorbereitungsmaßnahme selbst**; es wird »lediglich« der Schutzzeitraum auf Vorbereitungsmaßnahmen ausgedehnt. Dies ist richtlinienkonform und geboten, um zu gewährleisten, dass die grundrechtlich gem. Art. 12 GG und Art. 16 GRCh geschützte unternehmerische Freiheit des Arbeitgebers nicht weiter eingeschränkt wird, als es mutterschutzrechtlich notwendig ist (vgl. Rdn. 64).

Daraus folgt, dass die Vorbereitungsmaßnahmen selbst **nicht der behördlichen Zulassung** bedürfen. § 17 Abs. 2 Satz 1 gilt seinem Wortlaut nach (nur) für »Kündigungen«. § 17 Abs. 1 Satz 3 erklärt lediglich Abs. 1 Satz 1 und 2, nicht dagegen – im Gegensatz zu § 17 Abs. 3 Satz 3 – Absatz 2 Satz 1 für entsprechend anwendbar (a.A. BeckOK ArbR/Dahm MuSchG § 17 Rn. 50; vgl. auch unten Rdn. 72).

Daraus folgt auch, dass das behördliche Zustimmungserfordernis für eine noch auszusprechende Kündigung nicht – wie bisher (vgl. VG Frankfurt vom 16.11.2001 NZA-RR 2001, 638) – automatisch mit dem Ablauf der Schutzfrist nach der Entbindung entfällt. Wurden die Vorbereitungsmaßnahmen im Hinblick auf die Kündigung während der Schutzzeiträume des § 17 Abs. 1 Satz 1 getroffen, dann bleibt die Kündigung auch nach Ablauf der Schutzfristen zulassungspflichtig (vgl. Rdn. 68 u. 104).

68 Es muss sich nach § 17 Abs. 1 Satz 3 um **Vorbereitungsmaßnahmen im Hinblick auf die Kündigung** handeln. Erforderlich ist nach dem hier (Rdn. 63) zu Grunde gelegten Verständnis der Paquay-Entscheidung des EuGH (vom 11.10.2007 zA EG-Vertrag 1999 Richtlinie 92/85 Nr. 2), dass der Arbeitgeber sich **im Schutzzeitraum bereits dazu entschieden bzw. die Absicht gefasst** (und nicht nur erwogen) hat, sich von der

Frau – ggf. einseitig durch Ausspruch einer Kündigung – **endgültig zu trennen** und die Vorbereitungsmaßnahmen des Arbeitgebers der Umsetzung dieser Absicht dienen. Die Maßnahmen müssen mit anderen Worten **zielgerichtet auf die Beendigung des Beschäftigungsverhältnisses der geschützten Frau** sein (insoweit ebenso Brose/Weth/Volk/Volk MuSchG § 17 Rn. 142; BeckOK ArbR/Dahm MuSchG § 17 Rn. 44; Just in Tillmanns/Mutschler 2. Aufl. § 17 MuSchG Rn. 47; Bayreuther NZA 2017, 1145; NK-ArbR/Boecken, 2. Aufl. 2023, MuSchG § 17 Rn. 53; dazu kritisch Schöllmann in HK-MuSchG 6. Aufl. § 17 Rn. 23). Maßnahmen, die erst der **Vorbereitung der Entscheidung** darüber dienen, ob der Frau überhaupt gekündigt werden soll bzw. ob sich der Arbeitgeber überhaupt von ihr endgültig trennen will oder nicht (z.B. die Befragung der Frau oder von Zeugen zur Aufklärung eines möglichen Kündigungssachverhalts), sind grundsätzlich keine Vorbereitungsmaßnahmen i.S.d. § 17 Abs. 1 Satz 3 (zustimmend NK-ArbR/Boecken, 2. Aufl. 2023, MuSchG § 17 Rn. 53; im Ergebnis auch KR/Gallner § 17 MuSchG Rn. 102; BeckOK ArbR/Dahm MuSchG § 17 Rn. 49). Dies erscheint auch geboten, um einer sonst drohenden uferlosen Ausdehnung des Kündigungsschutzes entgegen zu wirken.

Nicht erforderlich ist demgegenüber, dass eine **auf der Schwangerschaft und/oder der Geburt eines Kindes beruhende Kündigung vorbereitet** wird. § 17 Abs. 1 Satz 3 erklärt Satz 1 und Satz 2 uneingeschränkt für entsprechend anwendbar. Daraus folgt, dass weder Voraussetzung ist, dass der Arbeitgeber die Vorbereitungsmaßnahmen in Kenntnis der Schwangerschaft trifft, noch dass er sie aufgrund der Schwangerschaft trifft (str., vgl. dazu oben Rdn. 64).

Vorbereitungsmaßnahmen sind danach zunächst solche **tatsächlichen Maßnahmen**, 69
die der Arbeitgeber trifft, um **die Stelle der Frau endgültig** (also dauerhaft und nicht nur vorübergehend) **neu zu besetzen oder zu streichen**. Das können beispielsweise sein – wie in der Paquay-Entscheidung des EuGH (vom 11.10.2007 EzA EG-Vertrag 1999 Richtlinie 92/85 Nr. 2) – die Suche einer dauerhaften (»endgültigen«) **Ersatzkraft** im Rahmen von **Stellenanzeigen** oder die **Fremdvergabe** (»Outsourcing«) der Tätigkeiten, die die Arbeitnehmerin bislang ausgeübt hat (vgl. auch ErfK/Schlachter § 17 MuSchG, Rn. 10; Brose/Weth/Volk/Volk MuSchG § 17 Rn. 141; BeckOK ArbR/Dahm MuSchG § 17 Rn. 44; KR/Gallner § 17 MuSchG Rn. 102). Vorbereitungsmaßnahmen idS. sind auch Maßnahmen, die auf die **Stilllegung des Betriebs bzw. des Betriebsteils** gerichtet sind, in dem die Frau beschäftigt wird, wenn der Arbeitgeber nicht willens oder in der Lage ist, die Frau anderweitig weiter zu beschäftigen (zustimmend NK-ArbR/Boecken, 2. Aufl. 2023, MuSchG § 17 Rn. 55). In diesem Zusammenhang wird man regelmäßig bei solchen Maßnahmen Vorbereitungsmaßnahmen i.S.d. § 17 Abs. 1 Satz 3 annehmen dürfen, die im Sinne der BAG-Rechtsprechung zur betriebsbedingten Kündigung wegen Betriebsstilllegung belegen, dass die Stilllegungsabsicht **greifbare Formen** angenommen hat (vgl. dazu etwa BAG vom 18.1.2001 EzA § 1 KSchG Betriebsbedingte Kündigung Nr. 109; vom 14.3.2013 EzA § 1 KSchG Betriebsbedingte Kündigung Nr. 174 Rn. 26 f; APS/Kiel 7. Aufl. § 1 KSchG Rn. 480 m.w.N.). Vorbereitungsmaßnahmen können daher insbesondere der Abschluss eines **Interessenausgleichs** und **Sozialplans** sein (ebenso KR/Gallner § 17 MuSchG Rn. 102; Brose/Weth/Volk/Volk MuSchG § 17 Rn. 144; Schöllmann in HK-MuSchG

6. Aufl. § 17 Rn. 25; NK-ArbR/Boecken, 2. Aufl. 2023, MuSchG § 17 Rn. 55; a.A. BeckOK ArbR/Dahm MuSchG § 17 Rn. 45; Evermann NZA 2018, 550, 554: nur bei Interessenausgleich mit Namensliste; Just in Tillmanns/Mutschler 2. Aufl. § 17 MuSchG Rn. 47). Auch der **dauerhafte Entzug ihrer Aufgaben** und die **dauerhafte Umverteilung** der bisherigen Tätigkeiten der Frau auf andere Mitarbeiter können Vorbereitungsmaßnahmen i.S.d. § 17 Abs. 1 Satz 3 sein. Sucht der Arbeitgeber dagegen nur eine Ersatzkraft, die als Schwangerschaftsvertretung befristet eingestellt werden soll oder dient die Umverteilung ihrer Aufgaben nur dazu, den Ausfall der schwangeren Frau bis zu ihrer Rückkehr zu kompensieren, handelt es sich um keine Vorbereitungsmaßnahmen, weil diese nicht auf die endgültige Neubesetzung bzw. endgültige Streichung der Stelle der Frau gerichtet sind. Handelt es sich um bei der geschützten Frau um ein Organmitglied einer juristischen Person, kann auch die **Abberufung nach § 38 GmbHG oder nach § 84 Abs. 3 AktG** eine Vorbereitungsmaßnahme in diesem Sinne sein (vgl. unten Rdn. 74).

70 Vorbereitungsmaßnahmen i.S.d. § 17 Abs. 1 Satz 3 sind außerdem Maßnahmen, die darauf gerichtet sind, **die rechtlichen Voraussetzungen** für die Kündigungserklärung zu schaffen oder ihren Zugang bei der Frau zu bewirken, die also die rechtliche Vorbereitung, Umsetzung oder den Vollzug der Kündigungsentscheidung betreffen. Das betrifft beispielsweise die **Anhörung des Betriebs- oder Personalrats** (ebenso KR/Gallner § 17 MuSchG Rn. 102; Brose/Weth/Volk/Volk MuSchG § 17 Rn. 145 Schöllmann in HK-MuSchG 6. Aufl. § 17 Rn. 25; Oberthür/Stähler ArbRB 2017, 179, 181; Benkert NJW-Spezial 2017, 562; ErfK/Schlachter § 17 MuSchG Rn. 10; BeckOK ArbR/Dahm MuSchG § 17 Rn. 47; NK-ArbR/Boecken, 2. Aufl. 2023, MuSchG § 17 Rn. 54), die **Beantragung der Zustimmung des Integrationsamts zur Kündigung** einer schwerbehinderten Beschäftigten nach den §§ 168 ff. SGB IX (ebenso KR/Gallner § 17 MuSchG Rn. 102; Brose/Weth/Volk/Volk MuSchG § 17 Rn. 145; ErfK/Schlachter § 17 MuSchG Rn. 10; BeckOK ArbR/Dahm MuSchG § 17 Rn. 47; APS/Rolfs 7. Aufl. § 17 MuSchG, Rn. 24; NK-ArbR/Boecken, 2. Aufl. 2023, MuSchG § 17 Rn. 54; Oberthür/Stähler ArbRB 2017, 179, 181), die **Beteiligung der Schwerbehindertenvertretung** nach § 178 Abs. 2 Satz 3 SGB IX (ebenso KR/Gallner § 17 MuSchG Rn. 102; Brose/Weth/Volk/Volk MuSchG § 17 Rn. 145; BeckOK ArbR/Dahm MuSchG § 17 Rn. 47; NK-ArbR/Boecken, 2. Aufl. 2023, MuSchG § 17 Rn. 54); die Beantragung der Zustimmung des Betriebsrats und das ggf. anschließende gerichtliche Zustimmungsersetzungsverfahren nach **§ 103 BetrVG** (ebenso ErfK/Schlachter § 17 MuSchG Rn. 10; BeckOK ArbR/Dahm MuSchG § 17 Rn. 47; Benkert NJW-Spezial 2017, 562) oder das Betreiben des **Anzeige- und Konsultationsverfahrens bei geplanten Massenentlassungen** gem. **§ 17 KSchG** (zustimmend NK-ArbR/Boecken, 2. Aufl. 2023, MuSchG § 17 Rn. 54; vgl. auch Schöllmann in HK-MuSchG 6. Aufl. § 17 Rn. 24; BeckOK ArbR/Dahm MuSchG § 17 Rn. 48; KR/Gallner § 17 MuSchG Rn. 102).

Um eine Vorbereitungsmaßnahme idS. handelt es sich auch bei der **Abgabe der Kündigungserklärung**, sodass das Kündigungsverbot auch dann eingreift, wenn der Arbeitgeber das Kündigungsschreiben vor Ablauf der Schutzfrist zur Post gibt und es erst danach zugeht (zustimmend NK-ArbR/Boecken, 2. Aufl. 2023, MuSchG § 17 Rn. 54; vgl. auch APS/Rolfs 7. Aufl. § 17 MuSchG, Rn. 23).

Soweit *Rolfs* (in APS 7. Aufl. § 17 MuSchG, Rn. 74) darauf verweist, dass nicht als Vorbereitungsmaßnahme untersagt sein kann, dass der Arbeitgeber während der Schutzfrist einen **Antrag auf Zulassung der Kündigung nach Absatz 2** stellt, weil Kündigungszulassung unionsrechtlich durch Art. 10 r. 1 RL 92/85/EG abgesichert sei, ist das zwar zutreffend. Das gilt nach der hier vertretenen Ansicht umso mehr, als § 17 Abs. 1 Satz 3 ohnehin nicht dazu führt, dass die Vorbereitungsmaßnahme als solche verboten ist, sondern unzulässig (nur) die durch sie vorbereitete Kündigung ist (vgl. Rdn. 66 u. 67). Das ändert aber nichts daran, dass der Antrag auf behördliche Zulassung der Kündigung nach § 17 Abs. 2 Satz 1 eine Vorbereitungsmaßnahme im Hinblick auf die zuzulassende Kündigung ist, die das Kündigungsverbot auslöst, wenn der Antrag während der Schutzzeiträume nach § 17 Abs. 1 Satz 1 gestellt wird. Wird die Kündigung allerdings in dem Verfahren zugelassen, dann entfällt dieses Kündigungsverbot. Die Einstufung des Zulassungsantrags als kündigungsvorbereitende Maßnahme i.S.d. § 17 Abs. 1 Satz 3 hat eine **besondere Auswirkung** auf das Zulassungsverfahren: Bislang wurde davon ausgegangen, dass das **Rechtsschutzbedürfnis im Zulassungsverfahren** mit Ablauf der Schutzfrist nach der Entbindung entfällt, weil es einer behördlichen Zustimmung nach dem MuSchG ab diesem Zeitpunkt nicht mehr bedarf (vgl. VG Frankfurt vom 16.11.2001 NZA-RR 2001, 638; APS/Rolfs 5. Aufl. § 9 MuSchG 1968, Rn. 118; vgl. auch hier Rdn. 104). Das lässt sich so nicht mehr aufrechterhalten. Sieht man den während der Schutzfristen des § 17 Abs. 1 Satz 1 gestellten Zulassungsantrag als relevante Vorbereitungsmaßnahme i.S.d. § 17 Abs. 1 Satz 3 an, dann bedarf die Kündigung auch nach Ablauf der Schutzfristen der behördlichen Zulassung, sodass das Rechtsschutzbedürfnis weiterhin besteht. Fraglich ist in diesem Zusammenhang, ob der Arbeitgeber mit der Kündigung zuwarten muss, bis ihm – ggf. auf dem Verwaltungsrechtsweg (vgl. Rdn. 107) – die Zulassung erteilt wird oder ob er den Zulassungsantrag zurücknehmen kann und im Anschluss daran eine Kündigung ohne erneutes Zulassungsverfahren aussprechen darf. Die Beantwortung dieser Frage hängt davon ab, ob man das durch Rücknahme des Antrags beendete Zulassungsverfahren als Vorbereitungsmaßnahme auch im Hinblick auf die danach ausgesprochene Kündigung ansehen muss. Dies ist zu verneinen. Die erst nach der Rücknahme des Zulassungsantrags ausgesprochene Kündigung ist gerade nicht durch den Zulassungsantrag vorbereitet worden. Das Kündigungsverbot greift dann nur, wenn im Hinblick auf die ausgesprochene Kündigung während der Schutzfristen des § 17 Abs. 1 Satz 1 andere kündigungsvorbereitende Maßnahmen getroffen wurden.

Entsprechendes gilt für das **behördliche Zulassungsverfahren nach § 18 Abs. 1 BEEG.** Wird etwa die sich in Elternzeit befindliche Frau während des Zulassungsverfahrens nach § 18 Abs. 1 BEEG erneut schwanger, löst dies (auch) den Kündigungsschutz nach § 17 Abs. 1 aus, sodass für die Kündigung – neben der Zulassung nach § 18 Abs. 1 BEEG – auch eine behördliche Zulassung nach § 17 Abs. 2 Satz 1 erforderlich ist (vgl. dazu auch unten Rdn. 115). Die Einordnung des Zulassungsverfahrens nach § 18 Abs. 1 BEEG als Vorbereitungsmaßnahme i.S.d. § 17 Abs. 1 Satz 3 hat nach der hier vertretenen Auffassung zwar nicht zur Folge, dass das Verfahren § 18 Abs. 1 BEEG unzulässig ist bzw. wird (insoweit a.A. VG Darmstadt vom 26.3.2012 – 5 K 1830/11. DA, jurionRS 2012, 4148, welches angenommen hat, dass ein Verfahren auf Zulässigkeitserklärung nach § 18 Abs. 1 BEEG als unzulässige Vorbereitungsmaßnahme für die Dauer der Mutterschutzfrist einzustellen ist, wenn für die Kündigung kein besonderer Grund i.S.d. § 9 Abs. 3 a.F. – nunmehr § 17 Abs. 2 – vorliegt). Es hat aber zur Folge, dass das Rechtsschutzbedürfnis im Zulassungsverfahren nach § 17 Abs. 2 Satz 1 nicht – wie bislang nach § 9 Abs. 3 a.F. – mit Ablauf der Schutzfrist nach der Entbindung entfällt, weil die **behördliche Zulassung nach § 17 Abs. 2 Satz 1 gem. § 17 Abs. 1 Satz 3 weiterhin erforderlich** bleibt, wenn die Zulassung der Kündigung nach § 18 Abs. 1 BEEG innerhalb der Schutzfristen des § 17 Abs. 1 Satz 1 beantragt wurde.

Die **Anhörung der Arbeitnehmerin zur Vorbereitung einer Verdachtskündigung** ist zwar ggf. darauf gerichtet, die rechtlichen Voraussetzungen für die Verdachtskündigung zu schaffen. Sie ist aber dann **keine Vorbereitungsmaßnahme**, wenn der Arbeitgeber im Zeitpunkt der Anhörung noch nicht zur Kündigung entschlossen ist, sondern diese Entscheidung vom Verlauf bzw. dem Ergebnis der Anhörung abhängig machen will. Vorbereitungsmaßnahmen liegen erst vor, wenn sich der Arbeitgeber nach der Anhörung dazu entschließt, eine Verdachtskündigung auszusprechen (ebenso KR/Gallner § 17 MuSchG Rn. 102; NK-ArbR/Boecken, 2. Aufl. 2023, MuSchG § 17 Rn. 54; BeckOK ArbR/Dahm MuSchG § 17 Rn. 44; a.A. Evermann NZA 2018, 550, 551 f).

Keine Vorbereitungsmaßnahme i.S.d. § 17 Abs. 1 Satz 3 ist auch die **Abmahnung** (ebenso Brose/Weth/Volk/Volk MuSchG § 17 Rn. 147; KR/Gallner § 17 MuSchG Rn. 102; ErfK/Schlachter § 17 MuSchG Rn. 10; BeckOK ArbR/Dahm MuSchG § 17 Rn. 44; Evermann NZA 2018, 550, 551). Die Abmahnung ist zwar – bei Anwendbarkeit des KSchG bzw. bei einer außerordentlichen Kündigung – regelmäßig Wirksamkeitsvoraussetzung für eine verhaltensbedingte Kündigung (vgl. dazu etwa KR// Krumbiegel § 626 BGB Rn. 270 ff. und KR/Rachor 13. Aufl. § 1 KSchG Rn. 435). Sie ist aber nicht auf die Beendigung des Arbeitsverhältnisses gerichtet, sondern soll beim Arbeitnehmer künftige Vertragstreue bewirken (ständige Rechtsprechung des BAG, vgl. etwa vom 11.7.2013 EzA § 1 KSchG Verhaltensbedingte Kündigung Nr. 83 Rn. 20 m.w.N.), d.h. sie soll das Arbeitsverhältnis möglichst »retten«. Außerdem liegt im Ausspruch einer Abmahnung in der Regel sogar der konkludente Verzicht auf das Recht zur Kündigung aus den in ihr gerügten Gründen (BAG vom 13.5.2015 EzA § 626 BGB 2002 Nr. 50 Rn. 33; vom 26.11.2009 EzA § 611 BGB 2002 Abmahnung Nr. 5; KR/Krumbiegel § 626 BGB Rn. 294)

Das **betriebliche Eingliederungsmanagement** hat zwar durchaus Kündigungsrelevanz im Hinblick auf eine krankheitsbedingte Kündigung (vgl. dazu KR/Rachor § 1 KSchG Rn. 343 ff.). Es dient aber der Erhaltung des Arbeitsplatzes (vgl. § 167 Abs. 2 Satz 1 a.E. SGB IX) und stellt daher keine Vorbereitungsmaßnahme i.S.d. § 17 Abs. 1 Satz 3 dar. Das Gleiche gilt für das **Präventionsverfahren nach § 167 Abs. 1 SGB IX.** (ebenso KR/Gallner § 17 MuSchG Rn. 102).

Erfasst werden nur Maßnahmen zur Vorbereitung einer Kündigung und nicht auch Maßnahmen zur Vorbereitung **anderer Beendigungstatbestände**, wie z.B. Aufhebungsverträge (NK-ArbR/Boecken, 2. Aufl. 2023, MuSchG § 17 Rn. 56).

Die Vorbereitungsmaßnahmen müssen **vom Arbeitgeber** (zum Begriff Rdn. 38) **während des jeweiligen Schutzzeitraums** (d.h. während der Schwangerschaft entsprechend § 17 Abs. 1 Satz 1 Nr. 1, bei einer Fehlgeburt nach der zwölften Schwangerschaftswoche entsprechend § 17 Abs. 1 Satz 1 Nr. 2 bis zum Ablauf von vier Monaten nach der Fehlgeburt und nach der Entbindung entsprechend § 17 Abs. 1 Satz 1 Nr. 3 während der Schutzfristen des § 3 Abs. 2 n.F., mindestens aber bis zum Ablauf von vier Monaten nach der Entbindung) getroffen werden. Dabei muss der Arbeitgeber (bzw. sein kündigungsberechtigter Vertreter, vgl. Rdn. 39) die Maßnahmen nicht selbst treffen, sondern er kann auch Dritte dazu beauftragen (z.B. einen »Headhunter« zur Suche einer Ersatzkraft). 71

Da § 17 Abs. 1 Satz 3 die **entsprechende Geltung von Satz 1 und 2** anordnet, ist Voraussetzung des Kündigungsschutzes bei Vorbereitungsmaßnahmen weiter, dass der Arbeitgeber im Zeitpunkt der Kündigung Kenntnis von der Schwangerschaft, der Fehlgeburt nach der zwölften Schwangerschaftswoche oder der Entbindung hatte oder ihm diese Umstände binnen zwei Wochen nach Zugang der Kündigung mitgeteilt werden (§ 17 Abs. 1 Satz 1, Halbsatz 2 Alt. 1 und 2 entsprechend; vgl. Rdn. 36 ff. und 43 ff.; zustimmend NK-ArbR/Boecken, 2. Aufl. 2023, MuSchG § 17 Rn. 60). Wird die Zwei-Wochen-Frist nicht eingehalten, bleibt der Kündigungsschutz gleichwohl bestehen, wenn die Frau die Überschreitung der Frist nicht zu vertreten hat und die Mitteilung unverzüglich nachholt (§ 17 Abs. 1 Satz 2 entsprechend; vgl. Rdn. 51 ff.). Maßgeblicher Zeitpunkt ist auch hier der Zeitpunkt des Zugangs der Kündigung (und **nicht der Zeitpunkt der Vornahme der Vorbereitungshandlung**, da nicht diese, sondern die Kündigung verboten ist [vgl. Rdn. 66, 67] und die Vorbereitungsmaßnahme der Frau auch nicht notwendigerweise »zugehen« muss.). Es ist somit weder erforderlich, dass der Arbeitgeber im Zeitpunkt der Vorbereitungsmaßnahme von der Schwangerschaft, der Fehlgeburt oder der Entbindung Kenntnis hat, noch dass diese Umstände Beweggrund dafür sind, dass der Arbeitgeber Vorbereitungsmaßnahmen im Hinblick auf die Kündigung trifft. Insoweit geht das Gesetz u.U. über die Vorgaben des EuGH hinaus (str., vgl. oben Rdn. 64). 72

c) Abberufung von Organmitgliedern juristischer Personen

Gem. § 1 Abs. 2 Satz 1 n.F. i.V.m. § 7 Abs. 1 SGB IV können auch weibliche Organmitglieder juristischer Personen unter den Anwendungsbereich des MuSchG und damit unter den Anwendungsbereich des mutterschutzrechtlichen Kündigungsverbots fallen. Hintergrund der Neuregelung des persönlichen Anwendungsbereichs ist die Rechtsprechung des EuGH, der in der Sache Danosa erkannt hat, dass Arbeitnehmerin Sinne der Mutterschutz-RL 92/85 EWG (auch) ein Mitglied der Unternehmensleitung einer Kapitalgesellschaft ist, das gegen Entgelt Leistungen gegenüber der Gesellschaft erbringt, die es bestellt hat und in die es eingegliedert ist, das seine Tätigkeit nach der Weisung oder unter der Aufsicht eines anderen Organs der Gesellschaft ausübt und das jederzeit ohne Einschränkungen abberufen werden kann (EuGH vom 11.10.2010 EzA Richtlinie 92/85 EG-Vertrag 1999 Nr. 5; vgl. zum unionsrechtlichen Arbeitnehmerbegriff auch EuGH vom 9.7.2015 [Balkaya] EzA Richtlinie 98/59 EG-Vertrag 1999 Nr. 7 zur Massenentlassungs-RL 98/59 EG; APS/Rolfs 73

7. Aufl. § 17 MuSchG Rn. 14). Die Rechtsprechung des EuGH hat den Gesetzgeber dazu veranlasst, im Rahmen der Regelung des persönlichen Anwendungsbereichs des MuSchG nicht mehr auf den Arbeitnehmerbegriff abzustellen, sondern auf den Beschäftigtenbegriff i.S.d. § 7 Abs. 1 SGB IV (KR/Gallner § 17 MuSchG Rn. 38). Damit sollen insbesondere auch **Fremdgeschäftsführerinnen und Minderheiten-Gesellschafter-Geschäftsführerinnen einer GmbH** erfasst werden, soweit diese aufgrund ihrer persönlichen Abhängigkeit unter den Beschäftigtenbegriff nach § 7 SGB IV fallen (vgl. die Begründung des Regierungsentwurfs zur unverändert gebliebenen Entwurfsfassung des § 1 Abs. 2 Satz 1, BT-Drucks. 18/8963, S. 49; vgl. ferner oben Rdn. 15).

Bei Organen juristischer Personen ist im deutschen Recht nach der sog. **Trennungstheorie** materiell-rechtlich zu unterscheiden zwischen der Bestellung zum Organ der juristischen Person (**Organverhältnis**) und dem schuldrechtlichen Vertragsverhältnis, das der Bestellung zu Grunde liegt (**Anstellungsverhältnis**). Aus der rechtlichen Trennung von Organ- und Anstellungsverhältnis folgt grundsätzlich, dass beide Rechtsverhältnisse rechtlich selbstständig nebeneinander stehen (vgl. etwa BAG vom 25.10.2007 EzA § 14 KSchG Nr. 8 Rn. 15; BGH vom 28.10.2002 EzA § 628 BGB 2002 Nr. 2; Kruse/Stenslik NZA 2013, 596, 597 m.w.N.). Die Bestellung zum Organ folgt den für die jeweilige juristische Person geltenden gesellschaftsrechtlichen Regelungen (der Geschäftsführer einer GmbH etwa wird durch Mehrheitsbeschluss der Gesellschafter gem. §§ 46 Nr. 5, 47 GmbHG bestellt). Durch die Bestellung als solche wird noch keine schuldrechtliche Beziehung zwischen der juristischen Person und dem Geschäftsführer begründet. Die Anstellung erfolgt durch bürgerlich-rechtlichen Dienstvertrag, der regelmäßig als freier Dienstvertrag und nicht als Arbeitsvertrag anzusehen ist (vgl. ErfK/Preis § 611a BGB Rn. 88 f.; Kruse/Stenslik NZA 2013, 596, 597 jeweils m.w.N.).

Da der persönliche Anwendungsbereich des MuSchG bei **Fremdgeschäftsführerin einer GmbH** in aller Regel eröffnet ist (vgl. Rdn. 14 sowie § 1 Rdn. 28), unterliegt die Beendigung des Anstellungsverhältnisses durch die **Kündigung des Dienstvertrags** unabhängig davon dem Kündigungsverbot des § 17 Abs. 1, ob es sich beim Dienstvertrag um einen freien Dienstvertrag oder ausnahmsweise um einen Arbeitsvertrag handelt (Brose/Weth/Volk/Volk MuSchG § 17 Rn. 150; vgl. auch APS/Rolfs 7. Aufl. § 17 MuSchG, Rn. 78).

74 Fraglich ist jedoch, ob auch der zur Beendigung des Organverhältnisses führende **Widerruf der Bestellung** der Frau zur Geschäftsführerin nach **§ 38 Abs. 1 GmbhG** dem mutterschutzrechtlichen Kündigungsverbot unterliegt. Insoweit ist zu berücksichtigen, dass der EuGH in der Danosa-Entscheidung vom 11.10.2010 (EzA Richtlinie 92/85 EG-Vertrag 1999 Nr. 5 Rn. 74) im Hinblick auf den weiblichen Vorstand einer lettischen Aktiengesellschaft erkannt hat, dass Art. 10 der Richtlinie 92/85 dahin auszulegen ist, dass er einer nationalen Regelung, nach der die Abberufung eines Mitglieds der Unternehmensleitung einer Kapitalgesellschaft ohne Einschränkung zulässig ist, entgegensteht, wenn eine schwangere Arbeitnehmerin im Sinne dieser Richtlinie betroffen ist und die ihr gegenüber ergangene Abberufungsentscheidung im Wesentlichen auf ihrer Schwangerschaft beruht. Vor dem Hintergrund, dass das lettische Recht in

einer dem deutschen Rechtssystem vergleichbaren Weise zwischen Anstellungsvertrag und Organstellung differenziert (vgl. die Darstellung des lettischen Rechts bei EuGH a.a.O. Rn. 13 ff.; ferner Oberthür NZA 2011, 253, 257) wird im Schrifttum überwiegend davon ausgegangen, dass sich das unionsrechtliche Kündigungsverbot nicht nur auf das zivilrechtliche Anstellungsverhältnis erstreckt, sondern auch auf den gesellschaftsrechtlichen Bestellungsakt (vgl. ErfK/Schlachter § 17 MuSchG Rn. 6; BeckOK ArbR/Dahm MuSchG § 17 Rn. 7; Kruse/Stenslik NZA 2013, 596, 597; Oberthür NZA 2011, 253, 257; Fischer NJW 2011, 2329, 2331; Junker NZA 2011, 950, 951). Daraus wird allerdings nicht die Konsequenz gezogen, dass das nationale mutterschutzrechtliche Kündigungsverbot richtlinienkonform dahin auszulegen ist, dass eine »Kündigung« im Sinne des Verbots auch bei einem Widerruf der Geschäftsführerbestellung vorliegt (dies ausdrücklich verneinend APS/j 5. Aufl. § 16 MuSchG 2017 Rn. 31). Daraus wird vielmehr teilweise gefolgert, dass **§ 38 Abs. 1 GmbHG**, der vorsieht, dass die Bestellung zum Geschäftsführer jederzeit widerruflich ist, **unangewendet bleiben** müsse, wenn der Widerruf auf der Schwangerschaft der Geschäftsführerin beruhe. Die Möglichkeit einer richtlinienkonformen Auslegung des § 38 Abs. 1 GmbHG dahin gehend, dass der Widerruf in Anlehnung an § 9 Abs. 3 a.F./§ 17 Abs. 2 n.F. in Fällen zulässig ist, in denen die Abberufung der Frau nicht mit ihrer Schwangerschaft in Zusammenhang steht, wird von dieser Ansicht nachdrücklich bezweifelt (Oberthür NZA 2011, 253, 257; Junker NZA 2011, 950, 951). Demgegenüber gehen andere Stimmen davon aus, dass § 38 Abs. 1 GmbHG **richtlinienkonform** dahin **auszulegen** ist, dass der Widerruf der Bestellung der geschützten Frau zur Geschäftsführerin nur zulässig ist, wenn er aus einem Grund erfolgt, der nicht mit dem Zustand der Geschäftsführerin in der Schwangerschaft, nach der Entbindung oder (nunmehr auch) nach einer Fehlgeburt nach der zwölften Schwangerschaftswoche in Zusammenhang steht. Dabei wird angenommen, dass der Widerruf keiner behördlichen Zulassung i.S.d. § 9 Abs. 3 Satz 1 a.F. – nunmehr § 17 Abs. 2 Satz 1 – bedarf. Dies sei durch das Unionsrecht nicht geboten, weil nach Art. 10 Nr. 1 RL 92/85/EG die zuständige Behörde nur »gegebenenfalls«, also nur dann, wenn das nationale Recht dies bestimmt, ihre Zustimmung erteilen muss (Schöllmann in HK-MuSchG 6. Aufl. § 17 Rn. 24; Rn. 21; APS/Rolfs 7. Aufl. § 17 MuSchG Rn. 80; Kruse/Stenslik NZA 2013, 596, 597). Es wird auch die Behördenzuständigkeit für die Abberufung i.S.d. § 38 Abs. 1 GmbHG verneint (Junker NZA 2011, 950, 951). Schließlich wird unter Hinweis darauf, dass der Bestand des Dienstverhältnisses von der Abberufung grundsätzlich nicht berührt werde, weil das rechtlich selbstständige Anstellungsverhältnis trotz Abberufung der Dienstvertrag fortbestehe, vertreten, dass das **Kündigungsverbot auf das Anstellungsverhältnis beschränkt** sei. Bestehe der Dienstvertrag fort, sei ein ausreichender Schutz der Frau gewährleistet und ein Abberufungsverbot wegen des damit verbundenen starken Eingriffs in die Gesellschaftsorganisation nicht gerechtfertigt (Reufels/Molle NZA-RR 2011, 281, 283 f.; Altmeppen in Roth/Altmeppen GmbHG 8. Aufl. § 38 Rn. 32; vgl. auch Baur GWR 2010, 586).

Bemerkenswert ist in diesem Zusammenhang, dass sich zu dieser Frage weder in der Begründung zur Entwurfsfassung des § 16 (BT-Drucks. 18/8963) noch in der Begründung der Beschlussempfehlung zur verabschiedeten Fassung des § 17 (BT-

Drucks. 18/11782) – trotz der wiederholten Bezugnahmen auf die Danosa-Rechtsprechung des EuGH (vgl. z.B. BT-Drucks. 18/8963, S. 38) – Stellungnahmen finden (vgl. auch APS/Rolfs 7. Aufl. § 17 MuSchG Rn. 78). Gleichwohl ist davon auszugehen, dass der Gesetzgeber im Rahmen des Gesetzes zur Neuregelung des Mutterschutzrechts vom 23. Mai 2017 (BGBl. I, 1228) nicht von den unionsrechtlichen Vorgaben und ihrer Interpretation durch den EuGH abweichen wollte. Im Gegenteil wird aus den Gesetzesmaterialien deutlich, dass er die unionsrechtlichen Vorgaben, insbesondere durch die Mutterschutzrichtlinie 92/85/EWG, beachten wollte (vgl. z.B. BT-Drucks. 18/8963, S. 33). Das Kündigungsverbot des § 17 ist daher im Lichte der Mutterschutzrichtlinie und der dazu ergangenen Rechtsprechung des EuGH auszulegen. Der EuGH geht in der Danosa-Entscheidung (a.a.O. Rn. 62) ohne Weiteres davon aus, dass der Abberufungsbeschluss der Gesellschaft eine Kündigung i.S.d. Art. 10 der Richtlinie ist. Allerdings unterscheidet er nicht ausdrücklich zwischen dem Organ – und dem Anstellungsverhältnis. Vielmehr geht er offenbar davon aus, dass mit der Abberufung der Frau ihr Ausscheiden aus der Gesellschaft verbunden ist (vgl. EuGH a.a.O. Rn. 67). Aus diesem Grund ist es nicht unionsrechtlich geboten, den bloßen Widerruf der Geschäftsführerbestellung gem. § 38 GmbHG als Kündigung im Sinne des mutterschutzrechtlichen Kündigungsverbots anzusehen. Dieses greift nur dann ein, wenn die Frau aus der Gesellschaft ausscheiden und somit auch das Anstellungsverhältnis mit der Frau beendet werden soll. Damit ist grundsätzlich **nur die Kündigung des Anstellungsverhältnisses**, nicht aber die Abberufung im Organverhältnis eine Kündigung i.S.d. § 17 Abs. 1 Satz 1. Auch eine einschränkende Auslegung des § 38 Abs. 1 GmbHG ist daher nicht erforderlich. Etwas anderes gilt allerdings dann, wenn eine **Kopplungsklausel** vorliegt (vgl. dazu Tschöpe/Wortmann NZG 2009, 85, 86), nach der das Anstellungsverhältnisses mit dem Widerruf der Geschäftsführerbestellung endet (zutreffend Reufels/Molle NZA-RR 2011, 281, 284). Der Widerruf kann außerdem noch auf andere Weise für das Kündigungsverbot relevant werden: Will sich die Gesellschaft von der Geschäftsführerin trennen, dann ist der Widerruf ihrer Bestellung ggf. eine **Vorbereitungsmaßnahme i.S.d. § 17 Abs. 1 Satz 3** (so auch Brose/Weth/Volk/Volk MuSchG § 17 Rn. 151). Das bedeutet, dass eine erst nach Ablauf der Schutzzeiträume des § 17 Abs. 1 Satz 1 erklärte Kündigung des Anstellungsverhältnisses ohne vorherige behördliche Zulassung nichtig ist, wenn der Widerruf der Geschäftsführerbestellung während der Schutzzeiträume erfolgt ist (vgl. Rdn. 59 ff.). Dieses Verständnis von § 17 und von § 38 Abs. 1 GmbHG trägt dem Schutzweck des mutterschutzrechtlichen Kündigungsverbot Rechnung, ohne übermäßig in die Organisationshoheit der GmbH einzugreifen.

Entsprechendes gilt für den **Vorstand einer AG**, sofern dieser unter den Anwendungsbereich des MuSchG fällt (vgl. dazu § 1 Rdn. 29 sowie Kruse/Stenslik NZA 2013, 596, 601; APS/Rolfs 7. Aufl. § 17 MuSchG, Rn. 29 m.w.N.). Da auch hier die Trennungstheorie gilt (vgl. MüKoAktG/Spindler 4. Aufl. § 84 Rn. 10), unterfällt die **Abberufung nach § 84 Abs. 3 AktG**, die anders als der Widerruf der Geschäftsführerbestellung nur aus wichtigem Grund möglich ist, als solche grundsätzlich nicht dem mutterschutzrechtlichen Kündigungsverbot, sondern nur die Kündigung des Anstellungsverhältnisses. Die Abberufung kann aber eine **Maßnahme zur Vorbereitung** der Kündigung des Anstellungsverhältnisses i.S.d. § 17 Abs. 1 Satz 3 sein.

Zu beachten ist, dass für für GmbH-Geschäftsführerinnen sowie Vorstandsmitglieder von Aktiengesellschaften seit 2021 (Gesetz vom 7.8.2021, BGBl. I S. 3311) die Möglichkeit einer »**Mandatspause**« besteht. § 38 Abs. 3 GmbHG bzw. § 84 Abs. 3 AktG eröffnen ihnen, wenn mindestens ein weiterer Geschäftsführer bestellt ist bzw. der Vorstand aus mehreren Personen besteht, das Recht, die Gesellschafterversammlung bzw. den Aufsichtsrat um den Widerruf ihrer Bestellung zu ersuchen, wenn sie wegen Mutterschutz, Elternzeit, der Pflege eines Familienangehörigen oder Krankheit ihren mit der Bestellung verbundenen Pflichten vorübergehend nicht nachkommen können. Macht eine Geschäftsführerin bzw. ein Vorstandsmitglied von diesem Recht im Fall des Mutterschutzes Gebrauch, muss die Gesellschafterversammlung bzw. der Aufsichtsrat die Bestellung dieser Geschäftsführerin bzw. dieses Vorstandsmitglieds widerrufen und dabei die Wiederbestellung nach Ablauf des Zeitraums der in § 3 genannten Schutzfristen zusichern (vgl. hierzu APS/Rolfs 7. Aufl. § 17 MuSchG Rn. 75a mwN). Einer behördlichen Zustimmung gem. § 17 Abs. 2 bedarf es für diesen von der Frau gewollten (vorübergehenden) Widerruf ihrer Bestellung nicht (zutreffend APS/Rolfs a.a.O.). Es handelt sich dabei auch nicht um eine Vorbereitungsmaßnahme iSd. § 17 Abs. 1 Satz 3.

d) Andere Beendigungstatbestände

Das Kündigungsverbot erfasst – wie die Vorgängerregelung des § 9 a.F. – **ausschließlich Arbeitgeberkündigungen**. Das gilt auch im Fall des § 17 Abs. 1 Satz 3: Gegenstand des Kündigungsverbots ist auch insoweit allein die Kündigung des Arbeitgebers, es wird lediglich der Schutzzeitraum auf Vorbereitungsmaßnahmen ausgedehnt (vgl. Rdn. 65). Gegen **sonstige Beendigungstatbestände** begründet das MuSchG keinen Bestandsschutz (vgl. zu § 9 a.F.: BAG vom 23.10.1991 EzA § 9 n.F. MuSchG Nr. 29 zur bühnentariflichen Nichtverlängerungsmitteilung; LAG Mecklenburg-Vorpommern vom 16.3.2021 – 5 Sa 295/20; KR/Gallner § 17 MuSchG Rn. 176; APS/Rolfs 7. Aufl. § 17 MuSchG Rn. 82; Brose/Weth/Volk/Volk MuSchG § 17 Rn. 108). Das gesetzliche Kündigungsverbot dient auch nicht dem Zweck, der werdenden Mutter oder Wöchnerin einen Arbeitsplatz zu verschaffen. Es soll lediglich einen bereits bestehenden Arbeitsplatz erhalten (BAG vom 27.11.1956 EzA § 4 a.F. MuSchG Nr. 1; KR/Gallner § 17 MuSchG Rn. 176). Etwas anderes ergibt sich auch nicht aus **Art. 10 der RL 92/85/EWG**. Dieser bezieht sich nicht nur nach seinem deutschen Wortlaut ausschließlich auf die **einseitige Beendigung** eines wirksamen Arbeitsverhältnisses durch Erklärung des Arbeitgebers (KR/Gallner § 17 MuSchG Rn. 176; APS/Rolfs 7. Aufl. § 17 MuSchG Rn. 82). 75

aa) Lossagung vom nichtigen Arbeitsvertrag

Ist der Arbeitsvertrag nichtig, so entsteht – soweit er vollzogen wird – ein sog. **faktisches Arbeitsverhältnis** ohne rechtliche Bindung. Zu seiner Beendigung bedarf es keiner Kündigung; es kann von jeder Partei zu jeder Zeit **durch einseitige Erklärung** 76

mit sofortiger Wirkung beendet werden, ohne dass der Erklärung Kündigungscharakter beizumessen ist (sog. Lossagungsrecht; allg. Ans.; vgl. BAG vom 7.12.1961, DB 1962, 242; vom 19.12.1966 DB 1967, 644; vom 27.7.2010 EzA § 4 BBiG 2005 Nr. 1; ErfK/Preis § 611a BGB Rn. 145 ff.; KR/Gallner § 17 MuSchG Rn. 177; Brose/Weth/Volk/Volk MuSchG § 17 Rn. 109). § 17 ist daher **auf die Lossagungserklärung nicht anwendbar** (Schöllmann in HK-MuSchG 6. Aufl. § 17 Rn. 68; KR/Gallner § 17 MuSchG Rn. 177 f.).

In diesem Zusammenhang ist zu beachten, dass ein gegen **mutterschutzrechtliche Beschäftigungsverbote** (§§ 4–6, 16 n.F. bzw. §§ 3, 4 und 8 a.F.) verstoßender Arbeitsvertrag **nicht gem. § 134 BGB nichtig** sein kann. Nach der früheren Rechtsprechung des BAG sollte eine solche Nichtigkeit zwar grds. eintreten, es sei denn, es konnte noch mit einer Ausnahmegenehmigung nach § 8 Abs. 6 a.F. gerechnet werden. Eine Ausnahme sollte ferner dann gelten, wenn das Arbeitsverhältnis zumindest teilweise, d.h. in einem zeitlich eingeschränkten Umfang, durchgeführt werden konnte (vgl. BAG vom 6.10.1962 EzA § 119 BGB Nr. 1; vom 8.9.1988 EzA § 8 MuSchG Nr. 1; KR/Gallner § 17 MuSchG Rn. 179). Diese Rechtsprechung ist jedoch aus unionsrechtlichen Gründen nicht mehr haltbar (vgl. KR/Gallner § 17 MuSchG Rn. 179; APS/Rolfs 7. Aufl. § 17 MuSchG Rn. 83): In der Sache Habermann-Beltermann hat der EuGH bereits am 5.5.1994 (EzA § 8 MuSchG Nr. 3) zur RL 76/207/EWG (in Bezug auf die Diskriminierung wegen des Geschlechts inzwischen durch die RL 2006/54/EG abgelöst) entschieden, dass es das **geschlechtsbezogene Diskriminierungsverbot** ausschließt, dass ein **unbefristeter Arbeitsvertrag**, der sich auf eine nachts zu verrichtende Arbeit bezieht und zwischen einem Arbeitgeber und einer schwangeren Arbeitnehmerin in beiderseitiger Unkenntnis der Schwangerschaft geschlossen wurde, wegen des nach dem nationalen Recht während der Schwangerschaft und des Stillens geltenden Nachtarbeitsverbots für nichtig erklärt wird (vgl. dazu KR/Gallner § 17 MuSchG Rn. 179; Brose/Weth/Volk/Volk MuSchG § 17 Rn. 110). In solchen Fällen scheidet daher die Nichtigkeitsfolge des § 134 BGB wegen der gebotenen **richtlinienkonformen Auslegung** des nationalen Rechts aus (KR/Gallner § 17 MuSchG Rn. 179; APS/Rolfs 7. Aufl. § 17 MuSchG Rn. 83; ErfK/Schlachter § 17 MuSchG Rn. 18; vgl. auch Brose/Weth/Volk/Volk MuSchG § 17 Rn. 110). Allerdings differenziert der EuGH beim geschlechtsbezogenen Diskriminierungsverbot nicht mehr zwischen unbefristeten und befristeten Arbeitsverhältnissen (vgl. etwa EuGH vom 11.11.2010 [Danosa] EzA Richtlinie 92/85 EG-Vertrag 1999 Nr. 5; vom 11.10.2007 [Paquay] EzA Richtlinie 92/85 EG-Vertrag 1999 Nr. 2; vom 16.2.2006 [Sarkatzis Herrero] EzA Richtlinie 76/207 EG-Vertrag 1999 Nr. 6; KR/Gallner 11. Aufl. § 9 MuSchG Rn. 167 m.w.N.). Auch **befristete Arbeitsverträge** können daher wegen der mit §§ 1, 3 Abs. 1 Satz 2, 7 AGG in deutsches Recht umgesetzten Richtlinienvorgaben selbst bei Verstößen gegen Beschäftigungsverbote **nicht nichtig** sein (zutreffend KR/Gallner § 17 MuSchG Rn. 179; vgl. auch hier Rn. 76 zur Frage der Anfechtbarkeit des Arbeitsvertrags, wenn die eingestellte Bewerberin die Frage nach der Schwangerschaft wahrheitswidrig verneint oder verschwiegen hat).

bb) Anfechtung des Arbeitsvertrags

Das Kündigungsverbot findet auch bei einer Anfechtung des Arbeitsvertrages (z.B. wegen Irrtums über die verkehrswesentliche Eigenschaft einer Person nach § 119 Abs. 2 BGB oder wegen arglistiger Täuschung nach § 123 BGB) **keine Anwendung** (vgl. zu § 9 a.F.: BAG vom 6.10.1962 EzA § 119 BGB Nr. 1; vom 22.9.1961 EzA § 123 BGB Nr. 4; 5.12.1957 EzA § 123 BGB Nr. 1; KR/Gallner § 17 MuSchG Rn. 180; APS/Rolfs 7. Aufl. § 17 MuSchG Rn. 84. Ggf. ist durch **Auslegung** zu klären, ob der Arbeitgeber mit seiner Erklärung eine (vom Kündigungsverbot nicht erfasste) Anfechtung und/oder eine Kündigung aussprechen wollte (BAG vom 6.10.1962 EzA § 119 BGB Nr. 1; KR/Gallner § 17 MuSchG Rn. 109; Buchner/Becker, 8. Aufl., § 9 MuSchG Rn. 47). Eine **Umdeutung** einer (nach § 17 unzulässigen) **ordentlichen Kündigung** in eine Anfechtung scheidet schon wegen der weitergehenden Wirkung der Anfechtung aus (BAG vom 14.10.1975 EzA § 140 BGB Nr. 3; KR/Gallner § 17 MuSchG Rn. 183; Brose/Weth/Volk/Volk MuSchG § 17 Rn. 113). Die Umdeutung einer **außerordentlichen Kündigung** in eine Anfechtung wird für möglich erachtet, wenn das dem mutmaßlichen Willen des Arbeitgebers entspricht, dieser Wille dem Arbeitnehmer erkennbar geworden ist und die beabsichtigte sofortige Auflösung des Arbeitsverhältnisses auf einen Grund gestützt wird, der vor oder bei Abschluss des Arbeitsvertrags vorlag (ArbG Wiesbaden vom 8.11.1975 BB 1975, 136; vgl. auch Brose/Weth/Volk/Volk MuSchG § 17 Rn. 1 und KR/Gallner § 17 MuSchG Rn. 109). 77

Eine Anfechtung des Arbeitgebers nach **§ 119 Abs. 2 BGB** wegen Irrtums über die Schwangerschaft scheidet schon deshalb aus, weil die **Schwangerschaft** als vorübergehender Zustand **keine verkehrswesentliche Eigenschaft** ist (BAG vom 22.9.1961 EzA § 123 BGB Nr. 4; KR/Gallner § 17 MuSchG Rn. 181 m.w.N.). Der Arbeitgeber ist auch nicht berechtigt, den Arbeitsvertrag wegen **arglistiger Täuschung gem. § 123 BGB** anzufechten, wenn die eingestellte Bewerberin die Frage nach der Schwangerschaft wahrheitswidrig verneint oder verschwiegen hat. Die Frage des Arbeitgebers nach der (geplanten) Schwangerschaft einer Bewerberin im Rahmen der Einstellung bewirkt in aller Regel eine **unzulässige Benachteiligung wegen des Geschlechts** gem. §§ 7 Abs. 1, 3 Abs. 1 Satz 2, 1 AGG, sodass insoweit grundsätzlich **kein Fragerecht** des Arbeitgebers und **keine Offenbarungspflicht** der Bewerberin besteht (Brose/Weth/Volk/Volk MuSchG § 17 Rn. 114). Dies gilt unabhängig davon, ob sich auch Männer oder nur Frauen um die Stelle beworben haben (BAG vom 15.10.1992 EzA § 123 BGB Nr. 37; vgl. auch EuGH vom 8.11.1990 EzA § 611a BGB Nr. 7). Die Frage nach der Schwangerschaft ist auch dann unzulässig, wenn die Bewerberin wegen eines gesetzlichen Beschäftigungsverbotes zu Beginn des Arbeitsverhältnisses nicht beschäftigt werden kann (BAG vom 6.2.2003 EzA § 123 BGB 2002 Nr. 2) und unabhängig davon, ob die Einstellung befristet oder unbefristet erfolgen soll. Keine Rolle spielt, ob Grund der Befristung ist, dass die Bewerberin ihrerseits als Schwangerschaftsvertretung eingestellt wurde (LAG Köln vom 11.10.2012 LAGE § 3 AGG Nr. 3; vgl. auch EuGH vom 4.10.2001 [Tele Danmark] EzA § 611a BGB Nr. 16 sowie APS/Rolfs 7. Aufl. § 17 MuSchG Rn. 85). 78

cc) **Beendigung durch Zeitablauf, Zweckerreichung oder Bedingungseintritt**

79 Bei einer **wirksamen Befristung** des Arbeitsvertrags endet das Arbeitsverhältnis der Arbeitnehmerin zu dem arbeitsvertraglich vereinbarten Zeitpunkt, ohne dass eine Kündigung ausgesprochen werden müsste (vgl. § 15 Abs. 1 TzBfG). Die Dauer des Arbeitsverhältnisses kann sich aber auch aus Art, Zweck oder Beschaffenheit der geschuldeten Arbeitsleistung ergeben (§ 3 Abs. 1 S. 2 2. Alt., § 15 Abs. 2 TzBfG). Auf die Beendigung des befristeten Arbeitsverhältnisses durch Fristablauf findet das mutterschutzrechtliche Kündigungsverbot **keine Anwendung** (LAG Mecklenburg-Vorpommern vom 16.3.2021 – 5 Sa 295/20; KR/Gallner § 17 MuSchG Rn. 184; APS/Rolfs 7. Aufl. § 17 MuSchG Rn. 86; Brose/Weth/Volk/Volk MuSchG § 17 Rn. 115). Das ist **unionsrechtlich grundsätzlich unbedenklich** (KR/Gallner § 17 MuSchG Rn. 184 unter Hinweis auf EuGH vom 4.10.2001 [Jiménez Melgar] EzA § 611a BGB Nr. 17; aber auch auf EuGH vom 4.10.2001 [Tele Danmark] EzA § 611a BGB Nr. 16). Ein befristetes Arbeitsverhältnis kann auch mit einer schwangeren Frau begründet werden (BAG vom 6.11.1996 EzA § 620 BGB Nr. 146; KR/Gallner § 17 MuSchG Rn. 184). Das gilt auch dann, wenn der Arbeitgeber von der Schwangerschaft bei Begründung des befristeten Arbeitsverhältnisses Kenntnis hat. Aus Art. 6 Abs. 4 GG folgt **kein generelles Verbot der Befristung von Arbeitsverhältnissen werdender Mütter**. Der Arbeitgeber ist daher insbesondere berechtigt, die Befristung des Arbeitsverhältnisses auf § 14 Abs. 2 TzBfG zu stützen (APS/Rolfs 7. Aufl. § 17 MuSchG Rn. 88; Schöllmann in HK-MuSchG 6. Aufl. § 17 Rn. 75). Ist die Schwangerschaft der Frau aber der Grund dafür, dass der Arbeitgeber mit ihr nur ein befristetes Arbeitsverhältnis eingeht, dann ist die Befristung gem. § 7 Abs. 1 i.V.m. §§ 3 Abs. 1 Satz 2, 1 AGG wegen **unzulässiger Diskriminierung wegen des Geschlechts** mit der Folge unwirksam, dass ein unbefristetes Arbeitsverhältnis zustande gekommen ist (vgl. § 16 TzBfG). § 15 Abs. 6 AGG ist hierbei nicht analog anwendbar (vgl. BAG vom 6.4.2011 EzA § 620 BGB 2002 Hochschulen Nr. 7 zu einer altersdiskriminierenden Befristungsvereinbarung; KR/Gallner § 17 MuSchG Rn. 185).

Eine Arbeitnehmerin, die **während eines befristeten Arbeitsverhältnisses schwanger** geworden ist, genießt keinen Bestandsschutz nach § 17 gegen das Auslaufen der Befristung. Der Arbeitgeber ist deswegen nicht gehindert, die Beendigung des Arbeitsvertrags durch Fristablauf geltend zu machen (vgl. zu § 9 a.F.: BAG [GS] 12.10.1960 EzA § 620 BGB Nr. 2; BAG 28.11.1963 EzA § 620 BGB Nr. 5; APS/Rolfs 7. Aufl. § 17 MuSchG Rn. 86; KR/Gallner § 17 MuSchG Rn. 184; Brose/Weth/Volk/Volk MuSchG § 17 Rn. 117). Der Arbeitgeber ist auch nicht verpflichtet, das Arbeitsverhältnis wegen der Schwangerschaft zu verlängern (vgl. zu § 9 a.F.: BAG vom 21.12.1957 DB 1958, 604; LAG Rheinland-Pfalz vom 13.5.2011 LAGE § 14 TzBfG Nr. 63d; APS/Rolfs 7. Aufl. § 17 MuSchG Rn. 86). Eine Ausnahme gilt nach Maßgabe **§ 2 Abs. 5 Nr. 3 WissZeitVG** (lediglich) für befristet beschäftigte Mitarbeiterinnen an Hochschulen und staatlichen Forschungseinrichtungen (vgl. auch APS/Rolfs 7. Aufl. § 17 MuSchG Rn. 86). Beruht die Entscheidung des Arbeitgebers, dass befristete Arbeitsverhältnis mit der Arbeitnehmerin nicht zu verlängern, jedoch auf ihrer Schwangerschaft, liegt darin eine **unzulässige Diskriminierung wegen des Geschlechts** i.S.d. § 3 Abs. 1 Satz 2 i.V.m. § 1 AGG und damit ein Verstoß gegen das Benachteiligungsverbot des § 7 Abs. 1

AGG vor (KR/Gallner § 17 MuSchG Rn. 185; vgl. auch EuGH vom 4.10.2001 [Jiménez Melgar] EzA § 611a BGB Nr. 17). Hier stellt sich die Frage, ob daraus ein **Anspruch auf unbefristete Fortsetzung** des Arbeitsverhältnisses folgt oder ob dem **§ 15 Abs. 6 AGG analog** entgegen steht (vgl. dazu KR/Gallner § 17 MuSchG Rn. 185). Das BAG differenziert bei der analogen Anwendung des § 15 Abs. 6 AGG nachvollziehbar (zustimmend auch KR/Gallner § 17 MuSchG Rn. 185) danach, ob es um den Fortbestand des (nicht wirksam beendeten) Arbeitsverhältnisses (dann keine analoge Anwendung des § 15 Abs. 6 AGG, vgl. BAG vom 6.4.2011 EzA § 620 BGB 2002) oder um die Neubegründung des (wirksam beendeten) Arbeitsverhältnisses durch Wiedereinstellung geht (dann analoge Anwendung des § 15 Abs. 6 AGG, BAG vom 21.9.2011 EzA § 15 AGG Nr. 5). Die Rechtsprechung des BAG, wonach die wegen der Schwangerschaft der Arbeitnehmerin erfolgte Berufung des Arbeitgebers auf den Ablauf der Befristung nur ausnahmsweise unter besonderen Umständen eine unzulässige Rechtsausübung darstellt (vgl. dazu BAG vom 28.11.1963 EzA § 620 BGB Nr. 5; vom 16.3.1989 EzA § 1 BeschFG 1985 Nr. 7 unter besondere Betonung der Gesichtspunkte des Vertrauensschutzes und des widersprüchlichen Verhaltens; vgl. dazu auch Buchner/Becker 8. Aufl. § 9 MuSchG Rn. 71) dürfte sich angesichts des zwischenzeitlich in Kraft getretenen AGG (vgl. insbesondere § 3 Abs. 1 Satz 2 AGG) erübrigt haben.

Die in § 15 Abs. 2 TzBfG vorgesehene **Unterrichtung über die Zweckerreichung** oder tarifvertraglich vorgesehene **Nichtverlängerungsmitteilungen** sind keine Kündigungen i.S.d. § 17 Abs. 1, sodass sie nicht dem Kündigungsverbot unterfallen (vgl. zu § 9 a.F.: BAG vom 23.10.1991 EzA § 9 n.F. MuSchG Nr. 29 zur bühnentariflichen Nichtverlängerungsmitteilung; APS/Rolfs 7. Aufl. § 17 MuSchG Rn. 86).

Für die Zulässigkeit einer **auflösenden Bedingung** gelten die für die befristeten Arbeits- 80
verhältnisse dargelegten Grundsätze entsprechend. Ist ein Arbeitsvertrag wirksam unter einer auflösenden Bedingung geschlossen worden und tritt die Bedingung ein, so endet das Arbeitsverhältnis. Für eine Anwendung von § 17 ist kein Raum (KR/Gallner § 17 MuSchG Rn. 191; APS/Rolfs 7. Aufl. § 17 MuSchG Rn. 89; Schöllmann in HK-MuSchG 6. Aufl. § 17 Rn. 76; Brose/Weth/Volk/Volk MuSchG § 17 Rn. 121). Dass ein Arbeitsverhältnis nicht wirksam unter der auflösenden Bedingung des Schwangerschaftseintritts geschlossen werden kann, ergibt sich aus § 7 Abs. 1 i.V.m. §§ 3 Abs. 1 Satz 2, 1 AGG (vgl. zu § 9 MuSchG 1952 BAG vom 28.11.1958 DB 1959, 174 unter Hinweis auf Art. 6 Abs. 4 GG; vgl. auch APS/Rolfs 7. Aufl. § 17 MuSchG Rn. 86; KR/Gallner § 17 MuSchG Rn. 191; Brose/Weth/Volk/Volk MuSchG § 17 Rn. 121).

Ist die **Befristung unwirksam**, befindet sich die Arbeitnehmerin gem. § 16 TzBfG in einem unbefristeten Arbeitsverhältnis, was sie gem. § 17 TzBfG im Rahmen einer rechtzeitig erhobenen Entfristungsklage geltend machen muss. Das Gleiche gilt § 21 TzBfG bei einer unwirksamen auflösenden Bedingung.

dd) Beendigung durch gerichtliche Auflösung

Bei der gerichtlichen **Auflösung des Arbeitsverhältnisses gem. § 9 KSchG** ist zu 81
differenzieren: Ist die Kündigung nach § 17 Abs. 1 unwirksam, kommt eine Auflösung auf **Antrag des Arbeitgebers** nach § 9 Abs. 1 Satz 2 KSchG von vornherein

nicht in Betracht, weil diese nur möglich ist, wenn die Kündigung **ausschließlich** wegen Sozialwidrigkeit i.S.d. § 1 Abs. 1 und 2 KSchG unwirksam ist (BAG vom 26.3.2009, DB 2009, 2381; KR/Gallner § 17 MuSchG Rn. 193; APS/Rolfs 7. Aufl. § 17 MuSchG Rn. 96). Verstößt die Kündigung allerdings nicht gegen § 17 Abs. 1, weil sie vor dem Eintritt der Schwangerschaft zugegangen ist, ist **streitig**, ob **bei ausschließlicher Sozialwidrigkeit der Kündigung** ein Auflösungsantrag des Arbeitgebers möglich ist (dafür APS/Rolfs 7. Aufl. § 17 MuSchG Rn. 96; Schöllmann in HK-MuSchG 6. Aufl. § 17 Rn. 81; Hertzfeld NZA-RR 2012, 1, 4), oder ob dies wegen einer analogen Anwendung des Kündigungsverbots ausgeschlossen ist (dafür bei § 9 a.F. ArbG Berlin vom 23.9.2016 – 28 Ca 4975; Sächsisches LAG vom 12.4.1996 LAGE § 1 KSchG Betriebsbedingte Kündigung Nr. 37). Richtigerweise ist eine **analoge Anwendbarkeit des § 17 Abs. 1 zu verneinen**, weil der präventive Schutzmechanismus des behördlichen Zulassungsverfahrens nicht zum Tragen kommt, wenn bereits ein gerichtliches Kündigungsschutzverfahren anhängig ist, in dem ein Auflösungsantrag gestellt wurde (überzeugend KR/Gallner § 17 MuSchG Rn. 193; ebenso Brose/Weth/Volk/Volk MuSchG § 17 Rn. 136). Dem verfassungsrechtlich gebotenen Mutterschutz ist allerdings dadurch Rechnung zu tragen, dass eine gerichtliche Auflösung nur möglich ist, wenn ein **besonderer Fall i.S.d. § 17 Abs. 2** vorliegt (KR/Gallner § 17 MuSchG Rn. 193; vgl. auch Schöllmann in HK-MuSchG 6. Aufl. § 17 Rn. 81).

Eine Auflösung auf **Antrag der Arbeitnehmerin** nach § 9 Abs. 1 Satz 1 KSchG setzt neben der Unzumutbarkeit der Fortsetzung des Arbeitsverhältnisses voraus, dass die Kündigung nicht nur wegen des Verstoßes gegen 17 Abs. 1, sondern **auch wegen Sozialwidrigkeit i.S.d. § 1 Abs. 1 und 2 KSchG** unwirksam ist und die Arbeitnehmerin rechtzeitig nach § 4 KSchG Kündigungsschutzklage erhoben hat (KR/Gallner § 17 MuSchG Rn. 218; APS/Rolfs 7. Aufl. § 17 MuSchG Rn. 96). Auch für den Auflösungsantrag der Arbeitnehmerin gilt § 17 nicht. Der Auflösungsantrag der Arbeitnehmerin stellt aber keinen Verzicht auf den mutterschutzrechtlichen Kündigungsschutz dar (KR/Gallner § 17 MuSchG Rn. 218).

Eine Besonderheit gilt für die bei den **Stationierungsstreitkräften** beschäftigten Arbeitnehmerinnen. Für sie bestand bis 28. März 1998 insofern eine Sonderregelung, als nach Art. 56 Abs. 2a des Zusatzabkommens zum NATO-Truppenstatut v. 3.8.1959 (BGBl. 1961 II S. 1218) i.d.F. des Änderungsabkommens v. 21.10.1971 (BGBl. 1973 II S. 1022) bei einer unwirksamen Kündigung (z.B. nach § 9 MuSchG) eine Auflösung des Arbeitsverhältnisses gegen eine Abfindung in Betracht kam, wenn der Arbeitgeber erklärte, dass der Weiterbeschäftigung besonders schutzwürdige militärische Interessen entgegenstünden. Diese Sonderregelung ist durch das Änderungsabkommen vom 18. März 1993 (BGBl. 1994 II S. 2598), das am 29. März 1998 (BGBl. II S. 1691) in Kraft trat, modifiziert worden. Der Arbeitgeber kann einen Auflösungsantrag nur noch im Rahmen des § 9 Abs. 1 S. 2 KSchG, also nur bei einer ausschließlich sozialwidrigen Kündigung, auf besonders schutzwürdige militärische Interessen stützen (KR/Gallner § 17 MuSchG Rn. 118). Daraus folgt aber auch, dass der Arbeitgeber bei einer nach § 17 unwirksamen Kündigung keinen auf besonders schutzwürdige militärische

Interessen gestützten Auflösungsantrag stellen kann (KR/Gallner § 17 MuSchG Rn. 118).

Verlangt eine schwangere Jugend- und Auszubildendenvertreterin vom Arbeitgeberin nach § 78a Abs. 2 BetrVG die Weiterbeschäftigung nach Beendigung des Ausbildungsverhältnis, so findet § 17 **keine Anwendung auf den Auflösungsantrag des Arbeitgebers nach § 78a Abs. 4 BetrVG** (vgl. zu § 9 a.F.: LAG Hamm vom 14.1.2011 EzB BetrVG § 78a Nr. 17; HWK/C.W. Hergenröder 8. Aufl. § 17 MuSchG Rn. 7).

ee) Beendigung durch Aufhebungsvertrag

Das Kündigungsverbot des § 17 greift auch dann **nicht** ein, wenn sich die Arbeitsvertragsparteien einvernehmlich auf eine Beendigung (Auflösung) des Arbeitsverhältnisses einigen (ganz h.M.; vgl. etwa BAG vom 8.12.1955 BAGE 2, 233; KR/Gallner § 17 MuSchG Rn. 195; Schöllmann in HK-MuSchG 6. Aufl. § 17 Rn. 77; Brose/Weth/Volk/Volk MuSchG § 17 Rn. 130; APS/Rolfs 7. Aufl. § 17 MuSchG Rn. 91; a.A. ArbG Hamburg vom 14.10.1994 AuR 1995, 29; BeckOK ArbR/Dahm § 17 MuSchG Rn. 13). Der Aufhebungsvertrag unterliegt der (beiderseitigen) **Schriftform gem. § 623 BGB.** Ein Schweigen der Arbeitnehmerin auf die Kündigung kann daher, selbst dann, wenn eine unwirksame Kündigung des Arbeitgebers in ein Angebot zum Abschluss eines Aufhebungsvertrags umgedeutet werden kann, nicht dazu führen, dass konkludent ein wirksamer Aufhebungsvertrag geschlossen wird (KR/Gallner § 17 MuSchG Rn. 195; Brose/Weth/Volk/Volk MuSchG § 17 Rn. 131). Hat die Arbeitnehmerin einen wirksamen Aufhebungsvertrag geschlossen, kann sie ihn grundsätzlich nicht mit der Begründung anfechten, sie habe keine Kenntnis von der Schwangerschaft gehabt: Der **Irrtum über die mutterschutzrechtlichen Folgen** eines Aufhebungsvertrages stellt einen **nicht zur Anfechtung berechtigenden Rechtsfolgenirrtum** dar (BAG vom 16.2.1983 EzA § 123 BGB Nr. 21; Just in Tillmanns/Mutschler 2. Aufl. § 17 MuSchG Rn. 56; vgl. auch die Ausführungen zur Anfechtung der Eigenkündigung, Rn. 82). Der Arbeitnehmerin steht auch **kein gesetzliches Widerrufsrecht gem. §§ 312g Abs. 1, 355 BGB** zu, wenn der Aufhebungsvertrag in den Büro- bzw. Geschäftsräumen des Arbeitgebers geschlossen wird (vgl. dazu APS/Rolfs 7. Aufl. § 17 MuSchG Rn. 91 sowie BAG vom 27.11.2003 EzA § 611 BGB 2002 Aufhebungsvertrag Nr. 3). 82

ff) Beendigung durch Eigenkündigung der Arbeitnehmerin

Durch das mutterschutzrechtliche Kündigungsverbot ist die Arbeitnehmerin nicht daran gehindert, das Arbeitsverhältnis innerhalb der Schutzfristen des § 17 Abs. 1 selbst zu kündigen (ganz h.M. vgl. nur BAG vom 8.12.1955 AP Nr. 4 zu § 9 MuSchG; BAGE 2, 233; KR/Gallner § 17 MuSchG Rn. 196; APS-Rolfs 7. Aufl. § 17 MuSchG Rn. 92; Schöllmann in HK-MuSchG 6. Aufl. § 17 Rn. 78; Brose/Weth/Volk/Volk MuSchG § 17 Rn. 124; a.A. BeckOK ArbR/Dahm § 17 MuSchG Rn. 12). Das ergab sich bislang bereits aus § 10 a.F., der der Arbeitnehmerin sogar ein Sonderkündigungsrecht einräumte. Zwar hat der Gesetzgeber § 10 a.F. im Rahmen des am 29.5.2017 verkündeten Gesetzes zur Neuregelung des Mutterschutzrechts vom 83

23. Mai 2017 (BGBl. I, 1228) mit Ablauf des 31.12.2017 ersatzlos gestrichen. Grund hierfür ist allerdings nicht, dass der Gesetzgeber sich gegen die Möglichkeit einer Eigenkündigung der Arbeitnehmerin entschieden hat, sondern er sah nach der Einführung der Elternzeit keinen Regelungsbedarf für eine derartige Regelung mehr, da die Ausgestaltung des Elternzeitanspruchs einen angemesseneren Ausgleich der Belange von jungen Eltern und ihren Arbeitgeber biete (vgl. die Begründung zum Regierungsentwurf, BT-Drucks 18/8963, S. 40 sowie Rn. 1). Die Arbeitnehmerin hat daher weiterhin **Kündigungsfreiheit**. Sie muss bei einer ordentlichen Kündigung nur die für sie maßgeblichen **Kündigungsfristen** einhalten und bei einer **außerordentlichen Kündigung** müssen die Voraussetzungen des **§ 626 BGB** vorliegen. Außerdem bedarf ihre Kündigung des Arbeitsverhältnisses der **Schriftform des § 623 BGB** (KR/Gallner § 17 MuSchG Rn. 196 f.).

84 Die **Anfechtung einer Eigenkündigung** wegen Irrtums über das Bestehen der Schwangerschaft oder Irrtums über die mutterschutzrechtlichen Folgen der Kündigung scheidet grundsätzlich aus. Der Irrtum über das Bestehen eine Schwangerschaft kann allenfalls nach § 119 Abs. 2 BGB einen Anfechtungsgrund abgegeben. Eine Anfechtung nach **§ 119 Abs. 2 BGB** scheitert aber daran, dass die **Schwangerschaft** als vorübergehender Zustand **keine verkehrswesentliche Eigenschaft** ist (BAG vom 6.2.1992 EzA § 119 BGB Nr. 16; APS-Rolfs 7. Aufl. § 17 MuSchG Rn. 94). Der **Irrtum über die mutterschutzrechtlichen Folgen** einer Eigenkündigung stellt einen **nicht zur Anfechtung berechtigenden Rechtsfolgenirrtum** dar (BAG vom 6.2.1992 EzA § 119 BGB Nr. 16; (KR/Gallner § 17 MuSchG Rn. 200 m.w.N.). Der Arbeitgeber ist nicht aufgrund seiner arbeitsvertraglichen Fürsorgepflicht gem. § 241 Abs. 2 BGB verpflichtet, die Arbeitnehmerin über die mutterschutzrechtlichen Folgen einer Eigenkündigung zu belehren (vgl. LAG Hamm vom 15.9.1961 BB 1961, 1325; (KR/Gallner § 17 MuSchG Rn. 198; APS-Rolfs 7. Aufl. § 17 MuSchG Rn. 94; Schöllmann in HK-MuSchG 6. Aufl. § 17 Rn. 78). Daher kann eine Anfechtung insoweit auch nicht auf **§ 123 BGB** gestützt werden (vgl. zur Anfechtung wegen Täuschung durch Unterlassen bei Verletzung einer Aufklärungspflicht vgl. MüKoBGB/Armbrüster § 123 Rn. 30 ff.). Eine Anfechtung wegen **arglistiger Täuschung oder widerrechtlicher Drohung** ist dagegen nach § 123 BGB zulässig, sofern der Arbeitgeber in einer entsprechenden Art und Weise auf die rechtsgeschäftliche Entscheidungsfreiheit der Arbeitnehmerin eingewirkt hat (KR/Gallner § 17 MuSchG Rn. 202). Bietet der Arbeitgeber einer schwangeren Arbeitnehmerin den Abschluss eines Aufhebungsvertrags an und lehnt er eine von ihr erbetene **Bedenkzeit** ab, kann die Arbeitnehmerin den gleichwohl geschlossenen Aufhebungsvertrag nicht allein wegen des Zeitdrucks nach § 123 Abs. 1 BGB anfechten (BAG 16.2.1983 EzA § 123 BGB Nr. 21; KR/Gallner § 17 MuSchG Rn. 202; Brose/Weth/Volk/Volk MuSchG § 17 Rn. 128). Bei einem erkennbaren **gemeinsamen Irrtum über die Geschäftsgrundlage der Kündigung** (z.B. die fehlende Betreuungsperson für das erwartete Kind) sind die Grundsätze über den Wegfall der Geschäftsgrundlage anzuwenden, die heute in **§ 313 BGB** kodifiziert sind (KR/Gallner § 17 MuSchG Rn. 201; offengelassen von BAG vom 19.8.1982 EzA § 9 n.F. MuSchG Nr. 21). Außerhalb dieses Sonderfalls wird eine nicht bestehende Schwangerschaft regelmäßig nicht als Geschäftsgrundlage der Eigenkündigung der Arbeitnehmerin

anzusehen sein (BAG vom 6.2.1992 EzA § 119 BGB Nr. 16; (KR/Gallner § 17 MuSchG Rn. 201).

Bei Unkenntnis der Schwangerschaft oder der mit einer Eigenkündigung verbundenen mutterschutzrechtlichen Folgen kann die Frau die Rechtswirkungen einer bereits erklärten Kündigung auch nicht durch **Rücknahme der Kündigung** beseitigen (BAG vom 6.2.1992 EzA § 119 BGB Nr. 16; (KR/Gallner § 17 MuSchG Rn. 199). Eine unwirksame Rücknahme kann aber u.U. in ein Angebot zur Fortsetzung des Arbeitsverhältnisses **umgedeutet** werden, zu dessen Annahme der Arbeitgeber aber nicht verpflichtet ist (KR/Gallner § 17 MuSchG Rn. 199).

gg) Aussperrung im Arbeitskampf

In seiner grundlegenden Entscheidung vom 21.4.1971 (BAG vom 21.4.1971 EzA 85 Art. 9 GG Nr. 6) hat der Große Senat des BAG erkannt, dass eine **lösende Aussperrung** des Arbeitgebers gegenüber dem durch besondere gesetzlich Regelungen (wie z.B. § 9 a.F.) geschützten Personenkreis nicht in Betracht kommt. Er hat jedoch ihre **suspendierende Aussperrung** für zulässig gehalten. Diese Rechtsprechung, an der das BAG anschließend festgehalten hat (BAG vom 22.10.1986 EzA Art. 9 GG Arbeitskampf Nr. 65), ist damit begründet worden, dass die werdenden Mütter und Wöchnerinnen, die in einem Arbeitsverhältnis stehen, trotz ihrer Schwangerschaft oder Niederkunft im Verband der Belegschaft bleiben, zu der sie gehören. Sie teilten damit – trotz ihrer besonderen arbeitsrechtlichen Stellung – solidarisch die rechtliche und wirtschaftliche Lage der Belegschaft im Arbeitskampf. Kampfgegner bei der Aussperrung sei nicht der einzelne Arbeitnehmer als solcher, sondern die Gesamtheit der Arbeitnehmer oder doch jedenfalls ein großer Teil der Belegschaft. Durch die Abwehraussperrung solle die Belegschaft veranlasst werden, den Streik aufzugeben oder sich auf einer bestimmten Linie mit der Arbeitgeberseite zu einigen. Soweit am Streik nicht beteiligte Arbeitnehmer ausgesperrt würden, solle damit ein Druck auf die Streikenden unmittelbar durch den Arbeitgeber oder mittelbar durch die ausgesperrten, am Streik nicht beteiligten Arbeitnehmer ausgeübt werden. Alles dies vollziehe sich auf der Ebene des Kollektivs, nicht auf der des einzelnen Arbeitnehmers als Individuum (vgl. dazu APS-Rolfs 7. Aufl. § 17 MuSchG Rn. 97 f.)

5. Rechtsfolgen des Kündigungsverbots

a) Nichtigkeit der Kündigung

Gem. § 17 Abs. 1 Satz 1 ist die Kündigung gegenüber einer Frau »unzulässig«, es 86 sei denn es liegt eine behördliche Zulassung nach § 17 Abs. 2 Satz 1 vor. Wie die Vorgängernorm des § 9 a.F. ist § 17 als **absolutes Kündigungsverbot mit Erlaubnisvorbehalt** ausgestaltet (KR/Gallner § 17 MuSchG Rn. 99; Schöllmann in HK-MuSchG 6. Aufl. § 17 Rn. 2; Just in Tillmanns/Mutschler 2. Aufl. § 17 MuSchG Rn. 5). Es handelt sich dabei um **gesetzliches Verbot i.S.d. § 134 BGB**, sodass ein Verstoß zur unheilbaren **Nichtigkeit der Kündigung** führt (vgl. BAG vom 24.11.2022 – 2 AZR 11/22, Rn. 33; KR/Gallner § 17 MuSchG Rn. 99; Brose/Weth/Volk/Volk MuSchG § 17 Rn. 156). Das Kündigungsverbot gilt **unabhängig von der Größe**

des Betriebs oder des Unternehmens des Arbeitgebers (Schöllmann in HK-MuSchG 6. Aufl. § 17 Rn. 3).

Die nichtige Kündigung kann **nicht** in eine Kündigung zum nächstzulässigen Zeitpunkt nach Ablauf der Schutzfristen des § 17 Abs. 1 **umgedeutet** werden (KR/Gallner § 17 MuSchG Rn. 117; Brose/Weth/Volk/Volk MuSchG § 17 Rn. 160). Die Unzulässigkeit der Umdeutung ergibt sich daraus, dass auch eine solche Kündigung während der Schutzfristen nicht rechtswirksam erklärt werden kann. In diesen Fällen muss nach Ablauf der Schutzfristen erneut – ggf. nach neuerlicher Anhörung eines bestehenden Betriebsrats – in der Schriftform des § 623 BGB gekündigt werden (KR/Gallner § 17 MuSchG Rn. 117).

Das Kündigungsverbot ist **zwingend**, sodass die Frau **im Voraus** (d.h. vor der Kündigung, z.B. durch eine entsprechende Vereinbarung im Arbeitsvertrag) nicht wirksam darauf verzichten kann (vgl. zu § 9 a.F.: BAG vom 28.11.1958 BB 1958, 1246; LAG Berlin vom 7.1.1964, BB 1964, 966; KR/Gallner § 17 MuSchG Rn. 194; ErfK/Schlachter § 17 MuSchG Rn. 1). Im Hinblick auf eine vom Arbeitgeber **bereits ausgesprochene Kündigung** steht es der Frau allerdings frei, auf den Sonderkündigungsschutz wirksam verzichten (vgl. zu § 9 a.F.: BAG vom 10.5.1984 BeckRS 1980, 43224; KR/Gallner § 17 MuSchG Rn. 194; ErfK/Schlachter § 17 MuSchG Rn. 1). Insoweit ist allerdings zu berücksichtigen, dass ein vor Ablauf von drei Wochen nach Zugang der Kündigung erklärter **formularmäßiger Verzicht** auf die Erhebung einer Kündigungsschutzklage nach der Rechtsprechung des BAG (ggf. als Verbrauchervertrag gem. § 310 Abs. 3 Nr. 2 BGB; vgl. BAG vom 24.9.2015 EzA § 307 BGB 2002 Nr. 71 Rn. 14) der **Inhaltskontrolle nach § 307 Abs. 1 Satz 1 BGB** unterliegt und ohne eine ihn kompensierende Gegenleistung des Arbeitgebers wegen unangemessener Benachteiligung des Arbeitnehmers (z.B. Zahlung einer angemessenen Abfindung) unwirksam ist (BAG vom 24.9.2015 EzA § 307 BGB 2002 Nr. 71 Rn. 15 ff.; vom 25.9.2014 EzA § 307 BGB 2002 Nr. 66 Rn. 18 ff.; vom 6.9.2007 EzA § 307 BGB 2002 Nr. 29; vgl. auch KR/Gallner § 17 MuSchG Rn. 194). Eine unangemessene Benachteiligung i.S.d. § 307 Abs. 1 Satz 1 BGB liegt dabei nicht nur dann vor, wenn der Arbeitnehmer in einer vorformulierten Erklärung ohne jegliche Gegenleistung auf die Erhebung einer Kündigungsschutzklage verzichtet hat. Eine unangemessene Benachteiligung i.S.d. § 307 Abs. 1 Satz 1 BGB ist mit einem solchen Verzicht vielmehr auch dann verbunden, wenn der Arbeitnehmer für seinen Verzicht keine angemessene Kompensation erhält (BAG vom 24.9.2015 EzA § 307 BGB 2002 Nr. 71 Rn. 16). Ein wirksamer Verzicht auf den mutterschutzrechtlichen Kündigungsschutz setzt ferner voraus, dass die Arbeitnehmerin zum Zeitpunkt der Unterzeichnung der Ausgleichsquittung **Kenntnis** von einer bestehenden Schwangerschaft hat (KR/Gallner § 17 MuSchG Rn. 194).

b) Annahmeverzug des Arbeitgebers

87 Infolge der Nichtigkeit der verbotswidrig erklärten Kündigung gerät der Arbeitgeber nach § 611 Abs. 1, § 615 S. 1, §§ 293 ff. BGB in **Annahmeverzug**, wenn er die Arbeitsleistung der arbeitsbereiten Arbeitnehmerin nicht entgegennimmt (KR/Gallner § 17 MuSchG Rn. 119). Ein Angebot der Arbeitsleistung ist aufgrund der unwirk-

samen Kündigung in der Regel gem. § 296 BGB entbehrlich, weil der Arbeitgeber durch die unwirksame Kündigung zum Ausdruck bringt, die Arbeitsleistung der Arbeitnehmerin nicht anzunehmen, womit er die von ihm als Gläubiger der geschuldeten Arbeitsleistung obliegende Mitwirkungshandlung i.S.d. §§ 295, 296 BGB unterlässt, der Arbeitnehmerin die Leistungserbringung zu ermöglichen (vgl. BAG vom 19.1.2016 EzA § 626 BGB 2002 Nr. 54 Rn. 33 und 38 m.w.N.). Die Verpflichtung des Arbeitgebers, die Vergütung fortzuzahlen, richtet sich nur dann allein nach § 611a Abs. 2, § 615 S. 1, §§ 293 ff. BGB, wenn keine der generellen oder individuellen Beschäftigungsverbote eingreifen. Bei **Beschäftigungsverboten** gilt für die Entgeltzahlung § 11 MuSchG a.F. (künftig § 18 MuSchG n.F.). Für die Beschäftigungsverbote während der Schutzfristen vor und nach der Entbindung gem. § 3 Abs. 2 und § 6 Abs. 1 a.F. (künftig § 3 Abs. 1 und 2 n.F.) besteht insofern eine Sonderregelung, als die Bestimmungen über das Mutterschaftsgeld (§ 13 a.F. bzw. künftig § 19 n.F.) sowie die Vorschrift des § 14 a.F. bzw. künftig § 20 n.F. über den Zuschuss zum Mutterschaftsgeld anzuwenden sind (vgl. auch KR/Gallner § 17 MuSchG Rn. 119).

In Ausnahmefällen kann die Vergütungspflicht des Arbeitgebers entfallen. Allein das objektive Bestehen eines wichtigen Grundes i.S.v. § 626 BGB oder eines verhaltensbedingten Grundes i.S.v. § 1 Abs. 2 KSchG führt zwar grds. noch nicht dazu, dass die Vergütungspflicht entfällt (BAG [GS] 26.4.1956 EzA § 615 BGB Nr. 1; BAG 29.10.1987 EzA § 615 BGB Nr. 54; 23.5.1969 EzA § 9 n.F. MuSchG Nr. 7). Der Arbeitgeber kommt aber dann nicht in Annahmeverzug, wenn die Arbeitnehmerin sich so verhält, dass der Arbeitgeber **nach Treu und Glauben** und unter Berücksichtigung der Gepflogenheiten des Arbeitslebens sowie des Zwecks des Mutterschutzes die Annahme der Leistung zu Recht ablehnt (BAG [GS] 26.4.1956 EzA § 615 BGB Nr. 1; 29.10.1987 EzA § 615 BGB Nr. 54; KR/Gallner § 17 MuSchG Rn. 120 m.w.N.). Geboten ist eine Gesamtabwägung (KR/Gallner § 17 MuSchG Rn. 120; Buchner/Becker 8. Aufl. § 9 MuSchG Rn. 177). Eine **schwere Pflichtverletzung, die die Vergütungspflicht entfallen lässt**, ist regelmäßig (nur) dann anzunehmen, wenn die Arbeitnehmerin in grober Weise gegen die ihr obliegenden Pflichten aus dem Arbeitsverhältnis verstoßen hat und eine Gefährdung von Rechtsgütern des Arbeitgebers, seiner Familienangehörigen oder von Arbeitskollegen zu besorgen ist, deren Schutz Vorrang vor den Bestandsinteressen der Arbeitnehmerin hat (BAG 29.10.1987 EzA § 615 BGB Nr. 54; KR/Gallner § 17 MuSchG Rn. 120). Dem Arbeitgeber ist es regelmäßig unzumutbar, das Leistungsangebot der Arbeitnehmerin anzunehmen, wenn sie die von § 823 Abs. 1 BGB geschützten Rechtsgüter des Arbeitgebers vorsätzlich verletzt (vgl. ArbG München vom 18.6.2004 – 35 Ca 1822/04 zu einem Fall bewiesener Geldentnahmen aus der Kasse; KR/Gallner § 17 MuSchG Rn. 120; vgl. auch BAG vom 16.4.2014 EzA § 611 BGB 2002 Nr. 2 zu einem allerdings nicht im Zusammenhang mit dem mutterschutzrechtlichen Kündigungsverbot stehenden Fall einer wiederholten Untreue des als Leiter der Buchhaltung beschäftigten Arbeitnehmers).

c) Weiterbeschäftigungsanspruch

88 Die ohne behördliche Zustimmung ausgesprochene Kündigung ist **offensichtlich unwirksam**. Die unwirksam gekündigte Arbeitnehmerin hat daher schon vor einem stattgebenden Urteil erster Instanz Anspruch auf Weiterbeschäftigung gegen den Arbeitgeber (KR/Gallner § 17 MuSchG Rn. 116; grundlegend zum allgemeinen Weiterbeschäftigungsanspruch BAG [GS] 27.2.1985 EzA § 611 BGB Beschäftigungspflicht Nr. 9 m. Anm. Gamillscheg). Dieser Anspruch kann ggf. auch mit einer **einstweiligen Verfügung** gerichtlich durchgesetzt werden. Der erforderliche Verfügungsgrund ist jedenfalls dann zu bejahen, wenn die Arbeitnehmerin auf die Weiterbeschäftigung angewiesen ist, weil sie sonst Gefahr läuft, Fachkenntnisse zu verlieren (KR/Gallner § 17 MuSchG Rn. 116; vgl. zum einstweiligen Rechtsschutz beim Weiterbeschäftigungsantrag Korinth Einstweiliger Rechtsschutz im Arbeitsgerichtsverfahren 3. Aufl. Rn. 108 ff.).

d) Schadensersatz- und Entschädigungsansprüche

89 Das Kündigungsverbot des § 17 Abs. 1 begründet für den Arbeitgeber eine Unterlassungspflicht. Verstößt der Arbeitgeber schuldhaft gegen diese arbeitsvertragliche Nebenpflicht, begründet das eine Schadensersatzpflicht (KR/Gallner § 17 MuSchG Rn. 122; Buchner/Becker § 9 MuSchG 8. Aufl. Rn. 186). Neben dem vertraglichen Schadensersatzanspruch aus **§ 280 Abs. 1 BGB** kommt ein deliktischer Anspruch in Betracht. Da § 17 Abs. 1 nicht den Schutz der Allgemeinheit, sondern den Schutz eines bestimmten sozial besonders schutzbedürftigen Personenkreises bezweckt, handelt es sich um ein Schutzgesetz i.S.v. **§ 823 Abs. 2 BGB** (KR/Gallner § 17 MuSchG Rn. 122; Buchner/Becker § 9 MuSchG 8. Aufl. Rn. 185 m.w.N.). Zu den erstattungsfähigen Schäden gehören alle **Vermögensnachteile**, die **adäquat kausal** auf der Verletzung des Kündigungsverbots beruhen. Hierzu gehören insbes. Aufwendungen, die ihre Ursache in den kündigungsbedingten psychischen Belastungen der Arbeitnehmerin haben (z.B. Krankenhauskosten bei einer Früh- oder Fehlgeburt). Führt der bewusste Verstoß gegen das Kündigungsverbot bei der Arbeitnehmerin zu einer körperlichen oder gesundheitlichen Beeinträchtigung, kann gem. § 253 Abs. 2 BGB auch ein Schmerzensgeldanspruch bestehen (KR/Gallner § 17 MuSchG Rn. 123).

Die Missachtung der besonderen Schutzvorschriften des Mutterschutzgesetzes zugunsten der werdenden Mutter und insbesondere der bewusste Verstoß gegen das mutterschutzrechtliche Kündigungsverbot indizieren eine **Benachteiligung der Arbeitnehmerin wegen ihrer Schwangerschaft** und damit wegen ihres Geschlechts gem. § 3 Abs. 1 Satz 2 AGG. Dies begründet einen **Entschädigungsanspruch gem. § 15 Abs. 2 AGG**, der trotz der Regelung des § 2 Abs. 4 AGG Anwendung findet (vgl. BAG vom 12.12.2013 EzA § 15 AGG Nr. 23 zu einem Fall, in dem der Arbeitgeber die Schwangere trotz eines Beschäftigungsverbots i.S.d. § 3 Abs. 1 zur Arbeit drängte und – nachdem ihn die Arbeitnehmerin darüber informierte, dass die Leibesfrucht abgestorben ist – noch am selben Tag die Kündigung zu einem Zeitpunkt aussprach, zu dem die tote Leibesfrucht noch nicht vom Mutterleib getrennt war; vgl. auch APS/Rolfs 7. Aufl. § 17 MuSchG Rn. 108). Auch ein **Schadensersatzanspruch nach § 15 Abs. 1 AGG** kommt in Betracht (APS/Rolfs 7. Aufl. § 17 MuSchG Rn. 108; vom BAG a.a.O. offengelassen). Hat der Arbeitgeber im Zeitpunkt der Kündigung allerdings keine Kenntnis von der Schwangerschaft der Betroffenen, verstößt die Kündigung nicht gegen das Benachteiligungsverbot des § 7 Abs. 1 AGG i.V.m. §§ 1, 3 Abs. 1 Satz 2 AGG, da sie dann nicht im Zusammenhang mit der Schwangerschaft stehen kann (vgl. BAG vom 17.10.2013 EzA § 3 AGG Nr. 8; AR/Vossen § 17 MuSchG Rn. 7).

e) Sozialrechtliche Ansprüche

Kommt der Arbeitgeber bei Annahmeverzug seiner Verpflichtung aus § 611 Abs. 1, 90
§ 615 S. 1, §§ 293 ff. BGB, die Vergütung fortzuzahlen, nicht nach, kann der Frau u.U. ein **Anspruch auf Arbeitslosengeld nach §§ 136 ff. SGB III oder Bürgergeld nach §§ 19 ff. SGB II** zustehen. Die Frau ist zwar nicht arbeitslos i.S.v. § 138 SGB III, weil ihr Arbeitsverhältnis wegen der nach § 17 Abs. 1 unwirksamen Kündigung fortbesteht. Der Anspruch auf Arbeitslosengeld ruht nach § 157 Abs. 1 SGB III grds. auch in der Zeit, für die der Arbeitslose Arbeitsentgelt erhält oder zu beanspruchen hat. Wird die aus Annahmeverzug geschuldete Vergütung tatsächlich aber nicht geleistet, kann die faktisch arbeitslose Frau nach § 157 Abs. 3 S. 1 SGB III Arbeitslosengeld beanspruchen (KR/Gallner § 17 MuSchG Rn. 124). Für den Anspruch auf Arbeitslosengeld muss die Frau zwar grds. verfügbar i.S.v. § 138 Abs. 1 Nr. 3 SGB III sein (zu den mutterschutzrechtlichen Besonderheiten etwa: BSG vom 9.9.1999 NZA-RR 2000, 45). Unionsrechtskonform ausgelegt, schließen die mutterschutzrechtlichen Beschäftigungsverbote die Verfügbarkeit jedoch nicht aus (vgl. nur EuGH 16.2.2006 [Sarkatzis Herrero] EzA Richtlinie 76/207 EG-Vertrag 1999 Nr. 6; KR/Gallner § 17 MuSchG Rn. 124; Buchner/Becker 8. Aufl. § 9 MuSchG Rn. 181 aE und § 5 MuSchG Rn. 42 ff. zu der Entwicklung der Rspr. des EuGH in diesem Bereich). In Höhe des gezahlten Arbeitslosengeldes geht der Vergütungsanspruch auf die Bundesagentur für Arbeit über (§ 115 Abs. 1 SGB X). Leistet der Arbeitgeber gleichwohl mit befreiender Wirkung an die Frau, muss sie das Arbeitslosengeld gem. § 157 Abs. 3 Satz 2 SGB III zurückerstatten (KR/Gallner § 17 MuSchG Rn. 124).

6. Zulassung der Arbeitgeberkündigung durch die Arbeitsschutzbehörde (Abs. 2 Satz 1)

Gehört die Betroffene zum geschützten Personenkreis (vgl. dazu Rdn. 10 ff.) und 91
liegen die in § 17 Abs. 1 geregelten Voraussetzungen des Kündigungsverbots vor (vgl. dazu Rdn. 18 ff.), ist Kündigung (nur dann) nicht unwirksam, wenn sie vorher gem. § 17 Abs. 2 Satz 1 durch die zuständige Behörde in besonderen Fällen, die nicht mit dem geschützten persönlichen Zustand der Betroffenen zusammenhängen dürfen, ausnahmsweise für zulässig erklärt wurde. Die Regelung entspricht der Vorgängerregelung des § 9 Abs. 3 Satz 1 a.F., es erfolgte allerdings eine redaktionelle Anpassung hinsichtlich des Tatbestands der Fehlgeburt nach der zwölften Schwangerschaftswoche (vgl. die Begründung des Regierungsentwurfs zur gleichlautenden Regelung des § 16 Abs. 2 Satz 1, BT-Drucks. 18/8963, S. 88).

a) Unions-, verfassungs- und völkerrechtliche Bezüge

92 Die in § 17 Abs. 2 Satz 1 vorgesehene Möglichkeit der behördlichen Befreiung vom Kündigungsverbot in besonderen nicht mit dem Zustand der Frau zusammenhängenden Ausnahmefällen **stimmt mit Art. 10 Nr. 1 der Mutterschutz-RL 92/85/EWG überein,** der ausdrücklich eine entsprechende Einschränkung des Kündigungsverbots enthält (KR/Gallner § 17 MuSchG Rn. 127; Schöllmann in HK-MuSchG 6. Aufl. § 17 Rn. 85; Buchner/Becker 8. Aufl. § 9 MuSchG Rn. 204; APS/Rolfs 7. Aufl. § 17 MuSchG Rn. 109). Diese Möglichkeit der behördlichen Zulassung der Kündigung ist **verfassungsrechtlich** – insbesondere auch vor dem Hintergrund des Art. 6 Abs. 4 GG und Art. 3 GG – **unbedenklich** (KR/Gallner § 17 MuSchG Rn. 127; APS/Rolfs 7. Aufl. § 17 MuSchG Rn. 109 jeweils m.w.N.). Sie ist sogar **verfassungsrechtlich geboten**, um im Fall einer Grundrechtskonkurrenz zwischen dem Schutzanspruch der Mutter aus Art. 6 Abs. 4 GG und der Berufsausübungsfreiheit des Arbeitgebers aus Art. 12 Abs. 1 GG auch dessen Rechten Geltung verschaffen zu können (APS/Rolfs 7. Aufl. § 17 MuSchG Rn. 109; vgl. auch BVerwG vom 2.7.1981 AP Nr. 1 zu § 9a a.F., welches es für verfassungswidrig erachtet hat, dass § 9a a.F. keinerlei Ausnahmefälle für die Möglichkeit eröffnet hat, die Kündigung des Arbeitsverhältnisses einer Arbeitnehmerin für zulässig zu erklären). Hinzukommt, dass die Rechtsordnung dem Arbeitgeber nichts Unzumutbares abverlangen darf, weshalb insbesondere die Möglichkeit einer außerordentlichen Kündigung des Arbeitsverhältnisses nicht vollständig ausgeschlossen sein darf (KR/Gallner § 17 MuSchG Rn. 126; Schöllmann in HK-MuSchG 6. Aufl. § 17 Rn. 85).

93 Fraglich ist, ob § 17 Abs. 2 Satz 1 mit dem strengen Kündigungsverbot in **Art. 4 des Übereinkommen Nr. 3 der IAO** über die Beschäftigung von Frauen vor und nach der Niederkunft in Einklang steht (dies im Rahmen der Diskussion zu § 9 Abs. 3 a.F. verneinend bzw. infrage stellend: Beitzke RdA 1983, 141 ff.; APS-Rolfs 5. Aufl. § 9 MuSchG 1968 Rn. 6). Die Frage dürfte zu bejahen sein. Durch die **Neufassung** des Mutterschutzübereinkommens im Jahr 2000 durch das von der Bundesrepublik Deutschland bislang nicht ratifizierte Übereinkommen Nr. 103 der IAO über den Mutterschutz (vgl. dazu APS/Rolfs 7. Aufl. § 17 MuSchG Rn. 9) ist der Kündigungsschutz zwar zeitlich ausgedehnt worden. Es sind jedoch zugleich **Ausnahmen ermöglicht** worden, wie sie z.B. in § 17 Abs. 2 Satz 1 vorgesehen sind (KR/Gallner § 17 MuSchG Rn. 128; Schöllmann in HK-MuSchG 6. Aufl. § 17 Rn. 85; ErfK-Schlachter § 17 MuSchG Rn. 13). Im Hinblick auf die Anwendung des § 17 zu berücksichtigen ist auch, dass der Regelung des IAO-Übereinkommens **keine unmittelbare Wirkung** auf das Arbeitsverhältnis zukommt (KR/Gallner § 17 MuSchG Rn. 128; Buchner/Becker 8. Auf. § 9 MuSchG Rn. 203 m.w.N.).

b) Rechtsnatur der behördlichen Entscheidung und behördliche Entscheidungskompetenz

94 Bei der behördlichen Entscheidung über den vom Arbeitgeber vor Ausspruch der Kündigung zu stellenden Antrag auf Zulässigkeitserklärung handelt es sich um die behördliche Regelung eines Einzelfalls auf dem Gebiet des öffentlichen Rechts mit

unmittelbarer Rechtswirkung nach außen und damit – wie schon bei § 9 Abs. 3 Satz 1 a.F. – um einen (privatrechtsgestaltenden) **Verwaltungsakt** (allg. Ansicht, vgl. etwa KR/Gallner § 17 MuSchG Rn. 130; APS/Rolfs 7. Aufl. § 17 MuSchG Rn. 110 Brose/Weth/Volk/Volk MuSchG § 17 Rn. 193). Unmittelbare Rechtswirkung entfaltet die Entscheidung sowohl gegenüber dem Arbeitgeber als auch gegenüber der betroffenen Frau. Mit Blick auf die unterschiedliche Interessenlage von Arbeitgeber und Beschäftigter ist die behördliche Entscheidung für die eine/den einen Verfahrensbeteiligte(n) ein begünstigender, für die andere/den anderen Verfahrensbeteiligte(n) ein belastender Verwaltungsakt (Schöllmann in HK-MuSchG 6. Aufl. § 17 Rn. 130). Es handelt sich daher um einen privatrechtsgestaltenden **Verwaltungsakt mit Doppelwirkung** (BAG vom 17.6.2003 EzA § 9 n.F. MuSchG Nr. 39; Schöllmann in HK-MuSchG 6. Aufl. § 17 Rn. 86).

Die behördliche Zulässigkeitserklärung hebt das zeitweilige Kündigungsverbot des § 17 Abs. 1 Satz 1 auf. Es handelt sich folglich um einen Verwaltungsakt mit **rechtsgestaltender Wirkung**. Erst nach erfolgter Zulässigkeitserklärung kann der Arbeitgeber innerhalb der Schutzfristen des § 17 Abs. 1 eine Kündigung aussprechen. Eine zuvor erklärte Arbeitgeberkündigung ist **unheilbar nichtig** (vgl. Rdn. 86; vgl. ferner KR/Gallner § 17 MuSchG Rn. 131 sowie zu § 9 a.F.: BAG vom 31.3.1993 EzA § 9 n.F. MuSchG Nr. 32). Sie ist **nicht** bis zur Entscheidung über den Antrag, die Kündigung ausnahmsweise für zulässig zu erklären, **schwebend unwirksam** (allg. Ansicht zu § 9 Abs. 3 a.F.: BAG vom 29.7.1968 EzA § 9 n.F. MuSchG Nr. 1; Buchner/Becker 8. Aufl. § 9 MuSchG Rn. 207 m.w.N.). Das gilt selbst dann, wenn der Arbeitgeber unzweifelhaft einen Rechtsanspruch auf Erteilung einer Erlaubnis nach § 17 Abs. 2 hätte, diese aber nicht beantragt oder (noch) nicht erteilt ist (vgl. zu § 9 Abs. 3 a.F.: BAG vom 29.7.1968 EzA § 9 n.F. MuSchG Nr. 1; APS-Rolfs 5. Aufl. § 9 MuSchG 1968 Rn. 5a). Nach erfolgter Zulässigkeitserklärung muss daher grundsätzlich erneut gekündigt werden (KR/Gallner § 17 MuSchG Rn. 131).

Die behördliche Zulässigkeitserklärung durch die nach § 17 Abs. 2 Satz 1 zuständige Arbeitsschutzbehörde gehört nicht zum kündigungsrechtlichen Erklärungstatbestand. Eine vor der behördlichen Entscheidung innerhalb der Schutzfristen des § 17 Abs. 1 ausgesprochene Arbeitgeberkündigung kann daher auch **nicht** – i.S. einer bloßen Rechtsbedingung – **von** der späteren **Zulässigkeitserklärung abhängig** gemacht werden. Eine Arbeitgeberkündigung unter der Bedingung der nachträglichen Zulässigkeitserklärung ist eine **unzulässige bedingte Kündigung** (KR/Gallner § 17 MuSchG Rn. 133; Brose/Weth/Volk/Volk MuSchG § 17 Rn. 190).

Die Bestimmung des § 17 Abs. 2 Satz 1 enthält eine gesetzliche Ermächtigungsgrundlage lediglich für eine vorherige behördliche Zulässigkeitserklärung. Die Entscheidungskompetenz der zuständigen Behörde ist damit auch öffentlichrechtlich dahin begrenzt, dass **keine nachträgliche Genehmigung einer verbotswidrig ausgesprochenen Kündigung** in Betracht kommt (allg. Meinung vgl. etwa KR/Gallner § 17 MuSchG Rn. 134; Buchner/Becker 8. Aufl. § 9 MuSchG Rn. 207 m.w.N.). Erlässt die Behörde dennoch einen **rückwirkenden Genehmigungsbescheid**, ist dieser Verwaltungsakt wegen Verstoßes gegen das zwingende gesetzliche Verbot des § 17 Abs. 1 **nichtig** i.S.v. § 44 des

Verwaltungsverfahrensgesetzes des jeweiligen Bundeslandes (KR/Gallner § 17 MuSchG Rn. 134; Brose/Weth/Volk/Volk MuSchG § 17 Rn. 189). Im arbeitsgerichtlichen Verfahren über eine verbotswidrig ausgesprochene Kündigung kann die Nichtigkeit eines derartigen Verwaltungsakts als Vorfrage festgestellt werden. Steht die Entscheidung der Behörde noch aus, kann das Arbeitsgericht gleichwohl bereits die Nichtigkeit der entgegen § 17 Abs. 1 ausgesprochenen Kündigung feststellen. Da eine behördliche Genehmigung ausgeschlossen ist, darf das Arbeitsgericht den Kündigungsrechtsstreit **nicht nach § 148 ZPO** bis zur Entscheidung der Behörde aussetzen (KR/Gallner § 17 MuSchG Rn. 134; Brose/Weth/Volk/Volk MuSchG § 17 Rn. 191; vgl. zu § 9 a.F.: LAG Düsseldorf vom 26.2.1954 DB 1954, 456; LAG Bremen vom 26.1.1955 BB 1955, 258).

95 § 17 Abs. 2 Satz 1 enthält im Übrigen nur eine gesetzliche Ermächtigungsgrundlage für die Zulässigkeitserklärung von Kündigungen des Arbeitgebers i.S.d. § 2 Abs. 1 und nicht auch für die Zulässigkeitserklärung im Hinblick auf andere Beendigungstatbestände (KR/Gallner § 17 MuSchG Rn. 135; vgl. dazu oben Rn. 75 ff.). **Vorbereitungsmaßnahmen** i.S.d. § 17 Abs. 1 Satz 3 werden ebenfalls von § 17 Abs. 2 Satz 1 **nicht erfasst:** § 17 Abs. 2 Satz 1 gilt seinem Wortlaut nach (nur) für »Kündigungen«. § 17 Abs. 1 Satz 3 erklärt lediglich Abs. 1 Satz 1 und 2, nicht dagegen – im Gegensatz zu § 17 Abs. 3 Satz 3 – Absatz 2 Satz 1 für entsprechend anwendbar. Vorbereitungsmaßnahmen bedürfen nach der hier vertretenen Auffassung auch keiner behördlichen Zulassung (a.A. BeckOK ArbR/Dahm MuSchG § 17 Rn. 50): Verbotsgegenstand des § 17 ist allein die Kündigung des Arbeitgebers, es werden lediglich die in Abs. 1 Satz 1 geregelten Schutzzeiträume auf Vorbereitungsmaßnahmen ausgedehnt (str., vgl. dazu oben Rdn. 57 und Rdn. 66 f.).

96 Die Arbeitsschutzbehörde ist nicht dazu berechtigt, dem Arbeitgeber durch ein sog. **Negativattest** mit konstitutiver Wirkung zu bescheinigen, dass die Kündigung zulässig ist, ohne dass es einer vorherigen behördlichen Zulassung bedarf. Darüber, ob bei Zugang der Kündigung besonderer Kündigungsschutz nach § 17 besteht, entscheiden verbindlich allein die Arbeitsgerichte, die an die Rechtsauffassung der Behörde nicht gebunden sind (Brose/Weth/Volk/Volk MuSchG § 17 Rn. 195; KR/Gallner § 17 MuSchG Rn. 152; Schöllmann in HK-MuSchG 6. Aufl. § 17 Rn. 87; vgl. zu § 9 Abs. 3 a.F.: BAG vom 28.1.1965 DB 1965, 824; Buchner/Becker 8. Aufl. § 9 MuSchG Rn. 218). Auch die irrige Annahme der Behörde, im Einzelfall sei eine Zulässigkeitserklärung nicht erforderlich, ersetzt die Zulässigkeitserklärung nicht (KR/Gallner § 17 MuSchG Rn. 152; Schöllmann in HK-MuSchG 6. Aufl. § 17 Rn. 87; vgl. zu § 9 a.F.: BAG vom 28.1.1965 DB 1965). Allerdings ist der behördliche Hinweis möglich und sogar geboten, wenn die Behörde eine Zulässigkeitserklärung als nicht erforderlich ansieht, weil keine Kündigung, sondern z.B. die Anfechtung der im Arbeitsvertrag enthaltenen Willenserklärung beabsichtigt ist (KR/Gallner § 17 MuSchG Rn. 152; Schöllmann in HK-MuSchG 6. Aufl. § 17 Rn. 87; APS/Rolfs 7. Aufl. § 17 MuSchG Rn. 111). Ein Negativattest jedoch hat **in keinem Fall die Wirkung einer Zulässigkeitserklärung i.S.v. § 17 Abs. 2** (KR/Gallner § 17 MuSchG Rn. 152 Brose/Weth/Volk/Volk MuSchG § 17 Rn. 195).

c) Verfahren der behördlichen Zulassung

aa) Zuständige Behörde

Gem. § 17 Abs. 2 S. 1 MuSchG ist die für den Arbeitsschutz zuständige oberste Landesbehörde oder eine von ihr bestimmte Stelle zuständig. Oberste Landesbehörde ist das jeweilige Fachministerium des Bundeslandes. Die meisten Bundesländer haben von ihrer **Delegationsbefugnis** Gebrauch gemacht (vgl. dazu KR/Gallner § 17 MuSchG Rn. 143). In **Bayern, Bremen** und **Niedersachsen** sind zuständig die Gewerbeaufsichtsämter; in **Baden-Württemberg** die Regierungspräsidien, in **Brandenburg** die Landesämter für Arbeitsschutz; in **Berlin** das Landesamt für Arbeitsschutz, Gesundheitsschutz und technische Sicherheit; in **Hamburg** die Behörde für Gesundheit und Verbraucherschutz (Amt für Arbeitsschutz); in **Hessen** die Regierungspräsidenten; in **Mecklenburg-Vorpommern** die Gewerbeaufsichtsämter; in **Nordrhein-Westfalen** die Bezirksregierungen; in **Rheinland-Pfalz** die Regionalstellen Gewerbeaufsicht in den Struktur – und Genehmigungsdirektionen Nord und Süd; im **Saarland** das Landesamt für Umwelt und Arbeitsschutz; in **Sachsen** die Landesdirektionen, Abteilung für Arbeitsschutz; in **Sachsen-Anhalt** die Landesämter für Verbraucherschutz; in **Schleswig-Holstein** die Staatliche Aufsichtsbehörde bei der Unfallkasse Nord und in **Thüringen** das Landesamt für Verbraucherschutz (vgl. auch KR/Gallner § 17 MuSchG Rn. 143). Eine aktuelle Liste der zuständigen Behörden findet sich auf der Seite des Bundesministeriums für Familie, Senioren, Frauen und Jugend im Internet unter der Adresse: www.bmfsfj.de 97

bb) Durchführung des Verfahrens

Maßgeblich für das bei der Zulässigkeitserklärung nach § 17 Abs. 2 Satz 1 zu beachtende Verwaltungsverfahren ist das jeweilige **Verwaltungsverfahrensgesetz des zuständigen Bundeslandes** (KR/Gallner § 17 MuSchG Rn. 136; Brose/Weth/Volk/Volk MuSchG § 17 Rn. 215). Die Ausführung des MuSchG obliegt nach Art. 83 GG den Ländern als eigene Angelegenheit. Dabei sind sie nach Art. 84 GG befugt, die Einrichtung der Behörden und das Verwaltungsverfahren zu regeln, soweit nicht Bundesgesetze mit Zustimmung des Bundesrats etwas anderes bestimmen. Eine solche – mit Zustimmung des Bundesrats erlassene – anderweitige bundesgesetzliche Regelung besteht mit dem Verwaltungsverfahrensgesetz des Bundes (VwVfG) zwar. Die Vorschriften dieses Gesetzes gelten für Landesbehörden, soweit diese Bundesrecht als eigene Angelegenheit nach Art. 84 GG ausführen, jedoch nur in solchen Bundesländern, in denen keine landesrechtlichen Verwaltungsverfahrensgesetze bestehen (1 Abs. 3 VwVfG). Die Ausnahmeregelung trifft auf keines der Bundesländer zu. Allerdings stimmen die Verwaltungsverfahrensgesetze der meisten Länder nach Inhalt und Wortlaut mit dem Verwaltungsverfahrensgesetz des Bundes überein oder verweisen auf den Inhalt des VwVfG (KR/Gallner § 17 MuSchG Rn. 136; den folgenden Ausführungen wird daher aus Gründen der Einheitlichkeit und der Übersichtlichkeit das Verwaltungsverfahrensgesetz des Bundes zu Grunde gelegt). 98

Maßgeblich sind die in den §§ 9–30 VwVfG niedergelegten Verfahrensgrundsätze für das **nichtförmliche Verwaltungsverfahren**. Die in §§ 63 bis 71 VwVfG enthaltenen

Vorschriften über das förmliche Verwaltungsverfahren kommen dagegen nicht zur Anwendung, weil das MuSchG keine entsprechende Anordnung enthält (KR/Gallner § 17 MuSchG Rn. 137).

In der Begründung des Regierungsentwurfes zur gleichlautenden Regelung des § 16 Abs. 2 Satz 1 heißt es allerdings, dass zur Orientierung bei der Durchführung der Regelung des Absatzes 2 die Verwaltungsvorschrift nach § 18 Abs. 1 Satz 6 BEEG herangezogen werden könne (BT-Drucks. 18/8963, S. 88). Damit wird als »Orientierungshilfe« Bezug genommen auf die »**Allgemeine Verwaltungsvorschrift zum Kündigungsschutz bei Elternzeit**« vom 3.1.2007 (KündSchEltZVwV; BAnz. Nr. 5, S. 247). Diese enthält in den Nr. 4 ff. eigene Verfahrensvorschriften. So sieht Nr. 4 KündSchEltZVwV im Gegensatz zu § 10 S. 1 VwVfG vor, dass der Antrag formgebunden ist (Schriftform oder Erklärung zu Protokoll). Nach Nr. 5.2 KündSchEltZVwV ist der Betriebs- bzw. der Personalrat zwingend zu beteiligen. Die Regelungen der Nr. 4 ff. KündSchEltZVwV sind jedoch keine besonderen Rechtsvorschriften i.S.d. § 10 Satz 1 VwVfG für die besondere Form des Zulassungsverfahrens nach § 17 Abs. 2 Satz 1. Es handelt sich um Verwaltungsvorschriften, die allein aufgrund der Ermächtigungsgrundlage des § 18 Abs. 1 Satz 6 BEEG zum behördlichen Verfahren der Zulassung der Kündigung in der Elternzeit gem. § 18 Abs. 1 Satz 4 und 5 BEEG erlassen wurden. Von der Möglichkeit der Bundesregierung gem. Art. 84 Abs. 2 GG mit Zustimmung des Bundesrates gesondert zur Durchführung des Absatzes 2 allgemeine Verwaltungsvorschriften zu erlassen (vgl. den entsprechenden Hinweis in der Begründung des Regierungsentwurfs zur gleichlautenden Regelung des § 16 Abs. 2 Satz 1; BT-Drucks. 18/8963, S. 88), wurde bislang kein Gebrauch gemacht. Die Regelungen der Nr. 4 ff. KündSchEltZVwV können daher die Regelungen der §§ 10 ff. VwVfG nicht verdrängen (vgl. auch KR/Gallner § 17 MuSchG Rn. 149). Soweit der Behörde bei der Verfahrensgestaltung allerdings ein Ermessen eingeräumt ist, dürften keine Bedenken bestehen, wenn sie diese Vorschriften – wie in der Begründung des Regierungsentwurfes angesprochen – als Orientierungshilfe im Rahmen ihrer Ermessensentscheidung mitberücksichtigt.

aaa) Antrag des Arbeitgebers

99 Das behördliche Zulassungsverfahren nach § 17 Abs. 2 Satz 1 wird nicht von Amts wegen, sondern nur auf **Antrag des Arbeitgebers** eingeleitet. Das Antragserfordernis ergibt sich auch ohne ausdrückliche Regelung im MuSchG aus der Natur der Sache (KR/Gallner § 17 MuSchG Rn. 144; Buchner/Becker 8. Aufl. § 9 MuSchG Rn. 239). Der Antrag bedarf nach § 10 S. 1 VwVfG **keiner bestimmten Form** (KR/Gallner § 17 MuSchG Rn. 144; Buchner/Becker 8. Aufl. § 9 MuSchG Rn. 240). Er kann auch mündlich oder elektronisch gestellt werden. Die in Nr. 4 KündSchEltZVwV vorgesehene Formvorschrift ist nicht verbindlich. Es handelt sich dabei um **keine besondere Rechtsvorschrift i.S.d. § 10 Satz 1 VwVfG** für die besondere Form des Zulassungsverfahrens nach § 17 Abs. 2 (vgl. Rn. 93). Schon aus Gründen der Beweissicherung empfiehlt es sich jedoch, den Antrag schriftlich zu stellen (KR/Gallner § 17 MuSchG Rn. 144; Buchner/Becker 8. Aufl. § 9 MuSchG Rn. 240). Das Erfordernis des Art. 10 Nr. 2 der Mutterschutzrichtlinie 92/85/EWG, schriftlich berech-

tigte Kündigungsgründe anzuführen, bezieht sich nicht auf den Antrag bei der Behörde, sondern auf die Kündigungserklärung (KR/Gallner § 17 MuSchG Rn. 144).

Der Antrag muss inhaltlich bestimmt sein. Für die Behörde muss insbes. **erkennbar** sein, dass der Arbeitgeber eine **Zulässigkeitserklärung nach 17 Abs. 2** begehrt. Die genaue gesetzliche Formulierung braucht nicht wiederholt zu werden (KR/Gallner § 17 MuSchG Rn. 145; Buchner/Becker 8. Aufl. § 9 MuSchG Rn. 240). Da der Arbeitgeber als Beteiligter an der Ermittlung des Sachverhalts mitwirken soll, hat er den Antrag mit allen **wesentlichen Tatsachen** für einen sog. **besonderen Fall** zu begründen (KR/Gallner § 17 MuSchG Rn. 145; Buchner/Becker 8. Aufl. § 9 MuSchG Rn. 242). Zu den für die behördliche Entscheidung wesentlichen Tatsachen gehören neben der ladungsfähigen Anschrift der Frau und des Arbeitgebers insbes. die folgenden Umstände (KR/Gallner § 17 MuSchG Rn. 145; vgl. auch den Formulierungsvorschlag in MAH ArbR/Schöllmann § 48 Rn. 40): die Art der beabsichtigten Kündigung (z.B. außerordentliche oder ordentliche Kündigung, bei der ordentlichen Kündigung auch die korrekte Kündigungsfrist), der Kündigungszeitpunkt, die Sozialdaten der Arbeitnehmerin (Lebensalter, Familienstand, Unterhaltspflichten, Dauer des Beschäftigungsverhältnisses), der Tag der voraussichtlichen oder erfolgten Entbindung (zweckmäßigerweise unter Beifügung einer entsprechenden ärztlichen Bescheinigung), ggf. das Vorliegen einer Fehlgeburt nach der zwölften Schwangerschaftswoche sowie die substanziierte Angabe der Kündigungsgründe (zweckmäßigerweise mit Beweismitteln). Hilfreiche Informationen über die vorzulegenden Unterlagen finden sich in dem Merkblatt »Anträge auf Zulassung zur Kündigung nach § 17 Abs. 2 Mutterschutzgesetz«, zu finden auf der Homepage der Gewerbeaufsicht Baden-Württemberg unter www.gaa.baden-wuerttemberg.de.

bbb) Verfahrensgrundsätze

Über den Antrag wird im sog. **nichtförmlichen Verwaltungsverfahren** (§ 10 VwVfG) 100
entschieden, wobei die jeweiligen Verwaltungsverfahrensgesetze der Bundesländer zu Grunde zu legen sind, die allerdings mit dem des Bundes in aller Regel übereinstimmen (vgl. Rn. 93). **Beteiligte** des Verfahrens sind der Arbeitgeber und die Frau, die Behörde kann jedoch von Amts wegen oder auf Antrag weitere Beteiligte (z.B. den Betriebsrat) hinzuziehen (KR/Gallner § 17 MuSchG Rn. 138; APS/Rolfs 7. Aufl. § 17 MuSchG Rn. 116). Die Verfahrensvorschrift der Nr. 5.2 KündSchEltZVwV, wonach der Betriebs- bzw. der Personalrat zwingend zu beteiligen ist, ist insoweit nicht verbindlich (vgl. Rn. 95). Allerdings dürfte eine Beteiligung des Betriebs- bzw. des Personalrats in aller Regel zweckmäßig sein (KR/Gallner § 17 MuSchG Rn. 138; Buchner/Becker 8. Aufl. § 9 MuSchG Rn. 244).

Der Frau ist **rechtliches Gehör** zu gewähren (vgl. § 28 VwVfG; KR/Gallner § 17 MuSchG Rn. 140). Die Behörde muss den Sachverhalt **von Amts wegen** ermitteln und entscheidet nach pflichtgemäßem Ermessen über die Erhebung von Beweisen (vgl. § 26 VwVfG). Die Behörde ist nicht an das Vorbringen und an die Beweisanträge der Beteiligten gebunden (vgl. § 24 Abs. 1 VwVfG). Die behördliche Ermittlungspflicht hat sich auf alle für den Einzelfall bedeutsamen Umstände zu erstrecken. Dazu gehören insbes. die Überprüfung der Kündigungsgründe, die Ermittlung der genauen Sozialdaten der Beschäftigten (z.B. Lebensalter, Familienstand, Dauer der Betriebszugehörigkeit, Vermögensverhältnisse) sowie Feststellungen über die möglichen Auswirkungen einer Kündigung auf die psychische Konstitution der Beschäftigten (KR/Gallner § 17 MuSchG Rn. 141).

Eine bestimmte **Frist** für die Stellung des Antrags ist im MuSchG nicht vorgesehen (KR/Gallner § 17 MuSchG Rn. 146). Bei einer außerordentlichen Kündigung ist jedoch die zweiwöchige Ausschlussfrist des § 626 Abs. 2 S. 1 BGB zu beachten. Der Arbeitgeber hat innerhalb von zwei Wochen nach Kenntniserlangung von den maßgeblichen Kündigungstatsachen den Antrag bei der nach § 17 Abs. 2 Satz 1 zuständigen Behörde zu stellen (vgl. dazu Rn. 57).

cc) Entscheidung der Behörde über die Zulassung

101 Die zuständige Behörde darf die Kündigung gem. § 17 Abs. 2 Satz 1 nur **ausnahmsweise** für zulässig erklären, wenn ein **besonderer Fall** vorliegt, der **in keinem Zusammenhang steht mit dem Zustand der Frau** während der Schwangerschaft, nach einer Fehlgeburt nach der zwölften Schwangerschaftswoche oder nach der Entbindung.

aaa) Besonderer Fall

102 Bei dem Begriff des besonderen Falls handelt es sich um einen **unbestimmten Rechtsbegriff**, dessen Würdigung durch die Verwaltungsbehörde **vollumfänglich der gerichtlichen Kontrolle** unterliegt (; KR/Gallner § 17 MuSchG Rn. 154; Schöllmann in HK-MuSchG 6. Aufl. § 17 Rn. 98; vgl. zu § 9 a.F.: BVerwG vom 29.10.1958, BVerwGE 7, 294; vom 18.8.1977, BVerwGE 54, 276; APS/Rolfs 7. Aufl. § 17 MuSchG Rn. 118). Ein »**besonderer Fall**« liegt nur ausnahmsweise dann vor, wenn **außergewöhnliche Umstände** es rechtfertigen, die vom Gesetz als vorrangig angesehenen Interessen der Beschäftigten hinter die des Arbeitgebers zurücktreten zu lassen (KR/Gallner § 17 MuSchG Rn. 154; vgl. zu § 9 a.F.: BVerwG vom 29.10.1958, BVerwGE 7, 294; vom 21.10.1970, BVerwGE 36, 160; vom 18.8.1977, BVerwGE 54, 276; BAG [GrSen] vom 26.4.1956, BAGE 3, 66, 70 f.). Ein »**besonderer Fall**« ist **nicht dasselbe wie ein »wichtiger Grund«** im Sinne des § 626 Abs. 1 BGB (KR/Gallner § 17 MuSchG Rn. 154; Schöllmann in HK-MuSchG 6. Aufl. § 17 Rn. 98). Nicht jeder für eine außerordentliche Kündigung ausreichende Grund ist daher geeignet, die Zulassung der Kündigung zu rechtfertigen. Umgekehrt kann die Zulassung auch dann in Betracht kommen, wenn nur ein Grund für eine ordentliche Kündigung vorliegt (APS/Rolfs 7. Aufl. § 17 MuSchG Rn. 118). Erforderlich ist stets eine **Interessenabwägung** unter Zugrundelegung der mutterschutzrechtlichen Erwägungen (KR/Gallner § 17 MuSchG Rn. 154; Schöllmann in HK-MuSchG 6. Aufl. § 17 Rn. 98). Die Behörde hat dabei insbesondere den **Zweck des Kündigungsverbots** zu berücksichtigen, der Beschäftigten während der Schutzfristen des § 17 Abs. 1 MuSchG die materielle Existenzgrundlage zu erhalten und die mit einer Kündigung in dieser Zeitspanne verbunden besonderen psychischen Belastungen zu vermeiden (KR/Gallner § 17 MuSchG Rn. 154; Schöllmann in HK-MuSchG 6. Aufl.

§ 17 Rn. 98). Entscheidend ist, ob der Frau bei Abwägung aller maßgeblichen Umstände die materiellen und immateriellen Belastungen der Kündigung während der Schutzfrist **zugemutet** werden kann (KR/Gallner § 17 MuSchG Rn. 154; Schöllmann in HK-MuSchG 6. Aufl. § 17 Rn. 98). Liegt danach ein besonderer Fall vor, scheidet eine Zulässigkeitserklärung gleichwohl aus, wenn der besondere Fall **im Zusammenhang steht mit dem Zustand der Frau** in der Schwangerschaft, nach einer Fehlgeburt nach der zwölften Schwangerschaftswoche oder nach der Entbindung. In einem solchen Fall ist eine **Kündigung generell unzulässig** (Schöllmann in HK-MuSchG 6. Aufl. § 17 Rn. 103). Die Behörde hat allerdings nicht zu prüfen, ob sich die Kündigung arbeitsrechtlich als wirksam erweisen wird. Die Behörde muss daher den Antrag des Arbeitgebers auf Zulässigkeitserklärung auch dann bescheiden, wenn offensichtlich ist, dass die daraufhin ausgesprochene Kündigung nach arbeitsrechtlichen Gesichtspunkten unwirksam sein wird. Aufgabe der Verwaltungsbehörde ist nicht, über die mutterschutzrechtlichen Belange hinaus die arbeitsrechtliche Rechtslage in ihre Prüfung einzubeziehen (Brose/Weth/Volk/Volk MuSchG § 17 Rn. 257).

In der Begründung des Regierungsentwurfs zur gleichlautenden Regelung des § 16 Abs. 2 Satz 1 heißt es, dass bei der Prüfung, ob ein besonderer Fall vorliegt, zur Orientierung bei der Durchführung der Regelung des Absatzes 2 die Verwaltungsvorschrift nach § 18 Abs. 1 Satz 6 BEEG herangezogen werden könne (BT-Drucks. 18/8963, S. 88). Damit wird als »Orientierungshilfe« Bezug genommen auf die »**Allgemeine Verwaltungsvorschrift zum Kündigungsschutz bei Elternzeit**« vom 3.1.2007 (KündSchEltZVwV; BAnz. Nr. 5, S. 247). Diese zählt in ihrer Nr. 2 zahlreiche **Beispielsfälle für einen besonderen Fall i.S.d. § 18 Abs. 1 Satz 4 BEEG** auf (vgl. dazu Wiebauer BB 2013, 1784, 1785 ff.). Diese für das Verfahren der Zulassung der Kündigung in der Elternzeit geltenden Vorschriften sind jedoch für das Zulassungsverfahren nach § 17 Abs. 2 nicht verbindlich, zumal den Zulassungsverfahren auch keine identische Interessenlage zu Grunde liegt (KR/Gallner § 17 MuSchG Rn. 149; vgl. zu den Unterschieden auch VG Frankfurt vom 16.11.2001 NZA-RR 2002, 638; VG Darmstadt vom 26.3.2012 – 5 K 1830/11.DA, jurionRS 2012, 41482). Da der Gesetzgeber die Vorschriften der KündSchEltZVwV in der Regierungsbegründung zur gleichlautenden Regelung des § 16 Abs. 2 als **Orientierungshilfe** »legitimiert« hat, dürften allerdings keine Bedenken bestehen, wenn die Regelung der Nr. 2 KündSchEltZVwV bei der Auslegung des Begriffs des besonderen Falls unter Berücksichtigung der besonderen Interessenlage des Zulassungsverfahrens nach § 17 Abs. 2 Beachtung findet.

Hinzuweisen ist noch darauf, dass in es einigen Bundesländern **Verwaltungsrichtlinien des Landesarbeitsministeriums** gibt (Hessen: Richtlinien v. 4.3.1985, StAnz 1985, 630, Nordrhein-Westfalen: Runderlass v. 11.2.1981 – III A 4–8413 [III Nr. 6/81], MBl. NW 1981, 409, abgedr. bei APS-*Rolfs* § 9 MuSchG 1968 Rn. 138). Es handelt sich um **innerdienstliche Anweisungen ohne Rechtssatzcharakter** an die mit dem behördlichen Verfahren der Zulässigkeitserklärung betrauten Stellen, die allenfalls im Rahmen einer Selbstbindung der Verwaltung für Dritte bedeutsam werden (KR/Gallner § 17 MuSchG Rn. 150; APS/Rolfs 5. Aufl. § 9 MuSchG 1968 Rn. 105).

bbb) Fallgruppen

103 **Personenbedingte Gründe** stellen i.d.R. keinen besonderen Fall dar. Das gilt insb. für alle **schwangerschafts- oder entbindungsbedingten Umstände** einschließlich einer damit im Zusammenhang stehenden Arbeitsunfähigkeit (KR/Gallner § 17 MuSchG Rn. 156; Schöllmann in HK-MuSchG 6. Aufl. § 17 Rn. 100; APS/Rolfs 7. Aufl. § 17 MuSchG Rn. 120; vgl. auch EuGH vom 30.6.1998 [Brown] Slg. 1998, I-4185). Ein besonderer Fall ist auch dann zu verneinen, wenn dem Arbeitgeber wegen Beschäftigungsverboten noch nicht einmal eine geminderte Arbeitskraft zur Verfügung steht (KR/Gallner § 17 MuSchG Rn. 156; Schöllmann in HK-MuSchG 6. Aufl. § 17 Rn. 100; vgl. auch EuGH vom 16.2.2006 [Sarkatzis Herrero] EzA Richtlinie 76/207 EG-Vertrag 1999 Nr. 6). Ein besonderer Fall kann jedoch vorliegen, wenn aufgrund personenbedingter Gründe die wirtschaftliche Belastung des Arbeitgebers in die **Nähe einer Existenzgefährdung** rückt (KR/Gallner § 17 MuSchG Rn. 156; Schöllmann in HK-MuSchG 6. Aufl. § 17 Rn. 100; vgl. zu § 9 Abs. 3 a.F.: BVerwG vom 21.10.1970 AP Nr. 33 zu § 9 MuSchG; vgl. auch Nr. 2.2 KündSchEltZVwV). Allerdings dürfte mit der Neuregelung des Ausgleichsverfahrens nach dem Aufwendungsausgleichsgesetz (vgl. § 1 Abs. 2, Abs. 3 AAG) ein Fall der wirtschaftlichen Existenzgefährdung nicht mehr eintreten (zutreffend Brose/Weth/Volk/Volk MuSchG § 17 Rn. 204). Subjektive Bewertungen, insb. **moralische Vorstellungen** des Arbeitgebers können keinen personenbedingten Grund begründen. Daher ist auch eine voreheliche oder außereheliche Schwangerschaft kein besonderer Fall (KR/Gallner § 17 MuSchG Rn. 156; Schöllmann in HK-MuSchG 6. Aufl. § 17 Rn. 100; vgl. zu § 9 Abs. 3 a.F.: BVerwG 26.8.1970 AP Nr. 32 zu § 9 MuSchG). Dies gilt grundsätzlich auch in (etwa religiösen) Tendenzbetrieben (Schöllmann in HK-MuSchG 5. Aufl. § 17 Rn. 100; vgl. zur Nichtzulassung der Kündigung einer nach § 18 Abs. 1 BErzGG in der Elternzeit kündigungsgeschützten Arbeitnehmerin, die beim Domkapitel als Erzieherin angestellt war und unter Verstoß gegen Grundsätze der katholischen Kirche einen geschiedenen Mann geheiratet und von diesem ein Kind empfangen hatte OLG Düsseldorf vom 17.10.1991 EzA § 18 BErzGG Nr. 1).

Verhaltensbedingte Gründe können einen besonderen Fall darstellen, wenn ein **schwerwiegendes** – ggf. wiederholtes – **Fehlverhalten** vorliegt, aufgrund dessen dem Arbeitgeber die Aufrechterhaltung des Beschäftigungsverhältnisses nicht mehr zugemutet werden kann und wenn feststeht, dass das Fehlverhalten nicht durch die besondere seelische Verfassung während der Schwangerschaft oder Mutterschaft bedingt ist (Schöllmann in HK-MuSchG 6. Aufl. § 17 Rn. 101; APS/Rolfs 7. Aufl. § 17 MuSchG Rn. 121; vgl. auch Nr. 2.1.6 KündSchEltZVwV). In Betracht kommen z.B. strafbare Handlungen zulasten des Arbeitgebers, seiner Mitarbeiter oder seiner Geschäftspartner bzw. seiner Kunden wie Diebstahl, grobe Beleidigung, tätliche Bedrohung oder schwere Dienstpflichtverletzungen (Schöllmann in HK-MuSchG 6. Aufl. § 17 Rn. 101; KR/Gallner § 17 MuSchG Rn. 157). Der bloße Tatverdacht genügt jedoch nicht (KR/Gallner § 17 MuSchG Rn. 157; vgl. zu § 9 Abs. 3 a.F.: VG Frankfurt/Main vom 16.11.2001, NZA-RR 2002, 638). Einen besonderen Fall i.S.d. § 9 Abs. 3 Satz 1 a.F. angenommen hat das OVG Berlin-Brandenburg bei einer Auszubildenden, die gegen ihre arbeitsvertraglichen Pflichten erheblich verstoßen hat, weil sie trotz unzähliger, verschiedenartiger Versuche des Arbeitgebers, mit ihr Kontakt aufzunehmen und sie zur Teilnahme an der Ausbildung zu bewegen, nicht reagiert, sondern weiter unentschuldigt gefehlt hatte. Die durch die Nichtvorlage der Arbeitsunfähigkeitsbescheinigungen und die mangelnde Kontaktaufnahme zu dem Arbeitgeber während der Schwangerschaft gegebenen Pflichtverletzungen rechtfertigen nach dieser Entscheidung nur dann den Schluss, sie stünden im Zusammenhang mit der Schwangerschaft, wenn von der Frau dargelegt wird, dass die Arbeitnehmerin infolge der Schwangerschaft gehindert war, diese Pflichten zu beachten (OVG Berlin-Brandenburg vom 27.8.2015 NZA-RR 2015, 638). Demgegenüber wurde ein besonderer Fall verneint bei einer Indiskretion der Arbeitnehmerin über das Privatleben ihres Arbeitgebers (KR/Gallner § 17 MuSchG Rn. 157; vgl. zu § 9 Abs. 3 a.F.: VGH Baden-Württemberg vom 7.12.1993, BB 1994, 940). Als nicht ausreichend angesehen wurde ferner ein schwerwiegender Verstoß gegen die arbeitsvertraglichen Treuepflichten durch die bewusste Entgegennahme von rechtsgrundlos zugewendeten Gehaltszahlungen ohne Anzeige an den Arbeitgeber (VG Darmstadt vom 26.3.2012, 5 K 1830/11; Schöllmann in HK-MuSchG 6. Aufl. § 17 Rn. 101).

Betriebsbedingte Gründe können grundsätzlich nur dann als »besonderer Fall« anerkannt werden, wenn keinerlei Möglichkeiten bestehen, die Frau weiter zu beschäftigen, also eine »wesens- und sinngerechte Fortführung« des Beschäftigungsverhältnisses nicht mehr möglich ist (vgl. zu § 9 Abs. 3 a.F.: BVerwG vom 18.8.1977, BVerwGE 54, 276; Schöllmann in HK-MuSchG 6. Aufl. § 17 Rn. 99). Das ist z.B. bei einer **Stilllegung** des ganzen Betriebs (insbesondere des einzigen Betriebs des Arbeitgebers) oder eines Betriebsteils der Fall, sofern im restlichen Betrieb oder in einem anderen Betrieb des Arbeitgebers im Inland (ein freier Arbeitsplatz in einem ausländischen Betrieb ist demgegenüber unbeachtlich, vgl. VG Frankfurt vom 8.11.2023 – 11 K 1064/23.F) kein geeigneter Arbeitsplatz für die Frau vorhanden ist (KR/Gallner § 17 MuSchG Rn. 158; Schöllmann in HK-MuSchG 6. Aufl. § 17 Rn. 99; zur insolvenzbedingten Stilllegung auch VG Hannover vom 12.12.2000 NZA-RR 2002, 136; vgl. auch Nr. 2.1.1 und 2.1.2 KündSchEltZVwV). Ist strittig, ob ein Betrieb stillgelegt oder auf einen anderen Inhaber übergegangen ist, darf die zuständige Behörde die Zulässigkeitserklärung nicht mit der Begründung verweigern, es liege ein **Betriebsübergang** vor. Diese Frage können nur die Gerichte für Arbeitssachen verbindlich beantworten. Die Zulässigkeitserklärung wird in einem solchen Fall vorsorglich erteilt. Der »vorsorgliche Verwaltungsakt« wirkt rechtlich nur dann, wenn die Arbeitsgerichte einen Betriebsübergang in einer rechtskräftigen Entscheidung verneint haben (vgl. zu § 18 BEEG BAG vom 18.10.2012 EzA § 1 KSchG Betriebsbedingte Kündigung Nr. 170; vom 22.6.2011 EzA § 613a BGB 2002 Nr. 126; vgl. zu § 9 Abs. 3 a.F.: KR/Gallner § 17 MuSchG Rn. 158). Auch eine **Verlegung** des ganzen Betriebs oder eines Betriebsteils kann u.U. als »besonderer Fall« angesehen werden, insbes. dann, wenn die Frau es ablehnt, in der neuen Betriebsstätte weiterbeschäftigt zu werden (KR/Gallner § 17 MuSchG Rn. 158; vgl. auch Nrn. 2.1.3 und 2.1.4 KündSchEltZVwV). **Massenentlassungen** allein rechtfertigen dagegen noch nicht die Annahme eines »besonderen Falls« (KR/Gallner § 17 MuSchG Rn. 158; Schöllmann in HK-MuSchG 6. Aufl. § 17

Rn. 99). Ein besonderer Fall kommt auch dann in Betracht, wenn die Fortsetzung gerade dieses Beschäftigungsverhältnisses eine drückende wirtschaftliche Belastung für das Unternehmen darstellt, die den Betrieb in die **Nähe einer wirtschaftlichen Existenzgefährdung** bringt (KR/Gallner § 17 MuSchG Rn. 158; Schöllmann in HK-MuSchG 6. Aufl. § 17 Rn. 99; vgl. zu § 9 a.F.: BVerwG vom 21.10.1970 AP Nr. 33 zu § 9 MuSchG; OVG Hamburg vom 10.9.1982 NJW 1983, 1748; vgl. auch Nrn. 2.1.5 und 2.2 KündSchEltZVwV). Der VGH Kassel (vom 24.1.1989 9 UE 251/85 DB 1989, 2080) hat einen besonderen Fall i.S.d. § 9 Abs. 3 a.F. bejaht bei einer schwangeren Taxifahrerin in einem Kleinbetrieb, die bereits frühzeitig einem mutterschutzrechtlichen Beschäftigungsverbot unterlag, kein Ersatzarbeitsplatz vorhanden war und die wirtschaftliche Lage des Betriebs sich als ungünstig erwies. Allerdings dürfte mit der Neuregelung des Ausgleichsverfahrens nach dem Aufwendungsausgleichsgesetz (vgl. § 1 Abs. 2, Abs. 3 AAG) ein Fall der wirtschaftlichen Existenzgefährdung nicht mehr eintreten (zutreffend Brose/Weth/Volk/Volk MuSchG § 17 Rn. 204).

ccc) Entscheidung nach pflichtgemäßem Ermessen

104 Auch wenn ein nicht mit dem geschützten Zustand der Frau zusammenhängender besonderer Fall vorliegt, ist die Arbeitsschutzbehörde nicht verpflichtet, dem Antrag des Arbeitgebers auf Zulässigkeitserklärung der Kündigung stattzugeben. Die Zulässigkeitserklärung steht in ihrem **pflichtgemäßen Ermessen**. Das folgt aus der Formulierung »*kann … für zulässig erklären*« (KR/Gallner § 17 MuSchG Rn. 160; vgl. zu § 9 Abs. 3 a.F.: BVerwG vom 18.8.1977 AP Nr. 5 zu § 9 MuSchG 1968; BAG vom 31.3.1993 EzA § 9 n.F. MuSchG Nr. 32). Bei der Ausübung des Ermessens hat sich die Arbeitsschutzbehörde am Zweck der Ermächtigung zu orientieren. Dabei darf sie die gesetzlichen Grenzen, die für die Ausübung des Ermessens gelten, nicht überschreiten (vgl. **§ 40 VwVfG**). Eine gesetzliche Einschränkung des behördlichen Ermessens ergibt sich aus dem Wort »**ausnahmsweise**« in § 17 Abs. 2 Satz 1. Hierin liegt eine spezielle gesetzliche Anweisung, von dem bei »Kann-Vorschriften« sonst üblichen weiten Ermessensspielraum grds. zugunsten der Beschäftigten Gebrauch zu machen. Eine Ermessensausübung zugunsten des Arbeitgebers hat Ausnahmecharakter. Unter Berücksichtigung der gesetzlich vorgeschriebenen Ermessensrichtung kann dem Antrag auf Zulässigkeitserklärung daher nur entsprochen werden, wenn das **Interesse des Arbeitgebers an der Lösung des Arbeitsverhältnisses innerhalb der Schutzfristen wesentlich überwiegt**, es also trotz des besonderen Zustandes der Frau nicht vertretbar erscheint, den Arbeitgeber darauf zu verweisen, er möge das Verstreichen der Kündigungsschutzzeit abwarten und erst dann kündigen (KR/Gallner § 17 MuSchG Rn. 161; vgl. zu § 9 Abs. 3 a.F.: BVerwG vom 29.10.1958, BVerwGE 7, 294).

ddd) Form, Bekanntgabe und Wirkung der behördlichen Entscheidung

105 Eine bestimmte Form der Entscheidung der Behörde ist nicht vorgesehen (vgl. § 37 Abs. 2 VwVfG). Aus Gründen der Rechtsklarheit wird die **Schriftform der Entscheidung zweckmäßig** (und in der Praxis üblich) sein. Die schriftliche Entscheidung ist gem. § 39 VwVfG zu **begründen** (vgl. zu § 9 Abs. 3 a.F.: Buchner/Becker 8. Aufl.

§ 9 MuSchG Rn. 246). Die Entscheidung ist gem. § 41 VwVfG **bekannt zu geben.** Es steht in im Ermessen der Behörde, ob sie eine Ausfertigung mit Postzustellungsurkunde zustellt, ob sie einen einfachen oder eingeschriebenen Brief aufgibt oder die Entscheidung mündlich verkündet (vgl. zu § 9 Abs. 3 a.F.: Buchner/Becker 8. Aufl. § 9 MuSchG Rn. 247). Dem beschwerten Beteiligten wird der Verwaltungsakt wegen § 58 VwGO zweckmäßigerweise mit **Rechtsmittelbelehrung** zugestellt, dem anderen (falls nicht, wie bei einer Erlaubnis mit Nebenbestimmung, beide Beteiligten beschwert sind) formlos mitgeteilt (APS/Rolfs 7. Aufl. § 17 MuSchG Rn. 129).

Wird die Erlaubnis versagt, hat es bei dem Verbot des § 17 Abs. 1 sein Bewenden, die Kündigung bleibt unzulässig, eine dem Kündigungsverbot zuwiderlaufende entsprechende Willenserklärung ist nichtig. Wird sie dagegen erteilt, beseitigt dies die temporäre Kündigungssperre des § 17 Abs. 1 (APS/Rolfs 7. Aufl. § 17 MuSchG Rn. 130).

Die Zulässigkeitserklärung darf mit **Nebenbestimmungen** i.S.d. § 36 VwVfG versehen werden (vgl. zu § 18 Abs. 1 BEEG BVerwG vom 30.9.2009, BVerwGE 135, 67; vgl. auch APS/Rolfs 7. Aufl. § 17 MuSchG Rn. 128). Grundsätzlich gestattet ist daher z.B. die Auflage, die Kündigung nicht innerhalb der letzten vier Wochen vor dem voraussichtlichen Entbindungstermin oder frühestens zum Ablauf der Schutzfrist nach der Entbindung zu erklären (KR/Gallner § 17 MuSchG Rn. 151; Just in Tillmanns/Mutschler 2. Aufl. § 17 MuSchG Rn. 81; APS/Rolfs 7. Aufl. § 17 MuSchG Rn. 128). Demgegenüber ist die Einschränkung, die Kündigung nach § 17 Abs. 2 nur so zuzulassen, dass diese erst zum Ende ihrer Elternzeit wirksam wird, rechtswidrig: Diese Einschränkung steht mit der Zwecksetzung des § 17 nicht in Einklang. Schutzzweck des § 17 ist die Sicherung des Arbeitsplatzes während der Schwangerschaft bis zum Ablauf der Schutzfristen und weiter der Schutz vor kündigungsbedingten psychischen Belastungen in diesem Zeitraum. Schutzzweck des § 17 ist es nicht, einen derartigen Schutz auch für die sich gegebenenfalls anschließende Elternzeit zu gewähren. Hierüber ist auf Antrag des Arbeitgebers in einem gesonderten Verfahren nach § 18 BEEG zu befinden (zutreffend zu § 9 Abs. 3 a.F. VG München vom 22.10.2008 – M 18 K 07.5580; vgl. auch Just in Tillmanns/Mutschler 2. Aufl. § 17 MuSchG Rn. 81).

Die **Bestandskraft der Zulässigkeitserklärung** (also den Ablauf der Widerspruchs- bzw. **106**
Klagefrist) braucht der Arbeitgeber **nicht abzuwarten**, er kann vielmehr sofort kündigen (KR/Gallner § 17 MuSchG Rn. 164; vgl. zu § 9 Abs. 3 a.F.: BAG vom 17.6.2003 EzA § 9 n.F. MuSchG Nr. 39; a.A. LAG Hamm vom 23.4.2002, LAG Report 2002, 340). Das ergibt sich im Fall der außerordentlichen Kündigung schon deshalb, weil er die Ausschlussfrist nach § 626 Abs. 2 Satz 1 BGB zu wahren hat (KR/Gallner § 17 MuSchG Rn. 164; APS/Rolfs 7. Aufl. § 17 MuSchG Rn. 131).

Nach der Rechtsprechung des BAG (vom 25.3.2004 EzA § 9 n.F. MuSchG Nr. 40; vom 17.6.2003 EzA § 9 n.F. MuSchG Nr. 39) zu § 9 a.F. ist der **Arbeitgeber** auch **nicht gehalten**, vor Ausspruch der Kündigung die **sofortige Vollziehbarkeit des Zulässigkeitsbescheids zu erwirken**, wenn die Arbeitnehmerin gegen die Zulässigkeitserklärung Widerspruch eingelegt oder Klage erhoben hat. Zwar hat ein Widerspruch ebenso wie eine Anfechtungsklage **aufschiebende Wirkung nach § 80 Abs. 1 VwGO** (eine analoge Anwendung von § 88 Abs. 4 SGB IX scheidet bereits mangels einer unbewussten gesetzgeberischen Lücke aus; a.A. LAG Rheinland Pfalz vom 14.2.1996 LAGE § 9 MuSchG Nr. 21). Die aufschiebende Wirkung bezieht sich aber **nur auf die Vollziehbarkeit** und **nicht auf die Wirksamkeit** des Zulässigkeitserklärungsbescheids. Die Kündigung kann wirksam erklärt werden, sobald der Zulässigkeitserklärungsbescheid vorliegt. Die ausgesprochene Kündigung wird allerdings erst dann rechtswirksam, wenn der Zulässigkeitserklärungsbescheid bestandskräftig geworden ist. Die Kündigung ist bis zur Bestandskraft des Zulässigkeitserklärungsbescheids **schwebend wirksam** (zustimmend Schöllmann in HK-MuSchG 6. Aufl. § 17 Rn. 107; Just in Tillmanns/Mutschler 2. Aufl. § 17 MuSchG Rn. 82; Buchner/Becker 8. Aufl. § 9 MuSchG Rn. 216; a.A. APS/Rolfs 7. Aufl. § 17 MuSchG Rn. 135 mit beachtlichen Gründen; vgl. zu der Problematik auch KR/Gallner § 17 MuSchG Rn. 165 mit dem zutreffenden Hinweis, dass sich die Praxis auf die Rechtsprechung des BAG wird einstellen wird müssen).

Der Arbeitgeber muss die **ordentliche Kündigung** des Arbeitsverhältnisses **nicht innerhalb einer bestimmten Frist** ab Zustellung der Zulässigkeitserklärung aussprechen, weil § 17 keine derartige Frist vorsieht und **§ 171 Abs. 3 SGB IX mangels planwidriger Regelungslücke nicht analog anwendbar** ist (Just in Tillmanns/Mutschler 2. Aufl. § 17 MuSchG Rn. 83; vgl. zu § 18 Abs. 1 BEEG BAG vom 22.6.2011 EzA § 613a BGB 2002 Nr. 126; vgl. auch ErfK/Schlachter § 17 MuSchG Rn. 14, die allerdings die Wahrung eines »hinreichend engen zeitlichen Zusammenhangs« für erforderlich hält, ohne dies näher zu konkretisieren). Handelt es sich um eine **außerordentliche Kündigung**, ist sie jedoch entsprechend dem Rechtsgedanken des § 174 Abs. 5 SGB IX **unverzüglich nach Bekanntgabe der behördlichen Erklärung** auszusprechen (KR/Gallner § 17 MuSchG Rn. 112 u. 146). Entfällt das Zustimmungserfordernis, ist die Kündigung unverzüglich nach erlangter Kenntnis davon auszusprechen (KR/Gallner § 17 MuSchG Rn. 112; vgl. zu § 9 Abs. 3 a.F.: LAG Köln vom 21.1.2000 NZA-RR 2001, 303).

Leidet die nach § 17 Abs. 2 Satz 1 zugelassene Kündigung an einem Formfehler (z.B. mangelnde Schriftform, Zurückweisung gem. § 174 S. 1 BGB) kann der Arbeitgeber auf den gleichbleibenden Sachverhalt eine wiederholte Kündigung gestützt werden, ohne dass eine erneute Zulässigkeitserklärung beantragen müsste; ein »**Verbrauch« des Kündigungsrechts tritt** – wie bei § 168 SGB IX – **nicht ein** (Just in Tillmanns/Mutschler 2. Aufl. § 17 MuSchG Rn. 83; ErfK/Schlachter § 17 MuSchG Rn. 14; vgl. zu § 85 SGB IX a.F. BAG vom 8.11.2007 EzA § 88 SGB IX Nr. 1)

dd) Rechtsbehelfe gegen die Entscheidung der Behörde

107 Da es sich bei der Entscheidung der Behörde um einen **privatrechtsgestaltenden Verwaltungsakt mit Doppelwirkung** handelt (vgl. Rn. 90), steht den Parteien gegen die Entscheidung der Behörde der **Verwaltungsrechtsweg** (§ 40 Abs. 1 VwGO) offen (KR/Gallner § 17 MuSchG Rn. 168; vgl. zu § 9 a.F.: BVerwG vom 10.2.1960 BVerwGE 10, 148). Der Arbeitgeber kann im Fall der Versagung der Zulässigkeitserklärung versuchen, eine stattgebende Entscheidung im Rahmen einer **Verpflichtungsklage** (§ 42 Abs. 1 Alt. 2 VwGO) zu erwirken. Für die Frau ist im Fall der Zulässigkeitserklärung durch die Behörde die **Anfechtungsklage** (§ 42 Abs. 1 Alt. 1

VwGO) statthaft (Buchner/Becker 8. Aufl. § 9 MuSchG Rn. 252). In beiden Fällen muss gem. § 68 Abs. 1 S. 2 Nr. 1, 2. Alt. VwGO **vorher** ein **Widerspruchsverfahren** durchgeführt werden, wenn die angefochtene Entscheidung nicht von der obersten Landesbehörde, sondern von einer durch diese bestimmte Stelle (z.B. dem Gewerbeaufsichtsamt) erlassen wurde (KR/Gallner § 17 MuSchG Rn. 167). Sowohl die **Widerspruchsfrist** als auch die **Klagefrist** betragen – unter der Voraussetzung, dass eine ordnungsgemäße Rechtsbehelfsbelehrung vorliegt (§ 58 VwGO) – ein Monat (vgl. §§ 70 Abs. 1 und 74 Abs. 1 VwGO).

Nach der Entscheidung des VG Frankfurt vom 16.11.2001 (NZA-RR 2001, 638) entfällt mit Ablauf der Schutzfrist nach der Entbindung das **Rechtsschutzbedürfnis** der Verpflichtungsklage des Arbeitgebers, weil es einer behördlichen Zustimmung nach dem MuSchG ab diesem Zeitpunkt nicht mehr bedarf (vgl. auch APS/Rolfs 7. Aufl. § 17 MuSchG Rn. 138). Das lässt sich so nicht mehr aufrechterhalten. Bei dem während der Schutzfristen des § 17 Abs. 1 Satz 1 gestellten Zulassungsantrag handelt es sich um eine **Vorbereitungsmaßnahme i.S.d. § 17 Abs. 1 Satz 3**, sodass die Kündigung auch nach Ablauf der Schutzfristen der behördlichen Zulassung bedarf, weshalb das Rechtsschutzbedürfnis weiterhin besteht (vgl. Rn. 68). Das Gleiche gilt, wenn im fraglichen Zeitraum sonstige Vorbereitungsmaßnahmen im Hinblick auf die zuzulassende Kündigung getroffen wurden.

Der die Kündigung zulassende Bescheid enthält keinerlei Aussage darüber, ob die beabsichtigte Kündigung **arbeitsrechtlich wirksam** ist, also beispielsweise ein Kündigungsgrund i.S.v. § 1 Abs. 2 KSchG oder ein wichtiger Grund nach § 626 BGB gegeben ist. Dies zu prüfen ist **alleinige Aufgabe der Gerichte für Arbeitssachen** (KR/Gallner § 17 MuSchG Rn. 163). Diese müssen auch feststellen, ob der Verwaltungsakt existent und nicht – ausnahmsweise – nichtig oder aufgehoben worden ist. Dagegen dürfen sie nicht prüfen, ob der Verwaltungsakt rechtmäßig oder anfechtbar ist und ob Widerspruch oder Klage gegen ihn Erfolg haben könnten (KR/Gallner § 17 MuSchG Rn. 163; vgl. zu § 9 Abs. 3 a.F.: BAG vom 17.6.2003 EzA § 9 n.F. MuSchG Nr. 39). Es kommt daher zu einer oft kritisierten (vgl. etwa KR/Gallner § 17 MuSchG Rn. 129; Bauer/Powietzka NZA-RR 2004, 505, 514 f) **Doppelspurigkeit des Rechtswegs**. Das Arbeitsgericht ist dabei **nicht verpflichtet**, einen parallel zum verwaltungsgerichtlichen Verfahren laufenden Kündigungsschutzprozess **nach § 148 ZPO** auszusetzen (KR/Gallner § 17 MuSchG Rn. 165; vgl. zu § 9 a.F.: BAG vom 17.6.2003 EzA § 9 n.F. MuSchG Nr. 39), was aber zweckmäßig ist, wenn es für die Frage der Wirksamkeit der Kündigung (nur noch) darauf ankommt, ob eine (bestandskräftige) behördliche Kündigungszulassung vorliegt (vgl. auch APS/Rolfs 7. Aufl. § 17 MuSchG Rn.140). Wird das Kündigungsschutzverfahren nicht ausgesetzt und die Kündigungsschutzklage rechtskräftig abgewiesen, so ist für die Frau die **Restitutionsklage gem. § 580 Abs. 1 Nr. 6 ZPO** statthaft, wenn die ursprünglich gegebene Zulässigkeitserklärung im verwaltungsgerichtlichen Verfahren aufgehoben wird (KR/Gallner § 17 MuSchG Rn. 165; vgl. zu § 9 Abs. 3 a.F.: BAG vom 17.6.2003 EzA § 9 n.F. MuSchG Nr. 39; APS/Rolfs 7. Aufl. § 17 MuSchG Rn. 140).

7. Form und Begründung der Kündigung (Abs. 2 Satz 2)

108 Gem. § 17 Abs. 2 Satz 2 bedarf die Kündigung der **Schriftform** und muss den **Kündigungsgrund** angegeben. Die Regelung entspricht im Wesentlichen der Vorgängerregelung des § 9 Abs. 3 Satz 2 a.F. Anders als diese spricht § 17 Abs. 2 Satz 2 nur noch vom Kündigungsgrund und nicht mehr vom »zulässigen« Kündigungsgrund. Damit ist aber keine inhaltliche Änderung verbunden, sondern es handelt sich bloß um eine »redaktionelle Überarbeitung« (vgl. die Begründung des Regierungsentwurfs zur inhaltsgleichen Regelung des § 16 Abs. 2 Satz 2; BT-Drucks. 18/8963, S. 88). Ein anderes Verständnis stünde auch nicht im Einklang mit Art. 10 Nr. 2 der RL 92/85 EWG, der die Angabe von »berechtigten« Kündigungsgründen fordert (so auch APS/Rolfs 5. Aufl. § 9 MuSchG 2017, Rn. 36).

a) Zweck und unionsrechtlicher Bezug

109 Mit dem in § 17 Abs. 2 Satz 2 vorgesehenen Schriftform- und Begründungserfordernis soll zum einen Rechtsklarheit für die Frau geschaffen werden, dass eine Kündigung ausgesprochen wurde. Außerdem soll die Frau erfahren, aus welchem Grund gekündigt wurde. Diese Regelung soll Art. 10 Nr. 2 der RL 92/85/EWG umsetzen. Die Richtlinie enthält drei Vorgaben: Erstens verlangt sie eine **Begründung der Kündigung**. Zweitens muss diese Begründung **schriftlich** erfolgen. Drittens muss die Begründung **berechtigte Gründe** anführen. Nach dieser Systematik bezieht sich das unionsrechtliche Schriftformerfordernis nur auf die Kündigungsgründe, nicht auf den Kündigungsausspruch selbst. Damit geht das deutsche Recht über die Richtlinie hinaus, wenn es verlangt, dass auch die Kündigung selbst schriftlich erklärt werden muss (KR/Gallner § 17 MuSchG Rn. 171; Schöllmann in HK-MuSchG 6. Aufl. § 17 Rn. 113; Sowka NZA 1997, 296, 297). Das ist in Arbeitsverhältnissen jedoch vor dem Hintergrund, dass § 623 BGB ohnehin eine Schriftform der Kündigung vorsieht, für das nationale Recht praktisch bedeutungslos (KR/Gallner § 17 MuSchG Rn. 171).

b) Schriftformerfordernis

110 Bei der von § 17 Abs. 2 Satz 2 verlangten Form handelt es sich um ein **gesetzliches Schriftformerfordernis i.S.d. § 126 BGB**, das lex specialis zu § 623 BGB ist, mit dessen Wirkung aber übereinstimmt (KR/Gallner § 17 MuSchG Rn. 172; Schöllmann in HK-MuSchG 6. Aufl. § 17 Rn. 114). Die Kündigung muss vom Arbeitgeber oder einer vertretungsberechtigten Person **eigenhändig durch Namensunterschrift** unterzeichnet werden (§ 126 Abs. 1 BGB; vgl. i.E. KR/Spilger § 623 BGB Rn. 102 ff.). Die schriftformwidrige Kündigung ist nach § 125 S. 1 BGB nichtig. Diese Rechtsfolge wird den unionsrechtlichen Vorgaben gerecht (vgl. KR/Gallner § 17 MuSchG Rn. 171). Eine Kündigung in elektronischer Form ist ausgeschlossen. **§ 623 Hs. 2 BGB** gilt auch für die Kündigung gem. § 17 Abs. 2 Satz 2 (KR/Gallner § 17 MuSchG Rn. 172; Schöllmann in HK-MuSchG 6. Aufl. § 17 Rn. 114) Das Formerfordernis gilt nach § 17 Abs. 2 Satz 2 sowohl für den eigentlichen Kündigungsausspruch als **auch für die für die Kündigung bestehende Begründungspflicht.**

Die Kündigung ist also nicht nur formunwirksam, wenn der Kündigungsausspruch nicht der Schriftform genügt, sondern auch dann, wenn die Begründung die Schriftform nicht wahrt (KR/Gallner § 17 MuSchG Rn. 173; ErfK/Schlachter § 17 MuSchG Rn. 15 m.w.N.).

c) **Begründungserfordernis**

Die Kündigung muss den **Kündigungsgrund** anführen, d.h. diejenigen Gründe, die der behördlichen Zulassungserklärung zugrunde liegen. Die Frau soll bereits im Kündigungsschreiben über den Sachverhalt und die Erwägungen, die zur Kündigung geführt haben, informiert und dadurch in die Lage versetzt werden, sich über die Erfolgsaussichten eines Kündigungsschutzprozesses klar werden zu können (KR/Gallner § 17 MuSchG Rn. 173; Schöllmann in HK-MuSchG 6. Aufl. § 17 Rn. 115). Es gelten hinsichtlich der Begründungspflicht die gleichen Anforderungen wie bei § 22 Abs. 3 BBiG (vgl. zu § 9 Abs. 3 Satz 2 Buchner/Becker 8. Aufl. § 9 MuSchG Rn. 263). In dem Kündigungsschreiben müssen daher die **für die Kündigung maßgebenden Tatsachen** so genau mitgeteilt werden, dass die Frau erkennen kann, um welche konkreten Umstände es sich handelt. Dazu ist zwar keine substanziierte Darlegung wie im Prozess erforderlich. Schlagwortartige Kurzhinweise, z.B. die bloße Bezeichnung der Kündigung als »betriebsbedingt« genügen dem Begründungserfordernis aber nicht (KR/Gallner § 17 MuSchG Rn. 173; Schöllmann in HK-MuSchG 6. Aufl. § 17 Rn. 115; vgl. zu § 15 BBiG a.F. [jetzt § 22 BBiG] BAG 25.11.1976 EzA § 15 BBiG Nr. 3). 111

Erforderlich ist über den Wortlaut des § 17 Abs. 2 Satz 2 hinaus ferner, dass es sich bei den angeführten Gründen um **berechtigte** (bzw. wie in der Vorgängerregelung des § 9 Abs. 3 Satz 2 a.F. normiert, um »zulässige«) **Kündigungsgründe** handelt (vgl. Art. 10 Nr. 2 der RL 92/85 EWG und Rn. 104). Diese Vorgabe ist ebenfalls Ausdruck des Informationszwecks der Vorschrift. Sie ist dahin zu verstehen, dass der bei der Entscheidung über die Zulässigkeitserklärung von der Behörde zugrunde gelegte Kündigungsgrund anzugeben ist (KR/Gallner § 17 MuSchG Rn. 174; Schöllmann in HK-MuSchG 6. Aufl. § 17 Rn. 117). Der bloße Verweis auf die behördliche Zustimmung reicht nicht aus (KR/Gallner § 17 MuSchG Rn. 174). Da die Begründungspflicht (auch) den Zweck hat, der gekündigten Frau eine Abschätzung ihrer Prozesschancen zu ermöglichen, ist ein **Nachschieben nicht genannter Kündigungsgründe im Prozess nicht möglich** (KR/Gallner § 17 MuSchG Rn. 174; Schöllmann in HK-MuSchG 6. Aufl. § 17 Rn. 117).

Die Begründung muss – wie die Kündigungserklärung – **schriftlich i.S.d. § 126 BGB** erfolgen, andernfalls ist die Kündigung formunwirksam i.S.d. § 125 Satz 1 BGB (KR/Gallner § 17 MuSchG Rn. 173; ErfK/Schlachter § 17 MuSchG Rn. 15 m.w.N.). Da gem. § 17 Abs. 2 Satz 3 die Kündigung den Kündigungsgrund angeben muss, müssen Kündigung und Begründung nach den Grundsätzen der Urkundseinheit (vgl. dazu PWW/Ahrens § 126 Rn. 6 f) in einer **einheitlichen Erklärung** zusammengefasst sein. Die Form des 17 Abs. 2 Satz 2 ist daher grundsätzlich nicht gewahrt, wenn die Kündigung und die Begründung in zwei verschiedenen Erklärungen enthalten sind (Schöllmann in HK-MuSchG 6. Aufl. § 17 Rn. 116). Die Kündigungserklärung und die Begründung müssen aber nicht notwendig in derselben Urkunde verkörpert sein, sofern sich die Einheit der Erklärung aus anderen eindeutigen Merkmalen ergibt. Eine feste körperliche Verbindung der Kündigungserklärung und ihrer Begründung ist danach nicht erforderlich, wenn sich ihr innerer Zusammenhang auf andere Weise, etwa durch fortlaufende Paginierung der Seiten, fortlaufende Nummerierung der einzelnen Textabschnitte oder einen über das jeweilige Seitenende fortlaufenden Text ergibt (zutreffend APS/Rolfs 7. Aufl. § 17 MuSchG Rn. 148; vgl. zu § 126 BGB etwa BGH vom 18.12.2002 NJW 2003, 1248).

8. Verhältnis zum allgemeinen und sonstigem besonderen Kündigungs- und Kündigungsschutzrecht

a) Verhältnis zum allgemeinen Kündigungsrecht

112 Die Kündigung des Arbeitgebers unterliegt hinsichtlich ihrer Wirksamkeit auch den allgemeinen arbeitsrechtrechtlichen Regeln außerhalb des MuSchG. Sie kann daher nach den **anwendbaren allgemeinen Grundsätzen des Kündigungsrechts** auch dann unwirksam sein, wenn sie mangels Kenntnis des Arbeitgebers von der Schwangerschaft, der Fehlgeburt nach der zwölften Schwangerschaftswoche oder der Entbindung sowie schuldhaft verspäteter nachträglicher Mitteilung nicht unter das Kündigungsverbot fällt oder die Kündigung gem. § 17 Abs. 2 behördlich zugelassen wurde. Insbesondere kann aus der behördlichen Zulässigkeitserklärung über die Wirksamkeit der Kündigung im Übrigen (etwa im Sinne einer Vermutung der Rechtmäßigkeit der Kündigung) nichts hergeleitet werden, weil die Arbeitsschutzbehörde nicht über die privatrechtliche Wirksamkeit der (erst in der Zukunft zulässigen) Kündigung zu befinden hat (KR/Gallner § 17 MuSchG Rn. 212; Brose/Weth/Volk/Volk MuSchG § 17 Rn. 256). Zu beachten bleibt, dass nach **§ 623 BGB** die Kündigung eines Arbeitsverhältnisses zu ihrer Wirksamkeit der Schriftform bedarf. Eine **außerordentliche Kündigung** ist nur wirksam, wenn ein **wichtiger Grund i.S.d. § 626 Abs. 1 BGB** vorliegt und die **Frist des § 626 Abs. 2 Satz 1 BGB** gewahrt ist.

Kündigt der Arbeitgeber der Frau wegen einer (von ihm befürchteten) Schwangerschaft und den möglicherweise daraus resultierenden Ausfallzeiten, ist die Kündigung außerhalb des Anwendungsbereichs des KSchG als unmittelbare **geschlechtsbezogene Diskriminierung** i.S.d. §§ 1, 3 Abs. 1 Satz 2 nach § 7 Abs. 1 AGG i.V.m. § 134 BGB nichtig (vgl. BAG vom 26.3.2015 EzA § 9 n.F. MuSchG Nr. 42, Rn. 31 ff. zur Kündigung wegen einer beabsichtigten Durchführung einer In-vitro-Fertilisation; Humberg, NJW 2015, 3410, 3411).

b) Verhältnis zum allgemeinen Kündigungsschutz

113 Gegenüber einer nach dem MuSchG zulässigen Kündigung kann die Arbeitnehmerin **den allgemeinen Kündigungsschutz nach dem KSchG** für sich in Anspruch nehmen (KR/Gallner § 17 MuSchG Rn. 213; Brose/Weth/Volk/Volk MuSchG § 17 Rn. 258.). Dazu ist neben der betrieblichen Anwendbarkeit des KSchG gem. § 23 KSchG die Erfüllung der in § 1 Abs. 1 KSchG bestimmten Wartefrist von sechs

Monaten Voraussetzung. Da es hierfür allein auf den rechtlichen Bestand des Arbeitsverhältnisses ankommt (KR/Rachor 13. Aufl. § 1 KSchG Rn. 97 ff.), sind auch Zeiten der Nichtbeschäftigung aufgrund der Beschäftigungsverbote während der Schwangerschaft und nach der Entbindung mitzurechnen (vgl. auch ArbG Eßlingen vom 22.8.1966, ArbuR 1967, 126, m. Anm. von Zmarzlik). Ist das KSchG nach diesen Grundsätzen anwendbar, dann ist die ordentliche Kündigung nur rechtswirksam, wenn sie i.S.d. § 1 Abs. 2–5 sozial gerechtfertigt ist (vgl. § 1 Abs. 1 KSchG). Für die Wirksamkeit der ordentlichen Änderungskündigung gelten die §§ 2 und 8 KSchG.

Kündigt der Arbeitgeber die Arbeitnehmerin wegen einer (von ihm befürchteten) Schwangerschaft und findet das KSchG Anwendung, ist eine solche Kündigung in aller Regel wegen »Sozialwidrigkeit« i.S.d. § 1 Abs. 2 unwirksam, weil die Diskriminierungsverbote des AGG nach der Rechtsprechung des BAG – trotz der Regelung des § 2 Abs. 4 AGG – im Rahmen der Prüfung der sozialen Rechtfertigung zu beachten sind (vgl. grundlegend BAG vom 6.11.2008 EzA § 1 KSchG Soziale Auswahl Nr. 82, Rn. 27 ff.; ferner vom 15.12.2011 EzA § 1 KSchG Soziale Auswahl Nr. 84, Rn. 47 ff.).

Soll die Kündigung der Frau im Rahmen einer **Massenentlassung** erfolgen, sind die **114**
Regelungen der **§§ 17 ff. KSchG** zu beachten (vgl. zu den **unionsrechtlichen Bezügen** oben Rn. 7a). Dabei ist zu berücksichtigen, dass die Vorschrift des § 17 Abs. 1 Satz 1 KSchG, nach der eine Kündigung nur dann den für Massenentlassungen geltenden Regelungen unterliegt, wenn sie innerhalb der 30-Tage-Frist zugeht, nach der **Rechtsprechung des BVerfG** gegen Art. 3 und 6 Abs. 1 GG verstößt, wenn sie dazu führt, dass der Frau der Schutz vor Massenentlassungen deshalb versagt wird, weil das Abwarten der nach § 18 Abs. 1 BEEG notwendigen behördlichen Zustimmung zur Kündigung in der Elternzeit dazu führt, dass die Kündigung erst nach Ablauf des 30-Tage-Zeitraums erklärt wird (BVerfG vom 8.6.2016 EzA § 17 KSchG Nr. 36; vgl. dazu Hangarter FA 2017, 130). Das BVerfG begründet seine Entscheidung (a.a.O. Rn. 18 f.) u.a. damit, dass das Zustimmungsverfahren nach § 18 Abs. 1 Satz 2 und Satz 3 BEEG im Fall einer Betriebsstilllegung keinen § 17 KSchG gleichwertigen Schutz gewähre, weil die Kündigung regelmäßig für zulässig erklärt werde und sich deshalb die unterschiedliche Ausgestaltung des Kündigungsschutzes zulasten der Gekündigten auswirkte. Dieser werde die Gestaltungsoption, die dem Betriebsrat gem. § 17 Abs. 2 KSchG vor der Kündigung zukomme und die frühzeitige Einschaltung der Agentur der Arbeit nach § 17 Abs. 1 KSchG genommen. Das BAG hält sich aufgrund der Entscheidung des BVerfG (erkennbar widerwillig) für verpflichtet, **§ 17 Abs. 1 Satz 1 KSchG verfassungskonform** dahin **auszulegen**, dass als »Entlassung« bei Arbeitnehmern, deren Kündigung einer behördlichen Zustimmung nach § 18 Abs. 1 BEEG bedarf, bereits der **Eingang des Antrags auf Zustimmung** zur Kündigung bei der zuständigen Behörde anzusehen ist, sodass der Antrag als Entlassung **bei der Ermittlung des Schwellenwertes zu berücksichtigen** ist (BAG vom 26.1.2017 EzA § 17 KSchG Nr. 40). Überträgt man diese Rechtsprechung auf das mutterschutzrechtliche Erfordernis der behördlichen Zulassung der Kündigung, dann ist der Eingang des Antrags auf Zustimmung zur Kündigung bei der zuständigen Behörde i.S.d. § 17 Abs. 2 Satz 1 als für den Schwellenwert relevante »Entlassung« i.S.d. § 17 Abs. 1 Satz 1 KSchG anzusehen. Das BAG

(a.a.O. Rn. 36) hat zwar betont, dass fraglich sei, welche anderen behördlichen Zustimmungserfordernisse ebenso wie § 18 BEEG keinen dem Massenentlassungsschutz vergleichbaren Schutz bieten und ob der verfassungskonforme Entlassungsbegriff für alle Massenentlassungen gelte oder nur bei Betriebsstilllegungen. Im Hinblick auf das Zustimmungserfordernis nach § 17 Abs. 2 Satz 1 dürften jedoch – was die unterschiedliche Ausgestaltung des mutterschutzrechtlichen Kündigungsschutzes einerseits, bei dem insbesondere die Betriebsstilllegung ebenfalls als zulassungsfähiger besonderer Fall in Betracht kommt (vgl. Rn. 100 zu den betriebsbedingten Gründen) und des nach § 17 KSchG gewährten Schutzes bei Massenentlassungen andererseits anbelangt – die gleichen Erwägungen zum Tragen kommen, die nach Ansicht des BVerfG die verfassungskonforme Auslegung des § 17 KSchG im Fall des elternzeitrechtlichen Zustimmungserfordernisses erforderlich gemacht haben (vgl. auch Hangarter FA 2017, 130, 132; KR/Heinkel § 17 KSchG Rn. 50; APS/Moll 6. Aufl. § 17 KSchG Rn. 38: »erst recht«; Linck/Krause/Bayreuther/Bayreuther, 16. Aufl. 17 KSchG Rn. 34). Der Praxis ist bei einem sich abzeichnenden Massenentlassungsverfahren jedenfalls zu raten, Frauen, deren Kündigung einer behördlichen Zustimmung nach § 17 Abs. 2 bedarf, beim Anzeige- und Konsultationsverfahren nach § 17 KSchG zu berücksichtigen (vgl. auch Hexel DB 2016, 2486, 2487; Klasen EwiR 2017, 347; Lingemann/Steinhauser NJW 2017, 2245, 2247 f.).

c) **Verhältnis zum besonderen Kündigungsschutz**

115 Soweit für bestimmte Personengruppen besonderer Kündigungsschutz besteht (z.B. für Elternzeitberechtigte, schwerbehinderte Menschen, betriebsverfassungsrechtliche Funktionsträger, politische Mandatsträger), gilt er **neben dem mutterschutzrechtlichen Kündigungsverbot** (KR/Gallner § 17 MuSchG Rn. 219; Brose/Weth/Volk/Volk MuSchG § 17 Rn. 266 ff.). Eine nach diesen Kündigungsvorschriften erforderliche Zustimmung (z.B. nach § 18 BEEG, § 168 SGB IX, § 103 BetrVG) ersetzt nicht die nach § 17 Abs. 2 Satz 1 erforderliche Zulässigkeitserklärung durch die zuständige Behörde. Bei einem **schwangeren Betriebsratsmitglied**, das **schwerbehindert** ist, ist daher neben der Zulässigkeitserklärung durch die zuständige Behörde nach § 17 Abs. 2 Satz 1 sowohl die vorherige Zustimmung des Betriebsrats nach § 103 Abs. 1 BetrVG (oder ihre gerichtliche Ersetzung, § 103 Abs. 2 S. 1 BetrVG) als auch die vorherige Zustimmung des Integrationsamts nach § 168 SGB IX erforderlich (KR/Gallner § 17 MuSchG Rn. 219). Auch die **Kündigungsverbote des § 17 MuSchG und des § 18 BEEG** finden nebeneinander Anwendung, sodass der Arbeitgeber ggf. die Zulässigkeitserklärungen der zuständigen Behörden nach beiden Vorschriften benötigt. Das ist z.B. der Fall, wenn die Arbeitnehmerin Elternzeit gleich im Anschluss an die Entbindung nimmt und sich der Schutzzeitraum des § 17 Abs. 1 Satz 1 Nr. 3 mit der Elternzeit überlappt oder wenn die Arbeitnehmerin während der Elternzeit erneut schwanger wird. Der Arbeitgeber muss in diesen Fällen bei der zuständigen Behörde sowohl den Antrag nach § 17 Abs. 2 Satz 1 als auch den nach § 18 Abs. 1 S. 4 BEEG stellen und gegenüber der Behörde deutlich machen, dass er die Zulassung der Kündigung nach beiden Vorschriften begehrt (vgl. zu § 9 a.F.: Buchner/Becker 8. Aufl. vor §§ 9 und 10 MuSchG Rn. 7). Das gilt selbst dann,

wenn für beide Erklärungen dieselbe Behörde zuständig ist (Brose/Weth/Volk/Volk MuSchG § 17 Rn. 269; vgl. zu § 9 a.F. und § 18 BerZGG a.F. BAG vom 31.3.1993 EzA § 9 n.F. MuSchG Nr. 32). Zu beachten ist, dass der Antrag auf behördliche Zulassung nach § 18 Abs. 1 BEEG eine **Vorbereitungsmaßnahme i.S.d. § 17 Abs. 1 Satz 3** ist, wenn er während der Schutzfristen des § 17 Abs. 1 Satz 1 gestellt wird. Das hat nach der hier (Rn. 66 ff.) vertretenen Auffassung aber nicht zur Folge, dass das Verfahren § 18 Abs. 1 BEEG unzulässig ist bzw. wird (insoweit a.A. VG Darmstadt vom 26.3.2012 – 5 K 1830/11.DA, jurionRS 2012, 4148, welches angenommen hat, dass ein Verfahren auf Zulässigkeitserklärung nach § 18 Abs. 1 BEEG als unzulässige Vorbereitungsmaßnahme für die Dauer der Mutterschutzfrist einzustellen ist, wenn für die Kündigung kein besonderer Grund i.S.d. § 9 Abs. 3 a.F. – nunmehr § 17 Abs. 2 – vorliegt). Das hat vielmehr zur Folge, dass das Rechtsschutzbedürfnis im Zulassungsverfahren nach § 17 Abs. 2 Satz 1 nicht – wie bislang nach § 9 Abs. 3 a.F. – mit Ablauf der Schutzfrist nach der Entbindung entfällt, weil die behördliche Zulassung nach § 17 Abs. 2 Satz 1 gem. § 17 Abs. 1 Satz 3 weiterhin erforderlich bleibt, wenn die Zulassung der Kündigung nach § 18 Abs. 1 Satz 2 BEEG innerhalb der Schutzfristen des § 17 Abs. 1 Satz 1 beantragt wurde (vgl. auch oben Rn. 70).

Für die Frage, wie sich die **Kombination des mutterschutzrechtlichen Sonderkündigungsschutz nach § 17 zum besonderen Kündigungsschutz Schwerbehinderter nach § 168 SGB IX** und der **Kündigungserklärungsfrist nach § 171 Abs. 3 SGB IX** auswirkt, kann auf die Grundsätze zurückgegriffen werden, die das BAG (vom 24.11.2011 EzA § 88 SGB IX Nr. 2) zur Kombination von besonderem Kündigungsschutz nach § 18 Abs. 1 S. 1 BEEG und § 85 SGB IX a.F. aufgestellt hat (KR/Gallner § 17 MuSchG Rn. 219). Danach gilt Folgendes: Die Frist zur Kündigung des Arbeitsverhältnisses des schwerbehinderten Menschen von einem Monat nach förmlicher Zustellung des Zustimmungsbescheids ist eine materiell-rechtliche Ausschlussfrist. Solange sie andauert, ist die gesetzliche Kündigungssperre aufgehoben. Die Ausschlussfrist des § 171 Abs. 3 SGB IX gilt auch dann, wenn die Wirksamkeit der Kündigung nicht nur von der Zustimmung des Integrationsamts abhängt, sondern außerdem unter dem Vorbehalt einer behördlichen unbefristeten Zulassung steht. Liegt die Zulässigkeitserklärung bei Ablauf der Monatsfrist des § 171 Abs. 3 SGB IX noch nicht vor, ist sie aber in dieser Frist beantragt worden, ist die nach Ablauf der Monatsfrist erklärte Kündigung nicht unwirksam. An die Stelle des Zugangs der Kündigung i.S.v. § 171 Abs. 3 SGB IX tritt der Antrag auf Zustimmung durch die weitere Behörde.

d) Verhältnis zum kollektiven Kündigungsschutz

116 Der kollektive Kündigungsschutz besteht unabhängig von dem mutterschutzrechtlichen Kündigungsverbot. Das gilt vor allem für die **Betriebsratsanhörung nach § 102 Abs. 1 S. 1 BetrVG**, die für jede Kündigung im Geltungsbereich des BetrVG durchzuführen ist, wenn ein Betriebsrat gebildet ist. Die Anhörungspflicht besteht unabhängig davon, ob die nach § 17 Abs. 2 Satz 1 zuständige Arbeitsschutzbehörde den Betriebsrat im Rahmen des behördlichen Zulassungsverfahrens beteiligt hat (KR/Gallner § 17 MuSchG Rn. 220). Soweit durch eine Betriebsvereinbarung i.S.v.

§ 102 Abs. 6 BetrVG das Mitwirkungsrecht des Betriebsrats bei Kündigungen erweitert ist, gelten diese Regelungen auch für die Kündigungen von werdenden Müttern und Wöchnerinnen (KR/Gallner § 17 MuSchG Rn. 220).

Ist die Frau i.S.d. § 2 Abs. 2 SGB IX **schwerbehindert** bzw. i.S.d. § 2 Abs. 3 SGB IX gleichgestellt, dann ist zu beachten, das mit Wirkung zum 30.12.2016 die Regelung des § 95 Abs. 2 S. 3 SGB IX in Kraft getreten ist, die bestimmt, dass die Kündigung eines schwerbehinderten Arbeitnehmers ohne Beteiligung der Schwerbehindertenvertretung i.S.d. § 95 Abs. 1, S. 1 SGB IX unwirksam ist. Mit Wirkung ab 1.1.2018 findet sich diese Regelung in **§ 178 Abs. 2 S. 3 SGB IX n.F.** (vgl. Art. 26 des im Dezember 2016 verkündeten Bundesteilhabegesetz [BTHG], BGBl. I 2016, 3234; vgl. zu dieser Neuregelung Bayreuther, NZA 2017, 87; Mühlmann NZA 2017, 884; Klein NJW 2017, 852). Danach ist der Arbeitgeber verpflichtet, die Schwerbehindertenvertretung vor jeder Beendigungs- oder Änderungskündigung eines mit einem Schwerbehinderten bzw. Gleichgestellten bestehenden Arbeitsverhältnisses nach den für die Betriebsratsanhörung gem. § 102 BetrVG geltenden Grundsätzen anzuhören (vgl. grundlegend BAG vom 13.12.2018 EzA § 95 SGB IX Nr. 8) Auch die Pflicht zur Beteiligung der Schwerbehindertenvertretung besteht unabhängig von dem mutterschutzrechtlichen Kündigungsverbot. Die Anhörung muss nicht erfolgen, bevor der Arbeitgeber den Betriebs- oder Personalrat beteiligt oder das Integrationsamt um Zustimmung zu einer beabsichtigten Kündigung ersucht (BAG vom 13.12.2018 EzA § 95 SGB IX Nr. 8, Rn. 19).

Schließlich bestehen die kollektivrechtlichen **Kündigungsschutzbestimmungen der Personalvertretungsgesetze** selbstständig neben dem besonderen Kündigungsschutz aus § 17 (KR/Gallner § 17 MuSchG Rn. 220; Brose/Weth/Volk/Volk MuSchG § 17 Rn. 268).

Dem Arbeitgeber steht grundsätzlich frei, den Antrag auf Zulässigkeitserklärung der Kündigung nach § 17 Abs. 2 S. 1 MuSchG schon vor oder während oder erst nach der Betriebsrats- bzw. Personalratsbeteiligung zu stellen (Schöllmann in HK MuSchG, 6. Aufl. § 17 Rn. 123; vgl. zur Parallelproblematik bei § 18 BEEG BAG 24.11.2011 EzA § 88 SGB IX Nr. 2, Rn. 21).

Zu beachten ist, dass die Beteiligung des Betriebsrats bzw. des Personalrats und der Schwerbehindertenvertretung **Vorbereitungsmaßnahmen i.S.d. § 17 Abs. 1 Satz 3** sind. Daher ist eine Kündigung, die außerhalb der Schutzfristen erklärt wird, gleichwohl vom Kündigungsverbot umfasst, wenn die Beteiligung während der Schutzfristen des § 17 Abs. 1 Satz 1 erfolgt ist. Die Beteiligung selbst bedarf aber keiner behördlichen Zulassung nach § 17 Abs. 2 Satz 1 (str., vgl. oben Rn. 72).

9. Gerichtliche Geltendmachung der Unwirksamkeit der Kündigung

a) Rechtzeitige Klageerhebung

117 Gem. § 4 Satz 1 KSchG, der gem. § 13 Abs. 1 Satz 2 KSchG auch für außerordentliche Kündigungen gilt, muss die **Unwirksamkeit der Kündigung eines Arbeitsverhältnisses** durch Erhebung der Kündigungsschutzklage binnen drei Wochen nach

Zugang der Kündigung gerichtlich geltend gemacht werden, andernfalls gilt die Kündigung gem. § 7 KSchG als rechtswirksam. Im Fall einer (unter dem Vorbehalt der sozialen Rechtfertigung i.S.d. § 2 KSchG angenommenen) Änderungskündigung ist gem. § 4 Satz 2 KSchG binnen drei Wochen eine Änderungsschutzklage zu erheben, um den Eintritt der Wirksamkeitsfiktion zu verhindern (vgl. dazu KR/Kreft § 2 KSchG Rn. 246 ff.; bei vorbehaltloser Ablehnung des Änderungsangebots ist demgegenüber eine »normale« Kündigungsschutzklage i.S.d. § 4 S. 1 KSchG zu erheben, vgl. KR/Kreft a.a.O. Rn. 276). Seit Inkrafttreten des Gesetzes zu Reformen am Arbeitsmarkt vom 24.12.2003 (BGBl. I S. 3002) am 1. Januar 2004 sind grundsätzlich **alle Unwirksamkeitsgründe** und nicht nur die Sozialwidrigkeit der Kündigung i.S.d. § 1 Abs. 2 und 3 KSchG innerhalb der dreiwöchigen Klagefrist gerichtlich geltend zu machen (KR/Gallner § 17 MuSchG Rn. 214). Auch die Unwirksamkeit einer Kündigung, die gegen § 17 verstößt, muss daher grds. in der dreiwöchigen Klagefrist nach Zugang der Kündigung (§ 4 S. 1 KSchG) geltend gemacht werden.

Für den Beginn der Klagefrist ist allerdings **§ 4 Satz 4 KSchG** zu beachten. Danach beginnt die dreiwöchige Klagefrist dann, wenn eine **Behörde der Kündigung zustimmen** muss, nicht schon mit Zugang der Kündigung, sondern erst **mit Bekanntgabe der Entscheidung der Behörde** an den Arbeitnehmer. 4 Satz 4 KSchG gilt nicht nur für Kündigungen, deren Wirksamkeit von der nachträglichen Zustimmung einer Behörde abhängt, sondern auch dann, wenn die Behörde der Kündigung bereits vor ihrem Ausspruch zustimmen muss, dem Arbeitnehmer die behördliche Entscheidung jedoch erst nach Zugang der Kündigung oder überhaupt nicht bekannt gegeben wird. Hat die Behörde **im Voraus** einer noch auszusprechenden Kündigung zuzustimmen, beginnt die Klagefrist nach § 4 S. 1 KSchG mit Zugang der Kündigung, wenn die Behörde zuvor eine Entscheidung getroffen und sie dem Arbeitnehmer oder der Arbeitnehmerin bekannt gegeben hat. Das gilt u.a. auch für die Zulässigkeitserklärung nach § 17 Abs. 2 Satz 1 (KR/Gallner § 17 MuSchG Rn. 215). § 4 Satz 4 KSchG gilt jedoch **nicht**, wenn der Arbeitgeber bei Abgabe der Kündigungserklärung **keine Kenntnis** vom Vorliegen der Voraussetzungen des Sonderkündigungsschutzes – der Schwangerschaft, der Fehlgeburt nach der zwölften Schwangerschaftswoche oder der Entbindung – hatte (BAG vom 3.4.2025 – 2 AZR 156/24; KR/Gallner §17 MuSchG Rn. 215; vgl. zu § 9 a.F.: BAG vom 19.2.2009 EzA § 4 n.F. KSchG Nr. 88; vgl. auch zu § 85 SGB IX a.F.: BAG vom 13.2.2008 EzA § 4 n.F. KSchG Nr. 83). Die Kündigung der Arbeitnehmerin ist nach § 17 Abs. 1 Satz 1 ohne behördliche Zulässigkeitserklärung zulässig, wenn dem Arbeitgeber die Schwangerschaft, die Fehlgeburt nach der zwölften Schwangerschaftswoche oder die Entbindung zur Zeit der Kündigung nicht bekannt war und sie ihm entweder nicht oder schuldhaft erst über zwei Wochen nach Zugang der Kündigung mitgeteilt wurde. § 4 Satz 4 KSchG lässt die Klagefrist nur dann mit der Bekanntgabe der Entscheidung der Behörde beginnen, soweit die Kündigung der Zustimmung einer Behörde bedarf. Ein solches Zustimmungserfordernis besteht **bei Unkenntnis des Arbeitgebers** gerade nicht. In diesen Fällen beginnt die Klagefrist nach § 4 S. 1 KSchG **mit Zugang der Kündigung**. Voraussetzung für die Anwendbarkeit der Ausnahmeregelung des § 4 Satz 4 KSchG ist die Kenntnis des Arbeitgebers von den Tatsachen, die den Sonderkündigungsschutz begründen, zum Zeitpunkt des Zugangs der Kündigung. Erlangt der Arbeitgeber erst nach Zugang der Kündigung Kenntnis von der Schwangerschaft oder Entbindung der Arbeitnehmerin, ist § 4 S. 4 KSchG nicht anwendbar (BAG vom 3.4.2025 – 2 AZR 156/24; KR/Gallner § 17 MuSchG Rn. 215; vgl. zu § 9 a.F.: BAG vom 19.2.2009 EzA § 4 n.F. KSchG Nr. 88; vgl. auch zu § 85 SGB IX a.F.: BAG vom 13.2.2008 EzA § 4 n.F. KSchG Nr. 83). Dafür sprechen Gesetzeszusammenhang und -zweck. Der besondere Zulassungsgrund des § 5 Abs. 1 S. 2 KSchG wäre überflüssig, wenn der Arbeitgeber immer – unabhängig von seiner Kenntnis – ein behördliches Zulässigkeitserklärungsverfahren einleiten müsste, selbst wenn er erst nach Ausspruch der Kündigung von der Schwangerschaft Kenntnis erlangt (BAG vom 3.4.2025 - 2 AZR 156/24; KR/Gallner § 17 MuSchG Rn. 215).

Hat die Arbeitnehmerin die Kündigung unter Geltendmachung anderer Unwirksamkeitsgründe fristgerecht gerichtlich angegriffen, so kann sie sich gem. **§ 6 S. 1 KSchG** auf das Kündigungsverbot nach § 17 noch bis zum Schluss der mündlichen Verhandlung erster Instanz berufen. Es handelt sich bei § 6 S. 1 KSchG um eine **Präklusionsvorschrift**, die zur Folge hat, dass nicht bis zum Schluss der mündlichen Verhandlung erster Instanz geltende gemachte Unwirksamkeitsgründe in der zweiten Instanz nicht mehr vorgebracht werden können (BAG vom 18.1.2012 EzA § 6 KSchG Nr. 4) Das Arbeitsgericht genügt seiner gesetzlichen Hinweispflicht nach § 6 S. 2 KSchG schon mit einem Hinweis auf den Regelungsgehalt des § 6 S. 1 KSchG in der Ladung zum Gütetermin (BAG vom 18.1.2012 EzA § 6 KSchG Nr. 4).

118 Hat die Arbeitnehmerin die **Klagefrist des § 4 KSchG versäumt**, weil sie selbst innerhalb der Frist noch keine Kenntnis von ihrer Schwangerschaft hatte, ist die verspätete Klage **nach § 5 Abs. 1 Satz 2 KSchG auf Antrag der Arbeitnehmerin** (der auch vorsorglich und »vorfristig«, d.h. vor Behebung des Hindernisses iSd. § 5 Abs. 3 Satz 1 MuSchG gestellt werden kann, vgl. BAG vom 3.4,2025 – 2 AZR 156/24, Rn. 29 u. 41) **nachträglich zuzulassen**, wenn sie aus einen **von ihr nicht zu vertretendem Grund** erst nach Fristablauf davon erfahren und dies gem. § 5 Abs. 2 Satz 2 KSchG **glaubhaft gemacht** hat (die Mittel der Glaubhaftmachung müssen dabei im Antrag angegeben werden. Sie müssen aber nicht bereits mit der Antragsstellung vorgelegt werden, da die Glaubhaftmachung eine besondere Beweisführung ist, die auch noch später erfolgen kann, vgl. BAG vom 3.4.2025 – 2 AZR 156/24, Rn. 29). Die Regelung des § 5 Abs. 1 Satz 2 KSchG korrespondiert mit der Möglichkeit der Arbeitnehmerin, die Unwirksamkeit der Kündigung gem. § 17 Abs. 1 Satz 2 durch unverzügliche Nachholung der Mitteilung bei unverschuldet versäumter Mitteilungsfrist herbeizuführen. Das allein hilft ihr jedoch nicht, weil die Kündigung nach § 7 Hs. 1 KSchG als rechtswirksam gilt, wenn gegen sie nicht binnen drei Wochen ab Kündigungszugang Klage erhoben worden ist. Diesen Fall regelt § 5 Abs. 1 Satz 2 KSchG. Mithilfe der nachträglichen Zulassung der Kündigungsschutzklage kann die Kündigung noch mit Erfolg angegriffen werden (KR/Gallner § 17 MuSchG Rn. 217). § 5 Abs. 1 Satz 2 MuSchG regelt einen besonderen Zulassungsgrund, der auf die Kenntnis oder schuldhafte Unkenntnis von einer »kündigungsrelevanten Schwangerschaft« (siehe dazu sogleich) abstellt und der den allgemeinen Zulassungsgrund aus § 5 Abs. 1 Satz 1 KSchG nicht verdrängt,

sondern daneben anwendbar ist. Daher kann z.B.eine Frau, die auf Grund ihrer Schwangerschaft nicht in der Lage sein sollte, sich zeitnah mit ihrer arbeitsrechtlichen Situation zu beschäftigen und sich rechtlich beraten zu lassen, nach Behebung dieses Hindernisses einen Antrag gemäß § 5 Abs. 1 Satz 1 KSchG auf nachträgliche Zulassung einer Kündigungsschutzklage anbringen (vgl. BAG vom 3.4.2025 – 2 AZR 156/24, Rn. 30 u 33).

Für den **Verschuldensmaßstab** gelten die gleichen Grundsätze wie im Rahmen der nachträglichen Mitteilung nach § 17 Abs. 1 Satz 2 (vgl. dazu Rdn. 49 ff .).

Der **Antrag** ist gem. § 5 Abs. 3 Satz 1 KSchG nur binnen **zwei Wochen nach Kenntniserlangung** zulässig und muss gem. § 5 Abs. 3 Satz 2 KSchG **spätestens sechs Monate nach dem Ablauf der Klagefrist** gestellt werden.

Allerdings hat der EuGH am 29.10.2009 in der **Rechtssache Virginie Pontin/T-Comalux SA** (C-63/08) erkannt, dass eine **Ausschlussfrist von 15 Tagen** zur Geltendmachung der Unwirksamkeit der Kündigung einer Schwangeren **europarechtswidrig** ist (vgl. dazu auch oben Rn. 7). Auf Vorlage des ArbG Mainz (vom 24.4.2024- 4 Ca 1424/22) hat der EuGH am 27.6.2024 in der **Rechtssache TC/Haus Jacobus** (C-284/23) entschieden, dass Art. 10 und 12 RL 92/85/EWG dahin auszulegen sind, dass sie einer nationalen Regelung entgegenstehen, nach der eine schwangere Arbeitnehmerin, die von ihrer Schwangerschaft erst nach Ablauf der für die Erhebung einer Klage gegen ihre Kündigung vorgesehenen Frist Kenntnis erlangt hat, eine solche Klage nur dann erheben kann, wenn sie binnen zweier Wochen einen Antrag auf Zulassung der verspäteten Klage stellt, sofern die Verfahrensmodalitäten im Zusammenhang mit diesem Zulassungsantrag insoweit nicht den **Anforderungen des Effektivitätsgrundsatzes** genügen, als sie Nachteile mit sich bringen, die geeignet sind, die Umsetzung der Rechte übermäßig zu erschweren, die Art. 10 dieser Richtlinie schwangeren Arbeitnehmerinnen vermittelt. Zwar betont der Gerichtshof, dass die Festsetzung angemessener Ausschlussfristen für die Rechtsverfolgung im Interesse der Rechtssicherheit grundsätzlich mit dem Unionsrecht vereinbar sei. Allerdings dürften solche Fristen es schwangeren Arbeitnehmerinnen **nicht übermäßig erschweren**, ihre Rechte aus dem Kündigungsverbot des Art. 10 der RL 92/85/EWG durchzusetzen. Ob die Zwei-Wochen-Frist des § 5 Abs. 3 Satz 1 KSchG, die zu beachten ist, wenn die Arbeitnehmerin erst nach Ablauf der Frist des § 4 Satz 1 KSchG von ihrer Schwangerschaft Kenntnis erlangt, diesen Vorgaben entspricht, wird vom EuGH bezweifelt. Dabei verweist er insbesondere darauf, dass es sich um eine »**besonders kurze Frist**« handele, die es der schwangeren Arbeitnehmerin erschwere, sich beraten zu lassen und ihre Rechte geltend zu machen. Sie sei zudem **kürzer als die normale dreiwöchige Klagefrist des § 4 Satz 1 KSchG**, die gilt, wenn die Schwangere schon im Zeitpunkt der Kündigung von ihrer Schwangerschaft weiß. Hinzu komme, dass der Beginn der Frist mit der »Behebung des Hindernisses« nicht eindeutig bestimmt sei und dass sie mit der in § 17 Abs. 1 Satz 2 MuSchG normierten Pflicht, den Arbeitgeber unverzüglich von der Schwangerschaft zu unterrichten, kumuliert sei. Es wird daher in der Literatur aus der Entscheidung abgeleitet, dass **§ 5 Abs. 3 Satz 1 KSchG** in den Fällen des § 5 Abs. 1 Satz 2 KSchG **richtlinienwidrig** ist (vgl. BeckOK ArbR/Kerwer, 73. Ed. 1.9.2024, KSchG

§ 5 Rn. 36.3; Sagan Anmerkung zu EuGH NJW 2024, 2673, 2677; Euler NZA 2024, 1037, 1039 f; Benkert NJW-Spezial 2024, 531). Eine richtlinienkonforme Auslegung des § 5 Abs. 3 Satz 1 KSchG dahin gehend, dass der Arbeitnehmerin in den Fällen des § 5 Abs. 1 Satz 2 KSchG für den erforderlichen Antrag auf nachträgliche Klagezulassung eine längere Frist als zwei Wochen zur Verfügung steht, wird dabei angesichts des eindeutigen Wortlauts der Regelung für ausgeschlossen erachtet (vgl. ErfK/Kiel § 5 KSchG Rn. 6; BeckOK ArbR/Kerwer, 73. Ed. 1.9.2024, KSchG § 5 Rn. 36.3; Sagan Anmerkung zu EuGH NJW 2024, 2673, 2677; Euler NZA 2024, 1037, 1039 f; aA wohl Benkert NJW-Spezial 2024, 531). Es wird vielmehr erwogen, die Frist des § 5 Abs. 3 Satz 1 KSchG in den Fällen des § 5 Abs. 1 Satz 2 KSchG unangewendet zu lassen (Euler NZA 2024, 1037, 1040). Im Übrigen sei der Gesetzgeber gefordert, durch entsprechende Gesetzesänderung »für ein unionsrechtskonformes Arbeitsrecht zu sorgen« (Sagan Anmerkung zu EuGH NJW 2024, 2673, 2677).

Das BAG geht in seiner Entscheidung vom 3.4.2025 (- 2 AZR 156/24) jedoch einen anderen Weg. Es legt die Regelung des § 5 Abs. 1 Satz 2 KSchG dahingehend aus, dass sie die positive Kenntnis (bzw. schuldhafte Unkenntnis) der Frau vom Bestehen ihrer Schwangerschaft **zum Zeitpunkt der Kündigung** erfordert (vgl. BAG a.a.O, Rn. 25 ff). Die Regelung verlangt danach also nicht nur die Kenntnis (bzw. schuldhafte Unkenntnis) der Frau, schwanger zu sein, sondern auch die Kenntnis (bzw. schuldhafte Unkenntnis), dass die Schwangerschaft bereits im Kündigungszeitpunkt vorgelegen hat (»**kündigungsrelevante Schwangerschaft**«). Dies ergäbe sich aus dem Willen des Gesetzgebers, nach dem mit der Regelung der Unkenntnis von einem Grund für die Unwirksamkeit der Kündigung Rechnung getragen werden solle und der Unwirksamkeitsgrund des § 17 Abs.1 MuSchG das Vorliegen der Schwangerschaft im Kündigungszeitpunkt erfordere. Im Fall des § 5 Abs. 1 Satz 2 KSchG sei das Hindernis an der Klageerhebung i.S.v. § 5 Abs. 3 Satz 1 KSchG somit erst behoben, sobald die Arbeitnehmerin Kenntnis vom Bestehen der Schwangerschaft im Kündigungszeitpunkt erlangt oder die insofern fehlende Kenntnis auf einem von ihr zu vertretenden Grund beruht. Erst dann beginne die zweiwöchige Antragsfrist zu laufen. Kenntnis vom Beginn der Schwangerschaft erhalte die Arbeitnehmerin jedoch **regelmäßig erst auf Grund einer ärztlichen Untersuchung** (und nicht schon auf Grund eines positiven Schwangerschaftstests). Die Arbeitnehmerin sei nicht aufgrund einer entsprechenden Vermutung oder bloß vager Anhaltspunkte gehalten, sich unverzüglich Gewissheit über das Vorliegen einer Schwangerschaft im Kündigungszeitpunkt zu verschaffen, um dem Vorwurf zu entgehen, sie habe die verspätete Kenntniserlangung i.S.v. § 5 Abs. 1 Satz 2 KSchG zu vertreten. Anderes könnte gelten, sobald die Arbeitnehmerin einen Schwangerschaftstest mit positivem Ergebnis durchgeführt hat. Dann könnte sie die Obliegenheit treffen, sich ohne schuldhaftes Zögern um eine frauenärztliche Untersuchung zu bemühen. In dieser Auslegung hält das BAG das bestehende System der §§ 4, 5 KSchG und des § 17 MuSchG für unionsrechtskonform (vgl. BAG a.a.O, Rn. 28 ff). Die vermeintlich »verkürzte« Frist des § 5 Abs. 3 Satz 1 KSchG trete nicht an die Stelle der »ordentlichen Frist« des § 4 Satz 1 KSchG. Vielmehr beginne die zweiwöchige Antragsfrist erst – gegebenenfalls erheblich – nach Ablauf der dreiwöchigen Klagefrist zu laufen und trete insoweit zu dieser hinzu. Die schwangere Arbeitnehmerin habe bereits Kenntnis von der Kündigung, bevor die Antragsfrist anlaufe und der nicht die Antragsfrist fallende Kündigungszugang verkürze diese nicht faktisch. Zudem bestünden die vom Gerichtshof vermuteten Unsicherheiten über den Beginn der Antragsfrist nicht. Die hierfür erforderliche Kenntnis vom Schwangerschaftsbeginn werde in aller Regel erst vorliegen, wenn die Arbeitnehmerin ein entsprechendes ärztliches Zeugnis erhalten habe. Damit lasse sich der Beginn der Antragsfrist einfach und rechtssicher bestimmen. Zudem erhöhe sich die der Arbeitnehmerin zur Verfügung stehende Überlegungszeit weiter, wenn sie vorher bereits Anhaltspunkte für das Vorliegen einer Schwangerschaft »an sich« habe. Sie habe dann schon vor Erhalt des ärztlichen Zeugnisses über den Beginn der Schwangerschaft Gelegenheit, sich beraten zu lassen und gegebenenfalls vorsorglich eine Kündigungsschutzklage nebst einem Antrag auf deren nachträgliche Zulassung beim Arbeitsgericht einzureichen. Es seien auch keine tatsächlichen Anhaltspunkte dafür erkennbar, dass eine Frau zu Beginn ihrer Schwangerschaft regelmäßig außerstande ist, sich zeitnah mit ihrer arbeitsrechtlichen Situation zu beschäftigen und sich rechtlich beraten zu lassen. Sollte eine Arbeitnehmerin aufgrund ihrer Schwangerschaft ausnahmsweise hierzu nicht in der Lage sein, könne sie noch nach Behebung dieses Hindernisses einen Antrag gemäß § 5 Abs. 1 Satz 1 KSchG auf nachträgliche Zulassung einer Kündigungsschutzklage anbringen, was das ArbG Mainz bei seiner Vorlage an den EuGH übersehen und diesem nicht mitgeteilt habe. In dem vom BAG a.a.O. entschiedenen Fall begann daher die Antragsfrist für eine am 14.5. gekündigte Frau, die am 29.5. einen positiven Schwangerschaftstest gemacht und sich umgehend um einen Frauenarzttermin am 17.6 bemüht hat, bei dem festgestellt wurde, dass sie seit 28.4. schwanger ist, nicht vor dem 18.6. (Tag nach der frauenärztlichen Untersuchung).

Zwar zeigt dieser Fall, dass einer gekündigten schwangeren Frau in Folge der vom BAG vorgenommenen Auslegung der §§ 5 Abs. 1 Satz 2, Abs. 3 Satz 1 MuSchG regelmäßig ausreichend Zeit zur Verfügung stehen dürfte, einen erforderlichen Antrag auf nachträgliche Klagezulassung zu stellen, weil sie nach einem positiven Schwangerschaftstest regelmäßig das Ergebnis einer zeitnah eingeholten frauenärztlichen Untersuchung abwarten darf, bevor die zweiwöchige Antragsfrist zu laufen beginnt. Ob diese Rechtsanwendung aber ausnahmslos dem Effektivitätsgrundsatz nach dem Verständnis des EuGH entspricht, erscheint zumindest zweifelhaft,da dieser in der Rechtssache Virginie Pontin/T-Comalux SA (C-63/08)Ausschlussfrist von 15 Tagen für (sogar) »offensichtlich ungeeignet« befunden hat. Allerdings begann die Klagefrist in dieser Rechtssache bereits mit Abgabe der Kündigungserklärung, (und damit ggf. sogar noch vor deren Zugang). Nach deutschem Recht beträgt die Klagefrist einer Schwangeren jedoch mindestens drei Wochen nach Kündigungszugang, wenn sie zum Zugangszeitpunkt schon Kenntnis von ihrer Schwangerschaft hat. Bei nachträglicher Kenntnis iSd. § 5 Abs. 1 Satz 2 KSchG kommt nach der Auslegung des BAG regelmäßig die Zeit dazu, die die Frau benötigt, um das Ergebnis einer frauenärztlichen Untersuchung abzuwarten und ab diesem Zeitpunkt stehen ihr zwei weitere Wochen Antragsfrist des § 5 Abs. 3 Satz 1 MuSchG zur Verfügung. Zu bedenken ist jedoch, dass nur eine Ausschlussfrist dem Effektivitätsgrundsatz im Sinne der EuGH-Rechtsprechung genügen dürfte,die nicht beginnt, bevor die gekündigte Frau zumindest von ihrer Schwangerschaft »an sich« Kenntnis hat und die ab diesem Zeitpunkt wohl länger als 15 Tage dauern müsste. Das erscheint jedoch auf Grundlage der Rechtsprechung des BAG zumindest nicht ausnahmslos gewährleistet. Erfährt etwa die gekündigte Frau bereits am Tag nach Ablauf der Klagefrist zeitgleich von ihrer Schwangerschaft und von deren Bestehen zum Kündigungszeitpunkt, dann stünden ihr nicht mehr als 15 Tage Zeit zur Verfügung.

119 Erfährt die gekündigte Frau schon **vor Ablauf der Klagefrist des § 4 Satz 1 KSchG** von ihrer Schwangerschaft im Kündigungszeitpunkt, dann ist § 5 Abs. 1 Satz 2 KSchG nicht anwendbar, so dass es im Grundsatz bei der dreiwöchigen Klagefrist des § 4 S. 1 KSchG verbleibt. In Fällen, in denen die Frau erst kurz vor Fristablauf vom Beginn ihrer Schwangerschaft im Kündigungszeitpunkt erfährt, wird befürwortet,, ihr **eine Überlegungszeit** von drei Werktagen zuzubilligen, um abzuwägen, ob sie angesichts der für sie neuen Situation und des nun entstandenen Sonderkündigungsschutzes Kündigungsschutzklage erheben will. Sie ist nicht verpflichtet, innerhalb der verbleibenden Restzeit der noch laufenden Klagefrist von weniger als drei Tagen sich ihre neue rechtliche Situation zu vergegenwärtigen und die Kündigungsschutzklage – gegebenenfalls auch nur vorsorglich zur Wahrung der Klagefrist – einzureichen. Versäumt sie durch die Inanspruchnahme dieser Überlegungszeit die dreiwöchige Klagefrist des § 4 S. 1 KSchG, ist die Klage auf ihren Antrag hin im Regelfall nachträglich zuzulassen, soweit Klage und Zulassungsantrag nach Ablauf von drei Werktagen eingereicht wurden (vgl. LAG Schleswig-Holstein vom 13.5.2008 – 3 Ta 56/08, JurionRS 2008, 19921; ErfK/Kiel § 5 KSchG Rn. 18; Schöllmann in HK-MuSchG 6. Aufl. § 17 Rn. 121). Das BAG hat in seiner Entscheidung vom 3.4.2025 (- 2 AZR 156/24, Rn. 32) zu dieser Problematik angemerkt, dass einer Arbeitnehmerin, die kurz vor Ablauf der Klagefrist des § 4 Satz 1 KSchG von ihrer Schwangerschaft bereits im Kündigungszeitpunkt Kenntnis erlangt,eine gewisse Bedenkzeit zugestanden werden müsse. Werde durch die Inanspruchnahme dieser Bedenkzeit die Klagefrist versäumt, sei die vor Ablauf der Bedenkzeit erhobene Kündigungsschutzklage auf Antrag der Arbeitnehmerin gem. § 5 Abs. 1 Satz 1 KSchG nachträglich zuzulassen. Dabei hat das BAG offen gelassen, ob die der Arbeitnehmerin zuzugestehende **Bedenkzeit** mit Blick auf die unionsrechtlichen Vorgaben (vgl. dazu Rdn.118) – ebenfalls – mit **zwei Wochen** zu bemessen sei.

b) Darlegungs- und Beweislast

120 Gemäß den allgemeinen Grundsätzen, wonach jede Partei für die ihr günstigen Normen darlegungs- und beweispflichtig ist, muss die **Frau** darlegen und beweisen, dass sie zu dem von § 17 Abs. 1 **geschützten Personenkreis** gehört und dass die **Voraussetzungen des § 17 Abs. 1** vorliegen (Schöllmann in HK-MuSchG 6. Aufl. § 17 Rn. 124).

Die Frau ist darlegungs- und beweispflichtig dafür, dass sie im maßgeblichen Zeitpunkt des Zugangs der Kündigung **schwanger** ist, eine **Fehlgeburt nach der zwölften Schwangerschaftswoche** hatte oder **entbunden** hat und dass die Kündigung **während der jeweiligen Schutzfristen zugegangen** ist (Schöllmann in HK-MuSchG 6. Aufl. § 17 Rn. 124). Bei der **Feststellung des Beginns der Schwangerschaft** ist nach der Rechtsprechung des BAG zu § 9 a.F. (vom 26.3.2015 EzA § 9 n.F. MuSchG Nr. 42) vom ärztlich bescheinigten voraussichtlichen Entbindungstag um 280 Tage zurückzurechnen, wobei der **ärztlichen Bescheinigung** über den mutmaßlichen Tag der Entbindung ein hoher Beweiswert zukommt. Der Arbeitgeber kann jedoch diesen Beweiswert der Bescheinigung erschüttern und Umstände darlegen sowie beweisen, aufgrund derer es der wissenschaftlich gesicherten Erkenntnis widersprechen würde, von einer Schwangerschaft bei Kündigungszugang auszugehen. Die Arbeitnehmerin muss nunmehr einen entsprechenden Beweis zum Vorliegen der Schwangerschaft im Zeitpunkt des Zugangs der Kündigung führen und ist ggf. gehalten, ihre Ärzte von der Schweigepflicht zu entbinden (vgl. dazu Rn. 20).

Will die Frau die Unwirksamkeit der Kündigung auf **§ 17 Abs. 1 Satz 3** stützen, ist sie darlegungs- und beweispflichtig dafür, dass der Arbeitgeber **während des jeweils maßgeblichen Schutzzeitraums Vorbereitungsmaßnahmen** im Hinblick auf die Kündigung getroffen hat. Sie muss daher tatsächliche Maßnahmen vortragen, die der Arbeitgeber während des Schutzzeitraums getroffen hat, um die Stelle der betroffenen Arbeitnehmerin endgültig (dauerhaft und nicht vorübergehend) neu besetzen bzw. zu streichen oder Maßnahmen, die darauf gerichtet sind, die rechtlichen Voraussetzungen für die Kündigungserklärung zu schaffen oder ihren Zugang bei der Frau zu bewirken, die also die rechtliche Vorbereitung, Umsetzung oder den Vollzug der Kündigungsentscheidung betreffen (vgl. Rn. 65 ff.). Hinsichtlich der Darlegungslast bzgl. der Vorbereitungsmaßnahmen wird zu berücksichtigen sein, dass die Frau vor allem von den tatsächlichen Vorbereitungsmaßnahmen des Arbeitgebers möglicherweise nichts erfährt (vgl. auch Marlene Schmidt Anm. zu EuGH ZESAR 2008, 188 = EzA EG-Vertrag 1999 Richtlinie 92/85 Nr. 2 Rn. 33). Insbesondere wenn die **Kündigung kurz nach Ablauf der Schutzfristen** ausgesprochen wurde, wird man dem Arbeitgeber im Rahmen einer **abgestuften Darlegungs- und Beweislast** abverlangen können, plausibel darzulegen, dass er die Kündigung nicht schon während der Schutzfrist beschlossen und vorbereitet hat (zustimmend NK-ArbR/Boecken, 2. Aufl. 2023, MuSchG § 17 Rn. 100; vgl. auch Marlene Schmidt a.a.O.).

Die Frau trägt ferner die Darlegungs- und Beweislast für die **Kenntnis des Arbeitgebers** (oder seines Vertreters) von der Schwangerschaft, der Fehlgeburt nach der zwölften Schwangerschaftswoche oder der Entbindung **im Zeitpunkt des Kündigungszugang** (KR/Gallner § 17 MuSchG Rn. 87; APS/Rolfs 7. Aufl. § 17 MuSchG Rn. 156) bzw. dafür, dass diesem die **Mitteilung dieser Umstände rechtzeitig** binnen zwei Wochen nach der Kündigung zugegangen ist (KR/Gallner § 17 MuSchG Rn. 87). Richtigerweise gehört dazu die Darlegung des Zugangszeitpunkts der Kündigung (KR/Gallner § 17 MuSchG Rn. 87; a.A. Buchner/Becker 8. Aufl. § 9 MuSchG Rn. 155) sowie grds. die Darstellung, gegenüber wem und auf welche Art und Weise die Mitteilung erfolgt ist. Der Nachweis, der Arbeitgeber habe das Bestehen der Schwangerschaft, die Fehlgeburt nach der zwölften Schwangerschaftswoche oder die erfolgte Entbindung kennen müssen oder vermutet, genügt nicht (vgl. auch KR/Gallner § 17 MuSchG Rn. 87). Gallner (a.a.O.) weist allerdings zu Recht daraufhin, dass es sich bei der positiven Kenntnis um ein in der Sphäre des Arbeitgebers liegendes subjektives Moment handelt und daher keine allzu strengen Anforderungen an die Beweisführung der Frau gestellt 121 werden dürfen. Eine Beweiserleichterung kann sich u.U. durch die Anwendung der Grundsätze über den Beweis des ersten Anscheins ergeben, ggf. ist eine Parteivernehmung geboten (vgl. auch Buchner/Becker 8. Aufl. § 9 MuSchG Rn. 108).

Hat die Frau die zweiwöchige Mitteilungsfrist versäumt, so obliegt es ihr, darzulegen und ggf. zu beweisen, dass sie die **Frist unverschuldet versäumt** und die **Mitteilung unverzüglich nachgeholt** hat. Erforderlich ist daher, dass die Frau – möglichst unter Beweisantritt – vorträgt, wann sie selbst Kenntnis von der Schwangerschaft erhalten hat bzw. welcher Umstand sie zunächst von der Mitteilung der Schwangerschaft abgehalten hat, wann dieser entfallen ist und wann der Arbeitgeber in Kenntnis gesetzt wurde (vgl. zu § 9 a.F.: BAG vom 13.1.1982 EzA § 9 n.F. MuSchG Nr. 2; APS/Rolfs 7. Aufl. § 17 MuSchG Rn. 156).

122 Liegen die Voraussetzungen des § 17 Abs. 1 vor, so trägt der **Arbeitgeber** die Darlegungs- und Beweislast dafür, dass die **behördliche Zulassungserklärung i.S.d. § 17 Abs. 2 Satz 1 im Zeitpunkt der Kündigung** vorlag (vgl. Schöllmann in HK-MuSchG 6. Aufl. § 17 Rn. 125; APS/Rolfs 7. Aufl. § 17 MuSchG Rn. 157). Der Arbeitgeber trägt auch die Darlegungs- und Beweislast dafür, dass die Kündigung die **Form des § 17 Abs. 2 Satz 2** wahrt.

10. Beschäftigungs- und Kündigungsschutz in der Heimarbeit (Abs. 3)

123 Der Kündigungs- und Beschäftigungsschutz für Heimarbeitnehmerinnen und ihnen Gleichgestellte ist durch die Neufassung des 17 unverändert geblieben. Absatz 3 fasst lediglich die bisher in § 9 Abs. 1 Satz 2 und Abs. 4 MuSchG a.F. verstreuten Bestimmungen zusammen und passt sie sprachlich an: In § 17 Abs. 3 Satz 1 ist nunmehr der bislang in § 9 Abs. 4 a.F. geregelte Beschäftigungsschutz der in Heimarbeit beschäftigten Frauen geregelt. § 17 Abs. 3 Satz 2 und Satz 3 treffen besondere Vorgaben zum Kündigungsschutz für Frauen, die in Heimarbeit Beschäftigten auch im Hinblick auf den Kündigungsschutz nach § 29 HAG gleichgestellt sind und übernehmen den Regelungsgehalt des bisherigen § 9 Abs. 1 Satz 2 a.F. (vgl. die Begründung zum Regierungsentwurf zur inhaltsgleichen Entwurfsfassung des § 16 Abs. 3, BT-Drucks. 18/8963, S. 88; vgl. auch APS/Rolfs 7. Aufl. § 17 MuSchG Rn. 154).

a) Beschäftigungsschutz

124 Um zu **verhindern**, dass das mutterschutzrechtliche Kündigungsverbot **umgangen** wird, bestimmt § 17 Abs. 3 Satz 1 – wie schon § 9 Abs. 4 a.F. –, dass in Heimarbeit Beschäftigte und ihnen Gleichgestellte während der Schwangerschaft, bis zum Ablauf von vier Monaten nach der Entbindung und nunmehr auch bis zum Ablauf von vier Monaten nach einer Fehlgeburt nach der zwölften Schwangerschaftswoche nicht gegen ihren Willen bei der Ausgabe von Heimarbeit ausgeschlossen werden dürfen (KR/Gallner § 17 MuSchG Rn. 224; vgl. zu § 9 Abs. 4 a.F.: BAG vom 22.9.1961 AP Nr. 22 zu § 9 MuSchG). Der Zweck dieser Regelung besteht darin, den in Heimarbeit beschäftigten und gleichgestellten Frauen während der Schutzfristen des 17 Abs. 1 eine **Beschäftigungsgarantie** einzuräumen (KR/Gallner § 17 MuSchG Rn. 224). Unzulässig ist **sowohl der völlige als auch der teilweise Ausschluss** von der Vergabe

von Aufträgen (KR/Gallner § 17 MuSchG Rn. 224; Buchner/Becker 8. Aufl. § 9 MuSchG Rn. 284). Der Beschäftigungsschutz greift selbst dann ein, wenn die in Heimarbeit beschäftigte oder gleichgestellte Frau aus schwangerschaftsbedingten Gründen daran gehindert ist, die Arbeit persönlich abzuholen oder zurückzugeben (KR/Gallner § 17 MuSchG Rn. 224; APS/Rolfs 7. Aufl. § 17 MuSchG Rn. 154).

§ 17 Abs. 3 Satz 1 legt ebenso wenig wie § 9 Abs. 4 a.F. einen **Bezugszeitraum** für den **Umfang der Arbeitszuteilung** fest. In entsprechender Anwendung des § 18 n.F. (bislang § 11 a.F.) ist von einem **Zeitraum von 3 Monaten** (bzw. bisher 13 Wochen) vor Beginn der Schwangerschaft auszugehen. Der Auftraggeber oder Zwischenmeister ist somit verpflichtet, an die Heimarbeiterin bzw. die Gleichgestellte während der Schutzfristen des § 17 Abs. 1 Satz 1 Arbeit mindestens in dem Umfang auszugeben, in dem sie Heimarbeit während der letzten drei Monate vor Beginn ihrer Schwangerschaft erhalten hat (KR/Gallner § 17 MuSchG Rn. 225; Schöllmann in HK-MuSchG 6. Aufl. § 17 Rn. 118). Bei einer geringeren Arbeitsausgabe oder bei einem völligen Ausschluss von der Vergabe von Aufträgen gerät der Auftraggeber oder Zwischenmeister nach § 611 Abs. 1, § 615 S. 1, §§ 293 ff. BGB in **Annahmeverzug** (KR/Gallner § 17 MuSchG Rn. 225; Schöllmann in HK-MuSchG 6. Aufl. § 17 Rn. 118). § 29 Abs. 7 HAG ist dagegen nicht anwendbar, weil es sich bei dieser Vorschrift um ein auf die Dauer der jeweiligen Kündigungsfrist beschränktes Benachteiligungsverbot handelt (KR/Gallner § 17 MuSchG Rn. 225).

§ 17 Abs. 3 Satz 1 Halbs. 2 stellt klar, dass die §§ 3, 8, 11, 12, 13 Abs. 2 und 16 n.F. unberührt bleiben. Die dort geregelten **Beschäftigungsverbote** und der **Entgeltschutz** sind auch für die Auftraggeber und Zwischenmeister verbindlich (KR/Gallner § 17 MuSchG Rn. 226).

§ 17 Abs. 2 ist auf den Beschäftigtenschutz **entsprechend** anzuwenden (vgl. § 17 Abs. 3 Satz 3). Das bedeutet, dass die Arbeitsschutzbehörde die Einstellung der Beschäftigung der Heimarbeiterin für zulässig erklären kann BeckOK ArbR/Dahm MuSchG § 17 Rn. 66). Dies wurde bei § 9 a.F. anders gesehen (vgl. zu § 9 a.F.; Buchner/Becker 8. Aufl. § 9 MuSchG Rn. 286).

b) Kündigungsschutz

Für die in Heimarbeit beschäftigten Frauen gilt das mutterschutzrechtliche Kündigungsverbot uneingeschränkt, sofern sie als **Heimarbeiterin oder Hausgewerbetreibende i.S.v. § 2 Abs. 1 und Abs. 2 HAG** anzusehen sind (vgl. § 2 Abs. 2 Nr. 6 n.F. i.V.m. § 1 Abs. 1 HAG). 125

Die **nach § 1 Abs. 2 HAG den Heimarbeiterinnen und Hausgewerbetreibenden gleichgestellten Frauen** fallen gem. § 17 Abs. 3 Satz 2 nur dann unter den besonderen Kündigungsschutz des § 17 Abs. 1, wenn sich die Gleichstellung auch auf § 29 HAG erstreckt. Gegenüber diesem Personenkreis ist die Kündigung des Beschäftigungsverhältnisses unzulässig, wenn dem Auftraggeber oder Zwischenmeister die Schwangerschaft, die Fehlgeburt nach der zwölften Schwangerschaftswoche oder die Entbindung zur Zeit der Kündigung bekannt war oder innerhalb zweier Wochen nach Zugang der

Kündigung mitgeteilt wird bzw. die Mitteilung bei unverschuldetem Fristversäumnis unverzüglich nachgeholt wird. Der besondere Kündigungsschutz des § 17 Abs. 1 beginnt für die in Heimarbeit beschäftigten Frauen und die – auch kündigungsrechtlich – Gleichgestellten mit Eintritt der Schwangerschaft. Die in § 29 HAG geregelten Beschäftigungszeiträume sind seit dem Heimarbeitsänderungsgesetz vom 29.10.1974 (BGBl. I S. 2879) nur noch für die Kündigungsfristen von Bedeutung (vgl. zu § 9 Abs. 1 Satz 2 Halbs. 2 a.F.: KR/Gallner 11. Aufl. § 9 MuSchG Rn. 219). Die für die behördliche Zulässigkeitserklärung von Arbeitgeberkündigungen geltenden Grundsätze (Rdn. 87 ff.) sind auch für die unter das Kündigungsverbot des § 17 Abs. 1 fallenden Kündigungen von Auftraggebern und Zwischenmeistern maßgeblich.

Abschnitt 4 Leistungen

§ 18 MuSchG Mutterschutzlohn

[1]Eine Frau, die wegen eines Beschäftigungsverbots außerhalb der Schutzfristen vor oder nach der Entbindung teilweise oder gar nicht beschäftigt werden darf, erhält von ihrem Arbeitgeber Mutterschutzlohn. [2]Als Mutterschutzlohn wird das durchschnittliche Arbeitsentgelt der letzten drei abgerechneten Kalendermonate vor dem Eintritt der Schwangerschaft gezahlt. [3]Dies gilt auch, wenn wegen dieses Verbots die Beschäftigung oder die Entlohnungsart wechselt. [4]Beginnt das Beschäftigungsverhältnis erst nach Eintritt der Schwangerschaft, ist das durchschnittliche Arbeitsentgelt aus dem Arbeitsentgelt der ersten drei Monate der Beschäftigung zu berechnen.

Übersicht

A. Allgemeines

1 Eine Frau, die infolge Schwangerschaft und Stillzeit von der Pflicht zur Arbeitsleistung befreit ist, erhält für die Ausfallzeiten Entgeltersatzleistungen.

- Kann die Arbeitnehmerin die Arbeitsleistung wegen eines Beschäftigungsverbots (§ 2 Abs. 3 MuSchG i.V.m. §§ 3–6, 10 Abs. 3, 13 Abs. 1 Nr. 3, 16 MuSchG) nicht oder nur eingeschränkt erbringen, hat der Arbeitgeber Mutterschutzlohn nach dem Referenzprinzip zu zahlen (§ 18 MuSchG). Dieser Betrag wird dem Arbeitgeber nach § 1 Abs. 2 Nr. 2 AAG erstattet.
- Während der Schutzfristen vor und nach der Entbindung (§ 3 MuSchG) zahlt die Krankenkassen bzw. der Bund Mutterschaftsgeld in Höhe von kalendertäglich maximal 13,00 € (§ 19 MuSchG, § 24i S SGB V). Der Arbeitgeber zahlt als Zuschuss zum Mutterschaftsgeld die Differenz zwischen dem Mutterschaftsgeld und dem Nettoeinkommen (§ 20 MuSchG). Der Zuschuss wird nach dem AAG erstattet.
- Soweit die Arbeit wegen der Freistellung für Untersuchungen oder zum Stillen ausfällt (§ 7 MuSchG), ist die Vergütung nach dem Entgeltausfallprinzip fortzuzahlen (§ 23 MuSchG). Eine Erstattung nach dem AAG erfolgt nicht.

I. Normzweck

Schwangere oder stillende Arbeitnehmerinnen sollen vor wirtschaftlichen Nachteilen infolge der gesetzlichen Beschäftigungsverbote geschützt werden (BAG 11.10.2000 NZA 2001, 445). Durch die Verhinderung von Einkommenseinbußen soll ihnen zugleich jeder Anreiz genommen werden, entgegen der gesetzlichen Beschäftigungsverbote die Arbeit fortzusetzen (BAG 8.8.1990 NZA 1990, 974; BSG 17.4.1991 NZA 1991, 909 ff.). Die Arbeitnehmerin wird daher wirtschaftlich so gestellt, wie sie ohne Eingreifen der Beschäftigungsverbote stünde. Es gilt der Grundsatz, dass sie nicht schlechter, aber auch nicht bessergestellt wird, als sie ohne Schwangerschaft und Mutterschaft stünde. 2

Die finanzielle Belastung des Arbeitgebers durch die Entgeltersatzleistungen während der Schwangerschaft ist seit dem 1. Januar 2006 durch das Ausgleichverfahren abgefedert. Die Krankenkasse, bei der die schwangere bzw. stillende Arbeitnehmerin versichert ist, erstattet dem Arbeitgeber nach § 1 Abs. 2 Nr. 2 AAG den Mutterschutzlohn, den dieser während des Beschäftigungsverbots zu zahlen hat, in vollem Umfang einschließlich des Arbeitgeberanteils zur Sozialversicherung. Die Mittel zur Durchführung dieses U2-Verfahrens werden von den am Ausgleich beteiligten Arbeitgebern durch gesonderte Umlagen aufgebracht (§ 7 Abs. 1 AAG). 3

II. Rechtsnatur

Durch § 18 MuSchG erhält die Arbeitnehmerin einen zwingenden **privatrechtlichen Lohnersatzanspruch** (BT-Drucks. 18/8963 S. 88), der vollen Bruttolohnersatz bedeutet. Dieser Anspruch richtet sich allein gegen den Arbeitgeber und kann im Wege der Klage zum Arbeitsgericht durchgesetzt werden. Der Mutterschutzlohn ist **Arbeitslohn** im Sinne des Steuer- und des Sozialversicherungsrechts. Die Verjährung richtet sich nach den allgemeinen Regeln der §§ 195 ff. BGB. Auch im Übrigen ist der Anspruch auf den Mutterschutzlohn **wie ein sonstiger Lohnanspruch zu behandeln**, d.h. er unterliegt dem Lohnpfändungsschutz (§§ 850 ff. ZPO), dem Aufrechnungs- und Abtretungsverbot (§§ 394, 400 BGB) und etwaigen tariflichen Ausschlussfris- 4 ten für Lohnansprüche. Da es sich bei der Regelung des **§ 18 MuSchG um zwingendes Recht** handelt, kann die Arbeitnehmerin im Voraus, d.h. vor Entstehung des Anspruchs, **nicht darauf verzichten; ein nachträglicher Verzicht ist grundsätzlich möglich.**

III. Unionsrechtlicher Rahmen

5 Art. 11 der Mutterschutz-Richtlinie 92/85/EWG verlangt, dass die Arbeitnehmerin während der Beschäftigungsverbote nach Art. 5–7 RL 92/85/EWG Entgeltfortzahlung oder eine angemessene Sozialleistung entsprechend den einzelstaatlichen Rechtsvorschriften und/oder Gepflogenheiten erhält. Durch § 18 MuSchG wird diese Anforderungen Genüge getan.

6 Unionsrechtskonform ist § 18 MuSchG nicht nur auf die Gewährung von Entgeltersatz während der Beschäftigungsverbote zu begrenzen, sondern muss auch mögliche Einbußen wegen Anpassungsmaßnahmen bei Arbeitsbedingungen mit einbeziehen (EuGH 1.7.2010; NZA 2010, 1113; 1.7.2010 NZA 2010, 1184; Nebe ZESAR 2011, 10 <16>). Differenzierungen sind zulässig. Art. 11 Nr. 2 RL 92/85/EWG fordert keine umfassende Aufrechterhaltung des zuvor gezahlten Entgelts. Die Leistungen sollen sich grundsätzlich an der Höhe der Entgeltfortzahlung im Krankheitsfall orientieren, dürfen dabei aber nicht so weit reduziert werden, dass sie den Zweck der Arbeitsfreistellung gefährden (EuGH 14.7.2016 NZA 2016, 933).

7 **Die Zahlungspflichten i.S.v. §§ 18, 20 MuSchG** sind verfassungsgemäß (BVerfGE 70, 219; 109, 64; BVerfG 28.4.2011 NZA 2011, 857).

B. Anspruchsvoraussetzungen

I. Anspruchsberechtigung

8 Grundsätzlich steht der Anspruch allen Frauen i.S.d. 1 Abs. 2 MuSchG zu, die wegen eines Beschäftigungsverbots nicht in vollem Umfang beschäftigt werden können. Da sich der Lohnersatzanspruch gegen den Arbeitgeber richtet, ist der Geltungsbereich auf Frauen beschränkt, die in einem Beschäftigungsverhältnis zu einem Arbeitgeber i.S.d. § 2 Abs. 1 MuSchG stehen. Die Berechnung der Mutterschutzlohn aus dem durchschnittlichen Arbeitsentgelt beschränkt den Anspruch zudem auf Frauen, die im Grundsatz eine Vergütung gemäß § 2 Abs. 5 MuSchG erhalten. Mutterschutzlohn können daher beanspruchen

- Arbeitnehmerinnen
- Auszubildende
- Fremdgeschäftsführerinnen, die in einem Beschäftigungsverhältnis gemäß § 7 Abs. 1 SGB IV stehen
- Heimarbeiterinnen und ihnen Gleichgestellte, § 1 Abs. 2 Satz 2 Nr. 6 MuSchG, § 1 HAG
- Frauen, die in einer Werkstatt für behinderte Menschen beschäftigt sind, § 1 Abs. 2 Satz 2 Nr. 2 MuSchG

– Frauen, die als Freiwillige i.S.d. JFDG oder des BFDG tätig sind, § 1 Abs. 2 Satz 2 Nr. 4 MuSchG.

Keinen Anspruch haben Entwicklungshilferinnen, weil das Entwicklungshelfergesetz in § 8 Sonderregelungen enthält (§ 1 Abs. 2 Satz 2 Nr. 3 MuSchG). Für Frauen, die wegen ihrer wirtschaftlichen Selbstständigkeit als arbeitnehmerähnliche Personen anzusehen sind, findet § 18 MuSchG entsprechend § 1 Abs. 2 Satz 2 Nr. 7 MuSchG keine Anwendung, da Art und Umfang der finanziellen Absicherung der Entscheidung der selbstständig Tätigen vorbehalten ist (BT-Drucks. 18/8963 S. 89). Studentinnen und Schülerinnen sind vom Leistungsrecht gemäß § 1 Abs. 2 Satz 2 Nr. 8 MuSchG ebenfalls ausgeschlossen, sofern sie nicht zugleich in einem Beschäftigungsverhältnis stehen. Etwas anderes gilt, wenn sie als Werkstudentinnen Mitglied einer Krankenkasse sind, § 24i Abs. 1 Satz 2 SGB V. 9

II. Beschäftigungsverbot außerhalb der Schutzfrist

Der Anspruch auf Mutterschutzlohn setzt voraus, dass für die Arbeitnehmerin ein Beschäftigungsverbot gemäß § 2 Abs. 3 MuSchG gilt. Dazu gehören 10
- Ärztliche Beschäftigungsverbote, § 16 Abs. 1 BEEG
- Beschäftigungsverbote wegen unverantwortbarer Gefährdung, §§ 10 Abs. 3, 13 Abs. 1 Nr. 2 und Nr. 3 MuSchG, auch aufgrund Bestimmung der Aufsichtsbehörde nach § 29 Abs. 3 MuSchG
- Beschäftigungsverbote bei Mehrarbeit, Nachtarbeit, Sonn- und Feiertagsarbeit, §§ 4–6 MuSchG
- Beschäftigungsverbote für nicht voll leistungsfähige Arbeitnehmerinnen in den ersten Monaten nach der Entbindung, § 16 Abs. 2 MuSchG.

Für die kurzen Unterbrechungen der Arbeit nach § 9 Abs. 3 MuSchG ist kein Mutterschutzlohn zu zahlen, sondern Entgelt bei vorübergehender Verhinderung nach § 616 BGB. Die Vergütung von Stillzeiten und Zeiten zur Wahrnehmung von Untersuchungen ist in § 23 MuSchG eigenständig geregelt.

Ein Anspruch auf Mutterschutzlohn nach § 18 MuSchG besteht nur für Zeiten außerhalb der Schutzfristen vor und nach der Entbindung (§ 3 MuSchG). Während der Schutzfrist ist selbst dann kein Mutterschutzlohn zu zahlen, wenn zugleich ein individuelles oder generelles Beschäftigungsverbot besteht (Buchner/Becker, MuSchG/BEEG, 8. Aufl. 2008, § 11 MuSchG Rn. 13; HK-MuSchG/BEEG/Rancke, 5. Aufl. 2018, § 18 MuSchG Rn. 14). Hiermit wird der Anspruch auf Mutterschutzlohn vom Anspruch auf Mutterschaftsgeld (§ 19 MuSchG i.V.m. § 24i SSGB V) und Zuschuss zum Mutterschaftsgeld (§ 20 MuSchG) abgegrenzt. 11

Soweit die Arbeitnehmerin während der Schutzfristen des § 3 MuSchG auf eigenen Wunsch arbeitet (§ 3 Abs. 1 Abs. 4 MuSchG) kann kein Mutterschaftsgeld beansprucht werden; die Arbeitnehmerin erhält Vergütung für geleistete Arbeit. Dies gilt auch dann, wenn die Vergütung aufgrund von Beschäftigungsverboten reduziert ist. Die Arbeitnehmerin hat daneben keinen Anspruch auf Mutterschutzlohn nach § 18 MuSchG, sondern auf Zuschuss zum Mutterschaftsgeld. 12

Erklärt die Arbeitnehmerin zwar ihre Bereitschaft zur Arbeit während der Schutzfristen, kann diese aber wegen eines Beschäftigungsverbots nicht aufnehmen, bleibt es beim Vorrang des Beschäftigungsverbots aufgrund der Schutzfristen; in diesem Fall ist kein Mutterschutzlohn zu zahlen, sondern Mutterschaftsgeld zuzüglich Zuschuss zum Mutterschaftsgeld (HK-MuSchG/BEEG/Rancke, 5. Aufl. 2018, § 18 MuSchG Rn. 14).

III. Entgeltausfall oder Entgeltreduzierung

13 Der Anspruch auf Mutterschutzlohn und setzt voraus, dass die Arbeitnehmerin wegen des Beschäftigungsverbots ganz oder teilweise mit der Arbeit aussetzt oder die Beschäftigung oder Entlohnungsart wechselt (§ 18 Satz 1, 3 MuSchG). Der Arbeitgeber ist nur dann zur Leistung nach § 18 MuSchG verpflichtet, wenn die Frau sonst infolge eines Beschäftigungsverbots eine Minderung oder den völligen Wegfall des Arbeitsverdiensts erleiden würde.

14 Eine Entgeltreduzierung wegen des Beschäftigungsverbots tritt jedenfalls ein, wenn die Arbeitnehmerin überhaupt nicht arbeiten darf. In diesem Fall besteht kein Vergütungsanspruch, sondern der Anspruch auf Mutterschutzlohn.

15 Wird die Arbeitnehmerin wegen des Beschäftigungsverbots zu geänderten Arbeitsbedingungen beschäftigt und erzielt deshalb eine geringere Vergütung, ist die geschuldete Vergütung und Mutterschutzlohn als Differenzlohn zu zahlen. Folgende Sachverhalte sind praktisch relevant:

- Reduzierung der Arbeitszeit
- Wegfall von Mehrarbeit mit Mehrarbeitsvergütung und Mehrarbeitszuschlägen (§ 4 MuSchG)
- Veränderte Lage der Arbeitszeit und Wegfall von Nacht-, Sonntags- und Feiertagszuschlägen (§§ 5, 6 MuSchG)
- Beschäftigung im Zeitlohn statt Akkordlohn (§ 11 Abs. 6, 12 Abs. 5 MuSchG)
- Wegfall von Erschwerniszulagen wegen Zuweisung einer leichteren Arbeit (§ 11 Abs. 5 MuSchG)
- Umsetzungen auf einen geringer vergüteten ist schon Arbeitsplatz.

16 Erfolgt wegen des Beschäftigungsverbots eine Versetzung auf einen gleich dotierten Arbeitsplatz, ist die vertragliche Vergütung zu zahlen; eines Lohnersatzanspruches bedarf es nicht. Gleiches gilt für Zeiten, in denen während eines Beschäftigungsverbots Freizeitausgleich gewährt wird (LAG Schleswig-Holstein, Urteil vom 22. Oktober 2013 – 1 Sa 69/13 –). Während des Beschäftigungsverbots kann keine Urlaubserteilung durch Freistellung von der Arbeitspflicht erfolgen; der Urlaubsanspruch kann nicht erfüllt werden (vgl. BAG, Urteil vom 18.3.2014 – 9 AZR 669/12 –, Rdn. 16; Urteil vom 9.8.2016 – 9 AZR 575/17 –). Es besteht daher ein Anspruch auf Mutterschutzlohn.

IV. Kausalität

17 Nur eine solche Verdienstminderung ist vom Arbeitgeber durch Zahlung des Mutterschutzlohnes auszugleichen, die »**wegen**« eines Beschäftigungsverbots, d.h. in Beachtung und Befolgung eines solchen Verbots eingetreten ist. Die Vorschrift des

§ 18 MuSchG bedeutet also **keine allgemeine Einkommenssicherung** in dem Sinne, dass während Schwangerschaft und Mutterschaft überhaupt keine Einkommenseinbußen eintreten sollen. **Die Arbeitnehmerinnen sollen finanziell nur so gestellt werden, wie sie ohne Beschäftigungsverbot gestanden hätten. Einkommenseinbußen**, die **aus ganz anderen Gründen** rein zeitlich während der Schwangerschaft oder nach der Geburt eintreten und jede andere – nicht schwangere – Arbeitnehmerin genauso getroffen hätten, sollen **nicht abgesichert** werden.

Das Beschäftigungsverbot muss nach der Rechtsprechung des Bundesarbeitsgerichts und des Bundessozialgerichts die alleinige Ursache für das Aussetzen mit der Arbeit und die dadurch bedingte Entgeltreduzierung sein (BAG, Urteil vom 7. Oktober 2013 – 8 AZR 742/12 –; Urteil vom 13. Februar 2002 – 5 AZR 588/00 –; Urteil vom 9. Oktober 2002 – 5 AZR 443/01 –; BSG, Urteil vom 9. September 2000 – B 11 AL 77/98 R –). 18

1. Persönliche Gründe

An der erforderlichen ausschließlichen Kausalität kann es mangeln, wenn die Arbeitnehmerin aus persönlichen Gründen ohnehin nicht gearbeitet hätte. Folgende Fälle sind denkbar: 19
- Unentschuldigte Fehlzeiten; Arbeitsbummelei (vgl. BAG, Urteil vom 17. Juli 1970 – 3 AZR 423/69 –)
- Weigerung der Arbeitnehmerin, auf einem zumutbaren Ersatzarbeitsplatz tätig zu werden (BAG, Urteil vom 22. April 1998 – 5 AZR 478/97 –)
- Unbezahlter (Sonder-) Urlaub
- Gleitzeit
- Inanspruchnahme von Elternzeit nach §§ 15, 16 BEEG
- Fehlen einer erforderlichen öffentlich-rechtlichen Genehmigung, z.B. einer Arbeitserlaubnis (LAG Rheinland-Pfalz, Urteil vom 6.1.1999, BB 1999, 1662).

2. Betriebliche Gründe

An der erforderlichen ausschließlichen Kausalität kann es auch aus betrieblichen Gründen fehlen, wenn die Arbeitnehmerin auch ohne das Beschäftigungsverbot weniger gearbeitet und weniger verdient hätte als zuvor. Folgende Fälle sind hier denkbar: 20
- Tarifliche Arbeitszeitverkürzung oder Kurzarbeit
- Teilnahme an einem Streik oder Aussperrung durch den Arbeitgeber (BAG, Urteil vom 22.10.1986 – 5 AZR 550/85 –). Solange in einem bestreikten Betrieb die Arbeiten fortgeführt werden und die Arbeitnehmerin nicht zum Ausdruck gebracht hat, dass sie am Streik teilnehme, ist sehen als Arbeitsbereich anzusehen und erhält Mutterschutzlohn (LAG Berlin, Urteil vom 28.7.1992 – 11 Sa 114/90 –)
- Ausfall der Arbeit wegen Fernwirkungen eines Arbeitskampfs
- Sonstige Betriebsstörungen, für die der Arbeitgeber nach den Grundsätzen der Betriebsrisikolehre zur Entgeltzahlung verpflichtet ist (z.B. Inventur oder Abbrennen des Betriebs). In diesen Fällen bleibt es beim vollen Vergütungsanspruch gemäß § 615 BGB (BAG, Urteil vom 9.9.1971 – 3 AZR 261/70 –). Dass die Arbeitnehmerin zudem dem Beschäftigungsverbot unterliegt, wirkt sich nicht aus.

21 Die Arbeitnehmerin trägt das sog. **Wegerisiko.** Es besteht deshalb kein Anspruch auf Mutterschutzlohn, wenn sie nur deshalb nicht arbeiten kann, weil ihr der Arzt die **Fahrt zur Arbeitsstelle** wegen der Schwangerschaft verboten hat (BAG, Urteil vom 7.8.1970, – 3 AZR 484/69 –).

3. Arbeitsunfähigkeit

22 Der Kausalzusammenhang fehlt auch dann, wenn die Arbeitnehmerin wegen einer Erkrankung arbeitsunfähig ist und die Erkrankung in keinerlei Zusammenhang zur Schwangerschaft steht, sondern mit dieser nur zufällig zeitlich zusammenfällt. Die Arbeitnehmerin hat in einem solchen Fall Anspruch auf Entgeltfortzahlung nach § 3 EFZG. Ein Anspruch auf Mutterschutzlohn nach § 18 MuSchG ist ausgeschlossen. Wird die Arbeitnehmerin während des Bezugs von Mutterschutzlohn arbeitsunfähig krank, entfällt der Anspruch auf Mutterschutzlohn für die Dauer der Arbeitsunfähigkeit. Dies gilt auch dann, wenn die Arbeitnehmerin nach Ablauf des Entgeltfortzahlungszeitraums nur noch Anspruch auf das geringere Krankengeld nach §§ 44 ff. SGB V hat.

23 Problematisch ist die Feststellung eines Kausalzusammenhangs dann, wenn zwischen Arbeitsunfähigkeit und Schwangerschaft ein Zusammenhang besteht und die Schwangerschaft für die Arbeitsunfähigkeit zumindest mitursächlich ist. Gehen mit der Schwangerschaft außergewöhnliche Beschwerden einher, liegt eine Erkrankung vor mit der Folge, dass der Anspruch auf Entgeltfortzahlung auf die Dauer von sechs Wochen beschränkt ist. Derartige mit der Schwangerschaft zusammenhängende Erkrankungen, die zugleich eine Arbeitsunfähigkeit begründen, sind keine Seltenheit. Ist bei einer Fortsetzung der Tätigkeit aufgrund der Schwere der Erkrankung die Gesundheit der Mutter gefährdet, muss der Arzt eine Abgrenzung zwischen der Bescheinigung einer krankheitsbedingten Arbeitsunfähigkeit und dem ärztlichen Zeugnis eines individuellen Beschäftigungsverbots nach § 16 Abs. 1 MuSchG vornehmen. Nach der Rechtsprechung des Bundesarbeitsgerichts kann ein Beschäftigungsverbot nach § 16 Abs. 1 MuSchG nur ausgesprochen werden, wenn die Fortsetzung der Tätigkeit die alleinige Ursache für die Gesundheitsgefährdung ist. Andernfalls ist Arbeitsunfähigkeit zu bescheinigen (BAG, Urteil vom 13.2.2002 – 5 AZR 588/00 –; Urteil vom 9.10.2002 – 5 AZR 443/01 –; Urteil vom 17.10.2013 – 8 AZR 742/12 –). Danach sind folgende Fallgruppen zu unterscheiden:

24 – Physische und psychische Beschwerden einer **normal verlaufenden Schwangerschaft** sind nicht als Arbeitsunfähigkeit einzustufen (BAG, Urteil vom 14.11.1984 – 5 AZR 394/82 –). Liegt daneben eine krankheitsbedingte Arbeitsunfähigkeit vor, die zwar zeitlich mit der Schwangerschaft zusammenfällt, aber mit der Schwangerschaft in keinem medizinischen Zusammenhang steht, besteht nur Anspruch auf Entgeltfortzahlung nach § 3 EFZG und Krankengeld nach §§ 44 ff. SGB V.

25 – Physische und psychische Beschwerden einer **anormal verlaufenden Schwangerschaft** die zu einer Krankheit, aber noch keine Arbeitsunfähigkeit führen, rechtfertigen ein Beschäftigungsverbot nach § 16 Abs. 1 MuSchG, wenn Leben und Gesundheit der Arbeitnehmerin durch die Fortsetzung der Arbeitstätigkeit gefährdet sind. In diesem Fall besteht ein Anspruch auf Mutterschutzlohn nach § 18 MuSchG.

- Würden sich bei einer anormal verlaufenden Schwangerschaft die schwangerschaftsbedingten Beschwerden erst bei Fortsetzung der Arbeitstätigkeit zu einer Arbeitsunfähigkeit entwickeln, besteht nur ein Anspruch auf Entgeltfortzahlung nach § 3 EFZG und auf Krankengeld nach § 44 ff. SGB V, sofern Ursache für die mit Fortsetzung der Arbeitstätigkeit eintretende Gesundheitsgefährdung auch die Krankheit ist. Sofern jedoch ausschließlich die Schwangerschaft hierfür ursächlich ist, ist vom Arzt ein Beschäftigungsverbot zu erlassen mit der Folge, dass Anspruch auf Mutterschutzlohn nach § 18 MuSchG besteht. 26
- Liegen über das normale Maß hinausgehende schwangerschaftsbedingte Beschwerden vor (d.h. anormal verlaufende Schwangerschaft), die unabhängig von einer Fortsetzung der Tätigkeit bereits zu einer krankheitsbedingten Arbeitsunfähigkeit führen, besteht nur ein Anspruch auf Entgeltfortzahlung nach § 3 EFZG und auf Krankengeld nach § 44 ff. SGB V. 27

Dem Arzt steht bei der Beurteilung, ob Arbeitsunfähigkeit oder die Voraussetzungen eines Beschäftigungsverbots vorliegen, ein gewisser Beurteilungsspielraum zu. Zur Darlegungs- und Beweislast, wenn der Arbeitgeber ein ärztliches Beschäftigungsverbot nach § 16 MuSchG anzweifelt vgl. BAG, Urteil vom 13.2.2002 – 5 AZR 753/00 –. 28

C. Anspruchszeitraum

Der Anspruch auf Mutterschutzlohn nach § 18 MuSchG entsteht mit Eintritt des Beschäftigungsverbots bzw. bei Umsetzung auf einen Ersatzarbeitsplatz mit dem Arbeitsplatzwechsel. Er endet mit dem Wegfall des Beschäftigungsverbots, der vorzeitigen Beendigung der Schwangerschaft, dem Beginn der Schutzfrist vor der Entbindung oder mit Beendigung des Beschäftigungsverhältnisses i.S.d. § 1 Abs. 2 Satz 1 MuSchG. 29

D. Anspruchsumfang

Der Arbeitgeber hat während des Beschäftigungsverbots mindestens den Durchschnittsverdienst der letzten drei abgerechneten Kalendermonate vor Eintritt der Schwangerschaft zu zahlen (Referenz- oder Bezugsmethode, BAG 28.6.1963 NJW 1963, 2142). Da aber jeder wirtschaftliche Anreiz für die Ausführung verbotswidriger Arbeiten vermieden werden soll, ist der Durchschnittsverdienst in § 21 MuSchG konkretisiert. Die Berechnungsvorgaben in § 21 MuSchG schließen es aus, dass schwangerschaftsbedingte Fehlzeiten oder Leistungsminderungen sich nachteilig auf die Höhe des Leistungsanspruchs auswirken. 30

§ 19 MuSchG Mutterschaftsgeld

(1) Eine Frau, die Mitglied einer gesetzlichen Krankenkasse ist, erhält für die Zeit der Schutzfristen vor und nach der Entbindung sowie für den Entbindungstag Mutterschaftsgeld nach den Vorschriften des Fünften Buches Sozialgesetzbuch oder nach den Vorschriften des Zweiten Gesetzes über die Krankenversicherung der Landwirte.

(2) [1]Eine Frau, die nicht Mitglied einer gesetzlichen Krankenkasse ist, erhält für die Zeit der Schutzfristen vor und nach der Entbindung sowie für den Entbindungstag Mutterschaftsgeld zu Lasten des Bundes in entsprechender Anwendung der Vorschriften des Fünften Buches Sozialgesetzbuch über das Mutterschaftsgeld, jedoch insgesamt höchstens 210 Euro. [2]Das Mutterschaftsgeld wird dieser Frau auf Antrag vom Bundesamt für soziale Sicherung gezahlt. [3]Endet das Beschäftigungsverhältnis nach Maßgabe von § 17 Absatz 2 durch eine Kündigung, erhält die Frau Mutterschaftsgeld in entsprechender Anwendung der Sätze 1 und 2 für die Zeit nach dem Ende des Beschäftigungsverhältnisses.

Übersicht Rdn.

1. Entwicklung und Normzweck

§ 19 ist durch das Gesetz zum Schutz von Müttern bei der Arbeit, in der Ausbildung 1
und im Studium, vom Bundestag mit Zustimmung des Bundesrates beschlossen als

Art. 1 des Gesetzes zur Neuregelung des Mutterschutzrechts vom 23.5.2017 (BGBl. I S. 1228) gemäß Art. 10 Abs. 1 Satz 1 dieses Gesetzes am 1.1.2018 in Kraft getreten. Im Zuge der Reform des Opferentschädigungsgesetzes und der damit einhergehenden Neuorganisation der Verwaltungsstrukturen durch Gesetz vom 19.12.2019 (BGBl. I S. 2652) hat m.W.v. 1.1.2020 in Abs. 2 S. 2 das Bundesamt für soziale Sicherung (BAS) das Bundesverwaltungsamt (BVA) abgelöst. Die Regelung übernimmt im Übrigen den Regelungsgehalt des bisherigen § 13 MuSchG, der wie folgt lautete:

§ 13 Mutterschaftsgeld

(1) Frauen, die Mitglied einer gesetzlichen Krankenkasse sind, erhalten für die Zeit der Schutzfristen des § 3 Abs. 2 und des § 6 Abs. 1 sowie für den Entbindungstag Mutterschaftsgeld nach den Vorschriften des Fünften Buches Sozialgesetzbuch oder des Zweiten Gesetzes über die Krankenversicherung der Landwirte über das Mutterschaftsgeld.

(2) Frauen, die nicht Mitglied einer Krankenkasse sind, erhalten, wenn sie bei Beginn der Schutzfrist nach § 3 Abs. 2 in einem Arbeitsverhältnis stehen oder in Heimarbeit beschäftigt sind, für die Zeit der Schutzfristen des § 3 Abs. 2 und des § 6 Abs. 1 sowie für den Entbindungstag Mutterschaftsgeld zu Lasten des Bundes in entsprechender Anwendung der Vorschriften des Fünften Buches Sozialgesetzbuch über das Mutterschaftsgeld, höchstens jedoch insgesamt 210 Euro. Das Mutterschaftsgeld wird diesen Frauen auf Antrag vom Bundesversicherungsamt gezahlt. Die Sätze 1 und 2 gelten für Frauen entsprechend, deren Arbeitsverhältnis während ihrer Schwangerschaft oder der Schutzfrist des § 6 Abs. 1 nach Maßgabe von § 9 Abs. 3 aufgelöst worden ist.

(3) Frauen, die während der Schutzfristen des § 3 Abs. 2 oder des § 6 Abs. 1 von einem Beamten- in ein Arbeitsverhältnis wechseln, erhalten von diesem Zeitpunkt an Mutterschaftsgeld entsprechend den Absätze 1 und 2.

Die Regelung des § 13 Absatz 3, wonach Frauen, die während der Schutzfristen vor oder nach der Entbindung von einem Beamten- in ein Arbeitsverhältnis wechseln, von diesem Zeitpunkt an Mutterschaftsgeld erhalten, konnte entfallen. Wie sich aus dem bisherigen § 24i Absatz 2 Satz 5 SGB V (ab 1.1.2018 § 24i Absatz 3 Satz 6 SGB V ab 1.6.2025 § 24i Abs. 3 Satz 3 SGB V) ergibt, wird das Mutterschaftsgeld für Mitglieder, deren Arbeitsverhältnis während der Mutterschutzfristen vor oder nach der Entbindung beginnt, von Beginn des Arbeitsverhältnisses an gezahlt. Dies gilt auch im Fall eines Wechsels von einem Beamten- in ein Arbeitsverhältnis, sodass der bisherige § 13 Absatz 3 MuSchG nur deklaratorische Bedeutung hatte. Durch den Wegfall der Voraussetzung, dass für Nichtmitglieder einer gesetzlichen Krankenkasse Mutterschaftsgeld nur gezahlt wird, wenn die Frau bei Beginn der Schutzfrist vor der Entbindung in einem Arbeitsverhältnis steht, entfällt die Bedeutung des bisher im § 13 Absatz 3 MuSchG enthaltenen Regelungsgehalts auch im Hinblick auf die Regelung zum Mutterschaftsgeld für Nichtmitglieder einer gesetzlichen Krankenkasse (vgl. BT-Drucks. 18/8963 S. 89). § 24i SGB V lautet i.d.F. durch das Gesetz zur Neuregelung des Mutterschutzrechts (a.a.O.) nunmehr:

§ 24i SGB V Mutterschaftsgeld

(1) Weibliche Mitglieder, die bei Arbeitsunfähigkeit Anspruch auf Krankengeld haben oder denen wegen der Schutzfristen nach § 3 des Mutterschutzgesetzes kein Arbeitsentgelt gezahlt wird, erhalten Mutterschaftsgeld. Mutterschaftsgeld erhalten auch Frauen, deren Arbeitsverhältnis unmittelbar vor Beginn der Schutzfrist nach § 3 Absatz 1 des Mutterschutzgesetzes endet, wenn sie am letzten Tag des Arbeitsverhältnisses Mitglied einer Krankenkasse waren.

(2) Für Mitglieder, die bei Beginn der Schutzfrist vor der Entbindung nach § 3 Absatz 1 des Mutterschutzgesetzes in einem Arbeitsverhältnis stehen oder in Heimarbeit beschäftigt sind oder deren Arbeitsverhältnis nach Maßgabe von § 17 Absatz 2 des Mutterschutzgesetzes gekündigt worden ist, wird als Mutterschaftsgeld das um die gesetzlichen Abzüge verminderte durchschnittliche kalendertägliche Arbeitsentgelt der letzten drei abgerechneten Kalendermonate vor Beginn der Schutzfrist nach § 3 Absatz 1 des Mutterschutzgesetzes gezahlt. Es beträgt höchstens 13 Euro für den Kalendertag. Für die Ermittlung des durchschnittlichen kalendertäglichen Arbeitsentgelts gilt § 21 des Mutterschutzgesetzes entsprechend. Übersteigt das durchschnittliche Arbeitsentgelt 13 Euro kalendertäglich, wird der übersteigende Betrag vom Arbeitgeber oder von der für die Zahlung des Mutterschaftsgeldes zuständigen Stelle nach den Vorschriften des Mutterschutzgesetzes gezahlt. Für Frauen nach Absatz 1 Satz 2 sowie für andere Mitglieder wird das Mutterschaftsgeld in Höhe des Krankengeldes gezahlt.

(3) Das Mutterschaftsgeld wird für die letzten sechs Wochen vor dem voraussichtlichen Tag der Entbindung, den Entbindungstag und für die ersten acht Wochen nach der Entbindung gezahlt. Bei Früh- und Mehrlingsgeburten sowie in Fällen, in denen vor Ablauf von acht Wochen nach der Entbindung bei dem Kind eine Behinderung im Sinne von § 2 Absatz 1 Satz 1 des Neunten Buches ärztlich festgestellt und ein Antrag nach § 3 Absatz 2 Satz 4 des Mutterschutzgesetzes gestellt wird, verlängert sich der Zeitraum der Zahlung des Mutterschaftsgeldes nach Satz 1 auf die ersten zwölf Wochen nach der Entbindung. Wird bei Frühgeburten und sonstigen vorzeitigen Entbindungen der Zeitraum von sechs Wochen vor dem voraussichtlichen Tag der Entbindung verkürzt, so verlängert sich die Bezugsdauer um den Zeitraum, der vor der Entbindung nicht in Anspruch genommen werden konnte. Für die Zahlung des Mutterschaftsgeldes vor der Entbindung ist das Zeugnis eines Arztes oder einer Hebamme maßgebend, in dem der voraussichtliche Tag der Entbindung angegeben ist. Bei Entbindungen nach dem voraussichtlichen Tag der Entbindung verlängert sich die Bezugsdauer bis zum Tag der Entbindung entsprechend. Für Mitglieder, deren Arbeitsverhältnis während der Schutzfristen nach § 3 des Mutterschutzgesetzes beginnt, wird das Mutterschaftsgeld von Beginn des Arbeitsverhältnisses an gezahlt.

(4) Der Anspruch auf Mutterschaftsgeld ruht, soweit und solange das Mitglied beitragspflichtiges Arbeitsentgelt, Arbeitseinkommen oder Urlaubsabgeltung erhält. Dies gilt nicht für einmalig gezahltes Arbeitsentgelt.

§ 24i Abs. 3 SGB V ist durch die Neureglung der Mutterschutzfristen in § 3 durch das Mutterschutzanpassungsgesetz vom 24.2.2025 (BGBl. I Nr. 59) neugefasst und lautet ab 1.6.2025 wie folgt:

(3) Das Mutterschaftsgeld wird für die Zeit der Schutzfrist nach § 3 des Mutterschutzgesetzes sowie für den Entbindungstag gezahlt. Für die Zahlung des Mutterschaftsgeldes vor der Entbindung ist das Zeugnis eines Arztes oder einer Hebamme maßgebend, in dem der voraussichtliche Tag der Entbindung angegeben ist. Für Mitglieder, deren Arbeitsverhältnis während der Schutzfristen nach § 3 des Mutterschutzgesetzes beginnt, wird das Mutterschaftsgeld von Beginn des Arbeitsverhältnisses an gezahlt.

2 Die Leistung des Mutterschaftsgeldes geht wesentlich zurück auf § 13 MuSchG von 1952. Durch das Gesetz über die Krankenversicherung der Landwirte – KVLG – vom 10.8.1972 wurde die Krankenversicherung für den in §§ 2, 3, 4 KVLG genannten Personenkreis eingeführt (§§ 22 bis 31 KVLG). Leistungen im Fall der Mutterschaft sind jetzt in § 14 Zweites Gesetz über die Krankenversicherung der Landwirte (KVLG 1989); diese Vorschrift verweist auf § 24i SGB V. Die nachfolgenden Erläuterungen gelten daher ebenfalls für die entsprechenden Leistungen nach dem KVLG 1989. Dies gilt auch für die Zeit nach Inkrafttreten des Gesetzes zur Neuregelung des Mutterschutzrechts (a.a.O.). Wo Besonderheiten bestehen, werden diese kenntlich gemacht.

Im Einzelnen ist zur historischen Entwicklung der Regelung anzumerken, dass § 13 MuSchG wegen Voraussetzungen und Höhe des Mutterschaftsgeldes ursprünglich auf Vorschriften der RVO und des KVLG verwies. Die Bestimmungen dieser Gesetze waren auch maßgeblich für die Frage, ob Frauen in der gesetzlichen Krankenversicherung versichert waren oder nicht. Die übereinstimmenden Gesetzes-Entwürfe der Fraktionen der CDU/CSU und FDP (BT-Drucks. 11/2237) und der Bundesregierung (BT-Drucks. 11/2493) zur Strukturreform im Gesundheitswesen sahen vor, sowohl die Vorschriften der RVO über Mutterschaftsgeld und Mutterschaftshilfe wie die über die Versicherungspflicht und -berechtigung unter teilweiser Neugestaltung in ein SGB V aufzunehmen. Nach dem im wesentlichen Umfang am 1.1.1989 in Kraft getretenen GRG vom 20.12.1988 (BGBl. I S. 2477) sind die Vorschriften über den versicherten Personenkreis und andere damit zusammenhängende Fragen (Beginn und Ende der Mitgliedschaft, Beiträge) im SGB V – zum Teil neu – geregelt worden. Die Leistungen bei Schwangerschaft und Mutterschaft waren zunächst weiterhin in §§ 195 bis 200 RVO niedergelegt; allerdings erfolgten eine Reihe von materiellen Änderungen (Art. 5 Nr. 4 GRG). Dabei ist es trotz der im Übrigen für den Schwangerschaftsabbruch und damit zusammenhängenden Fragen beabsichtigten Neuregelung durch das Schwangeren- und Familienhilfegesetz vom 27.7.1992 (BGBl. I S. 1398) geblieben. Hieran hat auch das Schwangeren- und Familienhilfeänderungsgesetz vom 21.8.1995 (BGBl. I S. 1050) nichts geändert. Entsprechendes gilt für die entsprechenden Leistungen nach §§ 22 bis 31 KVLG (Art. 6 Nr. 3 GRG). Mit dem GRG ist auch § 13 MuSchG in geringem Umfange geändert worden; dabei handelt es sich jedoch nur um eine redaktionelle Folgeänderung (Mitglied einer Krankenkasse) und eine Klarstellung (Mutterschaftsgeld für den Entbindungstag). Das Pflege-Neuausrichtungs-Gesetz vom 23.10.2012 (BGBl. I S 2246) hat die in der Vergangenheit wiederholt in Angriff genommene Eingliederung der Leistungen bei Schwangerschaft und Mutterschaft in das SGB V vollzogen (§§ 24c ff. SGB V; BT-Drucks. 17/9369; BT-Drucks. 17/10157, 17/10170, S. 24 ff.) und damit die bisherige Regelung der §§ 195 bis 200b RVO abgelöst.

§ 13 MuSchG regelte nach seiner Überschrift die Gewährung des Mutterschaftsgeldes. Diese Leistung entspricht ihrem Wesen und Zweck nach dem Wochengeld, wie es früher in § 13 MuSchG 52 vorgesehen war. Das Inkrafttreten der neuen, schon im ÄndG geschaffenen Bestimmung war durch das HaushaltssicherungsG und das FinanzplanungsG hinausgeschoben worden, weil der Bund nach der Haushaltslage die durch das Mutterschaftsgeld entstehenden Belastungen nicht übernehmen konnte. Das Finanzänderungsgesetz 1967 hat den ungewöhnlichen Zustand, dass das Inkrafttreten eines vom Bundestag verabschiedeten Gesetzes in wesentlichen Teilen immer wieder hinausgeschoben wurde, beendet (vgl. BT-Drucks. V/2341, S. 4).

In den neuen Bundesländern ist das MuSchG ab 1.1.1991 in Kraft gesetzt worden und galt für Geburten nach dem 1.1.1991. Ebenfalls am 1.1.1991 sind in den neuen Bundesländern die Vorschriften des Zweiten Buches der RVO, also die hier einschlägigen §§ 200 und 200b in Kraft getreten (Anh. I zu Art. 8 Einigungsvertrag vom 31.8.1990, Kapitel VIII Sachgebiet G Abschnitt II Nr. 4, BGBl. II S. 1055).

Bei der Neuregelung des MuSchG war die **Leistungspflicht des Bundes** beträchtlich 3
eingeschränkt worden, und zwar zulasten der Krankenkassen und der Arbeitgeber. Der Bund trug für Frauen, die der Krankenversicherung angehören, nur noch 400 DM für jeden Leistungsfall, allerdings auch dann, wenn Mutterschaftsgeld nach § 200 Abs. 2 Satz 6 RVO a.F. zu gewähren war (vgl. dazu unten Rdn. 124 ff.). Diese Beteiligung des Bundes ist entfallen; § 200a RVO ist durch Art. 2 des Zweiten Gesetzes zur Umsetzung des Spar-, Konsolidierungs- und Wachstumsprogramms vom 21.12.1993 (BGBl. I S. 2374) mit Wirkung vom 1.1.1994 gestrichen worden.

Bei Frauen, die nicht der Krankenversicherung angehören, trägt der Bund die Kosten des Mutterschaftsgeldes in vollem Umfange. Die Leistungen für diese Frauen sind jedoch auf insgesamt 400 DM, seit 1.1.2002 auf 210 Euro beschränkt worden. Die Beschränkung ist mit Wirkung vom 1.1.1982 durch Anfügung des letzten Halbsatzes in Absatz 2 Satz 1 durch das Kostendämpfungs-Ergänzungsgesetz vom 22.12.1981 (BGBl. I S. 1578) erfolgt. Begründet wurde die Neuregelung damals damit, dass der Bund auch für versicherte Frauen den Kassen nur 400 DM erstatte. Dazu mit Recht kritisch Buchner (NJW 1982, 800), der bemerkt, dass unter dem Verfassungsgebot des Art. 6 Abs. 4 GG die Verhältnisse geradezu auf den Kopf gestellt werden. Im Ergebnis entzieht der Staat den nichtversicherten Frauen den Schutz der Gemeinschaft in dem Umfang, indem er sie unversorgt lässt. Besonders unverständlich wird die Neuregelung, wenn man in Betracht zieht, dass bis zum 31.12.1985 während des Mutterschaftsurlaubs die nichtversicherten Frauen weiterhin Mutterschaftsgeld in gleicher Höhe erhielten wie die versicherten Frauen. Während der Beschäftigungsverbote vor und nach der Entbindung sind die Frauen sicher schutzbedürftiger. Dies kann mit Buchner (NJW 1982, 800) als eine weitere, neben die unverständliche Intensität des Kündigungsschutzes (§ 9, § 18 BErzGG) tretende Ungereimtheit bezeichnet werden.

Das **BSG** hat seinerzeit entschieden, dass die Festlegung des Mutterschaftsgeldes auf 400,– DM nicht verfassungswidrig ist (vgl. BSG vom 24.11.1983 – 3 RK 41/82 = USK, 83152 –; BSG vom 15.11.1984 – 3 RK 51/83 = SozR 7830 § 13 Nr. 7 –; BSG vom 29.1.1985 – 8 RK 44/83 = USK 8505; BSG vom 12.3.1985 – 3 RK 55/84 = USK 8516). Es sei systemgerecht, den nichtversicherten Frauen nur den Teil der Leistungen zukommen zu lassen, den der Bund in Höhe von 400,– DM den Kassen für versicherte Frauen gem. § 200d Abs. 1 RVO, danach (bis zu seinem Außerkrafttreten) gemäß § 200a RVO erstatte; ebenso erhielten diese nichtversicherten Frauen den Zuschuss vom Arbeitgeber. Versagt würde ihnen nur der Anteil, der bei versicherten Frauen aus den Beiträgen der Versichertengemeinschaft bestritten werde und bei nichtversicherten Frauen zusätzlich vom Bund aus dem allgemeinen Steueraufkommen zu tragen wäre. Die Lastenverteilung, bei der sich der Bund auf einen Anteil von 400,– DM beschränkt habe, sei nicht nach Art. 3 GG zu beanstanden. Die Neuregelung verstoße daher weder gegen diese Bestimmung noch gegen Art. 6 Abs. 4 GG. Dieser Entscheidung ist beizupflichten, wenn man die Prämisse für richtig hält, Art. 6 Abs. 4 GG gestatte dem Gesetzgeber, zu bestimmen, ob, in welchem Umfange und durch wen (Staat, Krankenkasse, Arbeitgeber) die durch zwingende Schutzfristen entstehenden Einkommenseinbußen ausgeglichen werden (vgl. insoweit auch § 20 Rdn. 1). Das **BVerfG** (vgl. BVerfG vom 16.11.1984 – 1 BvR 142/84 = SozR 7830 § 13 Nr. 6) hat eine gegen das Urteil des BSG vom 24.11.1983 – 3 RK 41/82 = USK 83152 eingelegte Verfassungsbeschwerde nicht zur Entscheidung angenommen. Vgl. zur Verfassungsmäßigkeit von § 13 Abs. 2 MuSchG noch Hambüchen, SGB 1985, 272.

Die Arbeitgeber sind in beiden Fällen an der Aufbringung der Lasten beteiligt, weil sie sowohl bei versicherten als auch bei nichtversicherten Frauen einen Zuschuss zwischen einem kalendertäglichen Mutterschaftsgeld in Höhe von 25,– DM (seit 1.1.2002 von 13 Euro) und einem etwa höher liegenden kalendertäglichen Nettoarbeitsentgelt zu leisten haben (vgl. § 20 und die Erläuterungen dazu). Soweit die laufenden Leistungen an nichtversicherte Frauen nach Zahlung von 400,– DM (seit 1.1.2002 von 210 Euro) enden, läuft der Zuschuss des Arbeitgebers trotzdem weiter. Dies war durch eine Änderung des § 14 MuSchG sichergestellt worden. Damit wird die Besserstellung, die den Arbeitgebern durch den Wegfall der Verpflichtung zur Fortzahlung des Arbeitsentgelts an nicht pflichtversicherte Frauen (§ 12 MuSchG 1952) zukommen sollte, in gewissem Umfange wieder beseitigt. Zur Frage, ob dies **verfassungsrechtlichen Bedenken** begegnet, vgl. § 20 Rdn. 2.

Durch das Gesetz zur Einführung eines Mutterschaftsurlaubs vom 25.6.1979 (BGBl. I S. 797) war mit Wirkung vom 1.7.1979 an die Fortzahlung des Mutterschaftsgeldes für die Zeit bestimmt, in der die Mutter nach Ablauf der Schutzfristen des § 6 Abs. 1 MuSchG von der Arbeitsleistung befreit war (**Mutterschaftsurlaub**). Voraussetzungen und Dauer des Mutterschaftsurlaubs waren in § 8a MuSchG geregelt. Die wirtschaftliche Sicherung während des Mutterschaftsurlaubs erfolgte dadurch, dass das Mutterschaftsgeld weitergezahlt wurde. Die Lohnfortzahlung war allerdings begrenzt auf das Mutterschaftsgeld mit seinem Höchstbetrag von 25,– DM netto kalendertäglich; eine Zuschusspflicht des Arbeitgebers war nicht vorgesehen. Ab 1.1.1984 war die Leistung auf 17,– DM je Kalendertag herabgesetzt. Hiergegen bestanden auch insoweit keine verfassungsrechtlichen Bedenken als diese Herabsetzung auch laufende Leistungsfälle betraf, bei denen die Schutzfrist also schon vor dem 1. Januar 1984 begonnen hatte (vgl. **BSG** vom 10.3.1987 – 3 RK 3/86 = SozR 2200 § 200 Nr. 12).

Durch das BErzGG vom 6.12.1985 (BGBl. I S. 2154) ist der Mutterschaftsurlaub beseitigt und an seine Stelle ein **Erziehungsurlaub** gesetzt worden. Dieser wurde wirtschaftlich abgesichert durch ein **Erziehungsgeld**, das ursprünglich monatlich grundsätzlich 600,– DM, seit 1.1.2002 307 Euro betrug. Folge der Einführung des Erziehungsurlaubs war, dass die Bestimmungen über das während des Mutterschaftsurlaubs zu zahlende Mutterschaftsgeld aufgehoben werden konnten (§ 13 Abs. 1 teilweise, § 13 Abs. 3 MuSchG, § 200 Abs. 4, § 200a Abs. 2 und 3, § 200d Abs. 3 RVO; vgl. § 38 Nr. 1 und 2, § 22 Nr. 2 BErzGG in der ursprünglichen Fassung). Seit der Ablösung des BErzGG durch das BEEG zum 1.1.2007 ist der Erziehungsurlaub durch **Elternzeit** abgelöst, abgesichert durch **Elterngeld**, das maximal 67 % des durchschnittlich erzielten monatlichen Einkommens aus Erwerbstätigkeit (maximal 1800 Euro) beträgt (§ 2 BEEG). Wegen der Elternzeit vgl. die Erläuterungen zu §§ 15–21 BEEG im Anschluss an die Kommentierung des MuSchG.

Durch das Zweite Gesetz zur Änderung des Mutterschutzrechts vom 16.6.2002 (BGBl. I S. 1812) wurde sowohl § 13 MuSchG wie auch § 200 RVO in einigen Punkten geändert und insbesondere die Regelung in Abs. 3 eingeführt. Wesentlich ist dabei zum einen, dass ein Anspruch auf das Mutterschaftsgeld auch dann besteht, wenn ein Arbeitsverhältnis erst nach Beginn der Schutzfrist begründet wurde (dazu Näheres bei Rdn. 34); ferner ist die Bezugsdauer für das Mutterschaftsgeld verlängert worden, wenn die Geburt vor dem mutmaßlichen Entbindungstermin erfolgt ist (vgl. dazu weiter bei Rdn. 88). Die Neuregelungen sind am 20.6.2002 in Kraft getreten. Mit demselben Datum ist die geltende Neufassung des Mutterschutzgesetzes bekannt gemacht worden (BGBl. I S. 2319).

Das **Mutterschaftsgeld**, das nach § 24i SGB V und § 19 Abs. 2 an versicherte und 4
nichtversicherte Frauen als laufende Leistung in Höhe ihres durchschnittlichen Arbeitsentgelts gewährt wird, dient dem **Zweck**, den in einem Arbeits- oder Heimarbeitsverhältnis stehenden Frauen den **Lohnausfall** zu **ersetzen**, den sie durch die Beschäftigungsverbote vor und nach der Niederkunft sonst erleiden würden (ebenso BSG vom 20.3.1984 – 7 RAr 40/83 = SozR 4100 § 113 Nr. 3 m.w.N.). Für nichtversicherte Frauen gilt dies nur noch eingeschränkt. Soweit Mutterschaftsgeld auch an Frauen gezahlt wird, deren Arbeitsverhältnis während der Schwangerschaft vom Arbeitgeber zulässig aufgelöst worden ist, stellt die Leistung einen Ausgleich für die Herausnahme dieser Frauen aus dem allgemeinen Kündigungsschutz durch die wirtschaftliche Sicherstellung für die Dauer der bei ihnen an sich nicht zum Tragen kommenden Schutzfristen vor und nach der Entbindung dar.

2. Personenkreis und Bedeutung des § 19 Abs. 1

a) Kreis der als Mitglied versicherten Frauen

5 Abs. 1 erfasst die Frauen, die Mitglied einer Krankenkasse sind. Die Regelung übernimmt § 13 Abs. 1 MuSchG (vgl BT-Drucks. 18/8963 S. 89). Im Gegensatz zu § 13 MuSchG 1952 bezieht sich die Vorschrift nicht nur auf die **pflichtversicherten Frauen** einschließlich der **Formalmitglieder** (§ 5 SGB V), sondern auch die Frauen, die der Krankenversicherung als **freiwillige Mitglieder** (§ 9 SGB V) angehören. Die **Familienversicherung** nach § 10 SGB V führt bei den Familienangehörigen **nicht** zu einer Mitgliedschaft, obgleich den Familienangehörigen ein eigener Rechtsanspruch auf die Kassenleistungen zusteht (ebenso Heinze, Gesamtkommentar, Band 3, § 10 Anm. 3). Zu den Voraussetzungen für eine Familienversicherung vgl. BSG vom 25.8.2004 – B 12 KR 36/03 R = USK 2004–20).

In den neuen Bundesländern gilt das SGB V – gemäß den Übergangsregelungen der §§ 308 ff., die durch Anl. I zu Art. 8 Einigungsvertrag vom 31.8.1990, Kapitel VIII Sachgebiet G Abschnitt II Nr. 1 (BGBl. II S. 1048) in das Sozialgesetzbuch eingefügt worden sind. Hinsichtlich Besonderheiten bei der Versicherungspflicht vgl. Rdn. 14.

Eine Versicherung in der gesetzlichen Krankenversicherung auf einer der vorgenannnten Grundlagen liegt vor, wenn die Frau **Mitglied einer Orts-, Betriebs- oder Innungskrankenkasse** (§§ 143 ff., 147 ff., 157 ff. SGB V), einer **Ersatzkasse** (§§ 168 ff. SGB V), einer **Landwirtschaftlichen Krankenkasse** (§ 166 SGB V, §§ 2, 3, 6, 17 KVLG 1989) oder der **Deutschen Rentenversicherung Knappschaft-Bahn-See** (§ 167 SGB V) ist.

Nach § 14 KVLG 1989 sind die dem § 24i Abs. 2 Satz 1 SGB V entsprechenden Leistungen nur für versicherungspflichtig mitarbeitende Familienangehörige, die rentenversicherungspflichtig sind, und für sonstige Mitglieder, vorgesehen. Dazu gehören z.B. mitarbeitende Familienangehörige, die das 15. Lebensjahr vollendet haben oder als Auszubildende beschäftigt sind (vgl. § 2 Abs. 1 Nr. 3 KVLG 1989).

6 Dabei ist zu beachten, dass Mutterschaftsgeld bei einem als fortbestehend geltenden Versicherungsverhältnis nach Maßgabe des § 192 SGB V erhalten bleibt. Nach § 192 Abs. 2 SGB V bleibt **während der Schwangerschaft** die **Mitgliedschaft** pflichtversicherter Frauen **erhalten**, wenn das **Arbeitsverhältnis** vom Arbeitgeber zulässig **aufgelöst** oder die Frau unter Wegfall des Arbeitsentgelts **beurlaubt** worden ist, sofern nicht eine Mitgliedschaft nach anderen Vorschriften besteht. Durch diese gesetzliche Neuregelung hat die Rechtsprechung des BSG und die jetzige gesetzliche Regelung des § 192 Abs. 1 Nr. 1 SGB V (früher § 311 Satz 1 Nr. 1 RVO) zu der Frage, ob und inwieweit **unbezahlte Beurlaubungen** das sozialversicherungsrechtliche Beschäftigungsverhältnis beenden, nur noch insoweit Bedeutung, wie die Beurlaubung einen **Zeitraum** von jetzt einem Monat nicht überschreitet. In diesem Fall nämlich bleibt das Versicherungsverhältnis aufgrund der Beschäftigung bestehen (vgl. **BSG** vom 13.2.1964 – 3 RK 94/59 = BSGE 20, 154 = SozR Nr. 43 zu § 165 RVO = SozR Nr. 17 zu § 161 SGG), sodass § 192 Abs. 2 SGB V nicht zum Zuge kommt (vgl. § 7 Abs. 3 SGB IV). Die Vorschrift gilt also nur, wenn die Beurlaubung die Monatsfrist überschreitet (ebenso zum früheren Recht Töns, § 200 Anm. D II 3). § 192 Abs. 2 SGB V findet keine Anwendung,

wenn die Arbeitnehmerin an einem Streik teilnimmt. In diesem Fall bleibt nach § 192 Abs. 1 Nr. 1 die Mitgliedschaft bis zur Beendigung des **Arbeitskampfes** erhalten, wenn dieser **rechtmäßig** ist. Erfasst ist also auch die **Aussperrung**, wenn diese rechtmäßig ist. Bei rechtswidriger Aussperrung bleibt der Anspruch auf Entgelt und damit auch die Mitgliedschaft nach allgemeinen Regeln bestehen. Die für den Arbeitskampf in § 192 SGB V getroffene Neuregelung stellt eine Verbesserung dar. Nach § 311 RVO endete das Versicherungsverhältnis nach drei Wochen (vgl. BSG vom 15.12.1971 – 3 RK 87/68 = BSGE 33, 254–256 = SozR Nr. 67 zu § 165 RVO = AP Nr. 46 zu Art. 9 GG Arbeitskampf). Die Frage, ob die Frau nur nach § 192 Abs. 2 SGB V Mitglied der Kasse bleibt, ist insofern von Bedeutung, als die Mitglieder nach § 192 Abs. 2 SGB V den Beitrag nach den Bestimmungen der Satzung (§ 226 Abs. 3 SGB V) allein zu tragen haben (§ 250 Abs. 2 SGB V).

Weitere Fälle, in denen die **Mitgliedschaft fortbesteht**, sind in § 192 Abs. 1 Nr. 2, 7
Nr. 2a, 3 und 4 SGB V geregelt. Danach bleibt die Mitgliedschaft insbesondere erhalten, solange Anspruch auf Krankengeld oder **Mutterschaftsgeld** besteht oder eine dieser Leistungen bezogen wird oder nach gesetzlichen Vorschriften **Erziehungs- oder Elterngeld** bezogen oder Elternzeit in Anspruch genommen wird. Zu einer Kette nahtloser Erhaltungstatbestände nach § 192 Abs. 1 SGB V vgl. LSG Niedersachsen-Bremen vom 17.12.2019 – L 16 KR 191/18 mit Anm. Filges NZS 2020, 273. Die neuere Rechtsprechung des BSG geht dabei davon aus, das § 192 SGB V den ursprünglichen Versicherungsstatus aufrechterhält, und zwar auch im Sinne einer Mitgliedschaft mit Anspruch auf Krankengeld (BSG vom 2.11.2007 – B 1 KR 38/06 R). Insoweit ist die frühere Rechtsprechung des BSG überholt: Nach BSG vom 8.8.1995 – 1 RK 21/94 (= SozR 3–2200 § 200 Nr. 4) hat eine Versicherte, die während des Bezugs von **Erziehungsgeld** ein weiteres Kind erwartet, **keinen Anspruch** auf **Mutterschaftsgeld**, wenn sie mehrere Monate vorher ihr bis dahin ruhendes Arbeitsverhältnis gekündigt hat, weil die nach § 192 Abs. 1 Nr. 2 SGB V fortgesetzte Mitgliedschaft keinen Anspruch auf Krankengeld umfasst, wie es § 200 Abs. 1 2. Alt. RVO (jetzt § 24i Abs. 1 2. Alt. SGB V) verlangt.

In den Fällen des § 192 Abs. 1 Nr. 2 SGB V endet die Zugehörigkeit zur Krankenversicherung auch dann nicht, wenn die Frau **während des Bestehens des Anspruchs auf Mutterschaftsgeld** sonst wegen Beendigung des Arbeitsverhältnisses aus einem nicht nach § 192 Abs. 2 SGB V zu beurteilenden Grunde oder wegen Überschreitens der Versicherungspflichtgrenze **aus der** Krankenversicherung ausscheiden **würde.** Das folgt aus dem Zweck des § 192 Abs. 1 Nr. 2 SGB V, die angelaufenen Leistungen für die gesetzlichsatzungsmäßige Leistungsdauer im Fall des sonstigen Wegfalls der Mitgliedschaft, die Leistungsvoraussetzung ist, aus öffentlichrechtlichen fürsorgerischen Gründen zu erhalten (vgl. Peters, Handbuch, § 311 Anm. 3b und c; anders jetzt Brose/Weth/Volk, MuschG, 9. Aufl., § 19 Rn. 16).

Die Mitgliedschaft dauert außerdem fort bei Leistungen für den Ausfall von Arbeitseinkünften im Zusammenhang mit einer nach den §§ 8 und 8a des Transplantationsgesetzes erfolgenden Spende von Organen oder Geweben oder im Zusammenhang mit einer Spende von Blut zur Separation von Blutstammzellen oder anderen Blutbestandteilen im Sinne von § 9 des Transfusionsgesetzes sowie bei Bezug von Übergangsgeld von einem Rehabilitationsträger.

8 Die Frage, ob das **Versicherungsverhältnis fortbesteht**, ist **für den Anspruch** der Frau auf die Leistung des **Mutterschaftsgeldes** nach § 24i SGB V **nicht mehr von Bedeutung**, weil in den Fällen des § 192 Abs. 1 Nr. 2 SGB V die Begründetheit des Anspruchs sich aus der Erfüllung der Voraussetzungen nach § 24i Abs. 2 SGB V bei Beginn der Schutzfristen ergibt. Für die beurlaubten Frauen würde sich der Anspruch selbst bei einem Ausscheiden aus der Krankenversicherung wegen des Fortbestandes des Arbeitsverhältnisses aus § 19 Abs. 2 ergeben. **Von Bedeutung** sind die obenstehenden Betrachtungen über den Bestand der Mitgliedschaft jedoch für die **Frage**, inwieweit der **Bund den Krankenkassen die** Aufwendungen **zu erstatten hat** (s. dazu unten Rdn. 21). Sie spielen auch eine Rolle dafür, ob der Frau als **Versicherte** sonstige Leistungen der Versicherung bei Schwangerschaft (§§ 24c ff. SGB V) zustehen.

b) Deklaratorische Bedeutung des Abs. 1

9 Für die in **Abs. 1** genannten Frauen bildet die Vorschrift **keine** Anspruchsgrundlage. Sie sollen durch die Bestimmung nur darauf hingewiesen werden, dass während der Schutzfristen Mutterschaftsgeld gewährt wird. Abs. 1 hat nur **deklaratorische Bedeutung**. Ebenso **BSG** vom 16.2.2005 – B 1 KR 13/03 R = SozR 4–2200 § 200 Nr. 2. Der Anspruch selbst ist nach seinen Voraussetzungen und seinem Inhalt in dem durch das GRG neugefassten Abschnitt Leistungen bei Schwangerschaft und Mutterschaft (§§ 200 ff. RVO, jetzt § 24i SGB V) geregelt (allgemeine Meinung). Der Hinweis in § 19 erfolgt, weil der Arbeitgeber nach § 26 verpflichtet ist, einen Abdruck des MuSchG im Betrieb auszulegen oder auszuhängen; für die Vorschriften des SGB V gilt das nicht.

Der bereits in der Vorgängervorschrift des § 13 Abs. 1 MuSchG enthaltene Hinweis auf das »**für die Zeit der Schutzfristen**« zu gewährende Mutterschaftsgeld war früher insofern ungenau, als die versicherten Frauen, wenn sie die Voraussetzungen nach § 200 RVO für die Zahlung des **laufenden Mutterschaftsgeldes** nicht erfüllten, jedenfalls noch Anspruch auf das bei der Entbindung ihnen nach § 200b RVO zustehende einmalige Mutterschaftsgeld hatten, das seit der Neufassung des § 200b RVO durch das GRG **Entbindungsgeld** hieß. Da die Rechtsgrundlage für alle Arten von Mutterschaftsgeld für versicherte Frauen in den Bestimmungen der RVO enthalten war, ergab sich aus der Unvollständigkeit von § 13 Abs. 1 MuSchG aber keine rechtliche Auswirkung. Deshalb konnte auch dahingestellt sein, ob in § 13 Abs. 1 MuSchG das Entbindungsgeld nach § 200b RVO mit angesprochen war oder nicht. § 200b RVO ist inzwischen aufgehoben (Gesetz vom 14.11.2003, BGBl. I S. 2190), § 200 RVO durch § 24i SGB V abgelöst.

3. Anspruchsdauer

10 Gemäß Rdn. 9 hat Abs. 1 lediglich deklaratorische Bedeutung. Das gilt auch in Bezug auf die Anspruchsdauer. Diese wird nicht durch die Worte »erhält für die Zeit der Schutzfristen« Mutterschaftsgeld inhaltlich bestimmt. Für welche Zeiträume die

Leistung zu gewähren ist, richtet sich vielmehr allein nach den Bestimmungen des SGB V (s. unten Rdn. 87 ff.).

Auch für die nicht als Mitglieder versicherten Frauen wird durch die Bezugnahme auf die Schutzfristen in § 19 Abs. 2 Satz 1 die Anspruchsdauer nicht inhaltlich bestimmt. Für diese Frauen gelten die Vorschriften des SGB V über das Mutterschaftsgeld entsprechend. Deshalb muss auch bei ihnen die Anspruchsdauer sich ebenso wie bei den versicherten Frauen nach den Bestimmungen richten, wie sie in § 24i Abs. 3 SGB V enthalten sind (ebenso Brose/Weth/Volk, MuschG, 9. Aufl., § 20, Rn. 61). Eine wesentliche Einschränkung erfährt die Bezugsdauer für nichtversicherte Frauen durch die Begrenzung des Mutterschaftsgeldes auf 210 Euro. Ist der kalendertägliche Höchstbetrag von 13 Euro zu gewähren, endet der Bezug nach 16 Tagen. Die Schutzfristen betragen 98 Tage. In dem angenommenen Fall verliert die Frau das Mutterschaftsgeld für 82 Tage. Sie büßt damit 1066 Euro ein. Die mit der Ungleichbehandlung einhergehenden unions- und verfassungsrechtlichen Bedenken (hierzu Hoffer SR 2021, 17, 37 m.w.N.) gründen sich auf das gleichermaßen vorhandene Schutzbedürfnis von GKV-Mitgliedern und Nichtmitgliedern, ohne zu berücksichtigen, dass ein voller Einkommensausgleich als wesentliche Konsequenz der Einbettung in das System der gesetzlichen Krankenversicherung erreicht wird.

4. Vorschriften des SGB V über das Mutterschaftsgeld

Der Anspruch auf Mutterschaftsgeld richtet sich für die in 19 Abs. 1 genannten 11 Frauen ausschließlich nach den Bestimmungen des SGB V. Die bis zum 31.12.1967 gültig gewesene Regelung, dass nämlich versicherte Frauen einmal Anspruch auf das nach Voraussetzungen und Höhe in der RVO bestimmte Wochengeld, zum anderen aber auch Anspruch auf das in § 13 MuSchG 1952 vorgesehene mutterschaftsrechtliche Wochengeld haben konnten (wobei das Verhältnis beider Leistungen zueinander in § 13 Abs. 9 geregelt war), ist beseitigt worden. Für die **der gesetzlichen Krankenversicherung** als Mitglieder angehörenden **Frauen** gibt es nur eine **einheitliche Leistung**, die im **Versicherungsverhältnis begründet** ist. Für eine Gewährung ist allerdings unbeachtlich, ob das Versicherungsverhältnis der Frau ein solches ist, bei dem ein Anspruch auf Lohnersatzleistungen (Krankengeld) besteht oder nicht (vgl. dazu auch Töns, § 200 Anm. A 13b u. c).

Durch die teilweise Änderung der Bestimmungen über das Mutterschaftsgeld durch das GRG hat sich hieran nichts geändert. Zwar bezeichnet § 24i Abs. 1 SGB V den Personenkreis, der Mutterschaftsgeld erhält, mit »weiblichen Mitgliedern, die bei Arbeitsunfähigkeit Anspruch auf Krankengeld haben«. Es sind aber weiter aufgeführt die weiblichen Mitglieder, denen wegen der Schutzfristen nach § 3 MuSchG kein Arbeitsentgelt gezahlt wird. Damit hängt der Anspruch auf Mutterschaftsgeld nicht notwendig von dem Anspruch auf Krankengeld ab. Nach § 44 Abs. 2 Nr. 1 SGB V erhalten kein Krankengeld die nach § 5 Abs. 1 Nr. 2a, 5, 6, 9, 10 oder 13 Versicherten (u.a. Bürgergeld-Empfänger, div. Maßnahmeteilnehmer, Studenten, familienversicherte Ehegatten und Kinder, Personen ohne anderweitigen Anspruch auf Absicherung im Krankheitsfall, sog. Auffangversicherte); ebenso wenig freiwillig Versicherte hauptberuflich selbstständig Erwerbstätige bzw. unständige Beschäftigte ohne Wahltarif (§ 44 Abs. 2 Nr. 2 und 3 SGB V) und Bezieher von Renten aus einer öffentlich-rechtlichen Versorgungseinrichtung (§ 44 Abs. 2 Nr. 4 SGB V; vgl. zum Ganzen Sonnhoff/Pfeiffer in: jurisPK-SGB V, 4. Aufl. 2020, § 44 SGB V, Rn. 47 ff.). § 24i Abs. 1 SGB V erfasst also **zwei Gruppen von Mitgliedern**: zum einen pflichtversicherte **Frauen mit Anspruch auf Krankengeld.** Das sind in erster Linie die in § 5 Abs. 1 Nr. 1 SGB V aufgeführten Arbeitnehmer und zur Berufsausbildung Beschäftigten, sofern nicht Versicherungsfreiheit nach §§ 6, 7 SGB V (z.B. bei Überschreitung der Jahresarbeitsentgeltgrenze bzw. Geringfügigkeit) oder Befreiung von der Versicherungspflicht nach § 8 SGB V (z.B. bei Änderung der Jahresarbeitsentgeltgrenze) vorliegt. Weiter gehören zu diesem Kreis **sonstige Mitglieder**. Das sind **versicherungspflichtige Frauen**, die nicht Arbeitnehmerinnen sind, und **freiwillig versicherte Frauen**, sofern bei ihnen infolge der Abgabe einer Wahlerklärung Anspruch auf Krankengeld besteht. § 24i Abs. 1 SGB V erfasst weiter die **Mitglieder**, die zwar keinen Anspruch auf Krankengeld haben, die jedoch als **Arbeitnehmerin** wegen der Schutzfristen nach § 3 MuSchG **ohne Arbeitsentgelt** sind. Vgl. zur Systematik hinsichtlich der anspruchsberechtigten Frau auch BSG vom 16.2.2005 – B 1 KR 13/03 R = SozR 4–2200 § 200 Nr. 2. Zum Überblick vgl. BMFSFJ. Leitfaden zum Mutterschutz, 2024, S. 75 ff.

Da die Vorschriften des SGB V nicht nur für die als Mitglieder **versicherten Frauen** ausschlaggebend sind, sondern auch der Anspruch der **nicht als Mitglieder versicherten Frauen** nach Abs. 2 seine inhaltliche Bestimmung durch sie erfährt, sind die in Betracht kommenden Vorschriften des SGB V oben abgedruckt und werden nachstehend in dem erforderlichen Umfang erläutert. Das schien umso mehr geboten, als jedenfalls die Berechnung der Höhe des Mutterschaftsgeldes für die Arbeitgeber von Bedeutung ist; denn sie haben unter Umständen einen Zuschuss zum Mutterschaftsgeld nach § 20 zu gewähren.

5. Personenkreis des § 19 Abs. 2

12 In § 19 Abs. 2 wird den Frauen, die **nicht Mitglied in der gesetzlichen Krankenversicherung** (in diesem Sinne nichtversichert) sind, ein Anspruch auf Mutterschaftsgeld gewährt. Im Gegensatz zu Abs. 1 hat **Abs. 2** materielle Bedeutung und bildet die **Rechtsgrundlage** für den Anspruch dieser Frauen. Es handelt sich dabei um eine Leistung, die aus dem Gesichtspunkt der arbeitsschutzrechtlichen Fürsorge gewährt wird und ihrer Rechtsnatur nach **öffentlich-rechtlicher** Art ist (vgl. zu den Vorgängervorschriften BSG vom 9.9.1971 – 3 RK 30/71 = BSGE 33, 127 = SozR Nr. 1 zu § 13 MuSchG 1968 = AP Nr. 1 zu § 13 MuSchG 1968; vom 9.11.1977 – 3 RK 63/76 = BSGE 45, 114 = SozR 7830 § 13 Nr. 3 = AP Nr. 2 zu § 13 MuSchG 1968; ferner vom 24.11.1983 – 3 RK 41/82 = USK 83152; ebenso Buchner/Becker, 8. Aufl., § 13 Rn. 94; Meisel/Sowka, § 13 Anm. 3; Schmatz, WzS 1965, 329; Zmarzlik/Zipperer/Viethen, 8. Aufl., § 13 Anm. 6; Welzel, Soziale Arbeit 1966, 103).

13 Die Zubilligung eines Anspruchs auf Mutterschaftsgeld an Frauen, die nicht als Mitglieder der gesetzlichen Krankenversicherung angehören, ist eine der wesentlichen Neuerungen gegenüber dem MuSchG 1952. Dadurch konnte die in § 12 MuSchG

1952 **ursprünglich** enthaltene **Verpflichtung des Arbeitgebers** zur Weitergewährung des Arbeitsentgelts während der Schutzfristen an nicht pflichtversicherte Frauen ersatzlos wegfallen. In diesem Punkt stellt es einen Rückschritt dar, dass die Leistungen für nichtversicherte Frauen auf 400,– DM begrenzt wurden bzw. ab 1.1.2002 auf 210 Euro (vgl. auch oben Rdn. 3). Den Frauen, die nach dem MuSchG 1952 ebenfalls einen Anspruch gemäß § 12 gegen den Arbeitgeber hatten, weil sie der gesetzlichen Krankenversicherung nicht als Pflichtmitglieder, sondern nur aufgrund einer **freiwilligen Versicherung** angehörten, sind durch die Neufassung der sozialversicherungsrechtlichen Vorschriften über das Mutterschaftsgeld Leistungen für die Dauer der Beschäftigungsverbote zuerkannt worden (vgl. Rdn. 5). Allerdings ist die nach dem ÄndG 65 vorgesehen gewesene völlige Entlastung der Arbeitgeber nicht durchgeführt worden, weil sie nach § 14 MuSchG (jetzt § 20) u.U. einen Zuschuss zu gewähren haben.

Die Neuregelung des § 13 MuSchG gewährleistete bis zum 31.12.1999 nicht, dass alle Frauen, die nach § 12 MuSchG 1952 gegen den Arbeitgeber einen Anspruch auf Weiterzahlung des Gehalts hatten, **Mutterschaftsgeld** erhalten; denn sowohl der sozialversicherungsrechtliche Anspruch nach § 200 RVO als auch der mutterschutzrechtliche Anspruch nach § 13 Abs. 2 setzte die Erfüllung einer **Wartezeit** voraus (§ 200 Abs. 1 RVO). Durch das Gesetz zur Reform der gesetzlichen Krankenversicherung ab dem Jahre 2000 (GKV-Gesundheitsreformgesetz 2000) vom 22.12.1999 (BGBl. I S. 2626) ist das **Wartezeiterfordernis gestrichen** worden. Näheres dazu bei Rdn. 46 ff.

Die Abgrenzung des Kreises der unter Abs. 2 fallenden Frauen ergibt sich negativ 14
gegenüber dem von Abs. 1 erfassten Personenkreis. Es sind alle Frauen, die nach § 1 Abs. 2 unter den Geltungsbereich des MuSchG fallen (vgl. dazu die Erlg zu § 1) und die nicht Mitglieder einer gesetzlichen Krankenversicherung sind. Soweit die Frauen in einem Arbeits- oder Heimarbeitsverhältnis stehen, kommt bei folgenden Gruppen das **Fehlen einer Mitgliedschaft** in Betracht:

Versicherungsfreiheit von Angestellten und seit 1.1.1989 auch von Arbeiterinnen, die wegen Überschreitens der **Jahresarbeitsentgeltgrenze** nach § 6 Abs. 1 Nr. 1 SGB V der Versicherungspflicht nicht unterliegen. Die Jahresarbeitsentgeltgrenze ist seit 1.1.1971 dynamisiert. Sie beläuft sich auf 75 % der für Jahresbezüge in der Rentenversicherung geltenden Beitragsbemessungsgrenze. Seit dem 1.1.2003 gelten die in § 6 Abs. 6 SGB V genannten Werte (näherungsweise 75 % der – erhöhten – Beitragsbemessungsgrenze in der Gesetzlichen Rentenversicherung, vgl. Felix in: jurisPK-SGB V, 4. Aufl. 2020, § 6 SGB V, Rn. 23). Grundlage ist die jährliche Sozialversicherungs-Rechengrößenverordnung. Die Jahresarbeitsentgeltgrenze nach § 6 Abs. 6 SGB SGB V beträgt für das Jahr 2022 64 350 Euro (Sozialversicherungs-Rechengrößenverordnung 2022).

Wird die Jahresarbeitsentgeltgrenze überschritten, endet die Versicherungspflicht mit Ablauf des Kalenderjahres, in dem die Grenze überschritten wird, vgl. § 6 Abs. 4 SGB V.

Weitere Personengruppen, die in der gesetzlichen Krankenversicherung **nicht pflicht-** 15
versichert sind oder auf Antrag **von der Versicherungspflicht befreit** werden, sind in den §§ 6 bis 8 SGB V aufgeführt.

Versicherungsfreiheit kann wegen geringfügiger Beschäftigung bestehen (§ 7 SGB V in Verbindung mit § 8 und § 8a SGB IV). Es handelt sich dabei insbesondere um die Beschäftigungen mit geringfügiger Entlohnung (Entgeltgeringfügigkeit), die 1996 in den alten Bundesländern bei 590,– DM und in den neuen Bundesländern bei 500,– DM monatlich lag; die Grenze belief sich in den alten Bundesländern 1997 auf 610,– DM, 1998 auf 620,– DM, in den neuen Bundesländern 1997 und 1998 auf 520,– DM, 1999 dann durch das Gesetz zur Neuregelung der geringfügigen Beschäftigungsverhältnisse vom 24.3.1999 (BGBl. I S. 388; krit. Bauer/Schuster in DB 1999, 689, ferner Löwisch in BB 1999, 739 sowie Kruhl in BB 1999, 817) einheitlich auf 630,– DM, 2002 einheitlich auf 325,– Euro, seit 1.4.2003 einheitlich auf 400,– Euro (Neuregelung der geringfügigen Beschäftigungsverhältnisse in den §§ 7, 8 und 8a SGB IV mit Wirkung vom 1.4.2003 aufgrund des Zweiten Gesetzes für moderne Dienstleistungen am Arbeitsmarkt vom 23.12.2002, BGBl. I S. 4621).

Seit 1.1.2013 wurde die Grenze auf 450,00 Euro angehoben (Gesetz zu Änderungen im Bereich der geringfügigen Beschäftigung vom 5.12.2012, BGBl. I 2474). Eine Beschäftigung mit einem Entgelt von bis zu 450 Euro löst danach monatlich keine Versicherungspflicht aus. Dies gilt auch, wenn mehrere Beschäftigungsverhältnisse wahrgenommen werden, der Verdienst aus ihnen aber nicht über 450 Euro liegt (sog. Mini-Job). Wesentlich neu ist auch, dass die Beschränkung der Arbeitszeit auf 15 Stunden wöchentlich nicht mehr besteht (vgl. aber zur Geringfügigkeit wegen Kurzfristigkeit § 8 Abs. 1 Nr. 2 SGB IV). Übersteigt das Einkommen aus einer geringfügigen Beschäftigung den Betrag von 450 Euro monatlich, so setzt in der Krankenversicherung die Versicherungspflicht ein.

Zum 1.10.2022 ist die die feste Entgeltgrenze zugunsten einer dynamischen Begrenzung von 10 Stunden/Woche zum jeweiligen Mindestlohn (zunächst auf 520 Euro) angehoben worden (vgl. § 8 Abs. 1a und Abs. 1b SGB IV, Gesetz zur Erhöhung des Schutzes durch den gesetzlichen Mindestlohn und zu Änderungen im Bereich der geringfügigen Beschäftigung vom 28.6.2022, BGBl. I S. 969, BT-Drucks. 20/1408; BR-Drucks. 165/22). Der Mindestlohn beträgt ab 2024 12, 41 Euro und ab 2025 12, 82 pro Zeitstunde, sodass die Geringfügigkeitsgrenze 2024 bei 538 Euro und 2025 bei 556 Euro liegt.

Der Versuch, die **geringfügigen Beschäftigungen** als **sozialversicherungspflichtig** wegen Diskriminierung aufgrund des Geschlechts im Sinne von Art. 4 Abs. 1 der Richtlinie 79/7/EWG vom 19.12.1978 anzusehen, ist **gescheitert**. Der **EuGH** (Urteil vom 14.12.1995 – C-444/93 = EuGHE 1995, I-4741 = SozR 3–6083 Art. 4 Nr. 12 = EzA EWG-Vertrag Art. 119 Nr. 30 = NZA 1996, 132) hat wie folgt entschieden:

Eine nationale Regelung, die Beschäftigungen von regelmäßig weniger als fünfzehn Stunden in der Woche und einem Arbeitsentgelt, das regelmäßig ein Siebtel der monatlichen Bezugsgröße nicht übersteigt, von der Versicherungspflicht in den Systemen der gesetzlichen Kranken- und Rentenversicherung ausnimmt, sowie eine nationale Regelung, die Beschäftigungen, die der Natur der Sache nach auf regelmäßig weniger als achtzehn Stunden in der Woche beschränkt zu sein pflegen oder im Voraus durch einen Arbeitsvertrag beschränkt sind, von der Beitragspflicht in der gesetzlichen Arbeitslosenversicherung ausnimmt, stellen keine Diskriminierung aufgrund des Geschlechts i.S. von Art. 4 I Richtlinie dar, selbst wenn sie erheblich mehr Frauen als Männer betreffen, da der nationale Gesetzgeber in vertretbarer Weise davon ausgehen konnte, dass die fraglichen Rechtsvorschriften erforderlich waren, um ein sozialpolitisches Ziel zu erreichen, das mit einer Diskriminierung aufgrund des Geschlechts nichts zu tun hat.

Der Umstand, ob eine Frau als Mitglied **versichert oder nicht versichert** ist, spielte bis 16 zum 31.12.1981 eine Rolle im Rahmen der Gewährung des Mutterschaftsgeldes nur dafür, **in welchem Umfange der Bund zur Kostenerstattung verpflichtet** ist. Seit der Änderung des § 13 Abs. 2 Satz 1 MuSchG ab 1.1.1982 ist die Zugehörigkeit zu dem einen oder anderen Personenkreis wesentlich für den Gesamtumfang des Mutterschaftsgeldes, wobei es entscheidend auf die Verhältnisse (versichert oder nicht versichert) bei Beginn der Schutzfrist nach § 3 ankommt (vgl. dazu **LSG** Nordrhein-Westfalen vom 9.2.1984 – L 16 Kr 34/83 = ErsK 1984, 415; ferner unten Rdn. 120, 121).

Für die **Abgrenzung des Personenkreises** kommt es **nicht** darauf an, ob die Frau bei Beginn der Schutzfristen in einem Beschäftigungsverhältnis i.S.v. § 7 Abs. 1 SGB IV steht, ihr **Arbeitsverhältnis** während der Schutzfrist vom Arbeitgeber **zulässig aufgelöst** worden ist oder ein gleichgestellter Status i.S.v. § 1 Abs. 2 Satz 2 besteht. Durch die vorgenannten Erfordernisse wird nicht der Personenkreis, der unter Abs. 2 fällt, näher bestimmt, es handelt sich vielmehr um die **allgemeinen Anspruchsvoraussetzungen** für die Berechtigung auf Mutterschaftsgeld. Das folgte für die Vorgängervorschrift des § 13 Abs. 2 MuSchG schon aus dem Wortlaut des Gesetzes. Die Fassung: »erhalten, wenn …« ließ die genannten Voraussetzungen als solche für die Anspruchsberechtigung erscheinen (so auch Buchner/Becker, 8. Aufl., § 13 Rn. 95 ff.; Zmarzlik/Zipperer/Viethen/Vieß, 9. Aufl., § 13 Rn. 8). Hieran hat die Neufassung durch das Gesetz zur Neuregelung des Mutterschutzrechts (a.a.O.) inhaltlich nichts geändert. Die im bisherigen § 13 Absatz 2 Satz 1 MuSchG enthaltene Voraussetzung, dass die Frau bei Beginn der Schutzfrist in einem Beschäftigungsverhältnis stehen muss, ist entfallen. Der Anspruch auf Mutterschaftsgeld ergibt sich bereits aus § 24i Absatz 3 Satz 6 SGB V (vgl BT-Drucks. 18/8963 S. 89, 90).

6. Anspruchsvoraussetzungen für nicht als Mitglieder versicherte Frauen

Die Anspruchsvoraussetzungen für die nicht als Mitglieder versicherten Frauen sind 17 in § 19 Abs. 2 Satz 1 und 3 in Übereinstimmung mit § 24i Abs. 2 Satz 1 SGB V aufgeführt. Dies entspricht dem Regelungsgehalt der Vorgängervorschrift des § 13 Abs. 2 Satz 1 und 3 MuSchG. Ebenso, soweit es dann heißt, dass diese Frauen während der Schutzfristen Mutterschaftsgeld zulasten des Bundes **in entsprechender Anwendung der Vorschriften des SGB V** über das Mutterschaftsgeld erhalten. Die nach der ursprünglichen Regelung des § 200 Abs. 2 RVO auch für die in § 200 Abs. 1 RVO genannten Mitglieder der Krankenkasse geltende Voraussetzung, dass **innerhalb bestimmter Fristen vor der Entbindung Versicherungspflicht oder ein Arbeitsverhältnis für mindestens zwölf Wochen** bestanden haben musste, ist durch Art. 11 des GKV-Gesundheitsreformgesetzes 2000 vom 22.12.1999 (BGBl. I S. 2626) gestrichen worden. Zur Begründung für die Neuregelung hieß es in der BT-Drucksache 14/1245 S. 118 wie folgt:

18 § 200 Abs. 12. Halbs. RVO regelt bisher die zeitlichen Anspruchsvoraussetzungen für das Mutterschaftsgeld (mindestens zwölf Wochen Mitgliedschaft in der gesetzlichen Krankenversicherung oder mindestens zwölf Wochen Bestehen des Arbeitsverhältnisses innerhalb einer Rahmenfrist von Beginn des zehnten bis zum Ende des vierten Monats vor der Entbindung). Für junge Berufsanfängerinnen nach einem Studium, die als Arbeitnehmerinnen schwanger werden, sind diese zeitlichen Anspruchsvoraussetzungen häufig nicht erfüllbar. Ohne Anspruch auf Mutterschaftsgeld entfällt auch der Arbeitgeberzuschuss nach § 14 Abs. 1 des Mutterschutzgesetzes während der Mutterschutzfristen vor und nach der Geburt mit der Folge, dass als einzige Einkommenssicherung die Sozialhilfe übrig bleibt. Auch wenn die betroffene Personengruppe nicht allzu groß ist, bedeutet für jede schwangere junge Arbeitnehmerin der Verlust des Mutterschaftsgeldes und des Arbeitgeberzuschusses eine persönliche Härte.

19 Das BVerfG hatte die Regelung in § 13 Abs. 2 Satz 1 MuSchG (und in § 200a Satz 1 RVO a.F.) insoweit für **unvereinbar** mit Art. 3 Abs. 1 GG erklärt, als Frauen, deren gesetzlich nicht krankenversichertes Ausbildungsverhältnis während der Schwangerschaft vor Beginn der Schutzfrist, jedoch später als 12 Wochen vor Ablauf des 4. Monats vor der Entbindung endet, vom Bezug eines fortlaufend gezahlten Mutterschaftsgeldes ausgeschlossen waren (vgl. BVerfG vom 13.11.1974 – 1 BvL 12/73 = BVerfGE 38, 213 = SozR 7830 § 13 Nr. 1 = DB 1975, 214); Ansprüche aus § 200 Abs. 1 Satz 1 RVO a.F. oder § 13 Abs. 2 Satz 1 MuSchG bestanden nicht, weil das durch Befristung endende Ausbildungsverhältnis nicht einem »zulässig aufgelösten« Arbeitsverhältnis gleichstand. Bezog die Frau nach dem Ende des Ausbildungsverhältnisses Arbeitslosenhilfe, so konnte sie aufgrund der damit verbundenen Krankenversicherung nicht mehr die erforderliche Versicherungszeit innerhalb der Rahmenfrist des § 200a RVO a.F. erfüllen. Das Problem ist durch die in Rdn. 18 angeführte Streichung des 2. Halbsatzes in § 200 Abs. 1 RVO gegenstandslos geworden.

7. Kostenträger für das Mutterschaftsgeld bei nicht als Mitgliedern versicherten Frauen

20 In § 19 Abs. 2 Satz 1 ist entsprechend der Vorgängerregelung des § 13 Abs. 2 Satz 1 MuSchG bestimmt, dass die anspruchsberechtigten Frauen Mutterschaftsgeld »zu Lasten des Bundes« erhalten. Darauf folgt **nicht**, dass die Frauen einen **unmittelbaren Anspruch gegen den Bund** haben sollten. Die **leistungspflichtige Stelle** ist allein das nach Abs. 2 Satz 2 **zuständige BVA bzw. BAS (Mutterschaftsgeldstelle)**. Die inhaltlich seit 1.7.1979 geltende Regelung (s. oben Rdn. 1) hat die Zuständigkeit der Krankenkassen für die nichtversicherten Frauen beseitigt, weil eine Betreuung des betroffenen Personenkreises nicht zu den Aufgaben der gesetzlichen Krankenversicherung gehöre. Das BVA ist an deren Stelle getreten, weil die Erstattungsansprüche bisher über diese Stelle abgewickelt wurden (zum Erstattungsverfahren vgl. die Allg. VerwVorschr. über die Erstattung von Mutterschaftsgeld durch den Bund vom 17.10.1979, BAnz. Nr. 198 S. 1). Mit dem pauschalen Zuschuss

des Bundes (§ 221 SGB V), der auch die versicherungsfremden Leistungen der Krankenkassen bei Mutterschaft abdeckt (vgl. Orlowski/Rau/Wasem, SGB V, Kommentar, § 221 Rn. 7), ist zwar die Notwendigkeit eines Erstattungsverfahrens entfallen. Gleichwohl ist die Zuständigkeit des BVA bzw. BAS für Leistungen an den Personenkreis des § 19 Abs. 2 beibehalten.

Dem ursprünglichen Bedenken des Bundesrats, dass die Frauen die ortsnahe Betreuung verlieren, hat die Bundesregierung entgegengesetzt, es bestünde bei den nicht als Mitglieder versicherten Frauen ohnehin kein Kontakt zur Krankenkasse; der Antrag könne ohne Erschwernis auch beim BVA gestellt werden und Zahlungen erfolgten ohnehin in der Regel bargeldlos (vgl. Amtl. Begr. BT-Drucks. 8/2613, S. 18 zu 4 und S. 21 zu 4). Die Ansicht der Bundesregierung hat sich durchgesetzt, obwohl sie nicht überzeugt. Die Erfahrung der Krankenkassen aus den gleichliegenden Fällen für versicherte Frauen geht verloren. Mit der Zuständigkeit des BVA ist andererseits für die nicht als Mitglieder versicherten Frauen eine einheitliche Anwendung der Rechtsvorschriften möglich. Im Verhältnis zu den Krankenkassen können sich aber unterschiedliche Auffassungen ergeben.

Der BMA hatte zur Auslegung des MuSchG 1952 zahlreiche **Bescheide** erlassen, die den Charakter von **Verwaltungserlassen** hatten und sich mit Auslegungsfragen befassten. Das Interesse des BMA wie auch der Krankenkassen, an die die Bescheide gerichtet waren, zur Klärung von Zweifelsfragen ergab sich aus der schon nach früherem Recht (§ 14 MuSchG 1952) in gewissem Umfange gegebenen Erstattungspflicht des Bundes. Der Bund war daher bestrebt, die Krankenkassen durch Auslegungshinweise bei ihren Entscheidungen zu unterstützen und Rechtsstreitigkeiten sowohl im Verhältnis zwischen Versicherten und Krankenkassen als auch zwischen diesen und dem Bund bei der Erstattung nach Möglichkeit zu vermeiden. Diese Verwaltungserlasse waren selbstverständlich **für die Gerichte nicht bindend**. Im Übrigen bleibt zu beachten, dass nach dem Organisationserlass vom 7.7.1987 (BGBl. I S. 1591) die Zuständigkeit für Mutterschutz dem Bundesminister für Jugend, Familie, Frauen und Gesundheit übertragen wurde. Bei der Neubildung der Bundesregierung zu Beginn der 12. Legislaturperiode wurde das vorgenannte Ministerium geteilt. Zuständig für den Mutterschutz ist jetzt das Bundesministerium für Familie, Senioren, Frauen und Jugend.

8. Entsprechende Anwendung der Vorschriften des SGB V

Die entsprechende Anwendung der Vorschriften des SGB V bezieht sich vor allem 21
auf die Vorschriften über die **Berechnung**, über die **Höhe** sowie über die **Dauer** des Mutterschaftsgeldes. Eingeschränkt wird die Geltung der Bestimmungen des SGB V dadurch, dass das Mutterschaftsgeld für nicht als Mitglieder versicherte Frauen nur bis zu einem Gesamtbetrag von 210 Euro gezahlt wird. Die entsprechende Anwendung von Vorschriften des SGB V erstreckt sich auch auf § 24i Abs. 4 SGB V (Ruhen des Anspruchs bei Zahlung von Arbeitsentgelt). Ferner ist entsprechend anzuwenden § 190 Abs. 1 SGB V (Beendigung des Anspruchs durch den Tod der Frau). Zu den Ansprüchen der Frau, die nicht selbst Mitglied der Krankenkasse ist, aus der Familienversicherung nach § 10 SGB V vgl. Rdn. 26–29.

22 Obgleich im § 19 Abs. 2 Satz 1 ebenso wie in der Vorgängervorschrift des § 13 Abs. 2 Satz 1 MuSchG nur von der entsprechenden Anwendung der Vorschriften des SGB V »über Mutterschaftsgeld« die Rede ist, richtet sich die Gestaltung des Anspruchs auch insoweit nach den versicherungsrechtlichen Vorschriften, als es sich um **allgemeine Vorschriften über die Leistungsgewährung** handelt. Dabei treten an die Stelle der Vorschriften der RVO die Bestimmungen des SGB. Eine Reihe von Grundsätzen des Leistungsrechts sind in den §§ 38 bis 59 des SGB I geregelt, etwa über die Verjährung (vgl. zur Verjährung des Mutterschaftsgeldes nach § 45 SGB I LSG Rheinland-Pfalz vom 31.3.2011 – L 1 AL 43/10), die Fälligkeit, Verzinsung, Aufrechnung u.a. Die Fälligkeit richtet sich z.B. nach § 41 SGB I (Ansprüche werden mit dem Entstehen fällig). Der § 210 RVO, der wöchentliche Zahlung vorsah, ist weggefallen. Zudem haben die Kassen nach § 194 Abs. 1 SGB V die Möglichkeit, Bestimmungen über die Leistungen in die Satzung einzufügen. Für Leistungen an die Frauen erbringt, die nicht Mitglied einer Krankenkasse sind, ist zudem zu beachten, welche Regelungen das BAS trifft. Man wird davon ausgehen müssen, dass diese Vorschriften entsprechend für das in § 13 Abs. 2 geregelte Mutterschaftsgeld anzuwenden sind (so schon zum BVA Zmarzlik/Zipperer/Viethen, 8. Aufl., § 13 Rn. 48; Meisel/Sowka, 5. Aufl., § 13 Rn. 7).

23 Die **entsprechende Anwendung** der Vorschriften des SGB V bezieht sich **nicht** auf die Bestimmungen des § 24i Abs. 1 i.V.m. Abs. 2 Satz 5 SGB V über das Mutterschaftsgeld für Frauen, die die Anspruchsvoraussetzungen nach § 24i Abs. 2 Satz 1 SGB V nicht erfüllen (§ 24i Abs. 2 Satz 5 SGB V). Die Leistungen nach den vorgenannten Bestimmungen können nur Frauen erhalten, die Mitglied einer Krankenkasse sind. Das ergibt sich schon daraus, dass nach dem Wortlaut des § 24i Abs. 3 Satz 6 SGB V Frauen, die nicht Mitglied einer Krankenkasse sind, Mutterschaftsgeld (nur) erhalten, wenn die im Gesetz genannten Verhältnisse bei Beginn der Schutzfrist vorliegen.

9. Zur Leistungsgewährung verpflichtete Stelle

24 Während der Anspruch auf Mutterschaftsgeld bei Frauen, die der gesetzlichen Krankenversicherung angehören, aufgrund ihres Versicherungsverhältnisses gegeben ist, und deshalb zur Leistungsgewährung die Krankenkasse verpflichtet ist, bedurfte es einer ausdrücklichen Bestimmung darüber, von welcher Stelle die nicht als Mitglieder versicherten Frauen das Mutterschaftsgeld erhalten. Das ist nach § 19 Abs. 2 Satz 2 – wie schon nach der Vorgängerregelung des § 13 Abs. 2 Satz 2 MuSchG – seit dem 1.7.1979 das BVA mit Sitz in Bonn, eine selbstständige Bundesoberbehörde im Bereich des Bundesministeriums für Arbeit und Soziales, umbenannt zum 1.1.2020 in BAS (vgl. Rn. 1)

25 Für die als Mitglieder versicherten Frauen richtet sich die Kassenzuständigkeit nach der Mitgliedschaft im Zeitpunkt des Versicherungsfalls, also bei Beginn der Schutzfrist. Dies entspricht dem Charakter der Versicherungsleistung. Bei einer Änderung des Wohnortes nach Aufnahme der Leistungen ist daher für deren weitere Gewährung die für den neuen Wohnort zuständige Kasse verpflichtet (ebenso Knorr/Krasney, Entgeltfortzahlung – Krankengeld – Mutterschaftsgeld, SGB V, Stand 2024, § 24i, Rn. 93).

10. Leistungen aus der Familienversicherung

a) Neuregelung der Familienversicherung

Den Frauen, die nach der früheren Fassung von § 13 Abs. 2 nicht »in der gesetzlichen Krankenversicherung versichert« waren, konnten aufgrund der in § 205 RVO a.F. vorgesehen gewesenen Familienhilfe Leistungen der Mutterschaftshilfe und ein Mutterschaftsgeld als einmalige Leistung in Höhe von 35,– DM zustehen (§ 205a RVO a.F.). Der Krankenschutz der Familienangehörigen eines Mitglieds der gesetzlichen Krankenversicherung ist seit dem 1.1.1989 in § 10 SGB V geregelt. Er kommt in Betracht für den Ehegatten (jetzt auch Lebenspartner) und die Kinder eines Mitglieds, wobei nach § 10 Abs. 4 SGB V als Kinder unter bestimmten Voraussetzungen auch Stiefkinder, Enkel sowie Pflegekinder und mit dem Ziel der Adoption in Obhut genommene Kinder gelten. Bei Ehegatten wie Kindern müssen in § 10 Abs. 1 SGB V näher bezeichnete Voraussetzungen vorliegen, damit sie versichert sind (z.B. Wohnsitz oder Aufenthalt in der Bundesrepublik, keine eigene Versicherung, kein Gesamteinkommen haben, das regelmäßig im Monat ein Siebtel der monatlichen Bezugsgröße nach § 18 SGB IV überschreitet). Für Kinder sind in § 10 Abs. 2 SGB V verschiedene Altersgrenzen festgelegt, bis zu denen die Versicherung besteht. Nach dem Urteil des BSG vom 23.10.1996 – 4 RK 1/96 (= BSGE 79, 184 = SozR 3–2500 § 10 Nr. 8 = ZTR 1997, 286) besteht während des unbezahlten Urlaubs nach § 79a BBG Anspruch auf Familienversicherung für den beamteten Ehegatten des Kassenmitglieds. 26

b) Eigener Anspruch der Familienversicherten

Die wesentliche **Neuerung** des § 10 SGB V gegenüber der durch § 205 RVO a.F. geregelten Familienhilfe besteht darin, dass die Gruppe der **Familienversicherten** ebenfalls als **Versicherte** der Krankenversicherung angehören, **ohne** jedoch deren **Mitglied** zu sein (vgl. nur BSG vom 28.2.2008 – B 1 KR 17/07 R = SozR 4–7830 § 13 Nr. 1 Rn. 26). Ihnen steht ein **eigener Rechtsanspruch** auf die **Kassenleistungen** zu. Hierzu hat das GKV-Gesundheitsreformgesetz 2000 (BGBl. I S. 2626) eine Einschränkung gebracht: Ehefrauen (jetzt auch Lebenspartner) sind nach § 10 Abs. 1 Satz 4 SGB V für die Dauer der Schutzfristen nach § 3 nicht mehr als Familienangehörige versichert, wenn sie zuletzt vor Beginn der Schutzfrist nicht bei einer Krankenkasse gesetzlich versichert waren. 27

§ 19 ebenso wie § 24i Abs. 1 SGB V wie auch § 24i Abs. 2 Satz 5 SGB V sehen als Anspruchsvoraussetzung die Mitgliedschaft vor; damit ist eindeutig, dass **Frauen** als Versicherte aufgrund einer **Familienversicherung** in den genannten Bestimmungen **nicht erfasst** sind.

Die Familienversicherung ist eine **mittelbare Versicherung**. Die Zugehörigkeit zu einer Krankenkasse setzt die Mitgliedschaft des Familienangehörigen voraus; sie endet demnach auch, wenn dessen Mitgliedschaft endet. Nach § 9 Abs. 1 Nr. 2 SGB V ist dann jedoch eine freiwillige Weiterversicherung möglich (vgl. zum Ganzen BR-Drucks. 200/88, S. 161 zu § 10; Heinze, Sozialversicherung Gesamtkommentar, Bd. 3 § 10 Anm. 3).

c) Anspruch der familienversicherten Frau auf Entbindungsgeld und sonstige Leistungen

28 Einer Frau, die als Familienangehörige versichert war, konnte das in § 200b RVO (aufgehoben durch Gesetz vom 14.11.2003, BGBl. I S. 2190) vorgesehene **Entbindungsgeld** von 150,– DM (77 Euro) zustehen. Sie war Versicherte i.S. dieser Bestimmung und erhielt auch kein den Anspruch auf Entbindungsgeld ausschließendes Mutterschaftsgeld nach § 200 RVO. § 200b RVO ist inzwischen aufgehoben (Gesetz vom 14.11.2003, BGBl. I S. 2190), § 200 RVO durch § 24i SGB V abgelöst (vgl. oben Rdn. 9).

Der familienversicherten Frau stehen bei Schwangerschaft und Geburt nach wie vor auch die jetzt mit dem Pflege-Neuausrichtungs-Gesetz in die §§ 24c ff. SGB V überführten Leistungen zu, soweit es dabei lediglich auf das Bestehen einer Versicherung ankommt.

11. Gemeinsame Anspruchsvoraussetzungen für das nach dem Arbeitsentgelt bemessene Mutterschaftsgeld (§ 24i Abs. 1, Abs. 2 Satz 1 SGB V)

a) Arbeitsverhältnis bei Beginn der Schutzfrist

29 Mutterschaftsgeld wird gewährt, wenn die Frau **bei Beginn der Schutzfrist** nach § 3 Abs. 1 in einem **Arbeitsverhältnis** steht.

30 Die Voraussetzung »**Bestand eines Arbeitsverhältnisses**« entspricht in ihrem Wortlaut und Inhalt dem § 1 Nr. 1. Es kann daher für die Frage, wann ein Arbeitsverhältnis vorliegt, auf die Erläuterungen zu § 1 verwiesen werden. § 1 Abs. 2 Satz 1 knüpft zwar anders als die Vorgängerregelung nicht mehr an das Arbeitsverhältnis an, sondern an das Beschäftigungsverhältnis i.S.v. § 7 SGB IV. Damit sollte indes keine nähere Anbindung des Mutterschaftsgeldes an das Sozialversicherungsrecht geschaffen werden, sondern der Mutterschutz auf andere als schutzwürdig erachtete Tätigkeitsbereiche in persönlicher Abhängigkeit (z.B. Fremdgeschäftsführer und Minderheitengesellschafter-Geschäftsführer) erstreckt werden, nicht zuletzt um den Vorgaben der Rechtsprechung des EuGH (v 11.11.2010 – C 232/09 – Danosa) Rechnung zu tragen (vgl BT-Drucks. 18/8963 S. 48). Für das Mutterschaftsgeld bleibt es bei der zentralen Bedeutung des Arbeitsverhältnisses i.S.v. § 24i SGB V. Das Arbeitsverhältnis muss im Inland bestanden haben (vgl. BSG vom 22.2.1972 – 3 RK 61/69 = BSGE 34, 76 = SozR Nr. 3 zu § 200 RVO). Unter Arbeitsverhältnis ist ausschließlich ein solches im Sinne des **Arbeitsrechts** zu verstehen. Ein Beamtenverhältnis gehört deshalb nicht zu den Arbeitsverhältnissen i.S. des MuSchG (vgl. § 1 Abs. 3 Satz 1, ferner BSG vom 9.11.1977 – 3 RK 63/76 = BSGE 45, 114–118 = SozR 7830 § 13 Nr. 3 = AP Nr. 2 zu § 13 MuSchG 1968; vom 24.9.1986 – 8 RK 47/85 = USK 8688; vgl auch Göhle-Sander in: Vereinbarkeit von Familie und Beruf, Kap. 5.19, § 13 MuSchG, Rn. 31). Organmitglieder der juristischen Personen können aber dem Schutzbereich des MuSchG unterstehen, wenn ein Arbeitsverhältnis im Sinne von § 1 tatsächlich vorliegt (vgl. BSG vom 16.2.2005 – B 1 KR 13/03 R = SozR 4–2200 § 200 Nr. 2). Dies stellt die Bezug-

nahme auf den Beschäftigtenbegriff des § 7 SGB IV in § 1 Abs. 2 Satz 1 nunmehr gesetzlich klar (vgl BT-Drucks 18/8963 S. 48).

Im Übrigen kommt es aber wegen der Ausgestaltung des Anspruchs nicht mehr darauf an, ob das Arbeitsverhältnis zugleich ein **sozialversicherungsrechtliches Beschäftigungsverhältnis** darstellt. Deshalb liegt ein Arbeitsverhältnis auch dann vor, wenn die Frau unbezahlten Urlaub von mehr als einem Monat Dauer vor dem maßgeblichen Zeitpunkt hatte (s. dazu aber auch § 192 Abs. 2 SGB V und oben Rdn. 6, 7), oder aus anderen Gründen, z.B. wegen Krankheit oder infolge von Beschäftigungsverboten, keine Arbeit verrichtet hat. Allerdings **entfällt** der **Anspruch** auf Mutterschaftsgeld wegen seiner Eigenschaft als Lohnersatzleistung, wenn die Frau während der Schutzfristen des § 3 sich in einem **unbezahlten Urlaub** befunden hat (BSG vom 8.3.1995 – 1 RK 10/94 = SozR 3–2200 § 200 Nr. 3). Der bloß rechtliche Fortbestand des Arbeitsverhältnisses genügt nicht, um den Mutterschaftsgeldanspruch als Lohnersatzanspruch entstehen zu lassen (siehe unten Rdn. 34). Befindet sich die Mutter wegen eines anderen Kindes in einer unbezahlten Elternzeit, kann sie aber zur Inanspruchnahme der Schutzfristen des § 3 die Elternzeit auch ohne Zustimmung des Arbeitgebers beenden mit der Konsequenz, dass Mutterschaftsgeldleistungen und auch der Zuschuss des Arbeitgebers (vgl. arg e con § 22) in Betracht kommen (§ 16 Abs. 3 Satz 3 BEEG, siehe Kommentierung zu § 16 BEEG Rdn. 20).

Die Schutzfrist nach § 3 Abs. 1 **beginnt** sechs Wochen vor der Entbindung. Über die 31
Berechnung dieses Zeitpunktes ist weder in § 24i SGB V noch in § 13 Abs. 1 Näheres gesagt. Die ursprünglich in § 5 Abs. 2 MuSchG enthaltene verbindliche Bestimmung für die Berechnung des im § 3 Abs. 1 bezeichneten Zeitraumes ist jetzt in § 3 Abs. 1 Satz 3 und 4 geregelt. Erforderlich ist das **Zeugnis eines** Arztes **oder einer Hebamme** und ferner bestimmt, dass sich die Frist entsprechend verkürzt oder verlängert, wenn sich der Arzt oder die Hebamme über den Zeitpunkt der Entbindung irren. Hat die Frau dem Arbeitgeber ein solches Zeugnis vorgelegt, dann muss sich der Arbeitgeber für den Beginn des Beschäftigungsverbots danach richten. Dabei spielt es auch keine Rolle, ob die Frau das Zeugnis von sich aus oder auf Verlangen des Arbeitgebers unterbreitet hat; das ist nur für die Kostentragung von Bedeutung (vgl. im Übrigen die Kommentierung zu § 3).

Der Beginn der Schutzfrist ist daher ebenfalls unter Anwendung des § 3 Abs. 1 Satz 3 32
und 4 zu berechnen. Das gilt jedoch nur, wenn die Frau Leistungen vor der Entbindung beantragt. Dann bleibt der mutmaßliche Zeitpunkt für alle Voraussetzungen auch dann maßgebend, wenn die Entbindung früher oder später als erwartet erfolgt. So war in § 200 Abs. 3 Satz 5 bestimmt, dass sich bei Irrtum des Arztes die Bezugsdauer entsprechend verlängerte; der umgekehrte Fall brauchte nicht besonders geregelt zu werden (vgl. auch BAG v 27.1.1966 – 2 AZR 141/65 = AP Nr. 27 zu § 9 MuSchG; wie hier Töns, § 200 Anm. CI 2). § 200 Abs. 3 Satz 5 RVO hat durch das Zweite Gesetz zur Änderung des Mutterschutzrechts vom 16.6.2002 (BGBl. I S. 1812) eine neue Fassung erhalten, ohne dass damit eine inhaltliche Änderung verbunden ist. Mit der Formulierung in § 5 Abs. 2 MuSchG sollte eine bessere Abgrenzung von dem in Abs. 3 Satz 2 geregelten Sachverhalt (Verlängerung der Bezugsdauer des Mutterschafts-

geldes bei vorzeitigen Geburten) erreicht werden. Dem entspricht jetzt die Regelung in § 24i Abs. 3 Satz 4 SGB V. Werden Leistungen dagegen erst **nach** der Entbindung beantragt, dann sind deren Voraussetzungen nach dem tatsächlichen Zeitpunkt der Entbindung zu beurteilen, wenn über dieses Ereignis nicht schon ein ärztliches Zeugnis über den vermuteten Zeitpunkt der Entbindung vorgelegen hat (vgl. Rdn. 88). Auf den mutmaßlichen Zeitpunkt kommt es nicht an, auch wenn dies dazu führt, dass die Leistungsvoraussetzungen entfallen (vgl. BSG vom 9.9.1971 – 3 RK 30/71 = BSGE 33, 127 = SozR Nr. 1 zu § 13 MuSchG vom 18.4.1968 = AP Nr. 11 zu § 13 MuSchG 1968 und vom 10.9.1975 – 3 RK 69/74 = SozR 2200 § 200 Nr. 3; vgl. auch Brose/Weth/Volk, MuSchG, 9. Aufl., § 19 Rn. 88 ff.). Dies kann sich zugunsten der Frau auswirken, wenn sie nur vom tatsächlichen, nicht aber vom mutmaßlichen Zeitpunkt der Entbindung her anspruchsberechtigt ist (ebenso Töns, § 200 Anm. C I 2 a.E.; Zmarzlik/Zipperer/Viethen, 8. Aufl., § 13 Rn. 28).

33 In diesem Zusammenhang ergab sich im Geltungsbereich des § 200 Abs. 3 Satz 4 RVO die Frage, ob das **Zeugnis**, wie es für die Zahlung des Mutterschaftsgeldes vor der Entbindung beizubringen ist, nicht **früher als eine Woche vor Beginn der Schutzfrist ausgestellt** sein durfte. Der Gesetzgeber hat das Problem mit dem Pflege-Neuausrichtungs-Gesetz dahin gelöst, dass er die Regelung des § 200 Abs. 3 Satz 4 RVO nicht in § 24i Abs. 3 SGB V übernommen hat. Die Streichung vereinfacht die Dinge insofern als nunmehr das ärztliche Zeugnis auch zu einem früheren Zeitpunkt als eine Woche vor Beginn der Mutterschutzfrist ausgestellt werden kann (BT-Drucks. 17/101 70 S. 24).

Sofern die Frau allerdings in der Woche vor Beginn der Schutzfrist, wie sie sich aus einem bereits ausgestellten Zeugnis ergibt, noch ein **weiteres Zeugnis** erlangt hat, dann muss dieses als maßgebend für die Fristberechnung angesehen werden; denn darin liegt eine zulässige **Berichtigung des ersten Zeugnisses** (die Möglichkeit der Berichtigung wird auch von Zmarzlik/Zipperer/Viethen, 8. Aufl., § 5 Rn. 15, bejaht). Wird ein Zeugnis nach dem gemäß § 3 Abs. 1 Satz 3 ermittelten Beginn der Schutzfrist ausgestellt, dann hat es bei dem einmal angenommenen Zeitpunkt sein Bewenden, weil dieser nachträglich nicht mehr in Zweifel gezogen werden soll. Der Beginn der Schutzfrist wird nicht dadurch aufgeschoben, dass die Frau sich zur **Arbeitsleistung während des Beschäftigungsverbots** ausdrücklich bereit erklärt hat (§ 3 Abs. 1 Satz 1); denn dadurch wird nur das Beschäftigungsverbot aufgehoben.

34 Nach der gegenwärtigen Regelung ist Voraussetzung nur, dass das **Arbeitsverhältnis bei Beginn der Schutzfrist** bestanden hat. **Endet** es nach diesem Zeitpunkt, so wird der **weitere Anspruch auf das Mutterschaftsgeld** davon nicht berührt. Daher können auch die Frauen Mutterschaftsgeld erhalten, die in einem **befristeten Arbeitsverhältnis** stehen, sofern es nur erst nach Beginn der Schutzfrist ausläuft (und selbstverständlich die sonstigen Voraussetzungen für den Anspruch erfüllt sind). Gleiches gilt, wenn die **Frau** nach dem maßgeblichen Zeitpunkt **selbst kündigt** oder das Arbeitsverhältnis aus anderen Gründen endet (ebenso Brose/Weth/Volk, MuschG, 9. Aufl., § 19 Rn. 35; Töns, § 200 Anm. B 12d; Meisel/Sowka, § 200 RVO Anm. 6; Zmarzlik/Zipperer/Viethen, 8. Aufl., § 13 Rn. 29). Kommt es darauf an, ob eine Versicherte zu Beginn

der Mutterschutzfrist in einem Arbeitsverhältnis stand, sind Krankenkassen und Gerichte der Sozialgerichtsbarkeit grundsätzlich an den Inhalt gerichtlicher Vergleiche gebunden, die die Vertragsparteien über die Beendigung ihres Vertragsverhältnisses geschlossen haben, es sei denn es liegt ein Fall des Rechtsmissbrauchs vor (vgl. BSG vom 16.2.2005 – B 1 KR 13/03 R = SozR 4–2200 § 200 Nr. 2).

Der Anspruch auf Mutterschaftsgeld entfällt nicht, wenn die Frau zu Beginn der Schutzfrist sich in unbezahltem Sonderurlaub befunden hat. Der Anspruch auf Mutterschaftsgeld ist nur bis zur vereinbarten Beendigung des unbezahlten Sonderurlaubs ausgeschlossen (vgl. BSG vom 17.2.2004 – B 1 KR 7/02 R = BSGE 92, 172 = SozR 4–2200 § 200 Nr. 1). In gleichem Sinne hat das BAG (vom 25.2.2004 – 5 AZR 160/03 = BAGE 109, 362 = AP Nr. 24 zu § 14 MuSchG 1968 = EzA § 14 MuSchG Nr. 18) hinsichtlich des Zuschusses des Arbeitgebers zum Mutterschaftsgeld entschieden.

Nach der Ergänzung von § 200 Abs. 2 RVO durch einen Satz 5 durch das Zweite Gesetz zur Änderung des Mutterschutzrechts vom 16.6.2002 (BGBl. I S. 1812) besteht ein Anspruch auf Mutterschaftsgeld auch dann, wenn ein **Arbeitsverhältnis** erst während der **Schutzfristen** vor oder nach der Geburt **beginnt**. Gemäß § 13 Abs. 3 MuSchG waren dies die Fälle des Wechsels von einem Beamten- in ein Arbeitsverhältnis während der Schutzfristen (vgl. hierzu BSG vom 28.2.2008 – B 1 KR 17/07 R = SozR 4–7830 § 13 Nr. 1). Das Mutterschaftsgeld wird dann ab Beginn des Arbeitsverhältnisses gezahlt. Nach der Gesetzesbegründung zum Zweiten Gesetz zur Änderung des Mutterschutzrechts wird mit dieser Regelung die Lage von jungen Lehrerinnen und Frauen mit einer ähnlichen beruflichen Laufbahn berücksichtigt, die ihren Vorbereitungsdienst im Beamtenverhältnis nach Beginn der Mutterschutzfrist abgeschlossen haben und anschließend als Arbeitnehmerin eingestellt werden (vgl. dazu die Begründung in BR-Drucks. 1071/01 S. 13). Nach bisheriger Rechtslage erhielten sie weder Mutterschaftsgeld noch den Zuschuss des Arbeitgebers. Die abweichende Regelung ist in § 24i Abs. 3 Satz 6 SGB V übernommen, so das eine dem § 13 Abs. 3 MuSchG entsprechende Regelung in § 19 für entbehrlich gehalten wurde (siehe Rdn. 1).

Die vorstehende Auffassung wird deshalb nicht mehr dadurch infrage gestellt, dass in dem durch das FinanzänderungsG 1967 eingefügten § 14 MuschG eine Zuschusspflicht des Arbeitgebers vorgesehen war, die den **Bestand des Arbeitsverhältnisses** voraussetzte, und die Übernahme dieses Zuschusses auf die Krankenkasse zulasten des Bundes nur für den Fall vorgesehen ist, dass das Arbeitsverhältnis während der Schwangerschaft (einschließlich der Schutzfristen nach § 3 vom Arbeitgeber zulässig aufgelöst worden ist. Die Frage, ob das Arbeitsverhältnis zulässig aufgelöst wurde, spielt nur eine Rolle dafür, ob ein Zuschuss nach § 14 Abs. 2 zu zahlen ist (vgl. BSG vom 1.2.1983 – 3 RK 53/81 = BSGE 54, 260 = SozR 2200 § 200a Nr. 5; näher dazu nachstehend Rdn. 37, 38). Diese Regelung ist ab 1.1.2018 in § 20 Abs. 3 Satz 1 überführt (BT-Drucks. 18/8963 S. 91; hierzu § 20 Rdn. 20).

Für als Mitglieder **pflichtversicherte Frauen** ist die weitere Leistungsgewährung schon dadurch gegeben, dass ihre **Mitgliedschaft bei der Krankenkasse** als Voraussetzung für den bei ihnen gegebenen versicherungsrechtlichen Anspruch nach § 192 Abs. 1 Nr. 2 SGB V **aufrechterhalten bleibt**. Dass es bei Frauen, die der gesetzlichen Krankenversicherung **nicht** als **Pflichtversicherte** angehören, ebenfalls **nur** auf das **Vorliegen eines Arbeitsverhältnisses bei Beginn der Schutzfrist** ankommt, ergab sich eindeutig aus der Fassung des § 13 Abs. 2 Satz 1 MuSchG, der nur auf den genannten Zeitpunkt abstellt. Wenn der Anspruch (wie nach dem MuSchG 1952) von dem Fortbestand des Arbeitsverhältnisses hätte abhängig sein sollen, dann hätte die Anspruchsvoraussetzung lauten müssen: »... erhalten, wenn sie **während** der Schutzfristen nach § 3 Abs. 2 und § 6 Abs. 1 ...« Es ist aus den Gesetzesmaterialien nicht ersichtlich, dass eine unterschiedliche Behandlung von pflichtversicherten Frauen und diesem Kreis nicht angehörenden Frauen gewollt war. Für nicht pflichtversicherte Frauen gelten für den Fall eines unbezahlten Sonderurlaubs ebenfalls die Grundsätze der vorstehenden Entscheidungen des BSG und des BAG. Die Neuregelung in § 19 Abs. 2 verzichtet auf die Wiederholung der Voraussetzung, dass die Frau bei Beginn der Schutzfrist in einem Arbeitsverhältnis stehen muss, weil sich dieses Erfordernis bereits aus der Sonderregelung in § 24i Abs. 3 Satz 6 SGB V ergibt (BT-Drucks. 18/8963 S. 89).

b) Beschäftigte in Heimarbeit bei Beginn der Schutzfrist

35 Mutterschaftsgeld steht auch den Frauen zu, die **zu Beginn der Schutzfrist in Heimarbeit beschäftigt** sind. Zu diesem Personenkreis rechnen ebenfalls die Frauen, die den in Heimarbeit Beschäftigten **gleichgestellt** sind (insbes. Hausgewerbetreibende), soweit sie am Stück mitarbeiten. Für sie gilt nach § 1 Abs. 2 Satz 2 Nr. 6 das MuSchG gleichfalls (vgl. Kommentierung zu § 1). Die für Entwicklungshelferinnen, arbeitnehmerähnliche Personen und Schülerinnen sowie Studentinnen getroffenen Rückausnahmen vom Mutterschaftsgeld und Arbeitgeberzuschuss (§ 1 Abs. 2 Satz 2 Nr. 3, 7 und 8 finden auf Heimarbeiterinnen keine Anwendung (vgl. BT-Drucks. 18/8963 S 90). Die Rechtslage hat sich insoweit nicht geändert. Bereits § 13 MuSchG 1952 gewährte den Gleichgestellten die gleichen Leistungen wie den anderen in § 1 MuSchG genannten Frauen, sodass schon bisher angenommen wurde, dass der Gesetzgeber bei der Aufstellung der verschiedenen Tatbestände in § 200 Abs. 2 RVO und nachfolgend § 13 Abs. 2 MuSchG und § 24i Abs. 2 SGB V übersehen hat, diesen Personenkreis ausdrücklich aufzuführen.

Für die Frage, wie der Beginn der Schutzfrist zu bestimmen ist, wird auf die Ausführungen oben Rdn. 31–33 verwiesen.

c) Fälle des zulässig beendeten Arbeitsverhältnisses

36 Mutterschaftsgeld erhalten schließlich auch die Frauen, deren **Arbeitsverhältnis während der Schwangerschaft oder der Schutzfristen nach der Entbindung** vom Arbeitgeber nach § 17 Abs. 2 **zulässig gekündigt** worden ist. Für die als Mitglieder versicherten Frauen ergibt sich dies aus § 24i Abs. 2 Satz 1 SGB V. Für Frauen, die nicht als Mitglieder versichert sind, folgt dies jetzt aus § 19 Abs. 2 Satz 3. Die Regelung entspricht der bisherigen Regelung des § 13 Abs. 2 Satz 3 MuSchG. Die dortige Bezugnahme auf die ausnahmsweise zulässige Kündigung nach § 9 Abs. 3 MuschG ist ersetzt durch die Bezugnahme auf deren Nachfolgeregelung des § 17 Abs. 2 (vgl. BT-Drucks. 18/8963 S. 90). Das durch das Gesetz zur Neuregelung des Mutter-

schutzrechts (a.a.O.) neu hinzugekommene Kündigungsverbot nach Fehlgeburt (§ 17 Abs. 1 Nr. 2) wirkt sich nicht aus, weil der für das Mutterschaftsgeld erforderliche Tatbestand der Entbindung nicht erfüllt ist (vgl § 17 Abs. 1 Nr. 3; hierzu BT-Drucks. 18/8963 S. 87; Schaks SGb 2017, 675 ff.). Mit dem Mutterschutzanpassungsgesetz vom 24.2.2025 (BGBl. I Nr. 59) wird in § 2 Abs. 6 m.W.v. 1.6.2025 der Entbindungsbegriff jetzt indes abweichend von der bisherigen Lesart legal definiert und eine entsprechende Anwendung der Regelungen zur Entbindung bei einer Fehlgeburt ab der 13. Schwangerschaftswoche vorgesehen.

Nach der bis zum 31.12.1996 geltenden Regelung konnte das Arbeitsverhältnis einer **im Haushalt beschäftigten Frau** gemäß § 9 Abs. 1 Satz 2 Halbs. 1 vom Arbeitgeber nach Ablauf des fünften Monats der Schwangerschaft gekündigt werden. Diese Möglichkeit ist aufgrund der Neufassung des § 9 durch das Gesetz vom 20.12.1996 (BGBl. I S. 2110) weggefallen. Für Heimarbeiterinnen und Gleichgestellte sind in § 17 Abs. 3 besondere Vorgaben für den Kündigungsschutz getroffen. 37

Eine zulässige Beendigung des Arbeitsverhältnisses, die den Anspruch auf Mutterschaftsgeld begründen kann, liegt vor, wenn der Arbeitgeber das Arbeitsverhältnis während der Schwangerschaft oder der Schutzfristen nach der Entbindung **gekündigt** hat und die für den Arbeitsschutz zuständige oberste Landesbehörde die Kündigung nach § 17 Abs. 2 ausnahmsweise für **zulässig erklärt** hat. Diese Möglichkeit kommt in Betracht gegenüber allen als Arbeitnehmerinnen tätigen Frauen während der gesamten Dauer der Schwangerschaft und bis zum Ablauf von vier Monaten nach der Entbindung. Eine **Kündigung**, die **vor Beginn der Schwangerschaft** ausgesprochen worden ist, das Arbeitsverhältnis aber erst während der Schwangerschaft beendet, fällt nicht unter § 17 und löst deshalb auch nicht den darauf gestützten Anspruch auf Mutterschaftsgeld aus. 38

Im Übrigen ist die Frage, ob im Sinne von § 24i Abs. 2 Satz 3 SGB V, § 19 Abs. 2 Satz 3 **neben der für zulässig erklärten Kündigung andere Konstellationen als zulässige Beendigung** des Arbeitsverhältnisses zu werten sind, nach folgenden Grundsätzen zu entscheiden:

Eine den Anspruch auf Mutterschaftsgeld begründende **Kündigung** liegt nicht vor, wenn der Arbeitgeber **in Unkenntnis der Schwangerschaft** gekündigt hat und die Frau ihn auch nicht innerhalb von zwei Wochen nach Zugang der Kündigung von ihrem Zustand unterrichtet hat (vgl. zur unverschuldeten Versäumung dieser Frist Kommentierung zu § 17). Zwar geht aus § 17 Abs. 1 Satz 1 hervor, dass bei dieser Sachlage die Kündigung an sich zulässig ist. Es entspricht jedoch **nicht** dem Sinn und Zweck des Gesetzes, in diesem Fall **Mutterschaftsgeld** zu bewilligen. Die Frau, die ihre Schwangerschaft verschweigt, und zwar auch noch nach erfolgter Kündigung, verzichtet auf den ihr vom Gesetz eingeräumten Schutz des Arbeitsplatzes. Es besteht dann kein Anlass, der Frau das Mutterschaftsgeld zu gewähren, das »nach Maßgabe von § 17 Absatz 2« in Fällen für zulässig erklärter Kündigungen den Frauen, deren Arbeitsverhältnis nicht bis zum Beginn der Schutzfrist bestanden hat, deshalb zukommen soll, weil sie den Bestandschutz nicht erreichen konnten. Die Konstellationen, in den die betroffenen Frauen den Bestandsschutz nicht erreichen wollten, ist nicht vergleichbar. 39

Für die hier vertretene Ansicht spricht ferner die Gesetzesentwicklung. Nach dem MuSchG 1952 setzte die Gewährung von Wochengeld als der dem Mutterschaftsgeld entsprechenden Leistung das Bestehen eines Arbeitsverhältnisses bei Beginn der Schutzfrist voraus. Ein Wochengeld konnten Frauen, deren Arbeitsverhältnis vorher aufgelöst worden war, nur erhalten, wenn die zuständige Behörde die Kündigung gemäß § 9 Abs. 2 MuSchG 1952 für zulässig erklärt und gleichzeitig bestimmt hatte, dass der werdenden Mutter die Leistungen nach § 13 zu gewähren seien. Deshalb konnte die in Unkenntnis der Schwangerschaft »zulässig« ausgesprochene Kündigung nicht zu einer Leistung des Wochengeldes führen. Bei der gesetzlichen Regelung sind in § 200 RVO bzw. nachfolgend § 24i SGB V und § 13 Abs. 2 MuSchG lediglich die Fälle des zulässig aufgelösten Arbeitsverhältnisses, die zur Gewährung von Mutterschaftsgeld führen konnten (§ 9 Abs. 2 und § 11 MuSchG 52 für Hausgehilfinnen) zusammengefasst worden; es ist nicht erkennbar, dass damit eine sachliche Änderung in Bezug auf die hier zur Erörterung stehenden Fälle beabsichtigt war (vgl. BSG vom 10.9.1975 – 3 RK 12/74 = BSGE 40, 211 = SozR 2200 § 200 Nr. 2; BSG vom 1.2.1983 – 3 RK 53/81 = BSGE 54, 260 = SozR 2200 § 200a Nr. 5; Brose/Weth/Volk, MuSchG, 9. Aufl., § 19 Rn. 41; Meisel/Sowka, 4. Aufl., § 200 Rn. 36–38; teilweise a.A. und in Bezug auf die Anfechtung des Arbeitsvertrags in sich widersprüchlich Zmarzlik/Zipperer, 7. Aufl., § 13 Rn. 36, 37; Töns, § 200 Anm. B I 3a [3]). Ein weitergehender Regelungsgehalt wird auch durch das Gesetz zur Neuregelung des Mutterschutzrechts (a.a.O.) nicht erkennbar (vgl. BT-Drucks. 18/8963 S. 90).

40 Eine zulässige Beendigung durch den Arbeitgeber kann nicht ohne Weiteres dann bejaht werden, wenn das **Arbeitsverhältnis im gegenseitigen Einvernehmen beendet** wurde, sofern der Arbeitgeber sonst gekündigt hätte; denn der Arbeitgeber ist durch das Kündigungsverbot generell an einer Beendigung gehindert (vgl. **LSG** Nordrhein-Westfalen vom 2.11.1983 – L 11 Kr 35/82 = Breith 1984, 366). Man kann die einverständliche Beendigung deshalb nur dann **einer zulässigen Kündigung gleichstellen**, wenn dem Arbeitgeber bereits die **Ausnahmebewilligung** nach § 17 Abs. 2 **erteilt** war, sodass er ohne die vereinbarte Beendigung wirksam hätte kündigen können (vgl. auch Brose/Weth/Volk, MuSchG, 9. Aufl., § 19 Rn. 40; Meisel/Sowka, 4. Aufl., § 200 Rn. 15).

41 Ob man der **Frau** den Anspruch auf Mutterschaftsgeld zubilligen kann, wenn sie selbst **aus einem vom Arbeitgeber zu vertretendem wichtigen Grunde** das Arbeitsverhältnis fristlos gekündigt hat, erscheint fraglich. Denn wenn der Arbeitgeber den Grund zu vertreten hat, ist er **schadensersatzpflichtig** (vgl. Meisel/Sowka, 4. Aufl., § 200 Rn. 36; Zmarzlik/Zipperer, 7. Aufl., § 13 Rn. 35; Töns, § 200 Anm. B I 3a [7]).

42 Eine zulässige Beendigung des Arbeitsverhältnisses, die den Anspruch auf Mutterschaftsgeld entsprechend § 17 Abs. 2 begründen könnte, liegt nicht vor, wenn die **Frau** selbst **eine ordentliche Kündigung ausspricht** oder das Arbeitsverhältnis durch **Anfechtung, Fristablauf** oder **Erreichung einer Zweckbestimmung** (vor Beginn der Schutzfrist) endet. Das gilt auch dann, wenn die Frau das befristete Arbeitsverhältnis im Rahmen einer Arbeitsbeschaffungsmaßnahme eingegangen ist. Eine inhaltliche Änderung durch das Gesetz zur Neuregelung des Mutterschutzrechts ist nicht ersichtlich

(vgl. zu den Vorgängerreglungen BSG vom 1.2.1983 – 3 RK 53/81 = BSGE 54, 260 = SozR 2200 § 200a Nr. 5; im Übrigen wie hier Meisel/Sowka, 4. Aufl., § 200 RVO Rn. 36 ff.; Zmarzlik/Zipperer, 7. Aufl., § 13 Rn. 37; Buchner/Becker, 8. Aufl., § 13 Rn. 82).

Zulässig aufgelöst wurde nach der **früheren Rechtsprechung** das Arbeitsverhältnis einer 43
schwangeren Frau auch bei einer **Aussperrung** durch den Arbeitgeber während eines Arbeitskampfes (vgl. BAG vom 25.1.1963 – 1 AZR 288/62 = BAGE 14, 52 = AP Nr. 24 zu Art. 9 GG). Diesen Frauen sollte **für die Dauer der Schutzfristen das Mutterschaftsgeld** zustehen; deshalb ist in den Beratungen des Ausschusses für Arbeit das im Gesetzentwurf enthalten gewesene Wort »gekündigt« durch das Wort »aufgelöst« ersetzt worden (vgl. zu BT-Drucks. Nr. IV/3653). Nach der **neueren Rechtsprechung** (vgl. BAG vom 21.4.1971 – GS 1/68 BAGE 23, 292 = AP Nr. 43 zu Art. 9 GG) dürfen Frauen, die Kündigungsschutz genießen, nur noch mit suspendierender Wirkung ausgesperrt werden.

Durch die Insolvenz des Arbeitgebers wird das Arbeitsverhältnis nicht berührt. Da der 44
Arbeitgeber aber leistungsunfähig ist und eine Absicherung des Arbeitsentgelts durch das Insolvenzgeld nach § 165 SGB III nur für die dem Insolvenzereignis vorausgehenden drei Monate des Arbeitsverhältnisses erfolgt, kann es zu Ausfällen beim Arbeitgeberzuschuss kommen. Der Gesetzgeber hat dem Rechnung getragen und durch § 38 Nr. 3 BErzGG dem § 14 MuSchG einen dritten Absatz angefügt, durch für den Fall der Zahlungsunfähigkeit des Arbeitgebers die Zuschusspflicht zulasten des Bundes begründet wurde. § 20 Abs. 3 Satz 2 schreibt diese Regelung weiterhin fort (vgl. dazu näher § 20 Rdn. 21).

Die Anspruchsvoraussetzung »zulässig gekündigtes Arbeitsverhältnis« ist auch bei den 45
Frauen erfüllt, die in einem entsprechend den vorstehenden Erläuterungen **zulässig aufgelösten Heimarbeitsverhältnis** gestanden haben, obgleich das Gesetz nur von der Beendigung des »Arbeitsverhältnisses« bzw »Beschäftigungsverhältnisses« spricht. Einer Heimarbeiterin oder Hausgewerbetreibenden steht der Kündigungsschutz des § 17 in gleicher Weise wie einer im echten Arbeitsverhältnis stehenden Arbeitnehmerin zu, und zwar nicht erst nach Ablauf der in § 29 HAG bestimmten Beschäftigungsdauer von vier Wochen, sondern bereits mit der Begründung des Heimarbeitsverhältnisses (BAG, Urteil vom 22.9.1961 – 1 AZR 260/60 = AP Nr. 22 zu § 9 MuSchG; vgl. Kommentierung zu § 17). Dies folgt nunmehr aus § 17 Abs. 3 Satz 2 und 3, sodass die kündigungsschutzrechtliche Gleichstellung der in einem Heimarbeitsverhältnis stehenden Frauen und der ihnen gleichgestellten Frauen gesetzlich klargestellt ist.

12. Keine Wartezeit mehr als weitere Anspruchsvoraussetzung

Weitere Voraussetzungen für die Begründung des Anspruchs auf Mutterschaftsgeld – 46
sowohl nach § 200 RVO als auch nach § 13 Abs. 2 MuSchG (vgl. dazu oben Rdn. 17) – war bis zum 31.12.1999, dass in der Zeit zwischen dem zehnten und dem vierten Monat einschließlich dieser Monate vor der Entbindung die Frau für **mindestens zwölf Wochen Mitglied (einer Krankenkasse) war oder in einem Arbeitsverhältnis**

gestanden hat. Der Zweck dieser Vorschrift lag darin, einen **ungerechtfertigten Bezug** des hohen Mutterschaftsgeldes zu **verhindern.**

Durch Art. 11 des GKV-Gesundheitsreformgesetzes 2000 vom 22.12.1999 (BGBl. I S. 2626) ist die vorgenannte Voraussetzung, nämlich der 2. Halbsatz des § 200 Abs. 1 RVO gestrichen worden.

47 Nach der BT-Drucksache 14/1245 S. 118 war folgender Grund maßgebend:

§ 200 Abs. 1 zweiter Halbsatz RVO regelt bisher die zeitlichen Anspruchsvoraussetzungen für das Mutterschaftsgeld (mindestens zwölf Wochen Mitgliedschaft in der gesetzlichen Krankenversicherung oder mindestens zwölf Wochen Bestehen des Arbeitsverhältnisses innerhalb einer Rahmenfrist von Beginn des zehnten bis zum Ende des vierten Monats vor der Entbindung). Für junge Berufsanfängerinnen nach einem Studium, die als Arbeitnehmerinnen schwanger werden, sind diese zeitlichen Anspruchsvoraussetzungen häufig nicht erfüllbar. Ohne Anspruch auf Mutterschaftsgeld entfällt auch der Arbeitgeberzuschuss nach § 14 Abs. 1 des Mutterschutzgesetzes während der Mutterschutzfristen vor und nach der Geburt mit der Folge, dass als einzige Einkommenssicherung die Sozialhilfe Übrig bleibt. Auch wenn die betroffene Personengruppe nicht allzu groß ist, bedeutet für jede schwangere junge Arbeitnehmerin der Verlust des Mutterschaftsgeldes und des Arbeitgeberzuschusses eine persönliche Härte.

Angesichts der heutigen Arbeitsmarktsituation scheidet die Gefahr des Rechtsmissbrauchs durch eine junge schwangere Arbeitnehmerin aus.

48 Die **Vermutung**, die in der Gesetzesbegründung aufgestellt ist, ging dahin, dass die Streichung der Wartezeit **nicht** zu einem **Rechtsmissbrauch** führen werde.

49 Die Nachfolgeregelung des § 24i Abs. 1 SGB V sieht deshalb ebenfalls keine Wartefrist mehr vor.

50 Die Entscheidung des EuGH vom 21.2.2015 – C 65714 – Roselle (NZA 2015, 795), dass Wartefristen für Mutterschaftsleistungen in nationalen Rechtsvorschriften nur unter einschränkenden Voraussetzungen mit der Mutterschutzrichtlinie 92/85/EWG vereinbar sind, hat deshalb keine Auswirkungen auf die deutsche Rechtspraxis (Klein, jurisPR-ArbR 26/2015 Anm. 6).

13. Grundsätzliches zur Höhe des Mutterschaftsgeldes nach § 24i Abs. 2 SGB V

51 Bei der Berechnung des der Frau zustehenden Mutterschaftsgeldes bedarf es der Bestimmung von **drei Bezugsgrößen**. Es ist der Ausgangszeitraum zu ermitteln (**Berechnungszeitraum**, sozialversicherungsrechtlich **Bemessungszeitraum**), der die letzten drei abgerechneten Kalendermonate vor Beginn der Schutzfrist nach § 3 Abs. 1 umfasst (Rdn. 52–58); sodann ist **das in diesem Zeitraum maßgebende Arbeitsentgelt** festzustellen (Rdn. 59–79) und schließlich ist durch Teilung das durchschnittliche **kalendertägliche Arbeitsentgelt** zu errechnen (Rdn. 80–82).

Da von einem Verdienst auszugehen ist, den die Frau in einem zurückliegenden Zeitraum (Berechnungs- oder Bemessungszeitraum) erzielt hat, ist das Mutterschaftsgeld nach der sog. **Bezugsmethode** zu ermitteln (**Referenzmethode**), wie sie grundsätzlich ebenfalls für die Berechnung des Mutterschutzlohnes nach § 18 und des Arbeitgeberzuschusses nach § 20 gilt.

Im Interesse der **Begriffsklarheit** ist darauf hinzuweisen, dass ausgehend von der Bezugsmethode für den maßgeblichen Zeitraum, der der Berechnung der bezogenen Verdienste zugrunde liegt, arbeitsrechtlich vom Bezugs- oder Berechnungszeitraum gesprochen wird. Aus sozialversicherungsrechtlicher Sicht entspricht dieser Bezugszeitraum dem Bemessungszeitraum, dem Zeitraum also, der Grundlage für die Bemessung einer Sozialleistung bildet und vom Zeitraum des Bezugs der Sozialleistung zu unterscheiden ist. Soweit im Folgenden vom Bezugszeitraum gesprochen wird, ist dies – bis auf Weiteres – der Bezugszeitraum im arbeitsrechtlichen Sinne. Die angeregte Vereinheitlichung der Terminologie (vgl Roos, Anhörung im Ausschuss für Familie, Senioren, Frauen und Jugend, Sitzung vom 19.9.2016) hat der Gesetzgeber im Gesetz zur Neuregelung des Mutterschutzrechts (a.a.O.) nicht aufgegriffen.

14. Ermittlung des Bezugszeitraums (§ 24i Abs. 2 Satz 1 SGB V)

a) Beginn der Schutzfrist als Ausgangspunkt

Für die Berechnung des Zeitraums der **letzten drei abgerechneten Monate** ist grund- 52
sätzlich von dem **Beginn der Schutzfrist** nach § 3 Abs. 1 auszugehen. Der letztgenannte Zeitpunkt ist nach den Regeln des § 3 Abs. 1 Satz 3 zu bestimmen, d.h. unter Zugrundelegung des in einem ärztlichen Zeugnis angenommenen **mutmaßlichen Tages der Entbindung** wird die Sechswochenfrist berechnet. Dieser Ausgangszeitpunkt bleibt auch dann maßgebend, wenn die Entbindung früher oder später eintritt. Das gilt jedoch nicht, wenn die Frau das Mutterschaftsgeld erst nach der Entbindung beantragt. Dann ist vom **tatsächlichen** Zeitpunkt der Entbindung auszugehen (vgl. BSG vom 9.9.1971 – 3 RK 30/71 = BSGE 33, 127 = SozR Nr. 1 zu § 13 MuSchG vom 18.4.1968 = AP Nr. 11 zu § 13 MuSchG 1968; BSG vom 10.9.1975 – 3 RK 69/74 = SozR 2200 § 200 Nr. 3 = BKK 1976, 178; Rdn. 32).

Für die Ermittlung des Bezugszeitraums, wenn das **Arbeitsverhältnis** während der 53
Schwangerschaft vom Arbeitgeber **zulässig gekündigt** worden ist, kann ebenfalls von dem Beginn der Schutzfrist ausgegangen werden; denn der letzte abgerechnete Lohnzahlungszeitraum fällt dann in die Zeit, in der das Arbeitsverhältnis noch bestanden hat.

Fraglich ist, wie zu verfahren ist, wenn die Frau **nach der zulässigen Beendigung des** 54
Arbeitsverhältnisses ein neues Arbeitsverhältnis eingegangen ist, das zu Beginn des Beschäftigungsverbots noch besteht und ebenfalls anspruchsbegründend nach § 24i Abs. 2 Satz 1 SGB V ist. Nach dem Wortlaut des Gesetzes müsste in diesem Fall der Bezugszeitraum unter Zugrundelegung des »bei Beginn der Schutzfrist« bestehenden Arbeitsverhältnisses ermittelt werden (wobei dann je nach dessen Dauer u.U. das aufgelöste Arbeitsverhältnis noch in den Dreimonatszeitraum hineinreicht und zu berücksichtigen wäre; so anscheinend Spitzenverb, d. KK in DOK 1968, S. 49, Anm. 1e zu § 200 Abs. 2 RVO).

Wenn die Frau in dem neuen Arbeitsverhältnis eine geringere Vergütung erhält, als sie in dem (ebenfalls anspruchsbegründenden) beendeten Arbeitsverhältnis hatte, dann führt das zu einer Benachteiligung, für die eine Rechtfertigung nicht ersichtlich ist.

Im MuSchG 1952 waren die Fälle, dass ein **Doppelanspruch** auf Gewährung von Wochenhilfe bestand, in § 15 ausdrücklich dahin geregelt, dass (nur) die höheren Leistungen zu gewähren waren. Nach dem schriftlichen Bericht des Ausschusses für Arbeit (zu BT-Drucks. IV/3652, S. 7) zu dem ÄndG 65, das bereits die Streichung des § 15 MuSchG 1952 brachte, heißt es: »Die bisherigen §§ 14, 15 und 16 MuSchG wurden gestrichen, weil die in diesen Vorschriften enthaltenen Regelungen in die neuen Vorschriften des Art. 2 dieser Vorlage (betr. Neugestaltung der Mutterschaftshilfe) eingebaut worden sind.«

Wenn auch den bisherigen Bestimmungen des § 200 RVO, die insoweit durch das FinanzänderungsG 1967 keine Umgestaltung erfahren haben, nicht unmittelbar zu entnehmen ist, wie die doppelte Anspruchsberechtigung einer Frau zu behandeln ist, so dürfte dem Gesetz doch immerhin im Hinblick auf Sinn und Zweck des Mutterschaftsgeldes und unter Berücksichtigung der vorgenannten gesetzlichen Materialien eine Lösung entsprechen, wie sie früher in § 15 MuSchG 1952 enthalten war. Das gilt umso mehr, wenn als Fälle des zulässig aufgelösten Arbeitsverhältnisses nur die angesehen werden, die oben in Rdn. 37, 38 aufgeführt sind. Abweichende Regelungen hat der Gesetzgeber in der Zwischenzeit nicht getroffen. Daraus ergibt sich für die Beendigung des Arbeitsverhältnisses nach Maßgabe des § 17 Abs. 2 Folgendes:

Bei Frauen mit **doppelter Anspruchsberechtigung** ist **das Mutterschaftsgeld für jeden Anspruch besonders zu berechnen** und ihr **die höhere Leistung zu gewähren**. Der Bezugszeitraum ist dann einmal vom Beginn der Schutzfrist her zu bestimmen (für das bestehende Arbeitsverhältnis). Für die Berücksichtigung des Arbeitsverdienstes aus dem beendeten Arbeitsverhältnis ist der Bezugszeitraum von dem Zeitpunkt der Beendigung dieses Arbeitsverhältnisses her zu ermitteln. Wenn sich für das neue Arbeitsverhältnis keine drei abgerechneten Kalendermonate ergeben, kann die fehlende Zeit aus dem früheren Arbeitsverhältnis zu ergänzen sein (vgl. schon BSG vom 22.2.1972 – 3 RK 85/69 = BSGE 34, 79 = SozR Nr. 4 zu § 200 RVO).

b) Letzte abgerechnete Lohnzahlungszeiträume

55 Der **Begriff der letzten abgerechneten Lohnzahlungszeiträume**:

Im Unterschied zu der bisherigen Regelung kommt es nicht auf den Verdienst der letzten drei Kalendermonate an, sondern es muss sich um die letzten drei **abgerechneten Kalendermonate** handeln. »Abgerechnet« sind Zeiträume, für die das zu zahlende **Entgelt** von dem Arbeitgeber errechnet und mit dem Arbeitnehmer endgültig **abgerechnet** worden ist. Nicht ausreichend ist es, wenn für bestimmte Zeitabschnitte durch bloße **Abschlagszahlung** das Entgelt ganz oder teilweise geleistet wurde. Beginnt die Schutzfrist z.B. am 5.5. und wird die Vergütung im Betriebe üblicherweise erst am 8. eines Folgemonats abgerechnet, dann ist der Monat April noch nicht abgerechnet, sodass der letzte abgerechnete Monat in diesem Fall der März ist (ebenso Brose/Weth/

Volk, MuSchG, 9. Aufl., § 19 Rn. 71). Der Gesetzgeber folgt insoweit dem Muster anderer Lohnersatzleistungen (vgl. z.B. die Berechnung des Arbeitslosengelds gemäß § 150 SGB III).

Auf bereits »abgerechnete« Lohnzahlungen stellt das Gesetz offenbar deshalb ab, weil die Frau, wenn sie bei Beginn der Schutzfrist das Mutterschaftsgeld beantragt, nicht auf noch ausstehende Abrechnungen warten soll, andererseits aber auch der Arbeitgeber nicht gezwungen sein soll, für die Frau eine Abrechnung außer der Reihe zu erstellen. Dieser Gesichtspunkt ist nunmehr auch für die Berechnung des Mutterschutzlohns maßgeblich (vgl. § 18 Satz 2). Deshalb dürfte es im Geltungsbereich des Gesetzes zur Neuregelung des Mutterschutzrechts (a.a.O.) nicht mehr darauf ankommen, was in dem Berechnungszeitraum verdient wurde, wenn die Abrechnung außerhalb des Dreimonatszeitraums erfolgt (vgl. noch BAG vom 8.9.1978 – 3 AZR 418/77 = AP Nr. 8 zu § 11 MuSchG 1968; ferner § 18).

Wenn auf die Vergütung der »abgerechneten« Kalendermonate abzustellen ist, so hat das noch eine weitere Bedeutung; Wenn **in einem der drei letzten Monate vor dem Beginn der Schutzfrist** eine Abrechnung nicht erfolgt ist, weil die Frau wegen Erkrankung, Beurlaubung oder aus sonstigen Gründen unverschuldeter Arbeitsversäumnis überhaupt **kein Entgelt erzielt** hat, dann scheidet dieser Monat als nicht abgerechnet **aus dem** Bezugszeitraum aus, es ist dann auf weiter zurückliegende Monate zurückzugreifen. Die letzten drei Monate brauchen also nicht zusammenhängend zu sein (allg. Meinung; vgl. z.B. Brose/Weth/Volk, MuSchG, 9. Aufl., § 19 Rn. 72; Schmatz, WzS 1965, 361). § 21 Abs. 1 Satz 1 fasst dies nunmehr dergestalt zusammen, dass bereits bei der Bestimmung des Berechnungszeitraumes für die Ermittlung des durchschnittlichen Arbeitsentgelts für die Leistungen nach den §§ 18 bis 20 Zeiten unberücksichtigt bleiben, in denen die Frau infolge unverschuldeter Fehlzeiten kein Arbeitsentgelt erzielt hat (siehe Kommentierung zu § 21). Einmalig gezahltes Arbeitsentgelt i.S.v. § 23a SGB IV bleibt unberücksichtigt. Dem entspricht weitgehend die Regelung beim Elterngeld, auch wenn der Gesetzgeber das Elterngeld aus abhängiger Beschäftigung am laufenden Arbeitslohn des Steuerrechts orientiert und insoweit die sonstigen Bezüge von der Bemessung des Elterngeldes ausnimmt (§ 2c Abs. 1 Satz 2 BEEG; zur Verfassungsmäßigkeit BSG vom 14.12.2017 – B 10 EG 7/17 R, zur Veröffentlichung in BSGE vorgesehen). 56

Für Tage mit **gekürztem Arbeitsentgelt** ist das ungekürzte Arbeitsentgelt zugrundezulegen (§ 21 Abs. 2, siehe Kommentierung dort). Dies gilt etwa bei Kurzarbeit oder anderen Arbeitsausfällen (§ 21 Abs. 2 Nr. 2) und im Fall der Beendigung der Elternzeit nach dem BEEG das Arbeitsentgelt aus Teilzeitbeschäftigung, das vor der Beendigung der Elternzeit während der Elternzeit erzielt wurde, soweit das durchschnittliche Arbeitsentgelt ohne die Berücksichtigung der Zeiten, in denen dieses Arbeitsentgelt erzielt wurde, höher ist (§ 21 Abs. 2 Nr. 3).

Seit der Neufassung von § 200 Abs. 2 Satz 1 RVO durch das GRG ist **nicht** mehr auf 57
eine **Abrechnung** nach **Wochen** abzustellen. Der Gesetzgeber ist ersichtlich davon ausgegangen, dass sich die Abrechnung der Vergütung nach Monaten allgemein eingebürgert hat. Dem entspricht die heutige Regelung des § 24i Abs. 2 Satz 1 SGB V.

Sollte sich im Einzelfall ergeben, dass in jedem der drei letzten »abgerechneten« Monate nur in **ganz geringem Umfange gearbeitet** wurde, z.B. nur an ein oder zwei Tagen, kommt mit Blick auf die Neuregelung des § 21 Abs. 3 und der dortigen Bezugnahme auf § 21 in § 24i Abs. 2 Satz 3 SGB V eine Ersatzberechnung nach einem Vergleichseinkommen nur in Betracht, wenn eine Berechnung nach dem ungekürzten Arbeitsentgelt nicht möglich ist. Unmöglichkeit kann auch gegeben sein, wenn die Berechnung nach dem ungekürzten Arbeitsentgelt kein zutreffendes Bild von dem »durchschnittlichen« Arbeitsentgelt geben würde (vgl. zur früheren Regelung des § 200 Abs. 2 Satz 4 RVO Buchner/Becker, 8. Aufl., § 13 Rn. 174 ff.; Zmarzlik/Zipperer, 7. Aufl., § 200 RVO Rn. 67).

c) Begriff der monatlichen Abrechnung

58 Das Arbeitsentgelt ist nach der Neuregelung immer aus den letzten drei abgerechneten Kalendermonaten zu ermitteln. Der **Bezugszeitraum von 13 Wochen** ist nicht mehr vorgesehen. Sollte in seltenen Fällen das Entgelt doch noch wöchentlich abgerechnet werden, so bleibt nur übrig, um auf den Verdienst von drei Kalendermonaten zu kommen, die letzten 13 Wochen zu berücksichtigen.

Um eine monatliche Abrechnung handelt es sich auch, wenn das Arbeitsentgelt nach Stunden, Tagen, Wochen oder Akkordsätzen bemessen ist, aber monatlich abgerechnet wird. Es ist dann, um den kalendertäglichen Verdienst zu ermitteln, durch 30 zu teilen.

15. Im Bezugszeitraum erzieltes Arbeitsentgelt (§ 24i Abs. 2 Satz 1 und 3 SGB V)

a) Sozialversicherungsrechtlicher Begriff des Arbeitsentgelts

59 Ist nach den in der vorst. Anm. dargelegten Grundsätzen der Bezugszeitraum ermittelt worden, dann ist für die Berechnung des Mutterschaftsgeldes weiter festzustellen, welches **berücksichtigungsfähige Arbeitsentgelt** von der Frau erzielt wurde. § 24i Abs. 2 SGB V setzt den Begriff des Arbeitsentgelts voraus und bestimmt – über die Bezugnahme auf § 21 – nur, welche Bezüge – obwohl Arbeitsentgelt darstellend – ausnahmsweise nicht zu berücksichtigen sind.

Mit der Rechtsprechung des BSG (vgl. BSG vom 9.9.1971 – 3 RK 84/69 = SozR Nr. 1 zu § 200 RVO = AP Nr. 2 zu § 13 II VermBG) ist seit je her davon auszugehen, dass das Gesetz in allen Vorschriften, die sich mit den **öffentlichrechtlichen Lohnersatzleistungen** aus Anlass von Schwangerschaft und Entbindung beschäftigen, der **sozialversicherungsrechtliche Begriff** des Arbeitsentgelts **maßgeblich** ist. § 24i Abs. 2 SGB V, der eine Leistung der gesetzlichen Krankenversicherung zum Gegenstand hat (vgl. § 21 Abs. 1 Nr. 3 SGB I, Anh. 1), verwendet den Begriff des Arbeitsentgelts vom Zusammenhang her im Sinne der sozialversicherungsrechtlichen Bestimmungen. Das Arbeitsentgelt ist deshalb unter Berücksichtigung des § 14 SGB IV zu bestimmen, der vorrangig im Beitragsrecht, aber auch im Leistungsrecht gilt (vgl. Knospe in Hauck/Noftz, SGB IV, Stand Februar 2016, § 14 Rn. 1 m.w.N.). Ergänzend hierzu hat die Bundesregierung auf der Grundlage der Ermächtigung des § 17 SGB IV bestimmte Arbeitsentgelte vom sozialversicherungsrechtlich relevanten Arbeitsentgelt ausgenommen.

Diese fließen somit auch nicht in die Berechnung des Mutterschaftsgeldes ein. Wenngleich damit die wirtschaftliche Absicherung der Frau nicht vollständig geschieht, so ist die gesetzgeberische Entscheidung doch hinzunehmen. Da für nichtversicherte Frauen nach § 19 Abs. 2 die Vorschriften des SGB V entsprechend anzuwenden sind, ist für ihr Mutterschaftsgeld ebenfalls vom sozialversicherungsrechtlichen Entgeltbegriff des § 24i Abs. 2 SGB V auszugehen.

Die Frage, ob vom arbeitsrechtlichen oder sozialversicherungsrechtlichen Entgeltbegriff auszugehen ist, hat heute kaum noch praktische Bedeutung (vgl. im Übrigen Brose/Weth/Volk, MuSchG, 9. Aufl., § 19 Rn. 74). Gleichwohl ist der methodische Ausgangspunkt bei der Bestimmung des der Bemessung des Mutterschaftsgeldes zugrunde liegenden Arbeitsentgelts § 14 SGB IV und hieran anschließend die aufgrund der Ermächtigung in § 17 SGB IV erlassenen Rechtsverordnungen der Bundesregierung. Ursprünglich waren das die Arbeitsentgelt-VO und die Sachbezugs-VO. Diese sind zwischenzeitlich durch die SvEV vom 21.12.2006 (BGBl. I S. 3385, s. Anh. 5) ersetzt worden (zu den Motiven vgl. BR-Drucks. 819/06).

Mit dem Gesetz zur Neuregelung des Mutterschutzrechts (a.a.O.) ist nunmehr klargestellt, dass Arbeitsentgelt im Sinne dieses Gesetzes das Arbeitsentgelt ist, das nach § 14 SGB IV in Verbindung mit einer aufgrund des § 17 SGB IV erlassenen Verordnung bestimmt wird. Für Frauen im Sinne von § 1 Abs. 2 Satz 2 gilt als Arbeitsentgelt ihre jeweilige Vergütung (§ 2 Abs. 5; vgl. BT-Drucks. 18/8963 S. 54). Ob für die Berechnung des Zuschusses des Arbeitgebers nach § 20 – wie bisher – der arbeitsrechtliche Entgeltbegriff gilt, wird durch die Bezugnahme auf § 14 SGB IV in der allgemeinen Bestimmung des § 2 Abs. 5, an die § 20 anknüpft, allerdings infrage gestellt (vgl. dazu weiter § 20 Rdn. 12).

b) Als Arbeitsentgelt zu berücksichtigende Bezüge im Einzelnen

Arbeitsentgelt ist der in der regelmäßigen Arbeitszeit erzielte Arbeitsverdienst in 60
Form von **Lohn, Gehalt oder Berufsausbildungsvergütung**. Dabei spielt es keine Rolle, ob der Lohn als Stundenlohn gewährt wird oder ob die Berechnung als Akkord- oder Prämienlohn erfolgt ist. Allerdings kann ein Akkord- oder Prämienlohn überhaupt nur in Ausnahmefällen in Betracht kommen, weil nach § 11 Abs. 6 die Beschäftigung von werdenden Müttern mit Akkordarbeit und sonstigen Arbeiten, bei denen durch ein gesteigertes Arbeitstempo ein höheres Entgelt erzielt werden kann, verboten ist (vgl. auch Kommentierung zu § 18).

Zum Arbeitsentgelt gehört auch der der Frau nach § 18 gewährte **Mutterschutzlohn**. Bei dieser Leistung des Arbeitgebers handelt es sich nicht um eine Gegenleistung für von der Frau geleistete Dienste, sondern um eine Art **Lohnersatz**, durch dessen Zubilligung die Frau vor Lohnausfällen durch die Einhaltung der gesetzlichen Beschäftigungsverbote während der Schwangerschaft und nach der Entbindung – außerhalb der Schutzfristen des § 3 geschützt werden soll. Es liegt dabei aber ein im Arbeitsverhältnis wurzelnder Anspruch vor (vgl. dazu im Einzelnen die Kommentierung zu § 18), sodass der Mutterschutzlohn Verdienst im Sinne von § 24i Abs. 2 SGB V ist (vgl. auch Brose/

Weth/Volk, MuSchG, 9. Aufl., § 19 Rn. 76, § 21 Rn. 17a; Zmarzlik/Zipperer/Viethen, 8. Aufl., § 200 RVO Rn. 31).

61 Arbeitsentgelt ist auch das in Gaststätten und Beherbergungsbetrieben den Arbeitnehmern zufließende **Bedienungsgeld**, das in Form eines Zuschlages auf den Verzehrpreis erhoben wird (Bedienungsprozente). Dabei ist maßgeblich der **tatsächlich erzielte Verdienst** und **nicht** etwa ein niedrigerer **Garantielohn**. Geht man vom sozialversicherungsrechtlichen Begriff des Arbeitsentgelts aus, so zählen auch die sog. **freiwilligen Trinkgelder**, die von dem Gast über den durch den Arbeitgeber oder durch Tarifvertrag festgesetzten Bedienungszuschlag hinaus gewährt werden, zum Arbeitsentgelt nach § 24i Abs. 2 SGB V, soweit sie steuerpflichtig sind (§ 14 Abs. 1 SGB IV i.V.m. § 1 Abs. 1 Nr. 1 SvEV). Nach § 3 Nr. 51 EStG a.F. sind diese Trinkgelder ursprünglich bis zu einem Betrag von 1200,– DM steuerfrei gewesen und gehörten nur insoweit nicht zum sozialversicherungsrechtlichen Entgelt. Ab dem Veranlagungszeitraum 1990 waren 2400,– DM jährlich steuerfrei. Nach dem Gesetz zur Steuerfreistellung von Arbeitnehmertrinkgeldern vom 8.8.2002 (BGBl. I S. 3111) gehören seit dem 1.1.2002 die freiwilligen Trinkgelder nicht mehr zum steuerpflichtigen Arbeitslohn (vgl. § 3 Nr. 51 EStG). Entsprechendes gilt für Croupiers, Friseure u. ähnliche Dienstleistungstätigkeiten (ebenso Brose/Weth/Volk, MuSchG, 9. Aufl., § 21 Rn. 17a; ferner Krause, § 14 Anm. 56). Eine andere Beurteilung hinsichtlich der Trinkgelder ist erforderlich, soweit es darum geht, ob sie zum vom Arbeitgeber fortzuzahlenden Arbeitsentgelt gehören. Das BAG (vgl. BAG vom 28.6.1995 – 7 AZR 1001/94 = BAGE 80, 230 = AP Nr. 112 zu § 37 BetrVG 1972) hat entschieden, dass die **freiwilligen Trinkgelder** bei Fehlen einer besonderen vertraglichen Vereinbarung bei Urlaub, Arbeitsunfähigkeit und Betriebsratstätigkeit **nicht** zum fortzuzahlenden **Arbeitsentgelt** gehören (vgl. auch Zumbansen/Kim in BB 1999, 2454 sowie Kommentierung zu § 18).

Provisionen, welche der Frau während des Bezugszeitraums zugeflossen sind, rechnen ebenfalls zum Arbeitsentgelt, und zwar ohne Rücksicht darauf, ob sie allein oder neben einer festen Vergütung gewährt wurden. Dabei kommen allerdings, bedingt durch das Merkmal, dass es sich um »abgerechnete« Lohnzeiträume handeln muss, **nur solche Provisionen** in Betracht, die **in dem maßgeblichen Zeitraum abgerechnet** wurden.

62 Wenn der Frau aus ihrer Tätigkeit während des Berechnungszeitraums noch Ansprüche zustehen, die erst nach dem Beginn der Schutzfrist fällig und abgerechnet werden, dann sind diese Zahlungen nicht mehr zu berücksichtigen; denn der Sinn, dass nur abgerechnete Zeiträume für die Ermittlung des Mutterschaftsgeldes erheblich sein sollen, liegt u.a. darin, bei Beginn der Schutzfrist Berechnungsunterlagen zu haben, die nicht nachträglich wieder umgestoßen werden sollen. Besonders bei Provisionen könnte sich die Berechnungsgrundlage wiederholt ändern, wenn nämlich Geschäfte später storniert werden und dann der Provisionsanspruch sich ebenfalls ändert. Solche, **erst nach dem Beginn der Schutzfrist** aufgrund früherer Arbeitsleistung **fällig werdende Provisionen** sind der Frau vom Arbeitgeber auszuzahlen; sie bewirken nicht, dass das Mutterschaftsgeld nach § 24i Abs. 4 SGB V ruht (vgl. dazu unten Rdn. 111).

Soweit solche **Provisionsansprüche** jedoch schon **vor dem Beginn der Schutzfrist** fällig und von dem Arbeitgeber **abzurechnen** waren, aber tatsächlich nicht abgerechnet worden sind, kann sich aus dem Gesichtspunkt der Fürsorgepflichtverletzung u.U. ein Schadenersatzanspruch gegen den Arbeitgeber ergeben, wenn durch die unterlassene Abrechnung das Mutterschaftsgeld eine Minderung erfährt. Die aufgezeigte Regelung (»Arbeitsentgelt der letzten drei abgerechneten Kalendermonate«) ist in § 18 jetzt auch für den Mutterschaftslohn übernommen. Anders als bei § 11 MuSchG kann deshalb nicht mehr der Arbeitsverdienst berücksichtigt werden, der in den abgerechneten Zeiträumen verdient, aber noch nicht abgerechnet worden ist (vgl. BAG vom 8.9.1978 – 3 AZR 418/77 = AP Nr. 8 zu § 11 MuSchG 1968; ferner Kommentierung zu § 18).

Als Arbeitsverdienst der Frau ist nicht nur der Barlohn anzusehen, sondern auch neben 63
dem Barlohn gewährte **Sachbezüge** wie Kost, Unterkunft, Deputate u.ä. Während der Beschäftigungsverbote nach § 3 steht der Frau ein Anspruch gegen den Arbeitgeber auf die Sachbezüge nicht zu, sodass sie **bei der Ermittlung des im Bezugszeitraum verdienten Arbeitsentgelts nicht außer Betracht bleiben** können; denn auch diese Sachbezüge stellen ebenso wie der Barlohn eine Gegenleistung für die von der Arbeitnehmerin zu erbringenden Dienste dar mit der Folge, dass der Arbeitgeber sie nicht zu gewähren hat, wenn die Frau während der Schutzfristen nicht tätig ist. Soweit die Frau die Leistungen gleichwohl weiter erhält (weil sie z.B. in den Haushalt des Arbeitgebers aufgenommen ist und dort auch während der Schutzfristen weiter Unterkunft und Verpflegung – ohne Dienstleistung – erhält), kommt in Betracht, dass **das Mutterschaftsgeld** nach § 24i Abs. 4 SGB V teilweise ruht. Demgegenüber ist bei der Frage der Gewährung und Berechnung des Mutterschutzlohns nach § 18 die Ausgangslage eine andere, soweit nicht ein völliges Aussetzen mit der Arbeitsleistung auch schon vor dem Beginn des Beschäftigungsverbots nach § 3 geboten ist (vgl. dazu § 18).

Die Berücksichtigung dieser Sachbezüge bei der Feststellung des im Bezugszeitraum bezogenen Arbeitsentgelts hat mit den **für die Sozialversicherung maßgebenden Bewertungssätzen** zu erfolgen (ebenso Brose/Weth/Volk, MuSchG, 9. Aufl., § 21 Rn. 17e; Töns, § 200 Anm. G II 3k; auch Zmarzlik/Zipperer/Viethen, 8. Aufl., § 200 RVO Rn. 33). Der Anspruch auf **Sachbezüge** ist, wenn diese nicht entgegengenommen werden können, durch eine **Geldzahlung** gemäß den im Sozialversicherungsrecht maßgebenden Bewertungssätzen abzugelten. Zur beitragsrechtlichen Behandlung von Warengutscheinen und Sachgeschenken anstelle von Arbeitsentgelt vgl. die Stellungnahme der am Beitragseinzug beteiligten Stellen in DB 1998, 1918.

Für die Bewertung der Sachbezüge gilt die gem. § 17 SGB IV erlassene SvEV, die die bisherigen Sachbezugsverordnungen abgelöst hat. Für Verpflegung und Unterkunft gelten die Pauschalen des § 2 SvEV, für sonstige Sachbezüge gilt § 3 SvEV. Geregelt ist dabei auch der Fall, dass Sachbezüge vereinbarungsmäßig geringer bewertet werden. Nach §§ 2 Abs. 5, 3 Abs. 2 SvEV ist der Unterschied zu den Pauschalen nach § 2 SvEV oder zu dem Wert nach § 3 Abs. 1 SvEV dem Arbeitsentgelt hinzuzurechnen. Beispiel: Vereinbarung eines Bruttolohns von 1500,– Euro monatlich und Gewährung von Verpflegung und Unterkunft, die mit 200,– Euro monatlich auf den Lohn angerechnet werden, während der Wert dieser Sachbezüge nach den amtlichen Sätzen 246,– Euro und 226,– Euro = 472,– Euro betragen würde. In solchen Fällen setzt sich das Arbeitsentgelt der Frau aus dem Barlohn (1300,– Euro) und dem Wert der Sachbezüge (472,–

Euro) zusammen und liegt über dem vereinbarten Lohn. Soweit dieser danach überschritten wird, liegt ebenfalls eine Gegenleistung für die erbrachten Dienste und nicht etwa eine Schenkung vor. Das Arbeitsentgelt beläuft sich zutreffend auf 1772,– Euro.

Wenn die **Wertsätze** während des Bezuges von Mutterschaftsgeld **geändert** werden, dann sind die Änderungen vom Tage ihrer Geltung an bei der Berechnung der Leistung zu berücksichtigen. Es handelt sich dann nicht um eine Lohnerhöhung, sondern um eine zeitgerechte Bewertung der ihrem Inhalt nach unverändert zugrunde zu legenden Sachbezüge (wie hier schon Töns, § 200 Anm. G II 3k; Zmarzlik/Zipperer/Viethen, 8. Aufl., § 200 RVO Rn. 33).

64 Ausgehend von den genannten sozialversicherungsrechtlichen Bewertungsnormen sind prinzipiell auch alle sonstigen Sachleistungen, die der Arbeitgeber aus Anlass der tatsächlichen Arbeitsleistung im Betrieb gewährt, z.B. Nahrungsoder Genussmittel, die zum Verzehr im Betrieb bestimmt sind oder den betrieblichen Gewohnheiten entsprechen (Freibier, Freitabak u.ä.) zu den Sachbezügen zu zählen. Sachbezüge, die nicht bereits von den Pauschalen des § 2 SvEV erfasst werden, werden nach Maßgabe des § 3 SvEV und des dort Bezug genommenen EStG bewertet. Außer Betracht bleiben lediglich Bagatellsachbezüge, wenn die sich ergebenden Vorteile insgesamt 44,– Euro im Monat nicht übersteigen (§ 3 Abs. 1 Satz 4 SvEV i.V.m. § 8 Abs. 2 Satz 11 EStG (vgl. auch Brose/Weth/Volk, MuSchG, 9. Aufl., § 21 Rn. 17e). Zur Bewertung der privaten Nutzung eines betrieblichen Kfz vgl. § 3 Abs. 1 Satz 2 und 3 SvEV i.V.m. § 8 Abs. 2 Satz 2 bis 5 EStG. Für Belegschaftsrabatte (Jahreswagen, Freiflüge, kostenlose Kontoführung) gilt § 3 Abs. 3 SvEV (vgl. Thomas in Küttner, Personalbuch, 2020, »Sachbezug«, Rn. 39 ff., 47, 52).

65 Zum Arbeitsentgelt gehört die **Vergütung für Mehrarbeit, Nacht-, Sonntags- und Feiertagsarbeit**. Soweit für solche Arbeit Zuschläge gezahlt werden, zählen diese dann nicht zum Arbeitsentgelt im Sinne des Sozialversicherungsrechts, das hier maßgebend ist, wenn die Zuschläge lohnsteuerfrei sind (§ 1 Abs. 1 Satz 1 Nr. 1 SvEV; zur parallelen Regelung im Elterngeld vgl. BSG vom 5.4.2012 = SozR 4–7837 § 2 Nr. 16 Rn. 20 ff.; vgl. § 2 Abs. 1 Satz 2 BEEG). Nach § 3b Abs. 1 EStG sind gesetzliche oder tarifvertragliche Zuschläge, die für tatsächlich geleistete Sonntags-, Feiertags- oder Nachtarbeit gezahlt werden, steuerfrei, soweit die Zuschläge nicht die in § 3b Abs. 1 Nrn. 1–4 angeführten Größenordnungen überschreiten. Hiervon macht § 1 Abs. 1 Satz 1 Nr. 1 Halbsatz 2 SvEV eine Rückausnahme für Sonntags-, Feiertags- und Nachtarbeitszuschläge, soweit das Entgelt, nach dem sie berechnet werden, mehr als 25,– Euro/Stunde beträgt (vgl. auch Brose/Weth/Volk, MuSchG, 9. Aufl., § 21 Rn. 17b f.; Zmarzlik/Zipperer/Viethen, 8. Aufl., § 200 RVO Rn. 30). Unerheblich ist, ob es sich um erlaubte oder verbotene Mehrarbeit gehandelt hat (vgl. BSG vom 25.8.1960 – 3 RK 50/57 = BSGE 13, 23 = SozR Nr. 3 zu § 13 MuSchG = AP Nr. 3 zu § 13 MuSchG).

Die Frage, ob im Bezugszeitraum geleistete **Mehrarbeit** nur dann zu berücksichtigen ist, wenn sie **regelmäßig erbracht** wurde, dürfte von geringer praktischer Bedeutung sein, weil nach § 4 Abs. 1 werdende Mütter nicht mit Mehrarbeit beschäftigt werden dürfen. Bei der Berechnung des Mutterschutzlohns nach § 18, der auf das vor der Schwangerschaft bezogene Entgelt abstellt, hat die Streitfrage größere Auswirkungen (vgl. hierzu oben § 18). Für die Berechnung des Mutterschaftsgeldes sind Mehrarbeitsvergütungen auch dann zu beachten, wenn die Mehrarbeit nicht regelmäßig geleistet wurde; denn die Forderung, dass die (an sich überhaupt verbotene) Mehrarbeit auch noch regelmäßig geleistet sein muss, um das Arbeitsentgelt zu berücksichtigen, würde wider den Sinn des Gesetzes sein.

Zulagen, welche die Frau zusätzlich zu Lohn oder Gehalt erhalten hat, zählen zum Arbeitsentgelt, sofern nicht Lohnsteuerfreiheit nach Maßgabe des § 1 Abs. 1 Satz 1 Nr. 1 SvEV besteht … Demnach können zum Arbeitsentgelt rechnen: **Wohnungsgeld** und **Kinderzuschläge**, sonstige **Familienzuschläge**, **Erschwerniszulagen** (Gefahren-, Hitze-, Lärm und Schmutzzulagen), wenn sie nicht reiner Aufwendungssatz sind, sowie **Leistungszulagen**. Auch eine sog. **Ministerialzulage**, die lediglich an das Bestehen eines Arbeitsverhältnisses gebunden ist, rechnet zum Arbeitsentgelt (Zmarzlik/Zipperer/Viethen, 8. Aufl., § 11 Rn. 38). Auch eine **Beteiligung** von ärztlichen und nichtärztlichen Mitarbeitern an einem in einem Krankenhaus gebildeten **Pool**, dem die Mittel von privatliquidationsberechtigten Chefärzten zugeführt werden, stellt in Höhe des jeweils zustehenden Anteils **Arbeitslohn** dar (vgl. BAG vom 17.2.1993 – 7 AZR 373/92 = BAGE 72, 268 = AP Nr. 2 zu § 42 LPVG Rheinland-Pfalz = EzA § 37 BetrVG 1972 Nr. 114). Zu Kleidungsbeihilfen und Werkzeugsgeld vgl. § 3 Nr. 30 und 31 EStG. 66

Zulagen, die lediglich im Hinblick auf Auslagen als **Aufwendungsersatz** gewährt werden (z.B. **Reise-**, **Tage-** und **Übernachtungsgelder**) zählen demgegenüber schon nicht zum Arbeitsentgelt i.S. des § 14 SGB IV. **Isolierte Aufwandsentschädigungen**, die nicht zusätzlich zu Lohn oder Gehalt gewährt werden, gelten unter den Voraussetzungen des § 3 Nr. 16 EStG (aus öffentlichen Kassen oder für sonstige ehrenamtliche Betätigung) nicht als Arbeitsentgelt (vgl. Thomas in Küttner, Personalbuch, 2020, »Aufwandsentschädigung«, Rn. 18 ff.)

Altersvorsorgeaufwendungen des Arbeitgebers zugunsten des Arbeitnehmers sind ebenfalls sozialversicherungsrechtlich relevantes Arbeitsentgelt, soweit sie nicht von der Zurechnung zum Arbeitsentgelt ausdrücklich ausgenommen sind (vgl. § 1 Abs. 1 Nr. 4, 4a, 9 und 10 SvEV). Die Frage, ob und in welchem Umfang in der **betrieblichen Altersversorgung** im Durchführungsweg einer **Direktzusage** oder **Unterstützungskasse** umgewandelte Entgeltbestandteile (§ 1 Abs. 2 Nr. 3 BetrAVG) dem Arbeitsentgelt zuzurechnen sind, beantwortet nunmehr § 14 Abs. 1 Satz 2 SGB IV. Zur **Direktversicherung** vgl. die Entscheidung des BSG vom 21.8.1997 – 12 RK 44/96 = BSGE 81, 21 = SozR 3–5375 § 2 Nr. 1 = BB 1998, 1216; fortgeführt von BSG v 14.7.2004 – B 12 KR 10/02 R = BSGE 93, 109 = SozR 4–5375 § 2 Nr. 1), wonach nicht zum beitragspflichtigen Arbeitsentgelt pauschalversteuerte Direktversicherungsprämien gehören, die zusätzlich zum Arbeitslohn gewährt werden, und ebenso wenig die durch Gehaltsüberwälzung vom Arbeitnehmer zu tragende pauschale Lohnsteuer; ferner jetzt vgl. § 1 Abs. 1 Satz 1 Nr. 9 SvEV i.V.m. § 3 Nr. 63 EStG. Zur Nichtberücksichtigung von steuerfreien Beitragszahlungen des Arbeitgebers an eine Pensionskasse zum Aufbau einer betrieblichen Altersversorgung des Arbeitnehmers nach Maßgabe des § 2 Abs. 1

Satz 2 BEEG i.V.m. § 2 Abs. 1 und 2, § 3 Nr. 63 EstG beim Elterngeld vgl. BSG vom 25.9.2009 – B 10 EG 9/08 R = SozR 4–7837 § 2 Nr. 3 = NZA-RR 2010, 87.

Zweifelhaft war früher, ob sog. **Anwesenheits- und Pünktlichkeitsgelder oder -Prämien** als Arbeitsentgelt zu berücksichtigen sind. Dabei ist zunächst zu unterscheiden, ob diese Prämien als laufende Leistung zusätzlich zu dem Lohn oder ob sie als einmalige Zahlung für Arbeit ohne Fehlzeiten während eines bestimmten Zeitraums gewährt werden. Zum Wegfall einer Anwesenheitsprämie wegen Streikteilnahme vgl. BAG vom 31.10.1995 – 1 AZR 217/95 = BAGE 81, 213 = EzA Art. 9 GG Arbeitskampf Nr. 123 = AP Nr. 140 zu Art. 9 GG Arbeitskampf sowie Kommentierung zu § 18. Wenn solche Zuverlässigkeitsprämien als **laufende Leistung** während des Anspruchszeitraums erbracht wurden, dann sind sie **bei der Ermittlung des Arbeitsentgelts einzubeziehen**; denn sie sind als Gegenleistung für das tatsächliche und/oder pünktliche zur Verfügung stellen der Arbeitskraft anzusehen. Dem entspricht auch die Rechtsprechung des BAG. Nach der Entscheidung vom 29.1.1971 – 3 AZR 97/69 (BAGE 23, 178 = AP Nr. 2 zu § 611 BGB Anwesenheitsprämie) ist eine **laufend gewährte Anwesenheitsprämie**, die während entschuldigten oder unentschuldigten Fehlens nicht gezahlt wird, Teil des **Arbeitsentgelts** und deshalb bei Berechnung des Zuschusses zum Mutterschaftsgeld mit zu berücksichtigen. Das mit einer Anwesenheitsprämie verfolgte Ziel, den Arbeitgeber vor einer missbräuchlichen Ausnutzung von Fehlzeiten zu schützen, verlange im Bereich der mutterschutzrechtlichen Lohnfortzahlung nicht, die Anwesenheitsprämie außer Betracht zu lassen (zu der damit aufgegebenen Rechtspr. vgl. BAG vom 21.1.1963 – 2 AZR 373/62 = BAGE 14, 38 = AP Nr. 16 zu § 2 ArbKrankhG und vom 30.3.1967 – 5 AZR 359/66 = BAGE 19, 300 = AP Nr. 58 zu § 611 BGB Gratifikation).

Was für den Zuschuss nach § 20 gilt, trifft erst recht für das Arbeitsentgelt nach § 24i Abs. 2 SGB V zu, zumal die Prämie auch beitragsrechtlich berücksichtigt wird (ebenso Töns, § 200 Anm. G II 2a).

67 Zum Arbeitsentgelt gehören ferner alle **Zahlungen**, die der Arbeitgeber im Bezugszeitraum **zum Ausgleich von Verdienstausfällen** leistet, wenn durch sie ein Minderverdienst an einem Tage verhindert wird, der nach § 24i Abs. 2 Satz 3 SGB V i.V.m. § 21 zur Nichtberücksichtigung führen würde. Es kommen hier in Betracht der **Feiertagslohn** nach § 2 EFZG, früher die **Vergütung für Hausarbeitstage** (gem. den Hausarbeitstagsgesetzen der Länder Bremen, Hamburg, Niedersachsen und Nordrhein-Westfalen; jedoch sind die Hausarbeitstagsgesetze mit Wirkung vom 29.1.1980 – mit einer Übergangsregelung – durch Art. 19 ArbZRG aufgehoben worden), die Fortzahlung der **vollen Vergütung im Krankheitsfalle** nach §§ 1, 2 LohnFG, § 616 BGB, § 63 HGB und § 133c GewO, jetzt § 3 EFZG, die **Lohnfortzahlungen** gem. § 616 Abs. 1 BGB und den entsprechenden tariflichen Bestimmungen, ferner die **Lohnausfallerstattung** für Betriebs- und Personalratsmitglieder (vgl. Buchner/Becker, 8. Aufl., § 13 Rn. 142).

Das **Urlaubsentgelt** als das während der Urlaubszeit fortgezahlte Arbeitsentgelt ist ebenfalls bei der Berechnung nach § 24i Abs. 2 SGB V zu berücksichtigen. Ein daneben gewährtes **zusätzliches Urlaubsgeld** kann dagegen ebenso wenig als Arbeitsentgelt angesehen werden wie eine **Urlaubsabgeltung** im Sinne von § 7 Abs. 4 BUrlG, weil diese Leistungen den einmaligen Zuwendungen zuzurechnen sind (s. Näheres unten Rn. 76; ferner Brose/Weth/Volk, MuschG, 9. Aufl., § 21 Rn. 22; Zmarzlik/Zipperer, 8. Aufl., § 11 Rn. 42).

Ob **vermögenswirksame Anlagen** als Arbeitsentgelt zu berücksichtigen waren, war 68 unter der Geltung des 2. Vermögensbildungsgesetzes zweifelhaft (vgl. BSG vom 9.9.1971 – 3 RK 84/69 = SozR Nr. 1 zu § 200 RVO = AP Nr. 2 zu § 13 II. VermBG). Durch § 12 Abs. 6 des 3. Vermögensbildungsgesetzes i.d.F. vom 15.1.1975 (BGBl. I S. 258) ist bestimmt, dass vermögenswirksame Leistungen Arbeitsentgelt im Sinne der Sozialversicherung sind. Deshalb gehen sie in die Berechnung des Mutterschaftsgeldes ein. Tarifliche oder arbeitsvertragliche Bestimmungen, die die Leistungen während der Schutzfristen nicht vorsehen, verstoßen daher nicht gegen mutterschutzrechtliche Schutznormen (vgl. BAG vom 15.8.1984 – 5 AZR 47/83 = BAGE 46, 174 = BB 1984, 2193 = AP Nr. 2 zu § 14 MuSchG 1968). Die gleiche Regelung findet sich in § 2 Abs. 6 des 5. Vermögensbildungsgesetzes vom 19.1.1989 (BGBl. I S. 137). Fraglich kann danach nur noch sein, wie einmalige Zuwendungen zu behandeln sind (vgl. dazu nachstehend Rdn. 76). Arbeitnehmersparzulagen sind gemäß § 13 Abs. 3 des 5. Vermögensbildungsgesetzes ausdrücklich kein Arbeitsentgelt.

Umlagebeträge des öffentlich-rechtlichen Arbeitgebers zu einer Zusatzversorgungskasse gehören nicht zum Arbeitsentgelt im Sinne von § 14 SGB IV (vgl. BSG vom 8.9.1988 – 11/7 RAr 73/87 = SozR 4100 § 94 Nr. 2 = BB 1989, 1559).

Im Gegensatz zu den Bestimmungen über den Mutterschutzlohn in § 11 MuSchG a.F. 69 hatte die Frage, ob und inwieweit **nachträgliche Lohnerhöhungen** bei der Berechnung des Mutterschaftsgeldes zu berücksichtigen sind, bisher keine gesetzliche Regelung gefunden. Dem Sinn und Zweck des Mutterschaftsgeldes, die Frau vor Nachteilen in Bezug auf ihre wirtschaftliche Stellung zu bewahren, entsprach es aber bisher schon, eine **rückwirkende Erhöhung des Verdienstes**, soweit sie sich auf den maßgeblichen Bezugszeitraum erstreckte, zu berücksichtigen. Umstritten war, ob auch **Verdiensterhöhungen**, die erst **nach Ablauf des Berechnungszeitraums** eintraten, zu einer Erhöhung des Mutterschaftsgeldes führen konnten, weil es eine dem § 11 Abs. 2 Satz 1 MuSchG entsprechende Bestimmung beim Mutterschaftsgeld nicht gab. Das Gesetz zur Neuregelung des Mutterschutzrechts (a.a.O.) sieht nunmehr eine für alle Leistungen (§§ 18–20) einheitliche Regelung zur Berücksichtigung dauerhafter Änderungen (Erhöhungen und Kürzungen) beim Arbeitsentgelt vor und beseitigt damit die in der Vergangenheit uneinheitliche Differenzierung hinsichtlich der Rechtsfolgen nach dem Zeitpunkt, zu dem Änderungen des Arbeitsentgelts wirksam wurden. Bei einer dauerhaften Änderung ist die geänderte Arbeitsentgelthöhe bei der Ermittlung des durchschnittlichen Arbeitsentgelts für die Leistungen nach den §§ 18 bis 20 zugrunde zu legen, und zwar 1. für den gesamten Berechnungszeitraum, wenn die Änderung während des Berechnungszeitraums wirksam wird, 2. ab Wirksamkeit der Änderung der Arbeitsentgelthöhe, wenn die Änderung der Arbeitsentgelthöhe nach dem Berechnungszeitraum wirksam wird (§ 21 Abs. 4; siehe die Kommentierung zu § 21). Die Vereinheitlichung zum 1.1.2018 folgt der Rechtsprechung des BAG (vgl. BAG vom

20.9.2000 – 5 AZR 924/98, NJW 2001, 2194), wonach Frauen, die aufgrund von mutterschutzrechtlichen Beschäftigungsverboten Arbeitsentgeltausfälle haben, nicht schlechter, aber auch nicht bessergestellt werden, als wenn sie durchgängig gearbeitet hätten. Die Frau muss nun – um durch die Beschäftigungsverbote keine finanziellen Nachteile zu haben – so gestellt werden, wie sie stünde, wenn sie durchgängig gearbeitet hätte (BT-Druck. 18/8963 S. 93).

Eine Erhöhung des Arbeitsentgelts, die erkennbar vor allem dazu dienen soll, ein höheres Mutterschaftsgeld zu erhalten, kann wegen Rechtsmissbrauchs unbeachtlich sein. Dies ist entschieden worden in einem Fall, in dem der bei ihrem Ehemann in der Ausbildung befindlichen schwangeren Frau die Vergütung, die zunächst in üblicher Höhe gewährt wurde, um 400 v.H. unmittelbar vor dem Bezugszeitraum erhöht wurde. Das sei rechtsmissbräuchlich (LSG Niedersachsen vom 17.8.1983 – L 4 Kr 26/82 = Breith 1984, 286).

c) **Berechnung bei (dauerhaftem) Minderverdienst**

70 Regelungen zu **dauerhaften Verdienstkürzungen**, wie sie für den Mutterschaftslohn und dem Zuschuss zum Mutterschaftsgeld in § 11 Abs. 2 Satz 3 MuschG sowie in § 14 Abs. 1 Satz 5 MuSchG bereits seit dem Zweiten Gesetz zur Änderung des Mutterschutzrechts vom 16.6.2002 (BGBl. I S. 1812) zu berücksichtigen waren, gab es für das Mutterschaftsgeld bisher nicht. Im Hinblick auf die klar abgegrenzte gesetzliche Regelung wurde die **entsprechende Anwendung** auf das Mutterschaftsgeld eher **verneint**. Das Gesetz zur Neuregelung des Mutterschutzrechts (a.a.O.) sieht nunmehr in § 21 Abs. 4 eine für alle Leistungen (§§ 18–20) einheitliche Regelung zur Berücksichtigung dauerhafter Änderungen (Erhöhungen und Kürzungen) beim Arbeitsentgelt vor. Danach sind dauerhafte Verdienstkürzungen je nach Zeitpunkt ihres Wirksamwerdens entweder während des gesamten Bezugszeitraums oder oder aber zeitanteilig der Berechnung des durchschnittlichen Arbeitsentgelts zugrunde zu legen (siehe Rdn. 69).

Für die Ermittlung des durchschnittlichen Arbeitsentgelts keine Berücksichtigung finden **Bezüge** der Frau, die, obwohl Arbeitsentgelt nach den vorstehenden Erörterungen darstellend, für Tage geleistet wurden, an denen die Frau **infolge von Kurzarbeit, Arbeitsausfällen oder unverschuldeter Arbeitsversäumnis ein vermindertes Arbeitsentgelt** erzielt hat (§ 21 Abs. 2 Nr. 2). Die nach § 200a RVO i.d.F. des ÄndG 65 streitig gewesene Frage, ob **nur volle Arbeitstage oder auch einzelne Fehlstunden** gemeint waren (vgl. Bulla/Buchner, 5. Aufl., § 13 Rn. 134), ist bereits durch die Neufassung des § 200 Abs. 2 Satz 3 RVO, die § 24i Abs. 2 Satz 3 SGB V (i.d.F. bis zum 1.1.2018) übernommen hat, ausgeräumt worden. In § 200a RVO hieß es nämlich, »**Zeiten**, in denen kein Arbeitsentgelt erzielt wurde, bleiben außer Betracht«. Damit war klargestellt, dass **jeder Tag, an dem die Frau einen Minderverdienst hatte, unberücksichtigt zu bleiben hat**. Während das Gesetz in § 24i Abs. 2 Satz 3 SGB V (i.d.F. bis zum 1.1.2018) wiederum nur davon sprach, dass **Tage**, an denen aus den vorgenannten Gründen kein oder ein vermindertes Arbeitsentgelt erzielt wurde, außer Betracht zu bleiben hatten, ist ab dem 1.1.2018 durch die in § 24i Abs. 2 Satz 3 SGB V Bezug genommene Regelung des § 21 Abs. 2 Nr. 2 klargestellt, dass lediglich die dort genannten **Kürzungen** unberücksichtigt bleiben sollen. Das bedeutet, dass für Tage mit gekürztem Arbeitsentgelt entsprechend Tage mit ungekürztem Arbeitsentgelt zugrunde zu legen sind (BT-Drucks 18/1869 S. 92).

Voraussetzung ist jedoch, dass die Minderung oder der Wegfall der Vergütung **auf einem der im Gesetz genannten Gründe beruht**. Es handelt sich um Tatbestände, die bei der Bemessung des Mutterschutzlohnes (§ 18) und des Zuschusses zum Mutterschaftsgeld (§ 20) ebenfalls erheblich sind. Im Einzelnen gilt dazu Folgendes:

Eine Verdienstminderung oder ein Verdienstausfall infolge **Kurzarbeit** (§§ 95 ff. 71
SGB III) liegt vor, wenn ein erheblicher Arbeitsausfall mit Entgeltausfall vorliegt, d.h. auf wirtschaftlichen Gründen oder einem unabwendbaren Ereignis beruht, vorübergehend und unvermeidbar ist und im Anspruchszeitraum mindestens ein Drittel der Belegschaft von einem Entgeltausfall von jeweils mehr als 10 % des monatlichen Bruttoentgelts betroffen sind. Wirtschaftliche Gründe i.S. des § 96 Abs. 1 Satz 1 Nr. 1 SGB III liegen nicht vor, wenn ein Arbeitsausfall wesentlich darauf beruht, dass ein Produkt (Rheumabandagen aus Katzenfell) aus der Mode kommt (vgl. BSG vom 15.12.2005 – B 7a AL 10/05 R = BSGE 96, 14 = SozR 4–4300 § 170 Nr. 1). Unter den in §§ 95 ff. SGB III genannten Voraussetzungen wird an die von der Kurzarbeit betroffenen Arbeitnehmer von der Bundesagentur für Arbeit ein teilweiser Ausgleich gewährt. Bei dem Kurzarbeitergeld handelt es sich um eine Entgeltersatzleistung der Arbeitslosenversicherung (§ 3 Abs. 4 SGB III). Keine Kurzarbeit liegt dagegen vor, wenn es sich um eine echte, d.h. auf Dauer angelegte **Arbeitszeitverkürzung** handelt (vgl. dazu oben § 18). Zu ungekürzten Mutterschaftsleistungen bei Kurzarbeit im Zuge der Corona-Pandemie vgl. gemeinsames Orientierungspapier von BMSFSJ, BMG und BMAS vom 2.6.2020, hierzu Altmann BuP 2020, 712.

Unter **Arbeitsausfällen** sind solche Tatbestände zu verstehen, die der Arbeitgeber zu 72
vertreten hat, in denen also die Arbeitnehmerin zur Arbeit bereit ist, der Arbeitgeber ihr aber hierzu keine Gelegenheit gibt (so schon Zmarzlik/Zipperer, 7. Aufl., § 11 Rn. 57). Soweit der Arbeitgeber jedoch nach den Grundsätzen über die Tragung des **Betriebsrisikos** zur Weiterzahlung des Entgelts trotz Nichtleistung von Arbeit verpflichtet ist, werden diese Tage mit ihrem Entgelt bei der Berechnung des Mutterschaftsgeldes berücksichtigt. Es gehören hierher Arbeitsausfälle wegen Strom- oder Kohlenmangels, wegen Maschinenreparaturen oder aus anderen vom Arbeitgeber zu vertretenden Gründen. Auch Arbeitsausfälle wegen Betriebsfeiern, Volksfesten oder einer in die Arbeitszeit fallenden Zeit einer Betriebsversammlung rechnen hierher. Zu den Arbeitsausfällen gehören auch die Tage, an denen die Frau infolge einer im Rahmen eines **Arbeitskampfes** erfolgten **Aussperrung** keinen Verdienst erzielt. Ebenfalls hierher rechnen die Fälle, in denen infolge eines **Streiks anderer Arbeitnehmer** der Arbeitgeber keine Beschäftigungsmöglichkeit hat. Unter dem Gesichtspunkt des Arbeitsausfalls kann auch der durch einen Streik verursachte Wegfall der Arbeitsleistung und des Entgelts gesehen werden.

Bei der Berechnung des Mutterschaftsgeldes bleiben auch Zeiten unberücksichtigt, in 73
denen die Frau die **Arbeitszeit unverschuldet versäumt** hat. Ein **Verschulden** an der

Arbeitsversäumnis liegt nach den vor allem zu § 616 Abs. 1 BGB, § 1 ArbKrankhG, § 1 LohnFG entwickelten Grundsätzen vor, wenn die Arbeitnehmerin gröblich gegen das von einem verständigen Menschen im eigenen Interesse zu erwartende Verhalten verstößt. Ebenso für den Bereich der Arbeitsunfähigkeit jetzt § 3 EFZG (vgl. BAG vom 30.5.1958 – 2 AZR 451/55 = BAGE 5, 307 = AP Nr. 5 zu § 63 HGB; vom 21.1.1960 – 2 AZR 523/58 = AP Nr. 13 zu § 1 ArbKrankhG; vom 5.4.1962 – 2 AZR 182/61 = AP Nr. 28 zu § 63 HGB; vom 25.6.1964 – 2 AZR 421/63 = AP Nr. 38 zu § 1 ArbKrankhG – und vom 11.11.1965 – 2 AZR 69/65 = AP Nr. 38 und 40 zu § 1 ArbKrankhG; vom 23.11.1971 – 1 AZR 388/70 = AP Nr. 8 zu § 1 LohnFG; vom 25.2.1972 – 5 AZR 471/71 = AP Nr. 18 zu § 1 LohnFG; vom 7.12.1972 – 5 AZR 350/72 = AP Nr. 26 zu § 1 LohnFG; vom 21.1.1976 – 5 AZR 593/74 = AP Nr. 8, 18, 26 und 39 zu § 1 LohnFG; ferner vom 20.7.1977 – 5 AZR 325/76 = AP Nr. 47 zu § 616 BGB; vom 19.4.1978 – 5 AZR 834/76 = BAGE 30, 240 = AP Nr. 48 zu § 616 BGB; vom 7.6.1978 – 5 AZR 466/77 = BAGE 30, 339 = AP Nr. 35 zu § 63 HGB; zum Anlegen des Sicherheitsgurts vom 7.10.1981 – 5 AZR 1113/79 = BAGE 36, 376 = AP Nr. 46 zu § 1 LohnFG).

Zur Frage, unter welchen Voraussetzungen eine **Alkoholabhängigkeit**, die als **Krankheit** zu werten ist, **verschuldet** ist vgl. BAG vom 1.6.1983 – 5 AZR 536/80 = BAGE 43, 54 = AP Nr. 52 zu § 1 LohnFG; vom 11.11.1987 – 5 AZR 497/86 = BAGE 56, 321 = AP Nr. 75 zu § 616 BGB. Diese Grundsätze zur Betriebsrisikolehre sind auch hier anzuwenden (vgl. Buchner/Becker, 8. Aufl., § 11 Rn. 34 ff. und § 13 Rn. 177; Meisel/Sowka, § 200 RVO Anm. 40 i.V.m. § 11 Anm. 60 ff.; Zmarzlik/Zipperer, 7. Aufl., § 200 RVO Rn. 55 i.V.m. § 11 Rn. 55, 56, die jedoch die vorstehenden Grundsätze auf das MuSchG nicht ohne Weiteres für übertragbar halten).

Unverschuldet versäumt sind vor allem die **Krankheitszeiten**, soweit der Arbeitgeber das Arbeitsentgelt nicht voll weiterzahlt, ausgenommen jedoch bei einer schuldhaften Verursachung der Erkrankung. Unverschuldete Fehlzeiten liegen ferner vor bei unbezahltem **Urlaub**, unbezahlter **Freizeit** aus persönlichen Gründen oder zur Erfüllung staatsbürgerlicher Aufgaben (als Zeuge, Schöffe usw.).

Teilweise wird auch die **Beteiligung der Frau an einem Streik** unter dem Gesichtspunkt der Arbeitsversäumnis beurteilt. Dabei wird angenommen, dass die Teilnahme an einem illegitimen Streik nicht außer Betracht bleiben kann, weil es sich um verschuldete Fehlzeiten handele. Bei der Teilnahme an einem rechtmäßigen Streik dagegen lägen Ausfallzeiten vor, die der Arbeitnehmerin nicht zur Last fallen und daher unberücksichtigt bleiben (so Brose/Weth/Volk, 9. Aufl., § 21 Rn. 12 ff.; Meisel/Sowka, 4. Aufl., § 11 Rn. 64).

74 Für die Ermittlung des Arbeitsentgelts im Bezugszeitraum ergeben sich neue Probleme aufgrund der mit der Verkürzung der Wochenarbeitszeit verbundenen Möglichkeiten über die Verteilung der Arbeitszeit. Vielfach sehen die nach den einschlägigen tariflichen Bestimmungen zulässigen Betriebsvereinbarungen (vgl. BAG vom 18.8.1987 – 1 ABR 30/86 = BAGE 56, 18 = AP Nr. 23 zu § 77 BetrVG 1972) vor, dass für einzelne, mehrere oder alle Arbeitnehmer die individuelle regelmäßige wöchentliche Arbeitszeit 38,5 Stunden beträgt, aber die Betriebsnutzungszeit von 40 Stunden beibehalten wird.

Der Ausgleich zu der festgelegten individuellen Arbeitszeit erfolgt vielfach durch Gewährung von Freischichten.

Wenn in dem Dreimonatszeitraum eine Arbeitnehmerin immer im Umfange der Betriebsnutzungszeit von 40 Stunden wöchentlich tätig war und ihre Vergütung bei Berechnung derselben aufgrund von Stundenlöhnen entsprechend bemessen wurde, ist auch das für das Mutterschaftsgeld maßgebende Arbeitsentgelt aufgrund der tatsächlich geleisteten und bezahlten Arbeitszeit zu ermitteln. Es kann nicht geltend gemacht werden, nur der Verdienst, der in der festgelegten individuellen Arbeitszeit zu erzielen ist, sei heranzuziehen. Insoweit gilt für die Berechnung des Mutterschaftsgeldes nichts anderes als etwa in den Fällen, in denen die Krankenvergütung entsprechend der im Bezugszeitraum geleisteten Arbeitsstunden zu ermitteln ist (vgl. BAG vom 5.10.1988 – 5 AZR 352/87 = BAGE 60, 14 = AP Nr. 80 zu § 1 LohnFG = NZA 1989, 350 = DB 1989, 382).

Lagen dagegen in dem Bezugszeitraum unbezahlte Freischichten, durch die die über die individuelle regelmäßige Arbeitszeit hinaus geleistete Arbeit ausgeglichen wird, so sind die entsprechenden Tage für die Errechnung des Durchschnittslohns mit zu berücksichtigen, auch wenn – wie weitgehend üblich – die Freischichten unbezahlt sind, weil die über die individuelle regelmäßige Arbeitszeit hinausgehende Betriebsnutzungszeit in ihrem Umfange bereits vergütet war. Die unbezahlten Freischichten stellen sich als Ausfluss der Verteilung der Arbeitszeit dar (ebenso zu einer gleichlautenden tariflichen Vorschrift BAG vom 15.2.1989 – AZR 351/87 = AP Nr. 16 zu § 2 LohnFG = BB 1989, 1620; ebenso zu einer anderen ähnlich lautenden Tarifbestimmung BAG vom 15.5.1991 – 5 AZR 440/90 = NZA 91, 775 = AP Nr. 21 zu § 2 LohnFG).

d) Berücksichtigung der Bezüge aus einem vor dem Beginn der Schutzfrist beendeten Arbeitsverhältnis

Fraglich ist, ob sich bei der Bemessung des Mutterschaftsgeldes eine weitere Einschränkung daraus ergibt, dass nur das anspruchsauslösende Arbeitsverhältnis bei Beginn der Schutzfristen für die Höhe der Leistung bestimmend sein kann. Praktisch bedeutsam wird dies etwa, wenn vereinbarungsgemäß ein Vollzeit- in ein Teilzeitarbeitsverhältnis umgewandelt wurde und bei Beginn der Schutzfrist die Teilzeitarbeit anstand, während im Bezugszeitraum im Wesentlichen noch das Vollzeitarbeitsverhältnis bestanden hat. Allerdings hat das **BAG** entschieden, dass die so erfolgte vertragliche Minderung zu berücksichtigen ist, wenn das Netto-Entgelt für die Berechnung des vom Arbeitgeber nach § 14 zu zahlenden Zuschusses zu ermitteln ist (vgl. BAG vom 11.6.1986 – 5 AZR 365/85 = BAGE 52, 177 = AP Nr. 3 zu § 14 MuSchG 1968). Gleichwohl kann diese Betrachtung nicht ohne Weiteres auf das Mutterschaftsgeld übertragen werden. Denn anders als beim Zuschuss handelt es sich um eine sozialversicherungsrechtliche Leistung. Für die Berechnung des Mutterschaftsgeldes ist nach **BSG** (vgl. BSG vom 22.2.1972 – 3 RK 85/69 = BSGE 34, 79) das Arbeitsentgelt der letzten 3 abgerechneten Kalendermonate (bzw. 13 Wochen) vor Beginn der Schutzfrist auch insoweit zu berücksichtigen, als es aus Arbeitsverhältnissen bezogen worden ist, die bei Beginn der Schutzfrist nicht mehr bestehen. 75

Dies entspricht dem Wortlaut des § 24i Abs. 2 Satz 1 Halbs. 2 SGB V, der eine Bemessung nur nach dem bei Beginn der Schonfristen bestehenden Arbeitsverhältnis gerade nicht vorsieht. Und es entspricht vor allem dem Sinn und Zweck des dort verankerten Referenzprinzips, die Berechnung des Mutterschaftsgeldes mit dem Dreimonatszeitraum auf eine breitere und damit zugleich »repräsentativere« Grundlage zu stellen.

Entgegen früherer Auflagen lässt sich deshalb eine Nichtberücksichtigung von Bezügen aus einem vor Beginn der Schutzfrist beendeten Arbeitsverhältnis nicht aus der Zuschusspflicht nach § 14 herleiten (vgl. auch Brose/Weth/Volk, MuSchG, 9. Aufl., § 19 Rn. 77 m.w.N.).

e) **Nichtberücksichtigung einmalig gezahlten Arbeitsentgelts und Günstigerprüfung bei Elternzeit**

76 Nicht zum Arbeitsentgelt gehört im Bezugszeitraum gezahltes **einmaliges Arbeitsentgelt** (jetzt § 23a SGB IV). Dieser Begriff ersetzt seit dem 1.1.1984 den früheren der »einmaligen Zuwendungen«. Nach der Legaldefinition in § 23a SGB IV sind einmaliges Arbeitsentgelt dem Arbeitsentgelt zuzurechnende Zuwendungen, die nicht für die Arbeit in einem einzelnen Entgeltabrechnungszeitraum gezahlt werden. Die Weglassung einmaliger Bezüge war und ist deshalb geboten, weil sie von ihrem Charakter als **außerordentlichen Einkünfte** nicht den Durchschnittslohn bestimmen können; das gilt jedenfalls insoweit, als nicht eine Aufteilung des einmaligen Bezugs auf einzelne Zeitabschnitte des Bezugszeitraums erfolgen kann und sich dabei die einmalige Zuwendung als Entgelt für während des Bezugszeitraums geleistete Arbeit darstellt (vgl. BSG vom 22.6.1966 – 3 RK 105/63 = BSGE 25, 69 = SozR Nr. 7 zu § 13 MuSchG; ebenso BSG vom 17.4.1991 – 1/3 RK 18/89 = SozR 3–7860 § 10 Nr. 2 = DB 1991, 1992) hinsichtlich eines 13. Monatsgehalts, das nach der tariflichen Ausgestaltung zu je einem Zwölftel zum monatlich verdienten Arbeitsentgelt zu rechnen war). Zu den einmaligen Zuwendungen gehören beispielsweise folgende Leistungen:

Eine **Weihnachtsgratifikation**, weil sie kein Entgelt für einzelne innerhalb des Jahres näher bestimmbare Leistungen, sondern als deren pauschale Bewertung anzusehen ist. Ferner **Urlaubsabgeltungen** und **Urlaubsgelder, Gewinnbeteiligungen** und **Sondervergütungen** wie einmalige Treueprämien und Gewinnbeteiligungen. **Zusätzliche Monatsgehälter**, die im Berechnungszeitraum zur Auszahlung gelangen, sind ebenfalls einmalige Zuwendungen, wenn sie sich nicht der Arbeit in einem einzelnen Entgeltabrechnungszeitraum zuordnen lassen. In gleicher Weise sind **Prämien** zu behandeln, die z.B. für Arbeiten ohne Fehlzeiten während eines längeren Zeitraumes gewährt werden (vgl. im Übrigen auch oben in dieser Anm. Rn. 66; ferner Brose/Weth/Volk, MuSchG, 9. Aufl., § 21, Rn. 22 ff.; auch schon Meisel/Sowka, 5. Aufl., § 11 Rn. 47; Zmarzlik/Zipperer/Viethen/Vieß, 9. Aufl., § 200 RVO Rn. 33, 34).

Das BVerfG (vgl. BVerfG vom 11.1.1995 – 1 BvR 892/88 = BVerfGE 92, 53 = SozR 3–2200 § 385 Nr. 6 = AP Nr. 209 zu Art. 3 GG) hatte als **verfassungswidrig** beanstandet, dass **einmalig gezahltes Arbeitsentgelt** in den verschiedenen Bereichen der

Sozialversicherung als **beitragspflichtig** behandelt wurde, aber gleichwohl bei kurzfristigen Lohnersatzleistungen (beispielsweise Arbeitslosengeld, Krankengeld und Übergangsgeld) **unberücksichtigt** blieb. Daraufhin ist das Gesetz zur sozialrechtlichen Behandlung von einmalig gezahltem Arbeitsentgelt vom 12.12.1996 (BGBl. I S. 1859) ergangen, welches die Neuregelung des § 23a SGB IV zur Beitragspflicht aus solchem Entgelt gebracht hat

In der Folge erging zwar eine weitere Entscheidung des BVerfG zu dem vorstehend dargelegten Problem. Durch Beschluss vom 24.5.2000 – 1 BvL 1/98, 1 BvL 4/98, 1 BvL 15/99 = BVerfGE 102, 127 = SozR 3–2400 § 23a Nr. 1 = AP Nr. 1 zu § 134 SGB III = DB 2000, 1519) hat das Gericht erkannt, dass § 23a SGB IV, § 112 Abs. 1 Satz 2 AFG und § 47 Abs. 2 Satz 1 SGB V mit dem allgemeinen Gleichheitssatz unvereinbar sind, soweit danach auf einmalig gezahltes Arbeitsentgelt Beiträge zur gesetzlichen Kranken- und Rentenversicherung und zur Arbeitsförderung erhoben werden, obwohl es bei der Berechnung kurzfristiger Lohnersatzleistungen, wie dem Arbeitslosengeld, Unterhaltsgeld und Krankengeld, nach wie vor weitgehend unberücksichtigt bleibt. Soweit der Gesetzgeber durch das Gesetz vom 12.12.1996 (a.a.O.) im Anschluss an die frühere Entscheidung des BVerfG vom 11.1.1995 eine Neuregelung getroffen habe, sei das nicht ausreichend gewesen, um die Verletzung des Gleichheitssatzes zu beseitigen.

Es bleibt im Anschluss an diese Entscheidung hervorzuheben, dass sich der Beschluss vom 24.5.2000 nicht mit der damaligen Regelung des § 200 Abs. 2 RVO und § 14 MuSchG zur Nichtberücksichtigung der Einmalzahlungen beim Mutterschaftsgeld und dem Zuschuss der Arbeitgeber zu befassen brauchte, weil die Verfassungsbeschwerden nur die Vorschriften der Kranken- und Arbeitslosenversicherung zum Gegenstand hatten. Demgemäß hat der Gesetzgeber neuerliche Korrekturen auch nur im Bereich der vorgenannten gesetzlichen Bereiche vorgenommen. Das ist geschehen durch das Gesetz zur Neuregelung der sozialversicherungsrechtlichen Behandlung von einmalig gezahltem Arbeitsentgelt vom 21.12.2000 (BGBl. I S. 1971). Für den Bereich des Krankenversicherungsrechts ist aufgrund eines dem § 47 Abs. 2 SGB V hinzugefügten Satzes 6 nunmehr bei der Berechnung des Krankengeldes einmalig gezahltes Arbeitsentgelt aus den letzten zwölf Monaten dem Regelentgelt hinzuzurechnen.

Offen ist demgegenüber weiterhin, ob die unverändert gebliebenen Regelungen im **Bereich des Mutterschutzrechts** in Bezug auf das einmalig gezahlte Arbeitsentgelt einer **verfassungsrechtlichen Überprüfung** standhalten würden. Einer entsprechenden Verfassungsbeschwerde könnten allerdings nur wegen des **Mutterschaftsgeldes Erfolgsaussichten** eingeräumt werden. Denn nur insoweit kommt ein Bezug zwischen Beiträgen und Leistungen in Betracht. Und auch das ist fraglich, wenn die Aufwendungen der Krankenkassen für das Mutterschaftsgeld über den Zuschuss des Bundes an die Krankenkassen für versicherungsfremde Leistungen abgegolten werden (§ 221 SGB V i.V.m. § 2 Abs. 2 Pauschal-Abgeltungsverordnung, BGBl. I S. 644; vgl hierzu auch BT, Wiss. Dienste, Dokumentation WD 9 – 3000 – 561/16).

Für die Ermittlung des durchschnittlichen Arbeitsentgelts bleibt im Fall der Beendigung der Elternzeit nach dem BEEG ferner unberücksichtigt **das Arbeitsentgelt aus**

Teilzeitbeschäftigung, das **vor der Beendigung der Elternzeit** während der Elternzeit erzielt wurde, soweit das durchschnittliche Arbeitsentgelt ohne die Berücksichtigung der Zeiten, in denen dieses Arbeitsentgelt erzielt wurde, höher ist (§ 21 Abs. 2 Nr. 3). Die Regelung entspricht den Vorgaben der Rspr. des EuGH (vom 20.9.2007 – C-116/06 – Kiiski), dass sich Elternzeit nicht zum Nachteil der Frau auswirken darf und normiert entsprechend diesen Vorgaben eine **Günstigerprüfung** (BT-Drucks. 18/8963 S. 93; siehe auch die Kommentierung zu § 21).

16. Netto-Arbeitsentgelt

a) Lohnabzüge im Allgemeinen

77 Als Mutterschaftsgeld ist das durchschnittliche Netto-Arbeitsentgelt zu gewähren. Wegen der gewollten wirtschaftlichen Absicherung der Frau ist das **Mutterschaftsgeld** nach § 3 Nr. 1 Buchstabe d EStG **steuerfrei**. Allerdings unterliegt das Mutterschaftsgeld (wie auch der Arbeitgeber-Zuschuss) nach § 32b Abs. 1 Satz 1 Nr. 1c EStG dem **Progressionsvorbehalt**. Das bedeutet Folgendes: Bei der Berechnung der Einkommensteuer des zu versteuernden sonstigen Einkommens (bei Zusammenveranlagung auch das des Ehegatten) ist das Mutterschutzgeld hinzuzurechnen und aus dem sich so ergebenden Gesamtbetrag ist der Steuersatz zu entnehmen, der dann für das andere Einkommen maßgebend ist. **Netto-Arbeitsentgelt** ist das um die gesetzlichen Lohnabzüge verminderte Arbeitsentgelt. Zu den **gesetzlichen Abzügen**, die das Arbeitsentgelt mindern, gehören **Lohnsteuern, Kirchensteuern, der Solidaritätszuschlag** (zur Teilabschaffung vgl Gesetz zur Rückführung des Solidaritätszuschlags vom 14.11.2019, BGBl. I S. 2115) und **Sozialversicherungsbeiträge**. Gesetzliche Abzüge (auch im Sinne von § 20 Abs. 1 Satz 2) liegen auch dann vor, wenn nicht der Arbeitgeber, sondern die bei einer Versorgungsanstalt nach § 7 Abs. 2 AVG versicherte Frau selbst aufgrund gesetzlicher Bestimmung die Beiträge, die der Arbeitgeber mit den Bruttobezügen auszahlt, an die Anstalt abzuführen hat (vgl. BAG vom 1.6.1988 – 5 AZR 464/87 = BAGE 58, 326 = AP Nr. 8 zu § 14 MuSchG 1968 = DB 1988, 1805 = NZA 1988, 691). Dabei ist grundsätzlich von den tatsächlich einbehaltenen Beträgen auszugehen; wenn z.B. in dem maßgeblichen Zeitraum keine oder geringere als die üblichen Lohnabzüge vorgenommen wurden (etwa wegen der Eintragung von Freibeträgen auf der Lohnsteuerkarte), dann ist gleichwohl **das tatsächlich ausgezahlte Arbeitsentgelt zugrunde zu legen**. § 24i Abs. 2 Satz 1 SGB V gibt ebenso wie § 20 Abs. 1 Satz 2 keinen Anhalt dafür, dass Freibeträge außer Betracht bleiben dürften. Auch Sinn und Zweck des Mutterschaftsgeldes wie des Zuschusses erfordern keine einschränkende Auslegung der Bestimmung (vgl. BAG vom 22.10.1986 – 5 AZR 733/85 = BAGE 53, 217 = AP Nr. 5 zu § 14 MuSchG 1968 = DB 1987, 944 = BB 1987, 1179 = NZA 1987, 703; ferner Zmarzlik/Zipperer/Viethen/Vieß, 9. Aufl., § 200 RVO Rn. 43, abweichend Buchner/Becker, 8. Aufl., § 13 Rn. 161 und LAG München vom 24.11.1978 – 6 Sa 638/78 = AnwBl. 1980, 150).

Die verheiratete Frau kann in gewissem Umfang die Höhe der Steuerabzüge bestimmen. Sie kann z.B. die günstigere Steuerklasse (III statt V) wählen; Freibeträge können auf ihrer statt der Steuerkarte des Ehemannes eingetragen werden. Wenn sie einen **Wechsel der Lohnsteuerklasse** vornimmt bzw. steuerliche Merkmale allein deshalb ändern lässt, um durch den dadurch erzielten höheren Nettoverdienst ein höheres Mutterschaftsgeld und ggf. einen höheren Zuschuss des Arbeitgebers zu erlangen, kann **Rechtsmissbrauch** in Betracht kommen (so bejahend für den Zuschuss nach § 14 BAG vom 22.10.1986 – 5 AZR 733/85 = BAGE 53, 217 – AP Nr. 5 zu § 14 MuSchG 1968 – DB 1987, 944 = BB 1987, 1179 = NZA 1987, 703; zur erstmaligen Wahl einer Steuerklassenkombination nach der Eheschließung in Bezug auf den Zuschuss zum Mutterschaftsgeld BAG vom 18.9.1991 – 5 AZR 581/90 = AP Nr. 10 zu § 14 MuSchG = EzA § 14 MuSchG Nr. 10). Allerdings ist zu berücksichtigen, dass für die Berechnung des Arbeitslosengeldes in § 153 Abs. 3 SGB III eine ausdrückliche Regelung getroffen ist, die einem Rechtsmissbrauch entgegenwirken soll. Nach der heute geltenden Vorschrift des § 153 Abs. 3 SGB III werden bei einem Lohnsteuerklassenwechsel unter Ehegatten die neu eingetragenen Lohnsteuerklassen nur berücksichtigt, wenn sie dem Verhältnis der monatlichen Arbeitsentgelte beider Ehegatten entsprechen oder wenn sich aufgrund der neu eingetragenen Lohnsteuerklassen ein Arbeitslosengeld ergibt, das geringer ist als das Arbeitslosengeld, das sich ohne den Wechsel ergäbe. Eine solche Regelung fehlt beim Mutterschaftsgeld, obwohl die Problematik des Steuerklassenwechsels der Bundesregierung bekannt war (vgl. BT-Drucks. 9/722 S. 16). Für die **parallele Situation beim Elterngeld** (vgl. § 2, 2c BEEG, s. Kommentierung dort) hat der 10. Senat des BSG in seiner Entscheidung vom 25.9.2009 – B 10 EG 3/08 R (= BSGE 103, 284 = SozR 4–7837 § 2 Nr. 1) angenommen, dass der vor der Geburt eines Kindes durch die anspruchsberechtigte Person veranlasste, das monatliche Nettoeinkommen erhöhende Lohnsteuerklassenwechsel bei der Bestimmung der Bemessungsgrundlage für das Elterngeld nicht unberücksichtigt bleiben darf und ihm der Einwand des Rechtsmissbrauchs nicht entgegengehalten werden kann. Das BSG hat in diesem Zusammenhang ausdrücklich darauf hingewiesen, dass die Rechtsprechung des BAG, die den steuerrechtlich zulässigen Steuerklassenwechsel als rechtsmissbräuchlich einstuft, wenn er zur Beeinflussung privater Rechtsverhältnisse vorgenommen worden ist, nicht ohne Weiteres auf Sozialleistungen übertragen werden kann. Ein rechtsmissbräuchlicher Lohnsteuerklassenwechsel ist daher auch beim Mutterschaftsgeld nur bei Hinzutreten besonderer Umstände denkbar.

Zur Meinung im Schrifttum vgl. Zmarzlik/Zipperer/Viethen/Vieß, 9. Aufl., § 200 RVO Rn. 44; Buchner/Becker, 8. Aufl., § 13 Rn. 162.

Nachträgliche Erstattungen von Lohnsteuerbeträgen im Wege des **Jahresausgleichs** können nicht berücksichtigt werden, weil das Mutterschaftsgeld sofort aus den im Gesetz genannten Merkmalen zu berechnen ist (ebenso Brose/Weth/Volk, MuSchG, 9. Aufl., § 19 Rn. 78; vgl. ferner Besch. des BMA vom 25.1.1966, BKK 1966, Sp. 183).

b) Ermittlung des Nettoarbeitsentgelts, wenn im Bruttoverdienst nicht zu berücksichtigende Bezüge enthalten sind

78 Besonderheiten für die Ermittlung des Netto-Arbeitsentgelts ergeben sich, wenn in dem Bezugszeitraum **Bezüge ausgezahlt** wurden, die als Arbeitsentgelt **nicht zu berücksichtigen** sind.

Soweit **einmalige Zuwendungen** außer Betracht zu bleiben haben, kann das Netto-Arbeitsentgelt nicht einfach in der Weise ermittelt werden, dass von dem tatsächlich angefallenen Nettoentgelt der Bruttobetrag der Zuwendung abgezogen wird; denn dann wäre das Netto-Arbeitsentgelt auch um die Steuern und Sozialversicherungsbeiträge für die einmalige Zuwendung vermindert, also niedriger als wenn die Zuwendung überhaupt nicht gewährt worden wäre. In diesen Fällen lässt sich zur Erreichung eines gerechten Ergebnisses eine fiktive Berechnung der Abzüge aus dem um die einmalige Zuwendung verminderten Bruttoentgelt nicht vermeiden.

79 Wenn in den Bezugszeitraum Tage fallen, an denen ein **vermindertes** und deshalb nicht zu berücksichtigendes **Arbeitsentgelt** erzielt wurde, ist ebenfalls eine gesonderte Ermittlung des Netto-Arbeitsentgelts notwendig, sofern nicht – wie in den Fällen des § 21 Abs. 2. Nr. 2 – das ungekürzte Arbeitsentgelt zugrunde zu legen ist (siehe Rdn. 69, 90); ist das ungekürzte Arbeitsentgelt nicht zugrunde zu legen, kann nicht der nur als Bruttoentgelt bekannte Verdienst dieser Tage von dem Nettoentgelt abgezogen werden. Andererseits können sich durch die Steuerprogression und die Beitragsbemessungsgrenze den tatsächlichen Verhältnissen nicht entsprechende Verschiebungen ergeben, wenn man die Abzüge fiktiv aus dem um das Entgelt für die außer Betracht bleibenden Tage gekürzten Bruttoverdienst berechnet. Eine dem Zweck des Gesetzes entsprechende Ermittlung des Nettoentgelts erfordert daher, das Verhältnis des vollen Bruttoentgelts zu dem vollen Nettoentgelt auf das gekürzte Bruttoentgelt zu übertragen. Das sei an folgendem Beispiel erläutert:

Betrug das Bruttoentgelt im Ausgangszeitraum 1600,– Euro und das gesamte Nettoentgelt 1280,– Euro, dann belief sich das Nettoentgelt auf 80 v.H. des Bruttoentgelts. Würde sich das zu berücksichtigende Bruttoentgelt auf 1300,– Euro belaufen, dann sind 80 v.H. davon 1040,– Euro, die als Nettoentgelt anzusetzen sind.

Wenn sich das aus den Lohnabrechnungen ergebende Nettogehalt auf der Grundlage geleisteter Arbeitsstunden ergibt, dann lässt sich die Berechnung einfacher auch in folgender Weise durchführen:

Das Gesamtnettoentgelt wird durch die Zahl der Stunden, für die es gezahlt wurde, dividiert (wobei dann unberücksichtigt bleibt, ob Tage vorliegen, an denen die Frau nicht in der üblichen Arbeitszeit tätig war). Der so ermittelte Stundenlohn wird dann mit der Zahl der regelmäßigen wöchentlichen Arbeitsstunden vervielfacht und durch 7 geteilt.

17. Berechnung des Mutterschaftsgeldes als kalendertägliche Leistung

Sind der Berechnungszeitraum und das in ihm verdiente Arbeitsentgelt nach den vorstehenden Grundsätzen ermittelt worden, dann ist das durchschnittliche Arbeitsentgelt zu errechnen. Da das Mutterschaftsgeld als kalendertägliche Leistung gewährt wird, ist das Arbeitsentgelt, und zwar das Nettoentgelt durch die Zahl der Kalendertage zu teilen, für die es gezahlt wurde. 80

Im Einzelfall, wenn innerhalb des Berechnungszeitraums keine Zeiten liegen, in denen die Frau Arbeitsentgelt nicht bezogen hat, ist der Arbeitsverdienst **durch 90 zu teilen**. Der Monat wird regelmäßig zu 30 Tagen angerechnet: ebenso Brose/Weth/Volk, MuSchG, 9. Aufl., § 19 Rn. 80; Töns, § 200 Anm. G **III** 4a; vgl. auch § 21 Abs. 1 Nr. 3 SGB I, §§ 47 Abs. 1 Satz 7, 223 Abs. 2 Satz 2 SGB V).

Wenn in dem Bezugszeitraum **Tage** liegen, die **außer Betracht bleiben**, weil an ihnen infolge Kurzarbeit, Arbeitsausfällen oder unverschuldeter Arbeitsversäumnis kein oder ein vermindertes Arbeitsentgelt erzielt wurde, dann ist für diese Tage das ungekürzte Arbeitsentgelt zugrunde zu legen (§ 21 Abs. 2 Nr. 2; siehe Kommentierung zu § 21). 81

Wird der Verdienst nach Arbeitsstunden berechnet und hatte die Frau im Bezugszeitraum **unbezahlte Freischichten**, so sind diese Tage **nicht** abzuziehen. Es handelt sich nicht um Tage, die nach § 24i Abs. 2 Satz 3 SGB V i.V.m. § 21 außer Betracht bleiben können (vgl. schon BAG vom 15.2.1989 – AZR 351/87 = AP Nr. 16 zu § 2 LohnFG = BB 1989, 1620). 82

18. Höchstbetrag des Mutterschaftsgeldes (§ 24i Abs. 2 Satz 2 SGB V)

a) Höchstbetrag

Nach § 24i Abs. 2 Satz 2 SGB V ist ein Höchstbetrag von 13 Euro täglich für das Mutterschaftsgeld vorgesehen. Die ursprüngliche Festlegung eines Mindestbetrages (von 3,50 DM täglich) war schon im Geltungsbereich des § 200 RVO entfallen. Ein monatliches Netto-Entgelt von weniger als 53,69 Euro (30 × 1,79 Euro) ist wohl auch nicht mehr anzutreffen. 83

Geblieben ist unverändert die Begrenzung auf einen Höchstbetrag, der in § 200a RVO i.d.F. des ÄndG 65 noch nicht vorgesehen war. Es sollte damit eine übermäßige Belastung der Krankenkassen, die das Mutterschaftsgeld bis auf einen Zuschuss des Bundes in Höhe von 400,– DM bzw. 210 Euro ab 1.1.2002 an alle versicherten Frauen zu erbringen haben, vermieden werden. Zugleich sollte auch die Belastung des Bundes, der die Kosten des Mutterschaftsgeldes für nicht Versicherte Frauen zu tragen hat, begrenzt werden. Da die anspruchsberechtigten Frauen in ihrer wirtschaftlichen Sicherstellung keine Einbuße erfahren sollten, wurde zugleich bestimmt, dass der **Arbeitgeber einen Zuschuss** in Höhe des Unterschieds zwischen dem Höchstbetrag und dem kalendertäglichen Arbeitsentgelt zu leisten hat (§ 14 MuSchG).

Für die Sonderunterstützung (für im Familienhaushalt Beschäftigte) galt nach § 12 (aufgehoben durch Gesetz vom 20.12.1996, BGBl. I S. 2110) wohl der Mindestbetrag, nicht aber die Begrenzung der kalendertäglichen Leistung nach oben hin durch Festlegung eines Höchstbetrages.

b) **Begrenzung für nichtversicherte Frauen**

84 Auch für **nichtversicherte Frauen** ist weiterhin das Mutterschaftsgeld als kalendertägliche Leistung, wie vorstehend erörtert, zu berechnen. Ebenfalls gilt der kalendertägliche Höchstbetrag. Insgesamt erhalten sie aber nicht mehr 210 Euro ab 1.1.2002 für die Dauer der Schutzfristen des § 3.

19. Ersatzberechnung des Mutterschaftsgeldes

a) **Voraussetzungen für die Ersatzberechnung**

85 Bei Unmöglichkeit der Berechnung des Mutterschaftsgeldes nach dem durchschnittlichen Arbeitsentgelt der Frau ist das **durchschnittliche kalendertägliche Arbeitsentgelt einer gleichartig Beschäftigten** zugrunde zu legen (§ 21 Abs. 3). Die Regelung übernimmt ab dem 1.1.2018 den Regelungsgehalt des § 24i Abs. 2 Satz 4 SGB V. Zu denken ist dabei an folgende Fälle: In den abgerechneten Entgeltzahlungszeiträumen hat die Frau jeweils nur an einigen Tagen gearbeitet, sodass sich kein zutreffendes Bild über den Durchschnittsverdienst ergibt. Die Frau ist erst kurz vor Beginn der Schutzfrist eingestellt worden. Ein Ausbildungsverhältnis ist erst kurz vor Beginn der Schutzfrist in ein Arbeitsverhältnis übergegangen (wie hier etwa Brose/Weth/Volk, MuSchG, 9. Aufl., § 21 Rn. 30 f.; Meisel/Sowka, 5. Aufl., § 200 Rn. 70, § 200 Anm. G IV; Zmarzlik/Zipperer/Viethen, 8. Aufl., § 200 RVO Rn. 67–69).

b) **Durchführung der Ersatzberechnung**

86 Als **gleichartig Beschäftigte** ist eine Frau anzusehen, die in demselben Betrieb wie die anspruchsberechtigte Frau unter den gleichen Bedingungen und mit dem gleichen vereinbarten Entgelt eine Arbeit verrichtet. Fehlt diese Vergleichbarkeit innerhalb des Betriebes, dann kann auf den Verdienst aus vergleichbaren Arbeiten in anderen Betrieben oder allgemein auf die ortsüblichen Verdienste anderer vergleichbarer Arbeitnehmerinnen zurückgegriffen werden (so wohl auch Brose/Weth/Volk, MuSchG, 9. Aufl., § 21 Rn. 31; Willikonsky, 2. Aufl., § 13 Rn. 22).

20. Anspruchsdauer für die Gewährung des Mutterschaftsgeldes (§ 24i Abs. 3 SGB V)

87 Die Anspruchsdauer wird durch § 24i Abs. 3 Satz 1 bis 3 SGB V (ab 1.6.2025 § 24i Abs. 3 Satz 1 SGB V i.V.m. § 3) bestimmt. Die in § 19 Abs. 1 enthaltenen Worte »… erhalten für die Zeit der Schutzfristen vor und nach der Entbindung sowie für den Entbindungstag Mutterschaftsgeld« beinhalten keine Festlegung der Anspruchsdauer (vgl. dazu oben Rdn. 10). Zu beachten bleibt, dass für nichtversicherte Frauen die Anspruchsdauer durch den Höchstbetrag von 210 Euro begrenzt wird.

a) Leistungsdauer für die Zeit vor der Entbindung

Nach § 24i Abs. 3 Satz 1 SGB V wird das Mutterschaftsgeld für die Zeit vor der Entbindung für sechs Wochen gezahlt. Wird die Leistung nach der Geburt beantragt, so ist der Sechswochen-Zeitraum dann von dem tatsächlichen Tag der Geburt zu bestimmen, wenn über dieses Ereignis nicht schon ein ärztliches Zeugnis über den vermuteten Zeitpunkt der Niederkunft vorgelegen hat. Letzteres dürfte schon im Hinblick auf die Bestimmung der Schutzfrist durchweg der Fall sein. Weicht der tatsächliche von dem vermuteten Geburtstermin ab, so ergeben sich folgende Möglichkeiten: Erfolgt die **Niederkunft später** als in einem Zeugnis angenommen, das dem § 3 Abs. 1 Satz 3 genügt, so **verlängert** sich die **Bezugsdauer** für das Mutterschaftsgeld vor der Geburt entsprechend (§ 3 Abs. 1 Satz 3 und 4). Das gilt im Anschluss an Buchner/Becker (8. Aufl., § 13 Rn. 206 f.) **auch dann**, wenn das **Mutterschaftsgeld erst nach der Niederkunft beantragt wird.** Da die Frau entsprechend dem vermuteten Tag der Niederkunft früher die Arbeit eingestellt hat als es nach dem tatsächlichen Zeitpunkt der Entbindung geboten gewesen wäre, würde sie einen wirtschaftlichen Nachteil erleiden, wenn das Mutterschaftsgeld auf einen Zeitraum von sechs Wochen beschränkt würde (vgl. auch Rdn. 32). 88

Erfolgt die Entbindung früher als nach dem ärztlichen Zeugnis anzunehmen war, so verkürzte sich die Bezugsdauer vor der Entbindung nach ursprünglicher Regelung (§ 200 Abs. 3 Satz 2 und 4 RVO), soweit nicht eine **Frühgeburt** vorlag. War das der Fall, so war durch § 24i Abs. 3 Satz 2 SGB V bestimmt, dass sich die Bezugsdauer nach der Entbindung um den Zeitraum verlängerte, der nach § 3 Abs. 2 MuSchG nicht in Anspruch genommen werden konnte. Diese Änderung hinsichtlich der Bezugsdauer war notwendig, weil in § 6 Abs. 1 MuSchG die Schutzfrist entsprechend ausgedehnt worden war. Durch das Zweite Gesetz zur Änderung des Mutterschutzrechts vom 16.6.2002 ist die Vorgängerregelung dahin geändert worden, dass die vorbezeichnete Regelung außer bei Frühgeburten auch für **alle sonst vorzeitigen Entbindungen** gilt. Zu den Motiven des Gesetzgebers vgl. die Ausführungen bei § 3. Das Mutterschutzanpassungsgesetz vom 24.2.2025 (BGBl. I Nr. 59) verweist in § 24i Abs. 3 SGB V m.W.v. 1.6.2025 nun allgemein auf die Schutzfristen nach § 3 und den Entbindungstag. Änderungen ergeben sich insoweit durch die Einbeziehung von Schutzfristen für Fehlgeburten (§ 3 Abs. 5).

Wird das Mutterschaftsgeld **vor** der Entbindung beantragt, so ergibt sich in Bezug auf die **Anspruchsdauer nichts anderes.** Maßgeblich ist als Anknüpfungspunkt der in dem Zeugnis eines Arztes oder einer Hebamme angeführte mutmaßliche Tag der Geburt. Dabei kommt es anders als § 200 Abs. 3 Satz 4 RVO nicht mehr darauf an, dass das Zeugnis nicht früher als eine Woche vor Beginn der Schutzfrist nach § 3 Abs. 2 MuSchG ausgestellt wurde (§ 24i Abs. 3 Satz 4 SGB V). Fehlt es an einem Zeugnis, dann ist für die Dauer des Anspruchs auf Mutterschaftsgeld von dem tatsächlichen Tag der Niederkunft auszugehen. Ansonsten verlängert sich die Bezugsdauer bis zum Tag der Entbindung (§ 24i Abs. 3 Satz 5 SGB V), wenn die Entbindung später als vermutet erfolgt. Erfolgt die **Geburt früher** als angenommen, so endet die **Bezugsdauer vor der Ent-** 89

bindung entsprechend **früher** und die entgangene Bezugszeit fließt in die Anspruchsdauer nach der Entbindung ein.

Zur Frage, wie sich die Regelung hinsichtlich des Mutterschaftsgeldes bei vorzeitigen Geburten auf den Zuschuss des Arbeitgebers nach § 20 auswirkt, vgl. die Kommentierung zu § 20 Rdn. 18. Eine neue Berechnung der Höhe des Mutterschaftsgeldes hat nicht zu erfolgen, weil der für die Ermittlung des Bezugszeitraums maßgebliche Beginn der Schutzfrist sich nicht ändert.

b) Anspruchsdauer und Höhe bei Arbeit der Frau in der Fünf-Tage-Woche

90 Da das Mutterschaftsgeld als eine kalendertäglich berechnete Leistung für die Sechswochenfrist vor der Entbindung zu gewähren ist, besteht die Zweifelsfrage, ob es der mit dem Gesetz verfolgte Zweck, der Frau den Durchschnittsverdienst während der Beschäftigungsverbote zu erhalten, andererseits aber auch keine Besserstellung herbeizuführen, gebietet, der Frau das **Mutterschaftsgeld** für den Samstag und Sonntag zu versagen oder zu kürzen, wenn sie bei einer Tätigkeit in der **Fünf-Tage-Woche** durch das Vorziehen der Arbeitszeit den Lohn bereits für diese Tage erhalten hat.

91 Es handelt sich dabei einmal um die Fälle, in denen Wochenlohn gezahlt wird und der **Sechswochenzeitraum an einem Samstag oder Sonntag beginnt**. Dazu hatte der BMA zu den Vorschriften des MuSchG 1952 in seinem Besch. vom 10.8.1966 die Meinung vertreten, für Frauen, die nicht einen festen Monatslohn erhalten, sei für den Samstag und Sonntag kein **Wochengeld** zu zahlen, weil der Lohn für die Woche bis zum Sonntag bereits verdient worden sei. In dem vorgenannten Bescheid ist darüber hinaus weiter darauf hingewiesen worden, dass die Frau bei Verteilung der Arbeitszeit auf fünf Wochentage praktisch an jedem Arbeitstag für den Samstag und Sonntag je 1/35 mitverdiene.

Deshalb sei das Wochengeld für Samstag und Sonntag zu kürzen, wenn die Schutzfrist im Laufe der Woche – ausgenommen am Montag – beginne.

92 Das aufgezeigte Problem ist bisher nicht beseitigt worden; denn das Mutterschaftsgeld wird weiter als kalendertägliche Leistung berechnet und gezahlt. Gleichwohl ist ein Anspruch für den Samstag und Sonntag gegeben, auch wenn bei Arbeit in der Fünf-Tage-Woche die Schutzfrist am **Samstag oder Sonntag** beginnt. Daher ist das **Mutterschaftsgeld vom ersten Tage des Sechswochenzeitraums** an zu zahlen (ebenso Buchner/Becker, 8. Aufl., § 13 Rn. 203; so auch schon Zmarzlik/Zipperer, 5. Aufl., § 200 RVO Anm. 47):

Der Gesetzgeber hat eindeutig und klar die **zeitliche Anspruchsdauer festgelegt**, ohne die durch die frühere Erörterung ihm sicher bekannte Streitfrage im Sinne des BMA zu regeln. Es ist im Gesetz auch eingehend erläutert, in welcher Höhe das kalendertägliche Mutterschaftsgeld zu zahlen ist. Wenn demgegenüber eine Verkürzung der Anspruchsdauer oder der Höhe des Mutterschaftsgeldes eintreten soll, dann verstößt diese Lösung gegen das Gesetz.

Auch sprechen Gründe der Praktikabilität für die hier vertretene Auffassung. Es würde einen erheblichen Mehraufwand für die Krankenkassen bedeuten, wenn das Mutterschaftsgeld, das ohnehin schon nicht einfach zu berechnen ist, um den für den Samstag und Sonntag bereits mitverdienten Anteil des Lohnes zu kürzen wäre, wobei diese Rechenoperation folgerichtig für das Ende des Anspruchszeitraums zu wiederholen wäre. Dabei ist noch zu bedenken, dass der Lohn der letzten Woche gar nicht in den Bezugszeitraum zu fallen braucht, weil er noch nicht abgerechnet wurde; deshalb kann der Lohn der letzten Woche u.U. in seiner Höhe völlig von dem Durchschnittslohn abweichen. Ferner müssten folgende Besonderheiten berücksichtigt werden:

Wie sollte verfahren werden, wenn die Frau in der letzten Kalenderwoche vor dem Anspruchsbeginn nicht mehr oder nicht mehr voll – sei es verschuldet oder unverschuldet – gearbeitet hat? Wie soll die Berechnung vorgenommen werden, wenn bei früherem Eintritt der Entbindung der Anspruchszeitraum vor den ursprünglich angenommenen Tag des Leistungsbeginns vorzuverlegen ist? Diese zahlreichen, nicht geregelten Fragen gebieten ebenfalls eine einheitliche Berechnung und Gewährung des Mutterschaftsgeldes.

c) Anspruchsdauer für die Zeit nach der Entbindung

Die **Anspruchsdauer** für die Zeit der Schutzfrist **nach der Entbindung** beträgt acht Wochen, bei Mehrlings- und Frühgeburten zwölf Wochen unmittelbar nach der Entbindung. Der Tag der Entbindung wird in die Frist nicht mit eingerechnet. Bei einer Frühgeburt verlängert sich die Anspruchsdauer um den Zeitraum, der nach § 3 vor der Geburt nicht in Anspruch genommen werden konnte (so § 24i Abs. 3 Satz 2 und 3 SGB V). Das Gleiche gilt jetzt bei einer sonstigen vorzeitigen Entbindung. Ab 1.6.2025 gilt § 24i Abs. 3 Satz 1 SGB V i.V.m. § 3 unter Einziehung gestaffelter Schutzfristen bei Fehlgeburten. Vgl. dazu weiter Rdn. 102. 93

Die Schutzfrist nach der Entbindung ist durch das Gesetz zur Neuregelung des Mutterschutzrechts (a.a.O.) m.W.v. 30.5.2017 auch in den Fällen auf zwölf Wochen verlängert, in denen vor Ablauf von acht Wochen nach der Entbindung bei dem Kind eine Behinderung im Sinne von § 2 Abs. 1 Satz 1 SGB IX ärztlich festgestellt und eine Verlängerung der Schutzfrist nach § 6 Abs. 1 Satz 1 MuSchG bzw ab 1.1.2018 nach § 3 Abs. 2 Satz 4 von der Mutter beantragt wird.

Ab 1.1.2018: Bei Früh- und Mehrlingsgeburten sowie in Fällen, in denen vor Ablauf von acht Wochen nach der Entbindung bei dem Kind eine Behinderung im Sinne von § 2 Abs. 1 Satz 1 SGB IX ärztlich festgestellt und ein Antrag nach § 3 Abs. 2 Satz 4 gestellt wird, verlängert sich der Zeitraum der Zahlung des Mutterschaftsgeldes nach Satz 1 auf die ersten zwölf Wochen nach der Entbindung. Unklar ist, ob die Feststellung einer Behinderung i.S.d. § 2 SGB IX an der zu erwartenden Teilhabebeeinträchtigung des Neugeborenen auszurichten ist oder gleichwertige gesundheitliche Beeinträchtigungen des Kindes ausreichen, wenn die damit verbundene Belastung der Mutter vergleichbar ist (BT-Drucks 18/1963 S 55; vgl. auch Roos, Anhörung im Ausschuss für Familie, Senioren, Frauen und Jugend, Sitzung vom 19.9.2016).

94 Die Gewährung der Leistung für die Zeit nach der **Entbindung** ist davon abhängig, dass dieses Ereignis **tatsächlich stattgefunden** hat. An einer Entbindung fehlte es bisher im Fall der **Fehlgeburt** (vgl. BSG vom 17.4.1991 – 1/3 RK 21/88 = BSGE 68, 222 = SozR 3–7860 § 10 Nr. 1 = BB 1991, 1642). Diese war anzunehmen, wenn die tot geborene Leibesfrucht weniger als 500 g wog; auf die Dauer der Schwangerschaft bis zur Ausstoßung der Frucht kam es nicht an. Eine Ausnahme davon sollte gelten, also eine Entbindung vorliegen, wenn die Missbildung durch Contergan verursacht war (vgl. Beschl. des BMA vom 30.4.1963, bei Eisel, Anh. A 126). Diese auf die Rspr. des BAG (vom 12.12.2013 – 8 AZR 838/12) zurückgehende Trennung in Anlehnung an die PStV kann nach Inkrafttreten des Mutterschutzanpassungsgesetzes vom 24.2.2025 (BGBl. I Nr. 59) und der Einbeziehung von Fehlgeburten in den Entbindungsbegriff (§ 2 Abs. 6 Satz 2) nicht mehr aufrechterhalten werden (vgl. GKV-Rundschreiben 2025/145 vom 5.3.2025). Eine Entbindung liegt auch im Fall der **Totgeburt** vor, wenn das Kind ein Gewicht von wenigstens 500 g hat (vgl. zur Abgrenzung § 31 PStV).

95 Eine **Frühgeburt**, die grundsätzlich zu einer Anspruchsdauer von zwölf Wochen nach der Entbindung führt, ist eine Entbindung, bei der das Kind, bei Mehrlingsgeburten das schwerste Kind, in der Regel bei der Geburt weniger als 2500 g wog. Dem steht der Fall gleich, in dem das Kind trotz höheren Geburtsgewichts wegen noch nicht voll ausgebildeter Reifezeichen (an Rumpf, Haut, Fettpolstern, Nägeln, Haaren und äußeren Geschlechtsorganen) oder wegen verfrühter Beendigung der Schwangerschaft einer wesentlich erweiterten Pflege bedarf (s. dazu auch Kommentierung zu § 3).

96 Eine **Mehrlingsgeburt** ist eine Entbindung von mehr als einem Kind bei einem einheitlichen Geburtsakt. Dabei ist es unerheblich, ob es Lebend- oder Totgeburten sind. Die Verlängerung des Anspruchszeitraums auf zwölf Wochen tritt auch dann ein, wenn das **Kind** – bei einer Frühgeburt – oder eines oder alle Kinder bei einer Mehrlingsgeburt – bei der Geburt oder **während der Schutzfrist** sterben (vgl. **BSG** vom 15.5.1974 – 3 RK 16/73 = BSGE 37, 216 = SozR 2200 § 200 Nr. 1).

97 Wenn eine **Totgeburt** erfolgt ist oder das **Kind** während der Schutzfrist **stirbt**, darf der Arbeitgeber eine Frau nach dem Tod ihres Kindes bereits nach Ablauf der ersten zwei Wochen nach der Entbindung beschäftigen, wenn die Frau dies ausdrücklich verlangt und nach ärztlichem Zeugnis nichts dagegen spricht. Für diesen Fall ruht das Mutterschaftsgeld (§ 19 Abs. 4 Satz 1). Die Frau kann ihre Erklärung nach Satz 1 Nummer 1 aber jederzeit mit Wirkung für die Zukunft widerrufen (§ 3 Abs. 4).

98 Die Entbindung ist als Voraussetzung nur im Hinblick auf die Dauer des Anspruchs maßgebend. Entgegen der zu dem früheren Recht vertretenen Auffassung (vgl. RVA GE Nr. 4507, AN 1933, 9, und GE Nr. 5314, AN 1939, 384; **LSG** Nordrhein-Westfalen vom 22.10.1964 – 16 Kr 58/62 = BKK 1966, 174) ist die **Entbindung nicht** mehr als **Versicherungsfall** für die gesamten Wochenhilfeleistungen anzusehen, dessen Eintritt für die Beurteilung der Versicherungsansprüche maßgebend war. Nur für das Entbindungsgeld nach § 200b RVO war die Entbindung bis zum 1.1.2004 noch der Versicherungsfall; für alle sonstigen in dem Abschnitt Mutterschaftshilfe vorgesehenen Leistungen ist die **Schwangerschaft bzw. der Beginn des Beschäftigungsverbots der maßgebende Versicherungsfall** (Näheres dazu unten Rdn. 134).

d) Leistung für den Entbindungstag

In § 200 Abs. 3 Satz 1 RVO war seit der Neugestaltung durch das GRG ausdrücklich bestimmt, dass Mutterschaftsgeld auch für den **Entbindungstag** zu zahlen ist. Entsprechend ist § 13 Abs. 2 ergänzt worden. Aufgrund einer Entscheidung des Reichsversicherungsamtes vom 20.9.1915 war in der Praxis schon immer für den Entbindungstag die Leistung gewährt worden. Dem entspricht die Nachfolgevorschrift des § 24i Abs. 3 Satz 1 SGB V. Daraus ergibt sich für das Mutterschaftsgeld im Regelfall eine Leistungsdauer von 14 Wochen und ein Tag (sechs Wochen vor der Entbindung, acht Wochen nach der Entbindung, Entbindungstag). 99

21. Leistung des Mutterschaftsgeldes vor der Entbindung (§ 24i Abs. 3 SGB V)

Soweit in § 24i Abs. 3 Satz 4 SGB V (ab 1.6.2025 § 24i Abs. 3 Satz 2 SGB V) vorgeschrieben ist, dass für die Zahlung des Mutterschaftsgeldes vor der Entbindung das **Zeugnis eines Arztes oder einer Hebamme** maßgebend ist, in dem der mutmaßliche Tag der Entbindung angegeben ist, wird damit die in § 3 Abs. 1 Satz 2 für das arbeitsrechtliche Verhältnis geltende Bedeutung des ärztlichen Zeugnisses für das versicherungsrechtliche Verhältnis übernommen (s. auch oben § 3). 100

Die Pflicht zur **Vorlage des Zeugnisses ist keine Anspruchsvoraussetzung** für die Gewährung der Leistung. Die Bescheinigung ist nur als Nachweis für die Schwangerschaft und den Zeitpunkt der Entbindung erheblich, weil sich sonst die Sechswochenfrist nicht bestimmen lässt. § 200 Abs. 3 Satz 4 RVO, in dem bestimmt war, dass das **Zeugnis nicht früher als eine Woche** vor **Beginn der Schutzfrist** nach § 3 Abs. 2 MuSchG ausgestellt sein durfte, ist in § 24i Abs. 3 SGB V aus Gründen der Vereinfachung nicht mehr übernommen worden (vgl. dazu im Einzelnen oben Rdn. 33).

Beantragt die Schwangere die **Zahlung des Mutterschaftsgeldes vor der Entbindung**, dann darf das ärztliche Zeugnis, in dem als mutmaßlicher Tag der Entbindung z.B. Dienstag, der 15.2. angegeben ist, nunmehr auch vor Dienstag, den 29.12. (49. Tag vor dem mutmaßlichen Tag der Entbindung) ausgestellt sein.

22. Verlängerung der Anspruchsdauer (§ 24i Abs. 3 SGB V)

Da bei einer Zahlung des Mutterschaftsgeldes vor der Entbindung die Berechnung des Sechswochenzeitraums aufgrund eines **ärztlichen Zeugnisses über den mutmaßlichen Tag der Entbindung** erfolgt, war Vorsorge für den Fall zu treffen, dass die **Entbindung tatsächlich später** eintritt. Das ist in der Weise geschehen, dass nach § 24i Abs. 3 Satz 5 SGB V die **Bezugsdauer für das Mutterschaftsgeld sich entsprechend verlängert**. Diese Regelung stimmt überein mit § 3 Abs. 1 Satz 4, wonach bei einer Entbindung an einem anderen als dem prognostizierten Tag die Verlängerung der Schutzfrist des § 3 Abs. 1 vorgesehen ist. Mit der Neufassung des § 24i Abs. 3 SGB V durch das Mutterschutzanpassungsgesetz vom 24.2.2025 (BGBl. I Nr. 59) wird m.W.v. 1.6.2025 nur noch auf § 3 Abs. 1 Satz 4 verwiesen. 101

Wegen der Festlegung der Anspruchsdauer für das Mutterschaftsgeld auf sechs Wochen vor der Entbindung in § 24i Abs. 3 Satz 1 SGB V bedurfte es für die Verlängerung der

Anspruchsdauer einer ausdrücklichen Bestimmung. Diese Verlängerung erfolgt sowohl dann, wenn das Mutterschaftsgeld vor der Entbindung wie auch dann, wenn es nach der Entbindung beantragt wird (vgl. dazu vorstehend Rdn. 89).

102 Aufgrund der Einfügung von Satz 2 in § 200 Abs. 3 RVO und dessen Ergänzung durch das Zweite Gesetz zur Änderung des Mutterschutzrechts vom 16.6.2002 (a.a.O.), die in § 24i Abs. 3 Satz 2 SGB V übernommen wurde, ist festgelegt, dass sich die Bezugsdauer für das Mutterschaftsgeld (nach der Entbindung) bei Frühgeburten und sonstigen vorzeitigen Entbindungen um den Zeitraum verlängert, der nach § 3 Abs. 2 MuSchG nicht in Anspruch genommen werden konnte. Die entspricht der geltenden Rechtslage (§ 24i Abs. 3 Satz 4 SGB V, ab 1.6.2025 § 24i Abs.3 Satz 1 SGB V i.V.m. § 3). Das bedeutet: Es **verbleibt** bei einer **vorzeitigen Entbindung** bei einer dann zwangsläufig **kürzeren Bezugsdauer vor der Entbindung**; die dadurch entgehende Anspruchsdauer wird ausgeglichen, indem der Zeitraum nach der Entbindung verlängert wird.

Die Ansicht, es könne bei einer Entbindung vor dem nach ärztlichem Zeugnis angenommenen Termin dazu kommen, dass Arbeitsentgelt oder Krankengeld für Zeiten gezahlt wurden, in denen Anspruch auf Mutterschaftsgeld entstanden ist, kann keinen Bestand haben. Weil das Gesetz vorsieht, dass eine wegen einer vorzeitigen Entbindung nicht ausgeschöpfte Bezugsdauer im Sinne des § 3 Abs. 2 dazu führt, dass die Bezugsdauer nach der Geburt entsprechend verlängert wird, ist eindeutig, dass in solchem Fall die Anspruchsdauer vor der Geburt verkürzt bleibt. Auf diese Weise kann das Ruhen des Mutterschaftsgeldes (§ 24i Abs. 4 SGB V) wegen rückwirkender Neuberechnung der sechswöchigen Bezugsdauer vor der Entbindung vermieden werden.

23. Vorzeitiges Erlöschen des Anspruchs

103 Der Anspruch auf Mutterschaftsgeld, der grundsätzlich für sechs Wochen vor der Entbindung und acht Wochen, bei Früh- oder Mehrlingsgeburten und im Fall der Behinderung des Kindes antragsgemäß zwölf Wochen nach der Entbindung besteht, endet mit dem **Tode der Frau**. Das ist nicht mehr wie früher in § 200c Abs. 3 RVO bestimmt, sondern ergibt sich aus Folgendem: Die Leistung setzt voraus, dass die Frau Mitglied einer Krankenkasse ist. Mit dem Tode endet aber sowohl eine Mitgliedschaft aufgrund Pflichtversicherung (§ 190 Abs. 1 SGB V) wie eine freiwillige Mitgliedschaft (§ 191 Nr. 1 SGB V). Der Anspruch der nicht versicherten Frau besteht wegen seiner Begrenzung auf 210 Euro zwar nur für 16 Tage. Verstirbt die Frau bevor der Anspruch erschöpft ist, so endet der Anspruch gleichwohl. Denn das Mutterschaftsgeld als **höchstpersönlicher Anspruch** soll den Verdienstausfall der Frau während der Beschäftigungsverbote ausgleichen. Schon ein während der Beratungen des ÄndG 65 eingebrachter Antrag, den verbleibenden Betrag (d.h. die Leistung bis zum Ende des Anspruchszeitraums) an denjenigen auszuzahlen, der für den Unterhalt des Kindes sorgt, eine Regelung, wie sie in § 195a Abs. 6 RVO a.F. für das Wochengeld nach der RVO bestand, wurde abgelehnt (vgl. schriftl. Bericht des Ausschusses für Arbeit zu BT-Drucks. IV/3692, S. 9; ferner Buchner/Becker, 8. Aufl., § 13 Rn. 211).

Ein vorzeitiges Ende fand der Anspruch auf Mutterschaftsgeld bisher auch dann, wenn die **Schwangerschaft mit einer Fehlgeburt endete** (vgl. BSG vom 17.4.1991 – 1/3 RK 21/88 = BSGE 68, 222 = SozR 3–7860 § 10 Nr. 1 = BB 1991, 1642). Die Sechswochenfrist vor der Entbindung ist nicht in dem Sinne absolut, dass bei Vorliegen der Anspruchsvoraussetzungen zu Beginn der Schutzfrist diese Anspruchsdauer gewährleistet ist; denn der Anspruch, der dem Ausgleich des Lohnausfalls durch die Beschäftigungsverbote dienen soll, ist wie diese Verbote an das Bestehen einer Schwangerschaft geknüpft. Endet diese vor der Entbindung, dann entfällt das Beschäftigungsverbot und damit auch der Anspruch auf Mutterschaftsgeld. Die mit einer Fehlgeburt verbundenen **Beschwerden** waren **als Krankheit anzusehen** und führten, sofern Arbeitsunfähigkeit bestand, zur Freistellung von der Arbeit und zur Lohnfortzahlung nach den im Krankheitsfalle geltenden Bestimmungen. Diese Spruchpraxis ist mit der Einbeziehung von Fehlgeburten in den Schutzbereich des MuSchG durch das Mutterschutzanpassungsgesetz vom 24.2.2025 (BGBl. I Nr. 59) überholt (§ 2 Abs. 6 und § 3 Abs. 5; vgl BT-Drucks. 20/14231). 104

Die **Beendigung des Arbeitsverhältnisses nach Beginn** der **Schutzfrist** vor der Entbindung lässt den Anspruch auf **Mutterschaftsgeld** dem Grunde nach **unberührt.** Die nicht der Krankenversicherung als Mitglied angehörende Frau erhält Mutterschaftsgeld bis zur Höhe von 210 Euro, auch wenn das Arbeitsverhältnis endet. Mit dem Ende des Arbeitsverhältnisses entfällt aber der Anspruch auf den Zuschuss des Arbeitgebers nach § 20, sofern nicht eine zulässige Kündigung des Arbeitsverhältnisses im Sinne von § 20 Abs. 3 vorliegt. 105

Endet das Arbeitsverhältnis einer Frau, die als Mitglied Anspruch auf Krankengeld hatte, ohne dass die Voraussetzungen von § 20 Abs. 3 vorliegen, so folgt aus dem in § 24i Abs. 2 Satz 5 SGB V enthaltenen Hinweis auf »andere Mitglieder«, dass sie ab Wegfall des Arbeitgeberzuschusses **Mutterschaftsgeld** in Höhe des **Krankengeldes** beanspruchen kann. Der Gesetzgeber ist damit der entsprechenden Rechtsprechung (vgl. BSG vom 1.2.1983 – 3 RK 53/81 = BSGE 54, 260 = SozR 2200 § 200a Nr. 5) gefolgt (vgl. BR-Drucks. 200/88, S. 185 f. zu § 61). Vgl. dazu weiter Rdn. 124 ff.

Aufgrund der Einfügung von Satz 5 in § 200 Abs. 2 RVO war nicht mehr erforderlich, dass bei Beginn der Schutzfrist des § 3 Abs. 2 ein Arbeitsverhältnis bestanden hat. Nach der in § 24i Abs. 3 Satz 6 SGB V (ab 1.6.2025 § 24i Abs. 3 Satz 3 SGB V) übernommenen Regelung besteht Anspruch auf Mutterschaftsgeld auch dann, wenn ein Arbeitsverhältnis erst während der Schutzfristen vor oder nach der Geburt begonnen hat. Zum Anlass für diese Regelung vgl. vorstehend Rdn. 34. Das Mutterschaftsgeld wird für diesen Fall von Beginn des Arbeitsverhältnisses gezahlt.

24. Verhältnis des Anspruchs auf Mutterschaftsgeld zu anderen Leistungen (§ 24i Abs. 4 SGB V u.a.)

a) Mutterschaftsgeld und Krankengeld

Wenn die Frau während des Bezugszeitraums für das Mutterschaftsgeld arbeitsunfähig krank ist, dann steht ihr, sofern sie mit einem Anspruch auf Krankengeld der 106 gesetzlichen Krankenversicherung angehört, an sich **Krankengeld** nach § 44 SGB V zu. Da diese Leistung ebenso wie das Mutterschaftsgeld Lohnersatzfunktion hat, ist in § 49 Nr. 3b SGB V bestimmt, dass der **Anspruch** auf **Krankengeld ruht**, »solange« die Versicherte Mutterschaftsgeld bezieht; dies gilt auch, wenn das Krankengeld höher ist. Ein sog. **Krankengeldspitzbetrag** kann nicht verlangt werden (zum sog. Krankengeldspitzbetrag vgl. allgemein BSG vom 12.3.2013 – B 1 KR 17/12 R – SozR 4–2500 § 49 Nr. 6). Das ergibt sich aus dem systematischen Vergleich mit den in § 49 SGB V geregelten weiteren Ruhenstatbeständen, welche neben der zeitlichen auch eine umfängliche Komponente enthalten (»soweit und solange«).

107 Die gesetzliche Regelung hat die frühere Zweifelsfrage, ob der Anspruch auf Krankengeld neben Mutterschaftsgeld wegfällt oder ruht in letzterem Sinne klargestellt. Das führt dazu, dass die Zeit des Ruhens auf die Anspruchsdauer für das Krankengeld angerechnet wird (vgl. § 48 Abs. 3 SGB V).

108 Es ist denkbar, dass trotz des Wegfalls des Anspruchs auf Krankengeld diese Leistung gewährt wurde, weil der gleichzeitig bestehende Anspruch auf Mutterschaftsgeld erst später bekannt wurde. Bei **Überzahlungen** gelten die allgemeinen Vorschriften der §§ 45 ff. SGB X (§§ 21, 37 SGB I). Gegen den Anspruch auf Mutterschaftsgeld kann ggf. mit dem Erstattungsanspruch aus Anlass der Überzahlung aufgerechnet werden (§ 51 SGB I).

b) Mutterschaftsgeld und Arbeitsentgelt

109 Im Verhältnis des Anspruchs auf Mutterschaftsgeld zu beitragspflichtigem **Arbeitsentgelt** bestimmt § 24i Abs. 4 Satz 1 SGB V, dass der erstere Anspruch ruht. Auch in diesem Fall ist das Nebeneinander zweier Ansprüche, die zur Deckung des Lebensunterhalts dienen sollen, zu regeln gewesen, nämlich des Lohnanspruchs einerseits und des Lohnersatzanspruchs andererseits. Das Ruhen des Mutterschaftsgeldes ist deshalb vorgesehen, um der Frau, der diese Leistung während der Schutzfristen in Höhe des durchschnittlichen Arbeitsentgelts zusteht, jeglichen Anreiz zu nehmen, entgegen ihrem eigenen und dem Interesse des Kindes die Beschäftigung während der Schutzfristen fortzusetzen (ebenso Brose/Weth/Volk, MuSchG, 9. Aufl., § 19 Rn. 97f).

Zu den Entgeltbestandteilen, die zum Ruhen führen, gehört auch die **Urlaubsabgeltung** (§ 24i Abs. 4 Satz 1 SGB V i.d.F. des GKV-Versorgungsstärkungsgesetzes vom 16.7.2017, BGBl. I S. 1211), soweit die nötige zeitliche Korrespondenz der Ansprüche besteht (s. Rdn. 111). Es handelt sich um eine Klarstellung, die nötig wurde, weil gleichzeitig der Anspruch auf Mutterschaftsgeld ausdrücklich auch auf diejenigen Frauen erstreckt wurde, die zu Beginn der Mutterschutzfrist allein deshalb keinen Anspruch auf Mutterschaftsgeld hatten, weil ihr Anspruch auf Arbeitslosengeld nach § 157 SGB III wegen einer Urlaubsabgeltung oder nach § 159 SGB III wegen einer Sperrzeit ruhte und daher eine Mitgliedschaft mit einem Krankengeldanspruch nicht begründet werden konnte (§ 24i Abs. 1 Satz 2 Nr. 2 SGB V i.d.F. des GKV-Versorgungsstärkungsgesetzes, a.a.O.; vgl. BT-Drucks. 18/4095 S. 73). Mit der Neuregelung sollten die betroffenen Frauen zur Vermeidung von Versorgungslücken unabhängig von ihrem versicherungsrechtlichen Status in der gesetzlichen Krankenversicherung einen Anspruch auf Mutterschaftsgeld in Höhe des Krankengeldes erhalten (BT-Drucks. 18/4095 S. 73). Durch das Heil- und Hilfsmittelversorgungsgesetz vom 4.4.2017 (BGBl. I S. 778) sind die betroffenen Frauen in den Kreis der Pflichtversicherten nach § 5 Abs. 1 Nr. 2 SGB V aufgenommen worden, sodass der Rechtsgrund für die Klarstellung, dass die Urlaubsabgeltung zum Ruhen führt, fortbesteht. Mit der gesetzlichen Klarstellung ist insoweit für den Bereich des Mutterschaftsgeldes klargestellt, dass der Urlaubsabgeltungsanspruch zeitlich deckungsgleich mit dem Anspruch auf Lohnersatz ist (vgl. abweichend für das Krankengeld BSG vom 20.3.1984 – 8 RK 4/83 = BSGE 56, 208 = SozR 2200 § 189 Nr. 4 zu der entsprechenden Ruhensbestimmung des § 189 RVO a.F. [= § 49 Nr. 1 SGB V]; BSG Urteil vom 30.5.2006 – B 1 KR 26/05 R – SozR 4–2500 § 49 Nr. 4; hieran anlehnend auch frühere Auflagen Rdn. 111).

Einmalig gezahltes Arbeitsentgelt bewirkt dagegen kein Ruhen des Mutterschaftsgeldes (§ 24i Abs. 4 Satz 2 SGB V; vgl. dazu auch DOK 1982, 820). Das ist konsequent, weil einmaliges Arbeitsentgelt das Mutterschaftsgeld nicht erhöht (§ 24i Abs. 2 Satz 3 SGB V).

Das **Ruhen** des Anspruchs auf Mutterschaftsgeld tritt nur insoweit ein, als **Arbeitsentgelt tatsächlich gewährt** wird (»erhält«). Das Bestehen eines **Anspruchs** auf Fortzahlung des Lohnes nach arbeitsrechtlichen Vorschriften **genügt nicht** (s. jedoch unten Rdn. 114). Andererseits spielt es keine Rolle, ob der Frau das Arbeitsentgelt aufgrund tatsächlicher Arbeitsleistung gewährt wird (mit ausdrücklicher Zustimmung kann sie während der Schutzfrist des § 3 Abs. 1 Satz 2 beschäftigt werden). Nach der Entscheidung des LAG Schleswig-Holstein vom 15.12.2005 – 2 Ta 210/05 – (LAGE § 3 MuSchG Nr. 4) kann der Arbeitgeber sich nicht ohne Weiteres darauf berufen, er könne die Frau, die auf das Beschäftigungsverbot verzichtet, aus Gründen der Fürsorge nicht beschäftigen. Auch ist es gleichgültig, ob ihr ein Anspruch auf Lohnfortzahlung ohne Beschäftigung zusteht. Fälle der letzteren Art werden jedoch selten sein; sie setzen eine besondere einzelvertragliche oder tarifvertragliche Gewährung des Anspruchs voraus; denn nach der Rechtsprechung des BAG zum Wochengeldanspruch nach § 13 a.F., die aber für das **Mutterschaftsgeld** ebenso zutrifft, hat dieser Anspruch den **Vorrang vor** der durch allgemeine gesetzliche Bestimmungen angeordneten **Lohnzahlungspflicht** des Arbeitgebers. § 616 BGB ist daher nicht anwendbar für die Zeiten, in denen Anspruch auf Mutterschaftsgeld besteht (vgl. BAG vom 14.10.1954 – 2 AZR 30/53 = BAGE 1, 140 = AP Nr. 1 zu § 13 MuSchG und vom 26.8.1960 – 1 AZR 202/59 = BAGE 10, 7 = AP Nr. 20 zu § 63 HGB; s. auch § 11 Anm. 3 zu c). Dasselbe gilt nach der Neuregelung der Entgeltfortzahlung durch § 3 EFZG. 110

Das Ruhen des Mutterschaftsgeldes, »soweit und solange« Arbeitsentgelt gezahlt wird, setzt zunächst eine **zeitliche Übereinstimmung beider Leistungen** voraus. Hieran fehlt es, wenn aufgrund besonderer arbeitsvertraglicher Fälligkeitsbestimmungen Vergütungen für die Zeit vor der Schutzfrist erst während des Anspruchszeitraums für das Mutterschaftsgeld ausgezahlt werden (vgl. BAG vom 28.11.1984 – 5 AZR 243/83 = BAGE 47, 261 = AP Nr. 10 zu § 11 MuSchG 1969 = NZA 1985, 564 = AP Nr. 10 zu § 11 MuSchG 1968). Außerdem wird das **Ruhen der Höhe nach begrenzt** insofern, als bei 111

Zahlung eines Arbeitsentgelts, das niedriger als das Mutterschaftsgeld ist, der Differenzbetrag zu dieser Leistung der Frau zusteht (**sog. Spitzbetrag**). Das gilt auch dann, wenn das Arbeitsentgelt aufgrund tatsächlicher Arbeitsleistung der Frau gezahlt wird (nach dem MuSchG 1952 entfiel der Anspruch auf Wochengeld bei Arbeit der Frau ohne Rücksicht auf die Höhe des Entgelts – Sanktionscharakter –). Die Vergleichbarkeit beider Leistungen ist dadurch gegeben, dass das Mutterschaftsgeld – auch bei einer Weiterarbeit der Frau – nach dem vor Beginn der Schutzfristen erzielten Arbeitsentgelt berechnet wird.

Zu einem Ruhen des Mutterschaftsgeldes kommt es nicht, wenn die Frau wegen Arbeitsunfähigkeit ihre Bezüge erhalten hat und sich bei Entbindung vor dem mutmaßlichen Termin ergibt, dass Zeiten der Vergütungszahlung in die Schutzfrist vor der Entbindung fielen. Weil die Vergütungspflicht nach § 3 LFZG (§ 3 EFZG) während der Schutzfrist nicht besteht, müsste die Frau den erhaltenen Lohn aus ungerechtfertigter Bereicherung erstatten. Ihr stehen dann Mutterschaftsgeld und ggf. der Zuschuss nach § 14 zu (vgl. BAG vom 7.10.1987 – 5 AZR 610/86 = BAGE 56, 191 = AP Nr. 7 zu § 14 MuSchG 1968).

112 Da das **Mutterschaftsgeld** eine **kalendertäglich** berechnete Leistung ist, während das **Arbeitsentgelt** auf die **arbeitstägliche** Leistung bezogen ist, stellt sich bei der Anrechnung nach § 24i Abs. 4 Satz 1 SGB V die Frage, in welcher Weise die Leistungen der Höhe nach in Beziehung zueinander stehen. Wenn das Mutterschaftsgeld z.B. kalendertäglich 10,– Euro beträgt (wöchentlich also 70,– Euro) und die Frau nach einem Beginn der Schutzfrist am Montag noch bis zum Donnerstag der Woche gegen ein Entgelt von 17,50 Euro täglich (insgesamt 70,– Euro) arbeitet, soll dann das Mutterschaftsgeld, weil es nach dem Durchschnittsverdienst ja bereits bis zum Ende der Woche ausgeglichen ist, erst ab Montag nach der Arbeitseinstellung gewährt werden? Diese Frage ist nach den in Rdn. 92 angestellten Überlegungen dahin zu beantworten, dass stets nur **die für gleiche Zeiträume gewährten bzw. zu gewährenden Leistungen gegenüberzustellen sind**. In dem vorgenannten Beispiel ruht also das Mutterschaftsgeld nur für die Tage von Montag bis Donnerstag.

113 Die Weitergewährung des Arbeitsentgelts wirkt sich auch auf die **Zuschusspflicht des Arbeitgebers** aus. Wenn z.B. das nach § 24i Abs. 2 Satz 1 SGB V berechnete Mutterschaftsgeld einen Betrag von 30,– Euro täglich ausmachte, dann hat der Arbeitgeber wegen der Begrenzung des Mutterschaftsgeldes auf 13,– Euro nach § 14 einen Zuschuss in Höhe von 17,– Euro täglich zu gewähren. Erhält die Frau aufgrund einer Weiterbeschäftigung ein tägliches Arbeitsentgelt von 10,– Euro, dann ist die Auswirkung in Bezug auf das Ruhen des Mutterschaftsgeldes auf zweierlei Art möglich: In Höhe von 10,– Euro kann das als Durchschnittsentgelt berechnete Mutterschaftsgeld von 30,– Euro ruhen, sodass Anspruch auf Mutterschaftsgeld nur noch in Höhe von 20,– Euro besteht. Als Folge davon würde sich die Zuschusspflicht des Arbeitgebers auf 7,– Euro reduzieren. Die Berücksichtigung des Arbeitsentgelts kann aber auch in der Weise erfolgen, dass es auf den Höchstbetrag des nach § 24i Abs. 2 Satz 2 SGB V zu zahlenden Mutterschaftsgeldes angerechnet wird; in diesem Fall würde die Krankenkasse 3,–

Euro zu zahlen haben und die Zuschusspflicht des Arbeitgebers unberührt bleiben, sodass die Frau dann zusammen mit dem Arbeitsentgelt wieder 30,– Euro täglich erhält.

Die zweite Methode der Anrechnung des Arbeitsentgelts ist die zutreffende. § 24i Abs. 4 Satz 1 SGB V spricht nämlich von dem Ruhen des Mutterschaftsgeldes und meint damit die Leistung, wie sie – auch der Höhe nach – in der vorangehenden Regelung des § 24i Abs. 2 SGB V näher bestimmt ist. Mutterschaftsgeld nach § 24i Abs. 2 Satz 2 SGB V wird jedoch nur in Höhe von 13,– Euro kalendertäglich gewährt, sodass dieser Anspruch, nicht aber das als kalendertägliches durchschnittliches Arbeitsentgelt (als bloßer Rechnungsposten) errechnete Mutterschaftsgeld gemeint sein kann. In gleicher Weise wird in § 20 bei der Ermittlung der Zuschusspflicht zwischen dem Mutterschaftsgeld und dem um die gesetzlichen Abzüge verminderten durchschnittlichen kalendertäglichen Arbeitsentgelt unterschieden. Auch in den Fällen, in denen das Arbeitsentgelt ohne Beschäftigung weitergezahlt wird, wird dadurch das Ruhen nur hinsichtlich des von der Krankenkasse zu gewährenden Mutterschaftsgeldes, das durch den Höchstbetrag von 13,– Euro begrenzt wird, bewirkt. Vgl. Brose/Weth/Volk, MuSchG, 9. Aufl., § 19 Rn. 100 f.).

Zur Unterstützung der hier vertretenen Auffassung kann schließlich noch darauf verwiesen werden, dass die Leistungspflicht der Kasse eintritt, wenn der Arbeitgeber den Anspruch auf Weiterzahlung des Arbeitsentgelts nicht erfüllt und der Anspruch der Frau gegen den Arbeitgeber in Höhe des gezahlten Mutterschaftsgeldes auf die Kasse übergeht:

Das Ruhen des Mutterschaftsgeldes setzt die **tatsächliche Zahlung von Arbeitsentgelt** 114
voraus. Besteht zwar ein Anspruch der Frau, wird dieser jedoch vom Arbeitgeber nicht erfüllt, dann hat aus dem Gesichtspunkt der Sicherstellung der Frau die Kasse das volle Mutterschaftsgeld zu gewähren bzw. tritt eine Minderung bei teilweiser Erfüllung des Anspruchs durch den Arbeitgeber nur in beschränktem Umfange ein. In diesen Fällen geht der Anspruch der Frau gegen den Arbeitgeber kraft Gesetzes auf die Krankenkasse über (§ 115 SGB X).

Der **Höhe** nach entspricht der übergegangene Anspruch in der Regel dem Arbeitsentgelt, das der Frau zusteht und das bei seiner tatsächlichen Gewährung zum Ruhen des Anspruchs auf Mutterschaftsgeld geführt hätte. Wenn das geschuldete Arbeitsentgelt jedoch höher als 13,– Euro täglich ist, geht die Forderung nur in Höhe von 13,– Euro über. Dabei hat eine Umrechnung des Arbeitsentgelts auf Kalendertage nicht zu erfolgen; es sind nur die Zeiträume miteinander in Beziehung zu setzen (vgl. auch in dieser Anm. zu Rdn. 111).

Die Krankenkasse hat den auf sie **übergegangenen Anspruch**, wenn sie ihn im Klagewege verfolgen muss, bei den Gerichten für Arbeitssachen anhängig zu machen; denn durch den Forderungsübergang ändert sich nicht die Rechtsnatur des Anspruchs (Biersborn in Schütze, SGB X, 9. Aufl., § 115 Rn. 14).

c) Mutterschaftsgeld und Entbindungs-, Anstaltspflege und Hauspflege

115 Nach § 199 Abs. 2 RVO konnte die Kasse der Frau mit deren Zustimmung **Hauspflege** gewähren und dann das laufende Mutterschaftsgeld bis zur Hälfte einbehalten. Bei der in § 198 RVO geregelten häuslichen Pflege war die Möglichkeit nicht mehr vorgesehen, das Mutterschaftsgeld zum Teil einzubehalten. Hieran hat sich durch die Nachfolgeregelung des § 24g SGB V nichts geändert. Das früher bei Pflege der Frau in einer Entbindungs- oder Krankenanstalt bestimmte gewesene Ruhen des Mutterschaftsgeldes ist schon seit dem KV-ÄndG v. 21.12.1970 (BGBl. I S. 1770) beseitigt.

d) Mutterschaftsgeld und Arbeitslosengeld

116 Bei arbeitslosen Frauen, die **Arbeitslosengeld** beziehen, ist das Verhältnis dieser Leistungen zum Mutterschaftsgeld durch § 156 Abs. 1 Satz 1 Nr. 2 SGB III geregelt: Der Anspruch auf Arbeitslosengeld **ruht** während der Zeit, für die der Arbeitslosen Anspruch auf Mutterschaftsgeld zusteht. Dies gilt ohne Rücksicht darauf, ob das Mutterschaftsgeld ebenso hoch ist wie die ruhenden Leistungen. Das Arbeitslosengeld beträgt 67 v.H. des um die gewöhnlichen gesetzlichen Abzüge verminderten Arbeitsentgelts für Arbeitslose, die mindestens ein Kind im Sinne des § 32 Abs. 1, 4 und 5 EStG haben (erhöhter Leistungssatz); sonst beläuft es sich auf 60 v.H. (allgemeiner Leistungssatz, vgl. § 149 SGB III). Das Mutterschaftsgeld beträgt kalendertäglich höchstens 13,– Euro, d.s. im Monat 390,– Euro.

e) Mutterschaftsgeld und Elterngeld

117 Nach § 3 Abs. 1 Satz 1 Nr. 1 BEEG i.d.F. des Gesetzes zur Neuregelung des Mutterschutzrechts vom 23.5.2017 (BGBl. I S. 1228) wird das Mutterschaftsgeld nach § 19 Abs. 1 für die Zeit ab dem Tag der Geburt auf das der Mutter (wegen desselben Kindes) zustehende Elterngeld angerechnet. Das Mutterschaftsgeld wird – wie bisher nach § 3 Abs. 1 Satz 1 BEEG – **voll angerechnet** (§ 3 Abs. 2 Satz 1 BEEG). Mutterschaftsleistungen, die der Mutter vor oder nach der Geburt eines weiteren Kindes zustehen, werden jetzt von § 3 Abs. 1 Satz 1 Nr. 5 BEEG (§ 3 Abs. 1 Satz 2 BEEG a.F.) erfasst. Für sie besteht daher jetzt einheitlich der **Anrechnungsfreibetrag** nach § 3 Abs. 2 Satz 1 BEEG (vgl. BT-Drucks. 17/9841 S. 28). Das Mutterschaftsgeld ist insoweit vorrangig.

f) Mutterschaftsgeld und Bürgergeld

118 Mutterschaftsgeld für eine als Mitglied gesetzlich Krankenversicherte ist eine Lohnersatzleistung nach § 19 Abs. 1 MuSchG und § 24i SGB V. Wenn das vorgeburtliche Mutterschaftsgeld für sechs Wochen in einer Summe ausgezahlt wird, handelte es sich nach bisherigem Recht um eine Einnahme, die nach § 11 Abs. 3 SGB II auf das seinerzeitige Arbeitslosengeld II anzurechnen war (vgl Bayerisches LSG Beschluss vom 13.2.2014 – L 7 AS 755/13 NZB; auch Sächs. LSG Urteil vom 9.5.2023 – L 4 AS 179/20). Durch das Bürgergeldgesetz vom 16.12.2022 (BGBl. I 2328) ist jetzt

klargestellt, dass Mutterschaftsgeld beim Bürgergeld (vgl § 65 Abs. 9 SGB II) nicht als Einkommen zu berücksichtigen ist (§ 11a Abs. 1 Nr. 6 SGB II).

25. Kostenträger für das Mutterschaftsgeld bei versicherten Frauen

Die Regelung des § 200a RVO, wonach der Bund den Krankenkassen für jeden 119
Leistungsfall einen **Pauschbetrag** von 400,– DM erstattete, ist durch Art. 2 des Gesetzes vom 21.12.1993 aufgehoben worden (BGBl. I S. 2374) wegen der angespannten Haushaltslage des Bundes, sodass insoweit die Kostenträgerschaft für als Mitglieder versicherte Frauen bei den Krankenkassen liegt, auch wenn deren Aufwendungen für das Mutterschaftsgeld über den Zuschuss des Bundes an die Krankenkassen für versicherungsfremde Leistungen abgegolten werden (§ 221 SGB V i.V.m. § 2 Abs. 2 Pauschal-Abgeltungsverordnung, BGBl. I S. 644, siehe Rdn. 76).

Die sich aus der Gewährung des Mutterschaftsgeldes im Übrigen ergebenden Aufwendungen hat die Kasse ohnehin als eigene Leistung zu tragen. Für nichtversicherte Frauen trägt der Bund das Mutterschaftsgeld in vollem Umfange, allerdings ist die Leistung an diese Frauen auf 210 Euro begrenzt (§ 19 Abs. 2 und oben Rdn. 20).

a) Versicherungsverhältnis zu Beginn der Schutzfrist

Seitdem der Bund nur noch 210 Euro für nicht als Mitglied versicherte Frauen trägt, 120
ist wieder bedeutsam, ob eine Frau versichert ist oder nicht. Hierzu gilt Folgendes: Es kommt grundsätzlich auf die **Verhältnisse zur Zeit des Beginns der Schutzfrist** nach § 3 Abs. 1 an. Auf diesen Zeitpunkt war die Prüfung abgestellt, ob die Frau die Anspruchsvoraussetzungen nach § 200 Abs. 1 Satz 1 RVO a.F. oder § 13 Abs. 2 erfüllt (vgl. LSG Nordrhein-Westfalen vom 9.2.1984 – L 16 Kr 34/83 = ErsK 1985, 415). Für die Zurücklegung der Wartezeit von zwölf Wochen gemäß § 200 Abs. 1 RVO a.F. war der Zeitpunkt, bis zu dem dieses Erfordernis gegeben sein musste, sogar auf das Ende des vierten Monats vor der Entbindung vorverlegt (s. Rdn. 46 f.). Auf den Beginn der Schutzfrist kommt es auch an für die Frage, aus welchem Rechtsgrund der Frau der Anspruch zusteht. Gehört sie zu dieser Zeit der Krankenversicherung als Mitglied an, dann steht ihr Mutterschaftsgeld nach § 24i SGB V zu, ist sie dort nicht als Mitglied versichert, dann bildet § 19 Abs. 2 die Anspruchsgrundlage.

Daran ändert sich nichts mehr durch eine spätere Veränderung der Versicherungsverhältnisse. Für die der Krankenversicherung als **Pflichtmitglieder** angehörenden Frauen ist eine Beendigung ihres Versicherungsverhältnisses durch § 192 Abs. 1 Nr. 2 SGB V ausgeschlossen, solange ihnen Anspruch auf Mutterschaftsgeld zusteht. Bei **freiwillig versicherten Frauen** ist ein Ausscheiden aus der Krankenversicherung möglich (vgl. § 191 SGB V) wie umgekehrt nichtversicherte Frauen während des Laufes der Schutzfristen Mitglieder der Krankenversicherung werden können (z.B. als Pflichtmitglieder durch Erhöhung der Pflichtversicherungsgrenze oder durch eine freiwillige Versicherung etwa nach § 9 Abs. 1 Satz 1 Nr. 2 SGB V wegen Erlöschen einer Familienversicherung). Zur Familienversicherung ist noch Folgendes zu beachten: Zur Ermittlung des für die Familienversicherung erheblichen Gesamteinkommens sind von den Einkünften des nicht gesetzlich krankenversicherten Ehepartners evtl. außergewöhnliche Belastungen, Kinderfreibeträge und der Haushaltsfreibetrag nicht abzuziehen (vgl. BSG vom 25.8.2004 – B 12 KR 36/03 R = USK 2004–20 = NZA 2005, 98).

121 Für diese Fälle ändert sich die Anspruchsgrundlage, wie sie bei Beginn der Schutzfrist gegeben war, nicht mehr. Ebenso wie Veränderungen in Bezug auf das Arbeitsverhältnis, die nach Beginn der Schutzfrist eintreten, insbesondere die Beendigung des Arbeitsverhältnisses, den entstandenen Anspruch unberührt lassen, sind auch später eintretende Veränderungen im Versicherungsverhältnis unbeachtlich. **Versicherungsfall** für das laufende Mutterschaftsgeld ist der **Beginn der Schutzfristen** (vgl. schon BSG vom 29.4.1971 – 3 RK 3/71 = BSGE 32, 270 = SozR Nr. 1 zu § 200a RVO, für den Anspruch nach § 200a RVO a.F.). Für die Beurteilung des Anspruchs sind die Verhältnisse, wie sie in diesem Zeitpunkt gegeben waren, maßgebend. Die Ausgestaltung des Anspruchs auf Mutterschaftsgeld durch die gesetzliche Neuregelung erfordert insoweit eine Abkehr von der bisherigen Ansicht, die als Versicherungsfall für den Anspruch auf Wochengeld die Entbindung ansah (vgl. RVA in GE Nr. 4507, AN 1933, 9, und GE Nr. 5314, AN 1939, 384). Damit werden auch die Schwierigkeiten vermieden, die sich beim Nichteintritt des Versicherungsfalls – die Schwangerschaft endet durch den Tod der Frau vor der Entbindung – hinsichtlich der bereits gewährten Leistungen ergaben. Bei Frauen, deren Anspruch nach § 24i Abs. 3 Satz 6 SGB V (ab 1.6.2025 § 24i Abs.3 Satz 3 SGB V) erst während der Schutzfristen entsteht, ist maßgebender Zeitpunkt der Beginn des Arbeitsverhältnisses (vgl. BSG vom 28.2.2008 – B 1 KR 17/07 R = SozR 4–7830 § 13 Nr. 1; Brose/Weth/Volk, MuSchG, 9. Aufl., § 19 Rn. 21).

b) Pauschbetrag und Höhe des Mutterschaftsgeldes

122 *Gegenstandslos* wegen Wegfalls des § 200a RVO (vgl. Rdn. 119).

c) Verwaltungskosten der Krankenkassen

123 Im Gegensatz zum Pauschbetrag von 400 DM pro Leistungsfall nach § 200d Abs. 1 RVO i.d.F. des ÄndG 65 ist die Gewährung einer **Kostenpauschale an die Krankenkassen** nicht mehr vorgesehen. Zum Bundeszuschuss siehe aber Rdn. 20 und 76.

26. Anspruch auf Mutterschaftsgeld in Höhe des Krankengeldes (§ 24i Abs. 2 Satz 5 SGB V)

124 Bis zur Änderung der Vorschriften über das Mutterschaftsgeld durch das GRG war in § 200a RVO für »**andere Versicherte**«, die bei Arbeitsunfähigkeit Anspruch auf Krankengeld hatten, **Mutterschaftsgeld** in Höhe des **Krankengeldes** vorgesehen, wenn sie in der Zeit zwischen dem zehnten und dem vierten Monat einschließlich dieser Monate vor der Entbindung mindestens zwölf Wochen versichert waren oder in einem Arbeitsverhältnis standen. Diese Regelung hat Eingang gefunden in § 24i SGB V. Die Anspruchsvoraussetzungen sind Folgende:

a) Kreis der anspruchsberechtigten Frauen

§ 24i Abs. 2 Satz 5 SGB V (vormals § 200 Abs. 2 Satz 7 RVO; § 200 Abs. 2 Satz 6 RVO bis zum Inkrafttreten des Gesetzes vom 16.6.2002, BGBl. I S. 1812; bis zum 31.12.2017 § 24i Abs. 2 Satz 7 SGB V) sieht das Mutterschaftsgeld in Höhe des Krankengeldes vor für »**Frauen nach Absatz 1 Satz 2**«. Das sind Frauen, deren Arbeitsverhältnis unmittelbar vor Beginn der Schutzfrist nach § 3 Absatz 1 endet, wenn sie am letzten Tag des Arbeitsverhältnisses Mitglied einer Krankenkasse waren. Die Regelung wurde durch das GKV-Versorgungsverstärkungsgesetz vom 16.7.2015 (BGBl. I S. 1211) mit Wirkung vom 23.7.2015 in § 24i SGB V ursprünglich als Absatz 1 Satz 1 Nummer 1 eingefügt. Mit der Regelung sollte in den Fällen, in denen ein Beschäftigungsverhältnis unmittelbar am Tag vor Beginn der Mutterschutzfrist nach § 3 Absatz 2 MuSchG endet, die Rechtslage abschließend geklärt werden. Um die soziale Absicherung der betroffenen Schwangeren sicherzustellen, werde klargestellt, dass auch in den Fällen ein Anspruch auf Mutterschaftsgeld bestehe, in denen Frauen mit Beginn der Schutzfrist nicht mehr Mitglied der gesetzlichen Krankenversicherung mit Anspruch auf Krankengeld seien. Durch die Regelung werde der Anspruch auf Mutterschaftsgeld ausdrücklich auf die in der Praxis vorkommenden Fälle erstreckt, in denen Frauen bis unmittelbar vor Beginn der Schutzfrist in einem Arbeitsverhältnis stehen, wenn sie am letzten Tag des Arbeitsverhältnisses (versicherungspflichtiges oder freiwilliges) Mitglied einer Krankenkasse waren. Den Frauen solle in einer besonders schutzwürdigen Situation nicht aufgrund einer unklaren Rechtslage – auch im Lichte der Rechtsprechung des BSG zu den Voraussetzungen für das Vorliegen eines Anspruchs auf Krankengeld nach Ende des Beschäftigungsverhältnisses (Urteil vom 10.5.2012 – B 1 KR 19/11 R – BSGE 111, 9 = SozR 4–2500 § 192 Nr. 5 zu § 46 Abs. 1 Satz 1 Nr. 2 SGB V. a.F.) – der Anspruch auf Mutterschaftsgeld vorenthalten werden. Die vorliegende Regelung schaffe eine klare leistungsrechtliche Anspruchsgrundlage für die betroffenen Frauen und führe dazu, dass die Mitgliedschaft aufgrund des sich nahtlos an das Ende der versicherungspflichtigen Beschäftigung anschließenden Anspruchs auf Mutterschaftsgeld nach § 192 Absatz 1 Nummer 2 SGB V erhalten bleibe. Bei Frauen, die zuletzt während der Beschäftigung freiwilliges Mitglied waren, beinhalte die über das Ende des Arbeitsverhältnisses fortbestehende freiwillige Mitgliedschaft künftig ebenfalls einen Anspruch auf Mutterschaftsgeld (BT-Drucks. 18/4095 S. 73). 125

Ferner gehören »**andere Mitglieder**« zum Kreis der anspruchsberechtigten Frauen. Damit wird vorausgesetzt, dass die Frau der Krankenversicherung als Mitglied angehört. Die Versicherung nur aufgrund einer Familienversicherung reicht nicht aus (vgl. dazu näher Rdn. 27). § 24i Abs. 2 Satz 5 SGB V meint die Mitglieder, die nach § 24i Abs. 1 SGB V Anspruch auf Mutterschaftsgeld haben, aber nicht die Voraussetzungen für das in § 24i Abs. 2 Satz 1 bis 4 SGB V behandelte und nach einem durchschnittlichen Arbeitsentgelt berechnete Mutterschaftsgeld erfüllen. Mitglieder, die bei Beginn der Schutzfristen nach § 3 Abs. 1 in einem Arbeits- bzw. Heimarbeitsverhältnis stehen oder deren Arbeitsverhältnis während der Schwangerschaft oder während des Beschäftigungsverbots nach § 3 Abs. 2 zulässigerweise gekündigt worden ist, kommen daher hier nicht als Zielgruppe in Betracht. Zielgruppe sind weibliche Mitglieder, die die vorgenannten Bedingungen nicht erfüllen, aber dennoch **krankengeldberechtigt** sind. Das kommt zwar im Gesetzestext nicht deutlich zum Ausdruck. Diese Einschränkung ist aber aufgrund der Entstehungsgeschichte geboten. § 200a RVO a.F. hatte die Voraussetzung, dass Anspruch auf Krankengeld bestehen muss, noch ausdrücklich genannt. Der Einbau dieser Bestimmung in § 200 RVO als Vorläufervorschrift des § 24i SGB V war nach den Gesetzesmaterialien jedenfalls insoweit nicht mit einer Besserstellung der Frauen verknüpft, wie es um die Frage des Anspruchs auf Krankengeld ging (vgl. dazu BR-Drucks. 200/88, S. 185 zu § 61). Zur Anspruchsberechtigung nach § 24i Abs. 2 Satz 5 SGB V vgl. auch BSG vom 16.2.2005 – B 1 KR 13/03 R = SozR 4–2200 § 200 Nr. 2 = ZfS 2005, 113). Zusammengefasst gehören zu dem Personenkreis, dem Mutterschaftsgeld in Höhe des Krankengelds zu gewähren ist, die Mitglieder einer gesetzlichen Krankenkasse mit Anspruch auf Krankengeld (vgl. § 44 SGB V), bei denen die Möglichkeit der Anknüpfung an ein Arbeitsverhältnis zur Berechnung des Mutterschaftsgeldes fehlt.

In Betracht kommen danach vor allem Versicherte, die zwar nicht in einem Arbeitsverhältnis stehen, die jedoch auf andere Weise gegen den krankheitsbedingten Ausfall von Erwerbs- oder Erwerbsersatzeinkommen gesichert sind – entweder im Anschluss an ein Arbeitsverhältnis durch die Krankenversicherung als Arbeitsloser (§ 5 Abs. 1 Nr. 2 SGB V i.V.m. §§ 44, 47b SGB V, s. Anh. 4) oder als krankenversicherter Selbstständiger (§§ 5 Abs. 1 Nr. 3 und 4, 44 SGB V, s. Anh. 4) oder aufgrund freiwilliger Versicherung (vgl. §§ 9, 44 Abs. 2 Nr. 2 SGB V, s. Anh. 4).

Zu diesem Personenkreis gehören auch die Frauen, die zu Beginn der Mutterschutzfrist allein deshalb keinen Anspruch auf Mutterschaftsgeld hatten, weil ihr Anspruch auf Arbeitslosengeld nach § 157 SGB III wegen einer Urlaubsabgeltung oder nach § 159 SGB III wegen einer Sperrzeit ruhte und daher eine Mitgliedschaft mit einem Krankengeldanspruch nicht begründet werden konnte. § 24i Abs. 1 Satz 2 Nr. 2 SGB V i.d.F. des GKV-Versorgungsstärkungsgesetzes vom 16.7.2015 (BGBl. I S. 1211) erstreckte den Anspruch auf Mutterschaftsgeld ausdrücklich auch auf die davon betroffenen Frauen, um ihnen unabhängig von ihrem versicherungsrechtlichen Status in der gesetzlichen Krankenversicherung einen Anspruch auf Mutterschaftsgeld in Höhe des Krankengeldes sicherzustellen (BT-Drucks 18/4095 S. 73). Mit der Änderung des § 5 Abs. 1 Nr. 2 SGB V durch das Heil- und Hilfsmittelversorgungsgesetz vom 4.4.2017 (BGBl. I 778) besteht für die betroffenen Frauen nun eine Pflichtversicherung, die einen Anspruch auf Krankengeld beinhaltet (§ 5 Abs. 1 Nr. 2 SGB V). Damit besteht der Anspruch auf Mutterschaftsgeld bereits nach § 24i Abs. 1 Satz 1 SGB V, sodass die Regelung des § 24i Abs. 2 Satz 2 Nummer 2 SGB V obsolet wurde. Durch das Heil- und Hilfsmittelversorgungsgesetz (a.a.O.) wurde § 24i Abs. 1 Satz 2 SGB V mit dem Inhalt der verbleibenden Regelung des bisherigen § 24i Abs. 1 Satz 2 Nr. 1 neu gefasst (hierzu BT-Drucks 18/11205 S. 60).

Die in § 5 Abs. 1 Nr. 1 SGB V als versicherungspflichtig genannten Arbeitnehmerinnen und zur Berufsausbildung Beschäftigten können Mutterschaftsgeld i.H. des Krankengelds nur erlangen, wenn die Voraussetzungen des § 24i Abs. 2 Satz 1 bis 4 SGB V nicht gegeben sind, die Kassenmitgliedschaft aber weiter fortbesteht (§ 192 SGB V) und die fortbestehende Mitgliedschaft auch weiterhin einen Krankengeldanspruch vermittelt. Keine Leistung erhält danach eine Versicherte, die während des Bezugs von Elterngeld ein weiteres Kind erwartet, wenn sie mehrere Monate vor Beginn der Schutzfrist ihr bis dahin ruhendes Arbeitsverhältnis gekündigt hat; denn die nach § 192 Abs. 1 Nr. 2 SGB V fortbestehende Mitgliedschaft in der gesetzlichen Krankenversicherung umfasst keinen Anspruch auf Krankengeld, wie es § 24i Abs. 1 SGB V verlangt (vgl. BSG vom 8.8.1995 – 1 RK 21/94 = SozR 3–2200 § 200 RVO Nr. 4; a.A. offenbar Buchner/Becker, 8. Aufl., § 13 Rn. 92).

Nicht dazu gehören ferner Bezieherinnen von Bürgergeld. Durch das Verwaltungsvereinfachungsgesetz vom 21.3.2005 (BGBl. I S. 818) ist der für diesen Personenkreis ursprünglich vorgesehene Krankengeldanspruch rückwirkend abgeschafft worden (vgl. §§ 5 Abs. 1 Nr. 2a, 44 Abs. 2 Nr. 1 SGB V, § 25 SGB II a.F.; vgl. BMFSFJ, Leitfaden zum Mutterschutz, 2024, S. 87.; Köhler in Hauck/Noftz, SGB II, Stand Okt. 2018, § 25, Rn. 5f; a.A. offenbar Brose/Weth/Volk, MuSchG, 9. Aufl. § 19 Rn. 49, 50). Bezieherinnen von Bürgergeld erhalten stattdessen ab der 13. Schwangerschaftswoche einen Mehrbedarf nach § 21 Abs. 2 SGB II i.H. von 17 v.H. der maßgeblichen Regelleistung. Zum Einfluss des Mutterschutzrechts auf das SGB II allgemein Leopold info also 2012, 3 ff.

b) Keine Wartezeit als Anspruchsvoraussetzung

Für das Mutterschaftsgeld in Höhe des Krankengeldes nach § 24i Abs. 2 Satz 5 SGB V war nach der Vorläuferregelung des § 200 Abs. 2 Satz 7 RVO, wie § 200 Abs. 1 RVO generell für den Anspruch auf Mutterschaftsgeld verlangte, innerhalb einer **Rahmenfrist**, die vom Beginn des zehnten bis zum Ende des vierten Monats vor der Entbindung reichte, für mindestens zwölf Wochen eine Mitgliedschaft oder ein Arbeitsverhältnis notwendig. Diese Voraussetzung ist mit Wirkung vom 1.1.2000 weggefallen, weil durch Art. 11 des GKV-Gesundheitsreformgesetzes 2000 vom 22.12.1999 (BGBl. I S. 2626) der entsprechende Halbsatz in § 200 Abs. 1 RVO gestrichen worden ist. Zu den Gründen hierfür wird auf die Rdn. 46, 47 und 49 verwiesen. 126

c) Versicherung bei Beginn der Leistung

Das Versicherungsverhältnis der nicht als Arbeitnehmerinnen tätigen Frauen muss bei Einsetzen der **Phase der besonderen Schutzbedürftigkeit** bestanden haben. Für Nicht-Arbeitnehmerinnen gilt die Schutzfrist nach § 3 Abs. 1 nicht unmittelbar. Deshalb muss man bei ihnen für den Versicherungsfall auf den Beginn der Phase der besonderen Schutzbedürftigkeit der werdenden Mutter abstellen. Das ist der Beginn des Anspruchs auf Mutterschaftsgeld in Höhe des Krankengeldes für sechs Wochen vor der Entbindung (vgl. BSG vom 29.4.1971 – 3 RK 3/71 = BSGE 32, 270 = SozR Nr. 1 zu § 200a RVO = USK 7175). 127

Da für das Mutterschaftsgeld in Höhe des Krankengeldes die Mitgliedschaft Voraussetzung ist, entsteht der **Anspruch nicht**, wenn die **Mitgliedschaft** vor dem vorstehend bezeichneten Zeitpunkt **geendet** hat. Die Beendigungstatbestände sind in § 190 ff. 128

SGB V geregelt. § 19 Abs. 1 SGB V regelt die Auswirkungen der Beendigung der Mitgliedschaft auf die Leistungsansprüche der Versicherten (vgl Hentrich in: Schlegel/Voelzke, jurisPK-SGB V, 4. Aufl. 2020, § 19 SGB V Rn. 15). Soweit § 19 Abs. 2 SGB V beim Ende der Mitgliedschaft Versicherungspflichtiger bestimmt, der Anspruch auf Leistungen bestehe längstens für einen Monat nach dem Ende der Mitgliedschaft, setzt dies voraus, dass die Leistungen zunächst einmal eingesetzt haben. Im Übrigen bleibt die Mitgliedschaft Versicherungspflichtiger nach § 192 Abs. 1 Nr. 2 SGB V erhalten, solange für sie Anspruch auf Mutterschaftsgeld besteht oder diese Leistung bezogen wird.

d) Anspruchsberechtigung der Nicht-Arbeitnehmerinnen

129 Aus § 24i Abs. 2 Satz 5 SGB V i.V. mit den in diesem Absatz vorhergehenden Sätzen ergibt sich für den Anspruch auf Mutterschaftsgeld in Höhe des Krankengeldes folgende **weitere Voraussetzung**: Andere Mitglieder i.S. von § 24i Abs. 2 Satz 5 SGB V sind die Frauen, denen kein Anspruch auf Mutterschaftsgeld nach § 24i Abs. 2 Satz 1 SGB V zusteht (vgl. BSG vom 16.2.2005 – B 1 KR 13/03 R = SozR 4–2200 § 200 Nr. 2 = ZfS 2005, 113). An dem Anspruch in Höhe des Nettoarbeitsentgelts fehlt es, wenn bei Beginn der Schutzfrist kein Arbeitsverhältnis oder Heimarbeitsverhältnis besteht oder das Arbeits- oder Heimarbeitsverhältnis während der Schwangerschaft vom Arbeitgeber nicht zulässig gekündigt worden ist. Damit fallen also unter § 24i Abs. 2 Satz 5 SGB V im Wesentlichen die Frauen, die als Nicht-Arbeitnehmerinnen Mitglied der gesetzlichen Krankenversicherung mit einem Anspruch auf Krankengeld sind (s. Rdn. 125).

e) Anspruch der Arbeitnehmerinnen

130 Von § 24i Abs. 2 Satz 5 SGB V mit einem Anspruch auf Mutterschaftsgeld in Höhe des Krankengeldes werden aber auch Arbeitnehmerinnen erfasst, deren **Anspruch** auf **Zuschuss** nach § 20 **während** der **Schutzfristen** des § 3 **wegfällt**. Der Gesetzestext lässt diese Folge nicht sehr deutlich werden. Immerhin enthält § 24i Abs. 2 Satz 4 SGB V den Hinweis darauf, dass, wenn das Arbeitsentgelt 13 Euro kalendertäglich übersteigt, der übersteigende Betrag vom Arbeitgeber oder vom Bund nach den Vorschriften des MuschG gezahlt wird, weil § 24i Abs. 2 Satz 2 SGB V das von der Kasse zu zahlende Mutterschaftsgeld auf höchstens 13 Euro für den Kalendertag begrenzt. Wenn auch § 24i Abs. 2 Satz 4 SGB V nicht als Anspruchsgrundlage für den Zuschuss gewertet werden kann, so lässt sich der Hinweis doch dahin verstehen, dass die eine Gruppe der Mitglieder diejenigen sind, für die das Mutterschaftsgeld und der Zuschuss des Arbeitgebers zusammenkommen und eine Leistung in Höhe des Nettoarbeitsentgelts ergeben. Wenn es in diesem Kontext dann heißt, für **andere** Mitglieder werde das Mutterschaftsgeld in Höhe des Krankengeldes gezahlt, so sind die Gruppe der anderen Mitglieder auch diejenigen Frauen, die den **Zuschuss des Arbeitgebers** zu dem auf 13 Euro begrenzten Mutterschaftsgeld **nicht erhalten**. Diese Auslegung wird durch die Gesetzesgeschichte gestützt. In der Begründung zu dem Gesetzentwurf zur Vorläuferregelung des § 200 Abs. 2 Satz 7 RVO heißt es nämlich, durch die – insoweit durch den späteren Gesetzgebungsverlauf nicht geänderte –

Neufassung werde sichergestellt, dass die anspruchsberechtigten Frauen auch dann eine **Gesamtleistung** in Höhe ihres **durchschnittlichen Nettoverdienstes** erhalten, wenn **kein** Arbeitgeberzuschuss zu dem auf höchstens 13 Euro begrenzten Mutterschaftsgeld gezahlt wird. Damit werde die durch höchstrichterliche Rechtsprechung geschaffene Rechtslage in die Vorschrift übernommen (BR-Drucks. 200/88, S. 185 f. zu § 61). Bei der erwähnten Rechtsprechung handelt es sich um die Entscheidung des BSG vom 1.2.1983 – 3 RK 53/81 (= BSGE 54, 260 = SozR 2200 § 200a Nr. 5). Nach diesem Urteil sollten auch die Frauen zu den »anderen Versicherten« i.S. von § 200a RVO gehören, die bei Erfüllung der Voraussetzungen des damaligen § 200 RVO (heute: § 24i SGB V) keinen Anspruch auf die Arbeitgeberleistung nach § 14 MuSchG hatten, etwa weil das Arbeitsverhältnis nach Beginn der Schutzfrist infolge Fristablaufs endete (vgl. auch Willikonsky, 2. Aufl., § 13 Rn. 25).

Demgemäß ist, wenn der Anspruch auf Arbeitgeberzuschuss nach Beginn der Schutzfristen wegfällt, ohne dass das Arbeitsverhältnis zulässig aufgelöst worden ist (§ 20 Abs. 3) das **Mutterschaftsgeld neu** zu **berechnen** und auf die Höhe des Krankengeldes zu bringen. Fälle, in denen der Zuschuss mit der vorgenannten Folge wegfällt, liegen nicht nur bei der **Beendigung** eines **Arbeitsverhältnisses** durch Fristablauf während der Schutzfristen vor. Auch eine Beendigung des Arbeitsverhältnisses durch Vergleich führt dazu, dass der Anspruch auf den Zuschuss nach § 20 MuSchG endet (vgl. BSG vom 17.9.1986 – 3 RK 3/85 = SozR 2200 § 200 Nr. 11 = USK 8699). Ohne dass das Arbeitsverhältnis selbst endet, besteht aber kein Anspruch auf Zuschuss zum Mutterschaftsgeld gegen den Arbeitgeber für die Dauer einer rechtmäßigen Aussperrung (vgl. BAG vom 22.10.1986 – 5 AZR 550/85 = BAGE 53, 205 = AP Nr. 4 zu § 14 MuSchG 1968). Auch in den beiden letztgenannten Fällen wird mit dem Wegfall des Zuschusses der Anspruch der Frau auf Mutterschaftsgeld in Höhe des Krankengeldes nach § 24i Abs. 2 Satz 5 SGB V begründet.

f) Höhe der Leistung

Für die **Höhe** des Mutterschaftsgeldes nach § 24i Abs. 2 Satz 5 SGB V sind maßge- 131
bend die in § 47 SGB V enthaltenen Bestimmungen über die Höhe und Berechnung des Krankengeldes. Dies belief sich zunächst auf 80 v.H., jedoch seit 1.1.1997 nur noch auf 70 v.H. des erzielten regelmäßigen Arbeitsentgelts und Arbeitseinkommens, soweit es der Beitragsberechnung unterliegt (**Regelentgelt**). Für arbeitslose Frauen, die nach § 5 Abs. 1 Nr. 2 SGB V krankenversicherungspflichtig sind, ist das Krankengeld nach § 47b SGB V zu bemessen. Es beläuft sich auf den Betrag, den die Frau als Arbeitslosengeld oder Unterhaltsgeld (ab 31.12.2004 Arbeitslosengeld bei beruflicher Weiterbildung, vgl. § 136 Abs. 1 Nr. 2 SGB III) erhält. In dieser Höhe ist auch das Mutterschaftsgeld zu gewähren. Die hierzu angestellten Erwägungen des BSG zur Regelung des § 200a RVO (vgl. BSG vom 10.10.1978 – 3 RK 17/77 = BSGE 47, 71 = SozR 2200, § 200a Nr. 3 = SGB 1979, 235) haben weiterhin Gültigkeit.

Im Übrigen bleibt zu beachten, dass bei der Berechnung des Regelentgelts das von der Versicherten im **letzten** vor Beginn der Arbeitsunfähigkeit (hier: Beginn des Anspruchs nach § 24i Abs. 2 Satz 5 SGB V) **abgerechneten Entgeltabrechnungszeitraums** erzielte

Arbeitsentgelt maßgeblich ist (§ 47 Abs. 2 SGB V). Es gilt insoweit nicht der dreimonatige Berechnungszeitraum des § 24i Abs. 2 Satz 1 SGB V. Da der Anspruch weitgehend für Versicherte in Betracht kommt, die nicht Arbeitnehmer sind, richtet sich die Berechnung des Regelentgelts nach § 47 Abs. 4 Satz 2 SGB V. Maßgebend ist der kalendertägliche Betrag, der zuletzt vor Beginn der Arbeitsunfähigkeit (hier: Beginn des Mutterschaftsgeldes) für die Beitragsbemessung aus Arbeitseinkommen maßgebend war.

g) Dauer der Leistung

132 **Die Dauer des Anspruchs** bestimmt sich für die Zeit der Schutzfristen nach § 24i Abs. 3 SGB V. Das Mutterschaftsgeld ist demnach für sechs Wochen vor der Entbindung, für acht Wochen, bei Mehrlings- und Frühgeburten für zwölf Wochen nach der Entbindung zu zahlen. Bei Frühgeburten und bei sonstigen frühzeitigen Geburten kann sich die Bezugsdauer verlängern. Wegen der Einzelheiten wird auf Rdn. 87 bis 105 verwiesen.

h) Verhältnis des Mutterschaftsgeldes zu anderen Leistungen

133 Für das **Verhältnis** des nach § 24i Abs. 2 Satz 5 SGB V zu gewährenden Mutterschaftsgeldes **zu anderen Leistungen** gelten im Übrigen die gleichen Bestimmungen wie für den in § 24i Abs. 2 Satz 1 bis 4 SGB V geregelten Anspruch: Krankengeld wird daneben nicht gewährt; wenn und soweit Arbeitsentgelt gezahlt wird, ruht der Anspruch; er endet mit dem Tode der Versicherten.

27. Kein Entbindungsgeld als einmalige Leistung (§ 200b RVO)

134 Anspruch auf das Entbindungsgeld hatten versicherte Frauen, wobei es nicht auf die Art des Versicherungsverhältnisses ankam. Durch Art. 8 Nr. 2 des Gesetzes zur Modernisierung der gesetzlichen Krankenversicherung vom 14.11.2003 (BGBl. I S. 2190) ist § 200b RVO aufgehoben worden.

28. Sonstiges

135 Der Anspruch auf Mutterschaftsgeld ist **steuerfrei** (§ 3 Nr. 1 Buchstabe d EStG), unterliegt aber dem Progressionsvorbehalt (32b Abs. 1 Nr. 1c EStG), vgl. Rdn. 77. Im **Kranken- und Pflegeversicherungsrecht** führt der Anspruch auf Mutterschaftsgeld zum Fortbestand einer Versicherungspflicht bei bestehender Beitragsfreiheit (§§ 192 Abs. 1 Nr. 2, 224 Abs. 1 SGB V; §§ 49 Abs. 2, 56 Abs. 3 SGB XI; in der **Arbeitslosenversicherung** begründet der Bezug von Mutterschaftsgeld Versicherungspflicht (hierzu Schmidt SGB 2014, 242) unter den Voraussetzungen des § 26 Abs. 2 Nr. 1 SGB III mit Beitragstragung durch die Leistungsträger (§§ 345 Nr. 7, 347 Nr. 8 SGB III). In der **Rentenversicherung** sind Zeiten des Mutterschutzes Anrechnungszeiten (§ 58 Abs. 1 Satz 1 Nr. 2 SGB VI). Die frühere Versicherungspflicht beim Bezug von Mutterschaftsgeld (§ 1227 Abs. 1 Nr. 11 RVO) wurde durch das Haushaltsbegleitgesetz 1984 (BGBl. 1983 I S. 1532) gestrichen.

§ 20 MuSchG Zuschuss zum Mutterschaftsgeld

(1) [1]Eine Frau erhält während ihres bestehenden Beschäftigungsverhältnisses für die Zeit der Schutzfristen vor und nach der Entbindung sowie für den Entbindungstag von ihrem Arbeitgeber einen Zuschuss zum Mutterschaftsgeld. [2]Als Zuschuss zum Mutterschaftsgeld wird der Unterschiedsbetrag zwischen 13 Euro und dem um die gesetzlichen Abzüge verminderten durchschnittlichen kalendertäglichen Arbeitsentgelt der letzten drei abgerechneten Kalendermonate vor Beginn der Schutzfrist vor der Entbindung gezahlt. [3]Einer Frau, deren Beschäftigungsverhältnis während der Schutzfristen vor oder nach der Entbindung beginnt, wird der Zuschuss zum Mutterschaftsgeld von Beginn des Beschäftigungsverhältnisses an gezahlt.

(2) [1]Ist eine Frau für mehrere Arbeitgeber tätig, sind für die Berechnung des Arbeitgeberzuschusses nach Absatz 1 die durchschnittlichen kalendertäglichen Arbeitsentgelte aus diesen Beschäftigungsverhältnissen zusammenzurechnen. [2]Den sich daraus ergebenden Betrag zahlen die Arbeitgeber anteilig im Verhältnis der von ihnen gezahlten durchschnittlichen kalendertäglichen Arbeitsentgelte.

(3) [1]Endet das Beschäftigungsverhältnis nach Maßgabe von § 17 Absatz 2 durch eine Kündigung, erhält die Frau für die Zeit nach dem Ende des Beschäftigungsverhältnisses den Zuschuss zum Mutterschaftsgeld nach Absatz 1 von der für die Zahlung des Mutterschaftsgeldes zuständigen Stelle. [2]Satz 1 gilt entsprechend, wenn der Arbeitgeber wegen eines Insolvenzereignisses im Sinne von § 165 Absatz 1 Satz 2 des Dritten Buches Sozialgesetzbuch den Zuschuss nach Absatz 1 nicht zahlen kann.

Übersicht Rdn.

1. Allgemeines

a) Gesetzesentwicklung und Normzweck

1 § 20 ist durch das Gesetz zum Schutz von Müttern bei der Arbeit, in der Ausbildung und im Studium, beschlossen als Art. 1 des G v. 23.5.2017 I 1228 vom Bundestag mit Zustimmung des Bundesrates, gem. Art. 10 Abs. 1 Satz 1 dieses G am 1.1.2018 in Kraft getreten. Die Regelung übernimmt wesentlich den Regelungsgehalt des bisherigen § 14 MuSchG, der wie folgt lautete:

§ 14
Zuschuss zum Mutterschaftsgeld

(1) Frauen, die Anspruch auf Mutterschaftsgeld nach § 24i Absatz 1, 2 Satz 1 bis 4 und Absatz 3 des Fünften Buches Sozialgesetzbuch oder § 13 Abs. 2, 3 haben, erhalten während ihres bestehenden Arbeitsverhältnisses für die Zeit der Schutzfristen des § 3 Abs. 2 und § 6 Abs. 1 sowie für den Entbindungstag von ihrem Arbeitgeber einen Zuschuss in Höhe des Unterschiedsbetrages zwischen 13 Euro und dem um die gesetzlichen Abzüge verminderten durchschnittlichen kalendertäglichen Arbeitsentgelt. Das durchschnittliche kalendertägliche Arbeitsentgelt ist aus den letzten drei abgerechneten Kalendermonaten, bei wöchentlicher Abrechnung aus den letzten dreizehn abgerechneten Wochen vor Beginn der Schutzfrist nach § 3 Abs. 2 zu berechnen. Nicht nur vorübergehende Erhöhungen des Arbeitsentgeltes, die während der Schutzfristen des § 3 Abs. 2 und § 6 Abs. 1 wirksam werden, sind ab diesem Zeitpunkt in die Berechnung einzubeziehen. Einmalig gezahltes Arbeitsentgelt (§ 23a des Vierten Buches Sozialgesetzbuch) sowie Tage, an denen infolge von Kurzarbeit, Arbeitsausfällen oder unverschuldeter Arbeitsversäumnis kein oder ein vermindertes Arbeitsentgelt erzielt wurde, bleiben außer Betracht. Zu berücksichtigen sind dauerhafte Verdienstkürzungen, die während oder nach Ablauf des Berechnungszeitraums eintreten und nicht auf einem mutterschutzrechtlichen Beschäftigungsverbot beruhen. Ist danach eine Berechnung nicht möglich, so ist das durchschnittliche kalendertägliche Arbeitsentgelt einer gleichartig Beschäftigten zugrunde zu legen.

(2) Frauen, deren Arbeitsverhältnis während ihrer Schwangerschaft oder während der Schutzfrist des § 6 Abs. 1 nach Maßgabe von § 9 Abs. 3 aufgelöst worden ist, erhalten bis zum Ende dieser Schutzfrist den Zuschuss nach Absatz 1 von der für die Zahlung des Mutterschutzgeldes zuständigen Stelle.

(3) Absatz 2 gilt entsprechend, wenn der Arbeitgeber wegen eines Insolvenzereignisses im Sinne des § 165 Absatz 1 Satz 2 des Dritten Buches Sozialgesetzbuch seinen Zuschuss nach Absatz 1 nicht zahlen kann.

(4) Der Zuschuss nach den Absätze 1 bis 3 entfällt für die Zeit, in der Frauen die Elternzeit nach dem Bundeselterngeld- und Elternzeitgesetz in Anspruch nehmen oder in Anspruch genommen hätten, wenn deren Arbeitsverhältnis nicht während ihrer Schwangerschaft oder während der Schutzfrist des § 6 Abs. 1 vom Arbeitgeber zulässig aufgelöst worden wäre. Dies gilt nicht, soweit sie eine zulässige Teilzeitarbeit leisten.

Die bisher in § 14 Abs. 1 Satz 3 bis 6 MuSchG enthaltenen Regelungen zur Ermittlung des durchschnittlichen Arbeitsentgelts als Anknüpfung für die Zuschussberechnung sind durch das Gesetz zur Neuregelung des Mutterschutzrechts (a.a.O.) ausgegliedert und für alle Mutterschaftsleistungen einheitlich in § 21 geregelt (siehe Kommentierung dort). Die in § 14 Abs. 4 MuSchG enthaltene Regelung über den Wegfall des Zuschusses bei Elternzeit ist ab 1.1.2018 in Regelung des § 22 überführt worden (siehe Kommentierung dort). Die bisherige Praxis zur Berechnung des Zuschusses bei mehreren Beschäftigungsverhältnissen ist durch das Gesetz zur Neuregelung des Mutterschutzrechts (a.a.O.) verrechtlicht und in § 20 Abs. 2 normiert.

Die Entwicklung der Vorschrift des § 14 MuSchG bis zum Inkrafttreten des § 20 durch das Gesetz zur Neuregelung des Mutterschutzrechts (a.a.O.) lässt sich wie folgt skizzieren:

§ 14 MuSchG ist neu in das Gesetz eingefügt worden durch Art. 3 § 8 Buchst. c) FinanzänderungsG 1967; die Regelung kam zur Anwendung, wenn die Schutzfrist nach dem 31.12.1967 begann. Durch sie sollte, nachdem die Belastung der Kassen bzw. des Bundes für das **Mutterschaftsgeld** auf einen **Höchstbetrag** von 25,– DM kalendertäglich beschränkt wurde, verhindert werden, dass die Frauen, deren Verdienst höher liegt, eine wirtschaftliche Einbuße erfahren. Die **Ausgleichsleistung** wurde dem **Arbeitgeber** auferlegt.

Das BVerfG hat **§ 14 Abs. 1 Satz 1 MuSchG** für **verfassungsmäßig** erklärt (vgl. BVerfG vom 23.4.1974 – 1 BvL 19/73 = BVerfGE 37, 121 = SozR 7830 § 14 Nr. 1 = AP Nr. 1 zu § 14 MuSchG 1968). Art. 6 Abs. 4 GG lasse die Möglichkeit offen, den Entgeltschutz zumindest teilweise durch Belastung der Arbeitgeber sicherzustellen. Wenn Arbeitgeber mit hohem Anteil von beschäftigten Frauen stärker belastet seien, so sei dadurch Art. 3 GG nicht verletzt; solche Arbeitnehmer nähmen höhere Schutzpflichten auf sich.

Der Anspruch auf den Zuschuss ist seiner Rechtsnatur nach ein gesetzlich begründeter, **arbeitsrechtlicher Entgeltfortzahlungsanspruch** (BAG vom 29.1.2003 – 5 AZR 701/01 = AP Nr. 20 zu § 14 MuSchG 1968 m.w.N.). Der Anspruch ist daher im Streitfalle vor den Arbeitsgerichten geltend zu machen. Da für die Durchsetzung des Anspruchs auf Mutterschaftsgeld nach § 51 SGG die Zuständigkeit der Sozialgerichte gegeben ist – auch wenn der Anspruch von einer nicht versicherten Frau erhoben wird (vgl. BSG vom 9.9.1971 – 3 RK 30/71 = BSGE 33, 127 = AP Nr. 1 zu § 13 MuSchG 1968) – kann es zu unterschiedlichen Entscheidungen kommen in solchen Fragen, in denen eine gegenseitige Abhängigkeit nicht besteht.

Eine Neufassung hat § 14 Abs. 1 Satz 1 MuSchG durch Art. 4 Nr. 2a des Kostendämpfungs-Ergänzungsgesetzes vom 22.12.1981 (BGBl. I S. 1578) erfahren. Eine materielle Änderung der Zuschusspflicht war damit nicht verbunden. Der Zuschuss konnte nicht mehr an das Mutterschaftsgeld gebunden werden, weil dieses für nicht versicherte Frauen durch Änderung des § 13 (s. § 19 Rdn. 1) auf 400,– DM begrenzt wurde. Der Zuschuss des Arbeitgebers sollte durch diese Änderung nicht berührt werden. Deshalb ging die Verpflichtung nun dahin, den Unterschiedsbetrag zwischen 25,– DM und dem Durchschnitts-Nettoentgelt zu zahlen.

Durch Art. 18 Nr. 3 Haushaltsbegleitgesetz 1984 (BGBl. 1983 I S. 1532) ist m.W.v. 1.1.1984 in Abs. 1 Satz 3 der bisherige Begriff der einmaligen Zuwendungen gegen den neuen Begriff des einmalig gezahlten Arbeitsentgelts ausgetauscht worden (vgl. dazu § 19 Rdn. 76).

Durch § 38 Nr. 3 Bundeserziehungsgeldgesetz vom 6.12.1985 (BGBl. I S. 2154) ist dem § 14 MuSchG der Absatz 3 angefügt worden. Durch diese Vorschrift sollen die Frauen abgesichert werden, die den Zuschuss vom Arbeitgeber wegen dessen Zahlungsunfähigkeit nicht erhalten.

Durch Art. 52 Nr. 3 des GRG vom 20.12.1988 (BGBl. I S. 2477) sind in Anpassung an Änderungen in den Vorschriften der RVO und des Gesetzes über die Krankenversicherung der Landwirte die Vorschriften in § 14 MuSchG entsprechend neu bezeichnet worden; außerdem wurde gesetzlich fixiert, dass der Zuschuss (wie das Mutterschaftsgeld) auch für den Entbindungstag zu zahlen ist.

Durch Art. 2 des Gesetzes zur Änderung des Bundeserziehungsgeldgesetzes und anderer Vorschriften vom 30.6.1989 (BGBl. I S. 1297) wurde dem § 14 MuSchG der Absatz 4 angefügt (vgl. dazu nachstehend Rdn. 19).

Durch das Zweite Gesetz zur Änderung des Mutterschutzrechts vom 16.6.2002 (BGBl. I S. 1812) wurde § 14 in einigen Punkten geändert worden. Wesentlich ist dabei, dass seitdem dauerhafte Verdienstkürzungen, die nach Beginn der Schutzfristen eintreten, zu berücksichtigen sind (vgl. dazu Rdn. 15); ferner wurde Abs. 3 neu gefasst und erweitert. Auswirkungen ergeben sich ferner als Folgewirkungen aus Änderungen von § 200 Abs. 3 RVO, der Vorläufervorschrift des § 24i Abs. 3 SGB V, über die Bezugsdauer des Mutterschaftsgeldes (vgl. dazu bei Rdn. 18).

Durch Gesetz vom 17.3.2009 (BGBl. I S. 550) wurde in Abs. 2 der Passus »zu Lasten des Bundes« und in Abs. 3 der Passus »für den Zuschuss des Bundes« gestrichen. Wenn das Arbeitsverhältnis während der Schwangerschaft oder der Schutzfristen aufgelöst wurde, wurde bisher nach § 14 Abs. 2 MuSchG der Zuschuss zulasten des Bundes von der Krankenkasse gezahlt, bei der die Frauen Mitglied sind. Nach § 14 Abs. 3 MuSchG galt dies auch, wenn der Arbeitgeber wegen Insolvenz den Zuschuss nicht zahlen konnte. Auf Anregung des Bundesrechnungshofs wurde das Verfahren zur Erstattung der von den gesetzlichen Krankenkassen gezahlten Zuschüsse zum Mutterschaftsgeld als zu verwaltungsaufwendig aufgegeben. Die Aufwendungen der Krankenkassen für den Zuschuss zum Mutterschaftsgeld werden wie bisher auch schon das Mutterschaftsgeld durch die vom Bund geleisteten Zahlungen für die Aufwendungen der Krankenkassen für versicherungsfremde Leistungen nach § 221 SGB V pauschal abgegolten (BT-Drucks. 16/10490 S. 22).

Die Bezugnahme auf § 165 SGB III in § 14 Abs. 3 MuSchG wurde durch das Gesetz zur Verbesserung der Eingliederungschancen am Arbeitsmarkt vom 27.12.2011 (BGBl. I S. 2854) und die damit verbundene Umnummerierung des SGB III erforderlich, die

Bezugnahme auf § 24i SGB V in Abs. 1 durch die Eingliederung der Leistungen bei Schwangerschaft und Mutterschaft in das SGB V durch das Pflege-Neuausrichtungs-Gesetz vom 23.10.2012 (BGBl. I S. 2246).

b) Verfassungsrechtliche Beurteilung

Obgleich die Belastung der Arbeitgeber unverändert geblieben ist, hat doch eine 2
Verschiebung der Gesamtlast der wirtschaftlichen Sicherung der Frauen stattgefunden. Der Staat hat seine Leistungspflicht eingeschränkt, zugleich ist die Beteiligung der Arbeitgeber relativ gewachsen. Dies kann erneut die Frage nach der Verfassungsmäßigkeit der Regelung des § 14 aufwerfen. Buchner bemerkt mit Recht, man hätte eher erwarten dürfen, dass der Bundesanteil an den Lasten erhöht worden wäre statt ihn einzuschränken (NJW 1982, 800; ebenso Buchner/Becker, 8. Aufl., § 14 Rn. 12 ff.). Dabei muss noch bedacht werden, dass seit Geltung des § 14 MuSchG durch die Einkommenssteigerungen für immer mehr Frauen die Zuschusspflicht begründet wurde und/oder mit den Bezügen allein zulasten der Arbeitgeber anwuchs. Die Leistungen der Kassen und des Bundes blieben im Höchstbetrag dagegen unverändert. Mit der Quelle »Statistisches Bundesamt« berichtet die Zeitschrift Praxis + Recht 1991, 135, dass bei gleichbleibendem Mutterschutzgeld von 25,– DM der Arbeitgeberzuschuss sich 1978 auf 17,95 DM und im Jahr 1990 auf 43,33 DM täglich belief. Diese Erwägungen haben das **ArbG** Lübeck veranlasst, dem BVerfG erneut die Frage vorzulegen, ob § 14 MuSchG noch verfassungsgemäß ist (vgl. ArbG Lübeck vom 27.4.1982 – 5 Ca 564/83 = AuR 1984, 53). Das **BVerfG** (vom 3.7.1985 – 1 BvL 13/83 = BVerfGE 70, 242 = NJW 1986, 422) hat die Vorlage als unzulässig angesehen. Das ArbG habe keine rechtserheblichen neuen Tatsachen gegenüber den tragenden Feststellungen in dem Beschluss des BVerfG vom 23.4.1974 aufgezeigt. Eine erneute verfassungsrechtliche Prüfung könne so lange nicht in Betracht kommen, als der größere Teil der gemäß Art. 6 Abs. 4 GG von der Gemeinschaft zu erbringenden Leistungen für den Mutterschutz vom Bund und den Trägern der gesetzlichen Krankenversicherung aufgebracht wird. Seitdem der Erziehungsurlaub an die Stelle des Mutterschaftsurlaubs getreten war, war zweifelhaft, ob das Erziehungsgeld noch als Leistung angesehen werden konnte, die im Sinne vorstehender Erwägungen mitberücksichtigt werden konnte. Denn Erziehungsgeld konnte auch anderen Personen als der Mutter zustehen und deshalb war die Einbindung in den Bereich des Art. 6 Abs. 4 GG fraglich. Vgl. zum Ganzen auch Knorr (DB 1987, 381), der die Leistungen bei Erziehungsurlaub mit denen bei Mutterschaftsurlaub ohne Begründung für die hier erörterte Fragestellung gleichsetzt.

Das **BAG** hat dennoch in einer neueren Entscheidung (vom 1.11.1995 = BAGE 81, 222 = AP Nr. 13 zu § 14 MuSchG 1968 = EzA § 14 MuSchG Nr. 12) bei der Prüfung der Frage, ob die Lastenverteilung für die Zeiten der Schutzfristen des § 3 Abs. 2 und § 6 Abs. 1 MuSchG noch verfassungsgemäß ist, die Leistungen mit berücksichtigt, die der Bund für das Erziehungsgeld erbrachte. Der vom Gericht gegebene Hinweis auf Art. 6 Abs. 4 GG überzeugt deshalb nicht, weil der Erziehungsurlaub nichts mehr mit dem Schutz von Schwangeren und Müttern für die Zeit nach der Niederkunft zu tun hatte. Dies wird auch dadurch verdeutlicht, dass der Kreis der Anspruchsberechtigten über den Kreis der vom MuSchG erfassten Arbeitnehmerinnen beträchtlich hinausging, insbesondere Erziehungsgeld für Adoptivkinder zu gewähren war (vgl. § 1 BErzGG Abs. 1 Nr. 4, Abs. 2 Nr. 3, Abs. 3 und Abs. 7).

Gegen die vorgenannte Entscheidung des BAG legte der Arbeitgeber Verfassungsbeschwerde ein, über die das **BVerfG** am 18.11.2003 (1 BvR 302/96 = BVerfGE 109, 64 = AP Nr. 23 zu § 14 MuSchG 1968 = NZA 2004, 33) nach sieben (!) Jahren entschieden hat. Das Gericht ist zu dem Ergebnis gelangt, dass § 14 Abs. 1 Satz 1 MuSchG deshalb gegen Art. 12 Abs. 1 GG verstoße, weil die Vorschrift in ihrem damaligen Kontext mit dem auf Kleinbetriebe beschränkten Ausgleichs- und Umlageverfahren im Widerspruch zu Art. 3 Abs. 2 GG einer faktischen Diskriminierung von Frauen im Arbeitsleben Vorschub leiste und deshalb deren Berufsfreiheit unangemessen beschränke. Hinsichtlich der Berufsfreiheit der Arbeitgeber – soweit diese nicht an dem Ausgleichs- und Umlageverfahren nach § 10 LFZG beteiligt waren – hat das BVerfG angenommen, dass diese zwar durch die Verpflichtung aus § 14 Abs. 1 MuSchG beeinträchtigt sei; dies sei jedoch durch hinreichende Gründe des Allgemeinwohls gerechtfertigt und genüge auch den Anforderungen des Verhältnismäßigkeitsgrundsatzes.

Das Gericht hat zur möglichen faktischen Diskriminierung wörtlich ausgeführt: »Wie hoch die Wahrscheinlichkeit ist, dass Frauen allein wegen der Belastung der Arbeitgeber mit der Pflicht zur Zahlung eines Zuschusses zum Mutterschaftsgeld nicht eingestellt werden, lässt sich nicht sicher feststellen. Die Belastung ist aber verfassungsrechtlich erheblich, da sie jedenfalls im Zusammenwirken mit den anderen Belastungen des Arbeitgebers, die mit Schwangerschaft von Arbeitnehmerinnen verbunden sein können, einen Benachteiligungseffekt auszulösen vermag.« In diesem Zusammenhang verweist das Gericht auch darauf, dass sich das Durchschnittsentgelt aller Versicherten von 1965 bis 2001 versechsfacht habe und auf 55 216 DM gestiegen sei. Da das Mutterschaftsgeld unverändert jetzt 13 Euro betrage, belaufe sich der Arbeitgeberzuschuss nunmehr auf 39,76 Euro täglich. Abschließend kommt das BVerfG zu dem Ergebnis, dass § 14 Abs. 1 Satz 1 MuSchG unvereinbar mit Art. 12 Abs. 1 GG sei. Der Gesetzgeber habe mehrere Möglichkeiten den Verstoß zu beseitigen, unter anderem könnte das Ausgleichs- und Umlageverfahren auf alle Arbeitgeber erstreckt werden statt wie bis dahin gemäß § 10 LFZG nur Arbeitgeber mit bis zu 20 Beschäftigten zu erfassen. Für die Neuregelung hatte das BVerfG eine Frist bis zum 31.12.2005 eingeräumt (vgl. zum Ganzen Thomas in Festschrift für Buchner, 2009, S. 875, 877 ff.).

c) Umlageverfahren

3 Der Gesetzgeber hat in der Folge die vom **BVerfG** als denkbar bezeichnete **Lösung des Aufwendungsausgleichs durch Beteiligung aller Arbeitgeber** aufgegriffen und zum Gegenstand seiner Gesetzgebung gemacht. Dabei hat er, wie Buchner zu Recht beanstandet (NZA 2006, 121, 125), nicht ernsthaft geprüft, ob und wie dem Auftrag des BVerfG in anderer Weise entsprochen werden konnte. Die in der Entscheidung des BVerfG behauptete faktische Diskriminierung von Frauen sollte allein dadurch beseitigt werden, dass die Belastung mit dem Zuschuss zum Mutterschaftsgeld auf alle Arbeitgeber verteilt wird. Dies ist mit dem **Gesetz über den Ausgleich**

von Arbeitgeberaufwendungen und zur Änderung weiterer Gesetze vom 22.12.2005 – AAG – (BGBl. I S. 3686), in Kraft getreten am 1.1.2006, geschehen.

Dort ist in § 1 Abs. 2 Nr. 1 bestimmt, dass die Krankenkassen den Arbeitgebern in vollem Umfang den vom Arbeitgeber nach § 14 Abs. 1 des MuschG gezahlten Zuschuss zum Mutterschaftsgeld erstatten (sog. U2-Verfahren). Krankenkassen sind nicht befugt, durch Satzung die Höhe der Erstattung des Zuschusses zum Mutterschaftsgeld zu beschränken (vgl. BSG vom 13.12.2011 – B 1 KR 7/11 R = SozR 4–7862 § 9 Nr. 3). Ausgenommen von dem **Erstattungsanspruch** sind nach § 11 Abs. 2 AAG nur die mitarbeitenden Familienangehörigen eines landwirtschaftlichen Unternehmers sowie die Dienststellen der in der Bundesrepublik stationierten ausländischen Truppen soweit es sich nicht um zivile Arbeitskräfte handelt. Mit Blick auf die unterschiedlichen Zugangsvoraussetzungen für die Erstattung bei Entgeltfortzahlung wegen Arbeitsunfähigkeit (§ 3 EFZG) nach § 1 Abs. 1 AAG (sog. U1-Verfahren) sowie wegen Schwangerschaft- und Mutterschaftsleistungen nach § 1 Abs. 2 AAG im U2-Verfahren und auch den Erstattungsumfang kann im Einzelfall die Abgrenzung zwischen der Arbeitsunfähigkeit einer Schwangeren und den Voraussetzungen für ein Beschäftigungsverbot nach § 3 Abs. 1 i.V.m. § 11 MuSchG von Bedeutung sein (vgl. LSG Hamburg vom 7.2.2013 – L 1 KR 31/11 mwN). Daran hat sich trotz der Bemühungen um eine Entschärfung durch das Gesetz zur Neuregelung des Mutterschutzrechts (a.a.O.) nicht geändert (vgl Roos, Anhörung im Ausschuss für Familie, Senioren, Frauen und Jugend, Sitzung vom 19.9.2016).

Die Mittel für die Erstattung der gewährten Zuschüsse werden nach § 7 AAG durch **Umlage** von den am Ausgleich beteiligten Arbeitgebern aufgebracht, wobei die erforderlichen Verwaltungskosten angemessen zu berücksichtigen sind. Wegen weiterer Einzelheiten über Zuständigkeiten, Verfahren u.Ä. wird auf das AAG verwiesen. Mit dem Umlageverfahren ist, worauf früher schon Buchner hingewiesen hat (NZA 2004, 1121, 1126), ein nicht unerheblicher **Verwaltungs- und Kostenaufwand** verbunden, wobei Letzterer nach § 7 Abs. 1 AAG in die Umlage eingebracht werden kann. Offen ist, wie die Umlage die verpflichteten Arbeitgeber belasten wird. Nach den Erwägungen in der BT-Drucks. 16/39 S. 11 sollten die Arbeitgeber kostenseitig in einer Größenordnung von ca. 1,3 Mrd. Euro beschwert werden. Dem stehe jedoch gegenüber eine Entlastung in einem ähnlichen Umfang, sobald sie nach dem MuschG zahlungspflichtig werden. Das BSG hatte bisher offengelassen, ob die für die Umlage gesetzlich angeordnete Geltung der **Bemessungsgrundlage der Beiträge zur GRV** (vgl. § 7 Abs. 2 Satz 1 AAG) verfassungskonform ist, obwohl diese für die Erstattung des Zuschusses nicht gilt (vgl. § 1 Abs. 2 Nr. 1 AAG). Selbst wenn die Geltung der Beitragsbemessungsgrenze der GRV für die Umlagelast rechtlich zu beanstanden sein sollte, ändere dies aber nichts an der Rechtmäßigkeit der Regelung, dass Leistungen wegen Mutterschaft in voller Höhe zu erstatten sind. Insoweit ist es Angelegenheit der zur Umlage herangezogenen und betroffenen Arbeitgeber, die Unvereinbarkeit der Umlage mit Art. 3 Abs. 1 GG geltend zu machen (vgl. BSG vom 13.12.2011 – B 1 KR 7/11 R = SozR 4–7862 § 9 Nr. 3 Rn. 29). Inzwischen hat es ausdrücklich entschieden, dass die Begrenzung der Umlage durch die Beitragsbemessungsgrenze Verfassungsrecht nicht widerspricht (BSG vom 26.9.2017 – B 1 KR 31/16 R = BSGE 124, 162 = SozR 4–7862 § 7 Nr. 1).

Die Umlage wird berechnet auch unter Heranziehung des **Entgelts männlicher Beschäftigter**, und das gilt ebenfalls, wenn der Arbeitgeber gar keine weiblichen Arbeitnehmer beschäftigt (vgl. dazu zum früheren Recht BSG vom 24.6.1992 – 1 RK 34/91 = BSGE 71, 24 = SozR 3–7860 § 10 Nr. 3 = NZA 1992, 1103). Arbeitgeber, die einen **hohen Frauenanteil** an den Beschäftigten haben, werden somit begünstigt. Diese Erwägung hat dazu geführt, dass auch die **Arbeitgeber des öffentlichen Dienstes** in das Umlageverfahren mit einbezogen wurden (vgl. § 11 Abs. 1 Nr. 1 AAG). Zum Ausgleichsverfahren der Arbeitgeberaufwendungen für Mutterschafts-Leistungen (sog. U2-Verfahren) öffentlich-rechtlicher Betriebe vgl. Marburger, DÖD 2008, 9, 10 f. Rundfunkanstalten des öR, die ihre freien Mitarbeiter als Angestellte einstufen und für sie Gesamtsozialversicherungsbeiträge abführen, haben deren Entgelte auch in die U 2-Umlage einzubringen (BSG vom 26.9.2017 – B 1 KR 31/16 R = BSGE 124, 162 = SozR 4–7862 § 7 Nr. 1).

Letztlich ist das AAG geeignet, die vom BVerfG angenommene Verfassungswidrigkeit der bisherigen gesetzlichen Regelung zu beseitigen.

Die Streitigkeiten nach dem AAG fallen in die Zuständigkeit der Sozialgerichte (vgl. § 51 Abs. 1 Nr. 8 SGG). Arbeitgeber sind in Bezug auf Streitigkeiten über die Umlagepflicht nach dem AAG als »Versicherte« i.S. von § 183 SGG kostenprivilegiert (vgl. BSG vom 17.10.2009 – B 1 KR 12/09 R = SozR 4–1500 § 183 Nr. 9).

2. Personenkreis (§ 20 Abs. 1 Satz 1)

a) Anspruch auf ein kalendertägliches Mutterschaftsgeld

4 Einen Zuschuss erhalten nur die Frauen, die nach § 24i Abs. 1, Abs. 2 Satz 1 bis 3 und Abs. 3 SGB V, KVLG 989 oder § 19 Abs. 2 **Anspruch auf ein Mutterschaftsgeld** haben, der sich nach dem durchschnittlichen kalendertäglichen Arbeitsentgelt berechnet; das sind Frauen, die bei Beginn der Schutzfrist in einem Arbeits- bzw Beschäftigungsverhältnis stehen. Aufgrund der Einfügung von Abs. 3 in § 13 MuSchG erhalten seitdem Frauen, die während der Schutzfristen des § 3 Abs. 2 oder des § 6 Abs. 1 MuSchG von einem Beamten- in ein Arbeitsverhältnis wechseln, von diesem Zeitpunkt an Mutterschaftsgeld; dieser nunmehr in § 24i Abs. 3 Satz 6 SGB V normierte Anspruch löst dann auch den Anspruch auf den Zuschuss aus. Zu den Motiven für die Regelung vgl. § 19 Rdn. 1, 34. Die ursprünglich in § 200 Abs. 1 Halbsatz 2 RVO vorgeschriebene Wartezeit ist ab 1.1.2000 weggefallen, weil der Halbsatz durch Art. 11 des GKV-Gesundheitsreformgesetzes 2000 vom 22.12.1999 (BGBl. I S. 2626) gestrichen worden ist. Näheres dazu bei § 19 Rdn. 46, 47 und 49. Dabei genügte für die Erfüllung der Wartezeit ein Arbeitsverhältnis auch dann, wenn es in der Rahmenfrist geruht hat, jedenfalls dann, wenn die Frau nicht beabsichtigt hat, das Arbeitsverhältnis auch über die Zeit der Schutzfristen ruhen zu lassen (vgl. BSG vom 17.4.1991 – 1/3 RK 26/89 = SozR 3–2200 § 200 Nr. 1). Frauen, die nach § 24i SGB V oder § 19 Abs. 2 anspruchsberechtigt sind, weil ihr **Arbeitsver-**

hältnis zulässig gekündigt worden ist, gehören nicht hierher; denn ihre Zuschussberechtigung ist in § 20 Abs. 3 Satz 1 ausdrücklich geregelt. Für sie gilt Abs. 1 lediglich für die Berechnung der Höhe der Leistung. Durch das Gesetz vom 16.6.2002 (a.a.O.) ist die Vorgängerregelung des 14 Abs. 2 MuSchG zur Klarstellung dahin geändert worden, dass es sich bei der **Kündigung** um eine solche **nach § 9 Abs. 3** MuSchG handeln musste. Dem entspricht jetzt der Tatbestand des Bezug genommenen § 17 Abs. 2.

Kein Anspruch auf Zuschuss besteht, wenn das Mutterschaftsgeld seine Grundlage jedoch statt in § 24i Abs. 1, Abs. 2 Satz 1 bis 3 SGB V in § 24i Abs. 1, Abs. 2 Satz 5 SGB V hat und in Höhe des Krankengeldes gewährt wird. Dagegen spielt es für den Zuschuss keine Rolle, ob die Frau versichert ist oder nicht. Das ergibt sich daraus, dass § 20 nicht dezidiert auf § 24i SGB V Bezug nimmt und damit auch die vergleichbaren Tatbestände des § 19 Abs. 2 erfasst. 5

Der Anspruch auf den Zuschuss zum Mutterschaftsgeld entfällt nicht deshalb, weil die Frau während der Schutzfristen arbeitsunfähig krank war (vgl. BAG vom 12.3.1997 – 5 AZR 226/96 = AP Nr. 16 zu § 14 MuSchG 1968 = EzA § 14 MuSchG Nr. 14): Während der Schutzfristen wird die Frau durch Mutterschaftsgeld und Zuschuss und nicht durch Entgeltfortzahlung und Krankengeld gesichert.

Unter welchen Voraussetzungen Frauen Anspruch auf ein kalendertägliches Mutterschaftsgeld haben, ist im Einzelnen in der Erlg zu § 19 Rdn. 29 ff. sowie Rdn. 51 ff. dargelegt.

b) Nachprüfung der Anspruchsvoraussetzung durch den Arbeitgeber

Nach der ursprünglichen Fassung des § 14 Abs. 1 MuSchG (»Frauen, die Anspruch … haben«) ist die Gewährung des Zuschusses unabhängig davon zu prüfen, ob die Frau Mutterschaftsgeld tatsächlich erhält. Eine inhaltliche Änderung ist durch Neufassung in § 20 Abs. 1 nicht beabsichtigt (BT-Drucks. 18/8963 S. 90, 91). Die Folge davon ist, dass auch bei endgültiger Ablehnung des Anspruchs durch die Kasse die Frau den Arbeitgeber noch in Anspruch nehmen kann, und zwar sogar mit Erfolg, wenn die Arbeitsgerichte zu einer anderen Beurteilung über die Anspruchsvoraussetzungen gelangen (so schon Zmarzlik, BB 1968, 130; Brose/Weth/Volk, 9. Aufl., § 20 Rn. 11; Meisel/Sowka, 5. Aufl., § 14 Rn. 5; ebenso BAG vom 25.2.2004 – 5 AZR 160/03 = BAGE 109, 362 = NZA 2004, 537 = EzA § 14 MuSchG Nr. 18). Die Frage, ob die Frau einen Anspruch auf Mutterschaftsgeld hat, ist also, auch wenn die Krankenkasse die Leistung gewährt hat, als Voraussetzung für den Zuschuss durch die Arbeitsgerichte selbstständig zu prüfen und zu beurteilen, wenn in dieser Richtung Zweifel aufgeworfen werden. Deshalb kann der Anspruch auf Zuschuss aus § 14 trotz Gewährung eines Mutterschaftsgeldes in Höhe von 13,– Euro abgelehnt werden mit der Begründung, dass die Frau überhaupt keinen Anspruch auf ein Mutterschaftsgeld nach § 24i SGB V oder § 19 Abs. 2 hat oder dass das Mutterschaftsgeld unrichtig berechnet worden sei (vgl. dazu BAG vom 7.10.1987 – 5 AZR 610/86 = BAGE 56, 191 = AP Nr. 7 zu § 14 MuSchG 1968 = DB 1988, 234; in der Sache ebenso BAG vom 25.2.2004, a.a.O.; BAG vom 22.8.2012 – 5 AZR 652/11 = 6

BAGE 143, 42 = NZA 2012, 1277). Unter diesen Voraussetzungen kann der Entscheidung der Krankenkasse über das Mutterschaftsgeld keine Tatbestandswirkung beigemessen werden (vgl. Roos/Blüggel in Schütze, SGB X, 9. Aufl., vor § 39 Rn. 4 f.).

Zu der Frage, was für die Geltendmachung eines auf eine Falschauskunft gestützten Schadensersatzanspruchs anstelle eines Zuschussanspruchs zur Wahrung einer tariflichen Ausschlussfrist erforderlich ist, vgl. LAG Berlin vom 17.3.2000 – 6 Sa 65/00 = NZA-RR 2000, 361.

3. Zuschusspflichtige Arbeitgeber (§ 20 Abs. 1 Satz 1)

7 Frauen, die zum Beginn der Schutzfrist in einem Arbeitsverhältnis stehen, erhalten den Zuschuss von ihrem Arbeitgeber; für Frauen, die in einem Heimarbeitsverhältnis stehen, ist der Auftraggeber oder der Zwischenmeister zur Gewährung der Leistung verpflichtet. Eine nähere Bestimmung des Begriffs ist nunmehr in § 2 Abs. 2 enthalten (siehe Kommentierung dort).

a) Abhängigkeit vom Bestand des Arbeitsverhältnisses

8 Der Anspruch besteht gegen den Arbeitgeber nur so lange, wie das **Arbeitsverhältnis fortbesteht.** Diese an sich selbstverständliche Begrenzung des Anspruchs ist jetzt durch entsprechende Ergänzung in § 14 von Abs. 1 Satz 1 MuSchG ausdrücklich in das Gesetz geschrieben worden und in der Sache durch die Anknüpfung an das »bestehende Beschäftigungsverhältnis« in § 20 Abs. 1 Satz 1 fortgeschrieben worden. Selbst wenn das der Fall ist, die Frau aber aus **Rechtsgründen**, z.B. wegen Fehlens einer Unterrichtserlaubnis auch ohne Beschäftigungsverbote **nicht arbeiten** dürfte, besteht dennoch **kein** Anspruch auf Zuschuss (vgl. BAG vom 26.3.1986 – 7 AZR 592/84, nicht veröffentlicht). Wenn das Beschäftigungsverhältnis nach Beginn der Schutzfrist endet, dann erlischt der Anspruch auf den Zuschuss gegenüber dem Arbeitgeber auf jeden Fall; eine andere Frage ist, ob nach § 20 Abs. 3 der Bund über das Bundesversicherungsamt zur Gewährung dieser Leistung verpflichtet ist, weil das Arbeitsverhältnis zulässig gekündigt wurde. Die Vorgängerregelung des § 14 Abs. 2 MuSchG verdeutlichte, dass dieser Zuschuss nur dann zu leisten war, wenn das **Arbeitsverhältnis gemäß § 9 Abs. 3 MuSchG** aufgelöst worden war. Damit sollte verdeutlicht werden, dass andere Fälle, in denen das Arbeitsverhältnis wirksam beendet wurde, nicht den Anspruch auf den Zuschuss zulasten des Bundes begründen. § 20 Abs. 3 knüpft hieran an, ohne dass eine inhaltlich abweichende Reglung beabsichtigt ist (BT-Drucks. 18/8063 S. 91). Besteht kein Anspruch auf Zuschuss, so steht nach der durch das GRG getroffenen Neuregelung des § 200 Abs. 1 i.V.m. Abs. 2 Satz 7 und jetzt § 24i Abs. 1 i.V.m. Abs. 2 Satz 5 SGB V den Frauen, die Mitglied der Krankenkasse mit einem **Anspruch** auf **Krankengeld** sind, **Mutterschaftsgeld** in Höhe des **Krankengeldes** zu. Insoweit hat der Gesetzgeber die Rechtsprechung des BSG in die gesetzlichen Bestimmungen übernommen (vgl. BR-Drucks. 200/88 S. 185 f. zum dam. § 61). Das BSG hatte entschieden, dass »andere Versicherte« i.S. § 200a Abs. 1 RVO auch solche Versicherte sind, die bei Erfüllung der Voraussetzungen des § 200 RVO (jetzt § 24i SGB V) keinen Anspruch auf die

Arbeitgeberleistungen nach § 14 MuSchG haben (vgl. BSG vom 1.2.1983 – 3 RK 53/81 = BSGE 54, 260 = SozR 2200 § 200a Nr. 5; vgl. ferner die Erlg zu § 19 Rdn. 129, 130).

Aus einem Arbeitsverhältnis, das zu Beginn der Schutzfristen nicht mehr bestand, kann ein Anspruch auf Zuschuss nicht hergeleitet werden. Anders als beim Mutterschaftsgeld kann durch ein vor Beginn der Schutzfrist beendetes Arbeitsverhältnis auch nicht in Verbindung mit einem zu diesem Zeitpunkt bestehenden Arbeitsverhältnis eine Zuschusszahlung ausgelöst werden (vgl. Näheres § 19 Rdn. 75). Es kann aber umgekehrt eine Zuschusspflicht entstehen, wenn – wie es in § 24i Abs. 3 Satz 6 SGB V normiert ist – ein Arbeitsverhältnis nach Beginn der Schutzfristen begründet worden ist.

Der Anspruch auf den Zuschuss wird nicht dadurch ausgeschlossen, dass bei Beginn der Schutzfrist die Frau sich in einem unbezahlten Sonderurlaub befindet. Allerdings besteht der Anspruch erst von dem Zeitpunkt ab, zu dem der Sonderurlaub während der Schutzfrist endet (vgl. BAG vom 25.2.2004 – 5 AZR 160/03 = BAGE 109, 362 = NZA 2004, 537 = EzA § 14 MuSchG Nr. 18). Für das Ruhen des Arbeitsverhältnisses wegen der Inanspruchnahme von Elternzeit gilt dies erst recht (vgl. BAG vom 22.8.2012 – 5 AZR 652/11 = BAGE 143, 42 = NZA 2012, 1277; s. aber auch Rdn. 19).

Keinen Anspruch auf Zuschuss zum Mutterschaftsgeld hat im Fall ihrer Schwangerschaft eine »Tagesmutter«, die nach §§ 22 ff., § 43 SGB VIII in ihrem Haushalt als Tagespflegeperson Kinder in der Kindertagespflege betreut. Die Erlaubnispflicht nach § 43 Abs. 1 SGB VIII begründet keine Weisungsabhängigkeit. Ein solcher Anspruch folgt deshalb auch nicht aus Unionsrecht. Auch nach der Entscheidung des EuGH in der Rechtssache Danosa (EuGH vom 11.11.2010 – C-232/09-Rn. 39, 51) setzt ein Arbeitsverhältnis die Tätigkeit einer Person nach Weisungen einer anderen Person voraus. Wirtschaftliche Abhängigkeit allein reicht nicht aus (BAG vom 23.5.2018 – 5 AZR 263/17 = BAGE 162, 387= AP Nr. 27 zu § 14 MuSchG 1968). Hieran hat sich durch die Reform des Mutterschutzes trotz der grundsätzlichen Einbeziehung arbeitnehmerähnlicher Personen in den Mutterschutz nichts geändert (vgl § 1 Abs. 2 Satz 2 Nr. 7).

b) Leistungspflicht beim Bestehen mehrerer Arbeitsverhältnisse

Zu Beginn der Schutzfrist des § 3 Abs. 1 kann die Frau in **mehreren Arbeitsverhältnissen** stehen. Das Mutterschaftsgeld ist dann aus dem Verdienst aller Arbeitsverhältnisse zu berechnen. Dies gilt auch dann, wenn die Frau neben einer hauptberuflichen eine **nebenberufliche** Tätigkeit ausübt und in dieser allein kein über 13,– Euro täglich (Höhe des Mutterschaftsgeldes) hinausgehender Nettoverdienst erreicht wird (vgl. BAG vom 3.6.1987 – 5 AZR 592/86 = BAGE 54, 361 = AP Nr. 6 zu § 14 MuSchG 1968 = EzA § 14 MuSchG Nr. 14). Wenn der Gesamtverdienst zu einem kalendertäglichen Durchschnittslohn führt, der den Höchstbetrag des Mutterschaftsgeldes von 13,– Euro überschreitet, dann ist der Zuschuss von den Arbeitgebern anteilig in einem Verhältnis zu leisten, in dem jede der Vergütungen zu dem Gesamtverdienst steht. Diese bisher schon bestehende Praxis hat der Gesetzgeber mit dem 9

Gesetz zur Neuregelung des Mutterschutzrechts (a.a.O.) aufgegriffen und in § 20 Abs. 2 normativ verfestigt (vgl. BT-Drucks. 18/8963 S. 91). Dafür folgendes Beispiele:

Hat die Frau im Arbeitsverhältnis A einen Nettoverdienst von 13 Euro und im Arbeitsverhältnis B von 6,50 Euro, so besteht Anspruch auf einen Zuschuss in Höhe von insgesamt 6,50 Euro. Diesen hat der Arbeitgeber A mit 2/3 (4,33 Euro) und der Arbeitgeber B mit 1/3 (2,17 Euro) zu tragen. Dies entspricht dem Verhältnis, in dem der jeweilige Verdienst zum Gesamtverdienst beiträgt.

In der gleichen Weise ist der Zuschuss zu berechnen, wenn schon nach dem Verdienst aus einem Arbeitsverhältnis die 13,– Euro-Grenze überschritten wird:

Nettoentgelt aus dem Arbeitsverhältnis A 15,– Euro; Nettoentgelt aus dem Arbeitsverhältnis B 10,– Euro; den Zuschuss von 12,– Euro hat der Arbeitgeber A zu 3/5 = 7,20 Euro und der Arbeitgeber B zu 2/5 = 4,80 Euro zu zahlen (vgl. BAG vom 3.6.1987 – 5 AZR 592/86 = BAGE 54, 361 – EzA § 14 MuSchG Nr. 14 = AP Nr. 6 zu § 14 MuSchG 1968).

Wenn in einem dieser Fälle **eines der Arbeitsverhältnisse nach Beginn der Schutzfrist zulässig gekündigt** wird, dann ist der Zuschuss in der Höhe wie ihn vorher der Arbeitgeber zu leisten hatte, von der Krankenkasse weiter zu gewähren (§ 20 Abs. 3 Satz 1), die Zuschusspflicht des zweiten Arbeitgebers bleibt unberührt. Anders ist jedoch zu verfahren, wenn eines der Arbeitsverhältnisse während der Schutzfrist endet, **ohne** dass eine **zulässige Kündigung** vorliegt: Der Zuschuss ist dann nur unter Berücksichtigung des Verdienstes aus dem bestehengebliebenen Arbeitsverhältnis zu berechnen. Das Entgelt des beendeten Arbeitsverhältnisses ist für den 13,– Euro übersteigenden Teil des Mutterschaftsgeldes nicht mehr beachtlich. Für die vorgenannten Beispiele bedeutet das Folgendes:

Im erstgenannten Beispiel entfällt die Zuschusspflicht für beide Arbeitgeber, wenn eines der Arbeitsverhältnisse endet; denn in jedem Fall übersteigt der verbleibende Nettoverdienst im Arbeitsverhältnis A nicht 13,– Euro.

Beim zweiten Beispiel würde bei Wegfall des Arbeitsverhältnisses B der Arbeitgeber A zur Weiterzahlung eines Zuschusses verpflichtet sein, aber nur in Höhe von 2,– Euro täglich, weil das Arbeitsverhältnis B für den 13,– Euro übersteigenden Teil des Durchschnittsverdienstes nicht mehr ursächlich ist. Wenn das Arbeitsverhältnis A endet, dann entfällt für den Arbeitgeber B jegliche Zuschusspflicht; der Verdienst aus dem Arbeitsverhältnis mit ihm löst keine Zuschussgewährung aus, das andere Arbeitsverhältnis ist für die Frage der Überschreitung des Höchstbetrages nicht mehr zu berücksichtigen. Allerdings wird man im Hinblick auf die vorstehend zu a) bereits erörterte Rechtslage annehmen müssen, dass neben das bestehenbleibende, aber u.U. niedrigere Mutterschaftsgeld nach § 24i Abs. 2 Satz 1 bis 3 SGB V (vgl. 1. Beispiel) wegen des fortbestehenden Arbeitsverhältnisses ein Mutterschaftsgeld in Höhe des Krankengeldes tritt, dessen Grundlage und Berechnung sich aus dem ohne Zuschuss beendeten Arbeitsverhältnis ergibt.

Befindet sich der **Arbeitgeber** vor Beginn der Schutzfrist mit der **Annahme** der **Dienste** in **Verzug** und erzielt die Arbeitnehmerin im Bezugszeitraum (zur Begrifflichkeit vgl. auch § 19 Anm. 13) anrechenbare Einkünfte durch eine **anderweitige Tätigkeit**, so vermindert sich dadurch **nicht der Zuschuss** zum Mutterschaftsgeld (so zutreffend LAG Köln vom 13.10.1993 – 2 Sa 679/93 = NZA 1994, 320).

c) Zuschusspflicht bei Arbeitskampf

Fraglich wird die Zuschusspflicht, wenn die Frau von einer Aussperrung während eines Arbeitskampfes betroffen wird. In diesem Fall ist zu fragen, ob trotz Wegfalls der Vergütungspflicht der Zuschuss als Leistung des Arbeitgebers zur wirtschaftlichen Absicherung der Schwangeren weiterzuzahlen ist. So LAG Baden-Württemberg vom 7.6.1985 – 5 Sa 14/85 = NZA 1986, 198. Diese Entscheidung ist durch das Urteil des **BAG** vom 22.10.1986 – 5 AZR 550/85 (BAGE 53, 205 = AP Nr. 4 zu § 14 MuSchG 1968 = DB 1987, 1363 = NZA 1987, 494) aufgehoben worden. Nach der Erkenntnis des BAG, der zu folgen ist, besteht für die **Dauer** einer **rechtmäßigen Aussperrung kein Anspruch** auf **Zuschuss** zum Mutterschaftsgeld gegen den Arbeitgeber. Von einer rechtmäßigen Aussperrung werden auch die Frauen erfasst, deren Arbeitsverhältnisse wegen der Beschäftigungsverbote hinsichtlich der Hauptpflichten ruhen. Das Arbeitskampfgeschehen vollzieht sich auf der Ebene des Kollektivs (vgl. BAG vom 25.1.1963 – 1 AZR 288/62 = BAGE 14, 52 = AP Nr. 24 zu Art. 9 GG Arbeitskampf). Die im Rahmen von zulässigen Arbeitskampfmaßnahmen bestehenden Risiken sollen und können wegen der Freiheit des Arbeitskampfes und der Kampfparität keinem Arbeitnehmer abgenommen werden. Deshalb entfällt auch die Verpflichtung des Arbeitgebers, Lohnersatzleistungen, zu denen der Zuschuss gehört, zu gewähren. Mutterschutzrechtliche Gründe aus Art. 6 Abs. 4 GG stehen dem Wegfall des Zuschusses nicht entgegen. Ob eine gleichwohl für erforderlich anzusehende vollständige wirtschaftliche Absicherung der Frau dadurch herbeizuführen ist, dass § 14 Abs. 2 MuSchG (jetzt § 20 Abs. 3) entsprechend angewendet wird oder bei versicherten Frauen Mutterschaftsgeld analog § 200 Abs. 2 Satz 6 RVO (§ 24i Abs. 2 Satz 6 SGB V bzw jetzt § 24i Abs. 2 Satz 4 SGB V) gewährt wird, konnte und musste das BAG offenlassen. Die Regelung dahin, dass bei Wegfall des Zuschusses das Mutterschaftsgeld in Höhe des Krankengeldes zu zahlen ist (vgl. vorstehend zu a) soll auch eingreifen, wenn der Zuschuss wegen eines Arbeitskampfes nicht zu gewähren ist (so auch schon Spitzenverbände der Krankenkassen in einem Rundschreiben vom 12.1.1989 zu § 200 Abs. 2 RVO unter 1.4.8.1.2). 10

Im Fall eines **Streiks** entfällt der Anspruch auf Zuschuss nur dann, wenn die Schwangere ausdrücklich oder konkludent erklärt, sie nehme an dem Arbeitskampf teil (vgl. LAG Berlin vom 28.7.1992 – 11 Sa 114/90 = AuR 1993, 85).

4. Höhe und Dauer des Zuschusses (§ 20 Abs. 1 Satz 2)

a) Zu berücksichtigendes Mutterschaftsgeld

Der Zuschuss ist zu zahlen in **Höhe des Unterschiedsbetrages zwischen** dem **Mutterschaftsgeld und** dem um die gesetzlichen Abzüge verminderten durchschnittlichen 11 kalendertäglichen **Arbeitsentgelt** der letzten drei abgerechneten Kalendermonate vor Beginn der Schutzfrist nach § 3 Abs. 1. Die zur Berechnung des Zuschusses zum Mutterschaftsgeld zugrunde zu legenden letzten drei abgerechneten Kalendermonate vor Beginn der Schutzfrist vor der Entbindung müssen der Schutzfrist nicht unmittelbar vorausgegangen sein. Bei einer weiteren Geburt im unmittelbaren Anschluss an die Inanspruchnahme von Elternzeit ist das Arbeitsentgelt der drei Kalendermonate vor der Elternzeit maßgeblich (BAG vom 19.5.2021 – 5 AZR 378/20 = BAGE 175, 76). Für den Referenzzeitraum zur Berechnung des Zuschusses zum Mutterschaftsgeld kann bei tariflichen Jahresarbeitszeitmodellen mit saisonal stark schwankender variabler Vergütung ebenso wie beim Mutterschaftslohn (§ 18 Abs. 2 MuSchG) ausnahmsweise auf einen zwölfmonatigen Referenzzeitraum abzustellen sein (BAG vom 31.5.2023 – 5 AZR 305/22 RdNr. 32, 43, zur Veröffentlichung vorgesehen in BAGE – Flugbegleiterin).

Das Mutterschaftsgeld ist seit 1.1.1982 bereits mit dem Höchstbetrag von umgerechnet 13,– Euro, wie er nach § 24i Abs. 2 Satz 2 SGB V in Betracht kommt, in das Gesetz übernommen. Mit der Zuschussregelung soll eine Benachteiligung der Frauen verhindert werden, die einen über dem Höchstbetrag liegenden Durchschnittsverdienst aufzuweisen haben. Voraussetzung ist also, von den unten zu b) zu erörternden Ausnahmen abgesehen, dass das Mutterschaftsgeld 13,– Euro kalendertäglich beträgt. Entsprechend den in Rdn. 6 dargelegten Erwägungen muss die Frau bei dem Verlangen auf Zuschuss behaupten und beweisen, dass sie Anspruch auf ein Mutterschaftsgeld in der genannten Höhe hat. Im Allgemeinen wird es ausreichen, wenn sie eine Bescheinigung der Kasse vorlegt (vgl. Buchner/Becker, 8. Aufl., § 14 Rn. 127).

Auf der anderen Seite bedeutet die Gewährung des Höchstbetrages des Mutterschaftsgeldes noch nicht, dass der Frau ohne Weiteres auch der Zuschuss zusteht.

12 Die **Höhe des Zuschusses** ist **selbstständig zu bestimmen**, wobei nur das Mutterschaftsgeld als ein Berechnungsfaktor vorgegeben ist. Das kalendertägliche Durchschnittsentgelt ist nach den Bestimmungen in § 20 Abs. 2 i.V.m. § 21 zu ermitteln. Diese stimmen völlig überein mit den entsprechenden Vorschriften in § 24i Abs. 2 Satz 3 SGB V für die Berechnung des Mutterschaftsgeldes. Im Gegensatz zu § 13 Abs. 2 und § 24i SGB V war bisher nicht der versicherungsrechtliche, sondern der arbeitsrechtliche Entgeltbegriff zugrunde zu legen (vgl. BAG vom 15.8.1984 – 5 AZR 47/83 = BAGE 46, 174 = AP Nr. 2 zu § 14 MuSchG 1968 = BB 1984, 2193 = EzA § 3 MuSchG Nr. 1; Buchner/Becker, 8. Aufl., § 14 Rn. 83). Die Unterscheidung zwischen versicherungsrechtlichem und arbeitsrechtlichem Entgeltbegriff, die eigentlich nur erheblich für Zuschläge zu Sonntags-, Feiertags- und Nachtarbeit, die nach § 1 Abs. 1 Satz 1 Nr. 1 SvEV sozialversicherungsrechtlich nur z.T. zum Arbeitsentgelt zählen, sowie für die Bewertung von Sachbezügen ist, ist mit der Legaldefinition des § 2 Abs. 5 hinfällig (vgl. dazu Brose/Weth/Volk, 9. Aufl., § 20 Rn. 40; auch § 19 Rdn. 59).

Der Zuschuss darf sich nach der Rechtsprechung des EuGH richtlinienkonform (Richtlinie 92/85/EWG) nach dem Durchschnittentgelt im Bezugszeitraum bestimmen, ohne nach tatsächlich erbrachten Leistungen ausbezahlte Journaldienstvergütungen berücksichtigen zu müssen (EuGH vom 1.7.2010 – C-194/08 = NZA 2010, 1113 – Gassmayr). Der Zuschuss zum Mutterschaftsgeld ist nach § 3 Nr. 1 Buchst. d EStG steuerfrei. Dies gilt jedoch nicht für Zuschüsse aufgrund eines Tarifvertrags (vgl. BFH Urteil vom 28.9.2022 – VIII R 39/19 – BFHE 278, 221, ua mit Anm. Jachmann-Michel jurisPR-SteuerR 14/2023 Anm. 1). Der steuerfreie Zuschuss unterliegt (wie auch das Mutterschaftsgeld und das Elterngeld) nach § 32b Abs. Nr. 1c EStG dem Progressionsvorbehalt. Das bedeutet Folgendes: Bei der Berechnung der Einkommensteuer des zu versteuernden sonstigen Einkommens (bei Zusammenveranlagung auch das des Ehegatten) ist der Zuschuss hinzuzurechnen und aus dem sich so ergebenden Gesamtbetrag ist der Steuersatz zu entnehmen, der dann für das andere Einkommen maßgebend ist.

Der 5. Senat des **BAG** nimmt hinsichtlich der Berechnung des Zuschusses an, dass die Berücksichtigung von **Provisionsansprüchen** nicht davon abhängt, ob sie während des Berechnungszeitraums fällig werden, sondern ob sie in dem Berechnungszeitraum aufschiebend bedingt entstanden sind (BAG vom 14.12.2011 – 5 AZR 439/10 = BAGE 140, 159 = NJW 2012, 60; vgl. hierzu Gründel/Butz BB 2014, 1210). Für das Mutterschaftsgeld lässt sich der damit einhergehende Prüfaufwand kaum vereinbaren (vgl. § 19 Rdn. 61, 62).

Die **Berechnung** des durchschnittlichen Arbeitsentgelts nach § 20 ist vom Arbeitgeber 13
bzw. im Streitfalle den Arbeitsgerichten in eigener Verantwortung und unabhängig von dem Ergebnis der gleichen Berechnung durch die Krankenkasse vorzunehmen (vgl. Rdn. 6). Dabei können unterschiedliche Ergebnisse herauskommen. Erhält die Frau z.B. nach Ermittlung eines durchschnittlichen Nettoarbeitsentgelts von 20,– Euro durch die Krankenkasse nach § 24i SGB V den Höchstbetrag des Mutterschaftsgeldes, dann kann ihr Anspruch auf einen Zuschuss gleichwohl abgelehnt werden, wenn der Arbeitgeber und das Arbeitsgericht zu der Auffassung gelangen, das durchschnittliche Arbeitsentgelt betrage nur 12,– Euro täglich. Dann kann zwar die Tatsache, dass die Frau Mutterschaftsgeld in Höhe von 13,– Euro bekommt, nicht angezweifelt oder beseitigt werden, es fehlt aber für die Zuschusspflicht an der selbstständig festzustellenden Voraussetzung, dass das durchschnittliche Nettoentgelt höher ist als das Mutterschaftsgeld.

Das für die Bemessung maßgebende Arbeitsentgelt kann nicht nach den Verhältnissen 14
im Bezugszeitraum ermittelt werden, wenn die Arbeitszeit durch wirksame vertragliche Absprache von einem innerhalb der Schutzfristen liegenden Zeitpunkt mit entsprechender **Minderung der Vergütung** herabgesetzt ist (vgl. BAG vom 11.6.1986 – 5 AZR 365/85 = BAGE 52, 177 = AP Nr. 3 zu § 14 MuSchG 1968 = EzA § 14 MuSchG Nr. 2). Sinn und Zweck des Gesetzes, die Frau (nur) vor wirtschaftlichen Nachteilen zu bewahren, erfordern es, dass berücksichtigt wird, inwieweit die Beschäftigungsverbote ursächlich für den entgehenden Verdienst sind (vgl. BAG vom 26.3.1986 – 7 AZR 592/84 –, nicht veröffentlicht; BAG vom 20.9.2000 – 5 AZR 924/98 – BAGE 95, 331 = EzA § 11 MuSchG Nr. 21).

Das **BAG** hat in dem Urteil vom 20.9.2000 (a.a.O.) entschieden, dass dauerhafte Ver- 15
dienstkürzungen bei der Berechnung des Mutterschutzlohns auch dann zu berücksichtigen seien, wenn sie erst nach Ablauf des Berechnungszeitraums eintreten. Der Gesetzgeber hatte diese Rechtsprechung aufgegriffen und bereits in § 11 Abs. 2 wie in

§ 14 Abs. 1 Satz 5 MuSchG entsprechende Regelungen getroffen. Der neu eingefügte Satz 5 besagte, dass **dauerhafte Verdienstkürzungen**, die während oder nach Ablauf des Berechnungszeitraums eintreten und nicht auf einem mutterschutzrechtlichen Beschäftigungsverbot beruhen, zu berücksichtigen sind. Grundgedanke der Rechtsprechung wie auch der gesetzlichen Regelung ist, dass die von einem Beschäftigungsverbot betroffene Frau nicht schlechter, aber auch nicht bessergestellt sein soll, als wenn sie ohne die mutterschutzrechtlich bedingten Einschränkungen arbeiten würde. Zu den **dauerhaften Verdienstkürzungen** wäre sicherlich eine **Herabsetzung tariflicher Vergütungen** zu rechnen, die wenig realistisch, wenn auch nicht völlig ausgeschlossen sein könnte. Eher kommt in Betracht, dass – wie die Sachverhalte in den vorstehend genannten Urteilen des BAG lagen – individuelle Absprachen hinsichtlich der Arbeitsverpflichtung zu einer Verdienstminderung führen. Allerdings steht einer Vertragsänderung während der Schwangerschaft, soweit sie eine Änderungskündigung voraussetzt, das Kündigungsverbot des § 9 bzw. jetzt § 17 entgegen.

Dauerhafte Entgelterhöhungen sind ebenfalls zu berücksichtigen. Wird die Vergütung zu einem Zeitpunkt erhöht, der nach Ende des Bezugszeitraums liegt und wirkt die **Vergütungserhöhung** auf den Berechnungszeitraum zurück, so war auch dies schon bisher nach der Rspr. des BAG bei der Berechnung des Zuschusses zu berücksichtigen (vgl. BAG vom 6.4.1994 – 5 AZR 501/93 = BAGE 76, 229 = AP Nr. 11 zu § 14 MuSchG 1986 = EzA § 14 MuSchG Nr. 11).

Der **EuGH** (vom 13.2.1996 – C-342/93 = EuGHE 1996, I-475 = AP Nr. 10 zu EWG Richtlinie Nr. 75/117 = EzA EWG-Vertrag Art. 119 Nr. 37 – Gillespie) hat darüber hinaus entschieden, dass eine Lohnerhöhung, die zwischen dem Beginn des Zeitraums, für den der Referenzlohn gezahlt worden ist, und dem Ende des Mutterschaftsurlaubs erfolgt, in die Lohnbestandteile einbezogen wird. Das Urteil lautet wie folgt:

Der in Artikel 119 EWG-Vertrag niedergelegte und in der Richtlinie 75/117/EWG des Rates vom 10. Februar 1975 zur Angleichung der Rechtsvorschriften der Mitgliedstaaten über die Anwendung des Grundsatzes des gleichen Entgelts für Männer und Frauen näher ausgestaltete Grundsatz des gleichen Entgelts verlangt weder, dass Arbeitnehmerinnen während des Mutterschaftsurlaubs weiter das volle Arbeitsentgelt erhalten, noch ergeben sich aus ihm bestimmte Kriterien für die Bestimmung der Höhe der den Arbeitnehmerinnen während dieses Zeitraums zu zahlenden Leistungen, sofern diese Leistungen nicht so niedrig festgesetzt werden, dass dadurch der Zweck des Mutterschaftsurlaubs gefährdet wird. Soweit jedoch bei der Berechnung dieser Leistungen auf einen Lohn abgestellt wird, den die Arbeitnehmerin vor Beginn des Mutterschaftsurlaubs erhalten hat, sind in diese Leistungen Lohnerhöhungen, die zwischen dem Beginn des Zeitraums, für den die Referenzlöhne gezahlt worden sind, und dem Ende des Mutterschaftsurlaubs erfolgt sind, ab ihrem Inkrafttreten einzubeziehen.

Die Entscheidung ist in sich widersprüchlich. Einerseits soll aus den angezogenen EWG-Normen **nicht herzuleiten** sein, dass die Frau das **volle Arbeitsentgelt** oder auch nur Arbeitsentgelt in bestimmter Höhe beanspruchen kann. Die Leistungen dürften nur nicht so niedrig festgesetzt sein, dass dadurch der Zweck des Mutterschaftsurlaubs (= der Schutzfristen vor und nach der Niederkunft) gefährdet werde. Andererseits sollen, wenn die hinsichtlich der Höhe nicht verbindlich festliegende Leistung nach dem Arbeitsentgelt eines Bezugszeitraums bemessen wird, **Lohnerhöhungen** berücksichtigt werden müssen, die in die Zeit des Leistungsbezugs fallen. Soweit der EuGH meint, wenn die Frau von Lohnerhöhungen während ihres Mutterschaftsurlaubs ausgeschlossen würde, so würde sie allein aufgrund ihrer Arbeitnehmereigenschaft diskriminiert, da sie, wenn sie nicht schwanger gewesen wäre, den erhöhten Lohn erhalten hätte (Nr. 22 der Gründe), so steht das dem entgegen, was zu Nr. 17 der Gründe zutreffend ausgeführt ist. Dort heißt es, die Frauen befinden sich während des Mutterschaftsurlaubs in einer besonderen Situation, die zwar Schutz verlangt, jedoch **nicht** mit der Situation eines Mannes oder mit der einer Frau, die **tatsächlich** an ihrem Arbeitsplatz **arbeitet, gleichgesetzt** werden kann (!); Der **EuGH** hat an seiner Auffassung festgehalten (vom 30.3.2004 – C-142/02 = EuGHE 2004, I-3101 = NZA 2004, 839 – Alabaster).

Das **BAG** (vom 31.7.1996 – 5 AZR 9/95 = BAGE 83, 377 = AP Nr. 15 zu § 14 MuSchG 1968 = EzA § 14 MuSchG Nr. 13) hat hieran anschließend entschieden, dass bei der Berechnung des Zuschusses zum Mutterschaftsgeld in den Schutzfristen wirksam werdende allgemeine **Entgelterhöhungen** von ihrem jeweiligen Wirksamkeitszeitpunkt an zu berücksichtigen sind und hierzu Erhöhungen des Tarifentgeltes ebenso wie solche zählen, die durch die Geburt des Kindes verursacht sind, wie z.B. eine höhere Stufe des Ortszuschlages (Grundsatz gleichen Entgeltes für Männer und Frauen (Art. 119 EG-Vertrag, Richtlinie 75/117/EWG).

Zwar wäre eine erneute Vorlage an dem EuGH mit dem Ziel, den EuGH zu veranlassen, den vorstehend aufgezeigten Widerspruch aufzulösen, wohl kaum erfolgreich gewesen. Wohl aber wäre zu erwägen gewesen, ob die Berücksichtigung der während der Schutzfristen eingetretenen Lohnerhöhung nicht anders als in dem vom EuGH entschiedenen Fall zu gewichten war. Denn nach deutschem Recht ist die aus Gründen des Mutterschutzes zu gewährende Sozialleistung auf mehrere Verpflichtete verteilt: Bund (210,– Euro), 390,– Euro netto monatlich auf die Arbeitgeber. Schon deshalb und wegen der verfassungsrechtlich bedenklichen Belastung der Arbeitgeber (vgl. dazu vorstehend Rdn. 2) wäre es geboten gewesen, die Rechtsauffassung des EuGH, deren Grundlage die vollständige Lohnfortzahlung durch den Arbeitgeber war, mindestens infrage zu stellen.

Stattdessen hat der Gesetzgeber durch das Gesetz zur Änderung des Mutterschutzgesetzes vom 20.12.1996 (BGBl. I 2110) wegen der Entscheidungen des EuGH sowie des BAG § 14 Abs. 1 MuSchG durch einen Satz 3 ergänzt. Seither sind **Erhöhungen** des **Arbeitsentgelts** während der Schutzfristen ab ihrer Geltung in die Berechnung des Zuschusses **einzubeziehen**. Die gesetzliche Neuregelung dient immerhin der Rechtssicherheit, bringt aber auch wieder zusätzliche Belastungen für die Arbeitgeber. Vgl. zu dieser Änderung des Gesetzes Müll in ZTR 1998, 69. Einen gewissen Ausgleich hat die vorbezeichnete belastende Regelung dadurch erhalten, dass nach dem neu aufgenommen Satz 5 in Abs. 1 nunmehr dauerhafte Verdienstkürzungen, die während oder nach Ablauf des Berechnungszeitraums eintreten, grundsätzlich zu berücksichtigen sind (zum Ganzen erneut Thomas in Festschrift für Buchner, 2009, S. 875, 876 f.).

Das Gesetz zur Neuregelung des Mutterschutzrechts (a.a.O.) hat hieran anschließend in § 21 Abs. 4 für alle Leistungen nach §§ 18–20 nunmehr einheitlich klargestellt, dass bei einer dauerhaften Änderung der Arbeitsentgelthöhe die geänderte Arbeitsentgelthöhe bei der Ermittlung des durchschnittlichen Arbeitsentgelts zugrunde zu legen ist, und zwar 1. für den gesamten Berechnungszeitraum, wenn die Änderung während des Berechnungszeitraums wirksam wird, 2. erst ab Wirksamkeit der Änderung der Arbeitsentgelthöhe, wenn die Änderung der Arbeitsentgelthöhe nach dem Berechnungszeitraum wirksam wird (hierzu BT-Drucks. 18/8963 S. 92).

Darüber hinaus enthält § 21 nun für alle Leistungen der §§ 18–20 einheitliche Vorgaben für den Berechnungszeitraum (Abs. 1), für die Ermittlung des (tatsächlichen) durchschnittlichen Arbeitsentgelts (Abs. 2) und zur fiktiven Arbeitsentgeltermittlung (Abs. 3). Für den Zuschuss sind damit die vorgenannten Regelungen in § 14 Abs. 1 Satz 3 bis 6 MuSchG abgelöst worden (dazu unter c).

b) Fälle, in denen es nicht auf das tatsächlich gezahlte Mutterschaftsgeld ankommt

16 Das **Mutterschaftsgeld ruht** beim Zusammentreffen dieser Leistung mit einem **Arbeitsentgelt** (§ 24i Abs. 4 SGB V). Im Gesetz ist nicht bestimmt, ob der Zuschuss nach dem Rechnungsbetrag des Mutterschaftsgeldes, wie es ohne das Ruhen zu zahlen wäre, zu bemessen ist oder ob in diesem Fall das Ruhen dem Arbeitgeber zugutekommt. Unter dem Gesichtspunkt, dass die Ruhensvorschrift der Vermeidung von Doppelleistungen dienen soll und das Ruhen zu einer Minderung des als Höchstbetrag von den Krankenkassen zu gewährenden Mutterschaftsgeldes führt (vgl. dazu § 19 Rdn. 109, 113), muss das Ruhen bei der Zuschussberechnung unberücksichtigt bleiben; denn sonst würde die Frau noch nicht einmal ihren Durchschnittsverdienst insgesamt erhalten.

Beispiel:

Durchschnittsverdienst 16 Euro: Verdienst aus fortgesetzter Beschäftigung 5 Euro. Es ruht das Mutterschaftsgeld von 13 Euro in Höhe von 5 Euro. Bezüge der Frau: 8 Euro Mutterschaftsgeld, 5 Euro Verdienst und 3 Euro Zuschuss des Arbeitgebers (zum vollen Mutterschaftsgeld), mithin erhält die Frau 16 Euro entsprechend ihrem Durchschnittsverdienst.

Ein Sonderfall von Anspruchskonkurrenz ist in Art. 8 der Verordnung (EWG) Nr. 574/72 des Rates vom 21.3.1972 über die Durchführung der Verordnung (EWG) Nr. 1408/71 geregelt. Die Vorschrift lautet wie folgt:

Vorschriften für das Zusammentreffen von Ansprüchen auf Leistungen bei Mutterschaft nach den Rechtsvorschriften mehrerer Mitgliedstaaten.

Hat ein Arbeitnehmer oder einer seiner Familienangehörigen nach den Rechtsvorschriften von zwei oder mehr Mitgliedstaaten Anspruch auf Leistungen bei Mutterschaft, so werden diese Leistungen ausschließlich nach den Rechtsvorschriften des Mitgliedstaates zuerkannt, in dessen Gebiet die Entbindung stattgefunden hat, oder, falls sie nicht im Gebiet eines dieser Mitgliedstaaten stattgefunden hat, ausschließlich nach den Rechtsvorschriften des Mitgliedstaats, die für diesen Arbeitnehmer zuletzt galten.

Die genannte Verordnung ist inzwischen durch die Verordnung (EG) Nr. 987/2009 des Europäischen Parlaments und des Rates vom 16.9.2009 zur Festlegung der Modalitäten für die Durchführung der Verordnung (EG) Nr. 883/2004 ersetzt (s. dort Art. 20 ff.), welche ihrerseits zum 1.5.2010 die Verordnung (EWG) Nr. 1408/71 abgelöst hat (s. dort Art. 17 ff.).

c) Höhe des durchschnittlichen Arbeitsentgelts (§ 21)

Die Berechnung der Höhe des durchschnittlichen kalendertäglichen Arbeitsentgelts 17
hatte nach der höchstrichterlichen Rechtsprechung schon bisher nach den Grundsätzen zu erfolgen, wie sie für die Berechnung des Mutterschaftslohns gelten (vgl. BAG vom 14.12.2011 – 5 AZR 439/10 = BAGE 140, 159 = NJW 2012, 60). Für den Zuschuss sind die Regelungen zur Ermittlung der Arbeitsentgelthöhe in § 14 Abs. 1 Satz 3 bis 6 MuSchG nunmehr in die Vorschrift des § 21 überführt. Durch das Gesetz zur Neuregelung des Mutterschutzrechts (a.a.O.) sind dort nun für alle Leistungen der §§ 18–20 einheitliche Vorgaben für den Berechnungszeitraum (Abs. 1), für die Ermittlung des (tatsächlichen) durchschnittlichen Arbeitsentgelts (Abs. 2), zur fiktiven Arbeitsentgeltermittlung (Abs. 3) und für die Berücksichtigung von dauerhaften Änderungen der Arbeitsentgelthöhe (Abs. 4) zusammengefasst. Diese Zusammenfassung dient der Vereinfachung (BT-Drucks. 18/8963 S. 92). Bisherige Problemkonstellationen sind dadurch keiner Regelung zugeführt worden:

In welcher Weise der Zuschuss zum Mutterschaftsgeld zu leisten ist, soweit das Arbeitsentgelt teilweise als **Sachbezug** geleistet wurde, war in Rechtsprechung und Schrifttum nicht geklärt. Das **BAG** hat mit Urteil vom 11.10.2000 – 5 AZR 240/99 (= BAGE 96, 34 = AP Nr. 13 zu § 611 BGB Sachbezüge) entschieden, dass der Zuschuss des Arbeitgebers zum Mutterschaftsgeld grundsätzlich in Form einer Weitergewährung von Sachbezügen zu erfolgen hat, wenn diese in den letzten drei Monaten vor Beginn der Schutzfrist Teil des Arbeitsentgelts der Arbeitnehmerin waren. Gehören danach **Sachbezüge** zum Arbeitsentgelt und sind sie nicht frei widerruflich – hier: **Überlassung eines Firmenfahrzeugs zum unbeschränkten privaten Gebrauch** –, so sind sie der Arbeitnehmerin nicht nur während eines Beschäftigungsverbots im Sinne des § 3 Abs. 1, § 4, sondern regelmäßig auch während der Schutzfristen des § 3 Abs. 2, § 6 Abs. 1 weiterzugewähren.

Ein als freiwillige Leistung gewährter **Kindergartenzuschuss** hat den Charakter einer Sozialzulage zum Arbeitsentgelt. Er ist bei der Berechnung des Zuschusses zum Mutterschaftsgeld zu berücksichtigen, wenn er in den letzten drei abgerechneten Kalendermonaten vor Beginn der Schutzfrist oder eines Beschäftigungsverbotes gezahlt wurde (vgl LAG Schleswig-Holstein Urteil vom 19.3.2014 – 3 Sa 388/13 mit Anm Göhle-Sander, jurisPR-ArbR 32/2014 Anm. 3).

Die Höhe des Netto-Entgelts wird durch die **Steuerklasse** und auf der Steuerkarte eingetragene Freibeträge mit beeinflusst. Aus § 20 Abs. 1 Satz 1 ergibt sich kein Anhalt dafür, dass Freibeträge außer Betracht bleiben dürften. Auch Sinn und Zweck des Mutterschaftsgeldes wie des Zuschusses erfordern keine einschränkende Auslegung der Vorschrift (vgl. BAG vom 22.10.1986 – 5 AZR 733/85 = BAGE 53, 217 = AP Nr. 5 zu § 14 MuSchG = EzA § 14 MuSchG Nr. 5 = DB 1987, 944 = BB 1987, 1179 = NZA 1987, 703). Eine verheiratete Frau kann aber in gewissem Umfang die Höhe der Steuerabzüge bestimmen. Sie kann z.B. eine ihr günstigere Steuerklasse wählen (III statt V); Freibeträge können auf ihrer statt der Steuerkarte des Ehemannes eingetragen werden. Wenn die Frau diese **steuerlichen Merkmale allein** deshalb ändern lässt, um durch den dadurch erzielten höheren Nettoverdienst einen **höheren Zuschuss** des Arbeitgebers zu erlangen, handelt sie nach der Rechtsprechung des BAG **rechtsmissbräuchlich** (so BAG vom 22.10.1986 – 5 AZR 733/85 = BAGE 53, 217 = AP Nr. 5 zu § 14 MuSchG 1968 = EzA § 14 MuSchG Nr. 5 – DB 1987, 944 = BB 1987, 1179 = NZA 1987, 703). Das **BAG** hat entschieden, dass auch die erstmalige Wahl einer Steuerklassenkombination nach der Eheschließung in Bezug auf den Zuschuss zum Mutterschaftsgeld rechtsmissbräuchlich sein kann (vgl. BAG vom 18.9.1991 – 5 AZR 581/90 = AP Nr. 10 zu § 14 MuSchG = EzA § 14 MuSchG Nr. 10 = DB 1992, 787). Schuldet der Arbeitgeber nettolohnbezogene Leistungen, so hat er ihrer Berechnung – soweit keine besonderen Bemessungsbestimmungen getroffen sind – grundsätzlich die auf der Lohnsteuerkarte eingetragenen Lohnsteuermerkmale zugrunde zu legen. Einer ihn belastenden Änderung der Lohnsteuerklasse kann er ggf. den Einwand des Rechtsmissbrauchs entgegenhalten. Die Wahl der Lohnsteuerklassenkombination IV/IV ist regelmäßig nicht missbräuchlich (vgl. **BAG** vom 13.6.2006 – 9 AZR 423/05 = BAGE 118, 262 = AP Nr. 29 zu § 1 TVG Altersteilzeit = EzA § 4 TVG Altersteilzeit Nr. 20). Sind beide Ehegatten berufstätig, liegt im Wechsel der Lohnsteuerklasse ebenso wie im Wechsel zu Lohnsteuerklasse V nach der Geburt eines Kindes ein typisches Verhalten und ebenfalls kein Rechtsmissbrauch mit dem Ziel der Erhöhung der Zuschusspflicht des Arbeitgebers (BAG vom 19.5.2021 – 5 AZR 378/20 = BAGE 175, 76).

Zum **Elterngeld** (vgl. § 2, 2c BEEG, s. Kommentierung dort) vertritt der 10. Senat des **BSG** rechtlich weitergehend den Standpunkt, dass der vor der Geburt eines Kindes durch die anspruchsberechtigte Person veranlasste, das monatliche Nettoeinkommen erhöhende Lohnsteuerklassenwechsel bei der Bestimmung der Bemessungsgrundlage für das Elterngeld nicht unberücksichtigt bleiben darf und ihm der Einwand des Rechtsmissbrauchs nicht entgegengehalten werden kann. Das **BSG** hat in diesem Zusammenhang ausdrücklich darauf hingewiesen, dass die Rechtsprechung des **BAG**, die den steuerrechtlich zulässigen Steuerklassenwechsel als rechtsmissbräuchlich einstuft, wenn er zur Beeinflussung privater Rechtsverhältnisse vorgenommen worden ist, nicht ohne Weiteres auf Sozialleistungen übertragen werden kann (BSG vom 25.9.2009 – B 10 EG 3/08 R = BSGE 103, 284 = SozR 4–7837 § 2 Nr. 1). Auch beim Mutterschaftsgeld ist daher ein rechtsmissbräuchlicher Lohnsteuerklassenwechsel nur bei Hinzutreten besonderer Umstände denkbar (vgl. § 19 Rdn. 77; auch Croissant NZA 2013, 713).

d) Dauer des Anspruchs

§ 14 MuSchG in der seit 1.7.1979 geltenden Fassung des Gesetzes vom 25.6.1979, BGBl. I S. 797 regelte näher die **Dauer des Anspruchs** dahin gehend, dass der Zuschuss für die Zeiten der Schutzfristen nach § 3 Abs. 2 und § 6 Abs. 1 MuSchG zu zahlen war. Dabei war Folgendes zu beachten: Erfolgte die Niederkunft früher als nach dem Zeugnis eines Arztes anzunehmen war, und begann der Sechswochenzeitraum für den Anspruch auf Mutterschaftsgeld gemäß § 200 Abs. 3 Satz 1 RVO entsprechend früher, so bestand auch der Anspruch auf Zuschuss zum Mutterschaftsgeld für die Zeit, für die Mutterschaftsgeld zu zahlen war. Das galt auch dann, wenn die Frau in dem vom Zeitpunkt der früheren Entbindung her berechneten Sechswochenzeitraum arbeitsunfähig krank war (so BAG vom 7.10.1987 – 5 AZR 610/86 = BAGE 56, 191 = AP Nr. 7 zu § 14 MuSchG 1968 = EzA § 14 MuSchG Nr. 7 = DB 1988, 234). 18

Anders als vorstehend beschrieben stellt sich die gegenwärtige Rechtslage aufgrund der Einfügung von Satz 2 in § 200 Abs. 3 RVO und dessen Ergänzung durch das Zweite Gesetz zur Änderung des Mutterschutzrechts vom 16.6.2002 (a.a.O.) dar. In der vorgenannten Bestimmung und jetzt § 24i Abs. 3 Satz 2 SGB V (ab 1.6.2025 § 24i Abs. 3 Satz 1 SGB V i.V.m. § 3) ist festgelegt, dass sich die Bezugsdauer für Mutterschaftsgeld (nach der Entbindung) bei Frühgeburten und **sonstigen vorzeitigen Entbindungen** um den Zeitraum verlängert, der nach § 3 Abs. 2 MuSchG nicht in Anspruch genommen werden konnte. Das bedeutet: Es verbleibt bei einer **vorzeitigen Entbindung**, d.h. bei einer Entbindung vor dem durch ärztliches Zeugnis vermuteten Zeitpunkt, bei einer dann zwangsläufig **kürzeren Bezugsdauer** vor der Entbindung; die dadurch entgehende Anspruchsdauer wird ausgeglichen, indem der **Bezugszeitraum nach der Entbindung entsprechend verlängert** wird. Aufgrund der Bindung des Arbeitgeberzuschusses an den Anspruch auf Mutterschaftsgeld verlagert sich auch die Bezugsdauer für diese Leistung entsprechend in die Zeit nach der Entbindung. Zieht man die bisher angenommene Folge bei vorzeitigen Geburten, nämlich die nachträgliche Neubestimmung der Bezugsdauer für die Zeit vor der Geburt in Betracht, so zeigt sich, dass sich für den Zuschuss des Arbeitgebers keine Mehrbelastung ergibt. Der Anspruch auf den Zuschuss kann wegfallen, wenn beim **Tod** des **Kindes** die Frau verlangt, vor Ablauf der Schutzfrist wieder beschäftigt zu werden (s. dazu Näheres bei § 3 Abs. 4).

Der Zuschuss kann jedoch eher enden als das Mutterschaftsgeld, wenn nämlich das Arbeitsverhältnis nach Beginn der Schutzfrist sein Ende findet (vgl. auch oben Rdn. 8). Das ist durch die in Abs. 1 Satz 1 eingefügte Ergänzung (... während ihres bestehenden Beschäftigungsverhältnisses ...) verdeutlicht worden.

Die Rechtsauffassung des **LAG** Berlin (vom 14.1.2000 – 6 Sa 1951/99 = NZA-RR 2000, 362), wonach der Anspruch auf den Zuschuss in zwei Jahren **verjährt**, ist durch die infolge der Schuldrechtsreform zum 1.1.2002 geltende Regelverjährung von 3 Jahren überholt (vgl. §§ 195, 199 Abs. 1 Nr. 1 BGB).

e) Kein Zuschuss während Elternzeit (§ 22)

19 Nach dem durch das Gesetz zur Änderung des Bundeserziehungsgeldgesetzes und anderer Vorschriften vom 30.6.1989 (BGBl. I 1297) in § 14 MuSchG eingefügten Absatz 4 Satz 1 ist **kein Zuschuss** zu zahlen für die Zeit, in der Frauen **Elternzeit** nach dem BEEG (bis zum 1.1.2007 Erziehungsurlaub nach dem BErzGG) in Anspruch nehmen. Der Gesetzgeber ist ersichtlich davon ausgegangen, dass für die Dauer der Elternzeit die Hauptpflichten aus dem Arbeitsverhältnis ruhen (BT-Drucks. 11/4776 S. 3). Mit dem Gesetz zur Neuregelung des Mutterschutzrechts (a.a.O.) ist die Regelung in § 22 verselbstständigt und für den Mutterschutzlohn und den Arbeitgeberzuschuss einheitlich zusammengefasst worden (siehe Kommentierung zu § 22).

5. Gewährung des Zuschusses durch die Krankenkasse/den Bund

a) Leistung bei zulässiger Kündigung des Arbeitsverhältnisses (§ 20 Abs. 3 Satz 1)

20 In den Fällen, in denen das Beschäftigungsverhältnis der Frau während der Schwangerschaft oder der Schutzfrist nach der Entbindung vom Arbeitgeber nach Maßgabe des § 17 Abs. 2 zulässig gekündigt worden ist, wird der »Zuschuss zum Mutterschaftsgeld nach Absatz 1« von der für die Zahlung des Mutterschaftsgeldes zuständigen Stelle gezahlt. Die Regelung übernimmt den Regelungsgehalt des bisherigen § 14 Abs. 2 MuSchG. Bei Kündigungen nach einer Fehlgeburt oder nach Ablauf der Schutzfristen nach der Entbindung und innerhalb der ersten vier Monate nach der Entbindung besteht deshalb – wie bisher – kein Anspruch auf den Zuschuss (BT-Drucks. 18/8963 S. 91).

Zuständige Stelle ist bei bestehender Mitgliedschaft die zuständige **Krankenkasse**, sonst das **BAS** (früher BVA). Es handelt sich dann um die Gewährung einer Leistung aus dem Gesichtspunkt der mutterschutzrechtlichen Fürsorge. Der Anspruch ist nicht mehr arbeitsrechtlicher Natur.

Der bisher zusätzlich im Gesetzestext enthaltene Passus »**zu Lasten des Bundes**« bewirkte im Fall der Zuständigkeit der Krankenkasse, dass diese vom Bund **Erstattung** verlangen konnte (vgl. dazu die Allg. VerwVorschr. über die Erstattung von Mutterschaftsgeld durch den Bund vom 17.10.1979, BAnz. Nr. 198 S. 1). Durch Gesetz vom 17.3.2009 (BGBl. I S. 550) ist der Passus »zu Lasten des Bundes« gestrichen worden. Auf Anregung des Bundesrechnungshofs wird das Verfahren zur Erstattung der von den gesetzlichen Krankenkassen gezahlten Zuschüsse zum Mutterschaftsgeld als zu verwaltungsaufwendig aufgegeben. Die Aufwendungen der Krankenkassen für den Zuschuss zum Mutterschaftsgeld werden wie bisher auch schon das Mutterschaftsgeld durch die vom Bund geleisteten Zahlungen für die Aufwendungen der Krankenkassen für versicherungsfremde Leistungen nach § 221 SGB V pauschal abgegolten (BT-Drucks. 16/10490 S. 22; ferner Rdn. 1).

Unter welchen Voraussetzungen davon die Rede sein kann, dass das **Beschäftigungsverhältnis** vom Arbeitgeber zulässig gekündigt wurde, ist in den Erlgn zu § 19 Rdn. 36 ff. im Einzelnen ausgeführt worden. Es wird für den hier in gleichem Sinne gebrauchten Begriff darauf verwiesen. Zulässig aufgelöst bedeutet nach der jetzt im Gesetz erfolgten

Verdeutlichung, dass das Arbeitsverhältnis gemäß **§ 17 Abs. 2 MuSchG**, also mit Zustimmung der zuständigen Behörde, gekündigt wurde. Andere Fälle der Beendigung des Arbeitsverhältnisses, z.B. aufgrund einer Befristung, können den Anspruch nicht begründen. Durch entsprechende Ergänzung des Absatzes 2 ist klargestellt, dass der Zuschuss der Krankenkasse/des Bundes bis zum Ende der Mutterschutzfristen zu zahlen ist.

b) Leistung bei Zahlungsunfähigkeit des Arbeitgebers (§ 20 Abs. 3 Satz 2)

Der Zuschuss wird von der zuständigen Stelle auch dann gezahlt, wenn der Arbeitgeber wegen eines Insolvenzereignisses den Arbeitgeberzuschuss nach Absatz 1 nicht leisten kann. Die Regelung in § 20 Abs. 3 S. 2 übernimmt gleichlautend den bisherigen Regelungsgehalt des § 14 Abs. 3 MuSchG. 21

Durch den grundsätzlich ab 1.1.1986 geltenden § 14 Abs. 3 MuSchG waren weitere Fälle eingeführt worden, in denen der Zuschuss zulasten des Bundes gezahlt wurde. Es handelte sich um Tatbestände im Zusammenhang mit einem Insolvenzereignis aufseiten des Arbeitgebers. Abs. 3 ist durch das Gesetz vom 16.6.2002 (a.a.O.) neu gefasst worden, weil in der bisherigen Fassung einige wesentliche Merkmale des Insolvenzereignisses im Sinne der maßgeblichen Vorschrift des § 183 Abs. 1 Satz 1 SGB III fehlten (BR-Drucks. 1071/01 S. 14). Dementsprechend ist in der Neufassung die vorgenannte Bestimmung aufgenommen worden. Weggefallen sind die Wörter »bis zur zulässigen Auflösung des Arbeitsverhältnisses«. Daraus folgt, dass der Zuschuss vom Bund bis zum Ende der Mutterschutzfristen zu gewähren ist. Der verkürzte Verweis auf Absatz 2 »für den Zuschuss des Bundes« infolge der Neufassung durch das Gesetz vom 16.6.2002 (a.a.O.) war indessen missglückt, weil an der bisherigen Leistungspflicht der für die Zahlung des Mutterschaftsgeldes zuständigen Stelle nichts geändert werden sollte (vgl. auch Buchner/Becker, 8. Aufl., § 14 Rn. 62). Durch Gesetz vom 17.3.2009 (BGBl. I S. 550) wurde deshalb der Passus »für den Zuschuss des Bundes« nunmehr auf Anregung des Bundesrechnungshofs gestrichen worden. (BT-Drucks. 16/10490 S. 22; s. Rdn. 1, 20).

Der in Bezug genommene § 165 SGB III, der den bisherigen § 183 SGB III durch Gesetz vom 20.12.2011 (BGBl. I S. 2854) zum 1.4.2012 abgelöst hat, lautet wie folgt:

§ 165 Anspruch

(1) Arbeitnehmerinnen und Arbeitnehmer haben Anspruch auf Insolvenzgeld, wenn sie im Inland beschäftigt waren und bei einem Insolvenzereignis für die vorausgegangenen drei Monate des Arbeitsverhältnisses noch Ansprüche auf Arbeitsentgelt haben. Als Insolvenzereignis gilt

1. *die Eröffnung des Insolvenzverfahrens über das Vermögen des Arbeitgebers,*
2. *die Abweisung des Antrags auf Eröffnung des Insolvenzverfahrens mangels Masse oder*
3. *die vollständige Beendigung der Betriebstätigkeit im Inland, wenn ein Antrag auf Eröffnung des Insolvenzverfahrens nicht gestellt worden ist und ein Insolvenzverfahren offensichtlich mangels Masse nicht in Betracht kommt.*

Auch bei einem ausländischen Insolvenzereignis haben im Inland beschäftigte Arbeitnehmerinnen und Arbeitnehmer einen Anspruch auf Insolvenzgeld.

(2) Zu den Ansprüchen auf Arbeitsentgelt gehören alle Ansprüche auf Bezüge aus dem Arbeitsverhältnis. Als Arbeitsentgelt für Zeiten, in denen auch während der Freistellung eine Beschäftigung gegen Arbeitsentgelt besteht (§ 7 Absatz 1a des Vierten Buches), gilt der Betrag, der auf Grund der schriftlichen Vereinbarung zur Bestreitung des Lebensunterhalts im jeweiligen Zeitraum bestimmt war. Hat die Arbeitnehmerin oder der Arbeitnehmer einen Teil ihres oder seines Arbeitsentgelts nach § 1 Absatz 2 Nummer 3 des Betriebsrentengesetzes umgewandelt und wird dieser Entgeltteil in einem Pensionsfonds, in einer Pensionskasse oder in einer Direktversicherung angelegt, gilt die Entgeltumwandlung für die Berechnung des Insolvenzgeldes als nicht vereinbart, soweit der Arbeitgeber keine Beiträge an den Versorgungsträger abgeführt hat.

(3) Hat eine Arbeitnehmerin oder ein Arbeitnehmer in Unkenntnis eines Insolvenzereignisses weitergearbeitet oder die Arbeit aufgenommen, besteht der Anspruch auf Insolvenzgeld für die dem Tag der Kenntnisnahme vorausgegangenen drei Monate des Arbeitsverhältnisses.

(4) Anspruch auf Insolvenzgeld hat auch der Erbe der Arbeitnehmerin oder des Arbeitnehmers.

(5) Der Arbeitgeber ist verpflichtet, einen Beschluss des Insolvenzgerichts über die Abweisung des Antrags auf Insolvenzeröffnung mangels Masse dem Betriebsrat oder, wenn kein Betriebsrat besteht, den Arbeitnehmerinnen und Arbeitnehmern unverzüglich bekannt zu geben.

Zum Schutz der Arbeitnehmer bei Zahlungsunfähigkeit des Arbeitgebers nach der **Richtlinie 80/987/EWG** *vgl. EuGH vom 14.7.1998 – C-125/07 = EuGHE 1998, I-4493 = AP Nr. 4 zu EWG-RL Nr. 80/987 = NZA 1998, 1109 sowie vom 16.7.1998 – C-235/95 = EuGHE 1998, I-4531 = NZA 1998, 1047. Die vorgenannte Richtlinie ist inzwischen abgelöst durch* **Richtlinie 2008/94/EG** *des Europäischen Parlaments und des Rates vom 22.10.2008 über den Schutz der Arbeitnehmer bei Zahlungsunfähigkeit des Arbeitgebers m.W.v. 17.11.2008 (i.d.F. der Richtlinie (EU) 2015/1794 des Europ. Parlaments und des Rates vom 6.10.2015).*

Nicht vorgesehen ist, dass die Krankenkasse/das BAS (früher BVA) auch dann eintritt, wenn der **Arbeitgeber** den von ihm geschuldeten Zuschuss aus anderen Gründen **nicht gewährt**. Die Zuschusszahlung als öffentlich-rechtlich Fürsorgeleistung kommt nur bei den vorstehend erörterten Sachverhalten in Betracht.

6. Sonstiges

22 Der Anspruch auf Zuschuss zum Mutterschaftsgeld unterliegt trotz seiner arbeitsrechtlichen Natur (Rdn. 1) steuerrechtlich wie auch sozialversicherungsrechtlich denselben Regeln wie das Mutterschaftsgeld. Er ist grundsätzlich **steuerfrei** (§ 3 Nr. 1 Buchs. d EStG), unterliegt aber dem Progressionsvorbehalt (32b Abs. 1 Nr. 1c EStG). Im **Kranken- und Pflegeversicherungsrecht** führt der Anspruch auf Mutter-

schaftsgeld zum Fortbestand einer Versicherungspflicht bei bestehender Beitragsfreiheit (§§ 192 Abs. 1 Nr. 2, 224 Abs. 1 SGB V; §§ 49 Abs. 2, 56 Abs. 3 SGB XI; die Beitragsfreiheit des Zuschusses folgt aus § 1 Abs. 1 Satz 1 Nr. 6 SvEV. In der **Arbeitslosenversicherung** begründet der Bezug von Mutterschaftsgeld Versicherungspflicht unter den Voraussetzungen des § 26 Abs. 2 Nr. 1 SGB III mit Beitragstragung durch die Leistungsträger (§§ 345 Nr. 7, 347 Nr. 8 SGB III), die Beitragsfreiheit des Zuschusses folgt aus § 1 Abs. 1 Satz 1 Nr. 6 SvEV. In der **Rentenversicherung** sind Zeiten des Mutterschutzes beitragsfreie Anrechnungszeiten (§ 54 Abs. 1 Nr. 2, Abs. 4, § 58 Abs. 1 Satz 1 Nr. 2 SGB). Vgl. auch § 19 Rdn. 135.

§ 21 MuSchG Ermittlung des durchschnittlichen Arbeitsentgelts

(1) [1]Bei der Bestimmung des Berechnungszeitraumes für die Ermittlung des durchschnittlichen Arbeitsentgelts für die Leistungen nach den §§ 18 bis 20 bleiben Zeiten unberücksichtigt, in denen die Frau infolge unverschuldeter Fehlzeiten kein Arbeitsentgelt erzielt hat. [2]War das Beschäftigungsverhältnis kürzer als drei Monate, ist der Berechnung der tatsächliche Zeitraum des Beschäftigungsverhältnisses zugrunde zu legen.

(2) Für die Ermittlung des durchschnittlichen Arbeitsentgelts für die Leistungen nach den §§ 18 bis 20 bleiben unberücksichtigt:
1. **einmalig gezahltes Arbeitsentgelt im Sinne von § 23a des Vierten Buches Sozialgesetzbuch,**
2. **Kürzungen des Arbeitsentgelts, die im Berechnungszeitraum infolge von Kurzarbeit, Arbeitsausfällen oder unverschuldetem Arbeitsversäumnis eintreten, und**
3. **im Fall der Beendigung der Elternzeit nach dem Bundeselterngeld- und Elternzeitgesetz das Arbeitsentgelt aus Teilzeitbeschäftigung, das vor der Beendigung der Elternzeit während der Elternzeit erzielt wurde, soweit das durchschnittliche Arbeitsentgelt ohne die Berücksichtigung der Zeiten, in denen dieses Arbeitsentgelt erzielt wurde, höher ist.**

(3) Ist die Ermittlung des durchschnittlichen Arbeitsentgelts entsprechend den Absätze 1 und 2 nicht möglich, ist das durchschnittliche kalendertägliche Arbeitsentgelt einer vergleichbar beschäftigten Person zugrunde zu legen.

(4) Bei einer dauerhaften Änderung der Arbeitsentgelthöhe ist die geänderte Arbeitsentgelthöhe bei der Ermittlung des durchschnittlichen Arbeitsentgelts für die Leistungen nach den §§ 18 bis 20 zugrunde zu legen, und zwar
1. **für den gesamten Berechnungszeitraum, wenn die Änderung während des Berechnungszeitraums wirksam wird,**
2. **ab Wirksamkeit der Änderung der Arbeitsentgelthöhe, wenn die Änderung der Arbeitsentgelthöhe nach dem Berechnungszeitraum wirksam wird.**

Übersicht Rdn.

A. Allgemeines

1 Die für §§ 18 ff. MuSchG und § 24i Abs. 2 Satz 3 SGB V geltenden Vorgaben zur Ermittlung des durchschnittlichen Arbeitsentgelts werden einheitlich in § 21 MuSchG bestimmt. § 21 Abs. 1 MuSchG macht Vorgaben zur Bestimmung des Berechnungszeitraumes, § 21 Abs. 2 MuSchG zur Ermittlung des (tatsächlichen) durchschnittlichen Arbeitsentgelts. Sollte nach diesen Vorgaben eine Berechnung des durchschnittlichen Arbeitsentgelts im Berechnungszeitraum nicht möglich sein, ist das durchschnittliche kalendertägliche Arbeitsentgelt einer vergleichbar beschäftigten Person zugrunde zu legen (§ 21 Abs. 3 MuSchG). § 21 Abs. 4 MuSchG macht Vorgaben zur Berücksichtigung von dauerhaften Änderungen der Entgelthöhe.

B. Berechnungszeitraum

2 Der für § 18 MuSchG maßgebliche **Berechnungszeitraum** besteht aus den **letzten drei abgerechneten Monaten** vor **Beginn der Schwangerschaft**. Für §§ 19, 20 MuSchG wird der Berechnungszeitraum durch die Schutzfristen des § 3 MuSchG und den Entbindungstag bestimmt. Diese Grundsätze werden im Interesse eines effektiven Mutterschutzes für bestimmte Sonderfälle geändert. Liegen im Berechnungszeitraum auch Zeiten, in denen die Frau unverschuldet kein Arbeitsentgelt erzielt hat, fallen diese Zeiten aus der Berechnung heraus (§ 21 Abs. 1 Satz 1 MuSchG). Dadurch wird nicht der Bemessungszeitraum verschoben oder verlängert, sondern die zu berücksichtigenden Zeiteinheiten, durch die der maßgebliche Gesamtarbeitsverdienst geteilt wird, werden verringert: Mutterschutzlohn/Zeiteinheit = Gesamtverdienst/bezahlte Zeiteinheiten.

3 Hat das Beschäftigungsverhältnis insgesamt weniger als drei Monate bestanden, ist nur dieser kürzere Zeitraum die Berechnungsgrundlage (§ 21 Abs. 1 Satz 2 MuSchG).

4 Ein längerer Bezugszeitraum ist zu wählen, wenn der Verdienst dem maßgeblichen letzten drei abgerechneten Kalendermonate nicht repräsentativ ist, etwa weil die wöchentliche Arbeitszeit im Durchschnitt eines halben Jahres zu erbringen ist und der Umfang des Arbeitseinsatzes ausschließlich vom Arbeitgeber gesteuert wird (LAG Hamm, Urteil vom 31.10.2006 – 9 [1] Sa 1243/06 –) oder sogenannte Teilzeittage nur auf drei Kalendermonat er verteilte werden (LAG Köln, Urteil vom 21.12.2011 – 8 Sa 1328/10 –).

C. Ermittlung des durchschnittlichen Arbeitsentgelts

I. Berücksichtigungsfähige Entgeltbestandteile

Zur Berechnung des Durchschnittsverdienstes ist zunächst der Gesamtverdienst im Bezugszeitraum festzustellen. Zu dem im Bezugszeitraum verdienten Arbeitsentgelt rechnet jede laufend gewährte geldwerte Gegenleistung des Arbeitgebers für die Erfüllung der arbeitsvertraglichen Pflichten durch die Arbeitnehmerin im Berechnungszeitraum (BAG, Urteil vom 14.12.2011 – 5 AZR 439/10 –). Dazu gehören insbesondere: 5

- Grundvergütung, Ausbildungsvergütung 6
- Provision, Umsatzbeteiligung, Leistungsprämien, Akkordlohn
- Vergütung und Zuschläge für Überstunden, Mehrarbeit, Bereitschaftszeit, Rufbereitschaft
- Vergütung und Zuschläge für Nachtarbeit, Sonntagsarbeit und Feiertagsarbeit
- Erschwerniszulagen, Gefahrenzulagen
- Sozialzulagen wie Familienzuschlag oder Kindergartenzuschuss
- Anwesenheitsprämien, Antrittsgebühr
- Entgeltfortzahlung im Krankheitsfall, § 3 EFZG
- Urlaubsentgelt, § 11 BUrlG
- Feiertagsvergütung, § 2 EFZG
- Annahmeverzugslohn, § 615 BGB
- Vergütungen vorübergehender Verhinderung, § 616 BGB

Da ein Durchschnitt über die letzten drei Monate gebildet wird, spielt es keine Rolle, ob einzelne Vergütungsbestandteile regelmäßig oder nur gelegentlich angefallen sind. 7

Nicht zum Verdienst zählen Aufwendungssatzleistungen wie Fahrgeld, Verpflegungsmehraufwand, Auslösung oder Trennungsgeld. Allerdings ist zu prüfen, ob diese Vergütungsbestandteile unabhängig vom tatsächlichen Aufwand pauschal als Vergütung gezahlt werden. In diesem Fall sind sie im Gesamtverdienst zu berücksichtigen. 8

Nicht einzubeziehen sind auch Lohnersatzleistungen wie Kurzarbeitergeld, Krankengeld, Arbeitslosengeld, Mutterschaftsgeld und Zuschuss zum Mutterschaftsgeld. Gleiches gilt für Trinkgelder, die nicht vom Arbeitgeber, sondern von den Gästen gezahlt werden.

II. Nicht berücksichtigungsfähige Entgeltbestandteile

Für die Berechnung einer Ansprüche gemäß §§ 18–20 MuSchG bleiben bestimmte Zahlungen unberücksichtigt, selbst wenn sie im maßgeblichen Zeitraum tatsächlich erbracht worden sind. 9

- Nicht zu berücksichtigen ist einmalig gezahlt Arbeitsentgelt i.S.v. § 23a SGB IV. Einmalzahlungen wie Urlaubsgeld, Weihnachtsgratifikation oder Gewinnbeteiligung werden für das gesamte Jahr gezahlt. Sie gehören deshalb nicht zum Durchschnittsverdienst, sondern sind an die Arbeitnehmerin, wenn sie die Anspruchsvoraussetzungen erfüllt, gesondert zu zahlen. Das gilt auch für eine Erfindervergütung oder eine Prämie für einen Verbesserungsvorschlag (**§ 21 Abs. 2 Nr. 1 MuSchG**). 10

11 – Unberücksichtigt bleiben auch Verdienstkürzungen, die im Berechnungszeitraum infolge Kurzarbeit, Arbeitsausfällen oder unverschuldete Arbeitsversäumnis eintreten; für Tage mit gekürztem Arbeitsentgelt ist das ungekürzte Arbeitsentgelt zugrunde zu legen (**§ 21 Abs. 2 Nr. 2 MuSchG**).

12 – Um Nachteile wegen der Inanspruchnahme von Elternzeit zu vermeiden, wird zur Berechnung der Leistungen nach §§ 18 ff. MuSchG grundsätzlich der Zeitraum vor der Elternzeit zugrunde gelegt. Sofern die Frau jedoch während der Elternzeit in Teilzeit gearbeitet hat, ist eine Günstigkeitsprüfung durchzuführen (BT-Drucks. 18/8963 S. 93). Dies trägt unionsrechtlichen Vorgaben Rechnung (EuGH, Urteil vom 13.2.2014 – C-512/11 und C-513/11 –, NZA 2014, 316). Die Regelung setzt voraus, dass die Elternzeit beendet wurde. Andernfalls gilt § 22 Satz 2 MuSchG (**§ 21 Abs. 2 Nr. 3 MuSchG**).

III. Berechnung des durchschnittlichen Arbeitsentgelts

13 Der sich nach vorstehenden Maßgaben ergebende Gesamtverdienst des Berechnungszeitraums ist durch die Zahl der Zeiteinheiten zu teilen, für die er bezahlt worden ist. Berechtigten unbezahlte Fehlzeiten sind vom Divisor abzuziehen.

IV. Dauerhafte Änderung der Entgelthöhe

14 Die betroffene Arbeitnehmerin hat grundsätzlich Anspruch auf Leistungen in Höhe des Verdienstes, den sie im Berechnungszeitraum erzielt hat. Treten später Änderungen ein, die einen wirtschaftlichen Anreize schaffen könnten, trotz unverantwortbarer Gefährdungen oder während der Schutzfrist zu arbeiten, wird diesem Anreiz entgegengewirkt, indem dauerhafte Entgelterhöhungen unter bestimmten Voraussetzungen bei der Berechnung berücksichtigt werden. Dies geschieht durch eine Anpassung des Zeitraums, ab dem die dauerhafte Verdienständerung eingerechnet wird: Die geänderte Höhe des Arbeitsentgelts, d.h. sowohl Verbesserungen die Verschlechterungen des geschuldeten Arbeitsentgelts, wird für den gesamten Berechnungszeitraum herangezogen, falls die Änderung noch während des Berechnungszeitraums wirksam wird (§ 21 Abs. 4 Nr. 1 MuSchG). Wird die Änderung dagegen erst später wirksam, ist sie ab diesem Zeitraum für die Berechnung des durchschnittlichen Entgelts maßgeblich (§ 21 Abs. 4 Nr. 2 MuSchG). Damit ist gewährleistet, dass die Arbeitnehmerin zur selben Zeit an einer Entgeltänderung teilnimmt als wenn sie weiterhin gearbeitet hätte.

§ 22 MuSchG Leistungen während der Elternzeit

[1]Während der Elternzeit sind Ansprüche auf Leistungen nach den §§ 18 und 20 aus dem wegen der Elternzeit ruhenden Arbeitsverhältnis ausgeschlossen. [2]Übt die Frau während der Elternzeit eine Teilzeitarbeit aus, ist für die Ermittlung des durchschnittlichen Arbeitsentgelts nur das Arbeitsentgelt aus dieser Teilzeitarbeit zugrunde zu legen.

Übersicht **Rdn.**

1. Gesetzesentwicklung und Normzweck

§ 22 ist durch das Gesetz zum Schutz von Müttern bei der Arbeit, in der Ausbildung 1
und im Studium, beschlossen als Art. 1 des G v. 23.5.2017 I 1228 vom Bundestag mit Zustimmung des Bundesrates, gem. Art. 10 Abs. 1 Satz 1 dieses G am 1.1.2018 in Kraft getreten. Die Vorschrift regelt den Anspruch auf Leistungen nach den §§ 18 und 20 in Fällen, in denen die Frau ihre Elternzeit nicht beendet. Die Regelung übernimmt insoweit den Regelungsgedanken des § 14 Abs. 4 MuSchG in der bis zum 31.12.2017 geltenden Fassung, die wie folgt lautete:

§ 14 Zuschuss zum Mutterschaftsgeld

…

(4) Der Zuschuss nach den Absätze 1 bis 3 entfällt für die Zeit, in der Frauen die Elternzeit nach dem Bundeselterngeld- und Elternzeitgesetz in Anspruch nehmen oder in Anspruch genommen hätten, wenn deren Arbeitsverhältnis nicht während ihrer Schwangerschaft oder während der Schutzfrist des § 6 Abs. 1 vom Arbeitgeber zulässig aufgelöst worden wäre. Dies gilt nicht, soweit sie eine zulässige Teilzeitarbeit leisten.

…

Die Regelung des § 14 Abs. 4 MuSchG wurde durch das Gesetz zur Änderung des Bundeserziehungsgeldgesetzes und anderer Vorschriften vom 30.6.1989 (BGBl. I 1297) in das Mutterschutzgesetz aufgenommen, um dem Umstand Rechnung zu tragen, das während des Erziehungsurlaubs die Hauptpflichten aus dem Arbeitsverhältnis ruhen (BT-Drucks. 11/4776 S. 3). Daran hat sich durch das BEEG und die Einführung der Elternzeit zum 1.1.2007 nichts geändert. Folgerichtig ist es deshalb, die Regelung mit der Neukonzeption des Mutterschutzrechts auf den **Mutterschutzlohn** erweitert worden (vgl. BT-Drucks. 18/8963 S. 94). Ersatzlos weggefallen ist hingegen die Regelung, wonach der **Zuschuss** zum Mutterschaftsgeld auch für die Zeit einer fiktiven Elternzeit infolge einer zulässigen Auslösung des Arbeitsverhältnisses nach § 9 Abs. 3 MuSchG entfiel. Die Regelung ist durch die uneingeschränkte Möglichkeit, eine bestehende Elternzeit wegen einer weiteren Schwangerschaft vorzeitig zu beenden (§ 16 Abs. 3 Satz 3 BEEG), um sodann Mutterschaftsgeld und den Arbeitgeberzuschuss in Anspruch zu nehmen, gegenstandslos geworden (BT-Drucks. 18/8963 S. 94; hierzu Rdn. 2).

Die Regelung erfasst nicht das **Mutterschaftsgeld.** Frauen in Elternzeit können nach geltendem Recht einen Anspruch auf Mutterschaftsgeld haben, weil es sich hierbei nicht um einen Anspruch aus dem Arbeitsverhältnis handelt.

2. Leistungsausschluss während der Elternzeit (§ 22 Satz 1)

2 Nach der ursprünglich in § 14 Absatz 4 Satz 1 MuSchG angesiedelten Regelung war **kein Zuschuss** zu zahlen für die Zeit, in der Frauen **Elternzeit** nach dem BEEG (bis zum 1.1.2007 Erziehungsurlaub nach dem BErzGG) in Anspruch nahmen. Wegen der Verlängerung der Elternzeit auf 36 Monate konnte häufiger erwartet werden, dass eine erneute Schwangerschaft während der Elternzeit eintritt. Auch die Schutzfristen nach § 3 Abs. 2 und § 6 Abs. 1 MuSchG konnten eher als bisher mit der Elternzeit zusammenfallen. Für solche gleichlaufenden Zeiten sollte der **Arbeitgeber nicht** verpflichtet sein, den **Zuschuss** zu zahlen. Dabei ist der Gesetzgeber ersichtlich davon ausgegangen, dass für die Dauer der Elternzeit die Hauptpflichten aus dem Arbeitsverhältnis ruhen (BT-Drucks. 11/4776 S. 3). Bei dieser Kausalität für die Nichtleistung der Arbeit soll es auch dann verbleiben, wenn die Frau wegen einer Schwangerschaft aufgrund der Beschäftigungsverbote nicht arbeiten darf.

Das **BSG** (vom 8.3.1995 – 1 RK 10/94 = SozR 3–2200 § 200 Nr. 3 = AP Nr. 12 zu § 14 MuSchG 1968, bisher zitiert unter DB 1995, 1665) hat deshalb zutreffend einen Anspruch auf **Mutterschaftsgeld** verneint, wenn die **Schutzfristen** nach § 3 Abs. 2 und § 6 Abs. 1 MuSchG in Zeiten eines **unbezahlten Urlaubs** fallen. Bei einem solchen Sachverhalt bestand deshalb auch kein Anspruch aus § 14 MuSchG. Vgl. ferner **BSG** vom 8.8.1995 – 1 RK 21/94 (= SozR 3–2200 § 200 RVO Nr. 4). Zu den vorgenannten Entscheidungen des BSG vgl. auch Spitzenverbände der Krankenkassen in BB 1997, 530. In späteren Entscheidungen hat das BSG dies dahin gehend präzisiert, dass der Anspruch auf Mutterschaftsgeld nur bis zur vereinbarten Beendigung des unbezahlten Sonderurlaubs ausgeschlossen ist (vgl. BSG vom 17.2.2004 – B 1 KR 7/02 R = BSGE 92, 172 = SozR 4–2200 § 200 Nr. 1). In gleichem Sinne hat das BAG (vom 25.2.2004 – 5 AZR 160/03 = BAGE 109, 362 = AP Nr. 24 zu § 14 MuSchG 1968 = EzA § 14 MuSchG Nr. 18) hinsichtlich des Zuschusses des Arbeitgebers zum Mutterschaftsgeld entschieden (vgl. § 19 Rdn. 34).

Wer Elternzeit beantragt und deren Dauer festgelegt hat, ist an diese Erklärungen gebunden. Einseitige Änderungen, etwa eine vorzeitige Beendigung der Elternzeit, sind mit Rücksicht auf die berechtigten Interessen des Arbeitgebers prinzipiell nicht zulässig (BAG vom 8.5.2018 – 9 AZR 8/18 = NZA 2018, 1195). Zu berücksichtigen ist aber, dass die Elternzeit seit dem Gesetz zur Vereinfachung des Elterngeldvollzugs vom 10.9.2012 (BGBl. I 1878) m.W.v. 18.9.2012 nunmehr ausdrücklich zur Inanspruchnahme der Schutzfristen (nach § 3 Abs. 2 MuSchG und § 6 Abs. 1 MuSchG) und der damit verbundenen Rechte ohne Zustimmung des Arbeitgebers vorzeitig beendet werden kann (§ 16 Abs. 3 Satz 3 BEEG). Die Arbeitnehmerin ist lediglich gehalten (»soll«), dem Arbeitgeber die Beendigung der Elternzeit mitzuteilen. Dies soll dem Arbeitgeber ermöglichen, die erforderlichen Maßnahmen, insbesondere die Zahlung des Zuschusses zum Mutterschaftsgeld zu veranlassen (Göhle-Sander in: Vereinbarkeit von Familie und Beruf, Kap. 6.16 – § 16 BEEG, Stand 25.1.2013 Rn. 40.2). Damit hat der Gesetzgeber den Streit um die Gemeinschaftsrechtskonformität des § 16 Abs. 3 Satz 3 BEEG a.F. beendet, der infolge der Rechtsprechung des EuGH entstanden war: Nach der Entscheidung des **EuGH** vom 20.9.2007 – C-116/06 (= EuGHE 2007, I-7643 =

AP Nr. 8 zu EWG-Richtlinie Nr. 92/85 = NZA 2007, 1274 – Kiiski) war zweifelhaft, ob § 16 Abs. 3 Satz 3 BEEG, der einer Arbeitnehmerin die vorzeitige Beendigung der Elternzeit aus den o.g. Gründen gerade nicht ermöglichte, gemeinschaftsrechtskonform war. In dem genannten Urteil hat der EuGH einer in der Elternzeit befindlichen Frau das Recht zuerkannt, die Elternzeit zu beenden, um die mit den Mutterschutzfristen vor und nach der Geburt vorgesehenen Ansprüche zu erhalten (vgl. hierzu Rdn. 1 und die Kommentierung zu § 16 BEEG). Zu weiteren Ausnahmen, in denen das Gesetz eine vorzeitige Beendigung zulässt, näher Burmann, AnwZert ArbR10/2022 Anm. 2.

Fraglich ist die Zuschusspflicht, wenn durch Betriebsvereinbarung über die gesetzliche Elternzeit hinaus eine Freistellung wegen Kindererziehung möglich ist. Hierzu war beim **BAG** das Verfahren 5 AZR 124/93 anhängig, in dem es nicht zu einer Entscheidung gekommen ist. Geht man vom vorstehend gekennzeichneten Sinn der Regelung aus, dann muss trotz der Erwähnung der Elternzeit nach BEEG auch eine **Elternzeit** auf anderer **Rechtsgrundlage** (Tarifvertrag, Betriebsvereinbarung oder Arbeitsvertrag) zum **Wegfall** der **Zuschusspflicht** führen. Kausal für den Entgeltausfall sind dann nicht die Beschäftigungsverbote, sondern die bei deren Einsetzen schon bestehende und fortdauernde Freistellung von der Arbeitspflicht unter Wegfall der Vergütung.

Während der Elternzeit ist aus den aufgezeigten Gründen auch der Mutterschutzlohn ausgeschlossen, soweit das Arbeitsverhältnis wegen der Elternzeit ruht. Die gesetzliche Regelung enthält insoweit eine Klarstellung (BT-Drucks. 18/8963 S. 94).

3. Rückausnahme bei Teilzeit (§ 22 Satz 2)

Der Leistungsausschluss gilt nicht, wenn die Frau eine zulässige Teilzeitarbeit leistet. 3
Neben der Elternzeit ist Teilzeit möglich, wenn die Arbeitszeit 30 Wochenstunden (geändert durch das 2. BEEG-ÄndG v. 15.2.2021 I 239 m.W.v. 1.9.2021: 32 Wochenstunden) nicht übersteigt (§ 15 Abs. 4 Satz 1 BEEG). Hinsichtlich der daraus bezogenen Vergütung können dann die Leistungen nach § 18 und § 20 bezogen werden. Wie hier schon BAG vom 29.1.2003 – 5 AZR 701/01 = AP Nr. 20 zu § 14 MuSchG 1968 = EzA § 14 MuSchG Nr. 16.

Hat die Frau eine Teilzeittätigkeit in einem Zeitraum von weniger als drei Monaten ausgeübt, erfolgt kein Rückgriff auf das Arbeitsentgelt, welches vor der Elternzeit erzielt wurde. Vielmehr ist für die Berechnung anhand des tatsächlichen Zeitraums des Beschäftigungsverhältnisses vorzunehmen (§ 21 Abs. 1 Satz 2) oder aber einem Ersatzarbeitsentgelt vergleichbar Beschäftigter (§ 21 Abs. 3). Die Regelung des § 21 Abs. 2 Nr. 3 findet keine Anwendung (BT-Drucks. 18/8963 S. 94).

Im Übrigen wird nach § 3 BEEG neben dem Mutterschaftsgeld auch der Anspruch auf den Zuschuss zum Mutterschaftsgeld auf das Elterngeld angerechnet. Das aufgrund der Geburt eines weiteren Kindes gezahlte Mutterschaftsgeld ebenso wie der Zuschuss können als Einnahme i.S.d. § 3 Satz 1 Nr. 5 angerechnet werden (BT-Drucks. 17/9841 S. 28).

§ 23 MuSchG Entgelt bei Freistellung für Untersuchungen und zum Stillen

(1) [1]Durch die Gewährung der Freistellung nach § 7 darf bei der schwangeren oder stillenden Frau kein Entgeltausfall eintreten. [2]Freistellungszeiten sind weder vor noch nachzuarbeiten. [3]Sie werden nicht auf Ruhepausen angerechnet, die im Arbeitszeitgesetz oder in anderen Vorschriften festgelegt sind.

(2) [1]Der Auftraggeber oder Zwischenmeister hat einer in Heimarbeit beschäftigten Frau und der ihr Gleichgestellten für die Stillzeit ein Entgelt zu zahlen, das nach der Höhe des durchschnittlichen Stundenentgelts für jeden Werktag zu berechnen ist. [2]Ist eine Frau für mehrere Auftraggeber oder Zwischenmeister tätig, haben diese das Entgelt für die Stillzeit zu gleichen Teilen zu zahlen. [3]Auf das Entgelt finden die Vorschriften der §§ 23 bis 25 des Heimarbeitsgesetzes über den Entgeltschutz Anwendung.

Übersicht Rdn.

1. Allgemeines

1 Die Vorschrift wurde durch **Gesetz v. 23.5.2017** (BGBl. I 1228) mit Wirkung zum 1.1.2018 eingeführt. Die Regelung übernimmt redaktionell überarbeitet den Regelungsgehalt des bisherigen § 7 Absatz 2 MuSchG sowie des bisherigen § 16 MuSchG (vgl. BT-Drucks. 230/16 S. 108 sowie BR-Drucks. 289/17 S. 8)

2. Abs. 1

2 § 23 Abs. 1 entspricht im Wesentlichen § 16 Abs. 1 S. 2 MuSchG a.F. und enthält eine nicht disponible Regelung darüber, dass durch die Freistellung für mutterschaftsbedingte Untersuchungen die Arbeitnehmerin einen Anspruch auf Entgeltfortzahlung hat. Dieser geht aufgrund seiner Unabdingbarkeit über den Entgeltfortzahlungsanspruch nach § 616 S. 1 BGB hinaus (vgl. zu § 16 MuSchG a.F. Buchner/Becker, 8. Aufl. Rn. 24).

3 Damit die stillende Mutter nicht aus wirtschaftlichen Gründen gezwungen ist, das Stillen ihres Kindes vorzeitig abzubrechen, ist durch § 32 Abs. 1 sichergestellt, dass sie die ihr zustehenden Stillzeiten (§ 7 Abs. 2) ohne Rücksicht auf die finanziellen Folgen auch wirklich ausnutzen kann.

a) Echte Freizeit

4 Die in die Arbeitszeit fallenden Stillzeiten – für das außerhalb der Arbeitszeit nötige Stillen bestehen keine Regelungen und deshalb auch keine Ansprüche der Arbeitnehmerin – sind echte zusätzliche Freizeiten mit der Folge, dass sie weder auf sons-

tige Ruhepausen (z.B. nach §§ 4 ArbZG 11 JArbSchG oder nach tariflicher Regelung; Brose/Weth/Volk/Herrmann, 9. Aufl. 2020, MuSchG § 23 Rn. 10; angerechnet (Abs. 2 Satz 3) noch vor- oder nachgearbeitet werden dürfen (Abs. 2 Satz 2). Es handelt sich im Gegensatz zu Pausen um Freizeiten innerhalb der Arbeitszeit. Damit sind die Stillzeiten, was die Dauer der Arbeitszeit anbelangt, wie Arbeitszeit anzusehen; die Arbeitnehmerin ist so zu behandeln, als ob sie während der Stillzeiten gearbeitet hätte. Die Stillzeiten können daher nicht von der arbeitsvertraglich festgelegten Stundenzahl abgezogen werden. Das gilt sowohl für Vollzeit- als auch für Teilzeitbeschäftigte (LSG Schleswig-Holstein vom 10.7.2003 – L 5 EG 4/03), sondern sind vielmehr in die Gesamtarbeitszeit einzubeziehen. Wird die Arbeitnehmerin unter Einrechnung der Stillzeiten über die zulässige Höchstdauer der Arbeitszeit hinaus (vgl. § 8) beschäftigt, dann verstößt der Arbeitgeber nicht nur gegen § 7 (s. § 21 Abs. 1 Nr. 2), sondern auch gegen § 8 (s. § 21 Abs. 1 Nr. 3) mit den entsprechenden Bußgeld- oder Straffolgen. Daneben kann die Arbeitnehmerin Mehrarbeitsvergütung verlangen (vgl. **BAG** vom 4.10.1963, BAG 15, 30 = AB Nr. 3 zu § 10 JugArbSchutzG), sofern sie nicht, wozu sie berechtigt ist (§ 8 Abs. 1, 2), die über das zulässige Maß hinausgehende Arbeitsleistung ablehnt (zu § 7 a.F. Bulla/Buchner,Rn. 40; Meisel/Sowka, § 7 Anm. 18).

b) Fortzahlung des Arbeitsentgelts

Auch nach § 7 Abs. 2 MuSchG a.F. hatte für die Dauer der Stillzeiten hat die Arbeitnehmerin einen unabdingbaren Anspruch auf Fortzahlung des Arbeitsentgelts. Da die Stillzeit nur an Arbeitstagen zu gewähren ist, entfällt eine besondere Bezahlung der Stillzeit für arbeitsfreie Tage, auch wenn diese wie z.B. gesetzliche Feiertage, Urlaubstage, Hausarbeitstage lohnzahlungspflichtig sind (Meisel/Sowka, § 7 a.F. Anm. 16). Praktische Bedeutung hat die Vorschrift des nur für die im Stunden- oder im Akkord- oder Prämienlohn beschäftigten Frauen, wobei in den letzteren Fällen eine Ausnahmebewilligung der Aufsichtsbehörde gemäß § 29 Abs. 3 Nr. 8 i.V.m. § 12 Abs. 5 Nr. 1 und 2 vorliegen muss. Bei der Entlohnung nach Wochen oder Monaten ist für die Lohnhöhe nicht die Arbeitszeit, sondern die Kalenderzeit maßgebend, sodass den so entlohnten Frauen ein Lohnausfall durch die Stillzeiten nicht entsteht (vgl. **BAG** vom 23.6.1965, BAG 17, 204 [209] = AP Nr. 1 zu § 611 BGB Wochenlohn). Bei diesen ist das Verbot der Vor- und Nacharbeit in Abs. 1 S. 2 relevant. Sie müssen wegen der Stillzeit nicht länger arbeiten und bekommen trotzdem den vollen Wochen- bzw. Monatslohn. Jedoch ist erforderlich, dass die Arbeitnehmerin ihre Arbeitsleistung erbringt, von der sie nur für die Stillzeiten in dem nach § 7 erforderlichen Umfang freigestellt ist. Soweit die Frau nicht arbeitet, ohne dass anzuerkennende Stillzeiten vorliegen, steht ihr keine Vergütung nach § 23 Abs. 1 zu (vgl. **BAG** vom 3.7.1985, AP Nr. 1 zu § 7 MuSchG 1968). 5

Auf den Lohnfortzahlungsanspruch kann die Frau weder im Voraus noch nachträglich verzichten. Das ergibt sich hier aus der (z.B. von § 4 Abs. 4 TVG abweichenden) besonderen Bestimmung des § 7 Abs. 1 Satz 1, wonach »ein Verdienstausfall nicht eintreten darf«, d.h. dass ein etwaiger Verzicht (Erlassvertrag) wegen Verstoßes gegen dieses gesetzliche Verbot nach § 134 BGB nichtig wäre (Brose/Weth/Volk/Herrmann, 6

9. Aufl. 2020, MuSchG § 23 Rn. 17; HK-MuSchG/*Pepping* § 23 Rn. 18; Tillmanns/Mutschler/*Schmiegel* MuSchG § 23 Rn. 3; zu § 7 MuSchG a.F. Bulla/Buchner, 5. Aufl., § 7 Anm. 35; Bulla, DB 1953, 762; Aye, § 7 Anm. I; Zmarzlik/Zipperer, 5. Aufl., § 7 Anm. 6; Eisel, § 7 Anm. 3; a.A. Köst, § 7 Anm. 2; Kuntzmann/Auert, § 57 Anm. 5; Meisel/Sowka, § 7 Anm. 19).

7 Der **Umfang des Entgeltfortzahlungsanspruchs** bestimmt sich nach dem Lohnausfallprinzip (Herrmann in Brose/Weth/Volk/Herrmann, 9. Aufl. 2020, MuSchG § 23 Rn. 7; vgl. Bulla, Lohn trotz Nichtleistung von Arbeit, DB 1965, 1517 [1520 f.] zu C I)) und die betroffene Arbeitnehmerin ist so zu stellen, als ob sie während der Freistellungszeit tatsächlich im Betrieb gearbeitet hätte (Schlachter im ErfK, 20. Aufl. 2024, § 16 Rn. 5). Sie hat daher Anspruch auf den fiktiven vollen Stundenlohn sowie – wenn sie im Akkord arbeitet – auf den durchschnittlichen Akkordlohn (Zmarlzik/Zipperer 9. Aufl. zu § 16 MuSchG a.F. Rn. 6). Sofern die Arbeitnehmerin sich außerhalb der Arbeitszeit untersuchen lässt, besteht kein Erstattungsanspruch, weil sie auch keinen Entgeltausfall erleidet. Entstehende Fahrtkosten zur Untersuchungen sind nicht vom Arbeitgeber zu erstatten (Schlachter im ErfK, 20. Aufl. 2024, § 23 Rn. 2).

8 Hätte die Arbeitnehmerin ansonsten **Überstunden** geleistet, besteht des Weiteren Anspruch auf diesen Entgeltausfallersatz, was jedoch wegen § 6 Abs. 1 nur eingeschränkt praxisrelevant ist. Ebenfalls sind eventuelle Feiertagsvergütungen zu entrichten. Bei bestehenden Verboten nach §§ 6 beziehungsweise §§ 11 und 12 berechnet sich das Arbeitsentgelt nach § 18 (Mutterschutzlohn). Sachbezüge hat der Arbeitgeber jedenfalls grundsätzlich weiter zu gewähren, im Fall der Unmöglichkeit ist der Wert der Naturalleistungen in Geld zu erstatten (Schlachter im ErfK, 20. Aufl. 2024, § 16 Rn. 4).

9 Der durch die Stillzeiten ausfallende Stundenlohn und bei der Beschäftigung im Akkord- oder Prämienlohn der auf die Stillzeiten entfallende persönliche Durchschnittsstundenverdienst des letzten (abgerechneten) Lohnabrechnungszeitraums weiterzuzahlen (Herrmann Brose/Weth/Volk/Herrmann, 9. Aufl. 2020, MuSchG § 23 Rn. 8; ebenso zu § 7 MuSchG a.F Bulla/Buchner, 5. Aufl., § 7 [a.F.] Anm. 34; Köst, § 7 Anm. 2; Zmarzlik/Zipperer, 5. Aufl., § 7 [a.F.] Anm. 5). Greift gleichzeitig ein Beschäftigungsverbot nach § 16 Abs. 2 oder § 12 ein, dann regelt sich insoweit, wie das Verbot sich auf den Lohnanspruch auswirkt, die Lohnfortzahlung nach § 18, auch wenn das Verbot nicht zu einem vollständigen Aussetzen mit der Arbeit, sondern zu einer Verkürzung der Arbeitszeit oder zum Wechsel der Entlohnungsart führt. Deshalb kann eine stillende Mutter, wenn sie wegen des Stillens von Akkord- oder Prämienlohnarbeit in Zeitlohnarbeit umgesetzt worden ist, auch für die Stillzeit den durchschnittlichen Akkord- oder Prämienlohn verlangen, falls dieser höher ist als der Zeitlohn (Zmarzlik/Zipperer, 5. Aufl., § 7 [a.F.] Anm. 5).

3. Abs. 2

10 Die dem MuSchG unterliegenden Frauen aus dem Kreis der in Heimarbeit Beschäftigten (s. § 1 Abs. 2 Nr. 6) können sich die erforderlichen Stillzeiten selbst bestimmen. Zum Ausgleich des dabei eintretenden Arbeitszeitverlustes erhalten diese Frauen unter den im Übrigen gleichen Voraussetzungen wie bei den Arbeitnehmerinnen

(s. oben Rdn. 5 ff.) eine Ausfallerstattung in der in Abs. 2 genannten Höhe. Nach § 7 Abs. 4 a.F. war dies ein Entgelt von 75 vom Hundert eines durchschnittlichen Stundenverdienstes, mindestens aber 0,38 Euro für jeden Werktag zu zahlen, nunmehr wird auf die Höhe des durchschnittlichen Stundenentgelts für jeden Werktag abgestellt.

§ 24 MuSchG Fortbestehen des Erholungsurlaubs bei Beschäftigungsverboten

[1]Für die Berechnung des Anspruchs auf bezahlten Erholungsurlaub gelten die Ausfallzeiten wegen eines Beschäftigungsverbots als Beschäftigungszeiten. [2]Hat eine Frau ihren Urlaub vor Beginn eines Beschäftigungsverbots nicht oder nicht vollständig erhalten, kann sie nach dem Ende des Beschäftigungsverbots den Resturlaub im laufenden oder im nächsten Urlaubsjahr beanspruchen.

Übersicht Rdn.

1. Entstehungsgeschichte

§ 24 übernimmt in der seit 1.1.2018 geltenden Fassung (vgl. Art. 1 und 10 Abs. 1 Satz 1 des am 29.5.2017 verkündeten **Gesetzes zur Neuregelung des Mutterschutzrechts vom 23. Mai 2017**, BGBl. I, 1228) redaktionell überarbeitet den Regelungsgehalt des bisherigen § 17 (vgl. die Begründung zum Gesetzesentwurf der Bundes- 1 regierung zur inhaltsgleichen Entwurfsfassung des § 23, BT-Drucks 18/8963, S. 95). § 24 Satz 1 regelt in inhaltlicher Übereinstimmung mit § 17 Satz 1 a.F., dass die Ausfallzeiten wegen mutterschutzrechtlicher Beschäftigungsverbote für den Anspruch auf bezahlten Erholungsurlaub als Beschäftigungszeiten gelten. Im Vergleich zu § 17 Satz 1 a.F. spricht § 24 Satz 1 von *»Ausfallzeiten wegen eines Beschäftigungsverbots«* und nicht mehr vom *»Ausfallzeiten wegen mutterschutzrechtlicher Beschäftigungsverbote«*. Er stellt außerdem klar, dass sich die Regelung auf die *»Berechnung«* des Anspruchs auf bezahlten Erholungsurlaub bezieht, während in § 17 Satz 1 noch vom *»Anspruch auf bezahlten Erholungsurlaub und dessen Dauer«* die Rede war. § 24 Satz 2 übernimmt redaktionell überarbeitet (§ 24 Satz 2 spricht nicht mehr vom *»Beginn der Beschäftigungsverbote«* und vom *»Ablauf der Fristen«*, sondern vom *»Beginn eines Beschäftigungsverbotes«* und vom *»Ende des Beschäftigungsverbots«)* den Regelungsgehalt des § 17 Satz 2 a.F. Danach kann die Frau den Urlaub, den sie vor Beginn der Beschäftigungsverbote nicht oder nicht vollständig erhalten hat, nach deren Ende im laufenden oder im nächsten Urlaubsjahr beanspruchen. Anzumerken ist, dass der **Begriff des Beschäftigungsverbots** in **§ 2 Abs. 3** geregelt ist.

2 Die Vorgängernorm des § 17 a.F. wurde durch das **Zweite Gesetz zur Änderung des Mutterschaftsrechtes vom 16.6.2002** (BGBl. I S. 1812) eingeführt, welches am 20.6.2002 in Kraft trat. Mit § 17 Satz 1 a.F. wollte der Gesetzgeber die Rechtslage im Sinne der höchstrichterlichen Rechtsprechung und herrschenden Lehre klarstellen und die Rechtsunsicherheit in der Praxis beseitigen (vgl. die Begründung des Regierungsentwurfs BT-Drucks. 14/8525, S. 9; vgl. auch BAG vom 15.12.2015 EzA § 7 BUrlG Nr. 137, Rn. 11; Pepping in HK-MuSchG 4. Aufl. § 17 Rn. 1; AR/Vossen 8. Aufl. § 17 MuSchG Rn. 1; Joussen NZA 2002, 702, 705; Friese NZA 2003, 597, 598 jeweils m.w.N.). Die Regelung des § 17 Satz 2 a.F. bedeutete hingegen einer Änderung der geltenden Rechtslage (vgl. Buchner/Becker 8. Aufl. § 17 MuSchG Rn. 6; Joussen NZA 2002, 702, 706). Ohne diese Regelung wäre der nicht genommene Erholungsurlaub nach § 7 Abs. 3 BUrlG nach der damaligen BAG-Rechtsprechung spätestens mit Ablauf des Übertragungszeitraums am 31.3. des Folgejahres ersatzlos verfallen. Zwar war anerkannt, dass die mutterschutzrechtlichen Beschäftigungsverbote der § 3 Abs. 2 a.F. und § 6 Abs. 1 a.F. in der Person liegende Übertragungsgründe i.S.d. § 7 Abs. 3 Satz 2 BUrlG darstellten. Das führte aber nach der damaligen Rechtslage nur zu einer Übertragung bis zum 31.3 des Folgejahres und nicht darüber hinaus (vgl. etwa Pepping in HK-MuSchG 4. Aufl. § 17 Rn. 1; Joussen NZA 2002, 702, 706 sowie unten Rdn. 8).

2. Urlaubsrechtliche Behandlung der Ausfallzeiten wegen eines Beschäftigungsverbotes als Beschäftigungszeiten (Satz 1)

3 Nach § 24 Satz 1 gelten die Ausfallzeiten wegen eines Beschäftigungsverbots für die Berechnung des Anspruchs auf bezahlten Urlaub als Beschäftigungszeiten. § 24 Satz 1 enthält selbst keine Regelungen über die Entstehung und den Umfang des Anspruchs auf bezahlten Urlaub. Diese finden sich vielmehr im BUrlG und den dieses ergänzenden Regelungen (z.B. § 208 SGB IX, §§ 17–19 JArbSchG, § 4 ArbPlSchG oder § 17 BEEG) bzw. in den urlaubsrechtlichen Sondergesetzen (z.B. §§ 53 ff. SeemG; vgl. Pepping in HK-MuSchG 6. Aufl. § 24 Rn. 3; Friese NZA

2003, 597, 598). Für **Heimarbeiterinnen** ist die Sonderregelung des § 12 BUrlG zu beachten (Pepping in HK-MuSchG 6. Aufl. § 24 Rn. 3).

»*Ausfallzeiten wegen eines Beschäftigungsverbotes*« sind alle Zeiten, in denen eine Frau 4 aufgrund eines **Beschäftigungsverbots i.S.d. § 2 Abs. 3 Satz 1** nicht arbeiten kann bzw. darf. Es handelt sich demnach um Ausfallzeiten wegen der Schutzfristen vor oder nach der Entbindung (§ 3 Abs. 1 und 2), wegen der Verbote der Mehr-, Nacht-, Sonn- und Feiertagsarbeit (§§ 3 bis 6), wegen des vorläufigen Beschäftigungsverbots i.S.d. § 10 Abs. 3, wegen des betrieblichen Beschäftigungsverbots i.S.d. § 13 Abs. 1 Nr. 3 und wegen des ärztlichen Beschäftigungsverbots i.S.d. § 16 (vgl. Pepping in HK-MuSchG 6. Aufl. § 24 Rn. 5). Die in § 24 Satz 1 geregelte Gleichstellung der Ausfallzeiten aufgrund mutterschutzrechtlicher Beschäftigungsverbote mit Beschäftigungszeiten soll verhindern, dass die Frau wegen der auf der Schwangerschaft bzw. Mutterschaft beruhenden Ausfallzeiten benachteiligt wird (vgl. zu § 17 Satz 1 a.F. Friese NZA 2003, 597, 598; vgl. auch BT-Drucks. 14/8525 S. 9). **Unionsrechtlich** folgt dies aus Art. 11 Nr. 1 und 2 i.V.m. Art. 5–8 Mutterschutz-RL (RL 92/85/EWG) sowie Art. 15 Gleichbehandlungs-RL (RL 2006/54/EG; vgl. BeckOK ArbR/Dahm MuSchG § 24 Rn. 1; vgl. auch EuGH vom 18.3.2004 Slg. I 2004, 2621 [Merino Gómez]). Daraus folgt, dass auch während der Zeiten, in denen ein Beschäftigungsverbot vorliegt, die **sechs monatige Wartezeit i.S.d. § 4 BUrlG** erfüllt und folglich der volle gesetzliche Urlaubsanspruch erworben wird (Brose/Weth/Volk/Herrmann MuSchG § 24 Rn. 4). Das entspricht der Rechtsprechung des BAG, wonach es für die Erfüllung der Wartezeit des § 4 BUrlG allein auf den rechtlichen Bestand des Arbeitsverhältnisses ankommt und nicht auf die tatsächliche Erbringung der Arbeitsleistung (vgl. etwa BAG vom 16.12.2014 EzA § 6 BUrlG Nr. 6 Rn. 13; AR/Gutzeit § 4 BUrlG Rn. 2 m.w.N.). Auch im Übrigen wird das **Entstehen von Urlaubsansprüchen** durch Ausfallzeiten wegen eines Beschäftigungsverbots **nicht gehindert** (vgl. BAG vom 16.04.2024 – 9 AZR 165/23, Rn. 11), Außerdem ist – anders als bei der Elternzeit nach § 17 Abs. 1 Satz 1 BEEG (auch der EuGH differenziert insoweit ausdrücklich zwischen Mutterschaftsurlaub und Elternurlaub, vgl. EuGH vom 4.10.2018 – C-12/17 [Dicu]) eine **Kürzung des Urlaubs** wegen der mutterschutzrechtlichen Ausfallzeiten **ausgeschlossen.** Dem Arbeitgeber ist schließlich verwehrt, die Regelung des § 24 Satz 1 dadurch zu umgehen, dass er den Erholungsurlaub mit den Ausfallzeiten verrechnet (Pepping in HK-MuSchG 6. Aufl. § 24 Rn. 4). Das gilt auch dann, wenn die kollektivvertraglich (etwa durch Betriebsvereinbarung im Rahmen des § 87 Abs. 1 Nr. 5 BetrVG) festgelegten Betriebsferien in die mutterschutzrechtlichen Ausfallzeiten fallen (vgl. EuGH vom 18.3.2004 Slg. I 2004, 2621 [Merino Gómez]; Brose/Weth/Volk/Herrmann MuSchG § 24 Rn. 4).

Nicht abschließend geklärt ist die Frage nach den **Auswirkungen der Regelung auf** 5 **den übergesetzlichen Urlaub.** Grundsätzlich gilt, dass der über den gesetzlichen Mindesturlaub hinausgehende Urlaubsanspruch der freien Ausgestaltung der Arbeitsvertrags- und Tarifvertragsparteien unterliegt (vgl. etwa BAG vom 24.3.2009 EzA § 7 BUrlG Abgeltung Nr. 15; vom 23.3.2010 BAGE 134, 1; Pepping in HK-MuSchG 6. Aufl. § 24 Rn. 3 m.w.N.). Die Regelungsbefugnis wird allerdings durch die Diskriminierungsverbote des AGG begrenzt (vgl. Pepping in HK-MuSchG 6. Aufl. § 24

Rn. 4; Friese NZA 2003, 597, 598 zu § 611a BGB a.F.). Regelungen, die vorsehen, dass sich Ausfallzeiten wegen eines mutterschutzrechtlichen Beschäftigungsverbots nachteilig auf die Entstehung oder den Umfang des übergesetzlichen Urlaubsanspruchs auswirken, betreffen nur Frauen und verstoßen daher gegen das **geschlechtsbezogene Diskriminierungsverbot** (vgl. §§ 7 Abs. 1, 3 Abs. 1 Satz 2 AGG). Sie sind unwirksam (vgl. Pepping in HK-MuSchG 6. Aufl. § 24 Rn. 4). Insoweit ist außerdem zu berücksichtigen, dass der EuGH am 18.3.2004 in der Sache *Merino Gómez* (Slg. I 2004, 2621) erkannt hat, dass **Art. 11 Nr. 2 Buchstabe a der Mutterschutz-Richtlinie 92/85** dahin auszulegen ist, dass er ggf. auch den Anspruch einer Arbeitnehmerin auf einen im nationalen Recht vorgesehenen gesetzlichen Jahresurlaub erfasst, der über den in der Richtlinie 93/104/EG (nunmehr Richtlinie 2003/88/EG) vorgesehenen Mindesturlaub hinausgeht und dass eine Arbeitnehmerin diesen Jahresurlaub auch dann zu einer anderen Zeit als der ihres Mutterschaftsurlaubs nehmen können muss, wenn der Mutterschaftsurlaub zeitlich mit dem durch eine betriebliche Kollektivvereinbarung allgemein festgelegten Jahresurlaub für die gesamte Belegschaft zusammenfällt. Daher ist zutreffend, dass auch die **Anrechnung der Ausfallzeiten** während eines Beschäftigungsverbots auf arbeitsvertragliche oder tarifvertragliche Urlaubsansprüche **ausgeschlossen** ist, die über den Mindesturlaub hinausgehen (ErfK/Schlachter § 24 MuSchG Rn. 1; Brose/Weth/Volk/Herrmann MuSchG § 24 Rn. 5; AR/Vossen § 24 MuSchG Rn. 2; Pepping in HK-MuSchG 6. Aufl. § 24 Rn. 4).

3. Abweichende Regelung des Urlaubsjahres bei mutterschutzrechtlichen Ausfallzeiten (Satz 2)

6 Nach § 24 Satz 2 kann die Frau, die ihren Urlaub vor Beginn eines Beschäftigungsverbots nicht oder nicht vollständig erhalten hat, den Resturlaub im laufenden oder im nächsten Urlaubsjahr beanspruchen. § 24 Satz 2 enthält bezüglich der Erfüllung und des Verfalls des Urlaubs eine eigenständige, von § 7 Abs. 3 BUrlG abweichende Regelung des Urlaubsjahres (vgl. unten Rdn. 12 ff. und 19).

a) Befristung, Übertragung und Verfall des gesetzlichen Urlaubs nach § 7 Abs. 3 BUrlG

7 Nach § 7 Abs. 3 Satz 1 BUrlG muss der Urlaub **im laufenden Kalenderjahr** gewährt und genommen werden. Zur **Übertragung des Erholungsurlaubs** kommt es nach § 7 Abs. 3 Satz 2 BUrlG, wenn die Inanspruchnahme im Kalenderjahr wegen dringender betrieblicher Gründe oder wegen in der Person des Arbeitnehmers liegender Gründe nicht möglich war. Die Übertragung vollzieht sich in diesen Fällen »automatisch« kraft Gesetzes, ohne dass dazu Erklärungen des Arbeitgebers oder des Arbeitnehmers erforderlich sind (vgl. AR/Gutzeit § 7 BUrlG Rn. 35 m.w.N.). Nach § 7 Abs. 3 Satz 3 BUrlG kann der übertragene Urlaub noch bis zum 31.3. des Folgejahres genommen werden. Der nicht bis zum 31.12. des laufenden Jahres – bzw. bei Vorliegen eines Übertragungstatbestandes bis zum 31.3 des Folgejahres – genommene Erholungsurlaub verfällt (AR/Gutzeit § 7 BUrlG Rn. 30 u. 36 m.w.N.). Dies gilt nach aktueller Rechtsprechung des BAG allerdings nur noch dann, wenn der Arbeitgeber den Arbeitnehmer zuvor über seinen konkreten Urlaubsanspruch und

die Verfallfristen **rechtzeitig belehrt sowie zur Urlaubsnahme aufgefordert** hat und der Arbeitnehmer den Urlaub dennoch aus freien Stücken nicht genommen hat (vgl. BAG vom 19.2.2019, EzA § 7 BUrlG Nr. 142 im Anschluss an EuGH vom 6.11.2018 – C-684/16). Die Befristung des gesetzlichen Urlaubsanspruchs nach § 7 Abs. 3 BUrlG setzt danach grundsätzlich voraus, dass der Arbeitgeber seinen aus § 7 Abs. 1 Satz 1 BUrlG resultierenden **Mitwirkungsobliegenheiten** bei der Verwirklichung des Urlaubsanspruchs genügt, indem er den Arbeitnehmer – erforderlichenfalls förmlich – auffordert, seinen Urlaub zu nehmen, und ihm klar und rechtzeitig mitteilt, dass der Urlaub mit Ablauf des Kalenderjahrs oder Übertragungszeitraums verfällt, wenn er ihn nicht beantragt.

Hat der Arbeitgeber seinen Mitwirkungsobliegenheiten nicht entsprochen, tritt der am 31. Dezember des Urlaubsjahres nicht verfallene Urlaub zu dem Urlaubsanspruch hinzu, der am 1. Januar des Folgejahres entsteht. Dieser Teil des Urlaubsanspruchs ist gegenüber dem Teil, den der Arbeitnehmer zu Beginn des aktuellen Urlaubsjahres erworben hat, nicht privilegiert. Für ihn gelten, wie für den neu entstandenen Urlaubsanspruch, die Regelungen des § 7 Abs. 1 Satz 1 und Abs. 3 BUrlG. Der Arbeitgeber kann deshalb das uneingeschränkte Kumulieren von Urlaubsansprüchen aus mehreren Jahren dadurch vermeiden, dass er seine Mitwirkungsobliegenheiten für den Urlaub aus zurückliegenden Urlaubsjahren im aktuellen Urlaubsjahr nachholt. Nimmt der Arbeitnehmer in einem solchen Fall den kumulierten Urlaubsanspruch im laufenden Urlaubsjahr nicht wahr, obwohl es ihm möglich gewesen wäre, verfällt der Urlaub am Ende des Kalenderjahres bzw. eines (zulässigen) Übertragungszeitraums (BAG a.a.O).

Einen **in der Person des Arbeitnehmers liegender Übertragungsgrund** i.S.d. § 7 Abs. 3 8
Satz 2 BUrlG stellt insbesondere die krankheitsbedingte Arbeitsunfähigkeit des Arbeitnehmers dar (vgl. AR/Gutzeit § 7 BUrlG Rn. 33 m.w.N.). Allerdings verfiel der gesetzliche Urlaubsanspruch nach der überkommenen BAG-Rechtsprechung in diesen Fällen mit Ablauf des 31.3. des Folgejahres selbst dann, wenn der Arbeitnehmer infolge **andauernder krankheitsbedingter Arbeitsunfähigkeit** daran gehindert war, seinen Urlaub bis zum Ende des Übertragungszeitraums zu nehmen (vgl. etwa BAG vom 13.5.1982 § 7 BUrlG Nr. 25). Der EuGH hat jedoch in der Rechtssache ***Schultz-Hoff*** am 20.1.2009 (EzA EG-Vertrag 1999 Richtlinie 2003/88 Nr. 1) davon abweichend entschieden, dass **Art. 7 Abs. 1 der Richtlinie 2003/88/EG** (sog. Arbeitszeitrichtlinie) dahin auszulegen ist, dass er einzelstaatlichen Rechtsvorschriften oder Gepflogenheiten entgegensteht, nach denen der Anspruch auf bezahlten Jahresurlaub bei Ablauf des Bezugszeitraums und/oder eines im nationalen Recht festgelegten Übertragungszeitraums auch dann erlischt, wenn der Arbeitnehmer während des gesamten Bezugszeitraums oder eines Teils davon krankgeschrieben war. In der Rechtssache ***KHS/Schulte*** hat der EuGH diese Rechtsprechung in seiner Entscheidung vom 22.11.2011 (EzA EG-Vertrag 1999 Richtlinie 2003/88 Nr. 7 m.Anm. Forst) dahin gehend »nuanciert«, dass einzelstaatliche Rechtsvorschriften oder Gepflogenheiten den Übertragungszeitraum für Urlaub, der während mehrerer Bezugszeiträume infolge Arbeitsunfähigkeit des Arbeitnehmers nicht genommen werden konnte, auf 15 Monate beschränken dürfen. Im Anschluss an die *Schultz-Hoff* und *die KHS/Schulte*-Entscheidungen des EuGH hat das BAG seine bisherige Rechtsprechung aufgegeben und entschieden, dass § 7

Abs. 3 Satz 3 BUrlG **unionsrechtskonform** so auszulegen ist, dass gesetzliche Urlaubsansprüche vor Ablauf eines Zeitraums von **15 Monaten nach dem Ende des Urlaubsjahres** nicht erlöschen, wenn der Arbeitnehmer aus gesundheitlichen Gründen an seiner Arbeitsleistung gehindert war. Sie gehen jedoch **mit Ablauf des 31. März des zweiten Folgejahres** unter. Dies gilt auch bei fortdauernder Arbeitsunfähigkeit (vgl. BAG vom 24.3.2009 EzA EG-Vertrag 1999 Richtlinie 2003/88 Nr. 2; vom 7.8.2012 EzA § 7 BUrlG Nr. 129; vgl. auch AR/Gutzeit § 7 BUrlG Rn. 37 ff.; HzA/Schütz Gruppe 4 Rn. 44/29 f.). Diese Grundsätze gelten nach Ansicht des BAG auch für den **gesetzlichen Zusatzurlaub für Schwerbehinderte nach § 208 SGB IX** (vormals § 125 SGB IX), weil dieser aufgrund seiner Akzessorietät an das rechtliche Schicksal des gesetzlichen Mindesturlaubsanspruchs gebunden ist (vgl. BAG vom 23.3.2010 EzA § 7 BUrlG Abgeltung Nr. 16 Rn. 63 ff.; vom 7.8.2012 EzA § 7 BUrlG Nr. 129 Rn. 8; a.A. AR/Gutzeit § 7 BUrlG Rn. 41 m.w.N.). Das BAG hat aber inzwischen klargestellt, dass die **Aufforderungs- und Hinweisobliegenheiten des Arbeitgebers** zwar auch bestehen, wenn und solange der Arbeitnehmer arbeitsunfähig ist. Unterlässt der Arbeitgeber dies, erlischt der gesetzliche Urlaubsanspruch gem. § 7 Abs. 3 Satz 3 BUrlG trotzdem 15 Monate nach Ablauf des Urlaubsjahrs, sofern es dem Arbeitnehmer, allein weil er bis zu diesem Zeitpunkt durchgehend krankheitsbedingt arbeitsunfähig war, nicht möglich war, den Urlaub (vollständig) zu nehmen. In diesem Fall ist nicht die unterlassene Mitwirkung des Arbeitgebers, sondern die Arbeitsunfähigkeit kausal für die fehlende Möglichkeit des Arbeitnehmers, den Urlaubsanspruch zu realisieren (BAG vom 31.1.2023 – 9 AZR 107/20, Rn. 14). Das Gleiche gilt nach einer Entscheidung des BAG vom 30.11.2021 (– 9 AZR 143/21) auch im Hinblick auf den **Schwerbehindertenzusatzurlaub**: Die Befristung des Zusatzurlaubsanspruchs schwerbehinderter Menschen ist nicht von der Erfüllung der Aufforderungs- und Hinweisobliegenheiten abhängig, wenn es dem Arbeitgeber unmöglich war, den Arbeitnehmer durch seine Mitwirkung in die Lage zu versetzen, den Anspruch zu realisieren. Hat der Arbeitgeber keine **Kenntnis von der Schwerbehinderung** des Arbeitnehmers und ist diese auch nicht offenkundig, verfällt der Zusatzurlaub auch dann mit Ablauf des Urlaubsjahres oder eines zulässigen Übertragungszeitraums, wenn der Arbeitgeber seinen Aufforderungs- und Hinweisobliegenheiten nicht nachgekommen ist. War der Arbeitnehmer **nicht im gesamten Bezugszeitraums arbeitsunfähig erkrankt**, sondern hat er in dessen Verlauf tatsächlich gearbeitet, bevor er aufgrund einer seitdem fortbestehenden Krankheit arbeitsunfähig geworden ist, kommt es nach der Rechtsprechung des BAG (vgl. BAG vom 31.01.2023 – 9 AZR 107/20) für die Frage, ob der Urlaub verfällt, entscheidend darauf an, ob der Arbeitgeber seinen **Mitwirkungsobliegenheiten rechtzeitig (unverzüglich) nachgekommen** ist. Ohne Vorliegen besonderer Umstände (wie zB Betriebsferien zu Jahresbeginn) handelt der Arbeitgeber nicht unverzüglich, wenn er seine Mitwirkungsobliegenheiten erst **später als eine Woche nach Urlaubsentstehung** erfüllt.

Urlaub kann außerdem nur in dem Umfang erhalten bleiben, in dem der Arbeitnehmer ihn bis zum Eintritt der krankheitsbedingten Arbeitsunfähigkeit tatsächlich hätte in Anspruch nehmen können. Soweit der Arbeitnehmer den Urlaub selbst bei ordnungsgemäßer Erfüllung der Mitwirkungshandlungen aus gesundheitlichen Gründen nicht hätte antreten können, treffen den Arbeitgeber nicht die grundsätzlichen eintretenden nachteiligen Folgen der Obliegenheitsverletzung.

Im Anschluss an die *Schultz-Hoff* und *die KHS/Schulte*-Entscheidungen des EuGH hat das BAG außerdem seine bisherige Rechtsprechung aufgegeben, wonach aus der Rechtsnatur des Urlaubsabgeltungsanspruchs als Surrogat des Urlaubsgewährungsanspruchs folgte, dass der Arbeitnehmer keine **Urlaubsabgeltung gem. § 7 Abs. 4 BUrlG** verlangen konnte, wenn der Urlaubsanspruch bei einem unterstellten Fortbestand des Arbeitsverhältnisses wegen fortdauernder krankheitsbedingter Arbeitsunfähigkeit des Arbeitnehmers bis zum 31.3. des Folgejahres gem. § 9 BUrlG nicht erfüllbar gewesen wäre (vgl. etwa BAG vom 5.12.1995 EzA § 7 BUrlG Nr. 101). Beim Urlaubabgeltungsanspruch gem. § 7 Abs. 4 BUrlG handelte es sich danach um ein Surrogat des ursprünglichen Urlaubsgewährungsanspruchs, der (nur) wegen der Beendigung des Arbeitsverhältnisses nicht mehr erfüllt werden konnte. Abgesehen von der Beendigung des Arbeitsverhältnisses war der Abgeltungsanspruch daher als Ersatz für den Urlaubsanspruch an die gleichen Voraussetzungen gebunden wie der Urlaubsanspruch. Diese **Surrogatstheorie** hat das BAG infolge der EuGH-Rechtsprechung **ausdrücklich aufgegeben.** Der Anspruch auf Urlaubsabgeltung ist nach seiner geänderten Rechtsprechung als **reiner Geldanspruch** anzusehen (vgl. etwa BAG vom 23.3.2010 EzA § 7 BUrlG Abgeltung Nr. 16; vgl. dazu auch HzA/Schütz Gruppe 4 Rn. 415 ff.; AR/Gutzeit § 7 BUrlG Rn. 57 ff. m.w.N.). Er kann daher – auch soweit er auf Abgeltung des gesetzlichen Mindesturlaubs gerichtet ist – **Ausschlussfristen** unterliegen (vgl. etwa BAG vom 22.1.2019 – 9 AZR 149/17, Rn. 33 mwN).

Das **Fristenregime des BUrlG** beruht nach Ansicht des BAG auf einem **perpetuierenden System** (vgl. BAG vom 9.8.2011 EzA § 7 BUrlG Nr. 125, Rn. 19 f.). Das BAG 9
nimmt an, dass der Urlaubsanspruch aus dem Vorjahr, der nach § 7 Abs. 3 BUrlG auf das Folgejahr übertragen wird, sich im gesetzlich befristeten Übertragungszeitraum des § 7 Abs. 3 BUrlG nicht von dem Urlaubsanspruch des laufenden Urlaubsjahres unterscheidet. Er tritt zu dem am 1. Januar des Urlaubsjahres neu erworbenen Urlaubsanspruchs hinzu. Er ist einem »Übertrag« in einer laufenden Rechnung vergleichbar. Dauert das krankheitsbedingte Hindernis für die Inanspruchnahme an oder tritt ein neues in § 7 Abs. 3 Satz 2 BUrlG geregeltes Hindernis – dringende betriebliche oder personenbedingte Gründe – an dessen Stelle, so bleibt der Urlaubsanspruch durch weitere Übertragungen erhalten. Zum Urlaubsanspruch gehört folglich nicht nur der jeweils neueste, am 1. Januar eines jeden Kalenderjahres entstehende Anspruch, sondern auch der infolge der Übertragung hinzutretende, noch zu erfüllende Anspruch aus dem Vorjahr. Auf diese **kumulierende Weise** wächst der Urlaubsanspruch an. Nach § 7 Abs. 3 Satz 3 BUrlG besteht nur die Besonderheit, dass der Arbeitgeber im Interesse einer zeitnahen Erholung den Anteil des Urlaubsanspruchs, der vor dem laufenden Urlaubsjahr entstanden ist, innerhalb des ersten Quartals gewähren muss. Geht der aus dem Vorjahr übertragene Urlaubsanspruch trotz Ablaufs des Übertragungszeitraums – etwa wegen andauernder krankheitsbedingter Arbeitsunfähigkeit des Arbeitnehmers – nicht unter, ist dieser Teil des Urlaubsanspruchs gegenüber dem Teil, den der Arbeitnehmer zu Beginn des aktuellen Urlaubsjahres erworben hat, nicht privilegiert. **Der übertragene Urlaub unterliegt dem Fristenregime des § 7 Abs. 3 BUrlG.**

Konsequenz der Befristungsregelungen ist, dass der Urlaubsanspruch trotz langwieriger krankheitsbedingter Arbeitsunfähigkeit erlischt, wenn der Arbeitnehmer im Kalenderjahr oder im Übertragungszeitraum so **rechtzeitig gesund und arbeitsfähig** wird, dass er in der verbleibenden Zeit seinen Urlaub nehmen kann. Anderenfalls käme es zu einer nicht gerechtfertigten Privilegierung des ehemals arbeitsunfähig erkrankten, nun aber genesenen Arbeitnehmers gegenüber den übrigen Arbeitnehmern. Während jener Urlaubsansprüche jenseits der Befristungsregelungen des § 7 Abs. 3 BUrlG erworben hätte, obläge es diesen, den Urlaub binnen der in § 7 Abs. 3 BUrlG bestimmten Fristen zu nehmen. Eine solche Ungleichbehandlung ist sachlich nicht gerechtfertigt (BAG vom 9.8.2011 EzA § 7 BUrlG Nr. 125. Rn. 20; vgl. auch Pepping in HK-MuSchG 6. Aufl. § 24 Rn. 6; HzA/Schütz Gruppe 4 Rn. 330). Voraussetzung für den Verfall des Urlaubs ist auch hier, dass der Arbeitgeber seinen **Mitwirkungsobliegenheiten** (vgl. dazu oben Rdn. 7 u. 8) nachgekommen ist.

b) Verfall des übergesetzlichen Urlaubs

10 Die Regelungen des BUrlG gelten nur für den gesetzlichen Mindesturlaub. Hinsichtlich eines etwaig darüber hinausgehend vereinbarten Mehrurlaubs sind die (Arbeitsvertrags- und Tarifvertrags-) Parteien nicht an die Beschränkungen des BUrlG gebunden. Dieser steht grundsätzlich – sowohl was seine Voraussetzungen, als auch was seinen Verfall und seine Abgeltung anbelangt – vollumfänglich zur Disposition der Parteien. Die infolge der *Schultz-Hoff-* und *KHS/Schulte*-Entscheidungen des EuGH geänderte Rechtsprechung des BAG gilt nur für den gesetzlichen Mindesturlaub und den Anspruch auf Schwerbehindertenzusatzurlaub (§ 208 SGB IX). Darüber hinausgehende Urlaubsansprüche können die Parteien grundsätzlich frei von dieser Beschränkung regeln. Dies schließt auch die Befugnis ein zu bestimmen, dass der Mehrurlaub am Ende des Jahres oder des Übertragungszeitraums verfällt, ohne dass der Arbeitgeber zuvor seinen Mitwirkungsobliegenheiten entsprochen hat (BAG vom 19.2.2019 – 9 AZR 541/15). Ihre **freie Regelungsmacht** ist insoweit nicht durch die für gesetzliche Urlaubsansprüche erforderliche richtlinienkonforme Fortbildung des § 7 Abs. 3 und 4 BUrlG beschränkt. Dem einzelvertraglich oder tarifvertraglich angeordneten Verfall des übergesetzlichen Urlaubsanspruchs und seiner Abgeltung steht nach dem klaren Richtlinienrecht und der gesicherten Rechtsprechung des EuGH kein Gemeinschaftsrecht entgegen. Nach Ansicht des BAG ist Art. 7 der Richtlinie 2003/88/EG dahin auszulegen, dass diese Regelung Ansprüche auf Abgeltung des über den vierwöchigen Mindesturlaub hinausgehenden Mehrurlaubs offenkundig nicht erfasst (vgl. BAG vom 23.3.2010 EzA § 7 BUrlG Abgeltung Nr. 16 Rn. 23 ff.; vom 12.4.2011 EzA § 7 BUrlG Nr. 123 Rn. 21; AR/Gutzeit § 7 BUrlG Rn. 40 m.w.N.). Das BAG geht allerdings weiterhin davon aus, dass die Parteien beim übergesetzlichen Urlaub nur ausnahmsweise vom Gesetzesrecht abweichen wollen. **Regel** ist der **»Gleichlauf« der Ansprüche.** Ausnahme ist ihr unterschiedliches rechtliches Schicksal (vgl. etwa BAG vom 23.3.2010 EzA § 7 BUrlG Abgeltung Nr. 16 Rn. 37 m.w.N.). Es müssen daher für einen Regelungswillen der Parteien, der zwischen gesetzlichen und übergesetzlichen vertraglichen Ansprüchen unterscheidet, im Rahmen der Auslegung nach §§ 133, 157 BGB **deutliche Anhalts-**

punkte bestehen. Es muss ersichtlich sein, dass die Parteien den vertraglichen Mehrurlaub und seine Abgeltung vom Gesetzesrecht »abkoppeln« wollten (BAG vom 23.3.2010 EzA § 7 BUrlG Abgeltung Nr. 16; vom 25.07.2023 – 9 AZR 285/22). Dabei geht das BAG davon aus, dass ein Gleichlauf nicht gewollt ist, wenn die Tarifvertragsparteien entweder bei der Befristung und Übertragung bzw. beim Verfall des Urlaubs **zwischen gesetzlichem Mindesturlaub und tariflichem Mehrurlaub unterschieden** oder sich **vom gesetzlichen Fristenregime gelöst** und eigenständige, vom BUrlG abweichende Regelungen zur Befristung und Übertragung bzw. zum Verfall des Urlaubsanspruchs getroffen haben (vgl. BAG vom 14.2.2017 NJW 2017, 2221 Rn. 17 m.w.N.). Dies ist z.B. dann der Fall, wenn der Tarifvertrag auf eine Übertragungsanordnung verzichtet und der Urlaub ohne besondere Gründe und ohne die Notwendigkeit einer Übertragung bis zum 31. März des Folgejahres geltend gemacht werden kann (vgl. BAG vom 15.12.2015 EzA § 7 BUrlG Nr. 138 Rn. 16 f.) Ein eigenständiges Fristenregime ist auch dann anzunehmen, wenn der Tarifvertrag zwar nicht auf die Übertragung, aber auf das Vorliegen von Übertragungsgründen verzichtet (BAG vom 14.2.2017 NJW 2017, 2221 Rn. 17; anders noch BAG vom 12.4.2011 EzA § 7 BUrlG Nr. 123 Rn. 29 ff.). Ein **Verzicht auf die Übertragungsvoraussetzungen** hat dieselben Auswirkungen wie ein **Verzicht auf die Übertragungsnotwendigkeit**. Der Urlaubsanspruch kann in beiden Fällen – abweichend von § 7 Abs. 3 Satz 1 BUrlG – erstmals mit Ablauf des 31. März des Folgejahres erlöschen. Dies bewirkt eine Lösung vom Fristenregime des BUrlG. Entsprechendes gilt für eine **Modifizierung der gesetzlichen Übertragungsvoraussetzungen**. Die Übertragungsvoraussetzungen und das Fristenregime stehen notwendigerweise in einem inneren Zusammenhang. Abweichungen von den gesetzlichen Übertragungsvoraussetzungen führen in den davon betroffenen Fallkonstellationen zu einer Verschiebung des Fristenregimes und damit zu einer eigenständigen Fristenregelung (BAG vom 14.2.2017 NJW 2017, 2221 Rn. 17).

c) Sonderregelung für den vor Beginn eines Beschäftigungsverbots nicht erhaltenen Urlaub

aa) Regelungszweck

§ 24 Satz 2 regelt – wie schon § 17 Satz 2 a.F. sowie vergleichbar mit § 17 Abs. 2 11
BEEG und § 4 Abs. 2 ArbPlSchG –, dass die Frau, die ihren Urlaub vor Beginn eines Beschäftigungsverbots nicht oder nicht vollständig erhalten hat, den Resturlaub im laufenden oder im nächsten Urlaubsjahr beanspruchen kann. Ohne die am 20.6.2002 in Kraft getretene Vorgängerregelung des § 17 Satz 2 a.F. (vgl. oben Rdn. 2) wäre der Erholungsurlaub einer Arbeitnehmerin nach der zum Zeitpunkt des Inkrafttretens bestehenden Rechtsprechung des BAG ersatzlos verfallen, wenn sie diesen aufgrund eines mutterschutzrechtlichen Beschäftigungsverbots vor Ablauf des 31.12. des laufenden bzw. 31.3. des Folgejahres nicht realisieren konnte (vgl. BAG vom 1.10.1991 EzA § 7 BUrlG Nr. 81, wonach eine Urlaubsabgeltung nicht in Betracht kam, wenn eine Arbeitnehmerin wegen eines Beschäftigungsverbots nach § 6 a.F. gehindert war, Urlaub zu nehmen; Pepping in HK-MuSchG 4. Aufl. § 17 Rn. 7). Angesichts der oben in Rdn. 8 geschilderten Entwicklung der Rechtsprechung auf-

grund der Entscheidungen des EuGH in den Rechtssachen *Schultz-Hoff* und *KHS/Schulte* sowie der im Anschluss daran vom BAG vorgenommenen unionsrechtskonformen Auslegung des § 7 Abs. 3 BUrlG wird vertreten, dass die Regelung mittlerweile keine eigenständige Bedeutung mehr habe, weil der Urlaubsanspruch, den die Frau wegen eines Beschäftigungsverbots nicht realisieren konnte, nicht mehr zum 31.12 des laufenden bzw. 31.3. des Folgejahres verfallen könne (vgl. Pepping in HK-MuSchG 6. Aufl. § 24 Rn. 9). Dem ist schon deshalb nicht beizupflichten, weil selbst dann, wenn man die zu Krankheitsfällen ergangene Rechtsprechung auf mutterschutzrechtliche Beschäftigungsverbote überträgt, die Frau, die ihren Urlaub wegen eines Beschäftigungsverbots im laufenden Kalenderjahr nicht nehmen konnte, ohne die Regelungen des heutigen § 24 Satz 2 ggf. gehalten wäre, diesen Urlaub bis 31.3 des Folgejahres zu nehmen, wenn das Beschäftigungsverbot vor Ablauf des Übertragungszeitraums endet (vgl. oben Rdn. 9). Demgegenüber kann sie nach § 24 Satz 2 den Urlaub im gesamten nächsten Urlaubsjahr beanspruchen.

12 Zur Vorgängernorm des § 17 Satz 2 a.F. hat das BAG in seinem Urteil vom 15.12.2015 (EzA § 7 BUrlG Nr. 137, Rn. 19 ff.) zu Recht (zustimmend auch ErfK/Schlachter § 24 MuSchG Rn. 2) erkannt, dass diese – wie auch § 17 Abs. 2 BEEG – **keine Verlängerung des dreimonatigen Übertragungszeitraums** des § 7 Abs. 3 Satz 3 BUrlG regelte, sondern eine **Ausnahme von dem Grundsatz, dass der Erholungsurlaub im laufenden Kalenderjahr gewährt und genommen** werden muss (§ 7 Abs. 3 Satz 1 BUrlG). § 17 Satz 2 a.F. (genauso wie § 24 Satz 2 n.F.) und § 17 Abs. 2 BEEG sprechen anders als § 7 Abs. 3 Satz 2 BUrlG nicht von »der Übertragung des Urlaubs«, sondern davon, dass der Urlaub im laufenden oder im nächsten Urlaubsjahr beansprucht werden kann bzw. der Arbeitgeber den Urlaub im laufenden oder nächsten Urlaubsjahr zu gewähren hat. Damit knüpfen die Vorschriften an den Wortlaut des § 7 Abs. 3 Satz 1 BUrlG an, wonach der Urlaub im laufenden Kalenderjahr gewährt und genommen werden muss. Die Vorschriften treffen daher bezüglich der Erfüllung und des Verfalls des Urlaubs eine eigenständige, von § 7 Abs. 3 BUrlG **abweichende Regelung des Urlaubsjahres.** Sinn und Zweck der Vorschriften bestätigen die wortlautgetreue Auslegung. Die betroffenen Arbeitnehmer sollen nach dem Willen des Gesetzgebers die Möglichkeit haben, ebenso wie die anderen Arbeitnehmer ihren Urlaub zumindest auf ein Kalenderjahr zu verteilen (anders noch BAG vom 21.10.1997 – 9 AZR 267/96 EzA § 17 BErzGG Nr. 8). Ansonsten wäre es nicht notwendig gewesen, Frauen nach den Beschäftigungsverboten und Arbeitnehmern nach der Elternzeit die Möglichkeit einzuräumen, den Urlaub im gesamten nächsten Urlaubsjahr zu nehmen. Hätte der Gesetzgeber in Anlehnung an § 7 Abs. 3 Satz 3 BUrlG nur den Verfall des Urlaubs verhindern wollen, hätte es ausgereicht, einen entsprechenden dreimonatigen Übertragungszeitraum festzulegen. Das »nächste Urlaubsjahr« i.S.d. Vorschriften ist damit kein – im Vergleich zur Regelung in § 7 Abs. 3 Satz 3 BUrlG – verlängerter Übertragungszeitraum, sondern Urlaubsjahr i.S.v. § 7 Abs. 3 Satz 1 BUrlG. Das Auslegungsergebnis entspricht dem Grundsatz, dass gesetzliche Urlaubsansprüche vor Ablauf eines Zeitraums von 15 Monaten nach dem Ende des Urlaubsjahres nicht erlöschen, wenn der Arbeitnehmer aus gesundheitlichen Gründen an seiner Arbeitsleistung gehindert war. Diese Ansprüche gehen erst mit Ablauf des 31. März des zweiten Folgejahres unter. Endete ein aus gesundheitlichen

Gründen bestehendes Beschäftigungsverbot kurz vor dem Jahresende und bestünde der Urlaubsanspruch nur bis zum Ablauf des nächsten Urlaubsjahres, wäre der Übertragungszeitraum offenkundig nicht deutlich länger als die Dauer des Bezugszeitraums und könnte sogar nur ein Jahr und einen Tag betragen (BAG vom 15.12.2015 EzA § 7 BUrlG Nr. 137, Rn. 23). Das BAG hat inzwischen bestätigt, dass diese Rechtsprechung **auch für § 24 S. 2** (nF) gilt (vgl. BAG vom 16.04.2024 – 9 AZR 165/23).

Zur Vorgängerregelung des § 17 Satz 2 a.F. hat das BAG am 9.8.2016 (EzA § 17 MuSchG Nr. 1 Rn. 14 ff.) außerdem entschieden, dass dieser nicht nur das für das Fristenregime des § 7 Abs. 3 BUrlG maßgebliche Urlaubsjahr regelte, sondern auch die Unvereinbarkeit von Urlaub und einer (vollständigen) Arbeitsbefreiung infolge mutterschutzrechtlicher Beschäftigungsverbote mit der Folge, dass das **Risiko der Leistungsstörung** durch ein in den zuvor festgelegten Urlaubszeitraum fallendes Beschäftigungsverbot **dem Arbeitgeber zugewiesen** wurde. Dem Wortlaut des § 17 Satz 2 a.F., wonach die Frau den vor den Beschäftigungsverboten nicht erhaltenen Urlaub danach ungekürzt in Anspruch nehmen könne, hat es die **gesetzgeberische Wertung** entnommen, dass Urlaub während der mutterschutzrechtlichen Beschäftigungsverbote nicht erlöschen kann. § 17 Satz 2 a.F. enthielt eine insoweit **den Rechtswirkungen des § 9 BUrlG entsprechende Ausnahme von den Rechtsfolgen des § 275 Abs. 1 BGB** (vgl. hierzu BAG vom 18.3.2014 EzA § 7 BUrlG Nr. 133 Rn. 23). Ohne die Regelung in § 17 Satz 2 a.F. hätte die Arbeitnehmerin ihren Urlaubsanspruch gemäß § 275 Abs. 1 BGB ersatzlos verloren, wenn ihr vor Eintritt der mutterschutzrechtlichen Beschäftigungsverbote Urlaub für diesen Zeitraum bewilligt worden wäre. Der Arbeitgeber wäre von der Leistungspflicht frei geworden, weil er mit der Festlegung des Urlaubszeitraums als Schuldner des Urlaubsanspruchs das nach § 7 Abs. 1 BUrlG Erforderliche getan hätte. Wäre die Freistellung durch den späteren Eintritt der mutterschutzrechtlichen Beschäftigungsverbote nachträglich unmöglich geworden, ohne dass der Arbeitgeber diese Unmöglichkeit zu vertreten hätte, wäre er nach § 275 Abs. 1 BGB von der Verpflichtung zur Freistellung frei geworden (vgl. zur Rechtslage vor Inkrafttreten des § 17 Satz 2 a.F. BAG vom 9.8.1994 BAGE 77, 296 zu 2b der Gründe). Diese Rechtsfolge hat § 17 Satz 2 a.F. zugunsten der schwangeren Arbeitnehmerin verhindert (BAG vom 9.8.2016 EzA § 17 MuSchG Nr. 1 Rn. 15). 13

Da **§ 24 Satz 2** redaktionell überarbeitet den bisherigen Regelungsgehalt des § 17 Satz 2 a.F. übernimmt (vgl. Rn. 1), gilt auch für ihn, dass er keine Verlängerung des dreimonatigen Übertragungszeitraums des § 7 Abs. 3 Satz 3 BUrlG regelt, sondern das **für das Fristenregime des § 7 Abs. 3 BUrlG maßgebliche Urlaubsjahr** (BAG vom 16.04.2024 – 9 AZR 165/23, Rn. 13; vgl. zu den sich daraus ergebenden Rechtsfolgen unten Rdn. 19 ff.). § 24 Satz 2 bestimmt – wie auch § 17 Abs. 2 BEEG – abweichend von § 7 Abs. 3 Satz 1 BUrlG, dass der Urlaub nicht im »laufenden« Kalenderjahr gewährt und genommen werden muss, sondern verschiebt das für das Fristenregime des § 7 Abs. 3 BUrlG maßgebliche Urlaubsjahr **auf die Zeit nach Ablauf der Mutterschutzfristen.** Damit folgt aus § 24 Satz 2, dass **während der mutterschutzrechtlichen Beschäftigungsverbote** zuvor nicht genommener oder während dieser Zeiten erworbener Urlaub **nicht verfällt.** Auch aus ihm folgt außerdem die Unvereinbarkeit von Urlaub und einer (vollständigen) Arbeitsbefreiung infolge mutterschutzrechtlicher 14

Beschäftigungsverbote i.S.d. § 2 Abs. 3 mit der Folge, dass das **Risiko der Leistungsstörung** durch ein in den zuvor festgelegten Urlaubszeitraum fallendes Beschäftigungsverbot **dem Arbeitgeber zugewiesen** wird. Der Urlaubsanspruch kann daher während der Dauer der mutterschutzrechtlichen Beschäftigungsverbote **nicht erfüllt** werden (vgl. zu den sich daraus ergebenden Rechtsfolgen unten Rdn. 22 f.).

bb) Voraussetzungen

aaa) Bestehen eines Anspruchs auf Erholungsurlaub

15 Voraussetzung für die Ausdehnung des Urlaubsjahres nach § 24 Satz 2 ist, dass die Frau vor Beginn der Beschäftigungsverbote einen Anspruch auf bezahlten Erholungsurlaub hatte. § 24 Satz 2 gilt für **alle Formen des Erholungsurlaubs,** nicht nur für den gesetzlichen Urlaubsanspruch, sondern auch für den einzel- oder tarifvertraglich vereinbarten (Mehr-) Urlaub sowie für den Zusatzurlaub nach § 208 SGB IX (vgl. Tillmanns in Tillmanns/Mutschler 2. Aufl. § 24 MuSchG Rn. 4). Trotz der Wortwahl »Resturlaub« findet die Regelung auch dann Anwendung, wenn die Frau den **gesamten Urlaub** vor Beginn der Beschäftigungsverbote nicht erhalten hatte. Das ergibt sich ohne Weiteres aus dem Wortlaut des Satz 2, der Bezug nimmt auf die Frau, die ihren Urlaub vor Beginn des Beschäftigungsverbotes »*nicht oder nicht vollständig*« erhalten hat. Umfasst ist dabei nicht nur der **Urlaubsanspruch für das laufende Kalenderjahr,** sondern auch der **aus dem Vorjahr gem. § 7 Abs. 3 BUrlG übertragene Urlaub,** soweit er noch nicht durch Ablauf des Übertragungszeitraums erloschen ist (MHdB ArbR/Heinkel, § 190 Rn. 47). Darüber hinaus sind **wegen der unionsrechtlichen Ausweitung des Übertragungszeitraums auf 15 Monate** (vgl. Rn. 8) auch Urlaubsansprüche aus den beiden Vorjahren (Urlaubsjahr und Übertragungsjahr) zu beachten, sofern die Arbeitnehmerin wegen **krankheitsbedingter Arbeitsunfähigkeit** daran gehindert war, diesen im Kalenderjahr bzw. Übertragungszeitraum zu nehmen (Pepping in HK-MuSchG 6. Aufl. § 24 Rn. 10 m.w.N.). § 24 Satz 2 erfasst schließlich auch den auf Gewährung von **Ersatzurlaub** gerichteten Schadensersatzanspruch der Frau. Dieser steht ihr gem. §§ 280 Abs. 1, Abs. 3 i.V.m. 249 Satz 1 BGB zu, wenn der Arbeitgeber den auf § 7 Abs. 3 BUrlG beruhenden Untergang des Urlaubsanspruchs nach § 287 Satz 2 BGB zu vertreten hat, weil er mit der Urlaubsgewährung gem. § 286 Abs. 1 BGB in Verzug war (vgl. zu dem Anspruch etwa BAG vom 19.1.2016 EzA § 4 TVG Metallindustrie Nr. 156 Rn. 21; vom 17.5.2011 EzA § 4 TVG Metallindustrie Nr. 138). Der Ersatzurlaubsanspruch ist auf den Fortbestand des Anspruchs auf bezahlte Freistellung unter den Bedingungen des BUrlG gerichtet. Dies hat zur Folge, dass der Ersatzurlaubsanspruch – mit Ausnahme des Fristenregimes (vgl. BAG vom 11.4.2006 EzA § 7 BUrlG Nr. 116 Rn. 24) – den Modalitäten des verfallenen Urlaubsanspruchs unterliegt. Dies gilt sowohl für die Inanspruchnahme als auch für die Abgeltung des Ersatzurlaubs (vgl. BAG vom 16.5.2017 NJW 2017, 2638 Rn. 11 f. unter Aufgabe seiner früheren Rechtsprechung, wonach sich der an die Stelle des Ersatzurlaubsanspruchs tretende Schadensersatzanspruch in Geld aus § 251 Abs. 1 BGB ergab, so noch BAG vom 20.4.2012 NZA 2012, 982). Damit ist auch § 24 Satz 2 auf den Ersatzurlaubsanspruch anwendbar.

bbb) Nicht oder nicht vollständige Gewährung des Erholungsurlaubs vor Beginn eines Beschäftigungsverbotes

Voraussetzung ist weiter, dass die Frau den ihr zustehenden Erholungsurlaub vor Beginn eines **Beschäftigungsverbots i.S.d. § 2 Abs. 3** nicht oder nicht vollständig erhalten hat. Das betrifft vor allem die Schutzfristen vor oder nach der Entbindung (§ 3 Abs. 1 und 2, bei einer Fehlgeburt gilt ab 1.6.2025 das in Abs. 5 n.F. neu geregelte Beschäftigungsverbot), das betriebliche Beschäftigungsverbot i.S.d. § 13 Abs. 1 Nr. 3 und das ärztliche Beschäftigungsverbot i.S.d. § 16. Die Regelung entspricht der bisherigen Rechtslage, weil die Vorgängerregelung des § 17 Satz 2 a.F. ebenfalls Urlaubsansprüche erfasste, die infolge von generellen oder individuellen Beschäftigungsverboten nicht erfüllt werden konnten (vgl. zu § 17 Satz 2 a.F.: BAG vom 15.12.2015 EzA § 7 BUrlG Nr. 137, Rn. 14; ErfK/Schlachter 17. Aufl. § 17 MuSchG Rn. 1; HWK/Hergenröder 6. Aufl. § 17 MuSchG Rn. 2). Bei einem tätigkeitsbezogenen Beschäftigungsverbot kann Urlaub allerdings dann erteilt werden, wenn der Arbeitgeber der Arbeitnehmerin nach § 13 Abs. 1 Nr. 2 MuSchG eine zumutbare Ersatztätigkeit zugewiesen hat (vgl. unten Rdn. 22). 16

ccc) Ursächlichkeit der Beschäftigungsverbote für den Nichterhalt des Urlaubs

Damit die Frau durch § 24 Satz 2 nicht besser steht als andere Arbeitnehmer, muss die **Inanspruchnahme der Beschäftigungsverbote allein ursächlich** (monokausal) dafür sein, dass sie den ihr zustehenden Erholungsurlaub nicht oder nicht vollständig erhalten hat. Die Frau kann daher den Urlaub im laufenden oder im nächsten Urlaubsjahr nur in dem Umfang beanspruchen, in dem sie ihn ohne Vorliegen eines Beschäftigungsverbots noch innerhalb der Fristen des BUrlG hätte nehmen können (Pepping in HK-MuSchG 6. Aufl. § 24 Rn. 13; Brose/Weth/Volk/Herrmann MuSchG § 24 Rn. 11). 17

▶ **Beispiel:**

> Die Frau hat einen Urlaubsanspruch von 20 Arbeitstagen bei einer 5-Tages-Woche. Sie ist das ganze Jahr 2021 arbeitsunfähig krank. Am 10.4.2022 beginnt das Beschäftigungsverbot. 18

Ist sie ab 1.1.2022 wieder arbeitsfähig, gilt Folgendes: Nach § 7 Abs. 3 Sätze 2 und 3 BUrlG wird der gesamte Urlaubsanspruch aus 2021, der wegen Krankheit in 2021 nicht genommen werden konnte, in das Jahr 2022 übertragen. Er muss aber nach § 7 Abs. 3 Satz 3 BUrlG bis zum 31.3.2022 genommen werden. Da die Frau ab dem 1.1.2022 wieder arbeitsfähig ist, ist ihr das auch möglich. Tritt sie ihren Urlaub im Übertragungszeitraum gleichwohl nicht an, verfällt der Urlaub aus 2022 mit Ablauf des 31.3.2022. Voraussetzung hierfür ist nach aktueller BAG-Rspr. allerdings, dass der Arbeitgeber sie rechtzeitig über ihren konkreten Urlaubsanspruch und die Verfallfristen belehrt sowie zur Urlaubsnahme aufgefordert hat und sie den Urlaub dennoch aus freien Stücken nicht genommen hat (vgl. dazu oben Rdn. 7). Ist dies der Fall, dann kann sie den Urlaub nicht gem. § 24 Satz 2 nach Ende des Beschäftigungsverbots im laufenden oder nächsten Jahr verlangen.

Tritt ihre Arbeitsfähigkeit erst am 21.3.2022 wieder ein, so kann sie bis 31.3.2022 nur 9 Arbeitstage als Urlaubstage aus 2021 einbringen, sodass diese verfallen, wenn die Frau sie trotz ordnungsgemäßer und rechtzeitiger Mitwirkung des Arbeitgebers nicht nimmt. Die Regelung des § 24 Satz 2 erfasst dann nur die restlichen 11 Urlaubstage aus 2021.

Wird sie erst am 3.4.2022 wieder arbeitsfähig, dann konnte der Urlaub aus 2021 nach der aktuellen Rechtsprechung (vgl. dazu Rdn. 8) nicht zum 31.3.2022 verfallen. Er wird daher vollumfänglich von § 24 Satz 2 erfasst und kann von ihr nach Ende des Beschäftigungsverbots im laufenden oder nächsten Jahr verlangt werden.

cc) Rechtsfolgen

aaa) Verlängerung des Urlaubsjahres

19 Nach § 24 Satz 2 kann die Frau den vor Beginn des Beschäftigungsverbotes nicht erhaltenen Urlaub nach dem Ende des Beschäftigungsverbots im laufenden, d.h. in dem Jahr, in dem das Beschäftigungsverbot endet oder im nächsten, d.h. im darauffolgenden Kalenderjahr beanspruchen (Brose/Weth/Volk/Herrmann MuSchG § 24 Rn. 11; Tillmanns in Tillmanns/Mutschler 2. Aufl. § 24 MuSchG Rn. 2). § 24 Satz 2 regelt damit – wie schon § 17 Satz 2 a.F. – keine bloße Verlängerung des Übertragungszeitraums gem. § 7 Abs. 3 Satz 3 BUrlG, sondern verlängert das »Urlaubsjahr« selbst (ErfK/Schlachter § 24 MuSchG Rn. 2; vgl. außerdem oben Rdn. 12). Das ***»nächste Urlaubsjahr«* i.S.v. § 24 Satz 2** ist kein – im Vergleich zur Regelung in § 7 Abs. 3 Satz 3 BUrlG – verlängerter Übertragungszeitraum, sondern das **Urlaubsjahr i.S.v. § 7 Abs. 3 Satz 1 BUrlG** (BAG vom 16.04.2024 – 9 AZR 165/23, Rn. 13). Das für das Fristenregime des § 7 Abs. 3 BUrlG maßgebliche Urlaubsjahr wird auf die **Zeit nach Ablauf der Mutterschutzfristen** (und bei anschließender Elternzeit wegen § 17 Abs. 2 BEEG auch auf die Zeit nach Ablauf der Elternzeit, vgl. unten Rn. 24) verschoben (BAG a.a.O, Rn. 34). Während der mutterschutzrechtlichen Beschäftigungsverbote kann der Urlaubsanspruch **weder verfallen noch verjähren** (BAG vom 16.04.2024 – 9 AZR 165/23, Rn. 33 f). Das hat zur Folge, dass der Urlaub, den die Frau vor Beginn des Beschäftigungsverbots nicht erhalten hat, in dem Jahr, welches auf das Jahr folgt, in dem das Beschäftigungsverbot endete, dem Fristenregime dieses Jahres gem. § 7 Abs. 3 BUrlG unterliegt und bei Vorliegen der Voraussetzungen des § 7 Abs. 3 Satz 2 BUrlG auf das ihm folgende Jahr und ggf. sogar auf das zweite Folgejahr übertragen wird (vgl. zu § 17 Satz 2 a.F. BAG vom 15.12.2015 EzA § 7 BUrlG Nr. 137, Rn. 19; Brose/Weth/Volk/Herrmann MuSchG § 24 Rn. 11 u. 13). Endet das Arbeitsverhältnis, dann ist der zum Beendigungszeitpunkt – unter Berücksichtigung der Regelung des § 24 Satz 2 (und ggf. bei anschließender Elternzeit der Regelung des § 17 Abs. 2 BEEG, vgl. unten Rn. 24) – noch offene und nicht verfallene Urlaub gem. **§ 7 Abs. 4 BUrlG** nach allgemeinen Grundsätzen **abzugelten.**

Beispiel:

Die Frau unterliegt vom 8.4.2020 bis 8.8.2020 mutterschutzrechtlichen Beschäftigungsverboten. Ab 2.9.2020 ist sie bis 30.4.2022 durchgehend arbeitsunfähig krank. Sie hat im Jahr 2020 keinen Urlaub erhalten. Aus § 24 Satz 2 folgt zunächst, dass sie ihren Urlaub aus 2020 nach dem Ende des Beschäftigungsverbots am 8.8.2020 bis 31.12.2021 beanspruchen kann. Aus § 24 Satz 2 folgt außerdem, dass das Jahr 2021 für den Urlaub aus 2020 als »nächstes Urlaubsjahr« das i.S.d. § 7 Abs. 3 Satz 1 BUrlG maßgebliche Urlaubsjahr ist. Das hat zur Folge, dass es gem. § 7 Abs. 3 Sätze 2 und 3 BUrlG aus personenbedingten Gründen zur Übertragung des Urlaubs aus 2020 bis 31.3.2022 gekommen ist, weil die Frau im Jahr 2021 durchgehend arbeitsunfähig war. Da sie am 31.3.2022 immer noch arbeitsunfähig war, ist der Urlaub aufgrund der richtlinienkonformen Anwendung des § 7 Abs. 3 Sätze 2 und 3 BUrlG auch nicht zum 31.3.2022 verfallen. Sie kann daher ihren Urlaub aus 2020 ab ihrer Wiedergenesung am 1.5.2022 bis 31.12.2022 beanspruchen. Endet das Arbeitsverhältnis zum 30.9.2022, dann kann sie gem. § 7 Abs. 4 BUrlG die Abgeltung des Urlaubs aus 2020 verlangen, wenn und soweit sie ihn bis dahin nicht erhalten hat. Hinzukommt der Urlaub, der in den Jahren 2021 und 2022 entstanden ist und für den die allgemeinen Grundsätze gelten (vgl. oben Rdn. 7 ff). Endet das Arbeitsverhältnis nicht und ist sie über den 30.4.2022 hinaus weiterhin durchgehend arbeitsunfähig erkrankt, verfällt der Urlaub aus 2020 ggf. sogar erst zum 31.3.2023 (vgl. dazu oben Rdn. 8). 20

Die Regelung des § 24 Satz 2 kann dazu führen, dass der Urlaub, den die Frau vor Beginn der Schutzfristen nicht erhalten hat, später verfällt, als der Urlaub, der erst danach entstanden ist (vgl. Tillmanns in Tillmanns/Mutschler 2. Aufl. § 24 MuSchG Rn. 5). 21

Beispiel:

Die Schutzfrist dauert vom 1.10.2020 bis 15.1.2021. Den Urlaub aus 2020, den die Frau vor dem 1.10.2020 nicht erhalten hat, kann sie gem. § 24 Satz 2 noch bis 31.12.2022 – und bei Vorliegen von Übertragungsgründen i.S.d. § 7 Abs. 3 Satz 2 BUrlG bis 31.3.2023 bzw. bei durchgehender Arbeitsunfähigkeit im Jahr 2023 sogar bis 31.3.2024 nehmen. Der Urlaub aus 2021 ist kein Urlaub aus der Zeit »vor Beginn des Beschäftigungsverbots«, da dieses bereits im Jahr 2020 begonnen hat. Sie muss den Urlaub aus 2021 daher gem. § 7 Abs. 3 Satz 1 BUrlG bis 31.12.2021 nehmen, es sei denn es liegen Gründe vor, die gem. § 7 Abs. 3 Sätze 2 und 3 BUrlG zu einer Übertragung bis 31.3.2022 führen. Im Fall der durchgehenden Arbeitsunfähigkeit verfällt der Urlaub aus 2021 zum 31.3.2023. In diesem Fall wäre auch eine etwaige Verletzung der Aufforderungs- und Hinweisobliegenheiten durch den Arbeitgeber mangels Kausalität für den Verfall unschädlich (vgl. BAG vom 7.9.2021, – 9 AZR 3/21 [A]; sowie oben Rdn. 8).

bbb) Kein Erlöschen des Urlaubsanspruchs während eines Beschäftigungsverbots

22 Aus § 24 Satz 2 folgt außerdem die **Unvereinbarkeit von Urlaub und einer (vollständigen) Arbeitsbefreiung infolge mutterschutzrechtlicher Beschäftigungsverbote** mit der Folge, dass das Risiko der Leistungsstörung durch ein in den zuvor festgelegten Urlaubszeitraum fallendes Beschäftigungsverbot abweichend von § 275 Abs. 1 BGB dem Arbeitgeber zugewiesen wird (vgl. oben Rdn. 13). Die Frau hat auch dann i.S.v. 24 Satz 2 ihren Urlaub vor Beginn der Beschäftigungsverbote nicht oder nicht vollständig erhalten, wenn der Arbeitgeber den Urlaubszeitraum bereits vor Eintritt des mutterschutzrechtlichen Beschäftigungsverbots festgelegt hatte. Die Frau »erhält« ihren Urlaub, wenn die mit der Festlegung des Urlaubszeitraums bezweckte Erfüllungswirkung eintritt. Damit die Verpflichtung zur Urlaubserteilung nach § 362 Abs. 1 BGB erlischt, genügt nicht allein die Vornahme der erforderlichen Leistungshandlung, sondern es muss auch der Leistungserfolg eintreten. Kann die Arbeitnehmerin nach dem Wortlaut des § 24 Satz 2 den vor den Beschäftigungsverboten nicht erhaltenen Urlaub danach ungekürzt in Anspruch nehmen, folgt daraus die gesetzgeberische Wertung, dass Urlaub **während der mutterschutzrechtlichen Beschäftigungsverbote nicht erlöschen** kann. § 24 Satz 2 enthält eine insoweit **den Rechtswirkungen des § 9 BUrlG entsprechende Ausnahme von den Rechtsfolgen des § 275 Abs. 1 BGB** (vgl. zu § 17 Satz 2 a.F.: BAG vom 9.8.2016 EzA § 17 MuSchG Nr. 1 Rn. 15; vgl. auch Tillmanns in Tillmanns/Mutschler 2. Aufl. § 24 MuSchG Rn. 9 m.w.N.; vor Inkrafttreten der Vorgängerregelung des § 17 Satz 2 a.F. hat das BAG angenommen, dass der Arbeitgeber, der den Urlaub vor Eintritt der Schwangerschaft gewährt hat, nach § 275 Abs. 1 BGB von der Freistellungspflicht befreit wird, wenn die festgelegte Urlaubszeit nachträglich in ein Beschäftigungsverbot fällt, vgl. BAG vom 9.8.1994 EzA § 7 BUrlG Nr. 97).

Während der mutterschutzrechtlichen Beschäftigungsverbote kann der Urlaubsanspruch auch weder verfallen noch verjähren (BAG vom 16.04.2024 – 9 AZR 165/23, Rn. 33 f.). Da der Urlaubsanspruch weder erfüllt werden noch verfallen kann, kann den Arbeitgeber während eines Beschäftigungsverbot auch keine Mitwirkungsobliegenheit treffen. Gleiches gilt während einer ggf. anschließenden Elternzeit. Erst nach Ablauf des Beschäftigungsverbotes oder der (letzten) Elternzeit steht fest, wann das »Urlaubsjahr« im Sinne der §§ 24 S. 2 MuSchG, 17 Abs. 2 BEEG endet und wann ein Verfall frühestens eintreten kann. Erst ab diesem Zeitpunkt hat der Arbeitgeber bei der Erfüllung des Urlaubsanspruchs mitzuwirken und die Arbeitnehmerin auf einen drohenden Verfall hinzuweisen. (LAG Hamm vom10.10.2024 – 13 SLa 222/24).

Nach der Rechtsprechung des BAG zur Vorgängerregelung des § 17 Satz 2 a.F. verhinderte auch ein **tätigkeitsbezogenes generelles Beschäftigungsverbot** i.S.d. § 4 a.F. den zur Erfüllung des Urlaubsanspruchs nach § 362 Abs. 1 BGB erforderlichen Leistungserfolg, wenn der Urlaubszeitraum bereits vor Eintritt des Beschäftigungsverbots festgelegt war und der Arbeitgeber der Arbeitnehmerin **keine zumutbare Ersatztätigkeit zugewiesen** hat. Durch ein tätigkeitsbezogenes generelles Beschäftigungsverbot sei die konkrete Beschäftigung mit der verbotenen Arbeit untersagt. Weise der Arbeitgeber der Arbeitnehmerin zur Vermeidung eines Arbeitsausfalls keinen Ersatzarbeitsplatz zu, dann sei die Arbeitnehmerin – wie bei sonstigen Beschäftigungsverboten – **insgesamt** von ihrer Leistungspflicht entbunden (BAG vom 9.8.2016 EzA § 17 MuSchG Nr. 1 Rn. 16; a.A. Pepping in HK-MuSchG 4. Aufl. § 17 Rn. 18; Buchner/Becker 8. Aufl. Vor §§ 3–8 MuSchG Rn. 50). Der Regelungsgehalt des § 4 a.F. findet sich nunmehr im Wesentlichen in den §§ 11 und 12 n.F. wieder (vgl. die Begründung zum Gesetzesentwurf der Bundesregierung zu den im Wesentlichen inhaltsgleichen Entwurfsfassungen der §§ 10 und 11, BT-Drucks 18/8963, S. 71 ff. und 80 ff.). Insoweit liegt ein **Beschäftigungsverbot** nach der Regelung des **§ 2 Abs. 3 Satz 1 n.F.** (nur) im Fall des **§ 13 Abs. 1 Nr. 3 n.F.** vor. Danach besteht ein Beschäftigungsverbot bei Vorliegen unverantwortbarer Gefährdungen i.S.d. §§ 9, 11 oder 12 n.F. nur dann, wenn die unverantwortbaren Gefährdungen weder durch Umgestaltung der Arbeitsbedingungen nach § 13 Abs. 1 Nr. 1 n.F. i.V.m. § 9 Abs. 2 n.F. noch durch Zuweisung einer zumutbaren Ersatztätigkeit i.S.d. § 13 Abs. 1 Nr. 2 n.F. ausgeschlossen werden können (Subsidiarität des Beschäftigungsverbots, vgl. Brose/Weth/Volk/Kühn MuSchG § 13 Rn. 23). Es stellt sich daher die Frage, ob § 24 Satz 2 der Erfüllbarkeit des Urlaubsanspruchs auch in Zeiten entgegensteht, in denen der Arbeitgeber die Frau nicht beschäftigt, obwohl er vorrangige Schutzmaßnahmen nach § 13 Abs. 1 Nr. 1 oder Nr. 2 n.F. treffen könnte und somit die tatbestandlichen Voraussetzungen für das Beschäftigungsverbot i.S.d. § 2 Abs. 3 Satz 1 i.V.m. § 13 Abs. 1 Nr. 3 n.F. (eigentlich) nicht erfüllt sind. Dies ist indes zu bejahen. § 24 n.F. übernimmt nach dem Willen des Gesetzgebers lediglich redaktionell überarbeitet den Regelungsgehalt des bisherigen § 17 (vgl. die Begründung zum Gesetzesentwurf der Bundesregierung zur inhaltsgleichen Entwurfsfassung des § 23, BT-Drucks 18/8963, S. 95). Die Rechtsprechung des BAG zu den urlaubsrechtlichen Auswirkungen des § 17 Satz 2 a.F. auf Zeiten, in denen der Arbeitgeber der Arbeitnehmerin bei einem tätigkeitsbezogenen Beschäftigungsverbot keine zumutbare Ersatztätigkeit zuweist, ist daher auch bei § 24 Satz 2 zu Grunde zu legen. Auch in den Fällen des §§ 11 und 12 n.F. ist die konkrete Beschäftigung mit der verbotenen Tätigkeit mit der Folge der vollständigen Befreiung von der Arbeitspflicht untersagt, wenn und solange der Arbeitgeber die Arbeitsbedingungen nicht gem. § 13 Abs. 1 Nr. 1 n.F. i.V.m. § 9 Abs. 2 n.F. umgestaltet und der Arbeitgeber der Frau auch keine zumutbare Ersatztätigkeit i.S.d. § 13 Abs. 1 Nr. 2 n.F. zuweist. Daher verhindert auch § 24 Satz 2 den zur Erfüllung des Urlaubsanspruchs nach § 362 Abs. 1 BGB erforderlichen Leistungserfolg, wenn der Urlaubszeitraum bereits vor der Feststellung unverantwortbarer Gefährdungen festgelegt war und der Arbeitgeber entgegen § 13 Abs. 1 Nr. 3 n.F. keine vorrangigen Schutzmaßnahmen getroffen bzw. der Frau keine zumutbare Ersatztätigkeit zugewiesen hat.

▶ **Beispiel:**

Die Frau beantragt am 6.2.2022 beim Arbeitgeber Urlaub in der Zeit vom 8.8.2022 bis 22.8.222, den der Arbeitgeber ihr noch am gleichen Tag gewährt. Am 1.8.2022 teilt sie dem Arbeitgeber ihre Schwangerschaft mit und es werden im Hinblick auf ihre bislang ausgeübte Tätigkeit unverantwortbare Gefährdungen i.S.d. § 11 n.F. festgestellt. Gleichwohl gestaltet der Arbeitgeber entgegen § 13 Abs. 1 Nr. 3 n.F. die Arbeitsbedingungen der Frau nicht i.S.d. § 13 Abs. 1 Nr. 1 n.F. um und weist 23 der Frau auch keine zumutbare Ersatztätigkeit i.S.d. § 13 Abs. 1 Nr. 2 n.F. zu, obwohl ihm das möglich wäre. Zwar hat der Arbeitgeber mit der Festlegung des Urlaubszeitraums am 6.2.2022 als Schuldner des Urlaubsanspruchs das nach § 7 Abs. 1 BUrlG Erforderliche getan. Er wird trotzdem nicht gem. § 275 Abs. 1 BGB von der Verpflichtung zur Urlaubsgewährung frei, weil diese Rechtsfolge durch § 24 Satz 2 verhindert wird (obwohl die tatbestandlichen Voraussetzungen des subsidiären § 13 Abs. 1 Nr. 3 n.F. nicht erfüllt sind).

Gestaltet der Arbeitgeber allerdings die Arbeitsbedingungen i.S.d. § 9 Abs. 2 n.F. um oder weist er der Frau eine **zumutbare Ersatztätigkeit** zu, dann kann er sie in dieser Zeit wirksam von der Arbeitspflicht befreien und somit den Urlaubsanspruch erfüllen (Tillmanns in Tillmanns/Mutschler § 24 MuSchG Rn. 10; Brose/Weth/Volk/Herrmann MuSchG § 24 Rn. 6).

Voraussetzung ist jedoch, dass der Arbeitgeber der Arbeitnehmerin der Frau erkennbar Urlaub i.S.d. § 7 Abs. 1 BUrlG gewährt (vgl. Tillmanns in Tillmanns/Mutschler 2. Aufl. § 24 MuSchG Rn. 10). Daran fehlt es, wenn der Arbeitgeber lediglich erklärt, dass er die Frau von der Arbeit freistelle, da er keine andere Tätigkeit anbieten könne. Eine solche Erklärung lässt nicht erkennen, dass die Freistellung der Erfüllung des Urlaubsanspruchs dienen soll. Sie enthält lediglich einen Verzicht des Arbeitgebers auf die Arbeitsleistung (vgl. BAG vom 25.1.1994 EzA § 7 BUrlG Nr. 92; Pepping in HK-MuSchG 4. Aufl. vor §§ 3 bis 8 Rn. 44 m.w.N.). Im Übrigen ist zu beachten, dass bei der zeitlichen Festlegung des Urlaubs gem. § 7 Abs. 1 Satz 1 BUrlG die Wünsche der Arbeitnehmerin zu berücksichtigen sind.

dd) Verhältnis zu § 17 Abs. 2 BEEG

24 Wird – wie in der Praxis häufig – im Anschluss an ein Beschäftigungsverbot **nahtlos Elternzeit nach § 15 BEEG** in Anspruch genommen, richtet sich mit Beginn der Elternzeit das Fristenregime für den nicht genommenen Erholungsurlaub **allein nach § 17 Abs. 2 BEEG**, auch wenn er bereits nach § 24 Satz 2 »übertragen« worden ist. § 24 Satz 2 steht dem nicht entgegen. Diese Vorschrift regelt vielmehr den Fall, dass sich an die Beschäftigungsverbote keine Elternzeit anschließt. Dies wird daraus deutlich, dass § 24 Satz 2 im Anschluss an die Beschäftigungsverbote einen Zeitraum bestimmt, in dem der Urlaub beansprucht werden kann. Bei einer sich anschließenden Elternzeit ist eine solche Beanspruchung aber nicht möglich, weil die Hauptleistungspflichten ruhen. **§ 17 Abs. 2 BEEG** ist in diesem Fall die **speziellere Vorschrift** (vgl. zum Verhältnis § 17 Satz 2 a.F. und § 17 Abs. 2 BEEG: BAG vom 15.12.2015 EzA § 7 BUrlG Nr. 137 Rn. 17; vgl. zu § 24 Satz 2 und § 17 Abs. 2 BEEG Pepping in HK MuSchG 6. Aufl. § 24 Rn. 15; Brose/Weth/Volk/Herrmann MuSchG § 24 Rn. 12). Auch § 17 Abs. 2 BEEG bestimmt abweichend von § 7 Abs. 3 Satz 1 BUrlG, dass der Urlaub nicht im »laufenden« Kalenderjahr gewährt und genommen werden muss, sondern verschiebt das für das Fristenregime des § 7 Abs. 3 BUrlG maßgebliche Urlaubsjahr auf die Zeit nach Ablauf der Elternzeit. Das hat zur Folge, dass die Frau, die ihren Urlaub vor Beginn des Beschäftigungsverbots und der nahtlos daran anschließenden Elternzeit nicht erhalten hat, gem. § 17 Abs. 2

BEEG nach der Elternzeit den Urlaub im laufenden oder im darauffolgenden Jahr nehmen kann (vgl. LAG Baden-Württemberg vom 16.9.2021 – 4 Sa 62/20; Pepping in HK-MuSchG 6. Aufl. § 24 MuSchG Rn. 15; Brose/Weth/Volk/Herrmann MuSchG § 24 Rn. 12). Das darauffolgende Jahr ist dann das maßgebliche Urlaubsjahr i.S.d. § 7 Abs. 3 Satz 1 BUrlG (vgl. BAG vom 15.12.2015 EzA § 7 BUrlG Nr. 137 Rn. 19).

▶ **Beispiel:**

Die Frau, die im Jahr 2020 noch keinen Urlaub erhalten hat, unterliegt ab dem 25
8.4.2020 einem Beschäftigungsverbot gem. § 16 Abs. 1. An dieses schließt sich ab dem 28.10.2020 das Beschäftigungsverbot gem. § 3 Abs. 1 an und nach der Geburt ihres Kindes am 11.12.2020 folgt das bis 5.2.2021 andauernde Beschäftigungsverbot des § 3 Abs. 2. Nahtlos an das Beschäftigungsverbot des § 3 Abs. 2 anknüpfend beansprucht die Frau bis zum 10.12.2021 Elternzeit. Nach dieser ist sie bis zum 31.12.2022 durchgehend arbeitsunfähig krank. Die Frau beansprucht nun ihren Urlaub aus 2020.

Die Frau kann ihren Urlaub aus 2020 jedenfalls bis zum 31.3.2023 beanspruchen. Sie konnte infolge der mutterschutzrechtlichen Beschäftigungsverbote ihren Urlaub aus dem Jahr 2020 nicht vor deren Beginn nehmen. Zudem waren die Voraussetzungen des § 17 Abs. 2 BEEG erfüllt. An das letzte am 5.2.2021 endende Beschäftigungsverbot schloss sich nahtlos die Elternzeit der Frau an. Gemäß § 17 Abs. 2 BEEG hat der Arbeitgeber den dem Arbeitnehmer zustehenden Urlaub, den dieser vor dem Beginn der Elternzeit nicht oder nicht vollständig erhalten hat, nach der Elternzeit im laufenden oder im nächsten Urlaubsjahr zu gewähren. Von dieser Regelung wird auch der Urlaub erfasst, den die Frau wegen der Beschäftigungsverbote nicht nehmen konnte. Auch bei diesem Urlaub handelt es sich um Urlaub, den sie vor dem Beginn der Elternzeit nicht erhalten hat. Wird von einer Frau unmittelbar im Anschluss an das Beschäftigungsverbot Elternzeit nach § 15 BEEG in Anspruch genommen, richtet sich mit Beginn der Elternzeit das Fristenregime für den nicht genommenen Erholungsurlaub allein nach § 17 Abs. 2 BEEG, auch wenn er bereits nach § 24 Satz 2 »übertragen« worden ist. Da die Frau nach dem Ende der Elternzeit bis zum 31.12.2022 arbeitsunfähig krank war, wurde ihr Urlaubsanspruch aus dem Jahr 2020 wegen in ihrer Person liegender Gründe gem. § 7 Abs. 3 Satz 2 BUrlG bis zum 31.3.2023 übertragen. Nach dem Fristenregime des § 17 Abs. 2 BEEG konnte die Frau ihren Urlaub aus dem Jahr 2020 im gesamten Jahr 2022 (als nächstes Urlaubsjahr nach der 2021 beendeten Elternzeit, vgl. § 17 Abs. 2 BEEG) beanspruchen. Dieses Jahr ist deshalb auch für den aus dem Jahr 2020 stammenden Urlaub das maßgebliche Urlaubsjahr. Dieser Urlaub unterfiel damit dem Fristenregime des Urlaubs aus dem Jahr 2022. Damit konnte er unter den Voraussetzungen des § 7 Abs. 3 Satz 2 BUrlG bis zum 31.3.2023 übertragen werden (vgl. BAG vom 15.12.2015 EzA § 7 BUrlG Nr. 137 Rn. 12 ff.). Ist die Frau über den 31.3.2023 hinaus arbeitsunfähig krank, verfällt der Urlaub aufgrund der richtlinienkonformen Auslegung des § 7 Abs. 3 BUrlG (vgl. dazu oben Rdn. 8) auch nicht zum 31.3.2023, sondern ggf. erst zum 31.3.2024. Zur **Kürzungsmöglichkeit des Arbeitgebers nach § 17 Abs. 1 BEEG** vgl. unten Rdn. 27.

Diese Grundsätze gelten auch bei einer **Mehrzahl von aufeinander folgenden Mutterschutzfristen und Elternzeiten** (vgl. BAG vom 16.04.2024 – 9 AZR 165/23, Rn. 16). Schließt sich an die Elternzeit eine **weitere Elternzeit nahtlos** an, wird der vor der ersten Elternzeit entstandene Anspruch auf Erholungsurlaub nach § 17 Abs. 2 BEEG auf die Zeit nach der weiteren Elternzeit übertragen (vgl. BAG vom 20.5.2008, EzTöD 100 § 26 TVöD-AT Abgeltung Nr. 1; LAG Baden-Württemberg vom. 16.9.2021 – 4 Sa 62/20; Brose/Weth/Volk/Hermann MuSchG § 24 Rn. 12). Während dieser Zeiten kann der Urlaub **weder verfallen noch verjähren** (vgl. BAG a.a.O., Rn. 33).

26 Schließt sich die **Elternzeit nicht nahtlos** an das Beschäftigungsverbot an, weil die Frau zwischenzeitlich die Arbeit wieder aufnimmt, kommen **sowohl § 24 Satz 2 als auch § 17 Abs. 2 BEEG** zur Anwendung. Wurde der nach § 24 Satz 2 zunächst auf das Folgejahr des Beschäftigungsverbots übertragene Urlaub allein wegen Inanspruchnahme von Elternzeit nicht genommen, wird der Urlaub nach § 17 Abs. 2 BEEG übertragen. Ansonsten verfällt der gem. § 24 Satz 2 übertragene Urlaub mit Ablauf der urlaubsrechtlichen Fristen nach allgemeinen Grundsätzen (Brose/Weth/Volk/Herrmann, MuSchG § 24 Rn. 12; vgl. zu den allgemeinen Grundsätzen oben Rdn. 7 ff).

▶ **Beispiel:**

Die Frau, der 20 Tage Urlaub zustehen und die im Jahr 2020 noch keinen Urlaub erhalten hat, unterliegt nach der Geburt ihres Kindes am 19.9.2020 einem bis 14.11.2020 andauernden Beschäftigungsverbot des § 3 Abs. 2. Die Frau nimmt sodann die Arbeit wieder auf und beansprucht ab dem 19.12.2022 Elternzeit.

Der Urlaub aus 2020 wird gem. § 24 Satz 2 in das gesamte Jahr 2021 übertragen. Sofern keine Übertragungsgründe i.S.d. § 7 Abs. 3 BUrlG vorliegen, verfällt der Urlaub (nur dann) zum 31.12.2021, wenn der Arbeitgeber seinen Aufforderungs- und Hinweisobliegenheiten (vgl. dazu oben Rdn. 7) nachgekommen ist und die Frau den Urlaub trotzdem nicht einbringt. Kommt es zur Übertragung des Urlaubs gem. richtlinienkonformer Auslegung des § 7 Abs. 3 BUrlG über den 31.3.2022 hinaus, weil die Frau vom 15.11.2020 bis 30.4.2022 durchgehend krankheitsbedingt war, so wird wegen der ab 19.12.2022 bestehenden Elternzeit der Urlaub aus 2020 nur insoweit gem. § 17 Abs. 2 BEEG in das Jahr nach Ende der Elternzeit übertragen, als er (gerade) wegen der Inanspruchnahme der Elternzeit nicht genommen werden konnte. Am 19.12.2022 konnte die Frau aber nur noch 9 Tage Urlaub aus 2020 einbringen, sodass der darüber hinausgehende Urlaub aus 2020 zum 31.12.2022 (ohne die Elternzeit) verfallen wäre, wenn die Frau vom Arbeitgeber insoweit ordnungsgemäß und rechtzeitig belehrt und zur Urlaubsnahme aufgefordert wurde. Daher werden in diesem Fall gem. § 17 Abs. 2 BEEG nur 9 Tage aus 2020 übertragen.

27 Zu beachten ist die in **§ 17 Abs. 1 Satz 1 BEEG** geregelte **Kürzungsmöglichkeit des Arbeitgebers.** Dieser kann den Urlaub **für jeden vollen Monat der Elternzeit** (nicht aber der Elternteilzeit, vgl. § 17 Abs. 1 Satz 2 BEEG) kürzen. Dies ist unionsrechtskonform (BAG vom 19.3.2019 – 9 AZR 362/18). Dabei muss Arbeitgeber die Kürzungserklärung **im bestehenden Arbeitsverhältnis** abgeben. Nach Beendigung des Arbeitsverhältnisses ist ihm das nicht (mehr) möglich (vgl. BAG vom 19.5.2015 EzA

§ 17 BEEG Nr. 1 Rn. 13 ff. unter ausdrücklicher Aufgabe der bisher gegenteiligen Rechtsprechung; ferner BAG vom 19.3.2019, EzA § 17 BEEG Nr. 3, wo außerdem klargestellt wird, dass das Fristenregime des § 7 Abs. 3 BUrlG während der Elternzeit keine Anwendung findet, sondern die gesetzlichen Sonderregelungen in § 17 Abs. 1 S 1 BEEG und § 17 Abs. 2 BEEG vorgehen. Das hat zur Folge, dass Urlaub, der nach § 17 Abs. 1 Satz 1 BEEG für jeden vollen Kalendermonat der Elternzeit um ein Zwölftel gekürzt werden kann, während der Elternzeit nicht gemäß § 7 Abs. 3 BUrlG mit Ablauf des Urlaubsjahres oder des Übertragungszeitraums verfällt). Eine **Kürzung** des Urlaubs **wegen der mutterschutzrechtlichen Beschäftigungsverbote** ist demgegenüber gem. § 24 Satz 1 **ausgeschlossen** (vgl. oben Rdn. 5; vgl. auch das Beispiel in Rdn. 28).

ee) Wechsel von Vollzeit in (Eltern-) Teilzeit nach Ende des Beschäftigungsverbots

Wechselt die Frau nach Ende des Beschäftigungsverbots von ihrer Vollzeit- in eine 28
Teilzeittätigkeit (etwa im Rahmen der anschließenden Elternteilzeit nach § 15 Abs. 4–7 BEEG) ist Folgendes zu beachten (vgl. auch Pepping in HK-MuSchG 6. Aufl. § 24 MuSchG Rn. 20): Der EuGH hat entschieden, dass § 4 Nr. 2 der Rahmenvereinbarung über Teilzeitarbeit dahin auszulegen ist, dass er einer nationalen Bestimmung entgegensteht, nach der bei einer Änderung des Beschäftigungsausmaßes eines Arbeitnehmers das Ausmaß des noch nicht verbrauchten Erholungsurlaubs in der Weise angepasst wird, dass der von einem Arbeitnehmer, der von einer Vollzeit- zu einer Teilzeitbeschäftigung übergeht, in der Zeit der Vollzeitbeschäftigung erworbene Anspruch auf bezahlten Jahresurlaub, dessen Ausübung dem Arbeitnehmer während dieser Zeit nicht möglich war, reduziert wird oder der Arbeitnehmer diesen Urlaub nur mehr mit einem geringeren Urlaubsentgelt verbrauchen kann (EuGH vom 22.4.2010 EzA EG-Vertrag 1999 Richtlinie 99/70 Nr. 3 [Zentralbetriebsrat der Landeskrankenhäuser Tirols]). Diesen Rechtssatz hat der EuGH in Bezug auf eine nationale Bestimmung aufgestellt, nach der bei einer Änderung des Beschäftigungsausmaßes das Ausmaß des noch nicht verbrauchten Erholungsurlaubs an das neue Beschäftigungsausmaß aliquot anzupassen war. Der Gerichtshof hat den Rechtssatz in der Brandes-Entscheidung sodann auch zur Anwendung gebracht, wenn mit der Reduktion der Arbeitszeit eine Änderung der Verteilung der Arbeitszeit auf weniger Wochentage einhergeht (EuGH vom 13.6.2013 EzA EG-Vertrag 1999 Richtlinie 97/81 Nr. 2 [Brandes]). Der EuGH sieht in der **nachträglichen Kürzung eines während der Vollzeitbeschäftigung erworbenen Urlaubs** infolge des Wechsels zu einer Teilzeitbeschäftigung einen **Verstoß gegen das Verbot der Diskriminierung Teilzeitbeschäftigter** (vgl. auch HzA/Schütz Gruppe 4 Rn. 44/79). Dieser Rechtsprechung hat sich das BAG in seiner Entscheidung vom 10.2.2015 (EzA § 3 BUrlG Nr. 26) – unter Aufgabe seiner bisherigen Rechtsprechung, wonach die gesamten noch offenen Urlaubstage grundsätzlich umzurechnen waren, wenn sich die Anzahl der mit Arbeitspflicht belegten Tage verringerte (vgl. etwa BAG vom 28.4.1998 EzA § 7 BUrlG Nr. 105) – angeschlossen. Es hat daher erkannt, dass die Tarifnorm des § 26 Abs. 1 Satz 4 TVöD 2010, nach der sich der Urlaubsanspruch bei einer anderen Verteilung der wöchentlichen Arbeitszeit als auf fünf Tage in der Woche entsprechend erhöht oder vermindert, wegen Verstoßes gegen § 4 Abs. 1 TzBfG gemäß

§ 134 BGB unwirksam ist, soweit sie die Anzahl der während einer Vollzeitbeschäftigung erworbenen Urlaubstage mindert. Legt man diese Rechtsprechung zu Grunde, folgt daraus, dass die **Urlaubsansprüche zeitanteilig für jeden Zeitraum mit unterschiedlichen Wochenarbeitszeiten separat zu berechnen** sind (vgl. BAG vom 13.9.2019 – EzA § 3 BUrlG Nr. 31, Rn. 20 ff; Weigert/Zeising NZA 2016, 862, 863 ff; Stümper öAT 2023, 158, 159 f., ErfK/Gallner § 1 BUrlG Rn. 6h; HzA/Schütz Gruppe 4 Rn. 44/79). Das gilt auch, wenn es sich um einen aus der Zeit der Vollzeitbeschäftigung gem. § 7 Abs. 3 BUrlG in das folgende Jahr übertragenen Anspruch handelt oder um Urlaub, den die Frau gem. § 24 Satz 2 bzw. gem. § 17 Abs. 2 BEEG noch im laufenden Jahr und im Folgejahr nach dem Mutterschutz bzw. nach der Elternzeit beanspruchen kann und die Frau nach ihrer Rückkehr aus dem Mutterschutz bzw. der Elternzeit nur noch in Teilzeit arbeitet (vgl. HzA/Schütz Gruppe 4 Rn. 44/80). Für die **separate Berechnung bei Wechsel der Anzahl der wöchentlichen Arbeitstage** ist nach der aktuellen Rechtsprechung des BAG (vgl. BAG vom 13.9.2019 – EzA § 3 BUrlG Nr. 31, Rn. 20 ff) folgende **Dreisatzformel** heranzuziehen (vgl. MHdB ArbR/Schüren, 5. Aufl. § 50 Rn. 266; Stümper öAT 2023, 158, 159 f): Die Anzahl der jährlichen Urlaubstage vor dem Arbeitszeitwechsel ist zunächst mit der Anzahl der Werktage mit Arbeitspflicht im gesamten Jahr zu multiplizieren (also sowohl diejenigen vor, als auch nach dem Wechsel der Arbeitszeit). Als Tage mit Arbeitspflicht zählen dabei auch gesetzliche Feiertage, Krankheit, vorübergehende Verhinderungen und Freistellungen für Bildungsveranstaltungen. Dieses Produkt ist dann durch die Anzahl der Arbeitstage zu dividieren, die der Arbeitnehmer ohne Arbeitszeitreduzierung im gesamten Jahr zu arbeiten gehabt hätte. Dabei legt das BAG – ausgehend von 52 Wochen im Jahr – für eine Fünftagewoche 260 Arbeitstage im Jahr und für eine Sechstagewoche 312 Arbeitstage im Jahr zu Grunde.

▶ **Beispiel:**

29 Der Jahresurlaub der Frau beträgt bei einer Fünftagewoche 30 Arbeitstage. Im Jahr 2021 arbeitet sie bis zum 30.9. in Vollzeit. Sie nimmt bis dahin keinen Urlaub. Ab 1.10.2021 ist sie bis 28.2.2022 in Mutterschutz und ab 1.3.2022 in Elternzeit. Ab 1.9.2022 ist sie in Elternteilzeit im Rahmen einer Dreitagewoche tätig. Den Urlaub aus 2021 kann sie vollumfänglich gem. § 24 Satz 2/§ 17 Abs. 2 BEEG bis Ende 2023 beanspruchen. Er darf nicht nachträglich wegen des Wechsels in Teilzeit gekürzt werden. Tritt sie diesen während der Elternteilzeit an, sind ihr daher die ungekürzten 30 Tage (d.h. bei der Dreitagewoche umgerechnet 10 Wochen!) Urlaub zu gewähren. Im Jahr 2022 sind insgesamt 24,5 Urlaubstage entstanden: Bis 31.8.2022 sind im Rahmen der Vollzeitbeschäftigung in der Fünftagewoche 20 Tage entstanden (*30 Arbeitstage Urlaub * 174 Arbeitstage im Zeitraum 1.1.2022 bis 31.8.2022: 260 Arbeitstage im gesamten Jahr 2022*). Ab 1.9.2022 kommen wegen des Wechsels in Teilzeit im Rahmen der Dreitagewoche umgerechnet 4,5 weitere Urlaubstage für 2022 hinzu (*30 Arbeitstage Urlaub * 39 Arbeitstage im Zeitraum 1.9.2022 bis 31.12.2022 bei einer Zweitagewoche: 260 Arbeitstage im gesamten Jahr 2022 bei einer Fünftagewoche; eine Aufrundung nach § 5 Abs. 2 BUrlG findet nicht statt, da es sich insoweit nicht um einen Teil-*

urlaub i.S.d. § 5 Abs. 1 BUrlG handelt, vgl. BAG vom 23.1.2018 EzA § 17 BEEG Nr. 2). Hinsichtlich des Urlaubs aus 2022 hat der Arbeitgeber gem. § 17 Abs. 1 Satz 1 BEEG die Möglichkeit, den Urlaub für jeden vollen Monat der Elternzeit (nicht aber der Elternteilzeit, vgl. § 17 Abs. 1 Satz 2 BEEG und nicht bezogen auf das mutterschutzrechtliche Beschäftigungsverbot, vgl. § 24 Satz 2) zu kürzen. Im Beispielsfall ist der Arbeitgeber daher berechtigt, den Urlaub wegen der Elternzeit vom 1.3.2022 bis 31.8.2022 um 6/12 zu kürzen, sodass ggf. im Ergebnis aus der Vollzeitphase in 2022 nur 10 Tage Urlaub verbleiben (*6/12 von 20*) und der gesamte Urlaubsanspruch daher 14,5 Tage beträgt (vgl. auch Weigert/Zeising NZA 2016, 862, 867). Zu beachten ist, dass der Arbeitgeber die Kürzungsbefugnis nach § 17 Abs. 1 Satz 1 BEEG nach der aktuellen Rechtsprechung des BAG nur im bestehenden Arbeitsverhältnis ausüben kann und nicht auch noch nach dessen Beendigung, um den Abgeltungsanspruch zu reduzieren (vgl. BAG vom 19.5.2015 EzA § 17 BEEG Nr. 1 Rn. 13 ff. unter ausdrücklicher Aufgabe der bisher gegenteiligen Rechtsprechung).

Das BAG weist in seiner Entscheidung vom 10.2.2015 (EzA § 3 BUrlG Nr. 26, Rn. 23) 30
zwar auf die »möglichen **widersinnigen Folgen des Quotierungsverbots** bei einer erheblichen Verringerung der Anzahl der Wochenarbeitstage« hin (vgl. auch Günther, ArbR 2013, 326; Eckstein, BB 2012, 3083, 308; Weigert/Zeising NZA 2016, 862, 867). Das BAG hat aber trotzdem von einer erneuten Vorlage an den EuGH gem. Art. 267 AUEV abgesehen, weil der EuGH im Brandes-Beschluss deutlich darauf hingewiesen habe, dass seine Ausführungen zum Quotierungsverbot in der Tirol-Entscheidung auch für das deutsche Urlaubsrecht zutreffen. Das Argument, der erworbene Anspruch auf bezahlten Erholungsurlaub werde bei einer entsprechenden verhältnismäßigen Kürzung nicht vermindert, weil er – in Urlaubswochen ausgedrückt – unverändert bleibe, habe der EuGH unter Hinweis auf das Verbot der Diskriminierung Teilzeitbeschäftigter ausdrücklich verworfen. Die Auslegung von § 4 Nr. 2 der Rahmenvereinbarung über Teilzeitarbeit sei in Bezug auf die Frage einer Diskriminierung von Teilzeitkräften wegen der Kürzung des Urlaubsanspruchs durch den EuGH damit geklärt (acte éclairé). Die Praxis wird daher mit diesen Folgen leben müssen.

Soweit der EuGH in der Entscheidung Brandes ausdrücklich angenommen hat, dass 31
das unionsrechtliche Verbot der verhältnismäßigen Kürzung der Anzahl der Tage des bezahlten Jahresurlaubs nur dann gilt, wenn der Arbeitnehmer tatsächlich nicht die **Möglichkeit** hatte, diesen **Anspruch auszuüben,** hat das BAG in der Entscheidung vom 10.2.2015 (a.a.O. Rn. 26) angedeutet, dass dieses **Erfordernis für das nationale Recht entbehrlich** sein könnte: Die Rechtsprechung zum nationalen Diskriminierungsrecht habe bisher die Möglichkeit des Benachteiligten, die verbotene Diskriminierung zu verhindern, grundsätzlich nicht als Rechtfertigungsgrund anerkannt. Eine Diskriminierung Teilzeitbeschäftigter setze kein Verschulden des Benachteiligenden voraus. Damit fehle der dogmatische Ansatzpunkt für die Berücksichtigung eines überwiegenden (Mit-) Verschuldens des Teilzeitbeschäftigten an seiner ungünstigeren Behandlung (vgl. dazu auch Weigert/Zeising NZA 2016, 862, 865 ff.). Im Zusammenhang mit § 24 Satz 2 spielt die Problematik freilich keine Rolle, weil es der Frau wegen des mut-

terschutzrechtlichen Beschäftigungsverbots nicht möglich ist, den Urlaub zu nehmen (vgl. HzA/Schütz Gruppe 4 Rn. 44/80 zu § 17 Abs. 2 BEEG).

32 Hinzuweisen ist noch auf die Entscheidung des EuGH vom 11.11.2015 in der Sache Greenfield (EzA EG-Vertrag 1999 Richtlinie 97/81 Nr. 3), die den umgekehrten Fall der **Erhöhung der Arbeitszeit** betrifft. Danach sind die Mitgliedstaaten in einem solchen Fall nicht verpflichtet, vorzusehen, dass die Ansprüche auf bezahlten Jahresurlaub, der bereits erworben war und eventuell in Anspruch genommen wurde, nach dem neuen Arbeitsrhythmus dieses Arbeitnehmers rückwirkend nachberechnet werden müssen. Eine Nachberechnung ist jedoch für den Zeitraum vorzunehmen, in dem sich die Arbeitszeit des Arbeitnehmers erhöht hat. Danach sind auch im umgekehrten Fall des **Wechsels von Teilzeit auf Vollzeit** die **Urlaubsansprüche zeitanteilig** für jeden Zeitraum mit unterschiedlichen Wochenarbeitszeiten **separat zu berechnen** (vgl. Pepping in HK MuSchG 6. Aufl. § 24 Rn. 21; Weigert/Zeising NZA 2016, 862, 863; Pulz jurisPR-ArbR 2/2016 Anm. 2; von Medem ZESAR 2016, 431, 432 ff.).

▶ **Beispiel:**

Wechselt die Frau, der der gesetzliche Urlaub zusteht, zur Jahresmitte von einer Dreitage- zu einer Fünftagewoche, dann erwirbt sie nach der Berechnungsformel des BAG (vgl. oben Rdn. 27 f.) in der ersten Jahreshälfte 6 Urlaubstage (*20 Urlaubstage * 78 Arbeitstage im Zeitraum 1.1. – 30.6: 260 Arbeitstage im gesamten Jahr*) und in der zweiten Jahreshälfte 10 Urlaubstage (*20 Urlaubstage * 130 Arbeitstage im Zeitraum 1.7. – 31.12: 260 Arbeitstage im gesamten Jahr*), insgesamt also 16 Urlaubstage.

§ 25 MuSchG Beschäftigung nach dem Ende des Beschäftigungsverbots

Mit dem Ende eines Beschäftigungsverbots im Sinne von § 2 Absatz 3 hat eine Frau das Recht, entsprechend den vertraglich vereinbarten Bedingungen beschäftigt zu werden.

Übersicht **Rdn.**

1. Entstehungsgeschichte, Normzweck und unionsrechtliche Bezüge

1 Das in § 25 erstmals gesetzlich geregelte **Rückkehrrecht** der Frau nach Ende eines mutterschutzrechtlichen Beschäftigungsverbots ist durch Art. 1 des am 29.5.2017 verkündeten **Gesetzes zur Neuregelung des Mutterschutzrechts vom 23. Mai 2017** (BGBl. I, 1228) **eingeführt** worden. Die Regelung war im Gesetzesentwurf der Bundesregierung, der dem Bundesrat unter dem 6.5.2016 (vgl. BR-Drucks. 230/16) und dem Bundestag unter dem 28.6.2016 (BT-Drucks. 18/8963; im Folgenden: Regierungsentwurf) zugeleitet wurde, noch nicht enthalten. Die Einführung einer solchen Regelung wurde vom Bundesrat in seiner Stellungnahme zum Regierungs-

entwurf angeregt (vgl. BR-Drucks. 230/16 [Beschluss], S. 8) und sie ist auf Vorschlag in der Beschlussempfehlung des Ausschusses für Familie, Senioren, Frauen und Jugend vom 29.3.2017 (vgl. BT-Drucks. 18/11782, S. 30 f.; im Folgenden: Beschlussempfehlung) verabschiedet worden. Die Vorschrift ist zum 1.1.2018 in Kraft getreten (vgl. Art. 10 Abs. 1 Satz 1 des Gesetzes zur Neuregelung des Mutterschutzrechts vom 23. Mai 2017, BGBl. I, 1228).

Aus der Begründung der Beschlussempfehlung geht hervor, dass die Einführung der Regelung des § 25 der **Klarstellung** dienen und sicherstellen soll, dass die Beschäftigungsverbote weder Auswirkungen auf den Bestand des Arbeitsverhältnisses noch auf dessen Inhalt haben, damit Frauen durch die zwingenden mutterschutzrechtlichen Vorschriften keine Nachteile im Erwerbsleben erleiden. § 25 soll dabei den **unionsrechtlichen Vorgaben** aus Artikel 11 Nr. 1 und 2 Mutterschutzrichtlinie (92/85/EWG) sowie aus Artikel 15 der Richtlinie zur Verwirklichung der Chancengleichheit und Gleichbehandlung in Arbeits- und Beschäftigungsfragen (2006/54/EG) entsprechen (BT-Drucks. 18/11782, S. 36). Nach **Art. 11 Nr. 1 der Richtlinie 92/85/EWG** müssen bei Beschäftigungsverboten die mit dem Arbeitsvertrag verbundenen Rechte der schwangeren Arbeitnehmerinnen, Wöchnerinnen und stillenden Arbeitnehmerinnen, einschließlich der Fortzahlung eines Arbeitsentgelts und/oder des Anspruchs auf eine angemessene Sozialleistung, entsprechend den einzelstaatlichen Rechtsvorschriften und/oder Gepflogenheiten gewährleistet sein. **Art. 11 Nr. 2 Buchstabe a** der Mutterschutzrichtlinie verlangt, dass »*die mit dem Arbeitsvertrag der Arbeitnehmerinnen (...) verbundenen anderen Rechte als die unter dem nachstehenden Buchstaben b) genannten*« gewährleistet sein müssen. **Art. 11 Nr. 2 Buchstabe b** der Richtlinie sieht vor, dass im Fall eines Mutterschaftsurlaubs die Fortzahlung eines Arbeitsentgelts und/oder der Anspruch auf eine angemessene Sozialleistung für die Arbeitnehmerinnen gewährleistet sein müssen. Gem. **Art. 15 der RL 2006/54** haben Frauen nach Ablauf des Mutterschaftsurlaubs Anspruch darauf, an *ihren früheren Arbeitsplatz oder einen gleichwertigen Arbeitsplatz* unter Bedingungen, die für sie nicht weniger günstig sind, *zurückzukehren*, und darauf, dass ihnen auch alle Verbesserungen der Arbeitsbedingungen, auf die sie während ihrer Abwesenheit Anspruch gehabt hätten, zugutekommen. In der Begründung der Beschlussempfehlung heißt es, dass aus diesen Regelungen folge, »*dass für Zeiten eines Beschäftigungsverbots die mit dem Beschäftigungsverhältnis verbundenen Rechte unverändert gewährleistet werden müssen. Dadurch, dass für Frauen zwingende mutterschutzrechtliche Vorschriften gelten, dürfen Frauen keine Nachteile im Erwerbsleben erleiden*« (BT-Drucks. 18/11782, S. 36).

2. Inhalt der Regelung

Nach § 25 hat die Frau nach dem Ende eines Beschäftigungsverbots i.S.d. § 2 Abs. 3 einen Anspruch auf Beschäftigung zu den vertraglich vereinbarten Bedingungen. Dieses **Rückkehrrecht** entspricht den unionsrechtlichen Vorgaben aus Art. 15 der RL 2006/54. Es ergibt sich im Übrigen auch daraus, dass die Beschäftigungsverbote i.S.d. § 2 Abs. 3 **keine Auswirkungen auf den Bestand oder Inhalt des Arbeitsverhältnisses** haben und lediglich dazu führen, dass die Pflicht der Frau zur Arbeitsleistung **suspendiert** wird (Tillmanns in Tillmanns/Mutschler 2. Aufl. § 25 MuSchG 2

Rn. 2). Die ursprünglichen Vertragsrechte und -pflichten der Parteien leben daher mit Beendigung des Beschäftigungsverbots wieder (vollumfänglich) auf (vgl. auch die Begründung der Beschlussempfehlung BT-Drucks. 18/11782, S. 36). § 25 enthält damit eine Klarstellung im Sinne der bisherigen Rechtslage (Pepping in HK-MuSchG 6. Aufl. § 25 Rn. 2). Schließt sich an das Beschäftigungsverbot unmittelbar eine **Elternzeit** an, dann hat die Frau nach dem Ende der Elternzeit einen Anspruch auf »Rückkehr« zu den ursprünglichen vertraglichen Bedingungen. Auch dies ist unionsrechtlich vorgegeben (vgl. § 5 Nr. 1 der am 18. Juni 2009 geschlossenen überarbeiteten Rahmenvereinbarung über den Elternurlaub im Anhang der RL 2010/18). Auch insoweit gilt im nationalen Recht, dass mit Beendigung der Elternzeit die suspendierten Hauptleistungspflichten wieder aufleben, auch wenn es an einer entsprechenden gesetzlichen Regelung fehlt. Nur für den Fall der Elternteilzeit ist das Rückkehrrecht in § 15 Abs. 5 Satz 4 BEEG ausdrücklich gesetzlich geregelt (vgl. auch Pepping in HK-MuSchG 6. Aufl. § 25 Rn. 4; Brose/Weth/Volk/Herrmann, MuSchG § 25 Rn. 3).

3 Der Anspruch aus § 25 setzt unmittelbar **mit dem Ende des Beschäftigungsverbots** ein. Beschäftigungsverbote sind ausweislich des Verweises in § 25 auf § 2 Abs. 3 alle Beschäftigungsverbote der §§ 3–6, 10 Abs. 3, 13 Abs. 1 Nr. 3 und 16. Er greift somit nicht nur nach Ende der Schutzfrist vor- und nach der Entbindung (§ 3 Abs. 1 und 2), sondern z.B. auch nach Ende eines betrieblichen Beschäftigungsverbots nach § 13 Abs. 1 Nr. 3 (Pepping in HK-MuSchG 6. Aufl. § 25 Rn. 3; Brose/Weth/Volk/Herrmann, MuSchG § 25 Rn. 5).

Ob und inwieweit der Arbeitgeber der Frau die gleiche Tätigkeit, welche sie vor Beginn des Beschäftigungsverbots ausgeübt hat, zuweisen muss oder ob er ihr auch eine andere als die früher ausgeübte Tätigkeit zuweisen kann, bestimmt sich – wie bisher – nach den allgemeinen arbeitsvertraglichen Bestimmungen (vgl. die Begründung der Beschlussempfehlung BT-Drucks. 18/11782, S. 36). Entscheidend hierfür ist damit insbesondere, ob die **Zuweisung einer anderen Tätigkeit** vom **Direktionsrecht** des Arbeitgebers i.S.d. § 106 GewO gedeckt ist (ErfK/Schlachter § 25 MuSchG Rn. 1; Pepping in HK-MuSchG 6. Aufl. § 25 Rn. 3; Brose/Weth/Volk/Herrmann, MuSchG § 25 Rn. 6). Das ist grundsätzlich nicht der Fall, wenn es sich um keine **gleichwertigen Tätigkeiten** handelt (vgl. auch Art. 15 RL 2006/54 EG, der ausdrücklich einen Anspruch der Frau auf Rückkehr an ihren früheren Arbeitsplatz oder einen gleichwertigen Arbeitsplatz vorsieht). Weist der Arbeitgeber der Arbeitnehmerin nach ihrer Rückkehr aus den Beschäftigungsverbotszeiten unter Verstoß gegen § 25 einen Arbeitsplatz zu, der dem vorherigen Arbeitsplatz nicht gleichwertig ist, kann das außerdem eine **Benachteiligung wegen des Geschlechts i.S.d. § 3 Abs. 1 Satz 2 AGG** darstellen, die Entschädigungsansprüche nach § 15 Abs. 2 AGG zur Folge haben kann (vgl. Pepping in HK-MuSchG 6. Aufl. § 25 Rn. 3 unter Hinweis auf ArbG Wiesbaden vom 18.12.2008 EzA-SD 2009, Nr. 2, 5–6; Brose/Weth/Volk/Herrmann, MuSchG § 25 Rn. 6). Die im Rahmen des Direktionsrechts vorgenommene Zuweisung einer anderen Tätigkeit muss außerdem **billigem Ermessen** (§ 315 BGB) entsprechen. Der Arbeitgeber hat daher die berechtigten Belange der Frau, insbesondere ihre persönliche Situation nach der Geburt des Kindes, zu berücksichtigen (Tillmanns in Tillmanns/Mutschler 2. Aufl. § 25

MuSchG Rn. 11). Daneben hat er bei Einschränkung der Leistungsfähigkeit der Frau nach der Entbindung das **Verbot des § 16 Abs. 2** zu beachten (Brose/Weth/Volk/Herrmann, MuSchG § 25 Rn. 7). Bei Feststellung von unverantwortbaren Gefährdungen für die schwangere oder für die stillende Frau i.S.d., §§ 13 Abs. 1 i.V.m. §§ 9, 11 oder 12 ist außerdem zu beachten, dass der Arbeitgeber der Frau ggf. nach Maßgabe des **§ 13 Abs. 1 Nr. 2** auch eine Tätigkeit zuweisen kann, die er ihr durch Ausübung des Direktionsrechts nicht zuweisen könnte, wobei die Ersatzarbeit auf den besonderen Zustand der schwangeren und stillenden Frau Rücksicht nehmen muss, sodass eine im Rahmen des Direktionsrechts zulässige Tätigkeit unzumutbar sein kann (Brose/Weth/Volk/Herrmann, MuSchG § 25 Rn. 8; vgl. dazu auch die Kommentierung zu § 13 Abs. 1 Nr. 2).

Sofern es sich bei der Zuweisung der anderen Tätigkeit um eine **Versetzung i.S.d. § 95 Abs. 3 BetrVG** handelt, ist der Betriebsrat nach § 99 BetrVG zu beteiligen (Tillmanns in Tillmanns/Mutschler 2. Aufl. § 25 MuSchG Rn. 13; Pepping in HK-MuSchG 6. Aufl. § 25 Rn. 3). Die fehlende Zustimmung des Betriebsrats hat nach der Rechtsprechung des BAG zur Folge, dass die Versetzung individualrechtlich unwirksam ist und der Arbeitnehmer das Recht hat, die Arbeit zu den geänderten Bedingungen zu verweigern (vgl. BAG vom 5.4.2001, EzA § 626 n.F. BGB Nr. 186 zu II 2c cc) (2) der Gründe m.w.N.).

Im Fall einer unwirksamen Weisung kann die Frau ihren Anspruch auf Beschäftigung mit der bisherigen Tätigkeit gerichtlich im Rahmen einer **Leistungsklage** nach § 259 ZPO geltend machen oder eine gerichtliche Entscheidung über die Unwirksamkeit der Weisung mittels **Feststellungsklage** nach § 256 ZPO herbeiführen (vgl. etwa BAG vom 18.10.2017, EzA § 106 GewO Nr. 24). Sie ist außerdem – auch im Fall einer »nur« unbilligen Weisung (vgl. BAG vom 18.10.2017, EzA § 106 GewO Nr. 23) – berechtigt, die angewiesene Arbeit zu verweigern, wobei sie nach Maßgabe der §§ 615 S. 1, 611a Abs. 2 BGB ihren Vergütungsanspruch behält.

Die Frau hat allerdings nicht nur Anspruch auf Rückkehr zu unveränderten bzw. gleich- 4
wertigen Bedingungen, sondern ihr müssen auch die **Verbesserungen der Arbeitsbedingungen** (zB Lohnerhöhungen) zugutekommen, auf die sie während ihrer Abwesenheit Anspruch gehabt hätte. Dies ergibt sich ausdrücklich aus **Art. 15 RL 2006/54 EG**, dem nach dem Willen des Gesetzgebers durch § 25 Rechnung getragen werden soll (vgl. die Begründung der Beschlussempfehlung BT-Drucks. 18/11782, S. 36) und der im Übrigen **unmittelbare Wirkung** entfaltet (vgl. EuGH vom 6.3.2014 EzA Richtlinie 2006/54 EG-Vertrag 1999 Nr. 1 [Napoli]; Pepping in HK-MuSchG 6. Aufl. § 25 Rn. 2). Daraus folgt z.B., dass die Frau wegen der Inanspruchnahme von Mutterschutzzeiten nicht von **Aus- und Fortbildungsmaßnahmen** ausgeschlossen werden darf, die für ihr berufliches Fortkommen oder für verbesserte Arbeitsbedingungen förderlich sind (vgl. Pepping in HK-MuSchG 6. Aufl. § 25 Rn. 2 unter Hinweis auf die Entscheidung des EuGH vom 6.3.2014 in der Sache Napoli NZA 2014, 715 = EzA Richtlinie 2006/54 EG-Vertrag 1999 Nr. 1; ferner Klenter, jurisPR-ArbR 18/2014 Anm. 5).

Abschnitt 5 Durchführung des Gesetzes

§ 26 MuSchG Aushang des Gesetzes

(1) [1]In Betrieben und Verwaltungen, in denen regelmäßig mehr als drei Frauen beschäftigt werden, hat der Arbeitgeber eine Kopie dieses Gesetzes an geeigneter Stelle zur Einsicht auszulegen oder auszuhängen. [2]Dies gilt nicht, wenn er das Gesetz für die Personen, die bei ihm beschäftigt sind, in einem elektronischen Verzeichnis jederzeit zugänglich gemacht hat.

(2) [1]Für eine in Heimarbeit beschäftigte Frau oder eine ihr Gleichgestellte muss der Auftraggeber oder Zwischenmeister in den Räumen der Ausgabe oder Abnahme von Heimarbeit eine Kopie dieses Gesetzes an geeigneter Stelle zur Einsicht auslegen oder aushängen. [2]Absatz 1 Satz 2 gilt entsprechend.

§ 18 a.F. Auslage des Gesetzes

(1) In Betrieben und Verwaltungen, in denen regelmäßig mehr als drei Frauen beschäftigt werden, ist ein Abdruck dieses Gesetzes an geeigneter Stelle zur Einsicht auszulegen oder auszuhängen.

(2) Wer Heimarbeit ausgibt oder abnimmt, hat in den Räumen der Ausgabe und Abnahme einen Abdruck dieses Gesetzes an geeigneter Stelle zur Einsicht auszulegen oder auszuhängen.

Übersicht Rdn.

1. Allgemeines

1 Die Vorschrift ist im Wesentlichen eine Übernahme des § 18 MuSchG und gilt unverändert in der Fassung des MuSchG vom 20.6.2002, wurde aber als § 26. **Gesetz v. 23.5.2017** (BGBl. I 1228) mit Wirkung zum 1.1.2018 neu bekannt gemacht. Ähnliche Regelungen bestehen in § 16 Abs. 1 ArbZG, § 47 JArbSchG, § 8 TVG, § 77 Abs. 2 BetrVG, §§ 6, 8 HAG, §§ 15 SGB VII, 138 SGB VII (Unterrichtungspflicht).

Die Norm ist eine **Ordnungsvorschrift**, aus der bei Verstoß keine Schadensersatzansprüche hergeleitet werden können (Pepping, in HK-MuSchG § 18 Rz. 1; s. näher unten Rz. 20 und Mitsch, Jürgen, Gesetzliche Informationspflichten des Arbeitgebers als Konkretisierung seiner allgemeinen Fürsorgepflicht, Dissertation Gießen, 2007, Kap. VII)

2. Geltungsbereich des Abs. 1

Satz 1 übernimmt den Regelungsgehalt des bisherigen § 18 Absatz 1 und 2 MuSchG a.F. (BT-Drucksache 230/16 S. 108). Der Geltungsbereich stimmt grundsätzlich mit dem betrieblichen (sachlichen) Geltungsbereich des MuSchG (vgl. § 1 Rdnr. 48–51) überein; jedoch gelten zwei Einschränkungen: 2

a) Beschäftigtenzahl

Nach der **Zahl** der beschäftigten Frauen (diese im Sinne des § 1 Buchst. a): Werden drei oder weniger Frauen beschäftigt, so besteht keine Verpflichtung nach Abs. 1. Dabei ist auf die regelmäßige Beschäftigtenzahl abzustellen (vgl. die ähnliche Regelung in § 23 Abs. 1 Satz 2 KSchG). Es kommt somit nicht auf den Jahresdurchschnitt, sondern auf die Zahl der Arbeitnehmerinnen an, die bei normalem Betriebsablauf (»regelmäßig«) ständig beschäftigt werden. 3

Deshalb ist z.B. bei **Saisonbetrieben** die Belegschaftszahl in der Zeit der Saison maßgebend. Andererseits zählen die wegen außergewöhnlichen Arbeitsanfalls vorübergehend beschäftigten Frauen nicht mit. Art und Umfang der Arbeitsleistung der einzelnen Mitarbeiterin ist ohne Bedeutung, weshalb auch **Teilzeitkräfte** mitzählen. Die in § 23 Abs. 1 Satz 3 KSchG eingeführte Bestimmung, dass nur Arbeitnehmer zu berücksichtigen sind, deren wöchentliche Arbeitszeit 10 Stunden (monatliche Arbeitszeit 45 Stunden) übersteigt, ist nicht in § 18 übernommen worden und auch nicht ergänzend anzuwenden. (Wegen weiterer Einzelheiten vgl. Buchner/Becker, 8. Aufl., § 18 Anm. 20–28.) Es kommt weder darauf an, ob die **Frauen schwanger** sind oder **stillen**, noch ob diese sich im **gebärfähigen Alter** befinden (Pepping in HK-MuSchG § 18 Rz. 7).

b) Sachlicher Geltungsbereich und Betriebsbegriff

Abs. 1 gilt für **Betriebe** jeder Art. Darunter ist die **organisatorische Einheit** zu verstehen, innerhalb derer der Arbeitgeber allein oder in Gemeinschaft mit seinen Mitarbeitern mithilfe von sächlichen und immateriellen Mitteln bestimmte arbeitstechnische Zwecke fortgesetzt verfolgt, die sich nicht in der Befriedigung von Eigenbedarf erschöpfen (**BAG**, Urt. v. 28.10.2010 – 2 AZR 392/08 – BB 2011, 1339 ff.; **BAG**, Urt. v. 17.1.2008 – 2 AZR 902/06 – Rnz 15 = BAGE 125, 274; 15.3.2001 – 2 AZR 151/00 – zu II 1b der Gründe, EzA KSchG § 23 Nr. 23; 9.9.1982 – 2 AZR 253/80 – zu II 4a der Gründe = BAGE 40, 145). Die Branche und Zweckrichtung des Betriebs ist unerheblich, ebenso ob es sich um einen **Tendenzbetrieb** i.S.v. § 118 BetrVG handelt (Pepping in HK-MuSchG, § 18 [a.F.] Rz. 3). Es gehören dazu beispielsweise auch die Arbeitsstätten der freiberuflich Tätigen. 4

5 Von der Norm werden auch **Betriebsteile** (Betriebsabteilungen oder Teilbetriebe) im Sinne organisatorisch unselbstständiger Betriebsabteilungen erfasst, die wegen ihrer Eingliederung in den Hauptbetrieb für sich alleine nicht bestehen könnten (z.B. die Druckerei eines Verlages, die Landwirtschaft eines Krankenhauses; **BAG a.a.O.** sowie vom 23.9.1960, AP Nr. 4 zu § 3 BetrVG) sofern diese räumlich getrennt weit entfernt vom Hauptbetrieb sich befinden (§ 4 Abs. 1 Nr. 1 BetrVG) oder durch Aufgabenbereich und Organisation eigenständig sind (§ 4 Abs. 1 Nr. 2 BetrVG) und in diesen gem. § 4 Abs. 1 S. 1 BetrVG regelmäßig mehr als fünf Arbeitnehmer (nicht zwingend Arbeitnehmerinnen!) beschäftigt sind, von denen drei wahlberechtigt sind (§ 1 Abs. 1 BetrVG).

6 Den Betrieben gleich zu achten in Bezug auf die Auslage- bzw. Aushangpflicht sind die **Nebenbetriebe (§ 4 Abs. 2 BetrVG)**, die organisatorisch selbstständig unter eigener Leitung einen eigenen Betriebszweck verfolgen, der aber dem des Hauptbetriebs im Sinne einer Hilfeleistung untergeordnet ist (z.B. das Karosseriewerk einer Automobilfabrik; **BAG** vom 5.3.1958, BAG 6, 140 [142] = AP Nr. 8 zu § 4 TVG Geltungsbereich; vom 5.6.1964, AP Nr. 7 zu § 3 TVG). Dies gilt zumindest dann, wenn die Frauen den Gesetzestext im Hauptbetrieb nur unter größerem Aufwand einsehen können (a.A. Pepping in HK-MuSchG, § 18 Rz. 4, der hier die Aushangpflicht stets nur beim Hauptbetrieb zu sehen scheint).

7 Werden Betriebe durch **Tarifvertrag** zusammengefasst (§ 3 BetrVG), gilt die Aushangpflicht nur für den Gesamtbetrieb, sofern die betroffenen Arbeitnehmerinnen die Möglichkeit haben, den Gesetzestext ohne großen Aufwand einzusehen (Pepping in HK-MuSchG, § 18 [a.F.] Rz. 4) Für sie gilt die Auslage- bzw. Aushangpflicht jedenfalls dann, wenn sie räumlich so weit vom Hauptbetrieb entfernt sind, dass eine Einsicht in den Gesetzesabdruck dort während der Pausen nicht möglich wäre (so Meisel/Sowka, § 18 Anm. 4; Zmarzlik/Zipperer, 9. Aufl., § 18 Anm. 1).

8 Darüber hinaus ergibt sich aus dem Sinn des § 26 Abs. 1, beide Partner des Arbeitsverhältnisses über die Gesetzeslage zu unterrichten und vor allem den Arbeitnehmerinnen jederzeit die Einsicht in das Gesetz zu ermöglichen (s. dazu unten Rdnr. 12 ff.), dass die Auslage- oder Aushangpflicht überall da innerhalb eines Betriebes zu erfüllen ist, wo es für die Erreichung dieses Zweckes notwendig ist. Deshalb muss je nach der (vor allem räumlichen) Größe des Betriebs das Gesetz ggf. mehrfach, z.B. in der Nähe der verschiedenen Werkseingänge, auch wenn der Betrieb auf einem zusammenhängenden Grundstück untergebracht ist, ausgelegt werden, ohne dass es auf die juristische Unterscheidung zwischen Nebenbetrieb, Betriebsabteilung o.ä. ankommt (ähnlich Buchner/Becker, 8. Aufl., § 18 Rz. 8).

9 **Familienhaushalte werden** allgemein nicht zu den Betrieben gezählt, da ihre Tätigkeit im Wesentlichen dem Eigenbedarf dient (**BAG**, Urt. v. 17.2.1981 – 1 ABR 101/78 – juris), weshalb diese in § 18 Abs. 1 nicht erfasst werden und deshalb der Haushaltungsvorstand in dieser Eigenschaft nicht verpflichtet ist (so Meisel/Sowka, § 18 Anm. 7; Kuntzmann-Auert, § 16 Anm. 1; Zmarzlik/Zipperer, 9. Aufl., § 18 Anm. 2; dagegen für Einbeziehung des Haushalts Buchner/Becker, 8. Aufl., § 18 Anm. 17 mit weiteren Hinweisen). Insbesondere seit der Änderung des MuSchG zugunsten von in **Familien-**

haushalten beschäftigten Frauen im Hinblick auf die Kündigungsmöglichkeit (§ 9 Abs. 4; s.o. § 9 Rdnr. 127 ff.) ist diese Frage weiter umstritten. Teilweise wird ein bloßes redaktionelles Versehen des Gesetzgebers angenommen (Zmarzlik/Zipperer, 9. Aufl., § 18 Rz. 2; Buchner/Becker, 8. Aufl. § 18 Rz. 19), oder aber im Hinblick auf die Sanktionsfolge alleine auf den Wortlaut abgestellt (so Pepping in HK-MuSchG, § 18 Rz. 6). Aufgrund des Umstands, dass in Familienhaushalten nur selten drei oder mehr Frauen beschäftigt werden, kommt der Streitfrage keine große praktische Bedeutung zu (Buchner/Becker, 8. Aufl. § 18 Rz. 19). Erwägenswert wäre hier zumindest die Ergänzung des Wortlauts der Norm um eine Hinweispflicht des Arbeitgebers bei Vertragsschluss.

Werden **Haushaltskräfte auch im Betrieb des Arbeitgebers** (Haushaltungsvorstands) – 10
z.B. in der Landwirtschaft, im Gaststätten- oder Beherbergungsbetrieb – beschäftigt, dann gilt Abs. 1; auf das Überwiegen der Tätigkeit im Haushalt oder im Betrieb (vgl. dazu oben § 1 Rdnr. 32, 35) kommt es hier nicht an, weil bei Anwendung des § 18 Abs. 1 auch sonst schon eine Teilzeitbeschäftigung (z.B. als Putzfrau) genügt (s. oben Rdnr. 3).

c) Verwaltungen

Abs. 1 gilt ferner für alle **Verwaltungen**. Das sind die Dienststellen des Bundes, der 11
Länder, der Gemeinden und Gemeindeverbände, ferner der sonstigen Körperschaften, Anstalten und Stiftungen des öffentlichen Rechts (wegen der Kirchenverwaltungen s. § 1 Rdnr. 21). Die **Betriebe der öffentlichen Hand** (z.B. Versorgungsbetriebe) fallen schon unter den Betriebsbegriff (s. in dieser Anm. oben Rdnr. 4), ebenso die häufig als »Verwaltung« bezeichneten Büros von Verbänden, Organisationen, Konzernen usw. des privaten Rechts. Abzustellen ist für die Abgrenzung Dienststelle/eigenständige Verwaltung auf die Organisationsstruktur der jeweiligen Behörde (Pepping in HK-MuSchG Rz. 5 unter Hinweis auf § 6 Abs. 2 BPersVG). Maßgebend für die Mindestzahl (s. Rdnr. 3) sind auch bei den öffentlichen Verwaltungen nur die in einem privatrechtlichen Arbeitsverhältnis beschäftigten Frauen, nicht dagegen die Beamtinnen, da für diese das Gesetz nicht gilt (vgl. § 1 Rdnrn. 21, 22, 25).

3. Auslage- bzw. Aushangpflicht

Das Mutterschutzgesetz in seinem Wortlaut muss den beschäftigten Frauen so zugäng- 12
lich gemacht werden, dass sie ohne Schwierigkeit davon Kenntnis nehmen können. Das kann durch **Auslage** (z.B. auch in Buch- oder Heftform) oder durch **Aushang** (z.B. als Wandtafel) geschehen (vgl. Hessisches LAG, Urteil vom 5.8.1997 – 9 Sa 744/97 – juris Rn. 32). Der Gesetzestext muss in lesbarem Zustand erhalten werden und sich an einer Stelle befinden, die leicht zugänglich ist. Besonders geeignet sind solche Stellen, die auch sonst für Mitteilungen an die Belegschaft benutzt werden, z.B. das »**Schwarze Brett**«. Wegen des Umfangs des Gesetzestextes kann ein Hinweis an dieser Stelle genügen, an welcher anderen Stelle der volle Wortlaut nachgelesen werden kann (z.B. im Büro des Betriebsrats, nicht dagegen bei einem Vorgesetzten oder im Personalbüro, da dies die Offenbarung der Schwangerschaft mit sich brächte;

vgl. dazu Buchner/Becker, 8. Aufl., § 18 Anm. 29–34 mit weiteren Hinweisen). In **größeren Betrieben** kann es erforderlich sein, den Text an mehreren Stellen auszulegen (Pepping in HK-MuSchG § 18 [a.F.] Rz. 11; s.o. Rn. 8). Die Norm stellt nun klar, dass die Aushangpflicht den Arbeitgeber trifft, also nicht den Betriebsrat oder die Frauen oder Gleichstellungsbeauftragte.

13 Bereits nach § 18 MuSchG a.F. wurde ein **Einstellen im Intranet** unter teleologischer Auslegung der Norm als Auslegen oder Aushängen werden, wenn die Arbeitnehmerinnen entweder einen eigen PC bzw. Zugang zum Intranet am Arbeitsplatz haben, oder aber ein allgemein zugänglicher PC existiert (vgl. Vorauflage § 18 a.F. Rn. 13; Pepping in HK-MuSchG § 18 [a.F.] Rz. 12; Zmarzik/Zipperer, 9. Aufl., § 18 Rz. 8; Buchner/Becker, 8. Aufl., § 18 Rz. 43). Nunmehr stellt der Gesetzeswortlaut dies ausdrücklich klar. Nach Satz 2 ist der Arbeitgeber von der Verpflichtung, eine Kopie des Gesetzes an geeigneter Stelle zur Einsicht auszulegen oder auszuhängen, entbunden, wenn er das Gesetz für die Personen, die bei ihm beschäftigt sind, in einem elektronischen Verzeichnis zugänglich gemacht hat. Die Vorschrift soll dem Bürokratieabbau dienen und erleichtert die Bekanntgabe des MuSchG durch die Betriebe. Dabei kann schon eine Verknüpfung mit anderen Verzeichnissen ausreichen (BT-Drucks. 230/2016 S. 108).

14 Der Abdruck braucht **nur diejenigen Bestimmungen** zu enthalten, die für die Frau bedeutsam sein können.

Umstritten ist, ob in Betrieben, in denen Ausländerinnen beschäftigt sind, zumindest ein Hinweis in der entsprechenden Landessprache ausliegen muss. Vertreten wird, dass wenn regelmäßig mehr als drei **Ausländerinnen** beschäftigt werden, die der deutschen Sprache nicht mächtig sind, an der Stelle, an welcher der deutsche Text ausgelegt oder ausgehängt oder auf die Auslage hingewiesen ist, eine Bekanntmachung in der fremden Sprache, die geeignet ist, jenen Arbeitnehmerinnen zur Sicherung ihrer Rechte zu verhelfen, notwendigerweise auszulegen ist (vgl. Monjau, Mutterschutz bei Ausländerbeschäftigung, DB 1965, 71 [73]; s. auch Heilmann, § 18 Rz. 20). Nach anderer Ansicht ist dies im Hinblick auf die Amtssprache »Deutsch« nicht notwendig (vgl. Meisel/Sowka § 18 Rz. 11; Kollmer DB 1995, 1662; Pepping in HK-MuSchG § 18 Rz. 10 unter Hinweis auf die Kommentierung von Baeck/Deutsch zu § 16 Rz. 7 ArbZG). In der Tat dürfte ein solcher fremdsprachlicher Aushang zwar sinnvoll sein, aber kaum mit dem Wortlaut und der an den Verstoß geknüpften Strafandrohung vereinbar sein, zumal in Betrieben mit multinationaler Belegschaft eine solche Verpflichtung den Arbeitgeber vor erhebliche praktische Probleme stellen dürfte. Ob der Arbeitgeber den Text auslegt oder aushändigt, steht in seinem Ermessen (Zmarzik/Zipperer § 18 [a.F.] Rz. 8; Buchner/Becker, 8. Aufl. § 18 [a.F.] Rz. 29)

4. Heimarbeit (Abs. 2)

15 Abs. 2 Satz 1 übernimmt den Regelungsgehalt des bisherigen § 18 Absatz 1 und 2 MuSchG (BT-Drucks. 230/2016 S. 108). Die sinngemäß gleiche Verpflichtung, wie sie in Rdnr. 12 behandelt ist, trifft die Auftraggeber und Zwischenmeister der **Heimarbeit** (vgl. § 24 in Verb, mit § 21 Abs. 1 Nr. 8). Die Auslage- oder Aushangpflicht

ist in den Räumen des Auftraggebers oder Zwischenmeisters zu erfüllen, in denen die Heimarbeit ausgegeben oder abgenommen wird (vgl. auch § 6 HAG; die dort genannten Aushangräume sind diejenigen Orte, an denen auch der Abdruck des Mutterschutzgesetzes zugänglich sein muss). Die Auslage- oder Aushangpflicht besteht in der Heimarbeit ohne Rücksicht auf eine Mindestzahl regelmäßig beschäftigter Frauen, wenn nur überhaupt Heimarbeit an Frauen ausgegeben wird. Werden nur männliche Personen als Heimarbeiter, Hausgewerbetreibende oder Gleichgestellte beschäftigt, dann entfällt die Verpflichtung aus § 18 Abs. 2 selbst dann, wenn bei demjenigen, der Heimarbeit übernimmt, weibliche Personen entweder als mitarbeitende Familienangehörige (§ 2 Abs. 5 HAG) oder als fremde Hilfskräfte (§ 2 Abs. 6 HAG) tätig sind (so Buchner/Becker, 8. Aufl., § 18 Anm. 24, 25 mit weiteren Hinweisen; teilw. abw. Meisel/Sowka, § 18 Anm. 8).

Gem. Abs. 2 Satz 2 gilt die Regelung des Absatzes 1 Satz 2 zur Bekanntgabe des Gesetzes über ein elektronisches Verzeichnis im Fall der Heimarbeit entsprechend

5. Folgen bei Zuwiderhandlung

Abgesehen von der Befugnis der Aufsichtsbehörde, aufgrund des § 26 Abs. 1 bei den ihr obliegenden Betriebsrevisionen die Erfüllung der Auslage- bzw. Aushangpflicht zu überwachen und erforderlichenfalls zu erzwingen, hat ein Verstoß gegen § 24 auch zivilrechtlich keine Folgen. 16

a) Ordnungswidrigkeit

Entgegen § 18 MuSchG a.F. ist die Verletzung der Pflichten aus § 26 keine **Ordnungswidrigkeit mehr.** 17

b) Zivilrechtliche Folgen

Zivilrechtliche Folgen können aus der Verletzung des § 26 wie bereits zuvor aus § 18 MuSchG a.F. nicht ohne Weiteres hergeleitet werden. § 18 wird nicht als **Schutzgesetz** im Sinne des § 823 Abs. 2 BGB anerkannt, da er nicht, wie es diese Vorschrift voraussetzt, den Schutz der einzelnen Frau bezweckt, sondern als bloße Ordnungsvorschrift anzusehen ist; anderenfalls wäre die Beschränkung der Auslage- oder Aushangpflicht auf Betriebe oder Verwaltungen mit mehr als drei Arbeitnehmerinnen und als Folge davon die Aberkennung des Interesses einer geringeren Zahl von Arbeitnehmerinnen an der Kenntnis des Gesetzestextes nicht zu erklären (allg. Ansicht.; vgl. **LAG Bad.**-Wttbg. [Stuttgart] vom 30.11.1967, DB 1968, 624; Buchner/Becker, 8. Aufl., § 18 Rz. 49 ff.; Meisel/Sowka, § 18 Anm. 13; Zmarzlik/Zipperer, 9. Aufl., § 18 Rz. 10). 18

Das **BVerfG** hat zur Verfassungsmäßigkeit des § 9 Abs. 1 Satz 1 angeführt, durch die in § 18 bestimmte Auslage des Gesetzes werde eine gewisse Vorsorge dagegen getroffen, dass Frauen aus Rechtsunkenntnis ihre Rechte nicht geltend machen (Beschluss vom 25.1.1972, BVerfGE 32, 273 – AP Nr. 1 zu § 9 MuSchG 1968). Hieraus könnte abgeleitet werden, dass der Arbeitgeber eine Mitteilung über die Schwangerschaft auch 19 noch später als zwei Wochen nach der Kündigung gegen sich gelten lassen muss, wenn die Verspätung darauf beruht, dass die Schwangere die Frist wegen Nichtauslage des Gesetzes nicht kannte.

20 Für aushangpflichtige Betriebe und Verwaltungen (mit mehr als drei Arbeitnehmerinnen) kann die Einhaltung des § 18 beim Vorliegen entsprechender Anhaltspunkte als Inhalt einer im Einzelfall übernommenen arbeitsvertraglichen **Fürsorgepflicht** des Arbeitgebers angesehen werden (im Ergebnis ähnlich Buchner/Becker, 8. Aufl., § 18 Anm. 42; a.A. Meisel/Sowka, § 18 Anm. 13). Dann stellt ein Verstoß gegen § 18 eine positive Vertragsverletzung dar und kann Schadenersatzpflichten begründen. (Näheres s. Foerster, Bekanntmachungspflicht durch Aushänge und Verzeichnisse im Betrieb, BB 1964 Beilage Nr. 2 zu Heft 12, Abschn. 111 2 mit Darstellung des Meinungsstandes; vgl. auch zur gleichen Problematik des § 8 TVG Wiedemann-Stumpl, TVG, 5. Aufl., § 8 Anm. 2, 3.).

21 Allerdings setzt ein **Schadenersatzanspruch** der Arbeitnehmerin außer dem Verschulden des Arbeitgebers oder seines Vertreters (§ 278 BGB), das durch ein Mitverschulden der Arbeitnehmerin gemäß § 254 BGB u.U. ganz aufgehoben sein kann, einen **Ursachenzusammenhang** zwischen dem Gesetzesverstoß und dem Schaden (z.B. Verlust des Kündigungsschutzes aus § 9 wegen Versäumung der Mitteilungsfrist) voraus; daran kann es im Einzelfall aus den verschiedensten Gründen fehlen (vgl. zu § 7 TVG **BAG** vom 5.11.1963, AP Nr. 1 zu § 1 TVG Bezugnahme auf Tarifvertrag; vom 22.11.1963, AP Nr. 6 zu § 611 BGB Öffentlicher Dienst; vom 6.7.1972, AP Nr. 1 zu § 8 TVG 1969; ferner Buchner/Becker, 8. Aufl., § 18 [a.F.] Rz. 52).

§ 27 MuSchG Mitteilungs- und Aufbewahrungspflichten des Arbeitgebers, Offenbarungsverbot der mit der Überwachung beauftragten Personen

(1) [1]Der Arbeitgeber hat die Aufsichtsbehörde unverzüglich zu benachrichtigen,

1. wenn eine Frau ihm mitgeteilt hat,
   a. dass sie schwanger ist oder
   b. dass sie stillt, es sei denn, er hat die Aufsichtsbehörde bereits über die Schwangerschaft dieser Frau benachrichtigt, oder

2. wenn er beabsichtigt, eine schwangere oder stillende Frau zu beschäftigen
   a. bis 22 Uhr nach den Vorgaben des § 5 Absatz 2 Satz 2 und 3,
   b. an Sonn- und Feiertagen nach den Vorgaben des § 6 Absatz 1 Satz 2 und 3 oder Absatz 2 Satz 2 und 3 oder
   c. mit getakteter Arbeit im Sinne von § 11 Absatz 6 Nummer 3 oder § 12 Absatz 5 Nummer 3.

[2]Er darf diese Informationen nicht unbefugt an Dritte weitergeben.

(2) [1]Der Arbeitgeber hat der Aufsichtsbehörde auf Verlangen die Angaben zu machen, die zur Erfüllung der Aufgaben dieser Behörde erforderlich sind. [2]Er hat die Angaben wahrheitsgemäß, vollständig und rechtzeitig zu machen.

(3) Der Arbeitgeber hat der Aufsichtsbehörde auf Verlangen die Unterlagen zur Einsicht vorzulegen oder einzusenden, aus denen Folgendes ersichtlich ist:
1. die Namen der schwangeren oder stillenden Frauen, die bei ihm beschäftigt sind,
2. die Art und der zeitliche Umfang ihrer Beschäftigung,
3. die Entgelte, die an sie gezahlt worden sind,
4. die Ergebnisse der Beurteilung der Arbeitsbedingungen nach § 10 und
5. alle sonstigen nach Absatz 2 erforderlichen Angaben.

(4) [1]Die auskunftspflichtige Person kann die Auskunft auf solche Fragen oder die Vorlage derjenigen Unterlagen verweigern, deren Beantwortung oder Vorlage sie selbst oder einen ihrer in § 383 Absatz 1 Nummer 1 bis 3 der Zivilprozessordung bezeichneten Angehörigen der Gefahr der Verfolgung wegen einer Straftat oder Ordnungswidrigkeit aussetzen würde. [2]Die auskunftspflichtige Person ist darauf hinzuweisen.

(5) Der Arbeitgeber hat die in Absatz 3 genannten Unterlagen mindestens bis zum Ablauf von zwei Jahren nach der letzten Eintragung aufzubewahren.

(6) [1]Die mit der Überwachung beauftragten Personen der Aufsichtsbehörde dürfen die ihnen bei ihrer Überwachungstätigkeit zur Kenntnis gelangten Geschäfts- und Betriebsgeheimnisse nur in den gesetzlich geregelten Fällen oder zur Verfolgung von Rechtsverstößen oder zur Erfüllung von gesetzlich geregelten Aufgaben zum Schutz der Umwelt den dafür zuständigen Behörden offenbaren. [2]Soweit es sich bei Geschäfts- und Betriebsgeheimnissen um Informationen über die Umwelt im Sinne des Umweltinformationsgesetzes handelt, richtet sich die Befugnis zu ihrer Offenbarung nach dem Umweltinformationsgesetz.

Übersicht Rdn.

1. Allgemeines

1 Damit der Aufsichtsbehörde (§ 29) ermöglicht wird, die Einhaltung der mutterschutzrechtlichen Schutzpflichten durch den Arbeitgeber effektiv zu kontrollieren, regelt § 27 in der seit 1.1.2018 geltenden Fassung (vgl. Art. 1 und 10 Abs. 1 Satz 1 des Gesetzes zur Neuregelung des Mutterschutzrechts vom 23. Mai 2017, BGBl. I, 1228) in seinen Absätze 1 bis 3 und 5 verschiedene **Melde-, Auskunfts-, Vorlage- und Aufbewahrungspflichten** des Arbeitgebers. Die Regelung übernimmt insoweit den Regelungsgehalt der bisherigen Regelungen der §§ 5 Abs. 1 Satz 3 und 4, 19 Abs. 1 Nr. 1 und 2, Abs. 2 a.F. (vgl. die Begründung zum Gesetzesentwurf der Bundesregierung zur Entwurfsfassung des § 25, BT-Drucks 18/8963, S. 95 f.). Die Meldepflicht des bisherigen § 9 Abs. 2 a.F. ist zusammen mit dem Wegfall des Eigenkündigungsrechts der Frau nach dem bisherigen § 10 a.F. entfallen. § 27 Abs. 4 übernimmt klarstellend die Regelungen zum **Auskunftsverweigerungsrecht** nach § 22 Abs. 1 Satz 2 und 3 ArbSchG (BT-Drucks 18/11782, S. 36 f.). § 27 Abs. 6 regelt ein **Offenbarungsverbot** der mit der Überwachung beauftragten Bediensteten und Beauftragten der Aufsichtsbehörde im Hinblick auf die ihnen bei ihrer Überwachungstätigkeit zur Kenntnis gelangenden Geschäfts- und Betriebsgeheimnisse und übernimmt den Regelungsgehalt des § 139b Abs. 1 Satz 3 und 4 GewO, auf den § 20 Abs. 2 a.F. bislang verwiesen hat. Die Regelung entspricht weitgehend § 23 Abs. 2 ArbSchG (vgl. BT-Drucks 18/11782, S. 37).

2. Meldepflichten nach Abs. 1

2 § 27 Abs. 1 regelt die Meldepflichten des Arbeitgebers gegenüber der Aufsichtsbehörde. § 27 Abs. 1 Satz 1 Nr. 1 regelt dabei die Meldepflichten hinsichtlich der Schwangerschaft und der Stillzeit der Frau. § 27 Abs. 1 Satz 1 Nr. 2 regelt die Meldepflicht des Arbeitgebers, wenn er beabsichtigt, schwangere oder stillende Schülerinnen und Studentinnen nachts bis 22 Uhr zu beschäftigen bzw. wenn er beabsichtigt, schwangere oder stillende Frauen an Sonn- und Feiertagen oder mit getakteter Arbeit zu beschäftigten. § 27 Abs. 1 Satz 2 stellt klar, dass der Arbeitgeber die erhaltenen Informationen nicht unbefugt an Dritte weitergeben darf.

a) Meldepflichtige Personen

3 Meldepflichtig ist der **Arbeitgeber** i.S.d. § 2 Abs. 1 Satz 1 bzw. die dem Arbeitgeber gem. § 2 Abs. 1 Satz 2 Nr. 1–8 gleichstellten Personen (vgl. die Kommentierung zu § 2 Abs. 1). Die Meldepflicht besteht unabhängig von der Größe des Betriebs bzw. des Unternehmens des Arbeitgebers (vgl. Schmiegel in Tillmanns/Mutschler 2. Aufl. § 27 MuSchG Rn. 13). Bei **natürlichen Personen** obliegt die Auskunftspflicht dem Arbeitgeber selber, bei **juristischen Personen** obliegt diese dem nach Gesetz bzw. Satzung vertretungsberechtigten Organ (z.B. Geschäftsführer einer GmbH). Der Arbeitgeber bzw. das vertretungsberechtigte Organ kann zur Wahrnehmung derartiger Aufgaben einen Vertreter bzw. Beauftragten (z.B. Personalleiter; vgl. auch § 9 Abs. 2 OWiG) bestimmen (vgl. Schmiegel in Tillmanns/Mutschler 2. Aufl. § 27

MuSchG Rn. 13; Pepping in HK-MuSchG 5. Aufl. § 27 Rn. 6; Brose/Weth/Volk/Latterner/Weth MuSchG § 27 Rn. 3).

Die **schwangere oder stillende Frau** ist gegenüber der Aufsichtsbehörde **nicht** zur Meldung verpflichtet, weil sie durch das MuSchG begünstigt und nicht verpflichtet wird. Die Behörde kann sie zwar um Auskunft bitten. Eine solche liegt auch regelmäßig in ihrem Interesse, weil es um den Schutz ihres Lebens und ihrer Gesundheit bzw. der Gesundheit ihres ungeborenen/neugeborenen Kindes geht. Schweigt sie, ist das aber für die Frau folgenlos (vgl. Schmiegel in Tillmanns/Mutschler 2. Aufl. § 27 MuSchG Rn. 14; ferner Pepping in HK-MuSchG 5. Aufl. § 27 Rn. 7). 4

Der **Betriebs- oder Personalrat** ist ebenfalls nicht nach § 27 Abs. 1 meldepflichtig. Eine solche Verpflichtung kann sich jedoch aus **§ 89 Abs. 1 BetrVG bzw. § 81 Abs. 1 BPersVG** ergeben. Hiernach ist der Betriebs- bzw. Personalrat verpflichtet, die für Arbeitsschutz zuständigen Behörden, Träger der gesetzlichen Unfallversicherung sowie sonstigen Stellen bei der Bekämpfung von Unfall- und Gesundheitsgefahren durch Anregungen, Beratung und Auskunft zu unterstützen. Dazu gehört auch, die Auskunftsbehörden über Verstöße gegen das MuSchG zu unterrichten. Diese Pflicht besteht jedoch nicht uneingeschränkt. Aus dem Grundsatz der vertrauensvollen Zusammenarbeit (vgl. § 2 Abs. 1 BetrVG bzw. § 2 Abs. 1 BPersVG) folgt, dass der Betriebs- bzw. Personalrat zunächst versuchen muss, den Verstoß durch innerbetriebliche Einwirkung auf den Arbeitgeber zu beseitigen (vgl. Schmiegel in Tillmanns/Mutschler 2. Aufl. § 27 MuSchG Rn. 14; Pepping in HK-MuSchG 5. Aufl. § 27 Rn. 8; jeweils m.w.N.). 5

b) Adressat, Form und Zeitpunkt der Meldung

Die Meldepflicht des § 27 Abs. 1 besteht ausschließlich gegenüber der zuständigen **Aufsichtsbehörde i.S.d. § 29 Abs. 1** (Informationen über die zuständigen Aufsichtsbehörden der jeweiligen Bundesländer können auf der Homepage des Bundesministeriums derzeit unter www.bmfsfj.de im Themenbereich Familien – Familienleistungen – Mutterschaftsleistungen – Aufsichtsbehörden für Mutterschutz und Kündigungsschutz abgerufen werden; vgl. außerdem die Kommentierung zu § 29). § 27 begründet keine Meldepflicht gegenüber anderen Behörden bzw. Rechtsträgern wie etwa den Krankenkassen. Eine solche kann sich aber aus anderen Rechtsvorschriften (z.B. §§ 98 SGB X, 198 SGB V; 28a SGB IV, 57 SGB II) ergeben (Pepping in HK-MuSchG 5. Aufl. § 27 Rn. 9; Brose/Weth/Volk/Latterner/Weth MuSchG § 27 Rn. 4). 6

Dem **Betriebs- bzw. Personalrat** gegenüber ist der Arbeitgeber nicht aus § 27 Abs. 1 zur Meldung verpflichtet (BAG vom 27.2.1968 EzA § 54 BetrVG Nr. 1; Pepping in HK-MuSchG 5. Aufl. § 27 Rn. 10; Brose/Weth/Volk/Latterner/Weth MuSchG § 27 Rn. 4). Eine Pflicht zur Unterrichtung des Betriebs – bzw. Personalrats kann sich jedoch **aus § 80 Abs. 2 BetrVG bzw. aus § 68 Abs. 2 BPersVG** ergeben (vgl. BAG vom 27.2.1968 EzA § 54 BetrVG Nr. 1 zu § 54 BetrVG 1952; BVerwG vom 29.8.1990 NJW 1991, 373; Schmiegel in Tillmanns/Mutschler 2. Aufl. § 27 MuSchG Rn. 19; Pepping in HK-MuSchG 5. Aufl. § 27 Rn. 10). Im Hinblick auf die Auskunftspflicht nach § 80 Abs. 2 BetrVG hat das BAG am 9.4.2019 (EzA § 80 BetrVG 2001 Nr. 27 7

Rn. 21; vgl. dazu auch Brose/Weth/Volk/Latterner/Weth MuSchG § 27 Rn. 4, Rn. 33 ff.) klargestellt, dass der Arbeitgeber **auch gegen den erklärten Willen der Schwangeren** verpflichtet sein kann, den Betriebsrat hierüber zu unterrichten. Die Erfüllung der dem Betriebsrat von Gesetzes wegen zugewiesenen Aufgaben ist nicht von einer vorherigen Einwilligung der Arbeitnehmer abhängig und steht nach der betriebsverfassungsrechtlichen Konzeption nicht zu deren Disposition. Das BAG hat in der Entscheidung vom 9.4.2019 (EzA § 80 BetrVG 2001 Nr. 27 Rn. 12 ff.) außerdem betont, dass Voraussetzung für eine Auskunftspflicht nach § 80 Abs. 2 BetrVG ist, dass der Betriebsrat konkret darlegt, für welche Aufgabe er die Auskunft benötigt bzw. die Einhaltung welcher konkreten Schutzvorschrift er überwachen will. Dafür genügt der bloße Hinweis auf die Überwachung von nicht näher bezeichneten, zugunsten schwangerer Arbeitnehmerinnen geltende mutterschutzrechtlichen Pflichten nicht. Entgegen der in der Vorauflage vertretenen Ansicht (vgl. dort § 27 Rn. 7) ist der Arbeitgeber also **nicht verpflichtet**, den Betriebsrat **unaufgefordert** über alle ihm mitgeteilten Fälle einer Schwangerschaft zu informieren. Der Betriebsrat muss dem Arbeitgeber vielmehr die **konkrete Arbeitsschutz- bzw. Mutterschutz-Vorgabe**, deren Durchführung er überwachen will und die sein Auskunftsverlangen tragen soll, aufzeigen und außerdem die **Gründe**, warum er erstrebte Auskunft für die Wahrnehmung dieser Aufgabe benötigt.

Das BAG hat in der Entscheidung vom 9.4.2019 (EzA § 80 BetrVG 2001 Nr. 27 Rn. 24 ff) ferner klargestellt, dass die Mitteilung der Schwangerschaft einer Arbeitnehmerin unter deren Namensnennung die **Verarbeitung von Gesundheitsdaten** als eine besondere Kategorie personenbezogener Daten i.S.v. Art. 9 Abs. 1 EUV 2016/679 (sog. **sensitives Datum**) betrifft. Hat der Betriebsrat nach § 80 Abs. 2 BetrVG einen Anspruch darauf, dass ihm der Arbeitgeber nach einer Anzeige gemäß § 15 Abs. 1 den Namen der schwangeren Arbeitnehmerin mitteilt, ist die damit verbundene **Datenverarbeitung i.S.v. § 26 Abs. 3 S. 1 BDSG** zur Erfüllung einer rechtlichen Pflicht aus dem Arbeitsverhältnis erforderlich. Da der Arbeitgeber bei der Weitergabe sensitiver Daten an den Betriebsrat die Beachtung des in §§ 26 Abs. 3 S. 3 i.V.m. 22 Abs. 2 BDSG geregelten Gebots angemessener und spezifischer Schutzmaßnahmen aber nicht in der Hand hat, hat der Betriebsrat bei der Geltendmachung eines auf sensitive Daten gerichteten Auskunftsbegehrens darzulegen, wie er den Schutz der Daten der schwangeren Arbeitnehmerin gewährleistet. Die **vom Betriebsrat aufzuzeigenden Datenschutzvorkehrungen** müssen nicht zwingend solche sein, die ausdrücklich in § 22 Abs. 2 Satz 1 Nr. 1–10 BDSG aufgeführt sind, sofern gewährleistet ist, dass das Vertraulichkeitsinteresse der Betroffenen strikt beachtet wird und Vorkehrungen getroffen werden, die bei wertender Betrachtung den in **§ 22 Abs. 2 S. 2 BDSG** aufgelisteten Kriterien entsprechen. Hierzu können Maßnahmen zur Datensicherheit wie das zuverlässige Sicherstellen des Verschlusses der Daten, die Gewähr begrenzter Zugriffsmöglichkeiten oder deren Beschränkung auf einzelne Betriebsratsmitglieder sowie die Datenlöschung nach Beendigung der Überwachungsaufgabe gehören (vgl. dazu auch Brose/Weth/Volk/Latterner/Weth MuSchG § 27 Rn. 33 b ff.).

8 Die Benachrichtigung der Aufsichtsbehörde ist **nicht formgebunden** und kann daher auch mündlich erfolgen. Schon aus Beweisgründen ist dem Arbeitgeber anzuraten, die

Benachrichtigung schriftlich vorzunehmen (Pepping in HK-MuSchG 5. Aufl. § 27 Rn. 14; Schmiegel in Tillmanns/Mutschler 2. Aufl. § 27 MuSchG Rn. 8). Sie hat **unverzüglich**, also ohne schuldhaftes Zögern (§ 121 BGB) zu erfolgen. Es darf nicht abgewartet werden, bis die Behörde die entsprechende Auskunft verlangt (Brose/Weth/Volk/Latterner/Weth MuSchG § 27 Rn. 6).

c) Meldepflicht nach Abs. 1 Satz 1 Nr. 1

§ 27 Abs. 1 Satz 1 Nr. 1 regelt die gegenüber der Aufsichtsbehörde bestehende Meldepflicht des Arbeitgebers im Hinblick auf die Schwangerschaft oder die Stillzeit von ihm beschäftigter Frauen. 9

Nach § 27 Abs. 1 Satz 1 Nr. 1 Buchst. a hat der Arbeitgeber die zuständige Aufsichtsbehörde von der ihm durch die Frau **mitgeteilten Schwangerschaft** (vgl. § 15 Abs. 1 Satz 1) zu benachrichtigen. Die Regelung übernimmt den Regelungsgehalt des bisherigen § 5 Abs. 1 Satz 3 a.F. (vgl. die Begründung zum Gesetzesentwurf der Bundesregierung zur insoweit inhaltsgleichen Entwurfsfassung des § 25, BT-Drucks 18/8963, S. 96). Die Meldepflicht hängt nicht davon ab, dass die Schwangere bereits gem. § 15 Abs. 2 ein ärztliches Zeugnis über die Schwangerschaft vorgelegt hat; sie entsteht bereits mit der formlosen Mitteilung der Schwangerschaft nach § 15 Abs. 1 Satz 1 (Schmiegel in Tillmanns/Mutschler 2. Aufl. § 27 MuSchG Rn. 3; Pepping in HK-MuSchG 5. Aufl. § 27 Rn. 12; Brose/Weth/Volk/Latterner/Weth MuSchG § 27 Rn. 10).

§ 27 Abs. 1 Satz 1 Nr. 1 Buchst. b weitet die Pflicht des Arbeitgebers zur Benachrichtigung der Aufsichtsbehörde auf **stillende Frauen** aus, wenn ihm die Frau mitgeteilt hat, dass sie stillt (vgl. § 15 Abs. 1 Satz 2). Diese Neuregelung soll den Aufsichtsbehörden ermöglichen, auch ihren Aufgaben gegenüber stillenden Frauen nachzukommen (vgl. die Begründung zum Gesetzesentwurf der Bundesregierung zur insoweit inhaltsgleichen Entwurfsfassung des § 25, BT-Drucks 18/8963, S. 96). Die Benachrichtigungspflicht besteht allerdings nur, wenn der Arbeitgeber die Aufsichtsbehörde nicht bereits über die Schwangerschaft benachrichtigt hat (Brose/Weth/Volk/Latterner/Weth MuSchG § 27 Rn. 9). Eine solche isolierte Information der Aufsichtsbehörde kommt insbesondere in Betracht, wenn der Arbeitgeber eine bereits stillende Frau eingestellt hat oder aber eine Frau beschäftigt, die ein Kind stillt, mit dem sie nicht selbst schwanger war (Schmiegel in Tillmanns/Mutschler 2. Aufl. § 27 MuSchG Rn. 4). 10

§ 27 Abs. 1 Satz 1 Nr. 1 statuiert eine Meldepflicht des Arbeitgebers – wie schon § 5 Abs. 1 Satz 3 a.F. – ausdrücklich nur dann, wenn die Mitteilung **durch die schwangere bzw. stillende Frau selbst** erfolgt. Das ist auch dann der Fall, wenn die Mitteilung durch einen von ihr eingeschalteten **Vertreter** oder **Erklärungsboten** (bei Minderjährigen auch durch Erziehungsberechtigte; Pepping in HK-MuSchG 5. Aufl. § 27 Rn. 12; Brose/Weth/Volk/Latterner/Weth MuSchG § 27 Rn. 11) übermittelt wird. Dagegen entsteht die Meldepflicht nicht, wenn der Arbeitgeber nur auf anderem Wege (etwa durch die Mitteilung Dritter wie z.B. Arbeitskollegen) von der Schwangerschaft bzw. der Stillzeit der Frau erfahren hat (Schmiegel in Tillmanns/Mutschler 2. Aufl. § 27 MuSchG Rn. 3; Pepping in HK-MuSchG 5. Aufl. § 27 Rn. 12; Brose/Weth/Volk/Latterner/Weth MuSchG § 27 Rn. 11). Er ist allerdings aufgrund seiner arbeitsvertrag- 11 lichen Fürsorgepflicht und zur Vermeidung der Erfüllung eines Ordnungswidrigkeitstatbestandes bspw. durch fahrlässige Beschäftigung einer schwangeren oder stillenden Frau entgegen eines Beschäftigungsverbotes (§ 32 Abs. Nr. 1 MuSchG) gehalten, die Frau zu fragen, ob sie schwanger ist oder stillt (Brose/Weth/Volk/Latterner/Weth MuSchG § 27 Rn. 11).

Verstößt der Arbeitgeber vorsätzlich oder fährlässig gegen die Meldepflicht nach § 27 Abs. 1 Satz 1 Nr. 1, dann begeht er eine mit Geldbuße zu ahndende **Ordnungswidrigkeit** gem. § 32 Abs. 1 Nr. 11.

d) Meldepflicht nach Abs. 1 Satz 1 Nr. 2

12 Durch Art. 1 des Gesetzes zur Neuregelung des Mutterschutzrechts vom 23. Mai 2017 (BGBl. I, 1228) neu eingeführt wurden die in § 27 Abs. 1 Satz 1 Nr. 2 geregelten Meldepflichten des Arbeitgebers. Diese betreffen Fälle, in denen der Arbeitgeber beabsichtigt, schwangere oder stillende Schülerinnen und Studentinnen nachts bis 22 Uhr zu beschäftigen bzw. wenn er beabsichtigt, schwangere oder stillende Frauen an Sonn- und Feiertagen oder mit getakteter Arbeit zu beschäftigten.

13 Eine Pflicht zur Benachrichtigung der Aufsichtsbehörde besteht nach § 27 Abs. 1 Satz 1 Nr. 2 Buchst. a, wenn der Arbeitgeber beabsichtigt, eine schwangere oder stillende Frau nach den Vorgaben des § 5 Abs. 2 Satz 2 und 3 **bis 22 Uhr** zu beschäftigen. Diese Meldepflicht betrifft **allein die Beschäftigung von schwangeren oder stillenden Schülerinnen und Studentinnen** i.S.d. § 1 Abs. 2 Satz 2 Nr. 8, weil die in § 5 Abs. 2 Satz 2 und 3 geregelte Ausnahme vom Nachtarbeitsverbot bis 22 Uhr ausdrücklich nur Schülerinnen und Studentinnen i.S.d. § 1 Abs. 2 Satz 2 erfasst. Für die sonstigen nach Maßgabe des § 2 Abs. 2 Satz 1 und Satz 2 Nr. 1–7 beschäftigten Frauen ist das Nachtarbeitsverbot in § 5 Abs. 1 Satz 1 geregelt. Ihre Beschäftigung bis 22 Uhr ist gem. § 5 Abs. 1 Satz 2 nur ausnahmsweise zulässig, wenn das behördliche Genehmigungsverfahren nach § 28 durchgeführt wurde. Insoweit besteht daher kein Bedarf für die Regelung einer Meldepflicht (vgl. BT-Drucks 18/11782, S. 36; Brose/Weth/Volk/Latterner/Weth MuSchG § 27 Rn. 14).

Nach § 27 Abs. 1 Satz 1 Nr. 2 Buchst. b besteht eine Pflicht zur Benachrichtigung der Aufsichtsbehörde, wenn der Arbeitgeber beabsichtigt, eine schwangere oder stillende Frau **an Sonn- und Feiertagen** entsprechend den Vorgaben des § 6 Abs. 1 Satz 2 und 3 oder Abs. 2 Satz 2 und 3 arbeiten zu lassen. Dadurch soll der Aufsichtsbehörde ermöglicht werden, die Einhaltung der arbeitszeitrechtlichen Vorgaben des § 6 zu überprüfen (Schmiegel in Tillmanns/Mutschler 2. Aufl. § 27 MuSchG Rn. 5). Ggf. kann die Aufsichtsbehörde die Beschäftigung an Sonn- und Feiertagen nach § 29 Abs. 3 S. 2 Nr. 2 Buchst. b MuSchG verbieten, wenn die Voraussetzungen des § 6 Abs. 1 S. 2 bzw. Abs. 2 S. 2 nicht vorliegen (Brose/Weth/Volk/Latterner/Weth MuSchG § 27 Rn. 17).

Aus § 27 Abs. 1 Satz 1 Nr. 2 Buchst. c ergibt sich die Pflicht zur Benachrichtigung der Aufsichtsbehörde, wenn der Arbeitgeber beabsichtigt, eine schwangere oder stillende Frau mit **getakteter Arbeit** i.S.v. 11 Abs. 6 Nr. 3 oder § 12 Abs. 5 Nr. 3 zu beschäftigen. Dadurch soll der Aufsichtsbehörde eine umgehende Prüfung der angezeigten

Beschäftigung auf Grundlage der übermittelten Angaben oder gegebenenfalls nachgeforderten Unterlagen ermöglicht werden. Kommt die Aufsichtsbehörde zu dem Ergebnis, dass die Beschäftigung eine unverantwortbare Gefährdung für die Frau oder für ihr Kind darstellt, kann sie beispielsweise die Ausübung von getakteter Arbeit mit vorgeschriebenem Arbeitstempo durch die schwangere oder stillende Frau nach § 29 Absatz 3 Satz 2 Nr. 7 verbieten. Die Benachrichtigung soll daher die Beschreibung der Tätigkeiten der Frau und die Darlegung enthalten, dass die gesetzlichen Vorgaben für die jeweilige Beschäftigung eingehalten sind (vgl. BT-Drucks 18/11782, S. 36).

Auch die Benachrichtigung der Aufsichtsbehörde nach § 27 Abs. 1 Satz 1 Nr. 2 hat **unverzüglich**, d.h. ohne schuldhaftes Zögern zu erfolgen. Die Meldepflicht besteht bereits, wenn der Arbeitgeber beabsichtigt, eine schwangere oder stillende Frau entsprechend zu beschäftigen. Die Meldung hat daher regelmäßig noch im Stadium der Dienst – bzw. Einsatzplanung zu erfolgen und **bevor** der Arbeitgeber die Frau tatsächlich zur Arbeit einsetzt (Brose/Weth/Volk/Latterner/Weth MuSchG § 27 Rn. 22). Der Arbeitgeber verletzt seine Pflicht zur unverzüglichen Benachrichtigung der Aufsichtsbehörde allerdings noch nicht, wenn er bspw. bei beabsichtigter Beschäftigung der Frau während der Nachtzeit oder an Sonn- und Feiertagen zuvor noch den Betriebsrat sein Mitbestimmungsrecht nach § 87 Abs. 1 Nr. 2, 3 BetrVG ausüben lässt, solange die Vorklärung mit dem Betriebsrat unverzüglich erfolgt und die Aufsichtsbehörde unmittelbar danach (aber noch vor dem tatsächlichen Arbeitseinsatz) informiert wird (Pepping in HK-MuSchG 5. Aufl. § 27 Rn. 19; Brose/Weth/Volk/Latterner/Weth MuSchG § 27 Rn. 23). 14

Verstößt der Arbeitgeber vorsätzlich oder fährlässig gegen die Meldepflicht nach § 27 Abs. 1 Satz 1 Nr. 2, dann begeht er eine mit Geldbuße zu ahndende **Ordnungswidrigkeit** gem. § 32 Abs. 1 Nr. 11.

e) Verbot der unbefugten Weitergabe der Informationen nach Abs. 1 Satz 2

§ 27 Abs. 1 Satz 2 verbietet es dem Arbeitgeber, die Informationen unbefugt an Dritte weiterzugeben. Die Regelung stellt damit – wie schon § 5 Abs. 1 Satz 4 a.F. – klar, was datenschutzrechtlich und wegen dem arbeitsvertraglich nach § 241 Abs. 2 BGB sowie deliktsrechtlich geschützten Persönlichkeitsrecht der Frau ohnehin gilt: Es soll der Frau selbst überlassen bleiben, ob, wann und wem sie mitteilt, dass sie schwanger ist oder dass sie stillt (Schmiegel in Tillmanns/Mutschler 2. Aufl. § 27 MuSchG Rn. 17). 15

Das in § 27 Abs. 1 Satz 2 normierte Verbot der unbefugten Weitergabe bezieht sich seinem Wortlaut nach allerdings nur auf »*diese*« Informationen, d.h. auf die Informationen i.S.d. § 27 Abs. 1 Satz 1. Gleichwohl erstreckt sich das Verbot nicht nur auf Informationen über die Schwangerschaft bzw. die Stillzeit, die dem Arbeitgeber **von der Frau selbst** (oder ggf. ihren Erklärungsboten oder Erziehungsberechtigten) mitgeteilt wurden, sondern auch auf Informationen, die der Arbeitgeber **von Dritten** erhalten hat (Schmiegel in Tillmanns/Mutschler 2. Aufl. § 27 MuSchG Rn. 17, Pepping in HK MuSchG 5. Aufl. § 27 Rn. 23; Brose/Weth/Volk/Latterner/Weth MuSchG § 27 Rn. 27).

16 Verboten ist die unbefugte Weitergabe an Dritte. **Unbefugt** ist die Weitergabe, wenn die Frau nicht eingewilligt hat und kein rechtfertigender Grund hierfür besteht (vgl. NK-ArbR/Daniel C. Jacobsen 1. Aufl. § 5 MuSchG Rn. 12; Schaub/Linck ArbR-Hdb § 166 Rn. 4). Die **Einwilligung** der Frau zur Weitergabe der Informationen kann sowohl ausdrücklich als auch konkludent erfolgen. Allerdings ist eine konkludente Einwilligung nicht schon dann anzunehmen, wenn die Frau die Mitteilung nicht als vertraulich kennzeichnet. Es müssen vielmehr weitere Umständen hinzutreten, aus denen sich ergibt, dass die Frau mit der Weitergabe der Informationen an Dritte einverstanden ist. Es ist dem Arbeitgeber zur Vermeidung von **Haftungsrisiken** unbedingt anzuraten, in Zweifelsfällen nach dem Einverständnis der Frau zu fragen und dies zu dokumentieren (Pepping in HK-MuSchG 5. Aufl. § 27 Rn. 23; Brose/Weth/Volk/Latterner/Weth MuSchG § 27 Rn. 29 sowie unten Rdn. 18). Ohne Einverständnis der Frau darf der Arbeitgeber die Information über die Schwangerschaft auch nicht an Familienangehörige oder den Ehemann der Frau weitergeben; schließlich soll die Frau selbstbestimmt entscheiden können, wem sie diese Tatsache offenbart (Pepping in HK MuSchG 5. Aufl. § 27 Rn. 23; Brose/Weth/Volk/Latterner/Weth MuSchG § 27 Rn. 29).

17 Ein **rechtfertigender Grund** ist grundsätzlich zu bejahen, wenn die Weitergabe der Informationen dazu dient, die mutterschutzrechtlichen Pflichten einzuhalten oder sogar – wie z.B. in § 27 Abs. 1 Satz 1 – gesetzlich vorgeschrieben ist (Pepping in HK-MuSchG 5. Aufl. § 27 Rn. 23; Brose/Weth/Volk/Latterner/Weth MuSchG § 27 Rn. 28). **Gesetzlich vorgeschrieben** ist die Weitergabe der Informationen z.B. auch in § 57 S. 1 SGB II, wonach der Arbeitgeber der **Agentur für Arbeit** auf deren Verlangen Auskunft über solche Tatsachen zu geben hat, die für die Entscheidung über einen Anspruch auf Leistungen nach dem SGB II erheblich sein können. Diese Vorschrift ist zB dann einschlägig, wenn der Arbeitgeber nach § 16e SGB II geförderte Frauen beschäftigt (Pepping in HK-MuSchG 5. Aufl. § 27 Rn. 23; Brose/Weth/Volk/Latterner/Weth MuSchG § 27 Rn. 28). Demgegenüber ist der Arbeitgeber (ohne Einwilligung der Frau) nicht befugt, die **Krankenkasse** über die ihm mitgeilte Schwangerschaft der Frau zu informieren (vgl. zu § 5 Abs. 1 Satz 4 a.F.; Buchner/Becker 8. Aufl. § 5 MuSchG Rn. 126; vgl. auch oben Rdn. 6). Zur Pflicht des Arbeitgebers zur **Unterrichtung des Betriebs- bzw. Personalrats** nach § 80 Abs. 2 BetrVG bzw. nach § 68 Abs. 2 BPersVG, vgl. oben Rdn. 7.

Um in einem arbeitsteilig organisierten Unternehmen sicherzustellen, dass die nach §§ 32, 33 sanktionierten Pflichten aus dem MuSchG eingehalten werden, kann der Arbeitgeber die **Mitteilung an bestimmte Betriebsangehörige** (z.B. Personalabteilung, Vorgesetzter der Schwangeren, Betriebsarzt, Fachkraft für Arbeitssicherheit etc.) weitergeben. Darin ist eine Weitergabe aus berechtigten Gründen zu sehen, sofern die Weitergabe entsprechend zweckgebunden erfolgt (Pepping in HK-MuSchG 5. Aufl. § 27 Rn. 23).

18 Verletzt der Arbeitgeber das Verbot der unbefugten Weitergabe fahrlässig oder vorsätzlich, dann begeht er gem. § 32 Abs. 1 Nr. 12 eine mit Bußgeld zu ahndende **Ordnungswidrigkeit**. Er verletzt außerdem seine gegenüber der Frau bestehende **arbeits-**

vertragliche Rücksichtnahmepflicht i.S.d. § 241 Abs. 2 BGB, was u.U. zur Folge haben kann, dass die Frau zur außerordentlichen Kündigung nach **§ 626 BGB** berechtigt ist und ihr ggf. nach **§ 628 Abs. 2 BGB** Schadensersatz zusteht (Schmiegel in Tillmanns/Mutschler 2. Aufl. § 27 MuSchG Rn. 29). Außerdem ist § 27 Abs. 1 Satz 2 ein **Schutzgesetz i.S.d. § 823 Abs. 2 BGB** (Schmiegel in Tillmanns/Mutschler 2. Aufl. § 27 MuSchG Rn. 29; Brose/Weth/Volk/Latterner/Weth MuSchG § 27 Rn. 29).

3. Auskunfts- und Vorlage- bzw. Einsendepflichten auf Verlangen der Behörde nach Abs. 2 und 3

Nach § 27 Abs. 2 und Abs. 3 ist der Arbeitgeber verpflichtet auf Verlangen der Aufsichtsbehörde, weitere zur Erfüllung der Aufgaben der Behörde erforderliche Angaben zu machen und der Aufsichtsbehörde entsprechende Unterlagen zur Einsicht vorzulegen bzw. einzusenden. Die Regelung des Abs. 2 übernimmt den Regelungsgehalt des bisherigen § 19 Abs. 1 Nr. 1 a.F. und ist in Satz 2 klarstellend um das Merkmal der Rechtzeitigkeit erweitert. Die Regelungen des Abs. 3 übernimmt redaktionell überarbeitet den Regelungsgehalt des bisherigen § 19 Abs. 1 Nr. 2 a.F. (vgl. die Begründung zum Gesetzesentwurf der Bundesregierung zur inhaltsgleichen Entwurfsfassung des § 25 Abs. 2, BT-Drucks 18/8963, S. 96). 19

a) Auskunfts-/Vorlageverpflichteter und -berechtigter

Auskunfts- und Vorlageverpflichtet nach Abs. 2 und Abs. 3 ist (allein) der Arbeitgeber und auskunfts- und vorlageberechtigt (allein) die Aufsichtsbehörde. Insoweit kann auf die entsprechenden Ausführungen zu Abs. 1 (Rdn. 3 ff. und 6 f.) verwiesen werden. Verstößt der Arbeitgeber vorsätzlich oder fahrlässig gegen die Auskunfts- bzw. Vorlagepflicht, dann begeht er eine mit Geldbuße zu ahndende **Ordnungswidrigkeit** i.S.d. § 32 Abs. 1 Nr. 13 bzw. 14. 20

b) Behördliches Auskunfts- bzw. Vorlageverlangen

Auskünfte nach Abs. 2 sind – anderes als die Mitteilungen nach Abs. 1 – vom Arbeitgeber nur **auf Verlangen der Aufsichtsbehörde** zu erteilen. Die Aufsichtsbehörde kann gem. Abs. 3 außerdem die Vorlage bzw. die Einsendung der Unterlagen verlangen, die die in Abs. 3 Nr. 1 bis 5 genannten Informationen enthalten. Bei dem jeweiligen Verlangen handelt es sich um einen den Arbeitgeber belastenden **Verwaltungsakt** (§ 35 VwVfG). Gegen diesen kann der Arbeitgeber mittels Widerspruch (§ 68 Abs. 1 VwGO) und Anfechtungsklage (§ 42 Abs. 1 VwGO) auf dem Verwaltungsrechtsweg (§ 40 VwGO) vorgehen (Pepping in HK-MuSchG 5. Aufl. § 27 Rn. 33; Brose/Weth/Volk/Latterner/Weth MuSchG § 27 Rn. 37). Ohne ein darauf gerichtetes Verlangen der Behörde ist der Arbeitgeber weder zur Auskunft i.S.d. Abs. 2 noch zur Vorlage von Unterlagen i.S.d. Abs. 3 verpflichtet. 21

c) Auskunftspflicht nach Abs. 2

22 Der Arbeitgeber ist nach Abs. 2 verpflichtet, auf Verlangen der Aufsichtsbehörde die zur Erfüllung der Aufgaben der Aufsichtsbehörde erforderlichen Angaben **wahrheitsgemäß, vollständig und rechtzeitig** zu machen.

aa) Erforderliche Angaben

23 Zu den von der Aufsichtsbehörde nach § 29 Abs. 1 wahrzunehmenden Aufgaben gehört die Aufsicht über die ordnungsgemäße Durchführung der Vorschriften des MuSchG wie auch der auf der Grundlage des MuSchG erlassenen Vorschriften, wozu insbesondere die Rechtsverordnungen i.S.d. § 31 n.F. und die Anordnungen nach § 29 Abs. 3 gehören (Brose/Weth/Volk/Latterner/Weth MuSchG § 27 Rn. 38).

Die hierzu erforderlichen Angaben können insbesondere sein (vgl. auch § 27 Abs. 3 Nr. 1–5): Angaben zu den beim Arbeitgeber beschäftigten schwangeren und stillenden Frauen, zum voraussichtlichen Entbindungstermin, zur Art und Umfang ihrer Beschäftigung, zur Einhaltung der Schutzfristen vor und nach der Entbindung (§ 3), zur Einhaltung der Verbote der Mehr- Nacht- Sonntags- und Feiertagsarbeit gem. §§ 4–6, zur Freistellung für Untersuchungen und zum Stillen (§ 7 n.F.), zur Gestaltung der Arbeitsbedingungen, zum Ergebnis der Gefährdungsbeurteilung und zu den danach erforderlichen Schutzmaßnahmen nach §§ 9 ff. (vgl. § 14 Abs. 1) sowie zur diesbezüglichen Information der Beschäftigten und der schwangeren bzw. stillenden Frau gem. § 14 Abs. 2 und 3, zum Vorliegen ärztlicher Bescheinigungen, die ein Beschäftigungsverbot i.S.d. § 16 begründen und zur Berechnung und Zahlung von Mutterschutzlohn und Zuschuss zum Mutterschaftsgeld iSd. §§ 18, 20 MuSchG (vgl. auch Brose/Weth/Volk/Latterner/Weth MuSchG § 27 Rn. 38).

Die Aufsichtsbehörde kann nur die zur Wahrnehmung ihrer Aufgaben **erforderlichen** Angaben verlangen. Sofern sie darüber hinaus nicht erforderliche Angaben verlangt, kann der Arbeitgeber die Auskunft verweigern. Der Aufsichtsbehörde steht bei der Frage, ob sie die Einhaltung der mutterschutzrechtlichen Vorschriften überprüft, ein Ermessensspielraum zu. Dieser kann von den Gerichten nur auf eine Überschreitung des Ermessens überprüft werden. Hingegen ist die Frage, ob die verlangten Auskünfte auch erforderlich sind, als **unbestimmter Rechtsbegriff** voll überprüfbar (Pepping in HK-MuSchG 5. Aufl. § 27 Rn. 29; Brose/Weth/Volk/Latterner/Weth MuSchG § 27 Rn. 39).

bb) Umfang

24 Die vom Arbeitgeber zu erteilende Auskunft muss nach Abs. 2 Satz 2 **vollständig und wahrheitsgemäß** sein. Die Auskunftspflicht des Arbeitgebers ist – soweit ihm kein Aussageverweigerungsrecht nach Abs. 4 zusteht (vgl. dazu unten Rdn. 27) – umfassend. Er darf nichts Wesentliches verschweigen, auch wenn nach der konkreten Einzelheit nicht gefragt worden ist (ErfK/Schlachter § 27 MuSchG Rn. 2) Die Aufsichtsbehörde muss ihr Verlangen nach Auskunft allerdings so konkretisieren, dass der Arbeitgeber ohne Weiteres erkennen kann, welche Angaben von ihm zu machen sind. Das folgt schon aus dem verwaltungsrechtlichen Bestimmtheitsgebot

(vgl. § 37 Abs. 1 VwVfG). Ist eine Frage unpräzise formuliert, kann der Arbeitgeber – jedenfalls dann, wenn Gefahr im Verzug ist bzw. die Auskunft eilbedürftig ist – gehalten sein, bei der Aufsichtsbehörde nachzufragen (zutreffend Pepping in HK-MuSchG 5. Aufl. § 27 Rn. 30; aA Brose/Weth/Volk/Latterner/Weth MuSchG § 27 Rn. 40).

cc) Form und Frist

Eine bestimmte **Form** der Auskunftserteilung schreibt Abs. 2 nicht vor. Die Auskunft kann daher grundsätzlich mündlich oder schriftlich, ggf. auf dazu bestimmten Vordrucken der Aufsichtsbehörde, erfolgen (Schmiegel in Tillmanns/Mutschler 2. Aufl. § 27 MuSchG Rn. 12). Die Aufsichtsbehörde kann jedoch mit Stellung des Auskunftsverlangens im Rahmen ihres pflichtgemäßen Ermessens in Form einer Nebenbestimmung (vgl. § 36 Abs. 1 VwVfG) anordnen, dass die Auskunft schriftlich zu geben ist (Pepping in HK-MuSchG 5. Aufl. § 27 Rn. 31; Brose/Weth/Volk/Latterner/Weth MuSchG § 27 Rn. 42). 25

Die Auskunftserteilung muss nach Abs. 2 Satz 2 ***»rechtzeitig«*** erfolgen. Macht die Aufsichtsbehörde von der in ihrem pflichtgemäßen Ermessen stehenden Möglichkeit Gebrauch, mit Stellung des Auskunftsverlangens eine **Frist** in Form einer Nebenbestimmung (vgl. § 36 Abs. 1 VwVfG) zu bestimmen (Pepping in HK-MuSchG 5. Aufl. § 27 Rn. 31), muss die Auskunft innerhalb dieser Frist erfolgen. Ansonsten muss die Auskunft so zeitig erteilt werden, wie es im jeweiligen Einzelfall zur ordnungsgemäßen Aufgabenerfüllung durch die Behörde erforderlich ist. Das ist angesichts des Handlungsbedarfs bei der Erfüllung von Schutzpflichten regelmäßig so schnell wie möglich (ErfK/Schlachter § 27 MuSchG Rn. 2; nach Pepping in HK-MuSchG 5. Aufl. § 27 Rn. 32 binnen einer angemessenen Frist von zwei bis vier Wochen, es sei denn, zum Schutz der Gesundheit der schwangeren oder stillenden Frau war für den Arbeitgeber erkennbar eine schnellere Beantwortung geboten; vgl. auch Brose/Weth/Volk/Latterner/Weth MuSchG § 27 Rn. 41).

d) Vorlagepflicht nach Abs. 3

Auf Verlangen der Aufsichtsbehörde ist der Arbeitgeber nach Abs. 3 verpflichtet, Unterlagen zur Einsicht vorzulegen bzw. einzusenden, die die in Abs. 3 Nr. 1 bis 5 genannten Informationen enthalten. Es handelt sich folglich um Unterlagen, aus denen die **Namen** der beim Arbeitgeber beschäftigten schwangeren und stillenden Frauen (Nr. 1; z.B. Personalfragebogen; Personaldatenformular), die **Art und der zeitliche Umfang** ihrer Beschäftigung (Nr. 2, z.B. Arbeitsvertrag, Stellenbeschreibung), die an sie gezahlte **Entgelte** (Nr. 3, z.B. Entgeltabrechnungen, Lohn- und Gehaltslisten), die **Ergebnisse der Beurteilung der Arbeitsbedingungen** nach § 10 (insbesondere die Dokumentationen nach § 14 Abs. 1) und **sonstige nach Abs. 2 erforderliche Angaben** hervorgehen (Nr. 5, z.B. ärztliche Atteste und Bescheinigungen; vgl. dazu auch oben Rdn. 21). 26

Die Vorlagepflicht bezieht sich nur auf Unterlagen, die der Arbeitgeber bereits führt, die also bei ihm **bereits vorhanden** sind. § 27 Abs. 3 begründet grds. **keine Pflicht zur** 27

Beschaffung, Erstellung bzw. Anfertigung entsprechender Unterlagen (Schmiegel in Tillmanns/Mutschler 2. Aufl. § 27 MuSchG Rn. 22; ErfK/Schlachter § 27 MuSchG Rn. 2; Brose/Weth/Volk/Latterner/Weth MuSchG § 27 Rn. 47). § 27 Abs. 3 begründet auch keine Pflicht des Arbeitgebers, die betreffenden Unterlagen eigens aus anderen Unterlagen zu extrahieren. Der Arbeitgeber ist also nicht verpflichtet, die betreffenden Angaben aus bestehenden Personal- bzw. Gehaltslisten herauszufiltern oder eigene Listen, Unterlagen oder Akten für schwangere und stillende Frauen anzulegen (Pepping in HK-MuSchG 5. Aufl. § 27 Rn. 35 m.w.N.).

28 Ob die Unterlagen zur Einsicht (im Betrieb des Arbeitgebers) **vorzulegen oder zu übersenden** sind, richtet sich nach dem Verlangen der Aufsichtsbehörde. Ein Wahlrecht des Arbeitgebers ist – anders als bei der Vorlagepflicht gemäß § 98 Abs. 1 Satz 3 SGB X (vgl. hierzu Roos in v. Wulffen/Schütze, SGB X, § 98 Rn. 10) – nicht vorgesehen. Ob die Unterlagen zur Einsicht vorgelegt werden oder vom Arbeitgeber zu übersenden sind, entscheidet die Aufsichtsbehörde im Rahmen ihres pflichtgemäßen Ermessens (Schmiegel in Tillmanns/Mutschler 2. Aufl. § 27 MuSchG Rn. 23). Hierbei hat die Behörde auch zu berücksichtigen, ob die Unterlagen im Betrieb vom Arbeitgeber benötigt werden oder nicht. Ist dieses der Fall, hat sich die Behörde grundsätzlich mit einer Einsichtnahme zu begnügen (Pepping in HK-MuSchG 5. Aufl. § 27 Rn. 36). Auch kann der Arbeitgeber der Behörde **Kopien** bzw. Abschriften übersenden. Die Aufsichtsbehörde muss sich aber nicht mit Abschriften oder Kopien zufriedengeben, sondern kann auf Vorlage bzw. Übersendung der Originalunterlagen bestehen, wenn diese zur Erfüllung ihrer Aufgaben erforderlich sind (Pepping in HK-MuSchG 5. Aufl. § 27 Rn. 36; Brose/Weth/Volk/Latterner/Weth MuSchG § 27 Rn. 49). Sofern die Unterlagen der Aufsichtsbehörde zuzusenden sind, muss der Arbeitgeber für die Übersendung die **Kosten** tragen, weil er dadurch seine mutterschutzrechtliche Pflicht erfüllt (Schmiegel in Tillmanns/Mutschler 2. Aufl. § 27 MuSchG Rn. 23; Pepping in HK-MuSchG 5. Aufl. § 27 Rn. 36; Brose/Weth/Volk/Latterner/Weth MuSchG § 27 Rn. 49). Zu **Aufbewahrungspflicht** nach Absatz 5 vgl. unten Rdn. 29.

4. Auskunftsverweigerungsrecht nach Abs. 4

29 Der im Rahmen des Gesetzes zur Neuregelung des Mutterschutzrechts vom 23. Mai 2017 (BGBl. I, 1228) neu eingefügte Absatz 4 dient der Umsetzung eines Änderungswunsches des Bundesrates (vgl. Nr. 6 der Beschlussdrucksache zu BR-Drs. 230/16) und übernimmt klarstellend die Regelungen zum Auskunftsverweigerungsrecht nach § 22 Abs. 1 Satz 2 und 3 ArbSchG (vgl. BT-Drucks 18/11782, S. 36 f.). Das Auskunfts- und Vorlageverweigerungsrecht ist Ausfluss des Rechtsstaatsprinzips (vgl. zu § 22 Abs. 1 Satz 2 ArbSchG Kollmer/Klindt/Schucht/Kunz, ArbSchG § 22 Rn. 20).

Nach Absatz 4 Satz 1 besteht für die auskunftspflichtige Person (vgl. dazu oben Rdn. 3 ff. entsprechend) das Recht die Auskunft bzw. die Vorlage von Unterlagen zu verweigern, wenn sie sich dadurch selbst oder einen ihrer in § 383 Abs. 1 Nr. 1 bis 3 ZPO bezeichneten Angehörigen (Verlobte, Ehegatte, Lebenspartner, in gerade Linie Verwandte und Verschwägerte sowie in der Seitenlinie bis zum dritten Grad Verwandte oder bis zum zweiten Grad Verschwägerte) der **Gefahr der Verfolgung wegen einer Straftat oder wegen einer Ordnungswidrigkeit** aussetzen würde. Eine solche Gefahr besteht dann, wenn eine Behörde aus der wahrheitsgemäßen Auskunft oder den vorgelegten Unterlagen Tatsachen entnehmen könnte, die in Bezug auf eine Straftat oder Ordnungswidrigkeit einen **Anfangsverdacht** im Sinne von § 152 Abs. 2 StPO ergäben (vgl. zu § 22 Abs. 1 Satz 2 ArbSchG Landmann/Rohmer GewO/Wiebauer, § 22 ArbSchG Rn. 42 m.w.N.). Das Auskunftsverweigerungsrecht besteht unabhängig davon, wie die Aussage lauten würde. Es setzt nur voraus, dass der Auskunftspflichtige im Rahmen seiner Antwort eventuelle strafbare oder ordnungswidrige Verstöße bekennen müsste, falls er sich solche hätte zu Schulden kommen lassen. Es kommt nicht darauf an, ob er bei wahrheitsgemäßer Auskunft nichts zu befürchten hätte. Die Frage nach der Begehung einer Straftat oder Ordnungswidrigkeit muss der Auskunftspflichtige daher auch dann nicht beantworten, wenn er die Tat nicht begangen hat. Dasselbe gilt für die Vorlage von Unterlagen (vgl. zu § 22 Abs. 1 Satz 2 ArbSchG Landmann/Rohmer GewO/Wiebauer, § 22 ArbSchG Rn. 44 m.w.N.).

Das in Absatz 4 geregelte Auskunfts- bzw. Vorlageverweigerungsrecht bezieht sich (nur) auf die nach § 27 zu erteilenden Auskünfte und die nach § 27 vorzulegenden Unterlagen (Schmiegel in Tillmanns/Mutschler 2. Aufl. § 27 MuSchG Rn. 28).

Die auskunftspflichtige Person muss **nicht begründen**, warum sie die Herausgabe verweigert. Das Gesetz fordert keine Glaubhaftmachung der Gründe. Ein Hinweis auf das Verweigerungsrecht genügt (vgl. zu § 22 Abs. 1 Satz 2 ArbSchG Kollmer/Klindt/Schucht/Kunz ArbSchG § 22 Rn. 22).

Erlaubt ist bei Gefahr der Verfolgung wegen einer Strafbarkeit oder Ordnungswidrigkeit nur die Verweigerung der Auskunft. Der Arbeitgeber darf keine falschen Aussagen treffen oder unrichtige Unterlagen vorlegen; er hat **nur ein Recht zum Schweigen** (Brose/Weth/Volk/Latterner/Weth MuSchG § 27 Rn. 54). Will der Arbeitgeber von seinem Aussageverweigerungsrecht Gebrauch machen, muss er dies **ausdrücklich** gegenüber der Behörde geltend machen. Reagiert er einfach nicht auf ein Auskunftsverlangen oder übersendet er einfach keine Unterlagen, handelt er uU ordnungswidrig iSd § 32 Abs. 1 Nr. 13 bzw. 14 MuSchG (Brose/Weth/Volk/Latterner/Weth MuSchG § 27 Rn. 57).

Absatz 4 Satz 2 verpflichtet die Behörde, die auskunftspflichtige Person auf ihr even- 30
tuelles Auskunfts- und Vorlageverweigerungsrecht **hinzuweisen**. Dazu gehört eine kurze Erklärung über Umfang, Bestand, Inhalt und Voraussetzungen dieses Rechts. Allerdings muss nicht jedes Auskunftsverlangen mit einem solchen Hinweis verbunden werden. Nach Sinn und Zweck der Vorschrift muss die Behörde den Betroffenen nur dann darüber belehren, wenn objektiv tatsächliche Anhaltspunkte darauf hindeuten, dass ein Auskunftsverweigerungsrecht besteht (vgl. zu § 22 Abs. 1 Satz 2 ArbSchG Landmann/Rohmer GewO/Wiebauer § 22 ArbSchG Rn. 49 m.w.N.). Verletzt die Behörde ihre Hinweispflicht führt das im **Strafverfahren** grundsätzlich zu einem **Verwertungsverbot**, es sei denn der Betroffene hat sein Auskunftsverweigerungsrecht gekannt (vgl. zu § 22 Abs. 1 Satz 2 ArbSchG Kollmer/Klindt/Schucht/Kunz ArbSchG § 22 Rn. 26; vgl. auch BGH vom 27.2.1992 BGHSt 38, 214). Im **Ordnungswidrigkeitenverfahren** hängt die Verwertbarkeit von einer **Abwägung** der Umstände des Einzelfalls ab, in die

die Schwere des Verfahrensfehlers, die Interessen des Betroffenen sowie das Interesse der Behörde bzw. der Öffentlichkeit an einer Verwertung der Information einzustellen sind (vgl. zu § 22 Abs. 1 Satz 2 ArbSchG Landmann/Rohmer GewO/Wiebauer § 22 ArbSchG Rn. 52 m.w.N.). Da das Mutterschutzrecht dem Schutz der Gesundheit von Mutter und Kind dient (vgl. § 1 Abs. 1) dürfte i.d.R. das Interesse an der Verwertbarkeit der ohne die erforderliche Belehrung erteilten Auskünfte überwiegen.

5. Aufbewahrungspflicht nach Abs. 5

31 § 27 Abs. 5 übernimmt den Regelungsgehalt des bisherigen § 19 Abs. 2 a.F. Danach ist der Arbeitgeber verpflichtet, die **in § 27 Abs. 3 Nr. 1–5 genannten Unterlagen** (vgl. dazu oben Rdn. 24) mindestens für die **Dauer von zwei Jahren nach der letzten Eintragung** aufzubewahren. Die Aufbewahrungspflicht soll die Aufsichtsbehörde in die Lage versetzen, die Einhaltung der Bestimmungen auch noch im Nachhinein überprüfen und ggf. die Nichteinhaltung ahnden zu können (Brose/Weth/Volk/Latterner/Weth MuSchG § 27 Rn. 58; Pepping in HK-MuSchG 5. Aufl. § 27 Rn. 46).

Der Arbeitgeber genügt in aller Regel der Pflicht aus Abs. 5, wenn er die Lohn- und Gehaltslisten einschließlich der (vorhandenen) Aufzeichnungen über Beschäftigungsart und -zeiten, etwaige (regelmäßig bei den Personalakten verwahrte) Unterlagen über Schwangerschaft, Entbindung und Stillzeit sowie auf die Schutzzeiten bezogene Krankheitsbelege aufbewahrt, um notfalls belegen zu können, dass er seine gesetzlichen Pflichten erfüllt hat. Die Aufbewahrung dieser Unterlagen ist ihm anzuraten (Pepping in HK-MuSchG 5. Aufl. § 27 Rn. 47).

Die **Aufbewahrungsfrist** beginnt mit der **letzten mutterschutzrelevanten Eintragung** des Arbeitgebers in der betreffenden Unterlage. Unterlässt der Arbeitgeber eine entsprechende mutterschutzrechtliche Eintragung, kommt es für den Beginn der Frist darauf an, wann die Eintragung hätte erfolgen müssen (Brose/Weth/Volk/Latterner/Weth MuSchG § 27 Rn. 61; Pepping in HK-MuSchG 5. Aufl. § 27 Rn. 48). Die Frist berechnet sich nach §§ 187 Abs. 1, 188 Abs. 2 BGB (Schmiegel in Tillmanns/Mutschler 2. Aufl. § 27 MuSchG Rn. 25). Eine **Form** für die Aufbewahrung wird nicht vorgeschrieben. Sie muss aber geeignet sein, die unverzügliche Vorlage oder Einsichtnahme durch die Behörde zu ermöglichen (Brose/Weth/Volk/Latterner/Weth MuSchG § 27 Rn. 62).

Verletzt der Arbeitgeber die Aufbewahrungspflicht fahrlässig oder vorsätzlich, dann begeht er eine mit Geldbuße zu ahndende **Ordnungswidrigkeit** i.S.d. § 32 Abs. 1 Nr. 15.

6. Offenbarungsverbot nach Abs. 6

32 § 27 Abs. 6 regelt ein **Offenbarungsverbot** der mit der Überwachung beauftragten Bediensteten und Beauftragten der Aufsichtsbehörde im Hinblick auf die ihnen bei ihrer Überwachungstätigkeit zur Kenntnis gelangenden Geschäfts- und Betriebsgeheimnisse und übernimmt den Regelungsgehalt des § 139b Abs. 1 Satz 3 und 4 GewO, auf den § 20 Abs. 2 a.F. bislang verwiesen hat. Die Regelung entspricht weitgehend § 23 Abs. 2 ArbSchG (vgl. BT-Drucks 18/11782, S. 37). Sie dient dem

Schutz des Arbeitgebers vor unbefugter Preisgabe betrieblicher Belange sowie eventuell daraus resultierenden wirtschaftlichen Nachteilen (Brose/Weth/Volk/Latterner/Weth MuSchG § 27 Rn. 64). Damit dient sie letztlich auch der vertrauensvollen Zusammenarbeit des Arbeitgebers mit der Behörde zum Nutzen der Frauen (Schmiegel in Tillmanns/Mutschler 2. Aufl. § 27 MuSchG Rn. 16).

Die von der Aufsichtsbehörde beauftragten Personen müssen die im Rahmen ihrer Überwachungstätigkeit zur Kenntnis gelangten **Geschäfts- und Betriebsgeheimnisse** nach § 27 Abs. 6 vertraulich behandeln. Geschäfts- und Betriebsgeheimnisse sind Tatsachen, die im Zusammenhang mit einem Geschäftsbetrieb stehen, nicht offenkundig, sondern nur einem eng begrenzten Personenkreis bekannt sind und nach dem bekundeten Willen des Betriebsinhabers geheim gehalten werden sollen, wenn dieser an deren Geheimhaltung ein berechtigtes wirtschaftliches Interesse hat (vgl. etwa BAG vom 10.3.2009 EzA § 87 BetrVG 2001 Betriebliche Ordnung Nr. 4 Rn. 25 m.w.N.; der Begriff der Geschäfts- und Betriebsgeheimnisse entspricht dem des **§ 17 UWG**; vgl. auch Brose/Weth/Volk/Latterner/Weth MuSchG § 27 Rn. 65). Betriebsgeheimnisse beziehen sich dabei auch technische Gegebenheiten (z.B. Produktionsmethoden und Verfahrensabläufe, Konstruktionspläne, Rezepturen, Entwicklungs- und Forschungsprojekte, eingesetzte Arbeitsstoffe), Geschäftsgeheimnisse auf den kaufmännischen Bereich (z.B. Marktstrategien, Kalkulationsunterlagen, Kundenlisten, Bezugsquellen, Inhalt von Geschäftsbeziehungen, Geschäftsbücher; vgl. zu § 23 Abs. 2 ArbSchG Landmann/Rohmer GewO/Wiebauer § 23 ArbSchG Rn. 26 ff. m.w.N.). 33

Die Geheimhaltungspflicht gilt für sämtliche Betriebs- und Geschäftsgeheimnisse, die den beauftragten Personen **bei ihrer Überwachungstätigkeit** zur Kenntnis gelangen. Es muss ein **Zusammenhang zwischen der Kenntniserlangung und der behördlichen Überwachungstätigkeit** bestehen. Daher sind Tatsachen, von denen Aufsichtsbeamte ohne jeden Zusammenhang mit ihrer dienstlichen Tätigkeit **privat** erfahren, nicht davon umfasst (vgl. zu § 23 Abs. 2 ArbSchG Landmann/Rohmer GewO/Wiebauer § 23 ArbSchG Rn. 32: a.A. Kollmer/Klindt/Schucht/Baßlsperger ArbSchG § 23 Rn. 15: Der Beamte ist »immer im Dienst«). Allerdings ist nicht erforderlich, dass einem Überwachungsbeamten ein geschütztes Geheimnis gerade im Hinblick auf sein Amt anvertraut wird. Es genügt, dass er – auch zufällig – bei Gelegenheit der Amtsausübung davon erfährt (vgl. zu § 23 Abs. 2 ArbSchG Landmann/Rohmer GewO/Wiebauer § 23 ArbSchG Rn. 33). 34

Verboten ist im Grundsatz **jede** ausdrückliche oder konkludente, gezielte oder ungezielte, gewollte oder ungewollte **Bekanntgabe** geschützter Informationen an einen Dritten, dem das Geheimnis noch nicht oder jedenfalls nicht sicher auf legalem Wege bekannt war. Dies kann nicht nur durch positives Tun geschehen, sondern auch durch schlüssiges Verhalten oder sogar durch pflichtwidriges Unterlassen. Ein Geheimnis wird bereits dann offenbart, wenn offengelegte Informationen ihrerseits unmittelbar oder mittelbar Rückschlüsse darauf zulassen (vgl. zu § 23 Abs. 2 ArbSchG Landmann/Rohmer GewO/Wiebauer § 23 ArbSchG Rn. 36 m.w.N.). Im **Zivil-, Arbeitsgerichts-, Verwaltungsgerichts- und Sozialgerichtsverfahren** besteht gemäß § 383 Abs. 1 Nr. 6 ZPO (i.V.m. § 46 Abs. 2 ArbGG, § 98 VwGO bzw. § 118 Abs. 1 SGG) ein **Zeugnisverweigerungsrecht** für Personen, denen kraft ihres Amtes Tatsachen anvertraut sind, 35 zu deren Geheimhaltung sie gesetzlich verpflichtet sind, soweit sich die Vernehmung auf diese Tatsachen bezieht. Die Geheimhaltungspflicht begründet zugleich eine Verpflichtung, von diesem Zeugnisverweigerungsrecht Gebrauch zu machen; andernfalls macht sich der Aufsichtsbeamte nach § 203 StGB strafbar (vgl. zu § 23 Abs. 2 ArbSchG Landmann/Rohmer GewO/Wiebauer, § 23 ArbSchG Rn. 43). Im **Strafprozess** besteht demgegenüber mangels Nennung in § 53 StPO **kein Zeugnisverweigerungsrecht** im Hinblick auf Tatsachen, die dem Zeugen in amtlicher Eigenschaft anvertraut wurden; insoweit geht die gesetzliche Aussagepflicht gemäß § 48 Abs. 1 Satz 2 StPO der gesetzlichen Geheimhaltungspflicht vor (vgl. zu § 23 Abs. 2 ArbSchG Landmann/Rohmer GewO/Wiebauer, § 23 ArbSchG Rn. 41).

36 Eine **Ausnahme** von der Geheimhaltungspflicht besteht nur in den gesetzlich geregelten Fällen, zur Verfolgung von Rechtsverstößen und zur Erfüllung der ihr gesetzlich zugewiesenen Aufgaben oder zur Erfüllung von gesetzlich geregelten Aufgaben zum Schutz der Umwelt gegenüber den dafür zuständigen Behörden. Mitteilungen über Geschäfts- und Betriebsverhältnisse können also z.B. an die Staatsanwaltschaft, Polizei oder sonstige Verfolgungsbehörden gehen, wenn der Verdacht besteht, dass **Straftaten** verübt oder **Ordnungswidrigkeiten** begangen wurden (vgl. zu § 23 Abs. 2 ArbSchG Kollmer/Klindt/Schucht/Baßlsperger ArbSchG § 23 Rn. 28 ff.). Gemäß **§ 89 Abs. 2 Satz 1 BetrVG** sind die Aufsichtsbehörden verpflichtet, den **Betriebsrat** bei allen im Zusammenhang mit dem Arbeitsschutz (zu dem auch der gesetzliche Mutterschutz gehört) oder der Unfallverhütung stehenden Besichtigungen und Fragen und bei Unfalluntersuchungen hinzuzuziehen. Dies erfordert eine Information des Betriebsrats über die betreffenden Arbeitsschutzvorgänge. Insoweit erlaubt § 89 Abs. 2 Satz 1 BetrVG die Offenbarung geschützter Geheimnisse gegenüber dem Betriebsrat. Dasselbe gilt gem. **§ 81 Abs. 2 Satz 1 BPersVG** für die Hinzuziehung des Personalrats in entsprechenden Fällen (vgl. zu § 23 Abs. 2 ArbSchG Landmann/Rohmer GewO/Wiebauer § 23 ArbSchG Rn. 70). Erlaubt ist insbesondere auch die Weitergabe eigentlich geheim zu haltender Daten **zum Zwecke des Umweltschutzes** an die dafür zuständigen Behörden. Absatz 6 Satz 2 verweist für die Frage, inwieweit Dritten Zugang zu Informationen betreffend die Umwelt zu gewähren ist, auf das Umweltinformationsgesetz (UIG; vgl. dazu Landmann/Rohmer GewO/Wiebauer, § 23 ArbSchG Rn. 58 ff.). Zu beachten ist, dass die Amtshilfevorschriften keine gesetzliche Offenbarungsbefugnis enthalten (vgl. § 5 Abs. 2 Satz 2 VwVfG), sodass es im Rahmen der **Amtshilfe** beim Offenbarungsverbot verbleibt (vgl. zu § 23 Abs. 2 ArbSchG Landmann/Rohmer GewO/Wiebauer § 23 ArbSchG Rn. 39).

37 Der Arbeitgeber hat einen gerichtlich durchsetzbaren **subjektiv-öffentlichen Anspruch auf Geheimhaltung** seiner Geschäfts- und Betriebsverhältnisse (Brose/Weth/Volk/Latterner/Weth MuSchG § 27 Rn. 70). Die Entscheidung der Behörde darüber, ob sie eine Information herausgibt, ist ein Verwaltungsakt mit Drittwirkung zugunsten bzw. zulasten des Arbeitgebers (§ 35 VwVfG, § 80 Abs. 1 Satz 2 VwGO). Der Arbeitgeber kann dagegen mit Widerspruch (§ 68 VwGO) und Anfechtungsklage (§ 42 Abs. 1 VwGO) vor dem Verwaltungsgericht (§ 40 VwGO) vorgehen (Brose/Weth/Volk/Latterner/Weth MuSchG § 27 Rn. 70). Ggf. kann der Arbeitgeber seinen Geheimhaltungsanspruch auch im Wege einer einstweiligen Anordnung nach § 123 VwGO durch-

setzen (vgl. zu § 23 Abs. 2 ArbSchG Landmann/Rohmer GewO/Wiebauer, § 23 ArbSchG Rn. 77 f.)

Die **Verletzung des Offenbarungsverbots** kann für den Aufsichtsbeamten nicht nur **disziplinarische** (vgl. §§ 5 ff. BDG), sondern auch **strafrechtliche Folgen** haben (vgl. §§ 203, 204 StGB). Dem Arbeitgeber können außerdem **Schadensersatzansprüche aus Amtshaftung** gem. § 839 BGB i.V.m. Art. 34 GG zustehen (Brose/Weth/Volk-MuSchG, 9. Aufl. § 27 Rn. 71).

§ 28 MuSchG Behördliches Genehmigungsverfahren für eine Beschäftigung zwischen 20 Uhr und 22 Uhr

(1) [1]Die Aufsichtsbehörde kann abweichend von § 5 Absatz 1 Satz 1 auf Antrag des Arbeitgebers genehmigen, dass eine schwangere oder stillende Frau zwischen 20 Uhr und 22 Uhr beschäftigt wird, wenn

1. sich die Frau dazu ausdrücklich bereit erklärt,

2. nach ärztlichem Zeugnis nichts gegen die Beschäftigung der Frau bis 22 Uhr spricht und

3. insbesondere eine unverantwortbare Gefährdung für die schwangere Frau oder ihr Kind durch Alleinarbeit ausgeschlossen ist.

[2]Dem Antrag ist die Dokumentation der Beurteilung der Arbeitsbedingungen nach § 14 Absatz 1 beizufügen. [3]Die schwangere oder stillende Frau kann ihre Erklärung nach Satz 1 Nummer 1 jederzeit mit Wirkung für die Zukunft widerrufen.

(2) [1]Solange die Aufsichtsbehörde den Antrag nicht ablehnt oder die Beschäftigung zwischen 20 Uhr und 22 Uhr nicht vorläufig untersagt, darf der Arbeitgeber die Frau unter den Voraussetzungen des Absatzes 1 beschäftigen. [2]Die Aufsichtsbehörde hat dem Arbeitgeber nach Eingang des Antrags unverzüglich eine Mitteilung zu machen, wenn die für den Antrag nach Absatz 1 erforderlichen Unterlagen unvollständig sind. [3]Die Aufsichtsbehörde kann die Beschäftigung vorläufig untersagen, soweit dies erforderlich ist, um den Schutz der Gesundheit der Frau oder ihres Kindes sicherzustellen.

(3) [1]Lehnt die Aufsichtsbehörde den Antrag nicht innerhalb von sechs Wochen nach Eingang des vollständigen Antrags ab, gilt die Genehmigung als erteilt. [2]Auf Verlangen ist dem Arbeitgeber der Eintritt der Genehmigungsfiktion (§ 42a des Verwaltungsverfahrensgesetzes) zu bescheinigen.

(4) Im Übrigen gelten die Vorschriften des Verwaltungsverfahrensgesetzes.

Übersicht Rdn.

1. Allgemeines

1 § 28 wurde mit dem Gesetz zur Neuregelung des Mutterschutzrechts vom 23. Mai 2017, im Bundesgesetzblatt verkündet am 29. Mai 2017 (BGBl. I Nr. 30, 1228 ff.), neu in das Mutterschutzgesetz aufgenommen. § 28 regelt ein vereinfachtes behördliches Genehmigungsverfahren mit Genehmigungsfiktion für die Beschäftigung einer schwangeren oder stillenden Frau in der Zeitspanne zwischen 20 Uhr und 22 Uhr.

2 Das Mutterschutzgesetz enthält in § 5 Abs. 1 ein generelles partielles Verbot der Beschäftigung einer schwangeren oder stillenden Frau zur Nachtzeit (ErfK/Schlachter, 25. Aufl., MuSchG § 5 Rn. 1). Es gilt für jede Art der Tätigkeit und jede Branche. Nachtarbeit definiert das Mutterschutzgesetz eigenständig, abweichend vom Arbeitszeitgesetz. Es handelt sich um den Zeitraum zwischen 20 Uhr und 6 Uhr. Gemäß § 2 Abs. 3 und 4 ArbZG liegt dagegen Nachtarbeit vor bei Arbeit von mehr als zwei Stunden Dauer zwischen 23 Uhr und 6 Uhr, in Konditoreien zwischen 22 Uhr und 5 Uhr. Das Mutterschutzgesetz ermöglicht Ausnahmen vom Nachtarbeitsverbot, die – abhängig vom Zeitpunkt des Einsatzes – nach zwei unterschiedlichen Genehmigungsverfahren beantragt werden können. Für eine Beschäftigung in der Zeit zwischen 20 Uhr und 22 Uhr regelt § 28 ein Genehmigungsverfahren mit Genehmigungsfiktion. Für eine Beschäftigung zwischen 22 Uhr und 6 Uhr richtet sich das Genehmigungsverfahren nach § 29 Abs. 3 S. 2 Nr. 1. Im Unterschied zur Beschäftigung nach 22 Uhr, die nunmehr grundsätzlich eine unverantwortbare Gefährdung für die Frau oder ihr Kind darstellt, wird bei der Beschäftigung zwischen 20 Uhr und 22 Uhr davon ausgegangen, dass regelmäßig keine unverantwortbare Gefährdung vorliegt und eine Genehmigung erteilt werden kann (BT Drs. 18/11782, S. 37; HK-ArbR/Velikova/Briegel, 5. Auflage, § 28 Rn. 1; ErfK/Schlachter, 25. Aufl., MuSchG § 28 Rn. 1).

3 Mit der Neufassung des Nachtarbeitsverbots entfiel der frühere Branchenbezug. Dieser sah Ausnahmen vom Verbot der Nachtarbeit für werdende Mütter in den ersten vier Monaten der Schwangerschaft und für stillende Mütter vor und zwar für die Beschäftigung in Gast- und Schankwirtschaften und im übrigen Beherbergungswesen bis 22 Uhr, in der Landwirtschaft mit dem Melken von Vieh ab 5 Uhr und als Künstlerinnen bei Musikaufführungen, Theatervorstellungen und ähnlichen Aufführungen bis 23 Uhr (§ 8 Abs. 3 MuSchG a.F.). Weitere Voraussetzungen mussten für eine Beschäftigung zur Nachtzeit nicht vorliegen. Mit dem Wegfall des Branchenbezugs wollte sich der Gesetzgeber von den nicht mehr zeitgemäßen Ausnahmebestimmungen trennen.

Jede Beschäftigung einer schwangeren oder stillenden Frau zwischen 20 Uhr und spätestens 22 Uhr muss unter den in § 28 genannten Voraussetzungen bei der Aufsichtsbehörde vom Arbeitgeber beantragt werden – mit Möglichkeit einer Genehmigungsfiktion. Praxisgerechter wäre es gewesen, Nachtarbeit zwischen 20 Uhr und 22 Uhr noch unbürokratischer, nämlich ohne Genehmigungsverfahren zu regeln, wie es beispielsweise mit der Ausnahmeregelung zur Sonn- und Feiertagsarbeit in § 6 Abs. 1 S. 2 erfolgt ist.

Gemäß § 34 hatte die Bundesregierung dem Deutschen Bundestag zum 1. Januar 2021 4 einen Evaluationsbericht über die Auswirkungen des Gesetzes vorzulegen. Das ist schließlich am 16. Juni 2022 mit dem »Evaluationsbericht der Bundesregierung über die Auswirkungen des Gesetzes zum Schutz von Müttern bei der Arbeit, in der Ausbildung und im Studium« (BT-Drs. 20/2510) geschehen. Ein Schwerpunkt des Berichts waren u.a. die Auswirkungen der Regelungen zum Verbot der Nachtarbeit und die damit in Zusammenhang stehenden Ausnahmeregelungen in § 28 und § 29. Nach Aussage der für die Aufsicht zuständigen Länder lässt sich der hohe Bearbeitungsaufwand angesichts der geringen Ablehnungsquote von 20 % kaum rechtfertigen (S. 23 f des Berichts). Auch für den Arbeitgeber ist das Verfahren nicht kostenneutral. So kommt der Bericht zu der Empfehlung zu überprüfen, ob das Genehmigungsverfahren für die Beschäftigung zwischen 20 Uhr und 22 Uhr sachlich erforderlich ist und gegebenenfalls durch ein Anzeigeverfahren ersetzt werden kann (S. 38f des Berichts). Zweifel an dem Antragsverfahren hatte der Bundesrat schon während des Gesetzgebungsverfahrens geäußert (BR-Drs. 289/17 vom 12.5.2017).

2. Normzweck

Ziel der Ausnahmeregelung vom Nachtarbeitsverbot ist es, Frauen unter Berück- 5 sichtigung des besonderen Gesundheitsschutzes mehr Selbstbestimmungsrechte zu geben (BeckOK Arbeitsrecht, 75. Edition, MuSchG § 28 Rn. 1). Die Notwendigkeit der Einwilligungserklärung der Frau ermöglicht und fördert ihre selbstbestimmte Entscheidung über eine Weiterbeschäftigung zur frühen Nachtzeit zwischen 20 Uhr und 22 Uhr (BT-Drs. 18/11782, S. 22).

3. Geltungsbereich

Ist eine Beschäftigung vorgesehen, die – wenn auch nur für eine kurze Zeitspanne – 6 über 22 Uhr hinaus dauert, ist kein Raum für das Genehmigungsverfahren gemäß § 28. In diesem Fall muss eine Genehmigung gemäß § 29 Abs. 3 S. 2 Nr. 1 eingeholt werden. Das Genehmigungsverfahren gemäß § 28 ist dem Genehmigungsverfahren gemäß § 29 Abs. 3 S. 2 Nr. 1 insofern nachrangig (BT-Drs. 18/11782, S. 37). Anders als die Genehmigung nach § 28 muss die Genehmigung nach § 29 Abs. 3 S. 2 Nr. 1 für eine Beschäftigung der schwangeren oder stillenden Frau zwischen 22 Uhr und 6 Uhr dem Arbeitgeber vorliegen, *bevor* er die Frau über 22 Uhr hinaus beschäftigt. Beabsichtigt der Arbeitgeber, die Frau über 22 Uhr hinaus zu beschäftigen und möchte er sie für den Fall einer Nichterteilung der Genehmigung jedenfalls zwischen 20 und 22 Uhr beschäftigen, sollte er beide Genehmigungsverfahren anstoßen, in dem Fall das Genehmigungsverfahren nach § 28 hilfsweise. Gesetz und Gesetzesbegründung verhalten sich nicht zu der Frage, ob eine Beschäftigung bis 22 Uhr bindend mit untersagt ist, wenn die Behörde im Verfahren nach § 29 Abs. 3 S. 2 Nr. 1 die Ausnahme vom Nachtarbeitsverbot abgelehnt hat. Sinn und Zweck des neuen § 28 sprechen dafür, der Frau in diesem Fall eine Beschäftigung bis 22 Uhr ermöglichen zu dürfen (Brose/Weth/Volk-Latterner/Weth MuSchG, 9. Aufl., § 28 Rn. 13; Rancke HK-MuSchG, 6. Aufl., § 28 Rn. 8).

7 Die vom persönlichen Anwendungsbereich des § 1 Abs. 2 erfassten Frauen müssen schwanger sein oder stillen. Erfasst werden auch Adoptiv- und Bestellmütter, wenn sie tatsächlich stillen. Genauso werden Frauen in Teilzeitarbeitsverhältnissen erfasst, deren Arbeitszeit in die Abendstunden gelegt ist (NK-GA/Jacobsen § 8 MuSchG Rn. 2; Buchner, MuSchG, 6. Aufl., § 8 Rn. 22; ErfK/Schlachter, 25. Aufl., MuSchG § 5 Rn. 2).

Es ist gemäß § 15 Abs. 1 Aufgabe der Frau, den Arbeitgeber entsprechend zu unterrichten. Solange die Arbeitnehmerin den Arbeitgeber nicht über ihre Schwangerschaft unterrichtet oder darüber, dass sie stillt, und dem Arbeitgeber dies auch nicht anderweitig bekannt ist, bedarf es keiner Genehmigung zur Beschäftigung der Frau zwischen 20 Uhr und 22 Uhr. In diesem Fall gelten allein die allgemeinen arbeitszeitgesetzlichen Beschränkungen, wonach die Nachtzeit regelmäßig nicht vor 23 Uhr beginnt. Eine Beschäftigung bis 22 Uhr ist dann grundsätzlich ohne Weiteres möglich. Wird die Schwangerschaft oder das Stillen offenkundig, ist der Arbeitgeber auch ohne entsprechende Mitteilung der Arbeitnehmerin verpflichtet, das Mutterschutzrecht und die Beschäftigungsverbote einzuhalten (Dalheimer MuSchG, 2. Aufl., Vorbem. §§ 3–8 Rn. 5). Hierbei handelt es sich um seine eigenständige mutterschutzrechtliche Pflicht. Er darf nicht die Vorlage des Zeugnisses abwarten, das er gemäß § 15 Abs. 2 verlangen kann.

Nimmt die Frau nach Ablauf der nachgeburtlichen Schutzfrist die Arbeit wieder auf, bietet es sich im Zweifel an, dass sich der Arbeitgeber bei ihr erkundigt, ob sie noch stillt (Buchner, MuSchG, 6. Aufl., § 8 Rn. 10; Meisel/Sowka, 5. Aufl., § 8 Rn. 45). Für eine Beschäftigung zwischen 20 Uhr und 22 Uhr muss er dann ggf. das Genehmigungsverfahren nach § 28 durchführen. Ein Ende des Stillens hat die Frau dem Arbeitgeber als arbeitsvertragliche Nebenpflicht mitzuteilen.

Für jugendliche Arbeitnehmerinnen, d.h. solche, die das 15., aber noch nicht das 18. Lebensjahr vollendet haben, ist § 14 JArbSchG zu beachten, wonach Jugendliche grundsätzlich nur in der Zeit von 6 bis 20 Uhr beschäftigt werden dürfen; davon sieht die Vorschrift altersabhängige Ausnahmen vor. Dabei haben jeweils die gesetzlichen Vorschriften Vorrang, die den größeren Schutz bieten.

8 Das Genehmigungsverfahren gemäß § 28 findet keine Anwendung auf in Heimarbeit beschäftigte schwangere oder stillende Frauen oder ihnen Gleichgestellte i.S.d. Heimarbeitsgesetzes. Hintergrund ist, dass in Heimarbeit tätige Frauen ihre Arbeitszeit eigenverantwortlich einteilen. Ihnen ist es damit unbenommen, während der Nachtzeit des § 5 zu arbeiten. Für sie gilt allerdings die Schutzvorschrift des § 8, wonach der Auftraggeber oder Zwischenmeister Heimarbeit an diese Frauen während einer Schwangerschaft

nur in solchem Umfang und mit solchen Fertigungsfristen ausgeben darf, dass die Arbeit werktags während einer achtstündigen Tagesarbeitszeit ausgeführt werden kann. An Frauen in Heimarbeit und ihnen Gleichgestellte, die stillen, muss die ausgegebene Arbeit gemäß § 8 Abs. 2 innerhalb einer siebenstündigen Tagesarbeitszeit erbracht werden können. Die Prognose über den Umfang der zuzuteilenden Arbeit, die die Frau innerhalb der zulässigen Tagesarbeitszeit leisten kann, hat der Auftraggeber oder Zwischenmeister zu treffen. Dabei muss er die individuelle Leistungsfähigkeit der Frau berücksichtigen soweit sie ihm aus der Erfahrung bekannt ist. Die prognostizierte Tagesarbeitszeit für Stillende wurde im Vergleich zur Vorgängerregelung in § 8 Abs. 5 MuSchG a.F. von 7 $^{1}/_{4}$ auf sieben Stunden abgesenkt. Der Arbeitgeber hat keine Möglichkeit, auf der Grundlage von § 28 ausnahmsweise mehr Arbeit auszugeben. Die im Rahmen von § 28 zu beantragende Ausnahmegenehmigung ermöglicht allein, die Lage der Arbeitszeit abweichend von § 5 zu bestimmen, nicht aber den vertraglich vereinbarten Umfang der Arbeit bzw. der Arbeitszeit zu erhöhen.

§ 28 findet keine Anwendung, wenn es um Nachtarbeit einer schwangeren oder stillenden Arbeitnehmerin geht, deren Arbeitgeber eine Ausbildungsstelle im Sinne von § 2 Abs. 1 Nr. 8 ist. Für diese Arbeitgeber, i.d.R. die Schule oder Hochschule, sehen § 5 Abs. 2 S. 2 i.V.m. § 27 und § 5 Abs. 2 S. 1 i.V.m. § 29 eigene Ausnahmeregelungen vom Verbot der Nachtarbeit vor. 9

4. Konkurrierende Beschäftigungsverbote

Ist der Tatbestand mehrerer Beschäftigungsverbote erfüllt, z.B. das Verbot der Nachtarbeit gemäß § 5 Abs. 1 und das vorgeburtliche Beschäftigungsverbot gemäß § 3 Abs. 1, ist für die Frage einer ausnahmsweise möglichen Beschäftigung im Zweifel die Vorschrift maßgeblich, die der Mutter den weitergehenden Schutz einräumt (Dalheimer, 2. Aufl., MuSchG Vorbem. §§ 3–8 Rn. 6). Ein Verzicht auf Schutzrechte war auch nach altem Recht zulässig, etwa indem die Frau auf die vorgeburtliche Schutzfrist gemäß § 3 Abs. 2 MuSchG a.F. verzichtet (jetzt § 3 Abs. 1 S. 1). Erklärt die Frau sich gemäß § 3 Abs. 1 S. 1 ausdrücklich bereit, während der letzten sechs Wochen vor der Entbindung zu arbeiten, gilt das grundsätzliche Verbot der Nachtarbeit für eine Beschäftigung zwischen 20 Uhr und 6 Uhr. Der Arbeitgeber müsste dann für eine Beschäftigung zwischen 20 Uhr und 22 Uhr während der vorgeburtlichen Schutzfrist auch das Genehmigungsverfahren nach § 28 beachten. Die Einwilligung der Frau aus § 3 Abs. 1 S. 1 entspricht nicht der aus § 28 Abs. 1 Nr. 1. Letztere müsste die Frau gesondert abgeben für eine Beschäftigung zwischen 20 Uhr und 22 Uhr. 10

5. Antrag auf Genehmigung (Absatz 1)

Für eine Genehmigung zur Beschäftigung einer schwangeren oder stillenden Frau zwischen 20 Uhr und 22 Uhr muss der Arbeitgeber einen Antrag bei der zuständigen Aufsichtsbehörde stellen. Welche Behörde im Einzelfall zuständig ist, richtet sich nach Landesrecht (s. § 29 Rn. 4, https://www.bmfsfj.de/bmfsfj/themen/familie/familienleistungen/mutterschaftsleistungen/aufsichtsbehoerden-fuer-den-mutterschutz-und-kuendigungsschutz). Das Genehmigungsverfahren nach § 28 sieht eine 11 formelle und materielle Einzelfallprüfung durch die Aufsichtsbehörde vor. Der Arbeitgeber muss der Behörde alle erforderlichen Unterlagen einreichen, die jener die umfassende Prüfung des Antrags ermöglicht (BT-Drs. 18/11782, S. 37; ErfK/Schlachter, 25. Aufl., MuSchG § 28 Rn. 2). Damit wird dem Schutz von Frau und Kind vor möglichen gesundheitlichen Beeinträchtigungen durch eine Beschäftigung zwischen 20 Uhr und 22 Uhr Rechnung getragen. Der Antrag des Arbeitgebers ist an keine bestimmte Form gebunden. § 28 Abs. 1 stellt kumulativ folgende Voraussetzungen für die Beantragung einer Genehmigung auf:

(a) ausdrückliche Einverständniserklärung der Frau, zwischen 20 Uhr und 22 Uhr zu arbeiten,
(b) ärztliche Unbedenklichkeitsbescheinigung,
(c) Ausschluss einer unverantwortbaren Gefährdung durch Alleinarbeit,
(d) Dokumentation der Beurteilung der Arbeitsbedingungen nach § 14 Abs. 1.

Die genannten Unterlagen sind dem Antrag auf Genehmigung beizufügen.

a) Einwilligung der Frau

12 Die Frau muss ihre Einwilligung erteilt haben, dass sie bereit ist, zwischen 20 Uhr und 22 Uhr zu arbeiten. Die Notwendigkeit der Einwilligung ermöglicht es der schwangeren oder stillenden Frau, u.a. ihre familiäre und berufliche Situation oder auch nächtliche Wegezeiten zum Arbeitsplatz in die Entscheidung einfließen zu lassen, ob sie bis 22 Uhr arbeiten möchte (BT-Drs. 18/8963 S. 58; ErfK/Schlachter, 25. Aufl., MuSchG § 5 Rn. 3, BeckOK Arbeitsrecht-Dahm, 75. Edition MuSchG § 28 Rn. 7). Das Gesetz stellt kein besonderes Formerfordernis an die Einwilligungserklärung. Im Wege der Beweisführung und Beantragung ist es für den Arbeitgeber ratsam, sich die Erklärung der Frau schriftlich geben zu lassen. Die Frau darf nicht zur Abgabe ihrer Einwilligung gezwungen werden. Sie soll die Entscheidung autonom treffen können. Aus diesem Grund ist davon abzuraten, eine Einwilligungserklärung schon in einem Formulararbeitsvertrag erteilen zu lassen. Die Einwilligung der Frau gemäß § 3 Abs. 1 S. 1 entspricht nicht der gemäß § 28 Abs. 1 Nr. 1

Unabhängig von der behördlichen Entscheidung kann die Frau ihre Einwilligung, bis 22 Uhr beschäftigt zu werden, gemäß § 28 Abs. 1 S. 3 jederzeit unmittelbar mit Wirkung für die Zukunft widerrufen (BeckOK Arbeitsrecht-Dahm 75. Edition MuSchG § 28 Rn. 8). In diesen Fällen wird die Weiterbeschäftigung mit dem Widerruf der Frau unzulässig. Das zwingende Nachtarbeitsverbot des § 5 Abs. 1 S. 1 für die Zeit nach 22 Uhr wird durch das Einverständnis der Arbeitnehmerin nicht beseitigt (ErfK/Schlachter, 25. Aufl., MuSchG § 5 Rn. 1). Auf diesen Schutz kann die Frau nicht wirksam verzichten.

13 Auch wenn die Frau üblicherweise zwischen 20 Uhr und 22 Uhr arbeitet, kann sie das während einer Schwangerschaft ablehnen. Der Arbeitgeber kann ihr im Rahmen seines Weisungsrechts bis zum Umfang der vertraglich vereinbarten Arbeitszeit zumutbare Arbeiten außerhalb der Zeiten des Nachtarbeitsverbots zuweisen. Er kann sie auch auf einen anderen geeigneten und zumutbaren Arbeitsplatz umsetzen, der das Nachtarbeits-

verbot wahrt, wenn dies betrieblich möglich ist (Buchner, MuSchG, 6. Aufl., Vor §§ 3–8 Rn. 27 ff.).

b) Ärztliche Unbedenklichkeitsbescheinigung

Dem Arbeitgeber muss eine ärztliche Unbedenklichkeitsbescheinigung vorliegen, 14 aus der hervorgeht, dass nichts gegen die Beschäftigung der Frau bis 22 Uhr spricht. Sie kann auch durch den Betriebsarzt ausgestellt werden. Das Gesetz stellt keine besonderen Anforderungen an die Bescheinigung.

c) Keine unverantwortbare Gefährdung durch Alleinarbeit

Durch Alleinarbeit der Frau zwischen 20 Uhr und 22 Uhr darf keine unverantwort- 15 bare Gefährdung für die schwangere Frau oder ihr Kind eintreten. Diese Voraussetzung gilt nicht für stillende Frauen.

§ 2 Abs. 4 enthält eine Legaldefinition der Alleinarbeit. Alleinarbeit im Sinne des Gesetzes liegt danach vor, wenn der Arbeitgeber eine Frau an einem Arbeitsplatz in seinem räumlichen Verantwortungsbereich beschäftigt, ohne dass gewährleistet ist, dass sie jederzeit den Arbeitsplatz verlassen oder Hilfe erreichen kann. Nach der Gesetzesbegründung werden von »Tätigkeiten im räumlichen Verantwortungsbereich« grundsätzlich nicht nur Tätigkeiten auf dem Betriebsgelände erfasst, sondern auch Arbeitsplätze außerhalb des Betriebsgeländes. Das soll aber nur gelten, wenn diese im Verantwortungsbereich des Arbeitgebers verbleiben. Nicht als Alleinarbeit im Sinne des Mutterschutzgesetzes gelten außerdem die Heim- und Telearbeit. Denn eine in Heimarbeit beschäftigte Frau kann ihren Arbeitsplatz grundsätzlich jederzeit verlassen, wenn dies aus gesundheitlichen Gründen notwendig sein sollte, zum Beispiel wegen plötzlicher Übelkeit. Alleinarbeit liegt nach der Gesetzesbegründung insbesondere auch dann nicht vor, wenn während der Beschäftigung jederzeit eine weitere Person verfügbar ist, die der schwangeren Frau erforderlichenfalls helfen kann. Bei Arbeit zwischen 20 Uhr und 22 Uhr ist ggf. auf einen verminderten Personalschlüssel zu achten (BT Drs. 18/11782, S. 32 f.; HK-ArbR/Velikova/Briegel, 5. Aufl., § 28 MuSchG Rn. 2).

d) Weitere Unterlagen und Angaben

Der Arbeitgeber hat dem Antrag auf Genehmigung nach § 28 Abs. 1 S. 2 die Doku- 16 mentation der Beurteilung der Arbeitsbedingungen beizufügen. Die Pflicht zur Beurteilung der Arbeitsbedingungen richtet sich nach § 10. Der Arbeitgeber hat das Ergebnis der Beurteilung gemäß § 14 Abs. 1 zu dokumentieren. Die Unterlagen sind mindestens bis zum Ablauf von zwei Jahren nach der letzten Eintragung aufzubewahren (§ 27 Abs. 5).

Gemäß § 27 Abs. 2 hat der Arbeitgeber der Aufsichtsbehörde auf deren Verlangen 17 weitere Angaben zu machen, soweit sie zur Erfüllung ihrer Aufgaben erforderlich sind. Er hat die Angaben wahrheitsgemäß, vollständig und rechtzeitig zu machen. Dabei hat er der Behörde auf Verlangen auch Einsicht in die in § 27 Abs. 3 Nr. 1–5 genannten Unterlagen zu gewähren. S. im Übrigen zur Begründung des Antrags § 29 Rdn. 19.

6. Vorläufig zulässige Beschäftigung (Absatz 2)

18 Der Arbeitgeber darf die Frau nur zwischen 20 Uhr und 22 Uhr beschäftigen, wenn er den Antrag gestellt hat und die Voraussetzungen des Absatzes 1 vorliegen. Die vorläufige Beschäftigung erfordert daher auch eine formelle wie materiell-rechtliche Prüfung der Voraussetzungen durch den Arbeitgeber. Sollte das ärztliche Attest beispielsweise nicht vorliegen, darf er die Frau nicht beschäftigen. Kommt der Arbeitgeber zu dem Ergebnis, dass alle in Absatz 1 genannten Voraussetzungen erfüllt sind, darf er die Frau bereits vor ausdrücklicher Genehmigung der Behörde bis 22 Uhr einsetzen. Das gilt solange die Aufsichtsbehörde den Antrag nicht ablehnt oder die Beschäftigung zwischen 20 Uhr und 22 Uhr nicht vorläufig untersagt (BT Drs. 18/11782, S. 38; Brose/Weth/Volk-Latterner/Weth MuSchG, 9. Aufl., § 28 Rn. 27). Eine vorläufige Untersagung kann die Behörde aussprechen, wenn sie dies für erforderlich hält, um die Gesundheit der Frau oder des Kindes zu schützen (ErfK, 25. Aufl., MuSchG § 28 Rn. 3).

19 Nach Eingang des Antrags erfolgt zunächst eine formelle Prüfung durch die Aufsichtsbehörde (BT-Drs. 18/11782, S. 38). Fehlen noch Unterlagen, hat sie dies dem Arbeitgeber unverzüglich mitzuteilen. Erst bei vollständiger Vorlage aller Unterlagen beginnt die sechswöchige Frist zu laufen, die mit einer Genehmigungsfiktion endet, wenn sich die Behörde nicht anderweitig äußert (Brose/Weth/Volk-Latterner/Weth MuSchG, 9. Aufl., § 28 Rn. 32). Die Behörde kann die Beschäftigung der Frau gem. Abs. 2 S. 3 bis zur Vervollständigung der Unterlagen vorläufig gemäß § 28 Abs. 1 untersagen. Die Behörde hat die Unterlagen daher unverzüglich inhaltlich zu prüfen, um dem präventiven Gesundheitsschutz gerecht zu werden (ErfK/Schlachter, 25. Aufl., MuSchG § 28 Rn. 3).

20 Die Gesetzesbegründung geht davon aus, dass die Aufsichtsbehörde bei einem Antrag auf Beschäftigung zwischen 20 Uhr und 22 Uhr nur in Einzelfällen eine vorläufige Untersagung der Beschäftigung beziehungsweise eine Ablehnung des Antrags auf Genehmigung erteilen wird. Daher ist im Regelfall mit einer Genehmigung auch in Fällen der Schichtarbeit zu rechnen, in denen die Schicht in der Zeit zwischen 20 Uhr und 22 Uhr endet (BT Drs. 18/11782, S. 37). Das entspricht auch den ersten Erfahrungen aus der Praxis (Evaluationsbericht der Bundesregierung BT-Drs. 20/2510).

7. Genehmigungsfiktion (Absatz 3)

21 Lehnt die Behörde den Antrag nicht innerhalb von sechs Wochen ab, gilt die Genehmigung gemäß § 28 Abs. 3 als erteilt. Nach der Gesetzesbegründung ist regelmäßig davon auszugehen, dass die Beschäftigung zulässig ist, sodass die Behörde nach der materiellen Prüfung in der Regel nichts weiter veranlassen muss und die Genehmigung mit Fristablauf als erteilt gilt. Die Frau kann (weiterhin) beschäftigt werden. Auf Verlangen ist dem Arbeitgeber der Eintritt der Genehmigungsfiktion gemäß § 28 Abs. 3 S. 2 zu bescheinigen. Es gilt § 42a VwVfG, wonach sich auch die Frau die Genehmigung bescheinigen lassen kann. Das Mutterschutzgesetz geht davon aus, dass die Bekanntgabe der Aufsichtsbehörde gegenüber der Arbeitnehmerin im

Regelfall nicht erforderlich ist, da ihre Beschäftigung zwischen 20 Uhr und 22 Uhr nicht ohne ihr Einverständnis erfolgt.

8. Verwaltungsverfahren (Absatz 4)

§ 28 Absatz 4 bestimmt, dass die Vorschriften des Verwaltungsverfahrensgesetzes im Übrigen Anwendung finden. Bei der von der Aufsichtsbehörde erteilten Genehmigung handelt es sich um einen Verwaltungsakt im Sinne von § 35 S. 1 VwVfG. Unerheblich ist, ob die Genehmigung fiktiv oder ausdrücklich erteilt wird. Es handelt sich um einen Verwaltungsakt mit Doppelwirkung, der den Arbeitgeber begünstigt und Auswirkung auf die Lage der Arbeitszeit der Arbeitnehmerin hat. Die Aufsichtsbehörde muss die Arbeitnehmerin gemäß § 28 VwVfG vor Erlass der Genehmigung mündlich oder schriftlich anhören (Brose/Weth/Volk-Latterner/Weth MuSchG, 9. Aufl., § 28 Rn. 38, 39; Rancke HK-MuSchG, 6. Aufl., § 28 Rn. 24). 22

Die Aufsichtsbehörde hat nach Eingang des vollständigen Antrags auf Genehmigung sechs Wochen Zeit, um diesen zu prüfen. Im Rahmen der materiellen Prüfung hat die Behörde insbesondere zu prüfen, ob eine unverantwortbare Gefährdung für die schwangere Frau oder ihr Kind durch Alleinarbeit während einer Beschäftigung zwischen 20 Uhr und 22 Uhr entsteht. Der Arbeitgeber hat keinen Anspruch auf Erteilung einer ausdrücklichen oder fiktiven Ausnahmegenehmigung. Er hat aber Anspruch auf eine ermessenfehlerfreie Entscheidung. Liegen die Voraussetzungen im erleichterten Genehmigungsverfahren im Übrigen vor, nimmt das Gesetz regelmäßig an, dass die Frau beschäftigt werden kann (Rancke HK-MuSchG, 6. Aufl., § 28 Rn. 24). Die Aufsichtsbehörde kann dann den Eintritt der Genehmigungsfiktion abwarten.

Kommt die Behörde nach materieller Prüfung zu dem Ergebnis, dass die Beschäftigung eine unverantwortbare Gefährdung für die schwangere oder stillende Frau oder für ihr Kind darstellt, kann sie dem Arbeitgeber auch die Einhaltung bestimmter Auflagen auferlegen und dem Antrag damit stattgeben, um die Beschäftigung der Frau zu ermöglichen. Der Aufsichtsbehörde steht bei ihrer Entscheidung insofern sowohl ein Auswahl- als auch ein Entschließungsermessen zu. Sie kann ihrer Entscheidung gemäß § 36 Abs. 2 VwVfG Nebenbestimmungen beifügen, wie etwa eine Bedingung, eine Befristung oder Auflagen, z.B. die Gestellung von Fahrmöglichkeiten, zusätzliche Ruhepausen oder die Gewährung besonderer Erholungsmöglichkeit fordern. Sie ist nicht an den Antrag des Arbeitgebers gebunden (NK-GA/Jacobsen § 8 MuSchG Rn. 12; Brose/Weth/Volk-Latterner/Weth MuSchG, 9. Aufl., § 28 Rn. 38; AnwK-ArbR/Boecken, 2. Aufl., § 8 MuSchG Rn. 26). Lehnt sie den Antrag ab, wird die Weiterbeschäftigung der Frau zwischen 20 Uhr und 22 Uhr unzulässig (BT-Drs. 18/11782, S. 38; ErfK/Schlachter, 25. Aufl., MuSchG § 28 Rn. 4). 23

Die Aufsichtsbehörde kann eine Ausnahmebewilligung sowohl für eine einzelne Arbeitnehmerin als auch für eine Gruppe von Arbeitnehmerinnen in Form einer sog. Sammelgenehmigung treffen. So kann die beantragte Beschäftigung aller schwangeren oder stillenden Frauen einer bestimmten Abteilung zwischen 20 Uhr und 22 Uhr durch *einen* Verwaltungsakt genehmigt werden. Eine individuelle Prüfung im Sinne eines wirksamen Gesundheitsschutzes bleibt dennoch erforderlich, sodass die Sammelgenehmigung jede 24 einzelne betroffene Frau zu bezeichnen hat (§ 8 Rn. 30; Buchner, MuSchG, 6. Aufl., § 8 Rn. 56; Rancke HK MuSchG, 6. Aufl., § 29 Rn. 11).

25 Wurde die Genehmigung rechtswidrig erteilt, richtet sich die Rücknahme nach § 48 Abs. 1 S. 1 VwVfG. Der Widerruf einer ursprünglich rechtmäßig erteilten Genehmigung richtet sich nach § 49 VwVfG. Im Fall veränderter Tatsachen berechtigt § 49 Abs. 2 Nr. 3 VwVfG zum Widerruf, weil der Schutz der Mutter im öffentlichen Interesse liegt.

9. Rechtsfolgen eines abgelehnten Antrags

26 Bei § 5 Abs. 1 handelt es sich um ein generelles Beschäftigungsverbot. Wird dem Arbeitgeber die Beschäftigung der schwangeren oder stillenden Frau zwischen 20 Uhr und 22 Uhr nach § 28 versagt, darf er die Frau zu diesen Zeiten nicht beschäftigen. Gleiches gilt, wenn die Frau Ihre Einverständniserklärung nicht erteilt oder widerruft. Das Beschäftigungsverbot hat keine Auswirkung auf den Bestand des Arbeitsverhältnisses oder die Wirksamkeit des Arbeitsvertrags (EuGH-Urteil vom 5. Mai 1994, Rs. C-421/92 Habermann-Beltermann). Das gilt auch dann, wenn dieser regelmäßiges Arbeiten zwischen 20 Und 22 Uhr oder sogar ausschließlich Nachtarbeit zum Gegenstand hat. Es begründet auch kein Recht des Arbeitgebers, den Arbeitsvertrag zu kündigen. Der Arbeitgeber hat vielmehr das Recht und die Pflicht, der Frau im Rahmen seines Weisungsrechts bis zum Umfang der vertraglich vereinbarten Arbeitszeit, Arbeiten außerhalb der Zeiten des Nachtarbeitsverbots zuzuweisen. Ist das nicht möglich, steht ihm ein mutterschutzrechtliches Umsetzungsrecht zu, wonach er die Frau auf einen anderen geeigneten Arbeitsplatz umsetzen kann, soweit dieser das Nachtarbeitsverbot wahrt. Soweit der neue Arbeitsplatz zumutbar ist, muss die Arbeitnehmerin die Umsetzung akzeptieren (Dalheimer, 2. Aufl., MuSchG § 8 Rn. 4). Ist eine Umgestaltung oder Umsetzung nicht möglich, kann für die Zeiten der Nachtarbeit vom Arbeitgeber ein betriebliches Beschäftigungsverbot gem. § 13 Abs. 1 Nr. 3 ausgesprochen werden. Es kann teilweise für die Zeiten unzulässiger Nachtarbeit nach 20 Uhr ausgesprochen werden (Meisel/Sowka, 5. Aufl., § 8 Rn. 26; NK-GA/Jacobsen § 8 MuSchG Rn. 10; MüArbR/Heenen, 3. Aufl., § 306 Rn. 5).

Versagt die Aufsichtsbehörde die Genehmigung, kann der Arbeitgeber dagegen mit Widerspruch vorgehen. Einen ablehnenden Widerspruchsbescheid kann er gemäß § 42 VwGO mit Anfechtungs- bzw. Verpflichtungsklage angreifen (Brose, Weth, Volk MuSchG, 9. Aufl., § 28 Rn. 35, 39).

27 Bei verbotswidriger Beschäftigung zwischen 20 Uhr und 22 Uhr steht der Frau ein Leistungsverweigerungsrecht gemäß § 273 BGB zu (Buchner MuSchG, 6. Aufl., § 8 Rn. 57).

10. Entgeltregelung

28 Erbringt die schwangere oder stillende Frau ihre Arbeit zwischen 20 Uhr und 22 Uhr, obwohl der Arbeitgeber keine Genehmigung nach § 28 beantragt hat oder die Aufsichtsbehörde die Beschäftigung nach § 28 untersagt hat, behält sie ihren Anspruch

auf Entgeltzahlung für die geleistete Arbeit gegenüber ihrem Arbeitgeber (Buchner, MuSchG, 6. Auf. § 8 Rn. 9, Meisel/Sowka, 5. Aufl., § 8 Rn. 44).

Für vertraglich vereinbarte Arbeitsstunden, die die Frau außerhalb der Schutzfristen des § 3 wegen des Nachtarbeitsverbots nicht leisten darf, hat sie Anspruch auf Mutterschutzlohn gem. §§ 18, 21, wenn ein teilweises Beschäftigungsverbot vorliegt.

11. Beteiligungsrechte des Betriebsrats

Der Betriebsrat kann die Einhaltung des Nachtarbeitsverbots gemäß § 80 Abs. 1 29
Nr. 1 BetrVG überwachen und vom Arbeitgeber entsprechende Informationen verlangen, um seinem Überwachungsauftrag nachzukommen. Der Arbeitgeber hat den Betriebsrat gem. § 89 Abs. 2 S. 1 BetrVG hinzuzuziehen, wenn er eine schwangere oder stillende Frau zwischen 20 Uhr und 22 Uhr beschäftigen will und hierfür einen Antrag auf Genehmigung nach § 28 stellen will. Die Hinzuziehung erfordert, dass er den Betriebsrat oder die von ihm bestimmten Mitglieder entsprechend unterrichtet (Brose/Weth/Volk MuSchG, 9. Aufl., § 28 Rn. 26; Rancke HK-MuSchG, 6. Aufl., § 28 Rn. 24). Eine Stellungnahme des Betriebsrats hat er dem Antrag auf Genehmigung beizufügen (Rancke HK-MuSchG, 6. Aufl., § 28 Rn. 27).

Setzt der Arbeitgeber eine Arbeitnehmerin wegen einer verweigerten Nachtarbeitsge- 30
nehmigung auf einen anderen Arbeitsplatz um, hat der Betriebsrat unter den Voraussetzungen der §§ 95 Abs. 3, 99 Abs. 1 BetrVG ein Mitbestimmungsrecht. Voraussetzung ist, dass es sich um eine Versetzung i.S.d. Gesetzes handelt. Die bloße Änderung von Lage oder Dauer der Arbeitszeit innerhalb des arbeitsvertraglichen Weisungsrechts stellt keine mitbestimmungspflichtige Versetzung dar (Meisel/Sowka, 5. Aufl., § 8 Rn. 27 f).

12. Bußgeld- und Strafvorschriften

Beschäftigt der Arbeitgeber eine schwangere oder stillende Arbeitnehmerin vorsätz- 31
lich oder fahrlässig entgegen § 5 Abs. 1 S. 1 stellt dies eine Ordnungswidrigkeit gemäß § 32 Abs. 1 Nr. 1, Abs. 2 dar, die von den zuständigen Aufsichtsbehörden mit einer Geldbuße von bis zu 30 000 Euro geahndet werden kann. Handelt der Arbeitgeber vorsätzlich und gefährdet dadurch die Gesundheit der Frau oder ihres Kindes, stellt dies ein Vergehen dar, das mit einer Freiheitsstrafe bis zu einem Jahr oder mit einer Geldstrafe belegt werden kann. Die Vorschriften greifen gleichermaßen, wenn es um eine Beschäftigung der Frau zwischen 20 Uhr und 22 Uhr geht und der Arbeitgeber die dafür erforderliche Genehmigung unter Berücksichtigung der Voraussetzungen des § 28 nicht beantragt hat (Rancke HK-MuSchG, 6. Aufl., § 32 Rn. 13).

Bei Schäden an Körper, Leib und Gesundheit kann die Frau Schadensersatz aus Ver- 32
tragsverletzung sowie unerlaubter Handlung gemäß § 823 Abs. 1, Abs. 2 BGB i.V.m. § 5 Abs. 1 S. 1 geltend machen. § 5 ist insoweit als ein Schutzgesetz i.S.d. § 823 Abs. 2 BGB anzusehen (Rancke HK-MuSchG, 4. Aufl. § 8 Rn. 69).

§ 29 MuSchG Zuständigkeit und Befugnisse der Aufsichtsbehörden, Jahresbericht

(1) Die Aufsicht über die Ausführung der Vorschriften dieses Gesetzes und der aufgrund dieses Gesetzes erlassenen Vorschriften obliegt den nach Landesrecht zuständigen Behörden (Aufsichtsbehörden).

(2) [1]Die Aufsichtsbehörden haben dieselben Befugnisse wie die nach § 22 Absatz 2 und 3 des Arbeitsschutzgesetzes mit der Überwachung beauftragten Personen. [2]Das Grundrecht der Unverletzlichkeit der Wohnung (Artikel 13 des Grundgesetzes) wird insoweit eingeschränkt.

(3) [1]Die Aufsichtsbehörde kann in Einzelfällen die erforderlichen Maßnahmen anordnen, die der Arbeitgeber zur Erfüllung derjenigen Pflichten zu treffen hat, die sich aus Abschnitt 2 dieses Gesetzes und aus den aufgrund des § 31 Nummer 1 bis 5 erlassenen Rechtsverordnungen ergeben. [2]Insbesondere kann die Aufsichtsbehörde:
1. in besonders begründeten Einzelfällen Ausnahmen vom Verbot der Mehrarbeit nach § 4 Absatz 1 Satz 1, 2 oder 4 sowie vom Verbot der Nachtarbeit auch zwischen 22 Uhr und 6 Uhr nach § 5 Absatz 1 Satz 1 oder Absatz 2 Satz 1 bewilligen, wenn
   a) sich die Frau dazu ausdrücklich bereit erklärt,
   b) nach ärztlichem Zeugnis nichts gegen die Beschäftigung spricht und
   c) in den Fällen des § 5 Absatz 1 Satz 1 oder Absatz 2 Satz 1 insbesondere eine unverantwortbare Gefährdung für die schwangere Frau oder ihr Kind durch Alleinarbeit ausgeschlossen ist,
2. verbieten, dass ein Arbeitgeber eine schwangere oder stillende Frau
   a) nach § 5 Absatz 2 Satz 2 zwischen 20 Uhr und 22 Uhr beschäftigt oder
   b) nach § 6 Absatz 1 Satz 2 oder nach § 6 Absatz 2 Satz 2 an Sonn- und Feiertagen beschäftigt,
3. Einzelheiten zur Freistellung zum Stillen nach § 7 Absatz 2 und zur Bereithaltung von Räumlichkeiten, die zum Stillen geeignet sind, anordnen,
4. Einzelheiten zur zulässigen Arbeitsmenge nach § 8 anordnen,
5. Schutzmaßnahmen nach § 9 Absatz 1 bis 3 und nach § 13 anordnen,
6. Einzelheiten zu Art und Umfang der Beurteilung der Arbeitsbedingungen nach § 10 anordnen,
7. bestimmte Tätigkeiten oder Arbeitsbedingungen nach § 11 oder nach § 12 verbieten,
8. Ausnahmen von den Vorschriften des § 11 Absatz 6 Nummer 1 und 2 und des § 12 Absatz 5 Nummer 1 und 2 bewilligen, wenn die Art der Arbeit und das Arbeitstempo keine unverantwortbare Gefährdung für die schwangere oder stillende Frau oder für ihr Kind darstellen, und
9. Einzelheiten zu Art und Umfang der Dokumentation und Information nach § 14 anordnen.

[3]Die schwangere oder stillende Frau kann ihre Erklärung nach Satz 2 Nummer 1 Buchstabe a jederzeit mit Wirkung für die Zukunft widerrufen.

(4) Die Aufsichtsbehörde berät den Arbeitgeber bei der Erfüllung seiner Pflichten nach diesem Gesetz sowie die bei ihm beschäftigten Personen zu ihren Rechten und

Pflichten nach diesem Gesetz; dies gilt nicht für die Rechte und Pflichten nach den §§ 18 bis 22.

(5) Für Betriebe und Verwaltungen im Geschäftsbereich des Bundesministeriums der Verteidigung wird die Aufsicht nach Absatz 1 durch das Bundesministerium der Verteidigung oder die von ihm bestimmte Stelle in eigener Zuständigkeit durchgeführt.

(6) [1]Die zuständigen obersten Landesbehörden haben über die Überwachungstätigkeit der ihnen unterstellten Behörden einen Jahresbericht zu veröffentlichen. [2]Der Jahresbericht umfasst auch Angaben zur Erfüllung von Unterrichtungspflichten aus internationalen Übereinkommen oder Rechtsakten der Europäischen Union, soweit sie den Mutterschutz betreffen.

§ 20 MuSchG a.F.

Aufsichtsbehörden

(1) Die Aufsicht über die Ausführung der Vorschriften dieses Gesetzes und der auf Grund dieses Gesetzes erlassenen Vorschriften obliegt den nach Landesrecht zuständigen Behörden (Aufsichtsbehörden).

(2) Die Aufsichtsbehörden haben dieselben Befugnisse und Obliegenheiten wie nach § 139b der Gewerbeordnung die dort genannten besonderen Beamten. Das Grundrecht der Unverletzlichkeit der Wohnung (Artikel 13 des Grundgesetzes) wird insoweit eingeschränkt.*

---

* Die Vorschrift hat i.d.F. v. 31.10.2006 folgenden Wortlaut:

§ 139b GewO

(1) Die Aufsicht über die Ausführung der Bestimmungen der auf Grund des § 120e oder des § 139h erlassenen Rechtsverordnungen ist ausschließlich oder neben den ordentlichen Polizeibehörden besonderen von den Landesregierungen zu ernennenden Beamten zu übertragen. Denselben stehen bei Ausübung dieser Aufsicht alle amtlichen Befugnisse der Ortspolizeibehörden, insbesondere das Recht zur jederzeitigen Besichtigung und Prüfung der Anlagen zu. Die amtlich zu ihrer Kenntnis gelangenden Geschäfts- und Betriebsverhältnisse der ihrer Besichtigung und Prüfung unterliegenden Anlagen dürfen sie nur zur Verfolgung von Gesetzwidrigkeiten und zur Erfüllung von gesetzlich geregelten Aufgaben zum Schutz der Umwelt den dafür zuständigen Behörden offenbaren. Soweit es sich bei Geschäfts- und Betriebsverhältnissen um Informationen über die Umwelt im Sinne des Umweltinformationsgesetzes handelt, richtet sich die Befugnis zu ihrer Offenbarung nach dem Umweltinformationsgesetz.

(2) Die Ordnung der Zuständigkeitsverhältnisse zwischen diesen Beamten und den ordentlichen Polizeibehörden bleibt der verfassungsmäßigen Regelung in den einzelnen Ländern vorbehalten.

(3) Die erwähnten Beamten haben Jahresberichte über ihre amtliche Tätigkeit zu erstatten. Diese Jahresberichte oder Auszüge aus denselben sind dem Bundesrat und dem Deutschen Bundestag vorzulegen.

(4) Die auf Grund der Bestimmungen der auf Grund des § 120e oder des § 139h erlassenen Rechtsverordnung auszuführenden amtlichen Besichtigungen und Prüfungen müssen die Arbeitgeber zu jeder Zeit, namentlich auch in der Nacht, während des Betriebs gestatten.

(5) Die Arbeitgeber sind ferner verpflichtet, den genannten Beamten oder der Polizeibehörde diejenigen statistischen Mitteilungen über die Verhältnisse ihrer Arbeitnehmer zu machen,

---

welchen vom Bundesministerium für Arbeit und Soziales *) durch Rechtsverordnung mit Zustimmung des Bundesrates oder von der Landesregierung unter Festsetzung der dabei zu beobachtenden Fristen und Formen vorgeschrieben werden.

(5a) (weggefallen)

(6) Die Beauftragten der zuständigen Behörden sind befugt, die Unterkünfte, auf die sich die Pflichten der Arbeitgeber nach § 40a der Arbeitsstättenverordnung und nach den auf Grund des § 120e Abs. 3 erlassenen Rechtsverordnungen beziehen, zu betreten und zu besichtigen. Gegen den Willen der Unterkunftsinhaber ist dies jedoch nur zur Verhütung dringender Gefahren für die öffentliche Sicherheit oder Ordnung zulässig. Das Grundrecht der Unverletzlichkeit der Wohnung (Artikel 13 des Grundgesetzes) wird insoweit eingeschränkt.

(7) Ergeben sich im Einzelfall für die für den Arbeitsschutz zuständigen Landesbehörden konkrete Anhaltspunkte für

1. eine Beschäftigung oder Tätigkeit von Ausländern ohne erforderlichen Aufenthaltstitel nach § 4 Abs. 3 des Aufenthaltsgesetzes, eine Aufenthaltsgestattung oder eine Duldung, die zur Ausübung der Beschäftigung berechtigen, oder eine Genehmigung nach § 284 Abs. 1 des Dritten Buches Sozialgesetzbuch,
2. Verstöße gegen die Mitwirkungspflicht nach § 60 Abs. 1 Satz 1 Nr. 2 des Ersten Buches Sozialgesetzbuch gegenüber einer Dienststelle der Bundesagentur für Arbeit, einem Träger der gesetzlichen Kranken-, Pflege-, Unfall- oder Rentenversicherung oder einem Träger der Sozialhilfe oder gegen die Meldepflicht nach § 8a des Asylbewerberleistungsgesetzes,
3. Verstöße gegen das Gesetz zur Bekämpfung der Schwarzarbeit,
4. Verstöße gegen das Arbeitnehmerüberlassungsgesetz,
5. Verstöße gegen Vorschriften des Vierten und Siebten Buches Sozialgesetzbuch über die Verpflichtung zur Zahlung von Sozialversicherungsbeiträgen,
6. Verstöße gegen das Aufenthaltsgesetz,
7. Verstöße gegen die Steuergesetze, unterrichten sie die für die Verfolgung und Ahndung der Verstöße nach den Nummern 1 bis 7 zuständigen Behörden, die Träger der Sozialhilfe sowie die Behörden nach § 71 des Aufenthaltsgesetzes.

(8) In den Fällen des Absatzes 7 arbeiten die für den Arbeitsschutz zuständigen Landesbehörden insbesondere mit folgenden Behörden zusammen:

1. den Agenturen für Arbeit,
2. den Trägern der Krankenversicherung als Einzugsstellen für die Sozialversicherungsbeiträge,
3. den Trägern der Unfallversicherung,
4. den nach Landesrecht für die Verfolgung und Ahndung von Verstößen gegen das Gesetz zur Bekämpfung der Schwarzarbeit zuständigen Behörden,
5. den in § 71 des Aufenthaltsgesetzes genannten Behörden,
6. den Finanzbehörden,
7. den Behörden der Zollverwaltung,
8. den Rentenversicherungsträgern,
9. den Trägern der Sozialhilfe.

1. Allgemeines

Die Norm wurde durch G v. 23.5.2017 (BGBl. I 1228) eingefügt. Sie basiert im Wesentlichen auf § 20 sowie § 2 Absatz 5, § 7 Absatz 3, § 8 Absatz 5 und 6 MuSchG a.F. (BR-Drs. 230/16 S. 110 zu § 26 des Entwurfs). 1

Die Norm ist im Zusammenhang mit Art. 83 GG zu sehen, wonach die **Ausführung der Bundesgesetze** den Ländern als eigene Angelegenheit obliegt. Nach Art. 84 GG sind die Länder dabei berechtigt, die Einrichtung der Behörden und das Verwaltungsverfahren selbst zu bestimmen, soweit nicht Bundesgesetze mit Zustimmung des Bundesrates etwas anderes bestimmen. Demnach regelt § 29 MuSchG die Aufsicht über die Beachtung des MuSchG durch die Arbeitgeber, die die Behörden der Länder im Sinne von Art. 83, 84 wahrzunehmen haben (BeckOK Arbeitsschutzrecht/Aligbe, 21. Ed., § 29 Rn. 1–4: ErfK/Schlachter, 25. Aufl., MuSchG § 29 Rn. 1; Buchner/Becker, 8. Aufl., § 20 [a.F.] Rn. 1). 2

2. Aufsichtsbehörden (Absatz 1)

Die Aufsichtsbehörden werden durch Landesrecht bestimmt. Im Allgemeinen handelt es sich um die **Regierungspräsidien**, die **Gewerbeaufsichtsämter** oder die staatlichen **Arbeitsschutzämter**. Für bergbauliche Betriebe, einschließlich der zugehöri- 3 gen Betriebsstätten über Tage, sind die Bergaufsichtsämter gem. § 69 ff BBergG zuständig. Örtlich zuständig ist das Amt, in dessen Bezirk das Unternehmen betrieben wird bzw. in dem die Tätigkeit ausgeübt wird. Das ist in aller Regel der Betriebssitz (ErfK/Schlachter, 25. Aufl., MuSchG § 29 Rn. 1). Übt die Frau ihre Beschäftigung an in verschiedene Amtszuständigkeiten fallenden Orten aus und enthält das Landesrecht für diesen Fall keine Zuständigkeitsregel, entscheidet gem. § 3 Abs. 2 S. 1 VwVfG grundsätzlich die zuerst mit der Sache befasste Behörde. Im Fall einer Versetzung der Arbeitnehmerin an einen anderen Beschäftigungsort wird die Aufsichtsbehörde des neuen Beschäftigungsorts zuständig (BeckOK Arbeitsrecht/Dahm, 75. Ed., MuSchG § 29 Rn. 3).

4 Derzeit sind in den Bundesländern folgende Aufsichtsbehörden zuständig für die Aufsicht über die Ausführung des allgemeinen Mutterschutzrechts (http://www.bmfsfj.de – BMFSFJ – Aufsichtsbehörden für Mutterschutz und Kündigungsschutz: Informationen der Länder):

Baden-Württemberg	**Regierungspräsidien:** **Regierungspräsidium Karlsruhe** Schlossplatz 1–3 76133 Karlsruhe Telefon: 0721 93340250 E-Mail: mutterschutz@rpk.bwl.de **Regierungspräsidium Stuttgart** Ruppmannstraße 21 70565 Stuttgart Telefon: 0711 904–15499 (Beratungstelefon) 0711 904–0 Fax: 0711 904–15090 E-Mail: mutterschutz@rps.bwl.de **Regierungspräsidium Freiburg** Schwendistraße 12 79102 Freiburg i. Br. Telefon: 0761 208–2000 Fax: 0761 208–394200 E-Mail: mutterschutz@rpf.bwl.de **Außenstelle Donaueschingen (RP Freiburg)** Irmastraße 11 78166 Donaueschingen Telefon: 0771 8966–0 Telefax: 0771 8966–2798 E-Mail: mutterschutz@rpf.bwl.de **Regierungspräsidium Tübingen** Konrad-Adenauer-Str. 20 72072 Tübingen Telefon: 07071 757–0 Fax: 07071 757–3190 E-Mail: mutterschutz@rpt.bwl.de	VO zur Durchführung des MuSchG (MuSchGDV BW) vom 20.1.1967 zuletzt geändert durch Art. 143 der Verordnung vom 23. Februar 2017 (GBl. S. 99, 115)

Bayern	**Gewerbeaufsichtsämter:** **Regierung von Oberfranken** Gewerbeaufsichtsamt Oberer Bürglaß 34–36 96450 Coburg Tel.: 0921 604–0 Fax: 0921 604–2202 E-Mail: poststelle@reg-ofr.bayern.de www.regierung.oberfranken.bayern.de/gewerbeaufsichtsamt **Regierung von Schwaben** Gewerbeaufsichtsamt Morellstraße 30d 86159 Augsburg Tel.: (0821) 327–01 Fax: (0821) 327–2700 E-Mail: gaa@reg-schw.bayern.de www.regierung.schwaben.bayern.de **Regierung von Niederbayern** Gewerbeaufsichtsamt Gestütstraße 10 84028 Landshut Tel.: (0871) 808–01 Fax: (0871) 808–1799 E-Mail: poststelle@reg-nb.bayern.de www.regierung.niederbayern.bayern.de **Regierung von Oberbayern** Gewerbeaufsichtsamt Heßstraße 130 80797 München Tel.: (089) 2176–1 Fax: (089) 2176–3102 E-Mail: vzgaa@reg-ob.bayern.de www.regierung.oberbayern.bayern.de **Regierung von Mittelfranken** Gewerbeaufsichtsamt Roonstraße 20 90429 Nürnberg Tel.: (0911) 928–0 Fax: (0911) 928–29 99 E-Mail: gewerbeaufsichtsamt@reg-mfr.bayern.de www.regierung.mittelfranken.bayern.de	Verordnung über die Zuständigkeit und Organisation der Gewerbeaufsichtsämter vom 21.12.2004 (GVBl. 2004, S. 547), zuletzt geändert durch § 100 Abs. 2 Nr. 33 ZuständigkeitsVO vom 16.6.2015 (GVBl. S. 184) i.V.m. dem Bayerischen Gesetz über die Zuständigkeit zum Vollzug von Vorschriften auf dem Gebiet des Arbeitsschutzes, der Anlagen- und Produktsicherheit und des Chemikalienrechts (Bayerisches Arbeitsschutz-Zuständigkeitsgesetz – BayArbZustG) vom 24.7.1998 (GVBl. S. 423, BayRS 805–1-A), zuletzt geändert durch § 1 Abs. 357 der Verordnung vom 26. März 2019 (GVBl. S. 98)

	Regierung der Oberpfalz Gewerbeaufsichtsamt Ägidienplatz 2 93047 Regensburg Tel.: (0941) 5680–0 Fax: (0941) 5680–1799 E-Mail: gewerbeaufsichtsamt@reg-opf.bayern.de www.regierung.oberpfalz.bayern.de **Regierung von Unterfranken** Gewerbeaufsichtsamt Georg-Eydel-Straße 13 97082 Würzburg Tel.: (0931) 380–00 Fax: (0931) 380–1803 E-Mail: gaa@reg-ufr.bayern.de www.regierung.unterfranken.bayern.de	
Berlin	**Landesamt für Arbeitsschutz, Gesundheitsschutz und technische Sicherheit Berlin (LAGetSi)** Haus E/Haus L Turmstraße 21 10559 Berlin Tel.: (030) 902545–0 Fax: (030) 902880–53 E-Mail: poststelle@lagetsi.berlin.de	VO über die Zuständigkeit der Ordnungsbehörden (DVOA-SOG) vom 11.10.2006, zuletzt geändert durch Artikel 1 des Gesetzes vom 22. März 2021 (GVBl. S. 318)
Brandenburg	**Landesamt für Arbeitsschutz, Verbraucherschutz und Gesundheit (LAVG)** Amtssitz Horstweg 57 14478 Potsdam Tel.: (0331) 8683–0 Fax: (0331) 8683–35 E-Mail: lavg.office@lavg.brandenburg.de www.lavg.brandenburg.de **Landesamt für Arbeitsschutz, Verbraucherschutz und Gesundheit Regionalbereich Süd** Thiemstr. 105a 03050 Cottbus Tel.: (0331) 8683–0 Fax: (0331) 8683–35 E-Mail: office.sued@lavg.brandenburg.de	VO zur Regelung von Zuständigkeiten auf dem Gebiet des Arbeitsschutzes (ASZV – Arbeitsschutzzuständigkeitsverordnung) vom 24.6.2005 (GVBl. S. 382), zuletzt geändert durch Artikel 1 der Verordnung vom 15. Oktober 2018 (GVBl. II/18, [Nr. 70])

	Landesamt für Arbeitsschutz, Verbraucherschutz und Gesundheit Regionalbereich Ost Dienstort Eberswalde Tramper Chaussee 4 16225 Eberswalde Tel.: (0331) 8683 280 Fax: (0331) 8683 281 E-Mail: office.ost@lavg.brandenburg.de **Landesamt für Arbeitsschutz, Verbraucherschutz und Gesundheit Regionalbereich Ost** Dienstort Frankfurt/Oder Robert-Havemann-Str. 4 15236 Frankfurt/Oder Tel.: (0331) 8683 290 Fax: (0331) 8683 291 E-Mail: office.ost@lavg.brandenburg.de **Landesamt für Arbeitsschutz, Verbraucherschutz und Gesundheit, Regionalbereich West** Dienstort Potsdam Max-Eyth-Allee 22 14469 Potsdam Tel.: (0331) 8683 490 Fax: (0331) 8683 491 E-Mail: office.west@lavg.brandenburg.de **Landesamt für Arbeitsschutz , Verbraucherschutz und Gesundheit, Regionalbereich West** Dienstort Neuruppin Fehrbelliner Straße 4a 16816 Neuruppin Tel.: (0331) 8683 480 Fax: (0331) 8683 481 E-Mail: office.west@lavg.brandenburg.de	
Bremen	**Gewerbeaufsicht des Landes Bremen** **Dienstort Bremen** Parkstr. 58/60 28209 Bremen Tel.: (0421) 361–6260 Fax: (0421) 361–6522 E-Mail: office-HB@gewerbeaufsicht.bremen.de **Gewerbeaufsicht des Landes Bremen** **Dienstort Bremerhaven** Lange Str. 119 27580 Bremerhaven Tel.: (0471) 596–13270 Fax: (0471) 596–13494 E-Mail: office-BRHV@gewerbeaufsicht.bremen.de	Bekanntmachung der nach dem Mutterschutzgesetz zuständigen Aufsichtsbehörden (MutterschutzG-ZuständigkeitsBek) vom 5.8.1975 (Brem. ABl. S. 611)

Hamburg	**Behörde für Gesundheit und Verbraucherschutz** Amt für Arbeitsschutz Billstraße 80 20539 Hamburg Tel.: (040) 42837–2112 E-Mail: Arbeitnehmerschutz@justiz.hamburg.de	Anordnung zur Durchführung des Mutterschutzgesetzes vom 10.3.1998 (Amtl. Anz S. 753) i.d.F. vom 29.8.2006 (Amtl. Anz. 2006 S. 2165)
Hessen	**Regierungspräsidenten:** **Regierungspräsidium Darmstadt** Standort Darmstadt Tel.: (06151) 12–4001 E-Mail: arbeitsschutz@rpda.hessen.de Standort Frankfurt Tel.: (069) 2714–0 Standort Wiesbaden Tel.: (0611) 3309–2545 **Regierungspräsidium Gießen** Tel.: (0641) 303–3237 E-Mail: arbeitsschutz-giessen@rpgi.hessen.de Standort Hadamar Tel.: (0641) 303–8600 arbeitsschutz-hadamar@rpgi.hessen.de **Regierungspräsidium Kassel** Tel.: (0561) 106–2788 E-Mail: arbeitsschutz@rpks.hessen.de	Arbeitsschutzzuständigkeitsverordnung (ArbSchZV) vom 11.8.2014 in der Fassung vom 3.11.2020 (GVBl. 2014, 196)
Mecklenburg-Vorpommern	**Landesamt für Gesundheit und Soziales Abteilung Arbeitsschutz** Standort Rostock Erich-Schlesinger-Str. 35 18059 Rostock Tel.: (0381)33159000 E-Mail: poststelle.arbsch.hro@lagus.mv-regierung.de **Standort Schwerin** Friedrich-Engels-Str. 47 19061 Schwerin Tel.: (0385) 399102 E-Mail: poststelle.arbsch.sn@lagus.mv-regierung.de **Standort Stralsund** Frankendamm 17 18439 Stralsund Tel.: (03831) 2697 59810 E-Mail: poststelle.arbsch.hst@lagus.mv-regierung.de	VO über Zuständigkeiten und Vollzug auf dem Gebiet des Jugendarbeitsschutzes und Mutterschutzrechts (Zuständigkeits-VO – Jugendarbeitsschutz und Mutterschutz) vom 9.4.1992 (GVOBl. S. 258), zuletzt geändert durch § 1 der Landesverordnung vom 12. März 1991 (GVOBl. M-V S. 77)

	Standort Neubrandenburg An der Hochstraße 1 17036 Neubrandenburg Tel.: (0395) 380 59600 E-Mail: poststelle.arbsch.nb@lagus.mv-regierung.de	
Nieder-sachsen	**Niedersächsische Gewerbeaufsicht** **Staatliches Gewerbeaufsichtsamt Braunschweig** Ludwig-Winter-Str. 2 38120 Braunschweig Tel.: (0531) 35476 0 Fax: (0531) 35476 333 E-Mail: poststelle@gaa-bs.niedersachsen.de **Staatliches Gewerbeaufsichtsamt Celle** Im Werder 9 29221 Celle Tel.: (05141) 755–0 Fax: (05141) 755–88 E-Mail: poststelle@gaa-ce.niedersachsen.de **Staatliches Gewerbeaufsichtsamt Cuxhaven** Elfenweg 15 27474 Cuxhaven Tel.: (04721) 506–200 Fax: (04721) 506–260 E-Mail: poststelle@gaa-cux.niedersachsen.de **Staatliches Gewerbeaufsichtsamt Emden** Brückstr. 38 26725 Emden Tel.: (04921) 9217–0 Fax: (04921) 92 17 58/59 E-Mail: poststelle@gaa-emd.niedersachsen.de	VO über Zuständigkeiten auf den Gebieten des Arbeits-schutz-, Immissionsschutzrechts Sprengstoff-, Gentechnik- und Strahlenschutzrechts sowie in anderen Rechtsgebieten (ZuStVO-Umweltarbeitsschutz) vom 27.10.2009(Nds. GVBl. S. 374) zuletzt geändert Arti-kel 2 der Verordnung vom 26.8.2021 (Nds. GVBl. S. 618)

	Staatliches Gewerbeaufsichtsamt Göttingen Alva-Myrdal-Weg 1 37085 Göttingen Tel.: (0551) 50 70–01 Fax: (0551) 50 70–250 E-Mail: poststelle@gaa-goe.niedersachsen.de **Staatliches Gewerbeaufsichtsamt Hannover** Freundallee 9a 30173 Hannover Tel.: (0511) 9096–0 Fax: (0511) 9096–199 E-Mail: poststelle@gaa-h.niedersachsen.de **Staatliches Gewerbeaufsichtsamt Hildesheim** Goslarsche Straße 3 31134 Hildesheim Tel.: (05121) 163–0 Fax: (05121) 163–999 E-Mail: poststelle@gaa-hi.niedersachsen.de **Staatliches Gewerbeaufsichtsamt Lüneburg** Auf der Hude 2 21339 Lüneburg Tel.: (04131) 15–1400 Fax: (04131) 15–1401 E-Mail: poststelle@gaa-lg.niedersachsen.de **Staatliches Gewerbeaufsichtsamt Oldenburg** Theodor-Tantzen-Platz 8 26122 Oldenburg Postfach 5455, 26044 Oldenburg Tel.: (0441) 799 0 Fax: (0441) 799 2700 E-Mail: poststelle@gaa-ol.niedersachsen.de	
	Staatliches Gewerbeaufsichtsamt Osnabrück Johann-Domann-Straße 2 49080 Osnabrück Tel.: (0541) 503–500 Fax: (0541) 503–501 E-Mail: poststelle@gaa-os.niedersachsen.de	

Nord-rhein-Westfalen	Arbeitsschutz-Telefon: (0211) 855 3311 montags bis freitags 8–18 Uhr KomNet - gut beraten.gesundarbeiten E-Mail: info@komnet.nrw.de www.komnet.nrw.de **Bezirksregierung Arnsberg** Seibertzstr. 1 59821 Arnsberg Tel.: (02931) 82–0 E-Mail: poststelle@bra.nrw.de www.bra.nrw.de Telefonische Erstberatung:0211 3101 1133 **Bezirksregierung Detmold** Leopoldstr. 15 32756 Detmold Tel.: (05231) 71–0 E-Mail: poststelle@bezreg-detmold.nrw.de, www.bezreg-detmold.nrw.de **Bezirksregierung Düsseldorf** Cecilienallee 2 40474 Düsseldorf Tel.: (0211) 475–0 E-Mail: poststelle@bezreg-duesseldorf.nrw.de **Bezirksregierung Köln** Zeughausstr. 2–10 50667 Köln Tel.: (0221) 147–0 E-Mail: poststelle@bezreg-koeln.nrw.de dezernat57@bezreg-koeln.nrw.de www.bezreg-koeln.nrw.de	VO zur Regelung von Zuständigkeiten auf dem Gebiet des Arbeits- und technischen Gefahrenschutzes (ZustVO-ArbtG) v. 14. Dezember 2012 (GV. NRW. S. 622); geändert durch Verordnung vom 5. Juli 2016 (GV. NRW. S. 516).
	Bezirksregierung Münster Domplatz 1–3 48143 Münster Tel.: (0251) 411–0 E-Mail: poststelle@brms.nrw.de www.bezreg-muenster.nrw.de	

Rhein-land-Pfalz	**Struktur und Genehmigungsdirektion Nord** Regionalstelle Gewerbeaufsicht Koblenz Stresemannstr. 3–5 56068 Koblenz Tel.: (0261) 120–0 Fax: (0261) 120–2200 E-Mail: poststelle@sgdnord.rlp.de Regionalstelle Gewerbeaufsicht Idar-Oberstein Hauptstraße 238 55743 Idar-Oberstein Tel. (06781)565–0 Fax: (06781)565–1150 E-Mail: poststelle@sgdnord.rlp.de Regionalstelle Gewerbeaufsicht Trier Deworastraße 8 54290 Trier Tel. (0651)4601–0 Fax: (0651)4601–5200 E-Mail: poststelle@sgdnord.rlp.de **Struktur und Genehmigungsdirektion Süd** Zentralreferat Gewerbeaufsicht Friedrich-Ebert-Str. 14 67433 Neustadt/Weinstraße Tel.: (06321) 99–0 Fax: (06321) 99–2900 E-Mail: poststelle@sgdsued.rlp.de	LandesVO über die Zuständigkeiten auf dem Gebiet des Arbeits- und technischen Gefahrenschutzes (AGSch-ZUVO) v. 26.9.2000 (GVBl. 2000 S. 379), Zuletzt geändert durch § 67 des Gesetzes vom 6.10.2015 (GVBl. S. 283, 297)
Saar-land	**Landesamt für Umwelt- und Arbeitsschutz** Don-Bosco-Str. 1 66119 Saarbrücken Tel.: (0681) 8500–0 Fax: (0681) 8500–1384 E-Mail: lua@lua.saarland.de	VO über die zuständigen Aufsichtsbehörden im Sinne des MuSchG vom 1.9.1970 (ABl. S. 841), zuletzt geändert durch VO v. 24.1.2006 (ABl. S. 174)

Sachsen	**Landesdirektion Sachsen** **Abteilung Arbeitsschutz** Postanschrift: Landesdirektion Sachsen, 09105 Chemnitz E-Mail: arbeitsschutz@lds.sachsen.de **Dienststelle Leipzig** Braustraße 2 04107 Leipzig Tel.: (0341) 977–0 Fax: (0341) 977–1199 **Dienststelle Dresden** Stauffenbergallee 2 01099 Dresden Tel.: (0351) 825–5001 Fax: (0351) 825–9700 **Dienststelle Bautzen** Käthe-Kollwitz-Straße 17 02625 Bautzen Tel.: (03591) 273–400 Fax: (03591) 273–460 **Außenstelle Chemnitz** Brückenstraße 10 09111 Chemnitz Tel.: (0371) 4599 0 Fax: (0371) 4599 5050 **Sächsisches Staatsministerium für Wirtschaft, Arbeit und Verkehr** **Oberste Arbeitsschutzbehörde des Freistaates Sachsen** Wilhelm-Buck-Straße 2 01097 Dresden Postfach 10 03 29, 01073 Dresden Tel.: (0351) 564 0 Fax: (0351) 564–80680 E-Mail: poststelle@smwa.sachsen.de www.smwa.sachsen.de	VO der Sächsischen Staatsregierung über die Zuständigkeiten auf dem Gebiet des sozialen und medizinischen Arbeitsschutzes (SmAs-ZuVO) v. 8.7.1993 (GVBl. S. 565), zuletzt geändert durch § 5 Satz 2 Nr. 1 Sächsische Arbeitsschutzzuständigkeits-VO vom 6.7.2008 (SächsGVBl. S. 416)

Sachsen-Anhalt	**Landesamt für Verbraucherschutz** Fachbereich Arbeitsschutz Freiimfelder Str. 68 06112 Halle/Saale Tel.: (0345) 5643–0 Fax: (0345) 5643–439 E-Mail: LAV-FB5@sachsen-anhalt.de Zentraldezernat für Arbeitsschutz Kühnauer Str. 70 06846 Dessau Tel.: (0340) 6501–0 Fax: (0345)5643 439 E-Mail:, lav-gazentral@sachsen-anhalt.de Gewerbeaufsicht Ost/West Klusstr. 18 38820 Halberstadt Tel.: (03941) 586–3 Fax: (0345)5643 439 E-Mail: lav-gaostwest@sachsen-anhalt.de Gewerbeaufsicht Regionalbereich Nord/Mitte Große Steinernetischstraße 4 39104 Magdeburg Tel.: (0391) 2564–0 Fax: (0345)5643 439 E-Mail: lav-ganordmitte@sachsen-anhalt.de Gewerbeaufsicht Nord/Mitte Priesterstraße 14 39576 Stendal Tel.: (03931) 494–0 Fax: (0345)5643 439 E-Mail: lav-ganordmitte@sachsen-anhalt.de Gewerbeaufsicht Süd Hansering 15 06108 Halle/Saale Tel.: (0345) 52162 0 Fax: (0345) 52162 401 E-Mail: lav-gasued@sachsen-anhalt.de	ZuständigkeitsVO für den sozialen Arbeitsschutz (ZustVO-SozAS) v. 2.7.2004, zuletzt geändert durch Art. 4 Abs. 2 Nr. 2 VO zur Änd. von ZuständigkeitsVOen auf dem Gebiet des Arbeitsrechts vom 6.7.2009 (GVBl. LSA S. 346)
Schleswig-Holstein	**Staatliche Arbeitsschutzbehörde bei der Unfallkasse Nord (St AUK)** **Standort Kiel** Seekoppelweg 5a 24113 Kiel Tel: (0431) 220040–10 Fax: (0431) 220040–650 E-Mail: poststelle@arbeitsschutz.uk-nord.de	Landesverordnung über die zuständige Behörde nach dem Mutterschutzgesetz (ZustVO-MuSchG) v. 7.4.1986 (GVOBl. S. 81), zuletzt geändert durch Art. 2 LVO v. 12.2.2019 (GVOBl. S. 51)

	Standort Lübeck Bei der Lohmühle 62 23554 Lübeck Tel. (0431) 220040 10 E-Mail: poststelle@arbeitsschutz.uk-nord.de **Standort Itzehoe** Oelixdorfer Str. 2 25524 Itzehoe Tel.: (0431) 220040 10 E-Mail: poststelle@arbeitsschutz.uk-nord.de	
Thüringen	**Landesamt für Verbraucherschutz** Abteilung Arbeitsschutz Karl-Liebknecht-Str. 4 98527 Suhl Tel.: (0361) 57 38 14 400 Fax: (0361) 57 38 14 203 E-Mail: Abteilung6@tlv.thueringen.de **Regionalinspektion Mittelthüringen** Linderbacher Weg 30 99099 Erfurt Telefon: (0361) 57 38 31 000 Fax: (0361) 57 38 31 062 E-Mail: mitte@tlv.thueringen.de **Regionalinspektion Ostthüringen** Otto-Dix-Str. 9 07548 Gera Telefon: (0361) 57 38 210 Fax: (0361) 57 38 21 104 E-Mail: ost@tlv.thueringen.de **Regionalinspektion Nordthüringen** Gerhart-Hauptmann-Str. 3 99734 Nordhausen Telefon: (0361) 57-3817300 Fax: (0361) 57-3817361 E-Mail: nord@tlv.thueringen.de **Regionalinspektion Südthüringen** Karl-Liebknecht-Straße 4 98527 Suhl Telefon: (0361) 57 38 14 800 Fax: (0361) 57 38 14 890 E-Mail: sued@tlv.thueringen.de	VO zur Regelung von Zuständigkeiten und zur Übertragung von Ermächtigungen auf dem Gebiet des Arbeitsschutzes (ThürASZust-VO) v. 24.3.2006 (GVBl. S. 210)

3. Aufgaben

Die Aufsichtsbehörden sind für die Aufsicht über die Ausführung des MuSchG ausschließlich zuständig (Buchner/Becker, 8. Aufl., § 20 [a.F.] Anm. 8). Neben der 5

Überwachung von Durchführung und Einhaltung der Vorschriften des MuSchG selbst geht es um die aufgrund des Mutterschutzgesetzes erlassenen Vorschriften. Das sind Rechtsverordnungen nach § 31 MuSchG sowie Anordnungen i.S.d. Absatzes 3. Die Behörden sind im Rahmen ihrer Aufsicht außerdem informierend und beratend tätig.

6 Nicht zuständig sind die Aufsichtsbehörden für die Einhaltung der §§ 18 ff. Das ist Aufgabe der die U2-Umlage verwaltenden **Krankenkassen**. Eine Zusammenarbeit der mutterschutzrechtlichen Aufsichts- und der Sozialversicherungsbehörde in Fragen des Mutterschutzes kann notwendig sein. Auch sozial- oder privatrechtliche Zahlungsansprüche der Frauen auf Mutterschaftsgeld etc. fallen nicht in den Zuständigkeitsbereich der Aufsichtsbehörden (BeckOK Arbeitsrecht/Dahm, 75. Ed., MuSchG § 29 Rn. 6).

4. Zuständigkeit

7 Die Zuständigkeit der Aufsichtsbehörden für den Mutterschutz bezieht sich auf die Privatwirtschaft sowie den öffentlichen Dienst mit Ausnahme der Beamtinnen. Die Aufsichtsbehörden führen die Aufsicht über alle Betriebe, Verwaltungen und Familienhaushalte (Brose/Weth/Volk-Latterner/Weth MuSchG, 9. Aufl., § 29 Rn. 5). Bei Beamtinnen bzw. Soldatinnen liegt hingegen die personalrechtliche Dienstaufsicht gem. Abs. 5 beim Bundesverteidigungsministerium (§ 1 Abs. 1 S. 2 MuSchEltZV (Anhang 11) sowie § 2 MuSchSoldV (Anhang 12)). Ausgenommen von der Aufsicht sind die Kirchen aufgrund ihres verfassungsrechtlich geschützten Selbstbestimmungsrechts (Art. 140 GG i.V.m. Art. 139 Abs. 3 WRV) (BeckOK Arbeitsrecht/Dahm, 75. Ed., MuSchG § 29 Rn. 2).

8 Bei den Aufsichtsbehörden handelt es sich um untere Verwaltungsbehörden. Die unteren Verwaltungsbehörden unterstehen den Regierungspräsidenten und diese wieder dem Arbeits- oder Sozialministerium des Landes. Die übergeordnete Behörde darf nicht den Aufgabenbereich der unteren Verwaltungsbehörden wahrnehmen, sondern nur die Dienstaufsicht über diese ausüben (vgl. Buchner/Becker, 8. Aufl., § 20 [a.F.] Anm. 13).

9 Der **Betriebs- oder Personalrat** hat gemäß § 89 BetrVG, § 81 BPersVG eine eigene Aufgabe, sich für die Einhaltung der Arbeitsschutzvorschriften im Betrieb einzusetzen; er hat die Aufsichtsbehörden bei der Bekämpfung von Unfall- und Gesundheitsgefahren zu unterstützen und ist bei Besichtigungen und Fragen den Arbeitsschutz, hier Mutterschutz betreffend, hinzuzuziehen (vgl. Brill, ArbuR 1981, 202 [208]).

Er kann sich auch von sich aus mit Anregungen an die Aufsichtsbehörde wenden. Hierbei hat er zuvor eine gütliche Einigung mit dem Arbeitgeber zu versuchen (vgl. Buchner/Becker, 8. Aufl., § 20 Anm. 16–18; Meisel/Sowka, 5. Aufl., § 20 Anm. 12c und 12d; Zmarzlik/Zipperer, 5. Aufl., § 20 Anm. 13).

10 Eine der wichtigsten Institutionen bei der Umsetzung von Arbeits- und damit Mutterschutz sind die **Betriebsärzte** und **Fachkräfte für Arbeitssicherheit.** Besondere Regelungen enthält das Gesetz über die Betriebsärzte, Sicherheitsingenieure und andere Fachkräfte für Arbeitssicherheit (ASiG) vom 12.12.1973 (zuletzt geändert durch Arti-

kel 3 Absatz 5 des Gesetzes vom 20. April 2013 (BGBl. I S. 868)). Den Betriebsärzten obliegt die Aufgabe, den Arbeitgeber bei medizinischen Fragen zum Arbeitsschutz und der Unfallverhütung zu unterstützen und zu beraten. Hierbei kommt ihnen auch eine Beratungsfunktion bei der Durchführung der Schutzvorschriften für werdende oder stillende Mütter sowie im Hinblick auf die gesundheitlichen Auswirkungen eines Arbeitsplatzes zu (Buchner/Becker, 8. Aufl. Rn. 14). Den Fachkräften für Arbeitssicherheit gem. § 6 Abs. 1 ASiG obliegt die Unterstützung in technischen Fragen des Arbeitsschutzes und der Unfallverhütung (Buchner/Becker, 8. Aufl. Rn. 15).

5. Befugnisse der Aufsichtsbehörde (Absatz 2)

a) Verhältnis zum früheren Mutterschutzgesetz und der Gewerbeordnung

Nach dem MuSchG a.F. waren die Zuständigkeit und Befugnisse der Aufsichtsbehörde neben den Regelungen in § 19 MuSchG a.F. und § 20 Absatz 1 MuSchG a.F. durch einen generellen Verweis auf § 139b der Gewerbeordnung (GewO) in § 20 Absatz 2 MuSchG a.F. geregelt (vgl. Vorauflage). Das ArbSchG hat § 139b GewO jedoch in weiten Teilen durch die Aufnahme konkretisierender, dem Arbeitsschutz angepasster Regelungen abgelöst. Die Befugnisse der Aufsichtsbehörden im Geltungsbereich des ArbSchG sind seither in den §§ 22, 23 ArbSchG geregelt. Zur Vereinheitlichung und Harmonisierung der Vorschriften aus dem Arbeitsschutz und dem Mutterschutz werden die Regelungen der §§ 22, 23 ArbSchG – zum Teil durch konkrete Regelung im MuSchG, zum Teil durch Verweis – übernommen. Aus § 139b GewO wurden nur diejenigen Regelungsgehalte übernommen, die von mutterschutzspezifischer Relevanz sind und die sich nicht bereits aus den Vorschriften des ArbSchG ergeben. 11

Der Verzicht auf den pauschalen Verweis auf § 139b GewO und die Einführung einer bereichsspezifischen Regelung dient der Rechtsklarheit und Rechtssicherheit. Dabei wird der Regelungsgehalt des früher in Bezug genommenen § 139b GewO wie folgt abgebildet:

- § 139b Absatz 1 Satz 1 GewO zur Zuständigkeit der Aufsichtsbehörde findet sich in § 29 Absatz 1,
- der Regelungsgehalt des § 139b Absatz 1 Satz 2 GewO sowie des § 139b Absatz 4 und 6 GewO zu den Befugnissen der Aufsichtsbehörde wird durch § 29 Absatz 2 und seinen Verweis auf die Befugnisse nach § 22 Absatz 2 und 3 ArbSchG erfasst,
- der Regelungsgehalt des § 139b Absatz 1 Satz 3 und 4 GewO zum Offenbarungsverbot wird nun in § 27 Absatz 6 geregelt,
- die Regelung des § 139b Absatz 2 GewO zur Regelung der Zuständigkeitsverhältnisse hat für den Bereich des Mutterschutzes keine praktische Bedeutung und wird daher nicht in das MuSchG überführt,
- die bisher über § 20 Absatz 2 Satz 1 MuSchG in Verbindung mit § 139b Absatz 3 GewO geregelte Pflicht der Aufsichtsbehörden zur Erstellung von Jahresberichten wird an die Regelung des § 23 Absatz 4 ArbSchG angepasst und ist nunmehr im neuen § 29 Absatz 6 geregelt,

- der Regelungsgehalt des § 139b Absatz 5 GewO wird nicht übernommen, da sich die dort geregelten Meldepflichten bereits aus § 23 Absatz 1 und 3 ArbSchG ergeben,
- die Regelungen des § 139b Absatz 7 und 8 GewO zur Zusammenarbeit mit anderen Behörden bei Anhaltspunkten auf Schwarzarbeit u.ä. haben keine mutterschutzspezifische Relevanz.

Ferner bestehen die Befugnisse nach § 22 Abs. 3 ArbSchG und damit das Recht, Maßnahmen im Einzelfall anzuordnen. Hierbei handelt es sich um eine Kernkompetenz der Aufsichtsbehörden (LR/Kollmer § 22 ArbSchG Rn. 34).

b) Allgemeines

12 Die Aufsichtsbehörde hat alle privaten wie öffentlichen Betriebe, Verwaltungen und Haushalte auf die Einhaltung der mutterschutzrechtlichen Vorschriften zu überwachen und deren Durchführung zu handhaben, sodass der Schutz von Mutter und Kind verwirklicht wird. Das hat unter billiger Berücksichtigung der betrieblichen Belange zu geschehen. Um die Einhaltung der mutterschutzrechtlichen Vorgaben tatsächlich bewirken zu können, gibt das Gesetz den Aufsichtsbehörden für den Mutterschutz dieselben Befugnisse, wie sie den mit der Überwachung beauftragten Personen für den allgemeinen Arbeitsschutz gemäß § 22 Abs. 2 und 3 ArbSchG zustehen. Das Mutterschutzgesetz verweist somit auf die im Arbeitsschutzgesetz genannten Befugnisse. Das macht erneut deutlich, dass es sich beim Mutterschutz um besonderen Arbeitsschutz handelt.

Je nach Lage des Falles kann die Aufsichtsbehörde der Überwachung aus besonderem Anlass, aber auch ohne einen solchen nachkommen. Das kann erfolgen z.B. aufgrund einer Schwangerschaftsmeldung des Arbeitgebers (gemäß § 27 Abs. 1), durch Betriebsbesuche, Nachprüfung von Anzeigen oder Beschwerden, Einholung von Auskünften (gemäß § 27 Abs. 2).

Darüber hinaus kann die Aufsichtsbehörde den Betrieb aufsuchen zur Beratung der beschäftigten schwangeren oder stillenden Frauen, wie auch zur Beratung der Arbeitgeber bei Fragen der Umsetzung des Mutterschutzes im Betrieb. Dabei sollten die Beratung mit Anregungen und Hilfestellungen im Vordergrund der Aufsichtstätigkeit stehen.

c) Befugnisse im Einzelnen

Gemäß § 29 Abs. 2 S. 1 MuSchG i.V.m. § 22 Abs. 2 S. 2 ArbSchG sind die Mitarbeiter der Aufsichtsbehörde u.a. berechtigt, Betriebsanlagen, Arbeitsmittel und persönliche Schutzausrüstungen zu prüfen. Auch Arbeitsverfahren und Arbeitsabläufe können sie untersuchen und Messungen vornehmen. Insbesondere im Fall eines Arbeitsunfalls, einer arbeitsbedingten Erkrankung oder eines Schadensfalls kann untersucht werden, auf welche Ursachen dieser zurückzuführen ist.

Der in Bezug genommene § 22 Abs. 3 ArbSchG gibt der Aufsichtsbehörde für den Mutterschutz außerdem das Recht, im Einzelfall Anordnungen zu erlassen. Danach kann sie zum einen bestimmen, welche Maßnahmen der Arbeitgeber und die verantwortliche Person oder die Beschäftigten zur Erfüllung der Pflichten zu treffen haben, die sich aus dem MuSchG und den aufgrund des MuSchG erlassenen Rechtsverordnungen ergeben. Zum anderen kann sie festlegen, welche Maßnahmen der Arbeitgeber und die verantwortliche Person zur Abwendung einer besonderen Gefahr für Leben und Gesundheit der Beschäftigten oder des Kindes zu treffen haben. Bei Gefahr in Verzug kann die Behörde gemäß § 22 Abs. 3 S. 2 ArbSchG selbst tätig werden.

d) Befugnis zur Betretung der Wohnung

Vom Schutzbereich des Art. 13 Abs. 1 GG werden private Wohnräume erfasst. Ob 13
darüber hinaus Betriebsstätten, Geschäfts- und Betriebsräume in den Schutzbereich des Art. 13 fallen ist streitig, wird aber von der verfassungsgerichtlichen Rechtsprechung weitgehend bejaht (BVerfG, Beschl. v. 27.5.1997 – 2 BvR 1992/92 – BVerfGE 96, 44, 51, BVerfG, Beschl. v. 27.5.1997 – 2 BvR 1992/92 – BVerfGE 96, 44, 51; BVerfG, Beschl. v. 24.5.1977 – 2 BvR 988/75 – BVerfGE 44, 353, 371). Absatz 2 Satz 2 schränkt das Grundrecht der Unverletzlichkeit der Wohnung nach Art. 13 GG ausdrücklich ein. Die Aufsichtsbehörden können ihrer Überwachungsaufgabe nur in angemessener Weise gerecht werden, wenn ihnen eine Inaugenscheinnahme vor Ort möglich ist und sie sich ein Bild von der tatsächlichen Situation der stillenden oder schwangeren Frau an ihrem Arbeitsplatz machen können.

Gemäß § 22 Abs. 2 ArbSchG haben Mitarbeiter der Aufsichtsbehörde ein Betretungs- 14
recht von Betriebsstätten, Geschäfts- und Betriebsräumen. Als solche gelten alle Bereiche mit einem Bezug zur geschäftlichen Tätigkeit. Dazu zählen alle in § 2 ArbStättVO definierten Arbeitsstätten. Sie dürfen die Örtlichkeiten auch besichtigen, was heißt, sie dürfen unmittelbar wahrnehmbare und sichtbare Zustände erfassen. Die Besichtigung ist keine Durchsuchung (s. auch BeckOK Arbeitsschutzrecht/Aligbe, 21. Ed. MuSchG § 29 Rn. 10). Für weitere Auskünfte müssen sie sich an die auskunftspflichtige Person wenden.

Das Betretungsrecht besteht nur während der Betriebs- und Arbeitszeiten der Betriebsstätte. Maßgeblich und ausreichend ist, dass tatsächlich gearbeitet wird, auch wenn es sich nicht um die betriebsübliche Betriebs- oder Öffnungszeit handelt. Zulässig sind anlass- als auch turnusmäßige Besichtigungen. Hierfür sind weder eine Terminvereinbarung noch die Anwesenheit des Arbeitgebers erforderlich (Arndt-Zygar/Busch in HK-ArbSchR, § 22 Rn. 28). Außerhalb der Betriebs-/Geschäftszeiten dürfen die Behördenmitarbeiter die Betriebsstätte nur betreten und die notwendigen Maßnahmen treffen, wenn der Arbeitgeber dies erlaubt oder Abhilfemaßnahmen zur Verhütung dringender Gefahren für die öffentliche Sicherheit und Ordnung getroffen werden müssen. Gleiches gilt, wenn sich die Arbeitsstätte in einer Wohnung befindet. Auch hier ist grundsätzlich ein Einverständnis des Nutzungsberechtigten zum Betreten erforderlich Die Behördenmitarbeiter können die Begleitung durch den Arbeitgeber oder eine von ihm beauftragte Person verlangen (§ 29 Abs. 2 S. 1 MuSchG i.V.m. § 22 Abs. 2 S. 5 und 6 ArbSchG; Zur öffentlichen Sicherheit und Ordnung s. im Einzelnen BeckOK Arbschutzrecht/Aligbe 21. Ed., MuSchG § 29 Rn. 12).

6. Mutterschutzrechtliche Anordnungsbefugnisse der Aufsichtsbehörde (Absatz 3)

a) Allgemeines

15 Neben der allgemeinen Befugnis zum Erlass von Einzelfallanordnungen nach § 29 Abs. 2 S. 1 MuSchG i.V.m. § 22 Abs. 3 ArbSchG regelt Abs. 3 konkrete auf das MuSchG bezogene Anordnungsbefugnisse. Nach **Satz 1** kann die Aufsichtsbehörde in Einzelfällen die erforderlichen Maßnahmen anordnen, die der Arbeitgeber zur Erfüllung der mutterschutzrechtlichen Pflichten zu treffen hat, die sich aus dem zweiten Abschnitt (»Gesundheitsschutz«, §§ 3–16) und aus den aufgrund des § 31 Nummer 1 bis 5 erlassenen Rechtsverordnungen ergeben. Die Maßnahmen der Aufsichtsbehörde nach § 29 dienen der Konkretisierung der gesetzlichen Vorgaben zum Arbeitsschutz im Einzelfall. Sie beziehen sich damit nicht auf den Bereich des Kündigungsschutzes oder des Leistungsrechts. Bei der Anordnung von Maßnahmen hat die Aufsichtsbehörde stets die allgemeinen gesundheitsschutzrechtlichen Vorgaben des zweiten Abschnitts zu berücksichtigen (vgl. BT-Drs. 18/8963 S. 97).

Die Aufsichtsbehörde handelt sowohl präventiv wie repressiv. Einerseits hat sie im Rahmen ihrer Aufsicht Verstöße gegen das MuSchG zu vermeiden, indem sie im Rahmen ihrer Überwachungsfunktion Arbeitgeber berät. Andererseits hat sie gegen Verstöße vorzugehen. Die Aufsichtsbehörde handelt dabei nach pflichtgemäßem Ermessen (Rancke/Pepping HK MuSch, 6. Aufl., § 29 Rn. 6).

16 **Satz 2** führt die in den früheren § 2 Absatz 5, § 7 Absatz 3, § 8 Absatz 5 und 6 MuSchG a.F. geregelten Befugnisse der Aufsichtsbehörde zusammen. Zum besseren Verständnis werden die wichtigsten Befugnisse beispielhaft in einem nicht abschließenden Katalog (»insbesondere«) benannt.

b) Ausnahmen vom Mehrarbeits- und Nachtarbeitsverbot (Nummer 1)

17 Nr. 1 regelt die Möglichkeit, Ausnahmen vom Verbot der Mehrarbeit oder Nachtarbeit zwischen 22 und 6 Uhr zu bewilligen. Ausnahmebewilligungen sind in besonders begründeten Einzelfällen möglich, wenn sich die schwangere oder stillende Frau ausdrücklich zu Mehrarbeit oder zu der Arbeit zur Nachtzeit bereit erklärt, nach ärztlichem Zeugnis nichts gegen die Beschäftigung spricht und im Fall der Nachtarbeit insbesondere eine unverantwortbare Gefährdung für die schwangere Frau oder ihr Kind durch Alleinarbeit ausgeschlossen ist. Letztere Voraussetzung nach Abs. 3 Nr. 1c muss nur für eine Ausnahmebewilligung vom Nachtarbeitsverbot, nicht aber vom Mehrarbeitsverbot gegeben sein (Brose/Weth/Volk MuSchG, 9. Aufl. § 29 Rn. 29).

18 Ein besonders begründeter Einzelfall erfordert Umstände, die sich von den sonst üblichen Verhältnissen unterscheiden und daher eine Ausnahme rechtfertigen (Rancke/Pepping HK MuSch, 6. Aufl., § 29 Rn. 11; Brose/Weth/Volk MuSchG, 9. Aufl. § 29 Rn. 31). Bei der Bewilligung von Ausnahmen ist die Beurteilung der Arbeitsbedingungen durch den Arbeitgeber heranzuziehen und zu prüfen. Sie muss eine Würdigung besonderer Arbeitsbedingungen enthalten. Hinsichtlich des Ausschlusses einer unverantwortbaren Gefährdung durch Alleinarbeit ist z.B. ein gegebenenfalls bestehender

verminderter Personalschlüssel zur Nachtzeit und die mögliche Einschränkung körperlich-geistiger Leistungsfähigkeit der Frau aufgrund von Ermüdung oder Konzentrationsabfall zu berücksichtigen (BT-Drs. 18/8963 S. 97). Die Aufsichtsbehörde muss ihm Rahmen ihrer Einzelfallabwägung sowohl die vom Arbeitgeber vorgetragenen betrieblichen Gründe als auch die persönliche Situation der schwangeren bzw. stillenden Frau berücksichtigen.

Um der Behörde eine umfassende Entscheidungsabwägung zu ermöglichen, sollte der Arbeitgeber seinen Antrag auf Bewilligung einer Ausnahme vom Verbot der Mehrarbeit oder der Nachtarbeit hinreichend begründen. Er sollte angeben, warum aus seiner Sicht die Voraussetzungen für die Ausnahmebewilligung vorliegen. Darüber hinaus muss er nachweisen, dass die genannten Voraussetzungen vorliegen, nämlich die Einverständniserklärung der Frau nach Nr. 1a) und die ärztliche Unbedenklichkeitsbescheinigung nach Nr. 1b). Außerdem hat er die Gefährdungsbeurteilung (§ 10) beizufügen und darauf basierende eventuelle Schutzmaßnahmen zu benennen, die er gemäß § 13 ergriffen hat (Rancke/Pepping HK MuSch, 6. Aufl., § 29 Rn. 13). 19

Eine Ausnahmebewilligung zur Erbringung von Mehrarbeit kann sowohl für voll- wie minderjährige Frauen erteilt werden, zwischen denen das grundsätzliche Verbot der Mehrarbeit in § 4 unterscheidet. Dabei kann sich die Ausnahme zum einen auf die absolute Obergrenze von 90 Std./Doppelwoche für Frauen ab 18 Jahren und 80 Std./Doppelwoche für Frauen unter 18 Jahren beziehen. Eine Ausnahmebewilligung ist zum anderen möglich hinsichtlich der relativen Obergrenze in § 4 Abs. 1 S. 4, womit die Frau ausnahmsweise in einem Umfang beschäftigt werden darf, der die vertraglich vereinbarte wöchentliche Arbeitszeit im Durchschnitt eines Monats übersteigt. Nach Auffassung der Aufsichtsbehörden des Bundes und der Länder kann der Arbeitgeber bei der Berechnung der im Monatsdurchschnitt geleisteten Arbeit gem. § 4 Abs. 1 S. 4 MuSchG entweder den Monatszeitraum ab Meldung der Schwangerschaft bzw. Beginn der Stillzeit zugrunde legen oder auf den Kalendermonat abstellen, in dem die Mehrarbeit erfolgt (Bundesfamilienministerium, Arbeitgeberleitfaden zum Mutterschutz). Aus dem Wortlaut der Regelung ergeben sich keine zwingenden Vorgaben, dass der Zeitmonat ab Schwangerschaftsmeldung oder der Kalendermonat als Ausgleichsmonat zugrunde zu legen ist. Beide Vorgehensweisen sind zur Sicherstellung der gesetzgeberischen Zielsetzung gleichwertig. Die Heranziehung des Kalendermonats als Ausgleichszeitraum kann sich insbesondere bei Anwendung systemgestützter Zeitkontrollen anbieten. Bei einem Wechsel zwischen beiden Varianten muss sichergestellt sein, dass es bei keinem der beiden Berechnungszeiträume zu einem Verstoß kommt. Es bedarf keiner Ausnahmebewilligung zur Leistung von Mehrarbeit, wenn einer der möglichen Ausgleichszeiträume zu einem Ausgleich geleisteter Mehrarbeit führt. 20

Insbesondere bei Produktionsmitarbeiterinnen in Schichtarbeit kann es sein, dass die einzelnen Schichten nach der nachweislich geübten Praxis regelmäßig zeitlich länger dauern als die individuell vereinbarte Arbeitszeit der Frau und die entstandenen Zeitguthaben aufgrund der betrieblichen Gegebenheiten nicht immer genau ausgeglichen werden können. In diesem Fall ist davon auszugehen, dass die üblicherweise tatsächlich geleistete Arbeitszeit als vertraglich vereinbarte Arbeitszeit im Sinne des § 4 Abs. 1 S. 4 21

MuSchG zu werten ist (Bundesfamilienministerium, Arbeitgeberleitfaden zum Mutterschutz). Die Ausgleichsregelung hat das Ziel, die Frau davor zu schützen, dass bestimmte – insbesondere familiär bedingte Zeitarrangements – in der Zeit von Schwangerschaft und Stillzeit infrage gestellt werden. Dies geschieht jedoch nicht, wenn ein bestimmter Arbeitsumfang in tatsächlicher Hinsicht ständig geübte Praxis war und beibehalten wird. Es bedarf keiner Ausnahmebewilligung zur Leistung von Mehrarbeit, wenn der Umfang der bisher regelmäßig tatsächlich geleisteten Arbeit nicht überschritten wird.

22 Von der ununterbrochenen elfstündigen Ruhezeit im Anschluss an die tägliche Arbeit, die ihre allgemeine Grundlage in § 5 Abs. 1 ArbZG hat, kann nicht abgewichen werden, da § 4 Abs. 2 (Einhaltung der Ruhezeit) von § 29 nicht in Bezug genommen wird (Rancke/Pepping HK MuSch, 6. Aufl., § 4 Rn. 41).

c) Verbot der Teilnahme an Ausbildungsveranstaltungen bis 22 Uhr und der Sonn- und Feiertagsarbeit und (Nummer 2)

23 § 5 Abs. 2 S. 2 gibt den Ausbildungsstellen das Recht, für schwangere und stillende Schülerinnen und Studentinnen unter bestimmten Voraussetzungen eine Ausnahme vom grundsätzlichen Verbot der Nachtarbeit zu machen, um den Auszubildenden zu ermöglichen, an Ausbildungsveranstaltungen bis 22 Uhr teilzunehmen. Davon zu unterscheiden ist das Genehmigungsverfahren für die Beschäftigung von schwangeren und stillenden Frauen zwischen 20 Uhr und 22 Uhr gemäß § 28, für welches es eines Antrags des Arbeitgebers bei der Aufsichtsbehörde bedarf. Gemäß § 29 Abs. 3 Nr. 2a) kann die Aufsichtsbehörde es der Ausbildungsstelle jedoch verbieten, eine schwangere oder stillende Schülerin/Studentin zwischen 20–22 Uhr an einer Ausbildungsveranstaltung teilnehmen zu lassen.

§ 6 Abs. 1 S. 2 und § 6 Abs. 2 S. 2 sehen unter bestimmten Voraussetzungen eine Ausnahme vom grundsätzlichen Verbot der Sonn- und Feiertagsarbeit für schwangere und stillende Frauen, Schülerinnen und Studentinnen vor. Die Aufsichtsbehörde kann es dem Arbeitgeber auch hier nach § 29 Abs. 3 Nr. 2b) untersagen, die Frau an Sonn- und Feiertagen zu beschäftigen.

24 Bei den Verboten des § 29 Abs. 3 Nr. 2 handelt es sich um Ermessensentscheidungen der Behörde. Dabei liegt im Ermessen der Behörde, ob und wie sie tätig wird. Die gesetzlichen Wertungen hat sie in ihre Entscheidungen einfließen zu lassen. Dazu gehört, dass es unter bestimmten Voraussetzungen Sache der Ausbildungsstelle ist, über die Teilenahme an Ausbildungsveranstaltungen bis 22 Uhr zu entscheiden. Ein Verbot zur Teilnahme an Ausbildungsveranstaltungen ist dann auszusprechen, wenn die von § 5 Abs. 2 S. 2 Nr. 1–3 genannten Voraussetzungen nicht vorliegen. Dann ist das Ermessen der Behörde auf Null reduziert. Gemäß § 5 Abs. 2 S. 2 Nr. 1–3 muss eine Bereitschaftserklärung der Frau zur Teilnahme an der Ausbildungsveranstaltung vorliegen, die Teilnahme zu Ausbildungszwecken muss zu dieser Zeit erforderlich sein und eine unverantwortbare Gefährdung der Frau oder ihres Kindes durch Alleinarbeit muss ausgeschlossen sein.

Der Arbeitgeber bzw. die Ausbildungsstelle (Schule bzw. Hochschule) hat die Aufsichtsbehörde über die beabsichtigte Teilnahme bzw. Beschäftigung einer schwangeren oder stillenden Schülerin/Studentin zu unterrichten (§ 27 Abs. 1 S. 1 Nr. 2a). Nur so ist die Aufsichtsbehörde in der Lage zu prüfen.

Gleichermaßen hat die Aufsichtsbehörde dann ein Verbot der Sonn- und Feiertagsarbeit auszusprechen, wenn die Voraussetzungen des § 6 Abs. 1 S. 2 oder § 6 Abs. 2 S. 2 nicht vollständig vorliegen (Brose/Weth/Volk MuSchG, 9. Aufl. § 29 Rn. 37). Im Übrigen besteht ein Ermessen der Behörde, ob und wie sie tätig wird. Auch gesetzliche Wertungen hat sie in ihre Entscheidungen einfließen zu lassen. Die Neuregelung eröffnet, noch anders als die Vorgängerregelung des § 8 Abs. 4 MuSchG a.F., Sonn- und Feiertagsarbeit für alle Branchen, für die § 10 ArbZG diese zulässt. Dem MuSchG n.F. ist damit zu entnehmen, dass ein behördliches Verbot der Sonn- und Feiertagsarbeit nach § 29 Abs. 3 Nr. 2b) nicht allein deshalb ausgesprochen werden kann, weil es an einer entsprechenden betrieblichen Erforderlichkeit der Tätigkeit an Sonn- und Feiertagen mangelt, sondern erst dann, wenn persönliche Belange der schwangeren oder stillenden Frau ein Verbot erfordern (Rancke/Pepping HK MuSch, 6. Aufl., § 29 Rn. 16). 25

Auch die geplante Beschäftigung einer schwangeren oder stillenden Frau an Sonn- und Feiertagen muss der Arbeitgeber der Aufsichtsbehörde gemäß § 27 Abs. 1 S. 1 Nr. 2b mitteilen.

d) Einzelheiten zur Freistellung zum Stillen und zu Stillräumen (Nummer 3)

Nummer 3 regelt, dass die Aufsichtsbehörde nähere Bestimmungen zur Freistellung zum Stillen nach § 7 Absatz 2 und über die Einrichtung von Stillräumen treffen kann. Die Ermächtigung der Aufsichtsbehörde folgt der Tatsache, dass der Betriebs- bzw. Personalrat kein erzwingbares Mitbestimmungsrecht bei der Festlegung von Stillpausen hat (HK-MuSchG § 7 Rn. 44). Laut der Begründung zum Gesetzentwurf übernimmt die Neuregelung redaktionell angepasst den Regelungsgehalt des früheren § 7 Absatz 3 MuSchG a.F. (BT-Drs. 18/8963 S. 97), womit sich die näheren Bestimmungen der Aufsichtsbehörde auf Zahl, Lage und Dauer der Stillzeit beziehen können (Brose/Weth/Volk MuSchG, 9. Aufl. § 29 Rn. 39). Die Stillzeiten müssen die Arbeit nicht unterbrechen, sie können auch am Anfang oder am Ende einer Schicht liegen (Rancke/Pepping HK MuSch, 6. Aufl., § 29 Rn. 18). 26

Es besteht keine Handlungspflicht; ob die Behörde tätig wird, ist Teil ihres Ermessens. Welche Zeit zum Stillen »erforderlich« ist, ist einzelfallabhängig und bei einer Entscheidung der Aufsichtsbehörde zu berücksichtigen. Das gilt sowohl hinsichtlich der individuellen Bedürfnisse der Frau und ihres Kindes als auch der betrieblichen Belange. § 7 Abs. 2 sieht im Übrigen Mindestzeiten für die Freistellung zum Stillen vor, an die auch die Aufsichtsbehörde gebunden ist. Da die Frau eine Freistellung zum Stillen nur während der ersten zwölf Monate nach der Geburt verlangen kann, ist die Aufsichtsbehörde auch hieran zeitlich gebunden. Nach Ablauf der zwölf Monate kann sie keine näheren Bestimmungen zur Freistellung der Frau mehr treffen, auch wenn diese tatsächlich noch stillen sollte. 27

Hinsichtlich der Befugnis, die Einrichtung von Stillräumen anzuordnen, ist zu berücksichtigen, ob der Arbeitgeber z.B. bereits einen Pausenraum gemäß § 9 Abs. 3 S. 2 vorhält, der auch zum Stillen genutzt werden kann. Dann wäre die Anordnung zur Einrichtung weiterer Stillräume ermessensfehlerhaft. Gleiches gilt, wenn nur eine sehr geringe Anzahl von Frauen beschäftigt wird, sodass der finanzielle Aufwand für die Einrichtung eines Stillraums in keinem Verhältnis zur möglichen Nutzung stünde (Rancke/Pepping HK MuSch, 6. Aufl., § 29 Rn. 18). Auch betriebliche Gegebenheiten sind zu berücksichtigen, wie die räumliche Möglichkeit, überhaupt einen solchen Raum einrichten zu können.

e) Einzelheiten zu Heimarbeit (Nummer 4)

28 Nummer 4 regelt, dass die Aufsichtsbehörde nähere Bestimmungen über die Arbeitsmenge für in Heimarbeit beschäftigte Frauen und ihnen Gleichgestellte nach § 8 treffen kann und übernimmt den Regelungsgehalt des früheren § 8 Absatz 5 Satz 2 MuSchG a.F. Obwohl auch die Vorgängerregelung lediglich von »Bestimmungen über die Arbeitsmenge« sprach, kann die Aufsichtsbehörde nach wie vor ebenfalls Bestimmungen über Fertigungsfristen treffen, welche in dem in Bezug genommenen § 8 angesprochen werden (Rancke/Pepping HK MuSch, 6. Aufl., § 29 Rn. 22). So kann die Einhaltung der in § 8 genannten Arbeitszeiten sichergestellt werden, die die Frau in Heimarbeit höchstens täglich erbringen darf.

Auch bei Nr. 4 handelt es sich um eine Ermessenentscheidung, ob und wie die Behörde tätig wird. In eine Abwägung hat sie im Einzelfall die individuellen Bedürfnisse der Frau und ihres Kindes und gleichermaßen die betrieblichen Belange des Arbeitgebers einfließen zu lassen. Die Regelung im früheren § 8 Absatz 5 Satz 2 MuSchG a.F., wonach die Aufsichtsbehörden den Heimarbeitsausschuss anhören muss, falls ein solcher besteht, ist aus Gründen der Praktikabilität entfallen. Die Aufsichtsbehörde kann wegen ihrer Nähe zum Einzelfall schneller eine praxisnahe Entscheidung treffen (BT-Drs. 18/8963, 97).

f) Anordnung von Schutzmaßnahmen (Nummer 5)

29 Nummer 5 ermöglicht die Anordnung von Schutzmaßnahmen zur Durchführung des § 9 Absatz 1 und 2 und des § 13 und übernimmt redaktionell angepasst den Regelungsgehalt des früheren § 2 Absatz 5 MuSchG a.F. (BT-Drs. 18/8963, 97). Damit werden u.a. Schutzmaßnahmen angesprochen, die Ergebnis einer vom Arbeitgeber nach § 10 durchzuführenden Gefährdungsbeurteilung sein können, um den Schutz der Mutter und ihres Kindes sicherzustellen (§ 9 Abs. 1 und 2). Dazu gehören auch Maßnahmen, die sicherstellen, dass die Frau ihre Arbeit, soweit erforderlich, unterbrechen kann und sich während der Pausen hinsetzen, hinlegen und ausruhen kann (§ 9 Abs. 3). Es handelt sich um eine Ermessensentscheidung der Behörde, ob und wie sie tätig wird.

Der Verweis auf § 13 stellt klar, dass auch die Behörde bei der Anordnung von Schutzmaßnahmen die gesetzlich vorgegebene Rangfolge beachten muss, wonach zunächst die Arbeitsbedingungen umzugestalten sind (§ 13 Abs. 1 Nr. 1). Ist das nicht möglich oder nicht zumutbar, hat eine Umsetzung auf einen anderen, geeigneten Arbeitsplatz zu erfolgen (§ 13 Abs. 1 Nr. 2). Schließlich kann als ultima ratio ein betriebliches Beschäftigungsverbot ausgesprochen werden (§ 13 Abs. 1 Nr. 3).

g) Einzelheiten zur Gefährdungsbeurteilung (Nummer 6)

Nummer 6 regelt, dass die Aufsichtsbehörde Einzelheiten zu Art und Umfang der Beurteilung der Arbeitsbedingungen nach § 10 anordnen kann und übernimmt redaktionell angepasst den Regelungsgehalt des bisherigen, allgemein gefassten § 2 Absatz 5 MuSchG a.F. Die Befugnis der Aufsichtsbehörde, Einzelheiten zu Art und Umfang der Beurteilung nach § 10 anzuordnen, umfasst auch die Befugnis, die erstmalige Erstellung einer Beurteilung der Arbeitsbedingungen nach § 10 anzuordnen, wenn der Arbeitgeber diese Beurteilung noch nicht vorgenommen hat (BT-Drs. 18/8963, 97 f.). 30

Die Entscheidung unterliegt hinsichtlich des »Ob« und des »Wie« dem Ermessen der Aufsichtsbehörde (Brose/Weth/Volk MuSchG, 9. Aufl. § 29 Rn. 50). Gefährdungsbeurteilungen können aufgrund unterschiedlicher betrieblicher bzw. tätigkeitsbezogener Gefährdungsfaktoren stark in Inhalt um Umfang variieren. Die Anordnungsbefugnis der Aufsichtsbehörde hat dies zu berücksichtigen.

Der auf der Grundlage von § 30 MuSchG eingerichtete arbeitsschutzrechtliche Ausschuss für Mutterschutz (AfMu) hat eine grundlegende Regel zur Durchführung einer mutterschutzrechtlichen Gefährdungsbeurteilung erarbeitet (MuSchR 10.1.01). Sie wurde am 8. August 2023 veröffentlicht (GMBl Nr. 39/2023, 08.08.2023, S. 818). Die Regel soll den Arbeitgeber bei der Durchführung der mutterschutzrechtlichen Gefährdungsbeurteilung nach § 10 MuSchG im Rahmen der allgemeinen Beurteilung der Arbeitsbedingungen nach § 5 ArbSchG unterstützen. Hierfür konkretisiert sie die Gestaltung der Arbeitsbedingungen (§ 9 MuSchG), die Rangfolge der Schutzmaßnahmen (§ 13 MuSchG) sowie die Dokumentation und Information durch den Arbeitgeber (§ 14 MuSchG) und bezieht auch §§ 11 und 12 MuSchG ein (unzulässige Tätigkeiten und Arbeitsbedingungen). Ziel der mutterschutzrechtlichen Gefährdungsbeurteilung ist es, die auftretenden Gefährdungen für die schwangere oder stillende Frau oder ihr Kind bei der Tätigkeit oder im Rahmen der Ausbildung zu beurteilen und daraus ggf. erforderliche und geeignete Schutzmaßnahmen abzuleiten. Ziel der Schutzmaßnahmen soll es sein, die schwangere oder stillende Frau an der Ausbildung und am Erwerbsleben, wenn möglich, teilhaben zu lassen. Nach diesen grundlegenden Erkenntnissen der Regel hat sich auch die Aufsichtsbehörde zu richten. Bei Einhaltung der Regel durch den Arbeitgeber ist gemäß § 9 Abs. 4 Satz 4 davon auszugehen, dass er die diesen Zusammenhang betreffenden gesetzlichen Anforderungen erfüllt. Eine Abweichung von dieser Annahme ist nur mit entsprechender Begründung möglich.

h) Verbot bestimmter Tätigkeiten oder Arbeitsbedingungen (Nummer 7)

Nummer 7 regelt die Befugnis der Aufsichtsbehörde, bestimmte Tätigkeiten oder Arbeitsbedingungen nach § 11 oder § 12 zu verbieten, und übernimmt redaktionell 31 angepasst den Regelungsgehalt des früheren § 4 Absatz 5 MuSchG a.F. (BT-Drs. 18/8963, 98). Da die §§ 11 und 12 selbst unzulässige Tätigkeiten regeln, ist die Vorschrift so zu verstehen, dass die Aufsichtsbehörde im Zweifelsfall feststellen kann, ob eine bestimmte Tätigkeit von einem der Verbote in §§ 11 oder 12 erfasst wird. Es wird diskutiert, ob sie darüber hinaus Tätigkeiten und Arbeitsbedingungen unabhängig von §§ 11, 12 (erstmals) verbieten kann. Das könne daraus folgen, dass Nr. 7 den Regelungsgehalt von § 4 Abs. 5 S. 2 MuSchG a.F. übernehmen soll (Rancke/Pepping HK MuSch, 6. Aufl., § 29 Rn. 32). Eine solche Ausdehnung spiegelt sich dagegen nicht im neuen Wortlaut der Vorschrift. Aufgrund des möglichen Einflusses der Aufsichtsbehörde auf notwendige Schutzmaßnahmen (Nr. 5) und die Gefährdungsbeurteilung (Nr. 6) ist eine Ausdehnung von Nr. 7 über den Wortlaut hinaus nicht geboten, um den Mutterschutz sicherzustellen.

Der Behörde steht die Kompetenz zu, ggf. die sofortige Vollziehung einer Anordnung anzuordnen, z.B. wenn schwerwiegende Erkrankungen der Frau oder des Kindes drohen (BeckOK Arbeitsrecht/Dahm, 75. Ed. MuSchG § 29 Rn. 39).

i) Ausnahmen vom Verbot der Akkord- und Fließarbeit (Nummer 8)

32 Nummer 8 regelt, dass die Aufsichtsbehörde Ausnahmen von den Vorschriften des § 11 Absatz 6 Nr. 1 und 2 und des § 12 Absatz 5 Nr. 1 und 2 bewilligen kann und übernimmt den Regelungsgehalt des früheren § 4 Absatz 3 Nummer 2 Satz 2 MuSchG a.F. (BT-Drs. 18/8963, 98). Die Beschäftigungsformen der Akkord- und Fließarbeit unterliegen weiterhin einem grundsätzlichen Verbot, sodass nach Absatz 3 Satz 2 Nummer 8 Ausnahmen von der Aufsichtsbehörde bewilligt werden können. Die Entscheidung liegt im Ermessen der Behörde. Dabei ist die Beurteilung der Arbeitsbedingungen heranzuziehen und zu prüfen. Es dürfen keine Arbeitsbedingungen vorherrschen, bei denen durch die Art der Arbeit und das Arbeitstempo eine unverantwortbare Gefährdung für die schwangere oder stillende Frau oder für ihr Kind entsteht (BT-Drs. 18/8963, 98). Die Behörde hat nach allgemeinem Verwaltungsrecht die Möglichkeit, die Bewilligung an Auflagen zu knüpfen, um die Beschäftigung der Frau im Einzelfall zu ermöglichen, wie z.B. durch Einräumung von einer Variation der Tätigkeit, Zeitpuffern, Einsatz von Springern/Bandhelfern oder die Gewährung zusätzlicher Pausen (Rancke/Pepping HK MuSch, 6. Aufl., § 29 Rn. 36, 39). Kann sie eine unverantwortbare Gefährdung dagegen nicht ausschließen, darf sie die Ausnahme nicht bewilligen; ihr Ermessen ist auf Null reduziert.

33 Nicht von Nummer 8 und damit einer Bewilligungsmöglichkeit durch die Aufsichtsbehörde erfasst wird getaktete Arbeit mit vorgeschriebenem Arbeitstempo, wenn sie in ihrer konkreten Form eine unverantwortbare Gefährdung für die Frau oder ihr Kind darstellt; dann darf der Arbeitgeber sie nicht ausüben lassen (§ 11 Abs. 6 Nr. 3, § 12 Abs. 5 Nr. 3). Liegt dagegen keine unverantwortbare Gefährdung vor, ist getaktete Arbeit auch ohne eine Bewilligung der Aufsichtsbehörde zulässig. Damit die Aufsichtsbehörde in diesem Fall von der Beschäftigung der Frau mit getakteter Arbeit Kenntnis hat und prüfen kann, ob eine unverantwortbare Gefährdung ausgeschlossen ist, hat der Arbeitgeber sie gemäß § 27 Abs. 1 S. 1 Nr. 2c über die geplante Beschäftigung der

Frau mit getakteter Arbeit zu unterrichten (§ 27 Abs. 1 S. 1 Nr. 2c) (BeckOK Arbeitsrecht/Dahm 75. Ed. MuSchG § 29 Rn. 40).

Hinsichtlich der Beschäftigung noch nicht volljähriger Frauen mit zeitabhängiger Arbeit beachte außerdem § 23 JArbSchG. 34

j) Einzelheiten zu Dokumentations- und Informationspflichten (Nummer 9)

Nach Nummer 9 kann die Aufsichtsbehörde Art und Umfang der Dokumentation und Information nach § 14 anordnen. Auch hierbei handelt es sich um eine Ermessensentscheidung der Aufsichtsbehörde hinsichtlich der Frage, ob sie tätig wird und wie sie tätig wird. Sie kann mittels ihrer Anordnung die gesetzliche Dokumentationspflicht konkretisieren. Hierbei hat sie sich an Sinn und Zweck des § 14 im Rahmen des Mutterschutzes zu orientieren und darf Arbeitgeber nicht in einer Weise in die Pflicht nehmen, die den Zielen des Mutterschutzgesetzes nicht dienlich ist oder diese übersteigt (Rancke/Pepping HK MuSch, 6. Aufl., § 29 Rn. 40). 35

7. Beratung durch die Aufsichtsbehörde (Absatz 4)

Absatz 4 regelt erstmals die Pflicht der Aufsichtsbehörde zur Beratung des Arbeitgebers bei der Erfüllung seiner Pflichten und der bei ihm beschäftigten Personen bezüglich deren Rechte und Pflichten nach dem Mutterschutzgesetz (BT-Drs. 18/8963, S. 98). Gemäß Halbsatz 2 sind §§ 18–22 (Mutterschutzlohn, Mutterschaftsgeld, Zuschuss zum Mutterschaftsgeld, Ermittlung des durchschnittlichen Arbeitsentgelts und Leistungen während der Elternzeit) von der Beratung ausgenommen. Das setzt einen Wunsch des Bundesrates um (vergleiche Ziffer 7 der Beschlussdrucksache vom 17.6.2016 zu BR-Drucks. 230/16, S. 5). Das ist konsequent, da es sich bei den Regelungsinhalten der §§ 18–22 um Arbeits- und Sozialrecht handelt, nicht um Arbeitsschutz, auf welchen sich die Zuständigkeit der Aufsichtsbehörden für den Mutterschutz beschränkt (ErfK/Schlachter, 25. Aufl., MuSchG § 29 Rn. 4, BeckOK Arbschutzrecht/Aligbe, 21. Ed., MuSchG § 29 Rn. 20). Die Beratung für Fragen des Leistungsrechts nach den §§ 18 bis 22 obliegt dagegen grundsätzlich den gesetzlichen Krankenkassen im Rahmen der für sie geltenden Vorschriften. 36

8. Aufsicht im Bereich des Bundesverteidigungsministeriums (Absatz 5)

Absatz 5 regelt, dass in Betrieben und Verwaltungen im Geschäftsbereich des Bundesministeriums der Verteidigung die Aufsicht über das Einhalten der mutterschutzrechtlichen Vorschriften das Bundesministerium der Verteidigung selbst durchführt bzw. die von ihm bestimmte Stelle. Gemäß § 21 Absatz 5 ArbSchG obliegt dem Bundesministerium der Verteidigung die Kontrolle und Überwachung über die Einhaltung der Regelungen des ArbSchG. Dieser Rechtsgedanke findet im Mutterschutz entsprechende Anwendung. Deshalb erfolgt auch für zivile Beschäftigte und Arbeitnehmerinnen im Geschäftsbereich der Bundeswehr die Kontrolle der mutterschutzrechtlichen Vorschriften durch das Bundesministerium der Verteidigung bzw. durch eine von ihm bestimmte Stelle. Es ist praxisgerecht, weil anderen Behörden grundsätzlich keine Zugangsrechte zu Liegenschaften des Geschäftsbereichs des Bundes- 37 ministeriums der Verteidigung zustehen und erst gewährt werden müssten (BT-Drs. 18/8963, S. 98).

9. Bericht über die Aufsichtstätigkeit (Absatz 6)

38 Absatz 6 regelt eine Berichtspflicht der zuständigen obersten Landesbehörden über die Überwachungstätigkeit der ihnen unterstellten Aufsichtsbehörden. Die Vorschrift übernimmt die Regelung des § 139b Absatz 3 GewO, welcher nach altem Recht durch § 20 Absatz 2 MuSchG a.F. in Bezug genommen wurde. Sie entspricht der allgemeinen Arbeitsschutzregelung des § 23 Absatz 4 ArbSchG.

39 Inhalt des Berichts ist die Überwachungstätigkeit der für den Mutterschutz zuständigen Aufsichtsbehörden. Dazu gehören auch Angaben zur Erfüllung von Unterrichtungspflichten aus internationalen Übereinkommen oder Rechtsakten der Europäischen Union, soweit diese den Mutterschutz betreffen (BeckOK Arbeitsrecht/Dahm, 75. Ed., MuSchG § 29, Rn. 48). Der Bericht hat jährlich zu erfolgen.

40 Nach der Vorgängerregelung waren die Berichte noch Bundestag und Bundesrat vorzulegen (§ 20 Abs. 2 MuSchG a.F. i.V.m. § 139b Abs. 3 GewO). Nach Abs. 6 genügt eine Veröffentlichung durch die obersten Landesbehörden (Rancke/Pepping HK MuSch, 6. Aufl., § 29 Rn. 50).

10. Verfahren

41 Anordnungen, Bewilligungen und Verbote durch die Aufsichtsbehörde ergehen regelmäßig durch Verwaltungsakt. Die Aufsichtsbehörde hat das jeweilige Verwaltungsverfahrensgesetz ihres Landes zu beachten. Einem Verwaltungsakt im Rahmen des § 29 kommt regelmäßig Doppelwirkung zu, hat er doch Wirkung einerseits gegenüber dem Arbeitgeber, der das Mutterschutzgesetz anzuwenden hat, anderseits gegenüber der schwangeren oder stillenden Frau, auf die die Maßnahme wirkt. Das ist z.B. hinsichtlich der Anhörungspflicht durch die Behörde zu berücksichtigen.

a) Gegenvorstellung

42 Der durch eine Maßnahme Betroffene – das kann neben dem Arbeitgeber auch die durch das Gesetz geschützte Frau sein – hat die Möglichkeit der sog. Gegenvorstellung. Damit ist der Fall gemeint, dass der Betroffene gegenüber der Aufsichtsbehörde mündlich oder schriftlich zum Ausdruck bringt, er halte die Maßnahme für nicht gerechtfertigt und bitte um Abhilfe. Ob die Behörde daraufhin etwas veranlasst, ist ihrem Ermessen überlassen (vgl. Buchner, Becker 8. Aufl., § 20 Anm. 63; Zmarzlik/Zipperer, 5. Aufl., § 20 Anm. 14).

b) Verwaltungsrechtsweg

43 Demjenigen, der von einem Verwaltungsakt betroffen ist, steht der Verwaltungsrechtsweg nach den Vorschriften der Verwaltungsgerichtsordnung offen (s. § 40 VwGO). Es handelt sich um einen öffentlich-rechtlichen Streit, weil um Normen

gestritten wird, die zwangsläufig auf einer Seite einen Träger hoheitlicher Gewalt berechtigen bzw. verpflichten.

Der durch den Verwaltungsakt Betroffene – das können je nach dem Inhalt der Entscheidung der Arbeitgeber oder die Frau oder beide sein – kann innerhalb eines Monats nach der Bekanntgabe bei der Behörde, die den Verwaltungsakt erlassen hat, schriftlich oder zu Protokoll Widerspruch einlegen (§ 70 VwGO). Die Widerspruchsfrist läuft nur, wenn der Bescheid eine ordnungsmäßige Rechtsmittelbelehrung enthält; anderenfalls kann der Widerspruch noch innerhalb eines Jahres erhoben werden (§ 58 VwGO). 44

Aufgrund des Widerspruchs ist der Verwaltungsakt sowohl auf seine Rechtmäßigkeit als auch auf seine Zweckmäßigkeit zu überprüfen. Deshalb ist es erforderlich, dass derjenige, der Widerspruch erhebt, diesen näher begründet, insbesondere dartut, in welcher Beziehung er sich durch den Verwaltungsakt beschwert fühlt, ohne dass sich jedoch die Nachprüfung im Widerspruchsverfahren auf diese Begründung zu beschränken braucht. 45

Die Aufsichtsbehörde hat dem Widerspruch abzuhelfen, d.h. ihre vorherige Entscheidung zu ändern, wenn sie den Widerspruch für begründet hält (§ 72 VwGO). Andernfalls muss sie den Vorgang der nächsthöheren Behörde, der sog. Widerspruchsbehörde (in der Regel der Regierungspräsident, im Bergbau das Oberbergamt) vorlegen, die den Widerspruchsbescheid erlässt (§ 73 VwGO). 46

Der Widerspruchsbescheid ist mit einer Rechtsmittelbelehrung zu versehen und dem/der oder den Betroffenen zuzustellen. Innerhalb eines Monats nach Zustellung kann von demjenigen, der durch den Widerspruchsbescheid beschwert ist, Klage zum Verwaltungsgericht erhoben werden (§ 74 VwGO). Das Widerspruchsverfahren (gem. §§ 68 ff. VwGO) ist Zulässigkeitsvoraussetzung für eine Anfechtungs- bzw. Verpflichtungsklage. Der Widerspruch ist dann nicht erforderlich (§ 68 VwGO), wenn die oberste Landesbehörde unmittelbar, also nicht erst im Aufsichtsweg, den Verwaltungsakt erlassen hat. 47

Statthafte Klagearten sind die Anfechtungsklage, soweit das Begehren auf Beseitigung eines belastenden Verwaltungsaktes gerichtet ist, bzw. die Verpflichtungsklage, wenn der Erlass eines begünstigenden Verwaltungsaktes begehrt wird (§ 42 Abs. 1 VwGO, vgl. zum System der Klagearten im Verwaltungsprozessrecht Kopp/Schenke, VwGO, § 42, Rn. 1 ff.). 48

Voraussetzung ist immer, dass die klagende Person durch den angegriffenen bzw. den Nichterlass des begehrten Verwaltungsakts möglicherweise in eigenen Rechten betroffen ist, dann ist sie klagebefugt (§ 42 Abs. 2 VwGO). 49

Die Einlegung des Widerspruchs und die Erhebung der Klage bewirken gemäß § 80 Abs. 1 VwGO grundsätzlich den Aufschub der Vollziehung des angegriffenen Verwaltungsakts (sog. Suspensiveffekt). Davon gelten Ausnahmen gemäß § 80 Abs. 2 VwGO; so kann z.B. die Aufsichts- oder die Widerspruchsbehörde aus Gründen des öffentlichen Interesses oder des überwiegenden Interesses eines Beteiligten die sofortige Vollziehung anordnen (§ 80 Abs. 2 Nr. 4 VwGO). Bei einer Maßnahme der Aufsichtsbe- 50 hörde zum Schutz von Mutter und/oder Kind kann die sofortige Vollziehung angezeigt sein; eine besondere Begründung ist erforderlich und nur unter den Voraussetzungen des § 80 Abs. 3 Satz 2 VwGO entbehrlich (vgl. Buchner/Becker 8. Aufl., § 20 a.F. Anm. 61; Meisel/Sowka, 5. Aufl., § 20 a.F. Anm. 17). Eine solche Anordnung kann ihrerseits auf entsprechenden Antrag wieder aufgehoben und damit die aufschiebende Wirkung wiederhergestellt werden (vgl. § 80 Abs. 3–7 VwGO).

c) Dienstaufsichtsbeschwerde und Aufsichtsbeschwerde

51 Daneben hat der Betroffene die Möglichkeit der Dienstaufsichtsbeschwerde, die eine Entscheidung durch die vorgesetzte Behörde (regelmäßig der Regierungspräsident, bei bergbaulichen Betrieben das Oberbergamt) anstrebt. Auch hier ist es dem Ermessen der vorgesetzten Behörde überlassen, ob und was sie auf die Dienstaufsichtsbeschwerde hin unternimmt. Doch ist im Allgemeinem zu erwarten, dass dem Beschwerdeführer, wenn seine Eingabe nicht offensichtlich unbegründet ist, eine Antwort erteilt wird (vgl. Buchner/Becker, 8. Aufl., § 20 Anm. 64; Zmarzlik/Zipperer, 9. Aufl., § 20 Anm. 14).

Denkbar ist auch eine Aufsichtsbeschwerde an die vorgesetzte Behörde mit dem Ziel, die ergangene Entscheidung der untergeordneten Behörde zu überprüfen und abzuändern (Buchner/Becker, 8. Aufl. § 20 Rn. 64).

11. Folgen bei Zuwiderhandlung

52 Die Vorschrift des § 29 als solche stellt keine Verhaltensnormen für die dem Gesetz unterliegenden Personen auf, sodass auch ihre Verletzung nicht unmittelbar zu Rechtsfolgen führt. Wohl aber ergeben sich im Zusammenhang mit § 29 mehrere mögliche Haftungsfälle im weiteren Sinne.

53 Die Maßnahmen und Anordnungen der Aufsichtsbehörde, die sich als vollziehbare Verfügung darstellen, stehen unter dem Bußgeld- und Strafschutz der § 32 Abs. 1 Nr. 16, Abs. 2, § 33. Die von der Aufsichtsbehörde zur Erfüllung ihrer Aufgaben nach dem MuSchG bestellten Beamten üben eine hoheitliche Tätigkeit aus. Verletzen sie dabei ihre Amtspflichten, dann kann eine Haftung des Landes auf Schadenersatz gemäß § 839 BGB i.V.m. mit Art. 34 GG gegeben sein (vgl. auch Buchner/Becker, 8. Aufl., § 20 a.F. Anm. 68, 69). Auch bei fehlerhaften Ermessensentscheidungen – also bei Ermessensunter- oder -überschreitungen bzw. bei Ermessensfehlgebrauch – kommt ein Amtshaftungsanspruch in Betracht (BGH 74, 144, 156; 75, 120, 124).

54 Stellt die Maßnahme oder Anordnung der Aufsichtsbehörde ein Gebot oder Verbot zugunsten der Frau dar, dann wird dadurch zugleich die arbeitsvertragliche Fürsorgepflicht des Arbeitgebers im Sinne der Anordnung näher bestimmt.

Die Zuwiderhandlung des Arbeitgebers kann deshalb zu Schadenersatzansprüchen der Frau aus positiver Vertragsverletzung (§ 280 BGB), aber auch, da die auf dem MuSchG beruhende Anordnung zugleich als Schutzgesetz im Sinne des § 823 Abs. 2 BGB anzusehen ist, aus unerlaubter Handlung führen (vgl. näher oben § 3 Rn. 58 f.).

12. Vorgehen bei Ordnungswidrigkeiten

Sofern die Aufsichtsbehörde gemäß § 36 Abs. 2 OWiG zur Verwaltungsbehörde bestimmt ist, kann sie in eigener Zuständigkeit Zuwiderhandlungen von Arbeitgebern verfolgen und mit Bußgeld belegen, soweit sie gemäß § 32 als Ordnungswidrigkeiten zu ahnden sind. Diese Befugnis ist den Aufsichtsbehörden in Baden-Württemberg, Hessen und Nordrhein-Westfalen, Rheinland-Pfalz und Schleswig-Holstein aufgrund von Landesverordnungen übertragen (s.o. Aufsichtsbehörden). 55

Fehlt der Aufsichtsbehörde die Zuständigkeit zur Verhängung von Geldbußen, dann ist sie kraft den ihr übertragenen polizeilichen Befugnissen gehalten, Ordnungswidrigkeiten oder Straftaten im Sinne des Mutterschutzrechts zu ermitteln und das Ergebnis ihrer Ermittlungen der Verwaltungsbehörde im Sinne des § 36 Abs. 1 Nr. 2a OWiG oder der Staatsanwaltschaft unverzüglich mitzuteilen (vgl. Buchner/Becker, 8. Aufl., § 20 a.F. Anm. 39, 67; Zmarzlik/Zipperer, 5. Aufl., § 20 a.F. Anm. 11). 56

§ 30 MuSchG Ausschuss für Mutterschutz

(1) [1]Beim Bundesministerium für Familie, Senioren, Frauen und Jugend wird ein Ausschuss für Mutterschutz gebildet, in dem geeignete Personen vonseiten der öffentlichen und privaten Arbeitgeber, der Ausbildungsstellen, der Gewerkschaften, der Studierendenvertretungen und der Landesbehörden sowie weitere geeignete Personen, insbesondere aus der Wissenschaft, vertreten sein sollen. [2]Dem Ausschuss sollen nicht mehr als 15 Mitglieder angehören. [3]Für jedes Mitglied ist ein stellvertretendes Mitglied zu benennen. [4]Die Mitgliedschaft im Ausschuss für Mutterschutz ist ehrenamtlich.

(2) [1]Das Bundesministerium für Familie, Senioren, Frauen und Jugend beruft im Einvernehmen mit dem Bundesministerium für Arbeit und Soziales, dem Bundesministerium für Gesundheit und dem Bundesministerium für Bildung und Forschung die Mitglieder des Ausschusses für Mutterschutz und die stellvertretenden Mitglieder. [2]Der Ausschuss gibt sich eine Geschäftsordnung und wählt die Vorsitzende oder den Vorsitzenden aus seiner Mitte. [3]Die Geschäftsordnung und die Wahl der oder des Vorsitzenden bedürfen der Zustimmung des Bundesministeriums für Familie, Senioren, Frauen und Jugend. [4]Die Zustimmung erfolgt im Einvernehmen mit dem Bundesministerium für Arbeit und Soziales und dem Bundesministerium für Gesundheit.

(3) [1]Zu den Aufgaben des Ausschusses für Mutterschutz gehört es,
1. Art, Ausmaß und Dauer der möglichen unverantwortbaren Gefährdungen einer schwangeren oder stillenden Frau und ihres Kindes nach wissenschaftlichen Erkenntnissen zu ermitteln und zu begründen,
2. sicherheitstechnische, arbeitsmedizinische und arbeitshygienische Regeln zum Schutz der schwangeren oder stillenden Frau und ihres Kindes aufzustellen und
3. das Bundesministerium für Familie, Senioren, Frauen und Jugend in allen mutterschutzbezogenen Fragen zu beraten.

[2]Der Ausschuss arbeitet eng mit den Ausschüssen nach § 18 Absatz 2 Nummer 5 des Arbeitsschutzgesetzes zusammen.

(4) Nach Prüfung durch das Bundesministerium für Familie, Senioren, Frauen und Jugend, durch das Bundesministerium für Arbeit und Soziales, durch das Bundesministerium für Gesundheit und durch das Bundesministerium für Bildung und Forschung kann das Bundesministerium für Familie, Senioren, Frauen und Jugend im Einvernehmen mit den anderen in diesem Absatz genannten Bundesministerien die vom Ausschuss für Mutterschutz nach Absatz 3 aufgestellten Regeln und Erkenntnisse im Gemeinsamen Ministerialblatt veröffentlichen.

(5) [1]Die Bundesministerien sowie die obersten Landesbehörden können zu den Sitzungen des Ausschusses für Mutterschutz Vertreterinnen oder Vertreter entsenden. [2]Auf Verlangen ist ihnen in der Sitzung das Wort zu erteilen.

(6) Die Geschäfte des Ausschusses für Mutterschutz werden vom Bundesamt für Familie und zivilgesellschaftliche Aufgaben geführt.

Übersicht **Rdn.**

1. Allgemeines

1 Die Bildung eines Ausschusses für Mutterschutz wurde im Rahmen der Reform des Mutterschutzrechts durch das **Gesetz zur Neuregelung des Mutterschutzrechts vom 23. Mai 2017** (BGBl. I S. 1228) erstmals in das neu gefasste MuSchG aufgenommen. § 30 gilt seit dem 1.1.2018.

2 Die nunmehr auch für den Mutterschutz vorgesehene Bildung eines Ausschusses orientierte sich am **Vorbild der** nach § 18 Absatz 2 Nr. 5 ArbSchG vorgesehenen **Ausschüsse im Arbeitsschutz** (vgl. BT-Drucks. 18/8963 S. 98). § 18 Absatz 2 Nr. 5 ArbSchG ermöglicht durch Rechtsverordnung die Bestimmung der Bildung von Ausschüssen, denen die Aufgabe übertragen wird, die Bundesregierung oder das zuständige Bundesministerium zur Anwendung der Rechtsverordnungen nach § 18 ArbSchG zu beraten, dem Stand der Technik, Arbeitsmedizin und Hygiene entsprechende Regeln und sonstige gesicherte arbeitswissenschaftliche Erkenntnisse, sowie Regeln zu ermitteln, wie die in den Rechtsverordnungen gestellten Anforderungen erfüllt werden können. Auf Grundlage des **§ 18 Absatz 2 Nr. 5 ArbSchG** sind **verschiedene Ausschüsse** gebildet. Zu den Aufgaben des nach § 7 der Arbeitsstättenverordnung (ArbStättV) gebildeten

Ausschusses für Arbeitsstätten gehört u.a. die Ermittlung dem Stand der Technik, Arbeitsmedizin und Hygiene entsprechender Regeln und sonstiger gesicherter wissenschaftlicher Erkenntnisse für die Sicherheit und Gesundheit der Beschäftigten in Arbeitsstätten. Der nach § 21 der Betriebssicherheitsverordnung (BetrSichV) gebildete **Ausschuss für Betriebssicherheit** soll u.a. solche Erkenntnisse bei der Verwendung von Arbeitsmitteln ermitteln und dazu Empfehlungen aussprechen. Derselbe Ausschuss berät das Bundesministerium für Arbeit und Soziales nach § 12 der Lärm- und Vibrations-Arbeitsschutzverordnung (LärmVibrationsArbSchV) auch in Fragen der Sicherheit und des Gesundheitsschutzes bei lärm- oder vibrationsbezogenen Gefährdungen, nach § 20 der Arbeitsschutzverordnung zu elektromagnetischen Feldern (EMFV) zu Fragen der Sicherheit und des Gesundheitsschutzes bei elektromagnetischen Feldern sowie nach § 9 der Arbeitsschutzverordnung zu künstlicher optischer Strahlung (OStrV) in Fragen der Sicherheit und des Gesundheitsschutzes bei künstlicher optischer Strahlung. § 19 der Biostoffverordnung (BioStoffV) beinhaltet die Bildung eines **Ausschusses für Biologische Arbeitsstoffe**, § 20 der Gefahrstoffverordnung (GefStoffV) die Bildung eines **Ausschusses für Gefahrstoffe.** Aufgabe des nach § 9 der Verordnung zur arbeitsmedizinischen Vorsorge (ArbMedVV) tätigen **Ausschusses für Arbeitsmedizin** ist schließlich u.a. die Aufstellung von Empfehlungen zur arbeitsmedizinischen Vorsorge. Die Geschäfte der Ausschüsse führt nach den Vorgaben der einzelnen Verordnungen jeweils die Bundesanstalt für Arbeitsschutz und Arbeitsmedizin (vgl. Kollmer/Klindt/Schucht-Doerfert, ArbSchG, 4. Auflage, § 18 ArbSchG Rn. 9).

Die Einrichtung eines Ausschusses für Mutterschutz soll nach dem Willen des Gesetz- 3
gebers zu einer besseren Umsetzung des Mutterschutzes beitragen, indem seine Empfehlungen Orientierung bei der praxisgerechten Umsetzung der mutterschutzrechtlichen Regelungen bieten (vgl. BT-Drucks. 18/8963 S. 1). Durch die zu erarbeitenden praxisgerechten Regeln sollen eine bessere Verständlichkeit und auch eine bessere Anwendbarkeit der Regelungen sowohl für die Arbeitgeber, als auch für die Aufsichtsbehörden erreicht (vgl. BT-Drucks. 18/8963 S. 36), aber auch eine Reaktion auf neue wissenschaftliche Erkenntnisse in angemessener Zeit sichergestellt werden (vgl. BT-Drucks. 18/8963 S. 40). Die Gestaltung seiner Zusammensetzung dient schließlich der Erhöhung der Akzeptanz mutterschutzrechtlicher Vorgaben und der Erleichterung einer Konsensbildung (vgl. BT-Drucks. 18/8963 S. 99).

2. Einrichtung und Zusammensetzung

§ 30 Absatz 1 Satz 1 beinhaltet zunächst die Verpflichtung, beim Bundesministerium 4
für Familie, Senioren, Frauen und Jugend einen Ausschuss für Mutterschutz einzurichten. Die Notwendigkeit der Einrichtung eines solchen Ausschusses ergab sich für den Gesetzgeber aus der bisher nicht erfolgten systematischen Behandlung mutterschutzrechtlicher Fragestellungen. Die Einrichtung des Ausschusses soll zu einer gesetzlich institutionalisierten Befassung mit diesen Fragestellungen und hierdurch auch zur Weiterentwicklung und Sicherstellung der Aktualität des Mutterschutzes führen (vgl. BT-Drucks. 18/8963 S. 98). Durch die Einrichtung auf Bundesebene soll der einheitlicher Vollzug mutterschutzrechtlicher Regelungen erleichtert werden (vgl. BT-Drucks. 18/8963 S. 99).

5 Im Ausschuss für Mutterschutz sollen geeignete Personen vonseiten der öffentlichen und privaten Arbeitgeber, der Ausbildungsstellen, der Gewerkschaften, der Studierendenvertretungen und der Landesbehörden sowie weitere geeignete Personen, insbesondere aus der Wissenschaft vertreten sein. Der Ausschuss soll sich damit zunächst aus **Vertretern der** im Geltungsbereich des MuSchG in Betracht kommenden **Arbeitgeber** zusammensetzen. Der Begriff des Arbeitgebers und die dem Arbeitgeber im Sinne des MuSchG gleichstehenden Personen, Einrichtungen oder Gemeinschaften sind in § 2 Absatz 1 MuSchG bestimmt (vgl. § 2 Rdn. 1 ff.). Hierzu gehören öffentliche und private Arbeitgeber ebenso wie die in § 2 Absatz 1 Satz 2 Nr. 8 näher bestimmten Ausbildungsstellen, mit denen im nach § 1 Absatz 2 Satz 2 Nr. 8 eröffneten Anwendungsbereich das Ausbildungs- oder Praktikumsverhältnis besteht. Im Hinblick auf den Mutterschutz für Schülerinnen und Studentinnen sollen nach der Begründung des Gesetzentwurfs der Bundesregierung entsprechend auch Vertreterinnen oder Vertreter der Hochschulen, Schulen und Berufsschulen in die Arbeit des Ausschusses eingebunden werden (vgl. BT-Drucks. 18/8963 S. 99). Zugleich sollen dem Ausschuss mit geeigneten Personen vonseiten der Gewerkschaften und der Studierenden **Vertreter der** vom persönlichen Geltungsbereich des MuSchG erfassten **Beschäftigten** nach § 7 Absatz 1 SGB IV **und der Personen** angehören, **für welche das MuSchG nach § 1 Absatz 2 Satz 2** unabhängig vom Vorliegen einer Beschäftigung nach § 7 Absatz 1 SGB IV **gilt** (vgl. zu diesen Personengruppen § 1 Rdn. 30 ff.). **Darüber hinaus** sollen dem Ausschuss geeignete Personen vonseiten der **Landesbehörden** sowie insbesondere auch aus der **Wissenschaft** angehören.

6 Die Anzahl der Ausschussmitglieder soll nach § 30 Absatz 1 Satz 2 nicht mehr als 15 betragen. § 30 Absatz 1 regelt schließlich die Benennung eines stellvertretenden Mitglieds für jedes Ausschussmitglied sowie die Ehrenamtlichkeit der Mitgliedschaft im Ausschuss für Mutterschutz.

3. Berufung der Mitglieder, Geschäftsordnung und Vorsitz

7 Die Mitglieder und stellvertretenden Mitglieder des Ausschusses werden durch das **Bundesministerium für Familie, Senioren, Frauen und Jugend** berufen, dies jedoch **im Einvernehmen mit den weiteren** in § 30 Absatz 2 Satz 1 **aufgezählten Bundesministerien**. Die Einbindung der weiteren Ressorts soll die für den Mutterschutz bedeutsame Beachtung auch der Belange des Arbeitsschutzes und der Frauengesundheit schon bei der Einrichtung des Ausschusses einvernehmlich sicherstellen (vgl. BT-Drucks. 18/8963 S. 99).

8 Der Ausschuss für Mutterschutz gibt sich sodann eine **Geschäftsordnung**, die nach der Begründung des Gesetzentwurfes insbesondere Regelungen zur Berufung der Ausschussmitglieder, zur Festlegung der Arbeitsstruktur, des Arbeitsprogrammes und zur Beschlussfassung enthalten soll (vgl. BT-Drucks. 18/8963 S. 99). Die Geschäftsordnung **bedarf** nach § 30 Absatz 2 Satz 3 **der Zustimmung** des Bundesministeriums für Familie, Senioren, Frauen und Jugend, welches seine Zustimmung nach § 30 Absatz 2 Satz 4 wiederum im Einvernehmen mit den Bundesministerien für Arbeit und Soziales sowie für Gesundheit erteilt.

Der **Ausschuss** für Mutterschutz **wählt** nach § 30 Absatz 2 Satz 2 aus seiner Mitte **den Vorsitzenden oder die Vorsitzende** des Ausschusses. Die Wahl **bedarf** jedoch nach § 30 Absatz 2 Satz 3 **der Zustimmung** des Bundesministeriums für Familie, Senioren, Frauen und Jugend, welches seine Zustimmung nach § 30 Absatz 2 Satz 4 wiederum im Einvernehmen mit den Bundesministerien für Arbeit und Soziales sowie für Gesundheit erteilt. 9

4. Aufgaben des Ausschusses für Mutterschutz

a) Ermittlung und Begründung möglicher unverantwortbarer Gefährdungen

Zu den Aufgaben des Ausschusses für Mutterschutz gehört es nach § 30 Absatz 3 Satz 1 Nr. 1, **Art, Ausmaß und Dauer der möglichen unverantwortbaren Gefährdungen** einer schwangeren oder stillenden Frau und ihres Kindes nach wissenschaftlichen Erkenntnissen zu **ermitteln und zu begründen**. Hierdurch sollen die gesetzlichen Vorgaben des MuSchG konkretisiert werden (vgl. BT-Drucks. 18/8963 S. 100). Nach § 10 Absatz 1 Satz 1 Nr. 1 hat der Arbeitgeber beispielsweise im Rahmen der generellen mutterschutzrechtlichen Gefährdungsbeurteilung die Gefährdungen nach Art, Ausmaß und Dauer zu beurteilen, denen eine schwangere oder stillende Frau oder ihr Kind ausgesetzt ist oder sein kann. § 9 Absatz 2 Satz 1 verpflichtet den Arbeitgeber, die Arbeitsbedingungen so zu gestalten, dass eine unverantwortbare Gefährdung ausgeschlossen wird. Eine unverantwortbare Gefährdung liegt nach der Definition des § 9 Absatz 2 Satz 2 vor, wenn die Eintrittswahrscheinlichkeit einer Gesundheitsbeeinträchtigung angesichts der zu erwartenden Schwere des möglichen Gesundheitsschadens nicht hinnehmbar ist. Als Maßstab für die Prüfung, ob eine solche unverantwortbare Gefährdung vorliegt, sollen neben den gesetzlichen Vorgaben der §§ 11 und 12 u.a. auch die nach § 30 Absatz 4 veröffentlichten Ergebnisse des Ausschusses für Mutterschutz dienen (vgl. BT-Drucks. 18/8963 S. 66). 10

b) Aufstellen von Regeln

Der Ausschuss soll nach § 30 Absatz 3 Satz 1 Nr. 2 darüber hinaus **sicherheitstechnische, arbeitsmedizinische und arbeitshygienische Regeln** zum Schutz der schwangeren oder stillenden Frau und ihres Kindes aufstellen. Auch diese Regeln sollen der Konkretisierung der gesetzlichen Vorgaben, insbesondere nach dem MuSchG, dienen (vgl. BT-Drucks. 18/8963 S. 100). Solche Regeln können neben der Erleichterung der Umsetzung des MuSchG durch konkrete und praxisbezogene Vorgaben wiederum auch der Prüfung dienen, ob der Arbeitgeber bei seinen Maßnahmen die Anforderungen des MuSchG erfüllt. Es handelt sich um verbindliche Umsetzungsvorgaben, wenn auch mit der Möglichkeit begründeter Abweichung (vgl. Bundesministerium für Familie, Senioren, Frauen und Jugend: Gefährdungsbeurteilung, Regel des Ausschusses für Mutterschutz, Nr. MuSchR 10.1.01, 2023, Vorwort). § 9 Absatz 4 Satz 2 enthält eine Vermutungsregelung für den Fall, dass der Arbeitgeber die im Gemeinsamen Ministerialblatt veröffentlichten Regeln eingehalten und die dort veröffentlichten Erkenntnisse beachtet hat (vgl. BT-Drucks. 18/8963 S. 100). Hält der Arbeitgeber diese Regeln ein, ist nach § 9 Absatz 4 Satz 2 davon auszugehen, dass die durch 11 das MuSchG gestellten Anforderungen erfüllt sind. Der Regelung kommt damit eine **Vermutungswirkung** zu (vgl. Brose/Weth/Volk-Wieske, 9. Auflage, § 9 MuSchG Rn. 10). Für die Gefährdungsbeurteilung wurde eine solche Regel bereits veröffentlicht (Bundesministerium für Familie, Senioren, Frauen und Jugend: Gefährdungsbeurteilung, Regel des Ausschusses für Mutterschutz, Nr. MuSchR 10.1.01, 2023). Eine nach § 30 Absatz 4 veröffentlichte Regel oder Erkenntnis kann auch zum Entfallen der Verpflichtung des Arbeitgebers zur generellen mutterschutzrechtlichen Gefährdungsbeurteilung führen, wenn sich aus der Regel oder Erkenntnis ergibt, dass die schwangere oder stillende Frau die Tätigkeit nicht ausüben oder einer Arbeitsbedingung nicht ausgesetzt sein darf, § 10 Absatz 1 Satz 3 (vgl. hierzu § 10 Rdn. 22 ff.). Auch – im Gegensatz zu veröffentlichten Regeln unverbindliche – Empfehlungen, beispielsweise für die Teilnahme von schwangeren oder stillenden Schülerinnen und Studentinnen an Schulfahrten und Exkursionen (AfMu-Empfehlung [MuSchE] Nummer 10.1.01, www.ausschuss-fuer-mutterschutz.de), finden sich in den Arbeitsergebnissen des Ausschusses.

c) Beratung des BMFSFJ

12 Schließlich gehört die Beratung des Bundesministeriums für Familie, Senioren, Frauen und Jugend in allen mutterschutzbezogenen Fragen zu den Aufgaben des Ausschusses für Mutterschutz, § 30 Absatz 3 Satz 1 Nr. 3. Dies soll die **Aufbereitung neuer**, einen Bezug zum Mutterschutz aufweisender **Themenfelder** zur Ermittlung von Handlungsbedarf des Gesetzgebers ebenso umfassen wie die Beratung in **Vollzugsfragen**, beispielsweise durch berufsgruppenbezogene Ausarbeitungen zur Umsetzung mutterschutzrechtlicher Vorgaben (vgl. BT-Drucks. 18/8963 S. 100).

d) Zusammenarbeit mit den Ausschüssen nach § 18 Absatz 2 Nr. 5 ArbSchG

13 Bei der Ermittlung und Begründung möglicher unverantwortbarer Gefährdungen und der Aufstellung sicherheitstechnischer, arbeitsmedizinischer und arbeitshygienischer Regeln soll der Ausschuss auch die Erkenntnisse und maßgeblichen technischen und arbeitsmedizinischen Regeln der Ausschüsse für den Arbeitsschutz im Sinne von § 18 Absatz 2 Nr. 5 ArbSchG (vgl. hierzu Rdn. 2) **berücksichtigen** (vgl. BT-Drucks. 18/8963 S. 100). § 30 Absatz 3 Satz 2 verpflichtet ihn auch zur Zusammenarbeit mit diesen Ausschüssen, um einen engen **Austausch** der verschiedenen Ausschüsse sicherzustellen (vgl. BT-Drucks. 18/8963 S. 100).

5. Veröffentlichung im Gemeinsamen Ministerialblatt

14 Das Bundesministerium für Familie, Senioren, Frauen und Jugend kann nach § 30 Absatz 4 die durch den Ausschuss für Mutterschutz nach § 30 Absatz 3 aufgestellten Regeln und Erkenntnisse im Gemeinsamen Ministerialblatt veröffentlichen. Durch diese Veröffentlichung soll sichergestellt werden, dass die gewonnenen Erkenntnisse **allen Betroffenen zugänglich** sind und so eine **breite Anwendung und Beachtung** ermöglicht werden (vgl. BT-Drucks. 18/8963 S. 100). Die Veröffentlichung dieser

Regeln und Erkenntnisse ist auch Voraussetzung für die Vermutungswirkung nach § 9 Absatz 4 Satz 2 (vgl. Rdn 11).

Der Veröffentlichung vorauszugehen hat nach § 30 Absatz 4 die **Prüfung** sowohl durch das Bundesministerium für Familie, Senioren, Frauen und Jugend, als auch durch die Bundesministerien für Arbeit und Soziales, für Gesundheit sowie für Bildung und Forschung. Auch die **Veröffentlichung** erfolgt zwar durch das Bundesministerium für Familie, Senioren, Frauen und Jugend, jedoch **im Einvernehmen** mit den vorgenannten Bundesministerien. Durch diese Abstimmung zwischen den Bundesministerien soll erreicht werden, dass sich die veröffentlichten Ergebnisse des Ausschusses ohne Widersprüche in das bereits bestehende arbeits- und gesundheitsschutzrechtliche Regelwerk einfügen (vgl. BT-Drucks. 18/8963 S. 100). 15

6. Entsendung von Vertretern in die Sitzungen, Geschäftsstelle

Nach § 30 Absatz 5 können die Bundesministerien Vertreter oder Vertreterinnen in die Sitzungen des Ausschusses entsenden, ihnen ist auf Verlangen in der Sitzung das Wort zu erteilen. 16

§ 30 Absatz 6 regelt schließlich die Führung der Geschäfte des Ausschusses für Mutterschutzes. Diese übernimmt das Bundesamt für Familie und zivilgesellschaftliche Aufgaben (**BAFzA**), das zum Geschäftsbereich des Bundesministeriums für Familie, Senioren, Frauen und Jugend gehört. Der **Geschäftsstelle** obliegt die **Unterstützung und Koordination der ehrenamtlichen Arbeit der Ausschussmitglieder** einschließlich der Durchführung und Organisation der Sitzungen, der Unterstützung durch Literaturrecherchen und der Bereitstellung von Unterlagen (vgl. BT-Drucks. 18/8963 S. 100). 17

§ 31 MuSchG Erlass von Rechtsverordnungen

Die Bundesregierung wird ermächtigt, durch Rechtsverordnung mit Zustimmung des Bundesrates Folgendes zu regeln:

1. **nähere Bestimmungen zum Begriff der unverantwortbaren Gefährdung nach § 9 Absatz 2 Satz 2 und 3,**
2. **nähere Bestimmungen zur Durchführung der erforderlichen Schutzmaßnahmen nach § 9 Absatz 1 und 2 und nach § 13,**
3. **nähere Bestimmungen zu Art und Umfang der Beurteilung der Arbeitsbedingungen nach § 10,**
4. **Festlegungen von unzulässigen Tätigkeiten und Arbeitsbedingungen im Sinne von § 11 oder § 12 oder von anderen nach diesem Gesetz unzulässigen Tätigkeiten und Arbeitsbedingungen,**
5. **nähere Bestimmungen zur Dokumentation und Information nach § 14,**
6. **nähere Bestimmungen zur Ermittlung des durchschnittlichen Arbeitsentgelts im Sinne der §§ 18 bis 22 und**
7. **nähere Bestimmungen zum erforderlichen Inhalt der Benachrichtigung, ihrer Form, der Art und Weise der Übermittlung sowie die Empfänger der vom Arbeitgeber nach § 27 zu meldenden Informationen.**

Übersicht Rdn.

1. Allgemeines

1 § 31 erlaubt den Erlass von Rechtsverordnungen mit Zustimmung des Bundesrats zur Konkretisierung der unter den Nummern 1 bis 7 aufgeführten Inhalte. Das entspricht dem Ziel der Neuregelung des MuSchG, ein (bundes-)einheitliches Schutzniveau für alle Frauen in Beschäftigung sicherzustellen und die Regelungen für alle Betroffenen klarer und verständlicher zu fassen (vgl. BR-Drucks. 230/16, S. 33). Die Befugnisse zum Erlass von Rechtsverordnungen waren überwiegend schon im MuSchG a.F. enthalten. **Neu geregelt ist die Ermächtigung in Nr.** 7 – in Anlehnung an § 193 Abs. 8 SGB VII. Inhaltlich entspricht § 31 der im Regierungsentwurf enthaltenen Regelung des § 28 MuSchG. Die Nummerierung der Paragrafen hat sich durch die Einfügung der §§ 5, 25 und 28 auf Beschlussempfehlung des Ausschusses für Familie, Senioren, Frauen und Jugend verschoben (vgl. BT-Drucks. 18/11782, S. 15). Die Bundesregierung hat von der Verordnungsermächtigung in § 31 bislang keinen Gebrauch gemacht.

2. Inhalt der Verordnungsermächtigung des § 31

2 § 31 fasst in seinen Nummern 1 bis 7 die bisher in unterschiedlichen Vorschriften geregelten Befugnisse zum Erlass von Rechtsverordnungen redaktionell überarbeitet zusammen.

a) Nr. 1: Begriff der unverantwortbaren Gefährdung

3 Die Regelungsermächtigung des § 31 Nr. 1 umfasst die Konkretisierung des **unbestimmten Rechtsbegriffs** der »unverantwortbaren Gefährdung« nach § 9 Abs. 2 Satz 2 und 3 (s. Kommentierung zu § 9), der im Rahmen der Neuregelung des MuSchG für den betrieblichen Gesundheitsschutz neu eingeführt worden ist. Indem der Gesetzgeber hier die Ausgestaltung einer zentralen Mutterschutzregelung durch eine Rechtsverordnung vorsieht, rückt der Gesetzentwurf von seiner eigenen Zielsetzung erhöhter Transparenz durch Integration von Verordnungstexten ab (vgl. Roos, Stellungnahme zum Gesetzesentwurf der Bundesregierung vom 28.06.2016 – BT-Drucks. 18/8963, Protokoll der 71. Sitzung des Ausschusses für Familie, Senioren, Frauen und Jugend vom 19.09.2016, S. 66).

b) Nr. 2: Durchführung der erforderlichen Schutzmaßnahmen

Die in § 31 Nr. 2 enthaltene Regelungsermächtigung ermöglicht, nähere Bestimmungen zur Durchführung der erforderlichen Schutzmaßnahmen nach § 9 Abs. 1 und 2 und nach § 13 zu treffen. Eine Befugnis dieser Art war bisher in § 2 Abs. 4 Nr. 2 MuSchG a.F. geregelt, auf dessen Grundlage die MuSchArbV erlassen wurde (Art. 1 der MuSchRiV vom 15.04.1997, BGBl. I 1997, 782). Inhaltlich umfasst § 31 Nr. 2 auch die Verpflichtung des Arbeitgebers, Liegeräume für schwangere und stillende Frauen einzurichten. Dabei handelt es sich um eine spezielle Schutzmaßnahme, die bisher in § 2 Abs. 4 Nr. 1 MuSchG a.F. geregelt war (BR-Drucks. 230/16, S. 115). 4

c) Nr. 3: der Beurteilung der Arbeitsbedingungen nach § 10.

Die Befugnis, nähere Bestimmungen zu Art und Umfang der Beurteilung der Arbeitsbedingungen zu treffen, fand sich bisher in § 2 Abs. 4 Nr. 2 Alt. 1 MuSchG a.F. (Gefährdungsbeurteilung). Die auf dieser Grundlage in der MuSchArbV a.F. getroffenen Regelungen zur Gefährdungsbeurteilung sind im Rahmen der Neuregelung des MuSchG in § 10 übernommen worden (s. Kommentierung zu § 10). Damit bezieht sich der Anwendungsbereich der Rechtsverordnung nach § 31 Nr. 3 nur noch auf eine **weitergehende Konkretisierung** (ebenso Hk-MuSchg/BEEG/Pepping, 6. Aufl. 2022, § 31 Rn. 6). Soweit der Gesetzgeber hier die Ausgestaltung einer zentralen Mutterschutzregelung durch eine Rechtsverordnung vorsieht, rückt der Gesetzentwurf von seiner eigenen **Zielsetzung erhöhter Transparenz** durch Integration von Verordnungstexten ab (vgl. Roos, Stellungnahme zum Gesetzesentwurf der Bundesregierung vom 28. Juni 2016 – BT-Drucks. 18/8963, Protokoll der 71. Sitzung des Ausschusses für Familie, Senioren, Frauen und Jugend vom 19.09.2016, S. 66). Der fahrlässige oder vorsätzliche Verstoß gegen § 10 Abs. 1 Satz 1 oder § 10 Abs. 2 Satz 1, jeweils auch in Verbindung mit einer Rechtsverordnung nach § 31 Nr. 3, stellt eine Ordnungswidrigkeit nach § 32 Abs. 1 Nr. 6 oder Nr. 7 MuSchG dar (BT-Drucks. 18 [13]114, S. 11). 5

d) Nr. 4: Festlegungen von unzulässigen Tätigkeiten und Arbeitsbedingungen

Die Regelungsermächtigung des § 31 Nr. 4 bezieht sich auf die Festlegungen von unzulässigen Tätigkeiten und Arbeitsbedingungen im Sinne von § 11 oder § 12 (s. Kommentierung zu §§ 11, 12) oder von anderen nach diesem Gesetz unzulässigen Tätigkeiten und Arbeitsbedingungen. Eine Regelungsbefugnis mit ähnlicher Zielrichtung enthielt bereits § 2 Abs. 4 Nr. 1 Alt. 2 und Abs. 2 MuSchG a.F. Mit der in Nr. 4 enthaltenen Ermächtigung hat die Bundesregierung die Möglichkeit, schwangere und stillende Frauen vor neuen Gesundheitsgefahren zu schützen, indem bei Bedarf weitere konkrete Beschäftigungsverbote erlassen werden können, die bei Erlass des Gesetzes noch nicht absehbar waren. Die **fahrlässige oder vorsätzliche** Zuwiderhandlung gegen eine Rechtsverordnung nach § 31 Nr. 4 stellt eine **Ordnungswidrigkeit** gem. § 32 Abs. 1 Nr. 17 dar, soweit die Rechtsverordnung für einen bestimmten Tatbestand auf diese Bußgeldvorschrift verweist (BT-Drucks. 18 [13]114, 6

S. 12). Gefährdet die vorsätzliche Ordnungswidrigkeit des § 32 Abs. 1 Nr. 17 die Gesundheit der Frau oder ihres Kindes, droht gem. § 33 eine Freiheitsstrafe bis zu einem Jahr oder eine Geldstrafe.

e) Nr. 5: nähere Bestimmungen zur Dokumentation und Information

7 Nach § 31 Nr. 5 kann die Bundesregierung mit Zustimmung des Bundesrates nähere Bestimmungen zu der in § 14 geregelten Dokumentations- und Informationspflicht des Arbeitgebers hinsichtlich der Beurteilung der Arbeitsbedingungen treffen. Die **Dokumentationspflicht** bezieht sich auf das Ergebnis der Gefährdungsbeurteilung, die Festlegung von Schutzmaßnahmen, das Ergebnis der Überprüfung der Schutzmaßnahmen und das Angebot eines Gesprächs mit der betreffenden Frau oder der Zeitpunkt eines solchen Gesprächs (§ 14 Abs. 1 Nr. 1, 2 und 3). Die **Informationspflicht** bezieht sich auf die Information aller Beschäftigten über das Ergebnis der Gefährdungsbeurteilung und den Bedarf an Schutzmaßnahmen.

Der fahrlässige oder vorsätzliche Verstoß gegen die Dokumentations- und Informationspflicht des § 14 Abs. 1 Satz 1 oder Abs. 2 oder Abs. 3, jeweils auch in Verbindung mit einer Rechtsverordnung nach § 31 Nr. 5, stellt eine **Ordnungswidrigkeit** gem. § 32 Abs. 1 Nr. 9 oder Nr. 10 MuSchG dar (BT-Drucks. 18 [13]114, S. 12). Damit wird der Regelungsgehalt des bisherigen § 21 Abs. 1 Nr. 8 MuSchG a.F. und § 6 Abs. 1 MuSchArbV übernommen (vgl. BR-Drucks. 230/16, S. 116).

f) Nr. 6: Ermittlung des durchschnittlichen Arbeitsentgelts

8 Der Anwendungsbereich des § 31 Nr. 6 umfasst die Ausgestaltung von näheren Bestimmungen zur Ermittlung des durchschnittlichen Arbeitsentgelts im Sinne der §§ 18 bis 22 MuSchG. Damit wird der Regelungsgehalt des bisherigen § 11 Abs. 3 MuSchG a.F. übernommen, von dessen Ermächtigung bis zur Neufassung des MuSchG bislang kein Gebrauch gemacht worden ist. Während sich die Regelung des § 11 Abs. 3 MuSchG a.F. nur auf die Ermittlung des durchschnittlichen Arbeitsentgelts beim Mutterschutzlohn nach § 18 (§ 11 MuSchG a.F.) bezogen hat, erstreckt sich die neue Ermächtigung nunmehr einheitlich auch auf die Ermittlung des durchschnittlichen Arbeitsentgelts beim **Mutterschaftsgeld** nach § 19 (§ 13 MuSchG a.F.) und beim **Arbeitgeberzuschuss** nach § 20 (§ 14 MuSchG a.F.; vgl. BR-Drucks. 230/16, S. 115).

g) Nr. 7: Informationspflichten des Arbeitgebers

9 Die Ermächtigung in § 31 Nr. 7 ermöglicht der Bundesregierung, mit Zustimmung des Bundesrats Einzelheiten zu den nach § 27 zu erbringenden Informationspflichten des Arbeitgebers zu regeln. Umfasst sind nähere Bestimmungen zum erforderlichen Inhalt der Benachrichtigung, ihrer Form, der Art und Weise der Übermittlung (z.B. per elektronischem Übermittlungsverfahren) sowie nähere Bestimmungen zu den Empfängern (Aufsichtsbehörden) der vom Arbeitgeber nach § 27 zu meldenden Informationen. Die Regelung ist in Anlehnung an § 193 Abs. 8 SGB VII neu aufgenommen worden (BR-Drucks. 230/16, S. 115).

3. Aufsichtsbehörde

10 Nach § 29 Abs. 1 MuSchG obliegt den Aufsichtsbehörden die Aufsicht über die Ausführung der Vorschriften dieses Gesetzes und der aufgrund dieses Gesetzes erlassenen Vorschriften. Im Einzelfall kann die Aufsichtsbehörde die erforderlichen Maßnahmen anordnen, die der Arbeitgeber zur Erfüllung derjenigen Pflichten zu treffen hat, die sich aus dem zweiten Abschnitt dieses Gesetzes und aus den aufgrund des § 31 Nummer 1 bis 5 erlassenen Rechtsverordnungen ergeben (BR-Drucks. 230/16, S. 19). Die Maßnahmen der Aufsichtsbehörde nach § 29 Abs. 3 Satz 2 dienen der Konkretisierung der gesetzlichen Vorgaben im Einzelfall (BR-Drucks. 230/16, S. 110) und betreffen zum Teil die gleichen Regelungsgegenstände wie § 31 Nr. 2, 3, 4 und 5. In Abgrenzung zu den der Aufsichtsbehörde in § 29 Abs. 3 Satz 2 Nr. 5, 6, 7 und 9 eingeräumten Befugnissen zur Einzelfallanordnungen, müssen die mittels Rechtsverordnung vorgenommenen Konkretisierungen des Gesetzes genereller und losgelöst von den Umständen des Einzelfalles sein.

Abschnitt 6 Bußgeldvorschriften, Strafvorschriften

§ 32 MuSchG Bußgeldvorschriften

(1) Ordnungswidrig handelt, wer vorsätzlich oder fahrlässig

1. entgegen § 3 Absatz 1 Satz 1, auch in Verbindung mit Satz 4, entgegen § 3 Absatz 2 Satz 1, auch in Verbindung mit Satz 2 oder 3, entgegen § 3 Absatz 3 Satz 1, § 4 Absatz 1 Satz 1, 2 oder 4 oder § 5 Absatz 1 Satz 1, § 6 Absatz 1 Satz 1, § 13 Absatz 1 Nummer 3 oder § 16 eine Frau beschäftigt,

2. entgegen § 4 Absatz 2 eine Ruhezeit nicht, nicht richtig oder nicht rechtzeitig gewährt,

3. entgegen § 5 Absatz 2 Satz 1 oder § 6 Absatz 2 Satz 1 eine Frau tätig werden lässt,

4. entgegen § 7 Absatz 1 Satz 1, auch in Verbindung mit Satz 2, oder entgegen § 7 Absatz 2 Satz 1 eine Frau nicht freistellt,

5. entgegen § 8 oder § 13 Absatz 2 Heimarbeit ausgibt,

6. entgegen § 10 Absatz 1 Satz 1, auch in Verbindung mit einer Rechtsverordnung nach § 31 Nummer 3, eine Gefährdung nicht, nicht richtig oder nicht rechtzeitig beurteilt oder eine Ermittlung nicht, nicht richtig oder nicht rechtzeitig durchführt,

7. entgegen § 10 Absatz 2 Satz 1, auch in Verbindung mit einer Rechtsverordnung nach § 31 Nummer 3, eine Schutzmaßnahme nicht, nicht richtig oder nicht rechtzeitig festlegt,

8. entgegen § 10 Absatz 3 eine Frau eine andere als die dort bezeichnete Tätigkeit ausüben lässt,

9. entgegen § 14 Absatz 1 Satz 1 in Verbindung mit einer Rechtsverordnung nach § 31 Nummer 5 eine Dokumentation nicht, nicht richtig, nicht vollständig oder nicht rechtzeitig erstellt,

10. entgegen § 14 Absatz 2 oder 3, jeweils in Verbindung mit einer Rechtsverordnung nach § 31 Nummer 5, eine Information nicht, nicht richtig, nicht vollständig oder nicht rechtzeitig gibt,
11. entgegen § 27 Absatz 1 Satz 1 die Aufsichtsbehörde nicht, nicht richtig oder nicht rechtzeitig benachrichtigt,
12. entgegen § 27 Absatz 1 Satz 2 eine Information weitergibt,
13. entgegen § 27 Absatz 2 eine Angabe nicht, nicht richtig, nicht vollständig oder nicht rechtzeitig macht,
14. entgegen § 27 Absatz 3 eine Unterlage nicht, nicht richtig oder nicht rechtzeitig vorlegt oder nicht oder nicht rechtzeitig einsendet,
15. entgegen § 27 Absatz 5 eine Unterlage nicht oder nicht mindestens zwei Jahre aufbewahrt,
16. einer vollziehbaren Anordnung nach § 29 Absatz 3 Satz 1 zuwiderhandelt oder
17. einer Rechtsverordnung nach § 31 Nummer 4 oder einer vollziehbaren Anordnung aufgrund einer solchen Rechtsverordnung zuwiderhandelt, soweit die Rechtsverordnung für einen bestimmten Tatbestand auf diese Bußgeldvorschrift verweist.

(2) Die Ordnungswidrigkeit kann in den Fällen des Absatzes 1 Nummer 1 bis 5, 8, 16 und 17 mit einer Geldbuße bis zu dreißigtausend Euro, in den übrigen Fällen mit einer Geldbuße bis zu fünftausend Euro geahndet werden.

Übersicht Rdn.

1. Allgemeines

1 § 32 regelt die Fälle, in denen Verstöße gegen Bestimmungen des MuSchG als **Ordnungswidrigkeiten** bußgeldbewehrt sind. Er übernimmt in der größtenteils seit 1.1.2018 geltenden Fassung (vgl. Art. 1 und 10 Abs. 1 Satz 1 des Gesetzes zur Neuregelung des Mutterschutzrechts vom 23. Mai 2017, BGBl. I, 1228; § 32 Abs. 1 Nr. 6 tritt gem. Art. 10 Abs. 1 Satz 3 erst am 1.1.2019 in Kraft; vgl. dazu unten Rdn. 6) im Wesentlichen den Regelungsgehalt des bisherigen § 21 Abs. 1 und 2 a.F. sowie den des § 6 MuSchArbV a.F. Im Vergleich zu § 21 Abs. 1 und 2 a.F. wurde § 32 jedoch neu strukturiert und ergänzt (vgl. die Begründung zum Gesetzesentwurf der Bundesregierung zu der im Wesentlichen inhaltsgleichen Entwurfsfassung des § 29, BT-Drucks 18/8963, S. 101). Durch das Mutterschutzanpassungsgesetz vom 24.2.2025 (BGBl. 2025 I Nr. 59) wurde mit Wirkung ab 1.6.2025 der Verstoß gegen die in § 3 Abs. 5 S. 1 n.F. neu geregelten Mutterschutzfristen bei Fehlgeburten ab der 13.Schwangerschaftswoche als weiterer Tatbestand aufgenommen. Die

bislang in § 21 Abs. 3 a.F. geregelten Strafvorschriften sind nunmehr in einer eigenen Norm, § 33, geregelt.

§ 32 sieht Sanktionsregelungen für den Fall vor, dass der Arbeitgeber bestimmte in Absatz 1 aufgeführte Schutzvorschriften schuldhaft (nämlich vorsätzlich oder fahrlässig) verletzt. Zuwiderhandlungen gegen die in § 32 Abs. 1 aufgeführten Tatbestände stellen grds. sog. **Verwaltungsunrecht** dar, welches als Ordnungswidrigkeit mit einer nach § 32 Abs. 2 zu bemessenden Geldbuße geahndet wird. Die Sanktionsregelungen sollen den Arbeitgeber in erster Linie nicht bestrafen, sondern dazu anhalten, die im MuSchG enthaltenen Schutzregelungen einzuhalten. Ihnen kommt daher vor allem ein **präventiver Charakter** zu (vgl. Senger in Tillmanns/Mutschler 2. Aufl. § 32 MuSchG Rn. 1; Pepping in HK-MuSchG 6. Aufl. vor §§ 32 und 33 Rn. 1). 2

2. Täterkreis

Obwohl sich dies aus dem Wortlaut des § 32 – anders als aus dem Wortlaut der Vorgängernorm des § 21 Abs. 1 a.F. – nicht mehr ausdrücklich ergibt, kann Täter **nur der Arbeitgeber** i.S.d. § 2 Abs. 1 Satz 1 (bzw. dem Arbeitgeber nach § 2 Abs. 1 Satz 2 Nrn. 1–8 Gleichgestellte) sein. Das ergibt sich daraus, dass nur der Arbeitgeber Adressat der von ihm einzuhaltenden mutterschutzrechtlichen Schutzvorschriften ist, die in den Nummern 1–17 des Abs. 1 aufgezählt sind (Senger in Tillmanns/Mutschler 2. Aufl. § 32 Rn. 4; Pepping in HK-MuSchG 6. Aufl. vor §§ 32 und 33 Rn. 7; vgl. auch die Begründung zum Gesetzesentwurf der Bundesregierung zu der im Wesentlichen inhaltsgleichen Entwurfsfassung des § 29 Abs. 1, BT-Drucks 18/8963, S. 101). Sofern das MuSchG – wie z.B. beim Verbot der Nachtarbeit gem. § 5 – eine Mitwirkung der Schwangeren oder Mutter vorsieht, ist diese als notwendige Teilnahme sanktionslos (Senger in Tillmanns/Mutschler 2. Aufl. § 32 MuSchG Rn. 4). 3

Täter einer Ordnungswidrigkeit kann nur eine **natürliche Person** sein. Ist der Arbeitgeber eine **juristische Person** oder eine **rechtsfähige Personengesellschaft**, dann sind gem. **§ 9 Abs. 1 Nr. 1 und 2 OWiG** ihre **organschaftlichen Vertreter** (insbesondere Vorstand bei einer Aktiengesellschaft, § 78 Abs. 1 AktG oder einem rechtsfähigen Verein, § 26 Abs. 2 S. 1 BGB bzw. einer Genossenschaft, § 24 Abs. 1 GenG sowie Geschäftsführer bei einer GmbH, § 35 Abs. 1 GmbHG) bzw. ihre **vertretungsberechtigten Gesellschafter** (z.B. Gesellschafter einer OHG, § 125 Abs. 1 HGB, Komplementär bei einer KG, §§ 161, 170 i.V.m. § 125 Abs. 1 HGB, Geschäftsführer der Komplementär-GmbH bei einer GmbH & Co. KG) verantwortlich (Pepping in HK-MuSchG 6. Aufl. vor §§ 32 und 33 Rn. 10). Besteht ein Vertretungsorgan aus **mehreren Personen**, kommt es auf die interne Geschäfts- bzw. Zuständigkeitsverteilung nach der Satzung bzw. der Geschäftsordnung an. Bei Zuwiderhandlungen gegen das MuSchG durch Unterlassen ist demzufolge zu prüfen, welches Mitglied des Vertretungsorgans für das Personalwesen und den Arbeitsschutz zuständig ist. Ist eine solche nicht getroffen, ist jedes Mitglied des Organs verantwortlich (Pepping in HK-MuSchG 6. Aufl. vor §§ 32 und 33 Rn. 10 m.w.N.). Verantwortlich sind gem. **§ 9 Abs. 1 Nr. 3 OWiG** außerdem die **gesetzlichen Vertreter** des Arbeitgebers (z.B. die Eltern eines 4 minderjährigen Arbeitgebers oder der Betreuer eines geschäftsunfähigen bzw. beschränkt geschäftsfähigen Arbeitgebers), wozu auch die **Parteien kraft Amtes** (z.B. Insolvenzverwalter) gehören (Pepping in HK-MuSchG 6. Aufl. vor §§ 32 und 33 Rn. 9 und 11 m.w.N.).

5 Anstelle oder neben dem Arbeitgeber selbst können auch die vom Arbeitgeber **mit der Leitung des Betriebs beauftragten Personen** gem. **§ 9 Abs. 2 Nr. 1 OWiG** verantwortlich sein. Voraussetzung dafür ist, dass diese vom Arbeitgeber mit der Leitung des ganzen Betriebes (Betriebsleiter) bzw. von Betriebsteilen (Abteilungsleiter, Bereichsleiter) beauftragt sind (Pepping in HK-MuSchG 6. Aufl. vor §§ 32 und 33 Rn. 12 m.w.N.). Eine ausdrückliche Beauftragung mit der Überwachung des MuSchG oder anderer Arbeitsschutzgesetze ist nicht erforderlich. Es reicht die Übertragung der Leitungsfunktion und der mit dieser Stellung zusammenhängenden Befugnisse. Demzufolge kann **Werks- bzw. Betriebs-, Personal- oder Abteilungsleitern** nach § 9 Abs. 2 Nr. 1 OWiG im Fall einer schuldhaften Verletzung von Schutzpflichten des MuSchG gem. § 32 ein Bußgeld auferlegt werden (Pepping in HK-MuSchG 6. Aufl. vor §§ 32 und 33 Rn. 12 m.w.N.).

Ferner können gem. **§ 9 Abs. 2 Nr. 2 OWiG** anstelle oder neben dem Arbeitgeber selbst auch die vom Arbeitgeber ausdrücklich mit der eigenverantwortlichen Wahrnehmung von Aufgaben, die dem Inhaber des Betriebs obliegen, **beauftragten Personen** verantwortlich sein. Voraussetzung ist, dass der Verantwortliche **ausdrücklich** (und nicht nur stillschweigend) damit beauftragt wurde, Aufgaben nach dem MuSchG **in eigener Verantwortung** (also mit eigener Entscheidungsgewalt; vgl. KK-OWiG/Rogall, 5. Aufl. § 9 Rn. 88 ff.) wahrzunehmen. Eine schriftliche Übertragung ist – anders als bei einer Übertragung von Arbeitsschutzpflichten nach § 13 Abs. 2 ArbSchG – nicht erforderlich (Pepping in HK-MuSchG 6. Aufl. vor §§ 32 und 33 Rn. 13 m.w.N.).

Durch die Übertragung der Pflichten zur Einhaltung des MuSchG auf Betriebs- oder Abteilungsleiter bzw. Beauftragte wird der Arbeitgeber bzw. das zur Vertretung des Arbeitgebers zuständige Organ von seiner Verpflichtung frei. Jedoch ist der Arbeitgeber nach **§ 130 OWiG** zur **sorgfältigen Auswahl und Beaufsichtigung** verpflichtet. Verletzt er diese Aufsichtspflicht, ist er neben dem Betriebs- und Abteilungsleiter bzw. Beauftragten verantwortlich (Pepping in HK-MuSchG 6. Aufl. vor §§ 32 und 33 Rn. 14 m.w.N.).

3. Tatbestand der Ordnungswidrigkeiten

a) Objektiver Tatbestand

6 § 32 Abs. 1 enthält einen **enumerativ** aufgeführten Katalog von Ordnungswidrigkeitstatbeständen.

In den **Nummern 1, 4 und 5** (Zuwiderhandlungen gegen die **Beschäftigungsverbote** vor oder nach der Entbindung gem. §§ 3, 4, 5, 6, 13 und 16; gegen die **Freistellungspflicht** nach § 7 sowie bei der Ausgabe von **Heimarbeit** gegen die §§ 8 und 13 Abs. 2) werden die schon im bisherigen § 21 Absatz 1 Nr. 1 und 3 a.F. und im bisherigen § 6 Absatz 2 MuSchArbV geregelten Ordnungswidrigkeitstatbestände übernommen und redaktionell an die geänderten Vorschriften angepasst (vgl. die Begründung zum Gesetzesentwurf der Bundesregierung zu der im Wesentlichen inhaltsgleichen Entwurfsfassung des § 29, BT-Drucks 18/8963, S. 101).

In **Nummer 1** wurde durch das Mutterschutzanpassungsgesetz vom 24.2.2025 (BGBl. 2025 I Nr. 59) mit Wirkung ab 1.6.2025 der Verstoß gegen die in § 3 Abs. 5 S. 1 n.F. neu geregelten Mutterschutzfristen bei Fehlgeburten ab der 13.Schwangerschaftswoche als weiterer Tatbestand aufgenommen.

In **Nummer 2** wird neu geregelt, dass die **Nichtgewährung der Ruhezeit** nach § 4 Abs. 2 eine Ordnungswidrigkeit darstellt, während **Nummer 3** die nach §§ 5 Abs. 2 Satz 1 und 6 Abs. 2 Satz 1 **verbotene Nacht- sowie und Feiertagsarbeit von Schülerinnen und Studentinnen** sanktioniert.

In den **Nummern 6 und 7** werden erstmals Verstöße gegen die Pflicht zur Erstellung einer **Beurteilung der Arbeitsbedingungen** nach § 10 Abs. 1 und 2 zur Ordnungswidrigkeit erklärt. Die Aufnahme dieser Verstöße in den Katalog der Ordnungswidrigkeiten trägt dem Umstand Rechnung, dass die Beurteilung der Arbeitsbedingungen nach § 10 Abs. 1 oder 2 die Grundvoraussetzung für einen wirkungsvollen Mutterschutz ist (vgl. die Begründung zum Gesetzesentwurf der Bundesregierung zu der im Wesentlichen inhaltsgleichen Entwurfsfassung des § 29 Abs. 1 Nr. 6 und 7, BT-Drucks 18/8963, S. 101). Dabei wird klargestellt, dass es im Zusammenhang mit der ordnungswidrigkeitsrechtlichen Regelung des § 32 Absatz 1 Nr. 6 auf die Ermittlung der Erforderlichkeit von Schutzmaßnahmen nach § 10 Abs. 1 Satz 1 Nr. 2 ankommt und nicht auf die Ermittlung konkreter Schutzmaßnahmen, die erst bei Mitteilung der Schwangerschaft oder des Stillens nach § 10 Abs. 2 notwendig wird (vgl. BT-Drucks 18/11782, S. 40). Die Regelung der **Nummer 6** ist gem. 10 Abs. 1 Satz 3 des Gesetzes zur Neuregelung des Mutterschutzrechts vom 23. Mai 2017 (BGBl. I, 1228) **erst am 1.1.2019** in Kraft getreten. Dadurch sollte den Arbeitgebern eine gewisse Anlaufzeit gegeben werden, um den nach § 10 Abs. 1 nun ausdrücklich geforderten Rechtszustand zu erreichen, ohne unmittelbar der entsprechenden Bußgeldregelung zu unterliegen (vgl. BT-Drucks 18/11782, S. 41).

In **Nummer 8** wird ein Verstoß gegen das in § 10 Abs. 3 festgelegte **Verbot einer Weiterführung einer Tätigkeit vor Ergreifung der nach § 10 Abs. 2 notwendigen Schutzmaßnahmen** zur Ordnungswidrigkeit erklärt. Dies liegt in der Konsequenz des mutterschutzrechtlichen Schutzkonzeptes: Nur wenn – gegebenenfalls auch im Wege der Sanktionierung – sichergestellt werden kann, dass vor dem weiteren Einsatz der schwangeren oder stillenden Frau die Beurteilung der Arbeitsbedingungen durchgeführt und die erforderlichen Schutzmaßnahmen ergriffen werden, kann die Frau wirksam gegen unverantwortbare Gefährdungen geschützt werden (vgl. die Begründung zum Gesetzesentwurf der Bundesregierung zu der im Wesentlichen inhaltsgleichen Entwurfsfassung des § 29 Abs. 1 Nr. 8, BT-Drucks 18/8963, S. 101).

In den **Nummern 9 und 10** wird ein **Verstoß gegen die Dokumentations- und Informationspflicht** des § 13 i.V.m. einer nach § 31 Nr. 5 erlassenen Rechtsverordnung zur Ordnungswidrigkeit bestimmt. Damit wird der Regelungsgehalt des bisherigen § 21

Abs. 1 Nr. 8 a.F. und § 6 Abs. 1 MuSchArbV übernommen (vgl. die Begründung zum Gesetzesentwurf der Bundesregierung zu der im Wesentlichen inhaltsgleichen Entwurfsfassung des § 29 Abs. 1 Nr. 9 und 10, BT-Drucks 18/8963, S. 101).

In den **Nummern 11 bis 15** werden die schon nach dem bisherigen § 21 Abs. 1 Nr. 6 und 8 a.F. behandelten Verstöße gegen Dokumentations- und Informationspflichten, die Pflicht zur Benachrichtigung, zur Auskunft, zur Einsicht und Vorlage von Unterlagen oder zur Aufbewahrung von Unterlagen weiterhin zu Ordnungswidrigkeiten bestimmt (vgl. die Begründung zum Gesetzesentwurf der Bundesregierung zu der im Wesentlichen inhaltsgleichen Entwurfsfassung des § 29 Abs. 1 Nr. 11 bis 15, BT-Drucks 18/8963, S. 102).

In den **Nummern 16 und 17** werden die nach dem bisherigen § 21 Abs. 1 Nr. 4 und 5 a.F. behandelten **Verstöße gegen Anordnungen der Aufsichtsbehörde** bzw. **gegen die Bestimmungen einer Rechtsverordnung nach § 31 Nr. 4** weiterhin als Ordnungswidrigkeit bestimmt (vgl. die Begründung zum Gesetzesentwurf der Bundesregierung zu der im Wesentlichen inhaltsgleichen Entwurfsfassung des § 29 Abs. 1 Nr. 16 und 17, BT-Drucks 18/8963, S. 102).

b) Subjektiver Tatbestand/Verschulden

7 Der Verantwortliche muss den Tatbestand der Ordnungswidrigkeit schuldhaft, d.h. vorsätzlich oder fahrlässig verwirklicht haben. **Vorsatz** liegt nach allgemeinen Grundsätzen vor, wenn der Arbeitgeber **mit Wissen und Wollen** den Tatbestand verwirklicht hat, wobei ein billigendes Inkaufnehmen der Tatbestandsverwirklichung für das Wollen ausreicht (sog. bedingter Vorsatz; vgl. etwa KK-OWiG/Rengier, 5. Aufl. § 10 Rn. 3 ff.). Ein **Tatbestandsirrtum** schließt nach **§ 11 Abs. 1 OWiG** den Vorsatz aus. Ein solcher Tatbestandsirrtum kommt insbesondere in Betracht, wenn der Arbeitgeber keine Kenntnis von der Schwangerschaft bzw. der Entbindung der Frau hat (Pepping in HK-MuSchG 6. Aufl. vor §§ 32 und 33 Rn. 21).

Fahrlässigkeit handelt, wer die **Sorgfalt** außer Acht lässt, zu der er nach den Umständen und nach seinen persönlichen Kenntnissen und Fähigkeiten verpflichtet und imstande ist und deshalb die Möglichkeit der Tatbestandsverwirklichung nicht erkennt, aber erkennen kann (unbewusste Fahrlässigkeit) oder die Tatbestandsverwirklichung zwar für möglich hält, aber darauf vertraut, dass sie nicht eintreten werde (bewusste Fahrlässigkeit; vgl. etwa KK-OWiG/Rengier, 5. Aufl. § 10 Rn. 15 m.w.N.).

Ein **Verbotsirrtum** schließt das Verschulden gem. **§ 11 Abs. 2 OWiG** nur aus, wenn er unvermeidbar war. Dass der Arbeitgeber die Vorschriften des MuSchG nicht gekannt hat, ist in aller Regel nicht unvermeidbar. Denn ein Arbeitgeber, der Frauen beschäftigt, hat berufsmäßig die Pflicht, selber das MuSchG zu kennen oder sich bei der Aufsichtsbehörde oder einer rechtskundigen Person (z.B. Rechtsanwalt, Arbeitgeberverband etc.) zu erkundigen, zumal es sich bei dem MuSchG um ein nach § 26 aushangspflichtiges Gesetz handelt Pepping in HK-MuSchG 6. Aufl. vor §§ 32 und 33 Rn. 22 m.w.N.).

4. Rechtswidrigkeit

Die Verwirklichung eines Ordnungswidrigkeitstatbestands des § 32 Abs. 1 ist nur ausnahmsweise dann nicht rechtswidrig, wenn ein Rechtfertigungsgrund (vgl. §§ 15 und 16 OWiG) vorliegt. Die Rechtswidrigkeit eines Verstoßes gegen die in § 32 Abs. 1 enthaltenen Schutzvorschriften wird durch eine **rechtfertigende Einwilligung** bzw. ein Einverständnis der schwangeren Frau bzw. Mutter nicht beseitigt. Das folgt daraus, dass die Vorschriften sowohl die schwangere Frau bzw. Mutter als auch das ungeborene bzw. neugeborene Kind schützen und die Frau aufgrund des öffentlich-rechtlichen Normencharakters des MuSchG nicht über die geschützten Rechtsgüter verfügen kann (Senger in Tillmanns/Mutschler 2. Aufl. § 32 MuSchG Rn. 7; Pepping in HK-MuSchG r. Aufl. vor §§ 32 und 33 Rn. 19). Allein im Fall der Weiterarbeit nach § 3 Abs. 1 Satz 1 kann die Frau rechtswirksam ihr Einverständnis erklären (Senger in Tillmanns/Mutschler 2. Aufl. § 32 MuSchG Rn. 7 m.w.N.). 8

5. Verfahren und Geldbuße

Das Verfahren richtet sich nach **§§ 35 ff. OWiG.** Die sachliche Zuständigkeit für die Verfolgung von Verstößen gegen das MuSchG sind die obersten Landesbehörden, d.h. die Arbeits- und Sozialministerien der Länder (§ 36 Abs. 1 Nr. 2a OWiG). Diese können die Zuständigkeit durch Rechtsverordnung auf andere Behörden übertragen, § 36 Abs. 2 S. 2 OWiG. Die Landesregierung kann diese Ermächtigung auch auf die Landesbehörde übertragen, § 36 Abs. 2 S. 2 OWiG. Die örtliche Zuständigkeit bestimmt sich nach § 37 OWiG (Pepping in HK-MuSchG 5. Aufl. § 32 Rn. 37). 9

Der Erlass eines **Bußgeldbescheids** richtet sich nach den §§ 65 und 66 OWiG. Gegen den Bußgeldbescheid kann der Arbeitgeber binnen zwei Wochen nach Zustellung **Einspruch** bei der Behörde einlegen, die den Bescheid erlassen hat, § 67 OWiG. In diesem Fall entscheidet dann das Amtsgericht über den Einspruch durch Urteil, § 68 OWiG. Gegen das Urteil kann nach Maßgabe der §§ 79 f OWiG binnen einer Frist von einer Woche nach Verkündung des Urteils **Rechtsbeschwerde** bei dem Gericht, welches das Urteil verkündet hat, eingelegt werden, § 79 Abs. 2 OWiG i.V.m. § 341 Abs. 1 StPO. Binnen einer Frist von einem weiteren Monat sind die Beschwerdeanträge zu stellen und ist die Rechtsbeschwerde zu begründen, § 79 Abs. 2 OWiG i.V.m. § 345 Abs. 1 StPO (Pepping in HK-MuSchG 6. Aufl. § 32 Rn. 39).

Die **Höhe der Geldbuße** richtet sich nach § 32 Abs. 2 i.V.m. § 17 OWiG. Der Bußgeldrahmen reicht von bis zu 5.000 EUR (Verstöße nach Abs. 1 Nr. 6, 7 und 9–15) bis zu 30.000 EUR (Verstöße nach Abs. 1 Nr. 1–5, 8, 16 und 17). Die Mindesthöhe beträgt gem. § 17 Abs. 1 OWiG 5. Da § 32 Abs. 2 bezüglich der Höhe der Geldbuße nicht zwischen vorsätzlichem und fahrlässigem Handeln unterscheidet, kann fahrlässiges Handeln gem. § 17 Abs. 2 OWiG nur mit der Hälfte des angedrohten Höchstbetrags geahndet werden (Senger in Tillmanns/Mutschler 2. Aufl. § 32 MuSchG Rn. 11). Die im Einzelfall zu verhängende Geldbuße soll nach § 17 Abs. 4 OWiG den wirtschaftlichen Vorteil, den der Arbeitgeber durch den Gesetzesverstoß erlangt hat, übersteigen. Zur Sicherstellung einer möglichst einheitlichen Handhabung haben die Bundesländer Richtlinien für die Ahndung von Verstößen gegen das MuSchG erlassen

(**Bußgeldkatalog** zum Mutterschutzrecht; dieser ist in seiner jeweils aktuell gültigen Fassung zu finden auf der Homepage des Länderausschuss für Arbeitsschutz und Sicherheitstechnik [LASI] http://lasi-info.com/publikationen/lasi-veroeffentlichungen vgl. Pepping in HK-MuSchG 6. Aufl. § 32 Rn. 35 Fn. 47).

Hat der Verantwortlich durch eine Handlung **mehrere Ordnungswidrigkeiten** begangen, wird gem. § 19 Abs. 1 OWiG nur eine Geldbuße festgesetzt. Diese richtet sich nach dem Gesetz, welches die höchste Geldbuße vorsieht. Hat er durch eine Handlung sowohl eine Ordnungswidrigkeit begangen als **auch eine Straftat**, wird nur das Strafgesetz angewendet (vgl. § 21 OWiG).

§ 33 MuSchG Strafvorschriften

Wer eine in § 32 Absatz 1 Nummer 1 bis 5, 8, 16 und 17 bezeichnete vorsätzliche Handlung begeht und dadurch die Gesundheit der Frau oder ihres Kindes gefährdet, wird mit Freiheitsstrafe bis zu einem Jahr oder mit Geldstrafe bestraft.

Übersicht | **Rdn.**

1. Allgemeines

1 § 32 regelt Strafvorschriften und übernimmt in der seit 1.1.2018 geltenden Fassung (vgl. Art. 1 und 10 Abs. 1 Satz 1 des am 29.5.2017 verkündeten Gesetzes zur Neuregelung des Mutterschutzrechts vom 23. Mai 2017, BGBl. I, 1228) im Wesentlichen den Regelungsgehalt des bisherigen § 21 Abs. 3 a.F. (vgl. die Begründung zum Gesetzesentwurf der Bundesregierung zu der im Wesentlichen inhaltsgleichen Entwurfsfassung des § 30, BT-Drucks 18/8963, S. 102). Anders als § 21 Abs. 3 a.F. regelt § 33, dass nicht nur die Gefährdung der Gesundheit der Frau, sondern auch die Gefährdung der Gesundheit des Kindes zur Verwirklichung des Straftatbestandes führen kann (vgl. Senger in Tillmanns/Mutschler 2. Aufl. § 33 Rn. 2). Unterschiedlich ist auch, dass die Gefährdung der Arbeitskraft der Frau nicht mehr eigens erfasst wird. Das ist auch unnötig, weil die Gefährdung der Gesundheit der Frau in aller Regel mit einer Gefährdung der Arbeitskraft einhergeht (Brose/Weth/Volk/Schneider MuSchG § 33 Rn. 4). Der Regelungsgehalt des § 21 Abs. 4 a.F., der die Strafbarkeit im Fall der lediglich fahrlässigen Herbeiführung der Gefährdung regelte, wurde nicht übernommen.

Wie § 32 (vgl. dazu § 32 Rdn. 2) soll auch § 33 den Arbeitgeber in erster Linie dazu anhalten, die in Bezug genommenen mutterschutzrechtlichen Pflichten einzuhalten, sodass auch ihm vor allem ein **präventiver** Charakter zukommt (vgl. Senger in Tillmanns/Mutschler 2. Aufl. § 33 MuSchG Rn. 2).

2. Täterkreis

Wie bei § 32 (vgl. dazu § 32 Rdn. 3) kann auch bei § 33 Täter **nur der Arbeitgeber** i.S.d. § 2 Abs. 1 Satz 1 (bzw. dem Arbeitgeber nach § 2 Abs. 1 Satz 2 Nrn. 1–8 Gleichgestellte) sein (vgl. Senger in Tillmanns/Mutschler 2. Aufl. § 33 MuSchG Rn. 3). Sofern das MuSchG – wie z.B. beim Verbot der Nachtarbeit gem. § 5 – eine Mitwirkung der Schwangeren oder Mutter vorsieht, ist diese als notwendige Teilnahme straflos (Senger in Tillmanns/Mutschler 2. Aufl. § 33 MuSchG Rn. 3). 2

Täter einer Straftat kann nur eine **natürliche Person** sein. Ist der Arbeitgeber eine **juristische Person** oder eine **rechtsfähige Personengesellschaft**, dann sind gem. **§ 14 Abs. 1 Nr. 1 und 2 StGB** ihre **organschaftlichen Vertreter** (insbesondere Vorstand bei einer Aktiengesellschaft, § 78 Abs. 1 AktG oder einem rechtsfähigen Verein, § 26 Abs. 2 S. 1 BGB bzw. einer Genossenschaft, § 24 Abs. 1 GenG sowie Geschäftsführer bei einer GmbH, § 35 Abs. 1 GmbHG) bzw. ihre **vertretungsberechtigten Gesellschafter** (z.B. Gesellschafter einer OHG, § 125 Abs. 1 HGB, Komplementär bei einer KG, §§ 161, 170 i.V.m. § 125 Abs. 1 HGB, Geschäftsführer der Komplementär-GmbH bei einer GmbH & Co. KG) verantwortlich (Pepping in HK-MuSchG 6. Aufl. vor §§ 32 und 33 Rn. 10). Besteht ein Vertretungsorgan aus **mehreren Personen**, kommt es auf die interne Geschäfts- bzw. Zuständigkeitsverteilung nach der Satzung bzw. der Geschäftsordnung an. Bei Zuwiderhandlungen gegen das MuSchG durch Unterlassen ist demzufolge zu prüfen, welches Mitglied des Vertretungsorgans für das Personalwesen und den Arbeitsschutz zuständig ist. Ist eine solche nicht getroffen, ist jedes Mitglied des Organs verantwortlich (Pepping in HK-MuSchG 6. Aufl. vor §§ 32 und 33 Rn. 10 m.w.N.). Verantwortlich sind gem. **§ 14 Abs. 1 Nr. 3 StGB** außerdem die **gesetzlichen Vertreter** des Arbeitgebers (z.B. die Eltern eines minderjährigen Arbeitgebers oder der Betreuer eines geschäftsunfähigen bzw. beschränkt geschäftsfähigen Arbeitgebers), wozu auch die **Parteien kraft Amtes** (z.B. Insolvenzverwalter) gehören (Pepping in HK-MuSchG 6. Aufl. vor §§ 32 und 33 Rn. 9 und 11 m.w.N.). 3

Anstelle oder neben dem Arbeitgeber selbst können auch die vom Arbeitgeber **mit der Leitung des Betriebs beauftragten Personen** gem. **§ 14 Abs. 2 Nr. 1 StGB** verantwortlich sein. Voraussetzung dafür ist, dass diese vom Arbeitgeber mit der Leitung des ganzen Betriebes (Betriebsleiter) bzw. von Betriebsteilen (Abteilungsleiter, Bereichsleiter) beauftragt sind (Pepping in HK-MuSchG 6. Aufl. vor §§ 32 und 33 Rn. 12 m.w.N.). Eine ausdrückliche Beauftragung mit der Überwachung des MuSchG oder anderer Arbeitsschutzgesetze ist nicht erforderlich. Es reicht die Übertragung der Leitungsfunktion und der mit dieser Stellung zusammenhängenden Befugnisse. Demzufolge können sich **Werks- bzw. Betriebs-, Personal- oder Abteilungsleiter** nach § 14 Abs. 2 Nr. 1 StGB im Fall einer vorsätzlichen Verletzung der in Bezug genommenen Schutzpflichten des MuSchG gem. § 33 strafbar machen (Pepping in HK-MuSchG 6. Aufl. vor §§ 32 und 33 Rn. 12). 4

Ferner können gem. **§ 14 Abs. 2 Nr. 2 StGB** anstelle oder neben dem Arbeitgeber selbst auch die vom Arbeitgeber ausdrücklich mit der eigenverantwortlichen Wahrnehmung von Aufgaben, die dem Inhaber des Betriebs obliegen, **beauftragten Personen** verantwortlich sein. Voraussetzung ist, dass der Verantwortliche **ausdrücklich** (und nicht nur stillschweigend) damit beauftragt wurde, Aufgaben nach dem MuSchG **in eigener Verantwortung** (also mit eigener Entscheidungsgewalt; vgl. Schönke/Schröder/Perron/Eisele, 30. Aufl. § 14 StGB Rn. 35 m.w.N.) wahrzunehmen. Eine schriftliche Übertragung ist – anders als bei einer Übertragung von Arbeitsschutzpflichten nach § 13 Abs. 2 ArbSchG – nicht erforderlich (Pepping in HK-MuSchG 6. Aufl. vor §§ 32 und 33 Rn. 13 m.w.N.).

3. Straftatbestände

a) Objektiver Tatbestand

5 Den objektiven Tatbestand des § 33 verwirklicht der Arbeitgeber, wenn er gegen eine der in **§ 32 Abs. 1 Nr. 1 bis 5, 8, 16 und 17** bezeichneten Vorschriften (vgl. dazu § 32 Rdn. 5) verstößt und dadurch die **Gesundheit der Frau oder ihres Kindes gefährdet**.

Gesundheit ist – wie bei §§ 223, 230 StGB – der Normalzustand der körperlichen, geistigen und seelischen Kräfte (Pepping in HK-MuSchG 6. Aufl. § 33 Rn. 12 m.w.N.). Der Straftatbestand setzt eine Gefahr für die Gesundheit von Mutter oder Kind voraus, eine bloße Gefährdung im mutterschutzrechtlichen Sinn reicht nicht (vgl. die Begründung zum Gesetzesentwurf der Bundesregierung zu der im Wesentlichen inhaltsgleichen Entwurfsfassung des § 30, BT-Drucks 18/8963, S. 102). Es muss eine konkrete Gesundheitsgefährdung eingetreten sein. Eine solche ist zu bejahen, wenn durch die Handlung oder Unterlassung des Arbeitgebers nach allgemeinen Erfahrungsgrundsätzen mit einer nicht nur unerheblichen Beeinträchtigung der Gesundheit gerechnet werden muss. Es muss die konkrete Wahrscheinlichkeit einer Herbeiführung oder Verschlimmerung einer körperlichen, geistigen oder seelischen Krankheit bei Frau oder Kind bestehen (Pepping in HK-MuSchG 6. Aufl. § 33 Rn. 13; Brose/Weth/Volk/Schneider MuSchG § 33 Rn. 5). Eine Schädigung braucht nicht eingetreten sein. Ist eine Schädigung jedoch eingetreten, ist der Tatbestand (erst recht) erfüllt (Pepping in HK-MuSchG 6. Aufl. § 33 Rn. 13).

b) Subjektiver Tatbestand

6 Der Arbeitgeber muss **vorsätzlich** (zum Begriff des Vorsatzes vgl. § 32 Rdn. 7) gegen eine der in § 32 Abs. 1 Nr. 1 bis 5, 8, 16 und 17 bezeichneten Vorschriften verstoßen haben. Er muss dadurch außerdem **vorsätzlich die Gefährdung der Gesundheit** von Frau oder Kind verursacht haben. Es handelt sich um kein erfolgsqualifiziertes Delikt i.S.d. § 18 StGB, bei dem die besondere Folge auch lediglich fahrlässig herbeigeführt werden kann, weil das Grunddelikt eine Ordnungswidrigkeit und keine Straftat ist (in diesem Sinne die h.M. zu § 21 Abs. 3 a.F.; vgl. Buchner/Becker 8. Aufl. § 21 Rn. 56 f. m.w.N.; vgl. auch BeckOK ArbSchR/Aligbe MuSchG § 33 Rn. 16). Eine Regelung i.S.d. § 11 Abs. 2 StGB, die – wie bislang § 21 Abs. 4 a.F. – eine

Strafbarkeit auch bei einer lediglich fahrlässigen Herbeiführung der Gefährdung vorsieht, enthält § 33 demgegenüber nicht (vgl. auch Pepping in HK-MuSchG 6. Aufl. § 33 Rn. 14; Brose/Weth/Volk/Schneider MuSchG § 33 Rn. 6). Vor diesem Hintergrund dürfte der Straftatbestand des § 33 in der Praxis kaum eine Rolle spielen, denn eine (wenn auch nur bedingt) vorsätzliche Gesundheitsgefährdung wird nur selten vorliegen bzw. nachweisbar sein.

4. Rechtswidrigkeit

Die Verwirklichung der Straftatbestände des § 33 ist nur ausnahmsweise dann nicht rechtswidrig, wenn ein strafrechtlich anerkannter Rechtfertigungsgrund vorliegt. Die Rechtswidrigkeit eines Verstoßes gegen die in § 32 Abs. 1 enthaltenen Schutzvorschriften wird durch eine **rechtfertigende Einwilligung** bzw. ein Einverständnis der schwangeren Frau bzw. Mutter nicht beseitigt. Das folgt daraus, dass die Vorschriften sowohl die schwangere Frau bzw. Mutter als auch das ungeborene bzw. neugeborene Kind schützen und die Frau aufgrund des öffentlich-rechtlichen Normencharakters des MuSchG nicht über die geschützten Rechtsgüter verfügen kann (Senger in Tillmanns/Mutschler 2. Aufl. § 32 MuSchG Rn. 7). Allein im Fall der Weiterarbeit nach § 3 Abs. 1 Satz 1 n.F. kann die Frau rechtswirksam ihr Einverständnis erklären (Senger in Tillmanns/Mutschler 2. Aufl. § 32 MuSchG Rn. 7 m.w.N.). 7

5. Verfahren und Strafmaß

Straftaten werden von der Staatsanwaltschaft verfolgt (vgl. auch § 40 OWiG). Sofern das von der Staatsanwaltschaft nach §§ 158 ff. StPO eingeleitete **Ermittlungsverfahren** zu einem dringenden Tatverdacht führt, erhebt die Staatsanwaltschaft **Anklage** beim zuständigen Gericht, § 170 Abs. 1 StPO. Bestätigt sich der Anfangsverdacht nicht, stellt sie das Verfahren ein, § 170 Abs. 2 StPO. Sofern sich hingegen der Verdacht einer Ordnungswidrigkeit ergibt, gibt sie das Verfahren an die zuständige Verwaltungsbehörde ab, § 43 OWiG. Das Gericht prüft nach § 199 Abs. 1 StPO, ob ein Hauptsacheverfahren eröffnet wird. Die Eröffnung erfolgt durch Beschluss, § 207 StPO. Die Vorbereitung und der Ablauf der **Hauptverhandlung** richtet sich nach den §§ 213 ff. sowie 226 ff. StPO und endet durch Urteil, § 260 Abs. 1 StPO. Gegen das Urteil kann der Angeklagte **Berufung** einlegen, § 312 StPO. Die Berufung muss binnen einer Woche beim Gericht, welches das Urteil verkündet hat, eingelegt werden, § 314 Abs. 1 StPO. Die Berufung ist binnen einer Frist von einer weiteren Woche zu begründen, § 317 StPO. Anstelle einer Berufung kann auch nach Maßgabe der §§ 335 ff. StPO eine **Sprungrevision** in Betracht kommen (Pepping in HK-MuSchG 6. Aufl. § 33 Rn. 19). 8

Auf Antrag der Staatsanwaltschaft kann das Gericht anstelle einer Hauptverhandlung auch einen **Strafbefehl** erlassen, § 407 Abs. 1 StPO. Mit einem solchen kann eine Geldstrafe festgesetzt werden; die Verhängung einer Freiheitsstrafe hingegen setzt immer eine Hauptverhandlung voraus (§ 407 Abs. 2 StPO). Die Staatsanwaltschaft kann einen solchen Antrag auf Erlass eines Strafbefehls auch dann noch stellen, wenn die Hauptverhandlung eröffnet wurde und der Durchführung der Hauptverhandlung das Ausbleiben oder die Abwesenheit des Angeklagten entgegensteht, § 408a StPO. Gegen den Strafbefehl kann binnen zwei Wochen nach Zustellung des Strafbefehls **Einspruch** eingelegt werden, § 410 Abs. 1 StPO. Wird gegen den Strafbefehl nicht rechtzeitig Einspruch eingelegt, steht dieser einem rechtskräftigen Urteil gleich, § 410 Abs. 3 StPO (Pepping in HK-MuSchG 6. Aufl. § 33 Rn. 19).

9 Als **Strafrahmen** sieht § 33 eine Freiheitsstrafe bis zu einem Jahr oder eine Geldstrafe vor. Die Dauer der **Freiheitsstrafe** beträgt gem. § 38 Abs. 2 StGB mindestens einen Monat. Eine Freiheitsstrafe unter 6 Monaten soll gem. § 47 StGB aber nur verhängt werden, wenn hierfür besondere Umstände vorliegen. Wird eine **Geldstrafe** verhängt, ist diese nach Tagessätzen zu bemessen (§ 40 StGB). Die Mindestgeldstrafe beträgt 5 Tagessätze, die höchste 360 Tagessätze. Die Höhe des Tagessatzes wird vom Gericht nach den persönlichen und wirtschaftlichen Verhältnissen des Täters festgesetzt (§ 40 Abs. 2 StGB). Der Mindesttagessatz liegt bei 1 EUR, der höchste Tagessatz bei 1 000 EUR (§ 40 Abs. 2 S. 3 StGB). Ist eine Geldstrafe mangels Vermögen uneinbringlich, wandelt sich die Geldstrafe nach § 43 StGB in eine Freiheitsstrafe um, wobei für jeden Tagessatz ein Tag Freiheitsstrafe anzusetzen ist (Pepping in HK-MuSchG 6. Aufl. § 33 Rn. 16).

Abschnitt 7 Schlussvorschriften

§ 34 MuSchG Evaluationsbericht

[1]Die Bundesregierung legt dem Deutschen Bundestag zum 1. Januar 2021 einen Evaluationsbericht über die Auswirkungen des Gesetzes vor. [2]Schwerpunkte des Berichts sollen die Handhabbarkeit der gesetzlichen Regelung in der betrieblichen und behördlichen Praxis, die Wirksamkeit und die Auswirkungen des Gesetzes im Hinblick auf seinen Anwendungsbereich, die Auswirkungen der Regelungen zum Verbot der Mehr- und Nachtarbeit sowie zum Verbot der Sonn- und Feiertagsarbeit und die Arbeit des Ausschusses für Mutterschutz sein. [3]Der Bericht darf keine personenbezogenen Daten enthalten.

Übersicht

1. Einführung der Evaluationsnorm

1 Der Referentenentwurf des Bundesministeriums für Familie, Senioren, Frauen und Jugend vom 03.03.2016 zum Gesetz zur Neuregelung des Mutterschutzrechts hat keinen Bedarf für eine gesetzlich vorgeschriebene Evaluation gesehen. Als Begründung wurde darauf verwiesen, dass sich die Erkenntnisse für einen Weiterentwicklungsbedarf im Bereich des Mutterschutzes aus den Rückmeldungen der Aufsichts-

behörden ergäben. Anlässe zur Überprüfung der gesetzlichen Regelungen ergäben sich zudem aus Hinweisen des Ausschusses für Mutterschutz, durch Entwicklungen im Arbeitsschutzrecht und gegebenenfalls durch Änderungen im Unionsrecht. Die heutige Evaluationsnorm fand sich erstmals im Gesetzesentwurf der Bundesregierung an den Bundestag und den Bundesrat und wurde damit begründet, dass die **Anwendung des MuSchG auf die neu einbezogene Personengruppe der Schülerinnen und Studentinnen** evaluiert werden soll (BR-Drucks. 230/16, S. 49). Vor dem Hintergrund der Lockerung der Verbotsregelungen zu Mehr- und Nachtarbeit für schwangere und stillende Frauen ist die Einführung der Evaluationsnorm u.a. vom Deutschen Gewerkschaftsbund (Wortprotokoll der 71. Sitzung des Ausschusses für Familie, Senioren, Frauen und Jugend vom 19.09.2016, S. 93) und dem Nationalen Normenkontrollrat begrüßt worden (BT-Drucks. 18/8963, S. 109).

2. Inhalt des Evaluationsberichts

§ 34 Satz 1 verpflichtet die Bundesregierung, dem Bundestag zum 01.01.2021 einen Evaluationsbericht über die Auswirkungen des Gesetzes vorzulegen. Mit dieser »**rückschauenden« Evaluation** soll überprüft werden, ob die arbeitszeitrechtlichen Änderungen und die Ausweitung des Anwendungsbereichs im neuen MuSchG die erwartete Wirkungen entfalten (retrospektive Gesetzesfolgenabschätzung, vgl. Karpen, ZRP 2002, 443, 444). Aus § 34 lassen sich keine Rechte der in den Anwendungsbereich des Gesetzes fallenden Frauen oder Arbeitgeber ableiten. In das Analyseverfahren zur Erstellung des Berichts sind jedoch sinnvollerweise die Verwaltungsbehörden, Gerichte, Rechtsanwälte und Kammern, Hochschullehrer und Gesetzesadressaten einzubinden (Karpen, ZRP 2002, 443, 445). 2

In Bezug auf den Inhalt des Evaluationsberichts liegen gem. § 34 S. 1 **keine Einschränkungen** vor (»Auswirkungen des Gesetzes«). Nach § 34 S. 2 **soll** sich der Evaluationsbericht **im Schwerpunkt** mit folgenden Punkten befassen: 3
- die Handhabbarkeit der gesetzlichen Regelungen in der betrieblichen und behördlichen Praxis,
- die Wirksamkeit und die Auswirkungen des Gesetzes im Hinblick auf seinen Anwendungsbereich,
- die Auswirkungen der Regelungen zum Verbot der Mehr- und Nachtarbeit sowie zum Verbot der Sonn- und Feiertagsarbeit und
- die Arbeit des Ausschusses für Mutterschutz.

Das ermöglicht der Bundesregierung ein **Auswahlermessen** hinsichtlich der Schwerpunkte des Berichts, jedoch nicht hinsichtlich der Inhalte insgesamt. Während der Nationale Normenkontrollrat angeregt hat, auch Frauen in arbeitnehmerähnlicher Beschäftigung in die Evaluierung mit einzubeziehen (BT-Drucks. 18/8963, S. 109), hat der Bundesrat die Bundesregierung explizit aufgefordert, einen weiteren Schwerpunkt auf die Effektivität des neu eingeführten Genehmigungsverfahrens bei Beschäftigung von schwangeren und stillenden Frauen von 20 Uhr bis 22 Uhr zu legen, damit anhand des Evaluationsberichts bewertet werden kann, ob dieses Genehmigungsverfahren tatsächlich erforderlich ist (BR-Drucks. 289/17, Entschließung Nr. 4, S. 2).

Aus **datenschutzrechtlichen Gründen** weist § 34 Satz 3 ausdrücklich darauf hin, dass der Bericht keine personenbezogenen Daten enthalten darf.

3. Evaluationszeitraum

4 Nach dem Wortlaut der Norm muss der Evaluationsbericht dem Bundestag am 01.01.2021 vorliegen, sodass der Zeitraum für die Bewertung der Änderungen des Mutterschutzgesetzes **drei Jahre** ab Inkrafttreten des Gesetzes beträgt. Ursprünglich war ein Beobachtungszeitraum von vier Jahren vorgesehen, da das Gesetz zum 01.01.2017 in Kraft treten sollte (BR-Drucks. 230/16, S. 31). Eine Anpassung des Zeitraums ist nicht erfolgt. Dem Antrag von Bündnis 90/Die Grünen, den Beobachtungszeitraum auf zwei Jahre zu verkürzen, ist nicht gefolgt worden (BT-Drucks. 18/11782, S. 27.).

Eine turnusmäßige Wiederholung der Evaluation sieht § 34 nicht vor. Der Gesetzgeber setzt grundsätzlich auf eine **anlassbezogene Weiterentwicklung** des MuSchG aufgrund von Rückmeldungen der Aufsichtsbehörden, Hinweisen des Ausschusses für Mutterschutz, Entwicklungen im Arbeitsschutzrecht und gegebenenfalls Änderungen im Unionsrecht (BR-Drucks. 230/16, S. 49). Sollte auf den Evaluationsbericht aber gesetzgeberisch reagiert werden, besteht die Möglichkeit, § 34 zu überarbeiten und eine erneute Evaluation zu regeln.

4. Evaluationsbericht

5 Das mit der Evaluation beauftragte Zentrum für Sozialforschung Halle e.V. (ZSH) hat den Evaluationsbericht **verspätet vorgelegt**, da sich die für die Evaluation erforderlichen Betriebsbefragungen durch die Corona-Pandemie verzögert haben. Der Evaluationsbericht ist daher erst im Juni 2022 dem Bundestag vorgelegt und veröffentlicht worden (siehe unter: https://www.ausschuss-fuer-mutterschutz.de/weitere-informationen/evaluationsbericht). Die Evaluation hat aufgezeigt, dass die **Präventionspflichten und -instrumente** noch nicht hinreichend Eingang in die betriebliche Praxis gefunden haben. So seien mutterschutzrechtliche Gefährdungsbeurteilungen nach § 10 von gut einem Viertel der befragten Betriebe nicht und bei einigen Betrieben nicht vollständig durchgeführt worden. Die allgemeine **Unterrichtungspflicht nach § 14 MuSchG** sei noch nicht in breitem Maße umgesetzt, da nur ein Viertel der Betriebe angegeben habe, alle Beschäftigten zu informieren. Zudem habe die Praxis gezeigt, dass Beschäftigungsverbote nicht als letztes Mittel genutzt worden seien und der Leitbildwechsel zu einem diskriminierungsfreien Mutterschutz nicht hinreichend vollzogen worden sei (vgl. S. 163–165 des Evaluationsberichts). Der Evaluationsbericht empfiehlt u.a., die umsetzungsfördernden Akteure des Mutterschutzes stärker einzubeziehen und den Austausch zu aktivieren, den Mutterschutz besser und systematischer in die Gleichstellungs- und Vereinbarungspolitik einzubetten sowie eine stärkere Kopplung des Mutterschutzes an den Arbeitsschutz vorzunehmen (S. 173–177). Zur **Behebung von Schutzlücken** wird empfohlen, den Gesetzeswortlaut dahin gehend zu ändern, dass bei Schülerinnen, Auszubildenden und Studierenden auch die Zeiten des Selbststudiums unter das MuSchG fallen, dass die Schutzpflichten nach der Geburt stärker normiert werden,

dass die Träger der Unfallversicherung in die Durchsetzung des MuSchG bei der Gefährdungsbeurteilung aktiv und ausdrücklich einbezogen werden und dass der reproduktionsspezifische (präkonzeptionelle) Gefährdungsschutz im MuSchG verbessert werden soll (S. 179–181).

Abschnitt 1 Elterngeld

§ 1 BEEG Berechtigte

(1) [1]Anspruch auf Elterngeld hat, wer

1. einen Wohnsitz oder seinen gewöhnlichen Aufenthalt in Deutschland hat,
2. mit seinem Kind in einem Haushalt lebt,
3. dieses Kind selbst betreut und erzieht und
4. keine oder keine volle Erwerbstätigkeit ausübt.

[2]Bei Mehrlingsgeburten besteht nur ein Anspruch auf Elterngeld.

(2) [1]Anspruch auf Elterngeld hat auch, wer, ohne eine der Voraussetzungen des Absatzes 1 Satz 1 Nummer 1 zu erfüllen,

1. nach § 4 des Vierten Buches Sozialgesetzbuch dem deutschen Sozialversicherungsrecht unterliegt oder im Rahmen seines in Deutschland bestehenden öffentlich-rechtlichen Dienst- oder Amtsverhältnisses vorübergehend ins Ausland abgeordnet, versetzt oder kommandiert ist,
2. Entwicklungshelfer oder Entwicklungshelferin im Sinne des § 1 des Entwicklungshelfer-Gesetzes ist oder als Missionar oder Missionarin der Missionswerke und -gesellschaften, die Mitglieder oder Vereinbarungspartner des Evangelischen Missionswerkes Hamburg, der Arbeitsgemeinschaft Evangelikaler Missionen e.V. oder der Arbeitsgemeinschaft pfingstlichcharismatischer Missionen sind, tätig ist oder
3. die deutsche Staatsangehörigkeit besitzt und nur vorübergehend bei einer zwischen- oder überstaatlichen Einrichtung tätig ist, insbesondere nach den Entsenderichtlinien des Bundes beurlaubte Beamte und Beamtinnen, oder wer vorübergehend eine nach § 123a des Beamtenrechtsrahmengesetzes oder § 29 des Bundesbeamtengesetzes zugewiesene Tätigkeit im Ausland wahrnimmt.

[2]Dies gilt auch für mit der nach Satz 1 berechtigten Person in einem Haushalt lebende Ehegatten oder Ehegattinnen.

(3) [1]Anspruch auf Elterngeld hat abweichend von Absatz 1 Satz 1 Nummer 2 auch, wer

1. mit einem Kind in einem Haushalt lebt, das er mit dem Ziel der Annahme als Kind aufgenommen hat,
2. ein Kind des Ehegatten oder der Ehegattin in seinen Haushalt aufgenommen hat oder
3. mit einem Kind in einem Haushalt lebt und die von ihm erklärte Anerkennung der Vaterschaft nach § 1594 Absatz 2 des Bürgerlichen Gesetzbuchs noch nicht wirksam oder über die von ihm beantragte Vaterschaftsfeststellung nach § 1600d des Bürgerlichen Gesetzbuchs noch nicht entschieden ist.

[2]Für angenommene Kinder und Kinder im Sinne des Satzes 1 Nummer 1 sind die Vorschriften dieses Gesetzes mit der Maßgabe anzuwenden, dass statt des Zeitpunk-

tes der Geburt der Zeitpunkt der Aufnahme des Kindes bei der berechtigten Person maßgeblich ist.

(4) Können die Eltern wegen einer schweren Krankheit, Schwerbehinderung oder Todes der Eltern ihr Kind nicht betreuen, haben Verwandte bis zum dritten Grad und ihre Ehegatten oder Ehegattinnen Anspruch auf Elterngeld, wenn sie die übrigen Voraussetzungen nach Absatz 1 erfüllen und wenn von anderen Berechtigten Elterngeld nicht in Anspruch genommen wird.

(5) Der Anspruch auf Elterngeld bleibt unberührt, wenn die Betreuung und Erziehung des Kindes aus einem wichtigen Grund nicht sofort aufgenommen werden kann oder wenn sie unterbrochen werden muss.

(6) Eine Person ist nicht voll erwerbstätig, wenn
1. ihre Arbeitszeit 32 Wochenstunden im Durchschnitt des Lebensmonats nicht übersteigt,
2. sie eine Beschäftigung zur Berufsbildung ausübt oder
3. sie als eine im Sinne der §§ 23 und 43 des Achten Buches Sozialgesetzbuch geeignete Kindertagespflegeperson tätig ist.

(6a) Als erwerbstätig im Sinne dieses Gesetzes gelten auch Personen, die vorübergehend nicht arbeiten, solange sie,
1. sich in einem Arbeitsverhältnis befinden oder
2. selbständig erwerbstätig sind.

(7) Ein nicht freizügigkeitsberechtigter Ausländer oder eine nicht freizügigkeitsberechtigte Ausländerin ist nur anspruchsberechtigt, wenn diese Person
1. eine Niederlassungserlaubnis oder eine Erlaubnis zum Daueraufenthalt-EU besitzt,
2. eine Blaue Karte EU, eine ICT-Karte, eine Mobiler-ICT-Karte oder eine Aufenthaltserlaubnis besitzt, die für einen Zeitraum von mindestens sechs Monaten zur Ausübung einer Erwerbstätigkeit berechtigen oder berechtigt haben oder diese erlauben, es sei denn, die Aufenthaltserlaubnis wurde
   a) nach § 16e des Aufenthaltsgesetzes zu Ausbildungszwecken, nach § 19c Absatz 1 des Aufenthaltsgesetzes zum Zweck der Beschäftigung als Au-Pair oder zum Zweck der Saisonbeschäftigung, nach § 19e des Aufenthaltsgesetzes zum Zweck der Teilnahme an einem Europäischen Freiwilligendienst oder nach § 20a Absatz 5 Satz 1 des Aufenthaltsgesetzes zur Suche nach einer Erwerbstätigkeit oder nach Maßnahmen zur Anerkennung ausländischer Berufsqualifikationen erteilt,
   b) nach § 16b des Aufenthaltsgesetzes zum Zweck eines Studiums, nach § 16d des Aufenthaltsgesetzes für Maßnahmen zur Anerkennung ausländischer Berufsqualifikationen, nach § 20 des Aufenthaltsgesetzes zur Suche nach einer Erwerbstätigkeit oder nach § 20a Absatz 5 Satz 2 des Aufenthaltsgesetzes zur Suche nach einer Erwerbstätigkeit oder nach Maßnahmen zur Anerkennung ausländischer Berufsqualifikationen erteilt und die Person ist weder erwerbs-

tätig noch nimmt sie Elternzeit nach § 15 dieses Gesetzes oder laufende Geldleistungen nach dem Dritten Buch Sozialgesetzbuch in Anspruch,

c) nach § 23 Absatz 1 des Aufenthaltsgesetzes wegen eines Krieges im Heimatland dieser Person oder nach § 23a oder § 25 Absatz 3 bis 5 des Aufenthaltsgesetzes erteilt,

3. eine in Nummer 2 Buchstabe c genannte Aufenthaltserlaubnis besitzt und im Bundesgebiet berechtigt erwerbstätig ist oder Elternzeit nach § 15 dieses Gesetzes oder laufende Geldleistungen nach dem Dritten Buch Sozialgesetzbuch in Anspruch nimmt,

4. eine in Nummer 2 Buchstabe c genannte Aufenthaltserlaubnis besitzt und sich seit mindestens 15 Monaten erlaubt, gestattet oder geduldet im Bundesgebiet aufhält oder

5. eine Beschäftigungsduldung gemäß § 60d in Verbindung mit § 60a Absatz 2 Satz 3 des Aufenthaltsgesetzes besitzt.

Abweichend von Satz 1 Nummer 3 erste Alternative ist ein minderjähriger nicht freizügigkeitsberechtigter Ausländer oder eine minderjährige nicht freizügigkeitsberechtigte Ausländerin unabhängig von einer Erwerbstätigkeit anspruchsberechtigt.

(8) [1]Ein Anspruch entfällt, wenn die berechtigte Person im letzten abgeschlossenen Veranlagungszeitraum vor der Geburt des Kindes ein zu versteuerndes Einkommen nach § 2 Absatz 5 des Einkommensteuergesetzes in Höhe von mehr als 175 000 Euro erzielt hat. [2]Erfüllt auch eine andere Person die Voraussetzungen des Absatzes 1 Satz 1 Nummer 2 oder der Absätze 3 oder 4, entfällt abweichend von Satz 1 der Anspruch, wenn die Summe des zu versteuernden Einkommens beider Personen mehr als 175 000 Euro beträgt.

Übersicht Rdn.

I. Allgemeines

1. Entwicklung der Norm

1 In **§ 1 BEEG** sind die **Anspruchsvoraussetzungen** für den Bezug von Elterngeld als eine aus Steuermitteln des Bundes finanzierte **Familienleistung** geregelt. Sie geht zurück auf ihre am 1.1.1986 in Kraft getretene Vorgängervorschrift in § 1 BErzGG (Gesetz über die Gewährung von Erziehungsgeld und Erziehungsurlaub vom 6.12.1985, BGBl. I S. 2154) über die Berechtigung zum Bezug von Erziehungsgeld. Aber auch diese Regelung war bereits eine Weiterentwicklung des zuvor bestehenden Anspruchs auf Mutterschaftsgeld für die ersten sechs Lebensmonate eines leiblichen Kindes (vgl. Erlgn. zu § 15 Rdn. 1 und Wiegand, BEEG, Stand 22. Erg. Lfg. 2021, § 1 Rn. 1 m.w.N.).

Während der Geltung des BErzGG sind einige Verbesserungen eingeführt worden. Die Bezugsdauer sowohl für das Erziehungsgeld als auch für den Erziehungsurlaub wurde schrittweise erst auf 18 und dann auf 24 Monate verlängert unter Beendigung der Abhängigkeit des Erziehungsurlaubs vom Bezug des Erziehungsgeldes (vgl. Erlgn. zu § 15 Rdn. 1 ff zur gesetzlichen Entwicklung m.w.N.).

Nach dem Urteil des **EuGH** vom 10.10.1996 ist das Erziehungsgeld – und damit auch das Elterngeld – eine Familienleistung i.S.v. Art. 4 I Buchstabe h Verordnung (EWG) Nr. 1408/71 (C – 245/94 und C – 312/94, in SozR 3–7833 § 1 Nr. 19 = NZA 1996, 1195 = SGb 1997, 165).

Als am 1.1.2007 das **Gesetz zum Elterngeld und zur Elternzeit vom 5.12.2006** (BGBl. I S. 2748) in Kraft trat, hat § 1 BEEG den im Wesentlichen inhaltsgleichen § 1 BErzGG ersetzt und für Geburten ab diesem Datum **verbesserte finanzielle Leistungen** während der Elternzeit sowie eine mögliche **zusätzliche Bezugsdauer** (§ 4 BEEG) gewährt (vgl. zu den Motiven auch Hambüchen/Irmen, BEEG/EStG/BKGG, § 1 BEEG, Stand 12/2009, Rn. 1–5a). 2

Das **Gesetz zur Umsetzung aufenthalts- und asylrechtlicher Richtlinien der Europäischen Union** vom 19.8.2007 (BGBl. I S. 1970 zu Art. 6 Abs. 8) hat ab Inkrafttreten am 28.8.2007 § 1 Abs. 7 Nr. 2 Buchstabe c) BEEG geändert und einen Buchstabe d) mit einem **weiteren Aufenthaltserlaubnistatbestand** angefügt (zu den Materialien siehe BT-Drucks. 16/5065, 16/5527, 16/5621 und 16/5654). 3

Mit Wirkung vom 12.2.2009 wurde durch das **Gesetz zur Neuordnung und Modernisierung des Bundesdienstrechts** vom 5.2.2009 (BGBl. I S. 160 zu Art. 15 Abs. 94) § 1 Abs. 2 Nr. 3 BEEG ergänzt und »§ 29 des Bundesbeamtengesetzes« eingefügt (zu den Materialien siehe BT-Drucks. 16/7076 und 16/10850). 4

Das am 1.1.2011 in Kraft getretene **Haushaltsbegleitgesetz 2011** vom 9.12.2010 (BGBl. I S. 1885) hat in Art. 14 dem § 1 BEEG einen **Abs. 8 angefügt**, nach dem ein Anspruch auf Elterngeld bei Überschreiten einer Einkommensgrenze von 250 000 Euro bei einer berechtigten Person bzw. von 500 000 Euro bei zwei berechtigten Personen entfällt. Hintergrund für diesen generellen Anspruchsausschluss war eine angestrebte **Haushaltskonsolidierung**, die auch moderate Einsparungen im Bereich der Familienleistungen notwendig machte (BT-Drucks. 17/3030 S. 1 f., 47; siehe auch Erlgn. zu Rdn. 57 und § 2 Rdn. 5). Mit **Gesetz zur Vereinfachung des Elterngeldvollzugs** vom 10.9.2012 (BGBl. I S. 1878) wurde in Abs. 6 aus sprachlichen Gründen das Wort »wöchentliche« gestrichen, weil es ohnehin um die durchschnittlichen Wochenstunden geht. Mit Wirkung vom 1.8.2013 ist Abs. 8 durch das Gesetz zur Einführung eines Betreuungsgeldes vom 15.2.2013 (**Betreuungsgeldgesetz;** BGBl. I S. 254) konkretisiert worden (s. Erlgn. zu Rdn. 57). Gegen dieses Gesetz hat sich die Freie und Hansestadt Hamburg mit einem Normkontrollantrag mit Erfolg an das BVerfG gewandt, weil dem Bund die alleinige Gesetzgebungskompetenz nach Art. 74 Abs. 1 Nr. 7 GG i.V.m. Art. 72 Abs. 2 GG gefehlt habe und die wesentliche Bestimmung über die Bezugsberechtigung (§ 4a Abs. 1 Nr. 2 BEEG a.F.) gegen Art. 3 Abs. 1 und Abs. 2 GG sowie 5 gegen Art. 6 Abs. 1 und Abs. 2 GG verstoßen hat (BVerfG, Urteil vom 21.7.2015 – 1 BvF 2/13 –, NJW 2015, 2359).

Zum 1.1.2015 ist durch das Gesetz zur Einführung des Elterngeld Plus mit Partnerschaftsbonus und einer flexibleren Elternzeit im Bundeselterngeld – und Elternzeitgesetz vom 18.12.2014 (BGBl. I S. 2325) in der Fassung vom 27.1.2015 (BGBl. I S. 33) ein erhöhter Anreiz zur Erwerbstätigkeit in Teilzeit während der Elternzeit und des Bezugs von Elterngeld geschaffen worden (vgl. Winkel, SozSich 2014, 410; Dau, juris PR-SozR 12/2015 Anm; BT-Drs. 18/2583 – Gesetzentwurf der BReg; BT-Drs. 18/3086 – Beschlussempfehlung und Bericht des BT-Ausschusses für Familie, Senioren, Frauen und Jugend). Neben redaktionellen Änderungen hat der Gesetzgeber zudem als Reaktion auf die Entscheidungen des BSG vom 27.6.2013 (-B 10 EG 3/12 R, SGb 2013, 469, Parallelentscheidung zu: – B 10 EG 8/12 R –, BSGE 114, 26 = SozR 4–7837 § 1 Nr. 4), beiden Elternteilen von Zwillingen für die Erziehung je eines der Kinder einen Elterngeldanspruch zuzugestehen, durch eine Satzanfügung in § 1 Absatz 1 Satz 2 BEEG klargestellt, dass bei Mehrlingsgeburten nur ein Anspruch auf Elterngeld – neben einem Zuschlag – besteht (s. Erlgn. zu Rdn. 25).

5a Mit Gesetz zur weiteren steuerlichen Förderung der Elektromobilität und zur Änderung weiterer steuerlicher Vorschriften vom 12.12.2019 (BGBl. I S. 2451) hat das BEEG in seinem Ausländer und Ausländerinnen betreffenden Absatz 7 zunächst mit Wirkung ab dem 1.1.2020 eine ergänzende Nr. 4 erhalten mit einer zusätzlichen Anspruchsberechtigung für Besitzer einer Beschäftigungsduldung nach § 60a Absatz 2 Satz 3 des Aufenthaltsgesetzes (Art. 35 des G.v. 12.12.2019, BGBl. I S. 2451, 2489). Mit Wirkung vom 1.3.2020 wird dann Absatz 7 im Wesentlichen neu gefasst unter Einbeziehung eines EU-Daueraufenthaltsrechts und entsprechender EU-Aufenthaltstitel mit der Berechtigung zur Ausübung einer mindestens sechsmonatigen Erwerbstätigkeit. Aufenthalte zu Ausbildungszwecken, als Au-Pair, zur Saisonbeschäftigung, zur Teilnahme am Europäischen Freiwilligendienst oder zur Arbeitsplatzsuche bleiben von Leistungen ausgeschlossen. Dies gilt auch bei Aufenthalten zu Studienzwecken, zur Anerkennung ausländische Berufsqualifikationen oder zur Arbeitsplatzsuche im Sinne von § 20 Absatz 3 AufenthG, sofern keine Erwerbstätigkeit ausgeübt, keine Elternzeit oder Geldleistungen nach dem SGB III in Anspruch genommen werden. Die Regelungen zur Beschäftigungsduldung (jetzt Nr. 5) und betreffend § 23 Absatz 1 AufenthG in Nr. 2c) blieben unverändert, während die Nr. 2d) zu § 104a des AufenthG wegfällt. Eine Aufenthaltserlaubnis nach Nr. 2c) berechtigt dennoch zum Leistungsbezug nach Nr. 3, wenn eine berechtigte Erwerbstätigkeit ausgeübt wird oder Elternzeit oder Geldleistungen nach dem SGB III in Anspruch genommen werden. Dies gilt nach Nr. 4 auch, wenn sich die betreffende Person seit mindestens 15 Monaten erlaubt, gestattet oder geduldet im Bundesgebiet aufhält. Nach Satz 2 zu Absatz 7 sind nunmehr minderjährige nicht freizügigkeitsberechtigte Ausländer und Ausländerinnen unabhängig von einer Erwerbstätigkeit anspruchsberechtigt (Art. 36 des G.v. 12.12.2019, BGBl. I S. 2451, 2489; s. Erlgn zu Rdn. 56a). Die zu diesen Änderungen geschaffene Übergangsvorschrift in § 27 Abs. 3 BEEG mit Gesetz vom 12.12.2019 (Nr. 2. zu Art. 35 und 36, BGBl. I S. 2451, 2489), wurde durch Nr. 4 des Gesetzes für Maßnahmen im Elterngeld aus Anlass der COVID-19-Pandemie vom 20.5.2020 (BGBl. I

S. 1061) mit Wirkung vom 1.3.2020 zu § 28 Abs. 3 BEEG (s. hierzu Erlgn. dort zu Rdn. 1). Dieses Gesetz hat vor allem befristete Regelungen während der COVID-19-Pandemie eingeführt (s. hierzu Dau, jurisPR – SozR 12/2020 Anm. 1).

Mit Zweitem Gesetz zur Änderung des BEEG vom 15.2.2021 (BGBl. I. S. 239) hat die BReg mit ihrem Gesetzentwurf mit Wirkung vom 1.9.2021 (§ 28 Abs. 1 Satz 1 BEEG i.d.F. vom 15.2.2021) Neuregelungen in Form von erweiterten Angeboten zur Nutzung des Elterngelds insbesondere auch für Eltern besonders früh geborener Kinder geschaffen nebst Erhöhung der zulässigen Arbeitszeit auf 32 Wochenstunden pro Lebensmonat (§ 1 Abs. 6 BEEG) und Flexibilisierung des Partnerschaftsbonus (vgl, BR-Drucks. 559/20 S. 1; BT-Drucks 19/24438 S. 1 f. und 17). In § 1 Abs. 2 Satz 1 Nr. 2 BEEG erfolgte nach Auflösung des Deutschen Katholischen Missionsrates in 2012 dessen Streichung. Ebenso wurden die Worte Lebenspartner und Lebenspartnerin in § 1 Abs. 2 Satz 2, Abs. 3 Satz 1 Nr. 2 und Abs. 4 BEEG gestrichen, weil nunmehr nach § 21 LPartG Regelungen für Eheleute auch für Lebenspartner gelten. Schließlich wurde die Einkommensgrenze, ab der der Anspruch auf Elterngeld entfällt, in § 1 Abs. 8 Satz 2 BEEG auf 300 000 Euro abgesenkt. Eine weitere Absenkung ab 2024 war bereits vorgesehen (s. Erlgn. zu Rdn. 57). 5b

Mit dem Gesetz zur Regelung eines Sofortzuschlages und einer Einmalzahlung in den sozialen Mindestsicherungssystemen sowie zur Änderung des Finanzausgleichsgesetzes und weiterer Gesetze vom 23.5.2022 (BGBl. I. S. 760) wurde mit Wirkung zum 1.6.2022 in der Aufzählung von § 1 Abs. 7 Nr. 2c BEEG die Aufenthaltserlaubnis nach § 24 AufenthG gestrichen (s. Erlgn. zu Rdn. 56a). Aktuell ist unter anderem beabsichtigt, einen Elterngeldanspruch für Pflegeeltern einzuführen (vgl. BT-Drucks. 20/5036, S. 1 und 5) während eine Ausweitung des Stundenkorridors beim Partnerschaftsbonus über 32 Wochenstunden hinaus nicht vorgesehen ist (BT-Drucks. 20/5036 S. 3). Mit Wirkung zum 1.4.2024 galt nach § 1 Abs. 8 Satz 1 BEEG zunächst eine herabgesetzte Einkommensgrenze von 150 000 Euro für Alleinerziehende und von 175 000 Euro bei gemeinsam Berechtigten sowie Übergangsregelungen in § 28 Abs. 1a BEEG für vor diesem Datum geborene Kinder und in § 28 Abs. 5 BEEG für danach geborene Kinder (vgl. Artikel 1 des Haushaltsfinanzierungsgesetz – HHFinG – vom 22.12.2023, BGBl. I Nr. 412 S. 1; s. Erlgn. zu Rdn. 57). Mit dem zweiten Haushaltsfinanzierungsgesetz 2024 vom 27.3.2024 (vgl. Artikel 7 des 2. HHFinG 2024, BGBl. I Nr. 107 S. 4 zu Nr. 1. und 3.) wurde dann in § 1 Abs. 8 Satz 1 BEEG die Angabe »150 000« durch »175 000« und in § 28 Abs. 5 Satz 2 BEEG durch »200 000« ersetzt. Mit Artikel 57 des Vierten Bürokratieentlastungsgesetzes vom 23.10.2024 (BGBl. I Nr. 323 S. 25/26) und Artikel 43 des Jahressteuergesetzes 2024 vom 2.12.2024 (BGBl. I Nr. 387 S. 58) sind zu § 1 Abs. 6 und 7 BEEG sowie in § 28 Abs. 3 BEEG weitere redaktionelle und sprachliche Anpassungen vorgenommen worden (vgl. BT-Drucks. 20/11306 S. 116 und 121 sowie BT-Drucks. 20/12780 S. 204 f.).

2. Regelungsinhalt/Rechtsnatur des Elterngeldes

Die Familienleistung Elterngeld soll als **Einkommensersatzleistung** die wirtschaftliche Lebensgrundlage von Familien absichern, die sich in den ersten Lebensmona- 6 ten um die Erziehung und Betreuung ihrer Kinder kümmern (BSG Urteil vom 25.6.2009 – B 10 EG 9/08 R – zu Rn. 28 m.w.N., in SozR 4–7837 § 2 Nr. 3; Urteil vom 30.9.2010 – B 10 EG 19/09 R – zu Rn. 34, in BSGE 107, 18 = SozR 4–7837 § 2 Nr. 6; Urteil vom 17.2.2011 – B 10 EG 17/09 R – zu Rn. 3 und 80 m.w.N., in SozR 4–7837 § 2 Nr. 7; siehe auch Erlgn. zu § 2 Rdn. 11 bis 14 unter Hinweis auf BT-Drucks. 16/1889). Darüber hinaus soll das Elterngeld neben der wirtschaftlichen Absicherung auch dafür sorgen, dass Eltern ganz oder teilweise auf die Ausübung ihrer Erwerbstätigkeit verzichten, um **Zeit für die Betreuung und Erziehung** ihrer Kinder zu haben. Dies hat zum einen seinen Niederschlag in § 1 Abs. 6 BEEG über die Begrenzung der höchstens zulässigen wöchentlichen Arbeitszeit gefunden. Zum anderen wird der sog. Basis- oder Mindestbetrag von 300 Euro als einkommensunabhängige Sozialleistung gewährt (vgl. § 2 Abs. 4 Satz 1 BEEG). Dabei besteht bei Vorliegen der Voraussetzungen nach § 1 BEEG grundsätzlich keine Anspruchsberechtigung beider Elternteile für jedes Kind einer Mehrlingsgeburt, weil § 1 BEEG nunmehr eine Einschränkung vorsieht (s. Rdn. 25). Das Elterngeld setzt anders als das für Geburten vor dem 1.1.2007 noch anzuwendende BErzGG einen Bedarf oder eine Bedürftigkeit des betreffenden Elternteils nicht mehr voraus. Während es sich für den Bereich ab dem Basisbetrag von 300 Euro nach § 2 Abs. 4 Satz 1 BEEG bis zum Höchstbetrag von 1 800 Euro nach § 2 Abs. 1 Satz 2 BEEG um den wirtschaftlichen Ausgleich für den Verzicht auf die Erwerbsausübung und die dadurch eintretenden Einkommensausfälle handelt, wird der Basisbetrag ausschließlich für die Betreuungs- und Erziehungsleistung des Berechtigten gewährt (BSG Urteil vom 17.2.2011 – B 10 EG 17/09 R – Rn. 57 m.w.N., in SozR 4–7837 § 2 Nr. 7). Ihn erhält auch derjenige, der andere Einkünfte als aus Erwerbstätigkeit erzielt hat und nach der Geburt des Kindes weiter erzielt. Damit kommt der Staat seiner aus Art. 6 Abs. 1 und 2 GG herzuleitenden Pflicht zur Unterstützung und Förderung der Kinderbetreuung in ausreichendem Maße nach (BSG Urteil vom 17.2.2011 – B 10 EG 17/09 R –, in SozR 4–7837 § 2 Nr. 7; siehe insgesamt Erlgn. zu § 2 Rdn. 13). Neben dem bisherigen »Basiselterngeld« gibt es für ab dem 1.7.2015 geborene Kinder (vgl. ursprünglich § 27 Abs. 1 Satz 2 BEEG) das »Elterngeld Plus« (Gesetz vom 18.12.2014, BGBl. I S. 2325 i.d.F. der Bekanntmachung vom 27.1.2015, BGBl. I. S. 33; s. Erlgn. zu Rdn. 5), mit einem Bezugszeitraum von bis zu 28 Monaten unter Einschluss eines sog. Partnerschaftsbonus (s. hierzu: Winkel, Teilzeit während der Elternzeit soll sich lohnen, SozSich 2014, 410). Dieser ist mit der Regelung in § 4b BEEG ab 1.9.2021 bedarfsgerechter flexibilisiert worden unter Streichung von Satz 2 im bisherigen § 27 BEEG, der mit Gesetz vom 20.5.2020 (BGBl. I. S. 1061) zu § 28 BEEG wurde (vgl. BT-Drucks 19/24438 S. 1 f und 17; BGBl. I. S. 239, 241).

Nach dem Ende des Elterngeldbezuges aber nicht vor dem 13. Lebensmonat des Kindes kann ein Antragsteller in Bayern noch Landeserziehungsgeld nach dem **BayLErzGG** für das erste Kind für sechs Monate i.H.v. 150 Euro und für jedes weitere Kind für zwölf Monate i.H.v. 200 bzw. 300 Euro monatlich beanspruchen (vgl Art. 4 und 5 BayLErzGG). Die Anspruchsvoraussetzungen entsprechen im Wesentlichen dem BEEG; den Anspruchsausschluss aus Gründen der Staatsangehörigkeit vom Landeserziehungsgeld hat das BVerfG mit Art. 3 Abs. 1 GG für unvereinbar erklärt (Beschluss vom

7.2.2012 – 1 BvL 14/07 –, BVerfGE 130, 240; s. auch nachgehend BSG Urteil vom 21.2.2013 – B 10 EG 20/12 R –, SozR 4–7835 Art. 1 Nr. 2).

Das Elterngeld ist steuerrechtlich den Leistungen des Mutterschafts- oder des Krankengelds gleichgestellt und nach § 3 Nr. 67 EStG **nicht einkommensteuerpflichtig**. Nach der in § 10 Abs. 1 und 3 BEEG enthaltenen Einkommensprivilegierung bleibt Elterngeld bei Sozialleistungen, deren Zahlung von anderen Einnahmen abhängig ist, bis zur Höhe des Basisbetrages von 300,– Euro im Monat und bei verlängerter Auszahlung nach § 6 Satz 2 BEEG in Höhe von 150,– Euro im Monat als Einkommen unberücksichtigt. Dies gilt seit dem 1.11.2011 nicht gemäß § 10 Abs. 5 BEEG bei Leistungen nach dem SGB II, dem SGB XII und nach § 6a BKGG (BSG Urteil vom 1.12.2016 – B 14 AS 28/15 R – zu Rn. 19, in NZS 2017, 507; Erlgn. zu § 10, Rdn. 22 ff.). Dabei begegnet die Ausgestaltung als Entgeltersatzleistung keinen verfassungsrechtlichen Bedenken. Ein Ausgleich für wegfallende staatliche Transferleistungen erfolgt allerdings nicht (BVerfG, Beschluss vom 24.11.2011 – 1 BvR 1457/11 –, FamRZ 2012, 188). Es handelt sich beim Elterngeld um eine **Sozialleistung** i.S.v. § 11 i.V.m. § 25 Abs. 2 Satz 2 SGB I; die Regelungen zum Elterngeld in den §§ 1–14 BEEG sind ein besonderer Teil des Sozialgesetzbuchs nach § 68 Nr. 15 SGB I. Daraus folgt wiederum die Anwendbarkeit der allgemeinen und verfahrensrechtlichen Vorschriften des SGB I und des SGB X nach § 37 SGB I, soweit sich nichts Abweichendes aus den Büchern zum Sozialgesetzbuch oder dem BEEG ergibt. Entsprechendes regelt § 26 Abs. 1 BEEG nochmals speziell für die §§ 1–66 SGB X. Nach § 13 Abs. 1 Satz 1 BEEG besteht für die hieraus resultierenden öffentlich – rechtlichen Streitigkeiten eine Rechtswegzuweisung zu den Sozialgerichten (s. Erlgn. zu § 13 Rdn. 2). 7

3. Voraussetzungen im Überblick

§ 1 BEEG enthält die **allgemeinen Voraussetzungen** zur Berechtigung zum Bezug von Elterngeld. Diese sind grundsätzlich in § 1 Abs. 1 Satz 1 Nrn. 1.–4. enthalten, wonach der Berechtigte unabhängig vom Vorliegen einer deutschen Staatsangehörigkeit einen Wohnsitz oder seinen gewöhnlichen Aufenthalt in Deutschland haben muss, mit seinem von ihm betreuten und erzogenen Kind in einem Haushalt lebt und keine oder keine volle Erwerbstätigkeit ausübt. Diese Grundvoraussetzungen werden im Folgenden dann **modifiziert bzw. erweitert**; betreffend Abs. 1 Satz 1 Nr. 1 durch Abs. 2 Satz 1 Nr. 1 für Fälle der **Ausstrahlung** nach § 4 SGB IV und bei vorübergehender Abordnung, Vertretung oder Kommandierung im Rahmen eines öffentlich-rechtlichen Dienst- oder Amtsverhältnisses. 8

§ 1 Abs. 2 Satz 1 Nr. 2 BEEG erstreckt die Regelung in Abs. 1 Satz 1 Nr. 1 auf **Entwicklungshelfer** oder Entwicklungshelferinnen und **Missionare**. Abs. 2 Satz 1 Nr. 3 bezieht insoweit deutsche Staatsangehörige mit ein, die vorübergehend bei einer zwischen- oder überstaatlichen **Einrichtung im Ausland** tätig sind. § 1 Abs. 2 Satz 2 BEEG erweitert den Anspruch auf Elterngeld auf **Ehegatten** und **Lebenspartner**, die mit dem Berechtigten in einem Haushalt leben (s. hierzu Rdn. 37).

§ 1 Abs. 3 Satz 1 Nrn. 1.–3. BEEG erweitern § 1 Abs. 1 Satz 1 Nr. 2 BEEG um Kinder, die mit dem Ziel der **Adoption** in den Haushalt aufgenommen sind, um **Stief-** 9

kinder und um Kinder bei noch nicht erfolgter Anerkennung bzw. Feststellung der **Vaterschaft.**

Abs. 4 erstreckt die Anspruchsvoraussetzungen des Abs. 1 Satz 1 Nr. 3 auf **Verwandte bis zum dritten Grad** und deren **Ehegatten bzw. Lebenspartner**, wenn die Eltern wegen einer schweren Erkrankung, einer Schwerbehinderung oder wegen Tod ihr Kind nicht betreuen können.

Nach Abs. 5 bleibt der Anspruch auf Elterngeld unberührt, wenn die Betreuung und Erziehung des Kindes aus **wichtigem Grund** nicht sofort aufgenommen werden kann oder unterbrochen werden muss.

Abs. 6 definiert die Abgrenzung zur vollen **Erwerbsfähigkeit** nach Abs. 1 Satz 1 Nr. 4, während Abs. 7 die Anspruchsberechtigung von **nicht freizügigkeitsberechtigten Ausländern** und Ausländerinnen regelt.

Schließlich setzt Abs. 8 für den Anspruch auf Elterngeld eine **Einkommensgrenze** fest, die ursprünglich bei **250 000 Euro** bei einer bzw. bei **500 000 Euro, ab 1.9.2021 bei 300 000 Euro** bei zwei berechtigten Personen lag. Ab 1.4.2024 sind dies 150 000 Euro bei einer und 175 000 Euro bei zwei berechtigten Personen. Hier ist aber nach § 28 Abs. 1a und Abs. 5 BEEG eine (komplizierte) Übergangsregelung zu beachten, nach der für Paare für die ab dem 1.4.2024 bis 31.3.2025 geborenen Kinder die Einkommensgrenze nur auf 200 000 Euro sinkt.

Insgesamt ist zu beachten, dass die **Voraussetzungen** nach § 1 Abs. 1 Satz 1 Nr. 1 bis Nr. 4 BEEG gemäß § 40 Abs. 1 SGB I auch im Fall einer Erweiterung einzelner Merkmale in den folgenden Absätzen immer **kumulativ** ab Beginn des geltend gemachten Anspruchszeitraums vorliegen müssen. Allerdings gewährt § 7 Abs. 1 Satz 2 BEEG ab Antragstellung eine Rückwirkungsmöglichkeit von bis zu 3 Monaten (vgl. auch Brose, in Brose/Weth/Volk, BEEG 9. Aufl., § 1 Rn. 14).

II. Auslegung der Norm

1. Wohnsitz oder gewöhnlicher Aufenthalt (§ 1 Abs. 1 Satz 1 Nr. 1 BEEG)

10 Für den ab 1. Januar 2007 bestehenden Anspruch auf Elterngeld hält § 1 Abs. 1 Satz 1 Nr. 1 BEEG wie zuvor § 1 Abs. 1 Satz 1 Nr. 1 BErzGG grundsätzlich an der Voraussetzung fest, dass ein Wohnsitz oder gewöhnlicher Aufenthaltsort in Deutschland (**sog. Territorialitätsprinzip**) bestehen muss. Damit geht die Regelung im BEEG konform mit § 30 Abs. 1 SGB I und kann nach § 30 Abs. 2 SGB I durch abweichende Regelungen des über – und zwischenstaatlichen Rechts durchbrochen werden (vgl. BSG Urteil vom 30.9.2010 – B 10 EG 11/09 R –, BSGE 107, 10 = SozR 4–6180 Art. 13 Nr. 1; Brose, in Brose/Weth/Volk, 9. Aufl., § 1 BEEG Rn. 46 m.w.N.). Auf Angehörige von **NATO – Truppenmitglieder** ist der 1. Abschnitt des BEEG über das Elterngeld anwendbar, wenn sie vor der Geburt des betreuten Kindes durch Erwerbstätigkeit Einkommen außerhalb des Bereichs der NATO-Truppen erzielt haben, das bei der Bemessung des Elterngeldes zu berücksichtigen ist. Denn Art. 1 Abs. 1 Satz 1 des Zusatzabkommens zum NATO-Truppenstatut (NATOTrStatZAbk)

schließt, wie das BSG bereits entschieden hat (Urteile vom 25.2.1992 – 4 RA 34/91 –, BSGE 70, 138, 143 = SozR 3–6180 Art. 13 Nr. 2, S. 11 und vom 2.10.1997 – 14/10 RKg 12/96 –, SozR 3–6180 Art. 13 Nr. 8, S. 41), als Ausnahmevorschrift Ansprüche von Truppenmitgliedern, den zivilen Mitarbeitern und deren Angehörige nur dann aus, soweit deutsche Sozialrechtsnormen für sie Rechte und Pflichten allein aus ihrem tatsächlichen Aufenthalt in Deutschland und ihren Beziehungen untereinander herleiten würden. Deutsches Sozialrecht findet aber dann Anwendung, wenn über den bloßen Aufenthalt hinaus von den von Art. 13 Abs. 1 Satz 1 NATO-TrStatZAbk erfassten Personen außerhalb der Mitgliedschaft zu den Streitkräften oder ihrem zivilen Gefolge rechtliche Beziehungen zur deutschen Sozialversicherung begründet worden sind (BSG Urteile vom 30.9.2010 – B 10 EG 11/09 R – zu Rn. 27, in BSGE 107, 10 = SozR 4–6180 Art. 13 Nr. 1 und vom 2.10.1997 – 14/10 RKg 12/96 –, SozR 3–6180 Art. 13 Nr. 8, S. 42). Nicht freizügigkeitsberechtigte ausländische Ehegatten von Mitgliedern einer NATO – Truppe in Deutschland benötigen aber darüber hinaus einen von § 1 Abs. 7 BEEG vorgeschriebenen qualifizierten Aufenthaltstitel. Insoweit scheidet mangels Regelungslücke auch eine analoge Anwendung des § 1 Abs. 7 Nr. 1 und 2 BEEG in der bis zum 29.2.2020 geltenden Fassung aus (BSG Urteil vom 10.7.2014 – B 10 EG 5/14 R –, Rn. 19 f., SozR 4–7837 § 1 Nr. 6).

Nach der Verordnung (EWG) Nr. 1408/71 kommt das BEEG auch für **Grenzgänger** zur Anwendung, die ein Arbeitsverhältnis in Deutschland, ihren Wohnsitz aber im EU-Ausland haben, weil das Elterngeld eine Familienleistung ist (vgl. BT-Drucks. 16/2785 S. 45). Durch das neue europäische Recht der **Familienleistungen nach der Verordnung (EG) Nr. 883/2004** ist diese ab 1.5.2010 abgelöst worden (juris: EGV 883/2004; s. hierzu Merkel/Vießmann, Familienleistungen unter dem Regime der Verordnung [EG] Nr. 883/2004 – Leistungen für Rentner und Waisen im Focus, VSSR 2012, 249, 250 ff.; Schreiber, Die Bedeutung des Aufenthaltsrechts für die sozialrechtliche Gleichbehandlung von Unionsbürgerinnen und Unionsbürgern, ZAR 2015, 46). Zur Tätigkeit im Ausland siehe § 1 Abs. 2 BEEG (Erlgn. zu Rdn. 31 ff.). Liegt bei der Antragstellung ein inländischer Wohnsitz oder gewöhnlicher Aufenthalt nicht vor, so richtet sich die Zuständigkeit der Behörde gem. § 12 Abs. 1 Satz 3 BEEG nach dem letzten inländischen Wohnsitz (BSG Urteil vom 20.12.2012 – B 10 EG 16/11 R – Rn. 19, SozR 4–7837 § 12 Nr. 1). **§ 30 Abs. 3 SGB I**, der nach § 37 Satz 1 und § 68 Nr. 15 SGB I auch für das Elterngeldrecht gilt, definiert die Begriffe »Wohnsitz« und »gewöhnlicher Aufenthalt«. Danach begründet jemand einen **Wohnsitz** dort, wo er eine Wohnung unter Umständen innehat, die darauf schließen lassen, dass er die Wohnung beibehalten und benutzen wird (Satz 1). Den **gewöhnlichen Aufenthalt** hat jemand dort, wo er sich unter Umständen aufhält, die erkennen lassen, dass er an diesem Ort oder in diesem Gebiet nicht nur vorübergehend verweilt (Satz 2). Eine deutsche Beamtin des Europäischen Patentamts in München gehört zwar durch ihre Tätigkeit bei einem fremden Hoheitsträger einem autonomen System sozialer Sicherheit an, erfüllt aber dennoch die Grundvoraussetzungen nach § 1 Abs. 1 Satz 1 BEEG und damit für den Bezug von Mindestelterngeld i.H.v. 300,– Euro (BSG Urteil vom 20.5.2014 – B 10 EG 9/13 R –, in BSGE 116, 54 = SozR 4–7837 § 2 Nr. 28). Zu den Erweiterungen der Tatbestandsvoraussetzungen des § 1 Abs. 1 Satz 1 Nr. 1 BEEG in § 1 Abs. 2 BEEG siehe die Erläuterungen dort.

11 Die dem Steuerrecht in §§ 8 und 9 AO entnommenen Legaldefinitionen in § 30 Abs. 3 SGB I bestimmen zwar grundsätzlich für alle Bereiche der besonderen Teile des SGB den sozialrechtlichen Wohnsitz – und Aufenthaltsbegriff (vgl. BeckOGK/Spellbrink, Stand 7/2020, § 30 SGB I Rn. 10 ff; s. auch BT-Drucks. 7/3786 S. 5). Eine nach Sinn und Zweck des BEEG ausgerichtete **Auslegung**, die das BSG zum Erziehungsgeld in der Vergangenheit angewandt hat (vgl. BSG Urteil vom 25.6.1987 – 11a REg 1/87 –, in BSGE 62, 67 = SozR 7833 § 1 Nr. 1; BSG Urteil vom 27.9.1990 – 4 Reg 30/89 –, in BSGE 67, 243 = SozR 3–7833 § 1 Nr. 2), ist aber entgegen kritischer Äußerungen (vgl. BeckOGK/Spellbrink, a.a.O., Rn. 19 m.w.N.) für das Elterngeld aufrechtzuerhalten. Denn wenn § 1 Abs. 1 Satz 1 Nr. 1 BErzGG in der § 1 Abs. 1 Satz 1 Nr. 1 BEEG entsprechenden letzten Fassung vom 13.12.2006 nicht in vollem Umfang entsprechend den zu § 30 SGB I entwickelten Auslegungskriterien wie dem Territorialitätsprinzip zu interpretieren ist, weil gemäß § 37 Satz 1 i.V.m. § 68 Nr. 15 SGB I die Besonderheiten des BErzGG zu berücksichtigen sind (vgl. BSG, Teilurteil vom 3.12.2009 – B 10 EG 6/08 R – zu Rn. 23 f., in BSGE 105, 70 = SozR 4–7833 § 1 Nr. 10), so kann für das BEEG nichts anderes gelten (vgl. BSG Urteil vom 20.12.2012 – B 10 EG 16/11 R – Rn. 16, in SozR 4–7837 § 12 Nr. 1). Im Tatsächlichen bestehen jedoch keine grundlegenden Unterschiede zwischen dem sozialrechtlichen und dem steuerrechtlichen Wohnsitzbegriff, da es jeweils um »den Mittelpunkt der Lebensinteressen« geht (vgl. ausführlich: BSG Urteil vom 27.3.2020 – B 10 EG 7/18 R – zu Rn. 39 und 40 m.w.N., in BSGE 130, 103 = SozR 4–7837 § 1 Nr. 9; nachfolgend BSG Urteil vom 18.3.2021 – B 10 EG 6/19 R – zu Rn. 24 ff, in SozR 4–7837 § 1 Nr. 11 und SozR 4–1200 § 30 Nr. 14; s. auch Erlgn. zu Rdn. 15). Ob ein inländischer Wohnsitz oder gewöhnlicher Aufenthalt nach § 1 Abs. 1 Satz 1 Nr. 1 BEEG i.V.m. § 30 Abs. 1 Satz 1 und Satz 2 SGB I vorliegt, haben aber die Elterngeldstellen und Sozialgerichte eigenständig zu prüfen und sind dabei nicht an die entsprechende Prüfung der Familienkassen zum Kindergeldanspruch nach den §§ 8 und 9 AO gebunden (BSG Urteil vom 18.3.2021 – B 10 EG 6/19 R – zu Rn. 40 m.w.N., in SozR 4–7837 § 1 Nr. 11 und SozR 4–1200 § 30 Nr. 14; Hessisches LSG Urteil vom 24.1.2020 – L 5 EG 9/18 – zu Rn. 51, juris).

a) Wohnsitz

12 Der Wohnsitzbegriff nach § 1 Abs. 1 Satz 1 Nr. 1 BEEG i.V.m. § 30 Abs. 3 Satz 1 SGB I orientiert sich im Gegensatz zu § 7 BGB ausschließlich an den **objektiven Verhältnissen** und lässt subjektive Elemente wie Absichten oder Vorstellungen der Berechtigten unberücksichtigt. Es kommt darauf an, ob ein an den objektiven Verhältnissen zu messender realisierender Wille vorhanden ist, an einem bestimmten Ort zu wohnen (BSG Urteil vom 10.12.1985 – 10 RKg 14/85 –, in SozR 5870 § 2 Nr. 44 = SozSich 1986, Rspr. Nr. 3991; BSG Urteil vom 3.12.2009 – B 10 EG 6/08 R – zu Rn. 25, in BSGE 105, 70 = SozR 4–7833 § 1 Nr. 10; BSG Urteil vom 27.3.2020-B 10 EG 7/18 R – zu Rn. 19, in BSGE 130, 103 = SozR 4–7837 § 1 Nr. 9 mit Anmerkung von Grave, in SGb 2021, 56, 61 ff; Hambüchen/Irmen,

BEEG/EStG/BKGG, § 1 BEEG Stand 12/2009, Rn. 24; BeckOGK/Spellbrink, Stand 7/2020, § 30 SGB I Rn. 10). Insoweit reicht der bloße Besitz einer Wohnung ebenso wenig aus wie eine alleinige polizeiliche Meldung (BSG Urteil vom 27.4.1978 – 8 RKg 2/77 –, in SozSich 1978, 221; BSG Urteil vom 17.12.1981 – 10 RKg 12/81 – zu Rn. 23 nach juris, in BSGE 53, 49 = SozR 5870 § 2 Nr. 25; BSG Urteil vom 3.12.2009 – B 10 EG 6/08 R –, a.a.O., zu Rn. 25; BSG Urteil vom 27.3.2020, a.a.O.), denn es kommt auf das Bestehen eines **Lebensmittelpunktes von bestimmter Dauer** an (vgl. BeckOGK/Spellbrink, a.a.O., Rn. 12). Der bloße Besitz einer Wohnung reicht nicht aus, es muss eine ausreichende Benutzung hinzukommen (vgl. BSG Urteil vom 20.12.2012 – B 10 EG 16/11 R – zu Rn. 18 m.w.N., in SozR 4–7837 § 12 Nr. 1). Von einem Wohnsitz im Inland kann aber dennoch ausgegangen werden, wenn sich jemand voraussichtlich nicht mehr als zwei Jahre im Ausland aufhält, die Wohnung im Inland mit der Absicht der Rückkehr beibehält und dem tatsächlich keine Hinderungsgründe entgegen stehen, die Wohnung also jederzeit zur Verfügung steht (BSG Urteil vom 26.7.1979 – 8b RKg 12/78 –, in SozR 5870 § 1 Nr. 4 = Breithaupt 1980, 328; BSG Urteil vom 28.5.1997 – 14/10 RKg 14/94 –, in SozR 3–5870 § 2 Nr. 36 = Breithaupt 1998, 47). Ein Wohnsitz besteht insbesondere dort, wo jemand eine Wohnung unter Umständen innehat, die darauf schließen lassen, dass er die Wohnung beibehalten oder benutzen wird (vgl. Hessisches LSG Urteil vom 24.1.2020 – L 5 EG 9/18 – zu Rn. 41, juris). Beabsichtigt eine Person objektiv nachvollziehbar innerhalb eines Jahres in die Inlandswohnung zurückzukehren und hält er/sie diese jederzeit nutzbar, so ist widerleglich zu vermuten, dass zumindest ein **Schwerpunkt der Lebensverhältnisse** am bisherigen Wohnort fortbesteht (vgl. BSG Urteil vom 18.3.2021 – B 10 EG 6/19 R – zu Rn. 25, in SozR 4–7837 § 1 Nr. 11 und SozR 4–1200 § 30 Nr. 14). Eine im Inland beibehaltene Wohnung, die nur wenige Wochen im Jahr vorübergehend bewohnt wird, bildet aber dann nicht mehr den Schwerpunkt der Lebensverhältnisse (vgl. dazu BSG Urteil vom 28.5.1997 – 14/10 RKg 14/94 –, in SozR 3–5870 § 2 Nr. 36, S. 140 ff.), wenn die betreffende Person seit sechs Jahren im Ausland lebt und arbeitet (BSG Urteil vom 20.12.2012 – B 10 EG 16/11 R – zu Rn. 18, in SozR 4–7837 § 12 Nr. 1). Dies gilt auch für eine beurlaubte verbeamtete deutsche Lehrerin während ihrer dreijährigen Tätigkeit an der deutschen Schule in Shanghai, wo sie mit ihrer Familie einen Wohnsitz als Familienmittelpunkt inne hatte (BSG Urteil vom 20.5.2014 – B 10 EG 2/14 R – zu Rn. 18, in SozR 4–7837 § 2 Nr. 27, auch zum Mittelpunkt der Lebensinteressen nach Art. 4 Abs. 2a Doppelbesteuerungsabkommen mit der VR China – DBA China vom 10.6.1985, BGBl. II 1986, S. 447).

Bei mehreren **Wohnsitzen** im **In- und Ausland** darf der Wohnsitz in Deutschland nicht 13
nur gelegentlich und vorübergehend zu Urlaubs – und Erholungszwecken aufgesucht werden (BSG Urteil vom 27.4.1978 – 8 RKg 2/77 –, in SozSich 1978, 221; BSG Urteil vom 12.12.1984 – 10 RKg 6/84 –, nicht veröffentlicht; BSG Urteil vom 7.9.1988 – 10 RKg 4/87 –, in SozSich 1989, 318; BSG Urteil vom 27.3.2020 – B 10 EG 7/18 R – zu Rn. 20 m.w.N., a.a.O.). Dabei reicht bei einem von vornherein auf mehr als ein Jahr angelegten Auslandsaufenthalt die Feststellung der Rückkehrabsicht und die bloße Möglichkeit der jederzeitigen Rückkehr in die Wohnung nicht aus, um die Auf-

rechterhaltung des Inlandwohnsitzes anzunehmen (LSG Baden-Württemberg, Urteil vom 24.3.2015 – L 11 EG 272/14 –, juris). Für die Bejahung eines **Doppelwohnsitzes** darf die Lebensführung an beiden Orten nicht nur begrenzte Ausschnitte betreffen, sondern sie muss in vergleichbarem Umfang die gesamte Bandbreite des alltäglichen Lebens umfassen (vgl. BSG Urteil vom 18.3.2021 – B 10 EG 6/19 R – zu Rn. 24 m.w.N., in SozR 4–7837 § 1 Nr. 11 und SozR 4–1200 § 30 Nr. 14). Ein Auslandsaufenthalt von fünf Jahren unter Aufrechterhaltung der nur gelegentlich aufgesuchten Inlandswohnung reicht für einen Wohnsitz in Deutschland nicht mehr aus (BSG Urteil vom 28.2.1980 – 8b RKg 6/79 –, in SozR 5870 § 1 Nr. 7 = Breithaupt 1980, 992 = BB 1980, 1864). Dabei fließt nach der Rechtsprechung des BSG bei der Frage, wann ein Wohnsitz im Inland vorliegt, immer auch eine **prognostische Einschätzung** über die Dauer des Aufenthalts einer Person in Deutschland mit ein (BSG Urteil vom 17.5.1989 – 10 RKg 19/88 –, in BSGE 65, 84 = SozR 1200 § 30 Nr. 17; BSG Urteil vom 3.12.2009 – B 10 EG 6/08 R – zu Rn. 26, in BSGE 105, 70 = SozR 4–7833 § 1 Nr. 10; BSG Urteil vom 27.3.2020 – B 10 EG 7/18 R –, a.a.O., zu Rn. 27 ff. m.w.N.). Im Rahmen der vorausschauenden Betrachtung ist mithin zu berücksichtigen, ob Umstände vorliegen, die gegen eine regelmäßige Nutzung der Wohnung im Inland sprechen (vgl. Hambüchen/Irmen, BEEG/EStG/BKGG, § 1 BEEG Stand 12/2009, Rn. 25). Aufgrund der feststehenden Umstände oder festgestellter Tatsachen sind Schlussfolgerungen für eine künftige, ungewisse Entwicklung zu ziehen (vgl. BSG Urteil vom 27.3.2020 – B 10 EG 7/18 R –, a.a.O., zu Rn. 28 m.w.N.).

b) gewöhnlicher Aufenthalt

14 Beim gewöhnlichen Aufenthalt nach § 1 Abs. 1 Satz 1 Nr. 1 BEEG i.V.m. § 30 Abs. 3 Satz 2 SGB I ist es erforderlich, dass sich jemand an einem bestimmten Ort oder in einem bestimmten Gebiet aufhält, wobei ersichtlich sein muss, dass er dort nicht nur vorübergehend verweilt. Hier gelten im Wesentlichen dieselben Kriterien zur **Objektivierbarkeit einer gewissen Dauerhaftigkeit** eines bestehenden Lebensmittelpunktes wie beim Wohnsitz, nur eben begrifflich auf einen räumlich ausgedehnten **Ort oder ein Gebiet** bezogen. Dort muss der Berechtigte nicht nur vorübergehend verweilen, d.h., er muss den Schwerpunkt seiner Lebensverhältnisse an diesem Ort oder in diesem Gebiet im Inland haben (BSG Urteil vom 27.9.1990 – 4 REg 30/89 –, in BSGE 67, 243 = SozR 3–7833 § 1 Nr. 2; BSG Urteil vom 29.5.1991 – 4 RA 38/90 –, in SozR 3–1200 § 30 Nr. 5 = NJW 1991, 3053; BSG Urteil vom 27.3.2020 – B 10 EG 7/18 R – zu Rn. 43, in BSGE 130, 103 = SozR 4–7837 § 1 Nr. 9; BSG Urteil vom 18.3.2021 – B 10 EG 6/19 R –, in SozR 4 – 7837 § 1 Nr. 11 und SozR 4 – 1200 § 30 Nr. 14 mit Anmerkung von Loytved, jurisPR – SozR 17/2021 Anm. 6). Solche Fragen können sich z.B. stellen, wenn der Antragsteller keinen festen Wohnsitz hat und sich an wechselnden Orten aufhält oder ein Grenzgänger mit mehreren gewöhnlichen Aufenthaltsorten ist. Ein nicht nur vorübergehendes und damit dauerhaftes Verweilen ist bereits anzunehmen, wenn nach den Umständen ein längeres Verweilen zu erwarten (BSG Urteil vom 28.6.1984 – 3 RK 27/83 –, in BSGE 57, 93, 95 = SozR 2200 § 205 Nr. 56 = SGb 1986, 117) oder der Aufenthalt nicht auf seine Beendigung ausgerichtet sondern zukunftsoffen

ist (BSG Urteil vom 3.4.2001 – B 4 RA 90/00 R –, in SozR 3–1200 § 30 Nr. 21 = SGb 2001, 378 zu sog. displaced persons). In diesem Zusammenhang hat das BSG als **subjektive Komponente** zum gewöhnlichen Aufenthalt auch den Willen des Betreffenden verlangt, einen längeren Zeitraum an einem Ort zu verweilen (BSG Urteil vom 28.6.1984 – 3 RK 27/83 –, in BSGE 57, 93, 94 = SozR 2200 § 205 Nr. 56 = SGb 1986, 117; BSG Urteil vom 16.10.1986 – 12 RK 13/86 –, in BSGE 60, 262 = SozR 1200 § 30 Nr. 10).

Ab welchem **Zeitraum** eine **Dauerhaftigkeit** des Verweilens konkret angenommen werden kann, legt das Gesetz nicht fest. Es sind grundsätzlich alle (subjektiven, objektiven, tatsächlichen, rechtlichen, aktuellen und ggf. zukünftigen) Umstände zu berücksichtigen, die eine **Wertung** ermöglichen (vgl. BSG Urteil vom 25.6.1987 – 11a REg 1/87 –, in BSGE 62, 67, 69 = SozR 7833 § 1 Nr. 1). § 9 Satz 2 AO kann nicht herangezogen werden, weil § 30 Abs. 3 Satz 2 SGB I nicht von mehr als sechs Monaten Aufenthalt ausgeht. Voraussetzung ist eine gewisse Stetigkeit und Regelmäßigkeit des Verbleibs, wobei kein dauerhafter (unbegrenzter) Aufenthalt erforderlich ist (BSG Urteil vom 27.3.2020 – B 10 EG 7/18 R – zu Rn. 44 m.w.N., in BSGE 130, 103 = SozR 4–7837 § 1 Nr. 9). Die Bejahung des gewöhnlichen Aufenthalts hängt ebenso wie beim Wohnsitz auch von der Prognose über die Dauer des Aufenthalts einer Person in Deutschland ab (BSG Urteil vom 3.9.2009 – B 10 EG 6/08 R – zu Rn. 25, in BSGE 105, 70 = SozR 4–7833 § 1 Nr. 10). Vor diesem Hintergrund hat das BSG auch bei einem bereits sechs Monate andauernden Aufenthalt nach den Gesamtumständen wegen eines absehbaren Endes des Aufenthalts einen gewöhnlichen Aufenthalt in Deutschland ausgeschlossen (BSG Urteil vom 17.5.1989 – 10 RKg 19/88 –, in BSGE 65, 84 = SozR 1200 § 30 Nr. 17). Das LSG Stuttgart hat bei einem von vornherein auf mehr als ein Jahr angelegten Auslandsaufenthalt gleichfalls keinen Inlandswohnsitz mehr angenommen (Urteil vom 24.3.2015 – L 11 EG 272/14). Die Freiwilligkeit ist dabei nicht entscheidend, sodass der Haftort eines Strafgefangenen zugleich dessen gewöhnlicher Aufenthaltsort sein kann (BSG Urteil vom 29.5.1991 – 4 RA 38/90 –, in SozR 3–1200 § 30 Nr. 5). 15

Bei einem **illegalen oder rechtswidrigen Aufenthalt** in Deutschland kann nur von einem vorübergehenden tatsächlichen Aufenthalt ausgegangen werden, weil die Ausweisung droht. Auch Personen, die faktisch ihren Lebensmittelpunkt nach Deutschland verlegt haben und deren Verbleib in Deutschland nach dem materiellen Recht als vorübergehend gebilligt gilt, haben keinen rechtlich beständigen sondern einen auf Beendigung ausgerichteten Aufenthalt (BSG Urteil vom 27.9.1990 – 4 REg 30/89 –, in BSGE 67, 243 = SozR 3–7833 § 1 Nr. 2). Dieses Abstellen des BSG auf einen ausländerrechtlich hinreichend beständigen Aufenthalt (s. hierzu auch BSG Urteil vom 31.10.1995 – 10 RKg 23/94 –, in SozR 3–5870 § 1 Nr. 6 = EzAR 450 Nr. 8) hat der Gesetzgeber zum Anlass genommen, für Ausländer einen eigenen spezialgesetzlichen Prognosetatbestand zu entwickeln (s. ausführliche Darstellung in BSG Urteil vom 3.12.2009 – 10 EG 6/08 R – zu Rn. 27–29, in BSGE 105, 70 = SozR 4–7833 § 1 Nr. 10). Diese Entwicklung mündete in den eigenständigen Vorgaben zur Beurteilung des weiteren Verbleibs eines nicht freizügigkeitsberechtigten Ausländers in Deutschland in § 1 Abs. 6 BErzGG (s. letzte Neufassung des § 1 Abs. 6 BErzGG durch Art. 3 des 16

Gesetzes zur Anspruchsberechtigung von Ausländern wegen Kindergeld, Erziehungsgeld und Unterhaltsvorschuss vom 13.12.2006, BGBl. I S. 2915). **§ 1 Abs. 7 BEEG** hat diese Regelung wörtlich übernommen. Damit sollte sichergestellt werden, dass nur die Ausländer anspruchsberechtigt sind, die voraussichtlich dauerhaft in Deutschland bleiben (vgl. BT-Drucksache 16/1368 S. 8; s. auch BSG Urteil vom 27.3.2020 – B 10 EG 5/18 R – zu Rn. 32, in BSGE 130, 92 = SozR 4–7837 § 1 Nr. 10). Dementsprechend ist die Frage, ob ein nicht **freizügigkeitsberechtigter Ausländer** auf Dauer in Deutschland bleibt, nicht mehr Teil der Prüfung des Vorliegens eines Wohnsitzes oder eines gewöhnlichen Aufenthalts in Deutschland, weil diese Beurteilung allein anhand der hier speziell erlassenen Vorschriften (jetzt § 1 Abs. 7 BEEG) zu beurteilen ist. Allerdings steht § 1 Abs. 7 BEEG nicht dem Anspruch von Unionsbürgern entgegen, weil diese von § 1 Abs. 1 Satz 1 BEEG nach dem Prinzip der Inländergleichbehandlung deutschen Staatsbürgern gleichgestellt werden (Unionsbürger – Art. 20 Abs. 1 Satz 2 des Vertrages über die Arbeitsweise der EU – AEUV –; vgl. BSG Urteil vom 27.3.2020 – B 10 EG 5/18 R zu Rn. 15 ff m.w.N., a.a.O.). Es bleibt nach § 1 Abs. 1 Satz 1 Nr. 1 BEEG daneben allein noch die Frage zu beurteilen, ob die betreffende Person ein »reales Verhalten in Bezug auf einen Lebensmittelpunkt« gezeigt hat (vgl. BSG Urteil vom 3.12.2009 – B 10 EG 6/08 R – zu Rn. 30 f., in BSGE 105, 70 = SozR 4–7833 § 1 Nr. 10).

17 Hat eine Person **Wohnungen an mehreren Orten** im In – oder Ausland oder hält sich verschiedentlich dort auf, so kommt es auf die **Umstände der konkreten Wohnsituation** an. Grundsätzlich kann ein gewöhnlicher Aufenthalt auch an zwei Orten vorliegen, wenn dort jeweils Wohnungen unterhalten und abwechselnd genutzt werden, wobei sich die wirtschaftlichen und persönlichen Beziehungen nicht wesentlich voneinander unterscheiden dürfen (BSG Urteil vom 28.7.1967 – 4 RJ 411/66 –, in BSGE 27, 88, 89 = SozR Nr. 5 zu § 1319 RVO = juris Rn. 9). Zu allgemein gehalten ist daher nach hier vertretener Auffassung die Ansicht, es könne immer nur einen einzigen gewöhnlichen Aufenthalt geben (vgl. BSG Urteil vom 27.3.2020 – B 10 EG 7/18 R – zu Rn. 44, in BSGE 130, 103 = SozR 4–7837 § 1 Nr. 9). So kann z.B. bei einem Tagespendler (Grenzgänger) mit einem inländischen Arbeitsplatz ein zusätzlicher gewöhnlicher Aufenthalt am Ort des Beschäftigungsverhältnisses bestehen (vgl. BSG Urteil vom 25.10.1977 – 8/12 RKg 8/77 –, in BSGE 45, 95, 97 f = SozR 5870 § 8 Nr. 4, juris Rn. 14 zum Kindergeldanspruch eines dt. Grenzgängers, der seine Familienwohnung nach Dänemark verlegt hat). Grundsätzlich ist aber der gewöhnliche Aufenthalt einer Person am Ort der nach den Umständen anzunehmenden **Haupt – oder Familienwohnung** anzunehmen, auch wenn diese aus beruflichen oder privaten Gründen regelmäßig für eine gewisse Zeit verlassen wird, um einen anderen Ort aufzusuchen (vgl. BSG Vorlagebeschluss zum EuGH vom 29.11.1995 – 14 REg 8/94 – zu Rn. 12 nach Juris, in SozSich 1996, 239; BSG Urteil vom 10.7.1997 – 14 REg 8/96 –, in BSGE 80, 288, 290 f = SozR 3–7833 § 8 Nr. 4, juris Rn. 13 ff unter Gleichstellung eines belgischen Wohnsitzes nach EWGV 1408/71 mit einem Wohnsitz in Deutschland). Wird demgegenüber der Aufenthaltsort gewechselt, so endet er am vorherigen Ort, wenn an dem neuen Aufenthaltsort nicht nur vorübergehend verweilt wird. Die Verlagerung des örtlichen Schwerpunkts der Lebensverhältnisse ist ein gewichtiges

Indiz für einen Wechsel des gewöhnlichen Aufenthalts (vgl. BSG Urteil vom 18.3.2021 – B 10 EG 6/19 R – zu Rn. 37 m.w.N., in SozR 4–7837 § 1 Nr. 11 und SozR 4–1200 § 30 Nr. 14). Eine Prognose hinsichtlich des baldigen Endes eines einmal begründeten gewöhnlichen Aufenthalts gibt es nicht. Der gewöhnliche Aufenthalt wird durch einen auf längere Dauer berechneten Aufenthalt begründet und bleibt vom Anfang bis zum Ende der Aufenthaltsdauer bestehen (BSG Urteil vom 16.10.1986 – 12 RK 13/86 –, in BSGE 60, 262, 263 = SozR 1200 § 30 Nr. 10, S. 10).

2. Zusammenleben mit seinem Kind in einem Haushalt (§ 1 Abs. 1 Satz 1 Nr. 2 BEEG)

Nach der in § 1 Abs. 1 Satz 1 Nr. 2 BEEG recht allgemein gehaltenen Formulierung, 18
die keine Konkretisierung der Merkmale »Kind« und »Haushalt« enthält, kommt es grundsätzlich auf das **gemeinsame Bewohnen einer Wohnung oder Wohnform** an, da der Sinn und Zweck des Elterngeldes, nämlich die Betreuung und Erziehung des Kindes in dessen Frühphase, nur so erreicht werden kann (vgl. hierzu BSG Urteil vom 4.9.2013 – B 10 EG 4/12 R – zu Rn. 16 f und 19 m.w.N., in SozR 4–7837 § 1 Nr. 5).

a) Kind

Eine Definition des Kind – Begriffs enthält das BEEG anders als zum Beispiel das 19
Steuerrecht (vgl. hierzu Wiegand, BEEG Stand 6/16, § 1 Rn. 14) nicht. Es knüpft aber durch den Zusatz »mit seinem Kind« an die **Personensorge** i.S.v. § 1626 Abs. 1 Satz 2 BGB an, ohne dass diese hier direkt Voraussetzung ist (so noch zum BErzGG: BT-Drucksache 10/3792, S. 14). Zur Personensorge zählt nach § 1631 Abs. 1 BGB die Pflicht und das Recht, das Kind zu pflegen, zu erziehen, zu beaufsichtigen und seinen Aufenthalt zu bestimmen. Nach dem BEEG sollen die Eltern in der Frühphase der Elternschaft die Möglichkeit erhalten »selbst für ihr Kind sorgen« zu können (BT-Drucksache 16/1889, S. 2). Folglich gehören vorwiegend **leibliche Kinder** zu den elterngeldberechtigenden Kindern, wozu aus verfassungsmäßig verbürgten Gleichbehandlungsgesichtspunkten (Art. 3 Abs. 1 und Art. 6 Abs. 5 GG) auch eheähnliche Gemeinschaften zählen (BT-Drucksache 16/1889, S. 19). Diesem Kindschaftsverhältnis gleichgestellt sind **adoptierte Kinder**, die mit der Annahme (siehe §§ 1741 ff. BGB) von Gesetzes wegen als gemeinsames Kind der Annehmenden (Eltern) gelten (§§ 1754, 1755 BGB), weil zu erwarten ist, dass zwischen dem Annehmenden und dem Kind ein Eltern – Kind – Verhältnis entsteht und eine dauerhafte oder zumindest auf Dauer angelegte Familienbeziehung anzunehmen ist (BSG Urteil vom 8.3.2018 – B 10 EG 7/16 R – zu Rn. 15 f m.w.N., in BSGE 125/153 = SozR 4–7837 § 4 Nr. 7). Demgegenüber sind **Pflegeeltern** grundsätzlich nicht elterngeldberechtigt (so bereits zum Erziehungsgeld: BSG Urteil vom 9.9.1992 – 14b/4 REg 15/91 –, BSGE 71, 128 = SozR 3–7833 § 1 Nr. 9; Urteil vom 28.2.1996 – 14 REg 3/95 –, NJWE – FER 1997, 24), weil ihnen die Personensorge nicht zusteht. Die tatsächliche Ausübung der Personensorge steht ihrer Innehabung nicht gleich (vgl. BSG, Beschluss vom 18.3.2013 – B 10 EG 4/13 B – zu Rn. 6 m.w.N. zur Rspr. zum BErzGG, in juris; Hambüchen/Irmen, BEEG/EStG/BKGG, § 1 BEEG Stand

12/2009, Rn. 63; a.A. Brose, in Brose/Weth/Volk, BEEG 9. Aufl. 2020, § 1 Rn. 65, wonach ein eigenes Sorgerecht insoweit nicht erforderlich sei). Der Beginn der Leistung liegt bei der Adoption im Zeitpunkt der Aufnahme des Kindes in den Haushalt (§ 1 Abs. 3 Satz 2 BEEG). Der Anspruch endet in dem Monat, in dem eine der Voraussetzungen entfallen ist (§ 4 Abs. 2 Satz 3 BEEG). Erweiterungen der Anspruchsmöglichkeiten sind in § 1 Abs. 3 BEEG für Adoptionspflegepersonen, Stiefeltern und nichteheliche Väter geregelt (siehe Erlgn. zu Rdn. 38 bis 41).

b) Gemeinsamer Haushalt

20 Eine Grundvoraussetzung für den Bezug von Elterngeld ist denknotwendig das Zusammenleben des Anspruchsberechtigten mit dem Kind »in einem Haushalt« als Charakteristikum einer auf Dauer angelegten engen Wirtschafts- und Lebensgemeinschaft. Dabei ist nach der bisherigen Rechtsprechung des BSG von einem Haushalt auszugehen, wenn eine häusliche, wohnungsmäßige und familienhafte **Lebens – und Wirtschaftsführung** (materiell und immateriell) **von gewisser Dauer** vorliegt (BSG Urteile vom 18.4.1975 – 3 RK 20/74 –, BSGE 39, 231 = SozR 5428 § 4 Nr. 4; v. 23.3.1983 – 3 RK 66/81 –, SozR 2200 § 199 Nr. 3 = Breith. 1983, 954; vom 8.12.1993 – 10 RKg 8/92 –, SozR 3–5870 § 2 Nr. 22). Mit Urteil vom 4.9.2013 (– B 10 EG 4/12 R – zu Rn. 18, in SozR 4–7837 § 1 Nr. 5) hat das BSG einen »Haushalt« als eine Familiengemeinschaft zusammengefasst, die eine Schnittstelle von Merkmalen örtlicher (Familienwohnung), materieller (Vorsorge, Unterhalt) und immaterieller Art (Fürsorge und Zuwendung) darstellt, wobei sich diese drei Merkmale überschneiden können, keines davon jedoch gänzlich fehlen darf. Der räumlichen Komponente des Zusammenlebens kommt hier eine große Bedeutung zu, wobei nicht jede Trennung zur Auflösung der häuslichen Gemeinschaft führt. Insoweit ist jeder Einzelfall für sich zu bewerten. **Urlaub oder Krankenhausaufenthalte** sind eindeutig unschädlich, während ein überwiegendes Verweilen des Kindes an einem anderen Ort zum Verlust des Anspruchs führen kann (§ 4 Abs. 2 Satz 3 BEEG). Ein Zusammenleben des Berechtigten und dessen Kind mit einer dritten oder weiteren Person, wie zum Beispiel in einer **Wohngemeinschaft**, mit Großeltern oder im Schutzbereich (Anstalten, gemeinsame Wohnform nach § 19 SGB VIII, Frauenhäuser) dürfte regelmäßig unproblematisch sein (vgl. BSG, a.a.O.). In Abgrenzung hierzu hat das LSG Baden-Württemberg das Bestehen eines gemeinsamen Haushalts einer inhaftierten Mutter, die mit ihrem Kind in einer **Mutter-Kind-Einrichtung einer Justizvollzugsanstalt (JVA)** lebt, verneint, weil deren Lebensführung und Organisation im Wesentlichen durch die Vorgaben der JVA bestimmt werde und somit ein familienhaftes Zusammenleben ausscheide. Im Gegensatz zu Mutter-Kind-Einrichtungen der Jugendhilfe oder in Frauenhäusern habe eine Inhaftierte diese Wohnform nicht freiwillig gewählt und nicht sie, sondern das Jugendamt komme für die Versorgung des Kindes auf. Dies sei während der Untersuchungshaft anders, da hier der ursprüngliche Haushalt noch fortbestehe (Urteil vom 17.1.2012 – L 11 EG 2761/10 –). Dem ist das BSG gefolgt. Weil keine hinreichende eigene Wirtschaftsführung vorgelegen hat, ist das Zusammenleben der Mutter mit ihrem Kind in der JVA nicht als Haushalt zu qualifizieren (BSG Urteil vom 4.9.2013 – B 10 EG 4/12

R –, a.a.O.). Ebenso fehlt es an der erforderlichen Dauerhaftigkeit des Zusammenlebens mit dem Kind in einem gemeinsamen Haushalt in einer Gemeinschaftsunterkunft für Asylbewerber, wenn sich der Antragsteller dort ohne Wohnrecht tatsächlich aufhält und jederzeit mit einer Aufforderung, die Unterkunft zu verlassen, rechnen muss (vgl. BSG, Beschluss vom 9.5.2017 – B 10 EG 23/16 B – zu Rn. 6 und 10, in juris; Janda, NZS 2017, 757).

3. Betreuung und Erziehung dieses Kindes (§ 1 Abs. 1 Satz 1 Nr. 3 BEEG)

Das Erfordernis »dieses Kind« selbst zu betreuen und zu erziehen i.S.v. § 1 Abs. 1 Satz 1 Nr. 3 BEEG ist regelmäßig einhergehend mit der Innehabung des Personensorgerechts nach § 1626 Abs. 1 Satz 2 BGB oder einer gleichwertigen Beziehung des Elterngeldberechtigten, der in einer Haushaltsgemeinschaft nach § 1 Abs. 1 Satz 1 Nr. 2 BEEG mit dem Kind zusammenlebt. 21

a) Betreuung und Erziehung

Die Begriffe der Betreuung und Erziehung werden vom BEEG selbst nicht definiert. Ausgehend von dem in **Art. 6 Abs. 2 Satz 1 GG** festgeschriebenen natürlichen Recht und der Pflicht der Eltern, für die Pflege und Erziehung ihrer Kinder zu sorgen, wird man unter Betreuung des Kindes wohl die allgemeine **Beaufsichtigung, Pflege und Versorgung** verstehen dürfen. Tatsächlich wird es sich bei den infrage kommenden Kleinkindern im Wesentlichen um Tätigkeiten wie Stillen oder Füttern handeln. Die Erziehung umfasst demgegenüber erste pädagogische Maßnahmen im Rahmen der kindlichen Frühförderung zur **Entwicklung persönlicher Fähigkeiten** (vgl. auch: Hambüchen/Irmen, BEEG/EStG/BKGG, § 1 BEEG Stand 12/2009, Rn. 75; Brose, in Brose/Weth/Volk, BEEG 9. Aufl. 2020, § 1 Rn. 73 m.w.N.; Wiegand, BEEG, 22. Erg. Lfg. 2021, § 1 Rn. 20). Das BSG hat im Bereich des Sozialversicherungsrechts die Erziehung definiert als ein Verhalten, welches nach der Vorstellung und dem Verständnis der Eltern »dazu bestimmt und darauf gerichtet ist, die körperliche, geistige, seelische, sittliche und charakterliche Entwicklung des Kindes zu beeinflussen« (BSG Urteil vom 28.2.1991 – 4 RA 76/90 –, BSGE 68, 171, 176 = SozR 3–2200 § 1227a Nr. 7). Eine Kontrolle der Qualität und Quantität dieser Ausübung der Personensorge durch die Elterngeldberechtigten findet nicht statt. Man wird davon ausgehen müssen, dass dieses für die Frühförderung so wichtige programmatische Verständnis des Gesetzgebers nach bestem Wissen und Gewissen von den Berechtigten umgesetzt wird. Soweit tatsächlich eine **Vernachlässigung des Kindes** festgestellt wird, etwa durch das Jugendamt, so wird auch regelmäßig keine Betreuung des Kindes mehr vorliegen. 22

b) Persönliche Ausübung

Die Voraussetzung der **persönlichen Betreuung und Erziehung** ergibt sich bereits aus dem Wortlaut »selbst« und ist naturgemäß anzunehmen, wenn der Berechtigte mit dem betreffenden Kind in einem Haushalt lebt. Das bedeutet allerdings nicht, das die Betreuung und Erziehung nicht vorübergehend oder **zeitweise auch durch** 23

andere Personen (Großeltern, Dritte) wahrgenommen werden kann. Denn nach dem Sinn und Zweck von § 1 Abs. 1 Satz 1 Nr. 4, 2. Alt. und Abs. 6 BEEG, wonach eine Erwerbstätigkeit bis zu 32 Wochenstunden, eine Beschäftigung zur Berufsausbildung oder eine der dort genannten Tagespflegetätigkeit anspruchsunschädlich sind, muss auch eine nicht persönliche Betreuung und Erziehung des Kindes während der Ausübung dieser Tätigkeiten unwesentlich sein. Eine **Erweiterung** dieses Maßstabs sieht das BEEG noch **in § 1 Abs. 4** vor. Sind die Eltern an der persönlichen Betreuung und Erziehung des Kindes wegen einer schweren Krankheit, Schwerbehinderung oder Tod gehindert, so können auch Verwandte bis zum dritten Grad sowie deren Ehegatten oder Lebenspartner den Anspruch auf Elterngeld generieren (siehe Erlgn. zu Rdn. 42). Darüber hinaus sollten schwerbehinderte Eltern generell selbst entscheiden können, ob sie trotz Behinderung ihr Kind selbst betreuen und erziehen wollen (vgl. hierzu Dau, juris PR-SozR 16/2015 Anm 4 zu LSG Darmstadt, Urteil vom 19.6.2015 – L 5 EG 9/14 –).

Aus dem Merkmal der persönlichen Betreuung und Erziehung »dieses« Kindes kann nicht abgeleitet werden kann, dass im Fall von **Mehrlingsgeburten** je einem Elternteil für jeweils ein Kind ein Anspruch auf Elterngeld zusteht (so das Bayerische LSG Urteil vom 23.11.2011 – L 12 EG 26 und 27/08; Revisionen zum BSG, Urteile vom 27.6.2013 – B 10 EG 3/12 R – und – B 10 EG 8/12 R –, s. hierzu Erlgn. zu Rdn. 25). Dies wird vor dem Hintergrund der eindeutigen Regelung der Mehrlingsgeburten in § 2a Abs. 4 BEEG, durch die bereits besondere Belastungen der Eltern aufgefangen werden sollen (vgl. zu der Vorgängerregelung in § 2 Abs. 6 BEEG BT-Drucks. 16/1889, S. 21), anders bewertet (siehe auch Erlgn. bei Rdn. 17 ff zu § 2a BEEG und Dirk H. Dau, jurisPR-SozR 17/2012 Anm. 4). Dem Bestehen von jeweils eigenen Ansprüchen ist das BSG aber nach dem Wortlaut sowie Sinn und Zweck des Elterngeldes gefolgt, auch um Ungleichbehandlungen zu vermeiden (vgl. BSG Urteile vom 27.6.2013 – B 10 EG 3/12 R – und – B 10 EG 8/12 R –, s. Erlgn. zu Rdn. 25). Als Folge zu diesen Entscheidungen hat der Gesetzgeber ab dem 1.1.2015 insoweit den § 1 Abs. 1 BEEG um einen Satz 2 ergänzt und Doppelleistungen ausgeschlossen (BGBl. I, S. 2325, s. Erlgn. zu Rdn. 6).

4. Keine Ausübung einer vollen Erwerbstätigkeit (§ 1 Abs. 1 Satz 1 Nr. 4, Abs. 6 und 6a BEEG)

24 Um die vom BEEG bezweckte Betreuung und Erziehung des Kindes zu gewährleisten, darf ein Berechtigter nach § 1 Abs. 1 Satz 1 Nr. 4 BEEG keine oder keine volle Erwerbstätigkeit ausüben (BR-Drucks. 426/06, S. 3 und 32; BT-Drucks. 16/1889, S. 2 und 15). Diese Vorgabe wird in § 1 Abs. 6 und nunmehr auch in Abs. 6a BEEG weiter konkretisiert durch Bestimmung einer zulässigen Höchstgrenze und spezieller Arten der Erwerbstätigkeit. Mit Artikel 57 des Vierten Gesetzes zur Entlastung der Bürgerinnen und Bürger, der Wirtschaft sowie der Verwaltung von Bürokratie (Viertes Bürokratieentlastungsgesetz) vom 23.10.2024 (BGBl. I Nr. 323, S. 25 f.) wurde Absatz 6 neu gefasst, um Diskrepanzen zwischen dem SGB VIII und dem BEEG zu vermeiden. Eine Beschränkung auf die öffentliche Kindertagespflege ist damit jedoch nicht verbunden (vgl BT-Drucks. 20/11306 S. 116). Gleichzeitig wurde

ein neuer Absatz 6a eingefügt, der Personen, die vorübergehend nicht arbeiten, als erwerbstätig im Sinne des BEEG einstuft, solange sie sich 1. in einem Arbeitsverhältnis befinden oder 2. selbstständig erwerbstätig sind. Diese Änderungen treten ab dem 1.5.2025 in Kraft (BGBl. I Nr. 323 S 34 zu Artikel 74 Absatz 8). Die Höchstgrenze wird beim Bezug von Elterngeld Plus in § 4 Abs. 4 Satz 3 Nr. 1 BEEG um eine Untergrenze (25 Wochenstunden) ergänzt (vgl. BSG Urteil vom 7.9.2023 – B 10 EG 2/22 R – zu Rn. 36, in BSGE 136, 271 = SozR 4 – 7837 § 4 Nr. 10). Zwar soll es das Elterngeld Berechtigten erleichtern, ihre Berufstätigkeit vorübergehend aufzugeben oder einzuschränken, um sich vorrangig um das Kind kümmern zu können (BT-Drucks. 16/1889, S. 19). Andererseits verlangt der Gesetzgeber nicht die vollständige Kontaktaufgabe zur Arbeitswelt, um weiterhin Anschluss an berufliche Entwicklungen zu halten und später wieder erfolgreich in die volle Erwerbstätigkeit zurückkehren zu können. Dies ist gerade in Zeiten des Mangels von Facharbeitskräften ein wichtiger Ausgleich der Interessenlagen und erleichtert die wirtschaftliche Absicherung der Berechtigten (vgl. auch Brose, in Brose/Weth/Volk, BEEG 9. Aufl. 2020, § 1 Rn. 77 unter Hinweis auf BT-Drucks. 16/1889, S. 18; s. auch BT-Drucks. 10/3792, S. 15).

a) Keine Erwerbstätigkeit ausüben

§ 1 Abs. 1 Satz 1 Nr. 4 BEEG verlangt als Anspruchsvoraussetzung die **volle oder teilweise Nichtausübung von Erwerbstätigkeit**. Damit ist zunächst ein tatsächlich geprägtes Wortverständnis des Begriffs des Ausübens verbunden, weil es gerade auf die tatsächliche Verfügbarkeit von (früherer) Arbeitszeit für die nunmehr erforderliche Betreuung und Erziehung des Kindes ankommt. So hat das BSG bereits zur Vorgängervorschrift in § 1 Abs. 1 Nr. 4 BErzGG auf die tatsächlich anfallende Arbeitszeit einer Lehrerin für die Vor – und Nachbereitung des Unterrichts abgestellt (Urteil vom 10.2.2005 – B 10 EG 5/03 R –, SozR 4–7833 § 1 Nr. 8). § 1 Abs. 1 Nr. 4 i.V.m. Abs. 6 BEEG ist für selbstständig wie für nichtselbstständig Erwerbstätige so zu verstehen, »dass es auf das **Ausmaß der tatsächlichen Erwerbstätigkeit** des Elternteils ankommt. Die Nichtausübung einer Erwerbstätigkeit i.S. der Nichtverrichtung während des Elterngeldbezugszeitraums ist ausreichend, um den Anspruch auf Elterngeld zu begründen« (BSG Urteil vom 29.8.2012 – B 10 EG 7/11 R – zu Rn. 30, in SozR 4–7837 § 1 Nr. 3). Folglich übt auch derjenige keine Erwerbstätigkeit i.S.v. § 1 Abs. 1 Satz 1 Nr. 4 BEEG aus, der im Rahmen eines noch bestehenden Arbeitsverhältnisses endgültig bei fortbestehender Bezahlung **von der Arbeitsleistung freigestellt** ist (BSG, a.a.O., zu Rn. 36). Dies gilt auch in einer **sog. Sabbat – Zeit** i.S.e. Langzeiturlaubs während der Freistellung von der Arbeit (vgl. dazu Salaw-Hanslmaier, Sabbatical und Elterngeld – geht das zusammen, ZRP 2009, 179). Berechtigte, die einen Anspruch auf vier weitere Monatsbeträge Elterngeld Plus als Partnerschaftsbonus nach § 4 Abs. 4 Satz 3 BEEG (i.d.F. des Gesetzes vom 18.12.2014, BGBl. I S. 2325) geltend machen, sind auch dann »erwerbstätig«, wenn sie ihre auf die vorgeschriebene Zahl an Wochenstunden abgesenkte Tätigkeit während einer vorübergehenden Arbeitsunfähigkeit tatsächlich nicht ausüben können, jedoch das Arbeitsverhältnis – bei Selbstständigen der Geschäftsbetrieb – fortbesteht und die konkrete 25

Tätigkeit voraussichtlich wieder aufgenommen wird. Denn die Begriffsbildung zur »Erwerbstätigkeit« ist in § 4 Abs. 4 Satz 3 Nr. 1 BEEG anders als in § 1 Abs. 1 Satz 1 Nr. 4 BEEG nicht mit dem Wort »ausübt« verknüpft (vgl. BSG Urteil vom 07.09.2023 – B 10 EG 2/22 R – zu Rn. 17 ff, 28, zur Veröffentlichung vorgesehen in BSGE und SozR 4). Dafür spricht insbesondere die gesetzlich vorgesehene Anrechnung von Krankengeld nach § 3 Abs. 1 Satz 1 Nr. 5 BEEG (BSG a.a.O zu Rn. 37 unter Hinweis auf BSG Urteil vom 18.03.2021 – B 10 EG 3/20 R – BSGE 132, 14 = SozR 4–7837 § 3 Nr. 2). Allerdings wird man in den Fällen eines bezahlten oder unbezahlten **Erholungs- oder Sonderurlaubs** nicht von der Nichtausübung einer Erwerbstätigkeit ausgehen können (vgl. bereits Sächsisches LSG, Urteil vom 18.1.2007 – L 3 EG 4/04). Die Inanspruchnahme von Erholungsurlaub während eines Arbeitsverhältnisses führt nicht dazu, dass i.S. von § 1 Abs. 1 Nr. 4 BEEG keine oder keine volle Erwerbstätigkeit ausgeübt wird. Der Erholungsurlaub dient als unverzichtbarer Bestandteil eines Arbeitsverhältnisses nach § 13 Abs. 1 Satz 1 BUrlG dem Erholungsbedürfnis eines Arbeitnehmers bzw. einer Arbeitnehmerin, während der Anspruch auf Elternzeit nach den §§ 15 ff BEEG unabhängig vom Erholungsurlaub für die Betreuung und Erziehung eines Kindes vorgesehen ist (BSG, Urteil vom 15.12.2015 – B 10 EG 3/14 R – zu Rn. 13 ff, in BSGE 120, 189 = SozR 4–7837 § 1 Nr. 8; vgl. auch Erlgn. zu § 15, Rdn. 7 ff). **Verzichten** im Fall von Mehrlingsgeburten **beide Elternteile auf ihre Erwerbstätigkeit**, so steht ihnen entgegen den Entscheidungen des BSG vom 27.6.2013 (– B 10 EG 3/12 R –, SGb 2013, 469; – B 10 EG 8/12 R –, BSGE 114, 26 = SozR 4–7837 § 1 Nr. 4) Elterngeld nur einmal zu unter Gewährung des Mehrlingszuschlags nach § 2 Abs. 6 BEEG a.F. (nun § 2a Abs. 4 BEEG, G.v. 10.9.2012, BGBl. I., 1878), weil der Einkommensverlust durch die Kinderbetreuung in diesem Fall nur einmal eintreten kann und die Erziehungsleistung für den Zwilling mit dem Sockelbetrag i.H.v. 300,00 Euro anerkannt wird (vgl. Erlgn. zu Rdnr. 23 und zu § 2a Rdnr. 20; Dirk H. Dau, jurisPR – SozR 17/2012 Anm. 4 C.). Die vom BSG vorgenommene Auslegung hat der Gesetzgeber durch die Klarstellung in § 1 Abs. 1 Satz 2 BEEG ausgeschlossen, sodass auch bei Mehrlingsgeburten nur ein Anspruch auf Elterngeld besteht.

b) Begriff der Erwerbstätigkeit

26 Das BEEG enthält keine Definition des Begriffs der »Erwerbstätigkeit«. Das BSG hat bereits zum BErzGG Erwerbstätigkeit als jede selbstständige oder unselbstständige **auf Erzielung von Einkünften gerichtete Tätigkeit** angesehen (BSG Urteil vom 13.5.1998 – B 14 EG 2/97 R – zu Rn. 11 nach juris, SozR 3–7833 § 2 Nr. 6). Hierzu zählen sowohl private als auch öffentlich-rechtliche Beschäftigungsverhältnisse als Beamter, Berufssoldat (auch Wehrpflichtige, Zivildienstleistende und Absolventen eines freiwilligen sozialen Jahres) oder Richter. Kraft ausdrücklicher Regelung in § 20 BEEG sind grundsätzlich auch die zu ihrer Berufsausbildung Beschäftigten (siehe hierzu aber Abs. 6 und Erlgn. zu Rdn. 29), die in Heimarbeit Beschäftigten und ihnen gleichgestellte Arbeitnehmer i.S.d. BEEG (vgl. insgesamt Erlgn. zu § 20 Rdn. 1 f.) und damit wie Anlernlinge, Volontäre oder Praktikanten Erwerbstätig i.S.v. § 1 Abs. 1 Satz 1 Nr. 4 BEEG, wenn ein Vergütungsanspruch besteht. Klar-

gestellt ist in § 1 Abs. 6a BEEG nunmehr auch die Erwerbstätigkeit von selbstständig erwerbstätigen und vorübergehend nicht arbeitenden Personen in einem Arbeitsverhältnis. Damit soll eine Erleichterung beim Vollzug des BEEG zum Beispiel für Zeiträume von Urlaub oder Krankheit erreicht werden (BT-Drucks. 20/11306 S. 116). Keine Erwerbstätigkeit liegt im Fall eines Schul-, Fachschul- oder Hochschulbesuchs und bei ehrenamtlicher Tätigkeit vor (vgl. hierzu auch Brose, in Brose/Weth/Volk, BEEG 9. Aufl. 2020, § 1 Rn. 78). Der unbestimmte Rechtsbegriff der »Erwerbstätigkeit« wird im BEEG an verschiedenen Stellen in einem spezifischen Begriffs- und Sachzusammenhang verwendet und ist jeweils entsprechend bei der Rechtsanwendung auszulegen (vgl. BSGE Urteil vom 7.9.2023 – B 10 EG 2/22 R – zu Rn. 23 und 26 ff mit umfangreicher Darstellungen zum allgemeinen und rechtlichen Wortverständnis unter Einbeziehung der oberstgerichtlichen Rechtsprechung in Rn. 32, in BSGE 136, 271 = SozR 4 – 7837 § 4 Nr. 10).

c) Keine volle Erwerbstätigkeit (Abs. 6)

Eine Person ist nach Abs. 6 nicht voll erwerbstätig, wenn ihre Arbeitszeit 30 und ab 27
dem 1.9.2021 32 Wochenstunden im Durchschnitt des Lebensmonats des Kindes nicht übersteigt (Gesetz vom 15.2.2021, BGBl. I. S. 239), sie eine Beschäftigung zur Berufsausbildung ausübt oder eine geeignete Tagespflegeperson i.S.d. § 23 SGB VIII ist und nicht mehr als fünf Kinder in Tagespflege betreut. Das Wort »wöchentliche« wurde mit Gesetz vom 10.9.2012 (BGBl. I. S. 1878 zu Art. 1) gestrichen, weil es nach dem Wortlaut ohnehin um die durchschnittliche Wochenarbeitszeit geht.

aa) Wochenstunden im Durchschnitt des Lebensmonats (Abs. 6 Nr. 1)

Die 30 Wochenstunden im Durchschnitt als **maximal unschädliche Teilzeittätigkeit** 28
waren bereits das Ergebnis eines längeren politischen Prozesses, der vor dem Hintergrund gesellschaftlicher Veränderungen in erster Linie Alleinerziehenden neben der Betreuung und Erziehung ihres Kindes eine begrenzte Erwerbstätigkeit ermöglichen sollte (siehe dazu auch Brose, in Brose/Weth/Volk, BEEG 9. Aufl. 2020, § 1 Rn. 87 m.w.N.; BT-Drucks. 11/4687, S. 6 und 14/3553, S. 16). Dieser Anreiz zur Teilzeittätigkeit soll durch das Elterngeld-Plus mit Partnerschaftsbonus verstärkt werden (s. Erlgn. zu Rdn. 5) und nunmehr durch die Ausweitung mit Gesetz vom 15.2.2021 (BGBl. I. S. 239) »auf 32 Wochenstunden auch eine 4 – Tage – Woche« ermöglichen. Dabei ist die Einfügung der Formulierung »Lebensmonat« statt »Monat« redaktionell bedingt und führt zu keiner Änderung der bestehenden Rechtslage (s. Erlgn. zu Rdn. 5b; BT-Drucks 19/24438, S. 24 zu Art. 1 Nr. 1 Buchst. d). Handlungsbedarf für eine weitere Ausweitung des Stundenkorridors sieht die BReg. derzeit nicht (BT-Drucks. 20/5036, S. 3). Die Dauer der Tätigkeit ist **vom Antragsteller zu belegen**, in aller Regel durch eine entsprechende Bescheinigung des Arbeitgebers. Als Auslegungshilfe für die durchschnittliche Dauer sind nach § 1 ArbZG Beginn und Ende der Arbeit (ohne Ruhepausen) sowie der Arbeitsvertrag heranzuziehen. Selbstständige müssen ebenso wie in Heimarbeit Beschäftigte ihre Arbeitszeit glaubhaft machen. Mehrere Beschäftigungen sind zusammen zu fassen

und ebenso wie schwankende Arbeitszeiten auf einen wöchentlichen Durchschnitt pro Lebensmonat zu berechnen. Bereitschaftsdienste sind nach Sinn und Zweck des BEEG relevant, wenn diese nicht im gemeinsamen Haushalt mit dem Kind stattfinden. Bei Lehrern hat das BSG bereits entschieden, dass neben den Unterrichtsstunden auch deren Vor- und Nachbereitung sowie weitere berufstypische Aufgaben Teil der Arbeitszeit sind (Urteil vom 10.2.2005 – B 10 EG 5/03 R –, SozR 4–7833 § 1 Nr. 8). Das LSG Sachsen-Anhalt hat Zeiten des Bereitschaftsdienstes von angestellten Klinikärzten als Zeiten der Erwerbstätigkeit im Sinne des BEEG bewertet. Diese seien Arbeitszeit nach dem ArbZG und im konkreten Fall auf Direktive des Arbeitgebers am Arbeitsplatz ausgeführt und vergütet worden ohne eine vollumfängliche Kindesbetreuung (Urteil vom 15.12.2022 – L 2 EG 3/21 –, in NZS 2023, 517 mit zustimmender Anmerkung von Filges).

bb) Beschäftigung zur Berufsbildung (Abs. 6 Nr. 2)

29 Zur Berufsbildung Beschäftigte gelten im Rahmen ihrer Ausbildung ohne Berücksichtigung der Arbeitszeit von Gesetzes wegen nach **§ 1 Abs. 6 BEEG** nicht als voll erwerbstätig, sofern sie neben dieser Ausbildung nicht eine weitere – zu berücksichtigende – Erwerbstätigkeit ausüben. Dieses vom Gesetzgeber geschaffene Ausbildungsprivileg (vgl. BSG Urteil vom 13.5.1998 – B 14 EG 2/97 R –, SozR 3–7833 § 2 Nr. 6 = Breith. 1999, 225) für den Elterngeldbezug findet sich auch in § 20 Abs. 1 BEEG im Rahmen der Gleichstellung zu ihrer Berufsbildung Beschäftigter mit Arbeitnehmern bei der Elternzeit wieder (s. Erlgn. dort zu Rdn. 1 und 2). Das LSG Baden-Württemberg entnimmt § 1 Abs. 6 BEEG lediglich die Regelung, dass Auszubildende als »nicht vollerwerbstätig« gelten und grundsätzlich ein Anspruch auf Elterngeld haben. Daraus könne aber keine Fiktion des Erfordernisses nach § 4 Abs. 4 S. 3 Nr. 1 BEEG hergeleitet werden (Urt. v. 7.11.2017 – L 11 EG 2662/17 –, in NZS 2018, 330 mit Anmerkung von Filges). Allerdings stellt sich dann die Frage, welchen Sinn die Regelung überhaupt haben soll, wenn es ohnehin auf die Wochenstunden ankommt.

Da das BEEG von Berufsbildung und nicht »nur« von Berufsausbildung spricht, ist **von einem erweiterten Begriffsverständnis bei der »Bildung« auszugehen**. Neben der eigentlichen, ersten, Berufsausbildung mit den dazu zählenden Anlernverhältnissen, Praktika oder Volontariaten gehört auch eine berufliche Fortbildung oder Umschulung zur Berufsbildung (vgl. BSG, Urteile vom 3.11.1993 – 14b REg 3 und 4/93 –, SozR 3–7833 § 2 Nr. 1 und 3).

cc) Tagespflegeperson (Abs. 6 Nr. 3)

30 Betreut eine **nach § 23 SGB VIII** geeignete (§ 23 Abs. 3 SGB VIII) Tagespflegeperson Kinder **mit einer Erlaubnis zur Betreuung im Sinne von § 43 SGB VIII**, so liegt ebenfalls keine volle Erwerbstätigkeit i.S.d. BEEG vor. Mit dieser **Privilegierung der Kindertagespflege** als Leistung der Jugendhilfe gegenüber gewerblich, aufgrund privatrechtlicher Vereinbarungen betriebener Kindertagespflege, wollte der Gesetzgeber verhindern, dass besonders kompetente und benötigte Tagespflegepersonen in

der Jugendhilfe ihr Betreuungsangebot auf 30 Wochenstunden reduzieren, nur um einen Elterngeldanspruch zu erhalten (s. Begründung zu § 2 BErzGG mit Gesetz v. 27.12.2004, BGBl. I S. 3852; BT-Drucks. 15/3676 S. 44). Insoweit wurde bisher eine neben der Betreuung und Erziehung des eigenen Kindes ausgeübte Kindertagespflege mit bis zu fünf Kindern als unschädlich für den Elterngeldanspruch angesehen. Nunmehr entfällt mit dem Vierten Bürokratieentlastungsgesetz vom 23.10.2024 diese Einschränkung der Anzahl der betreuten Kinder (BGBl. I Nr. 323 S. 25 f.), um Diskrepanzen zum SGB VIII zu vermeiden (BT-Drucks. 20/11306 S. 116).

5. Erweiterung des Anspruchs nach Abs. 1 Satz 1 Nr. 1 (§ 1 Abs. 2)

Hat ein Antragsteller keinen inländischen Wohnsitz oder gewöhnlichen Aufenthalt 31
i.S.v. § 1 Abs. 1 Satz 1 Nr. 1 BEEG, so kann sich ein Anspruch aus Abs. 2 Satz 1 Nr. 1–3 ergeben, wenn eine vorübergehende **Entsendung ins Ausland**, eine Tätigkeit im Ausland als **Entwicklungshelfer oder Missionar** bzw. als deutscher Staatsangehöriger vorübergehend bei einer **zwischen – oder überstaatlichen Einrichtung** vorliegt. Dabei gilt § 1 Abs. 2 BEEG **auch für Ausländer**, die aus deutscher Sicht ins Ausland entsandt sind, wenn sie **nach § 1 Abs. 7 BEEG** anspruchsberechtigt sind. Auch das Gemeinschaftsrecht erweitert den Anspruch auf Elterngeld auf Arbeitnehmer und deren Familienangehörige im europäischen Ausland, weil dieses als Familienleistung dem Geltungsbereich der **EWG – VO 1408/71** unterliegt (vgl. Erlgn. zu Rdn. 10 m.w.N.; insgesamt auch bei Hambüchen/Irmen, BEEG/EStG/BKGG, § 1 BEEG Stand 12/2009, Rn. 31–36 und Brose, in Brose/Weth/Volk, BEEG 9. Aufl. 2020, § 1 Rn. 98 ff.). Art. 73 EWG-VO 1408/71 stellt den inländischen Wohnsitz mit dem ausländischen Wohnsitz innerhalb der Europäischen Union gleich (BSG Urteil vom 27.5.2004 – B 10 EG 1/04 R –, BSGE 93, 35 = SozR 4–7833 § 1 Nr. 3; BSG Urteil vom 20.12.2012 – B 10 EG 16/11 R – zu Rn. 23, in SozR 4–7837 § 12 Nr. 1).

Nach § 1 Abs. 2 Satz 2 BEEG erstreckt sich die Anspruchsberechtigung auch auf die mit der nach Satz 1 berechtigten Person in einem Haushalt lebenden **Ehegatten und Lebenspartner**. Ausländische **vergleichbare Familienleistungen**, auf die gleichfalls ein Anspruch besteht, sind allerdings nach § 3 Abs. 3 i.V.m. Abs. 1 Satz 1 Nr. 3 BEEG **anzurechnen**.

a) Entsendung, Abordnung, Versetzung, Abkommandierung (Abs. 2 Satz 1 Nr. 1)

§ 1 Abs. 2 Satz 1 Nr. 1 Alt. 1 BEEG erweitert das Territorialitätsprinzip auf inlän- 32
dische Beschäftigungsverhältnisse mit vorübergehender **Ausstrahlung** ins Ausland i.S.v. **§ 4 SGB IV**.

Danach kann ein Antragsteller auch ohne einen Wohnsitz oder gewöhnlichen Aufenthalt in Deutschland Anspruch auf Elterngeld haben, wenn er als **entsandter Arbeitnehmer** gemäß § 4 SGB IV (s. zu den Voraussetzungen insgesamt z.B. BeckOGK/Zieglmeier SGB IV Stand 12/2022, § 4 Rn. 7 ff.) dem deutschen Sozialversicherungsrecht unterliegt. Dies gilt auch für mit der nach Satz 1 berechtigten Person in einem Haushalt lebende Ehegatten, Ehegattinnen, Lebenspartner oder Lebenspartnerinnen.

Zwar hat das BEEG das früher im BErzGG enthaltene Merkmal der zeitlich begrenzten Auslandstätigkeit nicht übernommen. Dies war aber wegen der Bezugnahme auf § 4 SGB IV und der darin enthaltenen **zeitlichen Begrenzung** auch nicht erforderlich, denn die Voraussetzungen nach § 4 Abs. 1 SGB IV müssen sämtlichst vorliegen und stellen einen hinreichenden Inlandsbezug als zulässiges Differenzierungskriterium sicher (BSG, Urteil vom 24.6.2010 – B 10 EG 12/09 R –, SozR 4–7833 § 1 Nr. 11). Eine Entsendung ist damit generell gegeben, wenn ein Arbeitnehmer mit einem **im Inland bestehenden Beschäftigungsverhältnis** auf Weisung des Arbeitgebers seine Tätigkeit vorübergehend im Ausland ausübt. Eine Entsendung liegt aber dann nicht mehr vor, wenn ein inländischer Arbeitgeber einen bereits im Ausland lebenden Arbeitnehmer für eine derartige Tätigkeit einstellt (BSG Urteil vom 27.5.1986 – 2 RU 12/85 –, BSGE 60, 96 = SozR 2100 § 4 Nr. 3) oder ein Beschäftigungsverhältnis mit einer rechtlich selbstständigen (ausländischen) Tochtergesellschaft besteht (LSG Baden – Württemberg, Urteil vom 24.3.2015 – L 11 EG 272/14 –, juris). Ein der Ausstrahlung entgegenstehendes Rumpfarbeitsverhältnis ist im Wesentlichen dadurch gekennzeichnet, dass für die Beschäftigung im Ausland ein neues Beschäftigungsverhältnis mit einem anderen Arbeitgeber begründet wird, dass die arbeitsvertraglichen Hauptpflichten im Inland ruhen und erst nach Rückkehr wieder aufleben und dass die Arbeitgeberfunktion (insbesondere das Weisungsrecht) auf den ausländischen Arbeitgeber übergeht (vgl. BSG Urteil vom 27.3.2020 – B 10 EG 7/18 R – zu Rn. 49 m.w.N., in BSGE vorgesehen = SozR 4–7837 § 1 Nr. 9). Der Begriff des Beschäftigungsverhältnisses richtet sich dabei nach § 7 SGB IV. Bei Entsendungen innerhalb der Europäischen Union gilt parallel Art. 12 VO (EG) Nr. 883/2004 als Folgeregelung des Art. 14 EWG – VO 1408/71 (12 Monate Befristung mit Verlängerungsmöglichkeit um 12 Monate; vgl. hierzu insgesamt Hambüchen/Irmen, BEEG/EStG/BKGG, § 1 BEEG Stand 12/2009, Rn. 43 f.), während für den Begriff der »Beschäftigung« insoweit nunmehr Art. 1a) VO (EG) Nr. 883/2004 zu berücksichtigen ist. Nach § 4 Abs. 2 SGB IV betrifft die Erweiterung des Territorialitätsprinzips auch vorübergehend **im Ausland tätige Selbstständige**, wenn deren Betriebssitz – entsprechend einem Beschäftigungsverhältnis – in Deutschland verbleibt.

Für eine im Rahmen eines in Deutschland bestehenden öffentlich-rechtlichen Dienst- oder Amtsverhältnisses erfolgte vorübergehende **Abordnung, Versetzung oder Abkommandierung** ins Ausland (§ 1 Abs. 2 Satz 1 Nr. 1 Alt. 2 BEEG) gelten dieselben Grundsätze wie für eine Entsendung (BSG Urteil vom 22.6.1989 – 4 REg 4/88 –, SozR 7833 § 1 Nr. 6 = NZA 1990, 159).

b) Entwicklungshelfer oder Missionare (Abs. 2 Satz 1 Nr. 2)

33 Zum anspruchsberechtigten Personenkreis nach dem BEEG gehören auch Entwicklungshelfer bzw. Entwicklungshelferinnen gemäß § 1 Entwicklungshelfergesetz (EhfG). Das sind Deutsche oder EU – Bürger ab dem 18. Lebensjahr, die in Entwicklungsländern **Entwicklungsdienst** oder einen entsprechenden Vorbereitungsdienst leisten, sich dazu für eine ununterbrochene Zeit von **mindestens zwei Jahren** gegenüber einem anerkannten Träger nach § 2 EhfG vertraglich verpflichtet haben und für diesen Dienst nur die nach dem EhfG vorgesehenen Leistungen nach § 4 Abs. 1

Nr. 1 EhfG (Unterhaltsgeld, Sachleistungen zur Sicherung des Lebensbedarfs, notwendige Reisekosten) erhalten. Dennoch sind sie im steuerrechtlichen Sinn Arbeitnehmer und befinden sich in einem Rechtsverhältnis eigener Art, auch wenn sie nach § 1 Abs. 1 Nr. 1 EhfG ihren Dienst in Entwicklungsländern »ohne Erwerbsabsicht« erbringen, um in partnerschaftlicher Zusammenarbeit zum Fortschritt dieser Länder beizutragen (BSG Urteil vom 24.3.2022 – B 10 EG 1/20 R – Rn. 23 bis 25 m.w.N. –, in SozR 4–7837 § 2 Nr. 34). Zu den **anerkannten Trägern des Entwicklungsdienstes nach § 2 EhfG** zählen:

1) Arbeitsgemeinschaft für Entwicklungshilfe e.V. (AGEH) in Köln,
2) Christliche Fachkräfte International (CFI) in Stuttgart,
3) Deutscher Entwicklungsdienst gGmbH (DED) in Bonn,
4) Dienste in Übersee GmbH (DU) Arbeitsgemeinschaft evangelischer Kirchen in Deutschland e.V. in Leinfelden – Echterdingen,
5) Eirene – Internationaler Christlicher Friedensdienst e.V. in Neuwied und
6) Weltfriedensdienste e.V. (WFD) in Berlin.

Die aktuell anerkannten Träger des Entwicklungsdienstes lassen sich auch der Richtlinie des BMFSFJ Nr. 1.2.3. zu § 1 BEEG entnehmen.

Missionare oder Missionarinnen können ebenfalls elterngeldberechtigt sein, wenn sie 34
für eines der in § 1 Abs. 2 Satz 1 Nr. 2 BEEG abschließend aufgezählten Missionswerke oder eine der Missionsgesellschaften im Ausland aktiv tätig sind (s. auch BT-Drucks. 16/2785 S. 43). Während einer Tätigkeit als Missionar in einem Staat außerhalb der EU besteht kein Anspruch auf Elterngeld, wenn diese nicht für eines der im Gesetz ausdrücklich genannten Missionswerke und – gesellschaften, Vereinbarungspartner oder Arbeitsgemeinschaften ausgeübt wird und sich nichts Gegenteiliges aus einem Sozialversicherungsabkommen mit dem betreffenden Land ergibt. Hierin liegt kein Verstoß gegen Art. 3 Abs. 1 und Abs. 3, Art. 4 Abs. 1 und Abs. 2 GG i.V.m. Art. 140 GG, Art. 137 Abs. 5 Satz 2 WeimRV (vgl. zur entsprechenden Regelung im BKGG: BSG Urteil vom 26.3.2014 – B 10 KG 1/13 R –, SozR 4–5870 § 1 Nr. 3). Aufgrund der Auflösung des Deutschen Katholischen Missionsrates im Jahr 2012 ist dieser nunmehr 2021 im BEEG gestrichen worden (BGBl. I S. 239 zu Art. 1 Nr. 1a) aa); BT-Drucks 19/24438, S. 24).

c) Vorübergehende Tätigkeit bei zwischen – oder überstaatlichen Organisationen (Abs. 2 Satz 1 Nr. 3)

Eine weitere Ausnahme vom Wohnsitzerfordernis in Deutschland gilt wie bei der 35
Entsendung für deutsche Staatsangehörige, die vorübergehend bei einer zwischen – oder überstaatlichen Einrichtung tätig sind, weil dies **im öffentlichen Interesse** liegt. Die **deutsche Staatsangehörigkeit** richtet sich dabei nach § 1 Staatsangehörigkeitsgesetz (StAG). Zwischen – oder überstaatliche Einrichtungen sind **internationale und supranationale Einrichtungen** wie z.B. die Vereinten Nationen (UN) oder die Europäische Union (EU). Eine beispielhafte Auflistung findet sich im Anhang der »Richtlinien für die Entsendung von Bundesbediensteten in öffentliche zwischenstaatliche oder überstaatliche Organisationen« – **Entsenderichtlinien des Bundes**

(EntsR) – vom 26.9.2005 (GMBl. 2005 S. 1073, 1076 ff.; s. hierzu auch Brose/Weth/Volk, BEEG 9. Aufl., § 1 Rn. 106).

Neben den in der ersten Alternative genannten Arbeitnehmern sind »insbesondere« auch die nach den EntsR unter Wegfall ihrer Bezüge **beurlaubten Beamten anspruchsberechtigt**. Hierzu zählen nach den EntsR ebenso Richter, Soldaten, Angestellte und Arbeiter des Bundes. Die Beurlaubung ist bis zu fünf Jahre befristet und kann auf **bis zu zehn Jahre** verlängert werden. Dies dürfte daher auch die maximale Ausdehnung einer »vorübergehenden« Auslandstätigkeit sein.

36 Die weitere Alternative in Abs. 2 Satz 1 Nr. 3 betrifft **Beamte**, denen im öffentlichen Interesse von ihrem Dienstherrn (mit oder ohne ihre Zustimmung) nach § 123a Beamtenrechtsrahmengesetz (BRRG) oder § 29 Bundesbeamtengesetz (BBeamtG) eine **Tätigkeit im Ausland** zugewiesen worden ist, die diese auch »wahrnehmen«. Die bloße Zuweisung genügt somit nicht, die Tätigkeit im Ausland muss auch tatsächlich ausgeübt werden. Die deutsche Staatsangehörigkeit ist hier im Unterschied zur ersten Alternative keine Anspruchsvoraussetzung, weil **nicht nur Deutsche** im Sinne von Art. 16 GG, sondern nach § 4 Abs. 1 Nr. 1 BRRG auch EU-Bürger und nach § 4 Abs. 3 Satz 1 BRRG sogar Angehörige anderer Staaten in das Beamtenverhältnis berufen werden können (kritisch hierzu Brose/Weth/Volk, BEEG 9. Aufl., § 1 Rn. 107).

d) Im Haushalt lebende Ehegatten und Lebenspartner (Abs. 2 Satz 2)

37 Die Erweiterung der Anspruchsberechtigung nach Abs. 2 Satz 1 Nr. 1 bis 3 erstreckt sich nach Satz 2 auch auf die mit der nach Satz 1 berechtigten Person im Ausland in einem Haushalt lebenden Ehegatten oder Lebenspartner (s. Lebenspartnerschaftsgesetz – LPartG – vom 16.2.2001, BGBl. I S. 266), und zwar unabhängig von deren **Staatsangehörigkeit und Aufenthaltsstatus** (vgl. BT-Drucks. 16/1889, S. 19). So setzt die Anspruchsberechtigung des Ehegatten eines Entwicklungshelfers neben der Haushaltsgemeinschaft unabhängig von der Staatsangehörigkeit keinen wirksam erteilten Aufenthaltstitel voraus (BSG Urteil vom 22.2.1995 – 14 REg 4/94 –, SozR 3–7833 § 1 Nr. 13). Darüber hinaus hat das BSG mit Urteil vom 20.12.2012 (– B 10 EG 16/11 R – zu Rn. 23, in SozR 4–7837 § 12 Nr. 1) festgestellt, dass bereits den **Richtlinien des BMFSFJ zum BEEG** (Stand 18.12.2006, S. 152; übereinstimmend noch Stand 5.1.2010, S. 159) zu entnehmen ist, dass nach **Art. 73 Verordnung (EWG) 1408/71** ein den deutschen Rechtsvorschriften unterliegender Elternteil (dort der als Arbeitnehmer nach Frankreich entsandte Lebensgefährte der Klägerin) dem anderen Elternteil (die in Frankreich lebende und arbeitende Klägerin), der den Vorschriften eines anderen Mitgliedstaates der EU unterliegt, bei Betreuung des gemeinsamen Kindes eine Anspruchsberechtigung für das deutsche Elterngeld auch dann vermitteln kann, wenn beide nicht miteinander verheiratet sind. Denn **Familienangehöriger** i.S.v. Art. 73 Verordnung (EWG) 1408/71 ist nach Art. 1f) i) der Verordnung »jede Person, die in den Rechtsvorschriften, nach denen die Leistungen gewährt werden, … als Familienangehöriger bestimmt, anerkannt oder als Haushaltsangehöriger bezeichnet ist …«. Das BEEG stellt grundsätzlich in § 1 nicht auf Ehegatten oder Lebenspartner ab. Mit Zweitem Gesetz zur Änderung des BEEG

vom 15.2.2021 (BGBl. I, S. 239) erfolgte im Gesetzestext wieder die Streichung der Worte »Lebenspartner oder Lebenspartnerin«, weil auf der Grundlage von § 21 LPartG nach dem 22.12.2018 die Regelungen für Eheleute ohnehin auch für Lebenspartnerschaften gelten (BT-Drucks 19/24438, S. 24). **Anzurechnen** blieben aber in jedem Fall vergleichbare **im Ausland zu beanspruchende Familienleistungen**, unabhängig von ihrer Inanspruchnahme (§ 3 Abs. 3 BEEG).

6. Erweiterung der Voraussetzungen von Abs. 1 Satz 1 Nr. 2 (Abs. 3)

Während § 1 Abs. 1 Satz 1 Nr. 2 BEEG von dem Grundsatz ausgeht, dass ein Elternteil mit seinem leiblichen oder adoptierten Kind in einem Haushalt zusammenlebt (s. Erlgn. zu Rdn. 18 ff.), so wird dieser Personenkreis durch Abs. 3 Satz 1 Nrn. 1 bis 3 auf die **Adoptionspflegeperson**, die **Stiefeltern** und **nichtehelichen Väter** erweitert. Denn insoweit handelt es sich gleichfalls um dauerhafte oder auf Dauer angelegte Familienbeziehungen, die **der Personensorge gleichgestellt** werden (BT-Drucks. 10/3792, S. 14; BT-Drucks. 16/1889, S. 19). Für diese Beziehungen gelten ebenfalls die Regelungen zum Bezugszeitraum in § 4 Abs. 1 Satz 3 BEEG ab der Aufnahme bis zur Vollendung des achten Lebensjahres des Kindes (vgl. Erlgn. dort zu Rdnr. 42). Der Verzicht auf das Merkmal der Personensorge verdeutlicht lediglich die vorrangige Anspruchsberechtigung der leiblichen Eltern, der die Adoptionspflege nach § 1744 BGB gleichgestellt wird. Folglich entsteht der Anspruch bei Adoptionspflege eigenständig und wird nicht durch die Inanspruchnahme von Elterngeld durch die leiblichen Eltern verbraucht (vgl. BSG Urt. v. 8.3.2018 – B 10 EG 7/16 R – zu Rn. 17 und 22, in BSGE 125, 153 = SozR 4–7837 § 4 Nr. 7). Derzeit wird innerhalb der BReg. die Einführung eines Elterngeldanspruchs für Pflegeeltern beraten (BT-Drucks. 20/5036, S. 1 und 5 vom 20.12.2022). 38

a) Adoptionspflege (Abs. 3 Satz 1 Nr. 1 und Satz 2)

Anspruch auf Elterngeld hat bei Vorliegen der weiteren Voraussetzungen nach Abs. 1 auch, wer mit einem Kind in einem Haushalt lebt, das er mit dem **Ziel der Annahme als Kind** (und damit der Übernahme der Personensorge) aufgenommen hat. Damit erfasst die Nr. 1 Fälle einer noch nicht abgeschlossenen Adoption, die **sog. Probezeit nach § 1744 BGB**. Danach soll in der Regel eine Annahme als Kind erst ausgesprochen werden, wenn der Annehmende das Kind eine angemessene Zeit (erfolgreich) in Pflege gehabt hat (die sog. Adoptionspflege). Denn dies erleichtert die nach § 1741 Abs. 1 BGB anzustellende Prognose, ob zwischen dem Annehmenden und dem Kind eine wirkliche **Eltern – Kind – Beziehung** entsteht (vgl. BT-Drucks. 7/5087, S. 5; BSG Urt. vom 8.3.2018 – B 10 EG 7/16 – zu Rn. 15 f. m.w.N., in BSGE 125, 153 = SozR 4–7837 § 4 Nr. 7). Dies ist nach der Entscheidung des BVerfG vom 19.2.2013 (– 1 BvL 1/11, 1 BvR 3247/09 –, BVerfGE 133, 59; BGBl. I S. 428) auch für den anderen Lebenspartner wegen der Möglichkeit der Annahme eines adoptierten Kindes des eingetragenen Lebenspartners möglich. Leben eingetragene Lebenspartner mit dem leiblichen oder angenommenen Kind eines Lebenspartners in sozial – familiärer Gemeinschaft, bilden sie mit diesem eine durch Art. 6 Abs. 1 GG geschützte Familie (BVerfG, a.a.O.). Für den **Beginn der** Leistung ist nach 39

Abs. 3 Satz 2 sowohl bei der Adoption als auch bei der Adoptionspflege die **Aufnahme des Kindes im Haushalt** der berechtigten Person entscheidend, § 4 Abs. 1 Satz 3 BEEG (BSG Urt. vom 8.3.2018 – B 10 EG 7/16 – zu Rn. 19, in BSGE 125, 153 = SozR 4–7837 § 4 Nr. 7; s. auch Erlgn. dort zu Rdnr. 42 und BT-Drucks. 16/2785, S. 43). Bei Beendigung der Adoptionspflege besteht der Elterngeldanspruch unabhängig von der Mindestbezugszeit bis zum Ablauf des Ereignismonats fort, wenn der Elterngeldberechtigte den damit verbundenen Verlust des Kindes nicht zu verantworten hat (BSG Urt. vom 8.3.2018 – B 10 EG 7/16 – zu Rn. 25 ff, in BSGE 125, 153 = SozR 4–7837 § 4 Nr. 7; s. auch Anmerkung von Filges in NZS 2019, 227). Die Adoption eines Kindes im Ausland richtet sich nach dem Adoptionswirkungsgesetz (AdWirkG). Die Aufnahme des Kindes bei der berechtigten Person mit dem Ziel der Annahme als Kind ist insoweit nach § 1 Abs. 3 Satz 1 Nr. 1 und Nr. 2 BEEG bereits vor der Einreise nach Deutschland im Ausland möglich. Maßgebend ist immer, dass die Haushaltsaufnahme nach den Umständen mit dem erkennbaren Willen erfolgt ist, das Kind als eigenes annehmen zu wollen (vgl. Hessisches LSG – L 5 EG 17/16 – Rn. 33, juris).

b) Aufnahme eines Stiefkindes (Abs. 3 Satz 1 Nr. 2)

40 Einen Anspruch auf Elterngeld hat abweichend von Abs. 1 Satz 1 Nr. 2 auch, wer ein **Kind des Ehegatten oder Lebenspartners** in seinen Haushalt aufgenommen hat (s. hierzu auch Erlgn. zu Rdn. 37). Damit werden neben leiblichen und adoptierten Kindern auch Stiefkinder i.S.v. § 1589 BGB in den Kreis der einen Anspruch begründenden Kinder aufgenommen, sofern eine **Haushaltsgemeinschaft** gebildet ist (s. zur Haushaltsgemeinschaft Erlgn. bei Rdn. 20). Der Anspruchsteller muss entweder mit dem Elternteil des Kindes verheiratet sein, mit der daraus resultierenden Verpflichtung zur ehelichen Lebensgemeinschaft (vgl. § 1353 Abs. 1 BGB). Oder es muss eine Lebenspartnerschaft von zwei Personen gleichen Geschlechts bestehen (§ 1 LPartG), mit der Verpflichtung zu Fürsorge und Unterstützung sowie zur gemeinsamen Lebensgestaltung (§ 2 LPartG).

Nicht gleichgestellt ist hier die **eheähnliche bzw. nichteheliche Lebensgemeinschaft** der Eltern des Kindes (vgl. zum Begriff: BVerfG Urteil vom 17.11.1992 – 1 BvL 8/87 –, BVerfGE 87, 234 = SozR 3–4100 § 137 Nr. 3); diese haben jeder für sich bereits einen Anspruch nach Abs. 1 Satz 1 Nr. 2 (vgl. Erlgn. zu Rdn. 19). Denn anders als bei ehelichen Kindern, bei Stiefkindern oder Kindern in Adoptionspflege geht der Gesetzgeber bei einer eheähnlichen Gemeinschaft noch nicht von einer ausreichend rechtlich **verfestigten Familienbeziehung** aus (BT-Drucks. 16/1889, S. 19). Dies stellt ein sachliches Differenzierungskriterium dar und befindet sich folglich im Einklang mit Art. 3 Abs. 1 GG (so auch Hambüchen/Irmen, BEEG/EStG/BKGG, § 1 BEEG, Stand 12/2009, Rn. 69). Zu beachten ist hier aber im Fall von Unstimmigkeiten beim Elterngeldbezug zwischen Anspruchstellern § 5 Abs. 3 BEEG.

c) Nichteheliches Kind (Abs. 3 Satz 1 Nr. 3)

Anspruch auf Elterngeld hat auch ein **unverheirateter Vater**, der mit »einem Kind in einem Haushalt lebt« und die **Vaterschaft anerkannt** oder die gerichtliche Feststellung der **Vaterschaft beantragt** hat. Dies dient der Stärkung der Übernahme der Verantwortung unverheirateter Väter für ihr Kind. Diese sollen nicht wegen einer langwierigen Bearbeitungszeit bei der Feststellung ihrer Vaterschaft (§ 1600d BGB) bzw. Wirksamkeit ihrer Anerkennungserklärung (§ 1594 Abs. 2 BGB) von der Möglichkeit ihr Kind durch den Bezug von Elterngeld zu betreuen und zu erziehen ausgeschlossen werden. Dies ist bereits über § 1 Abs. 1 Satz 3 BErzGG in das Gesetz eingefügt (3. BErzGG-ÄndG v. 12.10.2000, BGBl. I S. 1426; BT-Drucks. 14/3553, S. 14) und vom BEEG in § 1 Abs. 3 Satz 1 Nr. 3 mit gleicher Begründung übernommen worden (BT-Drucks. 16/1889, S. 19). Bestehen allerdings Differenzen zwischen dem nichtehelichen Vater i.S.v. Nr. 3 und der sorgeberechtigten Mutter, so kommt es für den Bezug von Elterngeld nur auf den sorgeberechtigten Elternteil an (§ 5 Abs. 3 Satz 2 BEEG). 41

7. Verhinderung der Eltern (Abs. 4)

Nach § 1 Abs. 4 BEEG haben als **Erweiterung zu § 1 Abs. 1 Satz 1 Nr. 3 und Nr. 2 BEEG** bei bestimmten **Verhinderungsgründen der Eltern** auch **Verwandte bis zum dritten Grad** sowie deren Ehegatten oder Lebenspartner Anspruch auf Elterngeld, wenn sie die übrigen Voraussetzungen nach Abs. 1 erfüllen und andere (vorrangig) Berechtigte Elterngeld nicht beanspruchen. Diese Regelung zählt im Gegensatz zum früheren § 1 Abs. 5 BErzGG nunmehr **abschließend** die infrage kommenden **Härtefälle** auf, ohne dass ein Ermessen für die zuständige Behörde verbleibt (vgl. Brose/Weth/Volk, BEEG 9. Aufl., § 1 Rn. 121 f.). 42

Darüber hinaus hat das BSG bereits zu der Vorgängervorschrift des § 1 Abs. 5 BErzGG in § 1 Abs. 7 BErzGG zu der Möglichkeit Stellung genommen, in Härtefällen auch vom Erfordernis der Personensorge abzusehen (vgl. BSG Urteil vom 9.9.1992 – 14b/4 REg 15/91 –, BSGE 71, 128, 135 f. = SozR 3–7833 § 1 Nr. 9). Dies hat der Gesetzgeber nach wie vor nur für besondere Notlagen wie Tod, schwere Krankheit oder schwere Behinderung der Eltern vorgesehen (vgl. Darstellung der Rspr. zum BErzGG: BSG Beschluss vom 18.3.2013 – B 10 EG 4/13 B – zu Rn. 5, in juris). Eine Behinderung unterhalb eines GdB von 50 oder eine erhebliche Gefährdung der wirtschaftlichen Existenz eines Elternteils begründen nach der Vorstellung des Gesetzgebers keinen Härtefall mehr, weil das Elterngeld dem betreuenden Elternteil eine grundsätzlich ausreichende wirtschaftliche Absicherung bietet (BT-Drucks. 16/1889, S. 19).

Als Härtefälle, die die Betreuung und Erziehung des Kindes unmöglich machen, sind noch eine **schwere Krankheit** (s. hierzu Richtlinien des BMFSFJ zu § 1 BEEG, Nr. 1.4.), eine **Schwerbehinderung** oder der **Tod** anerkannt, wobei beide Elternteile durch einen dieser Umstände objektiv an der Betreuung des Kindes gehindert sein müssen (s. hierzu auch die Erlgn. zu § 4 Abs. 6 Satz 1 Nr. 3 BEEG, Rdn. 94 bis 97). In dieser Situation können Großeltern, Enkel und Geschwister (Verwandte zweiten Grades) oder Urgroßeltern, Kinder der Enkel und Geschwister der Eltern – also Onkel und Tante – (Verwandte dritten Grades) sowie deren Ehegatten oder Lebenspartner Elterngeld beanspruchen, wenn dieses nicht von anderen Berechtigten wie Eltern, Stiefeltern oder Adoptionspflegern beansprucht wird (vgl. BT-Drucks. 16/1889, S. 19). Auch in Absatz 4 sind die Worte »Lebenspartner oder Lebenspartnerin« wegen der Gleichstellung in § 21 LPartG mit Eheleuten mit Gesetz vom 15.2.2021 (BGBl. I, S. 239) gestrichen worden (s. Erlgn. zu Rdn. 37; BT-Drucks 19/24438, S. 24).

8. Unterbrechung und verspätete Aufnahme der Betreuung und Erziehung (Abs. 5)

43 Der Anspruch auf Elterngeld bleibt nach Abs. 5 wie zuvor bereits nach § 1 Abs. 4 BErzGG auch dann unberührt, wenn die Betreuung und Erziehung des Kindes aus einem wichtigen Grund nicht sofort aufgenommen werden kann oder unterbrochen werden muss. Diese Regelung betrifft mangels Einschränkung alle in den Absätze 1 bis 4 aufgeführten Berechtigten. Wesentliche Merkmale dieser Regelung sind zum einen der **»wichtige Grund«** und nach Sinn und Zweck der Vorschrift die nur **»vorübergehende« Qualität** der Unterbrechung und verzögerten Aufnahme der Betreuung und Erziehung des Kindes (BT-Drucks. 16/1889, S. 19). Als wichtigen Grund hat der Gesetzgeber eine Krankenhausbehandlung des Berechtigten oder des Kindes genannt (BT-Drucks. 16/1889, a.a.O.; BSG Urteil vom 7.9.2023 – B 10 EG 2/22 R – zu Rn. 20, zur Veröffentlichung in BSGE und SozR 4 vorgesehen). Ein solcher Fall liegt auch vor bei Beendigung der Adoptionspflege nach § 1744 BGB und der Betreuung des Kindes (vgl.; BSG Urteil vom 8.3.2018 – B 10 EG 7/16 – zu Rn. 26, in BSGE 125, 153 = SozR 4–7837 § 4 Nr. 7).

Gleiches dürfte gelten bei einem verlängerten Krankenhausaufenthalt sowohl des Kindes als auch der Mutter nach einer vorzeitigen Entbindung, bei einer Kur oder vorübergehenden Pflege eines Angehörigen oder beim Ableisten einer Wehrübung von einigen Wochen (vgl. Hambüchen/Irmen, BEEG/EStG/BKGG, § 1 BEEG, Stand 12/2009, Rn. 79). Maßgeblich sind grundsätzlich die **objektiven Umstände** des jeweiligen Einzelfalles, wobei aber die objektive Möglichkeit der Beeinflussung der Situation durch den Berechtigten zu beachten ist.

44 Wie lang die anspruchsunschädliche »vorübergehende« Unterbrechung oder verzögerte Aufnahme der Betreuung und Erziehung sein darf, sagt das Gesetz nicht. Eine Unterbrechung setzt allerdings den Vorsatz der Fortsetzung der Betreuung und Erziehung voraus, während eine dauerhafte Unmöglichkeit der Betreuung den Elterngeldanspruch entfallen lässt (BT-Drucks. 16/1889, S. 19). Bei der Bestimmung eines angemessenen vorübergehenden Zeitraums ist zum einen grundsätzlich der Bezugszeitraum des Elterngelds von 14 Monaten nach § 4 Abs. 1 Satz 1 BEEG zu berücksichtigen. Elterngeld Plus kann abweichend hiervon nach § 4 Abs. 3 BEEG auch nach dem 14. Lebensmonat bezogen werden, solange es danach fortlaufend in Anspruch genommen wird (§ 4 Abs. 1 Satz 2 BEEG). Die **Zeitspanne** darf in Relation zu diesen Zeiträumen einer persönlichen Betreuung und Erziehung des Kindes nicht entgegenstehen. So hat der Gesetzgeber in § 4 Abs. 2 Satz 3 BEEG ausdrücklich festgelegt, dass der Anspruch mit dem Ablauf des Monats endet, in dem eine Anspruchsvoraussetzung entfallen ist. Dar-

aus lässt sich ableiten, dass eine Unterbrechung oder Verzögerung von **bis zu einem Monat** grundsätzlich noch als angemessen und vorübergehend anzusehen sein dürfte (so auch Wiegand, BEEG, 22. Erg.Lfg. 2021, § 1 Rn. 36, der im Einzelfall bis zu zwei Monate für zulässig hält). Erst danach entfielen die Anspruchsvoraussetzungen mit der Folge, dass der Anspruch gemäß § 4 Abs. 2 Satz 3 BEEG erst zum folgenden Monatsende wegfällt. In diesem Fall bliebe dann nach § 7 Abs. 2 BEEG noch genügend Zeit für einen Wechsel in der Person des Antragstellers.

9. Ausländer (Abs. 7)

§ 1 Abs. 7 BEEG regelt als sogenannte »Ausländerklausel« die **Anspruchsberechtigung ausländischer Eltern** entsprechend dem Grundsatz, dass Familienleistungen i.S.d. Verordnung (EWG) Nr. 1408/71 – wie das Elterngeld – nur solchen Eltern gezahlt werden sollen, **die sich voraussichtlich dauerhaft im Inland aufhalten** werden (BT-Drucks. 16/1889, S. 19 zu Absatz 7). Mit dieser Vorschrift hat das BEEG hinsichtlich einer Anspruchsberechtigung nicht freizügigkeitsberechtigter Ausländer im Wesentlichen die **Vorgängerregelung in § 1 Abs. 6 BErzGG** (i.d.F. des Art. 3 Gesetz zur Anspruchsberechtigung von Ausländern wegen Kindergeld, Erziehungsgeld und Unterhaltsvorschuss <AuslAnsprG> vom 13.12.2006, BGBl. I S. 2915) übernommen (vgl. BT-Drucks. 16/1889, S. 19; BSG Teilurteil vom 30.9.2010 – B 10 EG 9/09 R – zu Rn. 23 f. m.w.N., in BSGE 107, 1 = SozR 4–7837 § 1 Nr. 2; zur Entwicklung vgl. Vorlagebeschluss vom 15.12.2011 – B 10 EG 15/10 R – Rn. 13 ff. m.w.N., in Die Beiträge Beilage 2012, 177; insbesondere auch BSG Urteil vom 27.3.2020 – B 10 EG 5/18 R – zu Rn. 24 bis 26 m.w.N., in SozR 4–7837 § 1 Nr. 10). 45

a) Deutsche und freizügigkeitsberechtigte Ausländer und Ausländerinnen

Bei Vorliegen der Voraussetzungen nach § 1 Abs. 1 BEEG haben **Deutsche i.S.v. Art. 116 Abs. 1 GG** und freizügigkeitsberechtigte Ausländer im Umkehrschluss aus § 1 Abs. 7 BEEG bereits unmittelbar einen Anspruch auf Elterngeld, ohne dass es auf einen aufenthaltsrechtlichen Status ankommt. Denn gemäß § 18 EGV hat jeder **Bürger der Europäischen Union** grundsätzlich das Recht, sich im Hoheitsgebiet der anderen Mitgliedstaaten frei zu bewegen und aufzuhalten **(sog. Freizügigkeit)**. Dabei gilt derjenige als Unionsbürger, der die Staatsangehörigkeit eines Mitgliedstaates besitzt (Art. 17 Abs. 1 Satz 2 EGV). Das Gesetz über die allgemeine Freizügigkeit von Unionsbürgern (Freizügigkeitsgesetz/EU – FreizügG/EU) vom 30.7.2004 (BGBl. I S. 1950, 1986) regelt als Ausfluss des Freizügigkeitsgebots den Aufenthaltsstatus von Unionsbürgern und deren Familienangehörigen in Deutschland (vgl. §§ 2 ff. FreizügG/EU). Diese benötigen keinen förmlichen Aufenthaltstitel, sondern erhielten bisher von Amts wegen eine Bescheinigung über das **Aufenthaltsrecht** (§ 5 Abs. 1 und 2 FreizügG/EU; vgl. Hambüchen/Irmen, BEEG/EStG/BKGG, § 1 BEEG, Stand 12/2009, Rn. 103). Diese Voraussetzung ist jedoch abgeschafft (BGBl. 2013, I. S. 86; vgl. Öndül, jurisPR – SozR 15/2017 Anm. 5 zu A). Bis zu einer entgegenstehenden Entscheidung der Ausländerbehörde sind Unionsbürger freizügigkeitsberechtigte Ausländer im Sinne von § 1 Abs. 7 BEEG, weil sie sich jedenfalls auf 46 ihr Freizügigkeitsrecht aus Art. 21 Abs. 1 AEUV (Vertrag über die Arbeitsweise der Europäischen Union) berufen können (SG Berlin, Urteil vom 24.2.2016 – S 2 EG 11/13 –, juris, unter Bezugnahme auf BFH, Beschluss vom 27.4.2015 – III B 127/14 –, BFHE 249, 519; s. auch LSG Baden – Württemberg, Urteil vom 19.4.2016 – L 11 EG 4629/14 – zu Rn. 27, in juris = ZFSH/SGB 2016, 430). Die Überprüfung bzw. Feststellung der Freizügigkeit obliegt ausschließlich der zuständigen Ausländerbehörde (vgl. LSG Baden-Württemberg, a.a.O., unter Verweis auf VGH München, Beschluss vom 3.2.2015 – 19 CS 14.2276 = EzAR – NF 10 Nr. 18; vgl. zum Anwendungsbereich von § 1 Abs. 7 BEEG in der bis zum 31.12.2019 geltenden Fassung des Gesetzes vom 19.8.2007, BGBl. I S. 1970: BSG Urteil vom 27.3.2020 – B 10 EG 5/18 R – zu Rn. 18, 21 bis 23 und 32 m.w.N., in SozR 4–7837 § 1 Nr. 10, mit Anm. von Öndül, jurisPR – SozR 14/2020 Anm. 4).

b) Angehörige assoziierter Staaten

47 Ebenfalls unmittelbar anspruchsberechtigt – weil freizügigkeitsberechtigt – sind **Bürger** der **Mitgliedstaaten des Europäischen Wirtschaftsraums (EWR)** und deren Familienangehörige (§ 12 FreizügG/EU). Dem liegt das Abkommen über den Europäischen Wirtschaftsraum vom 2.5.1992 in der Fassung des Anpassungsprotokolls vom 17.3.1993 (EWR-Abk) zugrunde, wonach Bürger aus **Liechtenstein, Island** und **Norwegen** aus Gründen ihrer Staatsangehörigkeit gegenüber Unionsbürgern nicht diskriminiert werden dürfen (Art. 4 EWR-Abk) und Arbeitnehmer Freizügigkeit genießen (Art. 28 EWR-Abk). Auch Staatsangehörige der **Schweiz** sind aufgrund des Abkommens mit der EG über die Freizügigkeit vom 21.6.1999 freizügigkeitsberechtigt. Dieses **Freizügigkeitsabkommen** ist mit Gesetz vom 2.9.2001 (BGBl. I S. 810) unmittelbar in deutsches Recht transformiert worden.

48 Nach den Art. 65 Abs. 1 und 68 Abs. 1 der **Europa – Mittelmeer – Assoziations – Abkommen** sind **Arbeitnehmer** mit **algerischer, marokkanischer** und **tunesischer Staatsangehörigkeit** sowie die mit ihnen zusammenlebenden Familienangehörigen beim Bezug von Familienleistungen wie dem Elterngeld mit Angehörigen von EU – Mitgliedstaaten gleich zu behandeln, wenn sie sich im Gebiet eines EU – Mitgliedstaates mit gewisser Dauer aufhalten (vgl. für Tunesien BGBl. II 1997 S. 343; Marokko BGBl. II 1998 S. 1811; Algerien BGBl. II 2003 S. 1138). Zum Anspruch auf Elterngeld für Angehörige von **NATO – Truppenmitgliedern** siehe bereits oben unter II. 1. (Erlgn. zu Rdn. 10).

49 Auf der Grundlage des **Abkommens zur Gründung einer Assoziation zwischen der EWG und der Türkei vom 12.9.1963** (s. Beschluss des Rates 64/732/EWG vom 23.12.1963, Abl. 1964, Nr. 217, S. 3685) hat der danach geschaffene Assoziationsrat am 19.9.1980 mit Beschluss Nr. 3/80 (**Assoziationsratsbeschluss – ARB – 3/80**) bestimmt, dass **Arbeitnehmer** mit türkischer Staatsangehörigkeit und deren Familienangehörige dieselben Familienleistungen beanspruchen können wie Angehörige der EWG – Mitgliedstaaten (heute EU; vgl. BSG Urteil vom 5.10.2006 – B 10 EG 6/04 R – zu Rn. 28 ff., in BSGE 97, 144 = SozR 4–1300 § 48 Nr. 8). Dieses in Art. 3 Abs. 1 ARB 3/80 normierte **Diskriminierungsverbot aus Gründen der Staatsangehörigkeit**

besitzt wie nach dem Europa – Mittelmeer – Assoziations – Abkommen unmittelbare Geltung in den EU – Mitgliedstaaten (vgl. EuGH, Urteil vom 4.5.1999 – C – 262/96 –, SozR 3–6935 Allg Nr. 4, S. 43 f.).

c) Nicht freizügigkeitsberechtigte Ausländer und Ausländerinnen

§ 1 Abs. 7 BEEG knüpft wie seine Vorgängerregelung in § 1 Abs. 6 BErzGG die Entstehung des Anspruchs auf Elterngeld für einen Ausländer, der nicht die Staatsangehörigkeit eines Mitgliedstaates der EU oder eines Vertragsstaates des EWR hat und damit nicht freizügigkeitsberechtigt ist, an den »**Besitz**« bestimmter **aufenthaltsrechtlicher Titel** (vgl. BSG Teilurteil v. 30.9.2010 – B 10 EG 9/09 R –, BSGE 107, 1 = SozR 4–7837 § 1 Nr. 2; Urteil vom 28.2.1996 – 14 REg 8/95 –, SozR 3–7833 § 1 Nr. 18; Urteil vom 9.2.1994 – 14/14b REg 9/93 –, SozR 3–7833 § 1 Nr. 12). Ein genereller Leistungsausschluss solcher Personen lediglich aus Gründen der fehlenden Staatsangehörigkeit wäre mit Art. 3 Abs. 1 GG (allgemeiner Gleichheitssatz) unvereinbar, sofern nicht hinreichende Sachgründe als Differenzierungskriterium dienen (vgl. zu Art. 1 Abs. 1 Satz 1 Nr. 5 BayLErzGG i.d.F. v. 1995: BVerfG Beschluss vom 7.2.2012 – 1 BvL 14/07 –, BVerfGE 130, 240 = juris Rn. 34, 39 ff). Hinsichtlich des aufenthaltsrechtlichen Status findet das Gesetz über den Aufenthalt, die Erwerbstätigkeit und die Integration von Ausländern im Bundesgebiet (**AufenthG**) Anwendung. Danach gibt es folgende Aufenthaltstitel: 50

- Visum nach § 6 AufenthG,
- Aufenthaltserlaubnis nach § 7 AufenthG,
- Niederlassungserlaubnis nach § 9 AufenthG und
- Erlaubnis zum Daueraufenthalt nach § 9a AufenthG.

Der Besitz eines Aufenthaltstitels ist dessen »**tatsächliche Innehabung**« (vgl. BSG a.a.O.; BSG Urteil vom 10.7.2014 – B 10 EG 5/14 R – zu Rn. 19 f., in SozR 4–7837 § 1 Nr. 6) und nicht nur der bloße Anspruch darauf (BSG Beschlüsse vom 28.11.2012 – B 10 EG 14/12 B – zu Rn. 7 in juris und vom 6.10.2014, – B 10 EG 15/14 B – zu Rn. 7 f. in juris, m.w.N. auch zu BVerfG Beschluss vom 10.7.2012 – 1 BvL 2–4/10 und 3/11 – BVerfGE 132, 72). Damit soll eine Klärung aufenthaltsrechtlicher Fragen erst im Rahmen eines Verwaltungs- und Gerichtsverfahrens betreffend den Anspruch auf Elterngeld ausgeschlossen werden (BSG Teilurteil v. 3.12.2009 – B 10 EG 6/08 R –, BSGE 105, 70 = SozR 4–7833 § 1 Nr. 10, Rn. 33; BSG Urteil vom 10.7.2014 – B 10 EG 5/14 R –, SozR 4–7837 § 1 Nr. 6). Ein Aufenthaltstitel, dessen Geltungsdauer auf einen Zeitpunkt vor seiner tatsächlichen Erteilung zurückreicht, hat für den Anspruch auf Elterngeld – wie zuvor beim Erziehungsgeld – **keine rückwirkende Rechtskraft** (BSG Teilurteil v. 30.9.2010 – B 10 EG 9/09 R – zu Rn. 35 f. m.w.N., in BSGE 107, 1 = SozR 4–7837 § 1 Nr. 2). Auf Unionsbürger findet das AufenthG erst Anwendung, wenn die Ausländerbehörde das Nichtbestehen oder den Verlust der Freizügigkeitsberechtigung nach dem FreizügG/EU festgestellt hat (vgl. BSG Urteil vom 27.3.2020 – B 10 EG 5/18 R – zu Rn. 28 m.w.N., in SozR 4–7837 § 1 Nr. 10).

Entgeht einem nicht freizügigkeitsberechtigten Ausländer Elterngeld für zurückliegende Zeiträume wegen einer rechtswidrigen Verzögerung des Aufenthaltserlaubnisverfahrens, so kann er einen Ausgleich hierfür auch nicht im Wege des **sozialrechtlichen Herstellungsanspruchs** geltend machen (vgl. BSG Urteil vom 9.2.1994 – 14/14b REg 9/93 –, SozR 3–7833 § 1 Nr. 12; Urteil vom 28.2.1996 – 14 REg 8/95 –, SozR 3–7833 § 1 Nr. 18, S. 93). Hat eine Ausländerbehörde eine zunächst erteilte Aufenthaltserlaubnis nachfolgend rückwirkend ab dem Zeitpunkt ihrer Erteilung bestandskräftig aufgehoben, dann ist diese auch unter dem Gesichtspunkt eines Elterngeldanspruchs als nicht erteilt zu betrachten (LSG Niedersachsen – Bremen, Urteil vom 3.6.2015 – L 2 EG 4/15 –, juris). Nicht freizügigkeitsberechtigte Ehegatten von Mitgliedern einer Nato – Truppe in Deutschland haben ohne qualifizierten Aufenthaltstitel ebenfalls keinen Anspruch auf Elterngeld (BSG, Urteil vom 10.7.2014 – B 10 EG 5/14 R – zu Rn. 19 f., in SozR 4–7837 § 1 Nr. 6; s. zu Nato – Truppenmitgliedern auch Erlgn. zu Rdn. 10).

51 Hintergrund der Regelung in § 1 Abs. 7 BEEG ist die Gewährung von Elterngeld auch an bestimmte Gruppen nicht freizügigkeitsberechtigter Ausländer, die voraussichtlich einen **dauerhaften Aufenthalt in Deutschland** haben werden. In diesem Zusammenhang hat das BVerfG bereits mit Beschluss vom 6.7.2004 (– 1 BvR 2515/95 –, BVerfGE 111, 176 = SozR 4–7833 § 1 Nr. 4) den generellen Ausschluss von Ausländern mit einer Aufenthaltsbefugnis vom Erziehungsgeldbezug nach § 1 Abs. 1a Satz 1 BErzGG i.d.F. des FKPG vom 23.6.1993 (BGBl. I S. 944) als nicht mit Art. 3 Abs. 1 GG vereinbar erklärt. Denn die Art des Aufenthaltstitels allein eigne sich nicht als Grundlage einer Prognose über die Dauer des Aufenthalts und damit auch nicht als **Abgrenzungskriterium bei der Leistungsgewährung** (BVerfG, a.a.O., zu Rn. 29 unter Hinweis auf die Beschlüsse zum Kindergeldrecht vom selben Tag, – 1 BvL 4–6/97 –, BVerfGE 111, 160 = SozR 4–5870 § 1 Nr. 1). Wohl aber könne der Gesetzgeber die Gewährung von Erziehungsgeld davon abhängig machen, dass der zur Betreuung eines Kindes bereite Elternteil an der **Aufnahme oder Fortsetzung einer Erwerbstätigkeit** rechtlich nicht gehindert ist (BVerfG Beschluss vom 6.7.2004 – 1 BvR 2515/95 –, BVerfGE 111, 176 = SozR 4–7833 § 1 Nr. 4). Damit ist die Anspruchsberechtigung von einer Niederlassungs- oder Aufenthaltserlaubnis abhängig, weil diese zur Ausübung einer Erwerbstätigkeit berechtigen. Dem hat der Gesetzgeber Rechnung getragen durch die Anpassung des § 1 Abs. 6 BErzGG (Gesetz vom 13.12.2006, BGBl. I S. 2915) mit inhaltsgleicher Übernahme in § 1 Abs. 7 BEEG (Gesetz vom 5.12.2006, BGBl. I S. 2748; vgl. hierzu insg.: Brose/Weth/Volk, BEEG 9. Aufl., § 1 Rn. 131 ff; Hambüchen/Irmen, BEEG/EStG/BKGG, § 1 BEEG Stand 12/2009, Rn. 118). Mit Gesetz vom 19.8.2007 (BGBl. I S. 1970) wurde ab dem 28.8.2007 § 1 Abs. 7 Nr. 2c) BEEG geändert und ein weiterer Aufenthaltserlaubnistatbestand zu d) nach § 104a AufenthG angefügt (vgl. Erlgn. zu Rdn. 3).

Nunmehr hat der Gesetzgeber mit Gesetz vom 12.12.2019 (BGBl. I S. 2451) die Anspruchsberechtigung neben der Benennung der aktuellen EU Aufenthaltstitel aktualisiert unter Umsetzung europa- und verfassungsrechtlicher Vorgaben zur Arbeitsmarktintegration und Bleibeperspektive von nicht freizügigkeitsberechtigten Ausländern (s. Erlgn. zu Rdn. 56a).

aa) Niederlassungserlaubnis oder Erlaubnis zum Daueraufenthalt – EU (Abs. 7 Nr. 1)

Die Niederlassungserlaubnis ist in § 9 AufenthG geregelt, sie gilt **unbefristet** und **berechtigt zur Ausübung einer Erwerbstätigkeit**. Ihre Voraussetzungen nach § 9 Abs. 2 AufenthG sind im Wesentlichen ausreichende Sprachkenntnisse, ausreichender Wohnraum für sich und die Familienangehörigen, ein gesicherter Lebensunterhalt, gesicherte Erwerbsmöglichkeiten und ein mindestens fünfjähriger Besitz einer Aufenthaltserlaubnis. Nach § 9a Abs. 1 AufenthG ist die **Erlaubnis zum Daueraufenthalt in der EU** grundsätzlich der Niederlassungserlaubnis **gleichgestellt**. Die Aufnahme in den Gesetzeswortlaut des § 1 Abs. 7 Satz 1 Nr. 1 BEEG ab dem 1.3.2020 mit Art. 36 und 39 Abs. 3 des Gesetzes vom 12.12.2019 (BGBl. I S. 2451) ist somit nur redaktioneller Natur und dient der Aktualisierung (vgl. Gesetzentwurf der BReg. Vom 9.8.2019, BR-Drs. 356/19, S. 235 und BT-Drs. 19/13436, S. 123 f. zu Nr. 1). 52

In **Sonderfällen** kann eine Niederlassungserlaubnis auch erteilt werden für:
- hoch qualifizierte Ausländer nach § 19 AufenthG,
- erfolgreich tätige ausländische Selbstständige nach § 21 Abs. 4 AufenthG,
- Ausländer, die besonderen deutschen politischen Interessen (völkerrechtliche oder humanitäre Gründe) unterliegen nach § 23 Abs. 2 AufenthG,
- Asylberechtigte und Flüchtlinge mit Besitz einer mindestens dreijährigen Aufenthaltserlaubnis gem. § 25 Abs. 1 oder 2 AufenthG (§ 26 Abs. 3 und 4 AufenthG),
- nachziehende Familienangehörige nach §§ 31 Abs. 3 und 35 AufenthG
- sowie für ehemalige Deutsche nach § 38 Abs. 1 Satz 1 Nr. 1 AufenthG.

bb) Aufenthaltserlaubnis mit Berechtigung zur Ausübung einer Erwerbstätigkeit (Abs. 7 Nr. 2 in der Fassung bis zum 29.2.2020 – a.F. –)

Die generell nur zu bestimmten Zwecken befristet erteilte Aufenthaltserlaubnis begründet nach Abs. 7 Nr. 2 BEEG a.F. dann einen Anspruch auf Elterngeld, wenn sie zur **Ausübung einer Erwerbstätigkeit** berechtigt oder berechtigt hat. Diesen Grundsatz, dass jeder (ehemals) zur Arbeit berechtigte Ausländer mit einer Aufenthaltserlaubnis Anspruch auf Elterngeld haben soll, hat der Gesetzgeber für konkret benannte Fallkonstellationen (vgl. § 1 Abs. 7 Nr. 2a) bis d), c) i.V.m. Nr. 3 BEEG a.F.) wieder eingeschränkt. Durch **§ 1 Abs. 7 Nr. 2a) und b**) BEEG a.F. gänzlich vom Leistungsbezugsabgeschlossen sind folgerichtig Ausländer mit Aufenthaltstiteln zum Studium oder zur Ausbildung (§§ 16 und 17 AufenthG), weil nicht zu erwarten ist, dass hieraus ein **Daueraufenthalt** folgt. Dies gilt auch für Ausländer, die eine Arbeitsberechtigung aufgrund der Gegebenheiten des deutschen Arbeitsmarktes nach § 18 Abs. 2 AufenthG von vornherein nur vorübergehend erhalten haben (vgl. BSG Teilurteil vom 30.9.2010 – B 10 EG 9/09 R – zu Rn. 25, in BSGE 107, 1 = SozR 4–7837 § 1 Nr. 2). Diese auf einen dauerhaften Aufenthalt in Deutschland ausgerichtete Zielsetzung des Gesetzgebers (vgl. BT-Drucks. 16/1368, S. 8) ist grundsätzlich auch verfassungsrechtlich zulässig, sofern **nicht allein** die formale Art des **Aufenthaltstitels als Grundlage** für eine Prognose über die Dauer des Aufenthalts herangezogen wird (BVerfG Beschlüsse v. 10.7.2012 – 1 BvL 2/10 u.a. – zu 53

Rn. 44 m.w.N., in BVerfGE 132, 72 = NVwZ-RR 2012, 825; BVerfG Beschluss vom 6.7.2004 – 1 BvR 2515/95 –, in BVerfGE 111, 176, 185 = SozR 4–7833 § 1 Nr. 4).

Nach **§ 1 Abs. 7 Nr. 2c**) BEEG a.F. hat der Gesetzgeber für Ausländer mit einer Aufenthaltserlaubnis nach § 23 Abs. 1 AufenthG **wegen eines Krieges** in ihrem Heimatland oder nach den §§ 23a, 24, 25 Abs. 3 bis 5 AufenthG wegen **humanitärer oder politischer Gründe** zusätzliche Einschränkungen aufgestellt, die über die bloße Berechtigung zur Erwerbstätigkeit hinausgehen (vgl. BSG, Teilurteil vom 30.9.2010, a.a.O., zu Rn. 26 sowie Vorlagebeschluss vom 15.12.2011 – B 10 EG 15/10 R – zu Rn. 53, in Die Beiträge 2012, 177). Diese Regelung ist allerdings **verfassungsrechtlich bedenklich**, weil allein vom Vorliegen eines Aufenthaltstitels i.S.v. § 1 Abs. 7 Nr. 2c) BEEG a.F. nicht auf die fehlende Bleibeperspektive geschlossen werden kann und darf (vgl. BVerfG Beschluss vom 6.7.2004 – 1 BvR 2515/95 –, a.a.O.; Beschluss vom 10.7.2012 – 1 BvL 2/10 u.a. – zu Rn. 44 f., a.a.O., mit Darstellung der Aufenthaltsrechtlichen Verlängerungsmöglichkeiten).

54 **§ 1 Abs. 7 Nr. 2d**) **BEEG** a.F. ist durch Art. 6 Abs. 8 Nr. 2 Gesetz zur Umsetzung aufenthalts- und asylrechtlicher Richtlinien der EU vom 19.8.2007 (BGBl. I. 1970) mit Wirkung zum 28.8.2007 ebenso wie **§ 104a AufenthG** in das Gesetz eingefügt worden, weil die nach § 104a AufenthG erteilte Aufenthaltserlaubnis ebenfalls nicht zu einem Daueraufenthalt führt. Die **auf »Probe« erteilte Aufenthaltserlaubnis** wird längstens **bis zum 31.12.2009** erteilt und stellt eine Altfallregelung ohne Verlängerungsmöglichkeit dar (vgl. BR-Drucks. 224/07, S. 448 = BT-Drucks. 16/5065, S. 234). Diese Vorschrift hat das BSG mit Beschluss vom 15.12.2011 (– B 10 EG 15/10 R –, Die Beiträge Beilage 2012, 177) dem BVerfG mit der Frage zur Prüfung vorgelegt, ob § 1 Abs. 7 Nr. 2d) BEEG i.d.F. vom 19.8.2007 (BGBl. I. 1970) insoweit mit Art. 3 Abs. 1 GG vereinbar ist, als danach Ausländer, denen eine Aufenthaltserlaubnis nach § 104a AufenthG erteilt worden ist, keinen Anspruch auf Elterngeld haben. Diese Regelung sah das BSG vor dem Hintergrund der Rechtsprechung des BVerfG als verfassungswidrig an, weil eine Aufenthaltserlaubnis nach § 104a AufenthG keinen Rückschluss auf eine negative Bleibeprognose erlaube (BSG, a.a.O., zu Rn. 49 ff.). Dem ist das **BVerfG** nicht gefolgt, weil es die Vorlage wegen einer unzureichenden Darlegung einer dauerhaften Bleibeperspektive in Fällen des § 104a Abs. 1 Satz 1 AufenthG im elterngeldrechtlichen Sinne als unzulässig ansah (Beschluss vom 4.12.2012 – 1 BvL 4/12 – zu Rn. 54 ff., BVerfGE 132, 360). Insoweit wäre nach der Gesetzesbegründung durchaus eine verfassungskonforme einfachgesetzliche Auslegung dahin denkbar, dass mit der Aufenthaltserlaubnis nach § 104a AufenthG in Nr. 2d) nur eine solche nach § 104a Abs. 1 Satz 1 AufenthG gemeint sein kann. Denn aufgrund der Befristung der Aufenthaltserlaubnis nach § 104a Abs. 1 Satz 1 AufenthG bis zum 31.12.2009 beschränkt sich auch der Anwendungsbereich des § 1 Abs. 7 Nr. 2d) BEEG a.F. – und damit die Prognose des nicht dauerhaften Aufenthalts – auf den Zeitraum vom 28.8.2007 bis 31.12.2009 (zu den weiteren Argumenten s. BVerfG Beschluss vom 4.12.2012 – 1 BvL 4/12 – zu Rn. 50–58, a.a.O.). Im Anschluss hat auch das BSG in der Aufenthaltserlaubnis nach § 104a Abs. 1 Satz 1 und 3 AufenthG ein geeignetes Beurteilungskriterium dafür gesehen, dass es an einer dauerhaften Bleibeperspektive jedenfalls so lange

fehlt, als es dem Ausländer, der eine solche Aufenthaltserlaubnis besitzt, nicht gelingt, eine ihm rechtlich mögliche Erwerbstätigkeit auszuüben (BSG Urteil vom 10.7.2014 – B 10 EG 1/13 R –, in juris = SGb 2014, 504 – Kurzwiedergabe).

cc) Aufenthaltserlaubnis aus völkerrechtlichen, humanitären oder politischen Gründen mit dauerhafter Aufenthaltsprognose (Abs. 7 Nr. 3 in der Fassung bis zum 29.2.2020 – a.F. –)

Nach § 1 Abs. 7 Nr. 3 BEEG a.F. hat ein nicht freizügigkeitsberechtigter Ausländer als Inhaber einer **Aufenthaltserlaubnis i.S.v. § 1 Abs. 7 Nr. 2c) BEEG** a.F. dennoch einen Anspruch auf Elterngeld, wenn er sich a) seit mindestens **drei Jahren** rechtmäßig, gestattet oder geduldet **im Bundesgebiet** aufhält und b) im Bundesgebiet berechtigt **erwerbstätig** ist, laufende **Geldleistungen nach** dem **SGB III** bezieht oder **Elternzeit** in Anspruch nimmt. Diese Regelung stellt **keine eigenständige Tatbestandsvariante** neben Abs. 7 Nr. 1 und Nr. 2 a.F. dar, weil nach der Struktur des § 1 Abs. 7 BEEG a.F. aufgrund der Bezugnahme der Nr. 3 ausschließlich auf den von Nr. 2c) erfassten Personenkreis zunächst der Grundtatbestand des § 1 Abs. 7 Nr. 2 Halbs. 1 BEEG a.F. (Erwerbstätigkeitsberechtigung) zu prüfen ist. Zudem kann die Voraussetzung der in Abs. 7 Nr. 3b) a.F. genannten Merkmale der **Arbeitsmarktintegration** ohnehin nur erfüllen, wer eine Berechtigung zur Ausübung einer Erwerbstätigkeit besitzt oder besessen hat (vgl. BSG Teilurteil v. 30.9.2010 – B 10 EG 9/09 R – zu Rn. 27, in BSGE 107, 1 = SozR 4–7837 § 1 Nr. 2). Der nach Nr. 3a) ursprünglich vorgesehene fünfjährige Mindestaufenthalt in Deutschland ist im Gesetzgebungsverfahren auf drei Jahre herabgesetzt worden, für den auch eine Gestattung oder Duldung als ausreichend angesehen wurde (BT-Drucks. 16/2785, S. 8). Dabei hat sich der Gesetzgeber weiterhin davon leiten lassen, dass ausländische Staatsangehörige Familienleistungen nur erhalten sollen, wenn sie sich voraussichtlich auf Dauer in Deutschland aufhalten. Dies sei bei Inhabern einer Aufenthaltserlaubnis vor allem dann der Fall, wenn diese eine Erwerbstätigkeit ausübten bzw. wenn eine solche erlaubt sei oder werden könne. Für die Verlängerung einer Aufenthaltserlaubnis sei in der Regel die Sicherung des Lebensunterhalts aus eigener Erwerbstätigkeit erforderlich, wobei die Integration in den Arbeitsmarkt ein Indikator für einen **dauerhaften Verbleib in Deutschland** sei (vgl. BT-Drucks. 16/1368, S. 8; BVerfG, Beschluss vom 10.7.2012 – 1 BvL 2/10 u.a. – zu Rn. 28, in BVerfGE 132, 72 = NVwZ-RR 2012, 825). 55

dd) Nichtigkeit von § 1 Abs. 7 Nr. 3b) BEEG in der Fassung bis zum 29.2.2020 – a.F. –

Auf die **Vorlagebeschlüsse des BSG** vom 3.12.2009 (– B 10 EG 7/08 R –; – B 10 EG 5/08 R –; – B 10 EG 6/08 R –, ArbuR 2010, 46) und 30.9.2010 (– B 10 EG 9/09 R –) hat das **BVerfG** mit Beschluss vom 10.7.2012 (– 1 BvL 2/10, 3/10, 4/10 und 3/11 –, BVerfGE 132, 72 = NVwZ-RR 2012, 825) festgestellt, dass § 1 Abs. 6 Nr. 3b) BErzGG i.d.F. des Gesetzes zur Anspruchsberechtigung von Ausländern wegen Kindergeld, Erziehungsgeld und Unterhaltsvorschuss vom 13.12.2006 (BGBl. I S. 2915) und dessen Nachfolgevorschrift in § 1 Abs. 7 Nr. 3b) BEEG i.d.F. des 56

Artikel 1 des Gesetzes zur Einführung des Elterngeldes vom 5.12.2006 (BGBl. I S. 2748) gegen **Art. 3 Abs. 1 und 3 Satz 1 GG** verstoßen und nichtig sind. Denn allein die in diesen Vorschriften vorausgesetzte formale **Inhaberschaft** einer in § 1 Abs. 7 Nr. 2c) BEEG a.F. (bzw. § 1 Abs. 6 Nr. 2c) BErzGG) genannten **Aufenthaltserlaubnis** ist kein hinreichendes Indiz für das Fehlen einer dauerhaften **Aufenthaltsperspektive** (BVerfG, a.a.O., zu Rn. 44 unter Hinweis auf BVerfGE 111, 176, 185 und 111, 160, 174 f.). Das sich die formale Art des Aufenthaltstitels allein nicht als Grundlage einer Prognose über die Dauer des Aufenthalts in Deutschland eignet, hat der **EGMR** mit seinem Urteil vom 25.10.2005 (– 59140/00 – Okpisz/Deutschland, NVwZ 2006, 917 = NJW 2006, 2907) auch für das **Kindergeldrecht** wegen Verstoßes gegen **Art. 14 EMRK i.V.m. Art. 8 EMRK** festgestellt. Selbst wenn die Arbeitsmarktintegration der drei Varianten in § 1 Abs. 7 Nr. 3b) BEEG a.F. eine dauerhafte Bleibeperspektive indizieren mag, so kann bei deren Fehlen eine solche nicht ausgeschlossen werden, weil die Rückkehr dieser Gruppe von Ausländern weniger von ihrer Integration in den deutschen Arbeitsmarkt, sondern vielmehr von **rechtlichen bzw. tatsächlichen Heimkehrhindernissen** abhängt (vgl. BVerfG Beschluss vom 10.7.2012, a.a.O., zu Rn. 48 ff.). Schließlich soll Elterngeld gerade gewährt werden, um die durch die Geburt erschwerte Situation junger Familien bei der Betreuung und Erziehung des Kindes zu verbessern. Diesem gesetzgeberischen Ziel widerspricht es geradezu, wenn der Bezug von Elterngeld an eine Erwerbstätigkeit oder eine Verfügbarkeit auf dem Arbeitsmarkt geknüpft wird (BVerfG a.a.O., zu Rn. 65 f. m.w.N.). Die übrigen Anspruchsvoraussetzungen betreffend die Erwerbstätigkeitsberechtigung (§ 1 Abs. 7 Nr. 2, 1. Halbs. BEEG a.F.) und des mindestens dreijährigen Aufenthalts (§ 1 Abs. 7 Nr. 3a) BEEG a.F.) in § 1 Abs. 7 Nr. 3 BEEG a.F. sind von der Nichtigkeitserklärung des BVerfG nicht umfasst (BVerfG a.a.O., zu Rn. 76). Gleiches gilt auch für den erforderlichen Besitz einer entsprechenden Erlaubnis zur Ausübung einer Erwerbstätigkeit (vgl. BSG Beschluss vom 6.10.2014 – B 10 EG 15/14 B – zu Rn. 8, in juris). Darauf hat das BSG auch bereits in der Vergangenheit im Hinblick auf die Entscheidung des BVerG vom 6.7.2004 (– 1 BvR 2515/95 – zu Rn. 30, in BVerfGE 111, 176, 185 f. = SozR 4–7833 § 1 Nr. 4) hingewiesen (BSG Urteil vom 30.9.2010 – B 10 EG 7/09 R – zu Rn. 34, in juris).

ee) § 1 Abs. 7 BEEG in der Fassung ab dem 1.1., 1.3.2020, 1.6.2022 und 1.6.2024

56a Mit Gesetz vom 12.12.2019 (Art. 35, BGBl. I S. 2451, 2489) ist der »Ausländerklausel« in § 1 Abs. 7 BEEG als Anpassung an eine entsprechende Änderung im AufenthG mit Wirkung vom 1.1.2020 zunächst eine Nr. 4 angefügt worden (vgl. § 27 Abs. 3 BEEG i.d.F. des Art. 35 und 39 Abs. 2 des G. v. 12.12.2019, BGBl. I. S. 2451, 2490; m.W.v. 1.3.2020 § 28 Abs. 3 BEEG, G.v. 20.5.2020, BGBl. I S. 1061), nach der nicht freizügigkeitsberechtigte Ausländer und Ausländerinnen auch anspruchsberechtigt sind, wenn sie eine Beschäftigungsduldung nach § 60d i.V.m. § 60a Abs. 2 Satz 3 AufenthG besitzen (vgl. Gesetzentwurf der BReg. Vom 9.8.2019, BR-Drs. 356/19, S. 234 und BT-Drs. 19/13436, S. 202). Danach muss ein Drittstaatsangehöriger bereits seit mindestens 18 Monaten eine sozialversicherungspflichtige Beschäftigung mit einer regelmäßigen Arbeitszeit von mindestens 35 Wochenstunden (20 Wochenstunden bei Alleinerziehenden) ausgeübt und so seinen Lebensunterhalt in den letzten zwölf Monaten gesichert haben bzw. aktuell sichern. Diese Ergänzung ist dann im Rahmen der gleichzeitig erfolgten Neufassung des § 1 Abs. 7 BEEG mit Art. 36 des Gesetzes vom 12.12.2019 (a.a.O.) in Nr. 5 aufgegangen und bleibt ab dem 1.1.2020 anwendbar (§ 28 Abs. 3 Satz 2 BEEG), während § 1 Abs. 7 Satz 1 Nr. 1 bis 4 und Satz 2 BEEG erst ab dem 1.3.2020 Anwendung finden (§ 28 Abs. 3 Satz 1 BEEG).

§ 1 Abs. 7 BEEG regelt die Anspruchsberechtigung für nicht freizügigkeitsberechtigte Ausländer und Ausländerinnen neu, weil eine Aktualisierung der »Ausländerklausel« im Gleichklang mit den Regelungen in § 62 Abs. 2 EStG, § 1 Abs. 3 BKGG und § 1 Abs. 2a UVG unter Anpassung an Änderungen im AufenthG erforderlich wurde, mit der die Aufenthaltserlaubnisse durch das Fachkräfteeinwanderungsgesetz und das Gesetz über Duldung bei Ausbildung und Beschäftigung neu strukturiert und ergänzt werden (vgl. BT-Drs 19/13436, S. 122 f., 202; BR-Drs. 356/19, S. 233 ff.). Anspruchsvoraussetzung ist nicht mehr, wie bisher, dass die Arbeitsmarktintegration und zusätzlich die Voraufenthaltszeit erfüllt werden müssen. Vielmehr wird als Indiz für einen voraussichtlich dauerhaften Aufenthalt zwar weiterhin sowohl auf den deutlich verkürzten Voraufenthalt, als auch auf die Arbeitsmarktintegration abgestellt, es muss jedoch nur eine Voraussetzung erfüllt werden (vgl. BT-Drs. 19/13436, S. 123 zu Nr. 2; BR-Drs. 19/13712, S. 5 zu Ziff. 33). Nach § 1 Abs. 7 Satz 1 Nr. 2 BEEG werden neben der Aufenthaltserlaubnis nunmehr auch die Blaue Karte EU, die ICT-Karte und die Mobiler-ICT-Karte als Aufenthaltstitel genannt, deren Besitz ebenfalls grundsätzlich zum Elterngeldbezug berechtigt. Die Klarstellung ist erforderlich, weil es sich bei den hinzugefügten Aufenthaltstiteln nicht um Aufenthaltserlaubnisse handelt. Danach haben wie bisher Personen, die eine Aufenthaltserlaubnis oder einen gleichgestellten Aufenthaltstitel besitzen, der für mindestens sechs Monate zur Ausübung einer Erwerbstätigkeit berechtigt oder diese erlaubt, nach Abs. 7 Satz 1 Nr. 2 einen Elterngeldanspruch. Ausnahmen von diesem Grundsatz werden ebenfalls wie bisher in den Buchstaben a) bis c) geregelt. Mit der Maßnahme wird Artikel 12 Abs. 1e) Richtlinie 2011/98/EU umgesetzt. Danach haben nicht freizügigkeitsberechtigte Ausländer und Ausländerinnen, die über eine kombinierte Aufenthalts- und Arbeitserlaubnis verfügen, einen Anspruch auf Gleichbehandlung bezüglich der Familienleistungen. Unionsrechtlich ist der Ausschluss von einem solchen Anspruch nach Art. 12 Abs. 2b) Richtlinie 2011/98/EU lediglich zulässig für Personen, denen die Erlaubnis erteilt wurde, für einen Zeitraum von höchstens sechs Monaten im Hoheitsgebiet des betroffenen Mitgliedstaates zu arbeiten (vgl. EuGH Urteil vom 21.6.2017 – Rs. C 449/16 – Martinez Silva, in juris). Sind die Voraussetzungen erfüllt, entsteht der Anspruch bereits mit Beginn der Beschäftigung und nicht erst nach einer bestimmten Aufenthaltsdauer.

Bei Inhabern einer Mobiler-ICT-Karte als Aufenthaltstitel und einer Aufenthaltserlaubnis für mobile Forscher nach § 18f AufenthG ist ein doppelter Leistungsanspruch in dem anderen Mitgliedstaat der Europäischen Union und im Inland dadurch ausgeschlossen, dass nach § 3 Abs. 1 Satz 1 Nr. 3 i.V.m. Abs. 3 BEEG bei der Bezugsmöglichkeit einer dem Elterngeld vergleichbaren Leistung im Ausland kein inländisches

Elterngeld gezahlt wird. Der bisherige Begriff »berechtigt« wird durch »erlaubt« entsprechend § 32 Abs. 1 Satz 1 Beschäftigungsverordnung ergänzt, ohne dass damit eine inhaltliche Änderung bewirkt werden soll (vgl. insgesamt BT-Drs 19/13436, S. 124).

Entsprechend der früheren Regelung sind Aufenthaltstitel zum Studium (§ 16b AufenthG), zur Ausbildung (§ 16e AufenthG) sowie als AU-Pair (§ 19c Abs. 1 AufenthG), als Saisonarbeiter, zur Teilnahme an einem Europäischen Freiwilligendienst (§ 19e AufenthG) oder zur Arbeitsplatzsuche (§ 20 Abs. 1, 2 und 3 AufenthG) und für Maßnahmen zur Anerkennung ausländischer Berufsqualifikationen (§ 16d AufenthG) nicht anspruchsberechtigend (vgl. Abs. 7 Satz 1 Nr. 2a) und b), weil sich diese Inhaber in der Regel nicht dauerhaft in Deutschland aufhalten und die Titel nicht zur Erwerbstätigkeit berechtigen.

Dies gilt mit der Neuregelung auch weiterhin nach § 1 Abs. 7 Satz 1 Nr. 2c) BEEG für Personen, die wegen eines Krieges oder aus humanitären politischen Gründen (§§ 23 Abs. 1, 23a, 24, 25 Abs. 3 bis 5 AufenthG) eine Aufenthaltserlaubnis besitzen, sofern sie nicht nach Nr. 3 im Bundesgebiet berechtigt erwerbstätig sind oder Elternzeit nach § 15 BEEG oder laufende Geldleistungen nach dem SGB III in Anspruch nehmen oder sich nach Nr. 4 seit mindestens 15 Monaten erlaubt, gestattet oder geduldet im Bundesgebiet aufhalten oder nach Nr. 5 eine Beschäftigungsduldung nach § 60a Abs. 2 Satz 3 AufenthG besitzen. Für Drittstaatsangehörige wird nach Nr. 3 der Zugang zu Leistungen neu geregelt unter Streichung der bisherigen Mindestaufenthaltsdauer von drei Jahren bei Abstellen auf die Erwerbstätigkeit. Letzteres führt zur Zahlung von Sozialversicherungsbeiträgen und Steuern und verringert den Arbeitskräftemangel. Die Nr. 4 setzt für diesen Personenkreis aus verfassungsrechtlichen Gründen (vgl. BVerfG Beschluss vom 10.7.2012 – BvL 2/10 u.a. – BVerfGE 132, 72) die Mindestaufenthaltsdauer von 15 Monaten in § 8 Abs. 2 Nr. 2 und Abs. 2a BAföG und in § 52 Abs. 2 Satz 2 SGB III um, bis zu der noch keine Perspektive auf einen Daueraufenthalt angenommen wird (vgl. insgesamt hierzu die Erläuterungen zu § 62 Abs. 2 EStG, in: BT-Drs. 19/13436, S. 124 und 125). Die zusätzlichen Voraussetzungen, die nicht freizügigkeitsberechtigte Ausländer nach § 1 Abs. 7 BEEG erfüllen müssen, sind mit Jahressteuergesetz 2024 vom 2.12.2024 (Artikel 43 Nr. 1, BGBl. I Nr. 387 S. 58) erneut in Satz 1 Nr. 2a) und b) redaktionell durch Einfügung von § 20a Abs. 5 Satz 1 und 2 AufenthG an die geänderten Vorschriften des Aufenthaltsgesetzes (s. Gesetz zur Weiterentwicklung der Fachkräfteeinwanderung vom 16.8.2023, BGBl. I Nr. 217) entsprechend § 62 Abs. 2 EStG, § 1 Abs. 3 BKGG und § 1 Abs. 2a UVG angepasst worden (vgl. BT-Drucks. 20/12780 S. 204 f.). Danach kann die Aufenthaltserlaubnis in Form einer »Chancenkarte« zur Suche nach einer Erwerbstätigkeit oder zur Anerkennung ausländischer Berufsqualifikationen (§ 20a Abs. 1 AufenthG) für ein Jahr erteilt (sog. Such-Chancenkarte, § 20a Abs. 5 S. 1 AufenthG) und um bis zu zwei Jahre als solche verlängert werden (sog. Folge-Chancenkarte, § 20a Abs. 5 S. 2 AufenthG). Nach § 28 Abs. 3 BEEG gilt diese Anpassung für Zeiträume nach dem 31.5.2024 (BGBl. I Nr. 387 S. 58 zu Artikel 43 Nr. 2).

Nach § 1 Abs. 7 Satz 2 BEEG sind nunmehr auch minderjährige nicht freizügigkeitsberechtigte Ausländer und Ausländerinnen abweichend von Satz 1 Nr. 3, erste Alternative, unabhängig von einer Erwerbstätigkeit anspruchsberechtigt, weil von dieser Personengruppe eine Erwerbstätigkeit zur Begründung des Leistungsanspruchs nicht verlangt werden Kann (vgl. BT-Drucks. 19/13436, S. 203; s. auch Brose/Weth/Volk, BEEG 9. Aufl., § 1 Rn. 154).

Mit Artikel 12 des Gesetzes zur Regelung eines Sofortzuschlages und einer Einmalzahlung in den sozialen Mindestsicherungssystemen sowie zur Änderung des Finanzausgleichsgesetzes und weiterer Gesetze vom 23.5.2022 (BGBl. I S. 760) wurde § 24 AufenthG mit Wirkung ab dem 1.6.2022 aus der Aufzählung in § 7 Abs. 7 Nr. 2c BEEG wegen einer Angleichung an anerkannte Schutzberechtigte nach dem AsylblG und im SGB II gestrichen (BT-Drucks. 20/1768, S. 36). Entsprechende Änderungen erfolgten auch in § 62 Abs. 2 EStG, § 1 Abs. 3 BKGG und in § 1 Abs. 2a UnterhVG. Ausländer mit einem vorübergehenden Schutzstatus nach § 24 AufenthG unterliegen nun nicht mehr den gesteigerten Anspruchsvoraussetzungen nach § 1 Abs. 7 Nr. 3 bis 5 BEEG (vgl. Koppenfels-Spies NZS 2023, S. 286).

10. Einkommensgrenzen (Abs. 8)

Der Ausschlusstatbestand in § 1 Abs. 8 BEEG ließ ursprünglich einen Anspruch auf 57
Elterngeld entfallen, wenn die **berechtigte Person** im letzten abgeschlossenen Veranlagungszeitraum ein **zu versteuerndes Einkommen** nach § 2 Abs. 5 EStG von **mehr als 250 000 Euro** erzielt hatte (Satz 1). War auch eine **andere Person** nach den Absätze 1, 3 oder 4 des § 1 BEEG berechtigt, entfiel abweichend von Satz 1 der Anspruch, wenn die Summe des zu versteuernden Einkommens beider berechtigter Personen **mehr als 500 000 Euro, ab 1.9.2021 mehr als 300 000 Euro** betrug (Satz 2). Nicht erforderlich war und ist, dass auch der andere Elternteil das Kind betreut und wegen Kindererziehung keine oder keine volle Erwerbstätigkeit mehr ausübt (BSG Urteil vom 26.3.2014 – B 10 EG 13/13 R – zu Rn. 18, in SozR 4–7837 § 2 Nr. 29). Diese der sog. »Reichensteuer« unterfallende Berechtigte betreffende Regelung wurde mit Haushaltsbegleitgesetz 2011 vom 9.12.2010 (BGBl. I S. 1885) mit Wirkung vom 1.1.2011 neu geschaffen und diente der **Haushaltskonsolidierung** auch im Bereich der Familienleistungen (s. bereits Erlgn. zu Rdn. 5 m.w.N.; BSG, a.a.O., zu Rn. 20). Es wird erstmals ein Partnereinkommen berücksichtigt und über den Verweis auf § 2 Abs. 5 EStG auch Einkommen aus Kapital, Vermietung oder Verpachtung mit einbezogen (vgl. Dau, juris PR-SozR 6/2018 Anm. 5 zu SG München Urt. v. 9.2.2018 – S 46 EG 87/17 –). § 1 Abs. 8 BEEG erfasst alle Einkünfte im Sinne von § 2 Abs. 1 Satz 1 EStG, auch steuerbegünstigte Abfindungen, die für den Verlust des Arbeitsplatzes gezahlt werden. Denn gemäß § 24 Nr. 1 EStG unterliegen derartige Abfindungen der Einkommensteuer, § 34 EStG mindert lediglich die Steuerprogression (vgl. BSG, Beschluss vom 29.6.2017 – B 10 EG 22/16 B – zu Rn. 13 in juris; BeckOK ArbR/Röhl BEEG § 1 Rn. 45). Dies gilt auch für aus dem Einkommensteuerbescheid ersichtliche Kapitalerträge, selbst wenn sie bereits an der Quelle abgeltend besteuert worden sind (vgl. SG München. Urteil vom 28.6.2023 – S 20 EG 7/22 – jurisPR-SozR 8/2024 mit Anmerkung von Dau). Mit Gesetz zur Einführung eines Betreuungsgeldes (**Betreuungsgeldgesetz**) vom 15.2.2013 (BGBl. I S. 254) sind mit Wirkung vom 1.8.2013 in § 1 Abs. 8 Satz 1 BEEG nach dem Wort

»**Veranlagungszeitraum**« die Wörter »**vor der Geburt des Kindes**« eingefügt worden, um den infrage kommenden Veranlagungszeitraum zu konkretisieren. In den Fällen, in denen zum Zeitpunkt der Antragstellung der Steuerbescheid für den letzten abgeschlossenen Veranlagungszeitraum nicht vorliegt und nach den Angaben im Antrag die Beträge nach § 1 Abs. 8 BEEG voraussichtlich nicht überschritten werden, wird Elterngeld unter dem **Vorbehalt des Widerrufs** für den Fall gezahlt, dass entgegen den Angaben im Antrag die Beträge überschritten werden (**§ 8 Abs. 2 Satz 2 BEEG**; s. hierzu Erlgn. zu § 8 Rdn. 20 ff.).

Mit Betreuungsgeldgesetz vom 15.2.2013 (s.o.) ist § 1 Abs. 8 Satz 2 BEEG unter der Begründung neu gefasst worden: »Erfüllt auch eine andere Person die Voraussetzungen des Absatzes 1 Nummer 2 oder der Absätze 3 oder 4, entfällt abweichend von Satz 1 der Anspruch wenn die Summe des zu versteuernden Einkommens beider Personen mehr als 500.000 Euro beträgt«. Inhaltlich war hiermit keine Änderung, sondern eine Klarstellung zur vorangegangenen Fassung verbunden durch Streichung des Wortes »berechtigter« bei der weiteren Person (vgl. BSG, Urteil vom 26.3.2014 – B 10 EG 13/13 R –, zu Rn. 22, in SozR 4–7837 § 2 Nr. 29). Als entscheidend wird die Aufnahme des Kindes in den gemeinsamen Haushalt hervorgehoben, weil dies dem zentralen Anliegen der Betreuung und Erziehung des Kindes denknotwendig zugrunde liegt. Mit Zweitem Gesetz zur Änderung des BEEG vom 15.2.2021 (BGBl. I, S. 239) wurde dann in Absatz 8 Satz 2 die Summe von 500 000 auf 300 000 Euro abgesenkt, weil dieser Grenzbetrag knapp das Zehnfache des durchschnittlich zu versteuernden Einkommens unter Steuerpflichtigen mit positivem Einkommen beträgt, sodass der Gesetzgeber davon ausging, dass Elterngeld für die Entscheidung, in welchem Umfang zugunsten der Betreuung des Kindes auf Erwerbstätigkeit verzichtet werden soll, unerheblich ist (vgl. BT-Drucks 19/24438, S. 25 zu Art. I Nr. 1e).

Ab 2023 war eine weitere Absenkung zur Haushaltskonsolidierung auf 150.000 Euro bei Geburten ab dem 01.01.2024 für Paare und Alleinerziehende in der Diskussion (s. Anfragen und schriftliche Antworten in BT-Drucks. 20/7650, Nr. 127 vom 7.7.2023 und BT-Drucks. 20/7889 Nr. 77 vom 28.7.2023), die dann in Artikel 1 des Haushaltsfinanzierungsgesetz 2024 vom 22.12.2023 mit Wirkung ab dem 1.4.2023 umgesetzt wurde (HHFinG 2024; BGBl. I Nr. 412, S. 1; vgl. BT-Drucks 20/8298, S. 1 und 3 sowie BT-Drucks 20/9792, S. 1). Für Alleinerziehende sollte nunmehr eine Einkommensgrenze von 150 000 Euro, bei gemeinsam Berechtigten von 175 000 Euro gelten. Bei höheren Einkommen lasse sich, so die Begründung, ein Einkommensausfall leichter verkraften (BT-Drucks 20/8298, S. 21; kritisch hierzu: Dau, Der Beitrag des Elterngeldes zur Haushaltskonsolidierung, JM 2024, S. 65–68). Zu beachten ist insoweit die versteckt in § 28 Abs. 1a BEEG angebrachte Übergangsregelung für nach dem 31.8.2021 und vor dem 1.4.2024 geborene oder mit dem Ziel der Adoption angenommene Kinder, für die das Gesetz in der bis zum 31.3.2024 geltenden Fassung weiter anzuwenden ist. Nach dem neu eingefügten § 28 Abs. 5 Satz 1 BEEG ist § 1 Abs. 8 auf Kinder anwendbar, die ab dem 1.4.2025 geboren oder mit dem Ziel der Adoption angenommen worden sind. Für ab dem 1.4.2024 und vor dem 1.4.2025 geborene oder angenommene Kinder entfällt bei gemeinsam Berechtigten ein Anspruch erst, wenn die Summe des zu versteuernden Einkommens 200 000 Euro übersteigt (§ 28 Abs. 5

Satz 2 und 3 BEEG). Diese gegenüber Alleinerziehenden großzügigere Regelung hat der Gesetzgeber zeitnah wieder abgeändert mit dem zweiten Haushaltsfinanzierungsgesetz 2024 vom 27.3.2024 (BGBl. I Nr. 107 S. 4 f. zu Art. 1 Nr. 1. und 3. sowie Art. 8 Abs. 6). Danach wird mit Wirkung ab dem 1.4.2024 in § 1 Abs. 8 Satz 1 die Einkommensgrenze auf 175 000 Euro und in § 28 Abs. 5 Satz 2 auf 200 000 Euro angehoben. Die wiederholt vorgenommene Haushaltskonsolidierung zulasten von Elterngeldbeziehern wird zum Teil kritisch gesehen in Bezug auf die Richtlinie (EU) 2019/1158 (»Vereinbarkeitsrichtlinie« – Vereinb-RL, Abl. L 188 vom 12.7.2019, S. 79), weil trotz eines Anspruchs auf Elternzeit für einen erweiterten Kreis von Arbeitnehmern kein Anspruch auf Elterngeld mehr besteht (vgl. Dau, a.a.O, S. 67 f). Demgegenüber hält der Gesetzgeber das HHFinG 2024 für EU-Recht konform (BT-Drucks 20/8298, S. 15 und 20/3447, S. 2).

§ 2 BEEG Höhe des Elterngeldes

(1) [1]Elterngeld wird in Höhe von 67 Prozent des Einkommens aus Erwerbstätigkeit vor der Geburt des Kindes gewährt. [2]Es wird bis zu einem Höchstbetrag von 1.800 Euro monatlich für volle Lebensmonate gezahlt, in denen die berechtigte Person kein Einkommen aus Erwerbstätigkeit hat. [3]Das Einkommen aus Erwerbstätigkeit errechnet sich nach Maßgabe der §§ 2c bis 2f aus der um die Abzüge für Steuern und Sozialabgaben verminderten Summe der positiven Einkünfte aus

1. **nichtselbständiger Arbeit nach § 2 Absatz 1 Satz 1 Nummer 4 des Einkommensteuergesetzes sowie**
2. **Land- und Forstwirtschaft, Gewerbebetrieb und selbständiger Arbeit nach § 2 Absatz 1 Satz 1 Nummer 1 bis 3 des Einkommensteuergesetzes,**

die im Inland zu versteuern sind und die die berechtigte Person durchschnittlich monatlich im Bemessungszeitraum nach § 2b oder in Monaten der Bezugszeit nach § 2 Absatz 3 hat.

(2) [1]In den Fällen, in denen das Einkommen aus Erwerbstätigkeit vor der Geburt geringer als 1.000 Euro war, erhöht sich der Prozentsatz von 67 Prozent um 0,1 Prozentpunkte für je 2 Euro, um die dieses Einkommen den Betrag von 1.000 Euro unterschreitet, auf bis zu 100 Prozent. [2]In den Fällen, in denen das Einkommen aus Erwerbstätigkeit vor der Geburt höher als 1.200 Euro war, sinkt der Prozentsatz von 67 Prozent um 0,1 Prozentpunkte für je 2 Euro, um die dieses Einkommen den Betrag von 1.200 Euro überschreitet, auf bis zu 65 Prozent.

(3) [1]Für Lebensmonate nach der Geburt des Kindes, in denen die berechtigte Person ein Einkommen aus Erwerbstätigkeit hat, das durchschnittlich geringer ist als das Einkommen aus Erwerbstätigkeit vor der Geburt, wird Elterngeld in Höhe des nach Absatz 1 oder 2 maßgeblichen Prozentsatzes des Unterschiedsbetrages dieser Einkommen aus Erwerbstätigkeit gezahlt. [2]Als Einkommen aus Erwerbstätigkeit vor der Geburt ist dabei höchstens der Betrag von 2.770 Euro anzusetzen. [3]Der Unterschiedsbetrag nach Satz 1 ist für das Einkommen aus Erwerbstätigkeit in Lebensmonaten, in denen die berechtigte Person Basiselterngeld in Anspruch nimmt, und in Lebens-

monaten, in denen sie Elterngeld Plus im Sinne des § 4a Absatz 2 in Anspruch nimmt, getrennt zu berechnen.

(4) [1]Elterngeld wird mindestens in Höhe von 300 Euro gezahlt. [2]Dies gilt auch, wenn die berechtigte Person vor der Geburt des Kindes kein Einkommen aus Erwerbstätigkeit hat.

Übersicht Rdn.

I. Allgemeines

1. Entwicklung der Norm

1 Während die Anspruchsvoraussetzungen für den Bezug des Elterngeldes in § 1 BEEG normiert werden, regelt § 2 die Höhe der Leistung. Beide Vorschriften gelten als **Schlüsselnormen des BEEG**. Entsprechend dieser Bedeutung waren **Inhalt und Ausgestaltung** des § 2 bereits während des Gesetzgebungsverfahrens **Gegenstand kontroverser Diskussionen**. Einigkeit bestand lediglich darin, dass das Elterngeld – mit Ausnahme des als Sozialleistung ausgestalteten Mindestelterngeldes (siehe hierzu § 2 Abs. 4) – nach dem individuellen Einkommen der elterngeldberechtigten Person bemessen werden sollte. Über den Einkommensbegriff und die Einkommensermitt-

lung gingen die Meinungen dagegen auseinander. Während die Bundesregierung (BT-Drucks. 16/2454 S. 7) und die Fraktionen von CDU/CSU und SPD (BT-Drucks. 16/1889 S. 4 f., 21) in ihren Gesetzentwürfen jeweils auf den Nettoeinkommensbegriff des SGB II und die in der Praxis erprobten Regeln zur Einkommensermittlung nach der Arbeitslosengeld II-/Sozialgeld-Verordnung »im Interesse einer stärkeren Zusammenführung der vorhandenen Regelungen des Sozialrechts« zurückgriffen, befürwortete der Bundesrat die Zugrundelegung des steuerrechtlichen Einkommensbegriff und die Anwendung der im EStG enthaltenen Regelungen zur Einkommensermittlung, weil »die meisten Elterngeldberechtigten einkommenssteuerpflichtig sind, während nur ein verhältnismäßig geringer Teil von ihnen Arbeitslosengeld II bezieht« (BT-Drucks. 16/2454 S. 8). Nach der Ansicht des Bundesrates »dürfte der Bezug zum Steuerrecht weit mehr Akzeptanz finden, als ein Verweis auf die Arbeitslosengeld II-/Sozialgeld-Verordnung« (BT-Drucks. 16/2454 S. 8). Die Bundesregierung schloss sich der Auffassung des Bundesrates wegen der geringen sachlichen Unterschiede zwischen dem sozialrechtlichen und dem steuerrechtlichen Anknüpfungspunkt für die Elterngeldberechtigten und die Kosten des Elterngeldes an, forderte aber einen Ausschluss spezifisch steuerrechtlicher Regelungen, wie z. B. den steuerrechtlich möglichen Verlustausgleich zwischen verschiedenen Einkommensarten (BT-Drucks. 16/2454 S. 11). In der Beschlussempfehlung des Ausschusses für Familie, Senioren, Frauen und Jugend wurden daraufhin der Einkommensbegriff und die Einkommensermittlungsvorschriften des EStG als Maßstab für die Höhe des Elterngeldes festgelegt (BT-Drucks. 16/2785, S. 37 ff.). Infolgedessen wurden die im Regierungsentwurf vorgeschlagene Fassung des § 2 BEEG in den Absätzen 1 und 3 geändert bzw. ergänzt, die Absätze 4 und 7 neugefasst und die Absätze 8 und 9 angefügt. In dieser Fassung ist § 2 BEEG als Art. 1 des Gesetzes zum Elterngeld und zur Elternzeit – Bundeselterngeld- und Elternzeitgesetz (BGBl. I S. 2748) **am 5.12.2006 verabschiedet** worden.

Zum damaligen Zeitpunkt umfasste § 2 folgende Regelungsinhalte: 2

Absatz 1 normierte die Höhe des Elterngelds und den hierfür maßgebenden Berechnungsmodus im Sinne einer gesetzlich fixierten Ersatzquote für den Regelfall. Zugleich enthielt Absatz 1 seinerzeit eine Legaldefinition des Bemessungszeitraums.

Absatz 2 sah seinerzeit – ebenso wie die aktuelle Fassung – eine Erhöhung der Ersatzquote für Geringverdiener vor. Die Absenkung der Ersatzquote für Besserverdienende (heute Abs. 2 Satz 2) wurde erst zu späterer Zeit eingeführt.

Absatz 3 enthielt bereits zum damaligen Zeitpunkt eine Regelung über die Höhe des Elterngeldes bei Ausübung einer Teilzeitbeschäftigung im Bezugszeitraum durch die elterngeldberechtigte Person.

Absatz 4 sah ursprünglich unter bestimmten Voraussetzungen eine Erhöhung des Elterngeldes für Mehrkindfamilien vor.

Absatz 5 regelte in der Ursprungsfassung das Mindestelterngeld (heute Abs. 4) und Absatz 6 den Zuschlag für Mehrlingsgeburten (heute § 2a Abs. 4).

Die Regelungen über die Ermittlung des für die Elterngeldhöhe maßgebenden Einkommens fanden sich zum damaligen Zeitpunkt für das Einkommen aus nichtselbstständiger Tätigkeit in Absatz 7 und für das Einkommen aus selbstständiger Tätigkeit in den Absätzen 8 und 9.

§ 2 regelte in der Ursprungsfassung somit nicht nur die Höhe des Elterngeldes, sondern enthielt auch **detaillierte Vorgaben für die Ermittlung des für die Elterngeldhöhe maßgebenden Einkommens** aus nichtselbstständiger und aus selbstständiger Tätigkeit sowie aus Gewerbebetrieb und Land- und Forstwirtschaft. Die auch systematisch verfehlte Bündelung der Vorgaben für die Leistungshöhe einerseits und die Ermittlung dieser Leistungshöhe andererseits in einer Vorschrift hatte zur Folge, dass § 2 in der Fassung durch das Einführungsgesetz eine hochkomplexe und nur schwer verständliche Struktur aufwies. Dies galt insbesondere für die Ausgestaltung der Regelungen zur Einkommensermittlung (§ 2 Abs. 7 bis 9 a.F.).

3 § 2 wurde seit seinem Inkrafttreten am 1.1.2007 mehrfach – auch grundlegend – geändert:

Die erste Änderung erfolgte durch das **Erste Gesetz zur Änderung des BEEG** vom 17.1.2009 (BGBl. I S. 61). Im Zuge dieses Änderungsgesetzes wurde der seinerzeit für die Ermittlung des Einkommens aus nichtselbstständiger Tätigkeit maßgebende § 2 Abs. 7 mit Wirkung zum 24.1.2009 um eine Regelung zur Verlängerung des Bemessungszeitraums durch Wehr- und Zivildienstzeiten ergänzt (Satz 7). Mit dieser Änderung wollte der Gesetzgeber sicherstellen, dass die mit besonderen Einschränkungen der Berufsausübungsfreiheit verbundenen Wehr- und Zivildienstzeiten nicht zu einem Nachteil bei der Berechnung des einkommensabhängigen Elterngeldes führen (BT-Drucks. 16/9415 S. 15). Die im Zuge der Beratungen zum 1. BEEG-Änderungsgesetz vom Bundesrat vorgeschlagenen umfangreichen Änderungen bei der Ermittlung des für die Elterngeldhöhe maßgebenden Einkommens (BT-Drucks. 16/10118 S. 7) wurden von der Bundesregierung seinerzeit nicht aufgegriffen, weil zum damaligen Zeitpunkt aufgrund des noch ausstehenden Evaluationsberichts zum Elterngeld keine gesicherten Erfahrungen über die Vor- und Nachteile der geltenden Regelungen und vorgeschlagenen Änderungen verfügbar waren (zur Gegenäußerung der Bundesregierung: BT-Drucks. 16/10118 S. 10).

4 Durch das **Gesetz über das Verfahren des elektronischen Entgeltnachweises vom 28.3.2009** (BGBl. I S. 634) wurde der damalige § 2 Abs. 7 Satz 4 BEEG, welcher seinerzeit den Nachweis für das Einkommen aus nichtselbstständiger Arbeit normierte, um eine Regelung zum elektronischen Einkommensnachweis ergänzt. Nachdem es bis zur geplanten vollständigen Umstellung der Abrechnung auf den elektronischen Entgeltnachweis (Stichtag 1.1.2012) nicht gelungen war, die für dieses Verfahren erforderlichen Rahmenbedingungen – insbesondere eine ausreichende Vergabe der für die Funktionsfähigkeit des ELENA-Verfahrens erforderlichen elektronischen Signaturen – zu gewährleisten, wurde das ELENA-Verfahren eingestellt (BT-Drucks. 17/7200) und die vor Einführung dieses Verfahrens geltende Rechtslage wieder hergestellt (vgl. dazu Schlegel, jurisPR-SozR 1/2012 Anm. 1). Dementsprechend wurde die den elektronischen Entgeltnachweis betreffende und zum 2.4.2009 eingeführte Regelung in § 2

Abs. 7 Satz 4, Halbsatz 2 durch das **Gesetz zur Änderung des Beherbergungsstatistik und Handelsstatistikgesetzes sowie zur Aufhebung von Vorschriften zum elektronischen Entgeltnachweis** vom 23.11.2011 (BGBl. I S. 2298) wieder gestrichen.

Für die Höhe des Elterngeldes grundlegende Änderungen sind mit dem am 1.1.2011 in Kraft getretenen **Haushaltsbegleitgesetz 2011** vom 9.12.2010 (BGBl. I S. 1885) wirksam geworden. In Absatz 1 wurde die Formulierung »im Inland zu versteuernde« Einkünfte eingefügt. Des Weiteren wurde Absatz 2 um Satz 2 ergänzt, der seit dieser Zeit für Elterngeldberechtigte mit einem zu berücksichtigenden Einkommen von mehr als 1.200 Euro im Bemessungszeitraum eine Absenkung der in § 2 Abs. 1 Satz 1 festgelegten Einkommensersatzquote von 67 Prozent auf bis zu 65 Prozent anordnet. Grund für diese Einschränkung der Elterngeldhöhe war die durch die Finanz- und Wirtschaftskrise mit Blick auf die Defizitgrenze des Europäischen Stabilitäts- und Wachstumspaktes erforderliche Haushaltskonsolidierung, die auch Einsparungen im Bereich der Familienleistungen notwendig machte (BT-Drucks. 17/3030 S. 1 f., 47). Nach Ansicht des Gesetzgebers sollte diese »moderate« Absenkung die notwendigen Einsparungen sicherstellen, ohne die Konzeption des Elterngeldes infrage zu stellen (BT-Drucks. 17/3030 S. 47 f.). In der systematischen Ausgestaltung entspricht die in Absatz 2 Satz 2 geregelte Absenkungsrate für mittlere Einkommen der in Absatz 2 Satz 1 normierten Erhöhungsquote im Geringverdienerbereich (BT-Drucks. 17/3030 S. 48). Ferner wurde Absatz 7 Satz 1 redaktionell geändert, um bezüglich der bei der Ermittlung des Einkommens aus nichtselbstständiger Tätigkeit in Abzug zu bringenden Steuern eine Klarstellung vorzunehmen (vgl. dazu BT-Drucks. 17/3030 S. 48). Schließlich ist im Zuge des HBeglG 2011 die seinerzeit in Absatz 7 Satz 2 enthaltene Regelung zur Berücksichtigung sonstiger Bezüge neugefasst worden, um zum einen die Feststellung dieser Bezüge verwaltungspraktikabel zu machen und um zum anderen sicherzustellen, dass pauschal besteuerte Einnahmen bei der Berechnung des Elterngeldes nicht berücksichtigt werden (BT-Drucks. 17/3030 S. 48). 5

Die umfassendste Änderung des § 2 erfolgte durch das **Gesetz zur Vereinfachung des Elterngeldvollzuges** vom 10.9.2012 (BGBl. I S. 1878) mit Wirkung zum 18.9.2012. 6 Anlass für diese grundlegende Änderung war die beim Vollzug des Elterngeldes gewonnene Erfahrung, dass der Verwaltungsaufwand im Vergleich zum Vollzug des Bundeserziehungsgeldes deutlich gestiegen war (BT-Drucks. 17/1221 S. 1). Die für den Vollzug des BEEG zuständigen Länder sahen sich aufgrund der Komplexität des Elterngeldes und insbesondere aufgrund der aufwendigen Einkommensermittlung künftig außer Stande, ohne die Bereitstellung zusätzlicher personeller Kapazitäten eine dem Charakter des Elterngeldes als kurzfristige Entgeltersatzleistung entsprechende zeitnahe Antragsbearbeitung und Auszahlung der Leistung zu gewährleisten (BR-Drucks. 884/09 S. 1; BT-Drucks. 17/1221 S. 1). Vor diesem Hintergrund griff der Bundesrat seine bereits 2009 erhobene, aber im Zuge des 1. BEEG-ÄndG nicht umgesetzte Forderung nach einer grundlegenden Vereinfachung der für die Ermittlung des Einkommens im BEEG maßgebenden Bestimmungen wieder auf und legte den Entwurf für ein Gesetz zur Vereinfachung des Elterngeldvollzuges vor (BR-Drucks. 884/09). Ziel des Gesetzentwurfs war eine erhebliche Vereinfachung des Elterngeldvollzuges bei gleichzeitiger Bewahrung des entgeltersetzenden Charakters der Leistung und Vermeidung von Mehrausgaben (BT-Drucks. 884/09 S. 2). Zu diesem Zweck sollte insbesondere die Einkommensermittlung durch eine **Pauschalierung von Steuern und Abgaben im Sinne einer fiktiven Nettoberechnung** erleichtert werden. Die vorgeschlagene Umgestaltung der Regelungen zur Ermittlung des für die Elterngeldhöhe maßgebenden Einkommens erfolgte nach dem Vorbild des Arbeitslosengeldes I (BR-Drucks. 884/09 S. 8). Die Änderung sollte zudem den primären Charakter des Elterngeldes als Einkommensersatzleistung unterstreichen. Zur Umsetzung der genannten Ziele sah der Gesetzentwurf des Bundesrates eine grundlegende Änderung der seinerzeit in § 2 Abs. 7 bis 9 enthaltenen Vorgaben für die Einkommensermittlung vor. Im Zuge der Beratung des Gesetzentwurfes im Ausschuss für Familie, Senioren, Frauen und Jugend wurden die Vorschläge der Länderkammer zur beabsichtigten Änderung des § 2 inhaltlich weitgehend übernommen, zugleich aber auch eine Neustrukturierung des in § 2 enthaltenen Regelungskomplexes im Interesse einer besseren Lesbarkeit und Verständlichkeit beschlossen (vgl. Beschlussempfehlung und Bericht des Ausschusses vom 29.5.2012, BT-Drucks. 17/9841). Der ursprünglich hochkomplexe Regelungsgehalt des § 2 wurde dabei aufgesplittet, wobei einzelne in sich geschlossene Regelungsinhalte in teilweise auch inhaltlich geänderter Form in eigenständige Vorschriften – **§§ 2a bis 2f BEEG** – überführt wurden. In der durch den Ausschuss für Familie, Senioren, Frauen und Jugend beschlossenen Form ist der Gesetzentwurf umgesetzt und sind die vorgeschlagenen **Änderungen zum 18.9.2012 in Kraft getreten**.

7 Im Einzelnen wurden folgende **Änderungen** vorgenommen:

Die **Höhe des Elterngeldes** wird wie bisher durch § 2 Abs. 1 geregelt. Die insoweit vorgenommenen Änderungen sind überwiegend redaktioneller Natur und Folge der Ausgliederung einzelner Regelungsgehalte in die neu eingefügten §§ 2a bis f BEEG. Unter anderem wurde die nunmehr in § 2b verortete Bestimmung des Bemessungszeitraums in Absatz 1 Satz 1 gestrichen, der Verweis auf die Einkommensermittlung nach den Absätzen 7 bis 9 durch den Verweis auf die neu eingefügten Vorschriften der §§ 2c bis f ersetzt sowie der Regelungsgehalt im Interesse des besseren Verständnisses neu gegliedert. Eine inhaltliche Änderung erfolgte in Absatz 1 Satz 3 dahin gehend, dass für die Höhe des Elterngeldes nicht mehr auf das »erzielte Einkommen aus Erwerbstätigkeit« abgestellt wird, sondern auf das **Einkommen aus Erwerbstätigkeit, dass die berechtigte Person »hat«**. Mit dieser Umformulierung will der Gesetzgeber in Reaktion auf die Rechtsprechung des Bundessozialgerichts zum elterngeldspezifisch modifizierten **Zuflussprinzip (BSG** vom 30.9.2010 – B 10 EG 19/09 R – BSGE 107, 18 = SozR 4–7837 § 2 Nr. 6) klarstellen, dass auch für die zeitliche Zuordnung von Einnahmen im BEEG die steuerrechtlichen Grundsätze und damit das Zufluss- und Realisationsprinzip gelten (BT-Drucks. 17/9841 S. 18).

Absatz 2 hat keine wesentliche Änderung erfahren und wurde lediglich sprachlich im Interesse eines besseren Verständnisses modifiziert.

Die Regelung in Absatz 3 ist terminologisch dem § 2 Abs. 1 Satz 3 angepasst worden und stellt nunmehr ebenfalls nicht mehr auf das »erzielte« Einkommen, sondern auf das Einkommen ab, dass die berechtigte Person »hat«. Darüber hinaus wurde der

Höchstbetrag für das bei Ausübung einer Teilzeittätigkeit im Bezugszeitraum gewährte Elterngeld von 2.700 Euro auf 2.770 Euro angehoben.

Der Regelungsgehalt des ursprünglichen Absatzes 4 (Geschwisterbonus) und Absatzes 6 (Mehrlingszuschlag) wurde in den neu geschaffenen § 2a BEEG in inhaltlich unveränderter Form überführt. § 2 Abs. 4 regelt nunmehr das bis 17.9.2012 in Absatz 5 enthaltene Mindestelterngeld.

Der Regelungsgehalt der bisherigen Absätze 7 bis 9, welche die Ermittlung des Einkommens aus nichtselbstständiger Tätigkeit sowie aus selbstständiger Tätigkeit, aus Gewerbebetrieb und aus Land- und Forstwirtschaft vorgegeben haben, wird nunmehr von den Regelungen der §§ 2c bis f BEEG erfasst.

Eine weitere Änderung des § 2 ist durch das **Gesetz zur Einführung des Elterngeld Plus mit Partnerschaftsbonus und einer flexibleren Elternzeit im Bundeselterngeld- und Elternzeitgesetz** vom 18.12.2014 erfolgt, das am 1.1.2015 in Kraft getreten ist und für ab dem 1.7.2015 geborene oder mit dem Ziel der Adoption aufgenommene Kinder gilt (§ 27 Abs. 1 Satz 2). Eltern können nun zwischen dem bisherigen Elterngeld und Elterngeld Plus wählen. Jeder Elternteil kann statt eines Elterngeldmonats (Basiselterngeld i.S.d. § 4 Abs. 2 Satz 2 BEEG) zwei Elterngeld Plus-Monate in Anspruch nehmen (§ 4 Abs. 3). Ferner kann das Elterngeld Plus auch mit dem Elterngeldbezug in seiner bisherigen Form für Monate ohne Einkommen und für Monate, in denen ein Einkommen aus einer Erwerbstätigkeit im Arbeitsumfang von nicht mehr als 30 Wochenstunden (nunmehr seit Juni 2022 32 Wochenstunden, s. sogleich) erzielt wird, kombiniert werden. Mit der Anfügung des Satz 3 in § 2 Abs. 3 wird sichergestellt, dass Eltern, die ihre Erwerbstätigkeit in einem gestuften Arbeitsumfang wieder aufnehmen, über das Elterngeld einen Einkommensersatz bekommen, der möglichst angepasst an die jeweiligen Stufen des Wiedereinstiegs bzw. die Reduzierung der Erwerbstätigkeit berechnet wird. Der neue Satz 3 ermöglicht eine differenzierte Berechnung des Elterngeldes für Monate mit geringem Einkommen und für Monate mit hohem Einkommen, was bisher nicht vorgesehen war (BT-Drucks. 18/2583 S. 24). 8

An der Berechnungsgrundlage (§§ 2a bis 2f) ändert sich durch die Einführung des Elterngeld Plus nichts. § 2 Abs. 3 Satz 3 schreibt jedoch vor, dass das Einkommen aus Erwerbstätigkeit nach der Geburt für Monate, in denen die berechtigte Person Elterngeld i.S.d. § 4 Abs. 2 Satz 2 (Basiselterngeld) in Anspruch nimmt, und für Monate, in denen sie Elterngeld Plus nach § 4 Abs. 3 Satz 1 in Anspruch nimmt, getrennt zu berechnen sind (siehe hierzu näher unten unter II. 1. e) cc)).

Mit dem **Zweiten Gesetz zur Änderung des Bundeselterngeld- und Elternzeitgesetz** vom 15.2.2021, welches zum 1.6.2022 in Kraft trat, wurden lediglich wenige redaktionelle Änderungen an dem bestehenden Gesetzesrahmen vorgenommen. So wurde der Begriff »Monat« durchgehend durch den Begriff »Lebensmonat« ersetzt. Zudem wurde in Absatz 3 der Begriff »Elterngeld im Sinne des § 4 Absatz 2 Satz 2« durch »Basiselterngeld« ersetzt und »§ 4 Absatz 2 Satz 2« in »§ 4 Absatz 2« angepasst. Inhaltliche Änderungen haben sich dadurch aber nicht ergeben (BT-Drucks. 19/24438, S. 25). Jedoch wurden natürlich außerhalb von § 2 BEEG weitere Gesetzesänderungen 9 vorgenommen. So zum Beispiel die Anpassung in § 1 Absatz 6 BEEG, welcher die Frage klärt, wann eine Person als nicht voll erwerbstätig anzusehen ist. Der Gesetzgeber hat hier eine Erhöhung der Wochenstunden von 30 auf 32 Wochenstunden vorgenommen (s. dazu die Kommentierung zu § 1 BEEG).

2. Regelungsgehalt

10 § 2 regelt als Schlüsselvorschrift des BEEG die **Höhe des Elterngeldes**. Zugleich kommt in dieser Vorschrift die im Vergleich zum Erziehungsgeld geänderte Konzeption der Familienleistung Elterngeld als Einkommensersatzleistung zum Ausdruck.

Absatz 1 Satz 1 normiert die Höhe des Elterngeldes für den Regelfall des Bezuges von Elterngeld durch eine zuvor erwerbstätige elterngeldberechtigte Person. Das Elterngeld ist insoweit als **Einkommensersatzleistung** ausgestaltet worden. Ergänzt wird diese Grundregel zur Elterngeldhöhe durch die in **Absatz 4** enthaltene Regelung zum **Mindestelterngeld**. Das Mindestelterngeld in Höhe von derzeit 300 Euro – auch Basisbetrag genannt (**BSG** vom 19.2.2009 – B 10 EG 2/08 R) – wird unabhängig von dem im Bemessungszeitraum erzielten Einkommen gewährt und stellt daher keine Einkommensersatzleistung, sondern eine **einkommensunabhängige Sozialleistung** dar.

Die Absätze 2, 3 enthalten Sonderregelungen für die Höhe des Elterngeldes, die an bestimmte wirtschaftliche Umstände der Familie anknüpfen (BT-Drucks. 16/1889 S. 19). Im Einzelnen sieht **Absatz 2 Satz 1** eine **Erhöhung der** in Absatz 1 Satz 1 vorgesehenen **Ersatzrate** von 67 Prozent für Berechtigte mit niedrigem Einkommen (weniger als 1.000 Euro pro Monat) vor. Umgekehrt ermöglicht **Absatz 2 Satz 2** seit dem 1.1.2011 eine **Absenkung der** in Absatz 1 Satz 1 als Regelfall vorgesehenen **Ersatzrate** für Berechtigte mit einem im Bemessungszeitraum erzielten Einkommen von mehr als 1.200 Euro bis auf 65 Prozent. **Absatz 3** regelt die **Höhe des Elterngeldes bei Ausübung einer Beschäftigung** durch die elterngeldberechtigte Person **im Bezugszeitraum** (Zeitraum nach der Geburt des Kindes).

Die in der Konzeption des § 2 zum Ausdruck kommende **ungleiche Begünstigung von Familien mit unterschiedlichen Einkommenssituationen** ist verfassungsrechtlich nicht zu beanstanden (**BSG** vom 19.2.2009 – B 10 EG 2/08 R – bezogen auf die Ermittlung der Elterngeldhöhe nach § 2 Abs. 7 Sätze 5 und 6 BEEG; LSG NRW vom 12.12.2008 – L 13 EG 32/08 – zu Art. 3 Abs. 1 GG; kürzlich erneut BSG vom 24.3.2022 – B 10 EG 1/20 R – zur Tätigkeit in der Entwicklungshilfe; Wiegand, BEEG [Stand: Januar 2023], § 2 Rn. 3; Jung, SGB 2007, 449, 451 f.; Müller-Terpitz, JZ 2006, 991 ff.; Brosius-Gersdorf, NJW 2007, 177, 179). Der Gesetzgeber hat in Bezug auf **Art. 6 Abs. 1 GG** einen weiten Gestaltungsspielraum, der es ihm erlaubt, bei der Ausgestaltung familienpolitischer Leistungen die unterschiedliche Leistungsfähigkeit der potenziell Leistungsberechtigten zu berücksichtigen (**BSG** vom 19.2.2009 – B 10 EG 2/08 R; BVerfG vom 29.5.1990 – 1 BvL 20/84, 1 BvL 26/84, 1 BvL 4/86 – BVerfGE 82, 60 = SozR 3–5870 § 10 Nr. 1; Brosius-Gersdorf, NJW 2007, 177, 179) und zugleich Anreize für eine – auch im fiskalischen Interesse liegende – Wahrnehmung der durch das BEEG eröffneten Handlungsmöglichkeiten zu schaffen (vgl. dazu: **BSG** vom 19.2.2009 – B 10 EG 2/08 R). Insbesondere kann aus Art. 6 Abs. 1 GG nicht die staatliche Verpflichtung abgeleitet werden, jegliche, die Familie treffenden finanziellen Belastungen auszugleichen (**BSG** vom 19.2.2009 – B 10 EG 2/08 R). In diesem Zusammenhang muss berücksichtigt werden, dass der gesetzgeberische Gestaltungsspielraum umso weiter ist, je weniger eine Sozialleistung auf eigenen (Beitrags-) Leistungen des Leistungsberechtigten beruht (**BVerfG** vom 6.7.2004 – 1 BvR 2515/95 – BVerfGE 111, 176 = SozR 4–7833 § 1 Nr. 4). Der Anspruch auf Elterngeld betrifft nicht die abwehrrechtliche Komponente des Art. 6 GG, sondern den status positivus dieses Grundrechts (Brosius-Gersdorf, NJW 2007, 177, 179), weil der Rechtskreis der Familien durch die staatliche Leistung Elterngeld erweitert wird. Zudem vermitteln weder Art. 3 GG noch Art. 6 Abs. 1 GG konkrete Ansprüche auf staatliche Leistungen (**BSG** vom 19.2.2009 – B 10 EG 2/08 R; BVerfG vom 7.2.2012 – 1 BvL 14/07 – BVerfGE 130, 240).

3. Vorläufervorschrift

§ 2 verfügt über keine ihm inhaltlich und konzeptionell direkt entsprechende Vorgängervorschrift im BErzGG. Ursache hierfür ist die mit dem BEEG vorgenommene Neuausrichtung der familienpolitischen Leistungen. Diese Neuausrichtung erfolgte vor dem Hintergrund der in der Praxis gewonnenen und soziologisch untermauerten Erfahrung, dass durch das Erziehungsgeld trotz der seit 1993 vorgenommenen zahlreichen Umstrukturierungen dieser Leistung verlängerte Erwerbsunterbrechungen für Mütter begünstigt und somit ein gesellschaftlich überkommenes Rollenverständnis verfestigt wurden (BT-Drucks. 16/1889 S. 14 ff.). Das Erziehungsgeld sollte daher durch die neu konzipierte Familienleistung Elterngeld abgelöst werden, um die wirtschaftliche Existenz junger Familien in den ersten Lebensmonaten des Kindes möglichst umfassend im Sinne einer Lohnersatzleistung zu sichern und dadurch die Wahlfreiheit beider Geschlechter zwischen verschiedenen Lebensentwürfen mit Kind zu vergrößern (BT-Drucks. 16/1889 S. 15). Daher verfügen die für den Anspruch und die Höhe des Elterngeldes zentralen Vorschriften des BEEG über **kein inhaltliches Pendant im Bereich des BErzGG**. 11

Das mit Wirkung zum 1.1.2007 eingeführte Elterngeld unterscheidet sich hinsichtlich der Zielsetzung, der Höhe der Leistung und der Einkommensermittlung wesentlich vom Erziehungsgeld. Während der Hauptzweck des Erziehungsgeldes darin bestand, die Erziehungsleistung der Familie anzuerkennen (BT-Drucks. 10/3792 S. 13; Zmarzlik/Zipperer/Viethen, 8. Aufl., § 1 BErzGG Rn. 3; s.a. Brose/Weth/Volk/Brose, 9. Aufl. 2020, BEEG, § 2 Rn. 14), soll mit dem Elterngeld primär die wirtschaftliche Lebensgrundlage der Eltern, die ihr Kind in den ersten Lebensmonaten selbst betreuen, durch einen weitgehenden Ersatz des betreuungsbedingt ausgefallenen Einkommens gesichert und auf diese Weise die Abhängigkeit von staatlichen Fürsorgeleistungen langfristig verhindert werden (BT-Drucks. 6/1889 S. 15). Das Erziehungsgeld war hingegen nicht als Einkommensersatzleistung ausgestaltet (**BSG** vom 23.7.1998 – B 11 AL 95/97 R – zum Erziehungsgeld; **BSG** vom 19.2.2009 – B 10 EG 2/08 R; **BSG** vom 23.1.2008 – B 10 EG 5/07 R – BSGE 99, 293 = SozR 4–7837 § 27 Nr. 1 Rn. 19 zum Elterngeld), sondern von der Bedürftigkeit der antragstellenden Person abhängig. Es wurde anfangs als fester Höchstbetrag, später wahlweise als budgetiertes Erziehungsgeld in Höhe von zuletzt maximal 450 Euro monatlich für einen Zeitraum von zwölf Monaten oder als nicht budgetiertes Erziehungsgeld in Höhe von zuletzt maximal 300 Euro monatlich für einen Zeitraum von längstens 24 Monaten gezahlt. Das Einkommen war lediglich für die Ermittlung der Höchstgrenze, ab der ein Anspruch auf Erziehungsgeld entfiel, von Bedeutung. Anders als beim Elterngeld wurde bei der Ermittlung des für die Höchstgrenze maßgebenden Einkommens beim Erziehungsgeld nicht nur das Einkommen des Antragstellers, sondern auch das seines Ehe- oder Lebenspartners berücksichtigt. Höhe und Einkommensgrenzen waren für das Erziehungsgeld in § 5 BErzGG, der Einkommensbegriff sowie die Einkommensermittlung in § 6 BErzGG geregelt.

Lediglich in Höhe des **Mindestbetrages** (§ 2 Abs. 4) ist das Elterngeld **dem Erziehungsgeld konzeptionell vergleichbar**. Denn das Mindestelterngeld wird unabhängig von dem im Bemessungszeitraum vor der Geburt des Kindes erzielten Einkommen der berechtigten Person gewährt und dient dem Zweck, die Betreuungs- und Erziehungsleistung der Eltern zu honorieren (**BSG** vom 25.6.2009 – B 10 EG 8/08 R – BSGE 103, 291 = SozR 4–7837 § 2 Nr. 2; **BSG** vom 17.2.2011 – B 10 EG 17/09 R – SozR 4–7837 § 2 Nr. 7; **BSG** vom 29.8.2012 – B 10 EG 7/11 R – SozR 4–7837 § 1 Nr. 3; **BSG** vom 6.8.2018 – B 10 EG 5/18 B).

Das den Mindestbetrag übersteigende Elterngeld sieht als Einkommensersatzleistung im **Vergleich zum Erziehungsgeld** wesentlich höhere Leistungsbeträge in Anlehnung an das vor der Geburt erzielte individuelle Einkommen des Elterngeldberechtigten vor.

4. Systematische Zusammenhänge

12 Die vom Gesetzgeber für das Elterngeld gewählte Konzeption kombiniert eine einkommensunabhängige staatliche Förderleistung (Mindestelterngeld nach § 2 Abs. 4) mit einer Einkommensersatzleistung (Elterngeld nach der Grundregel des § 2 Abs. 1 sowie nach den Modifikationen in § 2 Abs. 2 und 3 BEEG). Der Begriff der Einkommensersatzleistung ist durch § 18a Abs. 1 Satz 1 Nr. 2 SGB IV legaldefiniert im Sinne von Leistungen, die erbracht werden, um Erwerbseinkommen zu ersetzen. Dabei wird zwischen kurzfristigen (§ 18a Abs. 3 Nr. 1 SGB IV) und langfristigen (§ 18a Abs. 3 Nr. 2 bis 10 SGB IV) Einkommensersatzleistungen unterschieden. Das **Elterngeld** ist aufgrund der in § 4 BEEG normierten Regelbezugsdauer eher als **kurzfristige Einkommensersatzleistung** anzusehen und somit eine »vergleichbare Leistung« i.S.d. **§ 18a Abs. 3 Nr. 1 SGB IV.**

Sowohl das als Einkommensersatzleistung gewährte als auch das einkommensunabhängig gezahlte Elterngeld sind **Sozialleistungen im Sinne des § 11 SGB I.**

Für die Höhe des Elterngeldes sind nicht – wie ursprünglich beabsichtigt – der sozialrechtliche Einkommensbegriff und die in den einzelnen Büchern des SGB enthaltenen sozialrechtlichen Grundsätze zur Einkommensermittlung (z.B. § 11 SGB II i.V.m. der Bürgergeld-Verordnung (früher: Arbeitslosengeld II-/Sozialgeld-Verordnung)) maßgebend, sondern der **steuerliche Einkommensbegriff des § 2 Abs. 1 Nr. 1 bis 4 EStG** und die **steuerrechtlichen Einkommensermittlungsgrundsätze** des EStG unter Berücksichtigung der elterngeldrechtlichen Spezifika. Die elterngeldrechtlichen Besonderheiten bezüglich der Einkommensermittlung ergeben sich aus den Vorschriften der §§ 2c bis f BEEG.

Das **Elterngeld** selbst ist **einkommensteuerfrei** (§ 3 Nr. 67 EStG), nimmt aber am Progressionsvorbehalt teil (§ 32b Abs. 1 Nr. 1j EStG).

Das für die Höhe des Elterngeldes nach § 2 Abs. 1 Satz 1 maßgebende »Einkommen aus Erwerbstätigkeit vor der Geburt des Kindes« wird durch die Regelung zum Bemessungszeitraum in **§ 2b BEEG** und die **Einkommensermittlungsvorschriften der §§ 2c bis f BEEG** konkretisiert. Der Regelungsgehalt der genannten Vorschriften waren bis zum 17.9.2012 Bestandteil des § 2 selbst.

§ 2 Abs. 3 enthält eine Sonderregelung für die Elterngeldhöhe in den Fallkonstellationen, in denen die berechtigte Person von der durch **§ 1 Abs. 1 Nr. 4 und Abs. 6** eingeräumten Möglichkeit Gebrauch macht und während des Elterngeldbezugszeitraums (§ 4 Abs. 1 und 2 BEEG) eine Teilzeittätigkeit ausübt.

5. Normzweck

Hinsichtlich des Normzwecks muss zwischen dem einkommensabhängig gewährten 13
Elterngeld (§ 2 Abs. 1) und dem Mindestelterngeld (§ 2 Abs. 4) differenziert werden (ebenso **BSG** vom 19.2.2009 – B 10 EG 2/08 R; **BSG** vom 25.6.2009 – B 10 EG 8/08 R – BSGE 103, 291 = SozR 4–7837 § 2 Nr. 2; Stellungnahme des Deutschen Vereins zum Gesetzentwurf der Bundesregierung für ein Haushaltsbegleitgesetz 2011 hinsichtlich Artikel 13 Änderung des Bundeselterngeld- und Elternzeitgesetzes, NDV 2010, 477, 478; ebenso wohl BGH vom 10.11.2010 – XII ZR 37/09; Zweifel bzgl. dieser Differenzierung dagegen: BFH vom 21.9.2009 – VI B 31/09). Zwar sind beide Leistungen als Sozialleistung im Sinne des § 11 SGB I anzusehen (§ 11 i.V.m. § 25 Abs. 2 SGB I). Allerdings ist lediglich das **einkommensabhängig gewährte Elterngeld als Einkommensersatzleistung** konzipiert (vgl. Rdn. 10, 15, 20). Als solche verfolgt es den Zweck, die **wirtschaftliche Lebensgrundlage der Familie** in der Frühphase der Elternschaft **abzusichern**, um den Eltern auf diese Weise die Möglichkeit zu eröffnen, ihre Erwerbstätigkeit zu unterbrechen bzw. einzuschränken, um sich vorrangig der Betreuung des neugeborenen Kindes zu widmen (BT-Drucks. 16/1889 S. 19). Zugleich soll damit die wirtschaftliche Selbstständigkeit innerhalb der Partnerschaft und die gleichberechtigte Teilhabe an Familienaufgaben und Erwerbstätigkeit gefördert werden (BT-Drucks. 16/1889 S. 18 ff.). Das Elterngeld als Einkommensersatzleistung soll hingegen **keine sonstigen Erwerbs- und Ausfallrisiken ausgleichen**. Einkommenseinbußen aus sonstigen Gründen werden der Risikosphäre des Berechtigten zugeordnet und die Behebung dieser Notlagen bleibt anderen Sicherungssystemen vorbehalten (zu möglichen Einbußen durch die berufliche Entscheidung für eine Tätigkeit in der Entwicklungshilfe siehe BSG vom 24.3.2022 – B 10 EG 1/20 R; s.a. zur schwangerschaftsbedingten Arbeitslosigkeit und zur Risikosphäre BSG vom 9.3.2023 – B 10 EG 1/22 R).

Das **Mindestelterngeld** ist dagegen eine steuerfinanzierte einkommensunabhängig gewährte Sozialleistung. Mit dem Mindestelterngeld wird die **Erziehungs- und Betreuungsleistung der Eltern honoriert** (**BSG** vom 19.2.2009 – B 10 EG 2/08 R; **BSG** vom 25.6.2009 – B 10 EG 8/08 R – BSGE 103, 291 SozR 4–7837 § 2 Nr. 2). Es verfolgt somit eher eine dem Erziehungsgeld vergleichbare Zielsetzung (BT-Drucks. 10/3792 S. 13; Zmarzlik/Zipperer/Viethen, 8. Aufl., § 1 BErzGG Rn. 3; Wiegand, BEEG [Stand: Januar 2023], § 2 Rn. 15). Kritisch wird daher teilweise gesehen, dass das Mindestelterngeld seit 2007 auf einen Betrag von 300 Euro festgesetzt ist und eine Erhöhung, trotz des Anstieges der Verbraucherpreise, bisher nicht erfolgt ist (Zweifel daran, dass dies gerechtfertigt ist äußert Graue, in: Schlegel/Voelzke, jurisPK-SGB, 1. Aufl. [Stand: 15.4.2023], § 2 BEEG, Rn. 2 m.w.N., Rn. 50).

14 Sowohl mit dem einkommensabhängig gewährten Elterngeld als auch mit dem Mindestelterngeld kommt der Staat seiner aus Art. 6 Abs. 1 und 2 GG abzuleitenden Schutz- und Fürsorgepflicht zugunsten der Familie nach (BT-Drucks. 16/1889 S. 14). Diese staatliche Förderungspflicht ist dem Umstand geschuldet, dass die Kinderbetreuung eine im Interesse der Gemeinschaft liegende Leistung ist, die von staatlicher Seite anerkannt wird (BVerfG vom 10.11.1998 – 2 BvR 1057/91, 2 BvR 1226/91, 2 BvR 980/91 = BVerfGE 99, 216, 234) und im Rahmen eines Familienlastenausgleichs zu berücksichtigen ist (BVerfG vom 6.7.2004 – 1 BvL 4/97 – BVerfGE 111, 160, 172). Aus dieser Schutz- und Förderpflicht ergibt sich die Aufgabe des Staates, die Pflege- und Erziehungsarbeit der Eltern durch geeignete wirtschaftliche Maßnahmen zu unterstützen und zu fördern (BVerfG vom 7.2.2012 – 1 BvL 14/07 – BVerfGE 130, 240). Angesichts des gewandelten Rollenverständnisses umfasst dieser **staatliche Unterstützungs- und Förderauftrag** auch die Pflicht, den Elternteilen eine gleichberechtigte Teilnahme an Erwerbstätigkeit und Familienaufgaben zu ermöglichen (BT-Drucks. 16/1889 S. 14), zumal auch die Gemeinschaft angesichts der gestiegenen Berufsorientierung und Qualifikation von Frauen ein Interesse daran hat, dass dieses Potenzial dem Arbeitsmarkt nicht langfristig bzw. dauerhaft verloren geht. Allerdings verpflichtet der verfassungsrechtlich geforderte Familienlastenausgleich den Gesetzgeber nicht zu einer bestimmten Art und einem bestimmten Umfang des Ausgleichs, sondern nur zur Gewährung von Leistungen im Rahmen des (finanziell) Möglichen (BVerfG vom 10.3.1998 – 1 BvR 178/97 – BVerfGE 97, 332; s. zum weiten gesetzgeberischen Gestaltungsspielraum auch BSG vom 9.3.2023 – B 10 EG 1/22 R). Zudem ist verfassungsrechtlich lediglich ein Mindestschutz zwingend geboten (BSG vom 9.3.2023 – B 10 EG 1/22 R – Rn. 37). Das Bundessozialgericht hat in seinen Entscheidungen vom 17.2.2011 (B 10 EG 17/09 R – SozR 4–7837 § 2 Nr. 7; B 10 EG 20/09 R – SozR 4–7837 § 2 Nr. 8; B 10 EG 21/09 R) die Verfassungsmäßigkeit der vom Gesetzgeber für das Elterngeld gewählten Maßstäbe bestätigt. Mit der Anknüpfung an das Einkommen aus Erwerbstätigkeit verfolge der Gesetzgeber ein im Rahmen von Art. 3 GG legitimes Differenzierungsziel. Auch Art. 6 GG wird nicht verletzt, weil über die mit dem Elterngeld verbundene Anreizfunktion die Entscheidungsfreiheit über die innerfamiliäre Aufgabenverteilung nicht erheblich beeinflusst wird.

15 Während über die in § 2 Abs. 2 Satz 1 normierte Erhöhung des Elterngeldes gering verdienende Eltern und insbesondere die Ausübung gering bezahlter **Teilzeit- oder**

Kurzzeitbeschäftigung gezielt **unterstützt** werden soll (BT-Drucks. 16/1889 S. 20), ist die seit dem 1.1.2011 in § 2 Abs. 2 Satz 2 vorgesehene Absenkung des Elterngeldes für den mittleren Einkommensbereich allein **haushalts- und finanzpolitischen Umständen** geschuldet (vgl. dazu: BT-Drucks. 17/3030, S. 1 f., 47).

Die Gewährung von Elterngeld auch in Fällen, in denen die elterngeldberechtigte Person nach der Geburt des Kindes weiterhin – nunmehr aber in zeitlich eingeschränktem Umfang – einer Erwerbstätigkeit nachgeht (§ 1 Abs. 1 Nr. 4, Abs. 6 i.V.m. § 2 Abs. 3 BEEG), dient dem Zweck, lange und somit für die Karriere und die Absicherung im Alter nachteilige **Erwerbsunterbrechungen zu vermeiden** (zu dieser allgemeinen Intention des BEEG: BT-Drucks. 16/1889 S. 14 f.). Dieses Ziel wurde durch die Einführung des Elterngeld Plus durch das Gesetz zur Einführung des Elterngeld Plus mit Partnerschaftsbonus und einer flexibleren Elternzeit im Bundeselterngeld- und Elternzeitgesetz bekräftigt, indem es die Aufnahme einer Teilzeittätigkeit während des Elterngeld-Bezugszeitraums finanziell attraktiver macht.

II. Auslegung der Norm

1. Höhe des Elterngeldes

a) Höhe des einkommensabhängig gewährten Elterngeldes (§ 2 Abs. 1 Satz 1)

Für die Höhe des einkommensabhängig gewährten Elterngeldes sind zwei **Faktoren** maßgebend: das von der elterngeldberechtigten Person im Bemessungszeitraum (vgl. dazu Kommentierung zu § 2b BEEG) durchschnittlich erzielte **Einkommen** und ein **gesetzlich festgelegter Prozentsatz**. Die Multiplikation dieser Faktoren ergibt die Höhe des als Einkommensersatzleistung ausgestalteten Elterngeldes. Ein vergleichbares Berechnungsprinzip gilt auch für andere einkommensabhängig gewährte Sozialleistungen wie z.B. das Arbeitslosengeld (§§ 149 SGB III), das Krankengeld (§ 47 SGB V) und das Übergangsgeld. 16

Das einkommensabhängig gewährte Elterngeld unterliegt dem **steuerlichen Progressionsvorbehalt** – § 32b Abs. 1 Nr. 1j i.V.m. Abs. 2 Nr. 1 EStG (zur Geltung des steuerlichen Progressionsvorbehalts für das Mindestelterngeld, siehe Rn. 21). 17

Der für die Elterngeldhöhe maßgebende **gesetzliche Prozentsatz** beträgt **67 Prozent**. Mit der Höhe des für eine Einkommensersatzleistung relevanten Prozentsatzes entscheidet der Gesetzgeber zugleich über das durch die jeweilige Sozialleistung abgesicherte Niveau. Der gesetzlich festgelegte Prozentsatz von 67 Prozent knüpft an das soziale Sicherungsniveau des Arbeitslosengeldes (§ 149 SGB III) an. Nach der Auffassung des Gesetzgebers ist die Gewährung eines Elterngeldes in Höhe von 67 Prozent des im Bemessungszeitraum durchschnittlich erzielten Einkommens notwendig, aber auch ausreichend, um die dem Elterngeld zugewiesene Funktion der wirtschaftlichen Absicherung von Familien in der Frühphase der Elternschaft zu gewährleisten (BT-Drucks. 16/1889 S. 19).

Mit dem einkommensabhängig gezahlten Elterngeld wird jungen Familien die Möglichkeit eröffnet, in der Frühphase der Elternschaft auch auf das höhere der beiden 18

Einkommen für eine bestimmte Zeit zu verzichten. Auf diese Weise sollen zum einen die häufig höher verdienenden Väter stärker als bisher in die Erziehungsarbeit eingebunden und soll zum anderen die Vereinbarkeit von Beruf und Familienarbeit erleichtert werden (BT-Drucks. 16/1889 S. 15). Der Gesetzgeber trägt mit dieser **Neuausrichtung der Familienleistung** dem geänderten gesellschaftlichen Rollenverständnis und der zunehmenden Berufsorientierung von Frauen Rechnung (BT-Drucks. 16/1889 S. 14).

Mit der kürzlichen gesetzgeberischen Tätigkeit hat der Gesetzgeber zudem betont, dass die Neuregelungen in Form von deutlich **flexibleren Angeboten zur Nutzung des Elterngeldes** den Wünschen und Bedarfen der Eltern entgegenkommen soll. Paare sowie Alleinerziehende sollen den Anforderungen des Alltags mit kleinen Kindern und einer Berufstätigkeit besser begegnen können (BT-Drucks. 19/24438, S. 1). Zudem sollen Eltern mit besonders früh geborenen Kindern mehr Zeit erhalten (BT-Drucks. 19/24438, S. 2).

19 Das einkommensabhängige gewährte Elterngeld ist der Höhe nach auf einen Betrag von **1.800 Euro** begrenzt (§ 2 Abs. 1 Satz 2). Damit wird maximal ein im Bemessungszeitraum erzieltes Einkommen von 2.770 Euro durch das Elterngeld ersetzt. Hat die berechtigte Person in dem für die Elterngeldhöhe maßgebenden Bemessungszeitraum vor der Geburt des Kindes (§ 2b BEEG) ein höheres – d.h. den Betrag von 2.770 Euro übersteigendes – Einkommen erzielt, knüpft das Elterngeld nicht an das im Bemessungszeitraum tatsächlich erzielte, sondern an ein gesetzlich normiertes fiktives (Höchst-) Einkommen an.

b) Höhe des Mindestelterngeldes (§ 2 Abs. 4)

20 Das auch als Basisbetrag (**BSG** vom 19.2.2009 – B 10 EG 2/08 R und B 10 EG 2/08 R; **BSG** vom 19.2.2009 – B 10 EG 2/08 R; **BSG** vom 25.6.2009 – B 10 EG 8/08 R – BSGE 103, 291 = SozR 4–7837 § 2 Nr. 2) bezeichnete Mindestelterngeld wird unabhängig von dem im Bemessungszeitraum erzielten Einkommen gewährt. Die im **Gesetzgebungsverfahren** von der Fraktion BÜNDNIS 90/DIE GRÜNEN erhobene Forderung, das Mindestelterngeld müsse ebenfalls bedarfs- und einkommensabhängig und damit sozial ausgewogen gewährt und dürfe u.a. nur dann gezahlt werden, wenn das Familieneinkommen eine bestimmte Höchstgrenze nicht überschreitet, wurde im Vermittlungsausschuss nicht aufgegriffen (BT-Drucks. 16/2785 S. 32 f., 36, 37 ff.). Auch der Vorschlag der Fraktion DIE LINKE, das Mindestelterngeld für einen Zeitraum von 24 Monaten zu zahlen und den Berechtigten ein Wahlrecht zwischen Lohnersatzleistung und Mindestelterngeld einzuräumen, fand keine Mehrheit (BT-Drucks. 16/2785 S. 36, 37 ff.).

Das Mindestelterngeld war bis zum 17.9.2012 in § 2 Abs. 5 geregelt und wurde im Zuge der durch das Gesetz zur Vereinfachung des Elterngeldvollzuges vom 10.9.2012 vorgenommenen Umstrukturierung in § 2 Abs. 4 überführt.

21 Nach der Gesetzesbegründung soll das Mindestelterngeld in Höhe von 300 Euro die Eltern, die nicht voll erwerbstätig sind, unterstützen. Dies gilt auch dann, wenn vor

der Geburt überhaupt keine Erwerbstätigkeit ausgeübt wurde (BT-Drucks. 16/1889 S. 2). Mit dem Mindestelterngeld wird die Erziehungs- und Betreuungsleistung der Eltern/des Elternteils honoriert (**BSG** vom 19.2.2009 – B 10 EG 2/08 R; **BSG** vom 19.2.2009 – B 10 EG 2/08 R; **BSG** vom 25.6.2009 – B 10 EG 8/08 R – BSGE 103, 291 = SozR 4–7837 § 2 Nr. 2; **BSG** vom 17.2.2011 – B 10 EG 17/09 R – SozR 4–7837 § 2 Nr. 7; **BSG** vom 29.8.2012 – B 10 EG 7/11 R – SozR 4–7837 § 1 Nr. 3; bestätigt durch die Antwort der Bundesregierung auf die Kleine Anfrage der Fraktion DIE LINKE vom 29.7.2010 – BT-Drucks. 17/2672 S. 10; a.A. wohl BFH vom 21.9.2009 – VI B 31/09). Es handelt sich um eine **einkommensunabhängige, steuerfinanzierte staatliche Förderleistung** (Sozialtransferleistung – zu diesem Begriff: Dau in: jurisPR-SozR 25/2009 Anm. 4). Diese rechtliche Qualifizierung des Mindestelterngeldes kommt in der Regelung zum Zuschlag bei Mehrlingsgeburten in § 2a Abs. 4 BEEG (bis zum 17.9.2012 § 2 Abs. 6 – vgl. dazu: **BSG**, Urteil vom 19.2.2009 – B 10 EG 2/08 R) und dem in § 10 Abs. 1 BEEG in Höhe des Mindestelterngeldes vorgesehenen Anrechnungsfreibetrag (vgl. dazu Kommentierung zu § 10) zum Ausdruck. Dies wird auch nicht durch die mit Wirkung zum 1.1.2011 vorgenommene Einfügung des § 10 Abs. 5 BEEG infrage gestellt. Zwar wird das Mindestelterngeld – anders als nach der bis zum 31.12.2010 geltenden Rechtslage – **nunmehr auf Leistungen nach dem SGB II, SGB XII und nach § 6a BKGG sowie des AsylbLG angerechnet**. Allerdings wollte der Gesetzgeber mit dieser Gesetzesänderung nicht dem Mindestelterngeld den Rechtscharakter einer staatlichen Förderleistung absprechen, sondern lediglich dem Umstand Rechnung tragen, dass zum einen die Erziehungs- und Betreuungsleistung des berechtigten Elternteils bereits durch die genannten Leistungssysteme berücksichtigt wird und zum anderen in diesen Leistungssystemen grundsätzlich jedes Einkommen anzurechnen ist, sodass Ausnahmen von diesem Grundsatz einer besonderen Rechtfertigung bedürfen (BT-Drucks. 17/3030 S. 48), die im Fall des Elterngeldes nicht erkennbar ist (vgl. dazu Kommentierung zu § 10).

Ob auch das Mindestelterngeld dem **steuerlichen Progressionsvorbehalt** des § 32b 22
EStG unterliegt, ist umstritten. In diesem Zusammenhang wird diskutiert, ob das Elterngeld insgesamt als einheitliche Einkommensersatzleistung konzipiert ist und als solche dem Progressionsvorbehalt des § 32b Abs. 2 Satz 1 Nr. 1j i.V.m. Abs. 2 Nr. 1 EStG unterfällt (zum Meinungsstand vgl. Dau in: jurisPR-SozR 25/2009 Anm. 4 zu BFH vom 21.9.2009 – VI B 31/09). Insoweit ist eine **differenzierte**, die Zweckbestimmung des § 32b EStG einerseits und des § 2 BEEG andererseits berücksichtigende **Betrachtung** geboten. Unter den Progressionsvorbehalt fallen im Wesentlichen steuerfreie Entgeltersatzleistungen (vgl. dazu auch **BSG** vom 25.6.2009 – B 10 EG 3/08 R – SozR 4–7837 § 2 Nr. 1). Auf diese Weise soll eine Besteuerung entsprechend der Leistungsfähigkeit sichergestellt werden, denn der Bezug von Sozialleistungen führt zu einer höheren wirtschaftlichen Leistungsfähigkeit (Heinicke in Schmidt, EStG, 43. Aufl. 2024, § 32b Rn. 1). Diese Regelung ist als verfassungsmäßig anzusehen (BFH vom 29.7.2005 – VI B 199/04; vgl. auch BVerfG vom 3.5.1995 – 1 BvR 1176/88). Hiervon ausgehend muss zwischen dem einkommensabhängig gewährten Elterngeld (§ 2 Abs. 1) und dem unabhängig von dem im Bemessungszeitraum erzielten Einkommen gezahlten Mindestelterngeld (§ 2 Abs. 4) unterschieden werden. Nur das

einkommensabhängig gewährte Elterngeld ist eine Einkommensersatzleistung, für die § 32b Abs. 1 S. 1 Nr. 1j EStG uneingeschränkt gilt. Das Mindestelterngeld ist dagegen eine Sozialtransferleistung im Sinne einer staatlichen Förderleistung. In dieser Höhe wird das Elterngeld unabhängig von einer Einkommensminderung und damit außerhalb einkommensteuerrechtlicher Zusammenhänge gewährt (Winhard, DStR 2008, 2144 f.; Dau in: jurisPR-SozR 25/2009 Anm. 4). Das Mindestelterngeld honoriert die Betreuungs- und Erziehungsleistung der Eltern (**BSG** vom 19.2.2009 – B 10 EG 2/08 R; **BSG** vom 25.6.2009 – B 10 EG 8/08 R – BSGE 103, 291 = SozR 4–7837 § 2 Nr. 2) und ist daher hinsichtlich seiner Zweckrichtung mit dem Erziehungsgeld vergleichbar, welches ebenfalls nicht dem steuerlichen Progressionsvorbehalt unterlag. Daher unterfällt auch das Mindestelterngeld nicht der Regelung des § 32b Abs. 1 Satz 1 Nr. 1j EStG (ebenso: Winhard, DStR 2008, 2144 f.; Dau in: jurisPR-SozR 25/2009 Anm. 4; a.A. Heinicke in Schmidt, EStG, 43. Aufl. 2024, § 32b Rn. 12). Der **BFH vertritt zu dieser Frage eine andere Rechtsauffassung und qualifiziert das Elterngeld insgesamt – d.h. unter Einschluss des Mindestelterngeldes – als Entgeltersatzleistung** (BFH vom 21.9.2009 – VI B 31/09 mit Besprechung von Dau in: jurisPR-SozR 25/2009 Anm. 4 und Bergkemper in: jurisPR-SozR 49/2009 Anm. 9). Dem kann entgegengehalten werden, dass die Differenzierung zwischen dem als Sozialleistung im engeren Sinn ausgestalteten Mindestelterngeld und dem als Lohnersatzleistung zu qualifizierenden einkommensabhängig gewährten Elterngeld bereits im Gesetz angelegt und vom Gesetzgeber ausweislich der Materialien zum BEEG beabsichtigt ist und dass für beide Leistungen jeweils unterschiedliche gesetzliche Regelungen vorgesehen sind (z.B. im Regelungskontext der §§ 10, 11 BEEG).

23 Mit dem Mindestelterngeld in Höhe von 300 Euro wird der Mindestbedarf für den betreuenden Elternteil und das von ihm betreute Kind im Sinne eines **familienrechtlichen Existenzminimums** abgedeckt. Dieses familienrechtliche Existenzminimum ist Teil des grundsicherungsrelevanten Existenzminimums (vgl. dazu die Begründung zur Änderung des § 10 BEEG im Zuge des Haushaltsbegleitgesetzes 2011 – BT-Drucks. 17/3030 S. 48). Mit der Gewährleistung des familienrechtlichen Existenzminimums kommt der Staat seiner aus der Institutsgarantie und dem objektiv-rechtlichen Gehalt des Art. 6 GG abzuleitenden Schutz- und Förderpflicht nach, die unter anderem die Gewährleistung eines bestimmten Mindestschutzniveaus gebietet (Brosius-Gersdorf, NJW 2007, 177, 182). Der Personenkreis, der die Voraussetzungen für den Bezug von Mindestelterngeld erfüllt, wird jedoch im **Vergleich zum Leistungsumfang nach dem BErzGG** in der Regel benachteiligt. Das Erziehungsgeld wurde in der Budgetform zwar nur für zwölf Monate, dann aber in Höhe von 450 Euro gezahlt. Das als Regelbetrag gezahlte Erziehungsgeld wurde ebenso wie das Mindestelterngeld in einer Höhe von 300 Euro, allerdings für 24 Monate, gezahlt. Dieser Vergleich mit dem Leistungsniveau des BErzGG für Berechtigte ohne bzw. mit sehr geringem Einkommen zeigt, dass die Vorschriften des BEEG primär auf den Schutz mittlerer Einkommensschichten abzielen (so auch Jung, SGB 2007, 449, 451). Diese Schutzrichtung ist der familienpolitischen Konzeption des BEEG geschuldet. Durch das Elterngeld und die mit dieser Leistung verbundenen Anreize soll zwar grundsätzlich eine Steigerung der Geburtenrate durch alle Einkommensschichten hinweg, insbesondere aber in der mitt-

leren Einkommensschicht erreicht werden (Brosius-Gersdorf, NJW 2007, 177, 181; kritisch dazu: Weilert, DVBl 2010, 164, 165), weil diese in besonderer Weise von dem demografisch bedenklichen Geburtenrückgang betroffen ist (Jung, SGB 2007, 449, 451 m.w.N.).

Ein Anspruch auf Mindestelterngeld in Höhe 300 Euro besteht nur, wenn der Eltern- 24
geldberechtigte die Anspruchsvoraussetzungen des § 1 Abs. 1 BEEG erfüllt. Weitere **Voraussetzung für den Bezug des Mindestelterngeldes** ist, dass die elterngeldberechtigte Person im Bemessungszeitraum kein bzw. kein nennenswertes Einkommen erzielt hat oder durch die Geburt keine Einkommensminderung eingetreten ist (vgl. § 2 Abs. 3). Das Mindestelterngeld wird daher in folgenden **Fallkonstellationen** gewährt (BT-Drucks. 16/1889, S. 21):

- Die elterngeldberechtigte Person hat vor der Geburt des Kindes keine Erwerbstätigkeit ausgeübt und somit im Bemessungszeitraum kein Einkommen erzielt. In dieser Konstellation ergibt sich kein Anspruch auf einkommensabhängiges Elterngeld nach § 2 Abs. 1 und 2.

▶ **Bsp.:**

Das Elterngeld wird von der vor der Geburt nicht berufstätigen Mutter des Kindes beantragt.

- Die elterngeldberechtigte Person hat im Bemessungszeitraum vor der Geburt ein Einkommen aus Erwerbstätigkeit erzielt, dass aber aufgrund seiner Höhe bei Anwendung des in § 2 Abs. 1 bis 3 geregelten Berechnungsmodus nur einen Anspruch auf einkommensabhängiges Elterngeld von weniger als 300 Euro begründet.

▶ **Bsp.:**

Die elterngeldberechtigte Person hat vor der Geburt des Kindes im Rahmen eines geringfügigen Beschäftigungsverhältnisses ein durchschnittliches monatliches Einkommen von 250 Euro erzielt. Das würde auch unter Berücksichtigung der Aufstockungsregelung in § 2 Abs. 2 Satz 1 nur einen unter dem Mindestelterngeld liegenden maximalen einkommensabhängigen Elterngeldanspruch von 250 Euro ergeben (maximaler Aufstockungsbetrag in Höhe des erzielten Einkommens).

- Die elterngeldberechtigte Person übt vor und nach der Geburt des Kindes eine Teilzeittätigkeit ohne Einkommenseinbuße aus.

▶ **Bsp.:**

Die vor der Geburt des Kindes von der elterngeldberechtigten Person ausgeübte Teilzeittätigkeit wird nach der Geburt unter Berücksichtigung der Vorgaben des § 1 Abs. 1 Nr. 4 und Abs. 6 BEEG in unverändertem Umfang fortgesetzt oder zeitlich nur so weit reduziert, dass der nach § 2 Abs. 3 zu ermittelnde Unterschiedsbetrag unter 300 Euro liegt.

§ 2 Abs. 4 gilt **auch für die Partnermonate** nach § 4 Abs. 4 Satz 2 BEEG, wenn die insoweit berechtigte Person vor der Geburt des Kindes ein Einkommen aus Erwerbstätigkeit erzielt hat, das nach § 2 Abs. 1 bis 3 zu einem unter 300 Euro liegenden einkommensabhängigen Elterngeldanspruch führen würde.

Für Zeiten eines **Erholungsurlaubes**, auch wenn dieser zur Kindererziehung genutzt wird, besteht kein Anspruch auf das Mindestelterngeld. Dies ergibt sich aus den arbeitsrechtlichen Vorschriften des BEEG, die klar zwischen der Inanspruchnahme von Elternzeit (§ 16 BEEG) und der Inanspruchnahme von Erholungsurlaub (§ 17 BEEG) trennen. Elternzeit und Erholungsurlaub sind nicht deckungsgleich (siehe hierzu **BSG** vom 15.12.2015 – B 10 EG 3/14 R).

25 Liegen die genannten Voraussetzungen vor, wird Elterngeld in Höhe von 300 Euro gewährt. Beantragt die elterngeldberechtigte Person die Gewährung von Mindestelterngeld, erfolgt **keine Prüfung der konkreten Einkommensverhältnisse** durch die Elterngeldbehörde. Beantragt die elterngeldberechtigte Person die Gewährung von einkommensabhängigem Elterngeld, obwohl sich bei Anwendung des § 2 Abs. 1 bis 3 ein unter 300 Euro liegender Elterngeldanspruch ergeben würde, ist gleichwohl das Mindestelterngeld in Höhe von 300 Euro zu zahlen (so auch: Helmke/Bauer, Familienleistungsausgleich [Stand: April 2022], § 2 Rn. 34). Dies folgt aus der Formulierung des § 2 Abs. 4 (»wird mindestens in Höhe von 300 Euro gezahlt.«) sowie dem mit dem Mindestelterngeld verfolgten Zweck. Die zuständige Behörde muss in diesen Fällen aufgrund der ihr nach § 14 SGB I obliegenden Beratungspflicht auf eine entsprechende Korrektur des Antrags durch die elterngeldberechtigte Person hinwirken.

26 Das Mindestelterngeld kann **nicht zusätzlich zu dem** nach § 2 Abs. 1 bis 3 **einkommensabhängig gewährten Elterngeld** gezahlt werden. Dies wurde nach der bis zu 17.9.2012 geltenden Rechtslage explizit durch § 2 Abs. 5 Satz 3 geregelt. Im Zuge der Neustrukturierung des § 2 durch das Gesetz zur Vereinfachung des Elterngeldvollzuges wurde dieser nach Auffassung des Gesetzgebers entbehrliche Hinweis gestrichen, weil sich Entsprechendes bereits aus der Formulierung »mindestens in Höhe von 300 Euro« ergebe (BT-Drucks. 17/9841, S. 19). Das Mindestelterngeld kann allerdings in einer Ehe oder Partnerschaft mit einem einkommensabhängigen Elterngeldanspruch des anderen Elternteils gekoppelt werden. War ein Elternteil vor der Geburt des Kindes nicht oder nur in geringem Umfang erwerbstätig, kann er bei Vorliegen der entsprechenden Anspruchsvoraussetzungen die Gewährung von Mindestelterngeld beantragen. Nimmt der andere Elternteil aufgrund der Regelung des § 4 Abs. 4 Satz 2 BEEG die Partnermonate in Anspruch und hat er vor der Geburt des Kindes eine Erwerbstätigkeit ausgeübt, die er in den Partnermonaten aufgibt oder in dem durch § 1 Abs. 1 Nr. 4 und Abs. 6 BEEG vorgegebenen Umfang zeitlich reduziert, kann er in dieser Zeit einkommensabhängiges Elterngeld beziehen.

c) Höhe des einkommensabhängig gewährten Elterngeldes für Geringverdiener (§ 2 Abs. 2 Satz 1)

27 Liegt das im Bemessungszeitraum vor der Geburt durchschnittlich erzielte **Einkommen** der elterngeldberechtigten Person aus Erwerbstätigkeit **unter 1.000 Euro**, erhöht

sich der für die Elterngeldhöhe maßgebende Prozentsatz von 67 Prozent stufenweise um 0,1 Prozentpunkte für je zwei Euro, um die das tatsächlich erzielte Einkommen unter dem Betrag von 1.000 Euro liegt, auf bis zu 100 Prozent.

Die Erhöhungsvorschrift trägt dem Umstand Rechnung, dass der nicht vollständige Ersatz des durch die Betreuung des Kindes weggefallenen Einkommens durch das Elterngeld (Ersatzquote 67 Prozent) umso schwerer wiegt, je niedriger das im Bemessungszeitraum erzielte Einkommen der berechtigten Person war (BT-Drucks. 16/1889 S. 20). Durch die getroffene Regelung sollen gering verdienende Eltern und insbesondere die Ausübung gering bezahlter Teilzeit- oder Kurzzeitbeschäftigung unterstützt werden, ohne dass in diesen Fällen in einem aufwendigen Verfahren das Familiengesamteinkommen (wie nach dem BErzGG) ermittelt werden muss (BT-Drucks. 16/1889 S. 20). Indirekt erhofft sich der Gesetzgeber damit eine besondere Förderung von Mehrkindfamilien, in denen der hauptsächlich mit der Erziehung und Betreuung des Kindes befasste Elternteil häufig erziehungsbedingt nur eine gering bezahlte Teilzeittätigkeit ausübt (BT-Drucks. 16/1889 S. 20). Über die Erhöhungsvorschrift des § 2 Abs. 2 Satz 1 wird der **Unterschied zwischen dem oberen und dem niedrigeren Einkommensbereich** in Bezug auf das Elterngeld **minimiert**. 28

Mit dem in § 2 Abs. 2 Satz 1 gewählten Erhöhungsmodus verfolgt der Gesetzgeber konsequent den einkommensorientierten Ansatz des BEEG. Offen bleibt allerdings der gesetzgeberische **Anknüpfungspunkt für die betragsmäßige Grenze**, ab der eine Erhöhung der Ersatzquote vorzunehmen ist. Eine Orientierung an der im Zweiten Armuts- und Reichtumsbericht der Bundesregierung festgestellten Armutsrisikoschwelle von 980 Euro kann vermutet (so Buchner/Becker, 8. Aufl., § 2 BEEG Rn. 15), aber nicht sicher belegt werden. Dieser Anknüpfungspunkt wäre angesichts des zwischen Erwerbstätigkeit, Familienleistungen und Armutsrisiken bestehenden sachlichen Zusammenhangs nachvollziehbar. Insoweit haben die im Dritten Armuts- und Reichtumsbericht der Bundesregierung aufgrund statistischer Erhebungen gewonnenen Erkenntnisse ergeben, dass sich bestehende Armutsrisiken verstärken bzw. neue Armutsrisiken auftreten können, wenn es den Eltern in der Zeit nach der Geburt des Kindes nicht gelingt, eine stabile Balance zwischen Erwerbs- und Familienarbeit zu finden. Das Elterngeld trägt gerade diesem Umstand Rechnung und berücksichtigt, dass sich in der Phase nach der Familiengründung die materiellen Anforderungen (Erhöhung des Bedarfs der Familie durch die Geburt des Kindes) und das verfügbare Einkommen (Wegfall oder Reduzierung durch die Kinderbetreuung) nicht entsprechen (Dritter Armuts- und Reichtumsbericht der Bundesregierung, S. 148). 29

Die prozentuale Erhöhung des Elterngeldes nach § 2 Abs. 2 Satz 1 BEEG wird wie folgt ermittelt (**Berechnungsvorgang**): 30

> 1.000 Euro minus im Bemessungszeitraum erzieltes Einkommen, Ergebnis dividiert durch 2 multipliziert mit 0,1, ergibt die Erhöhung in Prozentpunkten.
>
> Bsp.: Bei einem im Bemessungszeitraum erzielten Einkommen in Höhe von 520 Euro ergibt sich eine Erhöhungsquote von 24 Prozentpunkten (Schritt 1: 1.000–520 = 480, Schritt 2:480:2 = 240, Schritt 3:240×0,1 = 24 Prozentpunkte)

und somit ein Anspruch auf Elterngeld in Höhe von 91 Prozent (67+24=91) des im Bemessungszeitraum erzielten Einkommen, im Ergebnis 473,20 Euro.

Die prozentuale Erhöhung beginnt ab einem Einkommen von 998 Euro. Ab einem Einkommen von 340 Euro und weniger wird das im Bemessungszeitraum erzielte Einkommen zu 100 Prozent ersetzt. Damit wollte der Gesetzgeber sicherstellen, dass elterngeldberechtigte Personen, die vor der Geburt durchschnittlich mehr als 300 Euro verdient haben, auch nach der Geburt über 300 Euro erhalten (BT-Drucks. 16/1889 S. 20). Offensichtlich soll auf diese Weise der Unterschied zwischen dem einkommensabhängig gewährten Elterngeld und dem Mindestelterngeld auch im Leistungsumfang zum Ausdruck gebracht werden.

d) Absenkung des einkommensabhängig gewährten Elterngeldes für mittlere Einkommensgruppen (§ 2 Abs. 2 Satz 2)

31 Durch das **Haushaltsbegleitgesetz 2011** vom 9.12.2010 (BGBl. I S. 1885) ist § 2 Abs. 2 um Satz 2 ergänzt worden. Danach wird die für das einkommensabhängig gewährte Elterngeld maßgebende Ersatzquote von 67 Prozent stufenweise um 0,1 Prozentpunkte für je zwei Euro gesenkt, um die das im Bemessungszeitraum erzielte Einkommen den Betrag von 1.200 Euro übersteigt, bis zu einer Untergrenze von 65 Prozent. Diese Absenkung ist eine der von der Bundesregierung vorgenommenen **Haushaltskonsolidierungsmaßnahmen**, die zur Bewältigung der Folgen der Finanz- und Wirtschaftskrise mit Blick auf die Defizitgrenze des Europäischen Stabilitäts- und Wachstumspakets notwendig geworden waren (BT-Drucks. 17/3030 S. 1 f.). Der Gesetzgeber hält die vorgenommene Beschränkung für familienpolitisch vertretbar, weil die Absenkung moderat sei und die Konzeption des Elterngeldes nicht infrage stellt (BT-Drucks. 17/3030 S. 47 f.). Hinsichtlich der Ausgestaltung folgt die Absenkungsquote dem für die Erhöhung des Elterngeldes im Geringverdienerbereich gewählten Berechnungsmodell (BT-Drucks. 17/3030 S. 48).

32 Die mit der Einfügung des § 2 Abs. 2 Satz 2 verbundene Absenkung des Elterngeldes für mittlere Einkommensschichten ist **verfassungsrechtlich nicht zu beanstanden** (so auch **BSG** vom 4.9.2013 – B 10 EG 6/12 R). Es steht dem Gesetzgeber grundsätzlich frei, eine steuerfinanzierte Sozialleistung aus haushaltspolitischen Gründen im Rahmen des ihm im Sozialleistungsbereich eingeräumten weiten Gestaltungsspielraums (teilweise) rückgängig zu machen (ebenso Weilert, DVBl. 2010, 164, 165 f.; vgl. zum Gestaltungsspielraum des Gesetzgebers im Bereich der Familienförderung: **BSG** vom 26.5.2011 – B 10 EG 12/10 R – SozR 4–7837 § 4 Nr. 2 m.w.N.). Dies gilt insbesondere dann, wenn die Absenkung des Sozialleistungsniveaus aus übergeordneten Gründen des Gemeinwohls – hier zur Sicherung der gesamtwirtschaftlichen Stabilität – erforderlich ist. Begrenzt wird die Absenkung des sozialen Leistungsniveaus durch das familienrechtliche Existenzminimum. Dieses wird jedoch zum einen durch das Mindestelterngeld (§ 2 Abs. 4) und zum anderen durch die existenzsichernden Leistungssysteme des SGB II und SGB XII gewährleistet. Mit der Regelung des § 2 Abs. 2 Satz 2 trägt der Gesetzgeber der Notwendigkeit von Einsparungen auch im Bereich familienpolitischer Leistungen Rechnung, wobei er diese Leistungseinschränkung dem Grunde

nach auf einen bestimmten Einkommensbereich (mittlere Einkommensschicht) und der Höhe nach (65 Prozent-Grenze) begrenzt, sodass die leistungsrechtliche Reduzierung bei einer Gesamtwürdigung als angemessen angesehen werden kann.

Allerdings wurde seitens des Deutschen Vereins für öffentliche und private Fürsorge 33 in seiner »Stellungnahme zum Gesetzentwurf der Bundesregierung für ein Haushaltsbegleitgesetz 2011« die Befürchtung geäußert, dass die mit der Regelung des § 2 Abs. 2 Satz 2 verbundene **Entkoppelung der elterngeldrelevanten Bezugsgröße vom sozialen Sicherungsniveau des Arbeitslosengeldes I** bei den Beziehern von Elterngeld den Eindruck erwecken könnte, die Bezugsgröße stehe bei Vorliegen entsprechender fiskalischer Gründe regelmäßig zur Disposition des Gesetzgebers (Stellungnahme des Deutschen Vereins, NDV 2010, S. 477). Zudem hat der Deutsche Verein moniert, dass das vom Gesetzgeber mit dem Haushaltbegleitgesetz verfolgte Sparziel ebenso mit einer Absenkung des Höchstbetrages von 1.800 Euro hätte erreicht werden können, was insgesamt zu einer sozial gerechteren Konturierung der Sparmaßnahme im Bereich der Familienleistungen geführt hätte (Stellungnahme Deutscher Verein, a. a. O., S. 477 f.).

§ 2 Abs. 2 Satz 2 ist auch auf zum Zeitpunkt seines Inkrafttretens am 1.1.2011 laufende Leistungsfälle anwendbar. Der Gesetzgeber hat in Art. 24 des Haushaltsbegleitgesetzes vom 9.12.2010 bestimmt, dass die das BEEG betreffenden Änderungen am 1.1.2011 in Kraft treten sollen, sodass eine Beschränkung auf zukünftig entstehende Leistungsansprüche mangels Übergangsregelung nicht angenommen werden kann (so auch **BSG** vom 4.9.2013 – B 10 EG 6/12 R – und – B 10 EG 11/12 R). Insoweit handelt es sich um eine bewusste gesetzgeberische Entscheidung. Denn die seinerzeit vom Bundesrat im Sinne der Akzeptanz geforderte Stichtagsregelung (BR-Drucks. 17/3361 S. 3) wurde von der Bundesregierung zurückgewiesen, weil eine solche Regelung mit dem durch das Änderungsgesetz verfolgten Ziel der Haushaltskonsolidierung vor dem Hintergrund der Finanz- und Wirtschaftskrise nicht vereinbar schien (BT-Drucks. 17/3361 S. 4). Die mit der Erfassung auch laufender Leistungsfälle verbundene unechte Rückwirkung ist verfassungsrechtlich nicht zu beanstanden, weil dem mit dem Gesetz verfolgten Ziel der Haushaltskonsolidierung der Vorrang gegenüber dem Vertrauen der betroffenen Leistungsberechtigten auf den unveränderten Fortbestand ihres Elterngeldanspruchs gebührt (vgl. dazu **BSG** vom 4.9.2013 – B 10 EG 6/12 R). 34

e) Höhe des Elterngeldes bei Ausübung einer Teilzeittätigkeit im Bezugszeitraum (§ 2 Abs. 3)

§ 2 Abs. 3 BEEG regelt die Höhe des Elterngeldes in den Fällen, in denen die elterngeldberechtigte Person nach der Geburt des Kindes (Bezugszeitraum – vgl. § 4 Abs. 1) einer Erwerbstätigkeit – im Regelfall in Form einer Teilzeitarbeit – nachgeht. In dieser Sonderregelung zur Elterngeldhöhe kommt die mit dem BEEG verfolgte gesetzgeberische **Zielsetzung** zum Ausdruck, geeignete Rahmenbedingungen für eine Verbindung von Familienarbeit und Erwerbstätigkeit zu schaffen (BT-Drucks. 16/1889 S. 14). Mit dem aufstockenden Elterngeld soll beiden Elternteilen – insbesondere aber den Frauen – zeitnah nach der Geburt des Kindes der berufliche Wiedereinstieg 35 ermöglicht werden, um eine karrierehinderliche lange Erwerbsunterbrechung zu vermeiden.

aa) Voraussetzungen

36 **Voraussetzung** für die Gewährung von Elterngeld auf der Grundlage von § 2 Abs. 3 ist, dass

1. die elterngeldberechtigte Person **im Bezugszeitraum**, d.h. im Zeitraum nach der Geburt des Kindes bis zur Vollendung des 14. Lebensmonats (§ 4 Abs. 1) (zu den Besonderheiten bei Elterngeld Plus s. unten Rn. 51), einer **Erwerbstätigkeit** in dem durch § 1 Abs. 1 Nr. 4 und Abs. 6 BEEG vorgegebenen zeitlichen Umfang nachgeht und
2. aus dieser Erwerbstätigkeit ein **Einkommen** erzielt, das **durchschnittlich geringer** ist als das im Bemessungszeitraum (§ 2b BEEG) erzielte Einkommen aus Erwerbstätigkeit.

37 Überschreitet die nach der Geburt von der elterngeldberechtigten Person ausgeübte Erwerbstätigkeit den in § 1 Abs. 1 Nr. 4 und Abs. 6 BEEG geregelten zeitlichen Umfang, fehlt es bereits an den Voraussetzungen für die Gewährung von Elterngeld dem Grunde nach.

38 Entspricht das im Bezugszeitraum nach der Geburt erzielte Einkommen der elterngeldberechtigten Person dem im Bemessungszeitraum erzielten Einkommen (weil bereits zuvor nur eine Teilzeittätigkeit ausgeübt wurde) oder übersteigt dieses, besteht kein Anspruch auf aufstockendes Elterngeld nach § 2 Abs. 3 (s.a. Graue, in: Schlegel/Voelzke, jurisPK-SGB, 1. Aufl. [Stand: 15.4.2023], § 2 BEEG Rn. 39). Ein Anspruch auf einkommensabhängiges Elterngeld nach § 2 Abs. 1 kommt ebenfalls nicht in Betracht, da dessen Anwendung durch die **speziellere Regelung des § 2 Abs. 3** ausgeschlossen wird. Allerdings besteht in diesen Fällen ein Anspruch auf das Mindestelterngeld nach § 2 Abs. 4.

39 Die Vorschriften zur Berechnung des Elterngeldes aus der Differenz zwischen einem vor der Geburt des Kindes erzielten positiven Einkommen und einem nach der Geburt erzielten »geringeren« Einkommen sind auch dann nicht anwendbar, wenn in den geltend gemachten Bezugsmonaten nur **negative Einkünfte** erzielt worden sind (**BSG**, Urteil vom 4.9.2013 – B 10 EG 18/12 R – zur Vorläufervorschrift § 2 Abs. 3 in der bis zum 17.9.2012 geltenden Fassung). Die Unanwendbarkeit wird aus systematischen Gründen und aus der Zwecksetzung des Elterngeldes abgeleitet. Wenn der Elterngeldberechtigte im Bezugszeitraum nur negative Einkünfte erzielt, könne er keine eigenen Mittel zur Sicherung seines Lebensunterhaltes aufwenden, sodass eine Absenkung des Elterngeldes sinnwidrig sei. Eine Person mit negativen Einkünften im Bezugszeitraum sei so zu behandeln als erziele sie kein Einkommen (**BSG**, a.a.O.). Hingegen wird bei **geringfügigen Einkünften** § 2 Abs. 3 Satz 1 grundsätzlich angewendet (**BSG** vom 13.12.2018 – B 10 EG 9/17 R).

40 § 2 Abs. 3 BEEG setzt nicht voraus, dass im Bezugszeitraum nach der Geburt durchgehend eine Erwerbstätigkeit ausgeübt wird. Vielmehr ist es ausreichend, wenn die

elterngeldberechtigte Person **in einzelnen (Lebens-) Monaten** nach der Geburt bis zur Vollendung des 14. Lebensmonats des Kindes (§ 4 Abs. 1 BEEG) einer **Erwerbstätigkeit** nachgegangen ist (so auch Lenz/Wagner in Rancke/Pepping, 6. Aufl. 2022, § 2 Rn. 8).

Allerdings ist bei der nach § 2 Abs. 3 BEEG festzulegenden Höhe des Elterngeldes nur ein im Bemessungszeitraum erzieltes Einkommen bis zu 2.770 Euro berücksichtigungsfähig (§ 2 Abs. 3 Satz 2). Der **berücksichtigungsfähige Höchstbetrag** wurde durch das Gesetz zur Vereinfachung des Elterngeldvollzuges vom 10.9.2012 von ursprünglich 2.700 Euro auf den aktuellen Betrag von **2.770 Euro** angehoben, damit auch »in Fällen, in denen die berechtigte Person während der Bezugszeit ein Einkommen aus Erwerbstätigkeit hat, ein Elterngeldanspruch von bis zu 1.800 Euro entstehen« kann (so BT-Drucks. 17/9841 S. 19). Es handelt sich um eine Anpassung an den in § 2 Abs. 1 Satz 1 geregelten Elterngeldhöchstbetrag. 41

Häufiger Streitpunkt war in der Vergangenheit die Berücksichtigung von im Bezugszeitraum erhaltenen Zahlungen für eine nicht im Bezugszeitraum ausgeübte Tätigkeit (**Nachzahlungen**). 42

Nach dem von der höchstrichterlichen Rechtsprechung im Rahmen von § 2 Abs. 1 entwickelten **modifizierten Zuflussprinzip** (**BSG** vom 30.9.2010 – B 10 EG 19/09 R – BSGE 107, 18 = SozR 4–7837 § 2 Nr. 6; fortentwickelt im Urteil des **BSG** vom 20.5.2014 – B 10 EG 11/13 R: Hiernach ist im Bemessungszeitraum erarbeitetes Arbeitsentgelt bei der Elterngeldbemessung zu berücksichtigen, soweit der Vergütungsanspruch durch Aufrechnung mit einer Rückforderung wegen einer zuvor entstandenen Überzahlung erloschen ist) wäre in Fallkonstellationen dieser Art wie folgt zu differenzieren: Die im Bezugszeitraum nach der Geburt des Kindes tatsächlich zufließenden Einkünfte aus Erwerbstätigkeit, die ihren Grund nicht in einer im Bezugszeitraum ausgeübten Tätigkeit haben, wären nicht als im Bezugszeitraum erzieltes Einkommen zu werten, wenn sie bereits als im Bemessungszeitraum erzieltes Einkommen der elterngeldberechtigten Person berücksichtigt werden müssen. Als im Bemessungszeitraum erzieltes Einkommen wären nach der früheren Rechtsprechung des Bundessozialgerichts auch die im Bemessungszeitraum vom Elterngeldberechtigten erarbeiteten, aber erst nach Ablauf des Bemessungszeitraums infolge nachträglicher Vertragserfüllung gezahlten Arbeitsentgelte zu berücksichtigen (**BSG** a.a.O.). Diese Zahlung kann, wenn die elterngeldberechtigte Person von der Möglichkeit des § 2 Abs. 3 Gebrauch macht, auch in den Bezugszeitraum fallen. Soweit dies der Fall ist, wäre die Zahlung nach der vom Bundessozialgericht vertretenen Rechtsauffassung nicht als im Bezugszeitraum erzieltes Einkommen zu werten. Nur wenn ein im Bezugszeitraum zufließendes Einkommen für zuvor erbrachte Leistungen nicht im Bemessungszeitraum zu berücksichtigen ist, wäre ausgehend von der früheren höchstrichterlichen Rechtsprechung der tatsächliche Zufluss im Bezugszeitraum maßgebend und diese Zahlung bei der Berechnung des Elterngeldes nach § 2 Abs. 3 zu berücksichtigen. 43

Diese von der **Rechtsprechung entwickelten Grundsätze zu dem elterngeldspezifisch modifizierten Zuflussprinzip sind für die neue Rechtslage allerdings nicht weiter anwendbar.** Denn der Gesetzgeber hat in den Materialien zum Gesetz zur Vereinfa- 44 chung des Elterngeldvollzuges unter explizierter Bezugnahme auf die angegebene Entscheidung des Bundessozialgerichts vom 30.9.2010 (B 10 EG 19/09 R) ausgeführt, dass das elterngeldrechtliche Einkommen »auch hinsichtlich der zeitlichen Zuordnung von Einnahmen in Anlehnung an den steuerlichen Einkommensbegriff ermittelt wird« und dementsprechend »die steuerlichen Grundsätze der zeitlichen Zuordnung von Einnahmen (Zufluss und Realisationsprinzip …), zu berücksichtigen« sind (BT-Drucks. 17/9841 S. 18). Um dies auch im Wortlaut des Gesetzes zum Ausdruck zu bringen, wurde § 2 Abs. 1 mit Wirkung zum 18.9.2012 dahin gehend umformuliert, dass nicht mehr auf das »erzielte Einkommen aus Erwerbstätigkeit«, sondern auf das **Einkommen aus Erwerbstätigkeit abgestellt wird, das die berechtigte Person »hat«** (vgl. BT-Drucks. 17/9841 S. 18). Denn das Bundessozialgericht hat mit seiner zum elterngeldspezifisch modifizierten Zuflussprinzip an den Begriff des »erzielten« Einkommens angeknüpft (vgl. **BSG** a.a.O.). Zunächst haben drei Landessozialgerichte Gehaltsnachzahlungen, die später als drei Wochen nach Ablauf eines Kalenderjahres ausbezahlt wurden, bei der Elterngeldbemessung unter Abkehr von dem vom Bundessozialgericht zur früheren Rechtslage entwickelten modifizierten Zuflussprinzip unberücksichtigt gelassen (Sächsisches **LSG** vom 16.12.2015 – L 7 EG 1/15; **LSG** Baden-Württemberg vom 22.1.2013 – L 11 EG 2693/12; **LSG** Niedersachsen-Bremen vom 18.7.2012 – L 2 EG 21/11). Inzwischen hat auch das Bundessozialgericht klargestellt, dass bei der Ermittlung des elterngeldrechtlich relevanten Einkommens aus nichtselbstständiger Erwerbstätigkeit nun der **tatsächliche Zufluss im Bemessungszeitraum maßgeblich** ist – unabhängig davon, ob der Arbeitslohn im Bemessungszeitraum erarbeitet bzw. erwirtschaftet wurde (**BSG** vom 27.6.2019 – B 10 EG 1/18 R).

45 Für die **Vergleichsberechnung** im Rahmen von § 2 Abs. 3 muss zum einen das im Bemessungszeitraum (zwölf Monate vor der Geburt des Kindes – § 2b BEEG) und zum anderen das im Bezugszeitraum (die ersten 14 Lebensmonate des Kindes – § 4 Abs. 1 BEEG) erzielte Einkommen ermittelt werden. Das im Bemessungszeitraum vor der Geburt des Kindes erzielte Einkommen der elterngeldberechtigten Person wird nach den in § 2 Abs. 1 i.V.m. §§ 2c bis f geregelten Grundsätzen ermittelt. Diese Grundsätze gelten jedoch nicht in vollem Umfang für die Ermittlung des im Bezugszeitraum nach der Geburt erzielten Einkommens aus Erwerbstätigkeit. Die Unterschiede in der Einkommensermittlung sind darauf zurückzuführen, dass **im Fall der Ausübung einer Erwerbstätigkeit im Bezugszeitraum** der **tatsächliche** und nicht nur – wie im Fall der Elterngeldgewährung auf der Grundlage von § 2 Abs. 1 – ein fiktiver **Einkommensausfall** ausgeglichen werden soll (in diesem Sinne: BT-Drucks. 16/1889 S. 20).

46 Im Einzelnen sind folgende Abweichungen zu beachten:

- **Monate**, in denen keine Erwerbstätigkeit oder aber eine solche **ohne Erwerbseinkommen** ausgeübt wird, werden – anders als bei der Einkommensermittlung nach § 2 Abs. 1 – **ausgeklammert** (so auch Lenz/Wagner in Rancke/Pepping, 6. Aufl. 2022, § 2 BEEG Rn. 8). In diesen Monaten wird Elterngeld auf der Grundlage von § 2 Abs. 1 gewährt. Die Anwendung des § 2 Abs. 3 scheidet ebenso aus, wenn nur negative Einkünfte im Bezugszeitraum erzielt werden (**BSG** vom 4.9.2013 – B 10 EG 18/12 R). Dies sei nach dem Bundessozialgericht dahin gehend fortzuentwickeln, dass eine Differenzberechnung auch für solche Monate nicht erfolgt, aus denen kein Einkommen in die Summe positiver Einkünfte eingeflossen ist (**BSG** vom 27.10.2022 – B 10 EG 4/20 R). D.h. dass von der Durchschnittsbildung Bezugsmonate **ohne Einkommen** und Monate **mit ausschließlich negativen Einkünften**, das oder die nicht in die Ermittlung der positiven Einkünfte einer Einkunftsart als Rechenposten eingeflossen ist bzw. sind, auszunehmen sind (BSG vom 27.10.2022 – B 10 EG 4/20 R, Rn. 39).

– **Maßgebend** ist das in den einzelnen **Lebensmonaten des Kindes** erzielte Einkommen aus Erwerbstätigkeit. Da Erwerbseinkommen im Regelfall nach Kalendermonaten bemessen werden, muss das pro Kalendermonat gezahlte Einkommen auf die jeweiligen Lebensmonate des Kindes tagegenau umgerechnet werden (Lenz/Wagner in Rancke/Pepping, 6. Aufl. 2022, § 2 BEEG Rn. 8).
– **§ 3** legt die **Anrechnungsmodalitäten** fest (Graue, in: Schlegel/Voelzke, jurisPK-SGB, 1. Aufl. [Stand: 15.4.2023], § 2 BEEG Rn. 17). Dabei ist zu beachten, dass § 3 eine vorrangigen Sonderregelungen im BEEG enthält (Brose, in Brose/Weth/Volk, BEEG, 9. Aufl., 2020, § 3 Rn. 4). Näher konkretisiert wird dies durch die Richtlinien zum BEEG (BMFSFJ/211, Stand: 07/2024). Demnach sind Einnahmen, die als Einkünfte nach der Geburt des Kindes nach § 3 erfasst werden (wie etwa von Abs. 1 Satz 1 Nr. 2 erfasste Erwerbseinkünfte), aufgrund des Geltungsvorrangs der spezielleren Gesetzesregelung **grundsätzlich nicht** im Rahmen der Ermittlung des Einkommens während der Bezugszeit nach § 2 Abs. 3 zu berücksichtigen (Richtlinien zum BEEG, BMFSFJ/211, Stand: 07/2024, 3.0.1; Brose, in Brose/Weth/Volk, BEEG, 9. Aufl., 2020, § 3 Rn. 4). Nur **Einkünfte mit Einkommensersatzfunktion** im Sinne des § 3 Abs. 1 Satz 1 Nr. 5 werden vorrangig nach § 2 Abs. 3 bei der Ermittlung des Elterngeld-Bruttos im Bezugszeitraum berücksichtigt (Richtlinien zum BEEG, BMFSFJ/211, Stand: 07/2024, 2.1.3.4 »Einkünfte mit Einkommensersatzfunktion und andere Einnahmen im Sinne des § 3«).

Das **im Bezugszeitraum** nach der Geburt **erzielte Einkommen** wird aufgrund einer **Prognose** ermittelt, da im Zeitpunkt der Antragstellung regelmäßig nicht feststehen wird, in welchem zeitlichen Umfang nach der Geburt eine Erwerbstätigkeit ausgeübt wird und welches Einkommen aus dieser Tätigkeit erzielt wird. Aufgrund dessen wird das nach § 2 Abs. 3 zu gewährende Elterngeld im Regelfall gemäß § 8 Abs. 2 Satz 1 BEEG unter dem **Vorbehalt des Widerrufs bzw. vorläufig** gemäß § 8 Abs. 3 Satz 1 Nr. 3 gewährt (vgl. dazu Kommentierung zu § 8). 47

Das auf diese Weise pro Lebensmonat des Kindes ermittelte Einkommen im Bezugszeitraum wird addiert und durch die Anzahl der Lebensmonate mit Einkommensbezug geteilt (Brose, in Brose/Weth/Volk, BEEG, 9. Aufl., 2020, § 2 Rn. 50; Lenz/Wagner in Rancke/Pepping, 6. Aufl. 2022, § 2 BEEG Rn. 8; **LSG** Baden-Württemberg 18.8.2020 – L 11 EG 4175/19, wobei hier auch Monate, in denen der Elterngeldberechtigte nicht gearbeitet hat, aber Einkommen zugeflossen ist, berücksichtigt wurden, insoweit bestätigt durch **BSG** vom 27.10.2022 – B 10 EG 4/20 R). Übersteigt das im Bezugszeitraum erzielte Einkommen in einzelnen Monaten das im Bemessungszeitraum vor der Geburt erzielte Einkommen, ist dies ohne Bedeutung, solange das aus den im Bezugszeitraum erzielten Einzeleinkommen ermittelte Durchschnittseinkommen nicht über dem im Bemessungszeitraum durchschnittlich erzielten Einkommen 48 liegt (so auch Lenz/Wagner in Rancke/Pepping, a.a.O.). Maßgebend ist das **Durchschnittseinkommen** der berechtigten Person.

bb) Rechtsfolge

49 Liegen die in § 2 Abs. 3 genannten Voraussetzungen vor, erhält die im Bezugszeitraum erwerbstätige elterngeldberechtigte Person ein Elterngeld in Höhe von **67 Prozent der Differenz** zwischen dem im Bemessungszeitraum vor der Geburt und im Bezugszeitraum nach der Geburt durchschnittlich erzielten Einkommen. Liegt das im Bemessungszeitraum erzielte Einkommen unter 1.000 Euro, greift die **Erhöhungsregelung des § 2 Abs. 2 Satz 1** ein (BT-Drucks. 16/1889 S. 20). Dagegen ist § 2 Abs. 2 Satz 1 nicht anzuwenden, wenn der nach § 2 Abs. 3 ermittelte Differenzbetrag unter 1.000 Euro liegt (BT-Drucks. 16/1889 S. 20). Diese Beschränkung ergibt sich bereits aus dem Wortlaut des § 2 Abs. 1 Satz 1, der nur auf das vor der Geburt erzielte Einkommen aus Erwerbstätigkeit abstellt. Entsprechendes gilt für die seit dem 1.1.2011 in **§ 2 Abs. 2 Satz 2** geregelte **Absenkungsquote**.

▶ **Beispiel:**

Beträgt das im Bemessungszeitraum vor der Geburt durchschnittlich erzielte monatliche Einkommen 800 Euro und erzielt die elterngeldberechtigte Person ab dem sechsten Monat nach der Geburt des Kindes ein durchschnittliches monatliches Einkommen aus Erwerbstätigkeit in Höhe von 300 Euro, besteht in den ersten fünf Monaten ein Anspruch auf Elterngeld in Höhe von 616 Euro (Erhöhungsquote 10 Prozent, d.h. Elterngeld in Höhe von 77 Prozent des im Bemessungszeitraum erzielten Einkommens), ab dem sechsten Lebensmonat besteht ein Anspruch auf Elterngeld in Höhe von 335 Euro (800 minus 300 = 500 und davon 67 Prozent).

50 Liegt das im Bemessungszeitraum vor der Geburt erzielte Einkommen über der gesetzlichen Höchstgrenze von 2.770 Euro, ist für die Höhe des zu gewährenden Elterngeldes nur die Differenz zwischen dem Betrag von 2.770 Euro und dem im Bezugszeitraum tatsächlich erzielten Einkommen maßgebend.

▶ **Beispiel:**

Die elterngeldberechtigte Person hat im Bemessungszeitraum vor der Geburt ein durchschnittliches monatliches Einkommen von 3.000 Euro erzielt. Ab dem siebten Lebensmonat des Kindes nimmt die elterngeldberechtigte Person eine Teilzeittätigkeit auf, mit der sie monatlich durchschnittlich 1.700 Euro erzielt. In den ersten sechs Lebensmonaten besteht nach § 2 Abs. 1 S. 2 ein Anspruch auf Elterngeld in Höhe des Höchstbetrages von 1.800 Euro, weil die Elterngeldhöchstgrenze bei Zugrundelegung des im Bemessungszeitraum erzielten Einkommens überschritten wird. Ab dem siebten Lebensmonat des Kindes besteht dann ein Anspruch in Höhe von 716,90 Euro (2.770 minus 1.700 = 1.070, davon 67 Prozent).

Ergibt sich nach dem in § 2 Abs. 3 geregelten Berechnungsmodus ein Elterngeldanspruch in Höhe von unter 300 Euro, wird in jedem Fall der in § 2 Abs. 4 geregelte **Mindestbetrag** gezahlt. Erzielt die elterngeldberechtigte Person im Bezugszeitraum ein im Vergleich zum Bemessungszeitraum ebenso hohes oder höheres Einkommen, besteht ebenfalls ein Anspruch auf die Gewährung von Mindestelterngeld. 51

cc) Besonderheiten bei Inanspruchnahme des Elterngeld Plus (§ 2 Abs. 3 Satz 3)

Die Erweiterung in § 2 Abs. 3 um den Satz 3 geht auf das zum 1.1.2015 eingeführte Elterngeld Plus zurück (siehe zu den Voraussetzungen § 4 Abs. 3). Das Elterngeld Plus kann **für ab dem 1.7.2015 geborene oder mit dem Ziel der Adoption aufgenommene Kinder** in Anspruch genommen werden (§ 27 Abs. 1 Satz 2 BEEG). Elterngeld Plus kann bis zur Vollendung des 32. Lebensmonats bezogen werden, solange es ab dem 15. Lebensmonat in aufeinander folgenden Lebensmonaten von zumindest einem Elternteil in Anspruch genommen wird (vgl. die Kommentierung zu § 4 Abs. 1). 52

Das Elterngeld Plus kann mit dem Elterngeld in seiner bisherigen Form für Monate ohne Einkommen und für Monate, in denen ein Einkommen aus einer Erwerbstätigkeit im Arbeitsumfang von nicht mehr als 32 Wochenstunden erzielt wird, kombiniert werden. § 2 Abs. 3 Satz 3 soll es Eltern erleichtern, ihre Erwerbstätigkeit in einem gestuften Arbeitsumfang wieder aufzunehmen, in dem sie ein möglichst an die jeweilige Stufe des Wiedereinstiegs angepasstes Elterngeld bekommen. Bei Inanspruchnahme des (Teil-) Elterngeldes nach § 2 Abs. 3 Satz 1 wird bei der Berechnung, wie oben dargestellt, auf das monatliche Durchschnittseinkommen abgestellt. Der neue Satz 3 ermöglicht nun eine differenzierte Berechnung des Elterngeldes: Das Einkommen aus Erwerbstätigkeit nach der Geburt ist **für Monate, in denen die berechtigte Person Elterngeld** im Sinne des § 4 Abs. 2 Satz 2 (Basiselterngeld) in Anspruch nimmt, und **für Monate, in denen sie Elterngeld Plus** nach § 4 Abs. 3 Satz 1 in Anspruch nimmt, **getrennt zu berechnen**.

Dies hat zum Ergebnis, dass die berechtigte Person bis zu drei, an ihre jeweiligen Einkommensverhältnisse angepasste Elterngeldbeträge erhält: 1.) Elterngeld für Monate ohne Einkommen im Sinne des § 2 Abs. 1, 2.) Basiselterngeld für Monate mit Einkommen im Sinne des § 2 Abs. 3 Satz 3, 1. Variante und 3.) Elterngeld Plus für Monate mit Einkommen im Sinne des § 2 Abs. 3 Satz 3, 2. Variante (BT-Drucks. 18/2583 S. 24).

Die berechtigte Person wird dadurch in die Lage versetzt, z.B. in einer Phase mit geringem Einkommen Elterngeld im Sinne des § 4 Abs. 2 Satz 2 (Basiselterngeld) mit Teilzeiteinkommen und in einer Phase mit höherem Einkommen Elterngeld Plus, das nur den geringeren durchschnittlichen Einkommenswegfall in den Monaten mit Einkommen ausgleicht, aber dafür doppelt so lange gewährt wird, in Anspruch zu nehmen (BT-Drucks. 18/2583 S. 24).

2. Der Einkommensbegriff des BEEG

a) Steuerrechtliche Prägung

53 Das für die Höhe des Elterngeldes maßgebliche Einkommen aus Erwerbstätigkeit wird in Anlehnung an die einkommensteuerrechtlichen Vorgaben definiert und ermittelt (vgl. zur Einkommensermittlung §§ 2c bis f BEEG). Die Bemessungsgrundlage für das Elterngeld bestimmt sich grds. akzessorisch zum Steuerrecht (BSG vom 24.3.2022 – B 10 EG 1/20 R). Als Einkommen aus Erwerbstätigkeit gilt nach § 2 Abs. 1 Satz 3 die Summe der positiven, im Inland zu versteuernden Einkünfte aus

- nichtselbstständiger Arbeit nach § 2 Abs. 1 Satz 1 Nr. 4 EStG (Nr. 1) sowie
- aus Land- und Forstwirtschaft, Gewerbebetrieb und selbstständiger Arbeit nach § 2 Abs. 1 Satz 1 Nrn. 1 bis 3 EStG (Nr. 2).

Während der ursprüngliche Gesetzentwurf noch den Nettoeinkommensbegriff des SGB II als Maßstab zur Ermittlung der Elterngeldhöhe vorsah (BT-Drucks. 16/1889 S. 4 f., 21 f.), wurde auf Vorschlag des Bundesrates der **steuerrechtliche Einkommensbegriff** als Anknüpfungspunkt gewählt, weil die Mehrheit der elterngeldberechtigten Personen einkommensteuerpflichtig sei und davon ausgegangen werden könne, dass der Bezug zum Steuerrecht mehr Akzeptanz finde als der Verweis auf die (damals gültige) Arbeitslosengeld II-/Sozialgeldverordnung (BT-Drucks. 16/2454 S. 8).

54 Die einkommensteuerrechtlichen Grundsätze gelten allerdings nicht uneingeschränkt, sondern **nach Maßgabe der in § 2c bis § 2f BEEG speziell für das Elterngeld vorgesehenen Bestimmungen**. Diese Einschränkung ist notwendig, um den Besonderheiten der Sozialleistung Elterngeld angemessen Rechnung tragen zu können. Damit hat der Gesetzgeber zwar – wie es seiner ursprünglichen Absicht entsprach (BT-Drucks. 16/1889 S. 21) – keinen im Wesentlichen neuen, aber doch einen **spezifisch elterngeldrechtlichen Einkommensbegriff** geschaffen. Die wesentlichen Abweichungen von den einkommensteuerrechtlichen Vorgaben sind darin zu sehen, dass

- das BEEG nicht auf den Veranlagungszeitraum (§ 25 EStG), sondern auf den Bemessungszeitraum (§ 2b BEEG) abstellt,
- nur bestimmte Einkünfte im einkommensteuerrechtlichen Sinne als berücksichtigungsfähiges Einkommen i.S.d. BEEG anzusehen sind (§ 2 Abs. 1 Satz 3),
- der steuerrechtliche Verlustausgleich nur beschränkt übernommen wird (vgl. dazu Rdn. 59) und
- für die Einkommensermittlung überwiegend Sonderregelungen (§ 2c bis § 2f BEEG) gelten.

Trotz dieser elterngeldrechtlichen Sonderregelungen für den Begriff des Einkommens und dessen Ermittlung hat der Gesetzgeber in den Materialien zum Gesetz zur Vereinfachung des Elterngeldvollzuges nochmals betont, dass die grundsätzlich steuerliche Ausrichtung des elterngeldrechtlichen Einkommensbegriffs unverändert bestehen bleibt (BT-Drucks. 17/9841 S. 18). § 2 Abs. 1 geht somit im Ergebnis von einem primär **steuerrechtlich ausgerichteten und elterngeldrechtlich modifizierten Einkommensbegriff** aus.

Für die Höhe des Elterngeldes ist nur das »**Einkommen aus Erwerbstätigkeit**« von Bedeutung (§ 2 Abs. 1 Satz 1). Daher sind von den sieben einkommensteuerrelevanten Einkunftsarten (§ 2 Abs. 1 Satz 1 EStG) aus dem Bereich der sogenannten **Gewinneinkünfte** nur Einkünfte aus Land- und Forstwirtschaft, Gewerbebetrieb und selbstständiger Arbeit sowie aus dem Kreis der **Überschusseinkünfte** (zum Dualismus des Einkommensbegriffs im EStG: Schmidt, EStG, 43. Aufl. 2024, § 2 Rn. 1) diejenigen aus nichtselbstständiger Arbeit elterngeldrechtlich von Bedeutung. Der in § 2 Abs. 1 Satz 3 vorgenommene **Verweis auf die einkommensteuerrechtlichen Vorschriften des § 2 Abs. 1 Satz 1 Nrn. 1 bis 4 EStG ist abschließend**. Weitere, dem EStG unterliegende Einnahmen sind elterngeldrechtlich nicht relevant. Das gilt für Einnahmen aus Kapitalvermögen (§ 2 Abs. 1 Nr. 5 EStG), aus Vermietung und Verpachtung (§ 2 Abs. 1 Nr. 6 EStG) und sonstige Einnahmen i.S.d. § 22 EStG (§ 2 Abs. 1 Nr. 7 EStG; **LSG** Baden-Württemberg vom 12.9.2017 – L 11 EG 4105/16 – für Entschädigungen nach § 5 des baden-württembergischen AbgG; so auch **LSG** Berlin-Brandenburg vom 23.9.2021 – L 17 EG 8/18 – zu § 5 des brandenburgischen AbgG). Ebenso wenig relevant sind sogenannte fiktive Bemessungsvorschriften (z.B. in Analogie zum Arbeitslosengeld als Entwicklungshelfer, BSG vom 24.3.2022 – B 10 EG 1/20 R). Die grundsätzlich steuerrechtliche Ausrichtung des elterngeldrechtlichen Einkommensbegriffs wird durch diese Beschränkung nicht infrage gestellt (BT-Drucks. 17/9841 S. 18). 55

Steuerfreie Einnahmen nach § 3 EStG wie z.B. Krankengeld (**BSG** vom 17.2.2011 – B 10 EG 20/09 R) und Arbeitslosengeld (**BSG** vom 17.2.2011 – B 10 EG 21/09; zu weiteren Beispielen s. Graue, in: Schlegel/Voelzke, jurisPK-SGB, 1. Aufl. [Stand: 15.4.2023], § 2 BEEG Rn. 30) stellen bereits kein Einkommen aus Erwerbstätigkeit dar und sind damit beim Einkommen für das Elterngeld nicht zu berücksichtigen. Ebenso unberücksichtigt bleiben steuerfreie Zuschläge für Sonntags-, Feiertags- oder Nachtarbeit nach § 3b EStG (**BSG** vom 5.4.2012 – B 10 EG 3/11 R).

Als Hilfestellung u.a. zu den verschiedenen Einkommensbegriffen sowie der Berechnung dient die Richtlinie zum BEEG (Stand: Juli 2024) (Richtlinien zum BEEG für alle Geburten und Elterngeldbezugszeiten bezüglich des Ersten und Zweiten Haushaltsfinanzierungsgesetzes 2024 zur Änderung des Bundeselterngeld- und Elternzeitgesetzes für alle Geburten ab dem 1. April 2024, abrufbar auf der Homepage des BMFSFJ; s.a. Graue, in: Schlegel/Voelzke, jurisPK-SGB Sozialrecht Besonderer Teil, 1. Aufl., § 2 BEEG [Stand: 15.4.2023], Rn. 14 ff. zu weiteren Details). Diese soll insbesondere die bundeseinheitliche Verwaltungspraxis sicherstellen (Richtlinien zum BEEG, a.a.O., S. 1). 56

b) Beschränkung auf »im Inland zu versteuernde« Einkünfte

Elterngeldrechtlich relevant sind **nur im Inland zu versteuernde Einkünfte** (§ 2 Abs. 1 Satz 3). Der Zusatz »im Inland zu versteuernden« Einkünfte wurde durch das **Haushaltbegleitgesetz 2011** vom 9.12.2010 (BGBl. I S. 1885) mit Wirkung zum 1.1.2011 in § 2 Abs. 1 Satz 3 eingefügt. Infolge dieser Regelung werden ab 1.1.2011 Einkünfte, die im Inland steuerbefreit sind, Einnahmen, die nach deutschem Steuerrecht zwar als Einkünfte zu qualifizieren wären, aber aufgrund von 57 supra- oder internationalen Regelungen für einen bestimmten Personenkreis nicht nach deutschem Recht zu versteuern sind, und Einnahmen, die nur nach ausländischem Steuerrecht zu versteuern sind oder überhaupt keiner staatlichen Besteuerung unterliegen, bei der Elterngeldberechnung nicht berücksichtigt (BT-Drucks. 17/3030 S. 48). Diese Regelung ist Teil des aufgrund der Wirtschaftskrise notwendig gewordenen Konsolidierungspaktes für den Bundeshaushalt. Maßgebend für diese Abweichung von den einkommensteuerrechtlichen Grundsätzen ist der Umstand, dass die Eltern mit dem als Einkommensersatzleistung ausgestalteten Elterngeld einen Teil des von ihnen durch eine Erwerbstätigkeit geleisteten Beitrags zur wirtschaftlichen Stabilität des Landes zurückerhalten (BT-Drucks. 17/5016 – Antwort des Parlamentarischen Staatssekretärs im Bundesministerium für Familie, Senioren, Frauen und Jugend auf eine Anfrage der Fraktion DIE LINKE). Diese gesamtwirtschaftliche Wirkung gilt nur für im Inland zu versteuernde Einnahmen. Soweit ein Anspruch auf Elterngeld aufgrund der fehlenden Einbeziehung von im Ausland versteuerten Einnahmen sehr gering ausfällt, besteht die Mindestabsicherung über den Anspruch auf Elterngeld als Mindestbetrag nach § 2 Abs. 4. In der weiteren Begründung zur Ergänzung des § 2 Abs. 1 Satz 2 stellt der Gesetzgeber klar, dass Einkünfte, die grundsätzlich zum versteuerten Einkommen gehören, für die aber infolge des Grundfreibetrages nach § 32a Abs. 1 Satz 1 Nr. 1 EStG die Einkommensteuer mit Null anzusetzen ist, gleichwohl bei der Elterngeldberechnung zu berücksichtigen sind (BT-Drucks. 17/3030 S. 48).

Das Bundessozialgericht hat daher einer **Beamtin des Europäischen Patentamtes** nur das Mindestelterngeld zugesprochen (**BSG** vom 20.5.2014 – B 10 EG 9/13 R, zustimmend Helmke/Bauer, Familienleistungsausgleich (Stand: April 2022), § 2 BEEG Rn. 14 mit Hinweis darauf, dass es sich um einen fremden Hoheitsträger handele und Art. 18 des Protokolls über die Vorrechte und Immunitäten der europäischen Patentorganisation (BGB II 1976, 649, 985) zu beachten sei; kritisch: Graue, in: Schlegel/Voelzke, jurisPK-SGB, 1. Aufl. (Stand: 15.4.2023), § 2 BEEG Rn. 32). Die Dienstbezüge der Beamtin des Europäischen Patenamtes unterliegen nach dem BSG nicht der inländischen Einkommensteuerpflicht, sodass sie kein Einkommen aus nichtselbstständiger Tätigkeit im Sinne des § 2 Abs. 1 Satz 3 darstellen. In einem weiteren Fall hat das Bundessozialgericht die von der Klägerin **in China erzielten und versteuerten Einkünfte**, die wegen eines Doppelbesteuerungsabkommens mit der Volksrepublik China nicht der deutschen Einkommensteuer unterlagen, von der Bemessungsgrundlage des Elterngeldes ausgenommen (**BSG** vom 20.5.2014 – B 10 EG 2/14 R). Ebenso zählen Auslandsverwendungszuschläge, die ein Soldat der Bundeswehr für die Dauer eines Auslandseinsatzes erhalten hat, nicht zu den steuerpflichtigen Einkünften und sind damit auch nicht als Bestandteil des vorgeburtlichen Einkommens bei der Elterngeldbemessung zu berücksichtigen (**LSG** Niedersachsen-Bremen vom 21.6.2017 – L 2 EG 13/16).

Die gesetzliche Formulierung »im Inland zu versteuern« in § 2 Abs. 1 S. 2 BEEG stellt allein auf die materielle Rechtslage im Einkommensteuerrecht ab. Auf die tatsächliche Handhabung durch das Finanzamt kommt es nicht an (Bayerisches **LSG** vom 19.6.2017 – L 9 EG 36/15).

c) Einflüsse des Europarechts

Bei Sachverhalten mit **grenzüberschreitende Bezug** ist jedoch das **Europarecht** zu berücksichtigen (so auch Graue, in: Schlegel/Voelzke, jurisPK-SGB, 1. Aufl. [Stand: 15.4.2023], § 2 BEEG Rn. 32), insbesondere die **Verordnung (EG) Nr. 884/2004** zur Koordinierung der sozialen Sicherheit (ABl. L 166 S. 1, ber. ABl. L 2004 S. 1 und ABl. 2007 L 204 S. 30, zuletzt geändert durch VO [EU] 2019/1149 vom 20.6.2019, ABl. L 186 S. 21). Diese gilt für die Mitgliedstaaten der Europäischen Union sowie der anderen Vertragsstaaten des Abkommens über den Europäischen Wirtschaftsraum oder der Schweiz. Die Verordnung (EG) Nr. 883/2004 hat nach Art. 288 Abs. 2 AEUV allgemeine Geltung, sie ist in allen ihren Teilen verbindlich und gilt unmittelbar in jedem Mitgliedstaat (s.a. Graue, in: Schlegel/Voelzke, jurisPK-SGB, 1. Aufl. [Stand: 15.4.2023], § 2 BEEG Rn. 32 ff.). Bei dem Elterngeld handelt es sich um eine Familienleistung i.S.v. Art. 3 lit. j der VO (EG) Nr. 883/2004 (s.a. Brose, in: Brose/Weth/Volk/Brose, 9. Aufl. 2020, BEEG § 2 Rn. 38). Die europarechtlichen Regelungen gelten insbesondere auch für die **Einkommensberücksichtigung**, Art. 5 lit. a VO (EG) Nr. 884/2004. Dieser regelt, dass in den Mitgliedstaaten erzieltes und besteuertes Einkommen den in Deutschland erzielten Einkünften gleichstellt ist (so auch Helmke/Bauer, Familienleistungsausgleich (Stand: April 2022), § 2 BEEG, Rn. 15; Graue, in: Schlegel/Voelzke, jurisPK-SGB, 1. Aufl. (Stand: 15.4.2023), § 2 BEEG Rn. 32 ff.). So hat auch das **LSG** Niedersachsen-Bremen das im Rahmen eines anderen EU-Mitgliedstaates, konkret in Frankreich, erzielte Einkommen im Bemessungszeitraum im Rahmen der Elterngeldberechnung berücksichtigt (LSG Niedersachsen-Bremen vom 6.4.2016 – L 2 EG 10/15). 58

d) Berücksichtigung von steuerlichen Verlustausgleichen

Der steuerrechtlich mögliche **vertikale Verlustausgleich** zwischen verschiedenen Einkommensarten ist für das Elterngeld **ausgeschlossen** (BT-Drucks. 16/2785 S. 37; so auch **BSG** vom 27.06.2013 – B 10 EG 2/12 R). Diese Abweichung von den steuerrechtlichen Grundsätzen liegt einerseits zwar im Interesse der Elterngeldberechtigten, weil der Verlust aus einer selbstständigen Tätigkeit nicht ein daneben erzieltes Einkommen aus nichtselbstständiger Tätigkeit und infolgedessen den Elterngeldanspruch reduziert (BT-Drucks. 16/2785 S. 37). Andererseits waren auch fiskalische Interessen für diese Einschränkung maßgebend, weil der Gesetzgeber eine mögliche Erhöhung des Elterngeldanspruchs durch steuerrechtlich zulässige Gestaltungsmöglichkeiten bei der Einkommensermittlung nach der Geburt des Kindes verhindern wollte (BT-Drucks. 16/2785 S. 37). Diese Beschränkung ist rechtlich unbedenklich, weil es keinen Grundsatz gibt, bei in Anlehnung an das Steuerrecht berechneten Sozialleistungen sämtliche steuerliche Vergünstigungen zu berücksichtigen (**BSG** vom 10.3.1993 – 14b Reg 4/92 – SozR 3–7833 § 6 Nr. 4 und **BSG** vom 10.8.1993 – 14b Reg 3/92 – SozR 3–7833 § 6 Nr. 7 zu § 6 BErzGG). 59

Der **horizontale Verlustausgleich**, d.h. der Ausgleich von Verlusten innerhalb einer Einkommensart (z. B. Verrechnung der Verluste aus einer selbstständigen Tätigkeit mit den Gewinnen aus einer anderen selbstständigen Tätigkeit), ist dagegen **zulässig** 60

(Umkehrschluss aus BT-Drucks. 16/2785 S. 27; so auch **BSG** vom 27.6.2013 – B 10 EG 2/12 R).

e) **Maßgeblichkeit des Durchschnittseinkommens**

61 Das für die Elterngeldhöhe relevante Einkommen aus Erwerbstätigkeit ist als **Durchschnittseinkommen** definiert (BT-Drucks. 17/9841 S. 18). Dies folgt aus dem Verweis des § 2 Abs. 1 Satz 3 auf die besonderen elterngeldrechtlichen Vorschriften zur Bestimmung des Einkommens aus nichtselbstständiger und selbstständiger Arbeit in § 2b bis 2f BEEG, welche jeweils auf den »durchschnittlichen Überschuss der Einnahmen aus nichtselbständiger Arbeit in Geld oder Geldwert« (§ 2c Abs. 1 Satz 1 BEEG) bzw. auf die »durchschnittlich zu berücksichtigende Summe der positiven Einkünfte aus Land- und Forstwirtschaft, Gewerbebetrieb und selbständiger Arbeit« (§ 2d Abs. 1 BEEG) Bezug nehmen.

f) **Zuflussprinzip**

62 Während § 2 Abs. 1 Satz 1 in der bis zum 17.9.2012 geltenden Fassung noch auf **das »erzielte« Einkommen** aus Erwerbstätigkeit Bezug genommen hat, wurde diese Formulierung vom Gesetzgeber aus Gründen der Klarstellung durch das Gesetz zur Vereinfachung des Elterngeldvollzuges vom 10.9.2012 gestrichen. Maßgebend für die Elterngeldhöhe ist nunmehr **das Einkommen aus Erwerbstätigkeit, dass die berechtigte Person »hat«.** Mit dieser Umformulierung hat der Gesetzgeber zum Ausdruck gebracht, dass das für die Elterngeldhöhe maßgebende Einkommen primär in Anlehnung an den steuerlichen Einkommensbegriff ermittelt wird (BT-Drucks. 17/9841 S. 18), wenngleich die § 2b bis § 2f BEEG insoweit gewisse Modifikationen vorsehen. Einkünfte »hat« die berechtigte Person nur dann, wenn sie ihr zugeflossen sind. Das Gesetz nimmt somit auf das **auch im Steuerrecht maßgebende Zuflussprinzip** Bezug.

Die Geltung des Zuflussprinzips folgt bereits aus der in § 2 Abs. 1 Satz 3 gewählten Definition des Einkommens als »Summe der positiven Einkünfte« sowie aus dem gesetzlich vorgesehenen Nachweis des elterngeldrechtlich relevanten Einkommens mittels der Lohn- und Gehaltsbescheinigung des Arbeitgebers (§ 2c Abs. 2 BEEG), die im Regelfall keine Aussage über nachgezahlten Lohn enthält (so auch **LSG** NRW vom 26.8.2009 – L 13 EG 24/09).

63 Nach der vom **Bundessozialgericht** vertretenen Rechtsauffassung **zur alten Rechtslage** sind allerdings unter bestimmten Voraussetzungen Ausnahmen vom strengen Zuflussprinzip gestattet (sogenanntes **modifiziertes Zuflussprinzip**). So hat es in der Entscheidung vom 30.9.2010 bei der Bemessung des elterngeldrelevanten Einkommens nicht nur das der elterngeldberechtigten Person im Bemessungszeitraum tatsächlich zugeflossene, sondern auch das darin erarbeitete und erst nach Ablauf des Bemessungszeitraums infolge nachträglicher Vertragserfüllung gezahlte Arbeitsentgelt berücksichtigt (B 10 EG 19/09 R – BSGE 107, 18 = SozR 4–7837 § 2 Nr. 6; bestätigt durch **BSG** vom 5.4.2012 – B 10 EG 10/11 R – SozR 47837 § 2 Nr. 14 und durch **BSG** vom 20.5.2014 – B 10 EG 11/13 R – für im Bemessungszeitraum erarbeitetes Arbeitsent-

gelt, dessen Vergütungsanspruch aber durch Aufrechnung mit einer Rückforderung wegen einer zuvor entstandenen Überzahlung erloschen ist; ebenso **LSG** Hessen vom 3.3.2010 – L 6 EG 16/09 in Bezug auf **Gehaltsnachzahlungen** für das vorangegangene Kalenderjahr; a.A.: **LSG** Niedersachsen-Bremen vom 3.6.2010 – L 8 EG 14/09; LSG NRW vom 19.3.2010 – L 13 EG 44/09; **LSG** NRW vom 26.8.2009 – L 13 EG 24/09). Maßgebend hierfür war nach Ansicht des Bundessozialgerichts im Wesentlichen der Sinn und Zweck des Elterngeldes, mit dem die finanziellen Einschränkungen im ersten Lebensjahr des Kindes ausgeglichen werden sollen, wobei sich der Ausgleich am individuellen Einkommen der elterngeldberechtigten Person orientiert; dem könne durch eine modifizierte Auslegung des Zuflussprinzips eher entsprochen werden als mit einer engen Auslegung des Zuflussprinzips (**BSG** a.a.O. unter Bezugnahme auf die Materialien in BT-Drucks. 16/1889 S. 2, 15; BT-Drucks. 16/2454 S. 2; BT-Drucks. 16/2785 S. 2). Hiergegen konnte schon damals eingewandt werden, dass § 2 BEEG auf den Einkommensbegriff des EStG verweist, welcher grundsätzlich vom strengen Zuflussprinzip ausgeht (§ 11 EStG) und den Zufluss nur in absoluten Ausnahmefällen fingiert (vgl. Drenseck in Schmidt, EStG, 29. Aufl., § 11 Rn. 10). Neben den aus § 2 Abs. 1 Satz 2 (Summe positiven Einkünfte) und § 2c Abs. 2 (Nachweis des Einkommens durch Lohn- und Gehaltsbescheinigung) abzuleitenden systematischen Erwägungen, die eher gegen die Einbeziehung von im Bemessungszeitraum erarbeitetem, aber erst nach dessen Ablauf gezahltem Arbeitslohn sprechen, wird die Anwendung des modifizierten Zuflussprinzips auch nicht durch den Äquivalenzgedanken gefordert. Dieser greift nicht bei steuerfinanzierten Leistungen ein, sodass insoweit die Rechtslage nicht mit der ebenfalls durch das modifizierte Zuflussprinzip geprägten Zahlung von Arbeitslosengeld vergleichbar ist (so auch **LSG** NRW vom 26.8.2009 – L 13 EG 24/09). Soweit im Anwendungsbereich des § 11 SGB II ausnahmsweise die Möglichkeit eines sogenannten normativen Zuflusses anerkannt wird (vgl. dazu **BSG** vom 7.5.2009 – B 14 AS 4/08 R; **BSG** vom 30.7.2008 – B 14 AS 43/07 R), gilt diese Ausnahme nur, wenn sie rechtlich bestimmt ist. Im Bereich des Elterngeldes gibt es jedoch keine gesetzliche Bestimmung, an die für einen normativen Zufluss angeknüpft werden kann.

Die dargestellte Rechtsprechung des Bundessozialgerichts zu § 2 a.F. (Urteil vom 30.9.2010 – B 10 EG 19/09 R – BSGE 107, 18 = SozR 4–7837 § 2 Nr. 6 zur Berücksichtigung von nachgezahltem Arbeitslohn; bestätigt durch: **BSG** vom 5.4.2012 – B 10 EG 10/11 R – SozR 47837 § 2 Nr. 14) ist jedoch vor dem Hintergrund der mit Wirkung zum 18.9.2012 vorgenommenen terminologischen Änderung des § 2 Abs. 1 und der hierfür maßgebenden Motive des Gesetzgebers als überholt anzusehen. Mit dem **Gesetz zur Vereinfachung des Elterngeldvollzuges** vom 10.9.2012 hat der Gesetzgeber den **Terminus der »erzielten« Einnahmen gestrichen** und stellt nunmehr allein auf die **Einkünfte aus Erwerbseinkommen ab, die die berechtigte Person »hat«**. Diese Umformulierung erfolgte ausschließlich mit Blick auf die genannte Entscheidung des Bundessozialgerichts, auf welche in den Gesetzesmaterialien eindeutig Bezug genommen wird (vgl. BT-Drucks. 17/9841 S. 18). Denn das Bundessozialgericht hatte für das elterngeldrechtsspezifisch modifizierte Zuflussprinzip an den Begriff des »erzielten« Einkommens angeknüpft. Mit dessen Streichung soll aus Sicht des Gesetzgebers klar- 64 gestellt werden, dass die »grundsätzlich steuerrechtliche Ausrichtung des elterngeldrechtlichen Einkommensbegriffs« unverändert gilt und auch die **zeitliche Einordnung von Einnahmen in Anlehnung an den steuerlichen Einkommensbegriff** zu bewerten ist (BT-Drucks-17/9841, S. 18).

Inzwischen hat auch das Bundessozialgericht klargestellt, dass bei der Ermittlung des elterngeldrechtlich relevanten Einkommens aus nichtselbstständiger Erwerbstätigkeit der **tatsächliche Zufluss im Bemessungszeitraum maßgeblich** ist und zwar unabhängig davon, ob der Arbeitslohn im Bemessungszeitraum erarbeitet oder erwirtschaftet wurde (**BSG** vom 27.6.2019 – B 10 EG 1/18 R).

Die vom Gesetzgeber grundsätzlich gewünschte Anknüpfung an das **strenge Zuflussprinzip** hat zur Folge, dass im Bezugszeitraum zufließendes Einkommen, dass durch eine Erwerbstätigkeit im Bemessungszeitraum (§ 2b BEEG) erwirtschaftet wurde, als während der Bezugszeit erzieltes und den Anspruch auf Elterngeld minderndes Einkommen zu berücksichtigen ist (BT-Drucks. 17/9841 S. 18; so auch klarstellend **BSG** vom 25.6.2020 – B 10 EG 2/19 R –, dass Lohn- und Gehaltsnachzahlungen während des Elterngeldbezugs als Einkommen elterngeldmindernd in Ansatz zu bringen sind). Nur insoweit sieht es der Gesetzgeber als gewährleistet an, den zum Nachweis des elterngeldrelevanten Einkommens dienenden Lohn- und Gehaltsbescheinigungen (§ 2c Abs. 2 BEEG) die beabsichtigte Richtigkeits- und Vollständigkeitsvermutung beizumessen (BT-Drucks. 17/9841 S. 18).

g) **Differenzierung nach Einkommensarten**

65 Das BEEG sieht für Einkommen aus nichtselbstständiger Arbeit und solches aus selbstständiger Tätigkeit grundsätzlich unterschiedliche Vorschriften für die Einkommensermittlung vor. Die **unterschiedliche Einkommensermittlung für selbstständige und nichtselbstständige Arbeit** begegnet keinen verfassungsrechtlichen Bedenken. Beide Einkommensarten sind nicht vergleichbar. Es bestehen vielmehr erhebliche Unterschiede zwischen einer selbstbestimmten und einer fremdbestimmten Erwerbstätigkeit, vor allem hinsichtlich des Arbeitseinsatzes, der Höhe des erzielten Einkommens (**BSG** Urteil vom 17.2.2011 – B 10 EG 20/09 R – SozR 4–7841, § 2 Nr. 8) und dem Zeitpunkt des Zuflusses von Einkünften.

Vorbemerkung zu §§ 2, 2a bis f BEEG

1 Der Gesetzgeber hat durch Art. 1 des **Gesetzes zur Vereinfachung des Elterngeldvollzugs** vom 10.9.2012 (BGBl. I S. 1878) mit Wirkung zum 18.9.2012 § 2 BEEG geändert und grundlegend neu in §§ 2, 2a bis f strukturiert.

2 Der Regelungsgehalt der bisherigen Absätze 1 bis 6 wurde, redaktionell überarbeitet, von den Regelungen der §§ 2 und 2a übernommen. Die Regelungen des bisherigen § 2 Abs. 7 bis 9 wurden im Wesentlichen in die neu eingefügten Vorschriften der §§ 2b bis 2f überführt (vgl. BT-Drucks. 17/9841 S. 17 f.).

Anlass für die Gesetzesänderung war insbesondere die nach der alten Gesetzeslage komplizierte und daher fehleranfällige Einkommensermittlung zur Berechnung des Elterngeldes. Die Verwaltungen der Länder, die das BEEG gemäß Art. 104a Abs. 3 Satz 2 und Art. 85 GG im Auftrag des Bundes ausführen, sollten entlastet werden. Interessensgemäß erfolgte die Einbringung der Gesetzesvorlage gemäß Art. 76 Abs. 1 GG durch den Bundesrat. Im Vorblatt zum Gesetzentwurf des Bundesrats heißt es sogar, dass der Verwaltungsaufwand so hoch und dadurch die Bearbeitungszeiten so lang seien, dass die Zielsetzung des Elterngeldes als Einkommensersatzleistung für die Zeit nach der Geburt eines Kindes infrage gestellt sei (vgl. BT-Drucks. 17/1221 S. 1). Zugleich wird durch die Gesetzesänderung den Empfehlungen des Bundesrechnungshofes zur Vereinfachung des Elterngeldvollzuges entsprochen. Denn auch der Bundesrechnungshof hatte die komplizierten Berechnungsvorschriften gerügt, die nach dessen Prüfung insbesondere bei der Ermittlung von Einkünften aus selbstständiger Tätigkeit häufig zu falschen Ergebnissen führten und außerdem zu zeitaufwendig seien (vgl. Bemerkungen des Bundesrechnungshofes 2013 Nr. 63). 3

Die wichtigste und weitreichendste Veränderung besteht darin, dass das für das Elterngeld **maßgebliche Nettoeinkommen nun mittels pauschaler Sätze für Steuern und Abgaben berechnet** wird. Dies gilt sowohl für die Einkommensermittlung bei nichtselbstständiger Tätigkeit als auch bei Gewinneinkünften aus selbstständiger Tätigkeit, Gewerbebetrieb oder Land- und Forstwirtschaft. Daneben dient die Neuordnung der §§ 2, 2a bis f auch einer **verbesserten Übersicht und Lesbarkeit**. 4

Es ist zu beachten, dass die durch das Gesetz zur Vereinfachung des Elterngeldvollzugs geschaffene **neue Fassung des § 2 sowie §§ 2a bis f für ab dem 1.1.2013 geborene oder mit dem Ziel der Adoption aufgenommene Kinder** Anwendung finden (§ 27 Abs. 1 Satz 1 BEEG in der bis zum 31.12.2014 geltenden Fassung). 5

Mit dem **Gesetz zur Einführung des Elterngeld Plus mit Partnerschaftsbonus und einer flexibleren Elternzeit im Bundeselterngeld- und Elternzeitgesetz** vom 18.12.2014, das am 1.1.2015 in Kraft getreten ist, sind erneut Änderungen und Anpassungen bei §§ 2, 2b und 2c BEEG vorgenommen worden. Diese Änderungen gelten für **ab dem 1.7.2015 geborene oder mit dem Ziel der Adoption aufgenommene Kinder** (§ 27 Abs. 1 Satz 2) mit Ausnahme der Ergänzung in § 2c Abs. 1 Satz 2 – diese findet gemäß § 27 Abs. 1 Satz 3 bereits ab dem 1.1.2015 Anwendung. 6

Mit dem **Gesetz für Maßnahmen im Elterngeld aus Anlass der COVID-19-Pandemie** vom 20.5.2020 (BGBl. I S. 1061) sind zeitlich befristete Änderungen an § 2b vorgenommen worden, um die finanziellen Auswirkungen der COVID-19-Pandemie auf junge Familien zu schmälern. Außerdem wurden klarstellende Regelungen in §§ 2c und 2d aufgenommen. Mit dem **Gesetz zur Beschäftigungssicherung infolge der COVID-19-Pandemie** vom 3.12.2020 (BGBl. I S. 2691) wurde die Geltung pandemiebedingter Änderungen im Elterngeldrecht mit Wirkung zum 1.1.2021 bis zum 31.12.2021 verlängert. 7

Mit dem Jahressteuergesetz 2020 vom 31.12.2020 (BGBl. I 2020, 3086) wurde mit Wirkung zum 1.1.2024 § 2e Absatz 2 lit. a und b (Art. 18 des Jahressteuergesetztes) 8 um lit. e ergänzt. Es handelt sich um redaktionelle Anpassungen aufgrund der Einfügung des Buchstabe e in § 39b Absatz 2 Satz 5 Nummer 3 EStG (Drucksache 19/22850, S. 158).

9 Mit dem **Zweiten Gesetz zur Änderung des Bundeselterngeld- und Elternzeitgesetz** vom 15. Februar 2021, welches zum 1.6.2022 in Kraft trat, wurden überwiegend redaktionelle Änderungen an dem bestehenden Gesetzesrahmen vorgenommen. Das Gesetz gilt für Eltern, deren Kinder ab dem 1.9.2021 geboren werden. Neben den redaktionellen Änderungen enthalten die Gesetzesänderungen Klarstellungen hinsichtlich der Bestimmung des Bemessungszeitraumes mit der Einfügung eines neuen Satz 3 in § 2b Abs. 1 BEEG. Schließlich wurde § 2b Absatz 4 BEEG neu eingefügt. Damit wird ein Antragsrecht im Hinblick auf den anzuwendenden Bemessungszeitraum aufgenommen.

§ 2a BEEG Geschwisterbonus und Mehrlingszuschlag

(1) [1]Lebt die berechtigte Person in einem Haushalt mit
1. zwei Kindern, die noch nicht drei Jahre alt sind, oder
2. drei oder mehr Kindern, die noch nicht sechs Jahre alt sind,

wird das Elterngeld um 10 Prozent, mindestens jedoch um 75 Euro erhöht (Geschwisterbonus). [2]Zu berücksichtigen sind alle Kinder, für die die berechtigte Person die Voraussetzungen des § 1 Absatz 1 und 3 erfüllt und für die sich das Elterngeld nicht nach Absatz 4 erhöht.

(2) [1]Für angenommene Kinder, die noch nicht 14 Jahre alt sind, gilt als Alter des Kindes der Zeitraum seit der Aufnahme des Kindes in den Haushalt der berechtigten Person. [2]Dies gilt auch für Kinder, die die berechtigte Person entsprechend § 1 Absatz 3 Satz 1 Nummer 1 mit dem Ziel der Annahme als Kind in ihren Haushalt aufgenommen hat. [3]Für Kinder mit Behinderung im Sinne von § 2 Absatz 1 Satz 1 des Neunten Buches Sozialgesetzbuch liegt die Altersgrenze nach Absatz 1 Satz 1 bei 14 Jahren.

(3) Der Anspruch auf den Geschwisterbonus endet mit Ablauf des Monats, in dem eine der in Absatz 1 genannten Anspruchsvoraussetzungen entfällt.

(4) [1]Bei Mehrlingsgeburten erhöht sich das Elterngeld um je 300 Euro für das zweite und jedes weitere Kind (Mehrlingszuschlag). [2]Dies gilt auch, wenn ein Geschwisterbonus nach Absatz 1 gezahlt wird.

Übersicht — **Rdn.**

I. Entwicklung der Norm

§ 2a ist neu durch das **Gesetz zur Vereinfachung des Elterngeldvollzuges** vom 10.9.2012 (BGBl. I S. 1878) mit Wirkung zum 18.9.2012 entstanden. Er enthält den Regelungsgehalt der Abs. 4 (Geschwisterbonus) und 6 (Mehrlingszuschlag) des ursprünglichen, bis zum 17.9.2012 geltenden § 2. 1

1. Veränderungen beim Geschwisterbonus durch das Gesetz zur Vereinfachung des Elterngeldvollzugs

a) § 2a Abs. 1

Absatz 1 Satz 1 entspricht dem bisherigen § 2 Abs. 4 Satz 1. Eine Legaldefinition des Geschwisterbonus wurde eingefügt, ansonsten nur einige Umformulierungen aus Gründen einer verbesserten Lesbarkeit vorgenommen. Satz 2 enthält einige redaktionelle Folgeänderungen. 2

b) § 2a Abs. 2

Geschwisterkinder werden höchstens bis zu einem Alter von 14 Jahren berücksichtigt. Abs. 2 Satz 1 enthält die Festlegung, dass angenommene Kinder bei der Ermittlung des Geschwisterbonus nur berücksichtigt werden, wenn sie das Lebensalter von 14 Jahren nicht überschritten haben. Nach Sinn und Zweck des Elterngeldes werden nur junge Kinder für den Elterngeldbezug bzw. den Geschwisterbonus berücksichtigt, da sie in besonderer Weise einen erhöhten häuslichen Betreuungsbedarf auslösen. Wie zuvor auch gelten die besonderen Regelungen des Satzes 1 nach Satz 2 auch für Kinder, die die berechtigte Person entsprechend § 1 Abs. 3 Satz 1 Nr. 1 mit dem Ziel der Annahme als Kind in ihren Haushalt aufgenommen hat. Satz 3, der ebenso nur redaktionelle Änderungen enthält, übernimmt den Regelungsgehalt des § 2 Abs. 4 S. 4 a.F. (BT-Drucks. 17/9841 S. 19). 3

c) § 2a Abs. 3

Nach Abs. 3, der dem bisherigen § 2 Abs. 4 Satz 5 entspricht, endet der Anspruch auf den Erhöhungsbetrag mit dem Ablauf des Monats, in dem eine der in Abs. 1 genannten Anspruchsvoraussetzungen entfällt. Die neue Fassung stellt klar, dass diese Rechtsfolge auch für den Fall eintritt, dass eine Voraussetzung des Abs. 1 Satz 2 entfällt (BT-Drucks. 17/9841 S. 19). 4

Absatz 4 übernimmt den Regelungsgehalt des bisherigen § 2 Abs. 6 und fügt die Legaldefinition des Mehrlingszuschlags hinzu. Nach Satz 1 erhöht sich das Elterngeld bei Mehrlingsgeburten um je 300 Euro für das zweite und jedes weitere Kind. Der nach alter Rechtslage enthaltene Hinweis auf das nach § 2 ermittelte Elterngeld ist entbehr- 5 lich, da sich der Bezug bereits aus der Systematik ergibt. Satz 2 stellt klar, dass der Mehrlingszuschlag wie nach bisheriger Rechtslage auch zusätzlich zum Geschwisterbonus gezahlt wird, der für ein anderes Geschwisterkind gewährt wird (BT-Drucks. 17/9841 S. 19).

6 Weitere Änderungen des Gesetzeswortlautes gab es demgegenüber in den neueren Gesetzgebungsverfahren nicht.

II. Geschwisterbonus: § 2a Abs. 1 bis 3

1. Hintergrund und Zweck

7 Der Geschwisterbonus trägt dem Umstand Rechnung, dass Elternteile, die bereits ein Kind oder mehrere Kinder haben, nach deren Geburt häufig Einkommenseinbußen – z.B. durch Reduzierung der Arbeitszeit – hinnehmen mussten, die bei Anwendung des in § 2 Abs. 1, § 2b normierten Berechnungsmodus zu einem geminderten Elterngeldanspruch führen (BT-Drucks. 16/1889 S. 21), weil im Bemessungszeitraum vor der Geburt bereits ein niedrigeres Einkommen aus Erwerbstätigkeit erzielt wurde. Die Regelung soll die Schwierigkeiten ausgleichen, die bei schneller Geburtenfolge mit der Integration des betreuenden Elternteils in das Erwerbsleben verbunden sind (Ausgleichsfunktion). Andererseits wird aufgrund der zeitlichen Begrenzung des Geschwisterbonus eine schnelle Rückkehr des betreuenden Elternteils in das Erwerbsleben finanziell honoriert (Anreizfunktion).

8 Weniger wegen dieser Zweckrichtungen als vielmehr wegen der Ausgestaltung des Geschwisterbonus – insbesondere hinsichtlich des zeitlichen Anwendungsbereichs – wird die Regelung vielfach als sozialpolitisch verfehlt angesehen, weil durch sie nicht derjenige begünstigt werde, der nach dem ersten Kind schnell – wenn auch in zeitlich eingeschränktem Umfang – in den Beruf zurückkehre, sondern wer schnell erneut schwanger wird (in diesem Sinne z.B.: Salaw-Hanslmaier, ZRP 2008, S. 140, Wiegand, BEEG [Stand: August 2015], § 2 BEEG Rn. 6 i.S.e. »Tempoprämie«). Eine Kürzung des Elterngeldes für das zweite Kind könne nur vermieden werden, wenn die elterngeldberechtigte Person entweder sofort nach dem Elterngeldbezug für das erste Kind wieder eine Vollzeittätigkeit aufnehme oder aber wenn das zweite Kind zwölf bzw. 14 Monate nach dem ersten Kind geboren werde (Salaw-Hanslmaier, ZRP 2008, 140 ff.). Darin liegt jedoch kein Verstoß gegen das aus Art. 6 Abs. 1 GG abzuleitende Gebot der Familienförderung und der damit verbundenen staatlichen Pflicht zu einem Familienlastenausgleich (**BVerfG** vom 6.7.2004 – 1 BvL 4/97 – BVerfGE 111, 160, 172). Soweit der Gesetzgeber mit der getroffenen Regelung einen Anreiz schafft, dass der berechtigte Elternteil möglichst frühzeitig wieder eine Erwerbstätigkeit aufnimmt, ist diese Zielsetzung zur Wahrung der fiskalischen Interessen des Staates gerechtfertigt (vgl. dazu **BSG** vom 19.2.2009 – B 10 EG 1/08 R und B 10 EG 2/08 R juris-Rn. 36). Ein Zwang im Sinne einer bestimmten Familienplanung, der über die mit jeder gesetzlichen Regelung von Sozialleistungen generell verbundene Lenkungswirkung hinausgeht, ist mit der Ausgestaltung des Geschwisterbonus jedenfalls nicht verbunden (angedeutet in diesem Sinne in: **BSG** vom 19.2.2009 – B 10 EG 1/08 R und B 10 EG 2/08 R).

Die dargestellte **kontroverse Beurteilung des Geschwisterbonus** kennzeichnete schon die im Zusammenhang mit der Einführung des Elterngeldes geführten parlamentarischen Beratungen. Der von den Regierungsfraktionen vorgelegte Entwurf eines Gesetzes zur Einführung des Elterngeldes vom 20.6.2006 sah den Geschwisterbonus in anderer Berechnungsform vor (BT-Drucks. 16/1889 S. 5, 21). Für die Berechnung des Zuschlages sollte das der elterngeldberechtigten Person für die Geburt des weiteren Kindes nach § 2 Abs. 1 und 2 maximal zustehende Elterngeld mit dem für ein älteres Geschwisterkind bezogenen Elterngeld verglichen werden. Soweit Letzteres höher ist, sollte ein Geschwisterzuschlag in Höhe der Hälfte des Unterschiedsbetrages gezahlt werden (BT-Drucks. 16/1889 S. 5, 21). Allerdings war die Zahlung des Zuschlages auf Fälle beschränkt, in denen zwischen den Geburten nicht mehr als 24 Monate lagen, weil nur bei kurzer Geburtenfolge die Aufnahme einer Erwerbstätigkeit für den Berechtigten mit besonderen Schwierigkeiten verbunden sei (BT-Drucks. 16/1889 S. 21). Bei fehlendem Bezug von Elterngeld für ein älteres Geschwisterkind sollte bei der Berechnung auf das Elterngeld abgestellt werden, das für das ältere Geschwisterkind unter Berücksichtigung des vor der Geburt erzielten Einkommens maximal hätte bezogen werden können. Diese Regelung, insbesondere die Beschränkung auf kurze Geburtenfolgen (24-Monats-Zeitraum), waren Gegenstand intensiver Diskussionen in den parlamentarischen Beratungsgremien. Von Seiten des Bundesrates wurde die Orientierung an einer kurzen Geburtenfolge als unzulässige staatliche Steuerung im höchstpersönlichen Bereich angesehen (BT-Drucks. 16/2454 S. 9). Die Regelung werde weder den Interessen der Anspruchsberechtigten noch den mit dem Elterngeld verbundenen Zielsetzungen gerecht. Dagegen wandte die Bundesregierung in ihrer Gegenäußerung ein, eine Ausdehnung des Anwendungsbereichs für den Geschwisterbonus, insbesondere eine Verlängerung der 24-Monats-Frist, fördere nicht zwingend die Ziele des Elterngeldes und sei für den Bund mit erheblichen Mehrkosten verbunden (BT-Drucks. 16/2454 S. 12). Der Geschwisterbonus solle auf die Fälle beschränkt bleiben, in denen der Wiedereinstieg in den Beruf mit besonderen Schwierigkeiten verbunden sei, was lediglich auf die Fälle einer kurzen Geburtenfolge zutreffe (BT-Drucks. 16/2454 S. 13). Eine Verlängerung des Zeitraumes begünstige zudem mit der Zielsetzung des Elterngeldes nicht vereinbare längere Unterbrechungen der Erwerbstätigkeit (BT-Drucks. 16/2454 S. 13). Letztlich wurde eine zeitliche Ausweitung der Geschwisterbonusregelung (36 Monate) im Rahmen einer öffentlichen Petition gefordert (vgl. BT-Drucks. 16/2785 S. 35). Offensichtlich angesichts der vorgebrachten Einwände erhielt die Regelung des Geschwisterbonus im Zuge der Beratungen des 13. Ausschusses für Familie, Senioren, Frauen und Jugend die noch heute geltende Fassung, die im Vergleich zum vorherigen Entwurf den Kreis der Berechtigten und den Anwendungszeitraum erweitert sowie die Berechnung erleichtert (BT-Drucks. 16/2795 S. 38 f.). 9

Eine **Regelung mit vergleichbarer Zielsetzung** fand sich bereits in **§ 3 Abs. 1 Satz 2 BErzGG**, wonach für jedes Kind Erziehungsgeld zu gewähren war, wenn in einem Haushalt mehrere Kinder betreut und erzogen wurden. Die Vorschrift wurde durch das Bundeserziehungsgeldänderungsgesetz vom 30.6.1989 (BGBl. I S. 1297) in das BErzGG eingefügt, um den bei der Betreuung mehrerer Kinder im Haushalt bestehenden erhöhten Betreuungs- und Erziehungsaufwand angemessen zu berücksichtigen 10

(BT-Drucks. 11/4708 S. 3). Die Regelung erfasste nicht nur Fälle, in denen während des Bezugs von Erziehungsgeld ein weiteres Kind geboren wurde, sondern galt auch für Mehrlingsgeburten und die Aufnahme von Stief- oder Adoptivkindern (vgl. dazu: Zmarzlik/Zipperer/Viethen, 8. Aufl., § 3 BErzGG Rn. 3 f.). Aufgrund der Konzeption des Elterngeldes als Einkommensersatzleistung konnte diese Regelung nicht in gleicher Form übernommen werden.

2. Voraussetzungen

11 Anspruch auf den Geschwisterbonus haben nur elterngeldberechtigte Personen, die mit mehreren berücksichtigungsfähigen Kindern in einem Haushalt leben. Maßgebend für den Anspruch sind Anzahl und Alter der im Haushalt der elterngeldberechtigten Person lebenden Kinder.

12 Berücksichtigungsfähig sind Kinder, für die die elterngeldberechtigte Person die **Voraussetzungen des § 1 Abs. 1 und 3** erfüllt (§ 2a Abs. 1 Satz 2). Es müssen somit die für leibliche Kinder (§ 1 Abs. 1) und für angenommene oder mit dem Ziel der Annahme in den Haushalt aufgenommene Kinder (§ 1 Abs. 3) geltenden Voraussetzungen für die Gewährung von Elterngeld dem Grunde nach vorliegen, weil nur in diesen Fällen von einem erhöhten Betreuungsaufwand auszugehen ist (Buchner/Becker, 8. Aufl., § 2 BEEG Rn. 53). Kinder, die als **Mehrlinge** geboren werden, sind **innerhalb der Elterngeldphase** nicht berücksichtigungsfähig, weil insoweit **Absatz 4 als lex specialis** vorgeht. Der Geschwisterbonus wird nicht zusätzlich zum Mehrlingszuschlag gezahlt (Graue in: Schlegel/Voelzke, jurisPK-SGB, 1. Aufl., § 2a BEEG [Stand: 15.04.2023], Rn. 34). Absatz 4 ist für die elterngeldberechtigte Person günstiger, da die Vorschrift eine Erhöhung des Elterngeldanspruchs und nicht nur die Gewährung einer Zulage vorsieht. Außerhalb der Elterngeldphase können Mehrlingskinder dagegen als Geschwister berücksichtigt werden, weil dann eine Kollision mit dem zweckidentischen Absatz 4 nicht mehr möglich ist (in diesem Sinne auch Lenz/Wagner in Rancke/Pepping, 6. Aufl. 2022, § 2a BEEG Rn. 3). Das Kind, für das Elterngeld beantragt wird, ist bei der Bestimmung der Zahl der im Haushalt lebenden Kindern mitzuzählen.

13 Der Geschwisterbonus wird nur gewährt, wenn die elterngeldberechtigte Person entweder mit zwei Kindern, die noch nicht drei Jahre alt sind, oder mit drei bzw. mehr Kindern, die noch nicht sechs Jahre alt sind, in einem Haushalt zusammenlebt. Mit diesen Altersgrenzen knüpft das Gesetz an die altersmäßige Differenzierung im Kinder- und Jugendhilferecht an (vgl. § 24 SGB VIII). Der Gesetzgeber geht offensichtlich davon aus, dass bis zum dritten Lebensjahr ein erhöhter Betreuungs- und Erziehungsaufwand besteht. Der Zuschlag für die **Altersgruppe** der bis 6-Jährigen trägt dem Umstand Rechnung, dass zwar ab dem dritten Lebensjahr der Betreuungsaufwand aufgrund zunehmender Selbstständigkeit des Kindes in den grundlegenden Alltagsverrichtungen (Nahrungsaufnahme, Körperpflege) zwar grundsätzlich geringer ist, diese Entlastung aber bei der Betreuung von mehr als zwei Kindern durch die Anzahl der Kinder kompensiert wird.

14 Für **angenommene Kinder** bzw. mit dem Ziel der Annahme in den Haushalt aufgenommene Kinder modifizieren die Sätze 1 und 2 des Abs. 2 den Beginn der für den

Anspruch relevanten Altersspanne. Maßgebend ist in diesen Fällen nicht der Zeitpunkt der Geburt des Kindes, sondern der **Zeitpunkt der Aufnahme des Kindes in den Haushalt** der elterngeldberechtigten Person. Nicht erfasst werden Pflegekinder (s.a. Graue in: Schlegel/Voelzke, jurisPK-SGB, 1. Aufl., § 2a BEEG [Stand: 15.04.2023], Rn. 31; BSG vom 2.10.2015 – B 10 EG 9/15 B). Diese Modifikation ist auf die in § 1 Abs. 3 Satz 2 getroffene Regelung zurückzuführen. Seit dem Inkrafttreten des Gesetzes zur Vereinfachung des Elterngeldvollzugs am 18.9.2012 gilt die für behinderte Kinder nach Abs. 2 Satz 3 vorgesehene Altersgrenze von 14 Jahren nun auch für angenommene Kinder (Abs. 2 Satz 1). Die Begründung hierfür ist, dass nur jüngere Kinder einen erhöhten häuslichen Betreuungsbedarf im Sinne des Elterngeldrechts auslösen (BT-Drucks. 17/9841 S. 19). Nach wie vor wird auch das **behinderte Kind** bis zur Vollendung seines 14. Lebensjahres hinsichtlich des Betreuungsaufwandes einem unter dreijährigen nicht behinderten Kind gleichgestellt. Hierzu muss eine Behinderung im Sinne des § 2 Abs. 1 Satz 1 SGB IX bestehen. Sie liegt vor, wenn das Kind eine körperliche, seelische, geistige oder Sinnesbeeinträchtigung hat, die es in Wechselwirkung mit einstellungs- und umweltbedingten Barrieren an der gleichberechtigten Teilhabe an der Gesellschaft mit hoher Wahrscheinlichkeit länger als sechs Monate hindert. Die Behinderung muss durch Feststellung nach § 152 Abs. 1 SGB IX oder durch den Schwerbehindertenausweis (wird ab GdB 50 ausgestellt) nachgewiesen werden (RL BEEG 07/2024 Ziffer 2a.2.2; s.a. Graue in: Schlegel/Voelzke, jurisPK-SGB Sozialrecht Besonderer Teil, 1. Aufl., § 2a BEEG [Stand: 15.04.2023], Rn. 33). Eine Behinderung im Sinne dieser Vorschrift liegt daher nur vor, wenn die Behinderung mit einem Grad der Behinderung (GdB) von mindestens 20 zu bewerten ist, weil erst mit diesem GdB ein Anspruch auf behördliche Feststellung der Behinderung gemäß § 152 Abs. 1 Satz 6 SGB IX besteht (RL BEEG 07/2024 Ziffer 2a.2.2). Eine Schwerbehinderung im Sinne des § 2 Abs. 2 SGB IX (GdB 50) muss dagegen nicht vorliegen.

Weitere Voraussetzung für die Gewährung des Geschwisterbonus ist, dass die elterngeldberechtigte Person mit den berücksichtigungsfähigen Kindern in einem Haushalt zusammenlebt. Notwendig ist hierfür nicht nur das räumliche Zusammenleben in einer auf gewisse Dauer angelegten **Hausgemeinschaft**, sondern aufgrund des Regelungszwecks auch die Bildung einer **familiären Erziehungs- und Betreuungsgemeinschaft**, in der die berücksichtigungsfähigen Kinder durch die elterngeldberechtigte Person in materieller (Nahrung und Kleidung) und immaterieller Hinsicht (Fürsorge und Erziehung) versorgt und betreut werden. 15

3. Rechtsfolge

Liegen die genannten Voraussetzungen vor, erhält die elterngeldberechtigte Person einen **Geschwisterbonus in Höhe von zehn Prozent des ihr zustehenden Elterngeldes, mindestens jedoch in Höhe von 75 Euro**. Der Geschwisterbonus ist als Zuschlag ausgestaltet, d.h. er wird zusätzlich zu dem nach § 2 einkommensabhängig gezahlten Elterngeld bzw. dem nach § 2 Abs. 4 Satz 1 gezahlten Mindestelterngeld gezahlt. Der im ursprünglichen Gesetzentwurf der Regierungsfraktionen vorgesehene Berechnungsmodus war zwar stärker am Einkommen der elterngeldberechtigten 16

Person orientiert (vgl. dazu: BT-Drucks. 16/1889 S. 5, 21), wurde aber aus Gründen der Verwaltungsvereinfachung aufgegeben (BT-Drucks. 16/2785 S. 38 f.).

▶ **Berechnungsbeispiel 1:**

Die elterngeldberechtigte Person hat kein Einkommen aus Erwerbstätigkeit i.S.d. § 2 Abs. 1 und betreut ein zweijähriges Kind. Mit der Geburt des zweiten Kindes erhält die elterngeldberechtigte Person bis zur Vollendung des dritten Lebensjahres des älteren Geschwisterkindes Elterngeld i.H.v. 375 Euro (Mindestelterngeld nach § 2 Abs. 4 Satz 1 i.H.v. 300 Euro und Mindestzuschlag nach § 2a Abs. 1 Satz 1 i.H.v. 75 Euro).

▶ **Berechnungsbeispiel 2:**

Die elterngeldberechtigte Person bezieht ein Einkommen aus Erwerbstätigkeit i.H.v. 800 Euro monatlich vor der Geburt des 2. Kindes. Ihr steht nach § 2 Abs. 1 und 2 Elterngeld i.H.v. 616 Euro monatlich zu. Der davon zu berechnende Zuschlag nach § 2a Abs. 1 Satz 1 (zehn Prozent) würde rechnerisch 61,60 Euro betragen, liegt also unter 75 Euro, sodass monatlich der Mindestzuschlag i.H.v. 75 Euro (§ 2a Abs. 1 Satz 1) zum Elterngeld gewährt wird.

17 Der Anspruch auf Gewährung eines Zuschlages nach § 2a Abs. 1 endet mit Ablauf des Monats, in dem eine der den Zuschlag begründenden Voraussetzungen entfällt (§ 2a Abs. 3). Das ist in der Regel der Fall, wenn eines der im Haushalt betreuten Kinder die gesetzlich festgelegte Altersgrenze von drei bzw. sechs Jahren erreicht. Der Zuschlag entfällt mit Ablauf des **Lebensmonats des Kindes**, welches die Altersgrenze erreicht (so auch RL BEEG 07/2024, 2a.3; s.a. Lenz/Wagner in Rancke/Pepping, 6. Aufl. 2022, § 2a BEEG Rn. 6; Röhl in Rolfs/Giesen/Meßling/Udsching, BeckOK/ArbR, Stand 1.6.2024, § 2a Rn. 6; Brose in Brose/Weth/Volk, 9. Auflage 2020, § 2a Rn. 13 unter Anlehnung an die allgemeine Regel des § 4 Abs. 2 S. 3; Graue in Schlegel/Voelzke, jurisPK-SGB, 1. Aufl. [Stand: 15.04.2023], § 2a BEEG, Rn. 18). Der Wortlaut ist hier allerdings etwas unklar (Graue in: Schlegel/Voelzke, jurisPK-SGB, 1. Aufl., § 2a BEEG [Stand: 15.04.2023], Rn. 18 spricht von einer »Regelungslücke«). Zwar könnte man dies aus Vereinfachungsgesichtspunkten anders sehen (s. dazu die Kommentierung in der Vorauflage) und auf den Kalendermonat statt den Lebensmonat abstellen. Der Anspruch entfiele dann mit Ablauf des Monats, in welchen die Erreichung des Lebensmonats, ergo die Geburt des Kindes, fällt (z.B. bei Geburt am 3.5. zum 31.5.). Die Gesetzesbegründung schweigt zu der Frage, ob auf den Kalendermonat oder Lebensmonat abzustellen ist. Für die Beendigung zum Ablauf des Monats könnte man anführen, dass der Gesetzgeber mit dem Zweiten Gesetz zur Änderung des Bundeselterngeld- und Elternzeitgesetz zwar in den anderen Normen redaktionell das Wort »Monat« durch »Lebensmonat« ersetzt hat, nicht aber in § 2a (Lenz/Wagner in Rancke/Pepping, 6. Aufl. 2022, § 2a BEEG Rn. 6 spricht hier von einem »redaktionellen Versehen«). Jedoch spricht dagegen, dass der Gesetzgeber insgesamt in der Systematik des Gesetzes das Lebensmonatsprinzip zu Grunde legt (so auch Brose in Brose/Weth/Volk, 9. Auflage 2020, § 2a Rn. 13) und daher auch die weiteren Berechnungen auf den Lebens-

monat ausgerichtet sind (Lenz/Wagner in Rancke/Pepping, 6. Aufl. 2022, § 2a BEEG Rn. 6 führt als Argument auch das Entfallen aufwendiger, taggenauer Berechnungen an).

III. Mehrlingszuschlag: § 2a Abs. 4

Bei Mehrlingsgeburten erhöht sich das der elterngeldberechtigten Person zustehende 18 Elterngeld um je 300 Euro für das zweite und jedes weitere Kind. Die Erhöhungsregelung gilt sowohl für das einkommensabhängig gewährte Elterngeld (§ 2 Abs. 1 bis 3) als auch für das Mindestelterngeld (§ 2 Abs. 4 Satz 1). Durch die Erhöhung soll der mit einer Mehrlingsgeburt verbundenen besonderen Belastung der Eltern Rechnung getragen werden (BT-Drucks. 16/1889 S. 21). Die Höhe des zusätzlich zu gewährenden Betrages entspricht der des Mindestelterngeldes. Ebenso wie dieses ist der Zuschlag für Mehrlingsgeburten eine **einkommensunabhängig gewährte Sozialleistung i.S. einer staatlichen Förderleistung.**

Im Fall einer Mehrlingsgeburt kann das Elterngeld also über den in § 2 Abs. 1 gere- 19 gelten Höchstbetrag hinausgehen. Die Höchstgrenze bezieht sich nach Wortlaut und Systematik nur auf das einkommensabhängig gewährte Elterngeld, schließt aber eine darüber hinausgehende Erhöhung durch einkommensunabhängig ausgestaltete Bestandteile der Familienleistung Elterngeld nicht aus.

Satz 2 stellt klar, dass die **gleichzeitige Zahlung von Mehrlingszuschlag und Geschwis-** 20 **terbonus,** wie auch nach der alten Rechtslage, **möglich** ist. Einen zusätzlichen Geschwisterbonus kann es jedoch nur für ein **weiteres Kind** geben, also wenn im Haushalt zusätzlich zu den Mehrlingen ein oder mehrere Geschwister vorhanden sind, die der Altersbeschränkung des Absatz 1 oder Absatz 2 unterfallen und ebenfalls zu betreuen sind (siehe hierzu ausführlich **SG Darmstadt** vom 19.1.2016 – S 20 EG 6/15).

Nach der bis zum 31.12.2014 geltenden Rechtslage stand Eltern von Zwillingen – 21 sofern beide Elternteile die Anspruchsvoraussetzungen für einen Anspruch auf Elterngeld erfüllten – für jedes der beiden Zwillingskinder Elterngeld einschließlich Mehrlingszuschlag zu (s. hierzu **BSG** vom 27.6.2013 – B 10 EG 8/12 R juris, Rn. 60). Seit Inkrafttreten des Gesetzes zur Einführung des Elterngeld Plus mit Partnerschaftsbonus und einer flexibleren Elternzeit im BEEG am 1.1.2015 steht den Eltern **bei Mehrlingsgeburten ab dem 1.1.2015 nur noch ein Anspruch auf Elterngeld** (§ 1 Abs. 1 S. 2 BEEG) mit Mehrlingszuschlag zu (zur Verfassungsmäßigkeit dieser Regelung siehe: **SG Berlin** vom 3.5.2017 – S 2 EG 71/15). Dies ergibt sich auch aus der Zusammenschau mit § 1 Abs. 1 Satz 2 BEEG, wonach nur **ein Anspruch** auf Elterngeld besteht (s.a. Graue in: Schlegel/Voelzke, jurisPK-SGB, 1. Aufl., § 2a BEEG [Stand: 15.04.2023], Rn. 3, 41 f.).

Der Mehrlingszuschlag ist von der Anrechnung des Mutterschaftsgeldes und des Arbeit- 22 geberzuschusses nicht ausgenommen (s. hierzu **BSG** vom 26.3.14, B 10 EG 2/13 R, juris, Rn. 24).

§ 2b BEEG Bemessungszeitraum

(1) [1]Für die Ermittlung des Einkommens aus nichtselbstständiger Erwerbstätigkeit im Sinne von § 2c vor der Geburt sind die zwölf Kalendermonate vor dem Monat der Geburt des Kindes maßgeblich. [2]Bei der Bestimmung des Bemessungszeitraums nach Satz 1 bleiben Kalendermonate unberücksichtigt, in denen die berechtigte Person

1. im Zeitraum nach § 4 Absatz 1 Satz 1 Elterngeld für ein älteres Kind bezogen hat,
2. während der Schutzfristen nach § 3 des Mutterschutzgesetzes nicht beschäftigt werden durfte oder Mutterschaftsgeld nach dem Fünften Buch Sozialgesetzbuch oder nach dem Zweiten Gesetz über die Krankenversicherung der Landwirte bezogen hat,
3. eine Krankheit hatte, die maßgeblich durch eine Schwangerschaft bedingt war, oder
4. Wehrdienst nach dem Wehrpflichtgesetz in der bis zum 31. Mai 2011 geltenden Fassung oder nach dem Vierten Abschnitt des Soldatengesetzes oder Zivildienst nach dem Zivildienstgesetz geleistet hat

und in den Fällen der Nummern 3 und 4 dadurch ein geringeres Einkommen aus Erwerbstätigkeit hatte. [3]Abweichend von Satz 2 sind Kalendermonate im Sinne des Satzes 2 Nummer 1 bis 4 auf Antrag der berechtigten Person zu berücksichtigen. [4]Abweichend von Satz 2 bleiben auf Antrag bei der Ermittlung des Einkommens für die Zeit vom 1. März 2020 bis zum Ablauf des 23. September 2022 auch solche Kalendermonate unberücksichtigt, in denen die berechtigte Person aufgrund der COVID-19-Pandemie ein geringeres Einkommen aus Erwerbstätigkeit hatte und dies glaubhaft machen kann. [5]Satz 2 Nummer 1 gilt in den Fällen des § 27 Absatz 1 Satz 1 mit der Maßgabe, dass auf Antrag auch Kalendermonate mit Elterngeldbezug für ein älteres Kind nach Vollendung von dessen 14. Lebensmonat unberücksichtigt bleiben, soweit der Elterngeldbezug von der Zeit vor Vollendung des 14. Lebensmonats auf danach verschoben wurde.

(2) [1]Für die Ermittlung des Einkommens aus selbstständiger Erwerbstätigkeit im Sinne von § 2d vor der Geburt sind die jeweiligen steuerlichen Gewinnermittlungszeiträume maßgeblich, die dem letzten abgeschlossenen steuerlichen Veranlagungszeitraum vor der Geburt des Kindes zugrunde liegen. [2]Haben in einem Gewinnermittlungszeitraum die Voraussetzungen des Absatzes 1 Satz 2 oder Satz 3 vorgelegen, sind auf Antrag die Gewinnermittlungszeiträume maßgeblich, die dem diesen Ereignissen vorangegangenen abgeschlossenen steuerlichen Veranlagungszeitraum zugrunde liegen.

(3) [1]Abweichend von Absatz 1 ist für die Ermittlung des Einkommens aus nichtselbstständiger Erwerbstätigkeit vor der Geburt der steuerliche Veranlagungszeitraum maßgeblich, wenn die berechtigte Person in den Zeiträumen nach Absatz 1 oder Absatz 2 Einkommen aus selbstständiger Erwerbstätigkeit hatte. [2]Haben im Bemessungszeitraum nach Satz 1 die Voraussetzungen des Absatzes 1 Satz 2 oder Satz 3

vorgelegen, ist Absatz 2 Satz 2 mit der zusätzlichen Maßgabe anzuwenden, dass für die Ermittlung des Einkommens aus nichtselbstständiger Erwerbstätigkeit vor der Geburt der vorangegangene steuerliche Veranlagungszeitraum maßgeblich ist.

(4) [1]Abweichend von Absatz 3 ist auf Antrag der berechtigten Person für die Ermittlung des Einkommens aus nichtselbstständiger Erwerbstätigkeit allein der Bemessungszeitraum nach Absatz 1 maßgeblich, wenn die zu berücksichtigende Summe der Einkünfte aus Land- und Forstwirtschaft, Gewerbebetrieb und selbstständiger Arbeit nach § 2 Absatz 1 Satz 1 Nummer 1 bis 3 des Einkommensteuergesetzes

1. in den jeweiligen steuerlichen Gewinnermittlungszeiträumen, die dem letzten abgeschlossenen steuerlichen Veranlagungszeitraum vor der Geburt des Kindes zugrunde liegen, durchschnittlich weniger als 35 Euro im Kalendermonat betrug und

2. in den jeweiligen steuerlichen Gewinnermittlungszeiträumen, die dem steuerlichen Veranlagungszeitraum der Geburt des Kindes zugrunde liegen, bis einschließlich zum Kalendermonat vor der Geburt des Kindes durchschnittlich weniger als 35 Euro im Kalendermonat betrug.

[2]Abweichend von § 2 Absatz 1 Satz 3 Nummer 2 ist für die Berechnung des Elterngeldes im Fall des Satzes 1 allein das Einkommen aus nichtselbstständiger Erwerbstätigkeit maßgeblich. [3]Die für die Entscheidung über den Antrag notwendige Ermittlung der Höhe der Einkünfte aus Land- und Forstwirtschaft, Gewerbebetrieb und selbstständiger Arbeit erfolgt für die Zeiträume nach Satz 1 Nummer 1 entsprechend § 2d Absatz 2; in Fällen, in denen zum Zeitpunkt der Entscheidung kein Einkommensteuerbescheid vorliegt, und für den Zeitraum nach Satz 1 Nummer 2 erfolgt die Ermittlung der Höhe der Einkünfte entsprechend § 2d Absatz 3. [4]Die Entscheidung über den Antrag erfolgt abschließend auf der Grundlage der Höhe der Einkünfte, wie sie sich aus den gemäß Satz 3 vorgelegten Nachweisen ergibt.

Übersicht

I. Entwicklung der Norm

1 § 2b ist neu durch das **Gesetz zur Vereinfachung des Elterngeldvollzuges** vom 10.9.2012 (BGBl. I S. 1878) mit Wirkung zum 18.9.2012 entstanden. Er regelt den Bemessungszeitraum, der der Ermittlung des Einkommens aus Erwerbstätigkeit nach § 2 Abs. 1 zugrunde zu legen ist. Durch das **Gesetz zur Neuausrichtung der Pflegeversicherung** vom 23.10.2012 wurde eine Teiländerung in § 2b Abs. 1 Satz 2 Nr. 1 (gültig ab 30.10.2012) vorgenommen. Eine weitere Gesetzesänderung ist durch das **Gesetz zur Einführung des Elterngeld Plus mit Partnerschaftsbonus und einer flexibleren Elternzeit im Bundeselterngeld- und Elternzeitgesetz** vom 18.12.2014, das am 1.1.2015 in Kraft getreten ist, erfolgt. Hierdurch wurde § 2b Abs. 1 Satz 2 Nr. 1 geändert. Eine weitere Gesetzesanpassung ist in Abs. 1 Satz 2 Nr. 2 mit Wirkung zum 1.1.2018 durch das **Gesetz zur Neuregelung des Mutterschutzrechts** vom 23.5.2017 erfolgt, mit dem das Mutterschaftsgesetz überarbeitet wurde. Aus dem **Gesetz für Maßnahmen im Elterngeld aus Anlass der COVID-19-Pandemie** vom 20.5.2020 resultieren spezifische Änderungen hinsichtlich der Pandemielage und

diese gelten seit dem 1.3.2020; mit dem **Gesetz zur Beschäftigungssicherung infolge der COVID-19-Pandemie** vom 3.12.2020 wurde die Geltung des hinzugefügten Satz 3 in Abs. 1 mit Wirkung zum 1.1.2021 bis zum 31.12.2021 verlängert (Artikel 5 des **Gesetzes zur Verlängerung des Sozialdienstleister-Einsatzgesetzes** und weiterer Regelungen vom 18. März 2022 (BGBl. I S. 473)). Die jüngsten Gesetzesänderungen resultieren aus dem **Zweiten Gesetz zur Änderung des Bundeselterngeld- und Elternzeitgesetz** vom 15.2.2021, welches zum 1.6.2022 in Kraft trat.

1. Veränderungen bei der Bestimmung des Bemessungszeitraums durch das Gesetz zur Vereinfachung des Elterngeldvollzuges

a) § 2b Abs. 1

Der Bemessungszeitraum bei Einkommen aus nichtselbstständiger Erwerbstätigkeit 2 im Sinne des § 2c wird in § 2b Abs. 1 geregelt. Der hier bestimmte Zwölfmonatszeitraum ist aufgrund der Neuregelungen in den Abs. 2 und 3 – anders als nach dem bisherigen, bis 17.9.2012 geltenden § 2 Abs. 1 Satz 1 – **nur noch in Fällen maßgeblich, in denen die elterngeldberechtigte Person ausschließlich Einkommen aus nichtselbstständiger Erwerbstätigkeit hat.** In Fällen, in denen auch Einkommen aus selbstständiger Erwerbstätigkeit zu berücksichtigen ist, richtet sich der Bemessungszeitraum für die Ermittlung des Einkommens aus nichtselbstständiger Erwerbstätigkeit nach Abs. 3. Eine **Rückausnahme** bildet nunmehr das **Antragsrecht nach Absatz 4**, welches bei sehr geringem Einkommen aus selbstständiger Tätigkeit zur Anwendung kommt und wieder zum Zwölfmonatszeitraum i.S.v. § 2b Abs. 1 Satz 1 führt.

Die bereits nach dem bisherigen § 2 Abs. 7 Satz 5 bis 7 geltenden Ausklammerungs- 3 tatbestände werden nun in Abs. 1 Satz 2 zur besseren Lesbarkeit aufgezählt. Die Aufzählung ist abschließend. Nach Satz 2 Halbsatz 2 ergibt sich die Rechtsfolge des Satz 2 in den Fällen der Nummern 3 und 4 nur unter der weiteren Voraussetzung, dass die berechtigte Person durch die Erfüllung eines der Ausklammerungstatbestände (Krankheit beziehungsweise Wehr- oder Zivildienst) ein geringeres Einkommen aus Erwerbstätigkeit hatte. Die Regelung stellt klar, dass in den häufigen Fällen der Nummern 1 und 2 die betreffenden Monate aus Gründen der Verwaltungspraktikabilität ohne Einkommensprüfung auszuklammern sind. Dementsprechend werden nach Satz 2 auch Monate ausgeklammert, in denen die berechtigte Person in Zeiten des Beschäftigungsverbotes kein geringeres Einkommen hat, wie z.B. Mütter ohne Erwerbseinkommen im Mutterschaftsgeldbezug (BT-Drucks. 17/9841 S. 19 f.).

Nummer 1 übernimmt den Regelungsgehalt des bisherigen § 2 Abs. 7 Satz 5 unver- 4 ändert. Nummer 2 übernimmt den Regelungsgehalt des bisherigen § 2 Abs. 7 Satz 6 Teilsatz 1. Die Vorschrift legt fest, dass die Ausklammerungstatbestände auch auf Frauen Anwendung finden, die die Schutzfristen nach § 3 Abs. 2 MuSchG in Anspruch genommen haben oder die den Beschäftigungsverboten nach § 6 Abs. 1 des MuSchG unterliegen, ohne Mutterschaftsgeld zu beziehen (privat versicherte Arbeitnehmerinnen). Wie bisher kann der Ausklammerungstatbestand nach Nummer 2 auch bei einer Schwangerschaft mit einem älteren, den Elterngeldanspruch nicht auslösenden Kind, erfüllt werden. Eine Ausklammerung von Monaten mit Beschäftigungsverboten nach entsprechenden beamten- und soldatenrechtlichen Vorschriften unterbleibt, da während dieser Schutzfristen den berechtigen Personen die Bezüge unverändert weitergezahlt werden und somit keine Einkommensminderung vorliegt, die Anlass zu einer entsprechenden Regelung geben könnte. Die bisherige Regelung, wonach Kalendermonate mit Mutterschaftsgeldbezug ausgeklammert werden, bleibt erhalten. Eine eigenständige Bedeutung hat sie in den Fällen des § 2b Abs. 2 und 3 bei Selbstständigen, für die keine Schutzfristen bestehen (BT-Drucks. 17/9841 S. 20).

Abweichend vom bisherigen § 2 Abs. 7 Satz 6 Teilsatz 2 sind die Voraussetzungen des Abs. 1 Satz 2 Nr. 3 auch dann erfüllt, wenn die Krankheit durch die vorangegangene Schwangerschaft maßgeblich bedingt war. Die Regelung dient der Vereinfachung der Verwaltung, da in Fällen kurzer Geburtenfolge bei der Elterngeldberechnung dieselben Monate auszuklammern sind, die bereits bei der Elterngeldberechnung für ein älteres Geschwisterkind ausgeklammert wurden und daher in der Regel dasselbe Bemessungseinkommen zugrunde gelegt werden kann.

Nummer 4 war bisher in § 2 Abs. 7 Satz 7 geregelt und soll sicherstellen, dass Dienste, die ihre besondere rechtliche Grundlage im Wehrverfassungsrecht hatten und mit besonderen Einschränkungen auch hinsichtlich der Berufsausübungsfreiheit verbunden waren, nicht zu einem Nachteil bei der Berechnung des einkommensabhängigen Elterngelds führen. Nur der Wehrdienst nach dem Wehrpflichtgesetz in der bis zum 31.5.2011 geltenden Fassung wird ausgeklammert. Die Ersetzung des Begriffs »Erwerbseinkommen«, der im bisherigen § 2 Abs. 7 Satz 7 verwendet wurde, dient der Klarstellung, dass für die Bestimmung der Einkommensminderung – wie in Nr. 3 – das Einkommen aus Erwerbstätigkeit nach § 2 Abs. 1 Satz 3 maßgeblich ist (BT-Drucks. 17/9841 S. 20 f.).

b) § 2b Abs. 2

5 Der Bemessungszeitraum zur Ermittlung von **Einkommen aus selbstständiger Erwerbstätigkeit** im Sinne von § 2d wird in § 2b Abs. 2 geregelt.

Satz 1 trägt dem neu eingefügten § 2d Abs. 3 Rechnung, nach dem – aus Gründen der Verwaltungsvereinfachung und zur Verfahrensbeschleunigung – der Nachweis des Bemessungseinkommens aus selbstständiger Erwerbstätigkeit grundsätzlich allein anhand des Einkommensteuerbescheides erfolgt. Dementsprechend sieht Satz 1 vor, dass als Bemessungszeitraum für die Ermittlung des Einkommens aus selbstständiger Erwerbstätigkeit stets die je nach Art der Erwerbstätigkeit steuerrechtlich vorgegebenen Gewinnermittlungszeiträume (vgl. § 4a EStG) maßgeblich sind, die dem letzten abgeschlossenen steuerlichen Veranlagungszeitraum vor der Geburt des Kindes zugrunde liegen. Abgeschlossen ist ein Veranlagungszeitraum mit Ablauf des letzten Tages des Veranlagungszeitraums und nicht erst mit Zugang des Einkommensteuerbescheids. Da einem Veranlagungszeitraum unterschiedliche Gewinnermittlungszeiträume für die verschiedenen Einkunftsarten zugewiesen sein können (§ 4a EStG – Kalenderjahr, Wirtschaftsjahr), ist eine einheitliche Festlegung des Bemessungszeitraumes für die unterschiedlichen Arten selbstständiger Erwerbstätigkeit nicht möglich. Bei Land- und

Forstwirten ist der Gewinn des Wirtschaftsjahres auf das Kalenderjahr, in dem das Wirtschaftsjahr beginnt, und auf das Kalenderjahr, in dem das Wirtschaftsjahr endet, entsprechend dem zeitlichen Anteil aufzuteilen. Im Ergebnis ist damit sichergestellt, dass die Angaben aus dem Einkommensteuerbescheid entsprechend den Vorgaben des § 2d übernommen werden können. Der Prüfungsaufwand, der aufgrund des Regel-Ausnahme-Verhältnisses des bisherigen § 2 Abs. 8 und 9 bestand (vgl. auch BSG, Urteil vom 3.12.2009 – B 10 EG 3/09 R – Erfordernis der durchgängig ausgeübten Erwerbstätigkeit), entfällt.

Nach Satz 2 hat die elterngeldberechtigte Person das Recht, auf Antrag den Bemessungszeitraum zu verschieben, wenn im zunächst maßgeblichen Bemessungszeitraum ein Tatbestand nach Abs. 1 Satz 2 vorliegt. Maßgeblich sind dann die Gewinnermittlungszeiträume, die dem diesen Ereignissen vorangegangenen steuerlichen Veranlagungszeitraum zugrunde liegen. Die Vorverlagerung des Bemessungszeitraums kann mehrfach erfolgen. Der Antrag auf Verschiebung der Bemessungszeiträume kann nur einheitlich für alle Einkunftsarten gestellt werden. Dies soll sicherstellen, dass die Bemessungszeiträume für die Ermittlung von Einkommen aus nichtselbstständiger und selbstständiger Erwerbstätigkeit grundsätzlich deckungsgleich sind – Grundsatz der Deckungsgleichheit der Bemessungszeiträume (BT-Drucks. 17/9841 S. 20 f.).

c) **§ 2b Abs. 3**

Absatz 3 bestimmt den Bemessungszeitraum für den Fall, dass die berechtigte Person entweder im Zeitraum nach Abs. 1 (zwölf Monate vor Geburt) oder im Bemessungszeitraum nach Abs. 2 Einkommen aus selbstständiger Tätigkeit hat. Er bestimmt als **Ausnahmeregelung zu Absatz 1**, dass der **Einkommensteuerbescheid immer dann maßgeblich ist, wenn auch Einkommen aus selbstständiger Tätigkeit zu berücksichtigen ist.** Dadurch ist gewährleistet, dass die Bemessungszeiträume für Einkommen aus selbstständiger und nichtselbstständiger Erwerbstätigkeit grundsätzlich deckungsgleich sind und alle Erwerbseinkünfte im Bemessungszeitraum vollständig erfasst werden. 6

Dem Gesetzgeber ist bewusst, dass diese Regelung zum Ergebnis haben kann, dass für die Ermittlung des Einkommens aus nichtselbstständiger Erwerbstätigkeit der Zeitraum nach Absatz 2 auch dann maßgeblich ist, wenn die berechtigte Person im nach Absatz 1 ermittelten Zwölfmonatszeitraum Einkommen aus selbstständiger Erwerbstätigkeit hat, das im Ergebnis nicht nach Absatz 2 zu berücksichtigen ist (BT-Drucks. 17/9841 S. 21).

Zu beachten ist, dass sich die **Einkommensermittlung selbst je nach Einkommensart nach § 2c oder § 2d** richtet. Für die elterngeldrechtliche Berechnung des Einkommens aus nichtselbstständiger Erwerbstätigkeit sind nicht die Angaben im Einkommensteuerbescheid maßgeblich, sondern die Entgeltdaten in den Lohn- und Gehaltsbescheinigungen (§ 2c Abs. 3 Sätze 1 und 2).

In Satz 2 wird der elterngeldberechtigten Person das Recht eingeräumt, den Bemessungszeitraum einheitlich zu verschieben, wenn im Bemessungszeitraum nach Satz 1 die Voraussetzungen des Abs. 1 Satz 2 vorgelegen haben. Auch hier wirkt sich der Antrag aufgrund des Grundsatzes der Deckungsgleichzeit der Bemessungszeiträume einheitlich auf alle Einkunftsarten aus (BT-Drucks. 17/9841 S. 21). Für den Fall, dass im Bemessungszeitraum nach Abs. 3 Satz 1 die Voraussetzungen des Abs. 1 Satz 2 vorgelegen haben, gilt Folgendes: Zum einen sind auf Antrag gemäß Abs. 2 Satz 2 für die Ermittlung des Einkommens aus selbstständiger Erwerbstätigkeit die Gewinnermittlungszeiträume zu berücksichtigen, die dem vorangegangenen steuerlichen Veranlagungszeitraum zugrunde liegen. Zum anderen ist zusätzlich zu diesen Vorgaben gemäß Satz 2 für die Ermittlung des Einkommens aus nichtselbstständiger Erwerbstätigkeit vor der Geburt der vorangegangene steuerliche Veranlagungszeitraum maßgeblich.

2. Veränderungen bei der Bestimmung des Bemessungszeitraums durch das Gesetz zur Einführung des Elterngeld Plus mit Partnerschaftsbonus und einer flexibleren Elternzeit im Bundeselterngeld- und Elternzeitgesetz

7 Bei der in § 2b Abs. 1 Nr. 1 vorgenommenen Änderung handelt es sich um eine Folgeänderung der Einführung des Elterngeld Plus. Danach bleiben bei der Bestimmung des Bemessungszeitraums für das Elterngeld Kalendermonate unberücksichtigt, in denen für ein älteres Kind im Zeitraum des § 4 Abs. 1 Satz 1 Elterngeld im Sinne des § 4 Abs. 2 Satz 2 (Basiselterngeld) oder Elterngeld Plus nach § 4 Abs. 3 bezogen wurde. Monate, in denen nach dem 14. Lebensmonat des Kindes im Zeitraum nach § 4 Abs. 1 Satz 2 (neu) Elterngeld Plus bezogen wird, sind hingegen bei der Elterngeldberechnung zu berücksichtigen, da sonst bei der Bemessung des Elterngeldes für das jüngere Kind aufgrund des Elterngeldbezugs für ein älteres Kind bis zu 36 Monate unberücksichtigt blieben. Bei Berücksichtigung derart weit zurückliegender Einkünfte wäre nach Ansicht des Gesetzgebers ein Bezug zu der wirtschaftlichen Situation vor der Geburt des jüngeren Kindes nicht mehr gegeben (BT-Drucks. 18/2583 S. 24).

3. Veränderungen bei der Bestimmung des Bemessungszeitraums durch das Gesetz für Maßnahmen im Elterngeld aus Anlass der COVID-19-Pandemie und das Gesetz zur Beschäftigungssicherung infolge der COVID-19-Pandemie

8 Mit § 2b Absatz 1 Satz 3 wurde ein zusätzlicher, atypischer Ausklammerungstatbestand für Einkommensausfälle aufgrund der COVID-19-Pandemie eingefügt. Atypisch ist er deshalb, weil die übrigen Ausklammerungstatbestände nur aus mit der Schwangerschaft und der Geburt im Zusammenhang stehenden Gründen resultieren oder aufgrund besonderer staatlicher Pflichten bestehen. Viele Arbeitnehmerinnen und Arbeitnehmer sind oder waren aufgrund der COVID-19-Pandemie von Kurzarbeit, Freistellungen, Reduzierung der Arbeitszeit aufgrund von Kinderbetreuung bis hin zu Entlassungen betroffen. Um die wirtschaftliche Stabilität von Familien zu gewährleisten, ist der Zeitraum vom 1.3.2020 bis 31.12.2021, den der Gesetzgeber als voraussichtliche Zeit der Krise definiert, auf Antrag vom Bemessungszeitraum auszuklammern, wenn aufgrund der COVID-19-Pandemie ein geringeres Einkommen aus Erwerbstätigkeit erzielt wurde und dies glaubhaft gemacht werden kann. Dieses Zeitraum wurde dann nochmals bis zum 23.9.2022 verlängert (**Gesetz**

zur Verlängerung des Sozialdienstleister-Einsatzgesetzes und weiterer Regelungen vom 18.3.2022, BGBl. I S. 473).

Die Einführung des neuen Satzes 4 in § 2b Absatz 1 ist eine Folgeänderung zu der mit § 27 Absatz 1 Satz 3 vorübergehend neu geschaffenen Möglichkeit, Basiselterngeld auch nach Vollendung des 14. Lebensmonats beziehen zu können (BT-Drucks. 19/18698 S. 8).

4. Veränderungen bei der Bestimmung des Bemessungszeitraums durch das Zweite Gesetz zur Änderung des Bundeselterngeld- und Elternzeitgesetz

a) § 2b Abs. 1

Das Zweite Gesetz zur Änderung des Bundeselterngeld- und Elternzeitgesetz 9
(BEEGÄndG2) vom 15. Februar 2021 trat zum 1.6.2022 in Kraft und enthält hinsichtlich der Bestimmung des Bemessungszeitraumes einige Klarstellungen. So stellt der neu eingefügte Satz 3 klar, dass auch Nicht-Selbstständigen der Verzicht auf eine Ausklammerung nach Satz 2 möglich ist. Der Gesetzgeber sah diese Änderung als nötig an, um die **Rechts- und Weisungslage vor der Rechtsprechungsänderung** durch das Bundessozialgericht (BSG vom 16.3.2017 – B 10 EG 9/15 R) wiederherzustellen (BT-Drucks. 19/24438, S. 26). So heißt es in der Gesetzesbegründung wörtlich: »Die Änderung wurde nötig, nachdem das Bundessozialgericht seine entsprechende Rechtsprechung zu § 2 b Absatz 1 Satz 2 aufgab (Urteil vom 16. März 2017 – B 10 EG 9/15 R).« (BT-Drucks. 19/24438, S. 26)

Die Änderung des Wortes »Monats« zu »Kalendermonat« in Absatz 1 Satz 1 ist demgegenüber nur redaktioneller Art und führt zu keiner Änderung der bestehenden Rechtslage.

b) § 2b Abs. 3

Absatz 3 Satz 1 wurde neu gefasst, ohne dabei inhaltliche Änderungen vorzunehmen. 10
Mit der redaktionellen Änderung soll klargestellt werden, dass nach Absatz 3 Satz 1 in Fällen, in denen die berechtigte Person auch Einkommen aus selbstständiger Erwerbstätigkeit hat, abweichend vom Zwölfmonatszeitraum nach Absatz 1, weiterhin der letzte abgeschlossene steuerliche Veranlagungszeitraum für die Ermittlung des Einkommens aus nichtselbstständiger Erwerbstätigkeit zu Grunde zu legen ist (BT-Drucks. 19/24438, S. 26).

c) § 2b Abs. 4

§ 2b Absatz 4 wurde durch das Zweite Gesetz zur Änderung des Bundeselterngeld- 11
und Elternzeitgesetz neu eingefügt. Damit wird ein Antragsrecht im Hinblick auf den anzuwendenden Bemessungszeitraum aufgenommen. Die Regelung kann immer dann Anwendung finden, wenn in den vorgegebenen Zeiträumen die Summe der Einkünfte aus Land- und Forstwirtschaft, Gewerbebetrieb und selbstständiger Tätigkeit im Durchschnitt unter 35 Euro liegt (zu den Voraussetzungen im Einzelnen, s.u. Rn. 39 f.). Ziel der Norm ist der Bürokratieabbau, da in den meisten Fällen eine

endgültige Feststellung des Bemessungszeitraums möglich ist (BT-Drucks. 19/24438, S. 26). Ob dieses Ziel tatsächlich erreicht werden kann, wurde bereits im Gesetzgebungsverfahren durch den Bundesrat infrage gestellt. Nach der Stellungnahme des Bundesrates sei die Norm nicht geeignet, das Ziel des Bürokratieabbaus zu erreichen, da im Vorfeld der Bewilligung zusätzlicher Verwaltungsaufwand anfalle (BT-Drucks. 19/24438, S. 45). Auch für die antragstellende Person sei die Regelung nachteilig, da für zwei Zeiträume getrennte Einkommensnachweise einzureichen seien. Daher sei die Antragstellung für junge Erwachsene nochmals komplizierter ausgestaltet (BT-Drucks. 19/24438, S. 45). Die Bundesregierung lehnte eine Korrektur allerdings ab (BT-Drucks. 19/24438, S. 48) und Absatz 4 wurde schließlich wie vorgesehen neu eingefügt.

II. Bemessungszeitraum

1. Begriff des Bemessungszeitraums

12 Maßgebend für die Höhe des Elterngeldes ist das im Bemessungszeitraum erzielte monatliche Einkommen der elterngeldberechtigten Person. Der Bemessungszeitraum bezeichnet bei Einkommensersatzleistungen den Zeitraum, der für die Feststellung des die Höhe der jeweiligen Sozialleistung bestimmenden Durchschnittseinkommens von Bedeutung ist. Der **Bemessungszeitraum** ist vom **Bezugszeitraum** zu unterscheiden. Letzterer bezeichnet den Zeitraum, in dem einer elterngeldberechtigten Person nach der Geburt des Kindes Elterngeld gewährt wird.

2. Bemessungszeitraum bei der Ermittlung des Einkommens aus nichtselbstständiger Erwerbstätigkeit (§ 2b Abs. 1)

a) Regelbemessungszeitraum (§ 2b Abs. 1 Satz 1)

13 Der für das Elterngeld bei der Ermittlung des **Einkommens aus nichtselbstständiger Erwerbstätigkeit im Sinne von § 2c** maßgebende Bemessungszeitraum umfasst **grundsätzlich die letzten zwölf Kalendermonate vor der Geburt des Kindes (Regelbemessungszeitraum)**. Der Zwölfmonatszeitraum nach § 2b Abs. 1 ist – anders als nach § 2 Abs. 1 Satz 1 a.F. – nur noch in Fällen heranzuziehen, in denen die elterngeldberechtigte Person **ausschließlich Einkommen aus nichtselbstständiger Tätigkeit** hat. Wenn daneben auch Einkommen aus selbstständiger Erwerbstätigkeit zu berücksichtigen ist, ist der Bemessungszeitraum nach § 2b Abs. 3 zu bestimmen.

14 Das in den letzten zwölf Kalendermonaten vor der Geburt des Kindes von der elterngeldberechtigten Person durchschnittlich monatlich erzielte Einkommen bildet die Grundlage für die Ermittlung der Elterngeldhöhe, weil dieser Zeitraum nach der Auffassung des Gesetzgebers die zeitnah zur Geburt bestehenden wirtschaftlichen Verhältnisse, die durch die Gewährung des Elterngeldes gesichert werden sollen, am besten abbildet (BT-Drucks. 16/1889 S. 20). Hintergrund ist die mit der Familienleistung Elterngeld verbundene Zielvorgabe, den vor der Geburt eines Kindes bestehenden individuellen Einkommensstandard weitgehend zu erhalten, um auf Dauer eine wirtschaftliche Existenz unabhängig von staatlichen Fürsorgeleistungen zu sichern und der

Familie in der Anfangsphase der Elternzeit einen wirtschaftlichen Schonraum zu gewähren (zur Zielsetzung: BT-Drucks. 16/1889 S. 14 f.). Der Regelbemessungszeitraum wird **nach Kalendermonaten bestimmt.** Ausschlaggebend für die Berechnung des Regelbemessungszeitraums ist das **Datum der Geburt des Kindes.** Zu beachten ist, dass es zu Ausklammerungen einzelner Monate und damit zu einer Verschiebung des Zwölfmonatszeitraums kommen kann.

b) Verlängerungstatbestände (§ 2b Abs. 1 Satz 2)

Eine Verlängerung des Bemessungszeitraums ist nur in den in § 2b Abs. 1 BEEG abschließend aufgezählten Fallkonstellationen zulässig. Den Fallgestaltungen ist gemeinsam, dass bestimmte Umstände das im Regelbemessungszeitraum erzielte Einkommen in der Regel mindern bzw. entfallen lassen. Mit der gesetzlich vorgesehenen Verlängerung des Bemessungszeitraums will der Gesetzgeber verhindern, dass diese Einkommensminderung in von ihm als schutzwürdig angesehenen Fallkonstellationen zur Reduzierung des Elterngeldanspruchs führt. Andere allgemeine Risiken, die ebenfalls zu einem (teilweisen) Wegfall des Einkommens im Bemessungszeitraum führen (z.B. Allgemeinerkrankung, Arbeitslosigkeit) und damit das Einkommen im Bemessungszeitraum mindern, sind dagegen für die Dauer des Regelbemessungszeitraumes ohne Bedeutung (so auch BT-Drucks. 16/1889 S. 20; **BSG** vom 17.2.2011 – B 10 EG 20/09 R zum Krankengeld wegen einer »Allgemeinerkrankung«; **BSG** Urteil vom 17.2.2011 – B 10 EG 17/09 R zu Zeiten des Streikgeldbezuges; **BSG** vom 17.2.2011 – B 10 EG 21/09 R zu Zeiten des Bezugs von Arbeitslosengeld I; **BSG** vom 18.8.2011 – B 10 EG 8/10 R zu Zeiten des Bezugs von Verletztengeld; **SG** Stade vom 31.8.2009 – S 13 EG 10/08 zu Zeiten des Bezugs von Übergangsgeld). Als **Ausnahmevorschriften** sind die in § 2b Abs. 1 Satz 2 **abschließend** aufgezählten Verlängerungstatbestände jeweils eng auszulegen und **nicht analogiefähig.** Die Tatbestände sind von Amts wegen zu berücksichtigen (Wiegand, BEEG [Stand: Januar 2023], § 2b Rn. 7). 15

aa) Zeiten des Bezuges von Elterngeld für ein älteres Geschwisterkind (Nr. 1)

Nach **§ 2b Abs. 1 S. 2 Nr. 1** bleiben Kalendermonate, in denen die berechtigte Person im Zeitraum nach § 4 Abs. 1 Satz 1 **Elterngeld für ein älteres Kind bezogen** hat, bei der Bestimmung des Bemessungszeitraumes unberücksichtigt. 16

Etwaige nach der Rechtslage bis zum 31.12.2014 in Anspruch genommene Zeiten einer Verlängerung des Auszahlungszeitraums gemäß § 6 Satz 2 a.F. sind hiervon ausgenommen. Für die ab dem 1.1.2015 geltende Rechtslage gilt: Es bleiben bei der Bestimmung des Bemessungszeitraumes die Kalendermonate unberücksichtigt, in denen für ein älteres Kind entweder Basiselterngeld im Sinne des § 4 Abs. 2 Satz 2 oder Elterngeld Plus nach § 4 Abs. 3 bezogen wurde. Allerdings wird auch hier durch den Bezug auf § 4 Abs. 1 Satz 1 festgelegt, dass dies **nicht für Monate gilt, in denen nach dem 14. Lebensmonat des älteren Kindes Elterngeld Plus** bezogen wurde. Diese werden bei der Bestimmung des Bemessungszeitraumes einbezogen, da sonst bei der Bemessung des Elterngeldes bis zu 36 Monate unberücksichtigt blieben, was der Gesetzgeber für einen zu langen Zeitraum hält. Bei der Berücksichtigung derart weit zurückliegender Einkünfte wäre ein Bezug zu der wirtschaftlichen Situation vor der Geburt des jüngeren Kindes nicht mehr gegeben (vgl. BT-Drucks. 18/2583, S. 24).

17 Der eng auszulegende Ausnahmetatbestand gilt aufgrund seines eindeutigen Wortlautes weder direkt noch analog für Kalendermonate, in denen die berechtigte Person Erziehungsgeld bezogen (so auch **BSG** Urteil vom 18.8.2011 – B 10 EG 10/10 R) oder lediglich Elternzeit in Anspruch genommen hat (**BVerfG** vom 6.6.2011 – 1 BvR 2712/09; **BSG** vom 19.2.2009 – B 10 EG 1/08 R und B 10 EG 2/08 R; **BSG** vom 25.6.2009 – B 10 EG 8/08 R – BSGE 103, 291 = SozR 4–7837 § 2 Nr. 2 jeweils Rn. 7; **LSG** NRW vom 26.8.2009 – L 13 EG 18/09). Die fehlende Einbeziehung dieser Zeiten in den Verlängerungstatbestand verstößt weder gegen verfassungsrechtliche noch gegen europarechtliche Vorgaben (**BSG** a.a.O.; a.A. Salaw-Hanslmaier, ZRP 2008, S. 140).

bb) Schutzfristen und Beschäftigungsverbote nach dem Mutterschutzgesetz sowie Zeiten des Bezuges von Mutterschaftsgeld (Nr. 2)

18 Ferner ausgeklammert wurden nach der bis zum 31.12.2017 geltenden Rechtslage Kalendermonate, in denen eine Frau die Schutzfristen nach § 3 Abs. 2 MuSchG a.F. in Anspruch genommen hat oder einem Beschäftigungsverbot nach § 6 Abs. 1 MuSchG a.F. unterlegen hat, ohne Mutterschaftsgeld zu beziehen (privat versicherte Arbeitnehmerinnen). Seit dem 1.1.2018 werden die Kalendermonate ausgeklammert, in denen eine Frau während der **Schutzfristen des § 3 MuSchG** n.F. nicht beschäftigt werden durfte.

Jedoch unterbleibt eine Ausklammerung von Monaten mit Beschäftigungsverboten nach entsprechenden beamten- und soldatenrechtlichen Vorschriften, da während solcher Schutzfristen die Bezüge unverändert weiter gezahlt werden und damit keine Einkommensminderung vorliegt, die ausgeglichen werden müsste (vgl. BT-Drucks. 17/9841 S. 20).

19 Auch die Kalendermonate, in denen eine Frau **Mutterschaftsgeld** nach dem Fünften Buch Sozialgesetzbuch oder nach dem Zweiten Gesetz über die Krankenversicherung der Landwirte (Mutterschaftsgeld während der sechswöchigen Schutzfrist vor der Entbindung) bezogen hat, bleiben beim Bemessungszeitraum unberücksichtigt. In diesen Fällen sind die letzten zwölf Monate vor dem Bezug des Mutterschaftsgeldes maßgebend (BT-Drucks. 16/1889 S. 20).

Das Bundessozialgericht hat **im Unterschied zu seiner früheren Rechtsprechung zur Vorgängervorschrift** des § 2 Abs. 7 Satz 6 BEEG a.F. (**BSG** vom 18.8.2011 – B 10 EG 7/10 R) entschieden, dass Monate mit Mutterschaftsgeld **zwingend** auszuklammern sind (**BSG** vom 16.3.2017 – B 10 EG 9/15 R). Die Verwaltung habe weder einen Ermessensspielraum noch gebe es eine Ausnahmevorschrift oder eine Härtefallregelung. Gegen den unmissverständlichen Wortlaut sei die bei der Vorgängervorschrift durchgeführte teleologische Reduktion in Fällen, in denen die Elterngeldberechtigte durch die Ausklammerung finanziell schlechter gestellt wird, nun nicht mehr möglich (**BSG**, a.a.O.).

Ab der Neufassung durch das Zweite Gesetz zur Änderung des Bundeselterngeld- und Elternzeitgesetz, ergo Geburten ab 1.9.2021, ist nunmehr Satz 3 zu beachten, wonach ein Antragsrecht der Elterngeldberechtigten besteht, und demnach abweichend von Satz 2 Kalendermonate im Sinne des Satzes 2 Nummer 1 bis 4 auf Antrag der berechtigten Person zu berücksichtigen sind (s.a. unten Rn. 32a).

Der Ausklammerungstatbestand der Nummer 2 kann auch bei einer Schwangerschaft mit einem älteren, den Elterngeldanspruch nicht auslösenden Kind erfüllt werden (BT-Drucks. 17/9841 S. 20). 20

cc) Einkommensminderung durch eine schwangerschaftsbedingte Krankheit (Nr. 3)

Ebenso unberücksichtigt bleiben Kalendermonate, in denen das **Einkommen aus Erwerbstätigkeit wegen einer maßgeblich auf eine Schwangerschaft zurückzuführenden Erkrankung ganz oder teilweise weggefallen** ist. Erfasst wird nur die krankheitsbedingte Minderung des Einkommens, die ursächlich auf eine Schwangerschaft und das damit verbundene gesundheitliche Risiko zurückzuführen ist (BT-Drucks. 16/1889 S. 20). Die Vorschrift erfasst nicht nur schwangerschaftsbedingte Neuerkrankungen, sondern auch die maßgeblich schwangerschaftsbedingte Verschlimmerung einer Vorerkrankung, da sich auch hier das besondere gesundheitliche Risiko Schwangerer realisiert (s. hierzu Hessisches **LSG** vom 15.2.2012 – L 6 EG 18/10). 21

Eine Verschiebung des Bemessungszeitraumes nach Nr. 3 kommt nur bei der Berechnung des Elterngeldes der Mutter des Kindes in Betracht, nicht hingegen bei der Berechnung des Elterngeldes für männliche Elterngeldberechtigte im Fall einer schwangerschaftsbedingten Erkrankung der Partnerin. Hierin liegt keine ungerechtfertigte Verletzung des besonderen Gleichbehandlungsgebots aus Art. 3 Abs. 2 GG oder des Benachteiligungsverbots aus Art. 3 Abs. 3 GG (**BSG** vom 27.6.2013 – B 10 EG 10/12 R). 22

Anders als nach der alten, vor dem 18.9.2012 geltenden Rechtslage (bisheriger § 2 Abs. 7 Satz 6, 2. Halbsatz) ist der Tatbestand auch erfüllt, wenn die **Krankheit durch eine vorangegangene Schwangerschaft** maßgeblich bedingt war. In solchen Fällen der kurzen Geburtenfolge sind aus Gründen der Verwaltungsvereinfachung daher dieselben Monate auszuklammern (vgl. BT-Drucks. 17/9841 S. 20). Das Bundessozialgericht hat hierzu klargestellt, dass **jede vorausgegangene Schwangerschaft** genügt, gleichgültig, ob sie mit einer Entbindung, einer Fehlgeburt oder einem Abbruch endete (**BSG** vom 16.3.2017 – B 10 EG 9/15 R). Das Bundessozialgericht entfernt sich dabei vom Begriff der Schwangerschaft, wie er medizinisch verstanden wird, und legt ihn im Elterngeldrecht unter Verweis auf Sinn und Zweck der Elterngeldgewährung sowie der Intention des Gesetzgebers, das »besondere gesundheitliche Risiko Schwangerer« bei der Berechnung des Elterngeldes nicht zum Nachteil gereichen zu lassen (BT- 23

Drucks. 16/1889 S. 20), weit aus. In dem entschiedenen Fall hatte eine vorherige Fehlgeburt zu einer depressiven Erkrankung geführt, aufgrund derer die Elterngeldberechtigte arbeitsunfähig erkrankt war und dadurch ein geringeres Einkommen aus Erwerbstätigkeit in Gestalt von Krankengeld und Übergangsgeld von der Deutschen Rentenversicherung Bund hatte.

24 Schwierigkeiten dürfte in der Praxis die Feststellung bereiten, wann eine Erkrankung **maßgeblich** auf die Schwangerschaft zurückzuführen ist. Dies ist anzunehmen, wenn entweder die Schwangerschaft Ursache der Erkrankung ist (schwangerschaftsbedingte Erkrankung im engeren Sinne) oder aber die Schwere und Dauer einer allgemeinen Erkrankung wesentlich beeinflusst hat. Für die Beurteilung des Ursachenzusammenhangs im Sinne der **Kausalität** ist zunächst zu prüfen, welche Ursachen für die festgestellte Erkrankung gegeben sind, anschließend ist festzustellen, ob die Schwangerschaft direkt oder mittelbar für die Erkrankung wesentlich im Sinne der **Theorie der wesentlichen Bedingung** war (**BSG** vom 16.3.2017 – B 10 EG 9/15 R).

Eine **schwangerschaftsbedingte Erkrankung** ist durch ein ärztliches Attest nachzuweisen. Es wird nicht grundsätzlich vermutet, dass jede Erkrankung während der Schwangerschaft ursächlich auf diese zurückzuführen ist (BT-Drucks. 16/1889 S. 20). Bei Zweifeln muss die Elterngeldbehörde das Bestehen einer schwangerschaftsbedingten Erkrankung durch Befragung des behandelnden Arztes ermitteln.

25 Eine analoge Anwendung auf schwangerschaftsbedingte Arbeitslosigkeit scheidet demgegenüber aus (BSG vom 9.3.2023 – B 10 EG 1/22 R; anders zuvor LSG Niedersachsen-Bremen vom 24.1.2022 – L 2 EG 4/20). Das BSG verneint bereits die Analogievoraussetzungen, konkret das Bestehen einer planwidrigen Regelungslücke. Die benannten Ausnahmen seien abschließend (BSG vom 9.3.2023 – B 10 EG 1/22 R, juris, Rn. 22 ff.). Einkommensverluste wegen Arbeitslosigkeit, seien diese auch schwangerschaftsbedingt, seien ausnahmslos der Risikosphäre der Elterngeldberechtigten zuzuordnen (BSG vom 9.3.2023 – B 10 EG 1/22 R, juris, Rn. 26). Das BSG sieht darin auch keinen Verstoß gegen Art. 6 Absatz 4 GG, da verfassungsrechtlich geboten lediglich ein Mindestschutz sei, der erkennbar gewährleistet sei (BSG vom 9.3.2023 – B 10 EG 1/22 R, juris, Rn. 37).

26 Eine Ausklammerung der entsprechenden Monate erfolgt jedoch nur, wenn die berechtigte Person durch die schwangerschaftsbedingte Erkrankung ein **geringeres Einkommen aus Erwerbstätigkeit** hatte (Satz 2, 2. Halbsatz). Mit dem in § 2b Abs. 1 Satz 2 Nr. 3 geregelten Verlängerungstatbestand sollen demnach Schwangere, die während der Schwangerschaft erkranken und keine Fortzahlung ihres Arbeitsentgeltes oder ihrer Dienstbezüge erhalten, so weit wie möglich den Schwangeren gleichgestellt werden, die nicht erkranken oder während einer schwangerschaftsbedingten Erkrankung ihr Arbeitsentgelt bzw. ihre Dienstbezüge weiter erhalten. Wird während einer schwangerschaftsbedingten Erkrankung **Lohnfortzahlung** gewährt bzw. werden die Dienstbezüge bei Beamtinnen fortgezahlt, verlängert sich der Bemessungszeitraum nicht, weil keine Einkommenseinbuße im Sinne des § 2b Abs. 1 Satz 2 vorliegt. Wird hingegen **Krankengeld** bezogen, gilt dies nicht als Einkommen im Sinne der Norm (BT-Drucks. 16/1889 S. 20), weil das Krankengeld eine aus Mitteln der Solidargemeinschaft zu gewährende

Ausgleichsleistung für entgangenes Entgelt, aber kein Einkommen darstellt (in diesem Sinne: Joussen in Becker/Kingreen, Kommentar zum SGB V, 8. Aufl. 2022, § 47 Rn. 2). Der Bezug von Krankengeld aufgrund einer allgemeinen und nicht wesentlich auf die Schwangerschaft zurückzuführenden Erkrankung führt ohnehin nicht zur Verlängerung des Bemessungszeitraums, weil es dann bereits an den gesetzlich normierten Voraussetzungen für den Verlängerungstatbestand fehlt (**BSG** vom 17.2.2011 – B 10 EG 20/09 R).

§ 2b Abs. 1 Satz 2 Nr. 3 gilt auch für selbstständig tätige schwangere Frauen (BT-Drucks. 16/1889 S. 20). 27

dd) Einkommensminderung durch Wehrdienst oder Zivildienst (Nr. 4)

Die bis zum 23.1.2009 geltende Fassung des § 2 Abs. 7 enthielt lediglich die heute in § 2b Abs. 1 Satz 2 Nrn. 1 bis 3 normierten Verlängerungstatbestände. Diese sind dadurch gekennzeichnet, dass es sich um in der zukünftigen oder einer bereits bestehenden Elternschaft liegende Risiken handelt, die sich mindernd auf das im Bemessungszeitraum erzielte Einkommen auswirken (ähnlich: BT-Drucks. 16/1889 S. 20). Mit dem Inkrafttreten des 1. BEEG-Änderungsgesetzes vom 17.1.2009 (BGBl. I S. 61) am 24.1.2009 wurde der Verlängerungstatbestand bei Einkommensminderung durch Wehr- oder Zivildienst eingeführt (früherer § 2 Abs. 7). Die Regelung soll die mit der **Ableistung von Wehr- bzw. Zivildienst** verbundenen Nachteile sowie die darin liegende Einschränkung der Berufsausübungsfreiheit ausgleichen, indem die betroffenen Monate aus dem Bemessungszeitraum herausgenommen und durch weiter in der Vergangenheit liegende Monate ersetzt werden (BT-Drucks. 16/9415 S. 5). 28

Der Verlängerungstatbestand bei Einkommensminderung durch Wehr- oder Zivildienst ist in der Hinsicht **systemwidrig**, dass er nicht an ein in der (künftigen) Elternschaft liegendes Risiko anknüpft, sondern allgemein einen sich einkommensmindernd auswirkenden Tatbestand zum Anlass nimmt, um den für die Elterngeldhöhe maßgebenden Bemessungszeitraum zu verlängern. Die damit verbundene Aufgabe des eng an die elternschaftsspezifischen Risiken in Bezug auf das Einkommen anknüpfenden Maßstabes wirft die Frage auf, ob nicht auch weitere – ebenfalls allgemein schutzwürdige und anerkennenswerte – Zeiten, die in anderen Regelungszusammenhängen bei der Berechnung einkommensabhängiger Leistungen berücksichtigt werden, zu einer Verlängerung des Bemessungszeitraums führen müssten (z.B. Zeiten der Pflege von Angehörigen oder der Entwicklungshilfe). Wegen dieser unklaren Maßstäbe zur Bestimmung von elterngeldrelevanten Verlängerungstatbeständen des Bemessungszeitraums ist die heute in § 2b Abs. 1 Satz 2 Nr. 4 getroffene Regelung in die Kritik geraten (Stellungnahme des Deutschen Juristinnenbundes e.V. im Rahmen des Gesetzgebungsverfahrens: Ausschussdrucksache 16[13]371c zu BT-Drucks. 16/9415; Dau, SGB 2009, 261, 265; Dau, jurisPR-SozR 6/2010 Anm. 3 mit der Kritik an einem fehlenden Gesamtkonzept in Bezug auf die Bestimmung von Verlängerungstatbeständen). Der Hintergrund für die Einführung dieses Verlängerungstatbestandes erschließt sich aus den Gründen zum Wehrrechtsänderungsgesetz 2011 vom 28.4.2011 (BGBl. I, S. 678) und zur Einfüh- 29 rung des Bundesfreiwilligendienstes durch das Bundesfreiwilligendienstgesetz. Die fehlende Erstreckung des Verlängerungstatbestandes auf den ab 1.7.2011 geltenden Bundesfreiwilligendienst lässt erkennen, dass der Grund für die elterngeldrechtliche Privilegierung von Wehr- und Zivildienstzeiten offensichtlich in der Pflichtigkeit dieser Zeiten zu sehen ist, während bei anderen im Interesse des Gemeinwohls stehenden und sich einkommensmindernd auswirkenden Zeiten (z.B. Pflege von Angehörigen, Entwicklungshilfe) die betreffende Person selbst entscheiden kann, ob sie diese Aufgabe trotz der damit verbundenen Einkommenseinbußen übernimmt. Die praktische Relevanz dieses Ausklammerungstatbestandes ist eher gering (so Wiegand, BEEG [Stand: Januar 2023], § 2b Rn. 25).

30 Die dargestellten Kritikpunkte sind aufgrund der mit dem **Wehrrechtsänderungsgesetz** verbundenen Änderungen des Wehrpflicht- und Zivildienstgesetzes sowie der Einführung des Bundesfreiwilligendienstes bedeutungslos geworden. Die für die Wehrpflicht maßgebenden Vorschriften (§§ 3 bis 53 Wehrpflichtgesetz) gelten gemäß § 2 Wehrpflichtgesetz ab dem 1.7.2011 nur noch im Spannungs- und Verteidigungsfall, während im Übrigen die Möglichkeit der **freiwilligen Wehrdienstleistung** besteht (§§ 54 ff. Wehrpflichtgesetz in der ab 1.7.2011 geltenden Fassung). Der Zivildienst wurde – ebenfalls mit Wirkung zum 1.7.2011 – durch den sogenannten **Bundesfreiwilligendienst** ersetzt. Zivildienstleistende, die zu einem über den 30.6.2011 hinausgehenden Zivildienst einberufen wurden, sind auf Antrag zu entlassen; ohne einen entsprechenden Antrag endet der Zivildienst mit Ablauf des 31.12.2011 (§ 83 Zivildienstgesetz). Die mit einer Minderung des Erwerbseinkommens im Bemessungszeitraum verbundene Ableistung von freiwilligem Wehrdienst (§§ 54 ff. Wehrpflichtgesetz) oder Bundesfreiwilligendienst führt nicht zu einer Verlängerung des Bemessungszeitraums. Der Gesetzgeber hat im Rahmen des Wehrrechtsänderungsgesetzes von einer entsprechenden Ergänzung des § 2 Abs. 7 Satz 7 abgesehen. Der Verlängerungstatbestand bei Einkommensminderung durch Wehr- oder Zivildienst soll nämlich nur sicherstellen, dass Dienste, die ihre besondere rechtliche Grundlage im Wehrverfassungsrecht hatten und mit besonderen Einschränkungen auch hinsichtlich der Berufsausübungsfreiheit verbunden waren, nicht zu einem Nachteil bei der Berechnung des einkommensabhängigen Elterngeldes führen. Die aktuelle Regelung erfüllt diese Zielsetzung, indem nur der Wehrdienst nach dem Wehrpflichtgesetz in der bis zum 31.5.2011 geltenden Fassung von diesem Ausklammerungstatbestand erfasst wird (BT-Drucks. 17/9841 S. 20). Auch hier ist, wie beim Ausklammerungstatbestand der Nummer 3, zu beachten, dass eine Ausklammerung der entsprechenden Monate nur erfolgt, wenn die berechtigte Person dadurch ein **geringeres Einkommen aus Erwerbstätigkeit** hatte (Satz 2, 2. Halbsatz).

ee) Zu beachtender europarechtlicher Kontext bei den Verlängerungstatbeständen

31 Bei der Auslegung der Verlängerungstatbestände muss dem **europarechtlichen Kontext** Rechnung getragen werden. In der Person des nach der EG-VO Nr. 883/2004 und Nr. 987/2009 einem Elterngeldberechtigten i.S.d. § 1 BEEG gleichgestellten Grenzgängers bzw. des Partners eines Grenzgängers können Tatbestände erfüllt sein,

die sich einkommensmindernd auswirken und die nach der Intention des Gesetzgebers als Verlängerungstatbestand anerkennenswürdig sind. Entsprechende Fallkonstellationen liegen vor, wenn nach den Vorschriften anderer Gemeinschaftsstaaten beim Eintritt schwangerschaftsspezifischer Risiken Beschäftigungsverbote gelten oder wenn für bestimmte Zeiträume der Schwangerschaft eine nicht als Einkommen anzusehende Geldleistung erbracht wird (**SG** Aachen vom 30.6.2009 – S 13 EG 4/09 zur Gewährung einer Entschädigung für die Zeit der »Geburtsruhe« und für ein Beschäftigungsverbot wegen einer Virus- und Infektionsgefahr für Mutter und/oder Kind nach belgischem Recht). Bezugspunkt für die Feststellung, ob das Einkommen aus Erwerbstätigkeit weggefallen oder gemindert ist, ist das Einkommen, das die berechtigte Person ohne die Schwangerschaft hypothetisch im betreffenden Monat erzielt hätte (a.A. Oyda, NZS 2010, 194, 199 – der auf das Einkommen des Monats, der bei der Verschiebung des Bemessungszeitraums tatsächlich maßgeblich wäre, abstellt).

ff) Ausklammerungstatbestand für Einkommensausfälle aufgrund der COVID-19-Pandemie

Die Ausklammerungstatbestände erlaubt das BEEG nur aus eng mit Schwanger- 32
schaft und Geburt verknüpften Gründen oder auf Grundlage besonderer staatlicher Pflichten. Minderung von Einkommen aus anderen Gründen (wie z.B. der Arbeitsmarktlage oder wegen Krankheit) werden bereits durch die zwölfmonatige Dauer des Bemessungszeitraums relativiert. Der mit dem **Gesetz für Maßnahmen im Elterngeld aus Anlass der COVID-19-Pandemie** vom 20.5.2020 in Absatz 1 ehemals Satz 3, nunmehr Satz 4, hinzugekommene, zeitlich befristet geltende Ausklammerungstatbestand für **Einkommensausfälle aufgrund der COVID-19-Pandemie** ist insofern atypisch. Viele Arbeitnehmerinnen und Arbeitnehmer sind oder waren aufgrund der COVID-19-Pandemie von Kurzarbeit, Freistellungen, Reduzierung der Arbeitszeit aufgrund von Kinderbetreuung bis hin zu Entlassungen betroffen. Um die finanziellen Auswirkungen der COVID-19-Pandemie für junge Familien zu schmälern, hat der Gesetzgeber daher die Möglichkeit geschaffen, den Zeitraum vom **1.3.2020 bis 23.09.2022 auf Antrag** vom Bemessungszeitraum auszuklammern (BT-Drucks. 19/18698 S. 7). Der Zusammenhang zwischen der Einkommensverringerung aus Erwerbstätigkeit und der COVID-19-Pandemie muss glaubhaft gemacht werden (BT-Drucks. 19/18698 S. 8), eine nur pauschale Behauptung ist nicht ausreichend (LSG Baden-Württemberg vom 12.07.2022, L 11 EG 543/22, juris, Rn. 37). Das **SG Marburg** hat in einem Fall einer durch Quarantäne bedingten Einkommensminderung die **Ursächlichkeit** der Einkommensminderung bezüglich der COVID-19-Pandemie verneint. Die Klägerin hatte hier in der Zeit der Quarantäne eine Verdienstausfallentschädigung nach dem IfSG bezogen und es kam dann zu einer nachträglichen Korrektur des Einkommens durch den Arbeitgeber (s. SG Marburg vom 25.6.2024 – S 4 EG 1/22).

Jedoch führt die Ausklammerung nicht dazu, dass die Monate, in denen aufgrund der COVID-19 Pandemie ein verringertes Einkommen bezogen wurde, gänzlich außer Acht zu lassen sind. Vielmehr orientiert sich der Ausklammerungstatbestand an den weiteren in § 2b Absatz 1 enthaltenen Ausklammerungstatbeständen und führt daher zu einer **Verschiebung** der nicht berücksichtigten Monate **in die Vergangenheit** (s. dazu ausführlich **BSG** vom 26.10.2023 – B 10 EG 3/23 R, juris; vorgehend LSG Niedersachsen-Bremen vom 2.5.2022, L 2 EG 1/22). Das BSG begründet diese Auffassung mit dem Wortlaut der Norm, der Systematik sowie der Gesetzesbegründung.

Die Einführung des ehemaligen Satzes 4, nunmehr Satz 5 in Absatz 1 ist eine Folgeänderung zu der mit § 27 Absatz 1 Satz 3 vorübergehend ebenso geschaffenen Möglichkeit, Basiselterngeld wegen einer Verschiebung des Elterngeldbezugs wegen der Ausübung eines systemrelevanten Berufs auch nach Vollendung des 14. Lebensmonats beziehen zu können. Auch dieser Zeitraum ist auf entsprechenden Antrag hin vom Bemessungszeitraum auszuklammern.

c) Antragsrecht nach § 2b Abs. 1 Satz 3

33 § 2b Absatz 1 Satz 3 stellt nach Auffassung des Gesetzgebers vor dem Hintergrund der Rechtsprechung des BSG klar, dass abweichend von Satz 2 Kalendermonate im Sinne des Satzes 2 Nummer 1 bis 4 auf Antrag der berechtigten Person zu berücksichtigen sind. Damit wollte der Gesetzgeber die Rechtslage vor der Rechtsprechungsänderung des BSG im Jahr 2017 (B 10 EG 9/15 R) wiederherstellen (BT-Drucks. 19/24438, S. 26). So heißt es in der Gesetzesbegründung wörtlich: »Die Änderung wurde nötig, nachdem das Bundessozialgericht seine entsprechende Rechtsprechung zu § 2 b Absatz 1 Satz 2 aufgab (Urteil vom 16. März 2017 – B 10 EG 9/15 R).« (BT-Drucks. 19/24438, S. 26). Demnach ist nach dem Willen des Gesetzgebers nunmehr nach Antrag eine Einbeziehung der Monate auch bei Nicht-Selbstständigen wieder möglich. Nunmehr können Eltern nach dem Willen des Gesetzgebers beantragen, dass sämtliche oder auch einzelne Kalendermonate, für die nach Abs. 1 Satz 2 die Ausklammerung vorgesehen ist, bei der Bestimmung des Bemessungszeitraums berücksichtigt werden (s.a. Wiegand, BEEG [Stand: Januar 2023], § 2b Rn. 30).

d) Festlegung des Bemessungszeitraums bei Vorliegen eines Verlängerungstatbestands nach § 2b Abs. 1 Satz 2

34 Die Monate, in denen einer der in § 2b Abs. 1 Satz 2 Nrn. 1 bis 4 genannten Tatbestände vorliegt, werden bei der Berechnung des Bemessungszeitraums nicht mitgezählt. Der Bemessungszeitraum umfasst zwar auch in diesen Fällen zwölf Monate, wird aber um die **nicht mitzuzählenden Kalendermonate in die Vergangenheit hinein verschoben** (vgl. dazu auch: **SG** Stade vom 31.8.2009 – S 13 EG 10/08). Hiervon kann auch dann nicht abgesehen werden, wenn die Verlängerung des Bemessungszeitraums letztlich zu einem geringeren Elterngeldanspruch führt (so bereits **SG** Hamburg vom 27.4.2010 – S 31 EG 19/09 und **SG** Stade vom 31.8.2009 – S 13 EG 10/08, zwischenzeitlich **BSG** vom 16.3.2017 – B 10 EG 9/15 R zu Monaten mit Mutterschaftsgeldbezug; bestätigt durch BSG vom 26.10.2023 – B 10 EG 3/23 R im Fall einer pandemiebedingten Verschiebung, bei fehlender Erwerbstätigkeit in den von der Vorverlagerung des Bemessungszeitraums betroffenen Monaten; weitere

Beispiele bei Wiegand, BEEG [Stand: Januar 2023], § 2b Rn. 10). Soweit der Gesetzgeber entsprechende Ergebnisse vermeiden will, muss er im Wege der Gesetzesergänzung eine Härtefallregelung einführen. Das Fehlen einer solchen Regelung kann nicht im Wege einer rechtsfortbildenden Auslegung des aktuell geltenden Rechts kompensiert werden, sondern ist Aufgabe des parlamentarischen Gesetzgebers.

In der Vergangenheit trug die **höchstrichterliche Rechtsprechung zur Vorgängervorschrift § 2 Abs. 7 Satz 6 BEEG a.F.** einer **im Einzelfall** möglichen benachteiligenden Wirkung der Verlängerungstatbestände durch eine dem Normzweck entsprechende **teleologische Reduktion** Rechnung (**BSG** vom 18.8.2011 – B 10 EG 7/10 R). Hintergrund dessen war die in der Praxis gewonnene Erfahrung, dass die Verlängerung des Bemessungszeitraums im Einzelfall dazu führen kann, dass Monate mit einer relativ geringen Einkommensminderung außer Betracht bleiben, während andererseits Monate ohne Einkommen in den Bemessungszeitraum einbezogen werden, sodass sich die zum Schutz der elterngeldberechtigten Person eingeführte Regelung letztlich negativ auf die Höhe des Elterngeldes auswirken würde (BSG a.a.O.). Um dies zu verhindern, griff das Bundessozialgericht auf die Regelung des § 2 Abs. 8 Satz 5 in der bis 17.9.2012 geltenden Gesetzesfassung für selbstständige Erwerbstätige zurück (eine ähnliche Regelung für selbstständige Erwerbstätige findet sich nun in § 2b Abs. 3 Satz 2) und räumte auch den Elterngeldberechtigten, die einer nichtselbstständigen Beschäftigung nachgehen, die **Möglichkeit** ein, **optional auf die Inanspruchnahme des Verlängerungstatbestandes zu verzichten** (BSG, a.a.O.). Das Bundessozialgericht ging davon aus, dass eine nach ihrer Intention begünstigende Regelung nicht belastende Auswirkungen haben darf, ohne dass der nach dem Gesetz Begünstigte diese Wirkung ausschließen kann. Dagegen konnte bereits damals kritisch eingewandt werden, dass der Wortlaut des § 2 Abs. 7 Sätze 5 und 6 a.F. bzw. der des § 2b Abs. 1 n.F. diese Option nicht vorsah und die Regelung in Bezug auf selbstständig Tätige in § 2 Abs. 8 Satz 5 a.F. bzw. § 2b Abs. 3 Satz 2 n.F. für eine bewusste gesetzgeberische Entscheidung sprach. Eine derart am Wortlaut orientierte Auslegung stand damals allerdings im Widerspruch zu der aus den Materialien ersichtlichen Zweckbestimmung der Norm. Der Gesetzgeber wollte mit den Verlängerungstatbeständen vermeiden, dass sich das in den betreffenden Monaten reduzierte oder fehlende Erwerbseinkommen mindernd auf die Elterngeldhöhe auswirkt (BT-Drucks. 16/2785 S. 38). Er wollte somit eine dem Schutz der elterngeldberechtigten Person dienende, sie begünstigende Vorschrift schaffen, wobei er offensichtlich davon ausgegangen ist, dass sich die (in § 2 Abs. 7 Sätze 5 und 6 a.F.) geregelten Verlängerungstatbestände regelmäßig mindernd auf die Elterngeldhöhe auswirken. Die Möglichkeit einer benachteiligenden Wirkung dieser begünstigenden Regelung war somit nicht Grundlage der gesetzgeberischen Entscheidung, sodass die Vorschrift der einschränkenden Auslegung zugänglich war. 35

Von dieser Rechtsprechung zur alten Rechtslage hat sich das Bundessozialgericht zur nun gültigen Vorschrift jedoch **abgewandt** und hat entschieden, dass Monate mit Mutterschaftsgeld **zwingend auszuklammern** sind (**BSG** vom 16.3.2017 – B 10 EG 9/15 R, zuletzt wieder BSG vom 26.10.2023 – B 10 EG 3/23 R). Die Verwaltung habe weder einen Ermessensspielraum noch gebe es eine Ausnahmevorschrift oder eine Härtefallregelung. Gegen den unmissverständlichen Wortlaut sei die bei der Vorgängervorschrift durchgeführte teleologische Reduktion in Fällen, in denen der Elterngeldberechtigte durch die Ausklammerung finanziell schlechter gestellt wird, nun nicht mehr möglich (**BSG**, a.a.O.; kritisch hierzu Dau in jurisPR-SozR 20/2017 Anm. 4). Aufgrund dieser Argumentation ist davon auszugehen, dass die zwingende Ausklammerung nicht nur für Monate mit Mutterschaftsgeldbezug, sondern für alle in Abs. 1 Satz 2 Nr. 1 bis 4 genannten Fälle gilt.

3. Bemessungszeitraum bei der Ermittlung des Einkommens aus selbstständiger Erwerbstätigkeit (§ 2b Abs. 2)

36 § 2b Abs. 2 BEEG bestimmt den Bemessungszeitraum zur Ermittlung von Einkommen aus selbstständiger Tätigkeit im Sinne des § 2d. Die Regelung steht in engem Zusammenhang mit § 2d Abs. 3. Hiernach ist seit Inkrafttreten des Gesetzes zur Vereinfachung des Elterngeldvollzugs die Höhe des der Berechnung des Elterngeldes zugrunde zu legenden Einkommens aus selbstständiger Erwerbstätigkeit mit dem **Einkommensteuerbescheid** nachzuweisen.

a) Grundsatz: Maßgeblichkeit der je nach Art der Erwerbstätigkeit steuerrechtlich vorgegebenen Gewinnermittlungszeiträume (Satz 1)

37 Beim Bemessungszeitraum für die Ermittlung des Einkommens aus selbstständiger Erwerbstätigkeit sind nach § 2b Abs. 2 Satz 1 die **je nach Art der Erwerbstätigkeit steuerrechtlich vorgegebenen Gewinnermittlungszeiträume maßgeblich**, die dem letzten abgeschlossenen steuerrechtlichen Veranlagungszeitraum vor der Geburt des Kindes zugrunde liegen. Maßgebend ist das Kalenderjahr vor der Geburt des Kindes oder das ggf. abweichende Wirtschaftsjahr. § 4a EStG legt den jeweiligen Gewinnermittlungszeitraum – das jeweilige **Wirtschaftsjahr** – je nach Art der ausgeübten selbstständigen Tätigkeit fest. Dies ist beispielsweise bei Land- und Forstwirten nach § 4a Abs. 1 Satz 2 Nr. 1 EStG grundsätzlich der Zeitraum vom 1.7. bis zum 30.6., bei Gewerbetreibenden, deren Firma in das Handelsregister eingetragen ist, grundsätzlich nach Nr. 2 der Zeitraum, für den sie regelmäßig Abschlüsse machen, und bei anderen Gewerbetreibenden nach Nr. 3 das Kalenderjahr (s.a. RL BEEG, 7/2024, 2b.2.1. mit weiteren Beispielen).

Bei Einkommen aus selbstständiger Tätigkeit bemisst sich das Elterngeld grundsätzlich auch dann nach dem Einkommen im letzten abgeschlossenen Veranlagungszeitraum vor der Geburt des Kindes, wenn die berechtigte Person mit ihrer Tätigkeit nur **Verluste** erzielt (**BSG** vom 28.3.2019 – B 10 EG 6/18 R).

Die Festlegung unterschiedlicher Bemessungszeiträume für das Elterngeld bei Einkommen aus nichtselbstständiger Tätigkeit einerseits und Einkommen aus selbstständiger Tätigkeit andererseits verstößt nicht gegen den allgemeinen Gleichheitssatz des Grundgesetzes (**BSG** vom 28.3.2019 – B 10 EG 6/18 R).

b) Verschiebung des Bemessungszeitraums bei selbstständig Erwerbstätigen (Satz 2)

Eine Verschiebung des Bemessungszeitraums ist bei selbstständig Erwerbstätigen **auf Antrag** möglich, wenn in dem eigentlich maßgeblichen Gewinnermittlungszeitraum ein Tatbestand des Abs. 1 Satz 2 oder Satz 3 vorliegt. In einem solchen Fall sind dann die Gewinnermittlungszeiträume maßgeblich, die dem vorangehenden steuerlichen Veranlagungszeitraum zugrunde liegen. 38

Die Vorverlagerung des Bemessungszeitraumes kann mehrfach erfolgen. Der Antrag auf Verschiebung der Bemessungszeiträume kann bei Vorliegen von Einkommen aus selbstständiger und nichtselbstständiger Erwerbstätigkeit wegen des Grundsatzes der **Deckungsgleichheit der Bemessungszeiträume** nur einheitlich für alle Einkunftsarten gestellt werden (BT-Drucks. 17/9841 S. 21).

4. Bemessungszeitraum beim Zusammentreffen von Einkommen aus nichtselbstständiger und Einkommen aus selbstständiger Erwerbstätigkeit (§ 2b Abs. 3)

§ 2b Abs. 3 BEEG stellt eine **Ausnahmeregelung zu Abs. 1** dar. Der Bemessungszeitraum für das Einkommen aus nichtselbstständiger Erwerbstätigkeit wird nach Abs. 3 bestimmt, wenn die elterngeldberechtigte Person entweder im Zwölfmonatszeitraum nach Abs. 1 oder im Bemessungszeitraum nach Abs. 2 Einkommen aus selbstständiger Erwerbstätigkeit hat. Demnach ist beim Zusammentreffen von Einkommen aus nichtselbstständiger und selbstständiger Erwerbstätigkeit (sog. **Mischeinkünfte**; RL BEEG, 7/2024, 2b.3) ein **einheitlicher Bemessungszeitraum (Grundsatz der Deckungsgleichheit der Bemessungszeiträume**) zugrunde zu legen. Der Einkommensteuerbescheid ist maßgeblich. Diese **Bindungswirkung** des Einkommensteuerbescheides hat das Landessozialgericht Berlin-Brandenburg auch hinsichtlich der Zuordnung der **Art der Einkünfte** im Einkommensteuerbescheid bestätigt (konkret ging es um die Zuordnung einer Aufwandsentschädigung für ehrenamtliche Tätigkeit als Einkünfte aus selbstständiger Tätigkeit und damit der Anwendung von § 2b Abs. 3 BEEG; LSG Berlin-Brandenburg vom 16.12.2021 – L 17 EG 4/19). 39

Die Regelung gewährleistet, dass im Bemessungszeitraum das Einkommen aus Erwerbstätigkeit vollständig erfasst wird. Im Ergebnis ist nach Abs. 3 für die Ermittlung des Einkommens aus nichtselbstständiger Erwerbstätigkeit der Zeitraum nach Abs. 2 daher auch dann maßgeblich, wenn die elterngeldberechtigte Person in dem nach Abs. 1 ermittelten Zwölfmonatsraum Einkommen aus selbstständiger Tätigkeit hat, das im Ergebnis nicht nach Abs. 2 zu berücksichtigen ist (so ausdrücklich in BT-Drucks. 17/9841 S. 21; s.a. Wiegand, BEEG [Stand: Januar 2023], § 2b Rn. 43 m.w.N.). Zu beachten ist auch, dass sich die **Einkommensermittlung wiederum – je nach Art. – nach §§ 2c und 2d** richtet. Auch wenn die Bestimmung des Bemessungszeitraumes nach Abs. 3 erfolgt, sind für die Berechnung des Einkommens aus nichtselbstständiger Erwerbstätigkeit nicht die Angaben aus dem Einkommensteuerbescheid maßgeblich, sondern die Entgeltdaten aus den Lohn- und Gehaltsbescheinigungen (BT-Drucks. 17/9841 S. 21).

Das Bundessozialgericht hat klargestellt, dass bei sogenannten **Mischeinkünften**, also beim Zusammentreffen von Einkommen aus nichtselbstständiger Tätigkeit und von Einkommen aus selbstständiger Tätigkeit (in dem vom BSG entschiedenen Fall aus dem Betrieb einer **Photovoltaikanlage**), der **Rückgriff auf den letzten steuerlichen Veranlagungszeitraum vor der Geburt zwingend** ist (**BSG** vom 21.6.2016 – B 10 EG 8/15 R; bestätigend **BSG** vom 27.10.2016 – B 10 EG 4/15 R und **BSG** vom 27.10.2016 – B 20 EG 5/15 R). Zur Begründung wird richtigerweise angeführt, dass es keine Rechtsgrundlage für eine Verschiebung des Bemessungszeitraums auf die zwölf Monate vor der Geburt des Kindes gibt. Die Festlegung von unterschiedlichen Bemessungszeiträumen für Personen mit Einkünften aus selbstständiger und aus nicht selbstständiger Tätigkeit verstoße auch nicht gegen den Gleichheitssatz des Grundgesetzes, da der Gesetzgeber die Befugnis habe, im Interesse der Effizienz des Verwaltungshandelns typisierende Regelungen zu treffen. Mit diesem Argument wird vom Bundessozialgericht auch die von den Vorinstanzen geforderte Härteklausel für atypische Konstellationen abgelehnt, die die Elterngeldstellen mit komplizierten Vergleichsberechnungen belasten würden (BSG, a.a.O.) In dem vom Bundessozialgericht entschiedenen Fall mit dem Aktenzeichen B 10 EG 8/15 R führte der Betrieb einer Solaranlage aufgrund des zwingenden Rückgriffs auf den letzten steuerlichen Veranlagungszeitraum vor der Geburt zu einer deutlichen Minderung des Elterngeldes.

Der zwingende Rückgriff auf den letzten steuerlichen Veranlagungszeitraum vor der Geburt wird bei Mischeinkünften auch dann ausgelöst, wenn mit der selbstständigen Tätigkeit **nur Verluste** erzielt wurden. Denn der Einkommensbegriff des BEEG ist weit auszulegen, sodass darunter auch negative Einkommensbeträge zu verstehen sind. Auch hier führt das Bundessozialgericht die Argumentation an, dass die sich im Einzelfall ergebenden Härten durch die Befugnis des Gesetzgebers, zur **Verwaltungsvereinfachung** typisierende Regelungen zu treffen, gerechtfertigt sei (**BSG** vom 27.10.2016 – B 10 EG 5/15 R).

Zu beachten ist jedoch, dass auch bei Mischeinkünften der Bemessungszeitraum ausnahmsweise **auf Antrag** verschoben werden kann, allerdings weiter in die Vergangenheit und nicht auf die letzten zwölf Monate vor Geburt des Kindes. Denn in Satz 2 wird der elterngeldberechtigten Person das **Recht eingeräumt, den Bemessungszeitraum einheitlich zu verschieben, wenn im Bemessungszeitraum nach Satz 1 die Voraussetzungen des Abs. 1 Satz 2 oder Satz 3 vorgelegen haben**. Auch hier wirkt sich der Antrag aufgrund des Grundsatzes der Deckungsgleichzeit der Bemessungszeiträume einheitlich auf alle Einkunftsarten aus (BT-Drucks. 17/9841 S. 21). Für den Fall, dass im Bemessungszeitraum nach Abs. 3 Satz 1 die Voraussetzungen des Abs. 1 Satz 2 oder Satz 3 vorgelegen haben, gilt Folgendes: Zum einen sind auf Antrag gemäß Abs. 2 Satz 2 für die Ermittlung des Einkommens aus selbstständiger Erwerbstätigkeit die Gewinnermittlungszeiträume zu berücksichtigen, die dem vorangegangenen steuerlichen Veranlagungszeitraum zugrunde liegen. Zum anderen ist zusätzlich zu diesen Vorgaben gemäß Satz 2 für die Ermittlung des Einkommens aus nichtselbstständiger Erwerbstätigkeit vor der Geburt der vorangegangene steuerliche Veranlagungszeitraum maßgeblich.

5. Antragsrecht hinsichtlich des Bemessungszeitraums (§ 2b Abs. 4)

§ 2b Abs. 4 BEEG enthält nunmehr ein Antragsrecht hinsichtlich des zu Grunde zu legenden Bemessungszeitraums. Inwieweit von dem Antragsrecht aufgrund der Komplexität der Voraussetzungen Gebrauch gemacht wird, bleibt abzuwarten. Während der Gesetzgeber den Bürokratieabbau im Blick hatte, wurde die Komplexität bereits im Gesetzgebungsverfahren kritisiert (s.o. Rdn. 11). Der Antrag bietet die Möglichkeit, bei geringem Einkommen aus selbstständiger Tätigkeit, nicht den letzten abgeschlossenen Veranlagungszeitraum, sondern als Bemessungszeitraum die letzten 12 Kalendermonate vor der Geburt zu Grunde zu legen (s.a. Helmke/Bauer, Familienleistungsausgleich [Stand April 2022], § 2b BEEG, Rn. 39). 40

a) Antragsvoraussetzungen (Satz 1)

Gemäß Abs. 1 Satz 1 ist abweichend von Abs. 3 auf **Antrag** der berechtigten Person für die Ermittlung des Einkommens aus nichtselbstständiger Erwerbstätigkeit allein der **Bemessungszeitraum nach Absatz 1** maßgeblich. Der Gesetzgeber hat sich bei der Regelung an § 46 Abs. 2 Nr. 1 EStG orientiert (BT-Drucks. 19/24438, S. 27). Dieser enthält bei geringen Nebeneinkünften unter 410 Euro im Jahr eine Billigkeitslösung. 41

Voraussetzung ist, dass die zu berücksichtigende Summe der Einkünfte aus Land- und Forstwirtschaft, Gewerbebetrieb und selbstständiger Arbeit nach § 2 Absatz 1 Satz 1 Nr. 1 bis 3 EStG sowohl in den jeweiligen steuerlichen Gewinnermittlungszeiträumen, die dem letzten abgeschlossenen steuerlichen Veranlagungszeitraum vor der Geburt des Kindes zugrunde liegen, durchschnittlich weniger als 35 Euro im Kalendermonat betrug als auch in den jeweiligen steuerlichen Gewinnermittlungszeiträumen, die dem steuerlichen Veranlagungszeitraum der Geburt des Kindes zugrunde liegen, bis einschließlich zum Kalendermonat vor der Geburt des Kindes durchschnittlich weniger als 35 Euro im Kalendermonat betrug (sogenannte unterjährige Einkünfte).

Mithin sind in **zwei unterschiedlichen Gewinnermittlungszeiträumen** die Einkünfte unter 35 Euro nachzuweisen. Der Nachweis richtet sich nach Satz 3: Die für die Entscheidung über den Antrag notwendige Ermittlung der Höhe der Einkünfte aus Land- und Forstwirtschaft, Gewerbebetrieb und selbstständiger Arbeit erfolgt für die Zeiträume nach Satz 1 Nr. 1 entsprechend § 2d Absatz 2 (Einkommensteuerbescheid); in Fällen, in denen zum Zeitpunkt der Entscheidung kein Einkommensteuerbescheid vorliegt, und für den Zeitraum nach Satz 1 Nr. 2 erfolgt die Ermittlung der Höhe der Einkünfte entsprechend § 2d Absatz 3 (Gewinnermittlung). Der Nachweis soll daher primär durch Vorlage des Einkommensteuerbescheides erfolgen, was aber in der Praxis zumeist daran scheitern wird, dass dieser für die relevanten Zeiträume noch nicht vorliegend wird (so auch Helmke/Bauer, Familienleistungsausgleich [Stand April 2022], § 2b BEEG, Rn. 44). Alternativ ist daher ein Nachweis durch Gewinnermittlungen möglich (s. dazu a. Helmke/Bauer, Familienleistungsausgleich [Stand April 2022], § 2b BEEG, Rn. 45)

Aus dem Einkommen sind sowohl im jährlichen Gewinnermittlungszeitraum als auch im unterjährigen Gewinnermittlungszeitraum **jeweils ein Durchschnittseinkommen** zu ermitteln. Im Kalenderjahr der Geburt sind nur die Kalendermonate bis vor dem Monat der Geburt einzubeziehen und daraus ein Durchschnittseinkommen zu bilden. Zudem ist anders als bei der Berechnung des Einkommens gemäß § 2d im Rahmen der Bildung des Durchschnittseinkommens eine **Verrechnung mit negativen Einkünften** der in § 2 Absatz 1 Satz 2 Nr. 2 bezeichneten Einkunftsarten **zulässig** (so bereits der Wortlaut: »Summe der Einkünfte«, Helmke/Bauer, Familienleistungsausgleich [Stand April 2022], § 2b BEEG, Rn. 41). So können beispielsweise negative Einkünfte aus Land- und Forstwirtschaft mit positiven Einkünften aus einem Gewerbebetrieb verrechnet werden (s. dazu Bundestag Drucksache 19/24438, S. 27)

b) Rechtsfolge: Abschließende Bewilligung über den Bemessungszeitraum (Satz 2)

42 Satz 2 regelt die Rechtsfolgen: Maßgeblich ist im Anwendungsbereich des Absatzes 4 bei Vorliegen der Voraussetzungen nur noch das Einkommen aus nichtselbstständiger Erwerbstätigkeit. Einkommen aus selbstständiger Tätigkeit wird für die Höhe der Bemessung des Elterngeldes nicht herangezogen (BT-Drucks. 19/24438, S. 27). Die Regelung hat demgegenüber keine Auswirkungen auf die Ermittlung des Einkommens im Bezugszeitraum, welches weiterhin nach den üblichen Regelungen zu bemessen ist.

Die Entscheidung über den Antrag erfolgt grundsätzlich nach Satz 4 abschließend. Dies gilt auch für den Fall, dass aus anderen Gründen das Elterngeld nach § 8 Absatz 3 BEEG nur vorläufig zu bewilligen ist (BT-Drucks. 19/24438, S. 27). Dies bedeutet, dass über den Bemessungszeitraum auch im Rahmen der abschließenden Bewilligung nicht neu entschieden werden kann und soll. Die Norm dient somit sowohl der Verwaltungsvereinfachung als auch der Rechtssicherheit der Elterngeldbezieher (BT-Drucks. 19/24438, S. 27). Eine nachträgliche Änderung des Bemessungszeitraums scheidet aus, selbst wenn die später festgestellte tatsächliche Höhe abweicht (BT-Drucks. 19/24438, S. 27).

§ 2c BEEG Einkommen aus nichtselbstständiger Erwerbstätigkeit

(1) [1]Der monatlich durchschnittlich zu berücksichtigende Überschuss der Einnahmen aus nichtselbstständiger Arbeit in Geld oder Geldeswert über ein Zwölftel des Arbeitnehmer-Pauschbetrags, vermindert um die Abzüge für Steuern und Sozialabgaben nach den §§ 2e und 2f, ergibt das Einkommen aus nichtselbstständiger Erwerbstätigkeit. [2]Nicht berücksichtigt werden Einnahmen, die im Lohnsteuerabzugsverfahren nach den lohnsteuerlichen Vorgaben als sonstige Bezüge zu behandeln sind. [3]Die zeitliche Zuordnung von Einnahmen erfolgt nach den lohnsteuerlichen Vorgaben für das Lohnsteuerabzugsverfahren. [4]Maßgeblich ist der Arbeitnehmer-Pauschbetrag nach § 9a Satz 1 Nummer 1 Buchstabe a des Einkommensteuergesetzes in der am 1. Januar des Kalenderjahres vor der Geburt des Kindes für dieses Jahr geltenden Fassung.

(2) [1]Grundlage der Ermittlung der Einnahmen sind die Angaben in den für die maßgeblichen Kalendermonate erstellten Lohn- und Gehaltsbescheinigungen des Arbeitgebers. [2]Die Richtigkeit und Vollständigkeit der Angaben in den maßgeblichen Lohn- und Gehaltsbescheinigungen wird vermutet.

(3) [1]Grundlage der Ermittlung der nach den §§ 2e und 2f erforderlichen Abzugsmerkmale für Steuern und Sozialabgaben sind die Angaben in der Lohn- und Gehaltsbescheinigung, die für den letzten Kalendermonat im Bemessungszeitraum mit Einnahmen nach Absatz 1 erstellt wurde. [2]Soweit sich in den Lohn- und Gehaltsbescheinigungen des Bemessungszeitraums eine Angabe zu einem Abzugsmerkmal geändert hat, ist die von der Angabe nach Satz 1 abweichende Angabe maßgeblich, wenn sie in der überwiegenden Zahl der Kalendermonate des Bemessungszeitraums gegolten hat. [3]§ 2c Absatz 2 Satz 2 gilt entsprechend.

Übersicht Rdn.

I. Entwicklung der Norm

§ 2c ist neu durch das **Gesetz zur Vereinfachung des Elterngeldvollzuges** vom 10.9.2012 (BGBl. I S. 1878) mit Wirkung zum 18.9.2012 entstanden. Davor befanden sich die Regelungen über das Einkommen aus nichtselbstständiger Erwerbstätigkeit in § 2 a.F. Abs. 7. Die Norm regelt die Ermittlung des Einkommens aus nichtselbstständiger Erwerbstätigkeit im Sinne des § 2 Abs. 1 Satz 3 Nr. 1 BEEG. § 2c wurde durch das **Gesetz zur Einführung des Elterngeld Plus mit Partnerschaftsbonus und einer flexibleren Elternzeit im Bundeselterngeld- und Elternzeitgesetz** vom 18.12.2014, das am 1.1.2015 in Kraft getreten ist, modifiziert. Durch das **Gesetz für Maßnahmen im Elterngeld aus Anlass der COVID-19-Pandemie** (BGBl. I S. 1061) vom 20.5.2020 wurde Satz 3 in Absatz 1 mit Wirkung ab 29.5.2020 eingefügt. Die Regelung erfolgt im Hinblick auf die Entscheidung des Bundessozialgerichts vom 27.6.2019 und soll die Anbindung des Elterngeldverfahrens an digitale Antrags- und Antragsbearbeitungs- 1 verfahren sicherstellen (Wiegand, BEEG [Stand: Januar 2023], § 2c BEEG, Rn. 2 mit Verweis auf B 10 EG 1/18 R – SozR 4-7837 § 2 Nr. 33 mit – teilweise kritischen – Anm. Brehm in NZS 2019, 947; Jung in WzS 2019, 336; Dau in jurisPR-SozR 2/2020 Anm. 6). Das **Zweite Gesetz zur Änderung des Bundeselterngeld- und Elternzeitgesetzes** vom 15.2.2021 (BGBl. I S. 239) führte nur zu redaktionellen Änderungen, nämlich der Ersetzung des Wortes »Monat« durch »Kalendermonat« in Absatz 2 Satz 1 und Absatz 3 Satz 1 und Satz 2.

II. Ermittlung des Einkommens aus nichtselbstständiger Erwerbstätigkeit

1. Orientierung an den einkommensteuerrechtlichen Vorgaben

2 Nach § 2c Abs. 1 gilt als Einkommen aus nichtselbstständiger Arbeit im Sinne des § 2 Abs. 1 Satz 3 Nr. 1 der »monatlich durchschnittlich zu berücksichtigende **Überschuss der Einnahmen** in Geld oder Geldeswert **über ein Zwölftel des Arbeitnehmer-Pauschbetrages**, vermindert um die Abzüge für Steuern und Sozialabgaben nach den §§ 2e und f« (s.a. RL-BEEG 7/2024, S. 105 ff.). Für die Ermittlung des Einkommens aus nichtselbstständiger Arbeit gelten somit **die Vorschriften des Einkommensteuergesetzes nach Maßgabe der** in §§ 2c bis f BEEG geregelten **elterngeldspezifischen Einkommensermittlungsgrundsätze.** Mit den elterngeldrechtlichen Besonderheiten für die Ermittlung des Einkommens aus nichtselbstständiger Arbeit soll das Verfahren im Interesse der Elterngeldberechtigten und der für die Gewährung von Elterngeld zuständigen Behörde vereinfacht werden.

3 Nach der Intention des Gesetzgebers soll das **Einkommen** berücksichtigt werden, das der elterngeldberechtigten Person im Bemessungszeitraum **tatsächlich monatlich zur Verfügung gestanden hat** und das wegen der zum Zweck der Kinderbetreuung unterbrochenen bzw. eingeschränkten Erwerbstätigkeit ganz oder teilweise weggefallen ist, denn nur dann wird das Elterngeld seiner Zweckbestimmung, die wirtschaftliche Lebensgrundlage der Familie in den ersten Lebensmonaten des Kindes zu sichern, gerecht.

2. Prinzip der fiktiven Nettoberechnung

4 Die Ermittlung des Einkommens aus nichtselbstständiger Arbeit war bis zum 17.9.2012 in § 2 Abs. 7 a.F. geregelt und wurde im Zuge des Gesetzes zur Vereinfachung des Elterngeldvollzuges in die neu geschaffene Vorschrift des § 2c überführt. Während § 2c die zu berücksichtigenden Einnahmen konkretisiert und festlegt, in welcher Weise diese nachzuweisen sind (Abs. 2), wird für die Ermittlung der Abzüge auf die ebenfalls mit Wirkung zum 18.9.2012 neu eingefügten Regelungen der §§ 2e und f BEEG verwiesen, welche dem **Prinzip der fiktiven Nettoberechnung** folgen. Zweck der fiktiven Nettoberechnung ist es, die Ermittlung des Einkommens durch Pauschalierung von Steuern und Sozialabgaben zu erleichtern. Damit zielt sie auf eine erhebliche Vereinfachung des den Ländern obliegenden Elterngeldvollzuges ab, wobei der Charakter des Elterngeldes als primäre Einkommensersatzleistung nicht infrage gestellt, sondern mit den vorgenommenen terminologischen Änderungen

bzw. Klarstellungen und den bestehenden Anleihen im Steuerrecht vielmehr betont wird (vgl. dazu BT-Drucks. 17/9841 S. 18).

3. Rechtslage vor dem Inkrafttreten des Gesetzes zur Vereinfachung des Elterngeldvollzugs

Nach der **bis zum 17.9.2012 geltenden Rechtslage** mussten zur Ermittlung des Einkommens aus nichtselbstständiger Arbeit in einem ersten Schritt alle bei der Berechnung von Elterngeld berücksichtigungsfähigen Einnahmen festgestellt und der Überschuss dieser Einnahmen über die Werbungskosten ermittelt werden. In einem zweiten Schritt wurden von diesem Überschuss die auf die elterngeldrechtlich relevanten Einkommensbestandteile entfallenden Steuern und Sozialversicherungsbeiträge in Abzug gebracht. Dieses Verfahren der Einkommensermittlung war für die zuständige Behörde mit einem **erheblichen Verwaltungsaufwand** verbunden (vgl. dazu BT-Drucks. 17/1221 S. 7). Während der Abzug der Werbungskosten seinerzeit bereits in pauschalierter Form erfolgte (§ 9a Satz 1 Nr. 1a EStG) wurde der **Abzug der Steuern und Sozialversicherungsbeiträge anteilig für den jeweiligen Monat** ermittelt. Die Ermittlung erfolgte im Regelfall auf der Grundlage der monatlichen Lohn- und Gehaltsbescheinigungen des Arbeitgebers (§ 2 Abs. 7 Satz 4 in der bis zum 17.9.2012 geltenden Fassung). Dabei mussten die Steuern herausgerechnet werden, die sich auf nicht elterngeldrelevante Einkünfte – z.B. aus Vermietung und Verpachtung oder Kapitalvermögen – bezogen. Maßgeblich waren die tatsächlich abgeführten, d.h. die im Lohnsteuerabzugsverfahren vorausgezahlten Steuern (vgl. dazu: LSG Rheinland-Pfalz vom 21.10.2010 – L 5 EG 4/10 mit Anm. Dau, jurisPR-SozR 4/2011 Anm. 4). Des Weiteren war der Arbeitnehmeranteil an den Pflichtbeiträgen zur Sozialversicherung von den berücksichtigungsfähigen Einnahmen abzuziehen. Für die Ermittlung des Einkommens aus nichtselbstständiger Arbeit waren daher im Regelfall aus zwölf teilweise komplexen Lohn- und Gehaltsbescheinigungen je etwa zehn Einzelwerte zu ermitteln, rechtlich zu bewerten und zu erfassen. Der hiermit verbundene Verwaltungsaufwand führte zu einer Verzögerung der Antragsbearbeitung und Auszahlung der Leistung (vgl. dazu BT-Drucks 17/1221 S. 1; BR-Drucks. 884/09 S. 1) und war aufgrund der Komplexität der Ermittlungen im Übrigen auch fehleranfällig. Aus Gründen der Vereinfachung des Elterngeldvollzugs ist der Gesetzgeber daher **mit Wirkung zum 18.9.2012** zur sogenannten **fiktiven Nettoberechnung** übergegangen. 5

4. Ermittlung des Einkommens aus nichtselbstständiger Erwerbstätigkeit seit Inkrafttreten des Gesetzes zur Vereinfachung des Elterngeldvollzugs

Das Gesetz zur Vereinfachung des Elterngeldvollzugs ist am 18.9.2012 in Kraft getreten. § 2c findet zur Ermittlung des Einkommens aus nichtselbstständiger Erwerbstätigkeit im Sinne des § 2 Abs. 1 Satz 3 Nr. 1 **Anwendung für ab dem 1.1.2013 geborene bzw. mit dem Ziel der Adoption in den Haushalt aufgenommene Kinder** (gemäß § 28 Abs. 1 Satz 1 in der bis zum 31.12.2014 geltenden Fassung). 6

§ 2c gilt sowohl für die Ermittlung des Einkommens aus nichtselbstständiger Erwerbstätigkeit im **Bemessungszeitraum** als auch für die Ermittlung des Einkommens aus nichtselbstständiger Erwerbstätigkeit im **Bezugszeitraum**.

a) Berechnung des Einkommens aus nichtselbstständiger Erwerbstätigkeit (§ 2c Abs. 1)

7 Nach § 2c Abs. 1 Satz 1 ergibt sich das Einkommen aus nichtselbstständiger Erwerbstätigkeit aus dem **monatlich durchschnittlichen Überschuss der Einnahmen über einem Zwölftel des Arbeitnehmer-Pauschbetrags, vermindert um die Abzüge für Steuern und Sozialabgaben** nach §§ 2e und 2 f.

Satz 4 bestimmt, dass unterjährige Änderungen des Arbeitnehmer-Pauschbetrages, der in § 9a Satz 1 Nr. 1a Einkommensteuergesetz festgelegt ist, nicht berücksichtigt werden. Maßgeblich ist der Arbeitnehmer-Pauschbetrag in der am 1. Januar des Kalenderjahres vor der Geburt des Kindes geltenden Fassung. Die Regelung dient dazu, dass beim Arbeitnehmer-Pauschbetrag auf den gleichen Zeitpunkt abgestellt wird wie für den nach § 2e maßgeblichen Programmablaufplan für den Lohnsteuerabzug. Durch die Zwölftelung wird ein Abzug auf monatlicher Basis erreicht (s. dazu auch Wiegand, BEEG [Stand: Januar 2023], § 2c BEEG, Rn. 5, m.w.N.). Der Pauschbetrag wird vom Finanzamt ohne Nachweis anerkannt, um einen bestimmten Teil von der Einkommensteuer freizustellen. Erst Ausgaben, die über dem Pausch- oder Freibetrag liegen, können zusätzlich geltend gemacht werden. Nach derzeitigem Stand beträgt der Pauschbetrag 1.230 Euro (§ 9a Satz 1 Nr. 1 lit. a EStG in der Fassung vom 16.12.2022, gültig ab 1.1.2023), ein Zwölftel beträgt demnach 102,50 Euro (s.a. RL-BEEG, 7/2024, 2c.1.4.0).

Nicht berücksichtigt werden im Lohnsteuerabzugsverfahren als **sonstige Bezüge** behandelte Einnahmen (§ 2c Abs. 1 Satz 2). Dies sind Zahlungen, die Arbeitslohn darstellen, aber nicht als laufender Arbeitslohn gezahlt werden (§ 38a Abs. 1 Satz 3 EStG). Dazu zählen u.a. das 13. Monatsgehalt, Weihnachtszuwendungen, einmalige Abfindungen und Entschädigungen und nicht fortlaufende Gratifikationen (weitere Beispiele RL-BEEG, 2c.1.1.2). Wird eine solche Zahlung – wie z.B. bei der Weihnachtszuwendung zwischenzeitlich üblich – anteilig als laufender Arbeitslohn ausgezahlt und in der Lohn- und Gehaltsbescheinigung entsprechend ausgewiesen, handelt es sich nicht um einen sonstigen Bezug i.S.d. § 2c Abs. 1 Satz 2, weil gerade ausgeschlossen werden soll, dass die Elterngeldbehörden und nachfolgend die Gerichte im Einzelfall prüfen müssen, ob einzelne Bestandteile des laufend gezahlten Arbeitsentgelts auf einen sogenannten »umgewandelten« sonstigen Bezug zurückzuführen sind (siehe auch **SG** Münster vom 25.9.2007 – S 2 EG 26/07; so im Ergebnis zu Provisionen auch BSG vom 25.6.2020 – B 10 EG 3/19 R – Rn. 24 ff.). Wird das **Urlaubs- oder Weihnachtsgeld** hingegen anlassbezogen einmal vor der Urlaubszeit bzw. vor Weihnachten gezahlt, gehört es nicht zu den laufenden Einnahmen und ist bei der Bemessung des Elterngeldes als sonstiger Bezug unmaßgeblich (**BSG** vom 29.6.2017 – B 10 EG 5/16 R). Auch **Nachzahlungen** wegen einer durch das Bundesverfassungsgericht für nichtig erklärten **Beamtenbesoldung** sind elterngeldrechtlich als sonstiger Bezug nicht zu berücksichtigten (so

LSG Baden-Württemberg vom 22.03.2022 – L 11 EG 2121/21). Das Bundessozialgericht führt seine frühere Rechtsprechung, dass auch **Provisionen** nichtselbstständig Erwerbstätiger als laufender Arbeitslohn bei der Elterngeldberechnung zu berücksichtigen sind, wenn sie neben dem monatlichen Grundgehalt für kürzere Zeiträume als ein Jahr und damit mehrmals im Jahr nach festgelegten Berechnungsstichtagen regelmäßig gezahlt werden (so **BSG** in seinem Urteil vom 26.3.2014 – B 10 EG 14/13 R), explizit nicht fort. Es stellt nun auf die Bindungswirkung der Lohnsteueranmeldung ab: Einnahmen, wie in dem vom Bundessozialgericht entschiedenen Fall die als variable Entgeltbestandteile gezahlten Quartalsprovisionen, die **lohnsteuerlich als sonstige Bezüge zu behandeln sind und im Lohnsteuerabzugsverfahren auch zutreffend so behandelt worden sind**, unterliegen nicht der Elterngeldbemessung (**BSG** vom 14.12.2017 – B 10 EG 7/17 R und – B 10 EG 4/17 R). Dies entspreche dem Gesetzeswortlaut des § 2c Abs. 1 Satz 2, der keine elterngeldspezifische Auslegung des Tatbestandsmerkmals der sonstigen Bezüge (mehr) erlaube. Die Einordnung von Lohn- und Gehaltsbestandteilen als sonstige Bezüge habe allein nach den lohnsteuerlichen Vorgaben, d.h. nach § 38a Abs. 1 Satz 3 EStG und den Lohnsteuer-Richtlinien, zu erfolgen (s. zuletzt BSG Urteil vom 27.10.2022, – B 10 EG 4/20 R – Rn. 51 zu Zahlungen für den Urlaubs- und Gleitzeitabbau; s.a. BSG Urteil vom 25.6.2020 – B 10 EG 3/19 R). Quartalsprovisionen stellten steuerrechtlich bei einem arbeitsvertraglich vereinbarten monatlichen Lohnzahlungszeitraum keinen laufenden Arbeitslohn, sondern sonstige Bezüge, dar. Im Übrigen binde auch eine bestandskräftig gewordenen Lohnsteueranmeldung die Beteiligten des Elterngeldverfahrens. Die durch die Anmeldung erfolgte Einordnung von Lohnbestandteilen seien von den Elterngeldstellen und den Sozialgerichten nicht mehr zu prüfen, weil deren Inhalt in Bestandskraft erwachse, wenn weder der Arbeitnehmer oder der Arbeitgeber noch das Finanzamt die von der Abgabenordnung eröffneten Rechtsbehelfe oder andere Korrekturmöglichkeiten nutzten. Daher binde auch nicht das tatsächliche Verhalten des Arbeitgebers im Lohnsteuerabzugsverfahren die Beteiligten, wohl aber die Rechtsfolgen, die das Steuerrecht daran knüpften. Dies bedeute, dass die Beteiligten des Elterngeldverfahrens den Inhalt einer bestandskräftigen Lohnsteueranmeldung kraft der gesetzlichen Rechtsfolgenverweisung des § 2c Abs. 1 Satz 2 als feststehend hinzunehmen hätten und keine Überprüfung des materiellen Steuerrechts zu erfolgen habe. Behörden und Gerichte hätten lediglich noch zum Zwecke der Tatsachenfeststellung zu ermitteln, wie der Arbeitgeber und ggf. das Finanzamt im Lohnsteuerabzugsverfahren die steuerrechtlichen Vorschriften gehandhabt haben und ob insoweit ausnahmsweise keine Bestandskraft eingetreten sei. Bereits die Erklärung des Arbeitgebers, er habe bestimmte Entgeltbestandteile als sonstige Bezüge zur Lohnsteuer angemeldet, lasse regelmäßig den Schluss zu, dass die Anmeldung bestandskräftig geworden sei und die Beteiligten des Elterngeldverfahrens binde, wenn nicht konkrete tatsächliche Anhaltspunkte entgegen stünden (**BSG** vom 14.12.2017 – B 10 EG 7/17 R).

Ist die Lohnsteueranmeldung allerdings wegen eines nachfolgenden Einkommensteuerbescheids nicht mehr Grundlage der Besteuerung, kann sich die Elterngeldbehörde nicht mehr auf die Bindungswirkung der Lohnsteueranmeldung berufen, sondern muss aus eigener Kompetenz prüfen, ob der in Rede stehende Lohn- oder Gehaltsbestandteil nach den materiellen lohnsteuerrechtlichen Vorgaben zu Recht als sonstiger Bezug behandelt worden ist (**BSG** vom 25.6.2020 – B 10 EG 3/19 R – zu regelmäßig und lückenlos gezahlten **Provisionen** in den arbeitsvertraglich vereinbarten Lohnzahlungszeiträumen, die materiell rechtlich als laufender Arbeitslohn einzustufen sind und die Regelungswirkung der Lohnsteueranmeldung wegen eines nachfolgenden Einkommensteuerbescheides überholt ist).

Vom Arbeitgeber gezahlte sonstige Bezüge erhöhen das Elterngeld damit nicht (zur Verfassungsmäßigkeit dieses Ausschlusses: **BSG** a.a.O.), können es umgekehrt im Bezugszeitraum aber auch nicht reduzieren (**BSG**, a.a.O.; explizit auch entschieden für pauschal versteuerte, einmalig gezahlte Vergütungsbestandteile als sonstige Bezüge im Bezugszeitraum (Heiratsbeihilfe, Urlaubs- und Weihnachtsgeld: **BSG** vom 8.3.2018 – B 10 8/16 R).

Bei **Minijobs** ist zu beachten, dass nach dem Bundessozialgericht (BSG vom 8.3.2028 – B10 EG 8/16 R) bei einer pauschal erfolgten Besteuerung keine automatische Einbeziehung von Urlaubsgeld, Weihnachtsgeld und Heiratsbeihilfe erfolgt, sondern auch hier zwischen dem Einkommen und den sonstigen Bezügen zu differenzieren ist. Auch pauschal versteuerte Einmalzahlungen werden bei der Elterngeldberechnung daher nicht als Einkommen berücksichtigt (BSG vom 8.3.2028 – B10 EG 8/16 R). Das Prinzip der Verwaltungsvereinfachung gilt hier nicht (Wiegand, BEEG [Stand: Januar 2023], § 2c BEEG, Rn. 4c).

Absatz 1 Satz 3, der durch das **Gesetz für Maßnahmen im Elterngeld aus Anlass der COVID-19-Pandemie** vom 20.5.2020 eingefügt wurde und seit dem 29.5.2020 Rechtswirkung entfaltet, regelt, dass für die **zeitliche Zuordnung von Einnahmen aus nichtselbstständiger Arbeit die lohnsteuerrechtlichen Vorgaben für das Lohnsteuerabzugsverfahren** gelten. Er trägt dem Grundsatz der Steuerrechtsakzessorietät Rechnung und stellt die Anbindung an digitale Antrags- und Antragsbearbeitungsverfahren sicher. Voraus- bzw. Nachzahlungen von laufendem Arbeitslohn sind damit jeweils in dem Monat zu berücksichtigen, für den die jeweilige Zahlung erfolgt (s. auch Wiegand, BEEG [Stand: Januar 2023], § 2c BEEG, Rn. 4g). Eingefügt wurde diese Regelung wegen des Urteils des **Bundessozialgerichts** vom 27.6.2019 – B 10 EG 1/18 R – zur Zuordnung von laufendem Arbeitslohn zum Bemessungsentgelt nach dem strengen Zuflussprinzip (BT-Drucks. 19/18698 S. 8).

b) Maßgeblichkeit der monatlichen Lohn- und Gehaltsbescheinigungen (§ 2c Abs. 2)

8 Wie bisher nach dem (alten) § 2 Abs. 7 Satz 4 sind auch nach § 2c Abs. 2 die monatlichen Einnahmen aus den Lohn- und Gehaltsbescheinigungen des Arbeitgebers zu entnehmen – es gilt eine Vermutungsregelung für deren Richtigkeit und Vollständigkeit. Spätere Korrekturmeldungen für die bei der Elterngeldberechnung maßgeblichen Monate nach § 2b Abs. 1 und 3 sind zu berücksichtigen und zwar unabhängig davon, ob die Korrektur durch Ausstellen einer neuen Lohn- und Gehaltsbescheinigung für den betreffenden Monat erfolgt oder aus einer späteren Abrechnung ersichtlich ist (BT-Drucks. 17/9841 S. 21). Dies gilt jedoch nicht für

lediglich nachträglich für die Elterngeldberechnung korrigierte Gehaltsabrechnungen, die außerhalb der Frist des § 41c Abs. 3 Satz 1 EStG erfolgt sind. Diese bilden laut Bundessozialgericht keine geeignete Grundlage für eine abweichende Behandlung von Entgeltbestandteilen im Bezugszeitraum (**BSG** vom 13.12.2018 – B 10 EG 9/17 R).

Zu beachten ist auch, dass die Bindungswirkung der Lohnsteueranmeldung nach höchstrichterlicher Rechtsprechung wegfallen kann und die **Elterngeldbehörden ausnahmsweise eine eigenständige Prüfung** über die zutreffende materiell steuerrechtliche Einordnung der Vergütungsbestandteile treffen müssen, wenn greifbare Anhaltspunkte bestehen, dass die inhaltlichen Festsetzungen aus dem Lohnsteuerabzugsverfahren als Grundlage der Besteuerung der Einnahmen des Arbeitnehmers aus nichtselbstständiger Arbeit weggefallen sind (**BSG** vom 25.6.2020 – B 10 EG 3/19 R – für regelmäßig und lückenlos gezahlte Provisionen in den arbeitsvertraglich vereinbarten Lohnzahlungszeiträumen; s.a. Lenz/Wagner in Rancke/Pepping, BEEG, 6. Aufl. 2022, § 2c Rn. 6b mit weiteren Beispielen). Sei diese Lohnsteueranmeldung des Arbeitgebers »nicht (mehr) Grundlage der Besteuerung des Einkommens des Arbeitnehmers aus nichtselbstständiger Erwerbstätigkeit, kann sich die Elterngeldbehörde auch nicht (mehr) auf die Bindungswirkung der Anmeldung berufen.« Denn Fehler beim Lohnsteuerabzug könnten im Rahmen der Einkommensteuerveranlagung berichtigt werden. Ergehe dann ein Einkommensteuerbescheid, bilde dieser allein den Rechtsgrund für die Steuerzahlung des Steuerpflichtigen. Damit **entfalle mit Erlass des Einkommensteuerbescheides auch die Bindungswirkung eben jener Lohnsteueranmeldung** (auch) für das Elterngeldverfahren. Dann aber sei die Elterngeldbehörde aufgrund des Amtsermittlungsgrundsatzes des § 20 SGB X berechtigt und verpflichtet, eigenen Bedenken oder Einwendungen gegen die steuerliche Deklarierung von Entgeltbestandteilen durch den Arbeitgeber nachzugehen und eine eigenständige Bewertung in Bezug auf die Kategorisierung als »laufender Arbeitslohn« oder »sonstige Bezüge« vorzunehmen (**BSG**, a.a.O.).

c) Ermittlung der Abzugsmerkmale für Steuern und Sozialabgaben (§ 2c Abs. 3)

§ 2c Abs. 3 bestimmt, dass die nach §§ 2e und 2f erforderlichen Abzugsmerkmale (für Details s. die Kommentierungen zu § 2e und 2f) für Steuern und Sozialabgaben der Lohn- und Gehaltsbescheinigung zu entnehmen sind, die als letzte für einen Monat im Bemessungszeitraum erstellt worden ist. 9

Im Unterschied zur früheren Regelung sind die Entgeltdaten nicht monatsbezogen, sondern anhand der Entgeltdaten in dem **letzten Monat des Bemessungszeitraums** mit Einnahmen aus nichtselbstständiger Erwerbstätigkeit nach Abs. 1 zu bestimmen. Dies soll nach dem Willen des Gesetzgebers der Verwaltungsvereinfachung und der Nachvollziehbarkeit der Elterngeldberechnung dienen (vgl. hierzu BT-Drucks. 17/9841 S. 22). Abs. 3 Satz 2 bestimmt jedoch, dass in den Fällen, in denen sich eine **Angabe** nach Satz 1 innerhalb des Bemessungszeitraums **geändert** hat, die abweichende Angabe maßgeblich ist, wenn sie in der Mehrzahl der Monate des Bemessungszeitraums gegolten hat. Wenn die abweichende Abgabe und die Angabe in der letzten Lohn- und

Gehaltsbescheinigung in gleichem Umfang gegolten haben, gilt die Angabe in der letzten Lohn- und Gehaltsbescheinigung (BT-Drucks. 17/9841 S. 22).

Die Steuerklasse aus der letzten Lohn- und Gehaltsbescheinigung hat das SG Darmstadt auch in einem Fall zugrunde gelegt, in dem ein **zweimaliger Wechsel der Steuerklasse** stattgefunden hat und keine der Steuerklassen in einer überwiegenden Anzahl der Monate galt (**SG** Darmstadt vom 25.11.2014 – S 20 EG 11/14: Steuerklassen IV und V galten in jeweils fünf Monaten, Steuerklasse III in den letzten beiden Monaten des Bemessungszeitraums; bestätigt durch **LSG** Hessen vom 30.11.2015 – L 5 EG 3/15; so nun auch RL-BEEG, 7/2024, 2c.3.2.2).

Die Steuerklasse, die im Vergleich zu den anderen die meisten Monate gegolten hat, hat das Landessozialgericht Nordrhein-Westfalen in einem Fall einer **mehrfachen Steuerklassenänderung** im Bemessungszeitraum zugrunde gelegt, in dem keine Steuerklasse allein über die Hälfte der Monate des gesamten Bemessungszeitraums gültig war (**LSG** Nordrhein-Westfalen vom 12.5.2017 – L 13 EG 22/16, bestätigt durch **BSG** vom 28.3.2019 – B 10 EG 8/17 R).

Laut **Landessozialgericht** Baden-Württemberg stellt die **Änderung von Steuerklasse** 4 mit Faktor zu Steuerklasse 4 ohne Faktor eine Änderung in den Abzugsmerkmalen für Steuern nach § 2e dar (Urteil vom 14.7.2020 – L 11 EG 506/20). Bei der Bestimmung der Geltung in der überwiegenden Zahl der Monate des Bemessungszeitraums werden auch Monate mitgezählt, in denen das Abzugsmerkmal nicht ganz, sondern nur teilweise gegolten hat, um eine möglichst realitätsgerechte Abbildung der vorgeburtlichen Einkommensverhältnisse zu erzielen (**BSG** vom 13.12.2018 – B 10 EG 10/17 R).

Das **Landessozialgericht** Berlin-Brandenburg hatte den Fall eines **Wechsels der Tätigkeit** zwischen Bemessungs- und Bezugszeitraum zu entscheiden (zunächst selbstständige Tätigkeit im Bemessungszeitraum und dann sozialversicherungspflichtig Beschäftigung im Bezugszeitraum). Das LSG stellte fest, dass diese Wechsel den selben Regeln folgten, wie der Wechsel von Abzugsmerkmalen (nur) im Bemessungszeitraum und daher § 2c Absatz 3 Satz 2 BEEG Anwendung finde (LSG Berlin-Brandenburg vom 23.09.2021 – L 17 EG 4/17, Rn. 39 ff.). Demnach waren die Abzugsmerkmale entscheidend, die in der überwiegenden Zahl des Bemessungszeitraumes gegolten haben. § 2f regele nicht den Fall, wie zu verfahren sei, wenn der Berechtigte teilweise sozialversicherungspflichtig gewesen sei und teilweise nicht. Daher kam das LSG zu dem Schluss, dass Abzüge für Sozialabgaben auch im Bezugszeitraum nicht vorzunehmen waren, da der Berechtigte im Bemessungszeitraum nicht sozialversicherungspflichtig war (LSG Berlin-Brandenburg vom 23.09.2021 – a.a.O.).

Monate ohne lohnsteuerpflichtige Einnahmen sind nicht zu berücksichtigen. Ebenso geht aus der Gesetzesbegründung hervor, dass in den Fällen, in denen der erste und der letzte Bemessungsmonat mit Einnahmen nach § 2c jeweils die gleichen Angaben enthalten, im Verwaltungsvollzug grundsätzlich davon ausgegangen werden kann, dass die jeweilige Angabe unverändert geblieben ist (BT-Drucks. 17/9841 S. 22).

5. Veränderungen bei der Ermittlung des Einkommens aus nichtselbstständiger Erwerbstätigkeit durch das Gesetz zur Einführung des Elterngeld Plus mit Partnerschaftsbonus und einer flexibleren Elternzeit im BEEG

Das Gesetz zur Einführung des Elterngeld Plus mit Partnerschaftsbonus und einer flexibleren Elternzeit im BEEG ist am 1.1.2015 in Kraft getreten. Grundsätzlich sind die Änderungen erst **für ab dem 1.7.2015 geborene oder mit dem Ziel der Adoption aufgenommene Kinder** anzuwenden (§ 27 Abs. 1 Satz 2). Dies gilt gemäß § 27 Abs. 1 Satz 3 jedoch nicht für § 2c Abs. 1 Satz 2, der bereits ab 1.1.2015 in seinem neuen Wortlaut Anwendung findet: Durch die Ergänzung der Worte »**nach den lohnsteuerlichen Vorgaben**« in Abs. 1 Satz 2 wird nun klargestellt, dass die Einordnung von Lohn- und Gehaltsbestandteilen als sonstige Bezüge **allein nach lohnsteuerlichen Vorgaben** zu erfolgen hat. Dies hat zur Folge, dass die nach lohnsteuerrechtlichen Vorgaben als **sonstige Bezüge** zu behandelnden Lohn- und Gehaltsbestandteile (s. hierzu Lohnsteuer-Richtlinie zu § 39b EStG – R 39b. 2 Abs. 2 LStR: z.B. dreizehnte Monatsgehälter, Jubiläumszuwendungen, nicht fortlaufend gewährte Urlaubsgelder, nicht fortlaufend gewährte Gratifikationen) auch elterngeldrechtlich als sonstige Bezüge zu behandeln sind und bei der Ermittlung des Einkommens **nicht berücksichtigt werden.** Die Orientierung an den lohnsteuerlichen Vorgaben dient dazu, die Lohn- und Gehaltsbescheinigungen entsprechend der gesetzgeberischen Zielsetzung als aussagefähige Grundlage der elterngeldrechtlichen Einkommensermittlung nutzen zu können (BT-Drucks. 18/2583 S. 24). Durch die Gesetzesänderung ist auch eine V**ermutungsregelung für die Richtigkeit und Vollständigkeit** der Angaben in den maßgeblichen Lohn- und Gehaltsbescheinigungen (Abs. 2 neuer Satz 2), die auch für die Ermittlung der Abzugsmerkmale für Steuern und Sozialabgaben gilt (Abs. 3 neuer Satz 3), in § 2c aufgenommen worden. 10

§ 2d BEEG Einkommen aus selbstständiger Erwerbstätigkeit

(1) Die monatlich durchschnittlich zu berücksichtigende Summe der positiven Einkünfte aus Land- und Forstwirtschaft, Gewerbebetrieb und selbstständiger Arbeit (Gewinneinkünfte), vermindert um die Abzüge für Steuern und Sozialabgaben nach den §§ 2e und 2f, ergibt das Einkommen aus selbstständiger Erwerbstätigkeit.

(2) [1]Bei der Ermittlung der im Bemessungszeitraum zu berücksichtigenden Gewinneinkünfte sind die entsprechenden im Einkommensteuerbescheid ausgewiesenen Gewinne anzusetzen. [2]Ist kein Einkommensteuerbescheid zu erstellen, werden die Gewinneinkünfte in entsprechender Anwendung des Absatzes 3 ermittelt.

(3) [1]Grundlage der Ermittlung der in den Bezugsmonaten zu berücksichtigenden Gewinneinkünfte ist eine Gewinnermittlung, die mindestens den Anforderungen des § 4 Absatz 3 des Einkommensteuergesetzes entspricht. [2]Als Betriebsausgaben sind 25 Prozent der zugrunde gelegten Einnahmen oder auf Antrag die damit zusammenhängenden tatsächlichen Betriebsausgaben anzusetzen.

(4) [1]Soweit nicht in § 2c Absatz 3 etwas anderes bestimmt ist, sind bei der Ermittlung der nach § 2e erforderlichen Abzugsmerkmale für Steuern die Angaben im Einkommensteuerbescheid maßgeblich. [2]§ 2c Absatz 3 Satz 2 gilt entsprechend.

(5) Die zeitliche Zuordnung von Einnahmen und Ausgaben erfolgt nach den einkommensteuerrechtlichen Grundsätzen.

Übersicht

I. Entwicklung der Norm

1 § 2d ist neu durch das **Gesetz zur Vereinfachung des Elterngeldvollzuges** vom 10.9.2012 (BGBl. I S. 1878) mit Wirkung zum 18.9.2012 entstanden. Die Norm regelt die Ermittlung des Einkommens aus selbstständiger Erwerbstätigkeit im Sinne des § 2 Abs. 1 Satz 3 Nr. 2 BEEG. In der alten Fassung waren die Regelungen von § 2 Abs. 8 und 9 a.F. erfasst. Durch das **Gesetz für Maßnahmen im Elterngeld aus Anlass der COVID-19-Pandemie** vom 20.5.2020 wurde Absatz 5 mit Wirkung ab 29.5.2020 hinzugefügt.

II. Ermittlung des Einkommens aus selbstständiger Erwerbstätigkeit

1. Orientierung an den einkommensteuerrechtlichen Vorgaben

2 Für die Ermittlung der Elterngeldhöhe ist allein das **Einkommen aus** den in § 2 Abs. 1 Satz 1 Nrn. 1 bis 3 EStG genannten **Gewinneinkunftsarten** von Bedeutung. Hierzu zählt das aus Land- und Forstwirtschaft, Gewerbebetrieb und selbstständiger Arbeit erzielte Einkommen. Nach § 2d Abs. 1 BEEG ergibt sich das Einkommen aus selbstständiger Tätigkeit aus der **monatlich durchschnittlich zu berücksichtigenden Summe der positiven Einkünfte aus Land- und Forstwirtschaft, Gewerbebetrieb und selbstständiger Arbeit, vermindert um die Abzüge für Steuern und Sozialabgaben** nach §§ 2e und f BEEG. Die Einkommensermittlung orientiert sich an den **einkommensteuerrechtlichen Vorgaben** unter Berücksichtigung der elterngeldspezifischen Vorgaben in §§ 2c, e und f. Diese Regelungen tragen den Beson-

derheiten der Familienleistung Elterngeld als Sozialleistung Rechnung und dienen der Verwaltungsvereinfachung.

2. Prinzip der fiktiven Nettoberechnung

Strukturell sind die Vorgaben für die Einkommensermittlung in Bezug auf Gewinneinkunftsarten an die für die Ermittlung des Einkommens aus nichtselbstständiger Arbeit geltenden Regelungen angelehnt. Dementsprechend werden auch bei diesen Einkommensarten **seit dem 18.9.2012** die Abzüge in pauschalierter Form – **fiktive Nettoberechnung** – nach Maßgabe der §§ 2e und f ermittelt. Zweck der fiktiven Nettoberechnung ist es, die Ermittlung des Einkommens durch Pauschalierung von Steuern und Sozialabgaben zu erleichtern. Damit zielt sie auf eine erhebliche Vereinfachung des den Ländern obliegenden Elterngeldvollzuges ab, wobei der Charakter des Elterngeldes als primäre Einkommensersatzleistung nicht infrage gestellt, sondern mit den vorgenommenen terminologischen Änderungen bzw. Klarstellungen und den bestehenden Anleihen im Steuerrecht vielmehr betont wird (vgl. dazu BT-Drucks. 17/9841 S. 18). 3

3. Rechtslage vor dem Inkrafttreten des Gesetzes zur Vereinfachung des Elterngeldvollzugs

Zuvor wurde das für die Elterngeldhöhe bei selbstständiger Tätigkeit maßgebende Einkommen nach der **bis zum 17.9.2012 geltenden Rechtslage** dadurch ermittelt, dass in einem ersten Schritt der Gewinn anhand einer von der berechtigten Person vorzulegenden und den Anforderungen des § 4 Abs. 3 EStG genügenden Überschussrechnung ermittelt wurde, von dem in einem zweiten Schritt die auf das Einkommen aus Gewinneinkunftsarten entfallenden Steuern sowie die aufgrund der Erwerbstätigkeit geleisteten Pflichtbeiträge zur gesetzlichen Sozialversicherung abgezogen wurden. Lediglich bei Vorliegen bestimmter Voraussetzungen konnten der Gewinn und die vorzunehmenden Abzüge **fiktiv anhand des Einkommensteuerbescheids ermittelt werden** (§ 2 Abs. 9 in der bis zum 17.9.2012 geltenden Fassung). Die durch das Gesetz zur Vereinfachung des Elterngeldvollzugs eingeführte fiktive Nettoberechnung ermöglicht es nunmehr aus Gründen der Verwaltungsvereinfachung und der Beschleunigung der Antragsbearbeitung das für die Elterngeldhöhe maßgebende Bemessungseinkommen allein anhand des Einkommensteuerbescheides festzulegen und einen pauschalierten Abzug von Steuern und Abgaben vorzunehmen (vgl. Kommentierung zu §§ 2e und f BEEG). 4

4. Ermittlung des Einkommens aus selbstständiger Erwerbstätigkeit seit Inkrafttreten des Gesetzes zur Vereinfachung des Elterngeldvollzugs

Das Gesetz zur Vereinfachung des Elterngeldvollzugs ist am 18.9.2012 in Kraft getreten. § 2d findet zur Ermittlung des Einkommens aus selbstständiger Erwerbstätigkeit im Sinne des § 2 Abs. 1 Satz 3 Nr. 2 Anwendung **für ab dem 1.1.2013 geborene bzw. mit dem Ziel der Adoption in den Haushalt aufgenommene Kinder** (gemäß § 28 Abs. 1 Satz 1 in der bis zum 31.12.2014 geltenden Fassung). 5

§ 2d gilt sowohl für die Ermittlung des Einkommens aus selbstständiger Erwerbstätigkeit im **Bemessungszeitraum** als auch für die Ermittlung des Einkommens aus selbstständiger Erwerbstätigkeit im **Bezugszeitraum.**

a) Berechnung des Einkommens aus selbstständiger Erwerbstätigkeit (§ 2d Abs. 1)

6 § 2d Abs. 1 enthält eine Legaldefinition für den Begriff »Gewinneinkünfte«, nämlich die monatlich durchschnittlich zu berücksichtigende **Summe der positiven Einkünfte aus Land- und Forstwirtschaft, Gewerbebetrieb und selbstständiger Arbeit.** Es werden alle positiven Einkünfte aus den genannten steuerlichen Einkunftsarten als Einkommen aus Erwerbstätigkeit erfasst, ohne dass es darauf ankommt, ob ihnen eine regelmäßige Ausübung persönlicher Arbeit zugrunde liegt. Erfasst sind damit beispielsweise auch Einkünfte aus dem Betrieb einer Photovoltaikanlage (**BSG** vom 27.6.2013 – B 10 EG 2/12 R) oder Gewinnanteile aus der Beteiligung an einem Windkraftfonds (Bayerisches **LSG** vom 27.4.2016 – L 12 EG 45/15). Abzugrenzen sind diese Einkommen allerdings von Einkünfte aus Kapitalvermögen, welches nicht als Gewinneinkünfte zu berücksichtigen sind (s.a. zur Abgrenzung RL-BEEG, 7/2024, 2.1.3.1; Wiegand, BEEG [Stand: August 2021], § 2d Rn. 3a). Negative Einkünfte sind nicht zu berücksichtigen. Zu beachten sind bei der Gewinnermittlung die §§ 4 ff., 13 ff. EStG (s.a. Lenz/Wagner, in Rancke/Pepping, 6. Aufl. 2022, BEEG § 2d Rn. 2; Helmke/Bauer, Familienleistungsausgleich [Stand: Mai 2022], § 2d BEEG, Rn. 4).

Subtrahiert man von den Gewinneinkünften die (pauschalierten) Abzüge für Steuern und Sozialabgaben nach den §§ 2e und f, ergibt sich das Einkommen aus selbstständiger Erwerbstätigkeit (§ 2d Abs. 1). Hinsichtlich der EU-Staaten bzw. der Schweiz ist zu beachten, dass das Einkommensteuerrecht der EU/EWR-Staaten und der Schweiz von deutschem Steuerrecht und daher die Abgrenzung der jeweiligen Einkunftsarten von denjenigen in Deutschland abweichen kann (so auch Helmke/Bauer, Familienleistungsausgleich [Stand: Mai 2022], § 2d BEEG, Rn. 7). Das dortige Einkommen, sofern es überhaupt als inländisches Einkommen zu berücksichtigen ist (s. dazu die Kommentierung bei § 2 Rn. 55 f.), ist mithin wie das nach deutschem Recht zu versteuernde Einkommen nach den Regeln des § 2d Abs. 1 zu ermitteln.

b) Einkommensermittlung im Bemessungszeitraum (§ 2d Abs. 2)

7 Bei Selbstständigen werden bei der Ermittlung der im Bemessungszeitraum zu berücksichtigenden Gewinneinkünfte **grundsätzlich die im Einkommensteuerbescheid ausgewiesenen Gewinne** zugrunde gelegt (§ 2d Abs. 2 Satz 1, zum Bemessungszeitraum s. Kommentierung zu § 2b Abs. 2). Der monatliche Anteil der Summe der positiven im Steuerbescheid festgesetzten Einkünfte aus Land- und Forstwirtschaft, Gewerbebetrieb und selbstständiger Arbeit (Gewinneinkünfte) wird zugrunde gelegt; die negativen Einkünfte (Verluste) bleiben unberücksichtigt bzw. werden mit 0 Euro angesetzt (BT-Drucks. 17/9841, S. 23).

Es ist grundsätzlich gemäß § 2b Abs. 2 Satz 1 der Einkommensteuerbescheid für den letzten abgeschlossenen steuerlichen Veranlagungszeitraum maßgeblich (s. hierzu auch

Kommentierung zu § 2b). Sollte dieser bei Antragstellung noch nicht vorliegen, was häufig der Fall sein wird, kann das Einkommen durch andere Unterlagen, insbesondere durch den letzten verfügbaren Einkommensteuerbescheid glaubhaft gemacht werden. Sollte auch ein solcher nicht vorliegen, reicht z.B. die Vorlage einer betriebswirtschaftliche Auswertung oder eine Einnahmen-Überschuss-Rechnung (Helmke/Bauer, Familienleistungsausgleich [Stand: Mai 2022], § 2d BEEG, Rn. 8). Das Elterngeld wird dann auf dieser Basis vorläufig berechnet und vorläufig geleistet (s. hierzu § 8 Abs. 3 BEEG). Die Ausnahme des § 2d Abs. 2 Satz 2 BEEG für eine anderweitige Gewinnermittlung liegt auch in diesen Fällen nicht vor, weil in diesen Fällen ein Einkommensteuerbescheid (noch) zu erstellen ist (s.a. Helmke/Bauer, Familienleistungsausgleich [Stand: Mai 2022], § 2d BEEG, Rn. 8).

Nur wenn ausnahmsweise kein Steuerbescheid zu erstellen ist, werden nach § 2d Abs. 2 Satz 2 die Gewinneinkünfte in entsprechender Anwendung des Abs. 3 ermittelt. Im Ergebnis erfolgt in diesen Fällen die Gewinnermittlung durch Ansatz des Überschusses der Betriebseinnahmen über die Betriebsausgaben (s.a. Lenz/Wagner, in Rancke/Pepping, 6. Aufl. 2022, BEEG § 2d Rn. 5; Helmke/Bauer, Familienleistungsausgleich [Stand: Mai 2022], § 2d BEEG, Rn. 8).

c) Einkommensermittlung in den Bezugsmonaten (§ 2d Abs. 3)

Die während des Bezugs von Elterngeld erzielten Gewinneinkünfte aus selbststän- 8
diger Erwerbstätigkeit ergeben sich gemäß Abs. 3 Satz 1 aus einer Gewinnermittlung, die mindestens den Anforderungen des § 4 Abs. 3 Einkommensteuergesetz (**Einnahmen-Überschuss-Rechnung**) entspricht. Grund hierfür ist, dass die Angaben aus dem Steuerbescheid aus einem Zeitraum vor der Geburt des Kindes nach Ansicht des Gesetzgebers keinen belastbaren Rückschluss auf das Einkommen im Bezugszeitraum erlaubt (BT-Drucks. 17/9841 S. 23). Pauschal 25 Prozent der zugrunde gelegten Einnahmen werden gemäß Abs. 2 Satz 2 als Betriebsausgaben angesetzt; auf Antrag sind die von der elterngeldberechtigten Person nachzuweisenden tatsächlichen Betriebsausgaben anzusetzen.

Das Bundessozialgericht hat entschieden, dass der im Steuerbescheid ausgewiesene Jahresgewinn bei einem **Personengesellschafter** nicht mehr anteilig im Elterngeldbezugszeitraum als Einkommen anzurechnen ist, wenn der Gesellschafter für diese Zeit auf seinen Gewinn verzichtet hat. Auf das Mitunternehmerrisiko und die Mitunternehmerinitiative des Berechtigten im Bezugszeitraum kommt es – entgegen der mit dieser Entscheidung aufgegebenen früheren Rechtsprechung – nicht mehr an (**BSG** vom 13.12.2018 – B 10 EG 5/17 R, Rn. 25). Auch hier ist eine den Anforderungen an § 4 Abs. 3 EStG entsprechende Überschussrechnung bzw. Gewinn- und Verlustrechnung als Grundlage heranzuziehen (**BSG** vom 13.12.2018 – B 10 EG 5/17 R; s.a. die Besprechung des Urteils von Waldhorst-Kahnau, jurisPR-SozR 12/2019 Anm. 3). Damit hat das Bundessozialgericht seine Rechtsprechung zur alten Rechtslage modifiziert, nach der der Jahresgewinn eines Gesellschafters auch dann anteilig als Einkommen in der Bezugszeit anzurechnen war, wenn der Gesellschafter auf seinen Gewinn in der Elternzeit verzichtet hatte (so noch **BSG** vom 21.6.2016 – B 10 EG 3/15 R).

Aus der Formulierung des Abs. 3 Satz 1 »Gewinnermittlung, die **mindestens den Anforderungen des § 4 Abs. 3 EStG** entspricht« schließt das Landessozialgericht Hamburg, dass für die Ermittlung des Einkommens Selbstständiger für die Bezugsmonate grundsätzlich auch eine Ermittlung auf Grundlage einer Bilanzierung nach § 4 Abs. 1 EStG möglich sein muss, die jedoch dann abweichend von dem steuerlichen Jährlichkeitsprinzip für den jeweiligen Bezugsmonat zu erstellen ist. Es zieht hierfür die nachvollziehbare Begründung heran, dass die Ermittlung nach § 4 Abs. 3 EStG gegenüber der Bilanzierung nach § 4 Abs. 1 EStG eine »minderwertigere« ist. Da die Bilanzierung nach § 4 Abs. 1 EStG der Regelfall sei, liege es nahe, dass der Gesetzgeber mit der Formulierung »mindestens« auf dieses Rangverhältnis abstelle (**LSG** Hamburg vom 17.11.2016 – L 1 EG 3/15).

d) Ermittlung der maßgeblichen Abzugsmerkmale für Steuern (§ 2d Abs. 4)

9 Abs. 4 bestimmt, dass bei der Ermittlung der nach § 2e erforderlichen Abzugsmerkmale für Steuern grundsätzlich die Angaben im Einkommensteuerbescheid maßgeblich sind, soweit nicht in § 2c Abs. 3 etwas anderes bestimmt ist. Hintergrund dieser Regelung ist, dass sich die Angaben zu den Freibeträgen nach § 32 Abs. 6 EStG und ggf. zur Kirchensteuerpflicht unmittelbar aus dem Einkommensteuerbescheid entnehmen lassen. Soweit sich die Abzugsmerkmale jedoch auch aus den Lohn- und Gehaltsbescheinigungen ergeben (§ 2c Abs. 3), sind die sich daraus ergebenden Angaben maßgeblich (BT-Drucks. 17/9841, S. 23). Auch § 2c Abs. 3 Satz 2 gilt gemäß § 2d Abs. 4 Satz 2 entsprechend, was bedeutet, dass bei einer Änderung die abweichende Angabe maßgebend ist, wenn sie in der überwiegenden Anzahl der Monate des Bemessungszeitraums gegolten hat.

e) Geltung der einkommensteuerrechtlichen Grundsätze bei der zeitlichen Zuordnung von Einnahmen und Ausgaben (§ 2d Abs. 5)

10 Absatz 5, der durch das **Gesetz für Maßnahmen im Elterngeld aus Anlass der COVID-19-Pandemie** vom 20.5.2020 eingefügt wurde und seit dem 29.5.2020 Rechtswirkung entfaltet, regelt, dass **für die zeitliche Zuordnung von Einnahmen aus selbstständiger Arbeit und die damit zusammenhängenden Ausgaben die einkommensteuerrechtlichen Grundsätze** gelten. Er trägt dem Grundsatz der Steuerrechtsakzessorietät Rechnung. Je nach Einzelfall und Art der jeweiligen Gewinnermittlungsmethode kann damit das Zuflussprinzip oder das Realisationsprinzip gelten (BT-Drucks. 19/18698 S. 8).

§ 2e BEEG Abzüge für Steuern

(1) [1]Als Abzüge für Steuern sind Beträge für die Einkommensteuer, den Solidaritätszuschlag und, wenn die berechtigte Person kirchensteuerpflichtig ist, die Kirchensteuer zu berücksichtigen. [2]Die Abzüge für Steuern werden einheitlich für Einkommen aus nichtselbstständiger und selbstständiger Erwerbstätigkeit auf Grundlage einer Berechnung anhand des am 1. Januar des Kalenderjahres vor der Geburt des

Kindes für dieses Jahr geltenden Programmablaufplans für die maschinelle Berechnung der vom Arbeitslohn einzubehaltenden Lohnsteuer, des Solidaritätszuschlags und der Maßstabsteuer für die Kirchenlohnsteuer im Sinne von § 39b Absatz 6 des Einkommensteuergesetzes nach den Maßgaben der Absätze 2 bis 5 ermittelt.

(2) [1]Bemessungsgrundlage für die Ermittlung der Abzüge für Steuern ist die monatlich durchschnittlich zu berücksichtigende Summe der Einnahmen nach § 2c, soweit sie von der berechtigten Person zu versteuern sind, und der Gewinneinkünfte nach § 2d. [2]Bei der Ermittlung der Abzüge für Steuern nach Absatz 1 werden folgende Pauschalen berücksichtigt:
1. der Arbeitnehmer-Pauschbetrag nach § 9a Satz 1 Nummer 1 Buchstabe a des Einkommensteuergesetzes, wenn die berechtigte Person von ihr zu versteuernde Einnahmen hat, die unter § 2c fallen, und
2. eine Vorsorgepauschale
   a) mit den Teilbeträgen nach § 39b Absatz 2 Satz 5 Nummer 3 Buchstabe b, c und e des Einkommensteuergesetzes, falls die berechtigte Person von ihr zu versteuernde Einnahmen nach § 2c hat, ohne in der gesetzlichen Rentenversicherung oder einer vergleichbaren Einrichtung versicherungspflichtig gewesen zu sein, oder
   b) mit den Teilbeträgen nach § 39b Absatz 2 Satz 5 Nummer 3 Buchstabe a bis c und e des Einkommensteuergesetzes in allen übrigen Fällen,

   wobei die Höhe der Teilbeträge ohne Berücksichtigung der besonderen Regelungen zur Berechnung der Beiträge nach § 55 Absatz 3 und § 58 Absatz 3 des Elften Buches Sozialgesetzbuch bestimmt wird.

(3) [1]Als Abzug für die Einkommensteuer ist der Betrag anzusetzen, der sich unter Berücksichtigung der Steuerklasse und des Faktors nach § 39f des Einkommensteuergesetzes nach § 2c Absatz 3 ergibt; die Steuerklasse VI bleibt unberücksichtigt. [2]War die berechtigte Person im Bemessungszeitraum nach § 2b in keine Steuerklasse eingereiht oder ist ihr nach § 2d zu berücksichtigender Gewinn höher als ihr nach § 2c zu berücksichtigender Überschuss der Einnahmen über ein Zwölftel des Arbeitnehmer-Pauschbetrags, ist als Abzug für die Einkommensteuer der Betrag anzusetzen, der sich unter Berücksichtigung der Steuerklasse IV ohne Berücksichtigung eines Faktors nach § 39f des Einkommensteuergesetzes ergibt.

(4) [1]Als Abzug für den Solidaritätszuschlag ist der Betrag anzusetzen, der sich nach den Maßgaben des Solidaritätszuschlagsgesetzes 1995 für die Einkommensteuer nach Absatz 3 ergibt. [2]Freibeträge für Kinder werden nach den Maßgaben des § 3 Absatz 2a des Solidaritätszuschlagsgesetzes 1995 berücksichtigt.

(5) [1]Als Abzug für die Kirchensteuer ist der Betrag anzusetzen, der sich unter Anwendung eines Kirchensteuersatzes von 8 Prozent für die Einkommensteuer nach Absatz 3 ergibt. [2]Freibeträge für Kinder werden nach den Maßgaben des § 51a Absatz 2a des Einkommensteuergesetzes berücksichtigt.

(6) Vorbehaltlich der Absätze 2 bis 5 werden Freibeträge und Pauschalen nur berücksichtigt, wenn sie ohne weitere Voraussetzung jeder berechtigten Person zustehen.

Übersicht

I. Entwicklung der Norm

1 § 2e ist neu durch das **Gesetz zur Vereinfachung des Elterngeldvollzuges** vom 10.9.2012 (BGBl. I S. 1878) mit Wirkung zum 18.9.2012 entstanden. Die Norm regelt die Ermittlung der pauschalierten Abzüge für Steuern.

Mit dem Jahressteuergesetz 2020 vom 31.12.2020 (BGBl. I 2020, 3086) wurde mit Wirkung zum 1.1.2024 § 2e Absatz 2 lit. a und b (Art. 18 des Jahressteuergesetztes) ergänzt. Während zuvor nur die Teilbeträge nach § 39b Absatz 2 Satz 5 Nummer 3 Buchstabe b und c erfasst waren, wurde nun lit. e ergänzt. Erfasst werden nunmehr Teilbeträgen nach § 39b Absatz 2 Satz 5 Nummer 3 Buchstabe b, c und e. Es handelt sich um redaktionelle Anpassungen aufgrund der Einfügung des Buchstabe e in § 39b Absatz 2 Satz 5 Nummer 3 EStG (Drucksache 19/22850, S. 158). Lit. e bezieht sich auf die Versicherung gegen Arbeitslosigkeit bei Arbeitnehmern.

II. Allgemeines

2 Von dem monatlichen Durchschnittseinkommen aus dem zwölfmonatigen Bemessungszeitraum vor der Geburt des Kindes werden die **Steuern und Sozialabgaben in pauschalierter Form abgezogen**. Dies gilt sowohl für das aus nichtselbstständiger als auch für das aus selbstständiger Erwerbstätigkeit ermittelte Einkommen. Dabei werden die **Steuerabzüge anhand des in der Lohnabrechnung gebräuchlichen Programmablaufplans für die Steuerberechnung im Lohnsteuerverfahren ermittelt**. Der »Programmablaufplan für die maschinelle Berechnung der vom Arbeitslohn einzubehaltenden Lohnsteuer, des Solidaritätszuschlags und der Maßstabssteuer für die Kirchenlohnsteuer« wird jährlich durch das Bundesministerium der Finanzen im Einvernehmen mit den obersten Finanzbehörden der Länder erstellt und bekannt gemacht (§ 39b Abs. 6 EStG). Anhand des Programmablaufplans können die Werte von Lohnsteuer, Solidaritätszuschlag und die Bemessungsgrundlage für die Kirchenlohnsteuer in Euro maschinell berechnet werden. Dies führt auf der einen Seite zu einer schnelleren Elterngeldberechnung und so auch zu einer schnelleren Zahlung, hat auf der anderen Seite durch den pauschalierten Steuerabzug jedoch auch finanzielle Einbußen bei Elterngeldberechtigten zur Folge, deren individuelle Freibeträge nun keine Berücksichtigung mehr finden.

§ 2e gilt für die Ermittlung der Abzüge für Steuern sowohl im Bemessungszeitraum als auch im Bezugszeitraum. Außerdem gilt die Regelung einheitlich für alle bei der Elterngeldberechnung zu ermittelnden Einkünfte, unabhängig davon, ob sie im Inland oder EU-Ausland oder einem gleichgestellten Staat zu versteuern sind (BT-Drucks. 17/9841 S. 24). Das Landessozialgericht Niedersachsen-Bremen hat bestätigt, dass der Gesetzgeber nicht verpflichtet ist, bei im Bemessungszeitraum im Ausland bezogenen Erwerbseinkünften anstelle der typisierend nach § 2e zu ermittelnden nach bundesdeutschem Recht zu erwartenden Steuerbelastung die reale Steuerbelastung im Land der Erwerbstätigkeit heranzuziehen (**LSG** Niedersachsen-Bremen vom 6.4.2016 – L 2 EG 10/15).

III. Auslegung der Norm

1. Maschinelle Ermittlung der Steuerabzüge anhand des Programmablaufplans für den Lohnsteuerabzug (§ 2e Abs. 1)

Die **Einkommensteuer**, der **Solidaritätszuschlag** sowie die **Kirchensteuer** – sofern der elterngeldberechtigte Elternteil kirchensteuerpflichtig ist – werden bei der Ermittlung der Abzüge für Steuern berücksichtigt (Satz 1). Das für die Abzugsmerkmale für Steuern (und Sozialabgaben) erforderliche Nachweisdokument bestimmt § 2c Abs. 3 bzw. § 2d Abs. 4. 3

Für die Berechnung ist der Programmablaufplan für die maschinelle Berechnung der vom Arbeitslohn einzubehaltenden Lohnsteuer, des Solidaritätszuschlags und der Maßstabssteuer für die Kirchenlohnsteuer im Sinne des § 39b Abs. 6 EStG maßgeblich, der am 1. Januar des Jahres vor der Geburt des Kindes gegolten hat (Satz 2). Die Regelung stellt sicher, dass die Berechnung der Steuerabzüge für alle Monate des Bemessungszeitraums bzw. ggf. für alle Monate des Bezugszeitraums anhand desselben Programmablaufplans durchgeführt wird. Der jeweilige für das Kalenderjahr geltende Programmablaufplan für den Lohnsteuerabzug wird vom Bundesfinanzministerium im Einvernehmen mit den obersten Finanzbehörden der Länder bekannt gemacht (§ 39b Abs. 6 EStG).

2. Bemessungsgrundlage für die Ermittlung der Abzüge für Steuern (§ 2e Abs. 2)

Als Bemessungsgrundlage für den Abzug für Steuern ist die **monatlich durchschnittlich zu berücksichtigende Summe der von der berechtigten Person zu versteuernden Einnahmen nach § 2c und der Gewinneinkünfte nach § 2d** maßgeblich (Satz 1). Dies bedeutet, dass bei **Mischeinkommen** zu beachten ist, dass die Gesamteinkünfte aus nichtselbstständiger und selbstständiger Erwerbstätigkeit die Bemessungsgrundlage darstellen (»Summe«, § 2c Abs. 1 Satz 1). Diese Reglung ist zum einen der Verwaltungsvereinfachung, zum anderen der Progression im Steuerrecht geschuldet. 4

Die Einschränkung, dass nur die von der berechtigten Person zu versteuernden Einnahmen nach § 2c Berücksichtigung finden, grenzt von pauschal vom Arbeitgeber besteuerten Einnahmen ab, da die berechtigte Person in diesem Fall keine Steuern zu entrichten hat, sodass auch ein Abzug für Steuern nicht gerechtfertigt ist.

Zur Ermittlung der Bemessungsgrundlage sind sodann die Pauschalen und Freibeträge nach Satz 2 zu berücksichtigen:

Der **Arbeitnehmer-Pauschbetrag** nach § 9a Satz 1 Nr. 1a EStG wird bei der Ermittlung der Abzüge für Steuern nur bei Einkommen aus nichtselbstständiger Erwerbstätigkeit abgezogen (Satz 1 Nr. 1). Hintergrund ist, dass bei selbstständiger Erwerbstätigkeit die Betriebsausgaben bereits im Rahmen der Gewinnermittlung abgezogen werden. Allerdings wird der Arbeitnehmer-Pauschbetrag aus Gründen der Verwaltungspraktikabilität in voller Höhe berücksichtigt, wenn Erwerbseinkommen sowohl aus nichtselbstständiger als auch aus selbstständiger Tätigkeit vorliegt, soweit es sich bei dem Einkommen aus nichtselbstständiger Erwerbstätigkeit nicht um pauschal vom Arbeitgeber zu versteuerndes Einkommen handelt (BT-Drucks. 17/9841 S. 25).

In welcher Höhe die **Vorsorgepauschale** abgezogen wird, richtet sich nach Satz 2 Nummern 2a und 2b. Bei welchen Personengruppen einzelne Teilbeträge im Rahmen der Ermittlung der Steuerabzüge berücksichtigt werden, wird nach der Maßgabe des § 39b Abs. 2 Satz 5 Nr. 3a bis 3c und 3e EStG ermittelt (Rechtsfolgenverweisung). Ausnahmen hiervon ergeben sich aus dem letzten Teilsatz des Absatz 2: Nicht berücksichtigt werden der Beitragszuschlag für Kinderlose (§ 55 Abs. 3 SGB XI) und der besondere Beitragssatz in die Pflegeversicherung Sachsen (§ 58 Abs. 3 SGB XI). Nach Buchstabe a ist bei der Bestimmung der Bemessungsgrundlage für die Steuerabzüge eine Vorsorgepauschale mit den Teilbeträgen nach § 39b Abs. 2 Satz 5 Nr. 3b, c und e EStG zu berücksichtigen, wenn die berechtigte Person zu versteuernde Einnahmen nach § 2c hat, ohne Pflichtmitglied in der gesetzlichen Rentenversicherung oder einer vergleichbaren Einrichtung zu sein. Diese Regelung ist beispielsweise für elterngeldberechtigte Personen gedacht, die Einkommen nach beamten- oder soldatenrechtlichen Vorschriften beziehen (s.a. Brose in: Brose/Weth/Volk, 9. Auflage 2020, § 2e BEEG Rn. 14). Hingegen nicht erfasst werden geringfügig Beschäftigte, da ihre Einnahmen pauschal besteuert werden und nicht von der berechtigten Person selbst versteuert werden (BT-Drucks. 17/9841 S. 25). Nach Buchstabe b ist die Vorsorgepauschale mit den Teilbeträgen nach § 39b Abs. 2 Satz 5 Nr. 3a bis c und e EStG in allen übrigen Fällen – und damit auch bei Arbeitnehmern und Selbstständigen – abzuziehen (s.a. Brose, in Brose/Weth/Volk, 9. Auflage 2020, § 2e BEEG Rn. 15).

3. Abzug für die Einkommensteuer (§ 2e Abs. 3)

5 Nach Satz 1 ist der Betrag für die Einkommensteuer abzuziehen, der sich unter Berücksichtigung der Steuerklasse und ggf. des Faktors nach § 39f EStG nach § 2c Abs. 3 ergibt. Folglich ist **grundsätzlich die eingetragene Steuerklasse** für die Ermittlung der Steuerabzüge maßgeblich. Die nach Absatz 3 maßgebliche Steuerklasse gilt sowohl für die Einkommensermittlung im Bemessungszeitraum als auch für die Einkommensermittlung im Bezugszeitraum (BT-Drucks. 17/9841 S. 25).

Es ist zu beachten, dass die **Steuerklasse VI unberücksichtigt** bleibt (Satz 1), sodass in diesem Fall allein die zusätzlich zur Steuerklasse VI vorhandene Steuerklasse zählt. Sollte die elterngeldberechtigte Person nicht in eine Steuerklasse eingereiht sein, ist nach Satz 2 die **Steuerklasse IV** ohne Berücksichtigung eines Faktors nach § 39f EStG maßgeblich. Gleiches gilt nach Satz 2 auch für den Fall, dass beim Zusammentreffen von Einkommen aus selbstständiger und nichtselbstständiger Erwerbstätigkeit der nach § 2d zu berücksichtigende Gewinn höher ist als der nach § 2c zu berücksichtigende Überschuss über die Einnahmen.

4. Abzug für den Solidaritätszuschlag (§ 2e Abs. 4)

Für den Abzug für den Solidaritätszuschlag ist der Betrag anzusetzen, der sich nach 6
dem Solidaritätsgesetz 1995 für die Einkommensteuer nach Absatz 3 ergibt, wobei die Freibeträge für Kinder nach § 3 Abs. 2a Solidaritätsgesetz 1995 im Wege einer Rechtsgrundverweisung zu berücksichtigen sind.

5. Abzug für die Kirchensteuer (§ 2e Abs. 5)

Für die Kirchensteuer kann anhand des Programmablaufplans nur die Bemessungs- 7
grundlage ermittelt werden. Daher legt Absatz 5 Satz 1 den Kirchensteuersatz in Höhe von acht Prozent für die Einkommensteuer nach Absatz 3 fest. Gemäß Satz 2 werden Freibeträge für Kinder nach § 51a Abs. 2a EStG berücksichtigt. Ob Kirchensteuerpflicht gegeben und ggf. Freibeträge vorhanden sind, ergibt sich aus den Nachweisdokumenten des § 2c Abs. 3 bzw. § 2d Abs. 4.

6. Berücksichtigung von Freibeträgen und Pauschalen (§ 2e Abs. 6)

Gemäß Absatz 6 werden Freibeträge und Pauschalen grundsätzlich nur berücksich- 8
tigt, wenn sie ohne weitere Voraussetzung jeder berechtigten Person zustehen.

Nach dem Willen des Gesetzgebers werden beispielsweise der Grundfreibetrag nach § 32a Abs. 1 Satz 1 EStG und der Sonderausgaben-Pauschbetrag nach § 10c EStG berücksichtigt, der Altersentlastungsbetrag nach § 24a EStG hingegen nicht, da dieser ein bestimmtes Alter des Steuerpflichtigen voraussetzt. Ebenso finden individuelle Freibeträge keine Berücksichtigung. Freibeträge, die nur bestimmten Personengruppen zustehenden, finden nur nach Maßgabe der Absätze 3 und 5 Berücksichtigung (BT-Drucks. 17/9841 S. 26).

§ 2f BEEG Abzüge für Sozialabgaben

(1) [1]Als Abzüge für Sozialabgaben sind Beträge für die gesetzliche Sozialversicherung oder für eine vergleichbare Einrichtung sowie für die Arbeitsförderung zu berücksichtigen. [2]Die Abzüge für Sozialabgaben werden einheitlich für Einkommen aus nichtselbstständiger und selbstständiger Erwerbstätigkeit anhand folgender Beitragssatzpauschalen ermittelt:

1. **9 Prozent für die Kranken- und Pflegeversicherung, falls die berechtigte Person in der gesetzlichen Krankenversicherung nach § 5 Absatz 1 Nummer 1 bis 12 des Fünften Buches Sozialgesetzbuch versicherungspflichtig gewesen ist,**

2. 10 Prozent für die Rentenversicherung, falls die berechtigte Person in der gesetzlichen Rentenversicherung oder einer vergleichbaren Einrichtung versicherungspflichtig gewesen ist, und

3. 2 Prozent für die Arbeitsförderung, falls die berechtigte Person nach dem Dritten Buch Sozialgesetzbuch versicherungspflichtig gewesen ist.

(2) [1]Bemessungsgrundlage für die Ermittlung der Abzüge für Sozialabgaben ist die monatlich durchschnittlich zu berücksichtigende Summe der Einnahmen nach § 2c und der Gewinneinkünfte nach § 2d. [2]Einnahmen aus Beschäftigungen im Sinne des § 8, des § 8a oder des § 20 Absatz 3 Satz 1 des Vierten Buches Sozialgesetzbuch werden nicht berücksichtigt. [3]Für Einnahmen aus Beschäftigungsverhältnissen im Sinne des § 20 Absatz 2 des Vierten Buches Sozialgesetzbuch ist der Betrag anzusetzen, der sich nach § 344 Absatz 4 des Dritten Buches Sozialgesetzbuch für diese Einnahmen ergibt, wobei der Faktor im Sinne des § 163 Absatz 10 Satz 2 des Sechsten Buches Sozialgesetzbuch unter Zugrundelegung der Beitragssatzpauschalen nach Absatz 1 bestimmt wird.

(3) Andere Maßgaben zur Bestimmung der sozialversicherungsrechtlichen Beitragsbemessungsgrundlagen werden nicht berücksichtigt.

Übersicht

I. Entwicklung der Norm

1 § 2f ist neu durch das **Gesetz zur Vereinfachung des Elterngeldvollzuges** vom 10.9.2012 (BGBl. I S. 1878) mit Wirkung zum 18.9.2012 entstanden. Die Norm regelt die Ermittlung der pauschalierten Abzüge für Sozialgaben. In der bis zum 16.9.2012 geltenden Fassung des BEEG befanden sich die Regelungen über die Abzüge von Sozialabgaben in § 2 a.F. Abs. 7 und 8.

II. Allgemeines

2 Von dem monatlichen Durchschnittseinkommen aus dem zwölfmonatigen Bemessungszeitraum vor der Geburt des Kindes werden die Steuern und **Sozialabgaben in pauschalierter Form abgezogen**. Dies gilt sowohl für das aus nichtselbstständiger als auch für das aus selbstständiger Erwerbstätigkeit ermittelte Einkommen.

§ 2f gilt für die Ermittlung der Abzüge für Sozialabgaben sowohl im Bemessungszeitraum als auch im Bezugszeitraum. Außerdem gilt die Regelung einheitlich für alle bei der Elterngeldberechnung zu ermittelnden Einkünfte, unabhängig davon, ob sie im Inland oder EU-Ausland oder einem gleichgestellten Staat zu versteuern sind (BT-Drucks. 17/9841 S. 26).

Aus Gründen der Vereinfachung und der besseren Darstellbarkeit der Berechnung gilt die Bemessungsgrundlage des Absatz 2 einheitlich für die Ermittlung der Abzüge aller Versicherungszweige, unabhängig von dem Verhältnis der für den jeweiligen Versicherungszweig beitragspflichtigen Einnahmen zu den insoweit nicht beitragspflichtigen Einnahmen (BT-Drucks. 17/9841 S. 26).

III. Auslegung der Norm

1. Höhe der Beitragspauschalen zu den einzelnen Sozialversicherungszweigen (§ 2f Abs. 1)

Absatz 1 Satz 1 bestimmt als Abzüge für die Sozialabgaben die Beiträge für die gesetzliche Sozialversicherung bzw. für eine vergleichbare Einrichtung sowie die Beiträge für die Arbeitsförderung. Die Abzüge werden pauschal ermittelt (Satz 2): **9 Prozent für die Kranken- und Pflegeversicherung**, falls Versicherungspflicht in der gesetzlichen Krankenversicherung nach § 5 Abs. 1 Nrn. 1 bis 12 SGB V bestanden hat (Nr. 1), **10 Prozent für die Rentenversicherung**, falls Versicherungspflicht in der gesetzlichen Rentenversicherung oder einer vergleichbaren Einrichtung bestanden hat (Nr. 2) und **2 Prozent für die Arbeitsförderung**, falls Versicherungspflicht nach dem SGB III bestanden hat. Die Beitragspauschalen entsprechen damit nicht genau dem Arbeitgeberanteil (KV+PV 8,8 %, RV 9,3 %, AV 1,3 %) (s.a. Helmke/Bauer, Familienleistungsausgleich [Stand: Mai 2022], § 2f BEEG, Rn. 4). 3

Für die Abzüge für die Kranken- und Pflegeversicherung heißt dies, dass ein Abzug nicht erfolgt bei freiwillig in der gesetzlichen Krankenversicherung Versicherten, da die Beiträge auch während des Elterngeldbezugs weiter zu leisten sind. Ebenso erfolgt kein Abzug bei geringfügig Beschäftigten.

Ein Pauschalabzug für die Rentenversicherung erfolgt auch dann, wenn eine Beitragspflicht z.B. in ein berufsständisches Versorgungswerk bestanden hat (»vergleichbare Einrichtung«, Satz 2 Nr. 2). Dies hat sich im Vergleich zur Vorgängervorschrift § 2 Abs. 7 Satz 1 BEEG a.F. geändert: Nach alter Rechtslage waren Pflichtbeiträge eines angestellten Rechtsanwalts zu seiner berufsständischen Versorgung nicht vom Bruttoeinkommen abzusetzen (**BSG** vom 29.8.2012 – B 10 EG 15/11 R).

Der Nachweis über die erforderlichen Abzugsmerkmale ergibt sich aus den jeweiligen Dokumenten nach § 2c Abs. 3 bzw. § 2d Abs. 4.

§ 2f findet auch auf Einkommen Anwendung, die im EU-Ausland oder einem gleichgestellten Staat einer Sozialabgabenpflicht unterliegen (BT-Drucks. 17/9841 S. 26; vgl. auch **SG** Konstanz vom 17.12.2013 – S 8 EG 2317/13 – zum Abzug von Abgaben für die Kranken- und Pflegeversicherung vom vorgeburtlichen Einkommen einer Grenzgängerin, die vor der Geburt ihres Kindes in einem Beschäftigungsverhältnis in der Schweiz stand und der dortigen Krankenversicherungspflicht unterlag). Eine Berücksichtigung ausländischen Sozialversicherungsrechts ist weder im BEEG noch in der VO (EG) Nr. 883/2004 vorgesehen (Helmke/Bauer, Familienleistungsausgleich [Stand: Mai 2022], § 2f BEEG, Rn. 12). Ggf. hat die Elterngeldbehörde nach § 20 SGB X das Bestehen der ausländischen Versicherungspflicht zu ermitteln (Wiegand, BEEG [Stand: Januar 2019], § 2f BEEG, Rn. 3).

2. Bemessungsgrundlage für die Ermittlung der Abzüge für Sozialabgaben (§ 2f Abs. 2)

4 Bemessungsgrundlage für die Ermittlung der Abzüge für Sozialabgaben ist die Summe der Einnahmen nach § 2c und der Gewinneinkünfte nach § 2d, die die elterngeldberechtigte Person durchschnittlich monatlich hat (Satz 1). Die Gesamtsumme der Einkünfte wird in vollem Umfang berücksichtigt, auch wenn sie nur zu einem Teil beitragspflichtig ist (BT-Drucks. 17/9841 S. 27; siehe zur Verfassungsmäßigkeit eines Pauschalabzugs für Sozialabgaben von Einkommen aus selbstständiger Erwerbstätigkeit, auf das tatsächlich keine Sozialabgaben zu leisten sind, bei Vorliegen von Mischeinkommen: **SG** Karlsruhe vom 14.4.2014 – S 11 EG 3159/13).

Beitragsbemessungsgrenzen sind nicht zu berücksichtigen (siehe hierzu Abs. 3).

Einnahmen aus folgenden Beschäftigungen, für die die berechtigte Person keine Sozialabgaben zu entrichten hat, werden nicht mitgerechnet (Satz 2): Einnahmen von geringfügig Beschäftigten (§ 8 SGB IV), von geringfügig Beschäftigen in Privathaushalten (§ 8a SGB IV), von Beschäftigten im Rahmen eines Ausbildungsverhältnisses mit einem Arbeitsentgelt von bis zu 325 Euro und im Rahmen von Freiwilligendiensten (§ 20 Abs. 3 Satz 1 SGB IV). Nur Einnahmen aus geringfügigen Beschäftigungen i.S. § 8 SGB IV bleiben bei der Bemessungsgrundlage für die Ermittlung der Abzüge für Sozialabgaben unberücksichtigt, nicht hingegen Einnahmen aus **geringfügiger selbstständiger Tätigkeit** (**BSG** vom 29.6.2017 – B 10 EG 4/16 R).

Die Berechnung der Bemessungsgrundlage bei Beschäftigungsverhältnissen nach § 20 Abs. 2 SGB IV (Niedriglohnbereich) erfolgt im Wege eines Rechtsfolgenverweises auf § 344 SGB III, wobei die Norm elterngeldspezifisch angepasst wird durch Bestimmung des Faktors i.S.d. § 163 Abs. 10 Satz 2 SGB VI unter Zugrundelegung der Beitragspauschalen nach Abs. 1.

Nicht geregelt ist von § 2f BEEG wie zu verfahren ist, wenn Berechtigte teilweise sozialversicherungspflichtig sind und teilweise nicht, wenn also ein Wechsel im Bezugszeitraum oder Wechsel zwischen Bemessungszeitraum und Bezugszeitraum stattfindet. Das LSG Berlin-Brandenburg stellte fest, dass diese Wechsel den selben Regeln folgten und daher § 2c Abs. 3 Satz 2 BEEG Anwendung findet (LSG Berlin-Brandenburg vom 23.09.2021 – L 17 EG 4/17, Rn. 39 ff.). Die Vorinstanz hatte noch eine Bereinigung der Einkünfte nach § 2f vorgenommen (SG Berlin vom 21.12.2016 – S 2 EG 33/14, Rn. 19).

3. Keine Berücksichtigung anderer Maßgaben bei der Bestimmung der Bemessungsgrundlage (§ 2f Abs. 3)

In Absatz 3 wird klargestellt, dass die in § 2f getroffenen Regelungen abschließend 5
und andere Maßgaben zur Bestimmung der sozialversicherungsrechtlichen Beitragsbemessungsgrundlagen nicht zu berücksichtigten sind. Folglich sind Beitragsbemessungsgrenzen oder besondere Bemessungsgrundlagen für bestimmte Selbstständigengruppen nicht zu beachten.

§ 3 BEEG Anrechnung von anderen Einnahmen

(1) Auf das der berechtigten Person nach § 2 oder nach § 2 in Verbindung mit § 2a zustehende Elterngeld werden folgende Einnahmen angerechnet:

1. Mutterschaftsleistungen
   a) in Form des Mutterschaftsgeldes nach dem Fünften Buch Sozialgesetzbuch oder nach dem Zweiten Gesetz über die Krankenversicherung der Landwirte mit Ausnahme des Mutterschaftsgeldes nach § 19 Absatz 2 des Mutterschutzgesetzes oder
   b) in Form des Zuschusses zum Mutterschaftsgeld nach § 20 des Mutterschutzgesetzes, die der berechtigten Person für die Zeit ab dem Tag der Geburt des Kindes zustehen,

2. Dienst- und Anwärterbezüge sowie Zuschüsse, die der berechtigten Person nach beamten- oder soldatenrechtlichen Vorschriften für die Zeit eines Beschäftigungsverbots ab dem Tag der Geburt des Kindes zustehen,

3. dem Elterngeld oder den Mutterschaftsleistungen vergleichbare Leistungen, auf die eine nach § 1 berechtigte Person außerhalb Deutschlands oder gegenüber einer über- oder zwischenstaatlichen Einrichtung Anspruch hat,

4. Elterngeld, das der berechtigten Person für ein älteres Kind zusteht, oder dem Elterngeld oder den Mutterschaftsleistungen vergleichbare Leistungen für ein älteres Kind, auf die die berechtigte Person außerhalb Deutschlands oder gegenüber einer über- oder zwischenstaatlichen Einrichtung Anspruch hat,

5. Einnahmen, die der berechtigten Person als Ersatz für Erwerbseinkommen zustehen und
   a) die nicht bereits für die Berechnung des Elterngeldes nach § 2 berücksichtigt werden oder
   b) bei deren Berechnung das Elterngeld nicht berücksichtigt wird.

Stehen der berechtigten Person die Einnahmen nur für einen Teil des Lebensmonats des Kindes zu, sind sie nur auf den entsprechenden Teil des Elterngeldes anzurechnen. Für jeden Kalendermonat, in dem Einnahmen nach Satz 1 Nummer 4 oder Nummer 5 im Bemessungszeitraum bezogen worden sind, wird der Anrechnungsbetrag um ein Zwölftel gemindert. Beginnt der Bezug von Einnahmen nach Satz 1 Nummer 5 nach der Geburt des Kindes und berechnen sich die anzurechnenden Einnahmen auf der Grundlage eines Einkommens, das geringer ist als das Einkommen aus Erwerbstätigkeit im Bemessungszeitraum, so ist der Teil des Elterngeldes

in Höhe des nach § 2 Absatz 1 oder 2 maßgeblichen Prozentsatzes des Unterschiedsbetrages zwischen dem durchschnittlichen monatlichen Einkommen aus Erwerbstätigkeit im Bemessungszeitraum und dem durchschnittlichen monatlichen Bemessungseinkommen der anzurechnenden Einnahmen von der Anrechnung freigestellt.

(2) Bis zu einem Betrag von 300 Euro ist das Elterngeld von der Anrechnung nach Absatz 1 frei, soweit nicht Einnahmen nach Absatz 1 Satz 1 Nummer 1 bis 3 auf das Elterngeld anzurechnen sind. Dieser Betrag erhöht sich bei Mehrlingsgeburten um je 300 Euro für das zweite und jedes weitere Kind.

(3) Solange kein Antrag auf die in Absatz 1 Satz 1 Nummer 3 genannten vergleichbaren Leistungen gestellt wird, ruht der Anspruch auf Elterngeld bis zur möglichen Höhe der vergleichbaren Leistung.

Übersicht **Rdn.**

Erläuterung

1. Allgemeines

a) Entwicklung der Norm und Regelungsgehalt

1 § 3 regelt die **Anrechnung bestimmter Einnahmen** und Leistungen auf das Elterngeld (zum Normzweck vgl. Rdn. 21). Die Vorschrift ist seit ihrer Einführung mehrfach – zum Teil auch grundlegend – geändert worden.

2 Die bis zum 17.9.2012 geltende Fassung durch das **Einführungsgesetz vom 5.12.2006** entsprach inhaltlich weitgehend dem Gesetzentwurf der Regierungsfraktionen vom 20.6.2006 (vgl. BT-Drucks. 16/1889, S. 1, 5, 22).

In dieser Fassung regelte § 3 in seinem Absatz 1 die Anrechnung von Mutterschaftsleistungen (Satz 1 und 2) sowie von während der Dauer eines Beschäftigungsverbotes gezahlten Dienst- und Anwärterbezügen (Satz 3) auf das Elterngeld und sah insoweit eine taggenaue Anrechnung vor (Satz 4). Absatz 2 betraf die Anrechnung von nach der Geburt und unabhängig von der Geburt des Kindes gewährten Einkommensersatzleistungen auf das Elterngeld und stellte insoweit einen Betrag von 300 Euro anrechnungsfrei, welcher sich bei Mehrlingsgeburten um je 300 Euro für das zweite und jedes weitere Kind erhöhte. § 3 Abs. 3 normierte ursprünglich die Anrechnung von dem Elterngeld vergleichbaren Familienleistungen anderer Staaten oder zwischen- bzw. überstaatlicher Einrichtungen. Die seinerzeit in § 3 Abs. 1 Satz 2 enthaltene Regelung über die Anrechnung von Mutterschaftsgeld, das der Mutter im Bezugszeitraum des Elterngeldes für die Zeit vor dem Tag der Geburt eines weiteren Kindes zusteht, war im ursprünglichen Gesetzentwurf noch nicht enthalten und wurde erst auf Empfehlung des Ausschusses für Familie, Senioren, Frauen und Jugend vom 27.9.2006 (vgl. BT-Drucks. 16/2785, S. 11, 45) aufgenommen.

3 Eine grundlegende Änderung im Sinne einer **Neustrukturierung** und teilweisen materiell-rechtlichen Änderung hat die Vorschrift durch das **Gesetz zur Vereinfachung des Elterngeldvollzugs vom 10.9.2012** (BGBl. I S. 1878) erfahren. Hintergrund dieser Änderungen war die bei der Anwendung des BEEG gewonnene Erfahrung, dass der Vollzugsaufwand für das Elterngeld den des früheren Erziehungsgeldes deutlich überschreitet und von den hierfür zuständigen Ländern künftig nur mit zusätzlichen personellen Mitteln bzw. mit einer Vereinfachung der für den Vollzug maßgebenden gesetzlichen Vorschriften bewältigt werden kann (vgl. BT-Drucks. 17/1221, S. 1). Moniert wurde seitens der Länder insbesondere die aufwendige Ermittlung des für die Leis-

tungsbemessung maßgebenden Einkommens (vgl. BT-Drucks. 17/9841, S. 1). Dementsprechend sah der ursprüngliche Gesetzentwurf der Länder für ein »Gesetz zur Vereinfachung des Elterngeldvollzugs« primär eine Änderung der für die Elterngeldhöhe maßgebenden Einkommensermittlungsvorschriften vor (vgl. BT-Drucks. 17/1221, S. 5 f.). Eine grundlegende Änderung der in § 3 geregelten Anrechnungsvorschrift war hingegen zunächst nicht beabsichtigt. Der Gesetzentwurf der Länderkammer sah insoweit lediglich eine Erhöhung des anrechnungsfreien Betrages um 75 Euro für den Mindestgeschwisterbonus vor (BT-Drucks. 17/1221, S. 6).

4 Im Zuge der Beratung des Gesetzentwurfs der Länderkammer im Ausschuss für Familie, Senioren, Frauen und Jugend wurden nicht nur die Einkommensermittlungsvorschriften umfassend geändert, sondern ist auch die Anrechnungsvorschrift des § 3 umstrukturiert und inhaltlich modifiziert worden. Dabei ist es dem Gesetzgeber gelungen, die zuvor eher unübersichtliche und dem beschleunigten Vollzug des Elterngeldes im Ergebnis abträgliche Vorschrift zu strukturieren, von überflüssigen Regelungen zu befreien und widerspruchsfrei in den Regelungskontext des BEEG einzufügen, ohne dabei den inhaltlichen Kerngehalt, welcher sich in der Rechtsanwendung bewährt hatte, wesentlich zu verändern. Die Ausschussempfehlung vom 29.5.2012 (BT-Drucks. 17/9841) ist letztlich mit Wirkung zum 18.9.2012 in geltendes Recht umgesetzt worden und gilt in dieser Fassung weitgehend unverändert fort. Dabei wurden im Einzelnen folgende Änderungen im Vergleich zur Ursprungsfassung vorgenommen:

5 Zunächst wurde der Normtitel terminologisch verändert. § 3 regelt seit dem 18.9.2012 aus »Klarstellungsgründen« (BT-Drucks. 17/9841, S. 28) nicht mehr die »Anrechnung von anderen Leistungen«, sondern die »**Anrechnung von Einnahmen**«. Mit dieser neuen Begrifflichkeit trägt der Gesetzgeber dem Umstand Rechnung, dass § 3 nicht nur die Anrechnung von öffentlich-rechtlichen Sozialleistungen im Sinne des § 11 SGB I, sondern auch von anderen monetären Zuwendungen regelt.

6 **Absatz 1 Satz 1** enthält nunmehr eine **enumerative Aufzählung der auf das Elterngeld anzurechnenden Einnahmen**:

Nr. 1 normiert die **Anrechnung von Mutterschaftsleistungen** (vgl. dazu Rdn. 28 ff.) und übernimmt den Regelungsgehalt des bis 17.9.2012 geltenden § 3 Abs. 1 Satz 1 bis 3 ohne materiell-rechtliche Änderungen, allerdings in sprachlich vereinfachter und damit anwenderfreundlicher Form.

Nr. 2 regelt die **Anrechnung von Dienst- und Anwärterbezügen** sowie von Zuschüssen, die der elterngeldberechtigten Person nach beamten- oder soldatenrechtlichen Vorschriften für die Zeit eines Beschäftigungsverbotes ab dem Tag der Geburt des Kindes zustehen, und übernimmt damit ohne inhaltliche Änderung die zuvor in § 3 Abs. 1 Satz 3 Halbsatz 2 enthaltene Regelung (vgl. dazu Rdn. 41 ff.).

Nr. 3 übernimmt in redaktionell angepasster Form die zuvor in § 3 Abs. 3 Satz 1 enthaltene Regelung über die **Anrechnung von** dem Elterngeld **vergleichbaren Familienleistungen anderer Staaten** oder zwischen- bzw. überstaatlicher Einrichtungen (vgl. dazu Rdn. 44 ff.). Der in der Ursprungsfassung noch enthaltene deklaratorische Hinweis auf die vorrangige Geltung des EU-Rechts und auf das Erfordernis der Identität des Leistungszeitraumes wurde im Zuge der Neuregelung gestrichen.

Neu aufgenommen wurde in **Nr. 4** die **Anrechnung von Elterngeld**, das einer berechtigten Person **für ein älteres Kind** zusteht (vgl. dazu Rdn. 71).

Nr. 5 regelt die **Anrechnung von Einnahmen**, die der berechtigten Person **als Ersatz für Erwerbseinkommen** zustehen und die nicht im Zusammenhang mit der Geburt des Kindes stehen (vgl. dazu Rdn. 72 ff.). Dies entspricht – von terminologischen Änderungen abgesehen – der Regelung des § 3 Abs. 2 a.F.

§ 3 Abs. 1 Satz 2 und 3 in der seit dem 18.9.2012 geltenden Fassung normiert die **Anrechnungsmodalitäten**. Während Satz 2 für alle auf das Elterngeld anzurechnenden Leistungen die **taggenaue Anrechnung** regelt und damit die ursprünglich in § 3 Abs. 1 Satz 4 und Abs. 2 Satz 2 enthaltene Regelung aufgreift, wird mit Satz 3 eine **pauschalierte Anrechnungsregelung** neu eingeführt, die sich lediglich auf anzurechnende Leistungen im Sinne des § 3 Abs. 1 Satz 1 Nr. 4 (Elterngeld für ein älteres Kind) und Nr. 5 (Einnahmen als Ersatz für Erwerbseinkommen) bezieht und der Minimierung des Vollzugsaufwandes für das Elterngeld dient (vgl. BT-Drucks. 17/9841, S. 29). 7

§ 3 Abs. 2 in der ab 18.9.2012 geltenden Fassung regelt den **von der Anrechnung freigestellten Elterngeldbetrag** in den Fällen, in denen anrechenbare Einnahmen nach § 3 Abs. 1 Satz 1 Nr. 4 und 5 bezogen werden für den Normalfall (Satz 1) sowie für den Sonderfall der Mehrlingsgeburt (Satz 2) und übernimmt insoweit die Vorgängerregelung (ebenfalls § 3 Abs. 2 Satz 1 Halbsatz 1) ohne wesentliche inhaltliche Änderungen, aber in einer dem besseren Verständnis dienenden sprachlichen Form. 8

§ 3 Abs. 3 ergänzt den in Absatz 1 Satz 1 Nr. 3 geregelten Anrechnungstatbestand und übernimmt einen Teil des Regelungsgehalts des bis 17.9.2012 geltenden Absatzes 3 Satz 2.

Die nachfolgenden marginalen Änderungen des § 3 betreffen lediglich **Folgeregelungen**, die **im Zuge anderweitiger gesetzlicher Änderungen** notwendig geworden sind: 9

Aufgrund der Überführung der Regelungen über das Mutterschaftsgeld nach § 200 RVO in das SGB V (§ 24c Nr. 6 i.V.m. § 24i SGB V) sowie der Aufhebung des Gesetzes über die Krankenversicherung der Landwirte im Zuge des Gesetzes zur Neuausrichtung der Pflegeversicherung vom 23.10.2012 (**Pflege-Neuausrichtungsgesetz** – BGBl. I S. 2246) wurde die in § 3 Abs. 1 Satz 1 Nr. 1 enthaltene Bezugnahme auf Mutterschaftsgeld nach »der Reichsversicherungsordnung« durch die Formulierung »nach dem Fünften Buch Sozialgesetzbuch« ersetzt. Des Weiteren wurde nunmehr auf das Mutterschaftsgeld nach dem »Zweiten« Gesetz über die Krankenversicherung der Landwirte Bezug genommen. Diese Folgeregelungen sind mit Wirkung zum 30.10.2012 in Kraft getreten.

Durch das **Gesetz zur Einführung des Betreuungsgeldes** vom 15.2.2013 (BGBl. I S. 254) ist der Anrechnungstatbestand des § 3 Abs. 1 Satz 1 Nr. 3 mit Wirkung zum 1.8.2013 auf »dem Betreuungsgeld vergleichbare Leistungen« erstreckt worden. 10

11 Eine weitere redaktionelle Änderung hat die Neufassung des § 3 Abs. 1 Satz 1 Nr. 1 durch das **Gesetz zur Einführung des Elterngeld Plus mit Partnerschaftsbonus und einer flexibleren Elternzeit im Bundeselterngeld- und Elternzeitgesetz** vom 18.12.2014 (BGBl. I S. 2325) beinhaltet. Durch die Aufteilung in die Buchstaben a) und b) wird fortan deutlicher zum Ausdruck gebracht, dass sowohl das Mutterschaftsgeld als auch der Arbeitgeberzuschuss auf den Elterngeldanspruch angerechnet wird.

12 Das **Gesetz zur Neuregelung des Mutterschutzrechts** vom 23.5.2017 (BGBl. I, S. 1228) hat zu Folgeänderungen des § 3 Abs. 1 Satz 1 Nr. 1 dergestalt geführt, dass in Buchstabe a »§ 13 Abs. 2« durch »§ 19 Abs. 2« des Mutterschaftsgesetzes und in Buchstabe b »14« durch »§ 20« des Mutterschaftsgesetzes ersetzt worden ist.

13 Durch das **Zweite Gesetz zur Änderung des Bundeselterngeld- und Elternzeitgesetzes** vom 15.2.2021 (BGBl. I, S. 239) sind zum einen mit Wirkung zum 1.9.2021 in § 3 Abs. 1 Satz 1 Nr. 3 die Wörter »oder dem Betreuungsgeld« gestrichen worden. Jene Streichung ist aufgrund des Wegfalls des Betreuungsgeldes erfolgt, das mit Entscheidung des Bundesverfassungsgerichts vom 21.7.2015 – 1 BvF 2/13 – (BGBl. I, S. 1565) für mit dem Grundgesetz unvereinbar und nichtig erklärt wurde (vgl. BT-Drucks. 19/24438, S. 28). Zum anderen ist in § 3 Abs. 1 ein neuer Satz 4 angefügt worden, der die Anrechnung von Entgeltersatzleistungen für die Fälle regelt, in denen der Bezug der anzurechnenden Einnahme nach der Geburt beginnt und die Einnahme als Ersatz für ein weggefallenes Einkommen dient, das geringer ist als das Bemessungseinkommen des Elterngeldes (vgl. BT-Drucks. 19/26242, S. 17). Diese Regelung befand sich zunächst bis zum 31.8.2021 in § 27 Abs. 4 BEEG als befristete Corona bedingte Spezialregelung, die sich mit der Einführung der Neuregelung in § 3 Abs. 1 Satz 4 als dauerhafter Regelung desselben Inhalts erledigt hat (vgl. BT-Drucks. 19/26242, S. 19).

14 Durch Art. 57 Nr. 6 **Viertes Gesetz zur Entlastung der Bürgerinnen und Bürger, der Wirtschaft sowie der Verwaltung von Bürokratie (Viertes Bürokratieentlastungsgesetz)** vom 23.10.2024 (BGBl. I Nr. 323) ist der Anrechnungstatbestand des § 3 Abs. 1 Satz 1 Nr. 3 auch auf mit Mutterschaftsleistungen vergleichbare Leistungen erstreckt worden. Außerdem wird nunmehr über § 3 Abs. 1 Satz 1 Nr. 4 neben dem Elterngeld, das der berechtigten Person für ein älteres Kind zusteht, auch dem Elterngeld oder den Mutterschaftsleistungen vergleichbare Leistungen für ein älteres Kind, auf die die berechtigte Person außerhalb Deutschlands oder gegenüber einer über- oder zwischenstaatlichen Einrichtung Anspruch hat, angerechnet. Diese Änderungen gelten für ab dem 1.5.2025 geborene Kinder (vgl. § 28 Abs. 1b BEEG in der Fassung des Art. 57 Nr. 16 Viertes Bürokratieentlastungsgesetz vom 23.10.2024 <BGBl. I Nr. 323>).

b) Vorläufervorschrift

15 Eine dem § 3 vergleichbare Regelung finden sich in § 7 und § 8 Abs. 3 BErzGG. Während **§ 7 BErzGG** die Anrechnung von Mutterschaftsleistungen sowie während eines Beschäftigungsverbotes gezahlten Dienst- und Anwärterbezügen betraf und somit im Wesentlichen dem heutigen § 3 Abs. 1 Satz 1 Nr. 1, 2 entsprach, normierte § 8 Abs. 3 BErzGG die Anrechnung von dem Erziehungsgeld und dem Mutter-

schaftsgeld vergleichbaren Leistungen, an den § 3 Abs. 1 Satz 1 Nr. 3 inhaltlich anknüpft.

Auch diese Anrechnungsvorschriften des BErzGG wurden aus Gründen der sozialpolitischen Feinsteuerung mehrfach inhaltlich geändert: 16

Im Zuge des **BErzGG-ÄndG** vom 30.6.1989 (BGBl. I S. 1297) wurde festgelegt, dass auch das vor der Geburt erzielte Mutterschaftsgeld für ein weiteres Kind auf das für ein früher geborenes Kind bezogene Erziehungsgeld anzurechnen ist.

Mit dem **2. BErzGG-ÄndG** vom 6.12.1991 (BGBl. I S. 2142) wurden das Mutterschaftsgeld nach § 13 Abs. 2 MuSchG sowie das aufgrund von Teilzeittätigkeit oder anstelle von Arbeitslosenhilfe gezahlte Mutterschaftsgeld von der Anrechnung auf das Erziehungsgeld ausgenommen (vgl. hierzu auch Zmarzlik/Zipperer/Viethen, 8. Aufl., § 7 BErzGG Rn. 2; Buchner/Becker, 8. Aufl., § 3 BEEG Rn. 18). Ferner wurde die bis zu diesem Zeitpunkt noch mögliche Anrechnung von Mutterschaftsleistungen bzw. vergleichbaren Leistungen auf den Erziehungsgeldanspruch des mit der Mutter in Haushaltsgemeinschaft lebenden Vaters (vgl. dazu BSG vom 27.6.1991 – 4 REg 2/91 – BSGE 69, 95 = SozR 3–7833 § 7 Nr. 1) gestrichen.

Aus Gründen der Verfahrensvereinfachung ist die Anrechnung im Zuge des **Gesetzes zur Umsetzung des Föderalen Konsolidierungsprogramms** (FKPG) vom 23.6.1993 (BGBl. I S. 944) betragsmäßig auf 20 DM pro Kalendertag begrenzt worden. Diese betragsmäßige Begrenzung der Anrechnung hat der Gesetzgeber mit dem **3. BErzGG-ÄndG** vom 12.10.2000 (BGBl. I S. 1426) für das budgetierte Erziehungsgeld modifiziert.

Die in **§ 8 Abs. 3 BErzGG** enthaltene Regelung über das Verhältnis des Erziehungsgeldes zu den im Ausland gezahlten vergleichbaren Leistungen hat während der Geltungsdauer des BErzGG keine grundlegenden Änderungen erfahren, sondern ist lediglich durch das BErzGG-ÄndG vom 30.6.1989 (BGBl. I S. 1297) und das 3. BErzGG-ÄndG vom 12.10.2000 (BGBl. I S. 1426) modifiziert worden. Die Vorläufervorschrift des heutigen § 3 Abs. 1 Satz 1 Nr. 3 enthielt noch den an sich überflüssigen Hinweis auf den Geltungsvorrang gemeinschaftsrechtlicher Antikumulierungsvorschriften.

c) Systematische Zusammenhänge

§ 3 regelt ebenso wie § 10 BEEG das Verhältnis der Familienleistung Elterngeld zu anderen (Sozial-)Leistungen und Einnahmen. Während § 3 die Anrechnung von Leistungen und Einnahmen auf den Elterngeldanspruch regelt, normiert **§ 10 BEEG die Anrechnung des Elterngeldes auf andere Sozialleistungen**. Ein Zusammenhang zwischen beiden Vorschriften besteht insoweit, als die in § 3 Abs. 1 Satz 1 aufgezählten Leistungen und Einnahmen ebenso wie das Elterngeld nach § 10 Abs. 1 BEEG als Einkommen auf einkommensabhängig gewährte Sozialleistungen angerechnet und gemäß § 10 Abs. 2 BEEG bei der Berechnung von Ermessensleistungen berücksichtigt werden dürfen, soweit sie einen Betrag von 300 Euro übersteigen. 17

Anders als § 10 BEEG sieht § 3 einen Anrechnungsfreibetrag i.H.v. 300 Euro nur unter bestimmten Voraussetzungen vor (vgl. § 3 Abs. 2).

18 Die Anrechnungsvorschrift des § 3 hat auch Einfluss auf den Bezugszeitraum für das Elterngeld. Denn nach **§ 4 Abs. 4 Satz 3 BEEG** gelten die Lebensmonate des Kindes, in denen ein Elternteil nach § 3 Abs. 1 Satz 1 Nr. 1 bis 3 anzurechnende Einnahmen bezieht, als Basiselterngeldbezugsmonate. Mit dieser **gesetzlichen Fiktion von Basiselterngeldbezugsmonaten** soll verhindert werden, dass die Anrechnungsregelung des § 3 und die damit verbundene Zielsetzung (vgl. dazu Rdn. 21) von den Eltern durch die im Rahmen von § 4 BEEG grundsätzlich eröffnete variable Gestaltung der Bezugsberechtigung umgangen wird. Insoweit ergänzt § 4 Abs. 4 Satz 3 BEEG die Anrechnungsvorschrift des § 3 (vgl. BSG vom 20.12.2012 – B 10 EG 19/11 R – SozR 4–7837 § 3 Nr. 1 zur Vorgängerregelung § 4 Abs. 3 Satz 2 BEEG; BSG vom 26.5.2011 – B 10 EG 12/10 R – SozR 4–7837 § 4 Nr. 2).

19 Die in § 3 Abs. 1 Satz 1 aufgezählten Einnahmen werden auf das der berechtigten Person »zustehende« Elterngeld angerechnet. Daraus folgt, dass § 3 erst dann zur Anwendung kommt, wenn der Anspruch auf Elterngeld im Sinne von **§ 40 SGB I** entstanden ist, d.h. wenn die in § 1 BEEG geregelte Frage der Anspruchsberechtigung und die Höhe des Anspruchs nach § 2 bzw. § 2 i.V.m. § 2a BEEG geklärt sind.

20 Die enumerative Aufzählung der auf das Elterngeld anzurechnenden Einnahmen in § 3 Abs. 1 Satz 1 weist zahlreiche systematische Bezüge zu anderen Regelungsbereichen auf:

Der in Nr. 1 geregelte Anrechnungstatbestand nimmt Bezug auf die in **§§ 19, 20 MuSchG, § 24c Nr. 6 i.V.m. § 24i SGB V** und im Zweiten **Gesetz über die Krankenversicherung der Landwirte** geregelten Mutterschaftsleistungen. Bis zum 29.2.2020 war für diesen Anrechnungstatbestand in **§ 27 Abs. 1 und 1b BEEG** in der Fassung durch das Pflege-Neuausrichtungsgesetz vom 23.10.2012 (BGBl. I S. 2246) bzw. **§ 27 Abs. 1a BEEG** in der Fassung durch das Gesetz zur Einführung des Elterngeld Plus mit Partnerschaftsbonus und einer flexibleren Elternzeit im Bundeselterngeld- und Elternzeitgesetz vom 18.12.2014 (BGBl. I S. 2325) eine Übergangsregelung normiert.

Nr. 2 regelt die Anrechnung von beamten- und soldatenrechtlichen Bezügen, die im Zusammenhang mit Geburt des Kindes gewährt werden, und nimmt insoweit Bezug auf die in der **Verordnung über den Mutterschutz für Beamtinnen des Bundes und die Elternzeit für Beamtinnen und Beamte des Bundes** (Mutterschutz- und Elternzeitverordnung – MuSchEltZV) vom 12.2.2009 (BGBl. I S. 320) in der seit 1.1.2018 geltenden Fassung der Verordnung zur Änderung der Mutterschutz- und Elternzeitverordnung vom 9.2.2018 (BGBl. I S. 198), für Landesbeamtinnen in den entsprechenden Landesverordnungen und für Soldatinnen in der Verordnung über den **Mutterschutz für Soldatinnen** (Mutterschutzverordnung für Soldatinnen – MuSchSoldV) vom 18.11.2004 (BGBl. I S. 2858) geregelten Beschäftigungsverbote.

Der in Nr. 3 normierte Anrechnungstatbestand (Anrechnung von dem Elterngeld vergleichbaren Leistungen <für Geburten ab 1.5.2025: auch mit Mutterschaftsleistungen vergleichbare Leistungen> anderer [europäischer] Staaten sowie über- oder zwischenstaatlicher Einrichtungen) steht in einem engen Zusammenhang zu den für das Verhältnis von nationalem Recht und Gemeinschaftsrecht maßgebenden **allgemeinen Kollisionsnormen** in Art. 11 bis 16 der **Verordnung 883/2004** (VO 883/2004) vom 30.4.2004 (ABl. EG 2004 L 166) i.V.m. Art. 1 bis 21 der **Durchführungsverordnung 987/2009** (VO 987/2009) vom 16.9.2009 (ABl. EG 2009, L 284) sowie den **besonderen Antikumulierungsvorschriften** der Art. 67 bis 69 VO 883/2004 und Art. 58 ff. VO 987/2009. Bis zum 30.4.2010 fanden sich die allgemeinen Kollisionsnormen in Art. 13 bis 17a und die besonderen Antikumulierungsvorschriften für Familienleistungen in Art. 76 der Verordnung 1408/71 vom 14.6.1971 (ABl. EG 1971, L 149) i.V.m. Art. 85 bis 88 der Verordnung 574/72 vom 21.3.1972 (ABl. EG 1972 L 74).

Der in Nr. 4 normierte Anrechnungstatbestand knüpft an den Elterngeldbezug für ein älteres Kind an. Wegen **§ 3 Abs. 2** bleibt das Mindestelterngeld nach **§ 2 Abs. 4 BEEG** allerdings von der Anrechnung frei, nicht jedoch der Geschwisterbonus (**§ 2a BEEG**), und zwar selbst dann, wenn das Elterngeld einkommensunabhängig gewährt wird (vgl. BT-Drucks. 17/9841, S. 28). Im Übrigen sieht **§ 3 Abs. 1 Satz 3** eine pauschalisierte Minderung des Anrechnungsbetrages vor. Für Geburten seit dem 1.5.2025 besteht darüber hinaus – wie auch bei § 3 Abs. 1 Satz 1 Nr. 3 – ein enger Zusammenhang mit den **europarechtlichen Kollisionsnormen**.

Soweit Nr. 5 die Anrechnung von Einnahmen vorsieht, die der berechtigten Person als Ersatz für Erwerbseinkommen zustehen, knüpft der Gesetzgeber terminologisch an den **Begriff des steuerrechtlichen Erwerbseinkommens** gemäß **§ 2 Abs. 1 Satz 1 Nr. 1 bis 4 EStG** (BT-Drucks. 17/9841, S. 28) an. Entsprechend dem Zweck dieses Anrechnungstatbestands – der Vermeidung von Doppelleistungen (vgl. dazu Rdn. 21) – sind nach § 3 Abs. 1 Satz 1 Nr. 5 nur Einnahmen anzurechnen, die a) nicht bereits bei der Elterngeldberechnung nach § 2 BEEG berücksichtigt werden oder b) bei deren Berechnung das Elterngeld nicht berücksichtigt wird.

Der Anrechnungsfreibetrag nach § 3 Abs. 2 Satz 1 nimmt inhaltlich Bezug auf das in **§ 2 Abs. 4 BEEG** geregelte **Mindestelterngeld** und dessen Erhöhung gemäß § 3 Abs. 2 Satz 2 auf den **Mehrlingszuschlag** des **§ 2a Abs. 4 BEEG**. Für den Fall, dass Elterngeld Plus in Anspruch genommen wird, halbieren sich gemäß **§ 4a Abs. 2 Satz 3 Nr. 4 BEEG** die von der Anrechnung freigestellten Elterngeldbeträge nach § 3 Abs. 2.

d) Normzweck

§ 3 soll ebenso wie § 10 BEEG die **doppelte Auszahlung von zweckidentischen Leistungen vermeiden**. Dies wird im Anwendungsbereich des § 3 dadurch erreicht, dass zum einen Leistungen auf das Elterngeld angerechnet werden, die dem Elterngeld hinsichtlich der sozialpolitischen Zweckbestimmung vergleichbar sind, weil sie für denselben Leistungszeitraum aus demselben Anlass (Geburt eines Kindes) dieselben Einkommenseinbußen ganz oder teilweise ausgleichen (BT-Drucks. 16/1889, S. 22). Diese Zweckidentität besteht in vollem Umfang für die in § 3 Abs. 1 Satz 1 Nr. 1 bis 4 genannten Leistungen und Einnahmen. Zum anderen werden nach § 3 Abs. 1 Satz 1 Nr. 5 aber auch Einnahmen auf das Elterngeld angerechnet, die zwar nicht im Zusammenhang mit der Geburt des Kindes stehen, die aber ebenso wie 21 das den Basisbetrag von 300 Euro übersteigende Elterngeld der Sicherung des Lebensunterhalts dienen und daher mit dem Elterngeld zumindest partiell zweckidentisch sind. Im Anwendungsbereich des § 10 BEEG wird der genannten Zielsetzung hingegen Rechnung getragen, indem das den Betrag von 300 Euro übersteigende Elterngeld auf andere ihm hinsichtlich der Zweckbestimmung vergleichbare Leistungen angerechnet wird (vgl. dazu Kommentierung zu § 10 BEEG).

2. Auslegung der Norm

a) Grundvoraussetzung der Anrechnung von Einnahmen auf das Elterngeld

22 Die Anrechnung von Einnahmen auf das Elterngeld setzt grundsätzlich voraus, dass die in § 3 Abs. 1 Satz 1 genannten Einnahmen von einer nach § 1 BEEG anspruchsberechtigten Person bezogen werden, die **zeitgleich** einen der Höhe nach feststehenden Anspruch (§ 2 BEEG) auf die Zahlung von Elterngeld hat.

Das Erfordernis der **Personenidentität** (vgl. dazu auch BT-Drucks. 17/9841, S. 28, auch zur Ausnahme des § 3 Abs. 1 Satz 1 Nr. 3) zwischen dem Bezieher der anzurechnenden Einnahme und dem Bezieher der den Gegenstand der Anrechnung bildenden Leistung (Elterngeld) war auch schon im Anwendungsbereich des BErzGG nicht durchgehend gegeben. Denn die bis zum 31.12.1991 geltende Fassung des § 7 BErzGG sah u.a. noch die Anrechnung von Mutterschaftsleistungen auf den Erziehungsgeldanspruch des mit der Mutter in Haushaltsgemeinschaft lebenden Vaters vor (vgl. zur Verfassungsmäßigkeit dieser Regelung: BSG vom 27.6.1991 – 4 REg 2/91 – BSGE 69, 95 = SozR 3–7833 § 7 Nr. 1). Diese Regelung wurde im Zuge des 2. BErzGG-ÄndG vom 6.12.1991 (BGBl. I, S. 2142) gestrichen, um die wirtschaftliche Benachteiligung von Eltern in den Fällen zu beseitigen, in denen der Vater Erziehungsgeld beanspruchte. Durch die Anrechnung stand den Eltern dann in den meisten Fällen während der Mutterschaftsfrist nur das Mutterschaftsgeld und der Zuschuss des Arbeitgebers zur Verfügung, wohingegen bei einer Inanspruchnahme von Erziehungsgeld durch die Mutter die Eltern neben dem Erziehungsgeld auch über das Einkommen des Vaters verfügten. Um diese Ungleichbehandlung auszuschließen, sollte die Anrechnung von Mutterschaftsgeld auf den Erziehungsgeldanspruch des Vaters entfallen (BT-Drucks. 12/1125, S. 8; vgl. dazu auch Hambüchen, BEEG/EStG/BKGG, § 3 BEEG, Rn. 5).

Ferner muss eine – zumindest partielle – **Identität der Bezugszeiträume** bestehen, d.h. das Elterngeld und die in § 3 Abs. 1 Satz 1 genannten Einnahmen müssen zeitgleich bezogen werden. Dabei ergibt sich die Bezugsdauer für die auf das Elterngeld anzurechnenden und in § 3 Abs. 1 Satz 1 genannten Einnahmen aus den für sie jeweils maßgebenden gesetzlichen oder vertraglichen Bestimmungen.

b) Anzurechnende Einnahmen

23 Während § 3 in der bis 17.9.2012 geltenden Fassung die »Anrechnung von Leistungen« geregelt hat, wurde der im Normtitel verwendete Begriff der »Leistungen« im Zuge des Gesetzes zur Vereinfachung des Elterngeldvollzugs vom 10.9.2012 (BGBl. I

S. 1878) durch den Begriff der »Einnahmen« ersetzt. Diese terminologische Änderung ist ohne inhaltliche Relevanz und dient der Klarstellung (vgl. BT-Drucks. 17/9841, S. 28), denn ausgehend vom Regelungsinhalt der Norm sind nicht nur (Sozial-) Leistungen auf das Elterngeld anzurechnen, sondern auch monetäre Zuwendungen, die nicht dem Begriff der öffentlich-rechtlichen Sozialleistungen (§ 11 SGB I) unterfallen, weil sie von dritter Seite – insbesondere von privaten Versicherungsträgern – oder auf vertraglicher Basis gezahlt werden (so im Ergebnis auch Buchner/Becker, 8. Aufl., § 3 BEEG Rn. 25). Daher war der Begriff der »Leistungen« unzutreffend und bedurfte der Klarstellung. Mit dem **Begriff der Einnahmen** hat der Gesetzgeber einen überwiegend im Bereich des Steuerrechts verwendeten Oberbegriff für Zuwendungen in Geldwert aufgegriffen, was angesichts der grundsätzlichen Anlehnung des BEEG an die steuerrechtlichen Begrifflichkeiten und Einkommensanrechnungsgrundsätze (vgl. dazu § 2 Rdn. 52 ff.) konsequent ist.

Den in § 3 Abs. 1 Satz 1 genannten Einnahmen ist gemeinsam, dass sie mit dem Elterngeld entweder **zweckidentisch** (Nr. 1 bis 4) oder **funktionsidentisch** (Nr. 5) sind. Während die in Absatz 1 Satz 1 Nr. 1 bis 4 genannten Einnahmen ebenfalls aus Anlass der Geburt des Kindes gewährt werden und die hierdurch entstandenen Einkommenseinbußen ganz oder teilweise ausgleichen, d.h. mit dem Elterngeld zweckidentisch sind (vgl. BT-Drucks. 16/1889, S. 22), sichern die in Absatz 1 Satz 1 Nr. 5 aufgezählten Einnahmen – zumindest teilweise – die Lebensgrundlage der Berechtigten und sind daher hinsichtlich ihrer Funktion dem über den Basisbetrag hinausgehenden Elterngeld vergleichbar (vgl. BT-Drucks. 16/1889, S. 22 zur Anrechnung von Entgeltersatzleistungen nach § 3 Abs. 2 a.F.). 24

Da der Anspruch auf Elterngeld während der Dauer und in Höhe der in § 3 Abs. 1 Satz 1 enumerativ aufgeführten Einnahmen ausgeschlossen ist, genießen diese Einnahmen Vorrang gegenüber dem Elterngeld. Diese zeitlich und personell beschränkte **Vorrangstellung der in § 3 Abs. 1 Satz 1 genannten Einnahmen** ist diesen nicht wegen ihres ggf. weitergehenden Umfangs immanent (so aber BR-Drucks. 426/06, S. 47), sondern Folge der zur Vermeidung ungerechtfertigter Doppelzahlungen gesetzlich geschaffenen Anrechnungsregelung des § 3 (vgl. Brose in: Brose/Weth/Volk, 9. Aufl., § 3 BEEG Rn. 3). 25

Anders als die Vorläufervorschrift des § 7 BErzGG stellt § 3 auf die der berechtigten Person **zustehenden Einnahmen** ab, sodass von der Anrechnung nur Einnahmen erfasst werden, auf deren Zahlung ein Anspruch besteht (vgl. für Sozialleistungen § 40 SGB I), unabhängig davon, ob die Zahlung tatsächlich erfolgt. Das ergibt sich daraus, dass der in § 3 Abs. 1 Satz 1 aufgeführte Katalog anrechenbarer Einnahmen vom Wortlaut her ausdrücklich darauf abstellt, dass die Einnahmen der berechtigten Person entweder »zustehen« oder sie hierauf einen »Anspruch hat«. Dies gilt ebenso für § 3 Abs. 1 Satz 1 Nr. 1 Buchst. a), obwohl sich dort eine derartige Formulierung nicht finden lässt. Denn anders als die Gesetzesstruktur auf den ersten Blick vermuten lässt bezieht sich der Relativsatz »die der berechtigten Person für die Zeit ab dem Tag der Geburt des Kindes zustehen« in § 3 Abs. 1 Satz 1 Nr. 1 Buchst. b) nicht nur auf den Zuschuss zum Mutterschaftsgeld nach § 20 MuSchG, sondern generell auf die von § 3 Abs. 1 Satz 1 Nr. 1 26 erfassten Mutterschaftsleistungen, also auch auf das Mutterschaftsgeld. Über § 3 sind daher auch ruhende Ansprüche grundsätzlich bei der Anrechnung zu berücksichtigen (vgl. Buchner/Becker, 8. Aufl., § 3 BEEG Rn. 6). Hierdurch sollen die Berechtigten gezwungen werden, die ihnen nach dem Gesetz oder auf anderer Grundlage zustehenden Leistungen (vorrangig) in Anspruch zu nehmen.

27 Die in § 3 Abs. 1 Satz 1 genannten Einnahmen werden auf »das nach § 2 oder § 2 in Verbindung mit § 2a **zustehende Elterngeld**« angerechnet. Umfasst wird daher auch der Betrag, um den sich das Elterngeld infolge einer Mehrlingsgeburt (§ 2a Abs. 4 BEEG) erhöht (vgl. dazu LSG Sachsen-Anhalt vom 30.8.2012 – L 2 EG 1/10 – BeckRS 2013, 65887; LSG Sachsen vom 23.10.2012 – L 7 EG 1/10 – BeckRS 2013, 69470, bestätigt durch BSG vom 26.3.2014 – B 10 EG 2/13 R – BeckRS 2014, 69859).

aa) Mutterschaftsleistungen (Nr. 1)

28 Nach § 3 Abs. 1 Satz 1 Nr. 1 werden Mutterschaftsleistungen a) in Form des Mutterschaftsgeldes nach dem SGB V oder nach dem Zweiten Gesetz über die Krankenversicherung der Landwirte mit Ausnahme des Mutterschaftsgeldes nach § 19 Abs. 2 MuSchG oder b) in Form des Zuschusses zum Mutterschaftsgeld nach § 20 MuSchG, die der nach § 1 BEEG berechtigten Person für die Zeit ab dem Tag der Geburt des Kindes zustehen, auf das nach § 2 bzw. § 2 i.V.m. § 2a BEEG zustehende Elterngeld angerechnet. Die in Nr. 1 genannten Mutterschaftsleistungen sollen die durch die Geburt des Kindes – speziell die wegen der nach der Geburt geltenden gesetzlichen Beschäftigungsverbote – entstehenden Einkommenseinbußen ganz oder teilweise ausgleichen und dienen somit demselben Zweck wie die Familienleistung Elterngeld (**Zweckidentität** – vgl. dazu auch BT-Drucks. 16/1889, S. 22; BSG vom 26.3.2014 – B 10 EG 2/13 R – BeckRS 2014, 69859; BSG vom 20.12.2012 – B 10 EG 19/11 R – SozR 4–7837 § 3 Nr. 1).

aaa) Begriff der Mutterschaftsleistungen und gesetzliche Grundlagen

29 An die Mutterschaft anknüpfende Leistungen werden grundsätzlich in Form von Geld- oder Sachleistungen erbracht, wobei im Anwendungsbereich von § 3 wegen der erforderlichen Zeitgleichheit von Einnahmen und Elterngeld lediglich finanzielle Zuwendungen von Bedeutung sind, die ab dem Tag der Geburt erbracht werden. Bei den an die Mutterschaft anknüpfenden Leistungen handelt es sich im Wesentlichen um finanzielle **(Ausgleichs-)Leistungen**, die **für die Dauer** der im Mutterschutzgesetz geregelten **Beschäftigungsverbote** gezahlt werden. Das Mutterschutzgesetz normiert im Einzelnen folgende Beschäftigungsverbote (vgl. § 2 Abs. 3 Satz 1 MuSchG)

- während der Schutzfristen 6 Wochen vor und 8 bzw. 12 Wochen nach der Entbindung (§ 3 Abs. 1 und 2 MuSchG),
- von Mehr-, Nacht-, Sonn- und Feiertagsarbeit (§§ 4, 5, 6 MuSchG),
- für Tätigkeiten, für welche der Arbeitgeber die erforderlichen Schutzmaßnahmen unterlassen hat (§ 10 Abs. 3 MuSchG),
- im Fall unverantwortbarer Gefährdungen (§ 13 Abs. 1 Nr. 3 MuSchG) sowie

– ärztliche Beschäftigungsverbote (§ 16 MuSchG).

Die für die Dauer solcher Beschäftigungsverbote gewährten finanziellen (Ausgleichs-) Leistungen sind im **Mutterschutzgesetz** (§§ 18, 19, 20), im **SGB V** (§ 24c Nr. 6 i.V.m. § 24i SGB V) und im **Zweiten Gesetz über die Krankenversicherung der Landwirte** (KVLG2) vom 20.12.1988 (BGBl. I S. 2477) geregelt. Von besonderer Bedeutung sind das Mutterschaftsgeld und der Arbeitgeberzuschuss zum Mutterschaftsgeld.

Mutterschaftsgeld wird sowohl für Frauen gewährt, die Mitglied einer gesetzlichen Krankenkasse sind (§ 19 Abs. 1 MuSchG), als auch – bei Erfüllung bestimmter Voraussetzungen – für Frauen, die nicht (mehr) in einem Mitgliedschaftsverhältnis zu einer gesetzlichen Krankenkasse stehen (§ 19 Abs. 2 MuSchG). 30

Frauen, die zu Beginn der in § 3 MuSchG geregelten Schutzfristen Mitglied einer gesetzlichen Krankenkasse sind, haben nach den Vorschriften des SGB V oder des KVLG2 für die Zeit der Schutzfristen vor und nach der Entbindung sowie für den Entbindungstag Anspruch auf Mutterschaftsgeld (§ 19 Abs. 1 MuSchG). Der Anspruch folgt aus § 24c Nr. 6 i.V.m. § 24i SGB V bzw. für in der Krankenversicherung der Landwirte versicherte Frauen aus § 14 KVLG2 i.V.m. § 24i SGB V. Für diesen Anspruch hat die Regelung des **§ 19 Abs. 1 MuSchG** keine konstitutive, sondern nur eine **deklaratorische Bedeutung** (vgl. BSG vom 16.2.2005 – B 1 KR 13/03 R – SozR 4–2200 § 200 Nr. 2, zu § 13 Abs. 1 MuSchG a.F.). Die Höhe des Mutterschaftsgeldes orientiert sich an dem in den letzten drei Kalendermonaten vor Beginn der Schutzfrist nach § 3 MuSchG gezahlten durchschnittlich kalendertäglichen Nettoarbeitsentgelt (§ 24i Abs. 2 Satz 1 SGB V), ist jedoch auf einen gesetzlich festgelegten Höchstbetrag von 13 Euro kalendertäglich begrenzt (§ 24i Abs. 2 Satz 2 SGB V). Das **Mutterschaftsgeld für versicherte Frauen** nach Maßgabe des SGB V bzw. KVLG2 hat **Lohnersatzfunktion** (vgl. BSG vom 20.3.1984 – 7 RAr 40/83 – SozR 4100 § 113 Nr. 3) und wird von den Krankenkassen gezahlt.

Frauen, die bei Beginn der Schutzfristen nicht Mitglied einer gesetzlichen Krankenkasse sind, haben nach § 19 Abs. 2 MuSchG für die Zeit der Schutzfristen vor und nach der Entbindung sowie für den Entbindungstag Anspruch auf Mutterschaftsgeld zulasten des Bundes, wenn sie bei Beginn der Schutzfristen (§ 3 MuSchG) in einem (Heim-)Arbeitsverhältnis stehen oder wenn das Arbeitsverhältnis entsprechend den gesetzlichen Vorgaben im MuSchG (§ 17 Abs. 2) aufgelöst wurde. Im Gegensatz zu § 19 Abs. 1 MuSchG wird der Anspruch auf **Mutterschaftsgeld für unversicherte Frauen** durch **§ 19 Abs. 2 MuSchG konstitutiv** geregelt. Unversicherte Frauen sind all jene unter das Mutterschutzgesetz fallenden Personen, die in der gesetzlichen Krankenversicherung nicht pflichtversichert sind, weil sie entweder **versicherungsfrei** oder **von der Versicherungspflicht befreit** sind, sie der gesetzlichen Krankenversicherung auch **nicht als freiwillige Mitglieder** angehören oder sie **Familienversicherte** nach § 10 SGB V sind. Für diesen Personenkreis wird das Mutterschaftsgeld in entsprechender Anwendung der Vorschriften des SGB V über das Mutterschaftsgeld erbracht, allerdings der Höhe nach auf 210 Euro begrenzt (§ 19 Abs. 2 Satz 1 MuSchG). Die Leistungen werden vom Bundesamt für Soziale Sicherung gezahlt (§ 19 Abs. 2 Satz 2 MuSchG). Ist das Arbeitsverhältnis nach Maßgabe von § 17 Abs. 2 MuSchG durch eine Kündigung beendet worden, erhält die Frau Mutterschaftsgeld in entsprechender Anwendung der § 19 Abs. 2 Satz 1 und 2 MuSchG für die Zeit nach dem Ende des Arbeitsverhältnisses (§ 19 Abs. 2 Satz 3 MuSchG). Für Frauen, die nicht Mitglied einer Krankenkasse sind, bildet § 19 Abs. 2 MuSchG die Rechtsgrundlage für den Anspruch auf Mutterschaftsgeld als **öffentlich-rechtliche Sozialleistung** (vgl. Buchner/Becker, 8. Aufl., § 13 MuSchG Rn. 94).

31 Frauen erhalten während ihres bestehenden Beschäftigungsverhältnisses für die Zeit der Schutzfristen vor und nach der Entbindung sowie für den Entbindungstag von ihrem Arbeitgeber einen **Zuschuss zum Mutterschaftsgeld** nach Maßgabe des **§ 20 MuSchG**. Der Anspruch auf den Zuschuss zum Mutterschaftsgeld ist **akzessorisch** zum Anspruch auf Mutterschaftsgeld (Herrmann in: Brose/Weth/Volk, 9. Aufl., § 20 MuSchG Rn. 10). Voraussetzung für den Zuschuss ist, dass ein Beschäftigungsverhältnis besteht und dass das im Bemessungszeitraum für das Mutterschaftsgeld (drei Kalendermonate vor Beginn der Schutzfrist) kalendertäglich erzielte Nettoarbeitsentgelt den gesetzlichen Höchstbetrag für das Mutterschaftsgeld von 13 Euro übersteigt. In diesen Fällen zahlt der Arbeitgeber für die Zeit der Schutzfristen und den Entbindungstag den Unterschiedsbetrag zwischen 13 Euro und dem durchschnittlichen kalendertäglichen Nettoarbeitsentgelt. Darüber hinaus wird der Zuschuss zum Mutterschaftsgeld auch gewährt für Frauen, deren Beschäftigungsverhältnis nach Maßgabe von § 17 Abs. 2 MuSchG durch eine Kündigung geendet hat, für die Zeit nach dem Ende des Beschäftigungsverhältnisses dann allerdings von der für die Zahlung des Mutterschaftsgeldes zuständigen Stelle (§ 20 Abs. 3 MuSchG). Das gilt entsprechend, wenn der Arbeitgeber wegen eines Insolvenzereignisses im Sinne von § 165 Abs. 1 Satz 2 SGB III den Zuschuss zum Mutterschaftsgeld nicht zahlen kann. Der Zuschuss nach § 20 Abs. 1 MuSchG ist kein Bestandteil des Mutterschaftsgeldes, sondern ein gesetzlich begründeter arbeitsvertraglicher Anspruch auf teilweise Fortzahlung des Arbeitsentgelts (vgl. nur BAG vom 24.2.1999 – 10 AZR 258/98 – NZA 1999, 772), während der Zuschuss, der von der Krankenkasse bzw. dem Bundesamt für Soziale Sicherung nach § 20 Abs. 3 MuSchG geleistet wird, öffentlich-rechtlicher Natur ist (vgl. Pepping in: Rancke/Pepping, 6. Aufl., § 20 MuSchG Rn. 3).

bbb) Anzurechnende Mutterschaftsleistungen

32 Auf das Elterngeld anzurechnen ist das der berechtigten Person nach der Geburt des Kindes zustehende Mutterschaftsgeld nach dem SGB V oder dem KVLG2 mit Ausnahme des nach § 19 Abs. 2 MuSchG gezahlten Mutterschaftsgeldes (vgl. zu dieser Thematik insgesamt: Russell, ZRP 2010, S. 96 f.). Anrechenbar ist daher nur das **Mutterschaftsgeld für versicherte Frauen**, das der berechtigten Person ab dem Tag der Geburt des Kindes – d.h. **während der nachgeburtlichen Schutzfrist** des § 3 Abs. 2 MuSchG – gezahlt wird. Denn nur dieses Mutterschaftsgeld hat eine partielle Lohnersatzfunktion und ist daher dem Elterngeld hinsichtlich der Zweckbestimmung vergleichbar. Nach § 3 Abs. 2 Satz 1 und 2 MuSchG dürfen Mütter bis zum Ablauf von 8 Wochen, bei Frühgeburten, Mehrlingsgeburten und wenn vor Ablauf von 8 Wochen nach der Entbindung bei dem Kind eine Behinderung im Sinne von § 2 Abs. 1 Satz 1 SGB IX ärztlich festgestellt wird, bis zum Ablauf von 12 Wochen

nach der Entbindung nicht beschäftigt werden und erhalten für die Dauer dieses Beschäftigungsverbotes Mutterschaftsgeld (§ 24i Abs. 3 Satz 1 und 2 SGB V). Wird bei Frühgeburten und sonstigen vorzeitigen Entbindungen die vorgeburtliche Schutzfrist (§ 3 Abs. 1 MuSchG) verkürzt, verlängert sich die Bezugsdauer für das Mutterschaftsgeld um den Zeitraum, der vor der Entbindung nicht in Anspruch genommen werden konnte (§ 24i Abs. 3 Satz 3 SGB V). Dementsprechend verlängert sich auch die Anrechnung des Mutterschaftsgeldes auf das Elterngeld (vgl. BSG vom 26.3.2014 – B 10 EG 2/13 R – BeckRS 2014, 69859; BSG vom 20.12.2012 – B 10 EG 19/11 R – SozR 4–7837 § 3 Nr. 1; BSG vom 26.5.2011 – B 10 EG 12/10 R – SozR 4–7837 § 4 Nr. 2; dies befürwortend Brose in: Brose/Weth/Volk, 9. Aufl., § 3 BEEG Rn. 11; Grüner/Jung/Wiegand, § 3 BEEG Rn. 7c). Diese Beeinflussung des für das Elterngeld maßgebenden Bezugszeitraums durch die Bezugsdauer der nach § 3 Abs. 1 Satz 1 auf das Elterngeld anzurechnenden Leistungen ist eine bewusste Entscheidung des Gesetzgebers, um effektiv zu vermeiden, dass zweckidentische Leistungen für zeitlich kongruente Bezugszeiträume gezahlt werden. Dies bestätigt die Regelung des § 4 Abs. 4 Satz 3 BEEG, nach der Lebensmonate des Kindes, in denen die berechtigte Person eine der in § 3 Abs. 1 Satz 1 Nr. 1 bis 3 genannten Leistungen bezieht, als Basiselterngeldbezugsmonate gelten. Verfassungsrechtliche Bedenken bestehen insoweit nicht. Weder handelt es sich um eine geschlechtsspezifische Diskriminierung im Sinne des Art. 3 Abs. 3 GG oder des Gemeinschaftsrechts, noch um einen sachlich nicht gerechtfertigten Verstoß gegen den allgemeinen Gleichheitsgrundsatz oder das durch Art. 6 Abs. 2 GG geschützte Elternrecht (vgl. BSG vom 20.12.2012 – B 10 EG 19/11 R – SozR 4–7837 § 3 Nr. 1 m.w.N.; zur Verfassungsmäßigkeit des § 4 Abs. 3 Satz 2 BEEG a.F. [§ 4 Abs. 4 Satz 3 BEEG n.F.]: BSG vom 26.5.2011 – B 10 EG 12/10 R – SozR 4–7837 § 4 Nr. 2).

Das Mutterschaftsgeld nach dem SGB V oder dem KVLG2 »steht« der berechtigten Person »zu«, wenn ein **Anspruch auf diese Leistung** besteht, d.h. wenn die gesetzlichen Voraussetzungen für den Bezug von Mutterschaftsgeld erfüllt sind (**§ 40 SGB I**). Hingegen ist ohne Bedeutung, ob bzw. wann die Leistung tatsächlich gezahlt wird. Daher ist auch ein ruhender Anspruch auf Mutterschaftsgeld (vgl. § 24i Abs. 4 SGB V) anzurechnen. 33

Grundvoraussetzung für das Mutterschaftsgeld nach dem SGB V bzw. dem KVLG2 ist, dass die berechtigte Person zum Zeitpunkt des Beginns der gesetzlichen Schutzfrist nach § 3 Abs. 2 MuSchG **Mitglied einer gesetzlichen Krankenkasse** bzw. der Krankenversicherung der Landwirte ist. Diese Voraussetzung ist erfüllt bei Bestehen einer Pflichtmitgliedschaft (§ 5 SGB V; § 2 KVLG2) und bei Bestehen einer freiwilligen Versicherung (§ 9 SGB V; § 6 KVLG2). Ausreichend ist, wenn die Mitgliedschaft aufgrund eines der in § 192 SGB V und § 25 KVLG2 geregelten mitgliedschaftserhaltenden Tatbestände fortbesteht. Von besonderer Bedeutung sind dabei die Regelung in § 192 Abs. 1 Nr. 2 SGB V bzw. § 25 Abs. 1 Nr. 2 KVLG2, wonach der Bezug von Mutterschaftsgeld oder Elterngeld mitgliedschaftserhaltend wirkt.

Familienversicherte Frauen (§ 10 SGB V) besitzen zwar eigene Leistungsansprüche gegen die Krankenkasse, sind aber nicht Mitglied (zur Unterscheidung zwischen Versicherung und Mitgliedschaft vgl. Felix in: Schlegel/Voelzke, jurisPK-SGB V, 5. Aufl., § 10 Rn. 9 ff. und § 186 Rn. 6) und können daher kein Mutterschaftsgeld nach dem SGB V bzw. dem KVLG2 beanspruchen. Im Anwendungsbereich des KVLG2 sind zusätzlich die Besonderheiten der Versicherungspflicht von mitarbeitenden Familienangehörigen zu berücksichtigen.

34 Obwohl die nachgeburtliche Schutzfrist des § 3 Abs. 2 MuSchG erst am Tag nach der Entbindung beginnt, wird Mutterschaftsgeld nicht nur für die Dauer der nachgeburtlichen Schutzfrist, sondern auch für den Entbindungstag gezahlt (vgl. § 24i Abs. 3 Satz 1 SGB V). Auch dieses **für den Entbindungstag gezahlte Mutterschaftsgeld** wird von der Anrechnung erfasst, da § 3 Abs. 1 Satz 1 Nr. 1 auf das »ab dem Tag der Geburt des Kindes« zustehende Mutterschaftsgeld abstellt. Aufgrund dieser Formulierung ist der früher im Anwendungsbereich des § 7 BErzGG bestehende Streit über die Anrechenbarkeit des für den Entbindungstag gezahlten Mutterschaftsgeldes (vgl. dazu Zmarzlik/Zipperer/Viethen, 8. Aufl., § 7 BErzGG Rn. 13 ff.) obsolet geworden.

35 Aufgrund der nach dem Gesetz erforderlichen **Personenidentität** zwischen dem Bezugsberechtigten für das Elterngeld einerseits und dem Bezugsberechtigten für die in § 3 Abs. 1 Satz 1 genannten Einnahmen andererseits (vgl. dazu Rdn. 22) erfolgt die **Anrechnung des Mutterschaftsgeldes nur auf den Elterngeldanspruch der Mutter**.

36 Ebenfalls auf das Elterngeld angerechnet wird der **Zuschuss zum Mutterschaftsgeld nach § 20 MuSchG**. Im Geltungsbereich der Vorgängervorschrift des § 7 BErzGG war diese Anrechnung nicht vorgesehen. Da § 3 Abs. 1 Satz 1 insoweit keine Einschränkung vornimmt, wird nicht nur der nach § 20 Abs. 1 MuSchG gezahlte Zuschuss für Frauen, die in einem Beschäftigungsverhältnis stehen, auf das Elterngeld angerechnet, sondern auch der auf der Grundlage von § 20 Abs. 3 MuSchG gewährte Zuschuss für Frauen, deren Beschäftigungsverhältnis nach Maßgabe von § 17 Abs. 2 MuSchG aufgelöst worden ist. Dies ist sachlich gerechtfertigt, weil auch Letztere zu Beginn der Schutzfrist in einem Beschäftigungsverhältnis gestanden haben und krankenversichert waren.

37 Um bei grenzüberschreitenden Sachverhalten Doppelleistungen zu vermeiden, werden in entsprechender Anwendung von § 3 Abs. 1 Satz 1 Nr. 1 auch **dem Mutterschaftsgeld für versicherte Frauen vergleichbare Leistungen anderer Staaten**, die an der Koordinierung der Systeme der sozialen Sicherheit teilhaben, auf das Elterngeld angerechnet. Dies folgt aus Art. 5 Buchst. a der VO 883/2004 (vgl. BT-Drucks. 17/9841, S. 28). Voraussetzung hierfür ist, dass nach deutschen Rechtsvorschriften der Bezug von Leistungen der sozialen Sicherheit bestimmte Rechtswirkungen hat (z.B. die in § 3 vorgesehene Anrechnung auf den Elterngeldanspruch) und dass von einem anderen Mitgliedstaat gleichartige Leistungen gewährt werden. Die Gewährung gleichartiger Leistungen wird angenommen, wenn Gegenstand und Zweck der Leistungen sowie ihre Berechnungsgrundlage und Voraussetzungen identisch sind (vgl. EuGH vom 8.5.2014 – C-347/12 – Wiering; EuGH vom 12.2.1998 – C-366/96 – Cordelle). Ob die jeweilige Leistung mit deutschem Mutterschaftsgeld vergleichbar ist, ist im Einzelfall zu klären, wobei die **MISSOC-Tabellen** der EU zur sozialen Sicherheit eine Übersicht über Gegenstand, Zweck, Berechnungsgrundlage und Voraussetzungen der jewei-

ligen Leistung der EU/EWR-Länder enthalten (vgl. Lenz/Wagner in: Rancke/Pepping, 6. Aufl., § 3 BEEG Rn. 9).

Für Geburten ab dem 1.5.2025 erübrigt sich hingegen eine entsprechende Anwendung des § 3 Abs. 1 Satz 1 Nr. 1 bei grenzüberschreitenden Sachverhalten. Nunmehr wird die Anrechnung von mit Mutterschaftsleistungen vergleichbaren Leistungen, auf die unter anderem außerhalb Deutschlands ein Anspruch besteht, ausdrücklich von § 3 Abs. 1 Satz 1 Nr. 3 erfasst. Insoweit ist § 3 Abs. 1 Satz 1 Nr. 3 klarstellend geändert worden (vgl. BT-Drucks. 20/11306, S. 119). In diesem Kontext ist allerdings zu berücksichtigen, dass § 3 Abs. 1 Satz 1 Nr. 3 – anders als § 3 Abs. 1 Satz 1 Nr. 1 in entsprechender Anwendung – keine Personenidentität voraussetzt (vgl. hierzu Rdn. 51). So gesehen ist die Anrechnung von mit Mutterschaftsleistungen vergleichbaren Leistungen, auf die außerhalb Deutschlands ein Anspruch besteht, zum 1.5.2025 sogar erweitert worden. Diese Leistung wird nun auch auf den Elterngeldanspruch des Kindsvaters angerechnet.

Anrechnungsfrei ist hingegen das als reine Sozialleistung gewährte **Mutterschaftsgeld für unversicherte, privat versicherte oder familienversicherte Berechtigte nach § 19 Abs. 2 MuSchG.** Die Differenzierung hinsichtlich der Anrechnung von Mutterschaftsgeld für versicherte Frauen nach dem SGB V und dem KVLG2 und dem einmalig gezahlten Mutterschaftsgeld für unversicherte Frauen nach § 19 Abs. 2 MuSchG war bereits in der Vorläufervorschrift des § 7 BErzGG angelegt und ist vom Gesetzgeber in das BEEG übernommen worden. Ausschlaggebend für die fehlende Anrechnung des Mutterschaftsgeldes nach § 19 Abs. 2 MuSchG war im Anwendungsbereich des BErzGG die geringe Höhe der Leistung und deren Einmaligkeit. In Bezug auf das Elterngeld kommt hinzu, dass das für unversicherte Frauen gewährte Mutterschaftsgeld als reine Sozialleistung ohne Lohnersatzfunktion ausgestaltet und mit dem den Basisbetrag übersteigenden Elterngeld **nicht zweckidentisch** ist. Der in § 3 Abs. 1 Satz 1 Nr. 1 Buchs. a) Halbsatz 2 enthaltene Hinweis auf die fehlende Anrechenbarkeit des nach § 19 Abs. 2 MuSchG gewährten Mutterschaftsgeldes ist in Anbetracht der eindeutigen Beschränkung der Anrechnung auf das nach dem SGB V bzw. dem KVLG2 zustehende Mutterschaftsgeld überflüssig. 38

Ebenfalls nicht nach § 3 Abs. 1 Satz 1 Nr. 1 anzurechnen sind **Mutterschaftsleistungen**, die während des Bezugszeitraums des Elterngeldes der berechtigten Person **vor oder nach der Geburt eines weiteren Kindes** zustehen. Der dies bis zum 17.9.2012 regelnde Anrechnungstatbestand des § 3 Abs. 1 Satz 2 BEEG a.F. wurde im Zuge des Gesetzes zur Vereinfachung des Elterngeldvollzugs vom 10.9.2012 gestrichen. Daher erfasst § 3 Abs. 1 Satz 1 Nr. 1 nunmehr nur Mutterschaftsleistungen für die Geburt »des Kindes«, für welches Elterngeld beansprucht wird. Allerdings kann das aufgrund der Geburt eines weiteren Kindes gezahlte Mutterschaftsgeld nunmehr als Einnahme nach § 3 Abs. 1 Satz 1 Nr. 5 Buchst. a BEEG angerechnet werden (vgl. BT-Drucks. 17/9841, S. 28). 39

ccc) Höhe der Anrechnung

40 Das auf das Elterngeld anzurechnende Mutterschaftsgeld nach dem SGB V oder dem KVLG2 wird in der dem Berechtigten zustehenden und somit **in voller Höhe** angerechnet. Ein Anrechnungsfreibetrag – wie im Geltungsbereich des § 10 BEEG – gilt insoweit nicht (vgl. dazu auch: BSG vom 26.3.2014 – B 10 EG 2/13 R – BeckRS 2014, 69859). Die Höhe der Mutterschaftsleistungen und damit der anrechenbaren Einnahmen im Sinne des § 3 Abs. 1 Satz 1 Nr. 1 ergibt sich aus den maßgebenden leistungsrechtlichen Vorschriften des SGB V, auf welche auch das KVLG2 verweist. Danach erhalten

- versicherte Frauen ein kalendertäglich bemessenes Mutterschaftsgeld auf der Grundlage des in den letzten drei Kalendermonaten vor Beginn der Schutzfrist (§ 3 Abs. 1 MuSchG) abgerechneten Nettoarbeitsentgelts (§ 24i Abs. 2 Satz 1 SGB V), höchstens jedoch 13 Euro pro Kalendertag (§ 24i Abs. 2 Satz 2 SGB V), welches durch den Zuschuss des Arbeitgebers nach § 20 MuSchG bis zur Höhe des Nettoarbeitsentgelts ergänzt wird;
- versicherte Frauen, die zum Beginn der Schutzfrist des § 3 Abs. 1 MuSchG zwar nicht in einem Arbeitsverhältnis stehen, aber Anspruch auf Krankengeld haben, ein kalendertäglich bemessenes Mutterschaftsgeld in Höhe des Krankengeldes (§ 24i Abs. 2 Satz 5 SGB V).

bb) Fortgezahlte Dienst- und Anwärterbezüge für die Zeit eines nachgeburtlichen Beschäftigungsverbots (Nr. 2)

41 Nach § 3 Abs. 1 Satz 1 Nr. 2 sind die der berechtigten Person nach beamten- oder soldatenrechtlichen Vorschriften zustehenden Dienst- und Anwärterbezüge sowie die Zuschüsse für die Zeit eines Beschäftigungsverbots ab dem Tag der Geburt des Kindes auf das Elterngeld des Bezugsberechtigten anzurechnen.

42 Für **Beamtinnen, Richterinnen und Soldatinnen** gelten weder die Vorschriften des MuSchG unmittelbar, weil sie nicht in einem abhängigen Beschäftigungsverhältnis stehen, noch sind sie nach dem SGB V oder dem KLVG2 anspruchsberechtigt, weil sie im Regelfall nicht gesetzlich krankenversichert sind. Sie erhalten somit kein Mutterschaftsgeld.

Allerdings gelten auch für diese Personengruppe vor und nach der Geburt Schutzfristen, in denen keine Beschäftigung ausgeübt werden darf. Für Beamtinnen und Richterinnen auf Bundesebene folgt dies aus § 2 Abs. 1 Satz 1 Nr. 5 der Verordnung über den Mutterschutz für Beamtinnen des Bundes und die Elternzeit für Beamtinnen und Beamte des Bundes (Mutterschutz- und Elternzeitverordnung – MuSchEltZV) vom 12.2.2009 (BGBl. I S. 320) in der ab 1.1.2018 geltenden Fassung der Verordnung zur Änderung der Mutterschutz- und Elternteilzeitverordnung vom 9.2.2018 (BGBl. I S. 198), welcher die Vorschriften des Mutterschutzgesetzes zu **Beschäftigungsverboten** (§§ 3 bis 6, § 10 Abs. 3, § 13 Abs. 1 Nr. 3 und § 16) für entsprechend anwendbar erklärt. Für Soldatinnen werden Beschäftigungsverbote in § 5 Abs. 1 der Verordnung über den Mutterschutz für Soldatinnen (Mutterschutzverordnung für Soldatinnen – MuSchSoldV) vom 18.11.2004 (BGBl. I S. 2858) angeordnet, die § 3 Abs. 1 und 2

MuSchG weitgehend inhaltlich entsprechen. Für Beamtinnen und Richterinnen des Landes sehen die jeweiligen Landesverordnungen Beschäftigungsverbote vor und nach der Geburt vor (vgl. SG Karlsruhe vom 25.1.2010 – S 11 EL 2806/08 – BeckRS 2010, 66384, zur Fortzahlung von Dienstbezügen nach landesrechtlichen Vorschriften für die Inanspruchnahme eines »Sabbaticals«).

Während der Dauer eines solchen Beschäftigungsverbots haben Beamtinnen, Richterinnen und Soldatinnen einen Anspruch auf **Fortzahlung ihrer vollen Dienstbezüge** (vgl. § 3 Abs. 1 Satz 1 MuSchEltZV für Beamtinnen und Richterinnen des Bundes; § 6 Satz 1 MuSchSoldV für Soldatinnen; für Landesbeamtinnen und -richterinnen entsprechend den Landesverordnungen). Beamtenanwärterinnen werden in diesen Zeiträumen Anwärterbezüge fortgezahlt. Dies ist Ausdruck des im Beamtenrecht geltenden und zu den verfassungsrechtlich geschützten hergebrachten Grundsätzen des Berufsbeamtentums zählenden **Alimentationsprinzips** (Art. 33 Abs. 5 GG). 43

Zusätzlich erhalten Beamtinnen einen **Zuschuss** in Höhe von 13 Euro für jeden Kalendertag eines Beschäftigungsverbots, der in eine Elternzeit fällt, höchstens jedoch 210 Euro, wenn die Grunddienstbezüge die Versicherungspflichtgrenze in der gesetzlichen Krankenversicherung überschreiten oder überschreiten würden (§ 5 MuSchEltZV für Bundesbeamtinnen und Bundesrichterinnen; § 6a MuSchSoldV für Soldatinnen; für Landesbeamtinnen und -richterinnen entsprechend den Landesverordnungen).

Mit diesen Leistungen wird der Lebensunterhalt der berechtigten Person nach der Geburt des Kindes in vollem Umfang abgesichert. Es handelt sich um Leistungen, deren Zweck dem des Elterngeldes entspricht und die aufgrund ihres weitergehenden Umfangs als **vorrangige Leistungen** gegenüber dem Elterngeld anzusehen und daher auf dieses anzurechnen sind (BT-Drucks. 16/1889, S. 22).

cc) **Vergleichbare ausländische Leistungen (Nr. 3)**

Nach § 3 Abs. 1 Satz 1 Nr. 3 werden dem Elterngeld vergleichbare Leistungen angerechnet, auf die eine nach § 1 BEEG berechtigte Person außerhalb Deutschlands oder gegenüber einer über- oder zwischenstaatlichen Einrichtung Anspruch hat. Für Geburten ab dem 1.5.2025 ist dieser Anrechnungstatbestand erweitert worden. Nunmehr werden über § 3 Abs. 1 Satz 1 Nr. 3 auch mit Mutterschaftsleistungen vergleichbare ausländische Leistungen angerechnet. Für Geburten vor dem 1.5.2025 erfolgt die Anrechnung jener Leistungen hingegen in entsprechender Anwendung von § 3 Abs. 1 Satz 1 Nr. 1 (vgl. Rdn. 37). 44

Eine dem § 3 Abs. 1 Satz 1 Nr. 3 **entsprechende Regelung** fand sich vor dem Inkrafttreten des BEEG in § 8 Abs. 3 BErzGG. Sie wurde im Zuge des BErzGG-ÄndG vom 30.6.1989 eingeführt, wobei seinerzeit der Anspruch auf Erziehungsgeld durch vergleichbare ausländische Leistungen ausgeschlossen wurde. Dieser in **§ 8 Abs. 3 BErzGG** normierte **Leistungsausschluss** galt jedoch nur dann, wenn eine dem Erziehungsgeld oder Mutterschaftsgeld vergleichbare ausländische Leistung tatsächlich bezogen wurde. § 8 Abs. 3 BErzGG regelte daher seinerzeit nur die Kollision zwischen einem grundsätzlich bestehenden Anspruch auf Erziehungsgeld und im Ausland bezogenen vergleichbaren Leistungen. Hingegen fiel die Kollision zwischen einem bestehenden Anspruch auf Erziehungsgeld und einem ebenfalls nur bestehenden Anspruch auf vergleichbare ausländische Leistungen nicht in den Anwendungsbereich des § 8 Abs. 3 BErzGG, sondern wurde durch die vorrangigen Antikumulierungsvorschriften des Gemeinschaftsrechts gelöst (BSG vom 10.7.1997 – 14 REg 8/96 – SozR 3–7833 § 8 Nr. 4 mit Entscheidungsbesprechung von Becker, SGb 1998, 553 ff.).

§ 8 Abs. 3 BErzGG wurde durch das 3. BErzGG-ÄndG vom 12.10.2000 (BGBl. I S. 1426) inhaltlich grundlegend umgestaltet. Nunmehr wurde das Erziehungsgeld durch die Inanspruchnahme von vergleichbaren ausländischen Leistungen nicht mehr vollständig, sondern nur noch »insoweit«, d.h. in Höhe der gezahlten ausländischen Leistung ausgeschlossen. Der Übergang von einem gesetzlichen Leistungsausschluss zu einer dem heutigen § 3 Abs. 1 Satz 1 Nr. 3 entsprechenden Anrechnungsregelung war damit vollzogen. Der in § 8 Abs. 3 BErzGG enthaltene Hinweis auf den Vorrang der gemeinschaftsrechtlichen Vorschriften über Familienleistungen war lediglich deklaratorischer Natur, da sich dieser Vorrang bereits aus der Normhierarchie ergab.

45 Der in § 3 Abs. 1 Satz 1 Nr. 3 geregelte Anrechnungstatbestand setzt voraus, dass
- eine elterngeldberechtigte Person einen Anspruch (vgl. dazu Rdn. 48 ff.) auf
- eine dem Elterngeld oder Mutterschaftsleistungen vergleichbare Leistung außerhalb von Deutschland oder gegenüber einer zwischen- bzw. überstaatlichen Einrichtung (vgl. dazu Rdn. 46 f.)
- während des Bezugszeitraums für das Elterngeld (vgl. dazu Rdn. 52) hat
- und die gemeinschaftsrechtlichen Vorschriften zur Koordinierung der nationalen Sicherungssystem entweder nicht anwendbar sind oder die Anspruchskonkurrenz zulassen (vgl. dazu Rdn. 53 ff.).

aaa) Vorliegen einer vergleichbaren ausländischen Leistung

46 Anzurechnen sind dem Elterngeld oder Mutterschaftsleistungen vergleichbare ausländische Leistungen bzw. vergleichbare Leistungen einer über- oder zwischenstaatlichen Einrichtung.

Da dem Elterngeld vergleichbare ausländische Leistungen im Regelfall unter einer anderen (Leistungs-)Bezeichnung gewährt werden, ist für die Vergleichbarkeit nicht der Terminus der Leistung, sondern ihre Zweckbestimmung maßgebend. Eine ausländische Leistung ist nur dann dem Elterngeld vergleichbar, wenn Gegenstand und Zweck der Leistungen sowie ihre Berechnungsgrundlage und ihre Anspruchsvoraussetzungen – partiell – mit dem deutschen Elterngeld übereinstimmen (vgl. EuGH vom 8.5.2014 – C-347/12 – Wiering; EuGH vom 12.2.1998 – C-366/96 – Cordelle). Allerdings wird die **Vergleichbarkeit** durch den Doppelcharakter des Elterngeldes als steuerfinanzierte Sozialleistung zur Honorierung der Erziehungsleistung der Eltern einerseits (Zweckbestimmung des Basisbetrags § 2 Abs. 4 Satz 1 BEEG) und als einkommensabhängige Lohnersatzleistung zum Ausgleich der durch die Betreuung des Kindes entstehenden Einkommenseinbußen im ersten Jahr nach der Geburt (Zweckbestimmung des über den Basisbetrag hinausgehenden Elterngeldes) andererseits erschwert. Es stellt sich daher die Frage, welche Zweckbestimmung für die Vergleichbarkeit einer ausländischen Leistung mit dem Elterngeld ausschlaggebend ist. Angesichts der Tatsache, dass der Gesetzgeber mit der Einführung des Elterngeldes eine Neuausrichtung der familienpolitischen Leistungen mit dem Ziel beabsichtigt hat, die wegen der Betreuung des Kindes in seinem ersten Lebensjahr entstehenden finanziellen Einschränkungen möglichst weitgehend auszugleichen und dass zudem das als reine Sozialleistung ausgestaltete Erziehungsgeld dieser Zweckbestimmung nach Auffassung des Gesetzgebers nicht gerecht geworden ist (vgl. BT-Drucks. 16/1889, S. 14), muss die (partielle) **Lohnersatzfunktion des Elterngeldes** als ein **maßgebendes Kriterium** bei der Beurteilung der Vergleichbarkeit ausländischer Leistungen angesehen werden. Bestätigt wird dies durch die gesetzlichen Änderungen des BEEG, mit denen die Entgeltersatzfunktion dieser Familienleistung verstärkt bzw. betont worden ist (z.B. Einführung des § 10 Abs. 5 BEEG).

Vergleichbar mit dem Elterngeld sind somit ausländische Leistungen, die als Geldleistung aus Anlass der Geburt eines Kindes gewährt werden, die ihrem Zweck nach nicht nur die Erziehungs- und Betreuungsleistung der Eltern honorieren, sondern auch den aufgrund der Betreuung des Kindes in der Zeit nach der Geburt bedingten Einkommensverlust (teilweise) ausgleichen. Dass eine ausländische Leistung daneben auch anderen Zwecken dient, ist unerheblich, solange die für das Elterngeld maßgebende Intention den vorrangigen Leistungszweck bildet. Die Finanzierung einer Familienleistung ist hingegen lediglich von sekundärer Bedeutung für die Vergleichbarkeit, sodass auch zweckidentische beitragsfinanzierte ausländische Leistungen auf das Elterngeld anzurechnen sind (vgl. Senger in: Tillmanns/Mutschler, 3. Aufl., § 3 BEEG Rn. 35). In Anbetracht der im Vergleich zum Erziehungsgeld abweichenden Zweckbestimmung des Elterngeldes sind hingegen **reine soziale bzw. familienpolitische Förderleistungen** von der Anrechnung ausgeschlossen.

Die **Vergleichbarkeit** einer ausländischen Familienleistung mit dem Elterngeld muss 47
jeweils **im Rahmen einer Einzelfallprüfung** unter Berücksichtigung des zum Zeitpunkt der behördlichen oder gerichtlichen Entscheidung geltenden Rechts beurteilt werden.

Da die familienpolitischen Leistungen anderer Länder – ebenso wie entsprechende innerstaatliche Leistungen – einem ständigen Wandel unterworfen sind und daher nur über eine geringe »Halbwertzeit« verfügen, wird auf eine detaillierte **Auflistung der** derzeit dem Elterngeld **vergleichbaren ausländischen Leistungen** verzichtet. Entsprechende Informationen über vergleichbare Leistungen anderer Länder können jedoch in jeweils aktueller Form über die **MISSOC-Tabellen** der EU über soziale Sicherheit abgerufen werden (vgl. Rdn. 37). Auch mit Mutterschaftsleistungen vergleichbare ausländische Leistungen sind dort aufgeführt.

bbb) Bestehen eines Anspruchs auf die vergleichbare ausländische Leistung

Nach § 3 Abs. 1 Satz 1 Nr. 3 anzurechnen sind nur dem Elterngeld oder Mutter- 48
schaftsleistungen vergleichbare Leistungen, auf die außerhalb Deutschlands ein Anspruch besteht. Der eindeutige Wortlaut des Anrechnungstatbestands schließt die **Anrechnung freiwilliger ausländischer Leistungen** aus (so auch Brose in: Brose/

Weth/Volk, 9. Aufl., § 3 BEEG Rn. 19 m.w.N.), wenngleich auch in diesen Fällen die Gefahr einer Doppelleistung besteht.

49 Soweit ein Anspruch auf eine dem Elterngeld vergleichbare ausländische Leistung besteht, ist unerheblich, ob diese Leistung auch tatsächlich bezogen wird. Diese Maßgeblichkeit des Anspruchs folgt bereits aus § 3 Abs. 3 (vgl. dazu Rdn. 69 f.). In Anbetracht dieses systematischen Zusammenhangs und des eindeutigen Wortlauts der Vorschrift ist die insoweit widersprüchliche Terminologie in den Materialien zum Einführungsgesetz, die auf den **tatsächlichen Bezug vergleichbarer Leistungen** abstellt (vgl. BT-Drucks. 16/1889, S. 22) **ohne Bedeutung**, zumal der Gesetzgeber insoweit in den Materialien zum Gesetz zur Vereinfachung des Elterngeldvollzugs eine Klarstellung vorgenommen hat, sodass nunmehr Wortlaut und Gesetzesmaterialien im Einklang stehen (vgl. BT-Drucks. 17/9841, S. 28). Unausgesprochene Folge dessen ist, dass die für die Gewährung von Elterngeld zuständige Stelle verpflichtet ist zu prüfen, ob die Antragsteller einen Anspruch auf eine dem Elterngeld oder Mutterschaftsleistungen vergleichbare Leistung im Ausland oder gegenüber einer zwischen- oder überstaatlichen Einrichtung haben. Der Anspruch auf Elterngeld gilt in dem Umfang als erfüllt, in dem die vergleichbare Leistung zusteht (vgl. Senger in: Tillmanns/Mutschler, 3. Aufl., § 3 BEEG Rn. 30).

50 Der Anspruch auf die dem Elterngeld oder Mutterschaftsleistungen **vergleichbare Leistung** muss **außerhalb Deutschlands** bestehen. Einen solchen Anspruch haben im Wesentlichen im Ausland lebende elterngeldberechtigte Personen (Anknüpfung an den ausländischen Wohnsitz). Darüber hinaus kann ein Anspruch auf vergleichbare ausländische Leistungen auch für sogenannte Grenzgänger bestehen, d.h. für Personen, die in einem Mitgliedstaat eine Beschäftigung oder selbstständige Tätigkeit ausüben und in einem anderen Mitgliedstaat wohnen, in den sie in der Regel täglich, mindestens jedoch einmal wöchentlich zurückkehren (zur Erfassung der Grenzgänger vgl. BT-Drucks. 17/9841, S. 28; zum Begriff des Grenzgängers vgl. Art. 1 Buchst. f VO 883/2004).

Darüber hinaus werden nach § 3 Abs. 1 Satz 1 Nr. 3 Ansprüche auf dem Elterngeld oder Mutterschaftsleistungen **vergleichbare Leistungen** gegenüber **einer zwischen- oder überstaatlichen Einrichtung** angerechnet. Mit dem Begriff der zwischenstaatlichen Einrichtung nimmt § 3 Abs. 1 Satz 1 Nr. 3 auf Art. 24 Abs. 1 GG Bezug. Es handelt sich um einen Rechtsträger des Völkerrechts, an dem mehrere Staaten in der Weise beteiligt sind, dass sie Hoheitsrechte auf die zwischen- bzw. überstaatliche Einrichtung zur Wahrnehmung übertragen haben. Einrichtungen in diesem Sinne sind z.B. die Einrichtungen der Europäischen Union wie der Europäische Rechnungshof, Einrichtungen der Vereinten Nationen und Einrichtungen der NATO. Eine – allerdings – nicht abschließende Auflistung der zwischen- bzw. überstaatlichen Einrichtungen enthält der Anhang zu den Entsendungsrichtlinien vom 9.12.2015 (GMBl. 2016, 34).

51 Den Anspruch auf eine dem Elterngeld oder Mutterschaftsleistungen vergleichbare ausländische Leistung muss »eine nach § 1 BEEG berechtigte Person« haben. Hiervon werden in erster Linie Anspruchsberechtigte nach § 1 Abs. 2 BEEG erfasst, also diejenigen, die in Deutschland weder ihren Wohnsitz noch ihren gewöhnlichen Aufent-

halt haben. Erfasst werden aber auch diejenigen Anspruchsberechtigten, welche die Voraussetzungen des § 1 Abs. 1 Satz 1 Nr. 1 BEEG erfüllen, sofern sie gegenüber einer zwischen- oder überstaatlichen Einrichtung einen Anspruch auf vergleichbare Leistungen haben. Nach dem Willen des Gesetzgebers werden dabei nicht nur die der berechtigten Person selbst zustehenden Leistungen angerechnet, sondern auch vergleichbare ausländische Leistungen, auf die der andere nach § 1 BEEG berechtigte Elternteil einen Anspruch hat (vgl. BT-Drucks. 17/9841, S. 28). Im Fall einer Mitarbeiterin der Europäischen Zentralbank (EZB) mit Sitz in Frankfurt am Main hat der EuGH entschieden, dass das Sitzstaatsabkommen zwischen der Regierung der Bundesrepublik Deutschland und der EZB vom 18.9.1998 (BGBl. II S. 2995) einen Anspruch auf Elterngeld nicht ausschließt, wenn die gesetzlichen Voraussetzungen hierfür erfüllt sind. Art. 15 des Abkommens, der regelt, dass die Beschäftigungsbedingungen der EZB nicht dem deutschen materiellen und prozessualen Arbeits- und Sozialrecht unterliegen, schreibe der Bundesrepublik Deutschland als Sitzstaat zwar in keiner Weise vor, den Bediensteten der EZB Elterngeld zu gewähren, spreche ihr aber ebenso wenig die Befugnis ab, den in ihrem Gebiet wohnhaften Bediensteten Elterngeld zu gewähren, da ein Anspruch auf diese Leistung nicht an eine Beschäftigung oder Versicherung gebunden sei (vgl. EuGH vom 19.7.2012 – C-62/11 – Feyerbacher). Im Ergebnis bedeutet das, dass die Gewährung von Elterngeld an Bedienstete der EZB durch vorrangiges Gemeinschaftsrecht ebenso wenig ausgeschlossen ist (vgl. von Koppenfels-Spies in: Knickrehm/Roßbach/Waltermann, 8. Aufl., § 3 BEEG Rn. 9) wie der Anrechnungstatbestand des § 3 Abs. 1 Satz 1 Nr. 3 (vgl. Brose in: Brose/Weth/Volk, 9. Aufl., § 3 BEEG Rn. 17).

ccc) Identität des Bezugszeitraums

Obwohl der aktuelle Gesetzeswortlaut anders als der bis zum 17.9.2012 geltende 52
§ 3 Abs. 3 Satz 1 a.F. nicht mehr ausdrücklich darauf abstellt, muss der Anspruch auf eine dem Elterngeld vergleichbare Leistung **für denselben Zeitraum** bestehen, für den der berechtigten Person Elterngeld nach § 2 bzw. § 2a BEEG zusteht. Der Gesetzgeber hat auf das Erfordernis identischer Bezugszeiträume im Gesetzestext bewusst verzichtet (vgl. BT-Drucks. 17/9841, S. 28). Dennoch müssen sich die jeweiligen Bezugszeiträume auch weiterhin wenigstens partiell überschneiden. Dies erfordert einen Vergleich zwischen der für das Elterngeld maßgebenden Bezugsdauer und dem insoweit geltenden Bezugszeitraum (§ 4 Abs. 1 bis 3 und 5 BEEG) mit der für die vergleichbaren Leistungen nach den Vorschriften eines anderen Staates geltenden Bezugsdauer.

ddd) Vorrang der gemeinschaftsrechtlichen Koordinierungsvorschriften

Die dem § 3 zukommende und auch für den Anrechnungstatbestand des § 3 Abs. 1 53
Satz 1 Nr. 3 geltende Zweckbestimmung, die doppelte Zahlung zweckidentischer Leistungen zu vermeiden, wird auch durch die gemeinschaftsrechtlichen Kollisionsnormen und Antikumulierungsvorschriften gewährleistet (vgl. zur VO 883/2004 Senger in: Tillmanns/Mutschler, 3. Aufl., § 3 BEEG Rn. 38). Allerdings normieren sie zu diesem Zweck weder einen Leistungsausschluss (wie § 8 Abs. 3 BErzGG a.F.), noch regeln sie die Anrechnung von Leistungen (wie § 3), sondern legen für ver-

gleichbare Leistungen in grenzüberschreitenden Fallkonstellationen die **primäre und subsidiäre Leistungszuständigkeit** fest (vgl. Buchner/Becker, 8. Aufl., § 3 BEEG Rn. 42).

Maßgebend sind insoweit folgende **gemeinschaftsrechtliche Rechtsgrundlagen**:
- **Verordnung Nr. 883/2004** des Europäischen Parlaments und des Rates vom 29.4.2004 zur Koordinierung der Systeme der sozialen Sicherheit (VO 883/2004)
- **Verordnung Nr. 987/2009** des Europäischen Parlaments und des Rates vom 16.9.2009 zur Festlegung der Modalitäten für die Durchführung der VO Nr. 883/2004 über die Koordinierung der Systeme der sozialen Sicherheit (DVO 987/2009)
- **Verordnung Nr. 1408/71 und Verordnung Nr. 574/72,** soweit deren Weitergeltung durch die Verordnung Nr. 883/2004 angeordnet wird (VO 1408/71; VO 574/72).

(1) **Geltungsbereich der gemeinschaftsrechtlichen Koordinierungsvorschriften**

54 Die VO 883/2004 und die DVO 987/2009 gelten in der Europäischen Union (**räumlicher Geltungsbereich**) für Staatsangehörige eines Mitgliedstaats, Staatenlose und Flüchtlinge mit Wohnort in einem Mitgliedstaat, für die die Rechtsvorschriften eines oder mehrerer Mitgliedstaaten gelten oder galten, sowie für ihre Familienangehörigen und Hinterbliebenen (**persönlicher Geltungsbereich** – Art. 2 VO 883/2004) und regeln inhaltlich unter anderem auch die Koordinierung von Familienleistungen (**sachlicher Geltungsbereich** – Art. 3 Abs. 1 Buchst. j VO 883/2004; zum Geltungsbereich der Koordinierungsvorschriften vgl. Becker, SGb 1998, S. 553). Die gemeinschaftsrechtlichen Koordinierungsvorschriften gelten zudem nur für Personen, die einen grenzüberschreitenden Bezug aufweisen. Dieser **grenzüberschreitende Bezug** besteht bei Personen, die innerhalb der EU in einem Mitgliedstaat wohnen und in einem anderen erwerbstätig sind bzw. für ein anderes Land erwerbstätig sind als dasjenige, in dem sie wohnen (Entsandte). Hingegen fehlt ein grenzüberschreitender Bezug in der Regel bei Personen, die nicht erwerbstätig sind und daher nur den Rechtsvorschriften des Wohnsitzlandes unterliegen, sowie für Personen, die in ihrem Wohnsitzland erwerbstätig sind (vgl. zum grenzüberschreitenden Bezug: Becker, a.a.O., S. 556). Allerdings kann auch für letzteren Personenkreis ein grenzüberschreitender Bezug durch Familienangehörige vermittelt werden (vgl. dazu Rdn. 61).

(2) **Regelungsgehalt der gemeinschaftsrechtlichen Koordinierungsvorschriften**

55 Die **gemeinschaftsrechtlichen Kollisionsnormen** regeln in Fällen mit Auslandsbezug, welches nationale Recht primär zur Anwendung kommt (vgl. dazu auch Becker, SGb 1998, S. 553) mit dem Ziel, Doppelleistungen zu vermeiden. Sie ergeben sich allgemein aus **Art. 11 bis 16 VO 883/2004** und für Familienleistungen speziell aus **Art. 67 bis 69 VO 883/2004**. Ergänzt werden sie durch die Vorschriften der **DVO 987/2009**, die in ihren **Art. 58 bis 61** für Familienleistungen entsprechende Regelungen enthält.

(3) Anwendungsvorrang

Die gemeinschaftsrechtlichen Kollisionsvorschriften genießen Vorrang vor der nationalen Anrechnungsvorschrift des § 3. Dieser **Vorrang des Gemeinschaftsrechts** war bis zum 17.9.2012 noch ausdrücklich in § 3 Abs. 3 Satz 1 verankert und wurde aufgrund seiner lediglich deklaratorischen Bedeutung durch das »Gesetz zur Vereinfachung des Elterngeldvollzugs« vom 10.9.2012 gestrichen (vgl. BT-Drucks. 17/9841, S. 28). 56

Die VO 883/2004 und die DVO 987/2009 bilden ein geschlossenes System von Kollisionsnormen und nehmen dem nationalen Gesetzgeber die Befugnis, insoweit den Geltungsbereich und die Anwendungsvoraussetzungen seiner nationalen Rechtsordnung selbst zu bestimmen (vgl. EuGH vom 12.6.1986 – C-302/84 – Ten Holder; EuGH vom 11.11.2004 – C-372/02 – Adanez-Vega – mit Anm. Schlegel in jurisPR-SozR 2/2005 Anm. 1; zum Anwendungsvorrang des Gemeinschaftsrechts vgl. auch LSG Hessen vom 4.2.2011 – L 6 EG 24/09 – BeckRS 2011, 69122, Vorlagebeschluss zu EuGH vom 19.7.2012 – C-62/11 – Feyerbacher). Aufgrund dieses Anwendungsvorrangs greift die Anrechnungsvorschrift des § 3 Abs. 1 Satz 1 Nr. 3 nur dann ein, wenn entweder die gemeinschaftsrechtlichen Koordinierungsvorschriften keine Anwendung finden oder den Konflikt zwischen innerstaatlichen und ausländischen Familienleistungen gleicher Zweckrichtung nicht regeln bzw. ausdrücklich zulassen, sodass auch nach deren Anwendung sowohl ein Anspruch auf Elterngeld nach dem BEEG als auch auf eine vergleichbare ausländische Leistung besteht. Ein Anspruch auf eine dem Elterngeld vergleichbare ausländische Leistung besteht daher im Sinne des § 3 Abs. 1 Satz 1 Nr. 3 erst dann, aber auch nur dann, wenn das Gemeinschaftsrecht eine solche Anspruchskonkurrenz vorsieht. In diesen Fällen obliegt es den Mitgliedstaaten, die Auswirkungen der Leistungen eines anderen Mitgliedstaats auf die nach innerstaatlichem Recht zustehende Leistung zu regeln. Denn das Gemeinschaftsrecht lässt die Zuständigkeit der Mitgliedstaaten unberührt, ihre Systeme der sozialen Sicherheit auszugestalten, d.h. Inhalt und Umfang sowie Anspruchsvoraussetzungen der zu gewährenden Sozialleistungen zu bestimmen (vgl. EuGH vom 17.6.1997 – C-70/95 – Sodemare; EuGH vom 7.2.1984 – C-238/82 – Duphar; EuGH vom 24.4.1980 – C-110/79 – Coonan, SozR 6050 Art. 1 Nr. 11). Da die gemeinschaftsrechtlichen Kollisions- und Antikumulationsvorschriften dem Prinzip folgen, dass jeder EU-Bürger nur den Rechtsvorschriften eines Mitgliedstaats unterliegt (Art. 11 Abs. 1 Satz 1 VO 883/2004), d.h. eine Anspruchskonkurrenz grundsätzlich ausschließen, dürfte der **Anwendungsbereich des § 3 Abs. 1 Satz 1 Nr. 3** eher gering sein.

(4) Prüfung des anwendbaren Rechts in Fällen mit Auslandsbezug

Die Anrechnungsvorschrift des § 3 Abs. 1 Satz 1 Nr. 3 stellt die zuständige Elterngeldbehörde (§ 12 BEEG) vor die Aufgabe, in Fällen mit Auslandsbezug zu prüfen, ob die innerstaatlichen Vorschriften oder die Vorschriften eines anderen Mitgliedstaats anzuwenden sind. 57

Zunächst ist anhand der **allgemeinen gemeinschaftsrechtlichen Kollisionsvorschriften** (Art. 11 bis 16 VO 883/2004) zu prüfen, welche Rechtsvorschriften in Fällen mit Auslandsbezug anwendbar sind: 58

Danach gelten in Fällen mit Auslandsbezug vorrangig die Rechtsvorschriften des Beschäftigungsstaates (Art. 11 Abs. 3 Buchst. a VO 883/2004) und nachrangig die des Wohnsitzlandes. Maßgebend für den Begriff der Beschäftigung sind dabei die Vorschriften des jeweiligen Mitgliedstaats (Art. 1 Buchst. a VO 883/2004), d.h. bei einer in Deutschland ausgeübten Tätigkeit die Regelung des § 7 **SGB IV**. Allerdings schließt das **Beschäftigungslandprinzip** nach der Rechtsprechung des EuGH nicht aus, dass eine berechtigte Person, die den Vorschriften des Beschäftigungslandes unterliegt, zugleich auch Ansprüche nach dem Recht des Wohnsitzlandes haben kann, soweit die Regelungen nach nationalem Recht den Anspruch vorsehen (vgl. EuGH vom 20.5.2008 – C-352/06 – Bosmann). Hiervon ausgehend können auch Personen, die im Ausland arbeiten und in Deutschland wohnen, einen Anspruch auf Elterngeld haben, soweit sie die hierfür im BEEG normierten Voraussetzungen erfüllen.

59 Für **bestimmte Personengruppen** bestehen nach den allgemeinen gemeinschaftsrechtlichen Kollisionsvorschriften **Sonderregelungen** (Art. 11 Abs. 3, Art. 12, 13, 15 und 16 VO 883/2004). Von besonderer Relevanz sind hierbei die Vorschriften über:

– **Beamte** (Art. 11 Abs. 3 Buchst. b VO 883/2004)
  Sie unterliegen den Rechtsvorschriften des Mitgliedstaats, dem die beschäftigende Verwaltungseinheit angehört. Eine vergleichbare Regelung gilt für Wehr- und Zivildienstleistende (Art. 11 Abs. 3 Buchst. d VO 883/2004).
– **entsandte Arbeitnehmer** (Art. 12 Abs. 1 VO 883/2004)
  Personen, die von einem Unternehmen mit Sitz in einem anderen Mitgliedstaat zur Verrichtung einer Arbeit nach Deutschland entsandt werden, unterliegen den Rechtsvorschriften des Mitgliedstaats, in dem das Unternehmen seinen Sitz hat, wenn die Entsendung eine Dauer von voraussichtlich 24 Monaten nicht überschreitet. Soweit diese Person einen Wohnsitz oder gewöhnlichen Aufenthalt in Deutschland begründet, kann sie einen Anspruch auf Elterngeld nach dem BEEG erwerben, der jedoch nachrangig ist (Vorrang des Beschäftigungslandes).
  Dies bedeutet im Umkehrschluss, dass Personen, die von einem Unternehmen mit Sitz in Deutschland in einen anderen Mitgliedstaat entsandt werden, weiterhin den deutschen Rechtsvorschriften unterliegen und somit bei Erfüllen der Anspruchsvoraussetzungen des § 1 BEEG Anspruch auf Elterngeld haben. Begründen diese Personen einen Wohnsitz oder gewöhnlichen Aufenthalt in dem anderen Mitgliedstaat, können sie nach dessen Rechtsvorschriften – soweit vorhanden – einen Anspruch auf vergleichbare Familienleistungen erwerben, der jedoch wiederum nachrangig ist.
– **Ausübung von Tätigkeiten in zwei oder mehr Mitgliedstaaten** (Art. 13 VO 883/2004)
  Personen, die gewöhnlich in zwei oder mehr Mitgliedstaaten eine Beschäftigung oder selbstständige Erwerbstätigkeit ausüben, unterliegen den Rechtsvorschriften des Wohnsitzmitgliedstaats, wenn sie dort einen wesentlichen Teil ihrer Tätigkeit ausübten.
– **Vertragsbedienstete der EU** (Art. 15 VO 883/2004) können hinsichtlich der auf sie anwendbaren Rechtsvorschriften wählen zwischen den Rechtsvorschriften des Beschäftigungsstaates, den Rechtsvorschriften des Mitgliedstaats, dem sie zuletzt

unterlagen, und den Rechtsvorschriften des Mitgliedstaats, dessen Staatsangehörigkeit sie besitzen.

– **Ausnahmeregelung Art. 16 VO 883/2004**
  Nach Art. 16 VO 883/2004 können zwei oder mehr Mitgliedstaaten, die zuständigen Behörden dieser Mitgliedstaaten oder die von ihnen bezeichneten Einrichtungen für einzelne Personen und Personengruppen Ausnahmen von den allgemeinen gemeinschaftsrechtlichen Regelungen über das anwendbare Recht (Art. 11 bis 15 VO 883/2004) vereinbaren. Solche Ausnahmevereinbarungen sind sinnvoll, wenn ein Arbeitnehmer im Auftrag eines Unternehmens in einem anderen Mitgliedstaat tätig wird, ohne dass eine Entsendung im Sinne des Art. 12 Abs. 1 VO 883/2004 vorliegt oder wenn die Entsendedauer von 24 Monaten überschritten werden soll. Eine auf der Grundlage von Art. 16 VO 883/2004 erfolgte Unterstellung unter die Rechtsvorschriften eines Mitgliedstaats hat nur Wirkungen in Bezug auf die »entsandte« Person selbst, lässt aber im Übrigen die Ansprüche des anderen Elternteils unberührt (vgl. EuGH vom 3.6.1999 – C-211/97 – Gómez Rivero).

Ergibt die Anwendung der allgemeinen gemeinschaftsrechtlichen Kollisionsvorschriften (Art. 11 bis 16 VO 883/2004) unter Berücksichtigung der hierzu ergangenen Rechtsprechung des EuGH, dass für denselben Zeitraum Leistungen nach den Rechtsvorschriften mehrerer Mitgliedstaaten zu gewähren sind, ist in einem zweiten Schritt zu prüfen, ob die für einzelne Leistungen bestehenden **besonderen Kollisionsvorschriften** eine Rangfolge regeln. Entsprechende Vorschriften finden sich für Familienleistungen in Art. 68 VO 883/2004. Nach Art. 68 Abs. 1 VO 883/2004 gilt dabei folgende Rangfolge: 60

- Werden die Leistungen von mehreren Mitgliedstaaten aus **unterschiedlichen Gründen** gewährt, stehen an erster Stelle die durch eine Beschäftigung oder eine selbstständige Erwerbstätigkeit ausgelösten Ansprüche, gefolgt von den durch den Bezug einer Rente ausgelösten Ansprüchen und schließlich den durch den Wohnort ausgelösten Ansprüchen (Buchst. a).
- Werden die Leistungen aus **denselben Gründen** gewährt, richtet sich die Rangfolge nach den folgenden subsidiären Kriterien (Buchst. b):
  - Bei den durch eine Beschäftigung oder selbstständige Erwerbstätigkeit ausgelösten Ansprüchen ist der Wohnort des Kindes vorrangig, soweit dort eine Tätigkeit ausgeübt wird. Subsidiär gelten die Vorschriften des Mitgliedstaats, der die höchste Leistung vorsieht.
  - Bei den durch den Bezug einer Rente ausgelösten Ansprüchen ist der Wohnort des Kindes vorrangig, soweit nach diesen Rechtsvorschriften eine Rente geschuldet wird. Subsidiär gelten die Vorschriften des Mitgliedstaats, in dem am längsten Versicherungs- oder Wohnzeiten zurückgelegt worden sind.
  - Bei den durch den Wohnort ausgelösten Ansprüchen gelten die Vorschriften des Mitgliedstaats, in dem das Kind seinen Wohnsitz hat.

Ferner ist zu berücksichtigen, dass nach der Rechtsprechung des EuGH bei zwei zu berücksichtigenden Elternteilen auch Ansprüche auf Familienleistungen vermittelt werden können. Diese **Vermittlung von Ansprüchen eines anderen Mitgliedstaats durch Familienangehörige** regelt Art. 67 VO 883/2004 i.V.m. Art. 60 Abs. 1 Satz 2 61

DVO 987/2009. Danach bekommt der Elternteil, der den Rechtsvorschriften eines Mitgliedstaats unterliegt, von dem anderen Elternteil, welcher den Rechtsvorschriften eines anderen Mitgliedstaats unterliegt, einen Anspruch auch auf Familienleistungen dieses anderen Mitgliedstaats vermittelt (vgl. EuGH vom 10.10.1996 – C-245/94, C-312/94 – Höver/Zachow; EuGH vom 7.6.2005 – C-543/03 – Dodl, Oberhollenzer; EuGH vom 7.7.2005 – C-153/03 – Weide, verheiratete Schwarz).

62 Hinsichtlich des anwendbaren Rechts sind für Familienleistungen folgende **Fallkonstellationen** denkbar:

- *Sind beide Elternteile in unterschiedlichen Mitgliedstaaten beschäftigt, von denen einer der Wohnsitzstaat ist,* unterliegt jeder Elternteil grundsätzlich den Rechtsvorschriften eines anderen Mitgliedstaats, wobei die Ansprüche des Beschäftigungslandes vorrangig sind, welches zugleich das Wohnsitzland des Kindes ist (Art. 68 Abs. 1 Buchst. b Ziffer i VO 883/2004). Soweit nach den Vorschriften des nachrangig zuständigen Mitgliedstaats ein höherer Anspruch vorgesehen ist, wird dieser bis zur Höhe des nach den vorrangig geltenden Rechtsvorschriften vorgesehenen Betrages ausgesetzt und muss der nachrangig zuständige Mitgliedstaat nur den Unterschiedsbetrag gewähren (Art. 68 Abs. 2 Satz 2 Halbsatz 2 VO 883/2004).
- *Sind beide Elternteile in unterschiedlichen Mitgliedstaaten beschäftigt und wohnen mit dem Kind in einem dritten Mitgliedstaat,* haben beide Elternteile Ansprüche auf Familienleistungen nach den Vorschriften ihres Beschäftigungsstaates, wobei die Vorschriften des Staates Vorrang genießen, die den höheren Leistungsbetrag vorsehen (Art. 68 Abs. 1 Buchst. b Ziffer i VO 883/2004).
- *Ist nur ein Elternteil in einem Mitgliedstaat erwerbstätig, während der andere nicht erwerbstätige Elternteil mit dem Kind in einem anderen Mitgliedstaat wohnt,* unterliegt jeder Elternteil den Rechtsvorschriften eines anderen Mitgliedstaats. Vorrangig ist der Anspruch des erwerbstätigen Elternteils im Beschäftigungsland (Art. 68 Abs. 1 Buchst. a VO 883/2004), den er dem nicht erwerbstätigen Partner vermittelt (Art. 67 VO 883/2004). Sollten die Leistungen im Wohnsitzland höher sein, wird der Anspruch hierauf in Höhe des nach den vorrangig geltenden Rechtsvorschriften vorgesehenen Betrages ausgesetzt und ist vom Wohnsitzland nur der Unterschiedsbetrag zu leisten (Art. 68 Abs. 2 Satz 2 Halbsatz 2 VO 883/2004), es sei denn, der entsprechende Leistungsanspruch wird ausschließlich durch den Wohnort ausgelöst (Art. 68 Abs. 2 Satz 3 VO 883/2004).

eee) Besonderheiten für das behördliche Verfahren bei grenzüberschreitenden Bezügen

63 **Örtlich zuständige Elterngeldstelle** (§ 12 BEEG) ist

- für Grenzgänger in das EU-Ausland die für den Wohnsitz des Kindes im Inland zuständige Stelle,
- für Grenzgänger aus dem EU-Ausland die für den Beschäftigungsort zuständige Stelle,
- für im Ausland lebende und den deutschen Rechtsvorschriften unterliegende berechtigte Personen die für den letzten inländischen Wohnsitz zuständige Stelle.

Nach Eingang des Antrags ist in Fällen mit grenzüberschreitenden Bezügen von der zuständigen Elterngeldstelle in **Abstimmung mit der Familienkasse** zu prüfen, ob die Vorschriften des nationalen Rechts primär gelten. Die Bundesagentur für Arbeit, Familienkasse Direktion, nimmt die Funktion der **Verbindungsstelle für Familienleistungen** nach Art. 3 Abs. 1 Buchst. j VO 883/2004 wahr (§ 4 Satz 1 Gesetz zur Koordinierung der Systeme der sozialen Sicherheit in Europa vom 22.6.2011, BGBl. I S. 1202). 64

Kommt die Elterngeldstelle zu dem Ergebnis, dass der Anspruch vorrangig nach ihren nationalen Rechtsvorschriften zu beurteilen ist, zahlt sie das Elterngeld nach den von ihr angewandten Rechtsvorschriften aus (Art. 60 Abs. 2 Unterabschnitt 2 DVO 987/2009). Soweit ein durch den anderen Mitgliedstaat auszugleichender Unterschiedsbetrag nach Art. 68 Abs. 2 VO 883/2004 in Betracht kommt, leitet die Elterngeldstelle den Antrag unverzüglich an den zuständigen Träger des anderen Mitgliedstaats weiter, unterrichten ihn darüber, wie sie über den Antrag entschieden hat und in welcher Höhe Elterngeld gezahlt wird, und informiert außerdem den Antragsteller über die **Weiterleitung des Antrags** (Art. 60 Abs. 2 Unterabschnitt 3 DVO 987/2009).

Kommt die Elterngeldstelle in Abstimmung mit der Familienkasse zu dem Ergebnis, dass die nationalen Vorschriften nur nachrangig gelten, trifft sie (unverzüglich) eine vorläufige Entscheidung über die vorrangige Zuständigkeit des anderen Mitgliedstaats, leitet den Antrag an die zuständige Stelle des anderen Mitgliedstaats weiter und informiert den Antragsteller hierüber (Art. 68 Abs. 3 VO 883/2004 i.V.m. Art. 60 Abs. 3 DVO 987/2009).

Der **Antrag** auf Elterngeld kann auch **bei der entsprechenden Behörde eines anderen Mitgliedstaats** gestellt werden (Art. 81 Satz 1 VO 883/2004). Diese hat den Antrag unverzüglich an die zuständige Elterngeldstelle in Deutschland zu übermitteln (Art. 81 Satz 2 VO 883/2004). Dabei gilt der Tag des Eingangs bei der Behörde des anderen Mitgliedstaats als Tag des Antragseingangs bei der eigentlich zuständigen Elterngeldstelle in Deutschland (Art. 81 Satz 3 VO 883/2004). Diese flankierende Bestimmung zur Antragstellung in Fällen mit grenzüberschreitendem Bezug ist strukturell mit der Vorschrift des § 16 SGB I über die Antragstellung von Sozialleistungen vergleichbar. 65

Ebenso wie der Antrag auf Elterngeld kann auch ein **Rechtsbehelf** gegen die Entscheidung der Elterngeldbehörde fristwahrend bei der für Familienleistungen entsprechenden Behörde, dem entsprechenden Träger oder dem entsprechenden Gericht eines anderen Mitgliedstaats eingelegt werden (Art. 81 VO 883/2004). 66

Auch in den Fällen, in denen Deutschland hinsichtlich familienrechtlicher Leistungen nach den gemeinschaftsrechtlichen Koordinierungsvorschriften nur nachrangig verpflichtet ist, kann die deutsche Elterngeldbehörde zur **Zahlung in Höhe des Unterschiedsbetrages** verpflichtet sein. Denn in den Fällen, in denen die Vorschriften des vorrangig zuständigen Mitgliedstaats eine geringere Familienleistung vorsehen als die Vorschriften des nachrangig verpflichteten Mitgliedstaats ist im Sinne der Meistbegünstigung von dem an sich nur nachrangig verpflichteten Mitgliedstaat der Unterschiedsbetrag zu leisten (Art. 68 Abs. 2 Satz 2 Halbsatz 2 VO 883/2004 i.V.m. Art. 60 Abs. 2 Unterabschnitt 3 DVO 987/2009). Bei der Berechnung des zu zahlenden Unter- 67 schiedsbetrages ist der Gesamtbetrag des nach dem BEEG zu leistenden Elterngeldes im jeweiligen Monat dem Gesamtbetrag der vergleichbaren Familienleistung des anderen Mitgliedstaats wegen der Geburt desselben Kindes für denselben Monat gegenüberzustellen.

fff) Umfang der Anrechnung

68 Die dem Elterngeld oder Mutterschaftsleistungen vergleichbare ausländische Leistung ist **in voller Höhe** – also ohne Freibetrag – und **für die Dauer ihres Bezugs** auf das Elterngeld anzurechnen. Ist die vergleichbare ausländische Leistung der Höhe nach geringer als das der berechtigten Person zustehende Elterngeld, erhält die berechtigte Person den **Differenzbetrag** ausgezahlt (vgl. BT-Drucks. 16/1889, S. 22). Denn anders als § 8 Abs. 3 BErzGG normiert § 3 Abs. 1 Satz 1 Nr. 3 keinen Leistungsausschluss, sondern einen Anrechnungstatbestand. Dennoch oder gerade deshalb entfällt der Anspruch auf Elterngeld aber dann gänzlich, wenn die ausländische Leistung gleich hoch oder gar höher als das Elterngeld ist.

Allerdings kann die **Ermittlung der konkreten Höhe** der dem Elterngeld oder Mutterschaftsleistungen vergleichbaren ausländischen Leistung im Einzelfall mit erheblichen Schwierigkeiten verbunden sein. Die für die Praxis empfohlene Vorgehensweise, in Fällen, in denen die konkrete Höhe der vergleichbaren ausländischen Leistung noch nicht abschließend geklärt werden kann, den fiktiven Höchstbetrag für diese Leistung anzurechnen (so die Richtlinien des BMFSFJ zum BEEG, Stand Juni 2025, Ziffer 3.1.1.3 = S. 181 <182>), mag zwar aus Sicht der Berechtigten bedenklich sein, weil dies zu einer maximalen Anrechnung führt, ist aber aus praktischen Erwägungen und im Interesse einer schnellen Antragsbearbeitung im Ergebnis wohl unerlässlich. Um endgültige Rechtsnachteile aufseiten der Berechtigten zu vermeiden, sollte in diesen Fallkonstellationen allerdings eine vorläufige Elterngeldgewährung in analoger Anwendung des § 8 Abs. 3 BEEG in Betracht gezogen werden.

ggg) Ruhen des Anspruchs auf Elterngeld bei vergleichbaren ausländischen Leistungen (§ 3 Abs. 3)

69 Hat die berechtigte Personen einen Anspruch auf eine dem Elterngeld oder Mutterschaftsleistungen vergleichbare ausländische Leistung, die nach den für diese Leistung geltenden Regelungen beantragt werden muss, **ruht** der Anspruch auf Elterngeld gemäß § 3 Abs. 3 solange ein solcher **konstitutiver Antrag** nicht gestellt wurde. § 3 Abs. 3 ergänzt den in § 3 Abs. 1 Satz 1 Nr. 3 geregelten Anrechnungstatbestand. Auf diese Weise wird sichergestellt, dass die berechtigte Person zunächst eine ihr zustehende und dem Elterngeld oder Mutterschaftsleistungen vergleichbare ausländische Leistung, deren Vorrang durch § 3 Abs. 1 Satz 1 Nr. 3 festgelegt wird, in Anspruch nimmt (in diesem Sinne BT-Drucks. 16/1889, S. 23). Zugleich ist damit der praktische Nebeneffekt verbunden, dass die zuständige Stelle des anderen Mitgliedstaats das Bestehen der Anspruchsvoraussetzungen und die Höhe der vergleichbaren ausländischen Leistung ermittelt und der deutschen Elterngeldstelle mitteilt, was im Nachgang eine genaue Anrechnung der Leistung ermöglicht.

Die Regelung greift nur dann ein, wenn der Antrag auf Gewährung der vergleichbaren ausländischen Leistung für deren Inanspruchnahme konstitutiv ist. Die Beurteilung dessen setzt eine detaillierte Kenntnis der für den Bezug der ausländischen Familienleistung maßgebenden gesetzlichen Vorschriften voraus. Entsprechende Kenntnis kann sich die zuständige Elterngeldbehörde über die zuständige **Verbindungsstelle für Familienleistungen** (vgl. dazu Rdn. 64) verschaffen.

Der **Anspruch ruht** nach § 3 Abs. 3 bis **zur möglichen Höhe** der dem Elterngeld oder Mutterschaftsleistungen **vergleichbaren ausländischen Leistung.** Die Höhe dieser vergleichbaren ausländischen Leistung wird jedoch im Regelfall erst im Zeitpunkt der Bewilligung dieser Leistung durch den zuständigen Träger des anderen Mitgliedstaats feststehen. In diesen Fällen wird aus Praktikabilitätsgründen das Elterngeld nur in dem Umfang gezahlt, in dem es unter Berücksichtigung des Höchstbetrages der vergleichbaren ausländischen Leistung zu gewähren wäre (vgl. Brose in: Brose/Weth/Volk, 9. Aufl., § 3 BEEG Rn. 30). 70

dd) Elterngeld und dem Elterngeld oder Mutterschaftsleistungen vergleichbare ausländische Leistungen für ein älteres Kind (Nr. 4)

Nach § 3 Abs. 1 Satz 1 Nr. 4 wird das einer berechtigten Person für ein älteres Kind zustehende Elterngeld auf den Elterngeldanspruch für ein jüngeres Kind angerechnet. Dieser Anrechnungstatbestand beruht auf der Annahme, dass durch die Gewährung des Elterngeldes für das ältere Kind der Lebensunterhalt des Elternteils bereits sichergestellt ist, weil Erwerbseinkommen – unabhängig von der Anzahl der Kinder – letztlich nur einmal ausfallen kann. Für Geburten ab dem 1.5.2025 ist dieser Anrechnungstatbestand erweitert worden. Nunmehr werden über § 3 Abs. 1 Satz 1 Nr. 4 auch dem Elterngeld oder den Mutterschaftsleistungen vergleichbare Leistungen für ein älteres Kind, auf die die berechtigte Person außerhalb Deutschlands oder gegenüber einer über- oder zwischenstaatlichen Einrichtung Anspruch hat, angerechnet. 71

§ 3 Abs. 1 Satz 1 Nr. 4 ist durch das »**Gesetz zur Vereinfachung des Elterngeldvollzugs**« vom 10.9.2012 (BGBl. I S. 1878) mit Wirkung zum 18.9.2012 eingeführt worden. Bis zum 17.9.2012 konnte das für ein älteres Kind zustehende Elterngeld lediglich nach § 3 Abs. 2 a.F. (Anrechnung von Entgeltersatzleistungen) auf den Elterngeldanspruch für ein jüngeres Kind angerechnet werden. Dies hatte zur Folge, dass nur das über den Basisbetrag von 300 Euro hinausgehende Elterngeld anrechenbar war, weil dem Elterngeld nur insoweit Entgeltersatzfunktion beizumessen ist.

Mit der Einfügung des § 3 Abs. 1 Satz 1 Nr. 4 als spezielle Regelung zur Anrechnung des Elterngeldes ist nunmehr auch das der berechtigten Person für ein älteres Kind zustehende Elterngeld anzurechnen, das einkommensunabhängig gewährt wird (vgl. BT-Drucks. 17/9841, S. 28). Das gilt gleichermaßen für die vergleichbaren ausländischen Leistungen für ein älteres Kind. Aufgrund des in § 3 Abs. 2 für Leistungen nach § 3 Abs. 1 Satz 1 Nr. 4 und 5 geregelten Anrechnungsfreibetrages bleibt jedoch letztlich wiederum in der Regel ein Betrag in Höhe des Basiselterngeldes anrechnungsfrei (vgl. dazu Rdn. 85 f.). Würde sich nach der Anrechnung gemäß § 3 Abs. 1 Satz 1 Nr. 4

ein Basiselterngeldanspruch für ein jüngeres Kind von weniger als 300 Euro bzw. beim Elterngeld Plus von weniger als 150 Euro ergeben, steht an Elterngeld der Mindestbetrag zu (vgl. Richtlinien des BMFSFJ zum BEEG, Stand Juni 2025, Ziffer 3.1.1.4 = S. 183), also 300 Euro oder 150 Euro bzw. entsprechend höher bei Mehrlingsgeburten. Gleichwohl sind auch Fallgestaltungen denkbar, in denen ein einkommensunabhängiger Elterngeldanspruch für ein älteres Kind angerechnet werden kann. Erhöht sich beispielsweise das nach § 3 Abs. 2 anrechnungsfreie Mindestelterngeld um einen Geschwisterbonus (§ 2a BEEG), kann dieser angerechnet werden (vgl. Röhl in: Rolfs/Giesen/Meßling/Udsching, § 3 BEEG Rn. 16). Daher ist der Geschwisterbonus beim Elterngeldanspruch für das zweite – jüngere – Zwillingskind nach § 3 Abs. 1 Satz 1 Nr. 4 anzurechnen (vgl. LSG Baden-Württemberg vom 24.3.2015 – L 11 EG 2063/14 – BeckRS 2015, 69791).

§ 3 Abs. 1 Satz 1 Nr. 4 ermöglicht hingegen nicht die Anrechnung des Elterngeldes für ein jüngeres Kind auf den Elterngeldanspruch für ein älteres Kind (vgl. BT-Drucks. 17/9841, S. 28).

ee) Erwerbseinkommen ersetzende Einnahmen (Nr. 5)

72 Nach § 3 Abs. 1 Satz 1 Nr. 5 werden auf den Elterngeldanspruch Einnahmen angerechnet, die der berechtigten Person als Ersatz für Erwerbseinkommen zustehen und a) die nicht bereits bei der Berechnung des Elterngeldes nach § 2 BEEG berücksichtigt werden oder b) bei deren Berechnung das Elterngeld nicht berücksichtigt wird. § 3 Abs. 1 Satz 1 Nr. 5 regelt somit das Verhältnis von Elterngeld und Erwerbseinkommen ersetzenden **Einnahmen, die nicht im Zusammenhang mit der Geburt stehen**. Hierdurch unterscheidet sich § 3 Abs. 1 Satz 1 Nr. 5 maßgeblich von den in § 3 Abs. 1 Satz 1 Nr. 1 bis 3 geregelten Anrechnungstatbeständen, die sich auf Leistungen beziehen, die ebenso wie das Elterngeld aus Anlass der Geburt eines Kindes gewährt werden (so auch Senger in: Tillmanns/Mutschler, 3. Aufl., § 3 BEEG Rn. 40; von Koppenfels-Spies in: Knickrehm/Roßbach/Waltermann, 8. Aufl., § 3 BEEG Rn. 11).

Erfasst werden Einnahmen, die zwar nicht aus Anlass der Geburt des Kindes gewährt werden (keine Zweckidentität), die aber die wirtschaftliche Lebensgrundlage der berechtigten Person nach der Geburt absichern und daher eine dem Elterngeld vergleichbare Funktion erfüllen (**Funktionsidentität**). Die Anrechnung dieser Einnahmen auf das Elterngeld ist erforderlich, um zu verhindern, dass entfallenes Erwerbseinkommen im Zeitraum nach der Geburt doppelt ersetzt wird (in diesem Sinne BT-Drucks. 16/1889, S. 22). Der Grund des Erwerbsersatzeinkommens ist deshalb unbeachtlich (vgl. Lenz/Wagner in: Rancke/Pepping, 6. Aufl., § 3 BEEG Rn. 33).

73 § 3 Abs. 1 Satz 1 Nr. 5 in der Fassung durch das »Gesetz zur Vereinfachung des Elterngeldvollzugs« vom 10.9.2012 (BGBl. I S. 1878) übernimmt und modifiziert den Regelungsgehalt des bis zum 17.9.2012 geltenden § 3 Abs. 2 in der Fassung durch das Einführungsgesetz (vgl. dazu Rdn. 2). Letzterer regelte die Anrechnung von nach der Geburt des Kindes erzielten Einnahmen, die nach ihrer Zweckbestimmung das vor der Geburt des Kindes erzielte Einkommen aus Erwerbstätigkeit ganz oder teilweise erset-

zen. Diese Anrechnung war mit einem erheblichen Verwaltungsaufwand verbunden, denn es musste im jeweiligen Einzelfall der Umfang der **zeitlichen Überschneidung von Elterngeld und Einkommensersatzleistung** ermittelt werden, was je nach Fallkonstellation aufwendige Berechnungen erforderlich machte. Im Interesse einer Minimierung des mit der Gewährung von Elterngeld verbundenen Verwaltungsaufwands ist das ursprünglich in § 3 Abs. 2 Satz 1 Halbsatz 2 a.F. enthaltene Erfordernis, dass die Einnahmen nach ihrer Zweckbestimmung das durch das Elterngeld zu ersetzende Einkommen aus Erwerbstätigkeit ganz oder teilweise ersetzen müssen, mit dem Gesetz zur Vereinfachung des Elterngeldvollzugs vom 10.9.2012 mit Wirkung zum 18.9.2012 gestrichen worden.

Dies hat zur Folge, dass Bemessungszeitraum und Bemessungseinkommen des Elterngeldes einerseits und der anzurechnenden Einnahme andererseits nicht mehr notwendig übereinstimmen müssen. Hierdurch soll der Elterngeldvollzug erleichtert werden (vgl. BT-Drucks. 17/9841, S. 29). Der Bezug von das Erwerbseinkommen ersetzenden Einnahmen in dem für das Elterngeld maßgebenden Bemessungszeitraum (§ 2b BEEG) ist daher seit dem 18.9.2012 lediglich noch für die Anrechnungsmodalitäten des § 3 Abs. 1 Satz 3 (vgl. dazu Rdn. 79 ff.) von Bedeutung.

§ 3 Abs. 1 Satz 1 Nr. 5 knüpft mit den Einnahmen als Ersatz für Erwerbseinkommen 74 nicht an den elterngeldrechtlichen Begriff des »Einkommens aus Erwerbstätigkeit« im Sinne des § 2 Abs. 1 Satz 3 BEEG an. Maßgebend ist insoweit vielmehr das **steuerrechtliche Erwerbseinkommen nach § 2 Abs. 1 Satz 1 Nr. 1 bis 4 EStG** (vgl. BT-Drucks. 17/9841, S. 28). Soweit es sich bei den Einnahmen um öffentlich-rechtliche Sozialleistungen im Sinne des § 11 SGB I handelt, kann auf den in § 18a Abs. 1 Satz 1 Nr. 2 und Abs. 3 SGB IV legaldefinierten Begriff des Erwerbsersatzeinkommens zurückgegriffen werden.

Ausgehend von der dem § 3 Abs. 1 Satz 1 Nr. 5 zukommenden Zweckbestimmung – 75 Verhinderung eines doppelten Ersatzes des entfallenen Einkommens – ist eine Anrechnung von Erwerbseinkommen ersetzenden Einnahmen nicht notwendig, wenn diese Einnahmen entweder bereits bei der Berechnung des der berechtigten Person zustehenden Elterngeldanspruchs nach § 2 BEEG berücksichtigt worden sind oder wenn diese Einnahmen unter Berücksichtigung des der berechtigten Person zustehenden Elterngeldes berechnet worden ist. Dies hat der Gesetzgeber mit den in § 3 Abs. 1 Satz 1 Nr. 5 Buchst. a und b normierten einschränkenden Voraussetzungen klargestellt. Ist eine dieser beiden Voraussetzungen erfüllt, ist die Anrechnung der Erwerbseinkommen ersetzenden Einnahme ausgeschlossen.

Nach **§ 3 Abs. 1 Satz 1 Nr. 5 Buchst. a** sind nur das Erwerbseinkommen ersetzende 76 Einnahmen auf das Elterngeld anzurechnen, die nicht bereits für die Berechnung des Elterngeldes nach § 2 BEEG berücksichtigt werden. Hierbei handelt es sich um Einnahmen, die bereits während des Bemessungszeitraums (§ 2b BEEG) erzielt worden sind und als Einkommen aus Erwerbstätigkeit angerechnet werden. Soweit die Einkommensersatzleistung bereits im nach § 2b BEEG maßgeblichen Bemessungszeitraum bezogen wurde, gilt **§ 3 Abs. 1 Satz 3** (vgl. BT-Drucks. 17/9841, S. 29).

Darüber hinaus sind nach **§ 3 Abs. 1 Satz 1 Nr. 5 Buchst. b** das Erwerbseinkommen ersetzende Einnahmen auf das Elterngeld anzurechnen, bei deren Berechnung das Elterngeld nicht berücksichtigt wurde. Das bedeutet, dass eine Anrechnung auf dieser Grundlage nur erfolgt, wenn die jeweilige Einkommensersatzleistung und das Elterngeld unabhängig voneinander berechnet werden (vgl. BT-Drucks. 17/9841, S. 29; dort sind als Beispiele genannt: Übergangsgebührnisse und Ausgleichsbezüge nach §§ 11 und 11a SVG <heute: § 16 und § 17 SVG n.F.>, Karenzentschädigungen nach den §§ 74 bis 75d HGB oder Entschädigungen nach § 15 Abs. 1 Nr. 6 i.V.m. § 18 JVEG für Verdienstausfall).

77 **Anzurechnende Einnahmen**, die Erwerbseinkommen ersetzen sind vor allem
- Arbeitslosengeld (vgl. BSG vom 17.2.2011 – B 10 EG 21/09 R – BeckRS 2011, 72223, BVerfG vom 24.11.2011 – 1 BvR 1457/11 – BeckRS 2011, 56800, zur fehlenden Berücksichtigung des Arbeitslosengeldes bei der Berechnung des Elterngeldes),
- Kurzarbeitergeld,
- Insolvenzgeld (vgl. BSG vom 21.2.2013 – B 10 EG 12/12 R – SozR 4–7837 § 2 Nr. 19; LSG Baden-Württemberg vom 17.7.2012 – L 11 EG 3591/10 – BeckRS 2012, 72047; LSG Nordrhein-Westfalen vom 27.6.2011 – L 13 EG 7/11 – BeckRS 2011, 75255; LSG Niedersachsen-Bremen vom 8.6.2011 – L 2 EG 12/10 – BeckRS 2011, 73788 zur fehlenden Berücksichtigung von Insolvenzgeld bei der Berechnung des Elterngeldes),
- Übergangsgeld nach § 64 Abs. 1 Nr. 1 i.V.m. § 66 SGB IX (vgl. LSG Berlin-Brandenburg vom 13.11.2013 – L 17 EG 3/12 – BeckRS 2014, 65873; SG Stade vom 31.8.2009 – S 13 EG 10/08 – BeckRS 2010, 72446 zur fehlenden Berücksichtigung von Übergangsgeld bei der Berechnung des Elterngeldes),
- Krankengeld nach §§ 44 ff. SGB V (vgl. BSG vom 18.3.2021 – B 10 EG 3/20 R – SozR 4–7837 § 3 Nr. 2, Anrechnung sowohl beim Basiselterngeld als auch beim Elterngeld Plus) und nach §§ 12, 13 KVLG 2,
- Verletztengeld nach §§ 45 ff. SGB VII (vgl. BSG vom 18.8.2011 – B 10 EG 8/10 R – BeckRS 2011, 76601 zur fehlenden Berücksichtigung von Verletztengeld bei der Berechnung des Elterngeldes) sowie Verletztenrente nach §§ 56 ff. SGB VII und vergleichbare Leistungen privater Versicherungen,
- Erwerbsminderungsrente und vergleichbare Leistungen privater Versicherungen
- Altersrente und vergleichbare Leistungen privater Versicherungen.

Zahlreiche weitere nach § 3 Abs. 1 Satz 1 Nr. 5 anrechenbare Ersatzleistungen sind in dem – nicht abschließenden – Katalog der Richtlinien des BMFSFJ zum BEEG, Stand Juni 2025 (Ziffer 3.1.1.5.3 = S. 184) aufgeführt.

Auf der Grundlage von § 3 Abs. 1 Satz 1 Nr. 5 ebenfalls anzurechnen sind die für die Zeit vor und nach der Geburt eines weiteren Kindes gezahlten Mutterschaftsleistungen (vgl. BT-Drucks. 17/9841, S. 28).

78 **Nicht** nach § 3 Abs. 1 Satz 1 Nr. 5 **anzurechnen** sind hingegen u.a.

- Arbeitslosengeld II, Sozialhilfe und Sozialgeld (aufgrund der vollen Anrechenbarkeit des Elterngeldes auf diese Leistungen nach der zum 1.1.2011 erfolgten Einfügung des § 10 Abs. 5 BEEG),
- Wohngeld (vgl. zur Anrechnung von Elterngeld auf das bezogene Wohngeld: SG Marburg vom 12.8.2011 – S 8 AS 169/11 – BeckRS 2011, 76047),
- BAföG-Leistungen,
- Hinterbliebenenrente,
- Berufsausbildungsbeihilfe.

Zahlreiche weitere nicht nach § 3 Abs. 1 Satz 1 Nr. 5 anrechenbare Ersatzleistungen sind in dem – nicht abschließenden – Katalog der Richtlinien des BMFSFJ zum BEEG, Stand Juni 2025 (Ziffer 3.1.1.5.3 = S. 184 <185>) aufgeführt.

Hinsichtlich der Anrechnungsmodalitäten sind § 3 Abs. 1 Satz 3 (vgl. Rdn. 80 f.) und § 3 Abs. 1 Satz 4 (vgl. Rdn. 82 ff.) sowie hinsichtlich der Höhe § 3 Abs. 2 (vgl. Rdn. 85 f.) zu beachten.

c) Anrechnungsmodalitäten

aa) Taggenaue Anrechnung (§ 3 Abs. 1 Satz 2)

Stehen die Einnahmen im Sinne des § 3 Abs. 1 Satz 1 der berechtigten Person nur 79
für einen Teil des Lebensmonats des Kindes zu, sind sie nach § 3 Abs. 1 Satz 2 auch nur auf den entsprechenden Teil des Elterngeldes anzurechnen. Die Anrechnung der in § 3 Abs. 1 Satz 1 genannten Einnahmen ist frühestens ab dem Tag der Geburt des Kindes vorzunehmen, für das Elterngeld beantragt wird, und erfolgt für einzelne Tage. § 3 Abs. 1 Satz 2 macht also eine **taggenaue Berechnung** erforderlich (vgl. BT-Drucks. 17/9841, S. 29). Wird die andere Einnahme jedoch anders als das Elterngeld kalendermonatlich gezahlt, was regelmäßig der Fall sein wird, ist ggf. noch eine Umrechnung auf die jeweiligen Lebensmonate als Bezugsmonate des Elterngeldes erforderlich (vgl. Richtlinien des BMFSFJ zum BEEG, Stand Juni 2025, Ziffer 3.1.2 = S. 188). Bei der taggenauen Anrechnung handelt es sich um eine Ausnahme zu dem in § 4 Abs. 2 Satz 1 BEEG normierten Lebensmonatsprinzip (vgl. dazu BSG vom 26.5.2011 – B 10 EG 12/10 R – SozR 4–7837 § 4 Nr. 2). Dies ist Folge einer konsequenten Umsetzung der **Identität der Bezugszeiträume** (vgl. dazu Rdn. 22). Soweit die Einnahmen nur für einen Teil des Lebensmonats des Kindes zustehen, verdrängen sie das Elterngeld auch nur in dem entsprechenden Umfang (vgl. BT-Drucks. 16/1889, S. 22 zur Vorgängerregelung § 3 Abs. 1 Satz 4 a.F.). Da das Elterngeld in Monatsbeträgen (§ 4 Abs. 2 Satz 1 BEEG) bezogen wird, ist eine Quotelung vorzunehmen.

▶ **Bsp.:**

In einem Lebensmonat des Kindes mit 30 Tagen steht der berechtigten Person für 10 Tage Mutterschaftsgeld zu. Der Monatsbetrag des Elterngeldes ist um 1/3 zu kürzen.

Voraussetzung hierfür ist allerdings, dass die anzurechnende Einnahme der Höhe nach dem Elterngeld entspricht oder es übersteigt (so auch Senger in: Tillmanns/Mutschler, 3. Aufl., § 3 BEEG Rn. 48). Ist das Elterngeld dagegen höher als die Einnahme, wird es in Höhe des Unterschiedsbetrages gezahlt (vgl. Lenz/Wagner in: Rancke/Pepping, 6. Aufl., § 3 BEEG Rn. 38), der wiederum bezogen auf die identischen Bezugszeiträume errechnet wird.

Mangels anderweitiger gesetzlicher Regelung erfasst § 3 Abs. 1 Satz 2 auch diejenigen Fälle, in denen der sechswöchige Anspruchszeitraum des Mutterschaftsgeldes vor der Geburt wegen der vorzeitigen Entbindung nicht ausgeschöpft werden konnte oder es sich um eine Mehrlingsgeburt handelt (vgl. BSG vom 26.3.2014 – B 10 EG 2/13 R – BeckRS 2014, 69859).

bb) Pauschalierte Anrechnung (§ 3 Abs. 1 Satz 3)

80 § 3 Abs. 1 Satz 3 wurde durch das »Gesetz zur Vereinfachung des Elterngeldvollzugs« vom 10.9.2012 (BGBl. I S. 1878) eingefügt und enthält eine **pauschalierte Anrechnungsregelung für Einnahmen nach** § 3 Abs. 1 Satz 1 **Nr.** 4 (Elterngeld für ein älteres Kind) **und Nr. 5** (Einnahmen als Ersatz für Erwerbseinkommen). Auf diese Weise soll aus Gründen der **Verwaltungspraktikabilität** und zur Erleichterung des Vollzugs des BEEG die Anrechnung für die genannten Einnahmen vereinfacht werden. Es handelt sich um eine **Ausnahme** von der nach § 3 Abs. 1 Satz 2 im Regelfall geltenden taggenauen Anrechnung (vgl. dazu Rdn. 79).

81 § 3 Abs. 1 Satz 3 sieht vor, dass der in Anwendung von § 3 Abs. 1 Satz 1 ermittelte Anrechnungsbetrag für jeden Kalendermonat, in dem Einnahmen nach Satz 1 Nr. 4 oder Nr. 5 im Bemessungszeitraum bezogen worden sind, um ein Zwölftel gemindert wird. Um diese Minderung auszulösen, genügt es, dass die jeweilige Einnahme nur einen Tag im jeweiligen Kalendermonat bezogen wurde (vgl. Richtlinien des BMFSFJ zum BEEG, Stand Juni 2025, Ziffer 3.1.3 = S. 188 <190>). Schon dann zählt jener Kalendermonat bei der Ermittlung der Anzahl der maßgeblichen Kalendermonate im Bemessungszeitraum mit. Auf einen überwiegenden oder gar durchgängigen Bezug der Einnahme im Kalendermonat kommt es somit nicht an (vgl. Brose in: Brose/Weth/Volk, 9. Aufl., § 3 BEEG Rn. 27).

Voraussetzung für die pauschalierte Anrechnung ist, dass die in Absatz 1 Satz 1 Nr. 4 und Nr. 5 genannten Einnahmen bereits im Bemessungszeitraum (§ 2b BEEG) bezogen worden sind. In diesen Fällen wird durch die Regelung des Absatzes 1 Satz 3 in **monatsweise typisierender Betrachtung** nur der Teil der in Absatz 1 Satz 1 Nr. 4 und Nr. 5 genannten Einnahmen auf das Elterngeld angerechnet, der dasselbe Einkommen ersetzt wie das Elterngeld. Denn soweit die **Einkommensersatzleistung (Nr. 5)** bereits im Bemessungszeitraum bezogen worden ist, kann sie typischerweise nicht dem Ersatz von Einkommen dienen, welches das Elterngeld ausgleicht (vgl. BT-Drucks. 17/9841, S. 29). Insoweit wird über die besondere Anrechnungsregelung des § 3 Abs. 1 Satz 3 sichergestellt, dass eine Anrechnung nur in dem Umfang erfolgt, in dem eine Zweckidentität mit dem Elterngeld besteht.

Für **Einnahmen nach Nr. 4** gilt die pauschalierte Anrechnungsregelung dann, wenn die berechtigte Person die Einnahme – das Elterngeld bzw. die mit Elterngeld oder Mutterschaftsleistungen vergleichbare ausländische Leistung für ein älteres Kind – in dem Bemessungszeitraum für das Elterngeld, welches für ein weiteres Kind gezahlt wird, bezogen und keinen Antrag nach § 2b Abs. 2 Satz 2 oder Abs. 3 Satz 2 BEEG gestellt hat (vgl. BT-Drucks. 17/9841, S. 29), also das Recht auf Verschiebung des Bemessungszeitraums nicht ausgeübt hat.

cc) Teilweise Freistellung des Elterngeldes von der Anrechnung bei Bezug von Entgeltersatzleistungen (§ 3 Abs. 1 Satz 4)

§ 3 Abs. 1 Satz 4 ist mit Wirkung zum 1.9.2021 durch das Zweite Gesetz zur Änderung des Bundeselterngeld- und Elternzeitgesetzes vom 15.2.2021 (BGBl. I S. 239) eingefügt worden. Die Regelung gilt für alle ab dem 1.9.2021 geborenen oder mit dem Ziel der Adoption aufgenommenen Kinder (vgl. § 28 Abs. 1 BEEG i.d.F. des Gesetzes vom 15.2.2021) und entfaltet als zukunftsorientierte Regelung keine Rückwirkung, zumal Chronologie und Gesetzesmaterialen zeigen, dass dieser Neuregelung keine klarstellende Bedeutung zukommen soll, sondern erst die Pandemiesituation Anlass gegeben hat, die Wirkung von Entgeltersatzleistungen auf das Elterngeld für die Zukunft neu zu regeln (vgl. BSG vom 18.3.2021 – B 10 EG 3/20 R – SozR 4–7837 § 3 Nr. 2). Die Vorschrift nimmt ausdrücklich Bezug auf Absatz 1 Satz 1 Nr. 5 und bestimmt eine abweichende Anrechnung von Einkommensersatzleistungen für den Fall, dass der Bezug dieser Leistung **erst nach der Geburt** des Kindes beginnt und sie sich auf der Grundlage eines Einkommens berechnet, das geringer ist als das Einkommen aus Erwerbstätigkeit im Bemessungszeitraum. Es wird dann der Teil des Elterngeldes **von der Anrechnung freigestellt**, der Einkommen in der Höhe der **Differenz** zwischen dem Bemessungseinkommen des Elterngeldes und dem Bemessungseinkommen der Einkommensersatzleistung ersetzt. Das bedeutet: In dieser Höhe wird das Elterngeld vollständig ausgezahlt (BT-Drucks. 19/26242, S. 17). § 3 Abs. 1 Satz 4 zielt auf die Beseitigung einer Ungerechtigkeit ab, die darin gesehen worden ist, dass Einkommensersatzleistungen wie Kurzarbeitergeld oder Krankengeld ohne Rücksicht auf die Frage, ob die Einkommensersatzleistung aus einem Einkommen berechnet wird, das geringer ist als das Elterngeld, voll auf das Elterngeld angerechnet wird. Mit der Neuregelung bleibt das Elterngeld nunmehr der Höhe nach so, wie es gewesen wäre, wenn die berechtigte Person planmäßig weitergearbeitet hätte (vgl. BT-Drucks. 19/26242, S. 14). Mithin wird den Eltern im Hinblick auf die Höhe des Elterngeldes das Risiko eines Einkommensverlusts im Bezugszeitraum genommen. Die noch zur früheren Rechtslage ergangene Rechtsprechung (vgl. hierzu: LSG Niedersachsen-Bremen vom 6.11.2019 – L 2 EG 6/19 – BeckRS 2019, 30605, bestätigt durch BSG vom 18.3.2021 – B 10 EG 3/20 R – SozR 4–7837 § 3 Nr. 2) ist damit überholt. 82

Die teilweise Freistellung des Elterngeldes von der Anrechnung gemäß § 3 Abs. 1 Satz 4 setzt zum einen voraus, dass die Einkommensersatzleistung erst nach der Geburt des Kindes beginnt. Dabei ist es unschädlich, wenn die Leistung zwar schon vor der Geburt bezogen wurde, der Bezug aber bereits im Zeitraum vor der Geburt unterbrochen war 83 und anschließend nach der Geburt erneut eingesetzt hat. Auch in diesen Fällen beginnt der Bezug der Einkommensersatzleistung erst nach der Geburt. Der Bezug der Einkommensersatzleistung beginnt allerdings dann nicht nach der Geburt, wenn entweder die Einkommensersatzleistung bis zur Geburt durchgehend bezogen wurde oder die Einkommensersatzleistung über die Geburt hinaus bezogen, dann unterbrochen und später erneut bezogen wurde (vgl. Richtlinien des BMFSFJ zum BEEG, Stand Juni 2025, Ziffer 3.1.4.1 = S. 191 mit Beispielen).

Zum anderen verlangt § 3 Abs. 1 Satz 4, dass das Bemessungseinkommen der Einkommensersatzleistung geringer ist als das Bemessungseinkommen des Elterngeldes. Ist es dagegen gleich hoch oder sogar höher, wird das Elterngeld nicht von der Anrechnung gemäß § 3 Abs. 1 Satz 4 freigestellt. Stattdessen gilt dann der allgemeine Anrechnungsfreibetrag des § 3 Abs. 2 mit der Folge, dass der elterngeldberechtigten Person lediglich das Mindestelterngeld zusteht.

84 Der Anrechnungsfreibetrag des § 3 Abs. 1 Satz 4 wird in zwei Schritten berechnet, indem zunächst der sog. **Unterschiedsbetrag** ermittelt wird aus der Differenz zwischen dem monatlichen Bemessungseinkommen des Elterngeldes nach § 2 Abs. 1 Satz 3, Abs. 3 Satz 2 BEEG (netto) und dem monatlichen Bemessungseinkommen der Einkommensersatzleistung (netto), um sodann diesen Unterschiedsbetrag mit dem sich aus § 2 Abs. 1 Satz 1, Abs. 2 BEEG ergebenden **Prozentsatz des Elterngeldes** zu multiplizieren. Es gilt also folgende mathematische **Formel**:

Anrechnungsfreibetrag des § 3 Abs. 1 Satz 4 =

(monatliches Bemessungseinkommen des Elterngeldes ./. monatliches Bemessungseinkommen der Einkommensersatzleistung) x Prozentsatz des Elterngeldes

d) Anrechnungsfreibetrag (§ 3 Abs. 2)

85 § 3 Abs. 2 Satz 1 regelt, welche Elterngeldbeträge von der Anrechnung der Einnahmen nach Absatz 1 freigestellt werden. Der gesetzlich vorgesehene **Anrechnungsfreibetrag von 300 Euro** entspricht der Höhe nach dem Mindestbetrag des **Basiselterngeldes** (§ 2 Abs. 4 BEEG). Beim Elterngeld Plus halbiert sich der Anrechnungsfreibetrag gemäß § 4a Abs. 2 Satz 3 Nr. 4 BEEG auf 150 Euro. Der Anrechnungsfreibetrag gilt nur für Einnahmen nach Absatz 1 Satz 1 Nr. 4 (Elterngeld und mit Elterngeld oder Mutterschaftsleistungen vergleichbare ausländische Leistungen für ein älteres Kind) und Nr. 5 (Einnahmen als Ersatz für Erwerbseinkommen), d.h. für Einnahmen, die nicht im Zusammenhang mit der Geburt des Kindes stehen, für welches Elterngeld bezogen wird bzw. werden soll. Es handelt sich um Einnahmen, die eine dem Elterngeld vergleichbare Funktion erfüllen (vgl. zur Funktionsidentität vgl. Rdn. 72). Die Anrechnung dieser Einnahmen auf das Elterngeld soll verhindern, dass entfallenes Erwerbseinkommen im Zeitraum nach der Geburt des Kindes doppelt ersetzt wird. Diese Gefahr des doppelten Ersatzes von entfallenem Erwerbseinkommen betrifft jedoch nur den Teil des Elterngeldes, der einkommensabhängig gewährt wird, dem also eine Lohnersatzfunktion zukommt. Daher bleibt der als einkommensunabhängig ausgestaltete Mindestbetrag in Höhe

von 300 Euro bzw. 150 Euro, welcher allein die Erziehungs- und Betreuungsleistung der Eltern honoriert, von der Anrechnung ausgenommen (vgl. dazu auch Jung, SGb 2007, S. 449, 453). Im Ergebnis bedeutet das, dass eine Anrechnung von Einnahmen nach Absatz 1 Satz 1 Nr. 4 und Nr. 5 überhaupt nur in Betracht kommt, soweit das Elterngeld den Mindestbetrag von 300 Euro (bzw. beim Elterngeld Plus 150 Euro) übersteigt.

Für Einnahmen nach Absatz 1 Satz 1 Nr. 1 bis 3 gilt dieser Anrechnungsfreibetrag nicht, weil diese Einnahmen nicht nur mit dem Elterngeld funktionsidentisch, sondern in vollem Umfang zweckidentisch sind, sodass ihre vollständige Anrechnung gerechtfertigt ist (in diesem Sinne: BT-Drucks. 17/9841, S. 29).

Auf die Umsetzung der im Gesetzentwurf des Bundesrates (BR-Drucks. 884/1/09, S. 9; BT-Drucks. 17/1212, S. 6) noch vorgesehene Erhöhung des Anrechnungsfreibetrages um 75 Euro für den Mindestgeschwisterbonus (§ 2a Abs. 1 Satz 1 BEEG) wurde in der abschließenden Beschlussempfehlung des Ausschusses für Familien, Senioren, Frauen und Jugend verzichtet (vgl. BT-Drucks. 17/9841, S. 29), da der finanzielle Bedarf von Familien insoweit durch andere Sozialleistungen sichergestellt ist (vgl. BT-Drucks. 17/9841, S. 28). Der Bezug eines **Geschwisterbonus** erhöht den Anrechnungsfreibetrag des § 3 Abs. 2 Satz 1 also nicht (vgl. Lenz/Wagner in: Rancke/Pepping, 6. Aufl., § 3 BEEG Rn. 42).

Der Anrechnungsfreibetrag erhöht sich gemäß § 3 Abs. 2 Satz 2 bei **Mehrlingsgeburten** 86
um jeweils 300 Euro für das zweite und jedes weitere Kind bzw. beim Bezug von Elterngeld Plus um jeweils 150 Euro (§ 4a Abs. 2 Satz 3 Nr. 4 BEEG). Es handelt sich um eine Folgeregelung zum Mehrlingszuschlag nach § 2a Abs. 4 BEEG, welcher der besonderen Belastung der Eltern bei Mehrlingsgeburten Rechnung tragen soll (vgl. BT-Drucks. 16/1889, S. 21). Diesem Sinn und Zweck des Mehrlingszuschlags würde es allerdings widersprechen, sofern der **Erhöhungsbetrag** bei der Anrechnung von funktionsidentischen Einnahmen nicht anrechnungsfrei bleibt. Deshalb bleibt der Erhöhungsbetrag bei der Anrechnung von Einnahmen erhalten (vgl. Buchner/Becker, 8. Aufl., § 3 BEEG Rn. 30). Ebenso wie der Anrechnungsfreibetrag nach § 3 Abs. 2 Satz 1 bezieht er sich nur auf die Einnahmen nach Absatz 1 Satz 1 Nr. 4 (Elterngeld und mit Elterngeld oder Mutterschaftsleistungen vergleichbare ausländische Leistungen für ein älteres Kind) und Nr. 5 (Einnahmen als Ersatz für Erwerbseinkommen) und gilt damit insbesondere nicht bei der Anrechnung von Mutterschaftsleistungen gemäß § 3 Abs. 1 Satz 1 Nr. 1, ohne dass dies gegen Gleichheitssätze des GG, unionsrechtliche Diskriminierungsverbote oder gegen das grundgesetzliche Gebot zur Förderung der Familien verstößt (vgl. BSG vom 26.3.2014 – B 10 EG 2/13 R – BeckRS 2014, 69859).

§ 4[1] BEEG Bezugsdauer, Anspruchsumfang

(1) Elterngeld wird als Basiselterngeld oder als Elterngeld Plus gewährt. Es kann ab dem Tag der Geburt bezogen werden. Basiselterngeld kann bis zur Vollendung des 14. Lebensmonats des Kindes bezogen werden. Elterngeld Plus kann bis zur Vollendung des 32. Lebensmonats bezogen werden, solange es ab dem 15. Lebensmonat in aufeinander folgenden Lebensmonaten von zumindest einem Elternteil in Anspruch genommen wird. Für angenommene Kinder und Kinder im Sinne des § 1 Absatz 3 Satz 1 Nummer 1 kann Elterngeld ab Aufnahme bei der berechtigten Person längstens bis zur Vollendung des achten Lebensjahres des Kindes bezogen werden.

(2) Elterngeld wird in Monatsbeträgen für Lebensmonate des Kindes gezahlt. Der Anspruch endet mit dem Ablauf des Lebensmonats, in dem eine Anspruchsvoraussetzung entfallen ist.

(3) Die Eltern haben gemeinsam Anspruch auf zwölf Monatsbeträge Basiselterngeld. Ist das Einkommen aus Erwerbstätigkeit eines Elternteils in zwei Lebensmonaten gemindert, haben die Eltern gemeinsam Anspruch auf zwei weitere Monate Basiselterngeld (Partnermonate). Statt für einen Lebensmonat Basiselterngeld zu beanspruchen, kann die berechtigte Person jeweils zwei Lebensmonate Elterngeld Plus beziehen.

(4) Ein Elternteil hat Anspruch auf höchstens zwölf Monatsbeträge Basiselterngeld zuzüglich der höchstens vier zustehenden Monatsbeträge Partnerschaftsbonus nach § 4b. Ein Elternteil hat nur Anspruch auf Elterngeld, wenn er es mindestens für zwei Lebensmonate bezieht. Lebensmonate des Kindes, in denen einem Elternteil nach § 3 Absatz 1 Satz 1 Nummer 1 bis 3 anzurechnende Leistungen oder nach § 192 Absatz 5 Satz 2 des Versicherungsvertragsgesetzes Versicherungsleistungen zustehen, gelten als Monate, für die dieser Elternteil Basiselterngeld nach § 4a Absatz 1 bezieht.

(5) Abweichend von Absatz 3 Satz 1 beträgt der gemeinsame Anspruch der Eltern auf Basiselterngeld für ein Kind, das

1. mindestens sechs Wochen vor dem voraussichtlichen Tag der Entbindung geboren wurde: 13 Monatsbeträge Basiselterngeld;
2. mindestens acht Wochen vor dem voraussichtlichen Tag der Entbindung geboren wurde: 14 Monatsbeträge Basiselterngeld;
3. mindestens zwölf Wochen vor dem voraussichtlichen Tag der Entbindung geboren wurde: 15 Monatsbeträge Basiselterngeld;
4. mindestens 16 Wochen vor dem voraussichtlichen Tag der Entbindung geboren wurde: 16 Monatsbeträge Basiselterngeld.

Für die Berechnung des Zeitraums zwischen dem voraussichtlichen Tag der Entbindung und dem tatsächlichen Tag der Geburt ist der voraussichtliche Tag der Entbindung maßgeblich, wie er sich aus dem ärztlichen Zeugnis oder dem Zeugnis einer Hebamme oder eines Entbindungspflegers ergibt. Im Fall von

1 Fassung für ab dem 1.4.2024 geborene Kinder.

1. Satz 1 Nummer 1
   a) hat ein Elternteil abweichend von Absatz 4 Satz 1 Anspruch auf höchstens 13 Monatsbeträge Basiselterngeld zuzüglich der höchstens vier zustehenden Monatsbeträge Partnerschaftsbonus nach § 4b,
   b) kann Basiselterngeld abweichend von Absatz 1 Satz 3 bis zur Vollendung des 15. Lebensmonats des Kindes bezogen werden und
   c) kann Elterngeld Plus abweichend von Absatz 1 Satz 4 bis zur Vollendung des 32. Lebensmonats des Kindes bezogen werden, solange es ab dem 16. Lebensmonat in aufeinander folgenden Lebensmonaten von zumindest einem Elternteil in Anspruch genommen wird;
2. Satz 1 Nummer 2
   a) hat ein Elternteil abweichend von Absatz 4 Satz 1 Anspruch auf höchstens 14 Monatsbeträge Basiselterngeld zuzüglich der höchstens vier zustehenden Monatsbeträge Partnerschaftsbonus nach § 4b,
   b) kann Basiselterngeld abweichend von Absatz 1 Satz 3 bis zur Vollendung des 16. Lebensmonats des Kindes bezogen werden und
   c) kann Elterngeld Plus abweichend von Absatz 1 Satz 4 bis zur Vollendung des 32. Lebensmonats des Kindes bezogen werden, solange es ab dem 17. Lebensmonat in aufeinander folgenden Lebensmonaten von zumindest einem Elternteil in Anspruch genommen wird;
3. Satz 1 Nummer 3
   a) hat ein Elternteil abweichend von Absatz 4 Satz 1 Anspruch auf höchstens 15 Monatsbeträge Basiselterngeld zuzüglich der höchstens vier zustehenden Monatsbeträge Partnerschaftsbonus nach § 4b,
   b) kann Basiselterngeld abweichend von Absatz 1 Satz 3 bis zur Vollendung des 17. Lebensmonats des Kindes bezogen werden und
   c) kann Elterngeld Plus abweichend von Absatz 1 Satz 4 bis zur Vollendung des 32. Lebensmonats des Kindes bezogen werden, solange es ab dem 18. Lebensmonat in aufeinander folgenden Lebensmonaten von zumindest einem Elternteil in Anspruch genommen wird;
4. Satz 1 Nummer 4
   a) hat ein Elternteil abweichend von Absatz 4 Satz 1 Anspruch auf höchstens 16 Monatsbeträge Basiselterngeld zuzüglich der höchstens vier zustehenden Monatsbeträge Partnerschaftsbonus nach § 4b,
   b) kann Basiselterngeld abweichend von Absatz 1 Satz 3 bis zur Vollendung des 18. Lebensmonats des Kindes bezogen werden und
   c) kann Elterngeld Plus abweichend von Absatz 1 Satz 4 bis zur Vollendung des 32. Lebensmonats des Kindes bezogen werden, solange es ab dem 19. Lebensmonat in aufeinander folgenden Lebensmonaten von zumindest einem Elternteil in Anspruch genommen wird.

(6) Ein gleichzeitiger Bezug von Basiselterngeld beider Elternteile ist nur in einem der ersten zwölf Lebensmonate des Kindes möglich. Bezieht einer der beiden Elternteile Elterngeld Plus, so kann dieser Elternteil das Elterngeld Plus gleichzeitig zum Bezug von Basiselterngeld oder von Elterngeld Plus des anderen Elternteils beziehen.

§ 4b bleibt unberührt. Abweichend von Satz 1 können bei Mehrlingsgeburten und Frühgeburten im Sinne des Absatzes 5 sowie bei Kindern, bei denen eine Behinderung im Sinne von § 2 Absatz 1 Satz 1 des Neunten Buches Sozialgesetzbuch ärztlich festgestellt wird und bei Kindern, die einen Geschwisterbonus nach § 2a Absatz 1 in Verbindung mit Absatz 2 Satz 3 auslösen, beide Elternteile gleichzeitig Basiselterngeld beziehen.

§ 4[1] Bezugsdauer, Anspruchsumfang

(1) Elterngeld wird als Basiselterngeld oder als Elterngeld Plus gewährt. Es kann ab dem Tag der Geburt bezogen werden. Basiselterngeld kann bis zur Vollendung des 14. Lebensmonats des Kindes bezogen werden. Elterngeld Plus kann bis zur Vollendung des 32. Lebensmonats bezogen werden, solange es ab dem 15. Lebensmonat in aufeinander folgenden Lebensmonaten von zumindest einem Elternteil in Anspruch genommen wird. Für angenommene Kinder und Kinder im Sinne des § 1 Absatz 3 Satz 1 Nummer 1 kann Elterngeld ab Aufnahme bei der berechtigten Person längstens bis zur Vollendung des achten Lebensjahres des Kindes bezogen werden.

(2) Elterngeld wird in Monatsbeträgen für Lebensmonate des Kindes gezahlt. Der Anspruch endet mit dem Ablauf des Lebensmonats, in dem eine Anspruchsvoraussetzung entfallen ist. Die Eltern können die jeweiligen Monatsbeträge abwechselnd oder gleichzeitig beziehen.

(3) Die Eltern haben gemeinsam Anspruch auf zwölf Monatsbeträge Basiselterngeld. Ist das Einkommen aus Erwerbstätigkeit eines Elternteils in zwei Lebensmonaten gemindert, haben die Eltern gemeinsam Anspruch auf zwei weitere Monate Basiselterngeld (Partnermonate). Statt für einen Lebensmonat Basiselterngeld zu beanspruchen, kann die berechtigte Person jeweils zwei Lebensmonate Elterngeld Plus beziehen.

(4) Ein Elternteil hat Anspruch auf höchstens zwölf Monatsbeträge Basiselterngeld zuzüglich der höchstens vier zustehenden Monatsbeträge Partnerschaftsbonus nach § 4b. Ein Elternteil hat nur Anspruch auf Elterngeld, wenn er es mindestens für zwei Lebensmonate bezieht. Lebensmonate des Kindes, in denen einem Elternteil nach § 3 Absatz 1 Satz 1 Nummer 1 bis 3 anzurechnende Leistungen oder nach § 192 Absatz 5 Satz 2 des Versicherungsvertragsgesetzes Versicherungsleistungen zustehen, gelten als Monate, für die dieser Elternteil Basiselterngeld nach § 4a Absatz 1 bezieht.

(5) Abweichend von Absatz 3 Satz 1 beträgt der gemeinsame Anspruch der Eltern auf Basiselterngeld für ein Kind, das

1. mindestens sechs Wochen vor dem voraussichtlichen Tag der Entbindung geboren wurde: 13 Monatsbeträge Basiselterngeld;
2. mindestens acht Wochen vor dem voraussichtlichen Tag der Entbindung geboren wurde: 14 Monatsbeträge Basiselterngeld;

---

1 Fassung für vor dem 1.4.2024 geborene Kinder (vgl. § 28 Abs. 1a BEEG).

3. mindestens zwölf Wochen vor dem voraussichtlichen Tag der Entbindung geboren wurde: 15 Monatsbeträge Basiselterngeld;
4. mindestens 16 Wochen vor dem voraussichtlichen Tag der Entbindung geboren wurde: 16 Monatsbeträge Basiselterngeld.

Für die Berechnung des Zeitraums zwischen dem voraussichtlichen Tag der Entbindung und dem tatsächlichen Tag der Geburt ist der voraussichtliche Tag der Entbindung maßgeblich, wie er sich aus dem ärztlichen Zeugnis oder dem Zeugnis einer Hebamme oder eines Entbindungspflegers ergibt. Im Fall von

1. Satz 1 Nummer 1
   a) hat ein Elternteil abweichend von Absatz 4 Satz 1 Anspruch auf höchstens 13 Monatsbeträge Basiselterngeld zuzüglich der höchstens vier zustehenden Monatsbeträge Partnerschaftsbonus nach § 4b,
   b) kann Basiselterngeld abweichend von Absatz 1 Satz 3 bis zur Vollendung des 15. Lebensmonats des Kindes bezogen werden und
   c) kann Elterngeld Plus abweichend von Absatz 1 Satz 4 bis zur Vollendung des 32. Lebensmonats des Kindes bezogen werden, solange es ab dem 16. Lebensmonat in aufeinander folgenden Lebensmonaten von zumindest einem Elternteil in Anspruch genommen wird;
2. Satz 1 Nummer 2
   a) hat ein Elternteil abweichend von Absatz 4 Satz 1 Anspruch auf höchstens 14 Monatsbeträge Basiselterngeld zuzüglich der höchstens vier zustehenden Monatsbeträge Partnerschaftsbonus nach § 4b,
   b) kann Basiselterngeld abweichend von Absatz 1 Satz 3 bis zur Vollendung des 16. Lebensmonats des Kindes bezogen werden und
   c) kann Elterngeld Plus abweichend von Absatz 1 Satz 4 bis zur Vollendung des 32. Lebensmonats des Kindes bezogen werden, solange es ab dem 17. Lebensmonat in aufeinander folgenden Lebensmonaten von zumindest einem Elternteil in Anspruch genommen wird;
3. Satz 1 Nummer 3
   a) hat ein Elternteil abweichend von Absatz 4 Satz 1 Anspruch auf höchstens 15 Monatsbeträge Basiselterngeld zuzüglich der höchstens vier zustehenden Monatsbeträge Partnerschaftsbonus nach § 4b,
   b) kann Basiselterngeld abweichend von Absatz 1 Satz 3 bis zur Vollendung des 17. Lebensmonats des Kindes bezogen werden und
   c) kann Elterngeld Plus abweichend von Absatz 1 Satz 4 bis zur Vollendung des 32. Lebensmonats des Kindes bezogen werden, solange es ab dem 18. Lebensmonat in aufeinander folgenden Lebensmonaten von zumindest einem Elternteil in Anspruch genommen wird;
4. Satz 1 Nummer 4
   a) hat ein Elternteil abweichend von Absatz 4 Satz 1 Anspruch auf höchstens 16 Monatsbeträge Basiselterngeld zuzüglich der höchstens vier zustehenden Monatsbeträge Partnerschaftsbonus nach § 4b,
   b) kann Basiselterngeld abweichend von Absatz 1 Satz 3 bis zur Vollendung des 18. Lebensmonats des Kindes bezogen werden und

c) **kann Elterngeld Plus abweichend von Absatz 1 Satz 4 bis zur Vollendung des 32. Lebensmonats des Kindes bezogen werden, solange es ab dem 19. Lebensmonat in aufeinander folgenden Lebensmonaten von zumindest einem Elternteil in Anspruch genommen wird.**

Übersicht

Erläuterung

1. Allgemeines

a) Entwicklung der Norm

1 § 4 wurde durch das »**Gesetz zum Elterngeld und zur Elternzeit**« vom 5.12.2006 (BGBl. I S. 2748) eingeführt und ist am 1.1.2007 in Kraft getreten. Die Regelung hat im Laufe des **Gesetzgebungsverfahrens** keine wesentlichen Änderungen erfahren

und beruht daher im Wesentlichen auf dem Gesetzentwurf der Fraktionen von CDU/CSU und SPD vom 20.6.2006 (BT-Drucks. 16/1889).

Mit dem **Ersten Gesetz zur Änderung des Bundeselterngeld- und Elternzeitgesetzes** vom 17.1.2009 (BGBl. I S. 61) hat der Gesetzgeber die Mindestbezugsdauer von zwei Monaten für das Elterngeld eingeführt, weil dies den Zielen der Leistung besser entspreche (BT-Drucks. 16/9415, S. 6). Dem vom Deutschen Juristinnenbund vorgebrachten Einwand, ein solches Mindestelterngeld würde die Flexibilität der Eltern zu stark einschränken (Ausschussdrucks. 16 [13] 731c zu BT-Drucks. 16/9415) wurde im Rahmen des Gesetzgebungsverfahrens nicht Rechnung getragen, weil die Elterngeldmonate nicht am Stück genommen werden müssen, sondern frei auf den Zeitraum der ersten 14 Lebensmonate des Kindes verteilt werden können und somit die Flexibilität des Elterngeldes weiterhin gewährleistet ist (BT-Drucks. 16/9415, S. 6; ebenso im Ergebnis Genenger, ZRP 2008, 180). 2

Durch das »**Gesetz zur Vereinfachung des Elterngeldvollzugs**« vom 10.9.2012 (BGBl. I S. 1878) wurde § 4 Abs. 3 Satz 2 terminologisch geändert und der Begriff »berechtigte Person« durch »Elternteil« sowie der Begriff »Leistung« durch »Einnahme« ersetzt. Diese terminologische Anpassung war eine Reaktion auf eine Entscheidung des BSG, dass die Vorschrift in einem offensichtlich nicht vom Gesetzgeber gewünschten Sinne ausgelegt hatte (vgl. dazu Rdn. 90). 3

Eine grundlegende Umgestaltung hat die Vorschrift durch das »**Gesetz zur Einführung des Elterngeld Plus mit Partnerschaftsbonus und einer flexibleren Elternzeit im Bundeselterngeld- und Elternzeitgesetz**« vom 18.12.2014 (BGBl. I S. 2325) erfahren. Für Geburten ab dem 1.7.2015 wurde damit die Familienleistung Elterngeld umfassend reformiert und weiterentwickelt. Hintergrund der Weiterentwicklung waren Erkenntnisse aus dem Bericht über die Evaluation des BEEG durch das BMFSFJ im August 2008 und verschiedene Studien über die Wirksamkeit von Maßnahmen zur Vereinbarkeit von Familie und Beruf (u.a. DIW-Wochenbericht Nr. 46/2014; Bericht des IGES-Instituts »Einfluss ehe- und familienbezogener Maßnahmen und Leistungen auf die Erwerbsbeteiligung von Müttern« vom 17.1.2014; FORSA-Studie »Väter 2014 – zwischen Wunsch und Wirklichkeit in Deutschland«). Die **Evaluation** des 2007 eingeführten **Elterngeldes** hatte ergeben, dass die Familienleistung zwar umfassend in Anspruch genommen wird und positive Wirkung hat. Es wurde aber auch festgestellt, dass die Leistung überwiegend von Müttern in Anspruch genommen wird, während sich die »Väterbeteiligung« im Wesentlichen auf die gesetzlich vorgesehenen Partnermonate beschränkt (Bericht zur Evaluation des Gesetzes zum Elterngeld und zur Elternzeit, BMFSFJ, August 2008). Zudem haben **Studien** ergeben, dass sich die Wünsche und Bedürfnisse junger Eltern seit der Einführung des Elterngeldes verändert hatten: Rund 60 % der Mütter und Väter, deren jüngstes Kind im Alter zwischen einem und drei Jahren ist, wünschte sich eine partnerschaftliche Verteilung von Erwerbstätigkeit und Familienarbeit (DIW-Wochenbericht Nr. 46/2014, S. 3). Zudem sind junge Frauen stärker erwerbsorientiert und möchten früher in den Beruf zurückkehren. 4

Statistisch hat sich gezeigt, dass das **Elterngeld in der ursprünglichen Ausgestaltung eher einen längeren Leistungsbezug durch nur einen Partner** – im Regelfall die Mut- 5 ter – und eine Beschränkung des anderen Partners auf die Inanspruchnahme der Partnermonate **begünstigt**. Dagegen ist die Leistung eher unattraktiv für Familien, in denen beide Elternteile in Teilzeit erwerbstätig sein möchten und Elterngeld beziehen wollen. Denn nach der ursprünglichen Ausgestaltung des Elterngeldes erhalten Mütter und Väter, die während des Elterngeldbezugs in Teilzeit arbeiteten, in der Summe weniger Elterngeld als Eltern, die ihre Erwerbstätigkeit vollständig unterbrechen. Hinzu kommt, dass die Inanspruchnahme des Elterngeldes durch beide Partner bei gleichzeitiger Teilzeiterwerbstätigkeit den Bezugszeitraum verkürzt, sodass im Extremfall das den Eltern gemeinsam zustehende Monatskontingent nach dem 7. Lebensmonat des Kindes ausgeschöpft ist (sog. doppelter Anspruchsverbrauch; zur rechtlichen Zulässigkeit des doppelten Anspruchsverbrauchs: BSG vom 15.12.2011 – B 10 EG 1/11 R – SozR 4–7837 § 4 Nr. 3). Diese negative Wirkung des zeitgleichen Leistungsbezugs zeigte sich auch statistisch: Fast zwei Drittel der Paare haben das Elterngeld alter Ausprägung nur für einen kurzen Zeitraum zeitgleich bezogen.

6 Durch die **Weiterentwicklung der Familienleistung** Elterngeld wurde das bisherige Elterngeld zum **Basiselterngeld** und um die neuen Bezugsvarianten **Elterngeld Plus** und **Partnerschaftsbonus** ergänzt. Jeder Elternteil kann statt eines Monats Basiselterngeld fortan zwei Elterngeld Plus-Monate in Anspruch nehmen, wenn beide Eltern in Teilzeit (zunächst bis zu 30 Wochenstunden, seit dem 1.9.2021 bis zu 32 Wochenstunden) erwerbstätig sind. Das Elterngeld Plus beträgt maximal die Hälfte des Basiselterngeldes, wird aber für den doppelten Zeitraum gezahlt.

7 Das Elterngeld Plus soll die **Teilzeittätigkeit von Eltern nach der Geburt eines Kindes wirtschaftlich absichern**, eine frühere Rückkehr der Mütter ins Berufsleben fördern und die gegenseitige Entlastung der Elternteile unterstützen (vgl. BR-Drucks. 355/14, S. 12 f.). Darüber hinaus soll diese zusätzliche Leistung Familien über das erste Lebensjahr des Kindes hinaus wirtschaftlich stabilisieren. Das Elterngeld Plus ermöglicht einen **früheren und gleitenden Wiedereinstieg ins Berufsleben** und trägt dazu bei, Einkommensverluste im Lebenslauf zu mindern (vgl. BR-Drucks. 355/14, S. 12). Zugleich soll für Väter eine Verringerung der Erwerbstätigkeit zugunsten der Kinderbetreuung ermöglicht und die soziale bzw. berufliche Anerkennung dieser **Väterbeteiligung** – insbesondere gegenüber den Arbeitgebern – **gestärkt** werden. Die bereits zuvor vorhandenen Möglichkeiten des Elterngeldbezugs gelten weiter und können mit der neuen Gestaltungskomponente des Elterngeldes kombiniert werden.

8 Eine weitere Änderung hat die Vorschrift durch das »**Gesetz zur Stärkung der Heil- und Hilfsmittelversorgung (Heil- und Hilfsmittelversorgungsgesetz – HHVG)**« vom 4.4.2017 (BGBl. I S. 778) erfahren. Mit diesem Gesetz wurde mit Wirkung zum 11.4.2017 u.a. ein »kleiner Paradigmenwechsel« in der privaten Krankenversicherung umgesetzt. Anders als zuvor gelten nunmehr Schwangerschaft und Wochenbett als »Krankheit« im Sinne der privaten Krankenversicherung und berechtigen zum Bezug von Versicherungsleistungen nach dem Versicherungsvertragsgesetz (VVG). Ersetzt wird u.a. der Verdienstausfall für Zeiträume, in denen keine oder nur eine eingeschränkte Berufstätigkeit aufgrund von Schwanger- oder Mutterschaft ausgeübt werden kann. Diese Versicherungsleistungen sind – ebenso wie die Leistungen nach § 3 Abs. 1 Satz 1

Nr. 1 bis 3 BEEG – als dem Elterngeld von der Zweckrichtung vergleichbare Leistungen. Lebensmonate, in denen solche Leistungen bezogen werden, gelten als Elterngeldbezugsmonate (vgl. dazu Rdn. 87 ff.). Dass dies auch für Lebensmonate gilt, in denen Versicherungsleistungen nach § 192 Abs. 5 Satz 2 VVG zustehen, wurde durch eine entsprechende Ergänzung des § 4 Abs. 5 Satz 3 (heute: § 4 Abs. 4 Satz 3) klargestellt und somit privat krankenversicherte Mütter mit gesetzlich krankenversicherten Müttern im Elterngeldbezug gleichgestellt (vgl. BT-Drucks. 18/11205, S. 83).

Mit Wirkung zum 1.1.2018 wurde § 4 Abs. 6 Satz 1 Nr. 1 n.F. (heute: § 4c Abs. 1 Nr. 1 BEEG) an die mit dem »**Gesetz zur Neuregelung des Mutterschutzes**« vom 23.5.2017 (BGBl. I S. 1228) eingeführten Änderungen angepasst. Hierbei hat es sich lediglich um eine redaktionelle Änderung gehandelt. 9

Das »**Zweite Gesetz zur Änderung des Bundeselterngeld- und Elternzeitgesetzes**« vom 15.2.2021 (BGBl. I S. 239) hat zu einer weiteren Neustrukturierung des § 4 geführt, indem einzelne Regelungen in die durch die Verfassungswidrigkeit des Betreuungsgeldes (vgl. BVerfG vom 21.7.2015 – 1 BvF 2/13 – BVerfGE 140, 65) und dessen Streichung freigewordenen §§ 4a bis 4d BEEG überführt wurden. Diese Neustrukturierung soll in erster Linie der besseren Lesbarkeit und Verständlichkeit dienen und hat ausweislich der Gesetzesbegründung für die Zeit ab dem 1.9.2021 zu folgenden Verschiebungen geführt (vgl. BT-Drucks. 19/24438, S. 28): 10

- § 4 Abs. 1 Satz 1 n.F. enthält nunmehr eine zusätzliche Klarstellung;
- § 4 Abs. 1 Satz 1 a.F. wird aufgeteilt und in § 4 Abs. 1 Satz 2 und 3 n.F. verschoben;
- § 4 Abs. 1 Satz 2 a.F. wird zu § 4 Abs. 1 Satz 4 n.F.;
- § 4 Abs. 1 Satz 3 a.F. wird zu § 4 Abs. 1 Satz 5 n.F.;
- § 4 Abs. 2 Satz 2 a.F. wird von § 4a Abs. 1 BEEG n.F. übernommen;
- § 4 Abs. 2 Satz 3 a.F. wird nach § 4 Abs. 2 Satz 2 n.F. verschoben;
- § 4 Abs. 2 Satz 4 a.F. wird nach § 4 Abs. 2 Satz 3 n.F. verschoben;
- § 4 Abs. 3 Satz 1 a.F. wird nach § 4 Abs. 3 Satz 3 n.F. verschoben;
- § 4 Abs. 3 Satz 2 und 3 a.F. wird von § 4a Abs. 2 BEEF n.F. übernommen;
- § 4 Abs. 4 Satz 1 und 2 a.F. wird nach § 4 Abs. 3 Satz 1 und 2 verschoben;
- § 4 Abs. 4 Satz 3 a.F. fließt unter Neugestaltung des Partnerschaftsbonus in § 4b BEEG n.F.;
- § 4 Abs. 5 a.F. wird nach § 4 Abs. 4 n.F. verschoben;
- § 4 Abs. 6 a.F. wird mir geringfügigen Korrekturen in § 4c BEEG n.F. überführt;
- § 4 Abs. 7 a.F. wird von § 4d BEEG n.F. übernommen;

Darüber hinaus hat der Gesetzgeber im Zuge der Neustrukturierung **zahlreiche redaktionelle Anpassungen und Klarstellungen** vorgenommen, die allesamt zu keiner Änderung der bisherigen Rechtslage geführt haben. So ist der Begriff »Monat« durch den Begriff »Lebensmonat«, die Formulierung »Elterngeld im Sinne des Absatzes 2 Satz 2« durch den Begriff »Basiselterngeld« und die Formulierung »beziehen« oder »beanspruchen« teilweise durch den Begriff »hat Anspruch« ersetzt worden und sind die Begriffe »Basiselterngeld«, »Partnerschaftsbonus« und »Elterngeld Plus« an die Stelle vieler Verweise getreten (vgl. BT-Drucks. 19/24438, S. 29). Neu aufgenommen worden ist in § 4 Abs. 5 n.F. allerdings die Sonderregelung für besonders **Frühgeborene**, die vor allem eine Verlängerung der Bezugsdauer des Basiselterngeldes auf bis zu 16 Monate vorsieht. Damit erhalten Eltern mehr Zeit, um mögliche Entwicklungsverzögerungen ihres Kindes aufzufangen (vgl. BT-Drucks. 19/24438, S. 17).

11 Eine weitere Änderung hat § 4 durch das »**Haushaltsfinanzierungsgesetz 2024**« vom 22.12.2023 (BGBl. I Nr. 412) erfahren, indem in § 4 Abs. 2 der Satz 3 aufgehoben worden ist, der es den Eltern bislang ermöglichte, Elterngeld sowohl abwechselnd als auch gleichzeitig zu beziehen. Zugleich ist § 4 um einen neuen Absatz 6 erweitert worden, der in seinem **Satz 1** nunmehr vorsieht, dass **in den ersten zwölf Lebensmonaten des Kindes Basiselterngeld durch beide Elternteile gleichzeitig nur in einem Lebensmonat** des Kindes bezogen werden kann (vgl. hierzu Rdn. 101 ff.). Damit soll dem Umstand Rechnung getragen, dass trotz des grundsätzlichen Wegfalls des gleichzeitigen Elterngeldbezugs insbesondere im Geburtsmonat des Kindes beiden Elternteile die Möglichkeit erhalten bleiben soll, sich gemeinsam um das Kind zu kümmern (vgl. BT-Drucks. 20/9792, S. 21). Die Beschränkung des gleichzeitigen Elterngeldbezugs beider Elternteile auf nur einen Lebensmonat gilt jedoch nicht bei einer **gleichzeitigen Inanspruchnahme von Basiselterngeld und Elterngeld Plus**. Eltern können gemäß **§ 4 Abs. 6 Satz 2 n.F.** den Bezug von Basiselterngeld und Elterngeld Plus miteinander kombinieren und sind dann nicht auf einen gleichzeitigen Elterngeldbezug in nur einem Lebensmonat des Kindes beschränkt. Möglich ist auch, dass beide Elternteile gleichzeitig Elterngeld Plus in Anspruch nehmen. **§ 4 Abs. 6 Satz 3 n.F.** stellt deshalb klar, dass der den Partnerschaftsbonus regelnde § 4b BEEG unberührt bleibt. Von der Beschränkung des § 4 Abs. 6 Satz 1 n.F. ausgenommen sind schließlich gemäß **§ 4 Abs. 6 Satz 4 n.F.** auch Eltern von **Mehrlingen** (Zwillingen, Drillingen etc.) sowie von **Frühgeburten** im Sinne des § 4 Abs. 5. In diesen Fällen können die Eltern gleichzeitig Basiselterngeld beziehen. Mit diesen Gesetzesänderungen soll nach dem Willen des Gesetzgebers eine langfristig partnerschaftliche Aufteilung von Sorgearbeit und Erwerbstätigkeit beider Elternteile gefördert werden (vgl. BT-Drucks. 20/9792, S. 21).

12 Zum vorerst letzten Mal ist § 4 durch das »**Zweite Haushaltsfinanzierungsgesetz 2024**« vom 27.3.2024 (BGBl. I Nr. 107) geändert worden. **§ 4 Abs. 6 Satz 4** ist um zwei weitere Ausnahmen zu § 4 Abs. 6 Satz 1 erweitert worden. Nicht nur Eltern von Mehrlings- und Frühgeburten, sondern auch Eltern, bei deren Kind eine **Behinderung** im Sinne von § 2 Abs. 1 Satz 1 SGB IX ärztlich festgestellt worden ist, sowie Eltern, deren Kind einen Geschwisterbonus nach § 2a Abs. 1 i.V.m. Abs. 2 Satz 3 BEEG (also **Geschwisterkinder mit Behinderung**) auslöst, können nunmehr weiterhin gleichzeitig Basiselterngeld beziehen (vgl. Rdn. 105). Die Regelung für behinderte Kinder trägt dem erhöhten Betreuungsaufwand für diese Kinder Rechnung (vgl. BT-Drucks. 20/10150, S. 13).

b) Regelungsgehalt und Systematik

13 § 4 beinhaltet **für Geburten ab dem 1.9.2021** (vgl. § 28 Abs. 1 BEEG) insgesamt fünf Absätze und ist im Vergleich zu § 4 a.F. vollständig neu gefasst und neu strukturiert worden. Hierdurch sind die Regelungen erheblich anwendungsfreundlicher geworden (vgl. Wall in: Graue/Mandalka/Wall, 7. Aufl. 2022, § 4 Rn. 1).

Absatz 1 Satz 1 ist zu entnehmen, dass »Elterngeld« der **Oberbegriff** für das »Basiselterngeld« und für das »Elterngeld Plus« ist. Spricht das Gesetz von »Elterngeld«, sind damit stets beide Elterngeldvarianten gemeint. Aus **Absatz 1 Satz 2** ergibt sich, dass Elterngeld **ab dem Tag der Geburt** des Kindes bezogen werden kann. Den möglichen Bezugszeitraum im Sinne einer Rahmenfrist (**Bezugszeitrahmen**), also den zeitlichen Rahmen, innerhalb dessen Elterngeld längstens bezogen werden kann, legt **Absatz 1 Sätze 3 und 4** fest. Danach kann **Basiselterngeld** bis zur **Vollendung des 14. Lebensmonats** des Kindes und **Elterngeld Plus** bis zur **Vollendung des 32. Lebensmonats** des Kindes bezogen werden, Letzteres jedoch nur, solange es ab dem 15. Lebensmonat in aufeinander folgenden Lebensmonaten von zumindest einem Elternteil in Anspruch genommen wird. **Absatz 1 Satz 5** regelt, dass für **angenommene Kinder** und **Kinder in Adoptionspflege** (§ 1 Abs. 3 Satz 1 Nr. 1 BEEG) Elterngeld **ab Aufnahme des Kindes** bei der berechtigten Person längstens bis zur **Vollendung des achten Lebensjahres** bezogen werden kann. 14

Absatz 2 Satz 1 regelt die lebensmonatsweise Zahlung des Elterngeldes. Dieses **Lebensmonatsprinzip** (vgl. Rdn. 51 ff.) gilt sowohl für das Basiselterngeld als auch für das Elterngeld Plus. **Absatz 2 Satz 2** ordnet das Ende des Elterngeldanspruchs mit Ablauf des Lebensmonats an, in dem eine Anspruchsvoraussetzung entfallen ist. Die in **Absatz 2 Satz 3** vorgesehene Möglichkeit, dass Eltern die jeweiligen Monatsbeträge **abwechselnd oder gleichzeitig beziehen** können, gilt nur noch für Geburten vor dem 1.4.2024 (vgl. § 28 Abs. 1a BEEG). 15

Absatz 3 Satz 1 regelt den **Umfang des Elterngeldanspruchs**. Für das Basiselterngeld gilt, dass die Eltern gemeinsam Anspruch auf zwölf Monatsbeträge haben. **Absatz 3 Satz 2** enthält eine Legaldefinition der **Partnermonate** dergestalt, dass die Eltern gemeinsam Anspruch auf zwei weitere Monate Basiselterngeld haben, wenn das Einkommen aus Erwerbstätigkeit eines Elternteils in zwei Lebensmonaten des Kindes gemindert ist. **Absatz 3 Satz 3** eröffnet für die berechtigte Person die Möglichkeit, statt für einen Lebensmonat Basiselterngeld jeweils **zwei Lebensmonate Elterngeld Plus** zu beziehen (doppelte Bezugsdauer). 16

Absatz 4 Satz 1 bestimmt, dass ein Elternteil grundsätzlich Anspruch auf höchstens zwölf Monatsbeträge Basiselterngeld zuzüglich der höchstens vier zustehenden Monatsbeträge Partnerschaftsbonus nach § 4b BEEG hat (**individuelle Höchstanspruchsdauer**). **Absatz 4 Satz 2** regelt, dass ein Elternteil überhaupt nur Anspruch auf Elterngeld hat, wenn er es mindestens für zwei Lebensmonate bezieht (**Mindestbezugsdauer**). **Absatz 4 Satz 3** fingiert Lebensmonate des Kindes, in denen einem Elternteil nach § 3 Abs. 1 Satz 1 Nr. 1 bis 3 BEEG anzurechnende Leistungen (insbesondere Mutterschaftsgeld) oder nach § 192 Abs. 5 Satz 2 VVG Versicherungsleistungen zustehen, als Monate, für die dieser Elternteil Basiselterngeld nach § 4a Abs. 1 BEEG bezieht (**Fiktion von Elterngeldbezugsmonaten**). 17

Nach **Absatz 5** haben Eltern von besonders früh geborenen Kindern einen Anspruch auf den sog. »**Frühchenbonus**«, der nach **Satz 1** wie folgt gestaffelt ist: Bei einer Geburt des Kindes mindestens sechs Wochen vor dem voraussichtlichen Tag der Entbindung beträgt der gemeinsame Anspruch der Eltern auf Basiselterngeld **13 Monatsbeträge**, 18 bei einer Geburt des Kindes mindestens acht Wochen vor dem voraussichtlichen Tag der Entbindung **14 Monatsbeträge**, bei einer Geburt des Kindes mindestens zwölf Wochen vor dem voraussichtlichen Tag der Entbindung **15 Monatsbeträge** und bei einer Geburt des Kindes mindestens 16 Wochen vor dem voraussichtlichen Tag der Entbindung schließlich **16 Monatsbeträge.** In **Absatz 5 Satz 2** ist geregelt, welcher Zeitpunkt für die Berechnung des Zeitraums zwischen dem voraussichtlichen Tag der Entbindung und dem tatsächlichen Tag der Geburt maßgeblich ist. **Absatz 5 Satz 3** stellt sicher, dass im Fall eines besonders früh geborenen Kindes gestuft nach mindesten sechs Wochen, mindestens acht Wochen, mindestens zwölf Wochen und mindestens 16 Wochen vor dem voraussichtlichen Tag der Entbindung **abweichend von § 4 Abs. 4 Satz 1** die individuelle Höchstanspruchsdauer eines Elternteils 13 Monatsbeträge, 14 Monatsbeträge, 15 Monatsbeträge oder 16 Monatsbeträge Basiselterngeld zuzüglich der höchstens vier zustehenden Monatsbeträge Partnerschaftsbonus nach § 4b BEEG beträgt (Nr. 1a, Nr. 2a, Nr. 3a und Nr. 4a), **abweichend von § 4 Abs. 1 Satz 3** Basiselterngeld bis zur Vollendung des 15. Lebensmonats, des 16. Lebensmonats, des 17. Lebensmonats oder des 18. Lebensmonats des Kindes bezogen werden kann (Nr. 1b, Nr. 2b, Nr. 3b und Nr. 4b) sowie **abweichend von § 4 Abs. 1 Satz 4** Elterngeld Plus bis zur Vollendung des 32. Lebensmonats des Kindes bezogen werden kann, solange es ab dem 16. Lebensmonat, dem 17. Lebensmonat, dem 18. Lebensmonat oder dem 19. Lebensmonat in aufeinander folgenden Lebensmonaten von zumindest einem Elternteil in Anspruch genommen wird (Nr. 1c, Nr. 2c, Nr. 3c und Nr. 4c).

19 Für **Geburten ab dem 1.4.2024** ist § 4 um einen **Absatz 6** erweitert worden. Im Zuge der Aufhebung des § 4 Abs. 2 Satz 3, der den abwechselnden und gleichzeitigen Elterngeldbezug durch beide Elternteile ermöglichte, sind dort nun Ausnahmen geregelt, in denen ein gleichzeitiger Bezug von Basiselterngeld weiterhin möglich sein soll. **Satz 1** beschränkt den gleichzeitigen Bezug von Basiselterngeld beider Elternteile auf einen der ersten zwölf Lebensmonate des Kindes. Für den Fall, dass einer der beiden Elternteile Elterngeld Plus bezieht, kann der andere Elternteil gleichzeitig Basiselterngeld oder ebenfalls Elterngeld Plus beziehen (**Satz 2**). Der den Partnerschaftsbonus regelnde § 4b BEEG bleibt unberührt (**Satz 3**), weshalb die gleichzeitige Inanspruchnahme von Elterngeld Plus teilzeitbeschäftigter Eltern, die nicht weniger als 24 und nicht mehr als 32 Wochenstunden im Durchschnitt des Lebensmonats für die Dauer von mindestens zwei und längstens vier Monaten erwerbstätig sind, erhalten bleibt. Nach **Satz 4** ist ein gleichzeitiger Bezug von Basiselterngeld durch beide Elternteile auch dann nicht ausgeschlossen, wenn sie Eltern von Mehrlingen, eines Frühchens im Sinne von § 4 Abs. 5, eines behinderten Kindes oder eines einen Geschwisterbonus nach § 2a Abs. 1 i.V.m. Abs. 2 Satz 3 BEEG auslösenden Kindes sind.

20 Unter Berücksichtigung der dargestellten gesetzlichen Vorgaben muss beim Elterngeld unterschieden werden zwischen

- dem **Bezugszeitrahmen**, d.h. der Rahmenfrist für den Anspruch auf Elterngeld (§ 4 Abs. 1 Sätze 2 bis 5), Anknüpfungspunkte sind der Geburtszeitpunkt (bzw. die Aufnahme des Kindes in den Haushalt) und das Alter des Kindes;

- der **Bezugsart**, d.h. der Ausgestaltung als monatliche Leistung (§ 4 Abs. 2 Satz 1), Anknüpfungspunkt sind die Lebensmonate des Kindes;
- der **Bezugsdauer**, d.h. der Anzahl der dem jeweiligen Elternteil innerhalb des Bezugszeitrahmens zustehenden Monatsbeträge (§ 4 Abs. 4), Anknüpfungspunkt ist die Anspruchsberechtigung des Elternteils;
- dem für die Einkommensermittlung relevanten **Bemessungszeitraum** (§ 2b BEEG).

Zusammenfassend betrachtet enthält § 4 in erster Linie Rahmenbedingungen für die zeitliche Ausgestaltung des Bezugszeitrahmens, dessen Beginn und Ende er regelt, und konkretisiert des Weiteren die Zeitabschnitte, innerhalb derer die Anspruchsberechtigten Elterngeld beziehen können (vgl. Senger in: Tillmanns/Mutschler, 3. Aufl., § 4 BEEG Rn. 7). **Prozessuale Konsequenz** des § 4 ist, dass es sich beim **Elterngeld** um eine grundsätzlich **teilbare Leistung** handelt, sodass einzelne Bezugszeiträume einen **eigenständigen Streitgegenstand** bilden können (vgl. dazu BSG vom 26.3.2014 – B 10 EG 2/13 R – BeckRS 2014, 69859). Aus verfahrensrechtlicher Sicht stellt die Bewilligung von Elterngeld zudem für den gesamten Bezugszeitraum einen **Verwaltungsakt mit Dauerwirkung** dar (vgl. BSG vom 4.9.2013 – B 10 EG 11/12 R – BeckRS 2013, 74178; BSG vom 4.9.2013 – B 10 EG 6/12 R – SozR 4–7837 § 2 Nr. 24). 21

§ 4 muss im Kontext mit den §§ 4a bis 4d BEEG gelesen werden, in die mit Wirkung zum 1.9.2021 verschiedene Regelungen der früheren Fassung des § 4 übernommen worden sind. Nunmehr lassen sich aus § 4 die Grundstrukturen des Elterngeldes entnehmen, während die §§ 4a bis 4d BEEG Ergänzungen und Abweichungen hierzu regeln (vgl. Röhl in: Rolfs/Giesen/Meßling/Udsching, Vorbem. zu § 4 BEEG). Über seinen Absatz 4 Satz 3 ist § 4 außerdem systematisch eng mit § 3 Abs. 1 Satz 1 Nr. 1 bis 3 BEEG verbunden, der bestimmte, auf den Elterngeldanspruch anrechenbare Leistungen – Mutterschaftsleistungen, fortgezahlte Dienst- und Anwärterbezüge während eines Beschäftigungsverbots sowie vergleichbare ausländische Leistungen – vorgibt und deren Bezug in dem betroffenen Monat zu einem gesetzlich fingierten Basiselterngeldbezug führt. 22

c) Vorläufernorm

§ 4 knüpft an die Regelung des **§ 4 BErzGG** an, soweit es um den Beginn und den zeitlichen Umfang der Leistung geht (vgl. Buchner/Becker, 8. Aufl., § 4 BEEG Rn. 2). Wegen der unterschiedlichen Zielsetzungen beider Gesetze weicht die Vorschrift jedoch inhaltlich in wesentlichen Teilen von der Vorgängernorm ab. Das Erziehungsgeld wurde ebenso wie heute das Elterngeld vom Tag der Geburt des Kindes an gezahlt (§ 4 Abs. 1 Satz 1 BErzGG). Das Ende des Bezugszeitraums wurde seinerzeit durch die Bezugsdauer bestimmt. Da im Anwendungsbereich des BErzGG weder die gleichzeitige oder wechselseitige Inanspruchnahme der den Eltern zustehenden Monatsbeträge noch die Inanspruchnahme von zusätzlichen Partnermonaten vorgesehen war, war eine Trennung zwischen Anspruchsumfang und Bezugszeitraum nicht erforderlich. 23

Die Bezugsdauer für das Erziehungsgeld ist im Laufe der Jahre mehrfach angehoben worden. Ursprünglich wurde das Erziehungsgeld nur bis zur Vollendung des zehnten 24

Lebensmonats des Kindes bzw. für Kinder, die nach dem 31.12.1987 geboren wurden, bis zur Vollendung des zwölften Lebensmonats gezahlt (§ 4 Abs. 1 BErzGG in der Fassung vom 6.12.1985, BGBl. I S. 2154). Mit dem »**Gesetz zur Änderung des Bundeserziehungsgeldgesetzes und anderer Vorschriften**« vom 30.6.1989 (BGBl. I S. 1297) hat der Gesetzgeber die Regelbezugsdauer (= Anspruchsumfang) auf zwölf Monate, für nach dem 30.6.1989 geborene Kinder auf 15 Monate und für Kinder, die nach dem 30.6.1990 geboren wurden, auf 18 Monate erhöht. Zugleich wurde für angenommene Kinder im Sinne von § 1 Abs. 3 Nr. 1 BErzGG Erziehungsgeld von der Inobhutnahme an für die jeweils geltende Bezugsdauer, längstens bis zur Vollendung des dritten Lebensjahres gewährt, wenn das Kind nach dem 30.6.1989 geboren war. Diese Änderungen erfolgten, um zum einen die Einkommenssituation junger Familien weiter zu verbessern und einen Beitrag zur besseren Vereinbarkeit von Erwerbstätigkeit und Familientätigkeit zu leisten (vgl. BT-Drucks. 11/4687, S. 6). Zum anderen konnte nach bisheriger Rechtslage ein großer Teil der Adoptiveltern Erziehungsgeld und Erziehungsurlaub gar nicht oder nur teilweise nutzen, weil das Kind bei der Adoption oder in Pflegenahme schon einige Monate oder über ein Jahr alt war (vgl. BT-Drucks. 11/4776, S. 3). Im Zuge des **Zweiten Gesetzes zur Änderung des Bundeserziehungsgeldgesetzes und anderer Vorschriften** vom 6.12.1991 (BGBl. I S. 2142) wurde der Anspruch auf Erziehungsgeld sodann auf 18 Monate bzw. für nach dem 31.12.1992 geborene Kinder auf 24 Monate erhöht sowie die Rahmenfrist für angenommene Kinder längstens bis zur Vollendung des siebten Lebensjahres erweitert, wenn das Kind nach dem 31.12.1991 geboren war. Mit dem **Dritten Gesetz zur Änderung des Bundeserziehungsgeldgesetzes** vom 12.10.2000 (BGBl. I S. 1426) wurde schließlich die Rahmenfrist für adoptierte Kinder oder Kinder im Sinne von § 1 Abs. 3 Nr. 1 BErzGG (in Adoptionspflege genommene Kinder) mit Wirkung vom 1.1.2001 auf die Vollendung des achten Lebensjahres erweitert. Darüber hinaus sah § 5 Abs. 1 Satz 1 BErzGG neben dem **Regelbetrag** nunmehr auch ein **Budget** vor, mit dem sich Eltern unter Berücksichtigung ihrer familiären und beruflichen Bedingungen für eine zeitlich verkürzte Inanspruchnahme des Erziehungsgeldes entscheiden konnten, in der sie dafür ein monatliches Erziehungsgeld von 900 DM statt 600 DM erhielten (vgl. BT-Drucks. 14/3553, S. 17). Da die Unterscheidung zwischen diesen beiden Arten des Erziehungsgeldes in der bisherigen Fassung des § 4 BErzGG nicht differenziert dargestellt gewesen war, wurde § 4 Abs. 1 Satz 1 BErzGG durch das »**Haushaltsbegleitgesetz 2004 (HBeglG 2004)**« vom 29.12.2003 (BGBl. I S. 3076) geändert und ausdrücklich klargestellt, dass der Anspruch auf Budget auf 12 Monate begrenzt und der Anspruch auf Regelbetrag über 24 Lebensmonate möglich ist (vgl. BT-Drucks. 15/1502, S. 34). Zugleich wurden das Budget auf 450 Euro monatlich und der Regelbetrag auf 300 Euro monatlich festgelegt (§ 5 Abs. 1 Satz 1 BErzGG in der ab 1.1.2004 geltenden Fassung). Da § 4 BErzGG nicht zum Zweiten Abschnitt des BErzGG gehörte, trat er erst am 31.12.2008 außer Kraft (Art. 3 Abs. 2 Satz 2 des Gesetzes zur Einführung des Elterngeldes vom 5.12.2006, BGBl. I S. 2748). Bis zu diesem Zeitpunkt konnte Erziehungsgeld in der Form des Regelbetrags daher längstens gezahlt werden.

d) Normzweck

Die gesetzliche Ausgestaltung von Bezugszeitrahmen und Anspruchsumfang soll zusammen mit der Grundkonzeption des Elterngeldes als (teilweise) Einkommensersatzleistung den Eltern die realistische Möglichkeit eröffnen, in der Frühphase der Elternschaft zeitweilig auch auf das höhere Einkommen zu verzichten (vgl. BT-Drucks. 16/1889, S. 23 <zu § 4 Abs. 3>), ohne hierdurch dauerhafte wirtschaftliche Nachteile befürchten zu müssen. Auf diese Weise soll der bis zum Inkrafttreten des BEEG tatsächlich vorherrschenden einseitigen Zuweisung der Betreuungsarbeit an die Frauen und den damit verbundenen diskriminierenden Folgen auf dem Arbeitsmarkt entgegengewirkt und eine **echte Wahlfreiheit** für beide Elternteile **zwischen Familie und Beruf** geschaffen werden (vgl. BT-Drucks 16/1889, S. 23 <zu § 4 Abs. 3>). Dem dient insbesondere die Verlängerung der für einen Elternteil maßgebenden Höchstbezugsdauer um zwei Partnermonate. Die Partnermonate und der Partnerschaftsbonus bei der Bezugsvariante Elterngeld Plus sollen einen Anreiz für die **partnerschaftliche Aufteilung von Erwerbs- und Familienarbeit** schaffen. 25

Das **Elterngeld Plus mit Partnerschaftsbonus** wurde (mit Wirkung zum 1.1.2015) eingeführt, um den geänderten Wünschen und Bedürfnissen von jungen Familien besser Rechnung zu tragen und den Eltern mehr Flexibilität bei der Inanspruchnahme der Familienleistung Elterngeld zu ermöglichen. Der Gesetzesbegründung (vgl. BT-Drucks. 18/2583, S. 16) zufolge soll durch diese neuen Bezugsvarianten 26

- Partnerschaftlichkeit zwischen den Eltern bei der Vereinbarkeit von Familie und Beruf flexibler als bisher ermöglicht werden,
- für Paare die gemeinsame Bewältigung der vielfältigen Anforderungen, die sich ihnen in Familie und Beruf stellen, erleichtert werden,
- Müttern eine frühere Wiederaufnahme einer nicht nur geringfügigen Erwerbstätigkeit in Teilzeit ermöglicht werden,
- für Väter die Verringerung der Erwerbstätigkeit zugunsten der Betreuung ihres Kindes lohnender werden,
- wobei speziell durch das Elterngeld Plus
- die Teilzeittätigkeit von Eltern nach der Geburt eines Kindes wirtschaftlich abgesichert und die gegenseitige Entlastung von Müttern und Vätern unterstützt werden soll,
- sich eine Erwerbstätigkeit beider Partner in Teilzeit, die gleichzeitig eine (gemeinsame) Fürsorge für das Kind ermöglicht, stärker lohnen soll als bisher,
- Familien über das erste Lebensjahr hinaus (wirtschaftlich) stabilisiert werden sollen,
- die beruflichen Entwicklungschancen der Mütter gefördert und die Zuwendungszeit der Väter für ihre Kinder vergrößert werden soll,
- und durch den Partnerschaftsbonus zusätzlich
- Eltern ermutig werden sollen, ihre Vorstellungen einer gleichzeitigen Gestaltung von nicht geringfügiger Erwerbsarbeit und einem ausgefüllten Familienleben umzusetzen.

Mit der an den Tag der Geburt des Kindes anknüpfenden 14-monatigen Rahmenfrist 27
für den Bezug von Elterngeld (§ 4 Abs. 1 Satz 1 a.F.; **§ 4 Abs. 1 Sätze 2 und 3 n.F.**)

wird dem **besonderen Betreuungsbedarf des neugeborenen Kindes** Rechnung getragen (vgl. BT-Drucks. 16/1889, S. 23 <zu § 4 Abs. 1>). Da diese Intention bei Kindern, die mit dem Ziel der Annahme in den Haushalt der anspruchsberechtigten Person(en) aufgenommen werden, nicht greift, hat der Gesetzgeber insoweit eine **Sonderregelung** getroffen (§ 4 Abs. 1 Satz 3 a.F.; **§ 4 Abs. 1 Satz 5 n.F.**). Die Rahmenfrist für den Bezug von Elterngeld beginnt in diesen Fällen mit dem Tag der Aufnahme des Kindes in den Haushalt der berechtigten Person, um auch diesen Familien den Beginn des Zusammenlebens zu erleichtern, der regelmäßig mit **besonderen Anforderungen an die fürsorglichen Leistungen der Eltern** verbunden ist (vgl. BT-Drucks. 16/1889, S. 23 <zu § 4 Abs. 1>).

28 Die Einschränkung des **§ 4 Abs. 1 Satz 4 n.F.**, wonach Elterngeld Plus bis zur Vollendung des 32. Lebensmonat bezogen werden kann, solange es ab dem 15. Lebensmonat in aufeinander folgenden Lebensmonaten von zumindest einem Elternteil in Anspruch genommen wird, soll **kontinuierliche Erwerbsverläufe** und die **Planbarkeit für Arbeitgeber** begünstigen und zugleich die **Verwaltungspraktikabilität** der Inanspruchnahme gewährleisten (vgl. BT-Drucks. 18/2583, S. 25). Die Bezugszeit von 32 Lebensmonaten ergibt sich aus der Summe der maximal zu beziehenden Elterngeldmonate. Sie errechnet sich wie folgt: 12 Monate Basiselterngeld + 2 Partnermonate = 14 Monate Basiselterngeld oder 28 Monate Elterngeld Plus + weitere 4 Monate Elterngeld Plus in Form des Partnerschaftsbonus = 32 Monate (vgl. BT-Drucks. 19/24438, S. 29).

29 Die Regelung über das Ende des Anspruchs auf Zahlung von Elterngeld (§ 4 Abs. 2 Satz 3 a.F.; **§ 4 Abs. 2 Satz 2 n.F.**) **vermeidet Rückforderungen** der Leistung durch die Verwaltung, wenn im Laufe des Monats eine Anspruchsvoraussetzung wegfällt (vgl. BT-Drucks. 16/1889, S. 24 <zu § 4 Abs. 4>). Hierdurch soll der mit einer (taggenauen) Rückforderung von Leistungen durch die Verwaltung verbundene Vollzugsaufwand begrenzt werden.

30 Dass gemäß **§ 4 Abs. 4 Satz 1 n.F.** der Anspruch eines Elternteils auf höchstens zwölf Monatsbeträge Basiselterngeld begrenzt ist, führt im Ergebnis dazu, dass von den 14 Monaten Basiselterngeldanspruch, die beiden Eltern gemeinsam zustehen, zwei dem anderen Elternteil vorbehalten sind (Partnermonate). Damit wird erreicht, dass jeder Elternteil nur für einen auf zwölf Monate begrenzten Zeitraum Basiselterngeld erhält. Insoweit ergibt sich eine Anreizwirkung, sich bis zu diesem Zeitpunkt um die Aufnahme einer Erwerbstätigkeit für eine **eigenständige Sicherung der Lebensgrundlage** zu bemühen. Zugleich erleichtert diese Regelung eine **partnerschaftliche Teilung von Erwerbs- und Familienarbeit**, weil sie einen Anreiz schafft, nicht allein einem Elternteil die Erwerbsarbeit und dem anderen Teil die Betreuungsarbeit zu übertragen (vgl. BT-Drucks. 16/1889, S. 23 <zu § 4 Abs. 3>).

31 Die Einführung der Mindestbezugsdauer von zwei Monaten, die aktuell in **§ 4 Abs. 4 Satz 2 n.F.** normiert ist, hat der Gesetzgeber damit begründet, dass eine einheitliche Mindestbezugsdauer von zwei Monaten für alle Eltern, die Elterngeld in Anspruch nehmen, den Zielen des Elterngeldes besser entspreche. Mit dieser Änderung werde nicht nur eine **intensivere Bindung auch des zweiten Elternteils zum Kind** unterstützt,

sondern auch **Vätern gegenüber Dritten die Entscheidung erleichtert**, sich mehr Zeit für ihr Kind zu nehmen (vgl. BT-Drucks. 16/9415, S. 6 <zu § 4 Abs. 3>)

Die gesetzliche Fiktion von Basiselterngeldbezugsmonaten (§ 4 Abs. 5 Satz 3 a.F.; **§ 4 Abs. 4 Satz 3 n.F.**) ist eine logische Konsequenz der Anrechnungsregelungen in § 3 Abs. 1 Satz 1 Nr. 1 bis 3 BEEG und dient somit ebenso wie diese der **Vermeidung von zweckidentischen Doppelleistungen** (vgl. BT-Drucks. 16/1889, S. 22 zu § 3 BEEG; in diesem Sinne auch BSG vom 26.5.2011 – B 10 EG 12/10 R – SozR 4–7837 § 4 Nr. 2). Auf diese Weise soll verhindert werden, dass die Anrechnungsregelungen in § 3 Abs. 1 und 3 BEEG durch eine entsprechende Gestaltung des Bezugszeitraums von den Eltern umgangen werden. Indem der Basiselterngeldbezug für Lebensmonate des Kindes fingiert wird, in denen einem »**Elternteil**« anzurechnende Leistungen oder Versicherungsleistungen zustehen, ist **klargestellt** worden, dass – entgegen der Rechtsprechung des Bundessozialgerichts (BSG vom 26.5.2011, B 10 EG 11/10 R) – Lebensmonate des Kindes, in denen nach § 3 Abs. 1 Satz 1 Nr. 1 bis 3 BEEG anrechenbare Einnahmen zustehen, auch dann als Bezugsmonate gelten, wenn die Elterngeld beantragende Person in diesen Monaten die Voraussetzungen des § 1 BEEG nicht erfüllt (vgl. BT-Drucks. 17/9841, S. 29). 32

Durch den zum 1.9.2021 eingeführten, in **§ 4 Abs. 5** geregelten »**Frühchenbonus**« erhalten Eltern **mehr Zeit, um mögliche Entwicklungsverzögerungen ihres Kindes aufzufangen**. Wie weit besonders frühgeborene Kinder in der Entwicklung zurückliegen und wie weit sich die Entwicklungsverzögerung in den Elterngeldbezug fortträgt, ist von den Verhältnissen des Einzelfalls abhängig. Bei Frühgeburten, die sechs Wochen oder früher vor dem errechneten Entbindungstermin liegen, ist eine Verzögerung der Kindesentwicklung **zu unterstellen**, die die Verlängerung des allgemein geregelten Bezugszeitraums des Elterngeldes nach dessen Schutzgedanken rechtfertigt (vgl. BT-Drucks. 19/26242, S. 18). 33

Die Beschränkung des gleichzeitigen Bezugs von Elterngeld durch beide Elternteile durch **§ 4 Abs. 6 Satz 1** trägt dem Umstand Rechnung, dass insbesondere im **Geburtsmonat des Kindes** beiden Elternteilen die Möglichkeit erhalten bleiben soll, sich gemeinsam um das Kind zu kümmern. Rund 50 Prozent der Väter, die heute Elterngeld beziehen, nehmen dies nach der Geburt des Kindes in Anspruch (vgl. BT-Drucks. 20/9792, S. 21). 34

Die Erweiterung des gleichzeitigen Basiselterngeldbezugs beider Elternteile auch für Eltern von Kindern mit einer Behinderung in **§ 4 Abs. 6 Satz 4** trägt dem **erhöhten Betreuungsaufwand** für diese Kinder Rechnung (vgl. BT-Drucks. 20/10150, S. 13).

Mit § 4 Abs. 6 soll eine **langfristig partnerschaftliche Aufteilung von Sorgearbeit und Erwerbstätigkeit** beider Elternteile gefördert werden (vgl. BT-Drucks. 20/9792, S. 21).

2. Bezugsvarianten

Nach der **bis zum 31.12.2014** geltenden Rechtslage gab es (nur) das »normale« Elterngeld als Bezugsvariante. 35

Seit dem 1.1.2015 sieht das Gesetz zusätzlich das **Elterngeld Plus** und den **Partnerschaftsbonus** als weitere Bezugsvarianten vor. Das **bisherige Elterngeld** besteht als Grundbezugsvariante unverändert fort und wird jetzt als **Basiselterngeld** bezeichnet. Die Bezugsvariante entscheidet über die Dauer des Leistungsbezugs.

a) **Basiselterngeld (§ 4 Abs. 1 Satz 1 1. Alt.)**

36 Das **Basiselterngeld** entspricht dem bisherigen Elterngeld. Es kann nur während der ersten 14 Lebensmonate des Kindes bezogen werden (§ 4 Abs. 1 Satz 3; zum Bezugszeitrahmen vgl. Rdn. 44 ff.). Beide Elternteile haben zusammen Anspruch auf zwölf Monatsbeträge Basiselterngeld (§ 4 Abs. 3 Satz 1), wobei ein Elternteil allein höchstens zwölf Monatsbeträge für sich in Anspruch nehmen kann (§ 4 Abs. 4 Satz 1) und mindestens für zwei Monate Elterngeld beziehen muss (§ 4 Abs. 4 Satz 2; vgl. zur Höchst- und Mindetsdauer Rdn. 77 ff.). Unter bestimmten Voraussetzungen haben Eltern gemeinsam Anspruch auf zwei weitere Monate Basiselterngeld (**Partnermonate**, § 4 Abs. 3 Satz 2; vgl. hierzu Rdn. 62 ff.). Das Basiselterngeld wird allein nach den Vorgaben der §§ 2 bis 3 BEEG ermittelt (vgl. hierzu die Kommentierung zu § 4a Abs. 1 BEEG).

b) **Elterngeld Plus (§ 4 Abs. 1 Satz 1 2. Alt i.V.m. Abs. 3 Satz 3)**

37 Das zum 1.1.2015 eingeführte **Elterngeld Plus**, das ursprünglich in **§ 4 Abs. 3 Satz 2 a.F. legaldefiniert** war, ermöglicht es der berechtigten Person, statt für einen Lebensmonat Basiselterngeld zu beanspruchen jeweils zwei Lebensmonate Elterngeld Plus zu beziehen. Elterngeld Plus kann somit doppelt so lang bezogen werden (zur Bezugsdauer vgl. Rdn. 74 ff.). Anders als das Basiselterngeld kann das Elterngeld Plus **bis zur Vollendung des 32. Lebensmonats** bezogen werden, allerdings nur, wenn sich ab dem 15. Lebensmonat mindestens ein Elternteil durchgängig im Elterngeld Plus-Bezug befindet. Gelangt ein leibliches Kind erst nach dem 15. Lebensmonat zurück in den Haushalt der Eltern und war der Elterngeldbezug zuvor längere Zeit unterbrochen, beispielsweise weil das Kind vorübergehend in einer Pflegefamilie gelebt hat, kann daher kein Elterngeld Plus mehr beansprucht werden. Weder kennt das BEEG für solche Konstellationen eine Härtefallregelung noch ist in dieser Konstellation eine Gleichsetzung mit Adoptiv- oder Adoptionspflegeeltern angezeigt, die gemäß § 4 Abs. 1 Satz 5 ab Aufnahme des Kindes in den Haushalt Elterngeld beanspruchen können (vgl. LSG Sachsen-Anhalt vom 17.11.2021 – L 2 EG 1/21 – BeckRS 2021, 44259).

38 Für die **Berechnung des Elterngeld Plus** gelten grds. die für das Basiselterngeld maßgebenden Grundsätze (§§ 2, 3 BEEG) sowie zusätzlich die Vorgaben des § 4a Abs. 2 Sätze 2 und 3 BEEG. Das Elterngeld Plus beträgt monatlich höchstens die Hälfte des Basiselterngeldes, das der berechtigten Person zustünde, wenn sie während des Elterngeldbezugs keine Einnahmen im Sinne des § 2 BEEG oder § 3 BEEG hätte (§ 4a Abs. 2 Satz 2 BEEG). Das bedeutet: Wird während des Leistungsbezugs keine (Teilzeit-) Tätigkeit ausgeübt, beträgt das Elterngeld Plus die Hälfte des Basiselterngeldes. Wird hingegen während des Leistungsbezugs eine den Vorgaben des § 1 Abs. 6 BEEG

entsprechende Teilzeittätigkeit ausgeübt, wird der Berechnung das tatsächlich in der Bezugszeit erzielte Einkommen zugrunde gelegt (Berechnung entsprechend §§ 2, 3 BEEG). Wie beim Basiselterngeld kompensiert das Elterngeld Plus den konkreten Einkommenswegfall mit der jeweiligen Ersatzrate – in der Regel zu 65 %. Gedeckelt ist der Betrag jedoch auf die Hälfte des Elterngeldes, das der berechtigten Person zustünde, wenn sie während der Bezugszeit keine Einnahmen hätte (d.h. 50 % des hälftigen Basiselterngeldes ohne Teilzeiteinkommen).

Die **Anspruchsvoraussetzungen** des § 1 BEEG müssen in jedem der Lebensmonate 39 des Kindes, für den **Elterngeld Plus** beansprucht wird, vorliegen. Insbesondere darf die in § 1 Abs. 6 BEEG als Anspruchsvoraussetzung geregelte Arbeitszeit von **32 Wochenstunden** im Monatsdurchschnitt nicht überschritten werden.

Auch Berechtigte, die das **Mindestelterngeld** von 300 Euro (§ 2 Abs. 4 Satz 1 BEEG) 40 beziehen, können die Bezugsvariante Elterngeld Plus wählen. Da sich für die Berechnung des Elterngeld Plus gemäß § 4a Abs. 2 Satz 3 Nr. 1 BEEG der Mindestbetrag für das Elterngeld halbiert, beträgt das Elterngeld Plus dann **150 Euro**.

c) Partnerschaftsbonus (§ 4b BEEG)

Eine weitere Bezugsvariante des Elterngeldes ist seit dem 1.1.2015 der **Partnerschaftsbonus**, der in § 4b Abs. 1 BEEG **legaldefiniert** ist. Ein Partnerschaftsbonus 41 ergänzt das Elterngeld Plus (BT-Drucks. 18/2583, S. 17). Voraussetzung für den Partnerschaftsbonus ist, dass **beide Elternteile** nicht weniger als 24 und nicht mehr als 32 Wochenstunden im Durchschnitt des Lebensmonats erwerbstätig sind und sie die Voraussetzungen des § 1 BEEG erfüllen. Jeder Elternteil hat dann für diesen Lebensmonat Anspruch auf einen zusätzlichen Monatsbetrag **Elterngeld Plus**. Allerdings ist der Anspruch auf den Partnerschaftsbonus auf **höchstens vier Monatsbeträge** je Elternteil begrenzt (§ 4b Abs. 2 Satz 1 BEEG) und muss jeweils für **mindestens zwei Lebensmonate** in Anspruch genommen werden (§ 4b Abs. 2 Satz 2 BEEG). Zudem bestimmt § 4b Abs. 3 BEEG, dass die Eltern den Partnerschaftsbonus nur gleichzeitig und in aufeinander folgenden Lebensmonaten beziehen können (vgl. zu den Einzelheiten des Partnerschaftsbonus die Kommentierung zu § 4b BEEG).

d) Kombinationsmöglichkeiten

Es ist den Eltern grundsätzlich freigestellt, ob sie Basiselterngeld, Elterngeld Plus 42 oder den Partnerschaftsbonus in Anspruch nehmen. Durch den mit Wirkung zum 1.1.2015 eingeführten **Partnerschaftsbonus** von höchstens vier weiteren Monatsbeträgen Elterngeld Plus sollen Eltern, die sich gemeinsam um das Kind kümmern und beide zwischen 25 und 30 Stunden (heute: zwischen 24 und 32 Stunden) erwerbstätig sind, **länger gefördert** werden (vgl. BT-Drucks. 18/2583, S. 18). Die Bezugsvarianten sind miteinander **kombinierbar**. Die Eltern können für jeden Monat entscheiden, welche Bezugsvariante bzw. welche Kombination der verschiedenen Bezugsvarianten sie wählen. Allerdings **unterliegt die Wahlfreiheit gesetzlichen Beschränkungen** (vgl. dazu Rdn. 107 ff.).

Beispiel 1:

43 Kombination von Basiselterngeld und Elterngeld Plus

Die Mutter bezieht in den ersten beiden Lebensmonaten des Kindes Mutterschaftsgeld. Diese Monate gelten als Monate mit Basiselterngeld (§ 4 Abs. 4 Satz 3). Der Vater nimmt im 3. und 4. Lebensmonat des Kindes ebenfalls Basiselterngeld in Anspruch. Danach beantragt er vom 5. bis zum 24. Lebensmonat Elterngeld Plus.

Im Ergebnis haben die Eltern vier Monate Basiselterngeld und 20 Monate Elterngeld Plus verbraucht; das entspricht 14 Monaten Basiselterngeld oder 28 Monaten Elterngeld Plus.

Beispiel 2:

Kombination von Basiselterngeld und Elterngeld Plus bei Alleinerziehenden

Die alleinerziehende Mutter bezieht in den ersten beiden Lebensmonaten des Kindes Basiselterngeld, im 3. und 4. Lebensmonat Elterngeld Plus, ab dem 5. bis zum 14. Lebensmonat wiederum Basiselterngeld und anschließend im 15. und 16. Lebensmonat wiederum Elterngeld Plus.

Im Ergebnis wurden 12 Monate Basiselterngeld und vier Monate Elterngeld Plus verbraucht; das entspricht 14 Monaten Basiselterngeld oder 28 Monaten Elterngeld Plus.

Beispiel 3:

Kombination von Basiselterngeld, Elterngeld Plus und Partnerschaftsbonus

Die Mutter bezieht in den ersten vier Lebensmonaten des Kindes Basiselterngeld, der Vater bezieht im 5. und 6. Lebensmonat Basiselterngeld. Vom 7. bis zum 14. Lebensmonat beziehen beide Elternteile Elterngeld Plus. Beide Elternteile sind anschließend vom 15. bis zum 18. Lebensmonat in einem zeitlichen Umfang zwischen 24 bis 32 Wochenstunden erwerbstätig und nehmen den Partnerschaftsbonus in Anspruch.

Im Ergebnis wurden sechs Monate Basiselterngeld und 16 Monate Elterngeld Plus verbraucht. Das entspricht 14 Monaten Basiselterngeld oder 28 Monaten Elterngeld Plus, die durch den Partnerschaftsbonus um jeweils vier zusätzliche Monate Elterngeld Plus verlängert worden sind.

3. Bezugszeitrahmen (§ 4 Abs. 1 Sätze 2 bis 5)

44 Die Rahmenfrist für den Leistungsbezug (**Bezugszeitrahmen**) ist von der in § 4 Abs. 4 geregelten **Bezugsdauer** abzugrenzen.

Der Bezugszeitrahmen legt abstrakt fest, in welchem **zeitlichen Korridor** das Elterngeld bezogen werden kann. Demgegenüber regelt die Bezugsdauer, in welchem Umfang innerhalb des Bezugszeitrahmens ein Anspruch auf Elterngeld besteht.

Die Bezugsdauer knüpft an die **Anspruchsberechtigung der Eltern** an. Dies folgt u.a. aus § 4 Abs. 2 Satz 2, wonach der Anspruch auf den Bezug von Elterngeld mit dem Ablauf des Lebensmonats endet, in dem eine Anspruchsvoraussetzung entfallen ist. Als weiteren Beleg für diese Differenzierung ist die noch für Geburten vor dem 1.7.2015 geltende Regelung des § 6 Satz 2 BEEG a.F. zum »gestreckten Auszahlungszeitraum« anzuführen: In dem gestreckten Zeitraum wurde Elterngeld ausgezahlt, ohne dass die Anspruchsvoraussetzungen erfüllt werden mussten, denn § 6 Satz 2 BEEG a.F. regelte lediglich eine besondere Auszahlungsmodalität, berührte aber weder die Anspruchs- noch die Bezugsvoraussetzungen für das Elterngeld.

Die § 4 Abs. 1 Sätze 2 bis 5 legen abstrakt die zeitlichen Rahmen fest, in denen Eltern- 45
geld bezogen werden kann. **Basiselterngeld** kann bei leiblichen Kindern im Zeitrahmen **vom Tag der Geburt bis zur Vollendung des 14. Lebensmonats** des Kindes bezogen werden (§ 4 Abs. 1 Sätze 2 und 3). Demgegenüber kann das **Elterngeld Plus bis zur Vollendung des 32. Lebensmonats des Kindes bezogen werden** (§ 4 Abs. 1 Satz 4). Voraussetzung hierfür ist aber, dass diese Bezugsvariante ab dem 15. Lebensmonat von mindestens einem Elternteil ohne Unterbrechung in Anspruch genommen wird. Diese Regelung soll kontinuierliche Erwerbsverläufe begünstigen und die Planbarkeit für Arbeitgeber sowie die Verwaltungspraktikabilität der Inanspruchnahme gewährleisten (vgl. BR-Drucks. 355/14, S. 22; BT-Drucks. 18/2583, S. 25).

Bei der Regelung über Beginn und Ende des Bezugszeitrahmens differenziert der Gesetz- 46
geber zwischen leiblichen Kindern und angenommenen Kindern bzw. Kindern im Sinne des § 1 Abs. 3 Satz 1 Nr. 1 BEEG.

Die Rahmenfrist **für leibliche Kinder** beginnt **mit dem Tag der Geburt** (§ 4 Abs. 1 Satz 2) und endet mit der **Vollendung des 14. Lebensmonats** des Kindes (§ 4 Abs. 1 Satz 3). Mangels eigener elterngeldrechtlicher Definition knüpft der Zeitpunkt der Geburt im Sinne von § 4 Abs. 1 Satz 2 inhaltlich an § 1 BGB an und meint daher die Vollendung der Geburt. Nach allgemeiner Ansicht ist die Geburt eines lebenden Kindes im Sinne des § 1 BGB mit dem Austritt der Leibesfrucht aus dem Mutterleib vollendet, wenn Mindestanzeichen des menschlichen Lebens erkennbar sind (vgl. BSG vom 25.8.1987 – 11a BEg 1/87 – SozR 7833 § 1 Nr. 2; bestätigt durch Nichtannahmebeschluss des BVerfG vom 10.12.1987 – 1 BvR 1233/87 – SozR 7833 § 1 Nr. 3; vgl. dazu auch Saenger in: Erman, BGB, 17. Aufl., § 1 BGB Rn. 1). Der Zeitpunkt der Geburt ist durch die Vorlage amtlicher Urkunden nachzuweisen (vgl. Buchner/Becker, 8. Aufl., § 4 BEEG Rn. 4). Maßgebend für die Bemessung der Rahmenfrist ist der besondere Betreuungsbedarf des neugeborenen Kindes (vgl. BT-Drucks. 16/1889, S. 23). Dem Bedürfnis der Eltern nach Flexibilität bei der Inanspruchnahme des Elterngeldes wird durch die Bezugsvariante Elterngeld Plus Rechnung getragen, die es ermöglicht, Elterngeld auch bis zur Vollendung des 32. Lebensmonats des Kindes zu beziehen.

47 Die Rahmenfrist **für angenommene** oder **mit dem Ziel der Annahme in den Haushalt aufgenommene Kinder** hat der Gesetzgeber abweichend geregelt (§ 4 Abs. 1 Satz 5). Die Begrenzung der Rahmenfrist auf die ersten 14 Lebensmonate eines Kindes hätte bei angenommenen bzw. mit dem Ziel der Annahme in den Haushalt aufgenommenen Kindern im Regelfall zur Folge, dass die (künftigen) Adoptiveltern kein Elterngeld bzw. nur noch Elterngeld in einem zeitlich reduzierten Umfang beanspruchen könnten. Denn die Annahme bzw. Aufnahme des Kindes erfolgt häufig nicht mit dem Tag der Geburt des Kindes, sondern erst zu einem späteren Zeitpunkt.

48 Gleichwohl wird auch den (künftigen) Adoptiveltern ein erhöhter Betreuungsaufwand abverlangt. Dieser ist in den genannten Fallkonstellationen jedoch nur teilweise lebensaltersbedingt, sondern vielmehr auf die besondere Situation der Annahme bzw. Aufnahme eines Kindes zurückzuführen. In der ersten Phase nach der Annahme bzw. der mit dem Ziel der Annahme erfolgten Aufnahme des Kindes in den Haushalt der Berechtigten muss eine tragende Eltern-Kind-Beziehung aufgebaut werden, was bei einem älteren, häufig besonders förderungsbedürftigen Kind mindestens ebenso anspruchsvoll und zuwendungsintensiv ist wie bei einem Säugling (vgl. BT-Drucks. 11/4708 S. 2 für die inhaltlich vergleichbare Regelung in § 4 Abs. 1 Satz 3 BErzGG; BSG vom 8.3.2018 – B 10 EG 7/16 R – SozR 4–7837 § 4 Nr. 7). Diese Situation erfordert von den annehmenden bzw. aufnehmenden Personen eine dem Betreuungsaufwand in den ersten 14 Lebensmonaten gleichzustellende fürsorgerische Leistung (vgl. BT-Drucks. 16/1889, S. 23) im Sinne eines **besonderen integrativen Betreuungsbedarfs**. Daher beginnt die 14-monatige Rahmenfrist in diesen Fällen mit dem **Zeitpunkt der Aufnahme des Kindes** bei der berechtigten Person (§ 4 Abs. 1 Satz 5). Diese Regelung dient der Gleichstellung von Adoptiv(pflege)eltern und Eltern leiblicher Kinder. Für die **Aufnahme des Kindes bei der berechtigten Person im Ausland** ist in Verfahren ohne Beteiligung anerkannter Adoptionsvermittlungsstellen nicht auf den Zeitpunkt der Entscheidung eines deutschen Gerichts über die Feststellung der ausländischen Adoption (Anerkennung und Wirkung) oder den Zeitpunkt der Nachadoption abzustellen. Maßgebend sind einzig die tatsächlichen Umstände bei der Haushaltsaufnahme und der darin manifestierte Wille, das Kind als eigenes annehmen zu wollen (vgl. Hessisches LSG vom 22.11.2019 – L 5 EG 17/16 – BeckRS 2019, 31995).

49 Der Anspruch auf Elterngeld entsteht bei Adoptionspflege eigenständig und wird nicht durch die Inanspruchnahme des Elterngeldes der leiblichen Eltern des Kindes verbraucht (BSG vom 8.3.2018 – B 10 EG 7/16 R – SozR 4–7837 § 4 Nr. 7). Während die Vorläufervorschrift des § 4 BErzGG in der vom 1.7.1989 bis 31.12.1991 geltenden Fassung in Absatz 1 Satz 3 Halbsatz 2 eine entsprechende **Anrechnungsregelung** enthielt, wurde diese mit dem Zweiten Gesetzes zur Änderung des Bundeserziehungsgeldgesetzes und anderer Vorschriften vom 6.12.1991 (BGBl. I S. 2142) gestrichen und im BEEG – offensichtlich bewusst – nicht wieder aufgenommen. Allerdings geht der Gesetzgeber davon aus, dass der besondere »integrative Betreuungsaufwand« mit der Vollendung des achten Lebensjahres des angenommenen bzw. mit dem Ziel der Annahme aufgenommenen Kindes entfällt, da die Rahmenfrist für den Leistungsbezug spätestens zu diesem Zeitpunkt endet. Für ein nach diesem Zeitpunkt angenommenes

oder mit dem Ziel der Annahme aufgenommenes Kind kann Elterngeld nicht beansprucht werden. Worauf der Gesetzgeber diese Erkenntnis über die zeitliche Begrenzung des integrativen Betreuungsaufwands stützt, geht weder aus dem Gesetz noch aus den gesetzgeberischen Motiven hervor. Diese zeitliche Obergrenze für den Beginn der Rahmenfrist bei angenommenen bzw. mit dem Ziel der Annahme in den Haushalt der berechtigten Person aufgenommenen Kindern resultiert offensichtlich aus dem Bestreben des Gesetzgebers, einerseits einen Großteil der Adoptionsfälle in den Leistungsbezug einzubeziehen, auf der anderen Seite aber auch noch in einem gewissen Umfang dem Betreuungsaspekt des Elterngeldes und somit zumindest teilweise einem lebensaltersbedingten Betreuungsbedarf Rechnung zu tragen (in diesem Sinne BT-Drucks. 11/4708, S. 2 zur inhaltlich vergleichbaren Regelung des § 4 Abs. 1 Satz 3 BErzGG).

Für die Berechnung der Rahmenfrist ist über § 26 Abs. 1 BEEG die Vorschrift des § 26 SGB X anzuwenden, die ihrerseits die entsprechende Geltung der zivilrechtlichen **Fristberechnungsvorschriften** der §§ 187 ff. BGB anordnet. Da § 4 Abs. 1 Satz 2 für leibliche Kinder den Beginn der Rahmenfrist an den Tag der Geburt anknüpft gilt **§ 187 Abs. 2 Satz 2 BGB**, sodass der Tag der Geburt bei der Berechnung der Frist mitgerechnet wird (so auch Lenz/Wagner in: Rancke/Pepping, 6. Aufl., § 4 BEEG Rn. 4). Die Frist endet entsprechend **§ 188 Abs. 2 Halbsatz 2 BGB** mit dem Ablauf desjenigen Tages des letzten Monats, welcher dem Tage vorhergeht, der durch seine Benennung oder seine Zahl dem Anfangstag der Frist entspricht. 50

▶ **Bsp.:**

Für ein am 29.4.2022 geborenes Kindes beginnt der Bezugszeitrahmen am 29.4.2022 und endet am 28.6.2023.

Auch die Rahmenfrist für angenommene bzw. mit dem Ziel der Annahme in den Haushalt aufgenommene Kinder wird nach § 26 Abs. 1 BEEG i.V.m. § 26 Abs. 1 SGB X i.V.m. § 187 Abs. 2 Satz 2 und § 188 Abs. 2 Halbsatz 2 BGB berechnet.

4. Bezugsmodalitäten

a) Lebensmonatsprinzip (§ 4 Abs. 2 Satz 1)

§ 4 Abs. 2 Satz 1 regelt das für die Familienleistung Elterngeld prägende Lebensmonatsprinzip, das sowohl für den Beginn als auch für das Ende (vgl. dazu Rdn. 56 ff.) des Elterngeldanspruchs maßgebend ist. 51

Das Elterngeld wird in Monatsbeträgen für Lebensmonate des Kindes gezahlt (**Lebensmonatsprinzip**, § 4 Abs. 2 Satz 1). Bei mit dem Ziel der Adoption aufgenommenen Kindern sind die Betreuungsmonate maßgebend (**Betreuungsmonatsprinzip**). Das dem Anspruch auf Elterngeld zugrunde liegende Lebensmonatsprinzip bezieht seine Rechtfertigung aus dem **besonderen Betreuungsbedarf für neugeborene Kinder** (vgl. BT-Drucks. 16/1889, S. 23). Dieser besondere Betreuungsbedarf entsteht mit der Geburt des Kindes und damit unabhängig vom Beginn eines Kalendermonats (vgl. 52

BSG vom 8.3.2018 – B 10 EG 7/16 – SozR 4–7837 § 4 Nr. 7; BSG vom 29.8.2012 – B 10 EG 20/11 R – SozR 4–7837 § 2 Nr. 18).

53 § 4 Abs. 2 Satz 1 regelt nicht nur die Zahlungsweise, sondern **auch die Entstehung der monatlichen Zahlungsansprüche**; die Regelung ist daher nicht nur eine verwaltungstechnische Berechnungsmodalität, sondern gestaltet den Anspruch auf Elterngeld selbst (vgl. BSG vom 29.8.2012 – B 10 EG 20/11 R – SozR 4–7837 § 2 Nr. 18; BSG vom 30.9.2010 – B 10 EG 9/09 R – BSGE 107, 1 = SozR 4–7837 § 1 Nr. 2). Es handelt sich um eine **spezielle Anspruchsentstehungsvorschrift**, welche die grds. auch für das Elterngeld maßgebenden allgemeinen Bestimmungen über Entstehung und Fälligkeit von Sozialleistungsansprüchen in den §§ 40, 41 SGB I modifiziert (vgl. LSG Berlin-Brandenburg vom 11.5.2016 – L 17 EG 13/12, bestätigt durch BSG vom 8.3.2018 – B 10 EG 7/16 R – SozR 4–7837 § 4 Nr. 7; LSG Bayern vom 24.2.2010 – L 12 EG 85/09 mit Anm. Dau, juris PR-SozR 16/2010, Anm. 6). § 4 Abs. 2 Satz 1 ist damit eine abweichende Regelung im Sinne des § 37 SGB I. Grundsätzlich entstehen Ansprüche auf Sozialleistungen, sobald ihre im Gesetz bestimmten Voraussetzungen vorliegen (§ 40 SGB I). Das Monatsprinzip des § 4 Abs. 2 Satz 1 modifiziert diesen Grundsatz dahin gehend, dass ein monatlicher Zahlungsanspruch entsteht. Folglich entsteht der Leistungsanspruch nach Erfüllung aller materiell-rechtlichen Voraussetzungen (§§ 1, 2 BEEG) mit Beginn des jeweiligen Lebensmonats, in dem dies erstmals der Fall ist. Das folgt aus der norminternen Systematik des § 4: Die Regelungen in Absatz 2 Satz 1 und Absatz 2 Satz 2 sind in einem Zusammenhang zu sehen. § 4 Abs. 2 Satz 2 regelt das Schicksal des Zahlungsanspruchs bei Wegfall einer materiell-rechtlichen Anspruchsvoraussetzung. Danach endet der Zahlungsanspruch mit dem Ablauf des Lebensmonats, in dem eine Anspruchsvoraussetzung entfallen ist. Aufgrund der Regelung in § 4 Abs. 2 Satz 1 ist auch hier der Lebensmonat gemeint. Normsystematisch kann davon ausgegangen werden, dass das dem zugrunde liegende Prinzip korrespondierend auch für den positiven Sachverhalt – die Entstehung des Anspruchs – gelten soll. Das bedeutet, dass § 4 Abs. 2 Satz 1 über die Festlegung der Berechnungsmodalität hinaus auch den Zahlungsanspruch mit Beginn des Lebensmonats entstehen lässt, in dem erstmals alle Anspruchsvoraussetzungen erfüllt sind (vgl. LSG Berlin-Brandenburg a.a.O., LSG Bayern a.a.O.). Das Gesetz belässt einen einmal entstandenen Elterngeldanspruch zumindest noch als Zahlungsanspruch für den gesamten Lebensmonat, in dem eine Anspruchsvoraussetzung entfallen ist, selbst wenn dies bereits zu Beginn des Monats der Fall gewesen ist.

54 In Entsprechung zu § 4 Abs. 2 Satz 1 regelt § 4 Abs. 2 Satz 2 das **Ende des Zahlungsanspruchs**: Der Anspruch auf Zahlung von Elterngeld endet mit Ablauf des Monats, in dem eine Anspruchsvoraussetzung entfallen ist (vgl. dazu Rdn. 56). Damit wird das Lebensmonatsprinzip (§ 4 Abs. 2 Satz 1) aufgegriffen und zugleich der mit einer taggenauen Rückforderung von Leistungen verbundene Verwaltungsaufwand vermieden.

55 Das Lebensmonatsprinzip ist **verfassungsrechtlich nicht zu beanstanden** (vgl. BSG vom 29.8.2012 – B 10 EG 20/11 R – SozR 4–7837 § 2 Nr. 18). Mit der Entscheidung, den Elterngeldanspruch nach Lebensmonaten des Kindes und nicht nach Kalendermonaten zu regeln, hat der Gesetzgeber den ihm im Bereich der Familienförderung

obliegenden **Gestaltungsspielraum** (vgl. zum weiten Gestaltungsspielraum im Bereich der gewährenden Staatstätigkeit, speziell bei der Ausgestaltung der Familienförderung BVerfG vom 20.4.2011 – 1 BvR 1811/08 – BeckRS 2011, 50152) nicht überschritten. Zwar kann die Ausgestaltung des Elterngeldes u.a. auch Art und Umfang erziehungsbedingter Unterbrechungen und Einschränkungen der Erwerbstätigkeit beeinflussen. Die verfassungsrechtlich abgesicherte Erziehungsverantwortung der Eltern wird dadurch aber allenfalls mittelbar im Sinne einer »Nebenwirkung« beeinflusst.

b) Ende des Zahlungsanspruchs (§ 4 Abs. 2 Satz 2)

Der **Anspruch auf Zahlung von Elterngeld endet mit dem Ablauf des Monats, in dem eine Anspruchsvoraussetzung entfallen** ist. Die Regelung knüpft an die Vorgängervorschrift in § 4 Abs. 3 BErzGG (i.d.F. durch das Haushaltsbegleitgesetz 2004 vom 29.12.2003, BGBl. I S. 3076) an (vgl. zur Historie der Norm ausführlich: BSG vom 8.3.2018 – B 10 EG 7/16 R – SozR 4–7837 § 4 Nr. 7). Damit wird einerseits der Zahlungsanspruch (Bezugsberechtigung) **an die Anspruchsberechtigung gekoppelt** (vgl. dazu auch Rdn. 53). Andererseits belässt der Gesetzgeber den Eltern einen einmal entstandenen Elterngeldanspruch zumindest noch als Zahlungsanspruch für den gesamten Lebensmonat, in dem eine Anspruchsvoraussetzung entfallen ist. So gesehen handelt es sich bei § 4 Abs. 2 Satz 2 um eine Ausnahme davon, dass ein Anspruch auf Elterngeld grundsätzlich nur für Lebensmonate des Kindes besteht, in denen die Anspruchsvoraussetzungen durchgehend vorgelegen haben. Die Regelung bezweckt, Rückforderungen der Leistung durch die Verwaltung zu vermeiden, wenn im Laufe des Monats eine Anspruchsvoraussetzung wegfällt (vgl. BT-Drucks. 16/1889, S. 24 <zu Absatz 4>). Insoweit dient die Regelung auch der **Verwaltungsvereinfachung**. § 4 Abs. 2 Satz 2 knüpft an den Wegfall der Anspruchsvoraussetzungen und nicht nur an den Wegfall der Anspruchsberechtigung an. Daher greift die Vorschrift nicht nur ein, wenn eine der in § 1 BEEG normierten Voraussetzungen entfällt, sondern auch dann, wenn die Voraussetzungen für eine anspruchshindernde oder anspruchsvernichtende Einrede erfüllt sind (vgl. Buchner/Becker, 8. Aufl., § 4 BEEG Rn. 25). Die Möglichkeit einer rückwirkenden Antragstellung beeinflusst die Fortdauer des Elterngeldanspruchs bis zum Ablauf des Monats nach Wegfall der Anspruchsvoraussetzungen nicht (BSG vom 8.3.2018, a.a.O.). 56

Der in § 4 Abs. 2 Satz 2 geregelte Wegfall des Elterngeldanspruchs erst zum Monatsende gilt nicht für solche Anspruchsvoraussetzungen, die sich durch die Anknüpfung an Durchschnittswerte auf den ganzen Monat beziehen. Jene Voraussetzungen sind entweder für den ganzen Monat erfüllt oder überhaupt nicht (vgl. Röhl in: Rolfs/Giesen/Meßling/Udsching, § 4 BEEG Rn. 6.1; Senger in: Tillmanns/Mutschler, 3. Aufl., § 4 BEEG Rn. 15). Das trifft beispielsweise auf die Definition der nicht vollen Erwerbstätigkeit in § 1 Abs. 6 BEEG, die Minderung des Erwerbseinkommens als Voraussetzung für die Partnermonate nach § 4 Abs. 3 Satz 2 oder den in § 4b Abs. 1 Nr. 1 BEEG normierten Arbeitszeitkorridor für den Bezug des Partnerschaftsbonus zu. 57

Eine **Ausnahme** zu § 4 Abs. 2 Satz 2 regelt **§ 1 Abs. 5 BEEG**. Danach bleibt der Anspruch auf Elterngeld unberührt, wenn die **Betreuung und Erziehung des Kindes** 58

aus einem wichtigen Grund nicht sofort aufgenommen werden kann oder wenn sie unterbrochen werden muss. Es handelt sich um eine Ausnahme von dem das Elterngeld als Dauerleistung prägenden und in § 4 Abs. 2 Satz 2 verankerten Grundsatz, dass die Anspruchsvoraussetzungen während des gesamten Bezugszeitraums vorliegen müssen. Die Ausnahmevorschrift ist allerdings auf **vorübergehende Betreuungshindernisse** beschränkt (vgl. BT-Drucks. 16/1889, S. 19). In der Praxis wird ein vorübergehendes Betreuungshindernis nur angenommen, wenn es einen Zeitraum von drei Monaten voraussichtlich nicht überschreitet (vgl. Richtlinien des BMFSFJ zum BEEG, Stand Juni 2025, Ziffer 1.5, S. 24). Kann die Betreuung eines Kindes dagegen auf nicht absehbare Zeit nicht aufgenommen werden oder muss sie auf unbestimmte Zeit unterbrochen werden, d.h. wird die Betreuung und Erziehung des Kindes dauerhaft unmöglich, gilt § 4 Abs. 2 Satz 2 und der Anspruch auf Zahlung von Elterngeld entfällt (vgl. BSG vom 8.3.2018 – B 10 EG 7/16 R – SozR 4–7837 § 4 Nr. 7).

59 Nach Wortlaut, Systematik, Normzweck und Entstehungsgeschichte gilt der Bestandsschutz des § 4 Abs. 2 Satz 2 bei Verlust des Kindes durch Tod und in gleicher Weise bei einem **Verlust des Kindes durch Entziehung der Adoptionspflege** (dazu ausführlich BSG vom 8.3.2018 – B 10 EG 7/16 R – SozR 4–7837 § 4 Nr. 7), es sei denn, die Voraussetzungen für die Ausnahmevorschrift des § 1 Abs. 5 BEEG liegen vor. § 1 Abs. 5 BEEG gilt auch bei der Adoptionspflege nur für vorübergehende Betreuungshindernisse, nicht dagegen, wenn Betreuung und Erziehung des Kindes dauerhaft unmöglich werden (vgl. BSG a.a.O.).

60 In Anwendung der Regelung des § 4 Abs. 1 Sätze 2 und 3, Abs. 2 Satz 2 kann im Einzelfall auch die Zahlung von Elterngeld für **nur einen Monat** in Betracht kommen. Die in § 4 Abs. 4 Satz 2 geregelte Mindestbezugszeit von zwei Monaten steht dem nicht entgegen. Die **Regelung zur Mindestbezugszeit** ist aufgrund ihres Charakters als **Ausnahme vom Lebensmonatsprinzip** eng auszulegen (vgl. BSG vom 8.3.2018 – B 10 EG 7/16 R – SozR 4–7837 § 4 Nr. 7). Die Mindestbezugszeit verfolgt einen besonderen Zweck (vgl. dazu Rdn. 82): Sie soll die Bedeutung der Partnermonate stärken. Nur mit diesem speziellen Anliegen hat die Regelung als jüngere Regelung einen zeitlichen und inhaltlichen Vorrang, weshalb der Tod des Kindes oder der Verlust des Adoptionspflegekindes noch im ersten Lebensmonat nicht von der Mindestbezugszeit tangiert wird (vgl. BSG a.a.O.). Mit anderen Worten: Die in § 4 Abs. 2 Satz 2 normierte Grundregel, dass der Anspruch mit dem Ablauf des Lebensmonats endet, in dem eine Anspruchsvoraussetzungen entfallen ist, ist durch die jüngere Regelung der Mindestbezugszeit nicht »überholt« worden. Auch nach Einführung der Mindestbezugszeit bleibt es also dabei, dass ein einmal begründeter Elterngeldanspruch mit dem Ablauf des Lebens- oder Betreuungsmonats endet, in dem der Verlust des Kindes eintritt (vgl. BSG, a.a.O.).

5. Gemeinsamer Anspruch der Eltern auf zwölf Monate Basiselterngeld und zwei Partnermonate (§ 4 Abs. 3)

a) Anspruch auf zwölf Monatsbeträge Basiselterngeld (§ 4 Abs. 3 Satz 1)

Die Eltern erwerben bei Vorliegen der Anspruchsvoraussetzungen grundsätzlich 61 einen **gemeinsamen Anspruch** auf höchstens zwölf Monatsbeträge Basiselterngeld (**Anspruchsumfang**, § 4 Abs. 3 Satz 1). Die gesetzliche Zuweisung der Elterngeldmonatsbeträge an beide Elternteile bringt das von der Konzeption des BErzGG abweichende geänderte Rollenverständnis des BEEG zum Ausdruck, wonach grundsätzlich beide Elternteile gleichermaßen für die Betreuung und Erziehung des Kindes verantwortlich sind (vgl. BT-Drucks. 16/1889, S. 14). Der gemeinsame Anspruch bezieht sich auf das Basiselterngeld. Das Elterngeld Plus ist hingegen lediglich eine Variante des Elterngeldes, bei der die Bezugsdauer abweichend geregelt ist, ohne dass sich jedoch der Anspruchsumfang ändert. Der gesetzlich geregelte gemeinsame Anspruch der Eltern auf höchstens zwölf Monatsbeträge Basiselterngeld kann auch als **Kernzeit des Elterngeldes** bezeichnet werden. Der gemeinsame Anspruch der Eltern erhöht sich, wenn die Voraussetzungen für die **Partnermonate** (§ 4 Abs. 3 Satz 2) vorliegen. Demgegenüber erhöht der **Partnerschaftsbonus** des § 4b BEEG allein die Bezugsdauer.

b) Anspruch auf zwei Partnermonate (§ 4 Abs. 3 Satz 2)

Gemäß § 4 Abs. 3 Satz 2 haben die Eltern gemeinsam Anspruch auf zwei weitere 62 Monate Basiselterngeld, wenn das Einkommen aus Erwerbstätigkeit eines Elternteils in zwei Lebensmonaten gemindert ist. Diese beiden Verlängerungsmonate werden als **Partnermonate** bezeichnet. Seit dem 1.1.2015 ist diese Bezeichnung legaldefiniert (vgl. § 4 Abs. 4 Satz 2 in der Fassung des Gesetzes zur Einführung des Elterngeld Plus mit Partnerschaftsbonus und einer flexibleren Elternzeit im Bundeselterngeld- und Elternzeitgesetz vom 18.12.2014, BGBl. I S. 2325). Zuvor konnte dies dem systematischen Gesamtzusammenhang des § 4 und dem für die verlängerte Bezugsdauer maßgebenden Normzweck entnommen werden: Da nach dem gesetzlichen Regelungskonzept ein Elternteil mindestens zwei Monate Elterngeld beziehen muss und höchstens für zwölf Monate Elterngeld beziehen darf, war davon auszugehen, dass die beiden Verlängerungsmonate dem anderen Elternteil – dem Partner – vorbehalten sind (vgl. BT-Drucks. 16/1889, S. 23 <zu Absatz 3>). Mit der Einführung der Partnermonate wollte der Gesetzgeber einen **Anreiz für die partnerschaftliche Teilung von Erwerbs- und Familienarbeit** leisten und die einseitige Zuweisung der Betreuungsarbeit an die Frauen sowie den damit verbundenen diskriminierenden Folgen auf dem Arbeitsmarkt vor dem Hintergrund von Art. 3 Abs. 1 GG entgegenwirken, um somit seinem Auftrag aus Art. 3 Abs. 2 Satz 2 GG zur Förderung der Gleichberechtigung von Frauen nachzukommen (vgl. BT-Drucks. 16/1889, S. 23 <zu Abs. 3>; BSG vom 15.12.2015 – B 10 EG 3/14 R – SozR 4–7837 § 1 Nr. 8; zur Wirksamkeit der Partnermonate Pfahl/Reuys, Gute Arbeit 2015, 11 ff.; kritisch hierzu auch Wall in: Graue/Mandalka/Wall, 7. Aufl., § 4 BEEG Rn. 20). Die Regelung soll insbesondere Vätern die Möglichkeit eröffnen, die aktivere Rolle in der

Familie zu übernehmen und ihnen auch gegenüber Dritten die Entscheidung erleichtern, sich eine Zeit lang der Betreuung ihres neugeborenen Kindes zu widmen (vgl. BT-Drucks. 16/1889, S. 16). Die Erweiterung des Elterngeldanspruchs um zwei Partnermonate ist eine Ausnahme zu dem gemeinsamen Anspruch der Eltern auf zwölf Monatsbeträge Basiselterngeld (in diesem Sinne BSG vom 26.5.2011 – B 10 EG 3/10 R – SozR 4–7837 § 4 Nr. 1). Hiervon unberührt bleibt sowohl der 14-monatige Bezugszeitrahmen (§ 4 Abs. 1 Sätze 2 bis 5) als auch die Höchstbezugsdauer des Elterngeldes (§ 4 Abs. 4 Satz 1).

63 Der Gesetzgeber hat sich mit den Partnermonaten am **skandinavischen Regelungsmodell** orientiert (vgl. dazu Brosius-Gersdorf, VSSR 2008, 299). Die Regelung gab zum Zeitpunkt ihrer Einführung Anlass zu heftiger Kritik (vgl. hierzu die Übersicht bei Brosius-Gersdorf, VSSR 2008, 299 <301>). In der Praxis werden die Partnermonate allerdings häufig in Anspruch genommen.

64 Mit der Regelung zu den Partnermonaten kommt der Gesetzgeber seinem **verfassungsrechtlichen Auftrag zur Förderung von Familien** aus Art. 6 Abs. 1 GG nach (vgl. Brosius-Gersdorf, VSSR 2008, 299 <302>). Zwar steht diese Regelung in einem gewissen Spannungsverhältnis zu der ebenfalls aus **Art. 6 Abs. 1 GG** folgenden Pflicht des Staates zur **Neutralität in Fragen des familiären Zusammenlebens**, weil letztlich eine bestimmte Form des familiären Zusammenlebens leistungsrechtlich begünstigt wird. Dies wird jedoch gerechtfertigt durch den mit den Partnermonaten verbundenen Zweck – die gleichberechtigte Rollenverteilung innerhalb der Familie zu ermöglichen (dazu eingehend Brosius-Gersdorf, VSSR 2008, S. 299 ff. mit rechtspolitischen Reformvorschlägen; BVerfG vom 26.10.2011 – 1 BvR 2075/11 – NJW 2012, 216 <217>; BVerfG vom 19.8.2011 – 1 BvL 15/11 – FamRZ 2011, 1645 <1646>; BSG vom 15.12.2011 – B 10 EG 1/11 R – SozR 4–7837 § 4 Nr. 3). Aufgrund der Konzeption des Elterngeldes als primäre Einkommensersatzleistung mit flexiblen Bezugsmöglichkeiten können die Eltern unter Abwägung aller Umstände das Modell wählen, das aus ihrer Sicht am besten mit ihren Vorstellungen von Familie und Beruf vereinbar ist (vgl. BSG a.a.O.). Diese Wahlmöglichkeiten wurden durch die Einführung der Bezugsvariante Elterngeld Plus erweitert. Soweit der Gesetzgeber mit den Regelungen die Entscheidung der Eltern über Aufgabenverteilung innerhalb der Familie durch finanzielle Anreize lenkend beeinflusst, kommt dem keine Eingriffsintensität zu, da weder ein unmittelbarer noch ein mittelbarer Zwang zur Wahl eines bestimmten Betreuungsmodells ausgeübt wird (vgl. hierzu auch BSG vom 26.5.2011 – B 10 EG 3/10 R – SozR 4–7837 § 4 Nr. 1).

65 Bei der gesetzlichen Regelung über die Partnermonate handelt es sich auch nicht um eine nicht gerechtfertigte Ungleichbehandlung von Eltern, die ihr Kind in den ersten Lebensmonaten gemeinsam betreuen, gegenüber jenen Familien, in denen nur ein Elternteil diese Betreuungsarbeit leistet (vgl. BSG vom 26.5.2011 – B 10 EG 3/10 EG – SozR 4–7837 § 4 Nr. 1; a.A. LSG Niedersachsen-Bremen vom 13.4.2011 – L 2 EG 20/10 – BeckRS 2011, 73185, Vorlagebeschluss, abgelehnt als unzulässig durch BVerfG vom 19.8.2011 – 1 BvL 15/11 – FamRZ 2011, 1645; vgl. zu den verfassungsrechtlichen Bedenken Felix, RdJB 2007, 165 <174>; Seiler, NVwZ 2007, 129 <131>).

Die Tatsache, dass Eltern, die sich in den ersten 14 Lebensmonaten gemeinsam der Betreuung des Kindes widmen, mit zwei weiteren Bezugsmonaten belohnt werden, wohingegen diese Möglichkeit für Eltern, bei denen die Erziehungs- und Betreuungsarbeit durch einen Elternteil wahrgenommen wird, nicht besteht, ist durch den mit dieser Regelung verbundenen Zweck gerechtfertigt (vgl. BVerfG vom 26.10.2011 – 1 BvR 2075/11 – NJW 2012, 216 <217>; Buchner/Becker, 8. Aufl., § 4 BEEG Rn. 9; vgl. dazu auch BSG vom 15.12.2011 – B 10 EG 1/11 R – SozR 4–7837 § 4 Nr. 3; BSG vom 26.5.2011, a.a.O.). Zudem dürfte die **Ungleichbehandlung** auch aufgrund der zwischen den genannten Vergleichsgruppen bestehenden Unterschiede von erheblichem Gewicht zulässig sein (vgl. Buchner/Becker, a.a.O.). Eine auf die Überprüfung der Verfassungsmäßigkeit der Partnermonate erhobene Verfassungsbeschwerde wurde nicht zur Entscheidung angenommen (vgl. BVerfG a.a.O.).

Voraussetzung für die Verlängerung der Regelbezugsdauer um zwei Partnermonate ist 66 zum einen, dass sich beide Elternteile innerhalb des 14-monatigen Bezugszeitrahmens (§ 4 Abs. 1 Sätze 2 und 3) partnerschaftlich der Betreuung und Erziehung des Kindes widmen. Wer die zwei Partnermonate beanspruchen will, muss in diesen Monaten auch die Grundvoraussetzungen für den Elterngeldbezug erfüllen, darf also insbesondere höchstens in Teilzeit, also nach § 1 Abs. 6 BEEG im Durchschnitt höchstens 32 Wochenstunden arbeiten (vgl. Röhl in: Rolfs/Giesen/Meßling/Udsching, § 4 BEEG Rn. 28; a.A. Wall in: Graue/Mandalka/Wall, 7. Aufl., § 4 BEEG Rn. 16).

Daneben muss **»das Einkommen aus Erwerbstätigkeit eines Elternteils in zwei Lebens-** 67 **monaten gemindert«** sein. Dem eindeutigen Wortlaut zufolge ist allein die tatsächliche Minderung des Einkommens aus Erwerbstätigkeit entscheidend, ohne dass es auf den Grund oder die Rechtsgrundlage dieser Minderung ankommt (vgl. Wall in: Graue/Mandalka/Wall, 7. Aufl., § 4 BEEG Rn. 20). Im Übrigen ist diese Voraussetzung aus sich heraus nicht verständlich und muss unter Berücksichtigung des Normzwecks ausgelegt werden. Anders als für den Regelanspruch auf zwölf Basiselterngeldmonate, für den es unerheblich ist, ob und in welchem Umfang der Elternteil vor der Geburt des Kindes eine Erwerbstätigkeit ausgeübt hat, besteht der Anspruch auf zwei weitere Monate Basiselterngeld nur, wenn für zwei Monate eine vor der Geburt des Kindes ausgeübte Erwerbstätigkeit unterbrochen oder eingeschränkt wird und sich ein Anspruch nach § 2 Abs. 1 bis 3 BEEG auf Ersatz des dadurch weggefallenen Erwerbseinkommens ergibt (vgl. BT-Drucks. 16/1889, S. 23 <zu Abs. 2>). Unerheblich ist, welcher Elternteil wann und in welchem Umfang innerhalb des 14-monatigen Bezugszeitrahmens diese Bedingung erfüllt, sondern nur, dass sie erfüllt wird (vgl. BT-Drucks. 16/1889, S. 23 <zu Abs. 2>; BSG vom 15.12.2015 – B 10 EG 3/14 R – SozR 4–7837 § 1 Nr. 8). Deshalb wird vertreten, dass die Lebensmonate mit Erwerbsminderung weder aufeinanderfolgen noch bei demselben Elternteil eintreten müssen (vgl. Helmke/Bauer, Familienleistungsausgleich, § 4 BEEG Rn. 16). Zumindest Letzteres erscheint mit Blick auf den eindeutigen Wortlaut des § 4 Abs. 3 Satz 2 jedoch fraglich, weil danach – anders als noch in § 4 Abs. 4 Satz 2 in der bis zum 31.8.2021 geltenden Fassung – der Anspruch auf Partnermonate nicht mehr voraussetzt, dass für zwei Monate eine Minderung des Einkommens aus Erwerbstätigkeit nur »erfolgt«, sondern dass »das Einkommen aus Erwerbstätigkeit **eines Elternteils** in zwei Lebensmonaten gemindert« ist. Aufgrund der Verknüpfung zwischen dem Erwerbseinkommen eines Elternteils und dessen Minderung reicht es somit für den Anspruch auf Partnermonate nicht mehr aus, dass das Erwerbseinkommen beider Elternteile jeweils nur in einem Lebensmonat gemindert ist. Vielmehr muss der betreffende Elternteil für mindestens zwei Monate innerhalb der ersten 14 Lebensmonate des Kindes seine vor der Geburt ausgeübte Erwerbstätigkeit unterbrechen oder im Sinne des § 1 Abs. 6 BEEG einschränken (vgl. Grüner/Jung/Wiegand, § 4 BEEG Rn. 21; so auch Wall in: Graue/Mandalka/Wall, 7. Aufl., § 4 BEEG Rn. 16).

68 Eine Minderung des Erwerbseinkommens im Sinne des § 4 Abs. 3 Satz 2 liegt auch vor, wenn statt eines Einkommens Mutterschaftsgeld oder eine andere das zuvor erzielte Einkommen nicht vollständig ersetzende Einkommensersatzleistung bezogen wird (so auch Röhl in: Rolfs/Giesen/Meßling/Udsching, § 4 BEEG Rn. 27).

69 Tritt eine Minderung des Einkommens aus Erwerbstätigkeit in dem beschriebenen Sinne nur in einem Lebensmonat ein, ist eine Erweiterung des gemeinsamen Anspruchs um zwei Partnermonate nicht möglich (so auch Lenz/Wagner in: Rancke/Pepping, 6. Aufl., § 4 BEEG Rn. 11: »kein Anspruch auf nur einen Partnermonat«). Das wäre weder mit dem Charakter der Norm als grundsätzlich eng auszulegende **Ausnahmeregelung** noch mit den Motiven des Gesetzgebers vereinbar. Denn ausweislich der Materialien besteht der Anspruch auf die Partnermonate nur dann, wenn eine vor der Geburt des Kindes ausgeübte Erwerbstätigkeit **für (mindestens) zwei Monate** unterbrochen oder eingeschränkt wird (vgl. BT-Drucks. 16/1889, S. 23 <zu Abs. 2>). Dabei ist auch schon der bis zum 31.8.2021 im Gesetz verwendete Monatsbegriff im Sinne von Bezugsmonaten und somit Lebensmonaten auszulegen gewesen (zum Lebensmonatsprinzip vgl. Rdn. 51 ff.). Die im Zuge der Neustrukturierung der §§ 4 bis 4d BEEG durch das Zweite Gesetz zur Änderung des Bundeselterngeld- und Elternzeitgesetzes vom 15.2.2021 (BGBl. I S. 239) mit Wirkung zum 1.9.2021 erfolgte Ersetzung des Begriffs »Monat« durch den Begriff »Lebensmonat« hat allein der Klarstellung gedient und zu keiner Änderung der Rechtslage geführt (vgl. BT-Drucks. 19/24438, S. 28).

70 Ob sich das Erwerbseinkommen gemindert hat ist anhand eines **Vergleichs** des Einkommens des Elternteils vor der Geburt und nach der Geburt des Kindes zu ermitteln. Das BEEG enthält hierzu keine genauen Vorgaben für diesen Einkommensvergleich. Systemkonform ist allerdings davon auszugehen, dass das vor der Geburt erzielte Einkommen dasjenige ist, dass der Elternteil im **Bemessungszeitraum des § 2b BEEG** durchschnittlich verdient hat (vgl. LSG Baden-Württemberg vom 15.5.2018 – L 11 EG 3623/17 – BeckRS 2018, 10708, bestätigt durch BSG vom 28.3.2019 – B 10 EG 6/18 R – SozR 4–7837 § 4 Nr. 8). Eine Minderung des Erwerbseinkommens liegt nicht vor, wenn im maßgebenden Bemessungszeitraum **nur negative Einkünfte** aus einer selbstständigen Tätigkeit erzielt worden sind (vgl. BSG, a.a.O.). Das nach der Geburt erzielte Einkommen entspricht dem auf das Elterngeld im Bezugszeitraum anzurechnende Einkommen aus Erwerbstätigkeit im Sinne des § 2 Abs. 1 Satz 3 BEEG. Anders als bei § 2 Abs. 3 BEEG ist insoweit also **nach der Geburt des Kindes nicht ein durchschnittliches Einkommen** über die jeweilige Monatsgrenze hinweg maßgebend (vgl. Lenz/Wagner in: Rancke/Pepping, 6. Aufl., § 4 BEEG Rn. 11). Allerdings

muss die Einkommensminderung nicht betragsmäßig ermittelt werden, sondern es genügt die Feststellung einer Einkommensminderung (vgl. Richtlinien des BMFSFJ zum BEEG, Stand Juni 2025, Ziffer 4.3.2.1, S. 205 <206>). In welchen Lebensmonaten die Einkommensminderung eintritt, ist unerheblich.

Steht der Eintritt einer Einkommensminderung zum Zeitpunkt der Entscheidung im Antragsverfahren noch nicht fest, sondern beruht auf einer **Prognose** der elterngeldberechtigten Person (z.B. bei Ausübung einer selbstständigen Tätigkeit), sollte die Leistung entsprechend § 8 Abs. 3 BEEG **vorläufig gewährt** werden, um die ggf. notwendige Rückforderung der für zwei Monate überzahlten Leistungen zu erleichtern. Ergeht kein vorläufiger Verwaltungsakt und erweist sich die **Prognose bezüglich der Einkommensminderung** als unzutreffend, ist der Bewilligungsbescheid teilweise – in Bezug auf die Partnermonate – nach § 45 SGB X (bei von Anfang an fehlerhafter Prognose) zurückzunehmen bzw. nach § 48 SGB X (bei einer aufgrund nachträglich eingetretener Umstände fehlerhaften Prognose) aufzuheben. Bei der Rücknahme bzw. Aufhebung der Bewilligungsentscheidung in Bezug auf zu Unrecht gewährte Partnermonate ist § 5 Abs. 2 Satz 1 und 2 BEEG zu beachten. Fehlerhaft ist in diesem Fall nur die Bewilligung derjenigen Monatsbeträge, für die die Einkommensminderung (fehlerhaft) prognostiziert wurde. Hat die (unzutreffende) Prognose der Einkommensminderung nur einen Elternteil betroffen, ist nur die jenem Elternteil gegenüber ergangene Bewilligung im Sinne der §§ 45 ff. SGB X zu korrigieren und sind die überzahlten Elterngeldleistungen gemäß § 50 Abs. 1 Satz 1 SGB X nur von ihm zu erstatten. Allerdings ist in diesem Zusammenhang weiter zu berücksichtigen, dass es für die Erweiterung des gemeinsamen Anspruchs um zwei Partnermonate nicht darauf ankommt, welcher Elternteil wann und in welchem Umfang innerhalb des 14-monatigen Bezugszeitrahmens diese Bedingung erfüllt, sondern nur darauf, dass sie erfüllt wird (vgl. BT-Drucks. 16/1889, S. 23 <zu Abs. 2>). Hat sich zwar die Prognose für einen Elternteil nicht bestätigt, aber dafür der andere Elternteil sein Einkommen gemindert, stehen den Eltern im Ergebnis die Partnermonate zu. Die Elterngeldbewilligung muss dann nicht korrigiert werden. 71

Bei den Partnermonaten sind folgende **Fallkonstellationen** zu unterscheiden: 72

- Ist **keiner der beiden Elternteile** vor der Geburt des Kindes erwerbstätig gewesen, stehen den Eltern die Partnermonate nicht zu (so auch Lenz/Wagner in: Rancke/Pepping, 6. Aufl., § 4 BEEG Rn. 11; Senger in Tillmanns/Mutschler, 3. Aufl., § 4 BEEG Rn. 22, auch zur Vereinbarkeit dieser Fallkonstellation mit Art. 3 Abs. 1 GG);
- Ist **nur ein Elternteil** vor der Geburt des Kindes erwerbstätig gewesen, stehen den Eltern nur dann 14 Monatsbeträge Basiselterngeld zu, wenn er **seine Erwerbstätigkeit** zugunsten der Betreuung des Kindes für (mindestens) zwei Lebensmonate unterbricht oder zeitlich eingeschränkt und sich infolgedessen sein Einkommen in diesen Lebensmonaten mindert;
- Sind **beide Elternteile** vor der Geburt des Kindes erwerbstätig gewesen, reicht die Minderung des Einkommens bei einem Elternteil aus. Allerdings ist insoweit zu berücksichtigen, dass der andere Elternteil Elterngeld nur beanspruchen kann, wenn

er keine oder keine volle Erwerbstätigkeit im Sinne von § 1 Abs. 1 Satz 1 Nr. 4 i.V.m. Abs. 6 BEEG ausübt.

73 Beispiel bei fehlerhafter Prognose der Einkommensminderung (vgl. Richtlinien des BMFSFJ zum BEEG, Stand Juni 2025, Ziffer 4.3.2.2 S. 207 <208>; siehe hierzu auch Lenz/Wagner in: Rancke/Pepping, 6. Aufl., § 4 BEEG Rn. 12):

– Beide Elternteile (eines vor dem 1.4.2024 geborenen Kindes) sind erwerbstätig, für beide wurde eine Einkommensminderung prognostiziert, sodass ihnen insgesamt 14 Basiselterngeldmonate bewilligt worden sind: Der Mutter für die Monate 2 bis 9 (acht Monatsbeträge), dem Vater für die Monate 3 bis 8 (sechs Monatsbeträge). Es stellt sich heraus, dass sich das Erwerbseinkommen des Vaters nur für einen Monat gemindert hat. Als Partnermonate, für die Leistungen wegen Änderung der Verhältnisse zurückgefordert werden können, gelten allerdings die Bezugsmonate 8 und 9 der Mutter, da sie über die Hälfte der den Eltern zustehenden Monate hinausgehen (§ 5 Abs. 2 Satz 1 Halbsatz 2 BEEG).

6. Bezugsdauer (§ 4 Abs. 4)

74 Der Gesetzgeber hat für die Bezugsdauer bewusst ein **vom System des BErzGG abweichendes Regelungskonzept** gewählt. Beim Erziehungsgeld konnte der Anspruch zwar grundsätzlich von mehreren Personen erworben, die Leistung aber nur von einer Person für die Betreuung und Erziehung des Kindes bezogen werden (§ 3 Abs. 1 Satz 1 BErzGG). Beim Elterngeld kann dagegen nicht nur der Leistungsanspruch von mehreren Personen – d.h. von beiden Elternteilen bzw. anderen anspruchsberechtigten Personen (§ 1 Abs. 3 und 4 BEEG) – erworben, sondern die Leistung auch an mehrere Berechtigte gezahlt werden. Während für bis zum 31.3.2024 geborene Kinder das Elterngeld von mehreren Anspruchsberechtigten abwechselnd oder gleichzeitig bezogen werden kann (§ 4 Abs. 2 Satz 3 in der bis zum 31.3.2024 geltenden Fassung von Art. 1 Nr. 6 des Zweiten Gesetzes zur Änderung des Bundeselterngeld- und Elternzeitgesetzes vom 15.2.2021, BGBl. I S. 239), ist für ab dem 1.4.2024 geborene Kinder ein gleichzeitiger Bezug nur noch nach Maßgabe des § 4 Abs. 6 möglich (vgl. § 28 Abs. 1a BEEG). Das ändert nichts daran, dass Elterngeld nach wie vor an mehrere Berechtigte gezahlt werden kann. Von seiner Absicht, mit den **flexiblen Bezugsmöglichkeiten** die wirtschaftliche Selbstständigkeit der Mütter und Väter gleichberechtigt zu fördern, um der Zielsetzung des BEEG – Schaffung einer echten Wahlfreiheit zwischen Familie und Beruf – eine realistische Aussicht auf Verwirklichung einzuräumen (vgl. BT-Drucks. 16/1889, S. 15), ist der Gesetzgeber mit der Gesetzesänderung nicht gänzlich abgerückt. Im Vergleich zum früheren Erziehungsgeldbezug ist der Elterngeldbezug auch weiterhin flexibler gestaltet.

75 Die Bezugsdauer knüpft an die **Anspruchsberechtigung** der Eltern an (vgl. Rdn. 44, in diesem Sinne auch BSG vom 29.8.2012 – B 10 EG 20/11 R – SozR 4–7837 § 2 Nr. 18). Wie insbesondere § 4 Abs. 2 Satz 2 verdeutlicht, müssen die Anspruchsvoraussetzungen dabei nicht nur zum Zeitpunkt des Beginns des Elterngeldbezugs vorliegen – um den Anspruch zur Entstehung zu bringen –, sondern auch während der gesetzlich geregelten Bezugsdauer (fort-) bestehen. Das Fortbestehen der Anspruchs-

voraussetzungen bildet den Rechtsgrund für das Behaltendürfen des gewährten Elterngeldes. Aufgrund dessen ist der das Elterngeld bewilligende Bescheid auch als **Verwaltungsakt mit Dauerwirkung** zu qualifizieren (vgl. Rdn. 21).

Ein Elternteil hat einerseits Anspruch auf **höchstens zwölf Monatsbeträge Basiselterngeld** zuzüglich der höchstens vier zustehenden Monatsbeträge Partnerschaftsbonus nach § 4b BEEG (§ 4 Abs. 4 Satz 1), muss aber andererseits Elterngeld **für mindestens zwei Lebensmonate** beziehen (§ 4 Abs. 4 Satz 2). 76

a) Höchstbezugsdauer (§ 4 Abs. 4 Satz 1)

Gemäß § 4 Abs. 4 Satz 1 hat ein Elternteil Anspruch auf höchstens zwölf Monatsbeträge Basiselterngeld zuzüglich der höchstens vier zustehenden Monatsbeträge Partnerschaftsbonus nach § 4b BEEG. So gesehen kann ein Elternteil also in Summe auf 16 Monate Elterngeld kommen, die sich aus Basiselterngeld und Elterngeld Plus zusammensetzen. Dabei steht es dem Elternteil grundsätzlich offen, die Basiselterngeldmonate nach Maßgabe des § 4 Abs. 3 Satz 3 in **Elterngeld Plus-Monate umzuwandeln**. Bei der Prüfung der Höchstbezugsdauer sind dann je zwei Elterngeld Plus-Monatsbeträge in je einen Basiselterngeldbetrag umzurechnen (vgl. BT-Drucks. 18/2583, S. 29). Ausgenommen von dieser Umwandlung sind allerdings die Lebensmonate, die gemäß § 4 Abs. 4 Satz 3 als Monate gelten, für bereits Basiselterngeld bezogen wird (vgl. hierzu auch Rdn. 87). Für diese Monate kann Elterngeld Plus nicht gewählt werden (vgl. BT-Drucks. 18/2583, S. 30). 77

Mit der seit dem Inkrafttreten des BEEG geltenden **Höchstbezugsdauer** von **zwölf Monaten pro Elternteil** (§ 4 Abs. 3 Satz 1 in der Fassung des Gesetzes zur Einführung des Elterngeldes vom 5.12.2006 <BGBl. I S. 2748> bzw. ab 24.1.2009 in der Fassung von Art. 1 Nr. 2 des Ersten Gesetzes zur Änderung des Bundeselterngeld- und Elternzeitgesetzes vom 17.1.2009 <BGBl. I S. 61>) will der Gesetzgeber einen Anreiz schaffen, dass sich die anspruchsberechtigte Person bis zu diesem Zeitpunkt um die Aufnahme einer Erwerbstätigkeit für eine eigenständige Sicherung der Lebensgrundlage bemüht (vgl. BT-Drucks. 16/1889, S. 23). Hintergrund der Regelung ist die durch Studien gesicherte Erkenntnis, dass lange und häufige Unterbrechungen der Erwerbstätigkeit zum Zweck der Kinderbetreuung – wie sie durch das Erziehungsgeld gefördert worden sind – die Rückkehrmöglichkeiten in den Beruf sowie die Karrierechancen und damit die Absicherung der betreffenden Personen im Alter oft dauerhaft beeinträchtigen und auf diese Weise die langfristige Abhängigkeit von Sozialtransferleistungen begünstigen (vgl. BT-Drucks. 16/1889, S. 14). 78

Was die Bezugsdauer angeht bleibt das Elterngeld mit der Höchstbezugsdauer von zwölf Monaten zwar einerseits hinter dem **Erziehungsgeld** zurück, knüpft andererseits aber auch an jenes an. Das Erziehungsgeld konnte ursprünglich über einen Zeitraum von 24 Monaten bezogen werden (§ 4 BErzGG in der bis 31.12.2003 geltenden Fassung). Mit der Einführung des Erziehungsgeldbudgets (vgl. hierzu Rdn. 24) galt die 24-monatige Bezugsdauer allerdings nur noch für das als Regelbetrag gezahlte Erziehungsgeld in Höhe von zuletzt 300 Euro monatlich, während das als Budget gezahlte Erziehungsgeld in Höhe von zuletzt 450 Euro nur über einen Zeitraum von zwölf 79

Monaten bezogen werden konnte. Da allerdings das Elterngeld als **Einkommensersatzleistung** konzipiert ist und betragsmäßig deutlich über dem Erziehungsgeld liegt, hat der Übergang vom Erziehungsgeld zum Elterngeld grundsätzlich nicht zu einer Leistungskürzung geführt. Etwas anders gilt hingegen für die Gruppe der Geringverdiener, die lediglich Elterngeld in Höhe des Basisbetrags (§ 2 Abs. 5 Satz 1 BEEG a.F.; heute: § 2 Abs. 4 Satz 1 BEEG) erhalten, das zwar der Höhe nach dem Leistungsumfang des Erziehungsgeldes in der Form des Regelbetrags entspricht, das aber nicht mehr – wie zuvor – über einen Zeitraum von 24 Monaten, sondern nur noch für zwölf Monate bezogen werden kann, wodurch faktisch die Leistung gekürzt worden ist. Die mit der Anknüpfung der Leistungshöhe an das erzielte Einkommen verbundene differenzierte leistungsrechtliche Behandlung von Familien mit unterschiedlichen Einkommenssituationen ist **verfassungsrechtlich nicht zu beanstanden** (vgl. BSG vom 19.2.2009 – B 10 EG 2/08 R – BeckRS 2009, 64106; BSG vom 18.8.2011 – B 10 EG 8/10 R – BeckRS 2011, 76601; BVerfG vom 9.11.2011 – 1 BvR 1853/11 – NJW 2012, 214). Der Gesetzgeber hat mit dieser Konzeption die Grenzen des ihm im Bereich der gewährenden Staatstätigkeit zukommenden weiten Gestaltungsspielraums (vgl. dazu BVerfG, a.a.O.) nicht überschritten.

80 Aus der Beschränkung der für einen Elternteil maßgebenden Bezugsdauer auf zwölf Monatsbeträge Basiselterngeld folgt zugleich, dass die weiteren zwei Monate, die zur verlängerten Bezugsdauer nach § 4 Abs. 3 Satz 2 führen, dem Partner vorbehalten sind (vgl. BT-Drucks. 16/1889, S. 23; zu den **Partnermonaten** vgl. Rdn. 62 ff.).

81 Die Höchstbezugsdauer des § 4 Abs. 4 Satz 1 gilt **nicht ausnahmslos**. In den Fällen des alleinigen Bezugs von Elterngeld durch einen Elternteil gemäß § 4c BEEG ist der Bezug von 14 Monatsbeträgen durch einen Elternteil möglich (vgl. hierzu die Kommentierung zu § 4c BEEG). Für besonders frühgeborene Kinder gilt die Sonderregelung nach § 4 Abs. 5 Satz 3 (vgl. hierzu Rdn. 96).

Demgegenüber erhöhen nicht verbrauchte Partnermonate des einen Elternteils (§ 4 Abs. 3 Satz 2) nicht die Bezugsdauer des Elterngeldes des anderen Elternteils (vgl. Richtlinien des BMFSFJ zum BEEG, Stand Juni 2025, Ziffer 4.4.1, S. 211).

b) Mindestbezugsdauer (§ 4 Abs. 4 Satz 2)

82 Seit dem 24.1.2009 gilt für das Elterngeld auch eine **Mindestbezugsdauer**, die aktuell in § 4 Abs. 4 Satz 2 normiert ist. Sie beträgt **zwei Monate** und wurde durch das Erste Gesetz zur Änderung des Bundeselterngeld- und Elternzeitgesetzes vom 17.1.2009 (BGBl. I S. 61) eingeführt. Die Mindestbezugsdauer verfügt über keinen Vorläufer im BErzGG. Sie soll eine intensivere Bindung auch des anderen Elternteils zum Kind unterstützen und den Vätern gegenüber Dritten die Entscheidung erleichtern, sich mehr Zeit für die Familie zu nehmen (vgl. BT-Drucks. 16/9415, S. 6; zur Zweckrichtung ausführlich auch BSG vom 8.3.2018 – B 10 EG 7/16 R – SozR 4–7837 § 4 Nr. 7). Nach Auffassung des Gesetzgebers entspricht eine einheitliche Mindestbezugsdauer von zwei Monaten für alle Eltern, die Elterngeld in Anspruch nehmen möchten, besser den Zielen des Elterngeldes (vgl. BT-Drucks. 16/9415, S. 6). Die zwei Mindestbezugsmonate müssen nicht am Stück genommen, sondern können frei auf den Zeitraum der ersten 14 Lebensmonate des Kindes verteilt werden, wodurch die Flexibilität des Elterngeldes bestehen bleibt (vgl. BT-Drucks. 16/9415, S. 6). Das gilt auch für die Partnermonate im Sinne von § 4 Abs. 3 Satz 2. Die Mindestbezugsdauer **kann durch den Bezug von Basiselterngeld, Elterngeld Plus oder Partnerschaftsbonus erfüllt werden** (vgl. Richtlinien des BMFSFJ zum BEEG, Stand Juni 2025, Ziffer 4.4.2, S. 211; a.A. Helmke/Bauer, Familienleistungsausgleich, § 4 BEEG Rn. 20). Sie schränkt den nach übergeordneten Merkmalen zu bestimmenden Personenkreis im Geltungsbereich des BEEG nicht ein. Denn der durch die Mindestbezugszeit bewirkte Verlust des Elterngeldanspruchs ist Folge einer Entscheidung im Verantwortungsbereich des Berechtigten für eine Elternzeit unterhalb des vom Gesetz geforderten Schwellenwertes (vgl. BSG a.a.O.). Die Mindestbezugszeit ist eine Ausnahme vom Lebensmonatsprinzip einerseits und dem daran gekoppelten Ende der Dauer des Elterngeldanspruchs andererseits (BSG a.a.O.). Als Ausnahme und aufgrund ihrer spezifischen Zielrichtung ist die Regelung zur Mindestbezugszeit **einschränkend auszulegen**.

83 Die Erfüllung der Mindestbezugszeit von zwei Monaten ist zwingend, um überhaupt einen Anspruch auf Zahlung von Elterngeld zu haben. Das ergibt sich bereits aus dem Wortlaut der Vorschrift (»hat nur Anspruch auf Elterngeld, wenn er es mindestens für zwei Lebensmonate bezieht«). Stellt sich nachträglich heraus, dass die an sich erreichbare Mindestbezugszeit tatsächlich nicht erreicht wird, führt dies rückwirkend zu einem Wegfall des Elterngeldanspruchs auch für den ersten Betreuungsmonat (vgl. BSG vom 8.3.2018 – B 10 EG 7/16 R – SozR 4–7837 § 4 Nr. 7). Hieran ändert sich auch dann nichts, wenn die Elterngeldstelle bei der in die Zukunft gerichteten Elterngeldbewilligung ggf. eine vorausschauende Betrachtungsweise (Prognose) über die Mindestbetreuung anzustellen hat, weil es sich hierbei nicht um eine echte (richtige) Prognose über langfristige zukünftige Entwicklungen handelt, deren rückwirkend abweichende Betrachtung mit dem Wesen der Leistung nicht vereinbar wäre (vgl. BSG a.a.O.).

84 Wird die Mindestbezugsdauer von Elterngeld von zwei Monaten wegen einer Vollzeittätigkeit im zweiten Bezugsmonat nicht erreicht, hängt die Rücknahme bzw. Aufhebung der bestandskräftig gewordenen Elterngeldbewilligung für den ersten Bezugsmonat und die Rückforderung überzahlten Elterngeldes maßgeblich davon ab, ob im Einzelfall die Voraussetzungen der §§ 45, 48 SGB X und § 50 Abs. 1 SGB X erfüllt sind (vgl. hierzu LSG Baden-Württemberg vom 14.7.2020 – L 11 EG 3655/19 – BeckRS 2020, 26268; siehe auch LSG Baden-Württemberg vom 14.5.2019 – L 11 EG 2575/18 – BeckRS 2019, 12960).

85 Auch bei einer **Adoptionspflege** muss eine berechtigte Person grundsätzlich mindestens für zwei Lebensmonate Elterngeld beziehen. Allerdings setzt die Regelung zur Mindestbezugsdauer als »jüngeres Gesetz« die Regelung zum (vorzeitigen) Ende des Zahlungsanspruchs in § 4 Abs. 2 Satz 2 nicht außer Kraft. Das hat zur Folge, dass unter bestimmten Umständen die Zahlung von Elterngeld für nur einen Monat in Betracht kommen kann. Das betrifft insbesondere diejenigen Fälle, in denen eine Anspruchsvoraussetzung bereits im ersten Monat des Leistungsbezugs wieder entfällt, z.B. bei Tod des Kindes oder dem (endgültigen) Verlust der Adoptionspflege. Die Regelung

zur Mindestbezugszeit ist insoweit aufgrund ihrer Entstehungsgeschichte und ihrem Sinn und Zweck sowie im Kontext insbesondere zum Lebensmonatsprinzip einschränkend auszulegen (vgl. BSG vom 8.3.2018 – B 10 EG 7/16 R – SozR 4–7837 § 4 Nr. 7). Die Mindestbezugsdauer hat lediglich die Bedeutung der Partnermonate gestärkt. Nur mit diesem speziellen Anliegen beansprucht sie zeitlichen und inhaltlichen Vorrang vor anderen Normen des BEEG (vgl. BSG a.a.O.).

86 Ein Anspruch für nur einen Monat Elterngeld soll auch dann bestehen können, wenn der anspruchstellende Elternteil sein Kind mindestens zwei Lebensmonate tatsächlich in Elternzeit betreute, er aber den Elterngeldantrag so spät gestellt hat, dass für einen Lebensmonat die **Ausschlussfrist des § 7 Abs. 1 Satz 2 BEEG** greift (vgl. SG Fulda vom 13.10.2020 – S 4 EG 1/20 – BeckRS 2020, 29741). Das ist zum einen mit dem Wortlaut der seinerzeit noch in § 4 Abs. 5 Satz 2 (in der Fassung des Gesetzes zur Einführung des Elterngeld Plus mit Partnerschaftsbonus und einer flexibleren Elternzeit im Bundeselterngesetz- und Elternzeitgesetz vom 18.12.2014, BGBl. I S. 2325) geregelten Mindestbezugszeit begründet worden (»mindestens für zwei Monate in Anspruch nimmt«), was sprachlich betrachtet bedeute, dass es damit auf die Geltendmachung eines Anspruchs ankomme, nicht aber, dass der Anspruch auch tatsächlich erfüllt werde. Zum anderen ist darauf abgestellt worden, dass im konkreten Fall der Zweck der Mindestbezugszeit – Betreuung des Kindes für mindestens zwei Lebensmonate, für die Elternzeit in Anspruch genommen wurde – erfüllt worden ist, weshalb es auf ein etwaiges Verschulden des Anspruchstellers im Hinblick auf die Herbeiführung eines nur einmonatigen Elterngeldbezugs nicht ankomme. Letzterem ist entgegengehalten worden, dass im Fall eines verspäteten Elterngeldantrags schon bei Antragstellung feststehe, dass die Voraussetzungen für einen Elterngeldanspruch nur für einen Lebensmonat des Kindes bestehe, und außerdem der Verweis auf die Elternzeit fehl gehe, weil die Inanspruchnahme von Elternzeit nicht zu den Anspruchsvoraussetzungen des Elterngeldes gehöre (vgl. Helmke/Bauer, Familienleistungsausgleich, § 4 BEEG Rn. 20). Ungeachtet dessen ist aber auch zu bedenken, dass die Mindestbezugsdauer durch das Zweite Gesetz zur Änderung des Bundeselterngeld- und Elternzeitgesetzes vom 15.2.2021 (BGBl. I S. 239) in § 4 Abs. 4 Satz 2 verschoben worden ist, der nunmehr ausdrücklich bestimmt, dass ein Elternteil nur Anspruch auf Elterngeld hat, wenn er es mindestens für zwei Lebensmonate »bezieht«. Jedenfalls für Geburten ab 1.9.2021 (vgl. § 28 Abs. 1 BEEG) kommt also das Wortlautargument nicht mehr zum Tragen, dem sich im Übrigen auch der Gesetzgeber nicht angeschlossen zu haben scheint. Zumindest heißt es in der Gesetzesbegründung zur Neustrukturierung der §§ 4 bis 4d BEEG, dass teilweise die Formulierung »beziehen« oder »beanspruchen« durch die Formulierung »hat Anspruch« ersetzt worden ist und diese sowie weitere sprachliche Anpassungen rein redaktioneller Art sind (vgl. BT-Drucks. 19/24438, S. 29). Wäre das Wortlautargument zutreffend, hätte die Umformulierung der Mindestbezugsdauer zwangsläufig zu einer Änderung der Rechtslage geführt.

c) Fiktion von Elterngeldbezugsmonaten (§ 4 Abs. 4 Satz 3)

87 Lebensmonate des Kindes, in denen einem Elternteil nach § 3 Abs. 1 Satz 1 Nr. 1 bis 3 BEEG anzurechnende Leistungen oder Versicherungsleistungen nach § 192

Abs. 5 Satz 2 Versicherungsvertragsgesetz (VVG) zustehen, gelten gemäß § 4 Abs. 4 Satz 3 als Monate, in denen dieser Elternteil Basiselterngeld bezieht. Jene Monate sind bei der Berechnung der Mindest- bzw. Höchstbezugsdauer zu berücksichtigen. Zum einen handelt es sich hierbei um eine **gesetzliche Fiktion von Elterngeldbezugsmonaten**, die die Bezugsdauer für den betreffenden Elternteil auch tatsächlich verkürzt (vgl. dazu LSG Nordrhein-Westfalen vom 8.1.2010 – L 13 EG 34/09 – BeckRS 2010, 67312). Denn diese Monate gelten für den die anrechenbare Leistung beziehenden Elternteil als verbraucht im elterngeldrechtlichen Kontext. Zum anderen wird damit in bestimmten Fällen die **Bezugsberechtigung gesetzlich bestimmt:** Durch die gesetzliche Fiktion von Elterngeldbezugsmonaten werden Lebensmonate des Kindes mit zeitlich kongruent anzurechnenden Leistungen kraft Gesetzes zwingend der Person zugeordnet, die Anspruch auf die anzurechnende Leistung hat (BSG vom 29.6.2017 – B 10 EG 6/16 R – SozR 4–7837 § 4 Nr. 6). Das ist beim Mutterschaftsgeld nach § 24i SGB V stets die Mutter. Diese Monate sind daher der freien Aufteilung zwischen den Elternteilen entzogen. Für diese Monate kann die berechtigte Person auch kein Elterngeld Plus wählen (vgl. BT-Drucks. 18/2583, S. 30). Das hat zur Folge, dass dann durch die Fiktion des § 4 Abs. 4 Satz 3 **vier Elterngeld Plus-Monate wegfallen**.

▶ **Bsp.:**

Einer Mutter, die grundsätzlich Anspruch auf insgesamt 24 Elterngeld Plus-Monate hat, beantragt im Anschluss an einen zweimonatigen Bezug von anzurechnenden Mutterschaftsleistungen die Monatsbeträge 3 bis 28. Da die Monate mit dem anzurechnenden Mutterschaftsleistungen als Basiselterngeldbezugsmonate von ihr gelten, stehen ihr nur noch 20 Monate Elterngeld Plus zu (vgl. Richtlinien des BMFSFJ zum BEEG, Stand Juni 2025, Ziffer 4.4.3, S. 212 <214>).

In diesem Regelungszusammenhang relevante anrechenbare Leistungen sind insbesondere das nach dem SGB V oder dem Gesetz über die Krankenversicherung der Landwirte zustehende **Mutterschaftsgeld**, aber auch der Zuschuss zum Mutterschaftsgeld, die für Zeiten des Beschäftigungsverbots nach beamten- und soldatenrechtlichen Vorschriften gewährten Dienstbezüge, dem Elterngeld vergleichbare ausländische Leistungen sowie seit April 2017 die in § 192 Abs. 5 Satz 2 VVG geregelten Versicherungsleistungen. Bei Letzteren handelt es sich um das Krankentagegeld privat krankenversicherter Mütter für den Verdienstausfall, der während der Dauer der vor- und nachgeburtlichen Mutterschutzfristen aus § 3 Abs. 1 und Abs. 2 MuSchG sowie am Entbindungstag entsteht. 88

Mit der gesetzlichen Fiktion von Elterngeldbezugsmonaten sollen **zweckidentische Doppelleistungen vermieden werden** (vgl. BT-Drucks. 16/1889, S. 22 zu § 3 BEEG). Insbesondere soll verhindert werden, dass die Anrechnungsregelungen in § 3 Abs. 1 und Abs. 3 BEEG durch eine entsprechende Gestaltung des Bezugszeitraums von den Eltern umgangen werden (vgl. § 3 BEEG Rdn. 18). Daher gelten nach § 4 Abs. 4 Satz 3 Lebensmonate des Kindes, in denen die berechtigte Person Mutterschaftsgeld bezieht, auch dann als Monate für die die berechtigte Person Basiselterngeld bezieht, 89 wenn der Elterngeldbezug nicht unmittelbar an den Zeitraum des Bezugs von Mutterschaftsgeld anschließt (vgl. LSG Rheinland-Pfalz vom 6.5.2010 – L 5 EG 8/09 – BeckRS 2010, 69660 zu § 4 Abs. 3 Satz 2 a.F.). Die Fiktion des § 4 Abs. 4 Satz 3 hat zur Folge, dass den Eltern regelmäßig nicht etwa die im Gesetz vorgegebenen zwölf oder 14 Basiselterngeldmonate zustehen, sondern tatsächlich nur zehn bzw. zwölf Basiselterngeldmonate, weil die Mutterschaftsleistungen gemäß § 3 Abs. 2 i.V.m. §§ 19, 20 MuSchG und § 24i SGB V nach der Geburt des Kindes generell acht Wochen umfassen, sodass in Anwendung des § 4 Abs. 4 Satz 3 i.V.m. § 3 Abs. 1 Satz 1 Nr. 1 BEEG bereits zwei Basiselterngeldmonate als verbraucht gelten (vgl. Lenz/Wagner in: Rancke/Pepping, 6. Aufl., § 4 BEEG Rn. 17). Gegen die in § 4 Abs. 4 Satz 3 geregelte Fiktion bestehen **keine verfassungsrechtlichen Bedenken**, insbesondere nicht mit Blick auf Art. 3 Abs. 1 GG und Art. 6 Abs. 1 GG (vgl. BSG vom 29.6.2017 – B 10 EG 6/16 R – SozR 4–7837 § 4 Nr. 6). Finanzielle Anreize wie die staatliche Förderung in Form des Elterngeldes, können die Entscheidung, wie Eltern ihre grundrechtlich verankerte Erziehungsverantwortung wahrnehmen, zwar beeinflussen. Dadurch, dass der Lebensmonat, in dem anzurechnende Leistungen zustehen, kraft Gesetzes zwingend der insoweit anspruchsberechtigten Person zugeordnet wird, übt der Gesetzgeber jedoch weder einen unmittelbaren noch einen mittelbaren Zwang auf die Eltern aus, an Stelle der persönlichen Betreuung des Kindes wieder eine elterngeldschädliche Erwerbstätigkeit auszuüben (vgl. hierzu BSG vom 26.5.2011 – B 10 EG 12/10 R – SozR 4–7837 § 4 Nr. 2).

90 Die Fiktion setzt nicht voraus, dass die Person, die die anzurechnenden Einnahmen erhalten hat (z.B. beim Mutterschaftsgeld die Mutter), in dem betreffenden Lebensmonat auch elterngeldberechtigt war (z.B. weil die Mutter bereits wieder eine Tätigkeit im Umfang von mehr als 32 Wochenstunden ausgeübt hat). Zur Vorgängervorschrift (§ 4 Abs. 3 Satz 2 in der Fassung des Gesetzes zur Einführung des Elterngeldes vom 5.12.2006, BGBl. I S. 2748) hatte das BSG ursprünglich die Auffassung vertreten, dass die Fiktion nur dann eingreift, wenn eine Anrechnung der anderen Leistung auf das Elterngeld objektiv rechtlich möglich ist. Dies sei nur der Fall, wenn die Person, der die anzurechnende Leistung zusteht, objektiv zum Kreis der elterngeldberechtigten Personen im Sinne des § 1 BEEG gehört (vgl. BSG vom 26.5.2011 – B 10 EG 12/10 R – SozR 4–7837 § 4 Nr. 2 und vom 26.5.2011 – B 10 EG 11/10 R – BeckRS 2011, 75847), denn § 4 Abs. 3 Satz 2 a.F. **fingiere lediglich die Bezugsberechtigung, nicht hingegen die Anspruchsberechtigung**. Das BSG stützte diese Auslegung seinerzeit darauf, dass im Wortlaut des § 4 Abs. 3 Satz 2 a.F. der Begriff »anzurechnenden Leistungen« verwendet wurde. Eine andere Leistung könne nur dann auf das Elterngeld »angerechnet« werden, wenn die betreffende Person im jeweiligen Lebensmonat rechtlich zugleich Elterngeld beziehen könne und nicht durch objektive Umstände vom Kreis der nach § 1 BEEG anspruchsberechtigten Personen ausgeschlossen sei. Mit dem **»Gesetz zur Vereinfachung des Elterngeldvollzugs«** vom 10.9.2012 (BGBl. I S. 1878) wurde der Begriff der »anzurechnenden Leistung« durch »Einnahmen« und der Begriff der »berechtigten Person« durch »Elternteil« ersetzt, um – so die Begründung – klarzustellen, »dass entgegen der Rechtsprechung des Bundessozialgerichts (BSG, Urteil vom 26. Mai 2011 – B 10 EG 11/10 R) Lebensmonate des Kindes, in denen nach § 3

Abs. 1 Nr. 1 bis 3 anzurechnende Einnahmen zustehen, auch dann als Bezugsmonate gelten, wenn die Elterngeld beantragende Person in diesen Monaten die Voraussetzungen des § 1 BEEG nicht erfüllt« (BT-Drucks. 17/9841, S. 29). Unter Berücksichtigung dieser Änderung **hat das BSG seine bisherige Rechtsprechung zur Fiktion von Elterngeldbezugsmonaten aufgegeben** (vgl. BSG vom 29.6.2017 – B 10 EG 6/16 R – SozR 4–7837 § 4 Nr. 6). Zwar hat der Gesetzgeber nachfolgend mit dem »**Gesetz zur Einführung des Elterngeld Plus mit Partnerschaftsbonus und einer flexiblen Elternzeit im Bundeselterngeld- und Elternzeitgesetz**« vom 18.12.2014 (BGBl. I S. 2325) mit Wirkung zum 1.1.2015 in der die Fiktion von Elterngeldbezugsmonaten regelnden Vorschrift des § 4 Abs. 5 Satz 3 erneut den Begriff der »anzurechnenden Leistungen« aufgenommen. Ausweislich der Gesetzesbegründung wollte er jedoch ausschließlich den Regelungsgehalt des bisherigen § 4 Abs. 3 Satz 2 in der Fassung durch das Gesetz vom 10.9.2012 übernehmen (vgl. BT-Drucks. 18/2583, S. 30). Dem kann entnommen werden, dass der terminologische Wechsel zum 1.1.2015 ein Versehen und nicht als geplante inhaltliche Änderung zu sehen ist. Die geänderte Rechtsprechung des BSG gilt daher auch für die aktuelle Fassung des § 4 Abs. 4 Satz 3, obwohl dort ebenfalls weiterhin der Begriff »anrechenbare Leistungen« verwendet wird.

Für die Fiktion des § 4 Abs. 4 Satz 3 gilt ebenfalls das **Lebensmonatsprinzip** (vgl. BSG vom 29.6.2017 – B 10 EG 6/16 R – SozR 4–7837 § 4 Nr. 6; BSG vom 27.6.2013 – B 10 EG 8/12 R – SozR 4–7837 § 1 Nr. 4; BSG vom 26.5.2011 – B 10 EG 12/10 R – SozR 4–7837 § 4 Nr. 2 und vom 26.5.2011 – B 10 EG 11/10 R – BeckRS 2011, 75847). Die gesetzliche Fiktion von Bezugsmonaten umfasst daher jeweils den ganzen Lebensmonat des Kindes, selbst wenn die berechtigte Person nur an einem Tag in diesem Monat eine anrechenbare Leistung bezogen hat (vgl. BSG vom 29.6.2017, a.a.O.) Dies ist insbesondere in den Fallkonstellationen relevant, in denen sich die achtwöchige Schutzfrist und somit die Dauer des Anspruchs auf Mutterschaftsgeld um Tage der wegen einer Geburt vor dem errechneten Termin nicht verbrauchten sechswöchigen vorgeburtlichen Schutzfrist verlängert und damit oft nur für wenige Tage in den dritten Lebensmonat des Kindes hineinreicht (vgl. dazu Dau, jurisPR-SozR 16/2010, Anm. 6 zu LSG Bayern vom 24.2.2010 – L 12 EG 85/09). Für eine analoge Anwendung der **Quotelungsregelung des § 3 Abs. 1 Satz 2 BEEG** ist im Kontext mit § 4 Abs. 4 Satz 3 hingegen kein Raum, weil es insoweit an einer planwidrigen Regelungslücke fehlt (vgl. BSG vom 26.5.2011 – B 10 EG 12/10 R – SozR 4–7837 § 1 Nr. 4). Vielmehr geht das BEEG grundsätzlich vom Lebensmonatsprinzip aus und hat hiervon geltende Ausnahmen – wie in § 3 Abs. 1 Satz 2 BEEG – ausdrücklich geregelt. Hätte der Gesetzgeber eine solche taggenaue Quotelung auch für die Fiktion der Elterngeldbezugsmonate vorsehen wollen, hätte er dies im Gesetz – durch eine Bezugnahme auf § 3 Abs. 1 Satz 2 BEEG oder durch Aufnahme einer vergleichbaren Regelung – zum Ausdruck gebracht. Als Ausnahmeregelung ist § 3 Abs. 1 Satz 2 BEEG grundsätzlich eng auszulegen und entzieht sich daher einer analogen Anwendung. Ein im Gesetzgebungsverfahren zum »**Gesetz zur Vereinfachung des Elterngeldvollzugs**« vom 10.9.2012 (BGBl. I S. 1878) eingebrachtes Änderungsbegehren, mit dem der Verbrauch eines vollen Elterngeldmonats im dritten Lebensmonat des Kindes abgeschafft werden sollte, wenn auch nur an einem einzigen Tag Mutterschaftsgeld bezogen wor- 91 den ist, wurde ausdrücklich verworfen (vgl. Ausschuss für Familie, Senioren, Frauen und Jugend, Wortprotokoll der 65. Sitzung vom 7.5.2012, Protokoll Nr. 17/65, S. 39 und Sitzung vom 23.5.2012, Protokoll Nr. 17/67, S. 12 f.). In diesen Konstellationen gilt also auch weiterhin der dritte Lebensmonat des Kindes als Monat, in dem die Mutter Basiselterngeld bezieht. Ergänzend zu dieser vorrangigen Leistung kann allerdings für den Rest des Monats noch ein tageweiser Anspruch auf Elterngeld bestehen. Da nämlich die Anrechnung nach § 3 BEEG taggenau erfolgt, kann für die Tage des Monats, in denen die Mutterschaftsleistung nicht zusteht, Elterngeld bezogen werden, wenn die übrigen Anspruchsvoraussetzungen erfüllt sind (vgl. Richtlinien des BMFSFJ zum BEEG, Stand Juni 2025, Ziffer 4.4.3, S. 212 <214>).

7. »**Frühchenbonus**« (§ 4 Abs. 5)

92 Die im Gesetzgebungsverfahren zwischen der Bundesregierung und dem Bundesrat umstrittene Regelung zum »Frühchenbonus«, die ursprünglich ein günstigeres Elterngeld für Eltern vorsah, deren Kind mindestens sechs Wochen vor dem voraussichtlichen Tag der Entbindung geboren wurde (vgl. hierzu: Art. 1 Nr. 6 des Gesetzentwurfs der Bundesregierung vom 18.11.2020, BT-Drucks. 19/24438, S. 9; Stellungnahme des Bundesrates, BT-Drucks. 19/24438, S. 44; Gegenäußerung der Bundesregierung, BT-Drucks. 19/24438, S. 48) ist nach einer Neufassung durch den Ausschuss für Familie, Senioren, Frauen und Jugend (vgl. BT-Drucks. 19/26242, S. 5/6) schlussendlich mit einem **gestaffelten Anspruchsumfang** – abhängig davon, dass das Kind mindestens sechs Wochen oder früher vor dem voraussichtlichen Entbindungstermin geboren wurde – sowie notwendigen Anpassungen hinsichtlich der Höchstbezugsdauer und des Bezugszeitrahmens durch Art. 1 Nr. 6 des Zweiten Gesetzes zur Änderung des Bundeselterngeld- und Elternzeitgesetzes vom 15.2.2021 (BGBl. I S. 239) in das BEEG übernommen worden. § 4 Abs. 5 zielt darauf ab, Eltern – auch allein- und getrennt erziehende Elternteile – **mehr Zeit einzuräumen**, um mögliche Entwicklungsverzögerungen ihres Kindes aufzufangen. Auch wenn es von den Verhältnissen des Einzelfalls abhängig sein wird, wie weit besonders frühgeborene Kinder in der Entwicklung zurückliegen und wie weit sich die Entwicklungsverzögerung in den Elterngeldbezug fortträgt, ist bei Frühgeburten, die sechs Wochen oder früher vor dem errechneten Entbindungstermin liegen, eine Verzögerung der Kindesentwicklung zu unterstellen und die Verlängerung des allgemein geregelten Bezugszeitraums des Elterngeldes nach dessen Schutzgedanken gerechtfertigt (vgl. BT-Drucks. 19/26242, S. 18).

93 Die Neuregelung gilt für Geburten ab 1.9.2021. Bei zuvor erfolgten Geburten kann sie nicht angewendet werden (vgl. LSG Sachsen-Anhalt vom 20.12.2023 – L 2 EG 1/23 – BeckRS 2023, 41620).

a) **Anspruchsumfang bei besonders früh geborenen Kindern (§ 4 Abs. 5 Sätze 1 und 2)**

94 Abweichend von der Grundregel des § 4 Abs. 3 Satz 1, wonach die Eltern gemeinsam Anspruch auf zwölf Monatsbeträge Basiselterngeld haben, stehen Eltern von

besonders früh geborenen Kindern gemäß § 4 Abs. 5 Satz 1 zusätzliche Monatsbeträge Basiselterngeld zu. Konkret haben jene Eltern gemeinsam Anspruch auf
- **13 Monatsbeträge** Basiselterngeld bei einer Frühgeburt von mindestens **sechs Wochen** (Nr. 1),
- **14 Monatsbeträge** Basiselterngeld bei einer Frühgeburt von mindestens **acht Wochen** (Nr. 2),
- **15 Monatsbeträge** Basiselterngeld bei einer Frühgeburt von mindestens **zwölf Wochen** (Nr. 3) und
- **16 Monatsbeträge** Basiselterngeld bei einer Frühgeburt von mindestens **16 Wochen** (Nr. 4).

§ 4 Abs. 5 Satz 2 regelt, dass für die Berechnung des Zeitraums zwischen dem voraussichtlichen Tag der Entbindung und dem tatsächlichen Tag der Geburt der voraussichtliche Tag der Entbindung maßgeblich ist, wie er sich aus dem ärztlichen Zeugnis oder dem Zeugnis einer Hebamme oder eines Entbindungspflegers analog § 3 Abs. 1 Satz 3 MuSchG ergibt (vgl. BT-Drucks. 19/26242, S. 18).

▶ *Bsp.:*

Bei einem voraussichtlichen Entbindungstermin am Dienstag, den 28.12.2021 sind die Anspruchsvoraussetzungen für einen zusätzlichen Basiselterngeldmonat nach Satz 1 Nr. 1 erfüllt, wenn das Kind spätestens am Dienstag, den 16.11.2021 geboren wird (vgl. Richtlinien des BMFSFJ zum BEEG, Stand Juni 2025, Ziffer 4.5.2, S. 215).

Da die Zahl der Partnermonate (§ 4 Abs. 3 Satz 2) durch den »Frühchenbonus« nicht erhöht wird, stehen Eltern von besonders frühgeborenen Kindern gemeinsam somit statt maximal 14 Monatsbeträge Basiselterngeld
- bei einer Frühgeburt von mindestens **sechs Wochen** maximal **15 Monatsbeträge** Basiselterngeld zu,
- bei einer Frühgeburt von mindestens **acht Wochen** maximal **16 Monatsbeträge** Basiselterngeld zu,
- bei einer Frühgeburt von mindestens **zwölf Wochen** maximal **17 Monatsbeträge** Basiselterngeld zu und
- bei einer Frühgeburt von mindestens **16 Wochen** maximal **18 Monatsbeträge** Basiselterngeld zu.

b) Höchstbezugsdauer und Bezugszeitrahmen bei besonders früh geborenen Kindern (§ 4 Abs. 5 Satz 3)

Damit die Eltern die zusätzlichen Monatsbeträge Basiselterngeld überhaupt nutzen 95
können, werden durch § 4 Abs. 5 Satz 3 die Zahl der einem Elternteil nach § 4 Abs. 4 Satz 1 höchstens zustehenden Monatsbeträge Basiselterngeld und die Bezugszeitrahmen sowohl für das Basiselterngeld nach § 4 Abs. 1 Satz 3 als auch für das Elterngeld Plus nach § 4 Abs. 1 Satz 4 entsprechend angepasst.

Nach der Grundregel des § 4 Abs. 4 Satz 1 stehen einem Elternteil höchstens zwölf 96
Monatsbeträge Basiselterngeld zuzüglich der höchstens vier zustehenden Monatsbeträge

Partnerschaftsbonus nach § 4b BEEG zu. Diese **Höchstbezugsdauer** wird durch § 4 Abs. 5 Satz 3 angehoben, und zwar

- bei einer Frühgeburt von mindestens **sechs Wochen** auf **13 Monatsbeträge** Basiselterngeld (Nr. 1 Buchst. a),
- bei einer Frühgeburt von mindestens **acht Wochen** auf **14 Monatsbeträge** Basiselterngeld (Nr. 2 Buchst. a),
- bei einer Frühgeburt von mindestens **zwölf Wochen** auf **15 Monatsbeträge** Basiselterngeld (Nr. 3 Buchst. a) und
- bei einer Frühgeburt von mindestens **16 Wochen** auf **16 Monatsbeträge** Basiselterngeld (Nr. 4 Buchst. a).

Die Zahl der dem einzelnen Elternteil zustehenden Monatsbeträge Basiselterngeld wird also in demselben Maße erhöht wie die Zahl der den Eltern insgesamt zustehenden Monatsbeträge Basiselterngeld. Demgegenüber wird die Zahl der Monatsbeträge Partnerschaftsbonus nach § 4b BEEG nicht erhöht. Auch bei besonders frühgeborenen Kindern bleibt es also dabei, dass ein Elternteil Anspruch auf höchstens vier Monatsbeträge Partnerschaftsbonus nach § 4b BEEG hat.

Aus § 4 Abs. 3 Satz 3 folgt, dass bei besonders frühgeborenen Kindern dementsprechend auch die Höchstbezugsdauer des Elterngeld Plus auf 26 bis 32 Monatsbeträge angehoben wird. Eltern haben folglich einen – gestaffelten – Anspruch auf maximal acht weitere Lebensmonate Elterngeld Plus.

97 Nach der Grundregel des § 4 Abs. 1 Satz 3 kann Basiselterngeld bis zur Vollendung des 14. Lebensmonats des Kindes bezogen werden. Der **Bezugszeitrahmen für das Basiselterngeld** wird durch § 4 Abs. 5 Satz 3 verlängert, und zwar

- bei einer Frühgeburt von mindestens **sechs Wochen** bis zur Vollendung des **15. Lebensmonats** des Kindes (Nr. 1 Buchst. b),
- bei einer Frühgeburt von mindestens **acht Wochen** bis zur Vollendung des **16. Lebensmonats** des Kindes (Nr. 2 Buchst. b),
- bei einer Frühgeburt von mindestens **zwölf Wochen** bis zur Vollendung des **17. Lebensmonats** des Kindes (Nr. 3 Buchst. b) und
- bei einer Frühgeburt von mindestens **16 Wochen** bis zur Vollendung des **18. Lebensmonats** des Kindes (Nr. 4 Buchst. b).

Mithin wird der Bezugszeitrahmen für das Basiselterngeld entsprechend der Erhöhung der Zahl der den Eltern von besonders frühgeborenen Kindern gemeinsam maximal zustehenden Monatsbeträgen Basiselterngeld verlängert.

98 Nach der Grundregel des § 4 Abs. 1 Satz 4 kann Elterngeld Plus bis zur Vollendung des 32. Lebensmonats des Kindes bezogen werden, solange es ab dem 15. Lebensmonat in aufeinander folgenden Lebensmonaten von zumindest einem Elternteil in Anspruch genommen wird. Der **Bezugszeitrahmen für das Elterngeld Plus** wird durch § 4 Abs. 5 Satz 3 dahin gehend modifiziert, dass das Elterngeld Plus zwar weiterhin »nur« bis zum 32. Lebensmonat des Kindes bezogen werden kann, es aber

- bei einer Frühgeburt von mindestens **sechs Wochen** erst ab dem **16. Lebensmonat** des Kindes in aufeinander folgenden Lebensmonaten von zumindest einem Elternteil in Anspruch genommen werden muss (Nr. 1 Buchst. c),
- bei einer Frühgeburt von mindestens **acht Wochen** erst ab dem **17. Lebensmonat** des Kindes in aufeinander folgenden Lebensmonaten von zumindest einem Elternteil in Anspruch genommen werden muss (Nr. 2 Buchst. c),
- bei einer Frühgeburt von mindestens **zwölf Wochen** erst ab dem **18. Lebensmonat** des Kindes in aufeinander folgenden Lebensmonaten von zumindest einem Elternteil in Anspruch genommen werden muss (Nr. 3 Buchst. c) und
- bei einer Frühgeburt von mindestens **16 Wochen** erst ab dem **19. Lebensmonat** des Kindes in aufeinander folgenden Lebensmonaten von zumindest einem Elternteil in Anspruch genommen werden muss (Nr. 4 Buchst. c).

Mithin wird der Bezugszeitrahmen für das Elterngeld Plus insoweit modifiziert, als die Vorgabe, von welchem Lebensmonat des Kindes das Elterngeld Plus in aufeinander folgenden Lebensmonaten in Anspruch genommen werden muss, angepasst wird an die durch den »Frühchenbonus« erhöhte Zahl der Monatsbeträge Basiselterngeld.

8. Gleichzeitiger Bezug von Elterngeld durch beide Elternteile

a) Rechtslage bis zum 31.3.2024

Gemäß § 4 Abs. 2 Satz 3 in der bis zum 31.3.2024 geltenden Fassung des Zweiten Gesetzes zur Änderung des Bundeselterngeld- und Elternzeitgesetzes vom 15.2.2021 (BGBl. I S. 239) konnten die Eltern die jeweiligen Monatsbeträge – Basiselterngeld oder Elterngeld Plus – abwechselnd oder gleichzeitig beziehen. Allerdings muss in diesem Kontext bedacht werden, dass Zeiten gleichzeitiger Inanspruchnahme von Elterngeld zwar keine Auswirkungen auf die Regelungen zur Elternzeit haben, wohl aber zu einem **doppelten Verbrauch von Monatsbeträgen** und somit zu einer entsprechenden Verkürzung des Bezugszeitraums führen (vgl. BT-Drucks. 16/1889, S. 23 <zu Absatz 2>). Dieser **doppelte Anspruchsverbrauch** ist unter **verfassungsrechtlichen Aspekten** nicht zu beanstanden (vgl. BSG vom 15.12.2011 – B 10 EG 1/11 R – SozR 4–7837 § 4 Nr. 3). Das gilt auch für Elternteile, die nach der Geburt des Kindes jeweils eine elterngeldunschädliche Teilzeitbeschäftigung ausüben und gemeinsam die Betreuung und Erziehung des Kindes übernehmen. Zwar ist ihr Elterngeldanspruch geringer als der jener Eltern, die nacheinander jeweils unter vorübergehender Aufgabe der bisherigen Vollzeittätigkeit ihr Kind betreuen und erziehen. Ursächlich für diesen Unterschied in der Leistungshöhe ist allerdings nicht der doppelte Anspruchsverbrauch bei gleichzeitiger Inanspruchnahme der Elterngeldmonate, sondern die Konzeption des Elterngeldes als primäre Einkommensersatzleistung, die an das unterschiedliche Erwerbseinkommen vor und nach der Geburt des Kindes anknüpft und das nach der Geburt erzielte Einkommen anspruchsmindernd berücksichtigt. Diese Ausgestaltung des Elterngeldes und die damit regelmäßig verbundene Ungleichbehandlung von Anspruchsberechtigten mit unterschiedlichen Einkommenssituationen liegen im Rahmen des dem Gesetzgeber im Bereich der gewährenden Staatstätigkeit zustehenden weiten Gestaltungsspielraums (vgl. 99

BVerfG vom 9.11.2011 – 1 BvR 1853/11 – NJW 2012, 214; BSG, a.a.O.). Die Anknüpfung an das Einkommen gilt für alle Berechtigten gleichermaßen und bedarf daher keiner besonderen Rechtfertigung (vgl. LSG Baden-Württemberg vom 14.12.2010 – L 11 EG 3952/10 – BeckRS 2011, 66620). Um eine Teilzeiterwerbstätigkeit beider Elternteile nach der Geburt des Kindes attraktiver zu machen, hat der Gesetzgeber die Bezugsvariante Elterngeld Plus eingeführt, mit dem die negativen Folgen des doppelten Anspruchsverbrauchs beim Basiselterngeld abgefedert werden.

100 Eltern waren bis zum 31.3.2024 weitgehend frei darin, wie sie die Bezugsmonate des Elterngeldes untereinander aufteilen. Die Monatsbeträge des Elterngeldes konnten somit abwechselnd, gleichzeitig oder auch nacheinander genommen werden. Verfassungsrechtlicher Hintergrund dieser Freiheit ist **Art. 6 Abs. 1 GG**, der den Eltern grundsätzlich das verfassungsrechtlich verbürgte Recht gewährt, ihr familiäres Leben nach eigenen Vorstellungen zu planen und zu verwirklichen, insbesondere in ihrer Erziehungsverantwortung darüber zu entscheiden, ob und in welchem Entwicklungsstadium das Kind überwiegend von einem Elternteil allein, von beiden Elternteilen in wechselseitiger Ergänzung oder von einem Dritten betreut werden soll (vgl. BVerfG vom 10.11.1998 – 2 BvR 1057/91, 2 BvR 1226/91 und 2 BvR 980/91 – BVerfGE 99, 216 <231>). Der Staat ist aufgrund der abwehrrechtlichen Komponente des Art. 6 Abs. 1 GG nicht nur verpflichtet, diese Entscheidung der Eltern im familiären Bereich zu respektieren, sondern er muss auch die Kinderbetreuung in der jeweils von den Eltern gewählten Form in ihren tatsächlichen Voraussetzungen ermöglichen und fördern (vgl. BSG vom 26.5.2011 – B 10 EG 12/10 R – SozR 4–7837 § 4 Nr. 2). Dem dienen unter anderem die Vorschriften des BEEG, insbesondere diejenigen über die Bezugsdauer des Elterngeldes und die Aufteilung des den Eltern zustehenden Monatskontingents.

b) Rechtslage ab dem 1.4.2024

101 § 4 Abs. 2 Satz 3 a.F. ist mit Wirkung ab 1.4.2024 gestrichen worden und an seine Stelle ein neuer Absatz 6 in § 4 eingefügt worden (Art. 1 Nr. 2 Buchst. a und b des Haushaltsfinanzierungsgesetzes 2024 vom 22.12.2023, BGBl. I, Nr. 412), der durch Art. 7 Nr. 2 des Zweiten Haushaltsfinanzierungsgesetzes 2024 vom 27.3.2024 (BGBl. I Nr. 107) nochmals neu gefasst worden ist. Mit der Regelung soll eine langfristige partnerschaftliche Aufteilung von Sorgearbeit und Erwerbstätigkeit beider Elternteile gefördert werden (vgl. BT-Drucks. 20/9792, S. 21). Nach § 4 Abs. 6 Satz 1 n.F. ist ein gleichzeitiger Bezug von Basiselterngeld beider Elternteile **nur (noch) in einem der ersten zwölf Lebensmonate** des Kindes möglich. Das bedeutet, dass für ab dem 1.4.2024 geborene Kinder (§ 28 Abs. 1a BEEG) die Möglichkeit des gleichzeitigen Bezugs von Basiselterngeld nicht unerheblich eingeschränkt worden ist. Mit § 4 Abs. 6 Satz 1 wird dem Umstand Rechnung getragen, dass insbesondere im Geburtsmonat des Kindes beiden Elternteilen die Möglichkeit erhalten bleiben soll, sich gemeinsam um das Kind zu kümmern, da rund 50 Prozent der Väter, die heute Elterngeld beziehen, dies nach der Geburt des Kindes in Anspruch nehmen (vgl. BT-Drucks. 20/9792, S. 21). Da Elterngeld für mindestens zwei Lebensmonate

bezogen werden muss (§ 4 Abs. 4 Satz 2), kann der Vater den zweiten Partnermonat grundsätzlich nur dann in Anspruch nehmen, wenn die Mutter in einem der zwei Lebensmonate kein Basiselterngeld bezieht.

Neben der Möglichkeit, dass beide Elternteile in einem der ersten zwölf Lebensmonate gleichzeitig Basiselterngeld beziehen können, sieht § 4 Abs. 6 n.F. – **abschließend** – noch weitere Konstellationen vor, in denen ein gleichzeitiger (Basis-) Elterngeldbezug beider Elternteile unverändert in Betracht kommt. 102

Bezieht einer der beiden Elternteile **Elterngeld Plus**, so kann dieser Elternteil das Elterngeld Plus gleichzeitig zum Bezug von Basiselterngeld oder von Elterngeld Plus des anderen Elternteils beziehen (§ 4 Abs. 6 Satz 2). Mit der Privilegierung von Elterngeld Plus will der Gesetzgeber ersichtlich einen weiteren Anreiz für sein Leitbild einer gleichzeitigen Teilzeitarbeit beider Elternteile schaffen (vgl. Röhl in: Rolfs/Giesen/Meßling/Udsching, § 4 BEEG Rn. 47). Dabei kommt es nicht darauf an, welcher Elternteil das Elterngeld Plus in welcher Form bezieht; die Konstellation kann auch in unterschiedlichen Bezugsmonaten wechseln, was die Inanspruchnahme von Partnermonaten auch nach der Einschränkung durch § 4 Abs. 6 Satz 1 n.F. in vielen Fallkonstellationen ermöglicht (vgl. Helmke/Bauer, Familienleistungsausgleich, § 4 BEEG Rn. 16). 103

Darüber hinaus stellt § 4 Abs. 6 Satz 3 klar, dass § 4b BEEG unberührt bleibt. Das bedeutet, dass die Regelungen zum **Partnerschaftsbonus** weiterhin unter den in § 4b BEEG genannten Voraussetzungen gelten (vgl. BT-Drucks. 20/9792, S. 21), mithin die gleichzeitige Inanspruchnahme von Elterngeld Plus teilzeitbeschäftigter Eltern erhalten bleibt, die nicht weniger als 24 und nicht mehr als 32 Wochenstunden im Durchschnitt des Lebensmonats für die Dauer von mindestens zwei und längsten vier Lebensmonaten erwerbstätig sind. 104

Überdies können beide Elternteile auch bei **Mehrlingsgeburten und Frühchen** im Sinne von § 4 Abs. 5 gleichzeitig Basiselterngeld beziehen (§ 4 Abs. 6 Satz 4). Diese ursprünglich im Haushaltsfinanzierungsgesetz 2024 vom 22.12.2023 (BGBl. I Nr. 412) vorgesehene Ausnahme ist durch Art. 7 Nr. 2 des Zweiten Haushaltsfinanzierungsgesetzes vom 27.3.2024 (BGBl. I Nr. 107) dahin gehend erweitert worden, dass der gleichzeitige Bezug von Basiselterngeld auch für Eltern von **Kindern mit einer Behinderung** im Sinne von § 2 Abs. 1 SGB IX möglich ist. Das gilt gleichermaßen für Eltern von Geschwisterkindern mit Behinderung, die einen Anspruch nach § 2a Abs. 1 i.V.m. Abs. 2 Satz 3 BEEG haben. Auch sie können (Basis-) Elterngeld ohne jede Einschränkung gleichzeitig beziehen. Es genügt, dass die Behinderung des Kindes ärztlich festgestellt wird; eines Verfahrens nach § 152 SGB IX bedarf es nicht. Die Regelung für behinderte Kinder trägt dem **erhöhten Betreuungsaufwand** für diese Kinder Rechnung (vgl. BT-Drucks. 20/10150, S. 13). Sie führt aber nicht dazu, dass das Basiselterngeld über die Grenze des § 4 Abs. 1 Satz 3 – Vollendung des 14. Lebensmonats des Kindes – bezogen werden kann. Bei behinderten Kindern bleibt die Regelung in § 4 Abs. 1 Satz 3 unberührt (vgl. BT-Drucks. 20/10150, S. 13). Demgegenüber ist bei Frühgeburten ein gleichzeitiger Bezug beider Elternteile von Basiselterngeld im Gesamten nach § 4 Abs. 5 Satz 3 Nr. 1 bis 4, jeweils Buchst. b verlängerten Bezugszeitrahmen – 105 also bis zur Vollendung des 15., 16., 17. bzw. 18. Lebensmonats des Kindes – möglich (vgl. Helmke/Bauer, Familienleistungsausgleich, § 4 BEEG Rn. 27).

9. Aufteilung der Bezugsmonate zwischen den Berechtigten

106 Trotz der Streichung des § 4 Abs. 2 Satz 3 a.F. und Einfügung des § 4 Abs. 6 n.F. können die Bezugsmöglichkeiten beim Elterngeld weiterhin als **flexibel** bezeichnet werden. Deshalb ist auch für ab dem 1.4.2024 geborene Kinder eine Bestimmung darüber zu treffen, wer von **mehreren Anspruchsberechtigten** welche Monatsbeträge Elterngeld in Anspruch nimmt. Erst jene Bestimmung führt dazu, dass ein Anspruchsberechtigter zum **Bezugsberechtigten** wird. Die Einzelheiten hierzu regelt § 5 BEEG. Dabei obliegt die Bestimmung der Bezugsberechtigung grundsätzlich den Eltern (vgl. § 5 BEEG Rdn. 7 ff.) und wird lediglich in den Fällen, in denen diese einvernehmliche Entscheidung im Widerspruch zu den gesetzlichen Vorschriften über die Bezugsdauer steht, durch eine gesetzliche Bestimmung ersetzt (vgl. § 5 BEEG Rdn. 13 ff.). Verfahrensrechtlich umgesetzt wird die Bestimmung der Bezugsberechtigung durch § 7 Abs. 1 Satz 3 und Abs. 3 BEEG. Danach ist zum einen im Elterngeldantrag anzugeben, für welche Lebensmonate Basiselterngeld, für welche Lebensmonate Elterngeld Plus und für welche Lebensmonate Partnerschaftsbonus beantragt wird (vgl. § 7 BEEG Rdn. 19). Zum anderen ist der Antrag von der Person, die den Antrag stellt, und – sofern kein Fall des § 4c BEEG (Alleiniger Bezug durch einen Elternteil) oder der Antrag von einer allein sorgeberechtigten Person gestellt wird – zur Bestätigung der Kenntnisnahme auch von der anderen Person zu unterschreiben (vgl. § 7 BEEG Rdn. 23 f.).

107 Die grundsätzlich den Eltern in freier Entscheidung obliegende Aufteilung der ihnen insgesamt zustehenden Monatsbeträge Elterngeld wird jedoch in einem gewissen Umfang gesetzlich reglementiert. Mit diesen Vorgaben schafft der Gesetzgeber wirtschaftliche Anreize für die partnerschaftliche Aufteilung der Familienarbeit und kommt damit seinem **Auftrag zur Förderung der Gleichberechtigung zwischen Männern und Frauen im familienrechtlichen Bereich** nach. Darüber hinaus wird mit diesen Vorgaben sichergestellt, dass die Aufteilung der den Eltern zustehenden Monatsbeträge mit der Zielsetzung des Elterngeldes und den leistungsrechtlichen Vorgaben des BEEG im Einklang steht. Im Einzelnen gelten folgende **gesetzliche Aufteilungsregelungen:**

108 – Partnermonate (§ 4 Abs. 3 Satz 2)

§ 4 Abs. 3 Satz 2 schränkt die freie Aufteilung der Monatsbeträge bei der verlängerten Bezugsdauer dahin gehend ein, dass zwei Monatsbeträge dem Partner vorbehalten sind (**Partnermonate**, vgl. zu den Einzelheiten Rdn. 62 ff.).

– Höchst- und Mindestbezugszeit (§ 4 Abs. 4 Sätze 1 und 2)

Ein Elternteil hat Anspruch auf höchstens zwölf Monate Basiselterngeld zuzüglich der höchstens vier zustehenden Monatsbeträge Partnerschaftsbonus (§ 4 Abs. 4 Satz 1). Mit der **Höchstbezugsdauer von zwölf Monatsbeträgen** Basiselterngeld pro Elternteil will der Gesetzgeber einen Anreiz für die frühzeitige Wiederaufnahme einer Erwerbstätigkeit schaffen, welche die Eltern in die Lage versetzt, ihre wirtschaftliche Lebensgrundlage auf Dauer eigenständig und unabhängig von Sozialleistungen zu sichern (vgl. auch Rdn. 78).

Die Erfüllung der **Mindestbezugszeit von zwei Monaten** ist zwingend, um überhaupt einen Anspruch auf Zahlung von Elterngeld zu haben. Damit wird das Bestimmungsrecht der Eltern dahin gehend eingeschränkt, dass ein Elternteil nicht nur einen Monat Elterngeld beziehen kann. Allerdings müssen die zwei Mindestbezugsmonate nicht am Stück genommen, sondern können frei auf den Zeitraum der ersten 14 Lebensmonate des Kindes verteilt werden (vgl. zu den Einzelheiten Rdn. 82 ff.).

– gesetzliche Fiktion von Elterngeldbezugsmonaten (§ 4 Abs. 4 Satz 3)

Durch die **gesetzliche Fiktion von Basiselterngeldbezugsmonaten** werden Lebensmonate des Kindes mit zeitlich kongruent anzurechnenden Leistungen im Sinne von § 3 Abs. 1 Satz 1 Nr. 1 bis 3 BEEG oder nach § 192 Abs. 5 Satz 2 VVG zugeordnet, die Anspruch auf die anzurechnende Leistung hat (vgl. BSG vom 29.6.2017 – B 10 EG 6/16 R – SozR 4–7837 § 4 Nr. 6). Das ist beim Mutterschaftsgeld nach § 24i SGB V stets die Mutter. Diese Lebensmonate sind daher der freien Aufteilung entzogen (vgl. zu den Einzelheiten Rdn. 87 ff.).

– Gleichzeitiger Basiselterngeldbezug grundsätzlich nur in einem der ersten zwölf Lebensmonate des Kindes (§ 4 Abs. 6 Satz 1)

Für Geburten ab dem 1.4.2024 ist ein **gleichzeitiger Basiselterngeldbezug** beider Elternteile grundsätzlich nur in einem der ersten zwölf Lebensmonate des Kindes möglich. Hiervon sieht das Gesetz allerdings Ausnahmen vor, und zwar bei Mehrlingsgeburten und Frühgeburten im Sinne von § 4 Abs. 5 sowie bei Kindern, bei denen eine Behinderung im Sinne von § 2 Abs. 1 Satz 1 SGB IX ärztlich festgestellt wird, und bei Kindern, die einen Geschwisterbonus nach § 2a Abs. 1 i.V.m. Abs. 2 Satz 3 BEEG auslösen (vgl. Rdn. 105).

– Partnerschaftsbonus (§ 4b BEEG)

Der **Partnerschaftsbonus** kann nur in Anspruch genommen werden, wenn beide Elternteile in mindestens zwei und höchstens vier aufeinanderfolgenden Lebensmonaten des Kindes nicht weniger als 24 und nicht mehr als 32 Wochenstunden im Monatsdurchschnitt erwerbstätig sind und sie die Voraussetzungen des § 1 BEEG erfüllen. Die Eltern können den Partnerschaftsbonus nur gleichzeitig und in aufeinander folgenden Lebensmonaten beziehen (vgl. hierzu die Kommentierung zu § 4b BEEG).

Abschnitt 2 Betreuungsgeld

Vorbemerkung zu §§ 4a bis 4d BEEG

Übersicht

1. Das Betreuungsgeldgesetz vom 15.2.2013: §§ 4a bis 4d BEEG a.F.

1 Mit den Vorschriften der §§ 4a bis 4d BEEG, die durch Art. 1 Nr. 3 des **Gesetzes zur Einführung eines Betreuungsgeldes (Betreuungsgeldgesetz)** vom 15.2.2013 (BGBl. I S. 254) in das Bundeselterngeld- und Elternzeitgesetz als dessen neuer zweiter Abschnitt eingefügt wurden, wurde mit Wirkung zum 1.8.2013 (Art. 4 Betreuungsgeldgesetz) eine neue finanzielle Leistung für Familien mit Kindern im zweiten und dritten Lebensjahr eingeführt.

Das Betreuungsgeldgesetz setzte die ab dem 16.12.2008 zunächst in § 16 Abs. 4 SGB VIII in der Fassung von Art. 1 Nr. 2 des Gesetzes zur Förderung von Kindern unter drei Jahren in Tageseinrichtungen und in Kindertagespflege (**Kinderförderungsgesetz** – KiföG) vom 10.12.2008 (BGBl. I S. 2403) und mit Wirkung zum 1.1.2012 in § 16 Abs. 5 SGB VIII in der Fassung von Art. 2 Nr. 7 Buchst. b) des Gesetzes zur Stärkung eines aktiven Schutzes von Kindern und Jugendlichen (**Bundeskinderschutzgesetz** – BKiSchG) vom 22.11.2011 (BGBl. I S. 2975) normierte **Absichtserklärung des Bundesgesetzgebers** um. Danach sollte ab dem Jahr 2013 für diejenigen Eltern, die ihre Kinder von ein bis drei Jahren nicht in Einrichtungen betreuen lassen wollen und können, eine monatliche Zahlung (zum Beispiel Betreuungsgeld) eingeführt werden. Mit der Einführung des Betreuungsgeldes zum 1.8.2013 bedurfte es fortan dieser Absichtserklärung nicht mehr. Sie wurde daher durch Art. 2 Abs. 3 des Betreuungsgeldgesetzes folgerichtig aufgehoben.

2 Der Gesetzgeber verfolgte mit der Einführung des Betreuungsgeldes verschiedene Zwecke. In der Begründung zum Gesetzentwurf der Fraktionen der CDU/CSU und FDP heißt es dazu (BT-Drucks. 17/9917, S. 7):

»Das Betreuungsgeld ist durch den Zweck der Anerkennung und Unterstützung der Erziehungsleistung von Eltern mit Kleinkindern und durch die Schaffung von größeren Gestaltungsfreiräumen für die familiäre Kinderbetreuung gekennzeichnet. Es verbessert

die Wahlfreiheit von Vätern und Müttern und schließt die verbliebene Lücke im Angebot staatlicher Förder- und Betreuungsangebote für Kinder bis zum dritten Lebensjahr. (…)

Eltern treffen verantwortungsvolle Entscheidungen mit Blick auf die Betreuung ihrer Kinder. Mütter und Väter wählen die Betreuung, die für ihr Kind am besten ist. Auf die Frage nach dem richtigen Bildungs-, Erziehungs- und Betreuungsangebot gibt es keine einheitliche Antwort für jedes Kind. Ob externe oder familieninterne Betreuung, ob Tageseinrichtung, Kindertagespflege, Elterninitiative, Betreuung bei Vater oder Mutter, durch Großeltern oder Au pair, ob Ganztagsangebot oder stundenweise Inanspruchnahme, alle diese Optionen sollen sich im Interesse von Vielfalt und Wahlfreiheit idealerweise ergänzen. Deshalb ist es die Aufgabe staatlicher Familienförderung, alle Formen der Kleinkindbetreuung zu unterstützen, Barrieren abzubauen und Übergänge zu ermöglichen.

Für die öffentliche Förderung in Tageseinrichtungen sind im Kinderförderungsgesetz jährliche Bruttobetriebskosten von 12.000 Euro pro Platz in Ansatz gebracht worden; für einen Platz in der Kindertagespflege sind dies 9.450 Euro (Bundestagsdrucksache 16/9299, S. 22). Diese Förderung erhalten alle Eltern unabhängig von ihrer finanziellen Situation, da die Beiträge der Eltern nicht kostendeckend sind. Die staatliche Förderung kann im Einzelfall bei einer Gebührenfreistellung bis zu 100 Prozent betragen. Dementsprechend wird jeder Betreuungsplatz mit einem erheblichen staatlichen Anteil gefördert. Dies belegt zum Beispiel eine Studie des Instituts der deutschen Wirtschaft Köln, das eine bundesweite Erhebung für das Kindergartenjahr 2009/2010 durchgeführt hat (Kindergarten-Monitor 2009/2010). So reichten die Beiträge für Familien mit mittleren Einkommen für einen Betreuungsplatz von 0 Euro bis zu 1.752 Euro im Jahr. Angesichts von Kosten von 12.000 Euro in Tageseinrichtungen und von 9.450 Euro in der Tagespflege ist selbst dieser Höchstbetrag weit davon entfernt, kostendeckend zu sein. Dies gilt selbst bei einem jährlichen Höchstbetrag von 2.520 Euro für Familien mit hohen Einkommen.

Diejenigen Eltern, die diese öffentlich geförderte Kindertagesbetreuung nicht in Anspruch nehmen, erhalten demgegenüber bislang keine Förderung. Diese verbliebene Förderlücke für Eltern, die keinen öffentlich geförderten Betreuungsplatz in Anspruch nehmen, schließt der Bundesgesetzgeber mit der Einführung eines Betreuungsgeldes, die er bereits mit der Einfügung des § 16 Absatz 5 SGB VIII im Jahr 2008 aufgezeigt hat: (…)

Das Betreuungsgeld schließt zeitlich und in seiner gesetzlichen Ausgestaltung passgenau an das Elterngeld an. Deshalb wird es als neuer Abschnitt 2 in das Bundeselterngeld- und Elternzeitgesetz eingefügt: (…).«

Im Unterschied zum Elterngeld wurde das Betreuungsgeld unabhängig davon gezahlt, ob und in welchem Umfang die Eltern erwerbstätig sind.

2. Gesellschaftspolitische und verfassungsrechtliche Bedenken

Auch nach seinem Inkrafttreten am 1.8.2013 war das Betreuungsgeld weiterhin 3
politisch sehr umstritten. Neben **gesellschaftspolitischen Argumenten**, das Betreu-

ungsgeld zementiere ein überholtes Familien- und Frauenbild, halte Kinder aus sozial schwachen Familien aus Bildungseinrichtungen fern, konterkariere die intensiven Bemühungen, Frauen den Wiedereinstieg in die Erwerbstätigkeit zu erleichtern und binde außerdem finanzielle Mittel, die für den Ausbau einer guten Kindertagesbetreuung fehlten (vgl. Schiedek, DRiZ 2013, 165; vgl. hierzu auch Schuler-Harms, »Verfassungsrechtlich prekär«: Expertise zur Einführung eines Betreuungsgeldes, November 2010, S. 19 ff.), wurden auch **verfassungsrechtliche Bedenken** geäußert. Diese Bedenken bezogen sich vor allem auch auf die fehlende Gesetzgebungskompetenz des Bundes.

a) Gesetzesbegründung zur Gesetzgebung des Bundes

4 Der Gesetzgeber sah das Betreuungsgeldgesetz als mit der Verfassung im Einklang stehend an (BT-Drucks. 17/9917, S. 8):

»Die Gesetzgebungskompetenz des Bundes für das Betreuungsgeld folgt – entsprechend der Gesetzgebungskompetenz für Elterngeld und Elternzeit im Bundeselterngeld- und Elternzeitgesetz – aus Artikel 74 Absatz 1 Nummer 7 in Verbindung mit Artikel 72 Absatz 2 des Grundgesetzes (GG). Der Begriff »öffentliche Fürsorge« in Artikel 74 Absatz 1 Nummer 7 GG ist nach ständiger Rechtsprechung und herrschender Lehre nicht beschränkt auf klassische Sozialleistungen wie etwa das Unterstützungsminimum der Sozialhilfe, sondern hat einen deutlich darüber hinausgehenden Anwendungsbereich. Nach der Rechtsprechung des Bundesverfassungsgerichts handelt es sich um einen »verfassungsrechtlichen Gattungsbegriff« (BVerfGE 81, 156, 186), der alles umfasst, was sich der Sache nach als »öffentliche Fürsorge« darstellt (BVerfGE 97, 332, 341), solange die Leistung nur in ihren wesentlichen Strukturelementen durch einen echten Fürsorgecharakter des Staates geprägt ist (BVerfGE 106, 62, 133). Dabei kommt es nicht allein darauf an, individuelle Not zu lindern; vielmehr sind auch Vorbeugung und sonstige Hilfeleistungen in einem weiteren, allgemeinen Sinn von der Kompetenzgrundlage gedeckt; geregelt werden können in diesem Zusammenhang insbesondere auch neue Lebenssachverhalte (so schon BSGE 6, 213, 219; BVerfGE 108, 186, 214; zum Elterngeld: BSG vom 25. Juni 2009, B 10 EG 8/08 R). Zur öffentlichen Fürsorge zählen deshalb auch präventive Maßnahmen zur Förderung des Kindeswohls, das heißt Fördermaßnahmen, bei denen auf der Grundlage einer pauschalen Betrachtungsweise von einer Hilfs- und Unterstützungsbedürftigkeit ausgegangen werden kann. Bei Familien mit kleinen Kindern ist eine entsprechende Hilfs- und Unterstützungsbedürftigkeit anzunehmen. Diese Auslegung wird auch durch den staatlichen Schutz- und Förderauftrag des Artikel 6 Absatz 1 GG gestützt und konkretisiert. Die Fürsorge kann nicht auf die Bereitstellung von Hilfe in staatlichen oder staatlich geförderten Kinderbetreuungsangeboten beschränkt werden, sondern muss der Gestaltungsfreiheit der Eltern Rechnung tragen. Daher fallen auch finanzielle Leistungen, die direkt Familien zugutekommen, in den Bereich der präventiven Maßnahmen der öffentlichen Fürsorge.

Die Einführung eines Betreuungsgeldes steht in Einklang mit Artikel 72 Absatz 2 GG, wonach der Bund das Gesetzgebungsrecht hat, wenn und soweit die Herstellung gleich-

wertiger Lebensverhältnisse im Bundesgebiet im gesamtstaatlichen Interesse eine bundesgesetzliche Regelung erforderlich macht.

Das Erfordernis der bundesgesetzlichen Regelung zur »Herstellung gleichwertiger Lebensverhältnisse« (Artikel 72 Absatz 2, erste Alternative GG) liegt vor, wenn sich die Lebensverhältnisse in den Ländern der Bundesrepublik Deutschland in erheblicher, das bundesstaatliche Sozialgefüge beeinträchtigender Weise auseinanderentwickelt haben oder sich eine derartige Entwicklung konkret abzeichnet.

Bis heute bestehen zwischen den Ländern erhebliche Unterschiede hinsichtlich der Verfügbarkeit öffentlicher und privater Angebote im Bereich der frühkindlichen Betreuung, die nicht zuletzt auch auf eine jeweils unterschiedliche Bewertung der Tagesbetreuung für Kleinkinder zurückzuführen sind. Während die neuen Länder (ohne Berlin) im Durchschnitt auf eine Betreuungsquote von 49 Prozent der Kinder unter drei Jahren kommen, liegt die durchschnittliche Betreuungsquote im früheren Bundesgebiet (ohne Berlin) bei 20 Prozent. Vor diesem Hintergrund haben Eltern vielfach schon tatsächlich keine Möglichkeit, für ihre Kinder in den ersten Lebensjahren eine öffentliche oder privat organisierte Betreuung in Anspruch zu nehmen. Zugleich wird von Bund und Ländern seit Jahren der Ausbau der Kindertagesbetreuung gefördert und damit eine bestimmte Form der frühkindlichen Betreuung unterstützt. Diese Form öffentlicher Betreuung wird bei der Inanspruchnahme unter Berücksichtigung von sozial gestaffelten Kostenbeiträgen der Eltern staatlich subventioniert, während Eltern, die sich für eine individuelle Betreuung innerhalb der Familie entscheiden, bislang keine entsprechende finanzielle Unterstützung erhalten.

Daher ist es zur Herstellung gleichwertiger Lebensverhältnisse erforderlich, als flächendeckende und deshalb notwendig bundesgesetzlich zu regelnde Alternative zur Inanspruchnahme von Betreuung durch Dritte auch eine individuelle Betreuung innerhalb der Familie zu fördern und damit eine echte Wahlfreiheit für Eltern zwischen der Betreuung innerhalb der Familie und der Betreuung in öffentlichen oder privat organisierten Betreuungsangeboten zu schaffen. Mit dem Betreuungsgeld strebt der Gesetzgeber im Interesse der Gleichwertigkeit der Lebensverhältnisse eine Förderung an, die im Ergebnis allen Eltern im gesamten Bundesgebiet gleichermaßen zugutekommt. Einige Eltern erhalten eine Förderung, indem sie staatlich geförderte Kinderbetreuung in Anspruch nehmen, während die anderen Eltern Förderung durch das Betreuungsgeld erhalten.

Neben der Pflicht, die von den Eltern im Dienst des Kindeswohls getroffenen Entscheidungen anzuerkennen und daran keine benachteiligenden Rechtsfolgen zu knüpfen, ergibt sich aus der Schutzpflicht des Artikel 6 Absatz 1 GG auch die Aufgabe des Staates, die Kinderbetreuung in der jeweils von den Eltern gewählten Form in ihren tatsächlichen Voraussetzungen zu ermöglichen und zu fördern. Die Kinderbetreuung ist eine Leistung, die im Interesse der Gemeinschaft liegt und deren Anerkennung verlangt. Der Staat hat somit aus Gründen der Verfassung dafür Sorge zu tragen, dass Eltern ihr familiäres Leben nach ihren Vorstellungen planen und verwirklichen können und insbesondere in ihrer Erziehungsverantwortung entscheiden, ob und in welchem Entwicklungsstadium das Kind überwiegend von einem Elternteil allein, von beiden Eltern in wechselseitiger Ergänzung oder von einem Dritten betreut werden soll (BVerfGE 99, 216, 231).«

b) **Bedenken gegen die Gesetzgebungskompetenz des Bundes**

5 Gegen die **Gesetzgebungskompetenz des Bundes** wurden erhebliche Bedenken geäußert (vgl. Rixen, DVBl. 2012, 1393 ff.; Ewer, NJW 2012, 2251 ff.; Schiedek, DRiZ 2013, 165). Danach fehle dem Bund die Gesetzgebungskompetenz für den Erlass einer bundesgesetzlichen Regelung zum Betreuungsgeld, weil es sich hierbei nicht um einen Fall der **»öffentlichen Fürsorge« im Sinne von Art. 74 Abs. 1 Nr. 7 GG** handele. Für diesen Kompetenztitel genüge es nicht, dass der Gesetzgeber auf eine ganz unspezifische Bedarfslage verweise. Vielmehr komme es auf die Prävention kindeswohl- bzw. erziehungsbezogener Hilfebedürftigkeit durch die Prävention wirtschaftlicher Hilfebedürftigkeit der Eltern an, mithin auf einen Zusammenhang, der sich im Hinblick auf das Betreuungsgeld nicht plausibilisieren lasse (vgl. Rixen, DVBl. 2012, 1393, 1403). Zudem fehle es für eine bundesgesetzliche Regelung an den **Voraussetzungen des Art. 72 Abs. 2 GG**, weil sich die **Erforderlichkeit** weder im Hinblick auf die **Herstellung gleichwertiger Lebensverhältnisse** noch im Hinblick auf die **Wahrung der Rechts- oder Wirtschaftseinheit** begründen lasse. Das Betreuungsgeld diene nicht der Herstellung gleichwertiger Lebensverhältnisse, sondern schreibe die unterschiedliche Entwicklung in den Lebensverhältnissen der Länder fort. Es werde nämlich gerade nicht die in einigen Ländern durch eine hohe Betreuungskapazität schon bestehende Wahlfreiheit der Eltern, ob sie ihr Kind selbst bzw. privat organisiert betreuen oder ob sie eine staatliche Kinderbetreuung in Anspruch nehmen, auch in anderen Ländern mit geringerer Betreuungskapazität geschaffen (vgl. Ewer, NJW 2012, 2251, 2254/2255). Überdies gelinge es der Gesetzesbegründung nicht, darzulegen, weshalb der unterschiedliche Rechtszustand in den Ländern nicht nur Folge einer unterschiedlichen Familienpolitik sei, sondern unter dem Aspekt der »Wahrung der Rechtseinheit« eine Rechtszersplitterung mit problematischen Folgen darstelle und dies zu einem unzumutbaren Zustand führe. Ebenso fehle es an plausiblen Ausführungen im Hinblick auf die »Wahrung der Wirtschaftseinheit«. Dass der Verzicht auf die Inanspruchnahme öffentlich geförderter Kinderbetreuung bzw. das Zuhausebleiben des betreuenden, nicht erwerbstätigen Elternteils die Wirtschaftseinheit, etwa unter dem Aspekt der Mobilität, nicht fördern könne, liege auf der Hand (vgl. Rixen, DVBl. 2012, 1393, 1401).

c) **Verstoß gegen das Gebot der Normenklarheit**

6 Ein weiterer wesentlicher Kritikpunkt war, dass das Betreuungsgeldgesetz ebenso wenig wie die Gesetzesbegründung widerspruchsfrei Aufschluss darüber gebe, welchen familienrechtlichen Zielen die Einführung des Betreuungsgeldes diene. Dies sei mit dem verfassungsrechtlichen **Gebot der Normenklarheit** nicht in Einklang zu bringen. Bei der Förderung von Familien sei der Gesetzgeber nach dem Gebot der Familienförderung gemäß Art. 6 Abs. 1 GG in Verbindung mit dem Rechtsstaatsprinzip aus Art. 20 Abs. 2 Satz 2, Abs. 3 GG gehalten, die anspruchsbegründenden Normen in ihrem Inhalt, ihrer Zwecksetzung und in ihrem Zusammenspiel

für die Berechtigten klar und nachvollziehbar auszugestalten. Zudem sei nicht erkennbar, in welchem Verhältnis die in der Gesetzesbegründung genannten, verschiedenen Zwecke des Betreuungsgeldes – Familien**leistungs**ausgleich, Familien**lasten**ausgleich und/oder **Kompensations**funktion – zueinander stünden und welcher Anteil des Betreuungsgeldes welchem Ziel dienen solle (vgl. hierzu: Brosius-Gersdorf, NJW 2013, 2316, 2317).

d) Verstoß gegen Art. 6 Abs. 1 GG

Des Weiteren wurde auf einen Verstoß gegen das **Neutralitätsgebot bei der Familienförderung** aus Art. 6 Abs. 1 GG hingewiesen (so Brosius-Gersdorf, NJW 2013, 2316, 2318 ff.; vgl. hierzu auch: Schriftliche Stellungnahmen von Sacksofsky, Ausschuss-Drucks. 17(13)188k, und Wieland, Ausschuss-Drucks. 17(13)188f, zur öffentlichen Anhörung des Bundestags-Ausschusses für Familie, Senioren, Frauen und Jugend des Deutschen Bundestages zum Thema »Einführung eines Betreuungsgeldes« am 14.09.2012). Das Betreuungsgeld müsse nach Art. 6 Abs. 1 GG als Form des Familienleistungsausgleichs – Zweck des Gesetzes: Anerkennung und Unterstützung der Erziehungsleistung von Eltern mit Kleinkindern – sämtlichen Eltern unabhängig davon zugutekommen, ob sie für ihr Kind eine öffentlich geförderte Betreuungseinrichtung in Anspruch nehmen. Als Maßnahme des Familienlastenausgleichs – Zweck des Gesetzes: Schaffung größerer (ökonomischer) Gestaltungsspielräume für die familiäre Kinderbetreuung – hätte der Gesetzgeber das Betreuungsgeld hingegen auf die Eltern beschränken müssen, denen durch Kinderbetreuung tatsächlich Kosten entstehen. Als pauschale Kompensationsleistung entspreche das Betreuungsgeld keinem herkömmlichen Konzept der Familienförderung und auch keinem diskriminierungsfreien neuen Ansatz der Familienförderung. 7

Demgegenüber wurde vertreten, dass erst mit der Einführung des Betreuungsgeldes das in Art. 6 Abs. 1 GG verankerte Neutralitätsgebot hergestellt werde (vgl. Schriftliche Stellungnahme von Kluth, Ausschuss-Drucks. 17(13)188j, zur öffentlichen Anhörung des Ausschusses für Familie, Senioren, Frauen und Jugend des Deutschen Bundestages zum Thema »Einführung eines Betreuungsgeldes« am 14.09.2012); mit dem Betreuungsgeld werde die vom Bundesgesetzgeber bereits im Jahr 2008 mit der Einführung des § 16 Abs. 4 SGB VIII erkannte »Lücke« in der Gleichbehandlung der verschiedenen Gestaltungsformen der Kinderbetreuung geschlossen. 8

e) Verstoß gegen Art. 3 Abs. 2 Satz 2 GG

Weitere verfassungsrechtliche Bedenken bezogen sich auf die Vereinbarkeit des Betreuungsgeldes mit **Art. 3 Abs. 2 Satz 2 GG**, weil es Anreize dafür setze, dass vor allem gering entlohnte Mütter während der Zeit der Inanspruchnahme der Leistung, also zwischen dem 15. und 36. Lebensmonat ihres Kindes, aus dem Beruf ausscheiden (so Brosius-Gersdorf, NJW 2013, 2316, 2321; vgl. hierzu auch: Schriftliche Stellungnahmen von Sacksofsky, Ausschuss-Drucks. 17(13)188k, und Wieland, Ausschuss-Drucks. 17(13)188f, zur öffentlichen Anhörung des Ausschusses für Familie, Senioren, Frauen und Jugend des Deutschen Bundestages zum Thema »Einführung 9 eines Betreuungsgeldes« am 14.9.2012). Nach Art. 3 Abs. 2 Satz 2 GG habe der Staat die tatsächliche Durchsetzung der Gleichberechtigung von Frauen und Männern zu fördern und auf die Beseitigung bestehender Nachteile hinzuwirken. Es sei davon auszugehen, dass das Betreuungsgeld insbesondere für Frauen den Anreiz setze, während der Zeit der Inanspruchnahme der Leistung aus dem Beruf auszuscheiden. Die mit dem längeren Ausscheiden aus dem Beruf einhergehenden Risiken würden daher vor allem Frauen betreffen. Insofern habe das Betreuungsgeld den Effekt, die überkommene Rollenverteilung zu verfestigen. Es wirke daher einer Gleichberechtigung entgegen (vgl. Schiedek, DRiZ 2013, 165)

Eine andere Ansicht verneinte hingegen einen Verstoß gegen Art. 3 Abs. 2 Satz 2 GG mit der Begründung, dass durch das Betreuungsgeld – wie durch das Erziehungsgeld in Thüringen – die ökonomische Grundlage für eine selbstbestimmte Rollenwahl verbessert werde (vgl. Schriftliche Stellungnahme von Kluth, Ausschuss-Drucks. 17(13)188j, zur öffentlichen Anhörung des Ausschusses für Familie, Senioren, Frauen und Jugend des Deutschen Bundestages zum Thema »Einführung eines Betreuungsgeldes« am 14.9.2012, S. 15, mit Verweis auf die Evaluation des thüringischen Erziehungsgeldes von Opielka und Winkler im Abschlussbericht 2009 »Thüringer Familienoffensive«). Mit dem Betreuungsgeld werde die freie Rollenwahl innerhalb von Familie, Gesellschaft und Wirtschaft gefördert, ohne dass von einer Beeinflussung der gesellschaftlichen Entwicklung gesprochen werden könne, die im Widerspruch zu den Zielvorgaben des Art. 3 Abs. 2 Satz 2 GG stehe.

3. Normenkontrollantrag des Senats der Freien und Hansestadt Hamburg

10 Nach Verkündung des Gesetzes zur Einführung eines Betreuungsgeldes (Betreuungsgeldgesetz) vom 15.2.2013 im Bundesgesetzblatt vom 20.2.2013 (BGBl. I S. 254) hat der Senat der Freien und Hansestadt Hamburg einen abstrakten Normenkontrollantrag nach Art. 93 Abs. 1 Nr. 2 GG beim Bundesverfassungsgericht gestellt, um die Vereinbarkeit des Betreuungsgeldes mit dem Grundgesetz zu überprüfen. In seiner Mitteilung an die Bürgerschaft Hamburg vom 5.2.2013 (Drucks. 20/6963) legte der Senat dar, dass das Betreuungsgeldgesetz neben gravierenden fachpolitischen Bedenken sowohl in formeller als auch in materieller Hinsicht auf verfassungsrechtliche Bedenken stoße.

11 Die formelle Verfassungswidrigkeit ergebe sich aus der **mangelnden Gesetzgebungskompetenz** des Bundes, da der Regelungsgehalt des Betreuungsgesetzes weder unter den Begriff der »öffentlichen Fürsorge« (Art. 74 Abs. 1 Nr. 7 GG) fiele noch darauf gerichtet sowie geeignet und erforderlich sei, um »gleichwertige Lebensverhältnisse« in den Ländern des Bundes herzustellen oder die Rechts- oder Wirtschaftseinheit im gesamtstaatlichen Interesse zu bewahren (Art. 72 Abs. 2 GG).

12 Zudem sei das Gesetz materiell verfassungswidrig. Mit der speziellen Gratifikation für ein Aufwachsen außerhalb öffentlich geförderter Kinderbetreuungseinrichtungen führe es eine **Ungleichbehandlung** anhand eines Kriteriums ein, das mit dem Allgemeinen Gleichheitssatz (Art. 3 Abs. 1 GG), angewendet im Lichte des Schutzes der Familie (Art. 6 Abs. 1 GG), unvereinbar sei. Ferner schränke das Gesetz durch seine inhaltlich

inkonsistente, nicht sachangemessene Ausgestaltung im Einzelnen den in Art. 6 Abs. 1 GG geschützten **Gestaltungsspielraum der Eltern** in verfassungswidriger Weise ein. Es löse dabei gravierend unterschiedliche Effekte für Männer und Frauen aus und verstoße damit auch gegen das **Verbot geschlechtsspezifischer Diskriminierung** aus Art. 3 Abs. 2 Satz 1, Abs. 3 Satz 1 GG.

4. Die Entscheidung des Bundesverfassungsgerichts

Mit Urteil vom 21.7.2015 – 1 BvF 2/13 – hat das Bundesverfassungsgericht (BVerfG) 13
entschieden, dass die §§ 4a bis 4d Bundeselterngeld- und Elternzeitgesetz in der Fassung des Gesetzes zur Einführung eines Betreuungsgeldes (Betreuungsgeldgesetz) vom 15.2.2013 (BGBl. I S. 254) mit Art. 72 Abs. 2 GG **unvereinbar und nichtig** sind (vgl. BVerfGE 140, 65).

Anders als der antragstellende Senat der Freien und Hansestadt Hamburg hat das 14
BVerfG zwar die Regelungen zum Betreuungsgeld dem Gebiet der **öffentlichen Fürsorge** im Sinne des Art. 74 Abs. 1 Nr. 7 GG zugeordnet. Der Begriff der »öffentlichen Fürsorge« sei nicht eng auszulegen (vgl. BVerfGE 88, 203, 329 f.; 97, 332, 341; BVerfG, Urteil des Zweiten Senats vom 7.10.2014 – 2 BvR 1641/11 – juris Rn. 135). Er setze voraus, dass eine besondere Situation zumindest potenzieller Bedürftigkeit besteht, auf die der Gesetzgeber reagiere. Dabei reiche es aus, wenn eine – sei es auch nur typisierend bezeichnete und nicht notwendig akute (ähnlich BVerfGE 88, 203, 329 f.; 97, 332, 342; 106, 62, 134) – Bedarfslage im Sinne einer mit besonderen Belastungen (vgl. BVerfGE 88, 203, 329 f.) einhergehenden Lebenssituation bestehe, auf deren Beseitigung oder Minderung das Gesetz ziele. Dies sei für das Betreuungsgeld zu bejahen.

Allerdings hat das BVerfG die Voraussetzungen des Art. 72 Abs. 2 GG als nicht erfüllt 15
angesehen. Weder die Herstellung gleichwertiger Lebensverhältnisse im Bundesgebiet noch die Wahrung der Rechts- oder Wirtschaftseinheit machten eine bundesgesetzliche Regelung im gesamtstaatlichen Interesse erforderlich.

Zur **Herstellung gleichwertiger Lebensverhältnisse** im Bundesgebiet seien Regelungen 16
erforderlich, wenn sich die Lebensverhältnisse in den Ländern in erheblicher, das bundesstaatliche Sozialgefüge beeinträchtigender Weise auseinanderentwickelt hätten oder sich eine derartige Entwicklung konkret abzeichne (vgl. BVerfGE 106, 62, 144; 111, 226, 253; 112, 226, 244). Dem genügten die Bestimmungen über ein bundeseinheitliches Betreuungsgeld nicht. Insbesondere die in der Begründung des Gesetzentwurfs niedergelegten Erwägungen bildeten insoweit keine tragfähige Grundlage. Obwohl es gegenwärtig nur in Bayern, Sachsen und Thüringen ähnliche staatliche Leistungen gebe, führe dies nicht zu einer erheblichen Schlechterstellung von Eltern in jenen Ländern, die solche Leistungen nicht gewähren. Ohnehin könne das Bundesbetreuungsgeld ein bundesweit gleichwertiges Förderungsniveau von Familien mit Kleinkindern schon deshalb nicht herbeiführen, weil keine Anrechnungsvorschrift bezüglich bereits bestehender Landesregelungen existiere, weshalb Eltern neben dem Bundesbetreuungsgeld in den drei genannten Ländern weiterhin zusätzlich das Landeserziehungsgeld beziehen könnten.

17 Die **Erforderlichkeit** des Betreuungsgeldes zur Herstellung gleichwertiger Lebensverhältnisse ergebe sich auch nicht daraus, dass der Ausbau der Kindertagesbetreuung von Bund und Ländern seit Jahren gefördert werde und es darum einer Alternative zur Inanspruchnahme von Betreuung durch Dritte bedürfte. Das Merkmal der Gleichwertigkeit der Lebensverhältnisse ziele auf den Ausgleich spezifisch föderaler Nachteile der Einwohner einzelner Länder (vgl. BVerfGE 106, 62, 153 f.; 112, 226, 244 f.) zur Vermeidung daraus resultierender Gefährdungen des bundesstaatlichen Sozialgefüges, nicht aber auf den Ausgleich sonstiger Ungleichheiten. Auch aus den Grundrechten folge nichts anderes. Konkrete Ansprüche auf bestimmte staatliche Leistungen ließen sich aus dem verfassungsrechtlichen Gebot des Art. 6 Abs. 1, Abs. 2 GG, die Pflege- und Erziehungsleistung der Eltern zu unterstützen, nicht herleiten. Der Bundesgesetz- und die Landesgesetzgeber seien verfassungsrechtlich nicht verpflichtet, eine Leistung der hier in Rede stehenden Art zu gewähren (vgl. BVerfGE 130, 240, 252 zum Landeserziehungsgeld). Der Gleichheitssatz des Art. 3 Abs. 1 GG gebiete weder dem Bundes- noch dem Landesgesetzgeber, ein Betreuungsgeld zu gewähren, um eine vermeintliche Benachteiligung gegenüber jenen Eltern zu vermeiden, die einen öffentlich geförderten Betreuungsplatz in Anspruch nehmen. Das Angebot öffentlich geförderter Kinderbetreuung stehe allen Eltern offen. Sofern sie es nicht in Anspruch nähmen, verzichteten sie freiwillig, ohne dass dies eine verfassungsrechtliche Kompensationspflicht auslöse.

Die bis heute erheblichen Unterschiede hinsichtlich der Verfügbarkeit öffentlicher und privater Angebote im Bereich der frühkindlichen Betreuung zwischen den Ländern vermögen die Erforderlichkeit des Betreuungsgeldes zur Herstellung gleichwertiger Lebensverhältnisse ebenfalls nicht zu begründen. Das Betreuungsgeld sei nicht als Ersatzleistung für den Fall ausgestaltet, dass ein Kleinkind keinen Platz in einer Betreuungseinrichtung erhält. Vielmehr genüge die Nichtinanspruchnahme eines Platzes auch dann, wenn ein solcher vorhanden sei. Vor allem aber bestehe ein einklagbarer Leistungsanspruch für den Zugang zu öffentlich geförderten Betreuungseinrichtungen, der nicht unter Kapazitätsvorbehalt gestellt sei. Deshalb könne das Betreuungsgeld von vornherein nicht auf die Schließung einer Verfügbarkeitslücke gerichtet sein.

Schließlich begründe auch der gesellschaftspolitische Wunsch, die Wahlfreiheit zwischen Kinderbetreuung innerhalb der Familie oder aber in einer Betreuungseinrichtung zu verbessern, für sich genommen nicht die Erforderlichkeit einer Bundesgesetzgebung.

18 Darüber hinaus hat das BVerfG das Betreuungsgeld auch nicht **zur Wahrung der Rechts- oder Wirtschaftseinheit** für erforderlich erachtet. Der Annahme, das Betreuungsgeldgesetz sei zur Wahrung der Rechtseinheit erforderlich, stehe bereits entgegen, dass sie zusätzliche vergleichbare Leistungen in einzelnen Ländern unberührt lasse, sodass eine Rechtsvereinheitlichung ohnehin nicht herbeigeführt werde. Die bundesgesetzliche Bereitstellung von Betreuungsgeld sei auch nicht zur Wahrung der Wirtschaftseinheit erforderlich, denn unterschiedliche Landesregelungen oder das Untätigbleiben der Länder hätten keine erkennbaren erheblichen Nachteile für die Gesamtwirtschaft mit sich gebracht.

Die **Erwägungen aus dem Gesetzgebungsverfahren zum Kinderförderungsgesetz** seien auf das Betreuungsgeld nicht übertragen. Denn während beim Kinderförderungsgesetz auf den Zusammenhang zwischen Kinderbetreuung und Beteiligung von Eltern am Arbeitsleben abgestellt und damit an die Bedeutung der Regelungen als Arbeitsmarkt- und Wirtschaftsfaktor angeknüpft worden sei, fördere das Betreuungsgeld die Erwerbsbeteiligung von Eltern nicht. Vor allem sei das Betreuungsgeld weder dazu bestimmt noch angesichts seiner Höhe dazu geeignet, eine private, nicht öffentlich geförderte Kinderbetreuung zu finanzieren. Überdies seien die **Erwägungen des Gesetzgebers zum Elterngeld**, dass sich das bundesstaatliche Regelungsinteresse insbesondere auf die Arbeitsmarkteffekte elternschaftsbedingter Auszeiten stützen lasse (siehe dazu auch BSGE 103, 291, 298), nicht auf das Betreuungsgeld übertragbar. Das Elterngeld stelle mit einer Höhe von 67 % des vor der Geburt des Kindes erzielten Einkommens einen erheblichen Faktor für die Frage einer Unterbrechung der Erwerbstätigkeit dar. Dass das Betreuungsgeld mit einer monatlichen Zahlung von 150 € geeignet wäre, einen auch nur annähernd ähnlichen Unterbrechungseffekt zu entfalten, sei weder erkennbar noch im Gesetzgebungsverfahren oder im Normenkontrollverfahren behauptet worden. 19

Im Übrigen begründe auch die Überlegung, das Betreuungsgeld sei im Verbund mit dem Kinderförderungsgesetz kompetenzrechtlich als **Ausdruck eines Gesamtkonzepts** zu betrachten, die Erforderlichkeit nach Art. 72 Abs. 2 GG nicht. Sofern der Bundesgesetzgeber verschiedene Arten von Leistungen der öffentlichen Fürsorge begründen wolle, müsse grundsätzlich jede Fürsorgeleistung für sich betrachtet die Voraussetzungen des Art. 72 Abs. 2 GG erfüllen. Für das Betreuungsgeld sei hiervon keine Ausnahme zu machen. Es stehe vor allem nicht in einem solch untrennbaren Zusammenhang mit anderen bundesrechtlich geregelten Förderinstrumenten, dass sich deren Erforderlichkeit ausnahmsweise auf die Regelungen zum Betreuungsgeld erstrecke. Denn die Regelungen des Kinderförderungsgesetzes verlören nichts von ihrer Tragfähigkeit, wenn das Betreuungsgeld entfiele. Deswegen komme es in diesem Kontext nicht darauf an, ob aufgrund der Erwähnung eines noch einzuführenden Betreuungsgeldes im Kinderförderungsgesetz belegt sei, dass schon dort ein Gesamtkonzept zur Förderung der Betreuung von Kleinkindern angelegt gewesen sei. Mit jener Absichtserklärung des Gesetzgebers werde zwar eine konzeptionelle Verbindung der Regelungen dokumentiert. Maßgeblich sei aber die objektive Untrennbarkeit der Regelungen, an der es hier fehle. Aus der Prärogative des Bundesgesetzgebers hinsichtlich der Voraussetzungen des Art. 72 Abs. 2 GG ergebe sich ebenfalls kein anderes Ergebnis. Diese erstrecke sich zwar unter anderem auf die Konzeption und Ausgestaltung von Gesetzen, was einschließe, eigenständige Fürsorgeinstrumente politisch miteinander zu verbinden. Daraus folge jedoch keine vollständige Freistellung von der verfassungsrechtlichen Kontrolle, ob eine Regelung im Rahmen eines regulatorischen Gesamtkonzepts des Bundesgesetzgebers erforderlich sei. Das verbietet sich nicht zuletzt angesichts der Entstehungsgeschichte des Art. 72 Abs. 2 GG. Könnte der Bundesgesetzgeber kraft politisch gewollter Verklammerung eine Kompetenz begründen, hätte er die tatbestandlichen Voraussetzungen des Art. 72 Abs. 2 GG selbst in der Hand. Dies habe der verfassungsändernde Gesetzgeber im Jahr 1994 durch die Reform des Art. 72 Abs. 2 GG ausschließen wollen (vgl. BVerfGE 106, 62, 148.). 20

21 Da die angegriffenen Vorschriften wegen der fehlenden Gesetzgebungskompetenz nichtig seien, bedürfe die vom Antragsteller aufgeworfene Frage, ob diese Bestimmungen mit den Grundrechten vereinbar seien, keiner Antwort.

22 Das Urteil des BVerfG hat am 24.8.2015 gemäß § 31 Abs. 2 BVerfGG **Gesetzeskraft** erlangt (BGBl. I S. 1565).

5. Keine »neue« Betreuungsgeldgewährung

23 Aufgrund der Nichtigerklärung des Betreuungsgeldgesetzes fehlte es an einer wirksamen **Rechtsgrundlage** für den Betreuungsgeldanspruch, der deshalb von Eltern nicht mehr mit Erfolg geltend gemacht oder weiterverfolgt werden konnte. Die Nichtigkeit des Betreuungsgeldgesetzes führte zu dessen **Unanwendbarkeit**, weil Verwaltung und Gerichte gemäß Art. 20 Abs. 3 GG an Gesetz und Recht gebunden sind und es ihnen verwehrt ist, gesetzeswidrige Handlungen vorzunehmen. Da ein gegen das Grundgesetz verstoßendes Gesetz grundsätzlich von Anfang an (**ex tunc**) nichtig und unwirksam ist, ist das vom BVerfG mit Gesetzeskraft für nichtig erklärte Betreuungsgeldgesetz von Anfang an unwirksam gewesen mit der Folge, dass daraus noch nicht bewilligte Ansprüche nicht mehr hergeleitet werden konnten (vgl. BSG vom 15.12.2015 – B 10 EG 2/15 R – SozR 4–7837 § 27 Nr. 2). Die Nichtigerklärung des Betreuungsgeldes bewirkte den Wegfall der Rechtsgrundlage auch dann, wenn der Leistungsantrag zwar gestellt, jedoch noch nicht beschieden worden war (vgl. LSG Hessen vom 21.06.2018 – L 5 EG 2/17 – BeckRS 2018, 26676). Auch konnten Eltern im Anschluss an die Nichtigerklärung des Betreuungsgeldgesetzes die **Überprüfung** von in der Sache bestandskräftig gewordenen Betreuungsgeldbescheiden, insbesondere Ablehnungsbescheiden, nicht mehr mit Erfolg geltend machen. Denn das Überprüfungsverfahren nach § 44 SGB X ist auf die Gewährung rechtmäßiger Sozialleistungen gerichtet, die wenigstens eine wirksame Rechtsgrundlage voraussetzt (vgl. § 31 Abs. 1 SGB I), an der es wegen der Nichtigkeit des Betreuungsgeldgesetzes jedoch fehlte. So gesehen waren sämtliche Bescheide rechtmäßig, mit denen Betreuungsgeld abgelehnt wurde. Weil es sich bei dem Betreuungsgeld um eine familienpolitische Subvention handelte, ergab sich, anders als im Fall existenzsichernder Leistungen, ein Leistungsanspruch dem Grunde nach auch nicht aus dem GG (vgl. LSG Nordrhein-Westfalen vom 28.4.2016 – L 13 EG 10/16 B – BeckRS 2016, 71178).

24 Fraglich war allerdings, welche Konsequenzen sich aus der Nichtigerklärung des Betreuungsgeldgesetzes für **bereits bewilligte Betreuungsgeldansprüche** ergaben. Das BVerfG hat davon abgesehen, eine Übergangsregelung gemäß § 35 BVerfGG anzuordnen, weil ihm dies nicht notwendig erschien. Etwaigen Erfordernissen des **Vertrauensschutzes** könne gemäß § 79 Abs. 2 Satz 1 BVerfGG gegebenenfalls in Verbindung mit § 45 Abs. 2 SGB X Rechnung getragen werden (Urteil vom 21.7.2015 – 1 BvF 2/13 – juris Rn. 73). Nach § 79 Abs. 2 Satz 1 BVerfGG blieben jedoch grundsätzlich nur nicht mehr anfechtbare Bewilligungsbescheide über Betreuungsgeld als begünstigende Verwaltungsakte mit Dauerwirkung von der Nichtigkeit unberührt unter Konkretisierung durch das SGB X mit der Folge, dass Eltern, die noch **keinen positiven Betreuungs-**

geldbescheid erhalten hatten, der in (formale) Bestandskraft hätte erwachsen können, auch aus Vertrauensschutzgesichtspunkten kein Anspruch auf Betreuungsgeld mehr zustand (vgl. BSG vom 15.12.2015 – B 10 EG 2/15 R – SozR 4–7837 § 27 Nr. 2 mit dem Hinweis darauf, dass sich auch aus der Ankündigung des Bundesministeriums für Familie, Senioren, Frauen und Jugend <BMFSFJ>, denjenigen Eltern, die Betreuungsgeld erhalten haben, »umfassender Vertrauensschutz« zuteilwerden solle, nichts anderes ergebe).

Diskutiert wurde zudem, ob Eltern ein **Schadensersatzanspruch** nach § 839 BGB 25
i.V.m. Art. 34 GG wegen Amtspflichtverletzung zusteht, wenn die Betreuungsgeldstelle Anträge auf Betreuungsgeld schuldhaft nicht vor dem 21.7.2015 beschieden hatte, obwohl die gesetzlichen Anspruchsvoraussetzungen erfüllt waren. Dies wurde für diejenigen Konstellationen verneint, in denen die Betreuungsgeldstellen aufgrund der kritischen Haltung, die das BVerfG anlässlich der mündlichen Verhandlung am 14.4.2015 hatte verlautbaren lassen, mit einer Nichtigerklärung des Betreuungsgeldes hätten rechnen müssen. Soweit ab diesem Zeitpunkt keine Bewilligungsbescheide mehr erlassen wurden, dürfte dies kaum amtspflichtwidrig gewesen sein (vgl. Schütz, jurisPR-SozR 15/2016 Anm. 4). Anders wurde allerdings der Fall beurteilt, dass die Betreuungsgeldstelle bis zum Vortag der Urteilsverkündung des BVerfG am 21.7.2015 noch Bewilligungsbescheide erteilt hatte, ohne anhand abstrakter Kriterien begründen zu können, weshalb der konkret im Streit stehende Antrag nicht zu den bearbeiteten Anträgen zählte (vgl. SG Fulda vom 31.5.2016 – S 4 EG 5/15 – BeckRS 2016, 70267). Diese Sichtweise überzeugt indessen nicht. Unter dem Gesichtspunkt des Gleichbehandlungsgebots des Art. 3 GG ist ein rechtswidriges Handeln der Betreuungsgeldstelle nicht ersichtlich. Vor allem kann die nicht rechtzeitige Bescheidung nicht als willkürlich bezeichnet werden. Die unterschiedlich lange Bearbeitungsdauer von Sozialleistungsanträgen hängt stets vom Einzelfall ab und wird beispielsweise durch Urlaub oder Erkrankung des zuständigen Sachbearbeiters maßgeblich beeinflusst. Auf eine durchschnittliche Bearbeitungsdauer können sich daher Antragstellende von vornherein nicht berufen. Zudem ist zu berücksichtigen, dass sich ein Vertrauensschutz nach dem Urteil des BVerfG lediglich auf im Zeitpunkt der Urteilsverkündung am 21.7.2015 bereits bestandskräftige Bescheide erstreckte. Das bedeutet, dass der Betreuungsgeldantrag so rechtzeitig hätte gestellt werden müssen, dass der Bewilligungsbescheid jedenfalls am 20.6.2015 hätte bekannt gegeben werden können, weil andernfalls die Widerspruchsfrist am 20.7.2015 noch nicht abgelaufen gewesen wäre und demgemäß keine vertrauensschutzbegründende Bestandskraft hätte eintreten können. Die Eltern, deren Betreuungsgeldanträge nicht rechtzeitig beschieden wurden, können sich auch nicht darauf berufen, dass die Betreuungsgeldstelle gehalten war, noch nicht bestandskräftige Bewilligungsbescheide nach Bekanntgabe des Urteils des BVerfG zurückzunehmen. Sofern dies unterblieb, gilt der Grundsatz, dass eine Gleichheit im Unrecht nicht eingefordert werden kann. Schließlich waren die Betreuungsgeldstellen auch nicht gehalten, im Hinblick auf eine erwartete Nichtigerklärung des Betreuungsgeldgesetzes Vorkehrungen zu treffen, weil nicht absehbar war, ob und ggf. welche Übergangsregelung das BVerfG treffen wird (vgl. zum Vorstehenden LSG Hessen vom 3.12.2018 – L 5 EG 18/16 – BeckRS 2018, 58114).

6. Regelungsinhalte der §§ 4a bis 4d BEEG n.F.

26 Den Wegfall des Betreuungsgeldes durch die Nichtigerklärung des BVerfG vom 21.7.2015 – 1 BvF 2/13 – hat der Gesetzgeber schließlich zum Anlass genommen, um durch das **Zweite Gesetz zur Änderung des Bundeselterngeld- und Elternzeitgesetzes** vom 15.2.2021 (BGBl. I S. 239) den bisherigen Wortlaut der §§ 4a bis 4d BEEG zu streichen und die §§ 4 bis 4d BEEG zur besseren Lesbarkeit und Verständlichkeit neu zu strukturieren (vgl. BT-Drucks. 19/24438, S. 28). Dafür sind bestimmte Regelungen aus dem bisherigen § 4 BEEG herausgelöst und in die einstigen Rechtsgrundlagen des Betreuungsgeldes, in die §§ 4a bis 4d BEEG, übernommen worden. Die §§ 4 bis 4d BEEG n.F. gelten **für Geburten ab dem 1.9.2021** (vgl. § 28 Abs. 1 BEEG).

Im Einzelnen haben sich durch die Neustrukturierung folgende Verschiebungen ergeben:

27 § 4a BEEG n.F. enthält fortan (klarstellende) Vorgaben zur **Berechnung von Basiselterngeld und Elterngeld Plus.** Insoweit ist der Regelungsgehalt des § 4 Abs. 2 Satz 2 BEEG a.F. von § 4a Abs. 1 BEEG n.F. (Berechnung von Basiselterngeld) und der Regelungsgehalt des § 4 Abs. 3 Sätze 2 und 3 BEEG a.F. von § 4a Abs. 2 BEEG n.F. (Berechnung von Elterngeld Plus) übernommen worden.

28 § 4b BEEG n.F. regelt nunmehr den – neugestalteten – **Partnerschaftsbonus**, der ursprünglich in § 4 Abs. 4 Satz 3 BEEG a.F. normiert war.

29 Die Regelungen des § 4 Abs. 6 BEEG a.F. sind mit geringfügigen Korrekturen in die Vorschrift des § 4c BEEG n.F. überführt worden, der die Voraussetzungen für den **alleinigen Bezug eines Elternteils** – konkret der Partnermonate (§ 4 Abs. 3 Satz 3 BEEG n.F.) und des Partnerschaftsbonus (§ 4b BEEG n.F.) – beinhaltet.

30 Der Regelungsgehalt des § 4 Abs. 7 BEEG a.F. ist von § 4d BEEG übernommen worden, der die entsprechende Anwendung der §§ 4 bis 4c BEEG n.F. auch für **weitere Berechtigte** gemäß § 1 Abs. 3 und 4 BEEG anordnet.

§ 4a BEEG Berechnung von Basiselterngeld und Elterngeld Plus

(1) Basiselterngeld wird allein nach den Vorgaben der §§ 2 bis 3 ermittelt.

(2) Elterngeld Plus wird nach den Vorgaben der §§ 2 bis 3 und den zusätzlichen Vorgaben der Sätze 2 und 3 ermittelt. Das Elterngeld Plus beträgt monatlich höchstens die Hälfte des Basiselterngeldes, das der berechtigten Person zustünde, wenn sie während des Elterngeldbezugs keine Einnahmen im Sinne des § 2 oder des § 3 hätte oder hat. Für die Berechnung des Elterngeld Plus halbieren sich
1. der Mindestbetrag für das Elterngeld nach § 2 Absatz 4 Satz 1,
2. der Mindestbetrag des Geschwisterbonus nach § 2a Absatz 1 Satz 1,
3. der Mehrlingszuschlag nach § 2a Absatz 4 sowie
4. die von der Anrechnung freigestellten Elterngeldbeträge nach § 3 Absatz 2.

Übersicht **Rdn.**

Erläuterung

1. Allgemeines

a) Entwicklung der Norm

In seiner ursprünglichen Fassung regelte § 4a, wer zum Bezug von Betreuungsgeld berechtigt ist. Die Vorschrift ist durch das vom Bundestag beschlossene »**Gesetz zur Einführung eines Betreuungsgeldes (Betreuungsgeldgesetz)**« vom 15.2.2013 (BGBl. I S. 254) am 1.8.2013 in Kraft getreten. Wie die übrigen Vorschriften zum Betreuungsgeld wurde auch § 4a vom Bundesverfassungsgericht durch Urteil vom 21.7.2015 – 1 BvF 2/13 – für unvereinbar und nichtig mit Art. 72 Abs. 2 GG erklärt (BGBl. I S. 1565; BVerfGE 140, 65 ff.). Seine aktuelle Fassung hat § 4a durch das »**Zweite Gesetz zur Änderung des Bundeselterngeld- und Elternzeitgesetzes**« vom 15.2.2021 (BGBl. I S. 239) erfahren. Seither beinhaltet die Vorschrift die grundsätzlichen Vorgaben zur Berechnung des Basiselterngeldes und des Elterngeld Plus. In dieser Fassung findet § 4a ebenso wie die übrigen Regelungen in § 4 BEEG und §§ 4b bis 4d BEEG für **ab dem 1.9.2021** geborene bzw. mit dem Ziel der Adoption aufgenommene Kinder Anwendung (vgl. hierzu die Übergangsregelung in § 28 Abs. 1 BEEG). 1

b) Regelungsgehalt und Systematik

Durch Art. 1 Nr. 6 des Zweiten Gesetzes zur Änderung des Bundeselterngeld- und Elternzeitgesetzes vom 15.2.2021 (BGBl. I S. 239) sind die §§ 4 bis 4d BEEG neu strukturiert worden (vgl. BT-Drucks. 19/24438, S. 28). Dabei regelt § 4 BEEG die Bezugsdauer und den Anspruchsumfang sowohl des Basiselterngeldes als auch des Elterngeld Plus, während § 4a die grundsätzlichen Vorgaben für die Berechnung dieser beiden Elterngeldvarianten trifft. Komplettiert wird das Regelungsgefüge der §§ 4 ff. BEEG durch den in § 4b BEEG normierten Partnerschaftsbonus, die Regelungen zum alleinigen Bezug der Partnerkomponenten des Elterngeldes für allein- und getrennterziehende Elternteile (§ 4c BEEG) sowie die Regelungen für weitere elterngeldberechtigte Personen (§ 4d BEEG). 2

§ 4a Absatz 1 ordnet an, dass das Basiselterngeld allein nach den Vorgaben der §§ 2 bis 3 BEEG ermittelt wird. Demgegenüber bestimmt § 4a Abs. 2 BEEG, dass das 3

Elterngeld Plus zwar ebenfalls nach den Vorgaben der §§ 2 bis 3 BEEG ermittelt wird, allerdings die zusätzlichen Vorgaben der Sätze 2 und 3 – Deckelungsbetrag des Elterngeld Plus sowie Halbierung der Mindest-, Erhöhungs- und Freibeträge bei der Berechnung des Elterngeld Plus – zu beachten sind. So gesehen steht § 4a auch in einem systematischen Zusammenhang mit den in seinem Absatz 2 ausdrücklich in Bezug genommenen Regelungen der §§ 2 bis 3 BEEG, § 2 Abs. 4 Satz 1 BEEG, § 2a Abs. 1 Satz 1 BEEG, § 2a Abs. 4 BEEG und § 3 Abs. 2 BEEG.

c) Vorläufernorm

4 Ursprünglich war die Ermittlung des Basiselterngeldes in **§ 4 Abs. 2 Satz 2 BEEG** und die Ermittlung des Elterngeldes Plus in **§ 4 Abs. 3 Satz 1 Halbsatz 2, Sätze 2 und 3 BEEG**, beide in der Fassung des Gesetzes zur Einführung des Elterngeld Plus mit Partnerschaftsbonus und einer flexibleren Elternzeit im Bundeselterngeld- und Elternzeitgesetz vom 18.12.2014 (BGBl. I S. 2325), geregelt. Zum 1.9.2021 sind diese Regelungen in § 4a Abs. 1 und § 4a Abs. 2 verschoben worden, ohne dass damit eine inhaltliche Änderung verbunden gewesen ist. Die kleineren redaktionellen Änderungen sind allein zur besseren Lesbarkeit der Verschiebungen erfolgt (vgl. BT-Drucks. 19/24438, S. 30).

d) Normzweck

5 Nach den Vorstellungen des Gesetzgebers sorgt die Regelung der Berechnung der beiden Leistungsvarianten Basiselterngeld und Elterngeld Plus in einer eigenen Vorschrift nicht nur für eine **systematischere Anordnung** der Einzelregelungen im BEEG, sondern schafft zudem **mehr Sichtbarkeit der Varianten** im BEEG und **erleichtert die Abgrenzung** (vgl. BT-Drucks. 19/24438, S. 30).

2. Ermittlung des Basiselterngeldes (§ 4a Abs. 1)

6 § 4a Abs. 1 regelt die grundsätzlichen Vorgaben für die Berechnung des Basiselterngeldes, die nach den §§ 2 bis 3 BEEG erfolgt. Insoweit handelt es sich bei § 4a Abs. 1 um eine bloße **Verweisungsnorm**, der lediglich klarstellende Funktion ohne eigenständigen Regelungsgehalt zukommt. Dies dient in erster Linie der Übersichtlichkeit (so auch Wall in: Graue/Mandalka/Wall, 7. Aufl., § 4a BEEG Rn. 5). § 4a Abs. 1 verweist dabei auf die Höhe des Elterngeldes (§ 2 BEEG), den Geschwisterbonus und den Mehrlingszuschlag (§ 2a BEEG), den Bemessungszeitraum (§ 2b BEEG), das Einkommen aus nichtselbstständiger Erwerbstätigkeit (§ 2c BEEG), das Einkommen aus selbstständiger Erwerbstätigkeit (§ 2d BEEG), die Abzüge für Steuern (§ 2e BEEG), die Abzüge für Sozialabgaben (§ 2f BEEG) sowie auf die Anrechnung von anderen Einnahmen (§ 3 BEEG).

7 Die Berechnung der Basiselterngeldes erfolgt in **fünf Schritten** (vgl. Wall in: Graue/Mandalka/Wall, 7. Aufl., § 4a BEEG Rn. 4):

1. Bestimmung des Bemessungszeitraums (§ 2b BEEG);
2. Ermittlung der Bruttoeinkünfte im Bemessungszeitraum (§ 2c BEEG bei nichtselbstständiger Tätigkeit, § 2d BEEG bei selbstständiger Tätigkeit);

3. Abzug der Pauschalen für Steuern (§ 2e BEEG) und Sozialversicherungsbeiträge (§ 2f BEEG);
4. Anrechnung von Einkommen im Bezugszeitraum (§ 2c, § 2d BEEG);
5. Quotierung des Elterngeldes anhand des einschlägigen Prozentwertes (§ 2, § 2a BEEG).

3. Ermittlung des Elterngeld Plus (§ 4a Abs. 2)

a) Berechnungsmethode (§ 4a Abs. 2 Satz 1)

Ebenso wie das Basiselterngeld wird auch das Elterngeld Plus generell nach den Vorgaben der §§ 2 bis 3 BEEG berechnet, jedoch sind zusätzlich die weiteren Vorgaben in § 4a Abs. 2 Satz 2 (Deckelungsbetrag) und in § 4a Abs. 2 Satz 3 (Halbierung der Mindest-, Erhöhungs- und Freibeträge) zu berücksichtigen. 8

Folglich wird das Elterngeld Plus anders berechnet als das »**verlängerte Elterngeld**«, welches bis zum 31.12.2014 nach **§ 6 Satz 2 BEEG** in der Fassung des Gesetzes zum Elterngeld und zur Elternzeit vom 5.12.2006 (BGBl. I S. 2748) in Anspruch genommen werden konnte. § 6 Satz 2 BEEG a.F. sah vor, dass die einer Person zustehenden Monatsbeträge auf Antrag in jeweils zwei halben Monatsbeträgen ausgezahlt werden mit der Folge, dass sich der Auszahlungszeitraum verdoppelt. Anders als bei der früheren Verlängerungsoption wird das einkommensabhängige Elterngeld bei Inanspruchnahme des Elterngeld Plus nicht halbiert, sondern lediglich auf die Hälfte des beim vollständigen Einkommenswegfall zustehenden Basiselterngeldes begrenzt (vgl. BT-Drucks. 18/2583, S. 27/28). 9

Die Verweisung des § 4a Abs. 2 Satz 1 auf die Regelungen der §§ 2 bis 3 BEEG hat zur Folge, dass auch das Elterngeld Plus grundsätzlich in fünf Schritten berechnet wird (siehe Rdn. 7). Das bedeutet vor allem, dass auch bei der Berechnung des Elterngeld Plus das Voreinkommen über die Höhe des Bemessungseinkommens und über die Höhe der Ersatzrate entscheidet sowie das tatsächliche Einkommen während der Bezugszeit und nicht etwa der Umfang einer etwaigen Teilzeittätigkeit maßgeblich ist (vgl. BT-Drucks. 18/2583, S. 27). 10

Wegen § 4a Abs. 2 Satz 2 ist bei Schritt 5 der Elterngeldberechnung zusätzlich allerdings der Deckelungsbetrag zu berücksichtigen. Insoweit bietet sich folgende **Prüfung** an:

1. Berechnung eines fiktiven Basiselterngeldes ohne Einkommen nach der Geburt des Kindes;
2. Berechnung des monatlichen Basiselterngeldes mit Einkommen aus Teilzeitbeschäftigung nach der Geburt des Kindes;
3. Berechnung des monatlichen Elterngeld Plus mit Einkommen aus Teilzeitbeschäftigung nach der Geburt des Kindes (entspricht dem in Schritt 2 berechneten Teilbasiselterngeld), wobei das Elterngeld Plus nicht höher als das hälftige fiktive Basiselterngeld (gemäß Schritt 1) sein darf.

Angesichts der eindeutigen Verweisung des § 4a Abs. 2 Satz 1 auch auf § 3 BEEG wird **Krankengeld** gemäß § 3 Abs. 1 Satz 1 Nr. 5 BEEG nicht nur auf das Basiselterngeld 11 angerechnet, sondern ebenso auf das Elterngeld Plus. Nimmt also die nach der Geburt des Kindes Elterngeld Plus beziehende Person eine Teilzeiterwerbstätigkeit auf und erkrankt anschließend arbeitsunfähig, mindert das von ihr bezogene Krankengeld den Anspruch auf Elterngeld Plus nach den allgemeinen Regeln. Denn in Bezug auf § 3 BEEG wird beim Elterngeld Plus gemäß § 4a Abs. 2 Satz 3 Nr. 4 lediglich die Halbierung des Anrechnungsfreibetrags angeordnet (siehe hierzu Rnr. 18). Weitere Modifikationen, insbesondere zur Anrechnung nach § 3 Abs. 1 Satz 1 Nr. 5 BEEG, sind dem Gesetz dagegen nicht zu entnehmen. Eine zusätzliche Förderung und Entlastung durch den Verzicht auf die Anrechnung von Entgeltersatzleistungen hat der Gesetzgeber bei der Einführung des Elterngeld Plus nicht vorgesehen. Dies ist schon deshalb konsequent, weil eine solche Modifikation des § 3 BEEG zu Doppelleistungen führen würde, die der Gesetzgeber nach dem bisherigen Regelungskonzept des Elterngeldes gerade vermeiden will (vgl. hierzu BSG vom 18.3.2021 – B 10 EG 3/20 R – SozR 4–7837 § 4 Nr. 9).

b) Deckelungsbetrag (§ 4a Abs. 2 Satz 2)

12 Gemäß § 4a Abs. 2 Satz 2 beträgt das Elterngeld Plus monatlich **höchstens die Hälfte des Basiselterngeldes**, das der berechtigten Person zustünde, wenn sie während des Elterngeldbezugs keine Einnahmen im Sinne des § 2 oder des § 3 hätte oder hat. Erforderlich ist also eine **fiktive Berechnung** des Basiselterngeldes unter Zugrundelegung des im Bemessungszeitraum erzielten Einkommens, jedoch unter Außerachtlassung des im Bezugszeitraum erzielten Einkommens. Für Elterngeldbezieher, die während des Bezugs von Elterngeld keine Einnahmen im Sinne der §§ 2 bis 3 BEEG erzielen, wirkt sich der Deckelungsbetrag nicht aus. Sie erhalten beim Bezug von Elterngeld Plus grundsätzlich denselben Gesamtbetrag an Elterngeld wie beim Bezug von Basiselterngeld, nämlich für doppelt so viele Monate den halben Betrag.

▶ **Beispiel 1:**

Berechnung von Elterngeld Plus ohne Einkommen während des Leistungsbezugs

Vor der Geburt hat die Mutter M ein Nettoeinkommen von 2.000 € erzielt, nach der Geburt übt sie keine Erwerbstätigkeit aus. Das ihr zustehende Basiselterngeld würde monatlich 1.300 € (65 Prozent von 2.000 €) und das Elterngeld Plus monatlich 650 € betragen.

In dieser Konstellation »lohnt sich« der Elterngeld Plus-Bezug finanziell betrachtet nicht: M bleiben nach Ablauf der Mutterschutzfrist, die gemäß § 4 Abs. 4 Satz 3 BEEG zu einem fiktiven Verbrauch von zwei Monaten Basiselterngeld oder vier Monaten Elterngeld Plus führt (vgl. hierzu § 4 BEEG Rnr. 87 ff.), zehn Monate Basiselterngeld in Höhe von insgesamt 13.000 € (10 x 1.300 €) oder 20 Monate Elterngeld Plus ebenfalls in Höhe von 13.000 € (20 x 650 €).

13 In Abhängigkeit vom tatsächlichen Einkommen, das die berechtigte Person während der Bezugsdauer aus Teilzeitbeschäftigung erzielt, sind durchaus Konstellationen denkbar, in denen die **monatliche Absicherung** durch das Elterngeld Plus geringer ausfällt

als eine monatliche Absicherung durch das entsprechende Basiselterngeld. Gleichwohl wird wegen der doppelt so langen Bezugsdauer die Inanspruchnahme von Elterngeld Plus in der Praxis für die nach der Geburt teilzeitbeschäftigte berechtigte Person **in Summe** regelmäßig günstiger sein, wie die nachfolgenden Beispiele zeigen.

▶ **Beispiel 2:**

Berechnung von Elterngeld Plus bei Teilzeittätigkeit und Einkommensdifferenz von 50 Prozent:

Vor der Geburt hat die Mutter M ein Nettoeinkommen von 2.000 € erzielt, nach der Geburt und Ablauf der Mutterschutzfrist erzielt sie ein Nettoeinkommen von 1.000 €. Die Einkommensdifferenz beträgt somit 1.000 €, woraus sich ein Elterngeld Plus in Höhe von 650 € errechnet.

Der Deckelungsbetrag des § 4a Abs. 2 Satz 2 wirkt sich nicht aus, da er sich ebenso auf 650 € (65 Prozent von 2.000 € x 0,5) beläuft wie das zustehende Elterngeld Plus.

In dieser Konstellation ist der Bezug von Elterngeld Plus insgesamt finanziell vorteilhaft. M werden unter Berücksichtigung der Mutterschutzfrist (§ 4 Abs. 4 Satz 3 BEEG) für zehn Monate Basiselterngeld in Summe 6.500 € (65 Prozent von 1.000 € x 10) ausgezahlt, während sie für 20 Monaten Elterngeld Plus in Summer 13.000 € (650 € x 20) erhält.

▶ **Beispiel 3:**

Berechnung von Elterngeld Plus bei Teilzeittätigkeit und Einkommensdifferenz von mehr als 50 Prozent:

Vor der Geburt hat die Mutter M ein Nettoeinkommen von 2.000 € erzielt, nach der Geburt und Ablauf der Mutterschutzfrist erzielt sie ein Nettoeinkommen von 500 €. Die Einkommensdifferenz beträgt 1.500 € und damit 75 Prozent. Das Elterngeld Plus würde – berechnet nach den Grundsätzen der §§ 2, 3 BEEG – eigentlich 975 € betragen (65 Prozent der Einkommensdifferenz von 1.500 €). Da das hälftige Basiselterngeld ohne Bezug von Einkommen nach der Geburt aber nur 650 € betragen würde (65 Prozent von 2.000 € x 0,5) ist der Elterngeld Plus-Anspruch von M auf diesen Betrag gedeckelt.

In dieser Konstellation wirkt sich der Deckelungsbetrag des § 4a Abs. 2 Satz 2 aus.

Obwohl das Basiselterngeld mit Einkommensbezug mit 975 € (65 Prozent der Einkommensdifferenz von 1.500 €) einen höheren Monatsbetrag erbringt, lohnt sich für M dennoch das Elterngeld Plus als Bezugsvariante. Grund hierfür ist die längere Bezugsdauer. Denn unter Berücksichtigung der Mutterschutzfrist (§ 4 Abs. 4 Satz 3 BEEG) ergibt sich für zehn Monate Basiselterngeld eine Gesamtauszahlungssumme von 9.750 €, während 20 Monate Elterngeld Plus eine Gesamtauszahlungssumme von 13.000 € ergeben.

▶ **Beispiel 4:**

Berechnung von Elterngeld Plus bei Teilzeittätigkeit und Einkommensdifferenz von weniger als 50 Prozent:

Vor der Geburt hat die Mutter M ein Nettoeinkommen von 2.000 € erzielt, nach der Geburt und Ablauf der Mutterschutzfrist erzielt sie ein Nettoeinkommen von 1.500 €. Die Einkommensdifferenz beträgt 500 € und damit 25 Prozent. Sowohl das Basiselterngeld als auch das Elterngeld Plus beträgt 325 € (65 Prozent der Einkommensdifferenz von 500 €), sind also gleich hoch.

Der Deckelungsbetrag des § 4a Abs. 2 Satz 2 wirkt sich nicht aus, da er sich auf 650 € (65 Prozent von 2.000 € x 0,5) beläuft und damit höher ist als das zustehende Elterngeld Plus von 325 €.

Auch in dieser Konstellation ist der Bezug von Elterngeld Plus finanziell vorteilhaft: M werden unter Berücksichtigung der Mutterschutzfrist (§ 4 Abs. 4 Satz 3 BEEG) für zehn Monate Basiselterngeld insgesamt 3.250 € (325 € x 10) ausgezahlt, während sie für 20 Monate Elterngeld Plus insgesamt 6.500 € (325 € x 20) erhält.

14 Beim Bezug von nach § 3 BEEG anzurechnenden Einnahmen wirkt der Deckelungsbetrag nach § 4a Abs. 2 Satz 2 grundsätzlich in der gleichen Weise wie beim Bezug von Erwerbseinkommen (vgl. Helmke/Bauer, Familienleistungsausgleich, § 4a BEEG Rn. 7).

c) Halbierung der Mindest-, Erhöhungs- und Freibeträge (§ 4a Abs. 2 Satz 3)

15 Für die Ermittlung des Elterngeld Plus werden des Weiteren die in § 4a Abs. 2 Satz 3 Nr. 1 bis 4 aufgeführten Mindest-, Erhöhungs- und Freibeträge halbiert. Die Aufzählung ist **abschließend** (vgl. Wall in: Graue/Mandalka/Wall, 7. Aufl., § 4a BEEG Rn. 11). Die Halbierung dieser Beträge ist konsequent in Anbetracht dessen, dass das Elterngeld Plus maximal in Höhe des hälftigen Basiselterngeldes bei vollständiger Aufgabe der Erwerbstätigkeit nach der Geburt gezahlt wird (vgl. Senger in: Tillmanns/Mutschler, 3. Aufl., § 4a BEEG Rn. 8).

16 Gemäß § 4a Abs. 2 Satz 3 Nr. 1 halbiert sich beim Elterngeld Plus der **Mindestbetrag für das Elterngeld** (§ 2 Abs. 4 Satz 1 BEEG: 300 €) auf **150 €**.

▶ **Beispiel 1:**

(vgl. Richtlinien des BMFSFJ zum BEEG, Stand Juni 2025, Ziffer 4a.2.3, S. 223)

Das zu berücksichtigende Einkommen der bezugsberechtigten Person P betrug vor der Geburt des Kindes 1.000 € und beläuft sich nach der Geburt auf 600 €. Daraus ergibt sich ein zu ersetzendes Erwerbseinkommen in Höhe von 400 €. Bei einem Vollausstieg würde sich das Basiselterngeld auf 670 € belaufen (67 Prozent von 1.000 €). Der Deckungsbetrag für das Elterngeld Plus beträgt somit 335 € (67 Prozent von 1.000 € x 0,5).

Es errechnet sich ein Basiselterngeld in Höhe von 268 € (67 Prozent von 400 €), das auf den Mindestbetrag von 300 € aufgestockt wird.

Das Elterngeld Plus beträgt ebenfalls 268 € (67 Prozent von 400 €), allerdings erfolgt hier keine Aufstockung, da der Mindestbetrag des Elterngeld Plus bei 150 € liegt.

Der beim Elterngeld Plus halbierte Mindestbetrag wirkt sich vorliegend nicht aus.

Gemäß § 4a Abs. 2 Satz 3 Nr. 2 halbiert sich beim Elterngeld Plus der **Mindestbetrag für den Geschwisterbonus** (§ 2a Abs. 1 Satz 1 BEEG: 75 €) auf **37,50 €**. Ausweislich des eindeutigen Wortlauts der Vorschrift (»Mindestbetrag des Geschwisterbonus«) wird die 10-prozentige Erhöhung des Elterngeldes durch den Geschwisterbonus nicht auf 5 Prozent halbiert (vgl. Wall in: Graue/Mandalka/Wall, 7. Aufl., § 4a BEEG Rn. 13). 17

▶ **Beispiel 2:**

(vgl. Richtlinien des BMFSFJ zum BEEG, Stand Juni 2025, Ziffer 4a.2.3, S. 223)

Das zu berücksichtigende Einkommen der bezugsberechtigten Person P betrug vor der Geburt des Kindes 300 €. Nach der Geburt erzielt P kein Erwerbseinkommen mehr. Daraus ergibt sich ein zu ersetzendes Erwerbseinkommen in Höhe von 300 €.

Sofern P sich für die Bezugsvariante Basiselterngeld entscheiden sollte, beläuft sich der Geschwisterbonus auf 10 Prozent des Basiselterngeldes, mithin 30 €. Da der Geschwisterbonus aber mindestens 75 € beträgt, ist vorliegend jener Mindestbetrag in Ansatz zu bringen.

Sofern sich P hingegen für die Bezugsvariante Elterngeld Plus entscheiden sollte, müsste zunächst dessen Deckelungsbetrag berechnet werden. Er beträgt 150 € (300 € x 0,5). Da P auch in dieser Höhe Elterngeld Plus zustünde, würde sich ein Geschwisterbonus von 15 € errechnen (10 Prozent von 150 €), der allerdings auf 37,50 € aufzustocken wäre.

Hier ist in die Berechnung des Elterngeld Plus der halbierte Mindestbetrag von 37,50 € einzustellen.

▶ **Beispiel 3:**

(vgl. Richtlinien des BMFSFJ zum BEEG, Stand Juni 2025, Ziffer 4a.2.3, S. 224)

Das zu berücksichtigende Einkommen der bezugsberechtigten Person P betrug vor der Geburt des Kindes 1.500 €. Nach der Geburt erzielt P kein Erwerbseinkommen mehr. Daraus ergibt sich ein zu ersetzendes Erwerbseinkommen in Höhe von 1.500 €.

Sofern sich P für die Bezugsvariante Basiselterngeld entscheiden sollte, stünde ihr ein Basiseltern von 975 € (65 Prozent von 1.500 €) zuzüglich eines Geschwisterbonus von 97,50 € (10 Prozent von 975 €) zu, mithin insgesamt 1.072,50 € (975 € + 97,50 €).

Sofern sich P hingegen für die Bezugsvariante Elterngeld Plus entscheiden sollte, müsste zunächst dessen Deckelungsbetrag berechnet werden. Er beträgt 536,25 € (1.072,50 € x 0,5). Elterngeld Plus stünde P in Höhe von 487,50 € (65 Prozent von 1.500 € x 0,5) zuzüglich eines Geschwisterbonus von 48,75 € zu (10 Prozent von 487,50 €), mithin insgesamt 536,25 € (487,50 € + 48,75 €). Der Deckelungsbetrag wird nicht überschritten.

Hier kommt es bei der Berechnung des Elterngeld Plus nicht auf den halbierten Mindestbetrag von 37,50 € an. Stattdessen wird der Geschwisterbonus in voller Höhe von 48,75 € in Ansatz gebracht.

18 Gemäß § 4a Abs. 2 Satz 3 Nr. 3 halbiert sich beim Elterngeld Plus der **Mehrlingszuschlag** (§ 2a Abs. 4 BEEG: 300 €) auf **150 €**.

▶ **Beispiel 4:**

(vgl. Richtlinien des BMFSFJ zum BEEG, Stand Juni 2025, Ziffer 4a.2.1, S. 222)

Das zu berücksichtigende Einkommen der bezugsberechtigten Person P aus Erwerbstätigkeit betrug vor der Zwillingsgeburt 1.500 € und nach der Geburt 500 €. Daraus errechnet sich ein zu ersetzendes Erwerbseinkommen in Höhe von 1.000 €.

Bei vollständiger Unterbrechung der Erwerbstätigkeit würde sich ein Basiselterngeldanspruch in Höhe von 975 € (65 Prozent von 1.500 €) zuzüglich eines Mehrlingszuschlags von 300 € ergeben, mithin wäre P ein Basiselterngeld in Höhe von 1.275 € (975 € + 300 €) zu zahlen. Der Deckelungsbetrag für das Elterngeld Plus beträgt somit 637,50 € (1.275 € x 0,5).

Der Elterngeld Plus-Anspruch von P beläuft sich 650 € (65 Prozent von 1.000 €) zuzüglich eines Mehrlingszuschlags von 150 €, mithin insgesamt 800 €. Da dieser Betrag den Deckelungsbetrag übersteigt, kann P Elterngeld Plus nur in Höhe von 637,50 € beanspruchen.

19 Gemäß § 4a Abs. 2 Satz 3 Nr. 4 halbieren sich beim Elterngeld Plus die **von der Anrechnung nach § 3 Abs. 2 BEEG freigestellten Elterngeldbeträge**. Konkret bedeutet das: Bis zu einem Betrag von **150 €** ist das Elterngeld Plus von der Anrechnung nach § 3 Abs. 1 BEEG frei, soweit nicht Einnahmen nach § 3 Abs. 1 Satz 1 Nr. 1 bis 3 BEEG auf das Elterngeld Plus anzurechnen sind. Dieser Betrag erhöht sich bei Mehrlingsgeburten um je **150 €** für das zweite und jedes weitere Kind.

§ 4b BEEG Partnerschaftsbonus

(1) Wenn beide Elternteile

1. nicht weniger als 24 und nicht mehr als 32 Wochenstunden im Durchschnitt des Lebensmonats erwerbstätig sind und

2. die Voraussetzungen des § 1 erfüllen,

hat jeder Elternteil für diesen Lebensmonat Anspruch auf einen zusätzlichen Monatsbetrag Elterngeld Plus (Partnerschaftsbonus).

(2) Die Eltern haben je Elternteil Anspruch auf höchstens vier Monatsbeträge Partnerschaftsbonus. Sie können den Partnerschaftsbonus nur beziehen, wenn sie ihn jeweils für mindestens zwei Lebensmonate in Anspruch nehmen.

(3) Die Eltern können den Partnerschaftsbonus nur gleichzeitig und in aufeinander folgenden Lebensmonaten beziehen.

(4) Treten während des Bezugs des Partnerschaftsbonus die Voraussetzungen für einen alleinigen Bezug nach § 4c Absatz 1 Nummer 1 bis 3 ein, so kann der Bezug durch einen Elternteil nach § 4c Absatz 2 fortgeführt werden.

(5) Das Erfordernis des Bezugs in aufeinander folgenden Lebensmonaten nach Absatz 3 und § 4 Absatz 1 Satz 4 gilt auch dann als erfüllt, wenn sich während des Bezugs oder nach dem Ende des Bezugs herausstellt, dass die Voraussetzungen für den Partnerschaftsbonus nicht in allen Lebensmonaten, für die der Partnerschaftsbonus beantragt wurde, vorliegen oder vorlagen.

Übersicht Rdn.

Erläuterung

1. Allgemeines

a) Entwicklung der Norm

1 In seiner ursprünglichen Fassung regelte § 4b die Höhe des Betreuungsgeldes, das für jedes Kind 150 € pro Monat betrug. Die Vorschrift ist durch das vom Bundestag beschlossene »**Gesetz zur Einführung eines Betreuungsgeldes (Betreuungsgeldgesetz)**« vom 15.2.2013 (BGBl. I S. 254) am 1.8.2013 in Kraft getreten. Wie die übrigen Vorschriften zum Betreuungsgeld wurde auch § 4b vom Bundesverfassungsgericht durch Urteil vom 21.7.2015 – 1 BvF 2/13 – für unvereinbar und nichtig mit Art. 72 Abs. 2 GG erklärt (BGBl. I S. 1565; BVerfGE 140, 65 ff.). Eine gänz-

lich neue Fassung hat § 4b durch das **Zweite Gesetz zur Änderung des Bundeselterngeld- und Elternzeitgesetzes** vom 15.2.2021 (BGBl. I S. 239) erhalten. Seither regelt die Vorschrift die Voraussetzungen für den Partnerschaftsbonus. Diese Fassung des § 4b findet ebenso wie die übrigen neugefassten Regelungen in § 4 BEEG und §§ 4a, 4c und 4d BEEG für **ab dem 1.9.2021** geborene bzw. mit dem Ziel der Adoption aufgenommene Kinder Anwendung (vgl. hierzu die Übergangsregelung in § 28 Abs. 1 BEEG).

b) Regelungsgehalt und Systematik

2 Durch Art. 1 Nr. 6 des **Zweiten Gesetzes zur Änderung des Bundeselterngeld- und Elternzeitgesetzes** vom 15.2.2021 (BGBl. I S. 239) sind die §§ 4 bis 4d BEEG neu strukturiert worden (vgl. BT-Drucks. 19/24438, S. 28). Dabei normiert § 4b die Voraussetzungen für den Partnerschaftsbonus und beschreibt zudem dessen Bezugsmodalitäten. Demgegenüber regelt § 4 BEEG die Bezugsdauer und den Anspruchsumfang sowohl des Basiselterngeldes als auch des Elterngeld Plus, während § 4a BEEG die grundsätzlichen Vorgaben für die Berechnung von Basiselterngeld und Elterngeld Plus beinhaltet. § 4c BEEG bestimmt, unter welchen Voraussetzungen der alleinige Bezug der Partnerkomponenten des Elterngeldes für allein- und getrennterziehende Elternteile möglich ist. Schließlich ordnet § 4d BEEG an, dass für weitere elterngeldberechtigte Personen die §§ 4 bis 4c BEEG entsprechend gelten und sie Elterngeld nicht gegen den Willen des sorgeberechtigten Elternteils beziehen können.

3 Systematisch steht § 4b im Zusammenhang mit **§ 4 Abs. 4 Satz 1 BEEG**, der die Höchstbezugsdauer des Elterngeldes dahin gehend regelt, dass ein Elternteil Anspruch auf höchsten zwölf Monatsbeträge Basiselterngeld zuzüglich der höchsten vier zustehenden Monatsbeträge Partnerschaftsbonus nach § 4b hat. Im Einzelnen beinhaltet **§ 4b Abs. 1** die Legaldefinition des Partnerschaftsbonus und dessen Voraussetzungen. Danach hat jeder Elternteil für den Lebensmonat des Kindes Anspruch auf einen zusätzlichen Monatsbetrag Elterngeld Plus, wenn beide Elternteile nicht weniger als 24 und nicht mehr als 32 Wochenstunden im Durchschnitt des Lebensmonats des Kindes erwerbstätig sind und die Voraussetzungen des § 1 BEEG erfüllen. **§ 4b Abs. 2 Satz 1** begrenzt den Anspruch je Elternteil auf höchstens vier Monatsbeträge Partnerschaftsbonus, während **§ 4 Abs. 2 Satz 2** bestimmt, dass die Eltern den Partnerschaftsbonus nur beziehen können, wenn sie ihn jeweils für mindestens zwei Lebensmonate des Kindes in Anspruch nehmen. Weiter setzt der Bezug des Partnerschaftsbonus gemäß **§ 4b Abs. 3** voraus, dass die Eltern den Partnerschaftsbonus nur gleichzeitig und in aufeinander folgenden Lebensmonaten beziehen. **§ 4b Abs. 4** nimmt ausdrücklich Bezug auf § 4c Abs. 1 Nr. 1 bis 3 BEEG und § 4c Abs. 2 BEEG. Treten während des Bezugs des Partnerschaftsbonus durch beide Elternteile die Voraussetzungen des § 4c Abs. 1 Nr. 1 bis 3 BEEG (Alleinerziehung) für einen alleinigen Bezug ein, kann der Bezug durch einen Elternteil nach § 4c Abs. 2 BEEG fortgeführt werden. Schließlich fingiert **§ 4b Abs. 5**, dass das Erfordernis des Bezugs in aufeinander folgenden Lebensmonaten nach § 4b Abs. 3 und § 4 Abs. 1 Satz 4 BEEG auch dann als erfüllt gilt, wenn sich während des Bezugs oder nach dem Ende des Bezugs herausstellt, dass die Voraus-

setzungen für den Partnerschaftsbonus nicht in allen Lebensmonaten, für die er beantragt wurde, vorliegen oder vorlagen.

Lagen der Bezug des Partnerschaftsbonus ganz oder teilweise vor dem Ablauf des 23.9.2022 und konnte die berechtigte Person die Voraussetzungen des Bezugs aufgrund der **COVID-19-Pandemie** nicht einhalten, gelten gemäß **§ 27 Abs. 3 BEEG** die Angaben zur Höhe des Einkommens und zum Umfang der Arbeitszeit, die bei der Beantragung des Partnerschaftsbonus glaubhaft gemacht worden waren. 4

c) Vorläuferregelung

Eine dem § 4b entsprechende Regelung enthielt das BErzGG als Vorgänger des 4
BEEG nicht. Die Regelungen zum Partnerschaftsbonus sind erst unter der Geltung des BEEG durch das »**Gesetz zur Einführung des Elterngeld Plus mit Partnerschaftsbonus und einer flexibleren Elternzeit im Bundeselterngeld- und Elternzeitgesetz**« vom 18.12.2014 (BGBl. I S. 2325) am 1.1.2015 in Kraft getreten.

Die Regelung zum Partnerschaftsbonus fand sich zunächst in § 4 Abs. 4 Satz 3 5
BEEG a.F. wieder, der bis zum 31.8.2021 galt. Seinerzeit war der Bezug des Partnerschaftsbonus davon abhängig, dass beide Elternteile **in vier aufeinander folgenden Lebensmonat gleichzeitig** zwischen **25 bis 30 Wochenstunden** im Monatsdurchschnitt erwerbstätig sind und sie die Voraussetzungen des § 1 BEEG erfüllen.

Die Regelung zum Partnerschaftsbonus ist **verfassungsrechtlich nicht zu beanstanden**. 6
Zwar besteht insoweit eine Ungleichbehandlung verschiedener Gruppen von Normadressaten, als nur eine bestimmte Gruppe von Erwerbstätigen die Anspruchsvoraussetzung einer im bestimmten Umfang reduzierten Erwerbstätigkeit überhaupt erfüllt. Es liegen aber sachliche, die Differenzierung rechtfertigende Gründe vor, die aus den vom Gesetzgeber verfolgten Zielen resultieren: Für Paare soll die gemeinsame Bewältigung der vielfältigen Anforderungen, die sich ihnen in Familie und Beruf stellen, erleichtert werden; für Mütter soll eine frühere Wiederaufnahme einer nicht geringfügigen Erwerbstätigkeit in Teilzeit und für Väter die Verringerung der Erwerbstätigkeit zugunsten der Betreuung ihres Kindes lohnender werden, wobei auch Alleinerziehende die neuen elterngeldrechtlichen Angebote nutzen können (vgl. zu den Zielen der Neuregelungen BT-Drucks. 18/2583, S. 16/17).

d) Normzweck

Mit dem Partnerschaftsbonus sollen Eltern ermutigt werden, ihre Vorstellungen 7
einer gleichzeitigen Gestaltung von nicht geringfügiger Erwerbsarbeit und einem ausgefüllten Familienleben umzusetzen (vgl. BT-Drucks. 18/2583, S. 16). Der Partnerschaftsbonus soll die **partnerschaftliche Arbeitsteilung** unterstützen, indem Eltern, die sich gemeinsam um das Kind kümmern und beide zwischen 25 und 30 Stunden erwerbstätig sind, durch den Partnerschaftsbonus länger gefördert werden (vgl. BT-Drucks. 18/2583, S. 28). Durch das **Zweite Gesetz zur Änderung des Bundeselterngeld- und Elternzeitgesetzes** vom 15.2.2021 (BGBl. I S. 239) sind die Voraussetzungen des Partnerschaftsbonus flexibilisiert worden (vgl. BT-Drucks. 19/24438,

S. 30), weil der Gesetzgeber hat erkennen müssen, dass der Partnerschaftsbonus in seiner ursprünglichen Form nur von einer vergleichsweise kleinen Gruppe von Eltern in Anspruch genommen wurde (vgl. BT-Drucks. 19/24438, S. 16). Mit der flexibleren Gestaltung soll es Eltern leichter gemacht werden, sich für den Partnerschaftsbonus zu entscheiden, der eine partnerschaftliche Zeitverteilung unter den Eltern besonders effektiv unterstützt (vgl. BT-Drucks. 19/24438, S. 17). Andererseits geht der Gesetzgeber davon aus, dass **Arbeitgeber** auch mit der Flexibilisierung des Partnerschaftsbonus die für sie notwendige **Planungssicherheit** behalten (vgl. BT-Drucks. 19/24438, S. 31).

2. Voraussetzungen des Partnerschaftsbonus (§ 4b Abs. 1)

8 Der Partnerschaftsbonus stellt eine weitere Bezugsvariante des Elterngeldes dar. **§ 4b Abs. 1** enthält die **Legaldefinition** des Partnerschaftsbonus und regelt zugleich dessen **Anspruchsvoraussetzungen**. Von den Eltern wird verlangt, dass sie in einem Zeitkorridor von 24 bis 32 Wochenstunden im Durchschnitt eines Lebensmonats erwerbstätig sind (Nr. 1) und sie die Voraussetzungen des § 1 BEEG erfüllen, also elterngeldberechtigt sind (Nr. 2). Sind diese Voraussetzungen in einem Lebensmonat des Kindes erfüllt, hat jeder Elternteil für diesen Lebensmonat Anspruch auf einen zusätzlichen Monatsbetrag Elterngeld Plus (Partnerschaftsbonus). Diese für den Bezug des Partnerschaftsbonus maßgebenden **besonderen Voraussetzungen müssen von beiden Elternteilen gleichzeitig erfüllt** werden und **für jeden Partnerschaftsbonusmonat** vorliegen. Das allgemeine Risiko, mangels Betreuungsmöglichkeit keine Teilzeiterwerbstätigkeit ausüben und deshalb keinen Anspruch auf den Partnerschaftsbonus erwerben zu können, bürdet das BEEG den betroffenen Eltern auf, wobei auch die notwendige eigene Betreuung eines behinderten Kindes unter vollständigem Verzicht auf Erwerbstätigkeit nicht zur Gewährung eines Partnerschaftsbonus beim Elterngeld zwingt (vgl. BSG vom 26.10.2023 – B 10 EG 2/23 R – BeckRS 2023, 46399 Rn. 32).

Alleinerziehende haben einen vergleichbaren Anspruch unter den in § 4c Abs. 2 BEEG geregelten Voraussetzungen.

9 § 4b Abs. 1 hebt die bisher nach § 4 Abs. 4 Satz 3 BEEG a.F. geltende feste Bezugsdauer von vier Lebensmonaten für den Partnerschaftsbonus auf, was zur Streichung der Worte »vier weitere Monate« geführt hat (vgl. BT-Drucks. 19/24438, S. 30).

10 Der Partnerschaftsbonus wird in **Elterngeld Plus-Monaten** gewährt. Daher wird die Leistung für diese Monate nach den für das Elterngeld Plus maßgebenden Grundsätzen berechnet (§ 4a Abs. 2 BEEG; vgl. hierzu die Kommentierung zu § 4a Rdn. 8 ff.). Das bedeutet allerdings auch, dass grundsätzlich alle Elterngeld Plus-Monate, in denen ein Einkommen aus Teilzeittätigkeit erzielt wird, gemeinsam berechnet werden, d.h. inklusive der Partnerschaftsbonus-Monate. Erweist sich im Nachhinein, dass die Voraussetzungen für die Partnerschaftsbonus-Monate nicht erfüllt waren, müssen die restlichen Elterngeld Plus-Monate mit Teilzeiteinkommen neu berechnet werden, z. B. in Bezug auf das Durchschnittseinkommen (vgl. Richtlinien des BMFSFJ zum BEEG, Stand Juni 2025, Ziffer 4b.1 = S. 224 <225>).

Beim Partnerschaftsbonus können zwei Monatsbeträge Elterngeld Plus nicht in einen Monatsbetrag Basiselterngeld umgewandelt werden (vgl. Wall in: Graue/Mandalka/Wall, 7. Aufl., § 4b BEEG Rn. 11).

a) Arbeitszeitkorridor (Nr. 1)

Die Regelung zur Mindest- und Höchstarbeitszeit in § 4b Abs. 1 Nr. 1 (**Arbeitszeitkorridor**) stellt sicher, dass beide Elternteile nicht nur in mehr als geringfügigem Umfang erwerbstätig sind, sondern auch beide das Kind betreuen können. Der ursprüngliche Arbeitszeitkorridor von 25 bis 30 Wochenstunden (§ 4 Abs. 4 Satz 3 BEEG a.F.) entsprach unter Zugrundelegung einer Wochenarbeitszeit von 40 Stunden einer **Erwerbstätigkeit im Umfang von etwa 60 bis 75 %**. Sie verlangt eine gegenüber der Vollzeitbeschäftigung merkliche Verringerung zugunsten der Betreuung des Kindes und eine Erwerbstätigkeit in einem größeren Umfang als nur einer halben Stelle, um die dauerhafte wirtschaftliche Absicherung in Familien zu gewährleisten (vgl. BT-Drucks 18/2583, S. 28). Die aktuell gültige Untergrenze von 24 und Obergrenze von 32 Wochenstunden des § 4b Abs. 1 Nr. 1 ermöglicht den Eltern nunmehr eine Erwerbstätigkeit in einem Umfang einer 3- oder 4-Tage-Woche, wodurch sie im Vergleich zum ursprünglichen Arbeitszeitkorridor mehr zeitlichen Spielraum erhalten, um Unwägbarkeiten im Arbeitsalltag, wie etwa unvorhergesehene betrieblich veranlasste Überstunden, besser abfedern zu können (vgl. BT-Drucks. 19/24438, S. 30). 11

Anders als die Partnermonate (§ 4 Abs. 3 Satz 2 BEEG) verlangt die Inanspruchnahme des Partnerschaftsbonus **keine Minderung des Einkommens aus Erwerbstätigkeit** (vgl. Wall in: Graue/Mandalka/Wall, 7. Aufl., § 4b BEEG Rn. 6).

Maßgebend ist die Wochenstundenzahl »im Durchschnitt des Lebensmonats« des Kindes, nicht des Kalendermonats. Dass der »**Lebensmonat**« der Bezugszeitraum für die wöchentliche Mindest- und Höchstarbeitszeit ist, hat der Gesetzgeber mit dem Zweiten Gesetzes zur Änderung des Bundeselterngeld- und Elternzeitgesetzes vom 15.2.2021 (BGBl. I S. 239) **rechtlich klargestellt** (vgl. BT-Drucks. 19/24438, S. 30; anders SG Dresden vom 22.8.2023 – S 45 EG 9/22 – BecksRS 2023, 39108). Die für den Anspruch auf Partnerschaftsbonusmonate geregelten gesetzlichen Beschränkungen zur zulässigen Arbeitszeit (Arbeitszeitkorridor) sind eindeutig und sehen **keine Ausnahmen für einzelne Berufe** vor (vgl. LSG Baden-Württemberg vom 26.3.2024 – L 11 EG 1686/22 – BeckRS 2024, 6614: Bediensteter des Rettungswesens, der wegen vieler Notfalleinsätze die Höchstarbeitszeit nicht einhalten konnte). Auch **Zeiten des Bereitschaftsdienstes** von angestellten Klinikärzten sind Zeiten der Erwerbstätigkeit im Sinne des BEEG (vgl. LSG Sachsen-Anhalt vom 15.12.2022 – L 2 EG 3/21 – BeckRS 2022, 41529, mit zustimmender Anm. Filges NZS 2023, 517). 12

Hat ein Elternteil **mehrere Beschäftigungsverhältnisse**, müssen für die Prüfung, ob der Arbeitszeitkorridor eingehalten ist, die Stundenumfänge zusammengerechnet werden (vgl. Richtlinien des BMFSFJ zum BEEG, Stand Juni 2025, Ziffer 4b.1.1 = S. 225).

13 Dass auf die durchschnittliche Wochenstundenzahl im Lebensmonat abgestellt wird, bedeutet einerseits, dass bei einer Mitte des Lebensmonats begonnenen Tätigkeit durchaus auch eine höhere Wochenstundenzahl als 32 den Anspruch auf den Partnerschaftsbonus nicht ausschließt. Andererseits ist zu § 4 Abs. 4 Satz 3 Nr. 1 BEEG a.F. entschieden worden, dass einer Inanspruchnahme von Elterngeld Plus für die Dauer der Partnerschaftsbonusmonate nicht entgegenstehen soll, dass ein Elternteil die vertraglich ernsthaft vereinbarte **Mindestwochenarbeitszeit** von 25 Stunden in einem einzelnen Bonusmonat **gleitzeitbedingt geringfügig unterschritten** hat, diese Unterschreitung aber durch die Arbeitszeit in anderen Monaten ausgeglichen worden ist (vgl. LSG Niedersachsen-Bremen vom 7.2.2022 – L 2 EG 5/21 – BeckRS 2022, 1402). Jene elternfreundliche Einschränkung des Gesetzeswortlauts ist zu Recht kritisiert worden, weil sie letztlich vor der Schwierigkeit steht, rechtssicher und methodisch verlässlich festzulegen, wo die Schwelle zur geringfügigen Unterschreitung liegt (vgl. Röhl in: Rolfs/Giesen/Meßling/Udsching, § 4b BEEG Rn. 2.1). Überdies verstößt diese Sichtweise gegen das dem BEEG immanente Lebensmonatsprinzip, welches es generell ausschließt, dass ein Über- oder Unterschreiten der Arbeitszeitgrenzen in einem Lebensmonat durch Weniger- oder Mehrarbeit in einem anderen Lebensmonat ausgeglichen werden kann. Hingegen sind zu Recht die Voraussetzungen des Arbeitszeitkorridors als nicht erfüllt angesehen worden bei einem **mitarbeitenden Gesellschafter**, weil er durch einen schriftlichen Anstellungsvertrag nur zu einer Teilzeittätigkeit von 20 Wochenstunden verpflichtet war und eine mündliche oder zumindest konkludente Vertragsänderung einem Fremdvergleich nicht standgehalten hätte (vgl. LSG Baden-Württemberg vom 18.2.2020 – L 11 EG 2314/19 – BeckRS 2020, 10370).

14 Der Arbeitszeitkorridor von 24 bis 32 Wochenstunden im Durchschnitt des Lebensmonats muss **für jeden einzelnen Partnerschaftsbonus-Monat erfüllt sein.** § 4 Abs. 2 Satz 2 BEEG, der regelt, dass der Anspruch erst mit Ablauf des Lebensmonats endet, in dem eine Anspruchsvoraussetzungen entfallen ist, gilt insoweit nicht. Denn die durchschnittlichen Wochenstunden beziehen sich gemäß § 4b Abs. 1 Nr. 1 auf den gesamten Lebensmonat.

15 § 4b Abs. 1 Nr. 1 verlangt eine **tatsächliche Reduzierung der Erwerbstätigkeit**, die in **rechtlich zulässiger Weise** vorgenommen wird, weshalb ein Partnerschaftsbonus nicht in Betracht kommt für Auszubildende bei gesetzlich vorgesehener Voll-Arbeitszeit (vgl. LSG Baden-Württemberg vom 7.11.2017 – L 11 EG 2662/17 – BeckRS 2017, 132323, mit zustimmender Anm. Filges NZS 2018, 330). Ein Anspruch auf den Partnerschaftsbonus besteht für **Auszubildende** daher nur, wenn sie ihre Ausbildung nach § 7a BBiG in der Fassung der Bekanntmachung der Neufassung des Berufsbildungsgesetzes vom 4.5.2020 (BGBl. I S. 920) – bzw. nach § 8 BBiG a.F. – als **Teilzeitberufsausbildung** absolvieren. **§ 1 Abs. 6 Nr. 2 BEEG,** wonach eine Person nicht voll erwerbstätig ist, wenn sie eine Beschäftigung zur Berufsausbildung ausübt, steht dem nicht entgegen. Allein die nicht volle Erwerbstätigkeit reicht nicht aus, um die Anforderungen für einen Partnerschaftsbonus zu erfüllen, vielmehr gibt der Gesetzgeber hierfür einen ganz bestimmten Umfang der zulässigen Erwerbstätigkeit vor (vgl. Brose in: Brose/Volk/Weth, 9. Aufl., § 4 BEEG Rn. 30). Gleiches gilt für Personen, die als geeignete **Tagespflegeperson** im Sinne von § 23 und § 43 SGB VIII tätig sind. Gemäß **§ 1 Abs. 6**

Nr. 3 BEEG werden geeignete Tagespersonen ebenfalls als »nur« nicht voll erwerbstätig angesehen, ohne dass zugleich ein bestimmter Zeitkorridor vorgegeben wird. Auch **Studierende** oder **Schüler** haben keinen Anspruch auf Partnerschaftsbonusmonate, es sei denn, sie erwerben durch eine zusätzliche Teilzeittätigkeit einen Anspruch (vgl. Richtlinien des BMFSFJ zum BEEG, Stand Juni 2025, Ziffer 4b.1.1 = S. 225 <227>).

Bei verhältnismäßiger Verringerung ihrer Arbeitszeit haben auch diejenigen Beschäftigten einen Anspruch auf einen Partnerschaftsbonus, die in **Berufen mit Arbeitszeitregelungen** tätig sind, **die von der 40-Stunden-Woche abweichen** (vgl. LSG Nordrhein-Westfalen vom 21.5.2021 – L 13 EG 14/20 – BeckRS 2021, 38088 zu § 4 Abs. 4 Satz 3 BEEG a.F.). Bezogen auf eine Vollzeitarbeitszeit mit 40 Wochenstunden, von der sich der Gesetzgeber hat leiten lassen (vgl. BT-Drucks. 18/2583, S. 28), entsprechen 32 Wochenstunden einem Erwerbsumfang von 80 % und 24 Wochenstunden einem Erwerbsumfang von 60 %. Dementsprechend ist der Arbeitszeitkorridor umzurechnen. Für einen **Flugbegleiter** mit einer betrieblichen Vollzeit von 20 Flugstunden gilt bspw. ein Arbeitszeitkorridor von nicht weniger als 12 Flugstunden (20 Flugstunden x 0,60) und nicht mehr als 16 Flugstunden (20 Flugstunden x 0,80) sowie für einen **Lehrer** mit 27 Pflichtwochenstunden ein Arbeitszeitkorridor von nicht weniger als 16,2 Pflichtwochenstunden (27 Pflichtwochenstunden x 0,60) und nicht mehr als 21,6 Pflichtwochenstunden (27 Pflichtwochenstunden x 0,80), wobei die Stundenzahl – wie das zweite Beispiel veranschaulicht – weder auf- noch abgerundet wird (vgl. Richtlinien des BMFSFJ zum BEEG, Stand Juni 2025, Ziffer 4b.1.1 = S. 225/226 i.V.m. Ziffer 1.6.1.2 = S. 28). 16

Die **Erkrankung eines Elternteils** wirkt sich grundsätzlich nicht auf den Partnerschaftsbonus aus. Insbesondere ist der betroffene Elternteil für die Dauer der Erkrankung **weiterhin erwerbstätig**. Es gilt dann die vereinbarte Teilzeit-Sollarbeitszeit. Bezieher von Elterngeld Plus als Partnerschaftsbonus sind auch dann »erwerbstätig«, wenn sie ihre auf die gesetzlich vorgeschriebene Zahl an Wochenstunden festgelegte Tätigkeit während einer vorübergehenden Arbeitsunfähigkeit nicht tatsächlich ausüben können, sofern das Arbeitsverhältnis fortbesteht und die konkrete Tätigkeit voraussichtlich wieder aufgenommen werden wird (vgl. BSG vom 7.9.2023 – B 10 EG 2/22 R – BeckRS 2023, 24617). Der Anspruch auf den Partnerschaftsbonus besteht also **nicht nur für die Dauer der Entgeltfortzahlung im Krankheitsfall** fort, das heißt für lediglich sechs Wochen gemäß § 3 Abs. 1 EFZG. Eine derartige Anspruchsbegrenzung findet im Wortlaut des § 4b Abs. 1 Nr. 1 keine Stütze. Vielmehr ist der Gesetzeswortlaut offen für eine Auslegung im Sinne des Fortbestands einer zwischen 24 bis 32 Wochenstunden vereinbarten und tatsächlich ausgeübten Erwerbstätigkeit während einer vorübergehenden krankheitsbedingten Unterbrechung auch nach dem Ende der Entgeltfortzahlung. Obwohl allein der offene Gesetzeswortlaut für diese Auslegung nicht genügt, spricht hierfür in systematischer Hinsicht vor allem die Anrechnung von Krankengeld nach § 3 Abs. 1 Satz 1 Nr. 5 BEEG (vgl. BSG, a.a.O., Rn. 37). Zudem widerspräche eine Gesetzesauslegung, wonach die Erwerbstätigkeit durch eine vorübergehende krankheitsbedingte Unterbrechung entfiele, dem ausdrücklich formulierten Ziel des Gesetzgebers, die Teilzeittätigkeit von Eltern nach der Geburt eines Kindes durch Elterngeld 17

Plus wirtschaftlich abzusichern, und ließe gleichzeitig die Anreizfunktion des Partnerschaftsbonus entfallen (vgl. BSG, a.a.O., Rn. 42).

Gleiches soll für Zeiten der **Teilnahme an einer Rehabilitationsmaßnahme** bzw. **Maßnahme zur medizinischen Vorsorge** gelte. Auch solche Maßnahmen fallen unter den Begriff »Erwerbstätigkeit«, weil sie gerade dazu dienen, die Arbeitsfähigkeit zu erhalten bzw. wiederherzustellen (vgl. Organista, NZS 2021, 171 <173>).

18 Zeiten, in denen der Elternteil ein **erkranktes Kind** betreut und hierfür von der Arbeitsleistung freigestellt ist, lassen den Anspruch auf den Partnerschaftsbonus nicht entfallen. Je Kalenderjahr und Kind besteht grundsätzlich ein Anspruch auf Freistellung von der Arbeitsleistung (§ 45 Abs. 3 und 5 SGB V) für längstens zehn Arbeitstage pro Elternteil und längstens 20 Arbeitstage für Alleinerziehende (§ 45 Abs. 2 Satz 1 SGB V). Voraussetzung hierfür ist, dass es nach ärztlichem Zeugnis erforderlich ist, dass der Elternteil zur Beaufsichtigung, Betreuung oder Pflege des erkrankten Kindes der Arbeit fernbleibt, eine andere in ihrem Haushalt lebende Person das Kind nicht beaufsichtigen, betreuen oder pflegen kann und das Kind das zwölfte Lebensjahr noch nicht vollendet hat oder behindert und auf Hilfe angewiesen ist (§ 45 Abs. 1 Satz 1 SGB V). Für die Dauer der Freistellung erhält der Elternteil ein Kinderkrankengeld als Ersatzeinkommen nach Maßgabe des § 45 SGB V.

19 **Erholungsurlaub** ist Erwerbstätigkeit im Sinne von § 4b Abs. 1 (vgl. LSG Nordrhein-Westfalen vom 21.5.2021 – L 13 EG 18/19 – BeckRS 2021, 23661 Rn. 36). Bei bezahltem Urlaub ist für die Stundenzahl pro Urlaubstag die während des Partnerschaftsbonus vereinbarte Teilzeit-Sollarbeitszeit zu veranschlagen, und zwar auch dann, wenn Resturlaub aus Vollzeit in Anspruch genommen wird (vgl. Richtlinien des BMFSFJ zum BEEG, Stand Juni 2025, Ziffer 4b.1.1 = S. 225 <227> i.V.m. Ziffer 1.6a = S. 30 <31>). Dass Eltern den **Urlaub ansparen**, um ihn bewusst in die Zeit der Partnerbonusmonate zu legen, birgt zwar eine gewisse Missbrauchsgefahr und mag dazu führen, dass dann der eigentliche Gesetzeszweck des Partnerschaftsbonus – längere Förderung von Eltern, die sich gemeinsam um ihr Kind kümmern und zugleich beide in Teilzeit erwerbstätig sind – nicht erreicht wird. Dem könnte der Gesetzgeber dadurch begegnet, indem er die Anzahl der Urlaubstage einschränkt, die während der Partnerschaftsbonusmonate genommen werden dürfen (vgl. Organista, NZS 2021, 171 <175>). Ebenso wenig handeln Elterngeldberechtigte rechtsmissbräuchlich, wenn sie ihre geleisteten Stundenzahlen durch eine nachträgliche Vereinbarung mit dem Arbeitgeber unter **Umwandlung von Freizeitausgleich (für geleistete Überstunden) in Erholungsurlaub** ändern, um die Mindeststundenzahl für den Erhalt von Partnerschaftsbonusmonaten zu erreichen (vgl. LSG Nordrhein-Westfalen, a.a.O., Rn. 36–38).

20 **Beschäftigungsverbote nach dem MuSchG** außerhalb der Schutzfristen vor oder nach der Entbindung (z.B. vorgeburtliches Beschäftigungsverbot, das in die Zeit der Partnerschaftsbonus-Monate für ein älteres Kind fällt) zählen als Erwerbstätigkeit im Sinne von § 4b Abs. 1 Nr. 1 und schließen deshalb die Inanspruchnahme des Partnerschaftsbonus nicht aus.

21 Für **selbstständig tätige Eltern** gilt im Ergebnis nichts anderes als für abhängig beschäftigte Eltern. Auch Selbstständige üben in den aufgeführten Ausfallzeiten ihre selbstständige Erwerbstätigkeit weiter aus (einschränkend SG Hamburg vom 12.2.2020 – S 35 EG 3/19 – BeckRS 2020, 30850, wonach bei der Berechnung der Mindestarbeitszeit für den Erhalt des Partnerschaftsbonus bei selbstständig Tätigen **Kinderkrankentage** nicht als Zeiten der Erwerbstätigkeit berücksichtigt werden können). Als Arbeitszeit gilt die auf diese Zeiten entfallende, bei Antragstellung glaubhaft gemachte, durchschnittliche tägliche (Teilzeit-)Arbeitszeit (vgl. Richtlinien des BMFSFJ zum BEEG, Stand Juni 2025, Ziffer 4b.1.1 = S. 225 <227> i.V.m. Ziffer 1.6a = S. 30 <31>).

22 Erwerbstätigkeit soll ebenfalls vorliegen beim Bezug von **Kurzarbeitergeld**, bei **bezahlter Freistellung** von der Arbeitsleistung bis zur rechtlichen Beendigung im Rahmen eines Aufhebungsvertrags oder eines gerichtlichen Vergleichs und auch in den Fällen, in denen der Elternteil nicht gearbeitet hat, weil er in diesem Zeitraum ein Arbeitszeitkonto in Anspruch genommen, Überstunden abgebaut oder Freizeitausgleich nach § 37 Abs. 3 BetrVG für außerhalb der Arbeitszeit liegende **Betriebsratstätigkeit** erhalten hat (vgl. Wall in: Graue/Mandalka/Wall, 7. Aufl., § 4b BEEG Rn. 16).

b) Elterngeldberechtigung nach § 1 BEEG (Nr. 2)

23 Der Anspruch auf den Partnerschaftsbonus setzt nach **§ 4b Abs. 1 Nr. 2** weiter voraus, dass **beide Elternteile** nach § 1 BEEG elterngeldberechtigt sind, also vor allem mit dem Kind in einem Haushalt leben (§ 1 Abs. 1 Satz 1 Nr. 2 und Abs. 3 BEEG). Partnerschaftsbonusmonate können damit nicht nur für eigene Kinder, sondern auch für angenommene und in den Haushalt mit dem Ziel der Adoption aufgenommene Kinder beansprucht werden (vgl. Wall in: Graue/Mandalka/Wall, 7. Aufl., § 4b BEEG Rn. 4). § 4b Abs. 1 Nr. 2 stellt sicher, dass beide Elternteile nicht nur im Umfang von 24 bis 32 Wochenstunden arbeiten müssen, sondern auch beide das Kind betreuen können (vgl. BT-Drucks. 18/2583, S. 28). Dabei muss eine Trennung der Eltern nicht unbedingt zum Wegfall des Partnerschaftsbonus führen (so aber von Koppenfels-Spies in: Knickrehm/Roßbach/Waltermann, 8. Aufl., § 4b BEEG Rn. 3, unter Bezugnahme auf die Gesetzesbegründung BT-Drucks. 18/2583, S. 28, wonach in den Fällen, in denen ein Elternteil nach einer Trennung den gemeinsamen Haushalt verlässt, eine gemeinsame Betreuung nicht mehr möglich sei mit der Folge, dass beide Elternteile keinen Anspruch mehr auf den Partnerschaftsbonus hätten – was jedoch zu kurz greifen dürfte). Vielmehr ist auch nach einer Trennung der Anspruch gegeben, wenn das Kind weiterhin mit beiden Elternteilen in häuslicher Gemeinschaft lebt, was in der Regel der Fall sein wird, wenn das Kind mindestens ca. 30 % in dem jeweiligen Haushalt lebt (vgl. Richtlinien des BMFSFJ zum BEEG, Stand Juni 2025, Ziffer 4b.1.2 = S. 228/229; so auch Röhl in: Rolfs/Giesen/Meßling/Udsching, § 4b BEEG Rn. 8; Grüner/Jung/Wiegand, § 4b BEEG Rn. 24).

24 Im Zusammenhang mit § 4b Abs. 1 Nr. 2 gilt **§ 4 Abs. 2 Satz 2 BEEG**, wonach der Anspruch erst mit dem Ablauf des Lebensmonats endet, in dem eine Anspruchsvoraussetzung entfallen ist. Fällt also eine der in § 1 BEEG geregelten Bezugsvorausset-

zungen im vierten Monat des Partnerschaftsbonusbezugs weg, besteht auch für diesen Lebensmonat der Anspruch auf den Partnerschaftsbonus.

3. Mindest- und Höchstdauer des Partnerschaftsbonus (Abs. 2)

25 Gemäß **§ 4b Abs. 2 Satz 1** haben die Eltern je Elternteil Anspruch auf **höchstens vier Monatsbeträge** Partnerschaftsbonus. Partnerschaftsbonusmonate, die ein Elternteil nicht in Anspruch nimmt, können nicht vom anderen Elternteil bezogen werden und verfallen (vgl. BT-Drucks. 18/2583, S. 28). Ebenso ist ein Mehrfachbezug ausgeschlossen. Selbst wenn die Eltern zweimal vier Monate die Voraussetzungen für den Partnerschaftsbonus erfüllen, erhalten sie (nur) einmalig je vier Partnerschaftsbonusmonate (vgl. BT-Drucks. 18/2583, S. 29).

26 **§ 4b Abs. 2 Satz 2** bestimmt, dass Eltern den Partnerschaftsbonus nur beziehen können, wenn sie ihn jeweils für **mindestens zwei Lebensmonate** in Anspruch nehmen. Erfüllen die Eltern die Voraussetzungen des Partnerschaftsbonus in weniger als zwei Lebensmonaten, ist die Bewilligung des Partnerschaftsbonus aufgrund der Nichterfüllung der Mindestbezugszeit insgesamt unter Anwendung der §§ 45, 48 SGB X (Vertrauensschutz) aufzuheben (vgl. Richtlinien des BMFSFJ zum BEEG, Stand Juni 2025, Ziffer 4b.2.2 = S. 230).

Für die zweimonatige Mindestbezugsdauer des Elterngeldes (§ 4 Abs. 4 Satz 2 BEEG) ist höchstrichterlich bereits entschieden worden, dass der Elterngeldanspruch unabhängig von der Mindestbezugszeit bis zum Ablauf des Ereignismonats fortbesteht, wenn der Elterngeldberechtigte den damit verbundenen Verlust des Kindes nicht zu verantworten hat (vgl. BSG vom 8.3.2018 – B 10 EG 7/16 R – SozR 4–7837 § 4 Nr. 7). Diese Rechtsprechung ist auf die Mindestbezugsdauer des Partnerschaftsbonus gemäß § 4b Abs. 2 Satz 2 übertragbar. Der Partnerschaftsbonus kann also ausnahmsweise auch nur für einen Monat gewährt werden, wenn das Kind im ersten Bezugsmonat verstirbt oder die Adoptionspflege (endgültig) entzogen wird (vgl. Richtlinien des BMFSFJ zum BEEG, Stand Juni 2025, Ziffer 4b.2.2 = S. 230).

27 **§ 4b Abs. 2** regelt die **Mindest- und Höchstbezugsdauer** des Partnerschaftsbonus je Elternteil. Im Unterschied zu § 4 Abs. 4 Satz 3 BEEG a.F., der eine starre Bezugsdauer des Partnerschaftsbonus von vier Monaten vorsah, können die Eltern nunmehr frei entscheiden, ob sie den Partnerschaftsbonus für **zwei, drei oder höchstens vier Lebensmonate** des Kindes in Anspruch nehmen. Anders als nach der früheren Rechtslage eröffnet § 4b Abs. 2 die Möglichkeit eines **flexibleren Bezugs des Partnerschaftsbonus** zwischen zwei und vier Lebensmonaten. Während des Bezugs können die Eltern im Rahmen der **Antragsänderung gemäß § 7 Abs. 2 Satz 1 BEEG** die Bezugszeit anpassen, wenn sie den Partnerschaftsbonus kürzer oder länger als beantragt in Anspruch nehmen möchten (vgl. BT-Drucks. 19/24438, S. 30).

4. Gleichzeitiger Partnerschaftsbonusbezug in aufeinander folgenden Monaten (Abs. 3)

§ 4b Abs. 3 ordnet an, dass die Eltern den Partnerschaftsbonus nur gleichzeitig und in aufeinander folgenden Lebensmonaten beziehen können. Nach dem Willen des Gesetzgebers sollen die bereits in § 4 Abs. 4 Satz 3 BEEG a.F. enthaltenen Voraussetzungen des gleichzeitigen und durchgehenden Bezugs des Partnerschaftsbonus durch beide Eltern weiterhin gelten, wobei die Gestaltung als eigene Regelung der Übersichtlichkeit dient (vgl. BT-Drucks. 19/24438, S. 30). Von einer noch weitergehenden Flexibilisierung des Partnerschaftsbonus hat der Gesetzgeber somit bewusst abgesehen. Letztlich wird durch § 4b Abs. 3 klargestellt, dass der Bezug des Partnerschaftsbonus weiterhin grundsätzlich **am Stück** erfolgen soll (vgl. BT-Drucks. 19/24438, S. 30). Stellt sich während des Bezugs heraus, dass der Partnerschaftsbonus nicht fortgeführt werden kann, können die Eltern nunmehr im Wege der **Antragsänderung gemäß § 7 Abs. 2 BEEG** den Bezug des Partnerschaftsbonus jederzeit beenden, wobei allerdings zusätzlich die Ausnahmeregelung des § 4b Abs. 5 gilt (vgl. BT-Drucks. 19/24438, S. 30). Das Erfordernis des gleichzeitigen Bezugs des Partnerschaftsbonus durch beide Elternteile kann dazu führen, dass wegen des »Fehlverhaltens« eines Elternteils (der z. B. mehr als 32 Wochenstunden im Monatsdurchschnitt arbeitet) der durch Elterngeldbescheid festgesetzte Anspruch beider Elternteile aufgehoben wird (vgl. Richtlinien des BMFSFJ zum BEEG, Stand Juni 2025, Ziffer 4b.3.1 = S. 230). 28

5. Wechsel zum Partnerschaftsbonusbezug durch einen Elternteil (Abs. 4)

§ 4b Abs. 4 stellt klar, dass der Wechsel zwischen gemeinsamen Bezug des Partnerschaftsbonus gemäß § 4b und einem alleinigen Bezug durch einen Elternteil erfolgen kann, sofern die Voraussetzungen des § 4c Abs. 1 Nr. 1 bis 3 BEEG während des Bezugs entstehen, bspw. wenn ein Elternteil schwer erkrankt und damit die Betreuung des Kindes unmöglich wird oder weil der andere Elternteil aufgrund von Trennung oder Tod alleinerziehend wird (vgl. BT-Drucks. 19/24438, S. 30). Die Vorschrift setzt voraus, dass der Bezug des Partnerschaftsbonus zunächst entsprechend § 4b Abs. 3 gemeinsam von beiden Elternteilen begonnen worden ist und erst nachträglich ein Elternteil alleinerziehend im Sinne von § 4c Abs. 1 Nr. 1 bis 3 BEEG wird (vgl. Helmke/Bauer, Familienleistungsausgleich, § 4b BEEG Rn. 8). In diesen Fällen richtet sich die Fortführung des Bezugs des Partnerschaftsbonus durch diesen Elternteil nach § 4c Abs. 2 BEEG. Eine Aufhebung der Bewilligung, für die §§ 45, 48 SGB X zur Anwendung gelangt, ist nur für den Elternteil erforderlich, dessen Anspruch durch den Wegfall der Anspruchsvoraussetzungen beendet wird (vgl. Richtlinien des BMFSFJ zum BEEG, Stand Juni 2025, Ziffer 4b.4 = S. 232). Dabei wird teilweise vertreten, dass der Monat, in dem der Ausfall eintritt, für den ausgefallenen Elternteil nicht mehr als Partnerschaftsbonusmonat gilt und das Elterngeld Plus für ihn insoweit zurückzuzahlen sein wird (vgl. Wall in: Graue/Mandalka/Wall, 7. Aufl., § 4b BEEG Rn. 14). Diese Auffassung dürfte nur schwerlich mit § 4 Abs. 2 Satz 2 BEEG in Einklang zu bringen sein, wonach der Anspruch auf Elterngeld mit dem **Ablauf des Lebensmonats** endet, in dem eine Anspruchsvoraussetzung entfallen ist. 29

6. Fingierter durchgängiger Partnerschaftsbonusbezug (Abs. 5)

30 **§ 4b Abs.** 5 ist eine **Ausnahmeregelung** für den Fall, dass sich während oder nach dem Ende des Bezugs des Partnerschaftsbonus herausstellt, dass die Eltern die spezifischen Voraussetzungen des Bonus nicht in allen beantragten Lebensmonaten erfüllen bzw. erfüllt haben (vgl. BT-Drucks. 19/24438, S. 31). Hintergrund dieser Neuregelung ist gewesen, dass nach der früheren Rechtslage unter § 4 Abs. 4 Satz 3 BEEG a.F. beide Elternteile den Partnerschaftsbonus komplett verloren haben, wenn ein Elternteil in nur einem Lebensmonat die Anspruchsvoraussetzungen nicht erfüllte. Die beiden Elternteilen zustehenden Ansprüche auf den Partnerschaftsbonus wurden dann vollständig aufgehoben und bereits ausgezahlte Partnerschaftsbonus-Beträge von den Eltern zurückgefordert. Darüber hinaus konnte dieser eine Lebensmonat, in dem die Anspruchsvoraussetzungen des Partnerschaftsbonus nicht vorgelegen haben, die Eltern auch daran hindern, einen möglicherweise im Anschluss an den Partnerschaftsbonusbezug geplanten Elterngeld Plus-Bezug fortzusetzen. Diese für die Eltern negativen Rechtsfolgen beseitigt § 4b Abs. 5. Er führt dazu, dass die entstehenden Lücken im Bezug für das Erfordernis des Bezugs des Partnerschaftsbonus in aufeinander folgenden Lebensmonaten gemäß § 4b Abs. 3 ebenso unschädlich sind wie die durch die Nichterfüllung einzelner Voraussetzungen entstehenden Lücken im Bezug für das allgemeine Erfordernis eines ununterbrochenen Bezugs des Elterngeld Plus ab dem 15. Lebensmonat gemäß § 4 Abs. 1 Satz 4 BEEG (vgl. BT-Drucks. 19/24438, S. 31). Mithin **fingiert** § 4b Abs. 5 den ununterbrochenen Bezug des Partnerschaftsbonus und hilft Eltern weiter, sofern **noch mindestens zwei Lebensmonate** verbleiben, in denen die Voraussetzungen erfüllt sind (vgl. von Koppenfels-Spies in: Knickrehm/Roßbach/Waltermann, 8. Aufl., § 4b BEEG Rn. 6). Verbleibt hingegen einem Elternteil wegen des Wegfalls der Voraussetzungen **nur noch ein Anspruch auf einen Monat** Partnerschaftsbonus, ist die Bewilligung des Partnerschaftsbonus aufgrund der Nichterfüllung der Mindestbezugszeit des § 4b Abs. 2 Satz 2 insgesamt aufzuheben. Fingiert wird also nicht die Erfüllung des Partnerschaftsmonats insgesamt, sondern nur der Bezug in aufeinander folgenden Lebensmonaten (vgl. Helmke/Bauer, Familienleistungsausgleich, § 4b BEEG Rn. 9).

31 Der Gesetzgeber hat § 4b Abs. 5 als nicht im Widerspruch stehend zu Sinn und Zweck des Erfordernisses eines ununterbrochenen Bezugs des Partnerschaftsbonus im Sinne von § 4b Abs. 3 gesehen. Jenes Erfordernis soll kontinuierliche Erwerbsverläufe und die Planbarkeit für Arbeitgeber begünstigen und zugleich die Verwaltungspraktikabilität gewährleisten, weshalb sich § 4b Abs. 3 von seiner Zielrichtung auf den Zeitpunkt der Planung der Lage und Verteilung der Elterngeldmonate bezieht, sodass erst während des Bezugs eintretende, unvorhergesehene Umständen, die zur Nichterfüllung der Voraussetzungen des Partnerschaftsbonus führen, den Sinn und Zweck der Regelung nicht tangieren und eine Ausnahmeregelung rechtfertigen (vgl. BT-Drucks. 19/24438, S. 31).

7. Verfahrensrecht

Der Partnerschaftsbonus kann grundsätzlich **von jedem Elternteil beantragt werden**, 32
d.h. eine gemeinsame Beantragung ist nicht notwendig. Beantragt jeder Elternteil für sich den Partnerschaftsbonus, ist der Partnerschaftsbonus in zwei Bescheiden jedem Elternteil getrennt zu bewilligen (vgl. Richtlinien des BMFSFJ zum BEEG, Stand Juni 2025, Ziffer 4b.1 = S. 224 <225>). Stellt nur ein Elternteil den Antrag, wird im Antragsverfahren (inzident) geprüft, ob die Anspruchsvoraussetzungen auch in der Person des anderen Elternteils vorliegen. Der Zeitumfang der Erwerbstätigkeit ist durch eine Arbeitszeitbescheinigung oder durch andere glaubhafte Unterlagen (Arbeitsvertrag, Lohn- und Gehaltsbescheinigung) nachzuweisen. Wird ein entsprechender Nachweis vom anderen Elternteil nicht erbracht, muss die Bewilligung des Partnerschaftsbonus für den ersten Elternteil aufgehoben werden (vgl. Richtlinien des BMFSFJ zum BEEG, Stand Juni 2025, Ziffer 4b.1 = S. 224 <225>).

Sollte der Umfang der Arbeitszeit nach Antragstellung vertraglich oder tatsächlich geändert werden, muss diese Änderung, die für die Leistung erheblich ist und über die zudem im Antrag Erklärungen abgegeben worden sind, unverzüglich nach § 68 Nr. 15 i.V.m. § 60 Abs. 1 Satz 1 Nr. 2 SGB I mitgeteilt werden (vgl. Richtlinien des BMFSFJ zum BEEG, Stand Juni 2025, Ziffer 4b.1.1 = S. 225 <228>).

Der Partnerschaftsbonus kann **vor, während, nach oder ganz ohne Bezug von Basis-** 33
elterngeld oder weiterem Elterngeld Plus in Anspruch genommen werden. Die Voraussetzungen für den Partnerschaftsbonus können sowohl in dem 14-monatigen Bezugszeitrahmen für das Basiselterngeld (§ 4 Abs. 1 Sätze 2 und 3) als auch im verlängerten Bezugszeitrahmen für das Elterngeld Plus bis zur Vollendung des 32. Lebensmonat (§ 4 Abs. 1 Satz 4) erfüllt werden (vgl. BT-Drucks. 18/2583, S. 29). Ein Bezug des Partnerschaftsbonus ist auch zwischen den Monaten mit Basiselternbezug möglich. Der Partnerschaftsbonus kann also auch dann bezogen werden, wenn die Eltern vor dem viermonatigen Zeitraum, in dem die Voraussetzungen für den Partnerschaftsbonus erfüllt werden müssen, nicht alle Monatsbeträge Basiselterngeld verbraucht haben und im Anschluss an die Partnerschaftsbonusmonate noch Basiselterngeld in Anspruch nehmen (vgl. BT-Drucks. 18/2583, S. 29). Anders ausgedrückt: Die Wahlfreiheit der Eltern hinsichtlich des Bezugs von Basiselterngeld und Elterngeld Plus außerhalb des Bezugszeitraums des Partnerschaftsbonus ist in keiner Form eingeschränkt (vgl. Helmke/Bauer, Familienleistungsausgleich, § 4b BEEG Rn. 7).

Der **Partnerschaftsbonus** wird wegen Einkommenserzielung im Bezugszeitraum gemäß 34
§ 8 Abs. 3 Satz 1 Nr. 3 BEEG nur **vorläufig gewährt**, sodass kein Vertrauensschutz entstehen kann. Liegen die Voraussetzungen des Partnerschaftsbonus tatsächlich nicht vor, werden die vorläufig und unter dem Vorbehalt der Rückforderung gezahlten Partnerschaftsbonusmonate von dem jeweiligen Elternteil auf der Grundlage von **§ 26 Abs. 2 BEEG i. V. m. § 328 Abs. 3 Satz 2 SGB III zurückgefordert**. Das gilt nur dann nicht, wenn der betroffene Elternteil die Voraussetzungen für einen Alleinbezug des Partnerschaftsbonus nach § 4c BEEG erfüllt oder er berechtigt ist, nach Maßgabe des § 4b Abs. 4 den Partnerschaftsbonusbezug allein fortzuführen.

§ 4c BEEG Alleiniger Bezug durch einen Elternteil

(1) Ein Elternteil kann abweichend von § 4 Absatz 4 Satz 1 zusätzlich auch das Elterngeld für die Partnermonate nach § 4 Absatz 3 Satz 2 beziehen, wenn das Einkommen aus Erwerbstätigkeit für zwei Lebensmonate gemindert ist und

1. bei diesem Elternteil die Voraussetzungen für den Entlastungsbetrag für Alleinerziehende nach § 24b Absatz 1 und 3 des Einkommensteuergesetzes vorliegen und der andere Elternteil weder mit ihm noch mit dem Kind in einer Wohnung lebt,
2. mit der Betreuung durch den anderen Elternteil eine Gefährdung des Kindeswohls im Sinne von § 1666 Absatz 1 und 2 des Bürgerlichen Gesetzbuchs verbunden wäre oder
3. die Betreuung durch den anderen Elternteil unmöglich ist, insbesondere, weil er wegen einer schweren Krankheit oder einer Schwerbehinderung sein Kind nicht betreuen kann; für die Feststellung der Unmöglichkeit der Betreuung bleiben wirtschaftliche Gründe und Gründe einer Verhinderung wegen anderweitiger Tätigkeiten außer Betracht.

(2) Liegt eine der Voraussetzungen des Absatzes 1 Nummer 1 bis 3 vor, so hat ein Elternteil, der in mindestens zwei bis höchstens vier aufeinander folgenden Lebensmonaten nicht weniger als 24 und nicht mehr als 32 Wochenstunden im Durchschnitt des Lebensmonats erwerbstätig ist, für diese Lebensmonate Anspruch auf zusätzliche Monatsbeträge Elterngeld Plus. § 4b Abs. 5 gilt entsprechend.

Übersicht Rdn.

Erläuterung

1. Allgemeines

a) Entwicklung der Norm

In seiner ursprünglichen Fassung regelte § 4c die Anrechnung von anderen Leistungen auf das Betreuungsgeld. Die Vorschrift ist durch das vom Bundestag beschlossene »**Gesetz zur Einführung eines Betreuungsgeldes (Betreuungsgeldgesetz)**« vom 15.2.2013 (BGBl. I S. 254) am 1.8.2013 in Kraft getreten. Wie die übrigen Vorschriften zum Betreuungsgeld wurde auch § 4c vom Bundesverfassungsgericht durch Urteil vom 21.7.2015 – 1 BvF 2/13 – für unvereinbar und nichtig mit Art. 72 Abs. 2 GG erklärt (BGBl. I S. 1565; BVerfGE 140, 65 ff.). Eine gänzlich neue Fassung hat § 4c durch das **Zweite Gesetz zur Änderung des Bundeselterngeld- und Elternzeitgesetzes** vom 15.2.2021 (BGBl. I S. 239) erhalten. Seither regelt die Vorschrift die Voraussetzungen für den alleinigen Bezug durch einen Elternteil. Diese Fassung des § 4c findet ebenso wie die übrigen Regelungen in § 4 BEEG und §§ 4a, 4b und 4d BEEG für **ab dem 1.9.2021** geborene bzw. mit dem Ziel der Adoption aufgenommene Kinder Anwendung (vgl. hierzu die Übergangsregelung in § 28 Abs. 1 BEEG). 1

Die vorerst letzte Änderung hat § 4c durch das **Vierte Gesetz zur Entlastung der Bürgerinnen und Bürger, der Wirtschaft sowie der Verwaltung von Bürokratie (Viertes Bürokratieentlastungsgesetz)** vom 23.10.2024 (BGBl. I Nr. 323) erfahren, indem im Einleitungssatz des Absatzes 1 die Angabe »Satz 3« durch die Angabe »Satz 2« ersetzt (Art. 57 Nr. 7 Buchst. a) Viertes Bürokratieentlastungsgesetz) und mit dem neu angefügten Satz 2 des Absatzes 2 die entsprechende Geltung des § 4b Abs. 5 BEEG angeordnet worden ist (Art. 57 Nr. 7 Buchst. b) Viertes Bürokratieentlastungsgesetz). Bei jenen Änderungen hat es sich um (Verweis-)Änderungen zur Klarstellung der seit 1.9.2021 geltenden Rechtslage für den Bezug von Partnermonaten durch Alleinerziehende und zum ununterbrochenen Bezug des Partnerschaftsbonus für Alleinerziehende gehandelt (vgl. BT-Drucks. 20/11306, S. 119). Jene Änderungen sind zum 1.5.2025 in Kraft getreten (Art. 74 Abs. 8 Viertes Bürokratieentlastungsgesetz).

b) Regelungsgehalt und Systematik

Durch Art. 1 Nr. 6 des **Zweiten Gesetzes zur Änderung des Bundeselterngeld- und Elternzeitgesetzes** vom 15.2.2021 (BGBl. I S. 239) sind die §§ 4 bis 4d BEEG neu strukturiert worden (vgl. BT-Drucks. 19/24438, S. 28). Dabei beinhaltet § 4c Regelungen zum alleinigen Bezug der Partnerkomponenten des Elterngeldes für allein- und getrennterziehende Elternteile. Demgegenüber regelt § 4 BEEG die Bezugsdauer und den Anspruchsumfang sowohl des Basiselterngeldes als auch des Elterngeld Plus, während § 4a BEEG die grundsätzlichen Vorgaben für die Berechnung von Basiselterngeld und Elterngeld Plus normiert und § 4b BEEG den Partnerschaftsbonus regelt. Schließlich ordnet § 4d BEEG an, dass für weitere elterngeldberechtigte Personen die §§ 4 bis 4c BEEG entsprechend gelten und ihr Elterngeldbezug nicht gegen den Willen des sorgeberechtigten Elternteils erfolgen kann. 2

3 Systematisch steht § 4c im Zusammenhang mit den in **§ 4 Abs. 3 Satz 2 BEEG** geregelten Partnermonaten und dem in **§ 4b BEEG** normierten Partnerschaftsbonus. § 4c vermittelt einem Elternteil unter bestimmten Voraussetzungen einen alleinigen Anspruch auf diese zusätzlichen Partnerkomponenten des Elterngeldes, obwohl gemäß § 4 Abs. 4 Satz 1 BEEG ein Elternteil Anspruch auf höchstens zwölf Monate Basiselterngeld zuzüglich der höchstens vier zustehenden Monate Partnerschaftsbonus nach § 4b BEEG hat. Insoweit handelt es sich bei § 4c um eine **Ausnahmevorschrift** zu § 4 Abs. 4 Satz 1 BEEG.

c) **Vorläuferregelung**

4 Eine dem § 4c entsprechende Regelung enthielt das BErzGG als Vorgänger des BEEG nicht. Zwar konnten auch Alleinerziehende Erziehungsgeld beanspruchen. Allerdings sind die Regelungen zu den Partnermonaten und zum Partnerschaftsbonus erst unter der Geltung des BEEG am 1.1.2007 bzw. 1.1.2015 in Kraft getreten.

5 § 4c Abs. 1 entsprechende Regelungen fanden sich bereits in **§ 4 Abs. 3 Sätze 3 und 4 BEEG in der Fassung von Art. 1 des Gesetzes zur Einführung des Elterngeldes** vom 5.12.2006 (BGBl. I S. 2748). Danach konnte schon nach dem BEEG in seiner ursprünglichen Fassung abweichend von der 12-monatigen Höchstbezugsdauer des § 4 Abs. 3 Satz 1 BEEG a.F. ein Elternteil unter bestimmten Voraussetzungen **14 Monate Elterngeld** beziehen. Damit sollten Nachteile für Familien vermieden werden, in denen ein enger Zusammenhalt zwischen den Eltern offensichtlich nicht mehr besteht (vgl. BT-Drucks. 16/1889, S. 24).

6 Mit dem »**Gesetz zur Einführung des Elterngeld Plus mit Partnerschaftsbonus und einer flexibleren Elternzeit im Bundeselterngeld- und Elternzeitgesetz**« vom 15.12.2014 (BGBl. I S. 2325) wurden die zusätzlichen zwei Monate Elterngeldbezug bei Minderung des Einkommens aus Erwerbstätigkeit legal definiert als **Partnermonate** (§ 4 Abs. 4 Satz 2 BEEG n.F.) und der Regelungsgehalt des bisherigen § 4 Abs. 3 Sätze 3 und 4 BEEG a.F. in **§ 4 Abs. 6 Satz 1 BEEG n.F.** übernommen (vgl. BT-Drucks. 18/2583, S. 30). In diesem Zuge wurde die Voraussetzung des Merkmals der Alleinsorge bzw. des alleinigen Aufenthaltsbestimmungsrechts gestrichen und stattdessen für den zusätzlichen Bezug von Elterngeldmonaten an den Entlastungsbetrag nach § 24b Abs. 1 und 2 Einkommensteuergesetz (EStG) angeknüpft. Die Möglichkeit, Alleinerziehenden mit dem gemeinsamen Sorgerecht einen eigenen Anspruch auf die Partnermonate zuzusprechen, entspricht dem – inzwischen auch für nicht miteinander verheiratete Eltern verankerten – Leitbild eines gemeinsamen Sorgerechts (vgl. BT-Drucks. 18/3086, S. 11).

7 Der durch das »Gesetz zur Einführung des Elterngeld Plus mit Partnerschaftsbonus und einer flexibleren Elternzeit im Bundeselterngeldgesetz- und Elternzeitgesetz« vom 15.12.2014 (BGBl. I S. 2325) neu eingeführte **Partnerschaftsbonus** (§ 4 Abs. 4 Satz 3 BEEG n.F.) richtet sich grundsätzlich an beide Elternteile. Daran anknüpfend wurde durch **§ 4 Abs. 6 Satz 2 BEEG n.F.** geregelt, dass ein Elternteil im Sinne von § 4 Abs. 6 Satz 1 Nr. 1 bis 3 BEEG n.F., der in vier aufeinanderfolgenden Lebensmonaten nicht weniger als 25 und nicht mehr als 30 Wochenstunden im Durchschnitt des Monats

erwerbstätig ist, für diese Monate abweichend von § 4 Abs. 5 Satz 1 BEEG n.F. vier weitere Monatsbeträge Elterngeld Plus beziehen kann. Alleinerziehende haben einen eigenen Anspruch auf einen entsprechenden Bonus, wenn sie in dem festgelegten Umfang erwerbstätig sind (vgl. BT-Drucks. 18/2583, S. 18).

d) Normzweck

Die in § 4c normierten Ausnahmeregelungen, die eine 14-monatige Bezugsdauer (Anspruchsumfang) für einen Elternteil vorsehen, sollen den Alleinerziehenden als soziale Förderung aufgrund ihrer besonderen Mehrbelastung zustehen, da sie Erwerbsarbeit und Familienleben ohne partnerschaftliche Unterstützung zu bewältigen haben (vgl. BT-Drucks. 18/3086, S. 11). So gesehen trägt § 4c dem **besonderen Unterstützungsbedürfnis** des aufgrund bestimmter rechtlicher oder tatsächlicher Umstände **allein für die Betreuung und Erziehung eines Kindes verantwortlichen Elternteils** Rechnung. Darüber hinaus bekommen auch alleinerziehende und -betreuende Elternteile wie Elternpaare den Partnerschaftsbonus, sodass auch in diesen Fällen eine frühzeitige Wiederaufnahme einer Teilzeiterwerbstätigkeit belohnt wird (vgl. BT-Drucks. 18/2583, S. 30). 8

2. Alleinerziehende Elternteile

§ 4c vermittelt in den in Absatz 1 Nr. 1 bis 3 aufgeführten Konstellationen alleinerziehenden und -betreuenden Elternteilen einen Anspruch auch auf die **Partnermonate** und auf den **Partnerschaftsbonus**. Es handelt sich hierbei um eine grundsätzlich in enger Bindung an den Normzweck auszulegende **Ausnahmevorschrift** (zum Ausnahmecharakter der Vorgängerregelung des § 4 Abs. 3 BEEG a.F.: BSG vom 26.3.2014 – B 10 EG 6/13 R – SozR 4–7837 § 4 Nr. 5; BSG vom 10.7.2014 – B 10 EG 2/14 B – BeckRS 2014, 71826). Ausgangspunkt dieser Ausnahmeregelung ist die dem BEEG zugrunde liegende Vorstellung, dass grundsätzlich beide Elternteile gleichermaßen für die Erziehung und Betreuung des Kindes verantwortlich sind (vgl. BT-Drucks. 16/1889, S. 24). Im Grundsatz können sich die Eltern im Rahmen der ihnen durch die Verfassung garantierten Entscheidungsfreiheit in innerfamiliären Belangen (vgl. dazu BVerfG vom 9.11.2011 – 1 BvR 1853/11 – NJW 2012, 214) auch dafür entscheiden, dass nur ein Elternteil das Kind betreut und erzieht, soweit dies mit dem Wohl des Kindes vereinbar ist. Diese Entscheidung ist von staatlicher Seite zwar zu akzeptieren, auch wenn sie mit dem Rollenverständnis des BEEG (vgl. dazu BT-Drucks. 16/1889, S. 2, 14 ff.) nicht im Einklang steht, führt aber nicht zu einer Verlängerung der gesetzlichen Regelbezugsdauer. Beruht die alleinige Erziehung und Betreuung eines Kindes durch einen Elternteil dagegen nicht auf einer freien und gemeinsamen Entscheidung der Eltern, sondern auf tatsächlichen oder rechtlichen Zwängen, handelt es sich um eine **familiäre Sondersituation**, der durch die **Gewährung der Partnermonate und des Partnerschaftsbonus** Rechnung getragen werden soll. Eine solche besondere Familiensituation liegt vor, wenn die Erziehungs- und Betreuungsarbeit allein auf einem Elternteil lastet, weil **ein Elternteil rechtlich und tatsächlich für die Betreuung und Erziehung des Kindes allein verantwortlich ist** (§ 4c Abs. 1 Nr. 1), weil **die Betreuung durch den** 9

anderen Elternteil nicht mit dem Kindeswohl vereinbar ist (§ 4c Abs. 1 Nr. 2) oder weil **der andere Elternteil aus gesundheitlichen oder anderen Gründen tatsächlich nicht in der Lage ist, das Kind zu betreuen** (§ 4c Abs. 1 Nr. 3). Diese speziellen Anknüpfungspunkte für die Verlängerung der einem Elternteil zustehenden Regelbezugsdauer müssen jeweils innerhalb des 14-monatigen Bezugszeitraums vorliegen. Die Voraussetzungen der § 4c Abs. 1 Nr. 1 bis 3 müssen nicht kumulativ erfüllt sein (vgl. BT-Drucks. 18/2583, S. 30).

10 § 4c benachteiligt nicht Familien, in denen beide Elternteile für die Betreuung des Kindes tatsächlich zur Verfügung stehen, die sich aber aus freien Stücken dafür entscheiden, die Betreuung des Kindes nur einem Elternteil zu überantworten (vgl. BSG vom 26.5.2011 – B 10 EG 3/10 R – SozR 4–7837 § 4 Nr. 1). Vielmehr bestehen zwischen diesen Familien und Familien, in denen ein Elternteil aus rechtlichen und/oder tatsächlichen Gründen nicht für die Betreuungs- und Erziehungsarbeit zur Verfügung steht, Unterschiede von so erheblichem Gewicht, dass eine andere leistungsrechtliche Beurteilung beider Sachverhalte gerechtfertigt ist.

a) **Alleinerziehung (§ 4c Abs. 1 Nr. 1)**

11 Gemäß § 4c Abs. 1 Nr. 1 können Alleinerziehende die Partnermonate beziehen, wenn sie die Voraussetzungen für den **Entlastungsbetrag nach § 24b Abs. 1 und 3 EStG** erfüllen und der **andere Elternteil weder mit dem Alleinerziehenden noch mit dem Kind in einer Wohnung lebt**. Die Voraussetzungen für den Bezug der Partnermonate knüpfen nicht an familienrechtliche Vorschriften an. Es kommt weder auf die familienrechtlichen Beziehungen zwischen den Eltern (verheiratet oder unverheiratet) noch darauf an, welcher Elternteil die Personensorge oder das Aufenthaltsbestimmungsrecht für das Kind innehat (vgl. Helmke/Bauer, Familienlastenausgleich, § 4c BEEG Rn. 4).

aa) **Entlastungsbetrag (§ 24b Abs. 1 und 3 EStG)**

12 § 4c Abs. 1 Nr. 1 stellt nicht darauf ab, dass der **Entlastungsbetrag** nach § 24b Abs. 1 und 3 EStG tatsächlich bezogen wird. Ausweislich des eindeutigen Wortlauts reicht es aus, dass die Voraussetzungen für den Entlastungsbetrag erfüllt sind. Mit dem Entlastungsbetrag nach § 24b EStG wird ein Ausgleich der regelmäßig höheren Lebensführungskosten von echten Alleinerziehenden, die einen gemeinsamen Haushalt nur mit ihren Kindern führen, gegenüber anderen Erziehenden bezweckt (vgl. BT-Drucks. 15/1571, S. 6). Der Entlastungsbetrag setzt nach § 24b Abs. 1 Satz 1 EStG voraus, dass der Steuerpflichtige
- alleinstehend ist und
- seinem Haushalt ein Kind zugehört.

13 Gemäß § 24b Abs. 3 Satz 1 EStG sind **alleinstehend** im Sinne des § 24b Abs. 1 EStG Steuerpflichtige, die nicht die Voraussetzungen für die Anwendung des Splitting-Verfahrens (§ 26 Abs. 1 EStG) erfüllen oder verwitwet sind und keine Haushaltsgemeinschaft mit einer anderen volljährigen Person bilden. Das Kriterium »alleinstehend« knüpft damit zum einen an eine steuerliche Komponente an, indem alle Personen

erfasst werden, die der **Einzelveranlagung** unterliegen. Neben den ausdrücklich in § 24b Abs. 3 Satz 1 EStG genannten Verwitweten zählen hierzu auch ledige und geschiedene Personen sowie Verheiratete, die dauern getrenntlebend sind. Zum anderen darf **keine Haushaltsgemeinschaft**, das heißt kein gemeinsames Wirtschaften, mit einer anderen volljährigen Person bestehen, es sei denn, es handelt sich um ein erwachsenes Kind, für das ein Kinderfreibetrag nach § 32 Abs. 6 EStG oder Kindergeld zusteht. Von dieser Gegenausnahme werden auch volljährige Kinder erfasst, die Grundwehrdienst oder Zivildienst leisten oder als Entwicklungshelfer tätig sind (vgl. § 24b Abs. 3 Satz 1 Halbsatz 2 EStG). Ist die andere volljährige Person mit Haupt- oder Nebenwohnsitz in der Wohnung des Steuerpflichtigen gemeldet, wird gemäß § 24b Abs. 3 Satz 2 EStG vermutet, dass sie mit dem Steuerpflichtigen gemeinsam wirtschaftet (Haushaltsgemeinschaft). Diese Vermutung ist widerlegbar, es sei denn, der Steuerpflichtige und die andere Person leben in einer eheähnlichen oder lebenspartnerschaftsähnlichen Gemeinschaft (§ 24b Abs. 3 Satz 3 EStG).

14 Außerdem setzt der Entlastungsbetrag voraus, dass **ein Kind zum Haushalt des Alleinerziehenden gehört**, für das ihm ein Kinderfreibetrag (§ 32 Abs. 6 EStG) oder Kindergeld zusteht. Die Zugehörigkeit zum Haushalt ist gemäß § 24b Abs. 1 Satz 2 EStG anzunehmen, wenn das Kind in der Wohnung des alleinstehenden Steuerpflichtigen gemeldet ist. Lebt ein Kind in nicht unerheblichem Umfang – nach dem Willen des Gesetzgebers in Anlehnung an das Wohngeldgesetz mindestens zu einem Drittel (vgl. hierzu BT-Drucks. 18/3086, S. 11) – sowohl im Haushalt der Mutter als auch im Haushalt des Vaters, liegt in beiden Haushalten eine häusliche Gemeinschaft im Sinne des § 24b EStG vor und sind dann die Voraussetzungen für zusätzliche Elterngeldmonate für einen Elternteil nicht erfüllt (vgl. Richtlinien des BMFSFJ zum BEEG, Stand Juni 2025, Ziffer 4c.1.1 = S. 234 <235>). Unschädlich ist hingegen die Betreuung des Kindes durch andere Personen, die nicht Elternteil sind, neben dem Elternteil, der die zusätzlichen Elterngeldmonate beansprucht. An den Betreuungsumfang des Elterngeldberechtigten stellt das BEEG keine bestimmten Anforderungen (vgl. Wall in: Graue/Mandalka/Wall, 7. Aufl., § 4c BEEG Rn. 14).

15 Zum Nachweis kann eine **Bescheinigung des zuständigen Finanzamtes** vorgelegt werden, aus der hervorgeht, dass die Voraussetzungen des Entlastungsbetrags erfüllt sind (z.B. durch einen aktuellen Nachweis der Steuerklasse II, wie ein aktuell gültiger Ausdruck aus **ElStAM** – **E**lektronische**L**ohn**St**euer**A**bzugs**M**erkmale). An die Bescheinigung des Finanzamtes ist die Elterngeldbehörde indes nicht gebunden, wenn konkrete Hinweise bestehen, dass die Voraussetzungen des Entlastungsbetrags nicht oder nicht mehr vorliegen, beispielsweise weil sich die Steuerklasse II aufgrund eines älteren Kindes ergab oder der alleinerziehende Elternteil mit dem anderen Elternteil eines jüngeren Kindes in Haushaltsgemeinschaft zusammenlebte. In der Verwaltungspraxis reicht eine Erklärung zum Entlastungsbetrag ausschließlich gegenüber der Elterngeldbehörde ebenfalls aus (vgl. Richtlinien des BMFSFJ zum BEEG, Stand Juni 2025, Ziffer 4c.1.1 = S. 234 <235>).

bb) Getrennte Wohnungen

16 § 4c Abs. 1 Nr. 1 setzt für den alleinigen Bezug der Partnermonate weiter voraus, dass der andere Elternteil weder mit dem Alleinerziehenden noch mit dem Kind in einer Wohnung lebt. Hierdurch wird klargestellt, dass die **räumliche Trennung der Elternhaushalte** maßgeblich ist. Ein nur getrennter Haushalt reicht hierfür nicht aus, weil er auch in einer gemeinsamen Wohnung möglich ist (vgl. Lenz/Wagner in: Rancke/Pepping, 6. Aufl., § 4c BEEG Rn. 4). Deshalb begründet auch das familienrechtliche und steuerrechtliche Trennungsjahr innerhalb einer Wohnung durch die »Trennung von Tisch und Bett« keinen Anspruch nach § 4c Abs. 1 Nr. 1 (vgl. Wall in: Graue/Mandalka/Wall, 7. Aufl. § 4c BEEG Rn. 17). Der Annahme des Gesetzgebers, dass der Inanspruchnahme auch der Partnermonate nicht entgegenstehe, wenn zum Beispiel eine Mutter mit einem neuen Lebensgefährten, der nicht Vater des Kindes ist, in einer Wohnung lebt (vgl. BT-Drucks. 16/1889, S. 24), ist nicht uneingeschränkt beizupflichten. Denn das vom Gesetzgeber aufgeführte Beispiel knüpft an § 4 Abs. 3 Satz 4 Nr. 1 BEEG in der Fassung des Gesetzes zur Einführung des Elterngeldes vom 5.12.2006 (BGBl. I S. 2748) an, der für den alleinigen Bezug der Partnermonate noch darauf abstellte, dass dem Elternteil die elterliche Sorge oder zumindest das Aufenthaltsbestimmungsrecht allein zusteht oder er eine einstweilige Anordnung erwirkt hat, mit der ihm die elterliche Sorge oder zumindest das Aufenthaltsbestimmungsrecht für das Kind vorläufig übertragen worden sind. Indem die aktuelle Fassung des § 4c Abs. 1 Nr. 1 auf das Vorliegen der Voraussetzungen für den Entlastungsbetrag des § 24b Abs. 1 und 3 EStG abstellt, ist das in der Gesetzbegründung genannte Beispiel letztlich nur dann zutreffend, wenn die (minderjährige) Mutter mit einem minderjährigen neuen Lebensgefährten zusammenlebt, der nicht der Vater des Kindes ist. Denn die Voraussetzungen des Entlastungsbetrags des § 24b Abs. 1 und 3 EStG sind jedenfalls nicht erfüllt, wenn der Elternteil mit einer anderen volljährigen Person zusammenlebt. Anders verhält es sich hingegen, wenn der Elternteil mit seinen eigenen Eltern in einem Haushalt zusammenlebt, er aber nachweisen kann, dass ein gemeinsames Wirtschaften (Haushaltsgemeinschaft) nicht vorliegt (vgl. Helmke/Bauer, Familienlastenausgleich, § 4c BEEG Rn. 5).

17 Ein **Nachweis für getrennte Wohnungen** beider Elternteile ist durch die Vorlage der Meldebescheinigungen oder der Mietverträge möglich (vgl. Brose in: Brose/Weth/Volk, 9. Aufl., § 4 BEEG Rn. 43 m.w.N.).

b) Gefährdung des Kindeswohls (§ 4c Abs. 1 Nr. 2)

18 Die Betreuung des Kindes durch den anderen Elternteil ist mit einer Gefährdung des Kindeswohls verbunden, wenn die **Voraussetzungen des § 1666 Abs. 1 und 2 BGB** erfüllt sind, das heißt wenn die Betreuung durch den anderen Elternteil das **körperliche, geistige oder seelische Wohl oder das Vermögen des Kindes** konkret **gefährdet** (§ 1666 Abs. 1 BGB). Eine Gefährdung des Kindesvermögens ist in der Regel anzunehmen, wenn der betreffende Elternteil seine gegenüber dem Kind bestehende Unterhaltspflicht oder die mit der Vermögenssorge verbundenen Pflichten verletzt oder gerichtliche Anordnungen, die sich auf die Vermögenssorge bezie-

hen, nicht befolgt (§ 1666 Abs. 2 BGB). Es gilt ein **enger Maßstab:** Das Kindeswohl ist gefährdet, wenn bei der Betreuung durch den anderen Elternteil die akute große Gefahr besteht, dass das Kind in seiner Entwicklung mit an Sicherheit grenzender Wahrscheinlichkeit erheblich geschädigt wird, was wiederum sowohl von der Situation in der Familie als auch von der persönlichen Eignung und Bereitschaft des anderen Elternteils abhängen wird (vgl. Lenz/Wagner in: Rancke/Pepping, 6. Aufl., § 4c BEEG Rn. 5).

Ob eine **Gefährdung des Kindeswohls** besteht, **entscheidet die zuständige Elterngeldbehörde** (§ 12 BEEG) **in eigener Verantwortung** (so wohl auch Senger in: Tillmanns/Mutschler, 3. Aufl., § 4c BEEG Rn. 9). Eine vorherige **familiengerichtliche Maßnahme zur Sicherung des Kindeswohls** nach § 1666 Abs. 3 BGB ist im Kontext mit § 4c Abs. 1 Nr. 2 nicht erforderlich (vgl. von Koppenfels-Spies in: Knickrehm/Roßbach/Waltermann, 8. Aufl., § 4c BEEG Rn. 3; Lenz/Wagner in: Rancke/Pepping, 6. Aufl., § 4c BEEG Rn. 5). § 4c Abs. 1 Nr. 2 nimmt ausdrücklich nur Bezug auf § 1666 Abs. 1 und 2 BGB und den dort definierten und konkretisierten Begriff der »Gefährdung des Kindeswohls«, nicht hingegen auch auf die in § 1666 Abs. 3 BGB beispielhaft aufgeführten familiengerichtlichen Maßnahmen. Der Gesetzgeber hat sich bewusst für diese beschränkte Bezugnahme nur auf § 1666 Abs. 1 und 2 BGB entschieden. Sie dient der Klarstellung, welche Anforderungen an die Gefährdung des Kindeswohls zu stellen sind, damit im Sinne der Vorschrift eine Betreuung durch den anderen Elternteil nicht in Betracht kommt und deshalb ein Elternteil die gesamten 14 Monate Elterngeld in Anspruch nehmen kann (vgl. BT-Drucks. 16/2785, S. 39). 19

Liegt eine familiengerichtliche Maßnahme bereits vor, ist dies jedoch ein **gewichtiges Indiz** für die bestehende Gefährdung des Kindeswohls. Das ist vor allem dann anzunehmen, wenn eine familiengerichtliche Maßnahme nach § 1666 Abs. 1 Nr. 3 bis 6 BGB gegen nur einen Elternteil getroffen worden ist. Allerdings ist die zuständige Elterngeldbehörde nicht an die familiengerichtliche Entscheidung gebunden, da für diese ein anderer Maßstab gilt. Die Familiengerichte prüfen bei der Entscheidung über Maßnahmen nach § 1666 Abs. 3 BGB, ob ein staatlicher Eingriff in die Elternrechte im Sinne der Gefahrenabwehr **insgesamt erforderlich** ist. Grundlage dieser Entscheidung ist eine Abwägung zwischen dem verfassungsrechtlich geschützten Kindeswohl und dem ebenfalls verfassungsrechtlich verbürgten Recht der Eltern, grundsätzlich frei von staatlichen Einflüssen und Eingriffen nach eigenen Vorstellungen darüber zu entscheiden, wie sie die Pflege und Erziehung ihrer Kinder gestalten und damit ihrer Elternverantwortung gerecht werden wollen (vgl. BVerfG vom 17.2.1982 – 1 BvR 188/80 – NJW 1982, 1379; in diesem Sinne auch EGMR vom 26.2.2002 – 46544/99 – FamRZ 2002, 1393). Im Zusammenhang mit § 4c Abs. 1 Nr. 2 muss dagegen festgestellt werden, ob Gründe des Kindeswohls der Erziehung und Betreuung des Kindes durch den anderen Elternteil entgegenstehen. Die zuständige Elterngeldbehörde beurteilt somit das Vorliegen der Voraussetzungen des § 1666 Abs. 1 und 2 BGB **nach einem originär elterngeldrechtlichen Maßstab.** Sie muss entscheiden, ob ein Elternteil für die Betreuung des Kindes ungeeignet ist und deshalb der andere Elternteil allein Anspruch auf zwei Partnermonate bzw. den Partnerschaftsbonus hat. 20

21 Soweit verlangt wird, dass sich der Elternteil, der die elterngeldrechtlichen Partnerkomponenten allein in Anspruch nehmen möchte, die Kindeswohlgefährdung durch den anderen Elternteil **vom Jugendamt bescheinigen lassen muss** (vgl. von Koppenfels-Spies in: Knickrehm/Roßbach/Waltermann, 8. Aufl., § 4c BEEG Rn. 3; Richtlinien des BMFSFJ zum BEEG, Stand Juni 2025, Ziffer 4c.1.2 = S. 235 <236>), kann dem nicht uneingeschränkt gefolgt werden. Das Jugendamt trifft gerade keine Feststellungen über § 1666 Abs. 1 und 2 BGB, die stattdessen den Familiengerichten vorbehalten sind, sondern ist mit einem öffentlich-rechtlichen Schutzauftrag betraut, der bereits dann zum Tätigwerden verpflichtet, wenn »gewichtige Anhaltspunkte für die Gefährdung des Wohls eines Kindes« (§ 8a Abs. 1 SGB VIII) bekannt werden, mithin eine erheblich geringere Eingriffsschwelle als diejenige des § 1666 BGB überschritten ist (vgl. Wall in: Graue/Mandalka/Wall, 7. Aufl., § 4c BEEG Rn. 19). Zudem gilt auch für die Bewertung des Jugendamtes ein anderer Entscheidungsmaßstab als bei § 4c Abs. 1 Nr. 2. Gegenstand der Prüfung durch das Jugendamt sind das Gefährdungsrisiko des Kindes und die Möglichkeiten der Gefahrenabwehr, z.B. durch die Gewährung von kinder- und jugendhilferechtlichen Leistungen nach dem SGB VIII. Überdies bezieht sich die Prüfung des Jugendamtes nicht nur auf den anderen Elternteil, sondern auch auf den Elternteil, der die Partnerkomponenten beanspruchen möchte.

22 Die Elterngeldbehörde ist nicht berechtigt, den die Partnerkomponenten allein beanspruchenden Elternteil aufzufordern, eine Bescheinigung des Jugendamtes über die Gefährdung des Kindeswohls vorzulegen (so aber Lenz/Wagner in: Rancke/Pepping, 6. Aufl., § 4c BEEG Rn. 5), und gegebenenfalls die zwei zusätzlichen Partnermonate auf der Grundlage von § 66 SGB I bis zur Nachholung der Vorlage zu versagen (so aber Helmke/Bauer, Familienleistungsausgleich, § 4c BEEG Rn. 7). Für diese Vorgehensweisen finden sich weder Anhaltspunkte im Gesetz noch in den Gesetzesmotiven. Eine entsprechende Mitwirkungspflicht lässt sich insbesondere nicht auf § 60 Abs. 1 Satz 1 Nr. 3 SGB I stützen, wonach derjenige, der Sozialleistungen beantragt oder erhält, Beweismittel zu bezeichnen und auf Verlangen des zuständigen Leistungsträgers Beweisurkunden oder ihrer Vorlage zuzustimmen hat. Zwar erstreckt sich die Vorlage auch auf vom Verpflichteten mit zumutbarem Aufwand (§ 65 SGB I) erst noch zu beschaffende Urkunden (vgl. BSG vom 26.5.1983 – 10 RKg 13/82 – SozR 1200 § 66 Nr. 10). § 60 Abs. 1 Satz 1 Nr. 3 SGB I bezieht sich jedoch nur auf Urkunden, die Auskunft über **entscheidungserhebliche und beweisbedürftige Tatsachen** enthalten. Die Bescheinigung des Jugendamtes, dass das Kindeswohl gefährdet ist, beinhaltet jedoch keine Tatsache, sondern stellt das Ergebnis der rechtlichen Subsumtion eines konkreten Sachverhalts unter den Begriff »Gefährdung des Kindeswohls« dar. Der Begriff des Kindeswohls stellt einen **unbestimmten Rechtsbegriff** dar, der anhand von objektiven Entwicklungsstandards (z.B. § 1 Abs. 1 SGB VIII) und bestimmten Kindeswohlkriterien auszulegen ist (vgl. Döll in: Erman, 17. Aufl., § 1666 BGB Rn. 6 m.w.N.), während es sich bei der Einschätzung, ob das Kindeswohl gefährdet ist, um eine **Prognose** handelt. Das Kindeswohl ist gefährdet, wenn entweder ein Schaden des Kindes bereits eingetreten ist oder wenn eine gegenwärtige, in einem solchen Maße vorhandene Gefahr besteht, dass sich für die weitere Entwicklung des Kindes

eine erhebliche Schädigung mit ziemlicher Sicherheit voraussehen lässt (vgl. BVerfG vom 28.2.2012 – 1 BvR 3116/11 – BeckRS 2012, 48175).

Gleichwohl ist auch eine Bescheinigung des Jugendamtes, so sie denn vorgelegt wird, ein gewichtiges und von der Elterngeldbehörde zu berücksichtigendes **Indiz** für die objektive Gefährdung des Kindeswohls. Insofern kann nichts anderes gelten als für eine familiengerichtliche Maßnahme nach § 1666 Abs. 3 BGB (vgl. Rdn. 13). Im Regelfall dürfte eine solche Bescheinigung dem Elternteil, der die elterngeldrechtlichen Partnerkomponenten für sich allein beansprucht, sogar als Nachweis für das Bestehen einer Gefährdung des Kindeswohls ausreichen und den Prüfungsaufwand für die zuständige Elterngeldbehörde entsprechend mindern. Es ist zumindest kaum vorstellbar, dass sich die Elterngeldbehörde über die Feststellung des Jugendamtes, dass das Kindeswohl gefährdet ist, hinwegsetzen wird. 23

Das Fehlen einer Bescheinigung des Jugendamtes berechtigt die Elterngeldbehörde nicht, die zusätzlichen zwei Partnermonate bzw. den Partnerschaftsbonus abzulehnen. Vielmehr ist sie gehalten, das Vorliegen einer Kindeswohlgefährdung **von Amts wegen** zu ermitteln (§ 20 SGB X). Voraussetzung für die Aufnahme derartiger Ermittlungen ist lediglich, dass der die Partnerkomponenten geltend machende Elternteil eine Gefährdung des Kindeswohls durch die Betreuung des anderen Elternteils im Antragsverfahrens anhand konkreter Tatsachen nachvollziehbar behauptet. Es ist dann Aufgabe der Elterngeldbehörde, diese Behauptungen durch geeignete Ermittlungen, vor allem durch die **Einschaltung des Jugendamtes**, aufzuklären. Die Einschaltung des Jugendamtes erfolgt dabei auf der Grundlage des § 86 SGB X, wonach unter anderem die Leistungsträger verpflichtet sind, bei der Erfüllung ihrer Aufgaben nach diesem Gesetzbuch – zu dem gemäß § 68 Nr. 15 SGB I auch der Erste und Zweite Abschnitt des BEEG gehören – eng zusammenzuarbeiten. Demgegenüber handelt es sich nicht um eine Amtshilfe (so aber Helmke/Bauer, Familienleistungsausgleich, § 4c BEEG Rn. 7 m.w.N.), da gemäß § 3 Abs. 2 Nr. 2 SGB X Amtshilfe nicht vorliegt, wenn die Hilfeleistung in Handlungen besteht, die der ersuchten Behörde als eigene Aufgaben obliegen. Eben das trifft auf die Jugendämter zu, weil § 8a SGB VIII nicht nur als zentrale Verfahrensvorschrift aufzufassen ist, sondern auch eigene Aufgaben vorsieht, um Kinder- und Jugendschutz wirksam zu gestalten (vgl. Kößler in: Schlegel/Voelzke, jurisPK-SGB VIII, 3. Auf., § 8a SGB VIII Rn. 13 m.w.N.). Sofern es von der Elterngeldbehörde eingeschaltet wird, wird das Jugendamt ein Verwaltungsverfahren (§ 8 SGB X) einleiten, in der Regel entsprechende Ermittlungen anstellen und schlussendlich auch entscheiden, ob und gegebenenfalls welche geeigneten und notwendigen kinder- und jugendhilferechtlichen Hilfen nach dem SGB VIII zu gewähren sind. Deshalb muss die Elterngeldbehörde, bevor sie das Jugendamt einschaltet, den Antragsteller auf die damit verbundenen Konsequenzen – nämlich vor allem die Überprüfung auch seiner Person – hinweisen. Obwohl eine Befragung von Angehörigen des Kindes oder sogar Nachbarn durch die Elterngeldbehörde nicht von vornherein ausgeschlossen ist, dürfte dies in der Verwaltungspraxis kaum in Erwägung gezogen werden. 24

Die Gefährdung des Kindeswohls muss **objektiv vorliegen**, das heißt sie muss anhand der konkreten Umstände des Einzelfalls (familiäre Situation, milieubedingte Gegeben- 25 heiten, persönliche Eignung und Bereitschaft des anderen Elternteils zur Betreuung) und unter Berücksichtigung der verfassungsrechtlichen Wertmaßstäbe des Art. 6 Abs. 1 und 2 GG beurteilt werden.

26 Zudem muss die Gefährdung des Kindeswohls **hinreichend konkret und gegenwärtig** sein. Dies ist der Fall, wenn ein Schaden für das körperliche, geistige oder seelische Wohl des Kindes bzw. für sein Vermögen entweder bereits eingetreten ist oder eine gegenwärtige, in einem solchen Maße vorhandene Gefahr besteht, dass sich bei seiner weiteren Entwicklung eine erhebliche Schädigung mit ziemlicher Sicherheit voraussehen lässt (vgl. BVerfG vom 28.2.2012 – 1 BvR 3116/11 – BeckRS 2012, 48175). Die bloße Möglichkeit reicht hingegen nicht aus. Erforderlich ist eine Prognose über das künftige Verhalten des anderen Elternteils aufgrund konkreter Vorfälle in der Vergangenheit (**Gefährdungsprognose**). Die Regelungen über den alleinigen Bezug der Partnerkomponenten des Elterngeldes beinhaltet keine Sanktion für vergangenes Fehlverhalten, sondern dient der Vermeidung künftigen Fehlverhaltens im Interesse des Kindes. Eine Gefährdung des Kindeswohls kann daher prognostisch nur angenommen werden, wenn das in der Vergangenheit liegende Fehlverhalten von erheblichem Gewicht war, einen sachlichen Bezug zur Betreuung und Erziehung des Kindes aufweist und aufgrund konkreter Umstände eine Wiederholung dieses Verhaltens zu befürchten ist.

27 Ein im Rahmen von § 4c Abs. 1 Nr. 2 relevantes **Fehlverhalten** kann z.B. ein nicht adäquat behandelter Suchtmittelabusus (vgl. hierzu OLG Bremen vom 21.3.2011 – 4 UF 31/11 – BeckRS 2011, 9877), ein unverschuldetes Defizit in der Erziehungsfähigkeit (vgl. hierzu: OLG Brandenburg vom 24.3.2011 – 9 UF 146/10 – BeckRS 2011, 6923), eine auch nur schubweise auftretende psychische Erkrankung des anderen Elternteils (vgl. hierzu: OLG München vom 11.3.2004 – 26 UF 1439/03 – BeckRS 2004, 14452) oder ein konkreter Missbrauchsverdacht (vgl. hierzu: BVerfG vom 3.2.2017 – 1 BvR 2569/16 – NJW 2017, 1295) sein. Dies wird aber stets von den konkreten Umständen des Einzelfalls abhängig sein, dessen Beurteilung gegebenenfalls auch eine gutachterliche Prüfung erforderlich macht. Eine Umgangsvereitelung kann ebenfalls genügen (vgl. BVerfG vom 27.10.2020 – 1 BvR 836/20 – BeckRS 2020, 43228; BGH vom 26.10.2011 – XII ZB 247/11 – BeckRS 2011, 27602; aA BayObLG vom 26.2.1998 – 1Z BR 198/97 – BeckRS 1998, 2757: in der Regel nicht ausreichend, da dies nicht in jedem Fall zu einer hinreichend konkreten Gefahr für das Kindeswohl führt), um den Anspruch nach § 4c Abs. 1 Nr. 2 zu begründen.

28 Tritt die **Gefahr für das Kindeswohl** erst **während des laufenden Elterngeldbezugs** ein, muss der die Partnerkomponenten nunmehr allein beanspruchende Elternteil die von ihm ursprünglich getroffene Bestimmung im Antragsverfahren (§ 5 Abs. 1 BEEG) ändern. Aufgrund dessen ist die zuständige Elterngeldbehörde veranlasst, erneut in die Prüfung von Amts wegen einzutreten, um die ursprüngliche Entscheidung nach § 7 Abs. 2 BEEG zu ändern.

c) Unmöglichkeit der Betreuung durch den anderen Elternteil (§ 4c Abs. 1 Nr. 3)

29 Des Weiteren können die Partnerkomponenten des Elterngeldes durch einen Elternteil allein in Anspruch genommen werden, wenn die **Betreuung des Kindes durch**

den anderen Elternteil objektiv unmöglich ist. Ein solcher Fall der Unmöglichkeit liegt insbesondere vor, wenn der andere Elternteil wegen einer **schweren Krankheit oder einer Schwerbehinderung** an der Betreuung des Kindes gehindert ist. Der Gesetzgeber trägt mit dieser Ausnahmeregelung der besonderen Situation von Familien Rechnung, in denen ein Elternteil aufgrund objektiver und von ihm subjektiv nicht zu beeinflussender Umstände tatsächlich außer Stande ist, die Betreuung und Erziehung des Kindes in den ersten Lebensmonaten zu übernehmen und daher die Erziehungs- und Betreuungsarbeit allein dem anderen Elternteil obliegt. Die **eng begrenzte Ausnahmeregelung** des § 4c Abs. 1 Nr. 3 ist Teil des verfassungsrechtlich abgesicherten gesetzlichen Konzepts, Elterngeld nur dann für 14 Monate zu gewähren, wenn die Betreuung des Kindes für mindestens zwei Monate durch den anderen Elternteil wahrgenommen wird, wobei es dem Gesetzgeber obliegt, in Ansehung seines Auftrags zur Durchsetzung der Gleichberechtigung der Geschlechter im Sinne des Art. 3 Abs. 2 Satz 2 GG die Ausnahmen der Partnermonate auf unerlässliche Fälle zu beschränken (vgl. BSG vom 26.3.2014 – B 10 EG 6/13 R – SozR 4–7837 § 4 Nr. 5).

Eine **schwere Krankheit** des anderen Elternteils im Sinne des § 4 Abs. 1 Nr. 3 liegt vor, wenn dessen Betreuungsressourcen durch ein körperliches oder geistig-seelisches Leiden eingeschränkt sind. In Anbetracht des eindeutigen Gesetzeswortlauts reicht es nicht aus, wenn das zu betreuende Kind oder ein Geschwisterkind an einer schweren Krankheit leidet und der insoweit erhöhte Betreuungsaufwand durch einen der beiden Elternteile besser bewältigt werden kann. Dem würde auch die Zweckrichtung des § 4c Abs. 1 Nr. 3 entgegenstehen, denn die Regelung soll den Alleinerziehungsbeitrag des antragstellenden Elternteils honorieren. Es sind aber keine Gründe dafür ersichtlich, dass diesen besonderen Betreuungsbedarfen nur durch einen Elternteil Rechnung getragen werden kann (vgl. Senger in: Tillmanns/Mutschler, 3. Aufl., § 4c BEEG Rn. 11). 30

Der **Nachweis über die schwere Krankheit des anderen Elternteils** ist mittels eines **ärztlichen Attests** zu führen (vgl. BT-Drucks. 16/1889, S. 23). Gegebenenfalls muss die Elterngeldbehörde im Rahmen der ihr obliegenden Amtsermittlungspflicht (§ 20 SGB X) die behandelnden Ärzte des anderen Elternteils befragen, was allerdings voraussetzt, dass diese zuvor von ihrer Schweigepflicht entbunden worden sind. Unter Umständen kann die Elterngeldbehörde auch gehalten sein, eine gutachterliche Prüfung einzuleiten. Allerdings kann insoweit der andere Elternteil nicht über die Regelungen der §§ 60 ff. SGB I zur Mitwirkung angehalten werden. Hierfür ist keine Ermächtigungsgrundlage ersichtlich. Insbesondere § 8 Abs. 1a BEEG enthält hierzu keine Regelung.

Auch eine **Schwerbehinderung des anderen Elternteils** kann diesen objektiv an der Betreuung und Erziehung des Kindes hindern, soweit sie dessen Betreuungsressourcen einschränkt. Gemäß § 2 Abs. 2 SGB IX sind Menschen schwerbehindert, wenn bei ihnen ein Grad der Behinderung **(GdB) von wenigstens 50** vorliegt. Regelmäßig wird die Schwerbehinderung durch die Vorlage eines **Schwerbehindertenausweises** nach § 152 Abs. 5 SGB IX nachgewiesen. Allerdings führt nicht jedwede Schwerbehinderung des anderen Elternteils zur Unmöglichkeit der Betreuung des Kindes im Sinne 31 von § 4c Abs. 1 Nr. 3. Vielmehr muss der andere Elternteil gerade wegen der Schwerbehinderung an der Kinderbetreuung gehindert sein (vgl. Brose in: Brose/Weth/Volk, 9. Aufl., § 4 BEEG Rn. 45). Die konkrete Schwerbehinderung muss also **ursächlich** für die Unmöglichkeit der Kinderbetreuung durch den anderen Elternteil sein. Ob dies der Fall ist, ist durch geeignete ärztliche Atteste und Stellungnahmen im Rahmen der Antragsstellung darzulegen (vgl. LSG Hessen vom 19.6.2015 – L 5 EG 9/14 – BeckRS 2015, 69885: Unmöglichkeit der Betreuung eines querschnittsgelähmten Elternteils, dazu auch Dau, jurisPR SozR 16/2015 Anm. 4), die auf Veranlassung der Elterngeldbehörde gegebenenfalls sozialmedizinisch auszuwerten sind. Auch demjenigen Elternteil, dem der Arbeitgeber Elternzeit gewährt hat, kann die Kinderbetreuung wegen Schwerbehinderung unmöglich sein. Denn die Inanspruchnahme von Elternzeit hat für die Frage der Unmöglichkeit der Betreuung keine Tatbestands- oder Feststellungswirkung (vgl. SG Marburg vom 11.3.2024 – S 4 EG 2/22 – BeckRS 2024, 8352).

32 Neben der Krankheit und der Schwerbehinderung können auch **weitere Umstände** den anderen Elternteil an der Betreuung des Kindes hindern. Die im Gesetz genannten Regelbeispiele sind nicht abschließend, wie die Formulierung »insbesondere« zum Ausdruck bringt. In der Gesetzesbegründung sind als weitere Gründe für eine objektive Unmöglichkeit der Betreuung des Kindes der **Tod des andere Elternteils** oder die **Verbüßung einer Freiheitsstrafe** genannt (vgl. BT-Drucks. 16/1889, S. 23), die durch Vorlage einer Sterbeurkunde bzw. einer Bescheinigung der Justizvollzugsanstalt nachgewiesen werden kann. Auch ein längerer Krankenhausaufenthalt des anderen Elternteils soll von § 4c Abs. 1 Nr. 3 erfasst sein (vgl. Wall in: Graue/Mandalka/Wall, 7. Aufl., § 4c BEEG Rn. 23). Es muss sich um objektive Hinderungsgründe in der Person des anderen Elternteils handeln, wobei es nicht darauf ankommt, ob der andere Elternteil diese zu vertreten hat (vgl. BSG vom 26.3.2014 – B 10 EG 6/13 R – SozR 4–7837 § 4 Nr. 5). Dabei steht einer Unmöglichkeit der Betreuung nicht schon jeder noch so kleine und unbedeutende Beitrag zur Betreuung und Erziehung entgegen, vielmehr muss der Elternteil in der Lage sein, die Betreuung und Erziehung zumindest in wesentlichen Teilen ohne Hilfe insbesondere des anderen Elternteils zu erbringen (vgl. Röhl in: Rolfs/Giesen/Meßling/Udsching, § 4c BEEG Rn. 6a).

33 Die Voraussetzungen des § 4c Abs. 1 Nr. 3 werden nur in den Lebensmonaten des Kindes als erfüllt betrachtet werden können, in denen die **Unmöglichkeit der Kinderbetreuung** durch den anderen Elternteil **an wenigstens der Hälfte der Tage** vorlag, weshalb auch periodisch oder zyklisch verlaufende Krankheiten oder solche in Schüben (z.B. Multiple Sklerose) in Betracht kommen (vgl. Wall in: Graue/Mandalka/Wall, 7. Aufl., § 4c BEEG Rn. 24).

34 Die Unmöglichkeit der Betreuung durch den anderen Elternteil ist nicht schon bei einer **anderweitigen Verpflichtung beruflicher oder privater Natur** gegeben. Der Gesetzgeber hat den Maßstab für die »Unmöglichkeit« im Sinne des § 4c Abs. 1 Nr. 3 einerseits durch die genannten Regelbeispiele (schwere Krankheit und Schwerbehinderung des anderen Elternteils) und andererseits durch die **Unbeachtlichkeit wirtschaftlicher Gründe** (§ 4c Abs. 1 Nr. 3 Halbsatz 2) inhaltlich determiniert. Der die Unmöglichkeit der Betreuung durch den anderen Elternteil begründende Umstand muss in seiner

Wertigkeit mit den übrigen Ausnahmetatbeständen des § 4c Abs. 1 korrespondieren. Deshalb sind bei einem in Frankreich lebenden und in Italien selbstständig erwerbstätigen Ehemann die Voraussetzungen des § 4c Abs. 1 Nr. 3 selbst dann nicht erfüllt, wenn er zusätzlich auch Angehörige pflegt (vgl. dazu BSG vom 26.3.2014 – B 10 EG 6/13 R – SozR 4–7837 § 4 Nr. 5). Gleiches gilt bei einem im europäischen Ausland stationierten Soldaten, der aus soldatenrechtlichen Gründen keinen Hauptwohnsitz in Deutschland nehmen kann (vgl. BSG vom 20.7.2014 – B 10 EG 2/14 B – BeckRS 2014, 71826).

Da **wirtschaftliche Gründe** und die Verhinderung des anderen Elternteils wegen anderweitiger Tätigkeit im Kontext mit § 4c Abs. 1 Nr. 3 Halbsatz 2 unbeachtlich sind, kann eine Verlängerung der Regelbezugsdauer für einen Elternteil nicht darauf gestützt werden, dass der andere Elternteil ausnahmsweise keinen Anspruch auf Elternzeit hat, mit der Inanspruchnahme von Elternzeit seinen Arbeitsplatz gefährdet oder eine berufliche Auszeit aus wirtschaftlichen Gründen nicht in Betracht gezogen wird (vgl. BT-Drucks. 16/1889, S. 23). Denn das Elterngeld bietet dem betreuenden Elternteil eine grundsätzlich ausreichende wirtschaftliche Absicherung (vgl. BT-Drucks. 16/1889, S. 19). **Verfassungsrechtliche Bedenken** in Bezug auf die eng begrenzte Ausnahmeregelung des § 4c Abs. 1 Nr. 3 bestehen nicht (vgl. BSG vom 26.3.2014 – B 10 EG 6/13 R – SozR 4–7837 § 4 Nr. 5). 35

3. Alleiniger Bezug der Partnermonate (§ 4c Abs. 1)

Auch beim alleinigen Bezug durch einen Elternteil umfassen die Partnermonate nach § 4 Abs. 3 Satz 2 BEEG **zwei zusätzliche Monate Basiselterngeld**, die nach § 4 Abs. 3 Satz 3 BEEG **in jeweils zwei Monate Elterngeld Plus** umgewandelt werden können. Das bedeutet, dass über § 4c Abs. 1 ein Elternteil entweder zwei Monate Basiselterngeld oder vier Monate Elterngeld Plus in Anspruch nehmen kann. 36

Die eine verlängerte Bezugsdauer für den einzelnen Elternteil erlaubenden Ausnahmetatbestände setzen – ebenso wie die Partnermonate nach § 4 Abs. 3 Satz 2 – voraus, dass die berechtigte Person eine vor der Geburt ausgeübte Erwerbstätigkeit wegen der Betreuung des Kindes aufgegeben oder zeitlich eingeschränkt hat und aufgrund dessen eine **Minderung des zuvor aus Erwerbstätigkeit erzielten Einkommens** eingetreten ist (zu dieser Voraussetzung vgl. die Kommentierung zu § 4 BEEG Rdn. 62 ff.; kritisch hierzu Wall in: Graue/Mandalka/Wall, 7. Aufl., § 4c BEEG Rn. 26, wonach es rechtspolitisch stringenter gewesen wäre, »Partnermonate« ihr Kind allein Betreuenden ohne die Minderung ihres Einkommens zuzuerkennen). Um eine derartige Einkommensminderung feststellen zu können, ist auch im Kontext mit § 4c Abs. 1 als Vergleichszeitraum der für das Basiselterngeld im Sinne des § 4 Abs. 2 Satz 2 BEEG maßgebliche Bemessungszeitraum nach § 2b BEEG heranzuziehen. Dies hat zur Folge, dass lediglich einem vor der Geburt erwerbstätigen Elternteil unter den in § 4c Abs. 1 geregelten Voraussetzungen ein Anspruch auf die verlängerte Bezugsdauer zusteht, während ein vor der Geburt nicht erwerbstätiger Elternteil nur für zwölf Monate Elterngeld beziehen kann, selbst wenn der andere Elternteil aus tatsächlichen oder rechtlichen Gründen für die Betreuung des Kindes nicht zur Verfügung steht. Die darin liegende **Ungleich-** 37

behandlung von erwerbstätigen und nicht erwerbstätigen Elternteilen ist **verfassungsrechtlich nicht zu beanstanden.** Ursächlich hierfür ist die als verfassungsmäßig anzusehende Konzeption des Elterngeldes als Einkommensersatzleistung (vgl. hierzu BVerfG vom 24.11.2011 – 1 BvR 1457/11 – BeckRS 2011, 56800; BVerfG vom 9.11.2011 – 1 BvR 1853/11 – NJW 2012, 214).

4. Alleiniger Bezug des Partnerschaftsbonus (§ 4c Abs. 2)

38 § 4c Abs. 2 regelt einen eigenständigen Anspruch auf den **Partnerschaftsbonus für Elternteile**, die aufgrund **ihrer besonderen Lebenssituation** die Voraussetzungen für den Partnerschaftsbonus eigentlich nicht erfüllen können. Der in § 4c Abs. 2 geregelte Bonus für alleinerziehende Elternteile ist an die Voraussetzungen des Partnerschaftsbonus nach § 4 Abs. 4 Satz 1 i.V.m. § 4b BEEG angelehnt (vgl. BT-Drucks. 19/24438, S. 31). Im Ergebnis werden damit Alleinerziehende hinsichtlich des Partnerschaftsbonus mit gemeinsam erziehenden Eltern gleichgestellt (kritisch hierzu Brose in: Brose/Weth/Volk, 9. Aufl. § 4 BEEG Rn. 48 m.w.N.: Gleichsetzung zweier gänzlich unterschiedlicher familiärer Situationen). Infolge der Flexibilisierung und Anpassung des Partnerschaftsbonus in § 4b BEEG ergibt sich damit auch eine Anpassung des Partnerschaftsbonus für alleinerziehende Elternteile im Sinne von § 4c Abs. 1 Nr. 1 bis 3: Auch für sie ist aus der bisher geltenden festen Bezugszeit ein flexibler Bezug von zwei bis vier Monaten geworden und ist der zulässige Stundenkorridor von bisher 25 bis 30 Wochenstunden auf 24 bis 32 Wochenstunden erweitert worden (vgl. BT-Drucks. 19/24438, S. 31).

39 Der Anspruch besteht nach **§ 4c Abs. 2 Satz 1** für einen Elternteil, wenn einer der in § 4c Abs. 1 Nr. 1 bis 3 genannten Tatbestände erfüllt ist und dieser Elternteil in mindestens zwei bis höchstens vier aufeinander folgenden Lebensmonaten nicht weniger als 24 Wochenstunden und nicht mehr als 32 Wochenstunden im Monatsdurchschnitt erwerbstätig ist (kritisch hierzu Wall in: Graue/Mandalka/Wall, 7. Aufl., § 4c BEEG Rn. 31, wonach es rechtspolitisch begrüßenswert gewesen wäre, den Teilzeitkorridor für Alleinerziehende auf 20 Wochenstunden abzusenken). Der Elternteil hat dann Anspruch auf bis zu vier weitere Monatsbeträge Elterngeld Plus. Nach § 4c Abs. 2 berechtigte Elternteile haben somit einen alleinigen Anspruch auf **insgesamt maximal 32 Monate Elterngeld Plus**, zusammengesetzt aus den 24 regulären Elterngeld Plus-Monatsbeträgen nach § 4 Abs. 3 Satz 1 i. V. m. Satz 3 BEEG, den vier weiteren Elterngeld Plus-Monatsbeträgen nach § 4c Abs. 1 i. V. m. § 4 Abs. 3 Sätze 2 und 3 BEEG und schließlich den vier Monatsbeträgen nach § 4c Abs. 2 (vgl. von Koppenfels-Spies in: Knickrehm/Roßbach/Waltermann, 8. Aufl., § 4c BEEG Rn. 5). Damit lohnt sich auch für Alleinerziehende die frühzeitige Wiederaufnahme einer Erwerbstätigkeit (vgl. BT-Drucks. 18/2583, S. 30). Im Unterschied zum Anspruch nach § 4c Abs. 1 besteht der Anspruch nach § 4c Abs. 2 auch **ohne Einkommensminderung** (vgl. BT-Drucks. 18/2583, S. 30 zu § 4 Abs. 6 Satz 2 BEEG a.F.). Der Anspruch steht aber nur zu, wenn die Voraussetzungen des § 1 BEEG erfüllt sind.

40 **§ 4c Abs. 2 Satz 2** in der Fassung von Art. 57 Nr. 7 Buchst. b) des **Vierten Gesetzes zur Entlastung der Bürgerinnen und Bürger, der Wirtschaft sowie der Verwaltung von**

Bürokratie (Viertes Bürokratieentlastungsgesetz) vom 23.10.2024 (BGBl. I Nr. 323) ordnet nunmehr die entsprechende Geltung des § 4b Abs. 5 BEEG an. Gemäß § 4b Abs. 5 BEEG gilt das Erfordernis des Bezugs in aufeinander folgenden Lebensmonaten nach § 4b Abs. 3 BEEG und § 4 Abs. 1 Satz 4 BEEG auch dann als erfüllt, wenn sich während des Bezugs oder nach dem Ende des Bezugs herausstellt, dass die Voraussetzungen für den Partnerschaftsbonus nicht in allen Lebensmonaten, für die der Partnerschaftsbonus beantragt wurde, vorliegen oder vorlagen. Durch § 4c Abs. 2 Satz 2 n.F. ist eine Regelungslücke geschlossen worden, weil der Gesetzgeber mit § 4c Abs. 2 in der Fassung des **Zweiten Gesetzes zur Änderung des Bundeselterngeld- und Elternzeitgesetzes** vom 15.2.2021 (BGBl. I S. 239) zunächst schlichtweg übersehen haben dürfte, dass ohne entsprechende Anwendung des § 4b Abs. 5 BEEG bei § 4c Abs. 2 in den Fällen einer Alleinerziehung eine sich im Nachhinein ergebende Lücke im Bezug der zusätzlichen Bonusmonate nicht nur zur Rückforderung der gesamten Bonusmonate führen konnte, sondern der Berechtigte zudem gehindert war, seinen gegebenenfalls im Anschluss an die Bonusmonate geplanten Elterngeld Plus-Bezug wegen des allgemeinen Erfordernisses des ununterbrochenen Bezugs von Elterngeld-Plus ab dem 15. Lebensmonat (§ 4 Abs. 1 Satz 4 BEEG) fortzusetzen. Da für eine Schlechterstellung Alleinerziehender gegenüber Partnern im Hinblick auf Bezugslücken in den Bonusmonaten kein sachlicher Grund bestanden hat, ist in der Literatur auch ohne ausdrückliche Anordnung in § 4c Abs. 2 a.F. eine entsprechende Anwendung des § 4b Abs. 5 BEEG auf den Partnerschaftsbonus für alleinerziehende Elternteile befürwortet worden (vgl. Lenz/Wagner in: Rancke/Pepping, 6. Aufl., § 4c BEEG Rn. 7). Demzufolge handelt es sich bei § 4c Abs. 2 Satz 2 n.F. lediglich um eine redaktionelle Änderung zur Klarstellung der seit 1.9.2021 geltenden Rechtslage zum ununterbrochenen Bezug des Partnerschaftsbonus für Alleinerziehende (vgl. BT-Drucks. 20/11306, S. 119).

Die Leistung wird gemäß **§ 8 Abs. 3 Satz 1 Nr. 3 BEEG** vorläufig gewährt (vgl. Richtlinien des BMFSFJ zum BEEG, Stand Juni 2025, Ziffer 4c.2 = S. 237; siehe hierzu auch BT-Drucks. 19/24438, S. 34: Aufhebung des § 8 Abs. 3 Satz 1 Nr. 4 BEEG a.F., weil der nachträgliche Nachweis der Höhe des Einkommens aus Erwerbstätigkeit gemäß § 8 Abs. 3 Satz 1 Nr. 3 BEEG ohnehin erforderlich ist, sodass eine gesonderte Erfassung des Partnerschaftsbonus unter Nummer 4 nicht notwendig ist). 41

§ 4d BEEG Weitere Berechtigte

Die §§ 4 bis 4c gelten in den Fällen des § 1 Absatz 3 und 4 entsprechend. Der Bezug von Elterngeld durch nicht sorgeberechtigte Elternteile und durch Personen, die nach § 1 Absatz 3 Satz 1 Nummer 2 und 3 Anspruch auf Elterngeld haben, bedarf der Zustimmung des sorgeberechtigten Elternteils.

Übersicht Rdn.

Erläuterung

1. Allgemeines

a) Entwicklung der Norm

1 In seiner ursprünglichen Fassung regelte § 4d den Bezugszeitraum des Betreuungsgeldes. Die Vorschrift ist durch das vom Bundestag beschlossene »**Gesetz zur Einführung eines Betreuungsgeldes (Betreuungsgeldgesetz)**« vom 15.2.2013 (BGBl. I S. 254) am 1.8.2013 in Kraft getreten. Wie die übrigen Vorschriften zum Betreuungsgeld wurde auch § 4d vom Bundesverfassungsgericht durch Urteil vom 21.7.2015 – 1 BvF 2/13 – für unvereinbar und nichtig mit Art. 72 Abs. 2 GG erklärt (BGBl. I S. 1565; BVerfGE 140, 65 ff.). Seine aktuelle Fassung hat § 4d durch das **Zweite Gesetz zur Änderung des Bundeselterngeld- und Elternzeitgesetzes** vom 15.2.2021 (BGBl. I S. 239) erhalten. Seither beinhaltet die Vorschrift die Vorgaben zum Elterngeldbezug durch »weitere Berechtigte«, wie es in der amtlichen Überschrift heißt. In dieser Fassung findet § 4d ebenso wie die übrigen Regelungen in § 4 BEEG und §§ 4a bis 4c BEEG für **ab dem 1.9.2021** geborene bzw. mit dem Ziel der Adoption aufgenommene Kinder Anwendung (vgl. hierzu die Übergangsregelung in § 28 Abs. 1 BEEG).

b) Regelungsgehalt und Systematik

2 Durch Art. 1 Nr. 6 des **Zweiten Gesetzes zur Änderung des Bundeselterngeld- und Elternzeitgesetzes** vom 15.2.2021 (BGBl. I S. 239) sind die §§ 4 bis 4d BEEG neu strukturiert worden (vgl. BT-Drucks. 19/24438, S. 28). § 4d ordnet an, dass für weitere elterngeldberechtigte Personen die §§ 4 bis 4c BEEG entsprechend gelten und ihr Elterngeldbezug nicht gegen den Willen des sorgeberechtigten Elternteils erfolgen darf. Demgegenüber regelt § 4 BEEG die Bezugsdauer und den Anspruchsumfang sowohl des Basiselterngeldes als auch des Elterngeld Plus, während § 4a BEEG die grundsätzlichen Vorgaben für die Berechnung von Basiselterngeld und Elterngeld Plus normiert, § 4b BEEG den Partnerschaftsbonus regelt und § 4c BEEG Regelungen zum alleinigen Bezug der Partnerkomponenten des Elterngeldes für allein- und getrennterziehende Elternteile beinhaltet.

3 Systematisch steht § 4d im Zusammenhang mit den Regelungen des **§ 1 Abs. 3 und 4 BEEG**, auf die er ausdrücklich Bezug nimmt. Konkret ordnet § 4d Satz 1 an, dass für Adoptionspflegeeltern (§ 1 Abs. 3 Satz 1 Nr. 1 BEEG), Stiefeltern (§ 1 Abs. 3 Satz 1 Nr. 2 BEEG) und Männer, deren Vaterschaftsanerkennung noch nicht wirksam oder familiengerichtlich festgestellt ist (§ 1 Abs. 3 Satz 1 Nr. 3 BEEG), sowie für Verwandte bis zum dritten Grad und ihre Ehegatten oder Ehegattinnen (§ 1 Abs. 4 BEEG) die §§ 4 ff. BEEG entsprechend gelten. Durch § 4d Satz 1 wird der **Anwendungsbereich**

der §§ 4 bis 4c BEEG auf weitere Personen erstreckt, die Elterngeld beanspruchen können. Die entsprechende Anwendung ist deshalb geboten, weil in den §§ 4 bis 4c BEEG überwiegend von »Eltern« und »Elternteil« die Rede ist.

§ 4d Satz 2 bestimmt, dass der Bezug von Elterngeld durch nicht sorgeberechtigte Elternteile und Personen, die nach **§ 1 Abs. 3 Satz 1 Nr. 2 und 3 BEEG** einen Anspruch auf Elterngeld haben, der **Zustimmung des sorgeberechtigten Elternteils** bedarf. Von dem Zustimmungserfordernis ausgenommen sind Adoptivpflegeeltern (§ 1744 BGB), weil § 4d Satz 2 nicht auf § 1 Abs. 3 Satz 1 Nr. 1 BEEG Bezug nimmt.

c) Vorläufernorm

Eine dem **§ 4d Satz 1** vergleichbare Regelung existierte im BErzGG nicht. 4

Erst **§ 3 Abs. 3 BErzGG** in der ab 1.1.1992 geltenden Fassung von Art. 1 Nr. 3 des **Zweiten Gesetzes zur Änderung des Bundeserziehungsgesetzes und anderer Vorschriften vom 6.12.1985** (BGBl. I S. 2142) regelte, dass einem nicht sorgeberechtigten Elternteil Erziehungsgeld nur mit Zustimmung des sorgeberechtigten Elternteils gewährt werden kann. Damit entsprach die Vorschrift sinngemäß dem heutigen **§ 4d Satz 2**, der allerdings auch Personen erfasst, die nach § 1 Abs. 3 Satz 1 Nr. 2 und 3 BEEG Anspruch auf Elterngeld haben. Dieser weiter gefasste Personenkreis in § 4d Satz 2 ist nur konsequent in Anbetracht dessen, dass der Gesetzgeber den Kreis der elterngeldberechtigten Personen in § 1 BEEG bewusst weit gefasst hat (vgl. BT-Drucks. 16/1889, S. 24).

Im BEEG in seiner ursprünglichen Fassung von Art. 1 des **Gesetzes zur Einführung des Elterngeldes** vom 5.12.2006 (BGBl. I, S. 2748) war bereits geregelt, dass den von § 1 Abs. 3 und 4 BEEG erfassten Personen ebenfalls ein Anspruch auf Elterngeld zustehen kann. Diese Regelung war seinerzeit in **§ 4 Abs. 5 Satz 1 BEEG a.F.** normiert. Außerdem bestimmte **§ 4 Abs. 5 Satz 2 BEEG a.F.**, dass nicht sorgeberechtigte Elternteile und Personen, die nach § 1 Abs. 3 Nr. 2 und 3 BEEG a.F. Elterngeld beziehen konnten, hierfür der Zustimmung des sorgeberechtigten Elternteils bedurften. Durch Art. 1 Nr. 6 Buchst. e) des **Gesetzes zur Einführung des Elterngeld Plus mit Partnerschaftsbonus und einer flexibleren Elternzeit im Bundeselterngeld- und Elternzeitgesetz** vom 18.12.2014 (BGBl. I S. 2325) wurde § 4 Abs. 5 BEEG a.F. in § 4 Abs. 7 BEEG n.F. verschoben und redaktionell überarbeitet (vgl. BT-Drucks. 18/2583, S. 30), indem die Bezugnahmen auf andere elterngeldrechtliche Bestimmungen der aktuellen Gesetzesfassung angepasst wurden. Mit Wirkung zum 1.9.2021 ist der Regelungsgehalt des § 4 Abs. 7 BEEG n.F. sodann von **§ 4d** übernommen worden. Bei den sprachlichen Anpassungen handelte es sich lediglich um redaktionelle Änderungen, die keinen Einfluss auf die materielle Rechtslage gehabt haben (vgl. BT-Drucks. 19/24483, S. 31). 5

d) Normzweck

Die Sonderregelung des § 4d für den Bezug von Elterngeld durch Personen, die weder die leiblichen Eltern noch die Adoptiveltern des Kindes sind, ist eine Folge der durch § 1 Abs. 3 und 4 BEEG vorgenommenen **Ausdehnung des Kreises der** 6

Anspruchsberechtigen. § 4d gewährleistet, dass die Vorschriften über die Elterngeldvarianten – Basiselterngeld und Elterngeld Plus –, die Dauer des Elterngeldes, dessen Berechnung, den Partnerschaftsbonus sowie über den alleinige Bezug von Partnermonaten und Partnerschaftsbonus nicht nur für Eltern, sondern entsprechend auch für Berechtigte nach § 1 Abs. 3 und 4 BEEG gelten (Satz 1). Damit wird einerseits – im Interesse des Kindeswohls – dem Umstand Rechnung getragen, dass die tatsächliche Übernahme der Betreuungsarbeit nicht in jedem Fall mit der rechtlichen Elternverantwortung übereinstimmt, während andererseits – unter dem Blickwinkel der Einheit der Rechtsordnung – zugleich auch die familienrechtlichen Regelungen über das Sorgerecht berücksichtigt werden (vgl. BT-Drucks. 16/1889, S. 24). Um einen Widerspruch des Elterngeldbezugs zum Sorgerecht zu vermeiden, ist der Bezug von Elterngeld durch eine anspruchs- aber nicht sorgeberechtigte Person von der vorherigen Zustimmung des sorgeberechtigten Elternteils abhängig (Satz 2).

2. Erweiterte Anwendung elterngeldrechtlicher Regelungen (§ 4d Satz 1)

7 Die §§ 4 bis 4c BEEG regeln die Einzelheiten des Elterngeldanspruchs ausschließlich für Eltern. Da gemäß § 1 Abs. 3 und 4 BEEG neben den Eltern auch **weitere Personen** Elterngeld beanspruchen können, bedarf es einer erweiternden Anwendung der §§ 4 bis 4c BEEG auch auf diese Personen. § 4d Satz 1 stellt somit klar, dass Eltern und weitere Berechtigte nach denselben gesetzlichen Vorgaben Elterngeld beziehen können. Die Ansprüche auf Elterngeld sind umfassend einbezogen einschließlich Partnermonate und Partnerschaftsbonus (vgl. Wall in: Graue/Mandalka/Wall, 7. Aufl., § 4d BEEG Rn. 2). Die in § 4d Satz 1 in Bezug genommenen Personen haben gemeinsam, dass sie Elterngeld für ein Kind beanspruchen können, mit dem sie (noch) nicht verwandt sind im Rechtssinne, sie zu diesem Kind aber gleichwohl in einer dauerhaften oder auf Dauer angelegten Beziehung stehen.

8 Erfasst werden von § 1 Abs. 3 Satz 1 BEEG **Adoptionspflegeeltern** (Nr. 1), **Stiefeltern** (Nr. 2) und **Männer, deren Vaterschaftsanerkennung noch nicht wirksam** (§ 1594 Abs. 2 BGB) **oder familiengerichtlich** (§ 1600d BGB) **festgestellt ist** (Nr. 3). Für Kinder im Sinne von § 1 Abs. 3 Satz 1 Nr. 1 BEEG sind nach § 1 Abs. 3 Satz 2 BEEG die Vorschriften des BEEG mit der Maßgabe anzuwenden, dass statt des Zeitpunktes der Geburt der Zeitpunkt der Aufnahme des Kindes bei der berechtigten Person maßgeblich ist.

9 Können Eltern wegen einer schweren Krankheit, Schwerbehinderung oder Todes ihr Kind nicht betreuen, haben Verwandte bis zum dritten Grad und ihre Ehegatten und Ehegattinnen gemäß § 1 Abs. 4 BEEG Anspruch auf Elterngeld, wenn sie die übrigen Voraussetzungen nach § 1 Abs. 1 BEEG erfüllen und wenn von anderen Berechtigten Elterngeld nicht in Anspruch genommen wird. Zu den Verwandten bis zum dritten Grad zählen die **Großeltern**, **Geschwister** und **Halbgeschwister** des Kindes (Verwandte zweiten Grades) sowie seine **Urgroßeltern**, **Onkel** und **Tanten**, **Neffen** und **Nichten** (Verwandte dritten Grades). Ob die Verwandtschaft in gerader Linie (§ 1589 Satz 1 BGB) oder in der Seitenlinie (§ 1589 Satz 2 BGB) besteht,

spielt bei § 1 Abs. 4 BEEG keine Rolle. Neben den Verwandten bis zum dritten Grad können auch **ihre Ehegatten und Ehegattinnen** sowie **ihre Lebenspartner und Lebenspartnerinnen** Elterngeld beanspruchen. Lebenspartner und Lebenspartnerinnen werden zwar nicht ausdrücklich in § 1 Abs. 4 BEEG erwähnt, können aber ebenfalls elterngeldberechtigt sein. Das folgt aus **§ 21 LPartG**, wonach Regelungen für Eheleute, die nach dem 22.12.2018 in Kraft treten, auch für Lebenspartner gelten. Ein Bezug des Elterngeldes durch Verwandte bis zum dritten Grad kommt aber nur in Betracht, wenn dieses nicht von anderen Berechtigten wie Eltern, Stiefeltern oder Personen, die das Kind in Adoptionspflege genommen haben, beansprucht wird (vgl. BT-Drucks. 16/1889, S. 19).

3. Zustimmung des sorgeberechtigten Elternteils (§ 4d Satz 2)

Der Bezug von Elterngeld durch »weitere Berechtigte« darf nicht im Widerspruch zu den familienrechtlichen Vorschriften über das Sorgerecht stehen. Daher kann bei einem Auseinanderfallen von Elternverantwortung und tatsächlicher Betreuungsarbeit eine zwar anspruchs- aber nicht sorgeberechtigte Person nur mit der **Zustimmung des sorgeberechtigten Elternteils** Elterngeld beziehen. Zu den nicht sorgeberechtigten Elternteile im Sinne von § 4d Satz 2 gehören vor allem nicht mit der Kindsmutter verheiratete Väter, soweit eine Erklärung über die gemeinsame Sorge noch nicht abgegeben worden ist oder das Familiengericht unverheirateten Eltern die gemeinsame Sorge noch nicht übertragen hat (vgl. § 1626a Abs. 1 Nr. 1 und 3 BGB). Ebenfalls der Zustimmung für einen Elterngeldbezug benötigen Stiefelternteile (§ 1 Abs. 3 Satz 1 Nr. 2 BEEG) und Männer, deren Vaterschaftsanerkennung noch nicht wirksam (§ 1594 Abs. 2 BGB) oder familiengerichtlich (§ 1600d BGB) festgestellt ist (§ 1 Abs. 3 Satz 1 Nr. 3 BEEG). Das Zustimmungserfordernis des § 4d Satz 2 schützt die Interessen des allein sorgeberechtigten Elternteils gegenüber den weiteren Berechtigten. Weigert sich der allein sorgeberechtigte Elternteil, überhaupt eine Erklärung abzugeben oder gelingt eine Kontaktaufnahme mit ihm nicht, scheidet ein Elterngeldanspruch weiterer Berechtigter aus (vgl. Wall in: Graue/Mandalka/Wall, 7. Aufl., § 4d BEEG Rn. 4). 10

Die Zustimmung des sorgeberechtigten Elternteils ist **schriftlich** – regelmäßig im Antrag auf Elterngeld – zu erklären. Sie kann auch durch die Unterschrift des sorgeberechtigten Elternteils unter dem Antrag der anspruchsberechtigten Person erteilt werden. Der sorgeberechtigte Elternteil kann seine Zustimmung für die gesamte Laufzeit erteilen oder auf bestimmte Zeitabschnitte beschränken (vgl. Lenz/Wagner in: Rancke/Pepping, 6. Aufl., § 4d BEEG Rn. 2; Senger in: Tillmanns/Mutschler, 3. Aufl., § 4d BEEG Rn. 5). Die Zustimmung des sorgeberechtigten Elternteils ist zwar nicht Voraussetzung für die Anspruchsberechtigung einer nicht sorgeberechtigten Person, aber Voraussetzung für den Leistungsbezug. Liegt diese Voraussetzung nicht vor, besteht eine **anspruchshindernde Einwendung**. Die Zustimmung ist eine **öffentlich-rechtliche Willenserklärung**, die unter den Voraussetzungen der analog anzuwendenden Bestimmungen in §§ 182, 183 BGB mit Wirkung für die Zukunft widerrufen werden kann (vgl. Buchner/Becker, 8. Aufl., § 4 BEEG Rn. 15). Bei dem Widerruf handelt es sich um eine empfangsbedürftige Willenserklärung, für deren Zugang daher der sorgebe- 11 rechtigte Elternteil nachweispflichtig ist (vgl. Grüner/Jung/Wiegand, § 4d BEEG Rn. 12). Der Widerruf ist schriftlich gegenüber der Elterngeldstelle zu erklären und ansonsten an keine Voraussetzungen gebunden (vgl. Richtlinien des BMFSFJ zum BEEG, Stand Juni 2025, Ziffer 4d.1, S. 238). Vor allem bedarf er keiner Begründung. Im Fall eines Widerrufs der Zustimmung endet der Bezug von Elterngeld für die anspruchs- aber nicht sorgeberechtigte Person zum Ende des laufenden Lebensmonats des Kindes (§ 4 Abs. 2 Satz 2 BEEG).

12 Demgegenüber ist der allein sorgeberechtigte Elternteil nicht auf eine Zustimmung der »weiteren Berechtigten« angewiesen. Dies gilt auch, wenn er das Elterngeld für den gesamten Bezugszeitraum für sich allein beansprucht (vgl. Richtlinien des BMFSFJ zum BEEG, Stand Juni 2025, Ziffer 4d.1, S. 238). Ein Bezug für 14 Monate Basiselterngeld durch den sorgeberechtigten Elternteil ist aber auch in diesen Fällen nur bei Vorliegen der Voraussetzungen des § 4c Abs. 1 BEEG möglich (vgl. Helmke/Bauer, Familienleistungsausgleich, § 4d BEEG Rn. 4).

13 Ebenfalls keiner Zustimmung bedarf, wer ein Kind bereits angenommen hat (Adoption), weil Adoptiveltern rechtlich an die Stelle der leiblichen Eltern treten, die infolge der Adoption mit ihrer Elternschaft im Rechtssinne auch die Personensorge verlieren (vgl. Wall in: Graue/Mandalka/Wall, 7. Aufl., § 4d BEEG Rn. 5).

Abschnitt 3 Verfahren und Organisation

§ 5 BEEG Zusammentreffen von Ansprüchen

(1) Erfüllen beide Elternteile die Anspruchsvoraussetzungen, bestimmen sie, wer von ihnen die Monatsbeträge für welche Lebensmonate des Kindes in Anspruch nimmt.

(2) Beanspruchen beide Elternteile zusammen mehr als die ihnen nach § 4 Absatz 3 und § 4b oder nach § 4 Absatz 3 und § 4b in Verbindung mit § 4d zustehenden Monatsbeträge, so besteht der Anspruch eines Elternteils, der nicht über die Hälfte der zustehenden Monatsbeträge hinausgeht, ungekürzt; der Anspruch des anderen Elternteils wird gekürzt auf die vom Gesamtanspruch verbleibenden Monatsbeträge. Beansprucht jeder der beiden Elternteile mehr als die Hälfte der ihm zustehenden Monatsbeträge, steht jedem Elternteil die Hälfte des Gesamtanspruchs der Monatsbeträge zu.

(3) Die Absätze 1 und 2 gelten in den Fällen des § 1 Absatz 3 und 4 entsprechend. Wird eine Einigung mit einem nicht sorgeberechtigten Elternteil oder einer Person, die nach § 1 Absatz 3 Satz 1 Nummer 2 und 3 Anspruch auf Elterngeld hat, nicht erzielt, so kommt es abweichend von Absatz 2 allein auf die Entscheidung des sorgeberechtigten Elternteils an.

Übersicht **Rdn.**

Erläuterung

1. Allgemeines

a) Entwicklung der Norm

Die Vorschrift wurde durch das »**Gesetz zum Elterngeld und zur Elternzeit**« **vom 5.12.2006** (BGBl. I S. 2748) mit Wirkung zum 1.1.2007 eingeführt. Sie regelt die **Aufteilung** der den Eltern oder sonstigen Angehörigen (§ 4d BEEG) nach § 4 Abs. 3 BEEG (i.V.m. § 4b BEEG) zustehenden **Monatsbeträge** bei bestehender **Anspruchskonkurrenz**, d.h. in den Fällen, in denen mehrere Personen die Voraussetzungen für die Inanspruchnahme von Elterngeld erfüllen. Die in der Ursprungsfassung des § 5 noch enthaltenen Regelungen des Absatzes 1 Satz 2 und 3 über die verfahrensrechtlichen Modalitäten der Bestimmung der Bezugsmonate und die Änderung der ursprünglich im Antrag getroffenen Bestimmung sind im Zuge des **Ersten Gesetzes zur Änderung des Bundeselterngeld- und Elternzeitgesetzes vom 17.1.2009** (BGBl. I S. 61) gestrichen und mit Wirkung zum 24.1.2009 in modifizierter Form in die das Antragsverfahren betreffende Vorschrift des § 7 Abs. 2 Satz 2 und 3 BEEG überführt, dort allerdings durch das »**Gesetz zur Vereinfachung des Elterngeldvollzugs**« **vom 10.9.2012** (BGBl. I S. 1878) mit Wirkung zum 18.9.2012 abermals modifiziert bzw. wieder aufgehoben worden (zu den Modifikationen vgl. § 7 BEEG Rdn. 1, 27). 1

Durch das »**Gesetz zur Einführung des Betreuungsgeldes**« **vom 15.2.2013** (BGBl. I S. 254) ist der Anwendungsbereich der Norm auf das mit Wirkung zum 1.8.2013 eingeführte Betreuungsgeld erstreckt worden.

Nachfolgend ist § 5 durch das »**Gesetz zur Einführung des Elterngeld Plus mit Partnerschaftsbonus und einer flexibleren Elternzeit im Bundeselterngeld- und Elternzeitgesetz**« vom 18.12.2014 (BGBl. I S. 2325) in seinem Absatz 2 mit Wirkung zum 1.1.2015 geändert worden. Hierbei hat es sich um Folgeänderungen wegen der Einführung der neuen Leistungskomponenten des Elterngeld Plus und des Partnerschaftsbonus gehandelt; aus Gründen der besseren Lesbarkeit hat der Gesetzgeber darauf verzichtet, die Zahl der zustehenden Elterngeldbeträge zu nennen, die in Abhängigkeit davon, welche Leistungskomponenten die Eltern im Einzelfall in Anspruch nehmen – Elterngeld, Elterngeld Plus, Partnerschaftsbonus sowie die Kombinationsmöglichkeit aus Elterngeld und Elterngeld Plus –, sehr variieren können (vgl. BT-Drucks. 18/2583, S. 31). Der Bezug zu den einzelnen Leistungskomponenten wird in § 5 Abs. 2 fortan mittels Verweisung auf die maßgeblichen BEEG-Vorschriften hergestellt.

Die bislang letzte Änderung hat § 5 durch das **»Zweite Gesetz zur Änderung des Bundeselterngeld- und Elternzeitgesetzes« vom 15.2.2021** (BGBl. I S. 239) erfahren. Aufgrund des Urteils des BVerfG vom 21.7.2015 (1 BvF 2/13 – BVerfGE 140, 65), mit dem das Betreuungsgeld für mit dem Grundgesetz unvereinbar und nichtig erklärt wurde, sind in Absatz 1 die Formulierung »für Elterngeld oder Betreuungsgeld« gestrichen sowie dessen Wortlaut zwecks inhaltlicher Klarstellung sprachlich angepasst und ergänzt worden, ohne dass dies Auswirkungen auf die Rechtslage gehabt hat; infolge der Neustrukturierung der §§ 4 bis 4d BEEG sind in § 5 Abs. 2 Satz 1 außerdem die Verweisungsnormen geändert worden (vgl. BT-Drucks. 19/24438, S. 32). Diese Änderungen sind zum 1.9.2021 in Kraft getreten.

b) Regelungsgehalt und Systematik

2 § 5 legt abstrakt fest, welche **Regeln für die Aufteilung** der den Eltern in der **Bezugsrahmenfrist** (§ 4 Abs. 1 Satz 2 bis 5 BEEG) zustehenden **Monatsbeträge** (§ 4 Abs. 3; § 4b BEEG) auf mehrere anspruchsberechtigte Personen gelten. Mit dieser Vorschrift sollen Rechtsstreitigkeiten über die Anspruchsberechtigung und Doppelleistungen vermieden werden (vgl. Graue/Wall in: Graue/Mandalka/Wall, 7. Aufl., § 5 BEEG Rn. 1). Die Notwendigkeit einer solchen Regelung ergibt sich aus dem vom Gesetzgeber für das BEEG gewählten Leistungssystem: Nach der gesetzlichen Konzeption können grundsätzlich beide Elternteile nicht nur den Anspruch auf Elterngeld erwerben (**Anspruchsberechtigung § 1 BEEG**), sondern sind generell auch frei in ihrer Entscheidung, wie das in Monatsbeträgen zu zahlende Elterngeld (§ 4 Abs. 2 Satz 1 BEEG) innerhalb des Bezugszeitraums zwischen ihnen aufgeteilt wird. Beide Elternteile können die ihnen in der Regel gemeinsam zur Verfügung stehenden Elterngeldmonate alleine, hintereinander, abwechselnd oder auch gleichzeitig beziehen, wobei der gleichzeitige Bezug von Elterngeld durch beide Elternteile seit dem Inkrafttreten des Haushaltsfinanzierungsgesetzes 2024 vom 22.12.2023 (BGBl. I Nr. 412) mit Wirkung zum 1.4.2024 nur noch nach Maßgabe des § 4 Abs. 6 BEEG möglich ist. Nach der gesetzlichen Konzeption des BEEG sind somit beim Elterngeld im Regelfall mehrere Personen anspruchsberechtigt, weshalb eine Bestimmung getroffen werden muss, wie sich die insgesamt gesetzlich zustehenden Monatsbeträge auf die anspruchsberechtigten Personen verteilen. Wie und durch wen diese Aufteilung zu erfolgen hat, regelt § 5. Dagegen sind die **verfahrensrechtlichen Modalitäten** dieser Bestimmung durch **§ 7 BEEG** normiert. § 7 Abs. 1 Satz 3 BEEG verpflichtet die Elterngeldberechtigten in ihrem jeweiligen Antrag anzugeben, welche Leistung (Basiselterngeld, Elterngeld Plus oder Partnerschaftsbonus) für welche Lebensmonate bezogen werden soll. Sofern beide Elternteile gleichzeitig einen Antrag stellen (vgl. § 7 Abs. 3 Satz 2 Nr. 1 BEEG), müssen sie in ihren Anträgen auch bestimmen, wer von

ihnen welche Monatsbeträge in Anspruch nimmt (vgl. BSG vom 26.5.2011 – B 10 EG 12/10 R – juris Rn. 20; Richtlinien des BMFSFJ zum BEEG, Stand Juni 2025, Ziffer 7.3.2.2 = S. 248).

Im Einzelnen regelt **Absatz 1** das Bestimmungsrecht im Fall der Anspruchsberechtigung beider Elternteile. Dabei geht der Gesetzgeber davon aus, dass die Aufteilung der den Eltern zustehenden Monatsbeträge grundsätzlich von den anspruchsberechtigten Elternteilen – nach dem **Konsensualprinzip** – vorgenommen wird (**individuelle Aufteilung**). 3

Absatz 2 trifft eine Regelung für den Fall, dass die von den anspruchsberechtigten Elternteilen getroffene Bestimmung der Bezugsmonate und der Bezugsberechtigung im Widerspruch zu den gesetzlichen Vorgaben über die maximale Bezugsdauer steht (**gesetzliche Aufteilung**). § 5 Abs. 2 ist lex specialis zur Entscheidung des Familiengerichts nach § 1628 BGB (Gerichtliche Entscheidung bei Meinungsverschiedenheiten über eine Angelegenheit der elterlichen Sorge).

Absatz 3 erstreckt den Regelungsgehalt der Vorschrift auf andere anspruchsberechtigte Personen im Sinne des § 1 Abs. 3 und 4 BEEG (Satz 1) und koppelt somit das Bestimmungsrecht an die Anspruchsberechtigung. Für die aufgrund dieser Gleichstellung möglichen Konfliktfälle räumt § 5 Abs. 3 Satz 2 dem **Bestimmungsrecht des sorgeberechtigten Elternteils** den Vorrang ein.

c) Vorläufernorm

Eine dem § 5 vergleichbare Regelung enthielt **§ 3 BErzGG**. Auch nach dieser Vorschrift konnten die anspruchsberechtigten Elternteile konsensual denjenigen bestimmen, an den das Erziehungsgeld zu zahlen war. Hintergrund war seinerzeit allerdings, dass zwar beide Elternteile die Anspruchsberechtigung erwerben konnten, das Erziehungsgeld aber nur einer Person gezahlt wurde (§ 3 Abs. 1 Satz 1 BErzGG). Dies traf auf das mit Wirkung zum 1.8.2013 eingeführte, allerdings später für verfassungswidrig erklärte Betreuungsgeld in gleicher Weise zu (§ 4d Abs. 3 Satz 1 BEEG a.F.), wenngleich das Betreuungsgeld auch im Wechsel bezogen werden konnte. Im Unterschied hierzu kann das Elterngeld von beiden Elternteilen im Wechsel oder – obgleich seit dem 1.4.2024 nur noch eingeschränkt nach Maßgabe des § 4 Abs. 6 BEEG – gleichzeitig in Anspruch genommen werden. Die mit dieser Änderung der gesetzlichen Grundkonzeption verbundenen Wahlmöglichkeiten hinsichtlich der Aufteilung der Bezugsmonate erfordern eine differenzierte gesetzliche Regelung zur Bestimmung der Bezugsmonate und der Bezugsberechtigung, die über die in § 3 BErzGG enthaltenen Bestimmungen hinausgeht und durch § 5 gewährleistet wird. 4

Die seinerzeit in **§ 3 Abs. 2 Satz 2 BErzGG** geregelte **Fiktion der Bezugsberechtigung der Mutter** bei einer fehlenden konsensualen Bestimmung des Bezugsberechtigten ist – zu Recht – nicht in § 5 übernommen worden, weil diese Regelung Ausdruck eines überkommenen Rollenverständnisses ist, dem der Gesetzgeber mit dem BEEG gerade entgegentreten wollte (vgl. dazu BT-Drucks. 16/1889, S. 14 ff.). Die insoweit im 5

Anwendungsbereich des BEEG bestehende **Regelungslücke** kann entweder durch eine analoge Anwendung des § 5 Abs. 2 Satz 2 oder durch die erweiternde Auslegung der im Antragsverfahren geltenden behördlichen Beratungs- und Hinweispflichten (in diesem Sinne Buchner/Becker, 8. Aufl., § 5 BEEG Rn. 21) bzw. eine Kopplung beider Möglichkeiten geschlossen werden (vgl. dazu im Einzelnen Rdn. 19 ff.).

Die Regelung des **§ 3 Abs. 3 BErzGG** über den **Vorrang der Bestimmung des sorgeberechtigten Elternteils** bei daneben bestehender Anspruchsberechtigung eines nicht sorgeberechtigten Elternteils wurde durch § 5 Abs. 3 Satz 2 übernommen.

Nicht übernommen wurde hingegen die in **§ 3 Abs. 4 BErzGG** normierte Möglichkeit des **Wechsels der Anspruchsberechtigung**, weil diese Regelung allein vor dem Hintergrund der damals in § 4 Abs. 2 BErzGG vorgesehenen abschnittsweisen Gewährung von Erziehungsgeld erforderlich war.

d) Normzweck

6 § 5 regelt die **Bezugsberechtigung** bei mehreren Anspruchsberechtigten (§ 1 BEEG) während der gesetzlichen Bezugsrahmenfrist (§ 4 Abs. 1 Satz 2 bis 5 BEEG), d.h. die **Anspruchsinhaberschaft**.

Die in **§ 5 Abs. 1** getroffene Regelung, nach der die Bestimmung der Bezugsberechtigung den anspruchsberechtigten Elternteilen überantwortet wird, soll – insbesondere im Zusammenhang mit der Regelung des § 7 Abs. 2 BEEG – die Flexibilität der Eltern in der Anfangsphase ihrer Elternschaft gewährleisten. Sie ist **Ausdruck der gesetzlichen Pflicht zur einvernehmlichen Ausübung der elterlichen Sorge** zum Wohl des Kindes (§ 1627 BGB).

§ 5 Abs. 2 stellt sicher, dass die Bestimmung der Bezugsberechtigung durch die Elterngeldberechtigten nicht im Widerspruch zu den gesetzlichen Regelungen über die Bezugsdauer steht und regelt die Aufteilung der den Eltern zustehenden Monatsbeträge in den Fällen, in denen von den Eltern keine einvernehmliche bzw. keine mit dem Gesetz im Einklang stehende Bestimmung vorgenommen wird. Auf diese Weise soll verhindert werden, dass es aufgrund einer fehlerhaften Bestimmung der Bezugsberechtigung zu einer mit dem Kindeswohl nicht vereinbaren Verzögerung der Auszahlung kommt (vgl. BT-Drucks. 16/1889, S. 24 f.).

Mit der Regelung des **§ 5 Abs. 3** gewährleistet der Gesetzgeber, dass Anspruchsinhaberschaft und Anspruchsberechtigung nicht in Widerspruch mit den **familienrechtlichen Vorschriften über das Sorgerecht** stehen (vgl. BT-Drucks. 16/1889, S. 24, 25).

2. Einvernehmliche Bestimmung der Bezugsberechtigung (§ 5 Abs. 1)

7 Erfüllen beide Elternteile die in § 1 BEEG geregelten Anspruchsvoraussetzungen für den Bezug von Elterngeld, bestimmen sie nach § 5 Abs. 1, »wer von ihnen die Monatsbeträge für welche Lebensmonate des Kindes in Anspruch nimmt«. Dabei geht der Gesetzgeber davon aus, dass die Eltern die Entscheidung, wer von ihnen Elterngeld erhalten soll, grundsätzlich **einvernehmlich** treffen (vgl. BT-Drucks. 16/1889,

S. 24). Gegenstand dieser Entscheidung ist die Zahl und zeitliche Verteilung der den Eltern nach § 4 Abs. 3 BEEG insgesamt zustehenden Monatsbeträge für das Basiselterngeld bzw. das Elterngeld Plus (einschließlich Partnermonate) und den Partnerschaftsbonus (§ 4b BEEG). Sie führt von der Anspruchsberechtigung zur **Anspruchsinhaberschaft** (vgl. Buchner/Becker, 8. Aufl., § 5 BEEG Rn. 1) bzw. zur **Bezugsberechtigung** des jeweiligen Elternteils. Die Bestimmung des Bezugsberechtigten im Sinne des § 5 Abs. 1 steht dabei in einem engen inhaltlichen Zusammenhang mit der Bestimmung der Bezugsmonate nach § 7 Abs. 1 Satz 3 BEEG, die sich automatisch auch auf die Bestimmung der Person des Bezugsberechtigten bezieht. Der Unterschied zwischen beiden Regelungen besteht darin, dass § 5 Abs. 1 abstrakt die konsensuale Aufteilung bzw. die Berechtigung zur Aufteilung der Monatsbeträge regelt, während § 7 Abs. 1 Satz 3 BEEG die diesbezüglichen verfahrensrechtlichen Modalitäten normiert.

Die **Bestimmung** der Bezugsberechtigung erfolgt **im Elterngeldantrag.** § 7 BEEG legt 8
die dafür maßgebenden verfahrensrechtlichen Bestimmungen fest. Da das BEEG verfahrensrechtlich keinen gemeinsamen Antrag der Elterngeldberechtigten vorsieht und daher selbst bei der Verwendung eines gemeinsamen Antragsvordrucks durch beide Elterngeldberechtigte von zwei in gesonderten Verwaltungsverfahren (§ 26 Abs. 1 BEEG i.V.m. § 8 SGB X) getrennt zu bearbeitenden und zu verbescheidenden Anträgen auszugehen ist, ergibt sich die Bestimmung der Bezugsberechtigung in der Regel erst aus einer Gesamtschau beider Anträge.

Eine einvernehmliche Bestimmung im Sinne des § 5 Abs. 1 liegt auch dann vor, wenn der Antrag nur von einem anspruchsberechtigten Elternteil gestellt und vom anderen – ebenfalls anspruchsberechtigten – Elternteil unterschrieben wird, da dieser mit der Unterschrift sein Einverständnis mit der vom antragstellenden Elternteil getroffenen Bestimmung erklärt. Da die Bezugsberechtigung im Antrag festgelegt wird, gelten für diese Bestimmung das **Schriftformerfordernis** (zum Schriftformerfordernis des Antrags vgl. Kommentierung § 7 Rdn. 11) und die in §§ 14, 15 SGB I geregelten **Beratungs- und Auskunftspflichten** sowie die **Regelungen des § 16 SGB I** (vgl. Buchner/Becker, 8. Aufl., § 5 BEEG Rn. 3). Die Anwendbarkeit u.a. der §§ 14 bis 16 SGB I auf den Ersten und Zweiten Abschnitt des BEEG leitet sich aus § 37 Satz 2 i.V.m. §§ 25 Abs. 2, 68 Nr. 15 SGB I ab.

Wird die **Bestimmung durch eine** in ihrer **Geschäftsfähigkeit beschränkte Person** vorge- 9
nommen, bedarf sie hierzu der Einwilligung ihres gesetzlichen Vertreters. Die Bestimmung der Bezugsberechtigung beeinflusst unmittelbar die Bezugsdauer für das Elterngeld und mittelbar die Entscheidung über die Ausübung einer vollen Erwerbstätigkeit (§ 1 Abs. 6 BEEG). Sie hat somit wirtschaftliche Auswirkungen von einiger Tragweite und ist daher für die Betroffenen nicht nur rechtlich vorteilhaft im Sinne des § 107 BGB. Da aufgrund des Zusammenhangs zwischen dem Bestimmungsrecht nach § 5 und dem Antragserfordernis auch die antragsbezogene Regelung des **§ 36 SGB I analog** gilt, ist jedoch eine minderjährige leistungsberechtigte Person mit Vollendung des 15. Lebensjahres als beschränkt handlungsfähig anzusehen und kann die Bestimmung nach § 5 Abs. 1 vorneh-

men. Allerdings kann der gesetzliche Vertreter diese Handlungsfähigkeit durch schriftliche Erklärung gegenüber der Elterngeldstelle einschränken (§ 36 Abs. 2 Satz 1 SGB I).

10 Aufgrund der gesetzlichen Regelung über die Bezugsrahmenfrist (§ 4 Abs. 1 Satz 2 bis 5 BEEG) und die den Eltern nach § 4 Abs. 3 BEEG (und ggf. § 4b BEEG) zustehenden Monatsbeträge ergeben sich für die Bestimmung der Bezugsberechtigung hinsichtlich des Elterngeldes folgende **Wahlmöglichkeiten**:

Grundsätzlich haben die Eltern in der Zeit vom Tag der Geburt bis zur Vollendung des 14. Lebensmonats des Kindes (Bezugszeitraum § 4 Abs. 1 Satz 2 und 3 BEEG) einen Anspruch auf 12 bzw. unter bestimmten Voraussetzungen (bei Inanspruchnahme der zwei Partnermonate) auf 14 Monatsbeträge **Basiselterngeld** bzw. bei der Bezugsvariante Elterngeld Plus auf die doppelte Zahl der Monate (Bezugsdauer § 4 Abs. 3 BEEG). Diese Monatsbeträge kann ein Elternteil allein (mit Ausnahme der Partnermonate und des Partnerschaftsbonus) bzw. können beide Elternteile abwechselnd oder nach Maßgabe des § 4 Abs. 6 BEEG gleichzeitig in Anspruch nehmen. Darüber hinaus kann auch ein Elternteil allein unter bestimmten Voraussetzungen die zusätzlichen Partnermonate bzw. den Partnerschaftsbonus beziehen (§ 4c BEEG).

Hinsichtlich des zum 1.8.2013 eingeführten und vom BVerfG für verfassungswidrig erklärten Betreuungsgeldes waren diese Wahlmöglichkeiten aufgrund der gesetzlichen Konzeption eingeschränkt. Das **Betreuungsgeld** war als Anschlussleistung ausgestaltet und konnte vom Beginn des 15. bis zum Ende des 36. Lebensmonats des Kindes – d.h. maximal für die Dauer von 22 Lebensmonaten – bezogen werden (§ 4d Abs. 1 Satz 1 und 3 BEEG a.F.). Allerdings konnten die Eltern die ihnen nach § 4d Abs. 1 BEEG a.F. zustehenden Monatsbeträge nur nacheinander und nicht gleichzeitig beziehen (§ 4d Abs. 3 BEEG a.F.). Aufgrund der Ausgestaltung des Betreuungsgeldes als Anschlussleistung war ein wechselnder Bezug von Elterngeld und Betreuungsgeld ausgeschlossen (vgl. BT-Drucks. 17/9917, S. 11).

11 § 5 findet nur Anwendung, wenn beide Elternteile bzw. andere anspruchsberechtigte Personen nach § 1 Abs. 3 und 4 BEEG (§ 5 Abs. 3) die Anspruchsvoraussetzungen für den Bezug von Elterngeld erfüllen und weder **anspruchshindernde noch anspruchsvernichtende Einwendungen** vorliegen (ebenso Schmitt in: Brose/Weth/Volk, 9. Aufl., § 5 BEEG Rn. 6). § 5 nimmt mit dem Begriff der »Anspruchsvoraussetzungen« nicht nur auf die in § 1 BEEG geregelte Anspruchsberechtigung Bezug. »Voraussetzung« für einen Anspruch ist vielmehr auch, dass keine die Entstehung oder Durchsetzung des Anspruchs hindernden Einwendungen bestehen. Auch kann nur über einen bestehenden und durchsetzbaren Anspruch im Sinne des § 5 Abs. 1 bestimmt, d.h. disponiert werden.

12 Bis zum Inkrafttreten des 1. BEEGÄndG vom 17.1.2009 (BGBl. I S. 61) am 24.1.2009 war die Bestimmung der Bezugsmonate und die damit untrennbar verbundene Bestimmung der Person des Bezugsberechtigten verbindlich (§ 5 Abs. 1 Satz 2 a.F.). Eine **einmalige Änderung dieser Bestimmung** war nur in absoluten Ausnahmefällen – nämlich bei Vorliegen einer besonderen Härte – zulässig (§ 5 Abs. 1 Satz 3 a.F.). Diese Verbindlichkeitsanordnung hat der Gesetzgeber im Zuge des 1. BEEGÄndG gestrichen. Die Bestimmung der Bezugsmonate und des Bezugsberechtigten konnte nach der vom

24.1.2009 bis 18.9.2012 geltenden Rechtslage einmalig ohne Angabe von Gründen und ein weiteres Mal bei Vorliegen einer besonderen Härte geändert werden (§ 7 Abs. 2 Satz 2 und 3 BEEG in der vom 24.1.2009 bis 18.9.2012 geltenden Fassung). Mit der durch das »Gesetz zur Vereinfachung des Elterngeldvollzugs« vom 10.9.2012 (BGBl. I S. 1878) vorgenommenen Änderung des § 7 BEEG kann die Bestimmung über die Bezugsmonate und die Bezugsberechtigung nunmehr bis zum Ende des Bezugszeitraums beliebig oft ohne Angabe von Gründen und sogar rückwirkend für die letzten drei Lebensmonate vor Beginn des Lebensmonats, in dem der Änderungsantrag eingegangen ist, geändert werden (vgl. § 7 Rdn. 27 ff.).

3. Gesetzliche Bestimmung der Bezugsberechtigung

a) Gesetzliche Bestimmung der Bezugsberechtigung nach § 5 Abs. 2

§ 5 Abs. 2 regelt die Bestimmung der Bezugsberechtigung, wenn die anspruchsberechtigten Elternteile »keine einvernehmliche Bestimmung« (BT-Drucks. 16/1889, S. 24) nach § 5 Abs. 1 getroffen haben. Das fehlende Einvernehmen bezieht sich dabei nicht allein auf den Willensbildungsprozess zwischen den anspruchsberechtigten Elternteilen. Vielmehr greift § 5 Abs. 2 insbesondere auch dann ein, wenn die von den Eltern einvernehmlich vorgenommene Aufteilung der Monatsbeträge im Widerspruch zu der gesetzlich geregelten Bezugsdauer (§ 4 Abs. 3 BEEG; § 4b BEEG) steht. Die in der Gesetzesbegründung verwendete Formulierung (»keine einvernehmliche Bestimmung«) lässt darauf schließen, dass der Gesetzgeber die fehlende Vereinbarkeit der Bestimmung mit den gesetzlichen Regelungen über die Bezugsdauer in der Regel auf das fehlende Einvernehmen der anspruchsberechtigten Elternteile zurückführt. Darüber hinaus ist es aber auch denkbar, dass die fehlerhafte Bestimmung auf einem Irrtum der anspruchsberechtigten Elternteile über die ihnen gesetzlich zustehende Bezugsdauer beruht. 13

Es handelt sich um eine **Ausnahme** von der die Regel bildenden **Entscheidungsbefugnis der anspruchsberechtigten Personen** über die Bezugsberechtigung nach § 5 Abs. 1. Als Ausnahmeregelung ist die Vorschrift eng auszulegen und greift nur, wenn und soweit dies zur Wahrung der Leistungsgrundsätze des BEEG notwendig ist, d.h. wenn und soweit die anspruchsberechtigten Elternteile mit der nach § 5 Abs. 1 vorgenommenen Bestimmung der Bezugsberechtigung **mehr Monatsbeträge** beanspruchen, als ihnen gesetzlich zustehen. § 5 Abs. 2 erfasst dabei Überschreitungen des Gesamtanspruchs je Kind in sämtlichen Formen, also das Basiselterngeld, das Elterngeld Plus, die Partnermonate und die Partnerschaftsbonusmonate (vgl. Graue/Wall in: Graue/Mandalka/Wall, 7. Aufl., § 5 BEEG Rn. 3).

Mit der in § 5 Abs. 2 normierten gesetzlichen Aufteilung der Bezugsmonate bzw. der gesetzlichen Bestimmung der Bezugsberechtigung wird sichergestellt, dass das den Eltern dem Grunde und der Höhe nach zustehende Elterngeld in unmittelbarem zeitlichen Zusammenhang mit der tatsächlichen Betreuung und Erziehung des Kindes gewährt werden kann und Verzögerungen bei der Auszahlung zum Nachteil des Kindes vermieden werden (vgl. BT-Drucks. 16/1889, S. 24). **Zweck** der Ausnahmeregelung ist daher die Gewährleistung einer in erster Linie **dem Wohle des Kindes dienenden** 14

praktikablen und verwaltungsökonomischen Rechtsanwendung (in diesem Sinne: BT-Drucks. 16/1889, S. 25). Dieser Zweckbestimmung muss bei der Auslegung der Regelung Rechnung getragen werden. Aufgrund der ihr nach § 14 SGB I obliegenden Pflicht zur Beratung muss die zuständige Behörde jedoch vor einem Rückgriff auf die gesetzliche Bestimmung der Bezugsberechtigung nach § 5 Abs. 2 die anspruchsberechtigten Personen darauf hinweisen, dass die von ihnen vorgenommene Bestimmung nicht im Einklang mit dem Gesetz steht. Ferner ist sie verpflichtet, über die gesetzlich zulässigen Aufteilungsmöglichkeiten und die Folgen einer Aufteilung kraft Gesetzes zu beraten und hat darauf hinzuwirken, dass klare und sachdienliche Anträge gestellt sowie unvollständige Angaben ergänzt werden (§ 16 Abs. 3 SGB I). Deckt sich die Anzahl der zustehenden Monatsbeträge nicht mit der Angabe, für welche Lebensmonate des Kindes eine Person ihren Anspruch geltend macht und erfolgt auch nach entsprechenden behördlichen Hinweisen und Erläuterungen keine Klarstellung, für welche Monate Elterngeld beantragt werden soll, wird in der Verwaltungspraxis das Elterngeld für die zeitlich früheren Monate bewilligt (vgl. Richtlinien des BMFSFJ zum BEEG, Stand Juni 2025, Ziffer 5.2 = S. 239; in diesem Sinne auch Röhl in: Rolfs/Giesen/Meßling/Udsching, § 5 BEEG Rn. 6).

15 Voraussetzung für die gesetzliche Festlegung der Bezugsberechtigung nach § 5 Abs. 2 ist, dass beide anspruchsberechtigte Elternteile (§ 1 BEEG) nach der anlässlich der Antragstellung (§ 7 BEEG) vorgenommenen Bestimmung zusammen mehr als die ihnen gesetzlich zustehenden Monatsbeträge Elterngeld beanspruchen. Von § 5 Abs. 2 nicht erfasst werden hingegen die Fälle, in denen ein Elternteil zunächst mehr als die Hälfte der zustehenden Monatsbeträge beantragt hatte, der andere Elternteil später weitere Monatsbeträge beantragt und erst hierdurch die gesetzlich zustehende Bezugsdauer überschritten wird. Ein neuer, späterer Antrag auf Elterngeld für weitere Monate führt nicht dazu, dass gemäß § 5 Abs. 2 der Anspruch des anderen Elternteils, der mehr als die Hälfte der Monatsbeträge beansprucht, automatisch gekürzt wird. Denn nach dem Wortlaut dieser Regelung ist Voraussetzung für die Kürzung, dass beide Elternteile »zusammen« mehr als die ihnen zustehenden Monatsbeträge Elterngeld beanspruchen (vgl. LSG Sachsen vom 19.8.2010 – L 3 EG 7/09 – BeckRS 2013, 69469). Danach beinhaltet das Wort »zusammen« auch eine zeitliche Komponente und ist nicht nur als ein »in Summe« zu verstehen. Demzufolge gelangt § 5 Abs. 2 lediglich dann zur Anwendung, wenn mehrere Elterngeldberechtigte ihre Anträge gemeinsam gestellt haben. Andernfalls bleibt es bei der Regelung des § 7 Abs. 3 Satz 3 Halbsatz 2 BEEG, wonach die andere berechtigte Person bei einem späteren Antrag abweichend von § 5 Abs. 2 nur die unter Berücksichtigung von § 4 Abs. 3 i.V.m. § 4b BEEG vom Gesamtanspruch verbliebenen Monatsbeträge erhalten kann.

Die durch § 5 Abs. 2 gesetzlich vorgegebene Aufteilung der den anspruchsberechtigten Elternteilen insgesamt zustehenden Monatsbeträge geht davon aus, dass **grundsätzlich beide Elternteile gleichermaßen für die Betreuung und Erziehung des Kindes verantwortlich sind** (BT-Drucks. 16/1889, S. 24) und daher auch jedem anspruchsberechtigten Elternteil nach der gesetzlichen Grundkonzeption die Hälfte der den Eltern gemeinsam zustehenden Monatsbeträge zugeordnet werden soll, um eine leistungsrechtliche Bevorzugung eines Elternteils zu verhindern. Dabei soll das gesetzliche

Bestimmungsrecht die von den Eltern kraft eigener Entscheidungsbefugnis getroffene Bestimmung nur so weit ersetzen, als dies zur Durchsetzung der Regelungen des § 4 Abs. 3 BEEG (und ggf. § 4b BEEG) notwendig ist. Daher unterscheidet das Gesetz folgende Fallkonstellationen:

– Beansprucht ein Elternteil **maximal die Hälfte** der den Eltern insgesamt gesetzlich zustehenden Monatsbeträge, werden ihm die Monatsbeträge wie beantragt bewilligt, während die von dem anderen Elternteil getroffene Bestimmung der Bezugsberechtigung um die den gesetzlichen Bezugszeitraum überschreitenden Monate gekürzt wird (**§ 5 Abs. 2 Satz 1**). Eine verhältnismäßige Kürzung findet hingegen nicht statt, um dem zu viel beanspruchenden Elternteil keinen Vorteil auf Kosten des anderen Elternteils zu verschaffen (vgl. von Koppenfels-Spies in: Knickrehm/Roßbach/Waltermann, 8. Aufl., § 5 BEEG Rn. 4). Andererseits erfolgt aber auch keine »Aufstockung« um die bis zur Hälfte des Bezugszeitraums fehlenden Monatsbeträge (vgl. Senger in: Tillmanns/Mutschler, 3. Aufl., § 5 BEEG Rn. 10). 16

> *Bsp.:*
>
> *Beansprucht Elternteil A von den beiden Elternteilen insgesamt zustehenden 14 Basiselterngeldmonaten 6 Monatsbeträge, Elternteil B dagegen 10 Monatsbeträge, erhält Elternteil A die beantragten 6 Monatsbeträge, während der von Elternteil B geltend gemachte Anspruch auf 8 Monatsbeträge gekürzt wird.*

Um eine Vergleichbarkeit der Monatsbeträge herzustellen, sind bei der Prüfung des § 5 Abs. 2 Satz 1, ob ein Elternteil mehr als die Hälfte der den Eltern gemeinsam zustehenden Monatsbeträge beantragt hat, ggf. zwei Monatsbeträge Elterngeld Plus in einen Monatsbetrag Basiselterngeld umzurechnen (vgl. BT-Drucks. 18/2583, S. 31). Beanspruchen beide Elternteile **jeweils mehr als die Hälfte** der ihnen gesetzlich zustehenden Monatsbeträge, wird jedem von ihnen nur die Hälfte dieser Monatsbeträge zugeordnet (**§ 5 Abs. 2 Satz 2**). Diese **hälftige Aufteilung der Bezugsmonate** folgt dem Gedanken der gleichberechtigten Verantwortung beider Elternteile für die Betreuung und Erziehung des Kindes. Durch die Inbezugnahme der Monatsbeträge soll klargestellt werden, dass es nicht darauf ankommt, in wie vielen Monaten welches Elterngeld bezogen werden soll, sondern welchen Umfang das in Anspruch genommene Elterngeld-Kontingent hat (BT-Drucks. 18/2583, S. 31). Die hälftige Aufteilung ist somit unabhängig von der Höhe der Überschreitung im jeweiligen Antrag (so auch Senger in: Tillmanns/Mutschler, 3. Aufl., § 5 BEEG Rn. 12). Dies unterstreicht zugleich, dass es sich bei § 5 Abs. 2 um eine dem Wohl des Kindes dienende Regelung handelt, nicht hingegen um eine Sanktion der fehlerhaften Bestimmung.

> *Bsp.:*
>
> *Beansprucht Elternteil A von den beiden anspruchsberechtigten Elternteilen insgesamt zustehenden 14 Basiselterngeldmonaten 8 Monate und Elternteil B weitere 9 Monate, werden beiden Elternteilen jeweils 7 Monatsbeträge zugeordnet.*

Um den Umfang des in Anspruch genommenen Elterngeld-Kontingents zutreffend feststellen zu können, müssen auch bei § 5 Abs. 2 Satz 2 wiederum ggf. zwei Monatsbeträge Elterngeld Plus in einen Monatsbetrag Basiselterngeld umgerechnet werden (vgl. BT-Drucks. 18/2583, S. 31).

17 Die auf der Grundlage von § 5 Abs. 2 vorgenommene Kürzung der Monatsbeträge beseitigt den Anspruch auf Elterngeld jedoch nicht dem Grunde nach. Es handelt sich weder um eine **anspruchshindernde** noch um eine **anspruchsvernichtende Einwendung.** Der Anspruch auf Elterngeld entsteht nach Erfüllung aller Anspruchsvoraussetzungen mit Beginn des nächsten Lebensmonats des Kindes (vgl. BSG vom 30.9.2010 – B 10 EG 9/09 R – BSGE 107, 1 = SozR 4–7837 § 1 Nr. 2: Modifizierung des § 40 Abs. 1 SGB I durch das Lebensmonatsprinzip des § 4 Abs. 2 Satz 1 BEEG). Die **Bestimmung der Bezugsberechtigung** nach § 5 ist hingegen **keine materiell-rechtliche Voraussetzung für den Bezug von Elterngeld**, sondern lediglich ein formales, im Zusammenhang mit dem Antragsverfahren stehendes Recht. Die in § 5 Abs. 2 normierte gesetzliche Aufteilung der Monatsbeträge hat zur Folge, dass einer der Ansprüche nicht bzw. nicht in vollem Umfang geltend gemacht werden kann. Dies ändert jedoch nichts an der Entstehung des Anspruchs. Diese Schlussfolgerung ergibt sich bereits daraus, dass nach § 7 Abs. 2 Satz 1 BEEG die im Antrag hinsichtlich der Bezugsmonate und der Bezugsberechtigung getroffene Bestimmung jederzeit ohne weitere Voraussetzungen geändert werden kann. Macht der Elternteil, dessen Monatsbeträge nicht gekürzt wurden, von diesem Änderungsrecht im Sinne einer Reduzierung der von ihm ursprünglich beantragten Monatsbeträge Gebrauch, lebt der Anspruch des anderen Elternteils insoweit wieder auf.

18 Die gesetzliche Bestimmung der Bezugsberechtigung nach § 5 Abs. 2 kommt allerdings dann nicht zum Tragen, wenn beide anspruchsberechtigten Elternteile **bewusst die ihnen zustehenden Monatsbeträge zahlenmäßig unterschreiten**. Da insoweit kein Konflikt mit den gesetzlichen Regelungen der Bezugsdauer besteht, genießt die Entscheidungsbefugnis der Anspruchsberechtigten Vorrang. Davon kann allerdings nur ausgegangen werden, wenn ein Irrtum der anspruchsberechtigten Elternteile hinsichtlich der ihnen gesetzlich insgesamt zustehenden Monatsbeträge ausgeschlossen ist. Bestehen dagegen Anhaltspunkte für eine in Unkenntnis der Rechtslage erfolgte Bestimmung, hat die Elterngeldbehörde darauf hinzuweisen und über die gesetzlich zulässigen Bestimmungsmöglichkeiten zu beraten (§ 14 SGB I).

19 § 5 Abs. 2 regelt ausdrücklich nur die Fälle, in denen die von den anspruchsberechtigten Elternteilen vorgenommene Aufteilung der Monatsbeträge nicht im Einklang mit den gesetzlichen Vorschriften über die Bezugsdauer steht. Dagegen enthält das Gesetz keine Regelung für den Fall, dass die anspruchsberechtigten Elternteile **keine Bestimmung über die Aufteilung der ihnen insgesamt zustehenden Monatsbeträge** getroffen haben (a.A. von Koppenfels-Spies in: Knickrehm/Roßbach/Waltermann, 8. Aufl., § 5 BEEG Rn. 4). Die Bestimmung der Bezugsberechtigung nach § 5 Abs. 1 ist nicht erzwingbar, insbesondere nicht über § 60 Abs. 1 Satz 1 Nr. 1 i.V.m. § 66 SGB I, weil es sich nicht um eine materiell-rechtliche Anspruchsvoraussetzung handelt und die Bestimmung daher keine leistungserhebliche Tatsache im Sinne des § 60 Abs. 1 Satz 1 Nr. 1 SGB I darstellt (so aber Senger in: Tillmanns/Mutschler, 3. Aufl., § 5 BEEG Rn. 15). Daher sind durch-

aus Fallkonstellationen denkbar, in denen keine Bestimmung über die Aufteilung der Monatsbeträge auf mehrere Anspruchsberechtigte vorgenommen worden ist.

Auch enthält das BEEG für diese Fallkonstellationen keine dem **§ 3 Abs. 2 Satz 2 BErzGG** vergleichbare **Fiktion der Bezugsberechtigung der Mutter** (vgl. dazu Rdn. 5). Eine derartige Fiktion wäre nicht mit der gesetzlichen Grundkonzeption des BEEG vereinbar, das in Abkehr von dem das BErzGG prägenden Rollenverständnis eine gleichberechtigte Teilhabe für Männer und Frauen an Beruf und Familie sicherstellen und somit einen Beitrag zur Gleichstellung der Geschlechter leisten will (vgl. BT-Drucks. 16/1889, S. 15). Das lässt darauf schließen, dass der Gesetzgeber des BEEG bewusst auf eine dem § 3 Abs. 2 Satz 2 BErzGG entsprechende Regelung verzichtet hat.

Die **fehlende Bestimmung der Bezugsberechtigung** wird jedoch in aller Regel die Aus- 20
zahlung des Elterngeldes verzögern und ist somit nicht mit dem Wohl des Kindes vereinbar. Es handelt sich daher um eine Interessen- bzw. Konfliktlage, in der grundsätzlich die dem § 5 Abs. 2 zugrunde liegende Zweckbestimmung (dazu Rdn. 6, 14) greift. Die bei fehlender Bestimmung der Bezugsberechtigung bestehende **Regelungslücke** ist daher systemkonform durch eine **analoge Anwendung des § 5 Abs. 2 Satz 2** zu schließen. Allerdings ist diese Analogie erst dann vorzunehmen, wenn die zuständige Behörde zuvor auf die fehlende Bestimmung der Bezugsberechtigung und die Folgen der gesetzlichen Bestimmung, die für die berechtigten Personen nicht nur vorteilhaft sein kann, im Rahmen der ihr nach §§ 14, 16 und 17 SGB I obliegenden **Beratungs- und Hinwirkungspflichten** nachgekommen ist. Nehmen die anspruchsberechtigten Elternteile auch nach entsprechender Beratung und behördlichem Hinwirken keine Bestimmung vor, handelt es sich um eine der fehlenden einvernehmlichen Bestimmung vergleichbare Fallkonstellation, in der die gesetzliche Aufteilungsregelung des § 5 Abs. 2 Satz 2 analog anzuwenden ist. Der Auffassung, dass eine fehlende Bestimmung im Antrag nicht mehr vorkommen kann, weil das Erfordernis diesbezüglicher Angaben im Antrag in § 7 BEEG eindeutig geregelt sei und die nach § 12 BEEG zuständigen Behörden im Rahmen ihrer Beratungspflicht auf eine ordnungsgemäße Antragstellung hinzuwirken hätten, weshalb es einer analogen Anwendung des § 5 Abs. 2 Satz 2 nicht bedürfe (so aber Buchner/Becker, 8. Aufl., § 5 BEEG Rn. 21), negiert das Problem und trägt damit nicht zu dessen Lösung bei.

Die analoge Anwendung des § 5 Abs. 2 Satz 2 ist allerdings nur gerechtfertigt, wenn 21
beide Elternteile die Gewährung von Elterngeld beantragt, aber im Antrag eine Bestimmung der Bezugsberechtigung versäumt haben. Stellt dagegen nur einer der anspruchsberechtigten Elternteile einen Antrag und liegt der Behörde auch keine Anzeige nach § 7 Abs. 3 Satz 2 Nr. 2 BEEG vor, gilt die gesetzliche Zuordnungsregel des **§ 7 Abs. 3 Satz 3 Halbsatz 1 BEEG**, d.h. die beiden Elternteilen zustehenden Monatsbeträge werden dem allein antragstellenden Elternteil zugeordnet. Der andere Elternteil kann im Fall eines – nach dem Gesetz zulässigen – späteren Antrags abweichend von § 5 Abs. 2 nur die unter Berücksichtigung von § 4 Abs. 3 i.V.m. § 4b BEEG vom Gesamtanspruch verbleibenden Monatsbeträge erhalten (§ 7 Abs. 3 Satz 3 Halbsatz 2 BEEG).

b) **Gesetzliche Bestimmung der Bezugsberechtigung nach § 4 Abs. 4 Satz 3 BEEG**

22 Eine weitere gesetzliche Regelung der Bezugsberechtigung für das Elterngeld enthält § 4 Abs. 4 Satz 3 BEEG. Danach gelten Lebensmonate des Kindes, in denen einem Elternteil nach § 3 Abs. 1 Satz 1 Nr. 1 bis 3 BEEG anzurechnende Leistungen (z.B. Mutterschaftsgeld nach § 24i SGB V) oder nach § 192 Abs. 5 Satz 2 VVG Versicherungsleistungen zustehen, als Monate, für die dieser Elternteil Basiselterngeld nach § 4a Abs. 1 BEEG bezieht. Die Lebensmonate werden also der Person zugeordnet, die den Anspruch auf die anzurechnende Leistung hat. Die Person, der eine anzurechnende Leistung in diesem Sinne zusteht, wird dabei so behandelt, als habe sie in dem betreffenden Monat Elterngeld bezogen, selbst dann, wenn sie in diesem Monat kein Elterngeld beansprucht hat (vgl. BSG vom 29.6.2017 – B 10 EG 6/16 R – SozR 4–7837 § 4 Nr. 6, dazu Anmerkung von Koppenfels-Spies, NZS 2017, 959; a.A. noch BSG vom 26.5.2011 – B 10 EG 12/10 R – SozR 4–7837 § 4 Nr. 2: Lebensmonate des Kindes, in denen Mutterschaftsgeld zusteht, gelten nur dann als Monate, für die die Mutter Elterngeld bezieht [§ 4 Abs. 3 Satz 2 BEEG a.F.], wenn diese in dem betreffenden Zeitraum aufgrund objektiver Gegebenheiten zum anspruchsberechtigten Personenkreis im Sinne des § 1 BEEG gehört; ebenso BSG vom 26.5.2011 – B10 EG 11/10 R – BeckRS 2011, 75847). Mit dieser **Fiktion von Elterngeldbezugsmonaten** stellt der Gesetzgeber sicher, dass die den elterngeldrechtlichen Anrechnungsregelungen zukommende Zweckbestimmung – die Vermeidung von zweckidentischen Doppelleistungen – umgesetzt und nicht durch eine entsprechende Gestaltung der Bezugsberechtigung seitens der Elterngeldberechtigten nach § 5 Abs. 1 umgangen wird (vgl. dazu im Einzelnen die Kommentierung zu § 4 Abs. 4 Satz 3 BEEG).

23 Die mit der Regelung des § 4 Abs. 4 Satz 3 BEEG verbundene Beschränkung der Entscheidungsfreiheit der anspruchsberechtigten Elternteile ist mit **Art. 6 Abs. 1 GG** vereinbar, weil sie die grundrechtlich geschützte Entscheidungsfreiheit der Eltern über die innerfamiliäre Aufgabenverteilung nicht in verfassungswidriger Weise berührt. Der Gesetzgeber übt mit der Fiktion von Elterngeldbezugsmonaten weder einen unmittelbaren noch einen mittelbaren Zwang auf die Eltern aus, an Stelle der persönlichen Betreuung des Kindes wieder eine elterngeldschädliche Erwerbstätigkeit auszuüben. Der mit der Regelung verbundene – und auch im Sinne der Verhaltenslenkung beabsichtigte – wirtschaftliche Anreiz ist zwar geeignet, die Entscheidung der Eltern über die zeitliche Verteilung der Erziehungs- und Betreuungsarbeit zu beeinflussen, hat aber nicht die Intensität eines grundrechtlich relevanten Eingriffs. Die gesetzliche Fiktion von Elterngeldbezugsmonaten nach § 4 Abs. 4 Satz 3 BEEG verstößt auch nicht gegen den allgemeinen **Gleichheitssatz des § 3 Abs. 1 GG**, weil dem Gesetzgeber zum einen bei der Ausgestaltung der Familienförderung ein weiter Gestaltungsspielraum zusteht und die Regelung zum anderen zur Erreichung eines legitimen Zwecks – nämlich der Verhinderung einer Umgehung der Anrechnungsvorschriften des § 3 Abs. 1 und 3 BEEG – geeignet, erforderlich und angemessen ist (vgl. zum Vorstehenden: BSG vom 20.12.2012 – B 10 EG 19/11 R – SozR 4–7837 § 3 Nr. 1; BSG vom 26.5.2011 – B 10 EG 12/10 R – SozR 4–7837 § 4 Nr. 2).

4. Bestimmung der Bezugsberechtigung bei sonstigen anspruchsberechtigten Personen nach § 1 Abs. 3 und 4 BEEG (§ 5 Abs. 3)

Die Regelungen des § 5 Abs. 1 und 2 gelten nicht nur für anspruchsberechtigte Elternteile, sondern über **§ 5 Abs. 3 Satz 1** grundsätzlich auch für die im Rechtssinne noch nicht mit dem Kind verwandten, über § 1 Abs. 3 BEEG anspruchberechtigten Personen (Adoptionspflegeeltern, Stiefeltern und noch nicht anerkannte Väter) sowie Verwandte, die nach § 1 Abs. 4 BEEG einen Anspruch auf Elterngeld erworben haben. Das gilt sowohl im Verhältnis der genannten Berechtigten untereinander als auch im Verhältnis zu den leiblichen Eltern, die den Anspruch auf Elterngeld vermitteln (vgl. von Koppenfels-Spies in: Knickrehm/Roßbach/Waltermann, 8. Aufl., § 5 BEEG Rn. 5). Die in § 5 Abs. 3 Satz 1 angeordnete Gleichstellung in Bezug auf die Anspruchsinhaberschaft ist eine notwendige Konsequenz der mit **§ 1 Abs. 3 und 4 BEEG** vorgenommenen **Ausdehnung des Kreises der Anspruchsberechtigten** über die Eltern des Kindes hinaus. 24

Für den Fall, dass eine Einigung mit einem nicht sorgeberechtigten Elternteil oder einer nach § 1 Abs. 3 Satz 1 Nr. 2 BEEG (Aufnahme eines Stiefkindes) und nach § 1 Abs. 3 Satz 1 Nr. 3 BEEG (»Noch-Nicht-Väter«) elterngeldberechtigten Person nicht erzielt werden kann, ordnet **§ 5 Abs. 3 Satz 2** an, dass es dann abweichend von § 5 Abs. 2 **allein auf die Entscheidung des sorgeberechtigten Elternteils** ankommt. Bei dieser Regelung handelt es sich um eine **Ausnahme von der Ausnahmevorschrift des § 5 Abs. 2.** Mit dieser doppelten Ausnahme wird sichergestellt, dass ein Elternteil, der das alleinige Sorgerecht hat, für die Inanspruchnahme von Elterngeld nicht auf die Zustimmung eines anderen Elterngeldberechtigten angewiesen ist (vgl. BT-Drucks. 16/1889, S. 25), um so den **familienrechtlichen Regelungen zum Sorgerecht** Rechnung tragen zu können (vgl. BT-Drucks. 16/1889, S. 24). Die Gründe der fehlenden Einigung sind dabei unerheblich (vgl. Lenz/Wagner in: Rancke/Pepping, 6. Aufl., § 5 BEEG Rn. 4). Demgegenüber kann der andere, nicht sorgeberechtigte Elterngeldberechtigte nur mit Zustimmung des Sorgerechtsinhabers Elterngeld beziehen (vgl. § 4d Satz 2 BEEG). Dabei reicht es für die Zustimmung aus, dass der Sorgerechtsinhaber den Antrag, in dem der Nichtsorgeberechtigte zum Elterngeldberechtigten bestimmt wird, mit unterzeichnet (vgl. Graue/Wall in: Graue/Mandalka/Wall, 7. Aufl., § 5 BEEG Rn. 8; Senger in: Tillmanns/Mutschler, 3. Aufl., § 5 BEEG Rn. 20). 25

Die Regelung des § 5 Abs. 3 Satz 2 ist auch in Anbetracht des **§ 4d Satz 2 BEEG** nicht entbehrlich (so aber Schmitt in: Brose/Weth/Volk, 9. Aufl., § 5 BEEG Rn. 17 zur Vorgängerregelung § 4 Abs. 7 Satz 2 BEEG a.F.). § 4d Satz 2 BEEG regelt zwar keine Anspruchsvoraussetzung für den Bezug von Elterngeld, ist aber zwingende Voraussetzung für den Leistungsbezug. Fehlt die Zustimmung des sorgeberechtigten Elternteils, besteht eine anspruchshindernde Einwendung (vgl. hierzu im Einzelnen die Kommentierung zu § 4d Satz 2 BEEG). Davon zu unterscheiden ist die Aufteilung der Bezugsmonate, die in § 5 geregelt ist. Da es in diesen Fällen zu einem Konflikt zwischen der Aufteilung durch den sorgeberechtigten Elternteil und einem nicht sorgeberechtigten Anspruchsinhaber kommen kann, ist eine dem § 5 Abs. 3 Satz 2 entsprechende Regelung notwendig. Das sieht offenkundig auch der Gesetzgeber so, der trotz zahlreicher 26

Gelegenheiten im Zuge der vielfachen Änderungen des BEEG bislang von einer Streichung des § 5 Abs. 3 Satz 2 abgesehen hat.

§ 6 BEEG Auszahlung

Elterngeld wird im Laufe des Lebensmonats gezahlt, für den es bestimmt ist.

Übersicht

1. Allgemeines

a) Entwicklung der Norm

1 Die Ursprungsfassung der Norm trat am 1.1.2007 in Kraft und enthielt in zwei weiteren Sätzen Regelungen zur Verlängerung des Auszahlungszeitraums. Mit dem »**Gesetz zur Einführung eines Betreuungsgeldes (Betreuungsgeldgesetz)**« vom 15.2.2013 (BGBl. I S. 254) wurde der Anwendungsbereich der Vorschrift auf das Betreuungsgeld erstreckt. Durch das am 1.1.2015 in Kraft getretene **»Gesetz zur Einführung des Elterngeld Plus mit Partnerschaftsbonus und einer flexibleren Elternzeit im Bundeselterngeld- und Elternzeitgesetz« vom 18.12.2014** (BGBl. I S. 2325) wurden die Regelungen zur Verlängerung des Auszahlungszeitraums (Sätze 2 und 3) gestrichen, da diese durch § 4 Abs. 3 BEEG a.F. (§ 4 Abs. 3 Satz 3, § 4a Abs. 2 BEEG n.F.; Inanspruchnahme von Elterngeld Plus) ersetzt worden sind. Mit dem Zweiten Gesetz zur Änderung des Bundeselterngeld- und Elternzeitgesetzes (2. BEEGÄndG) vom 15.2.2021 (BGBl. I S. 239) wurde das zuvor vom BVerfG für nichtig erklärte Betreuungsgeld (BVerfG vom 21.7.2015 – 1 BvF 2/13 – BVerfGE 140, 65) aus dem Wortlaut gestrichen und die Vorschrift redaktionell angepasst (»Lebensmonat« statt »Monat«).

b) Regelungsgehalt der Norm

2 § 6 regelt die **Auszahlungsmodalitäten** für das Elterngeld.

c) Vorläufervorschrift

3 § 6 ist wort- und inhaltsgleich mit dem früheren **§ 5 Abs. 5 Satz 1 BErzGG** in der bis zum 31.12.2008 gültigen Fassung durch die Neubekanntmachung des Bundeserziehungsgeldgesetzes vom 9.2.2004 (BGBl. I S. 206). Die in § 5 Abs. 5 Satz 2

BErzGG (Erziehungsgeld für Teilmonate), § 5 Abs. 5 Satz 3 BErzGG (Mindestauszahlungsbetrag von 10 Euro ab dem 7. Lebensmonat) und § 5 Abs. 5 Satz 4 BErzGG (Rundungsvorschrift) geregelten Inhalte hat der Gesetzgeber für das Elterngeld nicht übernommen. Ursächlich hierfür sind die leistungsrechtlichen Unterschiede zwischen dem als reine Sozialleistung konzipierten Erziehungsgeld einerseits und dem überwiegend als Einkommensersatzleistung ausgestalteten Elterngeld andererseits. So wird das Elterngeld grundsätzlich für volle Lebensmonate des Kindes gezahlt, sodass die Gewährung von Elterngeld für **Teilmonate** nicht möglich und eine dem früheren **§ 5 Abs. 5 Satz 2 BErzGG** entsprechende Regelung nicht notwendig ist (ebenso Buchner/Becker, 8. Aufl., § 6 BEEG Rn. 5). Die **Mindestbetragsregelung des § 5 Abs. 5 Satz 3 BErzGG** hat aufgrund der Neukonzeption der Familienleistung Elterngeld als Einkommensersatzleistung mit wesentlich höheren monatlichen Auszahlungsbeträgen und einem als Sozialleistung zu gewährenden Mindestelterngeld ihre inhaltliche Berechtigung verloren.

Das Fehlen einer dem § 5 Abs. 5 Satz 4 BErzGG entsprechenden **Rundungsvorschrift** 4
kann dagegen weder auf sachliche Gründe noch auf konzeptionelle Unterschiede gestützt werden. Durch die Rundungsvorschrift sollte die Auszahlung von Cent-Beträgen vermieden werden (vgl. Buchner/Becker, 8. Aufl., § 6 BEEG Rn. 6). Aus den Gesetzesmaterialien zum BEEG ergeben sich keine Gründe für den Verzicht auf eine Rundungsvorschrift. Eine solche Regelung ist in Anbetracht des in § 2 BEEG für das Elterngeld vorgesehenen Berechnungsmodus auch nicht entbehrlich, zumal eine Rundungsvorschrift der Verwaltungsvereinfachung dient, die der Gesetzgeber im Anwendungsbereich des BEEG allgemein und speziell im Rahmen des § 6 (vgl. BT-Drucks. 16/1889, S. 25) hervorgehoben hat. Eine dieses gesetzgeberische Defizit ausgleichende und für alle Sozialleistungen geltende allgemeine Rundungsvorschrift existiert weder im SGB I noch im SGB X. Auch im BGB findet sich – abgesehen von einer speziell für den Mindestunterhalt für minderjährige Kinder normierten Rundungsvorschrift (§ 1612a Abs. 2 BGB) – keine allgemeine Grundlage für eine Rundung. Da mit der Rundung die zur Auszahlung gelangende Summe einer Sozialleistung abweichend von dem sich in Anwendung der leistungsrechtlichen Vorschriften ergebenden Anspruch festgelegt wird, bedarf die Durchführung der Rundung einer gesetzlichen Grundlage (§ 31 SGB I).

d) Systematische Zusammenhänge

§ 6 regelt die Auszahlung des der berechtigten Person in Anwendung des § 1 BEEG 5
dem Grunde nachzustehenden und nach § 2 Abs. 1 i.V.m. §§ 2b ff. BEEG berechneten Elterngeldes. In ihm kommt das im BEEG vorherrschende **Lebensmonatsprinzip** zum Ausdruck. Da es sich beim Elterngeld um eine Sozialleistung handelt, sind die allgemeinen leistungsrechtlichen Bestimmungen des **SGB I** anwendbar (§ 68 Nr. 15 SGB I). Im Zusammenhang mit der Auszahlung sind insbesondere § 44 SGB I (Verzinsung) und § 47 SGB I (Zahlungsweg) von Bedeutung. Hinsichtlich der Fälligkeit trifft § 6 allerdings eine im Vergleich zu § 41 SGB I abweichende Bestimmung.

e) **Normzweck**

6 § 6 regelt die Auszahlungsmodalitäten für das Elterngeld im Interesse der Rechtsklarheit für die zuständige Behörde und der Rechtssicherheit für die Leistungsberechtigten. Die Regelung dient primär der **Verwaltungsvereinfachung** (vgl. BT-Drucks. 16/1889, S. 25). Wegen der tatsächlichen Schwierigkeiten, die mit einer an den Beginn des Lebensmonats anknüpfenden Zahlungspflicht verbunden sind, gestattet § 6 der zuständigen Behörde die Auszahlung des Elterngeldes im Laufe des Lebensmonats (vgl. dazu BT-Drucks. 16/1889, S. 25).

2. **Auslegung der Norm**

a) **Auszahlungszeitpunkt**

7 Das Elterngeld wird im Laufe des Lebensmonats gezahlt, für den es bestimmt ist. Der mit Vorliegen der Anspruchsvoraussetzungen des § 1 BEEG entstehende Anspruch auf Gewährung von Elterngeld wird somit – abweichend von § 41 SGB I – erst mit Ablauf des letzten Werktages des nach § 6 i.V.m. § 7 Abs. 1 BEEG bestimmten Monats **fällig**. Erst zu diesem Zeitpunkt kann die elterngeldberechtigte Person die Zahlung verlangen und ist die Behörde zur Zahlung verpflichtet. Bis dahin kann die Elterngeldbehörde die Leistung erbringen, muss dies aber nicht. Nach Ablauf eines weiteren Kalendermonats ist die Behörde zur Zahlung von **Verzugszinsen** verpflichtet (§ 44 Abs. 1 SGB I).

8 Anknüpfungspunkt ist der Tag der Geburt des Kindes und nicht der erste Kalendertag des Monats, in den die Geburt oder ein für die Berechnung relevantes Ereignis fällt (vgl. Schmitt in: Brose/Weth/Volk, 9. Aufl., § 6 BEEG Rn. 3). Welcher Monat im Sinne des § 6 »bestimmt ist«, beurteilt sich nach § 7 BEEG. Obwohl der nach § 7 BEEG zu stellende **Antrag** keine anspruchsbegründende, sondern lediglich verfahrensrechtliche Bedeutung hat, kann die zuständige Behörde ihrer Leistungspflicht nur und erst dann nachkommen, wenn sie von den anspruchsbegründenden Umständen Kenntnis hat, was in der Regel erst mit dem Eingang des Antrags sichergestellt ist. Daher ist der vollständige und eine Bestimmung im Sinne des § 7 Abs. 1 BEEG enthaltende Antrag für die Beurteilung der Auszahlung von Bedeutung.

9 In Zusammenhang mit der Fälligkeit des Anspruchs auf Elterngeld stellt sich unter anderem die Frage nach der **Übergangsfähigkeit des Anspruchs beim Tod der berechtigten Person**. Insoweit sind die allgemeinen Vorschriften des SGB I maßgebend. Ist der Anspruch fällig, so geht er für die in § 56 Abs. 1 Satz 1 SGB I genannten Personen, die mit der berechtigten Person zur Zeit ihres Todes gemeinsam in einem Haushalt gelebt haben oder von ihr wesentlich unterhalten worden sind, im Wege der **Sonderrechtsnachfolge** über. Liegen diese Voraussetzungen nicht vor, beurteilt sich der Anspruchsübergang nach den allgemeinen erbrechtlichen Vorschriften der **§§ 1922 ff. BGB** (§ 58 SGB I). Allerdings kann ein Anspruch auf Gewährung von Elterngeld nur dann im Wege der Erbfolge übergehen, wenn der Anspruch zum Zeitpunkt des Todes der elterngeldberechtigten Person festgestellt oder diesbezüglich ein Verwaltungsverfahren anhängig gewesen ist, andernfalls erlischt der (noch) nicht konkretisierte

Anspruch mit dem Tod des Berechtigten (§ 59 Satz 2 SGB I). Ein Verwaltungsverfahren ist anhängig, sobald ein Antrag nach § 7 BEEG bei der zuständigen Behörde eingegangen ist (§§ 8, 18 SGB X) und solange die Behörde noch keine abschließende Entscheidung durch Verwaltungsakt getroffen hat (§§ 8, 31 SGB X). Mit dem Erlass eines das Verwaltungsverfahren abschließenden Verwaltungsaktes liegt eine Feststellung im Sinne des § 59 Satz 2 SGB I vor.

b) Regelungen zum Auszahlungsvorgang

Hinsichtlich des **Zahlungsweges gilt § 47 SGB I**. Danach werden Leistungen grundsätzlich kostenfrei auf das angegebene Konto des Empfängers überwiesen. Verfügt die berechtigte Person über kein Konto, ist das Elterngeld kostenfrei an den Wohnsitz des Berechtigten zu übermitteln. Abweichend hiervon kann die zuständige Behörde auf Wunsch der berechtigten Person einen anderen Zahlungsweg wählen, soweit sich dieser als wirtschaftlich erweist. Bei Verletzung der Unterhaltspflicht kann an eine andere Person als den Berechtigten zu zahlen sein nach § 48 SGB I. 10

§ 7 BEEG Antragstellung

(1) Elterngeld ist schriftlich zu beantragen. Es wird rückwirkend nur für die letzten drei Lebensmonate vor Beginn des Lebensmonats geleistet, in dem der Antrag auf Elterngeld eingegangen ist. Im Antrag ist anzugeben, für welche Lebensmonate Basiselterngeld, für welche Lebensmonate Elterngeld Plus oder für welche Lebensmonate Partnerschaftsbonus beantragt wird.

(2) Die im Antrag getroffenen Entscheidungen können bis zum Ende des Bezugszeitraums geändert werden. Eine Änderung kann rückwirkend nur für die letzten drei Lebensmonate vor Beginn des Lebensmonats verlangt werden, in dem der Änderungsantrag eingegangen ist. Sie ist außer in den Fällen besonderer Härte unzulässig, soweit Monatsbeträge bereits ausgezahlt sind. Abweichend von den Sätzen 2 und 3 kann für einen Lebensmonat, in dem bereits Elterngeld Plus bezogen wurde, nachträglich Basiselterngeld beantragt werden. Im Übrigen finden die für die Antragstellung geltenden Vorschriften auch auf den Änderungsantrag Anwendung.

(3) Der Antrag ist, außer im Fall des § 4c und der Antragstellung durch eine allein sorgeberechtigte Person, zu unterschreiben von der Person, die ihn stellt, und zur Bestätigung der Kenntnisnahme auch von der anderen berechtigten Person. Die andere berechtigte Person kann gleichzeitig

1. einen Antrag auf Elterngeld stellen oder
2. der Behörde anzeigen, wie viele Monatsbeträge sie beansprucht, wenn mit ihrem Anspruch die Höchstgrenzen nach § 4 Absatz 3 in Verbindung mit § 4b überschritten würden.

Liegt der Behörde von der anderen berechtigten Person weder ein Antrag auf Elterngeld noch eine Anzeige nach Satz 2 vor, so werden sämtliche Monatsbeträge der berechtigten Person ausgezahlt, die den Antrag gestellt hat; die andere berechtigte

Person kann bei einem späteren Antrag abweichend von § 5 Absatz 2 nur die unter Berücksichtigung von § 4 Absatz 3 in Verbindung mit § 4b vom Gesamtanspruch verbleibenden Monatsbeträge erhalten.

Übersicht

1. Allgemeines

a) Entwicklung der Norm

1 Die mit Wirkung zum 1.1.2007 in Kraft getretene Ursprungsfassung des § 7 wurde durch das **Erste Gesetz zur Änderung des Bundeselterngeld- und Elternzeitgesetzes** (1. BEEGÄndG) vom 17.1.2009 (BGBl. I S. 61) mit Wirkung zum 24.1.2009 grundlegend geändert. Bis zu diesem Zeitpunkt konnte das im Antrag auszuübende Bestimmungsrecht der berechtigten Person(en) über die Bezugsmonate nur einmalig und nur bei Vorliegen eines Härtefalls geändert werden. Aufgrund der geringen Flexibilität dieser Regelung in Bezug auf die Bedürfnisse der Antragsteller (vgl. dazu BT-Drucks. 16/9415, S. 6) hat der Gesetzgeber durch das 1. BEEGÄndG die Möglichkeit zur Änderung des Antragsinhalts erweitert und § 7 Abs. 2 neugefasst. Das Gesetz sah nunmehr vor, dass das Bestimmungsrecht über die Bezugsmonate während des Bezugszeitraums einmalig ohne Angabe von Gründen geändert werden konnte (§ 7 Abs. 2 Satz 2 in der vom 24.1.2009 bis 17.9.2012 geltenden Fassung). Eine weitere Änderung des Bestimmungsrechts war – wie schon zuvor – in besonderen Härtefällen möglich, wobei der Gesetzgeber den Begriff der »besonderen Härte« anhand von Regelbeispielen konkretisiert hatte (§ 7 Abs. 2 Satz 3 in der vom 24.1.2009 bis 17.9.2012 geltenden Fassung). Die zuvor in § 7 Abs. 2 Satz 2 bis 4 enthaltenen Regelungen wurden als neuer Absatz 3 der Vorschrift angefügt.

2 Mit dem »**Gesetz zur Vereinfachung des Elterngeldvollzugs**« vom 10.9.2012 (BGBl. I S. 1878) hat der Gesetzgeber aus Gründen der Verwaltungsvereinfachung eine weitere Flexibilisierung des Bestimmungsrechts über die Bezugsmonate vorgenommen. § 7

Abs. 2 Satz 2 wurde dahin gehend neugefasst, dass die im Antrag getroffenen Entscheidungen »bis zum Ende des Bezugszeitraums« geändert werden können. § 7 Abs. 2 Satz 3 wurde gestrichen. Die berechtigte(n) Person(en) können nunmehr bis zum Ende des Bezugszeitraums (§ 4 Abs. 1 BEEG) beliebig oft und ohne Angabe von Gründen die Bezugsmonate und deren Verteilung ändern. Die besondere Härte ist nur noch von Bedeutung für eine Änderung der Bestimmungen für bereits ausgezahlte Monatsbeiträge. Die erneute Änderung war der in der Verwaltungspraxis gewonnenen Erfahrung geschuldet, dass die Prüfung der differenzierten Voraussetzungen für die Änderung der Bezugsmonate (insbesondere das Vorliegen einer besonderen Härte) und die Begründung einer ablehnenden Entscheidung einschließlich sich ggf. anschließender Rechtsbehelfsverfahren einen höheren Verwaltungsaufwand verursachten als die voraussetzungslose Bearbeitung der Antragsänderung (vgl. BT-Drucks. 17/9841, S. 29 f.).

Durch das »**Gesetz zur Einführung eines Betreuungsgeldes (Betreuungsgeldgesetz)**« 3
vom 15.2.2013 (BGBl. I S. 254) wurde der Anwendungsbereich der Norm mit Wirkung zum 1.8.2013 auf das später für verfassungswidrig erklärte Betreuungsgeld und durch das »**Gesetz zur Einführung des Elterngeld Plus mit Partnerschaftsbonus und einer flexibleren Elternzeit im Bundeselterngeld- und Elternzeitgesetz**« vom 18.12.2014 (BGBl. I S. 2325) auf die Bezugsvariante Elterngeld Plus erstreckt.

Mit dem **Zweiten Gesetz zur Änderung des Bundeselterngeld- und Elternzeitgesetzes** 4
(2. BEEGÄndG) vom 15.2.2021 (BGBl. I S. 239) wurden zum einen das für verfassungswidrig erklärte Betreuungsgeld (vgl. BVerfG vom 21.7.2015 – 1 BvF 2/13 – BVerfGE 140, 65) wieder aus dem Anwendungsbereich der Norm gestrichen, durch die Ersetzung des Terminus »Monat« durch »Lebensmonat« das Lebensmonatsprinzip auch im Wortlaut der Norm verdeutlicht sowie Folgeänderungen aufgrund der Neustrukturierung des § 4 Abs. 3 BEEG und der §§ 4b und 4c BEEG vorgenommen. Zur Klarstellung und Vervollständigung wurde der Partnerschaftsbonus als Leistungsvariante aufgenommen, zu der im Elterngeldantrag Angaben zu machen sind (vgl. BT-Drucks. 19/24438, S. 32).

b) Regelungsgehalt der Norm

§ 7 regelt die **verwaltungsverfahrensrechtlichen Modalitäten** der Beantragung von 5
Elterngeld.

Absatz 1 normiert das **Antragserfordernis**. Er regelt in Satz 1 die Form, in Satz 2 die Wirkung und in Satz 3 einzelne Inhalte des Elterngeldantrags.

§ 7 **Abs. 2** legt fest, unter welchen Voraussetzungen und bis zu welchem Zeitpunkt der Elterngeldantrag geändert werden kann.

§ 7 **Abs. 3** regelt die **Antragsmodalitäten** für den Fall der Existenz mehrerer anspruchsberechtigter Personen unter Beachtung mitwirkungsrechtlicher Aspekte.

c) Vorgängervorschrift

6 Die zuvor in **§ 4 Abs. 2 BErzGG** enthaltene Normierung des Antragserfordernisses entspricht aufgrund ihres rudimentären Regelungsgehalts und der vom Elterngeld abweichenden Grundkonzeption des Bundeserziehungsgeldes dem § 7 inhaltlich nur ansatzweise.

d) Systematische Zusammenhänge

7 § 7 regelt die Modalitäten für den Antrag auf Elterngeld und flankiert damit die Bestimmungen zum Umfang des Leistungsanspruchs in den §§ 4 bis 6 BEEG (vgl. Schmitt in: Brose/Weth/Volk, 9. Aufl., § 7 BEEG Rn. 1). Der unter Berücksichtigung der Vorgaben von § 7 gestellte Antrag leitet ein Sozialverwaltungsverfahren ein (**§ 18 Satz 2 SGB X**). Das Schriftformerfordernis normiert eine Ausnahme von dem in **§ 9 Satz 1 SGB X** niedergelegten Grundsatz der Nichtförmlichkeit des Verwaltungsverfahrens. Soweit § 7 keine spezielle Regelung trifft, gelten die allgemeinen Bestimmungen des **Ersten Kapitels des SGB X** über das Sozialverwaltungsverfahren (vgl. auch § 26 Abs. 1 BEEG). Darüber hinaus gelten die im **SGB I** niedergelegten allgemeinen sozialrechtlichen Leistungsgrundsätze sowie die das Sozialleistungsverhältnis prägenden Rechte und Pflichten, weil es sich beim Elterngeld um eine Sozialleistung im Sinne des § 11 SGB I handelt (§ 25 Abs. 2 i.V.m. § 68 Nr. 15 SGB I).

e) Normzweck

8 § 7 passt das Antragserfordernis den Besonderheiten an, die für das Elterngeld in Bezug auf den Leistungszeitraum, den Leistungsberechtigten und die Rückwirkung gelten. Es handelt sich um eine **spezialgesetzliche Ergänzung der für das Sozialverwaltungsverfahren allgemein geltenden Vorschriften für den Antrag auf eine Sozialleistung**. Damit soll eine **schnelle und effektive Leistungsgewährung** erreicht werden. Es soll sichergestellt werden, dass das Elterngeld im zeitlichen Zusammenhang mit dem Grund der Leistung ausgezahlt wird (vgl. BSG vom 26.9.2014 – B 10 EG 4/14 B – BeckRS 2014, 73443; BSG vom 23.1.2008 – B 10 EG 6/07 R – SozR 4–7833 § 4 Nr. 1; BT-Drucks. 16/1889, S. 25). Dem dienen insbesondere die im Zuge des Gesetzes zur Vereinfachung des Elterngeldvollzugs vom 10.9.2012 (BGBl. I S. 1878) vorgenommenen Änderungen.

2. Antragserfordernis

9 Die Elterngeldbehörde prüft die Voraussetzungen für die Gewährung von Elterngeld erst auf einen entsprechenden Antrag der berechtigten Person.

Das Verwaltungsverfahrensrecht unterscheidet zwischen dem anspruchsauslösenden Antragserfordernis im Sinne einer (nur) verfahrensrechtlichen Bedeutung des Antrags und dem anspruchsbegründenden Antragserfordernis im Sinne einer (auch) materiellrechtlichen Bedeutung des Antrags (vgl. dazu Spellbrink in: Rolfs/Körner/Krasney/Mutschler, BeckOGK, § 16 SGB I Rn. 27). Dem Elterngeldantrag kommt lediglich eine **verfahrensrechtliche Bedeutung** zu (so auch Helmke/Bauer, Familienleistungsausgleich, § 7 BEEG Rn. 3; a.A. Schmitt in: Brose/Weth/Volk, 9. Aufl., § 7 BEEG Rn. 1; Mutschler in: Tillmanns/Mutschler, 3. Aufl., § 7 BEEG Rn. 3). Die anspruchsbegründenden Voraussetzungen für das Elterngeld sind abschließend in § 1 BEEG geregelt, der nicht auf das Antragserfordernis Bezug nimmt. Mit dem Antrag soll der zuständigen Behörde lediglich ein anspruchsauslösender Sachverhalt zur Kenntnis gebracht werden. Ferner leitet der Antrag das Verwaltungsverfahren ein (§ 18 Satz 2 Nr. 1 SGB X). Er ist von Bedeutung für die rückwirkende Zahlung nach § 7 Abs. 1 Satz 2. Mit dem Antrag kann der Antragsteller Gegenstand und Ziel des Verwaltungsverfahrens bestimmen (vgl. Mutschler in: Rolfs/Körner/Krasney/Mutschler, BeckOGK, § 18 SGB X Rn. 15).

Antrag ist der erkennbare Wille, ein Verwaltungsverfahren im Sinne des § 8 SGB X 10
einzuleiten. Er ist eine einseitige, empfangsbedürftige und **öffentlich-rechtliche Willenserklärung** des Antragstellers, mit der dieser zum Ausdruck bringt, Sozialleistungen in Anspruch nehmen zu wollen (vgl. Öndül in: Schlegel/Voelzke, jurisPK-SGB I, 3. Aufl., § 16 SGB I Rn. 15). Auf diese öffentlich-rechtliche Willenserklärung sind die zivilrechtlichen Vorschriften über Willenserklärungen (§§ 119 ff. BGB) analog anwendbar (vgl. Hissnauer in: Schlegel/Voelzke, jurisPK-SGB X, 3. Aufl., § 18 SGB X Rn. 12). Bloße Tatsachenerklärungen sind kein Antrag (vgl. hierzu Mutschler in: Rolfs/Körner/Krasney/Mutschler, BeckOGK, § 18 SGB X Rn. 16), obgleich die Grenze häufig fließend sein wird. Ob im konkreten Einzelfall ein Antrag vorliegt, ist durch Auslegung festzustellen.

3. Form des Antrags

Nach § 7 **Abs. 1 Satz 1** ist das Elterngeld **schriftlich** zu beantragen. Es handelt sich 11
um ein gesetzlich angeordnetes Schriftformerfordernis. Zugleich ist es eine Ausnahme von dem allgemein für das Sozialverwaltungsverfahren geltenden Grundsatz der Nichtförmlichkeit (§ 9 Satz 1, 2. Halbsatz SGB X). Gerade wegen dieser grundsätzlichen Nichtförmlichkeit des Sozialverwaltungsverfahrens sind die Anforderungen an die Schriftform weder im SGB I noch im SGB X geregelt. § 56 SGB X gilt ausschließlich für öffentlich-rechtliche Verträge. Daher ist für die Anforderungen an ein im öffentlichen Recht speziell geregeltes Schriftformerfordernis auf § 126 BGB in analoger Anwendung zurückzugreifen (vgl. Lenz/Wagner in: Rancke/Pepping, 6. Aufl., § 7 BEEG Rn. 2; Schmitt in: Brose/Weth/Volk, 9. Aufl., § 7 BEEG Rn. 6). Die **Schriftform** ist gewahrt, wenn der Antrag so schriftlich abgefasst ist, dass Inhalt und Verfasser der abgegebenen Erklärung erkennbar sind und wenn sichergestellt ist, dass die Erklärung mit dem Willen und Wissen des Berechtigten in den Verkehr gelangt ist, was in der Regel die **eigenhändige Unterschrift des Berechtigten** voraussetzt (Entscheidung Gemeinsamer Senat der obersten Gerichtshöfe des Bundes vom 5.4.2000 – GmS-OGB 1/98 – NJW 2000, S. 2340 <2341>). Der Elterngeldantrag muss daher vom Antragsteller, dessen Vertreter oder seinem Beauftragten eigenhändig unterschrieben worden sein und den Absender erkennen lassen. Von dem Erfordernis der eigenhändigen Unterschrift kann speziell bei einem Antrag auf Gewährung von Elterngeld auch dann nicht unter Berufung auf § 126 BGB abgesehen werden, wenn die Identität des Antragstellers anderweitig erkenn-

bar ist. Die allgemein für Rechtsgeschäfte und rechtsgeschäftsähnliche Erklärungen geltenden zivilrechtlichen Vorgaben in §§ 126, 127 BGB sind nur dann und nur soweit anwendbar, als § 7 keine spezielle Regelung trifft. Der Gesamtregelungsgehalt des § 7 belegt aber das Erfordernis einer eigenhändigen Unterschrift. Dies folgt unter anderem aus **§ 7 Abs. 3 Satz 1**, der das Schriftformerfordernis explizit nochmals aufgreift, indem er die eigenhändige Unterschrift sowohl der antragstellenden Person als auch der anderen berechtigten Person verlangt. Nicht ausreichend für einen formgerechten Elterngeldantrag ist daher eine fernmündliche Übermittlung (vgl. von Koppenfels-Spies in: Knickrehm/Roßbach/Waltermann, 8. Aufl., § 7 BEEG Rn. 1) oder eine Übermittlung per einfacher E-Mail (a.A. Grüner/Jung/Wiegand, § 7 BEEG Rn. 4), wohingegen eine per E-Mail übermittelte PDF-Datei eines eingescannten unterschriebenen Dokuments das Schriftformerfordernis wahren soll (vgl. Schmitt in: Brose/Weth/Volk, 9. Aufl., § 7 BEEG Rn. 7). Nach hier vertretener Auffassung wahrt zwar eine per E-Mail übermittelte PDF-Datei eines eingescannten unterschriebenen Dokuments oder ein per Fax gestellter Antrag die Frist, ersetzt aber nicht einen eigenhändig unterschriebenen Antrag. Vielmehr ist dieser nachzureichen. Sind die für die Schriftform geltenden Anforderungen für den Antragsteller nicht erkennbar, ist die zuständige Behörde im Rahmen ihrer Beratungspflicht nach § 14 SGB I und § 16 Abs. 3 SGB I gehalten, auf die Vorlage eines unterschriebenen Antrags hinzuwirken. Formelle Voraussetzung für die Geltendmachung des Elterngeldanspruchs ist aber nur die Unterschrift des Antragstellers, nicht die des anderen Elternteils (so auch Schmitt in: Brose/Weth/Volk, 9. Aufl., § 7 BEEG Rn. 9; Mutschler in: Tillmanns/Mutschler, 3. Aufl., § 7 BEEG Rn. 21; a.A. von Koppenfels-Spies in: Knickrehm/Roßbach/Waltermann, 8. Aufl., § 7 BEEG Rn. 3). Denn insoweit kann den Regelungen in § 5 Abs. 2 BEEG und § 7 Abs. 3 Satz 3 mittelbar entnommen werden, dass der andere Elternteil durch seine unterlassene Mitwirkung nicht die Auszahlung des Elterngeldes verhindern können soll (vgl. dazu auch BSG vom 8.3.2018 – B 10 EG 7/16 R – SozR 4–7837 § 4 Nr. 7 und Rdn. 23). Allerdings wird die zuständige Behörde bei fehlender Unterschrift der anderen berechtigten Person gehalten sein, durch entsprechende Nachfrage und Beratung für Aufklärung zu sorgen (ebenso Schmitt, a.a.O.).

12 Die **elektronische Antragstellung** ist unter den in **§ 36a SGB I** geregelten Voraussetzungen möglich. Nach § 36a Abs. 2 Satz 1 SGB I kann eine gesetzlich angeordnete Schriftform – soweit nicht etwas anderes bestimmt ist – durch die elektronische Form ersetzt werden. Die elektronische Form ist kein Unterfall der Schriftform, sondern steht eigenständig neben dieser und der Alternative »zur Niederschrift« (vgl. BSG vom 12.10.2016 – B 4 AS 1/16 R – SozR 4–1500 § 65a Nr. 3; H. Müller in: Ory/Weth, jurisPK-ERV, 2. Aufl., § 36a SGB I Rn. 74). Mit dem Angebot »ElterngeldDigital« kann in derzeit zehn Bundesländern (Berlin, Brandenburg, Bremen, Hamburg, Mecklenburg-Vorpommern, Niedersachsen, Rheinland-Pfalz, Sachsen-Anhalt, Schleswig-Holstein und Thüringen) das Elterngeld mit elektronischer Unterstützung beantragt werden. Allerdings ist damit aktuell noch keine komplett elektronische Antragstellung möglich. Vielmehr hilft ein Antragsassistent bei der Beantragung, wodurch häufige Fehler in dem sehr komplexen Antragsverfahren vermieden werden können. Weiterhin

muss aber der so erstellte Antrag ausgedruckt, unterschrieben und versandt werden. Das elektronische Hochladen ist allerdings in einem weiteren Schritt geplant. Demgegenüber kann aktuell in Baden-Württemberg, Bayern, Hessen, Nordrhein-Westfalen, im Saarland und in Sachsen Elterngeld bereits **online** beantragt werden.

Stellt die Behörde für die Antragstellung **Vordrucke** zur Verfügung, sollen diese verwendet werden (**§ 60 Abs. 2 SGB I**). Ihre Verwendung liegt sowohl im Interesse des Antragstellers, der so leichter die leistungsrelevanten Tatsachen erkennen kann, als auch im Interesse der Behörde, die so nachweisen kann, die Leistungsberechtigten auf die leistungsrelevanten Fragen hingewiesen zu haben (vgl. Schmitt in: Brose/Weth/Volk, 9. Aufl., § 7 BEEG Rn. 8). Beantwortet der Antragsteller die formularmäßig geforderten Angaben vollständig, kann er von einem vollständigen Leistungsantrag im Sinne von § 44 Abs. 2 SGB I (Beginn der Verzinsung) ausgehen (vgl. Spellbrink in: Rolfs/Körner/Krasney/Mutschler, BeckOGK, § 60 SGB I Rn. 32). Werden Antragsvordrucke zur Verfügung gestellt, muss die zuständige Behörde berücksichtigen, ob die verfügbaren Vordrucke ausreichend verständlich sind und ob nicht im Einzelfall eine behördliche Pflicht zur Beratung über den Inhalt der Antragsvordrucke gemäß § 14 SGB I besteht. Insoweit hatte der Nationale Normenkontrollrat in seinem Abschlussbericht über das Projekt »Einfacher zum Elterngeld« konstatiert, dass die in den Antragsformularen verwendeten Begrifflichkeiten einer verbesserten Erklärung bedürfen. Dem dient unter anderem der beim Projekt »ElterngeldDigital« verwendete elektronische Antragsmanager, der Begrifflichkeiten erklärt und die Antragsteller – je nach den persönlichen Angaben – durch das System lotsen kann. 13

Der Antrag kann nur von einer im Sinne des Sozialverwaltungsverfahrensrechts handlungsfähigen Person gestellt werden. Die grundsätzlich mit der Geschäftsfähigkeit nach bürgerlichem Recht übereinstimmende **Handlungsfähigkeit** (vgl. Reyels in: Schlegel/Voelzke, jurisPK-SGB I, 4. Aufl., § 36 SGB I Rn. 8) wird durch § 36 Abs. 1 Satz 1 SGB I, der über § 37 Satz 1, 1. Halbsatz i.V.m. §§ 25 Abs. 2, 68 Nr. 15 SGB I für den Ersten Abschnitt des BEEG – und somit für die Regelungen über das Elterngeld – gilt erweitert. Danach können Personen, die das 15. Lebensjahr vollendet haben, Anträge auf Sozialleistungen stellen und verfolgen sowie Sozialleistungen entgegennehmen. Allerdings soll der Leistungsträger in diesem Fall den gesetzlichen Vertreter über die Antragstellung und die erbrachten Leistungen in Kenntnis setzen (§ 36 Abs. 1 Satz 2 SGB I), der die Handlungsfähigkeit nach § 36 Abs. 1 Satz 1 SGB I durch schriftliche Erklärung gegenüber dem Leistungsträger einschränken kann (§ 36 Abs. 2 Satz 1 SGB I). Die Handlungsfähigkeit für die Beantragung einer Sozialleistung schließt die Fähigkeit zur Vornahme der im Zusammenhang mit dieser Leistung erforderlichen **Mitwirkungshandlungen** ein (vgl. Reyels a.a.O., Rn. 15; einschränkend Wichner in: Rolfs/Körner/Krasney/Mutschler, BeckOGK, § 36 SGB I Rn. 29: Erfasst werden nur die gesetzlichen Mitwirkungspflichten aus § 60 SGB I <Angabe von Tatsachen>, § 61 SGB I <Persönliches Erscheinen> und § 62 SGB I <Untersuchungen>, nicht jedoch § 63 SGB I <Heilbehandlung> und § 64 SGB I <Leistungen zur Teilhabe am Arbeitsleben>). 14

15 **Adressat des Antrags** ist die nach § 12 BEEG **zuständige Behörde**. Wird der Antrag bei einem unzuständigen Leistungsträger oder einer der in § 16 Abs. 1 Satz 2 SGB I genannten Stellen eingereicht, sind diese nach § 16 Abs. 2 Satz 1 SGB I verpflichtet, den Antrag unverzüglich an den zuständigen Leistungsträger weiterzuleiten. Der Antrag gilt dann gemäß § 16 Abs. 2 Satz 2 SGB I als zu dem Zeitpunkt gestellt, in dem er bei der in § 16 Abs. 2 Satz 1 SGB I genannten – also unzuständigen – Stelle eingegangen ist. Diese Fiktion ist vor allem in Bezug auf die Frist des § 7 Abs. 1 Satz 2 von Bedeutung.

16 Der **Antrag** auf Elterngeld ist grundsätzlich **in deutscher Sprache** abzufassen (§ 19 Abs. 1 Satz 1 SGB X). Genügt der Antrag nicht diesem Erfordernis und ist die Behörde infolgedessen nicht in der Lage, den Antrag zu bearbeiten, ist sie gehalten, vom Antragsteller unter Setzung einer angemessenen Frist die Vorlage einer Übersetzung zu verlangen (§ 19 Abs. 2 Satz 1 SGB X). Veranlasst die Behörde nach Ablauf dieser Frist eine Übersetzung, steht es in ihrem Ermessen, ob sie dem Antragsteller die hierfür entstandenen Kosten auferlegt. Im Rahmen dieses Ermessens sind sowohl die Umstände des Einzelfalls (z.B. die Leistungsfähigkeit des Antragstellers) als auch die europarechtlichen Vorgaben zu beachten, insbesondere das Diskriminierungsverbot und die Regelung des Art. 76 Abs. 7 der VO (EG) 883/2004, wonach unter anderem Behörden einen eingereichten Antrag nicht deshalb zurückweisen dürfen, weil er in der **Amtssprache** eines anderen Mitgliedstaates abgefasst ist, die als Amtssprache der Gemeinschaftsorgane anerkannt ist. Ein ausländischer Antragsteller hat allerdings keinen Anspruch auf Abfassung der an ihn gerichteten behördlichen Schreiben in einer anderen als der deutschen Sprache (vgl. LSG Schleswig-Holstein vom 28.8.2003 – L 5 EG 3/03 – BeckRS 2003, 11165). Soll mit dem Antrag eine Frist gegenüber der Behörde gewahrt werden (wie beispielsweise durch § 7 Abs. 1 Satz 2), gilt der Antrag als gestellt, wenn die Behörde in der Lage ist, den Inhalt (sprachlich) zu verstehen, oder wenn innerhalb der gesetzten Frist eine Übersetzung vorgelegt wird (§ 19 Abs. 4 Satz 1 SGB X). Auf diese Rechtsfolge muss die Behörde hinweisen (§ 19 Abs. 4 Satz 3 SGB X).

4. Inhalt des Antrags

17 Weder die Vorschriften des SGB I noch des SGB X schreiben einen bestimmten Inhalt des Antrags vor. Allgemein gilt, dass der Antrag erkennen lassen muss, **wer** (Antragsteller) **welche Leistung** bei **wem** (Behörde) **geltend macht**. Ferner muss ersichtlich sein, dass ein Verwaltungsverfahren eingeleitet werden soll und nicht nur eine formlose Auskunft erbeten wird. Bei bestehenden Zweifeln hat die zuständige Behörde im Rahmen ihrer Beratungspflicht darauf hinzuwirken, dass sachdienliche Anträge gestellt, unklare Anträge erläutert, Formfehler beseitigt und fehlende Angaben ergänzt werden (vgl. § 16 Abs. 3 SGB I). Im Übrigen sind **Anträge auszulegen** (§ 133 BGB analog), und zwar dergestalt, dass das vom Antragsteller verfolgte Ziel möglichst zum Tragen kommt (vgl. BSG vom 10.3.1994 – 7 RAr 38/93 – BSGE 74, 77; BSG vom 17.2.2005 – B 13 RJ 31/04 R – SozR 4–2600 § 43 Nr. 3; Mutschler in: Rolfs/Körner/Krasney/Mutschler, BeckOGK, § 18 SGB X Rn. 15). Entscheidend ist, wie der Antrag bei objektiver Betrachtungsweise unter Berücksichtigung erkennbarer Umstände vernünftigerweise verstanden werden durfte.

Neben diesem allgemeinen Maßstab können **spezialgesetzlich weitergehende Anforderungen** geregelt werden. Entsprechende spezialgesetzliche Vorgaben enthält § 7. Im Elterngeldantrag sind die Bezugsmonate, die jeweilige Bezugsvariante (Basiselterngeld, Elterngeld Plus oder Partnerschaftsbonus) und die Person des Bezugsberechtigten anzugeben. Letzteres folgt aus dem Zusammenhang von § 7 Abs. 1 Satz 3 i.V.m. Abs. 3. 18

a) **Angabe von Bezugsmonaten und Bezugsvariante** (§ 7 **Abs. 1 Satz 3**)

Im Elterngeldantrag muss angegeben werden, für welche Lebensmonate des Kindes Basiselterngeld, für welche Lebensmonate Elterngeld Plus und für welche Lebensmonate der Partnerschaftsbonus beantragt wird. Wenn beide Elternteile die Anspruchsvoraussetzungen erfüllen, muss jeder von ihnen in seinem jeweiligen Antrag angeben, für wie viele und welche Lebensmonate des Kindes er Elterngeld beansprucht, wobei sowohl die Nennung der Anzahl als auch die konkrete Bezeichnung der Lebensmonate notwendig ist (vgl. Richtlinien des BMFSFJ zum BEEG, Stand Juni 2025, Ziffer 7.1.3, S. 243). 19

b) **Angabe des Bezugsberechtigten**

Da das BEEG im Grundsatz von der **Anspruchsberechtigung beider Elternteile** ausgeht, trifft § 7 Abs. 3 entsprechende Festlegungen zum Antragsinhalt. 20

aa) **Antrag bei alleiniger Anspruchsberechtigung**

Die **Anspruchsberechtigung** nur **eines Elternteils** ist die **Ausnahme**. Dies folgt aus der Formulierung des § 7 Abs. 3 Satz 1 und aus § 4c BEEG. Diese Fallgruppe liegt nur vor, wenn die Voraussetzungen des § 4c BEEG erfüllt sind. In diesem Fall ist im Antrag nur anzugeben, für wie viele und für welche Monate welche Bezugsvariante des Elterngeldes beantragt wird. Es ist nur die Unterschrift des Antragstellers erforderlich. 21

bb) **Antrag bei Anspruchsberechtigung beider Elternteile** (§ 7 **Abs. 3**)

Erfüllen beide Elternteile die Anspruchsvoraussetzungen (Regelfall), haben sie die Möglichkeit, die ihnen **gemeinsam zustehenden Monatsbeträge** (§ **4 Abs. 3 BEEG**) untereinander aufzuteilen. In diesen Fällen muss zum einen im Antrag angegeben werden, welche anspruchsberechtigte Person für wie viele und welche Lebensmonate Elterngeld in welcher Bezugsvariante beansprucht (§ 7 Abs. 1 Satz 3 i.V.m. Abs. 3). 22

Zum anderen bestimmt § 7 **Abs. 3 Satz 1** für diese Fälle, dass der Antrag von der **anderen anspruchsberechtigten Person unterschrieben werden soll**. Damit soll die Beteiligung des anderen Elternteils sichergestellt werden, denn sein Recht auf Inanspruchnahme der den Eltern gemeinsam zustehenden Bezugsmonate wird durch die Bestimmung im Antrag tangiert. Mit der Unterschrift erklärt die andere anspruchsberechtigte Person, dass sie vom Antrag und seinem Inhalt Kenntnis genommen hat und somit das Wissen um die erhobenen und ggf. konkurrierenden Ansprüche gewährleistet ist. Relevant ist das insbesondere in den Fällen, in denen die den Antrag stellende 23

Person mehr als die Hälfte der den Eltern insgesamt zustehenden Bezugsmonate für sich begehrt und damit den Anspruch des andere Elternteils begrenzt (vgl. dazu die Kommentierung zu § 5 BEEG). Mit seiner Unterschrift akzeptiert der andere Elternteil die getroffene Bestimmung. Zugleich wird damit die zuständige Behörde über die Anzahl der anspruchsberechtigten Personen in Kenntnis gesetzt.

Die **Unterschrift des anderen anspruchsberechtigten Elternteils** ist aber **keine Voraussetzung für die Wirksamkeit des Antrags** (vgl. dazu BSG vom 8.3.2018 – B 10 EG 7/16 R – SozR 4–7837 § 4 Nr. 7; ebenso Schmitt in: Brose/Weth/Volk, 9. Aufl., § 7 BEEG Rn. 9; Mutschler in: Tillmanns/Mutschler, 3. Aufl., § 7 BEEG Rn. 21; a.A. von Koppenfels-Spies in: Knickrehm/Roßbach/Waltermann, 8. Aufl., § 7 BEEG Rn. 3). Der andere Elternteil soll durch eine unterlassene Mitwirkung die Auszahlung des Elterngeldes nicht verhindern können (vgl. BSG a.a.O.).

24 Dem lediglich **den Antrag mit unterschreibenden anderen Elternteil** stehen folgende Handlungsmöglichkeiten zur Verfügung:

Der andere Elternteil kann **gleichzeitig einen eigenen Antrag auf Gewährung von Elterngeld stellen** (**§ 7 Abs. 3 Satz 2 Nr. 1**), in dem er bestimmt, wie viele und welche Monatsbeträge er in Anspruch nehmen will. Stimmt diese Festlegung mit der Bestimmung im »Erstantrag« überein und wird die durch § 4 Abs. 3 und § 4b BEEG oder nach § 4 Abs. 3 und § 4b i.V.m. § 4d BEEG vorgegebene Höchstgrenze eingehalten, ist der Antrag eine geeignete Grundlage für die Zahlung von Elterngeld an die elterngeldberechtigten Personen. Es liegt dann eine **einvernehmliche Bestimmung** zum Bezugszeitraum und zur Bezugsberechtigung vor.

Besteht hingegen **keine Übereinstimmung im Vergleich beider Anträge** und wird die gesetzliche Höchstgrenze nicht eingehalten, erfolgt die Aufteilung der Monatsbeträge nach Maßgabe des § 5 Abs. 2 BEEG. Zuvor ist von der zuständigen Behörde im Rahmen der Beratungspflicht zu klären, ob die nicht den gesetzlichen Vorgaben entsprechende Aufteilung auf einem Irrtums beruht. Wird von den Beteiligten daraufhin einvernehmlich eine Korrektur der Bestimmung vorgenommen, handelt es sich nicht um eine Änderung im Sinne des § 7 Abs. 2 Satz 2.

25 Der andere anspruchsberechtigte Elternteil kann auch schon mit dem Antrag des zuerst Elterngeld beantragenden Elternteils anzeigen, dass er **zu einem späteren Zeitpunkt einen eigenen Antrag stellen wird** (**§ 7 Abs. 3 Satz 2 Nr. 2**). In dieser **Anzeige** kann angegeben werden, für wie viele Monate er/sie die jeweilige Leistung beanspruchen will. Da es sich bei der Anzeige noch nicht um einen Elterngeldantrag handelt, muss allerdings noch nicht festgelegt werden, für welche konkreten Lebensmonate des Kindes die zustehenden Monatsbeträge begehrt werden. Der Umfang des Anspruchs der anderen anspruchsberechtigten Person wird aufgrund der Anzeige bereits bei der Prüfung des Anspruchs des Antragstellers berücksichtigt, mithin der Anspruchsumfang der antragstellenden Person nach § 5 Abs. 2 BEEG verbindlich beschränkt. Diese Beschränkung gilt auch dann, wenn die andere anspruchsberechtigte Person – entgegen der Anzeige – den Antrag später nicht stellt.

Wird vom anderen anspruchsberechtigten Elternteil **weder ein eigener Antrag** gestellt **noch eine spätere Antragstellung angezeigt**, hat er mit seiner Unterschrift lediglich zum Ausdruck gebracht, dass er mit dem vom Antragsteller ausgeübten Bestimmungsrecht einverstanden ist. Dem Antragsteller wird daher in dem beantragten Umfang Elterngeld gezahlt (§ 7 Abs. 3 Satz 3, 1. Halbsatz). Stellt der andere berechtigte Elternteil dann **zu einem späteren Zeitpunkt einen eigenen Antrag**, erhält er die Leistung nicht nach der in § 5 Abs. 2 BEEG vorgesehenen Quote, sondern nur insoweit, als die Monatsbeträge nicht bereits dem Elternteil, welcher zuerst die Leistung beantragt hat, bewilligt worden sind (§ 7 Abs. 3 Satz 3, 2. Halbsatz). 26

5. Änderung des Antrags

Die im Antrag getroffenen Entscheidungen (zu Bezugsmonaten, Bezugsvarianten und Bezugsberechtigung) können bis zum Ende des Bezugszeitraums jederzeit **mit Wirkung für die Zukunft** – auch mehrfach – geändert werden (§ 7 Abs. 2 Satz 1). Die Änderungsoption wurde durch mehrere Gesetzesänderungen immer weiter flexibilisiert (vgl. zur Historie Rnr. 1, 2). Die Elternteile können ihre Anträge unabhängig voneinander ändern (vgl. Schmitt in: Brose/Weth/Volk, 9. Aufl., § 7 BEEG Rn. 22). 27

Die Änderung der im Antrag getroffenen Entscheidungen ist **rückwirkend** möglich, allerdings nur für die letzten drei Lebensmonate vor Beginn des Lebensmonats, in dem der Änderungsantrag eingegangen ist (§ 7 **Abs. 2 Satz 2**). Die für die Rückwirkung des Erstantrags in § 7 Abs. 1 Satz 2 geregelte 3-Monatsfrist übernimmt der Gesetzgeber damit auch für die Antragsänderung. Die Möglichkeit zur Änderung besteht für beide Elternteile unabhängig voneinander. 28

Die **rückwirkende Änderung des Antragsinhalts** zu den Bezugsmonaten und der Bezugsberechtigung ist in der Regel **nur zulässig, wenn noch keine Monatsbeträge ausgezahlt worden sind** (§ 7 Abs. 2 Satz 3), weil der Gesetzgeber eine Rückabwicklung bereits gezahlter Leistungen und den damit verbundenen Verwaltungsaufwand weitgehend vermeiden wollte (vgl. BT-Drucks. 16/9415, S. 6). Maßgebend für den Begriff der »Auszahlung« ist die Anweisung der Zahlung bei der Behörde, nicht der Zeitpunkt des Eingangs auf dem Konto des Berechtigten. Wurde das Bestimmungsrecht aufgrund einer besonderen Härte geändert, ist ausnahmsweise die Änderung auch für bereits ausgezahlte Monatsbeträge – allerdings auch insoweit nur innerhalb der 3-Monatsgrenze – unter Verhältnismäßigkeitsgesichtspunkte möglich. Nach Ablauf des Bezugszeitraums ist eine Änderung des Antrags ausgeschlossen, und zwar auch dann, wenn der Antragsteller geltend macht, Elterngeld nur versehentlich für einen Lebensmonat des Kindes beantragt zu haben, in dem er tatsächlich voll gearbeitet hat (vgl. dazu LSG Baden-Württemberg vom 21.1.2014 – L 11 EG 2860/12 – BeckRS 2014, 66979). 28

Der **Begriff der besonderen Härte** ist ein **unbestimmter Rechtsbegriff**, dessen Anwendung und Auslegung durch die Behörde von den Gerichten der Sozialgerichtsbarkeit uneingeschränkt überprüft werden kann. Härtefallregelungen sind innerhalb des jeweiligen Norm- und Gesetzeszusammenhangs zu konkretisieren (vgl. BSG vom 6.9.2007 – B 14/7b AS 36/06 R – BSGE 99, 67 = SozR 4–4200 § 7 Nr. 6). Die einen besonderen 29

Härtefall begründenden Umstände können in der Person eines Elternteils oder eines Kindes vorliegen. Der Härtegrund kann sich dabei sowohl auf das Kind beziehen, für das Elterngeld gezahlt wird, als auch auf ein Geschwisterkind. Der Gesetzgeber ist davon ausgegangen, dass als besondere Härtefälle vor allem der Eintritt einer schweren Krankheit, Schwerbehinderung oder Tod eines Elternteils bzw. Kindes oder die erheblich gefährdete wirtschaftliche Existenz der Eltern nach Antragstellung in Betracht kommen (vgl. BT-Drucks. 16/9415, S. 6). Jene Umstände waren in § 7 Abs. 2 Satz 3 in der vom 24.1.2009 bis zum 17.9.2012 geltenden Fassung des 1. BEEGÄndG vom 17.1.2009 (BGBl. I S. 61) beispielhaft aufgezählt. Obwohl der Gesetzgeber in den nachfolgenden Gesetzesfassungen des § 7 Abs. 2 auf eine derartige Aufzählung verzichtet hat, können jene Regelbeispiele auch weiterhin als Maßstab für eine besondere Härte herangezogen werden.

Voraussetzung ist im Rahmen von § 7 Abs. 2 Satz 3, dass der den Härtefall begründende tatsächliche Umstand **kausal** für eine im Vergleich zur vorherigen Lage **eingeschränkte Betreuung des Kindes** ist und eine Änderung der Bezugsmonate bzw. der Bezugsberechtigung zum Wohl des Kindes notwendig ist.

30 **Eintritt einer schweren Krankheit:** Der Begriff der schweren Krankheit ist ebenfalls ein **unbestimmter Rechtsbegriff**, der ausgehend vom Gesetzeszweck – Sicherstellung der Betreuung und Erziehung des Kindes in den ersten 14 Lebensmonaten – auszulegen ist (vgl. Schmitt in: Brose/Weth/Volk, 9. Aufl., § 7 BEEG Rn. 26–29). Hiervon ausgehend begründet eine »schwere Krankheit« dann eine besondere Härte im Sinne des § 7 Abs. 2 Satz 3, wenn die Erkrankung die Betreuung des Kindes beeinträchtigt. Das kann sowohl der Fall sein bei einer Krankheit des Elterngeldberechtigten, die nach Art und Umfang seine Betreuungsressourcen einschränkt, als auch bei einer Krankheit des Kindes, die eine intensivierte Betreuung durch beide Elternteile erforderlich macht oder bei der der andere Elternteil über die bessere Betreuungsqualifikation verfügt.

31 **Schwerbehinderung:** Liegt bei einem Elternteil oder einem Kind der Familie eine **Schwerbehinderung** vor und hat diese Einfluss auf die Betreuungssituation des Kindes, für das Elterngeld bezogen wird, kann dies ebenfalls eine Änderung des Bestimmungsrechts für bereits ausgezahlte Monatsbeträge aufgrund einer besonderen Härte begründen. Das ist der Fall, wenn die bei dem betreuenden Elternteil vorhandene Schwerbehinderung dessen Fähigkeit zur Betreuung des Kindes einschränkt. Gleiches gilt, wenn die Schwerbehinderung in der Person des Kindes vorliegt, für das Elterngeld bezogen wird und – entgegen der anfänglichen Bestimmung im Antrag – eine intensivere Betreuung des Kindes durch beide Elternteile oder den anderen Elternteil erfordert. Auch der Eintritt der Schwerbehinderung bei einem Geschwisterkind verbunden mit einem für dieses Kind vermehrten Betreuungsaufwand kann eine Umstrukturierung der Gesamtbetreuungssituation in der Familie erforderlich machen, von der auch das Kind betroffen ist, für das Elterngeld bezogen wird.

32 Das Vorliegen der Schwerbehinderung beurteilt sich nach **§ 2 Abs. 2 SGB IX**. Der Härtefall der »Schwerbehinderung« gilt nicht für die den schwerbehinderten Menschen nach § 2 Abs. 3 SGB IX gleichgestellten Menschen mit Behinderung. Die auf die Schwerbehinderung gestützte »besondere Härte« setzt nicht voraus, dass die Schwer-

behinderteneigenschaft bereits bestands- bzw. rechtskräftig festgestellt worden ist. Vielmehr soll es ausreichen, wenn die **Feststellung der Schwerbehinderteneigenschaft** beantragt und die Anspruchsvoraussetzungen glaubhaft gemacht worden sind (vgl. Schmitt in: Brose/Weth/Volk, 9. Aufl., § 7 BEEG Rn. 26–29). Es kommt auf das Vorliegen eines GdB von wenigstens 50, nicht auf dessen Feststellung durch die zuständige Behörde an. Der feststellende Bescheid auf der Grundlage von § 152 SGB IX hat lediglich deklaratorische Bedeutung (vgl. BSG vom 22.9.1988 – 12 RK 44/87 – SozR 2200 § 176c Nr. 9; BSG vom 30.4.1979 – 8b RK 1/78 – BSGE 48, 167; BAG vom 26.6.1986 – 8 AZR 75/83 – BAGE 52, 254). Um den Verwaltungsaufwand so gering wie möglich zu halten und der Elterngeldstelle eine ihre Kompetenz überschreitende Auswertung medizinischer Befunde zu ersparen, ist es in diesen Fällen – d.h. vor bescheidmäßiger Feststellung der Schwerbehinderung – sinnvoll, eine Zwischenbescheinigung der für das Verfahren (§ 152 Abs. 2 SGB IX) zuständigen Behörde oder des versorgungsärztlichen Dienstes einzuholen bzw. vorzulegen.

Tod: Ein Härtefall ist auch gegeben, wenn ein Elternteil oder Geschwisterkind verstirbt 33
und hierdurch die familiäre Betreuungskapazität beeinflusst wird. Dieser Härtegrund gilt nicht beim Tod des Kindes, für das Elterngeld bezogen wird, da mit dessen Tod die Anspruchsvoraussetzungen entfallen (§ 4 Abs. 2 Satz 2 BEEG).

Die **erhebliche Gefährdung der wirtschaftlichen Existenz der Eltern** wurde in § 7 34
Abs. 2 Satz 3 in der bis zum 17.9.2012 geltenden Fassung durch das 1. BEEGÄndG vom 17.1.2009 (BGBl. I S. 61) als Regelbeispiel für eine besondere Härte verwendet. Eine die Änderung der Bestimmung zur Bezugsberechtigung erlaubende wirtschaftliche Härte kann nur unter bestimmten Voraussetzungen und in eng begrenzten Ausnahmefällen angenommen werden. Die Verwaltungspraxis stellt in diesem Zusammenhang darauf ab, dass der Einkommenserwerb durch die Betreuungsperson zur Vermeidung einer konkreten Gefahr für die wirtschaftliche Existenz der Eltern und damit der Familie dringend erforderlich erscheint (vgl. Richtlinien des BMFSFJ zum BEEG, Stand Juni 2025, Ziffer 7.2.2, S. 244). Von einer erheblich gefährdeten wirtschaftlichen Existenz kann ausgegangen werden, wenn die im Antrag vorgenommene Bestimmung zu Bezugsmonaten und der Person des Bezugsberechtigten die Einkommensverhältnisse der Familie in die Nähe des Grundsicherungsniveaus bzw. der Sozialhilfebedürftigkeit absinken lässt oder wenn dadurch die wirtschaftliche Situation der Familie langfristig in diese Nähe rückt und die konkrete Gefahr der späteren Abhängigkeit von staatlichen Fürsorgeleistungen besteht (vgl. BT-Drucks. 14/3553, S. 15 <zu § 1 Abs. 5 BErzGG>). Letzteres kann unter anderem gegeben sein, wenn ein beruflich hoch qualifizierter berechtigter Elternteil, der nach der im Antrag getroffenen Bestimmung für längere Zeit aus dem Berufsleben ausscheiden würde, während des Bezugszeitraums die Möglichkeit erhält, in den Beruf zurückzukehren und ein Ausschlagen dieses Angebots aufgrund konkreter Umstände langfristig mit erheblichen und nicht ausgleichbaren Einkommenseinbußen verbunden wäre. Die Gefährdung der wirtschaftlichen Existenz muss hinreichend konkret sein und darf sich nur durch eine Änderung der Entscheidung über die Bezugsberechtigung für bereits ausgezahlte Monate ändern lassen. Der Anwendungsbereich dieser Ausnahmeregelung dürfte sehr gering sein.

35 **Sonstige Fälle einer besonderen Härte:** Neben den bis zum 17.9.2012 exemplarisch in § 7 Abs. 2 Satz 3 aufgezählten Fällen kann eine besondere Härte vorliegen, wenn eine **Änderung der Familienverhältnisse**, z.B. **durch Adoption** eines weiteren Kindes, eine Veränderung der Betreuungssituation und -kapazität mit sich bringt. Ferner kann eine besondere Härte angenommen werden, wenn die Betreuung durch den nach der Bestimmung berechtigten Elternteil mit einer **Gefährdung des Kindeswohls** verbunden ist, z.B. weil der berechtigte Elternteil der Betreuungsaufgabe nicht gewachsen ist oder er aufgrund von Änderungen in seinem privaten Umfeld (z.B. beim Tod eines nahen Angehörigen) hierzu nicht in der Lage ist.

36 Die in § 7 Abs. 2 Satz 2 und 3 vorgesehene **Änderung** des Antragsinhalts ist grundsätzlich **nur innerhalb des Bezugszeitraums** möglich. Dies ordnet § 7 Abs. 2 Satz 1 ausdrücklich an (»bis zum Ende des Bezugszeitraums«). Die berechtigte Person trägt die **Beweislast** für das Vorliegen eines besonderen Härtefalls.

37 Für einen Monat, in dem **Elterngeld Plus** bezogen worden ist, kann nachträglich Basiselterngeld beantragt werden (§ 7 Abs. 2 Satz 4). Dies gilt wegen der Regelung in § 4 Abs. 1 Satz 4 BEEG allerdings nur, wenn der Anknüpfungsmonat in den ersten 14 Lebensmonaten des Kindes liegt (so auch Schmitt in: Brose/Weth/Volk, 9. Aufl., § 7 BEEG Rn. 31). § 7 Abs. 2 Satz 4 bezweckt einerseits, der berechtigten Person eine Entscheidung für Elterngeld Plus zu erleichtern, da sie eine einmal getroffene Entscheidung noch berichtigen kann, wenn sie beispielsweise entgegen ihrer ursprünglichen Planung früher wieder voll erwerbstätig wird und damit ihre Elterngeldberechtigung verliert. Sie dient andererseits der Verwaltungspraktikabilität, da sie insoweit eine für die Elterngeldstellen aufwendige Beratung vermeidet. Die Regelung ist mit keinem unangemessenen Verwaltungsaufwand verbunden, da sich das Elterngeld bei der Umstellung von Elterngeld Plus auf Basiselterngeld allenfalls in der Höhe ändert und für diesen Fall nachgezahlt werden muss (BT-Drucks. 18/2583, S. 32).

Nimmt eine berechtigte Person statt der ihr noch zur Verfügung stehenden Elterngeld Plus-Monate Partnerschaftsbonus-Monate in Anspruch, handelt es sich nicht um eine Antragsänderung im Sinne des § 7 Abs. 2.

38 Nach § 7 Abs. 2 Satz 5 sind die **für den Erstantrag geltenden Vorschriften auch für den Änderungsantrag maßgeblich**. Dies betrifft sowohl die speziell für das Elterngeld in § 7 Abs. 1 und Abs. 2 Satz 1 getroffenen Vorgaben als auch die das Sozialverwaltungsverfahren allgemeinen betreffenden Bestimmungen des Ersten Kapitels des SGB X und vor allem auch des § 16 SGB I und des § 36 SGB I. § 5 BEEG ist ebenfalls anwendbar, außer wenn ein Antrag des anderen Berechtigten bewilligt ist und dieser nicht seinerseits einen Änderungsantrag gestellt hat (vgl. BT-Drucks. 16/9415, S. 6).

6. Wirkungen des Antrags

a) Allgemeine Wirkungen des Antrags

39 Mit dem Antrag auf Gewährung von Elterngeld wird ein Sozialleistungsverhältnis zwischen dem Antragsteller und der nach § 12 BEEG zuständigen Stelle begründet sowie ein auf die Gewährung von Elterngeld gerichtetes **Verwaltungsverfahren ein-**

geleitet. Maßgebend ist der Zeitpunkt des Zugangs des Antrags bei der zuständigen Behörde (§ 16 Abs. 1 Satz 1 SGB I) oder einem unzuständigen Leistungsträger bzw. einer der in § 16 Abs. 1 Satz 2 SGB I genannten Stellen, die den Antrag an den zuständigen Leistungsträger unverzüglich weiterleiten müssen (§ 16 Abs. 2 Satz 1 SGB I). Für das auf die Bearbeitung des Elterngeldantrags gerichtete Verwaltungsverfahren gelten die verfahrensrechtlichen **Vorgaben des Ersten Kapitels des SGB X** (§ 26 Abs. 1 BEEG). Das Verwaltungsverfahren begründet sowohl für den Antragsteller als auch für die zuständige Behörde **Rechte und Pflichten**, die teilweise in Wechselwirkung zueinander stehen:

- Der **Antragsteller hat das Recht** auf eine individuelle, richtige und vollständige **Beratung** (§ 14 SGB I). Inhalt und Form der Beratung stehen im behördlichen Ermessen. Die Folgen einer fehlerhaften oder fehlenden Beratung können im Wege des verschuldensabhängigen **Amtshaftungsanspruchs** oder des verschuldensunabhängigen sozialrechtlichen **Herstellungsanspruchs** beseitigt werden (zum sozialrechtlichen Herstellungsanspruch vgl. nur BSG vom 22.3.2018 – B 5 RE 1/17 R – SozR 4–2600 § 6 Nr. 15; BSG vom 3.4.2014 – B 5 R 5/13 R – SozR 4–2600 § 137b Nr. 1; LSG Baden-Württemberg vom 21.1.2014 – L 11 EG 2860/12 – BeckRS 2014, 66979). Die Beratungspflicht der Elterngeldstelle für das Elterngeld folgt aus § 14 SGB I, die für die Elternzeit aus § 12 Abs. 2 BEEG. Die Behörde ist im Rahmen ihrer Beratungspflicht allerdings nicht verpflichtet, die von den Berechtigten getroffene Bestimmung zum Bezugszeitraum zu hinterfragen, weil die Motive für die Wahl des Bezugszeitraums privater Natur sind und unter Umständen Veränderungen unterliegen, die dem betreffenden Sachbearbeiter weder bekannt sind noch bekannt sein müssen (vgl. LSG Baden-Württemberg, a.a.O.). 40
- Ferner hat der Antragsteller ein **Recht auf Akteneinsicht** (§ 25 SGB X). Es setzt voraus, dass die Kenntnis der Akten zur Geltendmachung oder Verteidigung von rechtlichen Interessen erforderlich ist. 41
- Darüber hinaus haben die Beteiligten ein Recht auf ein **objektives, unparteiisches** und ausschließlich an Recht und Gesetz orientiertes **Sozialverwaltungsverfahren** (§§ 16, 17 SGB X). Entsprechend dem in § 17 Abs. 1 Nr. 1 SGB I (Pflicht zur zügigen Gewährung von Sozialleistungen) enthaltenen Rechtsgedanken gilt der **Grundsatz der Verfahrensbeschleunigung**, wie er auch in § 9 Satz 2 SGB X zum Ausdruck kommt. Eine genaue zeitliche Grenze für die Dauer eines Verwaltungsverfahrens existiert allerdings nicht und kann es angesichts der Abhängigkeit der Verfahrensdauer von den Besonderheiten des Einzelfalls, der Mitwirkung der Beteiligten und der zu bearbeitenden Materie auch nicht geben. 42
- Schließlich hat der Antragsteller einen Anspruch auf Erteilung eines das Verfahren abschließenden Bescheides. Der **Bescheidungsanspruch** ergibt sich aus § 8 i.V.m. §§ 18, 31 Satz 1 SGB X. Der Bescheid beendet das durch den Antrag eingeleitete Verwaltungsverfahren. Der **Bescheid** kann schriftlich, elektronisch, mündlich oder in anderer Weise erlassen werden (§ 33 Abs. 2 Satz 1 SGB X). Er muss inhaltlich **hinreichend bestimmt** sein (§ 33 Abs. 1 SGB X) und kann unter den Voraussetzungen des § 32 SGB X mit **Nebenbestimmungen** versehen werden. Als Nebenbestimmung kommt bei einem Elterngeld gewährenden Bescheid insbesondere der in § 8 Abs. 2 BEEG vorgesehene **Widerrufsvorbehalt** in Betracht (zu den Einzel- 43

heiten vgl. die Kommentierung zu § 8 BEEG Rdn. 19 ff.). Der Bescheid ist mit einer **Rechtsbehelfsbelehrung** zu versehen (§ 36 SGB X). Die für seine Wirksamkeit notwendige **Bekanntgabe des Verwaltungsaktes** an den Antragsteller erfolgt durch Übersendung per Post oder durch Zustellung gemäß § 37 SGB X.

44 Korrespondierend zu den Rechten des Antragstellers im Verwaltungsverfahren bestehen entsprechende Pflichten der Behörde. Zusätzlich zu diesen trifft die Behörde über § 20 SGB X die **Pflicht zur Amtsermittlung**. Die Behörde muss den für die Entscheidung relevanten Sachverhalt von Amts wegen ermitteln, wobei sie Umfang und Art der Ermittlungen bestimmt. Vorgaben für den Ermittlungsumfang ergeben sich aus dem Antrag und aus dem Sachgebiet, dem die beantragte Leistung zuzuordnen ist. Die Ermittlung des entscheidungsrelevanten Sachverhalts erfordert aber auch die Mitwirkung der Beteiligten (vgl. § 21 Abs. 2 Satz 1 SGB X), die insbesondere die ihnen bekannten Tatsachen und Beweismittel angeben sollen (§ 21 Abs. 2 Satz 2 SGB X). In dem auf die Gewährung von Elterngeld gerichteten Verwaltungsverfahren gelten zum einen die in §§ 60 ff. SGB I normierten **allgemeinen Mitwirkungspflichten** sowie die in § 8 BEEG für das Elterngeld **spezialgesetzlich geregelten Mitwirkungs- und Nachweispflichten.** Relevant sind in diesem Zusammenhang insbesondere die in § 60 Abs. 1 SGB I geregelte Mitwirkungspflichten. Danach ist derjenige, der eine Sozialleistung beantragt, verpflichtet, alle leistungserheblichen Tatsachen anzugeben (§ 60 Abs. 1 Satz 1 Nr. 1 SGB I), alle Änderungen in den leistungserheblichen Verhältnissen mitzuteilen (§ 60 Abs. 1 Satz 1 Nr. 2 SGB I) sowie Beweismittel zu bezeichnen und auf Verlangen des Leistungsträgers Beweisurkunden vorzulegen bzw. ihrer Vorlage zuzustimmen (§ 60 Abs. 1 Satz 1 Nr. 3 SGB I). Die Grenzen der Mitwirkungspflicht ergeben sich aus § 65 SGB I. Unterlässt der Antragsteller die ihm zumutbare Mitwirkung und erschwert hierdurch die Aufklärung des Sachverhalts erheblich, kann der Leistungsträger nach entsprechendem schriftlichen Hinweis über die Folgen und einer angemessenen Fristsetzung für die Mitwirkungshandlung (§ 66 Abs. 3 SGB I) ohne weitere Ermittlung die Leistung bis zur Nachholung der Mitwirkungshandlung ganz oder teilweise versagen (§ 66 Abs. 1 SGB I). Die in § 60 SGB I geregelten Mitwirkungspflichten greifen dabei nicht nur im Antragsverfahren ein, sondern treffen auch denjenigen, der eine Sozialleistung erhält. Nach Abschluss des Leistungsbezugs regelt § 8 BEEG spezielle Mitwirkungs- und Nachweispflichten, die den Besonderheiten des Elterngeldbezugs geschuldet sind.

b) Rückwirkung des Antrags auf Elterngeld

45 Elterngeld wird nach § 7 Abs. 1 Satz 2 rückwirkend nur für die letzten drei Lebensmonate vor Beginn des Lebensmonats geleistet, in dem der Antrag eingegangen ist. Die Regelung ist **verfassungskonform** (vgl. Schmitt in: Brose/Weth/Volk, 9. Aufl., § 7 BEEG Rn. 12; siehe hierzu auch BSG vom 26.9.2014 – B 10 EG 4/14 B – BeckRS 2014, 73443).

§ 7 Abs. 1 Satz 2 knüpft an den Zeitpunkt des **Eingangs des Antrags bei der Behörde** an. Für die **Berechnung der Rückwirkungsfrist** gilt § 26 SGB X, der in seinem Absatz 1 auf die bürgerlich-rechtlichen Fristbestimmungen in § 187 Abs. 1 und § 188 Abs. 2 Alt. 1 BGB verweist (vgl. Schmitt in: Brose/Weth/Volk, 9. Aufl., § 7 BEEG Rn. 14).

Die für die rückwirkende Leistung in § 7 Abs. 1 Satz 2 vorgesehene Frist ist eine **Ausschlussfrist** (vgl. LSG Hamburg vom 29.5.2019 – L 2 EG 3/19 – BeckRS 2019, 11008; Schmitt in: Brose/Weth/Volk, 9. Aufl., § 7 BEEG Rn. 15; Richtlinien des BMFSFJ zum BEEG, Stand Juni 2025, Ziffer 7.1.2, S. 243). Das bedeutet: Der Elterngeldanspruch ist materiell unbegründet, soweit er sich auf einen länger als drei Lebensmonate vor der Antragstellung zurückliegenden Zeitraum bezieht, weil die materielle Rechtsposition des Berechtigten untergegangen ist. Allerdings besteht bei unverschuldeter Versäumung der Frist die Möglichkeit der **Wiedereinsetzung in den vorigen Stand** gemäß § 27 SGB X (vgl. LSG Niedersachsen-Bremen vom 22.1.2014 – L 2 EG 11/13 – BeckRS 2014, 70469; Schmitt in: Brose/Weth/Volk, 9. Aufl., § 7 BEEG Rn. 16 f.; von Koppenfels-Spies in: Knickrehm/Roßbach/Waltermann, 8. Aufl., § 7 BEEG Rn. 2; Helmke/Bauer, Familienleistungsausgleich, § 7 BEEG Rn. 10; zu § 4 Abs. 2 Satz 3 BErzGG: BSG vom 23.1.2008 – B 10 EG 6/07 R – SozR 4–7833 § 4 Nr. 1; aA Mutschler in: Tillmanns/Mutschler, 3. Aufl., § 7 BEEG Rn. 28).

Im Rahmen der nach § 27 Abs. 1 SGB X vorzunehmenden Prüfung, ob der Berechtigte **ohne Verschulden** daran gehindert war, die Frist einzuhalten (subjektiver Maßstab), entlastet die mangelnde Rechtskenntnis den Berechtigten in der Regel nicht (vgl. BSG vom 30.9.2009 – B 9 VG 3/08 R – BSGE 104, 245; BSG vom 22.10.1996 – 13 RJ 23/95 – BSGE 79, 168). Enthalten die von den zuständigen Stellen vorgehaltenen Merkblätter dagegen falsche Hinweise zur Antragsfrist oder wird der Berechtigte von der zuständigen Behörde dahin gehend fehlerhaft oder unvollständig beraten, dürfte ein Verschulden des Berechtigten ausgeschlossen sein. Gleiches gilt bei unübersichtlich oder missverständlich verfassten Merkblättern der Behörde (vgl. BSG vom 16.10.1986 – 12 RK 32/85 – BeckRS 1986, 30718816). Gleichzeitig kann in diesen Fällen der rechtzeitige Antrag ggf. über den **sozialrechtlichen Herstellungsanspruch** fingiert werden (vgl. BSG vom 16.12.1993 – 13 RJ 19/92 – SozR 3–1200 § 14 Nr. 12, bezogen auf ein fehlerhaftes Merkblatt). Die Wiedereinsetzung in den vorigen Stand nach § 27 SGB X und ein Anspruch auf Folgenbeseitigung im Wege des sozialrechtlichen Herstellungsanspruchs können nebeneinander geltend gemacht werden, weil die Wiedereinsetzungsregeln des § 27 SGB X keine abschließende Entscheidung des Gesetzgebers über die in einer verspäteten Antragstellung liegenden Folgen von Pflichtverletzungen der Verwaltung enthalten (vgl. BSG vom 4.9.2013 – B 12 AL 2/12 R – SozR 4–4300 § 28a Nr. 5). 46

Während § 4 Abs. 2 BErzGG in der Fassung des Art. 1 Nr. 4 Buchst. b) Gesetz zur Änderung des Bundeserziehungsgeldgesetzes und anderer Vorschriften vom 30.6.1989 (BGBl. I S. 1297) die rückwirkende Gewährung von Bundeserziehungsgeld für 6 Monate vorsah, gestattet § 7 Abs. 1 Satz 2 nur noch die **3-monatige Rückwirkung des Elterngeldgeldantrags**. Begründet wurde diese Beschränkung der rückwirkenden Zahlung vom Gesetzgeber mit der Einkommensersatzfunktion des Elterngeldes. Mit der 3-Monatsfrist werde die Auszahlung im zeitlichen Zusammenhang mit dem Grund der Leistung, insbesondere dem Ersatz des wegfallenden Einkommens, gewährleistet 47 (vgl. BT-Drucks. 16/1889, S. 25). Diese Begründung dürfte allerdings nicht für das Mindestelterngeld in Höhe von 300 Euro (§ 2 Abs. 4 Satz 1 BEEG) greifen, weil Mindestelterngeld selbst dann gewährt wird, wenn die berechtigte Person vor der Geburt des Kindes kein Einkommen aus Erwerbstätigkeit hat (§ 2 Abs. 4 Satz 2 BEEG).

§ 8 BEEG Auskunftspflicht, Nebenbestimmungen

(1) Soweit im Antrag auf Elterngeld Angaben zum voraussichtlichen Einkommen aus Erwerbstätigkeit gemacht wurden, ist nach Ablauf des Bezugszeitraums für diese Zeit das tatsächliche Einkommen aus Erwerbstätigkeit nachzuweisen.

(1a) Die Mitwirkungspflichten nach § 60 des Ersten Buches Sozialgesetzbuch gelten
1. **im Falle des § 1 Absatz 8 Satz 2 auch für die andere Person im Sinne des § 1 Absatz 8 Satz 2 und**
2. **im Falle des § 4b oder des § 4b in Verbindung mit § 4d Satz 1 für beide Personen, die den Partnerschaftsbonus beantragt haben.**

§ 65 Absatz 1 und 3 des Ersten Buches Sozialgesetzbuch gilt entsprechend.

(2) Elterngeld wird in den Fällen, in denen die berechtigte Person nach ihren Angaben im Antrag im Bezugszeitraum voraussichtlich kein Einkommen aus Erwerbstätigkeit haben wird, unter dem Vorbehalt des Widerrufs für den Fall gezahlt, dass sie entgegen ihren Angaben im Antrag Einkommen aus Erwerbstätigkeit hat. In den Fällen, in denen zum Zeitpunkt der Antragstellung der Steuerbescheid für den letzten abgeschlossenen steuerlichen Veranlagungszeitraum vor der Geburt des Kindes nicht vorliegt und nach den Angaben im Antrag die Beträge nach § 1 Absatz 8 voraussichtlich nicht überschritten werden, wird das Elterngeld unter dem Vorbehalt des Widerrufs für den Fall gezahlt, dass entgegen den Angaben im Antrag die Beträge nach § 1 Absatz 8 überschritten werden.

(3) Über die Höhe des Elterngeldes wird bis zum Nachweis der jeweils erforderlichen Angaben vorläufig unter Berücksichtigung der glaubhaft gemachten Angaben entschieden, wenn
1. **zum Zeitpunkt der Antragstellung der Steuerbescheid für den letzten abgeschlossenen Veranlagungszeitraum vor der Geburt des Kindes nicht vorliegt und noch nicht angegeben werden kann, ob die Beträge nach § 1 Absatz 8 überschritten werden,**
2. **das Einkommen aus Erwerbstätigkeit vor der Geburt nicht ermittelt werden kann oder**
3. **die berechtigte Person nach den Angaben im Antrag auf Elterngeld im Bezugszeitraum voraussichtlich Einkommen aus Erwerbstätigkeit hat.**

Übersicht Rdn.

1. Allgemeines

a) Entwicklung der Norm

Die seit dem 1.1.2007 geltende Vorschrift ist durch das »**Haushaltsbegleitgesetz 2011 (HBeglG 2011)**« vom 9.12.2010 (BGBl. I S. 1885) mit Wirkung zum 1.1.2011 geändert und um eine im Zusammenhang mit dem seinerzeit neu eingefügten § 1 Abs. 8 BEEG stehende Regelung ergänzt worden. Seitdem normiert § 1 Abs. 8 BEEG einen Leistungsausschluss, wenn die berechtigte Person im letzten abgeschlossenen Veranlagungszeitraum ein zu versteuerndes Einkommen (§ 2 Abs. 5 EStG) in Höhe von mehr als 250 000 Euro (aktuell: 175 000 Euro) erzielt hat bzw. wenn die Summe des zu versteuernden Einkommens beider berechtigten Personen im genannten Zeitraum mehr als 500 000 Euro (aktuell: 175 000 Euro) beträgt. Die im Zuge dieser Neuregelung vorgenommene Ergänzung von § 8 erstreckt nunmehr die Möglichkeit der Leistungsgewährung unter dem Vorbehalt des Widerrufs auch auf die Fälle, in denen zum Zeitpunkt der Antragstellung noch kein entsprechender Steuerbescheid vorliegt und somit der Leistungsausschluss nach § 1 Abs. 8 BEEG noch nicht abschließend geprüft werden kann. 1

Des Weiteren ist § 8 durch das »**Gesetz zur Einführung eines Betreuungsgeldes (Betreuungsgeldgesetz)**« vom 15.2.2013 (BGBl. I S. 254) mit Wirkung zum 1.8.2013 geändert worden. Hierbei handelte es sich überwiegend um terminologische Änderungen sowie um Anpassungen zur Abgrenzung der gesetzlichen Vorgaben für die Familienleistung Elterngeld einerseits und für die neu eingeführte Familienleistung Betreuungsgeld andererseits. Ferner wurden die durch das Haushaltsbegleitgesetz 2011 eingefügten Regelungen auf das Betreuungsgeld ausgedehnt, weil auch insoweit der in § 1 Abs. 8 BEEG normierte Leistungsausschlussgrund galt. 2

Mit dem »**Gesetz zur Einführung des Elterngeld Plus mit Partnerschaftsbonus und einer flexibleren Elternzeit im Bundeselterngeld- und Elternzeitgesetz**« vom 18.12.2014 (BGBl. I S. 2325) wurde die Nachweispflicht in § 8 Abs. 1 auch auf die Arbeitszeit erstreckt. Dies war notwendig geworden, weil unter anderem der Bezug des Partnerschaftsbonus an die Ausübung einer Erwerbstätigkeit in einem bestimmten zeitlichen Umfang geknüpft ist (vgl. § 4b Abs. 1 Nr. 1 BEEG). Ferner wurde Absatz 1a eingefügt, 3 der die entsprechende Geltung der sozialverwaltungsrechtlichen Pflicht zur Mitwirkung (§ 60 SGB I) und deren Grenzen (§ 65 Abs. 1 und Abs. 3 SGB I) für die jeweils andere anspruchsberechtigte Person anordnet.

4 Mit dem **Zweiten Gesetz zur Änderung des Bundeselterngeld- und Elternzeitgesetzes** vom 15.2.2021 (BGBl. I S. 239) wurde der nachträgliche Nachweis des Arbeitszeitumfangs für die Fälle mit Erwerbstätigkeit im Bezugszeitraum abgeschafft. Diese Nachweispflicht wurde unter Berücksichtigung der Anzeigepflichten des Elterngeldempfängers als entbehrlich und im Hinblick auf die fortschreitende Digitalisierung des Antragsverfahrens als nicht mehr zweckmäßig angesehen (vgl. BT-Drucks. 19/24438, S. 33). Wenn die leistungsberechtigte Person im Antrag angibt, dass die Arbeitszeit den im Bezugszeitraum zulässigen Umfang von 32 Stunden nicht überschreitet, wird dies durch den Arbeitsvertrag und die Elternzeitvereinbarung belegt. Sollte die Arbeitszeit nach Antragstellung vertraglich oder tatsächlich geändert werden, ist die leistungsberechtigte Person nach § 60 Abs. 1 Satz 1 Nr. 2 SGB I verpflichtet, diese Änderung der leistungserheblichen Umstände der zuständigen Behörde mitzuteilen. Bei einer Verletzung dieser Mitwirkungspflicht ist die zuständige Behörde zur Aufhebung der Bewilligung nach § 48 Abs. 1 Satz 2 Nr. 2 SGB X berechtigt. Hat die zuständige Behörde Zweifel an der Einhaltung der im Antrag angegebenen Arbeitszeit, z.B. wegen der Einkommenshöhe in den Lohn- und Gehaltsbescheinigungen, kann sie im Rahmen der abschließenden Bewilligung nach Ablauf des Bezugszeitraums im Einzelfall einen Nachweis der tatsächlich geleisteten Arbeitszeit verlangen. Da somit der Zweck der nachträglichen Nachweispflicht anderweitig erreicht werden kann, wurde das ohnehin komplexe Verwaltungsverfahren bezüglich der Gewährung von Elterngeld in diesem Punkt »verschlankt« (vgl. zum Hintergrund insgesamt: BT-Drucks. 19/24438, S. 33). Ferner wurden § 8 Abs. 1a Satz 1 Nr. 2 und § 8 Abs. 2 Satz 2 redaktionell geändert aufgrund der Änderungen beim Partnerschaftsbonus (§ 4b Abs. 1 Satz 1 BEEG und § 4d Satz 1 BEEG) und des Wegfalls des Betreuungsgeldes, das mit der Entscheidung des Bundesverfassungsgerichts vom 21.7.2015 – 1 BvF 2/13 – (BGBl. I S. 1565) für mit dem Grundgesetz unvereinbar und nichtig erklärt wurde.

5 Zuletzt wurde § 8 durch das **Vierte Gesetz zur Entlastung der Bürgerinnen und Bürger, der Wirtschaft sowie der Verwaltung von Bürokratie (Viertes Bürokratieentlastungsgesetz)** vom 23.10.2024 (BGBl. I Nr. 323) mit Wirkung zum 1.5.2025 dahin gehend geändert, dass im Einleitungssatz des Absatzes 3 die Wörter »Das Elterngeld« durch die Wörter »Über die Höhe des Elterngeldes« und das Wort »gezahlt« durch das Wort »entschieden« ersetzt worden sind. Mit dieser redaktionellen Änderung wird der Umfang der vorläufigen Entscheidung klargestellt: Bei § 8 Abs. 3 handelt es sich um einen Vorläufigkeitsvorbehalt, von dem nur die – noch nicht ermittelbare – Höhe des Elterngeldes erfasst ist, während die Voraussetzungen für den Elterngeldbezug mit dem vorläufigen Bewilligungsbescheid bereits verbindlich festgestellt werden (vgl. BT-Drucks. 20/11306, S. 119).

b) Regelungsgehalt

§ 8 Abs. 1 regelt die (nachträgliche) **Auskunfts- und Nachweispflicht der elterngeldberechtigten Person** über ein im Bezugszeitraum erzieltes Einkommen nach Ablauf des Bezugszeitraums. 6

§ 8 Abs. 1a regelt die entsprechende Geltung der in § 60 SGB I normierten allgemeinen Mitwirkungspflicht (Angabe von Tatsachen) und deren Grenzen (§ 65 Abs. 1 und Abs. 3 SGB I) für die Person, die – neben dem Antragsteller – anspruchsberechtigt ist, aber selbst keinen Antrag gestellt hat.

§ 8 Abs. 2 Satz 1 erlaubt der zuständigen Behörde die **Bewilligung** von Elterngeld **unter dem Vorbehalt des Widerrufs** in den Fällen, in denen nach den Angaben im Elterngeldantrag voraussichtlich kein Einkommen aus Erwerbstätigkeit im Bezugszeitraum erzielt wird, um für den Fall eines gleichwohl tatsächlich bezogenen Einkommens eine leichtere Rückabwicklung der Leistung zu gewährleisten. Gleiches gilt nach Satz 2 in den Fällen, in denen nach den Angaben im Antragsverfahren die Beträge nach § 1 Abs. 8 BEEG nicht überschritten werden, aber der hierfür zum Nachweis erforderliche Steuerbescheid für den letzten abgeschlossenen Veranlagungszeitraum vor der Geburt noch nicht vorliegt.

§ 8 Abs. 3 regelt Fallgestaltungen, in denen Elterngeld **vorläufig bewilligt** wird. Das ist der Fall, wenn Ungewissheit über das Vorliegen der Voraussetzungen für den in § 1 Abs. 8 BEEG normierten Leistungsausschluss besteht (Nr. 1), wenn das im Bemessungszeitraum erzielte Einkommen aus Erwerbstätigkeit nicht ermittelt werden kann (Nr. 2) oder wenn die berechtigte Person nach ihren eigenen Angaben voraussichtlich im Bezugszeitraum Einkommen aus Erwerbstätigkeit beziehen wird (Nr. 3).

c) Vorläufervorschrift

Das BErzGG enthielt keine dem § 8 vergleichbare Regelung. Lediglich **§ 4 Abs. 2 Satz 4 BErzGG** sah – ähnlich dem § 8 Abs. 2 – die Möglichkeit der Bewilligung von Erziehungsgeld unter dem Vorbehalt der Rückforderung bei nicht abschließend ermittelbaren Einkommensverhältnissen unterhalb der Einkommensgrenze des § 5 Abs. 3 Satz 1, 2 und 4 BErzGG vor. 7

d) Systematische Zusammenhänge

§ 8 Abs. 1 ergänzt die in **§ 60 Abs. 1 SGB I** geregelten und über § 25 Abs. 2, § 68 Nr. 15 SGB I für das Elterngeld maßgebenden allgemeinen Mitwirkungspflichten um eine auch nach Abschluss des Sozialleistungsverhältnisses geltende **spezialgesetzliche Nachweispflicht**. Bezugspunkt dieser Auskunfts- und Nachweispflicht ist das während des Bezugszeitraums (**§ 4 BEEG**) erzielte und für die Leistungshöhe gemäß § 2 Abs. 3 i.V.m. § 2c, § 2d BEEG maßgebende Einkommen aus Erwerbstätigkeit. Als Mittel des Nachweises ist die Lohn- und Gehaltsbescheinigung des Arbeitgebers anzusehen (**§ 2c Abs. 2 BEEG**) bzw. die Gewinn- und Verlustrechnung nach dem Einkommensteuerrecht bei einer selbstständigen Tätigkeit. Die vorsätzliche oder fahrlässige Verletzung der in § 8 Abs. 1 geregelten spezialgesetzlichen Auskunfts- und 8

Nachweispflicht kann als Ordnungswidrigkeit mit einer Geldbuße geahndet werden (**§ 14 Abs. 1 Nr. 1 BEEG**).

9 Der mit Wirkung zum 1.1.2015 neu eingefügte **§ 8 Abs. 1a** steht im Zusammenhang mit den Regelungen in **§ 4 Abs. 3 Satz 1 BEEG**. Danach haben die Eltern (bei Vorliegen der Anspruchsvoraussetzungen) grundsätzlich einen gemeinsamen Anspruch auf höchstens zwölf Monatsbeträge Basiselterngeld. Während beim Erziehungsgeld der Anspruch zwar grundsätzlich von mehreren Personen erworben werden konnte, die Leistung aber nur einer Person gezahlt wurde (§ 3 Abs. 1 Satz 1 BErzGG), kann beim Elterngeld nicht nur der Leistungsanspruch von beiden Elternteilen bzw. anderen anspruchsberechtigten Personen erworben, sondern die Leistung auch an mehrere Berechtigte gezahlt werden. Das Elterngeld kann von mehreren Anspruchsberechtigten auch abwechselnd oder gleichzeitig nach Maßgabe des § 4 Abs. 6 BEEG bezogen werden. Diese vom »normalen« Sozialleistungsrecht abweichende Konzeption erfordert besondere verfahrensrechtliche Regelungen. Denn die allgemeinen Mitwirkungspflichten im Sozialverwaltungsverfahren gelten grundsätzlich nur für denjenigen, der den Antrag stellt oder der Sozialleistungen erhält. Bei einem Antrag auf Partnerschaftsbonus sind aber auch Auskünfte über den Umfang der Erwerbstätigkeit des anderen Elternteils notwendig. Gleiches gilt für die Prüfung der Voraussetzungen des § 1 Abs. 8 BEEG.

10 Bei dem nach **§ 8 Abs. 2** möglichen **Widerrufsvorbehalt** handelt es sich um eine **Nebenbestimmung** zu dem über die Bewilligung von Elterngeld entscheidenden Verwaltungsakt im Sinne des **§ 32 Abs. 1 und Abs. 2 Nr. 3 SGB X**. Tritt der Widerrufsgrund ein, ist die zuständige Behörde (§ 12 BEEG) auf der Grundlage von **§ 47 Abs. 1 Nr. 1 SGB X** zum Widerruf der Bewilligung und zur Anpassung der Leistung an die geänderten Verhältnisse mit Wirkung für die Zukunft berechtigt. Eine Aufhebung der Bewilligungsentscheidung mit Wirkung für die Vergangenheit verbunden mit der Rückforderung überzahlter Leistungen ist hingegen nur unter den einschränkenden Voraussetzungen des **§ 48 Abs. 1 Satz 2 i.V.m. § 50 SGB X** möglich.

11 Die in **§ 8 Abs. 3** vorgesehene Möglichkeit der **vorläufigen Leistungsgewährung** schränkt die Bestandskraft des Bewilligungsbescheides ein. Ein vorläufiger Leistungsgewährungsbescheid kann ohne Vorliegen der Voraussetzungen der **§§ 45 ff. SGB X** zurückgenommen werden.

e) **Normzweck**

12 Der in §§ 2 ff. BEEG für die Höhe des Elterngeldes vorgesehene Maßstab erfordert **ergänzende verfahrensrechtliche Bestimmungen**, die eine effektive Erbringung und Abwicklung der Familienleistung Elterngeld im Verhältnis zwischen Elterngeldberechtigten und zuständiger Behörde sicherstellen. Die Rückabwicklung beurteilt sich nach dem allgemeinen Verfahrensrecht des SGB X, dessen Erstes Kapitel (somit auch die §§ 45 ff. SGB X) über § 26 Abs. 1 BEEG für das Elterngeld gilt. Diese allgemeinen Bestimmungen werden ergänzt durch die speziellen verfahrensrechtlichen Regelungen des § 8. Die in § 8 zusammengefassten Regelungen erleichtern der zuständigen Behörde die **Rückabwicklung überzahlter Leistungen**.

2. Auskunfts- und Nachweispflicht nach Ablauf des Bezugszeitraums (§ 8 Abs. 1)

§ 8 Abs. 1 regelt eine spezielle Mitwirkungspflicht des Elterngeldberechtigten. Die 13
Vorschrift schließt eine bei Anwendung der allgemeinen Regelungen über die Mitwirkungspflicht im Verwaltungsverfahren bestehende und durch die Besonderheiten des Leistungsbezugs beim Elterngeld begründete Regelungslücke. Die aufgrund der Verweisung in § 37 Satz 1 i.V.m. § 25 Abs. 2 und § 68 Nr. 15 SGB I geltenden **allgemeinen Mitwirkungspflichten des § 60 Abs. 1 Satz 1 SGB I** verpflichten denjenigen, der Elterngeld beantragt oder erhält, alle leistungserheblichen Tatsachen anzugeben und auf Verlangen der zuständigen Elterngeldstelle der Erteilung der erforderlichen Auskünfte durch Dritte zuzustimmen (Nr. 1), Änderungen in den leistungserheblichen Verhältnissen oder in den Verhältnissen, über die im Zusammenhang mit der Leistung Erklärungen abgegeben worden sind, unverzüglich mitzuteilen (Nr. 2) sowie Beweismittel zu bezeichnen und auf Verlangen der zuständigen Elterngeldstelle Beweisurkunden vorzulegen oder der Vorlage dieser Urkunden zuzustimmen (Nr. 3). Diese allgemeinen Mitwirkungspflichten sind jedoch in Anbetracht der für die Höhe des Elterngeldes (§ 2 BEEG) und die Bezugsdauer (§ 4 BEEG) maßgebenden Bestimmungen nicht ausreichend, um der Elterngeldstelle eine am Grundsatz der Gesetzmäßigkeit der Verwaltung orientierte Gewährung von Elterngeld und die Rückforderung überzahlten Elterngeldes in jedem Einzelfall zu ermöglichen.

Geht der Elterngeldberechtigte während des Bezugs von Elterngeld in dem in § 1 Abs. 1 Satz 1 Nr. 4, Abs. 6 BEEG erlaubten Umfang einer Erwerbstätigkeit nach, ist für die Höhe des Elterngeldes neben dem im Bemessungszeitraum vor der Geburt erzielten Einkommen (§ 2 Abs. 1 i.V.m. § 2b, § 2c, § 2d BEEG) auch das im Bezugszeitraum nach der Geburt erzielte Einkommen maßgeblich (§ 2 Abs. 3 BEEG). Letzteres steht allerdings im Zeitpunkt der Leistungsbewilligung nicht sicher, sondern häufig nur prognostisch fest. Kenntnis über die Höhe des tatsächlich erzielten Einkommens haben der Berechtigte und somit auch die Behörde im Regelfall erst nach Ablauf des Bezugszeitraums. Da zu diesem Zeitpunkt das zwischen der zuständigen Behörde und dem Elterngeldberechtigten bestehende Sozialleistungsverhältnis bereits beendet ist, fehlt die Grundlage für die allgemeinen Auskunftspflichten des § 60 Abs. 1 SGB I, denn diese knüpfen entweder an einen Antrag auf Sozialleistungen oder an ein laufendes Sozialleistungsverhältnis an. Eine auch **nach Abschluss des Sozialleistungsverhältnisses geltende Auskunfts- und Nachweispflicht** des Berechtigten bedarf daher der spezialgesetzlichen Regelung, die in § 8 Abs. 1 enthalten ist.

Gibt die elterngeldberechtigte Person im Antrag an, im Bezugszeitraum voraussichtlich 14
Einkommen aus Erwerbstätigkeit zu erzielen, wird über die Höhe des Elterngeldes auf der Grundlage des vom Berechtigten glaubhaft gemachten Einkommens im Bezugszeitraum – im Regelfall nach § 8 Abs. 3 Nr. 3 **vorläufig** – entschieden.

Nach Ablauf des Bezugszeitraums ist der Elterngeldberechtigte über § 8 Abs. 1 verpflichtet, das in diesem Zeitraum tatsächlich erzielte Einkommen in geeigneter Form nachzuweisen. Der **Nachweis** wird in der Regel durch die Vorlage der **Lohn- und Gehaltsbescheinigung des Arbeitgebers** (§ 2c Abs. 2 BEEG) oder von **Steuerbeschei-**

den geführt. Denkbar ist aber auch der Nachweis durch Vorlage einer **Kopie der elektronischen Lohnsteuerbescheinigung** oder einer **Bescheinigung der Krankenkasse als Einzugsstelle** für die Sozialversicherungsbeiträge (vgl. Schmitt in: Brose/Weth/Volk, 9. Aufl., § 8 BEEG Rn. 8). Die Nachweispflicht nach § 8 Abs. 1 trifft den Elterngeldberechtigten auch dann, wenn das tatsächlich erzielte Einkommen in vollem Umfang dem bei Antragstellung glaubhaft gemachten Einkommen entspricht (vgl. Schmitt in: Brose/Weth/Volk, 9. Aufl., § 8 BEEG Rn. 7; Lenz/Wagner in: Rancke/Pepping, 6. Aufl., § 8 BEEG Rn. 2; Richtlinien des BMFSFJ zum BEEG, Stand Juni 2025, Ziffer 8.1, S. 250). Dies folgt bereits aus dem Wortlaut des § 8 Abs. 1, der – insoweit anders als § 60 Abs. 1 Satz 1 Nr. 1 und Nr. 2 SGB I – die Mitwirkungspflicht nicht auf die Angabe von *leistungserheblichen* Tatsachen und Änderungen beschränkt. Hierfür spricht letztlich auch, dass § 8 Abs. 3 Nr. 3 genau in diesen Fällen die vorläufige Elterngeldzahlung vorsieht. Eine endgültige Entscheidung ist der Behörde aber erst möglich, wenn die berechtigte Person das abweichend von der Prognose erzielte Einkommen nachgewiesen bzw. die Prognose anhand des tatsächlich erzielten Einkommens bestätigt hat. Hat der Elterngeldberechtigte im Bezugszeitraum entgegen seinen anfänglichen Angaben kein Einkommen aus einer Erwerbstätigkeit erzielt, reicht für den Nachweis im Sinne von § 8 Abs. 1 die Abgabe einer entsprechenden Erklärung gegenüber der Behörde aus (vgl. BT-Drucks. 16/1889, S. 25).

15 Weicht das nach § 8 Abs. 1 nachgewiesene Einkommen von dem ursprünglich im Antrag angegebenen Einkommen nach unten oder nach oben ab, wird der Bewilligungsbescheid nachträglich rechtswidrig. Das bedeutet, dass die ursprüngliche Elterngeldbewilligung rückwirkend entweder zugunsten des Elterngeldberechtigten (§ 48 Abs. 1 Satz 2 Nr. 1 SGB X) oder wegen Erzielung von Einkommen (§ 48 Abs. 1 Satz 2 Nr. 3 SGB X) zu seinen Lasten aufzuheben ist sowie zu Unrecht nicht gewährtes Elterngeld nachgezahlt (§ 48 Abs. 4 Satz 1 i.V.m. § 44 Abs. 4 SGB X) bzw. zu Unrecht überzahltes Elterngeld nach § 50 Abs. 1 SGB X zurückgefordert wird.

16 Die **Auskunfts- und Nachweispflicht** in Bezug auf die im Antrag gemachten **Angaben zur Arbeitszeit** wurde mit dem Zweiten Gesetz zur Änderung des Bundeselterngeld- und Elternzeitgesetzes vom 15.2.2021 (BGBl. I S. 239) gestrichen, da der Zweck dieser Regelung bereits durch die allgemeinen Mitwirkungspflichten nach § 60 SGB I zur Angabe der leistungserheblichen Tatsachen, aber auch zur Mitteilung der Änderung der für die Leistung erheblichen Verhältnisse gewährleistet wird (vgl. hierzu Rdn. 4).

17 Die zuständige Behörde ist gehalten, die erforderlichen Angaben beim Berechtigten einzufordern und die Erfüllung der Auskunfts- und Nachweispflicht anzumahnen (zu den Anforderungen vgl. Richtlinien des BMFSFJ zum BEEG, Stand Juni 2025, Ziffer 8.1, S. 250). Dabei muss auf die Folgen einer fehlenden Mitwirkung hingewiesen werden. Die in § 8 Abs. 1 geregelte Auskunftspflicht ist mit Mitteln des Verwaltungszwangs vollstreckbar (so auch Schmitt in: Brose/Weth/Volk, 9. Aufl., § 8 BEEG Rn. 6). Zugleich ist die **Verletzung der Auskunfts- und Nachweispflicht** eine Ordnungswidrigkeit (§ 14 Abs. 1 Nr. 1 BEEG). Ob darüber hinaus bei fehlendem Nachweis auch leistungsrechtliche Konsequenzen gelten, ist fraglich. § 8 Abs. 1 sieht dies nicht vor. Eine analoge Anwendung des § 66 SGB I scheidet aus, weil dieser – entsprechend sei-

nem Anwendungsbereich – nur die in die Zukunft gerichtete Versagung oder Entziehung von Leistungen wegen mangelnder Mitwirkung nach den §§ 60 bis 64 SGB I regelt, nicht hingegen die nachträgliche Reduzierung und Rückforderung der gezahlten Leistung. Die Anwendung des § 48 SGB X scheidet ebenfalls aus, weil – mangels Auskunft und Nachweis – gerade nicht feststeht, ob eine Änderung der Verhältnisse eingetreten ist. Soweit in der Verwaltungspraxis in diesen Fällen der Mindestbetrag festgesetzt wird (vgl. Richtlinien des BMFSFJ zum BEEG, Stand Juni 2025, a.a.O.), entbehrt dieses Vorgehen einer rechtlichen Grundlage. Vielmehr muss die zuständige Behörde über die Mittel des Verwaltungszwangs die Auskunfts- und Nachweispflicht vollstrecken und im Anschluss aufgrund der so »erzwungenen« Angaben eine Festsetzung vornehmen. Dies setzt jedoch zunächst den Erlass eines Verwaltungsaktes voraus, mit dem der Berechtigte zur Auskunft und zum Nachweis verpflichtet wird. Aus Gründen der Verhältnismäßigkeit ist die Behörde allerdings vor der Anwendung von Verwaltungszwang gehalten, andere Möglichkeiten zu nutzen, um sich Kenntnis von den leistungsrelevanten Umständen zu verschaffen. Ist der berechtigten Person der Nachweis objektiv nicht möglich, kann sich die zuständige Behörde nach § 9 BEEG an den Arbeitgeber wenden.

3. Besondere Mitwirkungspflichten (§ 8 Abs. 1a)

§ 8 Abs. 1a normiert eine spezielle Mitwirkungspflicht für Personen, die selbst keinen Elterngeldantrag gestellt haben. Damit wird die allgemeine Mitwirkungspflicht des § 60 SGB I erweitert und den Besonderheiten der Sozialleistung Elterngeld angepasst. 18

Grundsätzlich gelten die in § 60 SGB I geregelten Mitwirkungspflichten nur für denjenigen, der einen Antrag auf Sozialleistung stellt oder eine solche Leistung erhält. § 8 Abs. 1a erstreckt diese allgemeine Mitwirkungspflicht auf Personen, die die Leistung weder beantragt haben, noch erhalten und die damit nicht unmittelbar vom Anwendungsbereich des § 60 SGB I erfasst werden, deren Angaben aber notwendig sind, um die Anspruchsvoraussetzungen für die beantragte Leistung prüfen und die Leistung bewilligen zu können. Relevant ist dies unter anderem für die Prüfung der Voraussetzung des § 1 Abs. 8 BEEG (»Reichensteuerregelung«) und für den Partnerschaftsbonus (§ 4b BEEG bzw. § 4b i.V.m. § 4d Satz 1 BEEG). Entsprechend gelten in diesen Fällen nicht nur die Regelung zu Art und Umfang der Mitwirkungspflicht (§ 60 SGB I), sondern auch die in § 65 Abs. 1 und Abs. 3 SGB I normierten Grenzen (§ 8 Abs. 1a Satz 2), wobei § 65 Abs. 1 SGB I Ausfluss des von Amts wegen zu berücksichtigenden Übermaßverbots ist, während das Verweigerungsrecht des § 65 Abs. 3 SGB I dem Zeugnisverweigerungsrecht nach § 384 Nr. 2 ZPO bzw. dem Auskunftsverweigerungsrecht nach § 55 Abs. 1 StPO entspricht und vom Betroffenen selbst geltend gemacht werden muss (vgl. Schmitt in: Brose/Weth/Volk, 9. Aufl., § 8 BEEG Rn. 17).

4. Widerrufsvorbehalt (§ 8 Abs. 2)

§ 8 Abs. 2 ist ein durch Rechtsvorschrift zugelassener Widerrufsvorbehalt (§ 47 **Abs. 1 Nr. 1 SGB X**), der im Regelfall als Nebenbestimmung im Bewilligungsbe- 19 scheid geregelt wird (§ 26 Abs. 1 BEEG i.V.m. § 32 Abs. 1, Abs. 2 Nr. 3 SGB X). Nach dem Wortlaut der Vorschrift ist die Behörde verpflichtet, in Fällen, in denen die Voraussetzungen des § 8 Abs. 2 vorliegen, einen entsprechenden Widerrufsvorbehalt im Bewilligungsbescheid aufzunehmen.

20 Der in § 8 Abs. 2 geregelte spezialgesetzlich Widerrufsvorbehalt gilt in **zwei Fallkonstellationen:**

Gibt die berechtigte Person im Antrag an, dass sie **voraussichtlich im Bezugszeitraum kein Einkommen** haben wird, wird das Elterngeld unter dem Vorbehalt des Widerrufs für den Fall gezahlt, dass sie entgegen ihren Angaben doch ein Einkommen aus Erwerbstätigkeit im Bezugszeitraum erzielt (§ 8 Abs. 2 Satz 1). Die Angabe eines geringfügigen Einkommens schließt den Widerrufsvorbehalt nach Absatz 2 aus (vgl. Schmitt in: Brose/Weth/Volk, 9. Aufl., § 8 BEEG Rn. 23; Mutschler in: Tillmanns/Mutschler, 3. Aufl., § 8 BEEG Rn. 20).

Maßgebend ist das voraussichtlich fehlende Einkommen, weshalb Bezugspunkt der Beurteilung nicht primär die Erwerbstätigkeit ist, die auch zu einem Null-Einkommen führen kann (anders wohl LSG Bayern vom 26.10.2016 – L 12 EG 52/14 – juris). In dieser Fallkonstellation ergänzt der Widerrufsvorbehalt die Aufhebungsvorschrift des § 48 SGB X. Ist der Bewilligungsbescheid anfänglich rechtmäßig gewesen, wird aber durch eine nachträgliche Änderung der Verhältnisse (z.B. Aufnahme einer Erwerbstätigkeit im Bezugszeitraum) rechtswidrig, kann er bereits mit Wirkung zum Zeitpunkt der Änderung auf der Grundlage von § 48 Abs. 1 Satz 2 Nr. 3 SGB X aufgehoben werden. Auf ein Verschulden des Berechtigten kommt es bei diesem Aufhebungstatbestand nicht an. Tritt die Änderung der im Antrag angegebenen Verhältnisse jedoch noch vor der Bekanntgabe des Bewilligungsbescheides ein, scheidet eine Anwendung des § 48 SGB X aus. In diesen Fällen wird durch § 8 Abs. 2 gewährleistet, dass eine Aufhebung und Neufestsetzung über § 47 Abs. 1 Nr. 1 SGB X möglich sind, dies jedoch nur mit Wirkung für die Zukunft (siehe hierzu auch Rdn. 23).

Der Widerrufsvorbehalt muss dem Bewilligungsbescheid beigefügt werden; er folgt nicht unmittelbar aus dem Gesetz (vgl. BSG vom 21.2.2013 – B 10 EG 12/12 R – SozR 4–7837 § 2 Nr. 19; Mutschler in: Tillmanns/Mutschler, 3. Aufl., § 8 BEEG Rn. 16; von Koppenfels-Spies in: Knickrehm/Roßbach/Waltermann, 8. Aufl., § 8 BEEG Rn. 4).

21 Der Elterngeldbescheid ergeht ferner dann unter dem Vorbehalt des Widerrufs, wenn bei seinem Erlass angegeben wird, dass die Höchstbeträge nach **§ 1 Abs. 8 BEEG** nicht überschritten werden, der Nachweis für den maßgeblichen Veranlagungszeitraum aber noch nicht vorliegt (§ 8 Abs. 2 Satz 2). Liegt ein Einkommensnachweis vor, sind die Voraussetzungen für einen Widerrufsvorbehalt nicht gegeben und die zuständige Behörde muss den Elterngeldantrag endgültig bescheiden. Liegt der Nachweis vor, bestehen aber Anhaltspunkte dafür, dass das nachgewiesene Einkommen tatsächlich im Bezugszeitraum überschritten wird, darf ebenfalls kein Widerrufsvorbehalt erfolgen, vielmehr muss die Behörde nach § 8 Abs. 3 Nr. 1 vorgehen (vgl. Schmitt in: Brose/Weth/Volk, 9. Aufl., § 8 BEEG Rn. 26).

Die Regelung **erleichtert** einerseits der zuständigen Behörde die **nachträgliche Korrektur der Bewilligung** und ermöglicht andererseits den Berechtigten eine flexible Vereinbarung von Kindererziehung bzw. -betreuung und Erwerbstätigkeit. Insbesondere ist der Elterngeldberechtigte nicht an die im Antragsverfahren einmal getroffene Bestimmung über die Ausübung bzw. Nichtausübung einer Erwerbstätigkeit im Bezugszeitraum gebunden, sondern kann diese Entscheidung den Besonderheiten der familiären Situation nach dem »Hereinwachsen« in die Elternrolle anpassen. Insoweit leistet § 8 Abs. 2 einen Beitrag zu der mit dem BEEG verfolgten Zielsetzung, der Wahlfreiheit der Berechtigten zwischen Beruf und Familie eine realistische Aussicht auf Verwirklichung einzuräumen (vgl. hierzu BT-Drucks. 16/1889, S. 15), da dem Berechtigten ein flexibler, teilweiser (Wieder-)Einstieg in die Erwerbstätigkeit noch während des Elterngeldbezugs ohne formale Hindernisse ermöglicht wird. 22

Erzielt der Berechtigte dagegen im Bezugszeitraum entgegen seinen ursprünglichen Angaben im Antrag Einkommen aus Erwerbstätigkeit bzw. werden die in § 1 Abs. 8 BEEG geregelten Einkommensgrenzen überschritten, ist die zuständige Behörde auf der Grundlage von § 8 Abs. 2 i.V.m. **§ 47 Abs. 1 Nr. 1 SGB X** zum **Widerruf** berechtigt. Diese Rechtsgrundlage erlaubt der zuständigen Behörde jedoch nur eine Anpassung des Elterngeldes an die geänderten Verhältnisse **mit Wirkung für die Zukunft**. Die Voraussetzungen für den nach § 47 Abs. 2 SGB X grundsätzlich möglichen Widerruf eines Verwaltungsaktes mit Wirkung für die Vergangenheit liegen nicht vor, da das Elterngeld nicht als **zweckbestimmte Geld- oder Sachleistung** anzusehen ist (vgl. BSG vom 21.2.2013 – B 10 EG 12/12 R – SozR 4–7837 § 2 Nr. 19). Das BEEG enthält keine Festlegung über die Verwendung des Elterngeldes. Dies gilt auch für das Mindestelterngeld in Höhe von 300 Euro. Zwar ist das Elterngeld in dieser Höhe als Sozialleistung ausgestaltet. Auch hat der Gesetzgeber mit dem Mindestelterngeld eine bestimmte Zielsetzung verbunden, da es die Erziehungs- und Betreuungsleistung der Eltern honorieren soll (vgl. BSG, Urteile vom 19.2.2009 – B 10 EG 1/08 R – BeckRS 2009, 64354 und B 10 EG 2/08 R – BeckRS 2009, 64106). Ausreichend für eine zweckbestimmte Geld- oder Sachleistung im Sinne des § 47 Abs. 2 SGB X ist jedoch nicht die allgemeine Zweck- und Zielsetzung als Sozialleistung, sondern es muss im Verwaltungsakt selbst eine Zweckbestimmung zur Verwendung der Geld- und Sachleistungen getroffen worden sein (vgl. BSG vom 21.2.2013, a.a.O.). Das BEEG bindet weder das Elterngeld allgemein noch das Mindestelterngeld an einen bestimmten Verwendungszweck. Es muss gerade nicht für Ausgaben verwendet werden, die im Zusammenhang mit der Erziehung und Betreuung des Kindes entstehen. Bestätigt wird dies durch die seit dem 1.1.2011 infolge der Einfügung des § 10 Abs. 5 BEEG durch das »Haushaltsbegleitgesetz 2011 (HBeglG 2011)« vom 9.12.2010 (BGBl. I S. 1885) mögliche Anrechnung des Elterngeldes in Höhe des Mindestbetrags auf Leistungen nach dem SGB II, SGB XII und § 6a BKGG. 23

Will die zuständige Behörde überzahlte Leistungen im Fall des § 8 Abs. 2 **mit Wirkung für die Vergangenheit** zurückfordern, kann diese Entscheidung nur auf der Grundlage von **§ 48 Abs. 1 Satz 2 Nr. 3 i.V.m. § 50 Abs. 1 SGB X** erfolgen, die über § 26 Abs. 1 BEEG anzuwenden sind. § 47 SGB X ist insoweit nicht als lex specialis anzusehen. Dieser Vorrang gebührt § 47 SGB X nur im Rahmen seines Anwendungsbereichs. Die 24

Aufhebung mit Wirkung für die Vergangenheit regelt § 47 SGB X in seinem Absatz 2 jedoch nur für zweckgebundene Leistungen, sodass im Übrigen die allgemeinen Vorschriften über die Aufhebung bestandskräftiger Verwaltungsakte zur Anwendung kommen (vgl. dazu BSG vom 21.2.2013 – B 10 EG 12/12 R – SozR 4–7837 § 2 Nr. 19). § 48 Abs. 1 Satz 2 SGB X ermöglicht die Aufhebung eines Verwaltungsaktes mit Dauerwirkung mit Wirkung zum Zeitpunkt des Eintritts einer wesentlichen Änderung in den tatsächlichen oder rechtlichen Verhältnissen. Dieser Aufhebungstatbestand räumt der zuständigen Behörde ein eingeschränktes Ermessen (»soll«) dahin gehend ein, dass sie in der Regel den Verwaltungsakt rückwirkend aufheben muss, jedoch in atypischen Fällen nach ihrem Ermessen hiervon abweichen kann (ständige Rechtsprechung, vgl. nur BSG vom 5.4.2012 – B 10 EG 10/11 R – SozR 4–7837 § 2 Nr. 14). Das Vorliegen eines atypischen Falls beurteilt sich unter anderem nach dem Sinn und Zweck der die Aufhebung rechtfertigenden Fallgruppe des § 48 Abs. 1 Satz 2 SGB X (vgl. BSG vom 12.12.1995 – 10 RKg 9/95 – SozR 3–1300 § 48 Nr. 42; BSG vom 5.10.2006 – B 10 EG 6/04 R – BSGE 97, 144 = SozR 4–1300 § 48 Nr. 8).

25 Eine Rücknahme nach § 26 Abs. 1 BEEG i.V.m. § 45 SGB X kommt in Betracht, wenn der Bewilligungsbescheid von Anfang an rechtswidrig war und kein Vertrauensschutz für den Begünstigten besteht, etwa weil der Bescheid auf Angaben beruht, die der Begünstigte vorsätzlich oder grob fahrlässig unrichtig oder unvollständig gemacht hat (§ 45 Abs. 2 Satz 3 Nr. 2 SGB X). Das ist unter anderem dann der Fall, wenn entgegen den Angaben im Antragsverfahren der in § 1 Abs. 8 BEEG genannte Betrag bereits im Zeitpunkt der Antragstellung überschritten wird, die Bewilligung von Elterngeld daher von Anfang an rechtswidrig gewesen ist und der Begünstigte vom Überschreiten wusste oder dies infolge grober Fahrlässigkeit nicht wusste.

26 Erzielt der Berechtigte im Bezugszeitraum in Übereinstimmung mit seinen Angaben im Antrag kein Einkommen aus Erwerbstätigkeit bzw. erreicht das vor der Geburt des Kindes erzielte Einkommen nach Vorlage des Steuerbescheides über den letzten abgeschlossenen Veranlagungszeitraum nicht die in § 1 Abs. 8 BEEG geregelte(n) Grenze(n), bleibt die Bewilligung unverändert bestehen, weil der Widerrufsgrund nicht eintritt und die **Bindungswirkung des bewilligenden Verwaltungsaktes** daher nicht berührt wird.

27 Macht die Behörde hingegen aufgrund der nachträglichen Kenntnis über das erzielte Einkommen im Bezugszeitraum bzw. über die Überschreitung der in § 1 Abs. 8 BEEG normierten Einkommensgrenzen von ihrem im Bescheid vorbehaltenen Recht auf Widerruf Gebrauch, ist über den Anspruch auf Elterngeld eine **neue Entscheidung unter Berücksichtigung der geänderten Verhältnisse** zu treffen.

5. Vorläufige Leistung (§ 8 Abs. 3)

28 § 8 Abs. 3 ergänzt die in § 8 Abs. 1 geregelte Auskunftspflicht um eine die **Bestandskraft des Bewilligungsbescheides einschränkende Regelung**. Zwar hat § 8 Abs. 3 in seiner ursprünglichen, bis zum 30.4.2025 geltenden Fassung (a.F.) in seinem Einleitungssatz (ebenso wie weiterhin Absatz 2) seinem Wortlaut nach lediglich auf die ***Zahlung* von Elterngeld** abgestellt. Dies legt sprachlich nahe, dass hiermit der Real-

akt der Auszahlung gemeint ist. Insoweit ist jedoch von einer sprachlichen Unschärfe auszugehen. Die Regelungen des § 8 Abs. 2 und § 8 Abs. 3 a.F. ergeben nur in Bezug auf einen **bewilligenden Verwaltungsakt** Sinn. Dies hat auch dem Willen des Gesetzgebers entsprochen, der mit der in § 8 Abs. 3 getroffenen Regelung den zuständigen Behörden eine »abschließende **Entscheidung**« nach erfolgtem Nachweis über das tatsächlich erzielte Einkommen ermöglichen wollte (vgl. BT-Drucks. 16/1889, S. 26). Die sprachliche Unschärfe in § 8 Abs. 3 hat der Gesetzgeber nunmehr durch Art. 57 Nr. 8 Viertes Gesetz zur Entlastung der Bürgerinnen und Bürger, der Wirtschaft sowie der Verwaltung von Bürokratie (Viertes Bürokratieentlastungsgesetz) vom 23.10.2024 (BGBl. I Nr. 323) mit Wirkung zum 1.5.2025 beseitigt.

Die vorläufige Bewilligung ist eine **gebundene Entscheidung** (vgl. von Koppenfels-Spies in: Knickrehm/Roßbach/Waltermann, 8. Aufl., § 8 BEEG Rn. 7). Üblicherweise würde in diesen Fällen ein Vorschuss nach § 42 Abs. 1 Satz 1 SGB I gezahlt, dessen Höhe jedoch im pflichtgemäßen Ermessen der Behörde liegt. Grundlage der vorläufigen Elterngeldbewilligung gemäß § 8 Abs. 3 ist dagegen das glaubhaft gemachte Einkommen, wobei für die Glaubhaftmachung über § 26 Abs. 1 BEEG auf § 23 Abs. 1 SGB X zurückzugreifen ist (vgl. Schmitt in: Brose/Weth/Volk, 9. Aufl., § 8 BEEG Rn. 35). Nach § 23 Abs. 1 Satz 2 SGB X ist eine Tatsache dann als glaubhaft gemacht anzusehen, wenn ihr Vorliegen nach dem Ergebnis der Ermittlungen, die sich auf sämtliche erreichbaren Beweismittel erstrecken sollen, überwiegend wahrscheinlich ist. 29

Der Vorläufigkeitsvorbehalt nach § 8 Abs. 3 ergeht als Nebenbestimmung im Sinne des § 32 SGB X und ist insoweit gesondert aufhebbar bzw. anfechtbar (vgl. BSG vom 13.12.2018 – B 10 EG 9/17 R – BeckRS 2018, 41348; BSG vom 5.4.2012 – B 10 EG 6/11 R – SozR 4–7837 § 2 Nr. 14; BSG vom 15.12.2015 – B 10 EG 6/14 R – BeckRS 2016, 68203; Schmitt in: Brose/Weth/Volk, 9. Aufl., § 8 BEEG Rn. 34; Mutschler in: Tillmanns/Mutschler, 3. Aufl., § 8 BEEG Rn. 31; Lenz/Wagner in: Rancke/Pepping, 6. Aufl., § 8 BEEG Rn. 6). Der Vorbehalt der Rückforderung muss im Bewilligungsbescheid eindeutig zum Ausdruck kommen (vgl. BSG vom 15.12.2015 – B 10 EG 5/14 R – SozR 4–7837 § 1 Nr. 6). § 8 Abs. 3 sieht die vorläufige Leistungsbewilligung **in drei abschließend geregelten, alternativen Fallkonstellationen** vor. 30

a) Ungewissheit über die Überschreitung der in § 1 Abs. 8 BEEG festgelegten Einkommensgrenzen (Nr. 1)

Das Elterngeld wird vorläufig bewilligt, wenn die Überschreitung der Einkommensgrenzen nach § 1 Abs. 8 BEEG ungewiss ist. Das ist immer, aber auch nur dann der Fall, wenn im Zeitpunkt der Antragstellung die Überschreitung der in § 1 Abs. 8 BEEG normierten Einkommensgrenzen **ernsthaft möglich** ist, aber zu diesem Zeitpunkt (noch) kein Steuerbescheid für den letzten abgeschlossenen Veranlagungszeitraum vorliegt (vgl. Richtlinien des BMFSFJ zum BEEG, Stand Juni 2025, Ziffer 8.3.1, S. 254). Ist eine Überschreitung der Einkommensgrenzen **nur theoretisch möglich**, ist der Bescheid dagegen (nur) mit einem Widerrufsvorbehalt nach § 8 Abs. 2 Satz 2 zu versehen (vgl. Schmitt in: Brose/Weth/Volk, 9. Aufl., § 8 BEEG Rn. 37). 31

b) Nicht ermittelbares Einkommen im Bemessungszeitraum (Nr. 2)

32 Maßgeblich für die Höhe des Elterngeldes ist das im Bemessungszeitraum erzielte Einkommen des Berechtigten, wobei für die Ermittlung des Einkommens aus nichtselbstständiger Erwerbstätigkeit im Sinne von § 2c BEEG vor der Geburt grundsätzlich die zwölf Kalendermonate vor dem Kalendermonat der Geburt des Kindes maßgeblich sind (§ 2b Abs. 1 Satz 1 BEEG), während für die Ermittlung des Einkommens aus selbstständiger Erwerbstätigkeit im Sinne von § 2d BEG vor der Geburt die jeweiligen steuerlichen Gewinnermittlungszeiträume maßgeblich sind, die dem letzten abgeschlossenen steuerlichen Veranlagungszeitraum vor der Geburt des Kindes zugrunde liegen (§ 2b Abs. 2 Satz 1 BEEG). Das aus einer nichtselbstständigen Tätigkeit erzielte Einkommen wird auf der Grundlage von Nachweisen in Form der Lohn- und Gehaltsbescheinigungen des Arbeitgebers (§ 2c Abs. 2 und Abs. 3 BEEG) ermittelt. Demgegenüber wird das aus einer selbstständigen Tätigkeit erzielte Einkommen entweder durch die Vorlage des Einkommensteuerbescheides festgestellt (§ 2d Abs. 2 Satz 1 BEEG) oder – sofern kein Einkommensteuerbescheid zu erstellen ist – durch eine Gewinnermittlung, die mindestens den Anforderungen des § 4 Abs. 3 EStG entsprechen muss (§ 2d Abs. 2 Satz 2 i.V.m. Abs. 3 BEEG). Liegen diese Nachweise im Zeitpunkt der Bewilligung nicht vor, was gerade **bei selbstständig Tätigen** häufig der Fall sein dürfte, ist das Elterngeld nur vorläufig zu bewilligen.

c) Erzielung von Einkommen im Bezugszeitraum (Nr. 3)

33 Übt die berechtigte Person nach der Geburt des Kindes in dem durch § 1 Abs. 1 Satz 1 Nr. 4, Abs. 6 BEEG zeitlich vorgegebenen Rahmen **im Bezugszeitraum eine Erwerbstätigkeit** aus und erzielt hieraus ein Einkommen, hat dieses ebenfalls Einfluss auf die Höhe des gezahlten bzw. des zu zahlenden Elterngeldes (§ 2 Abs. 3 BEEG). In diesen Fällen steht dessen genaue Höhe im Zeitpunkt der Bewilligung in der Regel jedoch noch nicht genau fest. Für diese Fälle ordnet der Gesetzgeber zwingend die vorläufige Bewilligung des Elterngeldes an, um dessen nachträgliche Anpassung an die tatsächlichen Verhältnisse sicherzustellen. Nach dem insoweit eindeutigen Wortlaut des § 8 Abs. 3 gilt dies selbst dann, wenn die Verdienstmöglichkeiten **im Zeitpunkt der Bewilligung bereits feststehen**. Da in diesen Fällen die vorläufige Bewilligung lediglich eine Förmelei darstellen und den Verwaltungsaufwand (durch den notwendigen Erlass eines endgültigen Bescheides) erhöhen würde, ist die Behörde berechtigt, in dieser Fallkonstellation von einer vorläufigen Regelung abzusehen. Wird im Bezugszeitraum nach den Angaben der berechtigten Person im Antrag auf Elterngeld voraussichtlich kein Einkommen aus Erwerbstätigkeit erzielt, kommt keine vorläufige Leistungsbewilligung, sondern nur eine Bewilligung unter Widerrufsvorbehalt nach § 8 Abs. 2 Satz 1 in Betracht. Dies ist jedoch nur sinnvoll, wenn gewisse Anhaltspunkte dafür bestehen, dass die berechtigte Person ggf. von der ursprünglich im Antrag getroffenen Disposition abweichen und entgegen den ursprünglichen Angaben in gewissem Umfang eine Erwerbstätigkeit ausüben wird, z.B. wenn die berechtigte Person noch keine abschließende Entscheidung über die Ausübung einer Erwerbstätigkeit im Bezugszeitraum getroffen hat.

d) Besonderheiten der vorläufigen Leistungsbewilligung

Liegt eine der in § 8 Abs. 3 Nr. 1 bis 3 genannten Fallkonstellationen vor, ist die zuständige Behörde verpflichtet, das Elterngeld zunächst vorläufig zu bewilligen. Durch die vorläufige Bewilligung des Elterngeldes wird einerseits die **zeitnahe Gewährung der Familienleistung** und somit die wirtschaftliche Absicherung der Eltern gewährleistet und andererseits der Behörde eine **Rückforderung zu Unrecht erbrachter Leistungen erleichtert**. 34

Die Bewilligung vorläufiger Leistungen ist ein **eigenständiger Verwaltungsakt** im Sinne des § 31 Satz 1 SGB X, der gesondert mit Widerspruch und Klage angefochten werden kann mit dem Ziel, ein höheres vorläufiges Elterngeld zu erhalten (vgl. BSG vom 13.12.2018 – B 10 EG 5/17 R – NZS 2019, 540; BSG vom 4.9.2013 – B 10 EG 18/12 R – SozR 4–7837 § 2 Nr. 23; BSG vom 27.6.2013 – B 10 EG 2/12 R – SozR 4–7837 § 2 Nr. 21; BSG vom 5.4.2012 – B 10 EG 6/11 R – SozR 4–7837 § 2 Nr. 15; LSG Hessen vom 30.11.2015 – L 5 EG 3/15 – BeckRS 2016, 74882). 35

Ein vorläufiger Verwaltungsakt entfaltet **Rechtswirkungen nur für eine Übergangszeit**, sofern dem Adressaten Inhalt und Umfang der Vorläufigkeit hinreichend bestimmt (§ 33 Abs. 1 SGB X) mitgeteilt werden (vgl. allgemein BSG vom 28.6.1990 – 4 RA 57/89 – SozR 3–1300 § 32 Nr. 2). Die Elterngeldstelle kann den Vorläufigkeitsvorbehalt jedoch auch noch nachträglich im Widerspruchsverfahren erklären (vgl. BSG vom 8.3.2018 – B 10 EG 8/16 R – SozR 4–7837 § 2c Nr. 3). Von der vorläufigen Regelung des § 8 Abs. 3 erfasst ist nur die – noch nicht ermittelbare – Höhe des Elterngeldes, während die übrigen Voraussetzungen für den Elterngeldbezug mit dem vorläufigen Bewilligungsbescheid bereits verbindlich festgestellt werden (vgl. Schmitt in: Brose/Weth/Volk, 9. Aufl., § 8 BEEG Rn. 42). Die Übergangszeit, für die ein vorläufiger Verwaltungsakt Rechtswirkungen entfaltet, endet mit Erlass des endgültigen Bescheides.

Aufgrund der Vorläufigkeit der hinsichtlich der Höhe des Elterngeldes getroffenen Regelung ist nach Kenntnis der leistungsrelevanten Umstände stets eine **endgültige Entscheidung** der Behörde erforderlich. Der endgültige Bescheid ersetzt insoweit die vorläufige Regelung und führt zu deren Erledigung im Sinne von **§ 39 Abs. 2 SGB X** (vgl. BSG vom 26.3.2014 – B 10 EG 4/13 R – BeckRS 2014, 70065). Der vorläufige Bescheid bedarf daher keiner gesonderten Aufhebung nach den §§ 44 ff. SGB X (vgl. BSG vom 5.4.2012 – B 10 EG 10/11 R – SozR 4–7837 § 2 Nr. 14). Erfolgt dennoch eine Aufhebung, hat sie nur klarstellenden Charakter (vgl. BSG vom 16.11.1995 – 4 RLw 4/94 – SozR 3–1300 § 31 Nr. 10). Wird der endgültige Elterngeldbescheid während des laufenden Klageverfahrens gegen den vorläufigen Elterngeldbescheid erlassen, wird er gemäß **§ 96 Abs. 1 SGG** zum Gegenstand des Klageverfahrens (vgl. BSG vom 20.12.2012 – B 10 EG 19/11 – SozR 4–7837 § 3 Nr. 1). Das gilt gleichermaßen für einen während des laufenden Widerspruchsverfahrens gegen den vorläufigen Elterngeldbescheid erlassenen endgültigen Elterngeldbescheid, der gemäß **§ 86 SGG** in das Widerspruchsverfahren einbezogen wird. In diesen Fällen hat dann das Sozialgericht bzw. die Widerspruchsbehörde allein noch die Rechtmäßigkeit der endgültigen Elterngeldbewilligung zu prüfen.

36 § 8 Abs. 3 selbst enthält keine Regelung für die **Abwicklung des Elterngeldverhältnisses** nach einer endgültigen Elterngeldbewilligung.

Insoweit bestimmt **§ 26 Abs. 2 BEEG i.V.m. § 328 Abs. 3 SGB III**, dass die aufgrund der vorläufigen Entscheidung erbrachten Leistungen auf die zustehende Leistung **anzurechnen** sind (§ 328 Abs. 3 Satz 1 SGB III) und dass aufgrund der vorläufigen Entscheidung erbrachte Leistungen **zu erstatten sind**, soweit mit der abschließenden Entscheidung ein Leistungsanspruch nicht oder nur in geringerer Höhe zuerkannt wird. Der Verweis des § 26 Abs. 2 BEEG (auch) auf § 328 Abs. 3 SGB III ist erst durch das »**Gesetz zur Vereinfachung des Elterngeldbezugs**« vom 10.9.2012 (BGBl. I S. 1878) mit Wirkung zum 18.9.2012 eingefügt worden. Zuvor ist mangels ausdrücklicher gesetzlicher Regelung »zur Lückenfüllung« auf **§ 42 Abs. 2 SGB I** zurückgegriffen worden mit der Begründung, dass es sich der Sache nach bei einer vorläufigen Zahlung von Elterngeld gemäß § 8 Abs. 3 praktisch um einen Vorschuss im Sinne des § 42 SGB I handele und auch die Interessenlage in beiden Fällen vergleichbar sei (vgl. umfassend BSG vom 5.4.2012 – B 10 EG 10/11 R – SozR 4–7837 § 2 Nr. 14; bestätigt durch BSG vom 26.3.2014 – B 10 EG 13/13 R – SozR 4–7837 § 2 Nr. 29 und BSG vom 15.12.2015 – B 10 EG 6/14 R – SozR 4–7837 § 2 Nr. 30). § 42 Abs. 2 SGB I sieht die Anrechnung der vorschussweise erbrachten Leistungen auf die zustehende Leistung vor und ordnet an, dass Vorschüsse zu erstatten sind, soweit sie die zustehenden Leistung übersteigen (Satz 2). Die Vorschrift entspricht damit weitgehend § 328 Abs. 3 Satz 1 und 2 SGB III. Sowohl § 328 Abs. 3 SGB III als auch § 42 Abs. 2 SGB I tragen dem Umstand Rechnung, dass die vorläufige Bewilligung im Interesse des Berechtigten zur Beschleunigung der Leistungsgewährung erfolgt, obwohl sie von vornherein mit dem Risiko einer Überzahlung verbunden ist (vgl. Schmitt in: Brose/Weth/Volk, 9. Aufl., § 8 BEEG Rn. 46).

37 Im Anschluss an eine vorläufige Elterngeldbewilligung sind folgende **Konstellationen** denkbar:

Hat die elterngeldberechtigte Person im Bezugszeitraum ein **geringeres Einkommen** erzielt als zunächst glaubhaft gemacht, ist die Höhe des Elterngeldes in einem endgültigen Bescheid festzustellen und eine **Nachzahlung** zu veranlassen. Die Nachzahlung ist unter den Voraussetzungen des § 44 Abs. 1 SGB I zu verzinsen (vgl. Mutschler in: Tillmanns/Mutschler, 3. Aufl., § 8 BEEG Rn. 38).

Hat die elterngeldberechtigte Person im Bezugszeitraum ein Einkommen erzielt, welches mit dem glaubhaft gemachten Einkommen übereinstimmt, hat gleichwohl ein endgültiger **Bescheid** zu ergehen, der aber nur feststellende Wirkung hat. Gleiches gilt, wenn die einen Elterngeldanspruch ausschließenden Einkommensgrenzen des § 1 Abs. 8 BEEG nicht überschritten werden.

Übersteigt dagegen das von der elterngeldberechtigten Person im Bezugszeitraum erzielte Einkommen das glaubhaft gemachte Einkommen bzw. besteht aufgrund einer Überschreitung der in § 1 Abs. 8 BEEG normierten Einkommensgrenzen überhaupt kein Anspruch auf Elterngeld, ist die rechtmäßige Höhe der Leistung in einem endgültigen Bescheid festzustellen und der überzahlte Betrag **zurückzufordern**.

Die Pflicht zur Erstattung vorläufig zu viel bewilligten Elterngeldes lässt sich nicht auf **§ 26 Abs. 1 BEEG i.V.m. § 50 SGB X** stützen. § 50 Abs. 1 SGB X ist nicht einschlägig, weil bei einer endgültigen Leistungsbewilligung der Verwaltungsakt über die vorläufige Elterngeldbewilligung nicht im Sinne des § 50 Abs. 1 Satz 1 SGB X aufgehoben werden muss, sondern er sich auf sonstige Weise erledigt (§ 39 Abs. 2 SGB X). Auch die Voraussetzungen des § 50 Abs. 2 SGB X sind nicht gegeben, weil das Elterngeld nicht ohne Verwaltungsakt, sondern aufgrund des Verwaltungsaktes über die vorläufige Elterngeldbewilligung erbracht worden ist. Die in Fällen der Erledigung einer Leistungsbewilligung auf sonstige Weise grundsätzlich befürwortete analoge Anwendung des § 50 Abs. 2 SGB X ist von der höchstrichterlichen Rechtsprechung im Rahmen von § 8 Abs. 3 nicht als sachgerecht angesehen worden, die stattdessen eine analoge Anwendung des § 42 Abs. 2 Satz 2 SGB I präferiert hat (vgl. hierzu Rdn. 36). 38

Mit der Ergänzung des § 26 Abs. 2 BEEG um einen Verweis auch auf § 328 Abs. 3 SGB III in entsprechender Anwendung lässt sich die Pflicht zur Erstattung nicht mehr auf § 42 Abs. 2 Satz 2 SGB I analog stützen, weil es für eine Analogie fortan an einer planwidrigen Regelungslücke fehlt. Ein Rückgriff auf § 50 SGB X scheidet nunmehr erst recht aus, da § 328 Abs. 3 SGB III insofern die speziellere Regelung darstellt (vgl. Schmitt in Brose/Weth/Volk, 9. Aufl., § 8 BEEG Rn. 46). Im Zusammenhang mit der gesetzlichen Neuregelung des § 26 Abs. 2 BEEG vertritt der Gesetzgeber die Auffassung, dass bei vorläufiger Bewilligung nicht auf die Bestandskraft der behördlichen Entscheidung vertraut werden kann, sodass zugunsten der Verwaltungsvereinfachung bei Rückerstattung eine gesonderte Prüfung von Vertrauensschutzgesichtspunkten entfällt (vgl. BT-Drucks. 17/9841, S. 34). 39

Beruft sich die zuständige Behörde bei der Rückabwicklung der vorläufigen Entscheidung (fehlerhaft) auf § 50 Abs. 1 SGB X, ist das unschädlich, da die Angabe der Rechtsgrundlage ein Begründungselement des Bescheides ist und keine Auswirkungen auf die Rechtmäßigkeit hat (vgl. BSG vom 13.12.2018 – B 10 EG 9/17 R – BeckRS 2018, 41348; BSG vom 26.3.2014 – B 10 EG 4/13 R – BeckRS 2014, 70065). Das gilt gleichermaßen für eine fehlerhafte Berufung auf § 42 Abs. 2 Satz 2 SGB I analog. Hinsichtlich der Rückforderung steht der zuständigen Behörde **kein Ermessen** zu (so auch Schmitt in: Brose/Weth/Volk, 9. Aufl., § 8 BEEG Rn. 48; von Koppenfels-Spies in: Knickrehm/Roßbach/Waltermann, 8. Aufl. § 8 BEEG Rn. 7). 40

Vor Erlass eines Bescheides über die endgültige Festsetzung soll von einer **Anhörung** abgesehen werden können, weil es sich lediglich um eine Anpassung von einkommensabhängigen Leistungen an die geänderten Verhältnisse im Sinne von § 24 Abs. 2 Nr. 5 SGB X handelt (vgl. BSG vom 26.3.2014 – B 10 EG 4/13 R – BeckRS 2014, 70065; BSG vom 5.4.2012 – B 10 EG 10/11 R – SozR 4–7837 § 2 Nr. 14). Diese Sichtweise greift nach hier vertretener Auffassung allerdings zu kurz. Denn in den Fällen, in denen das vorläufige Elterngeld höher ist als das endgültig zustehende Elterngeld, wird der Empfänger überzahltes Elterngeld zu erstatten haben. Bei diesem Erstattungsverlangen handelt es sich um einen eigenständigen Verwaltungsakt, der für sich betrachtet formell rechtmäßig sein muss. Dass es sich bei einem behördlichen Erstattungsverlangen ungeachtet eines fehlenden schutzwürdigen Vertrauens in das Behaltendürfen der nur vor- 41 läufig bewilligten Leistungen um einen Verwaltungsakt handelt, der im Sinne von § 24 Abs. 1 SGB X in die Rechte des Betroffenen eingreift, liegt auf der Hand. Dies macht es erforderlich, den Betroffenen jedenfalls in Bezug auf die für die Erstattung entscheidungserheblichen Tatsachen anzuhören.

§ 9 BEEG Einkommens- und Arbeitszeitnachweis, Auskunftspflicht des Arbeitgebers

(1) Soweit es zum Nachweis des Einkommens aus Erwerbstätigkeit oder der wöchentlichen Arbeitszeit erforderlich ist, hat der Arbeitgeber der nach § 12 zuständigen Behörde für bei ihm Beschäftigte das Arbeitsentgelt, die für die Ermittlung der nach den §§ 2e und 2f erforderlichen Abzugsmerkmale für Steuern und Sozialabgaben sowie die Arbeitszeit auf Verlangen zu bescheinigen; das Gleiche gilt für ehemalige Arbeitgeber. Für die in Heimarbeit Beschäftigten und die ihnen Gleichgestellten (§ 1 Absatz 1 und 2 des Heimarbeitsgesetzes) tritt an die Stelle des Arbeitgebers der Auftraggeber oder Zwischenmeister.

(2) Für den Nachweis des Einkommens aus Erwerbstätigkeit kann die nach § 12 Absatz 1 zuständige Behörde auch das in § 108a Absatz 1 des Vierten Buches Sozialgesetzbuch vorgesehene Verfahren zur elektronischen Abfrage und Übermittlung von Entgeltbescheinigungsdaten nutzen. Sie darf dieses Verfahren nur nutzen, wenn die betroffene Arbeitnehmerin oder der betroffene Arbeitnehmer zuvor in dessen Nutzung eingewilligt hat. Wenn der betroffene Arbeitgeber ein systemgeprüftes Entgeltabrechnungsprogramm nutzt, ist er verpflichtet, die jeweiligen Entgeltbescheinigungsdaten mit dem in § 108a Absatz 1 des Vierten Buches Sozialgesetzbuch vorgesehenen Verfahren zu übermitteln.

Übersicht **Rdn.**

Erläuterung

1. Allgemeines

a) Entwicklung der Norm

§ 9 hat seit seinem Inkrafttreten am 1.1.2007 folgende **Änderungen** erfahren: 1

Durch das **Erste Gesetz zur Änderung des Bundeselterngeld- und Elternzeitgesetzes vom 17.1.2009** (BGBl. I S. 61) wurde § 9 mit Wirkung vom 24.1.2009 dahingehend geändert, dass die Verpflichtung des Arbeitgebers zur Erstellung des Einkommens- und Arbeitszeitnachweises nicht mehr gegenüber dem Beschäftigten, sondern gegenüber der nach § 12 Abs. 1 BEEG zuständigen Behörde besteht. Damit wurde die Vorschrift den entsprechenden Regelungen im Unterhaltsvorschussgesetz und Bundeskindergeldgesetz angepasst. Auf diese Weise wollte der Gesetzgeber sicherstellen, dass die Behörde im Fall einer fehlenden Mitwirkung der elterngeldberechtigten Person für die erforderlichen Auskünfte auf den Arbeitgeber zurückgreifen kann (vgl. BT-Drucks. 16/9415, S. 6).

Mit dem **Gesetz über das Verfahren des elektronischen Entgeltnachweises vom** 2
28.3.2009 – ELENA-Verfahrensgesetz – (BGBl. I S. 634) wurde mit Wirkung zum 2.4.2009 die Formulierung in Satz 1 »das Gleiche gilt für ehemalige Arbeitgeber« gestrichen. Die durch das ELENA-Verfahrensgesetz angefügten Sätze 3 und 4 *(»Die Verpflichtung des Arbeitgebers nach Satz 1 besteht nicht für Daten, die dieser nach § 97 Abs. 1 des Vierten Buches Sozialgesetzbuch an die Zentrale Speicherstelle übermittelt hat. Die Sätze 1 und 2 gelten auch für ehemalige Arbeitgeber.«)* wurden noch vor ihrem zum 1.1.2012 beabsichtigten Inkrafttreten durch das **Gesetz zur Änderung des Beherbergungsstatistikgesetzes und des Handelsstatistikgesetzes sowie zur Aufhebung von Vorschriften zum Verfahren des elektronischen Entgeltnachweises vom 23.11.2011** (BGBl. I S. 2298) wieder aufgehoben. Hintergrund dieser Rückkehr zum Status quo war der Umstand, dass die für die Teilnahme am ELENA-Verfahren notwendige qualifizierte elektronische Signatur nicht in dem für die Funktionsfähigkeit des elektronischen Entgeltnachweisverfahrens erforderlichen Verbreitungsgrad zur Verfügung gestellt werden konnte und die politischen Entscheidungsträger zu der Erkenntnis gelangten, dass die zu erwartenden Kosten für ein funktionierendes sicheres Verfahren außer Verhältnis zu den erwarteten Einsparungen stehen würden (vgl. BT-Drucks. 17/7200, S. 8 f.).

Mit dem **Gesetz zur Vereinfachung des Elterngeldvollzuges** vom 10.9.2012 (BGBl. I. 3
S. 1878) wurde § 9 Satz 1 mit Wirkung vom 18.9.2012 terminologisch den im Rahmen des § 2 BEEG vollzogenen Änderungen im Sinne der Neustrukturierung des bisherigen § 2 und der Einführung der pauschalierten Ermittlung der Abzüge für Steuern und Sozialabgaben (§§ 2a bis 2f BEEG) angepasst (vgl. dazu BT-Drucks. 17/9841, S. 19 ff.). Ferner wurde die Einkommens- und Nachweispflicht – auch dem Wortlaut nach – auf ehemalige Arbeitgeber (wieder) aufgenommen.

Mit dem **Gesetz zur Digitalisierung von Verwaltungsverfahren bei der Gewährung** 4
von Familienleistungen (FamLDigG) **vom 3.12.2020** (BGBl. I S. 2668) wurde § 9

mit Wirkung vom 10.12.2020 um einen weiteren Absatz zum elektronischen Nachweisverfahren ergänzt.

b) Regelungsgehalt

5 § 9 Abs. 1 Satz 1 regelt die **Auskunftspflicht des Arbeitgebers gegenüber der nach § 12 Abs. 1 BEEG für die Durchführung des BEEG zuständigen Behörde** in Bezug auf das Arbeitsentgelt, die Arbeitszeit sowie die für die Ermittlung des Einkommens aus Erwerbstätigkeit erforderlichen Abzugsmerkmale für Steuern und Sozialabgaben (§§ 2e bis 2f BEEG) und erstreckt diese Auskunftspflicht auch **auf den ehemaligen Arbeitgeber** (Halbsatz 2).

6 § 9 Abs. 1 Satz 2 regelt die Auskunftspflicht für **in Heimarbeit Beschäftigte** und ihnen **Gleichgestellte.**

7 § 9 Abs. 2 regelt die Nutzung von **elektronischen Verfahren** zur Abfrage und Übermittlung von Entgeltbescheinigungen.

c) Vorläufervorschrift

8 § 9 Abs. 1 entspricht im Kern **§ 12 Abs. 2 BErzGG**, der bestimmte, dass der Arbeitgeber dem Arbeitnehmer dessen Brutto-Arbeitsentgelt und Sonderzuwendungen sowie die Arbeitszeit zu bescheinigen hatte, soweit es zum Nachweis des Einkommens oder der wöchentlichen Arbeitszeit erforderlich war.

9 Die mit **§ 12 Abs. 1 BErzGG** vorgenommene **Ausdehnung der Mitwirkungspflicht** nach § 60 Abs. 1 SGB I **auf den Ehepartner oder Lebenspartner** des Antragstellers wird im Anwendungsbereich des BEEG **durch andere Vorschriften** erreicht (vgl. § 7 Abs. 3, § 8 Abs. 1a BEEG). Sind beide Eltern anspruchsberechtigt, sieht § 7 BEEG entweder die Beantragung des Elterngelds durch einen Berechtigten verbunden mit der Akzeptanz des Antrags durch die Unterschrift des anderen Berechtigten (§ 7 Abs. 3 Satz 1 BEEG) oder aber die Stellung eines Antrags durch jeden Elterngeldberechtigten oder die Anzeige eines späteren Antrags durch den anderen Elterngeldberechtigten (§ 7 Abs. 3 Satz 2 BEEG) vor. Hierbei wird – entweder durch die Unterschrift des anderen Berechtigten unter dem Antrag oder die Stellung eines eigenen Antrags oder die Anzeige – ein Sozialrechtsverhältnis zwischen der zuständigen Behörde und beiden Elterngeldberechtigten begründet, das Grundlage für die Pflicht zu Angaben über die Einkommensverhältnisse gemäß §§ 60 ff. SGB I und § 8 BEEG ist. Für die Fallgestaltungen des § 1 Abs. 8 Satz 2 BEEG und den Partnerschaftsbonus regelt § 8 Abs. 1a BEEG die Mitwirkung auch von Personen, die selbst weder Elterngeld beantragt haben noch beziehen.

d) Systematische Zusammenhänge

10 § 9 normiert eine **spezialgesetzliche Auskunfts- und Nachweispflicht** für eine außerhalb des konkreten Sozialrechtsverhältnisses zwischen der leistungsberechtigten Person und zuständiger Behörde stehenden dritten Person, nämlich dem aktuellen und ehemaligen Arbeitgeber der leistungsberechtigten Person. Sie ergänzt die Mitwir-

kungspflichten abhängig beschäftigter Eltern, die Elterngeld begehren, durch eine subsidiäre öffentlich-rechtliche Auskunftspflicht ihres Arbeitgebers gegenüber der zuständigen Elterngeldstelle.

Die Nachweis- und Auskunftspflicht des Arbeitgebers steht in einem Wechsel- bzw. 11
Stufenverhältnis zu den für die berechtigte (antragstellende) Person maßgebenden allgemeinen Mitwirkungspflichten (§ 60 SGB I) und besonderen Auskunftspflichten (§ 8 BEEG). Grundsätzlich ist derjenige, der Elterngeld beantragt, nach § 60 Abs. 1 Satz 1 Nr. 1 SGB I verpflichtet, alle leistungserheblichen Tatsachen anzugeben und während des Leistungsbezugs alle leistungserheblichen Änderungen der tatsächlichen Umstände mitzuteilen. Diese Mitwirkungsobliegenheiten ergänzen die im Verwaltungsverfahren geltende Amtsermittlungspflicht der Behörde (§ 20 SGB X). Denn für Umstände aus dem Lebensbereich der antragstellenden Person ist die Behörde auf deren Mitwirkung angewiesen. Kommt diese ihren Mitwirkungsobliegenheiten nicht nach, muss die Behörde nach § 66 SGB I vorgehen und kann die Leistung versagen. Eine Inanspruchnahme des Arbeitgebers soll in diesen Fällen nicht erfolgen (BT-Drucks. 16/9415, S. 6). Gibt die antragstellende Person Auskunft über das erzielte Einkommen und die Arbeitszeit, ist sie ihren Mitwirkungsobliegenheiten nachgekommen. Auf Verlangen der Behörde kann sie allerdings zusätzlich verpflichtet sein, die Angaben nachzuweisen (§ 60 Abs. 1 Satz 1 Nr. 3 SGB I), etwa durch Vorlage von Lohn- oder Gehaltsbescheinigungen. Wird dieser Nachweis von der antragstellenden Person vorgelegt und ist er für die Berechnung der Leistung ausreichend, ist ein entsprechender Nachweis des Arbeitgebers nicht mehr »erforderlich« im Sinne von § 9 Abs. 1. Damit ist die Auskunftspflicht des Arbeitgebers **nachrangig** (subsidiär) gegenüber derjenigen der berechtigten bzw. antragstellenden Person (vgl. Röhl in: BeckOK ArbR, § 9 BEEG Rdn. 1 und 4, Stand: Juni 2023; Mutschler in: Tillmanns/Mutschler, BEEG, 3. Aufl. 2021, § 9 Rdn. 19; Schmitt in: Brose/Weth/Volk, BEEG, 9. Aufl. 2020, § 9 Rdn. 9). Deshalb darf die Anforderung von Nachweisen beim Arbeitgeber auf der Grundlage von § 9 durch die zuständigen Behörden auch **nicht routinemäßig** erfolgen. Dies würde der Beschränkung der arbeitgeberseitigen Auskunftspflicht nicht gerecht. Liegt der antragstellenden Person keine Bescheinigung über Lohn, Gehalt oder Arbeitszeit vor oder reichen die vorgelegten Bescheinigungen nicht aus, um die Leistung zu berechnen, kann (zusätzlich) von der Elterngeldstelle ein Nachweis beim Arbeitgeber nach § 9 eingeholt werden. § 9 kommt ebenfalls zur Anwendung, wenn eine nachträgliche Prüfung der Angaben von Amts wegen notwendig wird und die betroffene Person insoweit nicht mitwirkt (vgl. BT-Drucks. 16/9415, S. 6).

Im Kern entsprechende Auskunftspflichten des Arbeitgebers enthalten auch **§ 27 Abs. 3** 12
MuSchG und **§ 10 Abs. 2 BKGG**.

e) Normzweck

§ 9 schließt in dem durch die Vorschriften des allgemeinen Sozialverwaltungsrechts 13
vorgegebenen Rahmen die Lücke, die entsteht, wenn die Elterngeld beanspruchende Person nicht über die für die Prüfung des Anspruchs und die Berechnung der Leistungshöhe erforderlichen Unterlagen verfügt oder wenn die Behörde von Amts wegen

einen bereits festgestellten Anspruch nachprüft und mangels Mitwirkung des Leistungsempfängers keine Kenntnis über die für Leistungsanspruch und Leistungshöhe maßgebenden Daten hat. Entsprechend dieser **lückenschließenden Funktion** ist § 9 auszulegen und in der Praxis anzuwenden.

2. Auslegung der Norm

a) Auskunftspflicht des Arbeitgebers (§ 9 Abs. 1 Satz 1)

aa) Rechtsnatur der Auskunftspflicht

14 Die in § 9 Abs. 1 Satz 1 normierte Auskunftspflicht ist eine **öffentlich-rechtliche Mitwirkungspflicht** des Arbeitgebers, der einen (potenziellen) Elterngeldbezieher beschäftigt. Diese Auffassung wurde bereits zur Vorgängervorschrift des § 12 Abs. 2 BErzGG vertreten (so Zmarzlik/Zipperer/Viethen, BErzGG, 8. Aufl., 1999, § 12 Rdn. 4). Bestätigt wird diese **Rechtsnatur der Auskunftspflicht** im Elterngeldrecht durch die mit dem Ersten Gesetz zur Änderung des BEEG vom 17.1.2009 (BGBl. I S. 61) mit Wirkung vom 24.1.2009 vorgenommene Neufassung des Satzes 1. Nunmehr kann bereits dem Wortlaut der Norm entnommen werden, dass es sich um eine öffentlich-rechtliche Pflicht des Arbeitgebers gegenüber der nach § 12 Abs. 1 BEEG zuständigen Behörde und nicht lediglich um eine aus dem Arbeitsverhältnis mit dem Beschäftigten resultierende zivilrechtliche (Neben-) Pflicht handelt (ebenso: von Koppenfels-Spies in: Knickrehm/Roßbach/Waltermann, Kommentar zum Sozialrecht, 8. Aufl. 2023, § 9 BEEG Rdn. 2; Schmitt in: Brose/Weth/Volk, BEEG, 9. Aufl. 2020, § 9 Rdn. 3). Diese arbeitgeberseitige Auskunftspflicht dient nicht lediglich der Bestätigung der Richtigkeit der Angaben der antragstellenden Person, sondern hat eine eigenständige Erklärungswirkung, wobei ein Verstoß auch nach § 14 Abs. 1 Nr. 2 BEEG mit Bußgeld sanktioniert werden kann (Schmitt in: Brose/Weth/Volk, BEEG, 9. Aufl. 2020, § 9 Rdn. 3).

bb) Inhalt der Auskunftspflicht

15 § 9 Abs. 1 Satz 1 verpflichtet den Arbeitgeber zur Auskunft über

- das **Arbeitsentgelt** (im Bemessungszeitraum vor der Geburt und im Bezugszeitraum nach der Geburt bei Ausübung einer Beschäftigung). Arbeitsentgelt meint das Bruttoarbeitsentgelt oder die Bruttoausbildungsvergütung (Mutschler in: Tillmanns/Mutschler, BEEG, 3. Aufl. 2021, § 9 Rdn. 17; Schmitt in: Brose/Weth/Volk, BEEG, 9. Aufl. 2020, § 9 Rdn. 6). Die Verpflichtung umfasst auch die Bescheinigung, ob und in welchem Umfang es sich bei dem gezahlten Entgelt um sonstige Bezüge im Sinne von § 2c Abs. 1 BEEG i.V.m. § 38a Abs. 1 Satz 3 EStG handelt (Richtlinien des BMFSFJ zum BEEG, Stand bei Kommentierung: Dezember 2024, Ziffer 9.1 = S. 256).
- die **Abzugsmerkmale für Steuern und Sozialabgaben** nach § 2e und § 2f BEEG;
- die **Arbeitszeit** bei der Ausübung einer Beschäftigung im Bezugszeitraum nach der Geburt des Kindes.

Die Auskunftspflicht entsteht nur aufgrund eines entsprechenden Auskunftsverlangens der Behörde. Dieses **Auskunftsverlangen** ist nur gerechtfertigt, wenn die Auskunft des Arbeitgebers zum Nachweis des Einkommens aus Erwerbstätigkeit oder der wöchentlichen Arbeitszeit – wie es in Satz 1 ausdrücklich heißt – »erforderlich« ist. Von dieser **Erforderlichkeit** kann nur dann ausgegangen werden, wenn die leistungsberechtigte Person ihrer **Mitwirkungspflicht** aus § 60 SGB I oder § 8 BEEG nicht erfüllen kann, weil sie nicht über die zur Leistungsberechnung notwendigen Nachweise verfügt oder wenn die von ihr bei der Antragstellung vorgelegten Nachweise nicht für die Leistungsberechnung ausreichen. Die Auskunftspflicht des Arbeitgebers besteht daher grundsätzlich nur dann, wenn andere Möglichkeiten zum Nachweis des Einkommens nicht zur Verfügung stehen (Mutschler in: Tillmanns/Mutschler, BEEG, 3. Aufl. 2021, § 9 Rdn. 19). Nur in diesen Ausnahmefällen soll die Mitwirkung auf außerhalb des konkreten Sozialleistungsverhältnisses stehende Personen ausgedehnt werden und nur in diesen Fällen ist ein Nachweis des Arbeitgebers im Sinne von § 9 Abs. 1 Satz 1 »erforderlich«. Es besteht dagegen keine Auskunftspflicht des Arbeitgebers, wenn die zuständige Behörde die erforderlichen Angaben/Nachweise von der vorrangig verpflichteten antragstellenden oder leistungsbeziehenden Person erhalten kann. Kommt diese ihrer Mitwirkungspflicht zur Vorlage entsprechender Entgeltnachweise ohne Angabe hinreichender Gründe nicht nach, wird die Behörde ihr im Regelfall wegen fehlender Mitwirkung den Anspruch nach § 66 SGB I versagen können (Schmitt in: Brose/Weth/Volk, BEEG, 9. Aufl. 2020, § 9 Rdn. 6; Richtlinien des BMFSFJ zum BEEG, Stand: bei Kommentierung Dezember 2024, Ziffer 9.1 = S. 256). 16

Kommt der Arbeitgeber der ihm nach § 9 Abs. 1 Satz 1 obliegenden Auskunftspflicht nicht, nicht vollständig oder nicht rechtzeitig nach, kann dieses Verhalten als **Ordnungswidrigkeit** mit einer Geldbuße in Höhe von bis zu 2000 Euro geahndet werden (§ 14 Abs. 1 Nr. 2 BEEG). Weigert sich der Arbeitgeber erforderliche Auskünfte zu erteilen und lässt er von der Elterngeldstelle gesetzte Fristen verstreichen, so kann die für die berechtigte Person zuständige Elterngeldstelle ihr Auskunftsverlangen mit Mitteln des Verwaltungszwangs durchsetzen (Graue/Mandalka/Wall, Basiskommentar zum BEEG, 7. Aufl. 2022, § 9 Rdn. 9; Schmitt in: Brose/Weth/Volk, BEEG, 9. Aufl. 2020, § 9 Rdn. 12). 17

Der Arbeitgeber kann sich gegen ein Auskunftsverlangen der Elterngeldstelle in Form eines Verwaltungsakts mit Widerspruch und Anfechtungsklage wenden. Für die Klage sind die Gerichte der Sozialgerichtsbarkeit zuständig (§ 13 Abs. 1 BEEG). Zu beachten ist, dass Widerspruch und Anfechtungsklage keine aufschiebende Wirkung haben (§ 13 Abs. 2 BEEG). Hier steht einem Arbeitgeber aber die Möglichkeit offen, im Wege des einstweiligen Rechtsschutzes die Anordnung der aufschiebenden Wirkung von Widerspruch und Klage zu beantragen (§ 86b Abs. 1 Satz 1 Nr. 2 SGG). Hat die Elterngeldstelle den Arbeitgeber hingegen ohne Erlass eines Verwaltungsakts um Auskunft ersucht, kommt eine Feststellungsklage mit dem Ziel in Betracht, dass er nicht zur Auskunft verpflichtet ist (§ 55 Abs. 1 Nr. 1 SGG). Das notwendige Feststellungsinteresse dürfte sich schon daraus ergeben, dass die Nichtbefolgung nach § 14 Abs. 1 Nr. 2 BEEG bußgeldbewährt ist (Mutschler in: Tillmanns/Mutschler, BEEG, 3. Aufl. 2021, § 9 Rn. 28; Schmitt in: Brose/Weth/Volk, BEEG, 9. Aufl. 2020, § 9 Rn. 13). 18

b) Auskunftspflicht des Auftraggebers oder Zwischenmeisters (§ 9 Abs. 1 Satz 2)

19 Die in § 9 Abs. 1 Satz 2 geregelte Auskunftspflicht des Auftraggebers oder Zwischenmeisters betrifft **die in Heimarbeit Beschäftigten** und die ihnen nach § 1 Abs. 1 und 2 HAG Gleichgestellten, weil diese Personen nicht in einem Arbeitsverhältnis (§ 20 Abs. 2 BEEG), sondern in einem Beschäftigungsverhältnis eigener Art stehen. Für diesen Personenkreis treten der Auftraggeber und der Zwischenmeister in die Arbeitgeberposition ein (BT-Drucks. 16/1889, S. 26).

c) Elektronisches Nachweisverfahren (§ 9 Abs. 2)

20 Die nach § 12 Abs. 1 BEEG zuständige Behörde kann für den Nachweis des Einkommens aus Erwerbstätigkeit auch ein elektronisches Verfahren zur Abfrage und Übermittlung von Entgeltbescheinigungsdaten nutzen. Die Details des **elektronischen Bescheinigungsverfahrens** ergeben sich aus **§ 108a SGB IV**. Die Regelung soll das Elterngeldverfahren vereinfachen und beschleunigen (von Koppenfels-Spies in: Knickrehm/Roßbach/Waltermann, Kommentar zum Sozialrecht, 8. Aufl. 2023, § 9 BEEG Rdn. 4). Danach fragt die Datenstelle der Deutschen Rentenversicherung Bund im Auftrag der Elterngeldstelle die für die Elterngeldbemessung maßgeblichen Entgeltbescheinigungsdaten bei den Arbeitgebern ab und übermittelt diese an die zuständige Elterngeldstelle (Richtlinien des BMFSFJ zum BEEG, Stand bei Kommentierung: Dezember 2024, Ziffer 9.2 = S. 256). Die **betroffenen Beschäftigten** müssen der Nutzung des elektronischen Nachweisverfahrens aus datenschutzrechtlichen Gründen **zuvor zugestimmt** haben. Nach § 9 Abs. 2 Satz 3 sind Arbeitgeber, die ein **systemgeprüftes Entgeltabrechnungsprogramm** nutzen, verpflichtet, die jeweiligen Entgeltbescheinigungsdaten über das in § 108a Abs. 1 SGB IV vorgesehene Verfahren zu übermitteln. Mit dieser elektronischen Übermittlung erfüllt der Arbeitgeber die ihm nach Abs. 1 unter den dort vorgesehenen Voraussetzungen obliegende Auskunftspflicht. Die Elterngeldstellen können den Arbeitgeber in diesem Fällen nur ausnahmsweise noch nach Abs. 1 direkt in Anspruch nehmen (BT-Drucks. 19/21987, S. 30). Das kann z. B. dann der Fall sein, wenn die übermittelten Daten unschlüssig/unklar sind oder die antragstellende Person substanziiert darlegt, dass die Daten unrichtig sein könnten (Mutschler in: Tillmanns/Mutschler, BEEG, 3. Aufl. 2021, § 9 Rn. 27).

§ 10 BEEG Verhältnis zu anderen Sozialleistungen

(1) Das Elterngeld und vergleichbare Leistungen der Länder sowie die nach § 3 auf die Leistung angerechneten Einnahmen oder Leistungen bleiben bei Sozialleistungen, deren Zahlung von anderen Einkommen abhängig ist, bis zu einer Höhe von insgesamt 300 Euro im Monat als Einkommen unberücksichtigt.

(2) Das Elterngeld und vergleichbare Leistungen der Länder sowie die nach § 3 auf die Leistung angerechneten Einnahmen oder Leistungen dürfen bis zu einer Höhe von insgesamt 300 Euro nicht dafür herangezogen werden, um auf Rechtsvorschriften beruhende Leistungen anderer, auf die kein Anspruch besteht, zu versagen.

(3) Soweit die berechtigte Person Elterngeld Plus bezieht, bleibt das Elterngeld nur bis zur Hälfte des Anrechnungsfreibetrags, der nach Abzug der anderen nach Absatz 1 nicht zu berücksichtigenden Einnahmen für das Elterngeld verbleibt, als Einkommen unberücksichtigt und darf nur bis zu dieser Höhe nicht dafür herangezogen werden, um auf Rechtsvorschriften beruhende Leistungen anderer, auf die kein Anspruch besteht, zu versagen.

(4) Die nach den Absätzen 1 bis 3 nicht zu berücksichtigenden oder nicht heranzuziehenden Beträge vervielfachen sich bei Mehrlingsgeburten mit der Zahl der geborenen Kinder.

(5) Die Absätze 1 bis 4 gelten nicht bei Leistungen nach dem Zweiten Buch Sozialgesetzbuch, dem Zwölften Buch Sozialgesetzbuch, § 6a des Bundeskindergeldgesetzes und dem Asylbewerberleistungsgesetz. Bei den in Satz 1 bezeichneten Leistungen bleiben das Elterngeld und vergleichbare Leistungen der Länder sowie die nach § 3 auf das Elterngeld angerechneten Einnahmen in Höhe des nach § 2 Absatz 1 berücksichtigten Einkommens aus Erwerbstätigkeit vor der Geburt bis zu 300 Euro im Monat als Einkommen unberücksichtigt. Soweit die berechtigte Person Elterngeld Plus bezieht, verringern sich die Beträge nach Satz 2 um die Hälfte. Abweichend von Satz 2 bleibt Mutterschaftsgeld gemäß § 19 des Mutterschutzgesetzes in voller Höhe unberücksichtigt.

(6) Die Absätze 1 bis 4 gelten entsprechend, soweit für eine Sozialleistung ein Kostenbeitrag erhoben werden kann, der einkommensabhängig ist.

Übersicht Rdn.

1. Allgemeines

a) Entwicklung der Norm

1 Die zum 1.1.2007 mit dem **Gesetz zur Einführung des Elterngeldes vom 5.12.2006** (BGBl. I S. 2748) in Kraft getretene **Ursprungsfassung** des § 10 enthielt ursprünglich nur die Regelungen in Abs. 1 bis 4.

2 § 10 Abs. 5 wurde erst durch das **Haushaltsbegleitgesetz 2011 vom 9.12.2010** (BGBl. I S. 1885) mit Wirkung zum 1.1.2011 eingefügt. Hierdurch ist die zuvor inhaltlich umstrittene volle Anrechnung des Elterngelds beim Bezug von Leistungen nach dem SGB II, SGB XII und § 6a BKGG gesetzlich normiert worden.

3 Durch das **Gesetz zur Vereinfachung des Elterngeldvollzuges vom 10.9.2012** (BGBl. I S. 1878) wurde mit Wirkung zum 18.9.2012 u. a. der in Abs. 1 und 2 verwendete Begriff der »Leistungen« durch den Begriff der »Einnahmen« ersetzt. Hierbei handelt es sich um eine im Zusammenhang mit den seinerzeit vorgenommenen Änderungen in § 3 BEEG stehende Anpassung. Mit dem Gesetz zur Einführung des Betreuungsgeldes vom 15.2.2013 (BGBl. I S. 254) wurden die beiden Bestimmungen erneut geändert und um die Worte »oder Leistungen« ergänzt. Des Weiteren wurde Abs. 3 geändert, um terminologisch sicherzustellen, dass bei Nutzung der bis 31.12.2014 geltenden Verlängerungsoption in § 6 Satz 2 BEEG a. F. das Elterngeld nur bis zur Hälfte des Anrechnungsfreibetrags, der nach Abzug der anderen nach Abs. 1 nicht zu berücksichtigenden Einnahmen für das Elterngeld verbleibt, als Einkommen nicht berücksichtigt wird. Mit der in Abs. 5 Satz 2 vorgenommenen Ergänzung wurde klargestellt, dass der Elterngeldfreibetrag auch für die dem Elterngeld vergleichbare Leistungen der Länder und die nach § 3 BEEG auf das Elterngeld anrechenbare Einnahmen gilt. Schließlich wurde der Vorschrift ein weiterer Absatz (Abs. 6) angefügt, der die entsprechende Geltung der Absätze 1 bis 4 für einkommensabhängige Kostenbeiträge für die Erbringung von Sozialleistungen regelt.

4 Mit dem **Gesetz zur Einführung des Betreuungsgeldes vom 15.2.2013** (BGBl. I S. 254) ist der Anwendungsbereich der Vorschrift mit Wirkung vom 1.8.2023 auf das Betreuungsgeld erstreckt worden.

5 Mit dem **»Gesetz zur Einführung des Elterngeld Plus mit Partnerschaftsbonus und einer flexiblen Elternzeit im Bundeselterngeld- und Elternzeitgesetz« vom 18.12.2014** (BGBl. I, 2325) wurden mit Wirkung vom 1.1.2015 die zuvor in § 6 Satz 2 BEEG a. F. vorgesehene Verlängerungsoption gestrichen und die Regelungen der Bezugsvariante Elterngeld Plus angepasst.

6 Mit dem **Zweiten Gesetz zur Änderung des Bundeselterngeld- und Elternzeitgesetzes** (2. BEEGÄndG) **vom 15.2.2021** (BGBl. I S. 239) wurde mit Wirkung zum 1.9.2021 das Betreuungsgeld aus dem Anwendungsbereich der Norm gestrichen, nachdem das BVerfG mit Urteil vom 21.7.2015 (1 BvF 2/13 – BVerfGE 140, 65) die bundesrechtlichen Regelungen des Betreuungsgelds (§§ 4a – 4d BEEG in der Fassung des Betreuungsgeldgesetzes vom 15.2.2023 <BGBl. I S. 254>) mit Art. 72 Abs. 2 GG unvereinbar und nichtig erklärt hatte, weil der Bund für die Einführung des Betreuungsgelds

nicht die erforderliche Gesetzgebungskompetenz hatte. Des Weiteren wurde Abs. 5 um Leistungen nach dem AsylbLG ergänzt.

Mit dem **Zwölften Gesetz zur Änderung des Zweiten Buches Sozialgesetzbuch und anderer Gesetze – Einführung eines Bürgergeldes (Bürgergeld-Gesetz) vom 16.12.2022** (BGBl. I S. 2328) ist Abs. 5 mit Wirkung vom 1.1.2023 um Satz 4 ergänzt worden. Satz 4 regelt, dass das nach § 3 BEEG auf das Elterngeld angerechnete Mutterschaftsgeld abweichend von Abs. 5 Satz 2 bei Bürgergeld, Sozialhilfe, Kinderzuschlag und Leistungen nach dem AsylbLG in voller Höhe als Einkommen unberücksichtigt bleibt (vgl. BT-Drucks. 20/3873, S. 124). 7

b) Regelungsgehalt

§ 10 regelt das **Verhältnis** des Elterngelds, vergleichbarer Leistungen der Länder und der nach § 3 BEEG auf das Elterngeld angerechneten Einnahmen und Leistungen **zu anderen einkommensabhängigen Sozialleistungen.** 8

Der Gesetzgeber hat § 10 BEEG als **Freibetragsregelung** ausgestaltet. 9

Abs. 1 bestimmt, dass Elterngeld, vergleichbare Leistungen der Länder sowie die nach § 3 BEEG auf das Elterngeld angerechneten Einnahmen und Leistungen bis zu einem Betrag von 300 Euro nicht als Einkommen **auf einkommensabhängige Sozialleistungen** angerechnet werden. 10

Abs. 2 enthält eine vergleichbare **Regelung für Ermessensleistungen** und freiwillige (Mehr-) Leistungen. 11

Abs. 3 und 4 modifizieren die **Höhe des Freibetrags** für die Bezugsvariante Elterngeld Plus und Elterngeld bei Mehrlingsgeburten. 12

Der mit Wirkung zum 1.1.2011 eingefügte **Abs.** 5 schränkt durch Satz 1 den Geltungsbereich der in § 10 Abs. 1 bis 4 normierten Anrechnungsvorschriften für **Leistungen nach dem SGB II, SGB XII, § 6a BKGG und dem AsylbLG** ein. Er sieht hiervon aber in Satz 2 eine Rückausnahme vor für Personen, die aufgrund des vor der Geburt erzielten Einkommens einen Anspruch auf einkommensabhängiges Elterngeld haben. Satz 3 trifft eine Sonderregelung für die Bezugsvariante Elterngeld Plus und Satz 4 für das Mutterschaftsgeld. 13

Abs. 6 ordnet die entsprechende Anwendung der Abs. 1 bis 4 auf die für eine Sozialleistung erhobenen einkommensabhängigen **Kostenbeiträge** an und dehnt somit den Anwendungsbereich der Vorschrift aus. 14

c) Vorläufervorschrift

§ 10 übernimmt inhaltlich im Kern weitgehend die zuvor in **§ 8 BErzGG** enthaltene Regelung. Auch das Erziehungsgeld sollte als zusätzliche Leistung der berechtigten Person möglichst ungeschmälert zugutekommen (BT-Drucks. 10/3792, S. 18). Im Unterschied zu § 8 BErzGG, der noch eine vollständige Anrechnungsfreiheit für das Erziehungsgeld vorsah, stellt § 10 das Elterngeld nur in Höhe von 300 Euro 15 anrechnungsfrei. Hierbei handelt es sich jedoch nur scheinbar um eine Einschränkung der vorherigen Anrechnungsregelung. Vielmehr knüpft § 10 mit dem Freibetrag in Höhe von 300 Euro betragsmäßig an die in der Vorläufernorm enthaltenen Vorgaben an. Seinerzeit war der Regelbetrag des Erziehungsgelds auf 300 Euro beschränkt (§ 5 Abs. 1 BErzGG). Das BEEG sieht dagegen entsprechend seiner Zielsetzung, Familien bei der Sicherung ihrer Lebensgrundlage zu unterstützen, wenn sich die Eltern vorrangig um die Betreuung ihrer Kinder kümmern (vgl BT-Drucks 16/1889 S. 2, 15; BT-Drucks 16/2454, S. 2; BSG Urteil vom 26.6.2009 – B 10 EG 9/08 R – SozR 4–7837 § 2 Nr. 3 Rn. 29), wesentlich höhere Leistungen vor. Insoweit ist das Elterngeld – anders als das Erziehungsgeld – eine Einkommensersatzleistung. Lediglich in Höhe des Mindestbetrags von 300 Euro (§ 2 Abs. 4 Satz 1 BEEG) ist das Elterngeld – ebenso wie das Erziehungsgeld – als »reine« familienpolitische (einkommensunabhängige) Sozialleistung ausgestaltet. Grundsätzlich nur in dieser Höhe honoriert das Elterngeld die Erziehungs- und Betreuungsleistung (vgl. BSG Urteil vom 29.8.2012 – B 10 EG 7/11 R – SozR 4–7837 § 1 Nr. 2, Rn. 33; BSG Urteil vom 19.2.2009 – B 10 EG 1/08 R – juris Rn. 29; BSG Urteil vom 19.2.2009 – B 10 EG 2/08 R – juris Rn. 29 f.) und nur insoweit ist es hinsichtlich seiner Zielsetzung dem Erziehungsgeld vergleichbar. Die Beschränkung der Anrechnungsfreiheit des Elterngelds für alle Berechtigten einheitlich im Verhältnis zu anderen einkommensabhängigen Sozialleistungen ist daher eine Folge der Konzeption des Elterngelds als kombinierte familienpolitische Sozial- und Einkommensersatzleistung (zur Doppelfunktion vgl. Dau, jurisPR-SozialR 24/2014 Anmerkung 2 C, Schmitt in: Brose/Weth/Volk, BEEG, 9. Aufl. 2020, § 10 Rn. 3 f.).

d) Systematische Zusammenhänge

16 § 10 ist eine **Anrechnungsvorschrift**, die das Verhältnis des Elterngelds (und vergleichbarer Leistungen der Länder) zu anderen Sozialleistungen regelt. Innerhalb dieses Regelungskontexts ist wie folgt weiter zu differenzieren:

17 Die §§ 10 und 11 BEEG betreffen die Anrechenbarkeit des Elterngelds auf andere Leistungen oder Zahlungsverpflichtungen, wobei § 10 die Anrechenbarkeit des Elterngelds auf einkommensabhängige Sozialleistungen und Ermessensleistungen und **§ 11 BEEG** die Anrechenbarkeit des Elterngelds auf Unterhaltsverpflichtungen regelt.

18 **§ 3 BEEG** regelt hingegen den umgekehrten Fall der Anrechnung anderer Leistungen auf das Elterngeld, wobei die in § 3 BEEG genannten Leistungen und Einnahmen im Regelungskontext der §§ 10 und 11 BEEG dem Elterngeld in Bezug auf die Anrechenbarkeit gleichgestellt werden.

19 Die durch das Haushaltsbegleitgesetz 2011 vom 9.12.2010 (BGBl. I S. 1885) eingeführte Regelung des § 10 Abs. 5 steht in einem engen Zusammenhang mit den die Einkommensanrechnung betreffenden Vorschriften des SGB II (**§ 11 SGB II**), des SGB XII (**§§ 82 ff. SGB XII**), des **§ 6a BKGG** und des **§ 7 AsylbLG**. Im Bereich der Grundsicherung hatte der Gesetzgeber seinerzeit eine eigenständige Einkommensanrechnungsregelung für das Elterngeld geschaffen (§ 11 Abs. 3a SGB II in der bis zum 31.12.2014 geltenden Fassung), welche die Berücksichtigung des über den Mindest-

betrag von 300 Euro hinausgehenden einkommensabhängig gezahlten Elterngelds bei der Gewährung von Grundsicherungsleistungen vorsah. Mit der Abschaffung der Anrechnungsfreiheit des Elterngelds in Höhe von 300 Euro auf SGB II-Leistungen durch Einfügung des § 11 Abs. 5 BEEG im Zuge des Haushaltsbegleitgesetzes 2011 ist diese Regelung jedoch überflüssig und deshalb gestrichen worden.

Der Anspruch auf Elterngeld ist in Höhe des durch § 10 festgelegten Anrechnungs- 20
freibetrags gemäß **§ 54 Abs. 3 Nr. 1 SGB I** von der Pfändung ausgenommen.

e) Normzweck

Mit der Einführung des Elterngelds zum 1.1.2007 stellte sich auch die **Frage des** 21
Verhältnisses dieser Familienleistung **zu anderen Sozialleistungen**. Das Verhältnis einer neu eingeführten Leistung zu bereits bestehenden Sozialleistungen bedarf der gesetzlichen Regelung durch Ausschluss- und Anrechnungsvorschriften (vgl. § 31 SGB I). Entsprechende Anrechnungs- und Berücksichtigungsvorschriften finden sich in § 3, § 10 und § 11 BEEG. Zentrales Ziel dieser Regelungen ist es, ungerechtfertigte Doppelleistungen zu vermeiden.

Die **Höhe des gewählten Freibetrags** entspricht dem Mindestelterngeld (**§ 2 Abs. 4** 22
Satz 1 BEEG), das als steuerfinanzierte Sozialleistung die Erziehungs- und Betreuungsarbeit der Eltern honoriert. Da das Elterngeld in Höhe des Mindestbetrags (Basisbetrag) unabhängig von dem vor der Geburt erzielten Einkommen gewährt wird, soll in diesem Umfang keine Anrechnung auf einkommensabhängige Sozialleistungen und Ermessensleistungen stattfinden. Die in § 3 BEEG genannten Einnahmen und Leistungen verfolgen eine dem Elterngeld vergleichbare Zielsetzung. Deshalb sollen auch sie bis zu einer Höhe von 300 Euro von der Anrechnung auf einkommensabhängige Sozialleistungen ausgenommen werden.

§ 10 Abs. 3 gewährleistet, dass die betragsmäßig beschränkte Anrechnungsfreiheit des 23
Elterngelds auf andere einkommensabhängige Sozialleistungen auch für den gesamten verlängerten Bezugsraum bei der **Bezugsvariante Elterngeld Plus** gilt.

§ 10 Abs. 4 stellt sicher, dass der bei einer **Mehrlingsgeburt** in § 2a Abs. 4 Satz 1 BEEG 24
vorgesehene Erhöhungsbetrag den Eltern auch dann zugutekommt, wenn sie neben dem Elterngeld andere einkommensabhängige Sozialleistungen oder Ermessensleistungen beziehen.

Die zum 1.1.2011 wirksam gewordene Regelung des § 10 Abs. 5 soll(te) der aufgrund 25
der Finanz- und Wirtschaftskrise und der Einhaltung der Defizitgrenze des Europäischen Stabilitäts- und Wachstumspaktes notwendigen **Haushaltskonsolidierung** dienen. Auf diese Weise soll(t)en nach den Vorstellungen des Gesetzgebers die zum Zweck der Haushaltskonsolidierung notwendigen Einsparungen erreicht werden, ohne die Konzeption des Elterngelds in seinen Grundzügen infrage zu stellen (BT-Drucks. 17/3030, S. 1, 47).

Die mit dem 2. BEEGÄndG vom 15.2.2021 (BGBl. I S. 239) vorgenommene **Auf-** 26
nahme der Leistungen nach dem AsylbLG in den Katalog der Leistungen, für die

keine Anrechnungsfreiheit gilt, trägt dem Umstand Rechnung, dass es ebenfalls um Leistungen zur Sicherung des Existenzminimums handelt und daher nach Ansicht des Gesetzgebers **kein Grund für eine Privilegierung** gegenüber den Leistungen nach dem SGB II ersichtlich ist (BT-Drucks. 19/24438, S. 34).

27 Der mit dem Bürgergeld-Gesetz vom 16.12.2022 (BGBl. I S. 2328) in Abs. 5 eingefügte Satz 4 regelt, dass das nach § 3 BEEG auf das Elterngeld angerechnete **Mutterschaftsgeld** abweichend von § 10 Abs. 5 Satz 2 bei Bürgergeld, Kinderzuschlag und Leistungen dem AsylbLG in voller Höhe als Einkommen unberücksichtigt bleibt.

2. Anrechnung auf einkommensabhängige Sozialleistungen (§ 10 Abs. 1)

28 Nach § 10 Abs. 1 sind das Elterngeld und vergleichbare Leistungen der Länder sowie die in § 3 BEEG genannten Einnahmen oder Leistungen bei einkommensabhängigen Sozialleistungen bis zu einer Höhe von insgesamt 300 Euro im Monat nicht zu berücksichtigten. Der **Freibetrag** gilt je berechtigter Person, nicht je Leistungsanspruch, d.h. der Anrechnungsfreibetrag von 300 Euro gilt für alle von Abs. 1 erfassten Leistungen zusammengerechnet, die von der berechtigten Person bezogen werden (Richtlinien des BMFSFJ zum BEEG, Stand bei Kommentierung: Dezember 2024, Ziffer 10.0 = S. 257).

a) Anrechnungsfreie Leistungen

29 Von der Anrechnung auf andere einkommensabhängige Sozialleistungen ist zum einen das **Elterngeld in Höhe des Mindestbetrags** von 300 Euro ausgenommen. Das den Mindestbetrag von 300 Euro übersteigende, einkommensabhängig gewährte Elterngeld ist bei der Anrechnung nicht privilegiert.

30 Die betragsmäßig begrenzte Anrechnungsfreiheit gilt auch für dem Elterngeld **vergleichbare Leistungen der Länder**. Eine Definition für die dem Elterngeld vergleichbaren Leistungen der Länder findet sich im Gesetz nicht. Die Vergleichbarkeit beurteilt sich nach der Zielsetzung der Leistungen und ihrer Ausgestaltung. Diese muss der des Elterngelds entsprechen (Schmitt in: Brose/Weth/Volk, BEEG, 9. Aufl. 2020, § 10 Rdn. 7). Hiernach sind dem Elterngeld vergleichbar Leistungen, die sich am individuellen Erwerbseinkommen der Betreuungsperson orientieren und die nach der Geburt wegfallendes Erwerbseinkommen zu einem nicht unerheblichen Teil ausgleichen (Richtlinien des BMFSFJ zum BEEG, Stand bei Kommentierung: Dezember 2024, 10.1 = S. 258; Lenz/Wagner in: Rancke/Pepping, Mutterschutz/Elterngeld/Elternzeit, 6. Aufl. 2022, § 10 Rdn. 2). Für die dem BErzGG vergleichbaren Leistungen der Länder bestimmt § 28 Abs. 2 BEEG die weitere Anwendung der § 8 Abs. 1 und § 9 BErzGG in der bis zum 31.12.2006 geltenden Fassung.

31 Differenziert zu beurteilen ist die Anrechnung von Vermögen, das aus dem bezogenen Elterngeld oder vergleichbaren Leistungen der Länder angespart wurde. § 10 Abs. 1 Satz 1 schließt nach seinem Wortlaut lediglich die Anrechnung des Elterngelds und vergleichbarer Leistungen der Länder bis zur Höhe von 300 Euro auf andere einkommensabhängige Sozialleistungen aus. Es wird also lediglich die Anrechnung als Ein-

kommen geregelt. § 10 Abs. 1 Satz 1 kann auch nicht erweiternd dahingehend ausgelegt werden, dass das **aus Elterngeldzahlungen oder vergleichbaren Leistungen der Länder angesparte Vermögen** bis zu einer Höhe von 300 Euro von der Anrechnung auf andere einkommensabhängige Sozialleistungen freigestellt ist. Dem steht schon entgegen, dass die überwiegende Zahl der Gesetze, die einkommensabhängige Sozialleistungen regeln, unterschiedliche Vorschriften und Voraussetzungen für die Anrechnung von Einkommen und Vermögen vorsehen (z. B. §§ 11, 12 SGB II; §§ 85 ff., 90 ff. SGB XII; §§ 21 ff., §§ 26 ff. BAföG) und dass der Gesetzgeber in Fällen, in denen er eine umfassende Anrechnungsfreiheit beabsichtigt hat, ausdrücklich die betreffende Sozialleistung bei der Ermittlung von Einkommen und Vermögen ausgenommen hat. Allerdings kann bei der Frage der Verwertung von aus Elterngeld oder vergleichbarer Leistungen der Länder angespartem Vermögen die der Anrechnungsvorschrift des § 10 zugrunde liegende Absicht des Gesetzgebers bei der Auslegung von Vorschriften, die den Vermögenseinsatz regeln, berücksichtigt werden (BVerwG Urteil vom 4.9.1997 – 5 C 8/97 – BVerwGE 105, 199 – juris Rn. 12 ff. zum Erziehungsgeld). Das gilt insbesondere für Vorschriften, die dem Leistungsträger ein Ermessen einräumen oder unbestimmte Rechtsbegriffe enthalten (z. B. § 12 Abs. 1 Nr. 7 SGB II; § 90 Abs. 3 SGB XII; § 29 Abs. 3 BAföG).

Ebenfalls in Höhe eines Freibetrags von 300 Euro von der Anrechnung auf andere ein- 32
kommensabhängige Sozialleistungen freigestellt sind die **nach § 3 BEEG auf das Elterngeld anzurechnenden Einnahmen und Leistungen**. Zweck ist eine Aushöhlung des geschützten Teils des Elterngelds zu vermeiden (Richtlinien des BMFSFJ zum BEEG, Stand bei Kommentierung: Dezember 2024, 10.1 = S. 258). Bei den in § 3 BEEG aufgezählten Einnahmen und Leistungen handelt es sich um solche, die mit dem Elterngeld nach Zweckrichtung, Leistungszeitraum und Leistungsanlass im Wesentlichen übereinstimmen. Soweit Elterngeld nur deshalb nicht bezogen wird, weil in dem betreffenden Zeitraum **Leistungen nach § 3 BEEG** anzurechnen waren, muss die Schutzwirkung des § 10 auch auf diese Leistungen erstreckt werden (BT-Drucks. 16/1889, S. 26).

Nach § 3 Abs. 1 Satz 1 BEEG werden auf das Elterngeld angerechnet: 33
- das **Mutterschaftsgeld** nach dem SGB V oder nach dem Zweiten Gesetz über die Krankenversicherung der Landwirte mit Ausnahme des Mutterschaftsgelds nach § 19 Abs. 2 MuSchG;
- der **Zuschusses zum Mutterschaftsgeld** nach § 20 MuSchG;
- **während eines Beschäftigungsverbotes** ab dem Tag der Geburt **gezahlte Dienst- und Anwärterbezüge** sowie Zuschüsse nach beamten- oder soldatenrechtlichen Vorschriften;
- dem Elterngeld **vergleichbare Leistungen** einer **über- oder zwischenstaatlichen Einrichtung**;
- **Elterngeld**, das der berechtigten Person **für ein älteres Kind** zusteht, sowie
- Einnahmen, die der berechtigten Person als Ersatz für Erwerbseinkommen zustehen und die nicht bereits für die Berechnung des Elterngelds nach § 2 BEEG berücksichtigt werden oder bei deren Berechnung das Elterngeld nicht berücksichtigt wird.

b) Andere einkommensabhängige Sozialleistungen als Bezugspunkt der Anrechnungsfreiheit

34 Das Elterngeld, die dem Elterngeld vergleichbaren Leistungen der Länder sowie die in § 3 BEEG genannten Einnahmen und Leistungen sind nur **in Bezug auf einkommensabhängige Sozialleistungen** in Höhe von 300 Euro von der Anrechnung befreit.

35 Der **Begriff der Sozialleistung** ist in § 11 SGB I legal definiert. Die Regelung definiert den Begriff der Sozialleistung für alle Sozialleistungsbereiche verbindlich (vgl. § 37 Satz 1 SGB I; siehe auch BSG Urteil vom 28.3.2017 – B 1 KR 15/16 R – BSGE 123, 10 = SozR 4–1300 § 107 Nr. 7, Rn. 17). Das sind die in § 18 bis 29 SGB I aufgezählten Dienst-, Sach- und Geldleistungen sowie jene, die aufgrund der in § 68 SGB I genannten gesetzlichen Grundlagen erbracht werden.

36 § 10 Abs. 1 Satz 1 gilt nur für **einkommensabhängige Sozialleistungen**. Das sind Leistungen, bei denen das »Ob« der Leistungserbringung und/oder die Leistungshöhe von den im maßgeblichen (Bewilligungs- oder Bemessungs-) Zeitraum bezogenen Einnahmen in Geld oder Geldwert abhängt.

Zu den einkommensabhängigen Sozialleistungen zählen z. B.:
- die **Berufsausbildungsbeihilfe** und das **Ausbildungsgeld** nach dem SGB III,
- die **Ausbildungsförderung** nach dem BAföG (vgl. dazu BVerwG Urteil vom 16.5.2019 – 5 C 7/18 – juris),
- das **Wohngeld** (vgl. VG Berlin Urteil vom 25.6.2013 – 21 K 68.13 – juris Rn. 13),

37 Leistungen nach dem SGB II, SGB XII, nach § 6a BKGG und nach dem AsylbLG sind zwar grundsätzlich ebenfalls einkommensabhängige Sozialleistungen, werden aber wegen der Sonderregelung des § 10 Abs. 5 nicht erfasst. Zwar werden die **Leistungen nach dem AsylbLG** weder in den §§ 18 bis 29 noch in § 68 SGB I genannt. Die fehlende Einbeziehung in den Anwendungsbereich des § 10 Abs. 1 war jedoch entstehungsgeschichtlich eine unbewusste Gesetzeslücke, die mit dem Zweiten Gesetz zur Änderung des Bundeselterngeld- und Elternzeitgesetzes (2. BEEGÄndG) vom 15.2.2021 (BGBl. I S. 239) mit Wirkung zum 1.9.2021 geschlossen wurde, in dem die Leistungen nach dem AsylbLG in § 10 Abs. 5 ausdrücklich verankert wurden.

38 Ferner muss das Elterngeld in **analoger Anwendung** des § 10 Abs. 1 in der genannten Höhe anrechnungsfrei bleiben, wenn Umstände, die für den Bezug einer Sozialleistung relevant sind, einkommensabhängig ermittelt werden (z. B. **Zuzahlungen im Bereich der gesetzlichen Krankenversicherung** für Heil-, Hilfs-, Arznei- und Verbandsmittel sowie für zahntechnische Leistungen).

39 Bei **sonstigen Leistungen**, die aus sozialen Gründen gezahlt werden, bei denen es sich aber nicht um Sozialleistungen in der durch §§ 11, 68 SGB I vorgegebenen verbindlichen Definition handelt, sind Elterngeld und vergleichbare Leistungen der Länder grundsätzlich anzurechnen; einer weiten Auslegung stehen hier der Wortlaut und gesetzessystematische Gründe entgegen (ebenso Schmitt in: Brose/Weth/Volk, BEEG,

9. Aufl. 2020, § 10 Rn. 15; a.A.: von Koppenfels-Spies in: Knickrehm/Roßbach/Waltermann, Kommentar zum Sozialrecht, 8. Aufl. 2023, § 10 BEEG Rdn. 2).

Aus der Ausgestaltung der Voraussetzungen für **bestimmte Leistungen** sowie deren Sinn und Zweck kann sich aber **ungeachtet der fehlenden Qualifizierung als einkommensabhängige Sozialleistung** im oben genannten Sinne (Rdn. 35) ergeben, dass Elterngeld bis zur Höhe von 300 Euro anrechnungsfrei bleibt. Das nimmt die Rechtsprechung und das Schrifttum bei der Prozesskostenhilfe (vgl. Bayerischer Verwaltungsgerichtshof Beschluss vom 21.12.2010 – 5 C 10.2551 – juris Rn. 3; Seiler in: Thomas/Putzo, ZPO, 45. Aufl. 2024, § 115 Rn. 2) oder der Verfahrenskostenhilfe an (OLG Frankfurt Beschluss vom 27.7.2018 – 4 WF 98/18 – juris Rn. 4). 40

Die »**anderen Einkommen**«, die für die Annahme einer einkommensabhängigen Sozialleistung im Sinne des § 10 Abs. 1 maßgebend sind, müssen **der elterngeldberechtigten Person** zustehen. Dies erschließt sich u. a. auch aus den Gesetzesmaterialien, in denen ausgeführt wird, dass der finanzielle Ausgleich durch das Elterngeld »den Berechtigten im Ergebnis auch dann zusätzlich verbleiben (soll), wenn sie andere einkommensabhängige Sozialleistungen beziehen« (BT-Drucks. 16/1889, S. 26). 41

3. Anrechnung auf Ermessensleistungen und freiwillige Leistungen (§ 10 Abs. 2)

Nach § 10 Abs. 2 werden Elterngeld und die jeweils vergleichbare Leistungen der Länder sowie die nach § 3 BEEG auf die jeweilige Leistung angerechneten Einnahmen oder Leistungen **bis zu einer Höhe von insgesamt 300 Euro nicht** zur Ablehnung (Versagung) einer anderen freiwillig oder nur nach Ermessen (im Sinne von § 39 SGB I) zu zahlenden Sozialleistung herangezogen. 42

Die Regelung bezieht sich auf Sozialleistungen, die auf Rechtsvorschriften beruhen und auf die kein Anspruch besteht. Erfasst werden damit **Ermessensleistungen und freiwillige Leistungen**. Da die Leistungen auf Rechtsvorschriften beruhen müssen, sind Zahlungen aufgrund privatrechtlicher Vereinbarungen nicht erfasst (Schmitt in: Brose/Werth/Volk, BEEG, 9. Aufl. 2020, § 10 Rn. 17). Auch bei den Leistungen im Sinne von § 10 Abs. 2 muss es sich um **Sozialleistungen** handeln. Auch insoweit gilt die Legaldefinition des § 11 SGB I (vgl. Rdn. 35). Zwar nimmt der Wortlaut im Gegensatz zu § 10 Abs. 1 nur auf »Leistungen« Bezug. Unter Rückgriff auf die amtliche Normüberschrift des § 10 »Verhältnis zu anderen Sozialleistungen« kann aber davon ausgegangen werden, dass sich auch § 10 Abs. 2 auf Sozialleistungen bezieht und die Regelung des Abs. 1 insoweit lediglich im Hinblick auf Zweckmäßigkeitserwägungen ergänzt (so auch Schmitt in: Brose/Weth/Volk, BEEG, 9. Aufl. 2020, § 10 Rn. 17; Richtlinien des BMFSFJ zum BEEG, Stand bei Kommentierung: Dezember 2024, 10.2 = S. 258). 43

4. Modifikation der Anrechnung bei Elterngeld Plus und Mehrlingsgeburt (§ 10 Abs. 3 und 4)

§ 10 Abs. 3 passt den für die Anrechnung des Elterngelds auf andere einkommensabhängige Sozialleistungen vorgesehenen Freibetrag der Höhe nach für die **Bezugs-** 44

variante Elterngeld Plus an. Da der berechtigten Person in diesen Fällen nur der hälftige Zahlbetrag monatlich zur Verfügung steht (§ 4a Abs. 2 Satz 3 Nr. 1 BEEG), ist die **Halbierung des** in § 10 geregelten **Freibetrags** folgerichtig. Nur so ist garantiert, dass die betragsmäßig beschränkte Anrechnungsfreiheit des Elterngelds auf andere einkommensabhängige Sozialleistungen auch für den gesamten verlängerten Bezugsraum gilt.

45 § 10 Abs. 4 regelt die Erhöhung des Freibetrags bei Mehrlingsgeburten. Es handelt sich um eine Folgevorschrift zu § 2a Abs. 4 Satz 1 BEEG. Mit der **Anpassung des Freibetrags** soll gewährleistet werden, dass der **bei einer Mehrlingsgeburt** in § 2a Abs. 4 BEEG vorgesehene Erhöhungsbetrag (300 Euro für das zweite und jedes weitere Kind) den Eltern zusätzlich zur Verfügung steht und ihnen auch dann zugutekommt, wenn sie neben dem Elterngeld andere einkommensabhängige Sozialleistungen beziehen. So bleiben nach § 10 Abs. 4 beispielsweise bei Drillingen während der gesamten Bezugszeit des Elterngelds 900 Euro monatlich anrechnungsfrei. Die Regelung gilt nicht für den Geschwisterbonus nach § 2a Abs. 1 bis 3 BEEG (Mutschler in: Tillmanns/Mutschler, BEEG, 3. Aufl. 2021, § 10 Rdn. 19; Schmitt in: Brose/Weth/Volk, BEEG, 9. Aufl. 2020, § 10 Rdn. 20).

5. Ausnahmen für Transferleistungen (§ 10 Abs. 5 Satz 1)

46 Nach der **bis** zum **31.12.2010** geltenden Rechtslage war das **Elterngeld** (und waren vergleichbare Leistungen der Länder sowie die nach § 3 BEEG auf das Elterngeld angerechnete Leistungen Einnahmen und Leistungen) **in Höhe des Mindestbetrags** von 300 Euro bei der Gewährung von Leistungen der Grundsicherung (SGB II), der Sozialhilfe (SGB XII), dem Kinderzuschlag (§ 6a BKGG) und dem AsylbLG **nicht zu berücksichtigen** (vgl. § 10 in der bis zum 31.12.2010 geltenden Fassung). Das den Mindestbetrag übersteigende Elterngeld wurde hingegen in voller Höhe als anrechenbares Einkommen bei der Bemessung der Leistungen nach dem SGB II, SGB XII, § 6a BKGG und AsylbLG berücksichtigt. Für den Bereich der Grundsicherungsleistungen wurde dies explizit durch den zeitlich mit dem BEEG eingeführten § 11 Abs. 3a SGB II (in der vom 1.1.2007 bis 31.12.2010 geltenden Fassung) geregelt.

47 Mit dem Haushaltsbegleitgesetz 2011 vom 9.12.2010 (BGBl. I S. 1885) wurde § 10 Abs. 5 mit Wirkung **zum 1.1.2011** eingefügt und § 11 Abs. 3a SGB II dementsprechend gestrichen. Das Elterngeld unterfällt damit dem für bedürftigkeitsabhängige Leistungen geltenden allgemeinen Grundsatz der Subsidiarität und wird nicht mehr zusätzlich gewährt.

48 Entgegen der Forderung des Bundesrats im Gesetzgebungsverfahren (vgl. dazu BT-Drucks. 17/3161, S. 3) ist § 10 Abs. 5 ohne Übergangsregelung in Kraft getreten, weil die geforderte **Stichtagsregelung** nach Auffassung der Bundesregierung mit dem Erfordernis der angestrebten Haushaltskonsolidierung nicht in Einklang zu bringen war (BT-Drucks. 17/3361, S. 4). Die **Verfassungsmäßigkeit** dieses Vorgehens war Gegenstand einer im Ergebnis als unzulässig verworfenen Richtervorlage, in der sich das BVerfG inhaltlich nicht abschließend zu der vorgelegten Frage der Vereinbarkeit des

übergangslosen Inkrafttretens des § 10 Abs. 5 mit dem Verbot einer unzulässigen echten Rückwirkung geäußert hat (BVerfG <Kammer> Beschluss vom 5.12.2012 – 1 BvL 20/12 – juris).

a) Zielsetzung

Die Aufhebung der Anrechnungsfreiheit des Elterngelds auf existenzsichernde Leistungen sollte zum einen der im Zuge der damaligen Wirtschafts- und Finanzkrise als notwendig erachteten **Haushaltskonsolidierung** dienen (BT-Drucks. 17/3030, S. 47). Zum anderen erschien dem Gesetzgeber die Berücksichtigung des Elterngelds bei der Berechnung der Leistungen nach dem SGB II, SGB XII, § 6a BKGG und AsylbLG vertretbar, weil der Bedarf des betreuenden Elternteils und der des Kindes im System der Grundsicherung durch die Regelsätze und Zusatzleistungen umfassend gesichert ist und dem betreuenden Elternteil eine Erwerbstätigkeit nicht zugemutet wird. Die vorübergehende Übernahme der Betreuung des Kindes werde daher auch in diesen weitergehenden Leistungssystemen unterstützt (BT-Drucks. 17/3030, S. 48). Der Gesetzgeber geht somit davon aus, dass das durch das Mindestelterngeld in Höhe von 300 Euro sichergestellte **familienrechtliche Existenzminimum** im **grundsicherungsrelevanten Existenzminimum** enthalten ist. Des Weiteren sollte durch die vollständige Anrechnung des Elterngelds »im Vergleich der Berechtigten untereinander die Relativierung der durch die Erwerbstätigenfreibeträge bezweckten Anreizwirkung« vermieden und somit eine **stärkere Konturierung des differenzierten Anreiz- und Unterstützungssystems in der Grundsicherung** erreicht werden (BT-Drucks. 17/3030, S. 48). 49

b) Verfassungsmäßigkeit

Das BSG hat die Verfassungsmäßigkeit dieser Regelung, insbesondere die Vereinbarkeit mit Art. 3 Abs. 1 GG und Art. 6 Abs. 1 GG, **bejaht** (BSG Urteil vom 26.7.2016 – B 4 KG 2/14 R – BSGE 122, 11 = SozR 4–5870 § 6a Nr. 7; BSG Urteil vom 1.12.2016 – B 14 AS 28/15 R – NZS 2017, 507; die Verfassungsbeschwerde gegen das letztgenannte Urteil wurde nicht zur Entscheidung angenommen <BVerfG – Kammer – Beschluss vom 29.6.2017 – 1 BvR 1167/17>). Bereits vor den Entscheidungen des BSG vom 26.7.2016 und 1.12.2016 ist § 10 Abs. 5 von der obergerichtlichen Rechtsprechung einheitlich für verfassungsgemäß erachtet worden (vgl. LSG Rheinland-Pfalz Urteil vom 12.3. 2013 – L 6 AS 623/11; LSG Niedersachsen-Bremen Urteile vom 22.10. 2013 – L 15 BK 1/13 – und vom 20.2.2015 – L 9 AS 417/13; LSG Sachsen-Anhalt Urteil vom 4.12.2014 – L 2 AS 1009/13; LSG Berlin-Brandenburg Urteil vom 9.4.2015 – L 29 AS 3139/12; LSG Baden-Württemberg Urteil vom 21.6.2016 – L 11 EG 1547/15, jeweils veröffentlicht in juris). 50

c) Anwendungsbereich

§ 10 Abs. 5 **Satz 1** hebt die in Abs. 1 bis 4 normierte Anrechnungsfreiheit des Elterngelds in Höhe des Mindestbetrags für **Leistungen nach dem SGB II (Bürgergeld), SGB XII (Sozialhilfe), § 6a BKGG (Kinderzuschlag) und AsylbLG** auf. 51

52 § 10 Abs. 5 Satz 1 regelt eine **Ausnahme** zu § 10 Abs. 1 und ist als solche **eng auszulegen**. Damit wird kein allgemeiner eigenständiger Grundsatz festgelegt, der in anderen Regelungszusammenhängen berücksichtigt werden kann (BGH Beschluss vom 23.2.2022 – VII ZB 41/21 – juris Rn. 21 ff, wonach das Mindestelterngeld nach § 2 Abs. 4 Satz 1 BEEG aufgrund seiner besonderen Zweckbindung, die auch in der Unpfändbarkeitsregelung des § 54 Abs. 3 Nr. 1 SGB I zum Ausdruck kommt, nicht den eigenen Einkünften des Unterhaltsberechtigten im Sinne von § 850c Abs. 6 ZPO zuzurechnen ist).

d) **Voraussetzungen**

53 § 10 Abs. 5 Satz 1 gilt für **elterngeldberechtigte Personen**, die nach der Geburt des Kindes Leistungen nach dem SGB II oder SGB XII beziehen, und für Personen, die mit dem erzielten Einkommen zwar den eigenen Bedarf, nicht aber den des Kindes decken können und daher den Kinderzuschlag nach § 6a BKGG beziehen, sowie für Personen, die Leistungen nach dem AsylbLG erhalten.

54 In diesem Kontext ist die Regelung des **§ 12a SGB II** zu berücksichtigen. Danach sind Leistungsberechtigte nach dem SGB II verpflichtet, Sozialleistungen in Anspruch zu nehmen und die dafür notwendigen Anträge zu stellen, wenn dadurch die Hilfebedürftigkeit vermieden, verkürzt oder vermindert werden kann. Es besteht daher grundsätzlich die Verpflichtung, eine vorrangige Sozialleistung wie das Elterngeld in Anspruch zu nehmen, wenn dies zur Beseitigung, Verkürzung oder Vermeidung der Hilfebedürftigkeit führt (ebenso: Schmitt in: Brose/Weth/Volk, BEEG, 9. Aufl. 2020, § 10 Rdn. 23; Richtlinien des BMFSFJ zum BEEG, Standbei Kommentierung: Dezember 2024, 10.5.1 = S. 260 f.).

e) **Rückausnahme für Aufstocker (§ 10 Abs. 5 Satz 2)**

55 Als **Ausnahme von der Ausnahme** sieht **§ 10 Abs. 5 Satz 2** einen Anrechnungsfreibetrag für den Personenkreis der sogenannten **Aufstocker** vor, die vor der Geburt des Kindes ein (geringes) nicht zur Bedarfsdeckung ausreichendes Einkommen erzielt haben. Dieser Personenkreis erhält einen Freibetrag in Höhe des nach § 2c und d BEEG zu berücksichtigenden Nettoeinkommens begrenzt auf 300 Euro monatlich. Die Ausnahmeregelung des § 10 Abs. 5 Satz 2 ist in Anlehnung an die Absätze 1 und 2 ebenfalls als **Freibetragsregelung** ausgestaltet. Auf diese Weise sollen diejenigen, die im Bemessungszeitraum ein elterngeldrechtlich relevantes Einkommen erzielt haben gegenüber denjenigen, die kein Einkommen aus Erwerbstätigkeit bezogen haben, bessergestellt werden. Dies entspricht der Intention des Gesetzgebers, mit dem Elterngeld die frühzeitige Rückkehr in das Erwerbsleben und die dauerhafte Unabhängigkeit von staatlichen Transferleistungen zu fördern. Darüber hinaus sollen sich Eltern ohne allzu große Einkommenseinbußen dafür entscheiden können, eine vor der Geburt ausgeübte Erwerbstätigkeit zugunsten der Betreuung des Kindes zu unterbrechen (BT-Drucks. 17/3452, S. 8).

f) Modifikation der Anrechnung bei Elterngeld Plus (§ 10 Abs. 5 Satz 3)

§ 10 Abs. 5 Satz 3 verringert den in Satz 2 geregelten Freibetrag auf die Hälfte für die Bezugsvariante Elterngeld Plus. Sie **beschränkt den Elterngeldfreibetrag** auf bis zu **150 Euro monatlich**. 56

g) Keine Berücksichtigung des Mutterschaftsgelds (§ 10 Abs. 5 Satz 4)

§ 10 Abs. 5 Satz 4, eingeführt durch das Bürgergeld-Gesetz vom 16.12.2022 (BGBl. I S. 2328) mit Wirkung vom 1.1.2023, regelt, dass das nach § 3 BEEG auf das Elterngeld angerechnete Mutterschaftsgeld abweichend von § 10 Abs. 5 Satz 2 bei Leistungen der Grundsicherung für Arbeitsuchende, Sozialhilfe, Kinderzuschlag und Leistungen nach dem AsylbLG **in voller Höhe als Einkommen unberücksichtigt** bleibt. Dies gilt auch, wenn der Auszahlungsbetrag damit den Freibetrag von 300 Euro (§ 10 Abs. 5 Satz 2) übersteigt. 57

Die Regelung soll klarstellen, dass in Fällen, in denen neben dem Mutterschaftsgeld weitere Mutterschaftsleistungen oder Elterngeld bezogen werden, der Freibetrag nach § 10 Abs. 5 Satz 2 neben der vollständigen Nichtberücksichtigung des Mutterschaftsgelds für die weiteren Leistungen nicht zusätzlich greift. Liegt das Mutterschaftsgeld im Einzelfall unter 300 Euro monatlich, führt die Regelung dazu, dass in der Summe nicht mehr als 300 Euro als Einkommen unberücksichtigt bleibt (BT-Drucks. 20/3873, S. 124; vgl. hierzu auch Richtlinien des BMFSFJ zum BEEG, Stand bei Kommentierung: Dezember 2024, 10.5.3 = S. 262 f. mit Beispielen). 58

6. Entsprechende Anwendbarkeit für einkommensabhängige Kostenbeiträge (§ 10 Abs. 6)

Nach § 10 Abs. 6, der durch das Gesetz zur Vereinfachung des Elterngeldvollzuges vom 10.9.2012 (BGBl. I 1878) mit Wirkung vom 18.9.2012 eingeführt wurde, gelten die Absätze 1 und 4 entsprechend, soweit für eine Sozialleistung ein einkommensabhängiger Kostenbeitrag erhoben werden kann, d. h. auch hier bleibt der **Mindestbetrag** des Elterngelds oder des Elterngeld Plus oder hierauf angerechneter Leistungen **anrechnungsfrei**. 59

Kostenbeiträge können z. B. durch kommunale Satzung auf der Grundlage des § 90 SGB VIII für Leistungen auf Förderung in Tageseinrichtungen und in Kindertagespflege nach § 24 SGB VIII (vgl. dazu VG Köln Urteil vom 15.4.2016 – 19 K 5990/14 – juris Rn. 23 ff.) oder nach § 91 SGB VIII für stationäre oder teilstationäre Leistungen erhoben werden (vgl. Richtlinien des BMFSFJ zum BEEG, Stand bei Kommentierung: Dezember 2024, 10.6 = S. 263). 60

§ 11 BEEG Unterhaltspflichten

Unterhaltsverpflichtungen werden durch die Zahlung des Elterngeldes und vergleichbarer Leistungen der Länder nur insoweit berührt, als die Zahlung 300 Euro monatlich übersteigt. Soweit die berechtigte Person Elterngeld Plus bezieht, werden die

Unterhaltspflichten insoweit berührt, als die Zahlung 150 Euro übersteigt. Die in den Sätzen 1 und 2 genannten Beträge vervielfachen sich bei Mehrlingsgeburten mit der Zahl der geborenen Kinder. Die Sätze 1 bis 3 gelten nicht in den Fällen des § 1361 Absatz 3, der §§ 1579, 1603 Absatz 2 und des § 1611 Absatz 1 des Bürgerlichen Gesetzbuchs.

Übersicht

1. Allgemeines

a) Entwicklung der Norm

1 § 11 wurde durch das **Gesetz zum Elterngeld und zur Elternzeit vom 5.12.2006** (BGBl. I S. 2748) mit Wirkung zum 1.1.2007 eingeführt. Die Vorschrift hat im Gesetzgebungsverfahren weder inhaltlich noch terminologisch eine wesentliche Änderung erfahren.

2 Durch das **Gesetz zur Einführung des Betreuungsgeldes vom 15.2.2013** (BGBl. I S. 254) ist der Anwendungsbereich der Vorschrift auf das mit Wirkung zum 1.8.2013 eingeführte Betreuungsgeld erstreckt worden. Im Zuge des **Gesetzes zur Einführung des Elterngeld Plus mit Partnerschaftsbonus und einer flexibleren Elternzeit im Bundeselterngeld- und Elternzeitgesetz** (ElterngeldPlusG) **vom 18.12.2014** (BGBl. I S. 2325) wurden Folgeänderungen im Zusammenhang mit der Einführung des Elterngeld Plus aufgenommen und die Bezugnahme auf die abgeschaffte Verlängerungsoption (§ 6 Satz 2 BEEG in der Fassung bis zum 31.12.2014) gestrichen.

3 Mit dem **Zweiten Gesetz zur Änderung des Bundeselterngeld- und Elternzeitgesetzes** (2. BEEGÄndG) **vom 15.2.2021** (BGBl. I S. 239) wurde die Bezugnahme auf das Betreuungsgeld wieder gestrichen, nachdem das BVerfG mit Urteil vom 21.7.2015 (1 BvF 2/13 – BVerfGE 140, 65) die bundesrechtlichen Regelungen des Betreuungsgelds (§§ 4a – 4d BEEG in der Fassung des Betreuungsgeldgesetzes vom 15.2.2023 <BGBl. I S. 254>) mit Art. 72 Abs. 2 GG unvereinbar und nichtig erklärt hatte, weil der Bund

für die Einführung des Betreuungsgelds nicht die erforderliche Gesetzgebungskompetenz hatte.

b) Regelungsgehalt

§ 11 regelt das **Verhältnis** des Elterngelds und vergleichbarer Leistungen der Länder **zu Unterhaltsverpflichtungen.** 4

§ 11 **Satz 1** legt einen **Freibetrag** fest, in dessen Höhe das Elterngeld und vergleichbare Leistungen der Länder im Unterhaltsverhältnis nicht angerechnet werden. 5

Satz 2 modifiziert die Höhe dieses Freibetrags **für den Bezug von Elterngeld Plus.** 6
Satz 3 passt die Höhe des Freibetrags den in § 2a Abs. 4 BEEG enthaltenen **Vorgaben für Mehrlingsgeburten** an.

§ 11 **Satz 4** regelt **Ausnahmen** von der in den Sätzen 1 bis 3 enthaltenen Freibetragsregelung für spezielle unterhaltsrechtliche Fallgestaltungen, in denen aus Billigkeitsgründen eine **volle Anrechnung** des Elterngelds gerechtfertigt ist. 7

c) Vorläufervorschrift

§ 11 knüpft im Kern inhaltlich an **§ 9 BErzGG** an. Im Unterschied zur Vorgängernorm begrenzt § 11 jedoch die Anrechnungsfreiheit im Unterhaltsverhältnis auf den Elterngeldmindestbetrag des § 2 Abs. 4 Satz 1 BEEG, während beim Erziehungsgeld eine vollständige Befreiung von der Anrechnung erfolgte. Das galt jedoch auch schon damals nicht in den Fällen des § 1361 Abs. 3, der §§ 1579, 1603 Abs. 2 und des § 1611 Abs. 1 BGB. Die Begrenzung bezieht ihre Rechtfertigung daraus, dass das Elterngeld im Vergleich zum früheren Erziehungsgeld höhere Leistungsbeträge vorsieht und nur in Höhe des Mindestbetrags als »echte« (einkommensunabhängige) Sozialleistung ausgestaltet ist. 8

d) Systematische Zusammenhänge

§ 11 steht in einem engen Zusammenhang mit den **zivilrechtlichen Vorschriften über den Unterhalt** von Ehegatten (§ 1360 BGB), von getrenntlebenden Ehepartnern (§ 1361 BGB), von geschiedenen Ehepartnern (§§ 1569 ff. BGB) und den Unterhalt für Verwandte in gerader Linie (§§ 1601 ff. BGB). 9

§ 11 statuiert eine klassische **Freibetragsregelung**. Im Verhältnis zwischen dem Unterhaltspflichtigem zum Unterhaltsberechtigten bleibt der Bezug von Elterngeld bis zu dem in § 11 geregelten Betrag unberücksichtigt. Die Freibetragsgrenze entspricht dem Mindestbetrag für Elterngeld (§ 2 Abs. 4 Satz 1 BEEG) und Elterngeld Plus (§ 4a Abs. 2 Satz 3 Nr. 1 BEEG). Insoweit ist § 11 von Bedeutung für die **wirtschaftliche Leistungsfähigkeit des Unterhaltsverpflichteten** und **die Bedürftigkeit des Unterhaltsberechtigten.** Darüber hinaus ist die in § 11 getroffene Wertentscheidung auch in anderen Regelungszusammenhängen zu berücksichtigen, in denen es auf die wirtschaftliche Situation des Unterhaltsberechtigten oder -verpflichteten ankommt. 10

11 Teilweise wird nicht ganz zu Unrecht die Auffassung vertreten, dass es sich bei § 11 materiell um eine **unterhaltsrechtliche Regelung** handelt, die allein aufgrund des Sachzusammenhangs im BEEG geregelt ist (Mutschler in: Tillmanns/Mutschler, BEEG, 3. Aufl. 2021, § 11 Rdn. 3; Schmitt in: Brose/Weth/Volk, BEEG, 9. Aufl. 2020, § 11 Rdn. 1).

e) **Normzweck**

12 § 11 soll sicherstellen, dass bei einem Zusammentreffen von Elterngeldberechtigung und Unterhaltsverpflichtung sowohl die grundlegenden **Wertentscheidungen** des Elterngelds – insbesondere die Bedeutung des Mindestelterngelds als einkommensunabhängige staatliche Familienförderleistung – als auch die wesentlichen unterhaltsrechtlichen Wertentscheidungen berücksichtigt und die durch die jeweiligen gesetzlichen Regelungen geschützten Interessen zum **Ausgleich** gebracht werden.

2. **Auslegung der Norm**

a) **Freibetragsregelung § 11 Satz 1**

13 Unterhaltsverpflichtungen werden durch den Bezug von Elterngeld oder vergleichbaren Leistungen der Länder berührt, soweit ein bestimmter **(Frei-) Betrag** überschritten wird.

14 **Bezugspunkt der Anrechnungsfreiheit** sind Unterhaltsverpflichtungen jeglicher Art, d.h. vertraglich oder gesetzlich geregelte **Unterhaltspflichten** (Mutschler in: Tillmanns/Mutschler, BEEG, 3. Aufl. 2021, § 11 Rdn. 7; Schmitt in: Brose/Weth/Volk, BEEG, 9. Aufl. 2020, § 11 Rdn. 4). Im Einzelnen handelt es sich um den Ehegattenunterhalt (§ 1360 BGB), den Unterhalt für getrenntlebende Ehepartner (§ 1361 BGB), den Unterhalt für geschiedene Ehepartner (§§ 1569 ff. BGB) und den Unterhalt für Verwandte in gerade Linie (§§ 1601 ff. BGB).

15 § 11 gilt auch für kraft Gesetzes (§ 33 SGB II, § 94 SGB XII) **auf einen Sozialleistungsträger übergegangene Unterhaltsansprüche** (Schmitt in: Brose/Weth/Volk, BEEG, 9. Aufl. 2020, § 11 Rdn. 5). § 11 findet dagegen keine Anwendung auf Sozialleistungen, die dem Unterhalt dienen. Deren Verhältnis zum Elterngeld wird durch § 10 BEEG geregelt.

16 Auf diese Unterhaltsverpflichtungen werden das Elterngeld und **vergleichbare Leistungen der Länder** angerechnet soweit diese Leistungen einen Betrag von 300 Euro monatlich übersteigen. Eine Definition für die dem Elterngeld vergleichbaren Leistungen der Länder findet sich im Gesetz nicht. Die Vergleichbarkeit beurteilt sich **nach der Zielsetzung** der Leistungen und ihrer **Ausgestaltung.** Diese muss im Wesentlichen der des Elterngelds entsprechen.

17 Von Bedeutung ist der Bezug von Elterngeld oder vergleichbarer Leistungen der Länder nur, soweit diese Leistungen einen Betrag von 300 Euro monatlich übersteigen. Diese Freibetragsregelung gilt für das gesamte Unterhaltsverhältnis, d.h. sowohl für den Unterhaltsberechtigten als auch für den Unterhaltsverpflichteten. Wird Elterngeld

an den Unterhaltsberechtigten gezahlt, beeinflusst es dessen Unterhaltsbedürftigkeit (Regelung der Unterhaltsbedürftigkeit in §§ 1577, 1602 BGB). **Bis zur Höhe von 300 Euro** wird der Unterhaltsanspruch des Unterhaltsberechtigten durch das an ihn gezahlte Elterngeld nicht gemindert. Erfolgt die Elterngeldzahlung an den Unterhaltsverpflichteten, hat dies Einfluss auf dessen Leistungsfähigkeit (Regelung der Leistungsfähigkeit in §§ 1361 Abs. 1, 1581, 1603 BGB). Bis zu einer Höhe von 300 Euro führt das an den Unterhaltspflichtigen gezahlte Elterngeld nicht zu einem höheren Unterhaltsanspruch des Berechtigten.

Das den **Betrag von 300 Euro übersteigende Elterngeld** wird dagegen auf die Unterhaltsansprüche und – pflichten angerechnet. Die Höhe des in § 11 Satz 1 geregelten Freibetrags, der dem Mindestelterngeld (§ 2 Abs. 4 Satz 1 BEEG) entspricht, erschließt sich aus der Konzeption des Elterngelds und dem mit ihm verfolgten Zweck. Das Elterngeld ist eine Kombination aus einkommensabhängiger Leistung zur Sicherung der wirtschaftlichen Lebensgrundlage der Familie und einer einkommensunabhängigen Mindestleistung zur Anerkennung der Erziehungs- und Betreuungsleistung der Eltern (vgl. BSG Urteil vom 19.2.2009 – B 10 EG 1/08 R – juris Rn. 29; BSG Urteil vom 19.2.2009 – B 10 EG 2/08 R – juris Rn. 29; vgl. dazu auch BGH Urteil vom 10.11.2010 – XII ZR 37/09 – juris Rn. 29). In Höhe des Mindestbetrags ersetzt das Elterngeld kein entgangenes Einkommen, sondern gewährt eine reine Sozialleistung, die den immateriellen Wert der Erziehungs- und Betreuungsleistung honoriert und in dieser Höhe den Berechtigten, die diese Leistung erbringen/erbracht haben, ohne Anrechnung auf andere Leistungen zugutekommen soll (zum Doppelcharakter des Elterngelds vgl.: Dau, jurisPR-SozR 23/2014, Anmerkung 2 C). 18

b) Modifikationen des Freibetrags (§ 11 Satz 2 und 3)

Bei der **Inanspruchnahme von Elterngeld Plus** beträgt der nicht auf Unterhaltsverpflichtungen anrechenbare Freibetrag – entsprechend dem geminderten monatlichen Auszahlungsbetrag – 150 Euro (§ 4a Abs. 2 Satz 3 Nr. 1 BEEG) 19

Bei **Mehrlingsgeburten** wird der in § 11 Satz 1 geregelte Freibetrag (300 Euro) mit der Zahl der geborenen Kinder vervielfacht. Diese Modifikation des Freibetrags ist die Konsequenz der bei Mehrlingsgeburten gesetzlich vorgesehenen Erhöhung des Elterngelds (§ 2a Abs. 4 BEEG). 20

c) Ausnahmen von der Anrechnungsfreiheit des Elterngelds im Unterhaltsverhältnis (§ 11 Satz 4)

In den in § 11 Satz 4 **abschließend aufgezählten Fallkonstellationen** können das Elterngeld und vergleichbare Leistungen der Länder bei der Bemessung des Unterhalts berücksichtigt werden. Der Gesetzgeber hat mit dieser Regelung die zivilrechtliche Wertentscheidung zur Berücksichtigung **von** Billigkeitserwägungen bei der Bemessung des Unterhalts auf das Elterngeld übertragen (vgl. BT-Drucks. 10/3792, S. 18 zum Erziehungsgeld und den bereits damals unter der Vorgängervorschrift des § 9 BErzGG geltenden Ausnahmetatbeständen). Als Ausnahmetatbestände sind die in § 11 Satz 4 geregelten Fallkonstellationen **eng auszulegen**. 21

22 Verständnis und Auslegung der Ausnahmetatbestände werden allerdings durch die Zusammenfassung von einander konträr gegenüber stehender unterhaltsrechtlicher Fallgestaltungen erschwert: Während mit der Bezugnahme auf die §§ 1361 Abs. 3, 1579 und 1611 Abs. 1 BGB die Herabsetzung des dem Unterhaltsberechtigten zustehenden Unterhaltsanspruchs aus Billigkeitsgründen erfasst wird, regelt der ebenfalls in § 11 Satz 4 genannte § 1603 Abs. 2 BGB eine der Billigkeit geschuldete gesteigerte Unterhaltspflicht. Somit werden Fallkonstellationen erfasst, bei denen **Billigkeitserwägungen** sowohl auf der Seite des Unterhaltsberechtigten als auch des Unterhaltsverpflichteten eine Abweichung von den unterhaltsrechtlichen Grundsätzen rechtfertigen.

23 **Grundvoraussetzung** für die in Satz 4 geregelten Ausnahmetatbestände ist, dass Elterngeld tatsächlich gezahlt wird. Der Wortlaut des § 11 stellt auf die **»Zahlung« von Elterngeld**, nicht auf einen »Anspruch auf Elterngeld« oder das »zustehende Elterngeld« ab. Ferner knüpft die zivilrechtliche Unterhaltspflicht an die Leistungsfähigkeit des Unterhaltsverpflichteten an, die sich nach den ihm zur Verfügung stehenden Einkünften und seinem Vermögen beurteilt. Als Einkünfte gelten alle zufließenden Güter in Geld oder Geldwert (BGH Urteil vom 7.5.1986 – IVb ZR 55/85 – juris Rn. 17; BGH Urteil vom 21.1.1981 – IVb ZR 548/80 – juris Rn. 7). Ein solcher Zufluss liegt jedoch nur bei tatsächlich erfolgter Zahlung vor.

24 Für die Entscheidung darüber, ob die **unterhaltsrechtliche Privilegierung nach § 11 entfallen** ist, sind im Rahmen der Prüfung der Unterhaltspflicht die Gerichte der ordentlichen Gerichtsbarkeit als **Familiengericht** zuständig.

aa) Ausnahmetatbestand § 1579 BGB

25 § 1579 BGB regelt die Versagung, Herabsetzung oder zeitliche Begrenzung des Unterhaltsanspruchs zwischen **geschiedenen Ehegatten** bei grober Unbilligkeit. Die grobe Unbilligkeit wird durch die in § 1579 Nr. 1 bis 8 aufgezählten Härtegründe konkretisiert, wobei Nr. 8 einen Auffangtatbestand enthält.

26 Liegt einer der in § 1579 BGB genannten Härtegründe in der Person des Unterhaltsberechtigten vor, hat dies zivilrechtlich eine Versagung oder Herabsetzung des Unterhaltsanspruchs und sozialrechtlich die **volle Berücksichtigung** des von ihm bezogenen Elterngelds im Unterhaltsverhältnis zur Folge (OLG Hamm Urteil vom 30.6.2006 – 11 UF 10/06 – juris Rn. 46, 50 OLG Schleswig Urteil vom 4.2.2005 – 13 UF 73/04 – juris Rn. 36, jeweils noch zum Erziehungsgeld). Die **grobe Unbilligkeit** (als dem Gerechtigkeitsempfinden in unerträglicher Weise widersprechend) muss unter Beachtung aller Umstände des jeweiligen Einzelfalls positiv festgestellt werden (vgl. BGH Urteil vom 21.1.1998 – XII ZR 85/96 – juris Rn. 9 ff.; von Pückler in: Grüneberg, BGB, 84. Aufl. 2025, § 1579 Rn. 36).

bb) Ausnahmetatbestand § 1361 Abs. 3 BGB

27 § 1361 Abs. 3 BGB **regelt den** Unterhalt bei **getrenntlebenden Ehegatten** unter Bezugnahme auf die Vorschrift des § 1579 Nr. 2 bis 8 BGB.

cc) Ausnahmetatbestand § 1611 Abs. 1 BGB

§ 1611 Abs. 1 BGB betrifft den **Unterhalt zwischen Verwandten in gerader Linie** 28 und sieht die Beschränkung oder den Wegfall des dem Berechtigten zustehenden Unterhaltsanspruchs vor, wenn er seine Bedürftigkeit durch ein **sittliches Verschulden** herbeigeführt, seine eigene Unterhaltspflicht gegenüber dem **Unterhaltspflichtigen gröblich vernachlässigt** oder sich einer **schweren Verfehlung** gegen den Unterhaltspflichtigen oder einen nahen Angehörigen des Unterhaltspflichtigen schuldig gemacht hat. Auch in diesen Fällen wird neben der zivilrechtlichen Minderung des Unterhaltsanspruchs das vom Unterhaltsberechtigten bezogene Elterngeld in vollem Umfang angerechnet. Das führt bei einem aus den genannten Gründen geminderten Unterhaltsanspruch dazu, dass das Elterngeld den bereits aus zivilrechtlichen Gründen geminderten Unterhaltsanspruch weiter herabsetzt (OLG Brandenburg Urteil vom 23.12.2010 – 9 UF 79/10 – juris Rn. 27; von Koppenfeld-Spies in: Knickrehm/Roßbach/Waltermann, Kommentar zum Sozialrecht, 8. Aufl. 2023, § 11 BEEG Rn. 5; Schmitt in: Brose/Weth/Volk, BEEG, 9. Aufl. 2020, § 11 Rn. 14).

dd) Ausnahmetatbestand § 1603 Abs. 2 BGB

Während die zuvor genannten Tatbestände die Begrenzung des Unterhaltsanspruchs 29 und die Anrechnung des vom Unterhaltsberechtigten bezogenen Elterngelds auf diesen Anspruch betreffen, erweitert § 1603 Abs. 2 BGB die **Unterhaltspflicht gegenüber minderjährigen Kindern**. Grund für diese Erweiterung ist – anders als bei den vorherigen Tatbeständen – nicht ein Fehlverhalten oder eine grobe Unbilligkeit seitens des Unterhaltsverpflichteten, sondern die **besondere Garantenstellung von Eltern gegenüber ihren minderjährigen Kindern**. Grundsätzlich ist nicht unterhaltsverpflichtet, wer den Unterhalt für einen Dritten nicht ohne Gefährdung des eigenen Unterhalts leisten könnte. Das gilt allerdings nicht für die Unterhaltsverpflichtung der Eltern gegenüber ihren minderjährigen Kindern. § 1603 Abs. 2 BGB stützt die gesteigerte Unterhaltspflicht auf die besondere Verantwortung der Eltern für ihre minderjährigen Kinder sowie die noch nicht verfestigte Lebensstellung dieser Kinder in persönlicher und wirtschaftlicher Hinsicht. Die Eltern können sich gegenüber ihren minderjährigen Kindern nicht darauf berufen, dass sie ohne Gefährdung des eigenen angemessenen Unterhalts nicht leistungsfähig sind. Sie sind – aus Billigkeitsgründen – verpflichtet, alle verfügbaren Mittel zur Deckung des Kindesunterhalts zu verwenden (BGH Urteil vom 24.9.2014 – XII ZB 111/13 – juris Rn. 18). Ferner werden gesteigerte Anforderungen an die Einsatz der Arbeitskraft gestellt (sogenannte **gesteigerte Erwerbsobliegenheit**; vgl. BGH Urteil vom 9.7.2003 – XII ZR 83/00 – juris Rn. 22; BGH Urteil vom 3.12.2008 – XII ZR 182/06 – juris Rn. 20; von Pückler in: Grüneberg, BGB, 84. Aufl. 2025, § 1603 Rn. 40 f.). Eine Ausnahme gilt nur dann, wenn ein anderer leistungsfähiger Verwandter vorhanden ist oder der Unterhalt des Kindes aus dem Stamm seines eigenen Vermögens bestritten werden kann (§ 1603 Abs. 2 Satz 3 BGB). Während der Bezugszeit von Elterngeld besteht keine Pflicht zur Aufnahme einer Erwerbstätigkeit für den betreuenden und zum Unterhalt verpflichteten Elternteil (OLG Nürnberg Beschluss vom

25.9.2015 – 10 UF 429/14 – juris Rn. 21; OLG Frankfurt Beschluss vom 2.10.2013 – 2 UF 443/12 – juris Rn. 25; BGH Urteil vom 12.4.2006 – XII ZR 31/04 – juris Rn. 40 noch zum Erziehungsgeld).

30 Den minderjährigen Kindern stehen **volljährige unverheiratete Kinder bis zur Vollendung des 21. Lebensjahres** gleich, solange sie im Haushalt der Eltern oder eines Elternteils leben und sich in der allgemeinen Schulausbildung befinden (§ 1603 Abs. 2 Satz 2 BGB), weil auch bei diesen Kindern – ungeachtet der rechtlichen Beendigung der elterlichen Sorge – davon auszugehen ist, dass ihre Lebensstellung der minderjährigen Kinder vergleichbar ist (BT-Drucks. 13/7338, S. 21).

31 Korrespondierend zu dieser gesteigerten Unterhaltspflicht ist das bezogene **Elterngeld als verfügbares und somit für den Unterhalt einsetzbares Mittel** des Unterhaltsverpflichteten zu werten (OLG Brandenburg Urteil vom 23.12.2010 – 9 UF 79/10 – juris Rn. 27), auch wenn es den Betrag von 300 Euro nicht übersteigt. Dies ist gerechtfertigt, weil während der Bezugszeit von Elterngeld für den betreuenden unterhaltspflichtigen Elternteil keine Pflicht zur Aufnahme einer Erwerbstätigkeit besteht.

32 Allerdings ist das Elterngeld nur dann und insoweit als Einkommen des Unterhaltspflichtigen einzusetzen, als dessen eigener **Selbstbehalt** sichergestellt ist (BGH Urteil vom 12.4.2006 – XII ZR 31/04 – juris Rn. 18 f. noch zum Erziehungsgeld; Schmitt in: Brose/Weth/Volk, BEEG, 9. Aufl. 2020, § 11 Rn. 15; Richtlinien des BMFSFJ zum BEEG, Stand bei Kommentierung: Dezember 2024, § 11 = S. 264). Dieser ist nach der Düsseldorfer Tabelle zu bestimmen.

33 Das bei Bestehen einer gesteigerten Unterhaltspflicht gegenüber minderjährigen Kindern oder ihnen gleichgestellten volljährigen unverheirateten Kindern anrechenbare Elterngeld muss **bei gleichrangig unterhaltsberechtigten Kindern** (z. B. aus 1. und 2. Ehe) gemäß **§ 1609 Abs. 1 Nr. 1 BGB** gleichmäßig zur Deckung der Barunterhaltsansprüche aller Kinder eingesetzt werden (OLG Thüringen Urteil vom 17.12.1998 – UF 198/98 – juris Rn. 9 noch zum Erziehungsgeld).

34 Die gesteigerte Unterhaltspflicht der Eltern oder eines Elternteils gegenüber den minderjährigen Kindern oder ihnen gleichgestellten volljährigen unverheirateten Kindern gilt **auch für den geschiedenen und wiederverheirateten Unterhaltsverpflichteten** (OLG Frankfurt vom 15.1.1991 – 6 UF 173/90 – FamRZ 1991, 584 noch zum Erziehungsgeld). Für diese Fallkonstellation ist die sogenannte **»Hausmannrechtsprechung« des BGH** von Bedeutung (zusammenfassend: von Pückler in: Grüneberg, BGB, 84. Aufl. 2025, § 1603 Rn. 30 ff.). Diese geht im Grundsatz davon aus, dass der von einem den minderjährigen Kindern aus erster Ehe barunterhaltspflichtigen Elternteil in der neuen Ehe vorgenommene Rollenwechsel im Sinne der Übernahme von Haushaltsführung und Kinderbetreuung nur dann unterhaltsrechtlich akzeptiert werden kann, wenn wirtschaftliche Gesichtspunkte oder sonstige Gründe von gleichem Gewicht, die einen erkennbaren Vorteil für die neue Familie mit sich bringen, in Abwägung mit dem Interesse des Kindes/der Kinder an der Beibehaltung der bisherigen Unterhaltssicherung im Einzelfall den Rollentausch rechtfertigen. Ist der Rollentausch unterhaltsrechtlich gerechtfertigt, besteht aufgrund der gesetzlichen Wertung in §§ 1603

Abs. 3, 1609 BGB gleichwohl die Obliegenheit für den barunterhaltspflichtigen Elternteil, einen Nebenerwerb aufzunehmen, um zum Unterhalt des minderjährigen Kindes aus erster Ehe beizutragen (BGH Urteil vom 5.10.2006 – XII ZR 197/02 – juris Rn. 11 ff.; vgl. dazu auch OLG Brandenburg vom 26.9.2013 – 3 WF 101/13 – juris Rn. 15 f.). Allerdings besteht die Obliegenheit zur Aufnahme einer Nebenerwerbstätigkeit aber nicht während des Bezugs von Elterngeld (BGH Urteil vom 5.10.2006 – XII ZR 197/02 – juris Rn. 31; BGH Urteil vom 12.4.2006 – XII ZR 31/04 – juris Rn. 40, jeweils noch zum Erziehungsgeld; Richtlinien des BMFSFJ zum BEEG, Stand bei Kommentierung: Dezember 2024, § 11 = S. 264). Auch die Nutzung der mit dem **Elterngeld Plus** gesetzlich eingeräumten Option, den Auszahlungszeitraum zu verdoppeln, stellt keine Obliegenheitsverletzung dar, d. h. es kann dem Unterhaltspflichtigen unterhaltsrechtlich nicht vorgeworfen werden, deswegen keine für den Kindesunterhalt ausreichenden Einkünfte zu haben (vgl. BGH Beschluss vom 11.2.2015 – XII ZB 181/14 – juris Rn. 19; Richtlinien des BMFSFJ zum BEEG, Stand bei Kommentierung: Dezember 2024, § 11 = S. 264).

Das Elterngeld darf jedoch **nur für die Person des gesteigert Unterhaltspflichtigen uneingeschränkt als Einkommen angerechnet** werden (BGH Urteil vom 21.6.2006 – XII ZR 147/04 – juris Rn. 27 noch zum Erziehungsgeld). 35

Bezieht dagegen das **unterhaltsberechtigte Kind Elterngeld**, ist dieses unterhalb des in § 11 Satz 1 geregelten Freibetrags nicht als Einkommen anzurechnen und **entlastet insoweit die Eltern nicht** von der gesteigerten Unterhaltspflicht (vgl. OLG Hamm Urteil vom 14.9.1994 – 11 UF 31/94 – FamRZ 1995, 805 f. noch zum Erziehungsgeld). Da diese Fallkonstellation nicht vom Ausnahmetatbestand des § 11 Satz 4 i.V.m. § 1603 Abs. 2 BGB erfasst ist, gilt der in § 11 Satz 1 aufgestellte Grundsatz. Außerdem würde eine Anrechnung des Elterngelds auf den Unterhaltsanspruch sowohl der Zielsetzung des § 11 als auch der mit § 1603 Abs. 2 BGB verbundenen zivilrechtlichen Wertentscheidung entgegenstehen. § 11 Satz 1 bezweckt einen umfassenden Schutz des Elterngelds in Höhe des Mindestbetrags von 300 Euro im Unterhaltsverhältnis und erlaubt nur unter den eng auszulegenden Voraussetzungen des Satz 4 Ausnahmen von diesem Grundsatz. § 1603 Abs. 2 BGB sieht eine Entlastung des gegenüber einem minderjährigen Kind oder einem ihm gleichgestellten volljährigen unverheirateten Kind Unterhaltsverpflichteten lediglich unter engen Voraussetzungen vor. Der Umstand, dass eine Entlastung des Unterhaltsverpflichteten nach dem Willen des Gesetzgebers nur vorgesehen ist, wenn der Unterhalt des Kindes aus dem Stamm des Kindesvermögens gedeckt werden kann, legt nahe, dass diese Entlastung nicht eintreten soll, wenn das Kind über Einkommen in Form des Elterngelds verfügt. 36

§ 12 BEEG Zuständigkeit; Bewirtschaftung der Mittel

(1) [1]Die Landesregierungen oder die von ihnen beauftragten Stellen bestimmen die für die Ausführung dieses Gesetzes zuständigen Behörden. [2]Zuständig ist die von den Ländern für die Durchführung dieses Gesetzes bestimmte Behörde des Bezirks, in dem das Kind, für das Elterngeld beansprucht wird, zum Zeitpunkt der ersten

Antragstellung seinen inländischen Wohnsitz hat. [3]Hat das Kind, für das Elterngeld beansprucht wird, in den Fällen des § 1 Absatz 2 zum Zeitpunkt der ersten Antragstellung keinen inländischen Wohnsitz, so ist die von den Ländern für die Durchführung dieses Gesetzes bestimmte Behörde des Bezirks zuständig, in dem die berechtigte Person ihren letzten inländischen Wohnsitz hatte; hilfsweise ist die Behörde des Bezirks zuständig, in dem der entsendende Dienstherr oder Arbeitgeber der berechtigten Person oder der Arbeitgeber des Ehegatten oder der Ehegattin der berechtigten Person den inländischen Sitz hat.

(2) Den nach Absatz 1 zuständigen Behörden obliegt auch die Beratung zur Elternzeit.

(3) [1]Der Bund trägt die Ausgaben für das Elterngeld. [2]Die damit zusammenhängenden Einnahmen sind an den Bund abzuführen. [3]Für die Ausgaben und die mit ihnen zusammenhängenden Einnahmen sind die Vorschriften für das Haushaltsrecht des Bundes einschließlich der Verwaltungsvorschriften anzuwenden.

Übersicht

Erläuterung

1. Allgemeines

a) Entwicklung der Norm

1 § 12 wurde durch das **Gesetz zum Elterngeld und zur Elternzeit vom 5.12.2006** (BGBl. I S. 2748) eingeführt und ist am 1.1.2007 in Kraft getreten. Abs. 1 Satz 1 der Ursprungsfassung ermächtigte die Länder, die für die Ausführung des BEEG zuständigen Behörden zu bestimmen. Satz 2 wies den so bestimmten Behörden die zusätzliche Aufgabe zu, über die Elternzeit zu beraten. Satz 3 enthielt eine Regelung über die örtliche Zuständigkeit im Fall eines Auslandsaufenthalts nach § 1 Abs. 2 BEEG. Abs. 2 bestimmte, dass der Bund die Ausgaben für das Elterngeld und ab

1.8.2013 für das durch das Betreuungsgeldgesetz vom 15.2.2013 (BGBl. I S. 254) eingeführte Betreuungsgeld zu tragen hatte.

Mit dem **Zweiten Gesetz zur Änderung des BEEG vom 15.2.2021** (BGBl. I S. 239) 2
ist die Überschrift der Norm mit Wirkung zum 1.9.2021 geändert worden. Statt »Zuständigkeit; Aufbringung der Mittel« lautet sie seitdem »Zuständigkeit; Bewirtschaftung der Mittel«. Des Weiteren ist mit Wirkung vom 1.9.2021 **Abs. 1 Satz 2 und 3 neu gefasst** worden. Die bisher in Abs. 1 Satz 2 geregelte Aufgabe der zuständigen Behörden zur Beratung auch zur Elternzeit ist zur besseren Übersichtlichkeit mit einer redaktionellen Anpassung nach Abs. 2 verschoben worden (BT-Drucks. 19/24438, S. 35). Der neugefasste Abs. 1 Satz 2 bestimmt nunmehr auch eine feste örtliche Zuständigkeit bei inländischem Wohnsitz des Kindes, für das Elterngeld beansprucht wird.

Des Weiteren hat das **Zweite Gesetz zur Änderung des BEEG vom 15.2.2021** (BGBl. I 3
S. 239) mit Wirkung vom 1.1.2023 **Abs. 3 neu angefügt**, wobei Satz 1, der bestimmt, dass der Bund die Ausgaben für das Elterngeld trägt, insoweit dem früheren Abs. 2 entspricht. Allerdings ist mit Wirkung vom 1.1.2023 die Zahlungspflicht des Bundes für das Betreuungsgeld gestrichen worden, nachdem das BVerfG mit Urteil vom 21.7.2015 (1 BvF 2/13 – BVerfGE 140, 65) die bundesrechtlichen Regelungen des Betreuungsgelds (§§ 4a–4d BEEG in der Fassung des Betreuungsgeldgesetzes vom 15.2.2013 <BGBl. I S. 254>) mit Art. 72 Abs. 2 GG unvereinbar und nichtig erklärt hatte, weil der Bund für die Einführung des Betreuungsgelds nicht die erforderliche Gesetzgebungskompetenz hatte. Bei dem neu eingefügten Satz 3 handelt es sich um eine Konkretisierung zu Satz 1 (BT-Drucks 19/24438, S. 35). Satz 3 legt fest, dass für die Bewirtschaftung der Ausgaben für das Elterngeld und der damit zusammenhängenden Einnahmen die Vorschriften des Haushaltsrechts des Bundes Anwendung finden.

b) Regelungsgehalt

Die Vorschrift enthält im Kern eine **Zusammenfassung** verschiedener **organisations-** 4
rechtlicher Bestimmungen über die Ausführung des BEEG und die Finanzierung des Elterngelds.

§ 12 **Abs. 1 Satz 1** regelt, dass die Länder die Behörden bestimmen, welche für die 5
Ausführung des BEEG zuständig sind.

§ 12 **Abs. 1 Satz 2** bestimmt eine feste örtliche Zuständigkeit bei inländischem Wohn- 6
sitz des Kindes.

§ 12 **Abs. 1 Satz 3** enthält die Zuständigkeitszuweisung für die örtlich zuständige 7
Behörde in Fällen mit **Auslandsbezug**, d.h. bei ausländischem Wohnsitz des Kindes.

§ 12 **Abs. 2** normiert, dass die Ausführung des Gesetzes durch die Elterngeldstelle auch 8
die Beratung zur Elternzeit umfasst.

§ 12 **Abs. 3** regelt die Finanzierung und Aufbringung der Mittel für das Elterngeld. 9

c) **Vorläufervorschriften**

10 Eine dem § 12 Abs. 1 Satz 1 entsprechende Zuständigkeitsregelung für die Ausführung des BErzGG enthielt **§ 10 Satz 1 BErzGG.** § 12 Abs. 2 (Beratungsobliegenheit zur Elternzeit) hat eine Vorläuferbestimmung **in § 10 Satz 2 BErzGG.** Die Kostentragungsregelung zulasten des Bundes in § 12 Abs. 3 Satz 1 – zuvor bis zum 31.8.2021 in § 12 Abs. 2 – knüpft inhaltlich an **§ 11 BErzGG** an, der bestimmte, dass der Bund die Ausgaben für das Erziehungsgeld zu tragen hatte. Das BErzGG enthielt keine übergreifende Regelung über die Zuständigkeit für Personen ohne inländischen Wohnsitz.

d) **Systematische Zusammenhänge**

11 § 12 Abs. 1 Satz 1 regelt die Einrichtung der Behörden, die für die Ausführung des BEEG im Rahmen der **Bundesauftragsverwaltung** gemäß Art. 85 GG zuständig sind.

12 § 12 Abs. 1 Satz 2 enthält eine klare **örtliche Zuständigkeitsregelung.** Anknüpfungspunkt ist der Wohnsitz des Kindes, für das Elterngeld beansprucht wird, zum Zeitpunkt der ersten Antragstellung auf Elterngeld. § 12 Abs. 1 Satz 3 greift, wenn Satz 2 mangels Wohnsitzes des Kindes im Inland nicht anwendbar ist.

13 Die nunmehr in Abs. 2 geregelte zusätzliche Aufgabe zur Beratung über die Elternzeit weist inhaltlich einen Bezug zu den allgemeinen **Beratungspflichten aus § 14 SGB I** auf, die daher zur Auslegung herangezogen werden können.

14 § 12 Abs. 3 regelt die **Finanzierung und Aufbringung der Mittel** für das Elterngeld **durch den Bund** nach Maßgabe des Art. 104a Abs. 2 und 3 GG.

e) **Normzweck**

15 Die in § 12 im Kern enthaltenen organisationsrechtlichen Bestimmungen regeln die **Ausführung des BEEG** und die **Finanzierung des Elterngelds** unter Berücksichtigung der in Fällen der Bundesauftragsverwaltung geltenden Besonderheiten.

2. **Auslegung der Norm**

a) **Sachliche Zuständigkeit (§ 12 Abs. 1 Satz 1)**

16 Das Elterngeld wird von den Ländern im Auftrag des Bundes ausgeführt (BT-Drucks 16/1889, S. 26; BSG Urteil vom 26.10.2023 – B 10 EG 1/23 R – juris Rn. 14). Im Rahmen dieser **Bundesauftragsverwaltung** obliegt die Einrichtung der Behörden den Ländern, soweit nicht Bundesgesetze mit Zustimmung des Bundesrates etwas anderes bestimmen (Art. 85 Abs. 1 Satz 1 GG). Von diesem Abweichungsrecht hat der Bund keinen Gebrauch gemacht, sondern mit § 12 Abs. 1 Satz 1 – insoweit deklaratorisch – den Landesregierungen das Recht zur Bestimmung der für die Ausführung des BEEG zuständigen Behörden eingeräumt (BSG Urteil vom 26.10.2023 – B 10 EG 1/23 R – juris Rn. 14; BSG Urteil vom 25.6.2009 – B 10 EG 8/08 R – BSGE 103, 291 = SozR 4–7837 § 2 Nr. 2, Rn. 21; BSG Urteil vom

25.6.2009 – B 10 EG 9/08 R – SozR 4–7837 § 2 Nr. 3 Rn. 15). Dieses **Bestimmungsrecht** bezieht sich auf die Elterngeldstellen und die Aufsichtsbehörden als Widerspruchsstelle, welche gemäß § 25 Abs. 2 und 3 SGB I über den Anspruch auf Elterngeld befinden. Die Zuständigkeit der Landesbehörde hat zwar grundsätzlich zur Folge, dass das jeweils geltende Verwaltungsverfahrensrecht des Landes maßgebend ist (Schmitt in: Brose/Weth/Volk, BEEG, 9. Aufl. 2020, § 12 Rdn. 4). Von diesem Grundsatz abweichend legt § 26 Abs. 1 BEEG aber fest, dass für die Ausführung des Ersten, Zweiten und Dritten Abschnitts des BEEG das Erste Kapitel des SGB X (§§ 1–66) anzuwenden ist, sofern sich aus dem BEEG nichts anderes ergibt.

Zuständig sind für die einzelnen Bundesländer folgende Behörden: 17

	Elterngeldstellen	**Aufsichtsbehörde**
Baden-Württemberg	L-Bank (Staatsbank für Baden-Württemberg)	Ministerium für Soziales, Gesundheit und Integration
Bayern	Regionalstellen des Zentrums für Familie und Soziales	Zentrum Bayern Familie und Soziales
Berlin	Jugendämter bei den Bezirksämtern	Senatsverwaltung für Bildung, Jugend und Familie
Brandenburg	Landkreise und kreisfreien Städte	Ministerium für Gesundheit, und Soziales
Bremen/Bremerhaven	Amt für Soziale Dienste (Bremen) Amt für Jugend, Familie und Frauen (Bremerhaven)	Die Senatorin für Arbeit, Soziales, Jugend, und Integration
Hamburg	Bezirksämter	Behörde für Arbeit, Soziales, Familie und Integration
Hessen	Ämter für Versorgung und Soziales	Regierungspräsidium Gießen Abt. VI Fachaufsicht Elterngeld
Mecklenburg-Vorpommern	Landesamt für Gesundheit und Soziales (vier regional verteilte Dezernate)	Landesamt für Gesundheit und Soziales
Niedersachsen	Landkreise, kreisfreie Städte und teilweise auch kreisangehörige Gemeinden	Ministerium für Soziales, Arbeit, Gesundheit und Gleichstellung
Nordrhein-Westfalen	Landkreise und kreisfreie Städte	Bezirksregierung Münster
Rheinland-Pfalz	Kreisverwaltung der Landkreise, Stadtverwaltungen der kreisfreien Städte und großen kreisangehörigen Gemeinden mit eigenem Jugendamt	Landesamt für Soziales, Jugend und Versorgung (Landesjugendamt)

Saarland	Landesamt für Soziales	Ministerium für Arbeit, Soziales, Frauen und Gesundheit
Sachsen	Landkreise und kreisfreie Städte	Kommunaler Sozialverband Sachsen
Sachsen-Anhalt	Landkreise und kreisfreie Städte	Landesverwaltungsamt
Schleswig-Holstein	Außenstellen des Landesamtes für soziale Dienste	Landesamt für soziale Dienste
Thüringen	Landratsämter der Landkreise und Stadtverwaltungen der kreisfreien Städte	Landesverwaltungsamt

Eine jeweils aktuelle Übersicht über die zuständigen **Elterngeldstellen und Aufsichtsbehörden** in Elterngeldangelegenheiten kann auf der Internetseite des Bundesministeriums für Familie, Senioren, Frauen und Jugend (www.bmfsfj.de) abgerufen werden.

b) Örtliche Zuständigkeit

aa) Örtliche Zuständigkeit der Elterngeldstelle bei inländischem Wohnsitz des Kindes (§ 12 Abs. 1 Satz 2)

18 § 12 Abs. 1 Satz 2 bestimmt eine **feste örtliche Zuständigkeit** bei inländischem Wohnsitz des Kindes. Danach ist die Elterngeldstelle desjenigen Bezirks zuständig, in dem das betreffende Kind zum Zeitpunkt des ersten Elterngeldantrags seinen inländischen Wohnsitz hat. Der Begriff des Wohnsitzes wird in § 30 Abs. 3 Satz 1 SGB I legal definiert. Danach hat jemand einen Wohnsitz dort, wo er eine Wohnung unter Umständen innehat, die darauf schließen lassen, dass er die Wohnung beibehalten und benutzen wird (vgl. hierzu näher: BSG Urteil vom 18.3.2021 – B 10 EG 6/91 R – SozR 4–7837 § 1 Nr. 11 Rn. 20 ff.; BSG Urteil vom 20.12.2012 – B 10 EG 16/11 R – SozR 4–7837 § 12 Nr. 1 Rn. 18). Für den Fall, dass das Kind gemeinsam mit der anspruchsberechtigten Person keinen Wohnsitz, sondern allein seinen gewöhnlichen Aufenthalt im Bundesgebiet hat, gilt die Zuständigkeitsregelung nach § 12 – in Übereinstimmung mit der Anspruchsberechtigung gemäß § 1 Abs. 1 Satz 1 Nr. 1 BEEG, die ebenfalls an den Wohnsitz oder den gewöhnlichen Aufenthalt anknüpft – entsprechend (Richtlinien des BMFSFJ zum BEEG, Stand bei Kommentierung: Dezember 2024, Ziffer 12.1.2 = S. 265). Der Begriff des gewöhnlichen Aufenthalts ist legal definiert in § 30 Abs. 3 Satz 2 SGB I. Danach hat jemand seinen gewöhnlichen Aufenthalt dort, wo er sich unter Umständen aufhält, die erkennen lassen, dass er an diesem Ort oder in diesem Gebiet nicht nur vorübergehend verweilt (vgl. hierzu näher: BSG Urteil vom 18.3.2021 – B 10 EG 6/19 R – SozR 4–7837 § 1 Nr. 11 Rn. 37 f. m.w.N.). Bei mehreren Wohnsitzen oder gewöhnlichen Aufenthalten im Inland ist regelmäßig die Behörde des Bezirks zuständig, in dem sich das Kind vorwiegend aufhält. Maßgeblich sind die Umstände des Einzelfalls (Richtlinien des BMFSFJ zum BEEG, Stand bei Kommentierung: Dezember 2024, Ziffer 12.1.2 = S. 265).

Diese Regelung soll ausweislich der Gesetzesmaterialien der **Verwaltungsvereinfachung** dienen, insbesondere im Zuge der Digitalisierung des Verwaltungsverfahrens zugunsten von Verwaltung und Eltern. Anzustellen ist nach dem Wortlaut stets auf dem Wohnsitz des Kindes zum Zeitpunkt der ersten Antragstellung auf Elterngeld. Die danach allein begründete örtliche Zuständigkeit bleibt für das gesamte Elterngeldverfahren bestehen. Mit dieser klaren Zuständigkeitsregelung sollen mehrfache Zuständigkeiten vermieden werden, wenn die Eltern während des Elterngeldbezugs nicht nur im Zuständigkeitsbereich einer Elternstelle wohnen. Bei einen Wohnortwechsel ändert sich die örtliche Zuständigkeit der Elterngeldstelle nicht. Dies gilt auch, wenn der Wohnortwechsel in ein anderes Bundesland erfolgt. Damit entfällt ein zusätzlicher Verwaltungsaufwand, der regelmäßig mit der Aufnahme aller Daten zum Elterngeldfall durch die neu zuständig gewordene Elterngeldstelle verbunden war. Eine Vereinfachung folgt schließlich auch daraus, dass für alle Verwaltungsverfahren, die sich auf einen Elterngeldanspruch für ein bestimmtes Kind beziehen (z.B. Verfahren nach § 44, 45, 48 SGB X) immer die gleiche Elterngeldstelle zuständig bleibt (zum Ganzen: BT-Drucks. 19/24438, S. 35). 19

bb) Örtliche Zuständigkeit der Elterngeldstelle bei ausländischem Wohnsitz des Kindes (§ 12 Abs. 1 Satz 3)

Der im Wortlaut neugefasste § 12 Abs. 1 Satz 3 entspricht mit redaktionellen Änderungen im Wesentlichen dem bis zum 31.8.2021 geltenden Satz 3. Die mit Wirkung vom 1.9.2021 erfolgte Streichung der in der Vorgängerfassung noch enthaltenen Worte »des Lebenspartners oder der Lebenspartnerin« beruht auf § 21 LPartG, wonach alle Regelungen für Eheleute, die nach dem 22.12.2018 in Kraft treten, **auch für Lebenspartner** gelten (BT-Drucks. 19/24438, S. 35). 20

§ 12 Abs. 1 Satz 3 regelt die örtliche Zuständigkeit in den Fällen des § 1 Abs. 2 BEEG (**vorübergehende Tätigkeit des Berechtigten im Ausland**). Die Regelung enthält einen **dreistufigen Prüfungsaufbau**: Hat das Kind zum Zeitpunkt der ersten Antragstellung keinen inländischen Wohnsitz, ist grundsätzlich die Elterngeldstelle zuständig, in deren Bezirk, die berechtigte Person ihren letzten Wohnsitz im Inland hatte. Kann ein letzter Wohnsitz im Inland nicht festgestellt werden, wird hilfsweise zunächst auf den inländischen Sitz des entsendenden Dienstherrn oder Arbeitgebers der berechtigten Person oder – wenn dies ausscheidet – den inländischen Sitz des Arbeitgebers des Ehegatten oder der Ehegattin der berechtigten Person angeknüpft. Begründet diese später einen inländischen Wohnsitz in Deutschland, ändert sich die zuständige Behörde hierdurch nicht Richtlinien des BMF SFJ zum BEEG; (und bei Kommentierung: Dezember 2024, Ziffer 12.1.3 = S. 265). 21

c) Beratungspflichten (§ 12 Abs. 2)

§ 12 Abs. 2 normiert die Obliegenheit der zuständigen Behörde, über die **Elternzeit** nach §§ 15, 16 BEEG zu beraten. Die Pflicht zur Beratung über das **Elterngeld** wird nicht ausdrücklich geregelt und muss auch nicht im Wege der analogen Anwendung des § 12 Abs. 1 Satz 2 angenommen werden. Denn insoweit greift bereits die Rege- 22 lung des **§ 14 SGB I** ein. Das Elterngeld ist gemäß § 25 Abs. 2 und § 68 Nr. 15 SGB I eine Sozialleistung im Sinne des § 11 SGB I, sodass die nach § 12 Abs. 1 Satz 1 zuständige Behörde bereits über § 13 SGB I zur allgemeinen Aufklärung der Bevölkerung und über § 14 SGB I zur individuellen Beratung über die Rechte und Pflichten nach dem BEEG verpflichtet ist. Da nach § 68 Nr. 15 SGB I explizit nur das Elterngeld als dem Anwendungsbereich des SGB I unterfallende Sozialleistung anzusehen ist und daher die allgemeinen Vorschrift über die behördliche Beratungspflicht (§ 14 SGB I) grundsätzlich nicht für die Elternzeit gilt, war eine spezialgesetzliche Regelung der behördlichen Beratungsobliegenheit über die Elternzeit erforderlich. Damit steht den Betroffenen eine Stelle zur Verfügung, die zum sozial- und arbeitsrechtlichen Teil des BEEG berät, was in Anbetracht des Sachzusammenhangs durchaus sachgerecht erscheint (Schmitt in: Brose/Weth/Volk, BEEG, 9. Aufl. 2020, § 12 Rn. 16). Die Beratungsobliegenheit der Elterngeldstellen besteht sowohl gegenüber dem berechtigten Elternteil als Arbeitnehmer als auch gegenüber dem Arbeitgeber. Dem Arbeitgeber selbst betrifft nach dieser Norm aber keine Beratungspflicht (Richtlinien des BMFSFJ zum BEEG, Stand bei Kommentierung: Dezember 2024, Ziffer 12.2 = S. 266).

23 Die **Beratungspflicht über das Elterngeld** zählt zum originären Zuständigkeitsbereich der Elterngeldstellen und hat ihre gesetzliche Grundlage in § 14 SGB I.

24 **Beratungspflichten haben eine zentrale Bedeutung im Sozialrechtsverhältnis.** Diese Bedeutung resultiert aus dem Informationsvorsprung der Behörde, der auf der anderen Seite des Sozialleistungsverhältnisses häufig eine besonders schutzbedürftige Personengruppe ohne fachspezifische Kenntnisse gegenübersteht. Zudem führt die differenzierte und komplexe Ausgestaltung des Sozialleistungssystems und dessen rechtlicher Dynamik regelmäßig zu einem entsprechenden Beratungsbedarf im Einzelfall.

25 Die in **§ 13 SGB I** normierte **allgemeine Aufklärungspflicht** besteht **gegenüber der Allgemeinheit.** § 13 SGB I vermittelt dem Einzelnen kein subjektives Recht (BSG Urteil vom 27.7.2004 – B 7 SF 1/03 R – SozR 4–1200 § 14 Nr. 5 Rn. 21; BSG Urteil vom 28.9.1976 – 3 RK 7/76 – BSGE 42, 224 = SozR 2200 § 1324 Nr. 3 – juris Rn. 20; BSG Beschluss vom 24.3.2003 – B 12 KR 2/03 B – juris Rn. 5; Bayerisches LSG Urteil vom 24.4.2012 – L 6 R 530/10 – juris Rn. 20; LSG für das Saarland Urteil vom 2.9.2005 – L 7 RJ 57/04 – juris Rn. 26). Korrespondierend hierzu begründet die fehlende Aufklärung i.S.v. § 13 SGB I keinen Ausgleichs- oder Herstellungsanspruch gegen den Leistungsträger (BSG Urteil vom 3.3.1993 – 11 RAr 101/91 – SozR 3–4100 § 105 Nr. 1 – juris Rn. 20). § 13 SGB I verpflichtet den Leistungsträger zur allgemeinen und abstrakten Unterrichtung der Bevölkerung über die materiell-rechtlichen, mitwirkungsrechtlichen und verfahrensrechtlichen Rechte und Pflichten nach dem BEEG durch zur Masseninformation geeignete Mittel (Merkblätter, Broschüren, Internetauftritt usw.). Das zuständige Bundesministerium für Familie, Senioren, Frauen und Jugend (BMFSFJ) ist bemüht, durch eine Vielzahl an Publikationen und Online-Anwendungen (z.B. Elterngeldrechner) über die Möglichkeiten der Inanspruchnahme von Elterngeld zu informieren. Für die einheitliche behördliche Rechtsanwendung hat das BMFSFJ die auch im Internet veröffentlichten **Richtlinien zum BEEG** (Stand bei

Kommentierung: Dezember 2024) entwickelt, die aber für die Gerichte mangels Rechtsnormcharakters nicht bindend sind (vgl. BVerfG Beschluss vom 31.5.1988 – 1 BvR 520/83 – BVerfGE 78, 214 – juris Rn. 37; BSG Urteil vom 9.9.2013 – B 10 EG 4/12 R – SozR 4–7837 § 1 Nr. 5 Rn. 17).

Im Gegensatz zur allgemeinen Beratungspflicht des § 13 SGB I regelt **§ 14 SGB I** einen **Anspruch** der um Beratung nachsuchenden Person **auf eine einzelfallbezogene Beratung.** Adressat der **Beratungspflicht** ist der sachlich, örtlich und funktionell zuständige Leistungsträger (Beratungspflicht als Annexkompetenz). Voraussetzung für die Entstehung der Beratungspflicht ist **grundsätzlich ein konkretes Beratungsbegehren** der Person (BSG Urteil vom 2.4.2014 – B 4 AS 29/13 R – BSGE 115, 225 = SozR 4–4200 § 37 Nr. 6, Rn. 29 m.w.N.). 26

Zusätzlich besteht ein Anspruch auf Beratung von Amts wegen (sogenannte **Spontanberatung**), wenn sich in einem laufenden oder abgeschlossenen Sozialleistungsverhältnis ein konkreter Anlass für die Beratung ergibt. Dies ist dann der Fall, wenn im Rahmen einer konkreten Aktenbearbeitung für den Leistungsträger eine eindeutige Gestaltungsmöglichkeit erkennbar ist, die sich offensichtlich als zweckmäßig aufdrängt und von jeder verständigen berechtigten Person mutmaßlich genutzt würde (BSG Urteil vom 16.3.2016 – B 9 V 6/15 R – SozR 4–3100 § 60 Nr. 7 Rn. 29; BSG Beschluss vom 25.8.2009 – B 3 KS 1/09 B – SozR 4–5425 § 8 Nr. 1 Rn. 13 m.w.N.). 27

Die Beratungspflicht des § 14 SGB I ist auf die **Vermittlung der Rechtsgrundlagen und der Rechtsfolgen** des Anspruchs auf Elterngeld sowie die **Modalitäten der Beantragung** gerichtet. Dies umfasst auch die Beratung über die Rechtspraxis, über ein recht- und zweckmäßiges Verhalten, über die Auswirkungen bestimmter optional möglicher Gestaltungsrechte sowie über Mitwirkungspflichten und Verfahrensrechte. 28

Bei unterbliebener oder fehlerhafter Beratung kann der betroffenen Person aufgrund der Ausgestaltung des § 14 SGB I als subjektives Recht ein Ausgleichsanspruch gegen den Leistungsträger zustehen. 29

Soweit die fehlende oder unzureichende Beratung den Anspruch auf Elterngeld betrifft, kommt als Anspruchsgrundlage **primär der sozialrechtliche Herstellungsanspruch** in Betracht (vgl. dazu LSG Baden-Württemberg Urteil vom 15.12.2015 – L 11 EG 2526/15 – juris Rn. 24; LSG Baden-Württemberg Urteil vom 21.1.2014 – L 11 EG 2860/12 – juris Rn. 27 f.). Dieses von der BSG-Rechtsprechung entwickelte Rechtsinstitut ist auf die Vornahme einer rechtmäßigen Amtshandlung zur Herstellung des Zustands gerichtet, der bestehen würde, wenn der Leistungsträger die ihm obliegende Pflicht zur Betreuung und Beratung ordnungsgemäß wahrgenommen hätte (stRspr.; z.B. BSG Urteil vom 16.3.2016 – B 9 V 6/15 R – SozR 4–3100 § 60 Nr. 7 Rn. 28; BSG Urteil vom 18.2.2010 – B 4 AS 28/09 R – juris Rn. 25; BSG Urteil vom 15.12.1994 – 4 RA 64/93 – SozR 3–2600 § 58 Nr. 2 – juris Rn. 17 ff.). Voraussetzung für den Anspruch ist, dass der Leistungsträger eine Nebenpflicht aus dem Sozialrechtsverhältnis im Sinne einer Betreuungs- und/oder Beratungspflicht verletzt hat. Maßgebend ist daher ein pflichtwidriges Verhalten. Auf ein Verschulden des Leistungsträgers kommt es nicht an, weil der sozialrechtliche Herstellungsanspruch kein sub- 30 jektiv vorwerfbares Fehlverhalten der Behörde sanktioniert, sondern lediglich die Erfüllung des Gesetzeszwecks sicherstellen soll. Des Weiteren muss durch die (Beratungs-)Pflichtverletzung ein sozialrechtlicher Nachteil für den Berechtigten entstanden sein. Ein über den sozialrechtlichen Herstellungsanspruch ausgleichsfähiger Nachteil liegt vor, wenn eine Leistung zu Unrecht nicht (z.B. Ablehnung der Gewährung von Elterngeld), nicht in voller Höhe (Gewährung geringeren Elterngelds), erst ab einem späteren Zeitpunkt (z.B. spätere Gewährung von Elterngeld wegen fehlerhafter Beratung über das Antragserfordernis nach § 7 BEEG) oder für einen kürzeren Zeitraum (z.B. verkürzte Gewährung von Elterngeld wegen fehlerhafter Beratung über den Bezugszeitraum) gewährt, eine Berechtigung zu Unrecht versagt oder eine Verpflichtung zu Unrecht auferlegt worden ist. Klare und unzweideutige Angaben der Berechtigten im Antrag müssen von der Behörde im Regelfall jedoch nicht – auch nicht bei Unzweckmäßigkeit – hinterfragt werden (vgl. LSG Baden-Württemberg Urteil vom 21.1.2014 – L 11 EG 2860/12 – juris Rn. 28). Nachteile, die nicht durch eine gesetzlich vorgesehene Amtshandlung ausgleichbar sind, können nicht im Wege des sozialrechtlichen Herstellungsanspruchs geltend gemacht werden (stRspr; z.B. BSG Urteil vom 11.3.2004 – B 13 RJ 16/03 R – BSGE 92, 241 = SozR 4–2600 § 58 Nr. 3, Rn. 24 m.w.N.). Die Kausalität zwischen der Beratungspflichtverletzung und dem eingetretenen Schaden ist gegeben, wenn eine verständige Person ohne den Beratungsfehler eine andere Rechtsgestaltung vorgenommen hätte. Die betroffene Person kann vom Leistungsträger zudem nur verlangen, so gestellt zu werden, wie sie bei fehlerfreier Beratung stehen würde (stRspr; z.B. BSG Urteil vom 27.1.2000 – B 12 KR 10/99 R – SozR 3–2400 § 28h Nr. 11 – juris Rn. 16; Greiner in: Knickrehm/Roßbach/Waltermann, Kommentar zum Sozialrecht, 8. Aufl. 2023, § 14 SGB I Rn. 16).

31 Ein Ausgleichsanspruch wegen der Verletzung einer Beratungspflicht kann auch im Wege des **Amtshaftungsanspruchs** geltend gemacht werden. Dieser erweist sich jedoch insbesondere wegen seiner Verschuldensabhängigkeit in der Regel als unzureichende Anspruchsgrundlage im Sozialleistungsverhältnis. Allerdings kann ein Schaden, der aufgrund der materiellen Anspruchsbegrenzung des § 44 Abs. 4 SGB X nicht mehr über den sozialrechtlichen Herstellungsanspruch ausgeglichen werden kann, im Wege der Amtshaftung nach § 839 Abs. 1 BGB i.V.m. Art. 34 GG geltend gemacht werden (LG Berlin Urteil vom 18.2.2010 – 9 O 259/09 – juris Rn. 21; vgl. dazu auch BGH Urteil vom 9.3.1989 – III ZR 76/88 – juris Rn. 20 ff. und Hessisches LSG Urteil vom 23.8.2013 – L 5 R 359/12 – juris Rn. 85).

32 Der sozialrechtliche Herstellungsanspruch kann neben einem **Antrag auf Wiedereinsetzung in den vorherigen Stand** nach § 27 SGB X geltend gemacht werden (BSG Urteil vom 2.2.2006 – B 10 EG 9/05 R – BSGE 96, 44 = SozR 4–1300 § 27 Nr. 2, Rn. 19 ff.).

d) Finanzierung des Elterngelds und Aufbringung der Mittel (§ 12 Abs. 3)

33 Nach § 12 Abs. 3 Satz 1 trägt allein der Bund die **Ausgaben für das Elterngeld**. Dies ist Folge der Ausführung des BEEG durch die Länder im Rahmen der Bundesauf-

tragsverwaltung (Art. 104a Abs. 2 und Abs. 3 Satz 2 GG). Die Regelung gilt für die Leistungsausgaben, d.h. die Beträge, die an die Elterngeldberechtigten ausgezahlt werden (Schmitt in: Brose/Weth/Volk, BEEG, 9. Aufl. 2020, § 12 Rdn. 23). Mit der Zahlung von Leistungen an die Berechtigten erhalten die ausführenden Länder einen Erstattungsanspruch gegen den Bund (von Koppenfels-Spies in: Knickrehm/Roßbach/Waltermann, Kommentar zum Sozialrecht, 8. Aufl. 2023, § 12 BEEG Rn. 3); dies gilt entsprechend der Regelung in Art. 104a Abs. 5 GG nicht bei rechtswidrig geleisteten Zahlungen (Mutschler in: Tillmanns/Mutschler, BEEG, 3. Aufl. 2021, § 12 Rn. 16). Die Ausgaben des Bundes für Elterngeld lagen z.B. im Jahr 2023 bei rund 8,3 Milliarden Euro (Finanzbericht des Bundesministeriums der Finanzen für das Jahr 2023, S. 22, 94).

Die im Zusammenhang mit der Ausführung des BEEG entstehenden **Verwaltungskosten** tragen die Länder gemäß Art. 104a Abs. 1 und Abs. 5 Satz 1 GG. 34

Für **Streitigkeiten zwischen Bund und Ländern** wegen der Erstattung der Aufwendungen für Elterngeld sind die Gerichte der Sozialgerichtsbarkeit zuständig (§ 13 Abs. 1 BEEG). Funktionell ist für solche Streitigkeiten das BSG im ersten und letzten Rechtszug zuständig (§ 39 Abs. 2 Satz 1 SGG). 35

Bei dem mit Wirkung vom 1.1.2023 eingefügten § 12 Abs. 3 Satz 2, wonach die mit dem Elterngeld zusammenhängenden Einnahmen von den Ländern an den Bund abzuführen sind, handelt es sich um eine **Konkretisierung** zu Satz 1. Bußgelder und Gerichtsvollzieherkosten bleiben hiervon unberührt. 36

In § 12 Abs. 3 Satz 3 wird ebenfalls mit Wirkung vom 1.1.2023 bestimmt, dass für die Bewirtschaftung der Ausgaben für das Elterngeld und der damit zusammenhängenden Einnahmen die Vorschriften über das **Haushaltsrecht des Bundes** gelten. Die Neuregelung dient der Verwaltungsvereinheitlichung. Denn bis dahin galten für die Bewirtschaftung der Haushaltsmittel des Bundes für das Elterngeld grundsätzlich die Haushaltsordnungen der Länder bzw. Gemeinden. Als Folge bestanden wesentliche Unterschiede z.B. bei den Wertgrenzen zur Zuständigkeit der Entscheidungen über Stundungen, Niederschlagungen und Erlasse von Forderungen. Weitere Unterschiede ergaben sich bei der Frage, ob eine Forderung verzinst wird oder ab welcher Wertgrenze nach erfolgter Vollstreckung in das bewegliche Vermögen weitere Maßnahmen einzuleiten sind. Darüber hinaus bedienen sich die Elterngeldstellen bei der Bewirtschaftung der Haushaltsmittel des Bundes und zur Buchung der Geldforderungen des Bundes des in der Bundesverwaltung eingeführten automatisierten Verfahrens. Die Buchungen der Elterngeldstellen in diesem Verfahren erfolgten bisher jedoch nicht einheitlich, weil für die Elterngeldstellen noch nicht die Vorschriften über das Haushaltsrecht des Bundes galten. Durch die Anwendung der Vorschriften über das Haushaltsrecht des Bundes soll eine einheitliche Bewirtschaftung der Haushaltsmittel und eine effektive Ausübung der Bundesaufsicht unterstützt werden (zum Ganzen: BT-Drucks. 19/24438, S. 35 f.). 37

§ 13 BEEG Rechtsweg

(1) Über öffentlich-rechtliche Streitigkeiten in Angelegenheiten der §§ 1 bis 12 entscheiden die Gerichte der Sozialgerichtsbarkeit. § 85 Absatz 2 Nummer 2 des Sozialgerichtsgesetzes gilt mit der Maßgabe, dass die zuständige Stelle nach § 12 bestimmt wird.

(2) Widerspruch und Anfechtungsklage haben keine aufschiebende Wirkung.

Übersicht — Rdn.

Erläuterung

1. Allgemeines

1 Die Norm ist **seit Einführung des BEEG inhaltlich nicht geändert**, sondern lediglich durch die Neufassung des Bundeselterngeld- und Elternzeitgesetzes vom 27.01.2015 (BGBl. I S. 33) redaktionell angepasst worden.

§ 13 regelt die **Besonderheiten für das Verwaltungs- und Widerspruchsverfahren** sowie den **Rechtsweg** in elterngeldrechtlichen Streitigkeiten.

§ 13 Abs. 1 Satz 1 bestimmt den **Rechtsweg** für öffentlich-rechtliche Streitigkeiten aus dem sozialrechtlichen Teil des BEEG (§§ 1–12 BEEG).

§ 13 Abs. 1 Satz 2 bestimmt die in elterngeldrechtlichen Streitigkeiten zuständige **Widerspruchsbehörde.**

§ 13 Abs. 2 betrifft den Vollzug von Entscheidungen der Elterngeldstelle. Danach haben Widerspruch und Anfechtungsklage **keine aufschiebende Wirkung.**

Die Regelung des § 13 **entspricht** inhaltlich **§ 13 BErzGG** in der Fassung durch das Haushaltsbegleitgesetz 2004 vom 29.12.2003 (BGBl. I S. 3076).

2. Rechtswegbestimmung (§ 13 Abs. 1 Satz 1)

Die Zulässigkeit des beschrittenen Rechtswegs ist eine von Amts wegen zu beachtende Sachurteilsvoraussetzung für das gerichtliche Verfahren. § 13 Abs. 1 Satz 1 BEEG enthält eine **spezialgesetzlich** geregelte **Sonderzuweisung** für öffentlich-rechtliche Streitigkeiten in Angelegenheiten der §§ 1 bis 12 BEEG an die Sozialgerichtsbarkeit wie sie in § 51 Abs. 1 Nr. 10 SGG vorgesehen ist. Öffentlich-rechtliche Streitigkeiten, die sich nicht auf die §§ 1 bis 12 BEEG beziehen, sind damit nicht der Sozialgerichtsbarkeit, sondern gem. § 40 VwGO der Verwaltungsgerichtsbarkeit zugeordnet. Für das Vorliegen einer öffentlich-rechtlichen Streitigkeit ist entscheidend, ob der zur Klagebegründung vorgetragene Sachverhalt für die aus ihm abgeleitete Rechtsfolge von Rechtssätzen des öffentlichen Rechts geprägt ist (BSG Beschluss vom 06.03.2023 – B 1 SF 1/22 R; vgl. Meyer-Ladewig/Keller/Schmidt/Keller, 14. Aufl. 2023, SGG § 51 Rn. 3 ff.). Öffentlich-rechtliche Normen sind dadurch gekennzeichnet, dass sie ausschließlich öffentlich-rechtliche Träger, hier die Elterngeldstellen, berechtigen oder verpflichten (BVerwG Beschluss vom 04.03.2015 – 6 B 58/14). Die Sozialgerichte sind daher zur Entscheidung insbesondere über den Anspruch auf Elterngeld dem Grunde und der Höhe nach und über entsprechende Aufhebungsentscheidungen und Rückforderungsansprüche der Elterngeldstelle berufen. 2

Die Beurteilung der **Streitigkeiten über die Elternzeit** obliegt den Arbeitsgerichten nach § 2 Abs. 1 Nr. 3 ArbGG. Für die Verfolgung der in § 14 BEEG geregelten Ordnungswidrigkeiten ist die ordentliche Gerichtsbarkeit zuständig (§ 13 GVG i.V.m. §§ 62 Abs. 2 Satz 1, 68 Abs. 1 OWiG), weil Ordnungswidrigkeiten Strafsachen i.S.d. § 13 GVG sind, soweit Staatsanwaltschaft und Strafgericht zur Verfolgung und Entscheidung berufen sind (§§ 42, 64, 68 ff. OWiG; KK-StPO/Barthe, 9. Aufl. 2023, GVG § 13 Rn. 1). Die Zulässigkeitserklärung und die Versagung einer Kündigung nach § 18 BEEG kann mit Widerspruch und Anfechtungs- bzw. Verpflichtungsklage vor den Verwaltungsgerichten angefochten werden (vgl. § 18 Rdn. 34). Die Verwaltungsgerichte entscheiden auch über den Anspruch von Beamten auf Elternzeit nach den Regelungen in den Landesbeamtengesetzen oder Elternzeitverordnungen der Länder. 3

Das Gericht kann nach seinem Ermessen vorab durch Beschluss aussprechen, dass der beschrittene Rechtsweg zulässig ist (§ 202 Satz 1 SGG i.V.m. § 17a Abs. 3 Satz 1, Abs. 4 Satz 1 GVG) – etwa wenn unterschiedliche Auffassungen zum Rechtsweg in Literatur oder Rechtsprechung vertreten werden (vgl. Meyer-Ladewig/Keller/Schmidt/Keller, 14. Aufl. 2023, SGG § 51 Rn. 53). Wenn ein Beteiligter die Zulässigkeit des Rechtswegs rügt, muss das Gericht vorab entscheiden (§ 202 Satz 1 SGG i.V.m. § 17a Abs. 3 Satz 2 GVG). Unterlässt das SG eine Vorabentscheidung trotz Rüge eines Beteiligten, hat das LSG vorab zu entscheiden. § 17a Abs. 5 GVG, wonach das Gericht, das über ein Rechtsmittel gegen eine Entscheidung in der Hauptsache entscheidet, nicht prüft, ob der beschrittene Rechtsweg zulässig ist (s. hierzu BSG Urteil vom 04.09.2013 – B 10 EG 7/12 R = BSGE 114, 180 = SozR 4–1300 § 31 Nr. 8 – juris Rn. 15), gilt dann nicht (BSG Beschl. v. 03.08.2011 – B 11 SF 1/10 R; s. Meyer-Lade- 4 wig/Keller/Schmidt/Keller, 14. Aufl. 2023, SGG § 51 Rn. 62, 64). Hält das angegangene Sozialgericht den Sozialrechtsweg nicht für eröffnet, spricht es dies nach vorheriger Anhörung der Beteiligten aus und verweist den Rechtsstreit von Amts wegen an das zuständige Gericht des zulässigen Rechtswegs (§ 202 Satz 1 SGG i.V.m. § 17a Abs. 2 Satz 1 GVG).

5 Der Beschluss des Sozialgerichts über die Un-/Zulässigkeit des Rechtswegs kann mit der Beschwerde zum Landessozialgericht angegriffen werden (§ 202 Satz 1 GVG i.V.m. § 17a Abs. 4 Satz 3 GVG). An die Stelle der in § 17a Abs. 4 Satz 3 GVG genannten sofortigen Beschwerde tritt die nach dem SGG vorgesehene Beschwerde nach § 172 SGG (BSG Beschluss vom 12.05.1998 – B 11 SF 1/97 R). Gegen den Beschluss des Landessozialgerichts ist die weitere Beschwerde zum obersten Gerichtshof des Bundes, also zum Bundessozialgericht, gegeben, wenn sie zugelassen worden ist (vgl. § 202 Satz 1 SGG i.V.m. § 17a Abs. 4 Satz 4, 5, 6 GVG).

6 Mit der Rechtskraft der Entscheidung über den Rechtsweg bzw. des Verweisungsbeschlusses entfaltet dieser eine auf- und abdrängende Bindungswirkung (§ 202 Satz 1 SGG i.V.m. § 17a Abs. 1 GVG): Das Gericht, an das der Rechtsstreit verwiesen wurde, kann hinsichtlich des Rechtswegs weder zurück- noch weiterverweisen (§ 17a Abs. 2 Satz 3 GVG; Meyer-Ladewig/Keller/Schmidt/Keller, 14. Aufl. 2023, SGG § 51 Rn. 67). Möglich ist eine Weiterverweisung, wenn es sich für örtlich oder sachlich unzuständig hält (BSG Beschluss vom 04.04.2012 – B 12 SF 1/10 R). Auch ein rechtswidriger (und rechtskräftiger) Verweisungsbeschluss ist bindend, es sei denn, der Beschluss ist als willkürlich anzusehen oder unter Missachtung elementarer Verfahrensgrundsätze zustande gekommen (BSG Beschluss vom 10.03.2010 – B 12 SF 2/10 S m.w.N.; BSG Beschluss vom 03.12.2010 – B 12 SF 7/10 S). Willkürlich ist eine gerichtliche Entscheidung dann, wenn sie unter keinem rechtlichen Gesichtspunkt mehr vertretbar ist, sodass sich der Schluss aufdrängt, dass sie auf sachfremden Erwägungen beruht und deshalb auch Art. 3 Abs. 1 GG verletzt (BSG Beschluss vom 10.03.2010 – B 12 SF 2/10 S). Als Missachtung elementarer Verfahrensgrundsätze wird die Verletzung des Anspruchs auf rechtliches Gehör oder eine Entscheidung unter Verletzung des Rechts auf den gesetzlichen Richter genannt, wenn der Verweisungsbeschluss dadurch nicht als im Rahmen des § 17a Abs. 2 Satz 1 GVG ergangen anzusehen ist (BAG Beschluss vom 16.08.2016 – 9 AS 4/16; BAG Beschluss vom 19.03.2003 – 5 AS 1/03). Indes wird ein zur Durchbrechung der Bindungswirkung führender Rechtsverstoß durch Verletzung des Anspruchs auf rechtliches Gehör allenfalls in Betracht gezogen, wenn einer der Beteiligten sich darauf beruft. Er wird zum Teil abgelehnt, wenn dieser Verstoß mit einem Rechtsmittel gegen den Verweisungsbeschluss hätte gerügt werden können, hiervon jedoch abgesehen wurde (vgl. BSG Beschluss vom 21.02.2012 – B 12 SF 7/11 S).

7 Aufgrund der für die elterngeldrechtlichen Streitigkeiten vorgenommenen Rechtswegbestimmung gelten die **Grundsätze des sozialgerichtlichen Verfahrens** für diese Streitigkeiten. Das im SGG geregelte sozialgerichtliche Verfahren weist im Vergleich zu anderen Prozessordnungen Besonderheiten auf, zu denen insbesondere die überwiegende Kostenfreiheit (§ 183 SGG) zählt.

a) Zulässigkeitsvoraussetzungen des sozialgerichtlichen Verfahrens

aa) Örtliche Zuständigkeit

Welches Sozialgericht örtlich zuständig ist, regeln die §§ 57 bis 57b SGG abschließend. **Anknüpfungspunkt der örtlichen Zuständigkeit** ist der **Sitz, Wohnsitz oder in Ermangelung dessen der Aufenthaltsort des Klägers zum Zeitpunkt der Klageerhebung** (§ 57 Abs. 1 Satz 1, 1. Halbsatz SGG). Steht der Kläger zum Zeitpunkt der Klageerhebung in einem Beschäftigungsverhältnis, kann er wahlweise auch vor dem für den Beschäftigungsort zuständigen Sozialgericht klagen (§ 57 Abs. 1 Satz 1, 2. Halbsatz SGG). Die Ausübung dieses Wahlrechts ist als Prozesshandlung grundsätzlich unwiderruflich (zu den Einzelheiten und Ausnahmen: Roos, SGb 1995, 599). Für Klagen von Körperschaften oder Anstalten des öffentlichen Rechts, zu denen auch die Gebietskörperschaften zählen (Meyer-Ladewig/Keller/Schmidt/Keller, 14. Aufl. 2023, SGG § 57 Rn. 9), und anderen im Einzelnen bestimmten Stellen, gilt die abweichende Regelung des § 57 Abs. 1 Satz 2 SGG, wenn Beklagter eine natürliche Person oder eine juristische Person des Privatrechts ist. Dann ist der Sitz, Wohnsitz oder Aufenthaltsort des Beklagten für die Bestimmung des zuständigen Sozialgerichts maßgeblich. Dies erleichtert – wie die Regelung in Satz 1 – den Rechtsschutz für den Bürger (Meyer-Ladewig/Keller/Schmidt/Keller, 14. Aufl. 2023, SGG § 57 Rn. 9). 8

§ 57 Abs. 2 bis 4 und §§ 57a, b SGG enthalten **Sonderregelungen der örtlichen Zuständigkeit.** Für elterngeldrechtliche Streitigkeiten ist lediglich § 57 Abs. 3 SGG von Bedeutung: Verfügt der Kläger über keinen inländischen Wohnsitz oder Aufenthaltsort, bestimmt sich die örtliche Zuständigkeit nach dem Sitz, Wohnsitz oder in Ermangelung dessen dem Aufenthaltsort des Beklagten. Steht der Kläger im Inland in einem Beschäftigungsverhältnis, wohnt aber im Ausland, soll er zwischen den Gerichtsständen des § 57 Abs. 1 Satz 1, 2. Halbsatz SGG und § 57 Abs. 3 SGG wählen können (MKLS/Keller, 13. Aufl. 2020, SGG § 57 Rn. 11a).

Die örtliche Zuständigkeit wird durch Änderungen in den für sie maßgeblichen Umständen (z.B. Umzug des Klägers in einen anderen Gerichtsbezirk), die nach der Klageerhebung eintreten, nicht berührt (**perpetuatio fori,** § 98 Satz 1 SGG i.V.m. § 17 Abs. 1 Satz 1 GVG).

In Abweichung zu den für den Zivilprozess geltenden Vorschriften (§§ 38, 39 ZPO) können die Beteiligten des sozialgerichtlichen Verfahrens **weder Vereinbarungen** über die Zuständigkeit des Gerichts treffen **noch sich rügelos** auf ein unzuständiges Gericht **einlassen** (§ 59 SGG). Nach § 58 SGG ist eine Zuständigkeitsklärung durch das nächsthöhere Gericht möglich.

bb) Form und Frist der Klage

Die **Klagefrist** ist in § 87 SGG geregelt und beträgt grundsätzlich einen Monat nach Bekanntgabe des Verwaltungsakts (§ 87 Abs. 1 Satz 1 SGG) bzw. des Widerspruchsbescheids (§ 87 Abs. 2 SGG), wenn ein Vorverfahren (§§ 83 ff SGG) stattgefunden hat. Bei Bekanntgabe im Ausland beträgt die Frist drei Monate (§ 87 Abs. 1 Satz 2 9

SGG). Die **Formalien der Klageerhebung** sind in § 92 SGG geregelt. Was früher als Soll-Vorschrift ausgestaltet war, ist inzwischen durch das 8. SGG-Änderungsgesetz 2008 im Sinne einer Muss-Vorschrift neugefasst worden. Nunmehr muss die Klage den Kläger, den Beklagten und den Gegenstand des Klagebegehrens zwingend bezeichnen. Zur Bezeichnung des Beklagten genügt die Angabe der Behörde (§ 92 Abs. 1 Satz 2 SGG), die die Kläger dem angegriffenen Elterngeldbescheid oder dem Antragsformular entnehmen können. Darüber hinaus soll die Klage einen bestimmten Antrag enthalten, soll unterzeichnet sein, die begründenden Tatsachen und Beweismittel sollen angegeben und die angegriffene Verfügung und der Widerspruchsbescheid sollen beigefügt werden. Entspricht eine Klage nicht diesen Anforderungen, ist der Vorsitzende im Rahmen der ihm nach § 106 Abs. 1 SGG obliegenden Aufklärungspflicht gehalten, den Kläger zur Ergänzung der fehlenden Angaben innerhalb einer bestimmten Frist aufzufordern. Fehlen zwingende Angaben kann das Gericht dem Kläger eine Frist mit ausschließender Wirkung setzen (§ 92 Abs. 2 Satz 1 SGG), nach deren Ablauf die Klage endgültig unwirksam bzw. unzulässig ist (vgl zum Streitstand hinsichtlich der Unzulässigkeit der Klage wegen Fehlens eines Prozessrechtsverhältnisses: Meyer-Ladewig/Keller/Schmidt/B. Schmidt, 14. Aufl. 2023, SGG § 92 Rn. 17). Allerdings muss bereits bis zum Ablauf der Klagefrist feststehen, dass überhaupt Klage erhoben wird und wer Klage erhebt (Meyer-Ladewig/Keller/Schmidt/B. Schmidt, 14. Aufl. 2023, SGG § 92 Rn. 5; Föllmer in: Schlegel/Voelzke, jurisPK-SGG, 2. Aufl., § 92 SGG [Stand: 08.04.2025], Rn. 70). Damit sind die Anforderungen an die Form der Klageerhebung den Bestimmungen in § 82 VwGO und § 65 FGO angeglichen worden.

cc) Beteiligten- und Prozessfähigkeit; Postulationsfähigkeit

10 Beteiligte des sozialgerichtlichen Verfahrens sind nach § 69 SGG **der Kläger, der Beklagte** und bei erfolgter Beiladung auch **der Beigeladene** (§ 75 SGG). Die **Beteiligtenfähigkeit** ist in § 70 SGG, die **Prozessfähigkeit** in § 71 SGG geregelt. Die Beteiligten können vor dem Sozialgericht und dem Landessozialgericht den Rechtsstreit selbst führen (§ 73 Abs. 1 SGG) oder sich durch die in § 73 Abs. 2 SGG bestimmten Personen (z.B. durch Rechtsanwälte, aber auch volljährige Familienangehörige, Gewerkschaften oder bestimmte Vereinigungen) vertreten lassen. Erst vor dem Bundessozialgericht ist, außer im Prozesskostenhilfeverfahren, die **Vertretung durch bestimmte Prozessbevollmächtigte** (z.B. Rechtsanwälte, Rechtslehrer an staatlichen oder staatlich anerkannten Hochschulen eines Mitgliedstaates der Europäischen Union u.a. mit Befähigung zum Richteramt oder die in § 73 Abs. 2 Satz 2 Nr. 5 bis 9 SGG bezeichneten Organisationen, also bestimmte Vereinigungen oder Gewerkschaften) vorgeschrieben, vgl § 73 Abs. 4 SGG. In Verhandlungen vor den Sozialgerichten besteht außerdem die Möglichkeit, dass die Beteiligten in Begleitung von **Beiständen** erscheinen, die neben den Beteiligten auftreten und diese begleiten (§ 73 Abs. 7 SGG).

dd) Besondere Sachurteilsvoraussetzungen

Je nach Klageart ist die Zulässigkeit der Klage an **besondere Sachurteilsvoraussetzungen** geknüpft. 11

Die **Klageart** wird durch das Klagebegehren bestimmt. Das SGG differenziert zwischen Leistungs-, Gestaltungs- und Feststellungsklagen. Im Elterngeldrecht spielt zumeist die Leistungsklage, gerichtet auf die Zahlung von (höherem) Elterngeld, oder die Anfechtungsklage, etwa gegen Aufhebungs- und Rückforderungsbescheide der Elterngeldstellen, eine Rolle.

Die in § 54 Abs. 1 Satz 1, 1. Alt. SGG geregelte **Anfechtungsklage** ist eine Gestaltungsklage. Mit ihr kann die vollständige oder teilweise Aufhebung (was eine Abänderung bedeutet) eines in die Rechte des Betroffenen eingreifenden Verwaltungsakts erstrebt werden. Die Erhebung einer **isolierten** Anfechtungsklage ist nur dann für die Ziele des Klägers ausreichend, wenn mit der vollständigen oder teilweisen Aufhebung des Verwaltungsakts die Rechtsposition des Klägers zu seinen Gunsten geändert wird. Anderenfalls fehlt der isolierten Anfechtungsklage das Rechtsschutzbedürfnis (Meyer-Ladewig/Keller/Schmidt/Keller, 14. Aufl. 2023, SGG § 54 Rn. 4a). Wird die Gewährung von Elterngeld vollständig oder teilweise abgelehnt, reicht die auf Aufhebung des (teilweise) ablehnenden Bescheids gerichtete Anfechtungsklage nicht aus. In diesem Fall muss die Anfechtungsklage mit einer auf die Gewährung von Elterngeld gerichteten Leistungsklage kombiniert werden. Die **Kombination von Anfechtungs- und Leistungsklage** erlaubt § 54 Abs. 4 SGG (sogenannte **unechte Leistungsklage**). Eine isolierte Anfechtungsklage entspricht dem Interesse des Klägers, wenn er sich gegen einen Bescheid wendet, mit dem die vormalige Bewilligung von Elterngeld ganz oder teilweise aufgehoben oder zurückgefordert wird. Mit der Aufhebung dieses Aufhebungs- und Rückforderungsbescheids wird der ursprüngliche Zustand wiederhergestellt, in dem dem Kläger Elterngeld bewilligt worden war. Wurde zunächst höheres Elterngeld bewilligt und dies in einem späteren Bescheid teilweise aufgehoben, indem ein niedrigerer Betrag bewilligt worden ist, entspricht also eine Anfechtungsklage dem Rechtsschutzziel des Klägers, weil er damit die Absenkung des ursprünglich bewilligten Elterngelds beseitigen kann. Wendet der Kläger sich nur gegen die Absenkung des Elterngelds in bestimmten Monaten, handelt es sich um eine **Teilanfechtungsklage**. Diese ist möglich, weil Elterngeldbewilligungen hinsichtlich der Höhe der gesamten Bewilligung betragsmäßig teilbar sind (BSG, Urteil vom 27.10.2022 – B 10 EG 4/20 R – juris Rn. 19 m.w.N.). Die Teilbarkeit ist Voraussetzung für die (Begründetheit der) Teilanfechtungsklage (Meyer-Ladewig/Keller/Schmidt/Keller, 14. Aufl. 2023, SGG § 54 Rn. 8b). Bei zunächst vorläufiger Bewilligung von Elterngeld, die später von der Behörde durch eine niedrigere endgültige Bewilligung in Kombination mit einer Erstattungsforderung hinsichtlich des überzahlten Elterngelds ersetzt wird, entspricht es dem Interesse des Elterngeldberechtigten, nur die Absenkung des Elterngeldanspruchs und die Erstattungsregelung anzufechten. Die Regelung, mit der die Vorläufigkeitsbestimmung aufgehoben und durch eine endgültige Festsetzung ersetzt worden ist, sollte nicht angefochten werden. Bei Erfolg der Klage erstarkt die ursprüngliche Höhe des Elterngeldanspruchs wegen der verbleibenden Aufhebung des Vorläufigkeitsvorbehalts zu einer endgültigen Festsetzung (BSG Urteil vom 26.03.2014 – B 10 EG 4/13 R – juris Rn. 13).

13 Mit der **Verpflichtungsklage** nach § 54 Abs. 1 Satz 1 2. Alt. SGG kann der Erlass eines abgelehnten oder unterlassenen Verwaltungsakts begehrt werden. Sie ist insbesondere auf den Erlass von Ermessens-Verwaltungsakten gerichtet, also auf Leistungen, die anders als das Elterngeld von einer Ermessensentscheidung des Leistungsträgers abhängen, oder auf den Erlass von feststellenden und statusbegründenden Verwaltungsakten. Der Verwaltungsakt muss vor Klageerhebung beantragt worden sein. In der Anpassung der Formulierung des Klageantrags, der auf Zahlung höheren Elterngelds gerichtet war, an diese sinngemäß erhobenen Ansprüche (§ 123 SGG) und dem der Formulierung nach vorgenommenen Übergang von der Anfechtungs- und Verpflichtungsklage zur Anfechtungs- und Leistungsklage hat der für das Elterngeldrecht zuständige 10. Senat des BSG keine nach § 168 SGG im Revisionsverfahren unzulässige Klageänderung gesehen (BSG, Urteil vom 26.10.2023 – B 10 EG 3/23 R = SozR 4–7837 § 2b Nr. 7 – juris Rn. 11).

Auch die in § 88 SGG geregelte **Untätigkeitsklage** ist ein Sonderfall der allgemeinen Verpflichtungsklage.

14 Vor der Erhebung einer Anfechtungs- oder Verpflichtungsklage sind die Recht- und Zweckmäßigkeit eines belastenden bzw. den Antrag auf Vornahme ablehnenden Verwaltungsakts in einem **Vorverfahren** nachzuprüfen (§ 78 Abs. 1 Satz 1, Abs. 3 SGG). Gegenstand des Klageverfahrens ist dann der angefochtene Bescheid in der Gestalt des Widerspruchsbescheids (§ 95 SGG).

Das Erfordernis eines Vorverfahrens ist eine von Amts wegen zu prüfende besondere Sachurteilsvoraussetzung. Wurde noch kein Vorverfahren durchgeführt (und ist die Klage nicht schon aus anderen Gründen unzulässig), muss das Gericht dem Kläger die Möglichkeit einräumen, das Vorverfahren (aber nicht die vorherige Antragstellung überhaupt) nachzuholen. Hierzu kann das Gerichtsverfahren in analoger Anwendung des § 114 Abs. 2 SGG ausgesetzt werden. Der Widerspruchsbescheid muss bis zur letzten mündlichen Verhandlung in der Tatsacheninstanz vorliegen. Andernfalls liegt ein von Amts wegen zu beachtender Verfahrensfehler vor (BSG Beschluss vom 19.11.2019 – B 1 KR 72/18 B – juris Rn. 4; sa Meyer-Ladewig/Keller/Schmidt/B. Schmidt, 14. Aufl. 2023, SGG § 78 Rn. 3a m.w.N.).

15 Hat der Kläger einen Rechtsanspruch auf eine Leistung – wie in Bezug auf das Elterngeld –, muss er diesen im Wege der **Leistungsklage** (§ 54 Abs. 5 SGG) geltend machen. Zuvor ist das Elterngeld schriftlich bei der Elterngeldstelle zu beantragen (§ 7 Abs. 1 Satz 1 BEEG). Wurde der Antrag ganz oder teilweise abgelehnt, ist gegen den Ablehnungsbescheid zunächst Widerspruch einzulegen und das Vorverfahren durchzuführen (s. Rdn. 14). Die auf die Gewährung von (höherem) Elterngeld gerichtete Leistungsklage ist dementsprechend mit einer Anfechtungsklage gegen den Ablehnungsbescheid in Gestalt des Widerspruchsbescheids zu kombinieren (§ 54 Abs. 4 SGG, sogenannte **unechte Leistungsklage**). Die isolierte Leistungsklage nach § 54 Abs. 5 SGG hat damit für den Anspruch auf Elterngeld keinen Anwendungsbereich.

Schließlich kann auch im sozialgerichtlichen Verfahren die Feststellung des Bestehens oder Nichtbestehens eines Rechtsverhältnisses mit der **Feststellungsklage** begehrt werden (§ 55 SGG). Auch die sozialgerichtliche Feststellungsklage ist grundsätzlich im Verhältnis zu den Gestaltungs- und Leistungsklagen subsidiär, obwohl eine § 43 Abs. 2 Satz 1 VwGO vergleichbare Regelung fehlt (BSG Urteil vom 16.12.2014 – B 1 KR 32/13 R – juris Rn. 12 m.w.N.). Voraussetzung für die Zulässigkeit einer Feststellungsklage ist ein berechtigtes Interesse des Klägers an der baldigen Feststellung im Sinne eines besonderen Rechtsschutzbedürfnisses. Ein solches Interesse kann jedes als schutzwürdig anzuerkennende Interesse rechtlicher, wirtschaftlicher oder ideeller Art sein (BSG Urteil vom 10.08.2021 – B 2 U 1/20 R – juris Rn. 12; BSG Urteil vom 07.12.2006 – B 3 KR 5/06 R = BSGE 98, 12 = SozR 4–2500 § 132a Nr. 2 – juris Rn. 17). 16

ee) Richtiger Klagegegner

Eine Klage auf Aufhebung eines belastenden Verwaltungsakts ist grundsätzlich gegen »die Stelle zu richten, die den ursprünglichen Verwaltungsakt erlassen hat« (BSG Urteil vom 26.10.2023 – B 10 EG 1/23 R – juris Rn. 13). Für das sozialgerichtliche Verfahren ebenso wie für das verwaltungsgerichtliche Verfahren gilt im Ausgangspunkt grundsätzlich das Rechtsträgerprinzip (vgl. für die VwGO ausdrücklich § 78 Abs. 1 Nr. 1 VwGO). Eine Klage auf Aufhebung eines belastenden Verwaltungsakts ist danach gegen den Rechtsträger der erlassenden Ausgangsbehörde zu richten. Ausnahmsweise ist die Klage jedoch gegen die den Verwaltungsakt erlassende Behörde selbst zu erheben, sofern das Landesrecht dies bestimmt (Behördenprinzip; vgl. für die VwGO ausdrücklich § 78 Abs. 1 Nr. 2 VwGO). Trotz des Fehlens einer solchen Regelung im SGG gilt diese Ausnahme grundsätzlich auch im sozialgerichtlichen Verfahren. Dies setzt aber voraus, dass das Landesrecht eine Bestimmung iS des § 70 Nr. 3 SGG enthält, wonach nicht nur die eine handelnde Behörde tragende juristische Person des öffentlichen Rechts – also der Rechtsträger – fähig ist, am Verfahren beteiligt zu sein, sondern auch die handelnde Behörde selbst, was z.B. in Rheinland-Pfalz der Fall ist und dazu führte, dass eine gegen das Land Rheinland-Pfalz erhobene Klage gegen den Entzug von Elterngeld Plus erfolglos war (BSG Urteil vom 26.10.2023 – B 10 EG 1/23 R – juris Rn. 17). 17

ff) Grundurteil

Wird eine Leistungsklage nach § 54 Abs. 4 oder 5 SGG erhoben, kann auch zur Leistung nur dem Grunde nach verurteilt werden (**Grundurteil** nach § 130 Abs. 1 Satz 1 SGG). Das Gericht wird von der Berechnung des genauen Zahlungsbetrags im Einzelnen und den hierfür ggf. erforderlichen Ermittlungen entlastet. Dies beschleunigt das Verfahren. Es bietet sich nicht nur an, wenn die Beteiligten nur über die Grundvoraussetzungen des Elterngeldanspruchs nach § 1 BEEG streiten, sondern ist gerade auch im Höhenstreit möglich (stRspr; z.B. BSG Urteil vom 25.06.2020 – B 10 EG 2/19 R – SozR 4–7837 § 2c Nr. 8 – juris Rn. 33; BSG Urteil vom 21.06.2016 – B 10 EG 8/15 R = BSGE 121, 222 = SozR 4–7837 § 2b Nr. 1 – juris Rn. 14 m.w.N.). Voraussetzung ist aber, dass ein Anspruch auf Geldleistungen gel- 18 tend gemacht wird und mit Wahrscheinlichkeit von einer höheren Leistung (als bisher bewilligt) auszugehen ist (BSG Urteil vom 25.06.2020 – B 10 EG 2/19 R – SozR 4–7837 § 2c Nr. 8 – juris Rn. 33).

gg) Vorläufige Bewilligung von Elterngeld

19 Wurde Elterngeld bisher nur vorläufig gewährt (vgl. § 8 Abs. 3 BEEG) steht dies einer gerichtlichen Entscheidung über die Höhe des Anspruchs nicht entgegen. Das Gericht kann sowohl über die Rechtmäßigkeit der (vorläufigen) Höhe des Elterngeldanspruchs entscheiden als auch über die Rechtmäßigkeit der Vorläufigkeitsbestimmung an sich. Die Bewilligung vorläufiger Leistungen nach § 8 Abs. 3 BEEG ist ein eigenständiger Verwaltungsakt im Sinne des § 31 Satz 1 SGB X, der gesondert mit Widerspruch und Klage angefochten werden kann (stRspr; z.B. BSG Urteil vom 27.10.2022 – B 10 EG 4/20 R – juris Rn. 20 m.w.N.). Besteht der Grund für die vorläufige Bewilligung nicht mehr fort, etwa weil die Einkommensverhältnisse im Bezugszeitraum zwischenzeitlich geklärt sind, obliegt es zunächst der Elterngeldstelle, eine abschließende Entscheidung herbeizuführen. Diese ersetzt die bisher vorläufige Bewilligung und wird nach § 96 SGG Gegenstand des Gerichtsverfahrens, das bzgl. der vorläufigen Bewilligung anhängig gemacht worden ist (BSG Urteil vom 25.06.2020 – B 10 EG 2/19 R – SozR 4–7837 § 2c Nr. 8 – juris Rn. 42; BSG Urteil vom 26.03.2014 – B 10 EG 4/13 R – juris Rn. 12).

b) Ausgewählte Grundsätze des sozialgerichtlichen Verfahrens

20 Im sozialgerichtlichen Verfahren gilt die **Dispositionsmaxime**. Das Gericht gewährt Rechtsschutz also nicht von Amts wegen, sondern auf Antrag der Beteiligten, weil diese Klage einreichen bzw. gegen die erstinstanzliche Entscheidung Rechtsmittel einlegen. Beginn, Gegenstand und Ende des Verfahrens sind für die Beteiligten disponibel. Besondere Bedeutung im sozialgerichtlichen Verfahren haben die folgenden Grundsätze:

21 Tragender Grundsatz des sozialgerichtlichen Verfahrens ist der **Amtsermittlungsgrundsatz** aus § 103 Satz 1 SGG. Maßstab für den Umfang der Amtsermittlungspflicht ist der Streitgegenstand (Meyer-Ladewig/Keller/Schmidt/B. Schmidt, 14. Aufl. 2023, SGG § 103 Rn. 4). Das Ausmaß der Aufklärung und die Wahl der Beweismittel steht im pflichtgemäßen Ermessen des Gerichts und hängt weitgehend vom Einzelfall ab. Das Gericht muss alle in Betracht kommenden Erkenntnisquellen ausschöpfen, sofern es bereits eingeholte Auskünfte nicht als fundiert und erschöpfend ansieht (BSG Urteil vom 27.10.2022 – B 9 SB 1/20 R – juris Rn. 20). Das Vorbringen und die Beweisanträge der Beteiligten binden das Gericht nicht (§ 103 Satz 2 SGG). Lediglich unter den Voraussetzungen des § 109 SGG muss auf Antrag ein bestimmter Arzt gutachterlich gehört werden. Zur Ermittlung des Sachverhalts stehen dem Gericht die zivilprozessualen Beweismittel mit Ausnahme der Parteivernehmung, also der Zeugenbeweis, Urkundenbeweis, die Inaugenscheinnahme und der Sachverständigenbeweis, und die in § 106 Abs. 3 SGG nicht abschließend aufgezählten Aufklärungsmaßnahmen zur Verfügung. Nach § 103 Satz 1, 2. Halbsatz SGG sind die Beteiligten zur Ermittlung

des Sachverhalts von Amts wegen heranzuziehen. Dies gilt insbesondere für Umstände aus ihrem persönlichen Lebensbereich, die der Kenntnis des Gerichts entzogen sind. So können Kläger in elterngeldrechtlichen Streitigkeiten gehalten sein, im Rahmen dieser **Mitwirkungsobliegenheit** Angaben zu den Einkommensverhältnissen vor der Geburt bzw. über das nach der Geburt erzielte Einkommen aus Erwerbstätigkeit zu machen und entsprechende Unterlagen vorzulegen. Das Gericht kann die Mitwirkung der Beteiligten nicht erzwingen, sodass es sich nicht um eine Mitwirkungspflicht, sondern lediglich um eine Mitwirkungsobliegenheit handelt. Mangelnde Mitwirkung eines Beteiligten entbindet das Gericht nicht von der Pflicht, die noch möglichen anderweitigen Ermittlungen durchzuführen. Können bestimmte Umstände ohne die Mitwirkung der Beteiligten durch andere Beweismittel aber nicht nachgewiesen werden, geht dies grundsätzlich zulasten desjenigen, der sich auf diese Umstände beruft. Im Einzelfall sind auch Beweiserleichterungen zugunsten desjenigen denkbar, der unverschuldet – etwa durch mangelnde Mitwirkung des anderen Beteiligten – in Beweisnot geraten ist (BSG Urteil vom 27.10.2022 – B 9 SB 1/20 R – juris Rn. 41). Im Verwaltungsverfahren kann die Behörde die Leistung bis zur Nachholung der Mitwirkung nach näherer Maßgabe von § 66 SGB I versagen oder entziehen.

§ 62 SGG statuiert den bereits durch das Prozessgrundrecht des Art. 103 Abs. 1 GG und Art. 6 Abs. 1 EMRK garantierten Anspruch auf die **Gewährung rechtlichen Gehörs** vor einer Entscheidung des Gerichts nochmals für das sozialgerichtliche Verfahren. Der Beteiligte muss Gelegenheit haben, sich vor Erlass der Entscheidung zum Prozessstoff zu äußern. Das Gericht muss den Vortrag der Beteiligten zur Kenntnis nehmen und in seine Erwägungen einbeziehen (Meyer-Ladewig/Keller/Schmidt/Keller SGG, 14. Aufl. 2023, SGG § 62 Rn. 7). Es muss der Rechtsansicht der Beteiligten aber nicht folgen, denn der Anspruch auf rechtliches Gehör gewährleistet nur, dass der Beteiligtenvortrag »gehört«, nicht jedoch »erhört« wird. Die Gerichte werden durch Art. 103 Abs. 1 GG nicht dazu verpflichtet, der Rechtsansicht eines Beteiligten zu folgen (stRspr; z.B. BSG Beschluss vom 19.09.2022 – B 10 EG 3/22 B – juris Rn. 10)). Einige Vorschriften des SGG regeln das Erfordernis einer vorherigen Anhörung ausdrücklich (z.B. § 105 Abs. 1 Satz 2, § 114a Abs. 1 Satz 2, § 153 Abs. 4 Satz 2 SGG). 22

Im **Regelfall** ergeht die **Entscheidung im sozialgerichtlichen Verfahren aufgrund einer mündlichen Verhandlung** (§ 124 Abs. 1 SGG), in der das Sach- und Streitverhältnis mit den Beteiligten erörtert wird (§ 112 Abs. 2 Satz 2 SGG). Der **Grundsatz der Unmittelbarkeit** verlangt, dass Verhandlung und Beweisaufnahme grundsätzlich durch das Gericht selbst, unmittelbar durch die Richter, die zu entscheiden haben, stattfinden. Er findet Ausdruck in § 117 SGG, wonach das Gericht Beweis grundsätzlich in der mündlichen Verhandlung erhebt und in § 129 SGG, wonach das Urteil nur von den Richtern gefällt werden kann, die an der dem Urteil zugrunde liegenden Verhandlung teilgenommen haben. 23

Im Interesse der Verfahrensbeschleunigung bzw. Prozessökonomie sieht das SGG jedoch auch **Ausnahmen** vom Grundsatz der Mündlichkeit vor: die Entscheidung durch Gerichtsbescheid nach vorheriger Anhörung der Beteiligten in Streitigkeiten ohne besondere rechtliche und tatsächliche Schwierigkeiten, wenn der Sachverhalt geklärt ist (§ 105 SGG), die Entscheidung ohne mündliche Verhandlung im Einverständnis mit den Beteiligten (§ 124 Abs. 2 SGG), die Entscheidung im einstweiligen Rechtsschutz durch Beschluss (§ 86b Abs. 4 SGG), die Entscheidung nach Lage der Akten, wenn in einem Termin keiner der geladenen Beteiligten erscheint (§ 126 SGG), die Verwerfung einer Berufung als unzulässig durch Beschluss (§ 158 Satz 2 SGG), die Zurückweisung der Berufung als unbegründet durch Beschluss unter den Voraussetzungen des § 153 Abs. 4 SGG und die Verwerfung einer Revision als unzulässig durch Beschluss (§ 169 Satz 3 SGG). Ausnahmen vom Grundsatz der Unmittelbarkeit stellen die Möglichkeit der Beweiserhebung durch beauftragte oder ersuchte Richter dar (§ 118 Abs. 1 Satz 1 SGG i.V.m. §§ 361, 362 ZPO).

24 Das Beschleunigungsgebot, das vor dem Hintergrund des Gebots der **Gewährung effektiven Rechtsschutzes** und des Anspruchs auf ein faires Verfahren aus Art. 6 Abs. 1 EMRK auch für das sozialgerichtliche Verfahren gilt, verpflichtet das Gericht, in angemessener Zeit zu entscheiden. Eine genaue zeitliche Grenze, bei deren Überschreitung von einer Verletzung dieses Verfahrensgrundsatzes ausgegangen werden kann, existiert nicht. Hierfür sind nach einer Abwägung im Einzelfall insbesondere die Natur des Verfahrens und die Bedeutung der Sache für die Parteien, die Auswirkungen einer langen Verfahrensdauer für die Beteiligten, die Schwierigkeiten der Sachmaterie sowie das Verhalten der Beteiligten und Dritter (z.B. Sachverständiger) zu berücksichtigen (BVerfG Kammerbeschluss vom 24.09.2009 – 1 BvR 1304/09 – juris Rn. 13 f.). Mit dem am 03.12.2011 in Kraft getretenen Gesetz über Rechtsschutz bei überlangen Gerichtsverfahren und strafrechtlichen Ermittlungsverfahren vom 24.11.2011 (BGBl. I, 2302) ist eine Rechtsgrundlage für **Entschädigungsansprüche bei unangemessener Verfahrensdauer** in §§ 198 ff. GVG geschaffen worden. § 202 Satz 2 SGG erklärt diese Vorschriften auch für das Verfahren vor den Sozialgerichten mit bestimmten Maßgaben für anwendbar. Bei der Beurteilung der Angemessenheit der Verfahrensdauer sind danach insbesondere die Schwierigkeit und Bedeutung des Verfahrens und das Verhalten der Verfahrensbeteiligten und Dritter zu berücksichtigen (§ 198 Abs. 1 Satz 2 GVG). Die Angemessenheit der Dauer eines sozialgerichtlichen Verfahrens ist nach der ständigen Rechtsprechung des BSG (BSG Urteil vom 24.03.2022 – B 10 ÜG 4/21 R = BSGE 134, 32 = SozR 4–1720 § 198 Nr. 21, Rn. 15 ff. m.w.N.) in drei Schritten zu prüfen. Dabei ist davon auszugehen, dass vorbehaltlich besonderer Umstände des Einzelfalls die Verfahrensdauer jeweils insgesamt noch als angemessen anzusehen ist, wenn eine Gesamtverfahrensdauer, die zwölf Kalendermonate je Instanz übersteigt, auf vertretbarer aktiver Verfahrensgestaltung des Gerichts beruht (BSG Urteil vom 24.03.2022 – B 10 ÜG 4/21 R = BSGE 134, 32 = SozR 4–1720 § 198 Nr. 21, Rn. 16 m.w.N.).

25 Eine Besonderheit des sozialgerichtlichen Verfahrens stellt außerdem die **Mitwirkung von zwei ehrenamtlichen Richtern in allen drei Instanzen** dar (§§ 3, 12 Abs. 1, 30 Abs. 1, 33 Satz 1, 40 Satz 1 SGG). Bei Beschlüssen außerhalb der mündlichen Verhandlung, bei Gerichtsbescheiden der Sozialgerichte und bei der Verwerfung einer Revision oder Nichtzulassungsbeschwerde als unzulässig wirken die ehrenamtlichen Richter nicht mit (§§ 12 Abs. 1 Satz 2, 33 Satz 2, 169 Satz 3, 160a Abs. 4 Satz 1, 2. Halbsatz SGG). § 12 Abs. 2 bis 5 SGG bestimmt, aus welchen Kreisen die ehrenamtlichen Richter stammen, die einzelnen Kammern des Sozialgerichts und Senaten

des Landes- bzw. Bundessozialgerichts zugeordnet werden. Danach wirkt in den Kammern für Angelegenheiten der Sozialversicherung beispielsweise je ein ehrenamtlicher Richter aus dem Kreis der Versicherten und der Arbeitgeber mit, in Angelegenheiten der Sozialhilfe wirken ehrenamtliche Richter der Kreise und der kreisfreien Städte mit. In welcher Besetzung in Angelegenheiten des Elterngeldrechts zu entscheiden ist, ist in § 12 SGG und auch im BEEG nicht eindeutig geregelt. Aus der Zuordnung des früheren BErzGG, das in § 13 Satz 2 BErzGG bis 01.01.2002 die entsprechende Anwendung der Vorschriften für Angelegenheiten der Rentenversicherung vorsah und aus dem Verweis auf § 85 Abs. 2 Nr. 2 SGG in § 13 Abs. 1 Satz 2 BEEG wird überwiegend gefolgert, dass auch über das Elterngeld die Kammern für Angelegenheiten der Sozialversicherung entscheiden (Nguyễn in: Schlegel/Voelzke, jurisPK-SGG, 2. Aufl., § 12 SGG [Stand: 15.06.2022] Fn 152; Meyer-Ladewig/Keller/Schmidt/Keller, 14. Aufl. 2023 § 12 Rn. 5a m.w.N.; a.A. BeckOGK/Burkiczak, 01.08.2024, SGG § 12 Rn. 34). Dafür spricht, dass der Gesetzgeber § 13 Satz 2 BErzGG a.F. gestrichen hat, weil er die Regelung für entbehrlich hielt (BT-Drucks 14/5943, S. 32), sie aber nicht ändern wollte. Außerdem zeugt der Verweis in § 13 Abs. 1 Satz 2 BEEG auf § 85 Abs. 2 Nr. 2 SGG davon, dass der Gesetzgeber das Elterngeld verfahrensrechtlich den Bestimmungen für Angelegenheiten der Sozialversicherung unterwerfen wollte. Dementsprechend entscheidet der 10. Senat des Bundessozialgerichts in Angelegenheiten nach den §§ 1 bis 12 BEEG in der Besetzung mit je einem ehrenamtlichen Richter aus dem Kreis der Versicherten und der Arbeitgeber.

3. Bestimmung der zuständigen Widerspruchsbehörde (§ 13 Abs. 1 Satz 2)

§ 13 Abs. 1 Satz 2 regelt eine elterngeldrechtliche Besonderheit für das Vor- bzw. 26
Widerspruchsverfahren, das vor der Erhebung einer Anfechtungsklage gegen einen belastenden Verwaltungsakt (z.B. einen Aufhebungsbescheid, vgl § 54 Abs. 1 SGG) oder vor der Erhebung einer kombinierten Anfechtungs- und Leistungsklage (gegen den das beantragte Elterngeld ablehnenden Bescheid, vgl. § 54 Abs. 4 SGG) zwingend durchzuführen ist (§ 78 SGG; vgl. zu den Klagearten oben Rdn. 11 ff.). Wird gegen einen Verwaltungsakt Widerspruch erhoben, prüft zunächst die Ausgangsbehörde, die den Bescheid erlassen hat, ob dem Widerspruch abgeholfen werden kann (§ 85 Abs. 1 SGG). Hilft sie dem Widerspruch nicht oder nicht vollständig ab, legt sie den Widerspruch der Widerspruchsbehörde vor. Welche Behörde zur Entscheidung über den Widerspruch berufen ist, regelt allgemein § 85 Abs. 2 SGG. Grundsätzlich entscheidet die nächsthöhere Behörde über den Widerspruch (§ 85 Abs. 2 Satz 1 Nr. 1 SGG – sogenannter **Devolutiveffekt**). Abweichend davon bestimmt § 85 Abs. 2 Satz 1 Nr. 2 SGG für die Angelegenheiten der Sozialversicherung, dass die von der Vertreterversammlung bestimmte Stelle den Widerspruchsbescheid erlässt. An diese »Bestimmungs«-Regelung knüpft § 13 Abs. 1 Satz 2 an, indem er auch für das Elterngeldrecht vorgibt, dass die **Widerspruchsbehörde gesondert zu bestimmen ist** und zwar **durch die zuständige Stelle nach § 12 BEEG**, d.h. durch die Landesregierungen oder die von ihnen beauftragten Stellen. Eine ausdrückliche Bestimmung der Widerspruchsbehörde in den Zuständigkeitsverordnungen fehlt zum Teil (z.B. in § 6 ZustVO-GuS Niedersachsen i.d.F. vom 09.10.2018, GVBl. 2018, 207, wäh-

rend § 1 Abs. 1 BEEGZustVO Hessen i.d.F. vom 02.01.2007, GVBl. I 2007, 2 ausdrücklich die Entscheidung über Widersprüche regelt; unpräzise auch § 1 BEEG-ZustV BW i.d.F. vom 28.06.2016, wo nur die Zuständigkeit für den ersten und dritten Abschnitt des BEEG geregelt wird, obwohl das Elterngeld seit 01.09.2021 im ersten und zweiten Abschnitt geregelt ist). Soweit keine ausdrückliche Regelung zur Widerspruchsbehörde besteht, werden die **Aufsichtsbehörden** der Elterngeldstellen als zuständig für die Entscheidung über den Widerspruch angesehen (BSG Beschluss vom 30.09.2010 – B 10 EG 9/09 R – juris Rn. 50; Brose/Weth/Volk/Schmitt, 9. Aufl. 2020, BEEG § 13 Rn. 14, vgl. dort auch die Auflistung der Widerspruchsbehörden und Aufsichtsbehörden sowie hier die Tabelle unter § 12 Rdn. 8; eine Auflistung der zuständigen Aufsichtsbehörden ist auch auf der Homepage des BMFSFJ abrufbar unter https://www.bmfsfj.bund.de/bmfsfj/themen/familie/familienleistungen/elterngeldstellen-und-aufsichtsbehoerden-in-elterngeldangelegenheiten-73716, zuletzt abgerufen am 04.05.2025). Bei einem Verstoß gegen die sachliche Zuständigkeit der Widerspruchsbehörde handelt es sich ansonsten um einen schwerwiegenden Fehler, der unabhängig von der Frage der Rechtmäßigkeit des Ausgangsbescheides eine isolierte Aufhebung des Widerspruchsbescheids rechtfertigt. Der darin begründete Aufhebungsanspruch ist nicht verzichtbar und gegenüber dem behaupteten materiellen subjektiven Recht vorrangig (BSG, Urteil vom 21.12.2023 – B 5 R 3/22 R – zur Veröffentlichung in SozR 4–2600 § 8 Nr. 4 vorgesehen, Leitsatz 2 und Rn. 39).

4. Ausschluss der aufschiebenden Wirkung (§ 13 Abs. 2)

27 Nach § 86a Abs. 1 SGG haben Widerspruch und Anfechtungsklage grundsätzlich aufschiebende Wirkung. Dies bedeutet, dass der Verwaltungsakt nicht vollzogen werden darf. Die Regelung ist Ausprägung der Garantie des effektiven Rechtsschutzes nach Art. 19 Abs. 4 GG und soll verhindern, dass mit dem Vollzug eines Verwaltungsakts durch die Behörde vollendete Tatsachen geschaffen werden, obwohl dessen Rechtmäßigkeit von dem Betroffenen angezweifelt und noch nicht abschließend in einem behördlichen und/oder gerichtlichen Verfahren geprüft wurde (Meyer-Ladewig/Keller/Schmidt/Keller, 14. Aufl. 2023, SGG § 86a Rn. 4; vgl. BVerfG vom 27.10.2009 – 1 BvR 1876/09 – juris Rn. 11). Nach § 86a Abs. 2 Nr. 4 SGG i.V.m. § 13 Abs. 2 BEEG **entfällt** – von diesem Grundsatz abweichend – **die aufschiebende Wirkung von Widerspruch und Anfechtungsklage in elterngeldrechtlichen Streitigkeiten** aufgrund bundesgesetzlicher Anordnung. § 13 Abs. 2 betrifft im Wesentlichen Fallkonstellationen, in denen ein Bewilligungsbescheid ganz oder teilweise aufgehoben (§§ 45, 48 SGB X) und eine bereits geleistete Zahlung zurückgefordert (§ 42 Abs. 2 Satz 2 SGB I oder § 50 SGB X, vgl. BSG Urteil vom 27.10.2022 – B 10 EG 4/20 R – juris Rn. 55; BSG Urteil vom 05.04.2012 – B 10 EG 10/11 R – SozR 4–7837 § 2 Nr. 14 – juris Rn. 39 ff.) wird. Der Betroffene hat in diesen Fällen die Möglichkeit, die **Aussetzung der sofortigen Vollziehung** bei der Ausgangsbehörde (§ 86a Abs. 3 SGG; dass der Begriff der Aussetzung der sofortigen Vollziehung verwendet wird anstelle der Anordnung der aufschiebenden Wirkung ist unschädlich, vgl. Jüttner/Wehrhahn in: Fichte/Jüttner, SGG, 3. Auflage 2020, § 86a, Rn. 45)

bzw. die **Anordnung der aufschiebenden Wirkung** bei dem Gericht der Hauptsache (§ 86b Abs. 1 Satz 1 Nr. 2 SGG) zu beantragen.

Wird auf der Grundlage eines den Bezug von Elterngeld betreffenden Aufhebungs- und Erstattungsbescheids die **Verrechnung** oder **Aufrechnung** erklärt, stellt sich die **Frage nach der aufschiebenden Wirkung eines Widerspruchs oder einer Anfechtungsklage hinsichtlich der Verrechnung/Aufrechnung.** Dies setzt voraus, dass die Aufrechnung als Verwaltungsakt qualifiziert wird (zum **Verwaltungsaktcharakter der Aufrechnung** vgl. BSG Großer Senat Beschluss vom 31.08.2011 – GS 2/10 = BSGE 109, 81 = SozR 4–1200 § 52 Nr. 4; Mrozynski SGB I, 7. Aufl. 2024, SGB I § 51 Rn. 22; BeckOGK/Siefert, 01.08.2022, SGB I § 51 Rn. 32), weil ansonsten schon kein Widerspruch gegen die Aufrechnung erforderlich bzw. statthaft ist, sondern eine Leistungsklage zu erheben ist. Die Frage der aufschiebenden Wirkung wird teilweise (HK-MuSchG/Wolfgang Conradis, 6. Aufl. 2022, BEEG § 13 Rn. 14) dahin gehend beantwortet, dass der gegen die Verrechnung/Aufrechnung eingelegte Rechtsbehelf entsprechend dem Grundsatz des § 86a Abs. 1 SGG aufschiebende Wirkung entfaltet, weil die Verrechnung/Aufrechnung ihre rechtliche Grundlage nicht im BEEG sondern im SGB I habe. Diese Auffassung ist jedoch nicht mit der historischen Entwicklung der Norm und dem Willen des Gesetzgebers vereinbar, wie er in § 13 Abs. 2 BEEG zum Ausdruck kommt. § 13 Abs. 2 BEEG entspricht inhaltlich der zuvor in § 13 Abs. 2 BErzGG enthaltenen Regelung. Diese wurde durch das Haushaltsbegleitgesetz vom 29.12.2003 (BGBl. I S. 3076) eingefügt, weil der Gesetzgeber durch die Einführung der grundsätzlichen Geltung der aufschiebenden Wirkung von Widerspruch und Anfechtungsklage im SGG die Gefahr der mangelnden Realisierung von Rückforderungen in Bezug auf das Erziehungsgeld sah (BT-Drucks 15/1502, S. 36). Der Gesetzgeber befürchtete, dass aufgrund der begrenzten Laufzeit des Erziehungsgeldes eine Rückforderung nach Leistungsablauf nur realisiert werden kann, wenn Widerspruch und Anfechtungsklage keine aufschiebende Wirkung haben und der Rückforderungsanspruch mit den noch fällig werdenden Leistungsansprüchen aufgerechnet werden könne (BT-Drucks 15/1502, S. 36). Dieser Intention wird nur dann Rechnung getragen, wenn auch die gegen die durch Verwaltungsakt erklärte Verrechnung/Aufrechnung eingelegten Rechtsbehelfe keine aufschiebende Wirkung entfalten. Für die Erstreckung des Ausschlusses der aufschiebenden Wirkung auf die Aufrechnung/Verrechnung gegen einen Anspruch auf Elterngeld spricht auch die ausnahmslose Formulierung des § 13 Abs. 2 BEEG. Anders als z.B. in § 39 Nr. 1 SGB II beschränkt § 13 Abs. 2 BEEG den Wegfall der aufschiebenden Wirkung gerade nicht auf Rechtsbehelfe gegen einen Verwaltungsakt, der Leistungen aufhebt, zurücknimmt, widerruft oder entzieht und spart damit die Aufrechnung aus (dazu: Luik/Harich/Löcken, 6. Aufl. 2024, SGB II § 39 Rn. 20). Entfällt die aufschiebende Wirkung für einen Widerspruch oder eine Anfechtungsklage gegen die behördlicherseits erklärte Aufrechnung/Verrechnung, richtet sich der einstweilige Rechtsschutz nach §§ 86a Abs. 3, 86b Abs. 1 Satz 1 Nr. 2 SGG (s. Rdn. 27). 28

Qualifiziert man die Aufrechnung/Verrechnung nicht als Verwaltungsakt, gibt es jedenfalls keinen Grund, dem Rechtsbehelf gegen die Aufhebungsentscheidung der Elterngeldstelle eine aufschiebende Wirkung beizumessen, weil sich dies unmittelbar aus § 13 Abs. 2 BEEG ergibt.

In Höhe der nach § 10 BEEG anrechnungsfreien Beträge ist die Aufrechnung unzulässig (§§ 51 Abs. 1, 54 Abs. 3 Nr. 1 SGB I). Diese Einschränkung gilt jedoch nicht, wenn der Leistungsträger mit Ansprüchen auf Erstattung zu Unrecht erbrachter Sozialleistungen gegen Ansprüche auf laufende Geldleistungen aufrechnet, da hierfür in § 51 Abs. 2 SGB I eine spezielle Grenze geregelt ist (dazu BSG Urteil vom 27.03.1996 – 14 REg 10/95 = BSGE 78, 132 = SozR 3–1200 § 51 Nr. 5 zum Erziehungsgeld).

29 Wurde der Elterngeldanspruch durch die Behörde **ganz oder teilweise abgelehnt**, ist die (fehlende) aufschiebende Wirkung von Widerspruch und Anfechtungsklage ohne Bedeutung. Diese wird erst relevant, wenn durch den angefochtenen Verwaltungsakt eine dem Betroffenen bereits eingeräumte Rechtsposition ganz oder teilweise entzogen wird, woran die aufschiebende Wirkung anknüpfen kann (Brose/Weth/Volk/Schmitt, 9. Aufl. 2020, BEEG § 13 Rn. 16). Bei besonderer Eilbedürftigkeit kann der abgelehnte Anspruch auf Elterngeld im Wege der **einstweiligen Anordnung** nach § 86b Abs. 2 Satz 1 SGG geltend gemacht werden.

§ 14 BEEG Bußgeldvorschriften

(1) Ordnungswidrig handelt, wer vorsätzlich oder fahrlässig
1. **entgegen § 8 Absatz 1 einen Nachweis nicht, nicht richtig, nicht vollständig oder nicht rechtzeitig erbringt,**
2. **entgegen § 9 Absatz 1 eine dort genannte Angabe nicht, nicht richtig, nicht vollständig oder nicht rechtzeitig bescheinigt,**
3. **entgegen § 60 Absatz 1 Satz 1 Nummer 1 des Ersten Buches Sozialgesetzbuch, auch in Verbindung mit § 8 Absatz 1a Satz 1, eine Angabe nicht, nicht richtig, nicht vollständig oder nicht rechtzeitig macht,**
4. **entgegen § 60 Absatz 1 Satz 1 Nummer 2 des Ersten Buches Sozialgesetzbuch, auch in Verbindung mit § 8 Absatz 1a Satz 1, eine Mitteilung nicht, nicht richtig, nicht vollständig oder nicht rechtzeitig macht oder**
5. **entgegen § 60 Absatz 1 Satz 1 Nummer 3 des Ersten Buches Sozialgesetzbuch, auch in Verbindung mit § 8 Absatz 1a Satz 1, eine Beweisurkunde nicht, nicht richtig, nicht vollständig oder nicht rechtzeitig vorlegt.**

(2) Die Ordnungswidrigkeit kann mit einer Geldbuße von bis zu zweitausend Euro geahndet werden.

(3) Verwaltungsbehörden im Sinne des § 36 Absatz 1 Nummer 1 des Gesetzes über Ordnungswidrigkeiten sind die in § 12 Absatz 1 genannten Behörden.

Übersicht Rdn.

Erläuterung

1. Allgemeines

a) Entwicklung der Norm

Die mit Wirkung zum 01.01.2007 in Kraft getretene Ursprungsfassung des § 14 ist durch das Gesetz zur Einführung des Elterngeld Plus mit Partnerschaftsbonus und einer flexibleren Elternzeit im Bundeselterngeld- und Elternzeitgesetz vom 18.12.2014 (BGBl. I, 2325) mit Wirkung vom 01.01.2015 redaktionell ergänzt und an die in § 8 BEEG vorgenommenen Neuregelungen angepasst worden. Insbesondere wurde damit ein Ordnungswidrigkeitentatbestand auch für Personen eingeführt, die selbst kein Elterngeld beziehen, aber nach § 60 Abs. 1 Satz 1 Nr. 1–3 SGB I i.V.m. § 8 Abs. 1a Satz 1 BEEG auskunftspflichtig sind. 1

Mit der Neufassung des Bundeselterngeld- und Elternzeitgesetzes vom 27.01.2015 (BGBl. I, 33), dem Gesetz zur Digitalisierung von Verwaltungsverfahren bei der Gewährung von Familienleistungen vom 03.12.2020 (BGBl. I, 2668) mit Wirkung vom 10.12.2020 und dem Zweiten Gesetz zur Änderung des Bundeselterngeld- und Elternzeitgesetzes vom 15.02.2021 (BGBl. I, 239) mit Wirkung vom 01.09.2021 wurde die Vorschrift lediglich redaktionell angepasst.

b) Regelungsgehalt

§ 14 Abs. 1 regelt die **tatbestandliche Seite**, Abs. 2 die Rechtsfolge der in dieser Norm spezialgesetzlich geregelten Ordnungswidrigkeiten. Die für ihre Ahndung zuständige **Behörde** wird durch **Abs. 3** bestimmt. 2

c) Vorläufervorschrift

§ 14 BEEG übernimmt weitgehend inhaltsgleich die Regelungen des § 14 BErzGG. Im Unterschied zum BEEG enthielt **§ 14 BErzGG** allerdings keine Obergrenze für das bei Vorliegen der Ordnungswidrigkeit zu verhängende Bußgeld. Es galt daher im Anwendungsbereich des BErzGG die im Gesetz über Ordnungswidrigkeiten (OWiG) festgelegte Höchstgrenze von grundsätzlich 1 000 Euro (§ 17 Abs. 1, Abs. 4 OWiG). 3

d) Systematische Zusammenhänge

§ 14 enthält eine durch Bundesgesetz **spezialgesetzlich geregelte Ordnungswidrigkeit**. Der Regelungsgehalt des § 14 wird durch die Vorschriften des OWiG ergänzt. 4

Dessen Regelungen gelten, soweit § 14 keine abweichende Bestimmung enthält (§ 2 OWiG). Insbesondere gelten die in §§ 35 ff. OWiG geregelten Vorgaben für das Bußgeldverfahren.

Die tatbestandliche Seite des § 14 knüpft an die in § 60 SGB I geregelten allgemeinen und die in §§ 8 und 9 BEEG geregelten besonderen Mitwirkungspflichten bzw. -obliegenheiten an. Sie ergänzt die leistungsrechtlichen Folgen einer Mitwirkungspflichtverletzung in Form der Leistungsversagung oder -entziehung bis zur Nachholung der Mitwirkung nach § 66 SGB I oder in Form der Ablehnung von Leistungsanträgen mangels Nachweises der Leistungsvoraussetzungen um eine monetäre Sanktion.

e) Normzweck

5 § 14 dient damit mittelbar der **Erfüllung der** allgemeinen und besonderen **Mitwirkungspflichten bzw. -obliegenheiten** des § 60 Abs. 1 Satz 1 SGB I und des § 8 und § 9 BEEG, weil über das drohende Bußgeld Druck auf die Betroffenen zur Erbringung der geforderten Mitwirkung ausgeübt werden kann. Die Verfolgung von Verstößen als Ordnungswidrigkeit folgt jedoch den eigenen Grundsätzen des Ordnungswidrigkeitenrechts. Ob der Antrag auf Elterngeld abzulehnen oder ihm stattzugeben ist, ist unabhängig von der Verfolgung und Ahndung als Ordnungswidrigkeit allein danach zu beurteilen, ob die tatbestandlichen Voraussetzungen der §§ 1 ff. BEEG erfüllt werden. Umgekehrt kann bei der Ahndung als Ordnungswidrigkeit berücksichtigt werden, ob die begehrte Mitwirkung noch nachgeholt worden ist und welcher Schaden durch die Verweigerung der Mitwirkung eingetreten oder nicht eingetreten ist (Schmitt in: Brose/Weth/Volk, BEEG, 9. Aufl. 2020, § 14 Rn. 2; KK-OWiG/Mitsch, 5. Aufl. 2018, OWiG § 17 Rn. 46, 62).

2. Auslegung und Anwendung der Norm

6 Die Ahndung als Ordnungswidrigkeit setzt voraus, dass eine der in § 14 Abs. 1 Nr. 1 bis 5 genannten **Tatbestand**sumschreibungen durch eine **rechtswidrige und vorwerfbare** Handlung **vorsätzlich oder fahrlässig** verletzt wird. Rechtsfolge ist dann die Ahndung des Verhaltens durch eine **Geldbuße** (§ 14 BEEG i.V.m. § 1 OWiG). Möglich ist bei geringfügigen Ordnungswidrigkeiten auch eine **Verwarnung** des Betroffenen (§ 56 OWiG).

7 **§ 14 Abs. 1 Nr. 1 bis 5** regelt die im Zusammenhang mit der Beantragung und dem Bezug von Elterngeld relevanten Bußgeldtatbestände **speziell**. Daneben ist z.B. für die Erfüllung des allgemeinen Ordnungswidrigkeitentatbestands in § 111 OWiG durch Falschangabe des Namens oder Wohnorts gegenüber der Elterngeldstelle kein Raum (s.a. § 111 Abs. 3 OWiG), weil die Falschangabe leistungserheblicher Tatsachen bereits von § 14 Abs. 1 Nr. 3 BEEG i.V.m. § 60 Abs. 1 Satz 1 Nr. 1 SGB I erfasst wird.

a) **Voraussetzungen**

aa) **Objektiver Tatbestand – Missbilligtes Verhalten**

§ 14 Abs. 1 normiert als relevante Handlung im Sinne des § 1 Abs. 1 OWiG insgesamt fünf Bußgeldtatbestände. Gemeinsam ist diesen die Nichterfüllung einer Auskunfts- und Nachweispflicht durch die elterngeldberechtigte Person selbst, die in § 8 Abs. 1a BEEG genannte andere Person oder deren Arbeitgeber (von Koppenfels-Spies in: Knickrehm/Roßbach/Waltermann, Kommentar zum Sozialrecht, 8. Aufl. 2023, BEEG, § 14 Rn. 1). 8

Verstoß des Elterngeldberechtigten gegen die Nachweispflicht aus § 8 Abs. 1 BEEG (§ 14 Abs. 1 Nr. 1);

§ 8 Abs. 1 BEEG normiert eine **besondere nachträgliche Auskunftspflicht des Elterngeldberechtigten**. Erzielt die elterngeldberechtigte Person im Bezugszeitraum (§ 4 BEEG) Einkommen aus Erwerbstätigkeit, liegt der Berechnung des Elterngelds im Regelfall eine Prognose über das voraussichtliche Einkommen zugrunde. Elterngeld wird gem. § 8 Abs. 3 Nr. 3 BEEG dann bis zum Nachweis der jeweils erforderlichen Angaben vorläufig unter Berücksichtigung der glaubhaft gemachten Angaben gezahlt. Um die Richtigkeit dieser Prognose überprüfen zu können, muss die elterngeldberechtigte Person gem. § 8 Abs. 1 BEEG nach Ablauf des Bezugszeitraums für diese Zeit das tatsächliche Einkommen nachweisen (zu den Einzelheiten vgl. die Kommentierung zu § 8). Anders als bei der in § 60 Abs. 1 Satz 1 Nr. 2 SGB I geregelten allgemeinen Auskunftspflicht gilt dies nicht nur für den Fall einer erheblichen Änderung in den leistungsrelevanten Verhältnissen. Gegenüber der allgemeinen Auskunftspflicht zu leistungserheblichen Tatsachen nach § 60 Abs. 1 Satz 1 Nr. 1 SGB I ist § 8 Abs. 1 BEEG lex specialis.

Bis zum 31.08.2021 enthielt § 8 Abs. 1 BEEG auch eine Pflicht zum Nachweis der Arbeitszeit. Die gesonderte Normierung dieser Nachweispflicht in § 8 BEEG wurde zur Verschlankung des Verwaltungsverfahrens unter Berücksichtigung der erforderlichen Angaben bei Antragstellung und der allgemeinen Anzeigepflichten des Elterngeldempfängers nach § 60 Abs. 1 Satz 1 Nr. 2 SGB I für entbehrlich gehalten. Bereits die nachzuweisende Einkommenshöhe erlaube eine Plausibilitätskontrolle der angegebenen Stunden. In Zweifelsfällen kann die Elterngeldstelle einen Nachweis der Arbeitszeit auf Grundlage von § 60 Abs. 1 Satz 1 Nr. 2 SGB I verlangen (BT-Drucks 19/24438, S. 33). Zeigt der Elterngeldempfänger eine relevante Änderung seiner Arbeitszeit nicht an, wird dies als Ordnungswidrigkeit also nur noch von § 14 Abs. 1 Nr. 4 erfasst.

Ein ordnungsgeldrelevanter Verstoß gegen die in § 8 Abs. 1 BEEG normierte Nachweispflicht liegt nicht nur bei fehlender Erbringung des Nachweises vor, sondern auch dann, wenn der erbrachte Nachweis nicht richtig, also inhaltlich fehlerhaft, oder unvollständig ist oder nicht rechtzeitig erbracht wird. Da § 8 keine Frist enthält, kommt es für die Rechtzeitigkeit entweder auf eine behördlich gesetzte Frist an oder es soll der allgemeine Grundsatz des § 121 Abs. 1 Satz 1 BGB gelten (Schmitt in: Brose/Weth/Volk, BEEG, 9. Aufl. 2020, § 14 Rn. 9). Letzteres überzeugt nicht, weil in § 121 Abs. 1 Satz 1 BGB der Begriff »unverzüglich« (durch die Umschreibung »ohne schuldhaftes

Zögern«) legal definiert wird, womit eine höhere Dringlichkeit zum Ausdruck gebracht wird als durch den Begriff der Rechtzeitigkeit (anders aber bei § 14 Abs. 1 Nr. 4 s. Rdn. 14). Nachdem § 8 Abs. 1 BEEG als Beginn zwar »nach Ablauf des Bezugszeitraums«, aber keinen spätestmöglichen Zeitpunkt bestimmt, zu dem der Nachweis des Einkommens zulässig ist, wird die Ordnungswidrigkeit nur auf das Versäumen einer behördlich gesetzten Frist gestützt werden können.

9 Adressat der Nachweispflicht und betroffen von dem Bußgeldtatbestands ist die elterngeldberechtigte Person, die einen Antrag gestellt hat.

10 **Verstoß des Arbeitgebers gegen die Mitwirkungspflicht aus § 9 BEEG (§ 14 Abs. 1 Nr. 2);**

Dieser Verstoß liegt vor, wenn der (ehemalige) Arbeitgeber die nach § 9 leistungsrelevanten **Angaben zu Einkommen, Abzugsmerkmalen für Steuern und Sozialabgaben und Arbeitszeit** seines Arbeitnehmers auf Verlangen nicht, nicht richtig, nicht vollständig oder nicht rechtzeitig bescheinigt (zu den Einzelheiten vgl. die Kommentierung zu § 9).

11 Ordnungswidrig handeln i.S.d. § 14 Abs. 1 Nr. 2 kann nicht nur der **Arbeitgeber** als Einzelperson, sondern gemäß § 9 OWiG auch eine mit der Ausstellung von Bescheinigungen beauftragte Person (§ 9 Abs. 2 OWiG) oder ein **gesetzlicher Vertreter, bei juristischen Personen das vertretungsberechtigte Organ oder Mitglied dieses Organs und bei Personengesellschaften der vertretungsberechtigte Gesellschafter** (§ 9 Abs. 1 OWiG; Schmitt in: Brose/Weth/Volk, BEEG, 9. Aufl. 2020, § 14 Rn. 8). Denn nach § 9 Abs. 1, 2 OWiG genügt es, dass persönliche Merkmale wie die Arbeitgebereigenschaft (BeckOK OWiG/Valerius, 45. Ed. 01.01.2025, OWiG § 9 Rn. 8) beim Vertretenen bzw. Inhaber des Betriebs vorliegen. Bei juristischen Personen und Personenvereinigungen kann auch gegen diese selbst eine Geldbuße verhängt werden (§ 30 OWiG). Gegen den Inhaber eines Betriebs kann eine Geldbuße verhängt werden, wenn er seine Aufsichtspflicht gegenüber Personen verletzt, die mit der Erfüllung der ordnungswidrigkeitsrelevanten Pflicht betraut sind (§ 130 Abs. 1 OWiG). Hinsichtlich der Rechtzeitigkeit der Auskunftserteilung gelten die Ausführungen zu Absatz 1 Nr. 1 entsprechend (s. Rdn 8; anders aber bei § 14 Abs. 1 Nr. 4 s. Rdn. 14). Vor einem Auskunftsverlangen seitens der Elterngeldstelle muss der Arbeitgeber regelmäßig nicht tätig werden.

12 **Verstoß des Elterngeldberechtigten oder eines auskunftspflichtigen Dritten gegen die Mitwirkungspflicht aus § 60 Abs. 1 Satz 1 Nr. 1 SGB I – Angabe von leistungsrelevanten Tatsachen (§ 14 Abs. 1 Nr. 3);**

Wer Leistungen nach dem BEEG beantragt oder erhält, ist nach **§ 60 Abs. 1 Satz 1 Nr. 1 SGB I** verpflichtet, alle Tatsachen anzugeben, die für die Leistung erheblich sind. Auf entsprechendes Verlangen des Leistungsträgers besteht die Obliegenheit, der Erteilung der erforderlichen Auskünfte durch Dritte zuzustimmen. Für die Leistung erheblich sind z.B. die in § 1 Abs. 1 Satz 1 BEEG genannten Anspruchsvoraussetzungen des inländischen Wohnsitzes oder gewöhnlichen Aufenthalts, des gemeinsamen Haushalts mit dem Kind und dessen eigene Betreuung und Erziehung sowie der Umfang der ausgeübten Erwerbstätigkeit, und außerdem nach § 1 Abs. 8 und § 2 BEEG das Einkommen vor und nach der Geburt des Kindes. § 8 Abs. 1 BEEG (s. dazu § 14 Abs. 1 Nr. 1 BEEG) ergänzt diese allgemein für Sozialleistungen geltende **Mitwirkungsobliegenheit** im Speziellen darum, Angaben zu dem tatsächlich aus Erwerbstätigkeit erzielten Einkommen nach Ablauf des Bezugszeitraumes zu machen (zu Angaben bzgl. der Arbeitszeit s. bereits Rdn. 8). Diese Ergänzung ist notwendig, da sich die Mitwirkungspflicht des § 60 Abs. 1 Satz 1 Nr. 1 SGB I auf Angaben für die Zeit vor bzw. während des Bezuges einer Sozialleistung beschränkt. Sie wäre insoweit unter Verweis auch auf § 60 Abs. 1 Satz 2 SGB I nicht notwendig gewesen, da die Mitteilungspflicht nach § 60 Abs. 1 SGB I danach auch für denjenigen besteht, der Leistungen zu erstatten hat. Ihrem Sinn und Zweck entsprechend muss schon die allgemeine Obliegenheit zur Mitwirkung auch bei der Ermittlung bestehen, ob überhaupt eine Erstattungspflicht besteht (Voelzke in: Schlegel/Voelzke, jurisPK-SGB I, 4. Aufl., § 60 SGB I [Stand: 06.11.2024], Rn. 43). Allerdings konkretisiert § 8 Abs. 1 BEEG noch den Zeitpunkt: »nach Ablauf des Bezugszeitraums« und ist im Übrigen lex specialis (s. bereits Rdn. 8). Da im Rahmen von § 14 Abs. 1 Nr. 3 BEEG nur auf § 60 Abs. 1 Satz 1 Nr. 1 SGB I Bezug genommen wird, werden die Fälle der Ermittlung nach Leistungsbezug nur von § 14 Abs. 1 Nr. 1 BEEG erfasst. Hinsichtlich der Rechtzeitigkeit der Auskunftserteilung gelten auch für § 14 Abs. 1 Nr. 3 im Übrigen die Ausführungen zu § 14 Abs. 1 Nr. 1 entsprechend (s. Rdn. 8; anders aber bei § 14 Abs. 1 Nr. 4 s. Rdn. 14).

Ebenfalls bußgeldbewährt ist ein **Verstoß gegen** die in § 8 Abs. 1a m.W.v. 01.01.2015 aufgenommene Mitwirkungspflicht für **Personen, die kein Elterngeld beantragt haben oder beziehen**. Betroffen ist die andere Person i.S.d. § 1 Abs. 8 BEEG, die mit dem Kind in einem Haushalt lebt und deren Einkommen für den Ausschluss vom Elterngeld relevant ist (Überschreitung des Betrags von 175 000 Euro zu versteuernden Einkommens durch die elterngeldberechtigte und die andere Person im letzten abgeschlossenen Veranlagungszeitraum). Außerdem wird mit dieser **Mitwirkungspflicht für Dritte** sichergestellt, dass die Elterngeldstelle die für einen Anspruch auf den Partnerschaftsbonus relevanten Informationen erhält (BT-Drs. 18/2583, S. 33). Dies betrifft insbesondere die Angabe der Arbeitszeit. 13

Verstoß des Elterngeldberechtigten oder eines auskunftspflichtigen Dritten gegen die Mitwirkungspflicht aus § 60 Abs. 1 Satz 1 Nr. 2 SGB I – Mitteilung einer wesentlichen Änderung (§ 14 Abs. 1 Nr. 4); 14

Nach § 60 Abs. 1 Satz 1 Nr. 2 SGB I ist derjenige, der Sozialleistungen beantragt oder erhält, verpflichtet, **Änderungen in den Verhältnissen, die für die Leistung erheblich sind** oder über die im Zusammenhang mit der Leistung Erklärungen abgegeben wurden, unverzüglich **mitzuteilen**. Für den Bezug von Elterngeld bedeutsame Änderungen können die wirtschaftlichen und persönlichen Verhältnisse des Berechtigten betreffen. Wie im Rahmen von § 14 Abs. 1 Nr. 4 bzw. § 60 Abs. 1 Satz 1 Nr. 1 SGB I geht es demnach vor allem um die Angabe der in § 1 Abs. 1 Satz 1 BEEG genannten Voraussetzungen und des Einkommens vor und nach der Geburt. Der Leistungsberechtigte muss die Änderung initiativ mitteilen, d.h. unabhängig von einem besonderen Mitteilungsverlangen der zuständigen Behörde (Joussen in: Knickrehm/Roßbach/Waltermann, Kommentar zum Sozialrecht, 8. Aufl. 2023, SGB I, § 60, Rn. 6). Ein Mitteilungsverlangen ist der Behörde im Regelfall auch nicht möglich, weil es sich bei den leistungserheblichen Änderungen um Umstände aus dem persönlichen Lebensbereich des Berechtigten handelt, die der Kenntnis der Behörde entzogen sind. Die Mitteilungspflicht besteht allerdings selbst dann, wenn die zuständige Behörde von den Änderungen auf andere Weise Kenntnis erlangt hat (BSG Urteil vom 29.11.1989 – 7 RAr 138/88 = BSGE 66, 103 – juris Rn. 33). § 60 Abs. 1 Satz 1 Nr. 2 SGB I verlangt eine unverzügliche Mitteilung der veränderten Verhältnisse. Wenn § 14 Abs. 1 Nr. 4 eine Ordnungswidrigkeit annimmt, wenn die Obliegenheit aus § 60 Abs. 1 Satz 1 Nr. 2 SGB I »nicht rechtzeitig« erfüllt wird, wird damit anders als in § 14 Abs. 1 Nr. 1, 2 und 3 (s. hierzu Rdn. 8, Rdn. 11 und Rdn. 12) auf die in § 60 Abs. 1 Satz 1 Nr. 2 SGB I genannte Unverzüglichkeit zurückgegriffen. Damit kann auf die zivilrechtliche Definition der Unverzüglichkeit aus § 121 Abs. 1 Satz 1 BGB zurückgegriffen werden, weil diese (»ohne schuldhaftes Zögern«) auch dem allgemeinen Wortverständnis entspricht. Ein schuldhaftes Zögern setzt voraus, das der Leistungsberechtigte die Änderung in seinen Verhältnissen, die Leistungserheblichkeit der Änderung und die daraus entstehende Verpflichtung erkannt hat oder hätte erkennen können und trotzdem die Anzeige unterlassen hat, obwohl sie ihm möglich gewesen wäre (vgl. BSG Urteil vom 01.08.1978 – 7 RAr 37/77 = BSGE 47, 28 – juris Rn. 28).

15 Bußgeldbewährt ist auch die fehlende Mitteilung einer Änderung der leistungsrelevanten Verhältnisse durch einen nach § 8 Abs. 1a BEEG i.V.m. § 60 Abs. 1 Satz 1 Nr. 2 SGB I **auskunftspflichtigen Dritten** (vgl. dazu Rdn. 13 und die Kommentierung zu § 8 BEEG).

16 **Verstoß des Elterngeldberechtigten oder eines auskunftspflichtigen Dritten gegen die Mitwirkungspflicht aus § 60 Abs. 1 Satz 1 Nr. 3 SGB I – Vorlage von Beweismitteln (§ 14 Abs. 1 Nr. 5);**

Nach § 60 Abs. 1 Satz 1 Nr. 3 SGB I ist der Antragsteller oder Bezieher von Sozialleistungen verpflichtet, **Beweismittel** richtig, vollständig und rechtzeitig **zu bezeichnen**. Er hat auf Verlangen des Leistungsträgers **Beweisurkunden vorzulegen** oder ihrer Vorlage zuzustimmen. Diese Pflicht gilt nicht nur für bereits vorhandene und in seinem Besitz befindliche Urkunden, sondern auch für solche, die sich der Antragsteller bzw. Leistungsempfänger noch beschaffen muss (BSG vom 26.05.1983 – 10 RKg 13/82 = SozR 1200 § 66 Nr. 10 – juris Rn. 9).

Die **Bezeichnung von Beweismitteln** setzt keine behördliche Aufforderung voraus. Dies ergibt sich aus dem Wortlaut von § 60 Abs. 1 Satz 1 Nr. 3, 1. Halbsatz SGB I. Im Gegensatz dazu ergibt sich aus dem 2. Halbsatz, dass die Pflicht zur **Vorlage von Beweismitteln** eine **Aufforderung der Behörde** erfordert.

Als **Ordnungswidrigkeit** definiert § 14 Abs. 1 Nr. 5 **nur die Nichtvorlage, nicht die fehlende Bezeichnung** eines Beweismittels. Da die Aufforderung durch die Behörde zur Vorlage erforderlich ist, ist es auch nicht möglich, die fehlende Bezeichnung eines Beweismittels als im Ordnungswidrigkeittatbestand der fehlenden Vorlage erfasst anzusehen und dadurch isoliert zu erfassen. Wenn das Beweismittel nicht bezeichnet wurde, wird die Behörde ihre Vorlage nicht verlangen können. Wenn die Behörde die in Rede stehende Urkunde kennt, wird sie ihre Vorlage verlangen, sodass § 14 Abs. 1 Nr. 5 erfüllt ist. Es gilt ein untechnischer Beweismittelbegriff (vgl. BSG vom 19.02.2009 – B 4 AS 10/08 R – juris Rn. 15). Die Pflicht kann sich insbesondere auf Urkunden, wie Geburtsurkunden, ärztliche Bescheinigungen, Kontoauszüge oder Vereinbarungen mit dem Arbeitgeber beziehen (vgl. Schmitt in: Brose/Weth/Volk, BEEG, 9. Aufl. 2020, § 14 Rn. 13).

Entsprechendes gilt für nach § 8 Abs. 1a BEEG i.V.m. § 60 Abs. 1 Satz 1 Nr. 3 SGB I **mitwirkungspflichtige Dritte** (vgl. dazu Rdn. 13 und die Kommentierung zu § 8 BEEG).

bb) Subjektiver Tatbestand – Vorsatz und Fahrlässigkeit

Die Bußgeldtatbestände des § 14 Abs. 1 Nr. 1 bis 5 können nach der ausdrücklichen 17
Anordnung im Wortlaut durch ein **vorsätzliches oder fahrlässiges Handeln** erfüllt werden (vgl § 10 OWiG). Vorsatz und Fahrlässigkeit betreffen die subjektive Tatbestandsmäßigkeit, d.h. das Wissen und Wollen um die Verwirklichung des objektiven Tatbestands (KK-OWiG/Rengier, 5. Aufl. 2018, OWiG § 10 Rn. 3).

Vorsatz ist gegeben, wenn die objektiven Tatbestandsmerkmale der Ordnungswidrigkeit bewusst und gewollt verwirklicht werden (dazu: BeckOK OWiG/Valerius, 45. Edition, 01.01.2025, OWiG § 10 Rn. 4 ff. m.w.N.; KK-OWiG/Rengier, 5. Aufl. 2018, OWiG § 10 Rn. 3 ff. m.w.N.). **Fahrlässig** handelt, wer die Sorgfalt außer Acht lässt, zu der er nach den Umständen und nach seinen persönlichen Kenntnissen und Fähigkeiten verpflichtet und imstande ist und deshalb die Möglichkeit der Tatbestandsverwirklichung nicht erkennt, aber erkennen kann (**unbewusste Fahrlässigkeit**) oder die Tatbestandsverwirklichung zwar für möglich hält, aber darauf vertraut, dass sie nicht eintreten werde (**bewusste Fahrlässigkeit**) (dazu: KK-OWiG/Rengier, 5. Aufl. 2018, OWiG § 10 Rn. 15; BeckOK OWiG/Valerius, 45. Edition, 01.01.2025, OWiG § 10, Rn. 24 ff.) Die Unterscheidung zwischen Vorsatz und Fahrlässigkeit wirkt sich auf die Höhe der Geldbuße aus, da fahrlässiges Handeln – wenn nichts anderes bestimmt ist – im Höchstmaß nur mit der Hälfte des angedrohten Höchstbetrages der Geldbuße geahndet werden kann (§ 17 Abs. 2 OWiG). Auch die Abgrenzung zwischen unbewusster und bewusster Fahrlässigkeit kann sich auf die Bußgeldbemessung auswirken (KK-OWiG/Rengier, 5. Aufl. 2018, OWiG § 10 Rn. 15).

Im Unterschied zu der leistungsrechtlichen Folge einer Mitwirkungspflichtverletzung, die eine Aufhebung der Bewilligung von Elterngeld mit Wirkung für die Vergangenheit nach § 48 Abs. 1 Satz 2 Nr. 2 SGB X nur zulässt, wenn der Berechtigte **vorsätzlich oder grob fahrlässig** leistungsrechtlich relevante Änderungen nicht mitteilt, reicht für deren Ahndung als Ordnungswidrigkeit nach § 14 Abs. 1 Nr. 4 bereits einfache Fahrlässigkeit aus.

cc) **Rechtswidrigkeit und Vorwerfbarkeit**

18 Die **Rechtswidrigkeit** beschreibt das Fehlen von Rechtfertigungsgründen, denn die Tatbestandsmäßigkeit indiziert im Regelfall die Rechtswidrigkeit. Im OWiG normierte Rechtfertigungsgründe sind Notwehr und rechtfertigender Notstand (§§ 15, 16 OWiG). Darüber hinaus kommen weitere Gründe, z.B. eine rechtfertigende Pflichtenkollision in Betracht (hierzu KK-OWiG/Rengier, Vorbemerkungen zu den §§ 15, 16 Rn. 1). Die **Vorwerfbarkeit** beschreibt in der ordnungswidrigkeitenrechtlichen Terminologie, was im Strafrecht unter »Schuld« verstanden wird, also die Verantwortlichkeit des Handelnden für das von ihm begangene Unrecht. Fälle fehlender Verantwortlichkeit regelt § 12 Abs. 1 Satz 1 OWiG (Personen unter 14 Jahre alt) und § 12 Abs. 2 OWiG (fehlende Einsichtsfähigkeit; s. zu den Begriffen der Rechtswidrigkeit und Vorwerfbarkeit KK-OWiG/Rogall, 5. Aufl. 2018, OWiG § 1 Rn. 7 f.; KK-OWiG/Rengier, 5. Aufl. 2018, OWiG § 12 Rn. 1 ff.).

b) **Rechtsfolge**

19 Der gesetzliche **Bußgeldrahmen** für Ordnungswidrigkeiten nach § 14 beträgt **5 Euro** (allgemeiner Mindestbetrag: § 17 Abs. 1 OWiG) **bis zu 2 000 Euro** (spezialgesetzlicher Höchstbetrag: § 17 Abs. 1 OWiG i.V.m. § 14 Abs. 2; s. aber Rdn. 21). Die im Vergleich zum allgemeinen Ordnungswidrigkeitenrecht (§ 17 Abs. 1 OWiG: Höchstgrenze 1 000 Euro) angehobene Bußgeldhöchstgrenze zeigt die besondere Bedeutung, die der Gesetzgeber den Mitwirkungspflichten im Rahmen des auf den Bezug von Elterngeld gerichteten Verwaltungsverfahrens beimisst. **Bei fahrlässiger Verwirklichung eines Bußgeldtatbestands** i.S.d. § 14 Abs. 1 kann ein Bußgeld von **maximal 1 000 Euro** (§ 17 Abs. 2 OWiG i.V.m. § 14 Abs. 2) festgesetzt werden.

20 Innerhalb des aufgezeigten Bußgeldrahmens bemisst sich die **konkrete Höhe der Geldbuße** nach der Bedeutung der Ordnungswidrigkeit und dem Vorwurf, der den Täter trifft. Jedenfalls bei mehr als geringfügigen Ordnungswidrigkeiten kommen auch die wirtschaftlichen Verhältnissen des Täters in Betracht (**Zumessungskriterien** nach § 17 Abs. 3 OWiG).

21 Dabei ist zu beachten, dass die Geldbuße den aus der Ordnungswidrigkeit gezogenen wirtschaftlichen Vorteil übersteigen soll und zu diesem Zweck auch das Höchstmaß überschritten werden kann (§ 17 Abs. 4 OWiG). Um in der Verwaltungspraxis eine adäquate, gleichmäßige und damit gerechte Ahndung auf der Grundlage geringen Verfahrensaufwands zu gewährleisten (KK-OWiG/Mitsch, 5. Aufl. 2018, OWiG § 17 Rn. 93) enthalten die Richtlinien zum BEEG, (herausgegeben durch das Bundesministerium für Familie, Senioren, Frauen und Jugend [BMFSFJ], Stand 12/2024), einen Katalog mit Richtsätzen für die Bemessung des Bußgeldes. Sie gehen von der vorsätzlichen erstmaligen Begehung ohne Vorliegen besonderer Umstände als Durchschnittsfall aus, von dem bei Vorliegen von Minderungsgründen oder erschwerenden Umständen im Rahmen des Ermessens abgewichen werden kann (Ziffer 14.6.1. der RL BEEG). Mindergründe können danach sein: Selbstanzeige (–25 %), Einsicht und Mitwirkung bei der Sachverhaltungsaufklärung oder zeitnahe Tilgung (-10 %), ungünstige wirtschaftliche Verhältnisse für Bußgelder über 250 Euro (–10 bis 20 %), Dauer des Ver-

waltungsverfahrens bei der Behörde (–10 bis 20 %), geringfügiger Schaden (– 50 %). Erhöhungsgründe können sein: Wiederholungstat (+ 100 %), Verschleierungshandlungen (+ 50 %), mehr als sechs überzahlte Leistungsmonate oder Überzahlung von mehr als 500 Euro in Summe aller Monate (+ 30 %), Uneinsichtigkeit (+ 10 %; s. zu diesen Werten Ziffer 14.6.2 der Richtlinien zum BEEG).

Der Katalog (unter Ziffer 14.6.1 der Richtlinien zum BEEG) sieht für geringfügige Ordnungswidrigkeiten eine **Verwarnung** mit oder ohne Verwarnungsgeld vor und knüpft damit an das in §§ 56 ff. OWiG geregelte Verwarnungsverfahren an. Das Verwarnungsgeld beträgt zwischen 5 und 55 Euro (§ 56 Abs. 1 Satz 1 OWiG). Die Ahndung durch eine Verwarnung setzt allerdings voraus, dass der Betroffene nach entsprechender Belehrung über sein Weigerungsrecht mit der Verwarnung einverstanden und bereit ist, das Verwarnungsgeld entweder sofort oder binnen einer von der Verwaltungsbehörde bestimmten Wochenfrist einzuzahlen (§ 56 Abs. 2 OWiG).

c) Verfolgung der Ordnungswidrigkeit – Bußgeldverfahren

Zuständig für die Verfolgung von Ordnungswidrigkeiten nach § 14 Abs. 1 sind die 22
Elterngeldstellen (§ 36 Abs. 1 Nr. 1 OWiG i.V.m. §§ 14 Abs. 3, 12 Abs. 1 BEEG). Die Einleitung und Einstellung eines Ordnungswidrigkeitenverfahrens ist in deren pflichtgemäßes Ermessen gestellt (§ 47 Abs. 1 OWiG – **Opportunitätsprinzip**). Von einer Ahndung als Ordnungswidrigkeit kann nach den Richtlinien zum BEEG des BMFSFJ (s. Rdn. 21) u.a. abgesehen werden, wenn die relevanten Auskünfte einer unzuständigen Behörde rechtzeitig mitgeteilt wurden, wenn eine schwerwiegende psychische Ausnahmesituation der berechtigten Person vorliegt, wenn nur eine geringfügige Ordnungswidrigkeit vorliegt und die notwendigen Auskünfte anderweitig eingeholt werden konnten (dazu: Ziffer 14.2. der Richtlinien zum BEEG). Es wird davon ausgegangen, dass solche internen Richtlinien und Weisungen zum Zweck der gleichmäßigen Behandlung aller Bürger heranzuziehen sind (OLG Karlsruhe Beschluss vom 29.10.2004 – 1 Ss 121/04 – juris Rn. 5).

Das Bußgeldverfahren endet mit der Einstellung des Verfahrens (§ 47 Abs. 1 Satz 2 23
OWiG) oder dem Erlass einer rechtskräftigen Ahndungsentscheidung in Form eines Bußgeldbescheides durch die Elterngeldstelle (§§ 65, 66 OWiG), wenn nicht lediglich eine Verwarnung ausgesprochen wird (§§ 56 ff. OWiG). Legt der Betroffene gegen den Bußgeldbescheid **Einspruch** ein (§ 67 OWiG) und verhindert damit dessen Rechtskraft, beginnt das sogenannte **Zwischenverfahren** (§ 69 OWiG), in dem die Elterngeldstelle die Möglichkeit hat, die getroffene Entscheidung nochmals zu überprüfen. Das Zwischenverfahren endet entweder mit einer Verwerfung des Einspruchs als unzulässig (§ 69 Abs. 1 OWiG), der Zurücknahme des Bußgeldbescheides durch die Elterngeldstelle (§ 69 Abs. 2 OWiG) oder der Aufrechterhaltung des Bußgeldbescheides verbunden mit der Abgabe des Verfahrens an die zuständige Staatsanwaltschaft (§ 69 Abs. 3 OWiG). Diese ist wiederum befugt, das Verfahren einzustellen, weitere Ermittlungen durchzuführen oder aber das Verfahren dem Amtsgericht vorzulegen, in dessen Bezirk die Elterngeldstelle ihren Sitz hat (§§ 68, 69 Abs. 4

OWiG). Mit der Vorlage beim Amtsgericht beginnt das **gerichtliche Verfahren**, welches durch die

- Zurückverweisung der Sache an die Behörde wegen ungenügender Sachverhaltsaufklärung, § 69 Abs. 5 Satz 1 OWiG;
- Einstellung des Verfahrens mit Zustimmung der Staatsanwaltschaft, § 47 Abs. 2 OWiG;
- Verwerfung des Einspruchs als unzulässig durch Beschluss, § 70 OWiG;
- Entscheidung des Gerichts durch Beschluss bei nicht erforderlicher Hauptverhandlung, wenn Staatsanwaltschaft und Betroffener nicht widersprechen, § 72 OWiG;
- Entscheidung des Gerichts nach Durchführung einer Hauptverhandlung, §§ 73 ff. OWiG

beendet werden kann.

Rechtskräftige Bußgeldentscheidungen sind – wie der Bußgeldbescheid auch – **vollstreckbar** (§§ 89 f. OWiG).

24 Die **Verfolgungsverjährung** beträgt bei vorsätzlich begangenen Ordnungswidrigkeiten ein Jahr, bei fahrlässigen Ordnungswidrigkeiten sechs Monate beginnend mit dem Ende der Mitwirkungspflichtverletzung (§ 31 Abs. 2 Nr. 3, 4, Abs. 3 OWiG) soweit nicht ein Unterbrechungs- oder Ruhenstatbestand vorliegt (§§ 32, 33 OWiG). Die **Vollstreckungsverjährung** beträgt 3 Jahre bei einer Geldbuße bis zu 1 000 Euro und 5 Jahre bei einer Geldbuße von mehr als 1 000 Euro, beginnend mit der Rechtskraft der Entscheidung (§ 34 Abs. 2, 3 OWiG), soweit nicht ein Ruhenstatbestand gegeben ist (§ 34 Abs. 4 OWiG).

Abschnitt 4 Elternzeit für Arbeitnehmerinnen und Arbeitnehmer

§ 15 BEEG Anspruch auf Elternzeit

(1) [1]Arbeitnehmerinnen und Arbeitnehmer haben Anspruch auf Elternzeit, wenn sie

1. a) mit ihrem Kind,
b) mit einem Kind, für das sie die Anspruchsvoraussetzungen nach § 1 Absatz 3 oder 4 erfüllen, oder
c) mit einem Kind, das sie in Vollzeitpflege nach § 33 des Achten Buches Sozialgesetzbuch aufgenommen haben,
in einem Haushalt leben und

2. dieses Kind selbst betreuen und erziehen.

[2]Nicht sorgeberechtigte Elternteile und Personen, die nach Satz 1 Nummer 1 Buchstabe b und c Elternzeit nehmen können, bedürfen der Zustimmung des sorgeberechtigten Elternteils.

(1a) [1]Anspruch auf Elternzeit haben Arbeitnehmerinnen und Arbeitnehmer auch, wenn sie mit ihrem Enkelkind in einem Haushalt leben und dieses Kind selbst betreuen und erziehen und

1. ein Elternteil des Kindes minderjährig ist oder
2. ein Elternteil des Kindes sich in einer Ausbildung befindet, die vor Vollendung des 18. Lebensjahres begonnen wurde und die Arbeitskraft des Elternteils im Allgemeinen voll in Anspruch nimmt.

[2]Der Anspruch besteht nur für Zeiten, in denen keiner der Elternteile des Kindes selbst Elternzeit beansprucht.

(2) [1]Der Anspruch auf Elternzeit besteht bis zur Vollendung des dritten Lebensjahres eines Kindes. [2]Ein Anteil von bis zu 24 Monaten kann zwischen dem dritten Geburtstag und dem vollendeten achten Lebensjahr des Kindes in Anspruch genommen werden. [3]Die Zeit der Mutterschutzfrist nach § 3 Absatz 2 und 3 des Mutterschutzgesetzes wird für die Elternzeit der Mutter auf die Begrenzung nach den Sätzen 1 und 2 angerechnet. [4]Bei mehreren Kindern besteht der Anspruch auf Elternzeit für jedes Kind, auch wenn sich die Zeiträume im Sinne der Sätze 1 und 2 überschneiden. [5]Bei einem angenommenen Kind und bei einem Kind in Vollzeit- oder Adoptionspflege kann Elternzeit von insgesamt bis zu drei Jahren ab der Aufnahme bei der berechtigten Person, längstens bis zur Vollendung des achten Lebensjahres des Kindes genommen werden; die Sätze 2 und 4 sind entsprechend anwendbar, soweit sie die zeitliche Aufteilung regeln. [6]Der Anspruch kann nicht durch Vertrag ausgeschlossen oder beschränkt werden.

(3) [1]Die Elternzeit kann, auch anteilig, von jedem Elternteil allein oder von beiden Elternteilen gemeinsam genommen werden. [2]Satz 1 gilt in den Fällen des Absatzes 1 Satz 1 Nummer 1 Buchstabe b und c entsprechend.

(4) [1]Die Arbeitnehmerin oder der Arbeitnehmer darf während der Elternzeit nicht mehr als 32 Wochenstunden im Durchschnitt des Monats erwerbstätig sein. [2]Die Beschränkung auf 32 Wochenstunden im Durchschnitt des Monats gilt nicht für die Tätigkeit einer im Sinne der §§ 23 und 43 des Achten Buches Sozialgesetzbuch geeigneten Kindertagespflegeperson. [3]Die Ausübung einer Teilzeitarbeit bei einem anderen Arbeitgeber oder einer selbständigen Erwerbstätigkeit nach Satz 1 bedürfen der Zustimmung des Arbeitgebers. [4]Dieser kann seine Zustimmung nur innerhalb von vier Wochen nach der Beantragung aus dringenden betrieblichen Gründen in Textform verweigern.

(5) [1]Der Arbeitnehmer oder die Arbeitnehmerin kann eine Verringerung der Arbeitszeit und ihre Verteilung beantragen. [2]Der Antrag kann mit der Mitteilung nach Absatz 7 Satz 1 Nummer 5 in Textform verbunden werden. [3]Über den Antrag sollen sich der Arbeitgeber und der Arbeitnehmer oder die Arbeitnehmerin innerhalb von vier Wochen einigen. [4]Lehnt der Arbeitgeber den Antrag ab, so hat er dies dem Arbeitnehmer oder der Arbeitnehmerin innerhalb der Frist nach Satz 3 mit einer Begründung mitzuteilen. [5]Unberührt bleibt das Recht, sowohl die vor der Elternzeit bestehende Teilzeitarbeit unverändert während der Elternzeit fortzusetzen, soweit

Absatz 4 beachtet ist, als auch nach der Elternzeit zu der Arbeitszeit zurückzukehren, die vor Beginn der Elternzeit vereinbart war.

(6) Der Arbeitnehmer oder die Arbeitnehmerin kann gegenüber dem Arbeitgeber, soweit eine Einigung nach Absatz 5 nicht möglich ist, unter den Voraussetzungen des Absatzes 7 während der Gesamtdauer der Elternzeit zweimal eine Verringerung seiner oder ihrer Arbeitszeit beanspruchen.

(7) [1]Für den Anspruch auf Verringerung der Arbeitszeit gelten folgende Voraussetzungen:
1. Der Arbeitgeber beschäftigt, unabhängig von der Anzahl der Personen in Berufsbildung, in der Regel mehr als 15 Arbeitnehmer und Arbeitnehmerinnen,
2. das Arbeitsverhältnis in demselben Betrieb oder Unternehmen besteht ohne Unterbrechung länger als sechs Monate,
3. die vertraglich vereinbarte regelmäßige Arbeitszeit soll für mindestens zwei Monate auf einen Umfang von nicht weniger als 15 und nicht mehr als 32 Wochenstunden im Durchschnitt des Monats verringert werden,
4. dem Anspruch stehen keine dringenden betrieblichen Gründe entgegen und
5. der Anspruch auf Teilzeit wurde dem Arbeitgeber
   a) für den Zeitraum bis zum vollendeten dritten Lebensjahr des Kindes sieben Wochen und
   b) für den Zeitraum zwischen dem dritten Geburtstag und dem vollendeten achten Lebensjahr des Kindes 13 Wochen

vor Beginn der Teilzeittätigkeit in Textform mitgeteilt.

[2]Der Antrag muss den Beginn und den Umfang der verringerten Arbeitszeit enthalten. [3]Die gewünschte Verteilung der verringerten Arbeitszeit soll im Antrag angegeben werden. [4]Falls der Arbeitgeber die beanspruchte Verringerung oder Verteilung der Arbeitszeit ablehnt, muss die Ablehnung innerhalb der in Satz 5 genannten Frist und mit Begründung in Textform erfolgen. [5]Hat ein Arbeitgeber die Verringerung der Arbeitszeit
1. in einer Elternzeit zwischen der Geburt und dem vollendeten dritten Lebensjahr des Kindes nicht spätestens vier Wochen nach Zugang des Antrags oder
2. in einer Elternzeit zwischen dem dritten Geburtstag und dem vollendeten achten Lebensjahr des Kindes nicht spätestens acht Wochen nach Zugang des Antrags

in Textform abgelehnt, gilt die Zustimmung als erteilt und die Verringerung der Arbeitszeit entsprechend den Wünschen der Arbeitnehmerin oder des Arbeitnehmers als festgelegt. [6]Haben Arbeitgeber und Arbeitnehmerin oder Arbeitnehmer über die Verteilung der Arbeitszeit kein Einvernehmen nach Absatz 5 Satz 2 erzielt und hat der Arbeitgeber nicht innerhalb der in Satz 5 genannten Fristen die gewünschte Verteilung in Textform abgelehnt, gilt die Verteilung der Arbeitszeit entsprechend den Wünschen der Arbeitnehmerin oder des Arbeitnehmers als festgelegt. [7]Soweit der Arbeitgeber den Antrag auf Verringerung oder Verteilung der Arbeitszeit rechtzeitig ablehnt, kann die Arbeitnehmerin oder der Arbeitnehmer Klage vor dem Gericht für Arbeitssachen erheben.

Übersicht

A. Allgemeines

I. Normgeschichte

1. Gesetzliche Entwicklung bis 31. Dezember 2014

1 Mit dem Bundeserziehungsgeldgesetz (BErzGG) vom 6. Dezember 1985 (BGBl. I S. 2154) wurde erstmals ein Anspruch auf »Erziehungsurlaub« eingeführt, der die Betroffenen zugleich finanziell durch ein staatliches Erziehungsgeld absicherte. Zuvor hatten Mütter lediglich das Recht, im Anschluss an die gesetzliche Schutzfrist nach der Entbindung unbezahlten Mutterschaftsurlaub bis zur Vollendung des sechsten Lebensmonates des Kindes zu nehmen (§§ 8a-8d MuSchG aF, BGBl. 1979 I S. 797). Ging es beim Mutterschaftsurlaub um den Gesundheitsschutz der Mutter, nahm der Erziehungsurlaub die Betreuung und Erziehung des Kindes in der für die spätere Entwicklung wichtigen ersten Lebensphase in den Fokus. Der Erziehungsurlaub war zunächst abhängig vom Erziehungsgeldbezug und auf das erste Lebensjahr des Kin-

des begrenzt. Er konnte von den berechtigten Elternteilen allerdings nicht gleichzeitig, sondern nur im Wechsel in Anspruch genommen werden. Später wurde der Erziehungsurlaub vom Anspruch auf Erziehungsgeld abgekoppelt und in der Dauer stufenweise auf die ersten drei Lebensjahre des Kindes verlängert. Außerdem wurde es möglich, den Erziehungsurlaub dreimal unter den Berechtigten zu wechseln (vgl. BGBl. 1989 I S. 1297; BGBl. 1990 I S. 2823; BGBl. 1991 I S. 2142).

Grundlegende Änderungen traten zum **1. Januar 2001** in Kraft. Die Neufassung des Gesetzes zum Erziehungsgeld und zur Elternzeit (BGBl. 2000 I S. 1645) ging zurück auf das Dritte Gesetz zur Änderung des Bundeserziehungsgeldgesetzes vom 12. Oktober 2000 (BGBl. I S. 1426) und das Gesetz zur Änderung des Begriffs »Erziehungsurlaub« vom 30. November 2000 (BGBl. I S. 1638). Neben der Einführung des Begriffes »Elternzeit« statt »Erziehungsurlaub« ging es insbesondere darum, die Vereinbarkeit von Familie und Beruf zu verbessern und den Anteil der Väter, die Elternzeit nehmen, zu erhöhen (vgl. BT-Drucks. 14/3118 S. 19 f.). So wurde der während der Elternzeit zulässige Umfang einer Teilzeitbeschäftigung von 20 auf 30 Wochenstunden erhöht und ein Anspruch auf Elternteilzeit geschaffen. Außerdem konnte die Elternzeit nunmehr von beiden Elternteilen gleichzeitig genommen und auf mehrere Zeitabschnitte verteilt werden. Um das Kind auch noch während der Schulanfangszeit begleiten zu können, wurde es zudem ermöglicht, mit Zustimmung des Arbeitgebers einen Zeitabschnitt der Elternzeit von bis zu 12 Monaten auf die Zeit bis zur Vollendung des achten Lebensjahres des Kindes zu übertragen. 2

Anlass für diese Fortentwicklung der Elternzeit waren die mit dem BErzGG gemachten tatsächlichen Erfahrungen. Nach einem Bericht der Bundesregierung nahmen in den Berichtsjahren 1986 bis 1988 etwa 98 % der Berechtigten auch tatsächlich Erziehungsurlaub in Anspruch; der Männeranteil lag aber nur bei 0,6 %. Nur 2,2 % bzw. 2,6 % der Eltern verknüpften den Erziehungsurlaub mit einer Teilzeitbeschäftigung (vgl. BT-Drucks. 11/8517 S. 2). Auch in den Folgejahren wurde der Erziehungsurlaub nur in rund 1,5 % der Fälle von Vätern in Anspruch genommen (vgl. BT-Drucks. 14/3118 S. 2).

Zum **1. Januar 2007** trat das **Bundeselterngeld- und Elternzeitgesetz (BEEG)** vom 5. Dezember 2006 in Kraft (BGBl. I S. 2748). Das Gesetz übernahm die bislang geltenden arbeitsrechtlichen Regelungen der Elternzeit weitgehend unverändert. Gegenstand der gesetzlichen Änderungen war die Ablösung des Erziehungsgeldes durch das Elterngeld. Durch die Erhöhung der staatlichen Leistung auf mindestens $^2/_3$ des bisherigen Nettoeinkommens und höchstens 1.800 € im Monat und die Möglichkeit einer zusätzlichen zweimonatigen Bezugsdauer (§ 4 BEEG) sollten Paare bei ihrer Entscheidung, Kinder zu bekommen, unterstützt und mehr Väter motiviert werden, sich an der Betreuung des Kindes zu beteiligen (BT-Drucks. 16/1889 S. 15). Denn entgegen den Erwartungen, die sich an die Neufassung des BErzGG zum 1. Januar 2001 knüpften, erhöhte sich der Anteil der Väter, die Elternzeit nehmen, nur auf etwa 5 % (vgl. BT-Drucks. 16/1889 S. 14). 3

4 Mit dem Ersten Gesetz zur Änderung des BEEG vom 17. Januar 2009 (BGBl. I S. 61) wurde der Kreis der Anspruchsberechtigten erweitert. Unter bestimmten Voraussetzungen können seitdem auch Großeltern Elternzeit für ihre Enkelkinder beanspruchen.

Weitere Änderungen erfuhr die Elternzeit mit dem Gesetz zur Vereinfachung des Elterngeldvollzugs vom 10. September 2012 (BGBl. I S. 1878). Der bisher auf 30 Wochenstunden begrenzte Umfang einer zulässigen Teilzeitbeschäftigung während der Elternzeit wurde flexibilisiert auf 30 Wochenstunden »im Durchschnitt des Monats« (§ 15 Abs. 4 Satz 1 BEEG). Außerdem wurden die Regelungen zur vorzeitigen Beendigung der Elternzeit in § 16 Abs. 3 BEEG geändert. Nach § 16 Abs. 3 Satz 2 BEEG kann der Arbeitgeber die vorzeitige Beendigung der Elternzeit wegen der Geburt eines weiteren Kindes oder in besonderen Härtefällen nur aus dringenden betrieblichen Gründen ablehnen. Im Fall der Geburt eines weiteren Kindes gibt der neugefasste § 16 Abs. 3 Satz 3 BEEG den Elternzeitberechtigten das Recht, eine bereits in Anspruch genommene Elternzeit vorzeitig zu beenden, um die Mutterschutzfristen vor und nach der Entbindung auch ohne Zustimmung des Arbeitgebers in Anspruch nehmen zu können. Dies ist deshalb sinnvoll, weil die Eltern während der Schutzfristen dann Anspruch auf das Mutterschaftsgeld und den Zuschuss zum Mutterschaftsgeld haben.

2. Gesetzeslage seit dem 1. Januar 2015

5 Mit Bekanntmachung vom 27. Januar 2015 wurde das BEEG neu gefasst (BGBl. I S. 33). Diese Neuregelung geht zurück auf das »Gesetz zur Einführung des Elterngeld Plus mit Partnerschaftsbonus und einer flexibleren Elternzeit im Bundeselterngeld- und Elternzeitgesetz« vom 18. Dezember 2014 (BGBl. I S. 2324). Sie betrifft im Wesentlichen die §§ 15, 16 und 18 BEEG und beinhaltet weitere Flexibilisierungen der Eltern(teil)zeit. So ist es jetzt möglich, einen Anteil der Elternzeit von nicht mehr nur zwölf, sondern von bis zu 24 Monaten auf die Zeit bis zur Vollendung des achten Lebensjahres des Kindes zu übertragen (§ 15 Abs. 2 Satz 2 BEEG). Die von den Arbeitnehmerinnen und Arbeitnehmern dabei einzuhaltende Ankündigungsfrist wurde von sieben auf 13 Wochen verlängert (§ 15 Abs. 7 Satz 1 Nr. 5b, § 16 Abs. 1 Satz 1 Nr. 2 BEEG). Zudem kann die Eltern(teil)zeit nunmehr ohne Zustimmung des Arbeitgebers auf nicht mehr nur zwei, sondern drei Zeitabschnitte aufgeteilt werden (§ 16 Abs. 1 Satz 6 BEEG). Die Attraktivität der Elternteilzeit wurde dadurch erhöht, dass den Arbeitnehmerinnen und Arbeitnehmern die Durchsetzung ihrer Wünsche bei der Verteilung der Arbeitszeit erleichtert wurde. Der Arbeitgeber muss der beantragten Verringerung und Neuverteilung der Arbeitszeit binnen vier bzw. acht Wochen schriftlich widersprechen, anderenfalls gilt die gewünschte Verringerung und Neuverteilung der Arbeitszeit als festgelegt (§ 15 Abs. 7 Satz 5 BEEG).

6 Die **Neufassung des BEEG** trat zum 1. Januar 2015 in Kraft und gilt **für Kinder, die ab dem 1. Juli 2015 geboren** oder mit dem Ziel der Adoption aufgenommen werden. Für die bis zum 30. Juni 2015 geborenen oder mit dem Ziel der Adoption aufgenommenen Kinder gilt weiterhin die alte Rechtslage (vgl. § 27 Abs. 1 BEEG). Da Eltern(teil) zeit anteilig längstens bis zur Vollendung des achten Lebensjahres eines Kindes genom-

men werden kann, gelten alte und neue Fassung des BEEG bis zum 30. Juni 2023 nebeneinander.

Mit dem am 1. September 2021 in Kraft getretenen Zweiten Gesetz zur Änderung des Bundeselterngeld- und Elternzeitgesetzes vom 15. Februar 2021 (BGBl. I S. 239) wurde der Umfang der zulässigen Teilzeitbeschäftigung während der Elternzeit erneut erhöht auf nunmehr 32 Wochenstunden im Monatsdurchschnitt (vgl. § 15 Abs. 4 Satz 1 und 2 BEEG).

II. Normzweck

Das BEEG dient der besseren Vereinbarkeit von Familie und Beruf. Eltern soll es 7
ermöglicht werden, zugunsten einer persönlichen Kinderbetreuung teilweise und/oder zeitweise auf eine Erwerbstätigkeit zu verzichten. Die §§ 15 ff. BEEG schaffen dafür die arbeitsrechtlichen Voraussetzungen, während das Elterngeld die wirtschaftliche Existenz der Familien absichert. Elternzeit und Elterngeld sollen die partnerschaftliche Aufteilung von Berufsarbeit und Kinderbetreuung zwischen den Eltern ermöglichen. Väter sollen motiviert werden, sich vermehrt aktiv an der Kinderbetreuung zu beteiligen; Frauen soll die Rückkehr ins Berufsleben erleichtert werden. Damit leistet das BEEG zugleich einen Beitrag für die gleichberechtigte Teilhabe von Frauen und Männern an Beruf und Familie und die Gleichstellung der Geschlechter (vgl. BT-Drucks. 16/1889 S. 15).

Damit ist der **verfassungsrechtliche Rahmen** gezeichnet, in dem sich die Regelungen 8
der §§ 15 ff. BEEG bewegen: einerseits der Schutz der Familie (Art. 6 GG) und die gleichberechtigte Teilhabe von Mann und Frau am Arbeitsleben (Art. 3 Abs. 2 GG), andererseits die berufliche und wirtschaftliche Betätigungsfreiheit des Arbeitgebers (Art. 12 Abs. 1, Art. 2 Abs. 1 GG). Der Schutzauftrag für die Familie (Art. 6 GG) und die gleichberechtigte Teilhabe von Mann und Frau an Beruf und Familie (Art. 3 Abs. 2 GG) verpflichten den Gesetzgeber, Kinderbetreuung in der von den Eltern gewählten Form zu ermöglichen und zu fördern und Grundlagen dafür zu schaffen, dass Familientätigkeit und Erwerbstätigkeit aufeinander abgestimmt werden können. Dazu gehört auch die Schaffung der rechtlichen und tatsächlichen Voraussetzungen dafür, dass die Wahrnehmung der familiären Erziehungsaufgabe nicht zu beruflichen Nachteilen führt und dass eine Rückkehr in die Berufstätigkeit ebenso wie ein Nebeneinander von Erziehung und Erwerbstätigkeit für beide Elternteile einschließlich eines beruflichen Aufstiegs während und nach Zeiten der Kindererziehung möglich ist (vgl. BVerfGE 88, 203 <260>; 99, 216 <234>).

III. Rechtsnatur der Elternzeit

1. Gestaltungsrecht

Mit dem Elternzeitverlangen üben die Berechtigten ein Gestaltungsrecht aus, das 9
auf die Freistellung von der Arbeit gerichtet ist. Während der Elternzeit **ruhen** die **Hauptleistungspflichten** aus dem Arbeitsverhältnis, also Arbeitspflicht einerseits und Entgeltzahlungspflicht andererseits (BAG, Urteil vom 15. April 2003 – 9 AZR

137/02 –; Urteil vom 15. April 2008 – 9 AZR 380/07 –). Liegen die gesetzlichen Voraussetzungen der Elternzeit vor, tritt die Befreiung von der Arbeitspflicht unmittelbar infolge des Elternzeitverlangens ein. Die Elternzeit kann angetreten werden, ohne dass es einer Einigung mit dem Arbeitgeber oder einer Freistellungserklärung des Arbeitgebers bedarf (vgl. BAG, Urteil vom 19. April 2005 – 9 AZR 233/04 –; Urteil vom 5. Juni 2007 – 9 AZR 82/07 –; Urteil vom 12. Mai 2011 – 2 AZR 384/10 –; Urteil vom 10. Mai 2016 – 9 AZR 145/15 –).

2. Unabdingbarkeit

10 Die Regelungen über die Elternzeit sind nach § 15 Abs. 2 Satz 6 BEEG **zwingendes Gesetzesrecht**. Von ihnen kann weder durch Einzelvertrag noch durch Tarifvertrag oder Betriebsvereinbarung zum Nachteil der Arbeitnehmerinnen und Arbeitnehmer abgewichen werden (vgl. BAG, Urteil vom 15. Dezember 1998 – 3 AZR 251/97 –; Urteil vom 12. April 2016 – 6 AZR 731/13 –). Entgegenstehende Regelungen sind gemäß § 134 BGB nichtig (BAG, Urteil vom 26. November 2003 – 4 AZR 693/02 –).

11 § 15 Abs. 2 Satz 6 BEEG verbietet nicht nur Regelungen, die den Anspruch auf Elternzeit unmittelbar betreffen, sondern auch solche, die sich auf die arbeitsrechtliche Stellung der Arbeitnehmerinnen und Arbeitnehmer vor oder nach der Elternzeit nachteilig auswirken und damit die von Art. 6 GG geschützte Freiheit, Elternzeit in Anspruch zu nehmen, mittelbar beeinträchtigen (vgl. BAG, Urteil vom 12. April 2016 – 6 AZR 731/13 –). Angesprochen sind damit einzelvertragliche, betriebliche oder tarifliche Regelungen, deren Anwendung beispielsweise dazu führt, dass sich eine Elternzeit nachteilig auf die Berechnung und Höhe von Arbeitgeberleistungen auswirkt. Ein Verstoß gegen § 15 Abs. 2 Satz 6 BEEG liegt allerdings dann nicht vor, wenn die Nachteile durch das Ruhen der Hauptleistungspflichten während der Elternzeit bedingt sind. Sind Arbeitgeberleistungen mit der Arbeitsleistung verknüpft, weil sie Entgeltcharakter haben, ist es nach stRspr nicht zu beanstanden, wenn sie für die Dauer der Elternzeit anteilig nicht gewährt werden (vgl. BAG, Urteil vom 26. November 2003 – 4 AZR 693/02 –; Urteil vom 12. April 2016 – 6 AZR 731/13 –).

12 Das Gesetz verbietet nur abweichende Vereinbarungen zum Nachteil der Arbeitnehmerinnen und Arbeitnehmer. **Günstigere Vereinbarungen** sind **zulässig**. Denkbar ist insbesondere die Verlängerung der Elternzeit über den Rahmen des § 15 Abs. 2 BEEG hinaus, die Aufteilung der Elternzeit auf mehr als drei Zeitabschnitte (§ 16 Abs. 1 Satz 6 BEEG) oder die Übertragung eines Anteils der Elternzeit von mehr als 24 Monaten auf die Zeit nach dem dritten Lebensjahr des Kindes (§ 15 Abs. 2 Satz 2 BEEG). Bei solchen Vereinbarungen handelt es sich aber **nicht um Elternzeit** iSd. §§ 15 ff. BEEG, sondern um einen **Sonderurlaub zum Zweck der Kinderbetreuung.**, der den betroffenen Eltern nicht die Rechte und Ansprüche aus den §§ 1 ff. BEEG verschafft(ErfK/Gallner, 22. Aufl. 2022, § 15 BEEG Rn. 9).

IV. Unionsrechtlicher Rahmen

13 Mit den §§ 15 ff. BEEG wird die **Richtlinie 2010/18/EU** (ABl. EU L 68 vom 18. März 2010 S. 13) umgesetzt, welche ihrerseits die **Rahmenvereinbarung der**

europäischen Sozialpartner über den Elternurlaub vom 18. Juni 2009 umsetzt und nach Art. 155 Abs. 2 AEUV gegenüber den Mitgliedsstaaten verbindliche Mindestbedingungen für die nationale Ausgestaltung des Elternurlaubes aufstellt (ElternurlaubsRL)

§ 2 Abs. 1 der Rahmenvereinbarung zu RL 2010/18/EU garantiert **biologischen und rechtlichen Eltern** bei Geburt oder Adoption eines Kindes einen **viermonatigen Elternurlaub, der bis zum achten Lebensjahr des Kindes zu gewähren** ist. Nach dieser Regelung ist der Elternurlaub **zweckgebunden zur Betreuung des Kindes.** Der unionsrechtliche Anspruch auf Elternurlaub setzt mithin voraus, dass die Eltern ihr Kind tatsächlich betreuen. Dementsprechend kann der Anspruch entfallen, wenn die tatsächliche Betreuung des Kindes aus tatsächlichen oder rechtlichen Gründen nicht mehr wahrgenommen werden kann (EUArbR/Risak, 3. Aufl. 2020, § 2 Anh. RL 2010/18/EU Rn. 3 f.). Da die RL 2010/18/EU neben der Vereinbarkeit von Beruf und Familie auch die Chancengleichheit von Männern und Frauen im Arbeitsleben fördern will, ist der Elternurlaub grundsätzlich nicht übertragbar; für die Dauer von einem Monat ist dies bindend festgeschrieben (§ 2 Abs. 2 der Rahmenvereinbarung zu RL 2010/18/EU).

14 Im Übrigen belässt die Richtlinie den Mitgliedsstaaten einen erheblichen **Umsetzungsspielraum in Bezug auf die Voraussetzungen und Modalitäten der Inanspruchnahme von Elternurlaub** (vgl. § 3 der Rahmenvereinbarung zu RL 2010/18/EU). Die **nationalen Grundrechte** bleiben daher **Maßstab für die Auslegung und Anwendung der §§ 15 ff. BEEG** (vgl. dazu BVerfGE 118, 79 <95 ff.>; 133, 277 <313 Rn. 88>).

15 Die gesetzlichen Regelungen zu Dauer, Lage und Aufteilung der Elternzeit (§ 15 Abs. 2, 16 Abs. 1 Satz 6 BEEG), zur Nichtübertragbarkeit des Anspruchs (§ 15 Abs. 3 BEEG) und zum anspruchsberechtigten Personenkreis (§ 15 Abs. 1, Abs. 1a BEEG) wahren oder übersteigen das Schutzniveau der RL 2010/18/EU (vgl. dazu Düwell FA 2010, 137 <138 ff.>).

16 § 15 Abs. 1 Satz 1 Nr. 1 BEEG verstößt allerdings gegen § 2 der Rahmenvereinbarung zu RL 2010/18/EU, soweit über die tatsächliche Betreuung des Kindes hinaus auch verlangt wird, dass die Elternzeitberechtigten **mit dem Kind in einem Haushalt leben** (ErfK/Gallner, 22. Aufl. 2022, § 15 BEEG Rn. 2). Das Leben in einem gemeinsamen Haushalt ist keine Voraussetzung für den viermonatigen Elternurlaub nach § 2 der Rahmenvereinbarung zu RL 2010/18/EU und schränkt den Kreis der Elternzeitberechtigten gegenüber der unionsrechtlichen Gewährleistung ein. Da auch der unionsrechtliche Anspruch auf Elternurlaub mit der tatsächlichen Kinderbetreuung verknüpft ist, die eine gewisse Dauer, Regelmäßigkeit und Intensität des Zusammenlebens und der Zuwendung verlangt, dürften solche Fälle selten sein. Gleichwohl ist es bei getrenntlebenden Paaren, die sich die Kinderbetreuung teilen, durchaus möglich, dass ein Elternteil die Kinderbetreuung im Haushalt des Kindes und anderen Elternteils wahrnimmt. Das Tatbestandsmerkmal »mit dem Kind in einem Haushalt leben« ist daher **unionsrechtskonform auszulegen** und jedenfalls für die viermonatige Dauer der unionsrechtlich gewährleisteten Elternzeit als erfüllt anzusehen, wenn die **Kinderbetreuung im Haushalt des Kindes oder des betreuenden Elternteils** stattfindet (Tillmanns, in:

Tillmanns/Mutschler, MuSchG/BEEG, 3. Aufl. 2021, § 15 BEEG Rn. 9). Auch bei einer derartigen räumlichen Betreuungssituation entsteht ein gemeinsamer Lebensmittelpunkt von Kind und betreuendem Elternteil. Da das Gesetz unter »Haushalt« den Mittelpunkt der privaten Lebensführung zur Befriedigung der persönlichen Bedürfnisse versteht (HK-MuSchG/BEEG/Rancke, 5. Aufl. 2018, § 15 BEEG Rn. 18), ist die vorgeschlagene Auslegung vom Wortlaut des § 15 Abs. 1 Satz 1 Nr. 1 BEEG gedeckt. Gleiches gilt mit Blick auf Telos und Entstehungsgeschichte des § 15 Abs. 1 Satz 1 Nr. 1 BEEG. Das Tatbestandsmerkmal »mit dem Kind in einem Haushalt leben« geht zurück auf § 1 Abs. 1 Nr. 2, § 15 BErzGG und wurde unbeschadet der materiellrechtlichen Gesetzesänderungen in alle späteren Fassungen des Gesetzes übernommen, ohne jemals wieder gesondert in den Gesetzesmaterialien erwähnt zu werden. Erziehungsurlaub und Erziehungsgeld standen damals nur denjenigen zu, die das Sorgerecht für das zu betreuende Kind hatten und mit diesem in einem Haushalt lebten. Dadurch sollte sichergestellt werden, dass das Kind eine ständige Betreuung durch eine feste Bezugsperson erhält (BT-Drucks. 10/3792 S. 14, 19). Dieser Normzweck wird gleichermaßen durch eine Kinderbetreuung im Haushalt des Kindes wie durch eine Kinderbetreuung im Haushalt des betreuenden Elternteils erfüllt.

17 Die ElterurlaubsRL 2010/18/EU wird zum 1. August 2022 durch die Richtlinie (EU) 2019/1158 zur Vereinbarkeit von Beruf und Privatleben für Eltern und pflegende Angehörige vom 20. Juni 2019 abgelöst (ABl. EU L 188/79). Die VereinbarkeitsRL modifiziert den bisherigen Anspruch auf bezahlten Elternurlaub und schafft darüber hinaus einen Anspruch auf zehntägigen Vaterschafturlaub anlässlich der Geburt des Kindes. Zu dem sich ergebenden Umsetzungsbedarf vgl. Dahm EuZA 2020, 19 ff.; Klein NZA 2021, 474 ff.; Stiegler NZA 2021, 469 f.).

B. Elternzeit

I. Allgemeine Anspruchsvoraussetzungen

1. Arbeitsverhältnis

18 Ein Anspruch auf Elternzeit setzt das Bestehen eines Arbeitsverhältnisses voraus. Das Arbeitsverhältnis muss **zu Beginn und während der Elternzeit** bestehen. Endet das Arbeitsverhältnis vor Beginn oder während der Elternzeit, fehlen ab diesem Zeitpunkt die persönlichen Voraussetzungen für eine Inanspruchnahme von Elternzeit. Unerheblich ist, ob das Arbeitsverhältnis bereits zum Zeitpunkt der Geburt des Kindes bestanden hat (BAG, Urteil vom 11. März 1999 – 2 AZR 18/98 –). Elternzeit kann daher auch in einem erst nach der Geburt begründeten Arbeitsverhältnis verlangt werden. Neu eingestellte Arbeitnehmerinnen und Arbeitnehmer, die über die Voraussetzungen für eine Inanspruchnahme von Elternzeit verfügen, können daher jederzeit Elternzeit verlangen und so bereits im Rahmen der Probezeit des § 622 Abs. 3 BGB oder der Wartezeit des § 1 Abs. 1 KSchG in den Genuss des besonderen Kündigungsschutzes nach § 18 Abs. 1 BEEG gelangen. Bestehen **mehrere Arbeitsverhältnisse** nebeneinander, kann in jedem einzelnen davon Elternzeit verlangt werden (Brose/Weth/Volk/Schneider, 9. Aufl. 2020, § 15 BEEG Rn. 9).

Allein der Bestand eines Arbeitsverhältnisses reicht für einen Anspruch auf Elternzeit nicht aus. Für die Arbeitnehmerinnen und Arbeitnehmer muss in diesem Arbeitsverhältnis darüber hinaus auch eine **Arbeitspflicht** bestehen. Ist die Arbeitspflicht bereits anderweitig suspendiert, kann keine weitere Freistellung von der Arbeitspflicht zum Zwecke der Elternzeit mehr erfolgen. Wurde auf vertraglicher oder tariflicher Grundlage eine Freistellung vereinbart (z.B. Sonderurlaub nach § 28 TVöD/TV-L), kann der Arbeitgeber gemäß § 242 BGB gehalten sein, einer vorzeitigen Beendigung des Sonderurlaubs zum Zweck der Inanspruchnahme von Elternzeit zuzustimmen (BAG, Urteil vom 16. Juni 1997 – 5 AZR 309/96 –). 19

Mit dem Ende des Arbeitsverhältnisses endet die Elternzeit. Bei Elternzeit in einem **befristeten Arbeitsverhältnis** dauert die Elternzeit nicht über das Ende der Befristung hinaus. Etwas anderes gilt bei befristeten Verträgen **wissenschaftlicher Mitarbeiter an Hochschulen** nach § 2 Abs. 5 Nr. 3 WissZeitVG. Die befristeten Verträge verlängern sich danach im Einverständnis mit den Mitarbeitenden um die Dauer der in Anspruch genommenen Elternzeit. Für Berufsbildungsverhältnisse legt § 20 Abs. 1 Satz 2 BEEG fest, dass sich die Dauer des Berufsbildungsvertrages um die genommene Elternzeit verlängert. 20

Angehörigen von EU-Mitgliedsstaaten muss Elternzeit unter den gleichen Voraussetzungen wie Deutschen gewährt werden (vgl. EuGH, Urteil vom 10. Oktober 1996 – C-245/94 –, Ingrid Hoever, Slg 1996, I-4895; Urteil vom 12. Mai 1998 – C-85/96 – Maria Martinez Sala, Slg 1998, I-2691). 21

2. Anspruchsberechtigter Personenkreis

a) Arbeitnehmerinnen und Arbeitnehmer

Anspruchsberechtigt nach § 15 Abs. 1, Abs. 1a BEEG sind **Arbeitnehmerinnen und Arbeitnehmer**. § 15 BEEG knüpft insoweit an den allgemeinen arbeitsrechtlichen Arbeitnehmerbegriff an. Auf Art und Inhalt des Arbeitsverhältnisses kommt es nicht an. Auch in geringfügigen Beschäftigungsverhältnissen, Teilzeitarbeitsverhältnissen, befristeten Arbeitsverhältnissen und Nebenbeschäftigungen besteht ein Anspruch auf Elternzeit. **Leitende Angestellte** sind im Rahmen eines Arbeitsverhältnisses tätig und können daher Elternzeit in Anspruch nehmen. Sie behalten ihren Status nach § 5 Abs. 3 Satz 2 BetrVG während der Elternzeit, wenn mit ihrer Rückkehr in den Betrieb zu rechnen ist (ErfK/Gallner, 22. Aufl. 2022, § 15 BEEG Rn. 3; Verstege, RdA 2011, 99 ff.). 22

Die Inanspruchnahme vom Elternzeit kann nicht davon abhängig gemacht werden, dass die Arbeitnehmerin oder der Arbeitnehmer zum Zeitpunkt der Geburt des Kindes in einem Arbeitsverhältnis steht. Es genügt, wenn bei Antritt der Elternzeit ein Arbeitsverhältnis besteht (EuGH, Urteil vom 25. Februar 2021 – C-192/20, Caisse pour l'avenir des entfants, NZA 2021, 494 ff.).

b) Berufsbildungsverhältnisse

23 Elternzeitberechtigt sind außerdem **die zur Berufsbildung Beschäftigten** (§ 20 Abs. 1 BEEG). Da § 20 Abs. 1 BEEG den Begriff der Berufsbildung des § 1 Abs. 1 BBiG verwendet, sind nicht nur **Auszubildende** elternzeitberechtigt, sondern darüber hinaus alle Personen, deren **Aus-, Fort-, Weiterbildung oder Umschulung** zu einer beruflichen Qualifikation führen soll (HK-MuSchG/BEEG/Rancke, 5. Aufl. 2018, § 15 BEEG Rn. 28). Dazu zählen auch die Teilnehmerinnen und Teilnehmer an einer betrieblich durchgeführten Berufsausbildungsvorbereitung. Für Vertragsverhältnisse i.S.v. § 26 BBiG, die berufliche Fertigkeiten, Kenntnisse, Fähigkeiten oder berufliche Erfahrung vermitteln sollen, aber kein Arbeitsverhältnis sind, ergibt sich ein Anspruch auf Elternzeit aus § 26 BBiG i.V.m. § 10 Abs. 2 BBiG. Adressiert sind hier vor allem das **Volontariat**, das **Praktikum** und sog. **Anlernverhältnisse**. Auch in diesen Vertragsverhältnissen besteht ein Anspruch auf Elternzeit.

24 **Studierende, Schülerinnen und Schüler** können allerdings elternzeitberechtigt sein, wenn sie neben Schule und Studium ein Arbeitsverhältnis (»**Nebenjob**«) eingehen (ErfK/Gallner, 22. Aufl. 2022, § 15 BEEG Rn. 3).

c) Arbeitnehmerähnliche Personen

25 Elternzeitberechtigt sind zudem die in **Heimarbeit** Beschäftigten und die ihnen Gleichgestellten, soweit sie am Stück mitarbeiten (§ 20 Abs. 2 BEEG). Im Übrigen sind **arbeitnehmerähnliche Personen** nicht elternzeitberechtigt Für sie gelten arbeitsrechtliche Vorschriften nur dann, wenn dies ausdrücklich gesetzlich angeordnet wird. Das BEEG enthält eine solche Anordnung ausschließlich für den Bereich der Heimarbeit, nicht aber für andere arbeitnehmerähnliche Personen.

d) Selbstständige

26 Nicht zu den elternzeitberechtigten Personen gehören **Selbstständige**, also Personen, die ihre Leistungen einem anderen gegenüber auf Basis eines Dienstvertrages, Werkvertrages, Auftrages, Geschäftsbesorgungsvertrages, Franchisevertrages oder eines ähnlichen Rechtsverhältnisses erbringen und ihre Tätigkeit und Arbeitszeit im Wesentlichen frei gestalten können (vgl. § 84 Abs. 1 Satz 2 HGB). Zu Sonderfragen bei Organen juristischer Personen vgl. Rdn. 27.

e) Organmitglieder juristischer Personen

27 **Organmitglieder juristischer Personen** fallen regelmäßig nicht unter den Geltungsbereich der §§ 15 ff. BEEG. Sie repräsentieren die juristische Person und üben selbst Arbeitgeberfunktionen aus. Nach dem nationalen Arbeitnehmerbegriff ist ein neben der Organstellung begründetes Anstellungsverhältnis zur juristischen Person deshalb in der Regel nicht als Arbeits-, sondern als freies Dienstverhältnis zu bewerten (vgl. BAG, Urteil vom 26. Mai 1999 – 5 AZR 664/98 –).

28 Das Urteil des EuGH in der **Rs. Danosa** (Urteil vom 11. November 2010 – C-232/09 –, Slg 2010, I-11405) wirft jedoch die Frage auf, ob unionsrechtlich eine Ausdehnung

des Anspruchs auf Elternurlaub auf bestimmte gesetzliche Vertreter von juristischen Personen, wie insbesondere Fremdgeschäftsführer einer GmbH geboten ist. In der Rs. Danosa hat der EuGH den Arbeitnehmerbegriff der Mutterschutzrichtlinie autonom unionsrechtlich ausgelegt und angenommen, dass Organmitglieder juristischer Personen dann Arbeitnehmer im Sinne des Unionsrechts sind und demzufolge dem Kündigungsverbot während des Mutterschutzes nach Art. 10 RL 92/85/EWG unterfallen, wenn sie entgeltliche Leistungen für die Gesellschaft erbringen, ihre Tätigkeit nach Weisung oder unter Aufsicht eines anderen Organs ausüben und jederzeit von ihrem Amt abberufen werden können.

Dieser **unionsrechtliche Arbeitnehmerbegriff** ist allerdings nicht ohne Weiteres auf die Elternurlaubsrichtlinie 2010/18/EU übertragbar, da sie in ihrem **Wortlaut** ausdrücklich auf den **nationalen Arbeitnehmerbegriff** Bezug nimmt. Nach § 1 Abs. 2 der Rahmenvereinbarung zu RL 2010/18/EU gilt diese für alle Arbeitnehmerinnen und Arbeitnehmer, die gemäß den Rechtsvorschriften, Tarifverträgen und/oder Gepflogenheiten in dem jeweiligen Mitgliedsstaat einen Arbeitsvertrag haben oder in einem Beschäftigungsverhältnis stehen. Im Unterschied zur vorangegangenen, abgelösten RL 96/34/EG ist nicht mehr von »Arbeitsverhältnis«, sondern von »Beschäftigungsverhältnis« die Rede, weswegen teilweise von einem auf alle sozialversicherungspflichtigen Beschäftigungsverhältnisse erweiterten persönlichen Anwendungsbereich ausgegangen wird (Oberthür NZA 2011, 253 <258>). Überwiegend wird allerdings angenommen, diese sprachliche Neufassung diene lediglich der Angleichung an neuere Richtlinien und bezwecke keine Erweiterung des Anwendungsbereichs (Lunk/Rodenbusch GmbHR 2012, 188 <194 Fn. 77>; Preis/Sagan ZGR 2013, 26 <49>). In **systematischer Hinsicht** spricht neben der insgesamt nur geringen Harmonisierungsintensität der Richtlinie auch § 1 Abs. 3 Rahmenvereinbarung zu RL 2010/18/EU für einen Verweis auf den nationalen Arbeitnehmerbegriff. Die Mitgliedsstaaten dürfen danach Personen nicht allein deshalb vom Anspruch auf Elternurlaub ausschließen, weil sie befristet, in Teilzeit oder als Leiharbeitnehmer beschäftigt sind. Im Umkehrschluss muss den Mitgliedsstaaten also ansonsten ein gewisser Spielraum bei der Festlegung des persönlichen Anwendungsbereiches zukommen (Hildebrand, Arbeitnehmerschutz von geschäftsführenden Gesellschaftsorganen im Lichte der Danosa-Entscheidung des EuGH, 2014, S. 300). In eine andere Richtung könnte allerdings **Art. 33 Abs. 2 GRC** weisen, der auch Selbstständigen ein einklagbares Recht auf Elternurlaub gibt und primärrechtlicher Maßstab für die Auslegung der Rahmenvereinbarung zu RL 2010/18/EU ist.

In der **Rs. Chatzi** hat der EuGH den Anwendungsbereich der Elternurlaubsrichtlinie auf Beamtinnen und Beamte ausgedehnt, die nicht in allen Mitgliedsstaaten Arbeitnehmer sind (EuGH, Urteil vom 16. September 2010 – C-149/10 –, Slg 2010, I-8489). In Richtlinie und Rahmenvereinbarung finde sich kein Hinweis darauf, dass Beamte von ihrem Anwendungsbereich ausgeschlossen seien. Schon aus dem Wortlaut von § 1 Abs. 2 der Rahmenvereinbarung zu RL 2010/18/EU gehe hervor, dass der persönliche Anwendungsbereich weit gefasst sei. Zudem beziehe sich die Rahmenvereinbarung auf erwerbstätige Eltern (§ 1 Abs. 1), ohne danach zu unterscheiden, ob ihr Arbeitgeber privat oder öffentlich sei. Diese Auslegung werde überdies durch die Erwägung gestützt, dass die Rahmenvereinbarung die Gleichbehandlung von Männern und Frauen fördern soll. Der Grundsatz der Gleichbehandlung von Männern und Frauen gehöre zu den Sozialvorschriften des Vertrags und habe allgemeine Geltung (EuGH, Urteil vom 16. September 2010 – C-149/10 – Chatzi, Slg 2010, I-8489 Rn. 28 ff.).Es bleibt abzuwarten, ob der EuGH mit dieser Begründung auch arbeitnehmerähnliche Organmitglieder juristischer Personen in den Anwendungsbereich der Elternurlaubsrichtlinie einbezieht (zur Diskussion Fischer NJW 2011, 2329 ff.; Hildebrand, Arbeitnehmerschutz von geschäftsführenden Gesellschaftsorganen im Lichte der Danosa-Entscheidung des EuGH, 2014, S. 295 ff.; Lunk NZA 2015, 917 ff.; Lunk/Rodenbusch GmbHR 2012, 188 ff.; Oberthür NZA 2011, 253 ff; Reinhard/Bitsch ArbRB 2011, 241 ff.; Schubert ZESAR 2013, 5 ff.).

f) Öffentlich-rechtliche Beschäftigungsverhältnisse

29 Für **Beamte, Soldaten und Richter** gelten die §§ 15 ff. BEEG nicht. Sie können Elternzeit nach Maßgabe der hierzu erlassenen Verordnungen des Bundes und der Länder beanspruchen (vgl. z.B. die Verordnung zur Neuregelung mutterschutz- und elternzeitrechtlicher Vorschriften vom 12. Februar 2009 für Bundesbeamtinnen und Bundesbeamte, BGBl. I S. 320). Gleiches gilt für Personen, die ein sog. **freiwilliges soziales oder ökologisches Jahr** oder **Bundesfreiwilligendienst** leisten. Rechtliche Grundlage dieser Dienstverhältnisse sind die nach § 8 BFDG bzw. § 11 Abs. 1 JFDG zwischen den Freiwilligen einerseits und dem Bund bzw. den Trägern des Jugendfreiwilligendienstes andererseits zu schließenden Vereinbarungen, die keine Arbeitsverträge sind. Die Anwendung arbeitsrechtlicher Vorschriften auf diese Dienstverhältnisse ist nach § 13 Abs. 1 BFDG und § 13 JFDG auf Arbeitsschutzbestimmungen, das Jugendarbeitsschutzgesetz und das Bundesurlaubsgesetz beschränkt. Das BEEG findet keine Anwendung.

30 **Ein-Euro-Jobber** sind nach § 16d Abs. 7 Satz 2 SGB II auf Grundlage eines öffentlich-rechtlichen Rechtsverhältnisses sozialrechtlicher Art tätig; die Begründung eines Arbeitsverhältnisses in diesem Zusammenhang ist ausgeschlossen (vgl. BAG, Urteil vom 26. September 2007 – 5 AZR 857/06 –). Für Ein-Euro-Jobber gelten die Arbeitsschutzbestimmungen und das Bundesurlaubsgesetz mit Ausnahme der Regelungen zum Urlaubsentgelt (§ 16d Abs. 7 SGB II), nicht aber das BEEG.

3. Betreuungsverhältnis zum Kind

31 Der Kreis der Elternzeitberechtigten wird außerdem näher dadurch bestimmt, dass eine bestimmte Beziehung zum Kind bestehen muss. Diese Beziehung ist nach § 15 Abs. 1, Abs. 1a BEEG durch **eine personale Bindung, einen gemeinsamen Lebensmittelpunkt und die Übernahme der tatsächlichen Betreuung** und Erziehung des Kindes gekennzeichnet.

a) Personale Bindung

32 Bei dem zu betreuenden Kind muss es sich nicht um das leibliche Kind handeln. Es muss aber eine rechtliche oder persönliche Bindung mit gewisser Intensität zum Kind bestehen, die das Gesetz in folgenden Fallgruppen als gegeben erachtet:

- bei leiblichen oder adoptierten Kindern, für die das Sorgerecht nach den §§ 1626 ff. BGB besteht; § 15 Abs. 1 Satz 1 Nr. 1a BEEG;
- bei Kindern, die mit dem Ziel der Annahme als Kind aufgenommen werden (sog. Adoptionspflege nach § 1744 BGB); § 15 Abs. 1 Satz 1 Nr. 1b i.V.m. § 1 Abs. 3 Satz 1 Nr. 1 BEEG;
- bei Kindern von Ehe- und Lebenspartnern; § 15 Abs. 1 Satz 1 Nr. 1b i.V.m. § 1 Abs. 3 Satz 1 Nr. 2 BEEG;
- bei Kindern, für welche die Vaterschaft anerkannt (§ 1594 Abs. 2 BGB), aber noch nicht gerichtlich festgestellt (§ 1600d BGB) wurde; § 15 Abs. 1 Satz 1 Nr. 1b i.V.m. § 1 Abs. 3 Satz 1 Nr. 3 BEEG;
- bei Kindern und Verwandten bis zum dritten Grad und deren Ehe- und Lebenspartnern, wenn die Eltern die Betreuung und Erziehung wegen Krankheit, Schwerbehinderung oder Tod nicht übernehmen können; § 15 Abs. 1 Satz 1 Nr. 1b i.V.m. § 1 Abs. 4 BEEG;
- bei Kindern, die in Vollzeitpflege nach § 33 SGB VIII aufgenommen werden; § 15 Abs. 1 Satz 1 Nr. 1c BEEG.

Nicht sorgeberechtigte Elternteile und Personen, die nach § 15 Abs. 1 Satz 1 Nr. 1b und Nr. 1c BEEG Elternzeit nehmen können, bedürfen dazu der Zustimmung des sorgeberechtigten Elternteils (§ 15 Abs. 1 Satz 2 BEEG). Dies schützt den Arbeitgeber vor unberechtigt verlangter Elternzeit. Nur mit dieser Zustimmung bleiben nicht sorgeberechtigte Arbeitnehmerinnen und Arbeitnehmer berechtigt der Arbeit fern (ErfK/Gallner, 22. Aufl. 2022, § 15 BEEG Rn. 4).

§ 15 Abs. 1a BEEG gewährt unter bestimmten Voraussetzungen auch den in einem Arbeitsverhältnis stehenden **Großeltern** einen Anspruch auf Elternzeit, **die mit ihrem Enkelkind in einem Haushalt leben und es selbst betreuen und erziehen**. Dies ist der Fall, wenn 33

- die Kinder mit den Großeltern in gerader Linie verwandt sind,
- ein Elternteil des zu betreuenden Kindes minderjährig ist oder sich in einer Ausbildung befindet, die vor Vollendung des 18. Lebensjahres begonnen wurde und die Arbeitskraft des Elternteils im Allgemeinen voll in Anspruch nimmt und
- die Eltern selbst keine Elternzeit in Anspruch nehmen.

Diese Regelung soll Großeltern die Möglichkeit geben, die **eigenen Kinder bei einer Teenagerschwangerschaft zu unterstützen** (vgl. BT-Drucks. 16/9415 S. 6 f.; zum Ganzen Düwell NZA 2009, 759 ff.). Die Verwendung des Begriffs »Enkelkind« in § 15 Abs. 1a BEEG im Gegensatz zu »Kind« in § 15 Abs. 1 BEEG macht deutlich, dass zwischen dem betreuten Kind und den Großeltern ein **Verwandtschaftsverhältnis** bestehen muss. Erfasst sind Verwandtschaftsverhältnisse i.S.v. § 1589 BGB, in denen das zu betreuende Enkelkind von den Großeltern abstammt. Die Großeltern sind in diesem Fall die biologischen Eltern der Mutter oder des Vaters, von denen das zu betreuende Kind nach §§ 1591, 1592 BGB abstammt. Darüber hinaus werden Fälle erfasst, in denen zwischen Großeltern und Eltern eine rechtliche Elternschaft und ein gesetzliches Verwandtschaftsverhältnis durch Adoption begründet wurde (§ 1754 BGB). Der Sinn und Zweck von § 15 Abs. 1a BEEG gebietet, dass Großeltern auch bei einer

Teenagerschwangerschaft ihrer angenommenen Kinder unterstützend durch eine eigene Elternzeit eingreifen können. Der Wortlaut (»Enkelkind«) steht dem nicht entgegen, da angenommene Kinder den rechtlichen Status eines eigenen Kindes haben (vgl. § 1754 BGB). Großeltern i.S.v. § 15 Abs. 1a BEEG sind daher auch die rechtlichen Eltern der Mutter oder des Vaters, von denen das zu betreuende Kind nach §§ 1591, 1592 BGB abstammt. Die Frage einer rechtlichen Elternschaft zwischen dem zu betreuenden Kind und den Eltern stellt sich im Rahmen von § 15 Abs. 1a BEEG angesichts der Minderjährigkeit eines Elternteils nicht.

Die ergänzenden Voraussetzungen in § 15 Abs. 1a Nr. 1 und Nr. 2 BEEG verlangen, dass **ein Elternteil** des zu betreuenden Enkelkindes **minderjährig** i.S.v. § 2 BGB ist oder sich **in einer Ausbildung** befindet, welche minderjährig begonnen wurde und die **volle Arbeitskraft** in Anspruch nimmt. Erfasst werden schulische, berufliche und universitäre Ausbildungen (BT-Drucks. 16/9415 S. 6). Sie fordern die volle Arbeitskraft der Minderjährigen, wenn sie mehr als 32 Wochenstunden in Anspruch nehmen. § 15 Abs. 4 BEEG zeigt, dass der Gesetzgeber ab dieser Stundenbelastung nicht mehr davon ausgeht, dass Kinderbetreuung und berufliche Tätigkeit nebeneinander zu erfüllen sind. Nichts anderes kann für die zeitliche Belastung minderjähriger Eltern durch eine Ausbildung gelten. Um dem Sinn und Zweck des § 15 Abs. 1a BEEG gerecht zu werden, muss es ab dieser zeitlichen Belastung möglich sein, dass Großeltern in Elternzeit gehen und dadurch eine verantwortliche Kinderbetreuung wie auch den erfolgreichen Abschluss der begonnenen Ausbildung absichern.

Ausgehend davon besteht der Anspruch auf Großelternzeit konsequenterweise nur für Zeiten, in denen keiner der Eltern selbst Elternzeit beansprucht.

b) Gemeinsamer Lebensmittelpunkt

34 Kind und Elternzeitberechtigte müssen **im selben Haushalt leben**. Den Haushalt sieht der Gesetzgeber als Mittelpunkt der privaten Lebensführung zur Befriedigung der persönlichen Bedürfnisse einer Familie oder einer einzelnen Person. Es handelt sich um den privaten räumlichen und gegenständlichen Bereich. Erforderlich ist daher eine Gemeinschaft mit dem Kind, die sich auf gemeinsame Räume, die materielle Versorgung und die immaterielle Zuwendung bezieht (HK-MuSchG/BEEG/Rancke, 5. Aufl. 2018, § 15 BEEG Rn. 18). Unerheblich ist, unter welchen Bedingungen das Zusammenleben stattfindet. Der gemeinsame Haushalt kann sich daher auch in einer sozialen Einrichtung, einer Wohngemeinschaft oder einem Frauenhaus befinden (HK-MuSchG/BEEG/Rancke, 5. Aufl. 2018, § 15 BEEG Rn. 18).

Nicht jede **räumliche Trennung** von Kind und Elternzeitberechtigten ist schädlich. Entscheidend ist, dass ein ortsbezogener Mittelpunkt gemeinsamer Interessen erhalten bleibt oder in absehbarer Zeit wiederhergestellt werden soll. Ein Zeitraum von bis zu drei Monaten wird regelmäßig als unschädlich angesehen (HK-MuSchG/BEEG/Rancke, 5. Aufl. 2018, § 15 BEEG Rn. 18).

Zur Erforderlichkeit, diese Anspruchsvoraussetzung in bestimmten Konstellationen unionsrechtskonform auszulegen vgl. Rdn. 16.

c) Betreuung und Erziehung des Kindes

Die anspruchsberechtigten Personen müssen das Kind **selbst betreuen und erziehen.** 35
Dies beinhaltet die Pflege und Versorgung des Kindes ebenso wie die Einflussnahme auf die Entwicklung des Kindes. Das Gesetz verlangt aber nicht, dass die Elternzeitberechtigten das Kind allein erziehen. Die Mithilfe Dritter (Familienangehörige, Bedienstete) ist ebenso wenig ausgeschlossen wie die ergänzende Kinderbetreuung in einer Kindertagesstätte. Dies ergibt sich bereits aus der nach § 15 Abs. 4 BEEG zulässigen Teilzeitbeschäftigung von 32 Wochenstunden im Monatsdurchschnitt.

Nicht jede **Unterbrechung dieses Betreuungs- und Erziehungsverhältnisses** schadet. § 1 Abs. 5 BEEG erlaubt auch für § 15 Abs. 1 Nr. 2 BEEG den Rückschluss, dass alle vorübergehenden und aus wichtigem Grund erfolgenden Unterbrechungen den Anspruch auf Elternzeit nicht entfallen lassen.

II. Dauer und Lage der Elternzeit

1. Dauer der Elternzeit

Der Anspruch auf Elternzeit besteht nach § 15 Abs. 2 Satz 1 BEEG **bis zur Voll-** 36
endung des dritten Lebensjahres eines Kindes. Er geht mit Ablauf des Tages, der dem dritten Geburtstag des Kindes vorausgeht, ersatzlos unter (§ 187 Abs. 2 BGB, § 188 Abs. 2 BGB). Das Gesetz erlaubt innerhalb der dreijährigen Höchstdauer eine Aufteilung in mehrere Zeitabschnitte (§ 16 Abs. 1 Satz 6 BEEG); ein Anteil von bis zu 24 Monaten kann dabei bis zur Vollendung des achten Lebensjahres genommen werden (vgl. Rdn. 39). Die nachgeburtliche **Mutterschutzfrist** des § 3 Abs. 2 MuSchG wird nach der nunmehrigen Klarstellung in § 15 Abs. 2 Satz 3 BEEG auf die Elternzeit der Mütter, nicht aber auf die Elternzeit der Väter angerechnet (dazu BT-Drucks. 18/2583 S. 35; Forst DB 2015, 68 <72>).

Bei **mehreren Kindern** besteht der Anspruch auf Elternzeit für jedes Kind, und zwar 37
auch dann, wenn sich die Zeiträume überschneiden (§ 15 Abs. 2 Satz 4 BEEG). Auch dann bleibt es allerdings bei der dreijährigen Höchstdauer der Elternzeit je Kind. Die Elternzeit für ein weiteres Kind verlängert sich daher nicht um den Zeitanteil, der sich mit der Elternzeit des erstgeborenen Kindes überschneidet. In diesem Fällen besteht aber die Möglichkeit, eine bereits in Anspruch genommene Elternzeit wegen der Geburt eines weiteren Kindes vorzeitig zu beenden (§ 16 Abs. 3 BEEG) und die verbliebene Zeitspanne zu einem späteren Zeitpunkt zu nehmen (vgl. BAG, Urteil vom 21. April 2009 – 9 AZR 391/08 –).

Bei **angenommenen Kindern und Kindern in Vollzeit- oder Adoptionspflege** kann 38
die Elternzeit ab der Aufnahme des Kindes in den eigenen Haushalt verlangt werden (§ 15 Abs. 2 Satz 4 BEEG). Auch in diesen Fällen kann eine Aufteilung in mehrere Zeitabschnitte (§ 16 Abs. 1 Satz 6 BEEG) und ein Anteil von bis zu 24 Monaten bis zur Vollendung des achten Lebensjahres genommen werden (§ 15 Abs. 2 Satz 5 BEEG vgl. Rdn. 39).

2. Lage der Elternzeit

39 Nach § 15 Abs. 2 Satz 2 BEEG kann ein **Anteil der Elternzeit** von bis zu **24 Monaten** in der Zeit zwischen dem Beginn des vierten und der Vollendung des achten Lebensjahres genommen werden. **Einer Zustimmung des Arbeitgebers bedarf es nicht.** Damit bleibt die im Rahmen des § 15 Abs. 2 Satz 2 BEEG nicht genommene Elternzeit auch bei einem **Arbeitgeberwechsel** erhalten. § 16 Abs. 1 Satz 6 BEEG erlaubt es außerdem, die Elternzeit auf nunmehr drei statt zwei Zeitabschnitte aufzuteilen. Diese Regelungen gehen zurück auf das Gesetz zur Einführung des Elterngeld Plus vom 18. Dezember 2014 (BGBl. I S. 2324) und gelten für ab dem 1. Juli 2015 geborene Kinder. Sie beruhen auf der Überlegung, dass in späteren Lebensjahren des Kindes erneut ein besonderer Betreuungsbedarf entstehen kann, z.B. nach der Einschulung. Sie sollen es Eltern ermöglichen, ihre Elternzeit flexibler zu gestalten und zugleich einen früheren Wiedereinstieg ins Erwerbsleben begünstigen (BT-Drucks. 18/2583 S. 35).

40 Die Gesetzeslage hat sich damit im Vergleich zur alten Rechtslage, die für **Geburten bis zum 30. Juni 2015** weiter gilt (§ 27 Abs. 1 BEEG), erheblich verbessert. § 15 Abs. 2 Satz 4 BEEG a.F. erlaubte nur die Übertragung eines Elternzeitanteils von 12 Monaten auf die Zeit bis zur Vollendung des achten Lebensjahres des Kindes und dies auch nur mit Zustimmung des Arbeitgebers. Bei einem Arbeitgeberwechsel war damit eine erneute Übereinkunft der Arbeitsvertragsparteien erforderlich, um die verbliebene Elternzeit zu einem späteren Zeitpunkt verwirklichen zu können. Damit bestand zugleich die Gefahr, dass übertragene und nicht genommene Elternzeit verloren ging, weil der neue Arbeitgeber als nicht verpflichtet angesehen wurde, noch offene Elternzeitansprüche aus dem früheren Arbeitsverhältnis zu erfüllen (vgl. BT-Drucks. 14/3118 S. 20).

III. Mehrere Elternzeitberechtigte

41 Das Recht auf Elternzeit steht jedem Elternteil im vollen Umfang von drei Jahren zu, und zwar unabhängig davon, ob der andere Elternteil sich für oder gegen Elternzeit entscheidet. Beide Elternteile können daher auch gemeinsam Elternzeit in Anspruch nehmen oder sich abwechseln (§ 15 Abs. 3 Satz 1 BEEG). Im Extremfall können beide Elternteile in den ersten drei Lebensjahren des Kindes gleichzeitig Elternzeit beanspruchen. Ausgeschlossen ist es aber, die Elternzeit der einzelnen Elternteile über das dritte Lebensjahr hinaus zu kombinieren. Wird die Elternzeit getrennt, abwechselnd oder nacheinander genommen, bleibt es bei der Begrenzung der maximal dreijährigen Elternzeit je Kind (HK-MuSchG/BEEG/Rancke, 5. Aufl. 2018, § 15 BEEG Rn. 41). Entsprechendes gilt für die übrigen nach § 15 Abs. 1 Satz 1 Nr. 1b und Nr. 1c BEEG und § 15 Abs. 1a BEEG elternzeitberechtigten Personen.

C. Elternteilzeit

I. Allgemeines

1. Sinn und Zweck

Das Gesetz räumt den Arbeitnehmerinnen und Arbeitnehmern einen erheblichen Spielraum ein, während der Elternzeit erwerbstätig zu sein. Die Möglichkeit einer Teilzeitbeschäftigung während Elternzeit dient der besseren Vereinbarkeit von Familie und Beruf. Das Einkommen aus der Teilzeitbeschäftigung sichert einerseits den Lebensstandard der jungen Familie, die Reduzierung der Arbeitszeit macht es andererseits möglich, sich der Kinderbetreuung zu widmen. Dies dient zugleich den Arbeitgeberinteressen, weil qualifizierte und erfahrene Fachkräfte in den Unternehmen gehalten werden. Die Möglichkeit der Elternteilzeit ist in den letzten Jahren stetig ausgebaut worden. Dies soll nicht zuletzt Vätern einen erhöhten Anreiz bieten, Elternzeit wahrzunehmen (vgl. BT-Drucks. 14/3553 S. 1 f., 21; BT-Drucks. 10/3792 S. 13). 42

2. Rechtsnatur

Reduzieren Arbeitnehmerinnen und Arbeitnehmer zu Beginn oder während der Elternzeit ihre Arbeitszeit, wird nicht ein zusätzliches Teilzeitarbeitsverhältnis begründet, sondern das ursprüngliche Arbeitsverhältnis befristet abgeändert. Die ursprüngliche und während der Elternzeit bei demselben Arbeitgeber ausgeübte Beschäftigung wird daher aufgrund eines einheitlichen Arbeitsverhältnisses verrichtet. Dies zeigt der durch § 15 Abs. 7 BEEG gewährleistete Rechtsanspruch auf Verringerung der Arbeitszeit (BAG, Urteil vom 23. April 1996 – 9 AZR 696/94 –). Bedeutsam ist das für den Kündigungsschutz nach § 18 Abs. 2 Nr. 1 BEEG, der damit das gesamte Arbeitsverhältnis umfasst, sich also auf Bestand und Inhalt des vereinbarten Teilzeitarbeitsverhältnisses wie auch des während der Elternzeit teilweise suspendierten ursprünglichen Arbeitsverhältnisses erstreckt. 43

3. Umfang der Teilzeitbeschäftigung

Nach § 15 Abs. 4 Satz 1 BEEG ist während der Elternzeit eine Erwerbstätigkeit zulässig, wenn die vereinbarte Arbeitszeit für jeden Elternteil, der eine Elternzeit nimmt, **32 Wochenstunden im Monatsdurchschnitt** nicht übersteigt. Das Abstellen auf den Monatsdurchschnitt erlaubt eine flexiblere Arbeitszeitverteilung als es bei einer starren Wochenstundenzahl möglich wäre und stärkt damit die Vereinbarkeit von Erwerbstätigkeit und Kinderbetreuung, die von den Eltern oftmals eine flexible Gestaltung des Tagesablaufs verlangt (vgl. Düwell, jurisPR-ArbR 34/2012 Anm. 1). Nach § 15 Abs. 4 Satz 2 BEEG gilt eine **Ausnahme für Tagespflegepersonen.** Sie dürfen bis zu fünf Kinder in Tagespflege betreuen, und zwar auch dann, wenn die wöchentliche Arbeitszeit von 32 Stunden überschritten wird. Damit soll vermieden werden, dass Tagespflegepersonen, die gleichzeitig auch ein eigenes Kind betreuen, ihr Betreuungsangebot auf 32 Wochenstunden limitieren, um ihren Arbeitsplatz und ihren Anspruch auf Eltern(teil)zeit zu erhalten. 44

45 Maßgeblich ist der verabredete Umfang der Wochenarbeitszeit. Eine vorübergehende **Überschreitung der 32-Stunden-Grenze** ist unschädlich (vgl. ErfK/Gallner, 22. Aufl. 2022, § 18 BEEG Rn. 6). Wird diese Grenze nicht nur vorübergehend überschritten, fehlt es an den Voraussetzungen für die Inanspruchnahme von Elternzeit mit der Folge, dass der Anspruch auf Elterngeld und der Sonderkündigungsschutz nach § 18 Abs. 2 BEEG entfallen. Dies ist dem Umstand geschuldet, dass § 15 Abs. 4 BEEG dem Schutz des Kindes dient. Die Wochenarbeitszeit wird begrenzt, um sicherzustellen, dass die Betreuung des Kindes gewährleistet ist. Die nicht nur vorübergehende Überschreitung dieser Grenze widerspricht dem Zweck der Elternzeit. Arbeitnehmerinnen und Arbeitnehmer müssen deshalb darauf achten, dass die Grenze von 32 Wochenstunden im Monatsdurchschnitt nicht überschritten wird. Dies gilt nicht nur dann, wenn sie die Lage ihrer Arbeitszeit selbst bestimmen (Gleitzeitarbeit, Vertrauensarbeitszeit), sondern auch, wenn der Arbeitgeber die Möglichkeit hat und nutzt, Mehrarbeit anzuordnen. Das Weisungsrecht des Arbeitgebers nach § 106 GewO ist durch § 15 Abs. 4 Satz 1 BEEG und § 1 Abs. 1 Nr. 4, Abs. 6 BEEG eingeschränkt. Arbeitnehmerinnen und Arbeitnehmer in Elternteilzeit können daher Stundenzuweisungen, die Elterngeld und Sonderkündigungsschutz gefährden, ohne nachteilige Folgen ablehnen.

46 Bestehen **mehrere Arbeitsverhältnisse** nebeneinander, sind die tatsächlich anfallenden Arbeitszeiten zusammenzurechnen und dürfen insgesamt die 32-Stunden-Grenze nicht überschreiten. Nur dies wird dem Zweck der Elternteilzeit gerecht, die zwar Erwerbstätigkeit während der Elternzeit ermöglichen, zugleich aber die ausreichende Betreuung des Kindes gewährleisten will. Unterliegt ein Elternteil oder eine andere nach § 15 Abs. 1, Abs. 1a BEEG elternzeitberechtigte Person einer Arbeitszeitbelastung von regelmäßig mehr als 32 Wochenstunden, ist nach der Wertung des Gesetzgebers nicht mehr sichergestellt, dass neben der beruflichen Tätigkeit eine ausreichende Kinderbetreuung stattfinden kann.

4. Verknüpfung von Elternzeit und Elternteilzeit

47 Der Anspruch auf Elternteilzeit hängt vom Recht auf Elternzeit ab. Deshalb kommt eine Verringerung der Arbeitszeit auf Grundlage von § 15 Abs. 6 BEEG nur in Betracht, wenn die Voraussetzungen für einen Anspruch auf Elternzeit nach § 15 Abs. 1, Abs. 1a BEEG gegeben sind und diese nach § 16 Abs. 1 BEEG in Anspruch genommen wird (BAG, Urteil vom 15. Dezember 2009 – 9 AZR 72/09 –).

48 Während die Inanspruchnahme von Elternzeit als einseitiges Gestaltungsrecht der Arbeitnehmerinnen und Arbeitnehmer konzipiert ist, handelt es sich bei der erzwingbaren Elternteilzeit um einen Anspruch auf Vertragsänderung. Elternzeit und Elternteilzeit beruhen demnach auf unterschiedlichen Rechtsgrundlagen und bilden keinen einheitlichen, nur durch den Wunsch auf Arbeitszeitverringerung modifizierten Elternzeitanspruch (BAG, Urteil vom 15. April 2008 – 9 AZR 380/07 –). In der Praxis zeigt sich dieser Unterschied insbesondere an den unterschiedlichen Fristen und Verfahrensabläufen bei der Realisierung der Ansprüche. Während die Elternzeit sieben bzw. dreizehn Wochen vorher verlangt werden muss (§ 16 Abs. 1 Satz 1 BEEG), geht dem Teilzeitanspruch eine Einigungsphase voraus (§ 15 Abs. 5 BEEG), an die sich eine

achtwöchige Reaktionszeit des Arbeitgebers (§ 15 Abs. 7 Satz 5 BEEG) und ggf. ein Klageverfahren (§ 15 Abs. 7 Satz 7 BEEG) anschließen. Arbeitnehmerinnen und Arbeitnehmer, die zur Existenzsicherung auf ein Teilzeiteinkommen angewiesen sind, werden daher das Elternzeit- und das Teilzeitverlangen von vornherein durch eine **Bedingung** verknüpfen und so sicherstellen, dass **Elternzeit nur bei gleichzeitigem Einverständnis mit Teilzeitarbeit** in Anspruch genommen wird (BAG, Urteil vom 5. Juni 2007 – 9 AZR 82/07 –; Urteil vom 15. April 2008 – 9 AZR 380/07 –; Urteil vom 12. Mai 2011 – 2 AZR 384/10 –).

Arbeitnehmerinnen und Arbeitnehmer sind nicht gehalten, den Anspruch auf eine Teilzeittätigkeit mit der Geltendmachung der Elternzeit zu verknüpfen. Sie können eine Verringerung der Arbeitszeit nach § 15 Abs. 5 bis Abs. 7 BEEG auch **während der schon laufenden Elternzeit beantragen,** und zwar auch dann, wenn zunächst nur die vollständige Suspendierung der Arbeitspflicht in Anspruch genommen wurde (BAG, Urteil vom 19. April 2005 – 9 AZR 233/04 –; Urteil vom 9. Mai 2006 – 9 AZR 278/05 –). Elternteilzeit kann aber **nicht verlangt werden, bevor die Elternzeit und deren Lage verbindlich in Anspruch genommen** wurde (BAG, Urteil vom 5. Juni 2007 – 9 AZR 82/07 –; Urteil vom 12. Mai 2011 – 2 AZR 384/10 –). 49

5. Erscheinungsformen der Elternteilzeit

Folgende Varianten der Teilzeitbeschäftigung während der Elternzeit sind nach dem BEEG zu unterscheiden: 50

- Fortsetzung der bisherigen Teilzeittätigkeit im Umfang von bis zu 32 Wochenstunden im Monatsdurchschnitt beim bisherigen Arbeitgeber (§ 15 Abs. 5 Satz 4 BEEG)
- Einvernehmliche Reduzierung der Arbeitszeit auf bis zu 32 Wochenstunden im Monatsdurchschnitt während der Elternzeit – Konsensverfahren (§ 15 Abs. 5 Satz 2 BEEG)
- Erzwingbare Reduzierung der Arbeitszeit auf nicht weniger als 15 und nicht mehr als 32 Wochenstunden im Monatsdurchschnitt – Anspruchsverfahren (§ 15 Abs. 6, Abs. 7 BEEG)
- Aufnahme einer Teilzeitbeschäftigung bei einem anderen Arbeitgeber oder einer selbstständigen Tätigkeit im Umfang bis zu 32 Wochenstunden im Monatsdurchschnitt

II. Elternteilzeit beim bisherigen Arbeitgeber

1. Fortsetzung der bisherigen Teilzeitarbeit

Elternzeitberechtigte, die eine Teilzeitbeschäftigung von nicht mehr als 32 Wochenstunden im Monatsdurchschnitt und damit in den zeitlichen Grenzen des § 15 Abs. 4 Satz 1 BEEG ausüben, können diese während der Elternzeit fortsetzen, § 15 Abs. 5 Satz 4 BEEG. Anders als bei der Durchsetzung des Anspruchs auf Reduzierung der Arbeitszeit nach § 15 Abs. 7 BEEG besteht insoweit keine zeitliche Untergrenze des Beschäftigungsumfangs. Auch Beschäftigte, die weniger als 15 Wochenstunden arbeiten, können ihre Teilzeitbeschäftigung während der Elternzeit fortsetzen. Zur Überschreitung der 32-Stunden-Grenze vgl. Rdn. 45. 51

52 Die **Fortsetzung der Teilzeittätigkeit nach § 15 Abs. 5 Satz 4 BEEG** muss dem Arbeitgeber **mit dem Elternzeitverlangen nach § 16 Abs. 1 Satz 1 BEEG angezeigt** werden, d.h. insbesondere **unter Einhaltung der dort genannten Fristen sowie der Wahrung der Schriftform** (BAG, Urteil vom 27. April 2004 – 9 AZR 21/04 –). § 16 Abs. 1 Satz 1 BEEG schützt die Planungssicherheit des Arbeitgebers. Das frist- und formgebundene Elternzeitverlangen soll ihm ermöglichen, die im Betrieb notwendig werdenden personellen Dispositionen zu treffen (vgl. BT-Drucks. 10/3792 S. 19). Diese Zwecksetzung erfordert auch die Mitteilung darüber, ob und in welchen Zeiträumen während der Elternzeit die bereits ausgeübte Teilzeitbeschäftigung fortgesetzt werden soll. Dies ist für den mit einem Elternzeitverlangen konfrontierten Arbeitgeber nicht weniger von Interesse als die Frage, ob während der Elternzeit eine vollständige Freistellung erfolgen soll. An die Mitteilung des Willens, die bereits ausgeübte Teilzeittätigkeit fortzusetzen, sind daher keine geringeren Anforderungen zu stellen als an die Inanspruchnahme der Elternzeit selbst (BAG, Urteil vom 27. April 2004 – 9 AZR 21/04 –). Einer Zustimmung des Arbeitgebers zur Fortsetzung der Teilzeittätigkeit bedarf es nicht (vgl. Brors RdA 2005, 51 <52>).

53 Die Teilzeittätigkeit kann **nahtlos mit dem Beginn der Elternzeit** oder **erst nach einem Zeitraum der völligen Arbeitsfreistellung** fortgesetzt werden. Der Wortlaut von § 15 Abs. 5 Satz 4 BEEG lässt beide Varianten zu (BAG, Urteil vom 27. April 2004 – 9 AZR 21/04 –). In beiden Varianten muss allerdings sogleich mit dem Elternzeitverlangen nach § 16 Abs. 1 Satz 1 BEEG frist- und formgerecht mitgeteilt werden, ob und ab wann die Teilzeittätigkeit fortgesetzt werden soll. Ein späteres Fortsetzungsverlangen ist rechtsunwirksam. Eine Wiederaufnahme der Teilzeittätigkeit kann dann nur noch im Einvernehmen mit dem Arbeitgeber oder im Wege einer Arbeitszeitverringerung unter den Voraussetzungen von § 15 Abs. 6, Abs. 7 BEEG erreicht werden (BAG, Urteil vom 27. April 2004 – 9 AZR 21/04 –; Brors RdA 2005, 51 <53 f.>; HK-MuSchG/BEEG/Rancke, 5. Aufl. 2018, § 15 BEEG Rn. 64; anders Worzalla SAE 2005, 242 ff.).

2. Einvernehmliche Verringerung und Verteilung der Arbeitszeit während der Elternzeit – Konsensverfahren

54 Wollen Arbeitnehmerinnen und Arbeitnehmer während der Elternzeit bei ihrem bisherigen Arbeitgeber in einem geringeren Umfang als vertraglich vereinbart tätig sein, verlangt **§ 15 Abs. 5 Satz 1 BEEG zunächst** einen **Antrag** auf eine entsprechende **Verringerung der Arbeitszeit und deren Verteilung** über den sich die Arbeitsvertragsparteien nach § 15 Abs. 5 Satz 2 BEEG **innerhalb von vier Wochen einigen sollen – sog. Konsensverfahren**. Scheitert eine Einigung im Konsensverfahren, können Arbeitnehmerinnen und Arbeitnehmer unter den Voraussetzungen von § 15 Abs. 6, Abs. 7 BEEG die Verringerung und gegebenenfalls Verteilung der verringerten Arbeitszeit gegen den Willen des Arbeitgebers durchsetzen – **sog. Anspruchsverfahren.**

a) Einleitung des Konsensverfahrens

Das Konsensverfahren wird mit einem **Antrag** der Arbeitnehmerinnen und Arbeitnehmer eingeleitet. Dieser unterliegt **keinen besonderen Form- und Fristerfordernissen.** Im Stadium des Konsensverfahrens muss insbesondere – anders als im Anspruchsverfahren – noch kein annahmefähiges Angebot i.S.v. § 145 BGB über eine Verringerung der Arbeitszeit und deren Verteilung vorliegen. Es reicht aus, wenn die Arbeitnehmerinnen und Arbeitnehmer sich mit dem Vorschlag oder dem Wunsch an den Arbeitgeber wenden, über eine Verringerung der Arbeitszeit und deren Verteilung zu verhandeln (vgl. BAG, Urteil vom 19. Februar 2013 – 9 AZR 461/11 –). 55

Im Rahmen des Konsensverfahrens nach § 15 Abs. 5 Satz 1 und Satz 2 BEEG unterliegt auch die Ablehnung des Arbeitgebers keinen besonderen Form- und Fristerfordernissen. Der Arbeitgeber kann die Verringerungs- und Verteilungswünsche der Arbeitnehmerinnen und Arbeitnehmer **formlos und ohne Begründung ablehnen.**

b) Verbindung von Konsens- und Anspruchsverfahren

Nach **§ 15 Abs. 5 Satz 3 BEEG** können Arbeitnehmerinnen und Arbeitnehmer die **Einleitung des Konsensverfahrens mit der Geltendmachung eines Rechtsanspruchs auf Arbeitszeitverringerung** nach § 15 Abs. 6 BEEG **verbinden.** In diesem Fall muss dem Arbeitgeber zwingend ein **annahmefähiges Angebot i.S.v. § 145 BGB** auf Verringerung und gegebenenfalls auf Verteilung der verringerten Arbeitszeit unterbreitet und deutlich gemacht werden, dass hierdurch zugleich ein Anspruch nach § 15 Abs. 6 BEEG erhoben wird. Dazu muss der Antrag in Bezug auf den Umfang, den Beginn und die Dauer der Arbeitszeitverringerung so bestimmt formuliert sein, dass der Arbeitgeber ihn mit einem schlichtem »Ja« annehmen kann (BAG, Urteil vom 15. Dezember 2009 – 9 AZR 72/09 –; Urteil vom 16. April 2013 – 9 AZR 535/11 –). 56

Ob der Arbeitnehmer allein im Konsensverfahren eine Verringerung der Arbeitszeit erreichen will oder parallel dazu im Anspruchsverfahren eine bestimmte Reduzierung der Arbeitszeit durchzusetzen versucht, ist durch **Auslegung nach §§ 133, 157 BGB** zu ermitteln (BAG, Urteil vom 19. Februar 2013 – 9 AZR 461/11 –). 57

Dabei ist zu berücksichtigen, dass der Arbeitgeber den Antrag auf Arbeitszeitverringerung ausschließlich innerhalb des Konsensverfahrens formlos und ohne Begründung ablehnen kann, ohne einen Rechtsnachteil zu erleiden. Haben die Arbeitnehmerinnen und Arbeitnehmer bereits einen Rechtsanspruch nach § 15 Abs. 6, Abs. 7 BEEG geltend gemacht, muss der Arbeitgeber die Ablehnung fristgerecht schriftlich erklären und begründen. Anderenfalls gilt seine Zustimmung zur begehrten Verringerung und Verteilung der Arbeitszeit als erteilt, § 15 Abs. 7 Satz 5 und Satz 6 BEEG (vgl. Rdn. 94 ff.). Außerdem muss er befürchten, in einem Rechtsstreit über die Arbeitszeitverringerung mit den Ablehnungsgründen ausgeschlossen zu sein (vgl. Rdn. 93).

c) Ergebnis des Konsensverfahrens

Kommt es nach § 15 Abs. 5 Satz 2 BEEG zu einer **Einigung der Arbeitsvertragsparteien über die Verringerung der Arbeitszeit und ihre Verteilung**, wird kein zusätz- 58 liches Teilzeitarbeitsverhältnis begründet, sondern das bestehende Arbeitsverhältnis abgeändert. Inhaltlich sind die Arbeitsvertragsparteien an die Höchstgrenze des Beschäftigungsumfangs von 32 Wochenstunden im Monatsdurchschnitt gebunden, § 15 Abs. 4 Satz 1 BEEG. Im Übrigen sind sie in der Ausgestaltung der Teilzeitbeschäftigung frei. Die Anzahl der Verringerungsanträge nach § 15 Abs. 5 Satz 1 BEEG ist nicht begrenzt und nicht an die in § 15 Abs. 7 BEEG genannten Voraussetzungen geknüpft (vgl. BAG, Urteil vom 19. Februar 2013 – 9 AZR 461/11 –).

59 Kommt **keine Einigung** über die Verringerung der Arbeitszeit und ihre Verteilung zustande, können die Arbeitnehmerinnen und Arbeitnehmer ihre **Rechtsansprüche nach § 15 Abs. 6, Abs. 7 BEEG verfolgen und gegen den Willen des Arbeitgebers durchsetzen** (vgl. Rdn. 61 ff.).

60 **Einigen sich die Arbeitsvertragsparteien im Konsensverfahren nur über die Verringerung der Arbeitszeit, nicht aber über deren Verteilung,** können die Arbeitnehmerinnen und Arbeitnehmer nicht nach § 15 Abs. 7 BEEG vorgehen, um eine bestimmte Verteilung der Arbeitszeit durchzusetzen. § 15 Abs. 7 BEEG beinhaltet neben dem Rechtsanspruch auf Verringerung der Arbeitszeit zwar auch einen Anspruch auf wunschgerechte Verteilung der reduzierten Arbeitszeit (BAG, Urteil vom 19. Februar 2013 – 9 AZR 461/11 –), dies jedoch nur im Zusammenhang mit der Verringerung der Arbeitszeit. Der Anspruch auf wunschgerechte Verteilung der Arbeitszeit ist Annex zum Anspruch auf Arbeitszeitverringerung.

Einigen sich die Arbeitsvertragsparteien im Konsensverfahren allein über die Arbeitszeitverringerung, **hat der Arbeitgeber die Verteilung der verringerten Arbeitszeit kraft seines Weisungsrechts nach billigem Ermessen festzulegen (§ 106 GewO i.V.m. § 315 Abs. 3 BGB)**. Die Ermessensentscheidung muss dem grundrechtlich durch Art. 6 GG und dem gesetzlich durch § 15 Abs. 6, Abs. 7 BEEG anerkannten Interesse der Arbeitnehmerinnen und Arbeitnehmer an Elternteilzeit hinreichend Rechnung tragen. Sie ist daher regelmäßig nur dann billig i.S.v. § 315 Abs. 3 BGB, wenn dem Arbeitgeber für seine Entscheidung dringende betriebliche Gründe zur Seite stehen (BAG, Urteil vom 9. Mai 2006 – 9 AZR 278/05 –). Ob dem genügt ist, ist gerichtlich überprüfbar. Eine unbillige Leistungsbestimmung des Arbeitgebers wird nach § 315 Abs. 3 BGB durch das Gericht ersetzt. Das steht einer auf Festlegung einer bestimmten Arbeitszeitverteilung gerichteten Klage nicht entgegen. Soll der Arbeitgeber sein Weisungsrecht mit einem bestimmten Inhalt ausüben, so steht dem Arbeitnehmer zur Durchsetzung seines behaupteten Anspruchs die Leistungsklage zur Verfügung (dazu BAG, Urteil vom 9. Mai 2006 – 9 AZR 278/05 –).

3. Erzwingbare Verringerung und Verteilung der Arbeitszeit während der Elternzeit – Anspruchsverfahren

61 Scheitert die im Konsensverfahren nach § 15 Abs. 5 BEEG anzustrebende Einigung über eine Verringerung der Arbeitszeit und deren Verteilung, können Arbeitnehmerinnen und Arbeitnehmer unter den Voraussetzungen des § 15 Abs. 7 BEEG **zweimal** eine **Verringerung ihrer Arbeitszeit erzwingen (§ 15 Abs. 6 BEEG)**. Vergleichsmaßstab ist die Arbeitszeit vor Beginn der Elternzeit. Deshalb können Arbeitnehmerinnen

und Arbeitnehmer mit der zweiten Verringerung faktisch eine Erhöhung der durch das erstmalige Teilzeitverlangen reduzierten Arbeitszeit erreichen. Ausgehend von einer vertraglich vor der Elternzeit vereinbarten 40-Stunden-Woche kann beispielsweise also zunächst eine Wochenarbeitszeit von 15 Stunden und sodann eine solche von 32 Stunden beansprucht werden (BAG, Urteil vom 9. Mai 2006 – 9 AZR 278/05 –).

a) Verhältnis von Konsens- und Anspruchsverfahren

§ 15 BEEG unterscheidet zwischen dem **Konsensverfahren nach § 15 Abs. 5 BEEG** 62
und dem **Anspruch auf Verringerung und Verteilung der Arbeitszeit nach § 15 Abs. 6, Abs. 7 BEEG.** Das zeigt sich einerseits an § 15 Abs. 6 BEEG, wonach ein Anspruch auf Verringerung der Arbeitszeit besteht, soweit eine Einigung nach § 15 Abs. 5 BEEG nicht möglich ist, und andererseits an § 15 Abs. 5 Satz 3 BEEG, wonach der Verringerungsantrag nach § 15 Abs. 5 Satz 1 BEEG mit der schriftlichen Mitteilung nach § 15 Abs. 7 Satz 1 Nr. 5 BEEG verbunden werden kann, aber nicht muss. Die Arbeitnehmerinnen und Arbeitnehmer können deshalb zunächst nur einen Antrag nach § 15 Abs. 5 Satz 1 BEEG stellen, den Verlauf des Konsensverfahrens abwarten und dann entscheiden, ob ein bestimmter Anspruch gemäß § 15 Abs. 6 BEEG **geltend** gemacht werden soll. Sie können aber auch Konsens- und Anspruchsverfahren verbinden und parallel laufen lassen (vgl. BAG, Urteil vom 19. Februar 2013 – 9 AZR 461/11 –,).

Die Unterscheidung von Konsens- und Anspruchsverfahren hat zur Folge, dass eine 63
im Konsensverfahren erzielte Einigung über die Verringerung der Arbeitszeit nicht auf den zweimaligen Verringerungsanspruch nach § 15 Abs. 6, Abs. 7 BEEG **anzurechnen** ist (BAG, Urteil vom 19. Februar 2013 – 9 AZR 461/11 –; HK-MuSchG/BEEG/Rancke, 5. Aufl. 2018, § 15 BEEG Rn. 69; Tillmanns, in: Tillmanns/Mutschler, MuSchG/BEEG, 3. Aufl. 2021, § 15 BEEG Rn. 42; **kritisch dazu** ErfK/Gallner, 22. Aufl. 2022, § 15 BEEG Rn. 14; Leuchten Anm. zu BAG, Urteil vom 19. Februar 2013 – 9 AZR 461/11 –, AP Nr. 4 zu § 15 BEEG). Kommt es **erst im Anspruchsverfahren zu einer Einigung** über die Verringerung und Verteilung der Arbeitszeit, **findet eine Anrechnung** auf den zweimaligen Verringerungsanspruch nach § 15 Abs. 6, Abs. 7 BEEG **statt** (vgl. BT-Drucks. 18/2583 S. 36; BAG, Urteil vom 19. Februar 2013 – 9 AZR 461/11 –; ErfK/Gallner, 22. Aufl. 2022, § 15 BEEG Rn. 14; anders Fecker/Scheffzek NZA 2015, 778 <780>).

Zu Abgrenzungsschwierigkeiten kommt es in den Fällen, in denen der Arbeitnehmer 64
den Antrag im Konsensverfahren nach § 15 Abs. 5 Satz 1 BEEG mit der schriftlichen Mitteilung nach § 15 Abs. 7 Satz 1 Nr. 5 BEEG verbindet, § 15 Abs. 5 Satz 3 BEEG. Kommt es bei dieser Vorgehensweise zu einer Einigung über die Verringerung und Verteilung der Arbeitszeit, ist zu klären, ob sie dem Konsens- oder dem Anspruchsverfahren zuzuordnen und damit auf die Maximalzahl des zweimaligen Verringerungsanspruchs gemäß § 15 Abs. 6 BEEG anzurechnen ist oder nicht. In diesen Fällen gilt Folgendes:

- Die gesetzliche Konzeption von § 15 Abs. 5 Satz 3 BEEG und § 15 Abs. 6 BEEG macht deutlich, dass der Versuch einer Einigung für die Arbeitsvertragsparteien obligatorisch und vorrangig gegenüber der Geltendmachung eines Rechtsanspruchs auf Arbeitszeitverringerung ist. Nach § 15 Abs. 6 BEEG kann eine Arbeitszeitverringerung nur gegen den Willen des Arbeitgebers beansprucht werden, »soweit eine Einigung nach § 15 Abs. 5 BEEG nicht möglich ist«. Mit dieser Formulierung bringt § 15 Abs. 6 BEEG zum Ausdruck, dass der Rechtsanspruch auf eine bestimmte Verringerung der Arbeitszeit erst dann begründet wird, wenn sich die Parteien über die Verringerung der Arbeitszeit im Konsensverfahren nicht (mehr) einigen können. § 15 Abs. 6 BEEG knüpft damit an das aus Sicht des Gesetzgebers vorrangige Ziel der Einigung an, die regelmäßig zu einem besseren Ergebnis führt (BT-Drucks. 14/3118 S. 20 f.). Gleichzeitig anerkennt § 15 Abs. 5 Satz 3 BEEG das Interesse der auf eine Teilerwerbstätigkeit angewiesenen Arbeitnehmerinnen und Arbeitnehmer an einer zügigen Klärung der Frage, ob und mit welcher Reduzierung und Neuverteilung der Arbeitszeit sie planen können. § 15 Abs. 5 Satz 3 BEEG erlaubt es den Arbeitnehmerinnen und Arbeitnehmern deshalb im Beschleunigungsinteresse, das Konsensverfahren mit der schriftlichen Mitteilung nach § 15 Abs. 7 Satz 1 Nr. 5 BEEG »zu verbinden«. Diese Verbindung hat zur Folge, dass gleichzeitig mit der Einleitung des Konsensverfahrens schon die von einer schriftlichen Mitteilung nach § 15 Abs. 7 Satz 1 Nr. 5 BEEG ausgelösten Reaktionsfristen für den Arbeitgeber nach § 15 Abs. 7 Satz 4, Satz 5 BEEG in Gang gesetzt werden. Sie bewirkt aber weder einen Verzicht auf das Konsensverfahren noch eine Abkehr von dem in § 15 Abs. 6 BEEG postulierten Vorrang des Konsens- vor dem Anspruchsverfahren.
- Ausgehend davon ist eine Einigung der Arbeitsvertragsparteien auch bei einer Vorgehensweise nach § 15 Abs. 5 Satz 3 BEEG erst dann dem Anspruchsverfahren zuzurechnen und als Geltendmachung des Rechtsanspruchs auf Verringerung und Verteilung der Arbeitszeit i.S.v. § 15 Abs. 6 BEEG zu werten, wenn eine Einigung im Konsensverfahren gescheitert ist.

  Das Scheitern einer Einigung kann von den Arbeitsvertragsparteien ausdrücklich erklärt werden. Das Scheitern einer Einigung kann sich darüber hinaus aber auch aus den Umständen ergeben. Lehnt der Arbeitgeber die beanspruchte Verringerung und Verteilung der Arbeitszeit frist- und formgerecht i.S.v. § 15 Abs. 7 Satz 4 BEEG ab, steht damit zugleich fest, dass eine Einigung im Konsensverfahren gescheitert ist. Gleiches gilt, wenn die Ablehnungserklärung des Arbeitgebers nicht frist- oder formgerecht i.S.v. § 15 Abs. 7 Satz 4 BEEG erfolgt. Die daran anknüpfende gesetzliche Fiktion einer Einigung nach § 15 Abs. 7 Satz 5, Satz 6 BEEG macht deutlich, dass die Arbeitsvertragsparteien sich nicht einigen konnten. Kommt es im Nachgang dazu gleichwohl noch außergerichtlich, vorgerichtlich oder gerichtlich (§ 15 Abs. 7 Satz 7 BEEG) zu einer Übereinkunft der Arbeitsvertragsparteien, ist diese dem Anspruchsverfahren zuzurechnen.

  Alle Übereinkünfte der Arbeitsvertragsparteien zur Verringerung und Verteilung der Arbeitszeit, die vor einem ausdrücklich erklärten oder aus den Umständen zu entnehmenden Scheitern einer Einigung erzielt werden, sind demgegenüber dem Konsensverfahren zuzuordnen.

– Anders gewendet: Werden Konsens- und Anspruchsverfahren miteinander verbunden stellt allein die schriftliche Mitteilung nach § 15 Abs. 7 Satz 1 Nr. 5 BEEG noch keine Geltendmachung des Rechtsanspruchs auf Arbeitszeitverringerung i.S.v. § 15 Abs. 6 BEEG dar. Darüber hinaus ist erforderlich, dass eine Einigung im Konsensverfahren gescheitert ist (offengelassen von BAG, Urteil vom 19. Februar 2013 – 9 AZR 461/11 –).

b) Anspruchsvoraussetzungen für eine Verringerung der Arbeitszeit

Die Voraussetzungen des Anspruchs auf Arbeitszeitverringerung sind in § 15 Abs. 6 BEEG und § 15 Abs. 7 Satz 1 Nr. 1 bis Nr. 5 BEEG festgelegt. 65

aa) Mindestbeschäftigtenzahl

Der Anspruch auf Arbeitszeitverringerung setzt nach **§ 15 Abs. 7 Satz 1 Nr. 1 BEEG** zunächst voraus, dass **der Arbeitgeber in der Regel mehr als 15 Arbeitnehmerinnen und Arbeitnehmer** beschäftigt. Personen in der Berufsbildung sind nicht mitzuzählen. Die Ermittlung der Beschäftigtenzahl erfolgt nach Köpfen und damit unabhängig von der individuellen Arbeitszeit (BT-Drucks. 14/3808 S. 28). Der Gesetzeswortlaut stellt auf den Arbeitgeber ab und nicht auf den Betrieb, die Behörde oder die Dienststelle. Entscheidend ist damit die Beschäftigtenzahl des Unternehmens als Vertragsarbeitgeber. Verfügt ein Unternehmen über mehrere Betriebe, sind die in diesen Betrieben tätigen Beschäftigten zusammenzuzählen. Ist der Arbeitgeber an einem Gemeinschaftsbetrieb beteiligt, kommt es nicht auf die Gesamtzahl der im Gemeinschaftsbetrieb Beschäftigten an, sondern nur auf die Anzahl der beim Vertragsarbeitgeber Beschäftigten (LAG Köln, Urteil vom 25. April 2007 – 7 Sa 1396/06 –). 66

Bei der Mindestbeschäftigtenzahl handelt es sich um eine Anspruchsvoraussetzung. Sie muss daher nicht bereits bei Geltendmachung des Verringerungsanspruchs, sondern **zum Zeitpunkt des gewünschten Teilzeitbeginns** vorliegen (; Buschbaum/Rosak NZA-RR 2014, 337 <339>; ErfK/Preis, 22. Aufl. 2022, § 9a TzBfG Rn. 16; HK-MuSchG/BEEG/Rancke, 5. Aufl. 2018, § 15 BEEG Rn. 67;). 67

bb) Wartezeit

Das **Arbeitsverhältnis** der Berechtigten muss in demselben Betrieb oder Unternehmen ohne Unterbrechung mehr als **sechs Monate** bestanden haben, **§ 15 Abs. 7 Satz 1 Nr. 2 BEEG**. Die Erfüllung dieser Wartezeit ist nach den Grundsätzen von § 1 Abs. 1 KSchG zu ermitteln (BT-Drucks. 14/3553 S. 22). Maßgeblich ist damit der rechtliche Bestand des Arbeitsverhältnisses ab dem Tag der vereinbarten Arbeitsaufnahme. Kurzfristige Unterbrechungen können nach den dazu im Rahmen von § 1 Abs. 1 KSchG entwickelten Maßstäben unerheblich sein (ErfK/Gallner, 22. Aufl. 2022, § 15 BEEG Rn. 14; HK-MuSchG/BEEG/Rancke, 5. Aufl. 2018, § 15 BEEG Rn. 67). 68

Auch bei der Wartezeit handelt es sich um eine Anspruchsvoraussetzung. Sie muss daher nicht bereits bei Geltendmachung des Verringerungsanspruchs, sondern **zum** 69

Zeitpunkt des gewünschten Teilzeitbeginns erfüllt sein (Bruns BB 2008, 300 <333>; (Brose/Weth/Volk/Schneider, 9. Aufl. 2020, § 15 BEEG Rn. 55 Lange-Peters/Rolfs NZA 2000, 682 <686>; HK-MuSchG/BEEG/Rancke, 5. Aufl. 2018, § 15 BEEG Rn. 67;). § 15 Abs. 7 Nr. 2 BEEG unterscheidet sich insoweit von §§ 8 Abs. 1, 9a Abs. 1 TzBfG, welche die Wartezeit an die Geltendmachung der Arbeitszeitverringerung knüpfen (»kann verlangen«).

cc) Dauer und Umfang der Arbeitszeitverringerung

70 Nach **§ 15 Abs. 7 Satz 1 Nr. 3 BEEG** muss der Teilzeitantrag an einem bestimmten **Arbeitszeitvolumen** ausgerichtet sein. Die begehrte verringerte Arbeitszeit darf nicht weniger als 15 und nicht mehr als 32 Wochenstunden im Monatsdurchschnitt betragen. Diese Untergrenze sollte früher die Einbeziehung geringfügiger Beschäftigungsverhältnisse vermeiden (vgl. BT-Drucks. 14/3553, S. 22; mit dem Zweiten Gesetz für moderne Dienstleistungen am Arbeitsmarkt vom 23. Dezember 2002, BGBl. I S. 4621 wurde die Stundenbegrenzung für eine geringfügige Beschäftigung in § 8 Abs. 1 Nr. 1 SGB IV gestrichen). Die Obergrenze soll sicherstellen, dass neben der Teilerwerbstätigkeit auch tatsächlich noch eine Kinderbetreuung möglich ist.

Die **Mindestdauer der Teilzeittätigkeit** soll zwei Monate betragen. Die Formulierung als »Soll-Vorschrift« macht deutlich, dass der Arbeitgeber einen Teilzeitantrag nicht allein deshalb ablehnen kann, weil er die zweimonatige Mindestdauer unterschreitet (ErfK/Gallner, 22. Aufl. 2022, § 15 BEEG Rn. 15). Die Regelung einer Mindestdauer der Teilzeittätigkeit macht deutlich, dass die Elternteilzeit nicht für die Dauer der gesamten (restlichen) Elternzeit geltend gemacht werden muss, sondern auf einen bestimmten Zeitraum befristet werden kann. Nur dies wird auch dem Ziel gerecht, die Vereinbarkeit von Familie und Beruf durch flexible Gestaltungsmöglichkeiten bei der Elternteilzeit zu verbessern. Den berechtigten Dispositionsinteressen des Arbeitgebers wird durch die gesetzliche Mindestdauer der Teilzeittätigkeit (§ 15 Abs. 7 Satz 1 Nr. 3 BEEG) und die Höchstzahl der erzwingbaren Verringerungsverlangen (§ 15 Abs. 6 BEEG) Rechnung getragen.

dd) Keine entgegenstehenden dringenden betrieblichen Gründe

71 Nach **§ 15 Abs. 7 Satz 1 Nr. 4 BEEG** dürfen der verlangten Verringerung der Arbeitszeit **keine dringenden betrieblichen Gründe entgegenstehen**. Dies gilt auch für die von den Arbeitnehmerinnen und Arbeitnehmern verlangte Verteilung der Arbeitszeit, und zwar unabhängig davon, ob die Verteilung der Arbeitszeit als Annex zu ihrer Verringerung nach § 15 Abs. 7 BEEG (vgl. Rdn. 85) oder als inhaltlich bestimmte Ausübung seines Weisungsrechtes nach § 106 GewO, § 315 Abs. 3 BGB beansprucht wird (vgl. Rdn. 60).

Hinweise für eine Auslegung des Begriffs der dringenden betrieblichen Gründe liefern in systematischer Hinsicht die vergleichbaren Bestimmungen über einen Teilzeitanspruch in § 8 TzBfG und § 9a TzBfG, die eine ähnliche Interessenlage beider Arbeitsvertragsparteien abbilden. Nach **§ 8 Abs. 4 Satz 1 TzBfG** und § 9a Abs. 2 Satz 1 TzBfG hat der Arbeitgeber dem Teilzeitverlangen zu entsprechen, soweit **betriebliche Gründe** nicht entgegenstehen. § 15 Abs. 7 Satz 1 Nr. 4 BEEG verlangt demgegenüber »dringende« betriebliche Gründe und stellt damit höhere Anforderungen an die berechtigte Ablehnung eines Teilzeitverlangens durch den Arbeitgeber. Dies ist konsequent. Der Elternteilzeitanspruch nach § 15 Abs. 6, Abs. 7 BEEG unterscheidet sich vom Teilzeitanspruch nach §§ 8, 9a TzBfG dadurch, dass den Arbeitnehmerinnen und Arbeitnehmern, die Elternteilzeit beanspruchen, über die Ausübung der Berufs- und Vertragsfreiheit hinaus weitere grundrechtlich durch Art. 6 GG und Art. 3 Abs. 2 GG geschützte Interessen zu Seite stehen. Dies bedingt, dass betriebliche Gründe, die einem Elternteilzeitanspruch entgegenstehen, deutlich gewichtiger sein müssen als diejenigen zur Abwehr eines Teilzeitanspruches nach §§ 8, 9a TzBfG. **Mit dieser Maßgabe geben die in § 8 Abs. 4 Satz 2 TzBfG genannten betrieblichen Gründe eine Orientierung** bei der Bestimmung, welche Sachverhalte geeignet sind, einen dringenden betrieblichen Grund i.S.v. § 15 Abs. 7 Satz 1 Nr. 4 BEEG abzugeben. Ein dringender betrieblicher Grund kann danach insbesondere dann vorliegen, wenn die beantragte Verringerung oder Verteilung der Arbeitszeit die **Organisation, den Arbeitsablauf oder die Sicherheit im Betrieb wesentlich beeinträchtigt oder unverhältnismäßige Kosten verursacht** und diese Beeinträchtigung von besonderem Gewicht ist (vgl. BAG, Urteil vom 19. April 2005 – 9 AZR 233/04 –).

Einen weiteren Hinweis für die Auslegung des Begriffs der dringenden betrieblichen Gründe liefert § 1 Abs. 2 KSchG. Zwischen den **dringenden betrieblichen Erfordernissen** i.S.v. **§ 1 Abs. 2 KSchG** und den dringenden betrieblichen Gründen, die einer Elternteilzeit entgegenstehen, besteht mit der **fehlenden Beschäftigungsmöglichkeit** für die betroffenen Arbeitnehmerinnen und Arbeitnehmer eine vergleichbare Ausgangssituation. Im Kündigungsrecht müssen die dringenden betrieblichen Erfordernisse einer dauerhaften Weiterbeschäftigung des Arbeitnehmers entgegenstehen. Im Recht der Elternteilzeit müssen sie einer befristeten Beschäftigung mit der gewünschten verringerten Arbeitszeit entgegenstehen (BAG, Urteil vom 5. Juni 2007 – 9 AZR 82/07 –). Die Stilllegung eines Betriebs oder einer Abteilung, die Auflösung einer Arbeitsgruppe, die Fremdvergabe von Arbeiten, Produktionseinschränkungen, Rationalisierungsmaßnahmen u.Ä. können daher einen dringenden betrieblichen Grund i.S.v. § 15 Abs. 7 Satz 1 Nr. 4 BEEG abgeben (vgl. BAG, Urteil vom 5. Juni 2007 – 9 AZR 82/07 –).

Ausgehend davon verlangt § 15 Abs. 7 Satz 1 Nr. 4 BEEG, dass die entgegenstehenden 72
betrieblichen Gründe von besonderem Gewicht sind. Aus dem Begriff »dringend« ergibt sich, dass die **betrieblichen Belange notwendig, erforderlich oder auch sehr wichtig sein müssen und sich deshalb als zwingende Hindernisse für die beantragte Verringerung und Verteilung der Arbeitszeit darstellen** (BAG, Urteil vom 5. Juni 2007 – 9 AZR 82/07 –; Urteil vom 15. Dezember 2009 – 9 AZR 72/09 –). Dies wird nur ausnahmsweise der Fall sein. Da der Arbeitgeber kein Ablehnungsrecht gegenüber einem Arbeitnehmer hat, der unter vollständiger Freistellung von der Arbeitspflicht in Elternzeit geht, **müssen sich die dringenden betrieblichen Gründe daraus ergeben, dass der Arbeitnehmer während der Elternzeit einer Teilzeitbeschäftigung nachgehen will, anstatt die vollständige Freistellung zu wählen** (BAG, Urteil vom 19. April 2005 – 9 AZR 233/04 –). § 15 Abs. 7 Satz 1 Nr. 4 BEEG schützt den Arbeitgeber damit vor

einer betrieblich nicht sinnvoll verwertbaren Beschäftigung des Elternzeitberechtigten (BAG, Urteil vom 15. April 2008 – 9 AZR 380/07 –).

73 Die Darlegungs- und Beweislast für die behaupteten entgegenstehenden dringenden betrieblichen Gründe trägt in vollem Umfang der Arbeitgeber (BAG, Urteil vom 5. Juni 2007 – 9 AZR 82/07 –). Inhalt und Umfang der vom Arbeitgeber darzulegenden Tatsachen richten sich nach dem Lebenssachverhalt, auf den die Ablehnung des Teilzeitverlangens gestützt wird (vgl. Rdn. 74 ff.). Die Elternzeitberechtigten genügen ihrer Darlegungslast bereits dadurch, dass sie behaupten, ihrem Teilzeitverlangen stünden keine betrieblichen Belange entgegen (BAG, Urteil vom 5. Juni 2007 – 9 AZR 82/07 –).

74 In folgenden Fällen kann ein dringender betrieblicher Ablehnungsgrund i.S.v. § 15 Abs. 7 Satz 1 Nr. 4 BEEG gegeben sein:

75 – **Fehlende Beschäftigungsmöglichkeit**
Eine Beschäftigung in Elternteilzeit setzt voraus, dass für den Arbeitnehmer ein Beschäftigungsbedarf besteht (BAG, Urteil vom 19. April 2005 – 9 AZR 233/04 –; Urteil vom 15. April 2008 – 9 AZR 380/07 –; Urteil vom 5. Juni 2007 – 9 AZR 82/07 –). Entstünde durch die Beschäftigung des Arbeitnehmers in Elternteilzeit ein Arbeitskräfteüberhang, stellt dies einen Ablehnungsgrund für das Elternteilzeitverlangen dar. **Ausgangspunkt** dafür können betriebliche Veränderungen wie die Stilllegung des Betriebs, die Schließung einer Abteilung, die Auflösung einer Arbeitsgruppe, die Vergabe von bisher selbst ausgeführten Arbeiten an Dritte, Produktionseinschränkungen, Rationalisierungsmaßnahmen u.Ä. sein.
Der Arbeitgeber ist in solchen Fällen des Arbeitskräfteüberhangs nicht verpflichtet, eine **Sozialauswahl** zwischen dem Arbeitnehmer, der während der Elternzeit einer Teilzeitbeschäftigung nachgehen will, und den anderen um die verbleibenden freien Arbeitsplätze konkurrierenden Beschäftigten vorzunehmen. Es fehlt insoweit die für eine Sozialauswahl erforderliche Vergleichbarkeit, weil der Arbeitgeber gegenüber dem Arbeitnehmer in Elternzeit keine Beschäftigungspflicht zu erfüllen hat (BAG, Urteil vom 15. April 2008 – 9 AZR 380/07 –). Ebenso wenig ist der Arbeitgeber verpflichtet, gegenüber Arbeitnehmerinnen und Arbeitnehmern eine **Versetzung** oder **Änderungskündigung** auszusprechen, um Arbeitskapazität für eine Teilzeitbeschäftigung in Elternzeit freizumachen. Die damit verbundenen rechtlichen Risiken stellen für den Arbeitgeber, der nach § 15 Abs. 7 Satz 4 BEEG binnen vier bzw. acht Wochen verbindlich über das Teilzeitverlangen entscheiden muss, eine unzumutbare Belastung dar (vgl. BAG, Urteil vom 19. April 2005 – 9 AZR 233/04 –; Urteil vom 15. April 2008 – 9 AZR 380/07 –). Der Arbeitgeber ist regelmäßig auch nicht verpflichtet, alle vergleichbaren Arbeitnehmerinnen und Arbeitnehmer nach ihrer Bereitschaft zu befragen, ihre Arbeitszeit zu reduzieren oder ihre Arbeitsverträge anderweitig so zu ändern, dass die gewünschte Teilzeitbeschäftigung während der Elternzeit möglich wird. Eine solche Pflicht besteht nur im Einzelfall, wenn der Arbeitgeber konkrete Anhaltspunkte für eine solche Bereitschaft hat (BAG, Urteil vom 19. April 2005 – 9 AZR 233/04 –; Urteil vom 15. April 2008 – 9 AZR 380/07 –).
Die fehlende Beschäftigungsmöglichkeit ist vom Arbeitgeber darzulegen. Die Anforderungen an einen schlüssigen Vortrag unterscheiden sich nicht von denen zur

Darlegung der Begründetheit einer betriebsbedingten Kündigung, mit dem Unterschied, dass die dringenden betrieblichen Gründe nicht einer dauerhaften Weiterbeschäftigung des Arbeitnehmers, sondern einer befristeten Beschäftigung mit verringerter Arbeitszeit entgegenstehen müssen (BAG, Urteil vom 5. Juni 2007 – 9 AZR 82/07 –). In die erforderliche Darlegung sind alle Aufgaben einzubeziehen, die der Arbeitgeber dem Elternzeitberechtigten aufgrund seines Weisungsrechts (§ 106 GewO) übertragen kann. Regelmäßig wird das erfordern, dass der Arbeitgeber seinen insoweit bestehenden Gesamtbedarf an Arbeitszeitkapazität vorträgt und der tatsächlichen Besetzungssituation gegenüberstellt. Insbesondere bei größeren Betrieben kann hierauf wegen der dynamischen Entwicklung im Personalbereich durch Fluktuation oder Inanspruchnahme von Elternzeit nicht verzichtet werden (BAG, Urteil vom 5. Juni 2007 – 9 AZR 82/07 –).

– **Einstellung einer Vertretungskraft** 76

Einer Teilzeitbeschäftigung während der Elternzeit stehen regelmäßig dringende betriebliche Gründe i.S.v. § 15 Abs. 7 Satz 1 Nr. 4 BEEG entgegen, wenn der Arbeitgeber bereits eine **Vertretungskraft befristet eingestellt** hat und diese ebenso wenig wie andere Beschäftigte bereit ist, ihre Arbeitszeit zugunsten des Elternzeitberechtigten zu reduzieren. Auch insoweit ist der Arbeitgeber nicht verpflichtet, eine Beschäftigungsmöglichkeit für den Elternzeitberechtigten dadurch zu schaffen, dass er gegenüber der Vertretungskraft oder anderen Arbeitnehmerinnen und Arbeitnehmern eine Versetzung, Änderungskündigung oder Beendigungskündigung ausspricht. Ein besonderes Kündigungsrecht gegenüber dem zur Vertretung eingestellten Arbeitnehmer besteht nur unter den Voraussetzungen des § 21 Abs. 4 BEEG. Im Übrigen stellen die mit einer Versetzung, Änderungskündigung und Beendigungskündigung verbundenen rechtlichen Risiken für den Arbeitgeber, der nach § 15 Abs. 7 Satz 4 BEEG binnen vier bzw. acht Wochen verbindlich über das Teilzeitverlangen entscheiden muss, eine unzumutbare Belastung dar. Sie rechtfertigt die Ablehnung des Teilzeitanspruchs eines Arbeitnehmers in Elternzeit nach § 15 Abs. 7 Satz 1 Nr. 4 BEEG (BAG, Urteil vom 19. April 2005 – 9 AZR 233/04 –; Urteil vom 5. Juni 2007 – 9 AZR 82/07 –).

Anders zu beurteilen ist die Situation, wenn der Arbeitgeber den Arbeitsplatz des Elternzeitberechtigten nicht in Form einer Vertretung befristet besetzt, sondern eine unbefristete Einstellung vornimmt. Die unbefristete Neueinstellung statt einer rechtlich möglichen Befristung (§ 21 Abs. 1, Abs. 2 BEEG) ist ein Anhalt dafür, dass der Arbeitgeber zumindest das Risiko einer möglichen Doppelbesetzung in Kauf nimmt, weil er davon ausgeht, dass sich bei Verwirklichung des Risikos schon »irgendwie« eine Lösung finden werde, die es erlaubt, beide Arbeitnehmer zu beschäftigen und keinen Annahmeverzugslohn (§§ 611, 615 BGB) zahlen zu müssen. In Betracht kommt auch, dass die unbefristete »Nachbesetzung« im Rahmen einer künftigen Ausweitung der Geschäftstätigkeit wegen des damit steigenden Arbeitskräftebedarfs erfolgt. Es genügt daher nicht, wenn der Arbeitgeber sich zur Darlegung entgegenstehender dringender betrieblicher Gründe i.S.v. § 15 Abs. 7 Satz 1 Nr. 4 BEEG darauf beruft, der Arbeitsplatz des Elternzeitberechtigten sei anderweitig besetzt und die »Ersatzkraft« nicht zur Arbeitsplatzteilung bereit. Zu berücksichtigen sind vielmehr auch die weiteren Beschäftigungsmöglichkeiten, die sich aus dem betrieblichen Bedarf und den Einsatzmöglichkeiten des Elternzeitberechtigten ergeben (BAG, Urteil vom 5. Juni 2007 – 9 AZR 82/07 –).

77 – **Fehlende Ersatzkraft**

Ein dringender betrieblicher Grund i.S.v. § 15 Abs. 7 Satz 1 Nr. 4 BEEG kann außerdem vorliegen, wenn der Arbeitgeber im Betrieb und auf dem Arbeitsmarkt keine geeignete Teilzeitkraft findet, die das durch die Teilzeitbeschäftigung des Elternzeitberechtigten freie Arbeitszeitvolumen abdeckt. Der Arbeitgeber hat zu prüfen, ob die Teilzeitbeschäftigung des Elternzeitberechtigten gegebenenfalls auch mithilfe innerbetrieblicher Organisationsmaßnahmen, wie insbesondere die Umsetzung von Beschäftigten, die Aufstockung der Arbeitszeit von Teilzeitbeschäftigten oder die Änderung der Aufgabenverteilung ermöglicht werden kann. Darüber hinaus hat er sich auf dem externen Arbeitsmarkt um eine geeignete Teilzeitersatzkraft zu bemühen. Eine Nachfrage bei der zuständigen Agentur für Arbeit ist nur ausnahmsweise entbehrlich (BAG, Urteil vom 24. September 2019 – 9 AZR 435/18 –).

78 – **Entgegenstehendes Organisationskonzept**

Der Arbeitgeber kann sich zur Ablehnung der Elternteilzeit auch darauf berufen, diese sei mit seinem Organisationskonzept nicht vereinbar. Dabei geht es im Wesentlichen um Fälle der sog. **Unteilbarkeit des Arbeitsplatzes** oder der **Unvereinbarkeit der gewünschten Teilzeitarbeit mit den betrieblichen Arbeitszeitmodellen.** Diese Gesichtspunkte sind im Rahmen von §§ 8, 9a TzBfG unter bestimmten Voraussetzungen als Ablehnungsgründe anerkannt (vgl. dazu BAG, Urteil vom 18. März 2003 – 9 AZR 126/02 –; Urteil vom 15. August 2006 – 9 AZR 30/06 –). Die Entscheidung des Arbeitgebers, generell keine Teilzeitarbeitsplätze einzurichten oder zumindest bestimmte Aufgaben im Einklang mit der unternehmerischen Zielsetzung nur von Vollzeitarbeitskräften erledigen zu lassen, stellt als solches kein Organisationskonzept dar, das einem Elternteilzeitverlangen entgegenstehen könnte (BAG, Urteil vom 15. Dezember 2009 – 9 AZR 72/09 –).

Das Vorliegen eines dringenden betrieblichen Grundes i.S.v. § 15 Abs. 7 Satz 1 Nr. 4 BEEG ist in diesen Fällen anhand des zu § 8 TzBfG entwickelten **dreistufigen Prüfungsschemas** vorzunehmen (BAG, Urteil vom 18. Mai 2004 – 9 AZR 319/03 –; Urteil vom 5. Juni 2007 – 9 AZR 82/07 –; Urteil vom 15. Dezember 2009 – 9 AZR 72/09 –). Danach ist zunächst festzustellen, ob überhaupt und wenn ja, welches betriebliche Organisationskonzept der vom Arbeitgeber als erforderlich angesehenen Arbeitszeitregelung zugrunde liegt. Ob ein solches Konzept besteht, tatsächlich durchgeführt wird und das vorgetragene betriebliche Arbeitszeitmodell bedingt, ist gerichtlich voll überprüfbar (**1. Stufe**). Sodann ist zu prüfen, inwieweit die Arbeitszeitregelung dem Teilzeitverlangen der Elternzeitberechtigten tatsächlich entgegensteht. Dabei ist auch der Frage nachzugehen, ob durch eine zumutbare Änderung der betrieblichen Abläufe oder des Personaleinsatzes die betrieblich erforderliche Arbeitszeitregelung unter Wahrung des Organisationskonzeptes mit dem individuellen Elternteilzeitwunsch in Deckung gebracht werden kann (**2. Stufe**). Schließlich ist das objektive Gewicht der vom Arbeitgeber vorgetragenen Beeinträchtigung zu prüfen. Dabei ist die Frage zu klären, ob die betrieblichen Beeinträchtigungen von so besonderem Gewicht sind, dass sie sich als zwingende Hindernisse für das Elternteilzeitverlangen erweisen (**3. Stufe**). Zum anzuwendenden

Dreistufenschema vgl. etwa BAG, Urteile vom 18. Februar 2003 – 9 AZR 164/02 –; 18. Mai 2004 – 9 AZR 319/03 –; 8. Mai 2007 – 9 AZR 1112/06 –; 13. Oktober 2009 – 9 AZR 910/08 –; 13. November 2012 – 9 AZR 259/11 –).

– **Kosten oder organisatorischer Schwierigkeiten** 79
Kosten oder organisatorischer Schwierigkeiten stellen regelmäßig keinen Ablehnungsgrund i.S.v. § 15 Abs. 7 Satz 1 Nr. 4 BEEG dar. Sie erreichen nur die Schwelle von § 15 Abs. 7 Satz 1 Nr. 4 BEEG, wenn sie sie für den Arbeitgeber **unzumutbar** sind.

ee) Form, Frist und Inhalt des Antrags auf Elternteilzeit

Der Antrag auf Elternteilzeit nach **§ 15 Abs. 7 Satz 1 Nr. 5 BEEG** unterliegt der **Schriftform nach § 126 BGB**. Die Textform nach § 126b BGB genügt nicht, da sie in § 15 BEEG – anders als von § 126 b BGB verlangt – nicht ausdrücklich zugelassen wird. Zu den Anforderungen der Schriftform vgl. Kommentierung zu § 16 BEEG Rdn. 2. 80

Der Antrag muss dem Arbeitgeber mindestens **sieben Wochen vor Beginn der Teilzeittätigkeit zugehen**, wenn die Verringerung der Arbeitszeit in einem Zeitraum bis zur Vollendung des dritten Lebensjahres des Kindes erfolgen soll. Geht es um die Verringerung der Arbeitszeit in einem Zeitraum zwischen dem vierten und achten Lebensjahr des Kindes, beträgt die Antragsfrist **dreizehn Wochen**. Diese Fristen entsprechen denjenigen zu Inanspruchnahme der Elternzeit nach § 16 Abs. 1 Satz 1 BEEG. Eine nicht fristgerechte Antragstellung führt nicht zur Unwirksamkeit des Antrags, sondern verschiebt den Beginn der Teilzeittätigkeit um den zur Fristwahrung fehlenden Zeitraum, ohne dass es eines erneuten Antrags bedarf (BAG, Urteil vom 20. Juli 2004 – 9 AZR 626/03 – zu § 8 TzBfG). Der Arbeitgeber kann jedoch auf die Einhaltung der seinem Schutz dienenden Sieben- bzw. Dreizehnwochenfrist verzichten und sich auf den Wunschtermin des Arbeitnehmers einlassen (vgl. BAG, Urteil vom 15. Dezember 2009 – 9 AZR 72/09 –). 81

Bei dem Antrag auf Arbeitszeitverringerung handelt es sich um ein **Angebot** der Arbeitnehmerinnen und Arbeitnehmer **auf Abänderung der arbeitsvertraglichen Vereinbarung in Gestalt einer Verringerung der Arbeitszeit während der Elternzeit**; dieses muss den Anforderungen von **§ 145 BGB** genügen. Inhaltlich muss der Antrag daher so bestimmt gefasst sein, dass er vom Arbeitgeber mit einem bloßen »Ja« angenommen werden kann (BAG, Urteil vom 15. Dezember 2009 – 9 AZR 72/09 –,; Urteil vom 16. April 2013 – 9 AZR 535/11 –). Ist diesem Bestimmtheitserfordernis vorprozessual nicht genügt, kann dies durch die Klage auf Abgabe einer Zustimmungserklärung nachgeholt werden (BAG, Urteil vom 19. April 2005 – 9 AZR 184/04 –). Nach § 15 Abs. 7 Satz 2 BEEG sind insoweit zumindest Beginn und Umfang der Teilzeittätigkeit anzugeben. Wird kein Endtermin für die Verringerung der Arbeitszeit genannt, endet diese mit dem Ende der Elternzeit, § 15 Abs. 5 Satz 4 BEEG. 82

Die Verteilung der Arbeitszeit soll im Antrag angegeben werden, § 15 Abs. 7 Satz 3 BEEG. Dies ist aber nicht zwingend. Enthält der Antrag keine Angaben zur Arbeitszeitverteilung, kann der Arbeitgeber die Lage der Arbeitszeit kraft seines Direktionsrechts nach billigem Ermessen festlegen, § 106 GewO, § 315 Abs. 1 BGB (BAG, Urteil vom 15. Dezember 2009 – 9 AZR 72/09 –; zum Maßstab des billigen Ermessens in diesen Fällen vgl. Rdn. 60). Verlangen die Arbeitnehmerinnen und Arbeitnehmer im Antrag auf Arbeitszeitverringerung zugleich eine konkrete Verteilung der Arbeitszeit, erstreckt sich der Rechtsanspruch auf Arbeitszeitverringerung nach § 15 Abs. 7 BEEG auch auf die Verteilung der reduzierten Arbeitszeit (BAG, Urteil vom 19. Februar 2013 – 9 AZR 461/11 –); vgl. Rn. 85.

83 Arbeitnehmerinnen und Arbeitnehmer können den Antrag auf Verringerung der Arbeitszeit auch unter der Bedingung einer bestimmten Verteilung der Arbeitszeit erklären. Es handelt sich dann um ein einheitliches Angebot, das vom Arbeitgeber auch nur einheitlich angenommen oder abgelehnt werden kann (BAG, Urteil vom 9. Mai 2006 – 9 AZR 278/05 –; Urteil vom 19. Februar 2013 – 9 AZR 461/11 –). Ob es sich bei einem Antrag auf Verringerung und Verteilung der Arbeitszeit um einen solchen einheitlichen Antrag handelt, ist durch Auslegung nach § 133 BGB zu ermitteln. Insbesondere dann, wenn zu erkennen ist, dass der Arbeitnehmer wegen der zu organisierenden Kinderbetreuung auf eine bestimmte Lage der Arbeitszeit angewiesen ist, um das Kind zu bestimmten Zeiten selbst betreuen zu können, wird von einer untrennbaren Verknüpfung von Verringerung und Verteilung der verringerten Arbeitszeit auszugehen sein. Dies wird regelmäßig der Fall sein (vgl. BAG, Urteil vom 9. Mai 2006 – 9 AZR 278/05 –). Gegebenenfalls müssen Arbeitnehmerinnen und Arbeitnehmer darauf achten, die Verringerung und Verteilung der Arbeitszeit gerade nicht einheitlich zu verlangen, um für den Fall, dass zwar der Verteilung, nicht aber der Verringerung dringende betriebliche Gründe entgegenstehen, wenigstens eine Reduzierung der Arbeitszeit erreichen zu können (BAG, Urteil vom 19. Februar 2013 – 9 AZR 461/11 –).

84 Aus der Rechtsnatur des Elternteilzeitantrags als Angebot nach § 145 BGB ergibt sich, dass die Arbeitnehmerinnen und Arbeitnehmer mit Zugang des Antrags beim Arbeitgeber an diesen inhaltlich gebunden sind (BAG, Urteil vom 9. Mai 2006 – 9 AZR 278/05 –).

c) Verteilung der Arbeitszeit

85 Verlangen die Arbeitnehmerinnen und Arbeitnehmer neben der Arbeitszeitverringerung zugleich eine konkrete Verteilung der Arbeitszeit, erstreckt sich der Rechtsanspruch auf Arbeitszeitverringerung nach § 15 Abs. 7 BEEG auch auf die Verteilung der reduzierten Arbeitszeit (BAG, Urteil vom 19. Februar 2013 – 9 AZR 461/11 –). Diese Auslegung des § 15 Abs. 7 BEEG erschließt sich nicht unmittelbar aus dem Wortlaut der Norm, der nur von einem Anspruch auf Verringerung der Arbeitszeit spricht. Da jede Verringerung der Arbeitszeit auch die Neuverteilung der verringerten Arbeitszeit bedingt, steht der Wortlaut einer solchen zweckorientierten Auslegung des § 15 Abs. 7 BEEG allerdings auch nicht entgegen. Sie berücksichtigt, dass die Verteilung der Arbeitszeit für teilerwerbstätige Eltern regelmäßig ebenso bedeutsam ist wie die Verringerung der Arbeitszeit, weil von beiden Faktoren maßgebend die zu organisierende Fremd- und Eigenbetreuung des Kindes abhängt. Bestätigt wird dies durch die Gleichbehandlung von Verringerung und Verteilung der Arbeitszeit in § 15 Abs. 7 Satz 5, Satz 6 und Satz 7 BEEG. Der Gesetzgeber wollte dadurch bewusst die Arbeitnehmerinnen und Arbeitnehmer bei der Durchsetzung der gewünschten Arbeits-

zeitverteilung stärken (BT-Drucks. 18/3086 S. 11 f.). Angesichts der mit § 15 Abs. 6 und Abs. 7 BEEG verfolgten Zielsetzung, die Vereinbarkeit von Beruf und Familie zu verbessern, wäre es zudem ein Wertungswiderspruch, Arbeitnehmern während der Elternzeit anders als bei der Verringerung der Arbeitszeit nach § 8 TzBfG einen Anspruch hinsichtlich der Arbeitszeitverteilung zu versagen.

Der Anspruch auf wunschgerechte Verteilung der Arbeitszeit ist insoweit Annex zum Anspruch auf Arbeitszeitverringerung und besteht nur im Zusammenhang mit einer Arbeitszeitverringerung; vgl. Rdn. 60. Voraussetzung ist daher, dass die Elternzeitberechtigten mit dem Antrag nach § 15 Abs. 7 Satz 1 Nr. 5 BEEG neben der Arbeitszeitverringerung zugleich auch eine bestimmte Verteilung der reduzierten Arbeitszeit verlangen. Regelmäßig wird dann ein einheitliches Angebot auf Verringerung und Neuverteilung der Arbeitszeit vorliegen, welches der Arbeitgeber nur einheitlich annehmen oder ablehnen kann (BAG, Urteil vom 9. Mai 2006 – 9 AZR 278/05 –; Urteil vom 19. Februar 2013 – 9 AZR 461/11 –); vgl. Rdn. 83. 86

Liegen die Voraussetzungen des § 15 Abs. 7 Satz 1 Nr. 1 bis Nr. 5 BEEG vor, besteht neben dem Anspruch auf Arbeitszeitverringerung auch ein Anspruch auf eine bestimmte Verteilung der verringerten Arbeitszeit. Der Arbeitgeber kann die gewünschte Neuverteilung der reduzierten Arbeitszeit mithin nur aus dringenden betrieblichen Gründen ablehnen.

Geht es den Arbeitnehmerinnen und Arbeitnehmer in Elternzeit hingegen allein um eine Neuverteilung und nicht zugleich auch um eine Verringerung ihrer Arbeitszeit, können sie ihre Ansprüche nicht auf Grundlage von § 15 Abs. 7 BEEG verfolgen. Ihnen bleibt die Möglichkeit, vom Arbeitgeber gegebenenfalls im Wege der Leistungsklage zu verlangen, dass er sein Weisungsrecht in Bezug auf die Arbeitszeitverteilung in bestimmter Weise ausübt (dazu BAG, Urteil vom 9. Mai 2006 – 9 AZR 278/05 –). Auch dann bedarf es regelmäßig dringender betrieblicher Gründe um die gewünschte Arbeitszeitverteilung ablehnen zu können; vgl. Rdn. 60. 87

d) Reaktion des Arbeitgebers und Rechtsfolgen

aa) Zustimmung des Arbeitgebers

Der Arbeitgeber kann den Antrag des Arbeitnehmers auf Verringerung und Verteilung der Arbeitszeit annehmen. Dann kommt mit dieser Zustimmung die Vertragsänderung zustande. Hat der Arbeitnehmer ein einheitliches Angebot auf Verringerung und Verteilung der Arbeitszeit abgegeben, kann der Arbeitgeber dieses auch nur einheitlich annehmen vgl. Rdn. 83. 88

Nimmt der Arbeitgeber den Antrag des Arbeitnehmers unter Abänderungen an, ist dies als Ablehnung des Antrags und neues Angebot des Arbeitgebers zu werten (§ 150 Abs. 2 BGB). Will der Arbeitgeber bei diesem Vorgehen den Eintritt der Fiktionswirkung nach § 15 Abs. 7 Satz 5 und Satz 6 BEEG vermeiden, muss seine Erklärung den Anforderungen des § 15 Abs. 7 Satz 4 BEEG genügen; vgl. Rdn. 89 ff. Will der Arbeitnehmer sich in diesem Fall nicht auf die Änderungsvorschläge des Arbeitgebers einlassen, sondern seinen ursprünglichen Antrag durchsetzen, muss er Leistungsklage auf

Abgabe einer der gewünschten Vertragsänderung zustimmenden Willenserklärung erheben (§ 894 ZPO); vgl. Rdn. 98.

bb) Ablehnung des Arbeitgebers

89 Will der Arbeitgeber die beantragte Verringerung oder Verteilung der Arbeitszeit **ablehnen**, muss er dies nach § 15 Abs. 7 Satz 4 BEEG innerhalb der **Fristen des § 15 Abs. 7 Satz 5 BEEG** mit **schriftlicher Begründung** tun.

(1) Frist

90 Eine wirksame Ablehnung des Elternteilzeitantrags muss damit zunächst **fristgerecht** erfolgen. Bezieht sich das Verringerungsverlangen auf eine Elternzeit in den ersten drei Lebensjahren des Kindes, muss der Arbeitgeber innerhalb von vier Wochen ablehnen (§ 15 Abs. 7 Satz 5 Nr. 1 BEEG). Geht es um eine Elternteilzeit zwischen dem vierten und dem vollendeten achten Lebensjahr des Kindes, muss die Ablehnung binnen acht Wochen erfolgen (§ 15 Abs. 7 Satz 5 Nr. 2 BEEG). Die **Fristen beginnen** nach dem Gesetzeswortlaut mit dem **Zugang des Elternteilzeitantrags beim Arbeitgeber** (Tillmanns, in: Tillmanns/Mutschler, MuSchG/BEEG, 3. Aufl. 2021, § 15 BEEG Rn. 49; **abweichend** Schaub ArbR-HdB/Linck, 19. Aufl. 2021, § 172 Rn. 43). Dies gilt auch dann, wenn die Antragstellung weit vor dem gewünschten Beginn der Elternteilzeit liegt. In diesen Fällen muss der Arbeitgeber eine **Prognose** anstellen, ob dem Verringerungsverlangen zum beantragten Zeitpunkt dringende betriebliche Gründe entgegenstehen werden (vgl. BAG, Urteil vom 11. Dezember 2018 – 9 AZR 298/18 –). Zukünftige dringende betriebliche Gründe sind, soweit sie bereits für den beantragten Zeitpunkt feststehen, mit in die Betrachtung einzubeziehen. Andererseits kann der Antrag nicht aus aktuell gegebenen Umständen abgelehnt werden, die vorübergehender Natur sind und voraussichtlich zum maßgeblichen Zeitpunkt entfallen sein werden. Den Fristbeginn auszulösen vermag nur ein **hinreichend bestimmter, annahmefähiger Elternteilzeitantrag**, der präzise Angaben zu Beginn und Umfang der Teilzeittätigkeit und ggf. Lage der verringerten Arbeitszeit enthält. Nur auf dieser Grundlage kann der Arbeitgeber regelmäßig zuverlässig beurteilen, ob dem Verringerungs- und ggf. Verteilungsverlangen dringende betriebliche Gründe entgegenstehen (vgl. BAG, Urteil vom 5. Juni 2007 – 9 AZR 82/07 –, Rn. 38).

Die **Fristberechnung** richtet sich nach § 187 Abs. 1, § 188 Abs. 2 BGB. Die Ablehnung des Teilzeitverlangens erfolgt nur rechtzeitig, wenn die Ablehnungserklärung dem Arbeitnehmer binnen der vier- bzw.- achtwöchigen Frist zugeht.

(2) Schriftform

91 Die Ablehnung des Elternteilzeitantrags muss unter Einhaltung der **Schriftform des § 126 Abs. 1 BGB** (Unterzeichnung durch eigenhändige Namensunterschrift oder mittels notariell beglaubigten Handzeichens) erfolgen (BAG, Urteil vom 11. Dezember 2018 – 9 AZR 298/18 –).

(3) Begründungserfordernis

Darüber hinaus bedarf die Ablehnungserklärung des Arbeitgebers der **schriftlichen Begründung.** Das Begründungserfordernis soll die Arbeitnehmerinnen und Arbeitnehmer in die Lage versetzen, Chancen und Risiken einer gerichtlichen Durchsetzung des Verringerungsanspruchs verlässlich abzuschätzen (BAG, Urteil vom 5. Juni 2007 – 9 AZR 82/07 –,). Ihm ist genügt, wenn in dem Ablehnungsschreiben der wesentliche Kern der betrieblichen Ablehnungsgründe genannt wird. Insoweit reicht es aus, wenn der Arbeitgeber die tragenden Erwägungen für die Ablehnung des Teilzeitwunsches mitteilt. Einer schlüssigen oder substanziierten Darlegung der entgegenstehenden dringenden betrieblichen Gründe bedarf es nicht (BAG, Urteil vom 11. Dezember 2018 – 9 AZR 298/18 –). Andererseits reichen pauschale oder schlagwortartige Behauptungen (»Der Arbeitsplatz ist nicht teilbar« oder »Wir haben keine Beschäftigungsmöglichkeit«) nicht aus (vgl. BAG, Urteil vom 5. Juni 2007 – 9 AZR 82/07 –). 92

Im Prozess darf sich der Arbeitgeber nur auf solche betrieblichen Gründe stützen, die er in einem form- und fristgerechten Ablehnungsscheiben nach § 15 Abs. 7 Satz 4 BEEG vorgebracht hat (BAG, Urteil vom 11. Dezember 2018 – 9 AZR 298/18 –). Sinn und Zweck des Begründungserfordernis in § 15 Abs. 7 Satz 4 BEEG sprechen für diese Bewertung. Das Begründungserfordernis soll es Arbeitnehmerinnen und Arbeitnehmern ermöglichen, Chancen und Risiken einer gerichtlichen Durchsetzung des Verringerungsanspruchs verlässlich abzuschätzen. Dies ist nicht gewährleistet, wenn der Arbeitgeber sich im Prozess auf weitere, dem Ablehnungsschreiben nicht zu entnehmende Ablehnungsgründe berufen kann. Die gesetzliche Konzeption von § 15 Abs. 7 Satz 4 bis Satz 7 BEEG spricht aber wohl gegen eine Präklusion nicht fristgerecht vorgebrachter Ablehnungsgründe. Das Gesetz sanktioniert mittels der Zustimmungsfiktion nach § 15 Abs. 7 Satz 5 und Satz 6 BEEG allein die nicht form- oder nicht fristgerechte Ablehnung des Arbeitgebers und nicht die Verletzung der Begründungspflicht. Dass es sich dabei um eine bewusste Auslassung handelt, zeigt ein Blick auf § 15 Abs. 4 Satz 4 BEEG. Die Elternteilzeit bei einem anderen Arbeitgeber kann der bisherige Arbeitgeber danach »nur innerhalb von vier Wochen aus dringenden betrieblichen Gründen schriftlich ablehnen« und ist damit nach Fristablauf gehindert, weitere Ablehnungsgründe gegen die Teilzeittätigkeit geltend zu machen. Diese dem Gesetzgeber mithin bekannte Regelungsoption hat er im Rahmen von § 15 Abs. 7 Satz 4 bis Satz 7 BEEG aber gerade nicht gewählt. 93

cc) Gesetzliche Fiktion der Zustimmung des Arbeitgebers

Lehnt der Arbeitgeber die beantragte Verringerung oder Verteilung der Arbeitszeit nicht fristgerecht schriftlich ab, gilt seine Zustimmung als erteilt und die Verringerung und Neuverteilung der Arbeitszeit nach den Wünschen des Arbeitnehmers festgelegt, § 15 Abs. 7 Satz 5, Satz 6 BEEG. 94

(1) **Voraussetzungen**

95 Die Zustimmungsfiktion nach § 15 Abs. 7 Satz 5, Satz 6 BEEG setzt voraus, dass der Arbeitgeber
- die vier- bzw. achtwöchige Reaktionsfrist von § 15 Abs. 7 Satz 5 Nr. 1, Nr. 2 BEEG versäumt oder
- die Ablehnung nicht schriftlich i.S.v. § 126 BGB erklärt.

Die Rechtswirksamkeit der Ablehnung setzt im Rahmen von § 15 Abs. 7 Satz 5, Satz 6 BEEG nicht voraus, dass die Ablehnung mit einer Begründung versehen wird. Insoweit ergibt sich eine Abweichung zu § 15 Abs. 7 Satz 4 BEEG, der eine schriftlich begründete Ablehnung des Arbeitgebers verlangt (aA Schaub ArbR-HdB/Linck, 19. Aufl. 2021, § 172 Rn. 40). Für eine rechtswirksame Ablehnung i.S.v. § 15 Abs. 7 Satz 5, Satz 6 BEEG genügt mithin ein schlichtes schriftliches »Nein« des Arbeitgebers. Dies macht Sinn. Die für die Elternzeitberechtigten immens wichtige Frage, ob die Zustimmung zur beantragten Verringerung und Verteilung der Arbeitszeit als erteilt gilt oder ob der Rechtsweg nach § 15 Abs. 7 Satz 7 BEEG beschritten werden muss, bedarf der zügigen und zweifelsfreien Klärung. Dies ist gewährleistet, wenn die Zustimmungsfiktion allein von der Frage abhängt, ob die Ablehnungserklärung fristgerecht und schriftlich erfolgte. Die Anknüpfung der Zustimmungsfiktion an ein Begründungserfordernis bringt demgegenüber weiteres Konfliktpotenzial und Unwägbarkeiten mit sich, wie etwa die Frage, ob die vom Arbeitgeber gegebene Begründung »hinreichend« ist und den dann wohl heranzuziehenden Anforderungen von § 15 Abs. 7 Satz 4 BEEG genügt.

96 Die gesetzliche Zustimmungsfiktion gewährt keine Rechtsvorteile, die über den § 15 BEEG zugrunde liegenden Interessenausgleich hinausgehen. Die Fiktion tritt deshalb nur ein, wenn neben den Tatbestandsmerkmalen des § 15 Abs. 7 Satz 5, Satz 6 BEEG auch die materiellen Grundvoraussetzungen des Anspruchs auf Elternteilzeit vorliegen (vgl. ErfK/Preis, 22. Aufl. 2022, § 9a TzBfG Rn. 29 zu § 9a Abs. 5 Satz 2, Satz 3 TzBfG). Die Zustimmungsfiktion nach § 15 Abs. 7 Satz 5, Satz 6 BEEG setzt daher weiterhin voraus, dass
- die Mindestbeschäftigtenzahl nach § 15 Abs. 7 Satz 1 Nr. 1 BEEG
- die Wartezeit nach § 15 Abs. 7 Satz 1 Nr. 2 BEEG
- Mindestdauer und Mindestumfang der Teilzeitbeschäftigung nach § 15 Abs. 7 Satz 1 Nr. 3 BEEG und
- ein annahmefähiges Teilzeitverlangen nach § 15 Abs. 7 Satz 1 Nr. 5 BEEG

vorliegt. Keine Voraussetzung für die Zustimmungsfiktion ist hingegen, ob dem Teilzeitverlangen dringende betriebliche Gründe entgegenstehen (§ 15 Abs. 7 Satz 1 Nr. 4 BEEG). Die gesetzliche Zustimmungsfiktion sanktioniert den Arbeitgeber für die nicht frist- oder formgerechte Reaktion auf das Teilzeitverlangen der Arbeitnehmerinnen und Arbeitnehmer. In der Folge ist er mit seinen Ablehnungsgründen ausgeschlossen.

(2) **Rechtsfolge**

97 Rechtsfolge der Zustimmungsfiktion nach § 15 Abs. 7 Satz 5 BEEG ist die Verringerung der Arbeitszeit in der vom Arbeitnehmer gewünschten Umfang. Die Zustim-

mung des Arbeitgebers zu der angetragenen Änderung des Arbeitsvertrages wird kraft Gesetzes ersetzt. Rechtsfolge der Zustimmungsfiktion nach § 15 Abs. 7 Satz 6 BEEG ist die Neuverteilung der verringerten Arbeitszeit nach den Wünschen des Arbeitnehmers. Kraft Gesetzes wird insoweit eine arbeitsvertragliche Vereinbarung über die Lage der Arbeitszeit fingiert (vgl. ErfK/Preis, 22. Aufl. 2022, § 9a TzBfG Rn. 30). Die Fiktion der Zustimmung ist unwiderleglich. Der Arbeitgeber kann lediglich die Tatbestandsvoraussetzungen für das Eingreifen der Fiktion bestreiten (Forst DB 2015, 68 <73>; Schaub ArbR-HdB/Linck, 19. Aufl. 2021, § 172 Rn. 40).

Bei der Zustimmungsfiktion nach § 15 Abs. 7 Satz 6 BEEG ist eine Besonderheit zu **98** beachten. Der Anspruch auf Verteilung der Arbeitszeit ist Annex zum Anspruch auf Arbeitszeitverringerung und besteht nur im Zusammenhang mit einer konkreten Arbeitszeitverringerung; vgl. Rdn. 60; 86. Aus dieser Annexfunktion folgt, dass die gesetzliche Zustimmungsfiktion nur eintreten kann, wenn die Arbeitszeit auch verringert wird. Die isolierte Fiktion einer Arbeitszeitverteilung ohne Arbeitszeitverringerung gibt es nicht. Möglich sind deshalb folgende Konstellationen (vgl. ErfK/Preis, 22. Aufl. 2022, § 9a TzBfG Rn. 31 f.; Preis/Gotthardt DB 2001, 145 <147>):
- Einigen die Arbeitsvertragsparteien sich über die Arbeitszeitverringerung und schweigt der Arbeitgeber zu ihrer Verteilung, greift die Zustimmungsfiktion nach § 15 Abs. 7 Satz 6 BEEG ein.
- Lehnt der Arbeitgeber die Verringerung der Arbeitszeit ab und schweigt zu ihrer Verteilung, greift die Zustimmungsfiktion nach § 15 Abs. 7 Satz 6 BEEG nicht ein.
- Einigen die Arbeitsvertragsparteien sich über eine andere als die ursprünglich verlangte Arbeitszeitverringerung, greift die Zustimmungsfiktion nach § 15 Abs. 7 Satz 6 BEEG hinsichtlich der Arbeitszeitverteilung nicht ein. Der ursprünglich verlangten Neuverteilung der verringerten Arbeitszeit ist durch die abweichende Regelung zum Umfang der Arbeitszeitverringerung regelmäßig die Grundlage entzogen.

e) Klage auf Zustimmung des Arbeitgebers zur Verringerung und Verteilung der Arbeitszeit

aa) Leistungsklage

Hat der Arbeitgeber den Antrag auf Verringerung und/oder Neuverteilung der ver- **99** ringerten Arbeitszeit frist- und formgerecht abgelehnt, kann der Arbeitnehmer Klage vor den Gerichten für Arbeitssachen erheben, § 15 Abs. 7 Satz 7 BEEG. Die zu erhebende **Leistungsklage** ist auf die Zustimmung zur Verringerung und ggf. Neuverteilung der Arbeitszeit, mithin auf die **Abgabe einer Willenserklärung** gerichtet. Hat sie Erfolg, gilt die Zustimmung des Arbeitgebers **nach § 894 ZPO** mit Rechtskraft des Urteils als abgegeben (BAG, Urteil vom 5. Juni 2007 – 9 AZR 82/07 –). Dabei kommt mit Blick auf § 311 a Abs. 1 BGB auch die Verurteilung des Arbeitgebers zur Zustimmung zu einer rückwirkenden Verringerung der Arbeitszeit in Betracht (BAG, Urteil vom 15. Dezember 2009 – 9 AZR 72/09 –; Urteil vom 9. Mai 2006 – 9 AZR 278/05 –). Für die Klage besteht noch nach Beendigung der Elternzeit ein Rechtsschutzbedürfnis, wenn die verlangte Elternteilzeit zu Vergütungsansprüchen aus Annahmeverzug oder Schadensersatzansprüchen führen kann

(BAG, Urteil vom 11. Dezember 2018 – 9 AZR 298/18 –; Urteil vom 15. Dezember 2009 – 9 AZR 72/09 –).

Der **Klageantrag** auf Zustimmung des Arbeitgebers zu einer bestimmten Verringerung und Verteilung der Arbeitszeit muss nach **§ 253 Abs. 2 Nr. 2 ZPO** hinreichend bestimmt sein. Dem **Bestimmtheitserfordernis** ist genügt, wenn der Antrag den genauen Umfang und ggf. die genaue Lage der Teilzeittätigkeit angeben (BAG, Urteil vom 27. April 2004 – 9 AZR 522/03 –). Die Angabe des genauen Zeitpunktes, zu dem die Vertragsänderung eintreten soll, ist nicht zwingend, weil sich der Zeitpunkt durch die Rechtskraft des Urteils bestimmen lässt (BAG, Urteil vom 23. November 2004 – 9 AZR 644/03 –). Angaben zur Verteilung der Arbeitszeit sind mit Blick auf das Weisungsrecht des Arbeitgebers nach § 106 GewO nicht erforderlich. Eine fehlende Angabe bedeutet, dass der Arbeitgeber die Arbeitszeit nach billigem Ermessen (§ 106 GewO, § 315 Abs. 1 BGB) festlegen kann (BAG, Urteil vom 18. Mai 2004 – 9 AZR 319/03 –; Urteil vom 27. April 2004 – 9 AZR 522/03 –). Haben Arbeitnehmer den Antrag auf Verringerung der Arbeitszeit so mit einem bestimmten Verteilungswunsch verbunden, dass ein einheitliches Angebot vorliegt, (vgl. Rdn. 83), ist es auch prozessrechtlich als einheitlicher Klageantrag zu behandeln (BAG, Urteil vom 18. Februar 2003 – 9 AZR 164/02 –).

bb) Darlegungs- und Beweislast

100 Für die Erfüllung der in § 15 Abs. 7 Satz 1 Nr. 1, Nr. 2, Nr. 3, Nr. 5 und Satz 2 BEEG genannten Anspruchsvoraussetzungen sind die Arbeitnehmerinnen und Arbeitnehmer darlegungs- und beweispflichtig. Sind sie mangels Einblicks in die betrieblichen Gegebenheiten nicht in der Lage, das Erreichen der Mindestbeschäftigtenzahl darzulegen, kann auf die zu § 23 Abs. 1 Satz 2 KSchG entwickelten Grundsätze der abgestuften Darlegungs- und Beweislast zurückgegriffen werden.

Die entgegenstehenden dringenden betrieblichen Gründe für die Ablehnung des Teilzeitverlangens hat der Arbeitgeber darzulegen und zu beweisen (BAG, Urteil vom 5. Juni 2007 – 9 AZR 82/07 –). Inhalt und Umfang der vom Arbeitgeber darzulegenden Tatsachen richten sich nach dem Lebenssachverhalt, auf den die Ablehnung des Teilzeitverlangens gestützt wird (vgl. Rdn. 74 ff.). Die Elternzeitberechtigten genügen ihrer Darlegungslast bereits dadurch, dass sie behaupten, ihrem Teilzeitverlangen stünden keine betrieblichen Belange entgegen (BAG, Urteil vom 5. Juni 2007 – 9 AZR 82/07 –).

101 Der Arbeitgeber darf sich im gerichtlichen Verfahren nur auf solche betrieblichen Gründe für die Ablehnung des Teilzeitverlangens stützen, die er zuvor im Ablehnungsschreiben gemäß § 15 Abs. 7 Satz 4 BEEG mitgeteilt hat; vgl. Rn. 93.

cc) Beurteilungszeitpunkt

102 Ob die Voraussetzungen des Anspruchs auf Verringerung und Neuverteilung der Arbeitszeit gegeben sind, beurteilt sich nach den Umständen im **Zeitpunkt der Ablehnungsentscheidung des Arbeitgebers** (BAG, Urteil vom 24. September 2019 – 9 AZR 435/18 –; Urteil vom 24. Juni 2008 – 9 AZR 313/07 –).

dd) Einstweilige Verfügung

103 Der Anspruch auf Elternteilzeit kann im Wege der **einstweiligen Verfügung** gesichert werden (LAG Köln, Beschluss vom 23. Dezember 2005 – 9 Ta 397/05 –; LAG Hamm, Urteil vom 6. Mai 2002 – 8 Sa 641/02 –; LAG Rheinland-Pfalz, Urteil vom 12. April 2002 – 3 Sa 161/02 –; LAG Berlin, Urteil vom 20. Februar 2002 – 4 Sa 2243/01 –). Der Antrag ist zu richten auf die dem Elternzeitverlangen entsprechende Beschäftigung bis zum rechtskräftigen Abschluss des Hauptsacheverfahrens (Panzer-Heermeier/Trost NZA 2018, 1378 <1379>). Herausfordernd für die Arbeitnehmerinnen und Arbeitnehmer ist zumeist die Darlegung des Verfügungsgrundes. Dieser kann gegeben sein, wenn der Arbeitnehmer ohne sofortige Arbeitszeitverkürzung nicht in der Lage ist, die Kinderbetreuung zu gewährleisten. Er hat insoweit darzulegen und glaubhaft zu machen, dass er alle zumutbaren Anstrengungen unternommen hat, um die Kinderbetreuung sicherzustellen (LAG Rheinland-Pfalz, Urteil vom 12. April 2002 – 3 Sa 161/02 –,).

ee) Sonderfall: Zustimmungsfiktion als Streitgegenstand

104 Lehnt der Arbeitgeber das Teilzeitverlangen nicht form- und fristgerecht ab, greift die gesetzliche Zustimmungsfiktion nach § 15 Abs. 7 Satz 5, Satz 6 BEEG ein. Verringerung und Verteilung der Arbeitszeit gelten entsprechend den Wünschen des Arbeitnehmers als festgelegt. In diesem Fall kann der Arbeitnehmer seine Arbeitsleistung entsprechend dem Teilzeitverlangen erbringen, ohne zuvor den Rechtsweg nach § 15 Abs. 7 Satz 7 BEEG beschreiten zu müssen. Entsteht zwischen den Arbeitsvertragsparteien Streit darüber, ob die gesetzliche Zustimmungsfiktion eingreift (vgl. Rdn. 96), kann der Arbeitnehmer dies durch eine Klage auf vertragsgerechte Beschäftigung klären lassen. Setzt der Arbeitgeber ihn nicht zur Erbringung der Arbeitsleistung ein, weil er von einem vollständigen Ruhen des Arbeitsverhältnisses ausgeht, kann der Arbeitnehmer zudem Annahmeverzugslohnansprüche geltend machen. Stellt der Arbeitgeber das Eingreifen der Zustimmungsfiktion zu einer neuerlichen weiteren Reduzierung der Arbeitszeit in Abrede und mahnt den Arbeitnehmer wegen Arbeitsverweigerung ab, kann dieser gegen die Abmahnung vorgehen. In beiden Fällen wird das Eingreifen der gesetzlichen Zustimmungsfiktion inzident gerichtlich geklärt.

4. Verhältnis zu anderen Teilzeitansprüchen

105 Andere gesetzliche oder tarifvertragliche Ansprüche auf eine Arbeitszeitverringerung stehen neben § 15 Abs. 6, Abs. 7 BEEG (§§ 8, 9a TzBfG, § 164 Abs. 5 Satz 3 SGB IX, § 16 BGleiG, § 11 TVöD/TV-L). Die Anspruchsgrundlagen sind nebeneinander anwendbar, kommen aber nur dann zur Anwendung, wenn die jeweiligen Tatbestandsvoraussetzungen gegeben sind. Gibt der Arbeitnehmer nicht an, auf welche Anspruchsgrundlage er sein Teilzeitverlangen stützt, ist dies durch Auslegung anhand der objektiven Umstände des Teilzeitverlangens wie dem Zeitpunkt des Verlangens, dem Umfang der Reduzierung und ihrer Dauer zu ermitteln (ErfK/Gallner, 22. Aufl. 2022, § 15 BEEG Rn. 19).

III. Teilzeitarbeit bei einem anderen Arbeitgeber oder als Selbstständiger

1. Zustimmungserfordernis des bisherigen Arbeitgebers

106 Nach § 15 Abs. 4 Satz 3 BEEG ist es möglich, während der Elternzeit einer Teilzeitbeschäftigung bei einem **anderen Arbeitgeber** oder als **Selbstständiger** nachzugehen. Dies bedarf der Zustimmung des bisherigen Arbeitgebers. Der Arbeitgeber kann die Zustimmung nur innerhalb von vier Wochen aus **dringenden betrieblichen Gründen** schriftlich ablehnen, § 15 Abs. 4 Satz 4 BEEG.

Der Arbeitnehmer hat die Zustimmung zur gewünschten Teilzeitbeschäftigung zu beantragen. Der Antrag unterliegt keiner besonderen Form, muss jedoch Inhalt und Umfang der Teilzeitbeschäftigung so genau beschreiben (ErfK/Gallner, 22. Aufl. 2022, § 15 BEEG Rn. 20), dass der Arbeitgeber in die Lage versetzt wird, entgegenstehende dringende betriebliche Gründe sachgerecht zu prüfen. Genügt der Antrag des Arbeitnehmers diesen Anforderungen nicht, ist der Lauf der vierwöchigen Überlegungsfrist des § 15 Abs. 4 Satz 4 BEEG gehemmt. Will der Arbeitgeber die Zustimmung rechtswirksam verweigern, muss dies
- fristgerecht innerhalb von vier Wochen seit Zugang des Zustimmungsverlangens
- schriftlich (§ 126 Abs. 1 BGB)
- aus dringenden betrieblichen Gründen erfolgen.

107 Nach den früheren Fassungen von § 15 BEEG konnte der Arbeitgeber die Zustimmung verweigern, wenn bei ihm entgegenstehende betriebliche Interessen vorlagen. Der Begriff der »dringenden betrieblichen Gründe« ist in Anlehnung an § 15 Abs. 7 Satz 1 Nr. 4 BEEG gewählt. Für grundsätzlich vergleichbare Sachverhalte sollten unterschiedliche Rechtsbegriffe vermieden werden (BT-Drucks. 14/3118 S. 20). Die Zustimmung zu einer Teilzeittätigkeit bei einem anderen Arbeitgeber kann damit nicht einfacher verweigert werden als die Zustimmung zu einer Elternteilzeit beim bisherigen Arbeitgeber. **Dringende betriebliche Ablehnungsgründe** können etwa dann vorliegen, wenn der Arbeitnehmer bei einem unmittelbaren **Wettbewerber** tätig werden will, wenn sonstige Fälle eine **Interessenkollision** vorliegen, die **Offenlegung von Betriebs- und Geschäftsgeheimnissen** zu besorgen ist (BAG, Urteil vom 28. Februar 2002 – 6 AZR 357/01 –; LAG Düsseldorf, Urteil vom 8. Oktober 2003 – 12 [9] Sa 1034/03 –) oder der **Arbeitgeber auf die Tätigkeit des Arbeitnehmers im eigenen Betrieb angewiesen** ist (BAG, Urteil vom 26. Juni 1997 – 8 AZR 506/95 –). Fraglich ist insoweit, ob die bloße Möglichkeit der beschriebenen Interessenkollisionen ausreicht, oder ob der Arbeitgeber konkrete Gefährdungen der Eigeninteressen zu belegen hat (so HK-MuSchG/BEEG/Rancke, 5. Aufl. 2018, § 15 BEEG Rn. 83). Da die Ausübung einer Nebentätigkeit von Art. 12 Abs. 1 GG geschützt ist, wird man verlangen müssen, dass der Arbeitgeber zumindest konkrete Gefährdung aufzeigt.

108 Erfolgt die Ablehnung des Arbeitgebers nicht frist- oder formgerecht, darf der Arbeitnehmer auch ohne Zustimmung seines Arbeitgebers die Tätigkeit beim anderen Arbeitgeber oder als Selbstständiger aufnehmen. § 15 Abs. 4 BEEG kennt zwar keine Zustimmungsfiktion wie § 15 Abs. 7 BEEG. Die Auslegung von § 15 Abs. 4 Satz 3 und Satz 4 BEEG ergibt jedoch, dass das Erfordernis der Zustimmung nur besteht, soweit die Inte-

ressen des Arbeitgebers schützenswert sind. Davon ist nicht mehr auszugehen, wenn der Arbeitgeber die ihm zugebilligte Überlegensfrist untätig verstreichen lässt oder sich nicht an die gesetzliche Formvorgabe hält (BAG, Urteil vom 26. Juni 1997 – 8 AZR 506/95 –; abweichend Joussen NZA 2003, 644 <648>). Einer Klage des Arbeitnehmers auf Zustimmungserteilung bedarf es nicht. Nach Ablauf des vierwöchigen Überlegungsfrist des Arbeitgebers kann der Arbeitnehmer die Teilzeitbeschäftigung aufnehmen.

2. Zustimmungsverweigerung des Arbeitgebers

Hat der Arbeitgeber seine Zustimmung frist- und formgerecht verweigert, ist die Aufnahme der Teilzeitbeschäftigung beim anderen Arbeitgeber unzulässig und kann arbeitsrechtliche Sanktionen bis hin zur außerordentlichen fristlosen Kündigung nach sich ziehen. **109**

Verweigert der Arbeitgeber die Zustimmung zu Unrecht, weil keine dringenden betrieblichen Ablehnungsgründe gegeben sind, ist streitig, ob der Arbeitnehmer die Teilzeitbeschäftigung nach Ablauf der vierwöchigen Überlegungsfrist des Arbeitgebers einfach aufnehmen darf (so ErfK/Gallner, 22. Aufl. 2022, § 15 BEEG Rn. 23; Tillmanns, in: Tillmanns/Mutschler, MuSchG/BEEG, 3. Aufl. 2021, § 15 BEEG Rn. 68; HK-MuSchG/BEEG/Rancke, 5. Aufl. 2018, § 15 BEEG Rn. 84) oder ob er den Rechtsweg beschreiten und Klage auf Abgabe der Zustimmungserklärung erheben muss (so LAG Düsseldorf, Urteil vom 2. Juli 1999 – 14 Sa 487/99 –; Schaub ArbR-HdB/Linck, 19. Aufl. 2021, § 172 Rn. 36; Brose/Weth/Volk/Schneider, 9. Aufl. 2020, § 15 BEEG Rn. 46). Da die Nebentätigkeit des Arbeitnehmers unter dem Schutz von Art. 12 Abs. 1 GG steht, darf der Arbeitnehmer die Tätigkeit aufnehmen. Er trägt dann jedoch das Risiko, dass sich die Zustimmungsverweigerung im Nachhinein als berechtigt und seine Arbeitsaufnahme als Pflichtverletzung erweist.

3. Teilzeittätigkeit ohne Zustimmung des bisherigen Arbeitgebers

Durch § 15 Abs. 4 Satz 3 BEEG sollen Anliegen des bisherigen Arbeitgebers geschützt werden; deshalb handelt es sich bei dieser Bestimmung nicht um ein gesetzliches Verbot im Sinne des § 134 BGB. Dies hat zur Folge, dass der Arbeitsvertrag mit dem anderen Arbeitgeber nicht nichtig ist. Die fehlende Zustimmung des bisherigen Arbeitgebers zur Teilzeitbeschäftigung hat daher keinen Einfluss auf dem Entgeltanspruch und den Elterngeldanspruch des Arbeitnehmers (ErfK/Gallner, 22. Aufl. 2022, § 15 BEEG Rn. 21). Der Arbeitnehmer verletzt aber Pflichten aus dem Arbeitsverhältnis mit dem bisherigen Arbeitgeber. Dies kann arbeitsrechtliche Sanktionen bis hin zur außerordentlichen fristlosen Kündigung nach sich ziehen. Der bisherige Arbeitgeber kann zudem Unterlassungsklage aus § 15 Abs. 4 Satz 3 BEEG erheben. **110**

D. Arbeitsrechtliche Auswirkungen der Elternzeit

I. Suspendierung der Hauptleistungspflichten

Mit der Inanspruchnahme werden die Arbeitsvertragsparteien von ihren Hauptleistungspflichten – der **Arbeitspflicht und der Vergütungszahlungspflicht** – befreit. **111**

Das **Arbeitsverhältnis ruht**, soweit nicht eine Teilzeitbeschäftigung wahrgenommen wird (BAG, Urteil vom 19. April 2005, – 9 AZR 233/04 –; Urteil vom 15. April 2003 – 9 AZR 137/02 –; Urteil vom 15. April 2008 – 9 AZR 380/07 –). Mit Beendigung der Elternzeit leben die Hauptleistungspflichten wieder auf. Wurde die Arbeitszeit während der Elternzeit verringert, lebt die ursprüngliche Arbeitsverpflichtung am Tag des dritten oder achten Geburtstages des betreuten Kindes wieder auf. Nach der Rückkehr aus der Elternzeit ist der Arbeitnehmer vertragsgemäß zu beschäftigen. Ob die Beschäftigung auf dem alten Arbeitsplatz oder zu geänderten Bedingungen erfolgen kann, richtet sich nach denen arbeitsvertraglichen, betrieblichen und tariflichen Regelungen zum Direktionsrecht. Die arbeitsvertraglichen **Nebenpflichten** bestehen während der Elternzeit grundsätzlich weiter, insbesondere die Verschwiegenheitspflicht und die Pflicht zur Unterlassung von Wettbewerb (BAG, Urteil vom 30. Mai 1978 – 2 AZR 598/76 –). Auch die **Betriebszugehörigkeit** bleibt während der Zeit der Elternzeit **erhalten.**

II. Arbeitsunfähigkeit wegen Krankheit

112 Während der Elternzeit besteht kein **Anspruch auf Entgeltfortzahlung im Krankheitsfall.** Da die Arbeitspflicht während der Elternzeit suspendiert ist, beruht der Arbeitsausfall nicht auf der Arbeitsunfähigkeit. Etwas anderes gilt, wenn der Arbeitnehmer während der Elternzeit zulässige **Teilzeitarbeit** leistet. Dann ist während einer Arbeitsunfähigkeit die Vergütung aus dem Teilzeitarbeitsverhältnis nach §§ 3, 4 EFZG weiter zu zahlen. Erkrankt der Arbeitnehmer vor Beginn der Elternzeit, endet der Entgeltfortzahlungsanspruch mit dem Beginn der Elternzeit. Ab diesem Zeitpunkt ist die Krankheit nicht mehr ursächlich für den Arbeitsausfall. Erkrankt der Arbeitnehmer während der Elternzeit, wird dieser Zeitraum nicht auf den Sechswochenzeitraum des § 3 Abs. 1 EFZG angerechnet. Mit dem Ende der Elternzeit und damit dem Aufleben der Arbeitspflicht steht dem Arbeitnehmer bei fortdauernder Arbeitsunfähigkeit eine Entgeltfortzahlungsanspruch für die Dauer von sechs Wochen zu (Tillmanns, in: Tillmanns/Mutschler, MuSchG/BEEG, 3. Aufl. 2021, § 15 BEEG Rn. 76).

III. Urlaub

113 Während der Elternzeit kann keinen Urlaub gewährt werden, weil der Arbeitnehmer nicht noch einmal von der Arbeitspflicht befreit werden kann. Entfällt die Möglichkeit der Urlaubsgewährung und ist diese Voraussetzung für Anspruch auf Urlaubsgeld, entfällt auch der Anspruch auf Urlaubsgeld. Zum Einfluss der Elternzeit auf den ist Erholungsurlaub ist in § 17 BEEG eine Sonderregelung getroffen worden vgl. Kommentierung zu § 17 BEEG.

IV. Vergütungsansprüche

114 Während der Elternzeit besteht kein Anspruch auf Arbeitsentgelt. Dazu gehört zunächst die regelmäßige Vergütung, aber auch leistungs- oder erfolgsbezogene Vergütungsbestandteile. Letztere entfallen, wenn der Arbeitnehmer sich im gesamten Leistungszeitraum in Elternzeit befand. Hat der Arbeitnehmer im Leistungszeitraum teilweise

gearbeitet und teilweise Elternzeit in Anspruch genommen, sind die Leistungen anteilig zu gewähren.

Ob und unter welchen Voraussetzungen **Einmalzahlungen** wie Jahressonderzahlungen, Weihnachtsgeld, 13. Monatsgehalt und sonstige Gratifikationen während der Elternzeit gekürzt werden können, richtet sich nach den zugrunde liegenden arbeitsvertraglichen, betrieblichen und tariflichen Vereinbarungen. Diese sind auszulegen. Entscheidend ist die Zweckbestimmung der Sonderzahlung. 115

- Ergibt die Auslegung, dass die Sonderzahlung nur entsprechend der tatsächlich geleisteten Arbeit gewährt werden sollen, hat ein Arbeitnehmer ein Elternzeit soweit keinen Anspruch (BAG, Urteil vom 10. Februar 1993 – 10 AZR 450/91 –).
- Ergibt die Auslegung, dass die Sonderzahlung auch Betriebstreue entlohnen und damit unabhängig von der Gegenleistung der Arbeit geschuldet wird, hat ein Arbeitnehmer in Elternzeit einen Anspruch auf die Sonderzahlung, es sei denn, es ist ausdrücklich ein Leistungsausschluss oder eine Leistungskürzung vereinbart.
- Bei einem 13. Monatsgehalt ist regelmäßig davon auszugehen, dass es Vergütung sie tatsächlich geleistete Arbeit ist (BAG, Urteil vom 19. April 1995 – 10 AZR 494/94 –).
- Soll die Zahlung nur bei Kündigung des Arbeitsverhältnisses oder im Fall seiner Beendigung entfallen, besteht der Anspruch auf Sonderzahlung, wenn das Arbeitsverhältnis wegen der Elternzeit nur ruht (BAG, Urteil vom 10. Dezember 2008 – 10 AZR 35/08 –).

Weder der **arbeitsrechtlichen Gleichbehandlungsgrundsatz** noch das **unionsrechtliche Lohngleichheitsgebot für Männer und Frauen** haben nach bisherigem Verständnis der Rechtsprechung verboten, Sonderzahlungen und Gratifikationen für Arbeitnehmerinnen und Arbeitnehmern Elternzeit nicht zu gewähren oder anteilig zu kürzen. Darin liegt auch keine mittelbare Diskriminierung wegen des Geschlechts. Die Suspendierung der Hauptleistungspflichten bildet den sachlichen Grund für die unterschiedliche Behandlung der Beschäftigtengruppen. Wird während der Elternzeit jedoch in Teilzeit gearbeitet, sind die besonderen Diskriminierungsverbote für Teilzeitbeschäftigte zu beachten, § 4 Abs. 1 TzBfG. 116

Ob **vermögenswirksame Leistungen** während der Elternzeit weiter zu gewähren sind, hängt vom Inhalt der zugrunde liegenden Regelung ab. Vermögenswirksamen Leistungen sind wie das Arbeitsentgelt zu behandeln. Im Wege der Auslegung des Tarifvertrags, der Betriebsvereinbarung oder eines Arbeitsvertrags ist zu ermitteln, ob die Zahlung auch ohne tatsächliche Arbeitsleistung geschuldet ist. 117

Der Anspruch auf **Sachbezüge**, die von geleisteter Arbeit abhängen (private Dienstwagennutzung, Deputate. Naturalleistungen), ruht während der Elternzeit. Der Anspruch auf Wohnraumüberlassung besteht dagegen regelmäßig fort, weil er an den Bestand des Arbeitsverhältnisses anknüpft. 118

V. Zeugnis

119 Der Arbeitgeber darf in einem Zeugnis die Elternzeit eines Arbeitnehmers nur erwähnen, sofern sich die Ausfallzeit als eine wesentliche tatsächliche Unterbrechung der Beschäftigung darstellt. Das ist dann der Fall, wenn diese nach Lage und Dauer erheblich ist und wenn bei ihrer Nichterwähnung für Dritte der falsche Eindruck entstünde, die Beurteilung des Arbeitnehmers beruhe auf einer der Dauer des rechtlichen Bestands des Arbeitsverhältnisses entsprechenden tatsächlichen Arbeitsleistung.

VI. Betriebsratsmitglieder

120 Die Mitgliedschaft im Betriebsrat besteht während der Elternzeit fort. Das führt dazu, dass ein Betriebsratsmitglied während der **Elternzeit** die Erstattung erforderlicher **Fahrtkosten** für die Teilnahme an **Betriebsratssitzungen** verlangen kann (BAG, Urteil vom 25. Mai 2005 – 7 ABR 45/04 –). Hingegen kann der in Elternzeit befindliche Arbeitnehmer keine Vergütung für den Besuch einer Schulungsveranstaltung gemäß § 37 Abs. 6 BetrVG verlangen, weil er bereits vollständig von der Arbeitsleistung freigestellt ist. Dies folgt aus dem im Rahmen von § 37 Abs. 6 BetrVG anwendbaren Lohnausfallprinzip.

Der Arbeitnehmer ist auch während der Elternzeit aktiv wahlberechtigt. Ebenso bleibt eher auch bei der Inanspruchnahme von Elternzeit wählbar i.S.v. § 8 Abs. 1 BetrVG. Während der Elternzeit ist ein Betriebsratsmitglied auch nicht gemäß § 25 Abs. 1 Satz 2 BetrVG zeitweilig an der Ausübung seines Amtes gehindert.

Ein Arbeitnehmer ist auch während der Elternzeit berechtigt, an Betriebsversammlungen teilzunehmen. Er hat für die Zeit der Teilnahme einen Vergütungsanspruch aus § 44 Abs. 1 Satz 2 BetrVG.

§ 16 BEEG Inanspruchnahme der Elternzeit

(1) [1]Wer Elternzeit beanspruchen will, muss sie
1. für den Zeitraum bis zum vollendeten dritten Lebensjahr des Kindes spätestens sieben Wochen und
2. für den Zeitraum zwischen dem dritten Geburtstag und dem vollendeten achten Lebensjahr des Kindes spätestens 13 Wochen

vor Beginn der Elternzeit in Textform vom Arbeitgeber verlangen. [2]Verlangt die Arbeitnehmerin oder der Arbeitnehmer Elternzeit nach Satz 1 Nummer 1, muss sie oder er gleichzeitig erklären, für welche Zeiten innerhalb von zwei Jahren Elternzeit genommen werden soll. [3]Bei dringenden Gründen ist ausnahmsweise eine angemessene kürzere Frist möglich. [4]Nimmt die Mutter die Elternzeit im Anschluss an die Mutterschutzfrist, wird die Zeit der Mutterschutzfrist nach § 3 Absatz 2 und 3 des Mutterschutzgesetzes auf den Zeitraum nach Satz 2 angerechnet. [5]Nimmt die Mutter die Elternzeit im Anschluss an einen auf die Mutterschutzfrist folgenden Erholungsurlaub, werden die Zeit der Mutterschutzfrist nach § 3 Absatz 2 und 3 des Mutterschutzgesetzes und die Zeit des Erholungsurlaubs auf den Zweijahreszeitraum

nach Satz 2 angerechnet. [6]Jeder Elternteil kann seine Elternzeit auf drei Zeitabschnitte verteilen; eine Verteilung auf weitere Zeitabschnitte ist nur mit der Zustimmung des Arbeitgebers möglich. [7]Der Arbeitgeber kann die Inanspruchnahme eines dritten Abschnitts einer Elternzeit innerhalb von acht Wochen nach Zugang des Antrags aus dringenden betrieblichen Gründen ablehnen, wenn dieser Abschnitt im Zeitraum zwischen dem dritten Geburtstag und dem vollendeten achten Lebensjahr des Kindes liegen soll. [8]Der Arbeitgeber hat dem Arbeitnehmer oder der Arbeitnehmerin die Elternzeit zu bescheinigen. [9]Bei einem Arbeitgeberwechsel ist bei der Anmeldung der Elternzeit auf Verlangen des neuen Arbeitgebers eine Bescheinigung des früheren Arbeitgebers über bereits genommene Elternzeit durch die Arbeitnehmerin oder den Arbeitnehmer vorzulegen.

(2) Können Arbeitnehmerinnen aus einem von ihnen nicht zu vertretenden Grund eine sich unmittelbar an die Mutterschutzfrist des § 3 Absatz 2 und 3 des Mutterschutzgesetzes anschließende Elternzeit nicht rechtzeitig verlangen, können sie dies innerhalb einer Woche nach Wegfall des Grundes nachholen.

(3) [1]Die Elternzeit kann vorzeitig beendet oder im Rahmen des § 15 Absatz 2 verlängert werden, wenn der Arbeitgeber zustimmt. [2]Die vorzeitige Beendigung wegen der Geburt eines weiteren Kindes oder in Fällen besonderer Härte, insbesondere bei Eintritt einer schweren Krankheit, Schwerbehinderung oder Tod eines Elternteils oder eines Kindes der berechtigten Person oder bei erheblich gefährdeter wirtschaftlicher Existenz der Eltern nach Inanspruchnahme der Elternzeit, kann der Arbeitgeber unbeschadet von Satz 3 nur innerhalb von vier Wochen aus dringenden betrieblichen Gründen schriftlich ablehnen. [3]Die Elternzeit kann zur Inanspruchnahme der Schutzfristen des § 3 des Mutterschutzgesetzes auch ohne Zustimmung des Arbeitgebers vorzeitig beendet werden; in diesen Fällen soll die Arbeitnehmerin dem Arbeitgeber die Beendigung der Elternzeit rechtzeitig mitteilen. [4]Eine Verlängerung der Elternzeit kann verlangt werden, wenn ein vorgesehener Wechsel der Anspruchsberechtigten aus einem wichtigen Grund nicht erfolgen kann.

(4) Stirbt das Kind während der Elternzeit, endet diese spätestens drei Wochen nach dem Tod des Kindes.

(5) Eine Änderung in der Anspruchsberechtigung hat der Arbeitnehmer oder die Arbeitnehmerin dem Arbeitgeber unverzüglich mitzuteilen.

Übersicht Rdn.

A. Allgemeines

1 § 16 BEEG ergänzt § 15 BEEG um Verfahrensvorschriften für die Inanspruchnahme und Verteilung der Elternzeit. Außerdem werden mit der **Verlängerung** und **vorzeitigen Beendigung** Tatbestände der nachträglichen Veränderung der Elternzeit geregelt.

B. Geltendmachung der Elternzeit

2 Nach § 16 Abs. 1 Satz 1 BEEG müssen Arbeitnehmerinnen und Arbeitnehmer die **Elternzeit** vom Arbeitgeber **verlangen**. Damit üben sie ein **Gestaltungsrecht** aus, das auf die Freistellung von der Arbeit gerichtet ist. Liegen die gesetzlichen Voraussetzungen der Elternzeit vor, tritt die Befreiung von der Arbeitspflicht zum gewünschten Zeitpunkt unmittelbar infolge des Elternzeitverlangens ein, ohne dass es einer Zustimmung oder Freistellungserklärung des Arbeitgebers bedarf (BAG, Urteil vom 5. Juni 2007 – 9 AZR 82/07 –; Urteil vom 12. Mai 2011 – 2 AZR 384/10 –; Urteil vom 10. Mai 2016 – 9 AZR 145/15 –).

I. Form

3 Die Elternzeit muss nach § 16 Abs. 1 Satz 1 BEEG **schriftlich** verlangt werden. Das Schriftformerfordernis dient nicht nur der Rechtssicherheit und Beweiserleichterung, sondern hat darüber hinaus Warnfunktion. Arbeitnehmer und Arbeitnehmerinnen sollen vor einem unüberlegten oder übereilten Elternzeitverlangen geschützt werden, da sie durch die Inanspruchnahme von Elternzeit ihren Vergütungsanspruch verlieren und eine vorzeitige Beendigung der Elternzeit nach § 16 Abs. 3 Satz 1 BEEG nur eingeschränkt möglich ist.Die Einhaltung der Schriftform ist deshalb **Wirksamkeitsvoraussetzung** für die Inanspruchnahme der Elternzeit (BAG, Urteil vom 10. Mai 2006 – 9 AZR 145/15 –).

4 Die **Anforderungen an die Schriftform** richten sich nach **§ 126 BGB**. Das Elternzeitverlangen muss nach § 126 Abs. 1 BGB eigenhändig durch Namensunterschrift oder mittels notariell beglaubigten Handzeichens unterzeichnet werden. Soll das Elterzeitverlangen in elektronischer Form erfolgen (vgl. § 126 Abs. 3 BGB), müssen die Arbeitnehmerinnen und Arbeitnehmer der Erklärung ihren Namen hinzufügen und das elektronische Dokument mit einer qualifizierten elektronischen Signatur nach dem

SigG versehen (§ 126a Abs. 1 BGB). Eine Mitteilung in Textform i.S.v. § 127 BGB ist nicht ausreichend (BAG, Urteil vom 10. Mai 2006 – 9 AZR 145/15 –). Ein Telefax, eine einfache E-Mail oder eine SMS genügen daher nicht zur Wahrung des Schriftformerfordernisses.

Ist die Schriftform nicht gewahrt, ist das Elternzeitverlangen unwirksam und Arbeits- 5
und Vergütungspflicht bleiben bestehen. Der besondere Kündigungsschutz nach § 18 BEEG greift nicht. Beruft sich ein Arbeitgeber auf die Nichteinhaltung des Schriftformerfordernisses, kann dies im Einzelfall rechtsmissbräuchlich sein (BAG, Urteil vom 26. Juni 2008 – 2 AZR 23/07 –, Rn. 26; Urteil vom 10. Mai 2016 – 9 AZR 145/15 –, Rn. 32 ff.; Spielberger NJW 2016, 2906 <2909 f.>).

Das Elternzeitverlangen wird als empfangsbedürftige Willenserklärung nach § 130 6
BGB mit Zugang beim Arbeitgeber wirksam (BAG, Urteil vom 10. Mai 2006 – 9 AZR 145/15 –). Die Erklärung muss sich an den Vertragsarbeitgeber oder seinen gesetzlichen Vertreter richten. Ausreichend ist auch der Zugang bei Repräsentanten des Arbeitgebers, die in ihrer Funktion typischerweise zur Entgegennahme von Erklärungen in Personalangelegenheiten beauftragt sind (Tillmanns, in: Tillmanns/Mutschler, MuSchG/BEEG, 3. Aufl. 2021, § 16 BEEG Rn. 23).

II. Frist

Die **Elternzeit** ist dem Arbeitgeber **rechtzeitig vor Beginn der Elternzeit anzuzeigen**. 7
Dabei sind die Fristen des § 16 Abs. 1 Satz 1 Nr. 1, Nr. 2 BEEG zu beachten. Zwischen dem Zugang des Elternzeitverlangens beim Arbeitgeber und dem gewünschten Beginn der Elternzeit müssen **sieben Wochen** liegen, wenn es um eine Elternzeit in den ersten drei Lebensjahren des Kindes geht. Die einzuhaltende Frist verlängert sich auf **13 Wochen**, wenn es um eine Elternzeit zwischen dem dritten und achten Geburtstag des Kindes geht. Nach den Erwägungen des Gesetzgebers (BT-Drucks. 16/2785 S. 63) genügen die **Ankündigungsfristen** des § 16 Abs. 1 Satz 1 BEEG den Arbeitsvertragsparteien, um die notwendigen Dispositionen zu treffen. Sie gewähren dem Arbeitnehmer einen zeitlichen Schutz und ermöglichen es dem Arbeitgeber, sich frühzeitig auf den Ausfall des Arbeitnehmers während der Elternzeit einzustellen. Dies bildet den Ausgleich dafür, dass die Inanspruchnahme der Elternzeit dem Arbeitgeber nur mitgeteilt wird, ohne dass sie seiner Zustimmung bedarf oder betriebliche Interessen zu berücksichtigen sind (BAG, Urteil vom 18. Oktober 2011 – 9 AZR 315/10 –). Wird die **Elternzeit auf mehrere Zeitabschnitte** verteilt, gelten die **Ankündigungsfristen** des § 16 Abs. 1 Satz 1 Nr. 1, Nr. 2 BEEG **für jeden Abschnitt** der Elternzeit, nicht aber für eine Verlängerung der bereits in Anspruch genommenen Elternzeit nach § 16 Abs. 3 Satz 1 BEEG (BAG, Urteil vom 18. Oktober 2011 – 9 AZR 315/10 –).

Den Arbeitnehmerinnen und Arbeitnehmern bleibt es unbenommen, diese Mindest- 8
fristen des § 16 Abs. 1 Satz 1 BEEG nicht voll auszuschöpfen, sondern die Elternzeit schon vorher anzuzeigen. Zum Beginn des Kündigungsschutzes in diesen Fällen vgl. § 18 BEEG Rdn. 20.

9 **Ausnahmsweise** ist eine **Verkürzung der Fristen** des § 16 Abs. 1 Satz 1 BEEG möglich. Nach **§ 16 Abs. 1 Satz 3 BEEG** ist die Einhaltung einer angemessenen kürzeren Frist ausreichend, wenn **dringende Gründe** vorliegen. Dies ist etwa der Fall bei kurzfristiger Übernahme einer Adoptionspflege oder einer schweren Erkrankung der bisherigen Betreuungsperson des Kindes.

10 Von § 16 Abs. 1 Satz 3 BEEG zu unterscheiden ist die **Frist nach § 16 Abs. 2 BEEG.** Diese Regelung gestattet es Arbeitnehmerinnen, die aus einem nicht verschuldeten Grund eine sich unmittelbar an die Mutterschutzfrist des § 3 Abs. 2 MuSchG anschließende Elternzeit nicht rechtzeitig verlangen können, dies innerhalb einer Woche nach Wegfall des Grundes nachzuholen. Der in § 16 Abs. 2 BEEG geregelte Hinderungsgrund bezieht sich dabei nicht darauf, dass die Elternzeit nicht angetreten werden kann, sondern darauf, dass das Elternzeitverlangen nicht rechtzeitig abgegeben werden kann (BAG, Urteil vom 17. Oktober 1990 – 5 AZR 10/90 –). Erfasst werden Härtefälle, in denen es Arbeitnehmerinnen und Arbeitnehmern nicht möglich oder nicht zumutbar ist, eine Willenserklärung zur Elternzeit abzugeben, wie etwa bei einem Krankenhausaufenthalt der Mutter (BT-Drucks. 10/3792 S. 20). Geht das Elternzeitverlangen in diesen Fällen noch innerhalb einer Woche nach Wegfall des Hinderungsgrundes zu, kann die Elternzeit auch ohne Einhaltung der Ankündigungsfrist des § 16 Abs. 1 Satz 1 BEEG zum Ende der Mutterschutzfrist oder – ist diese bei fortbestehendem Hinderungsgrund bereits abgelaufen – unverzüglich angetreten werden.

11 **Versäumt der Arbeitnehmer die** sieben- bzw. 13-wöchige **Ankündigungsfrist** des § 16 Abs. 1 Satz 1 BEEG, verschiebt sich der Beginn der Elternzeit auf den nächstmöglichen fristgemäßen Zeitpunkt; ein nochmaliges Elternzeitverlangen ist nicht erforderlich (BAG, Urteil vom 17. Februar 1994 – 2 AZR 616/93 –). Der Arbeitnehmer ist dann nicht berechtigt, der Arbeit zum gewünschten Zeitpunkt fernzubleiben. Den besonderen Kündigungsschutz nach § 18 BEEG genießt er gleichwohl vgl. § 18 BEEG Rn. 20. Der Arbeitgeber kann aber auch auf die seine Dispositionsinteressen schützenden Fristen des § 16 Abs. 1 Satz 1 BEEG verzichten und sich mit einem früheren Beginn der Elternzeit einverstanden erklären (vgl. BAG, Urteil vom 15. Dezember 2009 – 9 AZR 72/09 –; Urteil vom 17. Oktober 1990 – 5 AZR 10/90 –).

III. Inhalt

12 Das Elternzeitverlangen ist so **konkret** zu formulieren, dass sich **Beginn und Ende der Elternzeit** ohne Weiteres ergeben (vgl. BAG, Urteil vom 17. Februar 1994 – 2 AZR 616/93 –). Lediglich der Vater, der ab dem Zeitpunkt der Entbindung Elternzeit wünscht, darf mit Blick auf die siebenwöchige Ankündigungsfrist des § 16 Abs. 1 Satz 1 Nr. 1 BEEG den voraussichtlichen Entbindungstermin, den er aber konkret benennen muss, angeben. Unklare oder vage Elternzeitverlangen, bei denen sich Beginn, Dauer und Aufteilung der Elternzeit auch nicht im Wege der Auslegung feststellen lassen, sind unwirksam (vgl. BAG, Urteil vom 17. Oktober 1990 – 5 AZR 10/90 –; HK-MuSchG/BEEG/Rancke, 5. Aufl. 2018, § 16 BEEG Rn. 2).

Unwirksam ist zudem ein Elternzeitverlangen, welches unter eine **Bedingung** gestellt wird, die nicht vom Arbeitgeber zu beeinflussen ist (HK-MuSchG/BEEG/Rancke,

5. Aufl. 2018, § 16 BEEG Rn. 2). Zulässig ist es hingegen, die Inanspruchnahme der Elternzeit davon abhängig zu machen, dass der Arbeitgeber der zugleich beantragten Elternteilzeit zustimmt. Arbeitnehmerinnen und Arbeitnehmer, die zur Existenzsicherung auf ein Teilzeiteinkommen angewiesen sind, werden daher das Elternzeit- und das Teilzeitverlangen von vornherein durch eine **Bedingung** verknüpfen und so sicherstellen, dass **Elternzeit nur bei gleichzeitigem Einverständnis mit Teilzeitarbeit** in Anspruch genommen wird (BAG, Urteil vom 5. Juni 2007 – 9 AZR 82/07 –; Urteil vom 15. April 2008 – 9 AZR 380/07 –; Urteil vom 12. Mai 2011 – 2 AZR 384/10 –). Ebenso ist es zulässig, dass der Arbeitnehmer die Elternzeit **für den Fall** verlangt, dass der Arbeitgeber eine **Übertragung des Zeitabschnittes auf die Zeit nach dem dritten Geburtstag des Kindes ablehnt**. Diese Bedingung ist unschädlich, weil der Arbeitgeber ihren Eintritt selbst bestimmen kann (Tillmanns, in: Tillmanns/Mutschler, MuSchG/BEEG, 3. Aufl. 2021, § 16 BEEG Rn. 12).

1. Festlegung der Zeitabschnitte für zwei Jahre

Darüber hinaus muss der Arbeitnehmer nach **§ 16 Abs. 1 Satz 2 BEEG** mit dem Elternzeitverlangen **verbindlich festlegen, »für welche Zeiten innerhalb von zwei Jahren Elternzeit** genommen werden soll«. Diese Regelung ist einerseits eine Schutzvorschrift zugunsten der Arbeitnehmer, die sich nicht bereits zu Beginn der Elternzeit hinsichtlich deren gesamter Dauer und Aufteilung festlegen müssen (vgl. BT-Drucks. 14/3553 S. 22). Andererseits sichert diese Regelung die Dispositionsinteressen des Arbeitgebers, weil sie die Arbeitnehmer für einen Zweijahreszeitraum an die einmal festgelegte Elternzeit bindet. § 16 Abs. 1 Satz 2 i.V.m. § 16 Abs. 1 Satz 1 Nr. 1 BEEG **sperrt eine weitere Inanspruchnahme von Elternzeit im Zweijahreszeitraum**. 13

Der **Zweijahreszeitraum** des § 16 Abs. 1 Satz 2 BEEG bezieht sich auf die **Elternzeit** in den **ersten beiden Lebensjahren des Kindes** und beginnt mit dem Beginn der Elternzeit (vgl. dazu Brose/Weth/Volk/Schneider, 9. Aufl. 2020, § 16 BEEG Rn. 23; ErfK/Gallner, 22. Aufl. 2022, § 16 BEEG Rn. 4, Rn. 12;) und nicht mit dem Zugang des Elternzeitverlangens beim Arbeitgeber (Tillmanns, in: Tillmanns/Mutschler, MuSchG/BEEG, 3. Aufl. 2022, § 16 BEEG Rn. 8). 14

Auch wenn der **Gesetzeswortlaut** insoweit nicht eindeutig ist, lässt sich dies gleichwohl aus der **Normgeschichte** ableiten. In der ursprünglichen Gesetzesfassung musste die Festlegung der Elternzeit für bestimmte Lebensmonate des Kindes erfolgen (§ 16 BErzGG idF. vom 6. Dezember 1985, BGBl. I S. 2154). Spätere Fassungen bezogen sich nur noch auf die Festlegung, »für welchen Zeitraum oder für welche Zeiträume« Elternzeit genommen wird (vgl. etwa § 16 BErzGG idF. vom 1. Januar 1992, BGBl. 1991 I S. 2141), ohne jedoch den inhaltlichen Bezug zur Elternzeit in den ersten Lebensjahren des Kindes aufheben zu wollen. Im Zuge der fortschreitenden Flexibilisierung der Elternzeit wurde die Bindungsdauer auf zwei Jahre beschränkt, weil der Gesetzgeber es als unzumutbar erachtete, dass die Arbeitnehmer bereits zu Beginn der Elternzeit über deren gesamte Dauer, also auch über die Übertragung von Zeitanteilen auf die Phase zwischen dem dritten und achten Geburtstag des Kindes disponieren müssen (BT-Drucks. 14/3553 S. 22). Auch diese Beschränkung hebt den ursprünglich hergestellten Kontext zu den ersten Lebensjahren des Kindes nicht auf. Diese Auslegung entspricht auch dem **Zweck** des § 16 Abs. 1 Satz 2 BEEG. Bei der vom Gesetzgeber adressierten Planungssicherheit des Arbeitgebers geht es darum, dass der Arbeitgeber für einen Zeitraum von zwei Jahren keine erneuten Vorkehrungen für einen elternzeitbedingten Ausfall des jeweiligen Arbeitnehmers treffen muss. Effektiv gewährleistet ist dies nur, wenn sich der Zweijahreszeitraum des § 16 Abs. 1 Satz 2 BEEG auf die ersten beiden Lebensjahre des Kindes bezieht, weil die Vorkehrungen für den Arbeitsausfall – beispielsweise die Einstellung einer Vertretungskraft – dann für die Dauer von zwei Jahren Bestand haben. Würde man den Zweijahreszeitraum demgegenüber schon mit dem Elternzeitverlangen beginnen lassen, würde sich die sichere zweijährige Planungs- und Umsetzungsphase durch eine frühzeitige Ankündigung der Elternzeit schon in den ersten Monaten der Schwangerschaft erheblich verkürzen.

15 Die Angabe, für welche Zeiträume in den ersten beiden Lebensjahren des Kindes Elternzeit genommen wird, ist zwingend. § 16 Abs. 1 Satz 4 und Satz 5 BEEG regeln klarstellend (BR-Drucks. 652/03 S. 56), dass die **Mutterschutzfrist** nach § 3 Abs. 2 MuSchG und ein **im Anschluss daran gewährter Erholungsurlaub** auf den Zweijahreszeitraum angerechnet werden. Auch wenn die Elternzeit wegen der nachgeburtlichen Mutterschutzfrist und anschließendem Erholungsurlaub erst deutlich nach der Geburt des Kindes beginnt, muss die Mutter sich also nur bis zum zweiten Geburtstag des Kindes festlegen muss. § 16 Abs. 1 Satz 4, Satz 5 BEEG hat, selbst wenn die Elternzeit später beginnt (Buchner/Becker, MuSchG/BEEG, 8. Aufl. 2008, § 16 BEEG Rn. 16).

16 Es bleibt den Elternzeitberechtigten allerdings unbenommen, die Elternzeit von vornherein für die ersten drei Lebensjahre oder sogar darüber hinaus bis zur Vollendung des achten Lebensjahres des Kindes zu verlangen (BAG, Urteil vom 27. April 2004 – 9 AZR 21/04 –; Urteil vom 19. April 2005 – 9 AZR 233/04 –).

2. Verteilung der Zeitabschnitte

17 Die Elternzeit muss nicht in einem Zeitblock genommen werden. Nach § 16 Abs. 1 Satz 6 BEEG kann sie auf **drei Zeitabschnitte** verteilt werden. Einer Zustimmung des Arbeitgebers dazu bedarf es nicht. Erst wenn der Arbeitnehmer die Elternzeit auf mehr als drei Zeitabschnitte verteilen will, ist er auf die Zustimmung des Arbeitgebers angewiesen. Ein Zeitabschnitt von maximal 24 Monaten kann auf die Zeit zwischen dem dritten und achten Geburtstag des Kindes gelegt werden, § 15 Abs. 2 Satz 2 BEEG. Handelt es sich dabei zugleich um den dritten Abschnitt der Elternzeit, kann der Arbeitgeber dem innerhalb von acht Wochen aus dringenden betrieblichen Gründen widersprechen, § 16 Abs. 1 Satz 7 BEEG. Eine Mindestlänge der einzelnen Zeitabschnitte ist nicht vorgegeben. Die Festlegung der beanspruchten Zeiträume, also der Wechsel zwischen Elternzeit und Arbeit, darf allerdings nicht rechtsmissbräuchlich im Sinne von § 242 BGB sein (dazu LAG Saarland, Urteil vom 17. Mai 1995 – 2 Sa 7/95 –). Wird die Elternzeit zudem mit einer Teilzeittätigkeit verbunden, ist § 15 Abs. 7 Satz 1 Nr. 3 BEEG zu beachten.

Die **Möglichkeiten des Arbeitgebers**, die gewünschte **Verteilung** der Elternzeit **abzulehnen**, sind **eng begrenzt**. 18

- Die Verteilung der Elternzeit auf **mehr als drei Zeitabschnitte** bedarf der Zustimmung des Arbeitgebers, **§ 16 Abs. 1 Satz 6 BEEG**. Die Entscheidung über die Zustimmung hat der Arbeitgeber nach **billigem Ermessen** (§ 315 Abs. 1 BGB) zu treffen. 19

  Soll der **dritte Abschnitt** der Elternzeit auf den **Zeitraum zwischen dem dritten und achten Geburtstag des Kindes** gelegt werden, kann der Arbeitgeber dies gemäß **§ 16 Abs. 1 Satz 7 BEEG** aus **dringenden betrieblichen Gründen** binnen einer Frist von acht Wochen ab dem Zugang des entsprechenden Elternzeitverlangens **ablehnen**. Ein Formerfordernis für diese Ablehnungserklärung besteht nicht. 20

  Eine **Ablehnung** nach § 16 Abs. 1 Satz 7 BEEG kommt nur in **Ausnahmefällen** in Betracht. Wie im Rahmen von § 15 Abs. 7 Satz 1 Nr. 4 BEEG müssen die betrieblichen Gründe von besonderem Gewicht sein. Sie müssen **sich als nahezu zwingendes oder unabweisbares Hindernis für eine Freistellung des Arbeitnehmers in dem in Rede stehenden Zeitraum darstellen. Maßstab** ist dabei, ob der elternzeitberechtigte Arbeitnehmer aufgrund seiner Funktion und Aufgabenstellung durch eine Vertretungskraft ersetzt werden muss und kann oder ob andere zumutbare organisatorische Maßnahmen seinen Ausfall zu kompensieren vermögen. Im Übrigen gelten die Ausführungen zu § 15 Abs. 7 Satz 1 Nr. 4 BEEG entsprechend.

  Die **Ablehnung ist ein Gestaltungsrecht des Arbeitgebers**, das im Fall seiner wirksamen Ausübung die zunächst wirksame Inanspruchnahme der Elternzeit beseitigt (Tillmanns, in: Tillmanns/Mutschler, MuSchG/BEEG, 3. Aufl. 2021, § 16 BEEG Rn. 17). Lehnt der Arbeitgeber die Übertragung des dritten Abschnitts der Elternzeit auf die Zeit nach dem dritten Geburtstag des Kindes zu Recht ab, kann die noch nicht verbrauchte Elternzeit bis zur Vollendung des achten Lebensjahres des Kindes erneut beansprucht werden. Erfolgt die Ablehnung des Arbeitgebers zu Unrecht, bleibt es bei der wirksamen Inanspruchnahme des dritten Abschnitts der Elternzeit. Möglich ist die Geltendmachung eines Schadensersatzanspruches gemäß §§ 280 Abs. 1, 611a BGB i.V.m. § 16 Abs. 1 Satz 7 BEEB, wenn durch die zu Unrecht erfolgte Ablehnung erhöhte Betreuungskosten für das Kind anfallen. Eine ersatzweise Gewährung der nicht verbrauchten Elternzeit nach Vollendung des achten Lebensjahres des Kindes scheidet aus, weil der Gesetzgeber das Bedürfnis der Kinderbetreuung im Wege der Eltern(teil)zeit nur bis zu diesem Lebensalter des Kindes anerkennt (Tillmanns, in: Tillmanns/Mutschler, MuSchG/BEEG, 3. Aufl. 2021, § 16 BEEG Rn. 17).

- Wollen die Arbeitnehmer **noch nicht verbrauchte Elternzeit unmittelbar im Anschluss an den Zweijahreszeitraum** des § 16 Abs. 1 Satz 2 BEEG nehmen, bedarf dies der **Zustimmung des Arbeitgebers**. Auch wenn es sich um eine nahtlose Fortsetzung der zunächst für die ersten beiden Lebensjahre des Kindes gewählten Freistellung handelt, liegt in diesen Fällen eine **Verlängerung der Elternzeit iSd. § 16 Abs. 3 Satz 1 BEEG** vor, die nur mit Zustimmung des Arbeitgebers möglich ist (ErfK/Gallner, 22. Aufl. 2022, § 16 BEEG Rn. 4; Huke SAE 2012, 74 <76>; Schaub ArbR-HdB/Linck, 19. Aufl. 2021, § 172 Rn. 11; anders LAG Sachsen, Urteil vom 17. Mai 2011 – 7 Sa 137/10 –; LAG Düsseldorf, Urteil vom 24. Januar 2011 – 14 21

Sa 1399/10 –; Aschmoneit NZA 2012, 247 <248 f.>; Fecker/Scheffzek NZA 2015, 778 <781 f.>). Die **Entscheidung über die Zustimmung** hat der Arbeitgeber nach **billigem Ermessen** (§ 315 Abs. 1 BGB) zu treffen (vgl. BAG, Urteil vom 18. Oktober 2011 – 9 AZR 315/10 –, Rn. 29).

3. Fortsetzung der bisherigen Teilzeitarbeit

22 Wollen die Arbeitnehmerinnen und Arbeitnehmer während der Elternzeit ihre **bisherige Teilzeittätigkeit** nahtlos oder zu einem späteren Zeitpunkt **fortsetzen,** muss sogleich **mit dem Elternzeitverlangen unter Einhaltung der in § 16 Abs. 1 Satz 1 BEEG genannten Form und Fristen** mitgeteilt werden, ob und ab wann dies geschehen soll. Ein späteres Fortsetzungsverlangen ist rechtsunwirksam. Eine Wiederaufnahme der Teilzeittätigkeit kann dann nur noch im Einvernehmen mit dem Arbeitgeber oder im Wege einer Arbeitszeitverringerung unter den Voraussetzungen von § 15 Abs. 6, Abs. 7 BEEG erreicht werden (BAG, Urteil vom 27. April 2004 – 9 AZR 21/04 –; Brors RdA 2005, 51 <53 f.>; HK-MuSchG/BEEG/Rancke, 5. Aufl. 2018, § 15 BEEG Rn. 64; anders Worzalla SAE 2005, 242 ff.). § 16 Abs. 1 Satz 1 BEEG schützt die Planungssicherheit des Arbeitgebers. Das frist- und formgebundene Elternzeitverlangen soll ihm ermöglichen, die im Betrieb notwendig werdenden personellen Dispositionen zu treffen (vgl. BT-Drucks. 10/3792 S. 19). Diese Zwecksetzung erfordert auch die Mitteilung darüber, ob und in welchen Zeiträumen während der Elternzeit die bereits ausgeübte Teilzeitbeschäftigung fortgesetzt werden soll. Dies ist für den mit einem Elternzeitverlangen konfrontierten Arbeitgeber nicht weniger von Interesse als die Frage, ob während der Elternzeit eine vollständige Freistellung erfolgen soll. An die Mitteilung des Willens, die bereits ausgeübte Teilzeittätigkeit fortzusetzen, sind daher keine geringeren Anforderungen zu stellen als an die Inanspruchnahme der Elternzeit selbst (BAG, Urteil vom 27. April 2004 – 9 AZR 21/04 –).

23 Einer **Zustimmung des Arbeitgebers** zur Fortsetzung der Teilzeittätigkeit **bedarf es nicht** (vgl. Brors RdA 2005, 51 <52>).

C. Nachträgliche Änderungen der Elternzeit

I. Grundsatz

24 Mit der Inanspruchnahme von Elternzeit üben die Arbeitnehmerinnen und Arbeitnehmer ein Gestaltungsrecht aus. Mit Zugang beim Arbeitgeber ist das **wirksame Elternzeitverlangen** daher bindend; ein Widerruf oder eine einseitige inhaltliche Abänderung des Elternzeitverlangens ist den Arbeitnehmerinnen und Arbeitnehmern ab diesem Zeitpunkt nicht mehr möglich (Brose/Weth/Volk/Schneider, 9. Aufl. 2020, § 16 BEEG Rn. 29).

25 Das Elternzeitverlangen ist auch dann mit Zugang beim Arbeitgeber für die Arbeitnehmerinnen und Arbeitnehmer bindend, wenn die Elternzeit deutlich früher angezeigt wurde als dies die sieben- bzw. dreizehnwöchige Ankündigungsfrist des § 16 Abs. 1 Satz 1 BEEG verlangt. Entscheidend ist auch insoweit die Gestaltungswirkung des

Elternzeitverlangens und nicht, dass der Arbeitnehmer an sich eine längere Zeit zur Überlegung gehabt hätte und die Dispositionsinteressen des Arbeitgebers bei Einhaltung lediglich der gesetzlichen Ankündigungsfrist gewahrt sind.

Wollen die Elternzeitberechtigten aufgrund einer nachträglichen Änderung der persönlichen Lebensumstände die Elternzeit nicht antreten, früher beenden oder verlängern, ist dies nur mit Zustimmung des Arbeitgebers (§ 16 Abs. 3 Satz 1 BEEG) oder bei Vorliegen eines besonderen Härtefalles (§ 16 Abs. 3 Satz 2 bis Satz 4, Abs. 4 BEEG) möglich. 26

II. Verlängerung der Elternzeit

Grundsätzlich unterliegt die Verlängerung der ursprünglich geltend gemachten Elternzeit nach § 16 Abs. 3 Satz 1 BEEG der Zustimmung des Arbeitgebers. Daneben regelt § 16 Abs. 3 Satz 4 BEEG den einzigen Ausnahmefall einer Verlängerung der Elternzeit durch eine einseitige rechtsgestaltende Erklärung des Arbeitnehmers. 27

1. Zustimmung des Arbeitgebers

Nach § 16 Abs. 3 Satz 1 BEEG kann die Elternzeit im Rahmen der dreijährigen Höchstdauer **verlängert** werden, wenn der **Arbeitgeber zustimmt.** Die **Entscheidung über die Zustimmung** hat der Arbeitgeber nach **billigem Ermessen** (§ 315 Abs. 1 BGB) zu treffen (BAG, Urteil vom 18. Oktober 2011 – 9 AZR 315/10 –). Eine Ablehnung des Arbeitgebers kommt damit nur in Betracht, wenn der Arbeitgeber auf nachvollziehbare Gründe verweisen kann, welche die berechtigten Interessen des Arbeitnehmers an einer Verlängerung der Elternzeit überwiegen. 28

Das Verlängerungsverlangen ist **nicht an die Fristen des § 16 Abs. 1 Satz 1 BEEG** gebunden. Durch die erforderliche Zustimmung des Arbeitgebers sind seine Interessen geschützt (BAG, Urteil vom 18. Oktober 2011 – 9 AZR 315/11 –). 29

2. Anspruch auf Verlängerung der Elternzeit

Ein **Anspruch auf Verlängerung** der ursprünglich geltend gemachten Elternzeit besteht nur im Fall des § 16 Abs. 3 Satz 4 BEEG und setzt voraus, dass ein vorgesehener Wechsel in der Anspruchsberechtigung aus einem wichtigen Grund nicht erfolgen kann. Bei Vorliegen der tatbestandlichen Voraussetzungen des § 16 Abs. 3 Satz 4 BEEG verlängert sich die Elternzeit kraft einseitiger rechtsgestaltender Erklärung des Arbeitnehmers. Einer Zustimmung des Arbeitgebers bedarf es nicht. Dem Arbeitgeber kommt – anders als in den Fällen der vorzeitigen Beendigung der Elternzeit nach § 16 Abs. 3 Satz 2 BEEG – auch kein frist- und formgebundenes Ablehnungsrecht zu. 30

Um sicherzustellen, dass die Arbeitgeber nicht reinen Zweckmäßigkeitserwägungen der Elternzeitberechtigten darüber ausgesetzt sind, wer in nächster Zeit die Kinderbetreuung übernimmt, verlangt § 16 Abs. 3 Satz 4 BEEG, dass der vorgesehene **Wechsel der Elternzeitberechtigten** aus **wichtigem Grund** scheitert. Ein »wichtiger Grund« liegt dabei nicht erst dann vor, wenn der geplante Wechsel bei der Kinderbetreuung 31

»unzumutbar« i.S.v. § 626 Abs. 1 BGB ist (LAG Berlin, Urteil vom 7. Juni 2001 – 10 Sa 2770/00 –). Erforderlich ist aber, dass die dem geplanten Wechsel entgegenstehenden Gründe so gewichtig sind, dass die Dispositionsinteressen des Arbeitgebers zurücktreten müssen. Nur dann ist zu rechtfertigen, dass die Verlängerung der Elternzeit nicht der nach billigem Ermessen zu treffenden Arbeitgeberentscheidung unterliegt, sondern gegen dessen Interessen durchgesetzt werden kann. Der »wichtige Grund« kann aus der Sphäre des übernehmenden Elternteils wie auch der Sphäre des Kindes ergeben. Ein »wichtiger Grund« können deshalb die Arbeitslosigkeit des anderen Elternzeitberechtigten, eine die Kinderbetreuung ausschließende Erkrankung des anderen Elternzeitberechtigten, der Tod des Unterhaltsverpflichteten, die Aufgabe der häuslichen Gemeinschaft mit dem Kind nach Trennung der Eltern (vgl. § 15 Abs. 1 Satz 1 Nr. 1 BEEG) oder die schwere Erkrankung des Kindes (vgl. ErfK/Gallner, 22. Aufl. 2022, § 16 BEEG Rn. 11; HK-MuSchG/BEEG/Rancke, 5. Aufl. 2018, § 16 BEEG Rn. 12).

32 Das **Verlängerungsverlangen** unterliegt **keinem Formerfordernis.** Erforderlich ist lediglich die Anzeige der Verlängerung und ihrer genauen Dauer und – damit für den Arbeitgeber der Unterschied zu einer beantragten Verlängerung nach § 16 Abs. 3 Satz 1 BEEG erkennbar ist – die Schilderung des Sachverhalts, der den wichtigen Grund ausmacht (ErfK/Gallner, 22. Aufl. 2022, § 16 BEEG Rn. 13).

33 Das **Verlängerungsverlangen** nach § 16 Abs. 3 Satz 4 BEEG ist **nicht an die Fristen des § 16 Abs. 1 Satz 1 BEEG** gebunden. Sobald die tatbestandlichen Voraussetzungen des § 16 Abs. 3 Satz 4 BEEG gegeben sind, kann und muss dann auch unverzüglich die Verlängerung der Elternzeit angezeigt werden. Bei längerem Zuwarten der Elternzeitberechtigten ist das Vorliegen eines wichtigen Grundes widerlegt (ErfK/Gallner, 22. Aufl. 2022, § 16 BEEG Rn. 12).

III. Vorzeitige Beendigung der Elternzeit

34 Grundsätzlich unterliegt die vorzeitige Beendigung der Elternzeit nach § 16 Abs. 3 Satz 1 BEEG der Zustimmung des Arbeitgebers. Daneben regelt § 16 Abs. 3 Satz 2, Satz 3 BEEG Sonderfälle der vorzeitigen Beendigung durch eine einseitige rechtsgestaltende Erklärung des Arbeitnehmers.

1. Zustimmung des Arbeitgebers

35 Die Elternzeit kann nach § 16 Abs. 3 Satz 1 BEEG vorzeitig beendet werden, sofern der Arbeitgeber einem darauf gerichteten Antrag des Arbeitnehmers zustimmt. Auf die Zustimmung besteht grundsätzlich kein Rechtsanspruch, denn die berechtigten Interessen des Arbeitgebers, insbesondere seine für die Elternzeit getroffenen Dispositionen stehen einer vorzeitigen Beendigung der Elternzeit ohne seine Zustimmung grundsätzlich entgegen (BAG 21. April 2009 – 9 AZR 391/08 –; Urteil vom 8. Mai 2018 – 9 AZR 8/18 –).

2. Anspruch auf vorzeitige Beendigung der Elternzeit

Unter bestimmten Voraussetzungen hat der Arbeitnehmer einen Rechtsanspruch auf vorzeitige Beendigung der Elternzeit, § 16 Abs. 3 Satz 2, Satz 3, Abs. 4 BEEG. 36

– **Geburt eines weiteren Kindes, § 16 Abs. 3 Satz 2 BEEG** 37

Gesetzlich geregelt ist das Recht auf eine vorzeitige Beendigung der Elternzeit »wegen der Geburt eines weiteren Kindes«. Die Regelung trägt dem Umstand Rechnung, dass die Eltern im Fall der Geburt eines weiteren Kindes die Betreuung oft neu planen müssen (vgl. BT-Drucks. 14/3553 S. 23). Das Recht auf vorzeitige Beendigung der Elternzeit setzt tatbestandlich voraus, dass das weitere Kind entbunden ist. Die Rechtsfolge des § 16 Abs. 3 Satz 2 Alt. 1 BEEG kann nicht mit Wirkung zu einem Zeitpunkt herbeigeführt werden, der noch in der Schwangerschaft mit dem weiteren Kind liegt (BAG, Urteil vom 8. Mai 2018 – 9 AZR 8/18 –).

Das **Verlangen nach vorzeitiger Beendigung der Elternzeit** nach § 16 Abs. 3 Satz 2 BEEG stellt die Ausübung des **einseitigen Gestaltungsrechts** dar (vgl. BAG, Urteil vom 21. April 2009 – 9 AZR 391/08 –; Urteil vom 8. Mai 2018 – 9 AZR 8/18 –). Liegen die tatbestandlichen Voraussetzungen des § 16 Abs. 3 Satz 2 BEEG vor, endet die Elternzeit aufgrund des Beendigungsverlangens der Arbeitnehmerinnen und Arbeitnehmer. Einer Zustimmung des Arbeitgebers bedarf es nicht.Der Arbeitgeber hat allerdings die Möglichkeit, die vorzeitige Beendigung der Elternzeit **innerhalb von vier Wochen** ab Zugang des Beendigungsverlangens **schriftlich** (§ 126 BGB, vgl. Rn. 5) aus **dringenden betrieblichen Gründen** abzulehnen. An die Ablehnungsgründe sind hohe Anforderungen zu stellen; sie entsprechen den dringenden betrieblichen Gründen i.S.v. § 15 Abs. 7 Satz 1 Nr. 4 BEEG.

Das Beendigungsverlangen muss dem Arbeitgeber spätestens vier Wochen vor dem beabsichtigten Beendigungszeitpunkt zugehen, um dem **Arbeitgeber die Einhaltung der vierwöchigen Überlegungsfrist** zu ermöglichen (vgl. LAG Köln, Urteil vom 22. Dezember 2004 – 7 Sa 879/04 –; ErfK/Gallner, 22. Aufl. 2022, § 16 BEEG Rn. 7; Niklas BB 2013, 951 <954>).

– **Fälle besonderer Härte, § 16 Abs. 3 Satz 2 BEEG** 38

§ 16 Abs. 3 Satz 2 BEEG benennt weitere Gründe, aus denen eine vorzeitige Beendigung der Elternzeit kraft einseitiger rechtsgestaltender Erklärung des Arbeitnehmers verlangt werden kann. Dies sind der Eintritt einer schweren Krankheit oder einer Schwerbehinderung, der Tod eines Elternteils oder Kindes der berechtigten Person oder die erheblich gefährdete wirtschaftliche Existenz der Eltern. Die Aufzählung dieser **Härtefälle** ist nicht abschließend (»insbesondere«). Tatbestandliche Voraussetzung ist stets, dass der besondere Härtefall **erst nach Inanspruchnahme der Elternzeit eingetreten** ist (HK-MuSchG/BEEG/Rancke, 5. Aufl. 2018, § 16 BEEG Rn. 16). Im Übrigen gelten die Ausführungen zur vorzeitigen Beendigung wegen der Geburt eines weiteren Kindes entsprechend vgl. Rn. 37.

– **Inanspruchnahme der Mutterschutzfrist, § 16 Abs. 3 Satz 3 BEEG** 39

Gemäß § 16 Abs. 3 Satz 3 BEEG können erneut schwangere Arbeitnehmerinnen die laufende Elternzeit vorzeitig beenden, um die **Mutterschutzfristen vor und nach der Entbindung** und damit die **bezahlte Freistellung** während der Schutzfristen (§ 19 MuSchG i.V.m. § 3 MuSchG) und den **Zuschuss zum Mutterschaftsgeld** (§ 20 MuSchG) in Anspruch zu nehmen. Dies entspricht unionsrechtlichen Vorgaben. Es ist mit den europarechtlichen Richtlinien zur Verwirklichung des des Grundsatzes der Gleichbehandlung von Männern und Frauen im Zusammenhang mit der beruflichen Beschäftigung (RL 76/207/EWG in der durch RL 2002/73/EG geänderten Fassung; jetzt RL 2006/54/EG) und zur Verbesserung der Sicherheit und des Gesundheitsschutzes schwangerer Arbeitnehmerinnen (RL 92/85/EWG) nicht vereinbar, wenn eine schwangere Frau den Zeitraum des Elternurlaubs nicht ändern kann, um den Mutterschaftsurlaub und die damit verbundenen Rechte in Anspruch zu nehmen (vgl. EuGH, Urteil vom 20. September 2007 -C-116/06 –, Kiiski; Urteil vom 13. Februar 2014 – C-512/11 und C-513/11 –, Terveys; dazu auch Brose/Weth/Volk/Schneider, 9. Aufl. 2020, § 16 BEEG Rn. 38 f.; Huke SAE 2012, 74 <77>; ErfK/Gallner, 22. Aufl. 2022, § 16 BEEG Rn. 9a; Joussen EuZA 2008, 375 <379, 382 ff.>; Niklas BB 2013, 951 <954 f.>).

Das Beendigungsverlangen unterliegt **keiner Form** und **keiner Ankündigungsfrist**; es soll aber rechtzeitig erfolgen.

Die Elternzeit endet aufgrund des rechtsgestaltenden Beendigungsverlangens (vgl. Rn. 37), **ohne** dass es einer **Zustimmung des Arbeitgebers** bedarf. Anders als nach § 16 Abs. 3 Satz 2 BEEG besteht auch **kein** form- und fristgebundenes **Ablehnungsrecht des Arbeitgebers.**

40 – **Tod des Kindes, § 16 Abs. 4 BEEG**

Das Gesetz trifft eine Sonderregelung zur vorzeitigen Beendigung der Elternzeit für die Fälle, in denen das Kind während der Elternzeit stirbt. Nach § 16 Abs. 4 BEEG endet die Elternzeit spätestens drei Wochen nach dem Tod des Kindes. Zu diesem Zeitpunkt hat der Arbeitnehmer einen Anspruch darauf, an seinen Arbeitsplatz zurückzukehren (ArbG Bonn, Urteil vom 15. Dezember 2016 – 3 Ca 1935/16 –; **weitergehend** ErfK/Gallner, 22. Aufl. 2022, § 16 BEEG Rn. 10.) Verstirbt das Kind noch vor dem Beginn der Elternzeit, liegen die Voraussetzungen von § 16 Abs. 4 BEEG nicht vor. Es kommt nicht zur Elternzeit; der Arbeitnehmer ist zur Arbeit verpflichtet(ErfK/Gallner, 22. Aufl. 2022, § 16 BEEG Rn. 10).

3. Rechtsfolgen der vorzeitigen Beendigung der Elternzeit

41 Durch die vorzeitige Beendigung der Elternzeit lebt das Arbeitsverhältnis grundsätzlich in der Weise auf, wie es vor Elternzeit bestanden hat. Die restliche, nicht verbrauchte Elternzeit kann zu einem späteren Zeitpunkt in Anspruch genommen werden.

Das Arbeitsverhältnis lebt auch dann wieder zu den ursprünglichen Bedingungen auf, wenn der Arbeitnehmer während der Elternzeit bei einem anderen Arbeitgeber einer Teilzeittätigkeit nachgeht. Ist das Teilzeitarbeitsverhältnis durch eine Befristung oder auflösende Bedingung mit der Elternzeit im Hauptarbeitsverhältnis verknüpft, endet es mit der Elternzeit im Hauptarbeitsverhältnis. Anderenfalls bestehen zwei Arbeitsverhältnisse nebeneinander.

Die Dispositionsinteressen des Arbeitgebers sind im Fall einer vorzeitigen Beendigung des Arbeitsverhältnisses dadurch geschützt, dass er das Arbeitsverhältnis einer befristet eingestellten Vertretungskraft nach § 21 Abs. 4 BEEG vorzeitig kündigen kann.

IV. Wegfall der Anspruchsvoraussetzungen

Von der vorzeitigen Beendigung der Elternzeit zu unterscheiden ist der **nachträgliche Wegfall der tatbestandlichen Voraussetzungen der Elternzeit**. 42

Gesetzlich geregelt ist der Fall, dass die tatbestandlichen Voraussetzungen der Eltern- 43 zeit durch den **Tod des zu betreuenden Kindes** entfallen. Geklärt ist zudem, dass die Elternzeit stets mit der **Beendigung des Arbeitsverhältnisses** durch Fristablauf oder Kündigung etc. endet (BAG, Urteil vom 11. März 1999 – 2 AZR 19/98 –).

In den übrigen Fällen, in denen eine tatbestandliche Voraussetzung der Elternzeit nach 44 deren Beginn wegfällt, **leben die wechselseitigen arbeitsvertraglichen Pflichten wieder auf**, d.h. der Arbeitnehmer ist zur Erbringung der Arbeitsleistung verpflichtet, kann seinerseits aber auch die Beschäftigung auf seinem bisherigen oder einem inhaltlich gleichwertigen Arbeitsplatz verlangen. Der **Kündigungsschutz nach § 18 BEEG** entfällt (so auch ErfK/Gallner, 22. Aufl. 2022, § 16 BEEG Rn. 8; Niklas BB 2013, 951 <955>; **anders** Küttner/Poeche, Personalbuch 2021, 28. Aufl. 2021, Elternzeit Rn. 20; Tillmanns, in: Tillmanns/Mutschler, MuSchG/BEEG, 3. Aufl. 2021, § 16 BEEG Rn. 26).

Adressiert sind hier die Fälle, in denen beispielsweise die **Personensorge** für das Kind entfällt, die **häusliche Gemeinschaft** mit dem Kind aufgehoben wird (§ 15 Abs. 1, Abs. 1a BEEG) oder in **unzulässigem Umfang entgeltlich Erwerbstätigkeit** während der Elternzeit ausgeübt wird (§ 15 Abs. 4 BEEG).

Die bei einem Wegfall der tatbestandlichen Voraussetzungen der Elternzeit eintretenden Rechtsfolgen sind gesetzlich nicht geregelt. Eine analoge Anwendung von § 16 Abs. 4 BEEG verbietet sich, da diese Norm mit dem Tod des Kindes einen nicht verallgemeinerungsfähigen Sonderfall regelt. Einer Analogie zu § 16 Abs. 3 Satz 1 BEEG steht die mangelnde Vergleichbarkeit der Interessenlagen entgegen. § 16 Abs. 3 Satz 1 BEEG betrifft Fälle, in denen die Elternzeit sinnhaft weitergelebt werden kann, es den Arbeitnehmerinnen und Arbeitnehmern aber zweckmäßig erscheint, sie vorzeitig zu beenden. Demgegenüber ist die Elternzeit und der daran anknüpfende Sonderkündigungsschutz bei einem Wegfall der tatbestandlichen Voraussetzungen des § 15 Abs. 1, Abs. 1a BEEG sinnentleert und durch den vielfach gleichzeitigen Wegfall des Elterngeldbezuges wirtschaftlich belastend. Deshalb überwiegt in diesen Fällen das Beschäftigungsinteresse der Arbeitnehmerinnen und Arbeitnehmer. Das von der gesetzlichen Konzeption ebenfalls geschützte Dispositionsinteresse des Arbeitgebers ist durch § 21 Abs. 4 BEEG hinreichend geschützt.

D. Mitteilungspflicht des Arbeitnehmers

45 Nach **§ 16 Abs. 5 BEEG** hat der Arbeitnehmer eine **Änderung** in der **Anspruchsberechtigung** unverzüglich (§ 121 BGB) **mitzuteilen.** Gemeint sind Fälle, in denen nach Beginn der Elternzeit die tatbestandlichen Voraussetzungen der Elternzeit nach § 15 Abs. 1, Abs. 1a BEEG entfallen. Die Mitteilungspflicht soll es dem Arbeitgeber insbesondere ermöglichen, von seinem Sonderkündigungsrecht nach § 21 Abs. 4 BEEG Gebrauch zu machen. Ihre Verletzung kann daher einen Schadensersatzanspruch auslösen, wenn es infolge einer schuldhaft verzögerten Mitteilung zu einer Doppelbeschäftigung von Stammarbeitnehmer und Vertretungskraft kommt.

E. Bescheinigungspflicht des Arbeitgebers

46 Der Arbeitgeber hat auf Verlangen des Arbeitnehmers die **Elternzeit zu bescheinigen, § 16 Abs. 1 Satz 8 BEEG.** Diese Bescheinigung muss der Arbeitnehmer einem neuen Arbeitgeber vorlegen, wenn er dort restliche Elternzeit in Anspruch nehmen will, § 16 Abs. 1 Satz 9 BEEG.

§ 17 BEEG Urlaub

(1) [1]Der Arbeitgeber kann den Erholungsurlaub, der dem Arbeitnehmer oder der Arbeitnehmerin für das Urlaubsjahr zusteht, für jeden vollen Kalendermonat der Elternzeit um ein Zwölftel kürzen. [2]Dies gilt nicht, wenn der Arbeitnehmer oder die Arbeitnehmerin während der Elternzeit bei seinem oder ihrem Arbeitgeber Teilzeitarbeit leistet.

(2) Hat der Arbeitnehmer oder die Arbeitnehmerin den ihm oder ihr zustehenden Urlaub vor dem Beginn der Elternzeit nicht oder nicht vollständig erhalten, hat der Arbeitgeber den Resturlaub nach der Elternzeit im laufenden oder im nächsten Urlaubsjahr zu gewähren.

(3) Endet das Arbeitsverhältnis während der Elternzeit oder wird es im Anschluss an die Elternzeit nicht fortgesetzt, so hat der Arbeitgeber den noch nicht gewährten Urlaub abzugelten.

(4) Hat der Arbeitnehmer oder die Arbeitnehmerin vor Beginn der Elternzeit mehr Urlaub erhalten, als ihm oder ihr nach Absatz 1 zusteht, kann der Arbeitgeber den Urlaub, der dem Arbeitnehmer oder der Arbeitnehmerin nach dem Ende der Elternzeit zusteht, um die zu viel gewährten Urlaubstage kürzen.

Übersicht

A. Allgemeines

I. Normzweck

1 Grundsätzlich entsteht der **Anspruch auf Jahresurlaub unabhängig** davon, ob im Urlaubsjahr auch **tatsächlich Arbeitsleistungen** erbracht worden sind. Der Urlaubsanspruch hängt **allein vom Bestehen des Arbeitsverhältnisses** und der Erfüllung der Wartezeit nach § 4 BUrlG ab (stRspr., BAG, Urteil vom 7. August 2012 – 9 AZR 353/10 –, Rn. 8; Urteil vom 23. Januar 2018 – 200/17 –, Rn. 16 f.). Dies entspricht unionsrechtlichen Vorgaben (EuGH, Urteil vom 20. Januar 2009 – C-350/06 und C-520/06 –, Schultz-Hoff; Urteil vom 24. Januar 2012 – C-282/10 –, Dominguez). Das Ruhen der Hauptleistungspflichten während der **Elternzeit hat daher keinen Einfluss auf das Entstehen des Urlaubsanspruchs** (BAG, Urteil 17. Mai 2011 – 9 AZR 197/10 –; Urteil vom 23. Januar 2018 – 200/17 –).

Obwohl die Arbeitnehmerinnen und Arbeitnehmer während der Elternzeit ggf. über mehrere Jahre keine tatsächlichen Arbeitsleistungen erbringen, weil die Hauptleistungspflichten ruhen, bliebe ihr Urlaubsanspruch nach diesen Grundsätzen in vollem Umfang erhalten. § 17 BEEG schafft deshalb einen **sachgerechten Ausgleich zwischen** den Interessen der Arbeitnehmer am Erhalt entstandener Urlaubsansprüche und den Interessen der Arbeitgeber, die finanziellen Belastungen der Elternzeit in Grenzen zu halten.

2 § 17 BEEG ändert oder ergänzt dazu in verschiedenen Bereichen die Regelungen von § 3 Abs. 1, § 5 Abs. 3 und § 7 Abs. 3 und Abs. 4 BUrlG.

- Kürzung des Erholungsurlaubs für die Dauer der Elternzeit nach § 17 Abs. 1 BEEG in Abweichung von § 3 Abs. 1 BUrlG
- Übertragung des ggf. gekürzten Erholungsurlaubs auf die Zeit nach dem Ende der Elternzeit nach § 17 Abs. 2 BEEG in Abweichung von § 7 Abs. 3 BUrlG
- Abgeltung des übertragenen und ggf. gekürzten Resturlaubs bei Beendigung des Arbeitsverhältnisses während oder mit der Elternzeit nach § 17 Abs. 3 BEEG in Ergänzung zu § 7 Abs. 4 BUrlG

- Kürzung des späteren Erholungsurlaubs um den vor Beginn der Elternzeit »zu viel« erhaltenen Urlaub nach § 17 Abs. 4 BEEG in Abweichung von § 5 Abs. 3 BUrlG.

II. Unionsrechtlicher Rahmen

3 Mit den §§ 15 ff. BEEG wird die **Richtlinie 2010/18/EU** (ABl. EU L 68 vom 18. März 2010 S. 13) umgesetzt, welche ihrerseits die **Rahmenvereinbarung der europäischen Sozialpartner über den Elternurlaub** vom 18. Juni 2009 umsetzt und nach Art. 155 Abs. 2 AEUV gegenüber den Mitgliedsstaaten verbindliche Mindestbedingungen für die nationale Ausgestaltung des Elternurlaubes aufstellt. § 2 Abs. 1 und Abs. 2 der Rahmenvereinbarung zu RL 2010/18/EU garantiert erwerbstätigen Männern und Frauen ein individuelles Recht auf **Elternurlaub** zur Kinderbetreuung im Umfang von **mindestens vier Monaten.** Nach § 5 Abs. 2 Rahmenvereinbarung zu RL 2010/18/EU dürfen bei Beginn der Elternzeit bereits erworbene Rechte durch die Inanspruchnahme der Elternzeit nicht beeinträchtigt werden. Diese Regelung betrifft nicht die Rechte und Pflichten aus dem Arbeitsverhältnis während der Dauer der Elternzeit. Diese werden nach § 5 Abs. 3 Rahmenvereinbarung zu RL 2010/18/EU von den Mitgliedsstaaten und den Sozialpartnern festgelegt. Zum 1. August 2022 wird die RL 2010/18/EU durch die Richtlinie (EU) 2019/1158 zur Vereinbarkeit von Beruf und Privatleben für Eltern und pflegende Angehörige vom 20. Juni 2019 abgelöst (ABl. EU L 188/79).

Nach **Art. 7 Abs. 1 Richtlinie 2003/88/EG** vom 4. November 2003 (ABl. EG L 299 S. 9) hat jeder Arbeitnehmer zudem einen gemeinschaftsrechtlichen Anspruch auf **bezahlten Erholungsurlaub von vier Wochen** nach Maßgabe einzelstaatlicher Rechtsvorschriften und Gepflogenheiten.

Beide Urlaubsarten dienen jeweils eigenen Zwecken. Ihre Inanspruchnahme **darf sich wechselseitig nicht beeinträchtigen** (EuGH, Urteil vom 18. März 2004 – C-342/102 – Merino Gomez; Urteil vom 14. April 2005 – C-519/03 –, Kommission/Luxemburg; Urteil vom 20. September 2007 – C-116/06 –, Kiiski; Urteil vom 20. Januar 2009 – C-350/06 und C-520/06 –, Schultz-Hoff).

4 **§ 17 Abs. 1 Satz 1 BEEG ist unionsrechtskonform.**

5 **§ 17 Abs. 1 Satz 1 BEEG verstößt nicht gegen Art. 7 Richtlinie 2003/88/EG** Eine nationale Regelung, wonach Zeiten des Elternurlaubs nicht als Zeiten tatsächlicher Arbeitsleistung angesehen werden und deshalb bei der Berechnung des einem Arbeitnehmer im Bezugszeitraum zustehenden bezahlten Erholungsurlaubs nicht berücksichtigt werden, ist mit der Richtlinie 2003/88/EG vereinbar (EuGH, Urteil vom 4. Oktober 2018 – C-12/17 –, Dicu). Nichts Anderes kann für eine anteilige Kürzung des entstandenen Erholungsurlaubes nach § 17 Abs. 1 Satz 1 BEEG um Zeiten des Elternurlaubs gelten (vgl. BAG, Urteil vom 19. März 2019 – 9 AZR 362/18 –).

6 **§ 17 Abs. 1 Satz 1 BEEG verstößt nicht gegen § 2 und § 5 Abs. 2 der Rahmenvereinbarung zu RL 2010/18/EU**, weil sich die **Kürzung nur** auf Urlaubsansprüche **aus dem bei Elternzeit jeweils laufenden Kalenderjahr** bezieht und **nicht** auf **in der Vergangenheit erworbene und in das laufende Kalenderjahr übertragene Ansprüche**

erstreckt (vgl. Rn. 13 f.; BAG, Urteil vom 19. März 2019 – 9 AZR 495/17 –). Die Einbeziehung der übertragenen Urlaubsansprüche in den zu kürzenden Gesamtjahresurlaub würde in bereits vor Beginn der Elternzeit erworbene Rechte eingreifen und gegen § 5 Abs. 2 der Rahmenvereinbarung zu RL 2010/18/EU verstoßen. Die Formulierung »Rechte, die der Arbeitnehmer zu Beginn des Elternurlaubs erworben hatte oder dabei war zu erwerben« in § 5 Abs. 2 der Rahmenvereinbarung zu RL 2010/18/EU erfasst alle unmittelbar oder mittelbar aus dem Arbeitsverhältnis abgeleiteten Rechte und Vorteile hinsichtlich Bar- oder Sachleistungen, auf die der Arbeitnehmer bei Antritt des Elternurlaubs einen Anspruch hat. Die Regelung soll sicherstellen, dass Arbeitnehmerinnen und Arbeitnehmer nicht durch eine Herabsetzung der sich aus dem Arbeitsverhältnis ergebenden Rechte davon abgehalten werden, Elternurlaub in Anspruch zu nehmen. § 5 Abs. 2 der Rahmenvereinbarung zu RL 2010/18/EU ist Ausdruck des mit der ElternurlaubsRL insgesamt verfolgten Ziels der Gleichbehandlung von Männern und Frauen und darf deshalb nicht restriktiv ausgelegt werden (EuGH Urteil vom 22. Oktober 2009 – C-116/08 –, Meerts).

Die Kürzung allein der Urlaubsansprüche aus dem während der Elternzeit jeweils laufenden Kalenderjahr ist unionsrechtlich nicht zu beanstanden. Die Ausgestaltung des Arbeitsverhältnisses während der Elternzeit inklusive der sozialversicherungs- und einkommensrelevanten Fragen sind nach § 5 Abs. 3 Rahmenvereinbarung zu RL 2010/18/EU den Mitgliedsstaaten überlassen. Die Rahmenvereinbarung zu RL 2010/18/EU verlangt gerade nicht, dass während der Elternzeit ein Anspruch auf bezahlten Erholungsurlaub besteht (EuGH, Schlussanträge des Generalanwalts Mengozzi vom 20. März 2018 – C-12/17 –, Dicu).

B. Kürzung des Erholungsurlaubs

I. Während der Elternzeit, § 17 Abs. 1 BEEG

Auch während der Elternzeit entstehen Urlaubsansprüche (vgl. Rdn. 1). § 17 Abs. 1 Satz 1 BEEG sieht deshalb vor, dass der Arbeitgeber den Erholungsurlaub, der dem Arbeitnehmer für das laufende Urlaubsjahr aus dem Arbeitsverhältnis zusteht, für jeden vollen Kalendermonat der Elternzeit um ein Zwölftel **kürzen kann**. 7

1. Kürzungserklärung

Die Kürzung des Erholungsurlaubs tritt nicht automatisch von Gesetzes wegen ein. § 17 Abs. 1 Satz 1 BBEG räumt dem Arbeitgeber ein **Gestaltungsrecht** ein, welches dieser nutzen kann, aber nicht muss. Die Ausübung des Gestaltungsrechts erfolgt durch einseitige **Willenserklärung**, die den Arbeitnehmerinnen und Arbeitnehmern zugehen muss (BAG, Urteil vom 19. Mai 2015 – 9 AZR 725/13 –; Urteil vom 19. März 2019 – 9 AZR 495/17 –). Diese Erklärung kann **ausdrücklich oder stillschweigend** abgegeben werden. Es reicht aus, dass dem Arbeitnehmer nur der gekürzte Urlaub gewährt wird oder ihm erkennbar ist, dass der Arbeitgeber von der Kürzungsmöglichkeit Gebrauch machen will (BAG, Urteil vom 28. Juli 1992 – 9 AZR 340/91 –). In der Angabe einer bestimmten Anzahl von Urlaubstagen in Entgeltabrechnungen liegt ohne Vorliegen weiterer Anhaltspunkte regelmäßig 8 keine Kürzungserklärung i.S.v. § 17 Abs. 1 Satz 1 BEEG. Angaben in einer Entgeltabrechnung stellen grundsätzlich keine rechtsgeschäftlichen Erklärungen, sondern lediglich Wissenserklärungen dar (BAG, Urteil vom 19. März 2019 – 9 AZR 495/17 –).

9 Im bestehenden Arbeitsverhältnis kann der Arbeitgeber sein Kürzungsrecht vor, während und nach dem Ende der Elternzeit ausüben, **frühestens jedoch ab** dem Zeitpunkt, in dem der Arbeitnehmer bindend **Elternzeit nach § 16 Abs. 1 BEEG verlangt** hat (BAG, Urteil vom 19. Mai 2015 – 9 AZR 725/13; Urteil vom 19. März 2019 – 9 AZR 495/17 –). Eine antizipierte arbeitsvertragliche Kürzungsregelung ist nicht wirksam (BAG, Urteil vom 19. März 2019 – 9 AZR 495/17 –). Da die Kürzung voraussetzt, dass der Anspruch auf Erholungsurlaub noch besteht, kann sie **nach Beendigung des Arbeitsverhältnisses nicht mehr** erklärt werden (BAG, Urteil vom 19. Mai 2015 – 9 AZR 725/13 –). Wird das Arbeitsverhältnis nach der Elternzeit nicht fortgesetzt, kann der Arbeitgeber aber noch während der Kündigungsfrist oder vor dem Abschluss eines Aufhebungsvertrages von seiner Kürzungsbefugnis Gebrauch machen (BAG, Urteil vom 19. Mai 2015 – 9 AZR 725/13 –). Wartet der Arbeitgeber das Ende der Elternzeit ab, muss das Kürzungsrecht **spätestens mit der Kürzungserklärung nach § 17 Abs. 4 BEEG**, also vor Erteilung des Resturlaubs ausgeübt werden, anderenfalls erlischt es (vgl. Rdn. 27). Die Kürzung kann für die gesamte Elternzeit geltend gemacht werden, muss bei einer neuen Elternzeit aber erneut erfolgen. Dieses Verständnis ist im Wortlaut des § 17 Abs. 1 Satz 1 BEEG angelegt, der auf jeden vollen Kalendermonat »der« Elternzeit abstellt (BAG, Urteil vom 19. März 2019 – 9 AZR 495/17 –).

10 Soweit der Arbeitgeber den Erholungsurlaub kürzt, ist seine **Ausübung des Gestaltungsrechts** nicht daraufhin zu überprüfen, ob sie billiges Ermessen wahrt (**so aber** HK-MuSchG/BEEG/Rancke, 5. Aufl. 2018, § 17 BEEG Rn. 5). Allerdings muss der Arbeitgeber den arbeitsrechtlichen Gleichbehandlungsgrundsatz wahren, d. h., er darf nicht ohne Sachgrund in einem Fall eine Kürzung vornehmen und in einem anderen Fall davon absehen (Buchner/Becker, MuSchG/BEEG, 8. Aufl. 2008, § 17 BEEG Rn. 5; ErfK/Gallner, 22. Aufl. 2022, § 17 BEEG Rn. 3; Tillmanns, in: Tillmanns/Mutschler, MuSchG/BEEG, 3. Aufl. 2021, § 17 BEEG Rn. 8).

11 Die Kürzung kann durch vertragliche, tarifliche oder betriebliche Regelungen ausgeschlossen sein.

2. Kürzungsgegenstand

12 Die Kürzung nach § 17 Abs. 1 Satz 1 BEEG gilt für jede Form von Erholungsurlaub, also nicht nur für den gesetzlichen Mindesturlaub, sondern auch für den darüber hinausgehenden tariflich oder einzelvertraglich vereinbarten Urlaub und den an besonderen Voraussetzungen anknüpfenden gesetzlichen Zusatzurlaub (§ 208 SGB IX; § 19 JArbSchG).

13 Die Kürzung bezieht sich **nur** auf die **Urlaubsansprüche** des jeweils **laufenden Kalenderjahres, in dem der Arbeitnehmer Elternzeit in Anspruch nimmt.** Das ergibt sich

aus dem **Gesetzeswortlaut**, der die Elternzeitmonate als Kürzungsmaßstab auf denjenigen Urlaub als Kürzungsobjekt bezieht, der dem Arbeitnehmer »für das Urlaubsjahr« zusteht. Dies entspricht auch dem **Gesetzeszweck.** § 17 Abs. 1 Satz 1 BEEG begrenzt die finanzielle Belastung der Arbeitgeber, die durch die Elternzeit entstehen. Der vor der Elternzeit erworbene und übertragene Urlaub stellt jedoch keine auf die Elternzeit zurückzuführende Belastung dar. Die Kürzung der im Vorjahr entstandenen und nach § 7 Abs. 3 Satz 3, Satz 4 BUrlG auf das laufende Kalenderjahr übertragenen Urlaubsansprüche würde zudem gegen **§ 5 Abs. 2 der Rahmenvereinbarung zu RL 2010/18/EU** verstoßen (vgl. Rn. 6; so auch Tillmanns, in: Tillmanns/Mutschler, MuSchG/BEEG, 3. Aufl. 2021, § 17 BEEG Rn. 7).

§ 17 Abs. 1 Satz 1 BEEG ist nicht anwendbar auf sonstige Arbeitsfreistellungen zur Kinderbetreuung, die auf Tarifvertrag, Betriebsvereinbarung oder Arbeitsvertrag beruhen. 14

3. Kürzungsumfang

Der Erholungsurlaub kann für **jeden vollen Kalendermonat** des laufenden Urlaubsjahres, für den der Arbeitnehmer Elternzeit nimmt, um **ein Zwölftel** gekürzt werden. Demzufolge darf bei Beginn oder Ende der Elternzeit innerhalb eines Kalendermonats eine Kürzung für diesen Monat nicht erfolgen, und zar auch dann nicht, wenn es sich um arbeitsfreie Tage handelt (Schaub ArbR-HdB/Linck, 19. Aufl. 2021, § 172 Rn. 22). 15

Ergeben sich bei der Kürzung **Bruchteile von Urlaubstagen**, sind diese weder auf- noch abzurunden. § 5 Abs. 2 BUrlG gilt nur für Teilurlaubsansprüche und enthält kein verallgemeinerungsfähiges Grundprinzip zum Umgang mit Bruchteilen von Urlaubstagen (vgl. dazu BAG, Urteil vom 31. Mai 1990 – 8 AZR 296/89 – zu III der Gründe; Urteil vom 23. Januar 2018 – 9 AZR 200/17 – Rn. 31; ErfK/Gallner, 22. Aufl. 2022, § 17 BEEG Rn. 5; Tillmanns, in: Tillmanns/Mutschler, MuSchG/BEEG, 3. Aufl. 2021, § 17 BEEG Rn. 12). 16

Liegt die Elternzeit in **zwei Kalenderjahren** und damit in zwei Urlaubsjahren, so ist die Kürzung des Erholungsurlaubs für **jedes Urlaubsjahr getrennt** mit dem Anteil der Elternzeit vorzunehmen, der im jeweiligen Urlaubs- und Kalenderjahr liegt. 17

4. Rechtsfolgen der Kürzung

Mit dem Zugang der Kürzungserklärung **erlöschen Urlaubsanspruch und Urlaubsentgeltanspruch** im Umfang der Kürzung. Gleiches gilt für den Anspruch auf ein **zusätzliches Urlaubsgeld**, soweit er mit der Urlaubsgewährung verknüpft ist. Keine Kürzung des zusätzlichen Urlaubsgeldes erfolgt, wenn es losgelöst von der Urlaubsgewährung zu zahlen ist (BAG, Urteil vom 18. März 1997 – 9 AZR 84/96 –). 18

5. Elternteilzeit

Nach **§ 17 Abs. 1 Satz 2 BEEG** kommt eine Kürzung des Erholungsurlaubs nicht in Betracht, wenn der Arbeitnehmer während der Elternzeit einer **Teilzeittätigkeit** 19

beim bisherigen Arbeitgeber nachgeht. In diesem Fall wird das Arbeitsverhältnis mit der reduzierten Arbeitspflicht durchgeführt und der Urlaubsanspruch kann erfüllt werden. Urlaubsanspruch und Urlaubsentgelt sind dabei der verringerten Arbeitspflicht anzupassen. Insoweit gelten die allgemeinen Grundsätze des Urlaubsrechts.

20 Übernimmt der Arbeitnehmer **erst im Laufe der Elternzeit eine Teilzeittätigkeit beim bisherigen Arbeitgeber**, gilt die Kürzungsmöglichkeit nach § 17 Abs. 1 Satz 1 BEEG für die Kalendermonate der vollständigen Freistellung. Mit Beginn der Teilzeittätigkeit kann der Arbeitnehmer die ausgehend von seiner verringerten Arbeitspflicht entstandenen Urlaubsansprüche realisieren (vgl. Rdn. 19).

21 **Wechselt der Arbeitnehmer** mit Beginn der Elternzeit **von einer Vollzeit- in eine Teilzeittätigkeit** müssen die während der Vollzeittätigkeit erarbeiteten Urlaubsansprüche bestehen bleiben. Sie dürfen durch den Wechsel in die Teilzeittätigkeit nicht geschmälert werden, weil dies gegen das **Verbot der Benachteiligung von Teilzeitbeschäftigten** in § 4 Nr. 2 Richtlinie 97/81/EG und in § 4 TzBfG verstoßen würde (dazu EuGH, Urteil vom 22. April 2010 – C-486/08 –, Zentralbetriebsrat der Landeskrankenhäuser Tirols; Beschluss vom 13. Juni 2013 – C-415/12 –, Brandes; Urteil vom 11. November 2015 – C-219/14 –, Greenfield; BAG, Urteil vom 10. Februar 2015 – 9 AZR 53/14 –; Urteil vom 14. März 2017 – 9 AZR 7/16 –). Die Zahl der Urlaubstage wird deshalb wegen des Wechsels in eine Teilzeitbeschäftigung nicht verhältnismäßig gekürzt, und zwar auch dann nicht, wenn der Arbeitnehmer in der Lage war, den Urlaub vor der Reduzierung der Arbeitszeit zu nehmen. Die **Berechnung erfolgt pro rata temporis:**

Hat ein Arbeitnehmer als Vollzeitbeschäftigter einen Jahresurlaub von 24 Urlaubstagen bei einer 6-Tage-Woche und wechselt zum 1.9. in Elternteilzeit mit einer 3-Tage-Woche, stehen ihm für die Vollzeitphase 16 Urlaubstage zu (24 Tage x 8/12 = 16). Für die Teilzeitphase ergeben sich 4 Urlaubstage (3/6 von 8 Urlaubstagen). Insgesamt besteht damit ein Urlaubsanspruch von 2 Urlaubstagen.

22 Wird während der Elternzeit im Hauptarbeitsverhältnis **Teilzeitarbeit bei einem anderen Arbeitgeber** geleistet (§ 15 Abs. 4 BEEG), greift § 17 Abs. 1 Satz 2 BEEG nicht ein. Im Hauptarbeitsverhältnis bleibt es bei der Kürzungsmöglichkeit nach § 17 Abs. 1 Satz 1 BEEG. Im Teilzeitarbeitsverhältnis wird ein dem reduzierten Arbeitsumfang entsprechender Urlaubsanspruch erworben, der erfüllt werden kann (vgl. Rn. 19).

II. Nach Beendigung der Elternzeit, § 17 Abs. 4 BEEG

23 **§ 17 Abs. 4 BEEG** gewährleistet, dass die nach § 17 Abs. 1 Satz 1 BEEG mögliche Kürzung des Erholungsurlaubs auch dann verwirklicht werden kann, wenn der Arbeitnehmer vor Beginn der Elternzeit mehr Urlaub erhalten hat als ihm bei Ausübung des Kürzungsrechts durch den Arbeitgeber zugestanden hätte. Die Regelung des § 17 Abs. 4 BEEG ist notwendig, weil nur künftig entstehende, nicht aber bereits entstandene Urlaubsansprüche gekürzt werden können (ErfK/Gallner, 22. Aufl. 2022, § 17 BEEG Rn. 6). Der Sache nach gestattet § 17 Abs. 4 BEEG dem Arbeitgeber die Verrechnung künftiger Urlaubsansprüche aus der Zeit nach Beendigung der

Elternzeit mit dem vor Beginn der Elternzeit »zu viel« gewährten Urlaub (BT-Drucks. 10/3792 S. 20).

1. Kürzungsvoraussetzungen

§ 17 Abs. 4 BEEG setzt zunächst voraus, dass der Arbeitnehmer vor Beginn der Elternzeit **mehr Urlaub erhalten** hat, **als** ex post betrachtet **bei Ausübung des Kürzungsrechts nach § 17 Abs. 1 Satz 1 BEEG zu beanspruchen** gewesen wäre. Dies kann sich immer dann ergeben, wenn der Arbeitnehmer bei Antritt des Erholungsurlaubs eine später im Kalenderjahr beginnende Elternzeit noch nicht nach § 16 Abs. 1 BEEG verlangt hatte und deshalb eine Kürzung des Urlaubs nach § 17 Abs. 1 Satz 1 BEEG unterblieb (vgl. Rn. 9). 24

Hat ein Arbeitnehmer einen jährlichen Urlaubsanspruch von 30 Tagen und davon 20 Tage im Januar des Kalenderjahres genommen, könnte der Urlaub bei einem Beginn der Elternzeit am 1.7. um 6/12 = 15 Tage gekürzt werden. Rückblickend hätten dem Arbeitnehmer in diesem Kalenderjahr damit lediglich 15 Urlaubstage zugestanden; er hat also 5 Urlaubstage »zu viel« erhalten.

Nach § 17 Abs. 4 BEEG gekürzt wird der Urlaub, den der Arbeitnehmer nach dem Ende der Elternzeit erwirbt. Die Kürzungsmöglichkeit bezieht sich allein auf den **künftigen Urlaubsanspruch**, den der Arbeitnehmer nach der Rückkehr aus der Elternzeit erwirbt. Der Arbeitgeber ist dabei **nicht auf das laufende Kalenderjahr beschränkt, in dem die Elternzeit endet**. Die Kürzung kann sich **auch** auf das **darauffolgende Kalenderjahr** erstrecken. Der **Gesetzeswortlaut** (»nach der Elternzeit«) zwingt nicht zur Annahme, dass nur die Urlaubsansprüche nach § 17 Abs. 4 BEEG gekürzt werden können, die in dem Kalenderjahr entstehen, in welchem die Elternzeit endet und der Arbeitnehmer an seinen Arbeitsplatz zurückkehrt. Eine solche Beschränkung wäre mit dem **Gesetzeszweck** nicht vereinbar. § 17 Abs. 4 BEEG will erreichen, dass die dem Arbeitgeber zur finanziellen Entlastung eröffnete Kürzungsmöglichkeit des § 17 Abs. 1 Satz 1 BEEG auch in dem Kalenderjahr, in dem die Elternzeit beginnt, voll zum Tragen kommt. Dies aber ist nur gewährleistet, wenn sich die Kürzung auch auf Urlaubsansprüche beziehen kann, die erst im auf das Ende der Elternzeit folgenden Kalenderjahr entstehen. Bei einer Beschränkung der Kürzung auf das »Rückkehrjahr« wird der Urlaubsanspruch dieses Jahres für eine Verrechnung oftmals nicht genügt. Die Kürzung auch von Urlaubsansprüchen aus dem auf das Ende der Elternzeit folgenden Kalenderjahr **korrespondiert** zudem mit **§ 17 Abs. 2 BEEG**, der den Arbeitgeber im umgekehrten Fall des vor Beginn der Elternzeit nicht vollständig genommenen Urlaubs verpflichtet, diesen nach der Rückkehr des Arbeitnehmers aus der Elternzeit im laufenden oder darauffolgenden Kalenderjahr nachträglich zu gewähren (im Ergebnis ebenso Brose/Weth/Volk/Schneider, 9. Aufl. 2020, § 17 BEEG Rn. 35; NK-ArbR/Osnabrügge, 1. Aufl. 2016, § 17 BEEG Rn. 14; Tillmanns, in: Tillmanns/Mutschler, MuSchG/BEEG, 3. Aufl. 2021, § 17 BEEG Rn. 14). 25

Der Arbeitnehmer hat einen jährlichen Urlaubsanspruch von 30 Tagen und davon 20 Tage im Januar 2018 erhalten. Am 1.7.2018 nimmt er bis zum 30.11.2019 Elternzeit in Anspruch. Im Kalender 2018 hat er damit 5 Urlaubstage »zu viel« i.S.v. § 17

Abs. 4 BEEG erhalten (vgl. Rn. 24). Der Arbeitgeber kann die nach der Elternzeit entstehenden Urlaubsansprüche des Arbeitnehmers um diese 5 Tage kürzen. Im Jahr 2019 hat der Arbeitnehmer unter Berücksichtigung von § 17 Abs. 1 Satz 1 BEEG einen Urlaubsanspruch von 1/12 = 2,5 Tagen. Diesen kann der Arbeitgeber mit dem im Jahr 2018 »zu viel« gewährten Urlaub von insgesamt 5 Tagen verrechnen, sodass dem Arbeitnehmer für das Jahr 2019 kein Urlaub zusteht. Den Urlaubsanspruch für das Jahr 2020 kann der Arbeitgeber um die nach der Verrechnung im Jahr 2019 noch verbleibenden, »zu viel« gewährten 2,5 Urlaubstage kürzen, sodass für das Jahr 2020 ein Urlaubsanspruch von 27,5 Tagen verbleibt.

26 Die Kürzung nach § 17 Abs. 4 BEEG ist ausgeschlossen, wenn das Arbeitsverhältnis mit dem Ende der Elternzeit endet. In diesem Fall entstehen nach der Elternzeit keine Urlaubsansprüche mehr, die gekürzt werden könnten.

2. Kürzungserklärung

27 Auch § 17 Abs. 4 BEEG räumt – wie § 17 Abs. 1 Satz 1 BEEG – dem Arbeitgeber ein Gestaltungsrecht ein, welches er durch eine Kürzungserklärung ausüben kann, aber nicht muss (vgl. Rn. 8). Die Kürzungserklärung kann sogleich nach dem Elternzeitverlangen des Arbeitnehmers erklärt werden; der Arbeitgeber kann aber auch die Rückkehr des Arbeitnehmers aus der Elternzeit abwarten. Das Kürzungsrecht muss **spätestens** dann ausgeübt werden, wenn dem Arbeitnehmer **erstmals Urlaub nach dem Ende der Elternzeit erteilt wird**. Das **Kürzungsrecht erlischt**, wenn der Arbeitgeber nach Ende der Elternzeit mehr Urlaub erteilt, als dem Arbeitnehmer bei einer Kürzung nach § 17 Abs. 4 BEEG zustehen würde. In der Urlaubserteilung liegt zugleich ein Verzicht des Arbeitgebers auf sein Kürzungsrecht nach § 17 Abs. 4 BEEG (vgl. dazu ErfK/Gallner, 22. Aufl. 2021, § 17 BEEG Rn. 7; NK-ArbR/Osnabrügge, 1. Aufl. 2016, § 17 BEEG Rn. 14; Tillmanns, in: Tillmanns/Mutschler, MuSchG/BEEG, 3. Aufl. 2021, § 17 BEEG Rn. 15).

3. Keine Rückforderung

28 § 17 Abs. 4 BEEG schafft den Ausgleich für den vor Beginn der Elternzeit »zu viel« gewährten Urlaub durch eine Übertragung der Kürzungsmöglichkeit auf die Zeit nach dem Ende der Elternzeit. § 17 Abs. 4 BEEG ist insoweit eine abschließende Sonderregelung. Eine **Rückforderung des Urlaubsentgelts und zusätzlichen Urlaubsgeldes** kommt **daneben** nicht in Betracht (NK-ArbR/Osnabrügge, 1. Aufl. 2016, § 17 BEEG Rn. 15).

29 Eine **Rückforderung des Urlaubsentgelts** und zusätzlichen Urlaubsgeldes scheidet aber auch dann aus, wenn das **Arbeitsverhältnis während oder mit der Elternzeit endet** und deshalb keine Kürzung des »zu viel« erhaltenen Urlaubs mit künftigen Urlaubsansprüchen nach § 17 Abs. 4 BEEG erfolgen kann (vgl. Rn. 26). Eine Rückforderung nach bereicherungsrechtlichen Grundsätzen (§§ 812 ff. BGB) ist nicht möglich, weil der Urlaub vor der Elternzeit mit Rechtsgrund gewährt wurde; im Zeitpunkt der Urlaubserteilung hatte der Arbeitnehmer einen vollen Urlaubsanspruch. Dieser Rechtsgrund ist auch nicht nachträglich entfallen, weil das Gesetz dem Arbeitgeber gerade

keine nachträgliche Kürzung des gewährten Urlaubs, sondern nur eine Verrechnung mit künftigen Urlaubsansprüchen gestattet (ErfK/Gallner, 22. Aufl. 2021, § 17 BEEG Rn. 7; NK-ArbR/Osnabrügge, 1. Aufl. 2016, § 17 BEEG Rn. 15).

C. Übertragung des Urlaubs, § 17 Abs. 2 BEEG

Nach § 17 Abs. 2 BEEG muss der Arbeitgeber den **Urlaub**, den der Arbeitnehmer **vor der Elternzeit** nicht oder nicht vollständig erhalten hat, **in dem bei Ende der Elternzeit laufenden** oder dem **darauffolgenden Urlaubsjahr** gewähren. Es handelt sich um eine **von § 7 Abs. 3 BUrlG** und einschlägigen tariflichen Regelungen **abweichende Sonderregelung, die bezüglich Erfüllung und Verfall des Urlaubs eine eigenständige Regelung des Urlaubsjahres trifft** (BAG, Urteil vom 15. Dezember 2015 – 9 AZR 52/15 –; Urteil vom 23. Januar 2018 – 9 AZR 200/17 –; vgl. Rn. 36 f.). Sie verhindert, dass den Arbeitnehmern durch die Elternzeit Erholungsurlaub verloren geht. Ohne die besondere gesetzliche Anordnung des § 17 Abs. 2 BEEG würde der zu Beginn einer Elternzeit nicht genommene Erholungsurlaub regelmäßig nach § 7 Abs. 3 BUrlG am Jahresende oder am Ende des Übertragungszeitraums verfallen, weil er während der Elternzeit durch die Suspendierung der Arbeitspflicht nicht erfüllt werden kann. 30

I. Übertragungsautomatik

Die Übertragung des Urlaubs erfolgt wie die Übertragung nach § 7 Abs. 3 BUrlG automatisch kraft Gesetzes; einer Handlung oder Erklärung der Arbeitnehmer bedarf es nicht (**BAG**, Urteil vom 25. Januar 1994 – 9 AZR 312/92 –). 31

II. Übertragungsgegenstand

§ 17 Abs. 2 BEEG erfasst jede Form von Erholungsurlaub, also nicht nur für den gesetzlichen Mindesturlaub, sondern auch für den darüber hinausgehenden tariflich oder einzelvertraglich vereinbarten Urlaub und den an besonderen Voraussetzungen anknüpfenden gesetzlichen Zusatzurlaub (§ 208 SGB IX; § 19 JArbSchG). 32

Nach § 17 Abs. 2 BEEG übertragen wird davon aber **nur der Teil des Erholungsurlaubs**, der vor Antritt der Elternzeit **noch hätte genommen werden können** (BAG, Urteil vom 1. Oktober 1991 – 9 AZR 365/90 –). 33

Ein Arbeitnehmer nimmt vom 20.3.2018 bis zum 31.12.2019 Elternzeit in Anspruch. Bei Antritt der Elternzeit hat er noch 20 Tage Resturlaub aus 2017 und den ganzen Jahresurlaub aus 2018 von 30 Tagen. Letzteren kürzt der Arbeitgeber nach § 17 Abs. 1 Satz 1 BEEG, sodass ein Urlaubsanspruch für das Jahr 2018 von 7,5 Tagen verbleibt (30 x 3/12). Der Urlaubsanspruch aus 2017 wird nur insoweit auf das Jahr 2020 übertragen, wie er durch die Elternzeit nicht genommen werden konnte. Da am 31.3.2018 der Übertragungszeitraum ablief, hätte der Anspruch aus dem Vorjahr auch ohne Elternzeit nicht mehr vollständig, gleichwohl aber anteilig genommen werden können. Übertragen werden daher nur die Tage, die bis zum 31.3.2018 hätten genommen werden können.

Kann der Urlaub wegen mutterschutzrechtlicher Beschäftigungsverbote nicht genommen werden, greift § 24 Satz 2 MuSchG ein. Es kommt zu einer Übertragung des nicht genommenen Urlaubs auf das nach Ende der Beschäftigungsverbote laufende oder nächste Urlaubsjahr. Schließt sich an die Mutterschutzfrist nahtlos Elternzeit an, wird der wegen des Beschäftigungsverbots nicht genommene Urlaub gemäß § 24 Satz 2 MuSchG i.V.m. § 17 Abs. 2 BEEG auf das bei Ende der Elternzeit laufende oder nächste Kalenderjahr übertragen.

34 **Nicht** nach § 17 Abs. 2 BEEG übertragen wird nach dem klaren Gesetzeswortlaut **der während der Elternzeit entstehende Urlaub**; dieser verfällt am Jahresende oder am Ende des Übertragungszeitraums nach Maßgabe von § 7 Abs. 3 BUrlG. Ebenfalls nicht nach § 17 Abs. 2 BEEG übertragen wird **der nach dem Ende der Elternzeit neu entstehende Urlaub**; auch für diesen gilt § 7 Abs. 3 BUrlG (ErfK/Gallner, 18. Aufl. 2018, § 17 BEEG Rn. 9; Schaub ArbR-HdB/Linck, 19. Aufl. 2021, § 172 Rn. 24).

III. Übertragungszeitraum

35 Der bei Antritt der Elternzeit nicht genommenen Urlaub kann **in dem bei Ende der Elternzeit laufenden oder nächsten Urlaubsjahr** beansprucht werden. Damit wird sichergestellt, dass Arbeitnehmer, die aus der Elternzeit zurückkehren, ihren Urlaub wie andere Arbeitnehmer auch zumindest auf ein Kalenderjahr verteilen können (BAG, Urteil vom 15. Dezember 2015 – 9 AZR 52/15 –; Urteil vom 23. Januar 2018 – 9 AZR 200/17 –).

Nimmt ein Arbeitnehmer vom 01. Juli 2016 bis zum 30. Juni 2018 Elternzeit in Anspruch, kann er den vor Beginn der Elternzeit nicht genommenen Urlaub des Jahres 2016 noch im gesamten Jahr 2019 in Anspruch nehmen.

36 § 17 Abs. 2 BEEG verlängert nicht den Übertragungszeitraum des § 7 Abs. 3 Satz 3 BUrlG auf das bei Ende der Elternzeit laufende und nächste Urlaubsjahr, sondern trifft bezüglich der Erfüllung und des Verfalls des Urlaubs eine eigenständige, von § 7 Abs. 3 BUrlG abweichende Regelung des Urlaubsjahres. **Das dem Ende der Elternzeit folgende »nächste« Urlaubsjahr ist maßgebliches Urlaubsjahr i.S.v. § 7 Abs. 3 Satz 1 BUrlG für den vor Antritt der Elternzeit nicht genommenen Resturlaub** (BAG, Urteil vom 15. Dezember 2015 – 9 AZR 52/15 –).

37 Daraus folgt: Kann ein Arbeitnehmer restlichen Urlaub aus der Zeit vor Antritt der Elternzeit krankheitsbedingt, aus anderen in seiner Person liegenden Gründen oder aus oder betrieblichen Gründen nicht gemäß § 17 Abs. 2 BUrlG in dem bei Ende der Elternzeit laufenden oder nächsten Urlaubsjahr nehmen, kann dieser Urlaub unter den Voraussetzungen des § 7 Abs. 3 Satz 2 BUrlG übertragen werden und verfällt gemäß § 7 Abs. 3 Satz 3 BUrlG zum 31.3. des Folgejahres. Dies ist unionsrechtskonform, weil dem Arbeitnehmer auch bei langandauernder Krankheit mindestens 15 Monate verbleiben, um nicht erfüllbaren gesetzlichen Mindesturlaub in Anspruch zu nehmen (vgl. dazu BAG, Urteil vom 24. März 2009 – 9 AZR 983/07 –; Urteil vom 7. August 2012 – 9 AZR 353/10 –; EuGH, Urteil vom 20. Januar 2009 – C-350/06 und C-520/06 –, Schultz-Hoff; Urteil vom 22. November 2011 – C-214/10 –, KHS).

Ein Arbeitnehmer nimmt vom 28. Oktober 2011 bis zum 10. Dezember 2012 Elternzeit in Anspruch. Nach Rückkehr aus der Elternzeit erkrankt er fortlaufend bis zum 31. Dezember 2013. Nach dem Fristenregime des § 17 Abs. 2 BEEG kann der Urlaub aus dem Jahr 2011 im gesamten Jahr 2013 beansprucht werden. Dieses Jahr ist deshalb für den aus dem Jahr 2011 stammenden Urlaub das maßgebliche Urlaubsjahr. Der vor Beginn der Elternzeit nicht genommene Urlaub des Jahres 2011 wird deshalb aus persönlichen Gründen gemäß § 7 Abs. 3 Satz 2 BUrlG bis zum 31. März 2014 übertragen. Wird er bis zu diesem Zeitpunkt nicht genommen, verfällt er (Beispiel nach BAG, Urteil vom 15. Dezember 2015 – 9 AZR 52/15 –).

Eine Ausnahme gilt für den Fall, dass der nach § 17 Abs. 2 BUrlG übertragene Erholungsurlaub deshalb nicht genommen werden kann, weil sich nach der Geburt eines weiteren Kindes **nahtlos eine weitere Elternzeit** an die vorangegangene erste Elternzeit **anschließt**. In diesem Fall kann der vor Antritt der ersten Elternzeit nicht genommene Urlaub in dem bei Ende der zweiten Elternzeit laufenden oder nächsten Urlaubsjahr beansprucht werden (BAG, Urteil vom 20. Mai 2008 – 9 AZR 219/07 –). Das Bundesarbeitsgericht begründet dies insbesondere mit einer verfassungskonformen Auslegung des § 17 Abs. 2 BEEG am Maßstab von Art. 3 Abs. 1 GG und einer richtlinienkonformen Auslegung des § 17 Abs. 2 BEEG am Maßstab von Art. 7 Abs. 1 RL 2003/88/EG (BAG, Urteil vom 20. Mai 2008 – 9 AZR 219/07 –). Diese Auslegung des § 17 Abs. 2 BEEG entspricht unionsrechtlichen Vorgaben (EuGH, Urteil vom 22. April 2010 – C-486/08 –, Zentralbetriebsrat der Landeskrankenhäuser Tirols). 38

IV. Erfüllung

Der nach § 17 Abs. 2 BEEG übertragene Urlaub wird nach den allgemeinen Grundsätzen des Urlaubsrechts durch Freistellung von der Arbeitspflicht und Zahlung von Urlaubsentgelt nach § 11 BUrlG erfüllt. Daneben hat der Arbeitnehmer nach Maßgabe der jeweiligen tariflichen, betrieblichen oder einzelvertraglichen Rechtsgrundlagen ggf. einen Anspruch auf zusätzliches Urlaubsgeld (ErfK/Gallner, 22. Aufl. 2022, § 17 BEEG Rn. 11). 39

V. Elternteilzeit

§ 17 Abs. 2 BEEG ist nicht anwendbar, wenn der Arbeitnehmer während der Elternzeit eine Teilzeittätigkeit beim bisherigen Arbeitgeber ausübt. In diesem Fall wird das Arbeitsverhältnis mit der reduzierten Arbeitspflicht durchgeführt und der Urlaubsanspruch des Arbeitnehmers kann erfüllt werden (vgl. Rn. 19 f.). Ein Bedürfnis für die Übertragung des vor Beginn der Elternzeit nicht genommenen Urlaubs besteht damit nicht. Bei Elternteilzeit gilt deshalb § 7 Abs. 3 BUrlG (ErfK/Gallner, 22. Aufl. 2022, § 17 BEEG Rn. 8a; Tillmanns, in: Tillmanns/Mutschler, MuSchG/BEEG, 3. Aufl. 2021, § 17 BEEG Rn. 17). 40

D. Abgeltung des Urlaubs, § 17 Abs. 3 BEEG

Endet das Arbeitsverhältnis während oder mit der Elternzeit, hat der Arbeitgeber den noch **nicht gewährten Urlaub abzugelten** (§ 17 Abs. 3 BEEG). Dies betrifft 41 den gesamten übertragenen (§ 17 Abs. 2 BEEG) und gekürzten (§ 17 Abs. 1 Satz 1 BEEG) oder ungekürzten Urlaub (LAG Nürnberg, Urteil vom 4. Oktober 2011 – 7 Sa 169/11 –).

42 Nach Beendigung des Arbeitsverhältnisses ist eine Kürzung des Erholungsurlaubs nach § 17 Abs. 1 Satz 1 BEEG mit der Folge der Minderung des Urlaubsabgeltungsanspruchs ausgeschlossen (BAG, Urteil vom 19. Mai 2015 – 9 AZR 725/13 –).

E. Urlaubsgeld und Elternzeit

43 Ob während der Elternzeit ein zusätzliches Urlaubsgeld zu zahlen ist, hängt von der Auslegung der tariflichen, betrieblichen oder einzelvertraglichen Rechtsgrundlage ab, auf der die Urlaubsgeldzahlung beruht. Ergibt deren Auslegung, dass das zusätzliche Urlaubsgeld unabhängig von der Urlaubsgewährung und der Erbringung einer Arbeitsleistung zugesagt ist, ist es auch während der Elternzeit in voller Höhe zu zahlen (BAG, Urteil vom 18. März 1997 – 9 AZR 84/96 –; Urteil vom 19. März 2002 – 9 AZR 29/01 –). Allein die Bezeichnung als »Urlaubsgeld« führt nicht dazu, dass der Arbeitgeber während der Elternzeit neben dem Urlaub auch das zusätzliche Urlaubsgeld kürzen darf (BAG, Urteil vom 18. März 1997 – 9 AZR 84/96 –; Urteil vom 15. April 2003 – 9 AZR 137/02 –; **anders** BAG, Urteil vom 14. August 1996 – 10 AZR 70/96 –).

44 Nach bisherigem Verständnis ist es zulässig, ein zusätzliches Urlaubsgeld für die Dauer der Elternzeit anteilig zu kürzen. Die entsprechende tarifliche, betriebliche oder einzelvertragliche Kürzugsregelung verstößt nach bisherigem Verständnis nicht gegen Art. 157 AEUV, Art. 11 Nr. 2 der Richtlinie 92/85/EG und gegen § 5 Abs. 2 Rahmenvereinbarung zu Richtlinie 2010/78/EG. Das Unionsrecht verbiete es nicht, bei der Bemessung von Sonderzuwendungen mit Entgeltcharakter diejenigen Zeiten leistungsmindernd zu berücksichtigen, in denen die Hauptleistungspflichten ruhen (vgl. dazu EuGH, Urteil vom 21. Oktober 1999 – C 333/97 –, Lewen; BAG, Urteil vom 12. Januar 2000 – 10 AZR 840/98 –; Urteil vom 15. April 2003 – 9 AZR 137/02 –; Urteil vom 21. Mai 2008 – 5 AZR 187/07 –; **siehe aber auch** EuGH, Urteil vom 22. Oktober 2009 – C-116/09 –, Meerts).

§ 18 BEEG Kündigungsschutz

(1) [1]Der Arbeitgeber darf das Arbeitsverhältnis ab dem Zeitpunkt, von dem an Elternzeit verlangt worden ist, nicht kündigen. [2]Der Kündigungsschutz nach Satz 1 beginnt

1. **frühestens acht Wochen vor Beginn einer Elternzeit bis zum vollendeten dritten Lebensjahr des Kindes und**
2. **frühestens 14 Wochen vor Beginn einer Elternzeit zwischen dem dritten Geburtstag und dem vollendeten achten Lebensjahr des Kindes.**

[3]Während der Elternzeit darf der Arbeitgeber das Arbeitsverhältnis nicht kündigen. [4]In besonderen Fällen kann ausnahmsweise eine Kündigung für zulässig erklärt werden. [5]Die Zulässigkeitserklärung erfolgt durch die für den Arbeitsschutz zuständige

oberste Landesbehörde oder die von ihr bestimmte Stelle. [6]Die Bundesregierung kann mit Zustimmung des Bundesrates allgemeine Verwaltungsvorschriften zur Durchführung des Satzes 4 erlassen.

(2) Absatz 1 gilt entsprechend, wenn Arbeitnehmer oder Arbeitnehmerinnen
1. während der Elternzeit bei demselben Arbeitgeber Teilzeitarbeit leisten oder
2. ohne Elternzeit in Anspruch zu nehmen, Teilzeitarbeit leisten und Anspruch auf Elterngeld nach § 1 während des Zeitraums nach § 4 Absatz 1 Satz 1 und 3 haben.

Übersicht Rdn.

I. Allgemeines

1. Gesetzesänderung

§ 18 BEEG ist mit Wirkung vom 1. Januar 2015 durch das »Gesetz zur Einführung des Elterngeld Plus mit Partnerschaftsbonus und einer flexibleren Elternzeit im Bundeselterngeld- und Elternzeitgesetz« geändert worden. 1

Diese Gesetzesänderung lässt den Normgehalt des § 18 BEEG weitgehend unberührt. Von Bedeutung sind allein die Änderungen in § 18 Abs. 1 Satz 2 und § 18 Abs. 2 Nr. 2 BEEG. Die Neufassung von § 18 Abs. 1 Satz 2 BEEG korrespondiert mit der geänderten gesetzlichen Frist für die Anmeldung der Elternzeit zwischen dem dritten und achten Lebensjahr des Kindes, die nach § 16 Abs. 1 Satz 1 BEEG nun 13 Wochen beträgt. Um einen effektiven Kündigungsschutz zu gewährleisten, wurde die Dauer des Kündigungsschutzes angepasst. Die Änderung des § 18 Abs. 2 Nr. 2 BEEG ist als Folgeänderung zur Einführung des Elterngeld Plus in § 4 Abs. 3 BEEG erfolgt (BT-Drucks. 18/2583 S. 37).

Durch den Verweis auf § 4 Abs. 1 Satz 1 und Satz 3 BEEG wird klargestellt, dass sich der Sonderkündigungsschutz für Teilzeitbeschäftigte, die keine Elternzeit in Anspruch nehmen, nur auf den 14-monatigen Bezugszeitraum des Elterngeldes und nicht auf den weitergehenden Bezugszeitraum des Elterngeldes Plus erstreckt.

Nach der Übergangsvorschrift des § 27 Abs. 1 Satz 2 BEEG sind die §§ 2 – 22 BEEG für die vor dem 1. Juli 2015 geborenen oder mit dem Ziel der Adoption aufgenommenen Kinder weiter anzuwenden. Die Neufassung des § 18 BEEG gilt demnach erst für die ab dem 1. Juli 2015 geborenen Kinder.

2. Normzweck

2 Das BEEG dient der besseren Vereinbarkeit von Familie und Beruf. Eltern soll es ermöglicht werden, zugunsten einer persönlichen Kinderbetreuung teilweise und/oder zeitweise auf eine Erwerbstätigkeit zu verzichten (vgl. BT-Drucks. 16/1889 S. 14 f.). Deshalb gewährt das Gesetz unter bestimmten Voraussetzungen einen Anspruch auf Elterngeld (§ 1 BEEG) und Elternzeit (§ 15 BEEG). Um diese Ansprüche praktisch wirksam werden zu lassen und zu verhindern, dass Eltern wegen drohender beruflicher Nachteile von ihrer Geltendmachung absehen, hat der Gesetzgeber über das ohnehin zu beachtende Maßregelungsverbot des § 612a BGB hinaus weitere Schutzmechanismen vorgesehen. Zum einen ist die Elternzeit so konzipiert, dass das Arbeitsverhältnis während der Elternzeit bei ruhenden Hauptleistungspflichten fortbesteht (BAG, Urteil vom 15. April 2008 – 9 AZR 380/07 –; Urteil vom 15. April 2003 – 9AZR 137/02 –). Dadurch ist sichergestellt, dass die Arbeitnehmerinnen und Arbeitnehmer nach dem Ende der Elternzeit ohne Verlust des sozialen Besitzstandes in eine vertragsgemäße Beschäftigung zurückkehren (**Inhaltsschutz bei Rückkehr aus der Elternzeit**). Zum anderen schützt § 18 BEEG vor einer (Änderungs- oder Beendigungs-) Kündigung ist fest ist während der Elternzeit (**Bestands- und Inhaltsschutz während der Elternzeit**).

3. Rechtsnatur

3 § 18 BEEG beinhaltet ein Kündigungsverbot mit Erlaubnisvorbehalt (BAG, Urteil vom 26. Juni 1997 – 8 AZR 506/95 –). Das Verbot richtet sich gegen die Kündigungserklärung. Eine Kündigung, die trotzdem erfolgt, ist gem. § 134 BGB nichtig (BAG, Urteil vom 12. Mai 2011 – 2 AZR 384/10 –; Urteil vom 11. März 1999 – 2 AZR 19/98 –) und kann nicht in eine Kündigung zum Ende der Elternzeit umgedeutet werden (ErfK/Gallner, 22. Aufl. 2022, § 18 BEEG Rn. 9). Ausnahmsweise kann die für den Arbeitsschutz zuständige oberste Landesbehörde die Kündigung in besonderen Fällen für zulässig erklären (§ 18 Abs. 1 Satz 4 BEEG). Eine entsprechende Regelung gilt nach § 17 MuSchG für Arbeitnehmerinnen während der Schwangerschaft und bis zum Ablauf von vier Monaten nach der Entbindung.

4. Unionsrechtlicher Rahmen

4 Auf unionsrechtlicher Ebene ist die Richtlinie 2010/18/EU (ABl. EU L 68 vom 18. März 2010 S. 13) zu beachten, welche die Rahmenvereinbarung der europäi-

schen Sozialpartner über den Elternurlaub vom 18. Juni 2009 umsetzt und Mindestbedingungen für die nationale Ausgestaltung des Elternurlaubes aufstellt. Die ElternurlaubsRL 2010/18/EU wird zum 1. August 2022 durch die Richtlinie (EU) 2019/1158 zur Vereinbarkeit von Beruf und Privatleben für Eltern und pflegende Angehörige vom 20. Juni 2019 abgelöst (ABl. EU L 188/79).

Nach § 5 Abs. 1 der durch die Richtlinie 2010/18/EU umgesetzten Rahmenvereinbarung besteht nach Beendigung des Elternurlaubs ein Anspruch auf Rückkehr an den bisherigen Arbeitsplatz oder – wenn dies nicht möglich ist – ein Anspruch auf eine gleichwertige oder ähnliche Beschäftigung. Dieser Maßgabe wird § 18 BEEG, der zwar keine Arbeitsplatz-, wohl aber eine Beschäftigungsgarantie enthält (ErfK/Gallner, 22. Aufl. 2022, § 18 BEEG Rn. 2), gerecht. Nach der gesetzlichen Konzeption ruht das Arbeitsverhältnis während der Elternzeit und wird nach ihrem Ende zu den bisherigen Bedingungen fortgesetzt. Da § 18 BEEG auch eine Änderungskündigung während der Elternzeit untersagt, ist gewährleistet, dass die Arbeitnehmerinnen und Arbeitnehmer nach dem Ende der Elternzeit in eine vertragsgemäße Beschäftigung zurückkehren.

Nach § 5 Abs. 4 der durch Richtlinie 2010/18/EU umgesetzten Rahmenvereinbarung haben die Mitgliedsstaaten die erforderlichen Maßnahmen zum Schutz der Arbeitnehmerinnen und Arbeitnehmer gegen Benachteiligung oder Kündigung aufgrund der Beantragung oder Inanspruchnahme des Elternurlaubs zu treffen. Dem ist durch § 612a BGB und § 18 BEEG Genüge getan. Der Umstand, dass § 18 Abs. 1 Satz 4 BEEG die Möglichkeit vorsieht, eine Kündigung während der Elternzeit für zulässig zu erklären, steht dem nicht entgegen (BAG, Urteil vom 24. November 2011 – 2 AZR 429/10 –;zur Zulässigkeitserklärung nach § 17 Abs. 2 MuSchG vgl. EuGH, Urteil vom 11. November 2010 – C-232/09 –, Danosa). Durch die behördliche Prüfung ist in hinreichendem Maße gewährleistet, dass eine Kündigung *wegen* der Elternzeit ausgeschlossen ist. Allein dies aber fordert die Richtlinie.

5. Verfassungsrechtlicher Rahmen

5 Der Sonderkündigungsschutz des § 18 BEEG bewegt sich im Spannungsfeld zwischen dem gesetzgeberischen Auftrag zum Schutz der Familie (Art. 6 GG) und zur Durchsetzung einer gleichberechtigten Teilhabe von Mann und Frau am Arbeitsleben (Art. 3 Abs. 2 GG) einerseits und der Berufsausübungs- und Vertragsfreiheit des Arbeitgebers (Art. 12 Abs. 1, Art. 2 Abs. 1 GG) andererseits. Art. 6 Abs. 1 GG und Art. 3 Abs. 2 GG verpflichten den Gesetzgeber, Kinderbetreuung in der von den Eltern gewählten Form zu ermöglichen und zu fördern und Grundlagen dafür zu schaffen, dass Familientätigkeit und Erwerbstätigkeit aufeinander abgestimmt werden können. Dazu gehört auch die Schaffung der rechtlichen und tatsächlichen Voraussetzungen dafür, dass die Wahrnehmung der familiären Erziehungsaufgabe nicht zu beruflichen Nachteilen führt und dass eine Rückkehr in die Berufstätigkeit ebenso wie ein Nebeneinander von Erziehung und Erwerbstätigkeit für beide Elternteile einschließlich eines beruflichen Aufstiegs während und nach Zeiten der Kindererziehung möglich ist (vgl. BVerfGE 88, 203 <260>; 99, 216 <234>).

Der von § 18 Abs. 1 BEEG gewährleistete Sonderkündigungsschutz unterliegt keinen verfassungsrechtlichen Bedenken im Hinblick auf die Grundrechte des Arbeitgebers aus Art. 12 Abs. 1 und Art. 2 Abs. 1 GG. § 18 Abs. 1 BEEG dient der im gesamtgesellschaftlichen Interesse liegenden Vereinbarkeit von Kinderbetreuung und Beruf. Da den Arbeitgebern mit der befristeten Einstellung einer Ersatzkraft (§ 21 BEEG) und der Zulässigkeitserklärung einer Kündigung (§ 18 Abs. 1 Satz 4 BEEG) hinreichende Mittel zur Wahrung der eigenen vertraglichen und wirtschaftlichen Interessen verbleiben, ist die Beschränkung der arbeitgeberseitigen Berufsausübungs- und Vertragsfreiheit auch nicht unverhältnismäßig. Nichts Anderes gilt für den Sonderkündigungsschutz nach § 18 Abs. 2 Nr. 1 und Nr. 2 BEEG (kritisch Sowka, Festschrift 50 Jahre Bundesarbeitsgericht, S. 229, 235 f.). § 18 Abs. 2 Nr. 1 BEEG erstreckt den Sonderkündigungsschutz auf Arbeitnehmerinnen und Arbeitnehmer, die während der Elternzeit bei demselben Arbeitgeber einer Teilzeitbeschäftigung von nicht mehr als 30 Wochenstunden nachgehen. § 18 Abs. 2 Nr. 2 BEEG betrifft elterngeldberechtigte Arbeitnehmerinnen und Arbeitnehmer, die bereits in diesem Umfang Teilzeitarbeit leisten und keine Veranlassung sehen, Elternzeit in Anspruch zu nehmen. Mit § 18 Abs. 2 BEEG trägt der Gesetzgeber nicht nur der gesamtgesellschaftlichen Bedeutung der Kinderbetreuung Rechnung, sondern fördert auch eine gleichmäßige Verteilung der Kinderbetreuungsaufgaben auf Mutter und Vater und damit zugleich die gleichberechtigte Teilhabe von Mann und Frau am Arbeitsleben. Auch die mit § 18 Abs. 2 Nr. 1 und Nr. 2 BEEG einhergehende Beschränkung der arbeitgeberseitigen Berufsausübungs- und Vertragsfreiheit dient demnach wichtigen Gemeinwohlbelangen und ist nicht unverhältnismäßig, weil dem Arbeitgeber zur Wahrung der eigenen wirtschaftlichen und vertraglichen Interessen jedenfalls die Möglichkeit einer behördlichen Zulässigkeitserklärung nach § 18 Abs. 1 Satz 4 BEEG verbleibt.

§ 18 Abs. 2 Nr. 1 und Nr. 2 BEEG begegnet auch keinen verfassungsrechtlichen Bedenken im Hinblick auf das allgemeine Gleichheitsgebot des Art. 3 Abs. 1 GG. Kritisiert wird allerdings, dass es angesichts sinkender Wochenarbeitszeiten kaum begründbar sei, warum Teilzeitbeschäftigte mit einer Wochenarbeitszeit von bis zu 32 Stunden den Kündigungsschutz nach § 18 Abs. 2 BEEG erhalten, Vollzeitbeschäftigte und Teilzeitbeschäftigte mit einer Wochenarbeitszeit von 35 Stunden aber nicht (Peters-Lange/Rolfs NZA 2000, 682 <685>; Reiserer/Lemke MDR 2001, 244; Sowka NZA 2001, 1185 <1190 f.>). Ein Verstoß gegen Art. 3 Abs. 1 GG liegt gleichwohl nicht vor. Dies gilt zunächst für einen Vergleich von Teilzeit- und Vollzeitbeschäftigten. Anders als Teilzeitbeschäftigte verzichten Vollzeitbeschäftigte auch dann, wenn sie eine niedrige Wochenarbeitszeit haben, nicht auf eine umfangreichere Arbeitstätigkeit zugunsten der Kinderbetreuung. Es mangelt mithin an einer Ungleichbehandlung wesentlich gleicher Sachverhalte. Eine solche ist auch nicht im Verhältnis zwischen Teilzeitbeschäftigten mit einer Wochenarbeitszeit von 32 Stunden und Teilzeitbeschäftigten mit einer Wochenarbeitszeit von 35 Stunden erkennbar. Es ist nicht zu beanstanden, wenn der Gesetzgeber kraft seines Einschätzungs- und Beurteilungsspielraumes davon ausgeht, dass eine Wochenarbeitszeit von maximal 32 Stunden einerseits zum Schutz des Kindes die tatsächliche Kinderbetreuung und ihren Vorrang vor der Erwerbstätigkeit sichert und andererseits ein Einkommen ermöglicht, das die Familie absichert und die Elternteilzeit zugleich für Väter attraktiver macht.

II. Tatbestandliche Voraussetzungen des Kündigungsverbots

1. Geschützter Personenkreis

a) Grundsätze

Das Kündigungsverbot des § 18 BEEG gilt für **Arbeitnehmerinnen und Arbeitnehmer,** ohne dass es auf Art und Inhalt des Arbeitsverhältnisses ankäme. Für den Anspruch auf Elternzeit ist es grundsätzlich ohne Bedeutung, ob ein Arbeitnehmer in Vollzeit, in Teilzeit, geringfügig oder befristet beschäftigt ist. 6

Kraft der gesetzlichen Fiktion des § 20 Abs. 1 BEEG gilt § 18 BEEG zudem für die **zur Berufsbildung Beschäftigten.** Da § 20 Abs. 1 BEEG seinem Wortlaut nach auf § 1 Abs. 1 BBiG verweist, werden vom Schutz des § 18 BEEG nicht nur Berufsausbildungsverhältnisse, sondern auch Rechtsverhältnisse der Berufsausbildungsvorbereitung, der beruflichen Fortbildung und der beruflichen Umschulung erfasst. Die **im Familienhaushalt Beschäftigten** unterfallen ebenso § 18 BEEG (APS/Rolfs, 6. Aufl. 2021, § 18 BEEG Rn. 5) wie die in **Heimarbeit** Beschäftigten und **alle** ihnen **Gleichgestellten**, soweit sie am Stück mitarbeiten (§ 20 Abs. 2 BEEG). Die in § 17 Abs. 3 Satz 2 MuSchG enthaltene Beschränkung, wonach der besondere Kündigungsschutz für Letztgenannte nur greift, wenn sich die Gleichstellung auch auf den Neunten Abschnitt – Kündigung – des Heimarbeitsgesetzes erstreckt (vgl. dazu § 1 Abs. 3 Satz 1 HAG), findet in § 18 BEEG keine Entsprechung. Gegenüber § 17 MuSchG ist der geschützte Personenkreis ferner insofern erweitert, als auch Stiefmütter, Adoptivmütter, leibliche Väter, Stiefväter und Adoptivväter sich auf das Kündigungsverbot des § 18 BEEG berufen können, wenn sie mit dem Kind in einem Haushalt leben und es selbst betreuen (§ 15 Abs. 1 BEEG).

Durch § 15 Abs. 1a BEEG sind auch Großeltern über § 18 BEEG geschützt. Wenn sie Elternzeit in Anspruch nehmen, steht ihnen der Kündigungsschutz nach § 18 Abs. 1 BEEG und bei Teilzeitarbeit auch nach § 18 Abs. 2 Nr. 1 BEEG zu. Sonderkündigungsschutz nach § 18 Abs. 2 Nr. 2 BEEG besteht regelmäßig nicht, da Großeltern nur in den eng begrenzten Ausnahmefällen des § 1 Abs. 4 BEEG einen Anspruch auf Elterngeld haben. 7

Nicht zu dem von § 18 BEEG geschützten Personenkreis gehören Selbstständige (§ 84 Abs. 1 Satz 2 HGB) und arbeitnehmerähnliche Personen (HK-MuSchG/BEEG/Rancke, 5. Aufl. 2018, § 18 BEEG Rn. 5). Arbeitnehmerähnliche Personen sind wirtschaftlich abhängig und einem Arbeitnehmer vergleichbar sozial schutzwürdig, ohne jedoch aufgrund eines Arbeitsverhältnisses auch persönlich abhängig zu sein (§ 12a TVG). Für sie gelten arbeitsrechtliche Vorschriften nur dann, wenn dies ausdrücklich gesetzlich angeordnet wird. Das BEEG enthält eine solche Anordnung in § 20 Abs. 1 ausschließlich für Heimarbeiterinnen und Heimarbeiter, nicht aber für arbeitnehmerähnliche Personen. 8

9 Organmitglieder juristischer Personen fallen regelmäßig nicht unter den Geltungsbereich des § 18 BEEG. Sie repräsentieren die juristische Person und üben selbst Arbeitgeberfunktionen aus. Nach dem nationalen Arbeitnehmerbegriff ist ein neben der Organstellung begründetes Anstellungsverhältnis zur juristischen Person deshalb in der Regel nicht als Arbeits-, sondern als freies Dienstverhältnis zu bewerten (BAG, Urteil vom 26. Mai 1999 – 5 AZR 664/98 –). Das Urteil des EuGH in der Rs. **Danosa** (Urteil vom 11. November 2010, – C-232/09 – zu Richtlinie 92/85/EWG) wirft jedoch die Frage auf, ob unionsrechtlich eine Ausdehnung des Anspruchs auf Elternurlaub und des damit einhergehenden besonderen Kündigungsschutzes auf bestimmte gesetzliche Vertreter von juristischen Personen, wie insbesondere Fremdgeschäftsführer einer GmbH, geboten ist (→ § 15 BEEG Rn. 28).

b) Elternzeit ohne Teilzeitarbeit, § 18 Abs. 1 BEEG

10 Das Kündigungsverbot des § 18 Abs. 1 BEEG gilt in den zeitlichen Grenzen des § 18 Abs. 1 Satz 2 BEEG für **alle elternzeitberechtigten Arbeitnehmerinnen und Arbeitnehmer,** soweit sie wirksam Elternzeit verlangt oder angetreten haben und solange sämtliche Anspruchsvoraussetzungen für die Elternzeit vorliegen (BAG, Urteil vom 17. Februar 1994 – 2 AZR 616/93 –; Urteil vom 26. Juni 2008 – 2 AZR 23/07 –). Der Kündigungsschutz nach § 18 Abs. 1 BEEG ist an die wirksame Inanspruchnahme der Elternzeit gebunden. Die Voraussetzungen der §§ 15, 16 BEEG sind im Rahmen von § 18 Abs. 1 BEEG inzident zu prüfen. Nur wenn und solange sie vorliegen, besteht der besondere Kündigungsschutz.

§ 18 BEEG gilt dabei auch für solche Arbeitsverhältnisse, die erst nach der Geburt des Kindes begründet werden, und zwar in allen drei Varianten des Sonderkündigungsschutzes (§ 18 Abs. 1 Satz 1, § 18 Abs. 2 Nr. 1, § 18 Abs. 2 Nr. 2 BEEG). § 18 BEEG will Arbeitnehmerinnen und Arbeitnehmer durch einen starken Kündigungsschutz motivieren, tatsächlich Elternzeit in Anspruch zu nehmen. Eine im Gesetzeswortlaut nicht angelegte zeitliche Einschränkung würde dem widersprechen (BAG, Urteil vom 11. März 1999 – 2 AZR 19/98 –; Urteil vom 27. März 2003 – 2 AZR 627/01 –). Da der Schutz des § 18 Abs. 1 BEEG nicht von der Erfüllung einer Wartezeit abhängt, können neu eingestellte Arbeitnehmerinnen und Arbeitnehmer, die über die Voraussetzungen für eine Inanspruchnahme von Elternzeit verfügen, jederzeit Elternzeit verlangen und dadurch bereits im Rahmen der Probezeit des § 622 Abs. 3 BGB oder der Wartezeit des § 1 Abs. 1 KSchG in den Genuss des Kündigungsschutzes nach § 18 Abs. 1 BEEG gelangen (HK-MuSchG/BEEG/Rancke, 5. Aufl. 2018, § 18 BEEG Rn. 6; Tillmanns, in: Tillmanns/Mutschler, 3. Aufl. 2021, § 18 BEEG Rn. 16).

11 Die wirksame Inanspruchnahme von Elternzeit setzt grundsätzlich voraus, dass die Elternzeit unbedingt in Anspruch genommen wird. Denn das Elternzeitverlangen ist eine rechtliche Gestaltungserklärung, die mit ihrem Zugang wirksam wird und für beide Arbeitsvertragsparteien bindend ist (→ § 15 BEEG Rn. 9; § 16 BEEG Rn. 24). Es ist aber zulässig, Elternzeit unter der Bedingung in Anspruch zu nehmen, dass der Arbeitgeber gleichzeitig mit einer Teilzeitbeschäftigung nach § 15 Abs. 5–7 BBEG einverstanden ist, weil der Arbeitgeber es in diesen Fällen selbst in der Hand hat, ob die

Bedingung eintritt oder nicht (BAG, Urteil 5. Juni 2007 – 9 AZR 82/07 –). Stimmt der Arbeitgeber der Teilzeit zu oder gilt die Zustimmung nach § 15 Abs. 7 Satz 5 BEEG als erteilt, greift ab diesem Zeitpunkt der Kündigungsschutz des § 18 Abs. 1 BEEG. Lehnt der Arbeitgeber die Teilzeit wirksam ab, greift der Kündigungsschutz des § 18 Abs. 1 BEEG zu keinem Zeitpunkt ein. § 18 Abs. 1 BEEG setzt voraus, dass es tatsächlich zur Inanspruchnahme von Elternzeit kommt (BAG, Urteil vom 12. Mai 2011 – 2 AZR 384/10 –). Für die Schwebezeit zwischen dem bedingten Elternzeitverlangen und der Gewährung bzw. Ablehnung des Teilzeitwunsches besteht kein Kündigungsschutz nach § 18 Abs. 1 BEEG (KR/Bader, 12. Aufl. 2019, § 18 BEEG Rn. 47; a.A. Tillmanns, in: Tillmanns/Mutschler 3. Aufl. 2021, § 18 BEEG Rn. 15). § 18 BEEG unterscheidet zwar zwischen dem Kündigungsschutz vor Beginn und während der Elternzeit und macht damit deutlich, dass der Kündigungsschutz grundsätzlich bereits mit dem Elternzeitverlangen beginnen soll. Diese Vorwirkung des Kündigungsschutzes ist jedoch an ein wirksames Elternzeitverlangen geknüpft, welches erst mit Zustimmung des Arbeitgebers zum Teilzeitbegehren vorliegt, da die Gewährung von Teilzeit regelmäßig als aufschiebende Bedingung auszulegen sein wird, deren Eintritt das Elternzeitverlangen ex nunc wirksam werden lässt (§ 158 BGB). Es besteht auch kein Bedürfnis, den Kündigungsschutz nach § 18 BEEG bereits in der Schwebezeit zwischen dem bedingten Elternzeitverlangen und der Gewährung bzw. Ablehnung des Teilzeitwunsches eingreifen zu lassen, weil der Arbeitnehmer das »Ob« der Elternzeit bewusst von einer Entscheidung des Arbeitgebers über die Gewährung von Elternteilzeit abhängig gemacht hat und damit nicht schutzwürdig ist. § 612a BGB bietet hinreichenden Schutz für den Fall, dass es gerade in der Schwebezeit zu einer Arbeitgeberkündigung des Arbeitsverhältnisses kommt.

c) **Elternzeit mit Teilzeitarbeit, § 18 Abs. 2 Nr. 1 BEEG**

12 Der in § 18 Abs. 1 geregelte Kündigungsschutz gilt entsprechend, wenn Arbeitnehmerinnen und Arbeitnehmer während der Elternzeit bei demselben Arbeitgeber **Teilzeitarbeit** leisten (**§ 18 Abs. 2 Nr. 1 BEEG**). Die Vorschrift trägt dem Umstand Rechnung, dass das Gesetz es gestattet, während der Elternzeit eine Teilzeitbeschäftigung auszuüben und unter den Voraussetzungen des § 15 Abs. 4–7 BEEG einen Rechtsanspruch auf Verringerung der Arbeitszeit einräumt. Dahinter steckt der Gedanke, dass alle Personen, die sich in der ersten Lebensphase der Betreuung und Erziehung eines Kindes widmen und deshalb auf eine umfangreichere Berufstätigkeit verzichten, in ihrer wirtschaftlichen Lebensgrundlage geschützt werden sollen (BT-Drucks. 10/4212 S. 6).

13 Der durch § 15 Abs. 7 BEEG gewährleistete Rechtsanspruch auf Verringerung der Arbeitszeit verdeutlicht, dass die ursprüngliche und während der Elternzeit bei demselben Arbeitgeber ausgeübte Beschäftigung aufgrund eines einheitlichen Arbeitsverhältnisses verrichtet wird (BAG, Urteil vom 23. April 1996 – 9 AZR 696/94 –; APS/Rolfs, 6. Aufl. 2021, § 18 BEEG Rn. 7; ErfK/Gallner, 22. Aufl. 2022, § 18 BEEG Rn. 7; KR/Bader, 12. Aufl. 2019, § 18 BEEG Rn. 38). Daraus folgt, dass der Kündigungsschutz nach § 18 Abs. 2 Nr. 1 BEEG das gesamte Arbeitsverhältnis umfasst, sich also auf Bestand und Inhalt des vereinbarten Teilzeitarbeitsverhältnisses wie auch des

während der Elternzeit teilweise suspendierten ursprünglichen Arbeitsverhältnisses erstreckt (APS/Rolfs, 6. Aufl. 2021, § 18 BEEG Rn. 7; ErfK/Gallner, 22. Aufl. 2022, § 18 BEEG Rn. 7; KR/Bader, 12. Aufl. 2019, § 18 BEEG Rn. 38). Nur so besteht für die Arbeitnehmerinnen und Arbeitnehmer in Elternteilzeit eine hinreichende Planungssicherheit, ohne die das familienpolitische Ziel einer besseren Vereinbarkeit von Familie und Beruf nicht erreicht werden kann (KR/Bader, 12. Aufl. 2019, § 18 BEEG Rn. 38). Zu dieser Planungssicherheit gehört das Wissen, neben dem Elterngeld mit einem gesicherten Einkommen aus der Teilzeitbeschäftigung rechnen zu können ebenso, wie das Wissen, nach der Elternteilzeit zum ursprünglichen Beschäftigungsumfang zurückkehren zu können.

14 Der Kündigungsschutz nach § 18 Abs. 2 Nr. 1 BEEG setzt zum einen voraus, dass Elternzeit genommen wird. Der Kündigungsschutz ist damit an die Elternzeitberechtigung der Arbeitnehmerinnen und Arbeitnehmer geknüpft. Wie bei § 18 Abs. 1 BEEG besteht der Kündigungsschutz nach § 18 Abs. 2 Nr. 1 BEEG nur soweit und solange die tatbestandlichen Voraussetzungen der §§ 15, 16 BEEG gegeben sind.

15 Außerdem setzt § 18 Abs. 2 Nr. 1 BEEG voraus, dass bei demselben Arbeitgeber, bei dem Elternzeit genommen wird, Teilzeitarbeit geleistet wird. Der Kündigungsschutz nach § 18 Abs. 2 Nr. 1 BEEG besteht allerdings nur, wenn die Teilzeitbeschäftigung den zulässigen Umfang nach § 15 Abs. 4 BEEG nicht überschreitet (APS/Rolfs, 6. Aufl. 2021, § 18 BEEG Rn. 6; ErfK/Gallner, 22. Aufl. 2022, § 18 BEEG Rn. 6; KR/Bader, 12. Aufl. 2019, § 18 BEEG Rn. 36). Dies ergibt sich zum einen daraus, dass § 18 Abs. 2 Nr. 1 BEEG auf § 18 Abs. 1 BEEG verweist, der den Kündigungsschutz von den Anspruchsvoraussetzungen der §§ 15, 16 BEEG abhängig macht. Zum anderen ergibt sich dies aus § 18 Abs. 2 Nr. 2 BEEG, der durch den Verweis auf § 1 BEEG und damit insbesondere auf § 1 Abs. 6 BEEG klarstellt, dass der Kündigungsschutz des § 18 Abs. 2 Nr. 2 BEEG entfällt, wenn die ausgeübte Teilzeitbeschäftigung den zulässigen zeitlichen Umfang überschreitet. Dies muss gleichermaßen für § 18 Abs. 2 Nr. 1 BEEG gelten, weil § 18 Abs. 2 Nr. 2 BEEG nichts Anderes erreichen will als eine Gleichstellung derjenigen Teilzeitbeschäftigten, die eine bestehende Teilzeitbeschäftigung fortführen und zugunsten der Kinderbetreuung auf eine umfangreichere Arbeitstätigkeit verzichten, mit denjenigen Voll- oder Teilzeitbeschäftigten, die ihre Arbeitszeit mit dem Elternzeitverlangen zugunsten der Kinderbetreuung reduzieren (APS/Rolfs, 6. Aufl. 2021, § 18 BEEG Rn. 6).

Der Kündigungsschutz nach § 18 Abs. 2 Nr. 1 BEEG entfällt demnach, wenn mehr als 32 Wochenstunden im Monatsdurchschnitt gearbeitet werden (§ 15 Abs. 4 Satz 1 BEEG). Maßgeblich ist der verabredete Umfang der Wochenarbeitszeit. Vorübergehende tatsächliche Überschreitungen aufgrund betrieblicher Notwendigkeiten sind unschädlich (ErfK/Gallner, 22. Aufl. 2021, § 18 BEEG Rn. 6; KR/Bader, 12. Aufl. 2019, § 18 BEEG Rn. 36). Wird die tatsächliche Wochenarbeitszeit nicht nur vorübergehend überschritten, entfällt der Sonderkündigungsschutz. Dies ist dem Umstand geschuldet, dass § 15 Abs. 4 BEEG dem Schutz des Kindes dient. Die Wochenarbeitszeit wird begrenzt, um sicherzustellen, dass Betreuung und Erziehung des Kindes im Vordergrund stehen. Die nicht nur vorübergehende Überschreitung dieser Grenze widerspricht dem Zweck der Elternzeit, womit der flankierende Kündigungsschutz obsolet wird. Arbeitnehmerinnen und Arbeitnehmer müssen deshalb – wollen sie den Kündigungsschutz nicht verlieren – selbst darauf achten, dass die Grenze von 32 Wochenstunden im Monatsdurchschnitt nicht überschritten wird. Dies gilt nicht nur dann, wenn sie die Lage ihrer Arbeitszeit selbst bestimmen (Gleitzeitarbeit, Vertrauensarbeitszeit), sondern auch, wenn der Arbeitgeber Mehrarbeit anordnet. Das Weisungsrecht des Arbeitgebers nach § 106 GewO ist durch § 15 Abs. 4 Satz 1 BEEG und § 1 Abs. 1 Nr. 4, Abs. 6 BEEG eingeschränkt, sodass Arbeitnehmerinnen und Arbeitnehmer Stundenzuweisungen, die Elterngeld und Sonderkündigungsschutz gefährden, ohne nachteilige Folgen ablehnen dürfen und auch müssen, wenn sie den Sonderkündigungsschutz nicht verlieren wollen.

d) Teilzeitarbeit ohne Elternzeit, § 18 Abs. 2 Nr. 2 BEEG

Arbeitnehmerinnen und Arbeitnehmer haben auch dann den Kündigungsschutz 16
nach § 18 Abs. 1 BEEG, wenn sie, ohne Elternzeit in Anspruch zu nehmen, bei ihrem Arbeitgeber unverändert Teilzeitarbeit leisten und einen Anspruch auf Elterngeld haben (§ 18 Abs. 2 Nr. 2 BEEG). § 18 Abs. 2 Nr. 2 BEEG folgt dem Gedanken, dass Mütter und Väter, die zugunsten der Kinderbetreuung auf eine umfangreichere Berufstätigkeit verzichten, in der Frage des Kündigungsschutzes nicht schlechter gestellt werden sollen als Mütter und Väter, die Elternzeit in Anspruch nehmen und ihre Arbeitstätigkeit zugunsten der Kinderbetreuung reduzieren (BT-Drucks. 10/4212 S. 6).

Voraussetzung für den Kündigungsschutz nach § 18 Abs. 2 Nr. 2 BEEG ist zum einen, dass die Arbeitnehmerinnen und Arbeitnehmer keine Elternzeit nehmen, und zwar auch nicht in einem gleichzeitig bestehenden Arbeitsverhältnis bei einem anderen Arbeitgeber. Nach dem Wortlaut von § 18 Abs. 2 Nr. 2 BEEG (»ohne Elternzeit in Anspruch zu nehmen«) muss gleichwohl ein Anspruch auf Elternzeit nach § 15 BEEG bestehen (ErfK/Gallner, 22. Aufl. 2022, § 18 BEEG Rn. 8). Daraus ergibt sich zugleich, dass die von § 18 Abs. 2 Nr. 2 BEEG geforderte Teilzeitarbeit sich in den zeitlichen Grenzen des § 15 Abs. 4 BEEG halten muss.

§ 18 Abs. 2 Nr. 2 BEEG macht den Sonderkündigungsschutz außerdem davon abhängig, dass während des Bezugszeitraumes nach § 4 Abs. 1 Satz 1 und Satz 3 BEEG ein Anspruch auf Elterngeld besteht. Mithin müssen die in § 1 BEEG normierten Voraussetzungen für einen Elterngeldbezug gegeben sein. Ob tatsächlich Elterngeld bezogen wird, ist für das Eingreifen des Kündigungsschutzes ebenso unerheblich wie der etwaige Erhalt eines Landeserziehungsgeldes (vgl. Bruns BB 2008, 386 <389>; KR/Bader, 12. Aufl. 2019, § 18 BEEG Rn. 39). Nach § 4 Abs. 1 Satz 1 und Satz 3 BEEG kann Elterngeld maximal für die Dauer von 14 Monaten bezogen werden. Der an den Elterngeldbezug anknüpfende Kündigungsschutz nach § 18 Abs. 2 Nr. 2 BEEG ist damit mit maximal 14 Monaten erheblich kürzer als der an die Elternzeit anknüpfende Kündigungsschutz der §§ 18 Abs. 1, Abs. 2 Nr. 1 BEEG, der bis zu 36 Monate andauern kann (vgl. § 15 Abs. 2 BEEG). Deshalb wird teilweise vorgeschlagen, den Kündigungsschutz nach § 18 Abs. 2 Nr. 2 BEEG im Wege teleologischer Extension auf 36 Monate auszudehnen (APS/Rolfs, 6. Aufl. 2021, § 18 BEEG Rn. 14). Dem steht jedoch der Gesetzeswortlaut entgegen, der den Kündigungsschutz unmissverständlich an den Elterngeldbezug koppelt. Da die Teilzeitbeschäftigten, die unter den Schutz von § 18 Abs. 2 Nr. 2 BEEG fallen, zudem trotz bestehender Berechtigung auf die Inanspruchnahme von Elternzeit verzichten und ihre ohnehin bereits ausgeübte Teilzeitbeschäftigung schlicht fortführen, sind sie weniger schutzbedürftig als Arbeitnehmerinnen und Arbeitnehmer, die Elternzeit in Anspruch nehmen, um ihre Arbeitszeit zu reduzieren oder auf Null herabzusetzen. Dies gilt umso mehr als die von § 18 Abs. 2 Nr. 2 BEEG erfassten Teilzeitbeschäftigten jederzeit die Möglichkeit haben, Elternzeit zu verlangen und so den längeren Kündigungsschutz herbeizuführen (vgl. Bruns BB 2008, 386 <389>).

17 Bei Teilzeitbeschäftigten, die keine Elternzeit in Anspruch nehmen, aber unter den Anwendungsbereich des § 18 Abs. 2 Nr. 2 BEEG fallen, hat der Arbeitgeber oftmals keine Kenntnis vom bestehenden Sonderkündigungsschutz und versäumt es deshalb, das behördliche Zustimmungsverfahren nach § 18 Abs. 1 Satz 4 BEEG zu betreiben. Da es für das Eingreifen des Kündigungsschutzes allein auf das Vorliegen der in § 18 Abs. 2 Nr. 2 BEEG genannten objektiven Tatbestandsvoraussetzungen ankommt, ist auch eine vom Arbeitgeber in Unkenntnis des Kündigungsverbots ausgesprochene Kündigung unwirksam (vgl. Brose/Weth/Volk/Schneider, 9. Aufl. 2020, § 18 BEEG Rn. 45; HK-MuSchG/BEEG/Rancke, 5. Aufl. 2018, § 18 BEEG Rn. 19). Dies führt zu unbilligen Ergebnissen, wenn erst im Rahmen des Kündigungsschutzprozesses die Unwirksamkeit der Kündigung nach § 18 BEEG geltend gemacht wird. Deshalb besteht Einigkeit darüber, dass das Recht, sich nachträglich auf den Kündigungsschutz des § 18 Abs. 2 Nr. 2 BEEG zu berufen, der Verwirkung unterliegt. Arbeitnehmerinnen und Arbeitnehmer sind gehalten, den Arbeitgeber binnen angemessener Frist über den bestehenden Sonderkündigungsschutz zu informieren, um den Sonderkündigungsschutz nicht zu verlieren. Fraglich ist allein, binnen welcher Frist die Mitteilung an den Arbeitgeber zu erfolgen hat. Teilweise wird in analoger Anwendung des § 16 Abs. 5 BEEG eine unverzügliche Mitteilung gefordert (Bruns BB 2008, 386 <389>). Dem ist nicht zu folgen. § 16 Abs. 5 BEEG konkretisiert eine ohnehin nach § 241 Abs. 2 BGB bestehende arbeitsvertragliche Nebenpflicht, die den Arbeitgeber bei einem Wegfall der Elternzeitberechtigung in die Lage versetzen soll, die Rückkehr der ursprünglich in Elternzeit befindlichen Beschäftigten zu verlangen. Bei § 16 Abs. 5 BEEG geht es mithin um eine Nebenpflicht, die den Interessen des Arbeitgebers dient und deren Verletzung eine Schadensersatzpflicht der Arbeitnehmerinnen und Arbeitnehmer auslöst. Demgegenüber geht es im Rahmen von § 18 Abs. 2 Nr. 2 BEEG um die Statuierung einer den Kündigungsschutz einschränkenden Obliegenheit der Arbeitnehmerinnen und Arbeitnehmer, deren Verletzung zum Rechtsverlust führt. Ausgehend davon fehlt es mit Blick auf § 16 Abs. 5 BEEG an einer Vergleichbarkeit der Regelungsgegenstände. Des Weiteren wird in Anlehnung an § 4 Satz 1 KSchG eine dreiwöchige Mitteilungsfrist erwogen (HK-MuSchG/BEEG/Rancke, 5. Aufl. 2018, § 18 BEEG Rn. 20). Überzeugender ist indes eine analoge Anwendung des § 17 Abs. 1 Satz 1 MuSchG. Der Erhalt des Kündigungsschutzes setzt danach voraus, dass Arbeitnehmerinnen und Arbeitnehmer den Arbeitgeber innerhalb von 2 Wochen nach Zugang der Kündigung

über den nach § 18 Abs. 2 Nr. 2 BEEG bestehenden Sonderkündigungsschutz unterrichten (so die ganz h.M.; APS/Rolfs, 6. Aufl. 2021, § 18 BEEG Rn. 9; Brose/Weth/Volk/Schneider, 9. Aufl. 2020, § 18 BEEG Rn. 45; KR/Bader, 12. Aufl. 2019, § 18 BEEG Rn. 40; Schaub/Linck ArbR-HdB, 19. Aufl. 2021, § 172 Rn. 51). Neben der Sachnähe zwischen Mutterschutz und Elternzeit spricht dafür auch der Umstand, dass § 18 BEEG der Regelung des § 17 MuSchG nachgebildet wurde. Im Übrigen ist es schwer erklärbar, warum für Beschäftigte im Anwendungsbereich des § 18 BEEG eine längere Mitteilungsfrist gelten soll als für die schutzbedürftigere Beschäftigtengruppe der Schwangeren.

e) Teilzeitarbeit bei einem Dritten

Leisten Arbeitnehmerinnen und Arbeitnehmer während der Elternzeit Teilzeitarbeit 18
bei einem anderen Arbeitgeber (§ 15 Abs. 4 Satz 3 BEEG), welche den zulässigen zeitlichen Umfang nach § 15 Abs. 4 Satz 1 BEEG nicht überschreitet, wird dadurch der Anspruch auf Elternzeit bei ihrem bisherigen Arbeitgeber nicht berührt. Für dieses Hauptarbeitsverhältnis mit dem bisherigen Arbeitgeber gilt weiterhin § 18 Abs. 1 BEEG, und zwar unabhängig davon, ob die anderweitige Teilzeitarbeit nach § 15 Abs. 4 Satz 3 und Satz 4 BEEG genehmigt wurde oder nicht (APS/Rolfs, 6. Aufl. 2021, § 18 BEEG Rn. 11 f.; KR/Bader, 12. Aufl. 2019, § 18 BEEG Rn. 37). War sie zu Recht nicht genehmigt, kann der Arbeitgeber Unterlassung verlangen. Außerdem liegt dann eine Vertragsverletzung des Hauptarbeitsverhältnisses vor, wegen der die Zulässigkeitserklärung einer beabsichtigten Kündigung nach § 18 Abs. 1 Satz 4 BEEG in Betracht kommen kann.

In dem Teilzeitarbeitsverhältnis bei dem anderen Arbeitgeber besteht kein Kündigungsschutz nach § 18 Abs. 2 BEEG (BAG, Urteil vom 2. Februar 2006 – 2 AZR 596/04 –; APS/Rolfs, 6. Aufl. 2021, § 18 BEEG Rn. 11; HK-MuSchG/BEEG/Rancke, 5. Aufl. 2018, § 18 BEEG Rn. 6; KR/Bader, 12. Aufl. 2019, § 18 BEEG Rn. 37). Für § 18 Abs. 2 Nr. 1 BEEG ergibt sich dies bereits aus dem Gesetzeswortlaut, der sich allein auf eine Teilzeitbeschäftigung bei »demselben« Arbeitgeber bezieht und damit auch nur vor dessen Kündigung schützt. Für § 18 Abs. 2 Nr. 2 BEEG ergibt sich das nicht bereits aus dem Gesetzeswortlaut. Denn anders als noch § 18 Abs. 2 Nr. 2 BErzGG verlangt § 18 Abs. 2 Nr. 2 BEEG nicht mehr, dass die Teilzeitarbeit »bei seinem Arbeitgeber« geleistet wird. Mit dieser Streichung sollte indes keine Änderung des Regelungsgehaltes verbunden sein. § 18 Abs. 2 Nr. 2 BErzGG sollte vielmehr unverändert in das Bundeselterngeld- und Elternzeitgesetz übernommen werden (vgl. BT-Drucks. 16/1889, S. 27). Der Kündigungsschutz des § 18 Abs. 2 Nr. 2 BEEG greift daher nur dann, wenn Arbeitnehmerinnen und Arbeitnehmer eine schon bestehende Teilzeitarbeit bei ihrem Arbeitgeber fortführen. Teilzeitarbeitsverhältnisse mit einem anderen Arbeitgeber i.S.v. § 15 Abs. 4 Satz 3 BEEG unterfallen daher nicht dem Kündigungsschutz des § 18 Abs. 2 Nr. 2 BEEG. Dies ergibt sich im Übrigen daraus, dass Teilzeitarbeit bei einem anderen Arbeitgeber i.S.v. § 15 Abs. 4 Satz 3 BEEG immer Elternzeit im Hauptarbeitsverhältnis voraussetzt, während § 18 Abs. 2 Nr. 2 BEEG gerade den Verzicht auf Elternzeit verlangt. Teilzeitarbeitsverhältnisse mit einem anderen Arbeitgeber i.S.v. § 15 Abs. 4 Satz 3 BEEG genießen daher weder den Kündigungsschutz nach § 18 Abs. 2 Nr. 1 BEEG noch den nach § 18 Abs. 2 Nr. 2 BEEG. Dieser Gleichlauf deckt sich mit dem Normzweck von § 18 Abs. 2 Nr. 2 BEEG, der eine kündigungsschutzrechtliche Gleichstellung, nicht aber eine Besserstellung der eigenen Normadressaten mit denen des § 18 Abs. 2 Nr. 1 BEEG erreichen will (vgl. BT-Drucks. 10/4212 S. 6).

19 Der Sonderkündigungsschutz entfällt auch im Hauptarbeitsverhältnis, wenn die Teilzeitarbeit bei dem anderen Arbeitgeber den nach § 15 Abs. 4 Satz 1 BEEG zulässigen Umfang überschreitet. Dies gebietet der mit dieser Regelung beabsichtigte Schutz des Kindes, der eine Erwerbstätigkeit während der Elternzeit nur dann gestattet, wenn Betreuung und Erziehung des Kindes im Vordergrund stehen (APS/Rolfs, 6. Aufl. 2021, § 18 BEEG Rn. 12; KR/Bader, 12. Aufl. 2019, § 18 BEEG Rn. 37). Gleiches gilt, wenn im Hauptarbeitsverhältnis eine dem Umfang nach zulässige Elternteilzeitarbeit ausgeübt wird (beispielsweise mit einer Wochenarbeitszeit von 24 Stunden) und eine weitere Teilzeitbeschäftigung bei einem anderen Arbeitgeber (beispielsweise mit einer Wochenarbeitszeit von 10 Stunden) hinzutritt, die für sich genommen ebenfalls den zulässigen Umfang einhält, aber dazu führt, dass insgesamt die zeitliche Grenze des § 15 Abs. 4 Satz 1 BEEG überschritten wird (a.A. Bruns BB 2008, 386 <388 f.>). § 15 Abs. 4 Satz 1 BEEG ist eine dem Schutz des Kindes dienende absolute Grenze, die nicht dadurch unterlaufen werden darf, dass sich der Beschäftigungsumfang auf verschiedene Arbeitgeber verteilt.

20 Endet das Hauptarbeitsverhältnis, in welchem Elternzeit genommen wurde und ist der Anspruch auf Elternzeit noch nicht ausgeschöpft, erfasst der Sonderkündigungsschutz nach § 18 BEEG das Teilzeitarbeitsverhältnis, welches ursprünglich mit einem »anderen Arbeitgeber« geschlossen wurde, nun aber zum Hauptarbeitsverhältnis geworden ist. Die Arbeitnehmerinnen und Arbeitnehmer können die verbliebene Elternzeit nunmehr in diesem Teilzeitarbeitsverhältnis verlangen mit der Folge, dass für sie der Kündigungsschutz des § 18 Abs. 2 Nr. 1 BEEG gilt (BAG, Urteil vom 11. März 1999 – 2 AZR 19/98 –). Entscheiden sie sich, keine Elternzeit in Anspruch zu nehmen, ist § 18 Abs. 2 Nr. 2 BEEG einschlägig, sofern die übrigen Tatbestandsmerkmale wie insbesondere der Elterngeldanspruch gegeben sind (a.A. KR/Bader, 12. Aufl. 2019, § 18 BEEG Rn. 37). Die Situation ist derjenigen vergleichbar, in der ein Teilzeitarbeitsverhältnis erst nach der Geburt neu begründet wird, gleichwohl aber dem Kündigungsschutz des § 18 Abs. 2 Nr. 2 BEEG unterfällt (vgl. Rn. 10). In beiden Fallgestaltungen sind Arbeitnehmerinnen und Arbeitnehmer, wollen sie die Kinderbetreuung mit einer für den Familienunterhalt notwendigen Erwerbstätigkeit verbinden, auf den störungsfreien Fortbestand des Teilzeitarbeitsverhältnisses und damit den von § 18 BEEG intendierten starken Kündigungsschutz angewiesen.

21 Ein Sonderkündigungsschutz nach § 18 Abs. 2 Nr. 1 und Nr. 2 BEEG für mehrere nebeneinander bestehende Teilzeitarbeitsverhältnisse kommt nur dann in Betracht, wenn es sich um Teilzeitarbeitsverhältnisse handelt, die bereits zum Zeitpunkt der Geburt bestanden haben und insgesamt den zulässigen zeitlichen Rahmen von § 15 Abs. 4 Satz 1 BEEG nicht überschreiten. Auch in dieser Konstellation führen die Arbeitnehmerinnen und Arbeitnehmer das jeweilige (Teilzeit-) Arbeitsverhältnis bei ihrem/

demselben Arbeitgeber fort. Ihnen Kündigungsschutz nach § 18 Abs. 2 BEEG zu gewähren, entspricht der mit dieser Regelung verfolgten gesetzgeberischen Zielsetzung, es Eltern zu ermöglichen, die Kinderbetreuung mit einer den Familienunterhalt sichernden Teilzeitbeschäftigung zu verbinden, solange nicht die zum Schutz des Kindes gezogene Grenze der arbeitszeitlichen Belastung überschritten wird (vgl. HK-MuSchG/BEEG/Rancke, 5. Aufl. 2018, § 18 BEEG Rn. 7; Tillmanns, in: Tilmanns/Mutschler, 3. Aufl. 2021, § 18 BEEG Rn. 25).

2. Kündigung und sonstige Beendigung

§ 18 BEEG schützt nur vor einer vom Arbeitgeber ausgesprochenen Kündigung. 22
Dabei ist unerheblich, ob es sich um eine ordentliche Kündigung, eine außerordentliche Kündigung, eine Beendigungs- oder eine Änderungskündigung handelt. Auch Massenkündigungen i.S.v. § 17 ff. KSchG werden vom Kündigungsverbot des § 18 BEEG erfasst, und zwar auch dann, wenn sie im Rahmen eines Insolvenzverfahrens ausgesprochen werden (ErfK/Gallner, 22. Aufl. 2022, § 18 BEEG Rn. 3; KR/Bader, 12. Aufl. 2019, § 18 BEEG Rn. 24).

Nicht von § 18 BEEG erfasst wird eine Beendigung des Arbeitsverhältnisses aus anderen Gründen. Befristungen, Aufhebungsverträge, die Anfechtung des Arbeitsvertrages oder eine Eigenkündigung der Arbeitnehmerinnen und Arbeitnehmer werden nicht von § 18 BEEG eingeschränkt (KR/Bader, 12. Aufl. 2019, § 18 BEEG Rn. 24).

Nicht zulässig ist ein vom Arbeitnehmer im **Voraus** erklärter **Verzicht** auf den **Kündi-** 23
gungsschutz. Das ergibt sich aus § 15 Abs. 2 Satz 6 BEEG. Dagegen steht das Kündigungsverbot einem nachträglichen Verzicht, der sich also auf eine vom Arbeitgeber bereits ausgesprochene Kündigung bezieht, nicht entgegen (KR/Bader, 12. Aufl. 2019, § 18 BEEG Rn. 22). Dieser zu § 17 MuSchG vertretenen allgemeinen Ansicht wird man auch für § 18 BEEG zu folgen haben. Allerdings ist ein solcher Verzicht nur anzunehmen, wenn er entweder **ausdrücklich** erklärt ist oder sich **eindeutig** aus solchen Umständen entnehmen lässt, die ergeben, dass der Arbeitnehmer im Bewusstsein seiner gegebenen Rechtsstellung die ihm zustehenden Rechte nicht geltend machen will. Allein das Stillschweigen auf die Kündigung oder, bei einem noch durchgeführten Teilzeitarbeitsverhältnis, das Nichterscheinen zur Arbeit nach Ablauf der Kündigungsfrist, beinhalten noch keinen Verzicht auf den Kündigungsschutz. Da der Schutz zugunsten der Arbeitnehmerinnen und Arbeitnehmer besteht, können diese auch dadurch auf ihn verzichten, dass sie mit dem Arbeitgeber einen Aufhebungsvertrag schließen. Auch hierbei muss aber deutlich werden, dass der Verzicht auf den Kündigungsschutz mit umfasst ist. Davon kann regelmäßig ausgegangen werden, wenn anlässlich der Beendigung des Arbeitsverhältnisses die Zahlung einer Abfindung vereinbart wird.

3. Zeitliche Dauer des Kündigungsschutzes

Der Kündigungsschutz nach § 18 Abs. 1 und Abs. 2 Nr. 1 BEEG gilt während der 24
gesamten Elternzeit. Er beginnt bereits mit dem Zugang (§ 130 Abs. 1 Satz 1 BGB) des wirksamen Elternzeitverlangens beim Arbeitgeber (§ 18 Abs. 1 Satz 1 BEEG), frühestens jedoch acht bzw. vierzehn Wochen vor Beginn der Elternzeit (§ 18 Abs. 1

Satz 2 BEEG); sog. **Vorwirkung des Kündigungsschutzes**. Für die Frage, ob das Kündigungsverbot des § 18 BEEG in zeitlicher Hinsicht schon oder noch eingreift, kommt es auf den Zeitpunkt des Kündigungszugangs an (APS/Rolfs, 6. Aufl. 2021, § 18 BEEG Rn. 15; ErfK/Gallner, 22. Aufl. 20222, § 18 BEEG Rn. 10).

Entscheidend ist damit zunächst ein wirksames Elternzeitverlangen, welches nach § 16 Abs. 1 Satz 1 und Satz 2 BEEG neben der Einhaltung der Ankündigungsfrist von sieben bzw. dreizehn Wochen voraussetzt, dass es schriftlich erfolgt (§ 126 Abs. 1 BGB) und – soweit nach § 16 Abs. 1 Satz 2 BEEG erforderlich – die Erklärung enthält, für welchen Zeitraum innerhalb von zwei Jahren die Elternzeit genommen wird. Ist das Elternzeitverlangen formlos oder unvollständig erfolgt, muss es wirksam wiederholt oder ergänzt werden, will die Arbeitnehmerin oder der Arbeitnehmer in den Genuss des Sonderkündigungsschutzes gelangen (KR/Bader, 12. Aufl. 2019, § 18 BEEG Rn. 46). Ist das Elternzeitverlangen zu kurzfristig, also nicht unter Beachtung der Ankündigungsfristen des § 18 Abs. 1 Satz 1 BEEG erfolgt, führt dies zu einer Verschiebung des Beginns der Elternzeit und damit auch des Kündigungsschutzes (BAG, Urteil vom 17. Februar 1994 – 2 AZR 616/93 –).

Der bereits vor Beginn der Elternzeit wirkende Kündigungsschutz des § 18 Abs. 1 Satz 1, Abs. 2 Nr. 1 BEEG beginnt entweder mit dem Zugang des rechtzeitigen Elternzeitverlangens (§ 16 Abs. 1 Satz und Satz 2 BEEG) oder acht Wochen vor Beginn der Elternzeit (§ 18 Abs. 1 Satz 2 Nr. 1 BEEG) bzw. vierzehn Wochen vor Beginn der Elternzeit und einer Elternzeit zwischen dem dritten und achten Geburtstag (§ 18 Abs. 1 Satz 2 Nr. 2 BEEG). Die Vorverlagerung des Kündigungsschutzes trägt den Ankündigungsfristen des § 16 Abs. Satz 1 BEEG Rechnung. Die Fristberechnung erfolgt nach Maßgabe der §§ 187 Abs. 2, 188 Abs. 2, 2. Fall BGB. Als Endtermin der achtwöchigen Vorfrist des § 18 Abs. 1 Satz 2 Nr. 1 BEEG ist der Tag der prognostizierten Geburt maßgeblich, wenn er vor dem Tag der tatsächlichen Geburt liegt (BAG, Urteil 12. Mai 2011 – 2 AZR 384/10 –). Ansonsten ist der Beginn der Elternzeit Anknüpfungspunkt für die Fristberechnung.

Der Kündigungsschutz nach § 18 Abs. 2 Nr. 2 BEEG beginnt in dem Zeitpunkt, zu dem die Elternzeit frühestens hätte angetreten werden können. Die Ankündigungsfristen des § 16 Abs. 1 Satz 1 BEEG sind für den Beginn des Kündigungsschutzes nach § 18 Abs. 2 Nr. 2 BEEG ohne Bedeutung (APS/Rolfs, 6. Aufl. 2021, § 18 BEEG Rn. 18; KR/Bader, 12. Aufl. 2019, § 18 BEEG Rn. 52).

25 Wird die Elternzeit gemäß § 16 Abs. 1 Satz 6, 1. Halbsatz i.V.m. § 15 Abs. 2 Satz 1 und Satz 2 BEEG auf mehrere Zeitabschnitte verteilt, gilt der vorwirkende Kündigungsschutz nach § 18 Abs. 1 Satz 2 Nr. 1 und Nr. 2 BEEG für jeden Abschnitt der Elternzeit (ErfK/Gallner, 22. Aufl. 2022, § 18 BEEG Rn. 5; HK-MuSchG/BEEG/Rancke, 5. Aufl. 2018, § 18 BEEG Rn. 10; KR/Bader, 12. Aufl. 2019, § 18 BEEG Rn. 54). Dies ergibt sich aus dem Wortlaut von § 18 Abs. 1 Satz 2 Nr. 1 und Nr. 2 BEEG, der auf den Beginn »einer Elternzeit« und nicht mehr, wie noch § 18 Abs. 1 Satz 1 BEEG a.F., auf den Beginn »der Elternzeit« abstellt. Nur dies entspricht auch der gesetzgeberischen Intention, den Eltern mit § 16 Abs. 1 Satz 6, 1. Halbsatz i.V.m. § 15 Abs. 2 Satz 1 und Satz 2 BEEG eine flexible, den individuellen Bedürfnissen der

Familie entsprechende Nutzung der Elternzeit zu ermöglichen und mit einem starken Kündigungsschutz nach § 18 BEEG abzusichern (BR-Drucks. 355/14 S. 13). Zusammenfassend gilt der vorwirkende Kündigungsschutz demnach für alle Fälle, in denen ein Elternzeitabschnitt durch ein einseitiges, einer Ankündigungsfrist unterliegendes Verlangen festgelegt wird (§ 16 Abs. 1 Satz 1 und Satz 6, 1. Halbsatz i.V.m. § 15 Abs. 2 Satz 1 und Satz 2 BEEG). Der vorwirkende Kündigungsschutz gilt dementsprechend nicht für Fälle, in denen die Elternzeit einvernehmlich mit dem Arbeitgeber festgelegt werden muss und für die keine Ankündigungsfrist gilt, wie etwa bei der nahtlosen Verlängerung der Elternzeit (§ 16 Abs. 3 Satz 1 und Satz 4).

Der Kündigungsschutz ist nach § 18 Abs. 1 Satz 3 BEEG an die Dauer der Elternzeit gebunden. Der Kündigungsschutz nach § 18 Abs. 1 Satz 1, Abs. 2 Nr. 1 BEEG endet demnach mit der Eltern- (teil) -zeit, der Kündigungsschutz nach § 18 Abs. 2 Nr. 2 BEEG mit dem Ende des Bezugszeitraums für das Elterngeld nach § 4 Abs. 1 BEEG. Ist die Elternzeit in verschiedene Abschnitte aufgeteilt, endet der Kündigungsschutz mit dem Ende des jeweiligen Elternzeitabschnitts (HK-MuSchG/BEEG/Rancke, 5. Aufl. 2018, § 18 BEEG Rn. 11). 26

Ein vorzeitiges Ende der Elternzeit (§ 16 Abs. 3, Abs. 4 BEEG) lässt den Kündigungsschutz ex nunc entfallen. Gleiches gilt, wenn die tatbestandlichen Voraussetzungen der Elternzeit nachträglich in Wegfall geraten. Auch bei einem Nichtantritt der zunächst wirksam verlangten Elternzeit entfällt der Kündigungsschutz ex nunc. Ein Wegfall des Kündigungsschutzes mit ex-tunc-Wirkung kommt nicht in Betracht, weil das Gesetz ausdrücklich zwischen dem Kündigungsschutz vor Beginn und während der Elternzeit unterscheidet (KR/Bader, 12. Aufl. 2019, § 18 BEEG Rn. 46). Anders als im Mutterschutzrecht gibt es bei § 18 BEEG keinen nachwirkenden Kündigungsschutz. 27

4. Verhältnis zu sonstigen Kündigungsschutzvorschriften

Der besondere Kündigungsschutz aus § 18 BEEG tritt neben alle weiteren Regelungen des besonderen und allgemeinen Kündigungsschutzes (Schaub/Linck ArbR-HdB 19. Aufl. 2021, § 172 Rn. 58). Die unterschiedliche Zwecksetzung der Kündigungsschutzvorschriften macht es erforderlich, dass sie gleichrangig nebeneinander anwendbar sind. 28

Wird eine Arbeitnehmerin während der **Elternzeit** wieder **schwanger**, muss – sofern die Elternzeit nicht gem. § 16 Abs. 3 Satz 3 BEEG vorzeitig beendet wird – eine Zulässigkeitserklärung sowohl nach § 17 MuSchG als auch nach § 18 BEEG eingeholt werden (BAG 31. März 1993 – 2 AZR 595/92 –). Entsprechendes gilt, wenn eine Arbeitnehmerin Elternzeit beantragt während sie dem nachwirkenden Kündigungsverbot des § 17 MuSchG unterfällt, welches bis zum Ablauf von 4 Monaten nach der Entbindung gilt. Auch in diesem Fall überschneiden sich die Anwendungsbereiche von § 17 MuSchG und § 18 BEEG, weil das Kündigungsverbot des § 18 BEEG bereits ab dem Elternzeitverlangen, frühestens allerdings acht Wochen vor ihrem Beginn gilt.

Ist ein in **Elternzeit** befindlicher Arbeitnehmer **schwerbehindert**, bedarf es der vorherigen Zulässigkeitserklärung nach § 18 Abs. 1 Satz 4 BEEG und der vorherigen Zustim- 29 mung des Integrationsamtes nach § 168 SGB IX. Von besonderer Bedeutung ist in diesem Zusammenhang die Kündigungserklärungsfrist des § 171 Abs. 3 SGB IX, die auch dann gilt, wenn die Wirksamkeit der Kündigung nicht nur von der Zustimmung des Integrationsamtes, sondern auch der Erlaubnis einer weiteren Behörde abhängt. In diesen Fällen ist § 171 Abs. 3 SGB IX dahin auszulegen, dass der »Antrag auf Zustimmung durch die weitere Behörde« an die Stelle des Tatbestandsmerkmals »Zugang der Kündigung« tritt. Der Arbeitgeber ist demnach gehalten, die Zulässigkeitserklärung nach § 18 Abs. 1 Satz 4 BEEG binnen der Monatsfrist des § 171 Abs. 3 BEEG zu beantragen und die Kündigung unverzüglich nach Zugang der Zulässigkeitserklärung zu erklären (vgl. BAG, Urteil vom 24. November 2011 – 2 AZR 429/10 –; BVerfG, Beschluss der 3. Kammer des Ersten Senats vom 28. Juni 2014 – 1 BvR 1157/12 –).

Sind von einer Massenentlassung i.S.d. §§ 17 ff. KSchG auch Arbeitnehmerinnen und Arbeitnehmer in Elternzeit betroffen, muss der Arbeitgeber oder Insolvenzverwalter vor Ausspruch der Kündigung zunächst das behördliche Verfahren der Zulässigkeitserklärung nach § 18 Abs. 1 Satz 4 BEEG durchführen. Die sich dadurch ergebende Verzögerung kann dazu führen, dass die Kündigung erst außerhalb des für eine Massenentlassung i.S.v. § 17 Abs. 1 Satz 1 KSchG relevanten 30-Tage-Zeitraums ausgesprochen wird und die Arbeitnehmerinnen und Arbeitnehmer in Elternzeit den Schutz durch die bei Massenentlassungen nach § 17 Abs. 1 Satz 1 KSchG einzuhaltenden Verfahrensvorschriften verlieren. Um insoweit Verstöße gegen Art. 3 Abs. 1, Abs. 2 GG und Art. 6 Abs. 1 GG zu vermeiden, gilt der 30-Tages-Zeitraum des § 17 Abs. 1 Satz 1 KSchG auch dann als gewahrt, wenn innerhalb dieses Zeitraums zwar nicht die Kündigung zugeht, wohl aber die Antragstellung bei der zuständigen Behörde erfolgt (BVerfG, Beschluss der 3. Kammer des Ersten Senats vom 8. Juni 2016 – 1 BvR 3634/13 –; im Nachgang dazu BAG, Urteil vom 26. Januar 2017 – 6 AZR 442/16 – Rn. 28 ff.).

III. Die Zulässigkeitserklärung der Kündigung

1. Allgemeines

30 § 18 BEEG beinhaltet ein Kündigungsverbot mit Erlaubnisvorbehalt (BAG, Urteil vom 26. Juni 1997 – 8 AZR 506/95 –). Das Verbot richtet sich gegen die Kündigungserklärung. Eine Kündigung, die trotzdem erfolgt, ist gem. § 134 BGB nichtig (BAG, Urteil vom 12. Mai 2011 – 2 AZR 384/10 –). Ausnahmsweise kann die für den Arbeitsschutz zuständige oberste Landesbehörde die Kündigung in besonderen Fällen für zulässig erklären (§ 18 Abs. 1 Satz 4 BEEG). Nur die behördliche Zulässigkeitserklärung kann die Sperre des Kündigungsverbots beseitigen und die Voraussetzung für eine zulässige Ausübung des Kündigungsrechts schaffen (BVerwG, Urteil vom 30. September 2009 – 5 C 32/08 –).

2. Zuständige Behörde

31 Die Zulässigkeitserklärung ist bei der für den Sitz des Betriebes zuständigen Behörde schriftlich oder zu Protokoll zu beantragen. Folgende Behörden sind für die Zulässigkeitserklärung nach § 18 Abs. 1 Satz 4 BEEG zuständig: Baden-Württemberg:

Kommunalverband für Jugend und Soziales; Bayern: Gewerbeaufsichtsämter der Regierungsbezirke; Berlin: Landesamt für Arbeitsschutz, Gesundheitsschutz und technische Sicherheit; Brandenburg: Landesämter für Arbeitsschutz; Bremen: Gewerbeaufsichtsamt; Hamburg: Amt für Arbeitsschutz der Behörde für Gesundheit und Verbraucherschutz; Hessen: Regierungspräsidien; Mecklenburg-Vorpommern: Abteilung Arbeitsschutz und technische Sicherheit des Landesamts für Gesundheit und Soziales; Niedersachsen: Gewerbeaufsichtsämter; Nordrhein-Westfalen: Bezirksregierungen; Rheinland-Pfalz: Struktur- und Genehmigungsdirektionen; Saarland: Landesamt für Umwelt- und Arbeitsschutz; Sachsen: Abteilung Arbeitsschutz der Landesdirektionen; Sachsen-Anhalt: Landesamt für Verbraucherschutz, Gewerbeaufsicht; Schleswig-Holstein: Arbeitsschutzbehörde bei der Unfallkasse Nord; Thüringen: Landesamt für Verbraucherschutz.

3. Besonderer Fall

Eine Kündigung kann nach § 18 Abs. 1 Satz 4 BEEG nur für zulässig erklärt werden, wenn ein »besonderer Fall« vorliegt. Dieser unbestimmte Rechtsbegriff muss unter Bezugnahme auf den Sinn und Zweck des gesetzlich gewährten Sonderkündigungsschutzes und der gesetzlich geregelten Ausnahmen bestimmt werden (BT-Drucks. 10/3792 S. 20; Hansen DVBl 2015, 283 ff.). Ein besonderer Fall i.S.v. § 18 Abs. 1 Satz 4 BEEG liegt danach vor, wenn außergewöhnliche Umstände es gebieten, das vom Gesetz als vorrangig angesehene Interesse der Arbeitnehmerinnen und Arbeitnehmer am Fortbestand ihres Arbeitsverhältnisses ausnahmsweise hinter die Interessen des Arbeitgebers zurücktreten zu lassen. Dies ist nicht der Fall, wenn eine sinngerechte Fortführung des Arbeitsverhältnisses unmöglich erscheint (BVerwG, Urteil vom 30. September 2009 – 5 C 32/08 –). Der Maßstab für diese Interessenabwägung unterscheidet sich wegen des besonderen familienpolitischen Schutzzwecks von dem der Unzumutbarkeit des § 626 BGB. Er kann sowohl weiter (etwa bei betriebsbedingten Kündigungen) als auch enger (etwa bei verhaltensbedingten Kündigungen im ruhenden Arbeitsverhältnis) sein (HK-MuSchG/BEEG/Rancke, 5. Aufl. 2018, § 18 BEEG Rn. 33). Der Prüfungsmaßstab unterscheidet sich – trotz des gleichen Gesetzeswortlauts – auch von dem des § 17 Abs. 3 MuSchG. Er ist weniger streng, weil der Schutzzweck des § 18 BEEG insoweit hinter dem des § 17 MuSchG zurückbleibt, als § 17 MuSchG auch der physischen und psychischen Sondersituation der Mutter vor und nach der Geburt Rechnung tragen will. Zudem ist die zeitliche Dauer des Kündigungsverbots bei § 18 BEEG deutlich länger als die des § 17 MuSchG. Eine Fortsetzung des Arbeitsverhältnisses bis zum Ablauf der Mutterschutzfrist ist dem Arbeitgeber eher zuzumuten als bis zum Ende der möglicherweise 36-monatigen Elternzeit (APS/Rolfs, 6. Aufl. 2021, § 18 BEEG Rn. 26). 32

Liegen die tatbestandlichen Voraussetzungen eines »besonderen Falls« vor, besteht kein Rechtsanspruch des Arbeitgebers auf eine Zulässigkeitserklärung. Vielmehr hat die Behörde eine pflichtgemäße Ermessensentscheidung zu treffen, d.h. sie hat die Interessen der Beteiligten zu gewichten und abzuwägen, ob das Interesse des Arbeitgebers an der Beendigung des Arbeitsverhältnisses das Interesse der Beschäftigten an dem durch § 18 BEEG geschützten Fortbestand des Arbeitsverhältnisses erheblich überwiegt (APS/Rolfs, 6. Aufl. 2021, § 18 BEEG Rn. 30; KR/Bader, 12. Aufl. 2019, § 18 BEEG Rn. 69).

Praktisch relevant sind einerseits Kündigungen aus betrieblichen Gründen, wenn sich aus diesen ergibt, dass ein Fortbestand des Arbeitsverhältnisses unzumutbar ist. Dies ist v.a. bei (beabsichtigten) Betriebsstilllegungen der Fall, wenn keine Möglichkeit der anderweitigen Weiterbeschäftigung gegeben ist. Dann liegt ein besonderer Fall i.S.v. § 18 Abs. 1 Satz 4 BEEG vor, bei dem die Behörde nach pflichtgemäßer Ermessensausübung regelmäßig gehalten ist, die Kündigung für zulässig zu erklären (vgl. BAG, Urteil vom 20. Januar 2005 – 2 AZR 500/03 –; zu weiteren betrieblich veranlassten Kündigungen vgl. Kittner NZA 2010, 198 ff., Wiebauer BB 2013, 1784 <1785 ff.>). Daneben können auch besonders schwerwiegende Vertragspflichtverletzungen einen besonderen Fall i.S.v. § 18 Abs. 1 Satz 4 BEEG darstellen. Dies betrifft die Verletzung arbeitsvertraglicher Nebenpflichten (z.B. eine Konkurrenztätigkeit während der Elternzeit oder rufschädigende öffentliche Äußerungen über den Arbeitgeber) und bei nicht vollständig suspendierter Arbeitspflicht auch die Verletzung der arbeitsvertraglichen Hauptleistungspflicht (z.B. eine beharrliche Arbeitsverweigerung); zu weiteren instruktiven Fällen der Praxis vgl. Wiebauer BB 2013, 1784 <1788 ff.>.

33 Die Bundesregierung hat zum 1. Januar 2007 eine »Allgemeine Verwaltungsvorschrift zum Kündigungsschutz bei Elternzeit« (BAnz. v. 3.1.2007, Nr. 5, S. 247) erlassen, die in den Ziffern 1 – 3 den Tatbestand des besonderen Falles i.S.v. § 18 Abs. 1 Satz 4 BEEG und den Maßstab der behördlichen Ermessensentscheidung wie folgt konkretisiert:

1. **Aufgabe der Behörde**
   Die für den Arbeitsschutz zuständige oberste Landesbehörde oder die von ihr bestimmte Stelle (Behörde) hat zu prüfen, ob ein besonderer Fall gegeben ist. Ein solcher besonderer Fall liegt vor, wenn es gerechtfertigt erscheint, dass das nach § 18 Abs. 1 Satz 1 des Gesetzes als vorrangig angesehene Interesse des Arbeitnehmers oder der Arbeitnehmerin am Fortbestand des Arbeitsverhältnisses wegen außergewöhnlicher Umstände hinter die Interessen des Arbeitgebers zurücktritt.
2. **Vorliegen eines besonderen Falles**
   2.1 Bei der Prüfung nach Maßgabe der Nummer 1 hat die Behörde davon auszugehen, dass ein besonderer Fall im Sinne des § 18 Abs. 1 Satz 2 des Gesetzes insbesondere dann gegeben ist, wenn
      2.1.1 der Betrieb, in dem der Arbeitnehmer oder die Arbeitnehmerin beschäftigt ist, stillgelegt wird und der Arbeitnehmer oder die Arbeitnehmerin nicht in einem anderen Betrieb des Unternehmens weiterbeschäftigt werden kann,
      2.1.2 die Betriebsabteilung, in der der Arbeitnehmer oder die Arbeitnehmerin beschäftigt ist, stillgelegt wird und der Arbeitnehmer oder die Arbeitnehmerin nicht in einer anderen Betriebsabteilung des Betriebes oder in einem anderen Betrieb des Unternehmens weiterbeschäftigt werden kann,
      2.1.3 der Betrieb oder die Betriebsabteilung, in denen der Arbeitnehmer oder die Arbeitnehmerin beschäftigt ist, verlagert wird und der Arbeitnehmer oder die Arbeitnehmerin an dem neuen Sitz des Betriebes oder der

Betriebsabteilung und auch in einer anderen Betriebsabteilung oder in einem anderen Betrieb des Unternehmens nicht weiterbeschäftigt werden kann,

2.1.4 der Arbeitnehmer oder die Arbeitnehmerin in den Fällen der Nummern 1 bis 3 eine ihm vom Arbeitgeber angebotene, zumutbare Weiterbeschäftigung auf einem anderen Arbeitsplatz ablehnt,

2.1.5 durch die Aufrechterhaltung des Arbeitsverhältnisses nach Beendigung der Elternzeit die Existenz des Betriebes oder die wirtschaftliche Existenz des Arbeitgebers gefährdet wird,

2.1.6 besonders schwere Verstöße des Arbeitnehmers oder der Arbeitnehmerin gegen arbeitsvertragliche Pflichten oder vorsätzliche strafbare Handlungen des Arbeitnehmers oder der Arbeitnehmerin dem Arbeitgeber die Aufrechterhaltung des Arbeitsverhältnisses unzumutbar machen.

2.2 Ein besonderer Fall im Sinne des § 18 Abs. 1 Satz 2 des Gesetzes kann auch dann gegeben sein, wenn die wirtschaftliche Existenz des Arbeitgebers durch die Aufrechterhaltung des Arbeitsverhältnisses nach Beendigung der Elternzeit unbillig erschwert wird, sodass er in die Nähe der Existenzgefährdung kommt. Eine solche unbillige Erschwerung kann auch dann angenommen werden, wenn der Arbeitgeber in die Nähe der Existenzgefährdung kommt, weil

2.2.1 der Arbeitnehmer oder die Arbeitnehmerin in einem Betrieb mit in der Regel 5 oder weniger Arbeitnehmern und Arbeitnehmerinnen ausschließlich der zu ihrer Berufsbildung Beschäftigten beschäftigt ist und der Arbeitgeber zur Fortführung des Betriebes dringend auf eine entsprechend qualifizierte Ersatzkraft angewiesen ist, die er nur einstellen kann, wenn er mit ihr einen unbefristeten Arbeitsvertrag abschließt; bei der Feststellung der Zahl der beschäftigten Arbeitnehmerinnen und Arbeitnehmer sind teilzeitbeschäftigte Arbeitnehmerinnen und Arbeitnehmer mit einer regelmäßigen wöchentlichen Arbeitszeit von nicht mehr als 20 Stunden mit 0,5 und nicht mehr als 30 Stunden mit 0,75 zu berücksichtigen oder

2.2.2 der Arbeitgeber wegen der Aufrechterhaltung des Arbeitsverhältnisses nach Beendigung der Elternzeit keine entsprechend qualifizierte Ersatzkraft für einen nur befristeten Arbeitsvertrag findet und deshalb mehrere Arbeitsplätze wegfallen müssten.

3. **Ermessen**

Kommt die Behörde zu dem Ergebnis, dass ein besonderer Fall im Sinne des § 18 Abs. 1 Satz 2 des Gesetzes gegeben ist, so hat sie im Rahmen ihres pflichtgemäßen Ermessens zu entscheiden ob das Interesse des Arbeitgebers an einer Kündigung während der Elternzeit so erheblich überwiegt, dass ausnahmsweise die vom Arbeitgeber beabsichtigte Kündigung für zulässig zu erklären ist.

Als innerdienstliche Anweisung begründet die Verwaltungsvorschrift weder unmittelbare Rechte und Pflichten der Arbeitsvertragsparteien noch bindet sie die Gerichte. Arbeitgeber und Beschäftigte können allenfalls geltend machen, durch eine unbegründete Abweichung von der üblichen, durch die Verwaltungsvorschrift konkretisierten Verwaltungspraxis in ihrem Grundrecht auf Gleichbehandlung aus Art. 3 Abs. 1 GG verletzt zu sein (vgl. APS/Rolfs, 6. Aufl. 2021, § 18 BEEG Rn. 29; HK-MuSchG/BEEG/Rancke 5. Aufl. 2018, § 18 BEEG Rn. 32).

4. Entscheidung der Verwaltungsbehörde

34 Bei der Zulässigkeitserklärung und ihrer Versagung handelt es sich nach allgemeiner Ansicht um privatrechtsgestaltende Verwaltungsakte mit Doppelwirkung (BAG, Urteil vom 25. März 2004 – 2 AZR 295/03 –; Urteil vom 17. Juni 2003 – 2 AZR 245/02 –). Sie sind unter den Voraussetzungen des § 68 VwGO mittels Widerspruches und bei dessen Erfolglosigkeit mittels einer Anfechtungsklage gegen die Zulässigkeitserklärung und einer Verpflichtungsklage gegen deren Versagung vor den Verwaltungsgerichten (§§ 40 Abs. 1 Satz 1, 42 Abs. 1 VwGO) anfechtbar. Die Verwaltungsgerichte überprüfen im Wege einer umfassenden Rechtskontrolle, ob ein besonderer Fall i.S.v. § 18 Abs. 1 Satz 4 BEEG vorliegt (BVerwG, Urteil vom 29. Oktober 1958 – V C 88.5 – zu § 17 MuSchG). Ist dies der Fall, wird im Weiteren überprüft, ob die Behörde bei ihrer Entscheidung ermessensfehlerhaft (vgl. §§ 40 VwVfG, 114 VwGO) gehandelt hat (HK-MuSchG/BEEG/Rancke, 5. Aufl. 2018, § 18 BEEG Rn. 30; Schaub/Linck ArbR-HdB 19. Aufl. 2021, § 172 Rn. 56). Mängel der Zulässigkeitserklärung können nur im Widerspruchs- und im verwaltungsgerichtlichen Verfahren geltend gemacht werden, nicht aber im Rahmen des arbeitsgerichtlichen Kündigungsschutzverfahrens. An einen bestandskräftigen Verwaltungsakt sind die Arbeitsgerichte gebunden (BAG, Urteil vom 20. Januar 2005 – 2 AZR 500/03 –).

Hat die Behörde die beabsichtigte Kündigung für zulässig erklärt, ist das Kündigungsverbot des § 18 BEEG beseitigt und der Arbeitgeber kann die beabsichtigte Kündigung wirksam erklären. Die Zulässigkeitserklärung muss bei Zugang der Kündigung wirksam vorliegen, d.h. sie muss bekanntgegeben worden und darf nicht nichtig sein (vgl. § 43 VwVfG, BAG, Urteil vom 20. Januar 2005 – 2 AZR 500/03 –). Die Zulässigkeitserklärung muss aber nicht bestandskräftig sein (BAG, Urteil vom 24. November 2011 – 2 AZR 429/10 –). Der Arbeitgeber kann bereits vor Bestandskraft der Zulässigkeitserklärung kündigen, und zwar auch dann, wenn die Arbeitnehmerin oder der Arbeitnehmer gegen die Zulässigkeitserklärung Widerspruch eingelegt oder Anfechtungsklage erhoben haben. Obwohl Widerspruch und Anfechtungsklage grundsätzlich gemäß § 80 Abs. 1 VwGO aufschiebende Wirkung haben (eine Regelung wie § 171 Abs. 4 SGB IX fehlt im Elternzeitrecht und kann mangels planwidriger Regelungslücke auch nicht im Wege der Analogie herangezogen werden, BAG, Urteil vom 17. Juni 2003 – 2 AZR 245/02 –), ist der Arbeitgeber in diesen Fällen auch nicht gehalten, eine sofortige Vollziehung der Zulässigkeitserklärung nach § 80 Abs. 2 VwGO zu erwirken (BAG, Urteil vom 25. März 2004 – 2 AZR 295/03 –; HK-MuSchG/BEEG/Rancke, 5. Aufl. 2018, § 18 BEEG Rn. 30). Die aufschiebende Wirkung von Widerspruch und Anfechtungsklage verhindert lediglich die Bestandskraft und Vollziehung der Zulässigkeitserklärung, hat aber nicht deren Unwirksamkeit zur Folge. Die Zulässigkeitserklärung bildet damit eine zunächst ausreichende Grundlage für die Kündigungserklärung des Arbeitgebers. Die Kündigung kann allerdings erst rechtswirksam werden, wenn die Zulässigkeitserklärung Bestandskraft erlangt. Das ist solange nicht der Fall, wie ein Widerspruch und eine Anfechtungsklage rechtlich möglich oder anhängig sind. Bis zum rechtskräftigen Abschluss von Widerspruchsverfahren und Anfechtungsklage ist die mit Zulässigkeitserklärung ausgesprochene Kündigung daher schwebend rechtswirksam. Erwächst die Zulässigkeitserklärung in Bestandskraft, ist auch die Kündigung – vorbehaltlich anderer Unwirksamkeitsgründe – endgültig wirksam. Hebt das Verwaltungsgericht die Zulässigkeitserklärung nachträglich auf, wird die Kündigung ex tunc unwirksam (vgl. BAG, Urteil vom 17. Juni 2003 – 2 AZR 245/03 –; Urteil vom 25. März 2004 – 2 AZR 295/03 –; HK-MuSchG/BEEG/Rancke, 5. Aufl. 2018, § 18 BEEG Rn. 31). Ist eine parallel erhobene Kündigungsschutzklage von den Arbeitsgerichten bereits rechtskräftig abgewiesen worden, bildet die Aufhebung der Zulässigkeitserklärung durch die Verwaltungsgerichte einen Restitutionsgrund analog § 580 Abs. 1 Nr. 6 ZPO (BAG, Urteil vom 17. Juni 2003 – 2 AZR 245/03 –).

Eine ohne vorherige Zulässigkeitserklärung ausgesprochene Kündigung ist unheilbar nichtig gemäß § 134 BGB (BAG, Urteil vom 24. November 2011 – 2 AZR 429/10 –) und kann nicht nachträglich für zulässig erklärt werden. Die nichtige Kündigung kann auch nicht in eine Kündigung zum Ende der Elternzeit umgedeutet werden (ErfK/Gallner, 22. Aufl. 2022, § 18 BEEG Rn. 9). Sie kann allerdings wiederholt werden, soweit dies nach allgemeinen kündigungsrechtlichen Regeln zulässig ist und die behördliche Zulässigkeitserklärung vorliegt (HK-MuSchG/BEEG/Rancke, 5. Aufl. 2018, § 18 BEEG Rn. 27).

5. Kündigung nach Zulässigkeitserklärung

Eine ordentliche Kündigung muss nicht binnen einer bestimmten Frist nach Bekanntgabe der Zulässigkeitserklärung ausgesprochen werden. 35 Das Elternzeitrecht enthält keine Kündigungserklärungsfrist. § 171 Abs. 3 SGB IX, wonach das Arbeitsverhältnis eines Schwerbehinderten nur binnen eines Monates nach Zustellung der vom Integrationsamt erteilten Zustimmung gekündigt werden kann, ist mangels planwidriger Regelungslücke nicht analog anwendbar (BAG, Urteil vom 22. Juni 2011 – 8 AZR 107/10 –; nach HK-MuSchG/BEEG/Rancke, 5. Aufl. 2018, § 18 BEEG Rn. 27 muss die Kündigung so rechtzeitig ausgesprochen werden, dass der Sach- und Zeitzusammenhang zur Zulässigkeitserklärung erkennbar gewahrt bleibt). Will der Arbeitgeber eine außerordentliche Kündigung aussprechen, muss er die Zulässigkeitserklärung binnen der Zwei-Wochen-Frist des § 626 Abs. 2 BGB bei der zuständigen Behörde beantragen. Liegt diese vor, hat der Ausspruch der Kündigung unverzüglich zu erfolgen (Bruns BB 2008, 387 <389>; HK-MuSchG/BEEG/Rancke, 5. Aufl. 2108, § 18 BEEG Rn. 27). Die weitgehend vergleichbare Interessenlage erlaubt es, die von der Rechtsprechung zu § 103 BetrVG entwickelten Grundsätze auch vorliegend heranzuziehen (HK-MuSchG/BEEG/Rancke 5. Aufl. 2018, § 18 BEEG Rn. 27).

Erklärt der Arbeitgeber auf Grundlage einer Zulässigkeitserklärung eine Kündigung, die mangels Vorlage einer Vollmacht gemäß § 174 BGB unwirksam ist, muss für eine unverzügliche erneute Kündigung, der der gleiche Sachverhalt zugrunde liegt, keine neue Zulässigkeitserklärung beantragt werden (LAG Köln, Urteil vom 21. April 2006 – 11 Sa 143/06 –). Gleiches gilt, wenn eine Kündigung wegen anderer offensichtlicher

Mängel, wie etwa der fehlenden Schriftform oder Betriebsratsanhörung, unverzüglich wiederholt werden soll.

§ 19 BEEG Kündigung zum Ende der Elternzeit

Der Arbeitnehmer oder die Arbeitnehmerin kann das Arbeitsverhältnis zum Ende der Elternzeit nur unter Einhaltung einer Kündigungsfrist von drei Monaten kündigen.

Übersicht

1. Allgemeines

1 § 19 BEEG räumt den Arbeitnehmerinnen und Arbeitnehmern ein Sonderkündigungsrecht zum Ende der Elternzeit ein (BAG, Urteil vom 16. Oktober 1991 – 5 AZR 35/91 –). Die Regelung will eine nahtlose Kinderbetreuung sicherstellen und ermöglicht es deshalb den Eltern, ihr Arbeitsverhältnis ohne Einhaltung einer längeren gesetzlichen, tariflichen oder arbeitsvertraglichen Kündigungsfrist zum Ende der Elternzeit zu beenden. Das Interesse des Arbeitgebers an einer sachgerechten Personalplanung wird durch die einzuhaltende dreimonatige Kündigungsfrist gewahrt (APS/Rolfs, 6. Aufl. 2021, § 19 BEEG Rn. 1; KR/Bader, 12. Aufl. 2019, § 19 BEEG Rn. 2).

§ 19 BEEG geht zurück auf die Vorgängerregelung des § 19 BErzGG. Nach der bis zum 30. Juni 1989 geltenden Fassung von § 19 BErzGG konnten Beschäftigte ihr Arbeitsverhältnis mit einmonatiger Kündigungsfrist zum Ende der Elternzeit kündigen, sofern keine kürzere gesetzlich oder vereinbarte Kündigungsfrist galt. Die Fristenregelung wurde durch das BErzGGÄndG vom 30. Juni 1989 (BGBl. I S. 1297) geändert und auf ausnahmslos drei Monate verlängert, um befristet eingestellten Ersatzkräften eine frühzeitigere Übernahme in ein unbefristetes Beschäftigungsverhältnis zu ermöglichen und damit ihre Planungssicherheit wie auch die Planungssicherheit des Arbeitgebers zu verbessern (vgl. BT-Drucks. 11/4687 S. 7).

2. Regelungsgehalt

2 § 19 BEEG enthält ein Sonderkündigungsrecht der zur Elternzeit berechtigten Arbeitnehmerinnen und Arbeitnehmer und nicht nur die Regelung einer besonderen Kündigungsfrist. Daraus folgt zum einen, dass Beschäftigte ihr Arbeitsverhältnis auch dann zum Ende der Elternzeit kündigen können, wenn eine ordentliche Kündigung an sich gesetzlich, tariflich oder einzelvertraglich ausgeschlossen ist. Zum anderen folgt daraus, dass Arbeitnehmerinnen und Arbeitnehmer eine längere gesetzliche,

tarifvertragliche oder arbeitsvertragliche Kündigungsfrist nicht einzuhalten haben, wenn das Arbeitsverhältnis deckungsgleich mit dem Tag enden soll, an dem die Elternzeit endet.

Da § 19 BEEG einen Ausgleich zwischen dem Interesse der Beschäftigten an einer nahtlosen Kinderbetreuung und dem Interesse der Arbeitgeber an einer vorausschauenden Personalplanung schaffen will (APS/Rolfs, 6. Aufl. 2021, § 19 BEEG Rn. 1), ist die Regelung des § 19 BEEG beidseitig zwingend. Sie kann im Vorfeld weder zum Nachteil der Beschäftigten noch zum Nachteil des Arbeitgebers durch Tarifvertrag oder Einzelvertrag abbedungen werden (APS/Rolfs, 6. Aufl. 2021, § 19 BEEG Rn. 4; HK-MuSchG/BEEG/Rancke, 5. Aufl. 2018, § 19 BEEG Rn. 4 f.). Daher ist es insbesondere nicht zulässig, die Kündigungsfrist des § 19 BEEG durch abweichende Vereinbarung zu verlängern oder zu verkürzen.

Die dreimonatige Kündigungsfrist des § 19 BEEG gilt nicht nur für Kündigungen, die ausdrücklich auf diese Regelung gestützt werden, sondern für alle ordentlichen Kündigungen, die von Beschäftigten zum Ende der Elternzeit ausgesprochen werden. Dies ergibt sich aus dem Wortlaut von § 19 BEEG, der eine Kündigung zum Ende der Elternzeit »nur« unter Einhaltung einer dreimonatigen Kündigungsfrist gestattet, wie auch aus der Streichung des zunächst in § 19 BErzGG enthaltenen Satzteils »soweit nicht eine kürzere gesetzliche oder vereinbarte Kündigungsfrist gilt« (vgl. Rn. 1). Eine Kündigung des Arbeitsverhältnisses zum Ende der Elternzeit unter Rückgriff auf eine individuelle kürzere Kündigungsfrist als die gesetzlich vorgesehenen drei Monate wäre im Übrigen mit dem auf mehr Planungssicherheit für Arbeitgeber und befristet eingestellte Ersatzkräfte gerichteten Normzweck nur schwerlich vereinbar (vgl. APS/Rolfs, 6. Aufl. 2021, § 19 BEEG Rn. 2 f.; ErfK/Gallner, 22. Aufl. 2022, § 19 BEEG Rn. 3; HK-MuSchG/BEEG/Rancke, 5. Aufl. 2018, § 19 BEEG Rn. 5; KR/Bader 12. Aufl. 2019, § 19 BEEG Rn. 5).

§ 19 BEEG verwehrt es den Beschäftigten aber nicht, ihr Arbeitsverhältnis zu jedem anderen Zeitpunkt vor oder nach dem Ende der Elternzeit mit einer kürzeren gesetzlichen, tariflichen oder einzelvertraglichen Frist zu kündigen (APS/Rolfs, 6. Aufl. 2021, § 19 BEEG Rn. 3; Brose/Weth/Volk/Schneider, 9. Aufl. 2020, § 19 BEEG Rn. 6; ErfK/Gallner, 22. Aufl. 2022, § 19 BEEG Rn. 3; HK-MuSchG/BEEG/Rancke, 5. Aufl. 2018, § 19 BEEG Rn. 6).

3. Anwendungsvoraussetzungen

Das Sonderkündigungsrecht des § 19 BEEG gilt für alle elternzeitberechtigten Arbeit- 3
nehmerinnen und Arbeitnehmer i.S.v. § 15 BEEG, soweit sie tatsächlich Elternzeit in Anspruch nehmen oder diese zumindest gemäß § 16 Abs. 1 Satz 1 BEEG wirksam verlangt haben (APS/Rolfs, 6. Aufl. 2021, § 19 BEEG Rn. 5; ErfK/Gallner, 22. Aufl. 2022, § 19 BEEG Rn. 2; KR/Bader, 12. Aufl. 2019, § 19 BEEG Rn. 8). Damit erfasst die Regelung Vollzeitbeschäftigte und Teilzeitbeschäftigte, die nach § 18 Abs. 1 Satz 1 und § 18 Abs. 2 Nr. 1 BEEG tatsächlich Elternzeit in Anspruch nehmen oder wirksam verlangt haben. Teilzeitkräfte, die nach § 18 Abs. 2 Nr. 2 BEEG gerade keine Elternzeit in Anspruch nehmen, haben kein Sonderkündigungs-

recht nach § 19 BEEG. Eine analoge Anwendung des § 19 BEEG auf Teilzeitbeschäftigte i.S.v. § 18 Abs. 2 Nr. 2 BEEG, damit diese ihr Arbeitsverhältnis zum Ende des Elterngeldbezuges kündigen können (so HK-MuSchG/BEEG/Rancke, 5. Aufl. 2018, § 19 BEEG Rn. 9), kommt mangels planwidriger Regelungslücke und vergleichbarer Interessenlage nicht in Betracht (im Ergebnis ebenso APS/Rolfs, 6. Aufl. 2021, § 19 BEEG Rn. 5; ErfK/Gallner, 22. Aufl. 2022, § 19 BEEG Rn. 2; KR/Bader, 12. Aufl. 2019, § 19 BEEG Rn. 10). Das BEEG unterscheidet strikt zwischen Elterngeldbezug und Elternzeitberechtigung. Die arbeitsrechtlichen Regelungen der §§ 15 ff. BEEG knüpfen ausschließlich an die Elternzeitberechtigung an. § 18 Abs. 2 Nr. 2 BEEG durchbricht diese Konzeption. Aus Gründen des Arbeitnehmerschutzes wird hier der Sonderkündigungsschutz ausnahmsweise an den Elterngeldbezug geknüpft. Diese systemwidrige Ausnahme auf weitere Tatbestände wie etwa das Sonderkündigungsrecht des § 19 BEEG auszudehnen, widerspricht der klaren gesetzlichen Konzeption. Dafür besteht auch kein Bedürfnis. § 19 BEEG will die Dispositionsmöglichkeiten für Beschäftigte in Eltern(teil)zeit erhöhen und mit dem Arbeitgeberinteresse nach Planungssicherheit in Ausgleich bringen, weil die Eltern- und Elternteilzeit für Beschäftigte wie Arbeitgeber eine Sondersituation darstellt, deren weitere Entwicklung nur schwer abschätzbar ist. Eine vergleichbare Sondersituation tritt nicht ein, wenn – wie im Fall des § 18 Abs. 2 Nr. 2 BEEG – eine bereits bestehende Teilzeitbeschäftigung unverändert fortgesetzt wird. Dann aber ist Beschäftigten wie Arbeitgebern die Anwendung der regulären gesetzlichen, tariflichen oder einzelvertraglichen Kündigungsfristen zumutbar.

4 Leistet eine Arbeitnehmerin oder ein Arbeitnehmer während der Elternzeit Teilzeitarbeit bei einem anderen Arbeitgeber i.S.v. § 15 Abs. 4 Satz 3 BEEG, besteht ein Sonderkündigungsrecht nach § 19 BEEG nur für das elternzeitbedingt ruhende Hauptarbeitsverhältnis, nicht aber für das weitere Teilzeitarbeitsverhältnis (APS/Rolfs, 6. Aufl. 2021, § 19 BEEG Rn. 5; HK-MuSchG/BEEG/Rancke, 5. Aufl. 2018, § 19 BEEG Rn. 9).

5 Die Anwendungsvoraussetzungen des § 19 BEEG müssen zum Zeitpunkt des Zugangs der Kündigung beim Arbeitgeber gegeben sein (HK-MuSchG/BEEG/Rancke, 5. Aufl. 2018, § 19 BEEG Rn. 8; KR/Bader, 12. Aufl. 2019, § 19 BEEG Rn. 8). Ihr nachträglicher Wegfall ist für die berechtigte Ausübung des Sonderkündigungsrechts nach § 19 BEEG unschädlich (BeckOK ArbR/Schrader, 62. Ed. 1.12.2021 § 19 BEEG Rn. 6).

4. Ausübung des Kündigungsrechts

a) Frist

6 Die Kündigung nach § 19 BEEG erfolgt zum Ende der Elternzeit. Wird die Elternzeit in vollem Umfang an einem Stück genommen, endet sie nach § 15 Abs. 1 Satz 2 BEEG mit Vollendung des dritten Lebensjahres des Kindes, also mit Ablauf des Tages, der dem dritten Geburtstag des Kindes vorausgeht. Für die Fristberechnung der Elternzeit gelten die §§ 187 Abs. 2, 188 Abs. 2 BGB (APS/Rolfs, 6. Aufl. 2021,

§ 19 BEEG Rn. 7; ErfK/Gallner, 22. Aufl. 2022, § 19 BEEG Rn. 4). Ist das Kind beispielsweise am 23.11.2020 geboren, endet die Elternzeit mit Ablauf des 22.11.2021.

Die Kündigung nach § 19 BEEG muss dem Arbeitgeber mindestens drei Monate vor dem Ende der Elternzeit zugegangen sein (§ 130 BGB). Die Berechnung der Kündigungsfrist erfolgt nach Maßgabe der §§ 187 Abs. 1, 188 Abs. 2 BGB (APS/Rolfs, 6. Aufl. 2021, § 19 BEEG Rn. 7; ErfK/Gallner, 22. Aufl. 2022, § 19 BEEG Rn. 4). Im Beispielsfall muss die Kündigung dem Arbeitgeber also spätestens am 22.08.2021 zugegangen sein. Fällt der letzte Tag, an dem die Kündigungserklärung zugehen muss, auf einen Samstag, Sonntag oder gesetzlichen Feiertag, gilt § 193 BGB nicht; ein Zugang der Kündigung am nachfolgenden Werktag reicht also nicht aus (BAG, Urteil vom 5. März 1970 – 2 AZR 112/69 –; HK-MuSchG/BEEG/Rancke, 5. Aufl. 2018, § 19 BEEG Rn. 10; für eine Anwendung von § 193 BGB ErfK/Gallner, 22. Aufl. 2022, § 19 BEEG Rn. 4). Fiele der 22.08.2021 im Beispielsfall auf einen Samstag, Sonntag oder gesetzlichen Feiertag ist zu beachten, dass die Kündigung als empfangsbedürftige Willenserklärung unter Abwesenden zugeht, wenn sie in den Machtbereich des Arbeitgebers gelangt ist und nach der Verkehrsanschauung mit einer Kenntnisnahme gerechnet werden kann. Dies wird an Samstagen, Sonntagen oder gesetzlichen Feiertagen zumindest regelmäßig nicht der Fall sein. Im Beispielsfall müssten Arbeitnehmerinnen und Arbeitnehmer deshalb dafür sorgen, dass die Kündigung am letzten Werktag vor dem 22.08.2021 zugeht, wenn das Arbeitsverhältnis nach § 19 BEEG fristgerecht zum Ende der Elternzeit gekündigt werden soll.

Wird die Elternzeit in mehreren Abschnitten genommen, gilt § 19 BEEG nur für den letzten Abschnitt. Dies gilt auch dann, wenn ein Anteil der Elternzeit gemäß § 15 Abs. 2 Satz 2 BEEG auf die Zeit zwischen dem dritten und dem achten Geburtstag des Kindes verlegt wird (APS/Rolfs, 6. Aufl. 2021, § 19 BEEG Rn. 8; ErfK/Gallner, 22. Aufl. 2022, § 19 BEEG Rn. 3; HK-MuSchG/BEEG/Rancke, 5. Aufl. 2018, § 19 BEEG Rn. 10; KR/Bader, 12. Aufl. 2019, § 19 BEEG Rn. 12). Dies folgt aus dem Sinn und Zweck des Sonderkündigungsrechts. § 19 BEEG will es den Eltern ermöglichen, ihr Arbeitsverhältnis mit dem Ende der Elternzeit zu beenden, um sich nahtlos und vollständig der Kinderbetreuung widmen zu können. Dieser Zweck kann nur beim jeweils letzten Elternzeitabschnitt zum Tragen kommen. 7

Wird die Elternzeit verkürzt in Anspruch genommen, ist der frühere Endzeitpunkt der maßgebliche Kündigungstermin für eine Kündigung nach § 19 BEEG (KR/Bader, 12. Aufl. 2019, § 19 BEEG Rn. 13). Endet die Elternzeit vorzeitig (§ 16 Abs. 3, Abs. 4 BEEG), gilt Folgendes: Ist das Arbeitsverhältnis bereits nach § 19 BEEG gekündigt worden und die Dreimonatsfrist auch in Bezug auf das vorzeitige Ende der Elternzeit gewahrt, ist die Kündigung wirksam und beendet das Arbeitsverhältnis. Ob das Arbeitsverhältnis mit dem tatsächlichen früheren Ende der Elternzeit oder erst zu dem ursprünglich erwarteten späteren Ende der Elternzeit endet, ist durch Auslegung der Kündigungserklärung zu ermitteln. Dies kann eine besondere Härte bedeuten, wenn die Elternzeit vorzeitig wegen des Todes des Kindes endet. Für die Wirksamkeit einer Kündigung nach § 19 BEEG kommt es jedoch allein darauf an, dass die Kündigungsvoraussetzungen im Zeitpunkt des Kündigungszugangs vorlagen. Ein späterer Wegfall 8 dieser Voraussetzungen ist ebenso unbeachtlich wie eine geänderte Motivlage der Arbeitnehmerinnen und Arbeitnehmer (APS/Rolfs, 6. Aufl. 2021, § 19 BEEG Rn. 8 f.; HK-MuSchG/BEEG/Rancke, 5. Aufl. 2018, § 19 BEEG Rn. 11). Erfolgte die Kündigung weniger als drei Monate vor dem vorzeitigen Ende der Elternzeit, endet das Arbeitsverhältnis nicht mit dem vorzeitigen Ende der Elternzeit, sondern mit Ablauf der Dreimonatsfrist. Es muss deshalb in der Zeit zwischen dem vorzeitigen Elternzeitende und dem Ablauf der Dreimonatsfrist ggf. noch einmal gearbeitet werden (APS/Rolfs, 6. Aufl. 2021, § 19 BEEG Rn. 8; a.A KR/Bader, 12. Aufl. 2021, § 19 BEEG Rn. 13). War noch keine Kündigung erklärt und reicht die Zeit bis zum vorzeitigen Ende der Elternzeit nicht mehr zur Einhaltung der Dreimonatsfrist aus, entfällt das Kündigungsrecht nach § 19 BEEG (APS/Rolfs, 6. Aufl. 2021, § 19 BEEG Rn. 8; KR/Bader, 12. Aufl. 2019, § 19 BEEG Rn. 13).

9 Versäumen die Arbeitnehmerinnen und Arbeitnehmer die Kündigungsfrist des § 19 BEEG, wird die Kündigung nicht zum Ende der Elternzeit wirksam, sondern wirkt (über § 140 BGB oder im Wege der Auslegung) als normale ordentliche Kündigung, die das Arbeitsverhältnis zum nächst zulässigen Zeitpunkt, der dem in der Kündigungserklärung genannten Kündigungstermin nachfolgt, beendet. Maßgebend sind insoweit dann die gesetzlichen, tariflichen oder einzelvertraglichen Kündigungsfristen (ErfK/Gallner, 22. Aufl. 2022, § 19 BEEG Rn. 3). Das Recht des Arbeitgebers, sich auf die Nichteinhaltung der Kündigungsfrist des § 19 BEEG zu berufen, unterliegt allerdings der Verwirkung, die insbesondere dann anzunehmen ist, wenn der Arbeitgeber der Kündigung angesichts der zu kurzen Kündigungsfrist nicht widerspricht und Dispositionen für die Zeit nach dem in der Kündigungserklärung genannten Kündigungstermin trifft (APS/Rolfs, 6. Aufl. 2021, § 19 BEEG Rn. 4, BeckOK ArbR/Schrader 62. Ed. 1.12.2021, § 19 BEEG Rn. 8 und KR/Bader, 11. Aufl. 2016, § 19 BEEG Rn. 6 gehen in diesen Fällen von einem Verzicht des Arbeitgebers auf die Kündigungsfrist aus; ArbG Berlin – Urteil vom 21. Juni 2005 – 79 Ca 7822/05 – und HK-MuSchG/BEEG/Rancke, 5. Aufl. 2018, § 19 BEEG Rn. 12 meinen, es komme zugleich konkludent ein Abwicklungsvertrag zustande, der nicht der Form des § 623 BGB bedürfe; ErfK/Gallner, 22. Aufl. 2022, § 19 BEEG Rn. 5 wählt konstruktiv den Weg über den Einwand widersprüchlichen Verhaltens, aufgrund dessen es dem Arbeitgeber unter Umständen versagt sein kann, sich auf die Nichteinhaltung der Kündigungsfrist des § 19 BEEG zu berufen).

b) Form

10 Die Kündigung nach § 19 BEEG bedarf der Schriftform nach § 623 BGB. Eine tarifliche oder individualvertraglich (zum Formularvertrag vgl. § 309 Nr. 13 BGB) vereinbarte strengere Form muss ebenfalls beachtet werden (ErfK/Gallner, 22. Aufl. 2022, § 19 BEEG Rn. 4; KR/Bader, 12. Aufl. 2019, § 19 BEEG Rn. 18).

§ 20 BEEG Zur Berufsbildung Beschäftigte; in Heimarbeit Beschäftigte

(1) [1]Die zu ihrer Berufsbildung Beschäftigten gelten als Arbeitnehmer oder Arbeitnehmerinnen im Sinne dieses Gesetzes. [2]Die Elternzeit wird auf Berufsbildungszeiten nicht angerechnet, nicht angerechnet, es sei denn, dass während der Elternzeit die Berufsausbildung nach § 7a des Berufsbildungsgesetzes oder § 27b der Handwerksordnung in Teilzeit durchgeführt wird. § 15 Absatz 4 Satz 1 bleibt unberührt.

(2) [1]Anspruch auf Elternzeit haben auch die in Heimarbeit Beschäftigten und die ihnen Gleichgestellten (§ 1 Absatz 1 und 2 des Heimarbeitsgesetzes), soweit sie am Stück mitarbeiten. [2]Für sie tritt an die Stelle des Arbeitgebers der Auftraggeber oder Zwischenmeister und an die Stelle des Arbeitsverhältnisses das Beschäftigungsverhältnis.

Übersicht **Rdn.**

1. Allgemeines

§ 20 BEEG stellt sicher, dass auch die zu ihrer Berufsbildung und die in Heimarbeit Beschäftigten als Arbeitnehmerinnen und Arbeitnehmer i.S.d. BEEG gelten und einen Anspruch auf Elternzeit haben. 1

2. Beschäftigung zur Berufsbildung

Der Begriff der »zur Berufsbildung Beschäftigten« umfasst zunächst die zur Berufsausbildung i.S.v. § 1 BBiG Beschäftigten, also Personen, die zur Berufsausbildungsvorbereitung, zur beruflichen Fortbildung oder zur beruflichen Umschulung eingestellt wurden. Darüber hinaus erfasst § 20 BEEG weitergehend auch Beschäftigte i.S.v. § 26 BBiG, die eingestellt wurden, um berufliche Fertigkeiten, Kenntnisse, Fähigkeiten oder berufliche Erfahrungen zu erwerben, ohne dass es sich dabei um Berufsausbildung i.S.d. Berufsbildungsgesetzes handelt. Unter § 20 Abs. 1 BEEG fallen daher auch **Volontäre, Praktikanten**, Anlernlinge sowie Fort- und Weiterzubildende. Nicht erfasst werden Personen in einer schulischen Ausbildung. Deshalb ist bei Praktika im Rahmen einer Schul-, Hochschul- oder Fachhochschulausbildung danach zu differenzieren, ob das Praktikum vollständig in das Studium integriert ist oder als selbstständiger, betrieblicher Teil der Ausbildung angesehen werden kann (vgl. Brose/Weth/Volk/Schneider, 9. Aufl. 2020, § 20 BEEG Rn. 2; KR/Bader, 12. Aufl. 2019, § 20 BEEG Rn. 2). 2

§ 20 Abs. 1 Satz 2 BEEG bestimmt, dass die **Elternzeit nicht auf Berufsbildungszeiten angerechnet** wird. Daraus ergeben sich zwei Folgerungen: Eine **befristete Berufsausbildung**, deren Ende in die Elternzeit fällt, kann während der Elternzeit **nicht** zu Ende gehen. Anders als bei einem befristeten Arbeitsvertrag führt das Ende der Befristung in dieser Konstellation nicht zu einem vorzeitigen Ende der Elternzeit. Zum anderen 3 verlängert sich durch eine Elternzeit die Berufsbildungszeit. Der Gesetzgeber will mit dieser Regelung die Qualität der beruflichen Bildung sichern. § 20 Abs. 1 Satz 2 BEEG ist deshalb nicht dispositiv. Wortlaut (»wird nicht angerechnet«) und Zielsetzung der gesetzlichen Regelung legen zudem nahe, dass die Verlängerung des Berufsbildungsverhältnisses kraft Gesetzes eintritt (Brose/Weth/Volk/Schneider, 9. Aufl. 2020, § 20 BEEG Rn. 3; KR/Bader, 12. Aufl. 2019, § 20 BEEG Rn. 2; a.A. ErfK/Müller-Glöge, 22. Aufl. 2022, § 20 BEEG Rn. 1, der von einem Anspruch des Auszubildenden und einem Kontrahierungszwang des Ausbildenden ausgeht). Die Verlängerung des Berufsbildungsverhältnisses nach § 20 Abs. 1 Satz 2 BEEG schließt es allerdings nicht aus, mögliche Verkürzungen in Anspruch zu nehmen, wenn das Ausbildungsziel auch ohne Verlängerung erreicht wird (BT-Drucks. 10/4212 S. 6). So kann z.B. die zuständige Stelle die Ausbildungszeit nach § 8 BBiG kürzen, wenn zu erwarten ist, dass der Auszubildende das Ausbildungsziel in der gekürzten Zeit erreicht; ferner ist eine vorzeitige Zulassung zur Abschlussprüfung nach § 45 Abs. 1 BBiG möglich (vgl. Brose/Weth/Volk/Schneider, 9. Aufl. 2020, § 20 BEEG Rn. 2).

3. Beschäftigung in Heimarbeit

4 § 20 Abs. 2 BEEG räumt den in Heimarbeit Beschäftigten und den ihnen Gleichgestellten, soweit sie am Stück mitarbeiten, einen Anspruch auf Elternzeit ein. § 20 Abs. 2 Satz 2 dient dem Zweck, die Vorschriften des BEEG den Besonderheiten des Heimarbeitsverhältnisses anzupassen.

§ 21 BEEG Befristete Arbeitsverträge

(1) Ein sachlicher Grund, der die Befristung eines Arbeitsverhältnisses rechtfertigt, liegt vor, wenn ein Arbeitnehmer oder eine Arbeitnehmerin zur Vertretung eines anderen Arbeitnehmers oder einer anderen Arbeitnehmerin für die Dauer eines Beschäftigungsverbotes nach dem Mutterschutzgesetz, einer Elternzeit, einer auf Tarifvertrag, Betriebsvereinbarung oder einzelvertraglicher Vereinbarung beruhenden Arbeitsfreistellung zur Betreuung eines Kindes oder für diese Zeiten zusammen oder für Teile davon eingestellt wird.

(2) Über die Dauer der Vertretung nach Absatz 1 hinaus ist die Befristung für notwendige Zeiten einer Einarbeitung zulässig.

(3) Die Dauer der Befristung des Arbeitsvertrags muss kalendermäßig bestimmt oder bestimmbar oder den in den Absätzen 1 und 2 genannten Zwecken zu entnehmen sein.

(4) [1]Der Arbeitgeber kann den befristeten Arbeitsvertrag unter Einhaltung einer Frist von mindestens drei Wochen, jedoch frühestens zum Ende der Elternzeit, kündigen, wenn die Elternzeit ohne Zustimmung des Arbeitgebers vorzeitig endet und der Arbeitnehmer oder die Arbeitnehmerin die vorzeitige Beendigung der Elternzeit mitgeteilt hat. [2]Satz 1 gilt entsprechend, wenn der Arbeitgeber die vorzeitige Beendigung der Elternzeit in den Fällen des § 16 Absatz 3 Satz 2 nicht ablehnen darf.

(5) Das Kündigungsschutzgesetz ist im Falle des Absatzes 4 nicht anzuwenden.

(6) Absatz 4 gilt nicht, soweit seine Anwendung vertraglich ausgeschlossen ist.

(7) [1]Wird im Rahmen arbeitsrechtlicher Gesetze oder Verordnungen auf die Zahl der beschäftigten Arbeitnehmer und Arbeitnehmerinnen abgestellt, so sind bei der Ermittlung dieser Zahl Arbeitnehmer und Arbeitnehmerinnen, die sich in der Elternzeit befinden oder zur Betreuung eines Kindes freigestellt sind, nicht mitzuzählen, solange für sie aufgrund von Absatz 1 ein Vertreter oder eine Vertreterin eingestellt ist. [2]Dies gilt nicht, wenn der Vertreter oder die Vertreterin nicht mitzuzählen ist. [3]Die Sätze 1 und 2 gelten entsprechend, wenn im Rahmen arbeitsrechtlicher Gesetze oder Verordnungen auf die Zahl der Arbeitsplätze abgestellt wird.

Übersicht **Rdn.**

A. Allgemeines

I. Normzweck

1 Vor der Kodifizierung des Befristungsrechts durch vor allem das Teilzeit- und Befristungsgesetz vom 21. Dezember 2000 (BGBl. I S. 1966) war die Befristung von Arbeitsverhältnissen nach den richterrechtlichen Grundsätzen zu § 620 Abs. 1 BGB grundsätzlich zulässig und bedurfte nur bei objektiver Umgehung des Kündigungsschutzes einer sachlichen Rechtfertigung (BAG, Urteil vom 12. Oktober 1960 – GS 1/59 –; bestätigt durch Urteil vom 4. Februar 1971 – 2 AZR 144/70 –; Urteil vom 6. Juni 1984 – 7 AZR 458/82 –). **Schon vor Inkrafttreten des Bunderziehungsgeldgesetzes vom**

6. Dezember 1985 (BGBl. I S. 2154) war richterrechtlich anerkannt, dass die Vertretung einer Arbeitnehmerin während der mutterschutzrechtlichen Beschäftigungsverbote oder des Mutterschaftsurlaubs (§§ 8a-8d MuSchG aF, BGBl. 1979 I S. 797) einen sachlichen Grund darstellt, der die Befristung eines Arbeitsvertrages zu rechtfertigen vermag (BAG, Urteil vom 30. September 1981 – 7 AZR 602/79 –; Urteil vom 17. Februar 1983 – 2 AZR 481/81 –; Urteil vom 8. September 1983 – 2 AZR 438/82 –; Urteil vom 3. Oktober 1984 – 7 AZR 292/82 –). Ausgehend davon war anzunehmen, dass auch die befristete Einstellung einer Vertretungskraft für die Dauer des Erziehungsurlaubs als Sachgrund für eine Befristung anerkannt worden wäre. Der Gesetzgeber hat dies aus Gründen der Klarstellung und Rechtssicherheit gleichwohl in **§ 21 BErzGG** ausdrücklich geregelt und festgehalten, dass **die Einstellung einer Ersatzkraft** für die **Dauer der Beschäftigungsverbote nach dem MuSchG** und/oder für die Dauer des **Erziehungsurlaubs** einen sachlichen Grund für die Befristung eines Arbeitsverhältnisses darstellt (BT-Drucks. 10/3792 S. 21).

Seit dem **1. Januar 2001** regelt **§ 14 Abs. 1 Satz 2 Nr. 3 TzBfG** die Zulässigkeit der Befristung eines Arbeitsverhältnisses, wenn die Einstellung zur Vertretung eines anderen Arbeitnehmers erfolgt. Der Gesetzgeber hat § 21 BErzGG gleichwohl aufrechterhalten und mit **§ 21 BEEG** eine im Wesentlichen inhaltsgleiche Nachfolgerregelung in das am **1. Januar 2007** in Kraft getretene Bundelterngeld- und Elternzeitgesetz aufgenommen (Bundeselterngeld- und Elternzeitgesetz vom 5. Dezember 2006, BGBl. I S. 2748). Die ausdrückliche Aufnahme der Befristungsregelung in das Recht der Elternzeit unterstreicht deren Bedeutung für die Lebenssachverhalte »Mutterschutz« und »Elternzeit«. Der Arbeitgeber soll sicher sein, dass er hierdurch bedingte Ausfallzeiten durch (befristete) Einstellung einer Vertretung auffangen kann (BAG, Urteil vom 5. Juni 2007 – 9 AZR 82/07 –).

2 Die Regelungen des § 21 BEEG dienen insgesamt dem Dispositionsinteresse des Arbeitgebers. Sie schaffen den Ausgleich für die mit dem gesetzlichen Anspruch auf Elternzeit verbundenen finanziellen und organisatorischen Belastungen der Arbeitgeber (BAG, Urteil vom 5. Juni 2007 – 9 AZR 82/07 –; BAG, Beschluss vom 17. Oktober 2010 – 7 AZR 443/09 [A] –). Zu diesem Zweck regelt § 21 BEEG

- einen Sachgrund für die Befristung des Arbeitsvertrages mit einer Vertretungskraft für den in Mutterschutz oder Elternzeit befindlichen Arbeitnehmer (§ 21 Abs. 1–3 BEEG)
- ein Sonderkündigungsrecht des Arbeitgebers in Bezug auf den befristeten Arbeitsvertrag der Vertretungskraft bei vorzeitiger Beendigung der Elternzeit, um dem Arbeitgeber das Risiko einer doppelten Lohnzahlung zu ersparen (§ 21 Abs. 4–6 BEEG)
- die Nichtberücksichtigung der Vertretungskräfte bei der Berechnung der Beschäftigtenzahl, um zu vermeiden, dass der Arbeitgeber durch den Vertretungsbedarf gesetzlich geregelte Schwellenwerte überschreitet (§ 21 Abs. 7 BEEG).

II. Unabdingbarkeit

Die Regelungen zur **Befristung und Kündigung** in § 21 Abs. 1–6 BEEG sind **einseitig zwingendes Recht.** § 21 BEEG ist dem **Arbeitnehmerschutzrecht** zuzurechnen, da die richterrechtlich begründete Befristungskontrolle aus der Zeit vor der Kodifikation des Befristungsrechts übernommen und den bis dahin anerkannten Befristungsgründen eine gesetzliche Grundlage gegeben wird (KR/Lipke, 12. Aufl. 2019, § 21 BEEG Rn. 15; →). Eine **Abweichung zugunsten der Arbeitnehmer** von § 21 Abs. 1–6 BEEG durch Tarifvertrag, Betriebsvereinbarung oder Arbeitsvertrag ist damit zulässig (APS/Backhaus, 6. Aufl. 2021, § 21 BEEG Rn. 2; Schlachter, in: Laux/Schlachter, 2. Aufl. 2011, § 23 TzBfG Anhang 2 F Rn. 3; ErfK/Müller-Glöge, 22. Aufl. 2022, § 21 BEEG Rn. 1). Zu denken ist insoweit etwa an tarifliche Vorgaben zur Befristungshöchstdauer oder zur Angabe des Befristungsgrundes; diese für Arbeitnehmer günstigeren Regelungen sind dann auch bei einer Befristung nach § 21 Abs. 1, Abs. 2 BEEG zu beachten (vgl. BAG, Urteil vom 25. September 1987 – 7 AZR 315/86 –). Erlauben tarifliche Regelungen eine Befristung nur bei Vorliegen eines Sachgrundes, ist dieser bei einem Vertretungsfall nach § 21 BEEG gegeben (BAG, Urteil vom 29. Oktober 1998 – 7 AZR 477/97 –). Die Regelungen zur Zählweise der Vertretungskräfte bei der Berechnung der Beschäftigtenzahl (§ 21 Abs. 7 BEEG) sind in gleichem Maße zwingend wie die gesetzliche Regelung des jeweiligen Schwellenwertes (ErfK/Müller-Glöge, 22. Aufl. 2022, § 21 BEEG Rn. 1). 3

III. Verhältnis zu anderen Befristungsregelungen

1. Teilzeit- und Befristungsgesetz

Das Teilzeit- und Befristungsgesetz enthält in §§ 14–21 eine umfassende Regelung der befristeten Arbeitsverhältnisse. Nach **§ 23 TzBfG** bleiben besondere Regelungen in anderen gesetzlichen Vorschriften davon unberührt, d.h. die **allgemeinen Vorschriften des Teilzeit- und Befristungsgesetzes finden Anwendung, wenn und soweit die Spezialgesetze nicht Abweichendes regeln** (BT-Drucks. 14/4374 S. 13). 4

§ 21 BEEG ist eine besondere Regelung i.S.v. § 23 TzBfG. § 21 Abs. 1 und Abs. 2 BEEG konkretisieren den bereits in § 14 Abs. 1 Satz 2 Nr. 3 TzBfG normierten Sachgrund der Vertretung für die Fälle, in denen ein Arbeitnehmer zur Vertretung für die Dauer eines **Beschäftigungsverbotes** nach dem Mutterschutzgesetz, einer Elternzeit oder einer auf Tarifvertrag, Betriebsvereinbarung oder einzelvertraglichen Vereinbarung beruhenden Arbeitsfreistellung zur Betreuung eines Kindes eingestellt wird (BAG, Beschluss vom 17. November 2010 – 7 AZR 443/09 [A] –; Urteil vom 29. April 2015 – 7 AZR 310/13 –; Urteil vom 26. Oktober 2016 – 7 AZR 135/15 –; Urteil vom 15. Februar 2017 – 7 AZR 223/15 –). § 21 Abs. 3 BEEG lässt ergänzend zu § 3 Abs. 1 TzBfG die Bestimmbarkeit der kalendermäßigen Befristung genügen und § 21 Abs. 4–6 BEEG regelt in Abweichung zu § 15 Abs. 3 und Abs. 4 TzBfG die Kündigung des befristeten Arbeitsverhältnisses. Daraus folgt: 5

- Bei **§ 21 BEEG** handelt es um eine **eigenständige Befristungsgrundlage.** Liegen die in § 21 Abs. 1 und Abs. 2 BEEG normierten Tatbestandsvoraussetzungen vor, 6 ist ein sachlich gerechtfertigter Befristungsgrund gegeben. Strengere Anforderungen an das Vorliegen eines sachlich gerechtfertigten Befristungsgrundes dürfen nicht gestellt werden (APS/Backhaus, 6. Aufl. 2021, § 21 BEEG Rn. 4; KR/Lipke, 12. Aufl. 2019, § 21 BEEG Rn. 6).

7 – **§ 21 BEEG und § 14 Abs. 1, Abs. 2 TzBfG (insbesondere § 14 Abs. 1 Satz 2 Nr. 3 TzBfG) stehen unabhängig nebeneinander** (BAG, Beschluss vom 17. November 2010 – 7 AZR 443/09 [A] –; HK-TzBfG/Boecken, 6. Aufl. 2019, § 21 BEEG Rn. 2; Just, in: Tillmanns/Mutschler, MuSchG/BEEG, 3. Aufl. 2021, § 21 BEEG Rn. 6). Liegen die Voraussetzungen des § 21 BEEG vor, kann der Arbeitgeber sich zur Rechtfertigung der Befristung auch auf § 14 Abs. 1 Satz 2 Nr. 3 TzBfG, einen anderen gesetzlich geregelten Sachgrund oder auf § 14 Abs. 2 TzBfG berufen (vgl. BAG, Urteil vom 13. Oktober 2004 – 7 AZR 654/03 –). Gleiches gilt, wenn die tatbestandlichen Voraussetzungen des § 21 BEEG nicht vorliegen (Dörner, Der befristete Arbeitsvertrag, 2. Aufl. 2011, Rn. 649; KR/Lipke, 12. Aufl. 2019, § 21 BEEG Rn. 7; ErfK/Müller-Glöge, 22. Aufl. 2022, § 21 BEEG Rn. 3).

8 – Eine **erkennbare Festlegung auf den Befristungsgrund des § 21 BEEG** ist erforderlich, wenn der Arbeitgeber sich später auf seine besonderen **Kündigungsmöglichkeiten aus § 21 Abs. 4 und Abs. 5 BEEG** berufen will (Annuß/Thüsing/Kühn, 3. Aufl. 2012, § 23 TzBfG Rn. 118; Schlachter, in: Laux/Schlachter, 2. Aufl. 2011, § 23 TzBfG Anhang 2 F Rn. 2; KR/Lipke, 12. Aufl. 2019, § 21 BEEG Rn. 7; **anders** APS/Backhaus, 6. Aufl. 2021, § 21 BEEG Rn. 13, der es ausreichen lässt, wenn der Arbeitgeber die Kausalität eines Vertretungsfalls wegen Elternzeit für den Abschluss des befristeten Arbeitsvertrages darlegt und ggf. beweist; **wiederum anders** HK-MuSchG/BEEG/Rancke, 5. Aufl. 2018, § 21 BEEG Rn. 3, der wegen des Sonderkündigungsrecht nach § 21 Abs. 4 BEEG von einer Auskunftspflicht des Arbeitgebers zum Befristungsgrund ausgeht).

9 – Die allgemeinen Bestimmungen des Teilzeit- und Befristungsgesetzes finden auf eine Befristung nach § 21 BEEG ergänzend Anwendung, soweit die Regelungen in § 21 BEEG dem nicht entgegenstehen. Das gilt für das **Schriftformerfordernis des § 14 Abs. 4 TzBfG** (vgl. BAG, Urteil vom 14. Dezember 2016 – 7 AZR 756/14 –, Rn. 2) und die Regelungen zur Beendigung des befristeten Arbeitsverhältnisses in **§ 15 TzBfG**, soweit nicht in § 21 Abs. 4–6 BEEG etwas Anderes bestimmt ist. Für die Folgen einer unwirksamen Befristung ist auf **§ 16 TzBfG** zurückzugreifen. Schließlich gilt die **Klagefrist des § 17 TzBfG**, wenn ein Arbeitnehmer die Unwirksamkeit einer Befristung nach § 21 BEEG geltend machen will (vgl. BAG, Urteil vom 14. Dezember 2016 – 7 AZR 756/14 –).

10 – Befristungen nach § 21 BEEG unterliegen wie Sachgrundbefristungen nach § 14 Abs. 1 Satz 2 Nr. 3 TzBfG der vom Bundesarbeitsgericht in Reaktion auf die Entscheidung des Europäischen Gerichtshofs in der Rs. Kücük für alle **wiederholten Sachgrundbefristungen** etablierten Überprüfung am Maßstab des **institutionellen Rechtsmissbrauchs** (APS/Backhaus, 6. Aufl. 2021, § 21 BEEG Rn. 4, 21; HK-TzBfG/Boecken, 6. Aufl. 2019, § 21 BEEG Rn. 1; ErfK/Müller-Glöge, 22. Aufl. 2022, § 21 BEEG Rn. 2a, 8a). Auch wenn für die angegriffene Befristung ein sachlicher Grund vorliegt, ist danach in jedem Einzelfall zu prüfen, ob der Arbeitgeber den Sachgrund missbräuchlich verwendet hat. Grundlage ist eine Wür-

digung sämtlicher Umstände des Einzelfalls; von besonderer Bedeutung sind die Gesamtdauer und Anzahl befristeter Verträge sowie die Zahl und Dauer von Unterbrechungen sowie ferner, ob die befristete Beschäftigung stets auf demselben Arbeitsplatz mit denselben Aufgaben erfolgte und ob die Laufzeit der Verträge kürzer war als der prognostizierte Vertretungsbedarf (vgl. dazu EuGH, Urteil vom 26. Januar 2012, Kücük, C-586/10; Urteil vom 26. November 2014, Mascolo, C-22/13; BAG, Urteil vom 18. Juli 2012 – 7 AZR 443/09 –; Urteil vom 29. April 2015 – 7 AZR 310/13 –; Urteil vom 9. September 2015 – 7 AZR 148/14 –). Bei der Missbrauchskontrolle von Befristungen nach § 21 BEEG ist aber besonders zu berücksichtigen, dass § 21 BEEG dem sozialpolitischen Zielen dient, die Vereinbarkeit von Familie und Beruf zu verbessern. § 21 BEEG stellt klar, dass Ausfallzeiten durch Mutterschutz, Elternzeit und Sonderurlaub zur Kinderbetreuung durch die befristete Einstellung einer Vertretungskraft überbrückt werden dürfen. Wiederholte Befristungen, die ihren Grund in sozialpolitisch motivierten Regelungen wie § 21 BEEG finden, werden daher kaum als rechtsmissbräuchlich zu bewerten sein (vgl. BAG, Urteil vom 29. April 2015 – 7 AZR 310/13 –; Urteil vom 15. Juli 2017 – 7 AZR 420/15 –).

Grundsätzlich ist es zulässig, nach **§ 21 BEEG und § 14 Abs. 1, Abs. 2 TzBfG befristete Arbeitsverträge zu kombinieren**. Dabei ist insbesondere das sog. Vorbeschäftigungsverbot in § 14 Abs. 2 Satz 2 TzBfG zu beachten. Ausgehend davon kann eine Befristung nach § 21 BEEG vereinbart werden, wenn zuvor ein nach § 14 Abs. 1, Abs. 2 TzBfG sachgrundbefristetes oder sachgrundlos befristetes Arbeitsverhältnis bestanden hat. Auf ein nach § 21 BEEG befristetes Arbeitsverhältnis kann ein sachgrundbefristetes, nicht aber ein nach § 14 Abs. 2 TzBfG sachgrundlos befristetes Arbeitsverhältnis folgen, und zwar auch nicht nach Ablauf von drei Jahren (BVerfG, Beschluss des Ersten Senats vom 6. Juni 2018 – 1 BvL 7/14 – und – 1 BvR 1375/14 –; BAG, Urteile vom 23. Januar 2019 – 7 AZR 733/16 –, 7 AZR 12/17 –, 7 AZR 161/15 –). 11

2. Sonstige gesetzliche Befristungsregelungen

Weitere gesetzliche Befristungsregelungen finden sich etwa im Gesetz zur Änderung arbeitsrechtlicher Vorschriften in der Wissenschaft vom 12. April 2007 (**WissZeitVG**, BGBl. I S. 506) sowie im Gesetz über befristete Arbeitsverträge mit Ärzten in der Weiterbildung vom 15. Mai 1986 (**ÄArbVtrG**, BGBl. I S. 742, zuletzt geändert durch das Gesetz zur Änderung arbeitsrechtlicher Vorschriften in der Wissenschaft vom 12. April 2007, BGBl. I S. 506). Die Befristungsmöglichkeiten in diesen Sonderregelungen und die Befristung nach § 21 BEEG stehen nebeneinander und schließen sich nicht gegenseitig aus. Wenn die Voraussetzungen für eine Befristung sowohl nach § 21 BEEG als auch nach § 2 WissZeitVG oder dem ÄArbVtrG vorliegen, kann die Befristung sowohl durch das eine also auch das andere Gesetz gerechtfertigt sein (APS/Backhaus, 6. Aufl. 2021, § 21 BEEG Rn. 9; Just, in: Tillmanns/Mutschler, MuSchG/BEEG, 3. Aufl. 2021, § 21 BEEG Rn. 9). 12

B. Zulässigkeit der Befristung

13 Nach den richterrechtlichen Grundsätzen zu § 620 Abs. 1 BGB war die Befristung von Arbeitsverhältnissen grundsätzlich zulässig und bedurfte nur bei objektiver Umgehung des Kündigungsschutzes einer sachlichen Rechtfertigung (→Rn. 1). Durch die Kodifizierung des Befristungsrechts in § 14 TzBfG wurde die Befristungskontrolle vom Kündigungsschutzrecht abgekoppelt. Nunmehr benötigt jede Befristung eine Rechtfertigung nach § 14 Abs. 1 – 3 TzBfG oder nach anderen gesetzlich geregelten Befristungstatbeständen, ohne dass es auf eine Umgehung des Kündigungsschutzes ankommt.

I. Sachgründe für die Befristung

14 § 21 Abs. 1 BEEG normiert besondere Sachgründe für die Befristung eines Arbeitsverhältnisses. Demnach ist ein sachlicher Grund gegeben, wenn ein Arbeitnehmer **zur Vertretung** eines anderen Arbeitnehmers für die Dauer eines **Beschäftigungsverbotes** nach dem Mutterschutzgesetz, einer **Elternzeit** oder einer auf Tarifvertrag, Betriebsvereinbarung oder einzelvertraglicher Vereinbarung beruhenden **Arbeitsfreistellung zur Betreuung eines Kindes** eingestellt wird. **Diese Aufzählung ist abschließend** (HK-TzBfG/Boecken, 6. Aufl. 2019, § 21 BEEG Rn. 5). Darüber hinaus erlaubt § 21 Abs. 2 BEEG, die Befristung zusätzlich auf notwendige Zeiten einer **Einarbeitung** zu erstrecken.

1. Beschäftigungsverbote

15 Ein sachlicher Grund liegt einmal vor, wenn ein Arbeitgeber einen Arbeitnehmer zur Vertretung einer Arbeitnehmerin für die **Dauer** der **Beschäftigungsverbote** nach dem **Mutterschutzgesetz** einstellt. Dabei handelt es sich um die
- Schutzfristen vor und nach der Entbindung gemäß **§ 3 Abs. 1, Abs. 2 MuSchG**
- Beschäftigungsverbote für bestimmte Arbeitszeiten gemäß **§§ 4–6 MuSchG**
- ärztlichen Beschäftigungsverbote nach **§ 16 Abs. 1 BEEG** bei Gefahr für die Gesundheit von Mutter und Kind vor der Entbindung und nach **§ 16 Abs. 2 MuSchG** bei nicht voller Leistungsfähigkeit der Mutter nach der Entbindung.

Führt die Anwendung dieser Beschäftigungsverbote nur zu einem **teilweisen Arbeitsausfall** der Schwangeren oder Mutter, kann der Arbeitgeber nach § 21 Abs. 1 BEEG eine **Ersatzkraft** einstellen, allerdings **nur in dem zeitlichen Umfang, der dem durch das Beschäftigungsverbot verursachten Arbeitsausfall entspricht** (APS/Backhaus, 6. Aufl. 2021, § 21 BEEG Rn. 14; HK-TzBfG/Boecken, 6. Aufl. 2019, § 21 BEEG Rn. 6; Just, in: Tillmanns/Mutschler, MuSchG/BEEG, 3. Aufl. 2021, § 21 BEEG Rn. 20; HK-MuSchG/BEEG/Rancke, 5. Aufl. 2018, § 21 BEEG Rn. 7).

2. Elternzeit

16 Ein sachlicher Grund für die Befristung liegt auch vor, wenn der Arbeitgeber einen Arbeitnehmer zur Vertretung während einer **Elternzeit i.S.v. §§ 15, 16 BEEG** einstellt.

Die Befristung eines Arbeitsvertrages nach § 21 Abs. 1 BEEG setzt nicht voraus, dass die zu vertretende Stammkraft bereits **verbindlich Elternzeit nach § 16 Abs. 1 Satz 1 BEEG verlangt** hat. Es ist ausreichend, wenn die Inanspruchnahme der Elternzeit lediglich angekündigt worden ist (BAG, Urteil vom 9. September 2015 – 7 AZR 148/14 –; APS/Backhaus, 6. Aufl. 2021, § 21 BEEG Rn. 16; HK-TzBfG/Boecken, 6. Aufl. 2019, § 21 BEEG Rn. 7; Just, in: Tillmanns/Mutschler, MuSchG/BEEG, 2. Aufl. 2018, § 21 BEEG Rn. 22; ErfK/Müller-Glöge, 22. Aufl. 2022, § 21 BEEG Rn. 7). **Gesetzeswortlaut und Entstehungsgeschichte** des § 21 BEEG sprechen für dieses Verständnis. Die früher in § 21 BErzGG enthaltene Einschränkung, dass die Elternzeit »zu Recht verlangt« sein muss (BGBl. I S. 2154), wurde durch das Zweite Gesetz zur Änderung des Bundeserziehungsgeldgesetzes und anderer Vorschriften vom 6. Dezember 1991 (BGBl. I S. 2142) gestrichen. Darüber hinaus wurde § 21 Abs. 3 BErzGG durch das Arbeitsrechtliche Gesetz zur Förderung von Wachstum und Beschäftigung vom 25. September 1996 (BGBl. I S. 1476 <1479>) geändert und erstmals Zweckbefristungen im Rahmen von § 21 Abs. 1 und Abs. 2 BErzGG zugelassen. Damit sollte ausweislich der Gesetzesbegründung der Abschluss von befristeten Verträgen mit Vertretungskräften erleichtert werden und schon möglich sein, wenn der sich eventuell an die Mutterschutzfrist anschließende Erziehungsurlaub noch nicht beantragt war (BT-Drucks. 13/4612 S. 18 f.). Diese Regelung wurde wortgleich in § 21 Abs. 3 BEEG übernommen. 17

Die mit der Vertretungskraft vereinbarte Befristung ihres Arbeitsverhältnisses ist auch dann wirksam, wenn die Elternzeit zu Unrecht in Anspruch genommen und gewährt wurde, d.h. die tatbestandlichen Voraussetzungen de r§§ 15, 16 BEEG nicht vorlagen (APS/Backhaus, 6. Aufl. 2017, § 21 BEEG Rn. 15; HK-TzBfG/Boecken, 6. Aufl. 2019, § 21 BEEG Rn. 7; Just, in: Tillmanns/Mutschler, MuSchG/BEEG, 3. Aufl. 2021, § 21 BEEG Rn. 21; ErfK/Müller-Glöge, 22. Aufl. 2022, § 21 BEEG Rn. 7; **anders** Bruns BB 2008, 386; Schlachter, in: Laux/Schlachter, 2. Aufl. 2011, § 23 TzBfG Anhang 2 F Rn. 5). Auch dies macht die Streichung der zunächst in § 21 BErzGG enthaltenen Einschränkung, wonach die Elternzeit »zu Recht verlangt« sein muss (BGBl. I S. 2154), deutlich. Im Übrigen kommt dieser Frage keine große praktische Bedeutung zu. Die Befristung des Arbeitsvertrages mit einer Vertretungskraft im Fall einer zu Unrecht verlangten und gewährten Elternzeit wird sich zumeist auf den Sachgrund der einzelvertraglich vereinbarten Freistellung zur Kinderbetreuung nach § 21 Abs. 1 BEEG oder auf § 14 Abs. 1 Satz 2 Nr. 3 TzBfG stützen lassen. 18

3. Freistellung zur Kinderbetreuung

Ein sachlicher Grund für eine Befristung liegt auch dann vor, wenn ein Arbeitnehmer aufgrund eines **Tarifvertrags**, einer **Betriebsvereinbarung** oder einer **einzelvertraglichen Vereinbarung** zur Betreuung eines Kindes freigestellt wird (vgl. BAG Urteil vom 29. April 2015 – 7 AZR 310/13 –). Die Regelung enthält keine **Höchstaltersgrenze** für das zu betreuende Kind. Unter Hinweis auf den allgemeinen Sprachgebrauch wird eine Altersgrenze von 14 Jahren erwogen. Bei älteren Kindern kommt eine Befristung nach § 14 Abs. 1 Satz 2 Nr. 3 TzBfG oder § 6 PflegeZG und § 9 Abs. 5 FPfZG in Betracht (vgl. APS/Backhaus, 6. Aufl. 2021, § 21 BEEG Rn. 18; 19

KR/Lipke, 12. Aufl. 2019, § 21 BEEG Rn. 39). Die Vorschrift enthält auch keine Vorgaben zu einer bestimmten **personalen Bindung** zwischen dem Arbeitnehmer und dem zu betreuenden Kind. Der Sachgrund der Freistellung zur Kinderbetreuung ist daher nicht auf den Personenkreis des § 15 Abs. 1, Abs. 1a BEEG beschränkt (enger Just, in: Tillmanns/Mutschler, MuSchG/BEEG, 3. Aufl. 2021, § 21 BEEG Rn. 23; KR/Lipke, 12. Aufl. 2019, § 21 BEEG Rn. 39, die den Sachgrund auf die Betreuung eigener und adoptierter Kinder beziehen).

20 Voraussetzung ist, dass das Arbeitsverhältnis mit der vertretenen Stammkraft weiterhin besteht; nur dann liegt eine »Arbeitsfreistellung« vor. § 21 Abs. 1 BEEG gilt daher nicht für Tarifverträge, die nur einen Anspruch auf Wiedereinstellung nach einem Ausscheiden zur Kinderbetreuung vorsehen (APS/Backhaus, 6. Aufl. 2021, § 21 BEEG Rn. 19).

4. Einarbeitungszeiten

21 Gemäß **§ 21 Abs. 2 BEEG** ist über die Dauer der Vertretung nach § 21 Abs. 1 BEEG hinaus die Befristung für **notwendige Zeiten der Einarbeitung** zulässig. In welchem Umfange eine Einarbeitung notwendig ist, richtet sich nach den Umständen des Einzelfalls, wobei keine strengen Maßstäbe anzulegen sind Schon nach dem Gesetzentwurf der Bundesregierung zum Bundeserziehungsgeldgesetz (BTDrucks. 10/3592) war die Befristung über die Dauer der Vertretung hinaus auch für notwendige Zeiten der Einarbeitung zulässig, § 21 Abs. 2 BErzGG. Gleichzeitig durfte die Befristung nach § 21 Abs. 3 BErzGG eine Gesamtdauer von 15 Monaten nicht übersteigen (BTDrucks. 10/3592 S. 8, 21 f.). Die Regelung der Befristungshöchstdauer in § 21 Abs. 3 BErzGG wurde im Verlauf des Gesetzgebungsverfahrens auf Betreiben des Bundesrates gestrichen. Der Bundesrat ging auf Grundlage der damaligen Regelungen zu Mutterschutzfrist und Erziehungsurlaub davon aus, dass bei einer Beschränkung der Befristung auf 15 Monate regelmäßig nur rund 6 Wochen für eine Einarbeitung zur Verfügung stünden. Dies sei zu kurz, da in vielen Fällen längere Einarbeitungszeiten erforderlich seien (BR-Drucks. 350/1/85 S. 19).

22 Neben der Einarbeitungszeit für die Vertretungskraft bezieht sich § 21 Abs. 2 BEEG auch auf notwendige Zeiten der Einarbeitung der vertretenen Stammkraft, wenn sie aus der Elternzeit zurückkehrt (APS/Backhaus, 6. Aufl. 2021, § 21 BEEG Rn. 23; Annuß/Thüsing/Kühn, 3. Aufl. 2012, § 23 TzBfG Rn. 128; KR/Lipke, 12. Aufl. 2019, § 21 BEEG Rn. 46).

II. Kausalzusammenhang und Rückkehrprognose

23 Für die in § 21 Abs. 1 BEEG geregelten Vertretungsfälle gelten die vom Bundesarbeitsgericht allgemein für den Sachgrund der Vertretung nach § 14 Abs. 1 Satz 2 Nr. 3 TzBfG entwickelten Grundsätze (vgl. z.B. BAG, Urteil vom 29. April 2015 – 7 AZR 310/13 –).

24 Das Vorliegen eines Sachgrundes setzt insbesondere voraus, dass zwischen dem zeitweiligen Ausfall des Arbeitnehmers und dem dadurch hervorgerufenen Vertretungs-

bedarf einerseits sowie der befristeten Einstellung der Ersatzkraft andererseits ein **Kausalzusammenhang** besteht (vgl. dazu BAG, Urteil vom 15. Februar 2006 – 7 AZR 232/05 –; Urteil vom 9. September 2015 – 7 AZR 148/14 –). Notwendig und ausreichend ist, dass die Vertretungskraft gerade wegen des durch den zeitweiligen Ausfall des zu vertretenden Mitarbeiters entstandenen vorübergehenden Beschäftigungsbedarfs eingestellt worden ist. Der erforderliche Kausalzusammenhang kann in Form einer **unmittelbaren Vertretung, einer mittelbaren Vertretung und einer sog. Zuordnungsvertretung** hergestellt werden. Für den Arbeitgeber gelten jeweils dieselben Anforderungen an die Darlegung des Kausalzusammenhangs wie im Rahmen von § 14 Abs. 1 Satz 2 Nr. 3 TzBfG.

Teil des Sachgrunds ist zudem eine Prognose des Arbeitgebers über den voraussichtlichen Wegfall des Vertretungsbedarfs durch die zu erwartende Rückkehr des zu vertretenden Mitarbeiters (BAG, Urteil vom 24. August 2016 – 7 AZR 41/15 –; Urteil vom 21. Februar 2018 – 7 AZR 765/16 –). Diese Prognose muss sich nicht auch auf den Zeitpunkt dieser Rückkehr und damit auf die Dauer des Vertretungsbedarfs erstrecken (BAG, Urteil vom 5. Juni 2002 – 7 AZR 201/01 –; Urteil vom 2. Juli 2003 – 7 AZR 529/02 –). Für die Rückkehrprognose genügt, wenn der vertretene Mitarbeiter seine Arbeit nur eingeschränkt wieder antritt, da der Vertretungsbedarf dann jedenfalls im bisherigen Umfang entfällt (BAG, Urteil vom 6. Dezember 2000 – 7 AZR 262/99 –). Der Arbeitgeber darf grundsätzlich davon ausgehen, dass der zu vertretende Arbeitnehmer wieder zurückkehren wird (BAG, Urteil vom 29. April 2015 – 7 AZR 310/13 –). Etwas Anderes gilt nur dann, wenn dieser bereits vor Abschluss des befristeten Arbeitsvertrages mit der Vertretungskraft die Wiederaufnahme seiner Tätigkeit verbindlich ausgeschlossen hat (BAG, Urteil vom 25. März 2009 – 7 AZR 34/08 –). Auch insoweit gelten die zu § 14 Abs. 1 Satz 2 Nr. 3 TzBfG entwickelten Grundsätze. 25

III. Form der Befristung

Die Befristung eines Arbeitsverhältnisses nach § 21 BEEG bedarf der **Schriftform** gemäß § 14 Abs. 4 TzBfG. Nicht erforderlich ist die **Angabe des Befristungsgrundes im Vertrag**. Im Rahmen von § 21 BEEG gilt kein **Zitiergebot** (ErfK/Müller-Glöge, 22. Aufl. 2022, § 21 BEEG Rn. 3; HK-MuSchG/BEEG/Rancke, 5. Aufl. 2018, § 21 BEEG Rn. 3). Etwas Anderes gilt dann, wenn der Arbeitgeber sich später auf seine besondere **Kündigungsmöglichkeit aus § 21 Abs. 4 BEEG** berufen will. Dazu bedarf es einer erkennbaren Festlegung des Arbeitgebers auf die Befristung nach § 21 Abs. 1, Abs. 2 BEEG (→vgl. Rn. 8). 26

Davon zu unterscheiden sind die bei einer **Zweckbefristung** (§ 21 Abs. 3 BEEG) zu beachtenden Besonderheiten. Da hier die Vertragsdauer vom Eintritt des Vertragszwecks abhängt, muss dieser schriftlich vereinbart sein. Die Bezeichnung des Vertragszwecks tritt an die Stelle der Datums- oder Zeitangabe bei der Zeitbefristung (BAG, Urteil vom 21. Dezember 2005 – 7 AZR 541/04 –). 27

IV. Art der Befristung

28 § 21 Abs. 3 BEEG erlaubt **Zeit- und Zweckbefristungen** (BAG, Urteil vom 9. September 2015 – 7 AZR 148/14 –). Für die Beendigung des zweckbefristeten Vertrages gilt § 15 Abs. 2, Abs. 5 TzBfG.

29 Verbreitet und zulässig ist auch die Vereinbarung einer **Doppelbefristung**. Sie enthält eine Kombination aus Zweckbefristung oder auflösender Bedingung und Zeitbefristung, wonach das Arbeitsverhältnis »bis zum Ende der Elternzeit einer bestimmten Person, längstens bis zu einem bestimmten Datum« andauern soll (vgl. BAG, Urteil vom 22. April 2009 – 7 AZR 768/07 –; Urteil vom 9. September 2015 – 7 AZR 148/14 –). Der Arbeitsvertrag endet grundsätzlich mit dem zuerst eintretenden Befristungstatbestand. Wird der Arbeitsvertrag über den zuerst eintretenden Befristungstatbestand hinaus fortgesetzt, kommt kein unbefristetes Arbeitsverhältnis zustande. Vielmehr setzt sich der Vertrag nur bis zum Eintritt des zweiten Befristungstatbestands fort. Die Fiktionswirkung ist nach Sinn und Zweck der §§ 21, 15 Abs. 5 TzBfG auf den nur befristeten Fortbestand des Arbeitsverhältnisses beschränkt (sog. Auffangwirkung der Doppelbefristung, vgl. dazu BAG, Urteil vom 29. Juni 2011 – 7 AZR 6/10 –; Urteil vom 13. Februar 2013 – 7 AZR 324/11 –).

30 Die Vereinbarung einer **auflösenden Bedingung** ist in § 21 BEEG nicht vorgesehen, jedoch auf Grundlage der §§ 21, 14 TzBfG zulässig (HK-TzBfG/Boecken, 6. Aufl. 2019, § 21 BEEG Rn. 13; ErfK/Müller-Glöge, 22. Aufl. 2022, § 21 BEEG Rn. 5).

31 Die Befristungsdauer muss kalendermäßig bestimmt oder bestimmbar oder den in § 21 Abs. 1, Abs. 2 BEEG genannten Zwecken zu entnehmen sein, § 21 Abs. 3 BEEG. Für eine kalendermäßige Bestimmtheit oder Bestimmbarkeit ist es erforderlich, dass sich bei Abschluss des Arbeitsvertrages der Zeitpunkt einer Beendigung allein nach dem Kalender errechnen lässt (BAG, Urteil vom 9. November 1994 -7 AZR 243/94 –). Bestimmtheit liegt vor, wenn für das Ende des Arbeitsverhältnisses ein exaktes Datum festgelegt ist. Wird der Arbeitsvertrag für eine festgelegte Anzahl von Monaten geschlossen, ist Bestimmbarkeit gegeben. Wegen der Möglichkeiten zur vorzeitigen Beendigung der Elternzeit ist die Angabe, der Arbeitnehmer werde befristet »bis zum Ende der Elternzeit« eingestellt, nicht bestimmbar. Gleiches gilt für eine Anknüpfung der Befristung an mutterschutzrechtliche Beschäftigungsverbote, soweit diese für die Arbeitnehmerin dispositiv sind. Etwas Anderes gilt nur für zwingende Beschäftigungsverbote, deren Dauer bei Vertragsschluss unverrückbar feststeht. Insoweit ist an das absolute Beschäftigungsverbot nach § 3 Abs. 2 MuSchG zu denken, wenn die Entbindung bereits erfolgt ist.

32 Eine Anknüpfung an die Mutterschutzfristen, eine Elternzeit oder sonstige Freistellung zur Kinderbetreuung kann aber als Zweckbefristung zulässig sein, weil sich die Befristungsdauer den in § 21 Abs. 1, Abs. 2 BEEG genannten Zwecken entnehmen lässt.

V. Dauer der Befristung

33 Die Befristungsdauer ist durch § 21 Abs. 1, Abs. 2 BEEG vorgegeben. Die Befristung kann für einzelne der verschiedenen Vertretungsfälle des § 21 Abs. 1 BEEG,

für diese Zeiten zusammen oder für Teile davon vereinbart werden. Eine weitere Flexibilität ermöglicht § 21 Abs. 2 BEEG durch die Einbeziehung notwendiger Einarbeitungszeiten. Es ist möglich, einen Vertretungsfall durch mehrere, zeitlich aufeinanderfolgende befristete Arbeitsverträge mit derselben Vertretungskraft abzudecken. Es können aber auch verschiedene Vertretungskräfte nacheinander befristet eingesetzt werden, um ein und denselben Vertretungsfall abzudecken (APS/Backhaus, 6. Aufl. 2021, § 21 BEEG Rn. 20; ErfK/Müller-Glöge, 22. Aufl. 2022, § 21 BEEG Rn. 8a). Grenzen setzt die Missbrauchskontrolle (→Rn. 10).

C. Kündigung des befristeten Arbeitsverhältnisses

I. Allgemeine Kündigungsmöglichkeit

Soll das befristete Arbeitsverhältnisse vorzeitig einseitig beendet werden, kann dies 34
grundsätzlich nur im Wege der außerordentlichen Kündigung aus wichtigem Grund gemäß § 626 BGB erfolgen. Eine ordentliche Kündigung ist nur möglich, soweit dies einzel- oder tarifvertraglich vereinbart ist (§ 15 Abs. 3 TzBfG). Dies setzt voraus, dass die Parteien eine vorzeitige ordentliche Kündbarkeit entweder ausdrücklich vereinbart haben oder dass ein dahin gehender beiderseitiger Wille aus den Umständen eindeutig erkennbar ist (BAG, Urteil vom 19. Juni 1980 – 2 AZR 660/78 –; Urteil vom 29. Juni 1989 – 2 AZR 482/88 –). Ist dies der Fall, gelten für die Kündigung alle Regelungen des allgemeinen und besonderen Kündigungsschutzes.

II. Sonderkündigungsrecht nach § 21 Abs. 4 BEEG

1. Anwendungsbereich

§ 21 Abs. 4 BEEG gibt dem Arbeitgeber ein Sonderkündigungsrecht nur für die 35
Fälle der **Elternzeitvertretung**. Das Sonderkündigungsrecht findet außerdem nur dann Anwendung, wenn die Elternzeit ohne Zustimmung des Arbeitgebers vorzeitig endet und der vertretene Arbeitnehmer die vorzeitige Beendigung seiner Elternzeit mitgeteilt hat. Erfasst sind folgende Fälle:

- Tod des Kindes, **§ 16 Abs. 4 BEEG**
- Vorzeitige Beendigung der Elternzeit wegen der Geburt eines weiteren Kindes oder in anderen Fällen besonderer Härte (schwere Krankheit, Schwerbehinderung, Tod eines Elternteils oder Kindes, wirtschaftliche Existenzgefährdung), die der Arbeitgeber nicht ablehnen darf, **§ 16 Abs. 3 Satz 2 BEEG.** In diesen Fällen steht dem Arbeitgeber das Sonderkündigungsrecht allerdings nur dann zu, wenn er den vertretenen Arbeitnehmer nach dem Ende der Elternzeit tatsächlich wieder beschäftigt (APS/Backhaus, 6. Aufl. 2021, § 21 BEEG Rn. 35; Just, in: Tillmanns/Mutschler, MuSchG/BEEG, 3. Aufl. 2021, § 21 BEEG Rn. 37; Annuß/Thüsing/Kühn, 3. Aufl. 2012, § 23 TzBfG Rn. 142;). Nur dies wird dem Sinn und Zweck von § 16 Abs. 4 BEEG gerecht, der dem Arbeitgeber bei vorzeitiger Beendigung einer Elternzeit das Risiko einer doppelten Lohnzahlung ersparen soll (BTDrucks. 10/3792 S. 22).
- Vorzeitige Beendigung der Elternzeit zur Inanspruchnahme der Mutterschutzfrist, **§ 16 Abs. 3 Satz 3 BEEG.** Für das Sonderkündigungsrecht praktisch relevant sind

die Fälle, in denen der Vater die Elternzeit vorzeitig beendet, damit die erneut schwangere Mutter die Mutterschutzfrist in Anspruch nehmen kann.
- Vorzeitige Beendigung der Elternzeit bei Wegfall einer der **Anspruchsvoraussetzungen**, wenn also z. B. die Personensorge entfällt oder das Kind nicht mehr im Haushalt der Person lebt, die Elternzeit genommen hat. In diesen Fällen ist der Arbeitnehmer nach **§ 16 Abs. 5 BEEG** verpflichtet, dem Arbeitgeber den **Wegfall der Anspruchsberechtigung mitzuteilen.**

36 Vom Sonderkündigungsrecht nicht erfasst ist die **Eigenkündigung des Vertretenen während der Elternzeit.** Zwar endet die Elternzeit in diesem Fall vorzeitig und ohne Zustimmung des Arbeitgebers. Nach Sinn und Zweck des § 21 Abs. 4 BEEG scheidet die Ausübung des Sonderkündigungsrechts jedoch aus, weil keine Gefahr einer finanziellen Doppelbelastung des Arbeitgebers besteht (APS/Backhaus, 6. Aufl. 2021, § 21 BEEG Rn. 35a; Bruns BB 2008, 386 <387>; **anders** Just, in: Tillmanns/Mutschler, MuSchG/BEEG, 3. Aufl. 2021, § 21 BEEG Rn. 37; KR/Lipke, 12. Aufl. 2021, § 21 BEEG Rn. 60; ErfK/Müller-Glöge, 22. Aufl. 2022, § 21 BEEG Rn. 9).

2. Rechtsfolge

37 Sind die Voraussetzungen von § 21 Abs. 4 BEEG gegeben, kann der Arbeitgeber kündigen, ohne dass gemäß § 15 Abs. 3 TzBfG eine ordentliche Kündigungsmöglichkeit vereinbart ist. Gemäß § 21 Abs. 5 BEEG findet das **Kündigungsschutzgesetz auf diese Kündigung keine Anwendung**. Deshalb muss der Arbeitnehmer nach dem eindeutigen Gesetzeswortlaut auch nicht die Klagefrist nach § 4 KSchG einhalten (ErfK/Müller-Glöge, 22. Aufl. 2022, § 21 BEEG Rn. 9; **anders** HK-TzBfG/Boecken, 6. Aufl. 2019, § 21 BEEG Rn. 18). Alle anderen Regelungen des allgemeinen und besonderen Kündigungsschutzes bleiben aber anwendbar, z.B. § 17 MuSchG, § 168 SGB IX, § 102 BetrVG. Auch die Schriftform nach § 623 BGB ist zu wahren.

38 Das Sonderkündigungsrecht besteht nicht, wenn die Anwendung des § 21 Abs. 4 BEEG **vertraglich arbeits- oder tarifvertraglich ausgeschlossen** ist (**§ 21 Abs. 6 BEEG**).

3. Kündigungsfrist

39 Die **Kündigungsfrist** beträgt nach § 21 Abs. 4 BEEG **drei Wochen**. Die Kündigung kann frühestens mit Wirkung zum Ende der Elternzeit ausgesprochen werden (HK-TzBfG/Boecken, 6. Aufl. 2019, § 21 BEEG Rn. 17; ErfK/Müller-Glöge, 22. Aufl. 2022, § 21 BEEG Rn. 9). Als spezielle Regelung geht § 21 Abs. 4 BEEG den allgemeinen gesetzlichen Kündigungsfristen nach **§ 622 BGB** vor. Längere **tarifliche Kündigungsfristen** werden von § 21 Abs. 4 BEEG nicht verdrängt, weil es sich bei § 21 BEEG um einseitig zwingendes Recht handelt, welches eine Abweichung zugunsten der Arbeitnehmer gestattet.

D. Schwellenwerte

40 Hängt die Anwendung arbeitsrechtlicher Gesetze oder Verordnungen von der **Anzahl der beschäftigten Arbeitnehmer** (z.B. § 8 Abs. 7 TzBfG, §§ 17, 23 KSchG, §§ 1

Abs. 1, 9, 99 Abs. 1, 106 Abs. 1, 111 Satz 1 BetrVG) **oder** der **Anzahl der vorhandenen Arbeitsplätze** (z.B. § 154 SGB IX) ab, stellt § 21 Abs. 7 BEEG sicher, dass es nicht zu Doppelzählungen kommt, sondern alternativ entweder die vorübergehend abwesende Stammkraft oder die Vertretungskraft berücksichtigt wird (BTDrucks. 10/3792 S. 22). § 21 Abs. 7 BEEG trägt damit dem Umstand Rechnung, dass die befristete Einstellung einer Ersatzkraft während der Elternzeit lediglich dazu dient, die bisherige Personalkapazität aufrechtzuerhalten, nicht aber, sie auszuweiten.

Sofern der Vertretungsbedarf durch mehrere teilzeitbeschäftigte Vertretungskräfte gedeckt wird, ist auf den vertretenen Arbeitnehmer abzustellen, da dieser für die Belegschaftsstärke kennzeichnend ist (BAG, Beschluss vom 15. März 2006 – 7 ABR 39/05 –). Umgekehrt kommt es auch nicht zu einem Absinken der Beschäftigtenzahl, wenn für den vollzeitbeschäftigten Stammarbeitnehmer nur ein teilzeitbeschäftigter Vertreter eingestellt wird. In diesem Fall ist die abwesende Stammkraft mit dem verbleibenden Bruchteil mitzurechnen (HK-TzBfG/Boecken, 6. Aufl. 2019, § 21 BEEG Rn. 29). 41

Angesichts des Wortlauts (»Gesetze und Verordnungen«) findet § 21 Abs. 7 BEEG keine Anwendung auf tarifvertraglich vereinbarte Schwellenwerte (BAG, Urteil vom 26. Mai 1992 – 9 AZR 102/91 –). 42

Abschnitt 5 Statistik und Schlussvorschriften

§ 22 BEEG Bundesstatistik

(1) [1]Zur Beurteilung der Auswirkungen dieses Gesetzes sowie zu seiner Fortentwicklung sind laufende Erhebungen zum Bezug von Elterngeld als Bundesstatistiken durchzuführen. [2]Die Erhebungen erfolgen zentral beim Statistischen Bundesamt.

(2) [1]Die Statistik zum Bezug von Elterngeld erfasst vierteljährlich zum jeweils letzten Tag des aktuellen und der vorangegangenen zwei Kalendermonate für Personen, die in einem dieser Kalendermonate Elterngeld bezogen haben, für jedes den Anspruch auslösende Kind folgende Erhebungsmerkmale:

1. **Art der Berechtigung nach § 1,**
2. **Grundlagen der Berechnung des zustehenden Monatsbetrags nach Art und Höhe (§ 2 Absatz 1, 2, 3 oder 4, § 2a Absatz 1 oder 4, § 2c, die §§ 2d, 2e oder § 2f),**
3. **Höhe und Art des zustehenden Monatsbetrags (§ 4a Absatz 1 und 2 Satz 1) ohne die Berücksichtigung der Einnahmen nach § 3,**
4. **Art und Höhe der Einnahmen nach § 3,**
5. **Inanspruchnahme der als Partnerschaftsbonus gewährten Monatsbeträge nach § 4b Absatz 1 und der weiteren Monatsbeträge Elterngeld Plus nach § 4c Absatz 2,**
6. **Höhe des monatlichen Auszahlungsbetrags,**
7. **Geburtstag des Kindes,**
8. **für die Elterngeld beziehende Person:**
   a) **Geschlecht, Geburtsjahr und -monat,**
   b) **Staatsangehörigkeit,**

c) Wohnsitz oder gewöhnlicher Aufenthalt,
d) Familienstand und unverheiratetes Zusammenleben mit dem anderen Elternteil,
e) Vorliegen der Voraussetzungen nach § 4c Absatz 1 Nummer 1 und
f) Anzahl der im Haushalt lebenden Kinder.

[2]Die Angaben nach den Nummern 2, 3, 5 und 6 sind für jeden Lebensmonat des Kindes bezogen auf den nach § 4 Absatz 1 möglichen Zeitraum des Leistungsbezugs zu melden.

(3) Hilfsmerkmale sind:
1. Name und Anschrift der zuständigen Behörde,
2. Name und Telefonnummer sowie Adresse für elektronische Post der für eventuelle Rückfragen zur Verfügung stehenden Person und
3. Kennnummer des Antragstellers oder der Antragstellerin.

Übersicht Rdn.

Erläuterung

1. Allgemeines

1 Die Vorschrift befindet sich seit Inkrafttreten des BEEG im Gesetz. Sie wurde zum 18.9.2012 durch das Gesetz zur Vereinfachung des Elterngeldvollzugs vom 10.9.2012 (BGBl. I S. 1878) geändert. Durch das Gesetz zur Einführung eines Betreuungsgeldes vom 15.2.2013 (BGBl. I S. 254)wurde sie ab 1.8.2013 sowie durch Gesetz zur Einführung des Elterngeld Plus mit Partnerschaftsbonus und einer flexibleren Elternzeit im Bundeselterngeld- und Elternzeitgesetz vom 18.12.2014 (BGBl. I 2325) m.W.v. 1.1.2015 erneut geändert. Durch **Bek. v. 27.1.2015** wurde sie sodann mit Wirkung zum 1.1.2015 neu gefasst (BGBl. I 33). Durch das **Zweite Gesetz zur Änderung des Bundeselterngeld- und Elternzeitgesetzes vom 15.2.2021** (BGBl. I 239) wurde die Norm mit Wirkung ab 1.9.2021 geändert und um Abs. 4 ergänzt.

2 Das Führen einer **Statistik** dient generell der **Sammlung von Daten**, um das Erreichen der Zielsetzung eines Gesetzes zu überprüfen. Laut amtlicher Begründung war auch bezüglich des BEEG eine fundierte statistische Grundlage von Nöten (BT-Drucks. 16/1889 Seite 27). § 22 dient auch der Beurteilung der Auswirkungen sowie zur Fortentwicklung des **Betreuungsgeldes** (Hahn, JM 2014, 153, 157), welches inzwi-

schen für verfassungswidrig erklärt wurde (BVerfG vom 21.7.2015 – 1 BvF 2/13 – juris). Die entsprechende Bestimmung im Bundeserziehungsgeldgesetz war § 23 BErzGG, welcher sich jedoch auf eine Statistik ohne die Merkmale einer Bundesstatistik und die Verpflichtungen des statistischen Bundesamtes beschränkte (Lenz in HK-MuSchG/BEEG S. 527). Des Weiteren erfolgte die Erhebung der Statistik nach § 23 BErzGG nur jährlich. Dort wurden hingegen keine Angaben zur älteren Zeit erhoben.

2. Zuständigkeit und Aufgabe (Abs. 1)

Abs. 1 bestimmt **laufende Erhebungen** zum Bezug von Elterngeld als Bundesstatistik, womit zentrale Erhebungen durch das **Statistische Bundesamt** als Bundesbehörde und damit im Rahmen des geltenden Bundesstatistikgesetzes eine einheitliche Qualität der Erhebungen z.B. durch die Verwendung einheitlicher Vordrucke gewährleistet werden sollte (Lenz in HK-MuSchG/BEEG S. 608). Im Laufe des Gesetzgebungsverfahrens wurde zwar die Ausweitung der Zuständigkeit des Bundes durch die Länder kritisiert (BR-Drucks 426/06 S. 7), jedoch zugleich auf die Möglichkeit einer Datenübermittlungen an die Länder gemäß § 16 Abs. 3 S. 1 BStatG durch die Bundesregierung hingewiesen (BT-Drucks. 16/2454 S. 13 f.; s. auch Buchner/Becker, 8. Aufl. § 22 Rn. 4). 3

Das Statistische Bundesamt ist gemäß § 2 BStatG eine **selbstständige Bundesoberbehörde**, welche dem Bundesministerium des Inneren zugeordnet ist und damit Teil der bundeseigenen Verwaltung ohne eigenen Behördenunterbau und ohne eigene Rechtssubjektsqualität (vgl. Art. 86 GG; sowie Artikel 87 Abs. 3 S. 1 GG sowie Buchner/Becker, 8. Aufl. § 22 Rn. 5). 4

Die **Streichung des »Betreuungsgeldes«** durch das Gesetz zur Änderung des Bundeselterngeld- und Elternzeitgesetzes vom **15.2.2021** (BGBl. I 239) zum 1.9.2021 erfolgt aufgrund des Wegfalls des Betreuungsgeldes, das mit Entscheidung des Bundesverfassungsgerichts vom 21.7.2015 – 1 BvF2/13 – (BGBl. I S. 1565) für mit dem Grundgesetz unvereinbar und nichtig erklärt wurde (BT-Drucks 19/24438, S. 37). 5

3. Häufigkeit und Inhalt der Erhebungen (Abs. 2)

a) Häufigkeit der Erhebungen

Abs. 2 regelt die **Häufigkeit der Erhebungen**, die vierteljährlich zu erfolgen haben. Die Fassung der Norm vom 15.2.2013 (BGBl. I S. 254) bezog sich nur auf die Statistik, die erstmalig zum 31.3.2013 zu erstellen war. Von besonderer Bedeutung ist der Überblick über das **Verhältnis von Bewilligungen und Ablehnungen** (BT-Drucks. 16/1889, Seite 27). Die bis zum 17.9.2012 gültige Fassung unterschied im Zusammenhang mit Abs. 3 zwischen dem **Zeitraum für 2007** und demjenigen **ab 2008**. Danach hatte im ersten Jahr der Gültigkeit des Gesetzes eine Antragsstatistik zu erfolgen, welche Auskunft über die Zahl der bewegten und abgelehnten Anträge gab. Ab 2008 verpflichtet das Gesetz zu einer Statistik der beendeten Fälle von Leistungsbezug (Buchner/Becker, 8. Aufl. § 22 Rn. 8). Durch die Änderung der Norm 6 durch das **Gesetz zur Vereinfachung des Elterngeldvollzugs vom 10.9.2012** (BGBl. I S. 1878) zum 18.9.2012 erfolgte eine vollständige Umstellung auf eine Statistik zum Elterngeld über den aktuellen Bestand. Laut amtlicher Begründung (BT-Drucks. 17/9841 S. 31) hat dies den Vorteil, Aussagen über die aktuelle Inanspruchnahme des Elterngeldes treffen zu können sowie, dass Verläufe bezüglich der Inanspruchnahme des Elterngeldes, Änderungen im Antragsverhalten und mögliche Reaktionen auf wirtschaftliche Entwicklungen besser darstellbar sind.

7 Der Bezug zur **erstmaligen Erhebung** am 31. März 2013 wurde durch das Gesetz zur Einführung des Elterngeld Plus mit Partnerschaftsbonus und einer flexibleren Elternzeit im Bundeselterngeld- und Elternzeitgesetz vom 18.12.2014 (BGBl. I 2325) gestrichen, da dieses Datum nicht für die neuen Erhebungsmerkmale gilt (BT-Drucks 18/2583, S. 37).

b) Durchführung der Erhebung

8 Maßgebende Unterlagen des statistischen Bundesamtes für die Durchführung der Elterngeldstatistik sind ein **Erhebungsbogen**, die **Erläuterungen zu den jeweiligen Angaben** und die **Datensatzbeschreibung** zum BEEG. Auch darüber hinaus gegebene freiwilliger Angaben werden nicht verwertet (Lenz in HKMuSchG, § 22 BEEG, S. 608).

c) Die Erhebungsmerkmale

9 Abs. 2 enthält zudem einen **abgeschlossenen Katalog** von Erhebungsmerkmalen. Dieser wurde durch das G.v. 10.9.2013 (BGBl. I S. 1878) deutlich verkürzt. In der bis zum 17.9.12 geltende Fassung enthielt er noch neben Angaben über Bewilligung und Ablehnung von gestellten Anträgen auf Elterngeld Fragen zur Berechnungsgrundlage, Höhe und Dauer des Elterngeldes, Partnermonaten im Monat und Jahr des ersten sowie des letzten Leistungsbezugs, die Art der Berechtigung nach § 1 BEEG, die Höhe des ersten vollen zustehenden sowie des letzten zustehenden Monatsbetrages zur voraussichtlichen Bezugsdauer des Elterngelds sowie persönliche Angaben zum Geburtsdatum des Kindes und des Antragstellers, Geschlecht des Antragstellers sowie Staatsangehörigkeit, Wohnsitz, Familienstand sowie die Anzahl der Kinder. Im Vergleich zum BErzGG war der Katalog erweitert worden insbesondere bezüglich der familiären Situation junger Eltern im Hinblick auf die mögliche Inanspruchnahme von 14-monatigem Elterngeld sowie den Auswirkungen von Familiengröße und Zusammensetzung auf die Dauer der Inanspruchnahme von Elterngeld (Buchner/Becker, 8. Aufl. § 22 Rn. 9). Nunmehr beschränkt sich der Katalog auf acht im Vergleich zu zuvor 13 Erkennungsmerkmale.

10 Durch das Gesetz zur Vereinfachung des Elterngeldvollzugs vom 10.9.2012 (BGBl. I S. 1878) erfolgten zum 18.9.2012 sowie durch das Gesetz zur Einführung eines Betreuungsgeldes vom 15.2.2013 (BGBl. I S. 254) einige redaktionelle Änderungen vor allem im Hinblick auf die Änderung des § 2 BEEG, die Einführung der §§ 2a ff. BEEG, die Änderungen in § 3 BEEG sowie die Einführung des Betreuungsgeldes. Mit dem nach der neuen Nr. 3 erhobenen Merkmal der **Höhe des zustehenden Monatsbetrags ohne**

die Berücksichtigung der Einnahmen nach § 3 und der Ausübung der Verlängerungsmöglichkeit lässt sich erfassen, wie hoch der monatliche Elterngeldanspruch ohne Berücksichtigung der genannten Einnahmen und Ausübung der Verlängerungsmöglichkeit ist. Andere nach § 3 angerechnete Einnahmen und die Ausübung der Verlängerungsmöglichkeit werden nach den neuen Nummern 4 und 5 ermittelt und können dementsprechend berücksichtigt werden. Die Angabe in der alten Nr. 7 wird nach Nr. 3 erfasst. Die bis dahin mit Nr. 8 erfasste tatsächliche Bezugsdauer lässt sich bereits aufgrund der Angaben in der neuen Nummer 2 in Verbindung mit dem neuen Absatz 3 ermitteln. (BT-Drucks. 17/9841 S. 31). Die Inanspruchnahme und Anzahl der Partnermonate lässt sich bereits anhand des nach der neuen Nr. 7 erhobenen Geburtstags des Kindes und der nach Absatz 4 Nummer 3 erhobenen Kennnummer der Antragstellerin bzw. des Antragstellers ermitteln. Jede einzelne Elterngeld beziehende Person wird mit einer Kennnummer statistisch erfasst, und über die Zuordnung zum Kind und zum anderen Elternteil über den Geburtstag des Kindes können die jeweiligen Partnermonate ermittelt werden. Mit der neuen Nr. 6 lässt sich die Höhe des tatsächlich ausgezahlten monatlichen Elterngeldbetrags erfassen.

In **Abs. 2 Nr. 2** wurde durch das Gesetz zur Einführung des Elterngeld Plus mit Partnerschaftsbonus und einer flexibleren Elternzeit im Bundeselterngeld- und Elternzeitgesetz vom 18.12.2014 (BGBl. I 2325) m.W.v. 1.1.2015 klargestellt, dass auch **zwingende Zwischenrechnungen**, wie beispielsweise die Ermittlung der Steuerklasse, Kirchensteuerpflicht, Anzahl der Freibeträge für Kinder, Rentenversicherungspflicht, Krankenversicherungspflicht, Arbeitslosenversicherungspflicht, Bemessungsgrundlage für die Abzüge für Steuern (Höhe) und die Bemessungsgrundlage für die Abzüge der Sozialabgaben als Grundlage für die Berechnung des Elterngeldes anzusehen sind, und an das Statistische Bundesamt zu übermitteln sind (BT-Drucks 18/2583, S. 37). 11

Bei der Änderung in **Abs. 2 Nr. 3** durch das Gesetz zur Einführung des Elterngeld Plus mit Partnerschaftsbonus und einer flexibleren Elternzeit im Bundeselterngeld- und Elternzeitgesetz vom 18.12.2014 (BGBl. I 2325) m.W.v. 1.1.2015 handelt es sich um eine Folgeänderung zur Einführung des Elterngeld Plus. Die gesonderte Erwähnung der Nutzung des Elterngeld Plus ist, anders als bei der bisherigen **Verlängerungsoption**, nicht erforderlich, da die Elterngeld Plus-Beträge in Monatsbeträgen gewährt werden und keine bloße Auszahlungsvariante sind. Monatsbeträge in Form des Elterngeldes im Sinne des § 4 Absatz 2 Satz 2 und solche in Form des Elterngeld Plus nach § 4 Absatz 3 stellen die beiden Arten der Monatsbeträge dar, in denen das Elterngeld ausgezahlt wird (BT-Drucks 18/2583, S. 38). Bei der **Änderung** der **Nr. 3** durch das Gesetz zur Änderung des Bundeselterngeld- und Elternzeitgesetzes vom **15.2.2021** (BGBl. I 239) zum 1.9.2021 handelt es sich um eine Folgeänderung aufgrund der **Neustrukturierung des § 4a Absatz 1 und Absatz 2 Satz 1** (BT-Drucks 19/24438 S. 37). 12

Nach der neuen durch das Gesetz zur Einführung des Elterngeld Plus mit Partnerschaftsbonus und einer flexibleren Elternzeit im Bundeselterngeld- und Elternzeitgesetz vom 18.12.2014 (BGBl. I 2325) m.W.v. 1.1.2015 eingeführten **Nr. 5** soll die Inanspruchnahme des Partnerschaftsbonus im Sinne des § 4 Abs. 4 S. 3 und der weiteren Monate im Sinne des § 4 Abs. 6 S. 2 statistisch gesondert erfasst werden. Das Merkmal 13 ist nach § 22 Abs. 2 S. 2 monatlich zu melden (BT-Drucks 18/2583, S. 38). Die bisherige Nr. 5 betraf die Erfassung der Verlängerungsmöglichkeit nach dem bisherigen § 6 Satz 2, die mit der Einführung des Elterngeld Plus entfallen ist (BT-Drucks 18/2583, S. 38). Bei der Änderung in **Nr. 8d** handelt es sich um nur eine redaktionelle Anpassung (BT-Drucks 19/24438 S. 37).

14 Die Aufnahme des neuen Erhebungsmerkmals »alleinerziehend nach § 4c Satz 1 Nummer 1« in **Nr. 8e** des Katalogs der Erhebungsmerkmale durch das Gesetz zur Änderung des Bundeselterngeld- und Elternzeitgesetzes vom **15.2.2021** (BGBl. I 239) zum 1.9.2021 ist neu. Bislang wurde dieses Merkmal statistisch nicht erfasst. Alleinerziehende kümmern sich allein um ihre Kinder und sind für das Haushaltseinkommen verantwortlich. Sie benötigen daher besondere Unterstützung. Um insoweit Erkenntnisse für eine mögliche Weiterentwicklung des Elterngeldes zu gewinnen, sieht der Gesetzgeber die Erhebung statistischer Daten zur Inanspruchnahme durch alleinerziehende Elternteile als erforderlich an (BT-Drucks 19/24438 S. 37). Als redaktionelle Folge wird aus der bisherigen Nr. 8e nun **Nr. 8 f.**

15 **Angaben zur Inanspruchnahme der Elternzeit** werden im Unterschied zum Bundeserziehungsgeldgesetz nicht mehr erfasst, da diese letztlich nur im Zusammenhang mit dem Leistungsbezug erfassbar und daher angesichts zahlreicher Fälle von Elternzeit ohne Elterngeld letztlich zu ungenau waren (Buchner/Becker, 8. Aufl. § 22 Rn. 6). Stattdessen soll in bestimmten Zeitabständen eine repräsentative Umfrage diesbezüglich durchgeführt werden (BT-Drucks. 16/1889 S. 27). Im Unterschied zu § 23 Abs. 3 BErzGG ist die Angabe des Geburtstags des Kindes nunmehr Erhebungsmerkmal gem. § 22 Abs. 2 Nr. 12 BErzGG.

Die **Grundlagen der Berechnung des zustehenden Monatsbetrags** nach Art und Höhe, die Höhe des zustehenden Monatsbetrags ohne Berücksichtigung der Einnahmen nach § 3 und der Verlängerungsmöglichkeit (§ 6) und die Höhe des ausgezahlten Monatsbetrags sind gem. Abs. 2 Satz 3 in der ab 1.8.2013 geltenden Fassung (zuvor Abs. 3) sowie nunmehr Abs. 2 Satz 2 in der ab 1.1.2015 geltenden Fassung bei jeder Meldung für jeden einzelnen Lebensmonat des Kindes bezogen auf den Zeitraum des Leistungsbezugs zu übermitteln. Dies gilt auch für die Angaben zur Inanspruchnahme der als Partnerschaftsbonus gewährten Monatsbeträge Elterngeld Plus nach Nummer 5 bezogen auf den nach § 4 Absatz 1 möglichen Zeitraum des Leistungsbezugs. Die monatsgenaue Zuordnung soll es ermöglichen, die Nutzung der neuen Leistungskomponenten des Elterngeld Plus und des Partnerschaftsbonus möglichst genau zu evaluieren. (BT-Drucks 18/2583, S. 38). Somit kann sichergestellt werden, dass auch rückwirkende Bewilligungen erfasst und Nachzahlungen berücksichtigt werden. Alle übrigen Merkmale bleiben in der Regel unverändert – wie etwa die Art der Berechtigung oder die Staatsangehörigkeit. Insbesondere die Angaben nach Absatz 2 Nummer 4 und 5 sind nicht für jeden Lebensmonat des Kindes zu melden, um einen möglichst schlanken Datensatz – zur Verminderung des Verwaltungsaufwandes – zu erreichen. Es ist vor diesem Hintergrund nicht erforderlich zu ermitteln, in genau welchem Monat Einnahmen nach § 3 angerechnet wurden beziehungsweise für welche Monate genau die Verlängerungsmöglichkeit in Anspruch genommen wurde (BT-Drucks. 17/9841 S. 31).

d) Statistik Betreuungsgeld

Durch das Gesetz zur Einführung eines Betreuungsgeldes vom 15.2.2013 (BGBl. I S. 254) mit Wirkung zum 1.8.2013 wurde eine **Pflicht zur Führung einer Statistik zum Betreuungsgeld** aufgenommen. Nach Absatz 3 waren die Angaben nach Absatz 2 Nummer 2 bis 13 beim Betreuungsgeld ab dem Jahr 2013 für jeden beendeten Leistungsbezug zu melden (BT-Drucks. 17/9917 S. 14). Durch das Gesetz zur Änderung des Bundeselterngeld- und Elternzeitgesetzes vom **15.2.2021** (BGBl. I 239) wurde der bisherige **Abs. 3** zum 1.9.2021 **gestrichen**. Die Aufhebung erfolgt aufgrund des Wegfalls des Betreuungsgeldes, das mit Entscheidung des Bundesverfassungsgerichts vom 21.7.2015 – 1 BvF 2/13 – (BGBl. I S. 1565) für mit dem Grundgesetz unvereinbar und nichtig erklärt wurde (BT-Drucks 19/24438 S. 37). Aus dem bisherigen **Abs. 4** wird **Abs. 3**. 16

4. Hilfsmerkmale (Abs. 3)

In § 22 Abs. 3 (bis 31.8.2021 Abs. 4) werden die **Hilfsmerkmale** aufgelistet. Gemäß § 10 Abs. 1 S. 3 BStatG sind Hilfsmerkmale Angaben, die der technischen Durchführung von Bundesstatistiken dienen. Gemäß § 10 Abs. 1 S. 4 BStatG dürfen diese für andere Zwecke nur verwendet werden, sofern § 10 Abs. 2 BStatG es zulässt. Erforderlich ist eine frühestmögliche Trennung und gesonderte Aufbewahrung von dem Erhebungsmerkmalen (§ 12 Abs. 1 S. 2 BStatG) sowie ihre Löschung, sobald bei den statistischen Ämtern die Überprüfung der Erhebung und Hilfsmerkmale auf ihre Schlüssigkeit und Vollständigkeit abgeschlossen ist (§ 12 Abs. 1 S. 1 BStatG). Zusätzlich wurden als weitere Hilfsmerkmale neben dem Namen und der Anschrift der zuständigen Behörde Name und Telefonnummer sowie Adresse für elektronische Post der für eventuelle Rückfragen zur Verfügung stehenden Personen aufgenommen. Seit der vorletzten Änderung der Vorschrift mit Wirkung zum 24.1.2009 wurde die Kennnummer des Antragstellers oder der Antragstellerin aufgenommen (§ 20 Abs. 4 Nr. 3 BEEG). Es handelt sich um eine Folgeänderung zum Erhebungsmerkmal der tatsächlichen Bezugsdauer des Elterngeldes gem. § 22 Abs. 2 Nr. 8 BEEG, die es dem statistischen Bundesamt ermöglicht, getrennt gelieferte Datensätze zutreffend zusammen zu führen und abzubilden (Lenz in HK-MuSchG S. 609). 17

5. Veröffentlichung

Die Bundesstatistik wird **vierteljährlich** vom Statistischen Bundesamt veröffentlicht. Die Statistik ist z.B. abrufbar unter: https://www.destatis.de/DE/ZahlenFakten/GesellschaftStaat/Soziales/Sozialleistungen/Elterngeld/Elterngeld.html. 18

§ 23 BEEG Auskunftspflicht; Datenübermittlung an das Statistische Bundesamt

(1) Für die Erhebung nach § 22 besteht Auskunftspflicht. Die Angaben nach § 22 Abs. 4 Nr. 2 sind freiwillig. Auskunftspflichtig sind die nach § 12 Abs. 1 zuständigen Stellen.

(2) Der Antragsteller oder die Antragstellerin ist gegenüber den nach § 12 Absatz 1 zuständigen Stellen zu den Erhebungsmerkmalen nach § 22 Absatz 2 und 3 auskunftspflichtig. Die zuständigen Stellen nach § 12 Absatz 1 dürfen die Angaben nach § 22 Absatz 2 Satz 1 Nummer 8 und Absatz 3 Satz 1 Nummer 4, soweit sie für den Vollzug dieses Gesetzes nicht erforderlich sind, nur durch technische und organisatorische Maßnahmen getrennt von den übrigen Daten nach § 22 Absatz 2 und 3 und nur für die Übermittlung an das Statistische Bundesamt verwenden und haben diese unverzüglich nach Übermittlung an das Statistische Bundesamt zu löschen.

(3) Die in sich schlüssigen Angaben sind als Einzeldatensätze elektronisch bis zum Ablauf von 30 Arbeitstagen nach Ablauf des Berichtszeitraums an das Statistische Bundesamt zu übermitteln.

Übersicht

1. Allgemeines

1 Die Vorschrift befindet sich seit Inkrafttreten des BEEG im Gesetz. Ihre jetzige Fassung hat sie durch Gesetz vom 17.1.2009 (BGBl. I 2009 S. 61) m.W. zum 24.1.2009 erfahren, als der neue Abs. 2 zur Auskunftspflicht des Antragstellers eingefügt und der bis dahin geltende Abs. 2 zu Abs. 3 wurde. Zuletzt wurde sie geändert durch das Gesetz zur Vereinfachung des Elterngeldvollzugs v. 10.9.2012 (BGBl. I S. 1878) m.W.v. 18.9.2012 sowie durch das Gesetz zur Einführung eines Betreuungsgeldes vom 15.2.2013 (BGBl. I S. 254). Durch **Bek. v. 27.1.2015** wurde sie mit Wirkung zum 1.1.2015 neu gefasst (BGBl. I 33).

2. Auskunfts- und Übermittlungspflicht

2 Die Normierung von **Auskunfts- und Übermittlungspflichten** war erforderlich, da die Ausführungen des BEEG durch Landesbehörden erfolgt, die Erhebung und Verarbeitung der Daten jedoch durch das Statistische Bundesamt geschieht und somit eine **Übermittlungsbefugnisnorm** geschaffen werden musste (Buchner/Becker, 8. Aufl. § 20 Rn. 1). Die nach § 12 Abs. 1 BEEG zuständige Behörde – die Elterngeldstelle – muss gegenüber dem statistischen Bundesamt die erforderlichen Angaben tätigen. Lediglich die Angaben zu den Hilfsmerkmalen des zuständigen Sachbearbeiters als Ansprechpartner für eventuelle Rückfragen des statistischen Bundesamtes gemäß § 22 Abs. 4 Nr. 2 BEEG beruhen auf Freiwilligkeit (Lenz in HK-MuSchG, § 23 Rn. 2). Die Vorschrift dient damit der Wahrung des »**Rechts der informationellen Selbstbestimmung**«, das als Teil des allgemeinen Persönlichkeitsrechts aus Art. 2 Abs. 1 i.V.m. Art. 1 Abs. 1 GG abgeleitet wird (BVerfGE 65, 1, 41 ff.; vgl. Simitis, NJW 1984, 398, 399). Hierbei handelt es sich um ein subjektives Recht, das als interpretatorische Fortschreibung des Persönlichkeitsschutzes Grundrechtsschutz genießt (vgl. Di Fabio in Dürig/Herzog/Scholz, Art. 2 Rn. 173), und gem. Art. 1 Abs. 3 GG von allen drei Gewalten zu beachten ist. Es umfasst das Recht des Ein-

zelnen, grundsätzlich selbst zu entscheiden, wann und innerhalb welcher Grenzen persönliche Lebenssachverhalte offenbart werden (BVerGE 65, 1, 42). Dieses Recht gilt nur für **lebende Personen**, nach dem Tod ist das **postmortale Persönlichkeitsrecht** zu beachten (BSGE 94, 149, 160). Als mögliche Eingriffe gelten alle Formen der Erhebung, Kenntnisnahme, Speicherung, Verwendung, Weitergabe oder Veröffentlichung von persönlichen Informationen (Di Fabio in Maunz/Dürig/Herzog/Scholz, GG, Art. 2, Rn. 176).

Nach **Art. 8 Abs. 1 EUGrdRCh** hat jede Person das Recht auf Schutz der sie betref- 3
fenden personenbezogenen Daten. Gem. Art. 8 der Datenschutzrichtlinie 95/46/EG sind »besondere Kategorien personenbezogener Daten« in besonderem Maße geschützt. Die unmittelbar Wirkung entfaltende Richtlinie (vgl EuGH C-468/10, CR 2012, 29–32) erforderte eine gesonderte Umsetzung in das deutsche Recht, wie sich in §§ 3 Abs. 9, 28 Abs. 6–9, 29 Abs. 5 sowie 30 Abs. 5 BDSG manifestiert, und führte letztlich zur umfassenden Änderung des SGB X durch das Gesetz zur Änderung des BDSG und anderer Gesetze v 18.5.2001 (BGBl. I 904).

Seit 25.5.2018 gilt in sämtlichen EU-Mitgliedstaaten die EU-Datenschutzgrundverordnung (**VERORDNUNG [EU] 2016/679 DES EUROPÄISCHEN PARLAMENTS UND DES RATES** ABl. EU L 119/1). Wenn auch die Grundprinzipien des Datenschutzes im Wesentlichen unverändert bleiben (Verarbeitung nur in »rechtmäßiger Weise«, nach »Treu und Glauben« unter Beachtung der Transparenz (Art. 5 Abs. 1 lit. a) VO (EU) 2016/679, Bindung an spezifische, explizite und legitime Zwecke (Art. 5 Abs. 1 lit. b VO [EU] 2016/679 = »Datenminimierung«), »Richtigkeit« (Art. 5 Abs. 1 lit. d VO [EU] 2016/679), »Speicherbegrenzung« (Art. 5 Abs. 1 lit. e) VO (EU) 2016/679), »Integrität und Vertraulichkeit« (Art. 5 Abs. 1 lit. f) VO (EU) 2016/679), »Rechenschaftspflicht« des Verantwortlichen (Art. 5 Abs. 2 VO [EU] 2016/679) hat sie zu erheblichen Änderungen der Normhierarchie und Dogmatik beigetragen. Aufgrund der unmittelbaren Wirkung der DS-GVO einerseits und des Wiederholungsverbots der Verordnungsinhalte in nationalen Gesetzen andererseits sind europarechtliche und deutsche Normen parallel im Blick zu halten, um die Regelungssystematik vollständig zu erfassen (s. nur EuGH vom 7.2.1973 – C-39/72 *Kommission/Italien* Slg 1973, 101 – 124, vgl. Aber auch ErwG 8 DS-GVO). Bedeutete dies nur eine Umstellung in der Methodik bei der Prüfung datenschutzrechtlicher Fragestellungen, besteht nach wie vor Rechtsunsicherheit hinsichtlich des Bedeutungsinhaltes einiger datenschutzrechtlicher Kernbegriffe, die in der DS-GVO genannt, aber dort nicht definiert werden. Auch dem nationalen Gesetzgeber ist hier zur Vermeidung unterschiedlicher Bedeutungen innerhalb Europas die Schaffung eigener Legaldefinitionen verwehrt. So ist nach wie vor fraglich, ob *Erheben* noch ein zielgerichtetes Vorgehen voraussetzt (vgl. »*Beschaffen*« nach § 3 Abs. 3 BDSG, § 67 Abs. 5 SGB X jeweils id. bis zum 24.05.2018 geltenden F; die englische Masterfassung der DS-GVO verwendet uneinheitlich die Begriffe »*to collect*« und »*to obtain*«). Dies gilt auch für das *Übermitteln*, dem aufgrund der einschränkenden Bestimmungen zu genetischen, biometrischen und Gesundheits(sozial)daten in § 67b SGB X sowie der Hinweispflichten nach § 76 Abs. 2 SGB X nach wie vor eine erhebliche Relevanz zukommt (*Bieresborn,* NZS 2017, 926, 928; vgl. *Freund/Shagdar*, SGb 2018, 195 Teil I und *dies.*, SGb 2018, 267 Teil II). Immerhin lässt sich aus § 67d Abs. 1 SGB X zumindest die Intention des deutschen Gesetzgebers ableiten, dass eine *Übermittlung* nur vorliegt, wenn Daten an einen Dritten außerhalb der verantwortlichen Stelle gegeben werden.

Jede Datenverarbeitung im Anwendungsbereich der DS-GVO bedarf einer **Rechtsgrundlage** (Art. 5 Abs. 1 Buchst. a) DS-GVO), die zum Teil in Art. 6 Abs. 1 DS-GVO unmittelbar vorgegeben wird (z.B. Buchst a: *Einwilligung,* Buchst b: *Vertragserfüllung,* Buchst f: *Wahrnehmung berechtigter Interessen* (Letzteres gilt nicht für Behörden im Rahmen ihres Aufgabenbereichs), zum Teil aber auch der Konkretisierung durch die Mitgliedstaaten bedarf. So setzen die *»Erfüllung einer rechtlichen Verpflichtung« (Buchst c)* sowie die *»Wahrnehmung einer im öffentlichen Interesse liegenden Aufgabe« (Buchst e),* den Erlass von Gesetzen voraus, die rechtsstaatliche Kriterien wie z.B. des Bestimmtheitsgebotes erfüllen müssen. Art. 9 Abs. 1 DS-GVO untersagt demgegenüber grundsätzlich die Verarbeitung besonderer Kategorien personenbezogener Daten, nennt in Abs. 2 DS-GVO wiederum verschiedene Ausnahmetatbestände, die entweder eine unmittelbare Verarbeitungsbefugnis begründen (z.B. Buchst a: *ausdrückliche Einwilligung,* Buchst. f: *Verteidigung von Rechtsansprüchen*), oder einer normativen Spezifizierung durch die Mitgliedstaaten bedürfen (z.B. Buchst. b: *Ausübung von aus dem Arbeitsrecht und dem Recht der sozialen Sicherheit und des Sozialschutzes erwachsenden Rechte und Pflichten*). Viele, aber nicht alle Sozialdaten zählen zu den besonderen Kategorien von Daten i.S.v. Art. 9 Abs. 1 DS-GVO, wie auch nicht alle der letzteren Kategorie zwingend Sozialdaten sind (vgl. BSGE 110, 75, 83).

Der **Anwendungsvorrang des Unionsrechts** gilt auch im Verhältnis zu entgegenstehendem Verfassungsrecht (vgl. BVerfGE 129, 78, 100; BVerfG, NJW 2016, 2473–2489 Rn. 118; vgl. BVerfGE 126, 286, 301 (*Mangold, Honeywell*); er reicht aber nur so weit, wie GG und Zustimmungsgesetz die Übertragung von Hoheitsrechten erlauben oder vorsehen (vgl. BVerfGE 123, 267, 348 ff *(Lissabon);* BVerfGE 134, 366, 384 Rn. 26 *(OMT)*; BVerfGE 140, 317, Rn. 40). Das BVerfG prüft im Rahmen der Identitätskontrolle, ob Maßnahmen von Organen, Einrichtungen und sonstigen Stellen der Europäischen Union die Grenzen der in Art. 1 und Art. 20 GG i.V.m. Art. 79 Abs. 3 GG garantierten Grundsätze überschreiten (BVerfG NJW 2016, 2473 Rn. 121, dort auch zur *Ultra-Vires*-Kontrolle; vgl. BverfG Urt. v. 5.5.2020 – 2 BvR 859/15 – juris Rn. 118). Deshalb können auch Eingriffe in das aus der Handlungsfreiheit und der Menschenwürdegarantie (Art. 2 Abs. 1 GG und Art. 1 Abs. 1 GG) hergeleitete Recht auf informationelle Selbstbestimmung auf Grundlage der DS-GVO durchaus Gegenstand einer solchen Prüfung werden, namentlich wenn die nach Art. 1 GG absolut geschützte Intimsphäre betroffen ist BVerfGE 65, 1, 42 *(Volkszählung);* s. auch BVerfGE 113, 29, 45 f. und BVerfGE 115, 320, 342; BVerfGE 80, 367 *(Tagebuch),* RdNr. 24).

4 In den Schutzbereich des Rechts auf informationelle Selbstbestimmung fallen alle **Einzeldaten, die eine natürliche Person bestimmen bzw. bestimmbar machen**, die einen in der Person des Betroffenen liegenden oder auf diesen bezogenen Sachverhalt beschreiben und die die Charakterisierung oder Identifizierung des Betroffenen ermöglichen (§ 3 Abs. 1 BDSG; vgl. LSG Bayern, Urt. v. 23.9.1998 – L 12 KA 533/96 – NZS

1999, 553). Als **Einzeldaten** gelten auch andere Angaben zu einer Person, die dieser zugeordnet werden können wie Name, Anschrift, Geburtsdatum, Zahl der Kinder, Beruf, Arbeitgeber, Einkommen, Versicherungsverhältnis, Personalnummer, Ausweisnummer, Sozialversicherungsnummer, Telefonnummer, behandelnde Ärzte, Krankheiten, stationäre Maßnahmen, Schwangerschaft usw. Hierzu gehören auch E-Mails mit Fantasienamen, sofern der Inhaber der E-Mail-Adresse zurückverfolgbar ist (LG Oldenburg, Beschl. v. 30.11.2010 – 1 Qs 437/10 – juris).

Es muss ein unmittelbarer Bezug zur Person des Betroffenen herstellbar sein. Einzelangaben liegen nicht vor bei **Sammelangaben über Personengruppen**. Streitig ist, ob für die Bestimmbarkeit ein **objektiver Begriff des Personenbezugs** gilt, demzufolge bereits die theoretisch. Möglichkeit seiner Herstellung auch unter Mitwirkung eines Dritten genügt, wobei auch das Risiko des Hacking oder vertragswidrigen Bruchs von Schweigepflichten zu berücksichtigen ist (so Weichert in Däubler/Klebe/Wedde/Weichert, BDSG 2010, § 3 Rn. 13; Breyer, NJW-Aktuell 2010, Nr. 11 S. 18; VG Wiesbaden, MMR 2009, 432), oder ob **ein relativer Personenbezugsbegriff** zugrunde zu legen ist, wonach es alleine auf die Kenntnisse der datenverarbeitenden Stelle ankommt, und ob diese in der Lage ist, den Personenbezug herzustellen (wohl h.M., s. Dammann in Simitis, § 3 Rn. 33; s. auch LG Frankenthal, Beschluss v. 21.5.2008 – 6 O 156/08 – juris; Arning/Forgól/Krügel, DuD 2006, 700, 704). Nach einer vermittelnden Ansicht sind sowohl objektive als auch subjektive Kriterien entscheidend, sodass zunächst auf die Mittel und Kenntnisse der verantwortlichen Stelle zwecks Herstellung des Personenbezugs abzustellen ist und sodann aber auch zu prüfen ist, ob sie sich hierzu auch vernünftigerweise Zusatzwissen beschaffen würde, das objektiv und legal zur Verfügung steht (so Kazemi/Leopold, Datenschutzrecht in der anwaltlichen Beratung, § 3 Rn. 40 m.w.N. unter Hinweis auf die Erwägung 26 zur Datenschutzrichtlinie 95/46/EG; Buchner in Taeger/Gabel, BDSG, 2010, § 3 Rn. 13; s.a. Meyerdierks, MMR 2009, 9). Für letztere Auffassung mit spricht auch die Doktrin des EU-Rechts: So enthält die VO (EU) 2016/679 in Erwägungsgrund 26 folgenden Passus: »*Um festzustellen, ob eine Person bestimmbar ist, sind alle Mittel zu berücksichtigen, die von dem für die Verarbeitung Verantwortlichen oder einer anderen Person nach allgemeinem Ermessen aller Voraussicht nach genutzt werden, um die Person direkt oder indirekt zu identifizieren, wie beispielsweise das Aussondern. Bei Prüfung der Frage, ob Mittel nach allgemeinem Ermessen aller Voraussicht nach zur Identifizierung der Person genutzt werden, sollten alle objektiven Faktoren, wie die Kosten der Identifizierung und der dafür erforderliche Zeitaufwand, herangezogen werden, wobei sowohl die zum Zeitpunkt der Verarbeitung verfügbare Technologie als auch die technologische Entwicklung zu berücksichtigen sind.*«

»Personenbezogen« ist umfassend zu verstehen, sodass auch Einzelangaben dazu gehören, die nicht persönliche, sondern sachliche Verhältnisse einer bestimmten oder bestimmbaren Person betreffen, z.B. Versicherten-, Arbeitgeber- oder Lieferanteneigenschaften einerseits, Einkommen, Beitragsschuld, Forderungen andererseits (vgl. näher Drozd, MittLVA Mittelfranken und Oberfranken 1986, 93, 97).

Kein Personenbezug ist gegeben bei **aggregierten** oder **anonymisierten Angaben**. Für 5
den erforderlichen Personenbezug (Art. 4 Nr. 1 DS-GVO) genügt es, dass ein unmit-

telbarer Bezug zum Betroffenen herstellbar ist (*Steege*, GuP 2021, 125, 131; s VG Hamburg vom 28.7.2022 – 21 K 1802/21 – juris Rn. 42 ff.). Mangels Legaldefinition des Anonymisierens ist es nun den Rechtsanwendern überlassen zu beurteilen, wann der Personenbezug fortgefallen ist. Besondere Probleme bereitet in diesem Zusammenhang die schleichende Identifizierbarkeit aufgrund des technischen Fortschritts (vgl. zum »schleichenden Personenbezug« *Hornung/Wagner*, CR 2019, 565, 568; nach altem Recht genügte ein »unverhältnismäßiger Aufwand«, vgl. § 3 Abs. 6 BDSG sowie § 67 Abs. 8 SGB X in der jeweils bis 24.5.2018 geltenden Fassung). Streitig ist, ob bei der Beurteilung der Bestimmbarkeit illegale Möglichkeiten (z.B. Hacker-Angriffe) zu berücksichtigen sind, wofür nicht zuletzt der Wortlaut von ErwG 26 sowie der Schutzzweck des Datenschutzrechts spricht *Schwartmann/Mühlenbeck*, RDV 22, 264, 265; *Hacker*, Law, Innovation and Technology, 2021, VOL. 13, NO. 2, 257, 266 (abrufbar open source) https://www.tandfonline.com/doi/epdf/10.1080/17579961.2021.1977219?needAccess=true&role=button (zuletzt 3.2.2023). Der EuGH hat dies zur Richtlinie 95/46 verneint: EuGH, Urt. v. 19.10.2016 – C-582/14 (Breyer), NJW 2016, 811 Rn. 46; zustimmend *Schweinoch/Peintinger*, CR 2020, 643, 644; a.A. zur DS-GVO Karg in: Simitis/Hornung/Spieker genannt Döhmann DS-GVO/BDSG, 1. Aufl. 2019, Art. 4 Nr. 1 Rn. 64

Von der Anonymisierung zu unterscheiden ist die Pseudonymisierung (Art. 4 Nr. 5 DS-GVO), die als Vorstufe die Anwendbarkeit der Datenschutzregeln nicht beendet, weil durch eine Zuordnungsregelung die Informationen nachträglich wieder hergestellt werden können (*Roßnagel/Scholz,* MMR 2000, 721, 724). Sie ist allenfalls eine besondere Garantie, die im Rahmen der Verhältnismäßigkeitsprüfung die Schwere des Eingriffs relativieren kann.

6 **Abs. 2** normiert eine **Verpflichtung zur Auskunft des Antragstellers** gegenüber der Elterngeldstelle zu allen Erhebungsmerkmalen des § 22 Abs. 2 BEEG sowie der Hilfsmerkmale nach § 22 Abs. 4 BEEG. Bis zur Einführung des neuen Abs. 2 zum 24.1.2009 erstreckte sich der Kreis der zu Befragenden nicht auf die antragstellenden Eltern. § 9 Abs. 1 BStatG bestimmt, dass eine Rechtsvorschrift, die eine Bundesstatistik anordnet, außer den Erhebungs- und Hilfsmerkmalen u.a. den zu Befragenden zu regeln hat. Der Gesetzgeber hat mit dem Ersten Gesetz zur Änderung des Bundeselterngeld- und Elternzeitgesetzes vom 17. Januar 2009 (BGBl. I. S. 61) in § 23 BEEG einen neuen Abs. 2 eingeführt, der nun auch die antragstellenden Eltern zu Auskunftspflichtigen für die Bundesstatistik bestimmt.

7 Die Notwendigkeit dieser Auskünfte ergibt sich aus dem **Informationsbedürfnis** von Bund und Ländern im Hinblick auf in die Gestaltungen der Familienpolitik, wofür die amtliche Statistik über die Bevölkerung, Arbeitsmarkt, Wohnsituation der Haushalte keinen Ersatz bietet (s. amtliche Begründung BT-Drucks. 16/9415, S. 7). Ein Verstoß gegen die Auskunftspflicht wird nicht als Ordnungswidrigkeit geahndet (vgl. § 14 BEEG sowie Lenz in HK-MuSchG § 23 Rn. 3).

3. Zweckbindung

§ 23 Abs. 2 **Satz 2** BEEG dient dem **Schutz der persönlichen Daten** nach § 22 Abs. 2 Nr. 7 (gemeint wohl Nr. 8; beim Verweis auf Nr. 7 muss es sich um ein redaktionelles Versehen handeln, da die vorherige Fassung auf die der heutigen Nr. 8 entsprechende Nr. 13 des § 22 Abs. 2 verwies). BEEG des Antragstellers beziehungsweise Elterngeldempfängers bei der Elterngeldstelle und der Übermittlung an das Statistische Bundesamt (Lenz in HK-MuSchG, § 23 BEEG, Rn. 3). Die zuständigen Stellen dürfen diese nur durch technische und organisatorische Maßnahmen getrennt von den übrigen Daten nach § 22 Abs. 2 und nur für die Übermittlung an das Statistische Bundesamt verwenden, soweit sie für den Vollzug dieses Gesetzes nicht erforderlich sind; die Daten müssen unverzüglich nach Übermittlung einer Statistik der Bundesamt gelöscht werden. Dementsprechend beachten die Normen den verfassungsrechtlichen Grundsatz der **Trennung von Statistik und Verwaltungsvollzug** (BT-Drucks. 16/9415, S. 7). 8

Des Weiteren dient die Vorschrift dem **Statistikgeheimnis**, welches auch anonymisierte Daten schützt (s. § 18 Abs. 6–9 BStatG).

Zur **Evaluation des BEEG** siehe den IX. Tätigkeitsbericht des Landesbeauftragten für den Datenschutz Sachsen-Anhalt vom 1.4.2007–31.3.2009 veröffentlicht unter http://www.sachsen-anhalt.de/index.php?id=36903. Der Landesbeauftragte hatte gegen die Übermittlung der Adressdaten der Betroffenen durch die Elterngeldstellen an ein Sozialforschungsinstitut datenschutzrechtliche Bedenken geltend gemacht, da bei einer Sozialdatenübermittlung nach § 75 Abs. 1 SGB X der **Grundsatz der Priorität der Einwilligung** gilt, das Vorliegen hinreichender Gründe, die die vorherige Einholung einer Einwilligung unzumutbar im Sinne von § 75 Abs. 1 SGB X gemacht hätten, aber fraglich sei. Seitens der beteiligten Forschungseinrichtungen wurde eingewandt, dass ein Verfahren gewählt worden sei, bei dem die Einrichtung, die mit dem Fragebogen arbeitet, diesen anonym erhalte. Der Fragebogen werde ohne ID-Nummer in einem Briefumschlag mit ID-Nummer an eine beteiligte Einrichtung gesandt, die die Umschläge und Bögen voneinander trenne und an die Forschungseinrichtung weiterleite. Der Fragebogen lasse keinen Personenbezug zu, dennoch könne anhand der ID-Nummern ein sachgerechtes Erinnerungsverfahren durchgeführt werden. Der Landesbeauftragte schlug vor, zumindest ein Widerspruchsverfahren zu realisieren, was bedeutet hätte, dass die Elterngeldstellen die betroffenen Eltern schriftlich darüber informieren, dass vorgesehen ist, ihre Adressen an ein Forschungsinstitut zu übermitteln. Soweit binnen einer gesetzten Frist kein Widerspruch der Betroffenen erhoben worden wäre, wären diese Adressdaten dann übermittelt worden. Das zuständige Ministerium hat sich nach umfänglichen Beratungen dennoch dazu entschieden, den Antrag des Forschungsinstitutes nach § 75 SGB X zu genehmigen (IX. Tätigkeitsbericht des Landesbeauftragten für den Datenschutz Sachsen-Anhalt vom 1.4.2007–31.3.2009 a.a.O.). 9

Der **Evaluationsbericht zum BEEG** für das Jahr 2009 ist abrufbar unter https://www.bmfsfj.de/bmfsfj/service/publikationen/evaluationsbericht-bundeselterngeld-und-elternzeitgesetz-2009–73812. 10

11 **Abs. 3** bestimmt **Form** und Frist der Datenübermittlung. Diese hat elektronisch binnen 30 Tagen zu erfolgen. Außerdem müssen die Angaben in sich schlüssig sein. Aus § 15 Abs. 5 S. 1 BStatG wird abgeleitet, dass dies Wahrheitsgemäßheit und Vollständigkeit der Daten verlangt (Brose/Weth/Volk/Brose, 9. Aufl. 2020, BEEG § 23 Rn. 6).

§ 24 BEEG Übermittlung von Tabellen mit statistischen Ergebnissen durch das Statistische Bundesamt

[1]Zur Verwendung gegenüber den gesetzgebenden Körperschaften und zu Zwecken der Planung, jedoch nicht zur Regelung von Einzelfällen, übermittelt das Statistische Bundesamt Tabellen mit statistischen Ergebnissen, auch soweit Tabellenfelder nur einen einzigen Fall ausweisen, an die fachlich zuständigen obersten Bundes- oder Landesbehörden. [2]Tabellen, deren Tabellenfelder nur einen einzigen Fall ausweisen, dürfen nur dann übermittelt werden, wenn sie nicht differenzierter als auf Regierungsbezirksebene, im Falle der Stadtstaaten auf Bezirksebene, aufbereitet sind.

Übersicht

1. Allgemeines

1 Die Norm wurde mit dem BEEG v. 5.12.2006 (BGBl. I S. 2748) eingeführt und ist seit 1.1.2007 in Kraft. Sie wurde zuletzt geändert d.G.v. 10.9.2012 (BGBl. I, S. 1878) m.W.v. 18.9.2012. Durch **Bek. v. 27.1.2015** wurde sie mit Wirkung zum 1.1.2015 neu gefasst (BGBl. I 33). Eine Vorläufernorm kannte das BErzGG nicht.

2. Datenübermittlungsnorm

2 Die Vorschrift ergänzt § 22 BEEG und regelt die Verwendung der statistischen Ergebnisse gegenüber den gesetzgebenden Körperschaften sowie für Zwecke der Planung. Es handelt sich letztlich um eine **Übermittlungsbefugnisnorm** für das Statistische Bundesamt, Daten an oberste Landes- oder Bundesbehörden zu übermitteln, die der Wahrung des **Statistikgeheimnisses** dient, demzufolge Einzelangaben der Befragten strikt geheimzuhalten sind (S. § 16 BstatG). Letztlich ist die Vorschrift damit Ausfluss des »**Rechts der informationellen Selbstbestimmung**«, das als Teil des allgemeinen Persönlichkeitsrechts aus Art. 2 Abs. 1 i.V.m. Art. 1 Abs. 1 GG abgeleitet wird (BVerfG vom 15.12.1983 – 1 BvR 209/83 – BVerfGE 65, 1, 41 ff; vgl. Simitis, NJW 1984, 398, 399). Inzwischen wird dieses Recht erheblich überlagert durch die VO (EU) 2016/679 (=Datenschutzgrundverordnung, im Folgenden »DSGVO«), die seit 25.5.2018 ohne weiteren Umsetzungsakt unmittelbar anwendbares Recht (Art. 99 Abs. 2 DSGVO) ist. Soweit sie unmittelbare Rechtsgrundlagen i.S.v. § 288 Abs. 2 AEUV zur Datenverarbeitung enthält, greift sie in das Recht auf informationelle Selbstbestimmung ein. Mit der in Art. 23 Abs. 1 S 2 GG enthaltenen Ermächtigung, Hoheitsrechte auf die Europäische

Union zu übertragen, billigt das Grundgesetz auch die im Zustimmungsgesetz zu den Verträgen enthaltene Einräumung eines Anwendungsvorrangs zugunsten des Unionsrechts, der grundsätzlich auch mit Blick auf entgegenstehendes nationales Verfassungsrecht gilt (vgl BVerfG vom 19.7.2011 – 1 BvR 1916/09 – BVerfGE 129, 78, 100) und bei einer Kollision in aller Regel zur Unanwendbarkeit des nationalen Rechts im konkreten Fall führt (zuletzt BVerfG vom 21.6.2016 – 2 BvE 13/13, 2 BvR 2728/13, 2 BvR 2729/13, 2 BvR 2730/13, 2 BvR 2731/13 – NJW 2016, 2473–2489 RdNr. 118; vgl. BVerfG vom 6.7.2010 – 2 BvR 2661/06 – BVerfGE 126, 286, 301 [*Mangold, Honeywell*]; BVerfG, Beschluss vom 15.12.2015 – BvR 2735/14 – BVerfGE 140, 317, Rn. 38; s. auch Beschluss vom 4.11.2015 – 2 BvR 282/13, 2 BvQ 56/12 –, juris, Rn. 15, 19). Der Anwendungsvorrang reicht jedoch nur so weit, wie GG und Zustimmungsgesetz die Übertragung von Hoheitsrechten erlauben oder vorsehen (Vgl. BVerfG, Beschluss vom 22.10.1986 – 2 BvR 197/83 –, BVerfGE 73, 339, 375 f. (*Solange II*); BVerfG, Urteil vom 12.10.1993 – 2 BvR 2134/92 –, BVerfGE 89, 155, 190 (*Maastricht*); BVerfG, Urteil vom 30. Juni 2009 – 2 BvE 2/08 –, BVerfGE 123, 267, 348 ff (*Lissabon*); BVerfG vom 19.7.2011 – 1 BvR 1916/09 – BVerfGE 129, 78, 99; BVerfG, EuGH-Vorlage vom 14.1.2014 – 2 BvE 13/13 –, BVerfGE 134, 366, 384 Rn. 26 (*OMT*); BVerfG, Beschluss vom 15.12.2015 – 2 BvR 2735/14 – BVerfGE 140, 317, Rn. 40). Die in Art. 1 und Art. 20 GG i.V.m. Art. 79 Abs. 3 GG garantierten Grundsätze sind daher auch bei der Anwendung des Unionsrechts zu gewährleisten, weshalb das BVerfG im Rahmen der **Identitätskontrolle** prüft, ob Maßnahmen von Organen, Einrichtungen und sonstigen Stellen der Europäischen Union diese Grenzen überschreiten, was auch hinsichtlich der DSGVO denkbar ist (BVerfG vom 21.6.2016 a.a.O. RdNr. 121, dort auch zur *Ultra-Vires*-Kontrolle, ob gegen den Grundsatz der Volkssouveränität verstoßen wird. Beides sind eigenständige Kontrollverfahren, die zurückhaltend und europarechtsfreundlich auszuüben sowie mit dem Grundsatz der loyalen Zusammenarbeit Art. 4 Abs. 3 EUV vereinbar sind; vgl. zuletzt BVerfG 5.5.2020 – 2 BvR 859/15 –, juris Rn. 118). Das BVerfG wendet die GrCh zumindest im vollharmonisierten Bereich als Prüfungsmaßstab an (BVerfG 6.11.2019 – 1 BvR 276/17 –, juris Rn. 42 ff; s. zum unionsrechtlich nicht vollständig determinierten Recht BVerfG 6.11.2019 – 1 BvR 16/13 –, juris Rn. 42 ff.).

Nach Art. 4 Nr. 1 DSGVO sind personenbezogene Daten *»alle Informationen, die sich auf eine identifizierte oder identifizierbare natürliche Person (im Folgenden »betroffene Person«) beziehen; als identifizierbar wird eine natürliche Person angesehen, die direkt oder indirekt, insbesondere mittels Zuordnung zu einer Kennung wie einem Namen, zu einer Kennnummer, zu Standortdaten, zu einer Online-Kennung oder zu einem oder mehreren besonderen Merkmalen, die Ausdruck der physischen, physiologischen, genetischen, psychischen, wirtschaftlichen, kulturellen oder sozialen Identität dieser natürlichen Person sind, identifiziert werden kann.«*

In den Schutzbereich des Rechts auf informationelle Selbstbestimmung fallen alle **Einzeldaten, die eine natürliche Person bestimmen bzw. bestimmbar machen**, die einen in der Person des Betroffenen liegenden oder auf diesen bezogenen Sachverhalt beschreiben und die die Charakterisierung oder Identifizierung des Betroffenen ermöglichen

(§ 3 Abs. 1 BDSG). Einzelangaben liegen hingegen nicht vor bei aggregierten oder anonymisierten Angaben sowie bei **Sammelangaben** über Personengruppen, die einen Bezug zu einer bestimmten Person nicht (oder nach Anonymisierung nicht mehr) erkennen lassen, so z.B. rein statistische Daten oder Daten, die sich auf größere Personengruppen beziehen, ohne Rückschlüsse auf einzelne Personen zuzulassen. (Dies ist nicht gewährleistet bei statistischen Ergebnissen, die nur einen Fall ausweisen, weil dann von personenbezogenen Einzeldaten, bei denen die betroffene Person zumindest bestimmbar ist, auszugehen ist.

Anders als bei der Anonymisierung können bei der **Pseudonymisierung** Art. 4 Nr. 5 VO [EU] 2016/679 sowie Erwägungsgrund 28) durch eine **Zuordnungsregelung** die Informationen durch eine festgelegte, in der Zuordnungsregelung bestimmten Stelle nachträglich wieder zugeordnet werden. Art. 4 Nr. 5 VO (EU) 2016/679 definiert als *»Pseudonymisierung« die Verarbeitung personenbezogener Daten in einer Weise, dass die personenbezogenen Daten ohne Hinzuziehung zusätzlicher Informationen nicht mehr einer spezifischen betroffenen Person zugeordnet werden können, sofern diese zusätzlichen Informationen gesondert aufbewahrt werden und technischen und organisatorischen Maßnahmen unterliegen, die gewährleisten, dass die personenbezogenen Daten nicht einer identifizierten oder identifizierbaren natürlichen Person zugewiesen warden.«* Das **Ziel der Pseudonymisierung** dient der relativ leichten Wiederherstellbarkeit des Personenbezugs seitens des Pseudonymgebers, während bei der Anonymisierung die Zuordnung möglichst dauerhaft ausgeschlossen werden soll (Roßnagel/Scholz, MMR 2000, 721, 724). Durch das bloße Pseudonymisieren als **abgeschwächter Form des Anonymisierens** kann die Anwendbarkeit des Datenschutzrechts generell nicht ausgehebelt werden.

Eine **Übermittlung** liegt nur vor, wenn Daten an eine dritte Person außerhalb der verantwortlichen Stelle (vgl. § 67d Abs. 1 SGB X) gegeben werden.

3 Für das Vorliegen von im 2. Teil des SGB X speziell geregelten **Sozialdaten** ist gem. § 67 SGB X zusätzlich erforderlich, dass die personenbezogenen Einzeldaten von einer der in § 35 SGB I genannten Stelle im Hinblick auf deren Aufgaben nach dem SGB erhoben, verarbeitet oder genutzt werden, also insbesondere Sozialversicherungsträger und deren Verbände (Bieresborn, ZFSH 2010, 199, 200). Da nach § 24 S. 1 BEEG die Übermittlung nur an oberste Bundes- oder Landesbehörden zulässig ist, kann es sich nur um Sozialdaten im Rahmen des verlängerten Datenschutzes gem § 78 SGB X handeln, wenn diese zuvor von einer in § 35 SGB I i.V.m. § 12 BEEG genannten Stelle an das Statistische Bundesamt gemeldet wurden.

3. Übermittlung zur Regelung von Einzelfällen

4 § 24 stimmt mit § 16 Abs. 4 S. 1 BStatG nahezu vollständig überein. Ausgenommen ist jedoch die Übermittlung der Daten zur **Regelung von Einzelfällen** (Brose/Weth/Volk/Brose, 9. Aufl. 2020, BEEG § 24 Rn. 3)). I.d.R. darf das Statistische Bundesamt Tabellen mit statistischen Ergebnissen an die fachlich zuständigen obersten Bundes- oder Landesbehörden nur für die Verwendung gegenüber den gesetzgebenden Körperschaften und für Zwecke der Planung übermitteln (Lenz in HK-MuSchG, § 24 Rz 1). Gem. § 24 S. 1 ist dies jedoch nicht für die Regelung von Einzelfällen

zulässig. Deshalb dürfen Tabellen, die nur einen einzigen Fall darstellen, gem. § 24 S. 2 nur übermittelt werden, wenn ihre Aufbereitung nicht unter die Regierungsbezirksebene, im Fall der Stadtstaaten auf Bezirksebene reicht. Sofern eine **Regierungsbezirksebene** (Rheinland-Pfalz, Saarland) nicht gegeben ist, ist eine Orientierung an einer analogen Grenze geboten (Lenz in HK-MuSchG, § 24 Rz 1). Sinn und Zweck ist wiederum das Recht auf informationelle Selbstbestimmung, da die Kenntnis von Tabellenangaben, die nur einen einzigen Fall aufweisen und die unterhalb der Mittelbehördenebene aufbereitet sind, u.U. nicht mehr nur mit unverhältnismäßigem Aufwand der betroffenen Person zugeordnet werden können und daher nicht mehr anonym sind.

§ 24a BEEG Übermittlung von Einzelangaben durch das Statistische Bundesamt

(1) [1]Zur Abschätzung von Auswirkungen der Änderungen dieses Gesetzes im Rahmen der Zwecke nach § 24 übermittelt das Statistische Bundesamt auf Anforderung des fachlich zuständigen Bundesministeriums diesem oder von ihm beauftragten Forschungseinrichtungen Einzelangaben ab dem Jahr 2007 ohne Hilfsmerkmale mit Ausnahme des Merkmals nach § 22 Absatz 4 Nummer 3 für die Entwicklung und den Betrieb von Mikrosimulationsmodellen. [2]Die Einzelangaben dürfen nur im hierfür erforderlichen Umfang und mittels eines sicheren Datentransfers übermittelt werden.

(2) [1]Bei der Verarbeitung der Daten nach Absatz 1 ist das Statistikgeheimnis nach § 16 des Bundesstatistikgesetzes zu wahren. [2]Dafür ist die Trennung von statistischen und nichtstatistischen Aufgaben durch Organisation und Verfahren zu gewährleisten. [3]Die nach Absatz 1 übermittelten Daten dürfen nur für die Zwecke verwendet werden, für die sie übermittelt wurden. [4]Die übermittelten Einzeldaten sind nach dem Erreichen des Zweckes zu löschen, zu dem sie übermittelt wurden.

(3) [1]Personen, die Empfängerinnen und Empfänger von Einzelangaben nach Absatz 1 Satz 1 sind, unterliegen der Pflicht zur Geheimhaltung nach § 16 Absatz 1 und 10 des Bundesstatistikgesetzes. [2]Personen, die Einzelangaben nach Absatz 1 Satz 1 erhalten sollen, müssen Amtsträger oder für den öffentlichen Dienst besonders Verpflichtete sein. [3]Personen, die Einzelangaben erhalten sollen und die nicht Amtsträger oder für den öffentlichen Dienst besonders Verpflichtete sind, sind vor der Übermittlung zur Geheimhaltung zu verpflichten. [4]§ 1 Absatz 2, 3 und 4 Nummer 2 des Verpflichtungsgesetzes vom 2. März 1974 (BGBl. I S. 469, 547), das durch § 1 Nummer 4 des Gesetzes vom 15. August 1974 (BGBl. I S. 1942) geändert worden ist, gilt in der jeweils geltenden Fassung entsprechend. [5]Die Empfängerinnen und Empfänger von Einzelangaben dürfen aus ihrer Tätigkeit gewonnene Erkenntnisse nur für die in Absatz 1 genannten Zwecke verwenden.

Übersicht Rdn.

1. Allgemeines

1 Die Vorschrift wurde durch Art. 1 Nr. 16 des Gesetzes zur Vereinfachung des Elterngeldvollzugs (EGeld VereinfG) v. 10.9.2012 (BGBl. I S. 1878) m.W.v. 18.9.2012 eingeführt. Durch Bek. v. 27.1.2015 wurde sie mit Wirkung zum 1.1.2015 neu gefasst (BGBl. I 33). Durch. Art. 118 Nr. 1 des **Gesetzes vom 20.11.2019 (2. Datenschutzanpassungs- und Umsetzungsgesetz; BGBl. I 1626)** m.W.v. 26.11.2019 das erfolgte eine terminologische Anpassung an die Datenschutzgrundverordnung (DSGVO) und in Abs. 2 Satz 1 der Passus »und Nutzung« gestrichen (BT-Drucks 19/4674 S. 129; s. zur DSGVO unten § 25 Rn. 5)

2. Zweck der Norm

2 Die Vorschrift ist eine Übermittlungsnorm, die die Befugnisse regelt, zu welchen Zwecken und unter welchen Voraussetzungen das Statistische Bundesamt Einzeldaten an das fachlich zuständige Bundesministerium, derzeit das Bundesministerium für Familie, Senioren, Frauen und Jugend, übermitteln darf. Eine solche Befugnisnorm ist für die Legitimation eines Eingriffs in das Rechts auf informationelle Selbstbestimmung, das als Teil des allgemeinen Persönlichkeitsrechts aus Art. 2 Abs. 1 i.V.m. Art. 1 Abs. 1 GG abgeleitet wird (BVerfGE 65, 1, 41 ff.; vgl. Simitis, NJW 1984, 398, 399; vgl. o. §§ 23, 24; s.o. § 25 Rn. 4). Mittlerweile ergibt sich dieses erfordernis auch aus Art. 6 Abs. 1 VO (EU) 2016/679 (Datenschutzgrundverordnung = DSGVO, dazu ausführlich § 25)

3. Inhalt der Norm

a) Abs. 1

3 Satz 1 regelt die Befugnis des Statistischen Bundesamtes, Einzelangaben für die Entwicklung und den Betrieb von Mikrosimulationsmodellen an das fachlich zuständige Bundesministerium zu übermitteln. Dieses kann auf diese Weise Auswirkungen von Gesetzesänderungen abschätzen (BT-Drucks. 17/9841, S. 33). Die Übermittlung der Einzeldaten soll das zuständige Bundesministerium in die Lage versetzen, **Mikrosimulationsmodelle** im Rahmen der Gesetzesfolgenabschätzung zu erstellen und zu nutzen. Diese sind besonders gut geeignet, die voraussichtlichen Auswirkungen von Gesetzesänderungen zu ermitteln. Entwicklung und Einsatz von Mikrosimulationsmodellen erfolgen nach wissenschaftlichen Methoden und erfordern den Einsatz von wissenschaftlichen Einrichtungen. Im Rahmen eines Simulationsmodells

wird auf Basis individueller Angaben der individuelle Leistungsanspruch nachgebildet. Dadurch können die Effekte von Gesetzesänderungen exakt ermittelt werden. Auch lassen sich mit Einzeldaten wichtige Details wie die Verteilung der Bezugsdauer erkennen, die eine wesentliche Grundlage für die Prognose der Ausgaben im Elterngeld darstellt. Die Übermittlung darf nur zur Verwendung gegenüber den gesetzgebenden Körperschaften und zu Zwecken der Planung erfolgen, wie sich aus § 24 BEEG ergibt (BT-Drucks. 17/9841, S. 32).

Anders als bei entsprechenden Regelungen zum Umgang mit Daten aus der **Steuerstatistik** enthält diese Regelung keine Beschränkung auf eine Stichprobe. Das Erfordernis für eine solche Regelung ergibt sich aus dem Umstand, dass die Grundgesamtheit bei der Steuerstatistik deutlich größer ist als die Grundgesamtheit bei der Elterngeldstatistik. Insoweit ist bei der Auswertung von Steuerstatistikdaten die Ziehung einer Unterstichprobe nicht problematisch wie beim Elterngeld, da auch die Fallzahlen der Unterstichprobe noch größer sind als jene der Elterngeldempfängerinnen und -empfänger. Eine gesetzlich starr vorgegebene Verkleinerung der Datengrundlage würde daher in vielen Fällen zu einer nicht hinnehmbaren Verminderung der Schätzgenauigkeit führen, insbesondere dann, wenn nur Teile der Grundgesamtheit oder eine Kombination mehrerer Merkmale betrachtet werden sollen. Die Gruppe der Elterngeldberechtigten ist äußerst heterogen und enthält – anders als die Berechtigtengruppen anderer Einkommensersatzleistungen – viele Untergruppen (Beschäftigte, Selbstständige, Beamte). Insofern werden in diesen Konstellationen die Fallzahlen oftmals so klein, dass keine verlässliche Analyse mehr möglich ist und über familienpolitisch bedeutsame Personengruppen (etwa Alleinerziehende) keine repräsentativen Aussagen getroffen werden können. Um verlässliche Aussagen über die Auswirkungen von Gesetzesänderungen machen zu können, ist in vielen Fällen die Gesamtheit aller Einzeldaten aus der Elterngeldstatistik erforderlich. Dies ist etwa dann der Fall, wenn auch die Auswirkungen von gesetzlichen Änderungen auf Personengruppen untersucht werden müssen, die sich nicht den vom Statistischen Bundesamt veröffentlichten und vorausgewerteten Tabellendaten und der ihnen zugrunde liegenden Datenkategorisierung entnehmen lassen. Ohne einen entsprechenden Datensatz konnten viele Schätzungen bisher nur unter unsicheren Annahmen beziehungsweise starken Vereinfachungen durchgeführt werden, was zu großen und damit für die gesetzgeberische Planung unbefriedigenden Schätzunsicherheiten führte. Die neu geschaffene Verfügbarkeit von Einzeldatensätzen erhöht die Schätzgenauigkeit und erleichtert insofern die Gesetzesfolgenabschätzung und damit eine Entscheidungsfindung erheblich. Vor diesem Hintergrund ist es angemessen, statt einer gesetzlich starr vorgegebenen Verkleinerung der Datengrundlage, die Datenübermittlung auf den für die Entwicklung und den Betrieb von Mikrosimulationsmodellen erforderlichen Umfang an Daten zu reduzieren (BT-Drucks. 17/9841, S. 33). 4

Die übermittelten Einzeldaten dürfen nur im **datenschutzrechtlichen Verantwortungsbereich** des zuständigen Bundesministeriums für die Entwicklung und den Betrieb von Mikrosimulationsmodellen verarbeitet und genutzt werden. 5

6 Nach Anforderung von dem fachlich zuständigen Bundesministerium dürfen die Einzeldatensätze auch an Forschungseinrichtungen übermittelt werden, die mit ihm im Auftragsdatenverarbeitungsverhältnis stehen. Auch im Fall der **Auftragsverarbeitung** i.S.d. Art. 28 f. DSGVO (bisher Auftragsdatenverarbeitung i.S.v. § 11 BDSG a.F. bzw. § 80 SGB X (a.F.)) ist der Auftraggeber verantwortliche Stelle und der Auftragnehmer ist jeweils rechtlich als Einheit mit der verantwortlichen speichernden Stelle anzusehen, was sich Art. 4 Nr. 10 DSGVO (bisher aus § 67 Abs. 9 sowie Abs. 10 S. 3 SGB X a.F.) entnehmen lässt. Daraus folgt zwangsläufig, dass die Datenbewegung zwischen diesen beiden Stellen **keine Übermittlung** ist (vgl. § 67d Abs. 1 SGB X). Das Auftragsverhältnis ist weiter als nach § 662 BGB und kann jede infrage kommende Rechtsform im Rahmen der Vertragsfreiheit sein, z.B. auch ein Dienst-, Werk- oder Geschäftsbesorgungsvertrag usw. (vgl. *Gola/Schomerus*, BDSG [a.F.] § 11 Anm. 2.1) Unerheblich ist, ob der Auftrag nur einen oder alle Datenverarbeitungsvorgänge i.S.v. Art. 4 Nr. 2 DSGVO umfasst. In § 80 SGB X unter entsprechender Umformulierung des bisherigen § 67 Abs. 10 SGB X nur das »Ob« der Auftragsverarbeitung bei Sozialdaten – nicht das »Wie«! – geregelt werden durfte (vgl. BT-Drucks. 18/12611 S. 124). Wann allerdings Auftragsverarbeitung überhaupt vorliegt, wird weder in der DSGVO, noch im BDSG oder im SGB definiert, wie es auch bislang an einer eindeutigen Definition der Auftrags(daten)verarbeitung fehlt.

Weit verbreitet ist die – auch im bisherigen Gesetzestext nicht genannte – Bedingung, dass **keine Funktionsübertragung** zwischen Auftraggeber und Auftragnehmer stattfindet (Gola/Klug/Körffer, BDSG (a.F.), § 11 RdNr. 9; Petri in Simitis, BDSG (a.F.) § 11 RdNr. 22, ablehnend Plath, BDSG (a.F.), § 11 RdNr. 27; Gabel in Taeger/Gabel, Kommentar zum BDSG, § 11 RdNr. 16; darauf soll es nun nicht mehr ankommen: Schreiber in Plath, DSGVO/BDSG, 2. Aufl. 2018, Art. 4 Rn. 33; dies offen lassen Gola, DSGVO, Art. 4 Rn. 57). Nach anderer Ansicht ist entscheidend, dass der Auftragnehmer kein eigenes Interesse an den von ihm zu verarbeitenden Daten hat (Petri in Simitis, BDSG (a.F.), § 11 (a.F.). RdNr. 23 ff.; so Schreiber in Plath, 2. Aufl. 2018, Art. 4 Rn. 32). Richtigerweise ist das wichtigste Kriterium der Verbleib der Entscheidungsbefugnis über die Daten bei der übertragenden Stelle und die fehlende Einräumung eines eigenen inhaltlichen Bewertungs- oder Ermessensspielraums zugunsten des Auftragnehmers (Gola/Klug/Körffer, BDSG (a.F.), § 11 RdNr. 9; Wächter CR, 1991, 333; Plath, BDSG (a.F.) § 11 RdNr. 28. Entscheidend ist deshalb die strikte Weisungsgebundenheit des Auftragsverarbeiters ggü. dem Verantwortlichen hinsichtlich der Datenverarbeitung, wie sie auch Art. 29 DSGVO voraussetzt (Gola, DSGVO, Art. 4 Rn. 48), wobei kein abhängiges Beschäftigungsverhältnis i.S.v. § 7 SGB IV vorliegen muss, sondern eine sonstige durch Weisungsrechte geprägte Sonderbeziehung genügt (Bieresborn ASR 2012, 46, 50 sowie in Krasney/Becker/Burchardt/Kruschinsky/Heinz/Bieresborn, SGB VII zu § 200 RdNr. 38 ff. m.w.N. Insbesondere bei externen medizinischen Gutachtern ist fraglich, ob diese angesichts der Erhebung von Befundtatsachen Auftragsverarbeiter sein können, vgl. § 50 Abs. 1 Satz 2 SGB II und § 398 SGB III i.d.F. 26.7.2016 [BGBl. 2016, 1824 ff] und die amtl. Begründung BT-Drucksache 18/8041 S. 58 und S. 63.).

§ 80 Abs. 3 SGB X erlaubt die Erhebung, Verarbeitung oder Nutzung von Sozialdaten im Auftrag durch **nicht öffentliche Stellen,** wenn entweder beim Auftraggeber ansonsten Störungen im Betriebsablauf auftreten können oder die übertragenen Arbeiten beim Auftragnehmer erheblich kostengünstiger besorgt werden können und der Auftrag nicht die Speicherung des gesamten Datenbestandes des Auftraggebers umfasst. Auftragsdatenverarbeitung liegt nur dann vor, wenn sich eine speichernde Stelle eines Dienstleistungsunternehmens bedient, das in Abhängigkeit von Vorgaben, die Art und Umfang der Datenverarbeitung betreffen, die Verarbeitung von Sozialdaten für sie betreibt (sog. ferngesteuerte Eigenverantwortung, *Dortants/von Hansemann,* NZS 1999, 542).

Die Vorschriften der Datenverarbeitung im Auftrag sind **innerhalb des gleichen Leistungsträgers** nicht anwendbar, denn Datenverarbeitung und -nutzung erfolgen bei größeren Leistungsträgern sowohl bei den dezentralen Geschäftsstellen als auch in der Zentrale. Um die Datenübermittlung innerhalb des Trägers selbst nicht den Vorschriften zu unterwerfen, die ihrer Natur nach auf die Weitergabe nach außen gerichtet sind, werden in Satz 2 die Leistungsträger wie bisher als einheitlich verantwortliche Stelle angesehen (vgl. *Binne*, NZS 1995, 100). Auf diese Weise soll nach Auffassung des Gesetzgebers vermieden werden, dass eine Außenstelle (Zweigstelle) gegenüber der Daten verarbeitenden Zentrale weisungsberechtigt wird (Amtl. Begr. BT-Drucks 12/5187, S. 36). Nehmen sie aber selbstständige Aufgaben wahr, sind sie unterschiedliche Stellen (VG Halle v 27.9.2006 – 5 A 167/04 – juris). 7

Es handelt sich bei den **Forschungseinrichtungen** daher nicht um Dritte im Sinne des Datenschutzrechts. Sie unterliegen den datenschutzrechtlichen Kontroll- und Weisungsbefugnissen des fachlich zuständigen Bundesministeriums, das die verantwortliche Stelle im Sinne des Datenschutzrechts ist. Die Übermittlung an Dritte im Sinne v Art. 4 Nr. 10 DSGVO (§ 3 Absatz 8 Satz 1 BDSG a.F.) ist unzulässig (vgl. BT-Drucks. 17/984, 1 S. 33). 8

Nach **Satz 2** dürfen die Einzelangaben nur in einem Umfang übermittelt werden, wie er für die Erstellung des jeweiligen Mikrosimulationsmodells erforderlich ist. Die Beeinträchtigung des **Rechts auf informationelle Selbstbestimmung** ist auf ein mit Blick auf den Zweck der Gesetzesfolgenabschätzung unvermeidliches Maß begrenzt. Ein unmittelbarer Personenbezug der übermittelten Daten ist nicht gegeben. Die übermittelten Daten dürfen nach Absatz 1 Satz 2 nur im für die Entwicklung und den Betrieb von Mikrosimulationsmodellen erforderlichen Umfang übermittelt werden und werden ausschließlich im datenschutzrechtlichen Verantwortungsbereich des fachlich zuständigen Bundesministeriums verarbeitet und genutzt. Zudem hat die Übermittlung von Einzelangaben mittels eines sicheren Datentransfers zu erfolgen. Die Regelung übernimmt insofern eine Anforderung, wie sie auch in § 7 Absatz 6b des Steuerstatistikgesetzes zu finden ist (BT-Drucks. 17/9841, S. 33). Ein sicherer Datentransfer richtet sich nach den Vorgaben v. Art. 32 DSGVO (bis zum 23.5.2018 § 9 BDSG a.F. bzw. § 78a SGB X a.F.)). 9

10 Die Regelung gilt für die Übermittlung von Einzelangaben ab dem Jahr 2007. Damit wird gewährleistet, dass alle Einzelangaben ab dem Jahr 2007 und nicht erst ab Inkrafttreten des § 24a übermittelt werden dürfen (BT-Drucks. 17/9841, S. 33).

b) **Abs. 2**

11 Absatz 2 regelt die **technischen und organisatorischen Vorgaben**, die die empfangende Stelle bei der Datenverarbeitung und -nutzung zu beachten hat. Adressat der Regelung ist die verantwortliche Stelle. Art. 4 Nr. 12 DSGVO definiert als **Verletzung des Schutzes personenbezogener Daten** »eine Verletzung der Sicherheit, die, ob unbeabsichtigt oder unrechtmäßig, zur Vernichtung, zum Verlust, zur Veränderung, oder zur unbefugten Offenlegung von beziehungsweise zum unbefugten Zugang zu personenbezogenen Daten führt, die übermittelt, gespeichert oder auf sonstige Weise verarbeitet wurden«. Unterschieden wird grundsätzlich der präventive Schutz in der Art. 25 Abs. 1 und 2 DSGVO und Art. 35 DSGVO, der repressive Schutz in Form Gegenmaßnahmen durch Aufsichtsbehörden (Art. 58 DSGVO). Es gelten im Übrigen die allgemeinen datenschutzrechtlichen Grundsätze des Art. 32 DSGVO (bisher § 9 BDSG a.F. bzw. § 78a BDSG [a.F.] s. BT-Drucks. 17/9841, S. 33). Art. 32 DSGVO bestimmt nun ausdrücklich:

(1) Unter Berücksichtigung des Stands der Technik, der Implementierungskosten und der Art, des Umfangs, der Umstände und der Zwecke der Verarbeitung sowie der unterschiedlichen Eintrittswahrscheinlichkeit und Schwere des Risikos für die Rechte und Freiheiten natürlicher Personen treffen der Verantwortliche und der Auftragsverarbeiter geeignete technische und organisatorische Maßnahmen, um ein dem Risiko angemessenes Schutzniveau zu gewährleisten; diese Maßnahmen schließen unter anderem Folgendes ein:

a) die Pseudonymisierung und Verschlüsselung personenbezogener Daten
b) die Fähigkeit, die Vertraulichkeit, Integrität, Verfügbarkeit und Belastbarkeit der Systeme und Dienste im Zusammenhang mit der Verarbeitung auf Dauer sicherzustellen
c) die Fähigkeit, die Verfügbarkeit der personenbezogenen Daten und den Zugang zu ihnen bei einem physischen oder technischen Zwischenfall rasch wiederherzustellen;
d) ein Verfahren zur regelmäßigen Überprüfung, Bewertung und Evaluierung der Wirksamkeit der technischen und organisatorischen Maßnahmen zur Gewährleistung der Sicherheit der Verarbeitung

(2) Bei der Beurteilung des angemessenen Schutzniveaus sind insbesondere die Risiken zu berücksichtigen, die mit der Verarbeitung verbunden sind, insbesondere durch – ob unbeabsichtigt oder unrechtmäßig – Vernichtung, Verlust, Veränderung oder unbefugte Offenlegung von beziehungsweise unbefugten Zugang zu personenbezogenen Daten, die übermittelt, gespeichert oder auf andere Weise verarbeitet wurden.

(3) Die Einhaltung genehmigter Verhaltensregeln gemäß Artikel 40 oder eines genehmigten Zertifizierungsverfahrens gemäß Artikel 42 kann als Faktor herangezogen werden, um die Erfüllung der in Absatz 1 des vorliegenden Artikels genannten Anforderungen nachzuweisen.

(4) Der Verantwortliche und der Auftragsverarbeiter unternehmen Schritte, um sicherzustellen, dass ihnen unterstellte natürliche Personen, die Zugang zu personenbezogenen Daten haben, diese nur auf Anweisung des Verantwortlichen verarbeiten, es sei denn, sie sind nach dem Recht der Union oder der Mitgliedstaaten zur Verarbeitung verpflichtet.

Daraus ergibt sich im Wesentlichen, dass:
- Der **Sicherheitslevel** muss im Verhältnis zum Risiko angemessen sein muss (s. auch Art Art. 5 Abs Abs. 1 Buchst Buchst. f) DSGVO).
- Es gilt das **Gebot der weitestgehenden Pseudonymisierung** und **Verschlüsselung**.
- Weiterhin gilt der Grundsatz der **Privacy by Design** (Art. 25 Abs Abs. 1 DSGVO: Datenschutz ist zu einem möglichst frühen Zeitpunkt bei der Einrichtung der Systeme zu berücksichtigen) sowie der **Privacy by Default** (Art. 25 Abs. 2 DSGVO: Der Verantwortliche muss dafür sorgen, dass Standardeinstellungen darauf ausgerichtet sind, nur personenbezogene Daten zu verarbeiten, die für einen konkreten Zweck erforderlich sind (Umfang der Erhebung und Speicherung, Speicherfrist, Zugänglichkeit)
- Es besteht die **Pflicht zur Datenschutz-Folgenabschätzung** (Art. 35 DSGVO) sowie die Pflicht zur Selbstregulierung durch Verhaltensregeln (Art. 40, 41 DSGVO) und Zertifizierungen (Art. 42, 43 DSGVO).

Aus den rechtlichen Vorgaben der DS-GVO lassen sich die **sieben Gewährleistungsziele** *Transparenz, Nichtverkettung, Datenminimierung, Intervenierbarkeit, Verfügbarkeit, Integrität und Vertraulichkeit* ableiten. Diese allgemeinen Schutzziele der IT-Sicherheit werden ergänzt durch den neuen Begriff der »**Belastbarkeit**« mit der Maßgabe, dass Verantwortlicher und Auftragsverarbeiter künftig die Belastbarkeit der Datenverarbeitungssysteme und Dienste, die mit der Verarbeitung im Zusammenhang stehen, gewährleisten müssen. Hierzu bestimmt Erwägungsgrund 83 DSGVO:

Zur Aufrechterhaltung der Sicherheit und zur Vorbeugung gegen eine gegen diese Verordnung verstoßende Verarbeitung sollte der Verantwortliche oder der Auftragsverarbeiter die mit der Verarbeitung verbundenen Risiken ermitteln und Maßnahmen zu ihrer Eindämmung, wie etwa eine Verschlüsselung, treffen. Diese Maßnahmen sollten unter Berücksichtigung des Stands der Technik und der Implementierungskosten ein **Schutzniveau** – auch hinsichtlich der Vertraulichkeit – gewährleisten, das den von der Verarbeitung ausgehenden Risiken und der Art Art. der zu schützenden personenbezogenen Daten angemessen ist. Bei der Bewertung der Datensicherheitsrisiken sollten die mit der Verarbeitung personenbezogener Daten verbundenen Risiken berücksichtigt werden, wie etwa – ob unbeabsichtigt oder unrechtmäßig – Vernichtung, Verlust, Veränderung oder unbefugte Offenlegung von oder unbefugter Zugang zu personenbezogenen Daten, die übermittelt, gespeichert oder auf sonstige Weise verarbeitet wurden, insbesondere wenn dies zu einem physischen, materiellen oder immateriellen Schaden führen könnte.

Belastbarkeit ist somit so zu verstehen, dass die beim Verantwortlichen verwendete Infrastruktur (Räumlichkeiten, Hard- und Software, Netze und Dienste) möglichst wenig risikoanfällig sein sollte und den genannten Risiken Stand halten können muss. Entscheidend ist die **Effizienz** der technischen und organisatorischen Maßnahmen.

Nach wie vor haben Stellen, die selbst oder im Auftrag Sozialdaten erheben, verarbeiten oder nutzen, die **technischen** und **organisatorischen Maßnahmen** einschließlich der **Dienstanweisungen** zu treffen, die **erforderlich** sind, um die Ausführung der Vorschriften dieses Gesetzbuches, insbesondere die in der Anlage zu dieser Vorschrift genannten Anforderungen, zu gewährleisten. Zu den technischen und organisatorischen Maßnahmen zählen insbesondere solche personeller und baulicher Art; der Begriff ist weit zu fassen. Typische Sicherungsinhalte sind **Hard- und Software** aber auch Einbruchs- oder Brandschutzeinrichtungen. **Organisatorische Maßnahmen** beziehen sich auf die Verfahren der Personalauswahl, das Vier-Augen-Prinzip, Festlegungen in Geschäftsverteilungsplänen, Akten-ADV-Ordnungen und sonstigen Organisationsanweisungen wie auch von Arbeitsabläufen in Arbeitsplatzbeschreibungen und in Zugangskontrollen. Erforderlich und im Rahmen der elektronischen Datenverarbeitung relativ leicht durchzuführen sind die Protokollierung, Verschlüsselung, Schaffung eines konkreten Berechtigungskonzepts (*Need-to-Know-Prinzip*), Löschkonzept, Mandantentrennung und Datenschutzmanagement. Es bietet sich an, zur Sicherstellung das aktuelle Standarddatenschutzmodell (SDM-V2) zu verwenden.

Von immenser Wichtigkeit sind in diesem Zusammenhang **Verschlüsselungstechnologien**, die aktuell sein und einen hohen Sicherheitsstandard liefern müssen (*Stiemerling/Hartung*, CR 2012, 60, 66). Wichtig ist auch eine ausreichende **Schlüsselverwaltung**, die u.a. dadurch gekennzeichnet wird, dass Schlüssel grundsätzlich verschlüsselt im System gespeichert werden und nicht in klar lesbarer Form, dass diese redundant gesichert und wiederherstellbar sind (BSI-Sicherheitsempfehlungen für Cloud-Computing-Anbieter, S. 40). Durchzuführen sind insbesondere: Zutrittskontrolle, Zugangskontrolle, Zugriffskontrolle, Weitergabekontrolle, Eingabekontrolle, Auftragskontrolle, Verfügbarkeitskontrolle.

Für alle IT-Systeme ist eine **Schutzbedarfsfeststellung** durchzuführen, in der die möglichen Schäden der relevanten Anwendungen in ihrer Gesamtheit nach den genannten Grundwerten betrachtet werden. Hierbei ist die Summe der möglichen Schäden mit den schwerwiegendsten Auswirkungen zu bewerten *(Maximumprinzip)*, unter Berücksichtigung der möglichen Kumulation mehrerer Schäden auf einer Anwendung *(Kumulationseffekt)*. Bei redundanter Auslegung von IT-Systemen kann der Schutzbedarf der Einzelkomponenten niedriger sein als der Schutzbedarf der Gesamtanwendung *(Verteilungseffekt)*.

Die Vielzahl der in den Checklisten zur Informationssicherheit benannten Anforderungen leitet sich direkt aus den **Anforderungskatalogen des BSI-IT-Grundschutz** ab, wobei dessen Vorgaben so weit wie möglich auf die Spezifika und den Einsatzkontext von DiGA eingeschränkt bzw. adaptiert wurden. Im IT-Grundschutzkompendium formuliert das BSI mögliche Gefährdungen der IT-Sicherheit und Anforderungen für Gegenmaßnahmen. Über die einzelnen Bausteine des IT-Grundschutzes werden zusätzlich Vorgaben und Empfehlungen wie z.B. für Schlüssellängen zum Kryptographische

Verfahren gegeben (BSI TR-02102–1).Ob ein erhöhter Schutzbedarf besteht, richtet sich nach den Vorgaben aus dem BSI Standard 200–2.

aa) Satz 1

Satz 1 bestimmt, dass bei der Nutzung der nach Absatz 1 übermittelten Daten das **Statistikgeheimnis** nach § 16 des Gesetzes über die Statistik für Bundeszwecke (BStatG) zu wahren ist. § 16 BStatG in der Fassung vom *in der Fassung vom 20.10.2016* (BGBl. I S. 2394) lautet: 12

(1) [1]Einzelangaben über persönliche und sachliche Verhältnisse, die für eine Bundesstatistik gemacht werden, sind von den Amtsträgern und Amtsträgerinnen und für den öffentlichen Dienst besonders Verpflichteten, die mit der Durchführung von Bundesstatistiken betraut sind, geheim zu halten, soweit durch besondere Rechtsvorschrift nichts anderes bestimmt ist. [2]Die Geheimhaltungspflicht besteht auch nach Beendigung ihrer Tätigkeit fort. [3]Die Geheimhaltungspflicht gilt nicht für

1. *Einzelangaben, in deren Übermittlung oder Veröffentlichung die Betroffenen schriftlich eingewilligt haben, soweit nicht wegen besonderer Umstände eine andere Form der Einwilligung angemessen ist,*
2. *Einzelangaben aus allgemein zugänglichen Quellen, wenn sie sich auf die in § 15 Absatz 1 genannten öffentlichen Stellen beziehen, auch soweit eine Auskunftspflicht aufgrund einer eine Bundesstatistik anordnenden Rechtsvorschrift besteht,*
3. *Einzelangaben, die vom Statistischen Bundesamt oder den statistischen Ämtern der Länder mit den Einzelangaben anderer Befragter zusammengefasst und in statistischen Ergebnissen dargestellt sind,*
4. *Einzelangaben, wenn sie den Befragten oder Betroffenen nicht zuzuordnen sind.*

[4]Die §§ 93, 97, 105 Absatz 1, § 111 Absatz 5 in Verbindung mit § 105 Absatz 1 sowie § 116 Absatz 1 der Abgabenordnung vom 16. März 1976 (BGBl. I S. 613; 1977 I S. 269), zuletzt geändert durch Artikel 1 des Gesetzes vom 19. Dezember 1985 (BGBl. I S. 2436), gelten nicht für Personen und Stellen, soweit sie mit der Durchführung von Bundes-, Landes- oder Kommunalstatistiken betraut sind.

(2) [1]Die Übermittlung von Einzelangaben zwischen den mit der Durchführung einer Bundesstatistik betrauten Personen und Stellen ist zulässig, soweit dies zur Erstellung der Bundesstatistik erforderlich ist. [2]Darüber hinaus ist die Übermittlung von Einzelangaben zwischen den an einer Zusammenarbeit nach § 3a beteiligten statistischen Ämtern und die zentrale Verarbeitung und Nutzung dieser Einzelangaben in einem oder mehreren statistischen Ämtern zulässig.

(3) [1]Das Statistische Bundesamt darf an die statistischen Ämter der Länder die ihren jeweiligen Erhebungsbereich betreffenden Einzelangaben für Sonderaufbereitungen auf regionaler Ebene übermitteln. [2]Für die Erstellung der Volkswirtschaftlichen Gesamtrechnungen und sonstiger Gesamtsysteme des Bundes und der Länder dürfen sich das Statistische Bundesamt und die statistischen Ämter der Länder untereinander Einzelangaben aus Bundesstatistiken übermitteln.

(4) [1]Für die Verwendung gegenüber den gesetzgebenden Körperschaften und für Zwecke der Planung, jedoch nicht für die Regelung von Einzelfällen, dürfen den obersten Bundes- oder Landesbehörden vom Statistischen Bundesamt und den statistischen Ämtern der Länder Tabellen mit statistischen Ergebnissen übermittelt werden, auch soweit Tabellenfelder nur einen einzigen Fall ausweisen. [2]Die Übermittlung nach Satz 1 ist nur zulässig, soweit in den eine Bundesstatistik anordnenden Rechtsvorschriften die Übermittlung von Einzelangaben an oberste Bundes- oder Landesbehörden zugelassen ist.

(5) [1]Für ausschließlich statistische Zwecke dürfen vom Statistischen Bundesamt und den statistischen Ämtern der Länder Einzelangaben an die zur Durchführung statistischer Aufgaben zuständigen Stellen der Gemeinden und Gemeindeverbände übermittelt werden, wenn die Übermittlung in einem eine Bundesstatistik anordnenden Gesetz vorgesehen ist sowie Art und Umfang der zu übermittelnden Einzelangaben bestimmt sind. [2]Die Übermittlung ist nur zulässig, wenn durch Landesgesetz eine Trennung dieser Stellen von anderen kommunalen Verwaltungsstellen sichergestellt und das Statistikgeheimnis durch Organisation und Verfahren gewährleistet ist.

(6) [1]Für die Durchführung wissenschaftlicher Vorhaben dürfen das Statistische Bundesamt und die statistischen Ämter der Länder Hochschulen oder sonstigen Einrichtungen mit der Aufgabe unabhängiger wissenschaftlicher Forschung

1. *Einzelangaben übermitteln, wenn die Einzelangaben nur mit einem unverhältnismäßig großen Aufwand an Zeit, Kosten und Arbeitskraft zugeordnet werden können (faktisch anonymisierte Einzelangaben),*
2. *innerhalb speziell abgesicherter Bereiche des Statistischen Bundesamtes und der statistischen Ämter der Länder Zugang zu formal anonymisierten Einzelangaben gewähren, wenn wirksame Vorkehrungen zur Wahrung der Geheimhaltung getroffen werden.*

[2]Berechtigte können nur Amtsträger oder Amtsträgerinnen, für den öffentlichen Dienst besonders Verpflichtete oder Verpflichtete nach Absatz 7 sein.

(7) [1]Personen, die Einzelangaben nach Absatz 6 erhalten sollen, sind vor der Übermittlung zur Geheimhaltung zu verpflichten, soweit sie nicht Amtsträger oder Amtsträgerinnen oder für den öffentlichen Dienst besonders Verpflichtete sind. [2]§ 1 Absatz 2, 3 und 4 Nummer 2 des Verpflichtungsgesetzes vom 2. März 1974 (BGBl. I S. 469, Artikel 42), das durch Gesetz vom 15. August 1974 (BGBl. I S. 1942) geändert worden ist, gilt entsprechend.

(8) [1]Die aufgrund einer besonderen Rechtsvorschrift oder der Absätze 4, 5 oder 6 übermittelten Einzelangaben dürfen nur für die Zwecke verwendet werden, für die sie übermittelt wurden. [2]In den Fällen des Absatzes 6 Satz 1 Nummer 1 sind sie zu löschen, sobald das wissenschaftliche Vorhaben durchgeführt ist. [3]Bei den Stellen, denen Einzelangaben übermittelt werden, muss durch organisatorische und technische Maßnahmen sichergestellt sein, dass nur Amtsträger, für den öffentlichen Dienst besonders Verpflichtete oder Verpflichtete nach Absatz 7 Satz 1 Empfänger von Einzelangaben sind.

(9) [1]Die Übermittlung aufgrund einer besonderen Rechtsvorschrift oder nach den Absätze 4, 5 oder 6 ist nach Inhalt, Stelle, der übermittelt wird, Datum und Zweck der Weitergabe von den statistischen Ämtern aufzuzeichnen. [2]Die Aufzeichnungen sind mindestens fünf Jahre aufzubewahren.

(10) [1]Die Pflicht zur Geheimhaltung nach Absatz 1 besteht auch für die Personen, die Empfänger von Einzelangaben aufgrund einer besonderen Rechtsvorschrift, nach den Absätze 5, 6 oder von Tabellen nach Absatz 4 sind. [2]Dies gilt nicht für offenkundige Tatsachen bei einer Übermittlung nach Absatz 4.

Einzelangaben sind demnach dann nicht geheimzuhalten, wenn der Betroffene in die Übermittlung oder Veröffentlichung seiner Einzeldaten schriftlich **eingewilligt** hat. Eine solche setzt jedenfalls die Einsichtsfähigkeit in die Tragweite der Entscheidung voraus sowie muss höchstpersönlich vorher abgegeben werden. Str. ist bei Sozialdaten, ob auch Geschäftsfähigkeit i.S.v. §§ 104 ff. BGB vorliegen muss, oder die Handlungsfähigkeit gem. § 36 SGB I ausreicht (Bieresborn in:Schütze, SGB X, 9. Aufl. 2010, § 67b Rn. 37 m.w.N.). 13

Nicht geheimhaltungsbedürftig sind gemäß **Nr. 2** auch Sachverhalte, die juristische Personen des öffentlichen Rechts, Behörden des Bundes und der Länder sowie Gemeinden und Gemeindeverbände betreffen, wenn sie unmittelbar **aus allgemein zugänglichen Quellen** von jedermann entnommen werden können. Allgemein zugänglich sind Informationsquellen, die sich sowohl ihrer technischen Ausgestaltung als auch ihrer Zielsetzung nach dazu eignen, einem individuell nicht bestimmbaren Personenkreis Informationen zu vermitteln (vgl. BVerfG vom 3.10.1969 – 1 BvR 46/65 – BVerfGE 27, 83; BVerfG v 14.10.1969 – 1 BvR 93/67 – BVerfGE 27, 108; BVerfG v 25.4.1972 – 1 BvL 13/67 – BVerfGE 33, 65). Dazu zählen sämtliche Massenmedien, frei zugängliche Interneteinträge, Personenlexika, Adress- und Telefonbücher sowie Ausstellungskataloge und Messedokumentationen sowie Einzelangaben, die bereits durch die Presse oder andere Publikationsorgane bzw. eigene Veröffentlichungen mitgeteilt wurden. Unerheblich ist dabei, ob diese Einzelangaben aufgrund einer statistischen Auskunftsverpflichtung abgegeben wurden (Dorer/Mainusch/Tubies, Bundesstatistikgesetz, § 16 Rn. 25 f.). 14

Nach **Nr. 3** sind Einzelangaben ebenfalls dann nicht geheimzuhalten, wenn sie vom Statistischen Bundesamt oder den statistischen Landesämtern mit den Einzelangaben anderer Befragter zusammengefasst und in **statistischen Ergebnissen** dargestellt sind. Insofern dient Nr. 3 lediglich der Klarstellung. Denn nach der Zusammenfassung mit Einzelangaben anderer Befragter handelt es sich um statistische Ergebnisse (z.B. regional gegliederte Beschäftigungszahlen) und nicht mehr um Einzelangaben. Im Zusammenhang mit Nr. 3 sind die sogenannten »Dominanzfälle« zu sehen. Unter Dominanzfällen, worunter man Angaben in statistischen Tabellen versteht, die trotz ihrer Zusammenfassung von Angaben mehrerer Betroffener einen Befragten aufgrund seiner »Dominanz« – z.B. marktbeherrschende regionale Stellung – noch erkennen lassen. Obwohl es sich um Tabellen mit statistischen Ergebnissen handelt, liegt dann eine bestimmbare Einzelangabe vor. Bei derartigen Konstellationen kann im Rahmen der Geheimhaltungsverpflichtung geprüft werden, ob diese Fälle noch der Geheimhaltung 15 unterliegen oder aufgrund eigener Veröffentlichungen oder gesetzlichen Veröffentlichungspflichten aus Gründen der Offenkundigkeit keiner Geheimhaltung mehr bedürfen (Dorer/Mainusch/Tubies, Bundesstatistikgesetz, § 16 Rn. 27).

16 Im Gegensatz zu Nr. 3 (statistische Ergebnisse, Aggregationen) behandelt **Nr. 4** die Fälle der Weitergabe ausreichend (bzw. absolut) **anonymisierter Einzeldatensätze** und damit angesichts der Wirkung der Anonymisierung ebenfalls nur klarstellende Wirkung (s. § 25 Rn. 5).

bb) Satz 2

17 Satz 2 konkretisiert in dieser Hinsicht die technisch-organisatorischen Vorgaben zur Sicherstellung der Verpflichtung nach Satz 1. Zur Sicherstellung der **räumlichen, personellen und organisatorischen Trennung** von statistischen und nichtstatistischen Aufgabenbereichen kann die Erstellung der Mikrosimulationsmodelle insbesondere auch nach den Vorgaben von Art. 28 DSGVO (§ 11 BDSG (a.F.) bzw. den fachgesetzlichen Sonderregelungen im Rahmen einer Auftragsdatenverarbeitung erfolgen. Die Anforderungen des Absatzes 2 gelten dann auch für die so beauftragten Forschungseinrichtungen (BT-Drucks. 17/9841, S. 33).

cc) Satz 3

18 Satz 3 stellt klar, dass für die Datenverarbeitung und -nutzung nach Absatz 1 die Vorgaben zur **Zweckbindung** zu berücksichtigen sind, die sich aus § 16 Absatz 8 Satz 1 BStatG ergeben (vgl. Art. 5 DSGVO). Die Norm bestimmt, dass die aufgrund einer besonderen Rechtsvorschrift oder der Absätze 4, 5 oder 6 des § 16 BStatG übermittelten Einzelangaben nur für die Zwecke verwendet werden dürfen, für die sie übermittelt wurden. Diese Forderung ist Ausfluss der Zweckbindung statistischer Einzeldaten. Sie verpflichtet in erster Linie den Empfänger der Daten, der nach allgemeinen Datenübermittlungsgrundsätzen die Hauptverantwortung an der Übermittlung trägt. Die empfangende Stelle muss sicherstellen, dass die Daten nicht zweckentfremdet und nur für statistische Zwecke und nur für die vorgesehene Aufgabe verwendet werden (z.B. bestimmtes Forschungsprojekt, bestimmte statistische Auswertungen) (Dorer/Mainusch/Tubies, Bundesstatistikgesetz, § 16 Rn. 27).

dd) Satz 4

19 Satz 4 sieht vor, dass die übermittelten Einzeldaten nach dem Erreichen des Zweckes, zu dem sie übermittelt wurden, zu **löschen** sind und übernimmt damit den Regelungsgedanken des § 16 Absatz 8 Satz 2 BStatG. Danach sind die nach § 16 Abs. 6 BstatG übermittelten Daten zu löschen, sobald das wissenschaftliche Vorhaben durchgeführt ist. Nach den Definitionen von § 2 Abs. 2 Satz 2 Nr. 4 BDSG bzw. § 67 Abs. 6 Nr. 5 SGB X) ist Löschen das Unkenntlichmachen gespeicherter Daten, ungeachtet der dabei angewendeten Verfahren. D.h., ganz gleich auf welchem Datenträger die übermittelten Daten gespeichert sind, sind sie nach der Verarbeitung unkenntlich zu machen, d.h. die Belege sind zu vernichten bzw. elektronische Spei-

cherungen sind zu löschen. Löschungsverpflichtung wie die zur beschränkten Datennutzung nur für ein bestimmtes Forschungsvorhaben wird seitens der Wissenschaft als Behinderung empfunden. Denn in Stätten stetiger Forschung gibt es immer aufeinander aufbauende, sich fortentwickelnde Frage- und Problemstellungen oder neue Forschungsgegenstände, für welche die Vorhaltung von Grunddaten erforderlich sein kann. Durch die vorgenannten Begrenzungen wird diese allgemeine, auf Dauer angelegte wissenschaftliche Arbeit erschwert; anstelle einer eigenen Datenvorhaltung müssen immer wieder neue projektbezogene Datenanfragen erfolgen (Dorer/Mainusch/Tubies, Bundesstatistikgesetz, § 16 Rn. 73 f.).

c) **Abs. 3**

Absatz 3 regelt als eine besondere technisch-organisatorische Anforderung die **persönliche Verpflichtung zur Geheimhaltung** der mit der Durchführung von Zusatzaufbereitungen beauftragten Personen. Die Anforderungen gelten auch für Auftragnehmerinnen und -nehmer in einem Auftragsdatenverarbeitungsverhältnis im Sinne des § 11 BDSG bzw. der entsprechenden Vorschriften in Fachgesetzen (BT-Drucks. 17/9841, S. 33). Nach Satz 1 muss sichergestellt sein, dass die empfangenden Personen zur Geheimhaltung nach § 16 Absatz 1 und 10 BStatG verpflichtet sind. 20

Die Sätze 2 bis 4 regeln in Anlehnung an die Regelung in § 7 Absatz 6a des Steuerstatistikgesetzes den **Personenkreis**, der zur Entgegennahme der Daten berechtigt ist. Personen sind nach Satz 3 zur Einhaltung des Statistikgeheimnisses zu verpflichten, soweit sich die Verpflichtung nicht bereits aus ihrer Amtsstellung ergeben sollte. Satz 4 stellt sicher, dass auch Personen erfasst werden, die nicht nach § 1 Absatz 1 VerpflG verpflichtet werden können, weil sie nicht »Aufgaben der öffentlichen Verwaltung« wahrnehmen. Für die Verpflichtung dieses Personenkreises wird die entsprechende Geltung des § 1 Absatz 2, 3 und 4 Nummer 4 VerpflG angeordnet (BT-Drucks. 17/9841, S. 33). 21

Satz 5 beschränkt für die Empfängerinnen und Empfänger der Einzeldaten den **Verwendungszweck**. Diese dürfen die aus den Einzeldaten gewonnenen Erkenntnisse nur für die Entwicklung und den Betrieb von Mikrosimulationsmodellen verarbeiten und nutzen, um die Auswirkungen der Änderungen des BEEG zur Verwendung gegenüber den gesetzgebenden Körperschaften und zu Zwecken der Planung, jedoch nicht zur Regelung von Einzelfällen, abzuschätzen (BT-Drucks. 17/9841, S. 33). 22

§ 24b BEEG Elektronische Unterstützung bei der Antragstellung

(1) [1]Zur elektronischen Unterstützung bei der Antragstellung kann der Bund ein Internetportal einrichten und betreiben. [2]Das Internetportal ermöglicht das elektronische Ausfüllen der Antragsformulare der Länder sowie die Übermittlung der Daten aus dem Antragsformular an die nach § 12 zuständige Behörde. [3]Zuständig für Einrichtung und Betrieb des Internetportals ist das Bundesministerium für Familie, Senioren, Frauen und Jugend. [4]Die Ausführung dieses Gesetzes durch die nach § 12 zuständigen Behörden bleibt davon unberührt.

(2) [1]Das Bundesministerium für Familie, Senioren, Frauen und Jugend ist für das Internetportal datenschutzrechtlich verantwortlich. [2]Für die elektronische Unterstützung bei der Antragstellung darf das Bundesministerium für Familie, Senioren, Frauen und Jugend die zur Beantragung von Elterngeld erforderlichen personenbezogenen Daten sowie die in § 22 genannten statistischen Erhebungsmerkmale verarbeiten, sofern der Nutzer in die Verarbeitung eingewilligt hat. [3]Die statistischen Erhebungsmerkmale einschließlich der zur Beantragung von Elterngeld erforderlichen personenbezogenen Daten sind nach Beendigung der Nutzung des Internetportals unverzüglich zu löschen.

Übersicht — Rdn.

1. Allgemeines

1 Die Vorschrift wurde durch Art. 118 Nr. 2 **Gesetzes v. 20.11.2019 (BGBl. I 1626)** (**2. Datenschutzanpassungs- und Umsetzungsgesetz**) m.W.v. 26.11.2019 eingeführt.

2. Zweck der Norm

2 Der neue § 24b regelt die **elektronische Unterstützung bei der Antragstellung** (BT-Drucks 19/4674 S. 130).

3. Inhalt der Norm

a) Abs. 1

3 § 24b Absatz 1 BEEG beschreibt die **fakultative Unterstützungsmöglichkeit** durch ein bundesweites Internetportal und stellt klar, dass die Aufgaben und Befugnisse der nach § 12 BEEG zuständigen Stellen davon unberührt bleiben. Das Internetportal stellt ein bundesweit einheitliches Portal bereit, über das Anspruchsberechtigte Antragsformulare mit landesspezifischen Datenfeldern ausfüllen und die entsprechenden Daten an die jeweils nach § 12 BEEG zuständige Behörde übermitteln können. Das Internetportal bietet dabei sowohl beim Ausfüllen der Datenfelder als auch bei der Übermittlung der Daten aus dem Antragsformular technische Unterstützung. Die technische Unterstützung beim Ausfüllen der Datenfelder umfasst formale Validierungen und Plausibilitätsprüfungen. Zudem werden mit Ausfüllhinweisen, Soforthilfen sowie einem umfangreichem Hilfebereich mit Erläuterungen zum Elterngeld und zum Internetportal weitere Unterstützungsleistungen geboten. Eine sachliche Prüfung der Daten wird nicht vorgenommen, sondern bleibt alleine

den nach § 12 BEEG zuständigen Behörden vorbehalten (BT-Drucks. 19/4674 S. 340).

Für die Übermittlung des ausgefüllten Antragsformulars bzw. der darin enthaltenden Antragsdaten **werden zwei Übermittlungswege** angeboten: Das ausgefüllte Online-Formular wird in ein **PDF-Format** umgewandelt, ausgedruckt, unterschrieben und auf dem Postweg an die zuständige Behörde übersandt. Abhängig vom technischen Umsetzungsstand des beteiligten Landes steht den Nutzerinnen und Nutzern des Internetportals die Möglichkeit offen, ihre Daten aus dem Online-Formular direkt elektronisch (im **XML-Format**) in das Fachverfahren der jeweils nach § 12 BEEG zuständigen Behörde zu übermitteln. Dazu muss das Fachverfahren des jeweiligen Bundeslandes per Schnittstelle mit dem Internetportal verbunden sein. Eine Umsetzung und Freischaltung der Schnittstellen in den beteiligten Ländern erfolgt schrittweise. Die Anbindung der Fachverfahren ermöglicht perspektivisch die medienbruchfreie elektronische Unterstützung der Antragsstellung. Dem Schriftformerfordernis, das für den Antrag weiterhin besteht, wird in diesem Fall entweder durch Übersendung eines unterschriebenen Antrags auf dem Postweg oder ggf. durch Nutzung der in § 36a Abs. 2 des Ersten Buches Sozialgesetzbuch vorgesehenen Möglichkeiten der Schriftformersetzung Rechnung getragen (BT-Drucks. 19/4674 S. 340). 4

b) Abs. 2

aa) Satz 1

Satz 1 bestimmt, dass das fachlich zuständige BMFSFJ für das Internetportal datenschutzrechtlich verantwortlich ist. »**Verantwortlicher**« für die Datenverarbeitung ist gem. Art. 4 Nr. 7 DSGVO der oder die natürliche oder juristische Person, Behörde, Einrichtung oder andere Stelle, die »*allein oder gemeinsam mit anderen über die Zwecke und Mittel der Verarbeitung von personenbezogenen Daten entscheidet*«. Dritter ist laut Art. 4 Abs. 1 Nr. 10 DSGVO »*eine natürliche oder juristische Person, Behörde, Einrichtung oder andere Stelle…, außer der betroffenen Person, dem Verantwortlichen, dem Auftragsverarbeiter und den Personen, die unter der unmittelbaren Verantwortung des Verantwortlichen oder des Auftragsverarbeiters befugt sind, die personenbezogenen Daten zu verarbeiten*«. Ob der Daten-Empfänger demnach Dritter ist oder dem Verantwortlichen zugerechnet wird, hängt wie zuvor davon ab, ob er über Mittel und Zwecke der Datenverarbeitung entscheidet und sie daher tatsächlich beherrscht, oder nicht. Natürliche Personen sind dann keine Dritten, wenn sie als Arbeitnehmer oder im Rahmen einer Dienstvereinbarung höherer Art in den Organisationsapparat des Verantwortlichen eingegliedert sind (*BSG v. 5.2.2008 – B 2 U 8/07 – BSGE 100, 25–43 – SGb 2009, 40–49; Leopold in KassKomm § 67 Rn. 26*). Dies kommt nicht nur bei Bestehen eines Arbeits-/Beschäftigungsverhältnis i.S.v. § 7 SGB IV, sondern auch bei Praktikanten, Werkstudenten, Aushilfen oder freien Mitarbeiter in Betracht, sofern diese in den Betrieb räumlich und organisatorisch eingegliedert sind (*Bieresborn*, ASR 2012, 46, 49 f.). 5

Aus Art. 4 Nr. 10 DSGVO folgt ferner, dass – wie nach altem Recht (§ 67 Abs. 10 SGB X id bis 24.5.2018 geltenden Fassung – der **Auftragsverarbeiter nicht Dritter** ist 6 (vgl. kritisch Schneider in Forgó/Helfrich/Schneider, Betrieblicher Datenschutz, Teil VII, Kap. 2 Rn. 45 ff.; s. dazu oben § 24a Rn. 6). Art. 4 Nr. 8 DSGVO beschreibt als Auftragsverarbeiter denjenigen, der Daten im Auftrag des Verantwortlichen verarbeitet.

7 **Gemeinsam Verantwortliche** kommen nicht nur dann in Betracht, wenn diese gemeinsam Zweck und Mittel der Datenverarbeitung durch übereinstimmende Erklärungen festgelegt haben, sondern auch, wenn diese unterschiedliche Teilschritte der Datenverarbeitung unabhängig voneinander bestimmt haben (Monreal CR 2019, 797, 803 f; vgl. EuGH, Urt. v. 29.7.2019 – C-40/17 [Fashion ID] Rn. 68). Unklar ist, ob gemeinsam Verantwortlichen im Verhältnis zueinander »Dritte« sind (strikt dagegen Lang in Taeger/Gabel, DSGVO-BDSG, 3. Aufl. 2019, Art. 26 Rn. 56 m.w.N.). Dafür könnte aber formal die in Art. 4 Nr. 10 DSGVO gewählte Singularform des »Verantwortlichen« sprechen, sowie das ansonsten eine im Gesetz nicht angelegte Privilegierung der gemeinsamen Verantwortlichen eintreten würde (vgl. Art. 26 Abs. 3 DSGVO). Entscheidend für den »Dritten« ist, dass er in eigener Funktion tätig wird, die auch bei gemeinsamen Verantwortlichen nicht identisch sein muss (Ernst in Paal/Pauly, DSGVO/BDSG, Art. 4 Rn. 60; Moos in Moos/Schefzig/Arning, Die neue DSGVO, Kap. 8 Rn. 32, sowie Kurzpapier Nr. 16 der DSK, Gemeinsam für die Verarbeitung Verantwortliche, Art. 26 DSGVO, abrufbar unter www.datenschutzkonferenz.de/media/kp/dsk_kpnr_16.pdf.).

8 Mit § 24b Abs. 2 S. 1 wird von der Öffnungsklausel in Artikel 4 Nr. 7 DSGVO Gebrauch gemacht (BT-Drucks. 19/4674 S. 340) und bestimmt, dass das **BMFSFJ Verantwortlicher** ist. Damit kommt die Deutung, dass die Bearbeitung der elektronisch gestellten Anträge nur im Wege der Auftragsverarbeitung geschieht, nicht in Betracht. Dass es auch nach dem Regelungskonzept der DSGVO mehrere Verantwortlich bei der Verarbeitung geben kann ergibt sich bereits aus der Definition in Art. 4 Nr. 7 DSGVO (»*....allein oder gemeinsam mit anderen...*«; BT-Drs. 18/12611 S. 114). Die Zulässigkeit zur Festlegung der Verantwortlichkeit wird zudem aus ErwG 74 und ErwG 79 deutlich, die eine klare Zuteilung von Verantwortlichkeiten durch die Mitgliedsstaaten fordern.

bb) Satz 2

9 **Satz 2** schafft einen Erlaubnistatbestand für die Verarbeitung personenbezogener Daten von Nutzerinnen und Nutzern zu Zwecken der elektronischen Unterstützung der Antragstellung. Mit **Einwilligung** der Nutzerinnen und Nutzer darf das für das Portal zuständige BMFSFJ die zur Beantragung von Elterngeld erforderlichen personenbezogenen Daten sowie die statistischen Erhebungsmerkmale gemäß § 22 BEEG die erforderliche Datenverarbeitung zu Zwecken der elektronischen Unterstützung der Antragstellung verarbeiten. Der Verarbeitungsbegriff nach Art. 4 Nr. 2 DSGVO umfasst alle notwendigen Einzelschritte, wie das Erheben und Erfassen, das Speichern sowie – sofern die Nutzinnen und Nutzer auch in die Übermittlung ihrer Daten einwilligen – auch die Übermittlung der Daten aus dem Antragsformular an die nach § 12 BEEG zuständige Behörde (BT-Drucks. 19/4674 S. 340).

Die Zulässigkeit einer Datenverarbeitung auf Grundlage einer Einwilligung ergibt sich unmittelbar aus der DSGVO (Art. 6 Abs. 1 Buchst a; Art. 9 Abs. 2 Buchst b). Hierzu bedarf es **keines weiteren Erlaubnistatbestands** im deutschen Recht, womit dem Streit um die normakzessorische Einwilligung der Boden entzogen ist (vgl. *BSG* 10.12.2008, B 6 KA 37/07, BSGE 102, 134 ff Rn. 35 zur »*normakzessorischen Einwilligung*«). Andererseits bedarf es einer (ausdrücklichen) Einwilligung nur, wenn keine gesetzliche oder vertragliche Verarbeitungsgrundlage für die Datenverarbeitung vorhanden ist. Der Gesetzgeber ist anscheinend davon ausgegangen, dass – wenn das BMFSFJ Verantwortlicher der Datenverarbeitung ist ohne aber für die Entscheidung über die Anträge gem. § 12 BEEG zuständig zu sein – § 67a SGB X als Ermächtigungsgrundlage für die Datenerhebung nicht ausreicht. Ob alleine der elektronische Datenübermittlungsweg durch Einwilligung legitimiert werden kann ist indes zweifelhaft, weil die Datensicherheit nicht zur Disposition des Bürgers steht, sondern durch den Verantwortlichen zu beachten ist. 10

Im Vergleich zur bisherigen Rechtslage sind die **Anforderungen an eine wirksame Einwilligung** verschärft worden. Diese wird in Art. 4 Nr. 11 DSGVO als »*freiwillig für den bestimmten Fall, in informierter Weise und unmissverständlich abgegebene Willensbekundung*« definiert. Nach Art. 7 Abs. 3 DSGVO besteht ein jederzeitiges Widerrufsrecht, worüber eigens aufzuklären ist Die Grundsicherungsträger müssen die Erfüllung dieser Voraussetzungen nachweisen können (Art. 7 Abs. 1 DSGVO), weshalb § 67b Abs. 2 SGB X für die Einwilligung die schriftliche oder elektronische Form vorschreibt. Eine Einwilligung muss in Form einer Erklärung oder eines sonstigen aktiven Verhaltens erfolgen. Insofern genügt bei Vorliegen der sonstigen Voraussetzungen auch das Setzen einen Häkchens, nicht aber umgekehrt das passive Verhalten mit der Maßgabe, dass bei fehlender Einwilligung diese zu erklären sei (Sog »Opt out«; s. EuGH vom 1.10.2019 – C-673/17 [*Planet49 v. Bundesverband der Verbraucherzentralen und Verbraucherverbände – Verbraucherzentrale Bundesverband e. V.*] – juris Rn. 37 ff.). 11

Wegen der Datensicherheitsbelange sollten Einwilligungen durch einfache **E-Mail** nur in absoluten Ausnahmefällen eingeholt werden (Art. 25, 32 DSGVO). Da es sich bei § 67b Abs. 2 SGB X um eine Soll-Vorschrift handelt, sind aber auch andere Formen – z.B. telefonisch – denkbar, die aber mit entsprechenden Nachweisrisiken verbunden sind. 12

Grundsätzlich ist bei der Einwilligung von ihrer **Höchstpersönlichkeit auszugehen**, weshalb eine Vertretung nur bei Minderjährigen oder betreuten Personen zulässig ist (Ernst ZD 2017, 110, 111). Die DSGVO geht in ErwG 65 davon aus, dass auch Minderjährige wirksam einwilligen können, wobei Art. 8 eine absolute Untergrenze von 13 Jahren vorsieht, die die Mitgliedstaaten nicht unterschreiten dürfen. Damit bleibt es für Sozialdaten bei der bisherigen Rechtslage, die Einsichtsfähigkeit voraussetzt, wobei streitig ist, ob diese bei der mit dem 15. Lebensjahr beginnende Handlungsfähigkeit i.S.v. § 36 SGBI oder erst mit Erreichen der Volljährigkeit eintritt (bereits Mallmann/Walz NJW 1981, 1021; Neumann-Duesberg BKK 1981, 25). 13

Art. 4 Nr. 11 DSGVO setzt die **Freiwilligkeit der Einwilligung** voraus. Art. 7 Abs. 4 DSGVO enthält hierzu weitere Bestimmungen. Problematisch ist vor allem die Aussage ErwG 43 DSGVO, dass eine Einwilligung bei klarem Ungleichgewicht zwischen 14 betroffener Person und Verantwortlichem, *»insbesondere wenn es sich bei dem Verantwortlichen um eine Behörde handelt, und es deshalb in Anbetracht aller Umstände in dem speziellen Fall unwahrscheinlich ist, dass die Einwilligung freiwillig abgegeben wurde, keine gültige Rechtsgrundlage liefern«* soll. Dies legt einen Konflikt zwischen der Freiwilligkeit der Einwilligung und den drohenden Konsequenzen bei der Verletzung bestehender Mitwirkungspflichten (§§ 60 ff. SGB I) nah. Andererseits kommt ErwG 43 nur die Rolle einer Auslegungshilfe zu und die Wendung *»in Anbetracht aller Umstände in dem speziellen Fall«* erlaubt, auch nach Androhung von Versagung oder Entziehung von Freiwilligkeit auszugehen, weil die Ermittlung bestimmter personenbezogener Tatsachen im Sozialleistungsbereich unabdingbar ist. Im Bereich des Beschäftigtendatenschutzes war der nationale Gesetzgeber aufgrund der vorhandenen Öffnungsklausel in Art. 88 Abs. 1 DSGVO freier und konnte in § 26 Abs. 2 BDSG eine Art Vermutung der Freiwilligkeit regeln, wenn für die betroffene Person ein rechtlicher oder wirtschaftlicher Vorteil erreicht werden soll (Spelge DuD 2016, 775 (777); KortDB 2016, 711(714); Gola BB 2017, 1462; Franzen EuZA 2017, 313 ff.; s. zum Verhältnis des Art. 88 DSGVO zu Art. 6 Abs. 2 DSGVO Maier DuD 2017, 169 ff.). Hiervon zu unterscheiden ist wiederum die Frage, ob eine Einwilligung im Einzelfall – z.B. bei starker Alkoholisierung – mangels Einsichtsfähigkeit unwirksam ist (Schömann, jurisPR-21/2009 Anm. 4).

15 Es sollen nur die für die Beantragung von Elterngeld **erforderlichen personenbezogenen Daten** sowie die nach § 22 BEEG vorgesehenen statistischen Erhebungsmerkmale verarbeitet werden. Über das Internetportal sollen dabei die Datenfelder der landesspezifischen Antragsformulare zur Verfügung gestellt werden. Im Rahmen ihrer Zuständigkeit zur Ausführung des BEEG sowie unter Berücksichtigung des Zweiten Kapitels des SGB X, bestimmen die Länder, welche Daten zur Durchführung des Verwaltungsverfahrens erforderlich sind (BT-Drucks. 19/4674 S. 340). Mit Umwandlung des aufgefüllten Online-Formulars in ein PDF-Format sowie ggf. mit der elektronischen Übermittlung der Daten aus dem Online-Formular im XML-Format direkt in das Fachverfahren der nach § 12 BEEG zuständigen Behörde endet die Unterstützungsleistung durch das Internetportal (BT-Drucks. 19/4674 S. 340).

16 Das System soll den Nutzerinnen und Nutzern die Möglichkeit bieten, sich über die Oberfläche mit einem **Benutzerkonto zu registrieren** und damit am System anzumelden. Die Registrierung ist unter Pseudonym und mit einer gültigen Emailadresse möglich. Die Registrierung ist Voraussetzung für die Nutzung der Anwendung, da dadurch den Nutzerinnen und Nutzern die Möglichkeit gegeben ist, die Antragsbearbeitung zu unterbrechen und zu einem späteren Zeitpunkt innerhalb der gegebenen Löschfristen fortzuführen. Das gewählte Pseudonym sowie die Emailadresse sind nicht Teil der Daten, die an die nach § 12 BEEG zuständigen Behörden übermittelt werden. Sie dienen lediglich der Nutzung des Portals. Benutzerkonten werden drei Werktage nach Antragsabschluss automatisiert gelöscht. Benutzerinnen und Benutzer können ihre Benutzerkonten eigenständig löschen. Das Konto wird in diesem Fall unmittelbar gelöscht. Die Löschung der Nutzerdaten erfolgt in sämtlichen Speichersystemen dauerhaft und kann danach nicht wiederhergestellt werden (BT-Drucks. 19/4674 S. 341).

Die für die elektronische Unterstützung bei der Antragstellung verarbeiteten personenbezogenen Daten werden nach Beendigung der Unterstützungsleistung **unverzüglich gelöscht**. Für den Fall der Nutzung der elektronischen Übermittlung endet die Aufbewahrungsfrist für Antragsdaten drei Werktage nach Versand der Antragsdaten durch die Nutzerin oder den Nutzer an die nach § 12 BEEG zuständige Behörde. Bei der Nutzung des Antragsassistenten ohne elektronische Übermittlung der Antragsdaten ist die Frist zur Löschung der Antragsdaten an die Umwandlung in das PDF-Format sowie die Nutzung des Benutzerkontos gekoppelt. Benutzerkonten werden drei Werktage nach Umwandlung der Antragsdaten in das PDF-Format automatisiert gelöscht. Damit sind auch die eingegebenen Antragsdaten gelöscht. Vor Ablauf dieser Frist können Nutzerinnen und Nutzer ihre Benutzerkonten jederzeit eigenständig löschen (BT-Drucks. 19/4674 S. 341). Diese Regelung ist im Zusammenhang mit dem Recht auf Löschung (»Recht auf Vergessenwerden«) aus Art. 17 DSGVO zu verstehen, welches sowohl ein Recht der betroffenen Person auf Löschung als auch eine Löschpflicht des Verantwortlichen enthält, wenn einer der in Art. 17 Abs. 1 Buchst a bis f DSGVO genannten Gründe vorliegt, u.a. wenn die Daten nicht mehr benötigt werden (vgl. Kühling NJW 2020, 275 ff.); der BGH hat inzwischen entschieden, dass es kein automatisches »Recht auf Vergessenwerden« im Internet gibt, sondern der jeweilige Einzelfall maßgeblich ist: BGH vom 27.7.2020 – VI ZR 405/18. 17

Am 24.6.2020 hat das Bundeskabinett das »**Digitale Familienleistungen Gesetz**« auf den Weg gebracht. In Zukunft sollen fünf Familienleistungen in einem digitalen Kombiantrag zusammengefasst werden können. In einem Zuge können Eltern danach die Geburtsurkunde mit förmlicher Namensfestlegung und Geburtsanzeige sowie Eltern und Kindergeld beantragen. In der nächsten Stufe soll auch der Kinderzuschlag dazukommen. Das Gesetz wurde als Gesetz zur Digitalisierung von Verwaltungsverfahren bei der Gewährung von Familienleistungen am 3. Dezember 2020 verkündet (BGBl. I 2668). 18

Entscheidendes Element des Gesetzes ist die **Regelung des elektronischen Datenaustausches.** An vielen Stellen können Behörden notwendige Daten untereinander abrufen. Bürgerinnen und Bürger müssen künftig keine Nachweise mehr selbst einreichen. Die zuständigen Standesämter, Krankenkassen, Elterngeldstellen und die Deutsche Rentenversicherung werden zum elektronischen Datenaustausch auf Wunsch der Eltern ermächtigt. Damit entfallen mehrere Papiernachweispflichten für die Eltern. Doppeleingaben in verschiedenen Anträgen werden durch den digitalen Kombiantrag vermieden. 19

§ 25 BEEG Datenübermittlung durch die Standesämter

Beantragt eine Person Elterngeld, so darf das für die Entgegennahme der Anzeige der Geburt zuständige Standesamt der nach § 12 Absatz 1 zuständigen Behörde die erforderlichen Daten über die Beurkundung der Geburt eines Kindes elektronisch übermitteln, wenn die antragstellende Person zuvor in die elektronische Datenübermittlung eingewilligt hat.

Erläuterung

1. Allgemeines

1 Die Norm wurde mit dem BEEG v. 5.12.2006 (BGBl. I S. 2748) eingeführt und ist seit 1.1.2007 in Kraft. Vorläufernorm war § 24 Abs. 2 BErzGG, der durch das 3. Bundeserziehungsgeldänderungsgesetz vom 12. Oktober 2000 (BGBl. I S. 1426) dort aufgenommen worden war. Sinn und Zweck dieser Norm war, die Auswirkungen der damals neuen Vorschriften über die Elternzeit, insbesondere der Möglichkeiten zur gemeinsamen Inanspruchnahme, Aufteilung und zeitlichen Übertragung sowie zur Teilzeitarbeit erfassen und bewerten zu können (siehe BT-Drucks. 14/3808, S. 28). Nach mehrfachen Änderungen durch das Gesetz zur Einführung des Betreuungsgeldes vom 15.2.2013 (BGBl. I S. 254) das Gesetz zur Einführung des Elterngeld Plus mit Partnerschaftsbonus und einer flexibleren Elternzeit im Bundeselterngeld- und Elternzeitgesetz vom 18.12.2014 (BGBl. I 2325) die Norm durch das **Gesetz zur Digitalisierung von Verwaltungsverfahren bei der Gewährung von Familienleistungen vom 3.12.2020** (BGBl. I 2668) m.W.v. 10.12.2020 komplett neu gefasst.

2. Datenübermittlungspflicht durch Standesämter

2 Mit dem **Gesetz zur Digitalisierung von Verwaltungsverfahren bei der Gewährung von Familienleistungen vom 3.12.2020** wurden einige rechtliche Grundlagen im Bereich der Digitalisierung von Familienleistungen geschaffen. § 25 in der Neufassung soll nun namentlich eine bereichsspezifischen Regelung zur Datenübermittlung der Standesämter an die Elterngeldstellen durch Änderungen in der Personenstandsverordnung und dem BEEG enthalten, um eine elektronische Übermittlung der Daten der Beurkundung der Geburt eines Kindes zu ermöglichen (BT-Drucks 19/21987 S. 14). Es handelt sich somit um eine **Datenübermittlungsbefugnisnorm** zugunsten der Standesämter (s. dazu § 24 Rn. 2). Nun können die **Standesämter** die bisher durch die Vorlage der Geburtsurkunde nachzuweisenden Daten der Geburt **elektronisch übermitteln**. Die Maßgabe, dass hierfür ein Antrag auf Elterngeld gestellt sein muss, gewährleistet, dass bei der jeweils zuständigen Elterngeldstelle ein Elterngeldantrag vorliegt und diesem die Mitteilung des Standesamtes über die Beurkundung der Geburt korrekt zugeordnet werden kann. Die Antragstellerin oder der Antragsteller muss in die elektronischen Abfrage und Übermittlung der Daten über die Beurkundung der Geburt eingewilligt haben (BT-Drucks 19/21987 S. 31).

3 Hintergrund der Neufassung ist, dass das **Gesetz zur Verbesserung des Onlinezugangs zu Verwaltungsleistungen (Onlinezugangsgesetz – OZG) vom 14.8.2017** (BGBl. I 3122) Bund und Länder verpflichtet, bis zum Jahr 2022 sämtliche Leistungen der Verwaltung auch digital anzubieten. Zugleich sollen Verwaltungsprozesse vereinfacht und

schneller gestaltet werden. Bürgerinnen und Bürger sowie Unternehmen sollen entlastet werden. Diese sollen Standardinformationen möglichst nur einmal eingeben und weitere Angaben, die der Verwaltung vorliegen, nicht mitteilen müssen. Gleichzeitig sollen die beteiligten Behörden unter Wahrung eines rechtsstaatlichen und ordnungsgemäßen Verfahrens durch optimierte Prozesse entlastet werden. Innerhalb des verfassungsrechtlichen Gebotes zur Verwaltungsklarheit (Trennung der Verwaltungsebenen) besteht ein Gestaltungsspielraum, den der Gesetzgeber anhand dieses Zielbildes der Nutzerorientierung ausfüllen und durch entsprechende Rechtsetzung abbilden sollte. Eine wichtige rechtliche Grundlagen und Weichenstellungen für die elektronische Abwicklung von Verwaltungsverfahren wurde insbesondere mit Artikel 91c GG und dem darauf aufbauenden OZG getroffen. Diese Regelungen werden ergänzt durch die Regelungen der Verwaltungsverfahrensgesetze (dort insb. § 3a und § 41 Absatz 2a Verwaltungsverfahrensgesetz [VwVfG] und entsprechende Vorschriften der Landesverwaltungsverfahrensgesetze), des Ersten Buches Sozialgesetzbuch (SGB I; dort insb. § 36a) und des E-Government-Gesetzes (EGovG, dort insb. § 5 EGovG). (BT-Drucks 19/21987, S. 13).

Seit dem Inkrafttreten des OZG wurde im Bereich der Digitalisierung von Familienleistungen mit dem Angebot **Elterngeld-Digital** ein digitaler Antragsassistent gestartet, an dem bislang bereits sechs Bundesländer partizipieren; weitere sechs Bundesländer werden im Jahresverlauf folgen. Außerdem werden vier landeseigene digitale Antragsassistenten für das Elterngeld angeboten. Zur weiteren Vereinfachung der Beantragung dieser Leistung – und einer Erhöhung der Digitaltauglichkeit – wird zudem parallel eine mit dem Digitale-Familienleistungen-Gesetz abgestimmte Änderung an verpflichtenden Nachweisen und eine feste örtliche Zuständigkeit in das Bundeselterngeld- und Elternzeitgesetz (BEEG) eingebracht (BT-Drucks 19/21987 S. 13). Solche digitalen Angebote sollen den Familien die Antragstellung erleichtern. Um das volle Potenzial der Digitalisierung zu heben, sollen auch die Verwaltungsprozesse optimiert werden. Beabsichtigt ist ein »**Kombi-Antrag**« und zum anderen ein Onlinedienst für den automatisierten Datenaustausch. Kernidee des »Kombi-Antrages« – der bei der Geburt eines Kindes zum Einsatz kommen soll – ist, dass er sich auf Leistungen beider Ebenen des deutschen Staatsaufbaus (Bund, Länder einschl. Kommunen) erstreckt. Konkret sollen die Namensfestlegung im Rahmen der Geburtsangaben und die Anträge auf Kindergeld, Elterngeld und Kinderzuschlag gemeinsam erfolgen können. Der »Kombi-Antrag« präsentiert sich den Bürgerinnen und Bürgern in einem gemeinsamen Onlinedienst. Die Fachverantwortlichkeit für das jeweilige Verwaltungsverfahren bleibt beim »Kombi-Antrag« unberührt. Dies bedeutet insbesondere, dass das jeweilige Fachrecht die Art und den Umfang der im Onlinedienst für die Antragstellung zu erhebenden Daten bestimmt. In dem Antragssystem sollen Daten mehrfach zur Vervollständigung der einzelnen Anträge für die jeweiligen Verwaltungsleistungen genutzt werden. Die Mehrfachnutzung wird jedoch nur ermöglicht, wenn der Nutzer zu Beginn in die gleichzeitige bzw. parallele Antragstellung einwilligt. Zudem werden fachgesetzliche Rechtsgrundlagen für elektronische Abfragen zur Bearbeitung von Elterngeldanträgen geschaffen (Artikel 3, 6 bis 8), die von der Einwilligung der Betroffenen abhängig gemacht werden. 4

5 Eine Erweiterung der elektronischen Abfrage von Entgeltbescheinigungsdaten auf den **Kinderzuschlag** wurde ebenfalls geprüft, konnte aber aufgrund der heterogenen Erfassung von Einkommensinformationen in diesem Gesetzgebungsvorhaben nicht realisiert werden. Gleichwohl kann und soll der Kinderzuschlag im Rahmen der Umsetzung von digitalen »Kombi-Antragslösungen« Berücksichtigung finden. Hierfür ist aber kein gesonderter rechtlicher Regelungsbedarf identifiziert worden. Die Nutzung dieser Anwendung im Zusammenhang mit der Geburt eines Kindes ist für die Nutzerinnen und Nutzer freiwillig und stellt eine zusätzliche Möglichkeit zur Abwicklung von Verwaltungsverfahren dar. Die Nutzerinnen und Nutzer können die Anträge weiterhin postalisch/persönlich oder durch andere digitale Antragsmöglichkeiten unmittelbar bei der zuständen Behörde stellen. Die Nutzerinnen und Nutzer können insbesondere auch einen Papierantrag stellen und zugleich von der Möglichkeit Gebrauch machen, dass die zuständige Behörde erforderliche Nachweise direkt bei einer anderen öffentlichen Stelle einholt. Zudem müssen die Anträge nicht parallel gestellt werden; es wird weiterhin möglich sein, separate Anträge oder jede beliebige Kombination zu stellen (BT-Drucks 19/21987 S. 14).

6 Hinsichtlich der **Übermittlung der zur Bescheidung von Elterngeld** erforderlichen Daten der beurkundeten Geburt zwischen Standesämtern und Elterngeldstellen geht der Gesetzgeber bei Entwurfsfassung davon aus, dass ein Abruf in 100 Prozent der digitalen Antrags-Fälle erforderlich ist. Aus der Perspektive der Standesämter sei nicht die Zahl der digitalen Anträge relevant, sondern die Zahl der elektronischen Datenaustausche bzw. Datenabrufe bei der jeweiligen Stelle (Abrufquote) (BR-Drucks 436/20 S. 14; BT-Drucks 19/21987 S. 19).

7 Die für den Datenschutz relevante **Besonderheit digitaler im Vergleich zur analogen papiergebundenen Datenverarbeitung** besteht insbesondere in der größeren Geschwindigkeit und den einfacheren Verknüpfungs- und Verkettungsmöglichkeiten einzelner Datensätze, die mittels Maschinen lesbar sind (*Scheja/Quae/Conrad/Hausen* in Forgó/Helfrich/Schneider [Fn. 23], Teil IV. Kap. 1 RdNr. 1). Bei einem Abfluss der Daten an unbefugte Dritte können diese entsprechend schneller und in größerem Umfang Missbrauch betreiben. Das Erfordernis einer Rechtsgrundlage bezieht sich auch auf das »Wie« der Datenverarbeitung (Art. 5 Abs. 1 Buchst a) DS-GVO) (*Frenzel* in Paal/Pauly [Hrsg.], DS-GVO BDSG, 3. Aufl., München 2021, Art. 5 Rn. 14; Reimer in Sydow/Marsch, Europäische Datenschutzgrundverordnung, 3. Aufl. 2022, Art. 5 Rn. 1). Daher muss auch die digitalisierte Datenverarbeitung auf eine Rechtsgrundlage gestützt werden können, was angesichts der genannten Risiken insbesondere bei hochsensiblen Gesundheitsdaten die entsprechende normative Benennung verlangt (*Mühlenbeck/Pabst/Schwartmann* in: Schwartmann/Jaspers/Thüsing/Kugelmann, DS-GVO/BDSG, 2. Aufl. 2020, Artikel 6 VO [EU] 2016/679, Rn. 124, sehen § 3 BDSG als ausreichende Grundlage an).

8 Die DS-GVO versteht sich selbst als **technologieneutral** *(ErwG 15)*. Sie beansprucht nicht, konkrete technische Entwicklungen zu steuern, sondern Regeln vorzugeben, die sich durch eine möglichst hohe Abstraktion gegenüber Technik auszeichnen. Dementsprechend enthält die DS-GVO lediglich abstrakt formulierte Erlaubnistatbestände,

unter die sich Techniktrends subsumieren lassen. Dadurch soll sichergestellt werden, dass das Recht nicht bei jeder neuen Entwicklung angepasst werden muss und neue Entwicklungen nicht durch Regelungen verhindert werden (BT-Drucks 19/2790, S 119; vgl. auch *Broemel*, in: Spiecker, gen. Döhmann/Wallrabenstein [Hrsg.], Gesundheitsversorgung im Zeiten der Datenschutzgrundverordnung, Frankfurt 2019, S. 91 f.). Die seit Längerem angekündigte *ePrivacy-Verordnung(COM/2017/010 final - 2017/03 (COD); https://eur-lex.europa.eu/legal-content/DE/TXT/?qid=1593073685620&uri=CELEX%3A52020DC0066 (zuletzt aufgerufen am 30.1.2023)* lag zur Zeit der Drucklegung ebenso nur im Entwurfsstadium vor. Der *Artificial Intelligence Act* (KI-Verordnung) wurde am 14.6.2023 durch das EU-Parlament beschlossen (https://www.europarl.europa.eu/doceo/document/TA-9–2023–0236_DE.pdf (abgerufen am 14.9.2023).

§ 26 BEEG Anwendung der Bücher des Sozialgesetzbuches

(1) **Soweit dieses Gesetz zum Elterngeld keine ausdrückliche Regelung trifft, ist bei der Ausführung des Ersten, Zweiten und Dritten Abschnitts das Erste Kapitel des Zehnten Buches Sozialgesetzbuch anzuwenden.**

(2) **§ 328 Absatz 3 und § 331 des Dritten Buches Sozialgesetzbuch gelten entsprechend.**

Übersicht Rdn.

1. Allgemeines

1 Die Vorschrift trat mit Einführung des BEEG durch Gesetz vom 5.12.2006 (BGBl. S. 2748) zum 1.1.2007 in Kraft. Sie wurde zuletzt geändert d.G. v. 10.9.2012 (BGBl. I S. 1878) m.W.v. 18.9.2012. Ab 1.8.2013 wird die Norm in der Fassung des **Gesetzes zur Einführung des Betreuungsgeldes** v. 15.2.2013 (BGBl. I S. 254) entsprechend ergänzt. Durch **Bek. v. 27.1.2015** wurde sie mit Wirkung zum 1.1.2015 neu gefasst (BGBl. I 33). Durch das **Zweites Gesetz zur Änderung des Bundeselterngeld- und Elternzeitgesetzes vom 15.2.2021** (BGBl. I 239) wurde Abs. 1 zum 1.9.2021 dahin gehend geändert, dass das Wort »Betreuungsgeld« wegfällt.

2. Sinn und Zweck der Vorschrift

2 Die Vorschrift stellt in Abs. 1 die Anwendbarkeit der allgemeinen Verfahrensbestimmungen des Ersten Teils des Sozialgesetzbuch 10. Buch (SGB X) auf den ersten, zweiten und dritten Abschnitt des BEEG klarstellend fest, sofern keine abweichenden Regelungen getroffen sind. Gemäß **§ 68 Nr. 15 SGB I** gelten der Erste, Zweite

und Dritte Abschnitt (Elterngeld und Verfahren und Organisation) des BEEG als besondere Teile des Sozialgesetzbuches. Somit gilt für die Durchführung dieser Abschnitte das SGB I. Daneben gilt gem. § 26 Abs. 1 für die genannten Abschnitte ebenfalls das Erste Kapitel des SGB X. Abs. 2 verweist auf das Arbeitsförderungsrecht (Sozialgesetzbuch 3. Buch – SGB III) in dem die Möglichkeit der vorläufigen Zahlungseinstellung in § 331 SGB III vorgesehen ist.

3 Die Norm ist letztlich eine **Übernahme des §§ 22 Abs. 1 BErzGG**, wobei die dortigen in Absätze 2 und 3 enthaltenen Regelungen bezüglich der Konsequenzen bei nachträglichen Änderungen des Gesetzes nicht übernommen wurden. Deshalb gilt bei rechtlichen Änderungen während des Bezuges von Elterngeld nunmehr alleine **§ 48 SGB X** (Conradis in HK-MuSchG-BEEG § 26 Rn. 2). Des Weiteren wurden die gem. § 22 Abs. 5 BErzGG normierten zu § 331 SGB III abweichenden Fristen nicht übernommen (Buchner/Becker § 26 Rn. 2, s.u. Rdn. 30 ff.).

4 § 26 Abs. 1 BEEG ist notwendig, weil zwar der erste Abschnitt des BEEG gem. § 68 Nr. 15a SGB I i.d.F. v. Art. 2 Abs. 15 Nr. 2 des Gesetzes zur Einführung des Elterngeldes v. 5.12.2006 (BGBl. I S. 2748) als Teil des SGB gilt, womit eo ipso gem. § 37 SGB I SGB I und SGB X Anwendung finden, soweit nichts Abweichendes im Gesetz geregelt ist. S. zu § 30 Abs. 3 Satz 2 SGB I (Wohnsitz) BSG Urt. v. 20.12.2012 – B 10 EG 16/11 R – SozR 4–7837 § 12 Nr. 1). Gem. § 1 Abs. 1 S. 2 SGB X gilt indes das 1. Kapitel des SGB X für solche Gesetze, die erst nach Inkrafttreten des SGB X Bestandteil des SGB werden, erst dann, wenn dort die Anwendung ausdrücklich durch mit Zustimmung des Bundesrates bestimmt wird, wie es durch § 26 Abs. 1 BEEG vorbehaltlich ausdrücklich abweichender Regelungen im BEEG geschieht (s. dazu Roos in v. Wulffen, SGB X, 8. Aufl. 2014, § 1 Rn. 5). Die übrigen Kapitel des SGB X wie der Sozialdatenschutz und die Zusammenarbeit der Leistungsträger sowie ihre Beziehungen zu Dritten gelten ohne Anwendungsnorm, da keine Ausnahmevorschrift wie § 37 SGB I i.V.m. § 1 Abs. 1 Satz 2 SGB X eingreift (so auch Conradis in HK-MuSchG § 26 BEEG Rn. 3).

3. Abweichende Vorschriften

5 Als vom Ersten Kapitel des SGB X sowie SGB I abweichende Regelungen im BEEG gelten:

a) **Schriftform** sowie sonstige Modifikationen bezüglich der Antragstellung gem. § 7 BEEG im Unterschied zu § 16 SGB I.
b) Zwingender **Widerrufsvorbehalt** bei der Bewilligung gem. § 8 Abs. 2 BEEG
c) Nur **vorläufige Gewährung** in Fällen den § 8 Abs. 3 BEEG
d) **Auskunftspflicht** des **Arbeitgebers** gem. § 9 BEEG
e) **Auskunftspflicht** des **Antragstellers** gem. § 8 Abs. 1 BEEG
f) Spezielle **Fälligkeitsregelung** des § 6 BEEG im Unterschied zu § 41 SGB I, demzufolge Leistungen mit ihrem Entstehen fällig werden (s. zum Vorstehenden Conradis in HK-MuSchG § 26 Rn. 4).

4. Wichtige Verfahrensgrundsätze

Zu den wichtigsten Verfahrensgrundsätzen des 1. Kapitels des SGB X, die somit kraft der Verweisung in § 26 Abs. 1 BEEG gelten, sind zu nennen: 6

a) Zentrale Handlungsform auch im Bereich des BEEG ist der **Verwaltungsakt** gem. § 31 SGB X (Buchner/Becker, § 26 Rn. 5). Das **Verwaltungsverfahren** ist die Tätigkeit der Behörde, die auf den Erlass eines Verwaltungsaktes oder öffentlich-rechtlichen Vertrages gerichtet ist (vgl. § 8 SGB X und § 9 VwVfG; Schmitz in Stelkens/Bonk, VwVfG § 9 Rn. 199). Um einen Verwaltungsakt handelt es sich bei jeder Verfügung, Entscheidung oder anderen hoheitlicher Maßnahme, die eine Behörde zur Regelung eines Einzelfalls auf dem Gebiet des öffentlichen Rechts trifft, und die auf unmittelbare Rechtswirkung nach außen gerichtet ist (§ 31 SGB X; s. auch § 35 VwVfG). Eine Regelung, wie sie auch den beiden übrigen Rechtserzeugungsebenen des öffentlichen Rechts in Form von Gesetz und Vertrag zugrunde liegt, ist nur gegeben, wenn subjektive Rechte und Pflichten begründet, festgestellt, geändert oder aufgehoben werden (arg. e. § 31 SGB I). Subjektive Rechte setzen wiederum voraus, dass durch eine Rechtsnorm die Rechtsmacht zuerkannt wurde, zur Verfolgung eigener Interessen von einem anderen ein bestimmtes Tun, Dulden oder Unterlassen zu fordern (s. § 194 BGB; Maurer, Allgemeines Verwaltungsrecht, § 8 I 1 Rn. 2). Eine Maßnahme zur Regelung eines Einzelfalls verlangt die Setzung einer potenziell verbindlichen Rechtsfolge, was bedeutet, dass durch die Maßnahme ohne weiteren Umsetzungsakt Rechte begründet, geändert, aufgehoben oder verbindlich festgestellt werden, oder die Begründung, Änderung, Aufhebung oder verbindliche Feststellung solcher Rechte abgelehnt werden sollen (vgl. Wolff/Bachhof/Stober/Kluth, Verwaltungsrecht Bd. 2, § 45 Rn. 44; Wallerath, Allgemeines Verwaltungsrecht, S. 166; Stelkens/Bonk/Sachs, Kommentar zum Verwaltungsverfahrensgesetz, § 35 Rn. 77; Engelmann in: Schütze, SGB X, 9. Aufl. 2020, § 31 Rn. 40; BSGE 75, 97, 107). Für das Vorliegen eines Verwaltungsaktes ist unerheblich, ob der Inhalt der Regelung **rechtmäßig** oder **rechtswidrig** ist, da er in letzterem Fall nur anfechtbar oder im Rahmen der §§ 44–48 SGB X aufhebbar ist, ansonsten aber seine Regelungswirkung unabhängig von der Gesetzeslage entfaltet (vgl. Sachs in: Stelkens/Bonk/Sachs, VwVfG, § 44 Rn. 1). Ferner ist grundsätzlich nicht erforderlich, dass die Regelung auch **wirksam** ist. Die Maßnahme nach § 31 SGB X muss nur darauf gerichtet sei, diese Rechtswirkung zu erzeugen (»zur Regelung«) (Ruffert in: Erichsen/Ehlers, Allgemeines Verwaltungsrecht, § 20 Rn. 25; Kopp/Ramsauer, VwVfG, § 35 Rn. 48; Maurer, Allgemeines Verwaltungsrecht, § 9 II, Rn. 7). Dies zeigt bereits das im Gesetz erwähnte Institut des **»nichtigen Verwaltungsaktes«** gem. § 40 SGB X, der gemessen an den Qualifikationsmerkmalen auch ein Verwaltungsakt ist, da er »zur« Regelung eines Einzelfalles erfolgt, allerdings aus den im Gesetz genannten Gründen diese Regelungswirkung nicht entfaltet (Sachs in Stelkens/Bonk/Sachs, VwVfG, § 44 Rn. 2 ff.). Hiervon ist allerdings der Nicht(verwaltungs)akt oder sog. **»Schein-Verwaltungsakt«** zu unterscheiden, der von vornherein keinem Hoheitsträger unter keinem Gesichtspunkt zugerechnet werden kann (Sachs in Stelkens/Bonk/Sachs, VwVfG, § 44 VwVfG Rn. 4) oder erkennbar nicht ernst gemeint ist (Roos in:Schütze, SGB X, § 40 Rn. 4). Daneben ist auch ein **Verwal-**

tungsakt im nur formalen (und nicht materiellen) **Sinn** denkbar, dem es wegen Fehlens eines eigenen intendierten Regelungsgehaltes oder sonstiger Mängel an einem konstitutiven Wesensmerkmal mangelt, der jedoch aufgrund seines äußeren Anscheins den Rechtsschein entfaltet, ein Verwaltungsakt im materiellen Sinn zu sein (Vgl. Keller in: Meyer-Ladewig/Keller/Leitherer, SGG, Anh. § 54 Rn. 4; Stelkens in: Stelkens/Bonk/Sachs, VwVfG, § 35, Rn. 44; vgl. BVerwGE 78, 3). Dies ist z.B. der Fall, wenn eine privatrechtlichen Willenserklärung im Bereich der Fiskalverwaltung oder eine bloße öffentlich-rechtliche Willenserklärung ohne intendierte Regelungswirkung als »Verwaltungsakt« oder »Bescheid« bezeichnet sowie mit entsprechender Rechtsbehelfsbelehrung versehen werden. Hier erzeugt die Behörde den Anschein, sie treffe auf dem Gebiet des öffentlichen Rechts verbindlich eine Regelung, womit sie sich zwar nicht dem Inhalt, jedoch der äußeren Form nach eines – nur formellen – Verwaltungsakts bedient, gegen den die Anfechtungsklage statthaft ist (vgl. Keller in: Meyer-Ladewig/Keller/Leitherer, SGG, Anh. § 54 Rn. 4; Stelkens in: Stelkens/Bonk/Sachs, VwVfG, § 35, Rn. 44; vgl. BVerwGE 78, 3; BSG vom 20.12.2001, B 4 RA 50/01 R, veröffentlicht in juris Rn. 16; vgl. a. BSG, Urteil vom 25.3.2004, SozR 4–2600 § 191 Nr. 1 S. 3). Es handelt sich hierbei hingegen nicht um einen **Nicht(verwaltungs)akt**, sofern dieser einer Behörde zugerechnet werden kann und nicht offensichtlich nur eine Scherzerklärung beinhaltet (Stelkens in: Stelkens/Bonk/Sachs, VwVfG, § 41 Rn. 32). Gem. § 41 SGB X können bestimmte Fehler bis zur letzten Tatsachenverhandlung geheilt werden. Gem. § 42 Satz 1 SGB X kann zwar die Aufhebung eines Verwaltungsaktes, der nicht nach § 40 SGB X nichtig ist, nicht allein deshalb beansprucht werden, weil er unter Verletzung von Vorschriften über das Verfahren, die Form oder die örtliche Zuständigkeit zustande gekommen ist, dies gilt aber nur, wenn offensichtlich ist, dass die Verletzung die Entscheidung in der Sache nicht beeinflusst hat. Nach § 42 Satz 2 SGB X gilt Satz 1 zudem nicht, wenn die erforderliche Anhörung unterblieben oder nicht wirksam nachgeholt ist (s. dazu BSG, Urt. v. 20.7.2010 – B 2 U 17/09 R – juris Rn. 39).

7 Die Wirksamkeit eines Verwaltungsakts, der entgegen den **kollisionsrechtlichen Zuständigkeitsvorschriften** erlassen wurde scheitert grundsätzlich nicht am Grundsatz vom »**Vorrang des Unionsrechts**« (vgl. EuGH v. 15.7.1964 – C-6/64 – EuGHE 1964, 1251 – »Costa./E.N.E.L«; EuGH v. 7.2.1991 – C-184/89 – juris Rn. 19 – EuGHE I 1991, I-297, 321 – »Nimz«; BVerfGE 75, 223, 244; BVerfGE 85, 191, 204), da dieser nicht die Verfahrensautonomie der Mitgliedstaaten beeinflusst; europarechtliche Kollisionsnormen regeln lediglich das anzuwendende materielle Recht (Statut), nicht hingegen – wie Sachnormen – unmittelbar das zugrunde liegende Lebensverhältnis und damit auch nicht das Verfahrensrecht (vgl. *v. Maydell*, Sach- und Kollisionsnormen, 1967, S. 22 ff.). Eine europarechtliche Norm, die bestimmt, dass ein materiell europarechtswidriger Verwaltungsakt nichtig ist, existiert nicht. Entscheidend für eine **Leistungspflicht** trotz europarechtlicher Rechtswidrigkeit des Verwaltungsaktes ist, dass es nicht zu Wirkungsverlusten des Unionsrechts kommt, insbesondere weder eine verfahrensrechtliche Schlechterstellung von Angehörigen anderer Mitgliedstaaten im Sinne des Diskriminierungsverbots bewirkt wird (vgl. EuGH v. 21.9.1983 – C-205/215/82 – EuGHE I 1983, 2633 – Milchkontor) noch

die effektive Durchsetzung des Unionsrechts dadurch behindert wird (sog. Effektivitätsgebot, EuGH v. 15.9.1998 – C-231/96 – juris Rn. 19 u. 34 – EuGHE I 1998–4951 – »Edis«). So kommt es bei unter Verstoß gegen die Zuständigkeitsregelungen der Art. 13 ff. der VO (EWG) 1408/71 (nunmehr Art. 11 ff VO [EG] 883/2004) gewährten Leistungen des nicht zuständigen Mitgliedstaates ein Arbeitnehmer infolge der Wahrnehmung seines Rechts auf Freizügigkeit einen Rechtsnachteil erleidet (vgl. BSG v. 3.4.2014 – B 2 U 25/12 R – BSGE 115, 256 = SozR 4–2700 § 136 Nr. 6, RdNr. 31; vgl. EuGH v. 12.6.2012 – C-611/10 u.a. – juris Rn. 26 ff. – »Hudzinski«).

Bei der **Auslegung von Verfügungssätzen** i.S.d. § 31 SGB X ist vom Empfängerhorizont eines verständigen Beteiligten (§ 133 BGB) auszugehen, wobei alle Zusammenhänge zu berücksichtigen sind, die die Behörde erkennbar in ihre Entscheidung einbezogen hat (objektiviertes Empfängerverständnis bzw. objektiver Sinngehalt der Erklärung: vgl. BSG vom 3.4.2014 – B 2 U 25/12 R – zur Veröffentlichung in BSGE vorgesehen; BSG Urteil vom 10.7.2012 – B 13 R 85/11 R – juris Rn. 25; BSG Urteil vom 16.11.2005 – B 2 U 28/04 R – juris Rn. 13; BSG Urteil vom 28.6.1990 – 4 RA 57/89 – BSGE 67, 104, 110 f = SozR 3–1300 § 32 Nr. 2 S. 11 f.; BSG Urteil vom 16.11.1995 – 4 RLw 4/94 = SozR 3–1300 § 31 Nr. 10 S. 12; BSG vom 17.6.2008 – B 8 AY 8/07 R – Rn. 12; BSG; Urteil vom 28.10.2008 – B 8 SO 33/07 R – juris Rn. 12; BSG Urteil vom 12.12.2001 – B 6 KA 3/01 R – BSGE 89, 90–104 Rn. 42; Engelmann in Schütze, SGB X, 9. Aufl. 2020 Rn. 42). 8

Die Zulässigkeit der **Einstellung des Verwaltungsverfahrens** richtet sich alleine nach dem einschlägigen Fachrecht (vgl. BVerwG, Urteil vom 25.4.1996 – 2 C 21/95 –, BVerwGE 101, 112–116 = NVwZ 1997, 283) und ist bei von Amts wegen durchzuführenden Verwaltungsverfahren nicht ohne hierzu ermächtigende Befugnisnorm zulässig (vgl. § 18 Satz 2 SGB X) 9

b) Es gilt das **Amtsermittlungsprinzip** gem. § 20 SGB X (BSG, Urt. v. 3.12.2009 – B 10 EG 3/09 R – BSGE 105, 84–93, Bayerisches LSG, Urt. v. 7.11.2012 – L 12 EG 93/09 – juris), das allerdings alleine keine Eingriffs- oder Übermittlungsbefugnisse verleiht (Bieresborn, ZFSH 2010, 199, 203). Danach ist zwar die Sozialleistungsträger wegen des öffentlichen Interesses an der Aufklärung des Sachverhalts und der Richtigkeit der Entscheidung verpflichtet, den Sachverhalt von Amts wegen zu erforschen, ohne auf entsprechenden Vortrag oder das Vorbringen von Beweismitteln der Beteiligten angewiesen zu sein (von Wulffen, SGB X, § 20 Rn. 4; vgl. BSG v 20.2.63, SozR § 103 SGG Nr. 40; BSG v 1.2.1996 – 2 RU 8/95 – HVBG-Info 1996, 1422 – juris Rn. 16.), die Vorschrift verleiht aber nicht die Befugnis, zu diesem Zweck in jedwedes Recht der Beteiligten oder Dritter einzugreifen. Vielmehr werden die Möglichkeiten der Ermittlung weiter konkretisiert durch § 21 SGB X, der auf die klassischen Beweismittel der der ZPO sowie StPO verweist, sowie eine nicht abschließende Aufzählung möglicher Ermittlungsmaßnahmen in Form der Einholung von Auskünften sowie die Anhörung von Beteiligten enthält (Siefert in: Schütze, SGB X, § 21 Rn. 5). Letztlich verleihen jedoch auch diese Normen keine Befugnisse, in bestehende Geheimhaltungspflichten bzw. das Sozialgeheimnis einzugreifen (Bieresborn a.a.O.) Die Verwaltung darf bei der Bemessung nicht nach dem Prinzip »Augen zu und durch« verfahren. Den Sachverhalt hat sie trotz Ver- 10 mutungsregelung aufzuklären (§ 26 Abs. 1 BEEG i.V.m. § 20 SGB X). Sie muss deshalb in Bescheinigungen des Arbeitgebers erkennbaren Fehlern und Unklarheiten ebenso nachgehen wie Hinweisen und Einwendungen Berechtigter (Dau, jurisPR-SozR 12/2015 Anm. 1 ders. ASR 2015, 139, 141; vgl. zur Bemessung der Einnahmen Hessisches Landessozialgericht, Urteil vom 27. Februar 2015 – L 5 EG 15/12 –, juris). Auch **glaubhaft gemachten Angaben** des Berechtigten sind gem § 23 Abs. 1 S. 2 SGB X – zu berücksichtigen. Nach § 21 Abs. 1 S. 1 SGB X bedient sich die Behörde bei der auch im Elterngeldrecht vorzunehmenden Amtsermittlung der Beweismittel, die sie nach pflichtgemäßen Ermessen zur Ermittlung des Sachverhalts für erforderlich hält. Wie die normkonkretisierende Verwaltungsrichtlinie zum BEEG in Nummer 2d.2.1. ausführt, kann dabei im vereinfachten Verfahren der Glaubhaftmachung das Einkommen durch andere Unterlagen als den noch nicht ergangenen Einkommensteuerbescheid für den Bemessungszeitraum glaubhaft gemacht werden, insbesondere durch den letzten verfügbaren Einkommensteuerbescheid (BSG, Beschluss vom 13.2.2017 – B 10 EG 12/16 B –, Rn. 8, juris). Das Personenstandsregister, Auszüge daraus und Personenstandsurkunden des Standesamtes nach § 55 Personenstandsgesetz (PStG) haben gemäß § 54 PStG eine besondere Beweiskraft. Die vorläufige Bescheinigung nach § 7 Abs. 2 Personenstandsgesetz (PStG) hat im Unterschied zum Personenstandsregister gem. § 55 keine Beweiskraft nach § 54 PStG, wie sich aus dem Wortlaut des § 7 Abs. 2 PStV ergibt. Dies bedeutet aber nur, dass die Elterngeldstelle im Wege der Amtsermittlung nach § 26 Abs. 1 BEEG i.V.m. § 20 SGB X auf andere Beweismittel zurückgreifen muss (SG München, Urteil vom 4.5.2018 – S. 46 EG 130/17 –, juris Rn. 17). Nur wenn die Elterngeldbehörde **greifbare Anhaltspunkte** dafür hat, dass ausnahmsweise keine Bindungswirkung der Lohnsteueranmeldung mehr besteht, hat sie bei eigenen Bedenken oder Einwänden des Elterngeldberechtigten gegen die Richtigkeit der Angaben des Arbeitgebers in den Lohn- oder Gehaltsbescheinigungen von Amts wegen zu ermitteln, ob die Bindungswirkung der inhaltlichen Festsetzungen im Lohnsteuerabzugsverfahren – wie hier aufgrund eines nachfolgenden Einkommensteuerbescheids – weggefallen ist (BSG, Urt. v. 25.6.2020 – B 10 EG 3/19 R –BSGE 130, 237–250 = SozR 4–7837 § 2c Nr. 7, RdNr. 51)

11 c) Gem. **§ 60 Abs. 1 Nr. 1 SGB I** hat derjenige, der Sozialleistungen beantragt oder erhält, alle Tatsachen anzugeben, die für die Leistung erheblich sind, und hat auf Verlangen des zuständigen Leistungsträgers der Erteilung der erforderlichen Auskünfte durch Dritte zuzustimmen. Gem § 66 SGB I können Leistungen ansonsten versagt oder entzogen werden. Verweigert der Betroffene die erforderliche Einwilligung, kommt die Ablehnung der begehrten Leistung ebenfalls nach § 66 SGB I in Betracht (BSGE 6, 70, 72; 19, 52, 53). Danach kann der Leistungsträger eine beantragte Sozialleistung ohne weitere Ermittlungen ganz oder teilweise bis zur Nachholung von Mitwirkungshandlungen versagen, wenn der Antragsteller seinen Mitwirkungspflichten nach den §§ 60 bis 62, 65 SGB I nicht nachkommt und er hierdurch oder absichtlich in anderer Weise die Aufklärung des Sachverhalts erheblich erschwert. Die Versagung darf nicht erfolgen, wenn die Leistungsvoraussetzungen unabhängig von der fehlenden Mitwirkung nachgewiesen sind (s. dazu BSG vom 17.2.2004 – B 1 KR 4/02 R –, SozR 4–1200 § 66 Nr. 1, SozR 4–1300 § 76

Nr. 1; vgl. BSG vom 22.2.1995 – 4 RA 44/94 –, SozR 3–1200 § 66 Nr. 3, BSGE 76, 16–28, SozR 3–1200 § 61 Nr. 1), oder aus anderen Gründen ausgeschlossen sind (vgl. Sichert in: Hauck/Noftz, SGB I K, Stand 11/11 § 66 Rn. 14). In diesem Fall hat vielmehr eine positive bzw. negative Sachentscheidung zu erfolgen. Die §§ 66, 67 SGB I sehen eine Einstellung des Verfahrens als Rechtsfolge nicht vor; diese kann nicht als Minus zur Versagung und daher weniger einschneidende Maßnahme angesehen werden, weil die Einstellung des Verfahrens qualitativ etwas anderes ist, als die zeitlich aufschiebend bedingte Ablehnung der Leistung (= Versagung) wegen fehlender Mitwirkung (vgl. BSG, Urteil vom 22.2.1995 – 4 RA 44/94 – BSGE 76, 16–28, SozR 3–1200 § 61 Nr. 1; a.A. LSG Sachsen Anhalt vom 11.9.2013 – L 6 U 22/12 – juris).

Nach **§ 65 Abs. 1 SGB I Nr. 2 SGB I** bestehen die Mitwirkungspflichten nach den §§ 60 bis 64 SGB I nicht, wenn ihre Erfüllung dem Betroffenen aus einem wichtigen Grund nicht zugemutet werden kann (BSG vom 13.3.2001 – B 3 P 20/00 R –, SozR 3–3300 § 18 Nr. 2, SozR 3–1200 § 65 Nr. 1, SozR 3–1300 § 48 Nr. 75). Als wichtiger Grund gelten insoweit sämtliche die Willensbildung bestimmenden »triftigen« Umstände, welche als Motive die Weigerung des Leistungsberechtigten entschuldigen und als berechtigt erscheinen lassen können (vgl. zum triftigen Grund nach § 63 BVG BSG, Urteil vom 13.2.1964 – 8 RV 149/62 –, BSGE 20, 166, SozR Nr. 1 zu § 63 BVG; Spellbrink in Kasseler Kommentar, Stand Mai 2020, § 65 SGB I, Rn. 14). In Betracht kommen somit auch Verfahrensfehler der Beklagten im Hinblick auf die verlangte Mitwirkungshandlung. 12

Der Versagung muss gem. **§ 66 Abs. 3 SGB I** ein unmissverständlicher und konkret die im Einzelfall beabsichtigte Entscheidung, wenn der Betroffene dem Mitwirkungsverlangen nicht nachkommt, bezeichnender **schriftlicher Hinweis** vorausgegangen sein (s. BSG vom 25.10.1988 – 7 RAr 70/87 –, SozR 1200 § 66 Nr. 13). Eine Hinweispflicht auf die Folgen einer fehlenden Mitwirkung bei der Aufklärung des Sachverhalts – und damit auch das Erfordernis der Setzung einer angemessenen Frist – entfällt nur dann, wenn ihre Erfüllung nach den Umständen des Einzelfalles ohne Sinn ist. Voraussetzung ist, dass sich der Betroffene der Folgen seines Verhaltens bewusst ist und dass auch ein schriftlicher Hinweis ihn nicht veranlassen würde, nun ernsthaft an der gerichtlichen Sachverhaltsaufklärung mitzuwirken (BSG, Urt. v. 31.1.1979 – 11 BA 129/78 – SozR 1500 § 160 Nr. 34). Darüber hinaus hat der Leistungsträger, sofern der Leistungsberechtigte Weigerungsgründe genannt hat, vor der Versagungsentscheidung schriftlich die Umstände darzulegen, warum er diese nicht für triftig hält (BSG vom 15.3.1978 – 1/5 RJ 144/76 –, SozR 2200 § 1243 Nr. 2 = SGb 1978, 202 Nr. 16; Spellbrink in Kasseler Kommentar, Stand Mai 2020, § 66 SGB I, Rn. 24). 13

Eine ordnungsgemäße Versagung setzt die **Ausübung von Ermessen** voraus, in welches insbesondere Erwägungen der Verhältnismäßigkeit mit der Frage nach weniger einschneidenden Maßnahmen einzufließen haben. Die Wiederholung des Wortlauts des § 66 SGB I im Begründungstext genügt nicht, vielmehr müssen Ausführungen erkennen lassen, dass und in welcher Weise hier das Für und Wider einer Versagung erwogen worden ist (BSG vom 18.4.2000 – B 2 U 19/99 R –, SozR 3–2700 § 76 Nr. 2, SozR 3–1300 § 35 Nr. 9). Die fehlende Begründung (§ 35 Abs. 1 Satz 3 14

SGB X) ist Indiz für ein nicht ausgeübtes Ermessen (vgl BSG vom 25.1.1994 – 4 RA 16/92 –, SozR 3–1300 § 50 Nr. 16 S. 41 f.; vgl. auch BSG vom 1.3.2011 – B 7 AL 2/10 R –, juris). Auch wenn ausnahmsweise die Voraussetzungen für eine **Ermessenreduzierung auf Null** gegeben sind, müssen die Gründe hierfür entsprechend einer Ermessensentscheidung dargelegt werden (Krasney in Kasseler Kommentar, § 35 SGB X Rn. 6). Jedoch kann die Rechtswidrigkeit dann nicht alleine auf einen Begründungsmangel gestützt werden, weil gem. § 42 SGB X (i.d.F. v. 21.12.2000) ein Anspruch auf die Aufhebung eines Verwaltungsakts alleine wegen formaler Mängel nicht besteht, wenn offensichtlich ist, dass die Verletzung die Entscheidung nicht beeinflusst hat. Durch Umkehrschluss aus der Vorschrift des § 42 Satz 2 SGB X ist nämlich zu schließen, dass – abgesehen von der unterbliebenen Anhörung – ein Begründungsfehler alleine die Aufhebung nicht rechtfertigt (vgl. BSG vom 17.4.1991 – 1 RR 2/89 –, SozR 3–2200 § 248 Nr. 1, BSGE 68, 228–236, SozR 3–1300 § 31 Nr. 2, SozR 3–1300 § 41 Nr. 4 zur noch nicht auf Ermessens-VA'e anwendbaren Fassung des § 42 SGB X).

15 **§ 21 Abs. 2 SGB X** normiert eine **beweisrechtliche Mitwirkungsobliegenheit** nach der die Beteiligten bei der Ermittlung des Sachverhaltes mitwirken sollen. Die zur Ermittlung erforderliche Einwilligung kann danach zwar nicht erzwungen oder unterstellt werden (Siefert in Schütze, SGB X, 9. Aufl. 2020, § 21 Rn. 23; s.a. Leitherer in Meyer-Ladewig, SGG, § 103 Rn. 14a.), jedoch können bei Unterlassung der Erteilung nachteilige Schlüsse bei der Beweiswürdigung gezogen werden (Vgl. BSG v. 30.9.1958, SozR Nr. 40 zu § 128 SGG sowie **BSG**, Urt. v. 17.2.2004 – B 1 KR 4/02 R – juris). Aus **Datenschutznormen** kann bei Verweigerung der erforderlichen Mitwirkungshandlung daher nicht die Fiktion der anspruchsbegründenden Tatsachen hergeleitet werden (Bieresborn, ZFSH 2010, 199, 204). Da § 21 Abs. 2 SGB X nicht § 202 Satz 1 SGG entspricht ist § 295 ZPO im Verwaltungsverfahren nicht anwendbar. Der mit der Konstruktion einer **Rügeobliegenheit** im Verwaltungsverfahren verbundene Rechtsverlust lässt sich daher nicht rechtfertigen. (BSG Urt. v. 7.5.2019 – B 2 U 25/17 R – BSGE 128, 78–92 = SozR 4–2700 § 200 Nr. 5, Rn. 22).

16 d) **Bestandskräftige Verwaltungsakte** können mit dem Instrumentarium gem. §§ 44 ff. SGB unter den dortigen Voraussetzungen aufgehoben werden.

aa) Nach **§ 44 Abs. 1 Satz 1 SGB X** ist ein Verwaltungsakt, auch nachdem er unanfechtbar geworden ist, mit Wirkung für die Vergangenheit zurückzunehmen, wenn sich im Einzelfall ergibt, dass bei Erlass des Verwaltungsaktes das Recht unrichtig angewandt oder von einem Sachverhalt ausgegangen worden ist, der sich als unrichtig erweist, und soweit deshalb Sozialleistungen zu Unrecht nicht erbracht worden sind. Auch ein nichtiger Verwaltungsakt sowie ein Verwaltungsakt im nur formalen Sinne sind tauglicher Prüfungsgegenstand eines Überprüfungsverfahrens nach § 44 SGB X, weil es eines rechtlichen Instrumentariums zur Beseitigung des Rechtsscheins einer verbindlichen rechtswidrigen Regelung bedarf (vgl. BSG v. 23.2.1989 – 11/7 RAr 103/87 – juris Rn. 17 – SozR 1500 § 55 Nr. 35; Schütze in von Wulffen/Schütze, SGB X, 8. Aufl. 2014 § 44 Rn. 3; Baumeister in: jurisPK-SGB X, Rn. 32, die nur Nicht- und Schein-Verwaltungsakte ausnimmt). Wie sich aus der Formulierung des

Gesetzes »und soweit deshalb« ergibt, muss ein **Kausalzusammenhang** zwischen der Rechtswidrigkeit des ursprünglichen Verwaltungsaktes und dem Nichterbringen der an sich zustehenden Sozialleistung bestehen (BSG vom 22.3.1989 – 7 RAr 122/87 –, SozR 1300 § 44 Nr. 38). § 44 SGB X ist nicht als **Präklusionsnorm** des Inhaltes zu verstehen, dass nur neuer Sachverhalt bzw. neu vorgetragene Tatsachen eine solche Rücknahme eines bestandskräftigen Verwaltungsaktes rechtfertigen (Hessisches LSG, Urt. v. 30.9.2011 – L 9 U 46/10 – juris). Zwar postuliert der Wortlaut des § 44 Abs. 1 Halbsatz 1 SGB X, dass sich eine Entscheidung als fehlerhaft »ergibt bzw.« erweist, jedoch wird damit nur festgelegt, dass zur Beurteilung der Fehlerhaftigkeit des Verwaltungsaktes nicht auf den Stand der Erkenntnis bei Erlass, sondern bei Überprüfung abzustellen ist, weshalb stets eine Rückschau unter Beachtung einer evtl. geläuterten Rechtsauffassung zum der zum Zeitpunkt des Erlasses des zu überprüfenden Verwaltungsakts geltenden Sach – Rechtslage erforderlich ist (siehe BSGE 63, 18 sowie BSGE 57, 209 als auch BSGE 90, 136). Die **Rechtswidrigkeit** beurteilt sich demnach nach der damaligen Sach- und Rechtslage aus heutiger Sicht. Eine Beschränkung der Überprüfung auf neuen Sachvortrag enthält die Norm de lege lata nicht. Eine solche Beschränkung in die Norm hinein zu interpretieren würde demnach gegen den Amtsermittlungsprinzip (§ 103 SGG, § 20 f. SGB X) verstoßen, da sowohl das erkennende Gericht als auch die Beklagte gemäß Art. 1 Abs. 3 Grundgesetz (GG) an die bestehenden Gesetze gebunden sind. Dies ergibt sich auch daraus, dass der Umfang der durch einen Zu-Gunsten-Antrag des Bürgers veranlassten Überprüfung nicht durch die vom Betroffenen vorgebrachten Einwände begrenzt ist (s. BSGE 79, 297, 299 sowie **BSG**, Beschluss vom 9.9.1995 9 BVg 5/95). Ergeben sich zwar im Einzelfall keine Anhaltspunkte für die Rechtswidrigkeit des früheren Verwaltungsakts, so kann sich auch die Entscheidung auf das Vorbringen beschränken und insbesondere wenn ein Überprüfungsantrag nicht substanziiert ist und die frühere Entscheidung nicht ersichtlich unrichtig ist, darf sich die Verwaltung und im Klageverfahren das Gericht mit entsprechender Begründung ohne jede weitere Sachprüfung auf die Bindungswirkung der bestandskräftigen Bescheide berufen (§ 77 SGG; vgl. BeckOGK/Sandbiller, 15.5.2023, SGB X § 44 Rn. 73, beck-online)). An dieser Stelle unterscheidet sich der Regelungskontext des Sozialgesetzbuchs X bewusst von demjenigen des Verwaltungsverfahrensgesetzes, welches keine spezielle Regelung für rechtswidrige Verwaltungsakte aufgrund welcher eine Leistung versagt wurde, nicht kennt bzw. allenfalls eine Möglichkeit des Wiederaufgreifens des Verfahrens bei Vorliegen neuer Beweismittel oder Vorliegen von Wiederaufnahmegründen entsprechend § 580 ZPO oder aber bei Änderung der dem Verwaltungsakt zugrunde liegenden Sach- oder Rechtslage nachträglich in § 51 Verwaltungsverfahrensgesetz kennt (vgl. dazu Steinwedel in Festschrift 50 Jahre BSG, 2004, S. 783 ff.). Schließlich ist auch unerheblich, ob der Verwaltungsakt, der zurückgenommen werden soll, durch ein **rechtskräftiges Urteil** bestätigt wurde (BSGE 51, 139, 142). Es besteht auf Antrag eine Prüfungspflicht der Behörde, es sei denn, dass bereits aus anderen Gründen (z.B. Verstreichen der Vier-Jahres-Frist nach § 44 Abs. 4 SGB X) die

Überprüfung keine Auswirkungen mehr haben kann (BSG vom 6.3.1991 – 9b RAr 7/90 –, SozR 3–1300 § 44 Nr. 1, BSGE 68, 180–183). Auch wenn der Betroffene schon **wiederholt Überprüfungsanträge** nach § 44 SGB X gestellt hat, darf die Verwaltung einen erneuten Antrag nicht ohne Rücksicht auf die wirkliche Sach- und Rechtslage zurückweisen, sondern muss in eine erneute Prüfung eintreten und den Antragsteller bescheiden (BSG Urteil vom 5.9.2006 – B 2 U 24/05 R – BSGE 97, 54 = SozR 4–2700 § 8 Nr. 18, RdNr. 12 m.w.N.). Denn Ziel des § 44 SGB X ist es, die Konfliktsituation zwischen der Bindungswirkung eines rechtswidrigen Verwaltungsaktes und der materiellen Gerechtigkeit zugunsten letzterer aufzulösen (BSG, Urteil vom 30.1.2020 – B 2 U 2/18 R –, BSGE (vorgesehen), SozR 4 (vorgesehen), Rn. 18, BSG vom 4.2.1998 – B 9 V 16/96 R – SozR 3–1300 § 44 Nr. 24; Schütze in Schütze, SGB X, 9. Aufl. 2020, § 44 Rn. 41; Voelzke/Hahn, SGb 2012, 685). § 44 SGB X lässt eine **Durchbrechung der Bindungswirkung von gerichtlichen und behördlichen Entscheidungen** zu und vermittelt einen einklagbaren Anspruch auf Rücknahme eines rechtswidrigen Verwaltungsakts auch dann, wenn dieser bereits durch ein rechtskräftiges Urteil bestätigt wurde (BSG, Urteil vom 6.9.2018 – B 2 U 10/17 R –, BSGE 126, 244–258, SozR 4–5671 Anl. 1 Nr. 2108 Nr. 9, Rn. 11; BSG vom 26.10.2017 – B 2 U 6/16 R – SozR 4–2200 § 547 Nr. 1 RdNr. 16; BSG vom 10.12.2013 – B 13 R 91/11 R – SozR 4–2600 § 249b Nr. 1 RdNr. 18; BSG vom 5.9.2006 – B 2 U 24/05 R – BSGE 97, 54 = SozR 4–2700 § 8 Nr. 18, RdNr. 12; vom 23.5.2006 – B 13 RJ 14/05 R – BSGE 96, 227 = SozR 4–2600 § 315a Nr. 3, RdNr. 14.

17 bb) Während **§ 44 Abs. 1 Satz 1 SGB X** voraussetzt, dass aufgrund eines rechtswidrigen Verwaltungsaktes zu Unrecht Sozialleistungen nicht erbracht oder Beiträge erhoben worden sind (dazu BSG vom 19.12.2013 – B 2 U 17/12 R –, SozR 4–2700 § 73 Nr. 1), ist nach **§ 44 Abs. 2 Satz 1** SGB X »im Übrigen« ein rechtswidriger nicht begünstigender Verwaltungsakt, auch nachdem er unanfechtbar geworden ist, ganz oder teilweise mit Wirkung für die Zukunft zurückzunehmen. Er kann nach Satz 2 auch für die Vergangenheit zurückgenommen werden (dazu BSG vom 30.10.2013 – B 12 R 17/11 R –, SozR 4–2600 § 6 Nr. 11). Voraussetzung für die Anwendbarkeit der Norm ist, dass dieser weder die Nichterbringung von Sozialleistungen oder die Erhebung von Beiträgen regelt (Steinwedel in Kasseler Kommentar, SGB X, § 44 Rn. 5).

18 Das BSG hat entschieden, dass wenn das Elterngeldverfahren vor Erlass des Einkommensteuerbe**scheids bereits bestandskräftig abgeschlossen ist, die Elterngeldbehörde oder der** Elterngeldberechtigte aufgrund der Beendigung der Bindungswirkung der Lohnsteueranmeldung, falls erforderlich, nach § 26 Abs. 1 BEEG i.V.m. §§ 44 ff SGB X vorgehen können. Dies gilt nicht nur für die Elterngeldbemessung, sondern spiegelbildlich auch für den Bezugszeitraum, wenn sich herausstellen sollte, dass wegen einer lohnsteuerrechtlich unzutreffenden Einordnung von laufendem Arbeitslohn als sonstiger Bezug zu hohes Elterngeld gewährt wurde. Dann kann die Elterngeldbehörde nach Erlass des Einkommensteuerbescheids ggf auch die (teilweise) Aufhebung der Elterngeldbewilligung oder die Korrektur im Fall einer zuvor vorläufigen Leistungsbewil-

ligung und die Geltendmachung von Rückforderungen nach § 26 Abs. 2 BEEG i.V.m. § 328 Abs. 3 Satz 2 SGB III prüfen (BSG, Urt. v. 25.6.2020 – B 10 EG 3/19 R –, BSGE [vorgesehen], SozR 4–7837 § 2c Nr. 7, Rn. 49).

cc) Nach **§ 45 Abs. 1 SGB X** darf ein rechtswidriger begünstigender Verwaltungsakt, auch nachdem er unanfechtbar geworden ist, nur unter den Einschränkungen der Absätze 2 bis 4 ganz oder teilweise mit Wirkung für die Zukunft oder für die Vergangenheit zurückgenommen werden (Abs. 1). Voraussetzung ist, dass der Verwaltungsakt bereits **zum Zeitpunkt seines Erlasses rechtswidrig** war. Mit Wirkung nur für die Zukunft wird ein Verwaltungsakt dann zurückgenommen, wenn die Wirkung des Rücknahmebescheides frühestens mit dem Tag seiner Bekanntgabe einsetzt (BSGE 61, 189, 190 sowie BSG, Urteil vom 9.9.1986, SozR 1300 § 48 Nr. 28, S. 79). Er darf nicht zurückgenommen werden, soweit der Begünstigte auf den Bestand des Verwaltungsaktes vertraut hat und sein Vertrauen unter Abwägung mit dem öffentlichen Interesse an einer Rücknahme schutzwürdig ist (§ 45 Abs. 2 Satz 1 SGB X). Das Vertrauen ist abgesehen von den Fällen der Bösgläubigkeit nach Abs. 2 Satz 3 Nr. 1 bis Nr. 3 in der Regel schutzwürdig, wenn der Begünstigte erbrachte Leistungen verbraucht oder eine Vermögensdisposition getroffen hat, die er nicht mehr oder nur unter unzumutbaren Nachteilen rückgängig machen kann (Abs. 2 Satz 2). Nach der Legaldefinition des § 45 Abs. 2 Satz 3 Nr. 3 2. Halbsatz SGB X ist grobe Fahrlässigkeit gegeben, wenn der Begünstigte die erforderliche Sorgfalt in besonders schwerem Maße verletzt hat. Dies ist dann der Fall, wenn er bereits einfache, ganz naheliegende Überlegungen nicht anstellt und daher nicht beachtet, was ggf. jedem einleuchten muss (BSG, Urteil vom 8.2.2001 – B 11 AL 21/00 R – SozR 3–1300 § 45 SGB X Nr. 45 S. 152 ff.; BSGE 42, 184, 187; 62, 32, 35). 19

Bei der Beurteilung der groben Fahrlässigkeit ist nicht von einem objektiven, sondern von einem **subjektiven Fahrlässigkeitsmaßstab** auszugehen (BSG, Urteil vom 9.9.2006 – B 7 AL 58/05 R; vgl. BSG, Urteile vom 25.4.1990 – 7 RAr 20/89 und vom 24.4.1997 – 11 RAr 89/96). Das Maß der Fahrlässigkeit ist insbesondere nach der persönlichen Urteils- und Kritikfähigkeit sowie dem Einsichtsvermögen des Beteiligten gemäß dem subjektiven Fahrlässigkeitsbegriff zu beurteilen (BSGE 35, 108, 112; 44, 264, 273). Bezugspunkt für das grob fahrlässige Nichtwissen ist die Rechtswidrigkeit des Verwaltungsaktes und somit das Ergebnis der Tatsachenfeststellung und Rechtsanwendung durch die Behörde; dies folgt aus dem Wortlaut des § 45 Abs. 2 Satz 3 Nr. 3 SGB X. Hierfür ist jedoch Voraussetzung, dass sich die tatsächlichen oder rechtlichen Mängel aus dem Bewilligungsbescheid oder anderen Umständen ergeben und für das Einsichtsvermögen des Betroffenen ohne Weiteres erkennbar sind (s. BSG, Urteil vom 8.2.2001, SozR 3–1300 § 45 Nr. 45 S. 153). So ist ein Antragsteller, der zutreffende Angaben gemacht hat, im Allgemeinen nicht zugunsten der Fachbehörde gehalten, Bewilligungsbescheide des Näheren auf die Richtigkeit zu überprüfen, sondern darf davon ausgehen, dass eine Fachbehörde nach den für die Leistungen erheblichen Tatsachen fragt und seine wahrheitsgemäßen Angaben zutreffend umsetzt (BSG a.a.O. S. 154, vgl. auch BVerwGE 92, 20

81, 84). Jedoch sind Sozialleistungsberechtigte grundsätzlich verpflichtet, Bewilligungsbescheide zu lesen und zur Kenntnis zu nehmen, weil ansonsten die Vorschriften über Inhalt, Form, Begründung und Bekanntgabe von Verwaltungsakten gemäß den §§ 31 ff. SGB X nicht verständlich wären (BSG a.a.O. S. 154). Auch entfällt die grobe Fahrlässigkeit nicht bereits dann, wenn die wesentliche Ursache der Unrichtigkeit des Verwaltungsakts bei der Behörde liegt (BeckOGK/Sandbiller, 15.8.2023, SGB X § 45 Rn. 60, beck-online). Einem Leistungsempfänger ist immer dann grobe Fahrlässigkeit im Rahmen des § 45 Abs. 2 Nr. 3 SGB X vorzuwerfen, wenn der Fehler ihm bei seinen subjektiven Erkenntnismöglichkeiten aus anderen Gründen geradezu in die Augen springt, er also aufgrund einfachster und ganz naheliegender Überlegungen die Rechtswidrigkeit hätte erkennen können (BSGE 62, 103, 107) oder das nicht beachtet haben, was im gegebenen Falle jedem hätte einleuchten müssen (**BSG**, Urteil vom 12.2.1980, SozR 4100 § 152 Nr. 10).

21 Die Vorgaben des § 45 SGB X stehen einer Rückforderung nicht entgegen, wenn während eines laufenden Elterngeldverfahrens der Einkommensteuerbescheid für einen Teil oder den ganzen Bemessungszeitraum noch nicht vorliegt und die Elterngeldbehörde bei greifbaren Anhaltspunkten für eine bestandskräftige, aber fehlerhafte Anmeldung und Behandlung eines Lohnbestandteils im Lohnsteuerabzugsverfahren und bei absehbarer Beendigung der Bindungswirkung (aufgrund der Einkommensteuerveranlagung nach § 46 EStG) dieser Verfahrenskonstellation gemäß § 8 Abs. 3 Satz 1 Nr. 2 BEEG **durch eine vorläufige Zahlung** von entsprechend höherem Elterngeld Rechnung trägt (vgl zur Möglichkeit, einen Bescheid auch nachträglich u.a. im Widerspruchsverfahren mit einem Vorläufigkeitsvorbehalt zu versehen: BSG Urt. V. 8.3.2018 – B 10 EG 8/16 R – BSGE 125, 162 = SozR 4–7837 § 2c Nr. 3, RdNr. 20; BSG Urt. v. 26.3.2014 – B 10 EG 13/13 R – SozR 4–7837 § 2 Nr. 29 RdNr. 14). Nach Erlass des Einkommensteuerbescheids hat dann eine endgültige Leistungsfestsetzung zu erfolgen. Der abschließende Bescheid ersetzt insoweit die vorläufige Regelung und führt zu deren Erledigung i.S. von § 26 Abs. 1 BEEG i.V.m. § 39 Abs. 2 SGB X (BSG, Urt v 25.6.2020 – B 10 EG 3/19 R –, BSGE [vorgesehen], SozR 4–7837 § 2c Nr. 7, Rn. 48).

22 dd) Gem. **§ 48 SGB X** ist soweit in den tatsächlichen oder rechtlichen Verhältnissen, die beim Erlass eines Verwaltungsaktes mit Dauerwirkung vorgelegen haben, eine wesentliche Änderung eintritt, der Verwaltungsakt mit Wirkung für die Zukunft aufzuheben. Im Unterschied zu § 45 SGB X geht es hier um den **rechtmäßigen Verwaltungsakt**, der durch eine Änderung in den tatsächlichen oder rechtlichen Verhältnissen **nach seinem Erlass rechtswidrig wird** (vgl. Schütze in Schütze, SGB X, 9. Aufl. 2020, § 48 Rn. 4). Der Verwaltungsakt soll mit Wirkung vom Zeitpunkt der Änderung der Verhältnisse aufgehoben werden, soweit die Änderung zugunsten des Betroffenen erfolgt (Nr. 1), der Betroffene einer durch Rechtsvorschrift vorgeschriebenen Pflicht zur Mitteilung wesentlicher für ihn nachteiliger Änderungen der Verhältnisse vorsätzlich oder grob fahrlässig nicht nachgekommen ist (Nr. 2), nach Antragstellung oder Erlass des Verwaltungsaktes Einkommen oder Vermögen erzielt worden

ist, das zum Wegfall oder zur Minderung des Anspruchs geführt haben würde (Nr. 3), oder der Betroffene wusste oder nicht wusste, weil er die erforderliche Sorgfalt in besonders schwerem Maße verletzt hat, dass der sich aus dem Verwaltungsakt ergebende Anspruch kraft Gesetzes zum Ruhen gekommen oder ganz oder teilweise weggefallen ist (Nr. 4). Ist z.B. das Elterngeldverfahren vor Erlass des Einkommensteuerbescheids bereits bestandskräftig abgeschlossen, können die Elterngeldbehörde oder der Elterngeldberechtigte aufgrund der Beendigung der Bindungswirkung der **Lohnsteueranmeldung**, falls erforderlich, nach § 26 Abs. 1 BEEG i.V.m §§ 44 ff SGB X vorgehen. Dies gilt nicht nur für die Elterngeldbemessung, sondern spiegelbildlich auch für den Bezugszeitraum, wenn sich herausstellen sollte, dass wegen einer lohnsteuerrechtlich unzutreffenden Einordnung von laufendem Arbeitslohn als sonstiger Bezug zu hohes Elterngeld gewährt wurde. Dann kann die Elterngeldbehörde nach Erlass des Einkommensteuerbescheids ggf auch die (teilweise) Aufhebung der Elterngeldbewilligung oder die Korrektur im Fall einer zuvor vorläufigen Leistungsbewilligung und die Geltendmachung von Rückforderungen prüfen. Ein atypischer Fall liegt nicht vor (LSG Baden-Württemberg, Urteil vom 11. Oktober 2022 – L 11 EG 1334/21 – juris Rn. 41).

Die Bundesregierung hat entschieden, dass Familien, die Betreuungsgeld erhalten, die Leistung auch weiterhin beziehen werden. Für sie gelte der Bestandsschutz, sodass sie das Betreuungsgeld auch für die gesamte Dauer der Bewilligung erhalten werden. Neue Anträge hingegen könnten nach der Entscheidung des BVerfG vom 21.7.2015 (1 BvF 2/13 –, juris), derzufolge das Betreuungsgeld verfassungswidrig sei, mangels gültiger Rechtsgrundlage nicht mehr gestellt werden. Was mit den Geldern passiere, die im Haushalt bislang für das Betreuungsgeld vorgesehen waren und nun nicht mehr benötigt werden, solle politisch entschieden werden. Anfang September wolle sich die Koalition darauf verständigen, was mit den frei werdenden Mitteln geschehen solle. (*Quelle: Bundesregierung Aktuell Newsletter v. 24.7.2015).* 23

ee) **Erstattungsansprüche** richten sich nach **§ 50 SGB X**. § 115 SGB X ist hingegen nicht anwendbar. Nach dieser Vorschrift geht der Vergütungsanspruch des Arbeitnehmers gegen den Arbeitgeber auf den Leistungsträger über, der Sozialleistungen erbracht hat, weil der Arbeitgeber den Anspruch des Arbeitnehmers auf Arbeitsentgelt nicht erfüllt hat. Die Vorschrift ist auf den vorliegenden Fall nicht anwendbar. § 26 BEEG erklärt bei der Ausführung des 1. bis 3. Abschnitts des BEEG nur das 1. Kapitel des SGB X für entsprechend anwendbar. Der gesetzliche Forderungsübergang des § 115 Abs. 1 SGB X findet sich im 3. Kapitel des SGB X (LAG Baden-Württemberg, Urteil vom 20.1.2015 – 6 Sa 49/14 –, Rn. 60, juris). In Fällen der **vorläufigen Zahlung** von Elterngeld kommt § **42 Abs. 2 S. 2 SGB I** gegenüber § 50 SGB X als speziellere Ermächtigungsgrundlage für die Feststellung einer Erstattungspflicht in Betracht (s. bereits BSG vom 26.3.2014 – B 10 EG 4/13 R – Juris RdNr. 36 f; BSG, Urteil vom 5.4.2012 – B 10 EG 10/11 R – SozR 4–7837 § 2 Nr. 14 RdNr. 39 ff). Eine Rückforderung kann auf § 42 Abs. 2 S. 2 SGB I gestützt werden, wenn bei der Bewilligung des Geldbetrags deutlich genug auf die an 24 keine weiteren Voraussetzungen geknüpfte Erstattungspflicht hingewiesen worden ist. Wird daneben die Rückzahlungspflicht auch auf § 50 SGB X gestützt, ist dies unschädlich (BSG, Urteil vom 13.12.2018 – B 10 EG 9/17 R –, juris Rn. 31).

25 ff) Anwendung findet auch **§ 42 Satz 1 SGB X**, wonach die Aufhebung eines Verwaltungsakts nicht allein deshalb beansprucht werden kann, weil er unter Verletzung von Vorschriften über das Verfahren, die Form oder die örtliche Zuständigkeit zustande gekommen ist, wenn offensichtlich ist, dass die Verletzung die Entscheidung in der Sache nicht beeinflusst hat. Dies gilt bei fehlender örtlicher Zuständigkeit aber nur dann, wenn ohne Weiteres davon ausgegangen werden kann, dass ein andere Entscheidung durch eine andere Elterngeldstelle nicht ergangen wäre (BSG, Urt. v. 20.12.2012 – B 10 EG 16/11 R –, SozR 4–7837 § 12 Nr. 1).

26 e) Es besteht die Verpflichtung zur **Anhörung der Beteiligten** vor Erlass eines Verwaltungsaktes, der in bestehende Rechte eingegriffen wird gem. **§ 24 Abs. 1 SGB X**. Zugleich werden in § 24 Abs. 2 SGB X Ausnahmen normiert.

27 f) Das **Akteneinsichtsrecht** richtet sich nach **§ 25 SGB X**.

28 g) Nach **§ 52 SGB I** kann der für eine Geldleistung zuständige Leistungsträger mit Ermächtigung eines anderen Leistungsträgers dessen Ansprüche gegen den Berechtigten mit der ihm obliegenden Geldleistung **verrechnen**, soweit nach § 51 SGB I die **Aufrechnung** zulässig ist. Die Verrechnung steht damit der Aufrechnung gleich; während jedoch bei der Aufrechnung der Leistungsträger Gläubiger der Geldforderung ist, mit der aufgerechnet wird, besteht bei der Verrechnung keine Identität von Gläubiger und Schuldner. Eine wirksame Verrechnung setzt mit Ausnahme des Erfordernisses der Gegenseitigkeit den Tatbestand der Aufrechnung voraus sowie eine Ermächtigung für den ermächtigten Leistungsträger, die Verrechnung vorzunehmen. Streitig ist insbesondere die Verwaltungsaktqualität von Aufrechnung und Verrechnungserklärung. Mittlerweile hat der **Große Senat des BSG** entschieden, dass ein Leistungsträger eine Verrechnung durch Verwaltungsakt regeln darf (BSG, Beschl. v. 31.8.2011 – GS 2/10).

29 h) **Sozialdatenschutz**

Auch die Vorschriften des Sozialdatenschutzes finden Anwendung. Die in **§ 67 SGB X** definierten Sozialdaten bilden eine eigene – nun abschließend geregelte (§ 35 Abs. 2 SGB I) – spezifische Datenkategorie nach deutschem Recht: Es handelt sich um personenbezogene Daten (Art. 4 Nr. 1 DSGVO), die von einer in § 35 SGB I genannten Stelle im Hinblick auf ihre Aufgaben nach dem SGB verarbeitet werden. Damit sind Daten, die von für die Entscheidung über Elterngeld zuständigen Stellen gem. § 12 i.V.m. § 25 Abs. 2 SGB I im Rahmen ihres Aufgabenbereichs verarbeitet werden, stets Sozialdaten. Diese gelten als im erhöhten Maße schutzbedürftig, weil sie typisierend betrachtet i.S.d. aus einer Kombination der Grundrechte aus Art. 2 Abs. 1 GG und Art. 1 Abs. 1 GG abgeleiteten Rechts auf informationelle Selbstbestimmung (BVerfG, 15.12.1983 – 1 BvR 209/83 – BVerfGE 65, 1, 42 Volkszählung; s. auch BVerfG, 12.4.2005 – 2 BvR 1027/02 – BVerfGE 113, 29, 45 f. und BVerfG, 4.4.2006 – 1 BvR 518/02 – BVerfGE 115, 320, 342.

Zum Verhältnis des GG zur DSGVO: *Bieresborn*, NZS 2017, 887) näher an die Privatsphäre heranreichen als andere Daten. Andererseits zählen viele, aber nicht alle Sozialdaten zu den »besonderen Kategorien von Daten« i.S.v. Art. 9 Abs. 1 DSGVO. § 78 SGB X erweitert den Anwendungsbereich der SGB X-Normen auf in § 35 SGB I nicht genannte Stellen oder Personen, an die Daten befugt übermittelt wurden (sog. verlängerter Datenschutz), die zudem nur zu dem Zweck verwendet werden dürfen, zu dem sie übermittelt wurden (vgl. BayVGH, 31.1.2014 – 11 CS 13.2216 – juris, Rn. 13). Sofern für Elterngeld zuständige Stellen Daten außerhalb ihres Aufgabenbereichs z.B. im Rahmen der Fiskalverwaltung oder im Personalbereich verarbeiten, handelt es sich nicht um Sozialdaten, sondern es findet das BDSG Anwendung (s. zu den Grundsätzen des Datenschutzes, insbesondere zum informationellen Selbstbestimmungsrecht § 24 BEEG Rn. 2 sowie zur Systematik der DSGVO oben § 25 BEEG Rn. 4).

i) **§ 242 BGB – Treu und Glauben** 30

Grundsätzlich ist im Bereich des Sozialrechts das **Gebot von Treu und Glauben** im Sinne des § 242 BGB zu beachten (vgl. BSG, Urt v. 23.7.2014 – B 8 SO 3/13 R – BSGE 116, 233–241 = SozR 4–3500 § 76 Nr. 1, RdNrn. 23; BSG Urt v. 1.7.2010 – B 13 R 67/09 R – SozR 4–2400 § 24 Nr. 5 RdNr. 29 ff; vgl auch BSG <GS> Beschluss vom 20.2.2019 – GS 1/18 – BSGE 127, 233 = SozR 4–2600 § 118 Nr. 16, RdNr. 18; BSG Urt. v. 9.4.2019 – B 1 KR 3/18 R – BSGE 128, 54 = SozR 4–1780 § 161 Nr. 3, RdNr. 22; BSG, Urt v 26.3.2020 – B 3 KR 9/19 R –, BSGE [vorgesehen] = SozR 4–2500 § 46 Nr. 10, RdNr. 25; BSG, Urt. v. 19.10.2000 – B 10 LW 21/99 R – SozR 3–5868 § 21 Nr. 2).

j) **§ 47 SGB I – Auszahlung von Geldleistungen** 31

§ 47 SGB I in der Fassung des Siebten Gesetzes zur Änderung des Vierten Buches Sozialgesetzbuch und anderer Gesetze vom 12.6.2020 (BGBl. I 2020, 1248) enthält nach wie vor ein **Wahlrecht des Empfängers**, ob die Leistung auf ein Konto überwiesen oder auf andere Weise die Übermittlung erfolgen soll (vgl Moll in Hauck/Noftz, SGB I, K § 47 RdNr. 4, Stand VI/2021; BSG vom 24.1.1990 – 2 RU 42/89 – RdNr. 15 = SozR 3–1200 § 47 Nr. 1;) und im Übrigen unverändert keine Regelung zum weiteren Zahlverfahren. Unverändert geblieben ist auch der Begriff des »Wohnsitzes«, der nicht mit Wohnung gleichzusetzen ist. Es handelt sich vielmehr um den Wohnort iS des § 30 Abs. 3 SGB I i.V.m § 7 BGB, an dem der Empfänger eine Wohnung unter Umständen innehat, die darauf schließen lassen, dass er diese beibehalten und benutzen wird. Geschuldet wird daher grundsätzlich nur die Übermittlung an die »kleinste politische Einheit« (vgl Pflüger in jurisPK-SGB I, § 47 RdNr. 31.1, Stand 13.8.2021; Schifferdecker in Kasseler Komm, § 47 SGB I RdNr. 18, Stand XII/2021; Ellenberger in Grüneberg, BGB, 81. Aufl 2022, § 7 RdNr. 1; Martinek in jurisPK-BGB, § 7 RdNr. 4, Stand 11.2.2021; aA Mrozynski, SGB I, 6. Aufl. 2019, § 47 RdNr. 16). Hierfür spricht auch die Regelung des § 270 BGB, der in Abs. 1 wortlautidentisch zu § 47 SGB I als Zielort für Geldübermittlungen den Wohnsitz nennt und in Abs. 4 ausdrücklich die Regelungen zum Leistungsort nach § 269 BGB (»Wohnsitz des Schuldners«) unberührt lässt, weshalb es selbst bei Zusammenfallen von Leistungsort und Erfüllungsort in derselben politischen Gemeinde <sog »Platzgeschäft«> (BSG, Urteil vom 16.2.2022 – B 8 SO 3/20

R – juris Rn. 19, juris)vgl BGH vom 29.1.1969 – IV ZR 545/68 – NJW 1969, 875) bei Geldschulden als modifizierte Schickschulden für die Rechtzeitigkeit nicht auf das Eintreffen an der Wohnung des Gläubigers ankommt (vgl BGH vom 5.10.2016 – VIII ZR 222/15 – RdNr. 25 ff – NJW 2017, 1596).

5. Verweisung auf § 331 SGB III

32 § 26 Abs. 2 BEEG verweist auf § 331 SGB III. Es handelt sich um eine **dynamische Rechtsgrundverweisung**. Die Norm, zuletzt geändert durch Gesetz vom 5.12.2012 (BGBl. I S. 2467) m.W.v. 1.1.2013 lautet:

(1) Die Agentur für Arbeit kann die Zahlung einer laufenden Leistung ohne Erteilung eines Bescheides vorläufig einstellen, wenn sie Kenntnis von Tatsachen erhält, die kraft Gesetzes zum Ruhen oder zum Wegfall des Anspruchs führen und wenn der Bescheid, aus dem sich der Anspruch ergibt, deshalb mit Wirkung für die Vergangenheit aufzuheben ist. Soweit die Kenntnis nicht auf Angaben der Person beruht, die die laufende Leistung erhält, sind ihr unverzüglich die vorläufige Einstellung der Leistung sowie die dafür maßgeblichen Gründe mitzuteilen, und es ist ihr Gelegenheit zu geben, sich zu äußern.

(2) Die Agentur für Arbeit hat eine vorläufig eingestellte laufende Leistung unverzüglich nachzuzahlen, soweit der Bescheid, aus dem sich der Anspruch ergibt, zwei Monate nach der vorläufigen Einstellung der Zahlung nicht mit Wirkung für die Vergangenheit aufgehoben ist.

33 Das BerzGG i.d.F. v. enthielt in § 22 Abs. 5 eine Modifikation dergestalt, dass anstelle der zunächst bis zum 31.12.2003 geltenden Monatsfrist in § 331 Abs. 2 SGB III (i.d.F. vom 1.8.1999) eine Sechswochenfrist gelte, die aber durch Gesetz vom 29.12.2004 (BGBl. I S. 3076) unter Hinweis auf die mittlerweile in § 331 Abs. 2 SGB III geltende Zweimonatsfrist aufgehoben wurde.

34 Bei der vorläufigen Zahlungseinstellung gemäß § 331 SGB III handelt es sich nicht um einen Verwaltungsakt, sondern um die **Ausübung eines Zurückbehaltungsrechts** und somit ein Gestaltungsrecht, das die Fälligkeit des sich aus dem Bewilligungsbescheid ergebenden Anspruchs aufhebt. In der Literatur ist diese Frage umstritten (dafür u.a. Winkler in LPK-SGB III, 1. Aufl., § 331 Rn. 15; dagegen Eicher im Kasseler Handbuch des Arbeitsförderungsrechts, § 2 Rn. 3; wie hier Buchner/Becker, BEEG § 26 Rn. 10; Gagel/Pilz, SGB III, § 331 Rn. 15; Bayerisches LSG, Beschluss vom 9.8.2013 – L 11 AS 462/13 B PKH –, juris) siehe auch Eicher in Eicher/Spellbrink SGB II § 40 Rn. 73 m.w.N.). Wenn sich die Behörde »statt« eines Vorgehens, für das ein Verwaltungsakt geboten ist, eines anderen Vorgehens bedient und dies in einem Schreiben mitteilt, liegt es nahe, dann auch für das konkrete Handeln aus Rechtsschutzgesichtspunkten ein Handeln durch Verwaltungsakt, zumindest einen anfechtbaren »Formalverwaltungsakt«, anzunehmen (**LSG Sachsen-Anhalt**, Beschluss vom 24.11.2010 – L 2 AS 121/10 B). Erfolgt die (teilweise) Aufhebung des bewilligenden Verwaltungsakts, ersetzt diese die Einstellungsentscheidung (**LSG Hessen**, Beschluss vom 16.11.2011 – L 9 AS 468/11 B ER).

35 Die vorläufige Zahlungseinstellung nach § 331 SGB III erfasst die Fälle, in denen der Leistungsträger Kenntnis von Tatsachen erhält, **die kraft Gesetzes zum Ruhen oder zum Wegfall des Anspruchs** führen und die Leistungsbewilligung deshalb aufzuheben ist. In solchen Fällen sind die vorläufig eingestellten laufenden Leistungen nach § 331 Abs. 2 SGB III nachzuzahlen, wenn die Leistungsbewilligung nicht innerhalb einer Frist von zwei Monaten nach der vorläufigen Einstellung aufgehoben wird. Die vorläufige Zahlungseinstellung ist nicht möglich, wenn das Ruhen oder der Wegfall des Anspruchs nicht schon kraft Gesetzes eingetreten ist, sondern selbst noch von einer Ermessensentscheidung des Leistungsträgers abhängt (**LSG Sachsen-Anhalt**, Urt. v. 24.11.2010 – L 2 AS 121/10 B).

36 Unabhängig von der Frage, ob es sich bei der vorläufigen Leistungseinstellung bzw. der Mitteilung darüber um einen Verwaltungsakt handelt (s.o.), ist die Einstellungs-Entscheidung nach § 331 SGB III jedenfalls eine **Ermessenentscheidung**. Ein völliger Ermessensausfall kann auch nicht im Laufe des späteren Verfahrens gem. § 41 Abs. 1 Nr. 2 SGB X geheilt werden, weil dann ein nicht heilbarer Fehler der Ermessensbetätigung nach § 39 SGB I vorliegt (Schütze in von Wulffen, SGB X, § 41 Rn. 11 m.w.N.).

37 Die vorläufige Zahlungseinstellung kann ausweislich des Wortlauts des Gesetzes nur auf die »**Kenntnis von Tatsachen**«, nicht hingegen auf einen reinen Verdacht gestützt werden (**LSG Sachsen-Anhalt** Urt. v. 24.11.2010 – L 2 AS 121/10 B). Schließlich kann die Zahlungseinstellung nur vorläufig erfolgen, innerhalb der Zweimonatsfrist muss entweder eine verbindliche Entscheidung über die Aufhebung des begünstigenden Verwaltungsaktes als Rechtsgrundlage der Zahlung oder aber die Nachzahlung der eingestellten Leistung erfolgen.

38 Das LSG Nordrhein-Westfalen hat klargestellt, dass der Grundsicherungsträger eine vorläufig eingestellte laufende Zahlung **unverzüglich nachzuzahlen** hat, soweit der Bescheid, aus dem sich der Anspruch ergibt, zwei Monate nach der vorläufigen Einstellung der Zahlung nicht mit Wirkung für die Vergangenheit aufgehoben ist. Ferner sei die vorläufige Zahlungseinstellung ausgeschlossen, wenn das Ruhen oder der Wegfall des Anspruchs von einer Ermessensentscheidung des Leistungsträgers abhängt. Dies sei auch bei einem Vorgehen nach § 66 Abs. 1 SGB 1 wegen fehlender Mitwirkung des Leistungsempfängers der Fall. (LSG Nordrhein-Westfalen, Beschluss vom 7.4.2014 – L 19 AS 389/14 B ER, L 19 AS 390/14 B –, Rn. 5, juris RdNr. 16; s. auch Bayerisches LSG, Beschluss vom 15.7.2015 – L 11 AS 353/15 B ER – juris).

39 Das LSG Sachsen hat klargestellt, dass § 331 SGB III lediglich die vorläufige Zahlungseinstellung regelt, nicht die Voraussetzungen für die (endgültige) Aufhebung früherer Leistungsbewilligungen. Diese richtet sich nach den für die Aufhebung von Verwaltungsakten maßgeblichen Vorschriften, also nach §§ 44, 45, 48 SGB X, oder bei vorläufigen Verwaltungsakten nach § 328 Abs. 2 SGB III (Sächsisches LSG, Urteil vom 20.9.2013 – L 7 AS 863/11 –, Rn. 20, juris).

6. Verweisung auf § 328 Abs. 3 SGB III

40 § 26 Abs. 2 verweist in der aktuellen Fassung vom 27.10.2015 (BGBl. I S. 33) auch auf § 328 Abs. 3 SGB III. Dieser hat seit dem 24.4.2006 (BGBl. I S. 926) m.W.v. 1.11.2006 folgenden Wortlaut:

41 *Aufgrund der vorläufigen Entscheidung erbrachte Leistungen sind auf die zustehende Leistung anzurechnen. [2]Soweit mit der abschließenden Entscheidung ein Leistungsanspruch nicht oder nur in geringerer Höhe zuerkannt wird, sind aufgrund der vorläufigen Entscheidung erbrachte Leistungen zu erstatten; aufgrund einer vorläufigen Entscheidung erbrachtes Kurzarbeitergeld und Wintergeld ist vom Arbeitgeber zurückzuzahlen.*

42 § 328 Abs. 3 SGB III regelt die Erbringung und Erstattung vorläufiger Leistungen. Die Regelung ermöglicht vorläufig erbrachte Leistungen zu verrechnen. Bei § 328 SGB III handelt es sich um eine eigenständige öffentlich-rechtliche Erstattungsnorm, die zugleich spezieller ist als § 50 SGB X (vgl. Gagel/Pilz, Kommentar zum SGB III, § 328, Rn. 49; Sächsisches LSG, Beschluss v. 17.10.2013 – L 3 AS 18/12 B PKH –, juris). Eine Aufhebung nach § 45 SGB 10 i.V.m. § 330 Abs. 2 SGB III ist Fällen der vorläufigen Entscheidung nach § 328 Abs. 3 S. 2 SGB III ausgeschlossen. (LSG Hamburg vom 26.3.2014 – L 2 AL 44/12 –, Rn. 30, juris). Eine Rückforderung kann auch auf § 42 Abs. 2 S. 2 SGB I gestützt werden, wenn bei der Bewilligung des Geldbetrags deutlich genug auf die an keine weiteren Voraussetzungen geknüpfte Erstattungspflicht hingewiesen worden ist. Dass der Beklagte die Rückzahlungspflicht neben der Festsetzung im Bescheid vom 1.9.2010 auch auf § 50 SGB X gestützt hat, ist unschädlich (BSG, Urteil vom 13.12.2018 – B 10 EG 9/17 R –, juris Rn. 31; s. auch BSG vom 26.3.2014 – B 10 EG 4/13 R – Juris RdNr. 36 m.w.N.).

43 Die Bewilligung von vorläufigen Leistungen ist nur eine einstweilige und schafft im Unterschied zur Bewilligung einer endgültigen Leistung zwischen den Beteiligten nur **Rechtssicherheit für einen begrenzten Zeitraum**, nämlich bis zur Festsetzung der endgültigen Leistung. Die vorläufige Bewilligung erledigt sich durch die Festsetzung endgültiger Leistungen nach § 39 Abs. 2 SGB X, weshalb es einer gesonderten Aufhebung nicht bedarf (vgl. LSG Nordrhein-Westfalen – Urt. v. 9.2.2012 – L 9 BK 8/10 – juris; BSG, Urt. v. 14.8.1996 – 13 RJ 9/95 – juris). Dies folgt aus der eigenständigen Rechtsnatur der vorläufigen Leistung. Beim Empfänger kann sich kein Vertrauen auf den dauerhaften Verbleib der Leistungen bilden. Dem hat der Gesetzgeber dadurch Rechnung getragen, dass er nicht nur die Voraussetzungen der Gewährung vorläufiger Leistungen, sondern auch diejenigen der Rückabwicklung zu Unrecht erbrachter Leistungen insgesamt abweichend von den Regelungen für endgültige Leistungen in einer eigenen Vorschrift normiert hat. Anders als bei endgültigen Leistungen ist folglich eine Anwendung der §§ 44 ff. SGB X ausgeschlossen (vgl. BSG, Urt. v. 1.7.2012, B 11 AL 19/09 R, Rn. 18, 19 zum Vorschuss; s. zu einem Fall der Rückforderung des Elterngeld Plus LSG Sachsen-Anhalt, Urteil vom 15.12.2022 – L 2 EG 3/21 – juris Rn. 42, so auch LSG Baden-Württemberg, Urteil vom 26.3.2024 – L 11 EG 1686/22 – juris RdNr. 32)).

Es handelt sich bei der Entscheidung über den Erstattungsanspruch um eine **gebundene Entscheidung**. Die Ausübung von Ermessen ist nicht erforderlich (vgl. BSG, Urt. v. 15.8.2002 – B 7 AL 24/01 R – juris). Darüber hinaus sind Vertrauensschutzgesichtspunkte anders als im Rahmen der §§ 45 und 48 SGB X nicht zu prüfen, weil die Vorläufigkeit der Entscheidung die Bildung schutzwürdigen Vertrauens am Behalten der gewährten Leistung verhindert (vgl. Eicher/Schlegel, Kommentar zum SGB III, § 328, Rn. 65; Gagel/Pilz § 328, Rn. 49). Der Leistungsträger hat die Möglichkeit der Anrechnung und Rückforderung von Überzahlungen (so bereits zum Vorschuss: BSG, Urt. v. 30.5.1984 – 5a RKn 3/84 – juris). § 328 Abs. 3 Satz 1 SGB III sieht nicht vor, dass die »zustehende Leistung« nur auf die des jeweiligen Leistungsmonats anzurechnen ist (LSG Sachsen-Anhalt, Urt. v. 3.9.2012 – L 5 AS 218/09 – juris). 44

Nach Ansicht des LSG Hamburg kommt eine analoge Anwendung der § 13 Abs. 2 EhfG i.V.m. § 152 SGB III nicht in Betracht, weil keine planwidrige Regelungslücke vorliege. In § 13 Abs. 2 EhfG sei ausdrücklich nur das Arbeitslosengeld geregelt, alle weiteren Sozialleistungen sind dagegen nicht in Bezug genommen worden und auch bei nachfolgenden Änderungen des EhfG ist keine Ergänzung für das Elterngeld erfolgt. Es sei daher davon auszugehen, dass der Gesetzgeber auch gerade nur das Arbeitslosengeld regeln wollte. Im BEEG wiederum sei § 1 Abs. 2 S. 1 Nr. 2 BEEG auch der Anspruch eines Entwicklungshelfers auf Elterngeld geregelt worden, weshalb nichts dafür spreche, dass der Gesetzgeber zwar einerseits den Elterngeldanspruch ausdrücklich in das Gesetz aufgenommen hat, dann aber planwidrig keine Regelung zur Höhe des Elterngeldes abweichend vom Regelfall getroffen haben solle (LSG Hamburg, Urteil vom 27.3.2019 – L 2 EG 3/18 –, juris Rn. 18). 45

Sollte sich im Rahmen der **nachgelagerten Prüfung der Elterngeldbehörde** nach Erlass des Einkommensteuerbescheids im Rahmen eines Zugunstenverfahrens nach § 26 Abs. 1 BEEG i.V.m. § 44 SGB X (s.o. Rn. 17a) herausstellen, dass wegen einer lohnsteuerrechtlich unzutreffenden Einordnung von laufendem Arbeitslohn als sonstiger Bezug ein zu hohes Elterngeld gewährt worden ist, kann die Elterngeldbehörde ggf auch die (teilweise) Aufhebung der Elterngeldbewilligung oder die Korrektur im Fall einer zuvor vorläufigen Leistungsbewilligung und die Geltendmachung von Rückforderungen gem. § 26 Abs. 2 BEEG i.V.m. § 328 Abs. 3 S. 2 SGB III prüfen (BSG, Urt. v. 25.6.2020 – B 10 EG 3/19 R –, BSGE [vorgesehen], SozR 4–7837 § 2c Nr. 7). 46

Auch das LSG Baden-Württemberg geht davon aus, dass bei einer vorangegangenen vorläufigen Bewilligung im Zuge der anschließenden endgültigen Festsetzung die §§ 44 ff. SGB X keine Anwendung finden, sondern die Behörde eine endgültige Leistungsfestsetzung treffen und überzahltes Elterngeld zurückfordern kann, ohne den Versicherten hierzu anhören, Ermessen ausüben oder Vertrauensgesichtspunkte beachten zu müssen. Setzt die Behörde aber Elterngeld nach zunächst vorläufiger Bewilligung endgültig fest, richte sich eine **spätere (zweite) Änderung** dieses Bescheids nicht nach § 26 Abs. 2 BEEG i.V.m § 328 Abs. 3 SGB III, sondern nach der allgemeinen Regelung des § 45 SGB X. Ein zumindest konkludenter Rücknahmebescheid setze voraus, dass die Behörde von einer Bindungswirkung ausgegangen ist und deshalb den Wegfall der Bindungswirkung erreichen will, was nicht der Fall sei bei einer Änderung eines

Bescheids, bei welchem die Behörde eine jederzeitige Änderbarkeit nach § 26 Abs. 2 BEEG idF vom 27.1.2015 i.V.m § 328 Abs. 3 SGB 3 angenommen hat. Eine Umdeutung könne dann nicht erfolgen, wenn dies der erkennbaren Absicht der Behörde widerspräche (LSG Baden-Württemberg, Urteil vom 26.3.2024 – L 11 EG 1686/22 – juris RdNr. 32, 55 f.))

§ 27 BEEG Sonderregelung aus Anlass der COVID-19-Pandemie

(1) [1]Übt ein Elternteil eine systemrelevante Tätigkeit aus, so kann sein Bezug von Elterngeld auf Antrag für die Zeit vom 1. März 2020 bis 31. Dezember 2020 aufgeschoben werden. [2]Der Bezug der verschobenen Lebensmonate ist spätestens bis zum 30. Juni 2021 anzutreten. [3]Wird von der Möglichkeit des Aufschubs Gebrauch gemacht, so kann das Basiselterngeld abweichend von § 4 Absatz 1 Satz 2 und 3 auch noch nach Vollendung des 14. Lebensmonats bezogen werden. [4]In der Zeit vom 1. März 2020 bis 30. Juni 2021 entstehende Lücken im Elterngeldbezug sind abweichend von § 4 Absatz 1 Satz 4 unschädlich.

(2) [1]Für ein Verschieben des Partnerschaftsbonus genügt es, wenn nur ein Elternteil einen systemrelevanten Beruf ausübt. [2]Hat der Bezug des Partnerschaftsbonus bereits begonnen, so gelten allein die Bestimmungen des Absatzes 3.

(3) Liegt der Bezug des Partnerschaftsbonus ganz oder teilweise vor dem Ablauf des 23. September 2022 und kann die berechtigte Person die Voraussetzungen des Bezugs aufgrund der COVID-19-Pandemie nicht einhalten, gelten die Angaben zur Höhe des Einkommens und zum Umfang der Arbeitszeit, die bei der Beantragung des Partnerschaftsbonus glaubhaft gemacht worden sind.

(4) (weggefallen)

Übersicht Rdn.

1. Allgemeines

1 Die Vorschrift wurde durch **Nr. 4 des Gesetzes v 20.5.2020 »Gesetz für Maßnahmen im Elterngeld aus Anlass der COVID-19-Pandemie« (BGBl. I 1061)** mit Wirkung vom 1.3.2020 mit gänzlich neuem Inhalt neu gefasst. Der bisherige § 27 wurde zu § 28. Durch das Gesetz zur Beschäftigungssicherung infolge der COVID-19-Pandemie (Beschäftigungssicherungsgesetz – BeschSiG) vom 3. Dezember 2020 (BGBl. I 2691) wurde Abs. 4 m.W.v. 1.1.2021 verändert. Durch das Zweites Gesetz zur Änderung des Bundeselterngeld- und Elternzeitgesetzes vom 15.2.2021 (BGBl. I

239) wurde Abs. 3 rückwirkend zum 28.5.2020 und Abs. 1 mit Wirkung ab 1.9.2021 geändert, sowie Abs. 4 – ebenfalls mit Wirkung zum 1.9.2021 – gestrichen. Zuletzt wurde Abs. 3 durch das **Gesetz zur Verlängerung des Sozialdienstleister-Einsatzgesetzes und weiterer Regelungen** vom 18.3.2022 (BGBl. I 473) geändert.

2. Zweck der Norm

Mit der Neuregelung soll zeitlich befristet bis zum voraussichtlichen Ende der der COVID-19-Pandemie auch die **wirtschaftliche Stabilität von Familien** gesichert werden, da viele Familien durch die COVID-19-Pandemie in eine wirtschaftliche Notlage geraten seien. Zugleich sollen die Regelungen eine schnellere Rückkehr von Eltern in systemrelevanten Branchen in ihren Beruf ermöglichen (BT-Drucks 19/18698 S. 5; s. auch (Dau, jurisPR-SozR 12/2020 Anm. 1). 2

Insbesondere Eltern aus Berufen der sog. **kritischen Infrastruktur**, die aufgrund der aktuellen Situation besonders gefordert sind, um die notwendige staatliche Daseinsvorsorge zu sichern sollen die Möglichkeit erhalten, Elterngeld auch später zu nehmen, wenn ihre Präsenz im Job nicht mehr unverzichtbar ist. Sofern Familien ungeplante Einkommenseinbrüche aufgrund der COVID-19-Pandemie erleiden, weil sie aktuell mehr oder weniger arbeiten als geplant, sollen sie den Partnerschaftsbonus – eine zusätzliche Leistung, die Mütter und Väter bekommen, die gleichzeitig Teilzeit arbeiten – nicht verlieren. Zudem sollen Eltern und werdende Eltern, die aktuell Einkommensverluste haben, zum Beispiel weil sie in Kurzarbeit sind, keinen Nachteil im Elterngeld haben. Einkommensausfallleistungen, wie zum Beispiel das Kurzarbeitergeld reduzieren das Elterngeld nicht und fließen auch bei der späteren Berechnung des Elterngeldes für ein weiteres Kind nicht mit ein (BT-Drucks 19/18698 S. 5). 3

Ist es Eltern in **systemrelevanten Branchen und Berufen** wegen der Herausforderungen während der COVID-19-Pandemie nicht möglich, ihre Elterngeldmonate zu nehmen, können sie diese aufschieben. Eltern verlieren ihren Partnerschaftsbonus nicht, wenn sie aufgrund der COVID-19-Pandemie aktuell mehr oder weniger arbeiten als geplant. Kurzarbeitergeld und Arbeitslosengeld reduzieren das Elterngeld nicht und haben bei einem weiteren Kind keinen negativen Einfluss auf die Höhe des Elterngeldes. 4

Die Neuregelung der zeitlichen Zuordnung von Einnahmen aus nichtselbstständiger und selbstständiger Arbeit soll die Umsetzung der Corona-bedingten elterngeldrechtlichen Regelungen erleichtern. Die Klarstellung wurde aufgrund eines Urteils des Bundessozialgerichts (Urteil vom 27.6.2019 – B 10 EG 1/18 R) nötig. 5

Die Änderungen im BEEG sollen zudem die **Demografiestrategie der Bundesregierung** stützen (BT-Drucks 19/18698 S. 6).

3. Inhalt der Norm

a) Abs. 1

Satz 1 ermöglicht den Eltern systemrelevanten Berufen und Branchen die Verschiebung von Elterngeldmonaten und damit, ihren Elterngeldbezug aufzuschieben. Damit 6 soll ein Anreiz für Eltern im Elterngeldbezug oder vor Antritt des Elterngeldbezuges geschaffen werden, ihre Tätigkeit in diesen Bereichen wieder aufzunehmen oder weiterhin tätig zu bleiben, ohne einen Nachteil im Elterngeld zu erfahren (BT-Drucks 19/18698 S. 8).

7 Nach der Gesetzesbegründung soll einen Maßstab für die Zuordnung von **Tätigkeiten zu systemrelevanten Branchen und Berufen** die Verordnung zur Bestimmung kritischer Infrastrukturen nach dem Gesetz über das Bundesamt für Sicherheit in der Informationstechnik (BSI-Gesetz) sowie die Verordnung zu Abweichungen vom Arbeitszeitgesetz infolge der COVID-19-Epidemie als auch landesrechtlichen Bestimmungen für die Berechtigung zur Inanspruchnahme von Kindernotfallbetreuung sein (BT-Drucks 19/18698, S. 8). Exemplarisch nennt die Gesetzesbegründung als Tätigkeiten, die für das öffentliche Leben, Sicherheit und Versorgung der Menschen unabdingbar sind, Tätigkeiten in Einrichtungen und Behörden zur Sicherstellung der öffentlichen Sicherheit und Ordnung und zur Sicherstellung der öffentlichen Infrastruktur und Versorgungssicherheit – insbesondere Energie- und Wasserversorgung, Transport- und Personenverkehr und Aufrechterhaltung von Kommunikationswegen –, für Ernährung, Waren und Dienstleistungen des täglichen Bedarfs, Gesundheitsversorgung und Pflege, Bildung und Erziehung, Kinder- und Jugendhilfe sowie Behindertenhilfe.

8 Eine entsprechende **Bescheinigung des Arbeitgebers** über die systemrelevante Tätigkeit ist vorzulegen. Sollte diese nicht vorliegen, reicht die Glaubhaftmachung (BT-Drucks 19/18698 S. 8).

9 Die Regelung ist auf die **voraussichtliche Zeit der Krise Ende 2020** begrenzt. Danach ist der Elterngeldbezug anzutreten. Der Gesetzgeber sieht den Zeitraum von 6 Monaten als flexibel genug an, um – je nach Systemrelevanz (zum Beispiel genug Pflegekräfte im Krankenhaus) – den Eltern die Möglichkeit zu geben, die Elterngeldmonate auch tatsächlich nehmen zu können.

10 **Satz 2** schreibt als spätesten Antrittszeitpunkt der verschobenen Lebensmonate den 30.6.2021 vor.

11 Bei **Satz 3** und **Satz 4** handelt es sich um Folgeänderungen zu Satz 1 (BT-Drucks 19/18698 S. 8 f.).

12 Bei den Änderungen in Abs. 1 durch **das Zweite Gesetz zur Änderung des Bundeselterngeld- und Elternzeitgesetzes** vom **15.2.2021** (BGBl. I 239) zum 1.9.2021 handelt es sich um Folgeänderungen infolge der Neustrukturierung des § 4, die mit keiner Änderung der derzeitigen Rechtslage verbunden sind (BT-Drucks 19/24438 S. 37).

b) **Abs. 2**

13 **Satz 1** berücksichtigt, dass beide Eltern den Partnerschaftsbonus nur parallel beziehen können, weshalb dieser regelt, dass auch der nicht systemrelevante Elternteil den Bonus verschieben kann (BT-Drucks 19/18698 S. 9).

Satz 2 stellt klar, dass die Partnerschaftsbonusmonate nach Beginn des Bezuges nicht mehr verschoben werden können. Maßgeblich sind dann die Regelungen des Absatzes 3 (BT-Drucks 19/18698 S. 9). 14

c) Abs. 3

Die Regelungen des Abs. 3 gelten auch für Eltern, die **nicht in einem systemrelevanten Beruf** arbeiten (BT-Drucks 19/18698 S. 9). Weil mit den Maßnahmen zur Eindämmung der COVID-19-Pandemie die Zahl von Eltern wächst, die die Voraussetzungen für den Partnerschaftsbonus nicht einhalten können, da manche ihren Job verlieren, in Kurzarbeit gehen oder ihre Arbeitsstunden zwecks Kinderbetreuung reduzieren müssen, werden die Anforderungen an den nachträglichen Nachweis der Arbeitszeit und der Höhe des Einkommens gelockert. Dadurch werden die betroffenen Eltern vor Rückforderungen geschützt. Für den Partnerschaftsbonus kommt es in der Zeit vom 1.3. bis zum 31.12.2020 allein auf die Angaben an, die bei Beantragung gemacht wurden. Damit soll Eltern, die den Partnerschaftsbonus bereits beantragt und auf dessen Zahlung vertraut haben, der notwendige Vertrauensschutz gewährt werden. Aus Vereinfachungsgründen betrifft die Regelung auch Eltern, die aktuell an ihrem Arbeitsplatz mehr als geplant benötigt werden (BT-Drucks 19/18698 S. 9). 15

Rückwirkend zum 28.5.2020 erfolgte durch **das Zweite Gesetz zur Änderung des Bundeselterngeld- und Elternzeitgesetzes** vom **15.2.2021** (BGBl. I 239) eine **Änderung des Abs. 3**. Der **Vertrauensschutztatbestand** wurde mit dem Gesetz für Maßnahmen im Elterngeld aus Anlass der Covid-19-Pandemie (BT-Drs. 19/18698) eingeführt. Für Eltern, die den Partnerschaftsbonus beziehen möchten, kann es – aufgrund der Covid-19-Pandemie – weiterhin schwierig sein, seine Voraussetzungen einzuhalten. Daher wird nun allen Eltern, deren Bezug ganz oder teilweise vor dem Ablauf des 31. Dezember 2021 liegt und die von der Covid19-Pandemie betroffen sind, Vertrauensschutz gewährt. Dies gilt – nach der neuen Regelung – unabhängig vom Zeitpunkt der Antragstellung und somit für Eltern, die nach dem 27. Mai 2020 einen Antrag auf den Partnerschaftsbonus gestellt haben oder stellen werden. Damit schließt die Regelung nahtlos an das Datum des 27.5.2020 in § 27 Absatz 3 des Gesetzes vom 28. Mai 2020 für Maßnahmen im Elterngeld aus Anlass der COVID-19-Pandemie (BGBl. I S. 1061) an. Um die betroffenen Eltern vor **Rückforderungen** zu schützen, bleiben die Anforderungen an die nachträgliche Nachweisführung gelockert. Für den **Partnerschaftsbonus** kommt es in der Zeit vor dem Ablauf des 31.12.2021 allein auf die Angaben an, die bei Beantragung gemacht wurden (BT-Drucks 19/26242, S. 18). Durch Art. 5 des **Gesetzes zur Verlängerung des Sozialdienstleister-Einsatzgesetzes und weiterer Regelungen** vom 18.3.2022 (BGBl. I 473) wurde der Vertrauensschutztatbestand auf den 23. September 2022 verlängert. 16

d) Abs. 4

Bis zum 31.8.2021 gab es Abs. 4 mit folgenden Wortlaut: 17

[1]Für die Höhe des Elterngeldes bleiben für die Zeit vom 1. März 2020 bis zum 31. Dezember 2020 die Einnahmen im Bezugszeitraum unberücksichtigt, die der berechtigten Person als Ersatz für Erwerbseinkommen zustehen, das nach der Geburt des Kindes aufgrund der COVID-19-Pandemie weggefallen ist. [2]Im Fall des Satzes 1 ist das Elterngeld monatlich höchstens so hoch wie der Elterngeldbetrag, der zustünde, wenn die berechtigte Person keinen Einkommenswegfall aufgrund der COVID-19-Pandemie hätte oder hat.

Die Regelungen galten für Eltern, die **nicht in einem systemrelevanten Beruf** arbeiten (BT-Drucks 19/18698 S. 9).

18 Um die **wirtschaftliche Stabilität von Familien auch während des Elterngeldbezugs** sicherzustellen, sollten für den Zeitraum vom 1.3.2020 bis zum 31.12.2020 Einkommensersatzleistungen, insbesondere Kurzarbeitergeld und Arbeitslosengeld I, die durch die COVID-19-Pandemie bedingte Einkommenswegfälle ausgleichen, für die Höhe des Elterngeldes nicht berücksichtigt werden. Bei Bezug von Einkommensersatzleistungen in der Zeit vom 1.3.2020 und 31.12.2020 kam es für die endgültige Festsetzung des Elterngeldes allein auf die Angaben an, die bei Beantragung gemacht wurden. Damit sollte **teilzeiterwerbstätigen Eltern**, die zusätzlich zu ihrem Teilzeiteinkommen auf die Zahlung des Elterngeldes in der beantragten Höhe vertraut haben, der notwendige Vertrauensschutz gewährt werden (BT-Drucks 19/18698 S. 9). War die Erkrankung coronabedingt, wurden als Einkommensersatzleistungen sowohl das Krankengeld als auch die Entschädigung nach § 56 IfSG berücksichtigt, nicht aber die Corona-Soforthilfen für Selbstständige (HK-MuSchG/Martin Lenz/Nora Wagner, 6. Aufl. 2022, BEEG § 27 Rn. 9 unter Bezug auf die 2021 geltende Fassung der Richtlinien zum BEEG Teil 1 Nr. 27.4.1).

19 Mit der **Änderung des Absatz 4** durch das Gesetz zur Beschäftigungssicherung infolge der COVID-19-Pandemie (**Beschäftigungssicherungsgesetz** – BeschSiG) vom 3.12.2020 (BGBl. I 2691) m.W.v. 1.1.2021 wurde die mit dem Gesetz für Maßnahmen im Elterngeld aus Anlass der COVID-19-Pandemie (BT-Drs. 19/18698) eingeführte Sonderregelung zur Anrechnung von Einkommensersatzleistungen verlängert. Zugleich wurde die Regelung konkretisiert und an die allgemeine elterngeldrechtliche Systematik angepasst, um Gesetzeslücken, die sich aus der ursprünglichen Regelung ergeben haben, zu schließen. Am Ergebnis der bisherigen Sonderregelung änderte sich mit der Neufassung nichts: Teilzeiterwerbstätigen Eltern, die nach der Geburt zusätzlich zu ihrem Teilzeiteinkommen auf die Zahlung des Elterngeldes vertraut haben, soll der notwendige Vertrauensschutz gewährt werden. Für sie verringert sich in der Zeit vom 1.3.2020 bis zum 31.12.2021 das Elterngeld nicht, wenn sie andere Einkommensersatzleistungen beziehen. Das Elterngeld bleibt so hoch, wie es gewesen wäre, wenn die berechtigte Person ohne die COVID-19-Pandemie planmäßig gearbeitet hätte. Um die **wirtschaftliche Stabilität von Familien** während des Elterngeldbezugs auch weiterhin sicherzustellen, wurde der Anwendungszeitraum der Regelung bis zum 31. Dezember 2021 verlängert. Aus Anlass der Pandemie mussten weiterhin zahlreiche Betriebe ihre Arbeit einstellen und/oder ihre Läden schließen. Viele Arbeitnehmerinnen und Arbeitnehmer waren von Kurzarbeit oder Freistellungen betroffen und erhielten Ein-

kommensersatzleistungen, insbesondere Kurzarbeitergeld und Arbeitslosengeld, die diese Einkommenswegfälle ausgleichen. Der Gesetzgeber ging bei Erlass der Norm davon aus, dass die Auswirkungen der COVID-19-Pandemie bis zum 31.12.2021 fortbestehen (BT-Drucks 19/24481 S. 20).

Durch das **Zweite Gesetz zur Änderung des Bundeselterngeld- und Elternzeitgesetzes vom 15.2.2021** (BGBl. I 239) wurde Abs. 4 – ebenfalls mit Wirkung zum 1.9.2021 – gestrichen. Mit der Einführung der Neureglung in § 3 Abs. 1 S. 4 hatte sich die befristete Corona-bedingte Spezialregelung zugunsten einer dauerhaften Regelung desselben Inhalts erledigt (HK-MuSchG/Martin Lenz/Nora Wagner, 6. Aufl. 2022, BEEG § 27 Rn. 9).

§ 28 BEEG Übergangsvorschrift

(1) Für die vor dem 1. September 2021 geborenen oder mit dem Ziel der Adoption aufgenommenen Kinder ist dieses Gesetz in der bis zum 31. August 2021 geltenden Fassung weiter anzuwenden.

(1a) Soweit dieses Gesetz Mutterschaftsgeld nach dem Fünften Buch Sozialgesetzbuch oder nach dem Zweiten Gesetz über die Krankenversicherung der Landwirte in Bezug nimmt, gelten die betreffenden Regelungen für Mutterschaftsgeld nach der Reichsversicherungsordnung oder nach dem Gesetz über die Krankenversicherung der Landwirte entsprechend.

(2) Für die dem Erziehungsgeld vergleichbaren Leistungen der Länder sind § 8 Absatz 1 und § 9 des Bundeserziehungsgeldgesetzes in der bis zum 31. Dezember 2006 geltenden Fassung weiter anzuwenden.

(3) [1]§ 1 Absatz 7 Satz 1 Nummer 1 bis 4 in der Fassung des Artikels 36 des Gesetzes vom 12. Dezember 2019 (BGBl. I S. 2451) ist für Entscheidungen anzuwenden, die Zeiträume betreffen, die nach dem 29. Februar 2020 beginnen. [2]§ 1 Absatz 7 Satz 1 Nummer 5 in der Fassung des Artikels 36 des Gesetzes vom 12. Dezember 2019 (BGBl. I S. 2451) ist für Entscheidungen anzuwenden, die Zeiträume betreffen, die nach dem 31. Dezember 2019 beginnen. [3]§ 1 Absatz 7 Satz 1 Nummer 2 Buchstabe c in der Fassung des Artikels 12 Nummer 1 des Gesetzes vom 23. Mai 2022 (BGBl. I S. 760) ist für Entscheidungen anzuwenden, die Zeiträume betreffen, die nach dem 31. Mai 2022 beginnen.

(4) [1]§ 9 Absatz 2 und § 25 sind auf Kinder anwendbar, die nach dem 31. Dezember 2021 geboren oder nach dem 31. Dezember 2021 mit dem Ziel der Adoption aufgenommen worden sind. [2]Zur Erprobung des Verfahrens können diese Regelungen in Pilotprojekten mit Zustimmung des Bundesministeriums für Familie, Senioren, Frauen und Jugend, des Bundesministeriums für Arbeit und Soziales und des Bundesministeriums des Innern, für Bau und Heimat auf Kinder, die vor dem 1. Januar 2022 geboren oder vor dem 1. Januar 2022 zur Adoption aufgenommen worden sind, angewendet werden.

Übersicht Rdn.

1. Allgemeines

1 Die Vorschrift übernimmt die Funktion der bis 29.2.2020 geltenden Übergangsvorschrift des § 27 BEEG. Sofern sich die Kommentierung auf ältere vor dem 1.3.2020 geltende Fassungen bezieht, wird daher § 27 BEEG in Bezug genommen. § 27 wurde durch Einfügung von Abs. 1a durch Art. 16 G v. 1.11.2011 I 2131 m.W.v. 5.11.2011 sowie durch das Gesetz zur Vereinfachung des Elterngeldvollzugs v. 10.9.2012 (BGBl. I, S. 1878–1883) m.W.v. 18.9.2012 geändert. Sodann wurde § 27 durch das Gesetz zur Neuausrichtung der Pflegeversicherung (Pflege-Neuausrichtungs-Gesetz – PNG) vom 23.10.2012 (BGBl. I S. 2246) sowie erneut durch das Gesetz zur Einführung des Betreuungsgeldes v. 15.2.2013 (BGBl. I S. 254) mit Wirkung zum 1.8.2013 2013 sowie durch Gesetz zur Einführung des Elterngeld Plus mit Partnerschaftsbonus und einer flexibleren Elternzeit im Bundeselterngeld- und Elternzeitgesetz vom 18.12.2014 (BGBl. I 2325) m.W.v. 1.1.2015 geändert. Durch Bek. v. 27.1.2015 wurde sie mit Wirkung zum 1.1.2015 neu gefasst (BGBl. I 33). Abs. 3 wurde durch Art. 35 Nr. 2 G v. 12.12.2019 (»Gesetz zur weiteren steuerlichen Förderung der Elektromobilität und zur Änderung weiterer steuerlicher Vorschriften«, BGBl. I 2451) m.W.v. 1.1.2020 sowie durch Art. 36 desselben Gesetzes mWz 1.1.2020 geändert. Durch G. v. 20.5.2020 »Gesetz für Maßnahmen im Elterngeld aus Anlass der COVID-19-Pandemie« (BGBl. I 1061) wurde sie rückwirkend zum 1.3.2020 mit demselben Inhalt als § 28 neu bekannt gemacht. Durch das Gesetz

zur Digitalisierung von Verwaltungsverfahren bei der Gewährung von Familienleistungen vom 3.12.2020 (BGBl. I 2668) wurde mit wirkung zum 10.12.2020 hinzugefügt. Durch das Zweites Gesetz zur Änderung des Bundeselterngeld- und Elternzeitgesetzes vom 15.2.2021 (BGBl. I 239) wurde die Norm mit Wirkung ab 1.9.2021 in Abs. 1 geändert und um Abs. 4 ergänzt. Durch das Gesetz zur Regelung eines Sofortzuschlages und einer Einmalzahlung in den sozialen Mindestsicherungssystemen sowie zur Änderung des Finanzausgleichsgesetzes und weiterer Gesetze vom 23.5.2022 (BGBl. I 760) wurde die Norm mit Wirkung zum 1.6.2022 geändert. Abs. 1a wurde sodann durch das Haushaltsfinanzierungsgesetz 2024 vom 22.12.2023 (**412, S. 1–6**) eingefügt und der bisherige Abs. 1a wurde zu Abs. 1b. Zuletzt wurde Abs. 5 Satz 3 durch das **Zweite Haushaltsfinanzierungsgesetz 2024** vom 27.3.2024 (Nr. 107) mWv 1.4.2024 geändert

Es handelt sich um eine **Übergangsvorschrift**, die die Anwendbarkeit von BErzGG bzw. BEEG in verschiedenen Fassungen für vor oder nach bestimmten Stichtagen geborene Kinder regelt (Rancke/Lenz in HK-MuSchG, § 27 Rn. 1).

2. Zweck der Norm

Die Norm dient dem rechtsstaatlich gebotenen **Vertrauensschutz**. Zwar fallen Leistungen nach dem BEEG bzw. BErzGG nicht unter den Eigentumsschutz des **Art. 14 GG**, jedoch können auch nicht eigentumsgeschützte Vermögensdispositionen Schutz vor Eingriffen des Gesetzgebers genießen (Buchner/Becker, § 27 BEEG Rn. 3). Der parlamentarische Gesetzgeber ist grundsätzlich nicht gehindert, für die Zukunft Rechtsänderungen im Rahmen des verfassungsrechtlich Zulässigen vorzunehmen *(lex posterior derogat legi priori; s. Röhl, Allgemeine Rechtslehre, § 72, I, 2)*, und damit die rechtsprechende Gewalt zu zwingen, eine der bisherigen Rechtslage entsprechende Rechtsprechung bei künftigen Entscheidungen aufzugeben. Auch enthält das deutsche Verfassungsrecht mit Ausnahme des Art. 103 Abs. 2 GG keine positive Regelung der **Rückwirkung**; aus dem in Art. 20 GG verankerten **Rechtsstaatsprinzip**, welches unter anderem als zentrales Element den Grundsatz der **Rechtssicherheit** und **Vertrauensschutz** beinhaltet (BVerfGE 7, 194, 196; 18, 429, 439; 23, 12, 32; 30, 367, 386; 50, 177, 193; 105, 48, 57; s.a. Pieroth, Rückwirkung und Übergangsrecht, 1981, S. 118, 143, 383), folgt jedoch das grundsätzliche Verbot, nachträglich ändernd in bereits abgewickelte, der Vergangenheit angehörige Tatbestände zulasten des Bürgers einzugreifen (BVerfGE 11, 139; 24, 220, 230; 25, 269, 290; 57, 361, 391; 68, 287, 306; 72, 175, 196). Im Unterschied zur **echten Rückwirkung bzw. Rückbewirkung von Rechtsfolgen** (BVerfGE 72, 200; s. zur Unterscheidung Brüning, NJW 1998, 1525 ff. sowie Stüsser, Jura 1999, 545, 551; s. auch BVerfGE 13, 261; s.a. BVerfGE 14, 288, 296; 15, 167, 207; 18, 429, 439; 22, 241, 248; 22, 330, 347; 24, 75, 98; 24, 220, 229; 27, 167, 173; 30, 250, 267; 30, 367, 380; 31, 222, 225; 32, 111, 123; 45, 142, 167 f.; 50, 177, 193) soll eine (nur) **unechte (sog. retrospektive) Rückwirkung** vorliegen, wenn das Gesetz ändernd auf gegenwärtige, noch nicht abgeschlossene Sachverhalte und Rechtsbeziehungen für die Zukunft einwirkt, und damit zugleich die betroffene Rechtsposition nachträglich entwertet wird (BVerfGE 11, 139, 145; BVerfGE 69, 272; 72, 141, 154; 95, 64, 86; 101, 239, 2

263; Jarass in: Jarass/Pieroth, Grundgesetz, Art. 20, Rn. 69). Die sog **tatbestandliche Rückanknüpfung** oder unechte Rückwirkung ist grundsätzlich immer zulässig, es sei denn, dass dadurch zugleich ein Eingriff in Grundrechte erfolgt, der unter Berücksichtigung des Vertrauensschutzes, der Rechtssicherheit und der Verhältnismäßigkeit nicht gerechtfertigt werden kann (BVerfGE 72, 200, 242 f.; 76, 256, 347; s.a. Berger, Zulässigkeitsgrenzen der Rückwirkung von Gesetzen, S. 110 ff.; s.a. Schnapp in: von Münch/Kunig, Grundgesetz, Bd. 2, Art. 20 Rn. 31). Die grundsätzliche Unzulässigkeit der (echten) Rückbewirkung von Rechtsfolgen folgt daraus, dass durch eine rückwirkende Änderung der Gesetzeslage zuungunsten der Normadressaten das Individualvertrauen in das Gesetz und die Rechtslage beeinträchtigt wird, die er bei seinen Dispositionen zugrunde legen durfte (BVerfGE 45, 142, 167 f.). Darüber hinaus ergibt sich das grundsätzliche Verbot rückwirkend geltender Gesetze aus dem **Demokratieprinzip**, da durch eine rückwirkend geltende Norm dem personell anders zusammengesetzten parlamentarischen Gesetzgebungsorgan einer früheren Legislaturperiode unterstellt wird, einen anderen gesetzgeberischen Willen gehabt zu haben. Nur innerhalb enger verfassungsrechtlicher Grenzen ist es dem parlamentarischen Gesetzgeber ausnahmsweise gestattet, Normen zu schaffen, bei denen das Inkrafttreten vor den Zeitpunkt der Verkündung vorverlegt wird, und somit von ihm gesetztes Recht für vergangene Zeiträume schaffen. Nach der Rechtsprechung des Bundesverfassungsgerichts soll die **Rückbewirkung von Rechtsfolgen** ausnahmsweise in folgenden Fällen zulässig sein:

Substitution eines nichtigen Gesetzes (BVerfGE 7, 89; 13, 261, 272) Zwingende Gründe des Allgemeinwohls (BVerfGE 13, 261, 273; 24, 75, 101 ff.; 30, 367, 391; 88, 384, 404; 97, 67, 81 f.) Vorliegen einer unklaren und verworrenen Rechtslage (BVerfGE 24, 75, 101) Fehlen eines schutzwürdigen Vertrauenstatbestands (BVerfGE 13, 261, 272; 31, 363, 397; 45, 142, 173; 72, 200, 260 ff.; zur Kritik an dieser Kasuistik s. Stern, Staatsrecht, Bd. I, § 20 IV 4, S. 654; s.a. Schlegel, VSSR, 2004, 313, 326.)

3 Das BVerfG hat darauf hingewiesen, dass dieser Katalog **nicht abschließend** ist, jedoch wurde bisher nur in diesen dargestellten Fällen eine Durchbrechung des Rückwirkungsverbotes zugelassen. Keine eigenständige Bedeutung kommt in diesem Zusammenhang dem Begriff der »**authentischen Interpretation**« zu, unter dem im weitesten Sinn die Erklärung des Verfassers eines Normtextes oder des Urhebers einer rechtserheblichen Handlung verstanden wird, er stelle den rechtlichen Sinn seines Textes oder seiner Handlung klar (Meyer, Authentische Interpretation oder Rückbewirkung von Rechtsfolgen?, in: Festschrift 50 Jahre Bundessozialgericht, S. 221.).

Nach den Grundsätzen des **intertemporalen Rechts** ist ein Rechtssatz nur auf solche Sachverhalte anwendbar, die nach seinem Inkrafttreten verwirklicht werden. Spätere Änderungen eines Rechtssatzes sind für die Beurteilung von vor seinem Inkrafttreten entstandenen Lebensverhältnissen unerheblich, es sei denn, dass das Gesetz seine zeitliche Geltung auf solche Verhältnisse erstreckt. Dementsprechend geht das BSG in ständiger Rechtsprechung davon aus, dass sich die Entstehung und der Fortbestand sozialrechtlicher Ansprüche bzw Rechtsverhältnisse grundsätzlich nach dem Recht beurteilen, das zur Zeit der anspruchsbegründenden Ereignisse oder Umstände gegolten hat (vgl BSG Urteil vom 4.9.2013 – B 10 EG 6/12 R – SozR 4–7837 § 2 Nr. 24 RdNr. 37 m.w.N.). Dies gilt allerdings dann nicht, soweit später in Kraft gesetztes Recht die sofortige Anwendung des neuen Rechts auch auf nach altem Recht entstandene Rechte und Rechtsverhältnisse und damit **laufende Leistungsfälle** anordnet (BSG, Urteil vom 27.6.2019 – B 10 EG 2/18 R –, BSGE [vorgesehen], SozR 4–7837 § 2c Nr. 5, Rn. 20).

3. Inhalt der Norm

a) Grundsätzliches

§ 27 Abs. 1 in der Fassung vom 18.9.2012 stellte bereits klar, dass für Kinder, die vor dem 1.1.2013 geboren werden, das BEEG in der bis 31.12.2012 geltenden Fassung anzuwenden ist. In **Satz 1** in der Fassung vom 23.10.2012 wird zur Beseitigung eines redaktionellen Versehens klargestellt, dass für die vor dem 1.1.2013 geborenen oder mit dem Ziel der Adoption aufgenommenen Kinder die Vorschriften des BEEG in der bis zum Inkrafttreten des Gesetzes zur Vereinfachung des Elterngeldvollzugs geltenden Fassung weiter anzuwenden sind. Satz 2 stellt sicher, dass für die Berechnung des Elterngeldes für Kinder, die vor dem 1.1.2013 geboren wurden, die materiellrechtlichen Änderungen durch Nummer 1 und 2 in entsprechender Weise gelten (BT-Drucks. 17/10170 S. 28; vgl. Hessisches LSG, Urteil vom 28.2.2020 – L 5 EG 1/19 –, Rn. 29, juris)). 4

§ 27 i.d.F. v. 1.11.2011 hatte folgenden Wortlaut:

(1) Für die vor dem 1. Januar 2007 geborenen oder mit dem Ziel der Adoption aufgenommenen Kinder sind die Vorschriften des Ersten und Dritten Abschnitts des Bundeserziehungsgeldgesetzes in der bis zum 31. Dezember 2006 geltenden Fassung weiter anzuwenden; ein Anspruch auf Elterngeld besteht in diesen Fällen nicht.

(1a) Bei der Ermittlung des Überschusses der Einnahmen über die Werbungskosten nach § 2 Absatz 7 Satz 1 ist für die vor dem 1. Januar 2012 geborenen oder mit dem Ziel der Adoption aufgenommenen Kinder § 9a Satz 1 Nummer 1 Buchstabe a des Einkommensteuergesetzes in der am 4. November 2011 geltenden Fassung anzuwenden.

(2) Der Zweite Abschnitt ist in den in Absatz 1 genannten Fällen mit der Maßgabe anzuwenden, dass es bei der Prüfung des § 15 Abs. 1 Satz 1 Nr. 1 Buchstabe b auf den Zeitpunkt der Geburt oder der Aufnahme des Kindes nicht ankommt. Ein vor dem 1. Januar 2007 zustehender Anspruch auf Elternzeit kann bis zum 31. Dezember 2008 geltend gemacht werden.

(3) In den Fällen des Absatzes 1 ist § 18 Abs. 2 Satz 1 Nr. 2 des Bundeserziehungsgeldgesetzes in der bis zum 31. Dezember 2006 geltenden Fassung weiter anzuwenden.

(4) Für die dem Erziehungsgeld vergleichbaren Leistungen der Länder sind § 8 Abs. 1 und § 9 des Bundeserziehungsgeldgesetzes in der bis zum 31. Dezember 2006 geltenden Fassung weiter anzuwenden.

5 Die ab 1.8.2013 geltende Fassung vom 15.2.2013 (BGBl. I S. 254) lautete wie folgt:

(1) Für die vor dem 1. Januar 2013 geborenen oder mit dem Ziel der Adoption aufgenommenen Kinder wird Elterngeld unter Anwendung der Vorschriften des Ersten Abschnitts dieses Gesetzes und § 9 in der bis zum 16. September 2012 geltenden Fassung gezahlt. Soweit das Gesetz in der bis zum 16. September 2012 geltenden Fassung Mutterschaftsgeld nach der Reichsversicherungsordnung oder nach dem Gesetz über die Krankenversicherung der Landwirte in Bezug nimmt, gelten die betreffenden Regelungen für Mutterschaftsgeld nach dem Fünften Buch Sozialgesetzbuch oder nach dem Zweiten Gesetz über die Krankenversicherung der Landwirte entsprechend. Die Statistik für das Elterngeld nach Satz 1 erfolgt nach den Vorgaben der §§ 22 und 23 in der bis zum 16. September 2012 geltenden Fassung.

(1a) Bei der Ermittlung des Überschusses der Einnahmen über die Werbungskosten nach § 2 Absatz 7 Satz 1 ist für die vor dem 1. Januar 2012 geborenen oder mit dem Ziel der Adoption aufgenommenen Kinder § 9a Satz 1 Nummer 1 Buchstabe a des Einkommensteuergesetzes in der am 4. November 2011 geltenden Fassung anzuwenden.

(1b) Soweit dieses Gesetz Mutterschaftsgeld nach dem Fünften Buch Sozialgesetzbuch oder nach dem Zweiten Gesetz über die Krankenversicherung der Landwirte in Bezug nimmt, gelten die betreffenden Regelungen für Mutterschaftsgeld nach der Reichsversicherungsordnung oder nach dem Gesetz über die Krankenversicherung der Landwirte entsprechend.

(2) Für die dem Erziehungsgeld vergleichbaren Leistungen der Länder sind § 8 Absatz 1 und § 9 des Bundeserziehungsgeldgesetzes in der bis zum 31. Dezember 2006 geltenden Fassung weiter anzuwenden.

(3) Betreuungsgeld wird nicht für vor dem 1. August 2012 geborene Kinder gezahlt. Bis zum 31. Juli 2014 beträgt das Betreuungsgeld abweichend von § 4b 100 Euro pro Monat.

§ 27 in der ab 1.1.2015 geltenden Fassung in der Bekanntmachung vom 27.1.2015 (BGBl. I, 33) hatte folgenden Wortlaut:

(1) [1]Für die vor dem 1. Januar 2015 geborenen oder mit dem Ziel der Adoption aufgenommenen Kinder ist § 1 in der bis zum 31. Dezember 2014 geltenden Fassung weiter anzuwenden. [2]Für die vor dem 1. Juli 2015 geborenen oder mit dem Ziel der Adoption aufgenommenen Kinder sind die §§ 2 bis 22 in der bis zum 31. Dezember 2014 geltenden Fassung weiter anzuwenden. [3]Satz 2 gilt nicht für § 2c Absatz 1 Satz 2 und § 22 Absatz 2 Satz 1 Nummer 2.

(1a) Soweit dieses Gesetz Mutterschaftsgeld nach dem Fünften Buch Sozialgesetzbuch oder nach dem Zweiten Gesetz über die Krankenversicherung der Landwirte in Bezug nimmt, gelten die betreffenden Regelungen für Mutterschaftsgeld nach der Reichsversicherungsordnung oder nach dem Gesetz über die Krankenversicherung der Landwirte entsprechend.

(2) Für die dem Erziehungsgeld vergleichbaren Leistungen der Länder sind § 8 Absatz 1 und § 9 des Bundeserziehungsgeldgesetzes in der bis zum 31. Dezember 2006 geltenden Fassung weiter anzuwenden.

(3) [1]Betreuungsgeld wird nicht für vor dem 1. August 2012 geborene Kinder gezahlt. [2]Bis zum 31. Juli 2014 beträgt das Betreuungsgeld abweichend von § 4b 100 Euro pro Monat.

Mit der Wirkung dieser dieser Norm befasst sich Othmer (jurisPR-SozR 1/2021 Anm. 5) in seiner Entscheidungsbesprechung zu LSG Niedersachsen-Bremen, Urt v. 15.5.2019 – L 2 EG 3/18 – juris.

Grundsätzlich gilt, dass das BEEG am 1. Januar 2007 in Kraft getreten, der die Elternzeit betreffende 2. Abschnitt des BErzGG am 31.12.2006 sowie die sonstigen Vorschriften des BErzGG, die vor allem das Erziehungsgeld betrafen, am 31.12.2008 außer Kraft getreten sind.

Erziehungsgeld konnte daher noch bis zum 31.12.2008 in zwei Alternativen – Budget (450,00 Euro) für zwölf Lebensmonate oder Regelbetrag (300,00 Euro) für 24 Lebensmonate – gewährt werden, sofern bestimmte Einkommensgrenzen nicht überschritten wurden. Das **Elterngeld** wird demgegenüber nach dem zuletzt bezogenen Erwerbseinkommen bemessen und bei geringem oder keinem Erwerbseinkommen mindestens in Höhe von 300,00 Euro für zwölf bzw. 14 Monate gezahlt. Eltern mit geringem oder keinem Erwerbseinkommen konnten nach dem BErzGG für maximal 24 Monate 300,00 Euro Erziehungsgeld und damit insgesamt 7 200,00 Euro erhalten, während sie nunmehr für maximal 14 Monate 300,00 Euro Elterngeld und damit insgesamt nur 4 200,00 Euro erhalten können. Diese Eltern sind begünstigt, wenn ihr Kind vor dem 1.1.2007 geboren wurde. Dagegen können Eltern mit mittlerem oder hohem Einkommen, die nach dem BErzGG kein oder nur gemindertes oder die Höchstbeträge von 5 400,00 Euro (Budget) bzw. 7 200,00 Euro (Regelbetrag) Erziehungsgeld erhalten hätten, nach dem BEEG für zwölf Monate maximal 21 600,00 Euro beanspruchen. Sie werden demnach begünstigt, wenn ihr Kind nach dem 31.12.2006 geboren worden ist. 6

Der Gesetzgeber hat sich im Hinblick auf die unkalkulierbaren finanziellen Auswirkungen **gegen eine Wahlregelung** dafür entschieden, das BErzGG und das BEEG für einen Zeitraum von 2 Jahren nebeneinander gelten zu lassen und die Anwendbarkeit des jeweiligen Gesetzes mit Stichtagsregelungen zu verknüpfen (SG Aachen, Urt. v. 11.12.2007 – S 13 EG 27/07 – juris). 7

b) Elterngeld (Abs. 1)

Gem. Abs. 1 gilt die aktuelle Fassung des BEEG nur für ab 1.1.2015 geborene Kinder. Nach **Satz 1** ist für vor dem 1. Januar 2015 geborene oder mit dem Ziel der Adoption aufgenommene Kinder § 1 in der bis zum 31. Dezember 2014 geltenden Fassung und unter Berücksichtigung der Gesetzesauslegung, die das BSG in den Urteilen vom 27.6.2013 (B 10 EG 3/12 R und B 10 EG 8/12 R) zum Elterngeld bei Zwillingen nach der bisherigen Gesetzeslage vorgenommen hat, weiter anzu- 8 wenden. (BT-Drucks 18/2583 S. 38). Die Regelung des § 1 Abs. 1 Satz 2, demzufolge bei Mehrlingsgeburten nur ein Anspruch auf Elterngelt besteht, gilt daher auch erst für ab dem 1.1.2015 geborene Kinder (Röhl, JM 2015, 246, 250). Einen instruktiven Fall zu den Konsequenzen dieser Regelung bei Mehrlingsgeburten schildert das Hessische LSG, Urteil vom 14.9.2018 – L 5 EG 11/15 – juris).

Nach **Satz 2** gelten die anderen Neuregelungen, insbesondere die zur Einführung des Elterngeld Plus und des Partnerschaftsbonus, erst für ab dem 1. Juli 2015 geborene oder mit dem Ziel der Adoption aufgenommene Kinder (BT-Drucks 18/2583 S. 38; s. krit. Dau, jurisPR-SozR 12/2015 Anm. 1).

Nach **Satz 3** werden Regelungen von dieser Übergangsregelung ausgenommen, die keinen Bezug zu den neuen Leistungselementen haben. Sie treten ohne Übergangsregelung in Kraft. (BT-Drucks 18/2583 S. 38).

Die Regelungen der § 2c und § 22 Absatz 2 Satz 1 Nummer 2 dienen der Klarstellung und treten damit ohne Übergangsregelung in Kraft (BT-Drucks 18/2583 S. 38). Nach Ansicht des Bayerischen LSG lässt sich der Gesetzesbegründung der Bundesregierung zur Einführung des Elterngeld plus mit Partnerschaftsbonus und einer flexibleren Elternzeit im Bundeselterngeld- und Elternzeitgesetz (BT-Drucks. 18/2583) entnehmen, dass die Neuregelungen, insbesondere diejenigen zur Einführung des Elterngeld plus und des Partnerschaftsbonus, erst für ab dem 1. Juli 2015 geborene Kinder gelten, sodass mit Satz 2 der Vorschrift geregelt sei, dass für vor dem 1. Juli 2015 geborene Kinder das bis zum 31. Dezember 2014 geltende Recht gilt. Zu § 27 Abs. 1 Satz 3 BEEG sei ausgeführt, dass danach Regelungen von der Übergangsregelung in Satz 2 ausgenommen werden, die keinen Bezug zu den neuen Leistungselementen haben. § 2c BEEG diene der Klarstellung und trete damit ohne Übergangsregelung in Kraft (vgl. zu allem BT-Drucks. a.a.O., Seite 38 zu § 27). Treffe aber der Gesetzgeber keine Übergangsregelung, insbesondere auch keine Regelung für die rückwirkende Anwendung vor dem Zeitpunkt des Inkrafttretens, würden die Grundsätze des intertemporalen Rechts gelten, wonach ein Rechtssatz grundsätzlich nur auf solche Sachverhalte anwendbar sei, die nach seinem Inkrafttreten verwirklicht werden. (Hessisches Landessozialgericht, Urteil vom 22. April 2016 – L 5 EG 7/14 –, Rn. 35, juris). Nach Ansicht des Bayerischen LSG bewirkt das Übergangsrecht des § 27 Abs. 1 S. 2 und 3 BEEG, dass auf einen Elterngeld-Leistungsfall zwei unterschiedliche Fassungen des § 2c Abs. 1 S. 2 BEEG Anwendung finden können (Bayerisches LSG, Urteil vom 11.9.2018 – L 9 EG 16/16 –, juris).

§ 27 Absatz 1 i.d.F. v. 1.11.2011 (s.o. Rdn. 4) stellte klar, dass für vor dem 1.1.2007 geborene Kinder beziehungsweise solche, die vor diesem Zeitpunkt bei der berechtigten Person mit dem Ziel der Adoption aufgenommen wurden, kein Anspruch auf Elterngeld besteht, sondern für diese die §§ 1 bis 14 sowie die §§ 22 ff. BErzGG in der bis zum 31.12.2006 geltenden Fassung zum Erziehungsgeld weiter gelten. Dies gilt auch für Ansprüche auf Erziehungsgeld nach dem 1.1.2007 für das erste oder zweite Lebensjahr des Kindes sowie rückwirkende Anträge nach dem 31.12.2006. Da Anträge auf Erziehungsgeld gemäß § 4 Abs. 2 Satz 2 BErzGG bis zu sechs Monate Rückwirkung entfalten, gilt § 27 Abs. 1 BEEG über den 31.12.2008 hinaus (Rancke/Lenz-HK-MuschG § 27 Rn. 2).

§ 27 Abs. 1 in der ab 1.8.2013 geltenden Fassung vom 15.2.2013 (BGBl. I S. 254, s.o. Rn. 4a) stellte klar, dass diese Fassung des BEEG nur für ab 1.1.2015 geborene Kinder galt. Diese Übergangsregelung wurde durch die Neufassung vom 27.1.2015 zur Rechtsbereinigung aufgehoben, weil zum Zeitpunkt des Inkrafttretens des Gesetzes keine Anträge mehr für Kinder gestellt werden konnten, die vor dem 1. Januar 2013 geborenen oder mit dem Ziel der Adoption aufgenommen wurden (BT-Drucks 18/2583 S. 38).

Damit galt auch zuvor wie in der aktuellen Fassung der Norm eine **starre Stichtags-** 9
regelung, während die im Gesetzgebungsverfahren diskutierte Wahlregelung, derzufolge für Kinder, die vor dem 1.1.2007 geboren wurden, wahlweise ein Anspruch auf Erziehungsgeld oder Elterngeld hätte geltend gemacht werden können, sich nicht durchgesetzt hat (BT-Drucks. 16/2785 Seite 37). Ohne Stichtagsregelung hätte es betroffenen Eltern freigestanden, die eine oder die andere Leistung zu wählen oder sogar von der einen auf die andere Leistung zu wechseln, je nach dem, welche für sie die günstigere gewesen wäre. Dies hätte es – z.B. bei einem Leistungswechsel – notwendig gemacht, umfangreiche Regelungen über die Anrechnung bereits bezogener Leistungen und verbrauchter Leistungszeiträume zu schaffen. Die finanziellen Auswirkungen (vgl. für das vorliegende Gesetz zur Einführung des Elterngeldes BT-Drucks. 16/1889, S. 3, 17) wären für den Gesetzgeber kaum mehr eindeutig kalkulierbar gewesen (SG Aachen, Urt. v. 11.12.2007 – S 13 EG 27/07 – juris).

Eine solche Stichtagsregelung ist **verfassungsrechtlich** zulässig (vgl. Jung, Elterngeld 10
und Verfassungsrecht, WzS 2012, 38–42). Dem Gesetzgeber steht auch unter Berücksichtigung von Artikel 3 Abs. 1 GG für die Regelung des Übergangs von einer älteren zu einer neueren, den Zielen der Verfassung und des rechtspolitischen Vorstellungen der Gegenwart besser entsprechenden Regelungen ein gewisser Spielraum zu. Dies gilt im besonderen Maße, wenn ein ganzes Rechtsgebiet einer Neuordnung unterzogen wird. Auch dadurch entstehende Härten führen, wenn die tatsächliche Situation derjenigen Personen, die durch die Erfüllung der Stichtagsvoraussetzungen unter die Neuregelung fallen, sich nur geringfügig von der Lage derjenigen unterscheidet, bei denen diese Voraussetzung fehlt, nicht zur Verfassungswidrigkeit einer im Ganzen der Verfassung entsprechenden Neuregelung. Die verfassungsrechtliche Prüfung von Stichtagsvorschriften und anderen Übergangsvorschriften beschränkt sich aber darauf, ob der Gesetzgeber den ihm zukommenden Spielraum in sachgerechter Weise genutzt hat, ob er die für die zeitliche Anknüpfung in Betracht kommenden Faktoren hinreichend gewürdigt hat und die gefundene Lösung sich im Hinblick auf den gegebenen Sachverhalt und das System der Gesamtregelung durch sachliche Gründe rechtfertigen lässt oder als willkürlich erscheint (BVerfG, Beschluss vom 8.12.1976 – 1 BVR 810/70, 1 BVR 57/73, 1 BVR 147/76 – BVerfGE 44, 1 = NJW 1977, 1677 = FamRZ 1977, 446; vgl. auch BVerfGE 3, 58; 13, 31; 29, 283; 46, 299; 49, 260; 80, 297 und BVerfGE 87, 1 »Trümmerfrauen/Kindererziehungszeit«; speziell zu § 27 BEEG SG Aachen, Urt. v. 11.12.2007 – S 13 EG 27/07 – juris).

11 Das **Bundessozialgericht** hat in seinem **Urteil vom 23.1.2008** – B 10 EG 5/07 R – BSGE 99, 293–297 Folgendes ausgeführt:

§ 27 Abs. 1 BEEG behandelt die Eltern – noch – im Jahr 2006 und – erst – im Jahr 2007 geborener Kinder unterschiedlich: Anspruch auf das zum 1.1.2007 eingeführte Elterngeld hat nur die zweite Gruppe. Angehörige der ersten Gruppe sind davon ausgeschlossen, auch wenn sie – ab 1.1.2007 – sämtliche Anspruchsvoraussetzungen erfüllen. Diese ungleiche Behandlung ist sachlich gerechtfertigt. Art. 3 Abs. 1 GG verbietet dem Gesetzgeber nicht, zur Regelung bestimmter Lebenssachverhalte Stichtage einzuführen, obwohl jeder Stichtag unvermeidlich gewisse Härten mit sich bringt. Ungleichheiten, die durch einen Stichtag entstehen, müssen hingenommen werden, wenn die Einführung eines solchen notwendig und die Wahl des Zeitpunktes, orientiert am gegebenen Sachverhalt, vertretbar ist (BVerfGE 75, 78, 106; 87, 1, 43; 101, 239, 270; 117, 272, 301). Das ist hier der Fall, obwohl der allgemeine Gleichheitssatz dem Gesetzgeber umso engere Grenzen zieht, je stärker sich die Ungleichbehandlung auf die Ausübung grundgesetzlich – hier durch Art. 6 Abs. 1 GG – geschützter Freiheitsrechte auswirken kann (BVerfGE 111, 160, 169).

Mit dem BEEG hat der Gesetzgeber die familienpolitischen Leistungen neu ausgerichtet und dazu das bedürftigkeitsabhängige Erzg durch ein verstärkt Einkommenseinbußen ersetzendes Elterngeld mit dem Ziel abgelöst, Familien bei der Sicherung ihrer Lebensgrundlage zu unterstützen, wenn Eltern vorrangig ihre Kinder betreuen (BT-Drucks 16/1889, S. 2). Bei diesem Systemwechsel war – abgesehen von dem Zeitpunkt seiner Einführung – auch darüber zu entscheiden, wie Lebenssachverhalte zu behandeln sind, die vor Geltung des neuen Rechts begonnen, aber nach altem Recht noch nicht abgewickelt waren. Der Gesetzgeber hat sie ab Inkrafttreten des neuen Rechts am 1.1.2007 nicht abrupt diesem unterworfen, sondern es insoweit für die Geburtsjahrgänge 2006 und früher übergangsweise bei der Weitergeltung des alten Rechts belassen.

Er ist damit dem Grundsatz gefolgt, neues Recht nur auf neue Fälle anzuwenden (Leistungsfallprinzip). Die Rechtsprechung hat in Regelungen nach diesem Prinzip selbst dann keine verfassungswidrige Härte erkannt, wenn die Betroffenen den Eintritt des Leistungsfalles (ebenso wenig wie die Eltern das genaue Geburtsdatum ihres Kindes) nicht durch eigenes Verhalten beeinflussen konnten … und sogar »Altfälle« von lebenslang zu gewährenden existenzsichernden Dauerleistungen ausgeschlossen wurden … Elterngeld ist demgegenüber eine relativ kurzzeitige Leistung, die Eltern regelmäßig ab der Geburt ihres Kindes zusteht. Deshalb liegt es schon von der Natur der Sache her nahe, insoweit neues Recht nur auf Geburtsfälle ab Geltung des neuen Rechts anzuwenden …

Eine an den Geburtsjahrgang anknüpfende Stichtagsregelung hätte sich beim Übergang von Erzg auf Elterngeld allerdings verbieten können, wenn mit dem BEEG eine verfassungswidrige Rechtslage hätte beseitigt werden sollen (vgl dazu BVerfGE 68, 155, 173 f; 88, 203, 258 ff.) oder damit soziale Härten für die Betroffenen verbunden gewesen wären. Beides ist nicht der Fall. Das abgelöste BErzGG ist nicht verfassungswidrig, insbesondere die Einkommensgrenze, bei deren Überschreiten der Anspruch auf Erzg übergangslos entfällt, begegnet keinen durchgreifenden Bedenken (vgl **BSG**, Urteil vom 30.8.2007 – B 10 EG 6/06 R = FamRZ 2008, 145 ff.). Zu sozialen Härten führt der Übergang von Erzg auf das Elterngeld nicht. Im Gegenteil: Gerade einkommensschwache Eltern mit Kindern des Geburtsjahrgangs 2006 und früher erhalten weiterhin Leistungen für 24 statt nur für höchstens 14 Monate.

Zugleich sind damit allerdings Eltern vor dem 1.1.2007 geborener Kinder von jeglicher Leistung – auch erst ab dem 1.1.2007 – ausgeschlossen, wenn sie die Einkommensgrenze des BErzGG überschritten und deshalb weiterhin keinen Anspruch auf Erzg haben, die Anspruchsvoraussetzungen des neuen Elterngeldes aber an sich erfüllen. Dieses Ergebnis hätte sich durch die von der Klägerin geforderte zusätzliche Übergangsregelung zwar vermeiden lassen. Der Gesetzgeber hat sich unter hinreichender Würdigung der in Betracht kommenden Faktoren aber gegen eine solche differenzierte zeitliche Anknüpfung entschieden und allein auf den Tag der Geburt des Kindes abgestellt.

Entscheidende Gesichtspunkte dafür sind Mehrkosten und erhöhter Verwaltungsaufwand. Das finanz- und haushaltspolitische Konzept beim Wechsel der Leistungssysteme ging davon aus, dass in einem Übergangszeitraum von 2007 bis 2009 die Ausgaben für Elterngeld sich schrittweise aufbauen und – kompensierend – die Ausgaben für das abgelöste Erzg sinken würden (vgl BT-Drucks 16/1889, S. 3, 17). Die Ausgaben für diese Jahre wurden mit 3 520, 4 380 und 3 778 Millionen Euro angenommen. Dieses Ablösungskonzept wäre durch die von der Klägerin geforderte Übergangsregelung empfindlich gestört worden. Die Ausgaben für Elterngeld hätten sich – beginnend mit dem Jahresanfang 2007 – nicht schrittweise aufgebaut. Sie hätten übergangslos auf einem hohen Niveau eingesetzt, ohne dass dem – entsprechend verstärkte – Minderausgaben für Erzg gegenübergestanden hätten. Mehrausgaben wären zwar nicht auf Dauer, sondern nur – in abnehmender Höhe – für 14 Monate entstanden. Sie hätten aber nach Einschätzung der gesetzgebenden Organe mindestens 520 Millionen Euro betragen. Dementsprechend wurde eine solche Übergangsregelung im Rahmen der für das Elterngeld bereitgestellten Mittel als nicht finanzierbar angesehen (vgl BT-Petitionsausschuss, www.bundestag.de/ausschuesse/a02/uebersicht_abgeschlossen/index.html, öffentliche Petition Nr. 191; siehe dazu auch BT-Drucks 16/6954, S. 4).

Gegen Art. 3 Abs. 1 GG verstößt schließlich nicht, dass das Gesetz natürliche Eltern und Adoptionseltern unterschiedlich behandelt, indem es den 14-monatigen Leistungszeitraum bei natürlichen Eltern mit dem Tag der Geburt des Kindes beginnen lässt, bei Adoptionseltern aber erst mit dessen »Aufnahme bei der berechtigten Person« (§ 4 Abs. 1 BEEG). Adoptionseltern können deshalb zwar – anders als natürliche Eltern – auch für ein vor dem 1.1.2007 geborenes Kind Elterngeld beanspruchen, vorausgesetzt, sie haben es erst nach 2006 aufgenommen. Damit werden aber, dem Gebot des Art. 3 Abs. 1 GG folgend, lediglich unterschiedliche Sachverhalte ihrer Eigenart entsprechend unterschiedlich geregelt, weil der »Beginn des Zusammenlebens«, der mit »besonderen Anforderungen an die fürsorglichen Leistungen der Eltern verbunden ist« (BT-Drucks 16/1889, S. 23) und als Frühphase der Elternschaft durch Gewährung von Elterngeld erleichtert werden soll (BT-Drucks, a.a.O., S. 2), bei natürlichen Eltern regelmäßig mit dem Tag der Geburt des Kindes, bei Adoptionseltern aber erst mit dessen Aufnahme einsetzt.

Das Fehlen einer … begünstigenden Übergangsregelung steht auch nicht im Widerspruch zu dem aus Art. 6 Abs. 1 GG hergeleiteten Gebot zur Förderung der Familie und der damit begründeten allgemeinen Pflicht des Staates zu einem Familienlastenausgleich (vgl dazu BVerfGE 111, 160, 172). Es bleibt dem Gesetzgeber überlassen, auf welche Weise er den ihm aufgetragenen Schutz der Familie verwirklichen will. Das konnte gleichermaßen durch das – allerdings nur bis zu bestimmten Einkommensgrenzen gewährte – Erzg wie durch das stärker als Einkommensersatzleistung konzipierte Elterngeld geschehen …

12 Das **BVerfG** hat in seinem **Nichtannahmebeschluss v 20.4.2011** (1 BvR 1811/08 – ZFSH/SGB 2011, 337–338) Folgendes ausgeführt:

1. a) Der allgemeine Gleichheitssatz (Art. 3 Abs. 1 GG) gebietet, alle Menschen vor dem Gesetz gleich zu behandeln. Dem Gesetzgeber ist damit nicht jede Differenzierung verwehrt. Er verletzt das Grundrecht vielmehr nur, wenn er eine Gruppe von Normadressaten im Vergleich zu anderen Normadressaten anders behandelt, obwohl zwischen beiden Gruppen keine Unterschiede von solcher Art und solchem Gewicht bestehen, dass sie die Ungleichbehandlung rechtfertigen könnten (stRspr, vgl. BVerfGE 117, 272 <301>). Die mittelbar zur Prüfung gestellte Norm trifft eine Stichtagsregelung, die zwischen Eltern, deren Kind ab dem 1. Januar 2007 geboren ist, und Eltern, deren Kind vor diesem Zeitpunkt geboren ist, unterscheidet. Die Neuregelung findet nur auf die Eltern später geborener Kinder Anwendung, während für die Eltern früher geborener Kinder nach § 27 Abs. 1 BEEG weiterhin das BErzGG gilt.

   b) Dem Gesetzgeber ist es durch Art. 3 Abs. 1 GG jedoch nicht verwehrt, zur Regelung bestimmter Lebenssachverhalte Stichtagsregelungen einzuführen, obwohl jeder Stichtag unvermeidbar gewisse Härten mit sich bringt. Voraussetzung ist allerdings, dass die Einführung eines Stichtags notwendig ist und dass sich die Wahl des Zeitpunktes am gegebenen Sachverhalt orientiert und damit sachlich vertretbar ist (stRspr, vgl. BVerfGE 29, 283 <299>; 75, 78 <106>; 87, 1 <43>; 101, 239 <270>; 117, 272 <301>). Die angegriffene Vorschrift genügt diesen verfassungsrechtlichen Anforderungen. Der Gesetzgeber hat sich zu einem Systemwechsel hinsichtlich der Leistungen für junge Familien vom Erziehungsgeld zum Elterngeld entschlossen. Dabei musste auch der Anknüpfungspunkt des Systemwechsels bestimmt werden. Die zeitliche und sachliche Anknüpfung des gesetzlichen Leistungsanspruchs an den Tag der Geburt eines Kindes ist sachlich begründet. Denn der Tag der Geburt fällt in aller Regel mit dem Beginn der Lebens- und Erziehungsfähigkeit und des Betreuungsbedarfs eines Kindes zusammen (vgl. Beschluss der 3. Kammer des Ersten Senats vom 10. Dezember 1987, SozR 7833, § 1 Nr. 3).

2. § 27 Abs. 1 BEEG verstößt auch nicht gegen Art. 3 Abs. 1 GG in Verbindung mit Art. 6 Abs. 1 GG. Zwar ergeben sich aus dem allgemeinen Gleichheitssatz umso engere Grenzen, je stärker sich die Ungleichbehandlung auf die Ausübung grundrechtlich geschützter Freiheiten nachteilig auswirken kann (BVerfGE 106, 166

<176>; 111, 176 <184>). Die Gewährung von Elterngeld mag Einfluss darauf haben, wie Eltern ihre grundrechtlich verankerte Erziehungsverantwortung wahrnehmen und das Leben in der Familie gestalten. Die durch § 27 Abs. 1 BEEG bewirkte Ungleichbehandlung ist gleichwohl mit dem Grundgesetz vereinbar.

a) Zwar garantiert Art. 6 Abs. 1 GG als Abwehrrecht die Freiheit, über die Art und Weise der Gestaltung des ehelichen und familiären Zusammenlebens selbst zu entscheiden. Deshalb hat der Staat die Familiengemeinschaft sowohl im immateriell-persönlichen als auch im materiell-wirtschaftlichen Bereich in ihrer jeweiligen eigenständigen und selbstverantwortlichen Ausgestaltung zu respektieren. Demgemäß dürfen die Eltern ihr familiäres Leben nach ihren Vorstellungen planen und verwirklichen und insbesondere in ihrer Erziehungsverantwortung entscheiden, ob und in welchem Entwicklungsstadium das Kind überwiegend von einem Elternteil allein, von beiden Eltern in wechselseitiger Ergänzung oder von einem Dritten betreut werden soll (vgl. BVerfGE 99, 216 <231>). Neben der Pflicht, die von den Eltern im Dienst des Kindeswohls getroffenen Entscheidungen anzuerkennen und daran keine benachteiligenden Rechtsfolgen zu knüpfen, ergibt sich aus der Schutzpflicht des Art. 6 Abs. 1 GG auch die Aufgabe des Staates, die Kinderbetreuung in der jeweils von den Eltern gewählten Form in ihren tatsächlichen Voraussetzungen zu ermöglichen und zu fördern. Der Staat hat dafür Sorge zu tragen, dass es Eltern gleichermaßen möglich ist, teilweise und zeitweise auf eine eigene Erwerbstätigkeit zugunsten der persönlichen Betreuung ihrer Kinder zu verzichten wie auch Familientätigkeit und Erwerbstätigkeit miteinander zu verbinden (vgl. BVerfGE 99, 216 <234>). Dabei ist allerdings in Rechnung zu stellen, dass dem Gesetzgeber im Bereich der gewährenden Staatstätigkeit für die Abgrenzung der begünstigten Personengruppen grundsätzlich ein weiter Gestaltungsspielraum zukommt (vgl. BVerfGE 99, 165 <178>; 106, 166 <175 f.>). Weit ist der Gestaltungsspielraum auch hinsichtlich der Ausgestaltung der Familienförderung (vgl. BVerfGE 87, 1 <35 f.>; 103, 242 <260>).

b) Ob Eltern eines vor dem 1. Januar 2007 geborenen Kindes wegen der Stichtagsregelung des § 27 Abs. 1 BEEG nachteilig in der durch Art. 6 Abs. 1 GG geschützten Freiheit betroffen sind, über die Art und Weise der Gestaltung des ehelichen und familiären Zusammenlebens selbst zu entscheiden, indem sie die Form der Kinderbetreuung selbst wählen, bedarf hier keiner Entscheidung. Die mit der Stichtagsregelung einhergehende Ungleichbehandlung genügt auch erhöhten Rechtfertigungsanforderungen. Auch bei Zugrundelegung erhöhter Rechtfertigungsanforderungen war der Gesetzgeber nicht verpflichtet, eine Übergangsregelung zu schaffen, die Eltern eines Kindes, das vor dem Stichtag geboren wurde, einen Anspruch auf Elterngeld ab dem 1. Januar 2007 bis zur Vollendung des 12. beziehungsweise 14. Lebensmonats einräumt.

aa) Zum einen lässt die Stichtagsregelung auch Eltern, deren Kind vor dem 1. Januar 2007 geboren ist, nicht ohne jeden Schutz. Insoweit gilt die Regelung des BErzGG fort. Auch wenn die Beschwerdeführerin nach dem BErzGG angesichts des Einkommens ihres Ehemanns keinen Anspruch auf

Erziehungsgeld hat, steht nicht in Zweifel, dass die Leistungen nach dem BErzGG als solche den Anforderungen des Art. 6 Abs. 1 GG genügen.

bb) Zum anderen durfte der Gesetzgeber von der Übergangsregelung mit Blick auf den Verwaltungsmehraufwand Abstand nehmen, der bei einer solchen Regelung zu erwarten gewesen wäre. Im Einzelfall kann die Anwendung des BErzGG vorteilhaft gegenüber den Regelungen des BEEG sein, weil sie einen längeren Bezug ermöglicht. Aus Vertrauensschutzgründen hätten darum möglicherweise die weiterreichenden Ansprüche auf Erziehungsgeld gewahrt werden müssen. Die Ermittlung und Anwendung des im Einzelfall vorteilhafteren Leistungssystems wäre mit erheblichem Verwaltungsaufwand neben der ohnehin im Rahmen des Systemwechsels erforderlichen Umstellung der zuständigen Stellen verbunden gewesen. Selbst wenn die Wahl des anzuwendenden Leistungssystems den Eltern im Wege eines Antragsmodells überlassen worden wäre, hätte sich ein erhöhter Verwaltungsaufwand nicht vermeiden lassen. Das Bestreben, Verwaltungsmehraufwand zu vermeiden, überschreitet den hier weit gezogenen Gestaltungsspielraum des Gesetzgebers nicht. Auch aus dem Beschluss des Bundesverfassungsgerichts vom 27. Oktober 1970 (BVerfGE 29, 283) folgt nichts anderes. Das Bundesverfassungsgericht hat einen Mehraufwand der Verwaltung lediglich für den Fall nicht als hinreichende Rechtfertigung anerkannt, dass durch eine Stichtagsregelung die in der Vergangenheit getätigten Leistungen der Grundrechtsträger für die Zukunft in ungleicher Weise entwertet wurden. Eine solche nachteilige Wirkung besitzt die vorliegende Regelung, die Eltern je nach dem Geburtstermin ihres Kindes dem einen oder anderen Leistungssystem der Familienförderung zuweist, jedoch von vornherein nicht. Eltern, deren Kinder vor dem 1. Januar 2007 geboren wurden, erleiden durch § 27 Abs. 1 BEEG im Vergleich zur früheren Rechtslage keinen Nachteil, sondern erhalten gegebenenfalls Erziehungsgeld nach eben dieser Rechtslage.

3. Eine verfassungswidrige Ungleichbehandlung zwischen leiblichen Eltern und Adoptiveltern liegt ebenfalls nicht vor. Bei Adoptivkindern auf den Beginn des familiären Zusammenlebens abzustellen und nicht wie bei leiblichen Kindern, bei denen das Zusammenleben üblicherweise mit der Geburt beginnt, an den Geburtstermin anzuknüpfen, begegnet keinen verfassungsrechtlichen Bedenken …

Das BSG hat eine Nichtzulassungsbeschwerde mit der aufgeworfenen Rechtsfrage »Ist die Regelung des § 1 Abs. 1 S. 2 BEEG n.F. bei **Mehrlingskinder(n), die vor dem 18. Dezember 2014 gezeugt waren** und erst nach Änderung des Gesetzes durch das EGPlusG vom 18. Dezember 2014 zur Welt kamen, unter Berücksichtigung von Art. 2 Abs. 1 GG in Verbindung mit dem rechtsstaatlichen Grundsatz des Vertrauensschutzes anwendbar?« als unzulässig mangels Darlegung der Klärungsbedürftigkeit der aufgeworfenen Fragestellung verworfen. Die Kläger hätten vor dem hintergrund der Entscheidung des BVerfG *zur Verfassungsmäßigkeit des* § 27 Abs. 1 BEEG vom 5.12.2006 nicht hinreichend dargetan, aus welchem Grund die in § 27 Abs. 1 S. 1 BEEG in der ab 1.1.2015 geltenden Fassung vorgenommene zeitliche und sachliche Anknüpfung des Leistungsanspruchs allein an dem Tag der Geburt nicht (mehr) sachgerecht sein könnte (BSG, Beschluss vom 18.4.2019 – B 10 EG 20/18 B –, juris Rn. 5).

c) Abs. 1 id ab 1.9.2021 geltenden Fassung

Die Norm regelt ab 1.9.2021, dass die Änderungen des BEEG durch das Zweites Gesetz zur Änderung des Bundeselterngeld- und Elternzeitgesetzes vom **15.2.2021** (BGBl. I 239) erst für Geburten ab dem 1. September 2021 gelten, während für davor geborene Kinder noch in der bis zum 31. August 2021 geltenden Fassung weiter anzuwenden ist. Die bis dahin in Satz 2 stehende Übergangsregelung für … konnte mit wirkung ab 1.9.2021 entfallen, da zum Zeitpunkt des Inkrafttretens der Gesetzesänderungen keine Anträge mehr für Kinder gestellt werden können, die vor dem 1. Juli 2015 geboren oder mit dem Ziel der Adoption aufgenommen wurden. Die Übergangsregelung in Absatz 1 Satz 3 kann ebenfalls dann entfallen. Die Aufhebungen erfolgten zur »Rechtsbereinigung« (BT-Drucks 19/24438 S. 38). 13

Das BSG hat unter Hinweis auf § 28 Abs. 1 BEEG idF des Gesetzes vom 15.2.2021 entschieden, dass die Neuregelung des § 3 Abs. 1 Satz 4 BEEG für alle ab dem 1.9.2021 geborenen oder mit dem Ziel der Adoption aufgenommenen Kinder gilt (vgl § 28 Abs. 1 BEEG idF des Gesetzes vom 15.2.2021, a.a.O). Als zukunftsorientierte Regelung entfalte sie keine Rückwirkung. Zudem zeigen Chronologie und Gesetzesmaterialien, dass der Neuregelung keine klarstellende Bedeutung zukommt, sondern erst die Pandemiesituation Anlass gegeben hat, die Wirkung von Entgeltersatzleistungen auf das Elterngeld für die Zukunft neu zu regeln (BSG, Urteil vom 18. März 2021 – B 10 EG 3/20 R –, BSGE 132, 14–26, SozR 4–7837 § 3 Nr. 2, SozR 4–7837 § 4 Nr. 9, Rn. 33).

Nach einem Urteil des Bayerischen LSG ergibt sich aus § 28 Abs. 1 BEEG klar, dass die flexiblere Regelung des § 4b BEEG erst für Elterngeld für ab dem 01.09.2021 geborene Kinder gelten soll (Bayerisches LSG, Urteil vom 20. Dezember 2022 – L 9 EG 40/20 – juris Rn. 42).

Das LSG Sachsen-Anhalt hat entschieden, dass die Neuregelung des § 4 Abs. 5 BEEG über die Verlängerung der Bezugsdauer bei Frühgeburten erst am 1.9.2021 in Kraft getreten und daher bei zuvor erfolgten Geburten nicht angewendet werden könne. Auch aus der durch das genannte Gesetz neu gestalteten Übergangsvorschrift des § 28 Abs. 1 BEEG folge, dass für die vor dem 1. September 2021 geborenen Kinder das Gesetz in der bis zum 31. August 2021 geltenden Fassung weiter anzuwenden ist (LSG Sachsen-Anhalt, Urteil vom 20. Dezember 2023 – L 2 EG 1/23 – juris Rn. 48).

d) (§ 27) Abs. 1a id bis 31.12.2014 geltenden Fassung (Elterngeldmindernde Wirkungen des Werbekostenpauschbetrags)

§ 27 Abs. 1a BEEG, eingefügt durch Art. 16 Steuervereinfachungsgesetz 2011 v. 1.11.2011 (BGBl. I S. 2131) und gestrichen durch Gesetz zur Einführung des Elterngeld Plus mit Partnerschaftsbonus und einer flexibleren Elternzeit im Bundeselterngeld- und Elternzeitgesetz vom 18.12.2014 (BGBl. I 2325) m.W.v. 1.1.2015 14 sollte Berechtigte für ihre »vor dem 1. Januar 2012 geborenen ... Kinder« vor den elterngeldmindernden Auswirkungen des auf 1 000 Euro jährlich angehobenen Werbungskostenpauschbetrages bewahren. Diese Übergangsregelung konnte entfallen, da zum Zeitpunkt des Inkrafttretens des neuen Gesetzes keine Anträge mehr für Kinder gestellt werden können, die vor dem 1.1.2013 geborenen oder mit dem Ziel der Adoption aufgenommen wurden. Damit entfallen auch Einkommensermittlungen, für die § 2 Absatz 7 Satz 1 in seiner früheren Fassung noch Anwendung finden könnte (BT-Drucks 18/2583, S. 38 f.). Inhalt des Abs. 1a ist der bis 31.12.2014 geltende Abs. 1b. Diese Übergangsregelung findet wegen der Möglichkeit der Rückverlagerung des Bemessungszeitraumes nach § 2b auch zukünftig Anwendung.

e) **Abs. 1a i.d.F. des G. v. 20.5.2020**

15 Bei Abs. 1b in der bis 31.12.2014 und durch Gesetz zur Einführung des Elterngeld Plus mit Partnerschaftsbonus und einer flexibleren Elternzeit im Bundeselterngeld- und Elternzeitgesetz vom 18.12.2014 (BGBl. I 2325) m.W.v. 1.1.2015 gestrichenen Fassung ist in Abs. 1a aufgegangen und durch G. v. 20.5.2020 »Gesetz für Maßnahmen im Elterngeld aus Anlass der COVID-19-Pandemie« (BGBl. I 1061) in § 28 übernommen. Es handelte sich um Folgeänderungen zu den die §§ 2b und § 3 betreffenden Änderungen. Für die Berechnung des Elterngeldes ist nach dem Inkrafttreten der Änderungen im Rahmen der Bestimmung des Bemessungszeitraumes nach § 2b gegebenenfalls auch Mutterschaftsgeld zu berücksichtigen, das nach der RVO oder nach dem KVLG bezogen wurde (BT-Drucks. 17/10170 S. 28).

f) **Elternzeit ((§ 27) Abs. 2 in der bis 17.9.2012 geltenden Fassung)**

16 Unabhängig vom Zeitpunkt der Geburt des Kindes galten für die Elternzeit gem. § 27 Abs. 2 Satz 1 i.d.F. v. 1.11.2011 (s.o. Rdn. 4) ab dem 1.1.2007 ausschließlich die Regelungen des zweiten Abschnitts des BEEG (BT-Drucks. 16/1889 S. 28). Damit wurden auch **Altfälle** von den neuen Vorschriften des BEEG erfasst (Ranke/Lenz in HK-MuschG § 27 Rn. 3). Nach der Rechtsprechung des BAG hat der Gesetzgeber mit der Regelung in Abs. 2 a.F. keine Rückwirkungen auf am 1.1.2007 bereits abgeschlossene Sachverhalte angeordnet. Neues Recht ist nur anzuwenden, wenn nach dem 31. Dezember 2006 Tatsachen entstehen, die für die Bestimmungen im Zweiten Abschnitt des BEEG erheblich sind (**BAG**, Urt. v. 15.12.2009 – 9 AZR 72/09 – juris; **BAG**, Urt. v. 15.4.2008 – 9 AZR 380/07 – Rn. 19 – BAGE 126, 276).

17 Als **Ausnahme** gelten die in § 15 Abs. 1 Nr. 1 Buchstabe b) BEEG aufgezählten Härtefälle des § 1 Abs. 3 und 4 BEEG, für die ohne die Regelungen in Abs. 2 S. 1 a.F. kein Anspruch auf Elternzeit bestünde, da die §§ 15 ff. BErzGG zum 31.12.2006 außer Kraft getreten und § 1 Abs. 3 und 4 BEEG nicht für die vor dem 1.1.2007 geborenen und in Adoptionspflege aufgenommenen Kinder gilt (Buchner/Becker, § 27 BEEG Rn. 10; Rancke/Lenz, HK-MuschG § 27 Rn. 3).

§ 27 Abs. 2 Satz 2 BEEG a.F. regelte für die **besonderen Härtefälle** des § 15 Abs. 1 Satz 1 Nr. 1d) und dort in Bezug genommenen § 1 Abs. 5 BErzGG, dass ein dem

1.1.2007 bestehender Elternzeitanspruch auch noch nach dem Stichtag bis längstens zum 31.12.2008 geltend gemacht werden kann, wenn die Härtefallvoraussetzungen des § 1 Abs. 3 und 4 BEEG nicht erfüllt sind (BT-Drucks. 16/1889, 28; Rancke/Lenz, HK-MuSchG/BEEG, § 27 Rn. 3).

g) Abs. 2 (Verhältnis zum Landeserziehungsgeld)

§ 27 Abs. 2 (zuvor Abs. 4 i.d. bis zum 17.9.2012 gültigen Fassung v. 1.11.2011 (s.o. Rdn. 4) in der seit 18.9.2012 geltenden Fassung d Art. 1 Nr. 18 Buchst. b u. c d G v. 10.9.2012 (BGBl. I 1878), der so in **§ 28 durch G. v. 20.5.2020 »Gesetz für Maßnahmen im Elterngeld aus Anlass der COVID-19-Pandemie« (BGBl. I 1061) übernommen wurde**, bestimmt, dass die §§ 8 Abs. 1 und § 9 BErzGG in der bis zum 31.12.2006 geltenden Fassungen weiter gelten und damit die bisher für die von einigen Bundesländern im Anschluss an das BErzGG gezahlten vergleichbaren Leistungen geltenden Anrechnungsvorschriften im Verhältnis zu Unterhaltsansprüchen und zu einkommensabhängigen Sozialleistungen weiter Gültigkeit haben. Gemäß § 8 Abs. 1 BErzGG zählt das von einzelnen Bundesländern gewährte Landeserziehungsgeld bei der Sozialhilfe und anderen einkommensabhängigen Sozialleistungen nicht als Einkommen, des Weiteren verringern gemäß § 9 BErzGG diese Familienleistungen grundsätzlich auch nicht die bestehenden Unterhaltspflichten (Rancke/Lenz, HK-MuSchG § 27 BEEG Rn. 5). Dies betrifft z.B. das Landeserziehungsgeld des **Freistaats Sachsen** gem. § 7 SächsLErzGG vom 7. Januar 2008 SächsGVBl. 2008, 6, das **Bayerische Landeserziehungsgeldgesetz** gem. Art. 7 Abs. 1 BayLErzGG vom 9. Juli 2007 (GVBl. 2007, 442), das Landeserziehungsgeld von **Thüringen** gem. § 4 ThürErzGG – vom 3. Februar 2006 (GVBl. S. 46) zuletzt geändert durch Artikel 3 des Gesetzes zur Änderung des Thüringer Kindertageseinrichtungsgesetzes und anderer Gesetze vom 4. Mai 2010 (GVBl. S. 105) sowie schließlich das Landeserziehungsgeld von **Baden-Württemberg** gem. Verwaltungsvorschrift des Ministeriums für Arbeit und Soziales für die Gewährung von Landeserziehungsgeld für Geburten und Adoptionen ab dem 1. Januar 2007 und für die Gewährung von Zuwendungen an Familien mit Mehrlingsgeburten (VwV – LErzG 2007 – Mehrlinge) vom 16. August 2007 – Az.: 24–5045–2.19, s. auch Pressemitteilung des zuständigen Ministeriums vom 25. Januar 2012 Nr. 009/2012 »Landeserziehungsgeld wird novelliert«. 18

Streitig ist indes, ob Familiengeld nach dem Bayerischen Familiengeldgesetz (BayFamGG) als Einkommen nach § 11 SGB II auf Leistungen der Grundsicherung für Arbeitsuchende nach dem SGB II anzurechnen ist.

Das Bundesministerium für Arbeit und Soziales (BMAS) vertrat bisher die Auffassung, es sei anzurechnen. Insoweit hat die Regionaldirektion Bayern der Bundesagentur für Arbeit unter dem 29.9.2018 denjenigen Jobcentern, die – wie auch der Ag – als gemeinsame Einrichtungen nach §§ 44b, 6d SGB II ausgestaltet sind, die Weisung erteilt, das Bayerische Familiengeld als Einkommen anzurechnen (Information der Regionaldirektion Bayern vom 29.8.2018, Gz. GO – II-1105). Diese Rechtsauffassung wird im Wesentlichen darauf gestützt, dass es sich nicht um eine zweckbestimmte Einnahme im Sinne von § 11a Abs. 3 Satz 1 SGB II handle und sich eine Anrechnungsfreiheit auch nicht aus § 27 Abs. 2 des Bundeselterngeld- und Elternzeitgesetzes (BEEG) ergebe, da das Familiengeld keine dem früheren Erziehungsgeld vergleichbare Leistung sei.

Das Bayerische Staatsministerium für Familie, Arbeit und Soziales es hingegen sieht das Familiengeld als zweckgebundene Einnahme gemäß § 11a Abs. 3 SGB II als anrechnungsfrei an. Es verfolge den Zweck, die Erziehungsleistung der Eltern wertzuschätzen, ihnen – auch qualitativ – Gestaltungsspielraum zu verschaffen und damit frühe Erziehung und Bildung, alle Formen von Betreuung und auch Gesundheitsförderung der Kinder zu unterstützen. Zum anderen sei es als Weiterentwicklung des Bayerischen Landeserziehungsgeldes eine erziehungsgeldartige Leistung, die nach § 27 BEEG auf einkommensabhängige Sozialleistungen wie die Grundsicherung für Arbeitsuchende anrechnungsfrei bleibe (vgl. Protokoll der Plenarsitzung im Bayerischen Landtag vom 18.9.2018, Drs. 17/23972, S. 50f; Wollenschläger, Gutachten zur Frage der Anrechenbarkeit des Familiengeldes auf Leistungen der Grundsicherung für Arbeitsuchende nach dem Sozialgesetzbuch II, 21.9.2018, abrufbar unter https://www.stmas.bayern.de/imperia/md/content/stmas/stmas_inet/gutachten_familiengeld. pdf). Dementsprechend besteht in Bayern gegenüber denjenigen Jobcentern, die als zugelassene kommunale Träger gemäß §§ 6a, 6d SGB II seiner Weisungsbefugnis unterliegen (sog. »Optionskommunen«), das Bayerische Familiengeld im Rahmen des SGB II nicht als Einkommen anzurechnen und Rechtswahrungsanzeigen gegenüber dem ZBFS zu unterlassen (AMS vom 14.8.2018, Gz. I3/6074.04–1/441). Dies führt dazu, dass in der einen Stadt in Anwendung ein und derselben Rechtsnormen nach Weisungslage eine Anrechnung erfolgt, wohingegen im benachbarten Landkreis, sofern dieser eine Optionskommune nach Weisungslage die Anrechnung zu unterbleiben hat. Das SG Nürnberg sieht in einem Eilrechtsbeschluss keinen Verstoß gegen Art. 3 Abs. 1 GG, weil verschiedene Hoheitsträger handelte, weist aber zu Recht darauf hin, dass diese faktische Ungleichbehandlung für Bürger schwer nachvollziehbar sei. (SG Nürnberg, Beschluss vom 15.11.2018 – S 22 AS 1038/18 ER –, juris Rn. 31).

Diejenigen Jobcentern, die als **zugelassene kommunale Träger** gemäß §§ 6a, 6d SGB II seiner Weisungsbefugnis unterliegen (sog. »Optionskommunen«) angewiesen, das Bayerische Familiengeld im Rahmen des SGB II nicht als Einkommen anzurechnen und Rechtswahrungsanzeigen gegenüber dem ZBFS zu unterlassen (AMS vom 14.8.2018, Gz. I3/6074.04–1/441). Zum einen sei es als zweckgebundene Einnahme gemäß § 11a Abs. 3 SGB II anrechnungsfrei. Es verfolge den Zweck, die Erziehungsleistung der Eltern wertzuschätzen, ihnen – auch qualitativ – Gestaltungsspielraum zu verschaffen und damit frühe Erziehung und Bildung, alle Formen von Betreuung und auch Gesundheitsförderung der Kinder zu unterstützen (vgl. auch Protokoll der Plenarsitzung im Bayerischen Landtag vom 18.9.2018, Drs. 17/23972, S. 50 f.). Zum anderen sei es als Weiterentwicklung des Bayerischen Landeserziehungsgeldes eine erziehungsgeldartige Leistung, die nach § 27 BEEG auf einkommensabhängige Sozialleistungen wie die Grundsicherung für Arbeitsuchende anrechnungsfrei bleibe (vgl. auch das an die Bürger gerichtete Informationsschreiben des Bayerischen Staatsministeriums für Familie, Arbeit und Soziales, »Aktuelle Information zum Bayerischen Familiengeld«, Stand 8.10.2018, im Internet zum Zeitpunkt dieses Beschlusses abrufbar unter https://www.

stmas.bayern.de/imperia/md/content/stmas/stmas_inet/181008_infoblatt_familiengeld_sgb_ii.pdf). Diese Rechtsauffassung sieht die Bayerische Staatsregierung in einem 96 Seiten umfassenden Rechtsgutachten bestätigt, das in ihrem Auftrag erstellt worden ist (Prof. Dr. Wollenschläger, Ordinarius für Öffentliches Recht, Europarecht und Öffentliches Wirtschaftsrecht an der Juristischen Fakultät der Universität Augsburg, Gutachten zur Frage der Anrechenbarkeit des Familiengeldes auf Leistungen der Grundsicherung für Arbeitsuchende nach dem Sozialgesetzbuch II, 21.9.2018, im Internet zum Zeitpunkt dieses Beschlusses abrufbar unter https://www.stmas.bayern.de/imperia/md/content/stmas/stmas_inet/gutachten_familiengeld.pdf; SG Nürnberg, Beschluss vom 15. November 2018 – S 22 AS 1038/18 ER –, Rn. 26, juris).

h) Absenkung des Elterngeldes ab 1.1.2011 durch das Haushaltsbegleitgesetz 2011

Die Konsequenzen einer fehlenden Übergangsregelung für die Absenkung des Eltern- 19
geldes ab 1.1.2011 durch das Haushaltsbegleitgesetz 2011 zeigt der durch das Sozialgericht Wiesbaden am 26.9.2011 (S 2 EG 17/11 – juris) entschiedene Fall. Das Sozialgericht hob einen auf § 48 SGB X gestützten Herabsetzungsbescheid auf, da die Voraussetzungen mangels Änderung der wesentlichen Verhältnisse nicht vorgelegen hätten. Das bloße Inkrafttreten der Absenkungsregelung zum 1.1.2011 gebe noch keine Antwort auf die Frage, auf welche Fälle das neue Recht anzuwenden sei. Den Materialien lasse sich zwar entnehmen, dass der Gesetzgeber auch Ansprüche wegen Geburten vor dem 1.1.2011 habe einbeziehen wollen (BT-Drucks. 17/3361, S. 3 f.). Das Gesetz treffe dazu aber keine Aussage. Maßgeblich für den zeitlichen Anwendungsbereich seien deshalb die Grundsätze des intertemporalen Rechts. Danach sei ein Rechtssatz nur auf solche Sachverhalte anwendbar, die nach seinem Inkrafttreten verwirklicht würden. Für den Anspruch auf Elterngeld sei die **Geburt des Kindes** entscheidend, nicht der Beginn der Lebensmonate, für die Elterngeld gewährt werde. Daran sei lediglich die Auszahlung bereits zuvor bewilligter Leistungen geknüpft. Im Übrigen wäre es auch unbillig, die Leistung eines Elterngeldberechtigten zu kürzen, der zuvor (bereits im August 2010) Elternzeit beim Arbeitgeber angemeldet und damit unwiderruflich disponiert habe.

Im Februar 2019 einigten sich Bundesregierung und Bayerische Landesregierung auf einen Kompromiss: Familiengeld solle für eine »förderliche frühkindliche Betreuung« gesetzlich zweckgebunden und damit anrechnungsfrei werden. In den bis dahin etwa 22 000 Anrechnungsfällen sollen SGB II-Leistungen nachgezahlt werden (http://www.spiegel.de/wirtschaft/soziales/familiengeld-inbayern-bund-will-hartz-iv-empfaengern-geld-zurueckzahlen-a-1251186.html, abgerufen am 7.6.2019). Durch einen Zusatz zu Art. 2 Abs. 1 Nr. 3 BayFamGG soll künftig Anspruch auf Familiengeld nicht schon haben, wer – neben anderen Voraussetzungen – sein »Kind selbst erzieht«. Ergänzend soll es dort heißen: »… und für eine förderliche frühkindliche Betreuung des Kindes sorgt.« (Bayer. Landtag, Drs. 18/346, Entwurf des Haushaltsgesetzes 2019/2020, S. 19). Damit soll der bereits in Art. 1 BayFamGG angelegte Leistungszweck auch in den Anspruchsvoraussetzungen gespiegelt werden und der Unterschied zur Zweckbestimmung von SGB II-Leistungen klargestellt werden wird (s. Bayer. Landtag, a.a.O., S. 4; ausführlich zur Problematik Dau, jurisPR-SozR 8/2019 Anm. 5).

20 Gegen die Richtigkeit der Entscheidung wendet sich Dau in jurisPRSozR 24/2011 Anm. 4 unter Hinweis auf die gerade **fehlende Übergangsregelung**. Fehlten ausdrückliche Übergangs- oder Überleitungsvorschriften, sei die Lücke nach den Grundsätzen des **intertemporalen Verwaltungsrechts** zu schließen, die besagten, dass neues Recht unmittelbar mit seinem Inkrafttreten wirksam werde und uneingeschränkt zumindest solche Sachverhalte erfasse, die erstmals nach seinem Geltungsbeginn eintreten (BSG, Urt. v. 9.2.1994 – 14/14b REg 10/93 – USK 94102; BSG, Urt. v. 22.2.1995 – 14 REg 1/94 – SozR 3–7833 § 1 Nr. 15; nach Kopp, SGb 1993, 593, 595: Grundsatz der Sofortwirkung und Nicht-Rückwirkung). Durch Auslegung des jeweils neuen Rechts sei zu bestimmen, ob es außerdem für früher entstandene, noch nicht abschließend abgewickelte Rechtsverhältnisse gelten soll. In diesem Sinne »abgeschlossen« sei entgegen der Ansicht des Sozialgerichts Wiesbaden ein nach dem BEEG gegründetes Sozialrechtsverhältnis nicht mit der Geburt des Kindes, sondern mit dem Ende der aus dem Stammrecht auf Elterngeld fließenden Einzelleistungen. Im Erziehungs- und Elterngeldrecht sei danach geändertes Recht jedenfalls für alle nach Inkrafttreten einer Gesetzesänderung geborenen Kinder anzuwenden und für zuvor geborene Kinder, wenn das dem **zeitlichen Geltungswillen des Gesetzes** entspricht. Außer der in den Materialien erörterten, aber im Gesetz eben nicht realisierten Begrenzung auf neue Fälle (vgl. dazu BSG, Urt. v. 2.12.1992 – 14a/6 RKa 44/91 – BSGE 71, 285 = SozR 3–2500 § 75 Nr. 3, Rn. 13) spreche auch der Gesetzeszweck dafür, laufende Leistungsfälle in die Kürzungsmaßnahmen einzubeziehen. Mit dem HBeglG 2011 sollten nämlich zur »Konsolidierung der öffentlichen Haushalte« Staatsausgaben und darunter Teile des steuerfinanzierten Elterngeldes, eingespart werden. Gegen die vom Sozialgericht Wiesbaden angenommene allgemeine Begrenzung des neuen Rechts auf Geburten ab 1.1.2011 spreche schließlich, dass für einen kleinen Teil Betroffener – aber nur für sie – eine schonende Übergangsregelung zu § 10 Abs. 5 BEEG (Anrechnung auch des Elterngeld-Sockelbetrages u.a. auf Leistungen nach dem SGB II) geschaffen worden sei. Zwar könne sich aus der Verfassung ein anderes Auslegungsergebnis im Hinblick auf die vor der Gesetzesänderung für die Zeit nach deren Inkrafttreten unwiderruflich getroffenen Vermögensdispositionen ergeben, eine beachtliche, durch verfassungskonforme Auslegung zu vermeidende Verletzung schützenswerten Vertrauens dürfe aber in einer Kürzung um 44,50 Euro oder 2,99 % der bewilligten Monatsleistung noch nicht zu sehen sein.

21 Inzwischen hat das **BSG** entschieden, dass der im Gesetzgebungsverfahren zum HBeglG 2011 zutage getretene Wille des Gesetzgebers, dass die Regelung des § 2 Abs. 2 Satz 2 BEEG i.d.F. vom 9.12.2010 ab ihrem Inkrafttreten auch laufende Leistungsfälle erfassen soll, eine analoge Anwendung des § 27 BEEG nicht zulasse (BSG, Urteil vom 4.9.2013 – B 10 EG 11/12 R –, juris). Diesem gesetzgeberischen Willen stehe der Wortlaut von Art. 14 Nr. 2 Buchstabe b, Art. 24 Abs. 2 HBeglG 2011 nicht entgegen, zumal er zum zeitlichen Anwendungsbereich des § 2 Abs. 2 Satz 2 BEEG keine Regelung enthalte. Deshalb liege auch keine planwidrige Regelungs- bzw. Gesetzeslücke vor, die Voraussetzung für eine analoge Anwendung einer mit der Vorschrift des § 27 BEEG vergleichbaren Stichtagsregelung wäre. Auch die Grundsätze des intertemporalen Rechts seien nicht geeignet, ein durch Auslegung des sozialrechtlichen Leistungs-

gesetzes gefundenes, eindeutiges Ergebnis zu seinem Geltungszeitraum umzukehren. In ständiger Rechtsprechung gehe das BSG nach dem Versicherungs- bzw. Leistungsfallprinzip zwar davon aus, dass sich die Entstehung und der Fortbestand sozialrechtlicher Ansprüche bzw. Rechtsverhältnisse grundsätzlich nach dem Recht beurteilen, das zur Zeit der anspruchsbegründenden Ereignisse oder Umstände gegolten hat. Dieses Leistungsfall- bzw. Versicherungsfallprinzip sei aber nicht anzuwenden, soweit später in Kraft gesetztes Recht ausdrücklich oder sinngemäß etwas anderes bestimmt. Nach dem Geltungszeitraumprinzip erfasse neues Recht immer schon (aber auch noch) einen Sachverhalt, wenn die maßgeblichen Rechtsfolgen in den zeitlichen Geltungsbereich des neuen Rechts fallen. Schließlich spreche auch der Sinn und Zweck des HBeglG 2011 für eine Anwendung des § 2 Abs. 2 Satz 2 BEEG auf laufende Leistungsfälle, der darin bestanden habe, zur Konsolidierung der öffentlichen Haushalte – sowohl im Hinblick auf die Defizitgrenze des Europäischen Stabilitäts- und Wachstumspaktes als auch die »Schuldenbremse« der Art. 109 Abs. 3, Art. 115 Abs. 2 GG – Staatsausgaben einzusparen (vgl BT-Drucks. 17/3030 S. 1). Hierbei könne laut Begründung zum Gesetzentwurf auch der Bereich der Familienleistungen nicht ausgespart werden (BT-Drucks. 17/3030 S. 47). Dieser Gesetzeszweck lege es nahe, die Herabsetzung des Bemessungssatzes für das Elterngeld ab dem Inkrafttreten des § 2 Abs. 2 Satz 2 BEEG auch auf laufende Leistungsfälle anzuwenden. Denn nur so habe das beabsichtigte Sparziel erreicht werden können.

i) Elternzeit für Fälle des § 18 Abs. 2 Satz 1 Nr. 2 BErzGG ((§ 27) Abs. 3 i.d. bis 17.9.2012 geltenden Fassung)

Trotz der Stichtagsregel in § 27 Abs. 2 BEEG a.F. galt gemäß § 27 Abs. 3 BEEG i.d.F. v. 1.11.2011 (s.o. Rdn. 4) für vor dem 1.1.2007 geborene Kinder der **Sonderkündigungsschutz** gem. § 18 Abs. 2 Satz 1 Nr. 2 auch über den 31.12.2006 BErzGG weiter. Diese Norm betrifft Fälle, in denen der Arbeitnehmer Teilzeitarbeit leistet, ohne Elternzeit in Anspruch zu nehmen und einen Anspruch auf Erziehungsgeld hat oder deshalb nicht hat, weil sein Einkommen nach § 6 BErzGG die Einkommensgrenzen nach § 5 Abs. 3 BErzGG übersteigt. § 18 Abs. 2 Nr. 2 BEEG setzt im Unterschied dazu einen Anspruch auf Elterngeld nach § 1 BEEG voraus. Ohne die Übergangsregelung wäre der Kündigungsschutz für nach altem Recht Erziehungsgeldberechtigte nach § 18 Abs. 1 Nr. 2 BErzGG ab 1.1.2007 entfallen (Buchner/Becker, BEEG § 27 Rn. 12). Die Regelung war daher zur Vermeidung ungerechtfertigter Ungleichbehandlungen sowie des Vertrauensschutzes erforderlich (Ranckel/Lenz, HK-MuSchG § 27 Rn. 4). 22

j) (§ 27) Abs. 3 i.d. bis 31.12.2019 geltenden Fassung

Der durch das Gesetz zur Einführung des Betreuungsgeldes v. 15.2.2013 (BGBl. I S. 254) mit Wirkung zum 1.8.2013 neu aufgenommene Absatz 3 Satz 1 lautete: 23

Betreuungsgeld wird nicht für vor dem 1. August 2012 geborene Kinder gezahlt. Bis zum 31. Juli 2014 beträgt das Betreuungsgeld abweichend von § 4b 100 Euro pro Monat.

Dadurch wurde geregelt, dass Betreuungsgeld nur für Kinder, die nach dem 31. Dezember 2011 geboren wurden, gezahlt wird. Durch eine entsprechende Stichtagsregelung werden unterbrochene Bezugsverläufe für die Jahre 2013 und 2014 und erheblicher zusätzlicher Verwaltungsaufwand, welcher durch erhöhte Fallzahlen bei der neu eingeführten Leistung Betreuungsgeld entstehen würde, vermieden.

24 Nach zwei Entscheidung des SG Aachen (Urteil vom 17.12.2013 – S 13 EG 6/13 BG –, juris sowie Urteil vom 18.3.2014 – S 13 EG 2/14 BG –, juris) verstößt die Stichtagsregelung des § 27 Abs. 3 Satz 1 BEEG weder gegen den **allgemeinen Gleichheitssatz des Art. 3 Abs. 1 GG** noch gegen die **Schutzgebote aus Art. 6 GG** oder das **Sozialstaatsgebot**. Nach ständiger Rechtsprechung des BVerfG sei es dem Gesetzgeber durch Artikel 3 Abs. 1 GG nicht verwehrt, zur Regelung bestimmter Lebenssachverhalte Stichtage einzuführen, obwohl jeder Stichtag unvermeidlich gewisse Härten mit sich bringe (unter Berufung auf: BVerfG, Beschluss vom 10.12.1987 – 1 BvR 1233/87 – und BVerfG, Beschluss vom 20.4.2011 – 1 BvR 1811/08). Der erklärte gesetzgeberische Zweck der Stichtagsregelung sei zum einen die Vermeidung der Unterbrechung des Bezugs von Elterngeld und Betreuungsgeld sowie eines erheblichen zusätzlichen Verwaltungsaufwandes, der durch erhöhte Fallzahlen bei der neu eingeführten Leistung entstehen würde und zum anderen, dass »Betreuungsgeld im ersten Jahr nach der Einführung nur für Kinder, die sich im zweiten Lebensjahr befinden, gezahlt« wird (unter Bezugnahme auf BT-Drucks. 17/11404 S. 14 f.). Dieser Zweck würde verfehlt, wenn für Kinder, die vor dem 1.8.2012 geboren sind, im ersten Jahr nach Einführung des Gesetzes, d.h. im Zeitraum vom 1.8.2013 bis 31.7.2014, Betreuungsgeld gewährt würde. Denn bei diesen Kindern sei nicht gewährleistet, dass das Betreuungsgeld als Anschlussleistung unmittelbar an das Ende des Bezugs vom Elterngeld in Anspruch genommen werden kann, wie es der Gesetzgeber beabsichtigt hat (unter Bezugnahme auf BT-Drucks. 17/9917, S. 7 und 11). Auch das Sozialstaatsgebot dürfe nicht dahin ausgelegt werden, dass mit seiner Hilfe jede Einzelregelung modifiziert werden müsste, deren Anwendung sich im konkreten Fall nachteilig oder als Härte auswirken kann (unter Berufung auf BVerfG, Beschluss vom 17.7.1984 – 1 BvL 24/83 = BVerfGE 67, 231 m.w.N.). Das SG Aachen hat in der Sache vom 17.12.2013 (S 13 EG 6/13 BG) die **Sprungrevision** zugelassen, die unter dem Aktenzeichen B 10 EG 1/14 R beim BSG anhängig ist.

25 Auch nach Ansicht des LSG Baden-Württemberg bestehen gen § 27 Abs. 3 Satz 1 BEEG in der ab 1.8.2013 geltenden Fassung **keine verfassungsrechtlichen Bedenken**. Dem Gesetzgeber sei es durch Art. 3 Abs. 1 GG nicht verwehrt, zur Regelung bestimmter Lebenssachverhalte Stichtagsregelungen einzuführen, obwohl jeder Stichtag unvermeidbar gewisse Härten mit sich bringe. Voraussetzung sei allerdings, dass die Einführung eines Stichtags notwendig ist und dass sich die Wahl des Zeitpunktes am gegebenen Sachverhalt orientiert und damit sachlich vertretbar ist (unter Hinweis auf BVerfG vom 20.4.2011 – 1 BvR 1811/08 –, juris). Die angegriffene Vorschrift genüge diesen verfassungsrechtlichen Anforderungen. Die Stichtagsregelung sei vor dem Hintergrund der ab 1.8.2013 geltenden Fassung von **§ 24 Abs. 2 SGB VIII** zu sehen. Danach habe ein Kind, das das erste Lebensjahr vollendet hat, bis zur Vollendung des dritten Lebensjahres Anspruch auf frühkindliche Förderung in einer Tageseinrichtung

oder in Kindertagespflege. Mit dem Betreuungsgeldgesetz verfolge der Gesetzgeber das Ziel, für Eltern, die ihre Kinder im Alter von ein bis drei Jahren nicht in staatlich geförderten Einrichtungen betreuen lassen wollen oder können, ein Betreuungsgeld zu zahlen. Allerdings bestehe ein Anspruch auf Betreuungsgeld nach § 4d Abs. 1 nach § 4d Abs. 1 Satz 1 BEEG grundsätzlich erst ab dem 15. Lebensmonat, frühestens ab dem 13. Lebensmonat des Kindes (§ 4d Abs. 1 Satz 2 BEEG). Dies solle einerseits einen nahtlosen Bezug von Elterngeld und Betreuungsgeld ermöglichen, andererseits aber den gleichzeitigen Bezug von Elterngeld und Betreuungsgeld ausschließen. Die Stichtagsregelung in § 27 Abs. 3 Satz 1 BEEG knüpfe an diese Regelungen an. Sie räume (nur) denjenigen Eltern einen Anspruch auf Betreuungsgeld ein, die im Anschluss an einen 12-monatigen Bezug von Elterngeld nahtlos einen Anspruch auf einen Platz in einer Tageseinrichtung für Kinder bzw in Kinderpflege geltend machen können und schließt diejenigen Eltern vom Bezug des Betreuungsgeldes aus, deren Kinder älter sind und die deshalb nicht schon unmittelbar nach Vollendung des ersten Lebensjahres des Kindes einen Rechtsanspruch auf Förderung in einer Tageseinrichtung haben (LSG Baden-Württemberg vom 21.10.2014 – L 11 EG 1709/14 – juris RdNr. 19; Revision anhängig unter B 10 EG 2/15 R).

Im neu eingefügten **Satz 2** wird eine abweichende Regelung zur Höhe des Betreuungs- 26
geldes aufgenommen. Danach beträgt das Betreuungsgeld im Jahr 2013 100 Euro pro Monat. Für Lebensmonate, in die der Tag des Inkrafttretens des Gesetzes fällt, beziehungsweise für Lebensmonate, die sowohl im Jahr 2013 als auch im Jahr 2014 liegen, erfolgt eine taggenaue Berechnung (§ 40 des Ersten Buches Sozialgesetzbuch). Ab dem 1.1.2014 wird Betreuungsgeld nach § 4b in Höhe von 150 Euro und bis zur Vollendung des 36. Lebensmonats für 24 Lebensmonate nach § 4d Abs. 1 gezahlt werden.

Im Urteil vom 18.3.2014 (S 13 EG 2/14 BG – juris) hat das SG Aachen ebenfalls eine etwaige Verfassungswidrigkeit die der Höhe des Betreuungsgeldes zugrunde liegenden Vorschriften der **§§ 4b und 27 Abs. 3 Satz 2 BEEG** verneint. Aufgabe des Betreuungsgeldes sei nicht, die Kosten und der Wert einer Betreuung durch die Eltern selbst, die deutlich über 100,00 EUR/150,00 EUR pro Monat lägen, abzugelten. Vielmehr sei das Betreuungsgeld anders als die öffentlich geförderte Betreuungsleistung durch den Zweck der »Anerkennung und Unterstützung der Erziehungsleistung« von Eltern mit Kleinkindern gekennzeichnet (unter Hinweis auf BT-Drucks. 17/9917, S. 7). Weder nach seiner gesetzgeberischen Intention noch nach seiner Höhe habe das Betreuungsgeld den Anspruch, die Kosten einer Selbstbetreuung eines Kindes durch die Eltern zu decken. Dass der Gesetzgeber die Entscheidung von Eltern, ihr Kind selbst zu betreuen, »nur« mit monatlich 150,00 EUR honoriere, sei nicht willkürlich und verstoße nicht gegen Artikel 3 Abs. 1 GG. Dies gelte auch im Hinblick auf die Begrenzung des Betreuungsgeldes auf monatlich 100,00 EUR im ersten Jahr nach Einführung der Leistung. Auch liege kein Verstoß gegen Art. 6 Abs. 1 GG vor, weil dem Gesetzgeber im Bereich der gewährenden Staatstätigkeit für die Abgrenzung der begünstigten Personengruppen grundsätzlich ein weiter Gestaltungsspielraum zukomme (unter Hinweis auf BVerfGE 99, 165, 178; 106, 166, 175 f.). Weit sei der Gestaltungsspielraum auch hinsichtlich der Ausgestaltung der Familienförderung (unter Hinweis auf BVerfGE 87, 1, 35 f.;

103, 242, 260). Auch hinsichtlich dieser Entscheidung ist eine **Revision** unter B 10 EG 4/14 R beim BSG anhängig.

Nach der Entscheidung des **BSG vom 15.12.2015 – B 10 EG 2/15 R** – SozR 4–7837 § 27 Nr. 2) dürfen die Regelungen des BEEG, da diese nach dem Urteil des BVerfG vom 21.7.2015 (1 BvF 2/13) gegen das GG verstoßen, grundsätzlich nicht angewendet werden, weil Verwaltung und Gerichte nach Art. 20 Abs. 3 GG an Gesetz und Recht gebunden und deshalb gehalten sind, gesetzeswidrige Handlungen zu unterlassen (unter Hinweis auf vgl BSG vom 4.12.2014 – B 2 U 11/13 R – SozR 4–2700 § 161 Nr. 1 = in BSGE vorgesehen, RdNr. 28 m.w.N.; BVerfG vom 3.11.1982 – 1 BvR 620/78 u.a. – BVerfGE 61, 319, Juris RdNr. 101 m.w.N.). Daher hat ein Kläger schon **dem Grunde nach keinem Anspruch** auf die Gewährung von Betreuungsgeld für sein am 21.4.2012 geborenes Kind, sodass es auf die Frage der Verfassungsmäßigkeit der **Stichtagsregelung in § 27 Abs. 3 S. 1** nicht mehr ankommt.

Streitig ist wie Anträge auf Betreuungsgeld ordnungsgemäß zu bearbeiten sind, sobald die Nichtigkeitsfeststellung des BVerfG zu erwarten war und ob aus einer vor dessen Urteil pflichtwidrig unterlassenen Bewilligungsentscheidung Schadensersatzansprüche wegen Amtspflichtverletzung erwachsen können. Das SG Fulda hat hierzu entschieden, dass spätestens nach den Medienberichten über die mündliche Verhandlung des Bundesverfassungsgerichts vom 14. April 2015 allgemein deutlich geworden sei, dass der erkennende Senat erhebliche Zweifel an der Verfassungswidrigkeit der Normen hatte und deshalb im Lichte von Art. 3 Abs. 1 GG die zuständige Behörde nicht einfach unabhängig von Antragseingang Bewilligungsbescheide hätte erlassen dürfen (SG Fulda, Urt. v. 31.5.2016 – S 4 EG 5/15 RdNr. 27 ff., Schütz, jurisPR-SozR 15/2016 Anm. 4, s. zum Ausschluss des sozialrechtlichen Herstellungsanspruchs LSG Essen vom 28.4.2016 – L 13 EG 10/16 B RdNr. 16).

Diese Problematik stellt sich in Bayern nicht, weil dort am 1.6.2016 **das Gesetz über das Bayerische Landesbetreuungsgeld – BayBtGG** – beschlossen wurde (GVBl. 2016, 94), das in Art. 9 BayBtGG den Übergang vom Bundes zum (gleichhohen) Landesbetreuungsgeld umfassend und für die Betroffenen in größtmöglichem Umfang begünstigend regelt sowie nach Art. 10 Satz 1 BayBtGG rückwirkend bereits zum 1.1.2015 in Kraft getreten ist (dazu ausführlich Dau, jurisPR-SozR 18/2016 Anm. 1).

Nach Auffassung des SG München enthält das Bayerische Betreuungsgeldgesetz (BayBtGG – juris: BtGG BY) keinen Leistungsausschluss für Kinder, die vor dem 1.8.2012 geboren sind. § 27 Abs. 3 BEEG sei weder direkt noch entsprechend anwendbar. Damit könnten Eltern für Kinder, die vor dem 1.8.2012 geboren sind, für Leistungszeiträume ab 1.1.2015 (Inkrafttreten des BayBtGG) Betreuungsgeld erhalten (SG München, Urteil vom 23. März 2018 – S 46 EG 109/16 BG –, juris).

Das BSG hat entschieden, dass der Begründung des Gesetzentwurfs der Bundesregierung zur Einführung des Elterngeld Plus mit Partnerschaftsbonus und einer flexibleren Elternzeit im BEEG *(BT-Drucks 18/2583, S 38)* sich zu § 27 BEEG entnehmen lasse, dass die Neuregelungen, insbesondere diejenigen zur Einführung des Elterngeld Plus und des Partnerschaftsbonus, erst für ab dem 1.7.2015 geborene Kinder gelten, sodass für vor dem 1.7.2015 geborene Kinder das bis zum 31.12.2014 geltende Recht maßgeblich ist. Zu § 27 Abs. 1 S 3 BEEG sei dort ausgeführt, dass danach Regelungen von der Übergangsregelung in S 2 ausgenommen werden, die keinen Bezug zu den neuen Leistungselementen haben. § 2c BEEG diene der Klarstellung und trete damit ohne Übergangsregelung in Kraft, also ab 1.1.2015. Daraus erschließe sich nach den Grundsätzen des intertemporalen Rechts, dass § 2c Abs. 1 S 2 BEEG idF des Gesetzes vom 18.12.2014 auch auf laufende Leistungsfälle und somit auf alle ab 1.1.2015 beginnenden Elterngeldbezugsmonate Anwendung findet. Nach diesen Grundsätzen ist ein Rechtssatz nur auf solche Sachverhalte anwendbar, die nach seinem Inkrafttreten verwirklicht werden. Spätere Änderungen eines Rechtssatzes sind für die Beurteilung von vor seinem Inkrafttreten entstandenen Lebensverhältnissen unerheblich, es sei denn, dass das Gesetz seine zeitliche Geltung auf solche Verhältnisse erstreckt. Dementsprechend geht das BSG in ständiger Rechtsprechung davon aus, dass sich die Entstehung und der Fortbestand sozialrechtlicher Ansprüche bzw Rechtsverhältnisse grundsätzlich nach dem Recht beurteilen, das zur Zeit der anspruchsbegründenden Ereignisse oder Umstände gegolten hat. Dies gilt allerdings dann nicht, soweit später in Kraft gesetztes Recht – wie § 27 Abs. 1 S 3 BEEG für § 2c Abs. 1 S 2 BEEG – die sofortige Anwendung des neuen Rechts auch auf nach altem Recht entstandene Rechte und Rechtsverhältnisse und damit laufende Leistungsfälle anordnet *(unter Hinweis auf Senatsurteil vom 4.9.2013, a.a.O RdNr. 38 mwN).* (BSG, Urteil vom 27. Juni 2019 – B 10 EG 2/18 R –, BSGE 128, 243–254, SozR 4–7837 § 2c Nr. 5, Rn. 19)

k) (§ 27) **Abs. 3 i.d.F.d. G v. 12.12.2019 (»Gesetz zur weiteren steuerlichen Förderung der Elektromobilität und zur Änderung weiterer steuerlicher Vorschriften«, BGBl. I 2451)**

Abs. 3 wurde durch Art. 35d G v. 12.12.2019 (BGBl. I 2451) m.W.v. 1.1.2020 (Art. 39 Abs. 2) in § 27 so eingefügt mit der Maßgabe, dass ab 1.3.2020 eine andere Fassung gem Art. 36d G gelten solle. Durch die Regelung wurd der Zeitpunkt festgelegt, ab dem die Änderung des § 1 Abs. 7 BEEG anzuwenden ist. Die Anspruchsvoraussetzungen des § 1 Absatz 7 BEEG knüpfen an das Aufenthaltsgesetz an. Durch das Gesetz über Duldung bei Ausbildung und Beschäftigung wurde das Aufenthaltsgesetz geändert. Infolgedessen ist § 1 Absatz 7 BEEG um eine neue Nummer 4 ergänzt worden. Das Gesetz über Duldung bei Ausbildung und Beschäftigung tritt am 1. Januar 2020 in Kraft. § 1 Absatz 7 Nummer 4 BEEG ist dementsprechend für Entscheidungen anzuwenden, die Zeiträume betreffen, die nach dem 31. Dezember 2019 beginnen (BT-Drucksache 19/13436 S. 202). 27

l) **Abs. 3 i.d.F.d.G. v. 23.5.2022 Gesetz zur Regelung eines Sofortzuschlages und einer Einmalzahlung in den sozialen Mindestsicherungssystemen sowie zur Änderung des Finanzausgleichsgesetzes und weiterer Gesetze) (BGBl. I 760)**

Abs. 3 weitgehend in der jetzt geltenden Fassung wurde zunächst durch Art. 35d G v. 12.12.2019 (BGBl. I 2451) m.W.v. 1.3.2020 (Art. 39 Abs. 3) in § 27 so eingefügt und durch **G. v. 20.5.2020 »Gesetz für Maßnahmen im Elterngeld aus Anlass der COVID-19-Pandemie« (BGBl. I 1061) in § 28 übernommen.** Durch die Vorschrift 28 in ihrer neuen Fassung wird die Anwendung des § 1 Abs. 7 BEEG geregelt. Dadurch wird sichergestellt, dass die Änderungen des Abs. 7 Nummer 1 bis 4 ab dem Monat des Inkrafttretens des Fachkräfteeinwanderungsgesetzes Anwendung finden. Das Fachkräfteeinwanderungsgesetz tritt ein halbes Jahr nach seiner Verkündung in Kraft. § 1 Abs. 7 Nummer 5 BEEG gilt mit Inkrafttreten des Gesetzes über Duldung bei Ausbildung und Beschäftigung am 1.1.2020 (BT-Drucksache 19/13436 S. 203). Satz 3 wurde durch das **Gesetz zur Regelung eines Sofortzuschlages und einer Einmalzahlung in den sozialen Mindestsicherungssystemen sowie zur Änderung des Finanzausgleichsgesetzes und weiterer Gesetze** vom 23.5.2022 (BGBl. I 760) mit Wirkung zum 1.6.2022 eingeführt. Dadurch wird der Zeitpunkt festgelegt, ab dem die Änderung des § 1 Absatz 7 Nummer 2 Buchstabe c BEEG anzuwenden ist (BT-Drucks 20/1768 S. 37).

m) Abs. 4 i.d.F. vom 3.12.2020 »Gesetz zur Digitalisierung von Verwaltungsverfahren bei der Gewährung von Familienleistungen« (BGBl. I 2668)

29 Der mit Wirkung zum 10.12.2020 neu eingefügte Absatz 4 räumt den jeweils zuständigen Stellen eine Übergangsfrist zur Umsetzung der mit diesem Gesetz neu geschaffenen Verfahren nach § 9 Absatz 2 und § 25 ein. Einzelne, in der Planung bereits weit vorangeschrittene Pilotprojekte sollen diese Verfahren auch schon früher nutzen können. Da es für das Gelingen eines derartigen Pilotprojekts der Zusammenarbeit verschiedener Stellen auf Bundes- und Landesebene bedarf, ist die vorherige Zustimmung der jeweils zuständigen Bundesressorts erforderlich (BT-Drucksache 19/21987).

Stichwortverzeichnis

F

P